SCHÄFFER
POESCHEL

Christian Gaber

Bankbilanz nach HGB

Praxisorientierte Darstellung der Bilanzierung
von Bankgeschäften

2., überarbeitete und erweiterte Auflage

2018
Schäffer-Poeschel Verlag Stuttgart

Verfasser:
Dr. Christian Gaber, LL.M., Dipl. Ök., Direktor im Bereich Finanzen
der IKB Deutsche Industriebank AG, Düsseldorf

Bibliografische Information der Deutschen Nationalbibliothek
Die Deutsche Nationalbibliothek verzeichnet diese Publikation
in der Deutschen Nationalbibliografie; detaillierte bibliografische
Daten sind im Internet über < http://dnb.d-nb.de > abrufbar.

Gedruckt auf chlorfrei gebleichtem,
säurefreiem und alterungsbeständigem Papier

Print: ISBN 978-3-7910-4195-7   Bestell-Nr. 20190-0002
ePDF: ISBN 978-3-7910-4196-4   Bestell-Nr. 20190-0151
ePub: ISBN 978-3-7910-4197-1   Bestell-Nr. 20190-0100

Dieses Werk einschließlich aller seiner Teile ist urheberrechtlich
geschützt. Jede Verwertung außerhalb der engen Grenzen
des Urheberrechtsgesetzes ist ohne Zustimmung des Verlages
unzulässig und strafbar. Das gilt insbesondere für Vervielfältigungen, Übersetzungen, Mikroverfilmungen und die
Einspeicherung und Verarbeitung in elektronischen Systemen.

© 2018 Schäffer-Poeschel
Verlag für Wirtschaft · Steuern · Recht GmbH
www.schaeffer-poeschel.de
service@schaeffer-poeschel.de

Umschlagentwurf: Goldener Westen, Berlin
Umschlaggestaltung: Kienle gestaltet, Stuttgart
Satz: kühn & weyh Software GmbH, Satz und Medien, Freiburg
Oktober 2018

Schäffer-Poeschel Verlag Stuttgart
Ein Tochterunternehmen der Haufe Group

Vorwort zur 2. Auflage

Die handelsrechtlichen Bilanzierungsvorschriften für Kredit-, Finanzdienstleistungsinstitute sowie Zahlungs- und E-Geld-Institute sind durch branchenspezifische Sondervorschriften geprägt, die sich zum Teil erheblich von den allgemeinen Bilanzierungsvorschriften, die für alle Kaufleute gelten, unterscheiden. Dieses Buch setzt sich mit dem aktuellen Stand der bankspezifischen Bilanzierungsvorschriften auseinander und schafft dem Leser einen Zugang zu den spezifischen Bilanzierungsproblemen der Finanzbranche. Die zweite Auflage ist insbesondere um die folgenden Aspekte aktualisiert und erweitert worden:
- BilRuG, CSR-UmsG, AReG, APAReG, SAG, CRR, KAGB
- IDW RS BFA 1 zur Bilanzierung von Kreditderivaten
- Neufassung von IDW RS BFA 3 zur verlustfreien Bewertung des Bankbuchs
- Bilanzierung von AT 1-Anleihen
- Lageberichterstattung von Instituten

Die Verbindung von branchenspezifischen Bilanzierungsvorschriften sowie komplexen Finanzierungsstrukturen und Produkten bedingt ein erhöhtes fachliches Verständnis bei Bilanzerstellern, Prüfern und Beratern der Finanzbranche.

Um einen Zugang zu den branchenspezifischen Bilanzierungsproblemen zu bekommen, ist es nach meiner Erfahrung notwendig, ein klares Verständnis über die zivilrechtliche und vertragliche Struktur der zugrundeliegenden Bankgeschäfte und Finanzierungsstrukturen zu entwickeln. Aus didaktischen Gründen stelle ich in diesem Buch daher im Regelfall vor die Erläuterung der bankspezifischen Bilanzierungsvorschriften eine Darstellung der rechtlichen und vertraglichen Struktur der betrachteten Geschäftsvorfälle. Das Werk richtet sich an
- Mitarbeiter im Rechnungswesen und Controlling in Banken, (Bau)Sparkassen, Finanzdienstleistungsinstituten (z. B. Leasing- und Factoringunternehmen), Kapitalverwaltungsgesellschaften, Zahlungsinstitute und E-Geld-Institute sowie weitere Unternehmen der Finanzbranche,
- Wirtschaftsprüfer und Berater der Finanzbranche sowie
- Wissenschaftler und Studierende der Fachrichtungen Bankbetriebslehre und Bilanzierung.

Das Buch stellt die Grundlage meiner Vorlesung »Bankbilanzierung nach HGB« an der Heinrich-Heine-Universität Düsseldorf dar. Dieses Werk gibt ausschließlich die persönliche Meinung des Autors wieder. Für Anregungen, Verbesserungshinweise sowie (konstruktive) Kritik bin ich jederzeit dankbar.

Ein herzlicher Dank gilt meiner Familie, die oftmals auf meine Anwesenheit in den Abendstunden verzichtet und mir so den notwendigen Freiraum zur Erstellung dieses Werks gegeben hat.

Düsseldorf/Menden im Juni 2018

Dr. Christian Gaber, LL.M., Dipl. Ök.

Inhaltsübersicht

Vorwort zur 2. Auflage	V
Inhaltsübersicht	VII
Inhaltsverzeichnis	IX
Abbildungsverzeichnis	XXI
Abkürzungsverzeichnis	XXV

Kapitel I. Institutionelle Grundlagen ... 1

1	Überblick über die von Kredit- und Finanzdienstleistungsinstituten zu beachtenden Rechnungslegungsvorschriften	3
2	Subjektiver Anwendungsbereich der institutsspezifischen Rechnungslegungsvorschriften	9
3	Sachlicher Anwendungsbereich	39
4	Formelles Bilanzrecht der Institute	43

Kapitel II. Ansatzvorschriften ... 67

1	Personelle Zurechnung von Vermögensgegenständen	69
2	Personelle Zurechnung von Verbindlichkeiten	153
3	Verrechnung von Vermögensgegenständen und Schulden	157

Kapitel III. Bewertungsvorschriften ... 179

1	Zuordnung zu Bewertungskategorien	181
2	Übergreifende Bewertungsvorschriften	355

Kapitel IV. Die Ausweisvorschriften nach RechKredV und RechZahlV ... 435

1	Gliederung der Bilanz	437
2	Gliederung der Gewinn- und Verlustrechnung	617
3	Vorschriften für Bausparkassen	659
4	Vorschriften für Pfandbriefbanken	673

5	Vorschriften für bestimmte Skontroführer	681
6	Vorschriften für genossenschaftliche Kreditinstitute	683
7	Vorschriften für Finanzierungsleasing- und Factoringunternehmen	691
8	Vorschriften für Zahlungsinstitute und E-Geld-Institute	697

Kapitel V. Anhang ... 709

1	Allgemeine Angaben	711
2	Angaben zur Bilanz	713
3	Angaben zur Gewinn- und Verlustrechnung	733

Kapitel VI. Bilanzierung einzelner Bankgeschäfte ... 737

1	Kapitalmarktgeschäft	739
2	Gemeinschaftliches Kreditgeschäft	749
3	Derivate-Geschäft	761

Kapitel VII. Bilanzierung umwandlungsrechtlicher Vorgänge ... 807

1	Überblick über umwandlungsrechtliche Vorgänge	809
2	Bilanzierung von Verschmelzungen	811
3	Bilanzierung von Spaltungen	819
4	Institutsspezifische Besonderheiten und Anlässe	831

Kapitel VIII. Institutsspezifische Vorschriften zur Konzernbilanzierung nach § 340i HGB ... 835

1	Rechtsgrundlagen der HGB-Konzernbilanz von Instituten	837
2	Konsolidierungsschritte im Einzelnen	851
3	Konzernanhang eines Instituts nach HGB	897
4	Konzernlagebericht	917

Literaturverzeichnis	947
Stichwortverzeichnis	987

Inhaltsverzeichnis

Vorwort zur 2. Auflage	V
Inhaltsübersicht	VII
Inhaltsverzeichnis	IX
Abbildungsverzeichnis	XXI
Abkürzungsverzeichnis	XXV

Kapitel I. Institutionelle Grundlagen ... 1

1	Überblick über die von Kredit- und Finanzdienstleistungsinstituten zu beachtenden Rechnungslegungsvorschriften		3
2	Subjektiver Anwendungsbereich der institutsspezifischen Rechnungslegungsvorschriften		9
	2.1	Unternehmen im Anwendungsbereich der §§ 340 ff. HGB	9
	2.1.1	Unternehmen mit Institutseigenschaft	9
	2.1.2	Unternehmen ohne Institutseigenschaft	30
	2.2	Unternehmen außerhalb des Anwendungsbereichs	33
	2.2.1	Durch das KWG befreite Institute	33
	2.2.2	Wohnungsunternehmen mit Spareinrichtung	36
	2.2.3	Nicht erfasste Unternehmen	37
3	Sachlicher Anwendungsbereich		39
4	Formelles Bilanzrecht der Institute		43
	4.1	Aufstellung und Feststellung	43
	4.2	Prüfung	46
	4.2.1	Prüfungspflicht	46
	4.2.2	Anzuwendende Vorschriften	48
	4.2.3	Bestellung und Abberufung des Abschlussprüfers	51
	4.2.4	Prüfungsberichte	54
	4.2.5	Prüfung der genossenschaftlichen Institute	55
	4.2.6	Prüfung der Sparkassen	58
	4.2.7	Prüfungsausschuss	59
	4.3	Offenlegung	61
	4.3.1	Offenlegungspflicht inländischer Institute	61
	4.3.2	Offenlegungspflichten für deutsche Zweigniederlassungen ausländischer Institute	63
	4.3.3	Offenlegung von Genossenschaften	66

Kapitel II. Ansatzvorschriften ... 67

1 Personelle Zurechnung von Vermögensgegenständen ... 69
- 1.1 Maßgeblichkeit des wirtschaftlichen Eigentums ... 69
- 1.2 Bilanzierung von Treuhandverhältnissen ... 71
  - 1.2.1 Überblick ... 71
  - 1.2.2 Echte (fiduziarische) Treuhand ... 72
  - 1.2.3 Unechte Treuhand ... 74
  - 1.2.4 Zusammenfassung der Weiterleitungskredite und kritische Würdigung ... 78
  - 1.2.5 Bilanzierung und Bewertung von Treuhandvermögen – Übersicht ... 79
- 1.3 Factoring ... 81
- 1.4 Forfaitierung ... 83
- 1.5 Verbriefungstransaktionen und ähnliche Gestaltungen ... 84
  - 1.5.1 Erscheinungsformen ... 84
  - 1.5.2 Zurechnung des wirtschaftlichen Eigentums ... 90
- 1.6 Pensionsgeschäfte ... 96
  - 1.6.1 Erscheinungsformen ... 96
  - 1.6.2 Echte Pensionsgeschäfte ... 99
  - 1.6.3 Unechte Pensionsgeschäfte ... 103
  - 1.6.4 Abgrenzung der Pensionsgeschäfte (§ 340b Abs. 6 HGB) ... 109
- 1.7 Wertpapierleihgeschäfte ... 110
  - 1.7.1 Rechtliche Ausgestaltung und Erscheinungsformen ... 110
  - 1.7.2 Zurechnung des wirtschaftlichen Eigentums ... 112
  - 1.7.3 Bilanzierung bei Übergang des wirtschaftlichen Eigentums ... 113
  - 1.7.4 Bilanzierung ohne Übergang des wirtschaftlichen Eigentums ... 116
- 1.8 Leasing ... 117
  - 1.8.1 Rechtliche Qualifikation ... 117
  - 1.8.2 Persönliche Zurechnung durch die steuerlichen Leasingerlasse ... 119
  - 1.8.3 Bilanzierung von Leasingverträgen ... 129
  - 1.8.4 Bilanzierung einer Forfaitierung von Leasingraten ... 134
- 1.9 Fragen der Abgangsbilanzierung bei der Restrukturierung von Finanzinstrumenten ... 135
  - 1.9.1 Bilanzielle Aspekte der Restrukturierung von Finanzinstrumenten ... 135
  - 1.9.2 Erlöschen von Finanzinstrumenten ... 138
  - 1.9.3 Ausbuchung mit und ohne Übergang des rechtlichen Eigentums ... 144
  - 1.9.4 Restrukturierung von Wertpapieren ... 147
  - 1.9.5 Restrukturierung und Close Out von Derivaten ... 149

2 Personelle Zurechnung von Verbindlichkeiten ... 153

3	**Verrechnung von Vermögensgegenständen und Schulden**		157
3.1	Verrechnungsverbot für alle Kaufleute		157
3.2	Institutsspezifische Verrechnungsvorschriften		159
3.2.1	Verrechnungen in der Bilanz		159
3.2.2	Verrechnungen in der Gewinn- und Verlustrechnung		167
3.3	Bankspezifische Aufrechnungssachverhalte		172
3.3.1	Aufrechnungen nach Banken-AGB		172
3.3.2	Kontokorrentkonten		173
3.3.3	Aufrechnungen im Zusammenhang mit Derivatekontrakten		174
3.3.4	Forderungen und Verbindlichkeiten aus Wertpapiergeschäften mit der Eurex Clearing AG		176

Kapitel III. Bewertungsvorschriften ... 179

1	**Zuordnung zu Bewertungskategorien**		181
1.1	Bilanzielle Auswirkungen der Zuordnungsentscheidung		181
1.2	Handelsbestand		182
1.2.1	Begriffsabgrenzung		182
1.2.2	Zugangsbilanzierung von Handelsbeständen		195
1.2.3	Folgebewertung von Handelsbeständen		196
1.2.4	Risikoabschlag		199
1.2.5	Sonderposten nach § 340e Abs. 4 HGB		202
1.2.6	Interne Geschäfte		204
1.2.7	Ausweis		209
1.2.8	Anhangangaben		212
1.3	Vermögensgegenstände des Umlaufvermögens		213
1.3.1	Allgemeine Prinzipien zur Bilanzierung von Finanzinstrumenten des Umlaufvermögens bei Instituten		213
1.3.2	Bewertung von Forderungen		217
1.3.3	Bewertung von Wertpapieren der Liquiditätsreserve		244
1.3.4	Vorsorgereserven nach § 340f HGB		269
1.4	Bewertung von Vermögensgegenständen des Anlagevermögens		277
1.4.1	Rahmenbedingungen der Zuordnung zum Anlagevermögen		277
1.4.2	Dauerhafte Wertminderung		280
1.4.3	Bewertung einzelner Finanzinstrumente des Anlagevermögens		282
1.4.4	Bilanzierung strukturierter Finanzinstrumente		307
1.5	Umwidmungen		334
1.5.1	Möglichkeiten einer Umwidmung von Finanzinstrumenten		334
1.5.2	Umwidmungen zwischen Anlagevermögen und Umlaufvermögen		335
1.5.3	Umwidmung von Handelsbeständen		338
1.6	Bewertung von Schulden		342
1.6.1	Grundsätzlicher Wertansatz von Schulden		342

	1.6.2	Bewertung von Verbindlichkeiten – institutsspezifische Fragestellungen	344
	1.6.3	Bewertung von Rückstellungen	350
2	**Übergreifende Bewertungsvorschriften**		**355**
	2.1	Bilanzierung von Bewertungseinheiten	355
	2.1.1	Rechtsgrundlage	355
	2.1.2	Absicherungsstrategien	357
	2.1.3	Voraussetzung für die Anwendung von § 254 HGB	360
	2.1.4	Darstellung von Bewertungseinheiten in Bilanz und Gewinn- und Verlustrechnung	375
	2.1.5	Darstellung von Bewertungseinheiten im Anhang und Lagebericht	383
	2.2	Währungsumrechnung	384
	2.2.1	Überblick über die maßgeblichen Vorschriften	384
	2.2.2	Zugangsbewertung von Vermögensgegenständen und Verbindlichkeiten in fremder Währung	387
	2.2.3	Folgebewertung bei besonderer Deckung nach § 340h HGB	388
	2.2.4	Folgebewertung monetärer Posten außerhalb der besonderen Deckung	399
	2.3	Verlustfreie Bewertung von zinsbezogenen Geschäften des Bankbuchs	400
	2.3.1	Zinsänderungsrisiken im Bankbuch	400
	2.3.2	Darstellung des Bilanzierungsproblems	402
	2.3.3	Verlustfreie Bewertung des Zinsbuchs nach IDW RS BFA 3	404

Kapitel IV. Die Ausweisvorschriften nach RechKredV und RechZahlV ... 435

1	**Gliederung der Bilanz**		**437**
	1.1	Vorschriften zum Bilanzausweis	437
	1.1.1	Überblick über die Gliederungsvorschriften	437
	1.1.2	Formblatt 1 der RechKredV	441
	1.1.3	Liquiditätskriterium »Refinanzierbarkeit bei der Deutschen Bundesbank«	444
	1.1.4	Bilanzpostenübergreifende Ausweisvorschriften	447
	1.2	Bilanzposten der Aktivseite	447
	1.2.1	Barreserve (Aktivposten Nr. 1)	447
	1.2.2	Schuldtitel öffentlicher Stellen und Wechsel (Aktivposten 2)	449
	1.2.3	Forderungen an Kreditinstitute (Aktivposten 3)	452
	1.2.4	Forderungen an Kunden (Aktivposten 4)	457
	1.2.5	Schuldverschreibungen und andere festverzinsliche Wertpapiere (Aktivposten 5)	461

1.2.6	Aktien und andere nicht festverzinsliche Wertpapiere (Aktivposten 6)	469
1.2.7	Handelsbestand (Aktivposten 6a)	472
1.2.8	Beteiligungen (Aktivposten 7)	476
1.2.9	Anteile an Verbundenen Unternehmen (Aktivposten 8)	482
1.2.10	Treuhandvermögen (Aktivposten 9)	485
1.2.11	Ausgleichsforderungen gegen die öffentliche Hand einschließlich Schuldverschreibungen aus deren Umtausch (Aktivposten 10)	489
1.2.12	Immaterielle Anlagewerte (Aktivposten 11)	490
1.2.13	Sachanlagen (Aktivposten 12)	498
1.2.14	Eingefordertes, noch nicht eingezahltes Kapital (Aktivposten 13)	501
1.2.15	Sonstige Vermögensgegenstände (Aktivposten 14)	505
1.2.16	Rechnungsabgrenzungsposten (Aktivposten 15)	509
1.2.17	Aktive latente Steuern (Aktivposten 16)	517
1.2.18	Aktivischer Unterschiedsbetrag aus der Vermögensverrechnung (Aktivposten 17)	521
1.2.19	Nicht durch Eigenkapital gedeckter Fehlbetrag (Aktivposten 18)	523
1.3	Bilanzposten der Passivseite	524
1.3.1	Verbindlichkeiten gegenüber Kreditinstituten (Passivposten 1)	524
1.3.2	Verbindlichkeiten gegenüber Kunden (Passivposten 2)	529
1.3.3	Verbriefte Verbindlichkeiten (Passivposten 3)	536
1.3.4	Handelsbestand (Passivposten 3a)	540
1.3.5	Treuhandverbindlichkeiten (Passivposten 4)	541
1.3.6	Sonstige Verbindlichkeiten (Passivposten 5)	542
1.3.7	Rechnungsabgrenzungsposten (Passivposten 6)	544
1.3.8	Passive latente Steuern (Passivposten 6a)	549
1.3.9	Rückstellungen (Passivposten 7)	550
1.3.10	Nachrangige Verbindlichkeiten (Passivposten 9)	562
1.3.11	Genussrechtskapital (Passivposten 10)	566
1.3.12	Fonds für allgemeine Bankrisiken (Passivposten 11)	569
1.3.13	Instrumente des zusätzlichen Kernkapitals (Ergänzender Passivposten)	579
1.3.14	Eigenkapital (Passivposten 12)	581
1.4	Unter-Strich Vermerke	604
1.4.1	Vermerk von Haftungsverhältnissen	604
1.4.2	Eventualverbindlichkeiten (Vermerkposten Nr. 1)	605
1.4.3	Andere Verpflichtungen (Vermerkposten Nr. 2)	610
1.4.4	Für Anteilinhaber verwaltete Investmentvermögen (Vermerkposten Nr. 3)	614
1.4.5	Anhangangabe	615

2 Gliederung der Gewinn- und Verlustrechnung 617
    2.1   Gliederungsprinzipien 617
    2.2   Ertragsposten 623
    2.2.1   Zinsertrag (Ertragsposten 1, Formblatt 2 und 3) 623
    2.2.2   Laufende Erträge aus Aktien, nicht festverzinslichen Wertpapieren, Beteiligungen und Anteilen an verbundenen Unternehmen (Ertragsposten 2) 629
    2.2.3   Erträge aus Gewinngemeinschaften, Gewinnabführungs- oder Teilgewinnabführungsverträgen 631
    2.2.4   Provisionserträge (Ertragsposten 4, Formblatt 2; Posten 5, Formblatt 3) 632
    2.2.5   Nettoertrag des Handelsbestands (Ertragsposten 5, Formblatt 2; Posten 7, Formblatt 3) 634
    2.2.6   Erträge aus der Zuschreibung zu Forderungen und bestimmten Wertpapieren sowie aus der Auflösung von Rückstellungen im Kreditgeschäft (Ertragsposten 6, Formblatt 2; Posten 13, Formblatt 3) 635
    2.2.7   Erträge aus Zuschreibungen zu Beteiligungen, Anteilen an verbundenen Unternehmen und wie Anlagevermögen behandelten Wertpapieren (Ertragsposten 7, Formblatt 2; Posten 16, Formblatt 3) 637
    2.2.8   Sonstige betriebliche Erträge (Ertragsposten 8, Formblatt 2 und 3) 638
    2.2.9   Erträge aus der Auflösung von Sonderposten mit Rücklageanteil (Ertragsposten 9, Formblatt 2; Posten 9, Formblatt 3) .. 639
    2.2.10   Außerordentliche Erträge (Ertragsposten 10, Formblatt 2; Posten 20, Formblatt 3) 639
    2.2.11   Erträge aus Verlustübernahme (Ertragsposten 11, Formblatt 2; Posten 25, Formblatt 3) 641
    2.2.12   Jahresfehlbetrag (Ertragsposten 12, Formblatt 2; Posten 27, Formblatt 3) 642
    2.3   Aufwandsposten... 642
    2.3.1   Zinsaufwendungen (Aufwandsposten 1, Formblatt 2; Posten 2, Formblatt 3) 642
    2.3.2   Provisionsaufwendungen (Aufwandsposten 2, Formblatt 2; Posten 6, Formblatt 3) 645
    2.3.3   Nettoaufwand des Handelsbestands (Aufwandsposten 3, Formblatt 2; Posten 7, Formblatt 3) 646
    2.3.4   Allgemeine Verwaltungsaufwendungen (Aufwandsposten 4, Formblatt 2; Posten 10, Formblatt 3) 646
    2.3.5   Abschreibungen und Wertberichtigungen auf immaterielle Anlagewerte und Sachanlagen (Aufwandsposten 5, Formblatt 2; Posten 11, Formblatt 3) 648

2.3.6	Sonstige betriebliche Aufwendungen (Aufwandsposten 6, Formblatt 2; Posten 12, Formblatt 3)		649
2.3.7	Abschreibungen und Wertberichtigungen auf Forderungen und bestimmte Wertpapiere sowie Zuführungen zu Rückstellungen im Kreditgeschäft (Aufwandsposten 7, Formblatt 2; Posten 13, Formblatt 3)		650
2.3.8	Abschreibungen und Wertberichtigungen auf Beteiligungen, Anteile an verbundenen Unternehmen und wie Anlagevermögen behandelte Wertpapiere (Aufwandsposten 8, Formblatt 2; Posten 15, Formblatt 3)		651
2.3.9	Aufwendungen aus Verlustübernahme (Aufwandsposten 9, Formblatt 2; Posten 17, Formblatt 3)		653
2.3.10	(aufgehoben)		653
2.3.11	Außerordentliche Aufwendungen (Aufwandsposten 11, Formblatt 2; Posten 21, Formblatt 3)		653
2.3.12	Steuern vom Einkommen und vom Ertrag (Aufwandsposten 12, Formblatt 2; Posten 23, Formblatt 3)		653
2.3.13	Sonstige Steuern, soweit nicht unter Posten 6 ausgewiesen (Aufwandsposten 13, Formblatt 2; Posten 24, Formblatt 3)		654
2.3.14	Auf Grund einer Gewinngemeinschaft, eines Gewinnabführungs- oder eines Teilgewinnabführungsvertrags abgeführte Gewinne (Aufwandsposten 14, Formblatt 26; Posten 6, Formblatt 3)		655
2.3.15	Jahresüberschuss (Aufwandsposten 15, Formblatt 2; Posten 27, Formblatt 3)		655
2.4	Gewinnverwendungsrechnung		655
3	**Vorschriften für Bausparkassen**		**659**
3.1	Von Bausparkassen anzuwendende Vorschriften		659
3.2	Spezifische Bilanzierungs- und Bewertungsfragen		660
3.2.1	Währungsumrechnung		660
3.2.2	Verlustfreie Bewertung zinsbezogener Geschäfte des Bankbuchs		660
3.2.3	Vereinnahmung von Abschlussgebühren im Bauspargeschäft		662
3.3	Posten der Aktivseite		662
3.3.1	Forderungen an Kreditinstitute (Aktivposten 3)		662
3.3.2	Forderungen an Kunden (Aktivposten 4)		664
3.3.3	Aktien und andere nicht festverzinsliche Wertpapiere (Aktivposten 6)		665
3.4	Posten der Passivseite		665
3.4.1	Verbindlichkeiten gegenüber Kreditinstituten (Passivposten 1)		665
3.4.2	Verbindlichkeiten gegenüber Kunden (Passivposten 2)		666
3.4.3	Fonds zur bausparentechnischen Absicherung		666
3.5	Unter-Strich-Vermerke		668
3.6	Spezifische Angabepflichten im Anhang		668

3.7		Gliederung der Gewinn- und Verlustrechnung	669
3.7.1		Zinserträge	669
3.7.2		Provisionserträge	670
3.7.3		Zinsaufwendungen	671
3.7.4		Provisionsaufwendungen	671

4 Vorschriften für Pfandbriefbanken 673
    4.1   Anwendungsbereich 673
    4.2   Bilanzposten 673
    4.2.1 Forderungen an Kreditinstitute sowie Forderungen an Kunden 673
    4.2.2 Aktiver Rechnungsabgrenzungsposten 674
    4.2.3 Verbindlichkeiten gegenüber Kreditinstituten 674
    4.2.4 Verbindlichkeiten gegenüber Kunden 675
    4.2.5 Verbriefte Verbindlichkeiten 676
    4.2.6 Passiver Rechnungsabgrenzungsposten 676
    4.2.7 Posten der Gewinn- und Verlustrechnung 676
    4.3   Anhangangaben 676

5 Vorschriften für bestimmte Skontroführer 681

6 Vorschriften für genossenschaftliche Kreditinstitute 683
    6.1   Vorschriften für alle Kreditgenossenschaften 683
    6.2   Kreditgenossenschaften, die das Warengeschäft betreiben 688
    6.3   Genossenschaftliche Zentralbanken 689

7 Vorschriften für Finanzierungsleasing- und Factoringunternehmen 691
    7.1   Anzuwendende Vorschriften 691
    7.2   Bilanzposten 692
    7.2.1 Leasingvermögen (Aktivposten 10a) 692
    7.2.2 Forderungen an Kunden 693
    7.2.3 Passiver Rechnungsabgrenzungsposten 694
    7.3   Posten der Gewinn- und Verlustrechnung 694
    7.3.1 Leasingerträge (Ertragsposten 01, Formblatt 2 und 3) 694
    7.3.2 Zinserträge (Ertragsposten 1, Formblatt 2 und 3) 695
    7.3.3 Leasingaufwendungen (Aufwandsposten 01, Formblatt 2 bzw. Posten 02, Formblatt 3) 695
    7.3.4 Abschreibungen auf Leasingvermögen 696
    7.3.5 Risikovorsorge 696
    7.3.6 Handelsergebnis 696

8 Vorschriften für Zahlungsinstitute und E-Geld-Institute 697
    8.1   Übersicht über die Formblätter der RechZahlV 697
    8.2   Überblick über die Ausweisvorschriften der RechZahlV 704
    8.3   Anhangangaben 707

Kapitel V. Anhang 709

1	**Allgemeine Angaben**	711
2	**Angaben zur Bilanz**	713
2.1	Allgemeine Angaben zur Bilanz	713
2.2	Institutsspezifische Angaben zur Bilanz	714
3	**Angaben zur Gewinn- und Verlustrechnung**	733
3.1	Allgemeine Angaben	733
3.2	Institutsspezifische Angaben	733

Kapitel VI. Bilanzierung einzelner Bankgeschäfte 737

1	**Kapitalmarktgeschäft**	739
1.1	Grundlagen	739
1.2	Platzierungsgeschäft	740
1.2.1	Darstellung des Geschäfts	740
1.2.2	Bilanzierung und Ausweis	741
1.3	Finanzkommissionsgeschäft	741
1.3.1	Darstellung des Geschäfts	741
1.3.2	Bilanzierung und Ausweis	742
1.4	Emissionsgeschäft	742
1.4.1	Darstellung des Geschäfts	742
1.4.2	Bilanzierung und Ausweis	744
1.5	Zusammenfassende Systematisierung	747
2	**Gemeinschaftliches Kreditgeschäft**	749
2.1	Darstellung der Erscheinungsformen	749
2.1.1	Konsortialkredite	749
2.1.2	Unterbeteiligungen	752
2.2	Bestimmung der Bewertungskategorien von Syndizierungsbestand und Final Take	753
2.3	Bilanzierung von Gemeinschaftsgeschäften nach § 5 RechKredV	754
2.4	Bilanzierung von Gebühren im Kreditgeschäft	757
3	**Derivate-Geschäft**	761
3.1	Klassifizierung von Derivaten und ihrer Bilanzierung	761
3.2	Bilanzierung einzelner Derivate	766
3.2.1	Unbedingte Termingeschäfte	766
3.2.2	Bedingte Termingeschäfte	777
3.2.3	Kreditderivate	788
3.2.4	Anhangangaben	804

Kapitel VII. Bilanzierung umwandlungsrechtlicher Vorgänge 807

1 Überblick über umwandlungsrechtliche Vorgänge 809

2 Bilanzierung von Verschmelzungen 811
    2.1   Rechtliche Grundlagen 811
    2.2   Bilanzierung beim übertragenden Rechtsträger 812
    2.3   Bilanzierung beim übernehmenden Rechtsträger 814
    2.3.1   Wahlmöglichkeiten des übernehmenden Rechtsträgers 814
    2.3.2   Ansatz zu Anschaffungskosten 814
    2.3.3   Ansatz zu Buchwerten (Buchwertverknüpfung) 817
    2.4   Bilanzierung beim Anteilsinhaber des übertragenden Rechtsträgers 817

3 Bilanzierung von Spaltungen 819
    3.1   Rechtliche Grundlagen 819
    3.2   Bilanzierung beim übertragenden Rechtsträger 823
    3.2.1   Aufspaltung 823
    3.2.2   Abspaltung 823
    3.2.3   Ausgliederung 825
    3.3   Bilanzierung beim übernehmenden Rechtsträger 826
    3.4   Bilanzierung der gesamtschuldnerischen Haftung 827
    3.5   Bilanzierung beim Anteilsinhaber 828

4 Institutsspezifische Besonderheiten und Anlässe 831
    4.1   Institutsspezifische Anzeige- und Erlaubnispflichten bei Umwandlungsvorgängen 831
    4.2   Übertragungsanordnungen im Rahmen der Bankenabwicklung 832
    4.3   Ausgliederungen nach § 11 KredReorgG 833
    4.4   Auslagerung von Risikopositionen im Rahmen des Anstaltsmodells 834
    4.5   Ausgliederungen aufgrund des Trennbankengesetzes 834

Kapitel VIII. Institutsspezifische Vorschriften zur Konzernbilanzierung nach § 340i HGB 835

1 Rechtsgrundlagen der HGB-Konzernbilanz von Instituten 837
    1.1   Aufstellungspflicht 837
    1.1.1   Einheitliche Pflicht zur Aufstellung für Institute 837
    1.1.2   Finanzholding-Gesellschaften 838

1.2	Auf den Konzernabschluss von Instituten anzuwendende Vorschriften	841
1.2.1	Systematisierung	841
1.2.2	Nicht kapitalmarktorientierte Institute	843
1.2.3	Kapitalmarktorientierte Institute	845
1.3	Konzernzwischenabschlüsse	847
1.3.1	Ziel und Kontext der Vorschrift	847
1.3.2	Voraussetzungen und Rahmenbedingungen der Anrechnung von Konzernzwischengewinnen	847
2	**Konsolidierungsschritte im Einzelnen**	**851**
2.1	Festlegung des Konsolidierungskreises	851
2.1.1	Beherrschender Einfluss	851
2.1.2	Mehrheit der Stimmrechte	854
2.1.3	Mehrheit der Bestellungs- und Abberufungsrechte	856
2.1.4	Beherrschungsvertrag oder Satzungsbestimmung	857
2.1.5	Zuordnung von Rechten nach § 290 Abs. 3 HGB	858
2.1.6	Zweckgesellschaften	861
2.1.7	Institutsspezifische Besonderheiten	878
2.2	Vereinheitlichung der Abschlüsse	883
2.2.1	Vereinheitlichung des Bilanzansatzes	883
2.2.2	Vereinheitlichung der Bewertung	884
2.3	Währungsumrechnung	886
2.4	Kapitalkonsolidierung	887
2.4.1	Wahlrecht zur Einbeziehung von Handelsbeständen in die Kapitalkonsolidierung	887
2.4.2	Ermittlung des neu bewerteten Eigenkapitals	889
2.5	Schuldenkonsolidierung	893
2.6	Zwischenergebniseliminierung und Aufwands- und Ertragskonsolidierung	894
3	**Konzernanhang eines Instituts nach HGB**	**897**
3.1	Angaben zu Bilanzierungs- und Bewertungsmethoden	897
3.2	Konsolidierungskreis	899
3.2.1	Angabe zur Einbeziehung von Tochterunternehmen	899
3.2.2	Angaben zur Einbeziehung assoziierter Unternehmen	900
3.2.3	Angaben zur Einbeziehung von Gemeinschaftsunternehmen	902
3.2.4	Angaben zu anderen Unternehmen	902
3.3	Erläuterungen zur Kapitalkonsolidierung	903
3.4	Vorgänge von besonderer Bedeutung	904
3.5	Pflichtangaben zu einzelnen Bilanzpositionen	904
3.6	Sonstige Angabepflichten im Anhang	909

3.7	Konzernkapitalflussrechnung von Instituten (DRS 21, Anlage 2)	910
3.7.1	Geschäftszweigspezifische Vorschriften	910
3.7.2	Cash Flow aus der laufenden Geschäftstätigkeit	911
3.7.3	Cash Flow aus der Investitionstätigkeit	913
3.7.4	Cash Flow aus der Finanzierungstätigkeit	914
3.8	Segmentberichterstattung	915
4	**Konzernlagebericht**	**917**
4.1	Allgemeine Vorschriften	917
4.2	Einzelne Berichtsteile	922
4.2.1	Grundlagen des Konzerns	922
4.2.2	Wirtschaftsbericht (§ 315 Abs. 1 S. 1–3 HGB)	922
4.2.3	Prognose-, Chancen- und Risikobericht (§ 315 Abs. 1 S. 4 HGB)	923
4.2.4	Versicherung der gesetzlichen Vertreter (§ 315 Abs. 1 S. 5 HGB)	924
4.2.5	Finanzrisikobericht (§ 315 Abs. 2 Nr. 1 HGB)	924
4.2.6	Forschungs- und Entwicklungsbericht (§ 315 Abs. 2 Nr. 2 HGB)	925
4.2.7	Vergütungsbericht (§ 315a Abs. 2 HGB)	926
4.2.8	Internes Kontroll- und Risikomanagementsystem (§ 315 Abs. 2 Nr. 5 HGB)	930
4.2.9	Übernahmerelevante Angaben (§ 315a Abs. 1 HGB)	936
4.2.10	Erklärung zur Unternehmensführung (§§ 315d, 289f HGB)	936
4.2.11	Nichtfinanzielle Erklärung	937
4.2.12	Zweigniederlassungen (§ 315 Abs. 2 Nr. 3 HGB)	937
4.3	Risikobericht von Instituten	937
4.3.1	Rechtliche Rahmenbedingungen	937
4.3.2	Angaben zum Risikomanagementsystem	939
4.3.3	Angaben zu einzelnen Risiken	943
4.3.4	Zusammenfassende Beurteilung der Risikolage	946

Literaturverzeichnis	947
Stichwortverzeichnis	987

Abbildungsverzeichnis

Abb. 1: Rechtsformspezifische Bilanzierungsvorschriften für Institute 6
Abb. 2: Institutsspezifische Rechnungslegungsvorschriften 7
Abb. 3: Grundformen des Handels mit Finanzinstrumenten. 16
Abb. 4: Formen des Kapitalmarktgeschäfts 19
Abb. 5: Abgrenzung der Anwendbarkeit von RechKredV und RechZahlV 27
Abb. 6: Anwendungsbereich von Zweigniederlassungen 28
Abb. 7: Kapitalverwaltungsgesellschaften und Bankbilanzierung 32
Abb. 8: Aufgrund von Ersatzregeln nicht anzuwendende Vorschriften 41
Abb. 9: Zeitlicher Ablauf für den Einzelabschluss von Instituten 43
Abb. 10: Prüfungsrecht der Institute............................ 49
Abb. 11: Systematisierung von Treuhandverhältnissen.................... 72
Abb. 12: Weiterleitungskredite............................... 78
Abb. 13: Übersicht Bilanzierung von Treuhandverhältnissen 79
Abb. 14: ABS-Transaktion 86
Abb. 15: Synthetische Verbriefung am Beispiel von PROMISE Mobility 89
Abb. 16: Überblick – Leasingerlasse........................... 119
Abb. 17: Mobilienleasing/Vollamortisationsvertrag 122
Abb. 18: Mobilienleasing/Teilamortisationsvertrag 124
Abb. 19: Immobilienleasing/Teilamortisationsvertrag 128
Abb. 20: Verrechnungsgebote und -wahlrechte von Aufwendungen
und Erträgen................................... 168
Abb. 21: Maßgeblichkeit des aufsichtsrechtlichen Value at Risk 201
Abb. 22: Zuführung und Auflösung des Sonderpostens
nach § 340e Abs. 4 Nr. 4 HGB......................... 204
Abb. 23: Wertminderung in Handels- und Steuerrecht.................. 215
Abb. 24: Bilanzierung von Agien und Disagien im Bankbuch 220
Abb. 25: Beispiel für eine Verteilung eines Disagios................... 228
Abb. 26: Gegenüberstellung BFA-Verfahren vs. BMF-Schreiben............. 242
Abb. 27: Buchwertaufteilung beim Bondstripping 254
Abb. 28: Ertragsausgleichsverfahren 268
Abb. 29: Überkreuzkompensation nach § 340f HGB................... 273
Abb. 30: Prüfschema zur Gewinnvereinnahmung nach IDW RS HFA 18 303
Abb. 31: Systematisierung der Rückausnahmen von IDW RS HFA 22 311
Abb. 32: Double-Double-Test............................... 315
Abb. 33: Vorgehen bei mehreren eingebetteten Zinsderivaten 320
Abb. 34: Beispielformular zur Dokumentation einer Bewertungseinheit 370
Abb. 35: Beispiel – Zweistufiges Vorgehen 376

Abb. 36: Vorgehen bei nachträglicher Designation und Pull-to-Par-Effekten 378
Abb. 37: Währungsumrechnung 385
Abb. 38: Beispiel – Deportabgrenzung 397
Abb. 39: GuV-Methode nach IDW RS BFA 3 416
Abb. 40: Barwert-Methode nach IDW RS BFA 3. 417
Abb. 41: Fiktive Schließung nach IDW RS BFA 3/GuV-Methode 427
Abb. 42: Fiktive Schließung nach IDW RS BFA 3/Barwert-Methode 428
Abb. 43: Formblatt 1 der RechKredV 444
Abb. 44: Geldpolitische Operationen des Eurosystems. 446
Abb. 45: Ausweis von erworbenen Genussrechten 454
Abb. 46: Klassifikation von Schuldinstrumenten. 464
Abb. 47: Ausweis von Unternehmensanteilen. 480
Abb. 48: Bilanzierung von Individualsoftware 494
Abb. 49: Bilanzierung von »Ausstehenden Einlagen auf das Gezeichnete
         Kapital« 502
Abb. 50: Beispiel zu ausstehenden Einlagen 503
Abb. 51: Abgrenzung zu Verbrieften Verbindlichkeiten 526
Abb. 52: Klassifizierung und Ausweis von Rückstellungen. 550
Abb. 53: Einphasung EU-Bankenabgabe. 552
Abb. 54: Vergleich der Reservenbildung 570
Abb. 55: Bilanzierung von »Ausstehenden Einlagen auf das Gezeichnete
         Kapital« 585
Abb. 56: Beispiel zu ausstehenden Einlagen 586
Abb. 57: Veräußerung zurückerworbener eigener Anteile 588
Abb. 58: Vermerkpflicht von Patronatserklärungen 608
Abb. 59: Formblatt 2 der RechKredV 619
Abb. 60: Formblatt 3 der RechKredV 621
Abb. 61: Gewinnverwendungsrechnung 656
Abb. 62: Formblatt 1 der RechZahlV 701
Abb. 63: Formblatt 2 der RechZahlV 704
Abb. 64: Anlagespiegel: Entwicklung der Anschaffungs- und Herstellungs-
         kosten 725
Abb. 65: Anlagespiegel: Entwicklung der kumulierten Abschreibungen 726
Abb. 66: Systematisierung der Platzierungsformen 748
Abb. 67: Syndizierungsstruktur 750
Abb. 68: Übersicht über die Bilanzierung von Gebühren im Kreditgeschäft . . . 759
Abb. 69: Bilanzierung von Derivaten 765
Abb. 70: Duplizierung von Zins-Währungsswaps 771
Abb. 71: Forward Rate Agreement 772
Abb. 72: Bilanzierung von Kreditderivaten – Übersicht 794
Abb. 73: Umwandlungsformen 809
Abb. 74: Akquisitionsfinanzierung. 866
Abb. 75: Prüfschema zur Konsolidierungspflicht von Investmentvermögen. . . 876
Abb. 76: Cash Flow aus der laufenden Geschäftstätigkeit. 912

Abb. 77: Cash Flow aus der Investitionstätigkeit 914
Abb. 78: Cash Flow aus der Finanzierungstätigkeit 914
Abb. 79: Berichtspflichten von Instituten und Kapitalmarktorientierung 920
Abb. 80: Prüfung Inlandsemittent 921
Abb. 81: Risikotragfähigkeit 941

Kapitel I. Institutionelle Grundlagen

1 Überblick über die von Kredit- und Finanzdienstleistungsinstituten zu beachtenden Rechnungslegungsvorschriften

Der vierte Abschnitt des Handelsgesetzbuchs sieht ergänzende Vorschriften für Unternehmen vor, die bestimmten Geschäftszweigen angehören. So sind im ersten Unterabschnitt durch die **§§ 340 bis 340o HGB** ergänzende Bestimmungen aufgenommen worden, die bei der Bilanzerstellung von Kredit- und Finanzdienstleistungsinstituten zu beachten sind. Daneben bestehen ergänzende Vorschriften für die Rechnungslegung von Versicherungsunternehmen und Pensionsfonds in den §§ 341 bis 341p HGB. Die Vorschriften für **Kredit- und Finanzdienstleistungsinstitute** beruhen auf europäischen Bankbilanzierungsrichtlinien, die durch das Bankbilanz-Richtliniengesetz (BaBiRiLiG) vom 30.10.1990 ins deutsche Recht transformiert wurden. Diese Regelungen des HGB werden ergänzt durch die Verordnung über die Rechnungslegung der Kreditinstitute (**RechKredV**) vom 10.02.1992, die unter anderem durch die Vorgabe von sog. Formblättern geschäftszweigspezifische Gliederungsschemata für die Bilanz sowie Gewinn- und Verlustrechnung von Kredit- und Finanzdienstleistungsinstituten (im Folgenden: Institute) vorsehen. Neben den geschäftszweigspezifischen Ansatz- und Bewertungsvorschriften, die unter anderem in den §§ 340 bis 340o HGB geregelt sind, unterscheiden sich die Bilanz sowie Gewinn- und Verlustrechnung eines Instituts aufgrund der spezifischen Gliederungsvorschriften der RechKredV deutlich von einer Bilanz und Gewinn- und Verlustrechnung (bspw. eines Industrieunternehmens), die nach dem allgemeinen Gliederungsschema der §§ 266 und 275 HGB erstellt sind.

Materielle Änderungen von institutsspezifischen Ansatz- und Bewertungsvorschriften wurden durch das Bilanzrechtsmodernisierungsgesetz (BilMoG) vorgenommen. Dies betrifft insbesondere die Bewertungsvorschriften für Finanzinstrumente des Handelsbestands nach § 340e Abs. 3 HGB, die damit im Zusammenhang stehende Zuführung zum Sonderposten für allgemeine Bankrisiken sowie die Währungsumrechnung nach § 340h HGB.

Kredit- und Finanzdienstleistungsinstitute haben die folgenden Rechnungslegungsvorschriften zu beachten:
- **Vorschriften für alle Kaufleute** (§§ 238–263 HGB). Da ein Institut stets als Istkaufmann nach § 1 HGB und/oder als Formkaufmann nach § 6 HGB die Kaufmannseigenschaft erfüllt, sind Institute nach § 238 Abs. 1 S. 1 HGB zur Führung von Handelsbüchern verpflichtet. Institute haben mithin die für alle Kaufleute geltenden Vorschriften zu beachten, soweit keine institutsspezifischen Ausnahmen nach § 340a HGB bestehen.

Institute haben mithin auch die für alle Kaufleute geltenden Rechnungslegungsnormen zu beachten, die in der Form von Verordnungen erlassen wurden (z. B. Rückstellungsabzinsungsverordnung, RückAbzinsV). Für Institute gelten zudem die umwandlungsrechtlichen Bilanzierungsvorschriften (z. B. § 24 UmwG), soweit keine institutsspezifischen Sonderregelungen zu beachten sind (z. B. § 11 KredReorgG)[1].

- **Vorschriften für Kapitalgesellschaften** und bestimmte Personenhandelsgesellschaften (§§ 264–289a HGB). Nach § 340a Abs. 1 S. 1 HGB haben Institute – auch wenn sie nicht in der Rechtsform einer Kapitalgesellschaft firmieren – die Vorschriften für **große Kapitalgesellschaften** anzuwenden, sofern die institutsspezifischen Rechnungslegungsregeln nichts anderes bestimmen. Ebenso ist der Lagebericht nach den Vorschriften für große Kapitalgesellschaften aufzustellen (§ 340a Abs. 1 S. 2 HGB). Damit haben auch eingetragene Genossenschaften und Sparkassen unabhängig von ihrer Größe die Vorschriften für Kapitalgesellschaften zu beachten.
- **Rechtsformspezifische Vorschriften.** Nach § 340 Abs. 1 S. 3 sowie Abs. 4 S. 4 HGB haben Institute rechtsformspezifische Zusatzanforderungen zu beachten, soweit diese nicht durch institutsspezifische Regelungen ersetzt werden[2]. Abbildung 1 gibt eine Übersicht über die rechtsformspezifischen Bilanzierungsvorschriften, die von Instituten zu beachten sind.
- **Institutsspezifische Vorschriften.** Die ergänzenden Vorschriften in den §§ 340 bis 340o HGB stellen den Kern des materiellen Bilanzrechts für Kredit- und Finanzdienstleistungsinstitute dar. Dies umfasst Vorschriften
    - zur persönlichen Zurechnung des wirtschaftlichen Eigentums von Pensionsgeschäften (§ 340b HGB),
    - zum Ansatz und zur Bewertung (§§ 340e bis h HGB),
    - zum Ausweis und zu Anhangangaben (§§ 340c und d HGB),
    - zum handelsrechtlichen Konzernabschluss (§§ 340i und j HGB),
    - zur Prüfung (§ 340k HGB),
    - zur Offenlegung (§ 340l HGB),
    - zu Straf- und Bußgeldvorschriften (§§ 340m bis o HGB).

Weitere Vorschriften zum Bilanzrecht der Institute sind in der Verordnung über die Rechnungslegung der Kreditinstitute und Finanzdienstleistungsinstitute (**RechKredV**) enthalten. Die darin enthaltenen Vorschriften umfassen insbesondere die für die Bilanz- und GuV-Gliederung zu beachtenden Formblätter, Vorschriften zu Ausweisfragen und Anhangangaben. Nach § 340 Abs. 5 HGB haben auch **Zahlungsinstitute** und **E-Geld-Institute** im Sinne des Zahlungsdiensteaufsichtsgesetz (ZAG) die handelsrechtlichen Rechnungslegungsvorschriften für Kreditinstitute anzuwenden. Die Gliederungs- und Ausweisvorschriften von Zahlungsinstituten und E-Geld-Instituten richten sich hingegen nicht nach der RechKredV, sondern nach der Zahlungsinstituts-Rechnungslegungsverordnung (**RechZahlV**). Zahlungsinstitute und E-Geld-Institute haben bei der Erstel-

---

1 Vgl. hierzu Kapitel VI.4.
2 Vgl. Krumnow/Sprißler (2004), Teil A, Tz. 11; Braun, in: KK-RLR, § 340 HGB, Tz. 14.

lung des Jahresabschlusses mithin eigene Formblätter zu verwenden. Ebenso existiert für diese Institute mit der ZahlPrüfbV eine eigene Prüfungsberichtsverordnung.
- **Spezialgesetzliche Regelungen für bestimmte Institute.** Neben weiteren allgemeinen Regelungen zum Jahresabschluss von Instituten existieren diverse spezialgesetzliche Regelungen für Sparkassen, Landesbanken, öffentlich-rechtliche Kreditinstitute mit Sonderaufgaben, Bausparkassen und Pfandbriefbanken. Einen Überblick über die institutsspezifischen Regelungen enthält Abbildung 2.

Die geschäftszweigspezifischen Rechnungslegungsvorschriften gelten unabhängig von der Rechtsform für alle diese Institute. Größenabhängige Erleichterungen (§§ 267, 276, 288 HGB) sind von Instituten nicht zu beachten, da Institute stets als große Kapitalgesellschaften gelten. Die institutsspezifischen Vorschriften sind vorrangig gegenüber den Vorschriften für alle Kaufleute bzw. für große Kapitalgesellschaften sowie den rechtsformspezifischen Vorschriften anzuwenden[3].

Rechtsform	Vorschrift	Inhalt
AG und KGaA	§ 58 Abs. 1-3 AktG	Verwendung des Jahresüberschusses zur Bildung von Gewinnrücklagen
	§ 150 AktG	Bildung der gesetzlichen Rücklage
	§ 152 Abs. 1 AktG	Ausweis des Grundkapital
	§ 152 Abs. 2 u. 3 AktG	Darstellung der Entwicklung von Kapital- und Gewinnrücklage im Anhang
	§ 158 Abs. 1 AktG	Überleitungsrechnung zum Bilanzgewinn
	§ 158 Abs. 2 AktG	Ertrag aus Ergebnisabführungsverträgen
	§ 160 AktG	Aktienrechtliche Anhangangaben
	§ 170 bis 173 AktG	Prüfung des Jahresabschlusses durch den Aufsichtsrat
	§§ 231, 232, 240 AktG	Vorschriften bei Kapitalherabsetzungen
	§ 261 AktG	Höhere Bewertung in Folge einer aktienrechtlichen Sonderprüfung
	§ 300 AktG	Gesetzliche Rücklage bei Gewinnabführungsvertrag
	§ 313 AktG	Prüfung des Abhängigkeitsberichts durch Abschlussprüfer
	§ 324 AktG	Keine Anwendung der Vorschriften über die Bildung der gesetzlichen Rücklage auf eingegliederten Gesellschaften
GmbH	§ 29 Abs. 2 u. 4 GmbHG	Verwendung des Jahresüberschusses zur Bildung von Gewinnrücklagen
	§ 42 GmbHG	Bilanz
	§ 42a GmbHG	Vorlage von Jahresabschluss und Lagebericht

---
3 Vgl. WPH I[2012], J 14.

Rechtsform	Vorschrift	Inhalt
Gen	§ 337 HGB	Vorschriften zur Bilanz
	§ 338 HGB	Vorschriften zum Anhang
	§ 19 GenG	Zuschreibung des Gewinns zu den Geschäftsguthaben
	§ 20 GenG	Zuschreibung des Gewinns zur gesetzlichen Rücklage oder zu anderen Ergebnisrücklagen

Abb. 1: Rechtsformspezifische Bilanzierungsvorschriften für Institute[4]

Gesetz/Verordnung	Vorschrift	Inhalt
HGB	§ 340	Anwendungsbereich
	§ 340a	Anzuwendende Vorschriften
	§ 340b	Bilanzierung von Pensionsgeschäften
	§ 340c	Vorschriften zu GuV und Anhang
	§ 340d	Fristengliederung
	§ 340e	Bewertung von Vermögensgegenständen
	§ 340f	Vorsorge für allgemeine Bankrisiken
	§ 340g	Sonderposten für allgemeine Bankrisiken
	§ 340h	Währungsumrechnung
	§ 340i	Pflicht zur Aufstellung eines Konzernabschlusses
	§ 340j	Einzubeziehende Unternehmen
	§ 340k	Prüfung
	§ 340l	Offenlegung
	§ 340m	Strafvorschriften
	§ 340n	Bußgeldvorschriften
	§ 340o	Festsetzung von Ordnungsgeld
RechKredV	§§ 1–39; Formblätter	Ausweis und Gliederung in Bilanz und GuV
RechZahlV	§§ 1–34; Formblätter	Ausweis und Gliederung in Bilanz und GuV von Zahlungsinstituten und E-Geld-Instituten
KWG	§ 26 Abs. 1	Aufstellung des Jahresabschlusses und Einreichung bei der deutschen Bundesbank
	§ 26 Abs. 3	Aufstellung eines Konzernabschlusses und Einreichung bei der deutschen Bundesbank
	§ 53 Abs. 2 Nr. 2 S. 3	Ausweis von Dotationskapital
SAG	§§ 107, 109, 113	Übertragungsanordnung

---

4   In Anlehnung an Krumnow/Sprißler (2004), § 340 HGB, Tz. 38.

Gesetz/Verordnung	Vorschrift	Inhalt
CRR	Art. 26 Abs. 2	Anrechnung von Zwischengewinnen bei Zwischenabschlüssen von Kreditinstituten (siehe § 340a Abs. 3 HGB)
KredReorgG	§ 11	Ausgliederung im Reorganisationsverfahren
PfandBG	§ 28	Besondere Anhangangaben für Pfandbriefbanken
BauSparkG BausparkV	§ 6 § 8	Sonderposten »Fonds zur bauspartechnischen Absicherung«
SpkG NRW	§§ 24, 25	Rechnungslegung und Jahresabschluss von Sparkassen
KredAnst-WiAG	§§ 9, 10	Jahresabschluss nach § 340ff. HGB, Ausweis von Sonderrücklagen im Abschluss der KfW
FMStFG	§ 8a Abs. 1a	Jahresabschluss nach §§ 340ff. HGB für Abwicklungsanstalten im Sinne des FMStFG; Aufstellungsfrist von 4 Monaten

Abb. 2: Institutsspezifische Rechnungslegungsvorschriften

2 Subjektiver Anwendungsbereich der institutsspezifischen Rechnungslegungsvorschriften

2.1 Unternehmen im Anwendungsbereich der §§ 340 ff. HGB

2.1.1 Unternehmen mit Institutseigenschaft

2.1.1.1 Kredit- und Finanzdienstleistungsinstitute mit Sitz im Inland

2.1.1.1.1 Überblick

Die geschäftszweigspezifischen Rechnungslegungsvorschriften der §§ 340 ff. HGB sowie die RechKredV sind nicht nur von Banken (**Kreditinstitute** im Sinne des § 1 KWG), sondern auch von **Finanzdienstleistungsinstituten** zu beachten. Diese Ausweitung des subjektiven Anwendungsbereichs auf Finanzdienstleistungsinstitute erfolgte durch die 6. KWG-Novelle, durch die Finanzdienstleistungsinstitute erstmals wie Kreditinstitute der vollen Aufsicht der Bundesanstalt für Finanzdienstleistungsaufsicht (BaFin) unterstellt wurden und gleichzeitig auch in den Anwendungsbereich der Rechnungslegungsnormen für Kreditinstitute einbezogen wurden (siehe § 340 Abs. 4 HGB)[1]. Der Kreis der Finanzdienstleistungsunternehmen, die nach den Rechnungslegungsvorschriften für Banken zu bilanzieren haben, ist in der Folge kontinuierlich erweitert worden. So haben seit Inkrafttreten des Jahressteuergesetzes 2009 auch **Leasing- und Factoringunternehmen** die institutsspezifischen Rechnungslegungsnormen anzuwenden[2]. Ebenso haben auch **Kapitalverwaltungsgesellschaften** nach § 38 Abs. 1 S. 1 KAGB die Vorschriften der §§ 340 ff. HGB sowie die RechKredV zu beachten. **Zahlungsinstitute** und **E-Geld-Institute** haben die §§ 340 ff. HGB sowie die RechZahlV zu beachten. Nach § 8a Abs. 1a FMStFG können die Abschlüsse von **Abwicklungsanstalten** auch ohne das Vorliegen einer Institutseigenschaft nach § 1 Abs. 1 bzw. 1a KWG nach den für Institute geltenden Vorschriften erstellt werden. Im Ergebnis bleibt mithin festzuhalten, dass eine »Bankbilanzierung nach HGB« nicht nur von Kreditinstituten, sondern von einer Vielzahl von Unternehmen der Finanzbranche

---

1 Vgl. Braun, in: KK-RLR, § 340 HGB, Tz. 4.
2 Vgl. Heucke/Nemet, in: WPg 2012, S. 669.

anzuwenden ist. Im Folgenden werden die Unternehmen, die in den subjektiven Anwendungsbereich der institutsspezifischen Rechnungslegungsnormen fallen, näher erläutert.

2.1.1.1.2 Kreditinstitute

Kreditinstitute sind Unternehmen, die Bankgeschäfte gewerbsmäßig betreiben oder in einem Umfang, der einen in kaufmännischer Weise eingerichteten Geschäftsbetrieb erfordert. § 1 Abs. 1 KWG enthält eine Aufzählung von Bankgeschäften, die als Tatbestandsmerkmale zu einer Einordnung eines Unternehmens als Kreditinstitut führen. Eine Einordnung als Kreditinstitut erfolgt bereits dann, wenn das Unternehmen nur **ein** Bankgeschäft aus dem Katalog des Abs. 1 betreibt[3]. Gewerbsmäßigkeit ist dann gegeben, wenn der Betrieb auf eine gewisse Dauer angelegt ist und mit dem Betrieb des Bankgeschäfts eine Gewinnerzielungsabsicht verfolgt wird[4]. Ein kaufmännisch eingerichteter Geschäftsbetrieb liegt u. a. vor, wenn Handelsbücher gem. § 238 HGB geführt und ein Jahresabschluss aufgestellt werden muss[5]. Zu den Bankgeschäften zählen das:

1. **Einlagengeschäft.** Nach § 1 Abs. 1. Nr. 1 KWG wird unter dem Einlagengeschäft »die Annahme fremder Gelder als Einlage oder anderer unbedingt rückzahlbarer Gelder des Publikums (verstanden), sofern der Rückzahlungsanspruch nicht in Inhaber- oder Orderschuldverschreibungen verbrieft wird, ohne Rücksicht darauf, ob Zinsen vergütet werden«. Das Einlagengeschäft umfasst mithin zwei Alternativen: die Annahme fremder Gelder als Einlage (**1. Alternative**) sowie die Annahme anderer unbedingt rückzahlbarer Gelder (**2. Alternative**). Das Einlagengeschäft stellt ein Bankgeschäft dar, das zum Schutz des Publikums vor Verlust ihrer Einlagen nur bei Vorliegen einer Erlaubnis nach § 32 KWG betrieben werden darf. Ein Einlagengeschäft umfasst die folgenden Tatbestandsmerkmale:
   a) **Annahme von Geldern.** Dieses Kriterium ist zunächst beiden Alternativen gemeinsam. Geld stellt jedes gesetzliche Zahlungsmittel dar. Die Annahme von Wertpapieren (z. B. im Rahmen von Wertpapierpensionsgeschäften oder Wertpapierleihgeschäften) fällt nicht unter das Einlagengeschäft[6]. Eine Annahme von Geldern kann auch durch eine Kreditschöpfung oder einen Umbuchungsvorgang (z. B. Kontogutschrift) entstehen.
   b) **Fremde/unbedingt rückzahlbare Gelder.** Die Merkmale »fremd« sowie »rückzahlbar« sind weitgehend inhaltsgleich. Ein Einlagengeschäft liegt vor, wenn entweder fremde oder unbedingt rückzahlbare Gelder angenommen werden. Fremde Gelder werden

---

[3] Vgl. Schäfer, in: Boos/Fischer/Schulte-Mattler, 5. Aufl., § 1 KWG, Tz. 13. Hierbei ist zu beachten, dass der EU-rechtliche Begriff des Kreditinstituts von dem des KWG abweicht. Nach § 1 KWG ist ein Unternehmen als Kreditinstitut zu qualifizieren, wenn bereits eine Art von Bankgeschäft betrieben wird. Dies würde bspw. auch das Einlagen- oder Kreditgeschäft betreffen. Das Betreiben von Einlagengeschäft allein würde mithin eine Bankerlaubnis nach KWG nach sich ziehen. Nach Art. 4 Nr. 1 lit. a der Richtlinie 2006/48/EG vom 14.06.2006 stellt ein Kreditinstitut hingegen ein Unternehmen dar, »dessen Tätigkeit darin besteht, Einlagen oder andere rückzahlbare Gelder des Publikums entgegenzunehmen **und** Kredite für eigene Rechnung zu gewähren« (Hervorhebung durch den Verfasser). Gemäß der Richtlinie 2006/48/EG setzt der Begriff des Kreditinstituts kumulativ das Betreiben von Einlagengeschäft und Kreditgeschäft voraus. Vgl. Schüppen/Stürner, in: WPg 2014, S. 281 sowie zu diesem Problem bereits Schneider, in: DB 1991, S. 1869.
[4] Vgl. Mielk, in: WM 1997, S. 2202.
[5] Vgl. Schäfer, in: Boos/Fischer/Schulte-Mattler, 5. Aufl., § 1 KWG, Tz. 23.
[6] Vgl. Schäfer, in: Boos/Fischer/Schulte-Mattler, 5. Aufl., § 1 KWG, Tz. 37.

angenommen, wenn die angenommenen Gelder nicht endgültig bei dem annehmenden Unternehmen verbleiben und dieses verpflichtet ist, Geld in gleicher Menge nach Maßgabe der getroffenen Vereinbarungen zurückzuzahlen (fremde Gelder sind rückzahlbare Gelder)[7]. Einlagen zur Erfüllung gesellschaftsrechtlicher Verpflichtungen zur Erbringung des Eigenkapitals stellen keine Annahme fremder Gelder dar. Wenn die annehmende Stelle nicht Schuldner des Rückzahlungsanspruchs und für ein Kreditinstitut tätig ist, kann die annehmende Stelle als Zweigniederlassung zu qualifizieren sein. Die Annahme von Geldern zur Weiterleitung an einen Dritten stellt hingegen eine erlaubnisfreie Einlagenvermittlung oder die Finanzdienstleistung der Drittstaateneinlagevermittlung dar (§ 1 Abs. 1a S. 2 Nr. 5 KWG). Eine unbedingte Rückzahlbarkeit liegt vor, wenn die Rückzahlung nicht vom Eintritt künftiger ungewisser Ereignisse abhängt. Der Tatbestand des Einlagengeschäfts kann je nach Ausgestaltung daher bei der Begebung von partiarischen Darlehen, Nachrangdarlehen, stillen Beteiligungen und Genussrechten erfüllt sein[8].

c) **Publikum.** Sofern Gelder nicht vom Publikum angenommen werden, liegt kein Einlagengeschäft vor. Nicht unter den Begriff des Publikums fallen verbundene Unternehmen, institutionelle Anleger (Kreditinstitute, KVGen, inländische Versicherungen) sowie Unternehmensbeteiligungsgesellschaften.

Der Begriff »**als Einlage**« (1. Alternative) steht neben dem zivilrechtlichen oder gesellschaftsrechtlichen Einlagenbegriff. Das Vorliegen einer Einlage ist im Einzelfall unter Berücksichtigung der bankwirtschaftlichen Verkehrsauffassung zu bestimmen[9]. Als Formen von Einlagen wird in der Praxis des Bankwesens zwischen **Festgeldern** (befristete Einlagen für eine festgelegte Laufzeit), **Kündigungsgeldern** (Einlagen mit einer Kündigungsfrist) sowie **Spareinlagen**[10] unterschieden. Typisches Merkmal für diese Einlagen ist, dass sie über Konten (z. B. Kontokorrentkonten, Sparkonten, Festgeldkonten oder Kündigungsgeldkonten) abgewickelt und angemessen verzinst werden[11]. Die folgenden Umstände gelten in der Rechtsprechung sowie im Schrifttum als Indizien für das Vorliegen eines Einlagengeschäfts[12]:

- die Annahme von Geldern von einer Vielzahl von Geldgebern aufgrund typisierter Verträge darlehensweise oder in ähnlicher Weise (mit Rückzahlungsverpflichtung);
- keine banktübliche Besicherung;
- laufende Annahme von Geldern;

---

7   Vgl. BaFin, Merkblatt vom 11.03.2013 – Hinweise zum Tatbestand des Einlagengeschäfts, S. 4.
8   Vgl. BaFin, Merkblatt vom 11.03.2013, März 2013.
9   Vgl. BVerwG-Urteil vom 27.03.1984, I C 125/80, in: NJW 1985, S. 929; BGH-Urteil vom 09.03.1995, III ZR 55/94, in: BB 1995, S. 995; BGH-Urteil vom 23.03.2010. VI ZR 57/09, in: DStR 2010, S. 1040.
10 Welche Einlagen in der Bilanz eines Kreditinstituts als Spareinlagen auszuweisen sind, ist in § 21 Abs. 4 RechKredV geregelt. Siehe Kapitel IV.1.3.2.2.1.
11 Vgl. BGH-Urteil vom 09.03.1995, II ZR 55/94, in: BB 1995, S. 995.
12 Die Merkmale werden von einer Reihe von BGH-Urteilen ausgelegt. Vgl. bspw. BGH-Urteil vom 09.03.1995, II ZR 55/94, in: BB 1995, S. 995; BGH-Urteil vom 19.03.2013 – VI ZR 56/12, Pressemitteilung BGH Nr. 49 vom 20.03.2013; Schäfer, in: Boos/Fischer/Schulte-Mattler, 5. Aufl., § 1 KWG, Tz. 40; BT-Drs 13/7142; BaFin, Merkblatt vom 04.08.2011, S. 6.

- Annahme von Nicht-Instituten, mit Ausnahme von Geldern, die zur Weiterleitung als durchlaufende Kredite[13], zur Durchführung öffentlicher Förderprogramme oder als Kredit bestimmt sind, sofern für den Einzelfall ein schriftlicher Kreditvertrag geschlossen und der Kredit banküblich gesichert wurde;
- zur Finanzierung des auf Gewinnerzielung gerichteten Aktivgeschäfts.

Während die Annahme von Geldern durch Ausgabe von **Inhaber- oder Orderschuldverschreibungen** nicht unter den Einlagenbegriff fällt, stellt die Ausgabe von Namensschuldverschreibungen grundsätzlich ein Einlagengeschäft dar[14]. Bei Wertpapieren unter ausländischem Recht ist zu prüfen, ob sie nach deutschem Recht als Inhaber- oder Orderschuldverschreibung zu qualifizieren wären.

Ein Einlagengeschäft liegt nach ständiger Verwaltungspraxis der BaFin nicht vor, wenn Gelder gegen Hingabe von **banküblichen Sicherheiten** (z. B. Bürgschaft, Garantie) angenommen werden[15]. Eine Verzinsung ist hingegen keine notwendige Voraussetzung für das Vorliegen einer Einlage. Auch Gelder, auf die keine Zinsen gezahlt werden, können unter den Einlagebegriff fallen. Umstritten ist, ob **Gesellschafterdarlehen** bzw. Guthaben auf Gesellschafterkonten von Personenhandelsgesellschaften ein erlaubnispflichtiges Einlagengeschäft darstellen[16]. Nach geänderter Auffassung der BaFin ist das Betreiben von einem Einlagengeschäft in diesem Fall zu verneinen, da der Rückzahlungsanspruch als bedingt anzusehen ist, soweit und solange der Zahlungsanspruch ausgeschlossen ist, wie die Geltendmachung des Zahlungsanspruchs einen Grund für die Eröffnung des Insolvenzverfahrens über das Vermögen der Gesellschaft herbeiführt. Dies sieht die BaFin grundsätzlich aufgrund des gesellschaftsrechtlichen Grundsatzes der Treuepflicht als gegeben an, wonach Ansprüche des Gesellschafters nicht durchsetzbar sind, wenn ihre Geltendmachung zur Insolvenz der Gesellschaft führt[17]. Gemäß nachvollziehbarer anderer Auffassung ist es zu bezweifeln, ob Gesellschafter als Publikum[18] oder das Stehenlassen von Gewinnanteilen als »Annahme von fremden Geldern«[19] anzusehen sind und die Tatbestandsvoraussetzungen des Einlagengeschäfts bereits insoweit schon nicht erfüllt sind. Die Annahme von Gesellschafterdarlehen durch kapitalistisch strukturierte Kommanditgesellschaften (Publikums-KG), bei denen das Darlehen außer Verhältnis zu der gesellschaftsrechtlichen Einlage des Gesellschafters steht, erfüllt nach Auffassung der BaFin die Tatbestandsmerkmale des Einlagengeschäfts[20].

---

13 Zur Bilanzierung durchlaufender Kredite siehe Kapitel II.1.2.4.
14 Vgl. BaFin, Merkblatt vom 11.03.2014, S. 7.
15 Vgl. BaFin, Merkblatt vom 11.03.2014, S. 7.
16 Bejahend grundsätzlich BaFin, Merkblatt vom 11.03.2014, S. 5 sowie auch Wenzel, in: NZG 2013, S. 161, der eine Vermeidung einer Bankerlaubnis für betroffene Personengesellschaften u. a. durch die Vereinbarung einer qualifizierten Nachrangklausel, einer Verbriefung der Gesellschafterdarlehen oder die Einschaltung einer Fronting Bank diskutiert.
17 Vgl. BaFin, Merkblatt vom 11.03.2014, S. 5.
18 Vgl. Meilicke/Schödel, in: DB 2014, S. 288; Schüppen/Stürner, in: WPg 2014, S. 283.
19 Vgl. Schüppen/Stürner, in: WPg 2014, S. 283 f.
20 Vgl. BaFin, Merkblatt vom 11.03.2014, S. 5.

1a. Pfandbriefgeschäft. Während die Begebung von Inhaber- oder Orderschuldverschreibungen im Allgemeinen nicht erlaubnispflichtig ist, stellt die Emission von Pfandbriefen nach § 1 Abs. 1 Nr. 1a KWG ein erlaubnispflichtiges Bankgeschäft dar. Nach § 1 Abs. 1 S. 2 PfandBG ist das Pfandbriefgeschäft definiert als die Ausgabe gedeckter Schuldverschreibungen aufgrund erworbener
- Hypotheken unter der Bezeichnung Pfandbriefe oder **Hypothekenpfandbriefe**,
- Forderungen gegen staatliche Stellen unter der Bezeichnung Kommunalschuldverschreibungen, Kommunalobligationen oder **Öffentliche Pfandbriefe**,
- Schiffshypotheken unter der Bezeichnung **Schiffspfandbriefe**,
- Registerpfandrecht an Luftfahrzeugen oder ausländischer Flugzeughypotheken unter der Bezeichnung **Flugzeitpfandbriefe**.

Gedeckte Schuldverschreibungen (covered bonds), die nicht den Regelungen des PfandBG unterfallen, gelten nicht als Pfandbriefe; ihre Ausgabe ist nicht erlaubnispflichtig und kann mithin auch von Nicht-Instituten vorgenommen werden. Pfandbriefe sind von einer Pfandbriefbank emittierte Schuldverschreibungen, die mit **Deckungswerten** besichert sind. Die in diesem Deckungsstock befindlichen Deckungswerte unterliegen umfangreichen und strengen Qualitätsanforderungen (z. B. hinsichtlich Deckungsfähigkeit, Beleihungsgrenzen usw.). Nach § 4 PfandBG muss der emittierte Pfandbrief nominal und barwertig[21] jederzeit durch entsprechende Deckungsmassen gedeckt sein (sog. **Deckungskongruenz**). Die Deckungswerte werden in einem **Deckungsregister** eingetragen und unterliegen einer laufenden **Deckungsprüfung** durch Treuhänder, Abschlussprüfer und Aufsicht. Im Falle einer Insolvenz einer Pfandbriefbank stehen nach §§ 30 ff. PfandBG die Deckungswerte vorrangig zur Befriedigung der Ansprüche der Pfandbriefgläubiger zur Verfügung (die Deckungsmasse wird nicht Teil der Insolvenzmasse einer Pfandbriefbank). Die Besonderheiten der Bilanzierung von Pfandbriefbanken sind erläutert in Kapitel IV.4.

2. Kreditgeschäft. Nach § 1 Abs. 1 Nr. 2 KWG stellt die Gewährung von Gelddarlehen und Akzeptkrediten ein erlaubnispflichtiges Bankgeschäft dar. Der Begriff **Gelddarlehen** ist in diesem Zusammenhang als Abschluss eines Darlehensvertrags nach § 488 BGB oder eines vergleichbaren Vertrags nach ausländischem Recht zu verstehen[22]. Nach § 488 Abs. 1 S. 1 u. 2 BGB wird der Darlehensgeber durch einen Darlehensvertrag verpflichtet, dem Darlehensnehmer **einen Geldbetrag** in der vereinbarten Höhe zur Verfügung zu stellen[23]; der Darlehensnehmer ist verpflichtet, den geschuldeten Zins zu zahlen und bei Fälligkeit das zur Verfügung gestellte Darlehen zurückzuzahlen.

Für den Tatbestand des Kreditgeschäfts kommt es mithin auf die Gewährung eines **Geldbetrags** an; Sachdarlehen (wie z. B. Wertpapierleihe) stellen keine erlaubnispflichtigen Bankgeschäfte dar. Eine Kreditvergabe liegt nicht vor, wenn der Verkäufer einer Ware

---
21 Die Barwertrechnung richtet sich nach der BarwertVO.
22 Vgl. BaFin, Merkblatt vom 02.05.2016 – Hinweise zum Tatbestand des Kreditgeschäfts, S. 2.
23 Vgl. Rohe, in: Bamberger/Roth, § 488 BGB, Tz. 14 f.

oder Dienstleistung den Kaufpreis stundet; es liegt ein Warenkredit und kein Geldkredit vor (Stundungskredit)[24].

Notwendige Bedingung für das Vorliegen eines Kredits ist zudem der **Rückzahlungsanspruch** des Darlehensgebers. Eine Vorausleistung auf eine eigene noch nicht fällige Verbindlichkeit stellt mithin keine Kreditgewährung dar, da es an der Rückzahlbarkeit fehlt. Vorausleistungen auf Zahlungspflichten Dritter erfüllen demgegenüber den Tatbestand des Kreditgeschäfts. Ob und in welcher Höhe ein Zins für das Gelddarlehen vereinbart wurde, ist nicht ausschlaggebend für das Vorliegen eines Kreditgeschäfts[25].

Ebenso stellt die Hingabe von Geld im Rahmen einer **stillen Gesellschaft** kein Kreditgeschäft dar, wenn der Vertrag über die stille Gesellschaft eine Beteiligung am Verlust vorsieht. Der Kauf von Krediten im Wege einer Unterbeteiligung, einer synthetischen Verbriefungstransaktion, eines True Sale Forderungskaufs oder eines umwandlungsrechtlichen Spaltungsvorgangs stellt beim Erwerber **kein** erlaubnispflichtiges Kreditgeschäft dar, weil das ursprüngliche Kreditinstitut gegenüber dem Darlehensnehmer stets verpflichtet bleibt[26]. Eine Prolongation eines erworbenen Darlehens erfüllt beim Zessionar hingegen den Tatbestand des Kreditgeschäfts, sofern es sich nicht um eine bereits vom Originator eingeräumte Option handelt. Stundungen stellen kein Kreditgeschäft dar, sofern damit keine Konditionenanpassung verbunden ist. Trotz Vorliegen eines zivilrechtlichen Darlehensvertrags wird in der ständigen Verwaltungspraxis der BaFin das Vorliegen eines Kreditgeschäfts bei Arbeitgeberdarlehen, Brauereidarlehen, Einlagen bei lizensierten Kreditinstituten sowie Ausleihungen mit Verlustteilnahme- oder qualifizierter Nachrangklausel sowie Gesellschafterdarlehen verneint[27].

Bei einem **Akzeptkredit** wird einem Kreditnehmer ein Kredit mittels eines Wechsels verschafft. Kreditinstitute können in unterschiedlicher Weise in Wechselkredite involviert sein. Ein **Wechselkredit** vollzieht sich in folgenden Schritten. Zunächst wird ein Kreditvertrag zwischen einem Kreditinstitut (Bezogener, Akzeptant von Wechseln) und einem Kreditnehmer (Wechselaussteller) abgeschlossen, durch den sich das Kreditinstitut verpflichtet, Wechsel bis zu einer bestimmten Grenze zu akzeptieren, die der Kreditnehmer gegenüber Dritten (Wechselgläubiger) ausstellt. Liegt ein konkreter Finanzierungsbedarf (z. B. aus einem Warengeschäft) für den Kreditnehmer vor, so stellt er einen Wechsel aus und legt diesen dem Kreditinstitut zur Akzeptierung vor. Das Kreditinstitut akzeptiert den Wechsel und gibt diesen an den Kreditnehmer (Aussteller) zurück. Dieser gibt den Wechsel weiter an einen Wechselnehmer (Wechselgläubiger), der den Wechsel bei Fälligkeit dem Kreditinstitut vorlegt und die Zahlung der Wechselsumme verlangt. Das Institut hat den Wechsel unabhängig von der Zahlungsfähigkeit des Kreditnehmers einzulösen. In dem Kreditvertrag zwischen Kreditnehmer und Kreditinstitut ist i. d. R. vereinbart, dass der Kreditnehmer einen Tag vor Fälligkeit des Wechsels die Deckung des Wechsels beim Kreditinstitut angeschafft haben muss. Vor diesem Hintergrund stellt ein Akzeptkredit ein Haftungskredit dar, bei dem ein Kreditinstitut durch die wechselmäßige Haftung die Grundlage

---

24 Vgl. Schäfer, in: Boos/Fischer/Schulte-Mattler, 5. Aufl., §1 KWG, Tz. 57.
25 Vgl. Schäfer, in: Boos/Fischer/Schulte-Mattler, 5. Aufl., §1 KWG, Tz. 58; Rohe, in: Bamberger/Roth, §488 BGB, Tz. 14 f.
26 Vgl. BaFin, Merkblatt vom 02.05.2016, S. 3.
27 Vgl. BaFin, Merkblatt vom 02.05.2016, S. 5 f.

z. B. für einen Warenkredit zwischen einem Wechselaussteller und einem Wechselgläubiger schafft[28]. Bei einem **Akzeptkredit** verpflichtet sich ein Institut, bis zu einer vereinbarten Kreditgrenze vom Kreditnehmer ausgestellte Wechsel zu **akzeptieren**. Ein Akzeptkredit stellt eine **Kreditleihe** dar, bei der die Bank die eigene Bonität zur Verfügung stellt. Durch das Bankakzept wird die Bonität des Wechsels gesteigert. Der Bankakzept stellt für das Kreditinstitut eine Eventualverbindlichkeit dar. Der Kreditnehmer kann sich mit dem Wechsel die notwendige Liquidität auch dadurch verschaffen, indem er den Wechsel bei dem ausstellenden Institut oder bei einem anderen Institut zum Diskont gibt (siehe auch Diskontgeschäft)[29].

3. Diskontgeschäft. Im Rahmen des Diskontgeschäfts werden von einem Kreditnehmer Wechsel bei einem Kreditinstitut eingereicht. Die Bank kann nach einer Prüfung des Wechsels entscheiden, ob sie in den Abschluss eines Diskontvertrags eintritt. Dieser sieht vor, dass dem Einreicher ein Diskonterlös gutgeschrieben wird, der sich aus der Wechselsumme abzüglich des Diskonts (Zins bis zur Fälligkeit) sowie Kosten und Provisionen ergibt[30]. Während ein Akzeptkredit eine Kreditleihe darstellt, handelt es sich bei einem Diskontkredit um eine **Geldleihe**, bei der die Bank liquide Mittel zur Verfügung stellt. Nähere Ausführungen zur Bilanzierung von Diskontgeschäften finden sich in Kapitel IV.2.3.

4. Finanzkommissionsgeschäft. Ein Finanzkommissionsgeschäft ist in § 1 Abs. 1. Nr. 4 KWG definiert als »die Anschaffung und die Veräußerung von Finanzinstrumenten im eigenen Namen für fremde Rechnung«. Bei einem Finanzkommissionsgeschäft handelt ein Kreditinstitut im eigenen Namen und fremde Rechnung im Rahmen einer **verdeckten Stellvertretung** nach §§ 383 ff. BGB. Dies stellt die einzige Form des Handels mit Finanzinstrumenten dar, die den Tatbestand eines Bankgeschäfts erfüllt. Alle anderen Formen stellen entweder erlaubnispflichtige Finanzdienstleistungen oder erlaubnisfreie (Eigen) Geschäfte von Finanzunternehmen dar (siehe Abb. 3). Für die Erfüllung des Tatbestands des Finanzkommissionsgeschäfts ist es nicht erforderlich, dass Finanzinstrumente sowohl angeschafft als auch veräußert werden; es ist ausreichend, wenn die Finanzinstrumente entweder angeschafft oder veräußert werden[31].

Bei dem Begriff »Finanzinstrument« ist in diesem Zusammenhang auf die Definition des § 1 Abs. 11 KWG abzustellen (siehe § 1 Abs. 11 S. 1 KWG). Dies umfasst neben Wertpapieren unter anderem auch Anteile an Investmentvermögen im Sinne des KAGB und Derivate (einschließlich Warentermingeschäfte). Hierbei ist zu beachten, dass Unternehmen, die Handel mit Derivaten betreiben, unter bestimmten Bedingungen nicht als Kredit- oder Finanzdienstleistungsinstitut gelten (siehe § 2 Abs. 1 Nr. 9 sowie Abs. 6 Nr. 9, 11, 13 KWG).

Notwendige Voraussetzung für ein Finanzkommissionsgeschäft ist ein Handeln im eigenen Namen und für fremde Rechnung (verdeckte Stellvertretung). Im Gegensatz dazu liegt eine offene Stellvertretung vor, wenn im fremden Namen und für fremde Rechnung

---

28 Vgl. Hopt, in: Baumbach/Hopt, Handelsgesetzbuch, 2. Teil, G 25.
29 Vgl. Peters, in: Bankrechts-Handbuch, 5. Aufl., § 65, Tz. 16.
30 Vgl. Peters, in: Bankrechts-Handbuch, 5. Aufl., § 65, Tz. 8.
31 Vgl. BaFin, Merkblatt – Hinweise zum Tatbestand des Finanzkommissionsgeschäfts, 18.03.2010, Stand Juli 2014, S. 2; ebenso Schäfer, in: Boos/Fischer/Schulte-Mattler, § 1 KWG, Tz. 61.

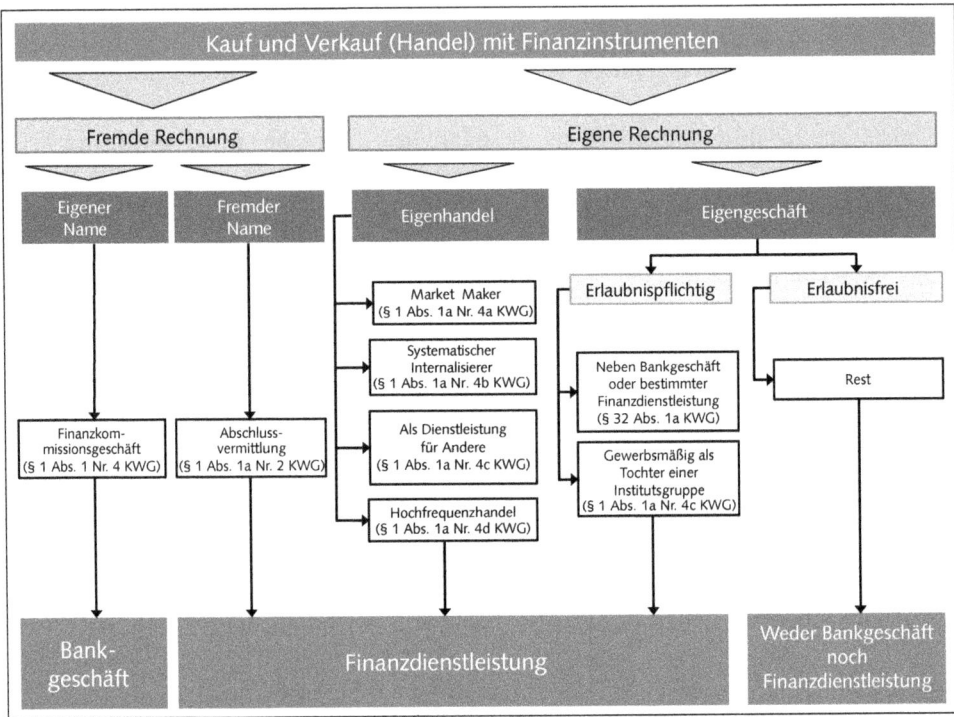

Abb. 3: Grundformen des Handels mit Finanzinstrumenten

gehandelt wird (Abschlussvermittlung). Die verwaltungsgerichtliche Rechtsprechung stellt für den Tatbestand des Finanzkommissionsgeschäfts weitgehend auf die Voraussetzungen für handelsrechtliche Kommissionsgeschäfte im Sinne der §§ 383 ff. HGB ab. In diesem Zusammenhang müssen allerdings nicht alle Merkmale des Handelsrechts gegeben sein; für den Tatbestand des Finanzkommissionsgeschäfts reicht eine hinreichende Ähnlichkeit mit den in §§ 383 HGB geregelten Merkmalen aus. Dies umfasst insbesondere die Weisungsbefugnis des Kommittenten (§ 384 Abs. 1 HGB), die Benachrichtigungs- und Rechenschaftspflicht des Kommissionärs sowie die Pflicht, das Eigentum an den angeschafften Finanzinstrumenten zu übertragen (§ 384 Abs. 2 HGB)[32].

5. Depotgeschäft. Das Depotgeschäft ist die Verwahrung und die Verwaltung von Wertpapieren für andere. Ein Unterfall des Depotgeschäfts stellt das sog. »eingeschränkte Verwahrgeschäft« dar, bei dem ausschließlich die Verwahrung und Verwaltung von Wertpapieren für alternative Investmentfonds (AIF) betrieben wird. Während das Depotgeschäft ein Bankgeschäft darstellt, liegt beim eingeschränkten Verwahrgeschäft lediglich eine Finanzdienstleistung vor (§ 1 Abs. 1a S. 2 Nr. 12 KWG). Der Tatbestand des Depotgeschäfts ist erfüllt, wenn entweder eine Verwahrung oder die Verwaltung von Wertpapieren erbracht

---

32 Vgl. BaFin, Merkblatt – Hinweise zum Tatbestand des Finanzkommissionsgeschäfts, 18.03.2010, Stand Juli 2014, S. 2.

wird[33]. Dem Tatbestand des Depotgeschäfts liegt der Wertpapierbegriff des § 1 Abs. 1 DepotG zu Grunde. Die **Verwahrung** ist die Gewährung von Raum und Übernahme der Obhut[34]. Um eine bloße Raumgewährung ohne Obhut (Raummiete oder Raumleihe) handelt es sich bspw. bei dem Abschluss eines Mietvertrags über ein Bankschließfach. Sogenannte geschlossene Depots, bei denen der Verwahrer keine Kenntnis von dem Inhalt der hinterlegten Wertpapiere hat, stellt ebenso keine Verwahrung dar, da der Verwahrer mithin seinen Primärpflichten (Obhuts- und Rettungspflichten) nicht nachkommen kann. Das Depotgesetz sieht die folgenden Arten der Verwahrung von Wertpapieren vor:

- **Sonderverwahrung** (§ 2 DepotG). Bei der Sonderverwahrung werden die Wertpapiere vom Kreditinstitut unter »äußerlich erkennbarer Bezeichnung jedes Hinterlegers gesondert von den eigenen Beständen und denen Dritter aufbewahrt« (§ 2 S. 1 DepotG). Bei der Hinterlegung der Wertpapiere werden diese mit einem Streifband versehen, der den Namen des Hinterlegers trägt (sog. Streifbandverwahrung). Dadurch werden die hinterlegten Papiere von den Eigenbeständen des Kreditinstituts unterscheidbar. Bei der Sonderverwahrung ist auch eine sog. Drittverwahrung möglich. Dabei vertraut das Kreditinstitut (als Zwischenverwahrer) die Verwahrung der Wertpapiere im eigenen Namen einer anderen Bank an (§ 3 Abs. 1 DepotG).
- **Sammelverwahrung** (§ 5 DepotG). Bei der Sammelverwahrung werden vertretbare Wertpapiere ein und derselben Art von dem Verwahrer ungetrennt von seinen eigenen Beständen (Nostrobestände) derselben Art oder von solchen Dritter verwahrt. Der Hinterleger verliert dabei sein Eigentum an dem hinterlegten Wertpapier und erwirbt Miteigentum nach Bruchteilen an sämtlichen Wertpapieren derselben Art, dem sog. Sammelbestand (§ 1 Abs. 1 S. 1 DepotG). Die Sammelverwahrung kann entweder als Hausverwahrung oder als Drittverwahrung bei einer Wertpapiersammelbank (sog. Girosammelverwahrung) vorkommen.

Die **Verwaltung** bezeichnet die laufende Wahrnehmung der Rechte aus dem Wertpapier. Dies schließt insbesondere die Inkassotätigkeit, Benachrichtigungs- und Prüfungspflichten und bei entsprechender schriftlicher Bevollmächtigung die Ausübung des Auftragsstimmrechts und die Einziehung des Gegenwerts bei Fälligkeit ein[35].

6. Zentralverwahrer übernehmen als Finanzmarktinfrastrukturen die Verwahrung von Wertpapieren und die Abwicklung von Wertpapiergeschäften. Zentralverwahrer haben die Regelungen der europäische Zentralverwahrerverordnung (CSDR, EU VO 909/2014) zu beachten und betreiben erlaubnispflichtiges Geschäft. Nach § 1 Abs. 6 KWG i. V. m. Art. 2 EU VO 909/2014 ist ein Zentralverwahrer eine juristische Person, die ein Wertpapierliefer- und -abrechnungssystem sowie mindestens eine Kerndienstleistung eines Zentralverwahrers (notarielle Dienstleistung, zentrale Kontoführung oder Abwicklungsdienstleistung) erbringt.

---

33 Vgl. BaFin, Merkblatt – Hinweise zum Tatbestand des Depotgeschäfts, vom 17.02.2014, S. 2.
34 Vgl. Gehrlein, in: Beck OK BGB, § 688 BGB, Tz. 3.
35 Vgl. BaFin, Merkblatt – Hinweise zum Tatbestand des Depotgeschäfts, vom 17.02.2014, S. 4.

7. Revolvinggeschäft. Nach § 1 Abs. 1 S. 2 Nr. 7 KWG stellt das Eingehen von Verpflichtungen, zuvor veräußerte Forderungen vor Fälligkeit zurückzuerwerben ein Bankgeschäft dar (sog. Darlehensrückkaufgeschäfte). Dieser Tatbestand konstituiert nur dann einen eigenständigen erlaubnispflichtigen Tatbestand, wenn angekaufte Forderungen Gegenstand des Revolvinggeschäfts sind. Handelt es sich um selbst originierte Darlehensforderungen, so ist bereits der Tatbestand des Kreditgeschäfts (Nr. 2) erfüllt. Das in der Praxis kaum noch relevante Revolvinggeschäft besteht darin, langfristige Forderungen durch eine Kette von kurzfristigen Geldern zu refinanzieren[36]. Dazu wird mit dem Verkauf von Kreditforderungen an Dritte gleichzeitig die Verpflichtung zum Rückerwerb der Forderungen vor ihrer Endfälligkeit vereinbart. Das Unternehmen, welches das Revolvinggeschäft betreibt ist mithin Zins- und Liquiditätsrisiken ausgesetzt. Da das Revolvingunternehmen in Liquiditätsschwierigkeiten geraten kann, sofern es bei Rücknahme der Forderungen keine Anschlussfinanzierung erhalten hat, stellt das Revolvinggeschäft zum Schutz der Geldgeber ein erlaubnispflichtiges Bankgeschäft dar.

8. Garantiegeschäft. Unter dem Garantiegeschäft ist die Übernahme von Bürgschaften, Garantien und sonstigen Gewährleistungen für andere zu verstehen. Durch das Garantiegeschäft wird einem Kreditnehmer nicht Geld, sondern die Bonität des haftenden Kreditinstituts zu Verfügung gestellt (sog. Kreditleihe). Bei einer Bürgschaft verpflichtet sich der Bürge gegenüber dem Gläubiger eines Dritten, für die Erfüllung der Verbindlichkeiten des Dritten einzustehen (§ 765 Abs. 1 BGB). Während die Übernahme von Bürgschaften ein Dreiparteien-Verhältnis voraussetzt, ist die Übernahme einer Garantie unabhängig von einer eventuellen Leistungspflicht eines Hauptschuldners zu sehen[37]. Gemeinsames Merkmal aller Formen des Garantiegeschäfts besteht in der verpflichtenden Haftungserklärung des bürgenden Kreditinstituts für fremde Schulden.

9. Scheckeinzug-, Wechseleinzugsgeschäft und Reisescheckgeschäft. Seit 2009 sind weite Teile des Zahlungsverkehrs durch das Zahlungsdiensteaufsichtsgesetz reguliert. Nach § 1 Abs. 1 S. 2 Nr. 9 KWG ist seitdem nur noch das Scheckeinzugsgeschäft, das Wechseleinzugsgeschäft und die Ausgabe von Reiseschecks als Bankgeschäft durch das KWG beaufsichtigt.

10. Emissionsgeschäft. Nach § 1 Abs. 1 S. 2 Nr. 10 KWG stellt die Übernahme von Finanzinstrumenten für eigenes Risiko zur Platzierung oder die Übernahme gleichwertiger Garantien ein erlaubnispflichtiges Bankgeschäft dar. Das Emissionsgeschäft ist abzugrenzen gegen das Platzierungsgeschäft sowie das Finanzkommissionsgeschäft. Während beim Finanzkommissionsgeschäft die Anschaffung und Veräußerung von Finanzinstrumenten im eigenen Namen und fremde Rechnung erfolgt, geht ein Unternehmen im Rahmen eines Emissionsgeschäfts eine feste Übernahmeverpflichtung von Finanzinstrumenten im eigenen Namen und für eigene Rechnung ein. Eine nähere Erläuterung der verschiedenen For-

---

36 Vgl. Bomhard/Kessler/Dettmeier, in: BB 2004, S. 2087.
37 Vgl. Brogl, in: Reischauer/Kleinhans, § 1 KWG, Tz. 126; Weber/Seifert, in: KWG, § 1 Tz. 26.

men des Kapitalmarktgeschäfts sowie deren Abbildung in der Bilanz von Kreditinstituten findet sich in Kapitel VI.1.

Für \ Im	Eigenen Namen	Fremden Namen
Eigene Rechnung	Emissionsgeschäft Bankgeschäft (§ 1 Abs. 1 S. 2 Nr. 10 KWG)	./.
Fremde Rechnung	Finanzkommissionsgeschäft Bankgeschäft (§ 1 Abs. 1 S. 2 Nr. 4 KWG)	Platzierungsgeschäft Finanzdienstleistung (§ 1 Abs. 1a S. 2 Nr. 1c KWG)

Abb. 4: Formen des Kapitalmarktgeschäfts

11. Aufgehoben. Die Aufsicht über das E-Geld-Geschäft wurde im Zuge der Zweiten E-Geld-Richtlinie aus dem KWG in das Zahlungsdiensteaufsichtsgesetz überführt (siehe Kapitel I.2.1.1.1.4).

12. Tätigkeit als zentrale Gegenpartei. Sofern ein Unternehmen die Tätigkeit als zentrale Gegenpartei im Sinne des § 1 Abs. 31 KWG ausübt, betreibt es erlaubnispflichtiges Bankgeschäft. Dabei stellt eine zentrale Gegenpartei eine juristische Person dar, »die zwischen Gegenparteien der auf einem oder mehreren Märkten gehandelten Kontrakte tritt und somit als Käufer für jeden Verkäufer bzw. als Verkäufer für jeden Käufer fungiert« (Art. 2 Nr. 1 EMIR[38]). Im Zuge der EMIR-Verordnung sind ab dem 01.01.2013 auch clearingpflichtige OTC-Derivate von den Instituten über zentrale Kontrahenten abzuwickeln. Der zentrale Kontrahent hat mithin auf Tagesbasis Sicherheiten von den Kontraktparteien einzuziehen bzw. freizugeben. Dies geschieht im Regelfall durch eine tägliche Berechnung des Marktwerts des abgeschlossenen Kontrakts sowie der Sicherheiten. Standardisierte Terminkontrakte (wie z. B. Future) werden regelmäßig über Clearingstellen oder Terminbörsen (z. B. Eurex) abgerechnet. Die tägliche Sicherheitenstellung erfolgt hierbei über ein sog. Margin-System (für nähere Erläuterungen siehe Kapitel IV.3.2.1.2). Die geschlossen Kontrakte im Sinne von § 1 Abs. 1 Nr. 12 KWG beziehen sich jedoch nicht nur auf Derivatekontrakte, sondern auf jegliche Finanzinstrumente im Sinne des § 1 Abs. 11 KWG[39]. Dies umfasst unter anderem neben derivativen Finanzinstrumenten auch Wertpapiere. Auch standardisierte Wertpapiergeschäfte wie z. B. Wertpapierpensionsgeschäfte oder Wertpapierleihegeschäfte können über zentrale Kontrahenten abgewickelt werden (z. B. Eurex Clearing AG).

2.1.1.1.3 Finanzdienstleistungsinstitute

Ähnlich wie bei Kreditinstituten definiert der Gesetzgeber im § 1 Abs. 1a KWG Finanzdienstleistungsinstitute über eine **abschließende** Aufzählung erlaubnispflichtiger Finanzdienstleistungen. Finanzdienstleistungsinstitute sind Unternehmen, die Finanzdienstleis-

---

38 Verordnung EU Nr. 648/2012.
39 Vgl. BaFin: Merkblatt – Hinweise zum Tatbestand der Tätigkeit als zentrale Gegenpartei, vom 19.09.2013.

tungen für Andere gewerbsmäßig oder in einem Umfang erbringen, der einen in kaufmännischer Weise eingerichteten Geschäftsbetrieb erfordert und die keine Kreditinstitute sind (§ 1 Abs. 1a KWG). Finanzdienstleistungen werden in § 1 Abs. 1a KWG aufgezählt. Finanzdienstleistungsinstitute haben gem. § 340 Abs. 4 HGB ebenfalls die institutsspezifischen Bilanzierungsvorschriften der §§ 340 ff. HGB zu beachten, sofern diese Unternehmen nicht aus dem Geltungsbereich von Finanzdienstleistungsinstituten aufgrund der Ausnahmevorschriften in § 2 Abs. 6 und 10 KWG ausgenommen sind. Seit Inkrafttreten des BilRuG sind nun auch Finanzdienstleistungsinstitute, die nicht als Kapitalgesellschaften firmieren, verpflichtet, die Offenlegungsvorschriften des § 340l HGB zu beachten. Vormals war § 340l HGB nur für Finanzdienstleistungsinstitute in der Rechtsform der Kapitalgesellschaft einschlägig (§ 340 Abs. 4 S. 3 HGB aF)[40]. Zu den Finanzdienstleistungen gehören:

1. Anlagevermittlung. Die Anlagevermittlung ist nach § 1 Abs. 1a S. 2 Nr. 1 KWG definiert als die Vermittlung von Geschäften über die Anschaffung und die Veräußerung von Finanzinstrumenten. Dies umfasst die Weiterleitung einer Willenserklärung **als Bote**, die auf den Erwerb und/oder die Veräußerung von Finanzinstrumenten im Sinne des § 1 Abs. 11 KWG gerichtet ist. Davon werden Willenserklärungen erfasst, die ein Angebot des Anlegers an einen Verkäufer oder die Annahme des Angebots durch den Anleger darstellen. Gibt die Mittelsperson als Vertreter des Anlegers eine eigene Willenserklärung ab, so liegt keine Anlagevermittlung, sondern eine Abschlussvermittlung (Nr. 2) oder Finanzportfolioverwaltung (Nr. 3) vor. Ist für die Mittelsperson nicht erkennbar, dass die zu überbringende Willenserklärung auf die Anschaffung oder Veräußerung von Finanzinstrumenten gerichtet ist, so liegt keine Anlagevermittlung vor (z.B. Briefpostunternehmen). Die Willenserklärung über die Anschaffung und Veräußerung kann auch den Tausch von Finanzinstrumenten oder den Erwerb aus Emissionen umfassen. Neben der Übermittlungstätigkeit einer Willenserklärung als Bote fällt unter den Tatbestand der Anlagevermittlung auch das **Zusammenführen von zwei Parteien**, wodurch die Anschaffung oder Veräußerung von Finanzinstrumenten ermöglicht wird (auch ggf. über ein EDV-System)[41].

1a. Anlageberatung. Gem. § 1 Abs. 1a S. 2 Nr. 1a KWG ist die Tätigkeit der Anlageberatung definiert als »die Abgabe von persönlichen Empfehlungen an Kunden oder deren Vertreter, die sich auf Geschäfte mit bestimmten Finanzinstrumenten beziehen, sofern die Empfehlung auf eine Prüfung der persönlichen Umstände des Anlegers gestützt oder als für ihn geeignet dargestellt wird und nicht ausschließlich über Informationsverbreitungskanäle oder für die Öffentlichkeit bekannt gegeben wird«. Der Begriff des »Geschäfts« umfasst auch Empfehlungen zum Halten eines Finanzinstruments oder eine Option auszuüben oder nicht auszuüben. In der Praxis ergeben sich diverse Abgrenzungsschwierigkeiten, die zum Teil nur auf Basis einer Würdigung des Einzelfalls zu beurteilen sind[42].

---

40 Die Streichung der Ausnahmevorschrift für Nicht-Kapitalgesellschaften stellt die Korrektur eines früheren Redaktionsversehens des Gesetzgebers dar. Vgl. RefE BilRuG, vom 28.07.2014, S. 85.
41 Vgl. BaFin, Merkblatt – Hinweise zum Tatbestand der Anlagevermittlung, 13.07.2017, S. 1 f.
42 Für einen Überblick vgl. Gemeinsames Informationsblatt der BaFin und der deutschen Bundesbank zum Tatbestand der Anlageberatung, November 2017.

1b. Betrieb eines multilateralen Handelssystems. Eine erlaubnispflichtige Finanzdienstleistung stellt auch das Betreiben eines multilateralen Handelssystems dar. Der Tatbestand ist erfüllt, wenn durch das multilaterale Handelssystem die Interessen einer Vielzahl von Personen am Kauf und Verkauf von Finanzinstrumenten innerhalb des Systems und nach festgelegten Bestimmungen in einer Weise zusammengebracht werden, die zu einem Vertrag über den Kauf dieser Finanzinstrumente führt (§ 1 Abs. 1a S. 2 Nr. 1b KWG sowie gleichlautend § 2 Abs. 8 Nr. 8 WpHG). Ein multilaterales Handelssystem setzt ein Regelwerk voraus, die u. a. die Mitgliedschaft in diesem System, die Handelsaufnahme von Finanzinstrumenten, den Handel zwischen den Mitgliedern, Meldungen über abgeschlossene Geschäfte und Transparenzpflichten umfasst[43]. Der Betreiber eines multilateralen Handelssystems muss den Zugang für Privatanleger ausschließen; die Mitglieder eines multilateralen Handelssystems müssen mindestens die Anforderungen für eine Teilnahme am Börsenhandel erfüllen[44].

1c. Platzierungsgeschäft. Das Platzieren von Finanzinstrumenten stellt eine Finanzdienstleistung dar. Eine genauere Darstellung dieser Form des Kapitalmarktgeschäfts und dessen Abgrenzung zum Emissions- und Finanzkommissionsgeschäft findet sich in Kapitel IV.2.

1d. Betrieb eines organisierten Handelssystems. Das Betreiben eines organisierten Handelssystems (Organised Trading Facilities, OTF) ist seit dem FiMaNoG[45] in Umsetzung der MiFID II erlaubnispflichtig. Mit der Erlaubnispflicht soll ein diskriminierungsfreier Zugang zu OTFs sowie die notwendige Transparenz auf diesen Märkten sichergestellt werden. Bei OTFs handelt es sich um Plattformen für den Handel verschiedener Finanzinstrumente.

2. Abschlussvermittlung. Unter einer Abschlussvermittlung wird die Anschaffung und Veräußerung im fremden Namen und fremde Rechnung bezeichnet. Der Abschlussvermittler schließt für die Rechnung eines Kunden im Rahmen einer offenen Stellvertretung Geschäfte über den Kauf und den Verkauf von Finanzinstrumenten ab. Von diesem Tatbestand ist die Tätigkeit des Abschlussmaklers im Sinne von § 34c GewO erfasst. So betreiben **Börsenmakler** regelmäßig die Abschlussvermittlung, da sie Wertpapiere im fremden Namen und für fremde Rechnung ankaufen[46]. Ein Handeln auf fremde Rechnung ist gegeben, wenn die für den Kunden abgeschlossenen Geschäfte auch wirtschaftlich den Kunden betreffen[47]. In dieser Hinsicht ähneln sich die Tatbestände der Abschlussvermittlung und der Anlagevermittlung. Beide Tatbestände unterscheiden sich jedoch dahingehend, dass ein Abschlussvermittler eine **eigene** Willenserklärung als Vertreter seines Kunden abgibt, während ein Anlagevermittler als Bote eine **fremde** Willenserklärung (des Kunden) weitergibt. Anlage- und Abschlussvermittler werden im Rahmen des KWG gleichgestellt. Dage-

---

43 Vgl. BT-Drs 16/4028, S. 12.
44 Vgl. BaFin: Merkblatt – Tatbestand des Betriebs eines multilateralen Handelssystems, 25.07.2013, S. 2.
45 Vgl. BGBl. 2017 Teil I Nr. 39 vom 24.06.2017.
46 Vgl. Weber/Seiffert, in: KWG und CRR, 3. Aufl., § 1 KWG, Tz. 53.
47 Vgl. BaFin: Merkblatt – Hinweise zum Tatbestand der Abschlussvermittlung, 11.09.2014, S. 2.

gen schließt ein Finanzkommissionär ein Geschäft im eigenen Namen und für fremde Rechnung ab, so dass die Rechtswirkungen des Geschäfts im Außenverhältnis direkt gegenüber dem Kommissionär bestehen. Die wirtschaftlichen Folgen des Geschäfts wirken sich auf den Kunden nur durch eine Vereinbarung im Innenverhältnis zwischen Kommissionär und Kunde aus. Zur Abgrenzung der Abschlussvermittlung zu den übrigen Handelsformen siehe Abbildung 3.

3. Finanzportfolioverwaltung. Die Finanzportfolioverwaltung ist definiert als die Verwaltung einzelner in Finanzinstrumenten angelegter Vermögen für Andere mit Entscheidungsspielraum. Der Begriff der Verwaltung setzt ein auf Dauer angelegtes Mandat zur Vermögensverwaltung einzelner Vermögen oder in einem Portfolio zusammengefasster Vermögen mehrerer Kunden voraus. Im Gegensatz zu einer weisungsgebundenen Tätigkeit ist ein **Entscheidungsspielraum** dann gegeben, wenn die Entscheidung auf dem eigenen Ermessen des Verwalters beruht und von diesem auch so durchgeführt werden kann[48]. Bei Entscheidungen mit Zustimmungsvorbehalt des Vermögensinhabers oder bei weitreichenden Mitentscheidungsbefugnissen fehlt es an dem notwendigen Entscheidungsspielraum. Bei der bloßen Vereinbarung eines Vetorechts liegt ein Entscheidungsspielraum hingegen vor[49].

4. Eigenhandel und bestimmte Eigengeschäfte. Als Finanzdienstleistungen gilt auch der Handel mit Finanzinstrumenten, sofern damit eine Dienstleistung verbunden ist, sowie bestimmte Formen des Handels mit Finanzinstrumenten im eigenen Namen (für eine Übersicht über die Erlaubnispflicht des Handels mit Finanzinstrumenten siehe Abb. 3). Der Gesetzgeber unterscheidet zwischen dem sog. »Eigenhandel« und den sog. »Eigengeschäften«. Der Eigenhändler kauft bzw. verkauft Finanzinstrumente im eigenen Namen und für eigene Rechnung und trägt somit das Preis- und Erfüllungsrisiko aus dem Geschäftsabschluss. Der Tatbestand des **Eigenhandels** ist nach § 1 Abs. 1a S. 1 Nr. 4 KWG erfüllt, wenn einer der folgenden vier Ausprägungen vorliegt.
   a) **Market Making.** Der Tatbestand des Eigenhandels ist erfüllt, wenn das Unternehmen die Möglichkeit zum Kauf oder Verkauf von Finanzinstrumenten an einem organisierten Markt[50] oder einem multilateralen Handelssystem[51] zu selbst gestellten Preisen anbietet. Dieser Tatbestand stellt eine Dienstleistung für Andere dar.
   b) **Systematischer Internalisierer.** Dieser Tatbestand erfasst das häufige organisierte und systematische Betreiben von Handel für eigene Rechnung außerhalb eines organisier-

---

48 Vgl. BaFin: Merkblatt – Hinweise zum Tatbestand der Finanzportfolioverwaltung, 11.06.2014, S. 2.
49 Vgl. Brogl, in: Reischauer/Kleinhans, § 1 KWG, Tz. 187; Weber/Seiffert, in: KWG und CRR, 3. Aufl., § 1 KWG, Tz. 55.
50 Für den Begriff des organisierten Markts ist auf § 2 Abs. 11 WpHG abzustellen. Ein organisierter Markt ist ein »im Inland, in einem anderen Mitgliedstaat der Europäischen Union oder einem anderen Vertragsstaat des Abkommens über den Europäischen Wirtschaftsraum betriebenes oder verwaltetes, durch staatliche Stellen genehmigtes, geregeltes und überwachtes multilaterales System, das die Interessen einer Vielzahl von Personen am Kauf und Verkauf von dort zum Handel zugelassenen Finanzinstrumenten innerhalb des Systems und nach nichtdiskretionären Bestimmungen in einer Weise zusammenbringt oder das Zusammenbringen fördert, die zu einem Vertrag über den Kauf dieser Finanzinstrumente führt«.
51 Zur näheren Erläuterung vgl. Buchstabe 1b.

ten Marktes oder eines multilateralen Handelssystems, indem ein für Dritte zugängliches System angeboten wird, um mit ihnen Geschäfte durchzuführen. Damit stellt auch der Eigenhandel außerhalb eines organisierten Marktes eine erlaubnispflichtige Finanzdienstleistung dar. Dies betrifft insbesondere den systematischen Internalisierer nach § 2 Abs. 10 WpHG[52].

c) **Eigenhandel als Dienstleistung für Andere.** Dieser Tatbestand erfasst jede andere Anschaffung oder Veräußerung von Finanzinstrumenten für eigene Rechnung als Dienstleistung für Andere. Dies umfasst bspw. das Festpreisgeschäft oder das Execution-Geschäft[53].

d) **Hochfrequenzhandel.** Der Hochfrequenzhandel ist definiert als das Kaufen oder Verkaufen von Finanzinstrumenten für eigene Rechnung als unmittelbarer oder mittelbarer Teilnehmer[54] eines inländischen organisierten Marktes oder multilateralen Handelssystems mittels einer hochfrequenten algorithmischen Handelstechnik[55], die gekennzeichnet ist durch die Nutzung von Infrastrukturen, die darauf abzielen, Latenzzeiten zu minimieren, durch die Entscheidungen des Systems über die Einleitung, das Erzeugen, das Weiterleiten oder die Ausführung eines Auftrags ohne menschliche Intervention für einzelne Geschäfte oder Aufträge und durch ein hohes untertägigen Mitteilungsaufkommen in Form von Aufträgen, Quotes oder Stornierungen, auch ohne Dienstleistung für andere. Die gesetzgeberische Klassifikation des Hochfrequenzhandels als Tatbestandsmerkmal des Eigenhandels erscheint gesetzessystematisch fragwürdig. Grundsätzlich unterscheiden sich Eigenhandel und Eigengeschäft dadurch, dass mit dem Eigenhandel ein Dienstleistungscharakter verbunden ist und damit ein Kundenbezug gegeben sein muss, während es bei Eigengeschäften an einem Dienstleistungsbezug fehlt[56]. Aus diesem Grunde wäre eine Einordnung des Hochfrequenzhandels als erlaubnispflichtiges Eigengeschäft sinnvoller gewesen[57].

Allen Ausprägungen des Eigenhandels ist der Dienstleistungscharakter für Andere gemeinsam (mit Ausnahme des Hochfrequenzhandels). Fehlt es an einem Kundenauftrag oder einem Handelsbezug zu potentiellen Kunden, so ist der Dienstleistungscharakter zu verneinen. In diesem Fall liegt ein **Eigengeschäft** vor, das nur bei einem gleichzeitigen Betreiben von Bankgeschäften oder bestimmten Finanzdienstleistungen eine erlaubnispflichtige Geschäftsart darstellt (§ 32 Abs. 1a S. 1 KWG). Damit soll das Betreiben von Bankgeschäften und die Erbringung von Finanzdienstleistungen vor Risiken aus dem (spekulativen)

---

52 Vgl. Schäfer, in: Boos/Fischer/Schulte-Mattler, 5. Aufl., § 1 KWG, Tz. 172; BaFin: Merkblatt – Hinweise zu den Tatbeständen des Eigenhandels und des Eigengeschäfts, 15.01.2018, S. 4.
53 Vgl. z. B. Schäfer, in: Boos/Fischer/Schulte-Mattler, 5. Aufl., § 1 KWG, Tz. 169.
54 Als Hochfrequenzhändler können auch **mittelbare Teilnehmer** gelten. Diese sind Personen oder Unternehmen, denen ein (unmittelbares) Mitglied oder (unmittelbarer) Teilnehmer eines inländischen organisierten Marktes oder multilateralen Handelssystems einen direkten elektronischen Zugang gewährt. Vgl. BT-Drs 17/11631, S. 17.
55 Der Hochfrequenzhandel ist eine Sonderform des Algorithmus-Handels. Für eine genauere Abgrenzung vgl. BaFin: Q&A zum Hochfrequenzhandel, Kobbach, in: BKR 2013, S. 237; Jaskulla, in: BKR 2013, S. 230.
56 Vgl. BT-Drs 16/4028, S. 56; BVerwG-Urteil vom 27.02.2008 – 6 C 11 u. 12/07, in: NJOZ 2008, S. 2191.
57 So auch Deutsche Bundesbank, Stellungnahme vom 10.01.2013 anlässlich der Anhörung des Finanzausschusses des Deutschen Bundestages am 16.01.2013.

Eigengeschäft geschützt werden. Die Erlaubnispflicht zum Betreiben von Eigengeschäften neben dem gleichzeitigen Erbringen erlaubnispflichtiger Bankgeschäfte oder Finanzdienstleistungen kann nicht durch die rechtliche Ausgliederung von Eigengeschäftsaktivitäten auf eine Tochtergesellschaft umgangen werden. So gilt das Eigengeschäft als Finanzdienstleistung, wenn das Eigengeschäft von einem Unternehmen betrieben wird,

- »das dieses Geschäft, ohne bereits aus anderem Grunde Institut zu sein, gewerbsmäßig oder in einem Umfang betreibt, der einen in kaufmännischer Weise eingerichteten Geschäftsbetrieb erfordert, und
- einer Instituts-, einer Finanzholding- oder gemischten Finanzholding-Gruppe oder einem Finanzkonglomerat angehört, der oder dem ein CRR-Kreditinstitut angehört« (§ 1 Abs. 1a S. 3 KWG).

5. Drittstaateneinlagenvermittlung. Die Vermittlung von Einlagengeschäften mit Unternehmen, die ihren Sitz außerhalb des Europäischen Wirtschaftsraums haben, stellen eine erlaubnispflichtige Drittstaateneinlagenvermittlung dar. Eine Einlagenvermittlung setzt eine Vermittlung auf Weisung des Kunden bzw. Anlegers voraus[58]. Bei dem Begriff der Einlage ist auf § 1 Abs. 1 S. 2 Nr. 1 KWG abzustellen. Fungiert ein Unternehmen als Treuhänder, der offiziell auf Weisung des ausländischen Unternehmens Einlagengelder einsammelt und weiterleitet, so liegt bereits eine erlaubnispflichtige Zweigstelle vor. Eine Drittstaateneinlagenvermittlung betreiben Unternehmen, die lediglich als Bote des Einlegers agieren. Von diesem Tatbestand wird nicht die Einlagenvermittlung für Unternehmen mit Sitz innerhalb des EWR erfasst, da der Gesetzgeber hier von einem hinreichend harmonisierten Kundenschutz ausgeht[59].

6. Aufgehoben.

7. Sortengeschäft. Unter dem Sortengeschäft ist der Tausch von inländischen und ausländischen gesetzlichen Zahlungsmitteln in der Form von Münzen und Banknoten zu verstehen. Vom Sortengeschäft wird ebenso der An- und Verkauf von Reiseschecks erfasst[60]. Von diesem Tatbestand werden insbesondere Wechselstuben erfasst. Hotels und Reisebüros werden nicht erfasst, sofern das Sortengeschäft nur eine Nebentätigkeit darstellt[61].

8. Aufgehoben.

9. Factoring. Als Factoring wird der laufende Ankauf von Forderungen aus Lieferung oder Leistung des Factoringkunden (= »Anschlusskunde« oder »Verkäufer«) durch den Factor (»Käufer«) nach Maßgabe eines Rahmenvertrags verstanden[62]. Ein Factoringunternehmen ist als Finanzdienstleistungsinstitut einzuordnen (§ 1 Abs. 1a S. 2 Nr. 9 KWG). Der Finanzdienstleistungstatbestand setzt neben dem »Ankauf von Forderungen« und »laufend, auf

---

58 Vgl. Weber/Seiffert, in: KWG und CRR, 3. Aufl., § 1 KWG, Tz. 69.
59 Vgl. Brogl, in: Reischauer/Kleinhans, § 1 KWG, Tz. 199.
60 Demgegenüber stellt die Ausgabe von Reiseschecks ein Bankgeschäft dar (§ 1 Abs. 1 S. 2 Nr. 9 KWG).
61 Vgl. Weber/Seiffert, in: KWG und CRR, 3. Aufl., § 1 KWG, Tz. 71.
62 Vgl. BaFin: Merkblatt – Hinweise zum Tatbestand des Factoring, 05.01.2009.

der Grundlage von Rahmenverträgen« ebenfalls voraus, dass dem Factoring eine Finanzierungsfunktion zukommt[63]. Der Ankauf der Forderungen kann mit oder ohne Rückgriff betrieben werden. Zur näheren Erläuterung der Bilanzierung von Factoring-Geschäften siehe Kapitel II.1.3.

10. Finanzierungsleasing. Leasingunternehmen gelten als Finanzdienstleistungsinstitute, wenn sie Finanzierungsleasingverträge als **Leasinggeber** abschließen oder die Verwaltung von **Leasingobjektgesellschaften** im Sinne von § 2 Abs. 6 S. 1 Nr. 17 KWG außerhalb der Verwaltung eines Investmentvermögens im Sinne des § 1 Abs. 1 KAGB betreiben[64]. Eine der beiden Tatbestände ist ausreichend. Eine ausführliche Darstellung des Leasinggeschäfts sowie der Bilanzierung von Leasingverträgen findet sich in Kapitel II.6.

11. Anlageverwaltung. Die Anlageverwaltung umfasst die »Anschaffung und Veräußerung von Finanzinstrumenten außerhalb der Verwaltung eines Investmentvermögens im Sinne des § 1 Abs. 1 KAGB für eine Gemeinschaft von Anlegern, die natürliche Personen sind, mit Entscheidungsspielraum bei der Auswahl der Finanzinstrumente, sofern dies ein Schwerpunkt des angebotenen Produktes ist und zu dem Zweck erfolgt, dass diese Anleger an der Wertentwicklung der erworbenen Finanzinstrumente teilnehmen«.

12. Eingeschränktes Verwahrgeschäft. Als erlaubnispflichtige Finanzdienstleistung gilt die Verwahrung und die Verwaltung von Wertpapieren ausschließlich für alternative Investmentfonds (AIF) im Sinne des § 1 Abs. 3 KAGB. Dies stellt ein Unterfall zum Depotgeschäft dar, welches als erlaubnispflichtiges Bankgeschäft zu qualifizieren ist. Unternehmen, die ausschließlich das eingeschränkte Verwahrgeschäft betreiben, gelten nicht als Kreditinstitute (§ 2 Abs. 1 Nr. 12 KWG).

2.1.1.1.4 Zahlungsinstitute und E-Geld-Institute

Nach § 340 Abs. 5 S. 1 HGB haben Institute im Sinne des § 1 Abs. 3 Zahlungsdiensteaufsichtsgesetzes (ZAG) die §§ 340 ff. HGB zu beachten. Institute im Sinne des § 1 Abs. 3 ZAG sind **Zahlungsinstitute** im Sinne des § 1 Abs. 1 S. 1 Nr. 1 ZAG sowie **E-Geld-Institute** im Sinne des § 1 Abs. 2 S. 1 Nr. 1 ZAG. Die Offenlegungsvorschriften des § 340l HGB sind mittlerweile von Zahlungsinstituten und E-Geld-Instituten aller Rechtsformen anzuwenden (Wegfall von § 340 Abs. 5 S. 2 HGB aF im Rahmen des BilRuG).

Nach § 1 Abs. 1 S. 1 Nr. 1 ZAG sind **Zahlungsinstitute** definiert als »Unternehmen, die gewerbsmäßig oder in einem Umfang, der einen in kaufmännischer Weise eingerichteten Geschäftsbetrieb erfordert, Zahlungsdienste erbringen, ohne Zahlungsdienstleister im Sinne der Nummern 2 bis 5 zu sein«. Das **Erbringen von Zahlungsdiensten** ist in § 1 Abs. 1 S. 2 ZAG durch einen Positivkatalog von Tatbeständen definiert und wird durch einen Negativkatalog in § 2 Abs. 1 ZAG abgegrenzt. Ein Zahlungsdienst ist demnach »jede privatrechtliche Dienstleistung eines Dritten, die die Ausführung einer Zahlung zwischen zwei

---

63 Vgl. BaFin: Merkblatt – Hinweise zum Tatbestand des Factoring, 05.01.2009.
64 Vgl. BaFin: Merkblatt – Hinweise zum Tatbestand des Finanzierungsleasings, 19.01.2009. Zur genaueren Darstellung von Investmentvermögen siehe Kap. III.1.3.3.2.3 sowie Kap. VIII.2.1.6.2.

Parteien, dem Zahler (…) und dem Zahlungsempfänger (…) bewirken soll, also dem Zahler helfen oder in die Lage versetzen sollen, einen Geldbetrag aus seinem Vermögen in das des Zahlungsempfängers zu übertragen, und nicht unter einen der Ausschlustatbestände (…) fällt«[65]. Das Erbringen einer Zahlungsdienstleistung stellt eine **Geschäftsbesorgung** dar[66], deren vertragliche Grundlage nach § 675f Abs. 1 BGB ein **Einzelzahlungsvertrag** oder ein **Zahlungsdiensterahmenvertrag** (§ 675f Abs. 2 BGB) darstellt. Durch diese Verträge wird der Zahlungsdienstleister verpflichtet, für die Zahlungsdienstnutzer (Zahler und Zahlungsempfänger) einen Zahlungsvorgang auszuführen. Erbringt ein Unternehmen Zahlungsdienste, so gilt es als Zahlungsdienstleister. Zahlungsdienstleister gelten als Zahlungsinstitute, wenn diese das Erbringen von Zahlungsdiensten in einem gewerblichen Umfang betreiben. Nach § 1 Abs. 1 S. 1 Nr. 1 ZAG stellen die folgenden Unternehmen und Institutionen **keine Zahlungsinstitute** im Sinne des ZAG dar:

1. CRR-Kreditinstitute im Sinne des Art. 4 Nr. 1 der Richtlinie 2006/48/EG des Europäischen Parlaments und des Rates vom 14.06.2006 über die Aufnahme und Ausübung der Tätigkeit der Kreditinstitute, die im Inland zum Geschäftsbetrieb berechtigt sind;
2. E-Geld-Institute im Sinne des § 1 Abs. 2 S. 1 Nr. 1 ZAG;
3. der Bund, die Länder, die Gemeinden und Gemeindeverbände sowie die Träger bundes- oder landesmittelbarer Verwaltung, soweit sie nicht hoheitlich handeln;
4. die europäische Zentralbank, die Deutsche Bundesbank sowie andere Zentralbanken in der Europäischen Union oder den anderen Staaten des Abkommens über den EWR, wenn sie nicht in ihrer Eigenschaft als Währungsbehörde oder andere Behörde handeln.

E-Geld-Institute sind definiert als Unternehmen, die das E-Geld-Geschäft betreiben (sog. E-Geld-Emittenten)[67]. Ausgenommen davon sind Kreditinstitute, der Bund, die Länder, die Gemeinden und Gemeindeverbände sowie die Träger bundes- oder landesmittelbarer Verwaltung, soweit sie nicht hoheitlich handeln, die EZB, Deutsche Bundesbank sowie andere Zentralbanken in der EU und EWR sowie die KfW (§ 1 Abs. 2 S. 1 Nr. 1 ZAG). E-Geld-Emittenten, die nicht zugleich E-Geld-Institute im Sinne des § 1 Abs. 2 S. 1 Nr. 1 ZAG sind, sowie Zahlungsdienstleister, die nicht zugleich Zahlungsinstitute im Sinne des § 1 Abs. 1 S. 1 Nr. 1 ZAG sind, stellen keine Institute im Sinne des § 1 Abs. 3 ZAG dar. Die Anwendbarkeit der §§ 340 ff. HGB ergibt sich für diese Unternehmen nicht aus § 340 Abs. 5 HGB; ggf. kommt eine Anwendung der §§ 340 ff. HGB aufgrund anderer Vorschriften in Betracht (z.B. für Kreditinstitute über § 340 Abs. 1 HGB).

Zahlungsinstitute im Sinne des § 1 Abs. 1 S. 1 Nr. 1 ZAG sowie E-Geld-Institute im Sinne des § 1 Abs. 2 S. 1 Nr. 1 ZAG haben nach § 1 RechZahlV die besonderen Ausweisvorschriften und Formblätter der Verordnung über die Rechnungslegung der Zahlungsinstitute (**RechZahlV**) zu beachten. **E-Geld-Emittenten**, die das E-Geld-Geschäft betreiben und gleichzeitig Kreditinstitute sind, stellen keine E-Geld-Institute im Sinne des § 1 Abs. 2 S. 1 Nr. 2 ZAG dar und haben damit die besonderen Vorschriften der RechZahlV nicht zu beach-

---

65 Schmalenbach, in: BeckOK BGB, 45. Ed., § 675c BGB, Tz. 8.
66 Vgl. Schulte-Nölke, in: BGB, hrsg. v. Schulze u. a., 9. Aufl., § 675f BGB, Tz. 1.
67 Zur Abgrenzung der Definition von E-Geld sowie der jeweiligen Bereichsausnahmen siehe BaFin-Merkblatt – Hinweise zum Zahlungsdiensteaufsichtsgesetz (ZAG) vom 29.11.2017.

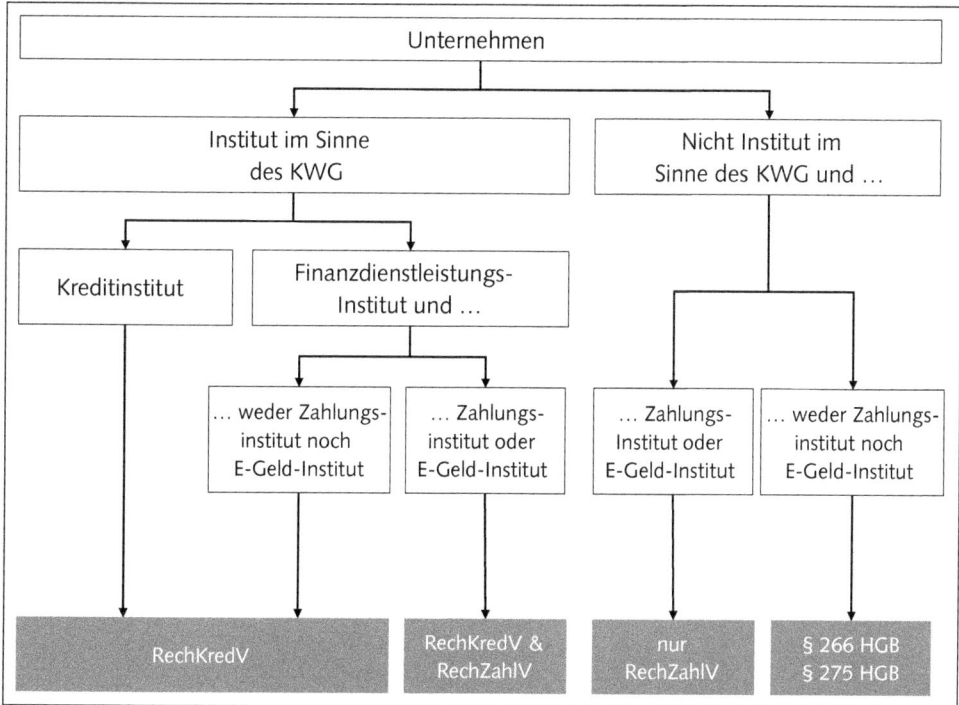

Abb. 5: Abgrenzung der Anwendbarkeit von RechKredV und RechZahlV

ten. Gleiches gilt für **Zahlungsdienstleister**, die als Kreditinstitut mit Vollbanklizenz gelten; diese stellen keine Zahlungsinstitute im Sinne von § 1 Abs. 1 S. 1 Nr. 1 ZAG und haben mithin die RechZahlV nicht zu beachten[68]. Die RechZahlV gilt hingegen für alle übrigen Unternehmen, die Zahlungsdienstleistungen gewerbsmäßig oder in einem kaufmännischen Umfang erbringen (§ 1 Abs. 1 S. 1 Nr. 1 ZAG) oder das E-Geld-Geschäft betreiben (§ 1 Abs. 2 S. 1 Nr. 1 ZAG) und nicht unter die oben genannten Bereichsausnahmen fallen. Sofern ein Unternehmen Zahlungsinstitut bzw. E-Geld-Institut und gleichzeitig Institut im Sinne des KWG ist (außer Institute mit Vollbanklizenz), müssen bei der Bilanzerstellung sowohl die RechZahlV als auch die RechKredV beachtet werden (z. B. Finanzdienstleister, die zugleich das E-Geld-Geschäft betreiben oder Zahlungsdienste erbringen). Für diese Institute gilt die Regelung des § 265 Abs. 4 HGB. Danach ist bei einem Vorhandensein von mehreren Geschäftszweigen und der Anwendbarkeit von mehreren geschäftszweigspezifischen Gliederungsvorschriften, der Jahresabschluss nach einer geschäftszweigspezifischen Vorschrift aufzustellen und nach der für einen anderen Geschäftszweig vorgeschriebenen Gliederung zu ergänzen (§ 265 Abs. 4 S. 1 HGB). Wird eine solche Ergänzung vorgenommen, so ist dies im Anhang anzugeben und zu begründen. Das Institut hat dabei

---

68 Vgl. ebenso Otte, in: Casper/Terlau, § 17 ZAG, Tz. 35.

die Gliederung für den Geschäftszweig vorrangig zu wählen, »durch den das unternehmerische Geschehen am stärksten geprägt ist«[69].

2.1.1.2 Zweigniederlassungen ausländischer Institute

2.1.1.2.1 Mit Sitz außerhalb des EWR

Die institutsspezifischen Rechnungslegungsvorschriften sind auch auf Zweigniederlassungen ausländischer Institute anzuwenden, die ihren Sitz in einem Staat außerhalb der Europäischen Gemeinschaft sowie außerhalb des Europäischen Wirtschaftsraums haben (sog. Drittstaaten)[70] und im Inland[71] Bankgeschäfte betreiben oder Finanzdienstleistungen erbringen.

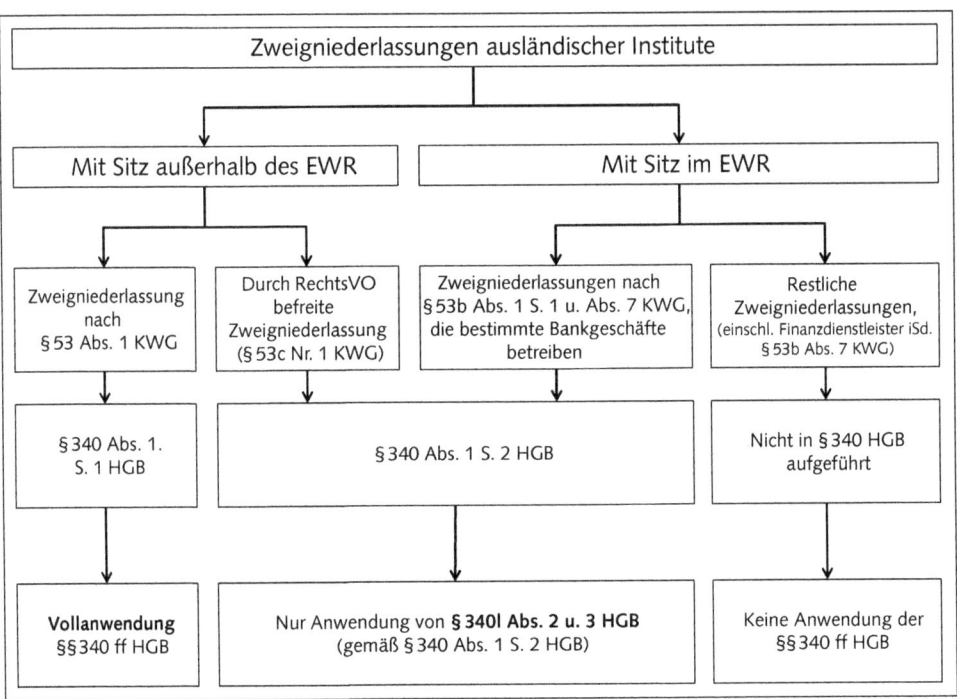

Abb. 6: Anwendungsbereich von Zweigniederlassungen

---

69 Vgl. Korth, in: KK-RLR, § 265 HGB, Tz. 21; ähnlich Winkeljohann/Büssow, in: BBK, 11. Aufl., § 265 HGB, Tz. 12.
70 Nach § 1 Abs. 5a KWG umfasst der Europäische Wirtschaftsraum im Sinne des KWG die Mitgliedstaaten der Europäischen Union sowie die anderen Vertragsstaaten des Abkommen über den Europäischen Wirtschaftsraum. Drittstaaten sind alle anderen Staaten. Vertragsstaaten des Abkommens über den Europäischen Wirtschaftsraum sind Island, Norwegen und Liechtenstein.
71 Zur Beurteilung, ob ein Bankgeschäft im Inland betrieben wird, kommt es auf die Kundenperspektive und nicht auf die Perspektive des Leistungserbringers an. Ein Inlandsbezug ist immer dann gegeben, wenn die gewerblichen Aktivitäten des Unternehmens auf den Kundenkreis in Deutschland gerichtet sind. Siehe VerwG Frankfurt: Vorlagebeschluss vom 11.10.2004 – 9 E 993/04 (V), in: BKR 2005, S. 27.

Eine Zweigniederlassung stellt eine rechtlich unselbständige sowie physisch dauerhaft präsente Einheit dar, die werbend am Markt auftritt[72]. Die Anwendung der institutsspezifischen Rechnungslegungsnormen setzt nach § 340 Abs. 1 S. 1 HGB voraus, dass es sich um eine **Zweigniederlassung im Sinne des § 53 Abs. 1 KWG** handelt[73]. Dies ist der Fall, wenn ein ausländisches Unternehmen eine Zweigniederlassung unterhält, die im Inland Bankgeschäfte betreibt oder Finanzdienstleistungen erbringt. Die Zweigstelle gilt in diesem Fall als Kredit- oder Finanzdienstleistungsinstitut. Sofern das ausländische Unternehmen mehrere Zweigstellen im Inland unterhält, gelten sie als **ein** Institut (§ 53 Abs. 1 S. 2 KWG). In diesem Fall ist ein zusammengefasster Abschluss nach institutsspezifischen Rechnungslegungsnormen für alle inländischen Zweigstellen zu erstellen.

Bilanzielle Sondervorschriften ergeben sich für diese Zweigniederlassungen aus § 53 Abs. 2 KWG. So hat die Zweigniederlassung auf der Passivseite das dem Institut von dem Unternehmen zur Verfügung gestellte Betriebskapital sowie den Betrag der dem Institut zur Verstärkung der eigenen Mittel belassenen Betriebsüberschüsse gesondert auszuweisen (§ 53 Abs. 2 Nr. 2 S. 3 KWG). Zudem ist der Überschuss der Passivposten über die Aktivposten oder der Überschuss der Aktivposten über die Passivposten ungeteilt und gesondert auszuweisen (§ 53 Abs. 2 Nr. 2 S. 4 KWG). Besonderheiten ergeben sich ebenso hinsichtlich der Bilanzierung des sog. Dotationskapitals (siehe hierzu Kapitel IV.1.3.14.2.3). Zweigniederlassungen im Sinne des § 53 Abs. 1 KWG haben nach § 340 Abs. 1 S. 1 HGB alle institutsspezifischen Normen der §§ 340 ff. HGB anzuwenden.

Für Zweigniederlassungen ausländischer Institute, die ihren Sitz außerhalb des EWR haben, können Erleichterungen über den **§ 53c KWG** vorgesehen sein. Danach ist es möglich, die befreienden Vorschriften des KWG für Institute mit Sitz in einem EWR-Land vollständig oder teilweise auch auf Institute mit Sitz in einem Drittstaat anzuwenden[74]. Die vollständige oder teilweise Anwendung der befreienden Vorschriften auf Institute aus Drittstaaten kann durch Rechtsverordnung[75] (§ 53c Nr. 1 KWG) oder bilaterale Abkommen[76] (§ 53c Nr. 2 KWG) bestimmt werden. Zweigniederlassungen, die aufgrund einer Rechtsverordnung nach § 53c Nr. 1 KWG mit Zweigniederlassungen nach § 53b Abs. 1 KWG (Zweigniederlassungen von EWR-Instituten) gleichgestellt sind, haben nach § 340 Abs. 1 S. 2 HGB nur die Offenlegungspflichten nach § 340l Abs. 2 und 3 HGB zu beachten.

---

72 Vgl. Schwerdtfeger, in: BKR 2010, S. 55.
73 Während § 340 Abs. 1 S. 1 HGB »Zweigniederlassungen nach § 53 Abs. 1 KWG« in den Anwendungsbereich der institutsspezifischen Rechnungslegungsvorschriften einbezieht, spricht § 53 KWG hingegen von »Zweigstellen«. In § 53b Abs. 2 KWG verwendet der Gesetzgeber wiederum den Begriff der Zweigniederlassung. Eine Definition von Zweigniederlassung bzw. eine Abgrenzung von dem Begriff der Zweigstelle enthält das KWG nicht. Im Schrifttum wird der Begriff der Zweigstelle zum Teil als Oberbegriff verwendet, der auch Zweigniederlassungen umfassen soll. Nach Art. 4 Abs. 1 Nr. 17 CRR ist unter einer Zweigstelle eine Betriebsstelle zu verstehen, die einen rechtlich unselbständigen Teil eines Instituts bildet und sämtliche Geschäfte oder einen Teil der Geschäfte, die mit der Tätigkeit eines Instituts verbunden sind, unmittelbar betreibt.
74 Vgl. Vahldiek, in: Boos/Fischer/Schulte-Mattler, 5. Aufl., § 53c KWG, Tz. 1.
75 Eine solche Rechtsverordnung besteht bis dato nicht. Vgl. Vahldiek, in: Boos/Fischer/Schulte-Mattler, 5. Aufl., § 53c KWG, Tz. 4.
76 Zu den einzelnen Abkommen siehe Vahldiek, in: Boos/Fischer/Schulte-Mattler, 5. Aufl., § 53c KWG, Tz. 5–9.

2.1.1.2.2 Mit Sitz im EWR

Ausländische Institute mit Sitz in einem Land des Europäischen Wirtschaftsraums (EWR) können Bankgeschäfte und Finanzdienstleistungen in Deutschland anstelle einer Erlaubnis der BaFin auch über den sog. »Europäischen Pass« erbringen. Das Betreiben von Bankgeschäften oder Finanzdienstleistungen kann in diesem Zusammenhang entweder im Rahmen des **grenzüberschreitenden Dienstleistungsverkehrs** (§ 24a Abs. 3 KWG) oder über die Errichtung einer **Zweigniederlassung** in Deutschland erfolgen. Ohne eine zusätzliche Zulassung können CRR-Kreditinstitute, Wertpapierhandelsunternehmen[77], CRR-Kreditinstitute, die Zahlungsdienste im Sinne des ZAG erbringen[78] aus einem EWR-Herkunftsland mithin Bank- und Wertpapierdienstleistungsgeschäfte innerhalb des EWR betreiben, sofern sie in ihrem Herkunftsland zugelassen sind und dort einer EU-Richtlinien-konformen Aufsicht unterliegen[79]. Gleiches gilt auch für Zahlungsinstitute und E-Geld-Institute[80]. Nach § 340 Abs. 1 S. 2 HGB i. V. m. § 53b Abs. 1 S. 1 u. Abs. 7 KWG haben Zweigniederlassungen ausländischer Institute mit Sitz im EWR, die im Inland Bankgeschäfte nach § 1 Abs. 1 S. 2 Nr. 1–5, 7–12 KWG betreiben, lediglich die Offenlegungsvorschriften in § 340l Abs. 2 und 3 HGB zu beachten. Die Aufstellung eines Jahresabschlusses unter Beachtung der §§ 340 ff. HGB ist nicht erforderlich.

Die restlichen Unternehmen, die durch eine Zweigniederlassung Bankgeschäfte betreiben oder Finanzdienstleistungen im Inland erbringen, sind in § 340 Abs. 1 HGB nicht aufgeführt. Dies umfasst insbesondere die in § 53 Abs. 7 KWG aufgeführten Unternehmen, die Finanzdienstleistungen im Sinne des § 1 Abs. 1a S. 2 Nr. 7, 9 u. 10 KWG erbringen. Diese stehen aufgrund der fehlenden Aufführung in § 340 Abs. 1 HGB außerhalb des Anwendungsbereichs der §§ 340 ff. HGB.

2.1.2 Unternehmen ohne Institutseigenschaft

2.1.2.1 Abwicklungsanstalten

§ 340 HGB stellt die Normenadressaten, die die §§ 340 ff. HGB zu beachten haben, nur unvollständig dar. Aus spezialgesetzlichen Regelungen ergibt sich für weitere Unternehmen, die nicht in § 340 HGB aufgeführt sind, die Pflicht bzw. das Wahlrecht zur Anwendung der bankspezifischen Rechnungslegungsvorschriften. Nach § 8a Abs. 1a FMStFG **können** die Abschlüsse von Abwicklungsanstalten auch ohne das Vorliegen einer Institutseigenschaft nach § 1 Abs. 1 bzw. 1a KWG nach den für Institute geltenden Vorschriften erstellt werden. Da Abwicklungsanstalten im Sinne des § 8a Abs. 1 S. 1 FMStFG jedoch keine Institute darstellen, besteht keine Pflicht zur Erstellung eines Jahresabschlusses nach institutsspezifischen Rechnungslegungsnormen.

---

77 Siehe § 53b Abs. 1 S. 1 KWG.
78 Siehe § 53b Abs. 1 S. 2 KWG.
79 Vgl. Braun, in: Boos/Fischer/Schulte-Mattler, 5. Aufl., § 24a KWG, Tz. 1.
80 Vgl. Walter, in: Casper/Terlau, § 26 ZAG, Tz. 2.

2.1.2.2 Kreditanstalt für Wiederaufbau (KfW)

Nach § 2 Abs. 1 Nr. 2 KWG gilt die Kreditanstalt für Wiederaufbau (KfW) vorbehaltlich von § 2 Abs. 2 und 3 KWG nicht als Kreditinstitute im Sinne des § 1 KWG. Mithin ergibt sich für die Kreditanstalt eine Verpflichtung zur Erstellung eines Bankabschlusses nicht aus der Instituteigenschaft. Vielmehr ist die KfW verpflichtet, die §§ 340 ff. HGB aufgrund von § 9 Abs. 1 S. 1 KredAnstWiAG (Gesetz über die Kreditanstalt für Wiederaufbau) zu beachten. Bei der Erstellung ihres Jahresüberschusses hat die KfW einen Anteil des Reingewinns unter bestimmten Bedingungen einer Sonderrücklage zuzuweisen (§ 10 Abs. 3 KredAnstWiAG).

2.1.2.3 Externe Kapitalverwaltungsgesellschaften

Nach § 38 Abs. 1 KAGB haben externe Kapitalverwaltungsgesellschaften die §§ 340a bis 340o HGB zu beachten. Externe Kapitalverwaltungsgesellschaften stellen eine Teilmenge der Verwaltungsgesellschaften, deren Geschäftsbetrieb darauf gerichtet ist, Investmentvermögen zu verwalten[81]. Das KAGB trifft in Bezug auf Verwaltungsgesellschaften die in Abbildung 7 dargestellte Unterscheidung.

Der Begriff der Verwaltungsgesellschaft umfasst nach § 1 Abs. 14 KAGB AIF-Verwaltungsgesellschaften sowie OGAW-Verwaltungsgesellschaften. AIF-Verwaltungsgesellschaften umfassen AIF-Kapitalverwaltungsgesellschaften, EU-AIF-Verwaltungsgesellschaften und ausländische AIF-Verwaltungsgesellschaften. OGAW-Verwaltungsgesellschaften sind OGAW-Kapitalverwaltungsgesellschaften und EU-OGAW-Verwaltungsgesellschaften. OGAW-Kapitalverwaltungsgesellschaften sind Kapitalverwaltungsgesellschaften im Sinne des § 17 KAGB, die mindestens einen OGAW verwalten oder zu verwalten beabsichtigen. AIF-Kapitalverwaltungsgesellschaften sind Kapitalverwaltungsgesellschaften im Sinne des § 17 KAGB, die mindestens einen AIF verwalten oder zu verwalten beabsichtigen. Kapitalverwaltungsgesellschaften sind Unternehmen mit satzungsmäßigem Sitz und Hauptverwaltung im Inland, deren Geschäftsbetrieb darauf gerichtet ist, inländische Investmentvermögen, EU-Investmentvermögen oder ausländische AIF zu verwalten (§ 17 Abs. 1 KAGB). Die Verwaltung eines Investmentvermögens wird nach § 17 Abs. 1 S. 2 KAGB dann betrieben, wenn mindestens die Portfolioverwaltung oder das Risikomanagement für ein oder mehrere Investmentvermögen erbracht wird. Zur Verwaltung von Investmentvermögen gehören nach § 1 Abs. 19 Nr. 24 KAGB daneben auch administrative Tätigkeiten (wie z. B. Fondsbuchhaltung und Rechnungslegung, Vertriebstätigkeiten sowie Tätigkeiten im Zusammenhang mit den Vermögensgegenständen usw.).

Eine **externe Kapitalverwaltungsgesellschaft** ist ein Unternehmen, welches von Investmentvermögen oder im Namen des Investmentvermögens bestellt ist und auf Grund dieser Bestellung für die Verwaltung des Investmentvermögens verantwortlich ist. Sondervermögen

---

[81] Vor Einführung des KAGB hatten bereits Kapitalanlagegesellschaften nach § 19d InvG aF die bankspezifischen Rechnungslegungsvorschriften sowie die RechKredV zu beachten. Anbieter insbesondere von geschlossenen Fonds, die vor Inkrafttreten des KAGB im grauen Kapitalmarkt agierten, benötigen nunmehr eine Erlaubnis als KVG. Diese Unternehmen haben seit Inkrafttreten des KAGB nun auch einen Jahresabschluss nach den Vorschriften der §§ 340 ff. HGB aufzustellen. Vgl. Bußian/Kille, in: WPg 2014, S. 842.

haben stets eine externe Kapitalverwaltungsgesellschaft zu bestellen. Externe Kapitalverwaltungsgesellschaften dürfen nur in der Rechtsform der AG, GmbH oder KG & Co betrieben werden (§ 18 KAGB). Das Betreiben einer externen Kapitalverwaltungsgesellschaft bedarf der Erlaubnis durch die BaFin (siehe §§ 20–24 KAGB) sowie der Beachtung umfangreicher Verhaltens- und Organisationspflichten und Eigenmittelanforderungen (siehe z. B. §§ 25–52 KAGB).

Im Gegensatz dazu spricht man von einer **internen Kapitalverwaltungsgesellschaft**, »wenn die Rechtsform des Investmentvermögens eine interne Verwaltung zulässt und der Vorstand oder die Geschäftsführung des Investmentvermögens entscheidet, keine externe Kapitalverwaltungsgesellschaft zu bestellen« (§ 17 Abs. 2 Nr. 2 KAGB). Im Falle einer internen Verwaltung muss das Investmentvermögen selbst als Kapitalverwaltungsgesellschaft zugelassen sein[82]; die interne Kapitalverwaltungsgesellschaft handelt durch die Organe des Investmentvermögens[83]. Als interne Kapitalverwaltungsgesellschaften kommen Investmentaktiengesellschaften sowie Investmentkommanditgesellschaften in Betracht. Strittig ist die Frage, unter welchen Bedingungen Investmentkommanditgesellschaften sich intern verwalten lassen dürfen[84].

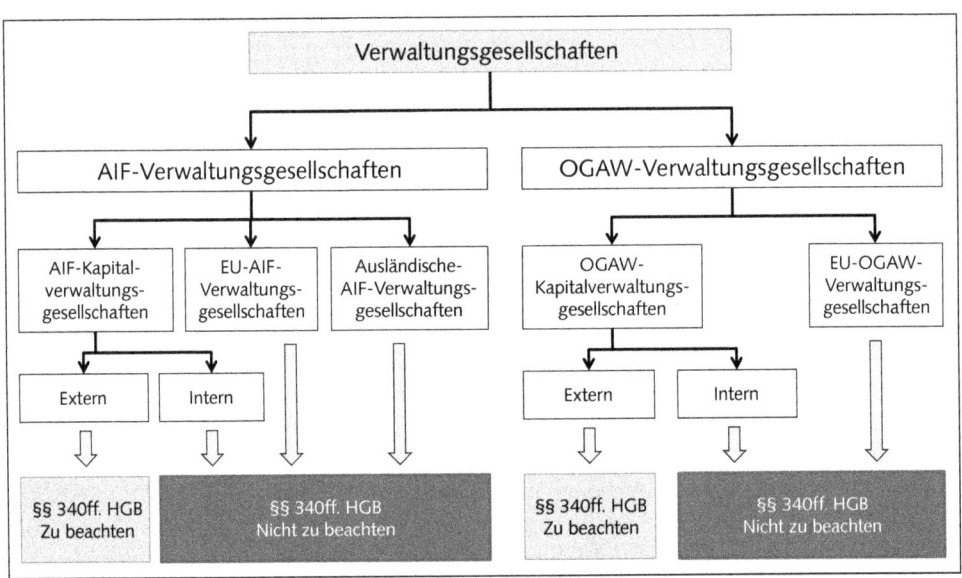

Abb. 7: Kapitalverwaltungsgesellschaften und Bankbilanzierung

Der Begriff der Verwaltungsgesellschaft bzw. Kapitalverwaltungsgesellschaft hat durch das AIFM-UmsG Einzug in die deutsche Gesetzgebung gehalten und ersetzt den aus dem InvG bekannten Begriff der Kapitalverwaltungsgesellschaft. Vor der Einführung des KAGB hatten bereits Kapitalverwaltungsgesellschaften im Sinne des § 6 Abs. 1 S. 2 InvG aF bei der

---

82 Vgl. Niewerth/Rybarz, in: WM 2013, S. 1158.
83 Vgl. Zetzsche, in: AG 2013, S. 614.
84 Zu dieser Fragestellung vgl. ausführlich Freitag, in: NZG 2013, S. 329 sowie Niewerth/Rybarz, in: WM 2013, S. 1158 f.

Erstellung des Jahresabschlusses die für Institute geltenden Bilanzierungsvorschriften zu beachten (§ 19d InvG aF)[85]. Vor der Umsetzung der EU-Richtlinie 85/611/EWG (sog. OGAW-Richtlinie) ins deutsche Recht galten Kapitalverwaltungsgesellschaften als Kreditinstitute[86]. Seit Inkrafttreten des Investmentänderungsgesetzes am 28.12.2007[87] gelten Kapitalverwaltungsgesellschaften und damit auch externe Kapitalverwaltungsgesellschaften nun nicht mehr als Kreditinstitute; das Betreiben des Investmentgeschäfts stellt seither kein erlaubnispflichtiges Bankgeschäft mehr da. Gleichwohl ist für externe Kapitalverwaltungsgesellschaften die Pflicht zur Beachtung der §§ 340 ff. HGB sowie der RechKredV nicht entfallen. Um den Besonderheiten des Geschäftszweigs Rechnung zu tragen, haben diese bei der Erstellung des Jahresabschlusses die §§ 340a bis 340o HGB zu beachten (siehe § 38 Abs. 1 KAGB)[88]. Mithin haben externe Kapitalverwaltungsgesellschaften die Bilanz sowie die Gewinn- und Verlustrechnung nach den Formblättern der RechKredV zu gliedern (§ 340a Abs. 2 HGB).

2.2 Unternehmen außerhalb des Anwendungsbereichs

2.2.1 Durch das KWG befreite Institute

Nach § 340 Abs. 1 S. 1 HGB sind die institutsspezifischen Rechnungslegungsvorschriften auf die Unternehmen und Institutionen nicht anzuwenden, die nach § 2 Abs. 1, 4 oder 5 KWG von der Anwendung des KWG befreit sind. Ebenso haben nach § 340 Abs. 4 S. 1 HGB die Finanzdienstleistungsinstitute, die nach § 2 Abs. 6 oder 10 KWG von der Anwendung des KWG befreit sind, die institutsspezifischen Bilanzierungsvorschriften nicht zu beachten. Bspw. sind die folgenden Unternehmen nach § 2 Abs. 1, 4, 5 oder 10 KWG von der Anwendung des KWG – und damit auch von der Anwendung der §§ 340 ff. HGB – befreit, auch wenn diese Bankgeschäfte im Sinne des § 1 Abs. 1 KWG betreiben oder Finanzdienstleistungen erbringen:
- Deutsche Bundesbank
- Kreditanstalt für Wiederaufbau[89]
- Sozialversicherungsträger und die Bundesagentur für Arbeit

---

85 Kapitalverwaltungsgesellschaften waren definiert als Unternehmen, »deren Geschäftsbetrieb darauf gerichtet ist, inländische Investmentvermögen oder EU-Investmentvermögen zu verwalten und Dienstleistungen oder Nebendienstleistungen nach § 7 Abs. 2 (InvG) zu erbringen« (§ 6 Abs. 1 S. 2. InvG aF). Dies umfasst die Verwaltung verschiedener Arten von Fondsvermögen (z. B. Publikums-Fonds, Immobilien-Sondervermögen, Spezial-Sondervermögen).
86 Vgl. Roegele/Görke, in: BKR 2007, S. 394; Patzner/Döser, in: Investmentgesetz, § 19d InvG, Tz. 1.
87 Siehe Gesetz zur Änderung des Investmentgesetzes und zur Anpassung anderer Vorschriften (Investmentänderungsgesetz), in: BGBl. 2007, Teil I, Nr. 68, S. 3089–3139.
88 Vgl. BT-Drs 16/5576, S. 65 sowie BR-Drs 791/12, S. 404.
89 Beachte jedoch die Ausführungen in Kapitel I.2.1.2.2.

- Öffentliche Schuldenverwaltung des Bundes, eines seiner Sondervermögen, eines Landes oder eines anderen Staates des EWR und deren Zentralbanken[90]
- Kapitalverwaltungsgesellschaften und extern verwaltete Investmentgesellschaften sowie EU-Verwaltungsgesellschaften und ausländische AIF-Verwaltungsgesellschaften[91]
- Versicherungsunternehmen
- Unternehmen des Pfandleihgewerbes
- Unternehmensbeteiligungsgesellschaften
- Unternehmen, die nur konzerninterne Bankgeschäfte oder Finanzdienstleistungen erbringen
- Unternehmen, die ausschließlich ein System von Arbeitnehmerbeteiligungen verwalten
- Bestimmte Anlage- und Abschlussvermittler
- Angehörige freier Berufe, die Finanzdienstleistungen nur gelegentlich erbringen

Für **Versicherungsunternehmen** ist gem. § 340 Abs. 2 HGB zu beachten, dass diese die institutsspezifischen Rechnungslegungsvorschriften insoweit ergänzend anzuwenden haben, »als sie Bankgeschäfte betreiben, die nicht zu den ihnen eigentümlichen Geschäften gehören«. Sofern Versicherungen nur Bankgeschäfte betreiben, die zu den eigentümlichen Geschäften gehören, sind sie nicht als Kreditinstitute zu betrachten (siehe auch § 2 Abs. 3 KWG). Bei Versicherungsunternehmen sind bestimmte Bankgeschäfte als »eigentümlich« anzusehen.

So betreiben Versicherungsunternehmen im folgenden Umfang **eigentümliches Kreditgeschäft** im Sinne des § 1 Abs. 1 S. 2 Nr. 2 KWG[92]:
- Vergabe von Darlehen im Rahmen der Anlage des gebundenen Vermögens (§ 54 Abs. 2 Nr. 1 VAG),
- Policendarlehen von Lebensversicherungen,
- Tilgungsdarlehen, die zusammen mit Kapital bildenden Lebensversicherungen angeboten werden,
- Anschubfinanzierung des Vertriebs eigener Versicherungen durch Versicherungsvermittler und
- die Stellung von Darlehen von Schutz-/Assistance-Versicherern und Rechtsschutzversicherern zur Abfederung einer Notlage auf Reisen oder für die Stellung einer Strafkaution.

Ebenso gehört das **Einlagengeschäft** im Sinne des § 1 Abs. 1 S. 2 Nr. 1 KWG in den folgenden Fällen bei Versicherungsunternehmen zu den eigentümlichen Geschäften:
- Beitragsdepot, d.h. Vorauszahlung von Versicherungsprämien, insbesondere in der Lebensversicherung und
- Kapitalisierungsgeschäfte gem. § 1 Abs. 4 S. 2 VAG.

---

90 Für Einzelheiten zur Bereichsausnahme für die öffentliche Schuldenverwaltung siehe BaFin: Merkblatt vom 12.11.2010, Hinweise zur Bereichsausnahme für die öffentliche Schuldenverwaltung. Für eine Analyse über die Grenzen der Erlaubnispflicht kommunaler Darlehensgeschäfte vgl. Erting: in: NVwZ 2009, S. 1339–1345.
91 Beachte jedoch die Ausführungen in Kapitel I.2.1.2.3.
92 Vgl. BaFin: Merkblatt vom 15.11.2010 (Stand 24.01.2016) – Hinweise zur Bereichsausnahme für Versicherungsunternehmen, S. 1 f.

Versicherungen betreiben ebenso eigentümliches Bankgeschäft in Form des **Garantiegeschäfts** im Sinne des § 1 Abs. 1 S. 2 Nr. 8 KWG im Rahmen der Kreditversicherung oder Kautionsversicherung. Soweit Bankgeschäftebetrieben oder Finanzdienstleistungen erbracht werden, die nicht zu den eigentümlichen Geschäften zählen, gelten Versicherungsunternehmen als Kredit- oder Finanzdienstleistungsinstitute. § 15 VAG verbietet Versicherungsunternehmen das Betreiben versicherungsfremder Nebengeschäften.

Auch **Unternehmen des Pfandleihgewerbes** haben gem. § 340 Abs. 2 HGB zu beachten, dass diese die institutsspezifischen Rechnungslegungsvorschriften insoweit ergänzend anzuwenden haben, »als sie Bankgeschäfte betreiben, die nicht zu den ihnen eigentümlichen Geschäften gehören«. Die Pfandleihe stellt grundsätzlich ein **Kreditgeschäft** im Sinne des § 1 Abs. 1 S. 2 Nr. 2 KWG dar. Unternehmen, die das Pfandleihgewerbe betreiben stellen mithin Institute dar, die allerdings aufgrund von § 2 Abs. 1 Nr. 5 KWG per Bereichsausnahme nicht als Kreditinstitute gelten. Die Anwendung der Bereichsausnahme setzt einerseits voraus, dass ein Kreditgeschäft nur gegen ein Faustpfand an einer beweglichen Sache im Sinne der §§ 1204 ff. BGB gewährt wird[93]. Andererseits fällt ein Unternehmen des Pfandleihgewerbes nur dann unter die Bereichsausnahme, wenn die betriebenen Bankgeschäfte zu den für das Pfandleihgewerbe »eigentümlichen« Geschäften gehören. Notwendige Voraussetzung dafür ist, dass die Konditionen der Kreditvergabe (Laufzeit, Zinsen und Vergütungen, usw.) die in § 5 Abs. 1 S. 2 sowie § 9 und 10 PfandlV (Pfandleihverordnung) gesetzten Grenzen einhalten[94].

Unternehmensbeteiligungsgesellschaften (kurz: UBG) sind Gesellschaften, die von der zuständigen obersten Landesbehörde als UBG anerkannt wurden (§ 1a Abs. 1 UBGG i. V. m. § 14 Abs. 1 UBGG). Die UBG stellt einen in mehrerer Hinsicht privilegierten Unternehmensstatus dar, der mit dem Ziel der Stärkung der Kapitalbasis des deutschen Mittelstands eingeführt wurde. Unternehmensbeteiligungsgesellschaften können in der Rechtsform der AG, GmbH, KG sowie KGaA firmieren, soweit sich aus den Vorschriften des KAGB nichts anderes ergibt (§ 2 Abs. 1 UBGG); sie müssen ein voll eingezahltes Stamm- oder Grundkapital von mindestens eine Million Euro aufweisen (§ 2 Abs. 4 UBGG). Der Unternehmensstatus der UBG ist sowohl in steuerlicher[95], in gesellschaftsrechtlicher[96] als auch in aufsichtsrechtlicher Hinsicht privilegiert. Der Geschäftszweck einer UBG besteht in dem Erwerb, dem Halten, der Verwaltung und Veräußerung von Unternehmensbeteiligungen (§ 2 Abs. 2 UBGG). Daneben stellt unter anderem auch die Gewährung von Darlehen an Unternehmen, an denen die UBG beteiligt ist, ein zulässiges Geschäft nach § 3 Abs. 2 UBGG dar. Mithin betreibt eine UBG das Kreditgeschäft im Sinne des § 1 Abs. 1 S. 2 Nr. 2 KWG. Gleichwohl gelten Unternehmensbeteiligungsgesellschaften nicht als Institute und haben mithin die institutsspezifischen Rechnungslegungsvorschriften nicht zu beachten. Die Bereichsausnahme ist jedoch lediglich funktioneller Natur und ist auf die eigentümlichen

---

93 Vgl. Schäfer, in: Boos/Fischer/Schulte-Mattler, 5. Aufl., § 2 KWG, Tz. 18.
94 Vgl. BaFin: Merkblatt vom 09.12.2010 (Stand 21.07.2014) – Hinweise zur Bereichsausnahme für Unternehmen des Pfandleihgewerbes, S. 2.
95 Unternehmensbeteiligungsgesellschaften sind von der Gewerbesteuer befreit. Siehe § 3 Nr. 23 GewStG.
96 Darlehen einer Unternehmensbeteiligungsgesellschaft unterliegen nicht dem Eigenkapitalersatzrecht, d. h. von einer Unternehmensbeteiligungsgesellschaft gewährte Gesellschafterdarlehen gelten nicht als nachrangig, da § 24 UBGG von der Anwendung des § 39 Abs. 1 Nr. 5 InsO suspendiert.

Geschäfte einer UBG beschränkt[97]. Sofern eine UBG Bankgeschäfte betreibt, die für sie nicht eigentümlich sind, gilt die UBG als Kreditinstitut und hat mithin die Regelungen der §§ 340 ff. HGB sowie die RechKredV zu beachten.

2.2.2 Wohnungsunternehmen mit Spareinrichtung

Der Geschäftsgegenstand von Wohnungsunternehmen (einschließlich Wohnungsgenossenschaften) mit Spareinrichtung besteht in dem Bau und der Bewirtschaftung von (Genossenschafts)Wohnungen für ihre Mitglieder. Wohnungsunternehmen mit Spareinrichtung nehmen dabei regelmäßig Spargelder ihrer Mitglieder entgegen und betreiben mithin das Einlagengeschäft im Sinne des § 1 Abs. 1 S. 2 Nr. 1 KWG (jedoch beschränkt auf die Mitglieder der Genossenschaft). Seit Inkrafttreten des CRD IV-UmsG sind Wohnungsunternehmen mit Spareinrichtungen explizit definiert als Unternehmen in der Rechtsform der eingetragenen Genossenschaft, die

1. keine CRR-Institute oder Finanzdienstleistungsinstitute sind und keine Beteiligung an einem Institut oder Finanzunternehmen besitzen,
2. deren Unternehmensgegenstand überwiegend darin besteht, den eigenen Wohnungsbestand zu bewirtschaften,
3. die daneben als Bankgeschäft ausschließlich das Einlagengeschäft betreiben, jedoch beschränkt auf die Entgegennahme von Spareinlagen, Ausgabe von Namensschuldverschreibungen und Begründung bestimmter Bankguthaben und
4. die kein Handelsbuch außerhalb bestimmter Grenzen führen.[98]

Wohnungsunternehmen mit Spareinrichtung haben spezifische Eigenmittelanforderungen (§ 51a KWG), Liquiditätsanforderungen (§ 51b KWG) sowie die sonstigen Anforderungen des § 51c KWG zu beachten. Seit dem Steuerreformgesetz 1990 und der damit verbundenen Aufhebung des Wohnungsgemeinnützigkeitsgesetzes gelten Wohnungsunternehmen mit Spareinrichtung als Institute. Vor 1990 hatten diese Unternehmen wie Versicherer und Pfandleiher die institutsspezifischen Rechnungslegungsnormen nicht zu beachten, soweit die betriebenen Bankgeschäfte »eigentümlich« waren[99].

Obwohl Wohnungsunternehmen mit Spareinrichtung das Einlagengeschäft betreiben, sind diese Unternehmen nach § 340 Abs. 3 HGB vom Anwendungsbereich der institutsspezifischen Rechnungslegungsnormen des HGB ausgenommen. Ebenso haben Wohnungsunternehmen mit Spareinrichtung die Ausweis- und Gliederungsvorschriften der RechKredV nicht zu beachten (siehe § 1 S. 2 RechKredV). Wohnungsunternehmen mit Spareinrichtung haben die für Wohnungsunternehmen geltende Formblattverordnung zu beachten (JAbschlWUV)[100].

---

97 Vgl. BaFin: Merkblatt vom 26.11.2010 (Stand 21.07.2014) – Hinweise zur Bereichsausnahme für Unternehmensbeteiligungsgesellschaften, S. 2.
98 Vgl. im Einzelnen § 1 Abs. 29 KWG.
99 Vgl. Braun, in: KK-RLR, § 340 HGB, Tz. 53.
100 Verordnung über Formblätter für die Gliederung des Jahresabschlusses von Wohnungsunternehmen. Für Wohnungsunternehmen mit Spareinrichtung gelten nach § 2 JAbschlWUV besondere Ausweisvorschriften.

2.2.3 Nicht erfasste Unternehmen

Nicht in den Anwendungsbereich der §§ 340 ff. HGB fallen **Finanzunternehmen**. Dies sind Unternehmen, die keine Institute, Kapitalverwaltungsgesellschaften oder extern verwaltete Investmentgesellschaften sind und »deren Haupttätigkeit darin besteht
- Beteiligungen zu erwerben und zu halten,
- Geldforderungen entgeltlich zu erwerben,
- Leasingobjektgesellschaft im Sinne des § 2 Abs. 6 S. 1 Nr. 17 KWG zu sein,
- mit Finanzinstrumenten auf eigene Rechnung zu handeln,
- andere bei der Anlage von Finanzinstrumenten zu beraten,
- Unternehmen über die Kapitalstruktur, die industrielle Strategie und die damit verbundenen Fragen zu beraten sowie bei Zusammenschlüssen und Übernahmen von Unternehmen diese zu beraten und ihnen Dienstleistungen anzubieten oder
- Darlehen zwischen Kreditinstituten zu vermitteln (Geldmaklergeschäfte)« (§ 1 Abs. 3 KWG).

Finanzunternehmen stellen eine Restgröße von Unternehmen der Finanzbranche (siehe § 1 Abs. 19 KWG) dar, die keine Institute sind und weder erlaubnispflichtig sind noch der Solvenzaufsicht unterliegen[101]. Finanzunternehmen haben bei der Erstellung des Jahresabschlusses die institutsspezifischen Rechnungslegungsnormen nicht zu beachten.

Zum Begriff der **Kapitalverwaltungsgesellschaft** siehe Kapitel I.2.1.2. Investmentgesellschaften umfassen Investmentaktiengesellschaften und Investmentkommanditgesellschaften. Zur Erläuterung der Erscheinungsformen rechtlich selbständiger Investmentvermögen siehe Kapitel VIII.2.1.6.2.4 sowie Kapitel III.1.3.3.2.3. Investmentaktiengesellschaften sowie Investmentkommanditgesellschaften haben den Jahresabschluss **nicht** nach den für Institute geltenden Rechnungslegungsgrundsätzen zu erstellen. Diese haben bei der Erstellung des Jahresabschlusses die Vorschriften der §§ 120, 135, 148, 158 KAGB sowie die Vorschriften der Kapitalanlage-Rechnungslegungs- und Bewertungsverordnung (KARBV) zu beachten.

---

[101] Vgl. Schäfer, in: Boos/Fischer/Schulte-Mattler, 5. Aufl., § 1 KWG, Tz. 223; Braun, in: KK-RLR, § 340 HGB, Tz. 55.

3 Sachlicher Anwendungsbereich

Da ein Institut stets als Istkaufmann nach § 1 HGB bzw. als Formkaufmann nach § 6 HGB die Kaufmannseigenschaft erfüllt, sind Institute nach § 238 Abs. 1 S. 1 HGB zur Führung von Handelsbüchern verpflichtet. Institute haben mithin die **für alle Kaufleute geltenden Vorschriften** zu beachten, soweit keine institutsspezifischen Ausnahmen nach § 340a HGB bestehen. § 340a Abs. 1 S. 1 HGB verpflichtet Institute zur Anwendung der **Vorschriften für große Kapitalgesellschaften**. Mithin haben Institute diese Vorschriften anzuwenden, soweit institutsspezifische oder spezialgesetzliche Vorschriften für Spezialinstitute nichts anderes bestimmen. Nach § 340a Abs. 1 S. 2 HGB sind Institute ebenso verpflichtet, einen Lagebericht nach den für große Kapitalgesellschaften geltenden Bestimmungen des § 289 HGB zu erstellen. Nach § 340a Abs. 2 S. 1 HGB sind die folgenden allgemeinen Vorschriften von Instituten (im Wesentlichen aufgrund mangelnder Relevanz) **nicht** anzuwenden:

- § 265 Abs. 6 HGB: Änderung der Gliederung und der Bezeichnung von Posten;
- § 265 Abs. 7 HGB: Zusammenfassung von Posten;
- § 267 HGB: Definition von Größenklassen;
- § 268 Abs. 4 S. 1 HGB: Vermerk des Betrags der Forderungen mit einer Restlaufzeit von mehr als einem Jahr;
- § 268 Abs. 5 S. 1 HGB: Vermerk des Betrags der Verbindlichkeiten mit einer Restlaufzeit bis zu einem Jahr;
- § 268 Abs. 5 S. 2 HGB: gesonderter Ausweis der erhaltenen Anzahlungen auf Bestellungen;
- § 276 HGB: größenabhängige Erleichterungen für kleine und mittelgroße Kapitalgesellschaften;
- § 277 Abs. 1, 2, 3 S. 1 HGB: Bestimmungen zu Umsatzerlösen;
- § 284 Abs. 2 Nr. 3 HGB: Anhangangaben bei Anwendung der §§ 240 Abs. 4 u. § 256 S. 1 HGB;
- § 285 S. 1 Nr. 8 HGB: Anhangangaben bei Anwendung des Umsatzkostenverfahrens;
- § 285 S. 1 Nr. 12 HGB: Anhangangabe zu sonstigen Rückstellungen;
- § 288 HGB: Größenabhängige Erleichterungen für kleine und mittelgroße Kapitalgesellschaften.

Nach dem Gesetzeswortlaut des § 340a Abs. 2 S. 1 u. 2 HGB ist § 285 Nr. 31 HGB anwendbar, obgleich außerordentliche Aufwendungen und Erträge bei Instituten auch nach BilRuG weiterhin im Bilanzformblatt separat anzugeben sind. Dies scheint ein Redaktionsversehen des Gesetzgebers zu sein, zumal im Konzernabschluss eine entsprechende Angabepflicht gem. § 314 Nr. 23 HGB aufgrund von § 340i Abs. 2 S. 2 HGB nicht besteht.

Nach § 340a Abs. 2 S. 2 HGB haben Institute bestimmte Vorschriften des HGB nicht anzuwenden, da diese durch institutsspezifischen Normen ersetzt werden. Abbildung 8 gibt einen Überblick über die nicht anzuwendenden Vorschriften, die durch geschäftszweigspezifische Regelungen ersetzt werden. Daneben ist § 246 Abs. 2 S. 1 HGB von Instituten nicht anzuwenden, soweit abweichende Vorschriften bestehen. Dies betrifft insbesondere die Durchbrechung des allgemeinen Verrechnungsverbots durch die institutsspezifischen Saldierungsvorschriften in §§ 10 u. 16 Abs. 4 RechKredV, §§ 340c und f HGB sowie im Falle von Negativzinsen auch Zinsabgrenzungen aufgrund von § 11 RechKredV. Ansonsten ist § 246 Abs. 2 S. 1 HGB auch von Instituten zu beachten.

Von Instituten nicht anzuwenden		Ersatzregelung für Institute	
§ 247 Abs. 1 HGB	Gesonderter Ausweis von Umlauf- und Anlagevermögen	§ 2 Abs. 1 S. 1 RechKredV	Formblatt 1
		§ 2 RechZahlV	Formblatt 1
§ 251 HGB	Haftungsverhältnisse	§§ 26 u. 35 Abs. 4 u. 5 RechKredV § 2 RechZahlV	Unter-Strich-Vermerk
§ 266 HGB	Bilanzgliederung	§ 2 Abs. 1 S. 1 RechKredV	Formblatt 1
		§ 2 RechZahlV	Formblatt 1
§ 268 Abs. 7 HGB	Gesonderte Angaben zu Haftungsverhältnissen	§§ 26 u. 35 Abs. 4 u. 5 RechKredV § 2 RechZahlV	Unter-Strich-Vermerk
§ 275 HGB	GuV-Gliederung	§ 2 Abs. 1 S. 1 RechKredV	Formblätter 2 u. 3
		§ 2 RechZahlV	Formblatt 2
§ 284 Abs. 3 HGB	Anlagespiegel	§ 34 Abs. 3 RechKredV § 28 Abs. 3 RechZahlV	Spiegel für Vermögen i. S. d. § 340e Abs. 1 HGB
§ 285 Nr. 1 lit. a), Nr. 2 HGB	Restlaufzeitengliederung von Verbindlichkeiten	§ 340d HGB § 9 Abs. 1 RechKredV § 7 RechZahlV	Spezifische Restlaufzeitgliederung*
§ 285 Nr. 1 lit. b), Nr. 2 HGB	Angabe zu Sicherheiten für Verbindlichkeiten	§ 35 Abs. 5 RechKredV**	Angabe von Sicherheiten für Verbindlichkeiten und Eventualverbindlichkeiten
§ 285 Nr. 4 HGB	Aufgliederung der Umsatzerlöse nach Regionen	§ 34 Abs. 2 Nr. 1 RechKredV § 28 Abs. 2 Nr. 1 RechZahlV	Aufgliederung bestimmter Ertragsposten
§ 285 Nr. 9 lit. c) HGB	Organvergütungen	§ 34 Abs. 2 Nr. 2 RechKredV § 28 Abs. 2 Nr. 2 RechZahlV	Angabe zu gewährten Vorschüssen, Krediten und Haftungsverhältnisse

Von Instituten nicht anzuwenden		Ersatzregelung für Institute	
§ 285 Nr. 27 HGB*	Risiko der Inanspruchnahme von Haftungsverhältnissen	§ 34 Abs. 2 Nr. 4 RechKredV	Risiko der Inanspruchnahme für Unter-Strich-Vermerke

* Hier sind die spezialgesetzlichen Regelungen für Pfandbriefbanken zu beachten, siehe § 28 Abs. 1 Nr. 5 PfandBG.
** Hier sind die institutsspezifischen sowie spezialgesetzlichen Regelungen für Pfandbriefbanken zu beachten, siehe § 35 Abs. 1 Nr. 7 RechKredV sowie § 28 PfandBG.

Abb. 8: Aufgrund von Ersatzregeln nicht anzuwendende Vorschriften

Nach § 340a Abs. 3 S. 1 HGB haben Institute die für den Jahresabschluss geltenden Vorschriften auch auf **Zwischenabschlüsse** anzuwenden, wenn ein Institut die Zwischenergebnisse im haftenden Eigenkapital nach Art. 26 Abs. 2 CRR berücksichtigen will. Zwischenabschlüsse können in diesem Zusammenhang Monats-, Quartals- oder auch Halbjahresabschlüsse oder auch auf jeden anderen Termin aufgestellte Abschlüsse sein. Sofern Institute in einem Zwischenabschluss entstandene Zwischengewinne als hartes Kernkapital nach Art. 26 Abs. 2 CRR anrechnen lassen wollen, ist der Zwischenabschluss aufgrund aufsichtsrechtlicher Vorgaben einer prüferischen Durchsicht zu unterziehen. § 340a Abs. 3 HGB formuliert handelsrechtliche Anforderungen an Zwischenabschlüsse und deren prüferischer Durchsicht im Falle der Anrechnung von Zwischengewinnen zum harten Kernkapital nach Art. 26 Abs. 2 CRR. § 340a Abs. 3 HGB ist in einen aufsichtsrechtlichen Kontext eingebunden und ist daher im Zusammenhang mit Art. 26 Abs. 2 u. 4 CRR, EZB/2015/4[1] sowie der Delegierten Verordnung EU Nr. 241/2014[2] zu sehen. Obgleich aus dem Wortlaut des § 340a Abs. 3 HGB nicht ersichtlich, ist § 340a Abs. 3 nur für Institute im Anwendungsbereich der CRR (und damit nicht für Finanzdienstleistungsinstitute, Zahlungsinstitute, E-Geld-Institute) relevant[3]. Dies ergibt sich aus dem Verweis von Abs. 3 auf das Anrechnungsverfahren nach Art. 26 Abs. 2 CRR, welches nur Instituten i. S. d. CRR offen steht. Dies umfasst nach Art. 4 Nr. 3 CRR Kreditinstitute i. S. v. Art. 4 Nr. 1 CRR (CRR-Kreditinstitute i. S. v. § 1 Abs. 3d S. 1 KWG) sowie Wertpapierfirmen i. S. d. Art. 4 Nr. 2 CRR (CRR-Wertpapierfirmen i. S. v. § 1 Abs. 3d S. 2 KWG). **Zwischengewinne** sind Gewinne, »die im geltenden Rechnungslegungsrahmen ausgewiesen werden und für einen Referenzzeitraum, der kürzer als ein Geschäftsjahr ist, berechnet werden, und zwar vor dem förmlichen Beschluss des Kreditinstituts zur Bestätigung eines solchen Jahresergebnis des Instituts« (Art. 2 Nr. 6 EZB/2015/4). Zum Zwecke der Anrechnung von Zwischengewinnen nach Art. 26 Abs. 2 CRR kann der Stichtag des Zwischenberichtszeitraums grundsätzlich beliebig gewählt werden[4]. Die Anrechnung von Zwischengewinnen zum harten Kernkapital setzt eine prüferische Durchsicht des Zwischenabschlusses voraus. Dies folgt aus Art. 26 Abs. 2 lit. a) CRR, wonach die behördliche Erlaubnis zur Anrechnung von Zwischengewinnen erfordert, dass die Gewinne durch Personen überprüft werden, die vom Institut

---
1 Vgl. EZB/2015/4.
2 Vgl. DelVO (EU) Nr. 241/2014, vom 07.01.2014, EU Abl. L 74/8 vom 14.03.2014.
3 Anderer Ansicht Böcking/Gros/Helke, in: Ebenroth u. a., § 340a HGB, Tz. 27.
4 Vgl. Schaber, in: KWG und CRR, Art. 26 CRR, Tz. 14.

unabhängig und für dessen Buchprüfung zuständig sind. Nach § 340a Abs. 3 S. 2 HGB sind die Vorschriften über die Bestellung des Abschlussprüfers auf die prüferische Durchsicht entsprechend anzuwenden. Damit ist grundsätzlich §§ 318–319a HGB zu beachten[5]. Dabei ist zu berücksichtigen, dass Vorschriften über die Bestellung des Abschlussprüfers für Kreditgenossenschaften gem. § 340k Abs. 2 HGB bzw. für Sparkassen gem. § 340k Abs. 3 HGB aufgrund des gesetzlichen Prüfungsverhältnisses nicht zu beachten sind. Nach § 340a Abs. 3 S. 5 HGB gelten die §§ 320 u. 322 HGB entsprechend. Der Prüfer hat die Bescheinigung über die prüferische Durchsicht der BaFin und der Deutschen Bundesbank unverzüglich nach Beendigung der prüferischen Durchsicht einzureichen[6].

Stellt ein nicht kapitalmarktorientiertes Institut einen **Konzernabschluss** und einen Konzernlagebericht nach handelsrechtlichen Grundsätzen auf, so sind für Institute die folgenden Vorschriften nach § 340i Abs. 2 S. 2 HGB nicht anzuwenden[7]:
- § 293 HGB: Größenabhängige Befreiungen.
- § 298 Abs. 1 HGB: Entsprechende Anwendung bestimmter Vorschriften des Einzelabschlusses für den Konzernabschluss; hier haben die Vorschriften der §§ 340 ff. HGB sowie RechKredV und RechZahlV Vorrang.
- § 314 Abs. 1 Nr. 1 HGB: Restlaufzeitengliederung sowie Sicherheiten für Verbindlichkeiten; hier sind die Vorschriften nach § 340d HGB sowie § 37 RechKredV in Verbindung mit § 9 Abs. 1 RechKredV bzw. § 31 RechZahlV in Verbindung mit § 7 RechZahlV vorrangig.
- § 314 Abs. 1 Nr. 3 HGB: Aufgliederung von Umsatzerlösen.
- § 314 Abs. 1 Nr. 6 lit. c) HGB: Vorschüsse, Kredite und Haftungsverhältnisse zugunsten von Organmitgliedern; stattdessen gilt § 37 RechKredV in Verbindung mit § 34 Abs. 2 Nr. 2 RechKredV bzw. § 31 RechZahlV in Verbindung mit § 28 Abs. 2 Nr. 2 RechZahlV.
- § 314 Nr. 23 HGB: Institute haben auch nach Inkrafttreten des BilRuG weiterhin außerordentliche Aufwendungen und Erträge in der Formblatt-GuV auszuweisen, sodass eine Anhangangabepflicht entfällt.

Stellt ein **kapitalmarktorientiertes** Institut nach Art. 4 der Verordnung EG Nr. 1606/2002 i. V. m. § 315e HGB einen befreienden **IFRS**-Konzernabschluss auf, so sind bestimmte handelsrechtliche Vorschriften weiterhin zu beachten. Ist ein Institut kapitalmarktorientiert, so sind die §§ 340 ff. HGB wie auch die RechKredV und RechZahlV nicht anzuwenden (siehe § 340i Abs. 2 S. 3 HGB). Es sind lediglich die §§ 290 bis 292 HGB sowie § 315e HGB (sowie die dort verwiesenen Vorschriften) anzuwenden. Soweit § 315e Abs. 1 auf § 314 Abs. 1 Nr. 6 lit. c HGB verweist, ist § 34 Abs. 2 Nr. 2 RechKredV anzuwenden.

---

5   Zu den Besonderheiten bei der Bestellung von Abschlussprüfern bei Instituten sei auf die Erläuterungen zu § 340k HGB verwiesen.
6   Vgl. auch Mielk, in: Reischauer/Kleinhans, § 10 KWG, Tz. 280.
7   Für eine detaillierte Darstellung der institutsspezifischen Vorschriften zur Aufstellung eines handelsrechtlichen Konzernabschlusses siehe Kapitel VIII.

4 Formelles Bilanzrecht der Institute

4.1 Aufstellung und Feststellung

Aufgrund der Kaufmannseigenschaft sind Institute buchführungspflichtig und haben nach § 340a Abs. 1 i. V. m. § 244 HGB einen Jahresabschluss in deutscher Sprache und in EURO aufzustellen. Der Jahresabschluss umfasst nach § 340a Abs. 1 HGB i. V. m. §§ 242, 264 HGB eine Bilanz, Gewinn- und Verlustrechnung sowie einen Anhang. Institute haben nach § 340a Abs. 1 HGB i. V. m. § 289 HGB zusätzlich einen Lagebericht aufzustellen. Ist das Institut kapitalmarktorientiert, so sind zusätzlich eine Kapitalflussrechnung und ein Eigenkapitalspiegel zu erstellen (§ 264 Abs. 1 S. 2 HGB); für den handelsrechtlichen Konzernabschluss besteht diese Verpflichtung unabhängig von der Kapitalmarktorientierung (§§ 340i Abs. 1 S. 1, 297 Abs. 1 S. 1 HGB).

Neben einzelnen handelsrechtlichen Vorschriften zum formellen Bilanzrecht, haben Institute insbesondere die geschäftszweigspezifischen Vorschriften des KWG und des ZAG zu beachten. Diese betreffen Bestimmungen zur Aufstellung, Prüfung sowie Feststellung und Einreichung von Jahresabschluss und Lagebericht. Die folgende Abbildung gibt einen Überblick über die wichtigsten Bestimmungen für den Einzelabschluss von Instituten:

Tätigkeiten	Fristen	Vorschrift
1. Aufstellung von Jahresabschluss und Lagebericht	3 Monate nach Bilanzstichtag	§ 264 Abs. 1 S. 3 i. V. m. § 340a Abs. 1 HGB, § 26 Abs. 1 S. 1 KWG § 22 Abs. 1 S. 1 ZAG
2. Einreichung des aufgestellten Jahresabschlusses	Unverzüglich, spätestens 3 Monate nach dem Bilanzstichtag	§ 26 Abs. 1 S. 1 KWG § 22 Abs. 1 S. 1 ZAG
3. Prüfung des aufgestellten Jahresabschlusses und des Lageberichts	Spätestens 5 Monate nach Bilanzstichtag	§ 340k Abs. 1 S. 2 HGB
4. Einreichung des Prüfungsberichts	Unverzüglich nach Beendigung der Prüfung	§ 26 Abs. 1 S. 3 KWG § 22 Abs. 1 S. 1 u. 2 ZAG
5. Feststellung des geprüften Jahresabschlusses	Unverzüglich nach der Prüfung	§ 340k Abs. 1 S. 3 HGB
6. Einreichung von geprüftem und festgestelltem Jahresabschlusses	Unverzüglich nach Feststellung des Jahresabschlusses	§ 26 Abs. 1 S. 1 KWG § 22 Abs. 1 ZAG

Abb. 9: Zeitlicher Ablauf für den Einzelabschluss von Instituten[1]

---

[1] In Anlehnung an Wolfgarten, in: Boos/Fischer/Schulte-Mattler, 5. Aufl., § 26 KWG, Tz. 13.

1. Aufstellung. Nach § 340a Abs. 1 HGB in Verbindung mit § 263 Abs. 1 S. 2 HGB sowie § 26 Abs. 1 S. 1 KWG haben **Kredit- und Finanzdienstleistungsinstitute** den Jahresabschluss sowie Lagebericht in den ersten drei Monaten des Geschäftsjahres für das vergangene Jahr aufzustellen. Gleiches gilt für externe Kapitalverwaltungsgesellschaften, die aufgrund von § 38 Abs. 1 S. 2 KAGB den § 26 KWG in Bezug auf die Aufstellung zu beachten haben. Ebenso haben auch **Zahlungsinstitute und E-Geld-Institute** nach § 22 Abs. 1 S. 1 ZAG »den Jahresabschluss in den ersten drei Monaten des Geschäftsjahres für das vergangene Jahr aufzustellen …«. Die Anforderungen für Zahlungsinstitute und E-Geld-Institute stimmen materiell mit den Regelungen in § 26 KWG überein. Von der Aufstellungspflicht sind auch Zweigniederlassungen im Sinne des § 53 KWG (inländische Zweigniederlassungen von Unternehmen mit Sitz außerhalb des EWR) betroffen. Diese müssen nach § 53 Abs. 2 Nr. 3 KWG für den Schluss eines jeden Geschäftsjahres eine Vermögensübersicht, eine Aufwands- und Ertragsrechnung sowie einen Anhang (= Jahresabschluss der Zweigniederlassung) aufstellen. Nicht von der Aufstellungspflicht betroffen sind hingegen Zweigniederlassungen im Sinne des § 53b Abs. 1 S. 1 u. Abs. 7 KWG sowie des § 53c Nr. 1 KWG (siehe Abb. 6). Diese haben nach § 340l HGB lediglich die nach dem Recht des ausländischen Staates erstellten und geprüften Unterlagen den Aufsichtsbehörden offenzulegen. Aufstellungspflichtig sind die gesetzlichen Vertreter des Instituts (z. B. Vorstand bei einer AG, Sparkasse, Genossenschaft oder Anstalt des öffentlichen Rechts bzw. Geschäftsführer bei einer GmbH).

2. Einreichung. Nach § 26 Abs. 1 S. 1 KWG bzw. § 22 Abs. 1 S. 1 ZAG haben Kredit- und Finanzdienstleistungsinstitute bzw. Zahlungsinstitute und E-Geld-Institute den aufgestellten Jahresabschluss unverzüglich nach der Aufstellung in einfacher Ausfertigung bei der BaFin und der zuständigen Hauptverwaltung der deutschen Bundesbank einzureichen (sog. Einreichungsverfahren nach § 1 Abs. 1 AnzV). Die Pflicht zur unverzüglichen Einreichung des aufgestellten Jahresabschlusses besteht auch dann, wenn absehbar ist, dass der festgestellte Jahresabschluss vor Ablauf der Drei-Monats-Frist bei den Aufsichtsbehörden eingereicht werden kann[2].

3. Prüfung. Nach § 340k Abs. 1 S. 1 HGB besteht eine Pflicht zur Prüfung des aufgestellten Jahresabschlusses und des Lageberichts unabhängig von der Größe und Rechtsform des Instituts (Pflichtprüfung). Nach § 340k Abs. 1 S. 2 HGB ist die Prüfung spätestens vor Ablauf des fünften Monats des dem Abschlussstichtag folgenden Geschäftsjahres vorzunehmen. Für Kredit- und Finanzdienstleistungsinstitute ist der Prüfungsbericht gem. der »Verordnung über die Prüfung der Jahresabschlüsse der Kreditinstitute und Finanzdienstleistungsinstitute sowie die darüber zu erstellenden Berichte« (Prüfungsberichtsverordnung – PrüfBV) bzw. für Zahlungsinstitute und E-Geld-Institute nach der Zahlungsinstituts-Prüfberichtsverordnung (ZahlPrüfBV) zu erstellen. Für externe Kapitalverwaltungsgesellschaften ist das

---

[2] Vgl. Wolfgarten, in: Boos/Fischer/Schulte-Mattler, 5. Aufl., § 26 KWG, Tz. 38.

Bundesministerium für Finanzen ermächtigt weitere Inhalte, Umfang und Darstellung des Prüfungsberichts zu erlassen (§ 38 Abs. 5 S. 1 KAGB)[3].

4. Einreichung der Prüfungsberichte. Nach § 26 Abs. 1 S. 3 in Verbindung mit § 1 Abs. 1 AnzV hat der Prüfer den Prüfungsbericht in einfacher Form unverzüglich nach Beendigung der Prüfung den Aufsichtsbehörden einzureichen. Wird ein Kreditinstitut durch einen genossenschaftlichen Prüfungsverband oder durch die Prüfstelle eines Sparkassen- und Giroverbands geprüft, so ist der Prüfungsbericht nur auf Anforderung durch die BaFin einzureichen (§ 26 Abs. 1 S. 4 KWG).

5. Feststellung. Für alle Institute gilt, dass diese nach Durchführung der Abschlussprüfung den Jahresabschluss unverzüglich festzustellen haben (§ 340k Abs. 1 S. 3 HGB). Der Abschluss von Instituten unterliegt nach § 340k Abs. 1 S. 1 HGB der Pflichtprüfung. Daher kann die Feststellung des Jahresabschlusses erst erfolgen, wenn der Prüfungsbericht vorliegt (§§ 316 Abs. 1 S. 2, 322 Abs. 7 HGB)[4]. Nach § 26 Abs. 1 KWG ist auch der später festgestellte Abschluss der Bundesanstalt sowie der Deutschen Bundesbank einzureichen. Bei der Einreichung ist nach § 13 AnzV der Tag der Feststellung anzugeben. Diese Angabe ist erforderlich, da die Berücksichtigung des Jahresergebnisses in den Eigenmitteln erst ab Feststellung des Jahresabschlusses erfolgt[5].

6. Einreichung. Der festgestellte Jahresabschluss und Lagebericht sind unverzüglich bei der BaFin und der Deutschen Bundesbank einzureichen (§ 26 Abs. 1 S. 1 KWG für Kredit- und Finanzdienstleistungsinstitute; § 22 Abs. 1 S. 1 ZAG für Zahlungsinstitute und E-Geld-Institute). Nach der Feststellung des Jahresabschlusses und des Lageberichts sind diese mithin erneut einzureichen[6]. Für externe Kapitalverwaltungsgesellschaften gilt § 26 KWG mit der Maßgabe, dass die dort genannten Pflichten gegenüber der Deutschen Bundesbank nicht gelten. Demnach sind die Berichte nur der Bundesanstalt einzureichen (§ 38 Abs. 1 S. 2 KAGB).

Ein entsprechender Ablauf besteht für die Aufstellung und Feststellung eines **Konzernabschlusses und Konzernlageberichts** eines Instituts. Nach § 340i i. V. m. § 290 Abs. 1 u. 2 HGB haben Institute den Konzernabschluss und einen Konzernlagebericht innerhalb der ersten fünf Monate des Konzerngeschäftsjahres für das vergangene Konzerngeschäftsjahr aufzustellen[7]. Ist das Mutterunternehmen eine kapitalmarktorientierte Kapitalgesellschaft, so beträgt die Aufstellungsfrist vier Monate. Der Konzernabschluss und der Konzernlagebericht sind nach § 1 Abs. 1 AnzV in Verbindung mit § 26 Abs. 3 S. 1 KWG unverzüglich einzureichen. Nach § 340k Abs. 1 S. 2 HGB ist die Prüfung vor Ablauf des fünften Monats

---

[3] Eine solche Prüfungsberichtsverordnung liegt mit der KAPrüfBV (Kapitalanlage-Prüfungsberichtsverordnung) im Entwurf vor. Vgl. BaFin: Konsultation 12/2013 – Entwurf der Kapitalanlage-Prüfungsberichtsverordnung (KAPrüfBV) – WA 41-Wp 2169–2013/0006 vom 03.06.2013.
[4] Vgl. WPH I2012, J 32.
[5] Vgl. Gawanke, in: Boos/Fischer/Schulte-Mattler, 5. Aufl., § 13 AnzV, Tz. 2.
[6] Vgl. Becker, in: Reischauer/Kleinhans, § 26 KWG, Tz. 4.
[7] Zur Aufstellungspflicht nach § 340i HGB siehe ausführlich Kapitel VIII.1.

nach dem Abschlussstichtag des folgenden Geschäftsjahres vorzunehmen. Bei kapitalmarktorientierten Kapitalgesellschaften wird sich dies jedoch an der 4-Monatsfrist orientieren. Der Konzernprüfungsbericht ist unverzüglich den Aufsichtsbehörden einzureichen (§ 1 Abs. 1 AnzV in Verbindung mit § 26 Abs. 3 S. 1 KWG). Stellt ein Zahlungsinstitut bzw. E-Geld-Institut einen Konzernabschluss oder einen Konzernlagebericht auf, so sind diese Unterlagen der Bundesanstalt und der Deutschen Bundesbank ebenso unverzüglich einzureichen (§ 22 Abs. 2 S. 1 ZAG). Die Einreichung von Prüfungsberichten für Institute, die durch einen genossenschaftlichen Prüfungsverband oder durch die Prüfstelle eines Sparkassen- und Giroverbands geprüft werden, ist nur auf Anforderungen durch die BaFin vorzunehmen.

Nach § 31 Abs. 1 Nr. 2 KWG kann das Bundesministerium der Finanzen nach Anhörung der Deutschen Bundesbank durch Rechtsverordnung Arten oder Gruppen von Instituten von der Einhaltung des § 26 KWG freistellen, wenn die Eigenart des Geschäftsbetriebs dies rechtfertigt.

4.2 Prüfung

4.2.1 Prüfungspflicht

Nach § 340k Abs. 1 S. 1 HGB haben **alle Kreditinstitute** unabhängig von ihrer Größe ihren Jahresabschluss und Lagebericht sowie ihren Konzernabschluss und Konzernlagebericht prüfen zu lassen. Die Prüfungspflicht erfasst damit alle Unternehmen, die Bankgeschäfte gewerbsmäßig oder in einem Umfang betreiben, der einen in kaufmännischer Weise eingerichteten Geschäftsbetrieb erfordert (§ 1 Abs. 1 S. 1 KWG). Neben den in § 340k Abs. 1 explizit genannten Kreditinstituten umfasst die Prüfungspflicht nach § 340k HGB auch alle weiteren Unternehmen, die vom Anwendungsbereich des § 340 HGB erfasst sind.

Von der Prüfungspflicht von Kreditinstituten sind auch **Zweigniederlassungen** von Unternehmen mit Sitz in einem Staat, der nicht Mitglied der Europäischen Gemeinschaft und auch nicht Vertragsstaat des Abkommens über den Europäischen Wirtschaftsraum ist, erfasst, sofern die Zweigniederlassung als Kredit- oder Finanzdienstleistungsinstitute im Sinne von § 53 Abs. 1 KWG gilt (§ 340 Abs. 1 S. 1 HGB)[8]. Zweigniederlassungen von Instituten in EU-Staaten, Vertragsstaaten des Abkommens über den Europäischen Wirtschaftsraums und diesen gleichgestellten Staaten sind von der Prüfungspflicht ausgenommen; diese haben nur die Offenlegungspflichten nach § 340l Abs. 2 u. 3 HGB zu beachten (§ 340 Abs. 1 S. 2 HGB)[9].

Auf **Finanzdienstleistungsinstitute** sind die ergänzenden Vorschriften für Kreditinstitute und mithin auch § 340k HGB anzuwenden (§ 340 Abs. 4 S. 1 HGB). Damit sind Unternehmen, die Finanzdienstleistungen für andere gewerbsmäßig oder in einem Umfang erbringen, der einen in kaufmännischer Weise eingerichteten Geschäftsbetrieb erfordert,

---

8   Vgl. Löw, in: MüKom BilR, § 340k HGB, Tz. 1.
9   Vgl. Wiedmann, in: Bilanzrecht, § 340k HGB, Tz. 2.

und die keine Kreditinstitute sind (§ 1 Abs. 1a S. 1 KWG) von der Prüfungspflicht des § 340k HGB erfasst. Die Anwendbarkeit des § 340k HGB für Finanzdienstleistungsinstitute ergibt sich eindeutig aus § 340 Abs. 4 HGB[10]. Die Prüfungspflicht nach § 340k HGB folgt der Abgrenzung des § 340 HGB.

Über § 340 Abs. 5 HGB ist § 340k HGB auch für Institute im Sinne des § 1 Abs. 3 ZAG anzuwenden. Darunter fallen einerseits Unternehmen, die gewerbsmäßig oder in einem Umfang der einen in kaufmännischer Weise eingerichteten Geschäftsbetrieb erfordert, Zahlungsdienste erbringen, ohne unter § 1 Abs. 1 Nr. 2 bis 5 ZAG zu fallen (**Zahlungsinstitute**). Andererseits fallen hierunter auch Unternehmen, die das E-Geld-Geschäft betreiben, ohne unter die § 1 Abs. 2 Nr. 2 bis 5 ZAG zu fallen (**E-Geld-Institute**). In den Anwendungsbereich des § 340k HGB fallen auch **Kapitalverwaltungsgesellschaften** und extern verwaltete Investmentvermögen (§ 38 Abs. 1 KAGB)[11].

§ 340k Abs. 1 HGB verpflichtet zur Prüfung des Jahresabschlusses und Lageberichts sowie eines Konzernabschlusses und Konzernlageberichts von Kreditinstituten sowie von allen in den Anwendungsbereich der §§ 340 ff. HGB fallenden Unternehmen unabhängig von ihrer Größe und ihrer Rechtsform. Größenabhängige Erleichterungen, wonach der Jahresabschluss von Finanzdienstleistungsinstituten mit einer Bilanzsumme von nicht mehr als 150 Mio. EUR auch durch vereidigte Buchprüfer und Buchprüfungsgesellschaften geprüft werden konnte, besteht mit Inkrafttreten des AReG nicht mehr (Neufassung von § 340k Abs. 4 HGB). Die Prüfungspflicht umfasst den **Jahresabschluss** und Lagebericht von Instituten sowie einen nach § 340i HGB aufgestellten **Konzernabschluss** und Konzernlagebericht. **Zwischenabschlüssen** sind hingegen nach § 340a Abs. 3 HGB einer prüferischen Durchsicht zu unterziehen, wenn diese zur Ermittlung von Zwischenergebnissen im Sinne des Art. 26 Abs. 2 CRR dienen. Die Vorschriften über die Bestellung des Abschlussprüfers sind auf die prüferische Durchsicht entsprechend anzuwenden.

Nach § 340k Abs. 1 S. 2 HGB ist die Prüfung des Jahresabschlusses und Lageberichts sowie des Konzernabschlusses und Konzernlagebericht vor Ablauf des fünften Monats des dem Abschlussstichtag nachfolgenden Geschäftsjahres vorzunehmen. Die Abschlussprüfung ist damit innerhalb dieses Zeitraums abzuschließen[12]. Für die **Bestimmung der Frist** gelten die Auslegungsvorschriften der §§ 187–193 BGB (§ 186 BGB). Bei Instituten in der Rechtsform der Aktiengesellschaft oder der GmbH ergibt sich die Dauer der Prüfung damit **nicht retrograd** aus der Frist nach § 175 Abs. 1 S. 2 AktG bzw. § 42a Abs. 2 GmbHG, wonach in den ersten acht Monaten des Geschäftsjahres eine Hauptversammlung bzw. Gesellschafterversammlung zur Feststellung des Jahresabschlusses stattzufinden hat[13],

---

10 Ebenso Braun, in: KK-RLR, § 340k HGB, Tz. 7; Löw, in: MüKom BilR, § 340k HGB, Tz. 2. Unzutreffend WPH I[2012] J 594 sowie Böcking/Becker/Helke, in: MüKom HGB, § 340k HGB, Tz. 2, die jeweils auf § 340k Abs. 4 HGB aF abstellen. § 340k Abs. 4 HGB aF sah vor, dass Finanzdienstleistungsinstitute und Zahlungsinstitute sowie E-Geld-Institute, deren Bilanzsumme am Stichtag 150 Mio. EUR nicht übersteigt, auch von vereidigten Buchprüfern bzw. Buchprüfungsgesellschaften geprüft werden konnten. Im Zuge des AReG ist diese Regelung entfallen; gleichwohl besteht eine Pflicht zur Prüfung des Jahresabschlusses von Finanzdienstleistungsinstituten nach § 340k HGB über § 340 Abs. 4 HGB.
11 Vgl. Swoboda, in: Weitnauer/Boxberger/Anders, 2. Aufl., § 38 KAGB, Tz. 6.
12 Vgl. Braun, in: KK-RLR, § 340k HGB, Tz. 15.
13 Bei einer kleinen GmbH im Sinne des 267 Abs. 1 HGB gilt eine Frist von elf Monaten (§ 42a Abs. 2 S. 1 GmbHG).

sowie der gesetzlichen Fristen für die Prüfung durch den Aufsichtsrat nach § 171 Abs. 3 S. 1 AktG[14]. Die retrograde Ermittlung der Fristen aus §§ 172, 173, 175 AktG bzw. § 42a Abs. 2 GmbHG für die Feststellung des Jahresabschlusses sind durch die Frist in § 340k Abs. 1 S. 2 HGB von fünf Monaten für die Beendigung der Prüfung außer Kraft gesetzt. § 29 Abs. 4 KWG enthält eine **Ermächtigungsgrundlage**, nach der durch Rechtsverordnung ein abweichender Zeitpunkt der Durchführung der Abschlussprüfung bestimmt werden kann. Eine **Verkürzung der Frist** kann sich aus der Satzung, dem Gesellschaftsvertrag des Instituts oder aus anderen Gesetzen ergeben; eine Verlängerung ist nicht möglich[15]. Nach Beendigung der Prüfung hat der Abschlussprüfer den **Prüfungsbericht** sowie den Konzernprüfungsbericht unverzüglich bei der Deutschen Bundesbank und der Bundesanstalt einzureichen (§ 26 Abs. 1 S. 3 KWG, § 26 Abs. 3. S. 3 KWG, § 5 S. 1 PrüfBV). Der Jahresabschluss von Instituten ist nach § 340k Abs. 1 S. 3 HGB nach der Prüfung unverzüglich **festzustellen**.

4.2.2 Anzuwendende Vorschriften

Nach § 340k Abs. 1 S. 4 HGB sind auf CRR-Kreditinstitute im Sinne des § 1 Abs. 3d S. 1 KWG die §§ 316–324a HGB insoweit anzuwenden, als nicht die EU-VO Nr. 537/2014 anzuwenden ist. Gleiches gilt bereits für die Abschlussprüfung von Instituten (mit Ausnahme der Deutschen Bundesbank und der Kreditanstalt für Wiederaufbau), die keine CRR-Kreditinstitute jedoch kapitalmarktorientiert im Sinne des § 264d HGB sind. Aufgrund von § 340k Abs. 1 i. V. m. § 317 Abs. 3a HGB sind für diese Institute die Vorschriften für **Unternehmen von öffentlichem Interesse** und mithin die EU-VO Nr. 537/2014 anzuwenden. Nach § 340k Abs. 1 S. 4 HGB gelten die für die Abschlussprüfung von Unternehmen von öffentlichem Interesse geltenden Vorschriften auf CRR-Kreditinstitute unabhängig von ihrer Kapitalmarktorientierung. § 340k Abs. 1 S. 4 HGB ist in dieser Hinsicht nur deklaratorisch. Dass CRR-Kreditinstitute Unternehmen von öffentlichem Interesse darstellen, folgt aus Art. 3 der EU-VO 537/2014, der aufgrund von Art. 288 Abs. 2 S. 2 AEUV unmittelbar anzuwenden ist[16]. CRR-Kreditinstitute stellen nach Art. 3 EU-VO 537/2014 i. V. m. Art. 2 Nr. 13 der Richtlinie 2006/43/EG stets Unternehmen von öffentlichem Interesse dar. Art. 2 Nr. 13 der Richtlinie 2006/43/EG verweist auf Art. 3 Abs. 1 Nr. 1 der Richtlinie 2013/36/EU. Nach Art. 3 Abs. 1 Nr. 1 der Richtlinie 2013/36/EU gilt der Begriff des Kreditinstituts in Art. 4 Abs. 1 Nr. 1 CRR (EU-Verordnung 575/2013). Diese Institute sind CRR-Kreditinstitute im Sinne des § 1 Abs. 3d KWG, auf deren Abschlussprüfung die Vorschriften des HGB unter dem Vorbehalt der vorrangigen Geltung der EU-VO 537/2014 anzuwenden ist (§ 340k Abs. 1 S. 4 HGB). Die Abschlussprüferverordnung stellt unmittelbar anzuwendendes und vorrangiges Recht über die Abschlussprüfung von CRR-Kreditinstituten und kapitalmarktorientierten Instituten dar. Die Verordnung »verdrängt daher nicht nur widerstreitende Vorgaben der

---

14   Für eine Rückrechnung vgl. Koch, in: Hüffer/Koch, 12. Aufl., § 175 AktG, Tz. 4.
15   Vgl. Braun, in: KK-RLR, § 340k HGB, Tz. 18.
16   § 317 Abs. 3a HGB sowie auch § 340k Abs. 1 S. 4 HGB haben insoweit nur klarstellenden Vorbehalte. Vgl. BT-Drs 18/7219, S. 38 u. 51.

Richtlinie, sondern auch bestehendes nationales Recht, soweit es der Verordnung widerspricht«[17].

Unternehmen, die von der Prüfungspflicht des § 340k HGB erfasst sind, haben ihren Jahresabschluss und Lagebericht sowie ihren Konzernabschluss und Konzernlagebericht unbeschadet der §§ 28 und 29 KWG nach den Vorschriften des Dritten Unterabschnitts des Zweiten Abschnitts über die Prüfung (§§ 316–324a HGB) prüfen zu lassen. Auf die Prüfung von CRR-Kreditinstituten im Sinne des § 1 Abs. 3d KWG (mit Ausnahme der Deutschen Bundesbank und der Kreditanstalt für Wiederaufbau) sind die §§ 316–324a HGB nur insoweit anzuwenden, als nicht die EU-VO 537/2014 (Abschlussprüferverordnung) anzuwenden ist (§ 340k Abs. 1 S. 4 HGB).

	KI	BspK	FDLI	ZAG-Institut	KVG	CRR-KI und/oder kapitalmarktorientiert	kein CRR-KI und nicht kapitalmarktorientiert
EU-Recht	EU-VO Nr. 537/2014					X	
HGB	§ 340k Abs. 1 HGB i. V. m. §§ 316–324a HGB					X	X
Rechtsformspezifische Vorschriften	z. B. §§ 91 Abs. 2, 119 Abs. 1 Nr. 4, 313 AktG, 42a GmbHG, 53 HGrG, 53ff GenG					X	X
Institutsspezifische Vorschriften	§§ 28–30 KWG PrüfBV	§§ 28–30 KWG § 13 BausparG PrüfBV	§§ 28–30 KWG PrüfBV	§ 18 ZAG § 29 KWG ZahlPrüfBV	§ 38 KAGB KAPrüfBV	X	X

KI = Kreditinstitut; BspK = Bausparkasse; FDLI = Finanzdienstleistungsinstitut; ZAG-Institut = Zahlungsinstitut/E-Geld-Institut; KVG = Kapitalverwaltungsgesellschaft

Abb. 10: Prüfungsrecht der Institute

Beachte, dass die Vorschriften unter Umständen kumulativ anzuwenden sind bzw. bestimmte Institutseigenschaften nicht gleichzeitig vorkommen können. So ist bei der Prüfung eines Finanzdienstleistungsunternehmens, welches zugleich Zahlungsdienste erbringt, neben den KWG-Vorschriften auch das ZAG und die ZahlPrüfBV ergänzend zu beachten. Gleiches gilt auch für ein Kreditinstitut, welches nich zugleich CRR-Kreditinstitut ist. Letztere können aufgrund von § 1 Abs. 1 Nr. 1 bzw. § 1 Abs. 2 Nr. 1 ZAG keine Institute im Sinne des § 1 Abs. 3 ZAG sein.

Die für die Prüfung von Unternehmen im Anwendungsbereich des § 340 HGB einschlägigen Vorschriften der §§ 316–324a HGB werden hinsichtlich des
- Gegenstands und Umfangs der Prüfung,

---
[17] Blöink/Kumm, in: BB 2015, S. 1067 (S. 1068).

- der Bestellung und der Abberufung des Abschlussprüfers,
- der Auswahl der Abschlussprüfer sowie
- der Prüfungsberichte

durch branchenspezifische Gesetze und Verordnungen ergänzt bzw. modifiziert.

Die Prüfungspflicht folgt für Institute nicht aus § 316 HGB, sondern aus § 340k Abs. 1 HGB. Während nach den allgemeinen Grundsätzen Kapitalgesellschaften den Jahresabschluss und den Lagebericht nur dann von einem Abschlussprüfer zu prüfen haben, wenn sie nicht klein im Sinne des § 267 Abs. 1 HGB sind, gilt für Institute aufgrund von § 340k Abs. 1 HGB eine größenunabhängige Prüfungspflicht. Die Prüfung des Jahresabschlusses bzw. des Konzernabschlusses ist eine gesetzliche Pflichtprüfung, sodass auch die §§ 316 ff. HGB auf die Prüfung von Instituten anzuwenden sind. Ergänzend zu den Regelungen des § 317 HGB werden bei Unternehmen im Anwendungsbereich des § 340 HGB Gegenstand und Umfang der Prüfung durch spezialgesetzliche Vorgaben des KWG, ZAG, KAGB und BausparkG beträchtlich erweitert. Zudem wird der Inhalt und der Umfang der Prüfung von Instituten durch spezifische Prüfungsberichtsverordnungen konkretisiert und ergänzt.

Gegenstand und -umfang der Abschlussprüfung von **Kredit- und Finanzdienstleistungsinstituten** werden insbesondere durch die §§ 29, 30 KWG erweitert, die nach dem Wortlaut des § 340k Abs. 1 S. 1 HGB unbeschadet der §§ 316–324a HGB anzuwenden sind. Die Jahresabschlussprüfung bei Instituten wird durch § 29 KWG insb. erweitert um

- die Prüfung und Beurteilung[18] der wirtschaftlichen Verhältnisse des Instituts (§ 29 Abs. 1 S. 1 KWG);
- die Prüfung der Einhaltung von Anzeigepflichten (z. B. nach § 24 KWG; Art. 99 CRR; Groß- und Millionenkreditanzeigen nach Art. 395f CRR und § 14 KWG; Einhaltung von Liquiditätsanforderungen nach Art. 414 u. 422 CRR; bedeutende gruppeninterne Transaktionen nach § 13c KWG; Nachholungsbeschluss von Organkredite § 15 Abs. 4 S. 5 KWG);
- die Prüfung der Einhaltung von Anforderungen (insb. nach KWG, CRR und weiterer EU-Verordnungen wie z. B. SEPA-Verordnung, EMIR, EU-Leerverkaufsverordnung);
- die Prüfung der Einhaltung des GWG. Nach § 29 Abs. 2 S. 1 hat der Prüfer im Rahmen der Jahresabschlussprüfung zu prüfen, ob das Institut den Verpflichtungen nach §§ 24c, 25g bis m KWG, dem GWG und nach der Verordnung 1781/2006 nachgekommen ist;
- Depotprüfung (§ 29 Abs. 2 S. 3 i. V. m. § 36 Abs. 1 S. 2 WpHG). Bei Betreiben des Depotgeschäfts umfasst die Jahresabschlussprüfung auch eine Depotprüfung.

Neben den in § 29 KWG bestimmten Prüfungsinhalten kann die Bundesanstalt gegenüber dem Institut Bestimmungen über den Inhalt der Prüfung treffen, die vom Prüfer im Rahmen der Jahresabschlussprüfung zu berücksichtigen sind (§ 30 S. 1 KWG, § 29 Abs. 1 S. 5 KWG). Damit können Nachschauprüfungen, die ansonsten im Rahmen einer Prüfung nach § 44 Abs. 1 KWG zu erfolgen hätten, in die Jahresabschlussprüfung integriert werden[19].

Bei **Zahlungsinstituten** und **E-Geld-Instituten** erfolgt eine entsprechende Erweiterung von Prüfungsgegenstand und -umfang durch § 24 ZAG. Bei der Prüfung von Zahlungs- und E-Geld-Instituten, die zugleich in den Anwendungsbereich des KWG fallen (z. B. Finanz-

---

18 Vgl. § 7 PrüfBV.
19 Vgl. Santarossa-Preisler/Schaber, in: KWG und CRR, 3. Aufl., § 29 KWG, Tz. 58.

dienstleistungsinstitute, die zugleich auch das E-Geld-Geschäft betreiben), ist auch § 29 KWG zu beachten (§ 22 Abs. 4 ZAG). Eine Gleichzeitigkeit der Institutseigenschaft nach § 1 Abs. 3 ZAG und der Institutseigenschaft nach § 1 Abs. 1 KWG ist aufgrund der Legaldefinition von Zahlungsinstituten in § 1 Abs. 1 Nr. 1 ZAG bzw. E-Geld-Instituten § 1 Abs. 2 Nr. 1 ZAG nur für solche Kreditinstitute im Sinne des § 1 KWG möglich, die nicht zugleich CRR-Kreditinstitute (§ 1 Abs. 3d KWG) im Sinne des Art. 4 Nr. 1 CRR sind. Aus diesem Grunde ist es grundsätzlich möglich, dass bei der Prüfung von Kreditinstituten, die Zahlungsdienste erbringen oder das E-Geld-Geschäft betreiben und nicht CRR-Kreditinstitute sind, neben § 29 KWG auch § 24 ZAG zu beachten ist[20].

Bei der Prüfung des Abschlusses von **Kapitalverwaltungsgesellschaften** sind die Erweiterungen in § 38 Abs. 3 und 4 KAGB zu beachten. Dies umfasst eine Prüfung der wirtschaftlichen Verhältnisse der externen Kapitalverwaltungsgesellschaft, eine Prüfung, ob die Kapitalverwaltungsgesellschaft ihre Anzeigepflichten und weitere Anforderungen (z. B. EU VO Nr. 648/2012, zentrale Gegenpartei und Transaktionsregister) erfüllt hat. Zudem sind die Einhaltung der Anforderungen des GWG sowie bestimmter Vorschriften des WpHG zu prüfen. § 29 Abs. 3 KWG gilt mit der Maßgabe, dass die dort geregelten Pflichten nicht gegenüber der Deutschen Bundesbank gelten (§ 38 Abs. 4 S. 7 KAGB).

Bausparkassen haben als CRR-Kreditinstitute die §§ 29, 30 KWG sowie die §§ 316–324a HGB zu berücksichtigen, sofern nicht die EU VO 537/2014 anzuwenden ist. Zusätzlich zu den §§ 29, 30 KWG erfolgt bei **Bausparkassen** eine Erweiterung von Prüfungsgegenstand und -umfang durch § 13 BausparkG. Demnach hat bei der Prüfung des Jahresabschlusses einer Bausparkasse der Prüfer festzustellen, ob die Bausparsummen den Allgemeinen Bedingungen für Bausparverträge entsprechend zugeteilt worden sind, die Bausparkasse die in § 5 Abs. 2 Nr. 2 sowie § 5 Abs. 3 Nr. 5 BausparkG bezeichneten Bestimmungen der Allgemeinen Bedingungen für Bausparverträge eingehalten hat und ob die Vorschriften der BausparV beachtet worden sind (§ 13 S. 1 BausparkG). Das Ergebnis der Prüfung ist in den Prüfungsbericht aufzunehmen (§ 13 S. 2 BausparkG).

4.2.3 Bestellung und Abberufung des Abschlussprüfers

Die Vorschriften über die Bestellung eines Abschlussprüfers eines Instituts ergeben sich aus § 340k Abs. 1 HGB i. V. m. § 318 HGB. Für die Bestellung und Abberufung von Abschlussprüfern von Unternehmen im Anwendungsbereich des § 340 HGB ist § 318 HGB mit Ausnahme des § 318 Abs. 1a HGB anzuwenden (§ 340k Abs. 1 S. 1 HS 2 HGB). Für Unternehmen von öffentlichem Interesse verlängert sich nach § 318 Abs. 1a HGB die Höchstlaufzeit des Prüfungsmandats nach Art. 17 Abs. 1 UA 2 der EU-VO 537/2014 auf 20 Jahre, wenn der Wahl für das elfte Geschäftsjahr in Folge, auf das sich die Prüfungstätigkeit des Abschlussprüfers erstreckt, ein im Einklang mit Art. 16 Abs. 2 bis 5 der EU-VO 537/2014 durchgeführtes Auswahl- und Vorschlagsverfahren vorausgeht. Eine solche Verlängerung der Mandatsdauer kommt für Institute, die Unternehmen von öffentlichem Interesse sind, aufgrund von § 340k Abs. 1 S. 1 HS 2 HGB nicht in Betracht. Die Mandatsdauer bei

---

20 Vgl. Otte, in: Casper/Terlau, § 18 ZAG, Tz. 31.

CRR-Kreditinstituten (mit Ausnahme der deutschen Bundesbank und der Kreditanstalt für Wiederaufbau) ist damit auf 10 Jahre beschränkt. Diese strengere Regelung durch die Nichtausübung der Mitgliedstaatenoption (siehe Art. 17 Abs. 4 lit a) EU-VO 537/2014) wird mit der besonderen Bedeutung von gesetzlichen Abschlussprüfungen dieser Institute für den Finanzmarkt begründet[21]. Neben den für Kapitalgesellschaften geltenden Vorschriften des § 318 HGB sind bei der Bestellung und Abberufung des Abschlussprüfers eines Instituts die rechtsformspezifischen (z. B. § 119 Abs. 1 Nr. 4 AktG, § 55 GenG) sowie verschiedene spezialgesetzliche Vorschriften zu beachten.

Bei der Bestellung des Abschlussprüfers eines **Kredit- oder Finanzdienstleistungsinstituts** ist zusätzlich § 28 Abs. 1 u. 2 KWG zu beachten. Dies gilt nicht für Kreditinstitute, die einem genossenschaftlichen Prüfungsverband angehören oder die durch die Prüfstelle eines Sparkassen- und Giroverbands geprüft werden (§ 28 Abs. 3 KWG), da es bei diesen Instituten keiner Bestellung eines Abschlussprüfers bedarf. Nach § 28 KWG kann die Bundesanstalt die Bestellung eines **anderen Abschlussprüfers** verlangen (§ 28 Abs. 1 S. 2 KWG) oder beantragen, dass durch das **Registergericht** ein Abschlussprüfer bestellt wird (§ 28 Abs. 2 KWG). Institute haben der Bundesanstalt sowie der Deutschen Bundesbank den von ihnen bestellten Prüfer unverzüglich anzuzeigen (§ 28 Abs. 1 S. 1 KWG). Dies hat in einfacher Ausfertigung und formlos zu erfolgen (§ 1 Abs. 1 S. 1 AnzV). Die Bundesanstalt kann innerhalb eines Monats nach Zugang der Anzeige die Bestellung **eines anderen Prüfers** im Rahmen eines belastenden Verwaltungsakts verlangen, wenn dies zur Erreichung des **Prüfungszwecks** geboten ist (§ 28 Abs. 1 S. 2 KWG). Der Verwaltungsakt richtet sich gegen das Institut und den Prüfer. Die Zulässigkeit einer Anfechtungsklage gegen den Verwaltungsakt setzt ein vorausgegangenes Widerspruchsverfahren voraus (§ 68 Abs. 1 VwGO). Widerspruch und Anfechtungsklage gegen einen Verwaltungsakt nach § 28 Abs. 1 KWG haben keine aufschiebende Wirkung (§§ 28 Abs. 1 S. 4; 49 KWG). Die Bundesanstalt kann nur die Bestellung **eines anderen**, nicht aber eines bestimmten Prüfers verlangen[22]. Für den Fall, dass das Institut die Anzeige nicht unverzüglich nach Ablauf des Geschäftsjahres erstattet, hat das Gericht des Sitzes des Instituts auf Antrag der Bundesanstalt einen Prüfer zu bestellen (§ 28 Abs. 2 S. 1 Nr. 1 KWG). Wenn das Institut diesem Verlangen der Aufsicht nicht unverzüglich nachkommt, ist der Abschlussprüfer auf Antrag der Bundesanstalt durch das zuständige Gericht zu bestellen (§ 28 Abs. 2 S. 1 Nr. 2 KWG). Die Ablehnung eines Prüfers muss »zur Erreichung des Prüfungszwecks geboten« sein. Dies setzt einen Grund zu der Annahme voraus, dass die Prüfung durch den gewählten Abschlussprüfer sowie der Prüfungsbericht in einer Art erfolgen würden, die zu einer Beeinträchtigung der Aufsichtsfunktion führen. Ablehnungsgründe bestehen bei fehlender persönlicher und fachlicher Eignung[23], insbesondere bei Mängeln in früheren Prüfungsberichten, verspätetes Einreichen von Prüfungsberichten, mangelnde Erfahrung in der Banken-

---

21 Vgl. BMJV, Gesetzentwurf Abschlussprüferreformgesetz – AReG vom 04.12.2015, S. 60.
22 Vgl. Santarossa-Preisler, in: KWG und CRR, 3. Aufl., § 28 KWG, Tz. 25; Becker, in: Reischauer/Kleinhans, § 28 KWG, Tz. 9.
23 Vgl. Samm, in: Beck/Samm/Kokemoor, 3. Aufl., § 28 KWG, Tz. 21.

prüfung[24], fehlender Nachweis über Qualitätskontrollen nach § 57a WPO[25] oder Ablehnung wegen gesetzlicher Ausschließungsgründe[26]. Bei Bestellung einer Wirtschaftsprüfungsgesellschaft kann die Bundesanstalt den Wechsel des Prüfungspartners verlangen, wenn die Prüfungsgesellschaft in einem der beiden vorangegangenen Geschäftsjahren Prüfer des Instituts war und die vorangegangene Prüfung einschließlich des Prüfungsberichts den Prüfungszweck nicht erfüllt hat (§ 28 Abs. 1 S. 3 KWG). Nach § 28 Abs. 2 KWG kann die Bundesanstalt die Bestellung eines Abschlussprüfers durch das **Registergericht** beantragen. Dies setzt voraus, dass die Anzeige über die Bestellung eines Abschlussprüfers nicht unverzüglich nach Ablauf des Geschäftsjahres erfolgt, das Institut dem Verlangen auf Bestellung eines anderen Prüfers nicht unverzüglich nicht nachkommt oder, »wenn der gewählte Prüfer die Annahme des Prüfungsauftrags abgelehnt hat, weggefallen ist oder am rechtzeitigen Abschluss der Prüfung verhindert ist und das Institut nicht unverzüglich einen anderen Prüfer bestellt hat«. Die Bestellung durch das Gericht ist endgültig. Bei Annahme des Prüfungsauftrags durch den gerichtlich bestellten Prüfer entsteht ohne Auftragserteilung zwischen dem Institut und dem Abschlussprüfer ein Zwangsvertrag, der vom Abschlussprüfer nur noch aus wichtigem Grund gekündigt werden kann (§ 318 Abs. 6 HGB). Die Bundesanstalt kann die Abberufung eines nach § 28 Abs. 2 S. 1 KWG gerichtlich bestellten Abschlussprüfers durch das Registergericht beantragen (§ 28 Abs. 2 S. 4 KWG).

Bei der Bestellung von Abschlussprüfern von **Zahlungsinstituten und E-Geld-Instituten** ist § 23 ZAG zu beachten. Diese Vorschrift ist an die Regelung des § 28 KWG angelehnt und ermöglicht damit eine einheitliche Überwachung der Prüferbestellung[27]. § 23 Abs. 1 S. 1 ZAG verlangt ebenso wie § 28 KWG eine unverzügliche Anzeige der Bestellung gegenüber der Bundesanstalt sowie der Deutschen Bundesbank. Die Anzeige hat jeweils formlos und in einfacher Ausfertigung zu erfolgen (§ 1 Abs. 1 ZAGAnzV). Die Bundesanstalt kann die Bestellung eines **anderen Abschlussprüfers** verlangen oder beantragen, dass durch das **Registergericht** ein Abschlussprüfer bestellt wird. Die Voraussetzungen sind im Wesentlichen vergleichbar mit denen des § 28 KWG.

Auf die Bestellung eines Abschlussprüfers von **Kapitalverwaltungsgesellschaften** ist § 28 KWG mit der Maßgabe entsprechend anzuwenden, dass die dort geregelten Pflichten gegenüber der Deutschen Bundesbank nicht gelten (§ 38 Abs. 2 KAGB).

Für die **Auswahl des Abschlussprüfers** eines Instituts gilt § 319 HGB i. V. m. § 340k Abs. 1 HGB; für CRR-Kreditinstitute gilt § 319 HGB, soweit nicht die EU VO 537/2014 anzuwenden ist. Nach § 340k Abs. 1 HS 2 HGB ist § 319 Abs. 1 S. 2 HGB auf die Prüfung von Instituten nicht anzuwenden. Damit können vereidigte Buchprüfer und Buchprüfungsgesellschaften keine Abschlussprüfer eines Unternehmens im Anwendungsbereich des § 340 HGB sein. Die Erleichterung in § 340k Abs. 4 HGB aF, nach der Finanzdienstleistungsinstitute sowie für Zahlungsinstitute und E-Geld-Institute mit einer Bilanzsumme bis zu 150

---

24 Kritisch Becker, in: Reischauer/Kleinhans, § 28 KWG, Tz. 6.
25 Die Aufsicht berücksichtigt die fehlende Durchführung von Qualitätskontrolle nach § 57a WPO als Indiz für eine mangelnde Eignung des Prüfers. Vgl. BaFin-Rundschreiben 9/2006 – WA 37 – Wp 2001–2006 vom 18.12.2006.
26 Vgl. Santarossa-Preisler, in: KWG und CRR, § 28 KWG, Tz. 34 ff.
27 Vgl. BT-Drs 17/3023, S. 47.

Mio. EUR durch vereidigte Buchprüfer und Buchprüfungsgesellschaften geprüft werden konnten, ist mit Inkrafttreten des AReG entfallen. Mit dem Wegfall des § 340k Abs. 4 HGB aF wird eine Ungleichbehandlung von Instituten im Anwendungsbereich des § 340k HGB hinsichtlich der Prüferqualifikation beseitigt[28]. Als Abschlussprüfer von Unternehmen im Anwendungsbereich des § 340k HGB kommen daher nur noch Wirtschaftsprüfer und Wirtschaftsprüfungsgesellschaften in Betracht (§ 319 Abs. 1 S. 1 HGB). Für den Abschlussprüfer von genossenschaftlichen Instituten sowie von Sparkassen gelten besondere Regelungen.

Der Abschlussprüfer einer Zweigniederlassung eines ausländischen Instituts, welches über ihre deutsche Zweigniederlassung im Inland Bankgeschäfte betreibt oder Finanzdienstleistungen erbringt, wird von den Geschäftsleitern der Zweigniederlassung gewählt und bestellt (§ 53 Abs. 2 Nr. 3 KWG).

Unternehmen im Anwendungsbereich des § 340k HGB, die zugleich kapitalmarktorientiert im Sinne des § 264d HGB sind, stellen Unternehmen von öffentlichem Interesse dar. Gleiches gilt für CRR-Kreditinstitute (mit Ausnahme der Deutschen Bundesbank und der Kreditanstalt für Wiederaufbau) unabhängig von ihrer Kapitalmarktorientierung. Damit sind die besonderen Ausschlussgründe des § 319a HGB bei Unternehmen von öffentlichem Interesse einheitlich auf alle CRR-Kreditinstitute anzuwenden; zu Besonderheiten bei genossenschaftlichen Kreditinstituten sowie bei Sparkassen siehe Kapitel I.4.2.5 und 4.2.6.

4.2.4 Prüfungsberichte

Für die Prüfungsberichte der Institute gelten aufgrund von § 340k Abs. 1 HGB i. V. m. § 321 HGB die für die Prüfungsberichte von Kapitalgesellschaften zu beachtenden Vorschriften. Für Unternehmen im Anwendungsbereich des § 340 HGB bestehen Verordnungsermächtigungen, wonach die Aufsichtsbehörden bzw. die zuständigen Ministerien zum Erlass von Verordnungen zur näheren Bestimmung über den Inhalt der Prüfungsberichte ermächtigt sind. Bei der Erstellung von Berichten über die Abschlussprüfung von Instituten sind eine Reihe spezifischer Prüfungsberichtsverordnungen zu beachten.

Durch § 29 Abs. 4 S. 1 KWG wird das Bundesministerium der Finanzen ermächtigt, im Einvernehmen mit dem Bundesministerium der Justiz und für Verbraucherschutz und nach Anhörung der Deutschen Bundesbank durch **Rechtsverordnung** nähere Bestimmungen über den Gegenstand der Abschlussprüfung, den Zeitpunkt der Durchführung und den Inhalt der Prüfungsberichte zu erlassen. Die Ermächtigung gilt, soweit dies zur Erfüllung der Aufgaben der Bundesanstalt erforderlich ist, insbesondere um Missstände, welche die Sicherheit der einem Institut anvertrauten Vermögenswerte gefährden oder die ordnungsgemäße Durchführung der Bankgeschäfte oder Finanzdienstleistungen beeinträchtigen können, zu erkennen sowie einheitliche Unterlagen zur Beurteilung der von den Instituten durchgeführten Geschäfte zu erhalten (§ 29 Abs. 1 S. 1 KWG). Nach § 29 Abs. 1 S. 3 KWG kann das Bundesministerium die Ermächtigung auf die Bundesanstalt übertragen; was auch geschehen ist (§ 1 Nr. 5 BaFin-EÜVO). Auf Basis dieser Ermächtigung ist die **Prüfungs-**

---

[28] BMJV, Gesetzentwurf Abschlussprüferreformgesetz – AReG vom 04.12.2015, 62.

berichtsverordnung (**PrüfBV**) erlassen worden, die bei der Prüfung von Kredit- und Finanzdienstleistungsinstituten zu beachten ist.

Eine Verordnungsermächtigung zur näheren Bestimmung des Inhalts von Berichten über die Prüfung von **Zahlungsinstituten und E-Geld-Instituten** besteht in § 18 Abs. 3 ZAG. Vor diesem Hintergrund ist die **Zahlungsinstitute-Prüfungsberichtsverordnung (ZahlPrüfBV)** erlassen worden. Bei der Prüfung des Jahresabschlusses von Zahlungsinstituten, die zugleich Kreditinstitute sind, ist die ZahlPrüfBV nur insoweit anzuwenden, als sie Anforderungen enthält, die über die PrüfBV hinausgehen (§ 1 S. 2 ZahlPrüfBV).

Nach § 38 Abs. 5 KAGB besteht eine entsprechende Ermächtigungsgrundlage für eine Verordnung, die nähere Bestimmungen über den Inhalt, den Umfang und den Zeitpunkt der Prüfung von **Kapitalverwaltungsgesellschaften** sowie der Darstellung im Prüfungsbericht erlässt. Bei der Prüfung von Kapitalverwaltungsgesellschaften ist die **Kapitalanlage-Prüfungsberichte-Verordnung (KAPrüBV)** zu beachten.

4.2.5 Prüfung der genossenschaftlichen Institute

4.2.5.1 Prüfungsverband

Nach § 340k Abs. 2 S. 1 HGB ist (Pflicht) ein genossenschaftliches Kreditinstitut oder ein rechtsfähiger wirtschaftlicher Verein abweichend von § 319 Abs. 1 S. 1 HGB von einem **Prüfungsverband** zu prüfen, dem das Kreditinstitut angehört, sofern mehr als die Hälfte der geschäftsführenden Mitglieder des Vorstands dieses Prüfungsverbands Wirtschaftsprüfer sind. Die Pflicht zur Abschlussprüfung einer Genossenschaft durch einen Prüfungsverband, dem die Genossenschaft angehört, ist in §§ 55, 54 GenG verankert (**gesetzliches Prüfungsverhältnis**). Nach § 55 Abs. 3 S. 1 GenG kann sich der Prüfungsverband eines von ihm nicht angestellten Prüfers bedienen, wenn dies im Einzelfall notwendig ist, um eine gesetzmäßige sowie sach- und termingerechte Prüfung zu gewährleisten. § 340k Abs. 2 S. 1 HGB stellt eine Vereinbarkeit des Prüfungsrechts der Genossenschaften mit dem Prüfungsrecht der Kreditinstitute her. Das Prüfungsrecht wird einem Prüfungsverband behördlich verliehen (§ 63a GenG). Ein genossenschaftlicher Prüfungsverband unterliegt der Aufsicht der zuständigen Aufsichtsbehörde (§ 64 GenG). Aufgrund der Pflicht zur Verbandsprüfung in § 55 GenG bedarf es einer Prüferbestellung oder eines Prüfungsauftrags nicht[29]. Die Prüfung eines genossenschaftlichen Kreditinstituts durch einen Prüfungsverband setzt voraus, dass mehr als die Hälfte der **geschäftsführenden Mitglieder** des Vorstands dieses Prüfungsverbands Wirtschaftsprüfer sind. § 340k Abs. 2 S. 1 HGB verschärft insoweit die allgemeinen Anforderungen an einen Prüfungsverband in § 63b Abs. 5 S. 1 GenG, wonach dem Vorstand des Prüfungsverbands mindestens ein **Wirtschaftsprüfer** angehören soll. Sind die in § 340k Abs. 2 S. 1 HGB dargelegten Anforderungen an die Zusammensetzung des Vorstands eines Prüfungsverbands nicht gegeben, so kann bei einem nach § 63b Abs. 5 GenG vorschriftsmäßig besetzter Vorstand ein Bestätigungsver-

---

[29] Vgl. Esser/Hillebrand/Walter, in: ZfgG 2006, S. 26 (S. 46).

merk nicht erteilt werden[30]. Für den Fall, dass ein Prüfungsverband nur zwei Vorstandsmitglieder hat, so muss einer von ihnen Wirtschaftsprüfer sein (§ 340k Abs. 2 S. 2 HGB). Für diesen Fall stimmen die institutsspezifischen Anforderungen an Prüfungsverbände mit denen des § 63b Abs. 5 S. 1 GenG überein. Aufgrund des gesetzlichen Dauermandats sind verschiedene Regelungen der EU-VO auf den genossenschaftlichen Prüfungsverband nicht anzuwenden. Der genossenschaftliche Prüfungsverband ist von denselben Regelungen der EU-VO befreit wie die Prüfungsstellen des Sparkassen- und Giroverbands. Allerdings ergibt sich dies nicht wie bei den Prüfungsstellen des Sparkassen- und Giroverbands aus § 340k HGB, sondern aus den §§ 53 Abs. 2 S. 2, 54a Abs. 1 S. 3, 55 Abs. 2 S. 5, und Abs. 2a GenG[31].

Nach § 340k Abs. 1 S. 4 HGB gilt § 319 Abs. 1 S. 3 u. 4 HGB entsprechend mit der Maßgabe, dass der Prüfungsverband über einen Auszug hinsichtlich seiner **Eintragung nach § 40a WPO** verfügen muss, bei erstmaliger Durchführung einer Abschlussprüfung spätestens sechs Wochen nach deren Beginn. S. 4 sorgt für eine Vereinbarkeit der genossenschaftsspezifischen Regelungen über die Registerpflicht eines genossenschaftlichen Prüfungsverbands und den für Kreditinstitute geltenden HGB-Regelungen.

Bei Genossenschaften, die nicht zugleich Institute sind, besteht die Pflicht zur Aufstellung eines Konzernabschlusses aufgrund von **§ 11 PublG**, falls ein Mutter-Tochter-Verhältnis besteht[32]. Zur Bestimmung, ob ein Mutter-Tochter-Verhältnis vorliegt, gilt § 290 Abs. 2 bis 5 HGB entsprechend (§ 11 Abs. 6 PublG). Für die Aufstellung gelten die §§ 294–314 HGB sinngemäß (§ 13 Abs. 2 PublG). Ist das Mutterunternehmen eine Genossenschaft, so ist der Prüfungsverband, dem die Genossenschaft angehört, auch Abschlussprüfer des Konzernabschlusses (§ 14 Abs. 2 S. 1 PublG). Im Falle einer nach **§§ 340i, 290 HGB** konzernrechnungslegungspflichtigen Kreditgenossenschaft schreibt § 340k Abs. 2 S. 5 HGB gleichlautend vor, dass der Prüfungsverband, dem die Kreditgenossenschaft angehört, unter den Voraussetzungen von § 340k Abs. 2 S. 1 bis 4 HGB auch Abschlussprüfer des Konzernabschlusses und des Konzernlageberichts ist. S. 5 löst damit ein ansonsten bestehendes Spannungsverhältnis zwischen der für Institute geltenden Regelung in §§ 318 Abs. 2 S. 1, 340k Abs. 1 HGB und § 14 Abs. 2 S. 1 PublG.

4.2.5.2 Besorgnis der Befangenheit

Auf die gesetzlichen Vertreter des Prüfungsverbands sowie auf alle vom Prüfungsverband beschäftigten Personen, die das Ergebnis der Prüfung beeinflussen können, sind § 319 Abs. 2 u. 3 HGB sowie § 319a Abs. 1 HGB entsprechend anzuwenden (§ 340k Abs. 2 S. 3 HS 1 HGB). Ausgenommen hiervon ist § 319 Abs. 3 S. 1 Nr. 2 HGB, der auf Mitglieder des Aufsichtsorgans des Prüfungsverbands nicht anzuwenden ist, sofern sichergestellt ist, dass der Abschlussprüfer die Prüfung unabhängig von den Weisungen durch das Aufsichtsorgan durchführen kann (§ 340k Abs. 2 S. 3 HS 2 HGB).

Bei der Prüfung von Kreditgenossenschaften sind die Ausschlussgründe »**Besorgnis der Befangenheit**« (§ 319a Abs. 1 HGB) sowie die in § 319a Abs. 1 HGB genannten Gründe

---

30 Vgl. Bloehs, in: Pöhlmann/Fandrich/Bloehs, 4. Aufl., § 63b GenG, Tz. 20.
31 Vgl. Quick, in: DB 2016, S. 1205 (S. 1213).
32 Vgl. Schmidt/Schäfer, in: BBK, 11. Aufl., § 336 HGB, Tz. 30.

auf die gesetzlichen Vertreter und bestimmte beschäftigte Personen des Prüfungsverbands entsprechend anzuwenden. Gesetzessystematisch hat § 340k Abs. 2 S. 3 HGB nur noch einen eingeschränkten Regelungsinhalt. Im Rahmen des Gesetzes zur Einführung der Europäischen Genossenschaft und zur Änderung des Genossenschaftsrechts[33] ist die Regelung des § 340k Abs. 2 S. 3 HGB in das GenG (dort: § 55 Abs. 2 S. 1 u. 3 GenG) übernommen worden, um möglichst einheitliche Prüfungsstandards für Genossenschaften zu erreichen[34]. Da bei der Prüfung von Kreditgenossenschaften auch die **rechtsformspezifischen Vorschriften** zu beachten sind, ergibt sich aus § 340k Abs. 2 S. 3 HGB kein über § 55 Abs. 2 S. 1 GenG hinausgehender Regelungsinhalt. Ferner stimmt § 55 Abs. 2 S. 1 GenG mit § 319 Abs. 2 HGB überein, der bei der Prüfung von Kreditgenossenschaften über § 340k HGB ohnehin zu beachten ist. § 340k Abs. 2 S. 3 HGB stellt klar, dass die diesbezüglichen Vorschriften in § 319 Abs. 2 u. 3 HGB auf die Personen eines Prüfungsverbands mit direktem oder indirekten Einfluss auf die Abschlussprüfung des Kreditinstituts entsprechend anzuwenden sind, wodurch eine Vereinbarkeit der Regelung des GenG und des HGB erreicht wird.

Durch den Verweis in § 340k Abs. 2 S. 3 auf § 319a Abs. 1 HGB sind bei der Prüfung von Kreditgenossenschaften die Ausschlussgründe bei **Unternehmen von öffentlichem Interesse** zu beachten. Dieser Verweis erscheint missverständlich. Der derzeitige Wortlaut des § 340k Abs. 2 S. 3 HGB verlangt eine Anwendung des § 319a Abs. 1 HGB auf die Prüfung einer Kreditgenossenschaft; dies erfolgt ohne Einschränkungen und wäre danach auch dann erforderlich, wenn die zu prüfende Kreditgenossenschaft weder ein CRR-Kreditinstitut noch kapitalmarktorientiert wäre. Sachgerecht erscheint es jedoch, den Verweis auf § 319a Abs. 1 HGB in Übereinstimmung mit dem durch das AReG neugefassten § 55 Abs. 2 S. 5 GenG auszulegen. Danach ist § 319a Abs. 1 u. 3 HGB sowie Art. 5 Abs. 1, 4 UA 1 und Abs. 5 der EU-VO 537/2014 auf bestimmte Personen des Prüfungsverbands anzuwenden, wenn die zu prüfende Genossenschaft kapitalmarktorientiert im Sinne des § 264d HGB oder ein CRR-Kreditinstitut ist. § 340k Abs. 2 S. 3 HS 2 HGB entspricht materiell § 55 Abs. 2 S. 3 GenG. Danach ist § 319 Abs. 3 S. 1 Nr. 2 HGB unter bestimmten Bedingungen auf Mitglieder des Aufsichtsorgans des Prüfungsverbands nicht anzuwenden.

4.2.5.3 Prüfungsorgan und Pflichten

Nach § 340k Abs. 2a S. 1 HGB darf bei der Jahresabschlussprüfung von genossenschaftlichen Kreditinstituten durch einen Prüfungsverband der gesetzlich vorgeschriebene Bestätigungsvermerk nur von Wirtschaftsprüfern unterzeichnet werden. Diese im Zuge des BilMoG eingeführte Regelung dient der Umsetzung der Abschlussprüferrichtlinie und entspricht inhaltlich Art. 25 Abs. 2 EGHGB[35].

Damit sind auch die **personenbezogenen Berufspflichten** von den in einem Prüfungsverband tätigen Wirtschaftsprüfern zu beachten. So haben diese ihre Prüfungstätigkeit unabhängig, gewissenhaft, verschwiegen und eigenverantwortlich auszuüben (§ 340k

---

33 Vgl. BGBl. I 2006, Nr. 39, S. 1911 ff.
34 Vgl. BT-Drs 16/1025, S. 89 f.
35 Vgl. BT-Drs 16/10067, S. 95.

Abs. 2a S. 2 HGB). Dieser Regelung kommt nur eine geringe eigenständige Bedeutung zu und hat eher klarstellenden Charakter. Die Anforderungen des § 340k Abs. 2a S. 2 HGB folgen einerseits bereits aus den allgemeinen Berufspflichten in § 43 Abs. 1 S. 1 WPO sowie andererseits in Bezug auf die gewissenhafte und verschwiegene Berufsausübung aus § 323 Abs. 1 HGB sowie § 62 Abs. 1 S. 1 GenG. Die eigenverantwortliche Berufsausübung wird für Wirtschaftsprüfer bei genossenschaftlichen Prüfungsverbänden nicht dadurch ausgeschlossen, dass eine Mitzeichnung durch einen zeichnungsberechtigten Vertreter des Prüfungsverbands vereinbart ist (§ 44 Abs. 2 WPO).

Zudem haben sich in einem Prüfungsverband tätige Wirtschaftsprüfer insbesondere bei der Erstattung von Prüfungsberichten **unparteiisch** zu verhalten (§ 340k Abs. 2a S. 3 HGB). Auch diese Vorschrift hat nur klarstellenden Charakter und folgt bereits aus § 43 Abs. 1 S. 2 WPO.

Weisungen dürfen den in einem Prüfungsverband tätigen Wirtschaftsprüfern hinsichtlich ihrer Prüfungstätigkeit nicht von Personen erteilt werden, die nicht Wirtschaftsprüfer sind (§ 340k Abs. 2a S. 4 HGB). Die **Zahl** der im Verband tätigen Wirtschaftsprüfer muss nach § 340k Abs. 2a S. 5 HGB so bemessen sein, dass die den Bestätigungsvermerk unterschreibenden Wirtschaftsprüfer die Prüfung verantwortlich durchführen können. Dies stimmt mit der allgemeinen Berufspflicht in § 43 WPO überein, wonach bei der Durchführung der Abschlussprüfung ausreichend Zeit für den Auftrag aufzuwenden und die zur angemessenen Wahrnehmung der Aufgaben erforderlichen Mittel, insbesondere Personal mit den notwendigen Kenntnissen und Fähigkeiten, einzusetzen sind (§ 43 Abs. 5 WPO).

4.2.6 Prüfung der Sparkassen

Prüfungen des Jahresabschlusses und Lageberichts sowie des Konzernabschlusses und Konzernlageberichts einer Sparkasse dürfen (Wahlrecht) von der Prüfungsstelle eines **Sparkassen- und Giroverbandes** durchgeführt werden (§ 340k Abs. 3 S. 1 HGB). Abweichend von § 319 Abs. 1 HGB muss der Abschlussprüfer einer Sparkasse damit nicht Wirtschaftsprüfer oder Wirtschaftsprüfungsgesellschaft sein; § 340k Abs. 3 S. 1 HGB lässt die Prüfung durch die Prüfungsstelle des Sparkassen- und Giroverbands zu.

Damit gelten für die Abschlussprüfung von Sparkassen vergleichbare Regelungen wie bei genossenschaftlichen Kreditinstituten. Im Gegensatz zu § 340k Abs. 2 S. 1 HGB besteht in § 340k Abs. 3 S. 1 HGB ein Wahlrecht[36]; die Pflicht zur Prüfung durch eine Prüfungsstelle des Sparkassen- und Giroverbands folgt aus **landeshoheitlichem Sparkassenrecht**[37]. So ist bspw. nach § 24 SpkG NRW der Jahresabschluss und der Lagebericht (§ 24 Abs. 3 SpkG NRW) sowie die Prüfungen nach WpHG (§ 24 Abs. 6 SpkG NRW) von dem zuständigen Sparkassen- und Giroverband zu prüfen bzw. vorzunehmen. Die Prüfung kann entweder auf Antrag des zuständigen Sparkassen- und Giroverbands mit Zustimmung der Aufsichtsbehörde oder auf direkte Anordnung der Aufsichtsbehörde auch von dem jeweils anderen Sparkassen- und Giroverband erfolgen (§ 24 Abs. 3 S. 2 SpkG NRW). Insoweit besteht ein

---

36 Vgl. Meyer/Isenmann (1993), S. 85.
37 Vgl. Quick, in: DB 2016, S. 1205 (S. 1212).

gesetzliches Prüfungsverhältnis; einer Bestellung bedarf es daher i. d. R. nicht[38]. § 340k Abs. 3 HGB stellt keinen Eingriff in Landesrecht dar, sondern bestimmt, dass die Zuständigkeit der Prüfungsstellen der Sparkassen- und Giroverbände nicht durch § 319 Abs. 1 HGB ausgeschlossen ist[39].

Der Leiter der Prüfungsstelle muss Wirtschaftsprüfer sein. Für alle vom Sparkassen- und Giroverband beschäftigten Personen, die das Ergebnis der Prüfung beeinflussen können, sind die Ausschlussgründe des

- § 319 Abs. 2, 3 und 5 HGB,
- § 319a Abs. 1 u. 2 HGB sowie
- Art. 5 Abs. 1, Abs. 4 UA 1, Abs. 5 EU-VO 537/2014

entsprechend anzuwenden. Zudem ist sicherzustellen, dass der Abschlussprüfer die Prüfung unabhängig von den Weisungen der Organe des Sparkassen- und Giroverbands durchführen kann (§ 340k Abs. 3 S. 4 HGB). Analog zum Prüfungsverband genossenschaftlicher Kreditinstitute hat die Prüfungsstelle des Sparkassen- und Giroverbands über einen Auszug hinsichtlich ihrer Eintragung nach § 40a WPO zu verfügen (§ 340k Abs. 3 S. 5 HGB).

4.2.7 Prüfungsausschuss

Nach § 340k Abs. 5 S. 1 HGB haben (auch nicht kapitalmarktorientierte) CRR-Kreditinstitute (mit Ausnahme der Deutschen Bundesbank und der Kreditanstalt für Wiederaufbau) § 324 Abs. 1 u. 2 HGB anzuwenden, wenn sie keinen Aufsichtsrat oder Verwaltungsrat haben, der die Voraussetzungen des § 100 Abs. 5 AktG erfüllen muss. Im Zuge des AReG besteht nunmehr die Notwendigkeit der Bildung eines Prüfungsausschusses bei CRR-Kreditinstituten auch bei fehlender Kapitalmarktorientierung. Landesrechtlich vorgesehene Ausnahmeregelungen sind damit unzulässig[40]. Für nicht kapitalmarktorientierte Kreditinstitute, die nicht zugleich CRR-Kreditinstitute sind, besteht jedoch weiterhin unbeschadet der rechtsformspezifischen Vorschriften keine Pflicht zur Bildung eines Prüfungsausschusses. So muss bspw. bei einer nicht kapitalmarktorientierten Depotbank kein Prüfungsausschuss gebildet werden, sofern sich aus den rechtsformspezifischen Vorschriften nicht etwas anderes ergäbe.

Die in § 340k Abs. 5 S. 1 HGB bezeichnete Rechtsfolge setzt voraus, dass das CRR-Kreditinstitut **keinen Aufsichts- oder Verwaltungsrat** hat, der die Voraussetzungen des § 100 Abs. 5 AktG erfüllen muss. Ist ein solcher zu bilden, z. B. weil das CRR-Kreditinstitut in der Rechtsform der Aktiengesellschaft firmiert und damit § 100 Abs. 5 AktG unmittelbar einschlägig ist, so ist die Bildung eines Prüfungsausschusses nicht aus §§ 340k Abs. 5 S. 1, 324 Abs. 1 S. 1 HGB abzuleiten. Für CRR-Kreditinstitute oder kapitalmarktorientierte Institute in der Rechtsform der GmbH kann sich die Anwendbarkeit von § 100 Abs. 5 AktG auch unmittelbar ergeben, wenn nach dem Gesellschaftsvertrag ein Aufsichtsrat zu bestellen ist (§ 52 Abs. 1 GmbHG). Auch in diesem Fall muss ein Aufsichts- oder Verwaltungsrat die

---

38 Vgl. Quick, in: DB 2016, S. 1205 (S. 1212).
39 Vgl. BT-Drs 11/6275, S. 34.
40 Vgl. BT-Drs 18/7219, S. 52.

Voraussetzungen des § 100 Abs. 5 AktG erfüllen; die Anwendungsvoraussetzungen des § 340k Abs. 5 S. 1 HGB wären in diesem Fall nicht erfüllt.

Die Bildung eines Prüfungsausschusses folgt für **CRR-Kreditinstitute von erheblicher Bedeutung** aus § 25d Abs. 9 S. 1 KWG. Danach hat das Verwaltungs- oder Aufsichtsorgan eines in § 25d Abs. 3 S. 1 u. 2 KWG genannten Unternehmens **aus seiner Mitte** einen Prüfungsausschuss zu bestellen. Ein in § 25d Abs. 3 S. 1 u. 2 KWG genanntes Unternehmen ist ein CRR-Kreditinstitut von erheblicher Bedeutung. Ein Institut ist von erheblicher Bedeutung, wenn seine Bilanzsumme im Durchschnitt zu den jeweiligen Stichtagen der letzten drei abgeschlossenen Geschäftsjahre 15 Mrd. EUR erreicht oder überschritten hat (§ 25d Abs. 3 S. 8 KWG). Nach § 25d Abs. 10 S. 1 KWG kann auch ein gemeinsamer Risiko- und Prüfungsausschuss gebildet werden. Die aufsichtsrechtlichen Anforderungen nach § 25d KWG an einen Prüfungsausschuss gehen über die Anforderungen des § 100 Abs. 5 AktG hinaus[41]. So muss nach § 25d Abs. 9 S. 3 KWG der Vorsitzende des Prüfungsausschusses über Sachverstand auf den Gebieten der Rechnungslegung **und** Abschlussprüfung verfügen; nach § 100 Abs. 5 AktG muss lediglich ein Aufsichtsratsmitglied (nicht unbedingt der Vorsitzende) über Sachverstand auf den Gebieten der Rechnungslegung **oder** Abschlussprüfung verfügen. Für CRR-Kreditinstitute von erheblicher Bedeutung ist die Einrichtung eines Prüfungsausschusses aufgrund von §§ 340k Abs. 5 S. 1, 324 Abs. 1 S. 1 HGB damit **subsidiär** zu den spezialgesetzlichen Vorschriften des § 25d KWG. Während sich für CRR-Kreditinstitute in der Rechtsform der Aktiengesellschaft die Notwendigkeit der Bildung eines Prüfungsausschusses bereits direkt aus § 100 Abs. 5 AktG ergibt, stellt § 340k Abs. 5 S. 1 HGB rechtsformunabhängig und subsidiär die Anwendbarkeit des § 100 Abs. 5 AktG für alle übrigen CRR-Kreditinstitute her.

Kapitalmarktorientierte Kreditinstitute, die nicht zugleich CRR-Kreditinstitute sind, können von der Pflicht zur Bildung eines Prüfungsausschusses **befreit** sein, wenn sie einen organisierten Kapitalmarkt im Sinne des § 2 Abs. 11 WpHG nur durch die Ausgabe von Schuldtiteln im Sinne des § 2 Abs. 1 Nr. 3 a) WpHG in Anspruch nehmen, soweit der Nominalwert 100 Mio. EUR nicht übersteigt und keine Verpflichtung zur Veröffentlichung eines Prospekts nach WpPG besteht (§ 324 Abs. 1 S. 2 Nr. 2 HGB).

Unternehmen im Anwendungsbereich des § 340 HGB, die nicht Kreditinstitut sind, haben bei bestehender Kapitalmarktorientierung einen Prüfungsausschuss nach den allgemeinen Vorschriften des § 324 Abs. 1 S. 1 HGB zu bilden. Diese sollen nach dem Willen des Gesetzgebers im Gegensatz zu Instituten mit Banklizenz nicht von der Bagatellgrenze in § 324 Abs. 1 S. 2 Nr. 2 HGB profitieren dürfen. Ob für Institute ohne Banklizenz und einem Gesamtemissionsvolumen an Schuldtiteln von nicht mehr als 100 Mio. EUR jedoch ein höheres Bedürfnis für einen Prüfungsausschuss besteht, erscheint fraglich.

Soweit eine Pflicht zur Bildung eines **Aufsichtsrats** mit den Eigenschaften nach § 100 Abs. 5 AktG besteht, muss mindestens ein Mitglied des Aufsichtsrats über Sachverstand auf dem Gebiet der Rechnungslegung oder Abschlussprüfung verfügen. Zudem müssen die Mitglieder in ihrer Gesamtheit mit dem Sektor, in dem die Gesellschaft tätig ist, vertraut sein. Für Kreditinstitute sind daneben die weitaus strengeren persönlichen Anforderungen an Mitglieder in Aufsichts- oder Verwaltungsorganen des § 25d KWG zu beachten.

---

41 Vgl. Scholz, in: KWG und CRR, 3. Aufl., § 25d KWG, Tz. 50 ff.

4.3 Offenlegung

4.3.1 Offenlegungspflicht inländischer Institute

Nach § 340l Abs. 1 S. 1 HGB haben Kreditinstitute den Jahresabschluss und den Lagebericht sowie den Konzernabschluss und den Konzernlagebericht und die anderen in § 325 HGB bezeichneten Unterlagen nach §§ 325 Abs. 2 bis 5, 328, 329 Abs. 1 und 4 HGB offenzulegen. § 340l Abs. 1 S. 1 HGB ordnet damit eine Offenlegungspflicht qua Institutseigenschaft an. Diese gilt unabhängig von der Rechtsform sowie der Größe des Instituts. Mit Wegfall des § 340 Abs. 4 S. 3 bzw. Abs. 5 S. 2 HGB aF im Zuge des BilRUG unterliegen nunmehr auch alle Finanzdienstleistungsinstitute sowie alle Zahlungsinstitute und E-Geld-Institute (Institute i. S. d. § 1 Abs. 2a ZAG) unabhängig von ihrer Rechtsform den Offenlegungsvorschriften des § 340l HGB. Zuvor galt für Finanzdienstleistungsinstitute sowie Zahlungs- und E-Geld-Institute eine Pflicht zur Offenlegung nach § 340l HGB nur, sofern sie in der Rechtsform der Kapitalgesellschaft firmierten[42]. Diese Institute haben Jahresabschlüsse für Geschäftsjahre, die nach dem 31.12.2015 beginnen, fortan nach § 340l HGB offenzulegen. Finanzdienstleistungsinstitute sowie Zahlungs- und E-Geldinstitute, die nicht Kapitalgesellschaften sind, waren zuvor ggf. nach anderen Vorschriften (z. B. PublG oder §§ 264a, 325 HGB) zur Offenlegung verpflichtet[43]. Aufgrund der Offenlegungspflicht qua Institutseigenschaft gilt die Offenlegungspflicht unabhängig von der Größe des Instituts[44]. Die größenabhängigen Erleichterungsvorschriften §§ 326, 327 HGB sind für Institute unanwendbar.

Verstöße gegen die Offenlegungspflicht werden mit einem Ordnungsgeldverfahren nach § 340o HGB sanktioniert. Für die Einhaltung ist die Geschäftsleitung als gesetzlicher Vertreter des Instituts verantwortlich. Als gesetzlicher Vertreter einer Zweigniederlassung ist die Geschäftsleitung der Zweigniederlassung (§ 53 Abs. 2 Nr. 1 KWG) und nicht die Geschäftsleitung der Hauptniederlassung[45] zur Erfüllung der Offenlegungsvorschriften des § 340l HGB verpflichtet. Geschäftsleiter von Zweigniederlassungen sind durch Festsetzung von Ordnungsgeldern zur Befolgung der Offenlegungspflichten nach § 340l HGB anzuhalten (§ 340o Nr. 2 HGB)[46].

Nach dem Wortlaut des Gesetzes ist die Norm des § 340l Abs. 1 S. 1 HGB an Kreditinstitute adressiert. Kreditinstitute i. S. d. § 340l Abs. 1 HGB sind nicht nur Kreditinstitute i. S. d. § 1 Abs. 1 KWG, sondern alle Unternehmen im Anwendungsbereich der §§ 340 ff. HGB. Dies umfasst neben den Kaufleuten, die bereits aufgrund von § 340 HGB im Anwendungsbereich der geschäftszweigspezifischen Rechnungslegungsvorschriften für Institute stehen (Kreditinstitute gem. § 340 Abs. 1 HGB, Finanzdienstleistungsinstitute gem. § 340 Abs. 4 HGB, Zahlungs- E-Geld-Institute gem. § 340 Abs. 5 HGB), auch Kaufleute, die aufgrund

---

42 Zu den Änderungen im Zuge des BilRuG vgl. Gaber, in: WPg 2015, S. 121.
43 Vgl. Braun, in: KK-RLR, § 340k HGB, Tz. 4; Wolfgarten, in: Boos/Fischer/Schulte-Mattler, 5. Aufl., § 26 KWG, Tz. 62.
44 Vgl. Bieg/Waschbusch, in: BeckHdR B 900, Tz. 391.
45 Vgl. Hanten, in: Beck/Samm/Kokemoor, § 53 KWG, 124. Aktual., Tz. 37.
46 Vgl. Krumnow/Sprißler (2004), § 340l HGB, Tz. 77; Böcking/Becker/Helke, in: MüKom HGB, § 340l HGB, Tz. 14.

anderer gesetzlicher Vorschriften die institutsspezifischen Bilanzierungsvorschriften beachten müssen (z. B. externe Kapitalverwaltungsgesellschaften gem. § 38 Abs. 1 KAGB). Als inländische Kreditinstitute im Sinne des § 340l Abs. 1 S. 1 HGB gelten neben den rechtlich selbständigen Instituten im Anwendungsbereich der §§ 340 ff. HGB auch inländische **Zweigniederlassungen** ausländischer Kredit- oder Finanzdienstleistungsinstitute. Der Umfang der Offenlegungspflichten von Zweigniederlassungen richtet sich nach dem Sitz des Unternehmens. Die allgemeinen Offenlegungsvorschriften für Zweigniederlassungen in § 325a HGB gelten für Institute aufgrund von § 325a Abs. 2 HGB nicht. Nach § 340l Abs. 1 S. 1 HGB haben Institute den Jahresabschluss und Lagebericht sowie den Konzernabschluss und Konzernlagebericht sowie die anderen in § 325 HGB bezeichneten Unterlagen offenzulegen. Offenlegung in diesem Sinne ist die gesetzliche Einreichung zur Bekanntmachung im Bundesanzeiger (§ 325 Abs. 2 HGB). Damit sind die folgenden Unterlagen nach § 340l HGB offen zu legen:

- Jahresabschluss und Lagebericht,
- Konzernabschluss und Konzernlagebericht,
- Bestätigungsvermerk oder den Vermerk über dessen Versagung (§ 325 Abs. 1 Nr. 1 HGB),
- Bericht des Aufsichtsrates, sofern dieser zu erstellen ist (§ 325 Abs. 1 Nr. 2 HGB),
- Entsprechenserklärung nach § 161 AktG (für kapitalmarktorientierte Institute),
- Nachträgliche Änderungen von Jahresabschluss und Lagebericht (§ 325 Abs. 1b S. 1 HGB), Bestätigungsvermerk oder Versagungsvermerk im Falle einer Nachtragsprüfung (§ 316 Abs. 3 HGB),
- Beschluss über die Ergebnisverwendung, falls nicht aus dem Abschluss ersichtlich (§ 325 Abs. 1b S. 2 HGB).

Eine Pflicht zur Offenlegung dieser Unterlagen gilt entsprechend für gesetzliche Vertreter, die einen **Konzernabschluss** und einen Konzernlagebericht aufzustellen haben (§ 325 Abs. 3 HGB). Die aufgeführten Unterlagen haben inländische Kreditinstitute, die nicht Zweigniederlassungen sind, in jedem anderen Mitgliedstaat der EU und in jedem anderen Vertragsstaat des EWR unter Berücksichtigung der landesspezifischen Pflichten offenzulegen, in dem sie eine Zweigniederlassung errichtet haben (§ 340l Abs. 1 S. 2 u. 3 HGB). Diese zusätzliche Pflicht nach § 340l Abs. 1 S. 2 HGB tritt neben die Pflicht zur Offenlegung im Inland nach § 340l Abs. 1 S. 1 HGB.

Eine Offenlegungspflicht für **Zwischenabschlüsse**, die zur Anrechnung von Zwischengewinnen zu den haftenden Eigenmitteln einer prüferischen Durchsicht unterzogen wurden (§ 340a Abs. 3 HGB) besteht nicht[47]. Die Offenlegung eines **IFRS-Einzelabschlusses** befreit unter den Bedingungen des § 340l Abs. 4 HGB von der Pflicht zur Offenlegung eines HGB-Einzelabschlusses (§ 340l Abs. 1 S. 1 HGB i. V. m. § 325 Abs. 2a, 2b HGB).

---

47 Vgl. Böcking/Gros/Helke, in: Wiedmann/Böcking/Gros, § 340l HGB, Tz. 7.

4.3.2 Offenlegungspflichten für deutsche Zweigniederlassungen ausländischer Institute

4.3.2.1 Offenlegungspflichten für alle Zweigniederlassungen

Nach § 340l Abs. 2 S. 1 HGB haben alle Zweigniederlassungen von Unternehmen mit Sitz in einem anderen Staat die in § 340l Abs. 1 S. 1 HGB bezeichneten Unterlagen ihrer Hauptniederlassung offenzulegen. Diese Verpflichtung gilt für alle Zweigniederlassungen unabhängig davon, ob die Hauptniederlassung ihren Sitz in einem Mitgliedstaat der EU bzw. EWR oder einem Drittstaat hat[48]. Offenzulegen sind die nach dem Recht des Sitzstaates aufgestellten und geprüften Unterlagen. Dies umfasst neben den Unterlagen zum Abschluss der Hauptniederlassung auch Unterlagen zu dessen Konzernabschluss[49]. Form und Inhalt der Unterlagen sowie die Prüfungs- und Unterrichtungspflichten des Betreibers des Bundesanzeigers ergeben sich aus §§ 328, 329 Abs. 1, 3 u. 4 HGB.

Die **Sprachanforderungen** ergeben sich aus § 340l Abs. 2 S. 5 u. 6 HGB. Danach sind die Unterlagen grundsätzlich in deutscher Sprache einzureichen. Von diesem Grundsatz kann nicht abgewichen werden, wenn die deutsche Sprache Amtssprache am Sitz der Hauptniederlassung ist (dies wäre in Österreich, Schweiz und Liechtenstein der Fall). Ist die deutsche Sprache nicht Amtssprache am Sitz der Hauptniederlassung, so erlaubt § 340 Abs. 2 S. 6 HGB für alle[50] Zweigniederlassungen ausländischer Unternehmen die Einreichung

- englischsprachiger Unterlagen (§ 340l Abs. 2 S. 6 Nr. 1 HGB),
- einer vom Register der Hauptniederlassung beglaubigten Abschrift, wobei von der Beglaubigung des Registers eine beglaubigte Übersetzung in deutscher Sprache einzureichen ist (§ 340l Abs. 2 S. 6 Nr. 2 HGB),
- einer von einem Wirtschaftsprüfer bescheinigten Abschrift, wenn eine dem Register vergleichbare Einrichtung nicht vorhanden oder diese nicht zur Beglaubigung befugt ist. Eine Erklärung, dass entweder eine dem Register vergleichbare Einrichtung nicht vorhanden ist oder diese nicht zur Beglaubigung befugt ist, ist einzureichen (§ 340l Abs. 2 S. 6 Nr. 3 HGB). In den Fällen des § 340l Abs. 2 S. 6 Nr. 2 u. Nr. 3 HGB hat der Betreiber des elektronischen Bundesanzeigers nur zu prüfen, ob eine Beglaubigung oder ersatzweise eine Bescheinigung eines Wirtschaftsprüfers über das Fehlen einer registerähnlichen Einrichtung bzw. der Beglaubigungsbefugnisse vorliegt[51].

4.3.2.2 Zweigniederlassungen von Instituten mit Sitz innerhalb des EWR

Nach § 340 Abs. 1 S. 2 HGB i. V. m. § 53b Abs. 1 S. 1 u. Abs. 7 KWG haben Zweigniederlassungen ausländischer Institute mit Sitz im EWR, die im Inland **Bankgeschäfte** nach § 1 Abs. 1 S. 2 Nr. 1–5, 7–12 KWG betreiben, lediglich die Offenlegungsvorschriften in § 340l

---

48 Vgl. Gesmann-Nuissl, GroßKomm HGB, § 340l HGB, Tz. 6.
49 Vgl. Erb, in: WM 2007, S. 1012 (S. 1015).
50 Vgl. Quick, in: BB 2001, S. 1139 (S. 1141).
51 Vgl. Gesmann-Nuissl, GroßKomm HGB, § 340l HGB, Tz. 6.

Abs. 2 und 3 HGB zu beachten. Die Aufstellung eines Jahresabschlusses unter Beachtung der §§ 340 ff HGB ist **nicht** erforderlich. Aufgrund der EU-Harmonisierung brauchen Zweigniederlassungen von Unternehmen mit Sitz in einem anderen Staat des EWR **keine** Rechnungslegungsunterlagen über ihre **eigene Geschäftstätigkeit** offen legen. Es besteht lediglich die allgemeine Pflicht zur Veröffentlichung der Unterlagen der Hauptniederlassung, die nach dem jeweiligen Recht des Mitgliedstaates aufgestellt und geprüft worden sind (§ 340 Abs. 1 S. 2 HGB; § 340l Abs. 2 HGB)[52].

Der Wortlaut des § 340 Abs. 1 S. 2 HGB i. V. m. § 53b Abs. 2 u. 7 KWG erfasst keine Zweigstellen von Unternehmen mit Sitz in Staaten innerhalb des EWR, die im Inland **Finanzdienstleistungen** erbringen (§ 53b Abs. 1 S. 1, Abs. 7 KWG). § 340 Abs. 4 S. 1 HGB erfasst nur Zweigniederlassungen von Unternehmen mit Sitz in Drittstaaten i. S. v. § 53 Abs. 1 KWG. Zweigstellen von Unternehmen mit Sitz in Staaten innerhalb des EWR, die im Inland Finanzdienstleistungen erbringen, sind daher nicht zur Beachtung der Offenlegungspflichten nach § 340l HGB verpflichtet[53].

4.3.2.3 Zweigniederlassungen von Unternehmen mit Sitz in einem Drittstaat

Nach § 53 Abs. 1 KWG haben als Kreditinstitute geltende **Zweigniederlassungen** von Unternehmen mit Sitz in einem Staat **außerhalb** des Europäischen Wirtschaftsraums (Drittstaat) bei der Erstellung ihres Jahresabschlusses die §§ 340 ff. HGB anzuwenden (§ 340 Abs. 1 S. 1 HGB). Gleiches gilt für Zweigniederlassungen von Unternehmen mit Sitz außerhalb des EWR, die als Finanzdienstleistungsinstitute gelten (§ 340 Abs. 4 S. 1 HGB). Deutsche Zweigniederlassungen ausländischer Unternehmen, die im Inland Bankgeschäfte betreiben oder Finanzdienstleistungen erbringen, gelten aufgrund von § 53 Abs. 1 S. 1 KWG als Kredit- bzw. Finanzdienstleistungsinstitute.

Für Zweigniederlassungen ausländischer Institute, die ihren Sitz außerhalb des EWR haben, können **Erleichterungen über den § 53c KWG** vorgesehen sein. Dies kann durch Rechtsverordnung erfolgen, wonach die KWG-Vorschriften für ausländische Unternehmen mit Sitz in einem anderen Staat des EWR auch auf Unternehmen mit Sitz in einem Drittstaat anzuwenden sind (§ 53c Nr. 1 KWG). Alternativ kann verordnet werden, dass die befreienden Vorschriften des § 53b KWG für Institute mit Sitz in einem EWR-Land vollständig oder teilweise auch auf Zweigniederlassungen von Instituten mit Sitz in einem Drittstaat anzuwenden sind (§ 53c Nr. 2 KWG). Zweigniederlassungen, die aufgrund einer Rechtsverordnung nach § 53c Nr. 1 KWG mit Zweigniederlassungen nach § 53b Abs. 1 KWG (Zweigniederlassungen von EWR-Instituten) gleichgestellt sind, haben nach § 340 Abs. 1 S. 2 HGB nur die Offenlegungspflichten nach § 340l Abs. 2 und 3 HGB zu beachten. Eine Rechtsverordnung im Sinne des § 53c **Nr. 1** KWG ist bislang nicht erlassen worden.

Bislang existieren drei Verordnungen i. S. d. § 53c **Nr. 2** KWG über die Freistellung von Zweigstellen von Kreditinstituten[54]. Dies betrifft Institute mit Sitz in den USA, Japan und

---

52 Vgl. Krumnow/Sprißler (2004), § 340l HGB, Tz. 75.
53 Vgl. Krumnow/Sprißler (2004), § 340l HGB, Tz. 76; Böcking/Becker/Helke, in: MüKom HGB, § 340l HGB, Tz. 11.
54 Vgl. Leistikow/Papenthin, in: KWG und CRR, § 53c KWG, Tz. 3.

Australien[55]. Die Verordnungen beinhalten Freistellungen u. a. von der Anwendung der Eigenmittelvorschriften nach § 1a Abs. 1 KWG i. V. m. Art. 11–386 CRR sowie den zugehörigen Rechtsakten. Aufgrund der nur teilweisen Befreiung gilt **im Übrigen** grundsätzlich § 53 KWG und damit auch die Buchführungs- und Rechnungslegungspflicht nach § 53 Abs. 2 Nr. 2 bis 4 KWG[56].

Nach § 340 Abs. 1 S. 2 HGB brauchen Zweigniederlassungen ausländischer Institute mit Sitz in einem Drittstaat für ihre eigene Geschäftätigkeit gesonderte Rechnungslegungsunterlagen nur dann nicht offenzulegen, sofern die offenzulegenden Unterlagen der Hauptniederlassungen nach einem an die Richtlinie 86/635/EWG angepassten Recht oder die Unterlagen den nach diesem Recht aufgestellten Unterlagen **gleichwertig** sind (§ 340l Abs. 2 S. 4 HGB) oder wenn die Zweigniederlassung durch Rechtsverordnung i. S. d. § 53c Nr. 1 KWG mit den Zweigniederlassungen aus EU-Mitgliedstaaten aufsichtsrechtlich gleichgestellt[57] worden sind[58]. Für den Fall, dass die Rechnungslegungsunterlagen nicht nach einem auf der europäischen Bankbilanzrichtlinie basierenden Recht erstellt worden sind, kommt es für eine Befreiung von der Pflicht zur Offenlegung von Rechnungslegungsunterlagen auf eine Gleichwertigkeit an. Hierfür ist nicht eine formelle, sondern eine materielle Gleichwertigkeit maßgeblich[59]. Sofern eine der in § 340l Abs. 2 S. 4 HGB genannten Ausnahmen nicht greift, haben Zweigniederlassungen ausländischer Unternehmen mit Sitz in einem Drittstaat neben den Unterlagen der Hauptniederlassung auch Unterlagen über ihre eigene Geschäftätigkeit offenzulegen.

Weitere Anforderungen sind von Zweigniederlassungen von Unternehmen mit Sitz in einem Drittstaat i. S. v. § 3 Abs. 1 S. 1 WPO zu beachten[60], wenn Wertpapiere i. S. d. § 2 Abs. 1 WpHG des Unternehmens an einer inländischen Börse zum Handel am **regulierten Markt** zugelassen sind. In diesem Fall haben die Zweigniederlassungen zudem eine Bescheinigung der Wirtschaftsprüferkammer gem. § 134 Abs. 2a WPO über die Eintragung des Abschlussprüfers oder eine Bestätigung der Wirtschaftsprüferkammer gem. § 134 Abs. 4 S. 8 WPO über die Befreiung von der Eintragungspflicht offenzulegen (§ 340l Abs. 2 S. 3 HGB). Dies ist entbehrlich, soweit ausschließlich Schuldtitel im Sinn des § 2 Abs. 1 Nr. 3 WpHG mit einer Mindeststückelung zu je 100.000 EUR oder einem entsprechenden Betrag anderer Währung an einer inländischen Börse zum Handel am regulierten Markt zugelassen sind oder mit einer Mindeststückelung zu je 50.000 EUR oder einem entsprechenden Betrag anderer Währung an einer inländischen Börse zum Handel am regulierten Markt zugelassen sind und diese Schuldtitel vor dem 31.12.2010 begeben worden sind (§ 340l Abs. 2 S. 3 HGB).

---

55 Vgl. Verordnung zur Anpassung von aufsichtsrechtlichen Verordnungen an das CRD IV-Umsetzungsgesetz vom 30.01.2014, BGBl. I 2014, Nr. 14 vom 14.04.2014, S. 322 f.
56 Vgl. Vahldiek, in: Boos/Fischer/Schulte-Mattler, KWG § 53c Tz. 10.
57 Zweigniederlassungen von Unternehmen mit Sitz in einem Staat des EWR gleichgestellt sind Zweigniederlassungen von Unternehmen mit Sitz in einem Staat außerhalb des EWR, für die Erleichterungen aufgrund einer Rechtsverordnung nach § 53c Nr. 1 KWG gelten. Eine solche Rechtsverordnung ist bislang noch nicht erlassen worden.
58 Vgl. Böcking/Becker/Helke, in: MüKom HGB, § 340l HGB, Tz. 17.
59 Vgl. Krumnow/Sprißler (2004), § 340l HGB, Tz. 78; Braun, in: KK-RLR, § 340l HGB, Tz. 25; Erb, in: WM 2007, S. 1012 (S. 1015); Böcking/Becker/Helke, in: MüKom HGB, § 340l HGB, Tz. 17.
60 Drittstaaten i. S. d. § 3 Abs. 1 S. 1 WPO sind Staaten, die nicht Mitgliedstaat der Europäischen Union oder Vertragsstaat des Abkommens über den europäischen Wirtschaftsraum (EWR) oder die Schweiz sind.

4.3.3 Offenlegung von Genossenschaften

Die geschäftszweigspezifischen Vorschriften der §§ 340 ff. HGB lassen die Anforderungen aufgrund **rechtsformspezifischer Vorschriften** grundsätzlich unberührt (§ 340 Abs. 1 S. 3, Abs. 2 S. 3, Abs. 5 S. 2 HGB). Dies würde grundsätzlich auch die Vorschriften zur Offenlegung betreffen, die für Genossenschaften in § 339 HGB geregelt sind. Während aufgrund von § 340 HGB die ergänzenden Vorschriften für eingetragene Genossenschaften in §§ 336–338 HGB anwendbar sind, gilt dies für die Offenlegung nach § 339 HGB aufgrund von § 340l Abs. 3 HGB nicht. Institute in der Rechtsform der Genossenschaft haben die Offenlegungsvorschriften des § 340l HGB zu beachten.

Seit Inkrafttreten des **BilRuG** haben nunmehr auch Finanzdienstleistungsinstitute sowie Zahlungsinstitute und E-Geld-Institute in der Rechtsform der Genossenschaft nun nicht mehr § 339 HGB, sondern § 340l HGB zu beachten. Mit Streichung von § 340 Abs. 4 S. 3 HGB aF sowie § 340 Abs. 5 S. 2 HGB aF waren vor Inkrafttreten des BilRuG nur Finanzdienstleistungsinstitute sowie Zahlungsinstitute und E-Geld-Institute in der Rechtsform der Kapitalgesellschaft zur Offenlegung nach § 340l HGB verpflichtet.

Kapitel II. Ansatzvorschriften

1 Personelle Zurechnung von Vermögensgegenständen

1.1 Maßgeblichkeit des wirtschaftlichen Eigentums

Nach § 238 Abs. 1 S. 1 HGB sowie § 242 Abs. 1 S. 1 HGB hat der Kaufmann einen Abschluss zu erstellen, der Aufschluss über »sein Vermögen« gibt. Dabei sind »sämtliche« Vermögensgegenstände, Schulden, Rechnungsabgrenzungsposten sowie Aufwendungen und Erträge zu berücksichtigen (Vollständigkeitsgebot des § 246 Abs. 1 HGB). Grundsätzlich sind Vermögensgegenstände in die Bilanz des (zivilrechtlichen) Eigentümers aufzunehmen; fallen zivilrechtliches und wirtschaftliches Eigentum auseinander, so ist der Vermögensgegenstand nach § 246 Abs. 1 S. 2 HGB sowie § 39 Abs. 2 Nr. 1 AO beim **wirtschaftlichen Eigentümer** zu bilanzieren[1].

Für den Begriff des wirtschaftlichen Eigentums wird in der Literatur zwischen einer sog. Negativabgrenzung und einer Positivabgrenzung unterschieden[2]. Nach der **Negativabgrenzung** ist wirtschaftlicher Eigentümer derjenige, der – ohne das rechtliche Eigentum zu haben – die tatsächliche Sachherrschaft über einen Vermögensgegenstand in der Weise ausüben kann, dass dadurch der nach bürgerlichem Recht Berechtigte auf Dauer von der Mitwirkung ausgeschlossen ist (§ 39 Abs. 2 Nr. 1 AO). Dies ist der Fall, wenn der Berechtigte keinen oder nur einen praktisch bedeutungslosen Herausgabeanspruch gegenüber dem wirtschaftlichen Eigentümer hat oder wenn er den Vermögensgegenstand an diesen herauszugeben verpflichtet ist[3]. Wirtschaftlicher Eigentümer ist mithin nur derjenige, dem Besitz, Gefahr, Nutzungen und Lasten des Gegenstands zustehen[4].

Nach der **Positivabgrenzung** ist – nach dem Willen des Gesetzgebers – das wirtschaftliche Eigentum demjenigen zuzurechnen, dem im Rahmen einer wertenden Betrachtung die **wesentlichen Chancen und Risiken** zuzuordnen sind[5]. Inhaltlich wird diese Wertung

---

1 Vgl. Moxter (2003), S. 64.
2 Vgl. z. B. Herzig/Joisten, in: Ubg 2010, S. 474.
3 Vgl. Förschle/Kroner, in: BBK, 8. Aufl., § 246 HGB, Tz. 5 f.
4 Vgl. Gelhausen/Henneberger, in: HdJ, Abt. VI.1, Tz. 46. Sind am Bilanzstichtag nicht alle vorbezeichneten Merkmale erfüllt, bedarf es einer wertenden Beurteilung anhand der die Verteilung der mit dem zu bilanzierenden Vermögensgegenstand verbundenen Chancen und Risiken. Vgl. z. B. FG Niedersachsen, Urteil vom 20.11.2013 – 4 K 124/13, in: DB 2014, S. 630–632; BFH-Urteil vom 01.12.2012 – I R 57/10, in: DB 2012, S. 950.
5 Vgl. BT-Drs 16/10067, S. 47.

jedoch in Abhängigkeit von dem zu beurteilenden Sachverhalt teilweise recht unterschiedlich ausgefüllt. So wird in Abhängigkeit vom Sachverhalt darauf abgestellt, wer die
- Chancen und Risiken (z. B. E-HFA 13, Tz. 7), oder
- nur die Risiken (z. B. bei Verbriefungstransaktionen nach IDW RS HFA 8, siehe Kapitel II.5.2), oder
- nur die Chancen (z. B. beim Voll- und Teilamortisationserlass beim Mobilienleasing, siehe Kap. II.1.8.2.2, oder bei unechten Pensionsgeschäften aufgrund von § 340b Abs. 5 HGB) trägt.

Inwieweit der Übergang des rechtlichen Eigentums eine notwendige Bedingung für eine Ausbuchung eines Vermögensgegenstands darstellt, wird im HGB in Abhängigkeit von dem zu untersuchenden Sachverhalt ebenfalls uneinheitlich beantwortet. Nach E-HFA 13, Tz. 6 setzt die bilanzielle Ausbuchung und damit der Verlust des wirtschaftlichen Eigentums grundsätzlich voraus, dass auf der Grundlage eines schuldrechtlichen Vertrags (z. B. Kaufvertrag) zur Erfüllung der Sachleistungsverpflichtung das Eigentum an dem verkauften Vermögensgegenstand auf einen Dritten übertragen worden ist. Eine Ausbuchung setzt nach E-HFA 13 mithin den Verlust des zivilrechtlichen Eigentums voraus. Verbleiben trotz der Übertragung des rechtlichen Eigentums aufgrund besonderer Vereinbarungen wesentliche Elemente in Bezug auf den übereigneten Vermögensgegenstand beim Veräußerer, die bei wirtschaftlicher Betrachtungsweise für die Stellung als Eigentümer kennzeichnend sind, kommt die Ausbuchung des Vermögensgegenstands und dementsprechend auch die Gewinnrealisierung nicht in Betracht (E-HFA 13, Tz. 6). Das wirtschaftliche Eigentum umfasst das Verwertungsrecht durch Nutzung oder Veräußerung, die Chancen und Risiken aus der laufenden Nutzung und die Chance der Wertsteigerung sowie das Risiko der Wertminderung bzw. des Verlusts einschließlich des Risikos des zufälligen Untergangs (E-HFA 13, Tz. 7 S. 2). Im Gegensatz dazu spielt bei der wirtschaftlichen Zurechnung von Leasinggegenständen der Übergang des zivilrechtlichen Eigentums keine Rolle, da dieses stets beim Leasing-Geber verbleibt.

Würde die bilanzielle Zuordnung von Vermögensgegenständen dem zivilrechtlichen Eigentumsbegriff folgen, so würde dies zu einer verzerrten Darstellung der Vermögenslage des Instituts kommen, da das rechtliche Eigentum durch dingliche Rechte (wie z. B. Pfandrechte, Nießbrauch etc.) so stark eingeschränkt ist, dass keine umfassenden Herrschaftsrechte (z. B. Verwertungsrechte) mehr bestehen, die zur Schuldendeckung dienen können[6]. Zudem kann ein zivilrechtliches Eigentum nur an Sachen im Sinne des § 90 BGB, nicht aber an Rechten bestehen[7].

Das deutsche HGB folgt bei der bilanziellen Zuordnung von Vermögensgegenständen dem »**all or nothing**«-Prinzip[8]. Ein Vermögensgegenstand wird stets seinem wirtschaftlichen Eigentümer in seiner Gesamtheit zugeordnet. Eine Aufteilung des Vermögensgegenstands auf Basis einzelner Rechte (**components approach**) kommt handelsrechtlich nicht

---

6 Vgl. Käufer (2009), S. 109.
7 Vgl. Knapp, in: DB 1971, S. 1122; Seeliger, in: DStR 1962, S. 19; Bartke, in: BFuP 1958, S. 272; Freericks (1976), S. 165 f.
8 Zur Darstellung vgl. auch JWG (2000), S. 185.

in Betracht. Fallen rechtliches und wirtschaftliches Eigentum auseinander und haben mehrere Parteien Rechte und Pflichten an einem Vermögensgegenstand, so ist aufgrund der Unteilbarkeit des Vermögensgegenstands im Rahmen des »all or nothing«- Ansatzes eine Gewichtung der Rechte und Pflichten notwendig[9]. Dies macht eine Gesamtwürdigung der Verhältnisse notwendig. Für Institute stellen die folgenden Sachverhalte wichtige Geschäftsvorfälle dar, bei denen ein Auseinanderfallen zwischen rechtlichem und wirtschaftlichem Eigentum eine Würdigung der bilanziellen Zurechnung erfordert:

- Treuhandverhältnisse (siehe Kapitel II.1.2),
- Factoring (siehe Kapitel II.1.3) und Forfaitierung (siehe Kapitel II.1.4),
- Verbriefungstransaktionen (siehe Kapitel II.1.5),
- Pensionsgeschäfte (siehe Kapitel II.1.6),
- Wertpapierleihgeschäfte (siehe Kapitel II.1.7),
- Leasingverträge (siehe Kapitel II.1.8),
- Restrukturierung von Finanzinstrumenten (siehe Kapitel II.1.9).

Bei der Beurteilung, welcher Vertragspartei das wirtschaftliche Eigentum zuzurechnen ist, muss stets das Gesamtbild der Verhältnisse zugrunde gelegt werden. Im Allgemeinen ist davon auszugehen, dass die Zurechnung des wirtschaftlichen Eigentums nur bei Vertragsabschluss zu prüfen ist. Eine erneute Überprüfung erscheint hingegen dann erforderlich, wenn die Verträge während der Vertragslaufzeit nachträglich angepasst werden und dies wesentliche Veränderungen in Bezug auf die für die Zurechnung relevanten Vertragsbestandteile mit sich bringt[10].

1.2 Bilanzierung von Treuhandverhältnissen

1.2.1 Überblick

Der Begriff »Treuhandverhältnis« ist gesetzlich nicht definiert und kann in vielfältigen Formen und in unterschiedlichen Vertragstypen vorkommen.

Allen Treuhandverhältnissen gemeinsam ist jedoch, dass ein Treugeber Rechte an einen Treuhänder (Treuhandeigentümer) überträgt, der diese Rechte im Innenverhältnis aber nur gem. den Bestimmungen eines schuldrechtlichen Treuhandvertrags ausüben darf[11].

Der Treuhänder ist dem Treugeber gegenüber schuldrechtlich verpflichtet, die Rechte an dem Treugut nur in festgelegter Weise auszuüben. In Abhängigkeit von dem Zweck sowie der Rechtsstellung von Treugeber und Treuhänder werden verschiedene Arten von Treuhandverhältnissen unterschieden.

---

9   Vgl. Scharenberg (2009), S. 96.
10 Vgl. Gelhausen/Henneberger, in: HdJ, Abt. VI.1, Tz. 46.
11 Vgl. Schmidt, in: MüKom HGB, Vor § 230 HGB, Tz. 35.

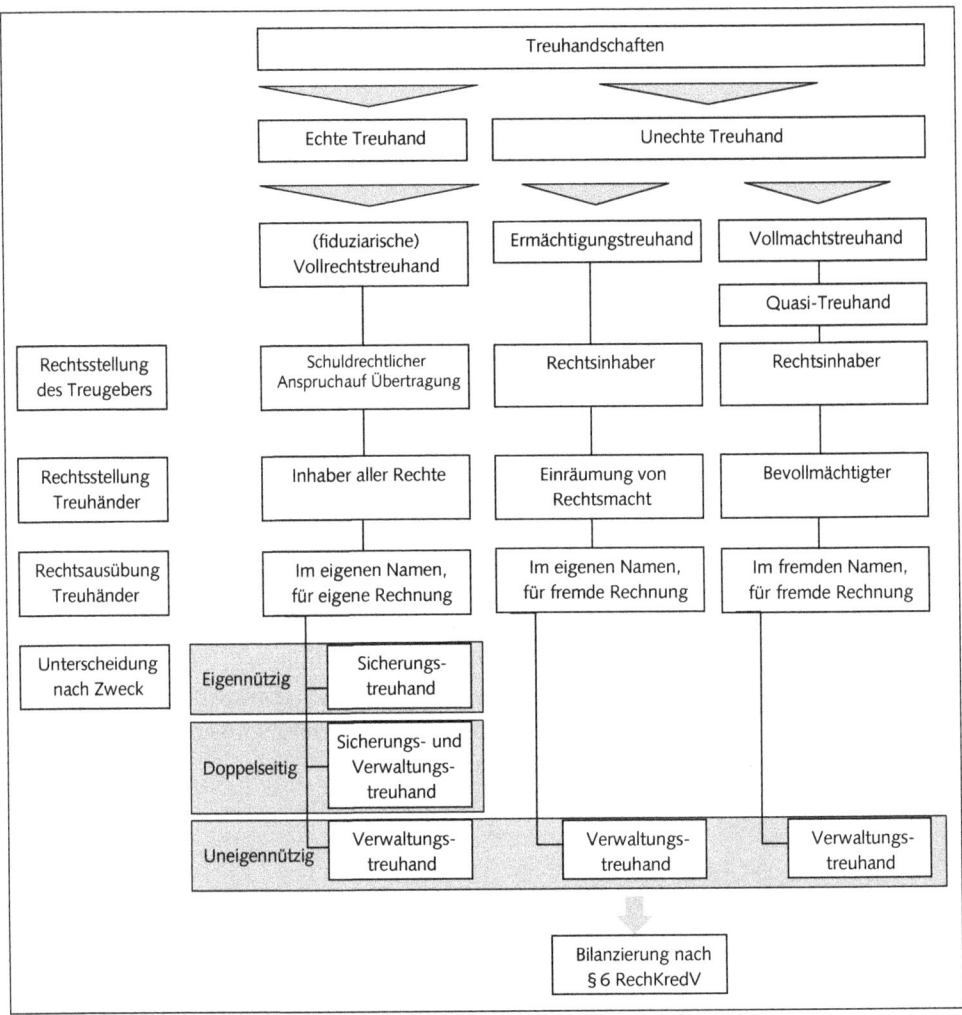

Abb. 11: Systematisierung von Treuhandverhältnissen[12]

1.2.2 Echte (fiduziarische) Treuhand

Bei der **echten** (oder offenen) Treuhand wird das Treugut sowohl im Innen- als auch im Außenverhältnis unmittelbar vom Treugeber auf den Treuhänder übertragen. Der Treuhänder bleibt aber bei der Ausübung der Rechte an die Bestimmung des Treuhandvertrags gebunden. In diesem Fall liegt eine zivilrechtliche Vollrechtsübertragung (sog. **fiduziarische Treuhand**) vor. Der Treuhänder handelt im eigenen Namen und auf eigene Rechnung. Durch die Vollrechtstreuhand verliert der Treugeber die Verfügungsmacht an dem Treu-

---

12 In Anlehnung an BdB (1993), S. 112.

gut[13]. Handlungen des Treuhänders sind im Außenverhältnis auch dann wirksam, wenn sie gegen den Treuhandvertrag verstoßen; die Beschränkungen des Treuhandvertrags werden nach außen nicht erkennbar[14]. Innerhalb der fiduziarischen Treuhand wird zwischen eigennütziger, uneigennütziger und doppelseitiger Treuhand unterschieden.

a) Bei einer **eigennützigen** Treuhand dient das Treugut im bestimmten Umfang den Interessen des Treuhänders[15]. Dies stellt einen sehr häufigen Anwendungsfall für Kreditinstitute dar. In Form der **Sicherungstreuhand** wird das Eigentum an dem Treugut als Kreditsicherheit auf den Treuhänder als Kreditgeber übertragen. Im Rahmen der Sicherungstreuhand bleibt der Sicherungsgeber wirtschaftlicher Eigentümer der Treuguts, der dieses auch zu bilanzieren hat. Eine Bilanzierung beim Treuhänder als Vollrechtsinhaber kommt nicht in Betracht. Lediglich Bar-Sicherheiten sind in die Bilanz des Sicherungsnehmers aufzunehmen. Die Gegenbuchung erfolgt unter den Verbindlichkeiten gegenüber Kreditinstituten oder Verbindlichkeiten gegenüber Kunden[16].

b) Bei einer **uneigennützigen** Treuhand darf hingegen das Treugut nur zu Zwecken genutzt werden, die den Interessen des Treugebers als dem wirtschaftlichen Eigentümer dienen. In diesem Fall liegt eine **Verwaltungstreuhand** vor[17].

c) Eine **doppelseitige Treuhand** liegt vor, wenn durch den Treuhänder die Interessen von zwei Parteien (z. B. Gläubiger/Schuldner, Arbeitgeber/Arbeitnehmer) zu wahren sind. Eine doppelseitige Treuhand wird i. d. R. bei sog. contractual trust arrangements verwendet, um Pensionsansprüche von Arbeitnehmern bilanzwirksam und insolvenzfest auszulagern. Bei Instituten ist eine doppelseitige Treuhand oft bei der Verwaltung von Sicherheitenpools anzutreffen, wenn Sicherheiten für mehrere Gläubiger verwaltet werden.

In allen Fällen ist das Treugut bei demjenigen zu bilanzieren, der das wirtschaftliche Eigentum an dem Treugut besitzt. Dies ist i. d. R. der Treugeber, da sich an der wirtschaftlichen Eigentümerstellung durch eine fiduziarische Treuhand i. d. R. nichts ändert[18]. Der Treugeber trägt i. d. R. alle Gefahren, Nutzungen und Lasten aus bzw. am Treugut (IDW ERS HFA 13, Tz. 51). Die Bilanzierung erfolgt beim Treugeber weiterhin nach den allgemeinen Bilanzierung- und Bewertungsvorschriften. Verbindlichkeiten, die vom Treuhänder im eigenen Namen eingegangen werden, sind in dessen Bilanz zu zeigen, da das Treuhandverhältnis für den Gläubiger nicht erkennbar ist[19]. Da der Treuhänder somit das Rückgriffsrisiko trägt und damit ohne weiteres in Anspruch genommen werden kann, sind im eigenen Namen eingegangene Treuhandverbindlichkeiten in der Bilanz des Treuhänders aufzunehmen[20].

Eine Bilanzierung fiduziarischen Treuhandvermögens kommt hingegen beim Treuhänder immer dann in Betracht, wenn dieser das wirtschaftliche Eigentum an dem Treuhand-

---

13 Vgl. Palandt/Bassenge, § 903 BGB, Tz. 34.
14 Vgl. Kreutziger, in: Beck HdR, B 775, Tz. 10.
15 Vgl. Wolf/Wellenhofer, S. 30 f.
16 Vgl. Scharpf/Schaber (2018), S. 58.
17 Vgl. Wolf/Wellenhofer, S. 30.
18 Vgl. WPH, I^{2012}, J 108; ADS, § 246 HGB, Tz. 281.
19 Vgl. Kreutziger, in: Beck HdR, B 775, Tz. 40.
20 Vgl. ADS, § 246 HGB, Tz. 293.

vermögen hält[21]. Dies ist bei Kreditinstituten insb. bei sog. »**durchgeleiteten Krediten**« der Fall, bei dem das durchleitende Kreditinstitut das volle oder ein teilweises Risiko übernimmt[22]. Die ausgeliehenen Mittel werden dem Institut durch den Auftraggeber voll zur Verfügung gestellt und anschließend durch das Institut im eigenen Namen und auf eigene Rechnung ausgereicht. Dabei kann eine Haftungsfreistellung durch den Auftraggeber vollständig oder teilweise ausgesprochen werden. Da das volle oder ein teilweises Risiko bei dem durchleitenden Kreditinstitut verbleibt, sind die Kredite nicht als Treuhandkredite, sondern als eigenes Vermögen des Kreditinstituts unter den Forderungen gegenüber Kunden oder Forderungen gegenüber Kreditinstituten zu bilanzieren[23]. Das Risiko des Treuhänders ist – anders als bei den Treuhandkrediten – nicht auf das reine Verwaltungsrisiko beschränkt. Die entsprechende Refinanzierung ist in Abhängigkeit vom Treugeber unter der Position »Verbindlichkeiten gegenüber Kunden« oder »Verbindlichkeiten gegenüber Kreditinstituten« zu zeigen[24].

Eine Bilanzierung beim Treuhänder kommt zudem in Betracht, »wenn der Treuhänder das Treugut von einem dritten für Rechnung des Treugebers erworben hat oder wenn der Treugeber die Mittel zum Erwerb am Bilanzstichtag noch nicht bereitgestellt hat«[25]. In diesem Fall trägt der Treuhänder das Ausfallrisiko des Treugebers. Die Sonderregeln nach § 6 RechKredV finden auf die fiduziarischen Treuhandverhältnisse keine Anwendung, da die damit verbundenen Rechte im eigenen Namen und eigene Rechnung ausgeübt werden[26].

1.2.3 Unechte Treuhand

1.2.3.1 Ermächtigungstreuhand

Bei einer **unechten** Treuhand wird lediglich die Wahrnehmung von Rechten auf den Treuhänder übertragen. Das Vollrecht verbleibt stets beim Treugeber[27]. Bei einer Ausübung von Rechtsmacht im eigenen Namen und für fremde Rechnung, handelt es sich um eine sog. **Ermächtigungstreuhand**. Hier wird die Ermächtigung zum Handeln im eigenen Namen nach Maßgabe des Treuhandvertrags nach § 185 Abs. 1 BGB auf den Treuhänder übertragen[28]. Der Treuhänder erwirbt jedoch nicht das zivilrechtliche Eigentum an dem Treugut. Bei der Ermächtigungstreuhand kann aufgrund der Treuhandabrede das Recht an dem Treugut vom Treuhänder im eigenen Namen, aber ausschließlich im Interesse des Treugebers ausgeübt werden[29].

Bei der unechten Treuhand ist die Bilanzierung aus Sicht der Vermögenszurechnung unproblematisch. Sowohl das zivilrechtliche als auch das wirtschaftliche Eigentum liegen

---

21 Vgl. Birck/Meyer II, S. 251–258; 421–424.
22 Vgl. BAKred, Schreiben vom 17.12.1990; Bieg/Waschbusch (2017), S. 162.
23 Vgl. BAKred, Schreiben vom 17.12.1990.
24 Vgl. Bieg/Waschbusch (2017), S. 162.
25 Bundesverband deutscher Banken (1993), S. 110.
26 Ungenau Förschle/Kroner, in: BBK, 8. Aufl., § 246 HGB, Tz. 12.
27 Vgl. Liebich/Mathews (1993), S. 29.
28 Vgl. Kreutziger, in: BeckHdR, B 775, Tz. 13.
29 Vgl. Nerlich/Kreplin, in: Münchener Anwaltshandbuch Sanierung und Insolvenz, § 28, Tz. 124.

beim Treugeber, in dessen Bilanz das Treuhandvermögen daher zu zeigen ist. Sondervorschriften bestehen diesbezüglich allerdings für Kreditinstitute in § 6 RechKredV. Danach sind »Vermögensgegenstände und Schulden, die ein Institut im eigenen Namen, aber für fremde Rechnung hält, in seine Bilanz aufzunehmen (…). Diese sind in den Positionen »Treuhandvermögen« (Aktivposition Nr. 9) und »Treuhandverbindlichkeiten« (Passivposten Nr. 4) auszuweisen und im Anhang nach den Aktiv- und Passivposten des Formblatts aufzugliedern« (§ 6 Abs. 1 S. 1 u. 2 RechKredV). Für Institute stellen die folgenden Sachverhalte typische Anwendungsfälle einer Ermächtigungstreuhand dar:

- **Durchlaufende Kredite** (Treuhandkredite). Eine explizite Definition von Treuhandkrediten findet sich in der RechKredV nicht. Bei der Auslegung dieses Begriffes wird auf die Bilanzierungsrichtlinie vor Einführung der RechKredV zurückgegriffen. Demnach sind unter den Treuhandkrediten »in eigenem Namen, aber für fremde Rechnung gewährte Kredite auszuweisen, bei denen die ausgeliehenen Mittel dem bilanzierenden Institut vom Auftraggeber voll zu Verfügung gestellt wurden und sich die Haftung des bilanzierenden Instituts auf die ordnungsgemäße Verwaltung der Ausleihungen und die Abführungen der Zins- und Tilgungszahlungen an den Auftraggeber beschränkt«[30]. Treuhandkredite sind nach § 6 RechKredV in der Position »Treuhandvermögen« zu bilanzieren. Der Gegenposten zu den Treuhandkrediten ist in der Position »Treuhandverbindlichkeiten« zu zeigen. Beide Positionen sind daher stets in gleicher Höhe auszuweisen. Ein Ausweis von Krediten unter dem Treuhandvermögen ist damit nur unter den folgenden (kumulativ zu erfüllenden) Bedingungen geboten:
  - **Eigener Name/fremde Rechnung:** Das Institut vergibt durchlaufende Kredite im eigenen Namen und für fremde Rechnung. Fremdanteile an Konsortialkrediten (zur Erläuterung siehe Kapitel VI.2.1.1) werden von dem konsortialführenden Institut im eigenen Namen und in fremder Rechnung gehalten; dennoch sind die Fremdanteile nicht unter der Position Treuhandvermögen zu bilanzieren. Fremdanteile an Gemeinschaftskrediten (sog. Bar-Unterbeteiligungen) führen nach § 5 RechKredV zu einer (Teil)Ausbuchung des Kredits[31].
  - **Verwaltungsrisiko.** Es bestehen für das durchleitende Kreditinstitut nur Abwicklungs- und Verwaltungsrisiken in Bezug auf die ordnungsgemäße Durchleitung und die ordnungsgemäße Abwicklung von Zins- und Tilgungszahlungen. Bei Treuhandkrediten bestehen demnach für die durchleitende Bank keine Ausfallrisiken. Sofern ein Eigenrisiko aus dem Kreditverhältnis für das Institut besteht, das über das Verwaltungsrisiko hinausgeht, kommt ein Ausweis unter dem Treuhandvermögen nicht in Betracht. Die vorübergehende Anlage von Mitteln, die dem Institut zu Verfügung gestellt, aber noch nicht weitergeleitet wurden, sind unter die eigenen Vermögenswerte aufzunehmen, sofern das bilanzierende Institut Haftungsrisiken aus der Mittelanlage gegenüber dem Geldgeber eingegangen ist[32].

---

30 BAKred, Richtlinie für die Aufstellung der Jahresbilanzen, Posten 12; sowie auch Schreiben BAKred vom 17.12.1990. Vgl. ebenso Beine (1960), S. 133.
31 Vgl. Birck/Meyer II, S. 150; 252.
32 Vgl. Birck/Meyer II, S. 252.

- Vor diesem Hintergrund sind ausgereichte Kredite aus der zweckgebundenen Refinanzierung aus ERP-Mitteln der Kreditanstalt für Wiederaufbau (KfW) als im eigenen Namen und eigene Rechnung ausgereichte Kredite zu qualifizieren, soweit das Kreditinstitut die volle Primärhaftung übernimmt. Der haftungsfreigestellte Kreditanteil könnte dann zwar als »in eigenem Namen aber für fremde Rechnung gewährt« angesehen werden, der Ausweis des haftungsfreigestellten Kreditteils unter den Treuhandkrediten nach § 6 RechKredV scheitert jedoch daran, dass der Treuhänder ein Eigenrisiko aus dem Kreditverhältnis trägt[33]. Bereits eine partielle Risikoübernahme verhindert einen Ausweis unter den Treuhandkrediten[34]. Leistungsstörungen des Kreditnehmers können für den Treuhänder Verzugsschäden verursachen, wenn entgangene Zinsen auf Zins- und Tilgungsausfälle durch den Auftraggeber nicht erstattet werden. Dieser Kredit ist somit ebenso wie ein Vollhaftungskredit vollständig im eigenen Vermögen der Bank zu bilanzieren.
- **Funding durch den Treugeber.** Die Mittel zur Vergabe von Treuhandkrediten werden durch den Treugeber in vollem Umfang zu Verfügung gestellt. Eine Abtretung von Forderungen an einen Dritten mit der Abrede, dass der Kredit im eigenen Namen aber für fremde Rechnung nach der Abtretung verwaltet wird, erfüllt nicht die Voraussetzungen eines Ausweises unter dem Treuhandvermögen. In diesem Falle werden keine Mittel für eine Kreditgewährung zu Verfügung gestellt, sondern ein Kaufpreis für den Eigentumserwerb an Forderungen entrichtet. Nachträgliche Refinanzierungen stehen damit einem Ausweis in den Posten »Treuhandvermögen« und »Treuhandverbindlichkeiten« entgegen[35].

Durch den gesonderten Ausweis und durch die explizite Aufnahme der durchlaufenden Kredite in die Bilanz von Kreditinstituten soll das Kreditgeschäft ersichtlich gemacht werden, das zwar im eigenen Namen aber nicht unter eigenem Risiko betrieben wird[36]. Da die Treuhandkredite nicht eigenes Vermögen des Instituts darstellen, sind sie gesondert vom Bankvermögen in den Treuhandpositionen auszuweisen[37].

- **Vermögensverwaltung** in Form des **Kommissionsmodells.** Bei dieser Art der Vermögensverwaltung überträgt der Kunde des Kreditinstituts Kapital auf den Vermögensverwalter, der im eigenen Namen und fremde Rechnung das Vermögen verwaltet. Der Treugeber erwirbt einen Rückgabeanspruch auf Sachen gleicher Art, Menge und Güte. Diese Form der Vermögensverwaltung kommt i.d.R. im Fondsgeschäft zur Anwendung, so dass in diesem Zusammenhang die Sonderregelung für Kapitalverwaltungsgesellschaften nach § 6 Abs. 4 RechKredV zu beachten ist. Danach haben Kapitalverwaltungsgesellschaften die Summe und die Anzahl der von ihnen verwalteten Investmentvermögen auf der Passivseite unter dem Strich auszuweisen[38].

---

33 Vgl. Krumnow/Sprißler (2004), § 6 RechKredV, Tz. 23.
34 Vgl. WPH, I[2012], J 114.
35 Vgl. BAKred Schreiben vom 08.12.1972.
36 Vgl. Birck/Meyer II, S. 250.
37 Vgl. Rümker, in: FS Stimpel, S. 697 f.
38 Vgl. Bundesverband deutscher Banken (1993), S. 111.

Nimmt ein Kreditinstitut Treuhandvermögen in seine Bilanz auf, so hat es in gleicher Höhe eine Herausgabeverbindlichkeit zu passivieren und unter den Treuhandverbindlichkeiten auszuweisen[39]. Der Ausweis von durchlaufenden Krediten in der Position Treuhandvermögen führt aufgrund der Sondervorschrift in § 6 RechKredV zu einem Doppelausweis ein und desselben Kredits sowohl bei der durchleitenden Bank als auch beim Auftraggeber[40]. Da durchlaufende Kredite wirtschaftlich dem Treugeber zuzuordnen sind, hat eine Wertberichtigung dieser Kredite auch bei diesem zu erfolgen[41]. Erhaltene Zahlungen aus einem durchlaufenden Kredit sind direkt gegen die Treuhandverbindlichkeiten zu buchen.

1.2.3.2 Vollmachtstreuhand

Übt der Treuhänder Rechtsmacht im fremden Namen und auf fremde Rechnung aus, so liegt eine **Vollmachtstreuhand** vor. Diese stellt kein Treuhandverhältnis im eigentlichen Sinne, sondern eine Stellvertretung nach §§ 164 ff. BGB dar. Bei der Vollmachtstreuhand wird weder das Vollrecht übertragen noch eine Ermächtigung erteilt. Es besteht für den Treuhänder lediglich eine Vollmacht, im fremden Namen und für fremde Rechnung zu handeln. Der Treugeber haftet aus den Rechtsgeschäften des Bevollmächtigten unmittelbar mit seinem gesamten Vermögen[42]. Für Kreditinstitute stellen die folgenden Punkte typische Anwendungsfälle einer Vollmachtstreuhand dar:

- **Verwaltungskredite und -bürgschaften.** Diese werden im Namen und für Rechnung von Stellen der öffentlichen Hand im Rahmen von Kreditaktionen vergeben. Das durchleitende Institut kann die Forderung nicht im eigenen Namen, sondern nur als Vertreter einklagen. Im Konkursfall des Instituts hat der Treugeber ein Aussonderungsrecht aus der Insolvenzmasse des Treuhänders[43].
- **Vermögensverwaltung im Vertretermodell**[44]. Im Gegensatz zur oben erläuterten Vermögensverwaltung im Kommissionsmodell handelt im Vertretermodell das Institut im Rahmen eines Geschäftsbesorgungsvertrags (Verwaltungsauftrag) im fremden Namen und für fremde Rechnung. Der Kunde des Instituts ist im Außenverhältnis Berechtigter und Inhaber seines Vermögens. Dies stellt den Regelfall für die Vermögensverwaltung durch Geschäftsbanken dar[45].

Bei der Vollmachtstreuhand liegt das zivilrechtliche und das wirtschaftliche Eigentum beim Treugeber, der somit das Vermögen auch zu bilanzieren hat. Es kommt weder eine Aufnahme in die Bilanz des Instituts noch eine Erläuterung im Anhang in Betracht.

---

39 Vgl. ADS, § 246 HGB, Tz. 288; WPH I2012, J 112.
40 Vgl. BAKred, Schreiben vom 17.12.1990.
41 Vgl. BAKred, Schreiben vom 17.12.1990.
42 Vgl. Kreutziger, in: BeckHdR, B 775, Tz. 14.
43 Vgl. Birck/Meyer II, S. 254.
44 Vgl. Miebach, in: DB 1991, S. 2069 ff.
45 Vgl. Bundesverband deutscher Banken (1993), S. 111.

1.2.4 Zusammenfassung der Weiterleitungskredite und kritische Würdigung

Zusammenfassend können Weiterleitungskredite damit wie folgt systematisiert werden[46].

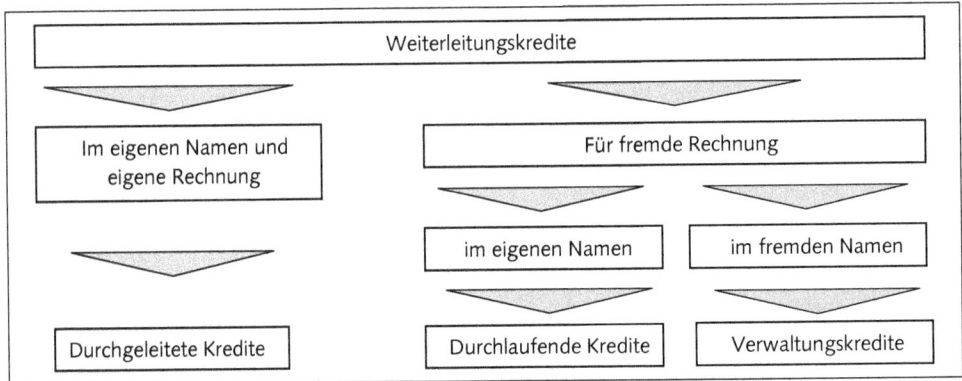

Abb. 12: Weiterleitungskredite

Aus bilanztheoretischer Sicht wird die Aufnahme von Treuhandkrediten in die Bilanz eines Kreditinstituts nach § 6 RechKredV nach der hier vertretenen Auffassung als kritisch beurteilt. Entgegen der nach HGB üblichen Zurechnung von Vermögensgegenständen zum wirtschaftlichen Eigentümer, erfordert § 6 RechKredV eine Aufnahme von durchlaufenden Krediten beim treuhänderischen Kreditinstitut. Die Spezialvorschrift des § 6 RechKredV steht insofern im Widerspruch zu den Zurechnungsvorschriften der §§ 242 sowie 246 Abs. 1 HGB, da die Treuhandkredite in die Bilanz eines Kreditinstituts aufzunehmen sind, obwohl ein Kreditinstitut weder zivilrechtlicher noch wirtschaftlicher Eigentümer von durchlaufenden Krediten ist. Der Ausweis in den Bilanzpositionen »Treuhandvermögen« und »Treuhandverbindlichkeiten« erfolgt zwar getrennt vom »eigenen Vermögen« des Instituts; gleichwohl geht das Treuhandvermögen zusammen mit dem eigenen Vermögen des Instituts in die Bilanzsumme des Instituts ein. Dies führt zu Verzerrungen von Bilanzrelationen aufgrund von Vermögensgegenständen, die dem Kreditinstitut wirtschaftlich nicht zuzurechnen sind. Die häufig verwendete Begründung, dass dem externen Bilanzleser durch die Aufnahme in die Bilanz des Instituts Informationen über jenes Kreditgeschäft gegeben werden soll, welches im eigenen Namen aber ohne eigenes Risiko betrieben wird, vermag nicht zu überzeugen. Die Aufnahme von fremden Vermögen verstößt gegen das Prinzip der wirtschaftlichen Vermögenszugehörigkeit[47]; gleichzeitig wäre die Bereitstellung von Zusatzinformationen über das Kreditgeschäft, welches im eigenen Namen aber ohne fremdes Risiko betrieben wird, durch eine Erläuterung im Anhang ohne einen Verstoß gegen die allgemeinen HGB-Grundsätze möglich[48].

---

46 Vgl. z. B. BAKred-Schreiben vom 18.07.1991.
47 Vgl. Moxter (2003), S. 63 ff.
48 Kritisch ebenso Mathews, in: BB 1992, S. 740.

1.2.5 Bilanzierung und Bewertung von Treuhandvermögen – Übersicht

Bei der **fiduziarischen** Treuhand fallen wirtschaftlicher Eigentümer (Treugeber) und zivilrechtlicher Eigentümer (Treuhänder) auseinander. Die **Bilanzierung** erfolgt stets beim Treugeber[49]. Eine Bilanzierung beim Treugeber kommt auch dann in Betracht, wenn beim Vollrechtstreugut ein Ausschluss des Rechts auf Aussonderung und zur Widerspruchsklage erfolgt ist[50]. Eine Bilanzierung beim Treuhänder kommt jedoch dann in Betracht, wenn der Treuhänder Vermögen für mehrere Treugeber verwaltet und das Vermögen (z. B. Wertpapierdepot) des einzelnen Treugebers nur bei Auseinandersetzung feststellbar ist. Der Treugeber bilanziert anstelle des Treuguts einen Auseinandersetzungsanspruch[51]. Unter dem Bilanzstrich hat der Treugeber die Buchwerte des fiduziarischen Treuhandvermögens zu vermerken, welches der »Haftung aus der Bestellung von Sicherheiten für fremde Verbindlichkeiten« dient (§ 26 Abs. 3 RechKredV). § 251 Abs. 1 HGB ist für Institute insoweit nicht anwendbar (§ 340a Abs. 2 S. 2 HGB). Der Ausweis hat unter den Eventualverbindlichkeiten (Formblatt 1 Unterstrichposition Nr. 1 Unterposten c) unter dem Bilanzstrich zu erfolgen. Sofern das Institut als Treugeber Sicherheiten für eigene Verbindlichkeiten begibt, so ist für jede in der Bilanz ausgewiesene Verbindlichkeit und für jede unter dem Bilanzstrich vermerkte Eventualverbindlichkeit im Anhang jeweils der Gesamtbetrag der als Sicherheit übertragenen Vermögensgegenstände anzugeben (§ 35 Abs. 5 RechKredV). § 285 Nr. 1 (b) wird für Institute insoweit durch § 35 Abs. 5 RechKredV ersetzt (siehe § 340a Abs. 2 S. 2 HGB).

Bilanzierung beim	Fiduziarische Treuhand	Ermächtigungstreuhand	Vollmachtstreuhand
Treugeber – Bilanz – Vermerk – Anhang	Ja § 26 Abs. 3; § 35 Abs. 5 RechKredV	Ja	Ja
Treuhänder – Bilanz – Anhang	Nein* Nein	Ja (§ 6 RechKredV) Aufgliederung nach Bilanzposten (§ 6 Abs. 1 RechKredV)	Nein Nein

* Ausnahme: Treuhandverbindlichkeiten, die im eigenen Namen und auf eigene Rechnung begeben wurden sowie Bar-Sicherheiten

Abb. 13: Übersicht Bilanzierung von Treuhandverhältnissen

Grundsätzlich kommt eine Bilanzierung von fiduziarischen Treuhandvermögen beim Treuhänder nicht in Betracht. Jedoch hat der Treuhänder Treuhandverbindlichkeiten in seine Bilanz aufzunehmen, da er gegenüber Dritten im eigenen Namen und auf eigene Rechnung

---

[49] Vgl. WPH I2006, E 39.
[50] Vgl. Kreutziger, in: BeckHdR, B 775, Tz. 26; Eden (1989), S. 76, aA Wöhe, in: Küting/Weber, 5. Aufl., Kap. 6, Tz. 336.
[51] Vgl. Kupsch, Bonner Hdb, § 246 HGB, Rz. 40; Kreutziger, in: Beck HdR, B 775, Tz. 27.

handelt, ohne dass im Außenverhältnis die Treuhandschaft erkennbar wird. Dadurch besteht ein Rückgriffsrecht auf den Treuhänder, der wiederum einen Ausgleichsanspruch gegenüber dem Treugeber zu aktivieren hat[52]. Ansonsten lösen im Wege der Sicherungstreuhand auf das Institut übertragene Vermögensgegenstände weder bilanzielle Folgen noch eine Berichtspflicht im Anhang aus[53]. Zwar kann aus den institutsspezifischen Vermerk- und Angabepflichten eine Erläuterung von Treuhandvermögen, das im Rahmen einer Vollrechtstreuhand übertragen wurde, für den Treuhänder nicht abgeleitet werden, jedoch erscheint nach der hier vertretenen Auffassung eine nach den allgemeinen Grundsätzen gebotene Erläuterung auch für Institute sachgerecht[54].

Da das im Rahmen einer **Ermächtigungstreuhand** verwaltete Vermögen sowohl zivilrechtlich als auch wirtschaftlich beim Treugeber verbleibt, ist dieses weiterhin von ihm nach den allgemeinen Bilanzierungs- und Bewertungsvorschriften zu bilanzieren. Zusätzlich ist dieses Treuhandvermögen nach §6 RechKredV zudem in die Bilanz des treuhänderischen Instituts aufzunehmen (Doppelausweis). Da der Treuhänder aber nicht wirtschaftlicher Eigentümer des Treuhandvermögens ist, dürfen sich aus dem Treuhandvermögen keine Auswirkungen auf die Gewinn- und Verlustrechnung des Instituts ergeben. Die Folgebewertung des Treuhandvermögens hat mithin erfolgsneutral zu erfolgen. Insbesondere für marktgängiges Treuhandvermögen (z.B. Wertpapiere) kann eine Bewertung zum beizulegenden Zeitwert (Marktwert) vorgenommen werden[55]. Die Neubewertung ist erfolgsneutral gegen die Treuhandverbindlichkeiten zu buchen. Bei nicht marktgängigen Treuhandvermögen kann eine Folgebewertung auch gänzlich unterlassen werden[56]. Treuhandkredite sind beim Treuhänder in einem Davon-Vermerk von den Gesamtbeträgen des Treuhandvermögens abzusetzen (Darunter-Vermerk zu Aktivposten Nr. 9 bzw. Passivposten Nr. 4, siehe Kapitel IV.1.2.10.2).

Vermögensgegenstände, die im Rahmen einer **Vollmachtstreuhand** verwaltet werden, sind nach §6 Abs. 3 RechKredV vom Institut nicht zu bilanzieren. Erläuterungen im Anhang sind nicht erforderlich aber freiwillig möglich[57]. Erträge und Aufwendungen aus der Durchleitung und Verwaltung von Treuhand- und Verwaltungskrediten sind nach h.M. zu saldieren[58]. Die daraus entstehende Marge ist im Provisionsertrag auszuweisen (§30 Abs. 1 S. 1 RechKredV). Sondervorschriften bestehen nach §6 Abs. 4 RechKredV für Kapitalverwaltungsgesellschaften. Diese haben die Summe der Inventarwerte und die Zahl der verwalteten Investmentvermögen in der Bilanz auf der Passivseite unter dem Strich in dem Posten mit der Bezeichnung »für Anteilinhaber verwaltete Investmentvermögen« auszuweisen.

---

52   Vgl. ADS, §246 HGB, Tz. 294.
53   Vgl. Krumnow/Sprißler (2004), §6 RechKredV, Tz. 15.
54   Vgl. ADS, §246 HGB, Tz. 292.
55   Vgl. Roß (1994), S. 233; Mathews, in: BB 1987, S. 646.
56   Vgl. Scharpf/Schaber (2018), S. 60 f.
57   Vgl. WPH I2012, J 116.
58   Vgl. Bundesverband deutscher Banken (1993), S. 41; Krumnow/Sprißler (2004), §30 RechKredV Tz. 19.

1.3 Factoring

Durch einen Factoring-Vertrag wird zwischen dem Factor (Forderungskäufer) und dem Gläubiger (= Factoringkunde, Anschlusskunde, Zedent) einer Forderung ein laufender Ankauf von Forderungen aus Lieferung und Leistung des Gläubigers durch den Factor vereinbart[59]. Der Gläubiger überträgt seine Forderung, die gegenüber dem sog. Debitor (Dritt-Schuldner) besteht, mittels Abtretung nach § 398 BGB an den Factor, der neuer Gläubiger der Forderung wird. Im Gegenzug entrichtet der Factor (zum Teil[60]) den Forderungsbetrag an den Forderungsverkäufer. Bei Entrichtung des Forderungsbetrags vor Fälligkeit an den Verkäufer übernimmt der Factor eine **Finanzierungsfunktion**. Das Factoring mit Finanzierungsfunktion stellt eine erlaubnispflichtige Finanzdienstleistung nach § 1 Abs. 1a S. 2 Nr. 9 KWG dar. Entrichtet der Factor den Kaufpreis erst bei Fälligkeit der Forderung, so handelt es sich um ein sog. **Fälligkeits- oder maturity Factoring**[61]. Die Veritätshaftung, d.h. die Haftung für die Einredefreiheit der verkauften Forderung übernimmt i.d.R. der Verkäufer, sofern nichts anderes vereinbart wurde[62]. Übernimmt der Factor das Servicing der Forderung, d.h. die Abrechnung und das Inkasso, so übernimmt er zusätzlich eine Dienstleistungsfunktion. Erfolgt das Servicing durch den Forderungsverkäufer, so handelt es sich um ein sog. **Eigenservice- oder bulk-Factoring**[63]. Trägt der Factor auch das Ausfallrisiko des Debitors, so übernimmt er die Delkrederefunktion, für die der Factor zumeist einen Kaufpreisabschlag verlangt. Ist der Kaufpreisabschlag variabel in Abhängigkeit von dem tatsächlichen Zahlungsverhalten der Debitoren ausgestaltet, so wird das Ausfallrisiko nicht effektiv auf den Factor übertragen[64]. Zudem können durch den Factor Nachfälligkeitszinsen erhoben werden, wenn der Debitor nicht oder nur verspätet seinen Zahlungsverpflichtungen nachkommt[65].

Nach Ansicht des IDW ist der Verbleib des Ausfallrisikos entscheidend für die Zuordnung des wirtschaftlichen Eigentums[66]. Diese Ansicht wird mittlerweile auch im Steuerrecht nachvollzogen[67]. In diesem Zusammenhang wird zwischen einem echten und einem unechten Factoring unterschieden[68].

- Bei einem **echten Factoring** trägt der Factor das Bonitätsrisiko der Forderung; der Begriff des echten Factorings setzt voraus, dass keine Möglichkeit einer Rückbelastung an den Forderungsverkäufer besteht[69]. Zivilrechtlich stellt das echte Factoring ein als Dauerschuldverhältnis ausgestalteter Kaufvertrag nach §§ 433, 453 BGB unter zeitglei-

---

59 Vgl. BaFin, Merkblatt – Hinweise zum Tatbestand des Factoring, 05.01.2009.
60 Ein Teil des Forderungsbetrags kann durch den Factor zum Ausgleich von Rechnungskürzungen in Folge von Mängelrügen durch den Schuldner einbehalten werden. Ein eventuelles Ausfallrisiko wird dadurch nicht abgedeckt. Vgl. Perridon/Steiner (2007), S. 435.
61 Vgl. Käufer (2009), S. 22; Betsch (2001), Sp. 683; Löhr (1975), S. 458.
62 Vgl. BGH Urteil vom 10.11.2004, VIII ZR 186-03, in: WM 2005, S. 18 f.; sowie Schmalenbach, in: HGB, hrsg. v. Ebenroth/Boujong/Joost/Strohn, 3. Aufl., Band 2, V 66b.
63 Vgl. Käufer (2009), S. 22; Betsch (2001), Sp. 686; Strickmann (2004), S. 150 f.
64 Vgl. IDW RS HFA 8, Tz. 21–32.
65 Vgl. Wagner, in: Ebenroth u.a, 3. Aufl., Tz. V 4.
66 Vgl. IDW RS HFA 8, Tz. 7; so auch Findeisen, in: DB 1998, S. 484.
67 Vgl. BFH Urteil vom 26.08.2010 – I R 17/09.
68 Vgl. Brakensiek (2001), S. 129.
69 Vgl. BGH-Urteil vom 15.04.1987, VIII ZR 97/86, in: NJW 1987, S. 1878.

cher Abtretung der Forderung § 398 BGB dar[70]. Beim echten Factoring (without recourse) gehen sowohl das rechtliche als auch das wirtschaftliche Eigentum der Forderungen auf den Factor über, der die Forderungen somit auch zu bilanzieren hat[71]. Beim Gläubiger kommt es in diesem Fall zu einer Ausbuchung der Forderungen[72].

- Im Falle des **unechten Factorings** (with recourse) verbleibt das Bonitätsrisiko beim Forderungsverkäufer. Zivilrechtlich stellt das unechte Factoring einen atypischen Darlehensvertrag nach § 488 Abs. 1 BGB dar, durch den der Forderungsverkäufer nur eine bedingte (auf den Eintritt des Zahlungsausfalls gerichtete) Rückzahlungspflicht gegenüber dem Factor eingegangen ist[73]. Das wirtschaftliche Eigentum geht mithin nicht auf den Factor über, so dass es zu einem Auseinanderfallen zwischen dem wirtschaftlichen und rechtlichen Eigentum kommt. Da der Factor ein Rückbelastungsrecht hat, durch das er dem Factoringkunden Zahlungsausfälle des Debitors in Rechnung stellen kann, kommt es beim Factoringkunden nicht zu einer Ausbuchung der Forderung, da das Ausfallrisiko bei diesem verbleibt[74]. Entsprechend kommt es beim Factor zu keiner Einbuchung der Forderung. Diese Art der Bilanzierung führt beim Factoringkunden zu einer Bilanzverlängerung, da der Zahlungseingang bei Abtretung der Forderung an den Factor als eine Verbindlichkeit zu erfassen wäre[75]. Das unechte Factoring wird in diesem Falle als eine besicherte Kreditaufnahme abgebildet, wobei die abgetretene Forderung gegen den Dritt-Schuldner die Sicherheit darstellt. Diese Art der bilanziellen Behandlung des unechten Factorings ist allerdings nicht unumstritten. So lassen sich neben praktischen Erwägungen[76] zahlreiche bilanztheoretisch wohlbegründete Argumente finden, die eine Ausbuchung aus der Bilanz des Factoringkunden sachgerecht erscheinen lassen[77].

Zur Beurteilung, ob das Bonitätsrisiko durch ein Factoring übertragen wird, kann auf die für Verbriefungstransaktion geltenden Grundsätze verwiesen werden (siehe Kapitel II.1.5.2). Dem Übergang des wirtschaftlichen Eigentums können unangemessen hohe variable Kaufpreisabschläge entgegenstehen, durch die aufgrund ihrer Abhängigkeit von den tatsächlichen Forderungsausfällen nicht unwesentliche Teile des Bonitätsrisikos beim Forderungsverkäufer verbleiben. Für das Factoring typische variable Kaufpreisabschläge, die ggf. einer Ausbuchung entgegenstehen, können durch den Abschluss von Kreditversicherungen mit Selbstbehalt, wirtschaftlich rückwirkende Anpassungen von Prämien von Kreditversicherungen auf Basis eingetretener Forderungsausfälle, Kaufpreisverzinsungen zwischen der

---

[70] Zur Rechtsnatur des echten Factoring als Kaufvertrag siehe BGH-Urteil vom 12.10.1993 – XI ZR 21/93, in: BB 1993, S. 2333; BGH-Urteil vom 15.04.1987, VIII ZR 97/86, in: NJW 1987, S. 1878 sowie Stumpf, in: BB 2012, S. 1045.
[71] Vgl. IDW RS HFA 8, Tz. 7; Schubert/Huber, in: BBK, 11. Aufl., § 247 HGB, Tz. 112.
[72] Vgl. Käufer (2009), S. 140; Ballwieser, in: MüKom HGB, § 246 HGB, Tz. 58.
[73] Vgl. BGH-Urteil vom 03.05.1972, VIII ZR 170/71, in: NJW 1972, S. 1715; BGH-Urteil vom 14.10.1981, VIII ZR 149/80, in: NJW 1982, S. 164; Westermann, in: MüKom BGB, Vor § 433–§ 453 BGB, Tz. 36; Stumpf, in: BB 2012, S. 1045 ff.
[74] Vgl. IDW RS HFA 8, Tz. 41.
[75] Vgl. Fey, in: WPg 1992, S. 6.
[76] Vgl. ADS, § 246 HGB, Tz. 322; Fey, in: WPg 1992, S. 6; Ballwieser, in: MüKom HGB, § 246 HGB, Tz. 58.
[77] Vgl. Häuselmann, in: DStR 1998, S. 829 f.; Käufer (2009), S. 143–147, m. w. N.

Fälligkeit der Forderung und dem technischen Ausfall einer Forderung (z. B. 90 Tage nach Fälligkeit) oder durch Rückkaufvereinbarungen zum Nominalwert ergeben[78]. Eine Ausbuchung kommt in diesen Fällen nicht in Betracht, sofern die variablen (bonitätsabhängigen) Kaufpreisabschläge als unangemessen hoch anzusehen sind, und damit ein nicht unwesentliches Bonitätsrisiko beim Forderungsverkäufer verbleibt. Unschädlich für einen Übergang des wirtschaftlichen Eigentums ist i. d. R. die unentgeltliche Übernahme des Servicings durch den Verkäufer, vorgesehene Rückübertragungen an den Verkäufer zum Zeitwert, oder der Abschluss einer Kreditversicherung ohne Selbstbehalt durch den Verkäufer bei gleichzeitiger Abtretung des Versicherungsanspruchs an den Forderungskäufer[79].

1.4 Forfaitierung

Unter Forfaitierung versteht man den »Ankauf von Forderungen unter Verzicht auf einen eventuellen Rückgriff auf den Verkäufer bei Zahlungsausfall des Forderungsschuldners«[80]. Dabei werden zumeist mittel- bis langfristige Forderungen von einem Gläubiger rückgriffsfrei an einen Forfaiteur (Forderungskäufer) abgetreten. Im Gegensatz zum Factoring übernimmt der Forderungskäufer i. d. R. keine Dienstleistungsfunktion.

Die Forfaitierung ist hinsichtlich ihrer bilanziellen Einordnung mit dem echten Factoring vergleichbar, da der Forfaiteur i. d. R. das Ausfallrisiko der an ihn abgetretenen Forderung trägt. In diesem Fall ist die Forfaitierung auch steuerrechtlich als ein Kaufvertrag und nicht als ein Darlehensgeschäft anzusehen[81]. Ein Rückbelastungsrecht des Forfaiteurs gegenüber dem ursprünglichen Gläubiger bei Zahlungsausfällen gibt es dementsprechend nicht[82]. Wie auch beim Factoring haftet der Forderungsverkäufer nur für den rechtlichen Bestand (Veritätshaftung) der Forderung. Insofern gelten für die Zurechnung des wirtschaftlichen Eigentums die gleichen Grundsätze wie für das Factoring. Insbesondere Exportforderungen wie auch künftige Leasingraten werden häufig à forfait verkauft. Bei der Forfaitierung von Ansprüchen auf **Leasingzahlungen** sind einige Besonderheiten zu beachten.
- Verkauft ein Leasinggeber seine Ansprüche auf den Erhalt künftiger Leasingraten à forfait und **mit** vollständigem Übergang des Ausfallrisikos an eine refinanzierende Bank (**regressloser** Forderungsverkauf), so ist der Erlös des Leasinggebers aus der Forfaitierung mit einer (Miet-)Vorauszahlung vergleichbar. Aus diesem Grunde ist in Höhe des Verkaufserlöses ein passiver Rechnungsabgrenzungsposten zu bilden, der ertragsmäßig der Grundmietzeit zuzuordnen und daher (linear) über die Grundmietzeit des Leasingverhältnisses aufzulösen ist[83].
- Wird bei einer Forfaitierung von künftigen Leasingraten untypischerweise **kein** Übergang des Ausfallrisikos auf den Forfaiteur bewirkt, so ist dies – in Analogie zum unech-

---
78 Vgl. Rimmelspacher/Hoffmann/Hesse, in: WPg 2014, S. 999 ff.
79 Vgl. Rimmelspacher/Hoffmann/Hesse, in: WPg 2014, S. 999 ff.
80 BaFin – Merkblatt vom 06.01.2009, Hinweise zum Tatbestand des Diskontgeschäfts.
81 Vgl. BFH Urteil vom 05.05.1999 – XI R 6/98, in: DStR 1999, S. 1310.
82 Vgl. Peters, in: Schminasky/Bunte/Lwowski, 5. Aufl., § 65, Tz. 30.
83 Vgl. BFH Urteil vom 24.07.1996 – I R 94/95, in: DStR 1996, S. 1643.

ten Factoring – als eine Kreditaufnahme zu bilanzieren[84]. Liegt **kein regressloser** Forderungsverkauf der zukünftigen Leasingraten vor, sondern verbleiben Bonitätsrisiken teilweise beim Leasinggeber, so fehlt es an einem wirtschaftlichen Eigentumsübergang. Der eingehende Kaufpreis aus dem Verkauf der zukünftigen Leasingraten ist als Verbindlichkeit zu passivieren[85]. »Behält sich der Leasinggeber gegenüber dem Leasingnehmer bei Abschluss des Leasingvertrages das Recht auf ein unwiderrufliches Kaufangebot des Leasingnehmers nach Ablauf der Grundmietzeit vor (sog. Andienungsrecht) und forfaitiert er die ihm nach Ausübung dieses Andienungsrechts zustehenden künftigen Ansprüche aus der Verwertung des jeweiligen Leasinggegenstandes an einen Dritten (sog. **Restwertforfaitierung** aus Teilamortisations-Leasingverträgen)[86], so ist die Zahlung des Dritten steuerlich als ein Darlehen an den Leasinggeber zu beurteilen. Die Forfaitierungserlöse sind von ihm nicht als Erträge aus zukünftigen Perioden passiv abzugrenzen, sondern als Verbindlichkeiten auszuweisen und bis zum Ablauf der Grundmietzeit ratierlich aufzuzinsen«[87]. Mithin hat der Leasinggeber »den Forfaitierungserlös wie eine Anzahlung zu passivieren, und zwar wegen seiner künftigen Verpflichtung zur Verschaffung des Eigentums an dem Leasing-Gegenstand. Der Passivposten ist verteilt über die Zeitspanne bis zum Ablauf der Grundmietzeit auf den Wert aufzustocken, der Grundlage für die Festlegung des Forfaitierungserlöses war. Dies ist grundsätzlich der im Leasing-Vertrag vereinbarte Andienungspreis«[88].

1.5 Verbriefungstransaktionen und ähnliche Gestaltungen

1.5.1 Erscheinungsformen

Nach Art. 4 Nr. 61 CRR wird unter einer **Verbriefung** »ein Geschäft oder eine Struktur (verstanden), durch das bzw. die das mit einer Risikoposition oder einem Pool von Risikopositionen verbundene Kreditrisiko in Tranchen unterteilt wird, und das bzw. die beiden folgenden Merkmale aufweist:
a) die im Rahmen des Geschäfts oder der Struktur getätigten Zahlungen hängen von der Wertentwicklung der Risikoposition oder des Pools von Risikopositionen ab;
b) die Rangfolge der Tranchen entscheidet über die Verteilung der Verluste während der Laufzeit der Transaktion oder der Struktur«.

Typisch für eine Verbriefungstransaktion ist somit, dass die Zahlungsansprüche oder Zahlungsverpflichtungen der Halter von Risikopositionen in den Verbriefungstranchen vertraglich von der Realisation des Adressenausfallrisikos des verbrieften Portfolios abhängen. Die Verbriefungstranchen stehen dabei in einem Subordinationsverhältnis (**Wasserfall**),

---
84 Vgl. BMF, Schreiben vom 09.01.1996, IV B 2 – S 2170 – 135/95, in: BStBl. I 1996, S. 9.
85 Vgl. Nemet/Hülsen, in: WPg 2009, S. 967 f.
86 Siehe ausführlich Kapitel II.1.8.4.
87 BFH Urteil vom 08.11.2000 – I R 37/99, in: BeckRS 2000, 25005494.
88 BMF, 09.01.1996, IV B 2 – S 2170 – 135/95, in: BStBl. I 1996, S. 9.

durch die Zahlungen oder Verluste bei Realisation des Adressenausfallrisikos des verbrieften Portfolios den Haltern von Positionen in den Verbriefungstranchen zugewiesen werden.

Eine sehr häufige Form der Verbriefung von Adressenausfallrisiken stellen sog. »**Asset-Backed-Finanzierungen**« dar. Durch diese werden Risiken von Vermögensgegenständen in einem Wertpapier über eine Zweckgesellschaft verbrieft, d.h. durch die Emission von Wertpapieren handelbar gemacht[89]. Die von der Zweckgesellschaft emittierten ABS-Titel stellen somit forderungsbesicherte Finanzinstrumente dar. Bei einer ABS-Transaktion werden die Risiken von Vermögensgegenständen auf eine Zweckgesellschaft übertragen, die zur Refinanzierung Wertpapiere emittiert.

Ein entscheidendes Merkmal einer Verbriefungstransaktion besteht in der **Tranchierung** des Adressenausfallrisikos des Referenzportfolios. Eine Tranchierung stellt eine »strukturierte Aufteilung und abgestufte Bündelung«[90] des Adressenausfallrisikos dar. Dabei werden die aus der Aufteilung resultierenden Tranchen in ein Nachrangigkeitsverhältnis (**Subordination**) durch einen sog. Wasserfall gesetzt. Treten in dem Referenzportfolio Verluste auf, so werden diese Verluste in einer vorher festgelegten Reihenfolge auf die jeweiligen Tranchen verteilt. Im Regelfall werden die Verluste zuerst der nachrangigsten Tranche und dann nach vollständiger Nominalwertreduktion (**principal write down**) der nächst höheren Tranche zugeordnet. Neben dieser streng sequenziellen Verlustzuweisung von der niedrigsten bis zur höchsten Senioritätsstufe sind allerdings auch Mechanismen möglich, die eine komplexere Verlustzuweisung vorsehen. So ist es z.B. möglich, dass Zinsausfälle von den oberen Tranchen und Tilgungsausfälle von den unteren Tranchen getragen werden. Es kann auch vorkommen, dass die Reihenfolge im Zeitablauf wechselt (cash diversion).

Zum Zwecke der bilanziellen Beurteilung von ABS-Transaktionen ist zwischen zwei Erscheinungsformen zu unterscheiden.

a) **True-Sale-Transaktionen.** Bei einer True-Sale-Transaktion werden Vermögensgegenstände[91] von einem Forderungsverkäufer (Originator) an eine Zweckgesellschaft verkauft. Diese emittiert als Refinanzierungsmaßnahme für den Kauf der Vermögenswerte verschiedene Finanzinstrumente[92], denen die erworbenen Vermögensgegenstände als Sicherheit (asset backed) dienen. In Abhängigkeit von der Art der erworbenen Vermögensgegenstände sowie der Art der emittierten Finanzinstrumente werden verschiedene Ausprägungsformen von Asset-Backed-Finanzierungen unterschieden (z.B. ABS, CLO, CDO, CLN, RMBS. usw.). Die Vermögensgegenstände werden dinglich an das SPV verkauft bzw. abgetreten.

---

89 Vgl. Zeising, in: BKR 2007, S. 311.
90 Gerth, in: Kreditwesengesetz, § 226 SolvV, Tz. 5.
91 Dies sind zumeist Kredit- oder Leasingforderungen, Wertpapiere oder auch Versicherungsverträge.
92 Dies sind zumeist Wertpapiere, Schuldscheindarlehen oder auch Loans.

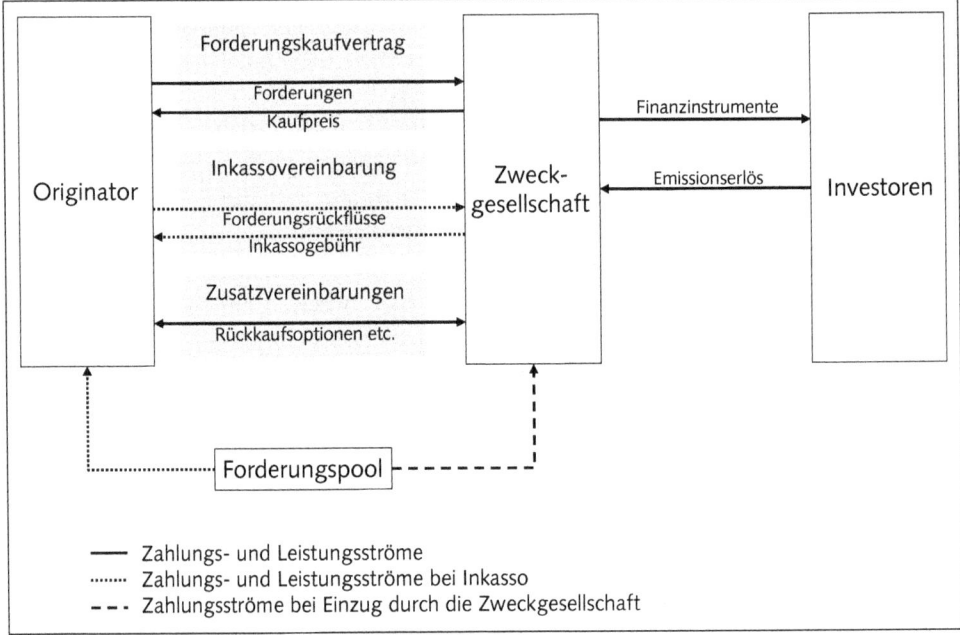

Abb. 14: ABS-Transaktion[93]

I. d. R. delegiert das SPV das Inkasso der Forderungen an den Originator zurück, um im Wege einer stillen Zession gegenüber dem Kunden keine Außenwirkung zu erzielen[94]. Hierzu wird zumeist ein separater **Geschäftsbesorgungsvertrag** im Sinne von § 675 BGB abgeschlossen. Der Originator fungiert hier zugleich als **Servicer** und erhält eine entsprechende Servicing Fee. Die Gestaltung dieser Gebühr kann unter anderem relevant für die Beurteilung des bilanziellen Abgangs der Forderungen beim Originator sein. Die Zahlungseingänge auf die Forderungen erfolgen in diesem Fall zwar auf den Konten des Forderungsverkäufers, der diese allerdings nur in seiner Funktion als Servicer im eigenen Namen aber auf fremde Rechnung entgegen nimmt und an das SPV weiterzuleiten hat[95].

Das zentrale Dokument zur bilanziellen Würdigung einer True-Sale-Verbriefungstransaktion ist der **Forderungskaufvertrag**. Wichtig für die bilanzielle Beurteilung der Transaktion sind unter anderem im Regelfall die folgenden Punkte des Forderungskaufvertrags:

- **Insolvenzferne und Haftungsabschottung des SPV.** Sofern eine Zweckgesellschaft Vertragsbeziehungen mit mehreren Originatoren unterhält (multi-seller-Strukturen) ist festzustellen, ob eine Haftungsabschottung (**ring-fencing**) vorliegt, durch die die Risiken aus einer fehlgeschlagenen Transaktion sich nicht auf alle Weiteren übertragen. Um eine Insolvenz des SPV bei einem Ausfall von Forderungen auszuschließen, finden sich in den Verträgen i. d. R. sog. »Non-Recourse«-Bedingungen, durch die alle Ansprüche

---

93 In Anlehnung an Reiland (2006), S. 49.
94 Im Regelfall wird das SPV jedoch das Recht haben (z. B. im Insolvenzfall des Originators), den Schuldner von der Abtretung zu unterrichten.
95 Zu den insolvenzrechtlichen Problemen, die aus dem Vermischungsrisiko von Zahlungen resultieren können vgl. Dittrich/Schuff, in: Handbuch Verbriefungen, S. 297 f.

gegen das SPV (einschließlich auf Rückzahlung der emittierten Finanzinstrumente) auf die dem SPV zu Verfügung gestellten Vermögensgegenstände begrenzt.
- **Übereignung von Sicherheiten.** Die den Forderungen zugrunde liegenden Sicherheiten werden ebenfalls auf die Zweckgesellschaft übertragen. Bei Handelsforderungen ist dies zumeist der verlängerte Eigentumsvorbehalt der Kaufgegenstände, bei Leasingforderungen der Leasinggegenstand und bei Darlehensforderungen sind dies unter anderem Grundschulden, Garantien und Bürgschaften sowie sonstige dingliche Sicherheiten.
- **Bestimmtheit der Forderungen.** Die übertragenen Forderungen müssen einzeln bestimmt sein. Um ein bestimmtes bzw. konstantes Emissionsvolumen sicherzustellen, kann vereinbart sein, dass ein Abschmelzen des Forderungsportfolios (z. B. durch außerplanmäßige Tilgungen) wieder aufgefüllt wird (sog. **Replenishment**). Die Eigenschaften, die mit den Forderungen verbunden sein müssen, um für die Einbeziehung in das Referenzportfolio in Betracht zu kommen, werden durch sog. Eligibility Criteria festgelegt[96].

Um für die emittierten Finanzinstrumente möglichst gute Ratings und damit möglichst günstige Finanzierungskosten zu erreichen, werden häufig verschiedene Kreditverbesserungsmaßnahmen (credit enhancements) oder auch Übersicherungsmaßnahmen durchgeführt. Die folgenden Maßnahmen zur Kreditverbesserung können die Risikoposition des Originators beeinflussen und sind daher für die bilanzielle Beurteilung von Verbriefungstransaktionen von besonderer Bedeutung:
- **Rückkaufsvereinbarungen.** Es kann vereinbart werden, dass der Originator verpflichtet wird, ausfallgefährdete oder notleidende Forderungen zurückzuerwerben und/oder im Delkrederefall eine Rückabwicklung vorzunehmen. Der Originator kann je nach Ausgestaltung Vertragspartei eines Short Put oder einer Kombination aus Short Put und Short Call oder Stillhalter in einem bedingten Termingeschäft sein[97].
- **Übersicherungsmaßnahmen.** Auch verschiedene Maßnahmen zur Übersicherung können einen erheblichen Einfluss auf die Risikoposition des Originators haben. Dies sind im Einzelnen:
  - **Stellung von baren oder unbaren Sicherheiten.** Um dem SPV zusätzliche Sicherheiten zu gewähren, kann vereinbart sein, dass der Originator Barsicherheiten oder andere Vermögensgegenstände auf einem Treuhandkonto hinterlegt (Sicherungstreuhand), auf das das SPV beim Eintritt von Forderungsausfällen zugreifen kann. Die Stellung zusätzlicher Sicherheiten wird dann notwendig, wenn das Rating des Originators schlechter ist als die Tranchen mit dem besten Rating. Da i. d. R. ein vom Originator abhängiges Durchleitungsrisiko besteht, müssen weitere Sicherheiten in die Struktur eingebracht werden, um die gewünschten Ratings zu erzielen.
  - **Reservekonto (reserve account).** Oftmals wird auf einem Reservekonto überschüssige Liquidität angesammelt, die erst bei Beendigung der Transaktion an die (Junior)

---

96 Die Wahl der Eligibility Criteria kann für den Investor in eine Verbriefungstranche entscheidend für eine vorzunehmende Trennung eingebetteter Kreditderivate sein (siehe Kapitel III.1.4.5.3.4).
97 Vgl. Reiland (2006), S. 50.

Lender ausgekehrt wird. Übersteigt der durchschnittliche Zins des Portfolios die Zinsaufwendungen der emittierten Finanzinstrumente, so fällt ein sog. Excess Spread an. Dieser Zinsüberschuss wird häufig auf dem Reservekonto gesammelt und dient als zusätzlicher Verlustpuffer und damit als Credit Enhancement.

- **Overcollateralisation i. e. S.** In diesem Fall überträgt der Originator auf das SPV ein Nominalvolumen von Vermögensgegenständen, das größer ist als das Nominalvolumen der emittierten Finanzinstrumente. Der Zweckgesellschaft stehen somit zusätzliche Rückflüsse zur Bedienung der emittierten Finanzinstrumente zu Verfügung[98].
- **Kaufpreisabschlag.** In diesem Fall wird zwischen dem Originator und dem SPV ein Kaufpreisabschlag auf den Zeitwert der Forderung vereinbart. Je höher der Kaufpreisabschlag vereinbart ist, desto größer ist der Verlustpuffer für die Zweckgesellschaft zur Begleichung der Zins- und Tilgungszahlungen auf die emittierten Finanzinstrumente. Letztlich wird damit das gleiche Ergebnis wie im Falle der Overcollateralisation i. e. S. hergestellt. Der Nennwert der übertragenen Forderungen übersteigt den Nennwert der emittierten Finanzinstrumente.
- **Rückkauf der Junior Tranche**. Wird bei der Strukturierung einer Verbriefungstransaktion vereinbart, dass der Originator die Junior Tranche zurückerwirbt, so wird damit ökonomisch der Rückbehalt von Risiken beim Originator bewirkt. Die übrigen Inhaber der Finanzinstrumente haben mithin eine zusätzliche nachrangige Absicherung (Subordination) bevor sich die Verluste aus dem Referenzportfolio auf ihre Tranchen auswirken. Der Originator ist in diesem Falle nicht anders gestellt als bei einer Übersicherung, die über einen Kaufpreisabschlag erzielt wird.
- **Garantien/CDS.** Eine Ratingverbesserung kann zudem durch eine externe Übernahme von Kreditausfallrisiken erreicht werden. In der Vergangenheit wurden Kreditversicherungen insbesondere von sog. Monoline-Versicherern ausgesprochen.

Die Ausgestaltung und Höhe der vereinbarten Übersicherung ist relevant für die Beurteilung, ob mit der Verbriefungstransaktion auch ein bilanzieller Abgang des übertragenen Portfolios aus der Bilanz des Originators erreicht wird.

b) Synthetische Verbriefungstransaktionen. Während bei True-Sale-Verbriefungstransaktion eine rechtlich wirksame Übertragung eines Portfolios an Vermögensgegenständen erfolgt, wird bei synthetischen Verbriefungstransaktion das Kreditausfallrisiko eines Referenzportfolios durch Kreditderivate übertragen. Die Zweckgesellschaft fungiert hier als Sicherungsgeber und der Originator als Sicherungsnehmer. Die Verlustzuweisung erfolgt in diesem Falle über sog. Kreditereignisse (credit events). Als Kreditereignisse können Konkurs, Zahlungsverzug, Rating-Downgrade oder Credit Spread-Veränderungen vereinbart sein. Im Regelfall wird bei Verbriefungstransaktionen auf die Definition von Kreditereignissen gem. ISDA (International Swap and Derivatives Association) abgestellt. Der zwischen dem Originator und der Zweckgesellschaft abgeschlossene Credit Default Swap ist aus der Sicht des Originators ein Protection Buyer Swap, durch den der Originator Zahlungen vom

---

98 Vgl. BayernLB (2006), S. 14.

SPV (bzw. von einer dritten Swap Counterparty) bei Eintritt spezifischer Kreditereignisse erhält. Im Falle des Eintritts eines Kreditereignisses werden die von der Zweckgesellschaft emittierten Finanzinstrumente nur in Abhängigkeit von den Ausfällen im Referenzportfolio bedient. Synthetische Verbriefungsstrukturen dienen Kreditinstituten auf der Emissionsseite häufig zur Risikoausplatzierung und damit zur aufsichtsrechtlichen Eigenkapitalunterlegung[99]. Zur Förderung der Mittelstandsfinanzierung werden von der Kreditanstalt für Wiederaufbau (KfW) verschiedene Verbriefungsprogramme (z.B. PROMISE Mobility, PROVIDE) angeboten, deren Struktur im Folgenden als Beispiel für eine synthetische Verbriefungstransaktion näher erläutert wird.

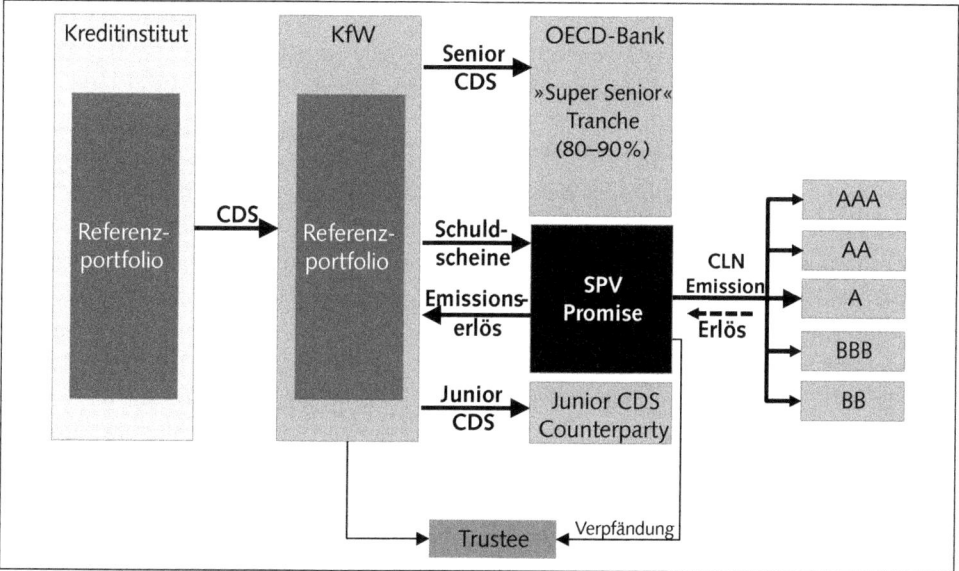

Abb. 15: Synthetische Verbriefung am Beispiel von PROMISE Mobility[100]

Die KfW übernimmt als Intermediär das Kreditausfallrisiko eines definierten Referenzportfolios mit Hilfe eines CDS und überträgt die Risiken synthetisch durch den Abschluss von Protection Buyer CDSs an verschiedene Swap Kontrahenten sowie über die Emission von Credit Linked-Schuldscheinen[101] an die Zweckgesellschaft PROMISE. Die Zweckgesellschaft emittiert ihrerseits Credit Linked Notes (CLN) unterschiedlicher Seniorität am Kapitalmarkt. Kreditausfälle im Referenzportfolio werden in einer streng sequentiellen Reihenfolge von »unten nach oben« auf die unterschiedlichen CLNs verteilt. Damit wird das von der True-Sale-Verbriefung bekannte Wasserfallprinzip nachgebildet[102]. Eine zivilrechtliche Übertragung des Referenzportfolios findet bei einer synthetischen Verbriefung mithin nicht statt.

---

99 Vgl. Sethe, in: Schimansky/Bunte/Lwowski, 5. Aufl., § 114a, Tz. 22.
100 Entnommen Glüder/Ranné, in: Handbuch Verbriefungen, S. 89.
101 Diese sind durch die Bundesrepublik Deutschland garantiert und verleihen der Struktur im Vergleich zu einem Erwerb von Pfandbrief-Collateral oder Schuldverschreibungen des Originators eine höhere Rating-Stabilität.
102 Vgl. Glüder/Ranné, in: Handbuch Verbriefungen, S. 90.

1.5.2 Zurechnung des wirtschaftlichen Eigentums

1.5.2.1 Voraussetzungen für die Ausbuchung verbriefter Forderungen

Durch die Vereinbarung von Kreditverbesserungsmaßnahmen kann es zu einem substanziellen Rückbehalt von Risiken durch den Originator kommen. Vor diesem Hintergrund ist bei der bilanziellen Beurteilung von Verbriefungstransaktionen regelmäßig die Frage nach dem Übergang des wirtschaftlichen Eigentums auf den zivilrechtlichen Erwerber und mithin die Frage nach der Ausbuchung der verbrieften Vermögensgegenstände aus der Bilanz des Originators zu beantworten.

Notwendige Voraussetzung für die Ausbuchung von Vermögensgegenständen aus der Bilanz des Originators ist deren rechtlich wirksame sowie endgültige Übertragung (IDW RS HFA 8, Tz. 7). Die **rechtliche Wirksamkeit** schließt neben dem wirksamen Abschluss des schuldrechtlichen Verpflichtungsgeschäfts (Kaufvertrag) i.d.R. auch das sachenrechtliche Erfüllungsgeschäft (Übertragung durch Abtretung) ein[103]. Eine rechtliche Übertragung liegt vor, wenn die Veräußerung in der Weise erfolgt, die es der Zweckgesellschaft auf Dauer erlaubt, die typischen Rechte eines Eigentümers auszuüben, insbesondere die übertragenen Forderungen an einen Dritten zu veräußern oder zu verpfänden (IDW RS HFA 8, Tz. 10). Aufschiebend bedingte Übertragungen (z.B. bei Eintritt definierter Transfer Events) stellen bis zum Eintritt der Bedingung keine rechtliche Übertragung dar, die die für eine Ausbuchung notwendigen Voraussetzungen erfüllt (IDW RS HFA 8, Tz. 15). Eine Übertragung ist dann nicht als **endgültig** anzusehen, wenn eine Rückübertragung auf Termin vereinbart ist. In diesem Fall liegt ein echtes Pensionsgeschäft vor, für das der Pensionsgeber nach § 340b Abs. 4 S. 1 HGB die in Pension gegebenen Vermögensgegenstände nicht aus seiner Bilanz auszubuchen hat (siehe Kapitel II.1.6.2.2). Bei Vorliegen von unechten Pensionsgeschäften kommt es hingegen zu einer Ausbuchung aus der Bilanz des Pensionsgebers (§ 340b Abs. 5 HGB), es sei denn, dass aus wirtschaftlichen Gründen bereits bei Vertragsabschluss von einer Rückübertragung an den Veräußerer auszugehen ist (z.B., wenn Rücknahmepreis über dem Nennwert liegt)[104]. Die Möglichkeit zu »Clean-up Calls« mit einer Rückübertragung zu aktuellen Zeitwerten steht einer endgültigen Übertragung ebenfalls nicht entgegen. Aufschiebend bedingte Übertragungen sind erst bei Eintritt der Bedingung wirksam. Bei synthetischen Verbriefungstransaktionen kommt es mithin nicht zu einer Ausbuchung des Referenzportfolios, da keine rechtlich wirksame Übertragung des Referenzportfolios erfolgt. Eine nähere bilanzielle Beurteilung des wirtschaftlichen Übergangs von verbrieften Vermögenswerten stellt sich mithin nur bei True-Sale-Transaktionen.

Damit eine Ausbuchung der Vermögensgegenstände aus der Bilanz des Originators erfolgt, muss neben dem zivilrechtlichen Eigentum auch das **wirtschaftliche Eigentum** auf den zivilrechtlichen Erwerber (Zweckgesellschaft) übergegangen sein. Eine Ausbuchung von Vermögensgegenständen kommt dann nicht in Betracht, wenn bei wirtschaft-

---

103 Kommt eine dingliche Abtretung aufgrund eines Abtretungsverbots nicht in Betracht, so steht dies einer Ausbuchung nicht entgegen, wenn Vereinbarungen (z.B. Treuhandabreden) getroffen werden, die zu einem Übergang des wirtschaftlichen Eigentums führen. IDW RS HFA 8, Tz. 14.
104 Vgl. IDW RS HFA 8, Tz. 11.

licher Betrachtungsweise wesentliche Elemente des wirtschaftlichen Eigentums beim Veräußerer verbleiben (IDW ERS HFA 13, Tz. 6). Für die persönliche Zurechnung von verbrieften Forderungen wird nach h. M. die Übernahme des **Bonitätsrisikos** als entscheidendes Kriterium angesehen[105]. Das wirtschaftliche Eigentum geht damit auf den zivilrechtlichen Erwerber über, wenn dieser auch das Bonitätsrisiko der erworbenen Forderungen trägt. Ein Verbleib des Veritätsrisikos beim Forderungsverkäufer (d. h. das Risiko, dass die Forderung nicht besteht oder ihr Einreden entgegenstehen) ist für den Übergang des wirtschaftlichen Eigentums unschädlich (IDW RS HFA 8, Tz. 8). Sofern die Forderungen Länderrisiken unterliegen, ist deren Übergang für einen Verlust des wirtschaftlichen Eigentums beim Verkäufer ebenfalls notwendig (IDW RS HFA 8, Tz. 9).

Es ist herauszustellen, dass nach den IDW-Grundsätzen lediglich das Bonitätsrisiko entscheidend für die Ausbuchung von Forderungen angesehen wird. Ein Abstellen auf die Risiken **und Chancen**, wie es in den IFRS geboten ist, kommt nach den IDW RS HFA 8 nicht in Betracht. Ebenso sind hier nur die Bonitätsrisiken und keine weiteren Risikofaktoren (wie z. B. Zinsrisiken oder Fremdwährungsrisiken) in die Betrachtung einzubeziehen[106].

1.5.2.2 Bilanzielle Beurteilung verschiedener Formen von Risikorückbehalte

Dem Übergang des wirtschaftlichen Eigentums können Risikorückbehalte oder -transfers des Originators in der Form verschiedener Kreditverbesserungsmaßnahmen oder anderer Vereinbarungen entgegenstehen. Ein Übergang des wirtschaftlichen Eigentums kann zweifelhaft sein, wenn der Originator[107]

- Stillhalter einer Short Put Option oder Inhaber einer Long Call Option auf Rückübertragung des Forderungsportfolios ist.
- mittelbar oder unmittelbar eine Ausfallgarantie (ggf. auch First-loss-Garantie) oder eine Verpflichtung übernimmt, notleidende Forderungen gegen vollwertige Forderungen zu ersetzen.
- keinen endgültigen Kaufpreis erhält, sondern diese nachträglich an die tatsächlich eingetretenen Ausfälle angepasst wird.
- Eigenkapitalgeber der Zweckgesellschaft ist.
- Sicherungsgeber auf die veräußerten Forderungen im Rahmen eines Total Return Swaps oder eines Credit Default Swaps ist. Bei einem Total Return Swap wird zusätzlich zu dem Bonitätsrisiko auch das Marktrisiko auf den Originator zurück übertragen.
- zu nicht unwesentlichen Teilen Schuldinstrumente der Zweckgesellschaft erwirbt. Bei einem Erwerb der Junior Tranche kann es zu einem wesentlichen Rückbehalt der Bonitätsrisiken kommen.

---

[105] Vgl. IDW RS HFA 8. Tz. 8 sowie für weitere Nachweise Käufer (2009), S. 149.
[106] Dies ist in der handelsrechtlichen Literatur allerdings nicht unumstritten. So hat Turwitt Grundsätze zur persönlichen Zurechnung von verbrieften Forderungen entwickelt, die auch auf eine Berücksichtigung von Chancen abstellt. Dreyer/Schmid/Kronat sowie Hultsch vertreten die Auffassung, dass ein Abstellen auf die reine Verfügungsbefugnis für die persönliche Zurechnung sachgerechter sei als ein alleiniges Abstellen auf Bonitätsrisiken. Vgl. Turwitt (1999), S. 178; Dreyer/Schmid/Kronat, in: BB 2003, S. 94; Hultsch, in: BB 2000, S. 2132.
[107] Vgl. IDW RS HFA 8, Tz. 16.

- Anspruch auf die Erstattung des excess spreads hat, welcher sich auf einem Reservekonto während der Transaktion kumuliert hat. Ein erstattungsfähiger excess spread entspricht einem variablen Kaufpreisabschlag, da i. d. R. davon auszugehen ist, dass der vereinbarte Kaufpreis ansonsten höher ausgefallen wäre.

Diese Formen der Übernahme des Bonitätsrisikos stehen einer Ausbuchung des Forderungsportfolios nicht entgegen, soweit der Betrag des übernommenen Bonitätsrisikos den Betrag eines »**angemessenen Kaufpreisabschlags**« nicht übersteigt (IDW RS HFA 8, Tz. 16)[108]. Aufgrund der Vielzahl möglicher Kombinationen von Risikotransfermechanismen ist die Übertragung der Bonitätsrisiken einer Gesamtwürdigung unter Berücksichtigung aller Verhältnisse des Einzelfalls zu unterziehen (IDW RS HFA 8, Tz. 17).

Bei der Beurteilung von Kaufpreisabschlägen ist zwischen festen (endgültigen) Kaufpreisabschlägen und variablen Kaufpreisabschlägen zu unterscheiden, bei denen eine Rückerstattung an den Originator vorgesehen ist. Kaufpreisabschläge werden zumeist in Reservekonten eingestellt und dienen der Zweckgesellschaft als Verlustpuffer. Bei **festen Kaufpreisabschlägen** stehen alle Zahlungseingänge auf das übertragene Forderungsportfolio der Zweckgesellschaft zu. Unabhängig von der Höhe wird bei Vorliegen eines festen Kaufpreisabschlags stets der Übergang des wirtschaftlichen Eigentums bewirkt. Es handelt sich in diesem Fall um reine ex ante Abschläge, die dem Übergang des wirtschaftlichen Eigentums nicht entgegen stehen, da die tatsächlichen Ausfälle keine Erstattung oder Zuzahlung auslösen und dadurch kein Bonitätsrisiko beim Originator verbleibt (IDW RS HFA 8, Tz. 26). Bei **variablen Kaufpreisabschlägen** liegt der Kaufpreisabschlag bei Vertragsabschluss noch nicht endgültig fest. Es kann in diesem Fall zu Rückerstattungen an den Originator kommen, wenn die tatsächlichen Ausfälle hinter der ex ante Kalkulation zurückgeblieben sind. Bei variablen Kaufpreisabschlägen ist zu unterscheiden, ob diese als angemessen oder als überhöht einzustufen sind. Liegt ein angemessener variabler Kaufpreisabschlag vor, so ist die Abschlagsvereinbarung vergleichbar mit einem Besserungsschein, durch den nach den allgemeinen Grundsätzen kein Übergang des wirtschaftlichen Eigentums verhindert wird (IDW RS HFA 8, Tz. 27). Ist der Abschlag als überhöht zu klassifizieren, so führt dies in Verbindung mit der besserungsscheinähnlichen Dotierung eines Reservekontos dazu, dass der Originator weiterhin die konkreten Ausfallrisiken des Portfolios trägt (IDW RS HFA 8, Tz. 29). Entscheidendes Kriterium für die Beurteilung des Übergangs des wirtschaftlichen Eigentums bei Vorliegen eines variablen Kaufpreisabschlages ist mithin dessen Angemessenheit. Nach IDW RS HFA 8, Tz. 22 ff. ist ein Kaufpreisabschlag in diesem Sinne als »**angemessen**« zu beurteilen, wenn der Abschlag der Höhe nach vergleichbar mit marktüblichen Delkredereabschlägen ist, die im Rahmen einer normalen Forfaitierung veranschlagt würden. Angemessenheit ist zudem dann gegeben, wenn der Abschlag aus den tatsächlichen Ausfallquoten der Vergangenheit zuzüglich eines Risikozuschlags für die Unsicherheit über künftige Veränderungen des Ausfallrisikos abgeleitet wird (IDW RS HFA 8, Tz. 23). Ein Abschlag von mehr als 100 % der historischen Ausfall-

---

108 Vgl. auch Käufer (2009), S. 151.

raten wird i. d. R. nicht mehr als angemessen betrachtet[109]. Zur Beurteilung der Angemessenheit sind insbesondere die historischen Ausfallraten, die Unsicherheit des wirtschaftlichen Umfelds, Klumpenrisiken und Forderungskonzentrationen zu berücksichtigen[110]. In die Beurteilung der Angemessenheit sind auch **versteckte Kaufpreisabschläge** (wie z. B. nicht marktgerechte Servicing Fees oder andere Entgelte für sonstige Leistungen) zu berücksichtigen (IDW RS HFA 8, Tz. 24).

Angesichts dieser eher allgemein formulierten Grundsätze zur Beurteilung der Angemessenheit von Kaufpreisabschlägen, stellt sich in der Praxis die Frage nach der konkreten Quantifizierbarkeit der Angemessenheit im Einzelfall. Nach IDW RS HFA 8, Tz. 16 verbleiben die Bonitätsrisiken unter anderem dann beim Verkäufer, wenn dieser die von der Zweckgesellschaft begebenen Schuldverschreibungen nahezu vollständig übernimmt oder er aufgrund von Tranchierungen nahezu sämtliche Bonitätsrisiken des veräußerten Forderungsbestands übernimmt.

1.5.2.3 Bilanzierung bei Übergang des wirtschaftlichen Eigentums

Verliert der Originator das wirtschaftliche Eigentum an dem Forderungsportfolio, so hat er dieses auszubuchen. In Höhe der Differenz zwischen dem Buchwert der Forderungen und dem Veräußerungserlös erfolgt eine Erfolgsrealisation. Wird durch eine Verbriefungstransaktion der Übergang des wirtschaftlichen Eigentums bewirkt, so stellt sich die Frage der bilanziellen Behandlung von vereinbarten Kaufpreisabschlägen. Wenn der Anspruch des Originators auf Zahlungen aus dem Reserve- oder Garantiekonto erst nach Deckung der Ausfälle des Forderungsportfolios entsteht, so können durch den Originator keine Forderungen auf die angesammelten Beträge aktiviert werden, so lange die Auszahlungsvoraussetzungen nicht vorliegen (IDW RS HFA 8, Tz. 33). Aktivierungsfähig ist lediglich der Betrag, um den das Reservekonto den ausstehenden Nominalbetrag (und damit die denkbaren Ausfälle) des Portfolios am Bilanzstichtag abzüglich möglicher künftiger Kosten, die von der Zweckgesellschaft zu tragen sind (z. B. Gebühren, Swap-Prämien usw.) übersteigt. Soweit es sich um einen festen oder einen angemessenen variablen Kaufpreisabschlag handelt, führt dieser aufgrund des Forderungsabgangs zu einem Verlust, soweit der Buchwert der Forderungen den dem Originator zustehenden Kaufpreis übersteigt (IDW RS HFA 8, Tz. 36).

1.5.2.4 Bilanzierungsgrundsätze bei fehlendem Übergang des wirtschaftlichen Eigentums

Geht das wirtschaftliche Eigentum nicht auf den Erwerber über, so ist die Verbriefungstransaktion bilanziell als eine besicherte Kreditaufnahme abzubilden. Der Verkaufserlös ist beim Originator als Zahlungseingang oder als Forderung gegenüber der Zweckgesellschaft zu aktivieren. Gleichzeitig hat der Originator eine korrespondierende Verbindlichkeit zu

---
109 Vgl. Flunker/Lotz, in: Asset Securitisation in Deutschland, S. 30; Rimmelspacher/Hoffmann/Hesse, in: WPg 2014, S. 1007.
110 Vgl. Rimmelspacher/Hoffmann/Hesse, in: WPg 2014, S. 1006 f.

passivieren und das Forderungsportfolio in seiner Bilanz auszuweisen (IDW RS HFA 8, Tz. 41; IDW ERS HFA 13, Tz. 101). Es kommt mithin zu einer Bilanzverlängerung. Die korrespondierende Verbindlichkeit ist in dem Passivposten 5 »Sonstige Verbindlichkeiten« auszuweisen[111]. Die korrespondierende Verbindlichkeit stellt in diesem Zusammenhang die durch das Forderungsportfolio besicherte Geldaufnahme des Originators dar (IDW ERS HFA 13, Tz. 102). Sofern der Originator die Funktion des Service Agenten übernommen hat, sind die aus dem Forderungsportfolio eingehenden Zahlungen (als durchlaufender Posten) an die Zweckgesellschaft weiterzuleiten. Tilgungen führen mithin zu einer Reduzierung sowohl des Forderungsbuchwerts als auch des Buchwerts der korrespondierenden Verbindlichkeit.

Sofern die erstmalige Einbuchung der **korrespondierenden Verbindlichkeit** aufgrund von Kaufpreisabschlägen betragsmäßig kleiner ist als der Buchwert des Forderungsportfolios, so wird die aufwandswirksame Ausbuchung dieses Differenzbetrags bei vollständiger Tilgung des Referenzportfolios durch einen ertragswirksamen Zahlungseingang aus der Ausschüttung des Reservekontos (nahezu) ausgeglichen. Ausfälle auf das Forderungsportfolio sind zunächst – nach der hier vertretenen Auffassung – so lange aufwandswirksam zu erfassen bis der Buchwert des Forderungsportfolios dem Buchwert der korrespondierenden Verbindlichkeit entspricht. Der Aufwand entspricht ökonomisch einer antizipierten Abschreibung auf den Anspruch des Originators auf den Erhalt von Zahlungen aus dem Reservekonto. Darüber hinausgehende Ausfälle stellen eine erfolgsneutrale Kürzung von Forderungsbuchwert und korrespondierender Verbindlichkeit ohne Berührung der Gewinn- und Verlustrechnung dar. Eine Brutto-Darstellung von Forderungsabschreibung und Minderung der korrespondierenden Verbindlichkeit im Risikovorsorgespiegel ist nach der hier vertretenen Auffassung nicht sachgerecht. Vielmehr hat die Kürzung – dem Gedanken einer besicherten Kreditaufnahme folgend – ohne Berührung der Gewinn- und Verlustrechnung zu erfolgen. Unbenommen dessen werden sich Forderungsausfälle über eine bilanzielle Berücksichtigung des Risikorückbehalts auswirken, aufgrund dessen ein Verlust des wirtschaftlichen Eigentums nicht bewirkt wurde. Die korrespondierende Verbindlichkeit ist bei Eintritt von Zahlungsausfällen entsprechend zu kürzen, da der Originator in seiner Funktion als Service Agent nur die Zahlungen weiterleiten muss, die er auch erhalten hat. Sofern der Originator als Service Agent fungiert stellt die korrespondierende Verbindlichkeit eine Herausgabe- bzw. Weiterleitungsverpflichtung dar, die im Gegensatz zu einer Darlehensverbindlichkeit nur insoweit zu erfüllen ist, wie Tilgungszahlungen aus dem Forderungsportfolio beim Originator eingehen. Die korrespondierende Verbindlichkeit stellt in dieser Konstellation wirtschaftlich eine Durchleitungsverbindlichkeit dar.

Ist mit einer Verbriefungstransaktion aufgrund der Vereinbarung eines überhöhten variablen Kaufpreisabschlags kein Forderungsabgang verbunden, so kommt es bei dem Originator in Bezug auf die bilanzielle Behandlung des Kaufpreisabschlags weder zu einer Forderungsaktivierung auf Auszahlungen aus dem Reservekonto noch zu einer Aktivierung einer Kaufpreisforderung aus dem Forderungsverkauf. Der Unterschiedsbetrag zwischen

---

111 Die Bilanzsummenerhöhung führt mithin zu einer Erhöhung der Bemessungsgrundlage für die Bankenabgabe (siehe Kapitel IV.1.3.9). Eine Erhöhung der Grundlage zur Bemessung des Beitrags zum Einlagensicherungsfonds ist mit der Bilanzverlängerung nicht verbunden (siehe Kapitel IV.1.3.9).

den von der Zweckgesellschaft erhaltenen Zahlungen und der zu passivierenden korrespondierenden Verbindlichkeit, wird regelmäßig aufwandswirksam im Einzelabschluss des Originators zu erfassen sein. Erfolgt die Kreditverbesserungsmaßnahme nicht über einen Kaufpreisabschlag, sondern durch die Übernahme einer Ausfallgarantie durch den Originator und wird aufgrund dessen das Forderungsportfolio ohne Berücksichtigung des Ausfallrisikos zum Nennwert an die Zweckgesellschaft übertragen, so ist die Kaufpreisforderung in der Höhe der korrespondierenden Verbindlichkeit einzubuchen. Die Garantie ist als Eventualverbindlichkeit unter dem Strich (Unterstrichposition 1b gem. § 26 Abs. 2. S. 1 RechKredV) anzugeben, auf die eine angemessene Risikovorsorge zu bilden ist (IDW RS HFA 8, Tz. 39a).

Um repofähige Wertpapiere zum Zwecke der Refinanzierung zu schaffen, verbriefen Kreditinstitute häufig Forderungsportfolien und erwerben anschließend sämtliche von der Zweckgesellschaft emittierten Finanzinstrumente (z. B. Notes) zurück. In diesem Fall ist der Verbleib des wirtschaftlichen Eigentums des Forderungsportfolios beim Originator unzweifelhaft. Den oben ausgeführten Bilanzierungsgrundsätzen folgend sind in diesem Fall sowohl das Forderungsportfolio, die korrespondierende Verbindlichkeit sowie die erworbenen Notes einer Folgebilanzierung zu unterziehen. Aufgrund der Risikoidentität von Forderungsportfolio und erworbenen Notes ist eine Abschreibung auf die Notes insoweit vorzunehmen, wie Wertberichtigungen auf das Forderungsportfolio anfallen. Um die Doppelberücksichtigung des Ausfallrisikos zu kompensieren, ist in der gleichen Höhe der Buchwert der korrespondierenden Verbindlichkeit aufwandsmindernd zu kompensieren[112]. Dem Vorschlag von **Flick/Flick**, demzufolge eine Nichtbewertung von Note und korrespondierender Verbindlichkeit (mit Ausnahme der Berücksichtigung von Kreditereignissen) auch sachgerecht sei, ist nach der hier vertretenen Auffassung nicht zu folgen[113]. Würde lediglich das Forderungsportfolio einer Folgebewertung unterzogen werden, so würde zwar die Gewinn- und Verlustrechnung richtig dargestellt werden; es wird allerdings die Vermögens- und Finanzlage verzerrt dargestellt. Eine Nichtbewertung von Note und korrespondierender Verbindlichkeit verstoßen zunächst gegen die allgemeinen Grundsätze der Bewertung von Vermögensgegenständen und Schulden. Zwar würde eine (partielle) Nicht-Bewertung dieser Positionen aufgrund der Berücksichtigung von Kreditereignissen die Ertragslage zutreffend darstellen, da der Nominalbetrag der Notes bzw. der korrespondierenden Verbindlichkeit bei Eintritt von Kreditereignissen zu reduzieren ist. Allerdings würde eine Nicht-Bewertung von Note und korrespondierender Verbindlichkeit die Finanzlage falsch darstellen. Wirtschaftlicher Hintergrund dieser Sachverhaltsgestaltung liegt in der Schaffung von Wertpapieren, die im Rahmen von Wertpapierpensionsgeschäften zur Liquiditätsschaffung eingesetzt werden können. Eine Nicht-Bewertung der erworbenen Note würde das Liquiditätsschaffungspotenzial in der Bilanz tendenziell zu hoch ausweisen und damit gerade den wirtschaftlichen Hintergrund solcher Transaktionen falsch abbilden.

Wird ein Abgang des Forderungsportfolios im Rahmen einer Verbriefungstransaktion nicht bewirkt, so kann der zivilrechtliche Verkauf der nicht ausgebuchten Forderungen als

---

112 So im Ergebnis wohl auch Struffert/Wolfgarten, in: WPg 2010, S. 372 f.
113 Vgl. Flick/Flick, in: WPg 2009, S. 831 f.; kritisch wohl auch Struffert/Wolfgarten, in: WPg 2010, S. 372 f.

eine Sicherungsübereignung interpretiert werden (IDW ERS HFA 13, Tz. 102). Nach § 35 Abs. 5 RechKredV ist für die unter den »Sonstigen Verbindlichkeiten« auszuweisende korrespondierende Verbindlichkeit der Gesamtbetrag der als Sicherheit übertragenen Vermögensgegenstände anzugeben[114].

1.6 Pensionsgeschäfte

1.6.1 Erscheinungsformen

Pensionsgeschäfte sind gesetzlich in § 340b HGB definiert. Danach stellen Pensionsgeschäfte Verträge dar, durch die der Pensionsgeber ihm gehörende Vermögensgegenstände gegen Zahlung eines Betrags überträgt und gleichzeitig vereinbart wird, »dass die Vermögensgegenstände später gegen Entrichtung des empfangenen oder eines im Voraus vereinbarten anderen Betrags an den Pensionsgeber zurückübertragen werden müssen oder können« (§ 340b Abs. 1 S.1 HGB). Liegt dem Vertrag eine Pflicht zur Rückübertragung des Pensionsgegenstands zugrunde, so handelt es sich um ein **echtes Pensionsgeschäft**. Kann der Pensionsgeber wahlweise die Rückübertragung vom Pensionsnehmer verlangen, so handelt es sich um ein sog. **unechtes Pensionsgeschäft**.

Pensionsgeschäfte stellen Instrumente des internationalen Collateral Trading Markts dar, der in ein liquiditätsgetriebenes und ein wertpapiergetriebenes Segment unterteilt werden kann[115]. Bei liquiditätsgetriebenen Repurchase Agreements (Repo-Geschäften) werden Vermögensgegenstände zu einem vertraglich festgelegten Satz (dem sog. **Repo-Satz**) gegen die Bereitstellung liquider Mittel zu Verfügung gestellt. Das übertragene Wertpapier dient nur als Sicherheit für die Rückgewährung des Kaufpreises am Ende der Repo-Laufzeit, wobei die Rückgabe von Wertpapieren gleicher Qualität (Korbwertpapiere) vereinbart werden kann. Die übertragenen Vermögenswerte werden in diesem Zusammenhang auch als »**General Collateral**« bezeichnet[116]. Durch die Stellung dieser Sicherheiten kann der Pensionsgeber kurzfristige liquide Mittel zu Konditionen erhalten, die er auf der Grundlage seiner Bonität nicht erhalten würde[117]. Bei wertpapiergetriebenen Repo-Geschäften kann das Motiv der Liquiditätsschaffung in den Hintergrund und der vorübergehende Erwerb eines bestimmten Wertpapiers in den Vordergrund treten. In diesem Fall stellen die übertragenen Vermögensgegenstände »**Special Collateral**« dar, da der Pensionsnehmer beabsichtigt genau diese Wertpapiere vorübergehend zu erwerben. Bei Repo-Geschäften mit Special Collateral wird vertraglich nur ein bestimmtes Wertpapier als Sicherheit akzeptiert[118]. Während sich der Repo-Satz bei General Collateral am laufzeitspezifischen Geldmarktsatz orientiert, ist bei dem Erwerb von Special Collateral mit Zu- oder Abschlägen gegenüber dem

---

114 In Analogie zu den Ausweisvorschriften für Industrieunternehmen nach § 285 S. 1 Nr. 1b und Nr. 2 HGB. Vgl. E-HFA 13, Tz. 102.
115 Vgl. Schäfer, in: ÖBA 2000, S. 461.
116 Vgl. Kauter (2006), S. 99. Acker (1995), S. 7.
117 Vgl. Schäfer, in: ÖBA 2000, S. 462.
118 Vgl. Fleming/Garbade, in: Current Issues in Economics an Finance 2004, S. 2 f.

Geldmarktsatz auf der Grundlage der spezifischen Angebots- und Nachfrageverhältnisse zu rechnen[119].

Die Art der **Pensionsgegenstände** kann vielfältig sein. Typische Pensionsgegenstände sind Wertpapiere (Wertpapierpensionsgeschäft), Devisen (Devisenpensionsgeschäft) oder auch Wechsel (Wechselpensionsgeschäft). Als General Collateral werden am häufigsten Anleihen öffentlicher Emittenten verwendet. Daneben werden auch High Yield Bonds, Aktien sowie auch Kreditforderungen als Sicherheiten begeben. Als geldpolitische Instrumente werden Repo-Geschäfte von Zentralbanken zum Zwecke der Spitzenrefinanzierung eingesetzt.

Der Pensionsgeber ist die Partei, die den Pensionsgegenstand überträgt (in Pension gibt) und im Gegenzug von dem erwerbenden Pensionsnehmer eine Kaufpreiszahlung erhält. Durch die Kaufpreiszahlung übernehmen Pensionsgeschäfte eine (kurzfristige) Finanzierungsfunktion aus Sicht des Pensionsgebers, wobei der Pensionsgeber – im Gegensatz zu einem Verkauf – an den Wertveränderungen des Pensionsgegenstands partizipiert. Die Auffassung, dass durch den Abschluss von echten und unechten Pensionsgeschäften hauptsächlich Jahresabschlusspolitik betrieben wird[120], kann hier nicht gefolgt werden.

Zur Abwicklung von Pensionsgeschäften (Repo-Geschäften) haben sich im Interbankenmarkt standardisierte Vertragsdokumentationen durchgesetzt. So werden Repo-Geschäfte häufig nach einem von der International Capital Market Association (ICMA) verfassten Rahmenvertrag, dem Global Master Repurchase Agreement (**GMRA**) idF aus Oktober 2000, abgeschlossen. Bei Pensionsgeschäften ist es üblich, dass der gleiche Vermögensgegenstand wieder an den Pensionsgeber zurückübertragen wird (z. B. Wertpapier derselben ISIN). In der deutschen Literatur ist umstritten, ob sich der Rückübertragungsanspruch des Pensionsgebers auf dieselben (identischen) Stücke[121] oder nur auf Stücke gleicher Art und Güte bezieht[122]. Ein Wertpapier wird nach § 2(t) des GMRA insbesondere dann als »äquivalent« angesehen, wenn ein Wertpapier von (i) demselben Emittenten, (ii) derselben Emission (»the same issue«) und (iii) identisch hinsichtlich Art, Nominalbetrag und Beschreibung ist. Abweichend davon kann zwischen dem Pensionsnehmer und dem Pensionsgeber auch die Erfüllung des Rückkaufs durch Lieferung eines Wertpapiers an den Pensionsnehmer erfolgen, auf das sich beide Parteien zuvor geeinigt haben (§ 8 GMRA).

Zivilrechtlich kann ein Repo-Geschäft in einen Verkauf des Pensionsgegenstands und dem gleichzeitigen Abschluss eines Rückkaufs auf Termin im Falle eines echten Pensionsgeschäfts (Forward Repurchase) bzw. dem gleichzeitigen Abschluss einer Option (Rückgaberecht des Pensionsnehmers) im Falle des unechten Pensionsgeschäfts zerlegt werden. Zivilrechtlich wird durch die Kaufvereinbarung eine Vollrechtsübertragung des Pensionsgegenstands auf den Pensionsnehmer vollzogen. Diesem stehen daher fortan alle Nutzen aus dem Pensionsgegenstand wie z. B. laufende Erträge aus Zinsen oder Dividenden zu. Aufgrund der Vollrechtsübertragung kann der Pensionsnehmer den in Pension genommenen Vermögensgegenstand ebenfalls in Pension geben oder auch weiterveräußern. In die-

---

119 Für grundlegende Arbeiten zur Erklärung von Special Repo Rates vgl. Duffie, in: Journal of Finance 1996, S. 493–526; Jordan/Jordan, in: Journal of Finance 1997, S. 2051–2072.
120 So Bieg/Waschbusch/Käufer (2008), S. 63 ff.
121 Vgl. Häuselmann/Wiesenbart, in: DB 1990, S. 2130.
122 Vgl. Bieg/Waschbusch (2017), S. 125 f.

sem Fall muss er den Vermögenswert jedoch im Zeitpunkt der Rückübertragung am Markt wiederbeschaffen.

Ökonomisch kann ein Pensionsgeschäft als eine besicherte Kreditaufnahme angesehen werden, in der der Pensionsgeber einen Darlehensbetrag vom Pensionsnehmer erhält und im Gegenzug Vermögenswerte als Sicherheiten überträgt. Der Rückübertragungszeitpunkt des Pensionsgeschäfts würde in diesem Zusammenhang den Fälligkeitstermin des Darlehens repräsentieren, zu dem der Pensionsgeber den erhaltenen Betrag an den Pensionsnehmer zurückführt (tilgt) und im Gegenzug die gewährten Sicherheiten zurückerhält. Für den Zeitraum des Pensionsgeschäfts ist der Pensionsnehmer daher dem Bonitätsrisiko des Pensionsgebers aufgrund der zurückzugewährenden Kaufpreiszahlung ausgesetzt. Das Bonitätsrisiko des Pensionsnehmers wird durch die erhaltenen Sicherheiten gemindert, da der Pensionsnehmer im Falle der Insolvenz des Pensionsgebers den Pensionsgegenstand behalten kann. Bei Vertragsabschluss des Pensionsgeschäfts entspricht der Marktwert der in Pension gegebenen Vermögensgegenstände daher im Regelfall immer dem vereinbarten Kaufpreis. Zwischenzeitliche Wertänderungen des Pensionsgegenstands werden daher bei den angelsächsischen **Repo-Geschäften** gem. § 4 GMRA teilweise täglich zwischen den Vertragsparteien durch die Stellung von zusätzlichen Sicherheitenwerten oder die Freigabe von bestehenden Sicherheiten (sog. **margin calls**) ausgeglichen. Der Wertausgleich kann entweder durch Bar- oder Wertpapiersicherheiten (sog. margin securities) erfolgen. Da eine Über- oder Untersicherung bei Repo-Geschäften durch die Stellung oder Freigabe von zusätzlichen Sicherheiten ausgeglichen wird, verbleibt auch das Kursrisiko des in Pension gegebenen Wertpapiers während der Repo-Laufzeit beim Pensionsgeber. Da der Pensionsgeber auch weiterhin wirtschaftlicher Begünstigter der während der Repo-Laufzeit anfallenden laufenden Erträge ist[123], hat der Pensionsnehmer diese dem Pensionsgeber nach § 5 GMRA zurückzugewähren. Der **Repo-Satz** orientiert sich im Regelfall (daher lediglich) an den Geldmarktsätzen und weist nur in geringerem Umfang Bezüge zu den ökonomischen Merkmalen des Pensionsgegenstands auf[124].

Der **Rücknahmebetrag** wird bei einem Pensionsgeschäft bereits bei Vertragsabschluss festgelegt. Der Rücknahmepreis kann dem Preis bei ursprünglicher Übertragung auf den Pensionsnehmer entsprechen; er kann aber auch abweichen. Sofern der Rückübertragungspreis nicht vorher bestimmt ist, so kann es sein, dass der Pensionsgeber das wirtschaftliche Eigentum an dem Pensionsgegenstand für die Pensionsdauer verloren hat. Dies wäre z.B. der Fall, wenn vereinbart wird, dass der künftige Rücknahmepreis dem Marktpreis im Zeitpunkt der Rückübertragung entspricht. In diesem Fall wäre der Anwendungsbereich des § 340b HGB nicht eröffnet.

Der **Rückübertragungszeitpunkt** wird im Regelfall im Vorhinein festgelegt. Die Festlegung kann aber auch erst nach Vertragsabschluss festgelegt werden, oder sie kann auch von diversen externen Ereignissen abhängen (extinguishable repo). Zum Zwecke der Zurechnung des wirtschaftlichen Eigentums ist es hingegen unsachgerecht, aus dem genauen Gesetzwortlaut des § 340b HGB für das Vorliegen eines Pensionsgeschäfts zu fordern, dass die Bestimmung des Rückübertragungszeitpunkts bei echten Pensionsgeschäf-

---

123 Vgl. Alig, in: Finanzmarkt und Portfolio Management 1999, S. 27–38.
124 Vgl. Stigum (1990), S. 577; Schäfer, in: ÖBA 2000, S. 463 f.

ten durch den Pensionsgeber und bei unechten durch den Pensionsnehmer zu erfolgen hat. Ferner erscheint es unsachgerecht, aufgrund des Fehlens eines exakt bestimmbaren Rückgabetermins (bspw. bei ereignisabhängigen vorzeitigen Beendigungen von Repo-Vereinbarungen) oder wegen dem Abstellen auf Rückgabezeiträume bestimmte Repo-Verträge aus dem Anwendungsbereich des § 340b HGB auszuschließen[125].

Zusätzlich zu der Vereinbarung von Margin Calls gem. GMRA 2000, können Repo-Geschäfte durch die Einschaltung einer dritten Partei noch sicherer ausgestaltet werden. Bei diesen sogenannten **Triparty Repos** wird zwischen dem Pensionsgeber und dem Pensionsnehmer ein sogenannter Triparty Agent oder Custodian zwischengeschaltet. Die dritte Partei stellt eine Depot-Bank oder eine Clearingstelle (z. B. Euroclear oder Clearstream) dar, bei der der Pensionsgeber und Pensionsnehmer jeweils Wertpapierdepots führen. Im Rahmen eines Triparty Repos werden die Wertpapiere innerhalb der Depotbank von dem Konto des Pensionsgebers auf ein treuhänderisch geführtes Konto des Pensionsnehmers umgebucht. Ferner überwacht der Triparty Agent die Wertentwicklung der Sicherheiten und veranlasst eine Übertragung von Sicherheiten aus dem Depot des Pensionsgebers auf das Treuhandkonto oder umgekehrt. Der Pensionsnehmer enthält eine laufende Bestätigung von der Depotbank, dass sein Zahlungsanspruch vollständig gesichert ist[126]. Triparty Repos haben den Vorteil einer sicheren und schnellen Abwicklung sowie geringen Transaktionskosten. Triparty Repos werden zumeist auf der Grundlage des GMRA 2000 dokumentiert[127].

1.6.2 Echte Pensionsgeschäfte

1.6.2.1 Wirtschaftliches Eigentum bei echten Pensionsgeschäften

Ein echtes Pensionsgeschäft besteht aus einem Kauf/Verkauf eines Wertpapiers und deren gleichzeitigem Rückverkauf/-kauf auf Termin. Das Kassageschäft wird zum Teil als »**front leg**« und die Rückkaufsvereinbarung als »**term leg**« bezeichnet[128]. Da für den Pensionsgeber bei einem echten Pensionsgeschäft eine Rücknahmepflicht für das übertragene Wertpapier besteht, sind alle Werterhöhungen und -minderungen nach Beendigung der Repo-Laufzeit wirtschaftlich dem Pensionsgeber zuzuordnen. Bei einem Repo-Geschäft, das nach den GMRA-Bedingungen vereinbart wurde, trägt der Pensionsgeber sogar während der Repo-Laufzeit das Risiko von Kursgewinnen und -verlusten. Aufgrund der unbedingten Rücknahmepflicht des Pensionsgebers am Ende der Repo-Laufzeit ist das wirtschaftliche Eigentum mithin dem Pensionsgeber zuzuordnen. Nach § 340b Abs. 4 S. 1 HGB hat der Pensionsgeber die übertragenen Vermögensgegenstände weiterhin auszuweisen. Bis zur Rückübertragung der Vermögensgegenstände kommt es somit zu einem Auseinanderfallen zwischen zivilrechtlichem Eigentum (dies liegt beim Pensionsnehmer) und wirtschaftlichem Eigentum (dies liegt beim Pensionsgeber). Die Vorschriften des § 340b HGB

---

125 Vgl. Bieg/Waschbusch (2017), S. 125, m.w.N.
126 Vgl. Choudhry, in: Fabozzi 2004, S. 330 f.
127 Vgl. Plattner, in: ÖBA 2007, S. 679 f.
128 Vgl. z. B. Clearing Bedingungen der EUREX Clearing AG, Kap. IV, Abschn. 2.1 (Stand 11.01.2016).

zur Zurechnung des wirtschaftlichen Eigentums von in Pension gegebenen Vermögensgegenständen gelten nicht nur für Institute, sondern sind als allgemeine Grundsätze ordnungsmäßiger Buchführung anerkannt[129].

Bei komplexen Repo-Geschäften wird allerdings stets im Einzelfall zu prüfen sein, welcher Vertragspartei das wirtschaftliche Eigentum zuzurechnen ist. Bei strukturierten Repo-Geschäften ist insbesondere auf vertragliche Vereinbarungen oder unmittelbar im Zusammenhang mit dem Repo-Geschäft stehende Geschäfte zu achten, die dem Rückbehalt des wirtschaftlichen Eigentums beim Pensionsgeber entgegenstehen. So ist nach der hier vertretenen Auffassung mit einem echten Pensionsgeschäft dann ein bilanzieller Abgang beim Pensionsgeber verbunden, wenn dieser in Abhängigkeit vom Abschluss des Pensionsgeschäfts gleichzeitig mit dem Pensionsnehmer einen Termin-Verkauf des Pensionsgegenstands am Ende der Repo-Laufzeit abschließt. In diesem Fall wird die unbedingte Rücknahmepflicht des Pensionsgebers durch ein separates, aber in Verbindung mit dem Pensionsgeschäft stehendes Termingeschäft aufgehoben. Es liegt ein zivilrechtlicher und wirtschaftlicher Verkauf des Pensionsgegenstands vor, der bilanziell zu einem Abgang beim Pensionsgeber führt. Detaillierte Prüfungen sind ebenso bei sogenannten »gemischten Pensionsgeschäften« notwendig, bei denen sowohl Merkmale von echten als auch unechten Pensionsgeschäften vorliegen[130].

1.6.2.2 Bilanzierung und Ausweis beim Pensionsgeber

Da bei einem echten Pensionsgeschäft das wirtschaftliche Eigentum dem Pensionsgeber zuzurechnen ist, hat dieser die übertragenen Vermögensgegenstände weiterhin in seiner Bilanz auszuweisen (§ 340b Abs. 4 S. 1 HGB)[131]. Es kommt mithin zu keinem bilanziellen Abgang der zivilrechtlich veräußerten Vermögensgegenstände. Stattdessen wird ein echtes Pensionsgeschäft bilanziell als eine besicherte Kreditaufnahme durch den Pensionsgeber abgebildet. Der Pensionsgeber passiviert in Höhe des erhaltenen Betrags eine Verbindlichkeit gegenüber dem Pensionsnehmer (§ 340b Abs. 4 S. 2 HGB). Sofern der Pensionsnehmer ein Kreditinstitut ist, kommt es zu einem Ausweis unter den Verbindlichkeiten gegenüber Kreditinstituten. Ansonsten ist ein Ausweis unter den Verbindlichkeiten gegenüber Kunden oder dem Passivposten »Handelsbestand« erforderlich[132]. Durch die Abbildung eines echten Pensionsgeschäfts als besicherte Kreditaufnahme kommt es somit zu einer Bilanzverlängerung.

Der in der Bilanz des Pensionsgebers verbleibende Pensionsgegenstand wird unverändert nach den allgemeinen Grundsätzen bewertet. Es kommt weiterhin zu einer Abschreibung des Vermögensgegenstands nach dem strengen Niederstwertprinzip, sofern der Vermögensgegenstand dem Umlaufvermögen angehört. In Pension gegebene Vermögensgegenstände des Anlagevermögens sind nur bei dauerhafter Wertminderung verpflichtend

---

129 Vgl. Merkt, in: Baumbach/Hopt, § 340b HGB, Tz. 1; Schmidt/Ries, in: BBK, 11. Aufl., § 246 HGB, Tz. 24.
130 Vgl. Schmidt/Ries, in: BBK, 11. Aufl., § 246 HGB, Tz. 27.
131 Gleiches gilt nach IFRS 9. Danach verbleiben beim Pensionsgeber substanziell alle Risiken und Chancen (IFRS 9.B3.2.5 (a) und IFRS 9.B3.2.16(a)), sodass der Pensionsgegenstand aufgrund von IFRS 9.3.2.15, IFRS 9.3.2.6(b) weiterhin beim Pensionsgeber zu bilanzieren ist (siehe auch IDW RS HFA 48, Tz. 108).
132 Zu den ökonomischen Konsequenzen dieses Ausweises vgl. Kapitel IV.1.3.9.

abzuschreiben. Werden Forderungen oder Wertpapiere des Handelsbestands in Pension gegeben, so sind diese weiterhin nach § 340e Abs. 3 HGB erfolgswirksam zum beizulegenden Zeitwert abzüglich eines Risikoabschlags zu bilanzieren. In Anlehnung § 1a Abs. 1 Nr. 3 KWG aF sind Pensions- und Darlehensgeschäfte auf Positionen des Handelsbuchs sowie Geschäfte, die mit Pensions- und Darlehensgeschäften auf Positionen des Handelsbuchs vergleichbar sind, ebenfalls dem Handelsbuch zuzurechnen[133].

Der Rückerwerb stellt keinen neuen Anschaffungsvorgang dar; die historischen Anschaffungskosten sind fortzuführen[134]. Die Übertragung löst keine Realisierung stiller Reserven und Lasten aus[135]. Weichen der Kassa-Verkaufspreis und der Rücknahmepreis voneinander ab, so ist dieser Unterschiedsbetrag nach § 340b Abs. 4 S. 3 HGB über die Laufzeit des Pensionsgeschäfts zu verteilen. Dies liegt darin begründet, dass der **Unterschiedsbetrag** entweder als eine Korrektur der vereinbarten Zinszahlung oder den am Ende der Laufzeit fälligen Zins darstellt[136]. Nach § 340b Abs. 4 S. 2 HGB ist die Verbindlichkeit mit dem erhaltenen Betrag durch den Pensionsgeber zu passivieren. Dies impliziert für den Fall, dass der Rücknahmebetrag den Hingabebetrag übersteigt, dass die Verbindlichkeit zum niedrigeren Hingabebetrag zu passivieren und pro rata temporis zu Lasten des Zinsaufwands auf den höheren Rücknahmebetrag hochzuschreiben ist (**Nettomethode**). In der Literatur wird allerdings auch eine Erfassung des Unterschiedsbetrags als aktivischer Rechnungsabgrenzungsposten und eine Passivierung der Verbindlichkeit zum Rücknahmebetrag als sachgerecht angesehen (**Bruttomethode**)[137].

Übersteigt der Hingabebetrag den Rücknahmebetrag, so ist die Verbindlichkeit nach § 340b Abs. 4 S. 2 HGB zum Hingabebetrag zu passivieren. Bei einer Darstellung nach der Nettomethode erfolgt die Einbuchung der Verbindlichkeit zum höheren Hingabebetrag, der über die Laufzeit als Minderung des Zinsaufwands pro rata temporis auf den Rücknahmebetrag amortisiert wird. Unter Anwendung der Bruttomethode erfolgt eine Einbuchung der Verbindlichkeit zum niedrigeren Rücknahmebetrag bei gleichzeitiger Bildung eines passiven Rechnungsabgrenzungspostens, der pro rata temporis als Minderung des Zinsaufwands aufzulösen ist[138].

Nach § 340b Abs. 4 S. 4 HGB hat der Pensionsgeber die Buchwerte der in Pension gegebenen Vermögensgegenstände im Anhang anzugeben. Die Angabe entspricht der Erläuterung der übertragenen Vermögensgegenstände zur Besicherung von eigenen Verbindlichkeiten nach § 35 Abs. 5 RechKredV (im Einzelnen siehe Kapitel V.2.2)[139].

---

133 Vgl. ebenso BAKred, Rundschreiben 17/99.
134 Vgl. Scharpf/Schaber (2018), S. 44.
135 Vgl. Bieg/Waschbusch (2017), S. 129.
136 Vgl. Bieg/Waschbusch (2017), S. 130.
137 Vgl. Scharpf/Schaber (2018), S. 44 f.; Krumnow/Sprißler (2004), § 340b HGB, Tz. 22.
138 Vgl. Bieg/Waschbusch (2017), S. 132; Krumnow/Sprißler (2004), § 340b HGB, Tz. 24.
139 Vgl. Bieg/Waschbusch (2017), S. 132; Scharpf/Schaber (2018), S. 46; Krumnow/Sprißler (2004), § 340b HGB, Tz. 25.

1.6.2.3 Bilanzierung und Ausweis beim Pensionsnehmer

Da der Pensionsgeber den Pensionsgegenstand nicht auszubuchen hat, erfolgt folglich kein bilanzieller Zugang des Pensionsgegenstands beim Pensionsnehmer. Der Pensionsnehmer darf die ihm in Pension gegebenen Vermögensgegenstände nicht in seiner Bilanz ausweisen (§ 340b Abs. 4 S. 5 HGB). Stattdessen hat der Pensionsnehmer seinen Anspruch auf Rückzahlung des Kaufpreises bei Rückübertragung des Pensionsgegenstands als Forderung zu aktivieren. Der Ausweis unter den Forderungen gegenüber Kunden bzw. Kreditinstituten richtet sich nach der diesbezüglichen Einstufung der Vertragspartei. Wird mit dem zeitweisen Erwerb des Pensionsgegenstands eine kurzfristige Gewinnerzielungsabsicht verfolgt, so kommt ein Ausweis der Forderung unter der Position »Handelsbestand« in Betracht.

Die Bewertung der Forderung erfolgt nach den allgemeinen Grundsätzen in Abhängigkeit von der Zuordnung zum Anlagevermögen, Umlaufvermögen oder Handelsbestand. Der Wertansatz der Forderung ist abhängig von der Bonität des Pensionsgebers unter Berücksichtigung des Zeitwerts der als Sicherheit erhaltenen Vermögensgegenstände. Bei Repo-Geschäften, die nach den Bedingungen des GMRA 2000 abgeschlossen wurden, wird die Bonität des Pensionsgebers sowie der Zeitwert des erhaltenen Collaterals als wertbestimmender Faktor der Ansprüche des Pensionsnehmers gegenüber dem Pensionsgeber durch den täglichen wertmäßigen Ausgleich von Über- oder Untersicherungen durch die Stellung zusätzlicher Sicherheiten (margin call) eliminiert.

Eine Aktivierung des übertragenen Vermögensgegenstands kommt beim Pensionsnehmer mithin nicht in Betracht. Überträgt der Pensionsnehmer den Vermögensgegenstand als zivilrechtlicher Eigentümer weiter an einen Dritten, so hat dieser den Vermögensgegenstand zu aktivieren (E-HFA 13, Tz. 20). Es kommt somit zu einem doppelten Ansatz des Vermögensgegenstands sowohl in der Bilanz des ursprünglichen Pensionsgebers sowie des erwerbenden Dritten.

Ein Unterschiedsbetrag zwischen dem ursprünglichen Kaufpreis des Pensionsgegenstands und dem Rückübertragungspreis ist pro rata temporis über die Laufzeit des Pensionsgeschäfts zu verteilen (§ 340b Abs. 4 S. 6 HGB). § 340b Abs. 4 S. 4 HGB verlangt dem Wortlaut nach beim Pensionsnehmer einen Ansatz der Forderung zu dem für die Übertragung gezahlten Betrag (d. h. zum ursprünglichen Kaufpreis). In diesem Falle ist die Forderung ausgehend von einem höheren Kaufpreis auf den niedrigeren Rücknahmepreis pro rata temporis zu Lasten des Zinsertrags zu amortisieren. Ist der ursprüngliche Kaufpreis niedriger als der Rücknahmepreis, so erfolgt eine Hochschreibung des Forderungsbuchwerts zu Gunsten des Zinsertrags (Nettomethode). Alternativ kommt für den Fall, dass der Rückzahlungsbetrag niedrig (höher) als der ursprüngliche Kaufpreis ist, der Ansatz eines aktiven (passiven) Rechnungsabgrenzungspostens in Betracht (Bruttomethode). Die Auflösung erfolgt entsprechend über das Zinsergebnis[140].

---

140 Vgl. Scharpf/Schaber (2018), S. 47; Bieg/Waschbusch (2017), S. 135; Krumnow/Sprißler (2004), § 340b HGB, Tz. 23.

1.6.3 Unechte Pensionsgeschäfte

1.6.3.1 Zurechnung des wirtschaftlichen Eigentums von unechten Pensionsgeschäften

Ein unechtes Pensionsgeschäft liegt vor, wenn der Pensionsnehmer berechtigt (aber nicht verpflichtet) ist, den Pensionsgegenstand zu einem vorher bestimmten oder von ihm noch zu bestimmenden Zeitpunkt zurück zu übertragen (§ 340b Abs. 3 HGB). Der Pensionsnehmer ist somit Inhaber eines Long Put während der Pensionsgeber eine Stillhalter-Position (short put) einnimmt[141]. In Abhängigkeit von der Wertentwicklung des Pensionsgegenstands wird der Pensionsnehmer somit entscheiden, ob er den Vermögensgegenstand zum vorher festgelegten Betrag zurücküberträgt oder ob er bei einem Wertzuwachs über den Rückgabepreis hinaus den Vermögensgegenstand behält und alternativ am Markt verwertet. Daraus wird deutlich, dass der Pensionsnehmer im Falle eines unechten Pensionsgeschäfts wirtschaftlicher Begünstigter der Wertentwicklung des Pensionsgegenstands ist.

Der Rückgabezeitpunkt kann im Voraus datumsmäßig exakt bestimmt oder zu einem späteren Zeitpunkt durch den Pensionsnehmer bestimmt werden (§ 340b Abs. 3 HGB). Bei einer späteren Bestimmung des Rückgabezeitpunkts wird in der Literatur gefordert, dass die Bestimmung des Rückgabetermins nicht gänzlich offen gelassen werden darf, da sich der Pensionsgeber durch die Nichtbestimmung des Rückgabetermins seiner Rücknahmepflicht entziehen könnte[142]. Dieser Anforderung kann hier nicht gefolgt werden, da durch die Nichtbestimmung des Rückgabetermins der Übergang des wirtschaftlichen Eigentums auf den Pensionsnehmer nur noch deutlicher zu Tage tritt, so lange der Rückgabetermin – wie der Gesetzeswortlaut verlangt – durch den Pensionsnehmer bestimmt wird.

Umstritten ist ferner, ob aufgrund des Wortlauts von § 340b Abs. 3 HGB unechte Pensionsgeschäfte nur dann vorliegen, wenn ein späterer Rückgabezeitpunkt ausschließlich durch den Pensionsnehmer bestimmt werden kann. Nach der hier vertretenen Auffassung ist dem Wortlaut des Gesetzestexts zu folgen. Würde die spätere Bestimmung eines Rückgabezeitpunkts ausschließlich durch den Pensionsgeber bestimmt werden können, so wären Vertragskonstellationen denkbar, in denen der Pensionsgeber nicht das wirtschaftliche Eigentum an dem Pensionsgegenstand verliert. § 340b HGB ist eine rechtssystematische Bestätigung des bilanztheoretischen Grundsatzes, dass ein Vermögensgegenstand bilanziell seinem wirtschaftlichen Eigentümer zuzurechnen ist[143]. Die Anwendung des § 340b HGB auf konkrete Fallkonstellationen von Pensionsgeschäften sind daher stets vor dem Hintergrund dieses Grundsatzes zu würdigen.

---

[141] Vgl. Keine (1986), S. 112.
[142] Vgl. Birck/Meyer II, S. 130; Krumnow/Sprißler (2004), § 340b HGB, Tz. 15.
[143] Vgl. auch Rau, in: BB 2000, S. 2339.

1.6.3.2 Bilanzierung beim Pensionsgeber

Nach § 340b Abs. 5 HGB sind Pensionsgegenstände, die im Rahmen eines unechten Pensionsgeschäfts übertragen wurden, aus der Bilanz des Pensionsgebers auszubuchen. Im Gegenzug aktiviert der Pensionsgeber die erhaltenen liquiden Mittel und bilanziert mithin ein unechtes Pensionsgeschäft wie einen Verkauf eines Vermögensgegenstands (Aktivtausch)[144]. Die Ausbuchung beim Pensionsgeber liegt darin begründet, dass der Pensionsgeber nicht mit Sicherheit davon ausgehen kann, den Pensionsgegenstand wiederzuerlangen. Die Verwertungschancen[145] (Chancen der Wertsteigerung des Pensionsgegenstands) sind auf den Pensionsnehmer übergegangen[146].

Ein unechtes Pensionsgeschäft setzt sich zusammen aus einem Kassageschäft, durch das der Pensionsgegenstand auf den Pensionsnehmer übertragen wird, und einem (bedingten) Termingeschäft, durch das der Pensionsnehmer das Recht hat, den Pensionsgegenstand auf den Pensionsgeber zurück zu übertragen.

a) Pensions-Kassageschäft. Im Rahmen des Pensions-Kassageschäfts veräußert der Pensionsgeber den Pensionsgegenstand gegen Zahlung eines Kaufpreises (Hingabebetrag). Für den Fall, dass der **Verkaufspreis vom Buchwert abweicht**, würde demzufolge eine Erfolgsrealisation beim Pensionsgeber eintreten. Liegt der Verkaufspreis unter dem Buchwert, so ist der Abgangsverlust beim Pensionsgeber aufwandswirksam zu erfassen. Der Umfang einer Gewinnrealisation bei einem über dem Buchwert liegenden Verkaufspreis ist jedoch im Schrifttum strittig:

- Vielfach wird die Auffassung vertreten, dass ein aus dem Pensions-Kassageschäft resultierender Veräußerungsgewinn **bis zur Beendigung** des Pensionsgeschäfts beim Pensionsgeber nicht zu realisieren ist. Die Differenz aus einem höherem Verkaufspreis und Buchwert gilt erst dann als realisiert, wenn der Pensionsnehmer sein Rückübertragungsrecht verfallen lässt, da in diesem Zeitpunkt das wirtschaftliche Eigentum schlussendlich auf den Pensionsnehmer übergegangen ist, oder die Rückübertragungsoption ausgeübt wird und damit die Folgebewertung des Pensionsgegenstands in der Bilanz des Pensionsgebers vorzunehmen ist. Eine vorzeitige Gewinnrealisation scheidet aus, da der Pensionsgeber das Risiko des Werteverfalls des Pensionsguts[147] (Stillhalterposition) trägt. Der Pensionsgeber hat daher die Differenz zwischen dem Verkaufspreis und

---

144 Vgl. Bieg/Waschbusch/Käufer, in: ZBB 2008, S. 67.
145 Während das wirtschaftliche Eigentum nach den IDW-Grundsätzen durch den Verbleib von Chancen und Risiken (IDW ERS HFA 13, Tz. 7) bzw. ausschließlich der Bonitätsrisiken (IDW RS HFA 8) charakterisiert wird, kommt es nach § 340b Abs. 5 HGB auf den Verbleib der Risiken beim Pensionsgeber nicht an. Eine Zurechnung des wirtschaftlichen Eigentums zum Pensionsnehmer stellt implizit den Übergang der Chancen aus möglichen Wertsteigerungen des Pensionsgegenstands in den Vordergrund.
146 Vgl. IDW ERS-HFA 13, Tz. 23; Löw, in: MüKom BilR, § 340b HGB, Tz. 20; Böcking/Becker/Helke, in: MüKom HGB, § 340b HGB, Tz. 30; Lotz/Gryshchenko, in: Zweckgesellschaften Rechtshandbuch, hrsg. v. Zerey, § 9, Tz. 138.
147 Vgl. Birck/Meyer V, S. 464.

dem Buchwert bis zur endgültigen Realisation zu passivieren. Nach h. M. ist eine Rückstellung für schwebende Rücknahmeverpflichtungen zu bilden[148].
- Daneben wird die Auffassung vertreten, dass eine Gewinnrealisation nur bis zur Höhe des Marktwerts im Zeitpunkt der Durchführung des Pensionsgeschäfts höchstens jedoch bis zu den Anschaffungskosten vorzunehmen ist, wenn der Pensionsgegenstand vor Abschluss des unechten Pensionsgeschäfts außerplanmäßig abgeschrieben wurde[149]. Durch den Abschluss von unechten Pensionsgeschäften können daher keine Wertaufholungen über die historischen Anschaffungskosten hinaus entstehen[150]. Der Pensionsgeber kann durch unechte Pensionsgeschäfte die Begrenzung der Buchwerte auf die historischen Anschaffungskosten nicht umgehen[151].
- Vereinzelt wird die Auffassung vertreten, dass eine Gewinnvereinnahmung – ohne Berücksichtigung einer Anschaffungskostenobergrenze – in Höhe des Marktpreises im Zeitpunkt der Inpensionsgabe möglich ist[152].

Nach der hier vertretenen Auffassung kann ein Verkaufspreis nicht als ein objektiver Maßstab für eine Wertaufholung oder eine gar darüber hinausgehende Gewinnrealisierung gelten, da aufgrund des Rückgaberechts zu einem ebenfalls überhöhten Preis das wirtschaftliche Risiko beim Pensionsgeber verbleibt und mithin keine schlussendliche Gewinnrealisation eingetreten ist. Eine partielle Gewinnrealisierung bis zu den ursprünglichen Anschaffungskosten erscheint jedoch möglich, da eine solche Wertaufholung bei Wegfall der Gründe für eine zuvor vorgenommene Abschreibung auch ohne Abschluss eines Pensionsgeschäfts möglich gewesen wäre[153].

b) Pensions-Termingeschäft. Durch den Abschluss eines unechten Pensionsgeschäfts hat der Pensionsnehmer das Recht und der Pensionsgeber die Pflicht, die durch das Kassageschäft vorgenommene Übertragung des Pensionsgegenstands zu einem im Voraus bestimmten Preis rückgängig zu machen. Diese Vereinbarung stellt ein (bedingtes) Termingeschäft dar, das aus Sicht des Pensionsgebers eine Stillhalterposition begründet. Wird das unechte Pensionsgeschäft beim Pensionsgeber außerhalb des Handelsbestands bilanziert, so stellt die Rücknahmeverpflichtung ein schwebendes Geschäft dar, das nach den allgemeinen Grundsätzen nicht zu bilanzieren ist, soweit am Bilanzstichtag kein Verpflichtungsüberschuss besteht, für den eine Rückstellung für drohende Verluste aus schwebenden Geschäften nach § 249 Abs. 1 HGB zu bilden ist. Diese Rückstellung ist von einer eventuell entstandenen gewinnneutralisierenden Rückstellung aus dem Kassageschäft zu trennen. Bei einer

---
148 Vgl. Forster/Gross, in: Bankaufsicht, Bankbilanz und Bankprüfung, S. 66; WPH I2012, J 98; Waschbusch, in: BB 1993, S. 177; Bieg/Waschbusch (2017), S. 139. Nach Auffassung von Wiedmann liegt eine gewinnneutralisierende Verbindlichkeitsrückstellung vor, vgl. Wiedmann, in: Ebenroth/Boujong/Joost/Strohn, § 340b HGB, Tz. 15. Scharpf/Schaber (2018), S. 50 sehen zutreffend einen Ausweis als Verbindlichkeit als zwingend an.
149 Vgl. Krumnow/Sprißler (2004), § 340b HGB, S. 117; Bieg/Waschbusch/Käufer, in: ZBB 2008, S. 67; so auch BFA 2/1982, in: WPg 1982, S. 548.
150 Vgl. BFA 2/1982, S. 548; Hintz, in: BB 1995, S. 973.
151 Vgl. Waschbusch, in: BB 1993, S. 177; Bieg/Waschbusch (2017), S. 137.
152 Vgl. Jahn (1990), S. 130; Hoffmann, in: BB 1997, S. 252.
153 Ebenso Wiedmann, in: Ebenroth/Boujong/Joost/Strohn, § 340b HGB, Tz. 15.

Zuordnung zum Handelsbestand ist das unechte Pensionsgeschäft nach § 340e Abs. 3 HGB einer risikoadjustierten Zeitwertbilanzierung zu unterziehen. Ein Verpflichtungsüberschuss ist für unechte Pensionsgeschäfte außerhalb des Handelsbestands nach den Grundsätzen von IDW RS HFA 4 zu ermitteln. »Bei schwebenden Beschaffungsgeschäften über bilanzierungsfähige Vermögensgegenstände stellt die Drohverlustrückstellung grundsätzlich eine vorweggenommene (außerplanmäßige) Abschreibung dieser Vermögensgegenstände dar. Daher ist für schwebende Beschaffungsgeschäfte über bilanzierungsfähige Vermögensgegenstände immer dann eine Drohverlustrückstellung zu passivieren, wenn für den Vermögensgegenstand nach erfolgter Lieferung voraussichtlich eine Pflicht zur (außerplanmäßigen) Abschreibung bestehen wird« (IDW RS HFA 4, Tz. 30). Eine Drohverlustrückstellung ist dann nicht erforderlich, wenn bei einem Verbleib des Pensionsgegenstands in der Bilanz des Pensionsgebers keine Niederstwertabschreibung erfolgen würde[154]. Bei einer Zuordnung des Vermögensgegenstands zum Umlaufvermögen hat der Pensionsgeber eine Drohverlustrückstellung nach den Grundsätzen des strengen Niederstwertprinzips und bei einer Zuordnung zum Anlagevermögen nach den Grundsätzen des gemilderten Niederstwertprinzips zu bilden[155].

Die **Stillhalterverpflichtung** aus unechten Pensionsgeschäften des Nicht-Handelsbestands hat der Pensionsgeber unter den Anderen Verpflichtungen gem. § 27 RechKredV in dem Unterstrichposten 2a) »Rücknahmeverpflichtungen aus unechten Pensionsgeschäften« zu vermerken (siehe Kapitel IV.1.4.3.1). Soweit diese Verpflichtungen für die Gesamttätigkeit des Instituts von Bedeutung sind, ist im Anhang über die Art und Höhe der in den Anderen Verpflichtungen enthaltenen Rücknahmeverpflichtungen aus unechten Pensionsgeschäften zu berichten (§ 35 Abs. 6 RechKredV). In den Vermerkposten ist der vereinbarte Rücknahmebetrag einzustellen; im Falle unterschiedlicher Beträge zu unterschiedlichen Zeitpunkten ist der höchste Betrag zu vermerken[156]. Hat der Pensionsgeber aufgrund eines gesunkenen beizulegenden Zeitwerts des Pensionsgegenstands für die Rücknahmeverpflichtung eine Rückstellung gebildet, so ist der Unterstrichvermerk entsprechend zu kürzen, um einen Doppelausweis zu vermeiden[157]. Rücknahmeverpflichtungen aus unechten Pensionsgeschäften des Handelsbestands sind in dem Vermerkposten nicht aufzunehmen.

Weichen Hingabebetrag und Rücknahmebetrag voneinander ab, so sind unechte Pensionsgeschäfte nach der herrschenden Meinung nach den Grundsätzen von echten Pensionsgeschäften zu bilanzieren, da entweder bei wirtschaftlicher Betrachtungsweise eine Rückgabepflicht besteht oder ein Gentlement´s Agreement anzunehmen ist[158]. Dies gilt selbst dann, wenn der Unterschiedsbetrag Zinscharakter hat. Ein Verbleib des wirtschaftlichen Eigentums beim Pensionsgeber ist bei abweichenden Hingabe- und Rückgabebetrag einer eingehenden Prüfung zu unterziehen, der eine wirtschaftliche Betrachtungsweise unter Berücksichtigung aller rechtlichen und wirtschaftlichen Umstände, wie bspw. Höhe des vereinbarten Rückkaufspreises sowie sonstige rechtliche und faktische

---

154 Vgl. Böcking/Löw/Wohlmannstetter, in: MüKom HGB, 2. Aufl., § 340b HGB, Tz. 38, Birck/Meyer V, S. 465.
155 Vgl. auch Käufer (2009), S. 177 f.
156 Vgl. Birck/Meyer V, S. 463; Graf von Treuberg/Scharpf, in: DB 1991, S. 1237; Krumnow/Sprißler (2004), § 340b HGB, Tz. 31 u. 36.
157 Vgl. Waschbusch, in: BB 1993, S. 177.
158 Vgl. Birck/Meyer V, S. 466 f.; Krumnow/Sprißler (2004), § 340b HGB, Tz. 32; Scharpf/Schaber (2018), S. 52.

Gestaltungen und Nebenabreden, die für eine Zuordnung des wirtschaftlichen Eigentums von Bedeutung sind, zugrunde zu legen ist. Diese Sichtweise korrespondiert mit der Zurechnung des wirtschaftlichen Eigentums bei unechten Pensionsgeschäften in IFRS 9. Nach IFRS 9.B3.2.16(f) sind die Pensionsgegenstände bei unechten Pensionsgeschäften dem Pensionsgeber bilanziell zuzuordnen, wenn eine Rückübertragungsoption vereinbart ist, die weit im Geld (»deeply in the money«) ist, da aufgrund der hohen Wahrscheinlichkeit der Rückgabe an den Pensionsgeber, dieser die Mehrheit der Chancen und Risiken zurückbehalten hat[159]. Eine analoge Sichtweise scheint mittlerweile auch in die handelsrechtlichen Grundsätze Einzug zu halten mit der Begründung, dass in diesen Fällen die Aufgabe des wirtschaftlichen Eigentums nicht ernsthaft beabsichtigt sei und dem Pensionsnehmer mithin ein eigenes wirtschaftliches Interesse an dem Vermögensgegenstand abzusprechen sei[160]. Diese Sichtweise ist in der Literatur hingegen nicht unumstritten[161]. Wird der Auffassung gefolgt, dass eine Abweichung von Hingabe- und Rücknahmebetrag für eine Behandlung als echtes Pensionsgeschäft spricht, so ist der Differenzbetrag in Analogie zu § 340b Abs. 4 S. 3 HGB als aktiver bzw. passiver Rechnungsabgrenzungsposten (analog zur Bruttomethode bei echten Pensionsgeschäften) zu erfassen[162] und erfolgswirksam über die Laufzeit des Pensionsgeschäfts zu verteilen[163]. Für eine solche Behandlung spricht, dass unechte Pensionsgeschäfte, bei denen der Rücknahmepreis den Hingabepreis übersteigt, einer Geldaufnahme durch den Pensionsgeber im Rahmen eines echten Pensionsgeschäfts gleicht und dem Unterschiedsbetrag ein Zinscharakter zukommt[164].

Bei einer Rückgabe des Pensionsgegenstands durch den Pensionsnehmer ist der Vermögensgegenstand mit den **ursprünglichen Anschaffungskosten** wieder einzubuchen sowie gebildete Rückstellungen in Höhe der Differenz zwischen dem erhaltenen Betrag und dem Buchwert mit dem Rückzahlungsbetrag zu verrechnen[165]. Die Auflösung der Verbindlichkeit bewirkt mithin eine Korrektur des Rücknahmepreises auf die ursprünglichen Anschaffungskosten. Der Vermögensgegenstand ist an dem folgenden Bilanzstichtag nach den allgemeinen Grundsätzen zu bilanzieren und ggf. abzuschreiben. Wird ein Pensionsgegenstand an den Pensionsgeber zurückgegeben, für den aufgrund eines unter dem Buchwert liegenden Verkaufspreises zuvor ein Veräußerungsverlust aufwandswirksam gebucht wurde, so kann der Pensionsgeber im Falle der Rückübertragung eine wahlweise Wertaufholung auf

---

159 Welcher Vertragspartei der einem unechten Pensionsgeschäft zugrunde liegende Vermögensgegenstand zuzurechnen ist, richtet sich nach IFRS 9 letztlich nach der Ausübungswahrscheinlichkeit der Put-Option. Vgl. IDW RS HFA 48, Tz. 110.
160 Vgl. Schmidt/Ries, in: BBK, 11. Aufl., § 246 HGB, Tz. 26, IDW ERS HFA 13, Tz. 26.
161 Ablehnend bspw. Käufer (2009), S. 173; Bieg/Waschbusch (2017), S. 138; Bieg/Waschbusch/Käufer, in: ZBB 2008, S. 68. So wird zum Teil vertreten, dass bei einer Abweichung von Hingabe- und Rücknahmebetrag eine Bilanzierung nach den Regeln des § 340b Abs. 5 HGB zu erfolgen habe und damit eine Differenz zwischen Hingabe- und Rücknahmebetrag beim Pensionsgeber erfolgswirksam zu berücksichtigen ist. Gleichzeitig ist ein eventueller Verpflichtungsüberhang aus der Rücknahmeverpflichtung durch Bildung einer Drohverlustrückstellung zu berücksichtigen. Vgl. bspw. Käufer (2009), S. 177 f.
162 Vgl. Meyer/Isenmann (1993), S. 45.
163 Vgl. bspw. Braun, in: KK-RLR, § 340b HGB, Tz. 45; Böcking/Löw/Wohlmannstetter, in: MüKom HGB, 2. Aufl., § 340b HGB, Tz. 38.
164 Vgl. Löw, in: MüKom BilR, § 340b HGB, Tz. 27; Böcking/Löw/Wohlmannstetter, in: MüKom HGB, 2. Aufl., § 340b HGB, Tz. 38.
165 Vgl. Krumnow/Sprißler (2004), § 340b HGB, Tz. 38; Scharpf/Schaber (2018), S. 50 f.

jeden Wert zwischen dem für die Übertragung erhaltenen Preis und den ursprünglichen Anschaffungskosten ansetzen[166]. Erfolgt keine Rückgabe durch den Pensionsnehmer, ist eine gebildete Rückstellung erfolgswirksam aufzulösen.

1.6.3.3 Bilanzierung beim Pensionsnehmer

Gem. § 340b Abs. 5 S. 1 HGB sind **Vermögensgegenstände**, die durch den Abschluss eines unechten Pensionsgeschäfts übertragen wurden, in der Bilanz des Pensionsnehmers auszuweisen. Der Bilanzausweis richtet sich nach dem allgemeinen Gliederungsschema der RechKredV; ein gesonderter Ausweis ist nicht vorgesehen[167]. Die **Zugangsbilanzierung** erfolgt beim Pensionsnehmer nach den allgemeinen Grundsätzen zu Anschaffungskosten. Der Zugangswert stellt demnach den Kaufpreis (Hingabepreis) zuzüglich ggf. Anschaffungsnebenkosten dar. Da die Anschaffung des Pensionsgegenstands i. d. R. gegen Hingabe von liquiden Mitteln erfolgt, stellt das Pensionskassageschäft beim Pensionsnehmer ein Aktivtausch dar. Die Folgebilanzierung des Pensionsgegenstands richtet sich nach der Buchzuordnung. Sofern das unechte Pensionsgeschäft im Handelsbestand abgeschlossen wurde, ist der Vermögensgegenstand sowie das Rückübertragungsrecht in dem Aktivposten 6a »Handelsbestand« auszuweisen und nach § 340e Abs. 3 HGB einer erfolgswirksamen Zeitwertbilanzierung zu unterziehen.

Wird das unechte Pensionsgeschäft **außerhalb des Handelsbestands** abgeschlossen, so richtet sich die **Folgebewertung** nach den allgemeinen sowie institutsspezifischen Bewertungsgrundsätzen (dies schließt auch eine Bewertung nach § 340f HGB ein). In der Literatur wird überwiegend gefordert, den Pensionsgegenstand zwingend dem Umlaufvermögen zuzuordnen und nach dem strengen Niederstwertprinzip zu bewerten. Dies wird insbesondere mit dem Fehlen einer Dauerbesitzabsicht begründet[168]. Faktisch wird i. d. R. allerdings nie eine Abschreibung auf den niedrigeren beizulegenden Zeitwert in Betracht kommen, da der Pensionsnehmer in Bezug auf den Pensionsgegenstand angesichts des Rückgaberechts keinem Abwertungsrisiko unterliegt. Der Pensionsnehmer kann im Falle eines gesunkenen Kurswerts den Pensionsgegenstand stets an den Pensionsgeber zurückübertragen. Das Rückgaberecht wirkt für den Pensionsnehmer wie ein Sicherungsgeschäft (Kursgarantie), so dass i. d. R. eine Wertminderung ausgeschlossen werden kann und der vereinbarte Rücknahmepreis als Wertuntergrenze der Bewertung anzusehen ist[169]. Anders verhält es sich hingegen, wenn aufgrund einer zweifelhaft gewordenen Bonität des Pensionsgebers bei Durchführung eines unbesicherten Pensionsgeschäfts eine Erfüllung des Pensionstermingeschäfts in Frage steht. Die Vermutung, dass der Rücknahmepreis als Wertuntergrenze anzusehen ist, steht jedoch dann in Zweifel, wenn der Pensionsnehmer den Nachweis führen kann, dass er trotz eines ungünstigen Preisverhältnisses von seinem

---

[166] Vgl. Wiedmann, in: Ebenroth/Boujong/Joost/Strohn, HGB, 2. Aufl., § 340b HGB, Tz. 18; Scharpf/Sohler (1992), S. 32; Meyer/Isenmann (1993), S. 44.
[167] Vgl. Löw, in: MüKom BilR, § 340b HGB, Tz. 22; Braun, in: KK-RLR, § 340b HGB, Tz. 48.
[168] Vgl. Waschbuch, in: BB 1993, S. 178; Krumnow/Sprißler (2004), § 340b HGB, Tz. 39; Böcking/Becker/Helke, in: MüKom HGB, 3. Aufl., § 340b HGB, Tz. 38.
[169] Vgl. bspw. Birck/Meyer V, S. 30 und V, S. 466; Waschbuch, in: BB 1993, S. 178; Böcking/Gros/Helke, in: Ebenroth/Boujong/Joost/Strohn, 3. Aufl., § 340b HGB, Tz. 19.

Rückübertragungsrecht keinen Gebrauch machen wird[170]. Eine eventuelle Differenz zwischen Anschaffungskosten und höherem Rückkaufpreis ist erst bei Durchführung der Rückübertragung als realisiert anzusehen[171].

Bei einer Zuordnung zum Nicht-Handelsbestand gilt das **Rückübertragungsrecht** nach h. M. als schwebendes Geschäft, das nach allgemeinen Grundsätzen nicht zu bilanzieren ist[172]. Da der Pensionsnehmer dieses Recht bei steigendem Marktwert ggf. verfallen und damit wertlos werden lassen kann, kommt i. d. R. die Bildung einer Drohverlustrückstellung im Rahmen der Folgebewertung nicht in Betracht[173].

Die Erträge aus dem Pensionsgegenstand sind dem Pensionsnehmer zuzuordnen und in dem GuV-Posten auszuweisen, der mit dem aktivierten Vermögensgegenstand korrespondiert[174].

1.6.4 Abgrenzung der Pensionsgeschäfte (§ 340b Abs. 6 HGB)

Nach § 340b Abs. 6 HGB zählen Devisentermingeschäfte, Finanztermingeschäfte und ähnliche Geschäfte sowie die Ausgabe eigener Schuldverschreibungen auf abgekürzte Zeit nicht als Pensionsgeschäfte im Sinne des § 340b HGB. Ähnliche Geschäfte im Sinne des § 340b Abs. 6 HGB stellen auch alle Arten von Swapgeschäfte dar, die ähnlich wie Pensionsgeschäfte durch eine Hingabe und Rücknahme von Vermögensgegenständen zu unterschiedlichen Zeitpunkten gekennzeichnet sind[175]. Geschäfte, die in den Anwendungsbereich des § 340b HGB fallen, grenzen sich wie folgt ab:
- Eine notwendige Bedingung für das Vorliegen eines Pensionsgeschäfts im Sinne des § 340b HGB besteht darin, dass die Rückübertragung auf den Pensionsgeber direkt vom Pensionsnehmer erfolgt. Dreiecks- oder Mehrecksgeschäfte, bei denen eine Rückübertragung von einer Dritten Partei erfolgt, stellen keine Pensionsgeschäfte im Sinne des § 340b HGB dar[176].
- Wenn der Pensionsnehmer den Zeitpunkt der Rückgabe bestimmt, liegt nach h. M. kein (auch kein unechtes) Pensionsgeschäft im Sinne des § 340b HGB vor. Wird der Zeitpunkt der Rückgabe durch den Pensionsgeber festgelegt und ist dieser Zeitpunkt bestimmbar, so ist eine Bilanzierung als Pensionsgeschäft sachgerecht[177]. Zum Zwecke der Zurechnung des wirtschaftlichen Eigentums ist es hingegen unsachgerecht, aus dem genauen Gesetzwortlaut des § 340b HGB für das Vorliegen eines Pensionsgeschäfts zu fordern, dass die Bestimmung des Rückübertragungszeitpunkts bei echten Pensionsgeschäften durch den Pensionsgeber und bei unechten durch den Pensionsnehmer zu erfolgen hat. Ferner erscheint es unsachgerecht, aufgrund des Fehlens eines exakt bestimmbaren

---
170 Vgl. Wiedmann, in: Ebenroth/Boujong/Joost/Strohn, 2. Aufl., § 340b HGB, Tz. 19.
171 Vgl. Böcking/Gros/Helke, in: Ebenroth/Boujong/Joost/Strohn, 3. Aufl., § 340b HGB, Tz. 20.
172 Vgl. Böcking/Becker/Helke, in: MüKom HGB, 3. Aufl., § 340b HGB, Tz. 34.
173 Vgl. Braun, in: KK-RLR, § 340b HGB, Tz. 49.
174 Vgl. Braun, in: KK-RLR, § 340b HGB, Tz. 50; Böcking/Becker/Helke, in: MüKom HGB, 3. Aufl., § 340b HGB, Tz. 39.
175 Vgl. Krumnow/Sprißler (2004), § 340b HGB, Tz. 41; Braun, in: KK-RLR, § 340b HGB, Tz. 51.
176 Vgl. Krumnow/Sprißler (2004), § 340b HGB, Tz. 11; Braun, in: KK-RLR, § 340b HGB, Tz. 12.
177 Vgl. Löw, in: MüKom BilR, § 340b HGB, Tz. 11 u. 12.

Rückgabetermins (bspw. bei ereignisabhängigen vorzeitigen Beendigungen von Repo-Vereinbarungen) oder bei einem Abstellen auf Rückgabezeiträume bestimmte Repo-Verträge aus dem Anwendungsbereich des § 340b HGB auszuschließen[178].
- Sofern der Rücknahmepreis nicht im Voraus bestimmt bzw. bestimmbar ist, liegt kein Pensionsgeschäft vor. Die Festlegung kann aber auch erst nach Vertragsabschluss festgelegt werden, oder sie kann auch von diversen externen Ereignissen abhängen (extinguishable repo). Der Rücknahmepreis ist bspw. dann unbestimmbar, wenn vereinbart wird, dass der künftige Rücknahmepreis dem Marktpreis im Zeitpunkt der Rückübertragung entspricht. In diesem Fall wäre der Anwendungsbereich des § 340b HGB nicht eröffnet.
- Eine weitere notwendige Bedingung für ein Pensionsgeschäft im Sinne des § 340b HGB besteht darin, dass der Pensionsgeber stets verpflichtet sein muss, den Pensionsgegenstand zurückzunehmen. Hat der Pensionsgeber die Option zum Rückerwerb, liegt kein Pensionsgeschäft vor. Es handelt sich lediglich um ein pensionsähnliches Geschäft[179].
- Wertpapierleihegeschäfte zählen ebenso nicht zu den Pensionsgeschäften (siehe Kapitel II.1.7).

1.7 Wertpapierleihgeschäfte

1.7.1 Rechtliche Ausgestaltung und Erscheinungsformen

Wertpapierleihgeschäfte stellen Sachdarlehen im Sinne des § 607 BGB dar, die in der Praxis vorwiegend auf Basis standardisierter Rahmenverträge und weniger auf der Grundlage der allgemeinen bürgerlich-rechtlichen Regelungen abgeschlossen werden. Bei einer Wertpapierleihe kann ein Entleiher die vom Verleiher entliehenen Wertpapiere für die Dauer der Wertpapierleihe nutzen und muss sie am Ende der Vertragsdauer oder bei Kündigung der Transaktion an den Verleiher zurückgeben. Dem Entleiher werden die Wertpapiere darlehensweise überlassen; dabei kann das Wertpapierdarlehen als besicherte oder unbesicherte Wertpapierleihe ausgestaltet sein. Durch die Wertpapierleihe geht das **rechtliche Eigentum** an dem Wertpapier für den Zeitraum der Leihe auf den Entleiher über[180]. Dieser kann während der Vertragslaufzeit frei über die Wertpapiere verfügen. Dies schließt neben der Weiterverpfändung oder der darlehensweisen Überlassung auch den Verkauf der Wertpapiere ein. In diesem Fall liegt ein sog. gedeckter Leerverkauf vor.

Der Verleiher verliert das rechtliche Eigentum an dem Wertpapier und besitzt im Gegenzug einen schuldrechtlichen Anspruch auf Lieferung von Wertpapieren gleicher Art, Güte und Menge am Fälligkeitstag. Da der Verleiher in Bezug auf den Rücklieferungsanspruch das Insolvenzrisiko des Entleihers trägt, kann eine **Stellung von Sicherheiten** durch den Entleiher vereinbart sein. Dies ist bei den im grenzüberschreitenden Interbankengeschäft

---
178 Vgl. Bieg/Waschbusch (2017), S. 125.
179 Vgl. Braun, in: KK-RLR, § 340b HGB, Tz. 51.
180 Vgl. Teuber, in: Schimansky/Bunte/Lwowski, 5. Aufl., § 105, Tz. 1.

üblichen **GMSLA**[181]-Rahmenverträgen der International Securities Lending Association (ISLA) standardmäßig der Fall. Nach § 5 GMSLA 2010 hat der Entleiher (Borrower) zusätzliche Sicherheiten im Rahmen eines (ggf. täglichen) Marktwertausgleichs (**margining**) zu stellen, wenn der Marktwert der gestellten Sicherheiten gesunken ist. Im umgekehrten Fall erfolgt eine Rückzahlung oder Sicherheitenfreigabe durch den Verleiher. Wertpapierleihen können als zweiseitige Verträge zwischen dem Verleiher und dem Entleiher (bilaterale Wertpapierleihe) abgeschlossen sein. In diesem Fall stellt der Entleiher die Sicherheiten direkt gegenüber dem Verleiher. Daneben kann auch vereinbart werden, dass eine Clearingstelle zwischen den Entleiher und den Verleiher tritt. Die Wertpapiere und die Sicherheiten werden auf Depots bei der Clearingstelle hinterlegt und Zug um Zug getauscht. Oftmals übernimmt die Clearingstelle als Service auch das tägliche Margining.

Da der Entleiher zivilrechtlicher Eigentümer der Wertpapiere geworden ist, stehen ihm alle **Ausschüttungen** zu, die während der Laufzeit der Wertpapierleihe angefallen sind[182]. Im Regelfall bestehen allerdings schuldrechtliche Vereinbarungen, die den Entleiher verpflichten, die während der Wertpapierleihe angefallenen Erträgnisse an den Verleiher weiterzuleiten. So muss der Entleiher bspw. gem. § 6 GMSLA alle während der Laufzeit ausgezahlten Zinsen, Dividenden und ähnliche Erträge an den Verleiher abführen. Der Verleiher hat insoweit einen schuldrechtlichen Anspruch gegenüber dem Entleiher und wird damit so gestellt als sei er noch rechtlicher Eigentümer[183].

Der Verleiher erhält zusätzlich zu den vom Entleiher weiterzuleitenden Ausschüttungen auf die Wertpapiere eine **Leihgebühr**. Diese stellt für den Verleiher einen Zusatzertrag und die wesentliche ökonomische Motivation für das Leihgeschäft dar. Die Leihgebühr kann laufzeitabhängig oder als Basisentgelt vereinbart sein (entgeltliches Sachdarlehen)[184].

Bei Fälligkeit der **Rücklieferungspflicht** (Ende der Leihfrist oder Kündigung) muss der Entleiher Wertpapiere gleicher Art, Menge und Güte zurückgeben (§ 607 BGB). Es liegt eine Gattungsschuld vor (die Rückgabe von identischen Wertpapieren mit denselben Stückenummern ist kaum praktikabel)[185]. Nach § 8 GMSLA haben Verleiher und Entleiher sich äquivalente Wertpapiere bzw. Sicherheiten am Fälligkeitstag wieder gegenseitig zurück zu gewähren. Dies bedeutet, dass Vermögensgegenstände »of an identical type, nominal value, description and amount to particular Loaned Securities or Collateral« zurück zu erstatten sind[186]. Bei einer Wertpapierleihe sind daher Stücke derselben ISIN zurück zu gewähren[187]. Zwischenzeitliche Kurs- oder Wertschwankungen haben keinen Einfluss auf die Rückgabeverpflichtung[188].

---

181 Global Master Securitites Lending Agreement.
182 Inwieweit der Entleiher von Aktien dagegen auch Stimmrechte ausüben darf, wird in der Literatur umstritten diskutiert.
183 Vgl. Hopt, in: Handelsgesetzbuch, 2. Teil, V (7) T1.
184 Vgl. Kienle, in: Schminasky/Bunte/Lwowski, 4. Aufl., § 105, Tz. 20.
185 Vgl. Krumnow/Sprißler (2004), § 340b HGB, Tz. 61.
186 ISDA: GMSLA 2010, S. 5.
187 Vgl. Rau, in: DStR 2009, S. 949.
188 Vgl. Häuselmann/Wiesenbart, in: DB 1990, S. 2130.

1.7.2 Zurechnung des wirtschaftlichen Eigentums

Ob das wirtschaftliche Eigentum bei einer Wertpapierleihe auf den Entleiher übergeht, wird seit jeher umstritten diskutiert. Gegen einen Übergang des wirtschaftlichen Eigentums spricht, dass durch die Rückgewährung der Wertpapiere **am Ende der Leihfrist** die Chancen und Risiken (insb. das Kursrisiko) aus den Wertpapieren beim Verleiher verbleiben[189]. Da der Verleiher nicht dauerhaft von der Verfügung über das Wertpapier ausgeschlossen werden kann[190] und dieser die laufenden Erträgnisse aufgrund der Weiterleitung durch den Entleiher erhält, wird von einigen Autoren dem Verleiher das wirtschaftliche Eigentum zugerechnet. Zudem wird die Zuordnung des wirtschaftlichen Eigentums beim Verleiher damit begründet, dass eine Wertpapierleihe einen mit einem echten Pensionsgeschäft vergleichbaren Sachverhalt darstellt und aus diesem Grunde auch bilanziell gleich abgebildet werden sollte[191].

Für einen Übergang spricht[192], dass ein Vermögensgegenstand im Regelfall dem zivilrechtlichen Eigentümer bilanziell zuzurechnen ist (§ 246 Abs. 1 S. 2 HGB, § 39 Abs. 1 AO), welches aufgrund des Darlehensvertrags auf den Entleiher übergegangen ist[193]. Damit kann grundsätzlich der Entleiher über das geliehene Wertpapier frei verfügen. Das wirtschaftliche Eigentum beim Entleiher kommt speziell bei Instituten dadurch zum Ausdruck, dass mit geliehenen Wertpapieren im Rahmen der Eigenhandelsaktivitäten ein Handelsergebnis erzielt werden kann. Geht das Institut von einem sinkenden Marktwert des Wertpapiers aus, so kann es das Wertpapier im Rahmen einer Wertpapierleihe erwerben und am Markt veräußern (gedeckter Leerverkauf) in der Erwartung, das Wertpapier vor Ablauf der Leihfrist zu einem günstigeren Kurs zurück zu erwerben. Der Übergang des wirtschaftlichen Eigentums wird vor diesem Hintergrund insbesondere für liquide Wertpapiere deutlich. Bei dieser Sichtweise liegt das wirtschaftliche Eigentum **während der Leihdauer** beim Entleiher[194]. In seiner Rechtsprechung zu sog. »Cum-/Ex-Geschäften« hat der BFH dargelegt, dass die verliehenen Wertpapiere im Regelfall beim Entleiher als dem zivilrechtlichen Eigentümer zu bilanzieren sind; gleichwohl ist ausnahmsweise bei Vorliegen besonderer Umstände das wirtschaftliche Eigentum dem Verleiher (weiterhin) zuzuordnen[195]. Dies ist der Fall, wenn das Wertpapierdarlehen nicht darauf angelegt war, dem Entleiher in einem wirtschaftlichen Sinne die Erträge aus den verliehenen Wertpapieren zukommen zu lassen. Dies ist bei einer kurzfristigen Leihfrist und der Vereinbarung von Ertragsaus-

---

189 Vgl. IDW RS VFA 1, Tz. 14; Bieg/Waschbusch (2017), S. 156 ff.; Schmid/Mühlhäuser, in: BB 2001, S. 2613 f.; Böcking/Becker/Helke, in: MüKom HGB, 3. Aufl., § 340b HGB, Tz. 41; Scharpf/Schaber (2018), S. 420 f.; Prahl/Naumann, in: WM 1992, S. 1179.
190 Vgl. Schmid/Mühlhäuser, in: BB 2001, S. 2613 f.; Prahl/Naumann, in: WM 1992, S. 1179.
191 Vgl. Bieg/Waschbusch (2017), S. 156 ff.; Böcking/Becker/Helke, in: MüKom HGB, 3. Aufl., § 340b HGB, Tz. 41.
192 Vgl. ADS, § 246 HGB, Tz. 356 f.; Schmidt/Usinger, in: BBK, 11. Aufl., § 254 HGB, Tz. 121; Häuselmann, in: DB 2000, S. 495 f., Häuselmann/Wiesenbart, in: DB 1990, S. 2130, Oho/Hülst, in: DB 1992, S. 2584; Hartung, in: BB 1993, S. 1176; Kort, in: WM 2006, S. 2149 f.; Häuselmann, in: DB 2000, S. 496; Mühlhäuser/Stoll, in: DStR 2002, S. 1597.
193 Vgl. BFH, Urteil vom 16.04.2014 – I R2/12, in: DStR 2014, S. 2012 (Tz. 38).
194 Vgl. Mayer (2003), S. 151; Käufer (2009), S. 193; WPH I2012, J 100 ff.
195 Vgl. BFH, Urteil vom 18.05.2015 – I R 88/13, in: BStBl. II 2016, S. 961 (Tz. 21).

gleichszahlungen gegeben, durch die keinerlei Liquiditätsvorteile aufgrund einer zeit- und betragsgleichen Weiterleitung von Zahlungen entstehen. Zudem war aufgrund der kurzfristigen Kündbarkeit des Wertpapierdarlehens kein endgültiger Übergang von Chancen und Risiken gegeben[196]; auf eine Ausübung von der mit den Wertpapieren verbundenen Stimmrechte kam es ebenfalls nicht an. Eine über die Generierung eines Steuervorteils hinausgehende Nutzung sei nicht zu erkennen. In einem solchen Fall qualifizierte der BFH die formale Rechtsposition des Entleihers als eine »leere Eigentumshülle«[197] und verneinte damit den Übergang des wirtschaftlichen Eigentums auf den Entleiher. Mithin sind im Folgenden Wertpapierdarlehen grundsätzlich mit und ohne Übergang des wirtschaftlichen Eigentums zu analysieren.

1.7.3 Bilanzierung bei Übergang des wirtschaftlichen Eigentums

1.7.3.1 Bilanzierung beim Verleiher

Wird der wirtschaftliche Eigentumsübergang im Rahmen eines Wertpapierleihgeschäfts bejaht, so hat der Verleiher die Wertpapiere auszubuchen und anstelle der Wertpapiere eine Forderung auf Rückübertragung gegenüber dem Entleiher einzubuchen. Dieser **Aktivtausch** führt nach h. M. zu **keiner Gewinnrealisierung** beim Verleiher; die Forderung auf Rückübertragung ist höchstens mit dem Buchwert des übertragenen Vermögensgegenstands anzusetzen (erfolgsneutraler Aktivtausch)[198]. Stille Reserven oder Lasten werden durch die Ausbuchung des Wertpapiers mithin nicht realisiert[199].

In Abhängigkeit vom Forderungsschuldner hat das verleihende Institut die **Forderung auf Rückübertragung** entweder unter dem Aktivposten 3 »Forderungen an Kreditinstitute« oder Aktivposten 4 »Forderungen an Kunden« auszuweisen[200]. Nach der hier vertretenen Auffassung sind Rückerstattungsansprüche auf verliehene Positionen des Handelsbestands unter dem Aktivposten 6a »Handelsbestand« auszuweisen. Sofern das Wertpapierleihgeschäft über eine Clearingstelle abgewickelt wird, die Institutseigenschaft aufweist, ist ein Ausweis unter den Forderungen an Kreditinstituten vorzunehmen (z. B. Transaktionen über Clearstream, Euroclear).

Die Forderung auf Rückübertragung ist nach § 9 Abs. 1 Nr. 1 oder 2 RechKredV in die **Restlaufzeitengliederung** im Anhang einzubeziehen. Dabei ist nach Meinung der Aufsicht auf die Leihfrist und nicht auf die Restlaufzeit des verliehenen Wertpapiers abzustellen[201]. Dieser Auffassung wird in der Literatur zum Teil gefolgt[202]. Diesbezüglich ist der Auffassung zuzustimmen, dass diese Vorgehensweise i. d. R. eine zu günstige Liquiditätslage

---

196 Zwischenzeitliche Kursrisiken wurden zudem mit zusätzlich vereinbarten Total Return Swaps ausgeglichen. Vgl. BFH, Urteil vom 16.04.2014 – I R 2/12, DStR 2014, S. 2012 (Tz. 32); Schön, in: RdF 2015, S. 115 (S. 130); Spengel/Eisgruber, in: DStR 2015, S. 785 (S. 792).
197 BFH, Urteil vom 18.05.2015 – I R 88/13, in: BStBl. II 2016, S. 961 (Tz. 21).
198 Vgl. Schmidt/Usinger, in: BBK, § 254 HGB, Tz. 121.
199 Vgl. Bieg/Waschbusch (2017), S. 150.
200 Vgl. BAKred, Schreiben vom 25.08.1987.
201 Vgl. BAKred, Schreiben vom 25.08.1987.
202 Vgl. z. B. Scharpf/Schaber (2018), S. 425.

ausweist, da die Leihfrist die Restlaufzeit des Wertpapiers notwendigerweise nicht überschreitet. Aus diesem Grund scheint es sachgerechter, die Forderung entsprechend der Restlaufzeit des verliehenen Wertpapiers auszuweisen[203].

Die Forderung auf Rückübertragung ist nach h. M. aufgrund ihres Surrogatcharakters nach den **Bewertungsvorschriften** zu bilanzieren, die für die verliehenen Wertpapiere maßgeblich wären[204]. Wurden Wertpapiere der Liquiditätsreserve verliehen, so ist die Forderung nach dem strengen Niederstwertprinzip zu bewerten. Bei einer Hingabe von Wertpapieren des Anlagevermögens ist die Forderung nach dem gemilderten Niederstwertprinzip zu bilanzieren. Bei einer Ausleihung von Handelsbestandspositionen erfolgt die Bewertung der Forderung zum beizulegenden Zeitwert des hingegebenen Vermögensgegenstands. Abschreibungen und Zuschreibungen der Forderung sind in dem Posten der Gewinn- und Verlustrechnung auszuweisen, in dem die jeweiligen Aufwendungen und Erträge der hingegebenen Vermögensgegenstände ausgewiesen worden wären[205]. Sofern das Wertpapierleihgeschäft über ein Wertpapierleihsystem oder unter einem Rahmenvertrag dokumentiert wurde, der ein tägliches Margining vorsieht, so spielt die Bonität des Entleihers bei der Bewertung der Forderung auf Rückübertragung keine Rolle. Andernfalls ist die Bonität des Entleihers nach den allgemeinen Grundsätzen der Forderungsbewertung bei Instituten zu berücksichtigen[206]. Gerade aufgrund der Existenz des Bonitätsrisikos in diesen Fällen wird es in der Literatur als sachgerecht angesehen, den Übergang des wirtschaftlichen Eigentums auf den Entleiher und die Einbuchung einer Forderung auf Rückübertragung anzusetzen, da durch die Forderungsbewertung das in dem Geschäftsvorfall enthaltene Bonitätsrisiko bilanziell zum Ausdruck gebracht werden kann[207].

Aufgrund des Ausweises des Rückübertragungsanspruchs unter den Forderungen an Kunden oder den Forderungen an Kreditinstituten stellt sich die Frage, ob Forderungen aus Wertpapierleihen beim verleihenden Institut in die Bemessungsgrundlage zur Dotierung von **stillen Vorsorgereserven** nach § 340f HGB einzubeziehen sind[208]. Während dies für den Fall der Hingabe von Wertpapieren der Liquiditätsreserve irrelevant ist, würde dies im Falle der Hingabe von Wertpapieren des Anlagevermögens die Ausgangsbasis zur Bildung von stillen Vorsorgereserven erhöhen. Eine Einbeziehung von Rückerstattungsansprüchen, die unter den Forderungen an Kunden oder Forderungen an Kreditinstituten ausgewiesen werden und auf der Hingabe von Wertpapieren des Anlagevermögens beruhen, wird von einigen Autoren abgelehnt[209]. Scharpf/Schaber sehen dies aufgrund des Wortlauts von § 340f HGB als möglich an[210].

---

203 Vgl. Krumnow/Sprißler (2004), § 340b HGB, Tz. 75; Bieg/Waschbusch (2017), S. 151.
204 Vgl. BAKred, Schreiben vom 25.08.1987; Bieg/Waschbusch (2017), S. 151; Krumnow/Sprißler (2004), § 340b HGB, Tz. 79; Scharpf/Schaber (2018), S. 426 f.
205 Vgl. Scharpf/Schaber (2018), S. 428; Krumnow/Sprißler (2004), § 340b HGB, Tz. 79.
206 BAKred, Schreiben vom 25.08.1987; Krumnow/Sprißler (2004), § 340b HGB, Tz. 80; Scharpf/Schaber (2018), S. 427.
207 Vgl. ADS, § 246 HGB, Tz. 356.
208 Aufgrund des Wortlauts des § 340f HGB ist eine Einbeziehung von Forderungen des Handelsbestands unstrittig zu verneinen. Vgl. Bieg/Waschbusch (2017), S. 151.
209 Vgl. Bieg/Waschbusch (2017), S. 151 f.; Krumnow/Sprißler (2004), § 340b HGB, Tz. 76.
210 Vgl. Scharpf/Schaber (2018), S. 428.

Die dem Verleiher zufließenden **Entgelte** aus der Wertpapierleihe umfassen zum einen die weitergeleiteten Erträgnisse der Wertpapiere (Zinsen, Dividenden) und zum anderen die vom Entleiher zu entrichtende Leihgebühr. Die weitergeleiteten Erträgnisse des Wertpapiers sind in dem Posten der Gewinn- und Verlustrechnung auszuweisen, in dem sie ohne Durchführung der Wertpapierleihe zu erfassen gewesen wären. Kompensationszahlungen des Entleihers, die auf Zinsen aus Schuldverschreibungen und festverzinsliche Wertpapiere beruhen, sind daher unter den Zinserträgen (Posten 1, Staffelform) auszuweisen. Kompensationszahlungen des Entleihers, die auf Erträge aus Aktien und anderen nicht festverzinslichen Wertpapieren sowie Beteiligungen und Anteilen an verbundenen Unternehmen zurückzuführen sind, sind unter den »Laufenden Erträgen« (Posten 3, Staffelform) auszuweisen[211]. Erhaltene **Leihgebühren** sind beim Verleiher unter den Provisionserträgen zu zeigen; bei Wertpapieren des Anlagevermögens kommt auch ein Ausweis im Finanzanlagesaldo (Geschäftsergebnis) in Betracht (siehe Kapitel IV.2.2.7). Ein Ausweis unter den Zinserträgen wird allerdings auch als zulässig erachtet (Provision mit Zinscharakter)[212].

Aufgrund der bislang strittigen Frage zum Übergang des wirtschaftlichen Eigentums, ist eine Erläuterung der entsprechend angewendeten **Bilanzierungsgrundsätze** für Wertpapierleihen im Anhang zu befürworten.

1.7.3.2 Bilanzierung beim Entleiher

Beim entleihenden Institut ist das Wertpapier mit seinen Anschaffungskosten zu aktivieren. Diese bestimmen sich nach dem beizulegenden Zeitwert (»Kurswert der Papiere«[213]) im Zeitpunkt des Geschäftsabschlusses. Der Zugangswert beim entleihenden Institut kann daher von dem Buchwert der Rückübertragungsforderung beim Verleiher abweichen. Der Entleiher hat in der Höhe der Anschaffungskosten des Wertpapiers eine **Rückgabeverpflichtung** (Sachleistungsverpflichtung) zu passivieren. Der Ausweis der Sachleistungsverpflichtung unter den Verbindlichkeiten gegenüber Kunden oder Verbindlichkeiten gegenüber Kreditinstituten ist wiederum abhängig von der Person des Verleihers. Maßgeblich für die Restlaufzeitengliederung nach §9 Abs. 1 Nr. 3 oder Nr. 5 RechKredV ist die vertragliche Laufzeit der Wertpapierleihe (und nicht die Restlaufzeit der erhaltenen Wertpapiere)[214].

Nach h. M. ist das Wertpapier und die Rückübertragungsverpflichtung beim Entleiher abweichend vom Einzelbewertungsgrundsatz kompensatorisch zu bewerten, so lange der Entleiher das Wertpapier **im Bestand** hält[215]. Eine imparitätische Einzelbewertung von Wertpapier und Rückgabeverpflichtung würde bei jeder beliebigen Kursveränderung des Wertpapiers stets zu Aufwand (entweder aus einer Niederstwertabschreibung des Wertpapiers

---

211 Vgl. Häuselmann/Wiesenbart, in: DB 1990, S. 2132; Scharpf/Schaber (2018), S. 429; Krumnow/Sprißler (2004), § 340b HGB, Tz. 84.
212 Vgl. Scharpf/Schaber (2018), S. 429; Krumnow/Sprißler (2004), § 340b HGB, Tz. 85.
213 Vgl. BAKred, Schreiben vom 25.08.1987.
214 Vgl. Krumnow/Sprißler (2004), § 340b HGB, Tz. 81.
215 Vgl. BAKred, Schreiben vom 25.08.1987; Bieg/Waschbusch (2017), S. 154; Krumnow/Sprißler (2004), § 340b HGB, Tz. 83.

oder durch eine Zuschreibung der Verbindlichkeit) beim Entleiher führen. Dieses Vorgehen bildet die wirtschaftlichen Verhältnisse unzutreffend ab[216], so dass eine kompensatorische (Fest-)Bewertung von Wertpapier und Rückübertragungsverpflichtung vorzuziehen ist.

Hat der Entleiher das Wertpapier am Bilanzstichtag **nicht im Bestand**, so »hat er die auszuweisende Verbindlichkeit bei inzwischen gestiegenen Kursen entsprechend zu erhöhen. Bei gefallenen Kursen ist dagegen weiterhin der höhere Wert der Verbindlichkeit anzusetzen, da sich die für den Schuldner positive Kursdifferenz erst bei der Eindeckung mit den Wertpapieren zum günstigeren Börsenkurs realisieren würde«[217]. Ein drohender Verlust aus einem gedeckten Leerverkauf ist bilanziell damit durch eine aufwandswirksame Zuschreibung der Rücklieferungsverbindlichkeit, und nicht durch die Bildung einer Drohverlustrückstellung abzubilden[218]. I. d. R. werden diese Transaktionen dem Handelsbestand zuzuordnen sein (siehe auch IDW RS BFA 2, Tz. 10). In diesem Fall ist die Leerverkaufsverpflichtung einer erfolgswirksamen Zeitwertbilanzierung zu unterziehen. Eine Zuordnung zum Bankbuch kann allerdings dann sachgerecht sein, wenn das entliehene Wertpapier zum Zwecke der Liquiditätsgenerierung im Rahmen eines Wertpapierpensionsgeschäfts weitergereicht wird.

Hält der Entleiher die Wertpapiere im Bestand, so können die zufließenden Erträgnisse und deren Weiterleitung als ein **durchlaufender Posten** ohne Berührung der Gewinn- und Verlustrechnung erfasst werden[219]. Sind die Wertpapiere veräußert worden, so ist lediglich eine Aufwandsbuchung aus der Weiterleitungsverpflichtung zu erfassen. Der Ausweis kann je nach Art des Geschäfts entweder im Nettoertrag des Handelsbestands oder im Zinsergebnis sachgerecht sein. Die an den Verleiher zu entrichtende **Leihgebühr** ist als Provisionsaufwand zu buchen[220].

1.7.4 Bilanzierung ohne Übergang des wirtschaftlichen Eigentums

Wird der wirtschaftliche Eigentumsübergang verneint, so ist eine Wertpapierleihe wie ein echtes Wertpapierpensionsgeschäft nach § 340b Abs. 4 HGB zu bilanzieren. In diesem Fall sind die Wertpapiere weiterhin in der Bilanz des Verleihers auszuweisen. In der Literatur wird zum Teil eine besondere Kennzeichnung von verliehenen Wertpapieren in der Bilanz des Verleihers befürwortet[221]. Eine Wertpapierleihe hat in der Bilanz des Verleihers bei einer Verneinung eines wirtschaftlichen Eigentumsübergangs keine bilanziellen Folgen.

In der Bilanz des Entleihers ist kein Wertpapier einzubuchen. Die eingehenden Erträgnisse, die dem Entleiher aus dem zivilrechtlichen Eigentum an den Wertpapieren entstehen, sind als durchlaufender Posten ohne Berührung der Gewinn- und Verlustrechnung, an den Verleiher weiterzuleiten. Die zu entrichtende Leihgebühr ist als Provisionsaufwand

---

216 So auch Bieg/Waschbusch (2017), S. 154; aA Häuselmann/Wiesenbart, in: DB 1990, S. 2133.
217 BAKred, Schreiben vom 25.08.1987.
218 Vgl. Häuselmann/Wiesenbart, in: DB 1990, S. 2133; Krumnow/Sprißler (2004), § 340b HGB, Tz. 83.
219 Vgl. Bieg/Waschbusch (2017), S. 154; Krumnow/Sprißler (2004), § 340b HGB, Tz. 83.
220 Vgl. Bieg/Waschbusch (2017), S. 154.
221 Vgl. Prahl/Naumann, in: WM 1992, S. 1179.

zu zeigen[222]. Veräußert der Entleiher das geliehene Wertpapier, so stellt sich die gleiche bilanzielle Situation wie im Falle des wirtschaftlichen Eigentumsübergangs ein, in der der Entleiher die Wertpapiere nicht im Bestand hat. Der Entleiher hat eine Leerverkaufsverpflichtung einzubuchen und bei gestiegenem Kurswert diese nach dem Höchstwertprinzip zu bewerten. Bei einer Widmung in den Handelsbestand ist die Verpflichtung erfolgswirksam zum beizulegenden Zeitwert zu bilanzieren[223]. Gibt der Entleiher das Wertpapier zum Zwecke der Liquiditätsgenerierung in Pension, so hat der Entleiher den Buchwert der zur Sicherheit hinterlegten Wertpapiere nach § 340b Abs. 4 S. 4 HGB sowie den Gesamtbetrag der als Sicherheit übertragenen Vermögensgegenstände für in der Bilanz ausgewiesene Verbindlichkeiten nach § 35 Abs. 5 RechKredV im Anhang anzugeben. Beide Angabepflichten beziehen sich auf Vermögensgegenstände, die dem Institut personell zuzurechnen sind. Wird der wirtschaftliche Eigentumsübergang verneint, so liegen keine Vermögensgegenstände des Instituts im bilanziellen Sinne vor; einer Erläuterungspflicht im Anhang würde sich demnach nicht ergeben.

1.8 Leasing

1.8.1 Rechtliche Qualifikation

Der Leasingvertrag stellt keine gesetzlich explizit definierte Vertragsform dar und ist daher durch Vergleich mit anderen Vertragsformen zivilrechtlich einzuordnen. Unter »Leasing« wird die Überlassung von Sachen oder Sachgesamtheiten zum Gebrauch oder zur Nutzung auf Zeit gegen Entgelt verstanden[224]. Der Nutzungsüberlassung verbleibt das zivilrechtliche Eigentum beim Leasing-Geber während der Besitz auf den Leasing-Nehmer übergeht. Bei einem Leasingvertrag handelt es sich rechtlich nach h. M. um einen atypischen Mietvertrag[225] zwischen Leasing-Geber und Leasing-Nehmer[226], bei dem im Gegensatz zur Miete oder Pacht der Leasingnehmer die Haftung für die Instandhaltung bzw. Beschädigung des Leasinggegenstands trägt[227].

---

222 Vgl. Krumnow/Sprißler (2004), § 340b HGB, Tz. 86.
223 Nach der hier vertretenen Auffassung kommt eine Zuordnung zum Handelbestand nicht in Betracht, wenn der Entleiher die geliehenen Wertpapiere in Pension gibt. Ein Kursrisiko, welches eine kurzfristige Gewinnerzielungsabsicht begründen könnte, besteht in diesem Falle nicht, da der Entleiher durch den Forward-Rückkauf im Rahmen des Pensionsgeschäfts das Wertpapier zu vorher festgelegtem Kurs zurück erhält.
224 Vgl. Hopt, in: Baumbach/Hopt, HGB, V. Bankgeschäfte, 6. Kapitel, Tz. P/1.
225 Vgl. BGH-Urteil VIII ZR 82/94 vom 11.01.1995, in: BB 1995, S. 583.
226 Beachte, dass bei einem sog. Herstellerleasing ein Dreiecksverhältnis zwischen Leasing-Geber, Leasing-Nehmer und Lieferant besteht. Der (künftige) Leasing-Nehmer führt dabei zunächst eigenständig die Verhandlungen mit dem Lieferanten und gibt ggf. eine Bestellung der Sache bei dem Lieferanten auf. Der Leasing-Geber tritt daraufhin in die Bestellung ein und erklärt sich gegenüber dem Lieferanten als neuer Vertragspartner.
227 Vgl. ADS, § 246 HGB, Tz. 385; für eine Abgrenzung zwischen Mietvertrag und Leasingvertrag vgl. Sabel (2006), S. 11–13.

Man unterscheidet zwischen sog. **Finanzierungsleasing-** und **Operate-Leasing**-Verhältnissen. Während das Operate Leasing auf die Amortisation der Anschaffungs- und Herstellungskosten des Leasing-Gebers durch mehrfaches Überlassen des Leasinggegenstands abzielt, ist das Finanzierungsleasing auf den Rückfluss des eingesetzten Kapitals (Amortisation der aufgewendeten Kosten) ausgelegt[228]. Während sich Operate-Leasingverträge eindeutig als Mietverträge qualifizieren, werden Finanzierungsleasingverträge allerdings nicht in allen Rechtsgebieten durchgehend als Mietverträge angesehen. So orientiert sich der BGH bei der Inhaltskontrolle der **Leasing-AGB**[229] zwar am gesetzlichen Leitbild des Mietvertrags; gleichwohl wird eingeräumt, dass Abweichungen vom Mietrecht in den Fällen in Betracht kommen, in denen der typische Gehalt des Leasingvertrags in der betreffenden Fragestellung von dem eines normalen Mietvertrags abweicht[230]. Merkmale einer Einordnung des Finanzierungsleasings als Rechtskauf auf Kredit treten bei der Inhaltskontrolle insbesondere hervor, wenn es um die Frage der Zulässigkeit der Abwälzung von Preis- und Sachgefahr auf den Leasing-Nehmer geht. Dieser ist laut den Leasing-AGB auch dann zur Zahlung von Leasingraten verpflichtet, wenn von ihm nicht zu vertretende Wertminderungen oder der Untergang der Sache eingetreten sind. Diese Überwälzung von **Sach- und Preisgefahr** auf den Leasing-Nehmer wird vom BGH nur dann als zulässig angesehen, wenn der Leasing-Nehmer im Gegenzug die Ansprüche des Leasing-Gebers gegenüber den Lieferanten erhält[231]. Finanzierungsleasingverträge fallen als sog. »sonstige Finanzierungshilfen« unter das **Verbraucherkreditrecht** und werden dort wie ein **Teilzahlungskauf** behandelt. Insolvenzrechtlich werden Leasingverträge als Mietverträge behandelt.

Im Insolvenzfall besitzt der Leasing-Geber für das Leasinggut ein **Aussonderungsrecht aus der Insolvenzmasse** des Leasing-Nehmers[232]. Wenn der Insolvenzverwalter die Erfüllung des Leasingvertrags ablehnt, kann der Leasing-Geber als Schadensersatz die volle Amortisation seiner Kosten fordern[233]. Der Leasingvertrag kann mithin auch als ein Vertrag sui generis angesehen werden, »der sowohl kauf- und darlehensrechtliche als auch mietähnliche Züge aufweist«[234].

---

228 Vgl. Hopt, in: Baumbach/Hopt, HGB, V. Bankgeschäfte, 6. Kapitel, Tz. P/1 f.
229 Nähere Bestimmungen zu Leasingverträgen ergeben sich i. d. R. aus den allgemeinen Geschäftsbedingungen (Leasing-AGB). Da diese nicht individuell zwischen Leasing-Geber und Leasing-Nehmer verhandelt werden, unterliegen die Leasing-AGB der Inhaltskontrolle nach §§ 307 ff. BGB. Bestimmungen in den allgemeinen Geschäftsbedingungen sind unwirksam, wenn sie den Vertragspartner des Verwenders entgegen den Geboten von Treu und Glauben unangemessen benachteiligen (§ 307 Abs. 1. S. 1 BGB).
230 Vgl. BGH-Urteil VIII ZR 288/89 vom 04.07.1990, in: NJW 1990, S. 3016–3018.
231 Vgl. in diversen Urteilen BGH-Urteil VIII ZR 319/85, in: BB 1987, S. 150 ff.; BGH-Urteil VIII ZR 226/86, in: NJW 1988, S. 198 ff.; BGH-Urteil VIII ZR 55/03 vom 08.10.2003, in: NJW 2004, S. 1041–1043.
232 Vgl. bspw. BGH-Urteil IX ZR 81/05 vom 01.03.2007, in: NJW 2007, S. 1594–1596.
233 Vgl. Weber, in: NJW 2007, S. 2529.
234 Sabel (2006), S. 16.

1.8.2 Persönliche Zurechnung durch die steuerlichen Leasingerlasse

1.8.2.1 Maßgeblichkeit der steuerlichen Leasingerlasse für die Bestimmung des wirtschaftlichen Eigentums nach HGB

Die allgemeinen handelsrechtlichen Zurechnungsvorschriften des § 246 Abs. 1 HGB stellen auch die Grundlage für die Zurechnung von Leasinggegenständen zum Leasing-Geber oder zum Leasing-Nehmer dar. Dabei stellt das zivilrechtliche Eigentum zunächst den Ausgangspunkt für die Bestimmung des wirtschaftlichen Eigentums dar. Zivilrechtlicher Eigentümer eines Leasinggegenstands ist stets der Leasing-Geber[235]. Dieser kann jedoch aufgrund der spezifischen Ausgestaltung des Leasingvertrags dauerhaft von den Einwirkungen auf den Leasinggegenstand ausgeschlossen sein und mithin die tatsächliche Sachherrschaft über den Leasinggegenstand nicht ausüben. In diesem Fall ist das wirtschaftliche Eigentum dem Leasing-Nehmer zuzuordnen, der den Leasinggegenstand dann auch zu bilanzieren hat. Wirtschaftlicher Eigentümer ist nach den allgemeinen Grundsätzen mithin derjenige, der die **wesentlichen Chancen und Risiken** trägt.

Durch die **Rechtsprechung des BFH** und den **Leasingerlassen der Finanzverwaltung** haben diese allgemeinen Grundsätze eine inhaltliche Konkretisierung erfahren, wobei letztere lediglich norminterpretierende Verwaltungsvorschriften ohne Bindungswirkung für die gerichtliche Normenauslegung darstellen[236]. Nach dem Willen des Gesetzgebers stellen die Leasingerlasse auch nach Inkrafttreten des BilMoG weiterhin eine »Arbeitshilfe für die Praxis (dar), die Anhaltspunkte dafür enthalten, welche Kriterien in bestimmten Fällen zur Beurteilung der Verteilung der wesentlichen Chancen und Risiken beachtet werden müssen oder wem das wirtschaftliche Eigentum in bestimmten Fällen einer typisierten Chancen- und Risikoverteilung zuzuweisen ist«[237]. Die Leasingerlasse geben exakte (zum Teil quantitative) Grenzen vor, ab wann das wirtschaftliche Eigentum einer bestimmten Vertragspartei zuzuordnen ist. Auf den ersten Blick mögen diese Grenzen willkürlich erscheinen; gleichwohl gewährleisten sie für die Praxis eine rechtssichere Beurteilung der Frage der Zurechnung des wirtschaftlichen Eigentums. Die Finanzverwaltung hat zu den folgenden Fällen Leasingerlasse verlautbart.

	Vollamortisationsvertrag	Teilamortisationsvertrag
Bewegliche Sachen (Mobilienleasing)	BMF-Schreiben v. 19.04.1971 (BMF IV B 2 – S 2170 – 31/71) BStBl. I 1971 S. 264	BMF-Schreiben v. 22.12.1975 (BMF IV B 2 – S 2170 – 161/75) DB 1976, S. 172
Unbewegliche Sachen (Immobilienleasing)	BMWF-Schreiben v. 21.03.1972 (BMWF F/IV B 2 – S 2170 – 11/72) BStBl. I 1972 S. 188[227]	BMF-Schreiben v. 23.12.1991 (BMF IV B 2 – S 2170 – 115/91) BStBl. I 1992, S. 13

Abb. 16: Überblick – Leasingerlasse

---

235 Ist nach Ablauf der Mietzeit der Übergang des rechtlichen Eigentums auf den Leasingnehmer vereinbart, so liegt ein sog. Mietkauf-Vertrag vor, durch den das wirtschaftliche Eigentum dem Leasingnehmer zuzuordnen ist. Vgl. WPH, 15. Aufl., F 1311.
236 Vgl. Wüstemann/Backes/Schober, in: BB 2017, S. 1963 (S. 1964).
237 BT-Drs 16/10067, S. 47.

Ein **Vollamortisationsvertrag** liegt vor, wenn die während der unkündbaren Grundmietzeit von dem Leasing-Nehmer zu entrichtenden Leasingzahlungen mindestens die Anschaffungs- und Herstellungskosten des Leasing-Gebers (inklusive Nebenkosten und Gewinnspanne) amortisieren. Bei einem **Teilamortisationsvertrag** decken die während der unkündbaren Grundmietzeit zu leistenden Leasingzahlungen die Anschaffungs- und Herstellungskosten nicht. Es verbleibt für den Leasing-Geber ein noch nicht amortisierter Restwert.

Zur Abgrenzung von beweglichen und unbeweglichen Sachen ist auf die Begriffsdefinitionen in § 7 Abs. 1 EStG abzustellen. Dabei ist jedoch zu beachten, dass nach § 7 Abs. 1 EStG immaterielle Wirtschaftsgüter weder bewegliche noch unbewegliche Wirtschaftsgüter darstellen[238]. Zum Zwecke der Subsumtion unter die Leasingerlasse gelten **immaterielle Wirtschaftsgüter** als unbewegliche Sachen, so dass deren wirtschaftliche Zurechnung nach den Immobilienerlassen zu erfolgen hat[239]. Die Leasingerlasse sind in diesem Zusammenhang insbesondere auch auf **Filmfonds-Konstruktionen** anzuwenden[240], bei denen ein Fonds im Wege einer unechten Auftragsproduktion einen selbst geschaffenen immateriellen Vermögensgegenstand (Filmrecht) erzeugt hat[241], für welches steuerrechtlich ein Ansatzverbot gilt[242]. Diese Konstruktionen stellen steuerlich darauf ab, die Herstellungskosten des Films als sofort abziehbare Betriebsausgaben anzusetzen und die Lizenzeinnahmen aus der Verwertung der Filmrechte erst während der Verwertungsphase versteuern zu müssen[243]. Bei Filmfonds-Konstruktionen ist das wirtschaftliche Eigentum dem Leasinggeber zuzuordnen[244], der das Leasinggut allerdings aufgrund seiner Eigenschaft als selbst erstellter immaterieller Vermögensgegenstand (handelsrechtlich vor BilMoG sowie) steuerrechtlich nicht bilanziert.

Die Vertragsgestaltung von Leasingverträgen orientiert sich in der Praxis weit überwiegend an den nachfolgend dargestellten Leasingerlassen, da durch den Abschluss erlasskonformer Leasingverträge eine rechtssichere Zuordnung des wirtschaftlichen Eigentums erreicht wird[245]. Weicht die Vertragsgestaltung aber von den in den Leasingerlassen behandelten Vertragsmodellen ab, so ist eine Zuordnung auf Basis der allgemeinen Grundsätze vorzunehmen. Dabei ist auf das Gesamtbild der Verhältnisse abzustellen. Über **unübliche**

---

238 Vgl. BFH-Urteil vom 22.05.1979, in: BStBl II 1979, S. 634; Buciek, in: Blümich, EStG, § 5 EStG, Tz. 335; Herzig/Söffing, in: WPg 1994, S. 658.
239 Vgl. BMF-Schreiben vom 23.02.2001, IV A – S 2241 – 8/01, in: BStBl. I S. 175, hier Tz. 16.
240 Vgl. Medienerlasse des BMF: BMF-Schreiben vom 23.02.2001, IV A – S 2241 – 8/01, in: BStBl. I S. 175 sowie in Ergänzung BMF-Schreiben vom 05.08.2003, IV A 6 – S 2241 – 81/03.
241 Vgl. FG München-Urteil vom 08.04.2011, 1 K 3669/09, in: BeckRS 2011, 95730, S. 6 f.
242 Durch die Einführung des BilMoG können selbst erstellte immaterielle Vermögensgegenstände, für die kein Ansatzverbot nach § 248 Abs. 2 S. 2 HGB gilt aktiviert werden. Steuerlich bleibt es hingegen bei einem Ansatzverbot.
243 Vgl. Herzig/Briesemeister, in: Ubg 2011, S. 583.
244 Vgl. Wassermeyer, in: DB 2010, S. 357; Herzig/Briesemeister, in: Ubg 2011, S. 591. Die Konformität der Filmfonds-Konstruktionen mit den in den Leasingerlassen behandelten Vertragstypen wird bezweifelt von Elicker/Hartrott, in: BB 2011, S. 1885.
245 Gleichwohl erscheint die GoB-Konformität einzelner in den Leasingerlassen verwendeter Kriterien zweifelhaft. Unterschreitet die Grundmietzeit 40 % der Nutzungsdauer, so soll das Leasinggut dem Leasingnehmer zuzuordnen sein, da für diesen Fall die Existenz von für den Leasingnehmer günstige Optionen unterstellt wird. Vgl. Wüstemann/Backes/Schober, in: BB 2017, S. 1963 (S. 1964).

Vertragsgestaltungen finden sich vereinzelte Urteile in der Zivil- und Steuerrechtsprechung[246].

Die Zuordnung des wirtschaftlichen Eigentums richtet sich in einem ersten Schritt nach dem Leasingvertrag und dessen Subsumtion unter die einschlägigen Leasingerlasse. In einem zweiten Schritt wird von der Rechtsprechung allerdings auch die tatsächliche Durchführung des Leasingvertrags verlangt. Weicht die **tatsächliche Durchführung**, des Leasingverhältnisses von dem Leasingvertrag ab, so dass der Eindruck entsteht, dass dem Vertrag eine völlig andere Absprache zugrunde liegt, so ist das wirtschaftliche Eigentum dem Leasing-Nehmer zuzuordnen[247], da für die Zuordnung des wirtschaftlichen Eigentums nicht das formal Erklärte, sondern das wirtschaftlich Gewollte und tatsächlich Bewirkte ausschlaggebend ist[248].

1.8.2.2 Leasingerlasse über bewegliche Sachen (Mobilien)

1.8.2.2.1 Vollamortisationsverträge

Bei beweglichen Sachen, die im Rahmen eines Vollamortisationsvertrags geleast werden, ist sinnvollerweise in einem ersten Schritt zu prüfen, ob ein **Spezial-Leasing** vorliegt. In diesem Fall ordnet der Leasingerlass vom 19.04.1971 das wirtschaftliche Eigentum unabhängig von den sonstigen Zurechnungskriterien des Leasingerlasses dem Leasingnehmer zu. Ein Spezial-Leasing liegt vor, wenn der Leasinggegenstand so speziell für die Bedürfnisse des Leasingnehmers hergestellt wurde, dass eine wirtschaftliche Nutzung des Gegenstands durch einen Dritten wirtschaftlich sinnvoll nicht möglich ist[249]. Ob ein Spezial-Leasing vorliegt, ist eng auszulegen und nur dann anzunehmen, wenn der Leasingnehmer als Einziger in der Lage ist, das Wirtschaftsgut zu nutzen und eine alternative Nutzung durch Dritte nicht denkbar erscheint[250] und der Herausgabeanspruch des Leasinggebers wirtschaftlich wertlos ist[251]. In der Praxis wird hingegen von einem **Spezial-Leasing** so gut wie nie ausgegangen, da jede halbwegs greifbare Möglichkeit einer anderweitigen Verwertung (z. B. Verschrottung) einer Einordnung als Spezial-Leasing entgegensteht[252]. Für eine Einordnung von Leasingverhältnisse als Spezial-Leasing ist die Rechtsprechung im Einzelfall zu beachten[253].

---

246 Vgl. z. B. OLG Hamm, Urteil 13 U 233/03 vom 01.03.2004, in: BeckRS 2005, 02016.
247 Vgl. FG Niedersachsen, Urteil vom 19.06.2002 – 2 K 457/99, in: DStRE 2003, S. 458–459.
248 Vgl. BFH-Urteil III R 130/95 vom 15.02.2001, in: DStRE 2001, S. 971–978.
249 Vgl. BFH-Urteil vom 26.01.1970 – IV R 144/66, in: NJW 1970, S. 1151.
250 Vgl. FG Hamburg, Urteil vom 27.05.2009, in: DStRE 2010, S. 687 (S. 689).
251 Vgl. BFH, Urteil vom 13.10.2016 – IV R 33/13, in: DStR 2017, S. 200 (S. 304).
252 Vgl. WPH I2012, E 38; Heurung/Sabel, in: BeckHdR, B 710, Tz. 68.
253 So stellt bspw. die Vermietung einer Telefonanlage für zehn Jahre, die nach den individuellen Anforderungen des jeweiligen Nutzers installiert ist ein Spezial-Leasing dar, da in dem konkreten Fall keine anderweitige Nutzung wirtschaftlich sinnvoll sei. Vgl. BFH-Urteil III R 130/95 vom 15.02.2001, in: DStRE 2001, S. 971–978; zur Urteilsanmerkung vgl. Berg/Schanne, in: DB 2002, S. 970.

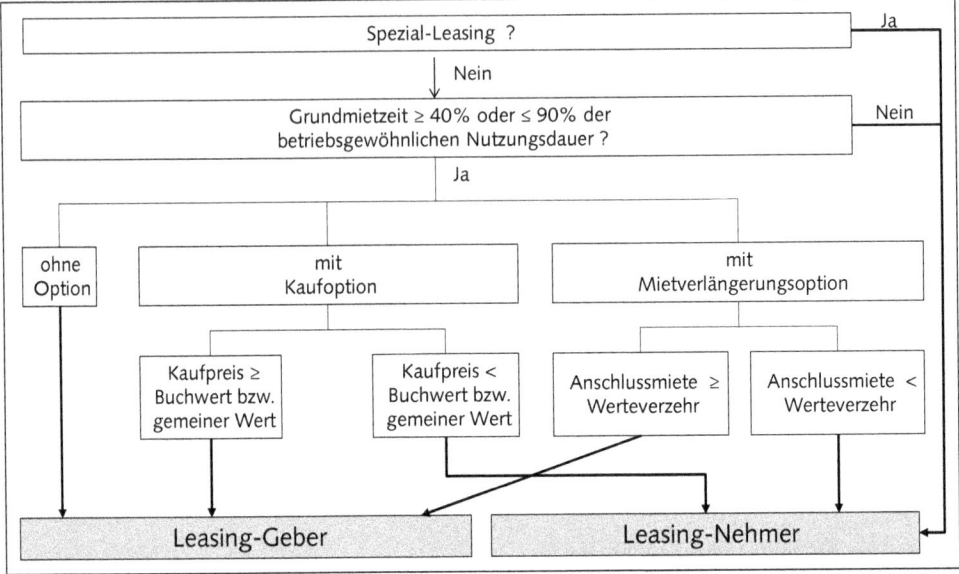

Abb. 17: Mobilienleasing/Vollamortisationsvertrag

Sofern ein Spezial-Leasing nicht vorliegt, kommt nach dem Vollamortisationserlass eine Zuordnung des wirtschaftlichen Eigentums an dem Leasinggegenstand zum Leasing-Geber **nur dann** in Betracht, wenn die **unkündbare** Grundmietzeit mindestens 40 % und höchstens 90 % der betriebsgewöhnlichen Nutzungsdauer des Leasinggegenstands beträgt. Bei der Bestimmung der betriebsgewöhnlichen Nutzungsdauer ist auf den in der amtlichen AfA-Tabelle angegebenen Zeitraum abzustellen. Sofern Anhaltspunkte für ein Abweichen zwischen der technischen Nutzungsdauer der AfA-Tabellen und der voraussichtlichen wirtschaftlichen Nutzungsdauer bestehen, ist für die handelsrechtliche Zurechnung auf die wirtschaftliche Nutzungsdauer abzustellen[254]. Die **Grenzen von 40 % und 90 %** stellen jeweils pauschale Konkretisierungen der Finanzverwaltung dar. Übersteigt die unkündbare Grundmietzeit 90 % der betriebsgewöhnlichen Nutzungsdauer, so wird davon ausgegangen, dass der Leasing-Geber auf Dauer von Einwirkungen auf den Leasinggegenstand ausgeschlossen und mithin das wirtschaftliche Eigentum dem Leasing-Nehmer zuzuordnen ist[255]. Beträgt die unkündbare Grundmietzeit weniger als 40 % der betriebsgewöhnlichen Nutzungsdauer, so wird davon ausgegangen, dass ein Leasing-Nehmer bei Abschluss eines Vollamortisationsvertrags nur bereit ist, wenn er den Leasinggegenstand zu günstigen Bedingungen am Ende der Grundmietzeit übernehmen kann[256]. In diesem Fall ist das wirtschaftliche Eigentum dem Leasing-Nehmer zuzuordnen.

Daneben sind die sog. **Endschaftsregelungen** entscheidend für die Zurechnung des wirtschaftlichen Eigentums zum Leasing-Geber oder Leasing-Nehmer. Eine Zurechnung des wirtschaftlichen Eigentums zum Leasing-Geber kommt nur dann in Betracht, wenn

---

254 Vgl. WPH, 15. Aufl., F 1314.
255 Vgl. BFH-Urteil IV R 144/66 vom 26.01.1970, in: NJW 1970, S. 1148–1151.
256 Vgl. Heurung/Sabel, in: BeckHdR, B 710, Tz. 60.

dem Leasing-Geber durch die Endschaftsregelungen die Wertsteigerungschancen am Ende der Grundmietzeit zufallen. Dem könnte bspw. eine »**günstige**« **Kaufoption** des Leasing-Nehmers am Ende der Grundmietzeit entgegenstehen. Dies ist laut Leasingerlass der Fall, wenn der Ausübungspreis der Kaufoption kleiner oder gleich dem (Rest)Buchwert bzw. eines niedrigeren gemeinen Werts[257] im Zeitpunkt der Optionsausübung ist. In diesem Fall ist bereits bei Vertragsabschluss die Ausübung einer Kaufoption als wahrscheinlich anzusehen, mit der Folge, dass dem Leasing-Nehmer das wirtschaftliche Eigentum an dem Leasinggegenstand während der gesamten Vertragslaufzeit zuzuordnen ist. Liegt der Ausübungspreis unter dem Restbuchwert bzw. gemeinen Wert, so ist eine Zurechnung zum Leasing-Nehmer vorzunehmen.

Ebenso könnten Optionen einer Zurechnung des Leasingguts zum Leasing-Geber entgegenstehen, durch die der Leasing-Nehmer das Recht hat, die Mietzeit nach Ablauf der Grundmietzeit zu verlängern (sog. **Mietverlängerungsoption**). Sofern eine Mietverlängerungsoption als »günstig« einzustufen ist, besitzt der Leasing-Nehmer das wirtschaftliche Eigentum an dem Leasinggegenstand. Dies ist nach dem Leasingerlass der Fall, wenn die Summe aller Anschlussmieten kleiner ist als der künftige Werteverzehr des Leasingguts (auf Basis der Restnutzungsdauer lt. AfA-Tabelle).

1.8.2.2.2 Teilamortisationsverträge

Decken die vereinbarten Leasingraten nur einen Teil der Anschaffungs- und Herstellungskosten des Leasing-Gebers (sog. Teilamortisationsvertrag), so richtet sich die Zurechnung des wirtschaftlichen Eigentums nach dem Leasingerlass vom 22.12.1975[258]. Der Leasingerlass nimmt Stellung zur Zurechnung des wirtschaftlichen Eigentums für die folgenden Vertragsmodelle:
- Vertrag mit Andienungsrecht des Leasing-Gebers;
- Vertrag mit Mehrerlösbeteiligung;
- Kündbarer Vertrag mit Anrechnung der Verrechnung des Verwertungserlöses auf die Schlusszahlung.

Dabei ist zu beachten, dass – wie auch beim Vollamortisationsvertrag – die steuerlichen Zurechnungskriterien sich nur auf typische Vertragsmodelle beziehen, so dass für die handelsbilanzielle Zuordnung des wirtschaftlichen Eigentums eine Ableitung nach den allgemeinen Grundsätzen erforderlich ist. Bei nicht-erlasskonformen Verträgen ist mithin eine Würdigung auf Basis aller Umstände des Einzelfalls vorzunehmen, so dass hierbei die Regelungen zu den Vollamortisationsverträgen zu beachten ist[259].

---

257 Der niedrigere gemeine Wert ist der im gewöhnlichen Geschäftsverkehr für ein Wirtschaftsgut nach seiner Beschaffenheit unter Berücksichtigung aller den Preis beeinflussenden Umstände erzielbare Verkaufspreis, wobei ungewöhnliche oder persönliche Verhältnisse nicht zu berücksichtigen sind (§ 9 Abs. 2 BewG).
258 Vgl. BMF-Schreiben IV B 2 – S 2170.161/75 vom 22.12.1975, in: DB 1976, S. 172 ff.
259 Vgl. Adolph/Gabor/Lange, in: Die Bilanz nach Handels- und Steuerrecht, S. 478.

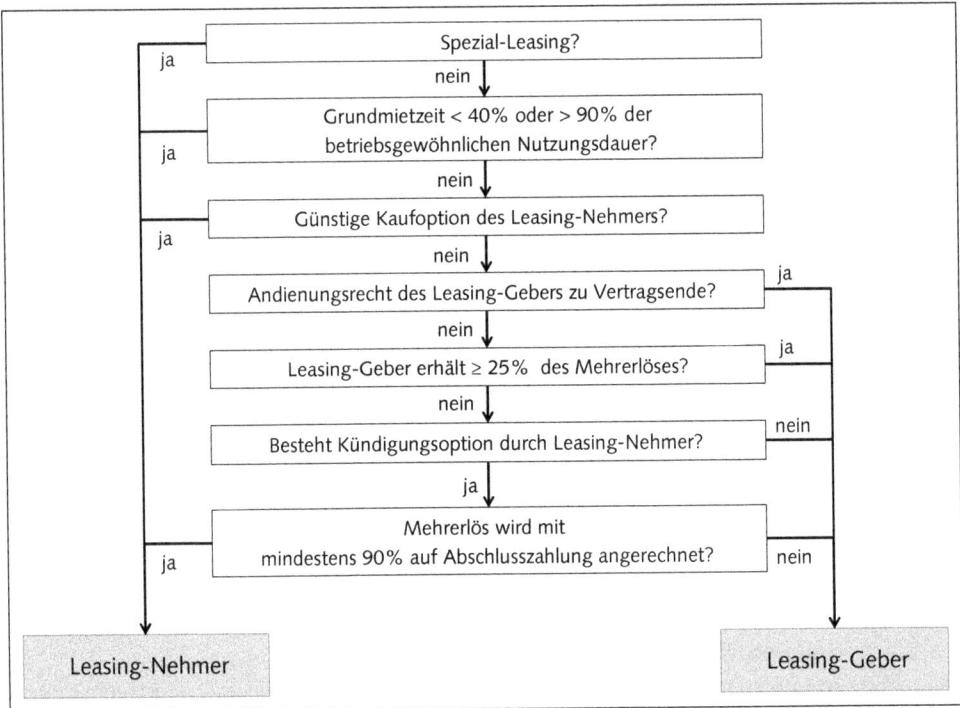

Abb. 18: Mobilienleasing/Teilamortisationsvertrag[260]

Wie auch bei Vollamortisationsverträgen ist eine Zuordnung von Spezial-Leasinggütern zum Leasing-Nehmer vorzunehmen. Hier gelten die gleichen Ausführungen wie zu Vollamortisationsverträgen.

Bei allen Vertragsmodellen weist der Teilamortisationserlass das wirtschaftliche Eigentum dem Leasing-Nehmer zu, wenn die unkündbare Grundmietzeit **kleiner als 40 % oder größer als 90 %** der betriebsgewöhnlichen Nutzungsdauer ist. Bei einem Überschreiten der 90 %-Grenze wird der Leasing-Geber dauerhaft von Einwirkungen auf den Leasinggegenstand ausgeschlossen, so dass analog zum Vollamortisationsvertrag eine Zuordnung des wirtschaftlichen Eigentums beim Leasing-Nehmer vorzunehmen ist. Strittig ist hingegen, ob ein Unterschreiten der 40 %-Grenze bei einem Teilamortisationsvertrag auch handelsrechtlich automatisch zu einer Zuordnung des wirtschaftlichen Eigentums beim Leasing-Nehmer führt. Für eine Zuordnung zum Leasing-Nehmer in diesem Fall wird angeführt, dass aufgrund des starken Wertverlusts in den ersten Jahren der Nutzung von der Existenz von Nebenabreden auszugehen ist, die eine Übernahme des Leasingguts zum Gegenstand haben. Diese Annahme erscheint jedoch für solche Leasinggegenstände zweifelhaft, die keinem starken Wertverlust in den ersten Jahren ausgesetzt sind und bei denen ein angemessener Restwert erwartet werden kann oder vereinbart wurde[261]. Da bei Teilamortisa-

---

260 In Anlehnung an Adolph/Gabor/Lange, in: Die Bilanz nach Handels- und Steuerrecht, S. 479.
261 So wird für die handelsrechtliche Zurechnung des wirtschaftlichen Eigentums bei Teilamortisationsverträgen zum Teil lediglich das Überschreiten der 90 %-Grenze explizit angeführt. Vgl. z. B. WPH, 15. Aufl., F 1321.

tionsverträgen nach Ablauf der Grundmietzeit i. d. R. von einem substanziellen Restwert ausgegangen werden kann, ist für die Zurechnung des wirtschaftlichen Eigentums die Verteilung der Chancen und Risiken aus der Verwertung des Leasinggegenstands am Ende der Grundmietzeit von besonderer Bedeutung. Besteht bei Einhaltung der 40 %/90 %-Grenze keine Spezifizierung der Endschaftsregelung, so ist das wirtschaftliche Eigentum dem Leasing-Geber zuzuordnen, da dieser das Restwertrisiko trägt[262].

a) **Verträge mit Andienungsrecht.** Hat der Leasing-Geber das Recht dem Leasing-Nehmer das Leasinggut am Ende der Mietzeit zu einem vorher bestimmten Preis anzudienen (Andienungsrecht), so ist das wirtschaftliche Eigentum dem Leasing-Geber zuzuordnen, da durch das Andienungsrecht die Wertminderungsrisiken auf den Leasing-Nehmer übertragen werden können. Sofern der Leasing-Geber von seinem Andienungsrecht keinen Gebrauch macht, käme eine Veräußerung des Leasingguts durch den Leasing-Geber an Dritte in Betracht, wodurch dieser Wertsteigerungschancen realisieren könnte. Es liegt mithin ein asymmetrisches Chance-Risiko-Profil vor. Während der Leasing-Nehmer alle Restwertrisiken trägt, besitzt der Leasing-Geber alle Wertsteigerungschancen. Für die Zurechnung des wirtschaftlichen Eigentums ist beim Teilamortisationserlass hingegen **nur** die Zuordnung der **Wertsteigerungschancen** maßgeblich[263]. Diese liegen bei Verträgen mit Andienungsrecht regelmäßig beim Leasing-Geber, der mithin als wirtschaftlicher Eigentümer des Leasinggegenstands anzusehen ist.

b) **Verträge mit Mehrerlösbeteiligung.** Bei Verträgen mit Mehrerlösbeteiligung ist der Leasing-Nehmer verpflichtet, die Differenz zwischen dem Restwert und dem Veräußerungserlös in Form einer Schlusszahlung an den Leasing-Geber auszugleichen, sofern der Veräußerungserlös den kalkulierten Restwert unterschreitet (Mindererlös). Der Leasing-Nehmer garantiert insoweit dem Leasing-Geber eine Wertuntergrenze (Restwertgarantie) und trägt mithin das Restwertrisiko[264]. Sofern ein Mehrerlös aus der Verwertung erzielt wird (d. h. Verwertungserlös > kalkulierter Restwert), ist vereinbart, dass der Leasing-Nehmer an diesem Mehrerlös partizipiert. Gem. Teilamortisationserlass ist dem Leasing-Geber das wirtschaftliche Eigentum dann zuzurechnen, wenn der Leasing-Nehmer mit weniger als 75 % am Mehrerlös aus der Verwertung des Leasinggegenstands partizipiert. Bei einer höheren Partizipation ist dem Leasing-Nehmer das wirtschaftliche Eigentum zuzurechnen, da er in diesem Fall nicht nur alle Restwertrisiken, sondern auch alle wesentlichen Wertsteigerungschancen besitzt.

c) **Kündbare Verträge mit Anrechnung.** Kündbare Verträge weisen keine festvereinbarte Grundmietzeit auf; der Leasing-Nehmer kann jedoch frühestens nach Ablauf einer Mindestvertragslaufzeit (i. d. R. mehr als 40 % der Nutzungsdauer) gegen Leistung einer

---

262 Vgl. Gelhausen/Henneberger, in: HdJ, Abt. I/5, Tz. 55.
263 Kritisch bspw. Baetge/Ballwieser, in: DBW 1978, S. 12, die auch eine Berücksichtigung der Restwertrisiken für erforderlich halten.
264 Vgl. Sabel (2006), S. 37.

Abschlusszahlung[265] das Leasingverhältnis kündigen. In dem vom Steuererlass behandelten Vertragstyp wird auf die Abschlusszahlung der Veräußerungserlös zu 90 % angerechnet, so dass der Leasing-Nehmer die Differenz aus Verwertungserlös und Restwert auszugleichen hat. Der Leasing-Geber besitzt somit beinahe sämtliche Wertsteigerungschancen und der Leasing-Nehmer die Restwertrisiken; dem Leasing-Geber wird mithin das wirtschaftliche Eigentum zugeordnet.

Wird abweichend vom Leasingerlass vereinbart, dass bei Vertragsablauf eine Abschlusszahlung in Höhe der Restamortisation durch den Leasing-Nehmer zu zahlen ist und gleichzeitig der Leasing-Nehmer eine Kaufoption nach Ablauf der Grundmietzeit besitzt, bei dessen Ausübung die Abschlusszahlung auf den Kaufpreis angerechnet wird, so ist das wirtschaftliche Eigentum dem Leasing-Nehmer zuzuordnen[266].

1.8.2.3 Leasingerlasse über unbewegliche Sachen (Immobilien)

1.8.2.3.1 Vollamortisationsverträge

Der Leasingerlass vom 31.03.1972 regelt die steuerliche Zurechnung des wirtschaftlichen Eigentums von Immobilien, die einem Leasing-Nehmer im Wege eines Vollamortisationsvertrags zur Nutzung überlassen werden. In der Praxis ist eine Vollamortisation beim Immobilienleasing eher unüblich[267]. Die Zuordnung des wirtschaftlichen Eigentums von Grund und Boden einerseits sowie des Gebäudes andererseits sind getrennt zu beurteilen[268]. Dies liegt darin begründet, dass ein Gebäude eine endliche Nutzungsdauer aufweist, während das Grundstück einen nicht-abnutzbaren Vermögensgegenstand darstellt. Für die Betriebsvorrichtungen von Gebäuden gelten hingegen die Grundsätze für bewegliche Leasinggegenstände. Der Immobilienerlass vom 31.03.1972 nimmt Stellung zu den folgenden Vertragstypen:

- **Vertrag ohne Optionsrechte.** Bei einem Vertrag ohne Optionsrecht (d.h. keine Andienungsrechte des Leasinggebers, keine Kaufoption des Leasing-Nehmers, keine Mietverlängerungsoptionen) ist das wirtschaftliche Eigentum am Grund und Boden stets dem Leasing-Geber zuzuordnen, da nach Ablauf des Leasingverhältnisses das wirtschaftliche Eigentum am Grundstück aufgrund der unbegrenzten Nutzungsdauer an diesen zurückfällt. Ebenso ist dem Leasing-Geber bei einem Leasingvertrag ohne Optionsrechte und bei einer Grundmietzeit innerhalb der 40 %/90 %-Grenzen das wirtschaftliche Eigentum zuzurechnen, da der Leasing-Geber die Wertsteigerungschancen innehat. Bei einer Grundmietzeit außerhalb der 40 %/90 %-Grenzen ist dem Leasing-Nehmer das Gebäude zuzurechnen[269].
- **Vertrag mit Kaufoption.** Nach §94 BGB gehört ein Gebäude zu den »wesentlichen Bestandteilen« eines Grundstücks, welches nach §93 BGB nicht vom Grundstück

---

265 Die Bemessung von Abschlusszahlungen bei vorzeitiger Beendigung ist häufig Gegenstand der Rechtsprechung. Vgl. OLG Düsseldorf, OLG-Report 2006, S.781, ebenso in: BeckRS 2006, 10381.
266 Vgl. OFD Frankfurt am Main, Verfügung vom 20.06.2006, AZ: S 2170 A – 28 – St 219, HMdF-Erlass vom 19.05.2006 – S 2170 A – 151 – 113a, in: BB 2006, S.2017.
267 Vgl. Heurung/Sabel, in: BeckHdR, B 710, Tz. 98.
268 Vgl. BMWF-Schreiben F/IV B 2-S-2170-11/72 vom 21.03.1972, in: BeckVerw 026671, S.2.
269 Vgl. BMWF-Schreiben F/IV B 2-S-2170-11/72 vom 21.03.1972, in: BeckVerw 026671, S.2f.

getrennt werden kann, so dass mithin Grundstück und Gebäude nicht Gegenstand besonderer Rechte sein können. Bei der Übertragung einer Sache kann das Eigentum an einem wesentlichen Bestandteil nicht zurückbehalten werden[270]. Der wesentliche Bestandteil einer Sache ist sonderrechtsunfähig, d.h. er teilt das rechtliche Schicksal der Sache[271]. Das Eigentum an der Gesamtsache und das Eigentum am wesentlichen Bestandteil fallen somit zusammen, so dass Grund und Boden sowie das Gebäude nicht unterschiedliche Eigentümer haben können. Eine Kaufoption des Leasing-Nehmers kann sich mithin nur auf die Gesamtheit von Grund- und Boden einschließlich Gebäude beziehen[272]. Eine Zuordnung zum Leasing-Nehmer kommt dann in Betracht, wenn die Kaufoption als »günstig« einzustufen ist, und mithin ex ante mit einer Ausübung der Option durch den Leasing-Nehmer gerechnet werden kann. Nach dem Leasingerlass ist die Kaufoption als günstig anzusehen, wenn der Gesamtkaufpreis für Grundstück und Gebäude kleiner ist als die Summe aus Restbuchwert des Gebäudes bei linearer AfA sowie Buchwert des Grundstücks im Zeitpunkt der Veräußerung. In diesem Fall ist dem Leasing-Nehmer das Grundstück wie auch das Gebäude wirtschaftlich zuzurechnen.

- **Vertrag mit Mietverlängerungsoption.** Ist in dem Vollamortisationsvertrag eine für den Leasing-Nehmer günstige Mietverlängerungsoption vorgesehen, so ist das Gebäude bei ihm zu bilanzieren. Eine Mietverlängerungsoption, bei der die Anschlussmiete mehr als 75 % des Mietentgelts beträgt, das »für ein nach Art, Lage und Ausstattung vergleichbares Grundstück üblicherweise gezahlt wird«, führt zu einer Zurechnung des wirtschaftlichen Eigentums zum Leasing-Geber.
- **Spezial-Leasingvertrag.** Bei einem Spezial-Leasing ist das wirtschaftliche Eigentum dem Leasing-Nehmer zuzuordnen. Die Zurechnung des Grundstücks zum Leasing-Geber wird dadurch nicht berührt. Zur Auslegung des Spezial-Leasings gelten die oben genannten engen Voraussetzungen.

1.8.2.3.2 Teilamortisationsverträge

Die Zurechnung einer Immobilie richtet sich gem. Teilamortisationserlass stets nach dem Gebäude. Das Grundstück ist mithin stets dem wirtschaftlichen Eigentümer des Gebäudes zuzurechnen[273]. Das wirtschaftliche Eigentum ist grundsätzlich dem Leasing-Geber zuzuordnen. Für den Fall, dass ein Spezial-Leasing, eine günstige Kauf- oder Mietverlängerungsoption bei gleichzeitigem Bestehen besonderer Verpflichtungen besteht, ist das wirtschaftliche Eigentum dem Leasing-Nehmer zuzurechnen. Abbildung 19 verdeutlicht die Zuordnung des wirtschaftlichen Eigentums unbeweglicher Sachen bei Teilamortisationsverträgen.

Wie schon beim Vollamortisationsvertrag ist das Leasinggut dem Leasing-Geber zuzuordnen, sofern es sich um ein **Spezial-Leasing** handelt. Dies gilt unabhängig von dem Verhältnis von Grundmietzeit und Nutzungsdauer und von dem Bestehen etwaiger Optionsrechte.

---

270 Vgl. Dörner, in: BGB, §93 BGB, Tz.3.
271 Vgl. Stresemann, in: MüKom BGB, §93, Tz.1.
272 Vgl. Heurung/Sabel, in: BeckHdR, B 710, Tz.103.
273 Vgl. BMF-Schreiben IV B 2 – S 2170 – 115/91 vom 23.12.1991, in: BStBl. 1992, I, S.13ff., Tz.18.

Beträgt die unkündbare **Grundmietzeit** mehr als 90 % der betriebsgewöhnlichen Nutzungsdauer, so ist die Immobilie dem Leasinggeber zuzuordnen. Eine Untergrenze – wie beim Vollamortisationserlass – ist bei Teilamortisationsverträgen nicht zu beachten.

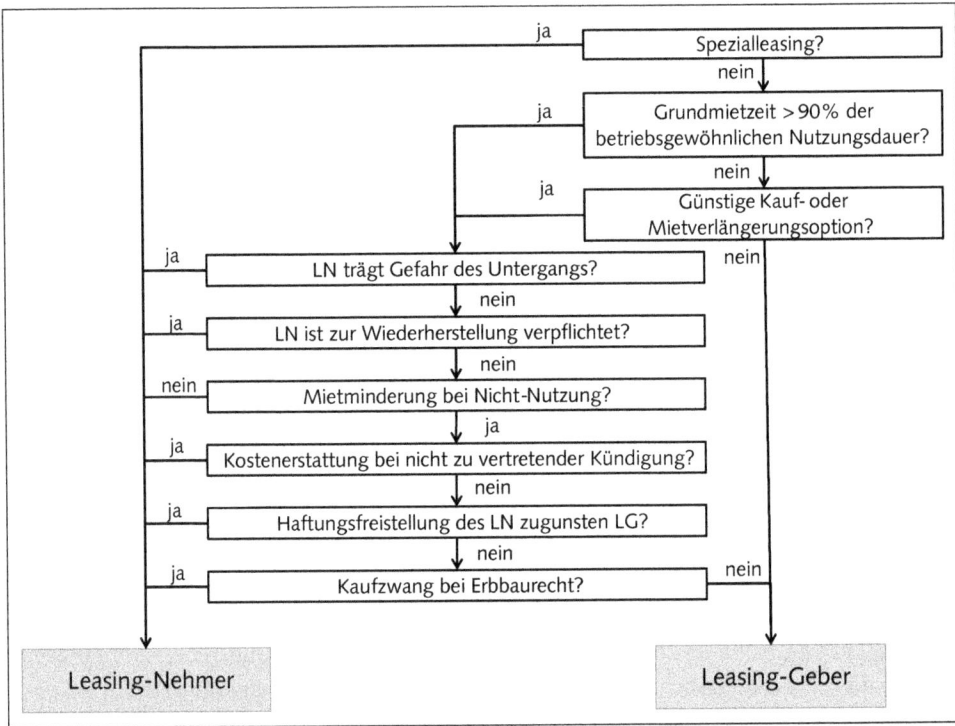

Abb. 19: Immobilienleasing/Teilamortisationsvertrag

Besteht keine **günstige Kauf- oder Mietverlängerungsoption**, so ist das wirtschaftliche Eigentum dem Leasing-Geber zuzuordnen. Eine Kaufoption ist als günstig anzusehen, wenn der Optionspreis geringer ist als der Restwert nach AfA-Tabelle am Ende der Grundmietzeit. Eine Verlängerungsoption ist als günstig einzustufen, wenn die Anschlussmiete nicht mindestens 75 % des Mietentgelts beträgt, die für ein nach Art, Lage und Ausstattung vergleichbares Objekt gezahlt wird. Besteht eine günstige Kauf- oder Mietverlängerungsoption, so ist das wirtschaftliche Eigentum dem Leasingnehmer jedoch nur dann zuzuordnen, wenn diesem eine der nachfolgenden weiteren Verpflichtungen auferlegt wurde[274]:
- Der Leasing-Nehmer trägt die Gefahr des zufälligen Untergangs;
- Der Leasing-Nehmer ist zur Wiederherstellung des Leasinggegenstands auch dann verpflichtet, wenn die Zerstörung von ihm nicht zu vertreten ist;
- Die Leistungspflicht mindert sich für den Leasing-Nehmer auch dann nicht, wenn der Leasinggegenstand durch einen von ihm nicht zu vertretenen Umstand langfristig nicht genutzt werden kann;

---

274 Vgl. BMF-Schreiben IV B 2 – S 2170 – 115/91 vom 23.12.1991, in: BStBl. 1992, I, S. 13 ff., Tz. 12–17.

- Bei vorzeitiger Vertragsbeendigung, die durch den Leasing-Nehmer nicht zu vertreten ist, hat dieser dem Leasing-Geber bisher nicht gedeckte Kosten zu erstatten;
- Der Leasing-Nehmer stellt den Leasing-Geber von sämtlichen Ansprüchen Dritter frei;
- Der Leasingnehmer ist Eigentümer und der Leasing-Geber Erbbauberichtiger des Grundstücks; der Leasinggeber errichtet das Gebäude. Wenn Leasing-Nehmer durch Erbbaurechtsvertrag gezwungen ist, den Leasinggegenstand nach Ablauf der Grundmietzeit zu erwerben, so ist diesem das wirtschaftliche Eigentum zuzurechnen.

1.8.3 Bilanzierung von Leasingverträgen

1.8.3.1 Bilanzierung bei Zurechnung des wirtschaftlichen Eigentums zum Leasing-Geber

1.8.3.1.1 Bilanzierung von Instituten als Leasing-Geber

a) **Zugangsbewertung.** Ist das Leasinggut dem Leasinginstitut als Leasing-Geber zuzurechnen, so ist der Leasingvertrag wie ein Mietvertrag und somit als ein **schwebendes Geschäft** (Dauerschuldverhältnis) abzubilden. Die Ansprüche und Verpflichtungen aus dem Leasingvertrag werden mithin beim Leasing-Geber nicht bilanziert. Da der Leasing-Geber wirtschaftlicher Eigentümer des Leasinggegenstands ist, hat er diesen zu bilanzieren. Das Institut hat den Leasinggegenstand zu Anschaffungs- und Herstellungskosten zu aktivieren und planmäßig über die Nutzungsdauer abzuschreiben. Alternativ kann der Leasinggegenstand über die Grundmietzeit unter Berücksichtigung eines vorsichtig geschätzten Restwerts abgeschrieben werden[275]. Das Leasinginstitut hat die Leasinggegenstände im Formblatt 1 in dem nur für Leasinginstitute vorgesehenen Aktivposten 10a »**Leasingvermögen**« auszuweisen (zu den besonderen Ausweisvorschriften für Leasinginstitute siehe Kapitel IV.7.2.1)[276].

b) **Folgebewertung.** Die Folgebewertung des Leasingvermögens richtet sich bei Leasinginstituten nach § 340e HGB[277]. Gem. § 340e Abs. 1. S. 1 HGB sind unter anderem Sachvermögensgegenstände (z. B. Grundstücke, technische Anlagen, Maschinen etc.) nach den für das Anlagevermögen geltenden Grundsätzen zu bewerten, sofern diese dazu bestimmt sind, dauerhaft dem Geschäftsbetrieb zu dienen. I. d. R. ist das Leasingvermögen dem **Anlagevermögen** zuzuordnen[278]. In diesem Fall ist das Leasingvermögen gem. § 253 Abs. 5 S. 3 HGB bei voraussichtlich dauerhafter Wertminderung auf den niedrigeren beizulegenden Wert außerplanmäßig abzuschreiben. Eine Wertminderung kommt insbesondere bei Vollamortisationsverträgen i. d. R. nicht in Betracht, da der Leasing-Geber stets eine volle

---

275 Vgl. HFA 1/1989, Abschnitt C. 4.
276 Siehe Verordnung zur Änderung der Rechnungslegungsverordnung vom 09.06.2011, in: BGBl. I, 2011 Nr. 27, S. 1043. Ein vormalig von der Aufsicht geforderter Ausweis von Leasinggegenständen in einem gesonderten Posten »Vermietete Anlagen« ist damit hinfällig. Vgl. BAKred-Schreiben vom 01.09.1972, CMBS 16.06.
277 Vgl. Gelhausen/Henneberger, in: HdJ, Abt. VI.1, Tz. 108.
278 Vgl. HFA 1/1989, Abschnitt B. 1.

Amortisation seiner Kosten erhält[279]. Bei der Beurteilung, ob eine dauerhafte Wertminderung vorliegt, ist es mithin sachgerecht, nicht auf einen gesunkenen Marktwert des Leasinggegenstands, sondern auf die volle Amortisation der Kosten aus dem (nicht bilanzierten) Leasingvertrag im Wege einer Bewertungseinheit abzustellen[280].

Bonitätsrisiken in Bezug auf den Leasing-Nehmer sind vorzugsweise im Rahmen einer Rückstellung für drohende Verluste zu berücksichtigen[281]. Ein Unterlassen einer außerplanmäßigen Abschreibung des Leasingvermögens aufgrund einer zweifelhaften Bonität des Leasing-Nehmers ist folgerichtig, da der Leasingvertrag als schwebendes Dauerschuldverhältnis nicht bilanziert wird und mithin die Abbildung von Ausfallrisiken über die Bildung einer Drohverlustrückstellung erfolgt. Gleichwohl wird es auch als zulässig erachtet, eine außerplanmäßige Abschreibung des Leasingvermögens vorzunehmen. Dies kann damit begründet werden, dass eine Wertminderung für den Leasing-Geber im Insolvenzfall des Leasing-Nehmers nur dann eintritt, wenn über eine alternative Verwendungsmöglichkeit des Leasinggegenstandes keine Amortisation der Kosten des Leasing-Gebers erreicht werden kann[282].

Die Art der Vereinnahmung von Erträgen sowie die leasingtypischen Abschreibungsmethoden sind die entscheidenden Größen für die leasingtypische Erfolgsperiodisierung. Nach HFA 1/1989, D.1 ist bei der Vereinnahmung von Leasingerträgen zunächst von den vertraglichen Vereinbarungen auszugehen. Dies gilt allerdings nur insoweit, wie diese Erfolgsperiodisierung in den einzelnen Perioden zu einem sachgerechten Ausgleich von Leistung und Gegenleistung führt. Dies ist bspw. bei einer Vereinbarung von linearen Leasingraten und gleichbleibender Nutzungsüberlassung sowie bei degressiven Leasingraten und degressiven Abschreibungsverlauf der Fall. Führen die vertraglichen Vereinbarungen nicht zu einem sachgerechten Ausgleich von Leistung und Gegenleistung in den einzelnen Perioden, ist eine abweichende Erfolgsperiodisierung erforderlich (HFA 1/1989, D.2). Vor diesem Hintergrund kommt die Bildung von **passiven Rechnungsabgrenzungsposten** in Betracht, wenn einer Vereinnahmung von Leistungsentgelten noch keine entsprechende Nutzungsüberlassung gegenübersteht. Maßstab für die Bildung von passiven Rechnungsabgrenzungsposten ist der Aufwandsverlauf (HFA 1/1989, D.3)[283]. Bleiben in den ersten Perioden die Leistungsentgelte hinter den Aufwendungen für die Nutzungsüberlassung zurück, so kommt in einem bestimmten Umfang die Aktivierung von **sonstigen Forderungen** in Betracht (im Einzelnen siehe (HFA 1/1989, D.4).

c) **Erfolgsausweis.** Abschreibungen und Wertberichtigungen auf das Leasingvermögen sind im Formblatt 1 in dem für Leasinginstitute besonderen **Aufwandsposten 5. »Abschreibungen und Wertberichtigungen«** in dem Unterposten a) »auf Leasingvermögen« auszuweisen[284]. Durch die Einführung dieses Aufwandspostens im Zuge der Änderung der Rech-

---

279 Vgl. Sabel (2006), S. 47.
280 Vgl. HFA 1/1989, Abschnitt C.7; Gelhausen/Henneberger, in: HdJ, Abt. VI.1, Tz. 105.
281 Vgl. HFA 1/1989, Abschnitt E.
282 Vgl. Gelhausen/Henneberger, in: HdJ, Abt. VI.1, Tz. 105.
283 Vgl. auch Böcking/Gros, in: Ebenroth/Boujong/Joost/Strohn, 3. Aufl., § 246 HGB, Tz. 42.
284 Vgl. Verordnung zur Änderung der Rechnungslegungsverordnung vom 09.062011, in: BGBl. I, 2011 Nr. 27, S. 1043. Im Formblatt 2 ist für Leasinginstitute der Posten 11 entsprechend anzupassen.

KredV im Juni 2011 erscheint die zusätzliche Pflichtangabe nach § 35 Abs. 1 Nr. 3 RechKredV redundant, wonach die Beträge der Abschreibungen und Wertberichtigungen, die auf das Leasingvermögen entfallen, im Anhang gesondert anzugeben sind.

Für den Ertragsausweis aus dem Leasinggeschäft sind für Leasinginstitute besondere Ertragsposten vorgesehen. So haben Leasinginstitute vor dem Ertragsposten 1 »Zinserträge« einen **Posten 01 »Leasingerträge«** auszuweisen. In diesem Posten werden die Leasingerträge (Mieterlöse) einschließlich der Auflösung diesbezüglicher passiver Rechnungsabgrenzungsposten sowie die Veräußerungserlöse aus dem Nachmietgeschäft erfasst. Es erscheint sachgerecht, die Leasingerträge um die Refinanzierungsaufwendungen (Diskontabschläge) zu kürzen, die aus der Forfaitierung von Leasingforderungen resultieren. Durch die Einführung dieses Ertragspostens im Zuge der Änderung der RechKredV im Juni 2011 erscheint die zusätzliche Pflichtangabe nach § 35 Abs. 1 Nr. 3 RechKredV redundant, wonach im Posten »Sonstige betriebliche Erträge«[285] enthaltene Erträge aus dem Leasinggeschäft im Anhang gesondert anzugeben sind.

Für Leasinginstitute ist ein spezifischer **Aufwandsposten 02 »Leasingaufwendungen«** vorgesehen. In diesem Posten werden im Wesentlichen die Aufwendungen aus der Veräußerung von Leasinggegenständen sowie Aufwendungen im Zusammenhang mit Full-Service-Verträgen ausgewiesen.

1.8.3.1.2 Bilanzierung von Instituten als Leasing-Nehmer

Ist das Leasinggut wirtschaftlich dem Leasing-Geber zuzuordnen, hat der Abschluss eines Leasingvertrags keine Auswirkungen auf die Bilanz des Leasing-Nehmers (**off-balance-sheet-financing**). Der Leasing-Nehmer hat – wie bei einem Mietverhältnis – die Aufwendungen für die Nutzungsüberlassung pro rata temporis ergebniswirksam zu behandeln. Die aufwandswirksame Berücksichtigung der Leasingraten ist periodengerecht vorzunehmen, d. h. ggf. sind bei einer Vereinbarung nichtlinearer Leasingraten Abgrenzungen vorzunehmen, wenn dieser Verlauf nicht der tatsächlichen Nutzung des Leasinggegenstands entspricht.

Der Leasing-Nehmer hat **drohende Verluste aus schwebenden Geschäften** zu bilden, wenn die von ihm übernommenen Sach- und Preisgefahren schlagend werden, und der Leasing-Nehmer bei fehlender oder eingeschränkter Nutzungsmöglichkeit des Leasinggegenstands weiterhin die Leasingentgelte an den Leasing-Geber zu entrichten hat. Gleiches gilt, wenn der Leasing-Nehmer Restwertgarantien oder Ähnliches ausgesprochen hat, und diese Garantien aufgrund einer eingetretenen Wertminderung des Leasinggegenstands schlagend werden könnten.

Ein Institut hat als Leasing-Nehmer die aus dem Leasingvertrag resultierenden Verpflichtungen **im Anhang** zu erläutern. Nach § 285 Nr. 3 HGB ist über Art und Zweck sowie über die Risiken und Vorteile von nicht in der Bilanz enthaltenen Geschäften zu berichten, soweit dies für die Beurteilung der Finanzlage notwendig ist. Nach § 285 Nr. 3a HGB ist der Gesamtbetrag der sonstigen finanziellen Verpflichtungen anzugeben, die nicht in der Bilanz erscheinen oder nicht nach sonstigen Vorschriften anzugeben sind, sofern diese Angabe für die Beurteilung der Finanzlage von Bedeutung ist. Die Pflichtangaben sind

---

285 Formblatt 2, Ertragsposten 8 bzw. Formblatt 3 Nr. 8.

nach § 340a Abs. 2 S. 1 und 2 HGB ausdrücklich nicht aus dem Regelungskreis von Instituten ausgenommen (siehe explizit § 34 Abs. 1 S. 1 u. 2 RechKredV). Jedoch ist zu berücksichtigen, dass über sonstige finanzielle Verpflichtungen und Haftungsverhältnisse bereits aufgrund von § 26 Abs. 1 u. 2 RechKredV die Pflicht zu Unter-Strich-Vermerken besteht. Soweit die geforderten Angaben bereits unter dem Strich gemacht werden, braucht § 285 Nr. 3a HGB nicht angewendet zu werden (vgl. § 34 Abs. 1 S. 2 RechKredV). Da Verpflichtungen aus Leasingverträgen nicht nach §§ 26 und 27 RechKredV unter dem Bilanzstrich zu vermerken sind, haben Institute Verpflichtungen aus Leasingverträgen nach den Vorschriften von § 285 Nr. 3 und 3a HGB zu erläutern, sofern diese für die Finanzlage von besonderer Bedeutung sind.

1.8.3.2 Bilanzierung bei Zurechnung des wirtschaftlichen Eigentums zum Leasing-Nehmer

1.8.3.2.1 Bilanzierung von Instituten als Leasing-Geber

Eine Zurechnung des wirtschaftlichen Eigentums zum Leasing-Nehmer kommt in der Praxis im Wesentlichen nur in den Fällen des Mietkaufs oder bei »verunglückten« Leasingverträgen vor, bei denen eine Zurechnung des wirtschaftlichen Eigentums beim Leasing-Geber gescheitert ist. Liegt das wirtschaftliche Eigentum beim Leasing-Nehmer, so hat der Leasing-Geber seine Hauptleistungspflicht mit der Lieferung des Leasinggegenstands und nicht erst mit der Nutzungsüberlassung auf Zeit erbracht[286]. Mithin stellt der Leasingvertrag kein schwebendes Geschäft mehr dar, so dass eine Aktivierung einer Forderung aus dem Leasingvertrag geboten ist.

Die Leasingforderung verkörpert den Anspruch auf die künftigen Leasingraten und ist zu deren Barwert anzusetzen. Dabei werden die künftigen Leasingraten mit dem kalkulierten Zinssatz diskontiert, soweit dieser größer ist als der Marktzins bzw. der Refinanzierungszinssatz. Andernfalls ist der Markt- oder Refinanzierungszins zu verwenden. Diese Vorgehensweise führt zu einer **sofortigen Vereinnahmung des Margenbarwerts** aus dem Gesamtgeschäft. Dies entspricht den allgemeinen Grundsätzen, da mit der bilanziellen Ausbuchung des Leasinggegenstands, die Preisgefahr auf den Leasing-Nehmer übergegangen und mithin eine Realisation eingetreten ist[287]. Bei dieser Vorgehensweise sind nach der hier vertretenen Ansicht die Grundsätze der verlustfreien Bewertung zu beachten. Mit der Lieferung des Leasinggegenstands ist der Schwebezustand des Leasingvertrags aufgehoben worden und es ist an dessen Stelle eine Forderung getreten, die als zinstragender Vermögensgegenstand ein schwebendes Kapitalüberlassungsverhältnis auf Zeit (Annuitätendarlehen) darstellt. Für dieses schwebende Nutzungsverhältnis ist nach den Grundsätzen des IDW RS HFA 4 am Bilanzstichtag zu prüfen, ob Verluste aus den zinstragenden Geschäften am Bilanzstichtag drohen. Soweit der vereinnahmte Margenbarwert eine Kompensation für die vorvertraglichen Akquisitionskosten und ähnliche Kosten darstellt, erscheint eine Ertragsvereinnahmung sachgerecht. Es erscheint mithin auch zulässig aber nicht zwingend, von einer sofortigen Ertragsvereinnahmung abzusehen, und die Gewinnmargen

---
286 Vgl. Sabel (2006), S. 49.
287 Vgl. Hennrichs, in: MüKom AktG, § 246 HGB, Tz. 173.

zeitanteilig zu vereinnahmen[288]. Bei Teilamortisationsverträgen ist ein erwarteter Restwert im Wertansatz der Leasingforderungen zu berücksichtigen. So kann bei Teilamortisationsverträgen der Leasing-Geber i. d. R. auf einen garantierten Restwert abstellen, der wie eine Leasingzahlung im Buchwert der Leasingforderung zu berücksichtigen ist[289].

Sind in den Leasingraten Entgelte für Dienstleistungen enthalten, so sind diese nach den allgemeinen Grundsätzen zu vereinnahmen. Für die Periodisierung der Leasingerträge ist ein linearer oder auch degressiver Verlauf in Übereinstimmung mit der Barwertentwicklung der Leasingforderung zulässig.

Institute haben Forderungen aus dem Leasinggeschäft in Abhängigkeit vom Status des Leasing-Nehmers unter dem Aktivposten 3 »Forderungen an Kreditinstitute« oder Aktivposten 4 »Forderungen an Kunden« auszuweisen. Sofern die Forderungen gegenüber einem verbundenen Unternehmen bestehen, hat der Ausweis in einem entsprechenden Unterposten oder eine entsprechende Angabe im Anhang zu erfolgen (§ 3 S. 1 und 2 RechKredV). Die Folgebewertung von Leasingforderungen richtet sich nach den allgemeinen Grundsätzen der Forderungsbewertung (siehe Kapitel III.1.3.2.3). Leasingforderungen sind gem. § 340e Abs. 1 S. 2 HGB nach den für das Umlaufvermögen geltenden Grundsätzen zu bewerten. Es kommt weiterhin eine Einbeziehung in die Bemessungsgrundlage zur Bildung stiller Vorsorgereserven nach § 340f HGB in Betracht[290].

1.8.3.2.2 Bilanzierung von Instituten als Leasing-Nehmer

Der Leasing-Nehmer hat als wirtschaftlicher Eigentümer den Leasinggegenstand zu Anschaffungskosten zu aktivieren. Die Anschaffungskosten richten sich nicht nach den Anschaffungs- und Herstellungskosten des Leasing-Gebers, da dessen Rechtsverhältnis zum Hersteller kein maßgebliches Rechtsgeschäft des Leasing-Nehmers darstellt[291]. Der Leasing-Nehmer hat den Leasinggegenstand zum **Barwert der vereinbarten Leasingraten** zuzüglich eventuell vereinbarter Options- oder Andienungspreise zu aktivieren. Ein garantierter Restwert ist wie eine Leasingzahlung in der Barwertermittlung zu berücksichtigen. Aus den Leasingraten sind Kosten für Dienstleistungen des Leasing-Gebers herauszurechnen[292]. Zu den Anschaffungskosten zählen ferner die Anschaffungsnebenkosten, die dem Leasing-Nehmer entstanden sind (bspw. Transport- und Montagekosten). Die Diskontierung künftiger Leasingraten erfolgt mit dem Marktzins für vergleichbare Laufzeiten[293]. Für Institute, denen Leasinggegenstände in ihrer Eigenschaft als Leasing-Nehmer zuzurechnen sind, kommt ein Ausweis der Leasinggegenstände unter dem Aktivposten 12 »Sachanla-

---

288 Vgl. Gelhausen/Henneberger, in: HdJ, Abt. VI.1, Tz. 105.
289 Vgl. Sabel (2006), S. 50.
290 Bei einer Zurechnung des wirtschaftlichen Eigentums zum Leasing-Geber ist das Leasingvermögen freilich nicht in die Bemessungsgrundlage nach § 340f HGB einzubeziehen. Dies umfasst nur Forderungen. Vgl. Lösken (2010).
291 Steuerlich sehen die Leasingerlasse hingegen vor, dass der Leasingnehmer die Anschaffungs- und Herstellungskosten des Leasinggebers ansetzt. Siehe BMWF-Schreiben vom 21.03.1972 – F/IV B 2 – S 2170 – 11/72, in: DB 1972, S. 651.
292 Vgl. Hennrichs, in: MüKom AktG, § 246 HGB, Tz. 173.
293 Vgl. Gelhausen/Henneberger, in: HdJ, Abt. VI.1, Tz. 246; Hennrichs, in: MüKom AktG, § 246 HGB, Tz. 171; Sabel (2006), S. 51.

gen« oder 11. »Immaterielle Anlagewerte« in Betracht, da i. d. R. von einer Zuordnung zum Anlagevermögen ausgegangen werden kann.

In der Folge ist der Vermögensgegenstand abzuschreiben. Da der Leasinggegenstand im Regelfall dem Anlagevermögen zuzuordnen sein wird, kommt neben einer planmäßigen Abschreibung auch eine außerplanmäßige Abschreibung bei Vorliegen einer voraussichtlich dauerhaften Wertminderung in Betracht. Bei Wegfall der Gründe ist eine Wertaufholung vorzunehmen.

Auf der **Passivseite** hat der Leasing-Nehmer eine Verbindlichkeit gegenüber dem Leasing-Geber auszuweisen. Die Bilanzierung der Verbindlichkeit ist in der Literatur strittig. Einerseits wird die Meinung vertreten, dass die Verbindlichkeit gem. § 253 Abs. 1 S. 2 HGB zum Erfüllungsbetrag (Rückzahlungsbetrag) zu passivieren ist. Übersteigt der Rückzahlungsbetrag die Anschaffungskosten des Leasinggegenstands kann der Unterschiedsbetrag als aktivischer Rechnungsabgrenzungsposten nach § 250 Abs. 3 HGB aktiviert werden (Wahlrecht)[294]. Andererseits wird die Auffassung vertreten, dass die Verbindlichkeit mit dem Barwert zu passivieren ist. Dabei sind sowohl die Veränderung des Verbindlichkeitenbarwerts im Zeitablauf wie auch der in den Leasingraten enthaltene Zinsanteil im Zinsergebnis zu erfassen. Der Tilgungsanteil der Leasingraten ist gegen den Buchwert der Verbindlichkeit zu buchen[295]. Für diese Verbindlichkeiten kommt bei Instituten ein Ausweis unter dem Passivposten 5 »Sonstige Verbindlichkeiten« in Betracht, da diese Verbindlichkeiten i. d. R. keinen Bezug zu einem Bankgeschäft haben.

1.8.4 Bilanzierung einer Forfaitierung von Leasingraten

Häufig refinanzieren sich Leasinginstitute dadurch, dass sie ihre Ansprüche auf künftige Leasingraten à forfait an eine refinanzierende Bank verkaufen.

a) Operate Lease. Ist dem Leasing-Geber das wirtschaftliche Eigentum an dem Leasinggegenstand zuzurechnen (**Operate Lease**), so kann der Erlös aus einer Forfaitierung künftiger Leasingraten aufgrund der fehlenden Aktivierungsfähigkeit nicht als bilanzieller Abgang einer Forderung behandelt werden. Eine erfolgswirksame Vereinnahmung des Forfaitierungserlöses im Verkaufszeitpunkt kommt nicht in Betracht, da die Erlöse Erträge künftiger Perioden darstellen und ihnen Verpflichtungen zur Nutzungsüberlassung im Rahmen des schwebenden Leasingvertrags gegenüberstehen (HFA 1/1989, F.1). Da eine sofortige Erfolgsvereinnahmung zu einem einseitigen Vorziehen der Ertragsseite aus einem schwebenden Geschäft führen würde, sind die Forfaitierungserlöse ohne Berührung der Gewinn- und Verlustrechnung in einen passiven Rechnungsabgrenzungsposten einzustellen. Der passive Rechnungsabgrenzungsposten ist in Höhe des Forfaitierungserlöses zu bilden und entspricht somit dem Barwert der abgetretenen Leasingraten. In der Folge ist der Rechnungsabgrenzungsposten ertragswirksam aufzulösen. Es erscheint grundsätzlich

---

294 Vgl. ADS, § 253 HGB, Tz. 79 f.; Hennrichs, in: MüKom AktG, § 246 HGB, Tz. 172.
295 Vgl. Gelhausen/Henneberger, in: HdJ, Abt. VI.1, Tz. 249; Böcking/Gros, in: Ebenroth/Boujong/Joost/Strohn, 3. Aufl., § 246 HGB, Tz. 43.

sachgerecht, den Ertrag aus der Auflösung entsprechend dem Abschreibungsverlauf des Leasinggegenstands zu periodisieren[296]; gleichzeitig ist der Rechnungsabgrenzungsposten auf den Barwert der künftig fälligen Leasingraten aufzuzinsen. Der Auflösungsertrag ist im Ertragsposten 01 »Leasingerträge« auszuweisen. Dem stehen die Aufwendungen aus der Abschreibung des Leasingvermögens gegenüber, die im Formblatt 1 im Aufwandsposten 5. »**Abschreibungen und Wertberichtigungen**« in dem Unterposten a) »auf Leasingvermögen« auszuweisen sind. Es erscheint sachgerecht, den Aufwand aus der Aufzinsung des Rechnungsabgrenzungspostens im Zinsaufwand auszuweisen. Werden auch **Restwerterlöse** forfaitiert, so sind die darauf entfallenden Erlöse ebenfalls passivisch abzugrenzen. Eine zeitanteilige Auflösung kommt allerdings nicht in Betracht, wenn der Verkaufserlös erst bei Vertragsende realisiert wird[297]. Bei einer Restwertforfaitierung handelt es sich um ein Darlehensverhältnis, so dass der Erlös aus der Restwertforfaitierung als Verbindlichkeit zu passivieren und bis zum Ablauf der Grundmietzeit ratierlich aufzuzinsen ist[298].

b) **Finance Lease.** Bei einem regresslosen Verkauf von Mietkaufforderungen (**Finance Lease**) kommt es zu einem Aktivtausch. Anstelle der Leasingforderungen bilanziert das Institut die Barmittel in Höhe des Verkaufserlöses.

1.9 Fragen der Abgangsbilanzierung bei der Restrukturierung von Finanzinstrumenten

1.9.1 Bilanzielle Aspekte der Restrukturierung von Finanzinstrumenten

In der Praxis ergibt sich häufig die Notwendigkeit, die Ausstattungsmerkmale von Finanzinstrumenten oder ein Finanzierungsverhältnis in seiner Gesamtheit nachträglich zu verändern. Die Anlässe für eine solche Restrukturierung von Finanzinstrumenten können vielfältig sein. So kann eine Restrukturierung eines Finanzinstruments bspw. der Sanierung eines Kreditnehmers dienen oder auch veränderten Marktbedingungen oder rechtlichen Rahmenbedingungen geschuldet sein. Die Restrukturierung von Finanzinstrumenten stellt aus der Sicht eines Kreditinstituts einen üblichen Geschäftsvorfall dar, der verschiedene bilanzielle Fragestellungen auslöst.

Fraglich ist in diesem Zusammenhang insbesondere, in welchem Verhältnis Vertragsanpassungen von Finanzinstrumenten zu dem für die bilanzielle Zurechnung von Vermögensgegenständen maßgeblichen Kriterium des wirtschaftlichen Eigentums stehen. Finanz-

---

296 Laut BFH ist die Auflösung linear vorzunehmen. BFH-Urteil vom 24.07.1996 – IR 94/95, in: BB 1996, S. 2190–2191 sowie BMF-Schreiben vom 09.01.1996 – IV B 2 – S 2170 – 135-95, in: BStBl. I 1996, S. 9. Im Einzelfall kommt handelsrechtlich eine von dem rechtlich vereinbarten Verlauf der Leasingraten abweichende Ertragsperiodisierung in Betracht, wenn die rechtlich vereinbarten Leasingraten im Zeitablauf nicht mit dem Abschreibungsverlauf des Leasinggegenstands übereinstimmen.
297 Vgl. Gelhausen/Henneberger, in: HdJ, Abt. VI.1, Tz. 165.
298 Vgl. BFH-Urteil vom 08.11.2000 – I R 37/99, in: DStR 2001, S. 78; ADS HGB § 250, Tz. 141; Koch, in: MüKom BGB, Finanzierungsleasing, Tz. 25; HFA 1/1989, F.3.

instrumente können handelsbilanziell als Vermögensgegenstände, Schulden, schwebende Geschäfte (z. B. Derivate) oder Eventualverbindlichkeiten (z. B. Kreditzusagen) zu klassifizieren sein. Die bilanzielle Zurechnung von Vermögensgegenständen richtet sich gem. § 246 Abs. 1 S. 2 2. HS HGB nach dem wirtschaftlichen Eigentum, soweit dieses vom bürgerlich-rechtlichen Eigentum abweicht. Finanzverbindlichkeiten sind hingegen aufgrund von § 246 Abs. 1 S. 3 HGB grundsätzlich beim Schuldner auszuweisen. Eine Wegrechnung nach wirtschaftlichen Gesichtspunkten kommt für Finanzverbindlichkeiten im Regelfall nicht in Betracht[299]; nur in Ausnahmefällen sollen eine Ausbuchung beim rechtlich Verpflichteten und eine Zurechnung zum wirtschaftlichen Schuldner möglich sein[300]. Gleichwohl ist das rechtliche Bestehen weder hinreichende noch notwendige Bedingung für die Passivierung einer Verbindlichkeit, wenn es an weiteren Passivierungsvoraussetzungen (z. B. Bestehen einer wirtschaftlichen Belastung) mangelt[301]. Eine Ausbuchung einer Finanzverbindlichkeit ist insbesondere für den hier betrachteten Fall einer Änderung der wirtschaftlichen Identität aufgrund einer Vertragsänderung geboten[302]. In diesem Fall ist die alte Finanzverbindlichkeit auszubuchen und ein neues Finanzinstrument bilanziell zu erfassen.

Die Ausbuchung von Vermögensgegenständen setzt in Einzelfällen den Verlust des rechtlichen und des wirtschaftlichen Eigentums voraus. Dieser Grundsatz findet unter anderem bei der Bilanzierung von Verbriefungstransaktionen (IDW RS HFA 8), bei Pensionsgeschäften (§ 340b HGB), bei Sale-und-Lease-Back-Transaktionen und ähnlichen Gestaltungen (IDW ERS HFA 13) Anwendung. Dass die Ausbuchung eines Finanzinstruments stets auch den Verlust des rechtlichen Eigentums voraussetzt, ist jedoch weder für Finanzinstrumente in Form von Vermögensgegenständen noch für Verbindlichkeiten verallgemeinerungsfähig. So sind Vertragsanpassungen (Inhaltsänderungen von Verträgen) denkbar, die bei wirtschaftlicher Betrachtungsweise so signifikant sind, dass es sich unter Fortführung desselben Vertrags wirtschaftlich um ein neues Finanzinstrument handelt. Ebenso sind Fälle denkbar, in denen ein Finanzinstrument durch Schuldumschaffung gem. Parteiwille erlischt und dabei die wirtschaftliche Identität des Finanzinstruments erhalten bleibt.

Stellt die Vertragsanpassung keine zivilrechtliche Schuldumschaffung (Novation), sondern eine bloße Inhaltsänderung des Vertrags dar, so ist zu prüfen, ob unter Fortführung desselben schuldrechtlichen Vertrags (und damit ohne Verlust des rechtlichen Eigentums) die vertraglichen Bedingungen des Finanzinstruments so stark abgeändert wurden, dass es sich bei wirtschaftlicher Betrachtungsweise nach Änderung der Vertragsbedingungen

---

299 Vgl. Hennrichs, in: MüKom BilR, § 246 HGB, Tz. 225.
300 So soll nach umstrittener Meinung trotz Verbleib der rechtlichen Verpflichtung des Schuldners eine Ausbuchung einer Verbindlichkeit sachgerecht sein, wenn ein derivativer Schuldner eine Verbindlichkeit eines Altschuldners unwiderruflich (jedoch nicht befreiend) übernimmt und der derivative Schuldner dem Alt-Schuldner die frist- und betragsgerechte Erfüllung von Zins- und Tilgungszahlungen garantiert und der derivative Schuldner ausreichend Vermögensgegenstände erhält, um diese Verpflichtung zu erfüllen. Vgl. Küting/Pfuhl, in: DB 1989, S. 1245; Hofmann, in: WPg 1989, S. 726; Roß/Drögemüller, in: WPg 2004, S. 185; aA ADS § 246 HGB, Tz. 424; IDW HFA, in: WPg 1989, S. 627.
301 Vgl. Schulze-Osterloh, in: BB 2017, S. 427 (S. 428); Oser, in: DStR 2017, S. 1889 (S. 1890); Frystatzki, in: DStR 2016, S. 2479 (S. 2485).
302 Vgl. Beyer, DStR 2012, S. 2199.

um ein neues Finanzinstrument handelt. In diesem Fall führt die Inhaltsänderung zu einer bilanziellen Novation, so dass die Ausbuchung des alten und die Zugangsbilanzierung eines neuen Finanzinstruments geboten.

Institute haben mithin zu prüfen, ob die Restrukturierung eines Finanzinstruments eine **bilanzielle Novation** darstellt und somit ein Abgang des alten und der Zugang eines neuen Finanzinstruments bewirkt. Damit ist die Frage verbunden, ob durch eine Restrukturierung ein Tausch von Finanzinstrumenten erfolgt, durch den unter Umständen eine erfolgswirksame Realisation von stillen Reserven und Lasten ausgelöst wird. Bei der Restrukturierung von Schuldverhältnissen kommen zivilrechtlich die folgenden beiden Gestaltungsalternativen in Betracht:
1. Abänderungsvertrag nach § 311 Abs. 1 BGB, durch den die Identität des Schuldverhältnisses erhalten bleibt und lediglich inhaltlich abgeändert wird (sog. Inhaltsänderung);
2. Aufhebungsvertrag mit gleichzeitiger Begründung eines neuen Schuldverhältnisses (Schuldumschaffung, Novation).

Die zivilrechtliche Abgrenzung von Schuldänderungsvertrag und Aufhebungsvertrag ist zum Teil auslegungsbedürftig und abhängig vom Parteiwillen sowie von der wirtschaftlichen und rechtlichen Bedeutung der Änderung[303]. Bilanzrechtlich ist jedoch nicht die zivilrechtliche Betrachtung maßgeblich. Bei der Beurteilung, ob die Restrukturierung eines Finanzinstruments zu einer bilanziellen Ausbuchung führt ist vielmehr eine wirtschaftliche Betrachtungsweise zugrunde zu legen[304]. So kann eine bilanzielle Ausbuchung des alten und die Einbuchung eines neuen Finanzinstruments (= bilanzielle Novation) bereits schon bei einem bloßen Änderungsvertrag geboten sein, wenn dadurch bei wirtschaftlicher Betrachtungsweise ein neuer Vermögensgegenstand bzw. Verbindlichkeit entstanden ist. Umgekehrt führt eine zivilrechtliche Novation mangels Verlust des wirtschaftlichen Eigentums nicht zu einer bilanziellen Novation, wenn dadurch der wirtschaftliche Charakter des Kapitalüberlassungsverhältnisses unberührt bleibt. Dieser Grundsatz spiegelt sich in IDW RS VFA 1 wider, wonach es sich bei der Umwandlung einer Inhaberschuldverschreibung in eine Namensschuldverschreibung nach wie vor wirtschaftlich um denselben Vermögensgegenstand handelt (IDW RS VFA 1, Tz. 18)[305]. Die ursprünglichen Anschaffungskosten der Inhaberschuldverschreibung sind in diesem Fall fortzuführen und der Buchwert ist ceteris paribus beizubehalten. Bei Wegfall der Gründe für eine Wertberichtigung ist eine Zuschreibung damit bis zur Höhe der ursprünglichen Anschaffungskosten vorzunehmen. Die wirtschaftliche Betrachtungsweise geht in diesem Zusammenhang sogar so weit, dass ein Ausweiswechsel aus einer Forderungsposition in eine Wertpapierposition nicht zu einer bilanziellen Novation führt[306]. Gleiches erscheint daher auch bei einer Umwandlung eines Schuldscheindarlehens in eine Inhaberschuldverschreibung sachgerecht.

---
303 Vgl. BGH-Urteil vom 10.03.1994 – IX ZR 98/93, in: BB 1994, S. 2033; BGH-Urteil vom 07.07.1992 – KZR 28-91, in: NJW 1993, S. 666.
304 Vgl. auch Häuselmann, in: BB 2010, S. 945.
305 Vgl. auch Hommel/Morawietz, in: MüKom HGB, § 341c HGB, Tz. 4.
306 Vgl. IDW RS VFA 1, Tz. 16.

Ausgehend von einer wirtschaftlichen Betrachtungsweise wird nach IDW RS HFA 22 eine getrennte Bilanzierung von eingebetteten Derivaten verlangt, wenn mit diesen andersartige oder erhöhte Risiken im Vergleich zum Basisinstrument verbunden sind (ausführlich vgl. Kapitel III.1.4.5). Maßstab für die Trennungspflicht ist der wirtschaftliche Charakter. Ausgehend von diesen Überlegungen wird es nach der hier vertretenen Auffassung als sachgerecht angesehen, eine Umstrukturierung als eine bilanzielle Novation anzusehen, wenn dem ursprünglichen Finanzinstrument durch die Umstrukturierung eingebettete Derivate hinzugefügt werden, die nach handelsrechtlichen Grundsätzen als trennungspflichtig angesehen werden und damit den wirtschaftlichen Charakter des Finanzinstruments verändern. Würde eine bilanzielle Novation in diesen Fällen verneint werden, so bestünde die Möglichkeit durch Umstrukturierungen von Finanzinstrumenten die Regelungen zur Trennungspflicht eingebetteter Derivate zu umgehen. Dieses Prinzip würde der Regelung in IDW RS HFA 22 entsprechen, wonach Finanzinstrumente bei Vornahme von Vertragsänderungen erneut auf das Vorliegen von trennungspflichtigen eingebetteten Derivaten zu untersuchen sind. Allgemeine Grundsätze zur Beurteilung, ob der wirtschaftliche Charakter durch eine Restrukturierung eines Finanzinstruments verändert wurde, haben sich jedoch noch nicht herausgebildet.

1.9.2 Erlöschen von Finanzinstrumenten

1.9.2.1 Ohne Schuldumschaffung

Ein Finanzinstrument ist aus der Bilanz auszubuchen, wenn es erloschen ist und das Erlöschen nicht auf einer Schuldumschaffung (Novation) beruht. In diesem Fall erlischt ein Finanzinstrument durch Leistung gem. § 362 BGB (z. B. Tilgung einer verbrieften oder unverbrieften Forderung, Ausübung einer Option), durch Aufhebungsvertrag (z. B. Close Out eines OTC-Derivats, Glattstellung eines Futures), durch Ausübung vertraglicher oder gesetzlicher Kündigungsrechte (z. B. § 488 BGB), durch Aufrechnung nach §§ 387 ff. BGB, durch Erlassvertrag (§ 397 BGB) oder durch befreiende Schuldübernahme (§§ 414 ff. BGB). Zudem kommt bei Finanzinstrumenten auch ein Erlöschen durch Anfechtung (§ 142 Abs. 1 BGB), durch Widerruf oder Rücktritt (§§ 346 ff. BGB) in Betracht. Auch kann ein Finanzinstrument durch Verjährung erlöschen (z. B. nicht eingereichte Zinskupons). Im Rahmen der Sanierung eines Kreditnehmers kann das kreditgewährende Institut mit verschiedenen Arten des Erlöschens konfrontiert sein:

a) Unbedingter Forderungsverzicht. Ein Forderungsverzicht setzt den Abschluss eines zweiseitigen Erlassvertrags (§ 397 BGB) zwischen dem kreditgewährenden Institut und dem Kreditnehmer voraus. Ein einseitiger Forderungsverzicht führt hingegen nicht zu einem Entfall der Verbindlichkeit[307]. Ein Forderungsverzicht kann ganz oder teilweise vereinbart werden. Die Bilanzierung eines Forderungsverzichts ist abhängig davon, ob das kreditgewährende Institut ausschließlich Gläubiger oder auch Gesellschafter ist. Verzichtet

---
307 Vgl. Schrader (1995), S. 32 f.; Winnefeld (2015), N 643.

das Institut ganz oder teilweise auf die Forderung aus einer reinen **Gläubigerstellung** heraus, so ist der Forderungsverzicht aufwandswirksam zu erfassen, soweit der Forderungsverzicht über die bereits gebildete Wertberichtigung hinausgeht. Da mit dem Forderungsverzicht ein endgültiger Erlass verbunden ist, kommt eine spätere Zuschreibung der Forderung in Bezug auf den Forderungsverzicht nicht mehr in Betracht. Aufwendungen aus dem unbedingten Erlass einer Schuld sind nach HFA 2/96 als »außerordentlicher Aufwand« (§ 275 Abs. 2 Nr. 16 HGB) oder als »sonstige betriebliche Aufwendungen« (§ 275 Abs. 2 Nr. 8 HGB) auszuweisen. Für Institute ist es sachgerecht, die Aufwendungen unter den »Abschreibungen und Wertberichtigungen auf Forderungen« (Aufwandsposten 7, Formblatt 2) zu zeigen. Verzichtet das Institut ganz oder teilweise auf die Forderung aus einer reinen **Gläubiger- und Gesellschafterstellung** heraus, so ist der Forderungsverzicht aufwandswirksam zu erfassen, wenn der Verzicht lediglich der Erhaltung bzw. Wiederherstellung des Beteiligungswerts dient. Wenn der Forderungsverzicht den »inneren Wert« der Beteiligung erhöht und die Beteiligung über ihren bisherigen Zustand hinaus wesentlich verbessert wird (Substanzmehrung), dann ist der Verzicht als Anschaffungsnebenkosten der Beteiligung zu aktivieren[308]. Die Bilanzierung im Abschluss des verzichtenden Instituts ist unabhängig davon, ob der Kreditnehmer den Verzicht erfolgswirksam vereinnahmt oder erfolgsneutral in die Kapitalrücklage einstellt[309]. In der Bilanz der empfangenden Gesellschaft können **erfolgsneutrale Zuzahlungen in die Kapitalrücklage** nach § 272 Abs. 2 Nr. 4 HGB auch durch Sachleistungen oder Befreiungen von Verbindlichkeiten bewirkt werden, die durch den Gesellschafter ohne eine Gegenleistung erbracht werden[310]. Eine erfolgsneutrale Berücksichtigung in der Kapitalrücklage kommt in Betracht, wenn die Zuzahlung nach dem Willen der Gesellschafter nicht zu einem Ertrag, sondern zu einer Erhöhung des Kapitals der empfangenden Gesellschaft führen soll[311]. Eine erfolgswirksame Erfassung kommt dann in Betracht, wenn der Gesellschafter mit der freiwilligen Leistung »den Ausgleich von Verlusten oder einen Ertragszuschuss« beabsichtigt hat. »Bleibt die Zwecksetzung der Gesellschafter offen, ist die Zuzahlung im Zweifel als Kapitalrücklage zu erfassen«[312]. Die Erhöhung der Kapitalrücklage richtet sich bei der empfangenden Gesellschaft betragsmäßig nach dem vollen (verzichteten) Nominalbetrag und nicht nach einem niedrigeren beizulegenden Zeitwert[313]. Zinsen auf die erlassene Schuld fallen ab dem Zeitpunkt des Verzichts i. d. R. nicht an.

Zu dem unbedingten Forderungsverzicht zählt auch der **Forderungsverzicht mit Besserungsabrede** (Besserungsschein). Dabei handelt es sich um einen endgültigen Schulderlass, durch den der Gläubiger zunächst alle Ansprüche verliert. Bei Eintritt einer künftigen Bedingung[314] entsteht dann für das Institut eine **neue Forderung** gegenüber dem Kredit-

---

308 Vgl. ADS, § 253 HGB, Tz. 45; Schubert/Gadek, in: BBK, 11. Aufl., § 255 HGB, Tz. 163; HFA 2/96, Abschnitt 32; WPH, 15. Aufl., F 355; Häuselmann, in: BB 1993, S. 1554.
309 Vgl. HFA 2/96, Abschnitt 32.
310 Vgl. Förschle/Heinz, in: Sonderbilanzen, 5. Aufl., Q 119.
311 Vgl. WPH, 15. Aufl., F 464.
312 Winkeljohann/Hoffmann, in: BBK, 11. Aufl., § 272 HGB, Tz. 195; ADS, § 272 HGB, Tz. 137.
313 Vgl. ADS, § 246 HGB, Tz. 100; WPH, 15. Aufl., F 464.
314 Häufig wird die Entstehung der Gläubigeransprüche an eine erfolgreiche Sanierung, Erzielung eines Jahresüberschusses, das Bestehen eines überschießenden Liquidationserlöses oder an das Bestehen von freiem Vermögen geknüpft.

nehmer[315]. Während der Forderungsverzicht selbst unbedingt vereinbart wird, steht die Begründung einer neuen Verbindlichkeit unter der aufschiebenden Bedingung des Eintritts des Besserungsfalls (§ 151 Abs. 1 BGB)[316]. Der Forderungsverzicht mit Besserungsschein kann daher als ein unbedingter Schulderlass mit gleichzeitiger Vereinbarung einer aufschiebend bedingten Verbindlichkeit charakterisiert werden. Ein Forderungsverzicht mit Besserungsschein führt zunächst zu einer Ausbuchung der Darlehensforderung aus der Bilanz des Instituts. In Abhängigkeit von der rechtlichen Stellung (Gläubiger und/oder Gesellschafter) des Instituts, kommt es – entsprechend dem oben beschriebenen Schema – entweder zu einer aufwandswirksamen Ausbuchung in Höhe des noch nicht wertberichtigten Teils der Forderung bzw. zu einer Zuschreibung des Beteiligungsbuchwerts in Höhe der nachträglichen Anschaffungskosten. Bei Eintritt des Besserungsfalls entstehen bei einem Forderungsverzicht mit Besserungsschein die Ansprüche des Instituts gegenüber dem Kreditnehmer **ratierlich** bspw. in Abhängigkeit von der Höhe des Jahresüberschusses[317]. Aus Sicht des Kreditnehmers kann ein Forderungsverzicht mit Besserungsschein bei entsprechender Willensäußerung des Gesellschafters auch als Zuzahlung zur Kapitalrücklage erfasst werden[318]. Die Bedienung des Besserungsscheins erfolgt beim Kreditnehmer stets erfolgswirksam, auch wenn der Schulderlass zuvor erfolgsneutral in der Kapitalrücklage berücksichtigt wurde[319]. Die Verpflichtung aus dem Besserungsschein ist bei Eintritt der Bedingung in der Bilanz des Kreditnehmers zu passivieren. Zinsen auf die erlassene Schuld fallen ab dem Zeitpunkt des Verzichts i.d.R. nicht an; die Besserungsabrede kann aber die Nachzahlung der Zinsen vorsehen. Verpflichtungen aus Besserungsscheinen sind nach § 285 Nr. 15a HGB im Anhang zu erläutern. Dies schließt die Angabe über die Art, Nennbetrag, Zahl der jeweiligen Rechte sowie die wichtigsten Konditionen ein[320].

b) Auflösend bedingter Forderungsverzicht. Während das kreditgebende Institut bei einem unbedingten Forderungsverzicht dem Kreditnehmer endgültig seine Schuld erlässt, kann ein Forderungsverzicht mit Nebenabreden ausgestattet werden, nach denen der Zahlungsanspruch des Gläubigers nach Eintritt der auflösenden Bedingung (z.B. nach erfolgreicher Sanierung des Kreditnehmers) wieder auflebt. Bei diesem auflösend bedingten Forderungsverzicht handelt es sich um einen Schulderlass, der unter der auflösenden Bedingung geschlossen wird, dass die alte Forderung nach Eintritt der Bedingung wieder so auflebt, als sei von Anfang an kein Verzicht ausgesprochen worden (§ 158 Abs. 2 BGB)[321]. Wird ein auflösend bedingter Forderungsverzicht zwischen dem Institut und dem Kreditnehmer vereinbart, so ist die Forderung aus der Bilanz des Instituts **auszubuchen**[322]. Der auflösend bedingte Schulderlass führt beim Kreditnehmer zu einer aufschiebend bedingten Verbindlichkeit, die **erst ab dem Eintritt** der aufschiebenden Bedingung zu bilanzieren

---

315 Vgl. Förschle/Heinz, in: Sonderbilanzen, Q 44.
316 Vgl. Häuselmann, in: BB 1993, S. 1552 f.
317 Vgl. Förschle/Heinz, in: Sonderbilanzen, 5. Aufl., Q 49.
318 Vgl. Förschle/Heinz, in: Sonderbilanzen, 5. Aufl., Q 45.
319 Vgl. Gahlen, in: BB 2009, S. 2079.
320 Vgl. Kessler, in: MüKom AktG, § 285 HGB, Tz. 284–291.
321 Vgl. Förschle/Heinz, in: Sonderbilanzen, Q 48; Häuselmann, in: BB 1993, S. 1553.
322 Vgl. Häuselmann, in: BB 1993, S. 1554; ADS, § 246 HGB, Tz. 65; Schubert, in: BBK, 11. Aufl., § 247 HGB, Tz. 225.

ist. Die Situation entspricht bilanziell der einer aufschiebend bedingten Forderung aus einem Besserungsschein, die ebenfalls erst bei Eintritt des Besserungsfalls aktiviert werden kann[323]. Die Bedienung des Besserungsscheins erfolgt beim Kreditnehmer stets erfolgswirksam, auch wenn der Schulderlass zuvor erfolgsneutral in der Kapitalrücklage berücksichtigt wurde[324]. Zinsen auf die erlassene Schuld fallen ab dem Zeitpunkt des Verzichts i. d. R. nicht an; die Besserungsabrede kann aber die Nachzahlung der Zinsen vorsehen.

c) Aufschiebend bedingter Forderungsverzicht. Bei einem aufschiebend bedingten Forderungsverzicht ist der Schulderlass bei Abschluss der Vereinbarung noch nicht eingetreten, sondern er steht unter einer aufschiebenden Bedingung (z. B. drohende Überschuldung, Anstieg des Verschuldungsgrads über einen bestimmten Schwellenwert etc.). Ein aufschiebend bedingter Forderungsverzicht führt noch **nicht zu einer Ausbuchung** aus der Bilanz des kreditgewährenden Instituts. Der aufschiebend bedingte Verzicht ist allerdings im Rahmen der Bewertung der Forderung zu berücksichtigen[325]. Zinsen auf die Forderung fallen ab Eintritt der aufschiebenden Bedingung nicht an.

1.9.2.2 Durch Schuldumschaffung

Bei einer Schuldumschaffung (Novation) wird die Aufhebung eines bestehenden Schuldverhältnisses mit der Begründung eines neuen Schuldverhältnisses verbunden[326]. Die Schuldumschaffung führt zivilrechtlich mithin zur Beendigung eines Schuldverhältnisses mit der Folge, dass aufgrund der Akzessorietät der Novation Sicherungsrechte (z. B. Bürgschaften, Pfandrechte) und Einwendungen aus dem alten Schuldverhältnis entfallen[327]. Ob es sich um eine Schuldumschaffung oder um eine Vertragsänderung handelt, richtet sich nach dem Parteiwillen, der wirtschaftlichen Bedeutung der Abänderung für das Vertragsgefüge und der Verkehrsauffassung[328]. Aufgrund der weitreichenden Folgen einer Novation ist im Zweifel von einem Änderungsvertrag auszugehen[329]. Ob eine Schuldumschaffung oder eine Inhaltsänderung von den Parteien gewollt war, ist ggf. durch Vertragsauslegung (§§ 133, 157 BGB) zu bestimmen[330]. Fraglich ist, ob das zivilrechtliche Erlöschen eines Finanzinstruments durch Novation auch bilanziell stets eine Ausbuchung des (alten) Finanzinstruments zur Folge hat. Eine Ausbuchung und mithin eine Ergebnisrealisation könnte gegen das Realisationsprinzip (§ 252 Abs. 1 Nr. 4 HS. 2 HGB) verstoßen, wenn die Novation nicht einen Umsatzakt begründen würde. Dies ist zu bejahen, wenn die wirtschaftliche Identität des Schuldverhältnisses durch die Schuldumschaffung nicht verändert

---

323 Vgl. Schubert, in: BBK, 11. Aufl., § 247 HGB, Tz. 225; ADS, § 246, Tz. 65.
324 Vgl. Gahlen, in: BB 2009, S. 2079.
325 Vgl. ADS, § 246 HGB, Tz. 67.
326 Vgl. Schulze, in: BGB, 9. Aufl., § 311 BGB Tz. 9; Gröschler, in: Soergel, 13. Aufl., § 311 BGB Tz. 52.
327 Vgl. Eine Ausnahme besteht beim Kontokorrentsaldo nach § 355 HGB, dessen Anerkennung nicht zum Erlöschen von Sicherheiten führt. Vgl. Schulze, in: BGB, 9. Aufl., § 311 BGB Tz. 9 f.; kritisch zum Verlust des Pfandrechts bei einer Forderungsnovation beim Mobiliarpfand Wacke, in: DNotZ 2000, 615.
328 Vgl. Löwisch/Feldmann, in: Staub BGB, § 311 BGB, Tz. 75.
329 Vgl. BGH-Urteil vom 05.10.2010 – VI ZR 159/09, in: EuZW 2011, 34 (Tz. 21); BGH-Urteil vom 30.09.1999 – IX ZR 287-98, in: NJW 1999, S. 3708 (S. 3709); BGH-Urteil vom 01.10.2002 – IX ZR 443/00, in: NJW 2003, S. 59.
330 Vgl. Armbrüster/Schreier, in: VersR 2015, S. 1053 (S. 1057).

wird[331]. Dem Schrifttum sind einige Einzelfälle von Novationen mit und ohne Verlust der wirtschaftlichen Identität mit Bezug zu Finanzinstrumenten zu entnehmen:

a) Debt/Equity Swaps. Debt/Equity Swaps bezeichnen die Umwandlung von bestehendem Fremdkapital in bilanzielles und rechtlich haftendes Eigenkapital. Dazu wird die Forderung im Wege einer Sachkapitalerhöhung nach § 183 AktG bzw. § 56 GmbHG in das Unternehmen eingebracht[332]. Die **Sachkapitalerhöhung** ist zumeist mit einem vorangehenden Kapitalschnitt und einem Bezugsrechtsausschluss für die Alt-Aktionäre verbunden[333]. Mit einer Sacheinlage können für das Kreditinstitut Risiken aus der Differenzhaftung entstehen, da der Einleger für die Werthaltigkeit einer Einlage haftet. Für den Einleger einer Forderung besteht nach § 9 GmbHG bzw. § 46 AktG eine Nachschusspflicht in Höhe der Differenz zwischen Nominalwert und beizulegendem Wert. Ferner kann eine teilweise Umwandlung von Forderungen in Eigenkapital dazu führen, dass die verbleibenden Forderungen als Eigenkapitalersatz gelten und damit nur nachrangig befriedigt werden[334].

Die eingebrachte Forderung fällt aufgrund des Zusammenfallens von Schuldner und Gläubiger in sich zusammen (Konfusion). Aus Sicht des Kreditnehmers findet durch einen Debt/Equity Swap ein liquiditätsneutraler Passivtausch statt. Eine Umwandlung in Eigenkapital unter Verwendung eines Debt/Equity Swaps ist aus Sicht des kreditgewährenden Instituts umso sinnvoller, je wertloser die Forderung im Falle einer Insolvenz des Schuldners ist. Aus diesem Grunde werden überwiegend nachrangige Forderungen in Eigenkapital gewandelt[335]. Entscheidend aus bilanzieller Sicht ist hier, dass durch die Umwandlung ein Tausch von Finanzinstrumenten vorgenommen wird. Dabei wird das Kreditverhältnis beendet und ein Mitgliedschaftsrecht an einer Gesellschaft erworben; es ist bereits ein zivilrechtliches Erlöschen (infolge einer Abtretung oder Erlassvereinbarung) zu bejahen[336]. Die Ausbuchung der ursprünglichen Forderung ist mithin geboten. Die Zugangsbilanzierung der erworbenen Anteile ist abhängig davon, ob das Institut bereits vor Umwandlung der Forderung in Eigenkapital eine **Gesellschafterstellung** an der jeweiligen Gesellschaft innehatte. Ist dies der Fall, so stellt der werthaltige Teil der eingebrachten Forderungen nachträgliche Anschaffungskosten der bereits bilanzierten Beteiligung dar[337]. Die Forderung ist daher vor Einbringung erfolgswirksam auf seinen werthaltigen Teil abzuschreiben.

Der Grundsatz der realen Kapitalaufbringung verlangt, dass die eingebrachte Forderung als vollwertig zur übernommenen Kapitalerhöhung zu betrachten sein muss. Die

---

331 Vgl. z.B. FG Niedersachsen, Urteil vom 23.02.2016 – 8 K 272/14, DStRE 2017, 711; Beyer, in: DStR 2012, S. 2199; Häuselmann, in: BB 2010, S. 944.
332 Vgl. Knecht/Haghani, in: Buth/Hermanns, 4. Aufl., § 18, Tz. 49.
333 Vgl. Eidenmüller/Engert, S. 3; sowie Redeker, in: BB 2007, S. 675.
334 Für eine Darstellung vgl. Redeker, in: BB 2007, S. 673–680.
335 Vgl. Knecht/Haghani, in: Buth/Hermanns, 4. Aufl., § 18, Tz. 48.
336 Vgl. Richter, in: Langenbucher/Bliesener/Spindler, Kap. 31, Tz. 139. Eine Ausbuchung ebenfalls bejahend Bär/Disser, die allerdings den Abgang des rechtlichen Eigentums bei einer Umwandlung einer Kreditforderung mittels Debt/Equity-Swap verneinen und hierin eine signifikante Vertragsanpassung sehen. Vgl. Bär/Disser, in: WPg 2017, S. 996 (hier S. 1001).
337 Vgl. Hass/Schreiber/Tschauner, in: Handbuch Unternehmensrestrukturierung, hrsg. v. Hommel/Knecht/Wohlenberg, S. 860 f.; WPH I[2012], F 262.

Werthaltigkeit ist beim Registergericht durch ein Wertgutachten nachzuweisen[338], wodurch eine Bestimmung der Werthaltigkeit aus Sicht eines objektiven Dritten im Zeitpunkt der Einbringung notwendig wird[339]. Liegt **kein Gesellschafterverhältnis** vor, so erwirbt das Institut eine Beteiligung im Wege eines Tauschs von Finanzinstrumenten. Die bilanzielle Abbildung richtet sich nach den Tauschgrundsätzen. Die neue Beteiligung darf maximal in der Höhe des beizulegenden Zeitwerts (und damit maximal in Höhe des werthaltigen Teils) der eingebrachten Forderung bilanziert werden[340].

Debt/Equity-Swap-Transaktionen können auch unter Verwendung von Zweckgesellschaften strukturiert werden. So kann eine Konfusion von eingebrachter Forderung in das Schuldner-Unternehmen auch dadurch erreicht werden, dass der Gläubiger seine Forderung gegenüber dem Schuldner als Sacheinlage in eine neu gegründete Zweckgesellschaft einbringt. Anschließend wird der Geschäftsbetrieb des Schuldner-Unternehmens auf das SPV nach § 123 Abs. 3 Nr. 1 UmwG auf die Zweckgesellschaft ausgegliedert[341]. Je nach Ausgestaltung kann hier eine Prüfung auf Konsolidierungspflicht von Zweckgesellschaften notwendig werden[342].

b) Wandlung der Währung. Eine novierende Umwandlung eines Fremdwährungsdarlehens in ein EUR-Darlehen ist als eine bilanzielle Novation anzusehen, da die Umwandlung zu einem Entfall des Währungsrisikos führt mit der Folge, dass es sich bei wirtschaftlicher Betrachtungsweise um ein neues Finanzinstrument handelt. Das Darlehen ist somit ergebnisrealisierend auszubuchen[343].

c) CCP-Clearing von Derivaten. Die Übertragung auf eine zentrale Gegenpartei von nach Art. 4 EMIR[344] clearingpflichtigen Derivaten stellt einen weiteren Fall der Novation von Finanzinstrumenten dar[345]. Der Wechsel des Vertragspartners auf eine zentrale Gegenpartei führt zwar zivilrechtlich zum Erlöschen des Derivatekontrakts; bilanziell ist hingegen eine Ausbuchung und damit eine Ertragsrealisation (und mithin auch eine Beendigung von Sicherungsbeziehungen) zu verneinen, da wirtschaftlich der ursprüngliche Derivatekontrakt fortgeführt wird[346].

d) Wirtschaftliches Recouponing. Im Schrifttum wird auch eine Ergebnisrealisation und mithin eine Ausbuchung von Derivaten im Falle eines sog. »wirtschaftlichen Recouponing«

---

338 Zur Problematik der Ermittlung der Werthaltigkeit der Forderung in diesem Zusammenhang vgl. Meyer/Degener, in: BB 2011, S. 849.
339 Vgl. Scheunemann/Hoffmann, in: BB 2009, S. 984.
340 Vgl. Ellrott/Brendt, in: BBK, 7. Aufl., § 255 HGB, Tz. 142.
341 Vgl. Niehaus, in: M&A Review, S. 541.
342 Siehe Kapitel VIII.2.1.5.
343 Vgl. FG Niedersachsen, Urteil vom 23.02.2016 – 8 K 272/14, in: DStRE 2017, S. 711 (S. 713).
344 Verordnung EU 648/2012 über OTC-Derivate, zentrale Gegenparteien und Transaktionsregister vom 04.07.2012.
345 Vgl. im Einzelnen Heber/Sternberg, in: RdF 2014, S. 211 (S. 212); Gstädtner, in: RdF 2012, S. 149.
346 Vgl. Gaber, in: WPg 2018, S. 629 (S.631), m. w. N.

verneint[347]. Dies stellt einen Close-out eines Derivats mit unmittelbarem Anschlussgeschäft über vergleichbare Volumina (ggf. mit derselben Vertragspartei) dar.

e) Umtausch. Eine Ausbuchung ist bei Ausübung eines vertraglichen Umtauschrechts zu verneinen, durch das eine Floating Rate Note in eine festverzinsliche Schuldverschreibung umgetauscht wird. Dies führt trotz Novation nicht zu einer Ausbuchung und mithin zu keiner Ergebnisrealisation, wenn Emittent, Inhaber, Nennbetrag und Laufzeit unverändert bleiben[348].

Die Ausbuchung eines Finanzinstruments setzt mithin voraus, dass – unabhängig von der Einordnung als zivilrechtliche Novation – die wirtschaftliche Identität verloren geht[349]. Eine alleinige Orientierung am Parteiwillen oder an der rechtlichen Einordnung erscheint aufgrund der durch § 246 Abs. 1 HGB gebotenen wirtschaftlichen Betrachtungsweise nicht sachgerecht. Dementsprechend ist aufgrund des Realisationsprinzips der Zeitpunkt der Gewinnrealisierung nach einer wirtschaftlichen Betrachtungsweise zu bestimmen[350]. Das Kriterium der wirtschaftlichen Identität kann insoweit als eine Ausprägung der bilanziellen Zurechnung nach dem wirtschaftlichen Eigentum angesehen werden. Dem Kriterium der Änderung der wirtschaftlichen Identität als notwendige Bedingung für die Ausbuchung von Finanzinstrumenten bei Schuldumschaffungen liegt die Wertung zugrunde, dass ein enger inhaltlicher und zeitlicher Zusammenhang zwischen dem Rückerwerb eines (kurz) zuvor veräußerten Vermögensgegenstands einer Gewinnrealisierung und mithin einer Abgangsbilanzierung unter bestimmten Bedingungen entgegenstehen könnte[351]. Ob durch eine Novation die wirtschaftliche Identität verloren geht, ist grundsätzlich auf Basis des Einzelfalls unter gesamtheitlicher Berücksichtigung der wirtschaftlichen Verhältnisse zu beurteilen.

1.9.3 Ausbuchung mit und ohne Übergang des rechtlichen Eigentums

Der Übergang des rechtlichen Eigentums ist keine hinreichende Bedingung für die Ausbuchung eines finanziellen **Vermögensgegenstands**. Es muss zusätzlich auch das wirtschaftliche Eigentum i. S. d. § 246 HGB bzw. § 39 AO übergegangen sein. Für den Begriff des wirtschaftlichen Eigentums wird zwischen einer sog. Negativabgrenzung und einer Positivabgrenzung unterschieden[352]. Nach der **Negativabgrenzung** ist wirtschaftlicher Eigentümer derjenige, der – ohne das rechtliche Eigentum zu haben – die tatsächliche Sachherrschaft über einen Vermögensgegenstand in der Weise ausüben kann, dass dadurch der nach bürgerlichem Recht Berechtigte auf Dauer von der Mitwirkung ausgeschlossen ist

---
347 Vgl. Scharpf/Schaber (2018), S. 1026 f. Für diesen Fall dürften sich jedoch Abgrenzungsschwierigkeiten zu Ausbuchungsfällen ergeben, in denen sich die Beendigung eines Geschäfts und der Neuabschluss (ggf. mit einer anderen Kontraktpartei) nicht gegenseitig bedingen.
348 Vgl. BFH-Urteil vom 30.10.1999 – IX R 70/96, BB 2000, 393.
349 Vgl. Häuselmann, in: BB 2010, S. 944; Blaas/Schwahn, in: DB 2013, S. 2350 (S. 2352); Link, in: RdF 2011, S. 182 (S. 185); Winnefeld (2015), D 1510; anderer Auffassung Bär/Disser, in: WPg 2017, S. 996 (S. 998).
350 Vgl. Schmidt, in: KK-RLR, § 252 HGB, Tz. 45.
351 Eine Ausbuchung im Fall von sale-and-buy-back-Geschäften verneinend bspw. IDW ERS HFA 13, Tz. 3 ff.
352 Vgl. z. B. Herzig/Joisten, in: Ubg 2010, S. 474.

(§ 39 Abs. 2 Nr. 1 AO). Dies ist der Fall, wenn der Berechtigte keinen oder nur einen praktisch bedeutungslosen Herausgabeanspruch gegenüber dem wirtschaftlichen Eigentümer hat oder wenn er den Vermögensgegenstand an diesen herauszugeben verpflichtet ist[353]. Wirtschaftlicher Eigentümer ist mithin derjenige, dem Besitz, Gefahr, Nutzungen und Lasten des Gegenstands zustehen[354].

Nach der vom Gesetzgeber des BilMoG verwendeten **Positivabgrenzung** ist das wirtschaftliche Eigentum demjenigen zuzurechnen, dem im Rahmen einer wertenden Betrachtung die **wesentlichen Chancen und Risiken** zuzuordnen sind[355]. Inhaltlich ist diese Wertung jedoch in Abhängigkeit von dem zu beurteilenden Sachverhalt unterschiedlich auszufüllen[356]. Während der Rückbehalt von Chancen einer Ausbuchung in vielen Fällen nicht entgegensteht[357], wird eine Ausbuchung aus der Bilanz des Veräußerers im Falle des Rückbehalts wesentlicher Chancen **und** Risiken[358] bzw. wesentlicher Risiken[359] verneint. Bei der Beurteilung, welcher Vertragspartei das wirtschaftliche Eigentum zuzurechnen ist, ist stets das Gesamtbild der Verhältnisse zugrunde zu legen.

Inwieweit der Übergang des rechtlichen Eigentums eine notwendige Bedingung für eine Ausbuchung eines Vermögensgegenstands darstellt, wird in Abhängigkeit von dem zu untersuchenden Sachverhalt ebenfalls uneinheitlich beantwortet. Nach IDW ERS HFA 13, Tz. 6 setzt die bilanzielle Ausbuchung und damit der Verlust des wirtschaftlichen Eigentums grundsätzlich voraus, dass auf der Grundlage eines schuldrechtlichen Vertrags (z. B. Kaufvertrag) zur Erfüllung der Sachleistungsverpflichtung das Eigentum an dem verkauften Vermögensgegenstand auf einen Dritten übertragen worden ist. Eine Ausbuchung setzt nach IDW ERS HFA 13 mithin den Verlust des zivilrechtlichen Eigentums voraus.

Da durch Inhaltsänderungen der wirtschaftliche Gehalt eines Finanzinstruments wirtschaftlich verändert werden kann, ist der Verlust des rechtlichen Eigentums **keine** allgemein anerkannte **notwendige Bedingung** für die Ausbuchung eines Finanzinstruments. Gleichermaßen sind Vermögensgegenstände nach den Grundsätzen der Leasingerlasse ggf. aus der Bilanz des Leasinggebers auszubuchen, obgleich dieser nicht das bürgerlich-rechtliche Eigentum an dem Leasinggut verliert. Auch der Abschluss einer Kaufoption, der grundsätzlich nicht zur Ausbuchung eines Vermögensgegenstands führt, kann in Sonder-

---

[353] Vgl. Förschle/Kroner, in: BBK, 8. Aufl., § 246 HGB, Tz. 5 f.
[354] Vgl. Gelhausen/Henneberger, in: HdJ, Abt. VI.1, Tz. 46. Sind am Bilanzstichtag nicht alle vorbezeichneten Merkmale erfüllt, bedarf es einer wertenden Beurteilung anhand der die Verteilung der mit dem zu bilanzierenden Vermögensgegenstand verbundenen Chancen und Risiken. Vgl. z. B. FG Niedersachsen, Urteil vom 20.11.2013 – 4 K 124/13, in: DB 2014, S. 630–632; BFH-Urteil vom 01.12.2012 – I R 57/10, in: DB 2012, S. 950.
[355] Vgl. BT-Drs 16/10067, S. 47.
[356] Vgl. IDW ERS HFA 13, Tz. 7.
[357] Z. B. bei unechten Pensionsgeschäfte gem. § 340b Abs. 5 HGB; Vorkaufsrechte und Rückerwerbsoptionen (IDW ERS HFA 13, Tz. 27).
[358] Z. B. bei echten Pensionsgeschäften (§ 340b Abs. 2, 4 HGB), bei Verkauf eines Vermögensgegenstands und Abschluss eines Total Return Swaps oder gegenläufigen Put- und Call-Rückveräußerungsoptionen (IDW ERS HFA 13, Tz. 30, 52), bei Treuhandgeschäften oder Sale-and-buy-back-Geschäften. Kritisch Herzig/Joisten, in: UBg 2010, S. 472.
[359] Z. B. bei Verbriefungstransaktionen oder dem unechten Factoring. Vgl. Struffert, in: KoR 2007, S. 477; IDW RS HFA 8, Tz. 41; ADS § 246 HGB, Tz. 326; Schmidt/Ries, in: BBK, 11. Aufl., § 246 HGB, Tz. 29 f.; Struffert/Wolfgarten, in: WPg 2010, S. 371.

fällen den Übergang des wirtschaftlichen Eigentums bewirken, wenn nach dem typischen Geschäftsverlauf mit der Ausübung Option zu rechnen ist[360].

Im Allgemeinen ist davon auszugehen, dass die Zurechnung des wirtschaftlichen Eigentums nur bei Vertragsabschluss zu prüfen ist. Eine erneute Überprüfung erscheint hingegen erforderlich, wenn die Verträge während der Vertragslaufzeit nachträglich angepasst werden und dies wesentliche Veränderungen in Bezug auf die für die Zurechnung relevanten Vertragsbestandteile mit sich bringt[361]. Bei den folgenden ausgewählten Fällen von Vertragsänderungen ist zu prüfen, ob die Ausbuchung eines Finanzinstruments geboten ist:

a) Änderung der Laufzeit. Wird die Laufzeit eines Schuldinstruments ohne Bestehen einer entsprechenden vertraglichen Option nachträglich verändert, so stellt sich die Frage, ob dies bilanzrechtlich als eine signifikante Vertragsänderung anzusehen ist. Eine Laufzeitverlängerung führt grundsätzlich nicht zu einer Ausbuchung des Schuldinstruments[362].

b) Änderung der Verzinsung. Eine nachträgliche Veränderung der Verzinsung führt zu keiner signifikanten Vertragsanpassung, wenn damit keine zusätzlichen oder andersartigen Zinsrisiken im Sinne des IDW RS HFA 22 verbunden sind[363].

c) Recouponing von (Zins)Derivaten. Ein Unterfall der Änderung der Verzinsung ist das sog. Recouponing von Zinsderivaten (siehe hierzu im Einzelnen Kapitel II.1.9.5).

d) Vinkulierung. Die Umwandlung einer Inhaberschuldverschreibung in ein Namenspapier (Vinkulierung) führt zwar zu einer eingeschränkten Fungibilität des Wertpapiers (Übertragung durch Abtretung nach §§ 398 ff. BGB anstelle durch Übereignung gem. § 929 BGB), jedoch führt eine solche Umwandlung nicht zum Verlust der wirtschaftlichen Identität und mithin nicht zu einer Gewinnrealisierung[364]. Die Umschreibung auf den Namen nach § 806 BGB erfolgt durch Vermerk in der (Global)Urkunde, womit keine Änderung des Wertpapiercharakters verbunden ist[365]. Ein (gewinnrealisierender) Übergang auf die Nennwertbilanzierung gem. § 341c Abs. 1 HGB nach dem Erwerbszeitpunkt wird damit auch für Versicherungsunternehmen verneint[366].

e) Debt/Mezzanine-Swap. Durch einen Debt/Mezzanine-Swap wird im Wege einer Vertragsänderung (§ 311 Abs. 1 BGB) oder durch Schuldumschaffung eine Forderung gegen ein Genussrecht desselben Unternehmens getauscht. Unabhängig von der zivilrechtlichen Art

---

360 Vgl. BFH, Urteil vom 04.07.2007 – VIII R 68/05; BFH, Urteil vom 11.07.2006 – VIII R 32/04; BFH, Urteil vom 10.06.1988 III R 18/85; BFH, BeckRS 1981, 22005832.
361 Vgl. Gelhausen/Henneberger, in: HdJ, Abt. VI.1, Tz. 46.
362 Im Detail vgl. Gaber, WPg 2018, S. 633.
363 Vgl. Gaber, WPg 2018, S. 633.
364 Vgl. Häuselmann, in: BB 2008, S. 2617 (S. 2621); Häuselmann, in: BB 2010, S. 944 (S. 945); Ellrott/Brendt, in: BBK, 7. Aufl., § 255 HGB, Tz. 259.
365 Vgl. Habersack, in: MüKom BGB, 7. Aufl., § 806 BGB, Tz. 2.
366 Vgl. IDW RS VFA 1, Tz. 20; Ellenbürger/Hammers, in: MüKom BilR, § 341c HGB, Tz. 9; Hommel/Morawietz, in: MüKom HGB, § 341c HGB, Tz. 6; Böcking/Gros/Kölschbach, in: EBJS, § 341c HGB, Tz. 8.

der Umwandlung erscheint eine Prüfung **nach wirtschaftlichen Gesichtspunkten** erforderlich[367]. Bilanzrechtlich ist zwischen Genussrechten mit Eigenkapitalcharakter oder mit Fremdkapitalcharakter nach den Grundsätzen des IDW RS HFA 1/94 zu unterscheiden. Eine bilanzielle Novation ist beim Schuldner im Falle einer Umwandlung in ein FK-Genussrecht zu verneinen[368] und im Falle eines EK-Genussrechts zu bejahen[369]. Jedoch ist mit dem Tausch in ein EK-Genussrecht aufgrund der weiterhin bestehenden Rückzahlungspflicht keine Erfolgsrealisation verbunden[370]. Bei der Prüfung auf Vorliegen einer bilanziellen Novation beim Gläubiger erscheint ein analoges Vorgehen sachgerecht[371].

f) **Qualifizierter Rangrücktritt.** Die Rangrücktrittsvereinbarung ist Vertragsanpassung i. S. d. § 311 Abs. 1 BGB, durch die der Anspruch eines Gläubigers in eine Rangstufe, in der die Gesellschafter eine Rückzahlung ihrer Einlagenrückgewähransprüche fordern können. Nach der jüngsten BGH-Entscheidung[372] zum Rangrücktritt im Insolvenzrecht kann vertreten werden, dass die Vereinbarung eines Rangrücktritts beim Schuldner wie auch beim Gläubiger zur Ausbuchung des Schuldinstruments führt[373].

g) **Vereinbarung einer Verlustübernahme.** Die nachträgliche Vereinbarung einer Verlustteilnahme ändert nicht den Fremdkapitalcharakter des Finanzinstruments, soweit das Finanzinstrument nach erfolgter Restrukturierung als eigenkapitalähnliches Genussrecht anzusehen ist[374].

1.9.4 Restrukturierung von Wertpapieren

Nach dem Schuldverschreibungsgesetz (SchVG) vom 04.08.2009 können die Anleihebedingungen auch ohne Vorliegen einer wirtschaftlichen Krise des Schuldners verändert werden[375]. Das SchVG gilt für alle Anleihen, die deutschem Recht unterliegen (das Vorliegen eines inländischen Emittenten ist keine Voraussetzung mehr). Aus dem Anwendungsbereich des SchVG ausgenommen sind (§ 1 Abs. 2 SchVG) Schuldverschreibungen im Sinne des Pfandbriefgesetzes, Schuldverschreibungen deren Schuldner der Bund, ein Sondervermögen des Bundes, ein Land oder eine Gemeinde ist, oder für die der Bund, ein Sondervermögen des Bundes, ein Land oder eine Gemeinde haftet. Durch den letzten Punkt sind

---

[367] Zutreffend Beyer, in: DStR 2012, S. 2199 (S. 2200); Häuselmann, in: BB 2010, S. 944 (S. 950). Anderer Auffassung Link, in: RdF 2011, S. 182 (S. 185), wonach eine wirtschaftliche Betrachtungsweise nur im Falle der Inhaltsänderung vorzunehmen ist.
[368] Vgl. Link, in: RdF 2011, S. 182 (S. 186); Häuselmann, in: BB 2010, S. 944 (S. 947).
[369] Vgl. Beyer, in: DStR 2012, S. 2199.
[370] Vgl. Beyer, in: DStR 2012, S. 2199 (S. 2202); Haarmann, in: BB-Fallstudien 2013, S. 47 (S. 51) anderer Auffassung OFD Rheinland, Kurzinformation vom 14.12.2011, in: BeckVerw 256248.
[371] Vgl. Link, in: RdF 2011, S. 182 (S. 189), wonach im Falle einer zivilrechtlichen Novation auch bilanziell eine Ausbuchung vorzunehmen ist.
[372] Vgl. BGH, Urteil vom 05.03.2015 – IX ZR 133/14, in: DStR 2015, S. 767.
[373] Mit weiteren Nachweisen vgl. Gaber, in: WPg 2018, S. 635.
[374] Vgl. HFA 1/1994, Tz. 3.1 sowie Häuselmann, in: BB 2010, S. 947.
[375] Dies war noch nach dem Schuldverschreibungsgesetz von 1899 notwendig.

Anleihen, die durch den Finanzmarktstabilisierungsfond SoFFin garantiert werden, nicht vom Anwendungsbereich des SchVG erfasst[376].

Nach §5 Abs. 1 SchVG ist in den Anleihebedingungen zu bestimmen, ob und in welchem Umfang die Anleihebedingungen geändert werden können. Das SchVG sieht zwei Möglichkeiten der Änderung von Anleihebedingungen vor. Zum einen kann eine Restrukturierung durch einen Änderungsvertrag mit sämtlichen Gläubigern (§4 SchVG) oder durch Änderung der Anleihebedingungen durch Mehrheitsbeschluss in der Gläubigerversammlung (§5 Abs. 1 SchVG) erfolgen[377]. Soweit in der Gläubigerversammlung ein Mehrheitsbeschluss zur Änderung der Anleihebedingungen gefasst wurde[378], gilt dieser nach §5 Abs. 2 S.1 SchVG für alle Gläubiger (**kollektive Bindung** der Gläubiger). Durch den Schuldner sind alle Gläubiger gleich zu behandeln, sofern die benachteiligten Gläubiger nicht ausdrücklich zustimmen (§5 Abs. 2 S.2 SchVG). Das SchVG führt die folgenden Änderungen explizit auf:

1. Veränderung der Fälligkeit, Verringerung oder Ausschluss der Zinsen
2. Veränderung der Fälligkeit der Hauptforderung
3. Verringerung der Hauptforderung
4. Nachrang der Forderung aus den Schuldverschreibungen im Insolvenzverfahren des Schuldners
5. Umwandlung oder Umtausch der Schuldverschreibungen in Gesellschaftsanteile, andere Wertpapiere oder andere Leistungsversprechen
6. Austausch und Freigabe von Sicherheiten
7. Änderung der Währung der Schuldverschreibung
8. Verzicht auf das Kündigungsrecht der Gläubiger oder dessen Beschränkung
9. Schuldnerersetzung
10. Änderung oder Aufhebung von Nebenbestimmungen der Schuldverschreibungen

Die im Gesetz aufgeführten Umstrukturierungsmöglichkeiten, die durch das SchVG erfasst werden, sind allerdings nicht als abschließend anzusehen[379]. Eine Änderung der Anleihebedingungen wirkt sich unmittelbar auch auf eine Garantie eines Mitverpflichteten aus, sofern dies durch die Anleihebedingungen vorgesehen ist[380].

Ob aus der nachträglichen Änderung von Anleihebedingungen auch eine bilanzielle Novation folgt, ist auf Basis der oben dargestellten Grundsätze zu beurteilen. Die Entwicklung von Sonderregeln für Wertpapiere erscheint nicht sachgerecht[381]. Eine bilanzielle Ausbuchung ist immer dann zu verneinen, wenn eine Änderung der Ausstattungsmerkmale der Anleihe bereits in den Anleihebedingungen von vornherein vorgesehen war (z.B. Umtausch oder Wandlung in Aktien; Änderung der Verzinsung usw.). Der wirtschaftlichen

---

376 Vgl. Horn, in: BKR 2009, S. 447.
377 Für verschiedene Beschlussgegenstände gelten spezifische Mehrheitserfordernisse. Stimmrechte, die auf Schuldverschreibungen im Eigenbestand des Emittenten oder eines mit ihm verbundenen Unternehmens entfallen, haben zu ruhen. Vgl. Schnorbus/Ganzer, in: WM 2014, S. 155.
378 Zur Anfechtbarkeit von Beschlüssen der Gläubigerversammlung vgl. Maier-Reimer, in: NJW 2010. S. 1317 ff.
379 Vgl. Podewills, in: DStR 2009, S. 1914–1920
380 Vgl. Schlitt/Schäfer, in: AG 2009, S. 480 f.
381 So jedoch Bär/Disser, in: WPg 2017, 996.

Betrachtungsweise des IDW RS HFA 22 folgend wäre eine bilanzielle Novation stets dann anzunehmen, wenn sie durch die nachträgliche Veränderung der Anleihebedingungen zu einer Trennungspflicht eingebetteter Derivate führen würde. So wäre eine Restrukturierung einer Cash CDO (Collateralized Debt Obligation) in eine Credit Linked Note als eine bilanzielle Novation zu würdigen[382]. Ein Austausch von Underlyings (Namen im Referenzpool) würden hingegen nicht als eine Umstrukturierung anzusehen sein, die einen bilanziellen Abgang des Wertpapiers zur Folge haben würde[383].

1.9.5 Restrukturierung und Close Out von Derivaten

Oftmals werden bestehende Derivate durch eine Vertragsänderung umstrukturiert. Unter einem **Recouponing** wird die Anpassung der Verzinsung eines Finanzinstruments auf die aktuellen Marktbedingungen verstanden. Eine **Revalutierung** stellt eine Anpassung eines noch nicht valutierten Derivats (z. B. Forward Swap) auf die aktuellen Marktbedingungen dar. Das Derivat weist nach Anpassung der Verzinsung einen Marktwert von null auf. Dies wird dadurch erreicht, dass (in regelmäßigen Abständen) der feste Kupon (z. B. die Zahlerseite eines Payer Swaps) auf das aktuelle Marktniveau angepasst wird. Gleichzeitig ist eine Ausgleichszahlung von der Vertragspartei zu leisten, die durch die Konditionenanpassung einen Vorteil erlangt hat. Recouponing kann das Counterparty Credit Risk vermindern und wird vor diesem Hintergrund bspw. dann eingesetzt, wenn es Zweifel an der Durchsetzbarkeit der Ansprüche auf erhaltene Sicherheiten gibt[384].

Bei solchen Vorgängen stellt sich die bilanzielle Frage, ob es sich bei einer Umstrukturierung eines Derivats um einen bilanziellen Abgang und gleichzeitigen Neuabschluss handelt oder ob das bestehende Derivat bilanziell fortbesteht. Ob ein Recouponing eines Zinsswaps zu einer bilanziellen Novation und mithin zu einer Ergebnisrealisation führt, ist strittig. **Gegen** eine Ergebnisrealisation spricht, dass die erhaltene Ausgleichszahlung aus einem Recouponing keinen realisierten Gewinn darstellt, da dieser durch die künftige Wertentwicklung des (geänderten) Zinsderivats aufgezehrt werden könnte. Ein Recouponing wird nicht als ein Umsatzakt angesehen, der als ein bilanzieller Realisierungstatbestand zu würdigen ist. Aus diesem Grunde wird im Schrifttum vertreten, Ausgleichszahlungen aus einem Recouponing nicht erfolgswirksam zu realisieren, sondern über die Restlaufzeit des Derivats abzugrenzen[385]. **Für** eine Ergebnisrealisation könnte sprechen, dass die erhaltene bzw. gezahlte Ausgleichszahlung eine Abgeltung von bis zum Zeitpunkt der Vertragsänderung eingetretenen Wertänderungen des Zinsderivats und mithin keine Kompensation für eine Über- bzw. Unterverzinslichkeit des Zinsderivats künftiger Perioden darstellt. Mangels zeitraumbezogener Gegenleistung sowie Begründung der Einnahmenerzielung vor dem Bilanzstichtag wäre die Erfassung eines Rechnungsabgrenzungs-

---
382 Siehe Kapitel III.1.4.5.3.4.
383 Vgl. Häuselmann, in: BB 2010, S. 947.
384 Vgl. Resti/Sironi (2007), S. 501.
385 Vgl. Scharpf/Schaber (2018), S. 1023; Häuselmann, in: BB 2010, S. 947; aA in 189. Sitzung des BFA, in: IDW Fachnachrichten 2004, S. 697 f.

postens (Zahlung vor und Erfolg nach dem Stichtag) i. S. d. § 250 HGB zu verneinen[386]. Vielmehr könnte die Ausgleichszahlung als eine Kompensation für eine (gedankliche) Beendigung eines Zinsderivats, welche den Abschluss eines (neuen) Zinsderivats zu marktgerechten Konditionen ermöglicht, angesehen werden[387].

Nach der hier vertretenen Auffassung ist es sachgerecht, die Bilanzierung einer Umstrukturierung einer wirtschaftlichen Betrachtungsweise folgen zu lassen. Dabei ist die Bilanzierung – unabhängig von der zivilrechtlichen Ausgestaltung – beizubehalten, wenn das Risikoprofil des umstrukturierten Derivats vergleichbar mit dem Risikoprofil des ursprünglichen Derivats ist. Wird das Risikoprofil signifikant verändert, so handelt es sich bilanziell um einen Close-Out. Grundsätze ordnungsmäßiger Buchführung haben sich für die Frage, welcher Umfang der Veränderung des Risikoprofils zu einem bilanziellen Close-Out führt, im Schrifttum bisher nur vereinzelt herausgebildet. So wird in der Literatur bei einem sog. Recouponing sowie bei einer Revalutierung eines Zinsswaps das Vorliegen eines bilanziellen Close-Outs verneint. Eine erfolgsneutrale Restrukturierung von Derivaten kommt nach der hier vertretenen Auffassung stets dann in Betracht, wenn ein Risikofaktor mit einem positiven Zeitwert aus dem Instrument entfernt wird und diese stille Reserve eine stille Last (stille Reserve) eines anderen Risikofaktors mindert (erhöht). In diesem Falle hätte die Restrukturierung auch durch den Abschluss eines Gegengeschäfts zu marktgerechten Konditionen erfolgen können, wodurch in Bezug auf den abgesicherten Risikofaktor ein Gewinn festgeschrieben wird, der aufgrund des Realisationsprinzips nicht unmittelbar zu vereinnahmen ist.

Eine Restrukturierung, die einen **Kontrahentenwechsel** bei jeweils gleichzeitiger Besicherung über ein CSA beinhaltet, ist ebenfalls erfolgsneutral vorzunehmen. Kontrahentenwechsel, die infolge der EMIR-Verordnung (oder äquivalenter außereuropäischer Verordnungen wie z. B. Dodd-Frank-Act) vorgenommen werden, stellen keine bilanzielle Novation dar, da es in wirtschaftlicher Hinsicht um eine Fortführung des Derivats handelt. Nach der hier vertretenen Auffassung gilt dies unabhängig von der Vornahme einer Close-Out-Zahlung.

Ist ein restrukturiertes Derivat Bestandteil einer Bewertungseinheit und wird im Falle der Restrukturierung eines Derivats eine bilanzielle Novation verneint, so ist die Bewertungseinheit nicht zwingend aufzulösen; die Bewertungseinheit ist beizubehalten.

In diesem Zusammenhang ist anzumerken, dass die bilanzielle Behandlung von **Close-Outs** (insbesondere von Zinsswaps) in der Literatur umstritten diskutiert wird. Bei einem Close-Out führt die Auflösung des Zinsswaps zu einer Ausgleichszahlung zwischen den Kontraktparteien. Diese Ausgleichszahlung ist mit einer Vorfälligkeitsentschädigung vergleichbar, die im Zeitpunkt der Zahlung als erfolgswirksam realisiert gilt[388]. Jedoch wird

---

386 In Bezug auf Vertragsänderungen von Darlehensverträgen vgl. BFH, Urteil vom 07.03.2007 – I R 18/06, DStR 2007, S. 1519, m. w. N.
387 Im Ergebnis eine Ergebnisrealisation beim Recouponing von Zinsderivaten bejahend IDW BFA, IDW FN 2004, S. 698. Vor diesem Hintergrund könnte die Ausgleichszahlung als eine Signing Fee anzusehen sein, die eine Prämie für die Aufhebung eines alten und den Abschluss eines neuen Finanzkontrakts darstellt. Wäre mit der Änderung des Vertragsinhalts die Leistung von den Kontraktparteien vollständig erbracht worden, würde dies einer Realisation nicht entgegenstehen. Vgl. ausführlich Kudert/Marquard, in: WPg 2010, S. 238.
388 Vgl. Scharpf/Schaber (2018), S. 1023.

zugleich festgestellt, dass die Vereinnahmung von Einmalzahlungen einen positiven Effekt in der aktuellen Ergebnisrechnung zu Lasten künftiger Periodenergebnisse bewirkt. Eine Verlustantizipation im Rahmen der Steuerung des allgemeinen Zinsänderungsrisikos wird nicht gefordert[389]. Bei einer willkürlichen vorzeitigen Vereinnahmung von Einmalerträgen durch Close-Outs von Zinsswaps wird im Schrifttum zum Teil eine Periodisierung der Ausgleichszahlung durch Bildung eines Rechnungsabgrenzungspostens und dessen Auflösung über die Restlaufzeit des vorzeitig beendeten Geschäfts gefordert[390]. Dem steht jedoch entgegen, dass bezogene Entgelte am jeweiligen Bilanzstichtag nur insoweit abzugrenzen sind, als dies Ertrag für eine bestimmte Zeit nach dem Bilanzstichtag darstellt. Dafür müsste zudem eine Verpflichtung zu einer am Bilanzstichtag noch zu erbringenden Gegenleistung bestehen. Die erfolgte Aufhebung eines für eine bestimmte Laufzeit begründeten Schuldverhältnisses gegen Entschädigung stellen jedoch kein Entgelt für eine vom Empfänger zu erbringende Gegenleistung, sondern für eine einmalige vor dem jeweiligen Stichtag durch Aufhebungsvertrags bereits vollzogene Gegenleistung dar[391].

---

389 Vgl. BFA, in: IDW Fachnachrichten 2004, S. 698.
390 Vgl. Scharpf/Schaber (2018), S. 1023 f.
391 Vgl. BFH-Urteil vom 03.02.2005 – I R 9/04, in: DStR 2005, S. 863.

2 Personelle Zurechnung von Verbindlichkeiten

Das wirtschaftliche Eigentum ist für die personelle Zuordnung von Verbindlichkeiten nicht maßgeblich, da nach § 246 Abs. 1 S. 3 HGB Schulden stets **in der Bilanz des Schuldners** auszuweisen sind. Die wirtschaftliche Zurechnung von Verbindlichkeit zu einer vom Schuldner abweichenden Person, wird aufgrund des Vorsichtsprinzips stark eingeschränkt[1].

Institute haben nach den allgemeinen Grundsätzen alle Verbindlichkeiten zu passivieren, die sie **im eigenen Namen** eingegangen sind. Dies umfasst nicht nur Verbindlichkeiten, die im eigenen Namen und auf eigene Rechnung, sondern auch Verbindlichkeiten, die im eigenen Namen und auf fremde Rechnung eingegangen worden sind. Verbindlichkeiten, die für fremde Rechnung begründet sind, dürfen nicht mit Ausgleichsansprüchen (z. B. aus dem Innenverhältnis eines Geschäftsbesorgungsvertrags) saldiert werden[2].

Verbindlichkeiten sind auszubuchen, wenn sie erloschen sind. Ein Erlöschen von Verbindlichkeiten erfolgt durch **Erfüllung** (§ 362 BGB), **vertragliche oder gesetzliche Aufrechnung** (§ 355 sowie §§ 387–396 BGB), **Erlass** (§ 397 BGB), **Schuldumwandlung** (Novation) oder **befreiende Schuldübernahme** (§§ 414 ff. BGB).

Bei einer **befreienden Schuldübernahme** übernimmt ein Dritter (derivativer Schuldner) per Vertrag mit dem Gläubiger eine Schuld von einem Alt-Schuldner (§ 414 BGB). Durch die Schuldübernahme verpflichtet sich der derivative Schuldner an die Stelle des Alt-Gläubigers zu treten. Eine Schuldübernahme ist nur wirksam, sofern diese durch den Gläubiger genehmigt wurde (§ 415 Abs. 1 S. 1 BGB). Der übernehmende Schuldner kann nach § 417 Abs. 1 S. 1 BGB dem Gläubiger die Einwendungen entgegensetzen, welche sich aus dem Rechtsverhältnis zwischen dem Gläubiger und dem bisherigen Schuldner ergeben. Eine Forderung des Alt-Schuldners gegen den Gläubiger kann der übernehmende Schuldner nicht aufrechnen. Wird eine befreiende Schuldübernahme vereinbart, so ist die Verbindlichkeit beim Alt-Schuldner aus- und beim derivativen Schuldner einzubuchen. Dieser Grundsatz wird in der Literatur vereinzelt dadurch eingeschränkt, dass eine Ausbuchung zum Teil nur dann als sachgerecht angesehen wird, wenn nach erfolgter Schuldübernahme keine schuldrechtlichen Leistungsverpflichtungen beim Alt-Schuldner verbleiben bzw. zurückbehalten werden. Strittig ist in diesem Zusammenhang insbesondere die handelsrechtliche Abgangsbilanzierung von Verbindlichkeiten in sog. »**in substance**

---

1 Vgl. BT-Drs 16/10067, S. 47.
2 Vgl. IDW RS HFA 34, Tz. 30; Schmidt/Ries, in: BBK, 11. Aufl., § 246 HGB, Tz. 50.

defeasance«-Strukturen. Diese Strukturen entstammen der US-amerikanischen Bilanzierungspraxis und verfolgen das Ziel einer vorzeitigen Abgangsbilanzierung von Verbindlichkeiten. Dabei übernimmt ein derivativer Schuldner die Verbindlichkeit eines Alt-Schuldners unwiderruflich und garantiert dem Alt-Schuldner die frist- und betragsgerechte Erfüllung von Zins- und Tilgungszahlungen[3]. Im Gegenzug erhält der derivative Schuldner Vermögensgegenstände, die der Deckung des Schuldendiensts dienen. Eine Zustimmung des Gläubigers wird in diesen Fällen häufig nicht eingeholt, so dass weiterhin ein Haftungsverhältnis zwischen dem Alt-Schuldner und Gläubiger bei Ausfall des derivativen Schuldners besteht. Die Frage, unter welchen Bedingungen in diesem Fall eine Verbindlichkeit beim Alt-Schuldner auszubuchen ist, wird in der Literatur umstritten diskutiert. Nach Küting/Pfuhl ist eine Ausbuchung der Verbindlichkeit im Rahmen einer »in-substance-defeasance«-Gestaltung auch nach handelsrechtlichen Bilanzierungsgrundsätzen möglich, wenn ausreichende Vermögenswerte an den derivativen Schuldner übertragen wurden[4]. Ebenso befürwortet Hofmann in diesem Fall eine Ausbuchung der Verbindlichkeit beim Alt-Schuldner, da für diesen die Verbindlichkeit in wirtschaftlicher Hinsicht erloschen ist. Der Alt-Schuldner ist stattdessen ein Haftungsverhältnis im Sinne von §§ 251, 268 Abs. 7 HGB eingegangen, welches für Institute nach § 26 Abs. 2 RechKredV unter dem Strich (Unter-Strichposten Nr. 1b) zu vermerken ist[5]. Ebenso sehen Roß/Drögemüller die handelsrechtliche Ausbuchung der Verbindlichkeiten mit gleichzeitigem Ausweis eines Haftungsverhältnisses als sachgerecht an, wenn ausreichende Vermögenswerte zur Erfüllung der Verbindlichkeit übertragen wurden[6]. Demgegenüber steht die zivilrechtliche Betrachtungsweise des HFA. Dieser sieht eine bilanzwirksame Schuldübernahme nur dann als gegeben an, wenn diese schuldbefreiend im Sinne des § 415 BGB ist. Notwendige Voraussetzung für eine befreiende Schuldübernahme ist die Zustimmung des Gläubigers. Nach Auffassung des HFA soll für die Beurteilung der Abgangsbilanzierung von Verbindlichkeiten nicht die wirtschaftliche, sondern die rechtliche Zugehörigkeit ausschlaggebend sein[7]. Diese Sichtweise ist zu Recht durch die Verfechter der wirtschaftlichen Betrachtungsweise kritisiert worden. Es erscheint nach der hier vertretenen Auffassung inkonsistent, bei der Beurteilung der persönlichen Zurechnung von Vermögensgegenständen – wie in HFA 8 oder auch E-HFA 13 der Fall – auf eine wirtschaftliche Betrachtungsweise, bei der persönlichen Zurechnung von Verbindlichkeiten allerdings auf eine zivilrechtliche Betrachtungsweise abzustellen.

Eine Abgangsbilanzierung von Schulden kommt bei einer bloßen **Erfüllungsübernahme (Schuldfreistellung)** im Sinne des § 329 BGB nicht in Betracht. Bei einer Schuldfreistellung bleibt das Schuldverhältnis zwischen Schuldner und Gläubiger unberührt. Durch Erfüllungsübernahme verpflichtet sich ein Dritter im Innenverhältnis gegenüber dem Schuldner, diesen von künftigen Leistungspflichten aus dem Schuldverhältnis freizustellen. Die Freistellungserklärung begründet ein neues Schuldverhältnis zwischen dem

---

3   Vgl. Hoffmann, in: WPg 1995, S. 721.
4   Vgl. Küting/Pfuhl, in: DB 1989, S. 1245–1249.
5   Vgl. Hofmann, in: WPg 1995, S. 726.
6   Vgl. Roß/Drögemüller, in: WPg 2004, S. 185–193.
7   Vgl. IDW HFA, WPg 1989, S. 627; glA ADS, § 246 HGB, Tz. 424 sowie § 251, Tz. 67.

Schuldner und dem Freistellungsverpflichteten[8]. Der Schuldner hat daher einen Freistellungsanspruch zu aktivieren und der Schuldner eine Verbindlichkeit zu passivieren[9]. Eine Erfüllungsübernahme ist insoweit nicht mit einer befreienden Schuldübernahme vergleichbar, da bei einer Erfüllungsübernahme der Schuldner das Insolvenzrisiko des Freistellungsverpflichteten trägt[10].

---

8 Vgl. BFH, Urteil vom 16.12.2009 – IR 102/08, in: BStBl II 2011, S. 567.
9 Vgl. BFH, Urteil vom 16.12.2009 – IR 102/08, in: BStBl II 2011, S. 567; aA BMF-Schreiben vom 24.06.2011, in: DB 2011, S. 1485; zur Erläuterung der steuerlichen Diskussion vgl. Höhn/Geberth, in: DB 2011, S. 1775–1778.
10 Anderer Ansicht Künkele/Zwirner, in: BC 2011, S. 481, nach denen beide Übernahmen wirtschaftlich zum selben Ergebnis führen.

3 Verrechnung von Vermögensgegenständen und Schulden

3.1 Verrechnungsverbot für alle Kaufleute

Nach § 246 Abs. 2 S. 1 HGB dürfen Posten der Aktivseite »nicht mit Posten der Passivseite, Aufwendungen nicht mit Erträgen, Grundstücksrechte nicht mit Grundstückslasten verrechnet werden«. Zudem sind Vermögensgegenstände und Schulden nach § 252 Abs. 1 Nr. 3 HGB einzeln (d. h. unsaldiert) zu bewerten. Das allgemeine Verrechnungsverbot des § 246 Abs. 2 S. 1 HGB gilt für Institute jedoch nur soweit die geschäftszweigspezifischen Vorschriften nichts anderes bestimmen (§ 340a Abs. 2 S. 3 HGB). Sofern keine institutsspezifischen Sondervorschriften bestehen, haben Institute mithin das allgemeine Verrechnungsverbot zu beachten. Die Anwendung der handelsrechtlichen Grundsätze zur bilanziellen Verrechnung von Vermögensgegenstände und Schulden ist für Institute in mehrerer Hinsicht von großer Bedeutung. So hat die Höhe der Bilanzsumme für Institute unmittelbare Auswirkung auf die Berechnung verschiedenster aufsichtsrechtlicher Kennziffern (z. B. Leverage Ratio, Bankenabgabe, Über-/Unterschreitung von bestimmten Größenkriterien in Bezug auf die aufsichtsrechtliche Systemrelevanz).

Eine Verrechnung liegt vor, wenn im Jahresabschluss die Zusammenfassung von Aktiva und Passiva bzw. von Aufwendungen und Erträgen nicht mehr erkennbar ist. Eine offene Absetzung in der Vorspalte oder die Bildung von Zwischensummen stellt keine Verrechnung im bilanziellen Sinne dar[1]. Für das allgemeine Verrechnungsverbot gelten jedoch einige gesetzliche Ausnahmen, die auch für Institute gelten. So sind Vermögensgegenstände, die dem Zugriff aller übrigen Gläubiger entzogen sind und ausschließlich der Erfüllung von Schulden aus Altersversorgungsverpflichtungen oder vergleichbaren langfristigen fälligen Verpflichtungen dienen, mit diesen Schulden zu verrechnen (§ 246 Abs. 2 S. 2 HGB). Eine weitere Durchbrechung kann in dem Ansatz von latenten Steuern gesehen werden. So geht § 274 Abs. 1 S. 1 HGB bei der Ermittlung der Differenzen zwischen handelsrechtlichen und steuerbilanziellen Buchwerten von einer Saldierung von aktiven und passiven latenten Steuern aus[2]. Alternativ dazu lässt § 274 Abs. 1 S. 3 HGB auch die Möglichkeit eines unsaldierten Ansatzes von aktiven und passiven latenten Steuern zu. Ebenso kann auch die Bildung einer Bewertungseinheit bei Anwendung der »Durchbuchungsmethode

---
1   Vgl. ADS, § 246 HGB, Tz. 455 f.
2   Vgl. Morck, in: Koller/Kindler/Roth/Morck, 8. Aufl., § 274 HGB, Tz. 5.

ohne GuV-Berührung« als eine Durchbrechung des Verrechnungsgebots angesehen werden[3]. Daneben kann eine im Außenverhältnis bestehende Gesamtschuld (z. B. aus einem Schulbeitritt) mit dem im Innenverhältnis bestehenden Rückgriffsanspruch gegen die Mitschuldner unter bestimmten Bedingungen verrechnet werden[4].

Eine bilanzielle Verrechnung kann nach den allgemeinen Grundsätzen vorgenommen werden, wenn die Möglichkeit zur Aufrechnung wechselseitiger Forderungen nach §§ 387 ff. BGB gegeben ist. Die Aufrechnung stellt eine wechselseitige Tilgung gegenseitiger, gleichartiger, einredefreier, fälliger bzw. erfüllbarer Forderungen durch empfangsbedürftige Willenserklärung dar[5]. Eine bilanzielle Verrechnung kommt mithin bei den folgenden zivilrechtlichen Aufrechnungsfällen in Betracht:

- Es bestehen gleichartige und fällige Forderungen und Verbindlichkeiten zwischen denselben Personen (Personenidentität). Beide Personen können nach § 387 BGB eine Aufrechnung bewirken. Das bilanzierende Unternehmen hat in diesem Fall ein Selbstvollstreckungsrecht, das eine »Kurzabwicklung« von Forderungen und Verbindlichkeiten erlaubt, wobei der Gegenpartei ein Erfüllungssurrogat aufgezwungen wird[6]. In diesem Fall erscheint bilanziell eine Verrechnung aufrechenbarer Forderungen und Verbindlichkeiten sachgerecht[7].
- Hat das bilanzierende Unternehmen eine am Stichtag fällige Forderung, während die gegenüberstehende Verbindlichkeit noch nicht fällig ist, so darf das bilanzierende Unternehmen nach § 387 BGB aufrechnen. Eine bilanzielle Verrechnung ist in diesem Fall vertretbar[8]. Eine Verrechnung ist nicht zulässig, wenn die Forderung noch nicht fällig ist.

Eine Verrechnung kommt nach h. M. nicht in Betracht, wenn Forderungen und Verbindlichkeiten am Bilanzstichtag nicht fällig sind, aber die Fälligkeitszeitpunkte identisch sind oder nur unwesentliche voneinander abweichen[9]. Gleichwohl wird eine Verrechnung von nicht am Bilanzstichtag fälligen Forderungen und Verbindlichkeiten als sachgerecht angesehen, wenn die Fälligkeitszeitpunkte identisch sind oder nur unwesentlich voneinander abweichen und wenn eine Saldierung tatsächlich beabsichtigt wird und dies auch in der Vergangenheit auch so vollzogen wurde. Dies ist damit zu begründen, dass bei einer wirtschaftlichen Gesamtbetrachtung weder ein »frei verfügbarer Vermögensgegenstand« noch eine »echte Last« vorliegt[10].

---

3   Vgl. bereits nach altem Recht Wiedmann, in: FS Moxter, S. 453; ADS, § 246 HGB, Tz. 458.
4   Die Umstände unter denen eine Verrechnung möglich ist, werden in der Literatur uneinheitlich gesehen. So wird einerseits die Auffassung vertreten, dass eine Saldierung nur dann gestattet ist, wenn die Inanspruchnahme aus der Verpflichtung nach dem Gesamtbild der Verhältnisse so gut wie ausgeschlossen ist. Siehe WPH I[2012], E 77; geändert WPH, 15. Aufl., F 73, F 551. Dagegen wird eine Verrechnung als sachgerecht angesehen, wenn die Ansprüche rechtlich zweifelsfrei und vollwertig sind. Vgl. Böcking/Gros, in: Ebenroth/Boujong/Joost/Strohn, 3. Aufl., § 246 HGB, Tz. 46; Schmidt/Ries, in: BBK, 11. Aufl., § 246 HGB, Tz. 109 f.; Braun, in: KK-RLR, § 246 HGB, Tz. 93.
5   Vgl. Stürner, in: Jauernig, Bürgerliches Gesetzbuch, 16. Aufl., § 387 BGB, Tz. 1.
6   Vgl. Stürner, in: Jauernig, Bürgerliches Gesetzbuch, 16. Aufl., § 387 BGB, Tz. 2.
7   Vgl. ADS, § 246 HGB, Tz. 466; Merkt, in: Baumbach/Hopt, § 246 HGB, Tz. 28; Böcking/Gros, in: Ebenroth/Boujong/Joost/Strohn, § 246 HGB, Tz. 46.
8   Vgl. Schmidt/Ries, in: BBK, 11. Aufl., § 246 HGB, Tz. 107; Braun, in: KK-RLR, § 246 HGB, Tz. 93.
9   Vgl. Schmidt/Ries, in: BBK, 11. Aufl., § 246 HGB, Tz. 107; Braun, in: KK-RLR, § 246 HGB, Tz. 93.
10 Vgl. Bär/Kalbow/Vesper, in: WPg 2014, S. 31; Schmidt/Ries, in: BBK, 11. Aufl., § 246 HGB, Tz. 108; ADS, § 246 HGB, Tz. 466.

3.2 Institutsspezifische Verrechnungsvorschriften

3.2.1 Verrechnungen in der Bilanz

3.2.1.1 Verrechnungsgebot nach § 10 RechKredV

Das allgemeine Verrechnungsverbot des § 246 Abs. 2 HGB ist für Institute nicht anzuwenden, insoweit geschäftszweigspezifische Sonderregelungen dem entgegenstehen (§ 340a Abs. 2 S. 3 HGB). Nach § 10 Abs. 1 RechKredV haben Institute »täglich fällige, keinerlei Bindungen unterliegende Verbindlichkeiten gegenüber einem Kontoinhaber (…) mit gegen denselben Kontoinhaber bestehenden täglich fälligen Forderungen und Forderungen, die auf einem Kreditsonderkonto belastet und gleichzeitig auf einem laufenden Konto erkannt sind, (zu verrechnen), sofern für die Zins- und Provisionsberechnung vereinbart ist, dass der Kontoinhaber wie bei Verbuchung über ein einziges Konto gestellt wird«. Dieses Saldierungsgebot sollte eine Begrenzung der Bilanzsumme und damit auch der Bemessungsgrundlagen für Pauschalwertberichtigungen und 340f-Vorsorgereserven darstellen[11]. Nach § 10 Abs. 1 u. Abs. 2 RechKredV ist eine Kompensation mithin **kumulativ** an die folgenden Voraussetzungen geknüpft:

a) **Personenidentität.** Eine Verrechnung von Forderungen und Verbindlichkeiten ist nur dann geboten, wenn Forderungen und Verbindlichkeiten gegenüber ein und demselben Kontoinhaber bestehen. Die Verwendung des Begriffs »Kontoinhaber« stammt aus der Nomenklatur von BAKred-Schreiben vor Inkrafttreten des BaBiRiLiG, deren Inhalt zum Teil in die Formulierung der RechKredV eingeflossen ist[12]. Anstelle von »Kontoinhaber« kann an dieser Stelle auch allgemein von Schuldner oder Gläubiger gesprochen werden[13]. Das Kriterium der Personenidentität verlangt mithin, dass ein und dieselbe Person sowohl Schuldner als auch Gläubiger ist. Personenidentität besteht nicht, wenn das Institut eine Forderung gegenüber einer Gesellschaft und gleichzeitig eine Verbindlichkeit gegenüber einem ihrer Gesellschafter hat. Selbst bei Personenhandelsgesellschaften liegt die geforderte Personenidentität nicht vor, da das Institut Ansprüche gegen das Gesamthandsvermögen und eine Verpflichtung gegenüber einem einzelnen Gesellschafter hat[14]. Eine Verrechnung ist jedoch vorzunehmen, wenn ein Konto auf die Firma eines Einzelkaufmanns und das andere auf seinen Namen lautet. Ebenso liegt Personenidentität nicht vor, wenn die Kontoinhaber verschiedene Konzerngesellschaften sind, die aufsichtsrechtlich zu einer Kreditnehmereinheit zusammengefasst werden. Forderungen gegenüber einer Konzerngesellschaft können nicht mit Verbindlichkeiten gegenüber einer anderen Konzerngesellschaft aufgerechnet werden[15]. Bestehen verschiedene Ansprüche und Verpflichtungen gegenüber

---

11 Vgl. Birck/Meyer II, S. 138.
12 Vgl. BAKred-Schreiben vom 26.03.1970.
13 Vgl. Scharpf/Sohler (1992), S. 41; Krumnow/Sprißler (2004), § 10 RechKredV, Tz. 4.
14 Vgl. Birck/Meyer II, S. 139, Deutsche Bundesbank, Statistik Richtlinie und Kundensystematik, Statistische Sonderveröffentlichung I, Januar 2012, S. 20.
15 Vgl. auch Deutsche Bundesbank, Statistik Richtlinie und Kundensystematik, Statistische Sonderveröffentlichung I, Januar 2012, S. 20.

unterschiedlichen Gebietskörperschaften oder andere Institutionen der öffentlichen Hand besteht ebenso keine Personenidentität. Werden für einen Kontoinhaber Unterkonten wegen Dritter geführt, so ist eine Verrechnung ebenfalls nicht zulässig[16].

b) Keine Bindung. Das Verrechnungsgebot setzt voraus, dass die in die Verrechnung einbezogenen Verbindlichkeiten »keinerlei Bindungen« unterliegen. Nach dem Wortlaut des § 10 RechKredV bezieht sich dieses Erfordernis nur auf die Verbindlichkeiten. In der Literatur wird jedoch diese Bedingung auch auf die in die Verrechnung einbezogenen Forderungen ausgeweitet[17]. Einer Bindung unterliegen bspw. Deckungsguthaben des Kreditinstituts, die das Institut vom Kunden für ein Akkreditiv erhalten hat. Eine solche Sicherheit stellt ein zweckgebundenes Deckungsguthaben für eine Eventualverbindlichkeit des Instituts dar, welches dem Institut i. d. R. bei Akkreditiveröffnung oder -bestätigung vom Kunden als Sicherheit gestellt wird. Die Deckungsguthaben sind in der Bilanz des Instituts unter den Verbindlichkeiten gegenüber Kunden (bzw. gegenüber Kreditinstituten) auszuweisen. Insoweit ein Deckungsguthaben zur Absicherung einer Eventualverbindlichkeit besteht, ist diese gem. § 26 Abs. 1 RechKredV nicht »unter dem Strich« zu vermerken. Als »Bindung« sind auch rechtsgeschäftliche Vereinbarungen (z. B. Weiterleitung von Treuhandkrediten, deren Gewährung an bestimmte Auflagen gebunden ist) oder öffentliche Eingriffe zugunsten Dritter zu verstehen[18]. Sperrguthaben und Sparguthaben sind explizit von einer Verrechnung nach § 10 RechKredV ausgenommen (§ 10 Abs. 2 S. 2 RechKredV).

c) Täglich fällig (Alternative 1) oder Kreditsonderkonto (Alternative 2). Forderungen sind mit konditionengleichen Verbindlichkeiten zu verrechnen, wenn die Forderungen und Verbindlichkeiten täglich fällig sind. Nach § 8 Abs. 3 RechKredV sind solche Positionen als täglich fällig anzusehen, »über die jederzeit ohne vorherige Kündigung verfügt werden kann oder für die eine Laufzeit oder Kündigungsfrist von 24 Stunden oder von einem Geschäftstag vereinbart worden ist; hierzu rechnen auch die sogenannten Tagesgelder und Gelder mit täglicher Kündigung einschließlich der über geschäftsfreie Tage angelegten Gelder mit Fälligkeit oder Kündigungsmöglichkeit am nächsten Geschäftstag«. Eine Verrechnung von befristeten Forderungen und Verbindlichkeiten, die am Bilanzstichtag eine Restlaufzeit von einem Tag haben, wird in der Literatur zum Teil abgelehnt[19].

Als **täglich fällige** Gelder (**Alternative 1**) gelten auch Kontokorrentkredite ohne Befristung, und solche die »bis auf weiteres« (sog. **b.a.w.-Kredite**) oder unter Hinweis auf tägliche Fälligkeit zugesagt wurden[20]. Nach der hier vertretenen Auffassung ist die Einordnung von sog. b.a.w.-Krediten oder unbefristeten Krediten differenziert zu betrachten. § 8 Abs. 3 RechKredV stellt bei der Definition von »täglich fällig« darauf ab, dass die Bank entweder ohne vorherige Kündigung über die Gelder jederzeit verfügen kann (Alternative 1) oder dass eine Laufzeit oder Kündigungsfrist von 24 Stunden oder von einem Geschäftstag ver-

---

16 Vgl. Krumnow/Sprißler (2004), § 10 RechKredV, Tz. 4.
17 Vgl. Bieg/Waschbusch (2017), S. 169 f.; Krumnow/Sprißler (2004), § 10 RechKredV, Tz. 6.
18 Vgl. Scharpf/Schaber (2018), S. 66 f.
19 Vgl. Birck/Meyer II, S. 141.
20 Vgl. Scharpf/Sohler (1992), S. 41; Birck/Meyer II, S. 140; Krumnow/Sprißler (2004), § 10 RechKredV, Tz. 5; Scharpf/Schaber (2018), S. 67.

einbart ist (Alternative 2). Nach Nr. 19 Abs. 2 Banken-AGB bedürfen unbefristete Kredite einer Kündigung durch das Institut, so dass eine jederzeitige Verfügbarkeit ohne vorherige Kündigung nicht gegeben ist. Eine Subsumtion von unbefristeten Krediten und b.a.w.-Krediten unter die erste Alternative des § 8 Abs. 3 RechKredV scheidet mithin aus. Zudem muss das Institut nach Nr. 19 Abs. 2 S. 2 Banken-AGB bei der Kündigung auf die Belange des Kunden Rücksicht nehmen und ggf. eine angemessene Abwicklungsfrist einräumen[21]. Ein Institut darf nach h.M. in Rechtsprechung und Schrifttum ein Kündigungsrecht nicht willkürlich ohne Rücksichtnahme auf die Interessen des Kunden ausüben[22]. Zwar werden die Forderungen durch eine Kündigung täglich fällig, jedoch hat das Institut dem Kunden eine angemessene Abwicklungs- bzw. Rückzahlungsfrist einzuräumen, so dass der Vollzug der Rückzahlung aufgeschoben wird[23]. Von dem Fehlen einer Kündigungsfrist, die nicht länger als 24 Stunden oder einem Geschäftstag beträgt – wie in § 8 Abs. 3 RechKredV (zweite Alternative) verlangt – kann daher im Allgemeinen nicht ausgegangen werden.

Eine Verrechnungspflicht kann auch im Falle nicht täglich fälliger Forderungen und Verbindlichkeiten vorliegen. Dies ist der Fall, wenn eine Kreditgewährung über ein **Kreditsonderkonto** bei Verwendung der englischen Buchungsmethode erfolgt **(Alternative 2)**. Dabei wird ein Kredit einem Sonderkonto belastet und der Kreditbetrag gleichzeitig einem laufenden Konto (conto ordinario) des Kunden gutgeschrieben[24]. Auf dem Kreditsonderkonto werden außer der Kreditvaluta und den Rückzahlungen keine weiteren Buchungen vorgenommen. Sofern alle weiteren in den Punkten a., b., d. und e. aufgeführten Bedingungen erfüllt sind, ist nach § 10 RechKredV eine Verrechnung vorzunehmen. Dies deckt sich auch mit den Bestimmungen der Deutschen Bundesbank zur Abgabe von Groß- und Millionenkreditmeldungen nach GroMiKV. Bei Anwendung der englischen Buchungsmethode ist zum Zwecke der Groß- und Millionenkreditmeldungen der Saldo aus Sonderkonto und laufendem Konto als Kredit anzusehen, sofern die weiteren Bedingungen erfüllt sind[25]. Es kann zu Recht bemängelt werden, dass hinsichtlich der Verrechnungspflicht von Forderungen und Verbindlichkeiten die Wahl einer bestimmten Buchungsmethode im externen Ausweis keine unterschiedlichen Rechtsfolgen bei wirtschaftlich identischen Sachverhalten bewirken sollte. Würde die Kreditgewährung nicht über ein Kreditsonderkonto gebucht, wäre für eine Verrechnung die tägliche Fälligkeit von Forderungen und Verbindlichkeiten (Alternative 1) zu erfüllen[26].

d) Konditionengleichheit. Das Verrechnungsgebot setzt voraus, dass Forderungen und Verbindlichkeiten bei der Zins- und Provisionsberechnung eine Einheit bilden. Die Zins- und Provisionsberechnung hat so zu erfolgen, als ob der Saldo aus Forderungen und Verbindlichkeiten über ein einziges Konto abgewickelt worden wären. Dem Wortlaut des § 10

---

21 Vgl. Fandrich, in: Graf von Westfalen, Vertragsrecht und AGB-Klauselwerke, Banken- und Sparkassen AGB, Nr. 19, Tz. 95.
22 Vgl. z. B. OLG Köln-Urteil vom 22.01.1999 – 6 U 70/98, in: VersR 2000, S. 1379 ff.
23 Vgl. Bunte, in: AGB-Sparkassen, 4. Aufl., Nr. 26, Tz. 88.
24 Vgl. Schaudwet (1967), S. 38, m. w. N.
25 Vgl. Deutsche Bundesbank: Merkblatt für die Abgabe der Groß- und Millionenkreditanzeigen nach §§ 13 bis 13b und 14 KWG, Stand Dezember 2009, S. 10.
26 Kritisch ebenso Krumnow/Sprißler (2004), § 10 RechKredV, Tz. 10.

RechKredV ist zu entnehmen, dass eine solche Zins- und Provisionsberechnung mit dem Kunden vereinbart worden sein muss. Die Verrechnungspflicht setzt mithin eine schriftliche Vereinbarung voraus. Neben der Konditionengleichheit wird im Schrifttum zudem gefordert, dass Forderungen und Verbindlichkeiten gleichartig sein müssen. So können bspw. nur Buchschuldverhältnisse miteinander verrechnet werden. Zum Zwecke der Bilanzstatistik geht die Deutsche Bundesbank von einer engen Auslegung des § 10 RechKredV aus. So sind Forderungen und Verbindlichkeiten, die in unterschiedlichen Ländern begründet wurden, nicht in die Verrechnung einzubeziehen[27].

e) Währungsidentität. Forderungen und Verbindlichkeiten, die in eine Verrechnung einbezogen werden, müssen auf dieselbe Währung lauten.

Die Verrechnungspflicht nach § 10 RechKredV stellt lediglich ein bilanzielles Verrechnungsgebot dar. In Bagatellfällen kann auf eine Verrechnung verzichtet werden. Die aus den Forderungen und Verbindlichkeiten resultierenden Aufwendungen und Erträge sind – soweit andere institutsspezifischen Verrechnungsvorschriften nichts anderes bestimmen – brutto in der Gewinn- und Verlustrechnung auszuweisen. Bei Vorliegen der oben genannten Voraussetzungen liegt ein vertraglich begründetes Recht zur Aufrechnung vor; für das Institut besteht kein Ausfall- oder Liquiditätsrisiko. Kompensationsvereinbarungen nach § 10 RechKredV erfüllen regelmäßig auch die Kriterien einer Saldierung nach IAS 32[28].

3.2.1.2 Verrechnung für zurückgekaufte eigene Schuldverschreibungen

3.2.1.2.1 Rechtliche Grundlagen des Rückkaufs von Schuldverschreibungen

Auch für Institute besteht grundsätzlich die Möglichkeit, eigene Schuldverschreibungen zurückzuerwerben. Der Rückkauf von Anleihen wird häufig dann vollzogen, wenn der Kurswert der Anleihen unter dem Nominalbetrag liegt[29]. Dieser grundsätzlichen Möglichkeit können allerdings Bestimmungen in den Anleihebedingungen, die einen Rückerwerb von Anleihestücken durch den Emittenten ausschließen, entgegenstehen. Ebenso kann der Rückerwerb von Schuldverschreibungen ggf. durch die **Aufsichtsbehörden** untersagt werden, wenn es sich bei den Schuldverschreibungen um haftende Eigenmittel im Sinne des Kreditwesengesetzes handelt (z. B. Genussrechte). Die Beschränkungen des § 71 AktG in Bezug auf den Erwerb eigener Aktien sind auf den Erwerb eigener Schuldverschreibungen nicht übertragbar.

Sofern einem Rückkauf von Schuldverschreibungen keine aufsichtsrechtlichen oder anderen Bestimmungen entgegenstehen, kann ein Institut Anleihestücke entweder frei am Markt oder auch durch die Durchführung eines **öffentlichen Rückkaufprogramms** erwerben. Letzteres wird zumeist dann vollzogen, wenn eine große Anzahl von Anleihestücken zurückgekauft werden soll[30]. Ein solches Rückkaufprogramm ist häufig als ein Angebot oder als Aufforderung an die Anleihegläubiger ausgestaltet, dem Emittenten die von den

---

27 Vgl. Deutsche Bundesbank, Statistik Richtlinie und Kundensystematik, Statistische Sonderveröffentlichung I, Januar 2012, S. 20.
28 Vgl. Bär/Kalbow/Vesper, in: WPg 2104, S. 26.
29 Vgl. Schlitt/Schäfer, in: AG 2009, S. 487
30 Vgl. Tetzlaff, in: Schimansky/Bunte/Lwowski, § 88, Tz. 110.

Anleihegläubigern gehaltenen Anteile zum Kauf unter den im Rückkaufangebot genannten Bedingungen anzubieten (invitatio ad offerendum). Eine Aufforderung zur Abgabe von Angeboten ist nur für Anleihen, die im Freiverkehr gehandelt werden, zulässig. Im Rückkaufangebot werden die Bedingungen bzgl. Ankaufspreis, Angebotsfrist, und ggf. Rückkaufvolumen spezifiziert. Wird zur Preisfindung ein Bookbuilding-Verfahren verwendet, so ist die Art der genannten Bedingungen abhängig vom gewählten Verfahren. Meist wird in dem Angebot nur ein Maximalbetrag vorgegeben, bis zu dem der Emittent bereit ist, Anleihestücke anzukaufen. Die Angebote werden dann in der Reihenfolge – beginnend mit dem niedrigsten Angebotspreis – angenommen[31].

Durch den Rückkauf einer eigenen Schuldverschreibung erwirbt der Emittent einen gegen sich selbst gerichteten Anspruch. Würde es sich um eine Buchforderung handeln, so würden Forderungen und Verbindlichkeiten bereits kraft Gesetz durch Konfusion unmittelbar erlöschen. Dies kommt bei Schuldverschreibungen hingegen nicht in Betracht, da die verbriefte Forderung bei einer Weiterveräußerung wieder aufleben würde[32]. Schuldverschreibungen verbriefen ein Recht auf einen Miteigentumsanteil an einer **Globalurkunde**, die nur nach sachenrechtlichen Grundsätzen durch Übereignung des Miteigentumsanteils übertragen werden können[33]. Eine Sammelurkunde oder Globalurkunde ist ein Wertpapier, das mehrere Rechte verbrieft, die jedes für sich in vertretbaren Wertpapieren ein und derselben Art verbrieft sein können (§ 9a Abs. 1 DepotG)[34]. Das Miteigentum an der Globalurkunde erlischt nur durch eine entsprechende Entwertung der Globalurkunde. Bei einem teilweisen Rückkauf der Anleihe kann die Globalurkunde auch nur zum Teil entwertet werden. Dazu beauftragt der Emittent den Verwahrer der Globalurkunde (Wertpapiersammelbank, z. B. Clearstream Banking AG) mit der Entwertung. Der Verwahrer vollzieht die Entwertung durch eine Ausbuchung von Anleihestücken; dabei wird die Globalurkunde um einen entsprechenden Buchungsbeleg ergänzt, aus dem sich das ausstehende Restnominal sowie die verbleibenden Anleihestücke ergeben[35]. Die Anleihestücke der übrigen Anleihegläubiger bleiben in den Depots weiterhin verbucht. Da die übrigen Anleihegläubiger aufgrund des Fehlens einer Änderung in den Anleihebedingungen nicht von dem Rückkauf betroffen sind, ist der Anwendungsbereich des Gleichbehandlungsgebots der Anleihegläubiger nach § 4 SchVG nicht eröffnet[36].

3.2.1.2.2 Bilanzierung zurückgekaufter eigener Schuldverschreibungen in der Bilanz von Instituten

3.2.1.2.2.1 Rückkauf von Handelsbeständen

Erwirbt das Institut Schuldverschreibungen einer Emission zurück, die unter dem Passivposten 3a »Handelsbestand« ausgewiesen wird, so sind die zurückerworbenen Anleihestücke im Aktivposten 6a »Handelsbestand« auszuweisen. Eine Verrechnung würde gegen

---

31 Vgl. Tetzlaff, in: Schimansky/Bunte/Lwowski, § 88, Tz. 110.
32 Vgl. Fetzer, in: MüKom BGB, 7. Aufl., Vor § 362 BGB, Tz. 4.
33 Vgl. Bredow/Sickinger/Weinand-Härer/Liebscher, in: BB 2012, S. 2135.
34 Vgl. Habersack, in: MüKom BGB, 7. Aufl., Vor § 793 BGB, Tz. 33.
35 Vgl. Bredow/Sickinger/Weinand-Härer/Liebscher, in: BB 2012, S. 2136.
36 Vgl. Tetzlaff, in: Schimansky/Bunte/Lwowski, § 88, Tz. 110.

das allgemeine Verrechnungsverbot des § 246 Abs. 2 HGB verstoßen. Dieser Ausweis gilt unabhängig davon, ob die zurückerworbenen Schuldverschreibungen börsenfähig sind[37]. Da sowohl die zurückerworbenen als auch die ursprünglich emittierten Bestände erfolgswirksam zum beizulegenden Zeitwert bilanziert werden, ergeben sich keine Folgefragen hinsichtlich des Realisationszeitpunkts bei einer Entwertung oder hinsichtlich der Berechnung und des Ausweises eines Entwertungserfolgs.

Eine Zuordnung zurückgekaufter Eigenemissionen zum Handelsbestand kommt auch dann in Betracht, wenn die Schuldverschreibungen nicht aus dem Handel heraus emittiert wurden. Notwendige Bedingung dafür ist allerdings, dass mit den zurückerworbenen Schuldverschreibungen eine kurzfristige Gewinnerzielungsabsicht verfolgt wird. Eine reine Markt- und Kurspflegeabsicht stellt für sich gesehen allein noch keinen Handel dar. Grundsätzlich sind zurückerworbene börsenfähige Eigenemissionen im Aktivposten 5c auszuweisen und nicht börsenfähige zurückgekaufte Schuldverschreibungen vom Passivposten 3 abzusetzen (§ 16 Abs. 4 RechKredV sieht keine Ausnahme vor)[38]. Eine Ausnahme gilt allerdings dann, wenn eigene Schuldverschreibungen mit der Absicht der Kurspflege in der Verantwortung der Emissionsabteilung zurückerworben wurden; in diesem Fall ist der Kurspflegebestand unter Beachtung der Vorschriften zur funktionalen Trennung in den MaRisk ebenfalls dem Handelsbestand zuzuordnen (IDW RS BFA 2, Tz. 12). Eine Zuordnung von eigenen Schuldverschreibungen zum Handelbestand ist geboten, wenn der Rückkauf mit dem Ziel der kurzfristigen Erzielung von Rückhandelsgewinnen erfolgt oder dieses Ziel als spekulativer Nebenzweck mitverfolgt wird[39].

3.2.1.2.2.2 Börsenfähige Schuldverschreibungen des Nicht-Handelsbestands

a) Rückkauf. Erwirbt das Institut Schuldverschreibungen einer Emission zurück, die nicht im Handelsbestand, sondern bspw. in den verbrieften Verbindlichkeiten, im Nachrangkapital oder im Genussrechtskapital ausgewiesen werden, so ist der Ausweis der zurückgekauften eigenen Schuldverschreibungen bei Instituten davon abhängig, ob es sich um börsenfähige oder nicht börsenfähige Schuldverschreibungen handelt. Als börsenfähig sind nach § 7 Abs. 2 RechKredV jene Wertpapiere anzusehen, die die Voraussetzungen für eine Börsenzulassung erfüllen. Bei Schuldverschreibungen genügt es jedoch, dass alle Stücke einer Emission hinsichtlich Verzinsung, Laufzeitbeginn und Fälligkeit einheitlich ausgestattet sind.

Börsenfähige Schuldverschreibungen sind im Zeitpunkt des Erwerbs mit ihren Anschaffungskosten zu aktivieren. Zugleich ist im Erwerbszeitpunkt die mit den Schuldverschreibungen verfolgte Zweckbestimmung festzusetzen (**Widmungsentscheidung**). Dabei kommt eine Zuordnung der Wertpapiere zum Handelsbestand in Betracht, wenn es sich bspw. um Rückhandelsbestände handelt, die das Institut zum Zwecke des Market Making erworben hat (sog. Kurspflegebestand) und eine kurzfristige Gewinnerzielungsabsicht besteht. In diesem Fall sind die Schuldverschreibungen erfolgswirksam zum beizulegenden Zeitwertbilanzierung nach § 340e Abs. 3 HGB zu bilanzieren.

---

[37] Vgl. Scharpf/Schaber (2018), S. 824.
[38] Vgl. Scharpf/Schaber (2018), S. 975.
[39] Vgl. BAKred-Schreiben 17/99, S. 9.

Sind die Voraussetzungen für eine Zuordnung zum Handelsbestand nicht gegeben, kommt eine Zuordnung zum **Liquiditätsbestand** in Betracht. Dies wäre bspw. der Fall, wenn für die Wertpapiere die Absicht besteht, diese bei einem unmittelbaren Liquiditätsbedarf wieder zu verkaufen[40]. In diesem Fall sind die zurückerworbenen eigenen Schuldverschreibungen in der Folge nach dem strengen Niederstwertprinzip zu bewerten. Bei Wegfall der Gründe für einen niedrigeren Wertansatz gilt auch für Institute das Wertaufholungsgebot des § 253 Abs. 5 S. 1 HGB. Zudem können diese Schuldverschreibungen als Bemessungsgrundlage zur Bildung stiller Vorsorgereserven nach § 340f HGB herangezogen werden. Eine imparitätische Einzelbewertung kann durch die Bildung einer Bewertungseinheit nach § 254 HGB mit den passivierten Eigenemissionen vermieden werden. Die Bildung einer Bewertungseinheit bietet sich an, wenn die zurückerworbenen Papiere zu einem späteren Zeitpunkt (nach dem Bilanzstichtag) entwertet oder bis zur Endfälligkeit gehalten werden sollen. Im letzten Fall ist eine Zuordnung des Rückhandelsbestands zum **Anlagevermögen** sachgerecht.

Der Ausweis der mit den Rückhandelsbeständen verbundenen Aufwendungen und Erträge folgt den allgemeinen Grundsätzen der RechKredV.

b) Entwertung. Für die zurückerworbenen Schuldverschreibungen der Liquiditätsreserve gilt der Rückhandelserfolg (Differenz zwischen Ankaufskurs der zurückerworbenen Wertpapiere und Buchwert der passivierten Eigenemission) erst dann als realisiert, wenn aufgrund einer Vernichtung, Entwertung oder auf andere Weise sichergestellt ist, dass die Wertpapiere nicht erneut in den Verkehr gelangen können[41]. Solange dies nicht ausgeschlossen ist, sind die Wertpapiere weiterhin selbständig verkehrsfähig und mithin wie fremde Wertpapiere als Vermögensgegenstände zu aktivieren. Bei Verlust der Verkehrsfähigkeit (bspw. durch Entwertung) ist der Buchwert der Wertpapiere des Liquiditätsbestands gegen den Nominalbetrag der passivierten Eigenemissionen sowie den auf die betreffenden Eigenemissionen entfallenden Rechnungsabgrenzungsposten auszubuchen[42]. Ebenso sind auch erworbene Schuldverschreibungen, die von Konzerngesellschaften emittiert wurden, nicht in die Schuldenkonsolidierung einzubeziehen, wenn eine Weiterveräußerung am Kapitalmarkt nicht ausgeschlossen werden kann[43]. Unabhängig davon, ob die Absicht zur Entwertung der Wertpapiere bereits im Erwerbszeitpunkt vorlag, erscheint aus Gründen der Objektivierung ein einheitlicher Ausweis des Rückkaufergebnisses im Ertragsposten 8 »Sonstige betriebliche Erträge« oder bei Vorliegen eines Aufwands im Posten 6 »Sonstige betriebliche Aufwendungen« sachgerecht.

---

40 Vgl. Krumnow/Sprißler (2004), § 16 RechKredV, Tz. 25, die auch eine Zuordnung zum Liquiditätsbestand für den Fall, dass die Wertpapiere bis zur Endfälligkeit gehalten werden sollen, als zwingend ansehen.
41 Vgl. ADS, § 266 HGB, Tz. 219; Schubert, in: BBK, 11. Aufl., § 266 HGB, Tz. 219; Reiner/Haußer, in: MüKom HGB, 3. Aufl., § 266 HGB, Tz. 112; Häuselmann, in: BB 2010, S. 949; Bredow/Sickinger/Weinand-Härer/Liebscher, in: BB 2012, S. 2139.
42 Dies gilt im Übrigen auch für den Rückkauf von Wandelanleihen. Die zurückerworbenen Wandelanleihen sind gegen die passivierten Verbindlichkeiten und das aktivierte Disagio erfolgswirksam auszubuchen; es kommt zu keiner Ausbuchung der Kapitalrücklage nach § 272 Abs. 2 Nr. 2 HGB. Vgl. Häuselmann, in: BB 2010, S. 949.
43 Vgl. ADS, § 303 HGB, Tz. 17; Förschle/Deubert, in: BBK, 11. Aufl., § 303 HGB, Tz. 36.

Sollen Schuldverschreibung, die mit dem Ziel einer kurzfristigen Gewinnerzielungsabsicht zurückerworben wurden, entgegen der ursprünglichen Verwendungsabsicht entwertet werden, so sind diese Bestände unmittelbar vor einer Entwertung letztmalig einer erfolgswirksamen Zeitwertbewertung nach § 340e Abs. 3 HGB zu unterziehen. Ein ggf. entstehender Erfolg aus der Entwertung ist m.E. im sonstigen betrieblichen Ergebnis auszuweisen, da der Erfolg aus einer Verrechnung mit Finanzinstrumenten des Nicht-Handelsbestands und nicht aus einer Änderung des beizulegenden Zeitwerts resultiert.

Der Rückkaufserfolg ist unzweifelhaft spätestens im Zeitpunkt der Entwertung realisiert und mithin zu diesem Zeitpunkt erfolgswirksam zu erfassen. Sofern das Institut vor dem Bilanzstichtag den Entwertungsbeschluss gefasst und die Entwertung beauftragt hat, ist eine Entwertung, die vor dem Aufstellungsstichtag vollzogen wurde, wertaufhellend zu berücksichtigen.

c) Wiederveräußerung. Bei Wiederveräußerung der Schuldverschreibungen ist die Differenz zwischen Buchwert der Schuldverschreibungen und dem Veräußerungspreis erfolgswirksam zu vereinnahmen. Für Schuldverschreibungen des Handelsbestands hat der Ausweis im Aufwandsposten 3 »Nettoaufwand des Handelsbestands« bzw. Ertragsposten 5 »Nettoertrag des Handelsbestands« zu erfolgen. Bei einer Wiederveräußerung von Wertpapieren der Liquiditätsreserve ist das Ergebnis im Aufwandsposten 7 oder Ertragsposten 6 vorzunehmen (jeweils Formblatt 2).

d) Dauerhafte Halteabsicht. Zurückerworbene eigene Schuldverschreibungen, die dauerhaft gehalten werden sollen, sind im Erwerbszeitpunkt zu ihren Anschaffungskosten zu aktivieren und in der Folge nach den allgemeinen Grundsätzen zu bewerten. Dies schließt auch insb. die Möglichkeit der Bildung einer Bewertungseinheit nach § 254 HGB mit den korrespondierenden Anleiheverbindlichkeiten ein. Die zurückerworbenen Schuldverschreibungen sind im Zugangszeitpunkt einer Bewertungskategorie zuzuordnen. Gem. Wortlaut des § 340e Abs. 2 S. 1 HGB ist das Wahlrecht zur Nominalwertbilanzierung nur auf Buchforderungen anzuwenden. Wertpapiere im Sinne des § 7 RechKredV sind von diesem Wahlrecht nicht erfasst. Mithin wären die Schuldverschreibungen nach dem reinen Gesetzeswortlaut in der Folge höchstens mit ihren Anschaffungskosten zu bilanzieren. Strittig ist es, erworbene Schuldverschreibungen in der Bankbilanz mit ihrem Nominalbetrag zu aktivieren und den Unterschiedsbetrag zwischen Anschaffungskosten und Nominalbetrag in einem Rechnungsabgrenzungsposten zu erfassen, der zeitanteilig aufzulösen ist[44]. In diesem Fall würde der Rückhandelserfolg pro rata temporis über die Restlaufzeit der Schuldverschreibung ergebniswirksam vereinnahmt werden.

3.2.1.2.2.3 Nicht börsenfähige Schuldverschreibungen

Angesichts der geringeren Fungibilität sind nicht börsenfähige eigene Schuldverschreibungen des Nicht-Handelsbestands nach § 16 Abs. 4 RechKredV vom Passivposten 3a »begebene Schuldverschreibungen« (still) abzusetzen. Eine fehlende Börsenfähigkeit ist jedoch nicht gleichbedeutend mit einer fehlenden Verkehrsfähigkeit, so dass auch zurückerwor-

---

44 Bejahend. bspw. Windmöller, in: FS Forster, S. 694 f.; Birck/Meyer V, S. 273.

bene nicht börsenfähige Schuldverschreibungen grundsätzlich die Vermögensgegenstandseigenschaft erfüllen. § 16 Abs. 4 RechKredV stellt mithin eine institutsspezifische Durchbrechung des Verrechnungsverbots von § 246 Abs. 2 S. 1 HGB dar. Diese institutsspezifische Verrechnung findet ebenso ihre Entsprechung in der Statistik-Richtlinie der Deutschen Bundesbank[45]. Gleichwohl schließt der Rückkauf von nicht börsenfähigen Schuldverschreibungen nicht aus, dass diese wieder in Verkehr gebracht werden können. Der Unterschiedsbetrag zwischen dem Ankaufskurs der zurückerworbenen Wertpapiere sowie dem Buchwert der Eigenemissionen (Nominalwert zuzüglich Rechnungsabgrenzungsposten) wird durch die stille Verrechnung nach der hier vertretenen Auffassung nicht realisiert. Der Buchwert der Anleiheverbindlichkeit ist mithin um den Ankaufskurs der zurückerworbenen Schuldverschreibungen zu kürzen. Durch die Verrechnung werden die zurückerworbenen nicht börsenfähigen Schuldverschreibungen der Bemessungsgrundlage zur Bildung stiller Vorsorgereserven nach § 340f HGB entzogen.

Werden nicht börsenfähige Schuldverschreibungen zurückerworben, deren ursprüngliche Emission im Passivposten 3a »Handelsbestand« ausgewiesen wird, so sind die zurückerworbenen Schuldverschreibungen im Aktivposten 6a »Handelsbestand« (und somit unverrechnet) auszuweisen.

3.2.2 Verrechnungen in der Gewinn- und Verlustrechnung

3.2.2.1 Verrechnung von Aufwendungen und Erträgen des Handelsbestands

Die institutsspezifischen Rechnungslegungsnormen sehen Saldierungspflichten und -wahlrechte für Aufwendungen und Erträge vor. Diese Verrechnungen stellen gesetzlich vorgesehene Durchbrechungen des allgemeinen Bruttoprinzips des § 246 Abs. 2 HGB dar. Die bestehenden Verrechnungspflichten und -möglichkeiten werden im Folgenden nach der jeweiligen Zuordnung der Vermögensgegenstände zu einer Bewertungskategorie (Handelsbestand, Umlaufvermögen, Anlagevermögen) geordnet. Abbildung 20 gibt einen Überblick über die institutsspezifischen Verrechnungen in der Gewinn- und Verlustrechnung.

Nach § 340c Abs. 1 HGB sind Aufwendungen und Erträge aus Geschäften mit Finanzinstrumenten des **Handelsbestands** sowie aus dem Handel mit Edelmetallen zu verrechnen. Der Erfolgssaldo ist im Ertragsposten 5 (Formblatt 2) »Nettoertrag des Handelsbestands« bzw. Aufwandsposten 3 (Formblatt 2) »Nettoaufwand des Handelsbestands« auszuweisen. Finanzinstrumente sind dem Handelsbestand zuzurechnen, wenn diese mit einer kurzfristigen Gewinnerzielungsabsicht erworben werden (im Einzelnen siehe Kapitel III.1.2.1.1). Erfolgsbeiträge aus dem Eigenhandel mit Edelmetallen sind ebenso in diesem Posten auszuweisen. Dies betrifft alle Geschäfte mit Edelmetallen, die in der Ergebnisverantwortung des Edelmetalleigenhandels liegen oder die nicht eindeutig einem anderen

---

[45] Vgl. Deutsche Bundesbank, Statistik Richtlinie und Kundensystematik, Statistische Sonderveröffentlichung I, Januar 2012, S. 35.

Ergebnisbereich zuzuordnen sind[46]. Edelmetalle sind Metalle wie Gold, Silber sowie die Platinmetalle Ruthenium, Rhodium, Osmium, Iridium und Platin. Der Begriff des Edelmetalls ist nicht abschließend und vor dem Hintergrund aktueller Marktentwicklungen zu definieren. Erfolge aus dem Auftragshandel mit Edelmetallen sind in den Provisionserträgen oder Provisionsaufwendungen auszuweisen.

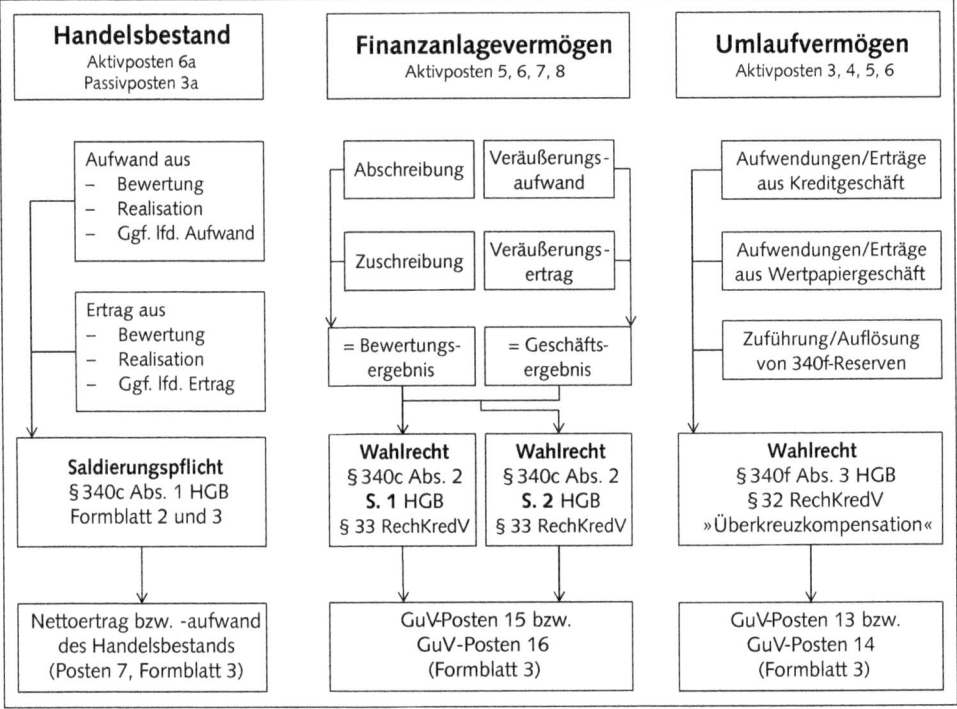

Abb. 20: Verrechnungsgebote und -wahlrechte von Aufwendungen und Erträgen

Die Verrechnung der Erfolgsbeiträge von Finanzinstrumenten und Edelmetallen des Handelsbestands betrifft:
- Realisierte Kursgewinne und -verluste
- Bewertungsgewinne und -verluste
- Risikoabschlag
- Provisionsaufwendungen und -erträge
- Laufende Aufwendungen und Erträge (z. B. Zinsen, Dividenden), sofern der Ausweis im Handelsergebnis mit der internen Steuerung übereinstimmt
- Zuführungen und Auflösungen von Rückstellungen für drohende Verluste.

---

46 Vgl. Löw, in: MüKom BilR, § 340c HGB, Tz. 19; Böcking/Löw/Wohlmannstetter, in: MüKom HGB, 2. Aufl., § 340c HGB, Tz. 34.

Zinsaufwendungen zur Refinanzierung des Handelsbestands können ebenfalls im Handelsergebnis ausgewiesen werden, sofern dies der internen Steuerung entspricht[47]. Ein Ausweis im Zinsergebnis ist bei Übereinstimmung mit der internen Steuerung möglich[48]. Basis für einen solchen Ausweis im Handelsergebnis können interne Geschäfte zwischen Handelsbuch und Bankbuch sein, durch die dem Handel z. B. Fundingkosten in der jeweiligen Währung zugerechnet werden. Der Ausweis ist stetig beizubehalten. Ein unverrechneter Ausweis ist jedoch für bestimmte Skontroführer und bestimmte Finanzdienstleistungsinstitute vorgesehen:

Skontroführer[49] mit Institutseigenschaft, die jedoch nicht Einlagenkreditinstitut sind, haben die Aufwendungen und Erträge des Handelsbestands brutto auszuweisen[50]. Für diese Skontroführer ist ein unsaldierter Ausweis in der folgenden Form vorgesehen:
- Aufwand des Handelsbestands
  a) Wertpapiere
  b) Futures
  c) Optionen
  d) Kursdifferenzen aus Aufgabegeschäften
- Ertrag aus Handelsgeschäften
  a) Wertpapiere
  b) Futures
  c) Optionen
  d) Kursdifferenzen aus Aufgabegeschäften

Die Nicht-Anwendung von § 340c Abs. 1 HGB für Skontroführer im Sinne des § 27 Abs. 1 S. 1 BörsG, die nicht zugleich Einlagenkreditinstitut nach § 1 Abs. 3d S. 1 KWG sind, folgt aus § 340 Abs. 4 S. 2 HGB.

Finanzdienstleistungsinstitute, die nicht Skontroführer im Sinne des § 27 Abs. 1 S. 1 BörsG sind, haben ebenso die Erfolgsbeiträge des Handelsbestands unsaldiert im Aufwandsposten 3 »Aufwand des Handelsbestands« und Ertragsposten 5 »Ertrag des Handelsbestands« (siehe Fußnote 7, Formblatt 2) auszuweisen.

---

47 Nach IDW RS BFA 2, Tz. 73 ist der Ausweis im Handelsergebnis verpflichtend, wenn (Refinanzierungs-) Verbindlichkeiten bilanziell dem Handelsbestand zugeordnet wurden.
48 Vgl. Scharpf/Schaber/Löw/Treitz/Weigel/Goldschmidt, in: WPg 2010, S. 502; Braun, in: KK-RLR, § 340c HGB, Tz. 38 f.
49 Skontroführer sind zum Börsenhandel zugelassene Handelsmakler, die auf einen geordneten Marktverlauf hinzuarbeiten und die Skontroführung neutral auszuüben haben (§ 28 BörsG). Der Skontroführer hat die Vermittlung und den Abschluss von Börsengeschäften in den zur Skontroführung zugewiesenen Wertpapieren zu betreiben. Vgl. Beck, in: Schwark/Zimmer, § 28 BörsG, Tz. 8 f.; Groß, in: Kapitalmarktrecht, § 28 BörsG, Tz. 3.
50 Diese Ausnahme wurde durch das dritte Finanzmarktförderungsgesetz eingeführt. Siehe BT-Drs 134/98, S. 43. Dies wurde unter anderem damit begründet, dass ansonsten ein wesentlicher Teil der Geschäftsaktivitäten von Skontroführer netto ausgewiesen worden wäre. Siehe BT-Drs 13/9874, S. 138.

3.2.2.2 Verrechnung von Aufwendungen und Erträgen des Finanzanlagevermögens

Nach § 340c Abs. 2 HGB i. V. m. § 33 RechKredV besteht für Institute ein Wahlrecht bestimmte Ergebnisbeiträge aus Abschreibungen, Zuschreibungen sowie Veräußerungsergebnisse des Finanzanlagevermögens miteinander zu verrechnen. Gleiches gilt für Zahlungs- und E-Geld-Institute nach § 27 RechZahlV. Es können mithin gleichartige Erfolgskomponenten des Finanzanlagevermögens zu einem Finanzanlageergebnis zusammengefasst werden. Im Gegensatz zu der oben erläuterten Verrechnung der Ergebnisbeiträge von Handelsbeständen handelt es sich hier nicht um ein Saldierungsgebot, sondern um ein Saldierungswahlrecht. Eine teilweise Verrechnung der jeweiligen Erfolgskomponenten des Finanzanlagevermögens ist nicht gestattet (§ 33 S. 3 RechKredV). Das Saldierungswahlrecht unterliegt nicht der Darstellungsstetigkeit des § 265 Abs. 1 HGB[51].

a) Abgrenzung des Finanzanlagevermögens. Der Saldierungsbereich umfasst bestimmte Erfolgskomponenten aus Beteiligungen, Anteilen an verbundenen Unternehmen und »wie Anlagevermögen behandelte Wertpapiere«. Unter dem Begriff **Beteiligungen** sind alle Vermögensgegenstände zu fassen, die in dem gleichnamigen Aktivposten 7 auszuweisen sind. Dies umfasst einerseits »alle Anteile an Unternehmen, die bestimmt sind, dem eigenen Geschäftsbetrieb durch Herstellung einer dauernden Verbindung zu jenem Unternehmen zu dienen« (§ 271 Abs. 1 S. 1 HGB)[52]. Anderseits haben Institute in der Rechtsform der eingetragenen Genossenschaft und genossenschaftliche Zentralbanken die Geschäftsguthaben bei Genossenschaften unter dem Aktivposten 7 auszuweisen, dessen Bezeichnung in diesem Fall anzupassen ist (§ 18 RechKredV). Erfüllt eine Beteiligung die Voraussetzungen für eine Klassifizierung als Anteil an einem verbundenen Unternehmen, so hat die Zuordnung unter dem Aktivposten 8 »Anteile an verbundenen Unternehmen« zu erfolgen[53]. In den Saldierungsbereich fallen ebenso bestimmte Aufwendungen und Erträge, die aus **Anteilen an verbundenen Unternehmen** resultieren. Hierunter sind alle Vermögensgegenstände zu fassen, die im gleichnamigen Aktivposten 8 auszuweisen sind. Dies sind alle Anteile im Sinne des § 271 Abs. 2 i. V. m. § 290 Abs. 2 HGB (zur näheren Erläuterung siehe Kapitel IV.1.2.9). Institutsspezifische Besonderheiten bestehen nicht. Ebenso fallen bestimmte Aufwendungen und Erträge von »**wie Anlagevermögen behandelten Wertpapieren**« in den Saldierungsbereich des § 340c Abs. 2 HGB. Das Bilanzgliederungsschema für Institute sieht keinen gesonderten Ausweis von Wertpapieren des Umlaufvermögens und des Anlagevermögens vor[54]. Jedoch sind Wertpapiere des Anlagevermögens (im Gegensatz zu denen des Umlaufvermögens) im Anlagespiegel nach § 34 Abs. 3 RechKredV aufzunehmen[55]. Mithin sind bestimmte Aufwendungen und Erträge von wie Anlagevermö-

---

51 Vgl. Krumnow/Sprißler (2004), § 340c HGB, Tz. 217.
52 Für eine nähere Erläuterung siehe Kapitel IV.1.2.8.1.
53 Vgl. ADS, § 266 HGB, Tz. 70; Braun, in: KK-RLR, § 340c HGB, Tz. 48.
54 Für eine genauere Darstellung der Abgrenzung zwischen Umlauf- und Anlagevermögen bei Instituten siehe Kapitel III.1.3.1.1.
55 Die Regelung in § 34 Abs. 3 RechKredV jene Vermögensgegenstände in den Anlagespiegel aufzunehmen, die Vermögensgegenstände im Sinne des § 340e Abs. 1 HGB sind, ist insofern unpräzise. Der Anlagespiegel

gen behandelte Wertpapiere saldierungsfähig, die im Aktivposten 5 »Schuldverschreibungen an andere festverzinsliche Wertpapiere« bzw. Aktivposten 6 »Aktien und andere festverzinsliche Wertpapiere« ausgewiesen werden.

b) Saldierungsfähige Aufwendungen und Erträge. Nach § 340c Abs. 2 **S. 1** HGB dürfen Aufwendungen aus der Abschreibung mit Erträgen aus der Zuschreibung des Finanzanlagevermögens in einem Aufwands- oder Ertragsposten ausgewiesen werden. Im Falle eines Ertragsüberhangs hat nach § 33 RechKredV der Ausweis im Ertragsposten 7 (Formblatt 2) »Erträge aus Zuschreibungen zu Beteiligungen, Anteilen an verbundenen Unternehmen und wie Anlagevermögen behandelte Wertpapiere« zu erfolgen. Im Falle eines Aufwandsüberhangs ist der Ausweis im entsprechenden Aufwandsposten 8 (Formblatt 2) vorzunehmen. Sofern Institute keine Saldierung vornehmen, sind die Aufwendungen aus der Abschreibung sowie die Erträge aus einer Zuschreibung brutto in den genannten GuV-Posten auszuweisen.

Nach § 340c Abs. 2 **S. 2** HGB dürfen in die Verrechnung auch die »Aufwendungen und Erträge aus Geschäften mit solchen Vermögensgegenständen einbezogen werden«. Da hier nur auf die Aufwendungen und Erträge abzustellen ist, denen ein Geschäft(svorfall) mit den Vermögensgegenständen des Finanzanlagevermögens zugrunde liegt (Geschäftsergebnis), sind die laufenden Erträge (z. B. Zinsen, Dividenden, Gewinnanteile, Erträge aus Investmentanteilen, Ausschüttungen aus Genussrechten, vereinnahmte Stückzinsen, usw.) aus dem Saldierungsbereich ausgeschlossen. Diese sind im Ertragsposten 1 (Formblatt 2) »Zinserträge« oder Ertragsposten 2 (Formblatt 2) »Laufende Erträge« oder Ertragsposten 3 »Erträge aus Gewinngemeinschaften, Gewinnabführungs- oder Teilgewinnabführungsverträgen« zu erfassen. In den Saldierungsbereich können die Aufwendungen und Erträge aus der Veräußerung von Gegenständen des Finanzanlagevermögens einbezogen werden. Werden die Aufwendungen und Erträge im Sinne von Satz 2 in die Saldierung einbezogen, so führt dies nicht zu einer Änderung der Postenbezeichnung von Ertragsposten 7 bzw. Aufwandsposten 8 (jeweils Formblatt 2)[56]. Falls das Institut die Erfolgsbeiträge aus Veräußerungsgeschäften nicht in die Saldierung einbezieht, sind die Aufwendungen und Erträge aus der Veräußerung jeweils brutto in Aufwandsposten 6 (Formblatt 2) »sonstige betriebliche Aufwendungen« oder Ertragsposten 8 (Formblatt 2) »sonstige betriebliche Erträge« auszuweisen[57]. Erfolgsbeiträge aus Wertpapierleihgeschäften mit Vermögensgegenständen des Finanzanlagevermögens zählen ebenso zu den nach § 340c Abs. 2 S. 2 HGB saldierungsfähigen Erfolgskomponenten[58].

Die Vorschriften des § 340c Abs. 2 S. 1 u. 2 HGB sehen für Erfolgsbeiträge aus der Bewertung sowie Erfolgsbeiträge aus der Veräußerung von Vermögensgegenständen des

---

ist für die Vermögensgegenstände zu erstellen, die im Sinne des § 340e Abs. 1 S. 1 HGB nach den für das Anlagevermögen geltenden Vorschriften zu bewerten sind. Vgl. Scharpf/Schaber (2018), S. 1286.
56 Vgl. Braun, in: KK-RLR, § 340c HGB, Tz. 60.
57 Krumnow/Sprißler (2004), § 340c HGB, Tz. 213 halten alternativ auch einen unsaldierten Ausweis der Veräußerungserfolge im Finanzanlage-Aufwandsposten bzw. -Ertragsposten für zulässig. Diese Alternative steht nach der hier vertretenen Auffassung allerdings dem Verbot einer teilweisen Saldierung nach § 33 S. 3 RechKredV entgegen.
58 Vgl. Scharpf/Schaber (2018), S. 1250; Böcking/Becker/Helke, in: MüKom HGB, 3. Aufl., § 340c HGB, Tz. 43; Braun, in: KK-RLR, § 340c HGB, Tz. 61.

Finanzanlagevermögens ein **doppeltes Saldierungswahlrecht** vor. Dabei kann das Wahlrecht zur Saldierung von Veräußerungserfolgen nach Satz 2 unabhängig von dem Wahlrecht zur Saldierung von Zu- und Abschreibungen nach Satz 1 vorgenommen werden. Eine Ausübung des Saldierungswahlrechts nach Satz 2 ohne Ausübung des Saldierungswahlrechts nach Satz 1 steht dem Wortlaut des § 340c Abs. 2 HGB entgegen.

Spezifische Erläuterungspflichten für die Anhangberichterstattung sind in Bezug auf die Ausübung der Saldierungswahlrechte des § 340c Abs. 2 HGB nicht zu beachten[59]. Gem. § 34 Abs. 3 S. 2 RechKredV können die Saldierungen auch für die Erstellung des Anlagespiegels beibehalten werden. Zudem sieht § 131 Abs. 3 Nr. 6 AktG für den Vorstand eines Instituts in der Rechtsform der Aktiengesellschaft ein Auskunftsverweigerungsrecht auf der Hauptversammlung vor, soweit Angaben über angewandte Bilanzierungs- und Bewertungsmethoden sowie vorgenommene Verrechnungen im Jahres- oder Konzernabschluss nicht gemacht zu werden brauchen. Mögliche Verrechnungen nach § 340c Abs. 2 HGB sind mithin für den externen Jahresabschlussadressaten nicht erkennbar.

3.2.2.3 Verrechnung von Aufwendungen und Erträgen des Umlaufvermögens

Nach § 340f Abs. 3 HGB dürfen Bewertungsaufwendungen und -erträge aus dem Kreditgeschäft mit Bewertungsaufwendungen und -erträgen aus Wertpapieren der Liquiditätsreserve sowie Zuführungen und Auflösungen zu stillen Vorsorgereserven nach § 340f Abs. 1 HGB verrechnet werden. Eine teilweise Verrechnung ist nicht zulässig (§ 32 S. 3 RechKredV). Eine nähere Erläuterung dieser sog. Überkreuzkompensation findet sich in Kapitel II.1.3.4.2.

3.3 Bankspezifische Aufrechnungssachverhalte

3.3.1 Aufrechnungen nach Banken-AGB

Die allgemeinen Aufrechnungsmöglichkeiten gelten auch für Institute. Hierbei ist zu beachten, dass § 4 der **Allgemeinen Geschäftsbedingungen** im privaten Bankengewerbe (kurz: **Banken-AGB**) sowie § 11 Abs. 1 der Sparkassen-AGB eine Beschränkung der gesetzlichen Aufrechnungsmöglichkeit für den Kunden vorsehen. So darf ein Bankkunde Forderungen gegen eine Bank bzw. Sparkasse nur insoweit aufrechnen, als seine Forderungen unbestritten oder rechtskräftig festgestellt sind. Diese Klausel ist im Verkehr mit Verbrauchern gem. § 307 Abs. 1 S. 1, Abs. 2 Nr. 1 BGB unwirksam.[60] Während § 387 BGB eine Aufrechnung von gleichartigen und fälligen Forderungen und Verbindlichkeiten gestattet, beschränken die AGB für den Kunden die Aufrechnung auf unbestrittene oder rechtskräftig festgestellte

---

59 Vgl. Krumnow/Sprißler (2004), § 340c HGB, Tz. 155.
60 Vgl. BGH-Urteil vom 20.03.2018 – XI ZR 309/16, in: BB 2018, S. 1281.

Forderungen[61]. Eine darüber hinausgehende Einschränkung der Aufrechnungsmöglichkeiten wäre nach § 309 Nr. 3 BGB unwirksam. Die Banken-AGB und Sparkassen-AGB schränken die Aufrechnungsmöglichkeit des Kunden mithin auf den in § 309 Nr. 3 BGB festgelegten (Mindest)Umfang ein. Für das **Institut** gelten hingegen die allgemeinen nach § 387 BGB geltenden Aufrechnungsmöglichkeiten[62]. Sparkassen können nach § 11 Abs. 2 Sparkassen-AGB bestimmen, auf welche von mehreren fälligen Forderungen Zahlungseingänge, die zur Begleichung sämtlicher Forderungen nicht ausreichen, zu verrechnen sind, sofern der Kunde nichts anderes bestimmt hat oder eine andere Verrechnung gesetzlich zwingend vorgeschrieben ist. Sparkassen haben laut ihrer AGB mithin ein sog. Tilgungsbestimmungsrecht[63], durch das sie bestimmen können, welche Forderung durch einen Zahlungseingang getilgt werden soll.

3.3.2 Kontokorrentkonten

Nach § 355 Abs. 1 HGB liegt ein Kontokorrentkredit vor, wenn »jemand mit einem Kaufmann derart in Geschäftsbeziehung (steht), dass die aus der Verbindung entspringenden beiderseitigen Ansprüche und Leistungen nebst Zinsen in Rechnung gestellt und in regelmäßigen Zeitabschnitten durch Verrechnung und Feststellung des für den einen oder anderen Teil sich ergebenden Überschusses ausgeglichen werden. Der Anwendungsbereich des § 355 HGB setzt das Bestehen einer Geschäftsverbindung, aus der wechselseitige Ansprüche und Leistungen resultieren, sowie einen Vertrag über die Inrechnungstellung und über die Verrechnung der Ansprüche sowie eine Saldoanerkennung voraus[64].

Durch die **Inrechnungstellung** (Kontokorrentabrede) verlieren die einzelnen Ansprüche ihre rechtliche Selbständigkeit und bis zum Abschluss eines Rechnungsabschnitts »gelähmt«; d.h. erst mit Abschluss des Rechnungsabschnitts wird ermittelt welche Vertragspartei der Gläubiger ist[65]. Sich gegenüberstehende Ansprüche werden so auf einen einheitlichen Anspruch zusammengeführt. Durch die Inrechnungstellung bilden die Forderungen und Leistungen eine untrennbare Einheit, so dass die Einzelforderungen nicht selbständig einklagbar sind[66]; mit der Inrechnungstellung hat sich der Forderungsinhaber seiner Rechtsmacht begeben[67].

Die **Verrechnung** der Ansprüche hat nach § 355 Abs. 1 HGB in regelmäßigen Zeitabschnitten zu erfolgen. In diesem Fall spricht man von einem Periodenkontokorrent (gesetzliche Vermutung). Es kann auch eine laufende Verrechnung (d.h. nach jedem Geschäfts-

---

61 Vgl. Fandrich, in: Graf von Westfalen, Vertragsrecht und AGB-Klauselwerke, Banken- und Sparkassen AGB, Tz. 20; Hopt, in: Baumbach/Hopt, AGB-Banken, § 4, Tz. 1.
62 Vgl. Bunte, in: AGB-Banken, Tz. 132.
63 Vgl. Bunte, in: AGB-Banken, Tz. 569.
64 Vgl. Maultzsch, in: Oetker, 5. Aufl., § 355 HGB, Tz. 2.
65 Vgl. Langenbucher, in: MüKom HGB, 4. Aufl., § 355 HGB, Tz. 21; Maultzsch, in: Oetker, 5. Aufl., § 355 HGB, Tz. 3.
66 Vgl. BGH-Urteil vom 08.03.1972 – VIII ZR 40/71, in: BGHZ 1958, S. 260; BGH-Urteil vom 07.02.1979 – VIII ZR 279/77, in: BGHZ 1973, S. 263.
67 Vgl. Langenbucher, in: MüKom HGB, 4. Aufl., § 355 HGB, Tz. 53 ff.

vorfall) vereinbart sein (Staffelkontokorrent)[68]. Im Bankgeschäft wird die Verzinsung von Kontokorrentkonten nach dieser Methode vorgenommen, obgleich es sich um Periodenkontokorrentkonten handelt. So erfolgt nach § 7 Abs. 2 Sparkassen-AGB der Rechnungsabschluss jeweils zum Ende eines Kalenderquartals, soweit nichts anderes vereinbart ist. Bei Abschluss der Abrechnungsperiode werden sämtliche Einzelansprüche unter Anrechnung der in der Periode erbrachten Leistungen durch den Saldoanspruch ersetzt[69].

Durch die Verrechnung und des **Saldoanerkenntnisses** erlöschen die gegenseitigen Forderungen in Höhe der Aufrechnung[70]. Das Saldoanerkenntnis stellt ein abstraktes Schuldanerkenntnis dar, durch das die Vertragsparteien eine einheitliche Saldoforderung begründen, die unabhängig von ihrem ursprünglichen Schuldgrund ist. Das Saldoanerkenntnis führt mithin zu einer **Novation**[71].

Da die Kontokorrentabrede zu einer zivilrechtlichen Novation und mithin zu einem Erlöschen der ursprünglichen Einzelforderungen und Verbindlichkeiten führt, bedarf es bei Kontokorrentkonten keiner bilanzrechtlichen Aufrechnung[72]. Die bilanzielle Abbildung von Kontokorrentvereinbarungen hat dem zivilrechtlichen Charakter zu folgen. Kontokorrentkonten sind mithin nur in Höhe des Anspruchssaldos zu bilanzieren, der zivilrechtlich besteht.

3.3.3 Aufrechnungen im Zusammenhang mit Derivatekontrakten

Sowohl für börsengehandelte Derivate (insb. Futures) wie auch für OTC-Derivate kann sich unter bestimmten Bedingungen eine Zulässigkeit oder Notwendigkeit einer bilanziellen Verrechnung ergeben. In Bezug auf OTC-Derivate sieht das **ISDA Master Netting Agreement**[73] mit dem sog. **payment netting** und dem sog. **close out netting** verschiedene Arten von Aufrechnungsverfahren vor. Das payment netting über mehrere Transaktionen hinweg (**multiple transaction netting**) stellt auf eine Aufrechnung der laufenden Cash Flows in einer gegebenen Währung zu einem gegebenen Tag ab und erfolgt im laufenden Geschäftsbetrieb solventer Vertragsparteien. Beim sog. **close out netting** werden beim Ausfall einer Gegenpartei (default) alle offenen Transaktionen terminiert, deren Marktwert bestimmt (sog. termination amount) und in eine Währung umgerechnet. Anschließend wird der Netto-Marktwert über alle ausstehenden Transaktionen ermittelt, der zwischen den Vertragsparteien auszugleichen ist[74] (dies wird i. d. R. unter Berücksichtigung der bis zum Eintritt des Defaults gestellten Sicherheiten erfolgen). Durch das close out netting soll verhindert werden, dass der Verwalter des insolventen Unternehmens die Transaktionen mit negativem Marktwert von der solventen Partei einfordert und die Transaktionen mit negativem

---

68 Vgl. Wagner, in: Röhricht/Graf von Westphalen, § 355 HGB, Tz. 14.
69 Vgl. BGH-Urteil vom 11.06.1980 – VIII ZR 164/79, in: NJW 1980, S. 2131.
70 Die Verrechnung und die Saldoanerkenntnis sind Teile desselben Rechtsakts. Vgl. BGH-Urteil vom 24.01.1985 – I ZR 201/82, in: BGHZ 1993, S. 307, 313.
71 Vgl. BGH-Urteil vom 02.11.1967 – II ZR 46/65, in: NJW 1968, S. 33; BGH vom 24.01.1985 – I ZR 201/82, in: NJW 1985, S. 1706.
72 Vgl. Hennrichs, in: MüKom BilR, § 246 HGB, Tz. 236; Schmidt/Ries, in: BBK, 11. Aufl., § 246 HGB, Tz. 112.
73 Vgl. ISDA (1992).
74 Zur Verdeutlichung vgl. das Beispiel in ISDA (2012), S. 11 f.

Marktwert zurückweist. Für den Fall des Insolvenznettings hatte der BGH am 09.06.2016 einen Rahmenvertrag nach dem Muster des Bundesverbands deutscher Banken für Finanztermingeschäfte wegen einer dem § 104 InsO aF widersprechenden Abrechnungsvereinbarung für teilweise unwirksam erklärt. Das Ausgleichsregime des § 104 InsO aF geht dem Rahmenvertrag vor, da ansonsten der gesetzliche Schutzzweck durch individualvertragliche Vereinbarungen umgangen werden könne[75]. Mit der Neufassung von § 104 Abs. 4 S. 1 InsO können Vertragsparteien nunmehr von § 104 InsO abweichende Bestimmungen treffen, sofern diese mit den wesentlichen Grundgedanken der jeweiligen gesetzlichen Regelung vereinbar sind.

Nach h. M. wird das Bestehen eines ISDA Master Netting Agreements nicht als ausreichend angesehen, um eine bilanzielle Saldierung von **OTC-Derivaten** nach handelsrechtlichen Grundsätzen zu erreichen. Dies wird im Allgemeinen damit begründet, dass für eine handelsrechtliche Saldierung das Bestehen einer Aufrechnungslage im Sinne des § 387 BGB nicht gegeben ist, da die Forderungen und Verbindlichkeiten aus den Derivatekontrakten am Bilanzstichtag nicht fällig sind[76]. Daneben wird es im Schrifttum als sachgerecht angesehen, eine bilanzielle Saldierung von Derivatekontrakten nach HGB zuzulassen, wenn die Saldierungsvoraussetzungen des IAS 32 erfüllt sind; dies soll vornehmlich bei OTC-Derivaten der Fall sein, die über eine zentrale Gegenpartei gecleart werden[77]. Die Durchführung von sog. Portfoliokomprimierungen im Sinne von Art. 14 DeLVO Nr. 149/2013 stellt primär keine Aufrechnung von Derivaten, sondern eine Termination (Close-Out) mit anschließender Verrechnung der Close Out-Zahlungen dar[78].

Bei **börsengehandelten Derivatekontrakten** ergibt sich ggf. eine zivilrechtliche Aufrechnung durch Glattstellungen. Wird ein Future-Kontrakt vor Endfälligkeit glattgestellt (sog. **closing trade**), so erlöschen alle gegenseitigen Ansprüche und Verpflichtungen aus dem ursprünglichen Geschäft (sog. **opening trade**). Bei börsengehandelten Termingeschäften wird der Charakter einer Glattstellung in den Handelsbedingungen bzw. Clearing-Bedingungen der Clearingstellen bzw. Terminbörsen geregelt. So ist mit einer Glattstellung an der Eurex eine Aufhebung im Zuge einer unmittelbaren Verrechnung verbunden. Dabei werden »die Forderungen, welche aus dem gekennzeichneten Auftrag oder Transaktion resultieren, (…) unmittelbar mit den Forderungen der Transaktionen oder Aufträge verrechnet, welche als »Eröffnung« (Open) gekennzeichnet sind«[79]. Eine Glattstellung führt immer dann zu einer erfolgswirksamen Ausbuchung eines bestehenden Kontrakts, wenn die Glattstellung zivilrechtlich als ein Aufhebungsvertrag anzusehen ist.

---

75 Vgl. BGH, Urteil vom 09.06.2016 – IX ZR 314/14, in: NJW 2016, S. 2328; Weigel/Wolsiffer, in: WPg 2016, S. 1287.
76 Vgl. z. B. Goldschmidt/Meyding-Metzger/Weigel, in: IRZ 2010, S. 23; Scharpf/Schaber (2018), S. 277.
77 Vgl. z. B. Bär/Kalbow/Vesper, in: WPg 2014, S. 31 f. Eine bilanzielle Verrechnung nach IAS 32 erfordert neben einem gegenwärtigen unbedingten Rechtsanspruch auf Verrechnung auch die Absicht zum Ausgleich auf Nettobasis bzw. einen gleichwertigen Bruttoabwicklungsmechanismus. Letzteres kann über ein single processing, z. B. im Rahmen der Abwicklung über einen zentralen Kontrahenten erreicht werden.
78 Für eine nähere Analyse siehe Kap. VI. 3.2.1.1.1.
79 Vgl. Eurex Clearing AG, Clearing-Bedingungen der Eurex Clearing AG, Stand 16.04.2012, S. 129.

3.3.4 Forderungen und Verbindlichkeiten aus Wertpapiergeschäften mit der Eurex Clearing AG

Die Eurex Clearing AG und die Eurex Repo GmbH bieten mit dem Segment GC Pooling eine integrierte elektronische Handelsplattform für besicherte EUR- und USD-Finanzierungen. Diese Handelsplattform ermöglicht die Abwicklung des Repo-Handels über eine zentrale Gegenpartei (Eurex Clearing AG)[80]. Im Gegensatz zu bilateralen Repos kontrahiert der Handelsteilnehmer nur noch mit der zentralen Gegenpartei; es handelt sich mithin um ein **triparty repo**. Sicherheiten werden automatisch über das Systems XEMAC verwaltet. Die zentrale Gegenpartei übernimmt dabei das Clearing sowie die Ermittlung und Einziehung von Besicherungsansprüchen und -verpflichtungen (tägliches Margining). Übersteigt der Wert der Sicherheitenpapiere den Forderungsbetrag, so hat der Repo-Nehmer Sicherheiten zugunsten des Repo-Gebers freizugeben. Unterschreitet der Wert der Sicherheitenpapiere den Forderungsbetrag, so hat der Repo-Geber zusätzliche Sicherheiten zu stellen[81]. Alle Lieferungen und Zahlungen erfolgen Zug um Zug zwischen den Handelsteilnehmern und der zentralen Gegenpartei, wodurch eine Minimierung des Kontrahentenausfallrisikos erreicht wird. Die Besicherung des Repo-Handels an der Eurex ist nur mit bestimmten Wertpapieren möglich. Hinsichtlich der zugelassenen Wertpapiere wird zwischen dem classic basket, dem extended basket und den sog. special repos unterschieden. Wertpapiere, die einem **Basket** angehören, werden für Zwecke der Ermittlung von Besicherungsansprüchen und -verpflichtungen als gleichartig angesehen. Das classic basket sowie das extended basket erhalten jeweils eine eigene ISIN. Für die Handelsteilnehmer besteht daher die Möglichkeit, Wertpapiere, die sich in demselben Basket befinden, zwischenzeitlich auszutauschen (**Substitution**)[82]. Die Rücklieferung (term leg) kann durch ein (beliebiges) Wertpapier erfüllt werden, das in dem jeweiligen Basket zulässig ist[83]. Sofern mithin die ursprünglich übereigneten Sicherheitenpapiere während der Laufzeit ausgetauscht wurden, werden die ersatzweise übereigneten Papiere für die Erfüllung der Lieferungsverpflichtung zugrunde gelegt. Hat ein Institut am Bilanzstichtag sowohl Wertpapiere in Pension genommen als auch in Pension gegeben, so kann es unter bestimmten Bedingungen erforderlich sein, die daraus resultierenden Forderungen und Verbindlichkeiten bilanziell zu verrechnen.

Maßgeblich für die Beurteilung der **Aufrechnungslage** sind die in Kapitel 1 dargelegten Allgemeinen Bedingungen der Clearing-Bedingungen der Eurex Clearing AG[84]. Nach Kapi-

---

80 Zur näheren Erläuterung von Wertpapierpensionsgeschäften siehe Kap. II.1.8.
81 Vgl. Clearstream: SB XEMAC, Nr. 13.
82 Vgl. Clearstream: SB XEMAC, Nr. 26.
83 Vgl. Clearing-Bedingungen der Eurex Clearing AG, Kap. IV.2.4 (Stand 16.12.2013).
84 Der Verweis in Kapitel IV.1.3 der Clearing-Bedingungen, dass sich die Aufrechnung von Forderungen und Verbindlichkeiten bei GC-Pooling-Transaktionen abweichend nach den Bestimmungen der SB XEMAC richtet, bezieht sich lediglich auf die Aufrechnung von Sicherheitenwerten, da die SB XEMAC die (automatisierte) Sicherheitenverwaltung und -verwertung unter anderem auch für GC Pooling-Geschäfte regelt. So sehen die SB XEMAC vor, dass der zu sichernde Betrag als ein Saldo je Basket und je Währung berechnet wird; für jeden Teilnehmer werden die aus den Repo-Geschäften resultierenden Übereignungs- und Besicherungspflichten und seine Ansprüche auf Übereignung und Besicherung fortlaufend je Basket und je Währung miteinander saldiert. Vgl. SB XEMAC, Nr. 19.1 und 2 sowie Nr. 9.

tel 1 Abschnitt 1.3 ist die Eurex Clearing AG jederzeit berechtigt, Forderungen und Verbindlichkeiten gegenüber demselben Clearing-Mitglied aufzurechnen, sofern in den individuellen Vereinbarungen mit dem Clearing-Mitglied[85] nichts Abweichendes vorgesehen ist. In diesem Fall ist die Eurex Clearing AG jederzeit berechtigt, Forderungen aus Wertpapiertransaktionen (hierunter fallen auch GC Pooling-Geschäfte) gegen ein Clearing-Mitglied innerhalb derselben Grundlagenvereinbarung zu verrechnen[86]. Zudem können nur Forderungen aus Wertpapiertransaktionen gegeneinander aufgerechnet werden,

- die aus derselben Transaktionsart entstanden sind[87] und
- die demselben Aufrechnungsblock angehören. Das Clearing-Mitglied und die Eurex können innerhalb bestimmter Grenzen individuell Aufrechnungsblöcke definieren. Ein Aufrechnungsblock darf zu jedem Zeitpunkt mit Forderungen aus Wertpapiertransaktionen unter den folgenden Bedingungen zusammengestellt werden[88]:
  - Forderungen aus Wertpapiertransaktionen beziehen sich auf Wertpapiere mit derselben Wertpapierkennung[89];
  - die Forderungen aus Wertpapiertransaktionen sind in derselben Währung abzuwickeln;
  - die Forderungen aus Wertpapiertransaktionen werden durch Gutschrift auf demselben Wertpapierdepotkonto der Abwicklungsstelle abgewickelt; und
  - die Aufrechnung der Pflichten zur Lieferung von Wertpapieren aus den ausgewählten abzurechnenden Forderungen führt zu einer vollständigen Aufrechnung sämtlicher Pflichten zur Lieferung von Wertpapieren.

Das Clearing-Mitglied hat grundsätzlich die Wahl, der Eurex die Aufrechnung aller Forderungen aus Wertpapiertransaktionen zu erlauben (**Netto-Verfahren**) oder grundsätzlich sämtliche Forderungen von dieser Aufrechnung auszuschließen (**Brutto-Verfahren**). Für bestimmte Forderungen können Ausnahmen individuell vereinbart sein. Die Aufrechnungserklärung erfolgt durch die Eurex Clearing AG bei Wertpapiertransaktionen durch die Zurverfügungstellung des »Settled Cash Transaction Reports«[90] oder des »Ist-Lieferreports«. Die Aufrechnung wird mit dem letzten Fälligkeitstag der aufzurechnenden Forderungen wirksam. Liegt eine zivilrechtliche Aufrechnungslage vor und hat die Eurex die Aufrechnung erklärt, so sind Forderungen und Verbindlichkeiten aus GC-Pooling-Geschäften erloschen und mithin am Bilanzstichtag miteinander zu verrechnen. Liegt eine zivilrechtliche Aufrechnungslage aufgrund von am Bilanzstichtag nicht fälliger Forderungen und Verbindlichkeiten vor, so kann eine bilanzielle Aufrechnung auch dann als sachgerecht angesehen

---

85 Diese können geregelt sein in den »Besonderen Clearing-Bestimmungen«, den »Grund-Clearingmodell-Bestimmungen«, den »Individual-Clearingmodell-Bestimmungen« oder den »Net Omnibus-Clearingmodell-Bestimmungen«.
86 Vgl. Kap. I.1.3(b) der Clearing-Bedingungen. Unter bestimmten Bedingungen ist auch eine Verrechnung über mehrere Grundlagenvereinbarungen möglich. Siehe Kap. I.2 der Clearing-Bedingungen.
87 Dabei gelten alle Transaktionen mit der Eurex Repo GmbH im Sinne von Kap. 4 der Clearing-Bedingungen als eine Transaktionsart. Vgl. Kap. 1, Abschn. 1.1.2 der Clearing-Bedingungen.
88 Vgl. Kap. I.1.3(b) der Clearing-Bedingungen.
89 Beachte, dass der classic und der extended basket jeweils eine ISIN haben.
90 Der Bericht ist mit der Report-ID RPTCD250 bezeichnet. Vgl. Eurex Clearing AG: Rundschreiben 086/11, S. 42.

werden, wenn die Fälligkeitszeitpunkte identisch sind oder nur unwesentlich voneinander abweichen und wenn eine Saldierung tatsächlich beabsichtigt wird und dies in der Vergangenheit auch so vollzogen wurde[91].

---

[91] Vgl. Bär/Kalbow/Vesper, in: WPg 2014, S. 31; Schmidt/Ries, in: BBK, 11. Aufl., § 246 HGB, Tz. 108; ADS, § 246 HGB, Tz. 466.

Kapitel III. Bewertungsvorschriften

1 Zuordnung zu Bewertungskategorien

1.1 Bilanzielle Auswirkungen der Zuordnungsentscheidung

Vermögensgegenstände sind bei Geschäftsabschluss entweder dem Handelsbestand, dem Umlaufvermögen (mit der Unterkategorie der Wertpapiere der Liquiditätsreserve) oder dem Anlagevermögen zuzuordnen. Verbindlichkeiten sowie schwebende Geschäfte werden – mit Ausnahme von Verbindlichkeiten und schwebenden Geschäften des Handelsbestands – keiner Bewertungskategorie zugeordnet. Die Zuordnung der Vermögensgegenstände zu den verschiedenen Bewertungskategorien bestimmt die Folgebewertung der Vermögensgegenstände. Die Zuordnung zu den verschiedenen Bewertungskategorien erfolgt auf Basis der unternehmensindividuellen Verwendungsabsicht unter Berücksichtigung rechtlicher Vorschriften (z. B. Art. 102 ff. CRR) und wirtschaftlicher Gegebenheiten:

- Wird ein Finanzinstrument dem Handelsbestand zugeordnet, so wird es im Zugangszeitpunkt mit den Anschaffungskosten angesetzt. Im Rahmen der Folgebewertung wird das Instrument zum beizulegenden Zeitwert abzüglich eines Risikoabschlags bei Vermögenswerten bzw. zuzüglich eines Risikozuschlags bei Verbindlichkeiten bewertet. Für Handelsbestände bilden die Anschaffungskosten demnach nicht die Obergrenze des bilanziellen Wertansatzes (siehe Abschnitt 2).
- Finanzinstrumente des Umlaufvermögens sind nach dem strengen Niederstwertprinzip zu bewerten. Dies hat eine Abschreibung auf den niedrigeren beizulegenden Wert zur Folge. Eine Teilmenge der Finanzinstrumente des Umlaufvermögens bilden die Wertpapiere der Liquiditätsreserve. Deren Aufwendungen und Erträge sowie die Zuführungen und Auflösungen von 340f-Reserven dürfen mit der Risikovorsorge aus dem Kreditgeschäft saldiert werden (Abschnitt 3).
- Finanzinstrumente des Anlagevermögens können nach dem gemilderten Niederstwertprinzip bewertet werden. Eine Abschreibung erfolgt demnach verpflichtend nur bei dauerhafter Wertminderung. Wahlweise können Finanzinstrumente des Anlagevermögens gem. § 253 Abs. 3 S. 4 HGB i. V. m. § 340e Abs. 1 S. 3 HGB auch zum strengen Niederstwertprinzip bilanziert werden (Abschnitt 4).

Finanzinstrumente sind auf Basis ihrer **Zweckbestimmung** einer der drei Bewertungskategorien zuzuordnen. Die Zweckbestimmung umfasst eine objektive Komponente, die sich aus der wesenseigenen Art des Gegenstandes ableitet, sowie eine subjektive Komponente, die im Allgemeinen darin besteht, dass durch den Willen des Bilanzierenden dem Bilanzierungsobjekt eine bestimmte betriebliche Funktion zugeordnet wird. Da bei Instituten eine objektivierte Zuordnung aufgrund der Wesensart eines Finanzinstruments nicht sachgerecht ist, muss zwangsläufig auf die subjektive Zuordnung – d. h. auf den Willen des Bilanzierenden in Bezug auf eine dem Finanzinstrument zugrunde liegende bestimmte betriebliche Funktion – abgestellt werden[1]. Bei Finanzinstrumenten des Handelsbestands besteht die betriebliche Funktion in einer kurzfristigen Gewinnerzielungsabsicht. Finanzinstrumente des Anlagevermögens (Finanzanlagevermögen) sind nach § 247 Abs. 2 HGB dazu bestimmt, dauerhaft dem Geschäftsbetrieb zu dienen. Eine Zuordnung zum Umlaufvermögen ist gesetzlich nicht definiert und gilt als Komplementärmenge zu den vorgenannten Bewertungskategorien.

1.2 Handelsbestand

1.2.1 Begriffsabgrenzung

1.2.1.1 Bilanzielle Voraussetzungen

Die Bilanzierung von Finanzinstrumenten des Handelsbestands ist seit Inkrafttreten des BilMoG in § 340e Abs. 3 HGB geregelt. Danach sind Finanzinstrumente des Handelsbestands zum beizulegenden Zeitwert abzüglich eines Risikoabschlags zu bewerten (§ 340e Abs. 3 S. 1 HGB). Die Bilanzierung zum beizulegenden Zeitwert setzt demnach das Vorliegen eines Finanzinstruments im Sinne der §§ 340e, 340c Abs. 1 HGB sowie das Bestehen einer kurzfristigen Gewinnerzielungsabsicht voraus.

i) Finanzinstrument i. S. d. § 340e HGB. Der Begriff »Finanzinstrument« wird in den §§ 340c Abs. 1 und 340e HGB nicht legal definiert. Unter diesem weit auszulegenden Begriff sind alle Verträge zu verstehen, die für eine der beteiligten Seiten einen finanziellen Vermögenswert und für die andere Seite eine finanzielle Verbindlichkeit oder ein Eigenkapitalinstrument schaffen[2]. Diese Begriffsbestimmung stimmt mit der Definition von Finanzinstrumenten nach IAS 32.11 überein[3]. Finanzielle Vermögenswerte umfassen flüssige Mittel; ein Eigenkapitalinstrument eines anderen Unternehmens; ein vertragliches Recht darauf, flüssige Mittel oder andere finanzielle Vermögenswerte von einem anderen Unternehmen zu erhalten; oder finanzielle Vermögenswerte oder Verbindlichkeiten mit einem anderen Unternehmen zu potenziell vorteilhaften Bedingungen zu tauschen; oder einen Vertrag, der in eigenen Eigenkapitalinstrumenten des Unternehmens erfüllt wird oder werden kann. Finanzielle Verbind-

---

1 Vgl. Häuselmann, in: BB 2008, S. 2617; Krumnow/Sprißler (2004), § 340e HGB, Tz. 30 f.
2 Vgl. IDW RS BFA 2, Tz. 5, § 1a Abs. 3 KWG aF sowie ähnlich IAS 32.11.
3 Inwiefern zum Zwecke der Auslegung des Begriffs Anlehnung an die IFRS genommen werden darf, ist in der Literatur umstritten. Befürwortend Serafin/Weber, in: Lutz et al., KWG, Tz. 25; eher ablehnend Brogl, in: Reischauer/Kleinhans, § 1a KWG, Tz. 23. Nach h. M. im bilanzrechtlichen Schrifttum wird von einer Auslegung des Begriffs in Analogie zu den IFRS ausgegangen. Vgl. Löw/Scharpf/Weigl, in: WPg 2008, S. 1012; Scharpf/Schaber, in: DB 2008, S. 2553.

lichkeiten umfassen nach IAS 32 unter anderem all jene Verträge, aus denen eine Verpflichtung zur Hingabe von Zahlungsmitteln oder anderen finanziellen Vermögenswerten oder ein Tausch von finanziellen Vermögenswerten zu nachteiligen Bedingungen entsteht.

Finanzinstrumente umfassen damit auch **Derivate** auf nicht finanziellen Variablen, bei denen aber ein Settlement durch Barausgleich erfolgt[4]. Ein Derivat wird in Anlehnung an die Derivate-Definition in IAS 39.9 aF bzw. IFRS 9, Anhang A als[5]
- ein schwebendes Vertragsverhältnis definiert,
- dessen Wert auf Änderungen des Werts eines Basisobjekts (underlying) reagiert,
- bei dem keine oder nur geringe Anschaffungskosten geleistet werden und
- das erst in der Zukunft erfüllt wird.

Im Gegensatz zu den Derivaten des Bankbuchs sind Derivate des Handelsbestands demnach keine außerbilanziellen Geschäfte; sie sind vielmehr als bilanzwirksame Finanzinstrumente mit ihrem beizulegenden Zeitwert (dirty fair value) abzüglich eines Risikoabschlags in der Bilanz anzusetzen. Derivate außerhalb des Handelsbestands gelten hingegen als schwebende Geschäfte, die bei Geltung der Ausgeglichenheitsvermutung von Leistung und Gegenleistung nicht in der Bilanz anzusetzen sind[6]. **Warentermingeschäfte** stellen nur dann Derivate im Sinne der §§ 340c und 340e HGB dar, wenn sie die Voraussetzungen des § 285 S. 2 HGB aF erfüllen[7]. Dies setzt im Regelfall eine Erfüllung von Warentermingeschäften durch ein Cash Settlement voraus; die Erfüllung durch physische Lieferung steht einer Einordnung eines Warentermingeschäfts als derivatives Finanzinstrument im Sinne der §§ 340c und 340e HGB entgegen[8]. Während gem. Art. 4 Abs. 1 Nr. 86 CRR (zuvor gem. § 1a KWG aF) auch **Waren** dem Handelsbuch zugeordnet werden können, sind im handelsbilanziellen Handelsbestand nur Finanzinstrumente zu führen[9]. Waren gelten gem. § 254 S. 2 HGB nur für Zwecke der Bildung von Bewertungseinheiten als Finanzinstrumente[10].

Die Einbeziehung des Handels mit Edelmetallen in den Handelsbestand ergibt sich nicht aus § 340e Abs. 3 HGB, sondern aus § 340c Abs. 1 HGB i. V. m. § 35 Abs. 1 Nr. 1a RechKredV. Danach sind **Edelmetalle** dem Handelsbestand zuzuordnen, sofern eine kurzfristige Gewinnerzielungsabsicht besteht[11]. Edelmetalle umfassen hauptsächlich Gold, Silber und Platin in Form von Münzen und Barren[12]. Für eine Zuordnung zum Handelsbestand kommen die folgenden Finanzinstrumente in Betracht:

---
4 Vgl. BT-Drs 16/12407, S. 188.
5 Vgl. auch BR-Drs 344/08, S. 114; IDW RS BFA 2, Tz. 6. Eine abweichende Definition für das Vorliegen eines Derivats findet sich in § 2 Abs. 2 WpHG. Dort wird ein Derivat als ein Kauf, Tausch oder anderweitig ausgestaltetes Fest- oder Optionsgeschäft definiert, das zeitlich verzögert erfüllt wird und dessen Wert sich unmittelbar oder mittelbar vom Preis oder Maß eines Basiswertes ableitet.
6 Vgl. Schubert, in: BBK, 11. Aufl., § 249 HGB, Tz. 57.
7 Vgl. BT-Drs 16/12407, S. 188 sowie IDW RS BFA 2, Tz. 10; Löw/Scharpf/Weigel WPg 2008, 1011 (1012); Gelhausen/Fey/Kämpfer (2009), S. 752.
8 Vgl. Scharpf/Schaber (2018), S. 245; IDW RS BFA 2, Tz. 9.
9 Vgl. Wortlaut des § 340e Abs. 3 HGB sowie IDW RS BFA 2, Tz. 10.
10 IDW RS BFA 2, Tz. 8; Scharpf/Schaber (2018), S. 245.
11 Vgl. Scharpf/Schaber/Löw/Treitz/Weigel/Goldschmidt, in: WPg 2010, S. 439 (S. 441); Böcking/Becker/Helke, in: MüKom HGB, 3. Aufl., § 340c HGB, Tz. 5.
12 Vgl. Scharpf/Schaber/Löw/Treitz/Weigel/Goldschmidt, in: WPg 2010, S. 439 (S. 441); Böcking/Becker/Helke, in: MüKom HGB, 3. Aufl., § 340c HGB, Tz. 5.

- **Schuldverschreibungen.** Schuldverschreibungen im Sinne der RechKredV stellen alle Schuldverschreibungen, die als Wertpapier im Sinne des § 7 RechKredV und mithin als börsenfähig gelten.
- **Forderungen.** Dies umfasst neben Darlehensforderungen auch Schuldscheindarlehen, Namensschuldverschreibungen sowie rückzahlbare, unverbriefte Genussrechte.
- **Aktien und andere nicht festverzinsliche Wertpapiere.** Darunter fallen Aktien, Anteile oder Aktien an Investmentvermögen, Optionsscheine, Zwischenscheine, Gewinnanteilsscheine, börsenfähige Genussscheine, die als Inhaber- oder Orderpapiere ausgestaltet sind, sowie andere nicht festverzinsliche Wertpapiere wie Bezugsrechte, Partizipationsscheine und Liquidationsanteilsscheine.
- **Derivate.** Alle Gattungen von Derivaten – mit Ausnahme von Warentermingeschäften, die nicht die Anforderungen des § 285 S. 2 HGB aF erfüllen[13] – qualifizieren sich für eine Zuordnung zum Handelsbestand.
- **Sonstige Finanzinstrumente.** Hierunter fallen im Wesentlichen Devisen und Edelmetalle. Es können jedoch auch weitere Vermögensgegenstände hierunter zu fassen sein, die nicht den oben beschriebenen Kategorien zugeordnet werden können (wie z. B. nicht börsenfähige Gesellschaftsanteile, GmbH-Anteile, Kommanditanteile).

Vermögensgegenstände, die keine Finanzinstrumente oder Edelmetalle sind (wie z. B. Immobilien), sind nicht dem Handelsbestand zuzuordnen, unabhängig davon, ob mit diesen Vermögensgegenständen eine kurzfristige Gewinnerzielungsabsicht verfolgt wird. Dies betrifft auch Waren (mit Ausnahme von Edelmetallen). Zu den Finanzinstrumenten des Handelsbestands gehören auch die dem Handelsbuch zuzurechnenden **internen Geschäfte**, die zwischen dem Handelsbuch und dem Bankbuch zum Zwecke des Risikotransfers abgeschlossen werden (siehe Kapitel III.1.2.6).

ii) Kurzfristige Gewinnerzielungsabsicht. Die Handelsabsicht bildet die zentrale Voraussetzung für eine Zuordnung von Finanzinstrumenten zum Handelsbestand. Handelsabsicht setzt voraus, dass das Finanzinstrument zum Zwecke der **kurzfristigen Wiederverkaufsabsicht im Eigenbestand** gehalten wird. Handelsgeschäfte werden von Kreditinstituten somit im Eigeninteresse zur Erzielung eines Eigenhandelserfolgs betrieben, so dass alle Geschäfte im fremden Namen und für fremde Rechnung nicht dem Handelsbestand zuzuordnen sind (IDW RS BFA 2, Tz. 19). Demnach stellen Handelsbuchgeschäfte keine Bankgeschäfte, sondern ggf. Finanzdienstleistungen im Sinne des § 1 KWG dar (siehe Abb. 4). Das Abstellen auf eine **kurzfristige** Wiederverkaufsabsicht impliziert, dass das Institut **maximale Haltedauern** für spezifische Gruppen von Finanzinstrumenten (z. B. Asset Klassen) institutsintern definieren und einhalten muss (Art. 103 lit. a) CRR)[14]. Das Ziel des Wiederverkaufs liegt in einer **kurzfristigen Gewinnerzielungsabsicht** (Eigen-

---

13 Während Waren dem aufsichtsrechtlichen Handelsbuch zugeordnet werden können, kommt eine Zuordnung zum bilanziellen Handelsbestand nur für Finanzinstrumente in Betracht. Warentermingeschäfte, die eine Erfüllung mittels physischer Lieferung vorsehen, stellen keine Finanzinstrumente im Sinne des § 340e Abs. 3 HGB dar. Sie gelten jedoch als Finanzinstrumente im Sinne des § 254 Abs. 2 HGB zum Zwecke der Bildung von Bewertungseinheiten. Vgl. IDW RS BFA 2, Tz. 8 f.
14 Vgl. bereits BAKred, Rundschreiben 17/99, 7.

handelserfolg). Dieser kann durch die kurzfristige Ausnutzung von bestehenden oder erwarteten Unterschieden zwischen An- und Verkaufspreisen oder Schwankungen von Marktkursen, -preisen, -werten oder -zinssätzen entstehen (so auch Art. 4 Abs. 85 lit. c) CRR). Beispielhaft für Handelsgeschäfte sind Wertpapierleerverkäufe. Ein Leerverkauf stellt die Veräußerung eines Finanzinstruments dar, welches der Verkäufer nicht besitzt. Vielfach liefert der Verkäufer Wertpapiere, die er sich nur geliehen hat (gedeckter Leerverkauf im Rahmen einer Wertpapierleihe). Der Leerverkäufer hofft bei Rückgabe der darlehensweise erworbenen Wertpapiere diese am Markt zu niedrigeren Kursen wieder eindecken zu können. In diesem Vorgehen ist eine Ausnutzung von Kursdifferenzen zu sehen[15], die eine Handelsabsicht begründet (IDW RS BFA 2, Tz. 10)[16]. Handelsabsicht erfordert aber nicht in allen Fällen einen Wiederverkauf. Alternativ zu einem Wiederverkauf kann ein Eigenhandelserfolg auch durch das partielle oder vollständige Schließen der Marktrisikoposition durch ein Absicherungsgeschäft (Gegengeschäft) erzielt werden (auch Art. 4 Abs. 86 Alt. 2 CRR). Durch den Abschluss eines Gegengeschäfts wird ein Eigenhandelserfolg durch die Erzielung einer Barwertdifferenz erzeugt[17]. Als Handelsabsicht wird in diesem Zusammenhang die Erzielung oder **Festschreibung einer Marge** betrachtet (IDW RS BFA 2, Tz. 16). Für die Zuordnung zum Handelsbestand ist es notwendig, dass die Handelsabsicht bereits im Zugangszeitpunkt des Finanzinstruments besteht. Die Handelsabsicht ist sowohl aufgrund aufsichtsrechtlicher[18] als auch bilanzrechtlicher Vorgaben im Zugangszeitpunkt (z. B. durch Zuordnung zu einem Handelsportfolio) zu **dokumentieren**[19]. Änderungen der Kriterien zur Zuordnung von Finanzinstrumenten zum Handelsbestand sind qualitativ sowie hinsichtlich ihrer quantitativen Auswirkungen auf den Jahresüberschuss/Jahresfehlbetrag im Anhang zu erläutern (§ 35 Abs. 1 Nr. 6c RechKredV).

Bei der Zuordnung zum Handelsbestand sind jedoch die folgenden Restriktionen zu beachten. Eine Zuordnung zum Handelsbestand ist nur dann möglich,
- sofern das Finanzinstrument keinerlei einschränkender Bestimmung bzgl. der Handelbarkeit unterliegt oder eine Möglichkeit der Absicherung nicht gegeben ist (so auch § 1a Abs. 1 S. 2 KWG aF).
- Eine Widmung zum Handelsbestand ist hingegen »denknotwendigerweise« nicht möglich, wenn der beizulegende Zeitwert nach § 255 Abs. 4 HGB von vornherein nicht ermittelbar ist[20].

Spielräume in der Zuordnung zum Handelsbestand ergeben sich insbesondere bei **Kundengeschäften**, dessen Risikoposition unmittelbar mit Abschluss des Kundengeschäfts

---
15 Vgl. BGH-Urteil vom 12.06.1978 – II ZR 48/77, in: BB 1978, S. 1642.
16 Gleichermaßen sind Leerverkäufe nach IAS dem passivischen Handelsbestand zuzuordnen. Vgl. Deloitte, iGAAP 2010, Financial Instruments, S. 257.
17 Vgl. BAKred, Rundschreiben 17/99, S. 7.
18 Vgl. Art. 104 Abs. 1 CRR sowie bereits BAKred, Rundschreiben 17/99, S. 8.
19 Die Maßgeblichkeit der Zweckbestimmung im Erwerbszeitpunkt ergibt sich – entgegen IDW RS BFA 2, Tz. 12 – nicht aus § 247 Abs. 2 HGB, sondern aus dem Umwidmungsverbot in § 340e Abs. 3 S. 2 HGB. Nach § 247 Abs. 2 HGB kommt es für die Zuordnung von Vermögensgegenständen zum Anlagevermögen oder zum Umlaufvermögen gerade nicht auf den Zeitpunkt des Erwerbs, sondern auf die Verhältnisse am Bilanzstichtag an. Vgl. Schubert/Huber, in: BBK, 11. Aufl., HGB § 247, Tz. 360.
20 Vgl. BT-Drs 16/10067, S. 61 sowie IDW RS BFA 2, Tz. 21.

durch ein Sicherungsgeschäft geschlossen wird. Hier ist eine institutsspezifische Wertung vorzunehmen, ob das Kundengeschäft im Eigeninteresse zur Erzielung und anschließender Festschreibung einer Marge vorgenommen wurde, oder ob der **Dienstleistungscharakter** gegenüber dem Kunden überwiegt. Geschäfte im Kundeninteresse sind nur dann dem Handelsbestand zuzuordnen, wenn dies im Einklang mit der internen Steuerung steht (IDW RS BFA 2, Tz. 19).

Nicht dem Handelsbestand zuzuordnen sind hingegen **Sicherheitsleistungen**, die für Handelsgeschäfte bei dem jeweiligen Kontrahenten oder einer Börse hinterlegt werden. Sicherheitsleistungen für OTC-Derivate werden typischerweise im Rahmen des Collateral Management in regelmäßigen zeitlichen Abständen auf Marktwertbasis je Kontrahent abgerechnet, wobei in die Abrechnung alle Handels- und Bankbuchpositionen auf Netto-Basis mit demselben Kontrahenten einbezogen werden. Bar-Sicherheitsleistungen (initial margins) für börsengehandelte Derivate (z. B. Futures) stellen eine allgemeine Sicherheit für den Marktzugang dar und sind unter den sonstigen Vermögensgegenständen oder den Forderungen an Kunden auszuweisen[21]. Gleiches gilt für Sicherheitenstellungen durch eine Verpfändung von Wertpapieren. Diese sind beim Sicherungsgeber zu bilanzieren (§ 246 Abs. 1 S. 2 HGB) und im Anhang gem. § 35 Abs. 5 RechKredV offenzulegen. Eine kurzfristige Gewinnerzielungsabsicht, die eine Zuordnung zum Handelsbestand gebieten würde, ist mit den Sicherheitenleistungen i. d. R. nicht verbunden. Futures des Handelsbestands weisen daher stets einen Buchwert von null aus, da der Zeitwert tagegleich durch Zahlung oder Erhalt einer Variation Margin in Höhe des Marktwerts ausgeglichen wird (siehe im Einzelnen Kapitel VI.3.2.1.2).

Ebenfalls sind **zurückerworbene eigene Anteile** nicht dem Handelsbestand zuzuordnen (IDW RS BFA 2, Tz. 4). Der Nennbetrag zurückerworbener eigener Anteile ist nach § 340a Abs. 1 i. V. m. § 272 Abs. 1a HGB offen von dem Posten »Gezeichnetes Kapital« abzusetzen. Der Unterschiedsbetrag zwischen dem Nennbetrag und den Anschaffungskosten ist mit den frei verfügbaren Rücklagen zu verrechnen. Die Verrechnung ist nach Veräußerung der eigenen Anteile rückgängig zu machen und ein Differenzbetrag in die Kapitalrücklage einzustellen, wobei Nebenkosten der Veräußerung aufwandswirksam zu erfassen sind (§ 272 Abs. 1b HGB). Institutsspezifische Besonderheiten ergeben sich jedoch aus den spezifischen aktienrechtlichen Vorschriften des § 71 AktG. Nach § 71 Abs. 1 Nr. 7 AktG ist es Kreditinstituten, Finanzdienstleistungsinstituten sowie Finanzunternehmen gestattet, aufgrund eines Hauptversammlungsbeschlusses eigene Aktien zum Zwecke des Wertpapierhandels zu erwerben. Der Handelsbestand darf zu diesem Zwecke 5 % des Grundkapitals am Ende eines jeden Tages nicht überschreiten. Die Regelung in § 71 Abs. 1 Nr. 7 AktG privilegiert damit Kreditinstitute, Finanzdienstleistungsinstitute und Finanzunternehmen eigene Aktien oder Aktien von in ihrem Mehrheitsbesitz stehende Unternehmen zu erwerben, die selbst Institute oder Finanzunternehmen sind[22]. Hintergrund dieser Privilegierung ist die Feststellung des Gesetzgebers, dass »Kreditinstitute in ihrer Eigenschaft als Wertpapierhändler in der Lage sein (müssen), einen gewissen Handelsbestand auch

---

21 Vgl. Scharpf/Luz (2000), S. 637; Krumnow/Sprißler (2004), § 340e HGB, Tz. 375.
22 Vgl. Cahn, in: Aktiengesetz, hrsg. v. Spindler/Stilz, 3. Aufl., § 71 AktG, Tz. 85.

ohne konkreten Auftrag eines Kunden zu halten«[23]. Institute sollten durch die Einführung des § 71 Abs. 1 Nr. 7 AktG ermächtigt werden, eigene Aktien auch außerhalb von Kommissionsgeschäften[24] und somit im eigenen Namen und auf eigene Rechnung (Eigenhandel) zu erwerben[25]. Die Notwendigkeit zum Erwerb eigener Aktien ergibt sich für Institute im Rahmen des Derivategeschäfts auf eigene Aktien, der Ausübung einer Market-Maker-Funktion in eigenen Aktien sowie im Bereich von Wertpapierleihgeschäften[26]. Im Rahmen eines entsprechenden Hauptversammlungsbeschlusses ist zu bestimmen, dass die eigenen Aktien »dem Handelsbestand« zugeführt werden[27]. Fraglich ist, ob die aktienrechtliche Formulierung »Handelsbestand« gleichbedeutend mit der handelsrechtlichen Buchzuordnung nach § 340e Abs. 3 HGB zu sehen ist. Gem. IDW RS BFA 2, Tz. 4 zählen die zurückerworbenen eigenen Anteile, die mit der Absicht zur Weiterveräußerung erworben wurden, nicht zum handelsrechtlichen Handelsbestand. Nach Auffassung des BFA sind der Rückerwerb eigener Anteile aufgrund des § 340a Abs. 1 HGB auch für Institute nach den Regelungen in § 272 Abs. 1a und 1b HGB zu bilanzieren. Fraglich in diesem Zusammenhang ist jedoch, wie ein unterjähriger Handel in eigenen Aktien zu bilanzieren ist. Nach Meinung von Scharpf/Schaber haben Institute auch unterjährige Erwerbe und Veräußerungen von eigenen Aktien nach den Vorschriften des § 272 HGB zu bilanzieren. Eine »Beibehaltung der Buchung als Handelsbestand an eigenen Aktien/Anteilen, wie sie vor Inkrafttreten des BilMoG üblich war, ist nicht (mehr) möglich«[28]. Richtigerweise stellen Scharpf/Schaber fest, dass eine unterjährige erfolgswirksame Erfassung der Handelsgeschäfte mit eigenen Aktien am Periodenende nur noch die im Aktivbestand befindlichen eigenen Anteile mit Eigenkapital verrechnet werden würden und bei einem Verkauf aller eigenen Anteile vor dem Bilanzstichtag nur noch das unterjährige Handelsergebnis verbleiben würde. Positive Handelsergebnisse würden bei dieser Handhabung nie zu einer Erhöhung der Kapitalrücklage führen[29]. Nach der hier vertretenen Auffassung ist es möglich, neben dem in § 272 HGB festgelegten Verfahren ebenso auch eine vereinfachte Bewertungsmethodik zugrunde zu legen[30]. Diesem Ansatz liegt die Intention des Gesetzgebers zugrunde Instituten den Erwerb eigener Aktien zu erlauben, auch wenn damit nicht eine dauerhafte Kapitalrückzahlung an die Aktionäre bewirkt werden soll. Es wird daher als sachgerecht angesehen, die nach § 272 Abs. 1a und 1b HGB notwendigen Buchungen lediglich auf den am Ende einer Berichtsperiode verbleibenden Bestand an eigenen Aktien zu beziehen (**vereinfachte Bewertungsmethode**). Zudem erscheint diese Vereinfachung aufgrund der möglichen Vielzahl an täglichen Aktienkäufen und -verkäufen sachgerecht. Für Institute ist damit eine teleologische Reduktion von § 272 Abs. 1a und 1b HGB durch die explizite Ermächtigung zum Handel in eigenen Aktien nach § 71 Abs. 1 Nr. 7 AktG begründbar[31].

---

23 BT-Drs 12/6679, S. 83.
24 Vgl. BT-Drs 12/6679, S. 83.
25 Vgl. Koch, in: Aktiengesetz, hrsg. v. Hüffer/Koch, 12. Aufl., § 71 AktG, Tz. 19a.
26 Vgl. BT-Drs 12/6679, S. 83–84.
27 Vgl. Koch, in: Aktiengesetz, hrsg. v. Hüffer/Koch, 12. Aufl., § 71 AktG, Tz. 19b.
28 Scharpf/Schaber (2018), S. 243.
29 Vgl. Scharpf/Schaber (2018), S. 243.
30 Ebenso auch Gelhausen/Fey/Kämpfer (2009), L 54a (S. 293); sowie Mock, in: KK-RLR, § 272 HGB, Tz. 110.
31 Vgl. Mock, in: KK-RLR, § 272 HGB, Tz. 110.

Grundsätzlich sind zurückerworbene börsenfähige Eigenemissionen im Aktivposten 5c auszuweisen und nicht börsenfähige zurückgekaufte Schuldverschreibungen vom Passivposten 3 abzusetzen (§ 16 Abs. 4 RechKredV). Unter bestimmten Bedingungen sind jedoch **zurückerworbene eigene Schuldverschreibungen** dem Handelsbestand zuzuordnen. Erwirbt das Institut Schuldverschreibungen einer Eigenemission zurück, die unter dem Passivposten 3a »Handelsbestand« ausgewiesen wird, so sind die zurückerworbenen Anleihestücke im Aktivposten 6a »Handelsbestand« auszuweisen. Eine Verrechnung würde gegen das allgemeine Verrechnungsverbot des § 246 Abs. 2 HGB verstoßen. Dieser Ausweis gilt unabhängig davon, ob die zurückerworbenen Schuldverschreibungen börsenfähig sind[32]. Da sowohl die zurückerworbenen als auch die ursprünglich emittierten Bestände erfolgswirksam zum beizulegenden Zeitwert bilanziert werden, ergeben sich keine Folgefragen hinsichtlich des Realisationszeitpunkts bei einer Entwertung oder hinsichtlich der Berechnung und des Ausweises eines Entwertungserfolgs. Darüber hinaus kommt eine Zuordnung zurückgekaufter Eigenemissionen zum Handelsbestand in Betracht, wenn die Schuldverschreibungen nicht aus dem Handel heraus emittiert wurden. Notwendige Bedingung dafür ist allerdings, dass mit den zurückerworbenen Schuldverschreibungen eine kurzfristige Gewinnerzielungsabsicht verfolgt wird. Eine Ausnahme gilt allerdings dann, wenn eigene Schuldverschreibungen mit der Absicht der Kurspflege in der Verantwortung der Emissionsabteilung zurückerworben wurden; in diesem Fall ist der Kurspflegebestand unter Beachtung der Vorschriften zur funktionalen Trennung in den MaRisk ebenfalls dem Handelsbestand zuzuordnen[33]. Eine Zuordnung von eigenen Schuldverschreibungen zum Handelbestand ist geboten, wenn der Rückkauf mit dem Ziel der kurzfristigen Erzielung von Rückhandelsgewinnen erfolgt oder dieses Ziel als spekulativer Nebenzweck mitverfolgt wird[34].

1.2.1.2 Aufsichtsrechtliche Voraussetzungen

Der bilanziellen Zuordnung von Finanzinstrumenten zum Handelsbestand liegt eine (subjektive) Widmungsentscheidung zugrunde. Aufgrund des grundsätzlichen Gleichlaufs zwischen dem bilanziellen Handelsbestand und dem aufsichtsrechtlichen Handelsbuch sind die aufsichtsrechtlichen Anforderungen an die Zuordnung von Positionen zum Handelsbuch unmittelbar bei der bilanziellen Zuordnung zum Handelsbestand zu beachten. Die aufsichtsrechtliche Voraussetzung für eine Zuordnung zum Handelsbuch objektivieren damit (auch) die handelsbilanzielle Widmungsentscheidung. Nach Art. 102–106 CRR sind mit der Zuordnung von Finanzinstrumenten und Waren zum Handelsbuch Anforderungen an die Art der Geschäfte, Anforderungen an die Organisation, das Risikomanagement und der Bewertung des Handelsbuchs sowie die Einbeziehung interner Sicherungsgeschäfte in das Handelsbuch verbunden.

---

32 Vgl. Scharpf/Schaber (2018), S. 824.
33 Vgl. IDW RS BFA 2 Tz. 12.
34 Vgl. BAKred-Schreiben 17/99, S. 9.

a) Anforderungen an Handelsbuchpositionen. Nach Art. 102 Abs. 1 CRR dürfen Positionen des Handelsbuchs entweder keinen Beschränkungen auf ihre Marktfähigkeit unterliegen oder sie können abgesichert werden. Art. 102 Abs. 1 CRR verlangt damit eine **Handelbarkeit** von Handelsbuchpositionen. Dies wurde bereits in § 1a Abs. 1 S. 2 KWG aF verlangt, dessen Auslegung (einschließlich BAKred, Rundschreiben 17/99) für eine nähere Konkretisierung zugrunde gelegt werden kann[35]. Das Kriterium der Handelbarkeit setzt nicht das fortlaufende Bestehen eines aktiven Markts im Einzelfall voraus, sondern die grundsätzliche Marktfähigkeit bzw. das Vorliegen von Finanzinstrumenten, die eine Absicherbarkeit der Marktpreisrisiken von beschränkt handelbaren Finanzinstrumenten oder Waren gewährleisten[36].

b) Organisatorische Anforderungen. Bei der Führung eines Handelsbuchs sind die Anforderungen des Art. 103 CRR an die Dokumentation der Handelsstrategie sowie die Vorgaben an die Regeln und Verfahren zur Steuerung sowie zur Überwachung der Handelsbuchpositionen zu beachten. Nach Art. 103 lit. a) CRR hat das Institut für die Handelsbuchposition bzw. das Portfolio eine klar dokumentierte Handelsstrategie zu verfolgen, die von der Geschäftsleitung (siehe Art. 4 Abs. 1 Nr. 9 u. 10 CRR) genehmigt ist und die die erwartete Haltedauer beinhaltet. Die **Handelsstrategie** ist auf verschiedene Arten von Handelsbuchpositionen (Portfolien oder Teilportfolien) herunterzubrechen, wobei die Kriterien für die Portfoliobildung eindeutig zu definieren sind. Diese Anforderung deckt sich mit § 1a Abs. 4 KWG aF, wonach die Einbeziehung in das Handelsbuch nach institutsinternen festgelegten und nachprüfbaren Kriterien zu erfolgen hat[37]. Die Handelsstrategie ist Teil der Geschäfts- und Risikostrategie im Sinne von AT 4.2 MaRisk[38]. Organisatorisch ist sicherzustellen, dass Positionen des Handelsbuchs von einer Handelsabteilung mit eigener Ergebnisverantwortung abgeschlossen werden. Die Festlegung einer **erwarteten Haltedauer** dokumentiert die für eine Zuordnung zum Handelsbuch notwendige »kurzfristige Gewinnerzielungsabsicht«. Nach Art. 4 Abs. 1 Nr. 85 u. 86 CRR setzt Handelsabsicht voraus, dass Finanzinstrumente und Waren für einen kurzfristigen Wiederverkauf gehalten werden oder bei denen die Absicht besteht, aus bestehenden oder erwarteten kurzfristigen Kursunterschieden zwischen Ankaufs- und Verkaufskurs einen Gewinn zu erzielen. Nach Art. 103 lit. b) CRR müssen Handelsbuchinstitute über eindeutig definierte Regeln und Verfahren für die **aktive Steuerung** der von einer Handelsabteilung eingegangenen Positionen verfügen. Dabei ist festzulegen, welche Handelsabteilung, welche Positionen innerhalb welcher (Positions)Limite eingehen darf. Den zugeteilten Limiten muss ein Limitsystem zugrunde liegen, welches aus dem Risikotragfähigkeitskonzept des Instituts abgeleitet ist[39]. Die Handelsbuchpositionen sind **handelsunabhängig zu überwachen** (insb. Überwachung der

---

35 Vgl. Weber, in: KWG und CRR, Art. 102–106 CRR, Tz. 2.
36 Vgl. Weber, in: KWG und CRR, Art. 102–106 CRR, Tz. 2.
37 Eine Pflicht zur Mitteilung einer (geänderten) Handelsstrategie an BaFin und Deutsche Bundesbank findet sich im Gegensatz zu § 1a KWG aF in Art. 103 CRR nicht.
38 Vgl. BaFin, Mindestanforderungen an das Risikomanagement – Rundschreiben 09/2017 vom 27.10.2017.
39 So erfordert eine konsistente Messung von Marktpreisrisiken im Rahmen der Risikotragfähigkeitsbetrachtung die Festlegung u. a. ein konsistentes Limitsystem. Vgl. BaFin/Bundesbank, Aufsichtliche Beurteilung bankinterner Risikotragfähigkeitskonzepte und deren prozessualer Einbindung in die Gesamtbanksteuerung (»ICAAP«), Leitfaden vom 24.05.2018, Tz. 52.

Limiteinhaltung, Einhaltung der Strategie, Umsatz, Haltedauern). Eine aufbauorganisatorische Trennung von Handel, Abwicklung und Kontrolle ergibt sich explizit aus den MaRisk (BTO 2.2.2 ff.).

c) Anforderungen an das Risikomanagement. Nach Art. 104 CRR haben Institute über klar definierte Grundsätze und Verfahren zur Bestimmung von Handelsbuchpositionen und der Berechnung ihrer Eigenmittelanforderungen zu verfügen. Im Hinblick auf die Gesamtführung des Handelsbuchs ist ein Regelwerk über die Tätigkeiten zu erstellen, die als Handel oder als Bestandteil des Handelsbuchs angesehen werden. Handelsbuchpositionen sind täglich auf Basis von Marktwerten auf aktiven Märkten (marked-to-market) oder auf Basis von Modellpreisen (marked-to-model)[40] zu bewerten. In das Regelwerk sind u. a. Verfahren aufzunehmen, wie die mit den Handelsbuchpositionen verbundenen wesentlichen Risiken ermittelt werden, wie das Institut die Risiken absichern und bei einer Modellbewertung die wichtigsten Annahmen und Parameter ableiten kann.

d) Anforderungen an die Bewertung. Die Handelsbuchpositionen sind einer »vorsichtigen Bewertung« (sog. prudent valuation) zu unterziehen. Dabei sind die Anforderungen des Art. 105 CRR sowie des EBA RTS zur »Prudent Valuation« zu beachten. Institute haben für die der Bewertung von Handelsbuchpositionen geeignete Systeme und Kontrollprozesse einzurichten und ständig fortzuführen. Diese Systeme und Kontrollprozesse müssen über schriftlich niedergelegte Vorgaben und Verfahrensweisen für den Bewertungsprozess der dem Handelsbuch zuzurechnenden Geschäfte verfügen und gewährleisten, dass diese vorsichtig und zuverlässig bewertet werden. Diese Systeme und Kontrollprozesse müssen diverse Anforderungen hinsichtlich ihrer Beschaffenheit und **Dokumentation** erfüllen. Dies beinhaltet die Festlegung
- von Verantwortlichkeiten für die verschiedenen an der Bewertung beteiligten Organisationseinheiten,
- von Quellen für die Marktinformationen,
- von Regelungen zur Überprüfung der Angemessenheit der Bewertung,
- der Häufigkeit der unabhängigen Bewertung,
- des Zeitpunkts für die Erhebung der Tagesendpreise,
- eines Vorgehens bei Bewertungsanpassungen,
- von Abläufen für die Überprüfung der Bewertungen zum Monatsende und Ad-hoc-Überprüfungen dieser Bewertungen,
- von Leitlinien für die Verwendung von nicht beobachtbaren Bewertungsparametern, die die Annahmen des Instituts über die von den Marktteilnehmern für die Preisbildung verwendeten Bewertungsparameter widerspiegeln,
- von diesbezüglichen Berichtswegen (Bericht an handelsunabhängigen Geschäftsleiter).
- Die Geschäftsleitung muss sich der Elemente des Handelsbuches sowie anderer zum Fair Value bewerteter Geschäfte, für die eine Modellbewertung vorgenommen wird, bewusst sein und die Bedeutung der Unsicherheit verstehen, die dadurch für die Berichterstattung über die Risiken und Erfolgsbeiträge erwächst;

---
40 Vgl. auch Art. 4 Abs. 1 Nr. 69, 105 Abs. 7 CRR.

- eingehende Marktdaten sollen, wenn möglich, aus denselben Quellen wie die Marktpreise gewonnen werden;
- die Eignung der in die Bewertung eines speziellen Geschäftes eingehenden Marktdaten und die Parameter des Modells müssen regelmäßig, mindestens monatlich, überprüft werden;
- soweit verfügbar, sollen allgemein anerkannte Bewertungsmethoden für spezielle Finanzinstrumente und Waren verwendet werden;
- wenn das Modell durch das Institut selbst entwickelt wurde, muss es auf angemessenen Annahmen beruhen, die von Sachverständigen, die nicht am Entwicklungsprozess beteiligt waren, beurteilt und kritisch überprüft worden sind;
- zu diesem Zweck muss das Modell unabhängig von der Handelsabteilung entwickelt oder abgenommen werden; dazu zählt die Bestätigung der mathematischen Formeln, der Annahmen und der Programmierung;
- das Institut muss über ein formales Verfahren zur Kontrolle der Änderungen des Modells verfügen und eine Sicherheitskopie des Modells aufbewahren, anhand derer die Berechnungen des Modells regelmäßig überprüft werden;
- die Risikosteuerungsabteilung muss die Schwächen des verwendeten Modells kennen und wissen, wie sie diese am Besten in den Bewertungsergebnissen widerspiegelt;
- das Modell muss regelmäßig überprüft werden, um die Genauigkeit seiner Ergebnisse festzustellen (d.h. Beurteilung, ob die Annahmen weiterhin angemessen sind, Analyse der Gewinne und Verluste gegenüber den Risikofaktoren, Vergleich der tatsächlichen Glattstellungspreise mit den Modellergebnissen).
- Eine unabhängige Preisüberprüfung muss zusätzlich zur täglichen Marktbewertung oder Modellbewertung vorgenommen werden;
- eine tägliche Marktbewertung wird durch Händler vorgenommen; die Überprüfung der Marktpreise oder der Modellparameter wird von einer handelsunabhängigen Einheit durchgeführt.
- Für unabhängige Preisüberprüfungen, bei denen die Quelle für die Preisermittlung eher subjektiv ist, sind ggf. vorsichtige Schätzungen wie zum Beispiel Bewertungsanpassungen angemessen.

1.2.1.3 Gleichlauf von Handelsbuch und Handelsbestand

Durch den Gesetzgeber wird ein grundsätzlicher Gleichlauf zwischen dem aufsichtsrechtlichen Handelsbuch und dem handelsbilanziellen Handelsbestand im Sinne des §340e HGB unterstellt. So sollte mit §340e Abs. 3 HGB eine Bewertung von Handelsbeständen »im Sinn des Kreditwesengesetzes« zum beizulegenden Zeitwert erreicht werden[41]. Jedoch führte bereits das Rundschreiben 17/99 des BAKred an, dass eine vollständige Parallelität zwischen Handelsbuch und Handelsbestand durch den Gesetzgeber bereits im Rahmen der 6. KWG-Novelle nicht beabsichtigt war.

Im Folgenden wird dargestellt, dass dieser Gleichlauf in einigen Punkten durchbrochen wird. Dies führt zu einer Erhöhung in der Komplexität der buchhalterischen Bestands-

---

41 Vgl. BT-Drs 16/10067, S. 95 sowie aufsichtsrechtlich BAKred, Rundschreiben 17/99.

führung von Finanzinstrumenten sowie in der Abstimmbarkeit der handelsrechtlichen und aufsichtsrechtlichen Rechenwerke. Ein Gleichlauf wäre aus Sicht der Praxis wünschenswert gewesen. Mit der Novellierung der CRR und der Umsetzung der »Fundamental Revision of the Trading Book« werden künftig verpflichtende Zuordnungsvorgaben sowie eine Klassifikation von Produktarten, für die (widerlegbar) von einer Handelsbuchwidmung ausgegangen werden muss, zu beachten sein. Das bilanzrechtliche Kriterium der (subjektiven) Gewinnerzielungsabsicht wird durch regulatorische Widmungsvorgaben bzw. Widmungsvermutungen überlagert, sodass im Falle einer Beibehaltung der bilanzrechtlichen Zuordnungskriterien künftig von einem größeren Auseinanderfallen zwischen bilanziellem Handelsbestand und aufsichtsrechtlichem Handelsbuch auszugehen ist.

1.2.1.3.1 Gesetzlich bedingte Abweichungen zwischen Handelsbestand und Handelsbuch

1.2.1.3.1.1 Abweichungen aufgrund des HGB

a) **Umgliederung in Bewertungseinheiten.** Finanzinstrumente können nachträglich aus dem Handelsbestand in eine Bewertungseinheit umgegliedert werden. Bei Beendigung der Bewertungseinheit hat eine Rückumgliederung in den Handelsbestand zum beizulegenden Zeitwert zu erfolgen (§ 340e Abs. 3 S. 4 HGB). Eine Rückumgliederung kommt insbesondere dann in Betracht, wenn es zu einer vorzeitigen oder planmäßigen Beendigung der Bewertungseinheit kommt (siehe Kapitel II.2.1.4.3). Die Rückumwidmung ist im Zeitpunkt des Wegfalls der Voraussetzungen für die Bewertungseinheit vorzunehmen[42]. Finanzinstrumente, die hingegen direkt bei Erwerb einer Bewertungseinheit zugeordnet wurden, dürfen nicht in den Handelsbestand umgegliedert werden, da eine Handelsabsicht bei Zugang des Finanzinstruments nicht vorlag. Es ist institutsintern festzulegen, inwieweit die handelsrechtlich vollzogene Umgliederung auch aufsichtsrechtlich nachvollzogen werden kann, um einer nachträglich geänderten Zweckbestimmung des Finanzinstruments Rechnung zu tragen.

b) **Waren und Warentermingeschäfte.** Ein Auseinanderlaufen zwischen Aufsichtsrecht und Handelsrecht besteht ebenfalls hinsichtlich der Grundgesamtheit an handelsbuchfähigen Geschäften. Während Art. 4 Abs. 1 Nr. 86 CRR neben Finanzinstrumenten auch ausdrücklich Waren als handelsbuchfähig definiert, können Waren dem Handelsbestand nach HGB nicht zugeordnet werden. Dies ergibt sich aus dem Wortlaut des § 340e Abs. 3 HGB. Warentermingeschäfte gelten nur im Rahmen des § 254 HGB als Finanzinstrumente (siehe IDW RS BFA 2, Tz. 8).

1.2.1.3.1.2 Abweichungen aufgrund des Aufsichtsrechts

a) **Nachträgliche Umwidmungen.** Nach Art. 104 Abs. 1 CRR muss ein Institut unter Berücksichtigung der Handelsbuch-Definition des Art. 4 Abs. 1 Nr. 86 CRR über klar definierte Grundsätze und Verfahren zur Ermittlung von Handelsbuchpositionen verfügen.

---

42 Vgl. Scharpf, in: Küting/Pfitzer/Weber (2009), S. 193; Scharpf/Schaber/Löw/Treitz/Weigel/Goldschmidt, in: WPg 2010, S. 445.

Dies umfasst auch Regeln und Verfahren, wie das Institut Risiken oder Positionen zwischen dem Anlagebuch und dem Handelsbuch übertragen kann (Art. 104 Abs. 2 lit. g) CRR). Das Institut hat mithin den Prozess zur Vornahme von Umwidmungen aus dem Handelsbuch in das Anlagebuch darzustellen, vorgenommene Umwidmungen schriftlich nachvollziehbar unter Nennung des Umwidmungsgrundes zu dokumentieren[43]. Damit wird eine willkürliche (interessengeleitete) Umwidmung von Finanzinstrumenten aufsichtsrechtlich ausgeschlossen[44]. Hinsichtlich der Anlässe für eine aufsichtsrechtliche Umwidmung kann auf die Regelungen auf § 1 Abs. 4 KWG aF zurückgegriffen werden[45]. Gem. § 1a Abs. 4 S. 3 KWG aF sind Umwidmungen aus dem Handelsbuch in das Anlagebuch in begründeten Einzelfällen **möglich**, sofern die Voraussetzungen für eine Zurechnung der entsprechenden Position zum Handelsbuch oder zum Anlagebuch entfallen sind. Dies schließt eine Umwidmung aufgrund einer geänderten internen Zweckbestimmung ein[46]. Von der Anwendung ist restriktiv Gebrauch zu machen; sie ist durch das Institut vollständig und nachvollziehbar zu dokumentieren sowie hinreichend zu begründen (§ 1a Abs. 4 S. 5 KWG aF).

Bilanziell ist eine nachträgliche Umgliederung aus der Liquiditätsreserve oder dem Anlagevermögen in den handelsrechtlichen Handelsbestand nicht möglich (Umwidmungsverbot in § 340e Abs. 3 S. 2 HGB). Dies gilt ebenso für Finanzinstrumente, die ohne Handelsabsicht unmittelbar in einer Bewertungseinheit erworben wurden. Diese dürfen nach Auflösung der Bewertungseinheit nicht in den Handelsbestand designiert werden (IDW RS BFA 2, Tz. 28). Umwidmungen zur Gestaltung bzw. Glättung des Jahresergebnisses sind damit unzulässig (IDW RS BFA 2, Tz. 24). Nur bei außergewöhnlichen Umständen, wie bei einer schwerwiegenden Beeinträchtigung der Handelbarkeit der Finanzinstrumente, kann eine Aufgabe der Handelsabsicht durch das Kreditinstitut zu einer nachträglichen Umgliederung aus dem Handelsbestand führen (**Öffnungsklausel** in § 340e Abs. 3 S. 3 HGB). Ein solch außergewöhnlicher Umstand kann eine grundlegende Marktstörung in der Form einer Finanzkrise sein. In der Gesetzesbegründung wird hierzu beispielhaft die Subprimekrise der Jahre 2007/08 aufgeführt[47]. Eine Umgliederung bei Existenz »außergewöhnlicher Umstände« gem. § 340e HGB sowie eine Umgliederung aus dem Handelsbestand in »rare circumstances« nach IAS 39.50B aF ist nach der hier vertretenen Auffassung deckungsgleich auszulegen[48]. Umwidmungen sind in diesen Fällen zu dokumentieren (insb. IDW RH HFA 1.014, Tz. 15) und durch entsprechende Bestandsumbuchungen nachzuvollziehen (IDW RS BFA 2, Tz. 26). Die Umwidmung erfolgt zum beizulegenden Zeitwert im Umwidmungszeitpunkt, sodass der beizulegende Zeitwert als die neuen Anschaffungskosten im Sinne des § 255 Abs. 4 S. 4 gelten (IDW RS BFA 2, Tz. 28)[49]. Ab diesem Zeitpunkt folgt die Bewertung den allgemeinen Bewertungsvorschriften für das Anlage- bzw. Umlaufvermögen. »Der Risikoabschlag ist im Rahmen der Umgliederung nicht zu berücksichtigen, da

---

43 Vgl. Auerbach, in: Banken und Wertpapieraufsicht, B Tz. 229; Weber, in: KWG und CRR, 3. Aufl., Art. 102–106 CRR, Tz. 26.
44 Vgl. Weber, in: KWG und CRR, 3. Aufl., Art. 102–106 CRR, Tz. 26.
45 Zutreffend Weber, in: KWG und CRR, 3. Aufl., Art. 102–106 CRR, Tz. 26.
46 Vgl. BAKred, Rundschreiben 17/99, S. 6; Auerbach, in: Banken- und Wertpapieraufsicht, B 209.
47 Vgl. BT-Drs 16/12407, S. 189.
48 Ebenso Scharpf/Schaber/Löw/Treitz/Weigel/Goldschmidt, in: WPg 2010, S. 445; App/Wiehagen-Knopke, KoR 2010, S. 95. Für eine nähere Definition von »rare circumstances« vgl. IDW RS HFA 26.
49 Für eine Begründung vgl. App/Wiehagen-Knopke, in: KoR 2010, S. 96.

der Risikoabschlag nicht sachgerecht auf einzelne Finanzinstrumente aufgeteilt werden kann«[50]. Den aufsichtsrechtlichen Möglichkeiten bzw. Geboten einer Umgliederung steht somit das Umwidmungsverbot mit Öffnungsklausel des § 340e Abs. 3 HGB entgegen. Dies führt im Rahmen der Folgebilanzierung zu einem Auseinanderfallen zwischen Handelsbuch und Handelsbestand.

b) Umwidmung von Kundengeschäften. Bei Geschäften, die durch den Auftrag eines Kunden ausgelöst werden (Kundengeschäfte), kommt es für die Buchzuordnung darauf an, ob der Dienstleistungscharakter bei Geschäftsabschluss im Vordergrund steht[51]. Kann dies bejaht werden, so hat eine Zuordnung zum Anlagebuch bzw. Nicht-Handelsbestand zu erfolgen. Wird das betreffende Geschäft spätestens[52] zum Geschäftsabschluss nicht weitergehandelt, so ist aufsichtsrechtlich eine Umwidmung zum Handelsbuch vorzunehmen. »Der Dienstleistungscharakter von Kundengeschäften ist allerdings dann in Frage gestellt, wenn damit spekulative Zwecke zumindest mitverfolgt werden; ggf. kommt eine Zuordnung zum Anlagebuch a priori nicht in Betracht«[53].

1.2.1.3.1.3 Rückkauf eigener Schuldverschreibungen

Nach IDW RS BFA 2 sind zurückerworbene eigene Schuldverschreibungen dem Handelsbestand zuzuordnen, wenn dies mit der Absicht der Kurspflege in der Verantwortung der Emissionsabteilung unter Beachtung der Vorschriften zur funktionalen Trennung in den MaRisk erfolgte (IDW RS BFA 2, Tz. 12). Demgegenüber wird es aufsichtsrechtlich als erforderlich angesehen, eine Zuordnung zum Anlagebuch nur dann vorzunehmen, wenn mit dem Rückerwerb eigener Schuldverschreibungen keine spekulativen Nebenzwecke verfolgt werden[54].

1.2.1.3.2 Institutsspezifische Abweichungen zwischen Handelsbestand und Handelsbuch

Abgesehen von einer Umwidmung aufgrund geänderter Voraussetzungen darf ein Institut nach § 1a Abs. 4 S. 5 KWG aF eine Umwidmung nur dann vornehmen[55], wenn dafür »ein schlüssiger Grund« vorliegt. Nach BAKred-Rundschreiben 17/99 kann das Institut »**nach Ermessen** – auch für die Wertpapiere der Liquiditätsreserve – eine von dem handelsrechtlichen Ansatz abweichende Zuordnung vornehmen, wenn es hierfür plausible, objektiv nachweisbare Gründe gibt. Das Bundesaufsichtsamt wird eine von dem handelsrechtlichen Ansatz abweichende Zuordnung jedoch nur dann akzeptieren, wenn das Institut dem Bundesaufsichtsamt die Durchbrechung vor dem Hintergrund seiner Geschäftspolitik

---

50 Scharpf/Schaber/Löw/Treitz/Weigel/Goldschmidt, in: WPg 2010, S. 445.
51 Ausführlich Weber, in: Luz u. a., CRR Art. 4, Tz. 84.
52 Im Rundschreiben 17/99 wird darauf hingewiesen, dass ein Abstellen auf den Geschäftsschluss nicht als unproblematisch angesehen werden kann, da dem Institut zwischen dem Abschluss des Kundengeschäfts und dem Geschäftsschluss Risiken entstehen können, die spekulativen Charakter annehmen können. Vgl. BAKred, Rundschreiben 17/99, S. 9.
53 BAKred, Rundschreiben 17/99, S. 9.
54 Vgl. BAKred, Rundschreiben 17/99, S. 9.
55 Zur weiterhin analogen Anwendbarkeit siehe Auerbach, in: Banken und Wertpapieraufsicht, B Tz. 214 ff.; Weber, in: KWG und CRR, 3. Aufl., Art. 102–106 CRR, Tz. 26.

im Rahmen der Grenzen, die Wortlaut und Ratio des (…) KWG objektiv setzen, begründet und in den institutsinternen Kriterien eindeutige Zuordnungskriterien für gleiche Fälle definiert«[56]. Im Zuge von Basel V/CRR II sollen explizite Regelungen zur Neuklassifizierung von Handelsbuchpositionen eingeführt werden (siehe Entwurf von Art. 104a CRR II).

1.2.2 Zugangsbilanzierung von Handelsbeständen

Handelsbestände sind mit ihren Anschaffungskosten im Zugangszeitpunkt zu aktivieren. Ein Wahlrecht zur Nominalwertbilanzierung nach § 340e Abs. 2 HGB kommt für Forderungen des Handelsbestands nicht in Betracht, da der Unterschiedsbetrag keinen Zinscharakter hat, sondern als Kursdifferenz einen marktpreisbildenden Faktor darstellt[57]. Aufgrund der erfolgswirksamen Zeitwertbilanzierung von Handelsbeständen am folgenden Abschlussstichtag, kann eine Aktivierung von Anschaffungsnebenkosten von Handelsbeständen unterbleiben und eine sofortige aufwandswirksame Berücksichtigung von Anschaffungsnebenkosten zu Lasten des Handelsergebnisses erfolgen[58]. Erhaltene bzw. weitergereichte Participation Fees, die mit der Übernahme bzw. Weiterplatzierung von Kreditforderungen des Handelsbestands anfallen, sind bei Zugang als Minderung der Anschaffungskosten bzw. bei Verkauf als Erhöhung des Verkaufspreises zu berücksichtigen.

Im Regelfall kann davon ausgegangen werden, dass die Anschaffungskosten dem beizulegenden Zeitwert im Zugangszeitpunkt entsprechen. Besteht eine Differenz zwischen den Anschaffungskosten und dem beizulegenden Zeitwert (day 1-profit or loss), so ist dieser im Zugangszeitpunkt aufgrund des Anschaffungskostenprinzips des § 253 Abs. 1 HGB nicht in der GuV zu berücksichtigen. Es gilt auch hier das Gebot der Erfolgsneutralität von Anschaffungsvorgängen. Formal besteht damit die Day-1-Profit-Problematik im HGB nicht[59]. Handelsbestände sind im Rahmen ihrer Folgebewertung mit dem beizulegenden Zeitwert zu bewerten und um einen Risikoabschlag zu korrigieren. Eine Korrektur um bereits im Zugangszeitpunkt bestehende Differenzen zwischen Anschaffungskosten und beizulegenden Zeitwert ist demnach nicht vorzunehmen. Bei unveränderten Marktbedingungen würden damit die bereits im Zugangszeitpunkt bestehenden Gewinne und Verluste im Rahmen der Folgebewertung in der GuV berücksichtigt werden (»day 2-profit or loss«). Im Gegensatz dazu sind Abweichungen zwischen Transaktionspreis und Fair Value, die bereits am Handelstag bestehen, nach IFRS nur dann in der GuV zu erfassen, wenn die bei dem Bewertungsverfahren verwendeten Input-Faktoren ausschließlich an einem Markt beobachtbar sind (IFRS 9.5.1.1A, B5.1.2A). Fließen in die Bewertung Parameter ein, die nicht am Markt zu beobachten sind, so ist der Unterschiedsbetrag auf Basis von Faktoren zu vereinnahmen, die von Marktteilnehmern bei der Preissetzung berücksichtigt werden. Dies kann auch eine Amortisierung über die Laufzeit des Instruments einschließen (IFRS 9.B5.1.2A lit (b)). Das Anschaffungskostenprinzip, die Definition des beizulegenden Zeit-

---

56 BAKred, Rundschreiben 17/99, S. 8.
57 Vgl. Scharpf/Schaber (2018), S. 142.
58 Vgl. Goldschmidt/Meyding-Metzger/Weigel, in: IRZ 2010, S. 22.
59 Vgl. Henkel (2010), S. 284.

werts in § 255 Abs. 4 HGB, sowie der Wortlaut von § 340e HGB geben damit keinen Raum für eine Verteilung von Day 1-Profits über die Laufzeit des Handelsgeschäfts[60].

Zu den Anschaffungskosten eines Handelsgeschäfts gehören auch die Anschaffungsnebenkosten. Da das Handelsgeschäft am Abschlussstichtag erfolgswirksamen mit dem beizulegenden Zeitwert bilanziert wird, kann eine Erfassung der Anschaffungsnebenkosten schon bereits im Zugangszeitpunkt im Nettoergebnis des Handelsbestands erfolgen[61].

1.2.3 Folgebewertung von Handelsbeständen

Handelsbestände sind am Abschlussstichtag mit ihrem beizulegenden Zeitwert abzüglich eines Risikoabschlags zu bewerten. Für schwebende Geschäfte des Handelsbestands stellt § 340e Abs. 3 HGB damit nicht nur eine Bewertungsvorschrift, sondern auch eine Ansatzvorschrift, durch die der Grundsatz der Nichtbilanzierung schwebender Geschäfte (bei Vorliegen eines Leistungsüberschusses) außer Kraft gesetzt wird[62]. Unter dem beizulegenden Zeitwert ist der Betrag zu verstehen, zu dem zwischen sachverständigen, vertragswilligen und voneinander unabhängigen Geschäftspartnern ein Vermögensgegenstand getauscht oder eine Verbindlichkeit beglichen werden könnte (z. B. auch IDW PS 314, Tz. 15). Konkretisiert wird der Begriff durch die in § 255 Abs. 4 HGB geregelte Bewertungshierarchie:

- Besteht für ein Finanzinstrument ein aktiver Markt, so stimmt der beizulegende Zeitwert mit dem Marktpreis für das Finanzinstrument überein (Mark-to-Market).
- Besteht für das Finanzinstrument zum Bewertungsstichtag kein aktiver Markt, so ist der beizulegende Zeitwert unter Verwendung von anerkannten Bewertungsmodellen zu ermitteln (Mark-to-Model).
- Lässt sich der beizulegende Zeitwert weder auf Basis eines Marktpreises noch unter Verwendung anerkannter Bewertungsmodelle ermitteln, so sind die Anschaffungs- oder Herstellungskosten gem. § 253 Abs. 4 HGB fortzuführen. Der zuletzt ermittelte Zeitwert gilt in diesem Falle als Anschaffungs- oder Herstellungskosten.

Das Vorliegen eines **aktiven Markts** wird in diesem Zusammenhang analog zu den Regelungen in IAS 39.AG 71 ff. aF ausgelegt[63]. Der Marktpreis kann als an einem aktiven Markt notiert angesehen werden, wenn (IDW RS BFA 2, Tz. 39):

- er an einer Börse, von einem Händler, Broker, Preisberechnungsservice oder einer Branchengruppe
- leicht und regelmäßig erhältlich ist und

---

60 A.A. Henkel (2010), S. 285; Schmidt, in: KoR 2008, S. 7.
61 Vgl. IDW RS BFA 2, Tz. 32; Scharpf/Schaber/Löw/Treitz/Weigel/Goldschmidt, in: WPg 2010, S. 446.
62 Vgl. Haisch/Helios, in: IStR 2013, S. 843.
63 Eine Aktualisierung von IDW RS BFA 2 mit Bezugnahme auf die aktuellen IFRS-Vorschriften über die Definition des aktiven Marktes in IFRS 13 bzw. IDW RS HFA 47 ist bislang unterblieben. Nach IFRS 13, Anhang A ist ein Markt ein aktiver Markt, wenn auf diesem Geschäftsvorfälle mit dem Vermögenswert oder der Schuld mit ausreichender Häufigkeit und Volumen auftreten, so dass fortwährend Preisinformationen zur Verfügung stehen.

- auf aktuellen und regelmäßig auftretenden Markttransaktionen
- zwischen unabhängigen Dritten beruht.

Nur wenn alle Bedingungen kumulativ erfüllt sind, ist eine Mark-to-Market-Bewertung sachgerecht. Für eine weitere Auslegung kann auf die einschlägige IFRS-Literatur verwiesen werden[64]. Um einen aktiven von einem nicht-aktiven Markt abzugrenzen, kann auch für handelsrechtliche Zwecke auf die Indikatoren des IASB Expert Advisory Panels abgestellt werden. Für eine Beurteilung, ob sich der Markt zu einem illiquiden Markt entwickelt hat, kommen die folgenden **Indikatoren** in Betracht[65]:

- »Signifikante Ausweitung der Geld-Brief-Spanne (z. B. indikative Kurse von Finanzinformationssystemen oder Broker-Kurse)
- Signifikanter Rückgang des Handelsvolumens insbesondere im Verhältnis zu historisch gehandelten Volumina
- Signifikate Preisschwankungen im Zeitablauf oder zwischen Marktteilnehmern und
- Keine laufende Verfügbarkeit von Preisen«

Die Abgrenzung von aktiven und inaktiven Märkten muss dabei nicht zwingend auf Einzelgeschäftsebene erfolgen; Institute können die Abgrenzung auch für homogene Gruppen von Finanzinstrumenten vornehmen. Für die oben genannten Indikatoren hat das Institut Schwellenwerte festzulegen, deren Trennschärfe jedoch auf Basis der aktuellen Marktsituation zu überprüfen ist.

Ist kein Börsen- oder Marktpreis verfügbar, der sich auf einem aktiven Markt gebildet hat, so hat die Bewertung über ein Bewertungsmodell zu erfolgen, soweit darüber eine verlässliche Bewertung erreicht werden kann. Die Bandbreite der möglichen Bewertungsmodelle reicht von einfachen Discounted-Cash-Flow-Methoden bis hin zu komplexen optionspreistheoretischen Bewertungsverfahren oder komplexen Cash-Flow-Modellierungsverfahren bei der Bewertung von Verbriefungstiteln (z. B. CDO, ABS, RMBS). Dabei ist vorrangig auf am Markt beobachtbare und weniger auf unternehmensspezifische Inputparameter abzustellen. Die von dem Institut verwendeten Bewertungsmodelle sollen »dem Marktstandard« entsprechen, d. h. es soll ein Modell verwendet werden, das üblicherweise von den Marktteilnehmern benutzt wird, um das Finanzinstrument zu bewerten[66]. Das verwendete Bewertungsmodell sowie die verwendeten Inputparameter sind regelmäßig zu kalibrieren und an den aktuellen Marktstandard anzupassen.

Ist der beizulegende Zeitwert weder über einen Marktpreis noch über ein Bewertungsmodell verlässlich ermittelbar, so ist der letztmalig ermittelbare beizulegende Zeitwert als die neuen Anschaffungskosten fortzuführen. Eine verlässliche Ermittelbarkeit ist dann nicht mehr gegeben, wenn »innerhalb einer vorliegenden Bandbreite möglicher Werte die Abweichungen der Werte voneinander groß sind und eine Gewichtung der Werte nach Eintrittswahrscheinlichkeiten nicht möglich ist« (IDW RS BFA 2, Tz. 45). Umbewertungsdifferenzen aufgrund eines Wechsels von einer Folgebewertung zum beizulegenden Zeitwert

---

64 Vgl. IASB Expert Advisory Panel, Oktober 2008.
65 Vgl. Goldschmidt/Weigel, in WPg 2009, S. 195.
66 Vgl. Goldschmidt/Weigel, in WPg 2009, S. 196.

zu einer Bewertung zu fortgeführten Anschaffungskosten sind ergebniswirksam zu behandeln.

Mit der Folgebewertung von Handelsbeständen zum beizulegenden Zeitwert wurde durch das BilMoG das handelsrechtliche Realisationsprinzip auf realisierbare Gewinne und Verluste im Handelsbestand von Kreditinstituten ausgeweitet[67]. Die Ausdehnung der Zeitwertbewertung durch das BilMoG folgt der sich als Grundsatz ordnungsmäßiger Buchführung herausgebildeten Bilanzierungspraxis der Kreditinstitute[68], die zudem von der Bankenaufsicht für aufsichtsrechtliche Zwecke akzeptiert wird[69].

Bei der Folgebewertung sind aktivische Handelsbestände zum (niedrigeren) Geldkurs und passivische Handelsbestände zum (höheren) Briefkurs zu bewerten[70]. Aus Vereinfachungsgründen kann anstelle der Verwendung von Geld- und Briefkursen auch der Mittelkurs verwendet werden (IDW RS BFA 2, Tz. 37). In der ersten Hierarchiestufe ist der Marktpreis ohne Paketab- oder zuschläge zu verwenden[71].

Bei der Ermittlung des beizulegenden Zeitwerts ist dem Kontrahentenrisiko Rechnung zu tragen. Dies ist insbesondere relevant für derivative Finanzinstrumente, deren Kontrahentenrisiko nicht über Besicherungsvereinbarungen (sog. CSA – Credit Support Annex) mit Bar- oder Wertpapierhinterlegungen besichert sind; diese weisen Kontrahentenausfallrisiken auf. Kontrahentenrisiken werden über sog. Credit Valuation Adjustments (CVA) berücksichtigt. Dabei ist zwischen einem unilateralen (einseitigen) und einem bilateralen (zweiseitigen) CVA zu unterscheiden. Bei einem unilateralen CVA fließt lediglich das Kontrahentenrisiko der Counterparty in die Bewertung ein, während bei einem bilateralen CVA auch das eigene Kreditrisiko des Instituts berücksichtigt werden würde. Wertbestimmende Komponenten eines CVA sind die Ausfallwahrscheinlichkeit, die Verlustrate sowie die Höhe des beizulegenden Zeitwerts des Derivats (vor CVA-Berücksichtigung)[72].

Nach h.M. ist auch das eigene Bonitätsrisiko bei der Bewertung von Handelsbeständen zu berücksichtigen. Dies umfasst sowohl eine Bewertung von Verbindlichkeiten mit dem eigenen Bonitätsspread als auch eine Bewertung von Derivaten des Handelsbestands unter Berücksichtigung eines sog. Debt Value Adjustments (DVA). Nach h.M. wird die Berücksichtigung des eigenen Bonitätsrisikos als systemkonform erachtet[73]. Aufgrund der Aufhebung der Anschaffungskostenobergrenze im Rahmen der Zeitwertbilanzierung von Handelsbeständen ist alleiniger Bewertungsmaßstab von Handelsbestände der beizulegende Zeitwert, bei dessen Ableitung alle marktpreisbildenden Faktoren (einschließlich das eigene Bonitätsrisiko) einzubeziehen sind. Bei dieser Vorgehensweise ist jedoch anzumerken, dass Bewertungsgewinne aufgrund einer Verschlechterung des eigenen Kreditrisikos

---

67 Vgl. BR-Drs 344/08, S. 113.
68 Vgl. z.B. Kütter/Prahl, in: WPg 2006, S. 9 ff., Marxfeld/Schäfer/Schaber, in: FB 2005, S. 728 ff.
69 Vgl. BR-Drs 344/08, S. 208.
70 Vgl. Goldschmidt/Meyding-Metzger/Weigel, in: IRZ 2010, S. 23.
71 Vgl. BR-Drs 344/08, S. 132.
72 Für weiterführende Literatur vgl. z.B. Glischke/Mach/Stemmer, in: FB 2009, S. 553–557; Alavian/Ding/Whitehead/Laudicina (2010); Knoth/Schulz, in: KoR 2010, S. 247–253; Segoviano/Singh (2008); Canabarro/Duffie (2003).
73 Vgl. Scharpf/Schaber/Löw/Treitz/Weigel/Goldschmidt, in: WPg 2010, S. 449. Eine Berücksichtigung des eigenen Bonitätsrisikos bei der Bewertung von Derivaten des Handelsbestands über sog. Debt Value Adjustments (DVA) wird als systemkonform erachtet in Schwake/Siwik/Stemmer, in: Kontrahentenrisiko, S. 301.

unter Umständen durch einen Risikoabschlag sowie einer Zwangszuführung zum Sonderposten nach § 340e Abs. 4 HGB nur teilweise kompensiert werden können, so dass durch eine Berücksichtigung des eigenen Bonitätsrisikos ausschüttungsfähige Gewinne entstehen können. Eine Ausschüttungssperre bestünde für den Restbetrag an Bewertungsgewinnen (nach Risikoabschlag und nach Zuführung zum Sonderposten) nicht. Fraglich kann in diesem Fall sein, ob Zeitwertänderungen aufgrund der Veränderung des eigenen Bonitätsrisikos tatsächlich realisierbare Gewinne darstellen können, deren ergebniswirksame Vereinnahmung mit den handelsrechtlichen Grundsätzen vereinbar ist[74]. Nach h.M. sind Bewertungsänderungen von Verbindlichkeiten und Derivaten des Handelsbestands, die auf die Veränderung des eigenen Bonitätsrisikos zurückzuführen sind, bei der Bewertung zu berücksichtigen.

Steuerbilanziell sind die Ergebnisse aus der Zeitwertbilanzierung von Handelsbeständen aufgrund von §6 Abs. 1 Nr. 2b EStG nachzuvollziehen. Steuerlich gilt damit für Handelsbestände eine eigene Bewertungskategorie[75]. Nichts anderes gilt auch für schwebende Geschäfte des Handelsbestands (z.B. Derivate). §5 Abs. 4a S.1 EStG ist für Derivate des Handelsbestands mit negativem Marktwert nicht einschlägig[76]. Ebenso schließt §6 Abs. 1 Nr. 2b S. 2 EStG die Anwendung von §6 Abs. 1 Nr. 2 S. 2 EStG aus, so dass es auf die Dauerhaftigkeit einer Wertminderung für den Ansatz eines niedrigeren Teilwerts nicht ankommt. Die Bewertung von Handelsbeständen zum beizulegenden Zeitwert abzüglich eines Risikoabschlags hat daher keine Steuerlatenzen zur Folge.

1.2.4 Risikoabschlag

Nach § 340e Abs. 3 S. 1 HGB ist der Zeitwert von Finanzinstrumenten des Handelsbestands um einen Risikoabschlag zu korrigieren[77]. Nach dem Willen des Gesetzgebers ist darunter ein »Risikoabschlag auf der Basis der internen Steuerung gem. bankaufsichtsrechtlicher Vorgaben also ein Value at Risk unter Verwendung finanzmathematischer Verfahren« zu verstehen[78]. Der **Value at Risk** misst den Verlust, der mit einer bestimmten Wahrscheinlichkeit innerhalb einer bestimmten Haltedauer in der Zukunft nicht überschritten wird. Durch die Berücksichtigung eines Risikoabschlags kommt die gesetzgeberische Vorsicht im Rahmen des BilMoG zum Ausdruck, noch nicht durch einen Umsatzakt am Markt realisierte, jedoch realisierbare Gewinne nur unter Berücksichtigung eines Risikoabschlags in der Gewinn- und Verlustrechnung zu vereinnahmen. Der Risikoabschlag ersetzt in dieser

---

[74] Die Realisierbarkeit des beizulegenden Zeitwerts stellt eine Annahme des Gesetzgebers dar. Vgl. BR-Drs 344/08, S. 132.
[75] Vgl. Haisch/Helios, in: RdF 2011, S. 272 ff.; Haisch/Helios, in: IStR 2013, S. 842.
[76] Vgl. Helios/Schlotter, in: DStR 2009, S. 551; Haisch/Helios, in: IStR 2013, S. 843.
[77] Verschiedentlich wird bezweifelt, dass eine Zeitwertbilanzierung unter Berücksichtigung eines Risikoabschlags mit Art. 8 der Richtlinie 2013/34/EU vereinbar ist, da eine solche Adjustierung einer Zeitwertbilanzierung dort nicht vorgesehen ist. Vgl. AK Bilanzrecht Hochschullehrer Rechtswissenschaft, in: NZG 2014, S. 891; Jessen/Haaker, in: DB 2013, S. 1621. Demgegenüber könnte die Korrektur des beizulegenden Zeitwerts um einen Risikoabschlag als eine Ausprägung einer vorsichtigen Bewertung und insoweit als eine Folge von Art. 6 Abs. 1(c) der Richtlinie 2013/34/EU angesehen werden.
[78] BT-Drs 16/12407, S. 92.

Hinsicht eine Ausschüttungssperre[79]. Der Risikoabschlag ist unter Berücksichtigung der Ausfallwahrscheinlichkeiten der realisierbaren Gewinne und unter Verwendung einer adäquaten Berechnungsmethode zu ermitteln, die durch die Bankenaufsicht nach den Vorschriften des Kreditwesengesetzes beurteilt und überwacht wird[80]. Der Gesetzgeber strebt »eine einheitliche Anwendung der handelsrechtlichen Bilanzierungs- und Bewertungsvorschriften« sowohl für die Bankenaufsicht als auch für die handelsrechtliche Bilanzierung an[81].

Ein Auseinanderfallen zwischen dem aufsichtsrechtlichen Risikoabschlag nach Art. 365 CRR und dem handelsrechtlichen Risikoabschlag wird der Höhe nach bei abweichenden Bemessungsgrundlagen (z. B. aufgrund aufsichtsrechtlich notwendiger Umwidmungen) kaum zu verhindern sein. Aufsichtsrechtliche Vorgaben zur Ermittlung von Risikoabschlägen bestehen im Art. 365 CRR. Darin ist für die Ermittlung von Risikobeträgen

- eine Haltedauer von 10 Tagen,
- einseitiges Konfidenzniveau von 99 %, und
- ein historischer Beobachtungszeitraum von mindestens einem Jahr
- bei mindestens monatlicher Aktualisierung der Datenreihen

zugrunde zu legen. Sofern ein Institut interne Modelle (Art. 364 CRR) zur Ermittlung des Risikopotenzials einsetzt, sind die oben genannten Parameter zur Berechnung eines Value at Risk zu verwenden (Art. 365 CRR). Die Verwendung eigener Risikomodelle setzt eine formelle Zustimmung der zuständigen Behörde voraus (Art. 363 Abs. 1 CRR). Dabei ist auch eine teilweise Verwendung von internen Modellen für bestimmte Risikokategorien (partial use) möglich[82]. Hat ein Institut die Zustimmung von der BaFin zur Verwendung eigener Modelle zur Ermittlung von Anrechnungsbeträgen für die Handelsbuch-Risikopositionen erhalten, so ist der Value at Risk nach Art. 365 CRR zwingend auch für die handelsrechtliche Bilanzierung nach § 340e Abs. 3 HGB zu verwenden (IDW RS BFA 2, Tz. 50). Methodisch kann die Ermittlung eines Value at Risk auf einem Varianz-Kovarianz-Ansatz[83], einer historischen Simulation oder einer Monte-Carlo-Simulation beruhen[84]. Art. 368 CRR verlangt, dass die Verfahren mit den tatsächlich verwendeten Verfahren der internen Risikosteuerung übereinstimmen.

Ist ein Institut nicht zur Ermittlung eines Value at Risk verpflichtet, so kann dies allein für den Zweck der Bilanzierung nicht verlangt werden (IDW RS BFA 2, Tz. 53)[85]. Berechnet ein Institut einen Value at Risk nach den Parametern des Art. 365 **freiwillig** zum Zwecke der internen Steuerung, ohne dass dafür eine Verpflichtung besteht, so besteht eine Pflicht zur Verwendung des so berechneten Value at Risk zum Zwecke der handelsrechtlichen Bilanzierung (fortführend zu IDW RS BFA 2, Tz. 53). Weichen die verwendeten Parameter

---

79 Vgl. BT-Drs 16/10067, S. 36 und S. 95.
80 Vgl. BT-Drs 16/10067, S. 95.
81 Vgl. BR-Drs 344/08, S. 206.
82 Vgl. Gaumert, in: Boos/Fischer/Schulte-Mattler, 5. Aufl., Art. 363 CRR, Tz. 6.
83 Vgl. Alexander/Leigh, in: Journal of Derivatives (1997), S. 50–62.
84 Für einen Überblick vgl. Meyer (1999); Marshall/Siegel, in: Journal of Derivatives (1997), S. 91–111; Jorion (1997).
85 Vgl. Scharpf/Schaber/Löw/Treitz/Weigel/Goldschmidt, in: WPg 2010, S. 450; Löw/Scharpf/Weigel, in: WPg 2008, S. 1012.

eines freiwillig ermittelten Value at Risk von aufsichtrechtlichen Vorgaben ab, so ist zu Vergleichszwecken der Value at Risk nach SolvV zu ermitteln und jeweils der **höhere** Risikoabschlag zum Zwecke der Bilanzierung zu verwenden (IDW RS BFA 2, Tz. 54).

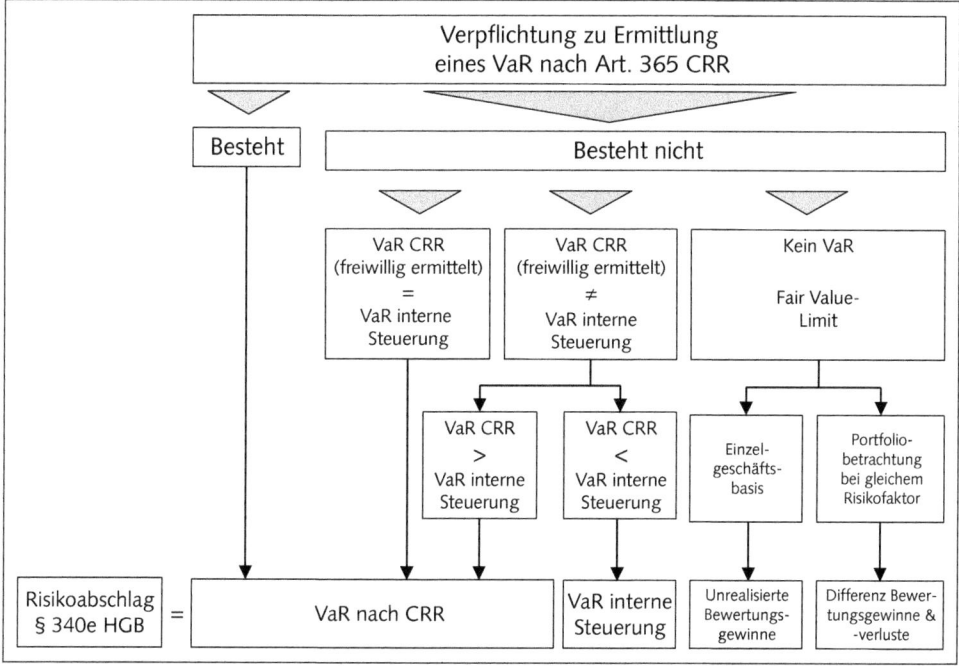

Abb. 21: Maßgeblichkeit des aufsichtsrechtlichen Value at Risk[86]

Wird durch das Institut kein Value at Risk ermittelt und erfolgt stattdessen die Steuerung auf Basis von Fair-Value-Limiten, so ist es sachgerecht, den Risikoabschlag eines Portfolios von Finanzinstrumenten, die demselben Risiko unterliegen, als »Differenz zwischen den nicht realisierten Gewinnen und den nicht realisierten Verlusten aller im Portfolio enthaltenen Finanzinstrumente« anzusetzen (IDW RS BFA 2, Tz. 55). Bei einer Betrachtung von Einzelgeschäften ist in diesem Falle ein Risikoabschlag in Höhe der unrealisierten Bewertungsgewinne vorzunehmen. IDW RS BFA 2 erlaubt weitere Verfahren zur Ermittlung eines Risikoabschlags, sofern diese in der internen Risikosteuerung verwendet werden und eine Einhaltung der einschlägigen Vorschriften zum Risikomanagement[87] gewährleistet ist (IDW RS BFA 2, Tz. 56). Die Ermittlung des Risikoabschlags stellt eine Bewertungsmethode dar, die dem Grundsatz der Bewertungsstetigkeit unterliegt (§ 252 Abs. 1 Nr. 6 HGB). Die Methode zur Ermittlung des Risikoabschlags ist im Anhang zu erläutern (§ 35 Abs. 1 Nr. 6a RechKredV).

---

86 In Anlehnung an Scharpf/Schaber/Löw/Treitz/Weigel/Goldschmidt, in: WPg 2010, S. 451.
87 Dies betrifft insbesondere die Anforderungen an ein funktionsfähiges Risikomanagement nach § 25a Abs. 1 KWG sowie den diesbezüglichen Mindestanforderungen an das Risikomanagement von Kreditinstituten (MaRisk). Vgl. Braun, in: KK-RLR, § 340e HGB, Tz. 131.

In der Praxis wird ein Value at Risk auf Portfolioebene für das gesamte Handelsbuch berechnet. Eine Aufteilung in einen Risikoabschlag für aktivische Handelsbestände und in einen Zuschlag für die passivischen Handelsbestände ist weder möglich noch erforderlich; der Risikozuschlag oder -abschlag ist bei dem größeren Bestand zu berücksichtigen (IDW RS BFA 2, Tz. 58). Der Risikoabschlag ist aufwandswirksam im Nettoertrag oder -aufwand des Handelsbestands zu zeigen. Eine aufwandswirksame Berücksichtigung ist auch für die Fälle vorzunehmen, in denen dadurch ein Jahresfehlbetrag entsteht oder vergrößert wird (IDW RS BFA 2, Tz. 59). Durch **Diversifikationseffekte** kann es bspw. bei der Zulassung von neuen Asset-KIassen im Handelsbestand zu einer Reduzierung des Value at Risk und damit zu einer Ertragserhöhung kommen.

1.2.5 Sonderposten nach § 340e Abs. 4 HGB

Die Durchbrechung der Anschaffungskostenobergrenze durch eine erfolgswirksame Zeitwertbilanzierung von Handelsbeständen wird neben der aufwandswirksamen Berücksichtigung eines Risikoabschlags zusätzlich durch eine Zuführung von mindestens 10 % der Nettoerträge des Handelsbestands zum Sonderposten »Fonds für allgemeine Bankrisiken« flankiert. Dies ist als ein weiteres Element der gesetzgeberischen Vorsicht anzusehen. Die Zuführungspflicht hat die Funktion einer faktischen Ausschüttungssperre[88].

Die **Zuführung** zum Sonderposten hat mindestens in Höhe von 10 % der Nettoerträge des Handelsbestands nach Vornahme des Risikoabschlags aber vor Veränderung des Sonderpostens im Sinne des § 340e Abs. 4 HGB zu erfolgen (IDW RS BFA 2, Tz. 61).

Eine **Auflösung** des Sonderpostens kann (Wahlrecht) durch das Institut nur vorgenommen werden

1. zum Ausgleich von Nettoaufwendungen des Handelsbestands (§ 340e Abs. 2 S. 2 Nr. 1 HGB),
2. zum Ausgleich eines Jahresfehlbetrags, soweit er nicht durch einen Gewinnvortrag aus dem Vorjahr gedeckt ist (§ 340e Abs. 2 S. 2 Nr. 2 HGB),
3. zum Ausgleich eines Verlustvortrags aus dem Vorjahr, soweit er nicht durch einen Jahresüberschuss gedeckt ist (§ 340e Abs. 2 S. 2 Nr. 3 HGB), oder
4. soweit er 50 % des Durchschnitts der letzten fünf jährlichen Nettoerträge des Handelsbestands übersteigt (§ 340e Abs. 2 S. 2 Nr. 4 HGB).

Nach **§ 340e Abs. 2 Nr. 1 bis 3 HGB** kann eine Auflösung des Sonderpostens nur zum Ausgleich von Verlusten erfolgen. Im Gegensatz zu Auflösungen nach Nr. 1 sind die Auflösungen nach Nr. 2 und 3 nicht auf einen Ausgleich von Verlusten des Handelsbestands beschränkt. Während die Auflösungsmöglichkeiten nach Nr. 1 und 4 bereits im Rahmen des BilMoG eingeführt wurden, sind die Auflösungsmöglichkeiten nach Nr. 2 und Nr. 3 durch das »Gesetz zur Anpassung von Gesetzen auf dem Gebiet des Finanzmarkts« ergänzt worden[89]. Diese Ergänzung dient der Klarstellung, dass auch die nach § 340e Abs. 4 S. 1 HGB in den Fonds

---
88 Vgl. BT-Drs 16/12408, S. 122.
89 Vgl. BGBl. 2014, Teil 1, S. 934 ff.

für allgemeine Bankrisiken eingestellten Beträge hartes Kernkapital im Sinne der CRR darstellen[90]. Nach Art. 26 Abs. 1(f) CRR zählt der Fonds für allgemeine Bankrisiken zum harten Kernkapital, sofern dieser »dem Institut uneingeschränkt und unmittelbar zur sofortigen Deckung von Risiken und Verlusten zur Verfügung steht«. Während der Fonds für allgemeine Bankrisiken nach § 340g HGB jederzeit und ohne Vorliegen weiterer Bedingungen aufgelöst werden kann, unterliegt die Auflösung des Sonderpostens im Sinne des § 340e Abs. 4 HGB einer Zweckbindung. Nach § 340e Abs. 4 HGB idF des BilMoG konnte eine Auflösung nur unter den in Nr. 1 und Nr. 4 genannten Bedingungen erfolgen. Dies stand jedoch der Anerkennung als hartes Kernkapital entgegen, da die Beträge nicht uneingeschränkt und unmittelbar zur sofortigen Deckung von Verlusten eingesetzt werden konnten[91]. Um den Sonderposten nach § 340e Abs. 4 HGB weiterhin vom Sonderposten im Sinne des § 340g HGB unterscheidbar zu machen, musste bei der Neufassung des § 340e Abs. 4 HGB die Zweckbindung des Sonderpostens aufrechterhalten und gleichzeitig die Vorschrift an die freien Auflösungsmöglichkeiten nach § 340g HGB so weit angenähert werden, dass die in den Sonderposten nach § 340e Abs. 4 HGB eingestellten Beträge als **hartes Kernkapital** (CET 1) in Übereinstimmung mit den Bedingungen des Art. 26 CRR gelten können. Der Begriff des »Verlusts« ist in Art. 26 CRR nicht näher erläutert. Zum Zwecke der Anerkennung von Zuführungen zum Sonderposten im Sinne des § 340e Abs. 4 HGB als hartes Kernkapital wird es vom Gesetzgeber als CRR-konform angesehen, einen Verlust im Sinne des Art. 26 CRR anzunehmen, wenn der Posten Jahresüberschuss bzw. Fehlbetrags (Posten 27, Formblatt 3) und der Posten Verlustvortrag bzw. Gewinnvortrag (Posten 28, Formblatt 3) zusammen einen negativen Saldo ausweisen[92]. Ein ansonsten negativer Saldo kann durch eine Auflösung des Sonderpostens und der damit verbundenen Erhöhung des Postens 27 (Erhöhung des Jahresüberschusses bzw. Verminderung eines Jahresfehlbetrags) höchstens ausgeglichen werden. Auflösungen sind nach Nr. 2 und 3 mithin nur insoweit zulässig, soweit ein Jahresfehlbetrag (Verlustvortrag) nicht durch einen Gewinnvortrag (Jahresüberschuss) gedeckt ist.

Nach **§ 340e Abs. 4 S. 2 Nr. 4 HGB** hat die Zuführung solange zu erfolgen, soweit der Sonderposten 50 % des Durchschnitts der letzten fünf jährlichen Nettoerträge des Handelsbestands übersteigt. Das Erreichen der Zuführungsgrenze ist der Höhe nach nur auf den Sonderposten im Sinne des § 340e Abs. 4 HGB und nicht auf den gesamten »Fonds für allgemeine Bankrisiken« zu beziehen (IDW RS BFA 2, Tz. 61). Dies erfordert eine buchhalterische Trennung des Sonderpostens »Fonds für allgemeine Bankrisiken« in einen Bestand im Sinne des § 340g HGB und einen Bestand im Sinne des § 340e Abs. 4 HGB. Eine Zuführung zum Sonderposten im Sinne des § 340e Abs. 4 HGB kann nur ganzjährig erfolgen; eine Zuführung sowie Auflösung bei Aufstellung eines Zwischenabschlusses kommt nicht in Betracht (IDW RS BFA 2, Tz. 61)[93]. Nach dem Wortlaut des Gesetzes umfasst der zugrunde zu legende Durchschnitt nur die letzten fünf (jährlichen) Nettoerträge des Handelsbestands, so dass Nettoaufwendungen nicht zu berücksichtigen sind. Eine Berechnung der Zuführun-

---

90 Vgl. BT-Drs 18/1648, S. 74.
91 Aus diesem Grunde bezweifelte die BaFin eine Zurechnung des Sonderpostens nach § 340e Abs. 4 HGB zum Risikodeckungspotenzial im GuV-/bilanzorientierten Ansatz. Vgl. BaFin: Rundschreiben GZ: BA 54-K-3000-2010/0006 vom 07.12.2011, Tz. 28.
92 Zur Erläuterung der Gewinnverwendungsrechnung von Instituten siehe Kap. IV.2.4.
93 Vgl. auch Gelhausen/Kämpfer/Fey (2009), V, Tz. 135.

gen und möglichen Auflösungen verdeutlicht das folgende Beispiel. Darin wird berücksichtigt, dass die Berechnung des Durchschnitts in den ersten fünf Jahren nach der BilMoG-Umstellung weniger als die letzten fünf Nettoerträge umfasst (IDW RS BFA 2, Tz. 92).

Nr.	Geschäftsjahr ab Umstellung auf BilmoG	20x1	20x2	20x3	20x4	20x5	20x6	20x7	20x8	20x9	20x10
[1]	Nettoertrag	10		20	30	40		50	27		5
[2]	Nettoaufwand		-5				-20			-70	
[3]	Durchschnitt iSd § 340e Abs. 4 S. 2 Nr. 2 HGB	10	10	15	20	25	25	30	33,4	33,4	30,4
[4] = 0,1·[1]	Zuführung zum Sonderposten	1	0	2	3	4	0	5	2,7	0	0,5
[5] = Σ[4]	Sonderposten Bestand	1	1	3	6	10	10	15	17,7	17,7	18,2
[6] = 0,5·[3]	50% des Durchschnitts	5	5	7,5	10	12,5	12,5	15	16,7	16,7	15,2
[7] = [5]−[6]	Vergleich SoPo vs Durchschnitt	-4	-4	-4.5	-4	-2,5	-2,5	0	1	1	3
[8]	Auflösungsmöglichkeit	nein	nein	nein	nein	nein	nein	nein	ja	ja	ja

Abb. 22: Zuführung und Auflösung des Sonderpostens nach § 340e Abs. 4 Nr. 4 HGB

Eine Auflösung des Sonderpostens kann (Wahlrecht) durch das Institut bei einer Einstellung der Handelsaktivitäten und der Auflösung des Handelsbestands vorgenommen werden (IDW RS BFA 2, Tz. 67). Wird der Handel mit bestimmten Produktgruppen eingestellt und ist eine Aufteilung des Sonderpostens auf Produktgruppen zweifelsfrei möglich, so kann eine Ausbuchung des Sonderpostens für den darauf entfallenden Teilbetrag vorgenommen werden[94].

Es wird empfohlen, die Zuführung zum Sonderposten sowie dessen Auflösungen GuV-seitig im Nettoergebnis aus Handelsbeständen auszuweisen (IDW RS BFA 2, Tz. 62). Die Auflösungen sind nach § 340e Abs. 4 S. 3 HGB im Anhang anzugeben und zu erläutern.

1.2.6 Interne Geschäfte

1.2.6.1 Bedeutung institutsinterner Geschäfte

Zu den Finanzinstrumenten des Handelsbestands gehören auch die dem Handelsbuch zuzurechnenden **internen Geschäfte**, die zwischen dem Handelsbuch und dem Bankbuch zum Zwecke des Risikotransfers abgeschlossen werden. Obgleich ein Geschäftsabschluss zwischen zwei organisatorischen Abteilungen eines Unternehmens grundsätzlich bilanziell unbeachtlich ist, sind in der Bankbilanz interne Geschäfte zwischen dem Handelsbuch und

---

94 Vgl. Scharpf/Schaber/Löw/Treitz/Weigel/Goldschmidt, in: WPg 2010, S. 453.

dem Bankbuch unter restriktiven Bedingungen bilanziell anzuerkennen. In der bankbetrieblichen Praxis deutscher Kreditinstitute spielen institutsinterne Geschäfte zwischen verschiedenen organisatorischen Einheiten eines Instituts eine wichtige Rolle[95]. Interne Geschäfte sind ein wichtiges Instrumentarium des internen Risikomanagements und der Risikosteuerung. Institutsinterne Sicherungsgeschäfte dienen der betriebswirtschaftlichen Risikosteuerung der Bank, der Bündelung von Hedging Aktivitäten, dem Clearing von institutsinternem Angebot und Nachfrage sowie dem Schonen von Kontrahenten-Limiten[96]. Zudem werden Spezialisierungsvorteile genutzt und Transaktionskosten eingespart. Der Einsatz interner Geschäfte bewirkt einen Transfer von Risiken auf die organisatorischen Einheiten, die für den Handel und das Management der Risiken in dem Institut zentral verantwortlich sind. Dabei kommt der organisatorischen Einheit »Handel« eine zentrale Bedeutung zu. Der Handel fungiert als »Produktmandant« und darf als alleinige Stelle des Instituts gegenüber dem Markt zur Absicherung von Marktpreisrisiken auftreten[97]. Dieser Kontrahierungszwang aller positionsführenden Einheiten des Bankbuchs mit dem Handel verhindert, dass die Bank im Falle einer dezentralen und unkoordinierten Absicherung über den Markt gegen sich selbst ausarbitriert werden würde. Zum Zwecke der Bilanzierung ist es sinnvoll zwischen

- internen Sicherungsgeschäften innerhalb desselben Buchs (z. B. innerhalb des Handelsbuchs zwischen zwei Handelstischen) und
- internen Sicherungsgeschäften zwischen verschiedenen Büchern (z. B. zwischen Anlagebuch und Handelsbuch) zu unterscheiden.

Wird ein Geschäft im Bankbuch abgeschlossen, so werden die damit verbundenen Risiken oftmals zunächst gebündelt und innerhalb des Bankbuchs kompensiert. Anschließend wird vielfach die verbleibende Netto-Risikoposition des Bankbuchs durch interne Sicherungsgeschäfte in das Handelsbuch übertragen (buchübergreifende interne Sicherungsgeschäfte)[98]. Durch den Transfer des Risikos in den Handel obliegt es anschließend der Verantwortung des positionsführenden Händlers nach einer Risikokompensation mit den übrigen Handelsbuchpositionen die verbleibende Risikoposition im Rahmen seiner Limite offen zu lassen oder gegen den Markt zu schließen. Durch die interne Kontrahierung können natürliche Risikokompensationen verschiedener Bankbuchpositionen sowie Skaleneffekte bei der Absicherung der Nettorisikoposition genutzt werden. Die Art des internen Geschäfts zur Übertragung des Risikos aus dem Bankbuch in das Handelsbuch wird durch die Art des übertragenen Risikos bestimmt. So kann aus der Begebung eines festverzinslichen Fremdwährungskredits

- das Fremdwährungsrisiko durch einen internen Cross Currency Swap auf den FX-Handel,
- das Zinsrisiko durch einen internen Payer-Zinsswap auf den Zins-Handel und
- das Kreditrisiko durch einen internen Credit Default Swap auf den Kredithandel übertragen werden[99].

---

95 Zur empirischen Relevanz vgl. bspw. Fischer/Ihme, in: KoR 2010, S. 626.
96 Vgl. Wittenbrink/Göbel, in: Die Bank 1997, S. 271 f.
97 Vgl. Krumnow, in: DBW 1995, S. 17, Bellavite-Hövermann/Barckow, in: Rechnungslegung nach IAS, hrsg. v. Baetge et al., IAS 39, S. 92.
98 Vgl. Große/Schmidt, in: WPg 2007, S. 860 f.
99 Für eine Darstellung der Risikosteuerung vgl. Gebhardt/Reichardt/Wittenbrink: in: European Accounting Review 2004, S. 343 ff.

Interne Sicherungsgeschäfte innerhalb desselben Buchs treten bspw. dann auf, wenn am Ende des Geschäftstages die Handelsbuchposition an andere Handelseinheiten in anderen Zeitzonen weitergegeben werden sollen, um einen Handel der Positionen rund um die Uhr zu ermöglichen[100]. Buch-interne Sicherungsgeschäfte werden auch aufgrund der Spezialisierung der jeweiligen Handelseinheiten auf bestimmte Asset Klassen oder Risikoarten vorgenommen. So ist das Handelsbuch eines Instituts zumeist in Aktienhandel, Zinshandel, FX-Handel und Kredithandel unterteilt. In Abhängigkeit von der Größe des Instituts können hier weitere Unterteilungen anzutreffen sein (z. B. Aktienhandel Deutschland, USA usw.). Wird durch den Abschluss eines Handelsbuchgeschäfts eine »fremde« Risikoart durch eine Handelseinheit miterworben, so sichert sich diese intern durch den Abschluss eines Sicherungsgeschäfts mit dem jeweiligen Handelstisch ab[101].

1.2.6.2 Aufsichtsrechtliche Grundlagen und Anforderungen an institutsinterne Geschäfte

Nach Art. 102 Abs. 4 CRR können bei der Berechnung der Eigenmittelanforderungen für das Positionsrisiko (d. h. Eigenmittelanforderungen für Marktrisiken von Handelsbuchpositionen gem. Art. 92 Abs. 3 b) lit i), 326 ff. CRR) interne Sicherungsgeschäfte einbezogen werden, sofern diese mit Handelsabsicht gehalten werden und die Anforderungen der Art. 103 bis 106 CRR erfüllen. Besondere Anforderungen an die Berücksichtigungsfähigkeit interner Geschäfte folgen aus Art. 106 CRR. Danach dürfen interne Geschäfte nicht in erster Linie dazu verwendet werden, die Eigenmittelanforderungen zu umgehen oder zu mindern. Ferner sind interne Geschäfte angemessen zu dokumentieren[102], zu Marktbedingungen abzuschließen[103] und die mit den Geschäften verbundenen Marktrisiken im Handelsbuch innerhalb der zulässigen Grenzen dynamisch zu steuern und sorgfältig zu überwachen (Art. 106 Abs. 1 CRR). Diese Anforderungen gehen zurück auf die vormaligen Anforderungen an interne Sicherungsgeschäfte nach Art. 11 Abs. 5 der Kapitaladäquanzrichtlinie[104] und decken sich weitgehend mit den vormaligen Anforderungen des § 1a Abs. 7 KWG aF[105]. Dass die aufsichtsrechtlichen Regelungen zu internen Geschäften nur (buch-übergreifende) Geschäfte zwischen dem Handelsbuch und dem Bankbuch umfasst, wird aus § 1a Abs. 7 S. 1 KWG aF deutlich, wonach interne Geschäfte »der wesentlichen oder vollständigen Absicherung einer oder mehrerer Anlagebuchpositionen dienen«. Da interne Geschäfte innerhalb desselben Buchs denselben Regelungen unterliegen wie externe Geschäfte, sind für diese keine Sonderregelungen notwendig[106]. Durch die Absicherung der Anlagebuchposition müssen

---

100 Vgl. Krumnow, in: DBW 1995, S. 12.
101 Vgl. Kütter/Prahl, in: WPg 2006, S. 11.
102 Der Abschluss von internen Sicherungsgeschäften setzt das »Vorliegen einer speziellen, institutsinternen Genehmigung der oberen Leitungsebene des Instituts« voraus. Vgl. BT-Drs 16/1335, S. 43.
103 Zur Notwendigkeit und Genauigkeit im Zusammenhang mit internen Sicherungsgeschäften vgl. Kaltenhauser/Begon, in: Kreditwesen 1998, S. 22.
104 Vgl. BT-Drs 16/1335, S. 43.
105 Die Möglichkeit der Zuwidmung von internen Geschäften zum Handelsbuch geht zurück auf Art. 106 CRR sowie § 1a KWG aF. Eine Zuordnung zum Handelsbuch bestand bereits durch das BAKred-Rundschreiben 17/99.
106 Vgl. Brogl, in: KWG, hrsg. v. Reischauer/Kleinhans, § 1a KWG, Tz. 39.

nicht sämtliche Risiken in das Handelsbuch transferiert werden; eine »wesentliche« Absicherung würde bereits dann bestehen, wenn einzelne Risiken (z. B. Zinsrisiken) abgesichert werden[107]. Demnach können einzelne Risikokomponenten des Bankbuchs durch interne Geschäfte in das Handelsbuch übertragen werden[108]. Nach § 1a Abs. 7 S. 6 KWG aF bleibt die abgesicherte Anlagebuchposition durch die Sicherung mit Hilfe eines internen Geschäfts unberührt; das abgesicherte Geschäft verbleibt weiterhin im Anlagebuch. Die Möglichkeit der Zuordnung von internen Geschäften zum Handelsbuch ist aufsichtsrechtlich an sehr strikte Bedingungen geknüpft. Diese sind notwendig, da durch ein internes Geschäft ein Geschäftsabschluss mit sich selbst vollzogen wird, und daher ansonsten die Gefahr von Gestaltungsmissbrauch bestehen würde. Durch die strengen aufsichtsrechtlichen Anforderungen wird ein hohes Maß an Objektivierung erreicht, welches es erlaubt, interne Geschäfte auch bilanzrechtlich als eigenständige Bilanzierungsobjekte anzuerkennen. Eine bilanzielle Anerkennung setzen die nachfolgend dargelegten Bedingungen voraus.

1.2.6.3 Bilanzielle Anerkennung von institutsinternen Geschäften

Die handelsrechtliche Anerkennung von internen Geschäften in der Bilanz von Kreditinstituten wird von Teilen des Schrifttums als kritisch betrachtet. Die dabei angeführten Argumente verweisen im Wesentlichen auf den Zweck der externen Rechnungslegung, nur solche Geschäfte in der Bilanz abzubilden, die mit fremden Dritten (und nicht mit sich selbst) abgeschlossen wurden. Ferner wird angeführt, dass die bilanzielle Berücksichtigung interner Geschäfte dem Realisationsprinzip entgegensteht, da durch interne Geschäfte kein Realisationsakt mit fremden Dritten vollzogen wird[109]. Die h. M. des bankspezifischen Bilanzrechts spricht sich jedoch für eine Anerkennung interner Geschäfte zum Zwecke der handelsrechtlichen Bilanzierung aus, sofern sowohl die oben aufgeführten aufsichtsrechtlichen als auch zusätzliche Bedingungen erfüllt sind, die eine Objektivierung und Willkürfreiheit der Bilanzierung unter Verwendung interner Derivate sicherstellen[110]. Interne Geschäfte zwischen Handelsbuch und Bankbuch verknüpfen Wertänderungen von Finanzinstrumenten, die bilanziell nach unterschiedlichen Regeln bewertet werden[111]. Bewertungsinkongruenzen werden dadurch vermieden, dass durch interne Geschäfte nicht bilanzierte Wertänderungen von Geschäften des Bankbuchs in das Handelsbuch transferiert werden, die zentral durch die Handelsabteilung extern geschlossen wird[112].

In der Literatur werden neben den aufsichtsrechtlichen Bedingungen der CRR und des KWG verschiedene weitere Voraussetzungen für eine bilanzielle Anerkennung von internen Geschäften genannt. Von Seiten des IDW werden interne Geschäfte zwischen Handelsbuch und Bankbuch als bilanzierungsfähig anerkannt, wenn ein Externalisierungsnach-

---

107 Vgl. Serafin/Weber, in: KWG, hrsg. v. Luz et al., § 1a KWG, Tz. 50; Brogl, in: KWG, hrsg. v. Reischauer/Kleinhans, § 1a KWG, Tz. 39.
108 Vgl. Boos, in: Boos/Fischer/Schulte-Mattler, § 1a KWG, Tz. 16.
109 Vgl. bspw. Herzig/Mauritz, in: WPg 1997, S. 155.
110 Vgl. bspw. Krumnow, in: DBW 1995, S. 17; Kaltenhauser/Begon, in: Kreditwesen 1998, S. 1196; Elkart/Schaber, in: FS Eisele hrsg. v. Knobloch/Kratz, S. 416; Altvater, in: DB 2012, S. 939–943; Prahl, in: FS Krumnow, S. 230.
111 Vgl. Altvater, in: DB 2012, S. 939.
112 Vgl. Prahl, in: FS Krumnow, S. 230.

weis nach dem sog. »Stellvertretermodell« durchgeführt werden kann. Die internen Geschäfte müssen demnach
- mit dem Handelsbereich kontrahiert werden (**Stellvertreterfunktion** für den Markt),
- ein gegenläufiges, identisches Risiko aufweisen und
- im Hinblick auf Zustimmungserfordernisse, Dokumentation, Erfassung im Rechnungswesen, Überwachung und Offenlegungspflichten strengeren Anforderungen als Geschäfte mit externen Dritten genügen.

Nach Auffassung von Gelhausen/Fey/Kämpfer ist es zulässig, sich bei dem Externalisierungsnachweis an den IFRS-Kriterien in IAS 39.IG.F.2.15 und 16 (aF) zu orientieren[113]. An anderer Stelle werden unter anderem die folgenden Zusatzbedingungen aufgeführt, die eine handelsbilanzielle Anerkennung von internen Geschäften ermöglichen[114]:
- Die Initiative zum Abschluss von internen Geschäften muss stets vom Nicht-Handelsbereich ausgehen. Dies ist vor dem Hintergrund zu sehen, dass interne Geschäfte lediglich der Absicherung von Bankbuchpositionen dienen.
- Die bilanzielle Anerkennung interner Geschäfte setzt voraus, dass die Nicht-Handelsbereiche keinen eigenständigen Marktzugang zu den betreffenden Geschäften haben[115].
- Interne Geschäfte dürfen nicht bloß aus bilanzpolitischen Gründen abgeschlossen werden (kein Gestaltungsmissbrauch, Umgehung Umwidmungsverbot von Handelsbeständen etc.)[116].

Interne Geschäfte sind mithin ein Instrument für Institute zur Überwachung und Begrenzung von Marktpreisrisiken zum Zwecke der Sicherstellung der Risikotragfähigkeit des Instituts nach §25a Abs. 1 KWG[117]. Sofern interne Geschäfte unter den Voraussetzungen des Art. 106 CRR eingesetzt werden, bilden interne Geschäfte die ökonomische Situation auch bilanziell richtig ab. Wird ein aktivischer Festzinsüberhang im Bankbuch durch einen passivischen Festzinsüberhang des Handelsbuchs geschlossen, so würden aufgrund der unterschiedlichen Bewertungsmethoden im Handelsbuch und Bankbuch bilanzielle Verzerrungen entstehen, sofern beide Positionen einer unabhängigen Einzelbewertung unterzogen werden würden. Durch den Abschluss eines internen Zinsswaps zwischen Handels- und Bankbuch wird durch die Übertragung des Zinsrisikos aus dem Bankbuch ins Handelsbuch eine geschlossene Position im Bankbuch erzeugt. Durch die externe Absicherung des Zinsrisikos aus dem Handelsbuch heraus, wird auch im Handelsbuch eine geschlossene Zinsrisikoposition ausgewiesen.

Interne Geschäfte sind in Abhängigkeit von ihrer Buchzuordnung zu bilanzieren. Aus Sicht des Handelsbestands ist das interne Geschäft nach den Grundsätzen des §340e Abs. 3 HGB zu bilanzieren und damit einer risikoadjustierten Zeitwertbilanzierung zu unterziehen. Interne Geschäfte des Handelsbestands sind damit bei der Berechnung des Risikoabschlags sowie die aus internen Geschäften resultierenden Erträge bei der Ermittlung der

---

113 Vgl. Gelhausen/Fey/Kämpfer (2009), V 62, S. 742 f.
114 Vgl. Scharpf/Schaber (2018), S. 333 f., AFRAC, Stellungnahme 15, Tz. 38.
115 Vgl. Scharpf/Schaber (2018), S. 333.
116 Vgl. auch Kaltenhauser/Begon, in: Kreditwesen 1998, S. 1197.
117 Vgl. Altvater, in: DB 2012, S. 939

Zuführungsbeträge zum Sonderposten »Fonds für allgemeine Bankrisiken« zu berücksichtigen[118]. Aus Sicht des Bankbuchs dient das interne Geschäft nach Art. 106 CRR der Absicherung von Bankbuchpositionen und ist damit im Regelfall entweder
- in eine Bewertungseinheit nach § 254 HGB einzubeziehen[119],
- als Kreditsicherheit nach IDW RS BFA 1, oder
- kompensatorisch im Rahmen der verlustfreien Bewertung des Bankbuchs nach IDW RS BFA 3[120] (im Falle von Zinsderivaten) oder im Rahmen der besonderen Deckung nach § 340h HGB (im Falle von Währungsderivaten) zu berücksichtigen.

Interne Sicherungsgeschäfte können aus bilanzieller Sicht als institutsinterne Dokumentationen von Bewertungseinheiten angesehen werden, durch die die Verbindung von Grundgeschäften des Bankbuchs zu Sicherungsgeschäften des Handelsbuchs dokumentiert wird. Grund- und Sicherungsgeschäfte können in diesem Zusammenhang Einzelgeschäfte, Gruppen von Einzelgeschäften oder auch Netto-Risikopositionen darstellen. Aus diesem Grund ist eine bilanzielle Anerkennung von internen Sicherungsgeschäften zwischen Handelsbuch und Bankbuch sachgerecht und verpflichtend, soweit die oben genannten Anforderungen erfüllt werden. Interne Geschäfte des Handelsbestands sind daher verpflichtend zum beizulegenden Zeitwert zu bilanzieren, wenn die Voraussetzungen für die Zuordnung zum Handelsbestand wie auch die Voraussetzungen für die bilanzielle Berücksichtigung von internen Geschäften erfüllt sind. Gegenseitige Forderungen und Verbindlichkeiten aus der Abwicklung von internen Geschäften zwischen Handelsbuch und Bankbuch sind zu eliminieren. Interne Geschäfte innerhalb eines Buchs sind bilanziell nicht zu berücksichtigen. In der Literatur wird zudem eine steuerliche Anerkennung buchübergreifender interner Geschäfte befürwortet[121].

1.2.7 Ausweis

1.2.7.1 Ausweis in der Bilanz

Handelsbestände, die einen positiven beizulegenden Zeitwert aufweisen, sind unter dem Aktivposten 6a »Handelsbestand« auszuweisen. Da die auf Handelsbestände entfallenden Zinsabgrenzungen ebenfalls in dieser Position aufzunehmen sind, werden zinstragende Handelsbestände mit ihrem Dirty Fair Value (= Clean Price + Zinsabgrenzung) bilanziert. Handelsbestände mit negativem Clean Fair Value und positiver Zinsabgrenzung werden unter den aktivischen Handelsbeständen ausgewiesen, wenn ihr Dirty Fair Value positiv ist[122]. Handelsbestände mit einem negativen (Dirty) Fair Value sind im Passivposten 3a

---

118 Beachte, dass interne Geschäfte des Handelsbestands gem. § 340e Abs. 3 S. 4 HS 2 HGB aus dem Handelsbestand in eine Bewertungseinheit umgegliedert werden können. Siehe dazu auch Kapitel III.2.1.3.3.
119 Die Anwendung der Durchbuchungsmethode zur bilanziellen Abbildung von Bewertungseinheiten würde eine Ausnahme von der Nichtbilanzierung interner Geschäfte außerhalb des Handelsbestands darstellen.
120 Vgl. Altvater, in: DB 2012, S. 940.
121 Vgl. Altvater, in: DB 2012, S. 942 f.; Häuselmann (2005), S. 68 ff.
122 Für eine nähere Erläuterung vgl. IDW RH HFA 2.001.

»Handelsbestände« auszuweisen. Aktivische und passivische Handelsbestände sind nur bei Vorliegen bestimmter Aufrechnungsvereinbarungen (»Netting Agreements«) zu saldieren; ansonsten hat zwingend ein Bruttoausweis zu erfolgen (§ 246 Abs. 2 S. 1 HGB). Ein Netting ist nach den allgemeinen Grundsätzen nur dann zulässig, wenn die Aufrechnungskriterien des § 387 BGB erfüllt sind. Aufsichtsrechtliche Nettingvereinbarungen (Insolvenznetting; Novationsnetting) genügen diesen Kriterien i. d. R. nicht[123]. Eine Saldierung von derivativen Finanzinstrumenten des Handelsbestands (z. B. über zentrale Gegenparteien gecleartete OTC-Derivate) wird auch nach handelsrechtlichen Grundsätzen als sachgerecht angesehen, wenn die Saldierungskriterien des IAS 32 erfüllt sind[124]. Darüber hinaus sind Verbindlichkeiten, die aus dem Handel heraus emittiert werden (z. B. strukturierte Emissionen) oder auch Emissionen, die der Refinanzierung des Handels dienen, unter dem Passivposten »Handelsbestände« auszuweisen[125].

Zurückgekaufte eigene Emissionen sind nach § 16 Abs. 4 RechKredV als »Davon-Angabe« unter den Schuldverschreibungen und anderen festverzinslichen Wertpapieren auszuweisen. Diese Vorschrift wurde mit der Einführung eines separaten Bilanzpostens für Handelsbestände im Rahmen des BilMoG zwar nicht geändert bzw. dem Wortlaut nach nicht auf Geschäfte des Bankbuchs eingeschränkt; gleichwohl ist es sachgerecht, zurückerworbene eigene Schuldverschreibungen dem Handelsbestand zuzuordnen, wenn diese mit der Absicht der Kurspflege in der Verantwortung der Emissionsabteilung zurückerworben wurden. In diesem Fall ist der Kurspflegebestand unter Beachtung der Vorschriften zur funktionalen Trennung in den MaRisk ebenfalls dem Handelsbestand zuzuordnen (IDW RS BFA 2, Tz. 12). Werden eigene Wertpapiere mit kurzfristiger Gewinnerzielungsabsicht zurückgekauft, so sollte der Ausweis unter dem Aktivposten 6a »Handelsbestand« erfolgen, so dass unter dem Posten »Schuldverschreibungen und andere festverzinsliche Wertpapiere« nur die zurückgekauften Papiere des Bankbuchs gezeigt werden[126]. Zurückgekaufte Schuldverschreibungen, die aus dem Handelbestand heraus emittiert wurden, sind dem Aktivposten 6a zuzuordnen, wenn mit diesen eine kurzfristige Gewinnerzielungsabsicht verfolgt wird.

Der Sonderposten nach § 340e Abs. 4 HGB ist als Davon-Vermerk unter dem »Fonds für allgemeine Bankrisiken« separat auszuweisen[127].

1.2.7.2 Ausweis in der GuV

Erträge und Aufwendungen aus der Zeitwertbilanzierung von Finanzinstrumenten des Handelsbestands sind im »Nettoaufwand des Handelsbestands« (Position 3, Formblatt 2, linke Spalte) oder im »Nettoertrag des Handelsbestands« (Position 5, Formblatt 2, rechte

---

123 Vgl. Goldschmidt/Meyding-Metzger/Weigel, in: IRZ 2010, S. 23.
124 Vgl. Bär/Kalbow/Vesper, in: WPg 2014, S. 32.
125 In dieser Hinsicht ergibt sich eine Abweichung zur Zuordnung zu den Handelspassiva nach IFRS. Nach IAS 39.AG 15 aF ist allein die Tatsache, dass es sich bei den Verbindlichkeiten um Refinanzierungsgeschäfte der Handelsaktivitäten handelt, nicht ausreichend für eine Kategorisierung als Held for Trading. Vgl. App/Wiehagen-Knopke; in: KoR 2010, S. 94.
126 Vgl. App/Wiehagen-Knopke, in: KoR 2010, S. 97.
127 Vgl. BT-Drs 16/12407, S. 190; Scharpf/Schaber/Löw/Treitz/Weigel/Goldschmidt, in: WPg 2010, S. 453.

Spalte) auszuweisen. Institute, die **Skontroführer** im Sinne des § 27 Abs. 1 BörsG und nicht zugleich Einlagenkreditinstitute sind, haben das Handelsergebnis brutto zu zeigen. Diese haben zusätzlich »Davon-Vermerke« über die Aufwendungen und Erträge des Handelsbestands zu geben, die auf Wertpapiere, Futures, Optionen und Kursdifferenzen aus Aufgabegeschäften entfallen[128]. **Finanzdienstleistungsinstitute**, die nicht Skontroführer im Sinne des § 27 Abs. 1 S. 1 BörsG sind, haben ebenso die Erfolgsbeiträge des Handelsbestands unsaldiert in den Aufwandsposten 3 »Aufwand des Handelsbestands« und Ertragsposten 5 »Ertrag des Handelsbestands« (siehe Fußnote 7, Formblätter 2 und 3) auszuweisen.

Im Handelsergebnis sind Bewertungsgewinne und -verluste wie auch Realisationsgewinne und -verluste aus Zu- und Abgängen von Finanzinstrumenten des Handelsbestands auszuweisen. Auch Provisionsaufwendungen und -erträge, die in Verbindung mit Handelsbeständen entstanden sind (bei entsprechender Zuordnung ggf. auch underwriting fees im Emissionsgeschäft, siehe Kapitel V.1.4.2), werden im Handelsergebnis vereinnahmt. Laufende Erträge und Aufwendungen von Finanzinstrumenten des Handelsbestands (wie z. B. Zinsen, Dividenden usw.) können im Handelsergebnis ausgewiesen werden, sofern dies im Einklang mit der internen Steuerung des Instituts steht; ein Ausweis im Zinsergebnis wird nach h. M. bei Übereinstimmung mit der internen Steuerung auch für möglich gehalten[129]. Zinsaufwendungen zur Refinanzierung des Handelsbestands können ebenfalls im Handelsergebnis ausgewiesen werden, sofern dies der internen Steuerung entspricht[130]. Basis für einen solchen Ausweis können interne Geschäfte zwischen Handelsbuch und Bankbuch sein, durch die dem Handel z. B. Fundingkosten in der jeweiligen Währung zugerechnet werden. Eine rein kalkulatorische Zurechnung von Zinsaufwendungen zum Handel wird nicht zulässig sein, da für das kalkulatorische Funding keine Bewertungsgewinne und -verluste erfasst werden und es dementsprechend zu einer verzerrten Darstellung des Handelsergebnisses kommen kann. In dieser Hinsicht ist die in IDW RS BFA 2,

---

128 Vgl. RechKredV, Formblatt 2 und 3, Fußnote 7 sowie § 340 Abs. 4 S. 2 HGB.
129 Vgl. Scharpf/Schaber/Löw/Treitz/Weigel/Goldschmidt, in: WPg 2010, S. 502; IDW RS BFA 2, Tz. 75. Diese Auslegung erscheint ein Zugeständnis an die Bankenpraxis bzw. eine Reminiszenz an die Bilanzierung vor BilMoG zu sein. Gegen diese Sichtweise spricht der Wortlaut in § 340c Abs. 1 S. 1 HGB, wonach der Unterschiedsbetrag aller Erträge und Aufwendungen aus Geschäften mit Finanzinstrumenten des Handelsbestands im Nettoergebnis des Handelsbestands auszuweisen ist. Ein Ausweis von laufenden Zinserträgen und -aufwendungen im Zinsergebnis kann nach der hier vertretenen Auffassung weder aus dem Sinn noch aus dem Wortlaut der §§ 28, 29 RechKredV abgeleitet werden, da dort lediglich der Ausweis von Bilanzposten geregelt wird, die nicht den Aktivposten 6a bzw. den Passivposten 3a einschließen. Das Konkurrenzverhältnis der §§ 28, 29 RechKredV zu § 340c Abs. 1 HGB hinsichtlich des Ausweises von Zinserträgen und -aufwendungen auf Handelsbestände ist seit Inkrafttreten des BilMoG durch die Schaffung eines separaten Bilanzpostens für Handelsbestände aufgelöst. Vormals waren Wertpapiere des Handelsbestands unter dem Aktivposten 5 zusammen mit Wertpapieren der Liquiditätsreserve und des Anlagevermögens auszuweisen, so dass aufgrund des Wortlauts von § 28 RechKredV auch ein Ausweis im Zinsertrag in Betracht kam. Vgl. zu diesem Spannungsverhältnis z. B. Müller-Tronnier, in: BB 1997, S. 932, der bereits einen Ausweis im Nettoergebnis für sachgerecht hält, da die laufenden Zahlungen von Zinsswaps des Handelsbestands durch ihr Ausscheiden aus der Barwertermittlung den beizulegenden Zeitwert beeinflussen und daher als Bewertungsergebnis zu charakterisieren sind.
130 Nach IDW RS BFA 2, Tz. 73 ist der Ausweis im Handelsergebnis verpflichtend, wenn Verbindlichkeiten bilanziell dem Handelsbestand zugeordnet wurden. Zu dieser Diskussion vgl. bereits Müller-Tronnier, in: BB 1997, S. 935, der ein Ausweis von Refinanzierungsaufwendungen im Zinsergebnis für geboten hält, wenn die Refinanzierung über die Globalsteuerung bereitgestellt wird.

Tz. 74 eröffnete Möglichkeit, eine betriebswirtschaftliche Allokation von Fundingkosten in der externen Rechnungslegung beizubehalten, als kritisch anzusehen.

1.2.8 Anhangangaben

Nach § 285 Nr. 20 HGB sind für Finanzinstrumente, die gem. § 340e Abs. 3 S. 1 HGB mit dem beizulegenden Zeitwert bewertet werden
a) die grundlegenden Annahmen zu nennen, »die der Bestimmung des beizulegenden Zeitwertes mit Hilfe allgemein anerkannter Bewertungsmethoden zugrunde gelegt wurden, sowie
b) Umfang und Art jeder Kategorie derivativer Finanzinstrumente einschließlich der wesentlichen Bedingungen, welche die Höhe, den Zeitpunkt und die Sicherheit künftiger Zahlungsströme beeinflussen können«.

Wertansätze, die nach § 255 Abs. 4 S. 1 HGB auf Marktpreisen beruhen, sind nach Nummer a) nicht erläuterungsbedürftig. Für eine Erläuterung kommt eine Kategorisierung nach den zugrundeliegenden Risikofaktoren (Zins-, Währungs-, Aktien-, Kreditderivate usw.) in Betracht. Darüber hinaus könnte eine Unterteilung in OTC-Derivate und börsennotierte Derivate sinnvoll sein. Nach Auffassung des BFA ist zur Berichterstattung über den Umfang eine Angabe des Nominalbetrags für die jeweiligen Berichtsklassen notwendig (IDW RS BFA 2, Tz. 82).

Nach § 340e Abs. 4 S. 3 HGB sind die Auflösungen des Sonderpostens im Sinne des § 340e Abs. 4 HGB im Anhang anzugeben und zu erläutern.

Nach § 35 Abs. 1 RechKredV hat das Institut die folgenden Anhangangaben zu leisten:
- »eine Aufgliederung des Bilanzpostens »Handelsbestand« (Aktivposten Nr. 6a) in derivative Finanzinstrumente, Forderungen, Schuldverschreibungen und andere festverzinsliche Wertpapiere, Aktien und andere nicht festverzinsliche Wertpapiere sowie sonstige Vermögensgegenstände und eine Aufgliederung des Bilanzpostens »Handelsbestand« (Passivposten Nr. 3a) in derivative Finanzinstrumente und Verbindlichkeiten (Nr. 1a);
- bei Finanzinstrumenten des Handelsbestands die Methode der Ermittlung des Risikoabschlags nebst den wesentlichen Annahmen, insbesondere die Haltedauer, der Beobachtungszeitraum und das Konfidenzniveau sowie der absolute Betrag des Risikoabschlags (Nr. 6a);
- in den Fällen der Umgliederung deren Gründe, der Betrag der umgegliederten Finanzinstrumente des Handelsbestands und die Auswirkungen der Umgliederung auf den Jahresüberschuss/Jahresfehlbetrag sowie für den Fall der Umgliederung wegen Aufgabe der Handelsabsicht die außergewöhnlichen Umstände, die dies rechtfertigen (Nr. 6b);
- ob innerhalb des Geschäftsjahres die institutsinternen festgelegten Kriterien für die Einbeziehung von Finanzinstrumenten in den Handelsbestand geändert worden sind und welche Auswirkungen sich daraus auf den Jahresüberschuss/Jahresfehlbetrag ergeben (Nr. 6c)«.

Der in § 34 Abs. 2 S. 1. Nr. 1 RechKredV geforderten Aufteilung des Handelsergebnisses nach geografischen Märkten ist nur zu folgen, wenn dies in der Organisationsstruktur des Handels verankert ist (IDW RS BFA 2, Tz. 88).

1.3 Vermögensgegenstände des Umlaufvermögens

1.3.1 Allgemeine Prinzipien zur Bilanzierung von Finanzinstrumenten des Umlaufvermögens bei Instituten

1.3.1.1 Abgrenzung Umlauf- und Anlagevermögen

Vermögensgegenstände des Umlaufvermögens sind Teil des aufsichtsrechtlichen Anlagebuchs (Gesamtmenge aller Geschäfte eines Instituts, die nicht dem Handelsbuch zuzurechnen sind). Nach §§ 340e Abs. 1 S. 1, 247 Abs. 2 HGB sind jene Vermögensgegenstände dem Umlaufvermögen zuzuordnen, die nicht dazu bestimmt sind, dauerhaft dem Geschäftsbetrieb zu dienen und die keine Handelsbestände darstellen. Das Umlaufvermögen wird gesetzlich nicht definiert und stellt einen Komplementärbegriff zum Anlagevermögen dar. Da der Gesetzgeber grundsätzlich davon ausgeht, dass es in der Bankbilanz nur mit wenigen Ausnahmen Vermögensgegenstände gibt, die nicht dem Umlaufvermögen zuzuordnen sind, wird eine wie bei Industrieunternehmen übliche Unterteilung der Bilanz in Umlauf- und Anlagevermögen in der Bilanz von Kreditinstituten nicht vorgenommen[131]. Gleichwohl ist die Zuordnung von Beteiligungen und Wertpapieren als längerfristige Vermögensanlage zum Anlagevermögen möglich. Ausschlaggebend für die Zuordnung zum Umlauf- oder Anlagevermögen ist demnach die Zweckbestimmung und damit letztlich der subjektive Zuordnungswille des Kaufmanns[132]. Dieser Zuordnungswille ist eine aktenkundig zu machende Entscheidung der zuständigen Entscheidungsträger bzw. Organe[133]. Buchhalterisch muss die Unterscheidung zwischen Umlauf- und Anlagevermögen durch eine getrennte Bestandsführung (z. B. durch eine entsprechende Portfolio-Bildung) nachvollzogen werden (IDW RS VFA 2, Tz. 10).

Nach § 340e Abs. 1 S. 2 HGB sind **Forderungen** und Wertpapiere nach den Bewertungsvorschriften des Umlaufvermögens anzusetzen, es sei denn, dass die Vermögensgegenstände dazu bestimmt sind, dauerhaft dem Geschäftsbetrieb zu dienen. Obwohl der Gesetzeswortlaut mithin eine Zuordnung von Forderungen zum Anlagevermögen nicht ausschließt, soll eine Zuordnung von Forderungen zum Anlagevermögen nur in Ausnahmefällen möglich sein (z. B. Schuldscheindarlehen und Namensschuldverschreibungen)[134]. Vor dem Hintergrund der Zuordnung von Finanzinstrumenten nach der funktionalen Zweckbestimmung des Vermögensgegenstands, erscheint diese Auffassung jedoch nicht

---

[131] Vgl. auch BT-Drs 11/6275, S. 21 f.
[132] Vgl. Schubert/Huber, BBK, 11. Aufl., § 247 HGB, Tz. 351.
[133] Vgl. Schreiben BAKred vom 15.11.1965 sowie Schreiben BAKred vom 19.03.1993 – I7- 4215 – 1/91; sowie auch IDW RS VFA 2, Tz. 9; IDW RH HFA 1.014, Tz. 15.
[134] Vgl. Wimmer/Kusterer, in: DStR 2006, S. 2046; sowie IDW RH HFA 1.004, Tz. 4.

unangreifbar. Im traditionellen Bankgeschäft ist das Kreditgeschäft von einer margengenerierenden Durchhalteabsicht geprägt, so dass eine funktionelle Zuordnung des Kreditgeschäfts zum Anlagevermögen nach § 247 Abs. 2 HGB durchaus zu rechtfertigen wäre[135]. Auch für langfristige Forderungen wird grundsätzlich eine Zuordnung zum Umlaufvermögen gefordert, mit der Folge, dass eine Abschreibung auch bei nur vorübergehender Wertminderung vorzunehmen wäre[136]. Aufgrund dieser Ambivalenz werden Forderungen in der Praxis dem Umlaufvermögen zugeordnet, aber faktisch nach den für das Anlagevermögen geltenden Grundsätzen bewertet[137].

Eine Untermenge der Vermögensgegenstände des Umlaufvermögens bilden die Wertpapiere der Liquiditätsreserve gem. § 340f Abs. 1 und 3 HGB[138]. Diese sind dazu bestimmt, erforderlichenfalls durch Veräußerung die jederzeitige Zahlungsbereitschaft des Instituts aufrecht zu erhalten. Der Gesetzgeber zum Bankbilanzrichtlinien-Gesetz ging davon aus, dass Wertpapiere aus Vorsichtsgründen in der Praxis überwiegend nach den Vorschriften zur Bewertung des Umlaufvermögens bewertet werden[139], so dass eine Zuordnung von Wertpapieren zum Anlagevermögen Berichtspflichten nach § 35 Abs. 1 Nr. 2 RechKredV auslöst. Nach dieser Vorschrift ist der Betrag der börsenfähigen Wertpapiere anzugeben, die nicht mit dem Niederstwert bewertet werden.

1.3.1.2 Allgemeine Grundsätze zur Zugangs- und Folgebilanzierung

Vermögensgegenstände des Umlaufvermögens sind im Zugangszeitpunkt mit ihren Anschaffungs- und Herstellungskosten zuzüglich Anschaffungsnebenkosten anzusetzen (§ 253 Abs. 1 S. 1 HGB). Eine detaillierte Darstellung der Bestimmung der Anschaffungskosten von Darlehensforderungen, Schuldverschreibungen, Aktien und Investmentanteilen des Umlaufvermögens wird in den nachfolgenden Abschnitten produktspezifisch erläutert.

Vermögensgegenstände des Umlaufvermögens sind am Bilanzstichtag zwingend mit einem niedrigeren Stichtagswert zu bilanzieren (**strenges Niederstwertprinzip**). Dies kann nach § 253 Abs. 4 HGB entweder der niedrigere Börsen- oder Marktpreis oder ein niedrigerer beizulegender Wert sein, sofern ein Börsen- oder Marktpreis nicht feststellbar ist. Die Ableitung eines niedrigeren Stichtagswerts wird in den nachfolgenden Abschnitten für Darlehensforderungen, Schuldverschreibungen, Aktien und Investmentanteilen des Umlaufvermögens produktspezifisch erläutert.

Steuerlich können Abschreibungen von Vermögensgegenständen des Umlaufvermögens nur dann gewinnmindernd berücksichtigt werden, wenn eine andauernde Wertminderung vorliegt (§ 6 Abs. 1 Nr. 2 S. 2 EStG). Aus diesem Grunde muss im Rechnungswesen eines Instituts eine Wertminderung von Vermögensgegenständen des Umlaufvermögens in eine voraussichtlich dauerhafte und vorübergehende Wertminderung aufgeteilt werden. Diese Unterscheidungsnotwendigkeit kann wie folgt systematisiert werden:

---

135 Vgl. Göttgens (1998), S. 64; Naumann (1995), S. 82 m. w. N.
136 Vgl. Scharpf/Schaber (2018), S. 119.
137 Vgl. bspw. Göttgens (1998), S. 64; Groh, in: StuW 1991, S. 300; eine Zuordnung von Forderungen zum Anlagevermögen wird für zulässig gehalten von Windmöller, in: FS Moxter, S. 889.
138 Vgl. IDW RS BFA 2, Tz. 10 Fußnote.
139 Vgl. BT-Drs 11/6275, S. 21.

	Voraussichtlich dauernde Wertminderung		**Keine voraussichtlich dauernde Wertminderung**	
	Handelsrecht	Steuerrecht	Handelsrecht	Steuerrecht
Umlaufvermögen	Abschreibungspflicht	Abschreibungswahlrecht	Abschreibungspflicht	Abschreibungsverbot
Anlagevermögen	Abschreibungspflicht	Abschreibungswahlrecht	Abschreibungswahlrecht	Abschreibungsverbot

Abb. 23: Wertminderung in Handels- und Steuerrecht

Dem Wortlaut des § 6 Abs. 1 Nr. 2 S. 2 EStG folgend liegt für den Steuerpflichtigen ein Bewertungswahlrecht vor, nach dem eine Abschreibung auf den niedrigeren Teilwert vorgenommen werden kann, wenn eine voraussichtlich dauernde Wertminderung vorliegt. Inwieweit aufgrund einer handelsrechtlichen Abschreibungspflicht auch steuerlich eine Abschreibungspflicht aufgrund der Maßgeblichkeit der Handelsbilanz für die Steuerbilanz nach § 5 Abs. 1 S. 1 2. HS EStG besteht, ist in der Literatur umstritten. Die h. M. spricht sich für ein (eigenständiges) steuerliches Bewertungswahlrecht mit der Begründung aus, dass aufgrund der Neufassung von § 5 Abs. 1 S. 1 EStG durch das BilMoG die handelsrechtlichen Grundsätze nur noch mit der Einschränkung gelten, dass »im Rahmen der Ausübung eines steuerlichen Wahlrechts (…) ein anderer Ansatz gewählt (wird oder wurde)«. Daraus wird gefolgert, dass ein steuerliches Wahlrecht auch dann besteht, wenn handelsrechtlich der niedrigere beizulegende Wert angesetzt werden muss[140]. Aufgrund der materiellen Maßgeblichkeit der Handelsbilanz für die Steuerbilanz wird in der Literatur zum Teil auch eine steuerliche Abschreibungspflicht befürwortet[141].

Bei der Aufteilung in dauerhafte und nicht dauerhafte Wertminderungen ergibt sich eine Vielzahl von operativen Zweifelsfragen. Sowohl bei Wertminderungen von liquiden Wertpapieren als auch bei Wertminderungen von Darlehensforderungen, die auf institutsinternen Cash-Flow-Schätzungen basieren, ist eine Unterscheidung in dauerhafte und temporäre Wertschwankungen häufig nur schwer möglich. Da in der Praxis der Bankbilanzierung bei der Ermittlung eines Wertberichtigungsbedarfs auf Darlehensforderungen nicht jede Bonitätsverschlechterung zu einer Einzelwertberichtigung führt (im Einzelnen siehe Kapitel II.1.3.2.3.3), wird für die Risikovorsorge im Kreditgeschäft i. d. R. von einem Gleichlauf zwischen handelsrechtlicher und steuerrechtlicher Risikovorsorge auszugehen sein.

Der beizulegende Zeitwert ist nach § 252 Abs. 1 Nr. 3 HGB auf Basis der Wertverhältnisse am Abschlussstichtag zu bestimmen. Insbesondere bei der Bildung von Wertberichtigungen haben Institute zu beachten, dass Ereignisse, die erst zwischen dem Abschluss-

---

[140] Vgl. Dörfler/Adrian, in: WPg 2009, S. 390; Förster/Schmidtmann, in: BB 2009, S. 1345; Herzig/Briesemeister, in: DB 2010, S. 919; Theile/Hartmann, in: DStR 2008, S. 2031; BMF-Schreiben vom 12.03.2010, in: BStBl I 2010, S. 239; vgl. Ehmcke, in: Blümich, § 6 EStG, Tz. 561b; Kulosa, in: EStG, hrsg. v. Schmidt, 36. Aufl., § 6 EStG, Tz. 361; BFH, Urteil vom 09.12.2014 – X R 36/12, BeckRS 2015, 94748 (Tz. 20).
[141] Vgl. Anzinger/Schleiter, in: DStR 2010, S. 395; Hennrichs, in: Ubg 2009, S. 538; Schenke/Risse, in: DB 2009, S. 1958; Weber-Grellet (2011) S. 215.

stichtag und der Aufstellung[142] des Jahresabschlusses bekannt geworden sind, jedoch am Abschlussstichtag bereits eingetreten waren, als sog. »**wertaufhellende Ereignisse**« im Jahresabschluss zu berücksichtigen sind (Berücksichtigungspflicht). Mithin sind nach dem Wertaufhellungsprinzip alle bis zur Aufstellung des Jahresabschlusses bekannt gewordenen Ereignisse in der Bewertung zu berücksichtigen, sofern sie bis zum Abschlussstichtag eingetreten waren[143]. Damit ist der Wissensstand über die Wertverhältnisse am Abschlussstichtag zu berücksichtigen, der bis zum Aufstellungsstichtag gewonnen wurde[144]. Hinsichtlich der Ermittlung der Kreditrisikovorsorge bedeutet dies für Institute, dass die Information über die Insolvenz eines Darlehensnehmers nach dem Abschlussstichtag daraufhin zu untersuchen ist, ob die Forderung nicht schon bereits am Abschlussstichtag zweifelhaft war. In den Fällen, in denen die Insolvenz offensichtlich auf Ereignisse nach dem Bilanzstichtag zurückzuführen ist, liegt kein wertaufhellendes Ereignis vor[145]. Im handelsrechtlichen Schrifttum wird zwischen zwei unterschiedlichen Wertaufhellungskonzeptionen unterschieden. Bei der **subjektiven Wertaufhellungskonzeption** werden nur solche Ereignisse berücksichtigt, die ein ordentlicher Kaufmann unter Anwendung angemessener Sorgfalt zum Bilanzstichtag hätte erkennen können[146]. Nach der **objektiven Wertaufhellungskonzeption** kommt es auf die (ex post) richtige Darstellung des Reinvermögens an, und zwar unabhängig davon, was für den Bilanzersteller zum Abschlussstichtag bereits erkennbar war[147]. Nach handelsrechtlichen Grundsätzen ist eine objektive Wertaufhellung zugrunde zu legen[148], wobei nur jene Ereignisse in der Stichtagsbewertung zu berücksichtigen sind, die auch bereits am Abschlussstichtag eingetreten sind.

Davon zu unterscheiden sind die sog. »**wertbegründenden Ereignisse**«. Diese stellen Ereignisse dar, die nach dem Abschlussstichtag eingetreten sind. Diese sind grundsätzlich nicht bei der Bestimmung eines niedrigeren beizulegenden Werts zu berücksichtigen, da sie keinen Rückschluss auf die Wertverhältnisse am Bilanzstichtag zulassen[149]. Vielfach wird in der Literatur jedoch darauf hingewiesen, dass bei wertmindernden Ereignissen, die wesentlich für die Vermögens-, Finanz- und Ertragslage sind, eine besonders vorsichtige Bewertung angebracht erscheint[150]. Allerdings ist darauf hinzuweisen, dass Abschreibungen nach vernünftiger kaufmännischer Beurteilung (§ 253 Abs. 4 HGB aF) sowie Abschreibungen für künftige Wertschwankungen (§ 253 Abs. 3. S. 3 HGB aF) seit der Einführung des Bilanzrechtsmodernisierungsgesetzes nicht mehr gebildet werden dürfen.

---

142 Bei einem wesentlichen Einfluss auf die Vermögens-, Finanz- und Ertragslage wird es als notwendig angesehen, wertaufhellende Tatsachen, die zwischen der Aufstellung und der Feststellung des Jahresabschlusses bekannt geworden sind, zu berücksichtigen. Vgl. Sigloch/Weber, in: GmbHG, hrsg. v. Michalski, 2. Aufl., Anh. § 41–42a, Tz. 281. Die von Küting/Kaiser vertretene Auffassung, dass der Aufhellungszeitraum mit der Prüfungsbereitschaft enden soll, wird nach h. M. abgelehnt. Vgl. Küting/Kaiser, in: WPg 2000, S. 77.
143 Vgl. Moxter, in: FS Rose, S. 171 f.
144 Vgl. ADS, § 252 HGB, Tz. 39.
145 Vgl. Schulze-Osterloh, in: Baumbach/Hueck, GmbHG, § 42, Tz. 247; ADS, § 252 HGB, Tz. 39.
146 Bei dieser Konzeption ist eine am Abschlussstichtag als zweifelhaft einzustufende Forderung bei sorgfältig ermittelter Informationsgrundlage abzuschreiben, auch wenn die Forderung nach dem Abschlussstichtag und vor der Aufstellung des Jahresabschlusses voll beglichen würde. Vgl. Moxter, in: BB 2003, S. 2559.
147 Vgl. Moxter, in: BB 2003, S. 2560; Kirsch/Koelen, in: MüKom zum Bilanzrecht, Band 1, 2009, IAS 10, Tz. 23.
148 Vgl. Moxter, in: BB 2003, S. 2560.
149 Vgl. IDW PS 203, Tz. 9; Winkeljohann/Büssow, in: BBK, 11. Aufl., § 252 HGB, Tz. 38.
150 Vgl. ADS, § 252 HGB, Tz. 44; Winkeljohann/Büssow, in: BBK, 11. Aufl., § 252 HGB, Tz. 38.

1.3.2 Bewertung von Forderungen

1.3.2.1 Gewinnrealisierende und nicht gewinnrealisierende Forderungen

Die Bestimmung der Anschaffungskosten von Forderungen ist abhängig von ihrer Verzinslichkeit (Über- oder Unterverzinslichkeit). In diesem Zusammenhang ist zwischen dem Erwerb bestehender Forderungen sowie der Anschaffungskostenbestimmung bei originär entstehenden Forderungen zu unterscheiden[151]:
- Bei einem Erwerb von bereits **bestehenden Forderungen** wird eine nicht-marktgerechte Verzinsung durch einen Abschlag oder Aufschlag zum Nennwert berücksichtigt. Der Erwerb erfolgt durch die Hingabe von Vermögensgegenständen oder die Übernahme von Schulden.
- Bei der Bestimmung der Anschaffungskosten von **originär entstehenden** Forderungen ist zwischen gewinnrealisierenden und nicht gewinnrealisierenden Forderungen zu unterscheiden.
  - **Originär** entstehende, **gewinnrealisierende Forderungen** (z.B. Forderungen aus Beratungsleistungen, M&A-Verträgen und Finanzdienstleistungen) sind bei Zugang grundsätzlich zu ihrem Nennwert (Rechnungsbetrag) zu bilanzieren[152], da dieser den Anschaffungs- bzw. Herstellungskosten i.S.d. §253 Abs. 1 und 3 HGB entspricht. Der Ansatz von Forderungen zu ihrem Nennwert entspricht aber nur bei Normalverzinslichkeit (Darlehenszins = Marktzins) dem Barwert des zukünftigen Zahlungsstroms aufgrund des Ausgleichseffektes von laufender Zinszahlung und Abzinsung[153]. Dabei wird die Frage aufgeworfen, inwiefern der Ansatz von Forderungen zum Nennwert auch bei Über- bzw. Unterverzinslichkeit eine sachgerechte Abbildung des Vermögenswerts der Forderung darstellt. Zwar wird zugestanden, dass der Anschaffungswert einnahmenorientiert aus dem erwarteten künftigen Zahlungsmitteleingang zu bestimmen ist[154], eine allgemeine Bewertung gewinnrealisierender Forderungen durch Abzinsung der künftigen Einnahmen wird daraus jedoch nicht abgeleitet. Nur für langfristige unterverzinsliche Umsatzforderungen wird der Ansatz zum Barwert teilweise als verpflichtend angesehen[155]. Bei einem Ansatz zum Barwert erfolgt eine gedankliche Zerlegung der unterverzinslichen Forderung in ein Absatzgeschäft (z.B. Erbringung einer Finanzdienstleistung oder Beratungsleistung) und ein Kreditgeschäft in Höhe des Rechnungsbetrags bei Barzahlung[156]. Der Ansatz einer unterverzinslichen Forderung zu ihrem Nennwert würde insofern einen Verstoß gegen das Realisationsprinzip darstellen, als bereits im Zeitpunkt des Zugangs der Forderung noch nicht realisierte Zinserträge ausgewiesen würden[157]. Eine unterverzinsliche Forderung ist dem-

---

151 Vgl. Ellrott/Schmidt-Wendt, in: BBK, 4. Aufl., §255 HGB, Tz.255–257.
152 Vgl. ADS (1995), §253 HGB, Tz.54; Ellrott/Schmidt-Wendt, in: BBK, 4. Aufl., §255 HGB, Tz.252 m.w.N.
153 Vgl. Böcking (1988), S.142.
154 Vgl. Groh, in: StuW 1974, S.344.
155 Vgl. Clemm, in: Werte und Wertermittlung im Steuerrecht, S.230; Ellrott/Schmidt-Wendt, in: BBK, 4. Aufl., §255 HGB, Tz.256; Winnefeld (2002), D 606.
156 Vgl. Clemm in: Werte und Wertermittlung im Steuerrecht, S.230.
157 Vgl. Karrenbauer, in: HdR, §253 HGB, Tz.57.

nach in eine Kaufpreisforderung, für die der Barwert als fiktiver Barverkaufspreis gilt, und eine (noch nicht realisierte) Zinsforderung zu unterteilen, die laufzeitanteilig durch Aufzinsung des Forderungsbarwertes als Zinsertrag vereinnahmt wird[158].

- Der Ansatz unterverzinslicher (**nicht gewinnrealisierender**) **Darlehensforderungen** im Zugangszeitpunkt wird in der durch die höchstrichterliche Finanzrechtsprechung geprägten deutschen Literatur sehr umstritten diskutiert. So wird argumentiert, dass für unterverzinsliche Darlehensforderungen im Zeitpunkt der Erstverbuchung aufgrund des Realisationsprinzips der Nennwert als »fiktive« Anschaffungskosten gelten muss[159]. Ein niedrigerer Ansatz der Forderung aufgrund von Unterverzinslichkeit kommt dann lediglich zum Stichtag in Betracht. Dabei wird unterschieden, inwiefern der Unterverzinslichkeit eine Gegenleistung gegenübersteht. Stehen den entgangenen Zinserträgen keine Gegenleistungen des Schuldners in anderer Form gegenüber (echte Unterverzinslichkeit), dann ist die Forderung aufgrund des Imparitätsprinzips **erst am Bilanzstichtag** auf den niedrigeren beizulegenden Wert abzuschreiben[160]. Können die entgangenen Zinserträge mit »zinsersetzenden Vorteilen« aufgerechnet werden, kommt eine Abwertung der Forderung am Bilanzstichtag nicht in Betracht, da der Zeitwert der Forderung durch den Bewertungszusammenhang mit der Gegenleistung des Schuldners nicht unter die Anschaffungskosten gesunken ist[161]. Solche Gegenleistungen können im Bankgeschäft im Rahmen von **Cross-Selling-Aktivitäten** entstehen. So kann die Verzinsung einer Akquisitionsfinanzierung durch Beratungserträge aus einem M&A-Mandat beeinflusst sein. Vielfach wird dieser Bilanzierungsweise entgegen gehalten, dass sie einer unterverzinslichen Forderung im Vergleich zu einer normalverzinslichen Forderung einen zu hohen Vermögenswert beimisst[162]. Während der Ansatz einer unterverzinslichen Forderung zu ihrem Nennwert die Kreditvergabe und den Zugang eines immateriellen Vermögensgegenstandes als eine einheitliche Transaktion betrachtet, wird in der Literatur zum Teil eine bilanzielle Trennung dieser beiden Geschäfte gefordert[163]. Dies bringt eine erstmalige Bilanzierung der Forderung zum Barwert mit sich. Die Differenz zwischen Nennwert und Barwert (= Barwert der entgangenen Zinserträge) bilden dabei entweder die Anschaffungskosten für einen erworbenen immateriellen Vermögensgegenstand oder nicht bilanzierungsfähige Aufwendungen[164]. Da der Barwert der Forderung im Zeitablauf steigt und kurz vor der Fälligkeit dem Nennwert entspricht, »ist die Forderung jährlich durch nachträgliche Anschaffungskosten zu erhöhen«[165].

---

158 Vgl. Ellrott/Schmidt-Wendt, in: BBK, 4. Aufl., § 255 HGB, Tz. 256.
159 Vgl. Moxter (1999), S. 138 f.
160 Eine Zugangsbilanzierung unterverzinslicher Forderungen zum Barwert steht einer erfolgsneutralen Zugangsbilanzierung entgegen und ist damit abzulehnen. Vgl. Birck/Meyer, V 131 ff.; Scharpf/Schaber (2018), S. 130.
161 So bspw. Kupsch, in: HdJ, Abt. IV/4, Rdnr. 142.
162 Vgl. ADS, § 255 HGB, Tz. 81.
163 Vgl. bspw. Karrenbauer, in: HdR, § 253 HGB, Tz. 42 und 45.
164 Vgl. Siepe, in: FS Forster, S. 619 f.
165 ADS, § 255 HGB; Tz. 81. In der Literatur wird zum Teil eine spätere Aufstockung des Anschaffungswertes aufgrund der Barwerterhöhung ausgeschlossen, »da beim Gläubiger durch den Zinsverzicht mangels einer Einnahme keine nachträglichen Anschaffungskosten anfallen, die eine Zuschreibung begründen können.« So Kupsch in: HdJ, Abt. IV/4, Tz. 141.

Im Folgenden wird der Hauptanwendungsfall für Kreditinstitute, nämlich die Bilanzierung von Darlehensforderungen, näher betrachtet. Dabei wird davon ausgegangen, dass der Nominalzins der Darlehensforderung im Vergleich zum Marktzins sowie der Bonität des Schuldners als marktgerecht anzusehen ist oder eine Abweichung durch Unterschiede zwischen dem Nominalbetrag und dem Auszahlungsbetrag bzw. Kaufpreis hergestellt wird.

1.3.2.2 Zugangsbilanzierung von Darlehensforderungen

1.3.2.2.1 Bestimmung der Anschaffungskosten

Forderungen sind wie alle anderen Vermögensgegenstände mit ihren Anschaffungs- und Herstellungskosten im Zugangszeitpunkt zu bilanzieren (§ 253 Abs. 1 S. 1 HGB). Sind in der Forderung **eingebettete Derivate** enthalten, so ist die Forderung gem. den Kriterien des IDW RS HFA 22 auf eine Trennungspflicht zu prüfen. Zwar werden Forderungen als Vermögensgegenstände des Umlaufvermögens nach dem strengen Niederstwertprinzip bewertet, jedoch werden im Regelfall keine Preise vorhanden sein, die auf einer Notierung an einem aktiven Markt basieren. Diese beiden Bedingungen müssten kumulativ für eine einheitliche Bilanzierung strukturierter Forderungen erfüllt sein. Da für Darlehensforderungen i. d. R. keine Preise auf aktiven Märkten existieren, ist die Rückausnahme für eine einheitliche Bilanzierung nach IDW RS HFA 22, Tz. 14 für strukturierte Forderungen nicht einschlägig. Zur Prüfung von eingebetteten Derivaten im Kreditgeschäft siehe Kapitel III.1.4.4.3.5.

Bei Forderungen, die durch das Institut originär herausgelegt wurden, stellt der **Auszahlungsbetrag** die Anschaffungskosten dar; bei erworbenen Forderungen ist dies der Kaufpreis (jeweils zuzüglich Anschaffungsnebenkosten)[166]. Diverse Nebenkosten, die mit der Ausreichung eines Kredits verbunden sind, werden vielfach durch den Kreditnehmer (z. B. in der Form von Kreditprovisionen, Kreditbearbeitungsgebühren, Agency Fees, Strukturierungsgebühren usw.) getragen. Ob die vom Kreditnehmer übernommenen Gebühren bei Rechnungsstellung sofort ergebniswirksam oder über die Laufzeit des Kredits zu vereinnahmen sind, ist abhängig davon, ob mit den Gebühren die Erbringung einer Dienstleistung verbunden ist oder ob die Gebühren Zinscharakter aufweisen (im Einzelnen siehe Kapitel VI.2.4). Sofern beim Institut anfallende Kosten nicht durch den Kreditnehmer übernommen werden, können diese als Anschaffungsnebenkosten aktivierungsfähig und -pflichtig sein[167]. Die geübte Bilanzierungspraxis der Institute, diese Kosten sofort aufwandswirksam werden zu lassen, wird nach der h. M. nicht beanstandet[168].

1.3.2.2.2 Wahlrecht zur Nominalwertbilanzierung

1.3.2.2.2.1 Anwendungsbereich des Wahlrechts

Nach § 340e Abs. 2 HGB dürfen (**Wahlrecht**) Hypothekendarlehen und andere Forderungen mit ihrem Nennwert angesetzt werden, wenn der Unterschiedsbetrag zwischen dem Nennbetrag und dem Auszahlungsbetrag Zinscharakter hat. Dies bedeutet, dass der Aus-

---

166 Vgl. Böcking/Löw/Wohlmannstetter, in MüKom HGB, § 340e HGB, Tz. 18.
167 Vgl. Braun, in: KK-RLR, § 340e HGB, Tz. 86.
168 Vgl. WPH I[2012], J 318.

gangspunkt zur Bilanzierung von Forderungen die Anschaffungskosten im Sinne des § 253 Abs. 1 HGB (Auszahlungsbetrag) darstellt; nur sofern der Unterschiedsbetrag Zinscharakter hat dürfen Forderungen außerhalb des Handelsbestands mit ihrem Nennwert angesetzt werden. Das Wahlrecht unterliegt der Bewertungsstetigkeit des § 252 Abs. 1 Nr. 6 HGB. Es gilt sowohl für erworbene[169] als auch für herausgelegte (originäre) Forderungen außerhalb des Handelsbestands (Bankbuch)[170]. Forderungen des Handelsbestands sind im Zugangszeitpunkt zwingend zu Anschaffungskosten anzusetzen. Entgegen der Gesetzesbegründung[171] wird es im Schrifttum teilweise als sachgerecht angesehen, das Wahlrecht zur Nominalwertbilanzierung auch auf Schuldverschreibungen außerhalb Handelsbestands auszuweiten (siehe hierzu Kapitel III.1.3.3.2.1). Liegt der Auszahlungsbetrag einer Forderung des Bankbuchs unterhalb ihres Nennwerts, so realisiert sich diese Differenz bei einer Anschaffungskostenbilanzierung ggf. erst im Zeitpunkt der Fälligkeit. Nach § 340e Abs. 2 S. 2 u. 3 HGB ergeben sich für die Bilanzierung von Agien und Disagien unterschiedliche bilanzielle Alternativen, die in Abbildung 24[172] systematisiert werden.

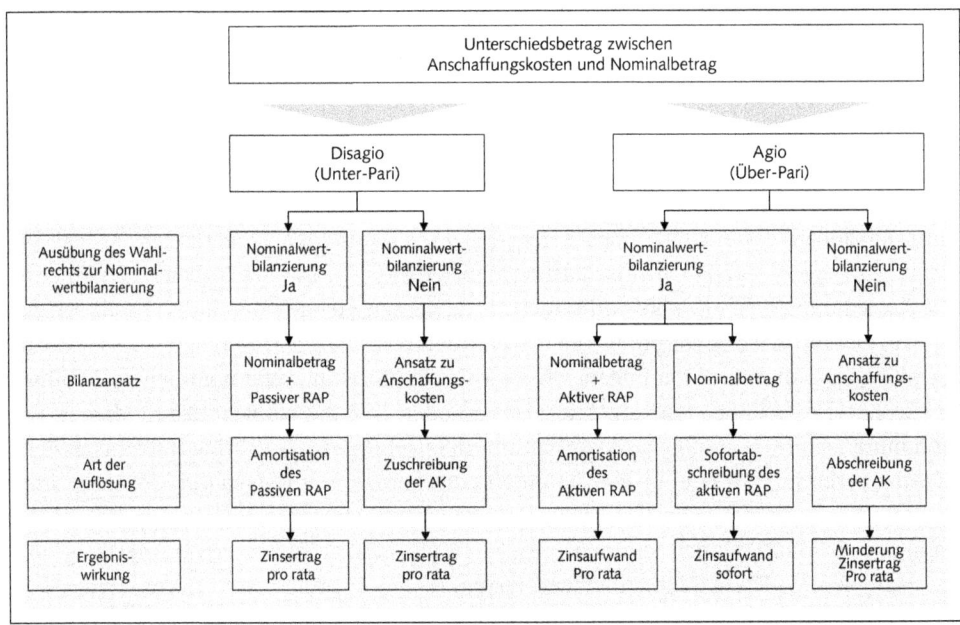

Abb. 24: Bilanzierung von Agien und Disagien im Bankbuch

Wird bei der Ausreichung eines Kredits ein marktabweichender Zins vereinbart oder werden bestehende Forderungen angekauft, die im Vergleich zum aktuellen Zinsniveau über- oder unterverzinslich sind, so wird die Angleichung auf das aktuelle Marktniveau durch

---

169 Anderer Ansicht Merkt, in: Baumbach/Hopt, 37. Aufl., § 340e HGB, Tz. 6; nach dessen Auffassung das Wahlrecht zur Nominalwertbilanzierung nur für originär herausgelegte Forderungen gilt.
170 Vgl. Braun, in: KK-RLR, § 340e HGB, Tz. 89; Scharpf/Schaber (2018), S. 131.
171 Siehe BT-Drs 11/6786, S. 26.
172 Ähnlich Bieg/Waschbusch (2017), S. 409.

einen Unterschied zwischen dem Ausgabebetrag bzw. Kaufpreis und dem Nominalbetrag der Forderung herbeigeführt. Hier ist wie folgt zu unterscheiden:
- Ist der Ausgabebetrag bzw. Kaufpreis einer Forderung kleiner als der Nominalbetrag, so liegt ein Disagio vor. In diesem Falle liegt der Nominalzins unter dem Marktzins, so dass das einbehaltene Damnum eine Zinsvorauszahlung des Kreditnehmers darstellt[173]. Es handelt sich um eine Herauslegung des Kredits »Unter-Pari«.
- Sofern der Ausgabebetrag bzw. Kaufpreis den Nominalbetrag übersteigt (Nominalzins der Forderung > Marktzins), liegt ein Agio (Über-Pari-Erwerb) vor. Das Agio bewirkt, dass die Effektivverzinsung der Forderung der Marktverzinsung im Zeitpunkt des Erwerbs bzw. der Herauslegung der Forderung entspricht. Aus diesem Grunde weist der Unterschiedsbetrag Zinscharakter auf.

Agien bzw. Disagien dienen der Feinjustierung der Verzinsung des Darlehens[174]. Sowohl bei Vorliegen eines Disagios als auch im Falle eines Agios besteht das Wahlrecht zur Nominalwertbilanzierung nach § 340e Abs. 2 S. 1 HGB.

Wird das Wahlrecht bei Vorliegen eines **Disagios** ausgeübt, so ist der Unterschiedsbetrag zwischen Anschaffungskosten und Nominalbetrag als **passiver Rechnungsabgrenzungsposten** (§ 340e Abs. 2 S. 2 HGB i.V.m. § 250 Abs. 2 HGB) zu bilanzieren und aufgrund des Zinscharakters über den Zinsertrag aufzulösen (siehe § 28 S. 2 RechKredV). Auch steuerlich gilt der Nennbetrag als Anschaffungskosten einer Darlehensforderung[175], wobei das Disagio als passiver Rechnungsabgrenzungsposten zu erfassen und nach der Zinsstaffelmethode steuerlich aufzulösen ist[176].

Wird das Wahlrecht zur Nominalwertbilanzierung nicht ausgeübt, so sind die un- bzw. unterverzinslichen Forderungen mit ihren – im Vergleich zum Nominalbetrag geringeren – Anschaffungskosten zu aktivieren. Sofern die Anschaffungskosten zinsinduziert kleiner als der Nominalwert sind, ist es vertretbar, die Anschaffungskosten über die Laufzeit auf den Nominalbetrag hochzuschreiben[177]. Die Erhöhung der Anschaffungskosten ist ergeb-

---

[173] Vgl. BT-Drs IV/624, S.17; BFH-Urteil vom 20.10.1999 – XR 69-96, in: DStRE 2000, S.119; Hennrichs, in: MüKom BilR, § 250 HGB, Tz. 44. Zutreffender Weise wird im Schrifttum darauf hingewiesen, dass die Interpretation eines Disagios als vorausbezahlter Zins wirtschaftlich unzutreffend ist, da der Schuldner keine Zahlungsmittel zu Beginn, sondern erst am Ende der Kreditlaufzeit an den Gläubiger zahlt. Die nicht ausbezahlten Zinsen stehen dem Schuldner als überlassenes Kapital weiterhin zur Verfügung und werden bis zur Endfälligkeit mitverzinst. Vgl. Schaber/Amann, in: WPg 2014, S.941. Die Interpretation als Zinsvorauszahlung ist als Abgrenzung zu der vormals vorherrschenden Interpretation des Disagios als Abgeltung von Verwaltungsaufwand für die Kreditbeschaffung anzusehen. Vgl. BGH-Urteil vom 29.05.1990 – XI ZR 231-89, in: DB 1990, S.1610.
[174] Vgl. z.B. Sigloch/Weber, in: GmbHG, hrsg. v. Michalski, Anh. §§ 41–42a, Rechnungslegung der GmbH, Tz.857.
[175] Vgl. BFH II R 244/84 vom 08.11.1989, BFH/NV 90, S.552.
[176] Vgl. BFH III 142/61 vom 14.02.1964; BFH I R 236/72 vom 23.04.1975; Ehmcke, in: Blümich, 139. Aufl., § 6 EStG, Tz.900.
[177] Vgl. IDW, Berichterstattung über die 237. Sitzung des HFA vom 02. und 03.09.2014, S.11, wonach es als vertretbar angesehen wird, die Grundsätze der Bilanzierung von Zero Bonds auch auf unterverzinsliche (verbriefte und unverbriefte) Forderungen anzuwenden. Dies erlaubt eine effektivzinskonstante Amortisation eines Unterschiedsbetrags durch eine entsprechende Fortschreibung der Anschaffungskosten.

niswirksam als Zinsertrag zu vereinnahmen[178]. Unabhängig von der Ausübung des Wahlrechts nach §340e Abs. 2 S.1 HGB wird ein zinsbedingter Unterschiedsbetrag damit pro rata temporis im Zinsergebnis vereinnahmt.

Liegt ein **Agio** vor, so unterscheidet sich der Bilanzausweis ebenfalls in Abhängigkeit von der Ausübung des Wahlrechts nach §340e Abs. 2 S.1 HGB. Wird das Wahlrecht zur Nominalwertbilanzierung ausgeübt, so sind die Forderung zu ihrem Nominalwert und der Unterschiedsbetrag zwischen Nominalbetrag und Anschaffungskosten in einem aktiven Rechnungsabgrenzungsposten anzusetzen. Die Amortisation des aktiven Rechnungsabgrenzungspostens erfolgt planmäßig als Minderung des Zinsertrags[179], da das Agio einer Forderung eine Korrektur der nominellen Zinserträge darstellt[180]. Alternativ kann ein Agio auch sofort aufwandswirksam abgeschrieben werden. Dies folgt aus dem Wortlaut des §340e Abs. 2 S.3 HGB, wonach der Unterschiedsbetrag angesetzt werden »darf«. Dieses Bewertungswahlrecht unterliegt dem Stetigkeitsgrundsatz des §252 Abs. 1 Nr. 6 HGB und ist daher zeitstetig und auf wirtschaftlich vergleichbare Sachverhalte konsistent anzuwenden. Wird das Wahlrecht zur Nominalwertbilanzierung nicht ausgeübt, so werden die Forderungen mit ihren Anschaffungskosten aktiviert und über die Laufzeit auf den Nominalbetrag amortisiert. In diesem Fall wird der Unterschiedsbetrag pro rata temporis als Minderung des Zinsertrags ergebniswirksam amortisiert[181].

1.3.2.2.2.2 Auslegung von »Zinscharakter«

Abweichend von dem tatsächlichen Auszahlungsbetrag bzw. Kaufpreis können (**Wahlrecht**) erworbene oder herausgelegte Hypothekendarlehen[182] und andere Forderungen nach §340e Abs. 2 HGB mit ihrem **Nominalwert** angesetzt werden, wenn die Differenz zu den Anschaffungskosten **Zinscharakter** hat. Für die Auslegung dieses unbestimmten Rechtsbegriffs wird im Folgenden zwischen originär herausgelegten und erworbenen Forderungen differenziert.

Bei **selbst begründeten** Forderungen ist nach h.M. regelmäßig von dem Vorliegen des Zinscharakters auszugehen[183]. Wann ein Unterschiedsbetrag einen Zinscharakter aufweist, ist weder im Gesetz noch in der Gesetzesbegründung aufgeführt. Im Schrifttum findet sich eine Auslegung von »Zinscharakter im engeren Sinne« sowie von »Zinscharakter im weiteren Sinne«. Bei einer Auslegung von **Zinscharakter im weiteren Sinne** wird darauf abgestellt, dass es sich bei dem Erwerb oder dem Herauslegen eines Kredits um ein auf Dauer angelegtes Kapitalüberlassungsverhältnis auf Zeit handelt. Steht bei dem Erwerb einer Forderung die Kreditgewährung im Vordergrund, durch die auf Dauer anteilige Zinsen verein-

---

178 Vgl. Bieg/Waschbusch (2017), S. 409; Birck/Meyer V, S. 134–136; Windmöller, in: FS Forster, S. 695; Sittmann-Haury (2002), S. 27.
179 Vgl. Birck/Meyer V, S. 419; Krumnow/Sprißler (2004), S. 380.
180 §29 S. 2 RechKredV bezieht sich lediglich auf Agio-Amortisierungen von Verbindlichkeiten, die zwingend im Zinsaufwand zu berücksichtigen sind.
181 Vgl. Bieg/Waschbusch (2017), S. 409; Birck/Meyer V, S. 419; Sittmann-Haury (2002), S. 27.
182 Die explizite Aufführung von Hypothekenforderungen in §340e Abs. 2 HGB ist eine Anknüpfung an §25 HBG. Eine Beschränkung des Wahlrechts auf langfristige Forderungen ist damit jedoch nicht impliziert. Vgl. BT-Drs 11/6789, S. 26.
183 Vgl. noch Scharpf/Schaber (2013), S. 123; Löw, in: MüKom BilR, §340e HGB, Tz. 17; Böcking/Morawietz/Torabian, in: MüKom HGB, §340e HGB, Tz. 22.

nahmt werden sollen, so ist dem Unterschiedsbetrag Zinscharakter zuzuschreiben (eine Mindesthaltezeit ist jedoch nicht gefordert)[184]. Ist bei Erwerb ein Weiterverkauf der Forderung beabsichtigt, so ist die Forderung zu Anschaffungskosten zu bilanzieren, da der Unterschiedsbetrag durch das Ausnutzen von Kursdifferenzen gewinnbringend realisiert werden soll[185]. Einem Unterschiedsbetrag ist bei dieser Auslegung ein Zinscharakter dann zuzuschreiben, wenn das Kapitalüberlassungsverhältnis auf Dauer angelegt ist und damit ein vom Marktzinsniveau abweichender Nominalzins ausgeglichen wird. Einem Unterschiedsbetrag wäre in diesem Fall bspw. kein Zinscharakter zuzuschreiben, wenn das Disagio in Höhe einer ansonsten üblichen Bearbeitungsgebühr oder zur Abgeltung von Verwaltungskosten festgelegt wird[186]. Teilweise zusätzlich zu den oben genannten Anforderungen wird bei einer Auslegung von Zinscharakter **im engeren Sinne** darauf abgestellt, dass der Unterschiedsbetrag zwischen dem Nominalwert und dem Kaufpreis einer Forderung auf einer Änderung des Marktzinsniveaus beruht. Zinscharakter wird bei dieser Sichtweise mit zinsinduzierten Abweichungen zwischen dem vereinbarten Nominalzins und dem aktuellen Marktzins gleichgesetzt[187]. Dies schließt grundsätzlich nicht nur Abweichungen des risikofreien Zinssatzes, sondern auch Abweichungen im Credit Spread ein. Im Rahmen der engeren Auslegung wird danach differenziert, ob der Unterschiedsbetrag (überwiegend) auf einer Änderung des risikofreien Zinssatzes oder auf einer Änderung anderer Bewertungsparameter beruht. Ist der Abschlag bspw. auf eine verminderte Bonität zurückzuführen, so soll kein Zinscharakter vorliegen[188]. Abschläge beim Erwerb von Non-Performing-Loans sind nach dieser Auslegung nicht als Zinscharakter zu werten[189]. Bei dieser engen Auslegung des Wortlauts von § 340e Abs. 2 HGB wäre es erforderlich, bonitätsbedingte Unterschiedsbeträge von der Nennwertbilanzierung auszunehmen und eine Spaltung des Unterschiedsbetrags in einen zinsinduzierten Anteil und einen bonitätsbedingten Anteil vorzunehmen[190]. Dazu wäre bewertungstechnisch festzustellen, ob der Unterschied zwischen Kaufpreis und Nominalwert überwiegend zins- oder bonitätsinduziert ist. Eine solche Notwendigkeit des Splittings würde dann auch in solchen Fällen bestehen, in denen ein zinsbedingter Unterschiedsbetrag durch eine bonitätsinduzierte Differenz ausgeglichen würde und sich insgesamt daher kein Unterschiedsbetrag zwischen Nennwert und Kaufpreis ergibt. Ein solches Splitting ist nach der h. M. jedoch nicht erforderlich und in der Praxis auch nicht üblich[191]. Die Auslegung **im weiteren Sinne** scheint der Intention des Gesetzgebers bei der Zulassung der Nominalwertbilanzierung von Buchforderung zu entsprechen. So sollte mit der Beschränkung einer zeitlichen Vereinnahmung von Unterschiedsbeträgen mit Zinscharakter erreicht werden, dass nur solche Forderungen mit den

---

[184] Vgl. Bieg/Waschbusch (2017), S. 406 f.; Böcking/Morawietz/Torabian, in: MüKom HGB, 3. Aufl., § 340e HGB, Tz. 21; Bundesverband deutscher Banken (1993), S. 106.
[185] Vgl. BT-Drs 11/6786, S. 26; Bundesverband deutscher Banken (1993), S. 106; Böcking/Morawietz/Torabian, in: MüKom HGB, 3. Aufl., § 340e HGB, Tz. 21; Löw, in: MüKom BilR, § 340e HGB, Tz. 16.
[186] Vgl. Löw, in: MüKom BilR, § 340e HGB, Tz. 16. Böcking/Morawietz/Torabian, in: MüKom HGB, 3. Aufl., § 340e HGB, Tz. 21.
[187] Vgl. Braun, in: KK-RLR, § 340e HGB, Tz. 88.
[188] Vgl. Scharpf/Schaber (2018), S. 142.
[189] Vgl. Braun, in: KK-RLR, § 340e HGB, Tz. 88.
[190] Vgl. Gebhardt/Strampelli, in: BFuP 2005, S. 512.
[191] Vgl. Krumnow/Sprißler (2004), § 340e HGB, Tz. 174.

Anschaffungskosten angesetzt werden müssen, die für den Handel erworben werden[192]. Eine Gleichsetzung von Zinscharakter mit zinsinduzierten Bewertungsunterschieden ist den Gesetzesmaterialien nicht zu entnehmen. Für eine weite Auslegung des Begriffs spricht zudem, dass der Gesetzgeber mit Verweis auf § 340e Abs. 2 HGB eine Nominalwertbilanzierung bei Versicherungsunternehmen nach § 341c Abs. 1 HGB vorsieht[193], ohne den Zinscharakter eines Unterschiedsbetrags als Voraussetzung in den Gesetzestext mitaufzunehmen. Die Aufnahme in den Gesetzestext war insofern entbehrlich, da Versicherungsunternehmen Namensschuldverschreibungen stets als Kapitalanlagen langfristig halten und somit der Zinscharakter des Differenzbetrags **regelmäßig** gegeben ist, während Kreditinstitute Forderungen und Wertpapiere auch im Handelsbestand führen[194]. In den Gesetzesmaterialien wird in Bezug auf den Zinscharakter von Unterschiedsbeträgen auf die Halteabsicht abgestellt, so dass eine weite Auslegung dieses Begriffs vertretbar erscheint[195].

Grundsätzlich ist das Wahlrecht des § 340e Abs. 2 S. 1 HGB auch auf **erworbene Forderungen** anwendbar. Auch für diese erscheint es sachgerecht, das Vorliegen von Zinscharakter nicht nur auf die Fälle zu beschränken, in denen der – bspw. nach der Marktzinsmethode aufgespaltene – Vertragszins vom risikofreien Marktzins im Ankaufszeitpunkt abweicht. Auch einer Änderung des Credit Spreads zwischen dem Zeitpunkt der Herauslegung und dem Ankaufszeitpunkt kann grundsätzlich ein Zinscharakter zugeschrieben werden. Dies gilt jedoch nicht für bereits im Ankaufszeitpunkt als wertberichtigt einzustufende Forderungen (Ankauf von Non-Performing Loans)[196]. Bei dem Erwerb von »gesunden« Kreditportfolien kann dem Unterschied zwischen Nominalwert und Kaufpreis i. d. R. Zinscharakter zugeschrieben werden. Im Zweifel wäre bewertungstechnisch festzustellen, ob der Unterschied zwischen Kaufpreis und Nominalwert überwiegend zins- oder bonitätsinduziert ist.

1.3.2.2.2.3 Zweifelsfälle der Nominalwertbilanzierung

Fraglich ist, inwieweit eine Nominalwertbilanzierung von Forderungen möglich ist, wenn diese einer Änderung der wirtschaftlichen Zweckbestimmung unterliegen oder der rechtliche Charakter aufgrund von Vertragsanpassungen (z. B. Vinkulierung) verändert wurde. Eine Änderung der wirtschaftlichen Zweckbestimmung kommt bei Kreditinstituten bspw. in Betracht, wenn originär herausgelegte Forderungen des Bankbuchs, bei denen ursprünglich eine auf Dauer angelegte Vereinnahmung von anteiligen Zinsen im Vordergrund stand, nunmehr als Abbauportfolien oder nicht strategische Portfolien angesehen werden und durch die Geschäftsleitung für diese Forderungen ein uneingeschränkter Verkaufsbeschluss getroffen wurde. In diesem Fall scheint die Fortführung der mit der Nominalwertbilanzierung verbundenen ertragswirksamen Auflösung passiver Rechnungsabgrenzungs-

---

[192] Vgl. BT-Drs 11/6786, S. 26.
[193] Laut Gesetzesbegründung entspricht die Regelung in § 341c Abs. 1 HGB der Vorschrift in § 340e Abs. 2 HGB. Siehe BT-Drs 12/5587, S. 26.
[194] Vgl. BT-Drs 12/5587, S. 26; Ellenbürger/Hammers, in: MüKom BilR, § 341c HGB, Tz. 5; Hommel/Morawietz, in: MüKom HGB, § 341c HGB, Tz. 7.
[195] Die bilanzielle Abbildung des Erwerbs notleidender oder wertberichtigter Forderungen hat auch vor diesem Hintergrund zu Anschaffungskosten zu erfolgen, da bei dem Erwerb solcher Forderungen regelmäßig nicht (nur) die laufende Vereinnahmung von anteiligen Zinsen bis zur Endfälligkeit im Vordergrund steht.
[196] Vgl. Braun, in: KK-RLR, § 340e HGB, Tz. 88; Scharpf/Schaber (2018), S. 137.

posten zweifelhaft, da für diese Forderungen das Vorliegen eines Zinscharakters der Unterschiedsbeträge verneint werden muss.

Werden Inhaberschuldverschreibungen in Namensschuldverschreibungen umgewandelt, so wird bei einem Übergang von einer Anschaffungskostenbilanzierung zu einer Nennwertbilanzierung das Entstehen eines Buchgewinns abgelehnt[197]. Strittig ist, ob eine erfolgsneutrale Erfassung des Unterschiedsbetrags zwischen dem Buchwert im Übergangszeitpunkt und dem Nennwert erfolgsneutral als Rechnungsabgrenzungsposten erfasst und zeitanteilig aufgelöst werden darf[198]. Ein (erfolgsneutraler) Übergang von einer Anschaffungskostenbilanzierung zu einer Nominalwertbilanzierung (z. B. bei Wegfall der Veräußerungsabsicht oder im seltenen Fall der Umgliederung aus dem Handelsbestand) wird im Schrifttum als vertretbar angesehen[199].

1.3.2.3 Folgebilanzierung von Darlehensforderungen

1.3.2.3.1 Planmäßige Auflösung von Agien und Disagien

Unterschiedsbeträge zwischen Auszahlungs- und Rückzahlungsbetrag stellen keine Vermögensgegenstände dar, da für diese keine selbständige Rechtsverkehrsfähigkeit besteht[200]. So wäre ein Disagio ggf. als Rechnungsabgrenzungsposten zu passivieren und planmäßig über die Restlaufzeit des Kredits abzuschreiben. Die Notwendigkeit einer planmäßigen Verteilung eines Disagios ergibt sich aus § 340e Abs. 2 S. 2 HGB. Nach h. M. erfordert eine planmäßige Verteilung die Aufstellung eines Abschreibungsplans[201]. Im Gegensatz zu § 253 Abs. 3 S. 2 HGB wird in § 340e Abs. 2 S. 2 HGB nur eine »planmäßige« Auflösung, nicht aber eine planmäßige Abschreibung über die **voraussichtliche Nutzungsdauer** gefordert. Dies ist allerdings nicht so auszulegen, dass hieraus eine Beliebigkeit in der Aufstellung eines Abschreibungsplans gefolgert werden dürfte. Nach h. M. soll ein Unterschiedsbetrag entsprechend der Kapitalinanspruchnahme verteilt werden[202].

Die Aufstellung eines Abschreibungsplans impliziert jedoch nicht, dass dieser im Zeitablauf unveränderlich ist. So ist der Abschreibungsplan anzupassen, wenn zwischen dem Institut und dem Kreditnehmer Anpassungen am Tilgungsplan (z. B. außerplanmäßige Tilgungen, Laufzeitverlängerungen bzw. -verkürzungen oder außerplanmäßige Kündigungen) vorgenommen werden. Bei Umschuldungen kann eine außerplanmäßige Auflösung eines Rechnungsabgrenzungspostens dann nicht sachgerecht sein, wenn der Unterschiedsbetrag in die Gegenleistung für das neue Darlehen eingeht[203]. Diese außerplanmäßigen Anpassungen können sowohl zu höheren als auch zu niedrigeren Auflösungsbeträgen in der Folge

---

197 Vgl. IDW RS VFA 1, Tz. 20; Ellenbürger/Hammers, in: MüKom BilR, § 341c HGB, Tz. 9.
198 Ablehnend scheinbar IDW RS VFA 1 sowie Ellenbürger/Hammers, in: MüKom BilR, § 341c HGB, Tz. 9, die (lediglich) vor dem Hintergrund der dadurch möglichen Zuschreibung eingetretener Wertminderungen die Ausübung des Wahlrechts zur Nennwertbilanzierung auf den Zugangszeitpunkt beschränken.
199 Vgl. z. B. Bundesverband deutscher Banken (1993), S. 107.
200 Vgl. Bachem, in: BB 1991, S. 1672.
201 Vgl. ADS, § 250 HGB, Tz. 90.
202 Vgl. ADS, § 250 HGB, Tz. 90.
203 Vgl. BFH I R 165/72 vom 13.03.74, in: BStBl II 74, S. 359; zur Erläuterung siehe Buciek, in: Blümich, 109. Erg. Lief., § 5 EStG, Tz. 691a.

führen[204]. Eine außerplanmäßige Auflösung ist ebenfalls steuerlich vorzunehmen, soweit die Voraussetzungen für die Bildung des Rechnungsabgrenzungspostens weggefallen sind[205].

Da für Agien ein Ansatz eines aktiven Rechnungsabgrenzungspostens nach § 340e Abs. 2 S. 3 HGB wahlweise in Betracht kommt (»darf«), kann für diese eine außerplanmäßige Abschreibung bei Zugang vorgenommen werden[206]. Für das handelsrechtliche Ansatzwahlrecht besteht nach § 5 Abs. 5 Nr. 1 EStG steuerlich eine Ansatzpflicht, so dass eine außerplanmäßige Sofortabschreibung den Ansatz von latenten Steuern zur Folge hätte. In der Praxis wird eine außerplanmäßige Sofortabschreibung von Agien zumeist unterlassen[207]. Eine konkrete Methode zur planmäßigen Auflösung eines Unterschiedsbetrags wird durch das Gesetz nicht vorgegeben.

1.3.2.3.1 Methoden zur Auflösung von Unterschiedsbeträgen

Bei einem Kredit mit Disagio behält der Kreditgeber einen Teilbetrag der Darlehenssumme ein, wobei der Kreditnehmer zu Zins- und Tilgungsleistungen auf den vollen Kreditbetrag verpflichtet ist. Das Disagio stellt in dieser Hinsicht einen im Voraus entrichteten Zins dar[208]. Der nicht verbrauchte Anteil des Disagios ist dem Kreditnehmer unter bestimmten Bedingungen nach § 812 Abs. 1 S. 2 Alt. 1 BGB zurück zu gewähren, so dass ein Disagio durch das Kreditinstitut nur **pro rata temporis** als realisiert gelten kann.

Ob ein Disagio als ein im Voraus gezahlter Zins oder als laufzeitunabhängige Kreditbearbeitungsgebühr zu qualifizieren ist, beantwortet die BGH-Rechtsprechung in Abhängigkeit von der Auslegung des Kreditvertrags. Sofern Bearbeitungsaufwendungen durch das Disagio abgegolten werden, liegt keine laufzeitabhängige Vergütung vor. In den anderen Fällen wurde der Zinscharakter eines Disagios (Damnum) durch die höchstrichterliche **Rechtsprechung des BGH** in mehreren Grundsatzurteilen bestätigt. So ist ein vom Kreditinstitut einbehaltenes Disagio an den Kreditnehmer anteilig zurückzuerstatten, und zwar auch dann, wenn der Darlehensvertrag dazu keine ausdrückliche Regelung enthält. Eine AGB-Klausel, die einen Erstattungsanspruch ausschließt ist unwirksam[209]. »Eine zeitanteilige Rückerstattung des Disagios scheitert auch nicht daran, dass der Vertrag (…) die Laufzeit nicht ausdrücklich festlegt«[210]. Eine anteilige Rückerstattung eines Disagios kann von dem Kreditnehmer auch dann verlangt werden, wenn der Vertrag eine vorzeitige Kündigung vorsah und dem Darlehensgeber das Recht eingeräumt wurde, den Darlehenszins an den aktuellen Marktzins anzupassen[211]. Ein Anspruch auf anteilige Rückgewähr eines Disagios besteht für den Kreditnehmer damit bei einer ordnungsgemäßen Kündigung durch den Kreditnehmer (z. B. bei einer Kün-

---

204 Vgl. ADS, § 250 HGB, Tz. 95 f.
205 Vgl. BFH I R 132/81 vom 17.04.1985, in: BStBl II 85, S. 617; zur Erläuterung siehe Buciek, in: Blümich 109. Erg. Lief., § 5 EStG, Tz. 691a.
206 Kritisch zu diesem Wahlrecht vgl. Bieg/Waschbusch (2017), S. 408.
207 Vgl. HGB-GB Commerzbank 2010, S. 76; HGB-GB DZ Bank 2010, S. 59 f.; HGB-GB HSH Nordbank 2010, S. 63; HGB-GB Deutsche Bank 2010, S. 69; HGB-GB Postbank 2010, S. 44 f.; HGB-GB LBBW 2010, S. 88; HGB-GB DKB 2009, S. 66.
208 Vgl. Schwab, in: MüKom zum BGB, 7. Aufl., § 812 BGB, Tz. 435. Zur korrekten wirtschaftlichen Interpretation sei auf die obigen Ausführungen verwiesen.
209 So BGH, Urteil XI ZR 23/89 vom 29.05.1990, in: WM 1990, S. 1150–1152.
210 BGH, Urteil XI ZR 11/93 vom 12.10.1993, in: WM 1993, S. 3258–3258.
211 BGH, Urteil XI ZR 11/93 vom 12.10.1993, in: WM 1993, S. 3258–3258.

digung nach § 489 BGB) oder bei einer Ablehnung einer Konditionenanpassung am Ende der Zinsbindungsfrist. Bei fristloser Kündigung aufgrund von Vertragsverletzungen durch den Kreditnehmer oder bei freiwilliger Aufhebungsvereinbarung ohne zugrundeliegende Kündigungsrechte des Kreditnehmers besteht kein Anspruch auf Rückerstattung[212].

Die Rechtsprechung des BGH betrachtet das Damnum damit als eine **periodische Gebühr**, die sich durch zeitanteilige Umlage des Damnums auf die vereinbarte Laufzeit des Kredits ergibt. Eine Ausnahme bilden **Disagien bei Förderkrediten**. Bei diesen kommt eine anteilige Rückzahlung eines Disagios durch das Kreditinstitut nicht in Betracht, da das Disagio nach der gesamten Vertragsgestaltung des Kredites laufzeitunabhängige **Darlehensnebenkosten** darstellt[213]. Ein Rechtsanspruch des Kreditinstituts auf die periodische Gebühr »Damnum« entsteht somit zeitanteilig am Ende einer jeden Periode. Die Rechtsprechung verdeutlicht damit, dass ein Disagio nur im Zeitablauf durch das Institut als realisiert angesehen werden darf. Die Pflicht zur anteiligen Rückerstattung kann nicht regelmäßig durch die Vereinbarung einer Vorfälligkeitsentschädigung ausgeglichen werden[214]. Die zivilrechtliche Realisation eines Disagios ist demzufolge abhängig von der Höhe einer möglichen Rückerstattung.

Die Höhe der Rückerstattung berechnet sich gem. BGH-Rechtsprechung nach der »banküblichen **linearen**, erzielbare unterjährige Zinseszinsen nicht berücksichtigenden Berechnungsmethode«[215]. Eine lineare Berechnung des Rückerstattungsanspruchs wird durch den BGH explizit für endfällige Kredite bestätigt. Für Annuitätendarlehen wird die Verwendung einer **Effektivzinsmethode** hingegen sogar explizit **abgelehnt**[216]. Wirtschaftlich vermag die BGH-Logik bzgl. der gewählten linearen Berechnungsmethodik im Vergleich zur sachgerechteren Effektivzinsmethode nicht zu überzeugen. Zum Zwecke der Bilanzierung ist eine effektivzinskonstante Auflösung eines Disagios zwar finanzwirtschaftlich sachgerecht, jedoch steht dieser finanzwirtschaftlichen Betrachtungsweise der zivilrechtliche Realisationstatbestand entgegen. Da zinsinduzierte Agien und Disagien Zinskorrekturen darstellen und da über deren Auflösung die Effektivverzinsung der Forderung dem Marktzins angeglichen wird, sehen Teile der bilanzrechtlichen Literatur eine effektivzinskonstante Verteilung von Agien und Disagien als verpflichtend an. Nur bei Unwesentlichkeit sei auch eine lineare Auflösung zulässig[217]. Eine effektivzinskonstante Vereinnahmung ist nach der hier vertretenen Auffassung zwar zulässig, kann angesichts der BGH-Rechtsprechung allerdings nicht zwingend gefordert werden[218].

Nach ständiger Rechtsprechung des BFH führt eine fehlende Rückforderbarkeit einer Leistung jedoch nicht automatisch zu einer Verneinung eines Rechnungsabgrenzungspos-

---

212 BGH, Urteil XI ZR 283/95 vom 08.10.1996; vgl. auch Fandrich, in: Vertragsrecht und AGB-Klauselwerke, 28. Aufl., 2010, Teil 2, Darlehensvertrag, Tz. 75 sowie Schwab in: MüKom zum BGB, 7. Aufl., § 812, Tz. 435.
213 BGH, Urteil XI ZR 49/93, in: WM 1992, S. 1058.
214 Vgl. Melzer, in: BB 1995, S. 321–323.
215 BGH, Urteil XI ZR 129/94, in: BB 1995, S. 1503–1505. Kritisch dazu vgl. Seckelmann, in: BB 1996, S. 11; Seckelmann, in: BB 1996, S. 965; Seckelmann, in: BB 1998, S. 57.
216 Vgl. BGH, Urteil XI ZR 158/97 vom 27.01.1998, BB 1998, S. 708–709; vgl. Krepold, in: Schimansky/Bunte/Lwowski, 5. Aufl., § 78, Tz. 62.
217 So bspw. Braun, in: KK-RLR, § 340e, Tz. 91.
218 Anderer Ansicht Braun, in: KK-RLR, § 340e, Tz. 91. Laut IDW ist eine Amortisation nach der Effektivzinsmethode nicht zu beanstanden, so dass weiterhin auch eine lineare Amortisation vertretbar erscheint. Vgl. IDW, Berichterstattung über die 237. Sitzung des HFA vom 02. und 03.09.2014, S. 11.

tens[219]. Ein Rechnungsabgrenzungsposten ist auch bei fehlender Rückforderbarkeit zu bilden, wenn ein zeitraumbezogener Vorleistungscharakter besteht[220]. Dies hat der BFH bei einem step-down-Darlehen bejaht, bei dem ein Kreditinstitut jährlich fallende Zinszahlungen zu leisten hat. In diesem Fall ist der Zinsaufwand im ersten Jahr durch die Aktivierung eines aktivischen Rechnungsabgrenzungspostens zu mindern und durch dessen Auflösung in den späteren Perioden eine konstante Durchschnittsverzinsung zu erreichen[221].

Die Auflösung eines Disagios nach der Effektivzinsmethode sei an dem folgenden Beispiel verdeutlicht[222]. Zu Beginn von i = 0 legt das Institut einen endfälligen Kredit mit einem Nennwert von 1.250 EUR heraus. Die Laufzeit beträgt 5 Jahre und der Nominalzins sei 4,7 % pro Jahr (= 59 EUR Zinseinnahmen pro Jahr). Das Institut behält ein Damnum von 250 EUR ein und zahlt den Kredit in Höhe von 1.000 EUR an den Kreditnehmer aus. Der Effektivzins bestimmt sich nach der folgenden Formel:

$$r_{eff} \stackrel{def}{=} -CF_0 = \sum_{i=1}^{n} \frac{CF_i}{(1+r_{eff})^i}$$

Der Effektivzins ist der Rechnungszins der durch Diskontierung der künftigen Cash Flows einen Barwert erzeugt, der den historischen Anschaffungskosten des Kredits entspricht. In diesem Beispiel beträgt der Effektivzins ca. 10 %.

Zeit	Nennwert	PRAP (Disagio)	Netto-Buchwert zu Beginn von i	Zinsertrag	Cash Flow	Disagio Amortisation	Netto-Buchwert am Ende von i
Effektivzinsmethode							
i = 0	1.250	-250	1.000	100	59	+41	1.041
i = 1	1.250	-209	1.041	104	59	+45	1.086
i = 2	1.250	-164	1.086	109	59	+50	1.136
i = 3	1.250	-114	1.136	113	59	+54	1.190
i = 4	1.250	-60	1.190	119	59 1.250	+60	1.250 0
Lineare Methode							
i = 0	1.250	-250	1.000		59	50	1.050
i = 1	1.250	-200	1.050		59	50	1.100
i = 2	1.250	-150	1.100		59	50	1.150
i = 3	1.250	-100	1.150		59	50	1.200
i = 4	1.250	-50	1.200		59 1.250	50	1.250 0

Abb. 25: Beispiel für eine Verteilung eines Disagios

---

219 Vgl. BFH-Urteil vom 27.07.2011 (IR 77/10), in: DStR 2011, S. 2035–2038.
220 Vgl. BFH-Urteil vom 07.04.2010 (IR 77/08), in: DStR 2010, S. 1015–1021, hier S. 1016f.; BFH-Urteil vom 19.05.2010 (IR 65/09), in: DStR 2010, S. 1616–1617.
221 Vgl. BFH-Urteil vom 27.07.2011 (IR 77/10), in: DStR 2011, S. 2035–2038.
222 In Anlehnung an Implementation Guidance IAS 39, B.26.

Wird das Wahlrecht zur Nominalwertbilanzierung ausgeübt, so kommt es zu einem aktivischen Ausweis einer Darlehensforderung (z. B. unter den Forderungen an Kunden) in Höhe des Nominalbetrags von 1.250 EUR. In diesem Fall hat das Institut einen passiven Rechnungsabgrenzungsposten in Höhe von 250 EUR zu passivieren. Der Saldo beider Beträge würde den Wertansatz (Netto-Buchwert) der Forderung ergeben, wenn das Institut nicht vom Wahlrecht zur Nominalwertbilanzierung Gebrauch machen würde. Wird das Disagio nach der Effektivzinsmethode abgeschrieben, so bleibt das Verhältnis aus Zinsergebnis und Netto-Buchwert der Forderung in jeder Periode konstant ist (in diesem Fall 10 %). Dieses konstante Verhältnis entspricht dem internen Zinsfuß der Forderung. Die Summe der Amortisationen entspricht dabei stets dem Buchwert des Disagios bei Zugang[223].

Im Falle eines Ansatzes zu Anschaffungskosten mit ratierlicher Hochschreibung auf den Nominalbetrag bemisst sich die Höhe des Buchwerts der Forderung nach einer fortgeschriebenen Barwertbewertung. Die Forderung wird stets zu ihrem Barwert angesetzt, wobei der verwendete Kalkulationszins auf den Effektivzins im Zugangszeitpunkt festgeschrieben wird. Das Ansteigen des Forderungsbuchwerts in Abbildung 25 resultiert daher nur aus dem zeitlichen Näherrücken des Tilgungszeitpunkts.

Für nicht endfällige Darlehensforderungen werden insb. in der steuerrechtlichen Literatur unterschiedliche Verfahren der Zinsstaffelmethode zur Amortisierung eines Disagios vorgeschlagen[224], die nach h. M. auch für die handelsrechtliche Bilanzierung für Institute in Betracht kommt[225]. Für **Tilgungsdarlehen**, die konstante Tilgungsbeträge aufweisen, wird eine Amortisation nach der folgenden Formel vorgeschlagen:

$$AfA_i = \frac{2 \cdot D \cdot \frac{RS_i}{N}}{n+1}$$

Dabei bezeichnet: D die Höhe des Disagios, RS_i die Restschuld des Darlehens in Periode i, N den Nominalbetrag der Darlehensforderung und n die Laufzeit des Kredits.

Für **Annuitätendarlehen**, bei denen der Kreditnehmer einen konstanten Kapitaldienst an das Institut leistet, findet aufgrund der im Zeitablauf sinkenden Restschuld eine kontinuierliche Erhöhung des Tilgungsanteils und eine Verminderung des Zinsanteils am Kapitaldienst statt. Für Annuitätenforderungen wird in der Literatur eine linearisierte Disagio-Amortisierung nach der folgenden Formel vorgeschlagen[226]:

$$AfA_i = \frac{r \cdot RS_i}{\sum_{i=0}^{n} r \cdot RS_i} \cdot D,$$

wobei r den Darlehenszins bezeichnet. In diesem Fall ergibt sich die Amortisierung des Disagios in Periode i aus dem Verhältnis der in Periode i gezahlten Zinsen und dem Gesamtzins des Darlehens über die Gesamtlaufzeit.

---

[223] Ein formaler Nachweis findet sich in Gaber, in: ZfbF 2005, S. 325 ff.
[224] Vgl. z. B. H6.10 EStR; Sigloch/Weber, in: GmbHG, hrsg. v. Michalski, Anh. §§ 41–42a, Rechnungslegung der GmbH, Tz. 857.
[225] Vgl. ADS, § 250 HGB, Tz. 91; Glade, BiRiLiG, § 250 HGB, Tz 52; Winnefeld (2015), D 775; Bachem, BB 1991, S. 1675; für Institute vgl. Scharpf/Schaber (2018), S. 140 f.
[226] Vgl. ADS, § 250 HGB, Tz. 93; Glade, BiRiLiG, § 250 HGB, Tz. 53; Bachem, BB 1991, S. 1675; für Institute vgl. Scharpf/Schaber (2018), S. 141.

Im Folgenden wird gezeigt, dass die beiden Amortisierungsverfahren für Annuitätendarlehen und Tilgungsdarlehen algorithmisch ineinander überführbar sind. Es wird gezeigt, dass unter der Voraussetzung von gleichbleibenden Tilgungen, die Amortisierungsbeträge identisch sind:

$$\frac{2 \cdot D \cdot \frac{RS_i}{N}}{n+1} = \frac{r \cdot RS_i}{\sum_{i=0}^{n} r \cdot RS_i} \cdot D$$

$$\frac{2 \cdot \frac{RS_i}{N}}{n+1} = \frac{RS_i}{\sum_{i=0}^{n} \cdot RS_i} \cdot$$

$$\frac{\frac{2}{N}}{n+1} = \frac{1}{\sum_{i=0}^{n} \cdot RS_i} \cdot$$

Für Tilgungsdarlehen gilt:
$$RS_i = N - \frac{N}{n} \cdot i$$

Daraus folgt:

$$\frac{\frac{2}{N}}{n+1} = \frac{1}{\sum_{i=0}^{n}\left(N - \frac{N}{n} \cdot i\right)}$$

$$\frac{\frac{2}{N}}{n+1} = \frac{1}{n \cdot N + N - \frac{N}{n} \sum_{i=1}^{n} i}$$

Nach Anwendung der Gauß'schen Summenformel führt dies zu:

$$\frac{\frac{2}{N}}{n+1} = \frac{1}{n \cdot N + N - \frac{N}{n} \cdot \frac{n(n+1)}{2}}$$

Nach einigen Umformungen ergibt sich:

$$\frac{\frac{2}{N}}{n+1} = \frac{1}{N \cdot \left(\frac{n+1}{2}\right)}$$

$$\frac{2}{N} = \frac{(n+1)}{N \cdot \left(\frac{n+1}{2}\right)}$$

$$2 = 2; \; q.e.d$$

Damit ist gezeigt, dass bei gleichbleibenden Tilgungen die Amortisierungsbeträge identisch sind.

1.3.2.3.2 Berücksichtigung von Bonitätsrisiken

a) Überblick

Forderungen sind nach § 340e Abs. 1 S. 2 HGB im Regelfall als Vermögensgegenstände des Umlaufvermögens zu klassifizieren und dementsprechend zum strengen Niederstwertprinzip zu bilanzieren. Forderungen sind mithin zwingend auf einen niedrigeren beizulegenden Wert abzuschreiben. Aufgrund des Grundsatzes der Einzelbewertung von Vermögensgegenständen und Schulden gem. § 252 Abs. 1 Nr. 3 HGB hat die Feststellung eines Wertberichtigungsbedarfs für jede Forderung grundsätzlich einzeln zu erfolgen (**Einzelwertberichtigung**). Sofern Einzelbewertungen von Forderungen (z. B. im Massenkreditgeschäft, Baufinanzierungen, Ratenkrediten usw.) mit keinem wirtschaftlich vertretbaren Aufwand möglich sind, kann die Ermittlung einer Wertberichtung auch durch sog. **pauschalierte Einzelwertberichtigungen** erfolgen.

Ausgehend von den allgemeinen Bilanzierungs- und Bewertungsvorschriften von Vermögensgegenständen des Umlaufvermögens hätte eine Bewertung zum niedrigeren beizulegenden Wert zur Folge, dass jegliche Wertänderungen unterhalb der Anschaffungskosten, die auf eine verschlechterte Bonität des Kreditnehmers zurückzuführen sind, als eine Wertminderung zu erfassen wären[227]. Gem. den allgemeinen Grundsätzen der Bilanzierung von Vermögensgegenständen des Umlaufvermögens wäre nach handelsrechtlichen Grundsätzen daher eine (bonitätsinduzierte) Zeitwertbilanzierung im Falle des Unterschreitens der fortgeführten Anschaffungskosten notwendig[228]. Dies würde allerdings implizieren, dass für Zwecke der steuerlichen Gewinnermittlung eine Aufteilung der Risikovorsorge in eine voraussichtlich dauerhafte und eine temporäre Wertminderung notwendig werden würde. Da für Forderungen im Regelfall keine marktnahen Preisquotierungen verfügbar sind, muss bei der Ermittlung eines niedrigeren beizulegenden Werts auf eine Schätzung der künftig zu erwartenden Zahlungsrückflüsse zurückgegriffen werden.

Nach h. M. und geübter Bilanzierungspraxis der Institute wird hingegen eine Einzelwertberichtigung nur bei solchen Bonitätsverschlechterungen vorgenommen, mit denen auch ein »**akutes Ausfallrisiko**« verbunden ist[229]. Die Wertminderung kann in dieser Hinsicht als voraussichtlich dauerhaft gelten und somit ebenfalls steuerlich gewinnmindernd berücksichtigt werden[230]. Ein akutes Ausfallrisiko liegt vor, wenn die Ausfallwahrscheinlichkeit als so hoch anzusehen ist, dass ein »Ausfall droht«[231]. Einem wahrscheinlichen Ausfall oder einem eingetretenen Ausfall ist durch die Bildung einer Einzelwertberichtigung als Folge des Vorsichtsprinzips nach § 252 Abs. 1 Nr. 4 HGB Rechnung zu tragen. Eine Wertberichtigung wird damit nur für jene Kreditforderungen erfasst, bei denen sich die Ausfallwahrscheinlichkeit aufgrund von Ereignissen oder Informationen hinreichend konkretisiert hat. Da Sicherheitswerte bei der Bemessung eines Wertberichtigungsbedarfs zu berücksichtigen sind, ist eine Wertberichtigung nur auf den nicht-besicherten (bzw. unter-besicherten) Teil der Forderung vorzunehmen. Aus diesem Grunde vollzieht sich die

---

227 Vgl. Gebhardt/Strampelli, in: BFuP 2005, S. 512.
228 Vgl. Wohlmannstetter/Eckert/Maifarth/Wolfgarten, in: WPg 2009, S. 533.
229 Vgl. IDW PS 522, Tz. 2; sowie kritisch dazu Gebhardt/Strampelli, in: BFuP 2005, S. 507 ff.
230 Vgl. Wimmer/Kusterer, in: DStR 2006, S. 2047 f.
231 Sinngemäß IDW PS 522, Tz. 31.

Ermittlung von Einzelwertberichtigungen in einem zweistufigen Prozess. In einem ersten Schritt wird festgestellt, ob für die spezifische Darlehensforderung ein **Wertberichtigungsbedarf dem Grunde nach** besteht. Dies wird auf Basis von Kreditnehmer-bezogenen, auslösenden Ereignissen (»trigger events«) wie z. B. Vorliegen von Zahlungsrückständen, Anstieg der Verschuldungsquote usw. geprüft. Wird in diesem Schritt ein Wertberichtigungsbedarf dem Grunde nach festgestellt, so ist für die entsprechenden Forderungen in einem zweiten Schritt ein **Wertberichtigungsbedarf der Höhe** nach zu bestimmen.

Ergibt sich aus diesen beiden Prüfschritten die Notwendigkeit zur Bildung einer Einzelwertberichtigung, so ist eine entsprechende Risikovorsorge zu dotieren. Die gebildete Risikovorsorge kürzt den aktivischen Bestand der Aktivposten »Forderungen an Kunden« oder »Forderungen an Kreditinstitute«. Im Gegensatz zu Bankbilanzen nach IFRS, in denen die Risikovorsorge als negatives Aktivum offen ausgewiesen wird, lässt die RechKredV einen offenen Ausweis der Risikovorsorge nicht zu. Um den rechtlichen Anspruch auf die volle Nominalrückzahlung zu dokumentieren, wird die Dotierung der Risikovorsorge auf separaten Konten gebucht (Wertberichtigungskonten), die zum Zwecke des Bilanzausweises den betreffenden Forderungen zugeordnet werden.

Nur wenn die Forderung **uneinbringlich** geworden ist, erfolgt eine Ausbuchung der Forderung[232]. In diesem Fall wird ein Wertberichtigungsbedarf direkt gegen die Forderungen an Kunden oder Forderungen an Kreditinstituten gebucht. Sind Forderungen als uneinbringlich einzustufen, so gilt für diese nach h. M. ein Ausbuchungszwang[233]. Nach h. M. sind Forderungen als uneinbringlich einzustufen, wenn aller Wahrscheinlichkeit nach vom Schuldner bzw. von den Mitverpflichteten (z. B. Bürge) keine Zahlung mehr zu erwarten und werthaltige Sicherheiten nicht in ausreichendem Umfang vorhanden sind[234]. Bei der Beurteilung der Uneinbringlichkeit ist lediglich auf die Zahlungserwartung aus der Hauptforderung abzustellen[235]. Die Notwendigkeit der Ausbuchung von Forderungen im Falle der Uneinbringlichkeit resultiert historisch aus § 40 HGB aF und gilt nach h. M. – trotz fehlenden expliziten Wortlauts – über § 253 HGB nach wie vor[236]. Die Uneinbringlichkeit kann sich auf einzelne Teile des Kreditengagements beziehen. Eine bestrittene Forderung ist auszubuchen, wenn sie ausgeklagt ist. Bei der Beurteilung der Uneinbringlichkeit von verjährten Forderungen ist die Wahrscheinlichkeit abzuschätzen, mit der auf die Nicht-Erhebung der Verjährungseinrede zu rechnen ist[237]. Abgesehen von rechtlich zweifelsfreien Fällen

---

232 Vgl. z. B. Schubert/Berberich, in: BBK, 11. Aufl., § 253 HGB, Tz. 568.
233 Vgl. Bellin (1997), S. 192–208, m. w. N. Anderer Ansicht bspw. Ekkenga, in: KK-RLR, § 253 HGB, Tz. 142, der bei Uneinbringlichkeit die Abschreibung der Forderung auf einen Euro für sachgerecht hält.
234 Vgl. BMF-Schreiben vom 10.01.1994, Scharpf/Schaber (2018), S. 188. Im Gegensatz dazu ist eine Uneinbringlichkeit zu verneinen, wenn in Zukunft Zahlungen noch wahrscheinlich oder möglich erscheinen. Vgl. bereits RFH-Urteil vom 08.01.1936 – VI A 892/35, in: RStBl. 1936, S. 430 f. Eine Vollabschreibung wird zum Teil dann nicht als sachgerecht angesehen, wenn die Forderung noch Basis für Zinszahlungen ist. Vgl. Meincke, in: Littmann/Bitz/Hellwig, § 6 EStG, Tz. 324.
235 Vgl. Bellin (1997), S. 200.
236 So beabsichtigte der Gesetzgeber des Bilanzrichtliniengesetzes die Fortgeltung durch den ersten Abschnitt des Dritten Buchs. Vgl. BT-Drs 10/317, S. 73 u. 87 sowie BT-Drs 10/4268, S. 89. Die Fortgeltung von § 40 Abs. 3 HGB stellt herrschende Meinung im Schrifttum dar. Vgl. Müller (2000), S. 177; Bellin (1997), S. 203 ff.; Birck/Meyer V, S. 158; ADS, § 253 HGB, Tz. 531.
237 Vgl. Hildebrandt, in: Schlegelberger, § 40 HGB, Tz. 5; Brüggemann, in: Groß-Kommentar HGB, § 40 HGB, Tz. 6.

(z. B. erfolglose Zwangsvollstreckungsmaßnahmen, Einstellung des Insolvenzverfahrens mangels Masse, Abgabe einer eidesstattlichen Versicherung)[238], hängt die Entscheidung, ob eine Forderung als notleidend oder als uneinbringlich zu qualifizieren ist, von der Wahrscheinlichkeitsbeurteilung des Instituts ab[239]. Eine dogmatische Abwägung dieses in der Praxis üblichen Vorgehens vor dem Hintergrund des Vollständigkeitsgebots nach § 246 HGB wird im Schrifttum – soweit ersichtlich – nicht vorgenommen[240]. Bei uneinbringlichen Forderungen sind die noch auf den Wertberichtigungskonten vorhandenen Beträge gegen das Forderungskonto auszubuchen (**Direktabschreibung**)[241]. Die Direktabschreibung von wertberichtigten Forderungen führt mithin zu keiner Änderung in der Handelsbilanz des Instituts, da nunmehr die Wertberichtigungen mit dem Forderungskonto saldiert werden (Nettomethode). Direktabschreibungen führen jedoch zu einer Senkung des Wertberichtigungsbestands bzw. der Wertberichtigungsquote[242]. Wurden Rückstellungen aufgrund von trennungspflichtigen eingebetteten Derivaten gebildet (siehe Kapitel III.1.4.5), so sind diese im Falle der Uneinbringlichkeit gegen das Forderungskonto auszubuchen. Es kommt mithin zu einem Erlöschen der Forderung (lediglich) in der Bilanz des Instituts[243]. Durch diesen Buchungsvorgang wird jedoch nicht das **Außenverhältnis** berührt, wonach das Institut weiterhin Ansprüche gegenüber dem Kreditnehmer geltend machen kann. Die Abschreibung von Forderungen aufgrund von Uneinbringlichkeit folgt einer wirtschaftlichen Betrachtungsweise und setzt mithin nicht das zivilrechtliche Erlöschen der Forderung voraus. Außerhalb der Bilanz sind die uneinbringlichen Forderungen weiterhin auf Vermerkkonten außerhalb der Finanzbuchhaltung zu führen. Zahlungseingänge auf abgeschriebene Forderungen in späteren Perioden sind in dem betreffenden Jahr ergebniswirksam zu erfassen und im Ertragsposten 6 »Erträge aus Zuschreibungen zu Forderungen und bestimmten Wertpapieren sowie aus der Auflösung von Rückstellungen im Kreditgeschäft« (Formblatt 2) bzw. im Risikovorsorgesaldo auszuweisen[244]. Eingänge auf abgeschriebene Forderungen können daher in die Überkreuzkompensation einbezogen werden.

Für das **latente Kreditrisiko** sind Pauschalwertberichtigungen zu bilden. Während sich beim akuten Ausfallrisiko ein möglicher Ausfall durch entsprechende Ereignisse oder Informationen über die Bonität des Kreditnehmers konkretisiert hat, ist dem Kreditinstitut ein konkretes Kreditereignis beim latenten Kreditrisiko noch nicht bekannt. Das latente Kreditrisiko wird darin gesehen, dass »nicht als akut gefährdet angesehene Kredite oder

---

238 Vgl. Kienzle, in: Brönner u. a. 2011, S. 320.
239 Vgl. Müller (2000), S. 177; so auch im Ergebnis BFH-Urteil vom 24.10.2006 – I R 2/06, in: DStR 2007, S. 476.
240 So könnte gegen eine Notwendigkeit der Ausbuchung uneinbringlicher Forderungen eingewendet werden, dass diese bis zu deren rechtlichen Erlöschen weiterhin als Vermögensgegenstand zu qualifizieren sind und daher aufgrund des Vollständigkeitsgebots eine Ausbuchung nicht in Betracht kommt. Eine Ausbuchung bzw. ein Nicht-Ansatz solcher Forderungen lässt sich nach der hier vertretenen Meinung nicht mit einer eventuellen Geringfügigkeit einer fast vollständig wertberichtigten Forderung rechtfertigen. Ebenso BFH-Urteil vom 28.09.1967 – IV R 284/66, in: BStBl. III, S. 761 sowie BFH-Urteil vom 18.03.2010, X R 20/09, in: DStRE 2010, S. 1036.
241 Während Einzel- und Pauschalwertberichtigungen vom Gesetzgeber des Bankbilanzrichtliniengesetzes als eine »nicht endgültige« Bewertungsmaßnahme bezeichnet werden, setzt die Direktabschreibung eine nahezu endgültige Wertfindung voraus. Vgl. BT-Drs 11/6275, S. 21 sowie Müller (2000), S. 178 f.
242 Vgl. Deutsche Bank: Zwischenbericht zum 30.09.2013, S. 38.
243 Vgl. Brüggemann, in: Groß-Kommentar HGB, § 40 HGB, Tz. 6.
244 Vgl. Müller (2000), S. 178.

Kreditteile zu einem nach dem Bilanzstichtag liegenden Zeitpunkt ganz oder teilweise ausfallen«[245].

b) Einzelwertberichtigungen

Das Vorliegen eines Einzelwertberichtigungsbedarfs **dem Grunde nach** wird nach gängiger Bilanzierungspraxis über institutsspezifische Kreditereignisse (sog. »trigger events«) definiert[246]. Eine abschließende oder verbindliche Auflistung solcher »trigger events« findet sich in der Literatur nicht. In der Bilanzierungspraxis nach HGB kommen vielfach die »trigger events« zur Anwendung, die das Institut zur Bestimmung eines Impairmentbedarfs nach IAS 39 verwendet. Typische Beispiele für die Konkretisierung eines Wertberichtigungsbedarfs dem Grunde nach sind:
- Zahlungsverzug des Schuldners von mehr als 90 Tage,
- Migration des Schuldners in eine beobachtungsbedürftige Ratingklasse (Watch List),
- Erhöhung der Ausfallwahrscheinlichkeit.

Wird ein Einzelwertberichtigungsbedarf dem Grunde nach festgestellt, so ist in einem nächsten Schritt eine **Wertberichtigung der Höhe nach** zu bestimmen. Dazu ist eine Beurteilung vorzunehmen, welche Zahlungsrückflüsse aus dem Kreditengagement nach Eintritt des Kreditereignisses noch erwartet werden können. Dies umfasst einerseits eine Schätzung über die noch zu erwartenden Zins- und Tilgungszahlungen. Diese Erwartung hängt unmittelbar von einer Einschätzung der wirtschaftlichen Verhältnisse des Kreditnehmers ab. Für eine Einschätzung der wirtschaftlichen Lage des Kreditnehmers sind insbesondere die folgenden Faktoren von Bedeutung[247]:
- Geschäftsplanung,
- Eigenkapitalausstattung,
- Ertragslage,
- Liquiditätslage,
- Cash Flow,
- Marktstellung,
- Einkommens- und Vermögensverhältnisse im Falle von natürlichen Personen.

Andererseits sind für die Höhe des Wertberichtigungsbedarfs auch die Höhe sowie der zeitliche Anfall von Erlösen aus der Verwertung von **Sicherheiten** entscheidend. Je schlechter die Bonität des Schuldners eingeschätzt wird, desto größere Bedeutung ist der Bewertung der Sicherheiten beizumessen[248]. Hierbei ist zwischen den folgenden Arten von Sicherheiten zu unterscheiden:

---

245 BFA 1/1990, in: WPg 1990, S. 321.
246 Kritisch dazu Gebhardt/Strampelli, die in dieser Bilanzierungspraxis eine Substitution einer am Markt basierten Wertfindung durch eine institutsspezifische Wertfindung und damit eine mangelnde Vergleichbarkeit sehen. Gebhardt/Strampelli, in: BFuP 2005, S. 512.
247 Vgl. IDW PS 522, Tz. 27.
248 Vgl. IDW PS 522, Tz. 30.

a) Personalsicherheiten. Bei Personalsicherheiten besitzt der Kreditgeber einen zusätzlichen schuldrechtlichen Anspruch entweder gegen den Schuldner selbst oder einen Dritten. Im ersten Fall erhält der Kreditgeber einen zusätzlichen schuldrechtlichen Anspruch unabhängig von der Darlehensforderung[249]. Im zweiten Fall kann neben dem Kreditnehmer ein weiterer Schuldner treten, der als Gesamtschuldner (§ 421 BGB) oder als Bürge (§ 765 BGB) persönlich für die Rückzahlung des Kredits haftet[250]. Im Firmenkundengeschäft spielen harte Patronatserklärungen eine wichtige Rolle. Bei der **Bewertung von Personalsicherheiten** sind neben der Bonität des Kreditnehmers auch die wirtschaftlichen Verhältnisse eines Bürgen oder Mitschuldners zu beurteilen. Dies umfasst bei natürlichen Personen die Einkommens- und Vermögensverhältnisse; bei Unternehmen ist unter anderem die Ertrags- und Liquiditätslage, die Eigenkapitalausstattung usw. zu betrachten[251]. Prämienzahlungen auf Bürgschaften, Garantien und Haftunterbeteiligungen sind unter den Provisionsaufwendungen auszuweisen (§ 30 Abs. 2, 1 RechKredV).

b) Realsicherheiten. Bei Realsicherheiten hat der Kreditgeber ein dingliches Recht an Sachen (z. B. Grundpfandrechte, Pfandrechte an beweglichen Sachen, Sicherungseigentum) oder Rechten (z. B. Sicherungsabtretung)[252]. Pfandrechte an beweglichen Sachen sind eher unüblich, da dem Kreditgeber der Besitz an der Sache eingeräumt werden muss, so dass der Schuldner die Sache nicht mehr nutzen kann. Anders ist dies beim Eigentumsvorbehalt oder der Sicherungsübereignung. Bei diesen Sicherheiten verbleibt die Sache im Besitz des Schuldners[253]. IDW PH 9.522.1 konkretisiert die **Wertermittlung von Immobiliensicherheiten**, für den Fall, dass diese bewertungsrelevant für den Wertansatz von Forderungen werden[254]. Ausgangspunkt für die Bestimmung der Verwertungserlöse einer Immobiliensicherheit bildet i. d. R. der Verkehrswert. Dieser kann mittels der Ertragswertmethode, DCF-Methode, Vergleichswertverfahren oder Sachwertverfahren ermittelt werden. Bei Kreditinstituten wird die Ermittlung eines Verkehrswerts üblicherweise auf Basis des **Ertragswertverfahrens** gem. Wertermittlungsverordnung vorgenommen[255]. Der Verkehrswert ist nach § 194 BauGB definiert als der Wert einer Immobilie, »der im Falle der Verwertung im gewöhnlichen Geschäftsverkehr nach den rechtlichen Gegebenheiten und tatsächlichen Eigenschaften, der sonstigen Beschaffenheit und der Lage des Grundstücks oder des sonstigen Gegenstands der Wertermittlung ohne Rücksicht auf ungewöhnliche oder persönliche Verhältnisse erzielt werden kann«. Die entscheidenden Einflussgrößen des Verkehrswerts einer Immobilie sind deren Mieterträge, Leerstand, Bewirtschaftungskosten, Liegenschaftszins, Restnutzungsdauer, Bodenwert sowie sonstige Werteinflüsse (wie z. B. Reparatur- oder Instandhaltungsrückstände)[256]. Die Bewertung hat durch institutsinterne oder externe Sachverständige (z. B. in Form eines Wertgutachtens) zu erfolgen,

---

[249] Vgl. Ganter, in: Schimansky/Bunte/Lwowski, 5. Aufl., § 90, Tz. 20.
[250] Vgl. Wolf/Wellenhofer (2008), S. 152.
[251] Vgl. IDW PS 522, Tz. 30.
[252] Vgl. Ganter, in: Schimansky/Bunte/Lwowski, 5. Aufl., § 90, Tz. 20.
[253] Vgl. Wolf/Wellenhofer (2008), S. 153.
[254] Vgl. IDW PH 9.522.1, Tz. 4.
[255] Für eine Gegenüberstellung der Regelungsunterschiede von WertV, WertR 2006, BelWertV 2006 und IDW PH 9.522.1 findet sich in Bors/Flintrop/Nann, in: WPg 2007, S. 1076 ff.
[256] Für Näheres vgl. IDW PH 9.522.1, Tz. 39–66.

wobei die jeweiligen Bewertungsparameter unter Berücksichtigung des Vorsichtsprinzips zu bestimmen sind[257]. Wenn Sicherheitenwerte bewertungsrelevant für den Wertansatz der Forderung werden, so muss das Kreditinstitut einen aktuellen Sicherheitenwert ermitteln und diesen mindestens jährlich plausibilisieren und an die aktuellen Marktverhältnisse anpassen[258]. Bei der Bestimmung der Verwertungserlöse sind Abschläge (üblicherweise zwischen 30 % und 50 %) insbesondere dann erforderlich, wenn die Immobilie durch eine Zwangsversteigerung verwertet wird[259]. Bei unbebauten Grundstücken bildet der Bodenrichtwert den Ausgangspunkt der Wertermittlung[260]. Die **Verwertungskosten** (z. B. Kosten der Zwangsversteigerung, Notarkosten, Maklergebühren, gerichtliche Mahngebühren, usw.) mindern die Verwertungserlöse, die im Rahmen der verlustfreien Bewertung zu diskontieren sind. Sicherheitenwerte für **Mobilien** basieren zumeist auf Sachverständigengutachten, wobei hier Abschläge bzw. Abschreibungen für die zwischenzeitliche Abnutzung des abnutzbaren Sachanlagevermögens vorgenommen werden.

c) Kreditsicherheiten in Form von Kreditderivaten und Kreditversicherungen. Ein Kreditinstitut kann vom Kreditvertrag unabhängige Rechtsgeschäfte abschließen, um sich gegen einen Ausfall des Kreditschuldners abzusichern. Gängige Absicherungsinstrumente sind Credit Default Swaps und Total Return Swaps. Diese Instrumente stellen Kreditderivate dar. Nach IDW RS BFA 1, Tz. 13 kommt die Behandlung eines Kreditderivats als erhaltene Kreditsicherheit beim Sicherungsnehmer (nur) in Betracht, wenn die vertraglichen Vereinbarungen des Kreditderivats zur Absicherung des **Ausfallrisikos objektiv geeignet** ist und zum Zeitpunkt des Erwerbs sowie zum Abschlussstichtag eine **Halteabsicht** bis zur Fälligkeit des Kreditderivats besteht (IDW RS BFA 1, Tz. 18, 13)[261]. Bei einer wirksamen Absicherung durch **Credit Default Swaps** kommt es mithin nicht zu einer Wertberichtigung des Kreditengagements. Bei einer Absicherung durch **Total Return Swaps** kommt eine Wertberichtigung der Kreditforderung und eine gleichzeitige Aktivierung einer Forderung gegenüber dem Sicherungsgeber bei gleichzeitiger Saldierung der Ergebniswirkungen in Betracht. Dies ist im Gegensatz zu Credit Default Swaps möglich, da die Forderung bereits entstanden ist[262].

Die Ermittlung des Wertberichtigungsbedarfs der Höhe nach ist gem. dem Grundsatz der **verlustfreien Bewertung** vorzunehmen. Demzufolge sind neben den Verwertungserlösen auch die erwarteten Verwertungskosten zu schätzen und bei der Schätzung der Zahlungsmittelrückflüsse zu berücksichtigen. Ebenso muss der voraussichtliche Verwertungszeitraum berücksichtigt werden, indem die Verwertungserlöse und -kosten mit einem fristadäquaten Marktzinssatz diskontiert werden[263]. Da Kreditforderungen mit den identischen Merkmalsausprägungen i. d. R. nicht erneut beschaffbar sind, müsste sich die Ermittlung eines niedrigeren beizulegenden Zeitwerts nach den Verhältnissen des Absatzmarkts

---

257 Vgl. IDW PH 9.522.1, Tz. 38.
258 Vgl. IDW PH 9.522.1, Tz. 27.
259 Vgl. IDW PH 9.522.1, Tz. 77.
260 Vgl. IDW PH 9.522.1, Tz. 71.
261 Für eine detaillierte Darstellung siehe Kapitel VI.3.2.3.2.4.
262 Vgl. Kühnle, in: WPg 2002, S. 294.
263 Vgl. IDW PS 522, Tz. 30; IDW PH 9.522.1, Tz. 72.

richten, was eine Diskontierung der erwarteten künftigen Zahlungsrückflüsse mit dem Marktzins implizieren würde[264]. Die handelsbilanzielle Notwendigkeit zur Diskontierung von Sicherheitenwerten wurde auch in der Steuerrechtsprechung des BFH festgestellt. So sind nach BFH-Urteil I R 2/06 vom 24.10.2006 Forderungen im Rahmen von Teilwertabschreibungen auf den »Betrag des zu erwartenden Erlöses zu reduzieren und auf den Zeitpunkt abzuzinsen, zu dem mit dem Eingang des Erlöses zu rechnen ist«. Dadurch wird berücksichtigt, dass die »noch mögliche Realisierung nicht kurzfristig, sondern erst in mehr oder weniger ferner Zukunft erfolgen kann; dieser Umstand stellt ein zusätzliches wertminderndes Merkmal dar«, welches ein Erwerber des ganzen Betriebes bei der Bewertung der Forderung berücksichtigen würde[265]. Darüber hinaus halten Gebhardt/Strampelli es für sachgerecht, bei der **Diskontierung** den aktuellen Credit Spread des Kreditnehmers zu berücksichtigen, um auf den niedrigeren beizulegenden Wert zu kommen[266]. Die bei Instituten noch vereinzelnd anzutreffende Bilanzierungspraxis[267] die erwarteten künftigen Zahlungsrückflüsse nicht abzuzinsen[268], führt zu einer Überbewertung des niedrigeren beizulegenden Zeitwerts und ist daher abzulehnen[269]. Eine Diskontierung mit dem ursprünglichen **Effektivzins** wird in der älteren sowie in der neueren Literatur als sachgerecht angesehen. Birck/Meyer lehnen eine Diskontierung mit dem Marktzins mit der Begründung ab, dass eine solche Diskontierung nur bei einer geplanten Veräußerung der Forderung sachgerecht sei. Eine Abzinsung sollte stattdessen mit dem ursprünglichen Effektivzins erfolgen[270]. Aus Gründen der Vereinfachung wird eine solche Diskontierung auch von Scharpf/Schaber als zulässig angesehen, da hierdurch eine Übereinstimmung mit den Regelungen der IFRS hergestellt werden kann[271]. Fischer/Sittmann-Haury halten eine Abzinsung mit dem Effektivzins dann für sachgerecht, wenn dieser über dem Marktzins liegt; sie konstatieren jedoch, dass die Wertansätze von wertberichtigten Forderungen nach IFRS und HGB in vergleichbaren Größenordnungen liegen[272]. Insgesamt wird man daher eine Abzinsung mit dem Effektivzins als vertretbar beurteilen können. Im Gegensatz zu IFRS stellt die Erhöhung des Nettobuchwerts der wertberichtigten Forderung aufgrund des zeitlichen Näherrückens des Verwertungszeitraums (unwinding-Effekt) kein Zinsertrag dar, sondern ist als Veränderung der Risikovorsorge zu behandeln[273].

c) Pauschalierte Einzelwertberichtigung: Wertberichtigung von Teilzahlungskrediten
Wie oben dargestellt, ist mit der Ermittlung von Einzelwertberichtigungen eine Vielzahl von zum Teil sehr aufwendigen Ermittlungsschritten verbunden. Aus Gründen der Vereinfachung werden aus diesem Grunde für große Massen an kleinvolumigen Krediten Ermitt-

---

264 Vgl. Pauluhn, in: ZfgK 1979, S. 339.
265 BFH-Urteil I R 2/06 vom 24.10.2006, Tz. 21 und 18.
266 Vgl. Gebhardt/Strampelli, in. BFuP 2005, S. 513.
267 Einen Überblick über die Praxis der Verwendung von Abzinsungssätzen zur Ermittlung der Wertberichtigungshöhe vgl. Deloitte (2011), S. 15.
268 Vgl. Scharpf/Schaber (2018), S. 187, 199; Sittmann-Haury (2003), S. 35.
269 Vgl. Gebhardt/Strampelli, in. BFuP 2005, S. 513.
270 Vgl. Birck/Meyer, V, S. 148.
271 Vgl. Scharpf/Schaber (2018), S. 199.
272 Vgl. Fischer/Sittmann-Haury, in: IRZ 2006, S. 223.
273 Ebenso Fischer/Sittmann-Haury, in: IRZ 2006, S. 223; Scharpf/Schaber (2018), S. 206.

lungsvereinfachungen in der Form von pauschalierten Einzelwertberichtigungen als GoB-konform angesehen[274]. Eine Einzelwertberichtigung würde für diese Art der Kredite (z. B. Baufinanzierungen, Raten- und Verbraucherkredite usw.) in keinem wirtschaftlichen Verhältnis zu den Aufwendungen der Ermittlung des Wertberichtigungsbedarfs stehen.

Bei pauschalierten Einzelwertberichtigungen werden Kreditforderungen zu Portfolien zusammengefasst, wobei die darin befindlichen Forderungen von ihrem rechtlichen Charakter sowie ihren wirtschaftlichen Risiken möglichst homogen sein sollten. Zur Ermittlung einer pauschalierten Einzelwertberichtigung der Höhe nach haben sich verschiedene Verfahren etabliert. So wird in der Praxis bspw. auf **Mahnstatistiken** abgestellt. In diesem Zusammenhang kann aus dem Portfolio an Krediten, die einen bestimmten Mahnstatus aufweisen, eine Stichprobe an Krediten gezogen werden, für die anschließend ein repräsentatives Bonitätsurteil durch Hochrechnung auf den Gesamtbestand abgeleitet wird. Ausgehend von verschiedenen Verwaltungsmerkmalen (Kredit in Rechtsverfolgung, Mahnstatus, Kredit ohne Leistungsstörung) kann das Kreditbuch in verschiedene Bücher eingeteilt werden. Auf dieser Basis können statistisch Migrationswahrscheinlichkeiten für einen Wechsel eines Kredits aus dem **Weißbuch** (gesundes Kreditportfolio) in ein **Graubuch** (Kredit im Mahnstatus) ermittelt werden. Die pauschalierte Einzelwertberichtigung wird in diesem Fall durch Multiplikation der Migrationswahrscheinlichkeit mit der Ausfallhöhe ermittelt, wobei für die letztere die Ausfallquote des **Schwarzbuchs** (d. h. der Kredite in Rechtsverfolgung) herangezogen wird.

Dem **Weißbuch** werden alle Kreditforderungen zugeordnet, die zum Bilanzstichtag keine Leistungsstörungen aufweisen. Dies schließt auch solche Forderungen ein, die vor dem Bilanzstichtag eine Leistungsstörung hatten, die aber zum Bilanzstichtag wieder behoben wurde. Eine Zuordnung von Krediten zum Weißbuch, die zum Bilanzstichtag sowie zu allen früheren Zeitpunkten keine Leistungsstörungen aufgewiesen haben, ist eher unüblich[275]. Für Kredite im Weißbuch sind keine pauschalierten Einzelwertberichtigungen für das akute Kreditrisiko zu bilden. Jedoch ist das latente Ausfallrisiko durch Pauschalwertberichtigungen zu berücksichtigen. Oftmals wird dazu in der Praxis das Verfahren zur Bestimmung eines Wertberichtigungsbedarfs im Graubuch oder das Verfahren nach BFA 1/1990 bzw. BMF-Verfahren[276] verwendet.

Trigger Events im **Graubuch** stellen Rückstände, Mahnungen, Überziehungen, Stundungen sowie auch Schufa-Einträge dar. In Abhängigkeit von der Dauer der Rückstände werden oftmals verschiedene Wertberichtigungsgruppen gebildet. Bei der Bestimmung der pauschalierten Einzelwertberichtigung der Höhe nach kommen im Graubuch Wertberichtigungssätze des Einlagensicherungsfonds, empirische Verfahren oder Expertenschätzungen zur Anwendung. Die empirischen Verfahren verwenden zumeist die Parameter zur Ermittlung eines erwarteten Verlusts nach Basel II. Der erwartete Verlust wird ermittelt aus Multiplikation von Ausfallwahrscheinlichkeit (probability of default), Ausfallhöhe (loss given default) sowie dem ausstehenden Forderungsvolumen (Exposure at Default).

---

[274] Vgl. ADS, § 253 HGB, Tz. 533; Müller (2000), S. 211, Sittmann-Haury (2003), S. 37, BFH, Urteil I 60/57 U vom 01.04.1958.
[275] Vgl. Deloitte (2011), S. 9.
[276] Siehe Kapitel III.1.3.2.

Kreditforderungen werden im **Schwarzbuch** bei 90 Tagen Rückstand, Kündigung oder Privatinsolvenz geführt. Die Ermittlung der Einzelwertberichtigung der Höhe nach folgt methodisch dem Vorgehen der Einzelwertberichtigung für signifikante Einzelforderungen. Neben einer Schätzung von Zahlungsrückflüssen durch den Kreditnehmer sind Verwertungserlöse aus Sicherheitenwerten zu schätzen. Oftmals werden auch erwartete Erlöse aus dem Verkauf der Forderungen an Inkassounternehmen angesetzt[277].

Häufig werden **Länderrisiken** ebenfalls im Zuge der pauschalierten Einzelwertberichtigung berücksichtigt[278]. Länderrisiken stellen Adressenausfallrisiken dar, die »nicht durch die individuellen Verhältnisse des Vertragspartners selbst, sondern durch seinen Sitz im Ausland entstehen; aufgrund krisenhafter politischer oder ökonomischer Entwicklungen in diesem Land kann es zu Transferproblemen und somit zusätzlichen Adressenausfallrisiken kommen.[279]« Das Länderrisiko stellt »ein kollektives Ausfallrisiko für sämtliche Forderungen gegen Schuldner aus dem gleichen Staat« dar[280]. Aus diesen Länderrisiken können Ausfallverluste bspw. aufgrund von Verstaatlichung und Enteignung, staatliche Nichtanerkennung von Auslandsschulden, Devisenkontrollen, politischen Unruhen usw. entstehen. In diesen Fällen kann es einem (ansonsten zahlungsfähigen) Schuldner unmöglich werden, Devisen zu beschaffen (**Konvertierungsrisiko**) oder Vermögenswerte ins Ausland zu transferieren (**Transferrisiko**). Daneben kann die Zahlungsfähigkeit des Schuldners durch makroökonomische Faktoren des jeweiligen Landes beeinflusst sein (**Systemrisiko**). Ausgangspunkt einer pauschalierten Einzelwertberichtigung für Länderrisiken sind eigenerstellte oder fremde Länderratings und Länderanalysen[281]. In der Praxis werden häufig Länderratings auf Basis von Scoring-Modellen ermittelt[282]. Dabei werden qualitative und quantitative Kriterien und Risikofaktoren auf Basis von (zum Teil subjektiven) Gewichtungen und Verknüpfungsregeln aggregiert und zu einer Kennzahl zusammengefasst, wodurch eine Vergleichbarkeit verschiedener Länderrisiken erreicht wird[283].

d) Pauschalwertberichtigung

Pauschalwertberichtigungen berücksichtigen das latente Kreditrisiko. Dieses stellt auf das Risiko ab, dass »nicht als akut ausfallgefährdet angesehene Kredite oder Kreditteile zu einem nach dem Bilanzstichtag liegenden Zeitpunkt ganz oder teilweise ausfallen« können[284]. Um dem latenten Ausfallrisiko Rechnung zu tragen, sind Pauschalwertberichtigungen daher für all jene Darlehensforderungen vorzunehmen, bei denen keine Einzelwertberichtigungen oder pauschalierten Einzelwertberichtigungen vorgenommen wurden. Da latente Ausfallrisiken nicht einzelnen Instrumenten zugeordnet, sondern nur auf Portfolio-

---

277 Vgl. Deloitte (2011), S. 14.
278 Vgl. Wimmer/Kusterer, in: DStR 2006, S. 2046; Waschbusch (1992), S. 361; Bieg/Waschbusch (2017), S. 422. Das Länderrisiko kann aber auch in das spezifische Rating des Kreditnehmers einfließen, so dass das Länderrisiko in der Einzelwertberichtigung untergeht.
279 IDW, PS 522, Tz. 1.
280 Hahne, in: BB 2006, S. 92.
281 Vgl. Wagener, in: ZfgK 1995, S. 220f sowie z. B. UBS, Geschäftsbericht IFRS 2010, S. 146.
282 Für einen Überblick über verschiedene Analyseverfahren zur Bewertung des Länderrisikos vgl. Wagatha, in: ÖBA 2008, S. 623 sowie Evertz (1992), S. 32.
283 Vgl. Wagatha, in: ÖBA 2008, S. 626; Evertz (1992), S. 33.
284 BFA 1/1990.

ebene ermittelt werden können, ist die Bildung von Pauschalwertberichtigungen für ein den tatsächlichen Verhältnissen entsprechendes Bild der Vermögens-, Finanz- und Ertragslage geboten. Die Pauschalwertberichtigung ist nicht als eine Ausprägung des Grundsatzes einer vereinfachungsbedingten Pauschalbewertung[285] im Sinne des § 240 Abs. 4 HGB, sondern als Ausnahme von den allgemeinen Bewertungsvorschriften gem. § 252 Abs. 2 HGB anzusehen[286].

Zur Prognose von latenten Kreditrisiken können auch Erfahrungswerte aus der Vergangenheit zugrunde gelegt werden. Akute Risiken der Vergangenheit umfassen die Bildung und Auflösung von Einzelwertberichtigung, Bildung und Auflösung von Rückstellungen aus dem Kreditgeschäft, Direktabschreibungen sowie Eingänge auf abgeschriebene Forderungen und Zufluss von Zahlungen aus der Verwertung von Sicherheiten. Für die Berechnung von Pauschalwertberichtigungen kommt eine Berücksichtigung der Verlautbarung des IDW BFA 1/1990 sowie das BMF-Schreiben vom 10.01.1994 in Betracht, wobei sich die Bildung von Pauschalwertberichtigungen nach dem BMF-Schreiben in der Praxis weitgehend durchgesetzt hat[287].

Gem. **BFA 1/1990** ergibt sich die Höhe der Pauschalwertberichtigung auf Basis der folgenden Ermittlungsmethodik:

$$PWB = \left(KV_{Stichtag}^{KWG} - \text{Forderungen mit EWB}\right) \cdot \text{Faktor}$$

Bei der Bemessung der Pauschalwertberichtigung ist von dem Stichtagskreditvolumen (KV) im Sinne von § 19 Abs. 1 KWG (ohne Beteiligungen) auszugehen. Nicht in das **risikobehaftete Kreditvolumen** sind Kredite einzubeziehen, die kein latentes Ausfallrisiko aufweisen. Dazu zählen Forderungen gegen den Bund, ein Bundesland, eine Gemeinde oder gegen eine sonstige inländische Körperschaft oder Anstalt des öffentlichen Rechts, für die eine Gebietskörperschaft als Gewährträger haftet. Forderungen, für die die oben genannten Stellen eine Bürgschaft abgegeben haben sind ebenfalls nicht in das Kreditvolumen einzubeziehen. Da lediglich das latente Kreditrisiko ermittelt werden soll, wird das Kreditvolumen um den Bestand an einzelwertberichtigten Forderungen gekürzt. Soweit bei der Dotierung von Einzelwertberichtigungen latente Ausfallrisiken nicht mitberücksichtigt wurden, ist dies im Rahmen der Pauschalwertberichtigung nachzuholen. Die Differenz zwischen Kreditvolumen nach KWG und den einzelwertberichtigten Forderungen bildet das »maßgebliche Kreditvolumen«. Dieses ist mit einem **Faktor** zu multiplizieren, durch den das beobachtete Risiko der Vergangenheit in die Zukunft fortgeschrieben wird. Bei der Ermittlung des Faktors soll von der Gesamtrisikoquote der vergangenen Perioden innerhalb des Betrachtungszeitraums ausgegangen werden. Eine konkrete Periodenanzahl, die den Betrachtungszeitraum umfassen soll, wird durch den BFA (im Gegensatz zum BMF-Schreiben) nicht vorgegeben. Jedoch wird darauf verwiesen, dass eine stärkere Gewichtung von Faktoren der jüngeren Vergangenheit sinnvoll sein kann. Ferner sind Strukturveränderungen im Kreditbestand (z. B. aufgrund von Änderungen in der Kreditver-

---

285 Vgl. Moxter (2003), S. 27.
286 Vgl. Hahne, in: BB 2006, S. 94 mit Verweis auf BFH IV R 89/80, Urteil vom 16.07.1981, BStBl. II 1981, S. 766.
287 Vgl. Fischer/Sittmann-Haury, in: IRZ 2006, S. 223. Siehe auch NordLB, Geschäftsbericht 2012, S. 80; HVB, Geschäftsbericht 2012, S. 88; DZ-Bank, Geschäftsbericht 2012, S. 70.

gabepolitik) zu berücksichtigen[288]. Eine differenzierte Anwendung des Verfahrens auf einzelne Kreditportfolien mit unterschiedlichen Merkmalen bzw. Risikoklassen erscheint sinnvoll.

Gem. **BMF-Schreiben vom 10.01.1994** ergibt sich die Höhe der Pauschalwertberichtigung auf Basis der folgenden Ermittlungsmethodik:

$$PWB = \underbrace{(EWB_\emptyset - 40\%\ EWB_{Stichtag})}_{\text{»maßgeblicher Forderungsausfall«}} \cdot \frac{KV_{Stichtag}}{KV_\emptyset}$$

Dabei bezeichnet $EWB_\emptyset$ den durchschnittlichen tatsächlichen Forderungsausfall der vorangehenden fünf Wirtschaftsjahre[289]. Dieser bezieht sich nach steuerlichen Grundsätzen ausschließlich auf Finanzinstrumente, die nach § 15 RechKredV unter den »Forderungen an Kunden« ausgewiesen werden[290]. Der tatsächliche Forderungsausfall umfasst in Bezug auf diesen Bilanzposten den zugehörigen Verbrauch[291] an Einzelwertberichtigung zum Bilanzstichtag zuzüglich der Direktabschreibungen von Forderungen und abzüglich der Eingänge auf abgeschriebene Forderungen[292]. $EWB_{Stichtag}$ bezeichnet den tatsächlichen Forderungsausfall am Bilanzstichtag, höchstens jedoch den Betrag der Einzelwertberichtigung. Der tatsächliche Forderungsausfall mindert den sog. »maßgeblichen Forderungsausfall« um 40 %.

Das **risikobehaftete Kreditvolumen** am Bilanzstichtag ($KV_{Stichtag}$) umfasst die Kundenforderungen nach § 15 RechKredV abzüglich von »sicheren« Forderungen sowie Forderungen, die einzelwertberichtigt wurden und die jeweiligen Gründe nicht in der Person des Schuldners liegen (z. B. Transfer-, Devisenrisiko). Zu den »sicheren« Forderungen zählen[293]:
- »Forderungen gegen öffentlich-rechtliche Körperschaften oder sonstige Körperschaften, für die eine Gebietskörperschaft als Gewährträger haftet
- Forderungen gegen ausländische Staaten, ausländische Gebietskörperschaften oder sonstige ausländische Körperschaften und Anstalten des öffentlichen Recht im OECD-Bereich
- Forderungen, die durch eine der vorstehend genannten Stellen verbürgt oder in anderer Weise gewährleistet sind
- Forderungen, für die eine Delkredere-Versicherung durch das Kreditinstitut abgeschlossen ist«.

$KV_\emptyset$ bezeichnet das auf diese Weise ermittelte durchschnittliche Kreditvolumen der vorangehenden fünf Wirtschaftsjahre.

---
288 Vgl. BFA 1/1990, S. 73.
289 BMF-Schreiben vom 10.01.1994, Tz. 2; eine Abweichung von dem fünf-Jahres-Zeitraum ist nur in begründeten Einzelfällen möglich.
290 Vgl. BMF-Schreiben vom 10.01.1994, Tz. 1.
291 Der Verbrauch setzt steuerlich die Ausbuchung einer Forderung voraus. Die Beibehaltung einer Einzelwertberichtigung erfüllt nicht die Voraussetzungen für einen Verbrauch von Einzelwertberichtigung. Vgl. OFD Hannover, Verfügung vom 01.06.1995, in: DStR 1995, S. 1430.
292 BMF-Schreiben vom 10.01.1994, Tz. 4.
293 BMF-Schreiben vom 10.01.1994, Tz. 4.

BFA 1/1990	BMF-Schreiben vom 10.01.1994
Kreditvolumen nach § 19 KWG	Kundenforderungen nach § 15 RechKredV
Ausfall wird über Saldo auf Bildung und Auflösung ermittelt	Ausfall wird über Verbrauch ermittelt
Mehrjähriger Vergangenheitszeitraum	Betrachtungszeitraum von 5 Jahren
Berücksichtigung der Restlaufzeit	Keine Berücksichtigung der Restlaufzeit
Berücksichtigung latenter Länderrisiken	Keine Berücksichtigung latenter Länderrisiken
Berücksichtigung latenter Ausfallrisiken für den nicht wertberichtigten Teil einer Forderung	Keine Berücksichtigung latenter Ausfallrisiken für den nicht wertberichtigten Teil einer Forderung

Abb. 26: Gegenüberstellung BFA-Verfahren vs. BMF-Schreiben

Diese Gegenüberstellung verdeutlicht, dass einige Merkmale zur Berechnung einer steuerlichen Pauschalwertberichtigung möglicherweise zu einer Unterdotierung einer betriebswirtschaftlich notwendigen Risikovorsorge führen können. Der Grund dafür wird vielfach in der fiskalpolitischen Motivation der Verfasser des BMF-Schreibens gesehen[294]. Um jedoch einen Gleichlauf zwischen steuerlicher und handelsrechtlicher Gewinnermittlung zu erreichen, werden in der Bilanzierungspraxis der Kreditinstitute Pauschalwertberichtigungen überwiegend auf Basis des BMF-Schreibens ermittelt.

Die beiden dargestellten Verfahren stellen zwei Möglichkeiten der Ermittlung von Pauschalwertberichtigungen dar. Die Anwendung anderer sachgerechter Verfahren ist ebenso möglich. So werden Pauschalwertberichtigungen für **Teilzahlungskredite** im Weißbuch zumeist mit demselben Verfahren ermittelt, die für die Bestimmung pauschalierter Einzelwertberichtigungen im Graubuch Verwendung finden[295].

1.3.2.3.3 Berücksichtigung von Zinsrisiken

Nach den allgemeinen Grundsätzen sind un- oder unterverzinsliche Forderungen im Zugangszeitpunkt mit ihrem Barwert zu bewerten, wenn durch die Unterverzinslichkeit keine anderen Vermögensvorteile verbunden sind[296]. Dies impliziert eine Bewertung, die sich an den Bedingungen des Absatzmarktes orientiert[297]. Der Barwert bildet in diesem Fall die Anschaffungskosten der Forderungen. Zudem kann eine im Zugangszeitpunkt mit einem marktgerechten Zins herausgelegte oder erworbene Forderung in der Folge durch Änderungen des Marktzinsniveaus über- oder unterverzinslich werden. Eine Überverzinslichkeit ist aufgrund des Realisationsprinzips bilanziell unbeachtlich. Am Bilanzstichtag entstandene Unterverzinslichkeiten werden zum Zwecke der bilanziellen Abbildungen im Folgenden systematisiert:

a) Bei Unterverzinslichkeiten, die aufgrund von in Kreditforderungen **eingebetteten Zinsderivaten** entstehen, sind die eingebetteten Derivate in einem ersten Schritt auf eine

---
294 Vgl. Bieg/Waschbusch (2017), S. 426.
295 Vgl. Deloitte (2011), 12 f.
296 ADS, § 253 HGB, Tz. 532; Harrmann, in: BB 1990, S. 1450 ff. BFH-Urteil vom 26.02.1975, BStBl II 1976, S. 13 ff.; BFH-Urteil vom 09.07.1981, BStBl II 1981, S. 734 f.
297 Vgl. Pauluhn, in: ZfgK 1979, S. 338.

Trennungspflicht nach den Vorschriften des IDW RS HFA 22 zu untersuchen (siehe Kapitel III.1.4.4.3.2.2). Sofern eine Trennungspflicht besteht, ist die strukturierte Kreditforderung bilanziell in ein Basisinstrument (plain vanilla Schuldinstrument) und ein Zinsderivat aufzuteilen. Das Zinsderivat ist nach den allgemeinen Grundsätzen zur Bilanzierung von Derivaten abzubilden (siehe Kapitel VI.3). Unter bestimmten Bedingungen wäre eine Drohverlustrückstellung für den negativen Marktwert des Zinsderivats zu bilden.

b) Bei Unterverzinslichkeiten, die aus **nicht trennungspflichtigen eingebetteten Zinsderivaten** entstehen, ist eine Bewertung zum Barwert notwendig (IDW RS HFA 22, Tz. 12). Fraglich ist, ob die Berücksichtigung zinsinduzierter Wertverluste im Bankbuch auf Ebene des Einzelgeschäfts notwendig ist, oder ob eine Berücksichtigung im Rahmen der verlustfreien Bewertung von Zinsänderungsrisiken des Bankbuchs möglich ist. Sofern Unterverzinslichkeiten aufgrund besonderer Vereinbarungen in den Kreditverträgen sachgerecht im Rahmen der Bewertung des Zinsbuchs berücksichtigt werden können, kann es als vertretbar angesehen werden, diese Formen der Unterverzinslichkeit bei der Bewertung der Gesamtzinsposition des Bankbuchs zu berücksichtigen.

c) Nachträgliche Unterverzinslichkeiten, die bei fest verzinslichen Kreditforderungen auf das **allgemeine Zinsänderungsrisiko** zurückzuführen sind, werden nicht auf Ebene des Einzelgeschäfts berücksichtigt. Für die einzelne Buchforderung wird in der Bilanzierungspraxis der Institute i. d. R. keine zinsinduzierte Bewertung vorgenommen. Eine Unterverzinslichkeit einer fest verzinslichen Forderung würde bereits schon in Bezug auf das allgemeine Zinsänderungsrisiko bei einem Anstieg des Marktzinses entstehen. Diese zinsinduzierte Wertveränderung ist i. d. R. im Zusammenhang mit dem gesamten Refinanzierungsverbund bilanziell zu beurteilen, der aus der Kreditforderung, Refinanzierungsmitteln sowie ggf. Zinsderivaten des Bankbuchs besteht. Bei einer kongruenten Refinanzierung und positiver Zinsmarge kommt auch bei Marktzinssteigerungen keine zinsinduzierte Abwertung der Kreditforderung in Betracht, da aus dem Refinanzierungsverbund in seiner Gesamtheit keine Verluste aus dem allgemeinen Zinsänderungsrisiko drohen[298]. Aus diesem Grunde wird das allgemeine Zinsänderungsrisiko nach den Grundsätzen der **verlustfreien Bewertung von Zinsänderungsrisiken des Bankbuchs** bewertet (siehe Kapitel III.2.3.2).

Die obigen Ausführungen gelten nicht für Forderungen, für die eine Verkaufsabsicht besteht. Diese sind aus Sicht des Absatzmarktes und damit zum aktuellen laufzeitadäquaten Marktzinssatz am Bilanzstichtag zu bewerten.

1.3.2.3.4 Berücksichtigung von Währungsrisiken und sonstigen Marktpreisrisiken

Sofern mit einer Kreditforderung Währungsrisiken verbunden sind, ist in einem ersten Schritt zu prüfen, ob diese auf trennungspflichtige eingebettete Derivate zurückzuführen sind. Diese Prüfung hat auf Basis der Kriterien des IDW RS HFA 22 zu erfolgen (im Einzelnen siehe Kapitel III.1.4.4.3.3). Auf fremde Währung lautende Darlehensforderungen sind nach den (bankspezifischen) Grundsätzen der Währungsumrechnung in EUR umzurechnen (siehe Kapitel III.2.2). Für alle weiteren Marktpreisrisiken (wie z.B. Equity Kicker) sind ebenfalls die Trennungskriterien des IDW RS HFA 22 zu beachten.

---

298 Vgl. z.B. Mathiak, in: DStR 1990, S. 691–693; BFH Urteil vom 24.01.1990, in: BStBl 1990, S. 639; BFH Urteil vom 19.05.1998, in: DStR 1998, S. 399.

1.3.3 Bewertung von Wertpapieren der Liquiditätsreserve

1.3.3.1 Grundlegende Zuordnungs- und Bewertungsprinzipien

a) Bedeutung und Zuordnung zur Liquiditätsreserve. Nach § 11 Abs. 1 S. 1 KWG müssen Institute ihre Mittel so anlegen, »dass jederzeit eine ausreichende Zahlungsbereitschaft (Liquidität) gewährleistet ist.« Nähere Anforderungen zur Liquiditätsausstattung der Institute sind in Art. 411 ff. CRR sowie in der Liquiditätsverordnung (LiqV) geregelt. Nach Art. 84 der CRD IV haben die zuständigen Aufsichtsbehörden zu überwachen, dass Institute über angemessene Liquiditätspuffer verfügen. Vor diesem Hintergrund haben Institute im Zuge von Basel III Mindestliquiditätsquoten (sog. Liquidity Coverage Ratio, LCR) einzuhalten, wodurch Institute verpflichtet werden, Nettoliquiditätsabflüsse während eines Zeitraums von 30 Tagen mit einem Puffer hochliquider Aktiva zu decken (siehe im Einzelnen Art. 411 ff. CRR). Daneben haben Institute die längerfristig ausgerichtete strukturelle Liquiditätsquote (Net Stable Funding Ratio; NSFR) einzuhalten[299]. Neben den Durchhaltebeständen müssen Institute mithin über Liquiditätsreserven verfügen, deren Ausmaß betriebswirtschaftlich unter anderem auch von dem Ausmaß der betriebenen Fristentransformation abhängen sollte[300].

Wertpapiere sind im Erwerbszeitpunkt einer der drei Bewertungskategorien Handelsbestand, Liquiditätsreserve oder Anlagevermögen zuzuordnen. Maßgeblich für die Zuordnung von Wertpapieren zum Liquiditätsbestand ist die **Widmungsentscheidung** des Instituts. Bei einer Zuordnung der Wertpapiere zum Liquiditätsbestand kann unter bestimmten Bedingungen eine nachträgliche Umwidmung ins Anlagevermögen in Betracht kommen (siehe im Einzelnen Kapitel III.1.5). Da sowohl die Widmung zum Handelsbestand durch bilanz- und aufsichtsrechtliche Vorgaben als auch die Voraussetzungen zur Zuordnung zum Anlagevermögen gesetzlich kodifiziert sind, stellt die Zuordnung zur Liquiditätsreserve einen Auffangtatbestand dar. Zur Abgrenzung einer Zuordnung zum Anlagevermögen kommt eine Widmung von Wertpapieren zum Liquiditätsbestand dann in Betracht, wenn diese mit der Absicht einer Wiederveräußerung bei einem unmittelbaren Liquiditätsbedarf erworben wurden. Dies gilt übrigens auch für zurückerworbene eigene Schuldverschreibungen (siehe Kapitel II.3.2.1.2.2). Dieses Kriterium ist jedoch in der Praxis nicht sehr trennscharf, da auch Wertpapiere des Anlagevermögens ökonomisch eine Liquiditätssicherungsfunktion innehaben, insofern diese bspw. bei einer Zentralbank im Rahmen eines Wertpapierpensionsgeschäfts (Repo-Geschäft) eingereicht werden können. Demgegenüber sollten Wertpapiere des Anlagevermögens eine geringere Umschlagshäufigkeit gegenüber Wertpapieren der Liquiditätsreserve aufweisen.

Die Wertpapiere der Liquiditätsreserve dienen aufgrund ihrer jederzeitigen Veräußerbarkeit der Gewährleistung der jederzeitigen Zahlungsbereitschaft und sind daher »wie Umlaufvermögen« zu behandeln. Die Liquiditätssicherung kann nicht nur durch eine direkte Veräußerung am Geld- oder Kapitalmarkt, sondern auch durch die Lombardierung

---

299 Vgl. dazu ebenfalls Basler Ausschuss für Bankenaufsicht (2010).
300 Vgl. Schierenbeck (1994), S. 718–728.

bei Zentralbanken oder durch den Abschluss von Wertpapierpensionsgeschäften (Repo-Geschäften) im Interbankenmarkt erfolgen (siehe Kapitel II.1.6).

b) Zugangsbilanzierung. Im Erwerbszeitpunkt sind Wertpapiere der Liquiditätsreserve unabhängig von ihren Ausstattungsmerkmalen aufgrund ihrer Folgebewertung zum strengen Niederstwertprinzip nicht auf das Vorliegen trennungspflichtiger eingebetteter Derivate nach IDW RS HFA 22 zu prüfen (zu dieser Rückausnahme siehe Kapitel III.1.4.4.2), sofern Marktpreise auf aktiven Märkten für diese Wertpapiere verfügbar sind. Wertpapiere der Liquiditätsreserve sind im Zugangszeitpunkt grundsätzlich mit ihren Anschaffungskosten zu aktivieren. Zu den Anschaffungskosten gehören nach § 255 Abs. 1 S. 2 HGB auch die Anschaffungsnebenkosten (z. B. Maklerprovisionen, Spesen). Da die Wertpapiere der Liquiditätsreserve zum nächsten Bilanzstichtag ggf. mit dem niedrigeren beizulegenden Wert zu bewerten sind, wird es bei Instituten als zulässig erachtet, die Anschaffungsnebenkosten bereits im Erwerbszeitpunkt sofort als Aufwand zu erfassen[301]. Neben einem Börsenpreis sind ggf. auch Paketzuschläge oder -abschläge in den Anschaffungskosten zu berücksichtigen. Gleiches gilt für Anschaffungspreisminderungen gegenüber einem Börsenpreis, die bspw. aus einer Übernahmeverpflichtung im Rahmen des Emissionsgeschäfts resultieren. Aufgrund des Realisationsprinzips stellen die Anschaffungskosten die Obergrenze der Bewertung für die darauffolgenden Bilanzstichtage dar.

Verändert sich der Bestand von einem bestimmten Wertpapier im Zeitablauf durch verschiedene An- und Verkäufe, so ist der **Anschaffungswert** des Wertpapierbestands fortzuschreiben. Dabei können entweder die Anschaffungskosten einzeln geführt werden (bei Instituten unüblich), oder der Anschaffungswert des spezifischen Wertpapierbestands wird durch die Anwendung der **Durchschnittsmethode** oder eines **Verbrauchsfolgeverfahren**, Fest- oder Gruppenbewertung fortgeschrieben. Dabei erscheint die Anwendung von Verbrauchsfolgeverfahren nach § 256 HGB für Institute grundsätzlich möglich, da § 340a Abs. 2 HGB diesbezüglich keinen expliziten Ausschluss vorsieht. Die Regelung des § 256 HGB ist über § 340a Abs. 1 HGB daher auch für Institute anwendbar[302]. Demnach kann für den Wertansatz gleichartiger Vermögensgegenstände des Vorratsvermögens unterstellt werden, dass die zuerst oder die zuletzt angeschafften Vermögensgegenstände zuerst verbraucht oder veräußert worden sind (§ 256 HGB). Ob dieses Wahlrecht auch auf die Bilanzierung von Wertpapieren angewendet werden kann, ist in der Literatur strittig[303]. Im Schrifttum wird zum Teil die Auffassung vertreten, dass das Wahlrecht des § 256 HGB für eine FIFO oder LIFO-Bewertung nicht auf Wertpapiere anzuwenden sei[304]. Dies wird damit gerechtfertigt, dass die Begründung zum damaligen Gesetzentwurf kein Bedarf für die Anwendung von Verbrauchsfolgeverfahren auf Wertpapiere gesehen hat; zudem verweist § 341b Abs. 2 HGB hinsichtlich der Bewertung von Kapitalanlagen bei Versicherungsunternehmen explizit auf § 256 HGB, was bei einer analogen Anwendung von § 256 HGB für Wertpapiere ent-

---

301 Vgl. Bieg/Waschbusch (2017), S. 429.
302 Vgl. Bieg/Waschbusch (2017), S. 431.
303 Zu den handelsrechtlichen Voraussetzungen zur Anwendung der LIFO-Methode vgl. bspw. Hüttemann/Meinert, in: DB 2013, S. 1865–1872.
304 Vgl. Grottel/Huber, in: BBK, 11. Aufl., § 256 HGB, Tz. 4, m. w. N.

behrlich gewesen wäre[305]. Demgegenüber wird die Auffassung vertreten, dass die Anwendung von Verbrauchsfolgeverfahren auf alle (anderen) beweglichen Vermögensgegenstände (einschließlich der Wertpapiere) gilt[306]. Eine Anwendung von Verbrauchsfolgeverfahren bei der Bewertung von Wertpapieren in der Bilanz von Instituten wird in der Literatur ebenso nicht ausgeschlossen[307]. In der Praxis der Bankbilanzierung ist die Anwendung von Verbrauchsfolgeverfahren aber eher unüblich. I. d. R. wird der Anschaffungswert eines Wertpapierbestands mit Hilfe der gewichteten Durchschnittsmethode fortgeschrieben. Aus praktischer Sicht ist die Anwendung von Verbrauchsfolgeverfahren nicht zu empfehlen, da dies zu einer erhöhten Komplexität der zu implementierenden Buchungslogiken führt. Weitere Komplexitäten würden sich ergeben, wenn Teile von Wertpapierbeständen die nach einem Verbrauchsfolgeverfahren bewertet sind, nachträglich umgewidmet werden würden (zu Umwidmungen siehe Kapitel III.1.5).

c) Folgebewertung. Wertpapiere der Liquiditätsreserve stellen »wie Umlaufvermögen behandelte Vermögensgegenstände« dar, so dass diese am Bilanzstichtag nach dem strengen Niederstwertprinzip zu bewerten sind. Nach § 340a Abs. 1 HGB in Verbindung mit § 253 Abs. 4 S. 1 HGB sind auf Wertpapiere der Liquiditätsreserve Abschreibungen vorzunehmen,»um diese mit einem niedrigeren Wert anzusetzen, der sich aus einem Börsen- oder Marktpreis am Abschlussstichtag ergibt«. Während Wertpapiere der Liquiditätsreserve auf den niedrigeren **Stichtagswert** nach § 253 Abs. 4 S. 1 HGB zu bewerten sind, ist bei der Bewertung von Handelsbeständen auf den **beizulegenden Zeitwert** nach § 255 Abs. 4 HGB abzustellen. Der niedrige Stichtagswert ist der Wert, der sich aus einem **Börsen-** oder **Marktpreis** am Abschlussstichtag ableitet (§ 253 Abs. 4 S. 1 HGB) oder hilfsweise der Wert, der den Vermögensgegenständen am Abschlussstichtag beizulegen ist (sog. **beizulegender Wert** nach § 253 Abs. 4 S. 2 HGB). Die Wertmaßstäbe sind Referenzwerte für die Stichtagsbewertung und in der aufgeführten Reihenfolge zugrunde zu legen:

- Als **Börsenpreise** sind die an einer in- oder ausländischen Börse amtlich festgestellten oder im Freiverkehr ermittelten Preise anzusehen[308]. Zum Teil wird dieser Begriff auch ausgeweitet auf Preise, die in einem multilateralen Handelssystem oder an nicht-börslichen Handelsplätzen, die die Merkmale eines organisierten Markts im Sinne des § 2 Abs. 11 WpHG aufweisen, festgestellt werden[309]. Existieren an verschiedenen Handelsplätzen unterschiedliche Börsenpreise, so ist derjenige Handelsplatz zugrunde zu legen, dessen sich eine Effektenbank beim Verkauf der Wertpapiere bedienen würde[310], d. h. der Handelsplatz, der die bestmögliche Ausführung ermöglicht. Dabei meint »**bestmögliche Ausführung**« keinen individuellen, sondern einen ganzheitlichen, auf die Bedienung aller Kunden bezogenen Qualitätsmaßstab[311]. Der Stichtagswert ist aus

---

305 Vgl. Böcking/Gros, in: Ebenroth/Boujong/Joost/Strohn, 3. Aufl., § 256 HGB, Tz. 6.
306 Vgl. ADS, § 256 HGB, Tz. 25, m. w. N.
307 Vgl. Birck/Meyer V, S. 37 f.; indirekt auch Krumnow/Sprißler (2004), § 340c HGB, Tz. 114; Scharpf/Schaber (2018), S. 1219.
308 Vgl. Tiedchen, in: MüKom AktG, § 253 HGB, Tz. 75; Merkt, in Baumbach/Hopt, § 253 HGB, Tz. 16.
309 Vgl. Ekkenga, in: KK-RLR, § 253 HGB, Tz. 127.
310 Vgl. ADS, § 253 HGB, Tz. 162.
311 Vgl. Ekkenga, in: MüKom HGB, Band 5, Effektengeschäft, Tz. 144.

einem Börsenpreis abzuleiten, d. h. zu entwickeln. Der Börsenpreis stellt mithin nicht automatisch den Stichtagswert dar. Vielmehr besteht ein gewisser Beurteilungsspielraum[312]. In diesem Zusammenhang ist zu beurteilen, ob die Preisbildung unter hinreichend großen Umsätzen stattgefunden hat. Ein Börsenpreis ohne (hinreichende) Umsätze (sog. Taxkurs) ist der handelsbilanziellen Stichtagsbewertung nicht zugrunde zu legen. Die Einbeziehung von Anschaffungsnebenkosten in die Stichtagsbewertung ist abhängig davon, ob der Stichtagswert aus dem Beschaffungsmarkt oder aus dem Absatzmarkt abgeleitet wird. Nach den für alle Kaufleute geltenden Grundsätzen werden die Werte von Wertpapieren des Umlaufvermögens überwiegend aus dem Beschaffungsmarkt abgeleitet, so dass Anschaffungsnebenkosten zu aktivieren und bei einem gesunkenen Stichtagswert anteilig abzuschreiben sind (Ansatz zu Wiederbeschaffungskosten)[313]. Liegt am Stichtag eine Verkaufsabsicht vor, so leitet sich der Stichtagswert aus einem Börsenpreis ohne Berücksichtigung von Anschaffungsnebenkosten sowie abzüglich künftiger Verkaufskosten ab[314]. Unter Berücksichtigung der mit dem Halten von Wertpapieren der Liquiditätsreserve verfolgten Zielsetzung erscheint eine Ableitung von Stichtagswerten aus dem Beschaffungsmarkt für Institute nicht sachgerecht. Eine Hinzurechnung von Anschaffungsnebenkosten zum Stichtagswert erscheint mit den Grundsätzen der verlustfreien Bewertung (§ 252 Abs. 1 Nr. 4 HGB) im Allgemeinen[315] wie im Besonderen mit der Bewertung von Wertpapieren[316] nicht vereinbar, und ist bei Instituten auch nicht üblich.
- Der **Marktpreis** ist der Preis, der an einem bestimmten Handelsplatz für Waren einer bestimmten Gattung von durchschnittlicher Art und Güte zu einem bestimmten Zeitpunkt durchschnittlich bezahlt wurde[317].
- Wertpapiere der Liquiditätsreserve sind mit dem **beizulegenden Wert** im Sinne von § 253 Abs. 4 S. 2 HGB zu bewerten, wenn ein Börsen- oder Marktpreis nicht feststellbar ist. Dies wird insbesondere bei nicht marktgängigen oder illiquiden Wertpapieren der Fall sein oder wenn der Börsen- oder Marktpreis durch außergewöhnliche Umstände (wie z. B. Notverkäufe, erzwungene Geschäfte) beeinflusst ist[318]. Ein Börsen- oder Marktpreis, der auf ausreichenden Handelsumsätzen beruht, ist regelmäßig für sog. **Wertpapiere in geschlossenen Reihen** nicht verfügbar. Unter Wertpapiere in geschlossenen Reihen werden Wertpapiere verstanden, die an einen bestimmten (geschlossenen) Abnehmerkreis verkauft worden sind. Der beizulegende Wert ist in diesem Fall aus der Effektivverzinsung des Wertpapiers oder aus Vereinfachungsgründen aus dem

---

312 Vgl. Ekkenga, in: KK-RLR, § 253 HGB, Tz. 128.
313 Vgl. Schubert/Berberich, in: BBK, 11. Aufl., § 253 HGB, Tz. 516.
314 Vgl. WPH, 15. Aufl., F 411.
315 Aus diesem Grund ist eine beschaffungsmarktorientierte Bewertung von Vermögensgegenständen im Allgemeinen als kritisch zu betrachten. Eine beschaffungsmarktorientierte Bewertung und damit eine Abstellung auf Wiederbeschaffungskosten stellen unter Umständen keine Realverluste, sondern lediglich Opportunitätskosten dar, die in der handelsrechtlichen Rechnungslegung nicht abzubilden sind. Vgl. Leffson (1987), S. 358 f.
316 Vgl. Ballwieser, in: MüKom HGB, § 253 HGB, Tz. 61; Ekkenga, in: KK-RLR, § 253 HGB, Tz. 128.
317 Vgl. Tiedchen, in: MüKom AktG, § 253 HGB. Tz. 75; ADS, § 253 HGB, Tz. 508; Schubert/Berberich, in: BBK, 11. Aufl., § 253 HGB, Tz. 512; WPH, 15. Aufl., F 189.
318 Vgl. Scharpf/Schaber (2018), S. 299.

Börsenwert von Wertpapieren abzuleiten, die hinsichtlich ihrer Nominalverzinsung, Restlaufzeit und Bonität des Emittenten vergleichbar sind[319]. Kann der Stichtagswert nicht aus Börsen- oder Marktpreisen abgeleitet werden, so ist der beizulegende Wert auf Basis von **anerkannten Bewertungsmodellen** zu schätzen. In aktiven Märkten stimmt der beizulegende Wert mit dem Börsen- oder Marktpreis überein[320]. Um zu entscheiden, ob der Stichtagsbewertung ein Börsen- bzw. Marktpreis oder eine Modellbewertung zugrunde zu legen ist, muss mithin geprüft werden, ob Börsen- oder Marktpreise zu Verfügung stehen, die sich auf aktiven Märkten gebildet haben. Ist kein Börsen- oder Marktpreis verfügbar, der sich auf einem aktiven Markt gebildet hat, so hat die Bewertung über ein Bewertungsmodell zu erfolgen, soweit darüber eine verlässliche Bewertung erreicht werden kann. Die Bandbreite der möglichen Bewertungsmodelle reicht von einfachen Discounted-Cash-Flow-Methoden bis hin zu komplexen optionspreistheoretischen Bewertungsverfahren oder komplexen Cash-Flow-Modellierungsverfahren bei der Bewertung von Verbriefungstiteln (z. B. CDO, ABS, RMBS). Dabei ist vorrangig auf am Markt beobachtbare und weniger auf unternehmensspezifische Inputparameter abzustellen. Die von dem Institut verwendeten Bewertungsmodelle sollen »dem Marktstandard« entsprechen, d. h. es soll ein Modell verwendet werden, das üblicherweise von den Marktteilnehmern benutzt wird, um das Finanzinstrument zu bewerten[321]. Das verwendete Bewertungsmodell sowie die verwendeten Inputparameter sind regelmäßig zu kalibrieren und an den aktuellen Marktstandard anzupassen.

Handelsrechtlich sind Wertpapiere der Liquiditätsreserve auf einen niedrigeren Stichtagswert abzuschreiben, und zwar unabhängig davon, ob die am Bilanzstichtag eingetretene Wertminderung dauerhaft oder nur temporär ist. **Steuerrechtlich** ist eine Abschreibung für Wertpapiere des Umlaufvermögens hingegen nur dann anzusetzen, wenn es sich um eine voraussichtlich dauernde Wertminderung handelt (§ 6 Abs. 1 Nr. 1 S. 2 EStG). Das Institut hat bei der Stichtagsbewertung von Wertpapieren der Liquiditätsreserve mithin zu beurteilen, ob die Anwendung des strengen Niederstwertprinzips auch gleichzeitig eine andauernde Wertminderung im Sinne des § 6 Abs. 1 Nr. 1 S. 2 EStG darstellt. Gem. BFH-Rechtsprechung liegt bei Schuldverschreibungen des Umlaufvermögens eine andauernde Wertminderung allein wegen eines gesunkenen Kurses nicht vor, wenn keine Bonitäts- und Liquiditätsrisiken hinsichtlich der Rückzahlung der Nominalbeträge bestehen und die Wertpapiere bei Endfälligkeit zu ihrem Nennwert eingelöst werden[322]. Stellt eine niedrigere Stichtagsbewertung in der Handelsbilanz nicht auch zugleich eine andauernde Wertminderung dar, so ist dies bei der Ermittlung der **latenten Steuern** zu berücksichtigen, sofern es sich nicht um eine permanente Differenz handelt. Wird eine Schuldverschreibung der Liquiditätsreserve aufgrund einer niedrigeren Stichtagsbewertung abgeschrieben und handelt es sich nicht um eine dauerhafte Wertminderung, so liegt aufgrund der erwarteten Rückzahlung der Schuldverschreibung zum Nominalbetrag bei Endfällig-

---

319 Vgl. IDW RS VFA 1, Tz. 7; BFA 2/1971, in: WPg 1972, S. 46.
320 Vgl. Goldschmidt/Weigel, in: WPg 2009, S. 194.
321 Vgl. Goldschmidt/Weigel, in: WPg 2009, S. 196.
322 Vgl. BFH-Urteil vom 08.06.2011 – I R 98/10, in: DB 2011, S. 1834 sowie BMF-Schreiben vom 10.09.2012 – IV C 6 – S 2171 – b/0:005, in: DB 2012, S. 2250.

keit lediglich eine temporäre Differenz vor, für die es zu einem Ansatz von aktiven latenten Steuern kommt. Bestehen bei Aktien des Liquiditätsbestands hinsichtlich der Höhe der Bewertung Unterschiede zwischen Handels- und Steuerbilanz, so würde dies eine permanente Differenz darstellen. Bei börsennotierten Aktien stellt jedoch nach ständiger BFH-Rechtsprechung jedwedes Absinken des Börsenkurses unterhalb des Buchwerts eine andauernde Wertminderung dar (siehe Kapitel III.1.4.3.2).

Institute haben aufgrund von § 340a Abs. 1 HGB in Verbindung mit § 253 Abs. 5 HGB eine Wertaufholung vorzunehmen, wenn die Gründe für eine niedrigere Stichtagsbewertung von Wertpapieren der Liquiditätsreserve nicht mehr bestehen. Auch für Institute besteht ein **Wertaufholungsgebot**. Unbeschadet davon, dürfen Institute nach § 340f Abs. 1 S. 3 HGB einen niedrigeren Wertansatz beibehalten, der sich aus einer Dotierung von stillen Vorsorgereserven nach § 340f Abs. 1 S. 1 HGB ergibt.

1.3.3.2 Bilanzierung einzelner Arten von Wertpapieren der Liquiditätsreserve

1.3.3.2.1 Schuldverschreibungen

Nach §§ 793 ff. BGB stellt eine Schuldverschreibung ein Leistungsversprechen dar, das in einer Urkunde verbrieft ist. Die wichtigste Form der Schuldverschreibung ist die Inhaberschuldverschreibung. Inhaberschuldverschreibungen sind Urkunden, in denen der Aussteller der Urkunde dem Inhaber eine Leistung verspricht (abstraktes Schuldversprechen). Der Aussteller der Urkunde wird durch sein Leistungsversprechen zum Schuldner gegenüber dem Inhaber der Schuldverschreibung. Der Urkunde kommt unter anderem eine Beweisfunktion zu und kann als Einzelurkunde oder als Sammel- oder Globalurkunde nach § 9a DepotG ausgestellt sein. Die Gläubigerstellung hat derjenige, der Inhaber der Urkunde ist und die Verfügungsbefugnis darüber hat. Die Inhaberschaft an der Urkunde umfasst dessen unmittelbaren Besitz oder den mittelbaren Besitz, wenn die Urkunde für den mittelbaren Besitzer derart verwahrt wird, dass die Ausübung durch Dritte ausgeschlossen ist. Dadurch wird die Verwaltung von Schuldverschreibungen durch Girosammelverwahrung möglich[323].

Schuldverschreibungen und andere festverzinsliche Wertpapiere der Liquiditätsreserve sind zusammen mit den entsprechenden Schuldverschreibungen des Anlagevermögens in dem Aktivposten 5 »Schuldverschreibungen und andere festverzinsliche Wertpapiere« auszuweisen. Für die Bilanzierung von Schuldverschreibungen der Liquiditätsreserve gelten in erster Linie die oben aufgeführten allgemeinen Bilanzierungs- und Bewertungsgrundsätze. Im Folgenden werden die folgenden Besonderheiten bei der Bilanzierung und Bewertung von Schuldverschreibungen in der Bilanz von Instituten erläutert[324]:

a) Nominalwertbilanzierung bei Schuldverschreibungen. Nach § 340e Abs. 2 S. 1 HGB können Forderungen anstatt zu Anschaffungskosten auch zu ihrem Nennwert angesetzt werden, sofern der Unterschiedsbetrag Zinscharakter hat (Einzelheiten siehe Kapitel III.1.3.2.2). In der Literatur wird es unter bestimmten Bedingungen auch als sachgerecht

---
323 Zur Rechtsnatur von Schuldverschreibungen vgl. Habersack, in: MüKom BGB, 7. Aufl., Vor § 793 BGB.
324 Der Ausweis von Schuldverschreibung in der Bilanz von Instituten wird in Kapitel IV.1.2.5 erläutert.

angesehen, erworbene Schuldverschreibungen in der Bilanz von Instituten mit ihrem Nominalbetrag zu aktivieren und den Unterschiedsbetrag zwischen Anschaffungskosten und Nominalbetrag in einem Rechnungsabgrenzungsposten zu erfassen, der zeitanteilig aufzulösen ist[325]. Nach der dort vertretenen Meinung sei eine Verteilung des Disagios eines Wertpapiers über dessen Laufzeit möglich, so dass das Wertpapier unter Berücksichtigung der aufgelaufenen Disagioanteile mit einem Wert aktiviert wird, der die ursprünglichen Anschaffungskosten übersteigt[326]. Im neueren Schrifttum wird eine Nominalwertbilanzierung von erworbenen Schuldverschreibungen aufgrund des Gesetzeswortlauts des § 340e Abs. 2 HGB für nicht zulässig erachtet[327]. Dieser Auffassung ist mE zuzustimmen. Eine periodengerechte Erfolgsvereinnahmung hat vielmehr durch eine effektivzinskonstante Amortisation eines **Disagios** und dessen Erfassung als nachträgliche Anschaffungskosten zu erfolgen[328]. Die auf der Auslegung von Art. 35 Abs. 3 (b) BaBiRiLi basierende Diskussion, ob das Agio einer über pari erworbenen Schuldverschreibung sofort aufwandswirksam abgeschrieben werden muss (oder kann)[329], hat aufgrund der Bezugnahme von Art. 35 Abs. 3 BaBiRiLi auf das Finanzanlagevermögen keine Relevanz für die Bilanzierung für Schuldverschreibungen der Liquiditätsreserve.

b) Bilanzierung von Zerobonds. Zerobonds (oder auch Null-Kupon-Anleihen) sind Schuldverschreibungen, die keine laufenden Zinszahlungen leisten, sondern deren Verzinsung sich durch den Unterschied zwischen Ausgabekurs und höherem Rückzahlungskurs ausdrückt. Die Zinsen und Zinseszinsen werden mithin erst zusammen mit der Kapitalforderung am Ende der Laufzeit ausgezahlt. Zerobonds sind im Erwerbszeitpunkt mit ihren Anschaffungskosten zu bilanzieren. Jedoch stellt der Anschaffungskurs von Zerobonds nicht dessen Anschaffungswert dar, der bis zur Einlösung nicht überschritten werden darf. Bei Zerobonds wird die Zinsverpflichtung Bestandteil der Hauptschuld[330], so dass die verdienten Zinsen bei erworbenen Zerobonds als nachträgliche Anschaffungskosten zu aktivieren (**Nettomethode**) und im Zinsergebnis auszuweisen sind[331]. Dies stellt keinen Verstoß gegen das Realisationsprinzip und Anschaffungskostenprinzip dar, weil die Leistung durch die Überlassung von Kapital auf Zeit in der jeweiligen Berichtsperiode erbracht wurde[332]. Die Zurverfügungstellung in Höhe des zuletzt bilanzierten Zerobondbetrags stellt eine Teilleistung im Rahmen eines Dauerschuldverhältnisses dar, die pro rata temporis realisiert wird[333]. Eine Beibehaltung der Anschaffungskosten bis zur Endfälligkeit ist mithin

---

325 Vgl. bspw. Windmöller, in: FS Forster, S. 694 f.; Birck/Meyer V, S. 273.
326 Vgl. Meyer, in FS Scholz, S. 142.
327 Vgl. Scharpf/Schaber (2018), S. 328.
328 Vgl. IDW HFA, IDW FN 2014, S. 595 (Berichterstattung über die 237. Sitzung des HFA); Scharpf/Schaber (2018), S. 327 f.
329 Vgl. Bantleon/Siebert, in: DB 2017, S. 2365 ff.; Schorr/Fritz, in: DStR 2017, S. 1223 (S. 1226). Zu dieser Diskussion siehe Kapitel III.1.4.3.1.
330 Vgl. HFA 1/1986, S. 1; Birck/Meyer V, S. 270 ff.
331 Es ist zu beachten, dass emittierte Zerobonds (verbriefte Verbindlichkeiten) in der Bilanz von Kreditinstituten aufgrund von § 22 Abs. 2 S. 3 RechKredV ebenfalls nach der Nettomethode ausgewiesen werden. Siehe Kapitel IV.1.3.3.1.
332 Vgl. Meyer, in: FS Scholz, S. 141; Kußmaul, in: BB 1998, S. 1927.
333 Vgl. Eisele/Knobloch, in: DStR 1993, S. 578.

abzulehnen. Da die Zinsansprüche Bestandteil der Hauptschuld werden, ist es nach h. M. sachgerecht, die Anschaffungskosten pro rata temporis auf den Nominalbetrag ergebniswirksam hochzuschreiben (Nettomethode). Dabei ist der Zinsertrag gem. der Effektivzinsmethode zur vereinnahmen[334]. Bei dieser Methodik bleibt der Zinsertrag über die gesamte Laufzeit konstant. Der Effektivzinssatz r eines Zerobonds berechnet sich nach der folgenden Formel[335]:

$$r = \sqrt[n]{\frac{R}{A}} - 1$$

wobei n die Laufzeit der Anleihe, R den Rückzahlungskurs und A den Ausgabekurs bezeichnet. Im Falle eines Zweiterwerbs ist der Effektivzins nicht aus dem ursprünglichen Emissionskurs, sondern aus dem Anschaffungskurs zu ermitteln. Die bis zum Erwerbszeitpunkt rechnerisch zu ermittelnden Zinsansprüche sind dabei nicht gesondert auszuweisen[336]. Da der Effektivzins über die Laufzeit des Zerobonds hinweg konstant ist, steigen aufgrund des Zinseszinseffekts die Zinserträge progressiv im Zeitablauf. Die Aufzinsungsbeträge von Zerobonds sind im Anlagespiegel als Zugänge auszuweisen[337]. Eine Bruttobilanzierung, bei der der Zerobond zum Nominalbetrag angesetzt und der Unterschiedsbetrag in einem passivischen Rechnungsabgrenzungsposten erfasst wird, erscheint demgegenüber nicht sachgerecht und wird in der Literatur überwiegend abgelehnt. Dies wird damit begründet, dass eine Bruttobilanzierung die Möglichkeit eröffnet, eine nicht-effektivzinskonstante Amortisierung des Rechnungsabgrenzungspostens nach § 250 HGB vorzunehmen[338]. Eine Bruttobilanzierung erscheint nicht sachgerecht, da der Ansatz eines Rechnungsabgrenzungspostens voraussetzt, dass eine Zahlung vereinnahmt wurde, die Ertrag für eine bestimmte Zeit nach dem Bilanzstichtag darstellt[339]. Nach h. M. ist für die handelsrechtliche Bilanzierung die Nettomethode vorzuziehen[340]. Die Nettobilanzierung ist auch steuerlich vorzunehmen[341]. Zerobonds sind wie die übrigen Wertpapiere der Liquiditätsreserve in der Folge nach dem strengen Niederstwertprinzip zu bewerten.

c) Über- oder unterverzinsliche Schuldverschreibungen. Die Grundsätze der Bilanzierung von Zero Bonds sind nach h. M. auch auf minderverzinsliche Wertpapiere anzuwenden, sofern das Disagio Zinscharakter hat[342]. Das Disagio stellt in diesem Fall einen Zusatzzins dar, der über die Laufzeit der Schuldverschreibung zu einer ergebniserhöhenden Zuschreibung des Buchwerts führt. Alternativ wird von der Literatur auch die Ausweitung

---

334 Vgl. Birck/Meyer V, S. 271; HFA 1/1986, S. 2; BMF-Schreiben vom 05.03.1987: Bilanzierung von Zerobonds (Null-Kupon-Anleihen), in: BStBl. I 1987, S. 395.
335 Vgl. Kußmaul, in: BB 1998, S. 1926.
336 Vgl. Häuselmann (2005), S. 21.
337 Vgl. ADS, § 268 HGB, Tz. 83; Winnefeld (2015), F 342.
338 Vgl. HFA 1/1986, S. 2.
339 Vgl. Groh, in: StuW 1991, S. 298.
340 Ebenso ADS, § 253 HGB, Tz. 86; Ulmer/Ihrig, in: ZIP 1985, S. 1169; Böcking, in: ZfbF 1986, S. 943; Böcking/Löw/Wohlmannstetter, in: MüKom HGB, 2. Aufl., § 340e HGB, Tz. 58.
341 Vgl. BMF-Schreiben vom 05.03.1987: Bilanzierung von Zerobonds (Null-Kupon-Anleihen), in: BStBl. I 1987, S. 394.
342 Stellvertretend Birck/Meyer, V, S. 273 f.; Hossfeld, in: RIW 1997, S. 141; Scharpf/Schaber (2018), S. 327, zur Begründung vgl. auch Eisele/Knobloch, in: DStR 1993, S. 579 f.

der Nominalwertbilanzierung auf Wertpapiere für sachgerecht erachtet, so dass die Erfassung des Disagios als Rechnungsabgrenzungsposten sowie dessen planmäßiger Auflösung pro rata temporis in Betracht kommt. Eine nominale Überverzinslichkeit einer Schuldverschreibung drückt sich in einem im Vergleich zum Nominalwert erhöhten Ankaufskurs aus, zu dem die Schuldverschreibung grundsätzlich zu aktivieren ist. Eine Auflösung eines im Ankaufskurs enthaltenen Agios würde sich im Zeitablauf über eine strenge Niederstwertbewertung ergeben. Wird die Schuldverschreibung zum Nominalwert angesetzt und gleichzeitig ein aktiver Rechnungsabgrenzungsposten gebildet, so ist dieser nach den Grundsätzen des § 250 HGB aufzulösen. Es gibt allerdings auch Schuldverschreibungen, bei denen eine zunächst unterverzinsliche Schuldverschreibung im Zeitablauf in eine überverzinsliche Schuldverschreibung wechseln kann. Dies ist z. B. bei sog. **Stufenzinsanleihen** der Fall. Diese weisen eine im Zeitablauf steigende oder fallende Nominalverzinsung auf. Grundsätzlich sind die Zinsen von Schuldverschreibungen auf der Basis der vereinbarten Nominalzinsen zu vereinnahmen. Im Regelfall führt die nominale Vereinnahmung von Zinserträgen bei Stufenzinsanleihen hingegen nicht zu einem zutreffenden Bild der Vermögens- und Ertragslage. So würde eine nominale Vereinnahmung bei im Zeitablauf fallenden Zinssätzen zu einem Vorziehen von Erträgen und mithin zu einer Belastung künftiger Zinsergebnisse führen. Bei steigenden Zinssätzen wird bei einer nominalen Zinsvereinnahmung das gegenwärtige Zinsergebnis zugunsten künftiger Zinsergebnisse gemindert. Unter der Bedingung, dass die Zinsen über die gesamte Laufzeit der Schuldverschreibung feststehen, ist es mithin sachgerecht, den Zinsertrag auf Basis des Effektivzinssatzes der Schuldverschreibung im Erwerbszeitpunkt zu vereinnahmen. Die effektivzinskonstante Vereinnahmung von Zinserträgen kann auch mit einer Übertragung der Bilanzierungs- und Bewertungsgrundsätze für Zero Bonds auf die Bilanzierung von Stufenzinsanleihen argumentiert werden. Dies erscheint allerdings dann nicht sachgerecht, wenn die Verzinsung im Zeitablauf z. B. aufgrund der Existenz von Kündigungsrechten, Wandlungsrechten oder weiterer Optionen (z. B. Coupon Flip Options) nicht feststeht. In diesem Fall kann der Effektivzins nicht als realisiert angesehen werden.

d) **Bondstripping.** Im Januar 1985 wurde durch das U.S. Treasury Department das sog. STRIPS-Programm eingeführt, wodurch für bestimmte (strippable) U.S. Treasury Bonds einzelne Kuponzahlungen jeweils getrennt von der Rückzahlung (Principal Payment) als separate Zero Bonds gehandelt werden konnten. Die Bezeichnung STRIP steht für »Separate Trading of Registered Interest and Principal Securities«. Durch ein Stripping wird der Mantel einer Anleihe von den einzelnen Zinsscheinen getrennt und mithin eine Anleihe in einen Principal Only Strip (PO-Strip) und eine Serie von Interest Only Strips (IO-Strips) mit unterschiedlicher Fälligkeit geteilt, die jeweils Wertpapiere (Zerobonds) mit eigenen Identifikatoren (ISIN oder CUSIP) darstellen. Im Mai 1997 erlaubte das U.S. Treasury Department die einzelnen Strips wieder zu dem ursprünglichen Bond (Anleihe cum) zusammenzusetzen (sog. **Rekonstruktion**). Alle IO-Strips derselben Fälligkeit, Währung und Zahlungsmethode von unterschiedlichen Schuldverschreibungen erhalten dieselbe ISIN oder CUSIP[343]. Zur Rekonstruktion der ursprünglichen Anleihe können alle Kuponstrips

---

343 Vgl. Bose, in: Money and Finance 2002, S. 734.

von Schuldverschreibungen eines Emittenten verwendet werden, soweit sie die für die Rekonstruktion benötigte Laufzeit aufweisen. Demgegenüber muss der Principal Strip des betreffenden Bonds zur Wiederherstellung des ursprünglichen Bonds verwendet werden[344]. Principal Strips enthalten mithin eine »Rekonstruktionsoption«, weshalb Principal Strips i.d.R. zu höheren Preisen notieren als Kuponstrips mit gleicher Laufzeit[345]. Durch die Rekonstruktion können Preisunterschiede zwischen dem Preis von Strips sowie dem Preis des jeweiligen Bonds arbitriert werden[346]. Die Möglichkeit des Strippings von Staatsanleihen wurde in der Folge von weiteren Staaten eingeführt. In Deutschland ist das Stripping von bestimmten Bundesanleihen seit Juli 1997 zugelassen[347]. Das Bondstripping stellt eine Form des Managements von Zinsrisiken dar, da durch die Herstellung von Zerobonds das Wiederanlagerisiko von Kuponzahlungen eliminiert werden kann[348]. Zudem kann durch Bondstripping die Duration eines Bond-Portfolios verändert werden. Ferner wird durch das Stripping eine Vervollständigung des Kapitalmarktes erreicht. Neben finanzwirtschaftlichen Gründen kann ein Bondstripping durch einen steuerlichen Hintergrund motiviert sein. Gestrippte Treasury Bonds stellen den weltgrößten und liquidesten Markt für Zerobonds dar[349]. Der Markt in der Eurozone ist im Vergleich zum US-amerikanischen Markt weniger liquide[350].

Aus bilanzieller Sicht stellt das Bondstripping einen rein internen Vorgang und somit kein Realisationstatbestand dar. Der Stripping-Vorgang ist mithin erfolgsneutral abzubilden und führt darüber hinaus nicht zu einer Änderung bzgl. der Widmung zu einer Bewertungskategorie. Eventuelle Umwidmungsentscheidungen nach IDW RH HFA 1.014 bestehen jedoch unbenommen. Erworbene Strips sind im Erwerbszeitpunkt mit ihren Anschaffungskosten anzusetzen. Durch das Stripping werden die nicht bilanzierungsfähigen Kupons der Anleihe cum zu einzeln handelbaren Wertpapieren und somit zu ansatzpflichtigen Vermögensgegenständen[351]. Wird ein Wertpapier der Liquiditätsreserve gestrippt, so sind bestehende stille Reserven[352] anteilig den einzelnen Strips zuzurechnen (IDW BFA 1.001, Tz. 5). Die Aufteilung muss auf geeigneten Rechenverfahren beruhen, die willkürfrei und stetig anzuwenden sind (IDW BFA 1.001, Tz. 6). Die Aufteilung kann bspw. auf Basis der Buchwertrendite oder auf Basis der aktuellen internen Rendite erfolgen. Bei einer Aufteilung auf Basis der Buchwertrendite wird die interne Rendite der Anleihe zum Zeitpunkt

---

344 Der Principal Strip kann mithin nicht durch einen Kuponstrip eines anderen Bonds mit gleicher Höhe und Fälligkeit substituiert werden. Sog. Interest as Principal-Pakete sind nicht rekonstruktionsfähig. Vgl. Bolder/Boisvert (1998), S. 2.
345 Vgl. Daves/Ehrhardt, in: Journal of Finance 1993, S. 315 ff.; teilweise gegenteilige empirische Ergebnisse liefern Jordan/Jorgensen/Kuipers, in: Journal of Financial Economics 2000, S. 89 ff.
346 Vgl. Lim/Livingston, in: Journal of Fixed Income 1995, S. 88 ff.; Grinblatt/Longstaff, in: Journal of Finance 2000, S. 1415 ff.
347 Vgl. Kußmaul, in: BB 1998, S. 1868.
348 Vgl. Bose, in: Money and Finance 2002, S. 73 f.
349 Vgl. Bulter/Livingston/Zhou (2011), S. 8.
350 Vgl. Villarroya, in: Fabozzi/Choudhry, S. 164.
351 Vgl. Göttgens, in: WPg 1998, S. 568 f.
352 Obwohl IDW BFA 1.001 nur die Aufteilung von stillen Reserven thematisiert, ist das gleiche Vorgehen zur Buchwertaufteilung auch im Falle von stillen Lasten bei gestrippten Anleihen des Anlagevermögens vorzusehen.

des Strippings ermittelt (siehe Beispiel in Abb. 27). Die interne Buchwertrendite in dem unten aufgeführten Beispiel ist der Zins r, der die folgende Gleichung erfüllt:

$$r \to Buchwert = \frac{2}{(1+r)^{-1}} + \frac{2}{(1+r)^{-2}} + \frac{102}{(1+r)^{-3}}$$

Die vertraglichen Cash Flows werden mit der so berechneten Rendite abgezinst, wobei der daraus resultierende Barwert jedes einzelnen Cash Flows den Buchwert des jeweiligen Strips darstellt (IDW BFA 1.001, Tz. 7). Alternativ kann eine Aufteilung des Buchwerts auf Basis der relativen Marktwerte der einzelnen Strips erfolgen (Aufteilung auf Basis der aktuellen Marktrendite). Dieses Vorgehen vernachlässigt jedoch, dass dem Principal-Only-Strip im Vergleich zu den Kupon-Strips aufgrund des Rekonstruktionsoptionswerts finanzwirtschaftlich ein relativ gesehen höherer Marktwert zuzuordnen ist.

Zeit	1	2	3	Summe
Cash Flows	2,00	2,00	102,00	
Zinsstruktur	2,00 %	3,00 %	3,50 %	
Marktpreis in t0 = 95,84 EUR				
Buchwert = 90,00 EUR (z. B. wegen 340f-Abschreibung)				
1. Methode der internen Buchwertrendite				
Buchwertrendite	5,72 %	5,72 %	5,72 %	
Diskontfaktor	0,9459	0,8947	0,8463	
Buchwert	1,89	1,79	86,32	90,00
2. Methode der aktuellen Marktrendite				
Diskontfaktor	0,9804	0,9426	0,9019	
Marktpreise	1,96	1,89	92,00	95,84
Anteil	2,05 %	1,97 %	95,99 %	
Buchwert	1,84	1,77	86,39	90,00

Abb. 27: Buchwertaufteilung beim Bondstripping

Die **Folgebewertung** der einzelnen Strips richtet sich in der Folge nach den oben beschriebenen Grundsätzen der Bewertung von Zerobonds. Dabei wird es in der Literatur als zulässig angesehen, für die Aufzinsung die Rendite zu verwenden, die der **Aufteilung des Buchwerts** auf die einzelnen Strips zugrunde gelegt wurde (IDW BFA 1.001, Tz. 11). Dieses Vorgehen kann jedoch dazu führen, dass die Summe der Aufzinsungsbeträge der einzelnen Strips von dem Zinsertrag der ungestrippten Anleihe abweichen kann. Eine unterschiedliche Erfolgsperiodisierung ergibt sich einerseits aufgrund der nominellen Zinsvereinnahmung der Anleihe cum und der effektivzinskonstanten Ertragsvereinnahmung der Strips.

Andererseits weichen die Zinserträge sogar in Summe im Falle einer Abschreibung auf einen niedrigeren beizulegenden Wert ab. Wird z. B. die interne Buchrendite zur Aufteilung des Buchwerts wie auch für die Aufzinsung der einzelnen Strips verwendet, so wird ein im Vergleich zu einer ungestrippten Anleihe höherer Zinsertrag vereinnahmt, wenn der Buchwert der Anleihe im Zeitpunkt des Strippings aufgrund der Anwendung des strengen Niederstwertprinzips unter den Anschaffungskosten liegt und die interne Buchrendite mithin die Effektivverzinsung im Erwerbszeitpunkt übersteigt. Strips der Liquiditätsreserve unterliegen den allgemeinen Grundsätzen der Folgebewertung für Wertpapiere des Umlaufvermögens (einschließlich der Bildung von Bewertungseinheiten, Währungsumrechnung, sowie verlustfreie Bewertung des Zinsbuchs). Die Erfolgsbeiträge aus dem Abgang von Strips der Liquiditätsreserve sind im Aufwandsposten 7 »Abschreibungen und Wertberichtigungen auf Forderungen und bestimmten Wertpapieren sowie Zuführungen zu Rückstellungen« bzw. Ertragsposten 6 »Erträge aus Zuschreibung zu Forderungen und bestimmten Wertpapieren sowie aus der Auflösung von Rückstellungen im Kreditgeschäft« (jeweils Formblatt 2) auszuweisen.

e) Schuldverschreibungen mit Sonderausstattung. Gelegentlich werden Inhaberschuldverschreibungen mit Sonderausstattungen versehen. Dabei ist zwischen sog. unpersönlichen und persönlichen Sonderausstattungen zu unterscheiden. Persönliche Sonderausstattungen stellen individuelle Sonderabreden zwischen dem Emittenten und dem Inhaber einer Schuldverschreibung dar, die außerhalb der Wertpapierurkunde (zumeist in einem Inhaber-Zertifikat) niedergelegt werden. Die Sonderausstattung begründet ein schuldrechtliches Verhältnis zwischen dem Emittenten und dem Erwerber der Schuldverschreibung, ohne dass die Fungibilität des Wertpapiers selbst eingeschränkt wird[353]. In dieser Sonderausstattung kann sich der Emittent bspw. bereiterklären, abweichend von den Emissionsbedingungen die Schuldverschreibung vorzeitig zum Nennwert zurückzunehmen[354]. Die Sonderausstattung des Wertpapiers ist ein den Börsenpreis beeinflussender Faktor, und zwar unabhängig davon, ob die Änderung allgemein (unpersönliche Sonderausstattung) oder nur gegenüber bestimmten Erwerbern der Schuldverschreibungen (persönliche Sonderausstattung) erfolgte[355]. Daher ist davon auszugehen, dass der Börsenpreis für ein Wertpapier ohne Sonderausstattung nicht der wirtschaftlichen Geschäftslage bzgl. des gleichen Wertpapiers mit Sonderausstattung entspricht, so dass es sich wirtschaftlich um ein anderes Wertpapier handelt[356]. Der beizulegende Wert von Inhaberschuldverschreibungen mit Sonderausstattung ist daher aus der Effektivverzinsung des Wertpapiers (Renditekurs) abzuleiten[357].

---

353 Vgl. BFH-Urteil vom 28.09.1982 – III R 28/77, in: BeckRS 1982 22006242, S. 1.
354 Vgl. BFA 2/1971, in: WPg 1972, S. 46. Nach Auffassung des BAKred sind Wertpapiere trotz anders lautender Sonderausstattung in der Restlaufzeitengliederung mit der längsten Laufzeit laut Emissionsbedingungen zu berücksichtigen. Vgl. BAKred-Schreiben vom 29.07.1971 (I 4-5), KWG 16.05.
355 Vgl. BFH-Urteil vom 28.09.1982 – III R 28/77, in: BeckRS 1982 22006242, S. 2.
356 Vgl. Birck/Meyer II, S. 118 f.; sowie BFH-Urteil vom 28.09.1982 – III R 28/77, in: BeckRS 1982 22006242, S. 2.
357 Vgl. IDW RS VFA 1, Tz. 10; BFA 2/1971, in: WPg 1972, S. 46.

1.3.3.2.2 Aktien

Aktien der Liquiditätsreserve sind zusammen mit Aktien des Anlagevermögens in dem Aktivposten 6 »Aktien und andere nicht festverzinsliche Wertpapiere« auszuweisen. In der Liquiditätsreserve können Aktien in der Form von Inhaber-, Vorzugs- oder Namensaktien auszuweisen sein, sofern diese nicht Anteile an einem verbundenen Unternehmen oder eine Beteiligung darstellen. Aktien sind im Zugangszeitpunkt zu ihren Anschaffungskosten zu aktivieren. Sind Aktien aufgrund eines Options- oder Termingeschäfts erworben worden, so stellen die tatsächlich aufgewendeten Ausgaben (Optionspreis oder Terminkurs) zuzüglich des Buchwerts bzw. des niedrigeren beizulegenden Werts der Option die Anschaffungskosten dar[358]. Variation Margin-Zahlungen von Futures sind als Anschaffungskosten zu berücksichtigen. Aktien, die durch den Umtausch von Wandelschuldverschreibungen erworben wurden, sind mit dem Buchwert der Wandelschuldverschreibung anzusetzen; eventuelle Zuzahlungen sind als nachträgliche Anschaffungskosten zu erfassen[359]. Dabei bilden das Stammrecht einer Aktie sowie die noch nicht entstandenen Gewinnansprüche einen einheitlichen Vermögensgegenstand. In der Folge sind Wertpapiere der Liquiditätsreserve nach dem strengen Niederstwertprinzip zu bewerten. Dabei kommt es nicht zum Ansatz von latenten Steuern, da steuerlich jedes Unterschreiten des beizulegenden Werts unterhalb der Anschaffungskosten bei börsennotierten Aktien als eine andauernde Wertminderung im Sinne des § 6 Abs. 1 Nr. 2 S. 2 EStG gilt. Besonderheiten in der Bilanzierung von Aktien der Liquiditätsreserve ergeben sich insbesondere im Hinblick auf die folgenden Punkte:

a) **Kapitalerhöhung.** Erwirbt ein Institut Aktien im Zuge einer **Kapitalerhöhung gegen Bareinlage**, so stellt der Betrag der Einlage zuzüglich eventueller Nebenkosten die Anschaffungskosten der Aktien dar[360]. Bei einer **Kapitalerhöhung gegen Sacheinlage** erwirbt das Institut Aktien durch die Einbringung von Vermögensgegenständen in die Aktiengesellschaft. Dies stellt einen Tauschvorgang dar, der nach den Tauschgrundsätzen zu bilanzieren ist. Die Anschaffungskosten können daher beibehalten (Buchwertfortführung), in Bezug auf die verbundene Ertragsteuerbelastung ergebnisneutral behandelt, oder auf den beizulegenden Zeitwert der hingegebenen Vermögensgegenstände erhöht werden[361]. Bei einer Kapitalerhöhung durch Zuzahlung und **Bezugsrechtsausschluss** der Altaktionäre wird die Bewertung der Alt-Aktien nicht unmittelbar, sondern ggf. über die Folgebewertung berührt[362]. Hat ein Institut Aktien aus einer **Kapitalerhöhung aus Gesellschaftsmitteln** erworben, so gelten für die Bestimmung der Anschaffungskosten die aktienrechtliche Bilanzierungsvorschrift des § 220 AktG (bzw. entsprechend § 570 GmbHG), die von allen Instituten unabhängig von ihrer Rechtsform zu beachten sind[363]. Die Kapitalerhöhung aus Gesellschaftsmitteln stellt einen rein bilanziellen Umbuchungsvorgang dar, bei dem Kapi-

---

358 Vgl. Hachmeister, in: HdJ, Abt. II/3, Tz. 91.
359 Vgl. Scheffler, in: Beck HdR, B 213, Tz. 264; Hachmeister, in: HdJ, Abt. II/3, Tz. 93.
360 Vgl. Grottel/Gadek, in: BBK, § 255 HGB, Tz. 145.
361 Vgl. IDW RS HFA 18, Tz. 9; ADS, § 253 HGB, Tz. 44.
362 Vgl. Schubert/Gadek, in: BBK, 11. Aufl., § 255 HGB, Tz. 308.
363 § 220 AktG richtet sich an den bilanzierungspflichtigen Erwerber von Aktien aus einer Kapitalerhöhung aus Gesellschaftsmitteln. Vgl. Simons, in: Hölters, 3. Aufl., § 220 AktG, Tz. 1.

tal- und Gewinnrücklagen in Grund- oder Stammkapital umgewandelt werden. Nach § 220 S. 1 AktG (sowie § 57o S. 1 GmbHG) sind die Anschaffungskosten der Aktien, die vor der Erhöhung des Grundkapitals erworben wurden, sowie der neuen Aktien mit den Beträgen anzusetzen, »die sich für die einzelnen Aktien ergeben, wenn die Anschaffungskosten der vor der Erhöhung des Grundkapitals erworbenen Aktien auf diese und auf die auf sie entfallenen neuen Aktien nach dem Verhältnis der Anteile am Grundkapital verteilt werden«. Die Anschaffungskosten der Alt-Aktien werden somit im Verhältnis der Nennbeträge bzw. der Anzahl der Stückaktien auf den Gesamtbestand der Aktien nach Kapitalerhöhung verteilt. Die ausgegebenen **Gratisaktien** stellen in diesem Zusammenhang Ersatzvermögensgegenstände dar, so dass sich die auf die ursprünglich angeschafften Vermögensgegenstände entfallenden Anschaffungskosten anteilig fortsetzen[364]. Dieser Art der Bilanzierung liegt zugrunde, dass bei einer Kapitalerhöhung aus Gesellschaftsmitteln weder bei der Aktiengesellschaft noch bei den Aktionären eine Vermögensmehrung eintritt und sich der Vermögenswert der Alt-Aktien auf eine erhöhte Anzahl von alten und neuen Aktien verteilt[365]. Weicht der Buchwert der Alt-Aktien aufgrund der Anwendung des strengen Niederstwertprinzips oder wegen der Bildung von stillen Vorsorgereserven nach § 340f HGB von den ursprünglichen Anschaffungskosten ab, so ist der aktuelle Buchwert auf alte und neue Aktien aufzuteilen[366]. Die aufgeteilten Anschaffungskosten bilden die Bewertungsobergrenze im Zuge einer Wertaufholung. Diese Aufteilung reflektiert, dass ein Teil des Werts der Alt-Aktien auf die neuen Aktien übergegangen und es sich insgesamt um einen erfolgsneutralen Vorgang handelt. Wendet das Institut nicht – wie in der Praxis üblich – die Durchschnittsmethode zu Fortschreibung der Anschaffungskosten sowie der Buchwerte an, so ist die Aufteilung für jeden buchmäßig getrennten Bestand an Aktien einzeln vorzunehmen. Das Kapital kann aus Gesellschaftsmitteln ferner auch ohne die Ausgabe neuer Aktien erhöht werden. In diesem Fall kommt es zu einer Erhöhung des Nennbetrags (§ 215 Abs. 2 AktG). Der Bilanzansatz der Aktien ist dabei unverändert fortzuführen[367]. Nach § 220 S. 2 AktG ist der Erwerb der neuen Aktien in diesem Fall nicht als Zuwachs auszuweisen und somit auch nicht in dem Anlagespiegel nach § 268 Abs. 2 HGB bzw. § 34 Abs. 3 RechKredV oder § 28 Abs. 3 RechZahlV zu berücksichtigen. Bei einem Hinzuerwerb weiterer Teilrechte können zusätzliche Anschaffungskosten anfallen, die bilanziell zu erfassen sind.

b) Kapitalherabsetzungen. Eine Kapitalherabsetzung, bei der Aktien unentgeltlich eingezogen werden, ist ebenfalls erfolgsneutral zu behandeln, soweit die Einziehung bei den verbleibenden Aktien zu einem Substanzzuwachs führt[368]. Die Kapitalherabsetzung durch unentgeltliche Einziehung von Aktien stellt den umgekehrten Fall einer Kapitalerhöhung aus Gesellschaftsmitteln dar. Während für den Fall einer Kapitalerhöhung aus Gesellschaftsmitteln explizite gesetzliche Bilanzierungsvorschriften in § 220 AktG bestehen, ist

---
364 Vgl. BFH-Urteil vom 19.12.2000 – IX R 100/97, in: DStRE 2001, S. 581.
365 Vgl. BT-Drs 3/416, S. 16; Arnold, in: MüKom AktG, 4. Aufl., § 220 AktG, Tz. 2.
366 Vgl. Arnold, in: MüKom AktG, 4. Aufl., § 220 AktG, Tz. 5.
367 Vgl. Hüffer, in: Aktiengesetz, hrsg. v. Hüffer, § 220 AktG, Tz. 5; Arnold, in: MüKom AktG, 4. Aufl., § 220 AktG, Tz. 3.
368 Vgl. BFH-Urteil vom 10.08.2005 – VIII R 26/03, in: DStR 2005, S. 1807.

der Fall einer Kapitalherabsetzung durch unentgeltliche Einziehung gesetzlich nicht geregelt. Diese Gesetzeslücke ist nach Auffassung des BFH durch analoge Anwendung des § 220 AktG auf den Fall der Kapitalherabsetzung zu schließen[369]. Bei einer vereinfachten Kapitalherabsetzung im Sinne des § 237 Abs. 1 und 3 Nr. 1 AktG durch Einziehung unentgeltlich zur Verfügung gestellter Aktien sind die anteiligen Buchwerte, soweit sie auf die einzuziehenden Aktien entfallen, den verbleibenden Aktien zuzuordnen, soweit die Einziehung zu einer Substanzmehrung der verbleibenden Aktien führt. Die verbleibenden Aktien stellen Ersatzvermögensgegenstände dar, die die Substanz der eingezogenen Aktien aufnehmen (Substanzspaltungstheorie). In den verbleibenden Aktien setzen sich die Mitgliedschaftsrechte der eingezogenen Aktien fort. Der Buchwert der eingezogenen Aktien ist den verbleibenden Aktien mithin zuzuschlagen. Werden Aktien nicht von sämtlichen Aktionären eingezogen (sog. disquotale Einziehung), so kommt die Substanzmehrung durch die Verringerung der Anzahl der Aktien auch den anderen Aktionären zugute, die nicht von der Einziehung betroffen sind. Mithin ist der Buchwert, der auf die eingezogenen Aktien entfällt, bei den von der Einziehung betroffenen Aktionären erfolgswirksam auszubuchen[370].

c) Aktiensplit. Durch einen **Aktiensplit** wird eine Aktie in eine oder mehrere Aktien aufgeteilt, ohne dass es zu einer Veränderung des Grundkapitals der Aktiengesellschaft kommt. Durch eine Satzungsänderung wird bei gleichbleibendem Grundkapital eine Neustückelung vorgenommen. Grundsätzlich ist neben einer Teilung der Aktien auch eine Vereinigung oder auch eine Kombination von Teilung und Vereinigung möglich[371]. Die Anschaffungskosten der Aktien vor Aktiensplit sind auf die neue Anzahl der Aktien nach dem Split-Verhältnis aufzuteilen[372].

d) Verkauf von Bezugsrechten. Dieser Sichtweise folgend stellt ein **Verkauf von Bezugsrechten** mithin auch keinen unmittelbaren Ertrag dar, da die kostenlose Gewährung von Bezugsrechten eine Substanzminderung der Alt-Aktien bewirkt[373]. Der Verkauf von Bezugsrechten ist als eine Minderung der Anschaffungskosten der alten Aktien zu berücksichtigen, da das Bezugsrecht ein Teil des in den alten Aktien verkörperten Stammrechts darstellt[374]. Die Wertminderung der Altaktien ist nach h. M. auf Basis der sog. **Gesamtwertmethode** zu berechnen[375]:

$$Wertminderung = \frac{Kurswert\ des\ Bezugsrechts}{Kurswert\ der\ Altaktien} \cdot Buchwert\ der\ Altaktien$$

---

369 Vgl. BFH-Urteil vom 10.08.2005 – VIII R 26/03, in: DStR 2005, S. 1808.
370 Vgl. BFH-Urteil vom 10.08.2005 – VIII R 26/03, in: DStR 2005, S. 1809; Schubert/Gadek, in: BBK, 11. Aufl., § 255 HGB, Tz. 172.
371 Vgl. Solveen, in: Hölters, 3. Aufl., § 8 AktG, Tz. 25.
372 Vgl. Rödder, in: Müller/Rödder, § 13, Tz. 649.
373 Vgl. BFH-Urteil vom 19.12.2000 – IX R 100/97, in: DStRE 2001, S. 581.
374 Vgl. ADS, § 253 HGB, Tz. 50.
375 Vgl. WPH, 15. Aufl., F 364, E 543; ADS § 253 HGB, Tz. 50.

Hat ein Institut bspw. Aktien der Liquiditätsreserve zu Anschaffungskosten in Höhe von 50 EUR erworben und beträgt der aktuelle Kurswert der Aktie 70 EUR und des Bezugsrechts 5 EUR, so ist der Buchwert der Aktie um 3,57 EUR aufwandswirksam zu reduzieren. Dem Institut ist durch die Veräußerung des Bezugsrechts mithin ein Nettogewinn von 1,43 EUR (5 EUR abzgl. 3,57 EUR) entstanden.

e) Dividendenerträge. Gesellschaftsrechtlich ist zwischen einem mitgliedschaftlichen Gewinnrecht des Gesellschafters und dem Gläubigerrecht auf Dividendenzahlung zu unterscheiden[376]. Das **mitgliedschaftliche Gewinnrecht** des Aktionärs ergibt sich aus § 58 Abs. 4 AktG, wonach der Aktionär ein Recht auf Teilhabe am Bilanzgewinn nach Maßgabe des Gewinnverwendungsbeschlusses und der rechtlichen Ausgestaltung des Anteilsrechts hat. Dieses mitgliedschaftliche Gewinnrecht stellt lediglich ein Anspruch des Aktionärs gegenüber der Aktiengesellschaft auf Herbeiführung eines Gewinnverwendungsbeschlusses dar[377]. Das mitgliedschaftliche Gewinnrecht stellt ein allgemeines Gewinnstammrecht dar, aus dem sich ein Gläubigerrecht auf Dividendenzahlung erst durch einen Gewinnverwendungsbeschluss ergibt[378]. Das mitgliedschaftliche Gewinnrecht ist nicht abtretbar und aufgrund der fehlenden Verkehrsfähigkeit bilanziell nicht aktivierbar[379]. Eine Dividende ist erst in dem Zeitpunkt aktivierbar, in dem aus dem mitgliedschaftlichen Gewinnrecht ein **Gläubigerrecht** auf Dividendenzahlung geworden ist. Dies ist der Fall, wenn ein Gewinnverwendungsbeschluss gefasst wurde[380] und dieser wirksam geworden ist; der Anspruch ist dann fällig (§ 58 Abs. 4 AktG i. V. m. § 174 Abs. 1 S. 1 AktG)[381]. Es kommt mithin zu einer phasenversetzten Vereinnahmung von Dividendenerträgen nach der Feststellung des Jahresabschlusses[382] (zur phasengleichen Vereinnahmung von Dividenden- bzw. Beteiligungserträgen siehe Kapitel III.1.4.3.4.2.3).

1.3.3.2.3 Anteile an Investmentvermögen

1.3.3.2.3.1 Rechtliche Einordnung

Anteile an Investmentvermögen können als Anteilsscheine eines rechtlich unselbständigen Sondervermögens (z. B. Publikumsfonds oder Spezialsondervermögen) oder als Aktien an einem rechtlich selbständigen Investmentvermögen (Investmentaktiengesellschaft, SICAV, etc.) vorkommen. Für einen Überblick über die verschiedenen Erscheinungsformen und die rechtlichen Grundstrukturen von Investmentvermögen siehe Kapitel VIII.2.1.5.2.4.1.

In dem Bilanzposten »Aktien und andere nicht-festverzinsliche Wertpapiere« sind sowohl Anteilsscheine an **rechtlich unselbständige Sondervermögen** (Investmentvermögen in Vertragsform), wie z. B. **Publikumsfonds** oder **Spezial-Sondervermögen (Spezial-AIF)** auszu-

---

376 Vgl. Hennrichs, in: MüKom AktG, § 246 HGB, Tz. 38
377 Vgl. Koch, in: Hüffer/Koch, 12. Aufl., § 58 AktG, Tz. 26.
378 Vgl. Winnefeld (2015), M 736.
379 Vgl. Winnefeld (2015), M 737.
380 Vgl. ADS, § 252 HGB, Tz. 82; Ballwieser, in: MüKom HGB, § 246 HGB, Tz. 65; Schubert/Waubke, in: BBK, 11. Aufl., § 266 HGB, Tz. 120; Hennrichs, in: MüKom AktG, § 246 HGB, Tz. 38.
381 Vgl. Hennrichs/Pöschke, in: MüKom AktG, 4. Aufl., § 174 AktG, Tz. 4.
382 Zur phasengleichen Vereinnahmung von Dividenden und Beteiligungserträgen bei Gesellschaften im Mehrheitsbesitz siehe Kapitel III.1.4.3.4.2.3.

weisen, die aufgrund von § 1 Abs. 6 KAGB nur von professionellen und semi-professionellen Anlegern erworben werden dürfen[383]. Gleichermaßen sind die Anteile an **Investmentgesellschaften** im Sinne des § 1 Abs. 11 KAGB (rechtlich selbständige Investmentvermögen in der Rechtsform der Investmentaktiengesellschaften oder Investmentkommanditgesellschaft oder vergleichbare ausländische Gesellschaften wie z. B. SICAV S.A., S.C.A. bzw. SICAFs) in diesem Posten auszuweisen. Sowohl die Anteile an Sondervermögen als auch an rechtlich selbständigen Investmentvermögen haben Wertpapiercharakter.

a) **Anteilsscheine.** Die Rechte der Anleger in rechtlich unselbständigen Sondervermögen sind in Anteilsscheinen (sog. Investment-Zertifikaten) verbrieft, mit deren Ausgabe und Rücknahme die Kapitalverwaltungsgesellschaft eine Depotbank betraut. Nach § 92 Abs. 1 S. 1 KAGB können die zum Sondervermögen gehörenden Vermögensgegenstände entweder im Eigentum der Kapitalverwaltungsgesellschaft oder im Miteigentum der Anleger stehen. Somit kann der Anteilsschein entweder ein Bruchteilseigentum im Sinne einer Rechtsgemeinschaft an den Vermögenswerten nach §§ 741 ff. BGB (sog. **Miteigentumslösung**), oder einen schuldrechtlichen Beteiligungsanpruch an den Erträgen und Liquidationserlösen an Vermögenswerten verbriefen, deren Eigentümerin die Kapitalverwaltungsgesellschaft ist (sog. **Treuhandlösung**)[384]. Das Sondervermögen ist vom eigenen Vermögen der Kapitalverwaltungsgesellschaft zu trennen (§ 91 Abs. 1 S. 2 KAGB); verschiedene Sondervermögen sind durch Bezeichnung zu unterscheiden und getrennt zu halten (§ 91 Abs. 3 KAGB). Hat der Inhaber von Investmentanteilen kein individuelles Bruchteilseigentum an den Vermögenswerten des Fonds, so besitzt er einen Auszahlungsanspruch in Höhe seines Anteils am Sondervermögen. Der Anteilsinhaber kann gegen Rückgabe seines Anteilsscheins jederzeit die Auszahlung seines Anteils am Sondervermögen verlangen. Der Anteilsschein kann als Inhaber- oder als Namenspapier ausgestaltet sein (§ 95 Abs. 1 S. 1 KAGB). Der Anteilsschein verbrieft die gesamte Rechtsstellung des Anlegers, die ihm aus Vertrag und Gesetz zusteht. Die Geltendmachung der Ansprüche ist an die Vorlage des Papiers geknüpft. Der Anteilsschein stellt mithin ein **Wertpapier sui generis** dar[385]. Auch wenn ein Spezialfonds nur von einem einzigen Anleger gehalten wird[386], gelten die Fondsanteile als Wertpapiere im Sinne des § 1 Abs. 11 Nr. 2 KWG, so dass in die Bilanz nur der Investmentanteil und nicht der vom Fonds gehaltene Vermögenswert aufzunehmen ist[387]. Bei **Inhaberanteilsscheinen** kann jeder Inhaber der Urkunde die Rechte geltend machen, sofern er

---

383 Vgl. Gaber, in: WPg 2015, S. 121 (S. 123).
384 Vgl. Köndgen/Schmies, in: Schimansky/Bunte/Lwowski, Bankrechtshandbuch, § 113, Tz. 119; Möller, in: BKR 2011, S. 355. Bei der Miteigentumslösung handelt es sich um eine Ermächtigungstreuhand und bei der Treuhandlösung um eine Vollrechtstreuhand. In beiden Modellen wird die Kapitalverwaltungsgesellschaft als Treuhänderin für die Anleger tätig. Vgl. Nietsch, in: Emde/Dornseifer/Dreibus/Hölscher, § 30 InvG, Tz. 4; Schmitz, in: Berger/Steck/Lübbehüsen, § 32 InvG, Tz. 5.
385 Vgl. Häuselmann, in: BB 1992, S. 315 f.
386 Die Vertragsbedingungen eines Investmentvermögens dürfen keine Regelungen enthalten, die den Verkauf nur an einen einzelnen Anleger beschränken; solange die Bedingungen den Erwerb von mehreren Anlegern grundsätzlich ermöglichen, auch wenn von dieser Möglichkeit kein Gebrauch gemacht wird (z. B. bei Ein-Personen-Spezial-AIF) liegt ein »Organismus für gemeinsame Anlagen, der von einer Anzahl von Anlegern Kapital einsammelt, vor. Vgl. § 1 Abs. 1 S. 2 KAGB, Krause/Klebeck, in: RdF 2013, S. 8.
387 Vgl. Loitz/Sekniczka, in: WPg 2006, S. 356.

Berechtigter ist. Bei **Namenspapieren** ist der Name des Berechtigten in ein Namensanteilsscheinbuch einzutragen[388]; gegenüber der Kapitalverwaltungsgesellschaft gilt dann nur die Person als Anteilsinhaber, die in diesem Register eingetragen ist[389]. Die Inhaberschaft der Urkunde reicht nicht aus, um die verbrieften Rechte geltend zu machen. Dazu muss zusätzlich eine ununterbrochene Reihe von Übertragungsvermerken (**Indossamenten**) bis zum gegenwärtigen Inhaber der Namenspapiere vorgelegt werden[390]. Während bei Inhaberpapieren die Übertragung durch Übereignung erfolgt, tritt bei Namenspapieren neben der Übergabe das Indossament hinzu. Die Anteilsscheine können über einen oder mehrere Anteile desselben Sondervermögens ausgestellt werden (§ 95 Abs. 1 S. 4 KAGB).

b) Anteile an rechtlich selbständigen Investmentvermögen. Rechtlich selbständige Investmentvermögen (Investmentgesellschaften) existieren in Deutschland in Form der **Investmentaktiengesellschaft** oder der **Investmentkommanditgesellschaft** (§ 1 Abs. 11 KAGB); es besteht insoweit ein Rechtsformzwang[391]. Diese können intern oder extern verwaltet werden. Investmentgesellschaften können ausgestaltet sein als:

- **Offene Investmentvermögen.** Offene inländische Investmentvermögen in Satzungsform dürfen nur als Investmentaktiengesellschaft mit veränderlichem Kapital (§ 91 Abs. 1 KAGB) oder als Investmentkommanditgesellschaft (§§ 91 Abs. 2, 124, 133 KAGB) ausgestaltet sein. Letzteres ist nur zulässig, sofern das Investmentvermögen keinen inländischen OGAW darstellt und die Anteile nach dem Gesellschaftsvertrag nur an professionelle und semi-professionelle Anleger erworben werden dürfen (statuarisches Erwerbsverbot). Bei offenen Investmentvermögen haben die Anleger das Recht, ihre Gesellschaftsanteile mindestens einmal jährlich zurückgeben zu können. Zur Realisierung des variablen Gesellschaftskapitals bedingt § 108 Abs. 2 KAGB die aktienrechtlichen Vorschriften zum fixen Grundkapital und das Bezugsrecht für Anleger-Aktionäre ab[392].
- **Geschlossene Investmentvermögen.** Geschlossene inländische Investmentvermögen dürfen nur als Investmentaktiengesellschaft mit fixem Kapital oder als geschlossene Investmentkommanditgesellschaft aufgelegt werden (§ 139 KAGB). Die Investmentaktiengesellschaft mit veränderlichem Kapital kann als Vehikel für inländische geschlossene Publikums-AIF oder inländische geschlossene Spezial-AIF dienen (§ 142 KAGB). Gleichermaßen kann die geschlossene Investmentkommanditgesellschaft als geschlossene Publikums-InvKG oder als geschlossene Spezial-InvKG errichtet werden (§ 150 KAGB). Im Falle einer geschlossenen Spezial-InvKG muss im Gesellschaftsvertrag festgelegt sein, dass die Anteile nach dem Gesellschaftsvertrag nur an professionelle und semi-professionelle Anleger erworben werden dürfen (§ 150 Abs. 2 KAGB).

Für **Investmentaktiengesellschaften** gelten grundsätzlich die gesellschaftsrechtlichen Regelungen des AktG, soweit sich aus dem KAGB nichts anderes ergibt. Die Aktien einer Investmentaktiengesellschaft bestehen aus (stimmberechtigten) Unternehmensaktien und

---
388 Vgl. Schmitz, in: Berger/Steck/Lübbehüsen, § 32 InvG, Tz. 11.
389 Vgl. Patzner/Döser, in: Investmentgesetz, hrsg. v. Döser, § 33 InvG, Tz. 1.
390 Vgl. Habersack, in: MüKom BGB, 7. Aufl., Vor § 793 BGB, Tz. 15.
391 Vgl. Freitag, in: NZG 2013, S. 330 f.
392 Vgl. auch Zetzsche, in: AG 2013, S. 616.

(stimmrechtslosen) Anlageaktien. Die Aktien einer InvAG sind Stückaktien, bei denen der Inhaber stets im gleichen Umfang am Gesellschaftskapital beteiligt ist, sofern die Satzung der InvAG nicht eine Beteiligung nach Bruchteilen zulässt (§ 109 Abs. 1 KAGB). Die **Unternehmensaktien** müssen in der Form von Namensaktien (§ 109 Abs. 2 S. 3 KAGB) und als nennwertlose Stückaktien (§ 109 Abs. 1 S. 2 u. 3 KAGB) ausgegeben werden. Diese berechtigen zur Teilnahme an der Hauptversammlung der InvAG und verbriefen ein Stimmrecht (§ 109 Abs. 2 S. 4 KAGB). Nach § 109 Abs. 2 S. 1 KAGB sind die Unternehmensaktien vom Initiator bzw. den Initiatoren der InvAG zu übernehmen. **Anlageaktien** berechtigen zwar zur Teilnahme an der Hauptversammlung der InvAG, sie verbriefen jedoch kein Stimmrecht, sofern die Satzung der InvAG nicht etwas anderes vorsieht. Während die Unternehmensaktien dem eigentlichen Initiator der InvAG vorbehalten sind, werden die eigentlichen Investoren in eine InvAG durch ihre Anlageaktien am Vermögen beteiligt[393]. Bei einer InvAG die als Spezial-InvAG mit veränderlichem Kapital errichtet wurde, kann auf die Begebung von Anlageaktien verzichtet werden. Bei Luxemburger SICAVs oder SICAFs wird i. d. R. nicht zwischen stimmrechtslosen Anlageaktien und Unternehmensaktien unterschieden. Im Regelfall verbriefen die Anteile an einer SICAV bzw. SICAF die gleichen Stimmrechte, sofern vertraglich nichts anderes vorgesehen ist. Eine dem Konstrukt von Anlage- und Unternehmensaktien ähnliche Struktur lässt sich bei SICAVs in Form der SICAV S.C.A. erreichen, bei der ein persönlich haftender Gesellschafter zur Unternehmensführung befugt ist, während beschränkt haftende Gesellschafter von dieser ausgeschlossen sind.

Für **Investmentkommanditgesellschaften** gelten grundsätzlich die gesellschaftsrechtlichen Vorschriften des HGB, soweit sich aus dem KAGB nichts anderes ergibt (§ 149 KAGB). Die Geschäftsführungsbefugnis liegt damit beim persönlich haftenden Gesellschafter (§ 164 HGB)[394]. Anleger dürfen sich an einer Investmentkommanditgesellschaft unmittelbar nur als Kommanditist oder mittelbar als Treuhandkommanditist (im Falle einer Publikums-InvKG) beteiligen (§ 152 KAGB). Das KAGB sieht besondere Anforderungen an den Gesellschaftsvertrag einer InvKG vor, die zum einem dem Schutz wie auch der Information der Anleger dienen (z. B. Hinweis auf Rückgabemöglichkeit der Kommanditanteile bei offener InvKG). Die unbeschränkte Gründungshaftung des Kommanditisten vor Eintragung der Gesellschaft nach § 176 Abs. 1 HGB ist nach § 152 KAGB für die geschlossene Publikums-InvKG ausgeschlossen.

1.3.3.2.3.2 Zugangsbilanzierung

Investmentanteile oder Investmentaktien sind im Erwerbszeitpunkt mit ihren Anschaffungskosten zu bilanzieren. Hierbei ist zwischen einem Erwerb der Anteile bzw. Aktien von einer Depotbank (Ersterwerb) oder einem Erwerb der Wertpapiere am Sekundärmarkt zu unterscheiden. Bei einem direkten Erwerb der Anteile bzw. Aktien von einer Verwahrstelle hat der Erwerber neben dem Anteilswert im Regelfall einen Ausgabeaufschlag zu entrichten. Die Summe aus Anteilswert und des in den Vertragsbedingungen festgelegten

---

[393] Vgl. Fischer/Steck, in: Berger/Steck/Lübbehüsen, § 96 InvG, Tz. 4.
[394] Zu besonderen Einzelanforderungen an die Geschäftsführung und die Vertretung einer InvKG siehe §§ 128, 153 KAGB. Zur Erläuterung vgl. Freitag, in: NZG 2013, S. 334 f.

Ausgabeaufschlags stellt den sog. **Ausgabepreis** dar (§ 71 Abs. 2 KAGB). Der Anteilswert (Nettoinventarwert je Anteil oder Aktie) ergibt sich aus der Teilung des Werts des Sondervermögens bzw. Gesellschaftsvermögens durch die Zahl der Anteile (§ 168 KAGB)[395]. Der Ausgabeaufschlag dient zur Deckung von Kosten der Kapitalverwaltungsgesellschaft (bspw. Vertriebskosten)[396]. Der Ausgabepreis ist nach § 71 Abs. 2 S. 2 KAGB an die Verwahrstelle zu entrichten, die den Ausgabepreis abzüglich des Ausgabeaufschlags unverzüglich auf einem für das Sondervermögen bzw. Gesellschaftsvermögen eingerichteten Sperrkonto zu verbuchen hat. Der Ausgabeaufschlag stellt einen (rechtlich unselbständigen) Teil des Kaufpreises dar; er zählt nicht zu den Anschaffungsnebenkosten[397]. Die Anschaffungskosten für von einer Verwahrstelle erworbene Anteile bzw. Aktien umfassen mithin den Ausgabepreis (Nettoinventarwert zuzüglich Ausgabeaufschlag) sowie Anschaffungsnebenkosten.

Werden Anteile bzw. Aktien über die Börse erworben (z. B. Exchange Traded Funds im Segment Xetra der Frankfurter Wertpapierbörse oder Fonds im Freiverkehr an verschiedenen Regionalbörsen), bestimmen sich die Anschaffungskosten nach dem entrichteten Kaufpreis (Geldkurs) zuzüglich Anschaffungsnebenkosten (z. B. Provisionen und Spesen).

Zur Praxis der sofortigen aufwandswirksamen Behandlung von Anschaffungsnebenkosten im Erwerbszeitpunkt bei Instituten sei auf die obigen Ausführungen verwiesen. Der Ausgabeaufschlag stellt – wie dargelegt – keinen Bestandteil der Anschaffungsnebenkosten dar.

Die Ausgabe von Anteilen bzw. Aktien darf nur gegen volle Leistung des Ausgabepreises erfolgen (§§ 71 Abs. 1 S. 2, 109 Abs. 4, 141 Abs. 1 KAGB). Um inländische OGAW vor der Gefahr von Falschbewertungen zu schützen[398], sind Sacheinlagen – mit Ausnahme der Verschmelzung von Sondervermögen nach § 180 Abs. 4 u. 190 Abs. 1 u. 2 KAGB – unzulässig (§ 71 Abs. 1 S. 3 KAGB). Gleiches gilt für Publikums-InvAG (§§ 109 Abs. 5, 141 Abs. 2 KAGB) und für geschlossene Publikums-InvKG (§ 152 Abs. 7 KAGB). Sog. **Sachübernahmen**, bei der der Anteilsinhaber eigene Vermögensgegenstände gegen Ausgabe von Anteilen in das Sondervermögen einbringt, sind jedoch insbesondere bei Ein-Personen-Spezialsondervermögen in der Praxis üblich und aufsichtlich geduldet[399]. Dabei verkauft der Anteilsinhaber eigene Vermögensgegenstände zum Buchwert an die Depotbank mit der Auflage diese kursgleich an die Kapitalverwaltungsgesellschaft für das Sondervermögen zu übertragen[400]. Der Anleger erwirbt die Anteilsscheine daraufhin in Bar mit dem Erlös aus dem Wertpapierverkauf; die Kapitalverwaltungsgesellschaft begleicht mit diesen Mitteln ihre Kaufpreisschuld gegenüber der Depotbank aus dem Erwerb der Wertpapiere. Handelsrechtlich sind die Anschaffungskosten der Investmentanteile nach den Tauschgrundsätzen zu bestimmen. Danach können die Buchwerte der hingegebenen Wertpapiere als Anschaf-

---

395 Die Berechnung des Nettoinventarwerts richtet sich nach §§ 168, 169 KAGB unter Berücksichtigung von Abschnitt 3 der KARBV sowie Art. 68–74 der Delegierten EU Verordnung 231/2013. Beachte, dass die Bewertungsvorschriften für offene Publikumsinvestmentvermögen aufgrund von § 278 KAGB auch für offene inländische Spezial-AIF gelten.
396 Vgl. Einmahl, in: ZIP 2002, S. 382.
397 Vgl. BFH-Urteil vom 22.03.1972 – I R 199/69, in: BStBl. II, 1972, S. 489.
398 Vgl. Patzner/Döser, in: Investmentgesetz, § 23 InvG, Tz. 2.
399 Vgl. Köndgen, in: Berger/Steck/Lübbehüsen, § 23 InvG, Tz. 8.
400 Vgl. Häuselmann, in: BB 1992, S. 317; Nägele/Schaber/Staber, in: DB 1996, S. 1950 f.

fungskosten fortgeführt werden, sofern der beizulegende Zeitwert der Wertpapiere deren Buchwert übersteigt (erfolgsneutrale Buchwertfortführung). Alternativ können die Investmentanteile mit einem höheren Zeitwert oder einem Zwischenwert angesetzt werden, der zu einer ergebnismäßigen Neutralisierung der mit dem Tausch verbundenen Ertragssteuerbelastung führt[401]. Gleiches gilt im Falle einer Vertragskündigung des Spezialfondsanlegers. In diesem Fall kann der Anleger die Herausgabe seiner Vermögensgegenstände in natura gegen Rückgabe der Anteile verlangen (sog. **Sachauskehrung**)[402]. In diesem Fall ist handelsrechtlich ebenso eine bilanzielle Abbildung nach den Tauschgrundsätzen vorzunehmen.

Hat ein Anteilsinhaber während des laufenden Geschäftsjahres Anteile bzw. Aktien erworben, so muss er i.d.R. einen sog. **Ertragsausgleich** zahlen. Damit jeder Anteilsinhaber am Ausschüttungstag gleich hohe Ausschüttungen erhält, kann in den Vertragsbedingungen des Fonds vorgesehen sein, dass die bis zum Erwerbstag angefallenen Erträge im Tagespreis des Anteilsscheins mitbezahlt werden. Damit wird eine Ertragsverwässerung, die bei einer Ausgabe neuer Anteilsscheine entstehen würde, verhindert[403]. Durch das Ertragsausgleichsverfahren ist die Ausschüttungsrendite unabhängig von Zu- bzw. Abgängen von ausgegebenen Investmentanteilen[404]. Dazu erfasst die Kapitalverwaltungsgesellschaft den Ertragsausgleich auf separaten Ertragsausgleichskonten. Der Ertragsausgleich ist gesetzlich nicht vorgeschrieben; allerdings müssen die Vertragsbedingungen von Publikumsfonds darlegen, ob eine Ertragsausgleichsverfahren zur Anwendung kommt oder nicht (§ 162 Abs. 2 Nr. 6 KAGB). Der Ertragsausgleich ist Bestandteil der Anschaffungskosten des Investmentanteils. Der Ertragsausgleich ist kein separater Rechnungsbetrag, sondern ist im Tagespreis des Anteilsscheins bzw. der Aktie enthalten. Gibt ein Anteilsinhaber seine Anteile während des laufenden Geschäftsjahres zurück, so wird der Rücknahmepreis um den aufgelaufenen Anteil auf dem Ertragsausgleichskonto erhöht (sog. **negativer Ertragsausgleich**).

1.3.3.2.3.3 Folgebilanzierung
a) **Stichtagsbewertung.** Investmentanteile des Umlaufvermögens sind am Bilanzstichtag nach dem strengen Niederstwertprinzip zu bewerten. Eine Ableitung des Stichtagswerts aus Börsen- oder Marktpreisen kommt dabei insbesondere bei börsennotierten Fonds in Betracht (sog. **exchange traded funds**). Für diese Fonds existieren i.d.R. liquide Geld-/Briefpreise, die als Ausgangsbasis zur Ableitung des beizulegenden Werts dienen können. Zum Zwecke der Bilanzierung ist zu prüfen, ob diesen Notierungen ausreichende Umsätze und hinreichende Liquidität zugrunde liegen (siehe hierzu Kapitel III.1.2.3). Der beizulegende Wert für Investmentanteile des Umlaufvermögens ist absatzmarktorientiert zu bestimmen. Mithin ist der Briefkurs zugrunde zu legen.

---

401 Vgl. Häuselmann, in: BB 1992, S. 317. Steuerrechtlich geht die Finanzverwaltung bei einer Übertragung zum Buchwert und Bestehen stiller Reserven von einer Gewinnrealisierung aus. Vgl. Nägele/Schaber/Staber, in: DB 1996, S. 1950 f.; Zinkeisen, in: DB 1996, S. 497 ff., m.w.N.
402 Vgl. Nägele/Schaber/Staber, in: DB 1996, S. 1951 f.
403 Vgl. Baur, in: Assmann/Schütze, § 20, Tz. 476.
404 Vgl. Schmitz, in: Berger/Steck/Lübbehüsen, § 46 InvG, Tz. 58.

Bei Investmentanteilen, die nicht börsennotiert sind, ist bei der Ableitung des beizulegenden Werts nicht auf die anteiligen Niederstwerte der in dem Sondervermögen befindlichen Vermögenswerte, sondern auf den Wert des Anteilsscheins selbst abzustellen. Dies gilt auch für Spezial-Sondervermögen. Nach § 98 Abs. 1 KAGB kann ein Anleger eines offenen inländischen Investmentvermögens verlangen, dass ihm sein Anteil am Sondervermögen ausgezahlt wird[405]. Der beizulegende Wert von Investmentanteilen des Umlaufvermögens ist mithin der **Rücknahmepreis**[406] (absatzmarktorientierte Bewertung). Der Rücknahmepreis ist nach § 71 Abs. 3 KAGB der Anteilswert abzüglich eines in den Vertragsbedingungen festzusetzenden Abschlags (**Rücknahmeabschlag**). Der Anteilswert (Nettoinventarwert je Anteil) ergibt sich als Teilung des Werts des Sondervermögens durch die Zahl der in Verkehr gelangten Anteile (§ 168 Abs. 1 KAGB)[407]. Dabei ist der Wert des Sondervermögens ausgehend von den Kurswerten der jeweiligen Vermögensgegenstände abzüglich der Verbindlichkeiten zu ermitteln (§ 168 Abs. 1 S. 2 KAGB).

Sind die Gründe für eine außerplanmäßige Abschreibung an einem darauffolgenden Bilanzstichtag entfallen, so haben Institute die Abschreibung durch eine Wertaufholung rückgängig zu machen (§ 253 Abs. 5 HGB).

b) Vereinnahmung von Ausschüttungen. Hinsichtlich der Vereinnahmung von laufenden Erträgen aus dem Fondsvermögen beim Anteilsinhaber ist zwischen **ausschüttenden** und **thesaurierenden** Fonds zu unterscheiden. Ob es sich um einen ausschüttenden oder thesaurierenden Fonds handelt, ist in den Vertragsbedingungen aufzunehmen (§ 162 Abs. 2 Nr. 6 KAGB). Bei **ausschüttenden Fonds** sind Ausschüttungen erst dann zu vereinnahmen, wenn ein Rechtsanspruch auf Ausschüttung durch einen entsprechenden Verwendungsbeschluss entstanden ist[408]. Eine Ableitung dieses Anspruches aus den Vertragsbedingungen reicht nicht aus. Dies gilt auch für (Ein-Personen-)Spezialfonds, bei denen de facto ein Beschluss des Anteilsinhabers durch eine Stimmenmehrheit im Anlageausschuss herbeigeführt werden könnte. Eine phasengleiche Vereinnahmung kommt mithin nicht in Betracht. Die Geschäftsjahre von Spezial-Sondervermögen enden oftmals nach dem Geschäftsjahr des Anteilsinhabers[409]. Bei **thesaurierenden Fonds** wird der Gewinn des Geschäftsjahres nicht oder nur zum Teil ausgeschüttet. Da dem Anteilsinhaber mithin der Jahresüberschuss nicht oder nur zum Teil zufließt, gelten die im Fond einbehaltenen Gewinne auf der Ebene des Anteilsinhabers als nicht realisiert. Die thesaurierten Gewinne werden nach h. M. erst mit Verkauf oder Rückgabe der Investmentanteile beim Anteilsin-

---

405 Analog §§ 110 Abs. 2, 116 Abs. 2 KAGB für InvAG mit veränderlichem Kapital sowie §§ 125 Abs. 2, 133 KAGB für offene InvKG.
406 Vgl. BFH-Urteil vom 22.03.1972 – I R 199/69, in: BStBl. II, 1972, S. 489; VFA 1, Tz. 9; Birck/Meyer, V 489, Häuselmann, in: BB 1992, S. 319; Häuselmann, in: BB 2008, S. 2618.
407 Die Berechnung des Nettoinventarwerts richtet sich nach §§ 168, 169 KAGB unter Berücksichtigung von Abschnitt 3 der KARBV sowie Art. 68–74 der Delegierten EU Verordnung 231/2013. Beachte, dass die Bewertungsvorschriften für offene Publikumsinvestmentvermögen aufgrund von § 278 KAGB auch für offene inländische Spezial-AIF gelten.
408 So noch WPH I2012, E 540; unklar mittlerweile WPH, 15. Aufl., F 360.
409 Vgl. Häuselmann, in: BB 1992, S. 319.

haber ergebniswirksam[410]. Als laufende Erträge sind nur solche Ausschüttungen ertragswirksam zu vereinnahmen, die keine Substanzausschüttungen und mithin keine Minderung von Anschaffungskosten darstellen. Bei Ausschüttungen von Investmentanteilen ist zu prüfen, ob die Erträge eine bewertbare Vermögensmehrung der Abrechnungsperiode repräsentieren[411].

Zu **Substanzausschüttungen** kann es in diesem Zusammenhang bspw. dann kommen, wenn in den Vertragsbedingungen des Fonds die Ausschüttung von Veräußerungsgewinnen vorgesehen ist (z. B. § 162 Abs. 2 Nr. 6 KAGB). Da bei der Ermittlung von Veräußerungsgewinnen auf die Gewinne und Verluste innerhalb der Wertpapiergattung abgestellt wird, kann es zu einer Ausschüttung von Veräußerungsgewinnen einer Gattung bei gleichzeitigem Vorliegen von Veräußerungsverlusten einer anderen Gattung kommen[412]. Da die Bemessung des Ausschüttungsvolumens individuell in den Fondsrichtlinien geregelt wird, können bspw. realisierte Verluste bei der Ausschüttungsberechnung unberücksichtigt bleiben, so dass es zu Substanzausschüttungen kommen kann[413]. All diese Fälle können zu einer Minderung der Fondssubstanz führen.

Strittig ist in der Literatur, ob Substanzausschüttungen als Minderung der Anschaffungskosten des Fonds[414] oder als Abschreibung in Folge einer dauerhaften Wertminderung[415] zu behandeln sind. Im letzten Fall würde keine Veränderung der Anschaffungskostenobergrenze eintreten und ein Zuschreibungspotenzial bis zur Höhe des ursprünglichen Investitionsbetrags bestehen[416]. Die realisierte Vermögensmehrung soll nach Auffassung von Hammer wie folgt berechnet werden[417]:

Ordentliche Nettoerträge seit Auflegung
Zzgl. Realisierte Gewinne seit Auflegung
Zzgl. Realisierte Verluste seit Auflegung
Abzgl. relevante Ausschüttungen
= realisierte Vermögensmehrung

---

410 Vgl. Häuselmann, in: BB 1992, S. 321, WPH, 15. Aufl., F 359. Demgegenüber wird im Schrifttum zum Teil die Auffassung vertreten, dass der Buchwert des Investmentanteils in Höhe der nicht ausgeschütteten Erträge fortzuschreiben sei. Vgl. Birck/Meyer V, S. 269. Gleichermaßen sieht das Österreichische IWP keinen Verstoß gegen die GoB, wenn bei thesaurierenden Anteilsscheinen die ausschüttungsgleichen Erträge beim Anteilsinhaber als eine Aufstockung der Wertansätze der Anteilsscheine erfasst werden. Ebenso dürfen Überschüsse der Veräußerungsgewinne über Veräußerungsverluste und buchmäßige Kursverluste zur Aufstockung der Wertansätze der Anteilsscheine verwendet werden. Die Aufstockung der Wertansätze soll dabei auf den Rücknahmepreis der Anteilsscheine begrenzt sein. Vgl. IWP KFS/RL 16, Stellungnahme zur Verwirklichung der Erträge aus thesaurierenden Anteilsscheinen von Kapitalanlagefonds (Investmentfonds) und zur Behandlung dieser Anteilsscheine im Jahresabschluss, Stellungnahme vom 21.03.2001.
411 Vgl. Hammer (2007), S. 83 f.; für die Behandlung von Substanzausschüttungen siehe auch WPH, 15. Aufl., F 362.
412 Vgl. Hammer, in: BB 2003, S. 1761; Hammer, in: Blümich, § 12 InvStG, Tz. 16; Böedecker/Hartmann, in: BeckOK InvStG, § 1 InvStG, Tz. 227.
413 Vgl. Beckmann, in: Beckmann/Scholtz/Vollmer, § 44 InvG, Tz. 31.
414 So bspw. WPH, 15. Aufl., F 362 f.
415 So bspw. IDW RS VFA 2, Tz. 24; Häuselmann, in: BB 1992, S. 319.
416 An dieser Stelle sei auf die Diskussion zu Substanzausschüttungen in Kapitel III.1.4.4.4.2.3 verwiesen.
417 Vgl. Hammer (2007), S. 84 f.

Die Höhe der Substanzausschüttung ergibt sich dann als Differenz zwischen der Ausschüttung zum Stichtag und der (kumulierten) realisierten Vermögensmehrung.

Nach der hier vertretenen Auffassung ist in Konstellationen, in denen das obige Schema zu einer sachgerechten Ermittlung von Substanzausschüttungen führt, eine eigene Ermittlung von Substanzverlusten nach dem obigen Schema entbehrlich, da der Anteilsinhaber die Substanzausschüttungen im Rechenschaftsbericht des Fonds direkt ablesen kann. Nach § 12 KARBV hat die Kapitalverwaltungsgesellschaft eine Verwendungsrechnung zu erstellen. Aus dieser sind die für die Ausschüttung verfügbaren Beträge herzuleiten. Dieses ergibt sich aus realisierten und nicht ausgeschütteten Ergebnissen der Vorjahre (»Vortrag aus dem Vorjahr«), dem realisierten Ergebnis des Geschäftsjahres sowie der »Zuführung aus dem Sondervermögen«. Der Posten »Zuführungen aus dem Sondervermögen« gibt dabei an, inwieweit das nach den Vertragsbedingungen beschlossene Ausschüttungsvolumen die realisierten Ergebnisse übersteigt und insoweit eine Zuführung zum Ausschüttungsvolumen aus dem Sondervermögen notwendig ist (Verrechnung mit dem Fondskapital)[418]. Dieser Posten ist ein Indikator für Substanz verzehrende Kapitalrückzahlungen durch Ausschüttungen[419]. Eine Erläuterungspflicht besteht für diesen Posten aufgrund von § 12 Abs. 4 KARBV. In einfachen Konstellationen (insb. ohne Vorliegen eines Ertragsausgleichs) kann mittels dieses Postens die handelsrechtliche Substanzausschüttung direkt abgelesen werden.

Sehen die Fondsbedingungen einen **Ertragsausgleich**[420] vor, so ist weder nach dem Schema von Hammer noch aus dem Rechenschaftsbericht die handelsrechtliche Substanzausschüttung berechenbar bzw. ersichtlich. Die Anwendung des Ertragsausgleichsverfahrens führt dazu, dass sowohl das realisierte Ergebnis des Geschäftsjahrs als auch der Vortrag aus dem Vorjahr proportional zu den neu ausgegebenen Anteilsscheinen erhöht wird, so dass das realisierte Ergebnis des Geschäftsjahrs bzw. der Vortrag aus dem Vorjahr pro Anteilsschein konstant bleibt.

Das Ertragsausgleichsverfahren würden in dem Beispiel (Abb. 28) ein Ausschüttungsvolumen von 100.000 EUR ermöglichen, dem lediglich eine handelsrechtliche Vermögensmehrung von 50.000 EUR gegenübersteht. In diesem Beispiel würde eine Ausschüttung in Höhe von 100.000 EUR eine Substanzausschüttung für die Anteilsscheine darstellen, die am 01.07.x2 ausgegeben wurden. Für die Anteilsscheine, die bereits vor dem 01.07.x2 ausgegeben waren, ist die Ausschüttung von 50 EUR pro Anteilsschein eine realisierte Vermögensmehrung. Die Inhaber der Anteilsscheine, die bereits zum 01.01.x1 ausgegeben wurden, könnten damit die Ausschüttung als Ertragsausschüttung ergebniswirksam vereinnahmen.

---

418 Vgl. Hornschu/Neuf, in: Emde/Dornseifer/Dreibus/Hölscher, § 44 InvG, Tz. 62. Investmentsteuerlich gelten für die Bestimmung von Substanzausschüttungen gesonderte Regelungen.
419 Vgl. Kuppler, in: Berger/Steck/Lübbehüsen, § 44 InvG, Tz. 24; Hornschu/Neuf, in: Emde/Dornseifer/Dreibus/Hölscher, § 44 InvG, Tz. 65.
420 Das Ertragsausgleichsverfahren (§ 9 InvStG) ist ein Verfahren, um bei einer nicht konstanten Anzahl der ausgegebenen Anteile die Ausschüttung pro Anteilsschein konstant zu halten. Durch das Ertragsausgleichsverfahren wird sichergestellt, dass alle Anteilsscheininhaber (unabhängig vom jeweiligen Erwerbszeitpunkt) stets denselben Ausschüttungsbetrag erhalten.

Verwendungsrechnung						
	zum 31.12.x1 (1.000 Anteilsscheine)		zum 30.06.x2 (1.000 Anteilsscheine)		zum 01.07.x2 (2.000 Anteilsscheine)	
	Gesamt	je Anteilsschein	Gesamt	je Anteilsschein	Gesamt	je Anteilsschein
Vortrag aus dem Vorjahr	0,00 €	0,00 €	40.000,00 €	40,00 €	80.000,00 €	40,00 €
realisiertes Ergebnis	40.000,00 €	40,00 €	10.000,00 €	10,00 €	20.000,00 €	10,00 €
Zuführung zum Sondervermögen	0,00 €	0,00 €	0,00 €	0,00 €	0,00 €	0,00 €
Für die Ausschüttung verfügbar	40.000,00 €	40,00 €	50.000,00 €	50,00 €	100.000,00 €	50,00 €

Geschäftsvorfälle:

01.01.x1: Auflegung des Fonds; Fondsvolumen 1 Mio. EUR (1.000 Anteilsscheine je 1.000 EUR)

31.12.x1: Realisiertes Ergebnis von 40.000 EUR; keine Ausschüttung => Vortrag

30.06.x2: Zwischengewinn in Höhe von 10.000 EUR

01.07.x2: Ausgabe von 1.000 neuen Anteilsscheinen mit Ertragsausgleich

Abb. 28: Ertragsausgleichsverfahren

Ist in den Fondsrichtlinien ein Ertragsausgleichsverfahren vorgesehen, so wäre der Anteilsinhaber auf Zusatzinformationen von der Kapitalverwaltungsgesellschaft angewiesen, um eine exakte Abgrenzung zwischen Ertrags- und Substanzausschüttung vorzunehmen. Nach der hier vertretenen Auffassung erscheint es in Einzelfällen vertretbar, bei dieser Abgrenzung auf die allgemeinen Grundsätze zur bilanziellen Behandlung von Kapitalrückzahlungen zurückzugreifen. So kann es in Einzelfällen vertretbar sein, das Vorliegen einer Substanzausschüttung auf Basis der Veränderung des inneren Werts des Fondsanteils (Net Asset Values) zu beurteilen. Ist die Fondsausschüttung bspw. größer als der Anstieg des NAV der Rechnungsperiode so liegt insoweit eine ausschüttungsbedingte Kapitalrückzahlung vor, die zu einer Minderung der Anschaffungskosten führt[421].

---

421 In Anlehnung an ADS, § 253 HGB, Tz. 48; zur bilanziellen Behandlung von Kapitalrückzahlungen siehe Kap. III.1.4.4.4.2.1.

1.3.4 Vorsorgereserven nach § 340f HGB

1.3.4.1 Regelungsinhalt

Die Regelungen des § 340f HGB erlauben es Instituten, nach vernünftiger kaufmännischer Beurteilung stille Vorsorgereserven für besondere bankspezifische Risiken zu bilden. Diese Regelung stellt eine Transformation von Art. 37 der EU-Bankbilanzrichtlinie dar, durch die den EU-Mitgliedstaaten die Bildung stiller Vorsorgereserven innerhalb fest definierter Grenzen ermöglicht wird. Aus dem Jahresabschluss ist das Vorhandensein von stillen Vorsorgereserven nach § 340f HGB weder dem Grunde noch der Höhe nach zu ersehen (daher stille Vorsorgereserven).

Nach § 340f Abs. 1 HGB dürfen (**Wahlrecht**) Kreditinstitute bestimmte Bilanzposten zu einem niedrigeren als dem nach § 253 Abs. 1 S. 1 (Anschaffungskosten) oder nach § 253 Abs. 4 HGB (niedrigeren beizulegenden Wert) vorgeschriebenen oder zugelassenen Wert bilanzieren. Damit eröffnet der Gesetzgeber die Möglichkeit einer bewussten Unterbewertung von Vermögensgegenständen unterhalb der Anschaffungskosten bzw. des niedrigeren beizulegenden Werts. Eine solche Abschreibung kann ausschließlich auf die folgenden, abschließend aufgezählten Bilanzpositionen vorgenommen werden:
- Forderungen an Kreditinstitute
- Forderungen an Kunden
- Schuldverschreibungen und andere festverzinsliche Wertpapiere der Liquiditätsreserve
- Aktien und andere nicht-festverzinsliche Wertpapiere der Liquiditätsreserve

Die Eingrenzung auf Wertpapiere des Liquiditätsbestands kommt dadurch zum Ausdruck, dass die Reservenbildung nur für solche Wertpapiere zulässig ist, die »weder wie Anlagevermögen behandelt werden noch Teil des Handelsbestands sind« (§ 340f Abs. 1 S. 1 HGB). Damit kommen nur jene Vermögensgegenstände für die Bildung stiller 340f-Reserven in Betracht, die nach dem strengen Niederstwertprinzip bewertet werden **und** die dem Umlaufvermögen zugeordnet sind. In die Reservenbildung können von den aufgeführten Bilanzposten nur solche Finanzinstrumente einbezogen werden, die »weder wie Anlagevermögen behandelt werden noch Teil des Handelsbestands sind« (§ 340f Abs. 1 S. 1 HGB). Mithin werden von § 340f Abs. 1 S. 1 HGB nur Finanzinstrumente des Umlaufvermögens erfasst. Darunter fallen regelmäßig alle Forderungen an Kreditinstitute und Forderungen an Kunden. Wertpapiere des Umlaufvermögens (sog. Wertpapiere der Liquiditätsreserve) sind reservefähig, soweit sie nach dem strengen Niederstwertprinzip bewertet werden[422]; Wertpapiere des Anlagevermögens, die nach §§ 340a Abs. 1 S. 1, 253 Abs. 3 S. 6, 340e Abs. 1 S. 3 HGB wahlweise zum strengen Niederstwertprinzip bewertet werden, sind von der Reservenbildung nach § 340f HGB ausgenommen[423].

Durch das Unterschreiten der nach allgemeinen GoB zulässigen Wertuntergrenze können Kreditinstitute somit zweckgebundene Vorsorgereserve zur Sicherung gegen die beson-

---
[422] Vgl. Morfeld, in: BeckOK HGB, § 340f HGB, Tz. 1; Braun, in: KK-RLR, § 340f HGB, Tz. 14.
[423] Vgl. Krumnow/Sprißler (2004), § 340f HGB, Tz. 11; Waschbusch, in: ZfbF 1994, S. 1046 (S. 1050); Braun, in: KK-RLR, § 340f HGB, Tz. 13; Scharpf/Schaber (2018), S. 344.

deren Risiken des Geschäftszweigs bilden[424]. Als lex specialis zum Grundsatz der Einzelbewertung können Banken stille Vorsorgereserven damit als **Globalabschreibungen** für Risiken vornehmen, die nicht in den genannten Vermögensgegenständen selbst begründet sind[425]; sie ersetzen mithin keine Einzelwertberichtigungen[426]. Die Globalabschreibungen können »relativ flexibel« auf die reservefähigen Bilanzposten (Aktivposten 3 bis 6, Formblatt 1 RechKredV) verteilt bzw. in der Folge umgeschichtet werden[427]. Ein Ansatz von Vermögensgegenständen unterhalb der nach §§ 253 bis 256a HGB zulässigen Werte stellt grundsätzlich eine Unterbewertung i. S. d. § 256 Abs. 5 S. 3 AktG dar und führt zur **Nichtigkeit** des Jahresabschlusses, wenn dadurch die Vermögens- und Ertragslage der Gesellschaft vorsätzlich unrichtig wiedergegeben oder verschleiert wird (§ 256 Abs. 5 S. 1 Nr. 2 AktG). Unterbewertungen aufgrund § 340f HGB stellen hingegen keine unzulässigen Unterbewertungen in diesem Sinne dar (§ 256 Abs. 5 S. 4 AktG)[428]. Auch kann nach § 258 Abs. 1a AktG bei Instituten kein Sonderprüfer bestellt werden, soweit die Unterbewertung oder die fehlende Angabe im Anhang auf der Anwendung des § 340f HGB beruht[429]. Dies gilt nicht, soweit zu vermuten ist, dass die Obergrenze zu Bemessung der stillen Vorsorgereserven überschritten wurde[430]. Der Anwendungsfall einer Sonderprüfung ist auch nicht zur Aufdeckung früherer nach § 26a Abs. 1 KWG gebildeter und fortgeführter stiller Vorsorgereserven eröffnet.

Nach § 340f Abs. 1 S. 2 HGB darf der durch Anwendung von § 340f Abs. 1 S. 1 HGB gebildete Gesamtbestand an Vorsorgereserven 4 % des Gesamtbetrags der in § 340f Abs. 1 S. 1 HGB aufgeführten Vermögensgegenstände, der sich bei deren Bewertung nach § 253 Abs. 1 S. 1, Abs. 4 HGB ergibt, nicht übersteigen.

1.3.4.2 Beibehaltungswahlrecht

Das Wertaufholungsgebot des § 253 Abs. 5 S. 1 HGB, wonach ein niedriger Wertansatz nicht beibehalten werden darf, wenn die Gründe dafür nicht mehr bestehen, ist grundsätzlich aufgrund von § 340a Abs. 1 S. 1 HGB auch im handelsrechtlichen Jahresabschluss von Kreditinstituten zu beachten. In Bezug auf die Bildung von Vorsorgereserven nach § 340f HGB wird das Wertaufholungsgebot des § 253 Abs. 5 S. 1 HGB aufgrund von § 340f Abs. 1 S. 3 HGB außer Kraft gesetzt. Nach § 340f HGB gebildete Vorsorgereserven sind bei Eintritt allgemeiner Bankrisiken nicht infolge von § 253 Abs. 5 HGB wieder aufzulösen; eine freiwillige Auflösung ist jedoch jederzeit möglich[431]. Die partielle Aufhebung des § 253 Abs. 5

---

424 Vgl. Löw, in: MüKom BilR, § 340f HGB, Tz. 2.; Böcking/Gros/Torabian, in: MüKom HGB, § 340f HGB, Tz. 4; Krumnow/Sprißler (2004), § 340f HGB, Tz. 7.
425 Vgl. Waschbusch, in: ZfbF 1994, S. 1046 (S. 1047); Birck/Meyer, Bd. 3, VII, S. 50 f.
426 Vgl. Braun, in: KK-RLR, § 340f HGB, Tz. 11; Lösken (2010), S. 55; für eine Anrechnung in Ausnahmefällen vgl. Scharpf/Schaber (2018), S. 339; Grewe, in: BoHdR, § 340f HGB, Tz. 23; Morfeld, in: BeckOK HGB, § 340f HGB, Tz. 4.
427 Vgl. Krumnow/Sprißler (2004), § 340f HGB, Tz. 38; Scharpf/Schaber (2018), S. 341; Birck/Meyer, Bd. 3, VII, S. 39 f.; kritisch zu Umschichtungen Wiedmann (1999), § 340f HGB, Tz. 12.
428 Vgl. BT-Drs 11/6275, S. 27.
429 Dies gilt nicht, soweit zu vermuten ist, dass die Obergrenze zur Bemessung der stillen Vorsorgereserven überschritten wurde. Vgl. Euler/Sabel, in: Spindler/Stilz, 3. Aufl., § 258 AktG, Tz. 49.
430 Vgl. Euler/Sabel, in: Spindler/Stilz, 3. Aufl., § 258 AktG, Tz. 48 f.
431 Damit wird das Beibehaltungswahlrecht faktisch zu einem Wertaufholungswahlrecht. Vgl. Waschbusch, in: ZfbF 1994, S. 1046 (S. 1054).

HGB durch § 340f Abs. 1 S. 3 HGB ist die logische Folge des Wahlrechts zur Bildung von Vorsorgereserven nach § 340f Abs. 1 S. 1 HGB.

Strittig ist, ob aufgrund von § 340f Abs. 1 S. 3 HGB ein niedriger Wertansatz auch dann beibehalten werden darf, wenn an den folgenden Bilanzstichtagen die Bemessungsgrundlage der 4 %-Grenze i. S. d. § 340f Abs. 1 S. 2 HGB aufgrund von Bestandsänderungen oder Marktwertverlusten gesunken ist oder sich die allgemeinen Bankrisiken in der Folge vermindert haben. Fraglich ist, ob § 340f Abs. 1 S. 2 HGB Priorität vor § 340f Abs. 1 S. 3 HGB einzuräumen ist[432]. Soweit mit einem Bestandsabbau ein Absinken der 4 %-Grenze verbunden ist, ergibt sich ggf. aus der Notwendigkeit der Vorsorgereserve zur Sicherung gegen allgemeine Bankrisiken sowie aus der vernünftigen kaufmännischen Beurteilung die Notwendigkeit der Auflösung eines überhöhten Teils an Vorsorgereserven[433].

1.3.4.3 Stille Bildung der Vorsorgereserven

Im Jahresabschluss der Kreditinstitute kann eine Bildung und Auflösung von Vorsorgereserven nach § 340f HGB erfolgen, ohne dass dies durch den Bilanzleser ersichtlich wird (daher stille Vorsorgereserven). Die stille Bildung von Vorsorgereserven wird durch eine Verrechnung von Aufwendungen und Erträgen aus der Bildung bzw. Auflösung von Vorsorgereserven mit anderen Ergebnisbestandteilen (sog. Überkreuzkompensation), durch eine fehlende Erläuterungspflicht in Anhang und Lagebericht sowie durch ein Auskunftsverweigerungsrecht des Vorstands nach § 131 Abs. 3 Nr. 6 AktG erreicht.

i) Überkreuzkompensation. Die Reservenbildung nach § 340f HGB ist in mehrerer Hinsicht »still«. **Bilanziell** wird die Vorsorgereserve nicht offen in einer Position »Risikovorsorge« abgesetzt. Vielmehr erfolgt eine Kürzung der jeweiligen Bilanzposten. Dabei ist es zudem nicht erforderlich, die gebildeten Vorsorgereserven auf die einzelnen Bilanzposten aufzuteilen. Eine Zuordnung zu einem oder mehreren in Frage kommenden Bilanzposten wird dabei als ausreichend angesehen[434]. Auch in der **Gewinn- und Verlustrechnung** wird die Bildung oder die Auflösung der stillen Vorsorgereserven nicht ersichtlich. Nach § 340f Abs. 3 HGB dürfen (Wahlrecht) Institute im Rahmen der sog. **Überkreuzkompensation** die Zuführungen und Auflösungen von 340f-Reserven mit den folgenden Ergebniskomponenten verrechnen:
- Veräußerungs- und Bewertungserfolge von Wertpapieren der Liquiditätsreserve
- Aufwand (bzw. Erträge) aus der Bildung (Auflösung) von Risikovorsorge im Kreditgeschäft
- Zuführung/Auflösung von Rückstellungen aus dem Kreditgeschäft.

---

[432] Priorität von § 340f Abs. 1 S. 3 HGB bejahend Braun, in: KK-RLR, § 340f HGB, Tz. 18; Scharpf/Schaber (2018), S. 347; Krumnow/Sprißler (2004), § 340f HGB, Tz. 24; ablehnend Bieg/Waschbusch, in: BeckHdR, B 900 Tz. 308; Bundesverbandes deutscher Banken (1993), S. 98.

[433] Ähnlich Böcking/Gros/Torabian, in: MüKom HGB, § 340f HGB, Tz. 22. Für eine Beibehaltung vgl. Grewe, in: BoHdR, § 340f HGB, Tz. 47.

[434] Vgl. Braun, in: KK-RLR, § 340f HGB, Tz. 12.

Zuführungen von 340f-Reserven werden somit zusammen mit den Abschreibungen und Wertberichtigungen auf Forderungen und Wertpapieren der Liquiditätsreserve sowie den Zuführungen zu Rückstellungen im Kreditgeschäft in dem GuV-Posten 13 (Formblatt 3) ausgewiesen (vgl. Abb. 29). Auflösungen von 340f-Reserven werden zusammen mit den Erträgen aus der Zuschreibung zu Forderungen und Wertpapieren der Liquiditätsreserve sowie aus der Auflösung von Rückstellungen im Kreditgeschäft in der GuV-Position 14 (Formblatt 3) ausgewiesen. Wird zusätzlich zur Bildung oder Auflösung von 340f-Reserven eine **Überkreuzkompensation** gewählt, so ist eine vollständige Verrechnung von GuV-Position 13 und Position 14 (jeweils Formblatt 3) vorzunehmen. Die Überkreuzkompensation stellt mithin eine Aufrechnung von Aufwendungen und Erträgen über verschiedene Geschäftssparten (Kreditgeschäft, Wertpapiergeschäft) unter Einbeziehung von Zuführungen und Auflösungen von stillen Vorsorgereserven dar. Ein Aufwands- bzw. Ertragsüberschuss ist in der Position

- »Abschreibungen und Wertberichtigungen auf Forderungen und bestimmte Wertpapiere sowie Zuführungen zu Rückstellungen im Kreditgeschäft« (Formblatt 2, linke Spalte, Nr. 7; Formblatt 3, Nr. 13), bzw.
- »Erträge aus Zuschreibungen zu Forderungen und bestimmten Wertpapieren sowie aus der Auflösung von Rückstellungen im Kreditgeschäft« (Formblatt 2, rechte Spalte, Nr. 6; Formblatt 3, Nr. 14)

auszuweisen. Bei Nutzung der Überkreuzkompensation ist nur eine **vollständige Verrechnung** von Aufwendungen und Erträgen möglich (§ 32 RechKredV). Das für alle Kaufleute geltende Verrechnungsverbot des § 246 Abs. 2 S. 1 HGB, wonach Aufwendungen nicht mit Erträgen verrechnet werden dürfen, ist nach § 340a Abs. 2 S. 3 HGB im Jahresabschluss von Kreditinstituten nicht anzuwenden, soweit abweichende Vorschriften bestehen. Abweichend vom allgemeinen Verrechnungsverbot gewährt § 340f Abs. 3 HGB i. V. m. § 32 S. 2 RechKredV Kreditinstituten ein Saldierungswahlrecht, wonach anstelle eines Bruttoausweises Zuführungen und Auflösungen von stillen Vorsorgereserven gem. § 340f Abs. 1 HGB mit dem Risikovorsorgeergebnis des Kreditgeschäfts sowie dem Bewertungsergebnis aus Wertpapieren der Liquiditätsreserve verrechnet werden können. Dabei werden Aufwendungen und Erträgen von Finanzinstrumenten innerhalb einer Geschäftsart (z. B. Kreditgeschäft bzw. Wertpapiergeschäft) sowie über die verschiedenen Geschäftsarten hinweg (überkreuz) verrechnet und in diese Verrechnung Aufwendungen aus der Bildung bzw. Erträge aus der Auflösung von Vorsorgereserven einbezogen[435]. Durch diese **Einschränkung des Bruttoprinzips** kommt es zu einer Verrechnung von realisierten Ergebnissen und Bewertungsergebnissen aus dem Kredit- und dem Wertpapierbereich. Laufende Erträge dürfen in die Verrechnung nicht einbezogen werden. Durch das Saldierungswahlrecht können Institute damit bspw. Aufwendungen aus der Bildung von Einzelwertberichtigungen im Kreditgeschäft mit Verkaufsgewinnen aus Wertpapieren der Liquiditätsreserve oder wahlweise mit der Auflösung von stillen Vorsorgereserven kompensieren. Dem

---
435 Vgl. Bundesverbandes deutscher Banken (1993), S. 72 f.; Bieg/Waschbusch (2017), S. 351.

Bilanzleser wird damit in gewissem Maße ein Einblick in die Ertragslage des Instituts verwehrt[436].

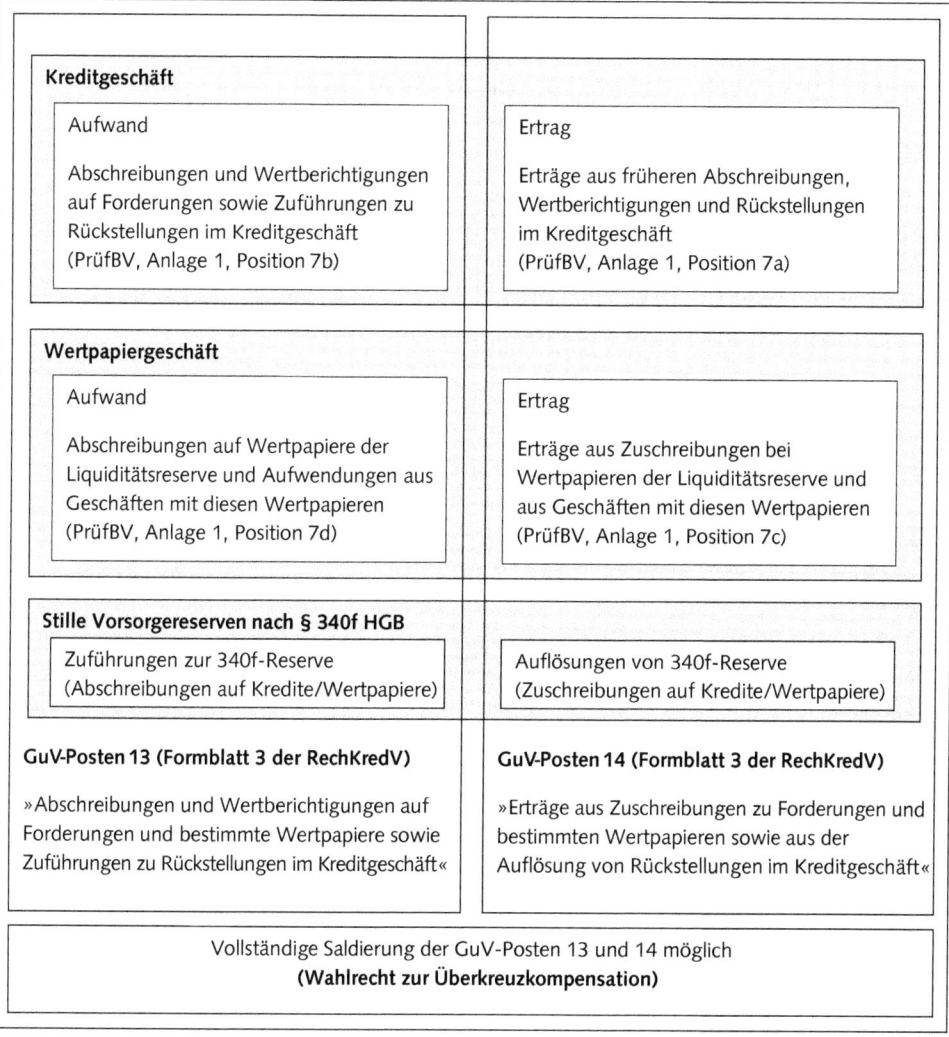

Abb. 29: Überkreuzkompensation nach § 340f HGB

ii) Fehlende Erläuterungspflicht. Nach § 340f Abs. 4 HGB brauchen Angaben über die Bildung und Auflösung von Vorsorgereserven sowie über vorgenommene Verrechnungen im Jahresabschluss, Lagebericht, Konzernabschluss und Konzernlagebericht nicht gemacht zu werden. Als Bestandteil des Jahresabschlusses von Instituten besteht auch für den Anhang keine Erläuterungspflicht hinsichtlich der Bildung und Auflösung von Vorsorgereserven nach § 340f HGB. Für den Fall, dass durch die stille Auflösung von Vorsorgereserven

---
[436] Zur Kritik statt vieler vgl. Bieg (1983), S. 215 ff.

nach § 340f HGB aus einem ansonsten entstehenden Jahresfehlbetrag ein Jahresüberschuss resultiert, sollen nach Meinungen im Schrifttum (entgegen § 340f Abs. 4 HGB) Angaben im Anhang geboten sein[437].

Für eine stille Vorsorgebildung müssen Angabepflichten entfallen, die Rückschlüsse auf das Bestehen von stillen Vorsorgereserven ermöglichen würden, im Sinne des § 340f Abs. 3 HGB ausgelegt. Nach §§ 285 Nr. 29, 340a Abs. 1 S. 1 HGB haben Institute im Anhang anzugeben, auf welchen Differenzen oder steuerlichen Verlustvorträgen die latenten Steuern beruhen und mit welchen Steuersätzen die Bewertung erfolgt ist. Die Bildung von latenten Steuern setzt ein Abweichen zwischen handelsbilanziellen Buchwerten und den Wertansätzen in der Steuerbilanz voraus (§ 274 Abs. 1 S. 1 HGB). Handelsbilanzielle Abschreibungen können nur dann zu einer Minderung des steuerlichen Wertansatzes von Aktiva führen, wenn die Abschreibungen auf einer voraussichtlich dauernden Wertminderung beruhen (§ 6 Abs. 1 Nr. 1 S. 2 EStG). Einer Abschreibung nach § 340f HGB liegt hingegen keine voraussichtlich dauernde Wertminderung i. S. d. § 6 Abs. 1 Nr. 1 S. 2 EStG zugrunde, so dass die Bildung von Vorsorgereserven nach § 340f HGB zu einem Unterschreiten des handelsbilanziellen Wertansatzes unter den steuerlichen Wertansatz und damit zu aktiven Steuerlatenzen führt[438], für die nach § 274 Abs. 1 S. 2 HGB ein Ansatzwahlrecht besteht. Zu Wahrung der stillen Bildung von Vorsorgereserven müssen Angaben über latente Steuern nach § 285 Nr. 29 HGB im Anhang nur in der Form erfolgen, dass keine Rückschlüsse auf den Bestand oder die Veränderung von stillen Vorsorgereserven möglich sind[439].

Seit Basel III könnte die Bildung und Auflösung von stillen Vorsorgereserven ggf. im Offenlegungsbericht nach Art. 431 ff. CRR ersichtlich werden. Für Banken, die ihre Risikopositionswerte nach dem Standardansatz i. S. d. Art. 111 ff. CRR (EU-VO 575/2013) berechnen, stellen Vorsorgereserven nach § 340f HGB allgemeine Kreditrisikoanpassungen i. S. d. Art. 4 Abs. 1 Nr. 95 CRR i. V. m. Art. 1 UA 1 EU-VO 183/2014 dar und können als Ergänzungskapital i. S. d. Art. 62 lit c) CRR den haftenden Eigenmitteln des Instituts zugerechnet werden[440]. Nach Art. 437 Abs. 1 lit. b) CRR sind die Hauptmerkmale der Instrumente des harten Kernkapitals, des zusätzlichen Kernkapitals sowie des Ergänzungskapitals im Offenlegungsbericht zu beschreiben. Die allgemeinen Kreditrisikoanpassungen i. S. v. Art. 62 lit c) und d) CRR sind aufgrund von EU/1423/2013, Anhang IV (dort: Position 50) quantitativ offenzulegen. In der Praxis wird vereinzelt in analoger Anwendung von § 340f Abs. 4 HGB auf eine separate Erläuterung von als Ergänzungskapital angerechneten Vorsorgereserven im Offenlegungsbericht verzichtet[441].

---

[437] Vgl. Krumnow/Sprißler (2004), § 340f HGB, Tz. 43, m. w. N.
[438] Vgl. Scharpf/Schaber (2018), S. 350 f.; Goldschmidt/Meyding-Metzger/Weigel, in: IRZ 2010, 63; DGRV, B 277; ausführlich begründend Gelhausen/Fey/Kämpfer (2009), V 68 ff. Würde mit Karrenbrock das Entstehen von aktiven latenten Steuern durch die Bildung von Vorsorgereserven nach § 340f HGB aufgrund des Fehlens einer zu erwartenden Steuerentlastung in den künftigen Perioden verneint, so entfiele auch eine Erläuterungspflicht nach § 285 Nr. 29 HGB. Vgl. Karrenbrock, in: BFuP 2013, S. 194.
[439] Vgl. Gelhausen/Fey/Kämpfer (2009), V 68 ff., Scharpf/Schaber (2018), S. 350 f.; Goldschmidt/Meyding-Metzger/Weigel, in: IRZ 2010, S. 63 (S. 65).
[440] Vgl. Schaber, in: KWG und CRR, 3. Aufl., Art. 62 CRR, Tz. 9; Konesny/Glaser, in: Boos/Fischer/Schulte-Mattler, 5. Aufl., Art. 62 CRR, Tz. 6; unzutreffend Morfeld, in: BeckOK HGB, § 340g HGB, Tz. 5.
[441] Vgl. z. B. Unicredit Bank AG, Offenlegungsbericht zum 31.12.2015, S. 27.

iii) Auskunftsverweigerungsrechte. Nach § 131 Abs. 3 S. 1 Nr. 6 AktG darf der Vorstand eines Kreditinstituts auf einer Hauptversammlung **Auskünfte verweigern**, soweit Angaben über angewandte Bilanzierungs- und Bewertungsmethoden sowie vorgenommene Verrechnungen im Jahresabschluss, Lagebericht, Konzernabschluss oder Konzernlagebericht nicht gemacht zu werden brauchen. Hiervon sind die Bildung und Auflösung von stillen Vorsorgereserven nach § 340f Abs. 1 HGB sowie die Verrechnungen nach § 340f Abs. 3 HGB i. V. m. § 32 RechKredV erfasst. Die Auskunftspflicht reicht damit nicht weiter als die verpflichtende Berichterstattung in Anhang und Lagebericht[442]. Auskünfte über das Bestehen von stillen Vorsorgereserven können jedoch nur bei rechts- und ermessensfehlerfreier Ausübung des Bilanzierungswahlrechts verweigert werden[443]. Bei begründetem Verdacht einer erheblichen Pflichtverletzung kann sich der Vorstand nicht auf § 131 Abs. 3 S. 1 Nr. 6 AktG berufen[444]. Gleichsam haben Genussscheininhaber ebenfalls nur bei begründetem Verdacht einer Vertragspflichtverletzung einen Informationsanspruch hinsichtlich der Bildung von stillen Vorsorgereserven gegenüber dem emittierenden Kreditinstitut; ein allgemeiner auf § 242 BGB gestützter Auskunftsanspruch besteht nicht[445]. Die Pflicht des Vorstands, nach § 176 Abs. 1 S. 3 AktG auf einer Hauptversammlung zu einem Verlust Stellung zu nehmen, der das Jahresergebnis wesentlich beeinträchtigt, ist aufgrund von § 176 Abs. 1 S. 4 AktG für Kreditinstitute nicht anzuwenden. Verluste die aus der Bildung von stillen Vorsorgereserven resultieren, sind auch in dieser Hinsicht nicht erläuterungspflichtig[446].

1.3.4.4 Telos der stillen Reservenbildung

§ 340f HGB transformiert Art. 37 Abs. 2 sowie Art. 33 Abs. 2 der europäischen Bankbilanzrichtlinie 86/635/EWG (BaBiRiLi[447]) ins deutsche Recht. Bereits Art. 37 Abs. 2 BaBiRiLi war nicht unumstritten, da die Kommission sowie die qualifizierte Mehrheit der Mitgliedstaaten nur die Bildung von Vorsorgereserven in offener Form befürworteten[448]. Insbesondere auf Betreiben Deutschlands wurde mit Art. 37 Abs. 2 der RL 86/635/EWG schließlich die Bildung stiller Vorsorgereserven in deutscher Tradition nach dem Vorbild des § 26a KWG aF als Mitgliedstaatenwahlrecht in die Bankbilanzrichtlinie (jedoch zunächst zeitlich

---

442 Vgl. BT-Drs 11/6275, S. 26; Spindler, in: Schmidt/Lutter, 3. Aufl., § 131 AktG, Tz. 86. Eine vormals notwendige Interessenabwägung ist nicht mehr erforderlich. Vgl. Drinhausen, in: Hölters, 3. Aufl., § 131 AktG, Tz. 35.
443 Vgl. Kubis, in: MüKom AktG, 4. Aufl., § 131 AktG, Tz. 134.
444 Vgl. Drinhausen, in: Hölters, 3. Aufl., § 131 AktG Tz. 35; Spindler, in: Schmidt/Lutter, 3. Aufl., § 131 AktG, Tz. 87.
445 Vgl. BGH, Urteil vom 14.06.2016 – II ZR 121/15, in: NZG 2016, 983; OLG Frankfurt, Urteil vom 24.03.2015 – 11 U 103/14, in: BeckRS 2016, 13828.
446 Vgl. Euler/Sabel, in: Spindler/Stilz, 3. Aufl., § 176 AktG, Tz. 15; kritisch Hennrichs/Pöschke, in: MüKom AktG, 4. Aufl., § 176 AktG, Tz. 18.
447 Vgl. EG ABl. L 372/1 vom 31.12.1986.
448 Vgl. BT-Drs 11/6275, S. 23.

befristet[449]) aufgenommen[450]. Mit § 340f HGB werden alle Möglichkeiten der Bildung von Vorsorgereserven nach Art. 37 Abs. 2 sowie der Überkreuzkompensation in Art. 33 Abs. 2 BaBiRiLi an die Kreditinstitute weitergegeben[451]. § 340f HGB stellt ein bewusstes und richtlinienkonformes Abweichen von den für alle Kaufleute geltenden Bilanzierungsgrundsätzen dar. Historisch sind §§ 340f, g HGB im Sinne des § 26a KWG aF auszulegen[452].

Die Möglichkeit zur Bildung stiller Vorsorgereserven wird traditionell mit der **Vertrauensempfindlichkeit** des Kreditgewerbes und dem Einlegerschutz begründet[453]: So könne mit dem Wahlrecht der stillen Bildung und Auflösung von Vorsorgereserven eine Minderung von Ertragsschwankungen erreicht[454], die Vertrauensbildung von Marktteilnehmern und Kunden in Krisenzeiten gefördert[455], die Gefahr des Abzugs von Einlagengeldern gemindert und damit die Stabilität des Finanzinstituts erhöht werden[456]. Aufgrund der starken Abhängigkeit der Periodenergebnisse der Kreditinstitute von konjunkturbedingten Kreditausfällen und der Abhängigkeit der Kreditinstitute von dem Vertrauen ihrer Kunden sollte Banken durch § 26a KWG aF die Möglichkeit zugestanden werden, durch Auflösung zuvor gebildeter Vorsorgereserven einen plötzlichen Gewinnrückgang oder einen Verlustausweis zu vermeiden, um das Vertrauen in das Bankgewerbe nicht zu gefährden[457]. Dabei wird unterstellt, dass eine Verschlechterung von Periodenergebnissen einer Bank zu einem schlagartigen Abzug von Einlagen durch die Einleger führen (**Bank Run**) und damit für die Bank Liquiditätsprobleme entstehen können, die wiederum eine verlustbringende Veräußerung von Vermögensgegenständen nach sich ziehen kann und das haftende Eigenkapital der Bank weiter aufzehren würde[458]. Bei einer Übertragung des Vertrauensverlusts auf Einleger anderer Kreditinstitute wären **Kettenreaktionen** und damit negative Auswirkungen auf die

---

449 Nach Art. 48 der BaBiRiLi sowie der Protokollerklärung des Rates zu Art. 48 ist bei einer späteren Koordinierung die Vereinheitlichung von Mitgliedstaatenwahlrechten sowie die Zweckmäßigkeit eines schrittweisen Abbaus von stillen Reserven zu prüfen. Art. 37 Abs. 2 der BaBiRiLi gilt als befristetes Wahlrecht. Vgl. Bader, in: Sonnemann, S. 15 (S. 38).
450 Vgl. Köllhofer, in: Duwendag, S. 357 (S. 364 f.). Insbesondere Vertreter des Vereinigten Königreichs sahen die Möglichkeit der Bildung stiller Vorsorgereserven als unvereinbar mit dem Grundprinzip des true and fair view. Vgl. Bader, in: Sonnemann, 15 f. Zur detaillierten Beschreibung des Einflusses Deutschlands bzgl. Art. 37 vgl. Reinelt (1998), S. 107 ff.
451 Vgl. BT-Drs 11/6275, S. 23.
452 Vgl. zu dem Bewertungswahlrecht des § 26a KWG aF Birck/Meyer, Bd. 3, S. 39 ff.
453 Vgl. BT-Drs 9/376, 18; Bieg, in: WPg 1986, S. 299; Böcking/Gros/Torabian, in: MüKom HGB, Vor zu §§ 340f, 340g HGB, Tz. 5.
454 Die Möglichkeit zur Ergebnisverstetigung wurde noch im Richtlinienvorschlag als erklärtes Ziel formuliert. Vgl. EG Abl. C 130/11 vom 01.06.1981.
455 Vgl. Deutsche Bundesbank, Monatsbericht September 2012, 27 sowie aufgrund Niedrigzinsumfeld Dombret, Gastbeitrag Handelsblatt vom 24.02.2017.
456 Vgl. Birck/Meyer, Bd. 3, S. 60; Birck, in: Wpg 1964, S. 415 (S. 416 f.); Böcking/Helke/Gros Ebenroth u. a., 3. Aufl., § 340f HGB, Tz. 1. Zur Gesamtdarstellung der traditionellen Begründung vgl. Bieg (1983), S. 220 ff.; Hartmann, in: BB 1989, S. 1936 (S. 1939); kritisch Süchting, in: Gerke, S. 81 f.; Waschbusch, in: ZfbF 1994, S. 1046 (S. 1055); Böcking/Bierschwale, in: BB 1999, S. 947 (S. 950); Bieg, in: WPg 1986, S. 299.
457 Diese Argumentation der Kreditinstitute wurden im Gesetzgebungsverfahren durch den Präsidenten des Bundesaufsichtsamts für das Kreditwesen im Wesentlichen geteilt, sodass der Rechts- und Wirtschaftsausschuss die Auffassung vertrat, die Bedenken nicht sicher entkräften zu können. Vgl. Deutscher Bundestag, schriftlicher Bericht des Rechtsausschusses (12. Ausschuß), abgedruckt in: Kropff (1965), S. 550.
458 Vgl. z. B. Birck/Meyer, Bd. 3, S. 61; für eine kritische Analyse der Argumentation vgl. Bieg (1983), S. 453 ff.

gesamte Branche zu befürchten[459]. § 26a KWG aF sowie §§ 340f, g HGB dienen damit dem Einlegerschutz als eine gesteigerte Form des Gläubigerschutzes und tragen damit der volkswirtschaftlichen Sonderstellung der Kreditinstitute Rechnung[460]. Aufgrund ihrer gesamtwirtschaftlichen Bedeutung und der Abhängigkeit von Kreditinstituten von bestimmten Risiken (wie z. B. Zinsschwankungen und politischen Ereignissen) ist Kreditinstituten **aus Vorsichtserwägungen** die Möglichkeit der Bildung von Vorsorgereserven gegeben worden[461].

1.3.4.5 Bilanzrechtliche Voraussetzungen

Die Bildung von stillen Vorsorgereserven setzt i) eine vernünftige kaufmännische Beurteilung, ii) eine Notwendigkeit der Sicherung sowie iii) das Vorliegen allgemeiner Bankrisiken voraus. Die Bildung von stillen Vorsorgereserven stellt mithin auf dieselben unbestimmten Rechtsbegriffen ab, die auch der Bildung eines Sonderpostens »Fonds für allgemeine Bankrisiken« nach § 340g HGB zugrunde liegen. Für eine nähere Erläuterung wird daher auf Kapitel IV.1.3.12 verwiesen. Die Norm ist durch eine Kumulation unbestimmter Rechtsbegriffe auf der Tatbestandsseite sowie Ermessen auf der Rechtsfolgenseite geprägt. Mithin können – in Abhängigkeit von der Rechtsform des Instituts – gesellschaftsrechtliche Voraussetzungen für die Zulässigkeit der Bildung stiller Vorsorgereserven zu beachten sein[462].

Quantitativ wird die Reservenbildung dadurch beschränkt, dass der Gesamtbestand der 340f-Reserven 4 % des Gesamtbetrags der oben genannten Vermögensgegenstände nicht überschreiten darf (§ 340f Abs. 1 S. 2 HGB). Dabei ist zu beachten, dass eine betragsmäßige Verminderung der zugrunde zu legenden Bilanzposten des Umlaufvermögens nicht zu einer zwangsweisen Auflösung vormals gebildeter Vorsorgereserven führt. Dies folgt aus dem Beibehaltungswahlrecht des § 340f Abs. 1 S. 3 HGB, demzufolge ein niedrigerer Wertansatz beibehalten werden darf[463].

1.4 Bewertung von Vermögensgegenständen des Anlagevermögens

1.4.1 Rahmenbedingungen der Zuordnung zum Anlagevermögen

Vermögensgegenstände sind nach § 247 Abs. 2 HGB dem Anlagevermögen zuzuordnen, wenn sie dazu bestimmt sind, andauernd dem Geschäftsbetrieb zu dienen. Für den Ausweis von Vermögensgegenständen des Anlagevermögens kommen in der Bilanz von Instituten die folgenden Bilanzposten in Betracht:

---

[459] Vgl. Birck, in: WPg 1964, S. 415; Birck/Meyer, Bd. 3, S. 60 f.; Böcking/Gros/Torabian, in: MüKom HGB, Vor §§ 340f, 340g HGB, Tz. 7 ff.
[460] Im Einzelnen vgl. Bieg (1983), S. 128 ff.
[461] Vgl. Stellungnahme des Wirtschafts- und Sozialausschusses, EG Abl. C 112/19 vom 03.05.1982.
[462] Siehe im Einzelnen Gaber, in: WM 2018, S. 153 ff.
[463] Vgl. ebenso Braun, in: KK-RLR, § 340f HGB, Tz. 18; aA Wiedmann, in: Ebenroth et al., § 340f HGB, Tz. 13 f.

- Schuldverschreibungen und andere fest-verzinsliche Wertpapiere (Aktivposten 5),
- Aktien und andere nicht festverzinsliche Wertpapiere (Aktivposten 6),
- Beteiligungen (Aktivposten 7),
- Anteile an verbundenen Unternehmen (Aktivposten 8),
- Immaterielle Anlagewerte (Aktivposten 11),
- Sachanlagen (Aktivposten 12).

Der Wortlaut des § 340e Abs. 1 S. 2 HGB lässt grundsätzlich auch eine Zuordnung von **Forderungen** zum Anlagevermögen zu. Nach Meinung des Schrifttums sind Darlehensforderungen im Regelfall jedoch dem Umlaufvermögen zuzuordnen. Nur in Ausnahmefällen (z. B. bei Schuldscheindarlehen und Namensschuldverschreibungen) wird eine Widmung zum Anlagevermögen für zulässig erachtet (IDW RH HFA 1.014, Tz. 4). Die Zuordnung von **Wertpapieren** zum Anlagevermögen setzt eine entsprechende **Widmungsentscheidung** (subjektive Zweckbestimmung) voraus. Eine Zuordnung von Wertpapieren zum Anlagevermögen bedingt die Absicht des dauerhaften Haltens. Dieser Zuordnungswille ist eine aktenkundig zu machende Entscheidung der zuständigen Entscheidungsträger bzw. Organe[464]. Buchhalterisch muss die Unterscheidung zwischen Umlauf- und Anlagevermögen durch eine getrennte Bestandsführung (z. B. durch eine entsprechende Portfolio-Bildung) nachvollzogen werden (IDW RS VFA 2, Tz. 10). Wertpapiere mit einer Restlaufzeit im Erwerbszeitpunkt von weniger als einem Jahr sind daher i. d. R. für eine Zuordnung zum Anlagevermögen nicht geeignet (IDW RS VFA 2, Tz. 7; IDW RH HFA 1.014, Tz. 9). Neben dieser subjektiven Verwendungsabsicht muss das Institut zusätzlich allerdings auch ökonomisch in der Lage sein, die entsprechenden Wertpapiere während der beabsichtigten Haltedauer auch tatsächlich zu halten (IDW RS VFA 2, Tz. 22). Dies ist auf Basis der Eigenkapitalsituation sowie der Liquiditäts- und Ertragslage des Kreditinstituts zu beurteilen.

Eine Zuordnung von Wertpapieren zum Anlagevermögen kommt dann nicht in Betracht, wenn diese mit der **Absicht einer Wiederveräußerung** bei einem unmittelbaren Liquiditätsbedarf erworben wurden (IDW RS VFA 2, Tz. 5). Dies gilt übrigens auch für zurückerworbene eigene Schuldverschreibungen (siehe Kapitel II.3.2.1.2.2). Dieses Kriterium ist jedoch theoretisch wie auch praktisch nicht sehr trennscharf, da auch Wertpapiere des Anlagevermögens ökonomisch eine Liquiditätssicherungsfunktion innehaben, insofern diese (z. B. bei einer Zentralbank) im Rahmen eines Wertpapierpensionsgeschäfts (Repo-Geschäft) verkauft werden können. Die Zuordnung zum Anlagevermögen setzt die Absicht voraus, die Wertpapiere auf Dauer zu halten. Vor diesem Hintergrund sollten Wertpapiere des Anlagevermögens eine **geringere Umschlagshäufigkeit** gegenüber Wertpapieren der Liquiditätsreserve aufweisen. Zu der Frage, ob und in welchem Umfang bei Instituten Verkäufe von Wertpapieren aus dem Anlagevermögen möglich sind, haben sich im Schrifttum keine allgemeingültigen Grundsätze herausgebildet. Eine Zuordnung zum Anlagevermögen setzt nicht voraus, dass Wertpapiere mit begrenzter Laufzeit zwingend bis zur Endfälligkeit gehalten werden müssen. Einer Zuordnung zum Anlagevermögen liegt vielmehr die Absicht zugrunde, Wertpapiere über einen längeren Zeitraum zu halten,

---

464 Vgl. Schreiben BAKred vom 15.11.1965 sowie Schreiben BAKred vom 19.03.1993 – I7-4215 – 1/91-; sowie auch IDW RS VFA 2, Tz. 9; IDW RH HFA 1.014, Tz. 15.

wobei dies zwischenzeitliche Umschichtungen nicht ausschließt[465]. **Verkäufe** von Wertpapieren des Anlagevermögens sind nicht zu beanstanden, wenn der Verkauf einer veränderten Investmentstrategie[466] (z. B. Veränderung der Duration oder der Emittentenstruktur des Portfolios) folgt oder durch die Erreichung aufsichtsrechtlicher und strategischer Ziele (z. B. Abbau risikogewichteter Aktiva, Neudefinition nicht strategischer Assets) veranlasst ist. Bei einer Veränderung der Halteabsicht kann in diesem Zusammenhang vor Verkauf eine Umwidmung der betroffenen Wertpapiere aus dem Anlagevermögen in das Umlaufvermögen in Betracht kommen; ein Verkauf setzt jedoch nicht zwingend eine vorherige Umwidmung voraus (Näheres siehe Kapitel III.1.5). In diesem Falle würden die Ergebnisbeiträge aus dem Verkauf der Wertpapiere im Aufwandsposten 7[467] (Formblatt 2) »Abschreibungen und Wertberichtigungen auf Forderungen und bestimmten Wertpapieren sowie Zuführungen zu Rückstellungen im Kreditgeschäft« bzw. Ertragsposten 6 (Formblatt 2) »Erträge aus Zuschreibungen zu Forderungen und bestimmten Wertpapieren sowie aus der Auflösung von Rückstellungen im Kreditgeschäft« ausgewiesen werden. Durch eine Umwidmung der Wertpapierbestände in den Liquiditätsbestand vor Verkauf könnten die daraus resultierenden Ergebnisbeiträge in die Überkreuzkompensation (siehe Kapitel IV.2.2.6) nach § 340f Abs. 3 HGB in Verbindung mit § 32 RechKredV einbezogen werden[468].

Während für Kapitalgesellschaften und – durch das BilMoG nun auch für[469] – Nicht-Kapitalgesellschaften eine Abschreibung von Sachanlagevermögen bei nur vorübergehender Wertminderung verboten ist (§ 253 Abs. 3 S. 5 HGB), besteht nach wie vor das **Wahlrecht** für Finanzanlagevermögen (Finanzinstrumente des Anlagevermögens), eine Abschreibung bei nur vorübergehenden Wertminderungen zu unterlassen (§ 253 Abs. 3 S. 6 HGB). Diese Möglichkeit gilt über den § 340e Abs. 1 S. 3 HGB auch für Kredit- und Finanzdienstleistungsinstitute. Für Wertpapiere des Anlagevermögens ist zu entscheiden, ob diese

- nach dem gemilderten Niederstwertprinzip (»Bewertung wie Anlagevermögen«, § 340e Abs. 1 S. 2 HGB), oder
- nach dem strengen Niederstwertprinzip (Ausübung des Wahlrechts in § 340e Abs. 1 S. 3 i. V. m. § 253 Abs. 3 S. 6 HGB) zu bewerten sind.

Für Wertpapiere des Anlagevermögens, die nach dem gemilderten Niederstwertprinzip bewertet werden, ist eine Abschreibung bei **voraussichtlich dauerhafter Wertminderung** verpflichtend vorzunehmen. Damit wird für die Abschreibung im Anlagevermögen auf einen unbestimmten Rechtsbegriff zurückgegriffen, der im HGB nicht näher definiert wird[470]. Das Prüfungsergebnis, ob eine voraussichtlich dauerhafte Wertminderung vorliegt, entscheidet, ob eine Abschreibungspflicht oder ein Abschreibungswahlrecht besteht. Eine Anwendung des gemilderten Niederstwertprinzips für Wertpapiere des Anlagevermögens

---

465 Vgl. Häuselmann, in: BB 2008, S. 2617.
466 Veränderungen von Investmentstrategien werden institutsintern zumeist durch Entscheidungsvorlagen und Beschlüsse einschlägiger Gremien des Instituts dokumentiert und begründet (z. B. Asset-Liability-Commitee, Investmentausschuss oder ähnliches).
467 Sofern vor dem Verkauf eine Bewertung zum niedrigeren Stichtagswert erfolgt, sind die daraus resultierenden Abschreibungen ebenfalls in diesem Posten auszuweisen.
468 Vgl. Bantleon/Gottmann (2009), S. 126.
469 Vgl. BT-Drs 16/10067, S. 56.
470 Vgl. Küting, in: DB 2005, S. 1121.

kommt nicht in Betracht, wenn das Institut ökonomisch nicht in der Lage ist, das Wertpapier bis zu einer erwarteten Werterholung zu halten.

Der Sinn des gemilderten Niederstwertprinzips besteht darin, den bilanzierenden Unternehmen bei einem langfristigen Engagement die zwingende Berücksichtigung kurzfristiger Marktwertschwankungen im handelsrechtlichen Abschluss zu ersparen; gleichzeitig jedoch bei einem dauerhaften Absinken der Werthaltigkeit eine ergebniswirksame Wertberichtigung zu verlangen[471]. Langfristig gehaltene Vermögensgegenstände werden damit unter Beachtung der Anschaffungskostenobergrenze zu einem nachhaltig eingeschätzten Wert angesetzt.

Vorgenommene Abschreibungen sind ergebniswirksam zu korrigieren, sofern der Grund für die Abschreibung entfallen ist. Dies gilt für Wertpapiere des Anlagevermögens, die sowohl nach dem strengen als auch nach dem gemilderten Niederstwertprinzip bewertet werden[472]. Insoweit gilt das **Wertaufholungsgebot** auch für Institute (§ 340a Abs. 1 in Verbindung mit § 253 Abs. 5 HGB). Die Zuschreibung ist auf die Höhe der fortgeführten Anschaffungs- und Herstellungskosten beschränkt.

1.4.2 Dauerhafte Wertminderung

Nach h.M. sind die Kriterien zur Beurteilung des Vorliegens einer dauerhaften Wertminderung, die durch den Versicherungsfachausschuss des IDW entwickelt wurden, auch für Kreditinstitute anzuwenden[473]. Die im Jahre 2002 veröffentlichte Verlautbarung IDW RS VFA 2 des Versicherungsfachausschusses ist in Folge der Gesetzesänderung in Form des jetzigen § 341b HGB entstanden, der in Reaktion auf den Aktiencrash am 11.09.2001 für Versicherungsinstitute eine Abkehr vom bis dato verpflichtend anzuwendenden strengen Niederstwertprinzip für das Finanzanlagevermögen vorsieht[474]. Mit dem »Gesetz zur Änderung von Vorschriften über die Bewertung von Kapitalanlagen von Versicherungsunternehmen und zur Aufhebung des Diskontsatz-Überleitungs-Gesetzes (VersKapAG)« vom 26.03.2001 sollte eine Gleichstellung (Wettbewerbsgleichheit) für Versicherungsunternehmen und Kreditinstitute in Bezug auf die Bilanzierungsregeln von Wertpapieren im Anlagevermögen hergestellt werden[475].

Nach IDW RS VFA 2 ist eine dauernde Wertminderung als ein nachhaltiges Absinken des beizulegenden Werts unter den Buchwert definiert. Bei der Wertfeststellung sind wertaufhellende Tatsachen bis zum Zeitpunkt der Bilanzaufstellung zu berücksichtigen; eine Kurserholung zum Aufstellungsstichtag ist als Indiz für eine nur vorübergehende Wertminderung am Abschlussstichtag anzusehen. Zur Bestimmung des Vorliegens einer dauerhaften Wertminderung sind durch das Institut »systematische Methoden« zu entwickeln, die die folgenden Indizien zu berücksichtigen haben:

---

471 Vgl. IDW (2007), S. 13.
472 Vgl. Hommel, in: MüKom-HGB, § 341b HGB, Tz. 19–22.
473 Vgl. BT-Drs 14/7436, S. 7 sowie Braun, in: KK-RLR, § 340e HGB, Tz. 49; Scharpf/Schaber (2018), S. 106.
474 Vgl. Angermeyer, in: VW 2002, S. 714; Hofmann, in: StuB 2011, S. 1.
475 Vgl. BT-Drs 14/7436, S. 7; sowie Angermeyer, in: VW 2002, S. 714.

- Höhe der Differenz zwischen Buchwert und Zeitwert; je größer der Differenzbetrag, desto eher muss eine voraussichtlich dauerhafte Wertminderung angenommen werden,
- bisherige Dauer der bereits eingetretenen Wertminderung,
- stark abweichender Kursverlauf des betreffenden Wertpapiers von der allgemeinen Kursentwicklung,
- Substanzverlust des Emittenten durch Verluste, Ausschüttungen etc.,
- Verschlechterung der Zukunftsaussichten des Emittenten bzw. seiner Branche,
- erhebliche Schwierigkeiten des Emittenten,
- hohe Wahrscheinlichkeit einer Insolvenz oder Sanierungsbedarf.

Die oben aufgeführten Indikatoren sind alternativ zu verstehen, wobei Wechselwirkungen zwischen den verschiedenen Tatbestandsmerkmalen auftreten können[476]. Der Versicherungsfachausschuss des IDW definierte in diesem Zusammenhang zudem quantitative Aufgreifkriterien, bei deren Vorliegen von einer dauerhaften Wertminderung auszugehen ist[477]. Demzufolge gilt eine Wertminderung als dauerhaft, wenn
- der Kurs eines Wertpapiers in den vorhergehenden sechs Monaten permanent um mindestens 20 % unter dem Buchwert lag, oder
- der Durchschnittswert des Wertpapiers der letzten 12 Monate den Buchwert des Wertpapiers um mindestens 10 % unterschreitet.

Sofern das Kreditinstitut Kenntnisse darüber erlangt hat, dass eine dauerhafte Wertminderung bei einem Papier eingetreten ist, ohne dass die Aufgreifkriterien unterschritten wurden, ist eine außerplanmäßige Wertberichtigung vorzunehmen[478]. Dabei ist zu beachten, dass diese beiden Aufgreifkriterien lediglich eine **widerlegbare Vermutung** für das Vorliegen einer dauerhaften Wertminderung darstellen. Die Erfüllung der Aufgreifkriterien stellt somit keine notwendige Voraussetzung für das Bestehen einer dauerhaften Wertminderung dar, so dass grundsätzlich auch geringere Kursverluste zu einer Abwertungspflicht führen können[479]. Unklar erscheint vor dem Hintergrund der oben genannten Aufgreifkriterien insoweit die Forderung nach klaren, betragsmäßig fixierten Schwellwerten, ab denen von einer dauerhaften Wertminderung auszugehen ist[480]. Auch geringfügige oder erst kurzfristig aufgetretene Wertminderungen können dauerhaft sein, so dass eine (qualitative) Beurteilung auf Basis aller verfügbaren Informationen unumgänglich erscheint.

---

476 Vgl. Fey/Mujkanovic, in: WPg 2003, S. 213.
477 Vgl. Bericht der 172. Sitzung des VFA am 28.11.2008 sowie Bericht der 149. Sitzung des VFA am 26.09.2002.
478 Vgl. Bericht der 149. Sitzung des VFA.
479 Vgl. Fey/Mujkanovic, in: WPg 2003, S. 214.
480 So Küting, in: DB 2005, S. 1126.

1.4.3 Bewertung einzelner Finanzinstrumente des Anlagevermögens

1.4.3.1 Schuldverschreibungen

Für die Zugangsbilanzierung von Schuldverschreibungen des Anlagevermögens sind die für Schuldverschreibungen des Liquiditätsbestands geltenden Grundsätze sowie entsprechend die Ausführungen zur bilanziellen Abbildung von Zero Bonds und des Bond Strippings zu beachten. Dies gilt m. E. auch für die Frage der **Nominalwertbilanzierung**. Strittig ist in diesem Zusammenhang die Bilanzierung von Schuldverschreibungen des Anlagevermögens, die über pari (d.h. mit einem **Agio**) erworben wurden. So wird unter Rückgriff auf Art. 35 Abs. 3 (b) S.1 BaBiRiLi eine verpflichtende Sofortabschreibung eines Agios gefordert[481], da das Mitgliedstaatenwahlrecht des Art. 35 Abs. 3 (b) S. 2 BaBiRiLi, wonach auch eine zeitanteilige Verteilung des Unterschiedsbetrags erlaubt werden kann, nicht im deutschen Recht verankert wurde. Mit Verweis auf die Art. 35 Abs. 3 (b) BaBiRiLi wird nach anderer Meinung eine Sofortabschreibung zumindest als zulässig erachtet[482]. Gegen diese Sichtweise steht die Intention des Gesetzgebers, das Mitgliedstaatenwahlrecht nur eingeschränkt zu übernehmen, da eine weitere Durchbrechung des Anschaffungskostenprinzips als nicht vertretbar angesehen wurde[483]. Das Mitgliedstaatenwahlrecht des Art. 35 Abs. 3 (b) S. 2 BaBiRiLi wurde somit durch die §§ 340a Abs. 1 S.1, 253 Abs. 1 S.1 HGB umgesetzt, wonach auch über par erworbene Schuldverschreibungen des Anlagevermögens mit ihren Anschaffungskosten zu aktivieren und nach den allgemeinen Grundsätzen in der Folge zu bewerten sind. Dies gebietet nach zutreffender Meinung eine zeitanteilige Erfassung des Unterschiedsbetrags[484]. Insofern ergeben sich diesbezüglich m. E. keine Unterschiede zur Bilanzierung von Schuldverschreibungen des Umlaufvermögens.

Unterschiede ergeben sich für **strukturierte** Schuldverschreibungen des Anlagevermögens, für die Börsen- oder Marktpreise auf aktiven Märkten verfügbar sind. Während für strukturierte Schuldverschreibungen des Umlaufvermögens, für die Notierungen auf aktiven Märkten verfügbar sind, die Rückausnahme des IDW RS HFA 22, Tz. 14 gilt, sind strukturierte Schuldverschreibungen des Anlagevermögens **stets** auf eine Trennungspflicht eingebetteter Derivate zu prüfen. Für die Folgebilanzierung ergeben sich für Papiere des Anlagevermögens im Vergleich zu Schuldverschreibungen des Liquiditätsbestands Unterschiede insbesondere im Hinblick auf die anzuwendende Niederstwertvorschrift. Bei einer getrennten Bilanzierung ist für das getrennte Derivat eine Rückstellung für drohende Verluste aus schwebenden Geschäften nach den allgemeinen Grundsätzen zu bilden (IDW RS HFA 22, Tz. 18). Dabei ist eine Drohverlustrückstellung nach § 249 Abs. 1 S. 1 HGB zu bilden, wenn ein Verpflichtungsüberschuss besteht, bei dem der Wert der Leistungsverpflichtung des Bilanzierenden den Wert des Gegenleistungsanspruchs übersteigt (IDW RS HFA 4, Tz. 15). Nach h. M. sind damit Rückstellungen für Derivate zu bilden, wenn diese am Bilanzstichtag einen negativen Marktwert aufweisen[485]. Eine imparitätische Berücksichti-

---

481 Vgl. Bantleon/Siebert, in: DB 2017, S. 2365 ff.
482 Vgl. Schorr/Fritz, in: DStR 2017, S. 1223 (S. 1226).
483 Vgl. BT-Drs 11/6786, S. 26; Krumnow/Sprißler (2004), § 340e HGB, Tz. 51; Bieg/Waschbusch (2017), S. 405.
484 Vgl. Scharpf/Schaber (2018), S. 136 f.; Braun, in: KK-RLR, § 340e HGB, Tz. 89.
485 Vgl. ADS, § 249 HGB, Tz. 165.

gung negativer Marktwerte ist hingegen nicht vorzunehmen, insoweit die getrennten Derivate Teil einer Bewertungseinheit (siehe Kapitel II.2.1) sind oder im Rahmen der allgemeinen Zinssteuerung des Bankbuchs (siehe Kapitel III.2.3) verlustfrei bewertet werden. Strukturierte Wertpapiere, in denen keine nach IDW RS HFA 22 trennungspflichtigen Derivate eingebettet sind, sind einheitlich zu bilanzieren und bei dauerhafter Wertminderung abzuschreiben (IDW RS HFA 22, Tz. 12). Insoweit kommt es zu einer Ungleichbehandlung von (z. B. zinsinduzierten) Marktwertverlusten, die auf trennungspflichtige eingebettete Derivate zurückzuführen sind, im Vergleich zu einheitlich bilanzierten strukturierten Wertpapieren (zur Trennungspflicht eingebetteter Derivate siehe Kapitel III.1.4.4)[486].

Bei festverzinslichen Wertpapieren muss eine **dauerhafte Wertminderung** angenommen werden, wenn aufgrund einer Verschlechterung der Bonität des Emittenten mit einer vollständigen Rückzahlung des Nominalbetrags nicht mehr mit einer hohen Wahrscheinlichkeit gerechnet wird. Eine Wertminderung ist bei festverzinslichen Wertpapieren, die bis zur Endfälligkeit gehalten werden sollen, daher nur dann als dauerhaft anzusehen, wenn die Wertminderung durch Bonitätsrisiken hervorgerufen wird[487]. Da bei Schuldverschreibungen das gesicherte Recht auf Rückzahlung des Nominalbetrags am Ende der Laufzeit im Vordergrund steht, erweist sich ein Absinken des Kurswerts, das nicht ein Risiko hinsichtlich der Rückzahlung widerspiegelt nur als vorübergehend und damit nicht als dauerhaft[488]. Davon abzugrenzen sind temporäre Marktwertschwankungen des Wertpapiers, die auf eine vorübergehende Veränderung des Credit Spreads zurückzuführen sind. Der Beurteilung auf Vorliegen einer dauerhaften Wertminderung sind kreditmaterielle Überlegungen zugrunde zu legen. Wertänderungen festverzinslicher Wertpapiere aufgrund von Zinsänderungen sind grundsätzlich nicht als dauerhaft anzusehen, sofern bei Endfälligkeit der Wertpapiere mit einer Rückzahlung des Nominalbetrags zu rechnen ist und keine Absicht zum vorzeitigen Verkauf besteht[489]. Eine gesonderte Prüfung ist hingegen bei Wertpapieren mit sehr langer oder unendlicher Restlaufzeit (Perpetuals) vorzunehmen. In diesen Fällen kann eine Abschreibung wegen Unterverzinslichkeit geboten sein[490].

Ob bei **Verbriefungstiteln** (wie z. B. Asset Backed Securities, Credit Linked Notes, Collateralzied Debt Obligations) eine **dauerhafte Wertminderung** vorliegt, ist grundsätzlich auf Ebene der zugrundeliegenden Tranche zu beurteilen (Durchschauprinzip). Dies ist deshalb notwendig, da aufgrund der üblichen sequenziellen Verlustzuweisungsmechanismen (Wasserfall) ein Verlust bei den unteren Tranchen (z. B. First Loss Piece) anzunehmen sein kann, während für die oberen Tranchen (z. B. Super-Senior-Tranchen) eine Verlustzuweisung ggf. nicht zu erwarten ist. Eine dauerhafte Wertminderung liegt vor, wenn für die jeweilige Tranche ein sog. Credit Event droht[491], wodurch sich eine Rückzahlung der

---

486 Vgl. weiterführend auch Gaber, in: DB 2008, S. 1221 ff.
487 Vgl. Bericht der 172. Sitzung des VFA am 28.11.2008, sowie Böhlhoff/Kreeb, in: KK-RLR, § 341b HGB, Tz. 20.
488 Vgl. BFH-Urteil vom 08.06.2011 – I R 98/10, in: DStR 2011, S. 1556 f. Der BFH hat in seinem Urteil vom 08.06.2011 mithin bestätigt, dass seine Rechtsprechung zur Auslegung einer andauernden Wertminderung von börsennotierten Aktien nicht auf Schuldverschreibungen übertragbar ist. Dies gilt steuerlich auch für Wertpapiere des Umlaufvermögens.
489 Vgl. Birck/Meyer V, S. 108; Fey/Mujkanovic, in: WPg 2003, S. 217.
490 Vgl. ADS, § 255 HGB, Tz. 80 f.
491 Vgl. Häuselmann, in: BB 2008, S. 2619.

Tranche unterhalb des ursprünglichen Nominalbetrags ergeben würde. Für diese Beurteilung ist auf die Zahlungsfähigkeit der den Forderungstiteln zugrunde liegenden Schuldnern abzustellen. Bei einer hohen Wahrscheinlichkeit einer Insolvenz oder eines Sanierungsbedarfs dieser Schuldner ist regelmäßig von einer bonitätsbedingten Wertminderung auszugehen, sofern keine weiteren Zahlungsmittelquellen zur Rückzahlung oder eine Risikoabsorption durch Dritte mittels Kreditverbesserungen bestehen[492].

1.4.3.2 Aktien

Aktien des Anlagevermögens sind ebenso wie die des Umlaufvermögens im Zugangszeitpunkt (Tag der Wertstellung, Settlement Date) mit ihren Anschaffungskosten zu aktivieren. Gebühren, die im Zusammenhang mit dem Erwerb stehen, erhöhen als **Anschaffungsnebenkosten** den Buchwert. In Bezug auf die Bilanzierung von Kapitalerhöhungen und -herabsetzungen, Aktiensplits, Verkauf von Bezugsrechten und der Vereinnahmung von Dividendenerträgen gelten die für das Umlaufvermögen beschriebenen Grundsätze.

Bei **nicht-festverzinslichen Wertpapieren** des Anlagevermögens (wie z.B. Aktien) sowie bei Wertpapieren, die vor der Endfälligkeit veräußert werden sollen, existiert ein erhöhtes Risiko des Vorliegens einer dauerhaften Wertminderung, da im Gegensatz zu festverzinslichen Wertpapieren keine Rückzahlung des Nominalbetrags bei Endfälligkeit erfolgt, sondern das eingesetzte Kapital über eine Verwertung am Markt zurückgeführt wird. Für börsennotierte Aktien wird das Vorliegen einer **dauerhaften Wertminderung** überwiegend nach der Höhe und der Dauer der Wertminderung im Vergleich zu den Anschaffungskosten definiert[493]. Ebenso definiert der Gesetzgeber eine dauerhafte Wertminderung als ein nachhaltiges Absinken des Zeitwerts unter den maßgeblichen Buchwert[494]. Nach h.M. werden hier die oben aufgeführten Aufgreifkriterien des IDW RS VFA 2 zugrunde gelegt (siehe Kapitel III.1.4.2). Soll trotz Unterschreitung der oben genannten Aufgreifkriterien des IDW RS VFA 2 eine außerplanmäßige Wertminderung unterbleiben, so ist durch das Institut zu widerlegen, dass es sich um eine voraussichtlich dauerhafte Wertminderung handelt. In diesem Falle ist für einen Prognosezeitraum, der die beabsichtigte Haltedauer nicht überschreiten darf, eine Aussage über die künftige Wertentwicklung der Aktie zu treffen[495].

Bei der Prüfung von Aktien auf Vorliegen einer dauerhaften Wertminderung ist zwischen börsennotierten und nicht börsennotierten Aktien zu unterscheiden. Bei börsennotierten Aktien kann eine Prüfung auf Vorliegen einer dauerhaften Wertminderung ausgelöst werden, wenn die oben erläuterten Aufgreifkriterien erfüllt sind. Bei der Bestimmung einer dauerhaften Wertminderung der Höhe nach ist – sofern nicht der Börsenkurs zugrunde gelegt wird bzw. werden kann[496] – auf einen Zukunftserfolgswert abzustellen (IDW RS HFA 10, Tz.3). Dieser lässt sich aus einer Unternehmensbewertung nach dem

---

492 Vgl. IDW (2007), S.14.
493 Vgl. Schubert/Kreher, in: BBK, 11. Aufl., § 253 HGB, Tz. 352; Fey/Mujkanovic, in: WPg 2003, S.212; Küting, in: DB 2005, S.1121.
494 Vgl. BT-Drs 14/443, S.22.
495 So Fey/Mujkanovic, in: WPg 2003, S.214.
496 Ein Abstellen auf den Börsenkurs für bilanzielle Zwecke erscheint insbesondere in Zeiten illiquider Märkte und Marktfriktionen nicht sachgerecht. Vgl. z.B. IDW (2008).

Ertragswertverfahren (IDW S 1/HFA 10) oder als Annäherung über ein Vergleichswert- oder Multiplikatorverfahren ermitteln[497]. Bei der Ermittlung eines Zukunftserfolgswerts über das Ertragswertverfahren nach IDW S 1/HFA 10 sind auch die Synergieeffekte, die beim Aktieninhaber anfallen, zu berücksichtigen, sofern diese verlässlich ermittelt werden können (IDW RS HFA 10, Tz. 5 f.). Für börsennotierte Aktien kann ggf. auch auf qualitativ hochwertige Prognosen von Finanzanalysten zurückgegriffen werden, deren Qualität sich an IDW PS 322 »Verwertung der Arbeit von Sachverständigen« messen lassen muss[498]. Wird auf externe Analysten (Finanzinformationsdienstleister wie Thomson Financial, Bloomberg usw.) bei der Bestimmung des Fundamentalwerts zurückgegriffen, so ist deren Qualität vom bilanzierenden Institut einzuschätzen[499].

Demgegenüber wird im handelsrechtlichen Schrifttum vereinzelt die Auffassung vertreten, dass eine dauerhafte Wertminderung im Zweifel dann anzunehmen ist, wenn der Marktwert am Bilanzstichtag unterhalb des maßgeblichen Buchwerts liegt und keine konkreten Anhaltspunkte für eine baldige Wertsteigerung vorliegen[500]. Dieser Auffassung hat sich der BFH zur Auslegung des Begriffs »dauernde Wertminderung« nach § 6 Abs. 1 Nr. 1 S. 2 EStG angeschlossen. Nach Auffassung des BFH spiegelt der Börsenwert einer Aktie die Auffassung der Marktteilnehmer über den Wert einer Aktie als Kapitalanlage wieder. Auf informationseffizienten Kapitalmärkten ist davon auszugehen, dass der aktuelle Kurswert einer Aktie eine höhere Wahrscheinlichkeit aufweist, die künftige Kursentwicklung zu prognostizieren als die historischen Anschaffungskosten, so dass dem Steuerpflichtigen keine besseren prognostischen Fähigkeiten als dem Kapitalmarkt zuerkannt werden können. Der Kurs am Bilanzstichtag besitzt daher einen »dauerhaften Charakter«[501]. Jede Minderung des Kurswerts – vorbehaltlich einer Bagatellgrenze von 5 % – rechtfertigt die Annahme einer dauerhaften Wertminderung im Sinne des § 6 Abs. 1 Nr. 2 S. 2 EStG[502]. Eine hiervon abweichende Beurteilung ist nur dann geboten, wenn aufgrund konkreter und objektiv überprüfbarer Anhaltspunkte (z. B. Kursmanipulation etc.) davon auszugehen ist, dass der Börsenpreis nicht den inneren Wert der Aktie wiederspiegelt[503]. Die Auslegung des BFH stellt lediglich eine Auslegung der steuerrechtlichen Regelung von § 6 Abs. 1 Nr. 2. S. 2 EStG dar[504] und ist nach h. M. nicht auf die Beurteilung nach handelsrechtlichen Grundsätzen übertragbar[505].

---

[497] Vgl. Fey/Mujkanovic, in: WPg 2003, S. 216.
[498] Vgl. Bericht der 149. Sitzung des VFA.
[499] Für eine Darstellung der Anforderungen, die an Analystenprognosen in diesem Zusammenhang zu stellen sind vgl. Fey/Mujkanovic, in: WPg 2003, S. 216.
[500] Vgl. Ballwieser, in: MüKom HGB, § 253 HGB, Tz. 55; Winden/Herzogenrath, in: FR 2005, S. 878.
[501] Vgl. BFH-Urteil vom 26.09.2007 – I R 58/06, in: DB 2008, S. 214.
[502] Vgl. BFH-Urteil vom 21.09.2011 – I R 89/10, in: NJW 2012, S. 412.
[503] Vgl. BFH-Urteil vom 21.09.2011 – I R 89/10, in: NJW 2012, S. 412; BFH-Urteil vom 21.09.2011 – I R 7/11, in: BB 2012, S. 248 f.
[504] Vgl. BFH-Urteil vom 26.09.2007 – I R 58/06, in: DB 2008, S. 214 f., Tz. 14.
[505] Vgl. IDW HFA, Berichterstattung über die 227. Sitzung des HFA vom 29.02 und 01.03.2012, S. 2 f.; Scharpf/Schaber (2018), S. 118.

1.4.3.3 Anteile an Investmentvermögen

Anteile an Investmentvermögen können sowohl Anteilsscheine an rechtlich unselbständigen Sondervermögen (Publikumsfonds oder Spezial-Sondervermögen) als auch Anteile an rechtlich selbständigen Investmentvermögen umfassen. Anteile an Investmentvermögen können sowohl dem Umlauf- als auch dem Anlagevermögen sowie dem Handelsbestand zugeordnet werden. Vereinzelnd wird im Schrifttum eine generelle Zuordnung von Spezialfonds zum Anlagevermögen unterstellt[506]. Für eine nähere Erläuterung der möglichen Erscheinungsformen siehe Kapitel III.1.3.3.2.3.1 sowie VIII.2.1.5.2.4.1. Investmentanteile des Anlagevermögens sind im Erwerbszeitpunkt zu ihren Anschaffungskosten zuzüglich Anschaffungsnebenkosten zu aktivieren. In Bezug auf die Bestimmung der Anschaffungskosten und die damit verbundenen Aspekte (Ausgabepreis, Ertragsausgleich, Sachübernahmen) ergeben sich keine Unterschiede zu Investmentanteilen des Umlaufvermögens.

Am Bilanzstichtag sind Investmentanteile des Anlagevermögens abzuschreiben, wenn eine dauerhafte Wertminderung vorliegt. Zur Bestimmung der Höhe der Wertminderung kann entweder auf den Rücknahmepreis (Anteilswert abzüglich Rücknahmeabschlag) der Anteilsscheine oder auf den Wert der im Investmentvermögen befindlichen Vermögenswerte abgestellt werden (Durchschauprinzip). Für ein Abstellen auf den Rücknahmepreis spricht, dass die Anteile am Sondervermögen das handelsrechtliche Bewertungsobjekt darstellen und nicht die zugrunde liegenden Vermögenswerte, da die Investmentanteile selbst als Wertpapiere sui generis gelten[507]. Da sich der Rücknahmepreis jedoch nicht eigenständig am Markt bildet, sondern aus den Marktwerten der im Sondervermögen befindlichen Vermögensgegenstände ableitet, kann auch auf die zugrunde liegenden Vermögensgegenstände abgestellt werden (Durchschauprinzip)[508]. Dabei sind die oben beschriebenen Grundsätze für direkt gehaltene Wertpapiere zu beachten. Aktienfonds, gemischte Fonds und reine Rentenfonds sollen dabei gesondert betrachtet werden[509]. Eine Abwertung ist in diesem Fall nur dann zu unterlassen, wenn innerhalb des Prognosezeitraums von einer Wertaufholung der betreffenden Wertpapiere ausgegangen werden kann.

Steuerlich werden Aktienfonds wie börsennotierte Aktien behandelt. Jede Minderung des Kurswerts – vorbehaltlich einer Bagatellgrenze von 5 % – rechtfertigt die Annahme einer dauerhaften Wertminderung im Sinne des § 6 Abs. 1 Nr. 2 S. 2 EStG[510]. Gemischte Investmentfonds sind analog zur ständigen Rechtsprechung zu börsennotierten Aktien zu behandeln sind, wenn das Investmentvermögen überwiegend aus börsennotierten Aktien besteht[511]. Dies gilt für Fonds, die direkt oder indirekt (z.B. Dachfonds) überwiegend in Aktien investiert sind. Ein Fonds ist überwiegend in Aktien investiert, wenn mehr als 50 % des Investmentvermögens in Aktien angelegt sind. Bei dieser Betrachtung ist auf die tatsächlichen Verhältnisse am Bilanzstichtag abzustellen[512].

---
506 Vgl. Häuselmann, in: BB 1992, S. 312; Häuselmann, in: BB 2008, S. 2617.
507 Vgl. Fey/Mujkanovic, in: WPg 2003, S. 217.
508 Vgl. IDW RS VFA 2, Tz. 24; Häuselmann, in: BB 2008, S. 2619; Fey/Mujkanovic, in: WPg 2003, S. 217.
509 Vgl. Bericht der 149. Sitzung des VFA.
510 Vgl. BFH-Urteil vom 21.09.2011 – I R 89/10, in: NJW 2012, S. 412.
511 Vgl. BFH-Urteil vom 21.09.2011 – I R 7/11, in: BB 2012, S. 248 f.
512 Vgl. BMF-Schreiben vom 02.09.2016 – IV C 6 – S2171-b/09/10002, in: DStR 2016, S. 2107 (Tz. 24).

1.4.3.4 Beteiligungen und Anteile an verbundenen Unternehmen

1.4.3.4.1 Begriffsabgrenzungen

a) **Beteiligungen** sind nach § 271 Abs. 1 HGB definiert als »Anteile an einem anderen Unternehmen, die bestimmt sind, dem eigenen Geschäftsbetrieb durch Herstellung einer dauernden Verbindung zu jenen Unternehmen zu dienen«. **Anteile** an einem anderen Unternehmen stellen Mitgliedschaftsrechte dar, die Vermögensrechte (Teilnahme an Gewinn und Liquidationserlös) sowie Verwaltungsrechte (Stimmrechte, Kontrollrechte, Informationsrechte usw.) umfassen[513]. Dabei kommt es nicht darauf an, ob die Anteile in Wertpapieren verbrieft sind oder nicht (§ 271 Abs. 1 S. 2 HGB). Als Anteile an einem anderen Unternehmen kommen mithin verbriefte und unverbriefte Gesellschaftsanteile an Kapitalgesellschaften (z. B. GmbH, AktG, KGaA, SE) sowie Anteile als persönlicher Gesellschafter einer Personengesellschaft (z. B. OHG, KG) oder Kommanditanteile an einer KG sowie entsprechende Anteile an Unternehmen ausländischer Rechtsformen in Betracht. Nicht zu den Beteiligungen im Sinne des § 271 Abs. 1 HGB zählen Beteiligungen als stille Gesellschafter[514], Genussrechte (siehe HFA 1/1994, Abschn. 3.1), Anteilsscheine an Investmentvermögen[515] sowie Joint Ventures ohne Gesamthandsvermögen (HFA 1/1993, Abschn. 3.1).

Anteile an einem anderen Unternehmen sind nur dann Beteiligungen, wenn sie zur **Herstellung einer dauernden Verbindung** dem eigenen Geschäftsbetrieb dienen. Die Qualifikation eines Unternehmensanteils als Beteiligung ist daher abhängig von der verfolgten (subjektiven) Zweckbestimmung. Diese Zweckbestimmung gilt zwar rechtsformunabhängig für alle Unternehmensanteile; gleichwohl kann bei unverbrieften Anteilen (z. B. an Personengesellschaft oder GmbH-Anteilen) aufgrund ihrer fehlenden Fungibilität i. d. R. von einer dauerhaften Verbindung ausgegangen werden; auf die Höhe der Beteiligungsquote kommt es dabei nicht an[516]. Die Herstellung der dauernden Verbindung muss zudem dafür bestimmt sein, dem eigenen Geschäftsbetrieb zu dienen. Dienen die Anteile dem eigenen Geschäftsbetrieb, ohne dafür bestimmt zu sein, so liegt keine Beteiligung vor[517]. Die Herstellung einer dauernden Verbindung impliziert, dass der Anteilsinhaber ein Interesse hat, das über eine reine Kapitalverzinsung hinausgeht[518]. Dienen die Anteile lediglich der Kapitalanlage, ohne dass die Anteile zur Herstellung einer dauerhaften Verbindung dienen sollen, so liegt eine Beteiligung im Sinne des § 271 Abs. 1 HGB nicht vor. Die dauerhafte Verbindung soll der Förderung des eigenen Geschäftsbetriebs dienen und einen

---

513 Vgl. Böcking/Gros, in: Ebenroth et al., 3. Aufl., § 271 HGB, Tz. 2. Ob Anteile im Sinne des § 271 Abs. 1 HGB vorliegen, wird in der Literatur zum Teil von der Abgrenzungsproblematik zwischen Eigen- und Fremdkapital abhängig gemacht. So wird von Teilen des Schrifttums ein Ausweis als Beteiligung immer dann als sachgerecht angesehen, wenn das Kapital aus Sicht des Beteiligungsunternehmens als Eigenkapital auszuweisen ist. Vgl. Weller, in: Haufe HGB Bilanz Kommentar, § 271 HGB, Tz. 8 f.
514 Vgl. Scheffler, in: Beck HdR, B 213, Tz. 174.
515 Nach der hier vertretenen Auffassung sind Anlageaktien an InvAG nicht unter den Beteiligungen, sondern wie Anteilsscheine an rechtlich unselbständigen Sondervermögen unter den Aktien und anderen nicht festverzinslichen Wertpapieren auszuweisen. Im Gegensatz zu Unternehmensaktien sind Anlageaktien stimmrechtslos und verbriefen mithin nur partiell Mitgliedschaftsrechte (siehe Kapitel VIII.2.1.5.2.4.3).
516 Vgl. Scheffler, in: Beck HdR, B 213, Tz. 178, WPH, 15. Aufl., F 350.
517 Vgl. ADS, § 271 HGB, Tz. 20; Grottel/Kreher, in: BBK, 11. Aufl., § 271 HGB, Tz. 18.
518 Vgl. WPH I2012, F 258; ADS § 271 HGB, Tz. 6 ff.; Grottel/Kreher, in: BBK, 11. Aufl., § 271 HGB, Tz. 16, m. w. N.

Beitrag zu den Unternehmenszielen des Anteilsinhabers haben. Für die Beurteilung, ob die Anteile zur Herstellung einer dauerhaften Verbindung bestimmt sind, werden im Schrifttum unterschiedliche **Indizien** herangezogen:
- Während die Zugehörigkeit des Unternehmens zur Branche des Anteilsinhabers für das Vorliegen einer Beteiligung spricht, kann aus der Zugehörigkeit zu einer unterschiedlichen Branche nicht automatisch auf das Fehlen einer Beteiligungsabsicht geschlossen werden[519].
- Ebenso stellt die Möglichkeit zur Einflussnahme auf die Geschäftspolitik des Unternehmens ein Indiz für eine dauerhafte Verbindung dar[520]. Die Qualifikation von stimmrechtslosen Vorzugsaktien als Beteiligung ist in diesem Zusammenhang strittig und muss vor dem Hintergrund einer mangelnden Einflussmöglichkeit wohl eher kritisch bewertet werden[521].
- Die Unternehmensanteile sind nicht oder nur eingeschränkt fungibel (z. B. Anteile an Personengesellschaften). Dies lässt eine auf Dauer angelegte Zweckbestimmung vermuten[522].
- Das Vorliegen von Sperrminoritäten lässt i. d. R. nur den Verkauf aller Anteile als Paket sinnvoll erscheinen und lässt auf das Vorliegen einer Beteiligung schließen.
- Zwischen dem beteiligten Unternehmen und dem Beteiligungsunternehmen bestehen weitergehende vertragliche Beziehungen (z. B. Kooperationsverträge usw.).
- Es liegen personelle Verflechtungen zwischen den Unternehmen vor[523].

Da die subjektive Zweckbestimmung Zweifelsfragen in der Auslegung des Beteiligungsbegriffs mit sich bringen kann, bestimmt § 271 Abs. 1 S. 3 HGB, dass im Zweifel die Anteile an einer Kapitalgesellschaft als Beteiligung gelten, die insgesamt 20 % des Nennkapitals dieser Gesellschaft überschreiten. Diese Vermutung ist **widerlegbar**[524]. Die Berechnung der Anteilsquote hat gem. § 272 Abs. 1 S. 4 HGB in Übereinstimmung mit § 16 Abs. 2 AktG sowie in dessen analoger Anwendung zu erfolgen. Damit sind für die Bestimmung der Beteiligungsquote nicht nur die direkt gehaltenen Anteile einzubeziehen, sondern auch die von einem abhängigen Unternehmen nach § 17 Abs. 2 AktG gehaltenen Anteile sowie die Anteile, die von einem Treuhänder auf Rechnung des beteiligten Unternehmens oder eines von diesem abhängigen Unternehmens gehalten werden (§ 16 Abs. 4 AktG).

b) Verbundene Unternehmen sind nach § 271 Abs. 2 HGB »solche Unternehmen, die als Mutter- oder Tochtergesellschaft (§ 290 HGB) in den Konzernabschluss eines Mutterunternehmens nach den Vorschriften über die Vollkonsolidierung einzubeziehen sind, das
- als oberstes Mutterunternehmen den am weitestgehenden Konzernabschluss (...) aufzustellen hat, auch wenn die Aufstellung unterbleibt,

---

519 Vgl. Hachmeister, in: HdJ, Abt. II/3, Tz. 21.
520 Vgl. Grottel/Kreher, in: BBK, 11. Aufl., § 271 HGB, Tz. 17.
521 Vgl. Hachmeister, in: HdJ, Abt. II/3, Tz. 22.
522 Vgl. Scheffler, in: Beck HdR, B 213, Tz. 178; WPH, 15. Aufl., F 351.
523 Zu den letzten drei Punkten vgl. auch Weller, in: Haufe HGB Bilanz Kommentar, § 271 HGB, Tz. 14.
524 Vgl. BT-Drs 10/317, S. 81. Zu den verschiedenen Indizien, die für eine Widerlegung der Beteiligungsvermutung sprechen können siehe Scheffler, in: Beck HdR, B 213, Tz. 196 f.

- oder das einen befreienden Konzernabschluss nach § 291 oder nach einer nach § 292 erlassenen Rechtsverordnung aufstellt oder aufstellen könnte ...«.

Tochterunternehmen, die nach § 296 HGB nicht einbezogen werden, sind ebenfalls verbundene Unternehmen. Nicht als verbundene Unternehmen gelten mithin Unternehmen, »die einem Konzern angehören,
- der wegen Unterschreitens der Größenmerkmale nach § 293 HGB keinen Konzernabschluss erstellt (in diesem Fall ist kein Konzernabschluss nach den Vorschriften des zweiten Unterabschnitts zu erstellen);
- dessen Konzernabschluss von einem Mutterunternehmen aufgestellt wird, das selbst keine Kapitalgesellschaft oder gleichgestellte Personengesellschaft im Sinne des § 264a HGB ist, und die selbst keine Mutterunternehmen sind (einstufiger Konzern);
- der ausschließlich einen Konzernabschluss nach ausländischem Recht aufstellt, und die selbst keine Mutterunternehmen sind (einstufiger Konzern)[525].«

Zur Konsolidierungspflicht von Tochtergesellschaften nach § 290 HGB siehe Kapitel VIII.2.1. Es gelten alle Unternehmen, die nach § 290 HGB im Wege einer Vollkonsolidierung in einen Konzernabschluss einzubeziehen wären, als verbundene Unternehmen. Gemeinschaftsunternehmen oder assoziierte Unternehmen gelten damit nicht als verbundene Unternehmen. Unternehmen, die Tochterunternehmen nach § 290 HGB darstellen und auf deren Vollkonsolidierung aufgrund von § 296 HGB verzichtet wird, gelten ebenfalls als verbundene Unternehmen (§ 271 Abs. 2 HGB, zweiter Halbsatz). Da seit dem BilMoG auch Zweckgesellschaften nach § 290 Abs. 2 Nr. 4 HGB unter bestimmten Bedingungen zu konsolidieren sind, können Unternehmen unter die Begriffsmerkmale von verbundenen Unternehmen fallen, die nicht zugleich auch Beteiligungen sind.

1.4.3.4.2 Anteile an Kapitalgesellschaften

1.4.3.4.2.1 Bestimmung der Anschaffungskosten

Der Zugang von Beteiligungen kann sich durch Gründung einer Beteiligungsgesellschaft, dem Erwerb von Anteilen (zumeist durch ein sog. share purchase agreement), durch die Einforderung von ausstehenden Kapitaleinlagen sowie im Zuge einer Kapitalerhöhung ergeben[526]. Der Erwerb von unverbrieften Gesellschaftsanteilen erfolgt durch notarielle Beurkundung des Kaufvertrags. Beteiligungen sowie Anteile an verbundenen Unternehmen sind im Erwerbszeitpunkt zu ihren Anschaffungskosten zu aktivieren. Bei einem entgeltlichen Erwerb sind die Anteile zum Kaufpreis zuzüglich Anschaffungsnebenkosten zu aktivieren. Die **Anschaffungsnebenkosten** umfassen unter anderem Beurkundungs- und Eintragungsgebühren, Kosten einer Gründungsprüfung, Berater- und Gutachterkosten, Grunderwerbsteuer sowie Kosten für die Durchführung einer Due Diligence. Nicht einzubeziehen sind Refinanzierungsaufwendungen oder Researchkosten. Werden die Anteile durch Tausch erworben, so sind die Anschaffungskosten nach den Tauschgrundsätzen zu

---
525 Vgl. Hachmeister, in: HdJ, Abt. II/3, Tz. 29.
526 Vgl. Scheffler, in: Beck HdR, B 213, Tz. 220.

bestimmen. Zur Bestimmung der Anschaffungskosten von Beteiligungen bei umwandlungsrechtlichen Vorgängen siehe Kapitel VII.

Zu einer **Fortschreibung der Anschaffungskosten** in Folge einer Kapitalerhöhung, Kapitalherabsetzung, Aktiensplit oder Verkauf von Bezugsrechten sei auf die Ausführungen zur Bilanzierung von Aktien verwiesen (siehe Kapitel III.1.3.3.2.2). Mit der Bestimmung der Anschaffungskosten von Beteiligungen können neben den erwähnten Eigenkapitalmaßnahmen die folgenden Sonderfragen verbunden sein:

a) **Verdeckte Einlagen.** Unter verdeckten Einlagen ist die Zuwendung von Vermögensvorteilen vom Gesellschafter an das Beteiligungsunternehmen in der Form von unentgeltlichen Zuwendungen von Vermögensgegenständen und Nutzungsvorteilen oder die Zuwendung von Vorteilen durch Lieferungen und Leistungen zu nicht marktgerechten Konditionen zu verstehen. Strittig ist, ob unentgeltliche Zuwendungen eines Vermögensgegenstands durch den Gesellschafter (nachträgliche) Anschaffungskosten oder Herstellungskosten darstellen. Werden verdeckte Einlagen als **Herstellungsvorgang** angesehen, so sind Aufwendungen des Gesellschafters nur dann zu aktivieren, wenn die verdeckte Einlage zu einer über ihren bisherigen Zustand hinausgehenden **wesentlichen Verbesserung** führt[527]. Verschafft der Gesellschafter dem Beteiligungsunternehmen einen Nutzungsvorteil (z. B. durch die Gewährung eines niedrig verzinslichen Darlehens), so stellt dies beim Gesellschafter vielfach keinen Aufwand, sondern entgangenen Gewinn dar. Wenn dem Gesellschafter aus der Nutzungsüberlassung nachweislich ein zurechenbarer Aufwand entsteht (z. B. Refinanzierungsaufwendungen), erscheint eine Aktivierung vertretbar[528]. Gleiches gilt bei nicht marktgerechten Lieferungs- und Leistungsbeziehungen zugunsten des Beteiligungsunternehmens. Der Aufwand, der dem Gesellschafter aus der Durchführung einer nicht marktgerechten Transaktion mit dem Beteiligungsunternehmen entsteht, ist als Herstellungsaufwand zu aktivieren, sofern dies zu einer wesentlichen Werterhöhung der Beteiligung führt. Der aktivierungsfähige Herstellungsaufwand ergibt sich bei einem Verkauf eines Vermögensgegenstands zu einem unangemessen niedrigen Preis aus der Differenz zwischen Veräußerungspreis und Buchwert in der Bilanz des Gesellschafters[529]. Erwirbt der Gesellschafter vom Beteiligungsunternehmen einen Vermögensgegenstand zu einem überhöhten Kaufpreis, so gilt die Differenz zwischen überhöhtem Kaufpreis und einem »angemessenen Wert« (z. B. ermittelt ausgehend von steuerlichen Verrechnungspreisen) als Herstellungsaufwand.

b) **Kaufpreisanpassungsklauseln (bedingte Anschaffungskosten).** Die Kaufpreisverhandlungen zwischen potenziellem Erwerber und Veräußerer einer Gesellschaft sind geprägt durch eine asymmetrische Informationsverteilung sowie unterschiedlichen Prognosen über die zukünftige Ertragskraft des Unternehmens. Nachträgliche Kaufpreisanpassungsklauseln

---
527 So die herrschende Meinung. Vgl. Schubert/Gadek, in: BBK, 11. Aufl., § 255 HGB, Tz. 163, m. w. N.
528 Vgl. Schubert/Gadek, in: BBK, 11. Aufl., § 255 HGB, Tz. 165.
529 Vgl. Schubert/Gadek, in: BBK, 11. Aufl., § 255 HGB, Tz. 166 ff. Unklar bleibt bei dieser Vorgehensweise allerdings die Bemessung eines Herstellungsaufwands bei einer Einbringung von nicht bilanzierten Vermögensgegenständen (z. B. selbst erstellte immaterielle Vermögensgegenstände, für die das Aktivierungswahlrecht nach § 248 Abs. 2 HGB nicht ausgeübt wurde) oder wenn schwebende Geschäfte (z. B. Derivate mit positivem Marktwert) an das Beteiligungsunternehmen veräußert werden.

sind ein in der M&A-Praxis häufig anzutreffendes Instrument die Kaufpreisvorstellungen von potenziellem Käufer und Verkäufer anzugleichen[530]. Nachträgliche Kaufpreisanpassungsklauseln können entweder als eine Garantieklausel oder als eine sog. Earn-Out-Klausel ausgestaltet sein. Bei einer **Garantieklausel** sichert der Veräußerer dem Erwerber zu, dass die Gesellschaft im Erwerbszeitpunkt bestimmte Eigenschaften aufweist. Durch eine **Earn-Out-Klausel** wird ein Ausgleich von Chancen und Risiken zwischen dem Veräußerer und dem Erwerber vereinbart, die erst nach dem Erwerb eintreten. Durch Earn-Out-Klauseln werden ein oder mehrere Kaufpreisbestandteile an das Erreichen oder Unterschreiten bestimmter finanzieller (z. B. Bilanz- oder Ertragsgrößen) oder nicht-finanzieller (z. B. Kundenzahl) Maßgrößen geknüpft[531]. Earn-Out-Klauseln treten in drei Ausgestaltungsformen auf. Bei dem sog. »**festen Standard**« wird eine jährlich zu prüfende Sollgröße definiert, wobei in jedem Jahr, in dem die Sollgröße über- oder unterschritten wird, eine Anpassungszahlung fällig wird[532]. Beim **kumulativen Standard** wird eine kumulative Sollgröße festgelegt, die sich auf alle Jahre der Earn-Out-Periode bezieht. Beim sog. **variablen Standard** wird eine jährlich zu überprüfende Sollgröße definiert, die sich im Zeitablauf verändern kann.

Bilanziell handelt es sich sowohl bei den Kaufpreisänderungen aufgrund von Garantieklauseln als auch Earn-Out-Klauseln um bedingte Ansprüche und Verbindlichkeiten. Handelsbilanziell sind bedingte Ansprüche und Verbindlichkeiten rechtlich erst mit Eintritt der Bedingung zu berücksichtigen, sofern nicht zuvor eine Rückstellung aufgrund drohender Verluste zu bilden ist. Nach h. M. sind nachträgliche Anschaffungspreiserhöhungen oder -minderungen, die vom Eintritt zukünftiger Bedingungen abhängen, erst bei Eintritt der Bedingung als nachträgliche Erhöhungen oder Verminderungen der Anschaffungskosten zu berücksichtigen[533].

Zum Teil wird es jedoch auch als sachgerecht angesehen, **Anschaffungspreiserhöhungen** zu aktivieren, wenn der Bedingungseintritt (lediglich) wahrscheinlich ist[534]. Im Falle einer **Garantieklausel**, bei der ein Wertausgleich zwischen Käufer und Verkäufer auf Ebene der Gesellschafter erfolgt, stellt die Preiserhöhung einen erfolgsneutralen Vorgang beim Erwerber dar, der eine Rückstellung für die bedingte Verbindlichkeit zu passivieren hat, wenn der Eintritt der Bedingung als wahrscheinlich zu beurteilen ist. Aus diesem Grund wird es als sachgerecht angesehen, eine Erhöhung der Anschaffungskosten beim Erwerber durch die Passivierung der Rückstellung vorzunehmen. Ist vereinbart, dass der Wertausgleich von der Gesellschaft an den Verkäufer zu leisten ist, so kommt eine Aktivierung der nachträglichen Anschaffungskosten in Betracht, wenn die Preiserhöhung durch die Passivierung einer entsprechenden Verpflichtung im Jahresabschluss des Beteiligungsunternehmens realisiert wird. Dies ist ebenfalls dann der Fall, wenn der Bedingungseintritt als wahrscheinlich beurteilt wird. Gleiches gilt in beiden Fällen auch für **Earn-Out-Klauseln.** Die rechtliche Entstehung einer Verbindlichkeit zur Leistung einer zusätzlichen

---

530 Zu den verschiedenen Situationen, in denen Kaufpreisanpassungsklauseln zum Einsatz kommen vgl. Bruski, in: BB 2005, Beilage zu Heft 30, S. 19 ff. sowie Ihlau/Gödecke, in: BB 2010, S. 687 ff.
531 Vgl. Hilgard, in: BB 2010, S. 2914.
532 Vgl. Crasselt/Lukas, in: KoR 2008, S. 728 f.; Werner, in: DStR 2012, S. 1664.
533 Vgl. bspw. ADS, § 255 HGB, Tz. 46; Schubert/Gadek, in: BBK, 11. Aufl., § 255 HGB, Tz. 60.
534 Zum Folgenden vgl. Fey/Deubert, in: BB 2012, S. 1461–1466; Schubert/Gadek, in: BBK, 11. Aufl., § 255 HGB, Tz. 66.

Kaufpreiszahlung aus einer Earn-Out-Klausel entsteht rechtlich nach Ablauf der Earn-Out-Periode. Gleichwohl wird im Schrifttum zum Teil eine Aktivierung nachträglicher Anschaffungskosten für sachgerecht angesehen, wenn die Leistung einer nachträglichen Kaufpreiszahlung als wahrscheinlich angesehen wird (z. B. auf Basis eines aus Plan-Ist-Vergleichen abgeleiteten Wahrscheinlichkeitsurteils) und verlässlich geschätzt werden kann[535].

Folgt aus einer Kaufpreisanpassungsklausel eine **Anschaffungspreisminderung**, so ergibt sich entweder auf Ebene des Erwerbers oder auf der Ebene der erworbenen Gesellschaft eine bedingte Forderung gegenüber dem Verkäufer. Nach h. M. sind diese Ansprüche nur dann zu aktivieren, wenn das Entstehen der Forderung so gut wie sicher (quasi-sicher) ist[536]. Eine Aktivierung ist spätestens mit Bedingungseintritt vorzunehmen. Da es sich bei einem Beteiligungserwerb um eine erfolgsneutrale Vermögensumschichtung handelt, wird in der Literatur für den Fall von bedingten Anschaffungspreisminderung aufgrund einer **Garantieklausel** in Analogie zur Bilanzierung von Werthaltigkeitsgarantien geschlossen, dass sich die Bilanzierung des Anspruchs auf Kaufpreisminderung beim Erwerber danach zu richten hat, wie sich die Risikoposition im Jahresabschluss des erworbenen Unternehmens entwickelt[537]. Erfasst das erworbene Unternehmen einen Aufwand, der durch den Verkäufer an den Erwerber auszugleichen ist, so aktiviert der Erwerber bereits zu diesem Zeitpunkt einen Anspruch auf Kaufpreisminderung. Es käme demzufolge schon bereits zu dem Zeitpunkt zu einer Aktivierung, in dem der Bedingungseintritt als wahrscheinlich angesehen wird. In der Folge kann der beim erworbenen Unternehmen eingetretene Verlust unter Umständen Auswirkungen auf die Folgebewertung des Beteiligungsbuchwerts beim Erwerber haben. Ist die Kaufpreisanpassungsklausel als Wertsicherung ausgestaltet, aufgrund derer der Verkäufer einen Verlustausgleich direkt an das erworbene Unternehmen zu zahlen hat, so ändern sich die Anschaffungskosten des Erwerbers nicht. Auch bei Kaufpreisminderungen aufgrund von **Earn-Out-Klauseln** wird in der Literatur zum Teil eine Aktivierung dann als sachgerecht angesehen, wenn der Bedingungseintritt wahrscheinlich ist und der Anspruch auf Rückzahlung verlässlich geschätzt werden kann.

Anschaffungskosten, die aufgrund von bedingten Kaufpreisanpassungsklauseln entstanden sind, stellen Wertkorrekturen dar, die sich auf den Erwerbszeitpunkt beziehen. Aus diesem Grunde sind die bedingten Kaufpreiszahlungen in Höhe ihres **Barwerts** als Anschaffungskosten anzusetzen, wobei die Abzinsung mit dem Zinssatz gem. Rückstellungsabzinsungsverordnung (RückAbzinsV) erfolgen soll, da im Fall einer Kaufpreiserhöhung die Verbindlichkeit aus der Kaufpreisanpassung bereits vor ihrer rechtlichen Entstehung zu passivieren ist[538]. Ein Unterschiedsbetrag zwischen dem Barwert und dem Wert bei erstmaliger Erfassung ist bei Instituten ergebniswirksam im sonstigen betrieblichen Ergebnis auszuweisen, da ein Ausweis im Zinsergebnis nur bei einem bankgeschäftlichen Charakter in Betracht kommt.

---

535 Vgl. Fey/Deubert, in: BB 2012, S. 1464.
536 Vgl. ADS, § 246 HGB, Tz. 53.
537 Zum Folgenden vgl. Fey/Deubert, in: BB 2012, S. 1465 f.
538 Vgl. Fey/Deubert, in: BB 2012, S. 1465.

c) Tausch. Werden Anteile an einem anderen Unternehmen gegen Hingabe unbarer Vermögenswerte erworben, so bestimmen sich die Anschaffungskosten nach den **Tauschgrundsätzen**. Danach besteht für den Erwerber das Wahlrecht[539] zur Buchwertfortführung, zur Gewinnrealisierung oder zur ergebnisneutralen Behandlung[540]:

- **Buchwertfortführung:** Bei der Buchwertfortführung werden die Anschaffungskosten der erworbenen Anteile zum Buchwert der hingegebenen Vermögensgegenstände angesetzt. Die Anschaffungskosten der erworbenen Anteile dürfen dabei jedoch nicht größer als ein niedriger beizulegender Zeitwert der hingegebenen Vermögensgegenstände sein.
- **Gewinnrealisierung:** Der Erwerber kann die erworbenen Anteile auch zum Zeitwert der hingegebenen Vermögensgegenstände ansetzen. Liegt der beizulegende Zeitwert der hingegebenen Vermögensgegenstände über deren Buchwert, so kommt es zu einer Gewinnrealisierung.
- **Erfolgsneutrale Behandlung:** Unabhängig davon, wie das Wahlrecht in Bezug auf die Tauschgrundsätze handelsrechtlich ausgeübt wird, kommt es steuerlich stets zu einer Gewinnrealisierung (§ 6 Abs. 6 S. 1 EStG). Handelsrechtlich ist es erlaubt, die Anschaffungskosten der erworbenen Anteile insoweit zu erhöhen, als die mit dem Tausch verbundene Ertragssteuerbelastung in der handelsrechtlichen Gewinn- und Verlustrechnung neutralisiert werden. Die durch den Tausch hervorgerufene Ertragssteuerbelastung wird durch einen gleich hohen Tauschgewinn kompensiert.

Werden Anteile an anderen Unternehmen durch Wandlung oder den Umtausch von Schuldverschreibungen erworben, so liegt kein neuer Anschaffungsvorgang vor. Die Anteile sind zum Buchwert der Schuldverschreibung anzusetzen; eventuelle Zuzahlungen sind als Anschaffungsnebenkosten zu erfassen[541].

d) Anschaffungskosten bei Neugründung. Bei einer Neugründung ist die Beteiligung in Höhe der Einlage zuzüglich Nebenkosten zu aktivieren. Ist die Einlage nur teilweise geleistet worden, so ist nur der geleistete Betrag zu aktivieren. Noch nicht geleistete Einlagen sind im Anhang als sonstige finanzielle Verpflichtung zu erläutern, soweit dies zur Beurteilung der finanziellen Lage von Bedeutung ist (§ 34 Abs. 1 S. 2 RechKredV i. V. m. § 285 Nr. 3 HGB). Ist die ausstehende Einlage eingefordert aber noch nicht geleistet, so ist in entsprechender Höhe eine Aktivierung der Beteiligung vorzunehmen und eine entsprechende Verbindlichkeit gegenüber dem Beteiligungsunternehmen zu erfassen. Erfolgt die Einlage in fremder Währung, so bestimmen sich die diesbezüglichen Anschaffungskosten nach dem Euro-Gegenwert im Zeitpunkt der Einlage. Wurde eine Kurssicherung abgeschlossen und durch die Bildung einer Bewertungseinheit nach § 254 HGB bilanziell nachvollzogen, so ist für die Bestimmung der Anschaffungskosten der Sicherungskurs nach den allgemeinen Grundsätzen zur Bilanzierung von Bewertungseinheiten zugrunde zu legen.

---

539 H.M. Schubert/Gadek, in: BBK, 11. Aufl., § 255 HGB, Tz. 40; kritisch Ekkenga, in: KK-RLR, § 255 HGB, Tz. 19.
540 H.M. siehe ADS, § 255 HGB, Tz. 89–92; Waschbusch, in: Haufe HGB Bilanz Kommentar, § 255 HGB, Tz. 29–32.
541 Vgl. Scheffler, in: Beck HdR, B 213, Tz. 264; Hachmeister, in: HdJ, Abt. II/3, Tz. 93.

e) Kapitalrückzahlungen (Abgrenzung von Ertrags- und Substanzausschüttungen).[542] Strittig ist inwieweit die Ausschüttung von Kapital- oder Gewinnrücklagen beim Gesellschafter erfolgswirksam zu erfassen oder mit den Anschaffungskosten der Beteiligung zu verrechnen. Traditionell wird die Meinung vertreten, dass Ausschüttungen von Kapital- und Gewinnrücklagen in einem ersten Schritt stets erfolgswirksam beim Gesellschafter zu erfassen sind und anschließend die Beteiligung auf Vorliegen einer dauerhaften Wertminderung zu überprüfen ist[543]. Eine Minderung der Anschaffungskosten kommt nach dieser Sichtweise nicht in Betracht, da mit der Ausschüttung von Rücklagen kein mengenmäßiger Abgang von Gesellschaftsrechten bewirkt wurde (im Gegensatz z. B. zu einer Kapitalherabsetzung).

Diese Sichtweise wird von Teilen des Schrifttums nicht geteilt. Danach hängt die bilanzielle Behandlung einer Ausschüttung beim Gesellschafter davon ab, inwieweit die Ausschüttung als eine Ertragsausschüttung oder als eine Substanzausschüttung zu qualifizieren ist, durch die Kapitalrückzahlungen zuvor durch den Gesellschafter investierter Beträge an diesen zurückfließen[544]. Diese Sichtweise betont die **Korrespondenz** zwischen den Anschaffungskosten der Beteiligung und der Kapitalrücklage, da die Dotierung einer Kapitalrücklage bei Gründung der Gesellschaft oder auch die Zuzahlung in die Kapitalrücklage zu Anschaffungskosten beim Gesellschafter führen[545]. Während Ertragsausschüttungen ergebniswirksam beim Gesellschafter zu erfassen sind, mindern Substanzausschüttungen die Anschaffungskosten des Beteiligungsbuchwerts beim Gesellschafter (erfolgsneutrale Behandlung). Die beiden Sichtweisen führen nur für den Fall zur gleichen Ergebniswirkung, insoweit eine Substanzausschüttung auch zugleich zu einem Absinken des inneren Werts unterhalb des Beteiligungsbuchwerts führt und dieses Absinken als eine dauerhafte Wertminderung anzusehen ist. Zudem wird durch die erfolgsneutrale Behandlung von Substanzausschüttungen die Anschaffungskostenobergrenze der Beteiligung vermindert, so dass die Möglichkeit künftiger Zuschreibungen insoweit entfällt.

Anschaffungskostenmindernde Kapitalrückzahlungen kommen nach der teilweise im Schrifttum vertretenen Auffassung nicht nur bei Zahlungen aus dem gezeichneten Kapital und Kapitalrücklagen, sondern auch aus **miterworbenen Gewinnrücklagen** oder eines miterworbenen Bilanzgewinns/Gewinnvortrags in Betracht. Selbst Ausschüttungen von

---

542 Zu Besonderheiten zur Bestimmung von Substanzausschüttungen aus Investmentvermögen siehe insbesondere Kapitel III.1.3.3.2.3.
543 Vgl. z. B. Grottel/Gadeck, in: BBK, 8. Aufl., § 255 HGB, Tz. 171; Hoffmann/Lüdenbach, in: NWB Kommentar Bilanzierung, § 255 HGB, Tz. 174; Müller, in: DB 2000, S. 533. In diesem Sinne stellen nach IDW RS VFA 2, Tz. 19 Substanzverluste des Emittenten, die durch betriebliche Verluste, Ausschüttungen oder Geldwertänderungen bedingt sind, ein Indiz für das Vorliegen einer dauerhaften Wertminderung dar.
544 »Ausschüttungen aus Kapitalrücklagen sind beim Gesellschafter als Abgang zu erfassen, wenn ein nachweisbarer Zusammenhang zwischen der aktivierten Beteiligung beim Gesellschafter und der Kapitalrückzahlung beim TU besteht«. So WPH I[2012], F 261; gleichermaßen WPH, 15. Aufl., F 362 »Werden Kapital- oder Gewinnrücklagen an die Anteilseigner ausgeschüttet, handelt es sich hierbei uE um erfolgsneutrale AK-Minderungen, wenn die zur Ausschüttung verwendeten Rücklagen bereits bei Erwerb der Beteiligung bestanden und daher im Kaufpreis abgegolten waren«. Schubert/Gadeck, in: BBK, seit 9. Aufl., § 255 HGB, Tz. 171; ebenso auch Förschle/Hoffmann, in: Sonderbilanzen, L 171; IDW RS HFA 18, Tz. 26. Gleichmaßen sind Abspaltungen, die zu einer Minderung des inneren Werts der Beteiligung führen, als mengenmäßiger Abgang der Beteiligung zu erfassen. IDW RS HFA 43, Tz. 34. Vgl. hierzu auch Kapitel VII.3.2.2.
545 Vgl. Oser, in: WPg 2014, S. 555.

Gewinnen aus der Realisierung von im Jahresabschluss der Beteiligungsgesellschaft zum Erwerbszeitpunkt vorhandenen **stillen Reserven**, stellen danach Substanzausschüttungen dar[546]. Das Institut als Ausschüttungsempfänger hätte demnach die Ausschüttungen einer komplexen Analyse zu unterziehen, um zu entscheiden, welcher Teil der Ausschüttung als ergebniswirksame Ertragsausschüttung und welcher Teil als Anschaffungskosten-mindernde Substanzausschüttung zu erfassen ist. Dazu müsste durch den Gesellschafter analysiert werden, ob die Auskehrung Beträge betrifft, die zuvor ihren Niederschlag in einer Erhöhung des Beteiligungsbuchwerts gefunden haben[547]. Dabei müsste der Gesellschafter unter anderem nachvollziehen, ob die erhaltenen Ausschüttungsbeträge aus Gewinnen nach dem Erwerbszeitpunkt oder aus miterworbenen Gewinne bzw. stillen Reserven resultiert[548].

Strittig ist im Schrifttum wie ein solcher **Zusammenhang nachgewiesen** werden soll. Nach Auffassung des IDW ist hierzu auf einen »engen zeitlichen Zusammenhang« abzustellen[549]. Nach wiederum anderer Auffassung soll es darauf ankommen, ob die Vermögensauskehrung aus Vermögen finanziert wird, das beim Gesellschafter im Zuge der Vermögenszuführung bei der Beteiligungsgesellschaft zu Anschaffungskosten der Gesellschafteranteile geführt hat[550]. Ist eine solche Nachvollziehbarkeit nicht gegeben, so soll es auch sachgerecht sein, eine »**fiktive Aufteilung**« von Eigenkapitalbeständen vorzunehmen[551]. Nach zutreffender anderer Auffassung soll es hingegen vertretbar sein, bei einer fehlenden Nachweisvollziehbarkeit eine erfolgswirksame Erfassung als Beteiligungsertrag vorzunehmen[552].

Im Schrifttum wird die Frage, wie eine Trennung von Substanz- und Ertragsausschüttung **der Höhe nach** zu erfolgen hat, ebenfalls uneinheitlich beantwortet:
- So wird vorgeschlagen, die Minderung des Beteiligungsbuchwerts »nach dem Verhältnis des Zeitwertes des entnommenen Vermögensgegenstandes zum Zeitwert der Beteiligung« zu bestimmen[553]. Dies erscheint nur sinnvoll, sofern Vermögen mit stillen Reser-

---

546 Vgl. Schubert/Gadeck, in: BBK, 11. Aufl., § 255 HGB, Tz. 171; WPH, 15. Aufl., F 362.
547 Vgl. Gelhausen/Heinz, in: FS Hoffmann-Becking, S. 364; Oser, in: WPg 2014, S. 556. Werden Beträge ausgeschüttet, die durch den Gesellschafter in die Kapitalrücklage eingezahlt wurden und nicht dessen Beteiligungsbuchwert erhöht haben, so sind diese beim Gesellschafter ertragswirksam zu vereinnahmen.
548 Eine solche Nachvollziehbarkeit bzw. Zuordnungsentscheidung wird für den Gesellschafter i. d. R. nicht (willkürfrei) möglich sein. So wird i. d. R. kaum nachzuvollziehen sein, ob eine Ausschüttung aus der Realisierung miterworbener stiller Reserven oder aus Sachverhalten nach dem Erwerbszeitpunkt resultieren. Letztlich scheitert eine solche Zuordnungsentscheidung an der Unmöglichkeit der Differenzierung von originärem und derivativen Goodwill im Rahmen der Folgebewertung. Grundlegend zu den Identifikations- und Zuordnungsproblemen siehe Müller, in: DB 2000, S. 533, sowie auch Hennrichs, in: FS Hoffmann-Becking, S. 520.
549 So HFA des IDW, in: IDW FN 1999, S. 552; ähnlich auch WPH I[2012], E 541; WPH, 15. Aufl., F 362.
550 Vgl. Oser, in: WPg 2014, S. 556.
551 So Schubert/Gadeck, in: BBK, 11. Aufl., § 255 HGB, Tz. 171. »Ein Ausweis von anteiligen Buchgewinnen kommt in Betracht, wenn der Erwerb der Beteiligung bzw. die Kapitalzuführung bereits längere Zeit zurückliegt, mit der Folge, dass die investierten Mittel zu einer Erhöhung des inneren Werts dieser Beteiligung geführt haben. In diesem Fall wäre es nicht sachgerecht, von einer Rückzahlung der Anschaffungskosten in voller Höhe auszugehen. Vielmehr ist der an das MU ausgeschüttete Betrag in einen erfolgsneutralen, den Beteiligungsbuchwert mindernden und einen erfolgswirksamen Teil aufzuteilen«. So WPH I[2012], E 541, ähnlich WPH, 15. Aufl., F 362.
552 Vgl. Oser, in: WPg 2014, S. 556.
553 So E-HFA 13, Tz. 94; Gelhausen/Heinz, in: FS Hoffmann-Becking, S. 365.

ven/Lasten entnommen werden; für reine Barentnahmen kann dies nicht gelten[554]. Im Falle einer Sachauskehrung ist das entnommene Vermögen beim Gesellschafter nach den Tauschgrundsätzen zu bilanzieren.
- Nach wiederum anderer Meinung soll sich die erfolgsneutrale Minderung des Beteiligungsbuchwerts »nach dem Verhältnis, in dem sich durch die Kapitalrückzahlung der innere Wert der Beteiligung vermindert« richten[555]. Nach diesem Ansatz wäre der innere Wert vor Ausschüttung mit dem inneren Wert der Beteiligung nach Ausschüttung zu vergleichen und alle ausschüttungsbedingten Minderungen des inneren Werts AK-mindernd zu erfassen. Dem Wortlaut ist nicht zu entnehmen, ob dabei der innere Wert der Beteiligung im Erwerbszeitpunkt als Ausgangspunkt für die Beurteilung anzusehen wäre und daher ausschließlich ausschüttungsbedingte Minderungen des inneren Werts bezogen auf den Erwerbszeitpunkt als Anschaffungskostenminderung zu erfassen sind. Falls jegliche ausschüttungsbedingten Minderungen des inneren Werts AK-mindernd zu erfassen sein sollen, so ist dies nach der hier vertretenen Auffassung abzulehnen. In diesem Fall wären Buchwertreduzierungen bis auf einen Erinnerungswert möglich, ohne dass der innere Wert der Beteiligung im Vergleich zum Erwerbszeitpunkt gesunken ist. Wird der innere Wert eines Finanzunternehmens z. B. im Rahmen des Substanzwertverfahrens aus den Fair Values der Finanzinstrumente abgeleitet, so reduzieren Barausschüttungen den inneren Wert der Beteiligung i. d. R. im gleichen Umfang (Barausschüttungen wären dann erfolgsneutral zu erfassen)[556].
- Sachgerecht erscheint die in ADS vertretene Auffassung. »Ist der Buchwert niedriger als der innere Wert nach Kapitalrückzahlung, ist die Kapitalrückzahlung nur in diesem Verhältnis **wertmindernd** zu berücksichtigen, während der Restbetrag einen Buchgewinn (Aufdeckung stiller Reserven) darstellt«[557]. Demnach wäre bei einer Ausschüttung zu prüfen, ob durch diese ein Absinken des inneren Werts unter den aktuellen Buchwert bewirkt wird. Ist dies der Fall, so liegt in Höhe dieser Differenz eine Kapitalrückzahlung vor[558].

Insgesamt lässt sich festhalten, dass die Frage der Bilanzierung von Ausschüttungen aus Gewinn- und Kapitalrücklagen bzw. miterworbenen stillen Reserven von einer hohen Meinungsvielfalt im Schrifttum geprägt ist. Die detaillierte Nachvollziehbarkeit von Ausschüttungsbeträgen sowie ihrer möglichen Korrespondenz zum Beteiligungsbuchwert wird in der Praxis insb. bei Beteiligungen an operativ tätigen Unternehmen i. d. R. nur schwer möglich sein. Von daher scheint es im Rahmen dieser Diskussion, dass der Ausnahmefall zur Regel erhoben wird.

---

554 Beispiel: Zeitwert der Beteiligung = 1.200 EUR; Buchwert = 1.000 EUR; entnommen wird ein Grundstück mit Zeitwert 150 EUR. Der Buchwert ist erfolgsneutral um 125 EUR zu mindern (= 150 EUR / 1.200 EUR 1.000 EUR. Vgl. Oser, in: WPg 2014, S. 558; ähnlich auch im Falle von Abspaltungen WPH II[2014], F 139.
555 So WPH I[2012], E 541.
556 Stille Reserven/Lasten von Sachauskehrungen können ggf. einen zusätzlichen Einfluss auf die ausschüttungsbedingte Veränderung des inneren Werts der Beteiligung haben.
557 ADS, § 253 HGB, Tz. 48; Hervorhebung durch den Verfasser.
558 Diese Differenz wäre dem Wortlaut nach als Wertminderung (!) zu berücksichtigen. Dies ist mit dem traditionellen Verständnis vereinbar, wonach Substanzverluste aufgrund von Ausschüttungen ein Indiz für eine dauerhafte Wertminderung darstellen. So IDW RS VFA 2, Tz. 19.

1.4.3.4.2.2 Folgebewertung

Beteiligungen und Anteile an verbundenen Unternehmen sind nach den für das **Anlagevermögen** geltenden Grundsätzen zu bewerten. Außerplanmäßige Abschreibungen sind damit nur dann verpflichtend vorzunehmen, wenn eine voraussichtlich dauerhafte Wertminderung vorliegt. Dies ist bspw. der Fall, wenn in der Gesellschaft Verluste eingetreten sind, mit deren Ausgleich in absehbarer Zeit nicht zu rechnen ist. Bei Beteiligungen im Ausland kann darüber hinaus auch eine Abschreibung aufgrund wirtschaftlicher, politischer oder sozialer Risiken in Betracht kommen (z. B. bei einer drohenden Enteignung)[559]. Ebenso können substanzbedingte Wertminderungen aufgrund von Eigenkapitalmaßnahmen zu einer außerplanmäßigen Abschreibung führen (z. B. aufgrund von Ausschüttungen erworbener Gewinne)[560]. Für Beteiligungen wird hervorgehoben, dass die Verhältnisse des Einzelfalls bei der Prüfung auf Vorliegen einer dauerhaften Wertminderung zu berücksichtigen sind[561]. Insbesondere ist zu prüfen, ob die Wertminderung bspw. auf vorübergehende Ertragseinbrüche bzw. Anlaufverluste oder auf langfristige, strukturelle Probleme im Unternehmenskonzept (business model) zurückzuführen ist. Es ist in diesem Zusammenhang eine nähere Unternehmensanalyse für die Beurteilung notwendig. Eine Abschreibung ist immer dann erforderlich, wenn der innere Wert der Beteiligung gesunken ist[562]. In diesem Fall ist auf den niedrigeren beizulegenden Wert abzuschreiben. Für Beteiligungen ist der beizulegende Wert aus dem **Ertragswert** abzuleiten[563], der als innerer Wert der Beteiligung gilt. Der Ertragswert ist definiert als die Summe der künftigen Ertragsüberschüsse diskontiert mit einem fristen- und risikoadäquaten Diskontzins.

Die Bewertung von Beteiligungen und sonstigen Unternehmensanteilen im handelsrechtlichen Jahresabschluss wird geregelt in der Stellungnahme IDW RS HFA 10, die eine Konkretisierung der allgemeinen Grundsätze zur Durchführung von Unternehmensbewertungen nach IDW S 1 vor dem Hintergrund der handelsrechtlichen Bilanzierung darstellt. Nach IDW RS HFA 10 ist zur Ableitung eines handelsrechtlichen Wertansatzes überwiegend auf einen **subjektiven** Unternehmenswert aus Sicht des bilanzierenden Unternehmens abzustellen[564]. In den subjektiven Unternehmenswert dürfen sowohl echte als auch unechte Synergieeffekte, individuelle steuerliche Vor- und Nachteile sowie noch nicht eingeleitete Maßnahmen berücksichtigt werden[565]. **Echte Synergieeffekte** umfassen Vorteile, die nur von dem bilanzierenden Unternehmen selbst realisiert werden können. **Unechte Synergieeffekte** können auch durch (jeden) anderen Erwerber realisiert werden. Für die Bestimmung des Kapitalisierungszinssatzes ist aus Gründen der Willkürfreiheit nicht die individuelle Rendite einer risikoadäquaten Alternativanlage, sondern eine allgemein beobachtete Rendite einer Anlage in Unternehmensanteilen zugrunde zu legen (IDW RS HFA

---

559 Vgl. ausführlich Scheffler, in: Beck HdR, B 213, Tz. 370–374 sowie WPH, 15. Aufl., F 371.
560 Vgl. Scheffler, in: Beck HdR, B 213, Tz. 332.
561 Vgl. Selchert, in: DStR 1986, S. 284.
562 Vgl. WPH, 15. Aufl., F 366.
563 Vgl. BGH-Urteil vom 19.06.1995 – II ZR 58/94IDW, in: BB 1995, S. 1789 f.; IDW S 1, Tz. 128; IDW RS HFA 10, Tz. 3; WPH, 15. Aufl., F 366; Kupke/Nestler, in: BB 2003, S. 2671.
564 Vgl. Rosenbaum/Gorny, in: DB 2003, S. 838; Großfeld/Stöver/Tönnes, in: NZG 2006, S. 522; Franken/Schulte, in: BB 2003, S. 2676.
565 Dies umfasst auch Synergieeffekte bis zur Ebene des bilanzierenden Unternehmens, auch wenn die Maßnahmen zu deren Realisierung noch nicht eingeleitet sind. Vgl. Franken/Schulte, in: BB 2003, S. 2676.

10, Tz. 9). Liegt am Abschlussstichtag eine Verkaufsabsicht vor, so ist die Beteiligung »stand alone« zu bewerten und demzufolge ein **objektivierter** Unternehmenswert zugrunde zu legen. Der objektivierte Unternehmenswert stellt einen Zukunftserfolgswert aus Sicht eines potenziellen inländischen, unbeschränkt steuerpflichtigen Erwerbers dar, der das Unternehmen unverändert (d. h. auf Stand-Alone-Basis) fortführen will (IDW RS HFA 10, Tz. 4). Dabei dürfen lediglich die unechten Synergieeffekte berücksichtigt werden. Liegt ein bindendes Kaufangebot vor, so ist der beizulegende Wert aus dem Kaufpreis abzuleiten.

Ist der Grund für eine außerplanmäßige Abschreibung des Beteiligungsbuchwerts entfallen, so ist zwingend eine **Wertaufholung** unter Berücksichtigung der Anschaffungskostenobergrenze vorzunehmen (Wertaufholungsgebot nach § 253 Abs. 5 S. 1 HGB). Dies gilt aufgrund von § 340a Abs. 1 HGB auf für alle Institute.

Die oben beschriebene Ermittlung des Unternehmenswerts gilt auch für die Anteilsbewertung von Unternehmen, mit denen ein **Ergebnisabführungsvertrag** nach § 192 Abs. 1 AktG geschlossen wurde. In diesem Fall sind jedoch bei der Prognose der Ertragsüberschüsse auch die **Verlustübernahmen** nach § 302 AktG durch die Gesellschafter zu berücksichtigen, sofern das bilanzierende Unternehmen die entsprechenden Verlustübernahmeverpflichtungen als Verbindlichkeitsrückstellungen passiviert hat[566]. Institute haben Aufwendungen aus Verlustübernahmen im gleichnamigen Aufwandsposten 9 (Formblatt 2) auszuweisen. Grundsätzlich braucht sich die Rückstellung nur auf ein Jahr zu erstrecken. Ist jedoch mit einem nachhaltigen Verlust zu rechnen und ist der Ergebnisabführungsvertrag faktisch unkündbar, so ist die Rückstellung zum Barwert der voraussichtlichen Zahlungen bis zur frühestmöglichen Kündigung des Unternehmensvertrags zurückzustellen (strittig)[567]. Verlustübernahmen stellen i. d. R. eine Werterhaltung des inneren Werts der Beteiligung dar, so dass eine Aktivierung nachträglicher Anschaffungskosten (Herstellungsaufwand) i. d. R. nicht in Betracht kommt[568]. Entsprechend der Grundsätze zur Bilanzierung von Ertragszuschüssen, sind Verlustübernahmen als nachträgliche Anschaffungskosten der Beteiligung zu erfassen, soweit sie den inneren Wert der Beteiligung erhöhen[569]. Zutreffender Weise wird in der Literatur in der Frage der Behandlung von Verlustübernahmen auf die allgemeinen Grundsätze zur Bilanzierung von Ertragszuschüssen verwiesen[570]. Danach ist ein Ertragszuschuss durch einen Gesellschafter sofort als Aufwand zu verrechnen, wenn der Zuschuss nur der Wiederherstellung des Anteilswerts und nicht der Steigerung des inneren Werts dient; andernfalls ist der Zuschuss als nachträgliche Anschaffungskosten der Beteiligung zu aktivieren (HFA 2/1996, Abschnitt 32). Eine Behandlung nach den Grundsätzen zur Bilanzierung von Ertragszuschüssen wird in der Literatur zum Teil abgelehnt. In der Literatur wird – ausgehend von § 277 Abs. 3 S. 2 HGB – stets eine aufwandswirksame Erfassung von Verlustübernahmen vertreten und zwar unabhängig davon, ob der Verlustausgleich zu einer Steigerung des inneren Werts der Beteiligung führt oder nicht[571].

---

566 Vgl. WPH, 15. Aufl., F 367.
567 Vgl. Förschle/Heinz, in: Sonderbilanzen, Q 75, WPH, 15. Aufl., F 660.
568 Vgl. Hachmeister, in: HdJ, Abt. II/3, Tz. 230; Kraft/Kraft, in: BB 1992, S. 2466; kategorisch ADS, § 253 HGB, Tz. 45.
569 So WPH, 15. Aufl., F 367.
570 Vgl. WPH, 15. Aufl., F 367.
571 Vgl. ADS, § 253 HGB, Tz. 45.

Diese Sichtweise bringt allerdings Abgrenzungsschwierigkeiten zu anderweitigen Maßnahmen mit sich, die auf eine Vermeidung einer Verlustübernahme gerichtet sein können (z. B. Forderungsverzichte, private Ertragszuschüsse usw.). Wird für eine aufwandswirksame Erfassung lediglich darauf abgestellt, ob die Aufwendungen aus einer Verlustübernahme resultieren und wird das Kriterium der Wiederherstellung bzw. Werterhöhung des inneren Werts der Beteiligung nicht beachtet, so können sich Gestaltungsmöglichkeiten ergeben. Zur Vermeidung einer Verlustübernahme könnte vorab ein privater Ertragszuschuss gewährt werden, der nach den Grundsätzen des HFA 2/1996 im Falle einer damit verbundenen Wertsteigerung der Beteiligung als Erhöhung der Anschaffungskosten berücksichtigt wird. Eine Korrektur des zu übernehmenden Ergebnisses wird bei Vorliegen von solchen Gestaltungsmaßnahmen im Allgemeinen nicht als notwendig angesehen[572].

1.4.3.4.2.3 Vereinnahmung von Beteiligungserträgen

Dividenden sind bilanziell grundsätzlich erst dann zu erfassen, wenn aus dem mitgliedschaftlichen Anspruch auf Gewinnbeteiligung ein **Gläubigerrecht** auf Erhalt von Dividendenzahlungen geworden ist. Dies ist der Fall, wenn von dem zuständigen Organ der Beteiligungsgesellschaft ein Gewinnverwendungsbeschluss gefasst wird[573]. Dies würde eine phasenverschobene Gewinnvereinnahmung implizieren, da das bilanzierende Unternehmen damit erst zu dem Zeitpunkt Dividendenansprüche aktivieren kann, sobald die Gesellschafterversammlung des Beteiligungsunternehmens über die Gewinnverwendung entschieden hat. Sofern dies nach der Aufstellung des Jahresabschlusses des bilanzierenden Unternehmens geschieht, würden die Dividendenansprüche beim bilanzierenden Unternehmen erst in der Gewinn- und Verlustrechnung der Folgeperiode gezeigt werden können. Unter bestimmten Bedingungen kommt jedoch auch eine sog. phasengleiche Vereinnahmung von Dividendenerträgen in Betracht.

a) Besteht zwischen dem bilanzierenden Unternehmen und dem Beteiligungsunternehmen ein **Ergebnisabführungsvertrag** in Übereinstimmung mit § 291 Abs. 1 AktG, so kommt eine phasengleiche Vereinnahmung von Dividendenerträgen bereits vor Fassung eines Gewinnverwendungsbeschlusses in Betracht, wenn das Geschäftsjahr des Tochterunternehmens nicht nach dem Geschäftsjahr des Mutterunternehmens endet[574]. Auf die Feststellung des Jahresabschlusses kommt es nicht an, da eine Feststellung nach Aufstellung des Jahresabschlusses des Mutterunternehmens lediglich eine Konkretisierung darstellt. Im Schrifttum wird es zum Teil nicht als notwendig angesehen, dass der Jahresabschluss des Beteiligungsunternehmens vor Beendigung der Prüfung des Jahresabschlusses des bilanzierenden Unternehmens festgestellt wird. Es kommt allein darauf an, dass der Anspruch dem Grunde und der Höhe nach mit sehr hoher Wahrscheinlichkeit eintritt; dazu muss der Jahresabschluss geprüft sein[575].

---

572 Vgl. Förschle, in: BBK, 8. Aufl., § 277 HGB, Tz. 21; eine erfolgswirksame Behandlung fordernd Schmidt/Peun, in: BBK, 11. Aufl., § 277 HGB, Tz. 21.
573 Vgl. Schubert/Waubke, in: BBK, 11. Aufl., § 266 HGB, Tz. 120; Tiedchen, in: MüKom AktG, Band 5a, § 252 HGB, Tz. 71.
574 Vgl. Ballwieser, in: MüKom HGB, § 246 HGB, Tz. 67; ADS, § 246 HGB, Tz. 236f sowie § 252 HGB, Tz. 82; Schmidt/Peun, in: BBK, 11. Aufl., § 277 HGB, Tz. 17; Hayn/Jutz/Zündorf, in: Beck HdR, B 215, Tz. 16.
575 Vgl. ADS, § 246 HGB, Tz. 237; Hachmeister, in: HdJ, Abt. II/3, Tz. 228.

b) Besteht **kein Ergebnisabführungsvertrag**, so widerspricht nach dem Tomberger-Urteil des EuGH[576] eine phasengleiche Dividendenvereinnahmung unter den folgenden Bedingungen nicht dem Realisationsprinzip[577]:
- eine Gesellschaft (Muttergesellschaft) ist Alleingesellschafterin einer Tochtergesellschaft und kontrolliert diese.
- Mutter- und Tochtergesellschaft bilden einen Konzern nach nationalem Recht.
- Die Geschäftsjahre beider Gesellschaften sind deckungsgleich.
- Der Jahresabschluss der Tochtergesellschaft wurde vor Abschluss der Prüfung des Jahresabschlusses der Muttergesellschaft festgestellt.
- Aus dem Jahresabschluss der Tochtergesellschaft geht hervor, dass diese an ihrem Bilanzstichtag der Muttergesellschaft einen Gewinn zugewiesen hat.
- Der Jahresabschluss des Tochterunternehmens vermittelt ein den tatsächlichen Verhältnissen entsprechendes Bild der Vermögens-, Finanz- und Ertragslage.

Der BGH nimmt in Anlehnung an das EuGH-Urteil eine Pflicht zur phasengleichen Dividendenvereinnahmung an[578]. Da die Obergesellschaft jedoch die Erfüllung der notwendigen Voraussetzungen beeinflussen kann, wird handelsrechtlich von einem **faktischen Wahlrecht** ausgegangen[579]. Nach h. M. kann eine phasengleiche Gewinnvereinnahmung auch in Fällen einer Mehrheitsbeteiligung unter 100 % ohne Vorliegen eines Ergebnisabführungsvertrags in Betracht kommen, da die Einschränkungen von EuGH und BGH in Bezug auf eine 100 %ige Konzernbeteiligung den Gegebenheiten des Tomberger-Falls geschuldet ist[580]. Eine phasengleiche Dividendenvereinnahmung ist unter den folgenden – kumulativ zu erfüllenden – Voraussetzungen gegeben[581]:
- Das bilanzierende Unternehmen verfügt am Bilanzstichtag sowie zum Zeitpunkt des Gewinnverwendungsbeschlusses über die **Stimmenmehrheit**, um eine Beschlussfassung über die Gewinnverwendung herbeizuführen.
- Das Geschäftsjahr des Beteiligungsunternehmens endet **nicht nach** dem Geschäftsjahr des bilanzierenden Unternehmens.
- Es wird ein **Gewinnverwendungsbeschluss** für das Beteiligungsunternehmen vor Beendigung der Jahresabschlussprüfung des bilanzierenden Unternehmens gefasst.

---

576 Vgl. EuGH-Urteil vom 27.06.1996 – Rs. C-234/94, in: BB 1996, S. 1492–1494. Zur Historie und Rechtsentwicklung der Rechtsprechung von EuGH, BFH und BGH vgl. Hoffmann, in: Europäisierung des Bilanzrechts, hrsg. v. Herzig, S. 2–24.
577 Vgl. EuGH-Urteil vom 27.06.1996 – Rs. C-234/94, in: BB 1996, S. 1492.
578 Vgl. BGH-Urteil vom 12.01.1998 – II ZR 82/93, in: BB 1998, S. 635. Die bilanzielle Berücksichtigung von Dividendenerträgen vor Beschlussfassung über die Ergebnisverwendung wird von Teilen der Literatur mit Verweis auf das bilanzpolitische Ermessen der zuständigen Organe kritisch beurteilt. Die Annahme des BGH, die Höhe des Jahresergebnisses stehe vor Durchführung der Schlussbuchungen bereits fest, vernachlässigt die Gestaltungsspielräume bei der Aufstellung des Jahresabschlusses. Vgl. dazu kritisch Hennrichs, in: MüKom AktG, § 246 HGB, Tz. 41 f.
579 Vgl. Hachmeister, in: HdJ, Abt. II/3, Tz. 224; Ballwieser, in: MüKom HGB, § 246 HGB, Tz. 65; Schubert/Waubke, in: BBK, 11. Aufl., § 266 HGB, Tz. 120. Zur weitergehenden Analyse vgl. auch Küting, in: Europäisierung des Bilanzrechts, hrsg. v. Herzig, S. 53 f. Kritisch Hennrichs, in: MüKom AktG, § 246 HGB, Tz. 43.
580 Vgl. Hennrichs, in: MüKom AktG, § 246 HGB, Tz. 39.
581 Vgl. IDW-HFA, in: WPg 1998, S. 427 f.; Winnefeld (2015), M 741, Hachmeister, in: HdJ, Abt. II/3, Tz. 223.

Eine phasengleiche Vereinnahmung ist damit auch in Fällen möglich, in denen das bilanzierende Unternehmen nicht alleiniger Gesellschafter des Beteiligungsunternehmens ist; jedoch aufgrund einer Stimmrechtsmehrheit einen Gewinnverwendungsbeschluss herbeiführen kann. Im Schrifttum wird in diesen Fällen zum Teil gefordert, dass das bilanzierende Unternehmen am Abschlussstichtag zu dokumentieren hat, dass es eine Ausschüttung vornehmen will[582].

1.4.3.4.2.4 Abgangsbilanzierung

Beteiligungen und Anteile an verbundenen Unternehmen sind auszubuchen, wenn die Anteile übertragen werden (im Regelfall ist dies der Closing Date). Eine zivilrechtliche Übertragung der Anteile ist zwar eine notwendige, aber keine hinreichende Bedingung für die Ausbuchung einer Beteiligung aus der Bilanz des Veräußerers. Werden neben dem rechtlichen Eigentum auch sämtliche wesentliche Chancen aus dem Vermögensgegenstand endgültig auf den Erwerber übertragen und behält er über Nebenabreden temporär, aber nicht langfristig, ihrer Art nach bedeutsame Risiken aus dem Vermögensgegenstand zurück, so kommt es zu einem Abgang, aber nicht zu einer Gewinnrealisierung (IDW ERS HFA 13, Tz. 55). Der Mehrerlös ist als Verbindlichkeit zu passivieren. Werden bedeutsame Risiken auf Dauer oder zumindest langfristig zurückbehalten, ist die Beteiligung nicht aus der Bilanz des Veräußerers auszubuchen (IDW ERS HFA 13, Tz. 56).

Durch **Earn-Out-Klauseln/Garantieklauseln** werden bedeutsame (d.h. für die Beteiligung zentrale) Risiken dann zurückbehalten, wenn für eine gewisse Zeitspanne bestimmte Plandaten dergestalt garantiert werden, dass das Risiko aus der wirtschaftlichen Entwicklung des Unternehmens bzw. der Beteiligung im Wesentlichen beim Veräußerer verbleibt, und wenn darüber hinaus diese Zeitspanne zwei bis drei Jahre überschreitet (IDW ERS HFA 13, Tz. 56). Kaufpreisanpassungen bei Nichteintreten bestimmter Sollgrößen können einem Abgang und/oder einer Gewinnrealisierung entgegenstehen (IDW ERS HFA 13, Tz. 57).

Nebenabreden oder Garantien, die geringfügige oder begrenzte Risiken beim Veräußerer belassen, stehen einem bilanziellen Abgang und einer Gewinnrealisierung nicht entgegen. Dies ist insbesondere bei solchen Nebenabreden der Fall, die eine begrenzte Gewährleistung bzw. Risikoübernahme durch den Verkäufer (z.B. Gewährleistung von zugesicherten Eigenschaften im Erwerbszeitpunkt) beinhalten (IDW ERS HFA 13, Tz. 60 u. 61). Nebenabreden, die Risiken nur für eine kurze Zeitspanne beim Veräußerer belassen, hindern einen Abgang und eine Gewinnrealisierung nicht (z.B. Übernahme des Wertänderungsrisikos einer nicht börsennotierten Beteiligung nur für wenige Tage)[583].

Ein bilanzieller Abgang wird nicht erreicht, »wenn der Verkäufer einer Beteiligung mit dem Erwerber eine **atypische Unterbeteiligung** vereinbart, bei der der Verkäufer an den Wertänderungen des Anteils und an den offenen und stillen Reserven der Gesellschaft entsprechend seiner Quote beteiligt ist. Etwas anderes kann in solchen Fällen dann gelten, wenn der Wert der Beteiligung für den Verkäufer im Wesentlichen durch die mit der Beteiligung verbundenen Stimmrechte verkörpert wurde, z.B. weil die Beteiligung primär der Erzielung von Synergieeffekten gedient hat. Mit den Stimmrechten geht dann auch das

---
582 Vgl. Tiedchen, in: MüKom AktG, Band 5a, § 252 HGB, Tz. 71.
583 Vgl. IDW ERS HFA 13, Tz. 62

wirtschaftliche Eigentum auf den Erwerber über. War der Verkäufer hingegen primär Finanzinvestor, spielt die Übertragung der Stimmrechte keine wesentliche Rolle, so dass die wesentlichen Elemente des wirtschaftlichen Eigentums bis zu Beendigung der Unterbeteiligung beim Verkäufer verbleiben« (IDW ERS HFA 13, Tz. 54).

Zu einer Abgangsbilanzierung kommt es ferner bei Ausschüttungen des Beteiligungsunternehmens aus **Kapitalrücklagen**, wenn ein nachweisbarer Zusammenhang zwischen der aktivierten Beteiligung beim Gesellschafter und der Kapitalrückzahlung beim Beteiligungsunternehmen besteht[584]. Es wird allerdings als zulässig erachtet, einen Ausweis von anteiligen Buchgewinnen zuzulassen, wenn der Erwerb der Beteiligung bzw. die Kapitalzuführung bereits längere Zeit zurück liegt und die investierten Mittel zu einer Erhöhung des inneren Werts der Beteiligung geführt haben. In diesem Fall soll die Ausschüttung in einen erfolgsneutralen (AK-mindernden) und einen erfolgswirksamen Betrag aufgeteilt werden. Die Aufteilung soll in dem Verhältnis erfolgen, in dem sich durch die Kapitalrückzahlung der innere Wert der Beteiligung vermindert. Dieses Vorgehen wird auch für den Fall als sachgerecht angesehen, in denen ein Zusammenhang zwischen Ausschüttung und Thesaurierungen nicht eindeutig nachgewiesen werden kann[585]. Kapitalherabsetzungen sind stets als Anschaffungskostenminderung zu erfassen.

Ausschüttungen aus **Gewinnrücklagen** sind beim Gesellschafter grundsätzlich als Ertrag zu vereinnahmen, auch wenn die Ausschüttungen aus nachweisbar miterworbenen Gewinnrücklagen, aus einem Gewinnvortrag, Bilanzgewinn oder aus der Realisierung von im Zeitpunkt des Beteiligungserwerbs vorhandenen stillen Reserven erfolgen[586].

1.4.3.4.3 Anteile an Personengesellschaften

1.4.3.4.3.1 Zugangs- und Folgebewertung

Anteile an Personengesellschaften (z. B. OHG, KG) sind im Zugangszeitpunkt zu ihren Anschaffungskosten zuzüglich Anschaffungsnebenkosten zu aktivieren. Zur Bestimmung der Anschaffungskosten bei einem entgeltlichen Erwerb oder bei einem Erwerb durch Tausch sei auf die Ausführungen zu Anteilen an Kapitalgesellschaften verwiesen. Der Erwerb von Anteilen an Personengesellschaften kann zudem auf einer gesellschaftsvertraglich begründeten Einlagepflicht beruhen. Die Anschaffungskosten der Beteiligung bestimmen sich in diesem Fall nach dem geleisteten Betrag zuzüglich eingeforderter Beträge. In Höhe der Anschaffungskosten, die auf eingeforderte aber noch nicht geleistete Beträge entfallen, ist eine Verbindlichkeit in entsprechender Höhe zu passivieren. Für Einzahlungsverpflichtungen für noch nicht eingeforderte, bedungene Einlagen (Pflichteinlagen) kommt eine Angabe nach § 285 Nr. 3a HGB i. V. m. § 34 Abs. 1 S. 2 RechKredV in Betracht.

Sofern Anteile an Personengesellschaften dazu bestimmt sind, dauerhaft dem Geschäftsbetrieb zu dienen, sind sie nach den für das Anlagevermögen geltenden Grundsätzen zu bewerten. Anteile an Personengesellschaften sind in diesem Fall als Beteiligungen auszu-

---

584 Vgl. WPH, 15. Aufl., F 362. Für eine ausführliche Diskussion zur Bilanzierung von Kapitalrückzahlungen siehe Kapitel III.1.4.4.4.2.1.
585 Vgl. WPH, 15. Aufl., F 362.
586 Vgl. WPH, 15. Aufl., F 362.

weisen. Auf die Höhe der Beteiligungsquote kommt es dabei nicht an. Anteile an Personengesellschaften sind in diesem Fall nach dem gemilderten Niederstwertprinzip bei Vorliegen einer dauerhaften Wertminderung auf den niedrigeren beizulegenden Wert verpflichtend abzuschreiben. Zur Ableitung des niedrigeren beizulegenden Werts kann auf die Ausführungen zu Kapitalgesellschaften zur Ermittlung des Ertragswerts nach IDW RS HFA 10 i. V. m. IDW S 1 verwiesen werden.

1.4.3.4.3.2 Vereinnahmung von Beteiligungserträgen

Gesellschafter an Personengesellschaften haben einen unmittelbaren gesetzlichen Anspruch auf den Gewinnanteil bereits am Abschlussstichtag (§§ 120, 167 Abs. 1 HGB). Im Gegensatz zu Anteilen an Kapitalgesellschaften ist hierfür die Herbeiführung eines Gewinnverwendungsbeschlusses keine Voraussetzung. Für eine phasengleiche Vereinnahmung bedarf es keines entstandenen Rechtsanspruchs auf den Gewinnanteil; es reicht aus, wenn das künftige Entstehen eines Rechtsanspruchs hinreichend sicher ist (IDW RS HFA 18, Tz. 12 u. 13).

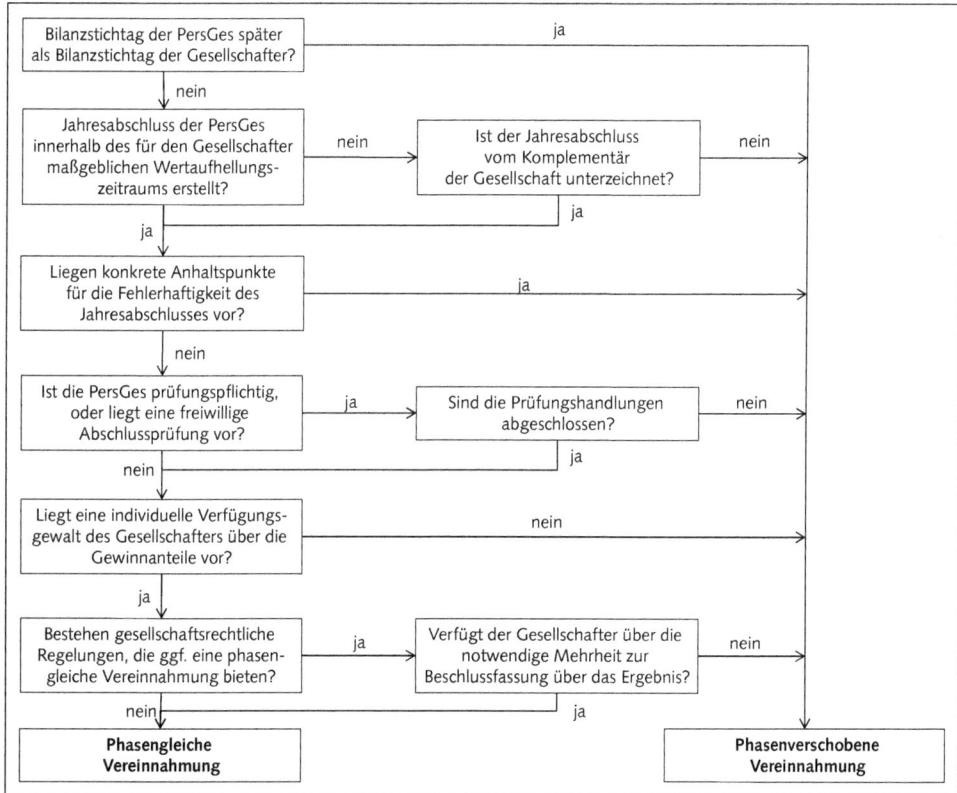

Abb. 30: Prüfschema zur Gewinnvereinnahmung nach IDW RS HFA 18[587]

---

587 Entnommen aus Zwirner/Künkele, in: BC 2012, S. 421.

Ausschüttungen von Personengesellschaften sind phasengleich zu vereinnahmen, wenn der Bilanzstichtag der Personengesellschaft nicht nach dem Bilanzstichtag des bilanzierenden Unternehmens liegt und keine gesetzlichen oder gesellschaftsrechtlichen Bestimmungen einer Gewinnverfügung entgegenstehen[588]. Zudem müssen durch das Beteiligungsunternehmen alle maßgeblichen Bilanzierungs- und Bewertungsentscheidungen innerhalb des Wertaufhellungszeitraums des bilanzierenden Unternehmens getroffen worden sein, so dass die Forderung auf Ausschüttung der Höhe nach **hinreichend konkretisiert** ist (IDW RS HFA 18, Tz. 14). Eine hinreichende Konkretisierung ist in den folgenden Fällen gegeben:

- Eine hinreichende Konkretisierung liegt vor, wenn der Jahresabschluss von den zur Geschäftsführung befugten Gesellschaftern **aufgestellt** und unterschrieben worden ist und damit einen verbindlichen Charakter bekommt. Die Aufstellung des Jahresabschlusses ist Teil der Geschäftsführung der Gesellschaft. Nach §§ 114 und 116 Abs. 1 sowie 164 HGB fällt die Aufstellung des Jahresabschlusses in den alleinigen Zuständigkeitsbereich der geschäftsführenden Gesellschafter[589]. Sind mehrere Gesellschafter zur Geschäftsführung befugt und herrschen Meinungsverschiedenheiten zwischen den Gesellschaftern, so kann jeder Gesellschafter aufgrund von § 115 Abs. 1 HGB der Aufstellung widersprechen. Der Widerspruch darf sich nicht auf den gesamten Jahresabschluss als solchen beziehen, sondern muss konkrete Bilanzpositionen betreffen und muss sachlich begründet sein und/oder nicht gegen das Interesse der Gesellschaft gerichtet sein[590]. Sieht der Gesellschaftsvertrag keinen Mehrheitsbeschluss vor und können sich die Gesellschafter hinsichtlich der Aufstellung des Jahresabschlusses nicht einigen, so kann über die Meinungsverschiedenheit gerichtlich im Wege einer Feststellungsklage entschieden werden. Nicht zur Geschäftsführung befugte Gesellschafter haben im Rahmen der Aufstellung des Jahresabschlusses keine Möglichkeit zur Einflussnahme auf die Bilanzierung und sind an die Ermessensentscheidungen, die von den zur Geschäftsführung befugten Gesellschaftern ausgeübt worden sind, gebunden. Sie können abweichende Meinungen im Rahmen der Feststellung zum Ausdruck bringen[591].

- Die Höhe des Beteiligungsertrags steht spätestens mit der **Feststellung** des Jahresabschlusses fest. Sofern im Gesellschaftsvertrag nichts anderes geregelt ist, setzt die Feststellung des Jahresabschlusses das Einverständnis aller Gesellschafter voraus[592]. Die Gesellschafter haben die Bilanz im Rahmen der Feststellung grundsätzlich so hinzunehmen, wie sie aufgestellt wurde, es sei denn, sie ist objektiv fehlerhaft oder sie bewegt sich nicht im Rahmen des zulässigen (treuekonformen) Bilanzierungsermessens[593]. Ermessensentscheidungen, die der Sache nach Ergebnisverwendung sind, können grundsätzlich nur durch alle Gesellschafter gemeinschaftlich getroffen werden,

---

[588] Vgl. IDW RS HFA 18, Tz. 14 ff.; Senger, in: MüKom BilR, § 305 HGB, Tz. 34; Hayn/Jutz/Zündorf, in: Beck HdR, B 215, Tz. 16.
[589] Vgl. BGH-Urteil vom 29.03.1996 – II ZR 263/94, in: NJW 1996, S. 1678.
[590] Vgl. Hopt, in: Baumbach/Hopt, § 164 HGB, Tz. 3; Ehricke, in: Ebenroth et al., 3. Aufl., § 120 HGB, Tz. 15.
[591] Vgl. Ehricke, in: Ebenroth et al., 3. Aufl., § 120 HGB, Tz. 18.
[592] Vgl. BGH-Urteil vom 29.03.1996 – II ZR 263/94, in: NJW 1996, S. 1678.
[593] Vgl. Koller, in: Koller/Kindler/Roth/Mock, 8. Aufl., § 120 HGB, Tz. 5.

soweit der Gesellschaftsvertrag keine anderweitige Regelung enthält[594]. Die Ablehnung einer zulässigen Rücklagenbildung, die die Widerstandsfähigkeit der Gesellschaft erhält, stellt eine treuwidrige Verweigerung der Feststellung dar. Ein Gewinn, der durch eine Bilanzierungsmaßnahme nach Aufstellung des Jahresabschlusses erhöht wird, ist erst mit der Feststellung des geänderten Jahresabschlusses zu vereinnahmen, da ein sich aus dem Jahresabschluss ergebender Mindestgewinnanteil erst vereinnahmt werden darf, wenn von einer Änderungsfestigkeit des Jahresabschlusses ausgegangen werden kann[595]. Änderungen in Bezug auf Bilanzierungsentscheidungen werden aufgrund des Vollausschüttungsanspruchs der Gesellschafter im Regelfall zum Ausweis eines höheren Gewinns führen, so dass in diesem Fällen ein vor Feststellung des Jahresabschlusses ermittelter Gewinn als Mindestgewinnanteil angesehen werden kann, der bereits vor Feststellung des Jahresabschlusses durch die Gesellschafter von diesen als Beteiligungsertrag vereinnahmt werden darf (IDW RS HFA 18, Tz. 15 u. 16).

Wenn konkrete Anhaltspunkte für Fehler in der Bilanzierung vorliegen, deren Eliminierung zu einem niedrigeren Gewinn führen würde, kann nicht von einer hinreichenden Konkretisierung ausgegangen werden. Ist die Personengesellschaft prüfungspflichtig, so erfordert eine phasengleiche Gewinnvereinnahmung die Beendigung aller wesentlichen Prüfungshandlungen.

Wird der Gewinn aufgrund einer Bestimmung im Gesellschaftsvertrag (sog. **Vertragsstatuts**) der Verfügungsgewalt der Gesellschafter entzogen, so kann ein Beteiligungsertrag nur bei Fassung eines entsprechenden Gewinnverwendungsbeschlusses vereinnahmt werden, sofern die bilanzierende Gesellschaft nicht die Stimmrechtsmehrheit zur Herbeiführung eines entsprechenden Beschlusses hat. In diesem Fall kommen die Regelungen zur phasengleichen Vereinnahmung von Kapitalgesellschaften zur Anwendung. Eine Vereinnahmung des Beteiligungsertrags kommt ebenso nicht in Betracht, wenn der Gewinn aufgrund gesetzlicher Vorschriften der Verfügungsgewalt der Gesellschafter entzogen ist. Dies kann nach § 169 Abs. 1 S. 1 HGB der Fall sein (**Auszahlungssperre**), wenn ein Kommanditist die Auszahlung des Gewinns nicht fordern kann, da sein Kapitalanteil durch Verlust unter den auf die bedungene Einlage geleisteten Betrag herabgemindert ist oder durch die Auszahlung unter diesen Betrag herabgemindert werden würde.

Nimmt der Gesellschafter seinen Auszahlungszahlungsanspruch nicht wahr, so tätigt er eine Einlage und es entstehen in gleicher Höhe nachträgliche Anschaffungskosten, die den Buchwert der Beteiligung erhöhen[596].

1.4.3.4.3.3 Abgangsbilanzierung

Anteile an Personengesellschaften sind auszubuchen, wenn die Anteile übertragen werden (im Regelfall Closing Date). Für eine Darstellung von Umständen, die einer bilanziellen Ausbuchung von Anteilen trotz Übergang des zivilrechtlichen Eigentums entgegenstehen können, wir auf die Ausführungen zu Kapitalgesellschaften verwiesen (siehe Kapitel III.1.4.3.4.2.4). Eine Abgangsbilanzierung wird auch durch **Entnahmen** des Gesellschaf-

---

594 Vgl. BGH-Urteil vom 29.03.1996 – II ZR 263/94, in: NJW 1996, S. 1678.
595 Vgl. WPH, 15. Aufl., F 357.
596 Vgl. Mellwig, in: BB 1990, S. 1163.

ters ausgelöst. Das Entnahmerecht von Personengesellschaft ist gesetzlich in § 122 HGB für Gesellschafter einer OHG sowie für Komplementärgesellschafter einer KG geregelt (§ 122 HGB gilt nicht für Kommanditisten). § 122 HGB ist dispositiv, d. h. gesellschaftsvertraglich kann etwas anderes geregelt sein. Gesetzlich wird unterschieden zwischen einer gewinnunabhängigen Entnahme nach Maßgabe des Kapitalanteils (Entnahme einer Mindestrendite von 4 % auf den Kapitalanteil) sowie einer gewinnabhängigen Entnahme (Gewinnentnahmerecht).

Nimmt eine Personengesellschaft eine Kapitalrückzahlung vor, so stellt dies einen erfolgsneutralen Vorgang dar, der zu einer Minderung des Beteiligungsbuchwerts und einem Abgang im Beteiligungsspiegel führt[597]. Kapitalrückzahlungen umfassen:

- **Entnahmen zu Lasten des Kapitalanteils**. Unter einer Entnahme ist jegliche Leistung aus dem Vermögen der Gesellschaft an den Gesellschafter in dieser Eigenschaft zu verstehen. Keine Entnahme stellt bspw. die Rückzahlung eines Gesellschafterdarlehens dar.
- **Ausschüttungen von Rücklagen**. Ausschüttungen von Rücklagen stellen Kapitalrückzahlungen dar, sofern sich der ausgezahlte Betrag in den Anschaffungskosten der Beteiligung niedergeschlagen hat. Dies umfasst erworbene Rücklagen (einschließlich eines erworbenen Gewinnvortrags oder Bilanzgewinns) sowie nachweislich aus Mittelzuführungen des Gesellschafters gebildete Rücklagen, die zur Erhöhung des Beteiligungsbuchwerts geführt haben (IDW RS HFA 18, Tz. 26). Kann ein Zusammenhang nicht hergestellt werden, so sind Ausschüttungen aus Rücklagen nach den allgemeinen Regeln als Beteiligungsertrag zu vereinnahmen.
- **Liquiditätsausschüttungen**. Neben dem in § 122 HGB geregelten Entnahmerecht kann der Gesellschaftsvertrag auch Entnahmen aus dem Liquiditätsüberschuss der Gesellschaft vorsehen[598]. Dies kann unabhängig davon erfolgen, ob ein Gewinn erzielt wurde oder nicht[599]. Auf dieser Grundlage vorgenommene Auszahlungen belasten jedoch die Kapitalkonten der Gesellschafter[600]. Die Entnahme führt zu einem **Substanzverlust**, der sich bilanziell in einer Minderung des Beteiligungsbuchwerts des Gesellschafters niederschlägt. Liegt eine gesellschaftsrechtlich unzulässige Entnahme vor, so hat der Gesellschafter eine Rückzahlungsverbindlichkeit zu passivieren (IDW RS HFA 18, Tz. 27). Überschreiten die Liquiditätsausschüttungen den Beteiligungsbuchwert, so ist in Höhe des übersteigenden Betrags eine Verbindlichkeit zu passivieren; diese ist dem Charakter nach als Vorschuss auf einen künftig entstehenden Gewinnanteil anzusehen (IDW RS HFA 18, Tz. 28). Entstehen in der Folge Gewinne, die nicht ausgeschüttet werden, so ist die Verbindlichkeit in entsprechender Höhe ertragswirksam auszubuchen (IDW RS HFA 18, Tz. 29).

---

597 Für eine ausführliche Diskussion zur bilanziellen Behandlung von Kapitalrückzahlungen vgl. Kapitel III.1.4.4.4.2.1.
598 Vgl. BGH-Urteil vom 21.01.1982 – II ZR 134/80, in: NJW 1982, S. 2065 f.
599 Vgl. Priester, in: MüKom HGB, § 122 HGB, Tz. 53.
600 Bei Kommanditisten entsteht in gleichem Umfang wieder eine Einlageverpflichtung gegenüber der Gesellschaft. Vgl. Weipert, in: Ebenroth/Boujong/Joost/Strohn, § 169 HGB, Tz. 23.

1.4.3.4.3.4 Haftung für Gesellschaftsverbindlichkeiten

Nach § 128 HGB bzw. § 171 HGB haften die persönlich haftenden Gesellschafter einer OHG bzw. einer KG akzessorisch für die Verbindlichkeiten der Gesellschaft mit ihrem übrigen Vermögen. Die Haftung der Kommanditisten ist auf ihre Einlage beschränkt. Jedoch kann sich für die Kommanditisten eine gesellschaftsrechtliche Haftung nach § 172 Abs. 4 HGB ergeben, wenn die Hafteinlage die bedungene Einlage (**Pflichteinlage**) übersteigt. Sofern sich eine Inanspruchnahme aus einem gesellschaftsrechtlichen Haftungsrisiko hinreichend konkretisiert, ist eine Rückstellung nach § 249 Abs. 1 S. 1 HGB zu bilden. Dies ist bei einer insolvenzrechtlichen Überschuldung der Fall, da die Gläubiger ihre Ansprüche gegen das sonstige Vermögen der Gesellschafter richten können, die selbst wiederum ggf. keine werthaltigen Ersatzansprüche gegen die Gesellschaft haben (IDW RS HFA 18, Tz. 36). Gleiches gilt bei drohender Zahlungsunfähigkeit der Gesellschaft, wenn das Gesellschaftsvermögen nicht kurzfristig liquidierbar ist (IDW RS HFA 18, Tz. 37).

1.4.4 Bilanzierung strukturierter Finanzinstrumente

1.4.4.1 Definition strukturierter Produkte nach IDW RS HFA 22

Strukturierte Finanzinstrumente im Sinne des IDW RS HFA 22 sind »Vermögensgegenstände mit Forderungscharakter (z. B. Ansprüche aus Krediten, Schuldscheindarlehen oder Anleihen) bzw. entsprechende Verbindlichkeiten, die im Vergleich zu den nicht strukturierten Finanzinstrumenten hinsichtlich ihrer Verzinsung, ihrer Laufzeit und/oder ihrer Rückzahlung besondere Ausstattungsmerkmale aufweisen« (IDW RS HFA 22, Tz. 2). Die Besonderheit strukturierter Finanzinstrumente besteht darin, dass sie aus einem Basisinstrument (Kassageschäft) und einem oder mehreren Derivaten zusammengesetzt sind und die Bestandteile durch einen Kreditvertrag oder eine Wertpapierurkunde untrennbar zu einer rechtlichen Einheit verschmolzen sind. Eine Einzelveräußerung einzelner Bestandteile eines strukturierten Finanzinstruments ist nicht möglich.

Strukturierte Finanzinstrumente unterscheiden sich von plain-vanilla-Instrumenten darin, dass mit den strukturierten Produkten aufgrund der **eingebetteten Derivate** wesentlich erhöhte oder andersartige Risiken im Vergleich zu nicht-strukturierten Finanzinstrumenten verbunden sind. Der beizulegende Zeitwert eines strukturierten Finanzinstruments wird daher neben den auf das Basisinstrument wirkenden Risikofaktoren insbesondere auch durch die Wertänderungen der eingebetteten Derivate bestimmt. Diese hängen von verschiedenen Basisvariablen (underlyings) wie z. B. Zinssätze, Wechselkurse, Credit Spreads, Bonitätsrating, Aktienkursen, Preis- oder Kursindizes oder auch Waren und Rohstoffpreisen usw. ab. Nach IDW RS HFA 22 ist ein Derivat als ein in Form eines Fest- oder Optionsgeschäfts[601] ausgestaltetes Termingeschäft definiert, dessen Wert von einer Basisvariablen abhängt (IDW RH HFA 1.005, Tz. 5). Diese Definition findet im Aufsichtsrecht

---

601 In diesem Zusammenhang wird unter einem Festgeschäft ein zwischen Abschluss und Fälligkeit beiderseits noch nicht erfülltes schwebendes Geschäft verstanden, aus dem beide Parteien Rechte und Pflichten haben. Vgl. z. B. Brogl, § 1 KWG, in: Reischauer/Kleinhans, Tz. 347.

ihre Entsprechung in § 1 Abs. 11 S. 4 KWG[602]. Aufsichtsrechtlich wird der Begriff des Derivats als offener Rechtsbegriff[603] angesehen, der sich neben den Kern-Merkmalen des hinausgeschobenen Erfüllungszeitpunkts und der Abhängigkeit von Basiswerten weiterhin durch die folgenden typusbildenden Merkmale auszeichnet[604]:

a) die Möglichkeit, mit verhältnismäßig geringem Kapitaleinsatz überproportional an auftretenden Preisveränderungen zu partizipieren (Hebel- oder Leverage-Effekt),
b) das über das generell bestehende Insolvenzrisiko des Kontrahenten hinausgehende Risiko eines Totalverlustes der eingesetzten Geldmittel und/oder
c) das Risiko, zusätzliche Geldmittel zur Erfüllung einer eingegangenen Verbindlichkeit entgegen der ursprünglichen Absicht aufbringen zu müssen.

Typische Beispiele strukturierter Finanzinstrumente stellen Convertible Bonds, Reverse Floating Rate Notes, Puttable oder Callable Bonds, Collateralized Debt Obligations, Aktienanleihen usw. dar. Bei all diesen Instrumenten sind die enthaltenen eingebetteten derivativen Komponenten rechtlich nicht aus dem Gesamtinstrument separierbar. Optionsanleihen mit abtrennbaren Optionsscheinen oder Bundesanleihen mit gestrippten Interest-Only-Strips, die als eigenständige Wertpapiere am Markt gehandelt werden können, gelten daher nicht als strukturierte Finanzinstrumente im Sinne des IDW RS HFA 22[605].

Unter bestimmten Bedingungen sind – nach Auffassung des IDW – die in strukturierten Finanzinstrumenten eingebetteten Derivate getrennt zu bilanzieren. Die getrennte Bilanzierung von eingebettetem Derivat und Basiskontrakt folgt einer wirtschaftlichen Betrachtungsweise. Eine einheitliche Bilanzierung wird in bestimmten Fällen nicht als sachgerecht erachtet, da dies zu einer bewertungstechnischen »Saldierung positiver und negativer Effekte aus einer unterschiedlichen Wertentwicklung von Basisinstrument und eingebetteten Derivat« führen würde (IDW RS HFA 22, Tz. 7). Diese Auffassung des IDW ist nicht unumstritten. So wird mittlerweile – mit zum Teil wohlbegründeten Argumenten – eine getrennte Bilanzierung strukturierter Finanzinstrumente nach handelsrechtlichen Grundsätzen von einer Reihe von meinungsführenden Autoren grundsätzlich abgelehnt[606].

---

602 Vgl. Grottel, in: BBK, 11. Aufl., § 285 HGB, Tz. 555.
603 Eine explizite Derivate-Definition nach handelsrechtlichen Grundsätzen fand sich in der Gesetzesbegründung des Referentenentwurfs zum Bilanzrechtsmodernisierungsgesetz. Dort umfasst die Derivate-Definition weitgehend die Derivate-Kriterien des IFRS 9. So wurde in der Gesetzesbegründung ausgeführt, dass »zu den Finanzinstrumenten auch die Derivate (gehören). Ein Derivat ist ein schwebendes Vertragsverhältnis, dessen Wert auf Änderungen des Werts eines Basisobjekts (…) reagiert, bei dem Anschaffungskosten nicht oder nur in sehr geringem Umfang anfallen und das erst in der Zukunft erfüllt wird« (BT-Drs 16/10067, S. 53). Während ein Derivat nach IFRS 9 einen finanziellen Vermögenswert oder eine finanzielle Schuld darstellt, wird ein Derivat in dem Ref-E BilMoG weiterhin als ein schwebendes Vertragsverhältnis charakterisiert. Die Begriffsmerkmale eines Derivats im Ref-E BilMoG decken sich aber weitgehend mit der Definition in IFRS 9, Appendix A. Zu den eher geringen Unterschieden vgl. Schmidt, in: KoR 2008, S. 4.
604 Vgl. Brogl, § 1 KWG, in: Reischauer/Kleinhans, Anm. 346 f.
605 Vgl. Schaber/Rehm/Märkl/Spies (2010), S. 6.
606 Vgl. maßgeblich Briesemeister (2006), S. 175 ff.; sowie Häuselmann (2005), S. 141; Haisch, in: FR 2009, S. 65; Haisch/Helios, in: Rechtshandbuch Finanzinstrumente; § 4, Tz. 10; Meinert/Helios, in: DB 2014, S. 1699; Wiese/Dammer, in: DStR 1999, S. 869. Ebenso wird vom österreichischen Standardsetter eine getrennte Bilanzierung bei fehlender Einzelverwertbarkeit abgelehnt. Vgl. AFRAC (2014), Tz. 66 sowie S. 30.

1.4.4.2 Anwendungsbereich und Rückausnahmen

Nach IDW RS HFA 22 erstreckt sich die Trennungspflicht eingebetteter Derivate nur auf eine Teilmenge der Bankbilanz. IDW RS HFA 22, Tz. 14 formuliert drei Bedingungen (**Rückausnahmen**), unter denen eine getrennte Bilanzierung strukturierter Produkte nicht vorzunehmen ist:

1. Eine bilanzielle Aufspaltung eines strukturierten Produkts ist nicht vorzunehmen, wenn das Instrument am Abschlussstichtag mit dem niedrigeren Wert aus beizulegenden Wert und fortgeführten Anschaffungskosten bewertet wird (**strenges Niederstwertprinzip**) und die Bewertung auf einer Notierung an einem **aktiven Markt** basiert. Somit kommen sowohl strukturierte Produkte des Umlaufvermögens als auch Bestände des Finanzanlagevermögens in Betracht, die (freiwillig) nach § 340e Abs. 1 S. 3 i. V. m. § 253 Abs. 3 S. 6 HGB zum strengen Niederstwertprinzip bewertet werden. Eine einheitliche Bilanzierung dieser streng imparitätisch bewerteten Finanzinstrumente ist allerdings nur möglich, wenn die Bewertung auf einer Notierung an einem aktiven Markt basiert. Es muss für das strukturierte Produkt demnach ein Marktpreis im Sinne des § 255 Abs. 4 S. 1 HGB existieren (zum Begriff des aktiven Markts siehe Kapitel III.1.2.3). Dies impliziert, dass Kreditgeschäfte eines Instituts, für die keine Marktpreise auf aktiven Märkten existieren, auf das Vorliegen einer Trennungspflicht eingebetteter Derivate zu prüfen sind, obwohl Kredite nach § 340e Abs. 1 S. 2 HGB im Regelfall als Umlaufvermögen gelten und damit streng imparitätisch zu bilanzieren sind. Im Gegensatz dazu wären strukturierte Wertpapiere der Liquiditätsreserve einheitlich zu bilanzieren, sofern für diese Papiere Marktpreise auf aktiven Märkten vorliegen. Mit dieser Rückausnahme wird erreicht, dass erhöhte oder andersartige Risiken aus eingebetteten Derivaten dann nicht von dem Basisinstrument getrennt bilanziert werden müssen, wenn die Risiken über eine objektivierte Bewertung streng imparitätisch im Rahmen der Bilanzierung des Gesamtinstruments berücksichtigt werden.

2. Strukturierte Produkte des Handelsbestands sind stets einheitlich zu bilanzieren. In diesem Fall werden die Chancen und Risiken der eingebetteten Derivate über die risikoadjustierte Zeitwertbilanzierung des Handelsbestands nach § 340e Abs. 3 HGB bilanziell berücksichtigt. Interessanterweise wird durch IDW RS HFA 22 eine Einschränkung auf strukturierte Handelsbestände, die auf aktiven Märkten gehandelt werden, nicht vorgenommen. Demnach wären z. B. strukturierte Schuldscheindarlehen des Handelsbestands, für die kein aktiver Markt, jedoch eine verlässliche Bewertung auf Basis eines Bewertungsmodells besteht, nicht getrennt zu bilanzieren (im Gegensatz zu strukturierten Schuldscheindarlehen des Umlaufvermögens). Fraglich wäre hingegen, ob eine Trennungspflicht eingebetteter Derivate von strukturierten Produkten des Handelsbestands auch dann nicht besteht, wenn der beizulegende Zeitwert nicht nach § 255 Abs. 4 S. 1 oder S. 2 HGB bestimmbar ist und daher eine Bilanzierung zu fortgeführten Anschaffungskosten erfolgt. Dies wäre nach der hier vertretenen Auffassung vor dem Hintergrund einer entsprechenden Trennungspflicht im Umlaufvermögen sowie der in IDW RS HFA 22, Tz. 7 aufgeführten Intention der Regelung nicht sachlogisch.

3. Eine einheitliche Bilanzierung strukturierter Produkte kommt nach IDW RS HFA 22 auch dann in Betracht, wenn

- das Finanzinstrument mit einer **unbedingten Kapitalgarantie** des Emittenten ausgestattet ist,
- der Erwerber/Gläubiger die Absicht und die Fähigkeit besitzt, das Instrument bis zur **Endfälligkeit** zu halten und
- das Instrument daher dem **Anlagevermögen** zugeordnet wurde.

Durch die Kombination dieser drei Bedingungen wird erreicht, dass der Erwerber eines strukturierten Instruments trotz der mit den eingebetteten Derivat verbundenen Risiken bei Endfälligkeit den Nominalbetrag des Instruments (zurück)erhält. Durch die explizite Kapitalgarantie wird das mit den eingebetteten Derivaten verbundene Risiko so begrenzt, dass der Investor **keinen Substanzverlust** erleiden kann. Das Risiko kapitalgarantierter Produkte ist im Regelfall auf den Zinsverlust begrenzt. Dauerhafte Wertminderungen werden durch die Kapitalgarantie damit ausgeschlossen. Wichtig ist an dieser Stelle, dass die Kapitalgarantie durch den Emittenten ausgesprochen wird und nicht lediglich auf Basis der Konstruktion des hybriden Finanzinstruments besteht. So können kapitalgarantierte Produkte bspw. derart konstruiert werden, dass der ursprüngliche Investitionsbetrag in einen Zero Bond und in einen derivativen Anteil investiert wird, wobei durch die Effektiv-Verzinsung des Zero Bonds die Kapitalerhaltung generiert wird. Mit dem derivativen Anteil können Handelsstrategien in den unterschiedlichsten Risiken (Rohstoffe, Währungen etc.) verfolgt werden. Bei einer Kapitalgarantie durch den Emittenten wären Investment Produkte wie bspw. CPPI-Investments[607], Investmentzertifikate oder Fonds mit vollständigem Kapitalschutz handelsrechtlich hingegen nicht zu trennen. Bei Investments, die der CPPI-Strategie folgen (Constant Proportion Portfolio Insurance) erfolgt eine Aufteilung in eine risikolose und eine risikoreiche Anlage. Bei einer wertsteigernden Performance der risikoreichen Anlage bildet sich ein sog. Cushion, das für eine Steigerung der Investitionssumme in die risikoreiche Anlage genutzt werden kann. Die Aufteilung zwischen risikoarmer und risikoreicher Anlage ist demnach dynamisch. Bei fallender Performance wird die risikoreiche Anlage reduziert und der Verlust begrenzt. Die Aufteilung richtet sich bspw. an dem Übernachtrisiko der risikoreichen Anlage, wobei ein Risiko nur insoweit eingegangen wird, dass durch Glattstellung stets der ursprüngliche Investitionsbetrag erhalten bleibt (dynamisches Rebalancing).

Durch diese Rückausnahme ergeben sich Möglichkeiten zur Sachverhaltsgestaltung. So könnte ein strukturiertes Zinsprodukt, das mit einem Kupon-Floor von 0 % ausgestattet ist, jedoch aufgrund von eingebetteten Zinsderivaten eine Verdopplung von interner Rendite und szenariospezifischer Marktrendite aufweist, entgegen der Intention in IDW RS HFA 22.16d) einheitlich bilanziert werden, wenn durch den Emittenten die ja ohnehin wirtschaftlich durch den Kupon-Floor existierende Substanzerhaltung durch eine explizite Kapitalgarantie verstärkt wird. Faktisch ließen sich bei diesem Vorgehen die Trennungskriterien des IDW RS HFA 22 aushebeln.

Dies wird dadurch verstärkt, dass IDW RS HFA 22 keine Aussagen über die **ökonomische Materialität** der Kapitalgarantie des Emittenten enthält. Betrachtet man den Fall kom-

---

607 Zur Erläuterung vgl. Zimmerer, in: FB 2006, S. 97–106. Vgl. grundlegend Black/Jones, in: Journal of Portfolio Management 1987, S. 48–51; Black/Perold, in: Journal of Economic Dynamics and Control 1992, S. 403–426.

plexer strukturierter Produkte, deren Strukturierung unter Zuhilfenahme eines (oder mehrerer) SPVs vorgenommen wird, so würde eine Kapitalgarantie des emittierenden SPV als Emittent zu keinen weiteren wesentlichen ökonomischen Vorteilen für den Inhaber eines strukturierten Produktes führen, wenn das SPV lediglich die Referenzaktiva als Sicherheiten für das strukturierte Produkt aufbringen kann. Das SPV wäre im Gegensatz zu non-recourse-Finanzierungen dann nicht mehr »insolvency remote«. Vor diesem Hintergrund besteht die Gefahr, dass die Kriterien des IDW RS HFA 22 zur getrennten Bilanzierung strukturierter Produkte ins Leere laufen, sofern an die wirtschaftliche Bonität des Emittenten in Bezug auf dessen Kapitalgarantie keine weiteren Bedingungen gestellt werden[608].

Darüber hinaus ist zu beachten, dass die Rückausnahmen für kapitalgarantierte Produkte gem. dem Wortlaut in IDW RS HFA 22, Tz. 14 nur für den Erwerber (d. h. nur für Vermögensgegenstände) gilt. Zudem ist für eine einheitliche Bilanzierung eine Zurechnung zum Anlagevermögen zwingend. Wie Umlaufvermögen bilanzierte Vermögensgegenstände, die keine Notierung auf einem aktiven Markt aufweisen können, wären dann auf Vorliegen einer Trennungspflicht eingebetteter Derivate zu prüfen, auch wenn sie mit einer unbedingten Kapitalgarantie des Emittenten versehen sind. Wird ein illiquides, kapitalgarantiertes Finanzinstrument des Umlaufvermögens nach IDW RH HFA 1.014 ins Anlagevermögen umgegliedert, so würde das strukturierte Instrument von der bisher getrennten Bilanzierung in eine einheitliche Bilanzierung im Anlagevermögen zu überführen sein.

Die folgende Abbildung fasst die Bestände an Finanzinstrumenten, die auf eine Trennungspflicht eingebetteter Derivate zu überprüfen sind, zusammen.

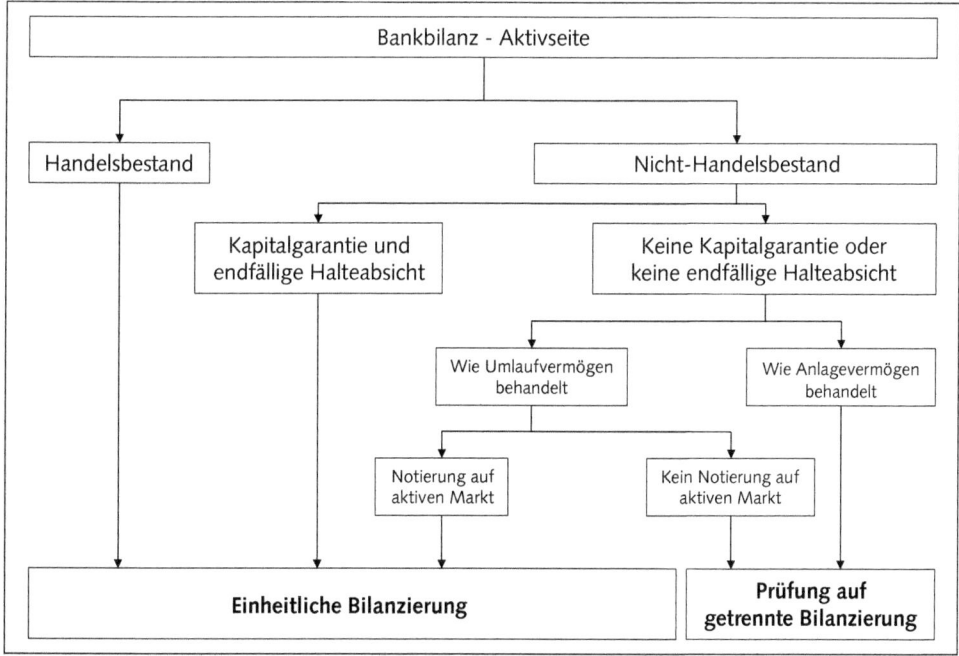

Abb. 31: Systematisierung der Rückausnahmen von IDW RS HFA 22

---
608 Vgl. bereits Gaber, DB 2008, S. 1221 ff.

1.4.4.3 Kriterien für eine getrennte Bilanzierung strukturierter Produkte

1.4.4.3.1 Wesentlich erhöhte oder andersartige Risiken

Ausgangspunkt des IDW RS HFA 22 für eine getrennte Bilanzierung eingebetteter Derivate bildet eine wirtschaftliche Betrachtungsweise. Obwohl ein strukturiertes Finanzinstrument als Vermögensgegenstand eine rechtliche Einheit bildet, ist eine Zerlegung immer dann vorzunehmen, wenn das strukturierte Instrument durch das eingebettete Derivat im Vergleich zum Basisinstrument »erhöhte oder zusätzliche (andersartige) Chancen und Risiken aufweist« (IDW RS HFA 22, Tz. 10). Eine einheitliche Bilanzierung wird in diesen Fällen nicht als sachgerecht erachtet, da dies zu einer bewertungstechnischen »Saldierung positiver und negativer Effekte aus einer unterschiedlichen Wertentwicklung von Basisinstrument und eingebetteten Derivat« führen würde (IDW RS HFA 22, Tz. 7).

Da bei einer einheitlichen Bilanzierung die besonderen Chancen und Risiken eingebetteter Derivate im Jahresabschluss nicht ersichtlich werden, würde nach Auffassung des IDW eine einheitliche Bilanzierung bei Vorliegen erhöhter oder andersartiger Chancen und Risiken zu einer unzutreffenden Darstellung der wirtschaftlichen Lage führen. In allen anderen Fällen sind strukturierte Produkte – unter Beachtung der Rückausnahmen – wegen ihrer rechtlichen Einheit grundsätzlich als ein einheitlicher Vermögensgegenstand oder eine einheitliche Verbindlichkeit zu bilanzieren (IDW RS HFA 22, Tz. 9).

Ähnlich wie in IAS 39 und IFRS 9 wird in IDW RS HFA 22 das Vorliegen erhöhter oder andersartiger Risiken nur exemplarisch auf Basis von Einzelfällen dargestellt.

1.4.4.3.2 Strukturierte Finanzinstrumente mit eingebetteten Zinsderivaten

1.4.4.3.2.1 Finanzwirtschaftliche Zerlegung strukturierter Zinsprodukte

Es gibt eine Vielzahl von Investment Produkten (zumeist in der Form von Notes, Bonds oder Schuldscheindarlehen), die aufgrund eingebetteter Zinsderivate eine komplexe Verzinsung aufweisen. Der Kupon dieser Produkte wird zumeist durch eingebettete Zinsswaps, Swaptions, Caps/Floors oder auch Knock-In/Out-Features bestimmt.

Bei komplexen Zinsprodukten, welche Zinsoptionen enthalten, bildet zumeist ein Zero Bond den Ausgangspunkt für die Strukturierung. Die durch den Investor zu leistende Anfangsinvestitionsauszahlung in Höhe des Nominalbetrags (z. B. 100 Mio. EUR) wird gedanklich in Höhe der diskontierten Rückzahlung bei Endfälligkeit in einen Zero Bond investiert (z. B. 80 Mio. EUR). Durch die Aufzinsung des Zero Bonds über die Restlaufzeit wird bei Endfälligkeit der Nominalbetrag erreicht und somit eine vertragskonforme Rückzahlung sichergestellt. Die Differenz zwischen dem Nominalbetrag des strukturierten Finanzinstruments und dem Barwert (hier z. B. 20 Mio. EUR) wird in eine oder mehrere Optionen investiert, die zwischenzeitlich und/oder bei Endfälligkeit einen spezifischen Payout erzeugen können. Das Payout-Profil kann zusätzlich barwertneutral mit weiteren linearen Zinsderivaten erweitert bzw. modifiziert werden. Dies wird im Folgenden am Beispiel einer Range Accrual Note verdeutlicht.

Range Accrual Notes zahlen in bestimmten Jahren einen Zins, der abhängig davon ist, dass sich die Differenz von spezifizierten Zinssätzen innerhalb einer bestimmten Bandbreite bewegt. Ein Kupon bei solchen Notes kann bspw. die folgende Form annehmen[609]:

$$Kupon = \begin{cases} 10\,\% \, \frac{N}{365}, & \text{für Jahre } 1-4 \\ 12\,\% \, \frac{N}{365}, & \text{für Jahre } 5-8, \\ 14\,\% \, \frac{N}{365}, & \text{für Jahre } 9-12 \end{cases}$$

wobei N die Anzahl der Tage bezeichnet, in der die Differenz zwischen 30-jährigen und 10-jährigen CMS-Satz die absolute Höhe von 5 Basispunkten nicht überschreitet. Dieses Produkt kann in einen Zero Bond und verschiedene Zinsoptionen zerlegt werden.

Komplexe Zinsprodukte, die abgesehen von Zinsbegrenzungsvereinbarungen keine Zinsoptionen enthalten, können häufig als eine Kombination aus einem fest- oder variabel-verzinslichen Par Bond und linearen Zinsderivaten (z. B. Zinsswaps) repliziert werden. Dies ist z. B. bei **Leveraged Steepener Notes** der Fall. Investoren in diese Notes setzen auf eine ansteigende Steilheit der Zinsstrukturkurve. Ein Kupon kann bspw. die folgende Form annehmen[610]:

$$Kupon = \begin{cases} 12\,\%, & \text{für Jahr 1} \\ 4 \cdot (CMS_{30y} - CMS_{2y}), & \text{für Jahre 2 bis 20} \end{cases}$$

Zudem gilt ein Floor bei 0 % und ein Cap von 20 %.

Die Note kann durch einen Par-Bond sowie einer Serie von CMS_{30y}-Forward Receiver Swaps und CMS_{2y}-Forward Payer Swaps sowie Caps und Floors repliziert werden.

1.4.4.3.2.2 Kriterien zur Trennung eingebetteter Zinsderivate nach IDW RS HFA 22

a) Negativverzinsung

Nach IDW RS HFA 22.16c) sind eingebettete Zinsderivate zu trennen, wenn diese zu einer Negativverzinsung des Produkts und damit zu einem Substanzverlust für den Inhaber führen können. Substanzverluste können insbesondere bei Zinsdifferenzenanleihen (wie z. B. CMS-Spread Notes, Steepener oder Flattener Bonds) oder auch bei Reverse Floating Rate Notes entstehen, sofern diese jeweils keine Mindestverzinsung (Floor) aufweisen. Eine Reverse Floating Rate Note mit dem folgenden Kupon, kann eine Negativverzinsung bewirken:

$$Kupon = \begin{cases} 7\,\%, & \text{für Jahr 1} \\ 6\,\% \ ./. \ 3M-EURIBOR, & \text{für Jahre 2 bis 20} \end{cases}$$

Sofern kein Floor vorgesehen ist, kann es für die Jahre 2 bis 20 zu einer Negativverzinsung kommen, wenn der 3M-EURIBOR über 6 % steigt. Aufgrund der möglichen Negativverzinsung ist die Reverse Floating Rate Note in einen Par Bond und einen Forward Receiver Swap zu zerlegen.

---

609 Vgl. Morgan Stanley, Term Sheet zu DE000MS0J477, EUR Callable CMS-Spread Range Accrual Note.
610 Vgl. Barclays Capital, Pricing Supplement, 14.12.2010, ISIN US06740PYE05.

Während nach IAS 39.AG 33(a) aF (nunmehr IFRS 9.B4.3.8) eine Trennungspflicht dann nicht gegeben ist, wenn der Investor **substanziell** seine Anfangsinvestitionsauszahlung zurückerhält, begründet jegliche Negativverzinsung gem. Wortlaut des IDW RS HFA 22 eine Trennungspflicht. Demzufolge wäre nach HGB eine Trennungspflicht auch dann gegeben, wenn die Negativverzinsung nicht substanziell ist. Ein substanzieller Rückerhalt der Anfangsinvestitionsauszahlung kann nach IFRS bei einer Quote von mindestens 90 % angenommen werden[611].

Nach der hier vertretenen Auffassung besteht eine Trennungspflicht bereits dann, wenn eine Negativverzinsung in **einer** Periode besteht, selbst wenn diese durch eine positive Verzinsung in einer anderen Periode ausgeglichen wird. Insoweit kann der Meinung in Schaber et al. nicht gefolgt werden, dass eine Kapitalgarantie zugleich auch eine einheitliche Bilanzierung in Ermangelung einer Negativverzinsung impliziert[612]. Eine getrennte Bilanzierung würde somit für ein illiquides, kapitalgarantiertes Produkt des Umlaufvermögens notwendig sein, bei dem die Negativverzinsung in einer Periode durch eine garantierte positive Verzinsung in einer anderen Periode ausgeglichen wird. Aufgrund der fehlenden Halteabsicht bis zu Endfälligkeit und aufgrund der möglichen Negativverzinsung kann trotz Kapitalgarantie eine Substanzerhaltung für den Inhaber des strukturierten Finanzinstruments nicht sichergestellt werden, so dass eine getrennte Bilanzierung notwendig ist.

b) Double-Double-Test

Nach IDW RS HFA 22.16d) sind eingebettete Zinsderivate getrennt zu bilanzieren, wenn sie die anfängliche Rendite des Basisinstruments mindestens verdoppeln und zu einer Rendite führen, die mindestens doppelt so hoch ist wie die Marktrendite für einen Vertrag mit gleichen Bedingungen wie das Basisinstrument. Unter Berücksichtigung des Kriteriums der Negativverzinsung können die Trennungskriterien damit wie folgt systematisiert werden.

Eine Trennungspflicht ist nur dann nicht gegeben, wenn sowohl eine Verdopplung der anfänglichen Rendite als auch eine Verdopplung der Marktrendite in der Zukunft nicht möglich ist. Mit anderen Worten, eine Trennung muss nur erfolgen, wenn durch das eingebettete Derivat eine Verdopplung von interner Rendite und szenariospezifischer Marktrendite herbeigeführt werden kann. Dazu ist auf Basis der Marktverhältnisse zum Zeitpunkt des Geschäftsabschlusses eine individuelle quantitative Analyse erforderlich.

Unter der **Anfangsrendite** (erster Verdopplungstest) ist der Marktzins eines Plainvanilla-Basisinstruments für eine Laufzeit zu verstehen, die der Laufzeit des strukturierten Produkts entspricht. Bei kündbaren strukturierten Finanzinstrumenten besteht eine denkbare Vorgehensweise darin, mehrere interne Renditen mit Restlaufzeiten bis zu den jeweiligen Kündigungsterminen als Vergleichsmaßstäbe zugrunde zu legen.

---

611 Vgl. Löw/Lorenz, in: Rechnungslegung für Banken nach IFRS 2005, S. 547; Gaber/Kandel, in: KoR 2008, S. 15; Rüffer/Send/Siwik, in: KoR 2009, S. 448.
612 Vgl. Schaber/Rehm/Märkl/Spies (2010), S. 28.

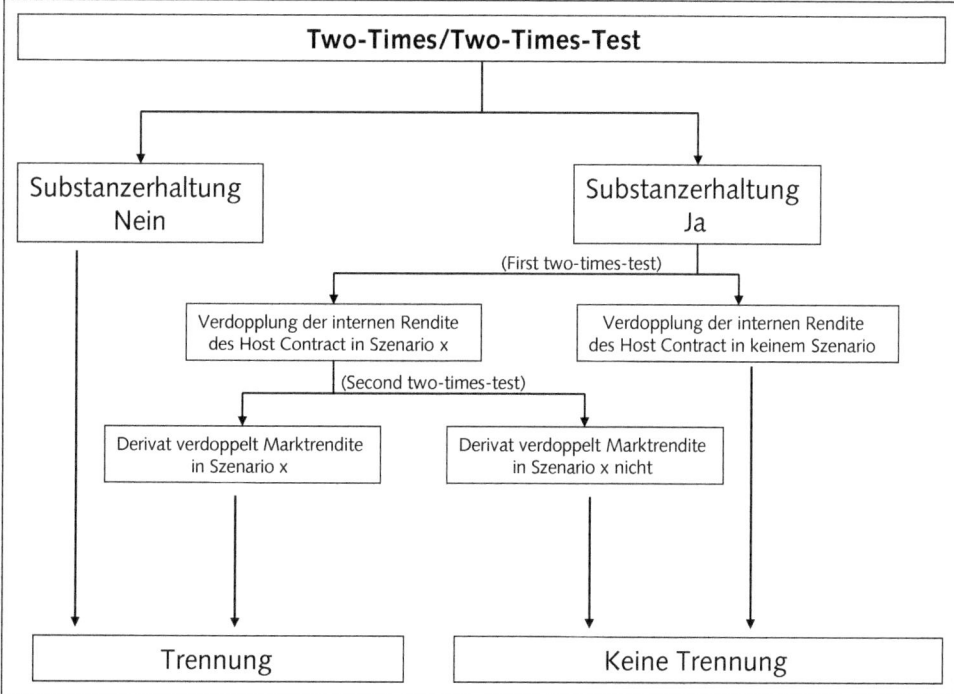

Abb. 32: Double-Double-Test[613]

Die **Marktrendite** (zweiter Verdopplungstest) entspricht am Trade Date der Anfangsrendite. Zu den nachfolgenden Zeitpunkten verändert sich die Marktrendite des strukturierten Finanzinstruments aufgrund der eingebetteten Derivate in einer anderen Art und Weise als die Marktrendite eines Plain-vanilla-Basisinstruments. Eine Trennungspflicht besteht (kumulativ zu der ersten Bedingung) dann, wenn es künftige Zinsszenarien gibt, in denen eingebettete Derivate zu einer Verdopplung der Marktrendite im Vergleich zum Plain-vanilla-Basisinstrument führen. Fraglich ist, ob bei dieser Renditeermittlung alle denkbaren Zinsszenarien einzubeziehen sind, oder ob mit dieser Anforderung auch gemeint sein kann, dass die Rendite bspw. bei einem bestimmten Konfidenzniveau (z. B. 95 % oder 99 %) nicht verdoppelt werden kann. Folgt man der analogen US GAAP-Regelung in SFAS 133.13 aF, so sind alle möglichen Zinsszenarien zugrunde zu legen, auch wenn ihr Eintritt nur mit einer äußerst geringen Wahrscheinlichkeit zu erwarten ist[614]. Es erscheint sachgerecht, die Regelungen in IDW RS HFA 22.16d) analog zu SFAS 133.13 aF auszulegen.

Nach dem Wortlaut von IDW RS HFA 22.16d) wäre es zudem notwendig, für mögliche Zinsszenarien in der Zukunft eine Marktbewertung des strukturierten Finanzinstruments zu simulieren und die dabei entstehende Marktrendite einer szenariospezifischen, simu-

---

613 Vgl. Gaber/Kandel, in: KoR 2008, S. 9ff.
614 Nach SFAS 133.13 aF ist ein eingebettetes Derivat nicht »clearly and closely related«, wenn »there is a possible future interest rate scenario (even though it may be remote) under which the embedded derivative would at least double the investor´s initial rate of return on the host contract.«

lierten Marktrendite eines Plain-vanilla-Basisinstruments mit entsprechend verkürzter Restlaufzeit gegenüberzustellen. Aus Gründen der Praktikabilität wird es für vertretbar gehalten, für die Berechnung der künftigen Marktrendite die Anschaffungskosten im Zugangszeitpunkt als Bezugsgröße heranzuziehen[615].

c) Zinsbegrenzungsvereinbarungen

Oftmals sind in strukturierten Produkten Zinsbegrenzungsvereinbarungen (Caps, Floors) enthalten. Nach IDW RS HFA 22 sind – in Anlehnung an IAS 39.AG 33(b) aF (nunmehr IFRS 9.B4.3.8(b)) – eingebettete Caps und Floors unter anderem dann nicht zu trennen, wenn sie zum Zeitpunkt des Vertragsabschlusses »at or out of the money« sind und die Zinsbegrenzungsvereinbarung keine Hebelwirkung aufweist. Eine einheitliche Bilanzierung setzt mithin voraus, dass der Cap größer oder gleich »dem herrschenden Marktzins« bzw. der Floor kleiner oder gleich »dem herrschenden Marktzins« ist. Der Betrachtungszeitpunkt ist hier stets der Handelstag (Trade Date). Bei Caps und Floors, die sich im Zeitablauf der Höhe nach ändern, erscheint es sachgerecht, diese Beurteilung auf Basis von Forwardsätzen durchzuführen. Caps und Floors, die im Zugangszeitpunkt »im Geld« sind, stellen dementsprechend trennungspflichtige eingebettete Derivate dar. Caps können im Rahmen der Strukturierung eines komplexen Zinsprodukts dazu dienen, eine Verdopplung von anfänglicher Rendite und Marktrendite zu verhindern[616].

Anlässlich des negativen Zinsumfelds werden in der Praxis vermehrt **Zinsuntergrenzen i. H. v. 0 %** bei variabel verzinslichen Kreditverträgen vereinbart, sodass die Frage bedeutsam wird, ob unter dem »herrschenden Marktzins« der reine Referenzzinssatz (EURIBOR oder LIBOR) oder der kontrahierte Außenzins des Krediertes (inklusive Marge) zu verstehen ist. Nach Auffassung des IFRSIC ist für die Prüfung, ob der Floor im Geld ist, ein Vergleich mit dem Marktzins inklusive Marge vorzunehmen[617]. Nach der hier vertretenen Auffassung ist dieser Sichtweise auch für die handelsrechtliche Bilanzierung zu folgen[618]. In der Mehrzahl der Praxisfälle dürfte damit eine Trennungspflicht zu verneinen sein.

d) Kündigungsrechte und Vorfälligkeitsentschädigungen

Nach IDW RS HFA 22.16g) sind eingebettete Kauf-, Verkaufs-, Verzichts- oder Vorfälligkeitsoptionen getrennt zu bilanzieren, sofern der Ausübungspreis der Option am jeweiligen Abschlussstichtag nicht annähernd den fortgeführten Anschaffungskosten bzw. dem Buchwert des Basisinstruments entspricht. Vorfälligkeitsentschädigungen, die »den Gläubiger für einen Zinsverlust für den Zeitraum von der Ausübung der Option bis zur Endfälligkeit des Darlehens entschädigen«, sind in den Vergleich des Ausübungspreises mit den fortgeführten Anschaffungskosten nicht einzubeziehen. Eine Kündigung unterhalb der Anschaffungskosten führt dazu, dass der Inhaber seine Anfangsinvestitionsauszahlung nicht zurückerhält, wodurch eine Trennungspflicht begründet wird. Die Ausübung einer

---

615 Vgl. Rüffer/Send/Siwik, in: KoR 2008, S. 451.
616 Für eine Herleitung von Caps, die eine Trennungspflicht verhindern können vgl. Rüffer/Send/Siwik, in: KoR 2008, S. 451 ff.
617 Vgl. IFRSIC, Staff Paper, September 2015, Agenda ref. 9. Technisch soll die Gesamtverzinsung des Instruments mit Floor größer sein als die Marktverzinsung.
618 So auch Bär/Blaschke/Geisel/Vietze/Weigel/Weißenberger, in: WPg 2017, S. 1132 (S. 1137).

Call- oder Put Option kann sich auch auf einen Teilbetrag des ausstehenden Nominalbetrags beziehen. Ferner ist zu unterscheiden zwischen Emittentenkündigungsrechten und Kündigungsmöglichkeiten, die dem Inhaber des Finanzinstruments zustehen. Im Falle von Emittentenkündigungsrechten ist in der Verzinsung des Finanzinstruments regelmäßig ein Aufschlag enthalten, wodurch dem Inhaber eine Stillhalterprämie vergütet wird.

Sofern die Kündigung eines Par Bonds jederzeit durch den Emittenten zum Nominalbetrag erfolgen kann, so kann eine Trennungspflicht der eingebetteten Kündigungsoption dann gegeben sein, wenn der Bond mit einem hohen Disagio begeben wurde. Der Ausübungspreis der Kündigungsoption wird in diesem Fall von den fortgeführten Anschaffungskosten abweichen.

Aus praktischer Sicht ist festzustellen, dass bei einem kündbaren festverzinslichen Bond in einem Ausübungspreis über Par i.d.R. auch ein Anteil einer Vorfälligkeitsentschädigung enthalten sein kann. Der Unterschied zwischen einer Vorfälligkeitsentschädigung im Kreditgeschäft und einem (ggf. laufzeitabhängig definierten) Kündigungspreis besteht jedoch darin, dass letzterer bereits im Vorhinein fest definiert ist, während eine Vorfälligkeitsentschädigung hingegen unter Berücksichtigung des Marktzinsniveaus zum Kündigungszeitpunkt errechnet wird. Sofern Kündigungspreise allerdings in den Anleihebedingungen auf Basis der Formel definiert sind, die der Berechnung von Vorfälligkeitsentschädigungen dient, liegt keine Trennungspflicht vor. Sofern allerdings ein fester Betrag unabhängig von der Verzinsung im Zeitpunkt der Kündigung vereinbart ist, so liegt keine Vorfälligkeitsentschädigung vor.

e) Verlängerungsoptionen und Abnahmeverpflichtungen

Nach IDW RS HFA 22.16f) sind eingebettete Verlängerungsoptionen getrennt zu bilanzieren, sofern die Verzinsung des Finanzinstruments im Zeitpunkt der Verlängerung nicht an die aktuellen Marktbedingungen angepasst wird. Sofern keine Anpassung an die aktuellen Marktbedingungen erfolgt, liegt eine Abnahmeverpflichtung (Stillhalterverpflichtung) vor, nach der der Inhaber des strukturierten Finanzinstruments verpflichtet wird, weitere Finanzinstrumente zu vorab festgelegten Bedingungen zu erwerben[619]. Eine Laufzeitverlängerung ohne Anpassung an die Marktrendite erfolgt z.B. bei Multi-Tranchen-Anleihen sowie Multi-Extender Bonds[620].

f) Multiple eingebettete Derivate

Während die Umsetzung der Vorschriften bei strukturierten Instrumenten, die aus einem Host Contract und einem einzigen Derivat bestehen, vergleichsweise einfach ist, stellen sich weitere Operationalisierungsprobleme im Rahmen der Prüfung im Hinblick auf eine bilanzielle Aufspaltung von strukturierten Produkten mit mehreren eingebetteten Derivaten. Diese sollen an dem folgenden Beispiel verdeutlicht werden:

Ein vom Emittenten jährlich kündbarer 50-jähriger strukturierter Bond besteht finanzwirtschaftlich aus den folgenden Bestandteilen: Zero-Bond (= Host Contract); Swap, Cap,

---
[619] Vgl. Schaber/Rehm/Märkl/Spies (2010), S. 33.
[620] Zur Erläuterung vgl. Schaber/Rehm/Märkl/Spies (2010), S. 34.

Floor und Kündigungsoptionen (= eingebettete Derivate). Der Floor ist so ausgestaltet, dass keine Negativ-Verzinsung erfolgt und der Investor damit substanziell seine gesamte Investitionsauszahlung zurückerhält. Der Cap verhindert eine Verdopplung der internen Rendite des Host Contracts.

In einem ersten Schritt ist festzuhalten, dass alle derivativen Bestandteile nur von einem Risikofaktor (nämlich dem Zinsniveau) abhängen. Das Underlying aller Derivate ist damit ein Zins bzw. ein Zinsindex, so dass die Anwendung des IDW RS HFA 22.16c) und d) einschlägig ist. Durch die Ausgestaltung der jeweiligen derivativen Einzelbestandteile (Kupon-Floor größer gleich 0 % und Kupon-Cap kleiner gleich zweifache der Marktrendite) wird sichergestellt, dass der IDW RS HFA 22.16d) in seiner Gesamtheit erfüllt wird und daher die eingebetteten Derivate und der Basisvertrag eng miteinander verbunden sind.

Müsste nun zusätzlich zum IDW RS HFA 22.16d) jedes Einzelderivat auf seine Trennungspflicht untersucht werden, so würden sich folgende Interdependenzen ergeben: Werden bspw. die eingebetteten Caps und Floors primär nach IDW RS HFA 22.16c), Fußnote 11 untersucht, so ist die Menge der nicht-trennungspflichtigen Caps und Floors größer als nach den Kriterien des IDW RS HFA 22.16d). Nach IDW RS HFA 22 sind eingebettete Caps und Floors unter anderem dann nicht zu trennen, wenn sie aus dem Geld sind; d.h. der Cap größer oder gleich dem Marktzins bzw. der Floor kleiner oder gleich dem Marktzins ist. Je höher bspw. der Cap im Rahmen einer Strukturierung angesetzt wird, desto leichter kann der IDW RS HFA 22.16d) erfüllt werden, wonach der Cap größer oder gleich dem Marktzins sein muss, um keine Trennungspflicht auszulösen. Jedoch kann durch einen zu hohen Cap das Erfordernis des IDW RS HFA 22.16d) nicht erfüllt werden, wonach in diesem Zusammenhang einem Cap die Aufgabe zukommt, den Leverage der derivativen Bestandteile auf eine Verdopplung der internen Rendite des Host Contracts zu beschränken. In diesem Zusammenhang würde die Existenz von Kündigungsrechten die eingebetteten Caps und Floors auch **bewertungstechnisch untrennbar** mit den übrigen Zinsderivaten verbinden. So bestehen in dem obigen Beispiel die eingebetteten Caps und Floors jeweils aus 50 Caplets und 50 Floorlets, deren Existenz jeweils abhängig von der Ausübung der Kündigungsrechte ist. Werden nun zusätzlich zu einer Gesamtbetrachtung auch die Einzelkomponenten nach den Kriterien des IDW RS HFA 22.16d) geprüft, so wäre die »aus dem Geld«-Bedingung für Caps und Floors, die in kündbare Instrumente eingebettet sind, **überhaupt erst zu definieren**. In einem ersten Schritt müsste zunächst festgelegt werden, ob ein Cap dann aus dem Geld ist, wenn alle Caplets im Vergleich zu den jeweiligen laufzeitspezifischen Zinssätzen aus dem Geld sind, oder ob ein Durchschnitt über alle Caplets ausreichend ist. Neben der Operationalisierung dieser Anforderungen, welches einen erhöhten Komplexitätsanspruch an die Bewertungs- und Buchhaltungssysteme formulieren würde, ergeben sich daraus dann weitere Folgefragen.

Um jedoch die oben beschriebenen Interdependenzen zu vermeiden, wird es nach der hier vertretenen Auffassung als sachgerecht angesehen, mehrere eingebettete Derivate, die alle dem Risikofaktor Zins unterliegen als **ein** zusammengefasstes Zinsderivat anzusehen (IDW RS HFA 22, Tz. 19). Aus diesem Grunde wäre z.B. auch eine Zerlegung eines Caps in mehrere (kündigungsabhängige) Caplets nicht gestattet[621]. Nur in dem Fall, dass die

---
621 Vgl. auch SFAS 133.179 aF sowie für IFRS KPMG (2006), S. 26; PWC (2005), S. 474.

multiplen eingebetteten Derivate unterschiedlichen Risiken unterliegen, leicht voneinander getrennt werden können und (wertmäßig) unabhängig voneinander sind, müssen die Einzelbestandteile gesondert bilanziert werden[622]. In Anlehnung an IAS 39.AG 29 kommt eine Aufspaltung der Einzelderivate nur dann in Betracht, wenn diese drei Bedingungen kumulativ erfüllt werden. Aus diesem Grund liegt es nahe, bei Zinsprodukten mit multiplen eingebetteten Derivaten wie folgt vorzugehen:

a) In einem ersten Schritt ist zu prüfen, ob für jede einzelne Komponente eine gesonderte Untersuchung auf Trennungspflicht vorzunehmen ist[623]. Aus diesem Grunde ist zunächst zu prüfen, ob die enthaltenen Einzelderivate jeweils demselben Risikofaktor unterliegen.
b) Ist dies der Fall, so können die multiplen eingebetteten Derivate in einem zweiten Schritt als ein »compound embedded derivative« angesehen werden, und gemeinsam auf eine getrennte Bilanzierungspflicht untersucht werden. Andernfalls ist eine getrennte Prüfung vorzunehmen.

Bei dieser Vorgehensweise sind in dem obigen Beispiel die eingebetteten Caps, Floors und Kündigungsrechte zusammen mit dem Swap als Bestandteile eines »**zusammengesetzten Zinsderivats**« anzusehen, das in seiner Gesamtheit nach den Kriterien des IDW RS HFA 22, Tz. 16b) und c) auf eine Separierungspflicht eingebetteter Derivate zu prüfen ist. Insgesamt sorgen in dem obigen Beispiel die eingebetteten Caps und Floors dafür, dass der wertbestimmende Einfluss des »zusammengesetztes Derivats« das Hybridinstrument nicht dominiert[624]. Der Anleihe-Charakter bleibt in diesem Fall erhalten.

Entgegen der Auffassung in Schaber et al. wird die folgende Differenzierung als sachgerecht angesehen. Für komplexe Zinsprodukte, deren eingebettete Derivate einzeln bewertet werden können, sind die Trennungskriterien in IDW RS HFA 22, Tz. 16c), d) und g) einzeln anzuwenden. In vielen Fällen ist eine Einzelbewertung der eingebetteten Derivate jedoch nicht mehr möglich. Dies betrifft bspw. kündbare Reverse Floater mit Cap und Floor oder ähnlich ausgestattete kündbare Notes, deren Kupon sich arithmetisch aus mehreren Zinsindizes zusammensetzt. Für diese Produkte müsste eine Aggregation der Trennungsnormen erfolgen, da eine Einzelanwendung der Trennungsnormen zu unsachgerechten Ergebnissen führen kann. Vor diesem Hintergrund ist es sachgerecht, mehrere Derivate, die demselben Risiko unterliegen als ein zusammengesetztes eingebettetes Derivat zu behandeln (IDW RS HFA 22, Tz. 19) und für dieses im Falle von Zinsderivaten eine Trennungspflicht auf Basis des Double-Double-Tests in seiner Gesamtheit vorzunehmen.

---

622 An dieser Stelle sei darauf hingewiesen, dass die bewertungstechnischen Abhängigkeiten auch durch die IFRS anerkannt werden. So können z. B. bei kündbaren Wandelanleihen wertmäßige Abhängigkeiten zwischen Kündigungsrechten und Wandlungsrechten bestehen. Für passivische Hybridinstrumente vgl. dazu z. B. IFRS 7.BC 28–31. Vgl. auch KPMG (2007), S. 60.
623 Vgl. Löw/Lorenz, in: Rechnungslegung für Banken nach IFRS, S. 550.
624 So kann z. B. ein split accounting für inverse floating rate notes durch die Implementierung entsprechender Caps und Floors vermieden werden. Vgl. z. B. PWC (2005), S. 478 sowie KPMG (2006), S. 26–27.

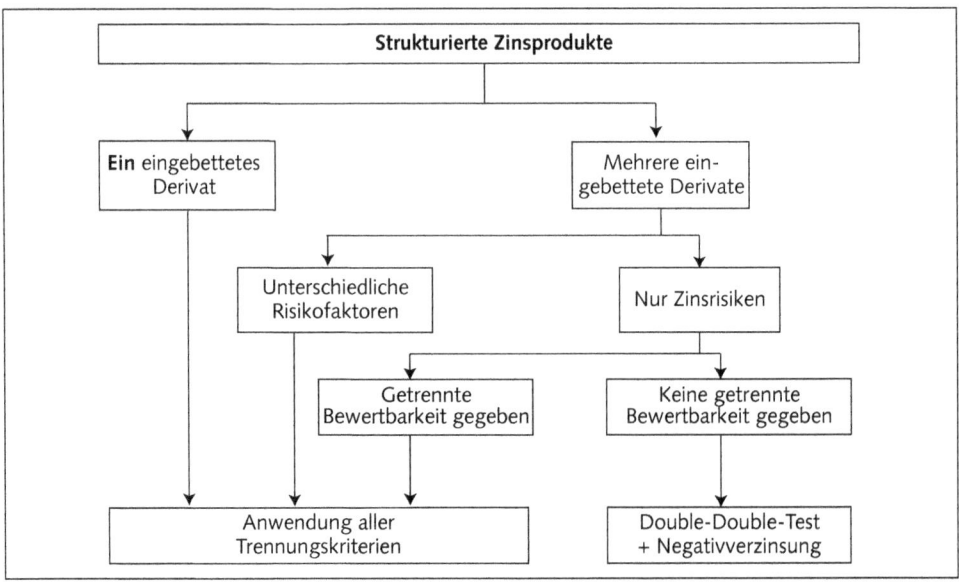

Abb. 33: Vorgehen bei mehreren eingebetteten Zinsderivaten

Aufgrund einer fehlenden Einzelbewertbarkeit von Zinsderivaten in komplexen Strukturen, würde die Einzelanwendung von Trennungskriterien auf Derivate erfolgen, die in dieser Form in den komplexen Instrumenten nicht enthalten sind. So würde die Anwendung von IDW RS HFA 22, Tz. 16c)-Fußnote 11 zu einer Trennung von eingebetteten »in-the-money«-Caps und Floors führen, obwohl in dem strukturierten Instrument nur »kündbare Caps und Floors« vorliegen und diese nicht separat von den übrigen Zinsderivaten bewertet werden können. Aus diesem Grund wird bei fehlender Einzelbewertung eingebetteter Zinsderivate die Anwendung des Double-Double-Tests unter Berücksichtigung der Negativverzinsung für sachgerecht erachtet.

1.4.4.3.3 Eingebettete Währungsderivate

Nach IDW RS HFA 22, Tz. 16a) ist eine Trennung eingebetteter Derivate vorzunehmen, wenn das Derivat einem über das Zinsrisiko hinausgehenden Marktpreisrisiko unterliegt. Dies betrifft insbesondere Finanzinstrumente, deren Zinszahlungen davon abhängen, ob ein Wechselkurs eine bestimmte Grenze über- oder unterschreitet. Diese Instrumente lassen sich zumeist in Zero Bonds und eingebettete trennungspflichtige FX-Barrier-Optionen zerlegen. Normale Fremdwährungsanleihen oder Kredite stellen hingegen keine strukturierten Produkte dar. Diese sind nach den Grundsätzen der Währungsumrechnung mit ihrem EUR-Gegenwert zu bilanzieren. Auch auf eine andere Währung lautende Zinssätze stellen keine trennungspflichtigen eingebetteten Währungsderivate dar, da mit diesen Strukturen lediglich ein Zinsrisiko verbunden ist.

Oftmals finden sich in Kreditverträgen oder Kundeneinlagen Vereinbarungen, die es einer Partei erlauben, eine endfällige Tilgungszahlung in einer Währung zu leisten, die nicht mit der Währung des ursprünglichen Kreditbetrags oder der ursprünglichen Einlage übereinstimmt. So kann dem Kreditnehmer bspw. das Recht zugestanden werden, einen in Euro ausgereichten Kredit bei Fälligkeit entweder in Euro oder in USD zurückzuzahlen. Hier ist zu unterscheiden, ob bei dieser Wandlungsmöglichkeit der Rückzahlungsbetrag in fremder Währung fest oder variabel ist. Wird der Rückzahlungsbetrag in USD durch Multiplikation des ursprünglichen Rückzahlungsbetrags in Euro mit dem bei Fälligkeit aktuellen Kassakurs ermittelt, so liegt kein Derivat vor, da diese Vereinbarungen keinen Wertschwankungen auf Basis eines Underlyings unterliegt. Ist hingegen der Rückzahlungsbetrag in USD in absoluter Höhe fixiert und schwankt damit der Euro-Gegenwert des Rückzahlungsbetrags, so liegt ein trennungspflichtiges eingebettetes Derivat vor[625]. Die Nebenabrede, Zinszahlungen in einer fremden Währung umgerechnet mit dem in diesen Zeitpunkt vorherrschenden Wechselkurs vorzunehmen, stellt kein Derivat, sondern ein künftiges marktgerechtes Kassageschäft dar, und führt deshalb nicht zu erhöhten oder andersartigen Risiken.

1.4.4.3.4 Eingebettete Kreditderivate

Kreditderivate stellen Finanzinstrumente dar, welche die Möglichkeit einräumen, das Kreditrisiko eines (möglicherweise sich nicht im Besitz des Sicherungsnehmers befindlichen) Referenzaktivums auf einen Sicherungsgeber zu übertragen[626]. Der derivative Charakter liegt darin begründet, dass der Garantiegeber in der Lage ist, das Kreditrisiko eines Referenzaktivums zu übernehmen, ohne den Vermögenswert direkt besitzen zu müssen. In diesem Zusammenhang wird verschiedentlich als wichtiges Trennungskriterium für strukturierte Kreditprodukte (wie z. B. Credit Linked Notes[627]) die Unterscheidung zwischen synthetischen CLN/CDO-Strukturen und Cash-Flow-Strukturen angesehen[628].

Bei einer **synthetischen Verbriefungsstruktur** stehen den von der Emissionsgesellschaft begebenen Notes Collateral Bonds und Credit Default Swaps gegenüber, durch die das für die Credit Linked Notes typische Kreditrisiko generiert wird. Für diesen Fall besteht bei dem Erwerber einer Credit Linked Note nach h. M. eine Trennungspflicht des in der Note eingebetteten Kreditderivats, da durch die synthetische Verbriefung von der Emissionsgesellschaft das Kreditrisiko von Referenzaktiva auf den Erwerber der Credit Linked Note übertragen wurde, ohne dass sich die Referenzaktiva im Besitz der Emissionsgesellschaft befinden[629].

Im Unterschied dazu stehen bei **Cash-Flow-Strukturen** den von der Emissionsgesellschaft begebenen Notes direkt die jeweiligen Referenzaktiva (Bonds, Kreditkartenforderungen, Leasingforderungen usw.) gegenüber. In diesem Fall überträgt die Emissionsgesellschaft das Kreditrisiko der Referenzaktiva auf den Erwerber einer Credit Linked Note, wobei sich die Referenzaktiva direkt im Besitz der Emissionsgesellschaft befinden. Dieses

---

625 Vgl. z. B. KPMG (2006), S. 22.
626 Zur Erläuterung vgl. Auerbach/Klotzbach, in: Kreditderivate, hrsg. v. Burghoff, S. 270 f.
627 Zur Definition vgl. bspw. IDW RS BFA 1, Tz. 9 oder Deutsche Bundesbank: Monatsbericht, April 2004, S. 30 ff.
628 Vgl. z. B. KPMG (2006), S. 27 f.; Deloitte (2007), S. 145–147; IDW: Positionspapier des IDW zu Bilanzierungs- und Bewertungsfragen im Zusammenhang mit der Subprime-Krise, 2007, S. 4.
629 Vgl. Deloitte (2007), S. 147.

Merkmal erfüllt die Kriterien einer Finanzgarantie nach IFRS 9, Appendix A, so dass eine einheitliche Bilanzierung zu erfolgen hat[630].

Nach IDW RS HFA 22 wird eine explizite Unterscheidung zwischen Kreditderivaten und Finanzgarantien nicht vorgenommen. Grundsätzlich ist nach handelsrechtlichen Grundsätzen eine Trennung vorzunehmen, wenn aufgrund des eingebetteten Derivats »erhöhte oder zusätzliche (andersartige)« Risiken und Chancen in dem Gesamtinstrument enthalten sind. Hinsichtlich des Bonitätsrisikos wird eine Trennungspflicht dann als erfüllt angesehen, wenn »neben den Bonitätsrisiken des Emittenten weitere Risiken« vorliegen. Klarer wurde das Trennungskriterium in der Formulierung des IDW RS BFA 1.003 aF, Tz. 7 beschrieben. Darin wird eine Trennung als notwendig angesehen, wenn das »eingesetzte Kapital (…) neben dem Bonitätsrisiko des Emittenten durch weitere Risiken gefährdet (wird)«[631]. Einer Credit Linked Note sind neben dem Bonitätsrisiko des Emittenten auch die Bonitätsrisiken der Referenzaktiva immanent[632], so dass dies zu einer getrennten Bilanzierung von Basis-Schuldverschreibung und eingebetteten Credit Default Swap führt. Dieses handelsrechtliche Kriterium für eine getrennte Bilanzierung ist im Vergleich zu den Trennungskriterien nach internationalen Rechnungslegungsregeln sowohl für Cash Flows als auch für synthetische Verbriefungsstrukturen gegeben. Bei konsequenter Anwendung des handelsrechtlichen Trennungskriteriums würde damit eine handelsrechtliche Trennungspflicht für Cash-Flow-Strukturen des Anlagebestands bestehen, die gem. der obigen Unterscheidung im Sinne des IAS 39 aF nicht zu trennen wären, da diese eine Finanzgarantie enthalten. Fraglich ist jedoch, ob nicht eine parallele Auslegung der Trennungskriterien für IFRS und HGB für strukturierte Kreditprodukte möglich ist.

So stellt das IDW im Hinblick auf die handelsrechtliche Bilanzierung fest, dass »auch im handelsrechtlichen Abschluss im Falle synthetischer Strukturen grundsätzlich eine Aufspaltung des strukturierten Produkts in den Basisvertrag (Wertpapier) und eingebettete Derivate (insb. CDS) erforderlich (ist)«[633]. Nach h. M. besteht eine Trennungspflicht für Cash-CDOs nach handelsrechtlichen Grundsätzen nicht[634].

Enthält ein Schuldinstrument ein trennungspflichtiges Kreditderivat, so sind die laufenden Zinszahlungen des Basisinstruments als Zinsertrag zu vereinnahmen; laufende Prämienzahlungen sowie Ausgleichszahlungen des eingebetteten Kreditderivats sind nach den Grundsätzen des IDW RS BFA 1 zu bilanzieren. Ist das eingebettete Kreditderivat als **freistehendes Derivat** i. S. d. IDW RS BFA 1 zu klassifizieren sind die mit dem Derivat verbundenen Zahlungen daher im sonstigen betrieblichen Ergebnis auszuweisen (IDW RS BFA 1, Tz. 38, 33). Bei einer Klassifizierung als gestellte **Kreditsicherheit** ist ein Ausweis der Prämienzahlungen im Provisionsergebnis vorzunehmen (siehe im Einzelnen Kapitel VI.3.2.3)

---

630 Vgl. KPMG (2006), S. 27; Deloitte (2007), S. 147; IDW: Positionspapier des IDW zu Bilanzierungs- und Bewertungsfragen im Zusammenhang mit der Subprime-Krise, 2007, S. 4.
631 Zur Erläuterung von IDW RS BFA 1.003 vgl. auch Bertsch, in: KoR 2003, S. 550–563; Jaud, in: BankPraktiker 2006, S. 482–487.
632 Vgl. Kühnle, in: WPg 2002, S. 290.
633 IDW, Positionspapier des IDW zu Bilanzierungs- und Bewertungsfragen im Zusammenhang mit der Subprime-Krise, Dez. 2007, S. 14.
634 Vgl. z. B. Struffert/Wolfgarten, in: WPg 2010, S. 378; Albrecht/Reinbacher/Niehoff/Derfuß, in: KoR 2013, S. 279.

1.4.4.3.5 Eingebettete Derivate im Kreditgeschäft

Das Kreditgeschäft ist auf das Vorliegen eingebetteter Derivate nach IDW RS HFA 22 zu prüfen. Diese Notwendigkeit ergibt sich trotz der Zuordnung von Krediten zum Umlaufvermögen gem. § 340e Abs. 1 HGB, da für Kredite i. d. R. keine an einem aktiven Markt notierten Preise existieren. Die folgenden Merkmale und Nebenabreden können auf in Kreditverträgen eingebettete Derivate hindeuten und sind entsprechend der Trennungskriterien des IDW RS HFA 22 zu überprüfen:

- Financial Covenants
- Kreditspezifische Kündigungsrechte und Vorfälligkeitsentschädigungen
- Equity Kicker
- Wandlung von Währungskonditionen
- Eingebettete Zinsderivate (wie Zinswandlungsrechte oder Zinsbegrenzungsvereinbarungen)

In Bezug auf die letzten beiden Punkte wird auf die oben genannten Ausführungen verwiesen.

1.4.4.3.5.1 Financial Covenants

Financial Covenants sind ein weitverbreitetes Instrument der Überwachung der finanziellen Situation eines Kreditnehmers[635]. Unter Financial Covenants sind Nebenabreden in Bezug auf finanzielle Bedingungen oder Ereignisse zu verstehen, deren Eintritt verschiedene – in Kreditverträgen oder in Anleihebedingungen – definierte Rechtsfolgen auslösen können. Häufig werden Kreditnehmer durch Financial Covenants dazu verpflichtet, einen festgelegten Grenzwert bestimmter Finanzkennzahlen (wie z. B. Eigenmittelquote, Zinsdeckungsgrad, Umsatzrendite) einzuhalten. Die Rechtsfolgen bei einer Nichteinhaltung dieser Bedingungen sind in der Praxis sehr vielfältig. So kann der Kreditgeber bspw. im Falle eines Bruchs der Bedingungen (Covenant Breach) die außerordentliche Kündigung des Kredits oder das Stellen zusätzlicher Sicherheiten verlangen (Nachbesicherungsrecht)[636]. Ferner kann ein Covenant Breach auch bestimmte Aktivitäten (z. B. Investitionsausgaben, Schuldenaufnahme) des Kreditnehmers beschränken[637].

Finanzwirtschaftlich können viele Covenants und ähnliche Vertragsabreden als Derivate charakterisiert werden, da es durch diese Vereinbarungen zu einem Austausch von Leistungen oder zu einem einseitigen Leistungstransfer kommt, sofern bestimmte Ereignisse eintreten. Die unterschiedlichen Erscheinungsformen von Financial Covenants sind sehr vielfältig und lassen sich in die verschiedenen Konfliktbereiche zwischen Eigenkapital- und Fremdkapitalgeber klassifizieren[638]:

a) **Dividend Covenants**: Ein klassischer Konflikt zwischen Eigenkapital- und Fremdkapitalgebern besteht darin, dass eine Ausschüttung an einen Eigenkapitalgeber (entweder direkt als Dividende oder indirekt über Aktienrückkäufe) die Haftungsmasse des

---
635 Vgl. Nini/Smith/Sufi (2006) oder Mather/Peirson, in: Accounting and Finance 2006, S. 285–307.
636 Vgl. Hoffmann, in: Börsenzeitung vom 13.06.2007.
637 Vgl. Chava/Roberts (2007); Gorton/Kahn, in: Review of financial studies 2000, S. 331–364.
638 Vgl. Smith/Warner (1979), S. 117–161.

Fremdkapitalgebers reduziert. Dieses Problem wird in Kreditverträgen zumeist mit sog. dividend covenants adressiert. Diese begrenzen die Ausschüttung des Kreditnehmers, wenn bspw. ein bestimmtes Gewinnniveau oder eine bestimmte Renditekennzahl unterschritten wird.

b) **Financing Covenants**: Ein weiterer Konflikt kann dann entstehen, wenn sich der Kreditnehmer (bspw. zur Finanzierung eines Shareholder-Value-steigernden Investitionsprojekts) gleich- oder vorrangig gegenüber den bisherigen Fremdkapitalgebern neu verschuldet. In diesem Fall wird bei Insolvenz des Kreditnehmers die Anteilsquote des bisherigen Fremdkapitalgebers gesenkt. Durch die Aufnahme von Financing Covenants in Kreditverträgen wird der Kreditnehmer hinsichtlich der Aufnahme von gleichrangigen oder höherrangigen Fremdkapital beschränkt, sofern gewisse Finanzkennzahlen wie z. B. Eigenmittelquote, Verschuldungsgrad oder Zinsdeckungsgrad einen vertraglich definierten Schwellenwert unterschreiten.

c) **Production/Investment Covenants**: Diese Covenants verhindern z. B., dass eine bestehende Investition mit geringem Risiko durch eine neue Investition mit höherem Kapitalwert und höherem Risiko substituiert wird[639]. Neben einer absoluten oder relativen Beschränkung von Investitionsausgaben[640] wird vielfach auch festgelegt, dass ein Transfer eines substanziellen Teils des Gesamtvermögens des Unternehmens bzw. ein Verkauf von Sicherheitenwerten nur unter Zustimmung der Gläubiger erfolgen darf. Darüber hinaus kann der Schuldner auch zur Erhaltung des Working Capital[641] oder zur Absicherung von Zins- oder Wechselkursrisiken verpflichtet werden.

d) **Maturity Covenants**: Diese Art von Covenants können als ein Anreizmechanismus interpretiert werden, bei dem der Gläubiger bei einer Verminderung des Fremdkapitalwertes mit einem Entzug von Kontrollrechten bestraft wird[642]. In diesem Zusammenhang können negative Signale in Bezug auf die operative Performance oder den Verschuldungsgrad des Unternehmens eine vorzeitige Verminderung des Exposures aus Sicht des Kreditgebers bewirken[643]. So kann das Unterschreiten bestimmter Renditekennzahlen oder auch das Nichtvorliegen eines testierten Jahresabschlusses zu Sondertilgungen oder zu einem Kündigungsrecht des Gläubigers führen.

Die große Mehrzahl dieser Erscheinungsformen von Financial Covenants bezieht sich direkt oder indirekt auf das Bonitätsrisiko des Schuldners. Typischerweise erhält der Kreditgeber durch diese Covenants verschiedene Kontrollrechte oder eine finanzielle Kompensation bei einer Verschlechterung der Bonität des Schuldners. Dies wird vertraglich durch verschiedene Trigger Events objektiviert, die durch eine Über- oder Unterschreitung bestimmter bilanzieller Schwellenwerte ausgedrückt werden. Bspw. wird regelmäßig abgestellt auf Schwellenwerte in Bezug auf Verschuldungsgrad, Eigenmittelquote, Renditekennzahlen (bspw. Eigenkapital- oder Umsatzrendite), Verhältnisse aus Cash Flow zu Umsatz oder Gewinn, Verhältnis von Kreditbetrag zu Sicherheitenwert, Rohertrag aus Sicherhei-

---
639 Zum Problem der Asset Substitution vgl. z. B. Black/Shevlin (1999), S. 5–7.
640 Vgl. z. B. Nini/Smith/Sufi (2006), S. 10–13.
641 Vgl. z. B. Mather/Peirson (2006), S. 298.
642 So Dewatripont/Tirole (1994).
643 Vgl. Myers, in: Journal of Financial Economics 1977, S. 147–175.

tenwert oder Finanzierungsobjekt, usw. Die Berechnung bilanzieller Schwellenwerte erfolgt auf Basis von Finanzkennzahlen des externen Jahresabschlusses[644], wobei die Art der Berechnung, die Schwellenwerte und die mit einem Über- oder Unterschreiten verbundenen Rechtsfolgen im Kreditvertrag festgehalten werden.

Um sich dem Problem der Bilanzierung von in Kreditverträgen eingebetteten Financial Covenants zu nähern, ist in einem ersten Schritt zu klären, ob die ökonomischen Charakteristika von Financial Covenants die Definitionsmerkmale eines Derivats im Sinne des IDW RS HFA 22 bzw. IDW RH HFA 1.005 erfüllen. Viele Covenants werden die Definitionsmerkmale eines Derivats nicht erfüllen; insbesondere die Übertragung von Kontrollrechten (Production/Investment Covenants[645] oder auch bestimmte Financing Covenants[646]) besitzen nur im Zusammenspiel mit dem Basisvertrag einen Wert und lassen sich nicht losgelöst von diesem definieren. I. d. R. führen eingebettete Covenants nicht zu erhöhten oder andersartigen Risiken. Vielmehr sind Financial Covenants als Schutzrechte anzusehen, die entweder nur mit einer engen Verbindung zu dem eigentlichen Schuldverhältnis (Basisvertrag) einen Wert haben und/oder die einen Ausgleich für Wertverluste generieren, die aus einer ökonomischen Stillhalterposition des Gläubigers resultieren[647]. Dies wäre bspw. bei Nachbesicherungsrechten der Fall, die einen Ausgleich für eine Wertminderung des Sicherheitenwertes sorgen. Vor diesem Hintergrund können viele Financial Covenants als eine Form der marktgerechten Bepreisung angesehen werden, wobei durch diese Vereinbarungen eine Anpassung an die aktuellen Marktverhältnisse hergestellt wird. In diesem Zusammenhang können Financial Covenants, die auf das Bonitätsrisiko des Schuldners referenzieren und zu einer wertmäßigen Verlustkompensation aus Sicht des Kreditgebers beitragen, i. d. R. als nicht trennungspflichtig angesehen werden.

Beispiel bonitätsabhängige Margenspreizungen – eine sehr häufig vorkommende vertragliche Nebenabrede bei Krediten und Schuldscheindarlehen stellen bonitätsabhängige Margenspreizungen (sog. margin ratchets) dar. Bei diesen Covenants erhält der Kreditgeber eine Kuponerhöhung um x Basispunkte (coupon step-up) im Falle des Unterschreitens eines bestimmten Gewinnniveaus oder einer Verschlechterung der Eigenmittelquote. Im Falle eines Ratings des Schuldners kann eine Margenspreizung auch an ein Rating Downgrade gebunden werden. Typischerweise gilt die Margenspreizung nur für eine Zinsperiode; bei Vorliegen neuer Bilanzkennzahlen ist erneut zu ermitteln, ob die Voraussetzungen für eine Margenspreizung vorliegen. In der Praxis sind auch tilgungsabhängige Margenreduzierungen anzutreffen. Dabei wird der Kupon reduziert, wenn ein gewisser Anteil getilgt und der Kredit ordnungsgemäß bedient wurde.

Ökonomisch kann solch ein Kreditvertrag zerlegt werden in einen Kredit ohne Kupon-Step Up und eine Credit Spread Option, wodurch der Gläubiger eine Kuponerhöhung bei einer Bonitätsverschlechterung (repräsentiert durch das Unterschreiten bestimmter Schwellenwerte) erhält. Diese Credit Spread Option gewinnt an Wert bei einer sich verschlechternden Bonität des Schuldners und wirkt damit dem Fair-Value-Verlust des Träger-

---

644 Häufig erfolgt auch eine unterjährige Bestätigung der Einhaltung der Covenant-Bedingungen durch den Wirtschaftsprüfer.
645 Z. B. Beschränkung von Investitionsausgaben.
646 Z. B. Beschränkung der Aufnahme zusätzlicher nachrangiger Fremdmittel.
647 Vgl. Gaber/Kandel, in: KoR 2008, S. 9 ff.

instruments (Kredit ohne Kupon-Step Up) entgegen. Vor diesem Hintergrund stellt die Margenspreizung im Vergleich zu einem Kredit ohne Nebenabreden eine Form von marktnaher, bonitätsabhängiger Bepreisung dar[648], da die Neufestsetzung des Credit Spreads im Zeitpunkt der Spreadanpassung zu einer marktgerechten Verzinsung unter Berücksichtigung der aktuellen Bonität des Schuldners führt[649]. Im Unterschied zu einem variabel verzinslichen Kredit stellt die bonitätsabhängige Margenanpassung eine sprungfixe Anpassung dar. Angenommen die Neufestsetzung des Kreditkupons in Abhängigkeit von der Bonität des Schuldners könnte zeitlich und betragsmäßig kontinuierlich erfolgen, so würde der Gläubiger damit so gestellt werden, als ob jeden Tag der Kredit zu Par gekündigt und hinsichtlich der Bonität zu aktuellen Marktkonditionen neu herausgelegt werden würde[650]. In diesem Zusammenhang ist eine Vereinbarung, die eine Adjustierung eines bestehenden Vertrages auf aktuelle Marktverhältnisse bewirkt nicht als ein trennungspflichtiges eingebettetes Derivat nach IDW RS HFA 22 zu beurteilen[651].

1.4.4.3.5.2 Kündigungsrechte und Vorfälligkeitsentschädigungen im Kreditgeschäft
Nach § 489 Abs. 1 BGB besteht für einen Kreditnehmer eines festverzinslichen Kredits unter bestimmten Bedingungen ein ordentliches Kündigungsrecht, wenn die Zinsbindung vor der Endfälligkeit des Kredits endet, es sich um einen unbesicherten Verbraucherkredit handelt oder zehn Jahre nach vollständigem Empfang des Darlehensbetrags verstrichen sind[652]. Ein variabel verzinslicher Kredit ist mit einer Kündigungsfrist von drei Monaten jederzeit kündbar (§ 489 Abs. 2 BGB). In beiden Fällen stellt diese Kündigungsoption kein eingebettetes trennungspflichtiges Derivat dar. Kündigungsrechte sind nach IDW RS HFA 22.16g) nur dann zu trennen, wenn der Rückzahlungsbetrag bei Kündigung nicht annähernd den fortgeführten Anschaffungskosten des Kredits entspricht. Da im Falle einer ordentlichen Kündigung durch den Kreditnehmer die Rückzahlung zum ausstehenden Nennbetrag erfolgt, kommt eine Trennung der Kündigungsoption nicht in Betracht[653].

Unter den Bedingungen des § 490 Abs. 2 BGB steht dem Darlehensgeber bei vorzeitiger Ablösung des Kredits eine Vorfälligkeitsentschädigung zu. Hinsichtlich der Beurteilung von Vorfälligkeitsentschädigungen war im IFRS-Regelsystem lange fraglich, inwiefern die Zahlung einer Vorfälligkeitsentschädigung nicht das »closely related«-Kriterium erfüllt, da in diesem Fall der Ausübungspreis der eingebetteten Kündigungsoption unter Umständen nicht nahe an den fortgeführten Anschaffungskosten liegt[654]. Eine Vorfälligkeitsentschädi-

---

648 Vgl. z.B. Achtert, in: Zeitschrift für Bank- und Kapitalmarktrecht 2007, S. 318–322.
649 Aktuell werden in der Literatur ebenfalls bonitätsinduzierte Zinsänderungsklauseln diskutiert, die eine Änderung des Zinssatzes auf Basis von internen Ratings im Rahmen des IRB-Ansatzes nach Basel 2 vorsehen. Vgl. z.B. Ohletz, in: Zeitschrift für Bank- und Kapitalmarktrecht 2007, S. 129–140.
650 Zu einer analogen Schlussfolgerung gelangt man ebenfalls bei einer Beurteilung der Trennungspflicht einer eingebetteten Kündigungsoption mit einem Ausübungspreis zum Nominalwert.
651 So beurteilt SFAS 133.61(c) aF sog. »credit-sensitive payments« als »closely related«. Auch in SFAS 133.190 aF werden Margenspreizungen in sog. »Credit Sensitive Bonds«, die durch eine Rating-Verschlechterung verursacht werden als »closely related« beurteilt. Eine Übertragung auf IFRS ist nach herrschender Meinung gegeben. Vgl. für eine Übertragung auf IFRS Deloitte (2007), S. 153.
652 Für eine Erläuterung der Voraussetzungen vgl. z.B. Mülbert/Schmitz, in: FS Horn, S. 777–799.
653 Vgl. auch Löw/Lorenz, in: Rechnungslegung für Banken nach IFRS, hrsg. v. Löw, S. 552.
654 Vgl. Hopkins, in: Accounting for Central Banks 2003, S. 215.

gung würde nach den Bedingungen des IAS 39.AG 33(a) aF (nunmehr IFRS 9.B4.3.8 (a)) als ein nicht-trennungspflichtiges eingebettetes Derivat gelten, da mit der Vorfälligkeitsentschädigung keine Renditeverdopplung, sondern eine Entschädigung für entgangene Zinszahlungen verbunden ist. Insofern besteht ein Konflikt zwischen IAS 39.AG 33(a) aF und IAS 39.AG 30(g) aF[655]. Dieses Problem wurde im Juni 2007 vom Board thematisiert. Das Board entschied in diesem Zusammenhang, die Regelung in IAS 39.AG 30(g) aF (nunmehr IFRS 9.B4.35(e)) anzupassen, um den Konflikt mit IAS 39.AG 33(a) aF zu vermeiden[656]. Im Rahmen des Annual Improvement Projects 2009 wurde IAS 39.AG 30(g) aF in der Form ergänzt, dass Vorfälligkeitsentschädigungen, die eine Kompensation für Zinsverluste (auch in Bezug auf das Wiederanlagerisiko) darstellen, als »closely related« zu betrachten und damit nicht aus ihren Basisverträgen zu lösen sind. Eben diese Regelung wurde mit der Verabschiedung des IDW RS HFA 22 durch das IDW auch in das deutsche HGB übernommen.

1.4.4.3.5.3 Equity Kicker
Insbesondere Mezzanine-Finanzierungen zeichnen sich häufig durch besondere Ausstattungsmerkmale aus. Häufig erhalten die Inhaber dieser genussrechtsähnlichen Finanzierungen eine Zusatzvergütung in Form eines Equity Kickers. Durch dieses Merkmal erhält der Inhaber eine zusätzliche Verzinsung, die vom Gewinn, dem EBIT/DA oder auch verschiedenen Cash-Flow- oder Umsatzkennzahlen des Schuldners abhängig ist. Diese Ausstattungsmerkmale stellen im Vergleich zu Plain-vanilla-Schuldinstrumenten erhöhte oder andersartige (nämlich Eigenkapital-ähnliche) Risiken dar, die somit getrennt zu bilanzieren sind.

1.4.4.4 Bilanzielle Implikationen einer getrennten Bilanzierung

1.4.4.4.1 Beurteilungszeitpunkt
Ein strukturiertes Produkt ist zwingend im Zeitpunkt des bilanziellen Zugangs auf eine Trennungspflicht eingebetteter Derivate zu überprüfen (IDW RS HFA 22, Tz. 17). In dieser Hinsicht stimmt der Beurteilungszeitpunkt mit den IFRS-Regelungen überein. In diesem Zusammenhang wird durch IFRIC 9 (nunmehr IFRS 9.B4.3.11) klargestellt[657], dass ein Unternehmen eine Prüfung auf Trennung eingebetteter Derivate dann vornehmen muss, wenn es erstmals Vertragspartei wird (IFRIC 9.7, IFRS 9.B4.3.11). Dies ist bei Finanzinstrumenten typischerweise am Handelstag der Fall. Ferner stellt IFRIC 9 klar, dass diese Prüfung ausschließlich im Zugangszeitpunkt erfolgen muss und keine Neubeurteilung (bspw. auf Basis neuer Marktverhältnisse) an jedem Abschlussstichtag notwendig ist (IFRIC 9.7, IFRS 9.B4.3.11). Dies gilt analog auch im HGB, da das Ergebnis der Prüfung auf das Vor-

---

655 Für finanzielle Vermögenswerte sind auch nach dem gegenwärtigen IFRS 9 Vorfälligkeitsentschädigungen, die nach §502 BGB bzw. der BGH-Rechtsprechung berechnet, als »reasonable« im Sinne des IFRS 9.B4.1.11 (b) anzusehen und stehen damit einer Bewertung des Finanzinstruments zu fortgeführten Anschaffungskosten nicht entgegen. IDW RS HFA 48, Tz. 190 ff.
656 Vgl. IASB-Update, June 2007, S. 4–5.
657 Vgl. dazu Roese, in: WPg 2005, S. 656–658; Schmidt/Schreiber, in: KoR 2006, S. 445–451.

liegen eingebetteter Derivate in den Folgeperioden beizubehalten ist (§ 252 Abs. 1 Nr. 6 HGB). Dieser Grundsatz wird durch im folgenden beiden Ausnahmen durchbrochen:
- Die Vertragsbedingungen des strukturierten Finanzinstruments werden nachträglich verändert (z. B. im Rahmen einer Umstrukturierung).
- Die Voraussetzungen für die Rückausnahmen nach IDW RS HFA 22, Tz. 14 haben sich nachträglich geändert (z. B. Umkategorisierungen nach IDW RH HFA 1.014).

a) Umstrukturierungen. Eine Neubeurteilung kommt bei einer nachträglichen Änderung des Vertrags in Betracht, was dem Zugang eines neuen Finanzinstruments gleichkommen kann (zur bilanziellen Novation siehe Kapitel II.1.9). Eine Neubeurteilung hat nach der hier vertretenen Auffassung unabhängig davon zu erfolgen, ob mit der Umstrukturierung eine bilanzielle Novation[658] (d. h. den Abgang des alten und den Zugang eines neuen Finanzinstruments) verbunden ist.

b) Umklassifizierungen nach IDW RH HFA 1.014. Eine Neubeurteilung ist notwendig, wenn ein strukturiertes Produkt aufgrund einer veränderten Zweckbestimmung eine Umkategorisierung zwischen Umlauf- und Anlagevermögen durchläuft, oder eine Umkategorisierung aus dem Handelsbestand auf Basis der Öffnungsklausel in § 340e Abs. 3 S. 3 HGB (siehe Kapitel III.1.5.3) erfolgt. Durch Umklassifizierungen können vormals einheitlich bilanzierte Produkte künftig getrennt zu bilanzieren sein, und umgekehrt. Offensichtlich ist dies für strukturierte Produkte des Handelsbestands, die auf Basis der Öffnungsklausel in das Anlagevermögen umgewidmet werden. Diese wurden im Handelsbestand zunächst einheitlich bilanziert und sind – sofern andersartige und erhöhte Risiken sowie keine Kapitalgarantie vorliegen – künftig getrennt zu bilanzieren. Bei Klassifizierungen aus dem **Umlauf- ins Anlagevermögen** kann ein Übergang von einer zuvor einheitlichen in eine künftig getrennte Bilanzierung notwendig werden. Dies ist der Fall für strukturierte Produkte, die im Umlaufvermögen streng imparitätisch auf Basis von Notierungen auf aktiven Märkten bewertet wurden. Es kann jedoch auch der umgekehrte Fall eintreten. So ist ein illiquides, kapitalgarantiertes Produkt des Umlaufvermögens, dessen Bewertung nicht aus einer Notierung an einem aktiven Markt abgeleitet werden kann, im Umlaufvermögen getrennt zu bilanzieren. Erfolgt nun eine Umkategorisierung ins Anlagevermögen, so ist eine einheitliche Bilanzierung erforderlich, sofern eine Halteabsicht bis zur Endfälligkeit besteht.

Insbesondere aufgrund der Trennungskriterien in IDW RS HFA 22, Tz. 16d)[659] wird deutlich, dass der Zugangszeitpunkt und die zu diesem Zeitpunkt vorherrschenden Marktverhältnisse entscheidend für das Ergebnis der Trennungsprüfung sind[660]. Die in IDW RS HFA 22 sowie auch in IFRIC 9 vorgenommene Bezugnahme auf den Zugangszeitpunkt führt dazu, dass das Ergebnis der Trennungsprüfung für ein und dasselbe Instrument im Zeitablauf zu unterschiedlichen Ergebnissen führen kann. Aus diesem Grund müssen Investoren, die ein einheitlich zu bilanzierendes Produkt erwerben wollen, für Instrumente am Sekundärmarkt beachten, dass die Ausstattungsmerkmale, die eine getrennte Bilanzie-

---

658 Zum Begriff vgl. Häuselmann, in: BB 2010, S. 944 ff.
659 Siehe Double-Double-Test.
660 Vgl. Gaber/Gorny, in: KoR 2007, S. 326.

rung nach HGB und IFRS verhindern sollen, im Regelfall auf das Emissionsdatum hin strukturiert wurden.

1.4.4.4.2 Trennungsmethodik

Wird gem. den oben beschriebenen Kriterien festgestellt, dass es sich um ein strukturiertes Finanzinstrument handelt, deren eingebettete Derivate separat bilanziert werden müssen, so stellt sich in einem nächsten Schritt die Frage, wie ein strukturiertes Finanzinstrument zum Zwecke der Bilanzierung in seine Einzelbestandteile zu zerlegen ist. Insbesondere bei multiplen eingebetteten Derivaten ist diese Frage oftmals nicht trivial. Bei strukturierten Zinsprodukten mit multiplen eingebetteten Derivaten stellt sich bspw. häufig die Frage, ob der Basisvertrag als fest-verzinslicher Par Bond, als Floater oder als Zero Bond repräsentiert werden muss.

IDW RS HFA 22 gibt hierzu keine Hinweise, so dass es als zulässig angesehen wird auf die entsprechenden IFRS-Vorschriften zurückzugreifen. In der Umsetzungsleitlinie IAS 39.IG C.1 aF wird die grundsätzliche Aussage getroffen, dass die Bedingungen des originären Schuldinstruments die angegebenen oder implizit enthaltenen materiellen Bedingungen (»implied or stated terms«) des strukturierten Instruments widerspiegeln sollen (vgl. auch IAS 39.AG 28 aF). Sind keine implizit enthaltenen oder angegebenen Bedingungen vorhanden, so sollen diese vom Unternehmen nach eigenem Ermessen bestimmt werden (»the entity makes its own judgement of the terms«). Ein Unternehmen darf in diesem Zusammenhang jedoch keine nicht angegebene Komponente identifizieren oder die Bedingungen des originären Schuldinstruments auf eine Weise festlegen, die zur Trennung eines eingebetteten Derivats führen würde, das nicht klarer Bestandteil des strukturierten Instruments ist, oder anders ausgedrückt: es darf keine Zahlungsströme schaffen, die überhaupt nicht vorhanden sind.

In diesem Zusammenhang führt IAS 39. IG C1 aF das folgende – eher zweifelsfreie – Beispiel an: Wenn ein fünfjähriges Schuldinstrument feste Zinszahlungen von 40.000 EUR pro Jahr und bei Fälligkeit die Zahlung eines Kapitalbetrags von 1.000.000 EUR multipliziert mit der Änderung eines Aktienindex vorsieht, wäre es nicht sachgerecht, anstelle eines festverzinslichen originären Instruments einen Basisvertrag mit variabler Verzinsung und einen eingebetteten Aktienswap mit einer gegenläufigen variabel verzinslichen Seite anzunehmen. In diesem Beispiel ist der Basisvertrag ein festverzinsliches Schuldinstrument mit einem jährlichen Mittelzufluss von 40.000 EUR, da das strukturierte Instrument keine variablen Zinszahlungsströme beinhaltet.

Darüber hinaus unterscheidet IAS 39.IG C 1 aF zwischen strukturierten Instrumenten mit und ohne Optionsbestandteilen. Liegt ein strukturiertes Instrument ohne optionale Bestandteile vor (z. B. Swap oder Forward-Geschäft), so ist das eingebettete Derivat so zu bestimmen, dass das eingebettete Derivat einen beizulegenden Zeitwert von null bei Vertragsbeginn aufweist. Wäre es zulässig, eingebettete Derivate ohne Optionscharakter nach anderen Bedingungen zu trennen, ließe sich ein einzelnes strukturiertes Instrument in unendlich viele Kombinationen von originären Schuldinstrumenten und eingebetteten Derivaten zerlegen, bspw. durch Trennung von eingebetteten Derivaten mit Bedingungen, die einen Hebeleffekt, Asymmetrien oder andere nicht bereits im strukturierten Instrument vorhandene Risiken erzeugen.

Nach IAS 39.IG C 1 aF wird es nicht als sachgerecht angesehen, ein eingebettetes Derivat ohne Optionscharakter nach Bedingungen zu trennen, die bei Vertragsbeginn des strukturierten Instruments zu einem anderen beizulegenden Zeitwert als null führen würden. Die Bedingungen eines eingebetteten Derivats richten sich nach den Bedingungen, die bei der Emission des Finanzinstruments maßgeblich waren. Wichtig ist an dieser Stelle, dass sich die Notwendigkeit einer getrennten Bilanzierung zu einem Fair Value von null nur auf Instrumente ohne eingebettete Optionen beziehen. Jedoch ist auch in diesem Fall vielfach das »judgement« des bilanzierenden Unternehmens notwendig. Im Folgenden wird beispielhaft gezeigt, welche Bilanzierungskonsequenzen bereits in einfachen Fällen eine unterschiedliche Zerlegung eines strukturierten Instruments in Basisvertrag und eingebetteten Derivaten haben kann.

Beispiel: Dual Index Notes – Eine Dual Index Note ist ein Wertpapier, dessen Kupon sich auf zwei Zinsindizes bezieht. Typische Indizes die dabei Verwendung finden sind bspw. Marktzinssätze wie 3, 6, 9-Monats-LIBOR oder -EURIBOR oder CMS-, oder CMT-Sätze. Der Erwerber einer solchen Note legt seiner Investitionsentscheidung typischerweise gewisse Annahmen über die künftige Gestalt der Zinsstrukturkurve zugrunde. Die Notes können so strukturiert sein, dass sie dem Investor eine Überrendite bei einer zunehmenden Steilheit, einer Verflachung oder einer Inversion der Zinskurve generieren[661]. Ferner kann sich diese Art der Indexierung auch auf andere Underlyings wie z. B. Wechselkursen oder anderen Preisindizes beziehen.

Im Folgenden sei ein einfacher Fall einer Dual-Index-Note betrachtet. Es wird zunächst unterstellt, dass der Emissionszeitpunkt der Note mit dem bilanziellen Zugangszeitpunkt übereinstimmt[662]. Die fiktive 5-jährige Note habe einen Kupon von:

Kupon	=	3M-LIBOR ./. 6M-LIBOR + 4 %, wobei gilt
3M-LIBOR	=	Drei-Monats-LIBOR = 4 % bei Trade Date
6M-LIBOR	=	Sechs-Monats-LIBOR = 4 % bei Trade Date

Bei der Prüfung auf Trennung eingebetteter Derivate ist die Vorschrift des IDW RS HFA 22.16d) einschlägig, da die Note von mehreren Zinsindizes abhängig ist. Für ein theoretisch denkbares zukünftiges Zinsszenario von 6M-LIBOR > 4 % und einem gleichzeitigem 3M-LIBOR von 0 % würde der Investor einen Substanzverlust erleiden, so dass das eingebettete Derivat nicht als »closely related« anzusehen ist. Aus Gründen der Vereinfachung wird angenommen, dass die Zinsstrukturkurve am Trade Date vollkommen flach verlaufe.

Finanzwirtschaftlich kann diese Note entweder als eine Kombination aus einem Floater und einem Receiver Swap (Fall 1) oder einer Kombination aus einem fünfjährigen-festverzinslichen Par Bond und einem Basisswap (Fall 2) zerlegt werden. Im Fall 1 wird in der Kuponformel der 3M-LIBOR als Kupon eines Floaters interpretiert. Es gilt:

Kupon = 3M-LIBOR (+ 4 % ./. 6M-LIBOR) (Fall 1)

---

661 Vgl. z. B. Federal Reserve Bank of Chicago (1994), S. 8 f.
662 Diese Annahme wird im nächsten Punkt aufgehoben.

Der fixe Spread von 4 % repräsentiert in diesem Fall das fixe Leg eines Receiver-Swaps und der 6M-LIBOR aufgrund des negativen Vorzeichens das variable Zahlerbein eines Receiver-Swaps, wobei der Nominalbetrag des Swaps dem der Note entspricht. Da der fixe Spread bei Trade Date dem 6M-LIBOR entspricht, weist der so definierte Receiver Swap bei Trade Date (= Zeitpunkt der Bifurkation) einen Fair Value von null auf. Auf diese Weise wird dem Erfordernis des IAS 39.IG C 1 entsprochen.

Im Fall 2 wird die obige Kuponformel wie folgt interpretiert:

Kupon = 4 % + (3M-LIBOR ./. 6M-LIBOR) (Fall 2)

In diesem Fall wird der fixe Spread als Festsatz einer fünfjährigen Anleihe repräsentiert. Die variablen Kapitalmarktsätze bilden die jeweiligen variablen Legs eines Basisswaps, bei dem der 3M-LIBOR die Empfängerseite und der 6M-LIBOR die Zahlerseite repräsentiert[663]. Aufgrund der angenommenen flachen Zinsstrukturkurve ist kein Spread notwendig, um einen Fair Value des Basisswaps von null aufzuweisen.

Beide Zerlegungen erscheinen sachgerecht, da sie jeweils einzeln den Erfordernissen der IAS 39.IG C.1 aF genügen. So weisen beide Derivate (Receiverswap im Fall 1 und Basisswap im Fall 2) jeweils einen Fair Value von null auf und es wird durch diese Aufteilung kein Zahlungsstrom geschaffen, der in dem strukturierten Instrument nicht immanent vorhanden ist. Im ersten Fall stellt der Host Contract eine variabel-verzinsliche Anleihe dar. Diese ist in Abhängigkeit nach der jeweiligen Haltekategorie zu bilanzieren, so dass grundsätzlich auch eine Bilanzierung zu fortgeführten Anschaffungskosten in Betracht kommt.

Bereits dieses einfache Beispiel zeigt, dass es für eine Zerlegung strukturierter Produkte oftmals mehrere Möglichkeiten gibt. Diese unterschiedlichen Zerlegungsalternativen haben nicht nur unterschiedliche Auswirkungen auf die Gewinn- und Verlustrechnung im Falle einer Trennung. Vielmehr können hier auch Rückwirkungen auf die Fragestellung entstehen, ob ein strukturiertes Instrument bilanziell in seine Einzelbestandteile aufzugliedern ist oder nicht. Zur Verdeutlichung wird das obige Beispiel einer Dual Index Note fortgeführt. Die Note weise den gleichen Kupon auf, wie in dem oben beschriebenen Fall, jedoch mit dem einzigen Unterschied, dass sie einen Kupon-Floor von 0 % aufweist. Es gilt:

Kupon = min{0 %; 3M-LIBOR ./. 6M-LIBOR + 4 %}

Der Floor hat zur Folge, dass der Investor stets einen nicht-negativen Kupon erhält und damit substanziell in jedem Zinsszenario seine ursprüngliche Investition zurückerhält (IDW RS HFA 22.16c) und d)). Ob das strukturierte Instrument nun bilanziell in seine Komponenten aufzuteilen ist, wird nun durch das Kriterium einer eventuellen Verdopplung der Marktrendite des Host Contracts bestimmt. Betrachtet man nun erneut die beiden Zerlegungsalternativen, so ist die Benchmarkrendite im Fall 1 der 3M-LIBOR. Eine Verdopplung der Marktrendite kann auf Basis der Marktverhältnisse am Trade Date nur erfolgen, sofern der 6M-LIBOR negativ wird. Im Fall 2 ist die Benchmarkrendite ein Festsatz von 4 %. Eine

---

663 Die Annahme einer flachen Zinsstruktur wurde nur aus Gründen der Vereinfachung vorgenommen und vermindert nicht die Allgemeingültigkeit dieser Interpretation. Bei einer nicht-flachen Zinsstruktur ist ein jeweiliger Spread hinzuzuaddieren (oder abzuziehen), der dann wiederum den Kupon des fest-verzinslichen Host Contracts entsprechend vermindert (oder erhöht).

Verdopplung ist in diesem Fall denkbar für Szenarien, in denen gilt: 3M-LIBOR > 4 % + 6M-LIBOR. Bereits durch dieses einfache Beispiel wird deutlich, dass die finanzwirtschaftliche Interpretation des Finanzinstruments grundsätzlich Folgen für die Beantwortung der Frage haben können, ob ein eingebettetes Derivat von seinem Basisvertrag bilanziell zu trennen ist oder nicht. Die Bedingungen für eine bilanzielle Trennung sind in beiden Fällen gänzlich verschieden. Oftmals werden die Kupons von Dual Index-Notes gecapped oder gefloort. Würde in dem obigen Beispiel für den Gesamt-Kupon ein Cap von kleiner oder gleich 8 % (= 2 x 4 %) und ein Floor von größer gleich 0 % gelten, so würde das Derivative nicht zu trennen sein. Damit wurde gezeigt, dass bei der Beurteilung der Trennungspflicht von eingebetteten Derivaten, insbesondere im Falle strukturierter Zinsprodukte das bilanzierende Unternehmen profundes Beurteilungsvermögen aufbringen muss. Dabei ist zu beachten, dass das geforderte »judgement« des Unternehmens weiterreichende Konsequenzen auf die Fragestellung hat, wie Trägerinstrument und eingebettetes Derivat definiert sind, ob und in welchen Fällen das eingebettete Derivat getrennt werden muss und wie diese Trennung ggf. gestaltet werden kann.

Enthält ein strukturiertes Finanzinstrument mehrere eingebettete Derivate, die demselben Risikofaktor unterliegen, so sind diese als ein zusammengesetztes Derivat zu bilanzieren. Kann ein Instrument bewertungstechnisch nicht in Basisvertrag und eingebettetes Derivat aufgeteilt werden, so entspricht der Wert des eingebetteten Derivats der Differenz aus beizulegenden Zeitwert des Gesamtinstruments im Zugangszeitpunkt (= Anschaffungskosten, Emissionserlös) und dem beizulegenden Zeitwert eines vergleichbaren Schuldinstruments ohne eingebettetes Derivat (IDW RS HFA 22, Tz. 19).

1.4.4.4.3 Zugangs- und Folgebilanzierung

Wird ein strukturiertes Finanzinstrument aufgrund erhöhter oder andersartiger Risiken eines oder mehrerer eingebetteter Derivate getrennt bilanziert, so sind das Basisinstrument sowie die getrennten Derivate unter Beachtung der jeweils maßgeblichen handelsrechtlichen Grundsätze als einzelne Vermögensgegenstände und Verbindlichkeiten zu bilanzieren (IDW RS HFA 22, Tz. 18). Diese Formulierung in IDW RS HFA 22, Tz. 18 ist insoweit unpräzise als die eingebetteten derivativen Komponenten nicht in jedem Fall als einzelne Vermögensgegenstände und Verbindlichkeiten, sondern ggf. als schwebende Geschäfte zu erfassen sind, auf die die Grundsätze des IDW RS HFA 4 anzuwenden sind. Ausgehend von der wirtschaftlichen Betrachtungsweise in IDW RS HFA 22 wird demzufolge entgegen der rechtlichen Einheit des Vermögensgegenstands oder der Verbindlichkeit eine Aufteilung in wirtschaftliche Bestandteile vorgenommen, die aufgrund einer fehlenden Einzelveräußerbarkeit die Definitionsmerkmale eines Vermögensgegenstands nicht erfüllen würden. IDW RS HFA 22 gibt – im Falle des Vorliegens erhöhter oder andersartiger Risiken von eingebetteten Derivaten – der »handelsrechtlich gebotenen wirtschaftlichen Betrachtungsweise« (IDW RS HFA 22, Tz. 8) damit ein höheres Gewicht als der formellen Einzelveräußerbarkeit als Wesensmerkmal eines Vermögensgegenstands sowie dessen rechtlicher Einheit. Aus diesem Grunde erfolgt durch IDW RS HFA 22, Tz. 18 eine Gleichstellung von trennungspflichtigen eingebetteten Derivaten und freistehenden Derivaten; gleiches gilt ebenso für die Anhangberichterstattung nach § 285 S. 1 Nr. 19 HGB. So werden in IDW RH HFA 1.005

in diesem Zusammenhang eingebettete und freistehende Derivate ebenfalls gleichgesetzt (siehe IDW RH HFA 1.005, Tz. 6).

Entgegen vereinzelter Meinungen des Berufsstands ist es sachgerecht, für eingebettetes Derivat und Basisvertrag ggf. unterschiedliche Bewertungskategorien vorzusehen. Dies ergibt sich bereits aus dem Wortlaut des Rundschreibens 17/99 des BAKred. Dort wird festgestellt, dass »bei strukturierten Finanzinstrumenten (z. B. Aktienoptionsanleihe) (...) bei Zuordnung des Grundgeschäfts (hier Anleihe) zum Anlagebuch die Zuordnung des Zusatzgeschäftes (hier Aktienverkaufsoption) zum Handelsbuch nur dann zulässig (ist), wenn das Institut nachvollziehbar darlegen kann, dass das Zusatzgeschäft geeignet ist, Handelsbuchpositionen abzusichern, und wie sich der Wert des Zusatzgeschäfts ermitteln lässt. Ein Institut, das von dieser Möglichkeit Gebrauch machen möchte, hat die entsprechenden Festlegungen in den Kriterien zu treffen«[664]. Es ist somit möglich, die in einer strukturierten Emission oder Kundeneinlage eingebetteten Derivate dem Handelsbuch und den Basisvertrag dem Bankbuch zuzuordnen, sofern dies der mit den jeweiligen Büchern verbundenen Zweckbestimmung entspricht. Dies wäre z. B. in den Fällen sachgerecht, in denen mit dem eingebetteten Derivat eine Handelsabsicht und mit dem Basisvertrag eine Fundingabsicht verbunden ist. Eine an der rechtlichen Einheit orientierte Gesamtkategorisierung aller Bestandteile eines strukturierten Produkts widerspricht damit der in IDW RS HFA 22, Tz. 18 vorgegebenen wirtschaftlichen Betrachtungsweise, zumal das bilanzielle Ergebnis einer separierten Kategorisierung der Einzelbestandteile des strukturierten Instruments durch den Abschluss interner Geschäfte zwischen Handelsbuch und Bankbuch hergestellt werden könnte.

Mithin sind alle abgetrennten Bestandteile eines strukturierten Finanzinstruments als separate Einzelinstrumente entsprechend den jeweiligen allgemeinen Grundsätzen zu bilanzieren. Die Basisverträge sind zu Anschaffungskosten zu bilanzieren. Die Anschaffungskosten von Basisvertrag und eingebetteten Derivaten sind nach IDW RS HFA 22, Tz. 19 im Verhältnis der beizulegenden Zeitwerte der einzelnen Bestandteile zuzuordnen. Die Bilanzierung der eingebetteten Derivate ist abhängig von der Buchzuordnung und entspricht der Bilanzierung freistehender Derivate (siehe Kapitel VI.3). Dies schließt die Einbeziehung in Bewertungseinheiten, der Zuordnung zum Handelsbuch, die Einbeziehung in die verlustfreie Bewertung des Zinsbuchs nach IDW RS BFA 3 sowie im Falle von Fremdwährungsderivaten die Einbeziehung in die besondere Deckung nach § 340h HGB ein. Der Basisvertrag ist bei Zuordnung zum Umlaufvermögen streng imparitätisch und bei Zuordnung zum Anlagevermögen lediglich bei dauerhafter Wertminderung verpflichtend abzuschreiben.

IDW RS HFA 22 stellt klar, dass eingebettete Optionsprämien, die in der Nominalverzinsung eines strukturierten Produkts enthalten sind, nach IDW RS BFA 6 zu behandeln sind. Dabei führen eingebettete Short-Call- oder Short-Put-Optionen für den Inhaber des strukturierten Finanzinstruments regelmäßig zu einer erhöhten Nominalverzinsung oberhalb der marktüblichen Rendite eines Plain-vanilla-Basisinstruments. Aus diesem Grunde hat der Inhaber des Instruments eine Stillhalterverpflichtung in Höhe des beizulegenden Zeitwerts der geschriebenen Option zu passivieren und in gleicher Höhe einen aktiven

---

664 Vgl. BAKred, Rundschreiben 17/99.

Rechnungsabgrenzungsposten nach § 250 HGB einzubuchen. Dieser wird über die Laufzeit des Basisinstruments als Minderung des Zinsertrags aufgelöst[665]. Die Aktivierung und anschließende Auflösung des Rechnungsabgrenzungspostens wirkt als **Zinsregulativ** (IDW RS HFA 22, Tz. 20).

1.4.4.5 Einheitliche Bilanzierung – Zugangs- und Folgebilanzierung

Einheitlich zu bilanzierende Vermögensgegenstände sind im Zugangszeitpunkt mit ihren Anschaffungskosten zu bilanzieren. Strukturierte Verbindlichkeiten sind mit ihrem Erfüllungsbetrag (Rückzahlungsbetrag) zu passivieren. Die Folgebewertung aktivischer Finanzinstrumente richtet sich nach der Zuordnung zu den jeweiligen Bewertungskategorien der Bankbilanz. Führt die Wertänderung des eingebetteten Derivats zu einer Veränderung der Marktrendite des strukturierten Finanzinstruments, so sind die Grundsätze zur Bilanzierung von unterverzinslichen Forderungen bzw. überverzinslichen Verbindlichkeiten zu beachten (siehe Kapitel III.1.3.2.3.4). Sofern die Über- oder Unterverzinslichkeit auf eine Änderung des Marktzinsniveaus zurückzuführen ist und die betroffenen Instrumente Teil der Aktiv-Passiv-Steuerung des Instituts sind, so kann die Berücksichtigung der Über- oder Unterverzinsung im Rahmen der verlustfreien Bewertung des Bankbuchs nach IDW RS BFA 3 erfolgen.

1.5 Umwidmungen

1.5.1 Möglichkeiten einer Umwidmung von Finanzinstrumenten

Finanzinstrumente sind auf Basis ihrer **Zweckbestimmung** entweder dem Handelsbestand, der Liquiditätsreserve oder dem Anlagevermögen zuzuordnen. Die Zweckbestimmung umfasst eine objektive Komponente, die sich aus der weseneigenen Art des Gegenstandes ableitet sowie eine subjektive Komponente, bei der Wille des Bilanzierenden dem Vermögenswert eine bestimmte betriebliche Funktion zuordnet. Da bei Instituten eine objektivierte Zuordnung aufgrund der Wesensart eines Finanzinstruments nicht sachgerecht ist, muss zwangsläufig auf die subjektive Zuordnung – d. h. auf den Willen des Bilanzierenden in Bezug auf eine dem Finanzinstrument zugrunde liegende bestimmte betriebliche Funktion – abgestellt werden[666].

Die mit einem Finanzinstrument verbundene (subjektive) Zweckbestimmung kann sich im Zeitablauf verändern. Maßgeblich für die Zuordnung von Vermögensgegenständen zum Umlauf- bzw. Anlagevermögen sind die Verhältnisse (d. h. die Zweckbestimmung) am Bilanzstichtag[667]. Eine nach dem Stichtag erfolgte Zweckänderung hat aufgrund des Stich-

---

665 Für ein Beispiel vgl. Schaber/Rehm/Märkl/Spies (2010), S. 40 ff.
666 Vgl. Häuselmann, in: BB 2008, S. 2617; Krumnow/Sprißler (2004), § 340e HGB, Tz. 30 f.
667 Vgl. Schubert/Huber, in: BBK, 11. Aufl., § 247 HGB, Tz. 360.

tagsprinzips keine Auswirkungen auf die Widmungsentscheidung[668]. Liegt am Bilanzstichtag eine geänderte Zwecksetzung vor, so stellt sich die Frage nach einer Umwidmung von Finanzinstrumenten in eine andere Bewertungskategorie. Abhängig davon, in welche bzw. aus welcher Bewertungskategorie das Finanzinstrument gewidmet werden soll, gelten unterschiedliche Grundsätze.

1.5.2 Umwidmungen zwischen Anlagevermögen und Umlaufvermögen

1.5.2.1 Änderung der Zweckbestimmung

Wertpapiere sind aus der **Liquiditätsreserve in das Anlagevermögen** verpflichtend[669] umzugliedern, wenn sich die mit ihnen verfolgte Zwecksetzung entsprechend geändert hat (IDW RH HFA 1.014, Tz. 12). So sind Wertpapiere der Liquiditätsreserve zwingend in das Anlagevermögen umzugliedern, wenn die Geschäftsleitung die Absicht erklärt, dass die Instrumente dazu bestimmt sind, dauerhaft dem Geschäftsbetrieb zu dienen. Eine Umwidmung in das Anlagevermögen hat eine geringere Umschlagshäufigkeit zur Folge; jedoch sind Verkäufe aus dem Anlagevermögen dann nicht ausgeschlossen (IDW RS VFA 2, Tz. 10), wenn sich die Zweckbestimmung auf einen konkreten Bestand von Wertpapieren bezieht und nicht auf einzelne Wertpapiere abgestellt wird (IDW RH HFA 1.004, Tz. 10). Eine neuerliche Umwidmung aus dem Anlagevermögen zurück in die Liquiditätsreserve kommt nur bei einem Eintritt unvorhersehbarer Gründe und sachlich begründeten Fällen in Betracht. Eine willkürliche Änderung der Zweckbestimmung ist unzulässig (IDW RS VFA 2, Tz. 10). Eine Umwidmung ins Anlagevermögen setzt die allgemeinen für eine solche Widmungsentscheidung einzuhaltenden Bedingungen wie z. B. eine ökonomische Durchhaltefähigkeit voraus (im Einzelnen siehe Kapitel III.1.5). Nach IDW RH HFA 1.004, Tz. 13 sind Wertpapiere die dazu bestimmt oder erforderlich sind, die jederzeitige Zahlungsbereitschaft des Unternehmens aufrecht zu erhalten, dem Umlaufvermögen zuzuordnen[670].

Forderungen sind nach h. M. dem Umlaufvermögen zuzuordnen, obwohl der Gesetzeswortlaut des § 340e Abs. 1 S. 2 HGB eine Zuordnung zum Anlagevermögen grundsätzlich zulässt. Buchforderungen unterliegen jedoch keiner einzelgeschäftsbezogenen Marktpreisbewertung. Zinsinduzierte Wertänderungen von Buchforderungen sind vielmehr im Rahmen der verlustfreien Bewertung des Bankbuchs nach IDW RS BFA 3 zu berücksichtigen (siehe Kapitel III.2.3). Wertpapiere können neben einer formalen Umwidmung in das Anlagevermögen auch durch eine Umschreibung (**Vinkulierung**) aus der Niederstwertbewertung nach dem Börsen- oder Marktpreis herausgenommen werden. Die Vinkulierung führt zu einer Umwandlung eines Anteils an einem Wertpapiersammelbestand in eine Einzelschuldbuchforderung, die wie eine Namensschuldverschreibung und damit gem. § 14 S. 3 RechKredV als Buchforderung zu qualifizieren ist, da Namensschuldverschreibungen

---
668   Vgl. Braun, in: KK-RLR, § 247 HGB, Tz. 33; wohl auch Schubert/Huber, in: BBK, 11. Aufl., § 247 HGB, Tz. 360.
669   Vgl. auch Gilgenberg/Weiss, in: KoR 2009, S. 184 f.
670   Dieses Kriterium ist jedoch in der Praxis nicht sehr trennscharf, da auch Wertpapiere des Anlagevermögens ökonomisch eine Liquiditätssicherungsfunktion innehaben, insofern diese bei einer Zentralbank im Rahmen eines Wertpapierpensionsgeschäfts (Repo-Geschäft) eingereicht werden können. Siehe Kapitel III.1.3.3.1.

zur Übertragung zusätzlich eines Indossaments und damit einer Forderungsabtretung bedürfen[671]. Die Vinkulierung führt zu keiner Gewinnrealisierung und stellt weder einen Tausch noch einen Anschaffungsvorgang dar[672]. Dies wird jedoch bei Bundeswertpapieren zum Teil als kritisch angesehen, da der Gläubiger eines Bundeswertpapiers nicht nur die Umschreibung in eine Einzelschuldbuchforderung, sondern auch eine Rückumschreibung jederzeit verlangen kann (§ 7 Abs. 1 u. 6 BSchuWG)[673].

Eine Umwidmung aus dem Anlagevermögen ins Umlaufvermögen ist vorzunehmen, wenn der Vermögensgegenstand nicht mehr dazu bestimmt ist, dauerhaft dem Geschäftsbetrieb zu dienen. Nach h. M. ist eine Umgliederung **aus dem Anlagevermögen ins Umlaufvermögen** nicht zwingend erforderlich, wenn der Vermögensgegenstand in naher Zukunft verkauft werden soll[674]. Die Veräußerung kann auch aus dem Anlagevermögen direkt erfolgen. Gleichwohl können Wertpapiere des Anlagevermögens aufgrund einer geänderten Zwecksetzung vor ihrer Veräußerung ins Umlaufvermögen umgegliedert werden. In diesem Falle würden die Ergebnisbeiträge aus dem Verkauf der Wertpapiere im Aufwandsposten 7[675] (Formblatt 2) »Abschreibungen und Wertberichtigungen auf Forderungen und bestimmten Wertpapieren sowie Zuführungen zu Rückstellungen im Kreditgeschäft« bzw. Ertragsposten 6 (Formblatt 2) »Erträge aus Zuschreibungen zu Forderungen und bestimmten Wertpapieren sowie aus der Auflösung von Rückstellungen im Kreditgeschäft« ausgewiesen werden. Durch eine Umwidmung der Wertpapierbestände in den Liquiditätsbestand vor Verkauf könnten die daraus resultierenden Ergebnisbeiträge in die Überkreuzkompensation (siehe Kapitel III.1.3.4) nach § 340f Abs. 3 HGB i. V. m. § 32 RechKredV einbezogen werden[676].

1.5.2.2 Formale Voraussetzungen und Dokumentation

Eine Umwidmung zieht eine Änderung der anzuwenden Bewertungsvorschriften nach sich. Während Finanzinstrumente des Anlagevermögens verpflichtend nur bei dauerhafter Wertminderung außerplanmäßig abzuschreiben sind, müssen Finanzinstrumente des Umlaufvermögens nach dem strengen Niederstwertprinzip bewertet werden. Da aus einer Umwidmung mithin bilanzielle Bewertungseffekte resultieren können, besteht die Notwendigkeit, Änderungen in der Zweckbestimmung zu objektivieren. Institute haben bei einem Wechsel der Bewertungskategorie daher verschiedene formale Anforderungen zu erfüllen.

So sind Umwidmungsentscheidungen von den zuständigen Organen bzw. Gremien (z. B. Investment Komitee, Alco oder Anlageausschuss) des Instituts zu treffen und schriftlich zu dokumentieren. Die Dokumentation schließt eine (ökonomische) Begründung der

---

[671] Vgl. Häuselmann (2005), S. 40; Gaber, in: KoR 2012, S. 198.
[672] Vgl. Häuselmann, in: BB 2010, S. 944–950.
[673] Vgl. Häuselmann, in: BB 2008, S. 2621 mit Verweis auf BAKred-Schreiben vom 04.02.1991 – 14 – 212311 – 1/81, in: IDW FN 1991, S. 65.
[674] Vgl. Schubert/Huber, in: BBK, 11. Aufl., § 247 HGB, Tz. 361 sowie R 6.1 Abs. 1 S. 7 EStR 2012.
[675] Sofern vor dem Verkauf eine Bewertung zum niedrigeren Stichtagswert erfolgt, sind die daraus resultierenden Abschreibungen ebenfalls in diesem Posten auszuweisen.
[676] Vgl. Bantleon/Gottmann (2009), S. 126.

Umwidmungsentscheidung ein (IDW RH HFA 1.004, Tz. 15). Zum Teil wird gefordert, dass ein eventueller Umwidmungsbeschluss bis zum Abschlussstichtag zu treffen ist[677]. Daneben hat das Institut ggf. zu dokumentieren, dass es wirtschaftlich aufgrund von vorhandenen Liquiditätsreserven in der Lage ist, das Finanzinstrument dauerhaft zu halten[678]. Unter Umständen kann bei der Beurteilung der Fähigkeit zur Dauerhalteabsicht auch eine längerfristige Planung zur Entwicklung von risikogewichteten Aktiva relevant sein.

Umwidmungen sind durch eine Umbuchung in dem entsprechenden Bestand buchhalterisch nachzuvollziehen. Der buchhalterische Bestand muss jeweils den aktuellen Stand der Widmungsentscheidungen zum Bilanzstichtag reflektieren (IDW RH HFA 1.004, Tz. 16). Umwidmungen sind im Anlagespiegel (§ 284 Abs. 3 HGB) zu berücksichtigen.

Erstellt das Institut neben einem HGB-Abschluss auch einen Konzernabschluss nach IFRS, so hat es bei einer Umwidmung auf einen Gleichklang in der Kategorisierung nach IFRS zu achten (IDW RH HFA 1.004, Tz. 24). Aufsichtsrechtliche Folgen hat eine Umwidmung nur dann, wenn in außergewöhnlichen Fällen eine Umwidmung aus dem Handelsbestand auch eine Umwidmung aus dem Handelsbuch nach sich zieht. Aufsichtsrechtliche Umwidmungen aus dem Handelsbuch aufgrund einer geänderten Zweckbestimmung sind handelsrechtlich nur bei Vorliegen außergewöhnlicher Umstände im Sinne des § 340e Abs. 3 S. 3 HGB oder bei einer nachträglichen Einbeziehung in eine Bewertungseinheit nachzuvollziehen.

1.5.2.3 Bilanzierungsmethodik

Da eine Umwidmung keinen Umsatzakt mit einem Dritten darstellt, ist die Änderung einer Bewertungskategorie erfolgsneutral abzubilden. Umwidmungen haben zum Buchwert des letzten Jahresabschlusses bzw. wahlweise des letzten veröffentlichten Zwischenberichts zu erfolgen. Erfolgt eine Umwidmung aus dem Umlaufvermögen ins Anlagevermögen, so können zwischenzeitlich vorgenommene Niederstwertabschreibungen im Zeitpunkt der Umwidmung mit dem Verweis auf eine nicht dauerhafte Wertminderung nicht rückgängig gemacht werden. Aufgrund dieser Bilanzierungsmethodik kann ein Institut nur solche Abschreibungen vermeiden, die zwischen dem letzten veröffentlichten Zwischenabschluss (oder Jahresabschluss) und dem Bilanzstichtag angefallen wären.

Eine Zuschreibung über den letzten Buchwert hinaus ist nur dann möglich, wenn der Grund für die vor der Umwidmung vorgenommene Niederstwertabschreibung entfallen ist; d.h. wenn der Börsen- oder Marktpreis wieder oberhalb des Buchwerts im Umwidmungszeitpunkt gestiegen ist. In diesem Fall besteht eine Wertaufholungspflicht bis zur Höhe der ursprünglichen Anschaffungskosten. Die Umwidmung selbst stellt keinen Wegfall des Abschreibungsgrunds dar (IDW RH HFA 1.004, Tz. 21).

Buchhalterisch hat bei einer Umwidmung mithin eine Fortführung des Brutto-Buchwerts (bestehend aus den ursprünglichen Anschaffungskosten und Wertberichtigungen) zu erfolgen. Werden nach Umwidmung ins Anlagevermögen Bestände an demselben Wertpapier (bspw. zu einem niedrigeren Kurs) nachgekauft, so ist bei einer Fortschreibung der

---

677 Vgl. DGRV (2017), B.II, Tz. 17.
678 Vgl. Braun, in: KK-RLR, § 340e HGB, Tz. 40; Gilgenberg/Weiss, in: KoR 2009, S. 185.

Anschaffungskosten nach dem Durchschnittswertverfahren eine separate Bestandsführung nicht notwendig, da durch das Durchschnittswertverfahren das Zuschreibungspotenzial nicht verändert wird. Bei Anwendung von Verbrauchsfolgeverfahren wäre eine separate Bestandführung notwendig.

1.5.2.4 Anhangangaben

Eine Umwidmung stellt keine Durchbrechung des Stetigkeitsgrundsatzes dar, da durch eine Umwidmung nicht die Bewertungsmethodik, sondern der zugrunde liegende Sachverhalt geändert wird (IDW RH HFA 1.004, Tz. 23). Da in der Bilanzgliederung von Instituten keine Trennung der Finanzinstrumente in Anlagevermögen und Umlaufvermögen erfolgt, sind Umwidmungen nur im Anlagespiegel ersichtlich. Als sachverhaltsgestaltende Maßnahme sind Umwidmungen im Abschluss darüber hinaus auch qualitativ zu erläutern.

Zusätzlich sind nach § 35 Abs. 1 Nr. 2 RechKredV die nicht mit dem Niederstwert bewerteten börsenfähigen Wertpapiere anzugeben. Daneben ist zu erläutern, in welcher Weise die so bewerteten Wertpapiere von den nach dem strengen Niederstwertprinzip bewerteten Wertpapieren abgegrenzt worden sind. Unterschiede zwischen Buchwerten und beizulegenden Zeitwerten für Finanzinstrumente des Anlagevermögens sind nach § 285 Nr. 18 HGB i. V. m. § 34 Abs. 1 RechKredV zu erläutern.

1.5.3 Umwidmung von Handelsbeständen

1.5.3.1 Außergewöhnliche Umstände

1.5.3.1.1 Reichweite der Öffnungsklausel

Nach § 340e Abs. 3 S. 2 HGB ist eine Umgliederung aus dem Anlagevermögen bzw. der Liquiditätsreserve in den Handelsbestand ausgeschlossen. Mit Ausnahme der in § 340e Abs. 3 S. 3 u. 4 HGB genannten Ausnahmetatbestände gilt gleiches grundsätzlich auch für Umgliederungen aus dem Handelsbestand ins Anlagevermögen oder in den Liquiditätsbestand. Eine nachträgliche Umgliederung von Finanzinstrumenten in den Handelsbestand wurde bereits vor Inkrafttreten des BilMoG als unzulässige Gestaltung des Eigenhandelserfolgs abgelehnt[679]. Eine Veränderung der Nutzungsabsicht führt bei Finanzinstrumenten regelmäßig nicht zu einer Umwidmung in den Handelsbestand, da Finanzinstrumente bis zum Veräußerungszeitpunkt fortdauernd genutzt werden.

§ 340e Abs. 3 S. 3 u. 4 HGB regeln **Öffnungsklauseln** des generellen Umwidmungsverbots des § 340e Abs. 3 S. 2 HGB. So ist eine Umwidmung aus dem Handelsbestand ins Anlagevermögen bzw. in die Liquiditätsreserve in außergewöhnlichen Umständen möglich, die zu einer Aufgabe der Handelsabsicht durch das Kreditinstitut führen. Ein solcher Umstand liegt insbesondere bei einer schwerwiegenden Beeinträchtigung der Handelbarkeit der Finanzinstrumente vor. Eine schwerwiegende Beeinträchtigung der Handelbarkeit

---

[679] Vgl. Scharpf/Schaber (2018), S. 255; Scharpf/Schaber/Löw/Treitz/Weigel/Goldschmidt, in: WPg 2010, S. 439 (S. 444); Krumnow/Sprißler (2004), § 340c HGB, Tz. 54.

können insbesondere grundlegende Marktstörungen wie in der Finanzmarktkrise der Jahre 2007/2008 darstellen[680]. Aus dem Gesetzeswortlaut (»insbesondere«) wird deutlich, dass neben einer schwerwiegenden Beeinträchtigung der Handelbarkeit auch **andere außergewöhnliche Umstände**, die zu einer Aufgabe der Handelsabsicht führen, eine Ausnahme vom Umwidmungsverbot darstellen können[681].

Eine Umwidmung von Finanzinstrumenten aus dem Handelsbestand kommt auch bei einer Aufgabe der Handelsaktivitäten qua unternehmerischer Entscheidung durch die Geschäftsleitung des Instituts in Betracht. Eine solche Entscheidung muss die dauerhafte und vollständige Einstellung der Handelsaktivitäten des Instituts zur Folge haben[682]. Da eine Ausnahme vom Umwidmungsverbot nur bei Vorliegen außergewöhnlicher Umstände besteht, muss die dauerhafte Einstellung **nahezu alle Handelsaktivitäten** des Instituts umfassen. Eine vereinzelte Einstellung des Handels mit bestimmten Produkten, Risiko- und Assetklassen oder mit Finanzinstrumente in bestimmten Märkten (z.B. Einstellung des Aktienhandels oder des asiatischen Devisenhandels) stellt eine übliche Anpassung der Handelsstrategie dar und ist daher nicht als außergewöhnlich anzusehen. Zur bilanziellen Anerkennung eines Ausnahmetatbestands vom Umwidmungsverbot ist die Einstellung der Handelsaktivitäten durch einen Beschluss der zuständigen Gremien zu dokumentieren. Hierin ist insbesondere auf den von der Umwidmung betroffenen Handelsbestand, den Zeitpunkt der Umwidmung sowie die Dauerhaftigkeit der Einstellung der Handelsaktivitäten einzugehen.

Nach einer Umwidmung von Finanzinstrumenten des Handelsbestands sind die Finanzinstrumente nach den allgemeinen Bewertungsvorschriften für das Anlage- bzw. Umlaufvermögen zu bilanzieren. Dies schließt die Einbeziehung von Zinsderivaten in die verlustfreie Bewertung des Zinsbuchs nach IDW RS BFA 3 sowie die Einbeziehung von FX-Derivaten in die besondere Deckung nach § 340h HGB ein. »Der Risikoabschlag ist im Rahmen der Umgliederung nicht zu berücksichtigen, da der Risikoabschlag nicht sachgerecht auf einzelne Finanzinstrumente aufgeteilt werden kann«[683]. Umwidmungen sind zu dokumentieren. In Fällen der Umwidmung sind im Anhang deren Gründe, der Betrag der umgegliederten Finanzinstrumente des Handelsbestands und die Auswirkungen der Umgliederung auf den Jahresüberschuss/Jahresfehlbetrag sowie für den Fall der Umgliederung wegen Aufgabe der Handelsabsicht die außergewöhnlichen Umstände, die dies rechtfertigen, anzugeben (§ 35 Abs. 1 Nr. 6b RechKredV).

1.5.3.1.2 Bilanzielle Einzelfragen

Im Falle einer schwerwiegenden Beeinträchtigung der Handelbarkeit oder im Falle der dauerhaften Aufgabe der Handelsaktivitäten sind die Finanzinstrumente des Handelsbestands in das Bankbuch umzugliedern. Nach dem Wortlaut von § 340e Abs. 3 S. 3 u. 4 HGB besteht in diesen Fällen eine Umgliederungspflicht, die durch Umbuchung der Bestände nachzuvollziehen ist.

---

680 Vgl. BT-Drs 16/12407, S. 189; DGRV (2017), A.IV, Tz. 281.
681 Vgl. Scharpf/Schaber/Löw/Treitz/Weigel/Goldschmidtin, in: WPg 2010, S. 439 (S. 444).
682 Vgl. Scharpf/Schaber (2018), S. 256 f.; Braun, in: KK-RLR, § 340e HGB, Tz. 38.
683 Scharpf/Schaber/Löw/Treitz/Weigel/Goldschmidt, in: WPg 2010, S. 439 (S. 445).

Nach IDW RS BFA 2 hat die Umwidmung **zum beizulegenden Zeitwert** im Umwidmungszeitpunkt zu erfolgen, welcher die (neuen) Anschaffungskosten eines umgewidmeten Finanzinstruments im Bankbuch darstellt[684]. Für die Bilanzierung eines aus dem Handelsbestand umgewidmeten Finanzinstruments stellt der beizulegende Zeitwert im Umwidmungszeitpunkt damit den für die Bilanzierung im Bankbuch maßgeblichen Wertansatz für die Zugangsbilanzierung sowie ggf. die Obergrenze für Wertaufholungen dar. Abhängig von der Zuordnung des umgewidmeten Finanzinstruments zum Umlaufvermögen oder Anlagevermögen erfolgt die Folgebilanzierung unter Berücksichtigung des strengen oder des gemilderten Niederstwertprinzips.

Durch den Verweis auf § 255 Abs. 4 S. 4 HGB wird erkennbar, dass in IDW RS BFA 2, Tz. 29 die gesetzliche Pflichtumgliederung bei Aufgabe der Handelsabsicht infolge schwerwiegender Beeinträchtigung der Handelbarkeit der Finanzinstrumente geregelt wird. Es erscheint jedoch sachgerecht, diese Bilanzierungsgrundsätze auch auf den Fall der Umwidmung infolge vollständiger und dauerhafter Aufgabe der Handelsaktivitäten durch das Kreditinstitut anzuwenden.

Die Umwidmung ist somit als ein **anschaffungsähnlicher Vorgang** anzusehen, durch den das Handelsbuch Finanzinstrumente zu marktgerechten Konditionen an das Bankbuch »verkauft«. Da die umgewidmeten Finanzinstrumente zu ihren beizulegenden Zeitwerten im Umwidmungszeitpunkt ins Bankbuch eingebucht werden, erfolgt die Umbuchung mit Ausnahme des wegfallenden Risikoabschlags sowie ggf. einer Auflösung des Sonderpostens nach § 340e Abs. 4 HGB erfolgsneutral. Mangels Aufteilbarkeit des Risikoabschlags auf einzelne Finanzinstrumente ist der Risikoabschlag im Rahmen der Umgliederung nicht zu berücksichtigen[685].

Aus der Fiktion eines anschaffungsähnlichen Vorgangs leitet sich unmittelbar die **Zuordnung** der umgewidmeten Finanzinstrumente zu den aufnehmenden Bilanzposten ab. Bei einer Umwidmung eines gesamten Handelsbuchs z. B. infolge der dauerhaften und vollständigen Aufgabe der Handelsaktivitäten sind unterschiedliche Arten von Finanzinstrumenten, die vormals einheitlich in den Posten »Handelsbestand« (Aktivposten 6a und Passivposten 3a) ausgewiesen waren, einer Vielzahl von Bilanzposten des Bankbuchs zuzuordnen. Während die im Umwidmungszeitpunkt vorzunehmende Postenzuordnung für umgewidmete Kassainstrumente im Regelfall unproblematisch ist, stellen sich Detailfragen beim Postenausweis im Falle der Umgliederung derivativer Finanzinstrumente.

Umzuwidmende **bedingte Termingeschäfte** (z. B. Optionen) sind in den Posten »sonstige Vermögensgegenstände« bzw. »sonstige Verbindlichkeiten« umzugliedern und in der Folge nach den allgemeinen Grundsätzen zu bilanzieren. Grundsätzlich sind **unbedingte** zinstragende Termingeschäfte (wie z. B. Zinsswaps) mit positivem (negativem) beizulegenden Zeitwert im Umwidmungszeitpunkt aus dem Aktivposten (Passivposten) Handelsbestand in den aktiven (passiven) »Rechnungsabgrenzungsposten« umzubuchen. Problematisch erscheint dieser Grundsatz insbesondere bei unbedingten zinstragenden FX-Termingeschäften (z. B. **Cross Currency Swaps**), da für diese ab dem Umwidmungs-

---

684 Vgl. IDW RS BFA 2, Tz. 26 u. 29.
685 Vgl. Scharpf/Schaber/Löw/Treitz/Weigel/Goldschmidt, in: WPg 2010, S. 439 (S. 445).

zeitpunkt ggf. die Einbeziehung in die besondere Deckung nach § 340h HGB zu beachten ist.

FX-Derivate sind bei Vorliegen einer besonderen Deckung nach den Grundsätzen des § 340h HGB in der Folge umzurechnen. In diesem Falle werden die Nominalbeträge der Derivate mit ihrem Kassakurs am Bilanzstichtag umgerechnet. Die dabei entstehenden Währungsumrechnungsdifferenzen werden in der Gewinn- und Verlustrechnung im sonstigen betrieblichen Ergebnis (§ 277 Abs. 5 S. 2 HGB) und in der Bilanz unter den sonstigen Vermögensgegenständen bzw. Verbindlichkeiten erfasst. Eine Einbuchung von FX-Derivaten in die Rechnungsabgrenzungsposten wäre insofern problematisch, wenn der wechselkursinduzierte Marktwert des Derivats direkt nach der Umwidmung aufgrund der Folgebewertung nach § 340h HGB erfolgswirksam in den sonstigen Vermögensgegenständen bzw. Verbindlichkeiten erfasst würde (Doppelerfassung). Buchungstechnisch könnte dieses Problem durch Ausbuchung eines durch die Umwidmung entstehenden Rechnungsabgrenzungspostens gegen einen durch die Währungsumrechnung nach § 340h HGB entstehenden sonstigen betrieblichen Aufwand bzw. Ertrag gelöst werden. Diese Umbuchung betrifft grundsätzlich nur den wechselkursinduzierten Anteil des beizulegenden Zeitwerts. Insbesondere bei Cross Currency Swaps kann auch ein zinsinduzierter Anteil bestehen, der nach den für Zinsswaps geltenden Grundsätzen zu erfassen und im Rahmen der Folgebewertung anteilig abzugrenzen wäre.

Eine weitere Besonderheit ergibt sich bei Devisentermingeschäften (**FX-Forwards**). Hier hat ggf. nach den Grundsätzen des IDW RS BFA 4 eine Spaltung des Terminkurses zu erfolgen, wobei die abgespaltenen Deports/Reports über das Zinsergebnis »angespart« werden. Der Fiktion eines anschaffungsähnlichen Vorgangs folgend hätte die Aufteilung des Terminkurses grundsätzlich auf Basis der Wertverhältnisse zum Zeitpunkt der Umwidmung zu erfolgen, indem der kontrahierte Terminkurs mit dem an diesem Umwidmungstag geltenden Kassakurs zu vergleichen wäre. Die Differenz zwischen Terminkurs und Kassakurs (Swapsatz) ist über die Laufzeit des Forwards über das Zinsergebnis in einem sonstigen Vermögensgegenstand bzw. einer sonstigen Verbindlichkeit »anzusparen«, welche(r) bei Endfälligkeit des Forwards im Rahmen des Kassatauschs erfolgsneutral auszubuchen ist. Hierbei ist zu berücksichtigen, dass ein FX-Forward mit einer Kontrahierung zu einem historischen Terminkurs finanzwirtschaftlich nicht marktgerecht ist und daher in der Praxis regelmäßig nicht vorkommt. Während der Zugehörigkeit zum Handelsbestand wurden umzuwidmende FX-Forwards einer Bewertung zum beizulegenden Zeitwert unterzogen. Darin sind auch Deport/Report-Abgrenzungen sowie deren Veränderungen im Zeitablauf enthalten. Würde nun die Deport/Report-Abgrenzung auf Basis der historischen Differenz zwischen Terminkurs und Kassakurs im Bankbuch erfolgen, so würde eine Deport/Report-Zinsabgrenzung im Bankbuch in einer logischen Sekunde nachgeholt werden, die bereits im Handelsbuch über die Bewertung zum beizulegenden Zeitwert erfolgte. Es käme mithin zu einer Doppelerfassung der Deport/Report-Abgrenzung in der GuV. Eine Lösung dieses Problems könnte darin liegen, diese doppelt erfassten Deport/Report-Abgrenzungen aus dem Zinsergebnis gegen das sonstige betriebliche Ergebnis auszubuchen.

Bei einer Umwidmung aus dem Handelsbestand ist zu prüfen, ob **strukturierte Finanzinstrumente**, die aufgrund der vormaligen Zuordnung zum Handelsbestand (Rückausnahme des IDW RS HFA 22) einheitlich zu bilanzieren waren, nunmehr in ein Basisschuldinstrument und eingebettete Derivate aufzuteilen sind, soweit nicht weitere Rückausnahmen gelten, die eine einheitliche Bilanzierung ermöglichen (siehe Kapitel III.1.4.4.2). Fraglich ist, ob bei dieser Prüfung auf die Wert- und Marktverhältnisse am (historischen) Trade Date des Instruments oder auf die Wertverhältnisse am Umgliederungsstichtag abzustellen ist. Für eine Prüfung auf Basis der Wertverhältnisse am Handelstag würde der Wortlaut des IDW RS HFA 22 sprechen. Folgt man allerdings der Fiktion eines anschaffungsähnlichen Vorgangs, so »erwirbt« das Bankbuch die Finanzinstrumente im Umgliederungszeitpunkt. Nach der hier vertretenen Auffassung ist nach dieser Fiktion sowie aus praktischen Erwägungen ein Abstellen auf den Umgliederungszeitpunkt vertretbar.

1.5.3.1.3 Anhangangaben

Im Falle einer Umgliederung sind nach § 35 Abs. 1 Nr. 6b RechKredV die Gründe für die Umgliederung, der Betrag der umgegliederten Finanzinstrumente des Handelsbestands und die Auswirkungen der Umgliederung auf den Jahresüberschuss/Jahresfehlbetrag sowie für den Fall der Umgliederung wegen Aufgabe der Handelsabsicht die außergewöhnlichen Umstände, die dies rechtfertigen, im Anhang anzugeben.

1.5.3.2 Nachträgliche Einbeziehung in Bewertungseinheiten

Finanzinstrumente können nachträglich aus dem Handelsbestand in eine Bewertungseinheit zur Sicherung von Geschäften **außerhalb** des Handelsbestands umgegliedert werden. Bei Beendigung der Bewertungseinheit hat eine Rückumgliederung in den Handelsbestand zum beizulegenden Zeitwert zu erfolgen (§ 340e Abs. 3 S. 4 HGB). Eine Rückumgliederung kommt in Betracht, wenn es zu einem Wegfall der Voraussetzungen für die Bildung einer Bewertungseinheit kommt[686] (z. B. vorzeitige oder planmäßige Beendigung der Bewertungseinheit, prospektive Ineffektivität der Bewertungseinheit). Finanzinstrumente, die hingegen direkt bei Erwerb einer Bewertungseinheit zugeordnet wurden, dürfen nicht in den Handelsbestand bei Beendigung der Bewertungseinheit umgegliedert werden, da eine Handelsabsicht nicht bei Zugang des Finanzinstruments vorlag. Es ist institutsintern festzulegen, inwieweit die handelsrechtlich vollzogene Umgliederung auch aufsichtsrechtlich nachvollzogen werden kann, um einer nachträglich geänderten Zweckbestimmung des Finanzinstruments Rechnung zu tragen.

1.6 Bewertung von Schulden

1.6.1 Grundsätzlicher Wertansatz von Schulden

Der handelsrechtliche Begriff »Schulden« umfasst sowohl Verbindlichkeiten als auch Rückstellungen. Verbindlichkeiten sind Schulden, die sowohl dem Grunde als auch der Höhe nach sicher sind, während Rückstellungen Verpflichtungen darstellen, die dem Grunde

---

686 Vgl. Scharpf/Schaber/Löw/Treitz/Weigel/Goldschmidt, in: WPg 2010, S. 439 (S. 445).

und/oder der Höhe nach unsicher sind. Nach § 253 Abs. 1 S. 2 HGB sind Verbindlichkeiten zu ihrem **Erfüllungsbetrag** und Rückstellungen in Höhe des **nach vernünftiger kaufmännischer Beurteilung notwendigen Erfüllungsbetrags** anzusetzen. Der Erfüllungsbetrag bildet mithin den grundsätzlichen Wertmaßstab aller Schuldpositionen. Schulden außerhalb des Handelsbestands sind damit im Gegensatz zu den oben erläuterten Vermögensgegenständen keiner bestimmten Bewertungskategorie zugeordnet; für sie gilt ein einheitlicher Bewertungsmaßstab.

Verbindlichkeiten können in Geldleistungsverpflichtungen und Sachleistungsverpflichtungen unterteilt werden. Bei **Geldleistungsverpflichtungen** entspricht der Erfüllungsbetrag i. d. R. dem Nennbetrag der Verpflichtung. Wird eine Verbindlichkeit zu einem höheren Betrag als dem Nennbetrag ausgegeben, so kann (Wahlrecht) der Unterschiedsbetrag als Disagio nach den Grundsätzen des § 250 Abs. 3 HGB aktiviert werden. Dieses Aktivierungswahlrecht gilt aufgrund von § 340a Abs. 1 HGB auch für Institute[687]. Eine ausführliche Erläuterung der Möglichkeiten zur Bilanzierung eines Verbindlichkeitendisagios findet sich in Kapitel III.1.3.2. Geldleistungsverpflichtungen sind mithin zum Rückzahlungsbetrag zu passivieren.

Eine **Sachleistungsverbindlichkeit** stellt eine Verpflichtung des Unternehmens zur Erbringung einer Sach- oder Dienstleistung dar. Sachleistungsverbindlichkeiten sind mit dem Betrag anzusetzen, den das Unternehmen voraussichtlich aufwenden muss, um die geschuldete Sache oder Dienstleistung zu erbringen. Strittig ist dabei der Umfang der Kosten, der bei der Ermittlung des Erfüllungsbetrags einer Sachleistungsverbindlichkeit zu berücksichtigen ist[688]. Muss die Dienstleistung oder die Sache zur Erfüllung der Schuld noch (über einen längeren Zeitraum) hergestellt werden, so sind mögliche Kosten- und Preisentwicklungen zu berücksichtigen.

Im Schrifttum wird zum Teil darauf hingewiesen, dass in manchen Fällen ein Ansatz von Verbindlichkeiten zum Vereinnahmungsbetrag anstelle des Erfüllungsbetrags vorzunehmen sei[689]. Dieser Auffassung soll hier nicht in allen Fällen gefolgt werden. So stellt die Passivierung einer Stillhalterverpflichtung in Höhe der erhaltenen Optionsprämie keine Einbuchung zum Vereinnahmungsbetrag dar. Der Vereinnahmungsbetrag stimmt aufgrund des unterstellt marktgerechten Abschlusses des Optionsgeschäfts mit dem Erfüllungsbetrag überein, zu dem das einseitig schwebende Geschäft (z. B. im Wege einer Novation) weggeschafft werden kann. Der Erfüllungsbetrag hat in diesem Fall den Charakter von »Wegschaffungskosten«[690]. Ebenso verstößt nach der hier vertretenen Auffassung der Ansatz von Zero Bonds nach der Nettomethode nicht gegen den gesetzlich geforderten Ansatz von Verbindlichkeiten zum Erfüllungsbetrag, da der Erfüllungsbetrag zum Bilanzstichtag neben der Hauptschuld auch die bis zum Bilanzstichtag aufgelaufenen Zinsen umfasst.

---

687 Anderer Ansicht Birck/Meyer, die eine Nicht-Aktivierung von Disagien bei Banken als Verstoß gegen die Generalnorm des § 264 Abs. 2 S. 1 HGB sehen, wonach der Jahresabschluss einer Kapitalgesellschaft ein den tatsächlichen Verhältnissen entsprechendes Bild der Vermögens-, Finanz- und Ertragslage zu vermitteln hat. Vgl. Birck/Meyer V, 405 f.
688 Überwiegend wird auf den Vollkostenbegriff des § 255 Abs. 1 u. 2 HGB abgestellt. Siehe IDW RS HFA 4, Tz. 35; Gelhausen/Fey/Kämpfer (2009), I 9. Zum Teil wird zum Zwecke einer vollständigen Verlustantizipation auch eine Passivierung von Kostenarten gefordert, die nicht zu den aktivierbaren Herstellungskosten zählen (wie z. B. Vertriebskosten). Vgl. Baetge/Kirsch/Thiele (2017), S. 217.
689 Vgl. Lüdenbach/Freiberg, in: BB 2012, S. 1911 ff.
690 Vgl. Ballwieser, in: MüKom HGB, § 253 HGB, Tz. 66.

1.6.2 Bewertung von Verbindlichkeiten – institutsspezifische Fragestellungen

1.6.2.1 Strukturierte Verbindlichkeiten

Im Zugangszeitpunkt sind Verbindlichkeiten daraufhin zu überprüfen, ob diese **eingebettete Derivate** enthalten, die nach den Grundsätzen des IDW RS HFA 22 getrennt von der Basisschuld zu bilanzieren sind (im Einzelnen siehe Kapitel III.1.4.4). Einheitlich zu bilanzierende Verbindlichkeiten sind mit ihrem Erfüllungsbetrag zu passivieren (§ 253 Abs. 1 S. 2 HGB). Liegt dagegen eine Trennungspflicht vor, so sind das Basisinstrument sowie das trennungspflichtige Derivat wertmäßig im Verhältnis ihrer jeweiligen beizulegenden Zeitwerte zu spalten (IDW RS HFA 22, Tz. 19), wobei der beizulegende Zeitwert als Anschaffungskosten des zu trennenden Derivats gilt. Dabei können mehrere eingebettete Derivate, die demselben Risiko unterliegen als ein einziges zusammengesetztes Derivat behandelt werden. Sind die einzelnen Komponenten der strukturierten Verbindlichkeit nicht separat bewertbar, so werden die Anschaffungskosten des Derivats durch die Differenz zwischen dem beizulegenden Zeitwert des strukturierten Instruments als Ganzes und dem beizulegenden Zeitwert des Basisinstruments bestimmt.

Diesbezüglich ist zu unterscheiden, ob es sich bei dem trennungspflichtigen eingebetteten Derivat um ein unbedingtes oder ein bedingtes Termingeschäft handelt. Enthält die Verbindlichkeit ein trennungspflichtiges **unbedingtes Termingeschäft** (z. B. einen Zinsswap), so ist das eingebettete Derivat so zu bestimmen und bilanziell zu trennen, dass das eingebettete Derivat einen beizulegenden Zeitwert von null aufweist. Diese Vorgehensweise stimmt mit den nach IAS 39.IG C 1aF üblichen Vorgehen überein[691]. Die Verbindlichkeit ist mit dem Erfüllungsbetrag (Nennbetrag) zu passivieren; ein Differenzbetrag ergibt sich in diesem Fall nicht.

Enthält die Verbindlichkeit eine eingebettete **trennungspflichtige Option**, so ist die eingebettete Optionsprämie, die in der Nominalverzinsung der strukturierten Verbindlichkeit enthalten ist, nach den Grundsätzen des IDW RS BFA 6 zu behandeln. Dabei führen eingebettete Short Call oder Put Optionen für den Inhaber des strukturierten Finanzinstruments regelmäßig zu einer erhöhten Nominalverzinsung oberhalb der marktüblichen Rendite eines Plain-vanilla-Basisinstruments. Aus diesem Grunde hat der Emittent der Verbindlichkeit eine Stillhalterverpflichtung in Höhe des beizulegenden Zeitwerts der geschriebenen Option zu passivieren und in gleicher Höhe einen aktiven Rechnungsabgrenzungsposten nach § 250 HGB einzubuchen. Dieser wird über die Laufzeit des Basisinstruments als Minderung des Zinsertrags aufgelöst[692]. Die Aktivierung und anschließende Auflösung des Rechnungsabgrenzungspostens wirkt als **Zinsregulativ** (IDW RS HFA 22, Tz. 20). Liegt eine minderverzinsliche strukturierte Verbindlichkeit vor, bei der der Emittent zugleich Inhaber einer Option (long call oder long put) ist, so ist die enthaltene Option in Höhe des beizulegenden Zeitwerts zu aktivieren und die Basisschuld mit ihrem Rückzahlungsbetrag zu passivieren. In Höhe des beizulegenden Zeitwerts der Option ist ein

---

[691] Zur weiteren Erläuterung vgl. Gaber/Gorny, in: KoR 2007, S. 328 f.
[692] Für ein Beispiel vgl. Schaber/Rehm/Märkl/Spies (2010), S. 40 ff.

Rechnungsabgrenzungsposten zu passivieren und pro rata temporis über die Laufzeit des Basisinstruments aufzulösen. Schuldverschreibungen mit Wandlungs- oder Optionsrechten zum Erwerb von eigenen Anteilen, sind nach den Vorschriften des § 272 Abs. 2 Nr. 2 HGB zu bilanzieren (siehe im Einzelnen Kapitel IV.1.3.13.3).

Im Falle einer getrennten Bilanzierung von eingebettetem Derivat und Basisinstrument richtet sich die Folgebewertung nach den allgemeinen Grundsätzen. Führt die Wertänderung des eingebetteten Derivats im Falle einer einheitlichen Bilanzierung zu einer Veränderung der Marktrendite des strukturierten Finanzinstruments, so sind die Grundsätze zur Bilanzierung von unterverzinslichen Forderungen bzw. überverzinslichen Verbindlichkeiten zu beachten (siehe Kapitel III.1.3.2.3.4). Sofern die Über- oder Unterverzinslichkeit auf eine Änderung des Marktzinsniveaus zurückzuführen ist und die betroffenen Instrumente Teil der Steuerung des allgemeinen Zinsänderungsrisikos im Bankbuch sind, kann die Berücksichtigung der Über- oder Unterverzinsung im Rahmen der verlustfreien Bewertung von zinsbezogenen Geschäften des Bankbuchs nach den Grundsätzen des IDW RS BFA 3 erfolgen.

1.6.2.2 Über- oder unterverzinsliche Verbindlichkeiten

Hat das Institut eine Verbindlichkeit begeben, dessen Verzinsung in regelmäßigen Abständen an einen Geld- oder Kapitalmarktzinssatz angeglichen wird (z. B. LIBOR oder EURIBOR), so verändert sich der beizulegende Zeitwert der Verbindlichkeit aufgrund einer Veränderung des Marktzinsniveaus weitestgehend nicht (lediglich der erste gefixte Kupon der Verbindlichkeit kann Veränderungen des beizulegenden Zeitwerts hervorrufen). Hat das Institut eine festverzinsliche Verbindlichkeit begeben, so ist zwischen Verbindlichkeiten zu unterscheiden, die bereits bei ihrer Begebung über- oder unterverzinslich sind und Verbindlichkeiten, die durch eine Änderung des Marktzinsniveaus im Zeitablauf über- oder unterverzinslich werden.

a) Bei Emission bestehende Über- oder Unterverzinslichkeit. Ist die Verbindlichkeit bereits bei Emission **unterverzinslich**, so würde eine Bewertung der Verbindlichkeit zu einem geringeren Wert als dem Erfüllungsbetrag einen Verstoß gegen das Realisationsprinzip darstellen[693]. Zero Bonds sind zum Ausgabebetrag zuzüglich der bis zum jeweiligen Bilanzstichtag aufgelaufenen Zinsen anzusetzen; eine Passivierung mit dem Rückzahlungsbetrag und gleichzeitiger Aktivierung eines Disagios wird nach h. M.[694] abgelehnt (für eine ausführliche Darlegung der Bilanzierung von Zero Bonds siehe Kapitel III.1.3.3.2.1).

Bei einer im Vergleich zum Marktzinsniveau **höheren** Verzinsung ist zu prüfen, ob dem Institut für die Begebung einer überverzinslichen Verbindlichkeit ein anderer Vorteil gewährt wird. In der Literatur wird – soweit ersichtlich – nicht diskutiert, wann eine Überverzinslichkeit vorliegt. Nach der hier vertretenen Auffassung ist zur Identifikation einer

---

[693] Vgl. ADS, § 253 HGB, Tz. 81; Schubert, in: BBK, 11. Aufl., § 253 HGB, Tz. 63.
[694] Vgl. HFA 1/86; Merkt, in: Baumbach/Hopt, § 253 HGB, Tz. 2; ADS, § 253 HGB, Tz. 85 f.; Schubert, in: BBK, 11. Aufl., § 253 HGB, Tz. 65; Eisele/Knobloch, in: DStR 1993, S. 578 f.; Lüdenbach/Freiberg, in: BB 2012, S. 1911 f.

Überverzinslichkeit auf einen fristenadäquaten Geld- und Kapitalmarktsatz abzustellen. Für die Ermittlung einer Überverzinslichkeit sind die Bonität des Schuldners (ggf. marktnotierte Credit Spreads des Schuldners) sowie ggf. weitere bonitätsverbessernde Umstände in Bezug auf die spezifische Verbindlichkeit (wie z. B. Garantien, Gewährträgerhaftung, Einlagensicherungsfonds etc.) zu berücksichtigen. Hat das Institut für die Begebung einer überverzinslichen Verbindlichkeit einen dauerhaft nutzbaren Vorteil erlangt, so ist keine Drohverlustrückstellung zu bilden. Hat das Institut z. B. im Rahmen eines marktgerechten Paket-Deals ein Finanzinstrument zu günstigen Konditionen erworben, so entfällt nach der hier vertretenen Auffassung ebenfalls die Notwendigkeit zur Bildung einer Drohverlustrückstellung. Der Barwert der Mehrzinsen stellt eine Korrektur der Anschaffungskosten des erworbenen Vermögensgegenstands dar[695]. Wird die Überverzinslichkeit der Verbindlichkeit durch den Erhalt einer Einmalzahlung ausgeglichen, ist die Zahlung als Rechnungsabgrenzungsposten zu passivieren und pro rata temporis über die Laufzeit der Verbindlichkeit als Korrektur des Zinsaufwands zu vereinnahmen.

b) Nachträglich entstandene Über- oder Unterverzinslichkeit. Wird eine Verbindlichkeit in Folge einer Änderung des Marktzinsniveaus unterverzinslich, so ist die Verbindlichkeit weiterhin mit dem Erfüllungsbetrag zu passivieren. Eine Abzinsung und damit ein Ansatz unterhalb des Rückzahlungsbetrags stellt einen Verstoß gegen das Realisationsprinzip dar und ist daher nach h. M. unzulässig[696]. Ist die Verbindlichkeit am Abschlussstichtag aufgrund einer Änderung des Marktzinsniveaus überverzinslich, so ist nach handelsrechtlichen Grundsätzen zu prüfen, ob eine Rückstellung für drohende Verluste aus schwebenden Geschäften zu bilden ist. Sofern die Verbindlichkeiten Gegenstand der allgemeinen Steuerung des Zinsänderungsrisikos im Bankbuch sind, kommt eine Berücksichtigung der marktabweichenden Verzinsung im Rahmen der verlustfreien Bewertung von zinsbezogenen Geschäften des Bankbuchs nach den Grundsätzen des IDW RS BFA 3 in Betracht (siehe Kapitel III.2.3.3). Eine Folgebewertung nach den Grundsätzen des IDW RS BFA 3 kommt nach der hier vertretenen Auffassung auch dann in Betracht, wenn die Überverzinslichkeit der Verbindlichkeit aus der Marktwertänderung eines eingebetteten Derivats resultiert. Die Behandlung von Zinsderivaten erfolgt nach den allgemeinen Grundsätzen unabhängig davon, ob es sich um rechtlich selbständige Verträge oder um eingebettete Derivate handelt, die nach den Grundsätzen des IDW RS HFA 22 getrennt zu bilanzieren sind (IDW RS BFA 3, Tz. 21).

c) Stufenzinsprodukte. Eine im Zeitablauf entstehende Über- oder Unterverzinslichkeit kann auch schon in den Vertragsbedingungen festgelegt sein (z. B. bei einer **Stufenzinsanleihe**, bei der sich der Kupon jedes Jahr erhöht). Verbindlichkeiten können als schwebende (Kapitalüberlassungs)Geschäfte angesehen werden, die als Dauerschuldverhältnis einer synallagmatischen Leistungsbeziehung im Sinne des § 320 BGB unterliegen. Dieses Leistungsverhältnis kann durch Vorleistungen einer Partei und eines daraus folgenden »Leis-

---

695 Vgl. ADS, § 253 HGB, Tz. 50; Schubert, in: BBK, 11. Aufl., § 253 HGB, Tz. 62.
696 Vgl. Scherrer (2009), S. 274.

tungs- oder Erfüllungsrückstands« gekennzeichnet sein[697]. Die Vorleistung einer Partei führt zu einem **Erfüllungsrückstand** bei der Gegenpartei und insoweit zu einer partiellen Beendigung des schwebenden Geschäfts. Aufgrund der Bedeutung von Stufenzinsprodukten für Kreditinstitute soll die Bilanzierung dieser Produkte im Folgenden näher analysiert werden. Dabei ist zu unterscheiden zwischen Stufenzinsverbindlichkeiten mit im Zeitablauf steigenden Zinsen (z. B. Zuwachssparen, Sparkonten mit Bonuszinsen; Step-up-Anleihen) und im Zeitablauf sinkenden Zinsen (z. B. Step-Down-Anleihen):

- **Im Zeitablauf steigende Zinsen.** Die Bilanzierung von Stufenzinsverbindlichkeiten mit im Zeitablauf steigenden Zinsen ist in der Literatur umstritten. Nach höchstrichterlicher Rechtsprechung des BFH kommt für ein Kreditinstitut bei einem **Zuwachssparen** weder der Ansatz einer Verbindlichkeit, noch eines Rechnungsabgrenzungspostens noch einer Rückstellung in Betracht, sofern die Verbindlichkeit durch den Gläubiger gekündigt werden kann[698]. Der Ansatz einer Verbindlichkeit komme aufgrund der Kündigungsmöglichkeit durch den Gläubiger und der damit verbundenen fehlenden Sicherheit der Verpflichtung dem Grunde nach nicht in Betracht. Ebenso scheidet der Ansatz eines passiven Rechnungsabgrenzungspostens aus, da die Unterverzinslichkeit in den ersten Perioden keine Einnahme vor dem Bilanzstichtag darstellt, sondern eine ersparte Aufwendung. Ein Erfüllungsrückstand, der den Ansatz einer Rückstellung auslöst, bestehe ebenfalls nicht, da dieser nach dem schuldrechtlichen Verhältnis von Leistung und Gegenleistung zu beurteilen sei und insoweit kein Erfüllungsrückstand vorliegt. Ebenso liege auch bei wirtschaftlicher Betrachtung kein Erfüllungsrückstand vor, da die Steigerung des Zinssatzes so berechnet ist, dass sich für jede mögliche Laufzeit aus den tatsächlich gutgeschriebenen Zinsen die der Laufzeit angemessene durchschnittliche sowie laufzeitadäquate Verzinsung ergebe[699]. Dieser Argumentation wird im handelsrechtlichen Schrifttum nicht gefolgt, obgleich der BFH mit den handelsrechtlichen Grundsätzen argumentiert und eine wirtschaftliche Betrachtungsweise zugrunde legt. Nach zutreffender Meinung ist handelsrechtlich die Bildung einer Verbindlichkeit geboten; bei unsicheren Verpflichtungen ist eine Verbindlichkeitsrückstellung – nicht jedoch eine Drohverlustrückstellung – zu bilden[700]. Die höchstrichterliche Rechtsprechung zerlegt das zugrunde liegende Dauerschuldverhältnis in schuldrechtlich einzelne, periodenweise jeweils neu abzuschließende Geschäfte. Sodann wird gefragt, ob sich in diesen Einzelgeschäften Leistung und Gegenleistung ausgeglichen gegenüberstehen. Diese Sichtweise verkennt jedoch, dass das Dauerschuldverhältnis über die gesamte Darlehenslaufzeit als eine Einheit betrachtet werden muss und dass sich höhere Zinssätze in späteren Jahren und niedrigere Zinsen in früheren Jahren gegenseitig bedingen[701]. Alle Verpflichtungen sind wirtschaftlich im Zeitpunkt des Vertragsabschlusses

---

697 Vgl. BFH-Urteil vom 23.06.1997 – GrS 2/93, in: DStR 1997, S. 735; BFH-Urteil vom 05.04.2006 – I R 43/05, in: DStR 2006, S. 1123; Christiansen, in: DStR 2007, S. 872 f.
698 Vgl. BFH-Urteil vom 20.01.1993 – I R 115/91, in: BB 1993, S. 895 ff. Kritisch zu dieser Rechtsprechung Weber-Grellet, in: DStR 1996, S. 906.
699 Vgl. Scholz, in: WPg 1973, S. 54 sowie BFH-Urteil vom 20.01.1993 – I R 115/91, in: BB 1993, S. 897.
700 Vgl. Schubert, in: BBK, 11. Aufl., § 253 HGB, Tz. 68; Böcking/Gros, in: Ebenroth u. a., 3. Aufl., § 253 HGB, Tz. 9; ADS, § 253 HGB, Tz. 81, 89 und § 249 HGB, Tz. 60.
701 Vgl. Kalveram, in: WPg 1990, S. 538 f.

begründet, so dass die Verursachung der in späteren Perioden zu zahlenden höheren Zinssätze durch die Einwilligung bei Vertragsabschluss gegeben ist, von Seiten des Gläubigers in den früheren Perioden niedrigere Zinsen zu akzeptieren[702]. Nach handelsrechtlichen Grundsätzen ist der Aufwand so zu periodisieren, dass einer gleichbleibenden empfangenen Leistung (Kapitalüberlassung) auch eine gleichbleibende Aufwandsverrechnung gegenübersteht[703]; ferner entspricht es dem Imparitätsprinzip künftige höhere Zinszahlungen zu antizipieren (Verlustantizipation)[704]. Das Vorliegen eines Erfüllungsrückstands wird durch den BFH hingegen für **Prämiensparverträge** oder Sparverträgen mit Sonderprämien am Ende der Laufzeit des Sparvertrags anerkannt[705]. Der Sparprämie wird auf Basis einer wirtschaftlichen Betrachtung ein Zinscharakter zugeschrieben, der zum jeweiligen Bilanzstichtag anteilig durch den zurückliegenden Zeitraum wirtschaftlich verursacht ist. Da für das Kreditinstitut die Verpflichtung zur Zahlung der Sparprämie nur insoweit besteht, als die künftige Prämienzahlung auf den am jeweiligen Bilanzstichtag abgelaufenen Teil der gesamten Festlegungsfrist entfällt, ist für die Prämie eine Rückstellung kapital- und zinsanteilig nach Maßgabe der Zinsstaffelmethode ratierlich anzusammeln[706]. Da Sparguthaben nach den gesetzlichen Bedingungen gekündigt werden können und eine Auszahlung der Prämie nur im Falle einer Nicht-Kündigung erfolgt, ist die Verpflichtung dem Grunde nach ungewiss, so dass der Ausweis einer Rückstellung in Betracht kommt. Ist die Verpflichtung am Bilanzstichtag dem Grunde nach sicher, so ist eine Verbindlichkeit auszuweisen. Dies ist bspw. bei Gutschriften von sog. **Bonusverbindlichkeiten** der Fall. Bausparkassen bieten zum Teil Verträge an, bei denen sich die Verzinsung des Bausparguthabens um einen Bonus erhöht, der sofort – und nicht erst bei Auszahlung der Bausparsumme bzw. der vollständigen Rückzahlung des Bausparguthabens – auf einem Zinsbonus-Sonderkonto gutgeschrieben wird und in den jährlichen Kontoauszug übernommen wird. Da diese Verpflichtung am Bilanzstichtag dem Grunde sowie der Höhe nach sicher ist, sind diese Verpflichtungen als Verbindlichkeiten zu passivieren[707]. Bausparkassen haben diese im Posten »Bauspareinlagen« zu zeigen (siehe Kapitel IV.3.1).

- **Im Zeitablauf fallende Zinsen.** Hat das Institut Verbindlichkeiten mit im Zeitablauf sinkender Verzinsung begeben, so ist die Verbindlichkeit zu ihrem Rückzahlungsbetrag zu passivieren und zu Beginn der Vertragslaufzeit ein aktiver Rechnungsabgrenzungsposten zu bilden, da die in den ersten Jahren gezahlten Zinsen einen Aufwand für eine

---

702 Scheiterle weist zu Recht darauf hin, dass auch bei kündbaren Verträgen eine einseitige Verpflichtung des Schuldners zur Zahlung von erhöhten Zinssätzen in der Zukunft vorliegt. Vgl. Scheiterle, in: WPg 1983, S. 559.
703 Vgl. Scholz, in: WPg 1973, S. 53 ff.; Scheiterle, in: WPg 1983, S. 558 f.; Birck/Meyer V, S. 358 f.; Kalveram, in: WPg 1990, S. 537. Moxter bezeichnet dies als das Erfordernis einer nutzungsgerechten Aufwandszuordnung. Vgl. Moxter (2003), S. 66 f sowie grundlegend auch Moxter (1976), S. 263.
704 Eine progressive Aufwandsverrechnung auf Basis der Nominalzinssätze würde zu einer unsachgerechten Verlagerung von Aufwendungen in die Zukunft führen. Vgl. Scholz, in: WPg 1973, S. 54.
705 Vgl. BFH-Urteil vom 15.07.1998 – I R 24–96, in: DStR 1998, S. 1461.
706 Vgl. FG Münster, Urteil vom 18.01.1996 – AZ: 9 K 1528/93K, in: BB 1996, S. 2035.
707 Vgl. BAKred-Schreiben vom 18.10.1988 – I 4- 212322 – 1/86 (KWG 16.20) mit Verweis auf IDW-Fachnachrichten 1988, S. 302 f.

bestimmte Zeit nach dem Bilanzstichtag darstellen[708]. Die Zinszahlungen in den ersten Jahren sind als eine Vorleistung für eine noch nicht erbrachte zeitraumbezogene Überlassung der Darlehensvaluta in der restlichen Darlehenslaufzeit anzusehen. Sofern das Darlehensverhältnis nicht vorzeitig beendet werden kann, spricht die fehlende Rückforderbarkeit der Leistung ebenfalls nicht gegen die Zeitbezogenheit der Leistung.

1.6.2.3 Bewertung bei fehlender wirtschaftlicher Belastung

Verbindlichkeiten sind nur dann mit ihrem Erfüllungsbetrag zu passivieren, insoweit eine Inanspruchnahme nicht mit einer an Sicherheit grenzenden Wahrscheinlichkeit ausgeschlossen werden kann[709]. Die Passivierung einer Rückstellung ist hingegen dann vorzunehmen, wenn das Entstehen einer Verpflichtung oder eine Inanspruchnahme überwiegend wahrscheinlich ist. Die Wahrscheinlichkeitsschwelle für den Nicht-Ansatz einer Verbindlichkeit ist im Vergleich zu der Wahrscheinlichkeitsschwelle einer Rückstellung damit weitaus höher und damit eine grundlegend andere[710].

- Die Frage der Fortführung einer Passivierung von Sparguthaben stellt sich für ein Kreditinstitut insbesondere dann, wenn auf den Sparkonten über viele Jahre hinweg keine Kontobewegungen vorgenommen wurden. Eine Verbindlichkeit ist in diesem Zusammenhang nicht mehr zu passivieren, wenn mit der Geltendmachung der Forderung durch den Gläubiger mit an Sicherheit grenzender Wahrscheinlichkeit nicht mehr zu rechnen ist. In diesem Zusammenhang hat der BFH entschieden, dass ein Kreditinstitut die mit an Sicherheit grenzender Wahrscheinlichkeit nicht mehr geltend gemachten Sparguthaben nicht mehr passivieren dürfe. Es kann dabei nicht davon ausgegangen werden, dass allein das Fehlen von Kontobewegungen über einen Zeitraum von mehr als 30 Jahren (sog. **unbewegte Sparkonten**) keine wirtschaftliche Belastung mehr hervorrufen wird. Vielmehr ist bei einer Vielzahl gleichartiger oder annähernd gleichwertiger Verpflichtungen[711] eine Schätzung des Teils vorzunehmen, für den mit an Sicherheit grenzender Wahrscheinlichkeit eine Geltendmachung nicht mehr erwartet wird. Die Schätzung hat nach den Grundsätzen der vorsichtigen Bewertung zu erfolgen. In diesem Zusammenhang wurde durch den BFH eine Ausbuchung von mehr als 30 Jahre unbewegten Sparguthaben in Höhe 90 % anerkannt[712]. Dabei ist zu beachten, dass zwischenzeitliche Zinsgutschriften bei Vorlage eines Sparbuchs als eine neue Einlage anzusehen sind.
- Eine Auflösung von Verbindlichkeiten kann bei genossenschaftlichen Kreditinstituten auch bei einem **Ausschluss von Mitgliedern** vorkommen. In dem vom BFH zu entscheidenden Fall wurden eine eingetragene Genossenschaft per Formwechsel in eine Kapitalgesellschaft umgewandelt und die Geschäftsguthaben der Mitglieder ausgezahlt, soweit diese postalisch erreichbar waren. Mit Satzungsänderung wurden die

---

708 Vgl. BFH-Urteil vom 27.07.2011 – I R 77/10, in: DStR 2011, S. 2035 ff.
709 Vgl. z. B. BFH-Urteil vom 22.11.1988 – VIII R 62/85, in: BStBl. II 1989, S. 359; BFH-Urteil vom 12.12.1990 IR 153/86, in: BStBl. II 1991, S. 479.
710 Vgl. BFH-Urteil vom 16.02.1996 – I R 73/95, in: BStBl. II 1996, S. 592; Moxter, in: BB 1998, S. 2464.
711 Die Klägerin hatte alle unbewegten Konten auf einem Sammelkonto erfasst.
712 Vgl. BFH-Urteil vom 27.03.1996 – IR 3/95, in: DStR 1996, S. 1041.

postalisch nicht erreichbaren Mitglieder ausgeschlossen und deren Geschäftsguthaben erfolgsneutral aus dem Eigenkapital unter die sonstigen Verbindlichkeiten umgebucht. Für den Bilanzansatz ist am Bilanzstichtag auf den Grad der Wahrscheinlichkeit in Bezug auf die Geltendmachung von Ansprüchen der ausgeschlossenen Mitglieder abzustellen. Soweit mit an Sicherheit grenzender Wahrscheinlichkeit keine wirtschaftliche Belastung aus den Verbindlichkeiten besteht, ist eine (erfolgswirksame) Ausbuchung auf Basis von Schätzwerten vorzunehmen. Streitbehaftet war in diesem Fall der Modus der Auflösung[713].

1.6.3 Bewertung von Rückstellungen

1.6.3.1 Ermittlung des Erfüllungsbetrags

Rückstellungen sind nach § 253 Abs. 1 S. 2 HGB in Höhe des nach vernünftiger kaufmännischer Beurteilung notwendigen Erfüllungsbetrags anzusetzen. Nach der Gesetzesbegründung des BilMoG sind bei der Rückstellungsbewertung die Verhältnisse zu berücksichtigen, die zum Zeitpunkt der voraussichtlichen Begleichung der Verpflichtung zu erwarten sind. Durch den Begriff Erfüllungsbetrag wird klargestellt, dass »bei der Rückstellungsbewertung – unter Einschränkung des Stichtagsprinzips – künftige Preis- und Kostensteigerungen zu berücksichtigen sind«[714]. Die Höhe einer Rückstellung hängt somit von den Preis- und Kostenverhältnissen im Zeitpunkt des tatsächlichen Anfalls der Aufwendungen ab[715]. Die Bewertung von Rückstellungen erfordert mithin diverse Schätzungen, die von dem bilanzierenden Unternehmen vorzunehmen sind; dieser Notwendigkeit wird dadurch Rechnung getragen, dass Rückstellungen in Höhe des »nach vernünftiger kaufmännischer Beurteilung« notwendigen Erfüllungsbetrags anzusetzen sind. Der nach vernünftiger kaufmännischer Beurteilung notwendige Erfüllungsbetrag ist durch das bilanzierende Unternehmen an jedem Bilanzstichtag erneut zu schätzen; wobei eine Erhöhung des Erfüllungsbetrags zu einer aufwandswirksamen zusätzlichen Dotierung der Rückstellung führt. Ist nach vernünftiger kaufmännischer Beurteilung mit einem im Vergleich zum Vorjahr niedrigeren Erfüllungsbetrag zu rechnen, so ist der Wertansatz der Rückstellung ergebniswirksam zu reduzieren[716].

a) Preis- und Kostensteigerungen. Künftige Preis- und Kostensteigerungen sind in der Rückstellungsbewertung zu berücksichtigen, wenn »ausreichend objektive Hinweise auf den Eintritt künftiger Preis- und Kostensteigerungen« vorliegen[717]. Grundsätzlich sind der

---

713 Vgl. BFH-Urteil vom 08.01.2006 – IR 63/05, in: BeckRS 2006, 25011030.
714 BT-Drs 10/10067, S. 52.
715 Aufgrund der Spezialvorschrift des § 341e Abs. 1 S. 3 HGB sind künftige Preis- und Kostensteigerungen sowie Abzinsungen bei der Bildung versicherungstechnischer Rückstellungen nicht zu berücksichtigen. Vgl. Pannen, in: Die Bilanzrechtsreform 2009/10, S. 141 sowie IDW RS HFA 34, Tz. 2.
716 Vgl. ADS, § 253 HGB, Tz. 180; Gelhausen/Fey/Kämpfer (2009), S. 181.
717 BT-Drs 10/10067, S. 52; sowie Küting/Cassel/Metz, in: Küting/Pfitzer/Weber, S. 320 f.; Gelhausen/Fey/Kämpfer (2009), S. 180; Pannen, in: Die Bilanzrechtsreform 2009/10, S. 142.

Schätzung von künftigen Preis- und Kostensteigerungen die unternehmens- bzw. branchenspezifischen Gegebenheiten zugrunde zu legen. Eine Verwendung von Inflationsraten ist ebenso möglich, wenn sich in der Vergangenheit gezeigt hat, dass sich die Aufwendungen zur Erfüllung der Verpflichtung mit der Inflationsrate entwickelt haben oder unternehmensspezifische Schätzungen nicht mit vertretbaren Aufwand generiert werden können (IDW RS HFA 34, Tz. 27). Bei der Rückstellungsbewertung sind jedoch auch künftige Preis- und Kostensenkungen zu berücksichtigen; dies jedoch nur, wenn diese mit hoher Wahrscheinlichkeit zu erwarten sind[718]. Da die Ermittlungsmethodik zur Rückstellungsbewertung dem Stetigkeitsgrundsatz des § 252 Abs. 1 Nr. 6 HGB unterliegt, ist die Auflösung einer Rückstellung, die auf eine Änderung der Ermittlungsmethodik zurückzuführen ist, nur dann möglich, sofern sich dadurch ein verbesserter Einblick in die Vermögens-, Finanz- und Ertragslage ergibt[719]. Aufgrund des Stichtagsprinzips sind singuläre Ereignisse nach dem Bilanzstichtag (z. B. Gesetzesänderungen nach dem Stichtag), die zu einer Änderung des Nominalbetrags der Verpflichtung führen, nicht als künftige Preis- und Kostensteigerungen zu berücksichtigen (IDW RS HFA 34, Tz. 26; IDW RS HFA 4, Tz. 40).

b) Abzinsung. Nach § 253 Abs. 2 S. 1 HGB sind Rückstellungen mit einer Restlaufzeit von mehr als einem Jahr grundsätzlich abzuzinsen. Bzgl. des Abzinssatzes ist zwischen Rückstellungen für Altersversorgeverpflichtungen und sonstigen Rückstellungen zu differenzieren (zur Bewertung von Pensionsrückstellungen siehe Kapitel III.1.6.3.3). **Sonstige Rückstellungen** und Steuerrückstellungen sind mit dem ihrer Laufzeit entsprechenden durchschnittlichen Marktzinssatz der vergangenen sieben Geschäftsjahre abzuzinsen. Der anzuwendende Abzinsungssatz wird von der Deutschen Bundesbank nach Maßgabe der Rückstellungsabzinsungsverordnung (RückAbzinsV) ermittelt und monatlich auf der Homepage der Deutschen Bundesbank bekannt gegeben. Die Deutsche Bundesbank gibt nur Zinssätze für ganzjährige Restlaufzeiten mit einer Laufzeit von bis zu 50 Jahren bekannt (§§ 1, 2 und 7 RückAbzinsV). Bei unterjährigen Restlaufzeiten kann die Ermittlung des Abzinsungssatzes durch lineare Interpolation, durch Verwendung des am nächst gelegenen ganzjährigen Zinssatzes oder bei normaler Zinsstrukturkurve des nächstkürzeren (und damit niedrigeren) ganzjährigen Zinssatzes erfolgen (IDW RS HFA 34, Tz. 42). Bei einer Restlaufzeit von mehr als 50 Jahren kann der 50jährige Zinssatz fortgeschrieben werden (IDW RS HFA 34, Tz. 45). Besteht eine Rückstellungsverpflichtung in fremder Währung, so kann der auf Euro-Zinskurven basierende Bundesbankzins oder ein währungskongruenter Abzinsungssatz zugrunde gelegt werden. Dieser ist allerding als restlaufzeitkongruenter durchschnittlicher Marktzinssatz der vergangenen sieben Jahre zu bestimmen (IDW RS HFA 34, Tz. 46). Sofern Rückstellungen eine Restlaufzeit von weniger als einem Jahr aufweisen, besteht ein Abzinsungswahlrecht (IDW RS HFA 4, Tz. 42 sowie IDW RS HFA 34, Tz. 44). Für Institute ergibt sich in einigen Fällen eine vom Zinssatz nach RückAbzinsV abweichende Diskontierung. So ist die Bewertung von Drohverlustrückstellungen aus schwebenden börsennotierten Derivaten des Nicht-Handelsbestands in Höhe des bei-

---

[718] Vgl. IDW RS HFA 34, Tz. 28. Zum Teil wird gefordert, dass künftigen Preis- und Kostensenkungen nachweislich so gut wie sicher sein müssen. Vgl. Gelhausen/Fey/Kämpfer (2009), S. 180.
[719] Vgl. Gelhausen/Fey/Kämpfer (2009), S. 181.

zulegenden Zeitwerts im Sinne des § 255 Abs. 4 S. 1 HGB vorzunehmen ggf. abzüglich einer passivierten Optionsprämie (IDW RS HFA 4, Tz. 44). Nach der hier vertretenen Auffassung ist die Bildung von Drohverlustrückstellungen in Höhe des beizulegenden Zeitwerts auch für nicht börsennotierte Derivate sachgerecht[720]. Eine Abzinsung gem. RückAbzinsV kommt bei der Ermittlung einer Drohverlustrückstellung, die im Rahmen der verlustfreien Bewertung zinsbezogener Geschäfte des Bankbuchs zu bilden ist, nicht in Betracht (IDW RS BFA 3, Tz. 48). Bei dieser Bewertung sind fristenadäquate Geld- und Kapitalmarktzinssätze zugrunde zu legen.

c) **Ermittlung der Restlaufzeit.** Eine Schätzung der Restlaufzeit ist relevant für die Berücksichtigung künftiger Kosten- und Preissteigerungen sowie für die Bestimmung des Abzinsungszeitraums. Liegen bei Verpflichtungen mit einer unbestimmten Laufzeit keine konkreten Anhaltspunkte für die tatsächliche Restlaufzeit vor, so ist die Restlaufzeit vorsichtig zu schätzen. Bei Verträgen, die durch das bilanzierende Unternehmen kündbar sind, ist auf den frühesten möglichen Kündigungstermin abzustellen (IDW RS HFA 34, Tz. 37f.).

1.6.3.2 Bewertung von Verteilungsrückstellungen

Verteilungsrückstellungen stellen Verpflichtungen dar, die rechtlich mit der Verwirklichung eines Ereignisses in voller Höhe entstanden sind und deren wirtschaftliche Verursachung sich über nachfolgende Geschäftsjahre erstreckt (IDW RS HFA 34, Tz. 18). In diesen Fällen ist die Rückstellung über die Geschäftsjahre vorzunehmen, in denen die Rückstellung wirtschaftlich verursacht wird. Die aufwandswirksame Verteilung kann dabei entweder nach dem sog. Barwertverfahren oder nach dem Gleichverteilungsverfahren erfolgen.

Beim **Barwertverfahren** wird der Barwert der nominellen Verpflichtung auf die jeweiligen Geschäftsjahre verteilt (die Dotierung der Rückstellung hat einen progressiven Aufwandsverlauf zur Folge). Beim **Gleichverteilungsverfahren** wird der Nominalbetrag der Verpflichtung annuitätisch auf die Geschäftsjahre verteilt. Ist mit der Verteilungsrückstellung ein ungleichmäßiger Verlauf der wirtschaftlichen Vorteile verbunden, so ist die Verteilung entsprechend zu modifizieren (IDW RS HFA 34, Tz. 19). Schätzungsänderungen hinsichtlich der nominellen Höhe oder des zeitlichen Anfalls der Verpflichtung ziehen somit eine Änderung des Verteilungsplans nach sich.

1.6.3.3 Bewertung von Rückstellungen für Altersvorsorgeverpflichtungen

Rückstellungen für Altersvorsorgeverpflichtungen oder vergleichbare langfristig fällige Verpflichtungen sind im Gegensatz zu den sonstigen Rückstellungen mit einem durchschnittlichen Marktzinssatz der vergangenen **zehn** Jahre (vormals ebenfalls sieben Jahre) abzuzinsen. Diese Änderung des § 253 Abs. 2 S. 1 HGB ist für Geschäftsjahre zu beachten, die nach dem 31.12.2015 enden (Art. 75 Abs. 6 EGHGB). Dabei darf pauschal mit einem durchschnittlichen Marktzinssatz abgzinst werden, der sich bei einer angenommenen Restlaufzeit von 15 Jahren ergibt (§ 253 Abs. 2 S. 2 HGB). Auch diese Durchschnittssätze

---

720 So vermutlich auch IDW RS BFA 5, Tz. 16 sowie IDW RS BFA 6, Tz. 18.

werden von der Deutschen Bundesbank monatlich ermittelt; die RückAbzinsV wurde entsprechend angepasst. Nach § 263 Abs. 6 HGB ist der Unterschiedsbetrag der Pensionsrückstellungen zwischen einer Bewertung mit dem siebenjährigen und dem zehnjährigen Durchschnittsatz zu ermitteln (§ 253 Abs. 6 S. 1 HGB) und im Anhang oder unter der Bilanz anzugeben (§ 253 Abs. 6 S. 3 HGB). Zudem besteht eine Ausschüttungssperre, sofern die nach der Ausschüttung verbleibenden frei verfügbaren Rücklagen zuzüglich eines Gewinnvortrags und abzüglich eines Verlustvortrags dem Unterschiedsbetrag i. S. d. § 253 Abs. 6 S. 1 HGB entsprechen. Damit soll erreicht werden, dass die aus der Minderung des Abzinssatzes resultierenden Erfolge im Unternehmen (als gebundenes Eigenkapital) verbleiben[721]. Die viel diskutierte[722] Rechtsunsicherheit, ob die Ausschüttungssperre des § 253 Abs. 6 HGB auch zu einer Abführungssperre führt, besteht mittlerweile nicht mehr. Nach Auffassung des BMF besteht eine Abführungssperre nicht[723]. Jedoch sollen die »erhöhten« Erträge aus der Ergebnisabführung beim Organträger der Ausschüttungssperre des § 253 Abs. 6 S. 2 HGB unterliegen[724].

Bei der Schätzung des Erfüllungsbetrags von Pensionsverpflichtungen sind diverse zukunftsbezogene Parameter einzubeziehen. Die Schätzung hat künftige Lohn- und Gehaltssteigerungen, die voraussichtliche Entwicklung der Beitragsbemessungsgrenze, eine Rentendynamik, Fluktuationen des Mitarbeiterstamms, Sterbewahrscheinlichkeiten usw. zu berücksichtigen. Für Institute gelten im Vergleich zu den allgemeinen Regeln, die von allen Kaufleuten zu beachten sind, keine abweichenden Grundsätze. Insofern sei an dieser Stelle auf das Schrifttum verwiesen werden (maßgeblich IDW RS HFA 30).

---

721 Vgl. BT-Drs. 18/7584, S. 149; Kuhn/Moser, in: WPg 2016, S. 381 (S. 382).
722 Vgl. Oser/Wirtz, in: DB 2016, S. 247 f.; Zwirner, in: DStR 2016, S. 929 (932).
723 Vgl. BMF-Schreiben vom 23.12.2016 – IV C 2 – S 2770/16/10002, in: BStBl. I, S. 41.
724 Vgl. Reitmeier/Peun/Schönberger, in: WPg 2017, S. 812 (S. 819).

2 Übergreifende Bewertungsvorschriften

2.1 Bilanzierung von Bewertungseinheiten

2.1.1 Rechtsgrundlage

Mit Inkrafttreten des Bilanzrechtsmodernisierungsgesetzes hat der Gesetzgeber in § 254 HGB erstmalig eine gesetzliche Regelung zur Bilanzierung von Bewertungseinheiten in das deutsche Bilanzrecht eingeführt. Diese Regelung soll nach dem Willen des Gesetzgebers lediglich eine gesetzliche Kodifikation der bestehenden Bilanzierungspraxis darstellen[1]. Bereits vor BilMoG wurde die Bildung von Bewertungseinheiten unter dem Stichwort der kompensatorischen Bewertung in weiten Teilen der Literatur als zulässige Ausnahme vom Einzelbewertungsgrundsatz anerkannt[2]. Nach § 5 Abs. 1a EStG waren die Ergebnisse aus handelsrechtlichen Bewertungseinheiten schon bereits vor Inkrafttreten des BilMoG für die steuerliche Gewinnermittlung maßgeblich. Die steuerliche Vorschrift verwies daher bis dato auf eine nicht im HGB kodifizierte Regelung[3]. Diese Lücke wurde durch die Neufassung des § 254 HGB geschlossen. Durch § 254 HGB hat der Gesetzgeber eine von allen Kaufleuten zu beachtende Bewertungsvorschrift geschaffen. Trotz einer inhaltlichen Nähe der Ausgestaltung von § 254 HGB an die Regeln des IAS 39, können die IFRS-Regelungen allenfalls als Auslegungshilfe in Einzelfällen herangezogen werden, da der Tatbestand sowie die Rechtsfolgen einer Bildung von Bewertungseinheit gesetzlich klar definiert sind[4].

§ 254 HGB regelt die Bilanzierung von Grund- und Sicherungsgeschäften, die zu einer Bewertungseinheit zusammengefasst werden. Wird ein Grundgeschäft (z. B. ein festverzinsliches Wertpapier) mit Hilfe eines Sicherungsgeschäfts (z. B. Zinsswap) gegen Wertschwankungen aufgrund einer Änderung des Zinsniveaus gesichert, so würde eine streng imparitätische Einzelbewertung von Grund- und Sicherungsgeschäften bei jeglicher Änderung des Zinsniveaus stets zu einem bilanziellen Verlust führen, da eine Zinsänderung entweder eine Abschreibung des Wertpapiers oder die Bildung einer Drohverlustrückstellung auf das Sicherungsgeschäft nach sich ziehen würde. Der Ausweis eines Verlusts bei Bestehen einer wirksamen Sicherungsbeziehung steht einer sachgerechten Darstellung der Ver-

---
1 Vgl. BT-Drs 16/10067, S. 57.
2 Vgl. z. B. Naumann (1995), S. 53 ff.; Göttgens (1997), S. 114 ff.; Prahl/Naumann, in: WPg 1992, S. 709–719, Häuselmann/Wiesenbart, in: DB 1990, S. 643, Tubbesing, in: ZfbF 1981, S. 816–819.
3 Vgl. BT-Drs 10/10067, S. 57; Cassel, in: Bilanzrechtsmodernisierungsgesetz, S. 189.
4 Vgl. Prinz, in: KK-RLR, § 254 HGB, Tz. 1.

mögens-, Finanz- und Ertragslage entgegen. Eine Verlustberücksichtigung beim Grund- oder beim Sicherungsgeschäft aufgrund des Einzelbewertungsgrundsatzes und des Imparitätsprinzips würde zu einer unsachgerechten bilanziellen Darstellung führen, da wirtschaftlich aufgrund des Sicherungszusammenhangs kein Verlust droht. § 254 HGB lässt daher unter bestimmten Bedingungen die Nicht-Anwendung bestimmter Bilanzierungsprinzipien wie

- Einzelbewertungsgrundsatz (§ 252 Abs. 1 Nr. 3 HGB),
- Pflicht zur Bildung von Drohverlustrückstellungen (§ 249 Abs. 1 HGB),
- Anschaffungskostenprinzip (§ 253 Abs. 1. S. 1 HGB) sowie
- Währungsumrechnung (§ 256a HGB)

zu. Werden Vermögensgegenstände, Schulden, schwebende Geschäfte oder mit hoher Wahrscheinlichkeit erwartete Transaktionen zum Ausgleich gegenläufiger Wertänderungen oder Zahlungsströme aus dem Eintritt vergleichbarer Risiken mit Finanzinstrumenten zusammengefasst (Bewertungseinheit), so sind die oben genannten Prinzipien in dem Umfang und in dem Zeitraum nicht anzuwenden, in dem sich die Wertänderungen und Zahlungsströme ausgleichen (§ 254 S. 1. HGB).

Umstritten wird in der Literatur die Frage diskutiert, ob durch den § 254 HGB eine Bilanzierungspflicht von Bewertungseinheiten durch den Gesetzgeber eingeführt wurde, oder ob ein **Wahlrecht** zur Bilanzierung von Bewertungseinheiten besteht. Damit ist die Frage verbunden, ob aus der Herstellung einer Sicherungsbeziehung im Risikomanagement eines Unternehmens zwangsweise eine entsprechende Bilanzierung dieser Sicherungsbeziehung als Bewertungseinheit im Sinne des § 254 HGB verbunden ist. Nach Meinung des IDW setzt die Zusammenfassung von mehreren Geschäften zu einer Bewertungseinheit eine Willensentscheidung des Unternehmens voraus, die auch im Falle gleichartiger Sachverhalte unterschiedlich getroffen werden kann (IDW RS HFA 35, Tz. 12); somit liegt nach h. M. auf dieser Ebene ein Wahlrecht zur Bildung von Bewertungseinheiten vor[5]. Für Institute bestehen daher Möglichkeiten für wesentliche Risikofaktoren eine kompensierende bilanzielle Bewertung außerhalb der Vorschriften des § 254 HGB zu erreichen:

- Eine kompensierende Bewertung **zinsbezogener Geschäfte**, die ein Institut im Rahmen der allgemeinen Steuerung des Zinsänderungsrisikos im Bankbuch führt, sind zudem nach den Grundsätzen der verlustfreien Bewertung zu bilanzieren. Rechtsgrundlage einer verlustfreien Bewertung zinsbezogener Geschäfte des Bankbuchs ist nicht in § 254 HGB, sondern in den §§ 340a i. V. m. 249 Abs. 1 HGB zu suchen (siehe Kapitel III.2.3.3.1).
- Für eine kompensierende Bewertung von **Währungspositionen** des Bankbuchs bieten sich einem Institut mehrere Bilanzierungsgrundlagen. So kann ein Institut durch den Abschluss interner Geschäfte zwischen Bankbuch und Handelsbuch das Währungs-

---

[5] Ein Wahlrecht bejahend ebenfalls Lüdenbach/Freiberg, in: BB 2010, S. 2683 f.; Gelhausen/Fey/Kämpfer (2009), H, Tz. 86; Schmidt/Usinger, BBK, 11. Aufl., § 254 HGB, Tz. 5. Eine Pflicht zur Bilanzierung von Bewertungseinheiten sehen hingegen Prinz, in: KK-RLR, § 254 HGB, Tz. 1; Scharpf, in: HdR-E, § 254 HGB, Tz. 19 ff.; Glaser/Hachmeister, in: BB 2011, S. 555–559; Scharpf, in: DB 2012, S. 357 ff. Auch der BFH geht mittlerweile von einem Wahlrecht aus. BFH, Urteil vom 02.02.2015 – IR 83/43, in: DStR 2016, S. 1314. Dies bringt Folgeprobleme in der Justiziabilität in der Steuerbilanz mit sich. Vgl. Meinert, in: DStR 2017, S. 1401 (S. 1403).

risiko in das Handelsbuch überführen und dort einer risikoadjustierten Zeitwertbilanzierung unterziehen. Grundlage der kompensierenden Bewertung bildet in diesem Fall § 340e Abs. 3 HGB in Verbindung mit § 340h HGB (siehe Kapitel III.1.2.6 und Kapitel III.2.2.1). Zudem besteht für das Institut die Möglichkeit einen bilanziellen Ausgleich von sich kompensierenden währungsbezogenen Wertänderungen durch die Bildung von Bewertungseinheiten abzubilden. Rechtsgrundlage ist in diesem Fall § 254 HGB. Üblicherweise wird bei Instituten eine kompensierende Bewertung währungsbezogener Wertschwankungen im Bankbuch allerdings durch eine Stichtagskursumrechnung von besonders gedeckten Geschäften nach § 340h HGB erreicht (siehe Kapitel III.2.2.3).
- Eine kompensierende Bewertung zwischen Grundgeschäften und Sicherungsgeschäften, die auf die Absicherung von **Kreditrisiken** gerichtet sind, kann durch die Bildung einer Bewertungseinheit nach § 254 HGB sowie alternativ nach den Grundsätzen des IDW RS BFA 1 erreicht werden.

2.1.2 Absicherungsstrategien

2.1.2.1 Micro, Macro und Portfolio Hedges

In Abhängigkeit von Anzahl und Zusammensetzung von Grund- und Sicherungsgeschäften wird zwischen einem Mikro Hedge, einem Makro Hedge und einem Portfolio Hedge unterschieden:
- Bei einem **Mikro Hedge** wird ein einzelnes Grundgeschäft durch ein einzelnes Sicherungsgeschäft abgesichert (1:1-Beziehung). In der Praxis wird von einem perfekten Mikro Hedge gesprochen, wenn das Grundgeschäft durch das Hedge-Instrument gegen ein bestimmtes Risiko in voller Höhe und über die gesamte Laufzeit des Grundgeschäfts gesichert wird (z. B. erworbene Asset-Swap-Pakete).
- Bei einem **Portfolio Hedge** werden die Risiken mehrerer gleichartiger Gruppen von Grundgeschäften (z. B. Kreditportfolio oder Wertpapierportfolio) durch ein oder mehrere (gleichartige) Sicherungsgeschäfte gesichert. Es liegt ein sog. m:n-Hedge vor. Die Gleichartigkeit besteht hinsichtlich des abzusichernden Risikofaktors (z. B. Zinsänderungsrisiko, Währungsrisiko).
- Bei einem **Makro Hedge** wird eine Gruppe von Grundgeschäften mit teilweise sich gegenseitig kompensierenden Risikoeigenschaften durch verschiedene Sicherungsgeschäfte gesichert. Während beim Portfolio Hedge gleichartige Grundgeschäfte zusammengefasst werden, tritt beim Makro Hedge eine Risikokompensation bereits schon durch die Zusammenfassung auf der Ebene der Grundgeschäfte auf. Bei einem Makro Hedge wird eine Netto-Risikoposition durch verschiedene Hedge-Instrumente gesichert[6].

Nach dem Willen des Gesetzgebers qualifizieren sich alle der oben beschriebenen Arten von Sicherungsbeziehungen für eine bilanzielle Zusammenfassung zu einer Bewertungs-

---

6   Vgl. BT-Drs 16/10067, S. 58; HFA 35, Tz. 18.

einheit nach § 254 HGB[7]. Während nach IAS 39 zum Teil unterschiedliche Regeln für unterschiedliche Formen von Sicherungsbeziehungen existieren, gelten die handelsrechtlichen Grundsätze zur Bilanzierung von Bewertungseinheiten damit einheitlich für alle Formen von Sicherungsbeziehungen. Homogenitätstests für n:m-Hedges wie sie nach IAS 39.83-84 vorgeschrieben sind, sind für eine Zusammenfassung von Grundgeschäften zu homogenen Gruppen handelsrechtlich damit nicht notwendig[8]. Während für ein Portfolio Hedge Accounting für Zinsrisiken nach IAS 39 lediglich eine Sicherung eines ökonomischen Netto-Exposures durch eine geeignete Designation eines Portfolios von Vermögensgegenständen oder eines Portfolios von Verbindlichkeiten möglich ist[9], kann handelsrechtlich – im Gegensatz zu IAS 39 – auch die Absicherung einer Nettorisikoposition als Bewertungseinheit nach § 254 HGB abgebildet werden.

Für die Bilanzierung eines Makro oder Portfolio Hedges nach den Grundsätzen des § 254 HGB ist lediglich der Nachweis einer Übereinstimmung mit der praktizierten Risikomanagementstrategie erforderlich (IDW RS HFA 35, Tz. 20). Für eine entsprechende Bilanzierung wird für Makro und Portfolio Hedges ein dokumentiertes, angemessenes und funktionsfähiges Risikomanagementsystem gefordert, mit dem das Unternehmen die Risiken identifizieren, bewerten, steuern und überwachen kann (IDW RS HFA 35, Tz. 20). Für Institute hat das Risikomanagementsystem den Anforderungen der MaRisk zu genügen.

Die aufgeführte Unterscheidung zwischen Micro, Macro und Portfolio Hedge hat in der Gesetzesbegründung nur beispielhaften und keinen abschließenden Charakter[10]. Es sind unabhängig von deren Bezeichnung alle Arten von Bewertungseinheiten bilanziell nach den Grundsätzen des § 254 HGB abbildbar, soweit die Anwendungsvoraussetzungen (Identifizierbarkeit, Dokumentation, Wirksamkeit usw.) erfüllt sind.

2.1.2.2 Fair Value Hedges und Cash Flow Hedges

In Anlehnung an die in IAS 39 getroffene Unterscheidung zwischen einem Fair Value Hedge und einem Cash Flow Hedge wird auch in § 254 HGB zwischen Wertänderungsrisiken und Zahlungsstromrisiken unterschieden. Bei einem Fair Value Hedge führt die Veränderung eines Risikofaktors (z. B. Marktzins, Wechselkurs etc.) zu einer Zeitwertänderung des Grundgeschäfts. Wird ein Sicherungsgeschäft abgeschlossen, welches das Grundgeschäft gegen Wertschwankungen aufgrund von Änderungen eines bestimmten Risikofaktors absichert, so liegt ein Fair Value Hedge vor. Bei einem Cash Flow Hedge weist ein Grundgeschäft Cash Flows auf, die aufgrund von Änderungen eines bestimmten Risikofaktors variabel sind. Der Abschluss eines Sicherungsgeschäfts ist bei einem Cash Flow Hedge

---

7 Vgl. BT-Drs 16/10067, S. 58.
8 Bei n:m Hedges können nach IAS 39 gleichartige Vermögenswerte oder gleichartige Verbindlichkeiten nur dann zu einer Gruppe zusammengefasst werden, sofern die einzelnen Vermögenswerte oder Schulden dasselbe Risikoexposure aufweisen, das abgesichert werden soll. Die Gleichartigkeit ist durch einen Homogenitätstest nachzuweisen, durch den bestätigt werden soll, dass sich das abgesicherte Risiko jedes einzelnen Grundgeschäfts erwartungsgemäß ungefähr proportional zum Gesamtrisiko der Gruppe verhält (IAS 39.83). Dies impliziert beispielsweise, dass sich als n:m-Hedges nach IAS 39 Vermögensgegenstände und Schulden nicht gleichzeitig Bestandteile einer abzusichernden Gruppe qualifizieren.
9 Vgl. Gaber/Siwik, in: Corporate Finance biz 2010, S. 224 f.
10 Vgl. Scharpf, in: HdR-E, § 254 HGB, Tz. 34.

darauf gerichtet, die in Abhängigkeit von dem Risikofaktor variablen Zahlungsströme in ein festes Zahlungsprofil zu überführen. Fair Value Hedges und Cash Flow Hedges sind bei Instituten oftmals zwei Seiten derselben Medaille. Dies soll zur Verdeutlichung an dem folgenden Beispiel gezeigt werden.

Ein Institut hat eine fest-verzinsliche Kundenforderung herausgelegt. Diese hat das Institut durch die Emission eines variabel-verzinslichen Wertpapiers (verbriefte Verbindlichkeit) refinanziert. Das Institut ist in diesem Fall einem Zinsänderungsrisiko ausgesetzt, welches durch den Abschluss eines Payer-Zinsswaps, aus dem das Institut variable Zinsen erhält und feste Zinsen zahlt, eliminiert werden kann. Der Payer Swap kann nun als Sicherungsinstrument im Rahmen eines **Fair Value Hedges** mit der Kreditforderung angesehen werden, da die Summe der Zeitwerte aus Kreditforderung und Payer Swap bei einer Änderung des Zinsniveaus nahezu konstant ist. Bei einer Erhöhung des Zinsniveaus wird die Reduzierung des Zeitwerts der Kreditforderung durch eine Erhöhung des Marktwerts des Payer Swaps ausgeglichen.

Ist der Payer Swap hingegen auf den Tausch der variablen Cash Flows der variabel-verzinsliches Refinanzierung in feste Zinszahlungen gerichtet, so ist auch eine Interpretation als **Cash Flow Hedge** möglich. In diesem Fall sichert der Payer Swap das Zahlungsstromrisiko der variabel-verzinslichen Refinanzierung, so dass durch diese Kombination eine synthetische Festsatz-Refinanzierung entsteht, die mit den Zahlungsströmen des fest-verzinslichen Aktivums bedient wird. Das Institut hat die Möglichkeit die Sicherungsbeziehung beiden Arten von Bewertungseinheiten folgen zu lassen, so lange dies in Übereinstimmung mit der Risikomanagementstrategie des Instituts steht. Da Institute überwiegend eine barwertige Steuerung ihrer Zinsrisiken vornehmen, ist die Designation von Fair Value Hedges die übliche Praxis für zinsbezogene Bewertungseinheiten[11].

Ebenso kann ein fest-verzinsliches Finanzinstrument Gegenstand eines Fair Value Hedge oder eines Cash Flow Hedge sein. Wird das Finanzinstrument als Grundgeschäft eines Fair Value Hedge angesehen, so richtet sich die Sicherungsbeziehung auf die Absicherung von Schwankungen des beizulegenden Zeitwerts aufgrund von Änderungen eines bestimmten Risikofaktors. Wird hingegen die Variabilität eines geplanten Verkaufserlöses gesichert, der sich aufgrund von Schwankungen eines bestimmten Risikofaktors verändert, so ist das fest-verzinsliche Instrument Gegenstand eines Cash Flow Hedges[12].

2.1.2.3 Absicherung bestehender Finanzinstrumente und antizipative Bewertungseinheiten

Nach § 254 HGB können bilanzierte Vermögensgegenstände und Schulden, schwebende Geschäfte sowie mit hoher Wahrscheinlichkeit erwartete Transaktionen Gegenstand einer bilanziellen Bewertungseinheit sein. Im Gegensatz zu Vermögensgegenständen, Schulden und schwebenden Geschäften sind bei erwarteten Transaktionen noch keine Rechtsgeschäfte abgeschlossen worden. Erwartete Transaktionen sind nach handelsrechtlichen Grund-

---

11 Bei Industrieunternehmen sind Cash Flow Hedges weitaus üblicher, da bei diesen Unternehmen ein konstantes Cash Flow Profil das vorrangige Ziel der finanzwirtschaftlichen Steuerung darstellt.
12 Vgl. bereits Gebhardt, in: Wettbewerb und Unternehmensrechnung, S. 69–94.

sätzen per se mithin nicht bilanzierungsfähig. Die Absicherung erwarteter Transaktionen stellt jedoch nicht nur bei Banken und Versicherungen, sondern auch in vielen Industrieunternehmen eine gängige Risikomanagementpraxis dar. Dies betrifft z. B. die Fremdwährungsabsicherung geplanter Käufe oder Verkäufe von Vermögensgegenständen in fremder Währung oder auch die Zinsfestschreibung geplanter Wertpapieremissionen oder die Fremdwährungsabsicherung von Forderungen in fremder Währung, für die eine Bonitätsverschlechterung erwartet wird. Aus diesem Grunde wurde es bereits vor BilMoG als zulässig angesehen, in Analogie zu den IFRS eine bilanzielle Berücksichtigung von erwarteten Transaktionen als konform mit den handelsrechtlichen Grundsätzen ordnungsmäßiger Buchführung anzusehen, soweit diese Gegenstand einer Bewertungseinheit sind[13]. Der Gesetzgeber hat im Rahmen des BilMoG die gängige Risikomanagementpraxis aufgegriffen und in § 254 HGB ins deutsche Handelsbilanzrecht aufgenommen[14].

Nach § 254 HGB können zukünftige Transaktionen jedoch nur dann Gegenstand einer Bewertungseinheit sein, wenn ihr Eintritt mit einer hohen Wahrscheinlichkeit erwartet wird. In diesem Falle handelt es sich um sog. »**antizipative Bewertungseinheiten**«. Der Eintritt der erwarteten Geschäfte muss nach dem Verständnis des Gesetzgebers »so gut wie sicher« sein[15]. Da bei erwarteten Transaktionen noch keine Rechtsgeschäfte abgeschlossen wurden, sind aus Objektivierungsgründen verschiedene zusätzliche Voraussetzungen für die Bildung antizipativer Bewertungseinheiten durch das Institut zu berücksichtigen (IDW RS HFA 35, Tz. 60–64).

2.1.3 Voraussetzung für die Anwendung von § 254 HGB

2.1.3.1 Anforderung an das abzusichernde Risiko

a) **Vergleichbarkeit.** Nach § 254 HGB müssen Grund- und Sicherungsinstrument »vergleichbaren Risiken« ausgesetzt sein. Grund- und Sicherungsgeschäfte sollen daher grundsätzlich »demselben Risiko«[16] bzw. denselben Risiken unterliegen. Strittig ist, was unter »vergleichbaren Risiken« zu verstehen ist. Nach der engsten Auslegung liegen vergleichbare Risiken vor, wenn Grund- und Sicherungsgeschäft nicht nur derselben Risikoart (Zinsrisiko, Währungsrisiko usw.), sondern auch demselben Risikoparameter unterliegen[17]. Bei weniger enger Auslegung könnte die Identität des Risikoparameters zu vernachlässigen und auf die Identität der Risikoart abzustellen sein[18]. Bei einer weiten Auslegung wären Wert- und Risikokategorie voneinander entkoppelt und eine Kompensationswirkung nur

---

13 Vgl. bspw. Löw, in: WPg 2004, S. 1109–1123; Pfitzer/Scharpf/Schaber, in: WPg 2007, S. 675–685; S. 721–729; zustimmend ebenfalls Patek, in: WPg 2007, S. 459–467.
14 Vgl. BT-Drs 16/10067, S. 58.
15 Vgl. BT-Drs 16/10067, S. 58.
16 Vgl. BT-Drs 16/12407, S. 86; HFA 35, Tz. 35.
17 Bspw. wird 3M-EURIBOR verzinste Forderung durch 3M-Receiver Swap zu einer synthetischen Festsatz-Forderung.
18 Bspw. die Sicherung der Wertschwankung einer Gaslieferung durch ein Öl-Derivat oder Sicherung eines Darlehens in Canada-Dollar durch EUR/US-Dollar FX-Derivat.

aufgrund statistischer Zusammenhänge ableitbar[19]. Letzteres stellt kein vergleichbares Risiko im Sinne des § 254 HGB dar[20]. Da das Gesetz nicht von »identischen« Risiken spricht, dürfte eine Vergleichbarkeit erfüllt sein, wenn Grund- und Sicherungsgeschäft **derselben Risikoart** (d. h. bspw. demselben Zins- oder Währungsrisiko) unterliegen[21] und die wesentlichen Ausstattungsmerkmale in einem solchen Maße übereinstimmen, dass sich die Wert- oder Zahlungsstromänderungen nicht nur zufällig ausgleichen[22]. Um die Vergleichbarkeit von Risiken im Einzelfall zu beurteilen, wird es in diesem Zusammenhang als sachgerecht angesehen, dass anhand einer aussagekräftigen und auf ausreichendem Datenmaterial basierenden **Korrelationsanalyse** die Vergleichbarkeit der Risiken dokumentiert und nachgewiesen wird. Eine Vergleichbarkeit von Risiken liegt bspw. auch dann vor, wenn hohe gegenläufige Korrelationen der Wert- und Zahlungsstromänderungen von Geschäften in unterschiedlichen Währungen (bspw. zwischen US- und kanadischem Dollar) oder mit unterschiedlichen Zinssätzen nachgewiesen werden kann[23]. Ein identisches Risiko im Sinne einer Identität einzelner, die Zahlungsströme von Grund- und Sicherungsgeschäft beeinflussender Parameter kann dagegen weder nach dem Wortlaut noch nach dem Sinn und Zweck des § 254 HGB gefordert werden[24].

Wird ein Grundgeschäft durch eine Option gesichert, so wird das abgesicherte Risiko im Regelfall vergleichbar sein, wenn der Basiswert der Option dem Grundgeschäft entspricht. Das abgesicherte Risiko stellt die Veränderung des **inneren Werts** der Option dar; die Änderung des Zeitwerts der Option ist dem nicht abgesicherten Risiko zuzurechnen[25]. Dies hat zur Folge, dass Wertänderungen des Grundgeschäfts, denen keine gegenläufige Veränderung des inneren Werts der Option gegenübersteht (z. B. bei Out-of-the-money-Optionen) nicht dem abgesicherten Risiko zuzurechnen sind und mithin bei der Ermittlung der Unwirksamkeit zu berücksichtigen sind.

Aus der Anforderung der Vergleichbarkeit der Risiken kann jedoch eine Mindest-Effektivität der Sicherungsbeziehung nicht abgeleitet werden[26]. Liegt die Hedge-Effektivität unter 50 %, so kann es im Einzelfall jedoch zweifelhaft erscheinen, ob die abgesicherten Risiken vergleichbar sind. Aufgrund der streng imparitätischen Behandlung von Hedge-Ineffektivitäten ist eine Bandbreite der Effektivität einer Sicherungsbeziehung nach HGB – im Gegensatz zu IAS 39 – nicht erforderlich[27].

---

19 Bspw. Absicherung von Credit Spread-Risiken südeuropäischer Staaten mit einem EUR/USD FX-Derivat.
20 Vgl. Glaser/Hachmeister, in: Beck HdR B 737, Tz. 116; eng auslegend ebenfalls Schmidt/Usinger, in: BBK, 11. Aufl., § 254 HGB, Tz. 27, Scharpf/Schaber (2018), S. 444; Scharpf, in: HdR-E, § 254 HGB, Tz. 46; eher weit auslegend Kessler/Cassel, in: Haufe, 7. Aufl., § 254 HGB, Tz. 33 ff.
21 Für eine bilanzielle Bewertungseinheit würde sich damit eine Sicherungsstrategie, bei der Bonitätsverschlechterungen von Staaten durch Short- oder Long Positionen in bestimmten Währungen gesichert werden, nur durch einen erhöhten Nachweis der Vergleichbarkeit der Risiken qualifizieren.
22 Vgl. Gelhausen/Kämpfer/Fey (2009), H 55, S. 141, HFA 35, Tz. 25.
23 Vgl. Gelhausen/Kämpfer/Fey (2009), H 55, S. 141; Weigel/Löw/Fintrop/Helke/Jessen/Kopatschek/Vietze, in: WPg 2012, S. 78.
24 Vgl. Gelhausen/Kämpfer/Fey (2009), H 55, S. 141.
25 Vgl. Scharpf, in: RdF 2014, S. 64.
26 Vgl. z. B. BT-Drs 16/12407, S. 169 f.; Scharpf, in: HdR-E, § 254 HGB, Tz. 190 f.; anderer Auffassung offenbar Rimmelspacher/Fey, in: WPg 2013, S. 996.
27 Vgl. BT-Drs 16/12407, S. 169 f.; Gelhausen/Kämpfer/Fey (2009), H 59, S. 142.

b) Risikoabsicherbarkeit mit Finanzinstrumenten. Gem. Wortlaut des § 254 HGB kann eine ökonomische Sicherungsbeziehung nur dann bilanziell als eine Bewertungseinheit abgebildet werden, wenn die Wertänderungen oder Zahlungsstromänderungen von Grundgeschäften aus dem Eintritt vergleichbarer Risiken mit **Finanzinstrumenten** zusammengefasst werden. Das abzusichernde Risiko muss mithin durch ein oder mehrere Finanzinstrumente absicherbar sein. Das operationelle Risiko, welches Institute nach den Vorschriften des Kreditwesengesetzes mit Eigenkapital zu unterlegen haben, ist damit i. d. R. keine Risikoart, welches sich als abzusicherndes Risiko in einer Bewertungseinheit nach § 254 HGB eignet. Während zu den Finanzinstrumenten im Sinne des § 340e Abs. 3 HGB **Warentermingeschäfte** nicht angehören[28], wird in § 254 S. 2 HGB klargestellt, dass der Begriff des Finanzinstruments im Sinne des § 254 HGB über die Definition von § 340e HGB hinausgeht[29] und Warentermingeschäfte einschließt.

c) Identifizierbarkeit. Absicherungsfähig sind nur **eindeutig ermittelbare** einzelne Risiken wie bspw. das Zins-, Währungs-, Ausfall- oder das Preisänderungsrisiko. Im Rahmen einer Bewertungseinheit kann die Absicherung eines einzelnen Risikos, mehrerer enthaltener Risiken oder alle Risiken eines Finanzinstruments nach den Grundsätzen des § 254 HGB bilanziert werden[30].

Auch eine **Absicherung von Teilrisiken** qualifiziert sich mithin für eine bilanzielle Abbildung als Bewertungseinheit. So kann bspw. bei einem Fair Value Hedge für Zinsrisiken das gesamte Festzinsrisiko oder auch nur der risikolose Zins abgesichert werden, bei der die Konditionsmarge ganz oder teilweise ungesichert bleibt. Nach der hier vertretenen Auffassung wird man jedoch in Analogie zu IAS 39 fordern müssen, dass der zur Absicherung designierte Cash Flow den Gesamt-Cash-Flow des Finanzinstruments nicht übersteigen darf. Wird z. B. einem Kreditnehmer mit einer erstklassigen Bonität ein Kredit zu Konditionen unter Benchmarkzins (z. B. LIBOR) gewährt, so darf nicht der Cash Flow unter Vernachlässigung des negativen Credit Spreads designiert werden (sog. Sub-LIBOR-Hedges)[31]. Die Teilsicherung von Risiken darf auch nach handelsrechtlichen Grundsätzen nicht zu einer Designation von Cash Flows führen, die im Außenverhältnis nicht existieren. Ebenso ist es möglich, mit Optionen Risiken nur bis zu bzw. ab einem gewissen Schwellwert zu sichern (z. B. Begrenzung von downside-Risiken durch Put-Optionen). Ebenso wie in den IFRS[32] ist es nach handelsrechtlichen Grundsätzen möglich, den gesamten (Zeit)Wert von Optionen oder auch nur den inneren Wert einer Option in einer Bewertungseinheit zu berücksichtigen. Ebenso darf bei einem Hedging mit Termingeschäften eine Separierung von Kassakurs und Zinskomponenten (Deport/Report) vorgenommen werden (IDW RS HFA 35, Tz. 73).

Um die Wirksamkeit einer Sicherungsbeziehung bestimmen zu können, müssen die abgesicherten Risiken von den nicht abgesicherten Risiken abgegrenzt werden können. Dies kann in Bezug auf die Bewertung von Finanzinstrumenten zusätzliche Komplexitäten

---

28 Vgl. BT-Drs 16/12407, S. 188 sowie IDW RS BFA 2, Tz. 10.
29 Vgl. IDW RS BFA 2, Tz. 8; Scharpf/Schaber (2018), S. 245.
30 Vgl. Weigel/Löw/Fintrop/Helke/Jessen/Kopatschek/Vietze, in: WPg 2012, S. 79.
31 Vgl. Deloitte, Financial Instruments 2008, S. 410.
32 Vgl. IAS 39.74.

nach sich ziehen (z. B. hinsichtlich der Bestimmung von CVAs bei unbesicherten oder ausfallgefährdeten Derivaten oder der Bestimmung von Liquiditätsabschlägen bei Wertpapieren). Das **allgemeine Unternehmensrisiko** erfüllt die Anforderungen der eindeutigen Identifizierbarkeit nicht und kann daher nicht Gegenstand einer bilanziellen Bewertungseinheit sein[33].

2.1.3.2 Anforderungen an Grundgeschäfte

Nach § 254 S. 1 HS. 1 HGB qualifizieren sich »Vermögensgegenstände, Schulden, schwebende Geschäfte oder mit hoher Wahrscheinlichkeit erwartete Transaktionen« als Grundgeschäfte einer Bewertungseinheit. Die Auflistung ist abschließend und durch den Gesetzgeber bewusst weit gefasst, um die bisherige Bilanzierungspraxis vor Verabschiedung des BilMoG nicht zu beschränken[34]. Als Grundgeschäfte einer Bewertungseinheit qualifizieren sich mithin sowohl Finanzinstrumente als auch Nicht-Finanzinstrumente[35]. Grundgeschäfte schließen damit unter anderem auch die folgenden (Spezial)Sachverhalte ein:

Schwebende Geschäfte (einschl. eingebettete Derivate). Nach § 254 HGB eignen sich auch schwebende Geschäfte (und mithin auch Derivate) als Grundgeschäfte einer Bewertungseinheit[36]. Im Gegensatz zu IAS 39 können damit auch Derivate als Grundgeschäfte mit gegenläufigen Derivaten in einer Bewertungseinheit zusammengefasst werden. Während **Stillhalterverpflichtungen** nach IAS 39 nicht Gegenstand eines Hedge Accounting sein können, ist dies nach handelsrechtlichen Grundsätzen nicht ausgeschlossen[37]. So können Stillhalterverpflichtungen im Rahmen von sog. covered call writing als Grundgeschäfte designiert werden[38]. Nach handelsrechtlichen Grundsätzen kommen auch eingebettete Derivate, die nach den Grundsätzen des IDW RS HFA 22 getrennt zu bilanzieren sind[39], als Grundgeschäfte in Betracht. Da eine getrennte Bilanzierung **eingebetteter Derivate** bereits bei Zugang des Finanzinstruments zu prüfen ist und die Trennungspflicht damit eine Frage der Zugangsbilanzierung ist, kann mit der Einbeziehung eines strukturierten Produkts in eine Bewertungseinheit die Trennungspflicht eingebetteter Derivate nicht umgangen werden. Soweit das in einem strukturierten Produkt eingebettete trennungspflichtige Derivat durch ein entsprechendes gegenläufiges Derivat gesichert wird, so ist das strukturierte Produkt bei Zugang in seine Bestandteile aufzuteilen. Die Bestandteile eines strukturierten Produkts können anschließend im Rahmen der Folgebewertung in einer Bewertungseinheit berücksichtigt werden. Die Bildung einer Bewertungseinheit kann damit eine getrennte Bilanzierung trennungspflichtiger eingebetteter Derivate nicht aufheben[40]. Eine wertmäßige Trennung eingebetteter Derivate ist auch für Derivate vorzunehmen, die nicht nach IDW RS HFA 22 trennungspflichtig sind, wenn die Wirksamkeit einer Sicherungsbeziehung

---

33 Vgl. BT-Drs 16/12407, S. 86; HFA 35, Tz. 26.
34 Vgl. Prinz, in: KK-RLR, § 254 HGB, Tz. 9; Petersen/Zwirner/Froschhammer, in: BilMoG, § 254 HGB.
35 Vgl. BT-Drs 16/10067, S. 58; beachte: Im Gegensatz dazu sind als Sicherungsinstrumente nur Finanzinstrumente und Warentermingeschäfte zugelassen.
36 Vgl. Glaser/Hachmeister, in: Beck HdR, B 737, Tz. 136.
37 Vgl. Barz/Weigel, in: IRZ 2011, S. 231 f.; Scharpf, in: RdF 2014, S. 66 f.
38 Vgl. Scharpf, in: RdF 2014, S. 66 f.
39 Siehe Kapitel III.1.4.4.3.1.
40 So wohl auch Scharpf, in: HdR-E, § 254 HGB, Tz. 100 sowie HFA 35, Tz. 31.

nicht auf Basis der Short-Cut-Methode nachgewiesen werden kann (IDW RS HFA 35, Tz. 31).

Auslandsbeteiligungen in fremder Währung. Auch sog. Translationsrisiken, die aus der Währungsumrechnung von Jahresabschlüssen ausländischer Tochtergesellschaften in fremder Währung auf Konzernebene entstehen, können Gegenstand einer Bewertungseinheit nach § 254 HGB sein. Diese Form der Sicherungsbeziehung wird in Anlehnung an die dahinter stehende angelsächsische Bilanzkonzeption als »Net Investment Hedge« bezeichnet (IAS 21.23 sowie dem vormaligen SFAS 52.38 aF). Das Net-Investment-Konzept geht davon aus, dass bei der Umrechnung eines Jahresabschlusses einer Tochtergesellschaft, die nicht den Euro als funktionale Währung hat, vornehmlich die Nettoinvestition in die Auslandsbeteiligung einem Währungsrisiko ausgesetzt ist. Aufgrund der Umrechnung von Auslandsbeteiligungen nach der **Stichtagskursmethode** (§ 308 HGB), entstehen Währungsumrechnungsdifferenzen, die in der Eigenkapitalposition »Eigenkapitaldifferenz aus der Währungsumrechnung«[41] zu erfassen ist. Hintergrund dieser erfolgsneutralen Behandlung von Währungsumrechnungsdifferenzen liegt darin begründet, dass wechselkursbedingte Wertänderungen in Lokalwährung keinen direkten Einfluss auf den Cash Flow in Berichtswährung des Konzerns haben (siehe vormals SFAS 52.110 aF). Die Währungsumrechnungsdifferenzen werden deshalb bis zur Veräußerung der Beteiligung im Eigenkapital gespeichert. Unter der Nettoinvestition wird in diesem Zusammenhang der Anteil des Mutterunternehmens am Nettovermögen der Auslandsbeteiligung verstanden. Charakteristisch für eine Nettoinvestition ist der fehlende Rückzahlungsanspruch. Aus diesem Grunde können auch weitere Finanzierungsstrukturen zwischen der Muttergesellschaft und der Auslandsbeteiligung vorliegen, die materiell einer Nettoinvestition **gleichzustellen** sind. Gewährt die Muttergesellschaft der Auslandsbeteiligung bspw. einen Kredit in Lokalwährung, dessen Rückzahlung weder geplant noch wahrscheinlich ist, so kann diese Fremdwährungsforderung als eine Ausweitung des Beteiligungsengagements der Muttergesellschaft in fremder Währung interpretiert werden. Oftmals werden die aus der Nettoinvestition entstehenden Translationsrisiken beim Mutterunternehmen durch Sicherungsgeschäfte (z. B. Devisentermingeschäfte) gehedgt[42]. Die Sicherungsgeschäfte stellen somit zumeist auf fremde Währung lautende Vermögensgegenständen, Schulden oder schwebende Geschäfte dar, die nach den allgemeinen Grundsätzen der Währungsumrechnung (§§ 256a, 340h HGB) umzurechnen sind. Die aus der Fremdwährungsbewertung entstehenden Bewertungsunterschiede wären nach den allgemeinen Grundsätzen ggf. erfolgswirksam zu erfassen, wodurch sich aufgrund des unterschiedlichen Ausweises der Fremdwährungsergebnisse (Nettoinvestition im Eigenkapital; Sicherungsgeschäft im Periodenergebnis) eine Ergebnisverzerrung ergibt. Um diese **Ergebnisverzerrung** zu vermeiden, ist es möglich, die Nettoinvestition in eine Auslandsbeteiligung sowie das zugehörige Fremdwährungssicherungsgeschäft zu einer Bewertungseinheit zusammenzufassen und die zugehörigen Bewertungsergebnisse aus der Währungsumrechnung nach den Grundsätzen des § 254 HGB zu erfassen. Da Auslandsbeteiligungen im Gegensatz zu derivativen Sicherungsinstru-

---

41 Dieser Bilanzposten stellt eine konzernspezifische Position dar, um die das Formblatt 1 der RechKredV im Falle der Erstellung eines HGB-Konzernabschlusses zu ergänzen ist. Siehe S. 719 f.
42 Vgl. z. B. Kraus/Christiansen/Gaber, in: IKB Unternehmerthemen Februar 2010, S. 31 ff.

menten oder Schuldinstrumenten eine unendliche Laufzeit aufweisen, kann bei einem Net Investment Hedge eine Fristeninkongruenz zwischen Grund- und Sicherungsgeschäften auftreten. Diese Fristeninkongruenz kann durch Anschlusssicherungsgeschäfte für den Zeitraum der beabsichtigten Sicherungsmaßnahme geschlossen werden. Die unbestimmte Laufzeit der Auslandsbeteiligungen steht der geforderten Fristenkongruenz und Durchhalteabsicht von Bewertungseinheiten jedoch nicht entgegen, da die Herstellung von Fristenkongruenz durch den Abschluss von Anschlussgeschäften oder Prolongationen jederzeit möglich ist[43]. Auslandsbeteiligungen stellen mithin ein zulässiges Grundgeschäft einer Bewertungseinheit im Rahmen einer Währungssicherung dar[44]. Am Abschlussstichtag kann eine nach IAS 39 angelehnte Buchungslogik verwendet werden. Soweit die Sicherungsbeziehung wirksam ist, sind die Wertänderungen des Sicherungsgeschäfts – analog zu IAS 39 – erfolgsneutral mit der Eigenkapitaldifferenz aus der Währungsumrechnung zu verrechnen. Entsteht dabei ein negativer Wertüberhang, der auf einen höheren Aufwand des Sicherungsgeschäfts zurückzuführen ist, so ist dieser in der Gewinn- und Verlustrechnung zu zeigen. Entsteht ein positiver Wertüberhang, der auf einen überschießenden Bewertungsgewinn der Auslandsbeteiligung zurückzuführen ist, so ist dieser im Eigenkapitalposten auszuweisen[45]. Dies ist nach der hier vertretenen Auffassung notwendig, da eine positive Umrechnungsdifferenz aus der Umrechnung einer Auslandsbeteiligung auch ohne Vorliegen eines Sicherungszusammenhangs im Eigenkapital aufgrund der Stichtagskursmethode auszuweisen gewesen wäre. Die Stichtagskursmethode stellt mithin den Referenzpunkt zur Bilanzierung nach den allgemeinen Grundsätzen dar, wonach Umrechnungsdifferenzen stets erfolgsneutral (und zwar nicht unter Berücksichtigung des Imparitätsprinzips) im Eigenkapital zu erfassen sind. Diese Art der bilanziellen Abbildung kann auch damit gerechtfertigt werden, dass aufgrund des Wortlauts von §254 HGB die Vorschriften des §308a HGB nicht durch die Bildung einer Bewertungseinheit außer Kraft gesetzt werden (im Gegensatz zu den Vorschriften zur Währungsumrechnung im Einzelabschluss nach §256a HGB). Ein negativer Wertüberhang des Sicherungsgeschäfts ist erfolgswirksam zu erfassen; ein positiver Wertüberhang der Auslandsbeteiligung verbleibt in der »Eigenkapitaldifferenz aus der Währungsumrechnung«. Bei einer Prolongation des Sicherungsgeschäfts ist die Bewertungseinheit stets ohne Ergebniswirkung fortzuführen[46].

Pensionsrückstellungen. Nach Auffassung des HFA ist die Bildung einer Bewertungseinheit unter Einbeziehung von Pensionsrückstellungen möglich[47]. Pensionsrückstellungen sind nach §253 Abs. 1 S. 2 HGB zu ihrem notwendigen Erfüllungsbetrag zu bewerten. Zur Ermittlung des notwendigen Erfüllungsbetrags sind künftige Preis- und Kostensteigerungen bezogen auf den Erfüllungszeitpunkt der Verpflichtung zu schätzen. Rückstellungen mit einer Restlaufzeit von mehr als einem Jahr sind zudem abzuzinsen. Die Diskon-

---

43 Vgl. Hennrichs, in: WPg 2010, S. 1186; Kämpfer/Fey, in: FS Streim, S. 191; Gelhausen/Fey/Kämpfer (2009), H 85; Kozikowski/Leistner, in: BBK, 7. Aufl., §308a HGB, Tz. 107 f.
44 Vgl. HFA 35, Tz. 29; Hennrichs, in: WPg 2010, S. 1186; Kämpfer/Fey, in: FS Streim, S. 187 ff.; Gelhausen/Fey/Kämpfer (2009), H 85.
45 Anderer Ansicht Hennrichs, in: WPg 2010, der eine imparitätische GuV-seitige Erfassung als sachgerecht erachtet.
46 Vgl. Hennrichs, in: WPg 2010, S. 1188 ff.
47 Vgl. HFA des IDW, 213. Sitzungsbericht des HFA vom 01.09 und 02.09.2008, S. 2; ablehnend jedoch Scharpf/Schaber (2018), S. 451.

tierung von Pensionsrückstellungen kann mit einem durchschnittlichen Marktzins erfolgen, der sich bei einer angenommenen Restlaufzeit von 15 Jahren ergibt (§ 253 Abs. 2 S. 2 HGB). Die Bestimmung des Diskontsatzes richtet sich ansonsten nach der im Zuge des BilMoG erlassenen Rückstellungsabzinsungsverordnung (RückAbzinsV), deren Zinssätze monatlich auf der Internetseite der deutschen Bundesbank bekannt gegeben werden. In die Berechnung der relevanten Zinssätze fließen im Wesentlichen risikofreie Zinssätze sowie die Kreditaufschläge von hoch gerateten Unternehmen ein. Sicherungsinstrumente können hier bspw. Zinsswaps in Bezug auf das Zinsänderungsrisiko oder auch Inflation Swaps in Bezug auf künftige Gehalts- und Rentensteigerungen sein[48].

Antizipative Grundgeschäfte. Erwartete Transaktionen (antizipative Grundgeschäfte) stellen zulässige Grundgeschäfte einer Bewertungseinheit dar, sofern sie »**mit hoher Wahrscheinlichkeit**« erwartet werden. Durch die Aufnahme von erwarteten Transaktionen als zulässige Grundgeschäfte hat der Gesetzgeber die bereits vor BilMoG als zulässig erachteten antizipativen Bewertungseinheiten im § 254 HGB explizit verankert[49]. Da einer erwarteten Transaktion noch kein abgeschlossenes Rechtsgeschäft zugrunde liegt, sind aus Gründen der Objektivierung hohe Anforderungen an die Eintrittswahrscheinlichkeit sowie die Dokumentation zu stellen (siehe Kapitel III.2.1.3.4).

Ausfallgefährdete Grundgeschäfte. Werden Grundgeschäfte mit Forderungscharakter, die akut ausfallgefährdet sind, in eine Bewertungseinheit einbezogen, so besteht die Gefahr, dass sich ein möglicher Ausfall des Schuldinstruments negativ auf die Wirksamkeit der Sicherungsbeziehung auswirkt. Gleichwohl ist es nicht gänzlich ausgeschlossen, ausfallgefährdete Forderungen insoweit in eine Bewertungseinheit einzubeziehen, wie mit einem Rückfluss von Zahlungen gerechnet wird. So ist es möglich, eine ausfallgefährdete Fremdwährungsforderung mit einem Nominalbetrag von 100 Mio. USD mit einem Teilbetrag von bspw. 60 Mio. USD zum Zwecke der Fremdwährungssicherung in eine Bewertungseinheit mit einem Cross-Currency-Swap zu designieren, wenn damit gerechnet wird, dass der Ausfall nicht mehr als 40 Mio. USD beträgt.

Teilsicherung von Grundgeschäften. Mithin können auch Teilabsicherungen Gegenstand einer bilanziellen Bewertungseinheit sein. Dies umfasst sowohl eine Teilabsicherung in betraglicher wie auch zeitlicher Hinsicht.

- **Volumensmäßige Teilsicherung.** Sicherungsbeziehungen, bei denen Grund- und/oder Sicherungsgeschäfte nicht mit ihrem vollen Nominalbetrag, sondern nur anteilig in einen Sicherungszusammenhang gestellt werden, können ebenfalls als eine Bewertungseinheit nach den Grundsätzen des § 254 HGB abgebildet werden[50]. So kann ein festverzinsliches Wertpapier mit einem Nominalbetrag von 90 Mio. EUR gegen Wertänderungen aufgrund Zinsänderungsrisiken mit einem Payer Swap in Höhe von 100 Mio. EUR zu einer Bewertungseinheit zusammengefasst werden, indem der Payer Swap nur zu 90 % im Rahmen der Bewertungseinheit berücksichtigt wird. Die verbleibenden 10 % werden nach den allgemeinen Grundsätzen bilanziert. Gleichermaßen könnte

---

48 Vgl. z.B. Kraus/Christiansen/Gaber, in: IKB Unternehmerthemen Februar 2010, S. 37.
49 Vgl. Löw, in: WPg 2004, S. 1109–1123; Pfitzer/Scharpf/Schaber, in: WPg 2007, S. 675–685; S. 721–729; zustimmend ebenfalls Patek, in: WPg, S. 459–467
50 Vgl. Schmidt/Usinger, in: BBK, 11. Aufl., § 254 HGB, Tz. 13; Scharpf, in: HdR-E, § 254 HGB, Tz. 72, 131 f.; Glaser/Hachmeister, in: Beck HdR, B 737, Tz. 137.

auch nur ein Teil des Wertpapiers mit einem Teil des Payer Swaps zu einer Bewertungseinheit zusammengefasst werden.

- **Zeitliche Teilsicherung.** Im Gegensatz zu IAS 39 ist es nach § 254 HGB möglich, Grund- und/oder Sicherungsgeschäfte nur für eine bestimmte Laufzeit zu einer Bewertungseinheit zusammenzufassen[51]. Nach HGB kann ein länger laufendes Grundgeschäft mit einem kürzer laufenden Sicherungsgeschäft oder auch ein kürzer laufendes Grundgeschäft mit einem Teil der Cash Flows eines länger laufenden Sicherungsgeschäfts zu einer Bewertungseinheit zusammengefasst werden. Die Teilabsicherung in zeitlicher Hinsicht muss der Risikomanagementstrategie und dem Ziel der Absicherung entsprechen. So kann es sinnvoll sein, ein länger laufendes Grundgeschäft mit einem kürzeren Sicherungsgeschäft zusammenzufassen, wenn erwartet wird, dass das Grundgeschäft (bspw. eine Kreditforderung) durch den Kreditnehmer vorzeitig getilgt wird. Ebenso kann geplant sein, ein Grundgeschäft mit einer Serie von aufeinanderfolgenden Sicherungsinstrumenten zu hedgen[52]. Ebenso ist es möglich, ein kürzer laufendes Grundgeschäft mit den ersten Cash Flows eines länger laufenden Sicherungsinstruments zusammenzufassen. In diesem Fall sind die Wertänderungen der Cash Flows, die nicht in der Bewertungseinheit berücksichtigt werden, nach den allgemeinen Bilanzierungsgrundsätzen abzubilden.

2.1.3.3 Anforderungen an Sicherungsgeschäfte

Nach § 254 S. 1 HGB qualifizieren sich nur Finanzinstrumente als Sicherungsgeschäfte einer Bewertungseinheit. Aufgrund der ständigen Weiterentwicklung von Finanzinstrumenten hat der Gesetzgeber bewusst darauf verzichtet, eine Legaldefinition von Finanzinstrumenten in diesem Zusammenhang aufzustellen. Nach IDW RS HFA 35, Tz. 34 ist bei dem Begriff des Finanzinstruments auf die Definition in § 1 Abs. 11 sowie § 1a Abs. 3 KWG (aF) sowie die von § 2 Abs. 4 WpHG abzustellen[53]. Analog zu den Grundgeschäften kön-

---

[51] Während nach IAS 39 Teile von Grundgeschäften in ein Hedge Accounting einbezogen werden können, kann ein Sicherungsinstrument (oder ein Teil eines Sicherungsinstruments) in zeitlicher Hinsicht nur in seiner Gesamtheit designiert werden (IAS 39.74 i. V. m. IAS 39.75). Dies schließt auch die Designation eines prozentualen Anteiles (»a proportion«) des Sicherungsderivats ein, so dass sämtliche Cash Flows mit demselben Hedgegewicht zu designieren sind. Dies ergibt sich aus IAS 39.75. Nach dieser Vorschrift kann eine Sicherungsbeziehung nicht für einen Teil der Zeit, über den das Sicherungsinstrument noch läuft, designiert werden. So kann ein Kredit mit einer Restlaufzeit von fünf Jahren nicht durch die ersten fünf Cash Flows eines länger laufenden Payer Swaps gesichert werden. Umgekehrt wäre es hingegen möglich, die ersten fünf Cash Flows eines Kredits mit einer Laufzeit von acht Jahren durch einen Payer Swap mit einer Restlaufzeit von fünf Jahren zu hedgen (sog. partial term hedge). Die Anforderung des IAS 39, Sicherungsderivate in zeitlicher Hinsicht stets vollständig im Hedge Accounting zu berücksichtigen, kann zu komplexen Designationsalgorithmen im Rahmen eines Portfolio Hedge Accounting für Zinsrisiken führen. Vgl. Gaber/Siwik, in: CFbiz 2010, S. 227 f.

[52] Vgl. Scharpf, in: HdR-E, § 254 HGB, Tz. 77.

[53] Dieser Verweis des IDW ist jedoch in folgender Hinsicht unklar. Die dem Handelsbuch zuwidmungsfähigen Geschäfte umfassten nach § 1a Abs. 3 KWG aF auch Waren. Darin ist ein wesentlicher Unterschied in dem Bestand des aufsichtsrechtlichen Handelsbuchs und dem handelsrechtlichen Handelsbestand zu sehen (siehe ausführlich Kapitel III.1.2.1.3). Waren dürften hingegen keine Finanzinstrumente im Sinne des § 254 S. 1 HGB darstellen, da ansonsten der Gesetzgeber in § 254 S. 2 HGB Warentermingeschäfte nicht den Finanzinstrumenten im Sinne des § 254 HGB gleichgestellt hätte.

nen auch Sicherungsinstrumente volumenmäßig sowie in zeitlicher Hinsicht in eine **Teilabsicherung** einbezogen werden[54]. Sicherungsinstrumente können sowohl originäre als auch derivative Finanzinstrumente sein, wobei diesbezüglich nicht nur freistehende, sondern auch eingebettete Derivate als Sicherungsinstrumente geeignet sind, die nach den Vorschriften des IDW RS HFA 22 separat vom Basisvertrag eines strukturierten Produkts zu bilanzieren sind (IDW RS HFA 35, Tz. 35). Nach § 254 S. 2 HGB gelten Warentermingeschäfte ebenfalls als zulässige Sicherungsinstrumente. Die folgenden Geschäfte eignen sich damit **nicht** als Sicherungsinstrumente einer handelsrechtlichen Bewertungseinheit[55]:

- nicht finanzielle Vermögensgegenstände,
- nicht finanzielle Verbindlichkeiten (z. B. Sachleistungsverpflichtungen),
- erwartete Transaktionen,
- akut ausfallgefährdete Sicherungsinstrumente (siehe Kapitel III.2.1.3.2).

Um sicherzustellen, dass die Wert- oder Zahlungsstromänderungen von Grund- und Sicherungsgeschäften sich nicht nur zufällig ausgleichen, muss das Sicherungsinstrument »**geeignet**« sein, um ein spezifisches Risiko des Grundgeschäfts abzusichern. Ein Sicherungsinstrument ist als »geeignet« anzusehen, »wenn es erfahrungsgemäß oder nachgewiesenermaßen zum angestrebten Sicherungserfolg führt« (IDW RS HFA 35, Tz. 38). Ein Finanzinstrument mit besonderen Ausstattungsmerkmalen (z. B. Knock-in/Knock-out-Optionen) wird i. d. R. nur dann ein geeignetes Sicherungsinstrument darstellen, wenn die entsprechenden Merkmale spiegelbildlich ebenso beim Grundgeschäft vorhanden sind. Zins-/Währungsswaps stellen ein wirksames Sicherungsinstrument zur gleichzeitigen Sicherung von Zins- und Währungsrisiken dar. Institute können jedoch einen Zins-/Währungsswap in Bezug auf das Zinsänderungsrisiko in einer Bewertungseinheit designieren und das Währungsrisiko im Rahmen der besonderen Deckung nach § 340h HGB abbilden[56]. Auf den (prospektiven) Nachweis der Geeignetheit eines Sicherungsinstruments kann für den Fall verzichtet werden, dass Grund- und Sicherungsgeschäft identische Risikofaktoren und sonstige Merkmale aufweisen und damit der beste Sicherungserfolg bewirkt wird (IDW RS HFA 35, Tz. 39). In allen anderen Fällen muss die Geeignetheit des Sicherungsinstruments durch einen Nachweis (z. B. Nachweis einer negativen Korrelation von Wert- oder Zahlungsstromänderungen von Grund- und Sicherungsgeschäften) belegt werden. Im Gegensatz zu IAS 39 besteht nach handelsrechtlichen Grundsätzen die Möglichkeit ein Sicherungsinstrument in betragsmäßiger und zeitlicher Hinsicht teilweise in der Bewertungseinheit zu berücksichtigen (siehe oben).

In § 254 S. 2 HGB werden **Warentermingeschäften** den Finanzinstrumenten gleichgestellt, die sich als Sicherungsinstrumente einer Bewertungseinheit qualifizieren. Dies umfasst sowohl unbedingte als auch bedingte Warentermingeschäfte (Warenoptionsgeschäfte). Dabei ist zu beachten, dass die Warentermingeschäfte, die die Voraussetzungen des § 285 S. 2 HGB aF (vor BilMoG) erfüllen, bereits (derivative) Finanzinstrumente im Sinne des § 254 S. 1 HGB darstellen. Demnach gelten Warentermingeschäfte als derivative

---

54 Vgl. Glaser/Hachmeister, in: Beck HdR, B 737, Tz. 161; Kuhn/Hachmeister (2015), Tz. 518 f.
55 Vgl. Kopatschek/Struffert/Wolfgarten, in: KoR 2010, S. 274; HFA 35, Tz. 36 f.
56 Vgl. Weigel/Löw/Flintrop/Helke/Jessen/Kopatschek/Vietze, in: WPg 2012, S. 79.

Finanzinstrumente, wenn die Vereinbarung den Erwerb oder die Veräußerung von Waren vorsieht und jeder der Vertragsparteien zur Abgeltung in bar oder durch ein anderes Finanzinstrument berechtigt ist. Warentermingeschäfte ohne die Möglichkeit zum Cash-Settlement sind keine derivativen Finanzinstrumente. Um der gängigen Risikomanagementpraxis von Unternehmen jedoch Rechnung zu tragen, werden Warentermingeschäfte, die auf den physischen Bezug von Waren gerichtet sind, in § 254 S. 2 HGB den Finanzinstrumenten gleichgestellt[57].

Gegenstand einer handelsrechtlichen Bewertungseinheit können auch **interner Sicherungsderivate** ein, die ein Institut zum Zwecke des Transfers von Risiken aus dem Bankbuch ins Handelsbuch abgeschlossen hat (siehe Kapitel III.1.2.6). Während die internen Sicherungsgeschäfte im Handelsbuch einer risikoadjustierten Zeitwertbilanzierung nach § 340e Abs. 3 HGB unterzogen werden, kann das Sicherungsgeschäft im Bankbuch in eine Bewertungseinheit designiert werden.

Als Sicherungsinstrumente eignen sich ebenso **Finanzinstrumente des Handelsbestands**, die nach § 340e Abs. 3 S. 4 HGB nachträglich in eine Bewertungseinheit einbezogen werden. Während nach § 340e Abs. 3 S. 2 u. 3 HGB eine Umgliederung in den Handelsbestand grundsätzlich ausgeschlossen und eine Umgliederung aus dem Handelsbestand nur in außergewöhnlichen Umständen möglich ist (siehe Kapitel III.1.2.1.3), können Finanzinstrumente nach § 340e Abs. 3 S. 4 HGB aus dem Handelsbestand in das Bankbuch umgegliedert werden, wenn sie nachträglich in eine Bewertungseinheit einbezogen werden[58]. Die Umgliederung erfolgt zum beizulegenden Zeitwert. Bei Beendigung der Bewertungseinheit sind die Finanzinstrumente wieder in den Handelsbestand umzugliedern.

2.1.3.4 Dokumentationsanforderungen

Im Rahmen der gesetzlichen Buchführungspflicht nach §§ 238 ff. HGB hat das Institut Bewertungseinheiten zu dokumentieren. Im Gegensatz zu IAS 39 stellt die Dokumentation kein Tatbestandsmerkmal von Bewertungseinheiten dar, gleichwohl ergibt sich die Dokumentationspflicht für Institute unter anderem aus den bankaufsichtlichen Mindestanforderungen an das Risikomanagement (MaRisk). Daraus wird abgeleitet, dass Institute Bewer-

---

57 Vgl. Schmidt/Usinger, in: BBK, 11. Aufl., § 254 HGB, Tz. 24, Scharpf, in: HdR-E, § 254 HGB, Tz. 107 f.
58 Obwohl das Gesetz eindeutig von »Finanzinstrumenten« spricht, wird in der Literatur zum Teil die Auffassung vertreten, dass nur derivative Finanzinstrumente aus dem Handelsbestand in eine Bewertungseinheit umgewidmet werden dürfen. Vgl. Weigel/Löw/Flintrop/Jessen/Kopatschek/Vietze, in: WPg 2012, S. 77 unter Berufung auf Scharpf, in: HdR-E, § 254 HGB, Tz. 25. Dort wird die Einschränkung auf derivative Finanzinstrumente damit begründet, dass eine Ausweitung auf originäre Finanzinstrumente zu einer Aushöhlung des generellen Umwidmungsverbots führt und von Seiten der Bankenverbände im Gesetzgebungsverfahren zu BilMoG der Wunsch nach Umgliederungsmöglichkeiten nur auf Derivate beschränkt war. Hierzu ist festzustellen, dass das erste Argument ebenfalls auch auf Derivate zutreffen würde und angesichts des Gesetzeswortlauts nicht stichhaltig ist. Das zweite Argument ist unzutreffend, da der Wunsch nach Umwidmungsmöglichkeiten von Seiten der Verbände nicht auf Derivate beschränkt, sondern weitgehendere Möglichkeiten zur Umwidmung bei Änderung von Geschäftsmodellen gefordert wurden. Vgl. ZKA-Stellungnahme zu BT-Drs 16/10067 vom 12.12.2008, S. 3; ZKA-Stellungnahme zum Regierungsentwurf eines Gesetzes zur Modernisierung des Bilanzrechts, Juni 2008, S. 3f, wo Derivate nur als Beispiele aufgeführt wurden.

tungseinheiten zeitnah, d. h. im Zeitpunkt ihrer Bildung zu dokumentieren haben[59]. Die Dokumentation soll dabei Folgendes umfassen[60]:

1. »Art des zu sichernden Risikos sowie der Ziele (einschließlich des geplanten Sicherungszeitraums) und der Strategie(n) des Bilanzierenden bzgl. der Absicherung des Risikos,
2. Identifikation und Beschreibung des Grundgeschäfts,
3. Identifikation und Beschreibung des als Sicherungsinstrument verwendeten Finanzinstruments, einschließlich dessen Eignung zur wirksamen Absicherung des Risikos,
4. Getrennte Bestandsführung von Grundgeschäft und Sicherungsinstrument,
5. Angaben zur prospektiven Wirksamkeit der Sicherungsbeziehung,
6. Methode(n) der prospektiven Beurteilung der Wirksamkeit der Sicherungsbeziehung,
7. Methode(n) zur rechnerischen Ermittlung des Betrags der bisherigen Unwirksamkeit bezogen auf das abgesicherte Risiko«.

Designationszeitpunkt der Bewertungseinheit	XX.XX.201X
Sicherungsperiode (Startdatum, Enddatum der Bewertungseinheit)	XX.XX.201X bis XX.XX.201X
Risikomanagementstrategie	Geschäfts-/Risikostrategie
Gesichertes Grundgeschäft	Pfandbrief DE000XXXXXX
Portfolio	Nummer
Deal ID	Nummer
Emittent	Pfandbriefbank XY
Bewertungskategorie	UV/AV
Sicherungsgeschäft	Zinsswap
Deal ID	Nummer
Kontrahent	XY Bank
Portfolio	Nummer
Bewertungskategorie	UV/AV/Internes Geschäft
Art der Bewertungseinheit	Fair Value Hedge/Cash Flow Hedge
Gesichertes Risiko	Zinsrisiko
	Risikofreier Zins/Swapkurve
Nachweis der Wirksamkeit	Monatlich
Prospektiv	Critical Terms Match
Retrospektiv	Dollar-Offset-Methode
Teilsicherungsanteile	Grundgeschäft: 90%
	Sicherungsgeschäft: 100%
Buchungsmethode	Einfrierungsmethode

Abb. 34: Beispielformular zur Dokumentation einer Bewertungseinheit

---

59 Vgl. Goldschmidt/Meyding-Metzger/Weigel, in: IRZ 2010, S. 25; Kopatschek/Struffert/Wolfgarten, in: KoR 2010, S. 275; Weigel/Löw/Flintrop/Helke/Jessen/Kopatschek/Vietze, in: WPg 2012, S. 80, die eine nachträgliche Dokumentation von Bewertungseinheiten gem. HFA 35, Tz. 14 nur für Nicht-Institute als zulässig erachten.
60 IDW RS HFA 35, Tz. 43.

Obgleich die Dokumentation kein Tatbestandsmerkmal des §254 HGB ist, erfordert das Willkürverbot eine Dokumentation der Bewertungseinheit in zeitlicher Nähe zur ökonomischen Absicherungsentscheidung[61]. Die Verknüpfung dieser Informationen ergibt sich bei Instituten zumeist aus den Handelssystemen sowie aus den bestandsführenden Buchungssystemen. Dabei werden Grund- und Sicherungsgeschäfte zumeist über Hedge-Identifikatoren zusammengefasst, wobei sich ein Großteil der Informationen aus den Stammdaten in den bestandsführenden Systemen der Institute ergibt. Eine Verknüpfung der bilanziellen Abbildung von Bewertungseinheiten und der Risikomanagementstrategie ergibt sich zumeist aus den Risikomanagement-Handbüchern oder der Risiko- und Geschäftsstrategie des Instituts. Die gewählte Buchungsmethodik ist Teil der Accounting Policy und ist daher zumeist in den Bilanzierungsrichtlinien des Instituts dokumentiert.

Zusätzliche Dokumentationsanforderungen sind für antizipative Bewertungseinheiten zu stellen. So sollte die Dokumentation den wesentlichen Vertragsgegenstand der erwarteten Transaktion, die wesentlichen bewertungs- und risikorelevanten Vertragsbedingungen (einschl. erwartetes Volumen und Preis) sowie eine Bestimmung eines (engen) Zeitintervalls, innerhalb dessen mit dem Abschluss der erwarteten Transaktion gerechnet wird, umfassen[62].

Bei Portfolio Hedges ist zudem die Gleichartigkeit der abgesicherten Risiken der Grundgeschäfte nachzuweisen und zu dokumentieren. Bei Macro Hedges sind die Gruppen von Grundgeschäften zu dokumentieren, aus denen sich das resultierende Nettorisiko ergibt (IDW RS HFA 35, Tz. 44). Für Bewertungseinheiten, die ebenfalls im Hedge Accounting nach IFRS abgebildet werden, wird es als zulässig angesehen, die Dokumentation nach IFRS ebenfalls für die Dokumentationsanforderungen nach HGB zu verwenden[63].

2.1.3.5 Durchhalteabsicht

Im Zeitpunkt der Bildung einer Bewertungseinheit muss das Institut die Absicht haben, die Sicherungsbeziehung für einen ex ante zu definierenden Sicherungszeitraum aufrechtzuerhalten (Durchhalteabsicht bis zur ökonomischen Zweckerreichung)[64]. Die Bildung von Bewertungseinheiten unterliegt somit zwar der zeitlichen, nicht aber der sachlichen Stetigkeit. Die zeitliche Bewertungsstetigkeit verlangt, dass eine Bewertungseinheit bis zum Ende der definierten Sicherungsperiode durchgehalten wird. Zudem können Bewertungseinheiten stets nur prospektiv (d.h. für die Zukunft) gebildet werden; eine rückwirkende Bildung von Bewertungseinheiten ist damit ausgeschlossen. Eine für einen bestimmten Zeitraum gebildete Bewertungseinheit ist daher nur unter den folgenden Bedingungen aufzulösen[65]:

1. »Wegfall des Grundgeschäfts und/oder Sicherungsinstruments bzw. Ausfall oder akut drohender Ausfall des Kontrahenten,
2. Ablauf des in der Dokumentation ex ante definierten Sicherungszeitraums,

---
61 Ähnlich Glaser/Hachmeister, in: Beck HdR, B 737, Tz. 178.
62 Vgl. Scharpf, in: HdR-E, §254 HGB, Tz. 146; Schmidt/Usinger, in: BBK, 11. Aufl., §254 HGB, Tz. 41.
63 Ebenso Kopatschek/Struffert/Wolfgarten, in: KoR 2010, S. 275.
64 Vgl. Glaser/Hachmeister, in: Beck HdR, B 737, Tz. 194.
65 IDW RS HFA 35, Tz. 47.

3. die prospektive Beurteilung der Wirksamkeit ergibt, dass von einer wirksamen Sicherungsbeziehung in der Zukunft nicht mehr ausgegangen werden kann,
4. der Betrag der bisherigen Unwirksamkeit lässt sich zum Abschlussstichtag nicht mehr verlässlich rechnerisch ermitteln«.

Nach dem Willen des Gesetzgebers ist die vorzeitige Auflösung von Bewertungseinheiten plausibel zu begründen[66]. Das zeitliche Stetigkeitsgebot von Bewertungseinheiten gilt auch für Zwischenabschlüsse bzw. -mitteilungen sowie für vergleichbare Dokumente (z. B. bankaufsichtliche Meldungen)[67]. Die Dauer des Sicherungszeitraums ist aus dem Risikomanagement und somit aus der Sicherungsstrategie und dem Sicherungszweck abzuleiten. Eine freiwillige bilanzielle De-Designation bei fortbestehender ökonomischer Fortführung der Absicherung im Risikomanagement ist damit unzulässig[68].

2.1.3.6 Feststellung der Wirksamkeit von Bewertungseinheiten

2.1.3.6.1 Begriff und Bedeutung der Wirksamkeit

Nach § 254 S. 1 HGB sind die allgemeinen Bilanzierungsgrundsätze des §§ 249 Abs. 1, 252 Abs. 1 Nr. 3 und 4, 253 Abs. 1. S. 1 und § 256a HGB in dem Umfang und für den Zeitraum nicht anzuwenden, in dem die gegenläufigen Wertänderungen oder Zahlungsströme aus dem Eintritt vergleichbarer Risiken sich ausgleichen. Dies impliziert, dass die Nichtanwendung der oben genannten Prinzipien nur auf den **Umfang der Wirksamkeit** (Effektivität) der Sicherungsbeziehung beschränkt ist. Die allgemeinen Bilanzierungsgrundsätze sind daher in dem Maße auch auf Bewertungseinheiten anzuwenden, in dem kein wirksamer Ausgleich von gegenläufigen Wertänderungen oder Zahlungsströmen erfolgt. Die Wirksamkeit einer Sicherungsbeziehung setzt daher voraus, dass Grund- und Sicherungsgeschäften **vergleichbaren Risiken** unterliegen (siehe Kapitel III.2.1.3.1). Gleichen sich Wertänderungen oder Zahlungsströme von Grund- und Sicherungsgeschäften aufgrund der Veränderung nicht vergleichbarer Risikofaktoren (zufällig) aus, so liegt keine wirksame Sicherungsbeziehung vor. Zudem müssen die Wert- oder Zahlungsstromänderungen gegenläufig sein; d. h. Grund- und Sicherungsgeschäfte müssen sich hinsichtlich ihrer Wert- oder Zahlungsstromänderungen gegenseitig **kompensieren**. Unwirksamkeiten entstehen somit, wenn sich die gegenläufigen Wert- oder Zahlungsstromänderungen innerhalb der Sicherungsbeziehung nicht vollständig oder nur zufällig kompensieren oder zu **unterschiedlichen Zeitpunkten** eintreten (IDW RS HFA 35, Tz. 48). Die kompensatorische Betrachtung von Aufwendungen und Erträgen ist nach § 254 HGB damit nur insoweit zulässig, wie die Sicherungsbeziehung wirksam ist. Ist der Umfang der Wirksamkeit zum Bilanzstichtag nicht verlässlich ermittelbar[69], so ist aufgrund des Vorsichtsprinzips anzunehmen, dass keine wirksame Bewertungseinheit besteht. Eine rechnerisch nicht verlässlich ermittelbare Wirksamkeit der Sicherungsbeziehung steht der Durchhalteabsicht der

---

66 Vgl. BR-Drs 344/08, S. 127 sowie auch Deutsche Bundesbank, Monatsbericht September 2010, S. 59.
67 Vgl. IDW RS HFA 35, Tz. 15 und 47 sowie Weigel/Löw/Flintrop/Helke/Jessen/Kopatschek/Vietze, in: WPg 2012, S. 80.
68 Vgl. Glaser/Hachmeister, in: Beck HdR, B 737, Tz. 354.
69 Vgl. BT-Drs 16/12407, S. 86.

Bewertungseinheit entgegen (IDW RS HFA 35, Tz. 47), sodass ab dem Zeitpunkt (ex nunc), ab dem der Betrag der Unwirksamkeit letztmals verlässlich ermittelt werden konnte, keine Bewertungseinheit mehr vorliegt (IDW RS HFA 35, Tz. 51).

Das Institut hat daher bei Designation einer Bewertungseinheit nachzuweisen, dass für die künftige Sicherungsperiode eine wirksame Sicherungsbeziehung zu erwarten ist (**prospektive Wirksamkeitsbeurteilung**). Um zu unterscheiden, auf welche Beträge die Grundsätze des § 254 HGB anzuwenden sind, hat das Institut am Bilanzstichtag zu prüfen, in welchem Umfang sich Wert- oder Zahlungsstromänderungen von Grund- und Sicherungsgeschäften in der vergangenen Berichtsperiode ausgeglichen haben (**retrospektive Wirksamkeitsbeurteilung**). Da auf den Betrag der Unwirksamkeit stets die allgemeinen Bilanzierungsprinzipien Anwendung finden (imparitätische Einzelbewertung), ist eine retrospektive Effektivität innerhalb einer bestimmten Bandbreite – wie in IAS 39 – keine notwendige Bedingung für eine kompensatorische Bewertung von Grund- und Sicherungsgeschäften.

2.1.3.6.2 Prospektive Wirksamkeit

Die prospektive Wirksamkeitsüberprüfung ist ein zukunftsgerichteter Nachweis, durch den demonstriert werden soll, dass die Sicherungsbeziehung eine hohe Effektivität in der Realisierung gegenläufiger Wertänderungen von Grund- und Sicherungsgeschäfte erwarten lässt. Zum Nachweis der prospektiven Wirksamkeit einer Bewertungseinheit besteht für das Institut weitgehende **Methodenfreiheit**[70]. Die gewählte Methode muss mit den Zielen und der Strategie des Risikomanagements vereinbar sein und unterliegt dem Stetigkeitsgebot des § 252 Abs. 1 Nr. 6 HGB. Unter Berücksichtigung dieser Bedingungen kann ein Institut somit alle nach IAS 39 üblichen Methoden der Effektivitätsermittlung auch zur Bestimmung der prospektiven Wirksamkeit von Bewertungseinheiten nach § 254 HGB zugrunde legen. Ein Institut hat demnach unter anderem die folgenden methodischen Entscheidungen zu treffen:

- Das Institut hat die Methodik ex ante zu spezifizieren, nach der die prospektive Wirksamkeit nachgewiesen werden kann. Dabei kann das Institut einen **qualitativen Nachweis** mit Hilfe der sog. **Critical-terms-match**-Methode führen, deren Anwendung eine »perfekte Sicherungsbeziehung« voraussetzt, bei der alle wertbestimmenden Faktoren zwischen Grund- und Sicherungsgeschäft übereinstimmen und alle nicht übereinstimmenden wertbestimmenden Faktoren den nicht in die Bewertungseinheit einbezogenen Wertkomponenten zugeordnet werden können (IDW RS HFA 35, Tz. 58f). Daneben kann das Institut die prospektive Wirksamkeit auch **quantitativ** z. B. mit Hilfe von Szenarioanalysen nachweisen. Für eine Bewertungseinheit, die zur Absicherung von Zinsrisiken gebildet wurde, können zum Nachweis der prospektiven Wirksamkeit die Zahlungen von Grund- und Sicherungsgeschäften unter Verwendung von verschiedenen Stressszenarien, wie bspw. einer Parallelverschiebung, Inversion, Abflachung, Spreizung oder Beugung der Zinsstrukturkurve bewertet werden. Darüber hinaus können

---

[70] Diese Methodenfreiheit gilt mithin auch nach IAS 39.AG 105a, so dass Institute die sowohl nach HGB als auch nach IFRS bilanzieren, die Möglichkeit haben, dieselbe Methodik in beiden Rechnungslegungssystemen zu verwenden.

diese Stressszenarien auf verschiedene künftige Zeitpunkte der Sicherungsbeziehung angewendet und dabei auch Alterungseffekte berücksichtigt werden. Um die Gegenläufigkeit der Wert- oder Zahlungsstromänderungen von Grund- und Sicherungsgeschäften miteinander zu vergleichen, stehen dem Institut die aus IFRS bekannten Methoden zu Verfügung, wie z. B. Dollar-Offset-Methode, Regressionsanalyse, Relative Risk Reduction Methode usw. Jede Methode hat hinsichtlich ihrer praktischen Implementierung spezifische Vor- und Nachteile[71].

- Nach IDW RS HFA 35, Tz. 52 kann der Nachweis der Wirksamkeit von Macro und Portfolio Hedges nach denselben Methoden beurteilt werden, wie sie der Risikosteuerung zugrunde liegen. Nach dem Willen des Gesetzgebers können in Abhängigkeit von der Art der Bewertungseinheit, der Bedeutung der abzusichernden Risiken und der Existenz und Angemessenheit des Risikomanagementsystems auch andere Formen der Darlegung der Wirksamkeit in Betracht kommen[72]. So kann die Einhaltung von Risikolimiten (BPV, Vega oder VaR) bei einem Makro Hedge für Zinsrisiken ein ausreichender Nachweis der Wirksamkeit darstellen. Wird eine Makro Hedge (wie in der Aktiv-Passiv-Steuerung bei Instituten üblich) über die Einteilung eines zinstragenden Portfolios in Laufzeitbänder gesteuert, so kann ein Nachweis der Wirksamkeit auch auf Basis einer Bewertung und Risikoanalyse der einzelnen Laufzeitbänder erfolgen. In diesem Fall hat das Institut zu entscheiden, ob die Wirksamkeit des Makro Hedge pro Laufzeitband oder kumuliert über alle Laufzeitbänder erfolgen soll.

- Nach der hier vertretenen Auffassung sind für den Wirksamkeitsnachweis die kumulierten Wert- oder Zahlungsstromänderungen von Grund- und Sicherungsgeschäften vom Zeitpunkt der Begründung der Bewertungseinheit bis zum Bilanzstichtag zugrunde zu legen. Ein periodenbezogener Wirksamkeitsnachweis, bei dem die periodenbezogenen Wert- oder Zahlungsstromänderungen lediglich innerhalb einer Berichtsperiode berücksichtigt werden, ist zwar nach IAS 39[73] nicht jedoch nach § 254 HGB möglich. Dies liegt darin begründet, dass bei der Ermittlung der Unwirksamkeit am Bilanzstichtag ebenfalls jene Beträge aus Vorperioden zu berücksichtigen sind.

- Gem. IDW RS HFA 35, Tz. 56 ist ein **von null verschiedener Marktwert** des Sicherungsinstruments im Zeitpunkt der Begründung der Bewertungseinheit nicht bei der Beurteilung der prospektiven Wirksamkeit zu berücksichtigen. Sicherungsinstrumente, die keine Optionen beinhalten, weisen im Designationszeitpunkt regelmäßig dann einen von null verschiedenen Marktwert auf, wenn sie nach Vertragsabschluss als Sicherungsinstrumente designiert wurden. Wird ein Zinsswap eine geraume Zeit nach Geschäftsabschluss in eine Bewertungseinheit einbezogen und liegt bspw. ein positiver Marktwert im Designationszeitpunkt vor, so würde die Wertänderung des Zinsswaps im Sicherungszeitraum einen negativen Pull-to-Par-Effekt beinhalten, da der Wert des Zinsswaps mit fortschreitender Laufzeit wieder gegen null konvergiert. Wird nun eine Bewertungseinheit gebildet, die aus einem im Emissionszeitpunkt erworbenen und

---

71 Für einen Überblick über die verschiedenen Methoden sowie den jeweiligen Vor- und Nachteilen vgl. z. B. Reznek/Schwartz/Siwik (2005); Jamin/Krankowski, in: KoR 2003, S. 502–515; PWC: IAS 39 – Achieving Hedge Accounting in Practice, December 2005; Eiselt/Wrede, in: KoR 2009, S. 517–523.
72 Vgl. BT-Drs 16/10067, S. 58; IDW RS HFA 35, Tz. 53.
73 Vgl. Eiselt/Wrede, in: KoR 2009, S. 519; PWC (2006), S. 10079.

gleichzeitig in die Bewertungseinheit designierten festverzinslichen Bond sowie einem bereits existierenden Zinsswap mit positivem Marktwert besteht, so würde die Beurteilung der Wirksamkeit verzerrt werden, wenn die Wertänderung des Zinsswaps nicht um den negativen Pull-to-Par-Effekt korrigiert wird. In der Praxis haben sich zwei Verfahren herausgebildet, die nach der hier vertretenen Auffassung im Einklang mit der in IDW RS HFA 35, Tz. 56 geforderten Vernachlässigung von anfänglichen Marktwerten von Sicherungsinstrumenten stehen. Das erste Verfahren besteht darin, bei der Messung der Wirksamkeit – in Analogie zu IAS 39 – auf sog. »amortisierte Hedge Fair Values« zurückzugreifen. Bei diesem Vorgehen werden die Veränderung des Clean Preises des Sicherungsinstruments um eine Amortisierung des Clean Preises bei Hedge Designation korrigiert[74]. Das Abstellen auf Clean Preise bringt zudem den Vorteil mit sich, dass durch das Ausschließen von Stückzinsen der Einfluss unterschiedlicher Zins-Rhythmen von Grund- und Sicherungsgeschäften auf den Wirksamkeitsnachweis vermieden werden können[75]. Ein zweites Verfahren besteht darin, eine Wirksamkeitsmessung auf Basis der Veränderung von Dirty Preisen vorzunehmen. Durch das Abstellen auf Dirty Preise und durch die Einbeziehung von geflossenen Zinsen von Grund- und Sicherungsgeschäften können unterschiedliche Pull-to-Par-Effekte von Grund- und Sicherungsgeschäften bis zu einem gewissen Grad ausgeglichen werden[76].

- Sofern das Sicherungsinstrument keinem akuten Ausfallrisiko ausgesetzt ist, brauchen nach IDW RS HFA 35, Tz. 55 etwaige bonitätsbedingte Wertänderungen bei der Messung der Wirksamkeit nicht separiert werden. Hierin ist ein Unterschied zu IAS 39 zu sehen. Das Institut hat diesbezüglich Verfahrensweisen festzulegen.

2.1.4 Darstellung von Bewertungseinheiten in Bilanz und Gewinn- und Verlustrechnung

2.1.4.1 Bilanzierung von Bewertungseinheiten mit bestehenden Finanzinstrumenten

2.1.4.2 Ermittlung der buchungsrelevanten Beträge

Da die Wert- oder Zahlungsstromänderungen von Grund- und Sicherungsgeschäften nur insoweit miteinander verrechnet werden dürfen, wie diese sich in Bezug auf das abgesicherte Risiko wirksam ausgleichen, ist in einem ersten Schritt der Betrag der Unwirksamkeit der Sicherungsbeziehung rechnerisch zu ermitteln. Die Wert- oder Zahlungsstromänderungen von Grund- und Sicherungsgeschäften sind daher in einen Betrag der auf das nicht abgesicherte Risiko und einen Betrag, der auf das abgesicherte Risiko entfällt, zu unterteilen. Letzterer ist in einen wirksamen und einen unwirksamen Betrag zu unterteilen. Sowohl die Wert- oder Zahlungsstromänderungen, die auf nicht abgesicherte Risiken

---

[74] Vgl. z. B. Arnoldi/Leopold, in: KoR 2005, S. 22–38.
[75] Vgl. JP Morgan (2003), S. 23 f.
[76] Vgl. Gaber/Siwik (2010), S. 229; Siwik/Reznek/Schwartz (2006).

entfallen, als auch der Betrag der Unwirksamkeit sind jeweils getrennt nach den allgemeinen Grundsätzen einer imparitätischen Einzelbewertung zu unterziehen. Eine Saldierung der Zeitwertänderungen aufgrund nicht abgesicherter Risiken mit dem kumulierten Unwirksamkeitsbetrag ist nicht zulässig (IDW RS HFA 35, Tz. 69)[77]. Es sind nur die wirksam abgesicherten Wert- oder Zahlungsstromänderungen gegeneinander zu saldieren, die seit der Bildung der Bewertungseinheit eingetreten sind (IDW RS HFA 35, Tz. 71).

	Bond	Zinsswap
Zeitwert bei Designation	100,00	0,00
Anschaffungskosten	100,00	0,00
Zeitwert am Stichtag	90,00	7,00
Wertänderung insgesamt	−10,00	7,00
− aus dem abgesicherten Risiko	−8,00	6,50
− aus nicht abgesicherten Risiko	−2,00	0,50
Stufe 1: Unwirksamkeit (saldiert)	−1,50	
Stufe 2: nicht abgesicherte Risiken	−2,00	0,50

Abb. 35: Beispiel – Zweistufiges Vorgehen

Dieses Beispiel unterstellt die Absicherung eines festverzinslichen Bonds gegen Zinsänderungsrisiken durch einen Payer-Zinsswap. Die Zeitwertänderung, die sich bei Grund- und Sicherungsgeschäften, aufgrund nicht abgesicherter Risiken ergeben, sind unsaldiert nach den allgemeinen Bilanzierungsgrundsätzen zu bilanzieren. Dient eine Bewertungseinheit der Absicherung von Zinsänderungsrisiken, so richtet sich die Bilanzierung von bonitätsbedingten Zeitwertänderungen (in Abhängigkeit von der Zuordnung zum Anlage- oder Umlaufvermögen) nach den **allgemeinen Vorschriften**. Eine bonitätsbedingte Abschreibung eines Grundgeschäfts des Anlagevermögens, welches in eine Bewertungseinheit zur Absicherung des Zinsrisikos einbezogen ist, wird damit nur bei **dauerhafter Wertminderung** notwendig. Die Zeitwertänderungen, die aus dem abgesicherten Risiko resultieren, sind miteinander zu verrechnen, soweit sich die gegenläufigen Wert- oder Zahlungsstromänderungen wirksam kompensieren. Sofern der Betrag der bisherigen Unwirksamkeit einen Aufwandsüberschuss darstellt, ist in dieser Höhe eine Rückstellung für die Bewertungseinheit zu bilden.

Grund- und Sicherungsgeschäfte sind im Zeitpunkt der Designation der Bewertungseinheit letztmalig nach den allgemeinen Grundsätzen zu bilanzieren und zu bewerten. So ist für einen (seit einiger Zeit) bestehenden Zinsswap des Bankbuchs, ist zu differenzieren, ob dieser vor seiner Designation in die verlustfreie Bewertung nach IDW RS BFA 3 einbezogen wurde:

---

[77] Beachte jedoch, dass eine Verrechnung dieser Beträge im Rahmen der verlustfreien Bewertung des Bankbuchs denkbar ist.

- Wurde der Zinsswap nicht verlustfrei bewertet, ist im Zeitpunkt der Designation der Bewertungseinheit in Höhe seines negativen Marktwerts eine Drohverlustrückstellung zu bilden (IDW RS HFA 35, Tz. 56 u. 72). Diese Rückstellung ist pro rata temporis aufzulösen, wenn es sich um eine **zeitraumbezogene Absicherung** und bei Fälligkeit des Sicherungsinstruments aufzulösen, wenn es sich um eine **zeitpunktbezogene Absicherung** handelt (IDW RS HFA 35, Tz. 72). Da der Zinsswap bis zu seinem Laufzeitende aufgrund des **Pull-to-Par-Effekts** eine Wertaufholung auf null vollziehen wird, ist die Drohverlustrückstellung während der Dauer der Bewertungseinheit ratierlich aufzulösen. Die Rückstellung wird mit jeder Zinszahlung des Zinsswaps zahlungswirksam realisiert und ist daher pro rata temporis aufzulösen. Die positiven Pull-to-Par-Effekte des Zinsswaps reduzieren daher **pro rata temporis** die Drohverlustrückstellung des Zinsswaps. In dieser Hinsicht ordnet IDW RS HFA 35 die Wert- oder Zahlungsstromänderungen von Grund- und Sicherungsgeschäften, die auf von null verschiedene Marktwerte im Designationszeitpunkt zurückzuführen sind, dem nicht abgesicherten Risiken zu. So wäre der Marktwert eines Zinsswaps bei Designation nicht in die Ermittlung der retrospektiven Wirksamkeit einzubeziehen (IDW RS HFA 35, Tz. 56)[78]. In der Literatur wird gefordert, den von null verschiedenen Marktwert bei Designation (»in vollem Umfang«) nicht in der retrospektiven Beurteilung der Wirksamkeit zu berücksichtigen[79]. Nach der hier vertretenen Auffassung ist es sachgerecht, den Zeitwert am Bilanzstichtag um den Pull-to-Par-Effekt zu korrigieren und diesen so ermittelten Wert als Ausgangsbasis für die Beurteilung der Wirksamkeit zu betrachten.
- Ist ein Zinsswap vor seiner Designation in die verlustfreie Bewertung einbezogen worden, so sind gem. IDW RS BFA 3, Tz. 4 vor dem Designationszeitpunkt entstandene zinsinduzierte stille Reserven und Lasten weiterhin im Forderungs- bzw. Verpflichtungsüberschuss nach IDW RS BFA 3 zu berücksichtigen. Während IDW RS HFA 35, Tz. 56, 72 für alle Kaufleute anzuwenden ist und mithin von einer Rückstellungsbildung im Designationszeitpunkt bei negativem Marktwert des Zinsswaps regelmäßig auszugehen ist, umfassen die allgemeinen Grundsätze im Sinne des IDW RS HFA 35, Tz. 56, 72 für Kreditinstitute auch die Grundsätze der verlustfreien Bewertung (als geschäftszweigspezifische Ausprägung des § 249 HGB). Nach IDW RS BFA 3, Tz. 4 ist eine Bewertungseinheit mit zinstragenden Finanzinstrumenten weiterhin Teil des verlustfrei zu bewertenden Bankbuchs. Nur soweit Drohverlustrückstellungen für die Bewertungseinheit selbst zu bilden sind, sind diese auf den Forderungs- bzw. Verpflichtungsüberschuss nach IDW RS BFA 3 anzurechnen. Bei der Bildung einer Bewertungseinheit mit bestehenden Geschäften, die vor dem Designationszeitpunkt in die verlustfreie Bewertung nach IDW RS BFA 3 einbezogen wurden, ist keine Bildung von Drohverlustrückstellungen aufgrund von IDW RS HFA 35, Tz. 56, 72 vorzunehmen, soweit der negative Marktwert auf zinsinduzierte stille Lasten zurückzuführen ist.

---

78 In HFA 35 wurde diese Aussage versehentlich der prospektiven Beurteilung der Wirksamkeit zugeordnet. Vgl. Weigel/Löw/Flintrop/Helke/Jessen/Kopatschek/Vietze, in: WPg 2012, S. 81.
79 So jedoch Weigel/Löw/Flintrop/Helke/Jessen/Kopatschek/Vietze, in: WPg 2012, S. 81.

	lfd Nr.	Bond	Zinsswap
Laufzeit in Jahren	[1]	4	4
Zeitwert bei Designation (01.01.X1)	[2]	102,00	−4,00
Anschaffungskosten	[3]	100,00	0,00
Zeitwert am Stichtag (31.12.X1)	[4]	90,00	7,00
Wertänderung insgesamt	[5]=[4]−[2]	−12,00	11,00
− zinsinduzierte Bewertung	[6]	−8,00	6,50
− davon Pull-to-Par	[7]=([3]−[2])/[1]	−0,50	1,00
− aus dem abgesicherten Risiko	[8]=[6]−[7]	−7,50	5,50
− aus nicht abgesicherten Risiko	[9]=[5]−[8]	−4,50	5,50
Stufe 1: Unwirksamkeit (saldiert)	Summe [8]	−2,00	
Stufe 2: nicht abgesicherte Risiken	unsaldiert	−4,50	5,50

Abb. 36: Vorgehen bei nachträglicher Designation und Pull-to-Par-Effekten

Dieses Beispiel unterstellt ein – in Analogie zu IAS 39 – übliches Vorgehen der Berücksichtigung von Pull-to-Par-Effekten auf der Basis von amortisierten Delta-Clean-Preisen (siehe oben). Im Rahmen der Beurteilung der prospektiven Wirksamkeitsbeurteilung wurde der Sicherungszusammenhang so designiert, dass künftige Marktwertänderungen von Grund- und Sicherungsgeschäften, die auf Pull-to-Par-Effekte zurückzuführen sind, nicht als Teil der Bewertungseinheit betrachtet werden. Da die wertmäßige Entwicklung des Zinsswaps auf null sowie die Wertkonvergenz des Bonds gegen Par nicht auf eine Änderung des abgesicherten Risikos (hier: Änderung des risikofreien Zinses), sondern lediglich auf die zeitliche Verkürzung der Restlaufzeit zurückzuführen ist, werden die relevanten Zeitwerte von Grund- und Sicherungsgeschäft jeweils um die im Sicherungszeitraum eingetretenen Pull-to-Par-Effekte korrigiert. Der **Korrekturbetrag** für den Zinsswap stellt dabei gleichzeitig den Auflösungsbetrag dar, um den die gebildete Rückstellung aufgrund des negativen Marktwerts im Designationszeitpunkt, aufzulösen ist.

2.1.4.2.1 Durchbuchungs- und Einfrierungsmethode

§ 254 HGB gibt explizit keine Buchungsmethodik vor, nach der kompensierende Wert- oder Zahlungsstromänderungen von Grund- und Sicherungsgeschäften zu erfassen sind. Nach dem Willen des Gesetzgebers ist es möglich, die kompensatorische Erfassung nach der sog. Einfrierungsmethode oder nach der Durchbuchungsmethode vorzunehmen[80].

a) Einfrierungsmethode. Bei einer Abbildung von **Fair Value Hedges** nach der Einfrierungsmethode bleiben die Wertänderungen von Grund- und Sicherungsgeschäften sowohl in der Bilanz als auch in der Gewinn- und Verlustrechnung unberücksichtigt, soweit sich

---

80 Vgl. BT-Drs 16/10067, S. 95; Gelhausen/Fey/Kämpfer (2009), H 103 ff., S. 154 ff.; Wiechens/Helke, in: DB 2009, Beilage 5, S. 30, 32 f.; aA Scharpf, in: HdR-E, § 254 HGB, Tz. 305, 311, der lediglich die Einfrierungsmethode als zulässig ansieht.

die Wertänderungen wirksam ausgleichen. Unwirksame Beträge sind (imparitätisch) nach den allgemeinen Grundsätzen zu bilanzieren. Für die Bewertungseinheit als neues Bewertungsobjekt ist daher eine Drohverlustrückstellung zu bilden, sofern der bisherige Betrag der Unwirksamkeit negativ ist. Die Einfrierungsmethode stellt die vor Inkrafttreten des BilMoG maßgebliche Methode dar[81]. Da bei **Cash Flow Hedges** keine Wertänderungen vorliegen, die aus dem abgesicherten Risiko resultieren, kommt eine Abbildung von Cash Flow Hedges nur nach der Einfrierungsmethode in Betracht. Ferner ist die Einfrierungsmethode für die bilanzielle Darstellung von Bewertungseinheiten mit **antizipativen Geschäften** zwingend anzuwenden. Da mit hoher Wahrscheinlichkeit erwartete Geschäfte keine Vermögensgegenstände, Schulden oder Rechnungsabgrenzungsposten darstellen können, würde ein Durchbuchen von Wertänderungen auf antizipierte Geschäfte einen Verstoß gegen das Vollständigkeitsgebot des § 246 Abs. 1. S. 1 HGB darstellen (IDW RS HFA 35, Tz. 77). Die Einfrierungsmethode ist hingegen unzulässig, wenn das Grundgeschäft zwingend zum beizulegenden Zeitwert durch spezielle Regeln zu bewerten ist (bspw. Passivierung von **wertpapiergebundenen Versorgungszusagen** nach § 253 Abs. 1. S. 3 HGB).

b) Durchbuchungsmethode. Bei einer Abbildung von Bewertungseinheiten nach der Durchbuchungsmethode werden die Wertänderungen von Grund- und Sicherungsgeschäft in dem Maße in der Bilanz »durchgebucht«, soweit die Sicherungsbeziehung effektiv ist. Eine Durchbuchung der vollständigen Wertänderungen (einschließlich der unwirksamen Bestandteile in Analogie zu IAS 39) entspricht nicht den handelsrechtlichen Grundsätzen[82]. Die Buchwerte von Grund- und Sicherungsgeschäft werden mithin in Höhe des wirksamen Teils der Wertänderungen angepasst. Sofern das Grund- oder Sicherungsgeschäft bislang nicht bilanziell erfasst war (wie z. B. bei Zinsswaps), sind die Wertänderungen von schwebenden Geschäften als sonstiger Vermögensgegenstand oder sonstige Verbindlichkeit zu erfassen (IDW RS HFA 35, Tz. 80). Hinsichtlich der Erfassung der Wertänderungen in der Gewinn- und Verlustrechnung sind zwei Varianten der Durchbuchungsmethode denkbar. Es ist zulässig, die Wertänderungen von Grund- und Sicherungsgeschäften **brutto** in der Gewinn- und Verlustrechnung »durchzubuchen«[83]. Da die Buchwerte von Grund- und Sicherungsgeschäft jeweils nur in Höhe des wirksamen Teils der Wertänderungen anzupassen sind, heben sich die gegenläufigen Wertänderungen in der Gewinn- und Verlustrechnung auf. Der ineffektive Teil der Sicherungsbeziehung ist imparitätisch nach den allgemeinen Grundsätzen zu bewerten. Daneben ist es ebenso sachgerecht, die Wertänderungen von Grund- und Sicherungsgeschäften in der Bilanz jedoch **ohne Berührung der Gewinn- und Verlustrechnung** zu erfassen[84]. Beide Varianten unterscheiden sich lediglich darin, dass bei einer Brutto-Erfassung der Wertänderungen in der Gewinn- und Verlustrechnung eine Verlängerung der Aufwendungen und Erträge eintritt[85].

---

81 Vgl. BT-Drs 16/10067, S. 57.
82 Unzutreffend Driesch/von Oertzen, in: IRZ 2010, S. 352 f.
83 Vgl. Gelhausen/Fey/Kämpfer (2009), H 121 ff., S. 159 ff.; Hennrichs, in: WPg 2010, S. 1188.
84 Vgl. Gelhausen/Fey/Kämpfer (2009), H 127, S. 161; HFA 35, Tz. 81.
85 Diese GuV-Verlängerung dient nicht dem Einblick in die Ertragslage des Unternehmens, so dass in der Literatur zum Teil der Durchbuchungsmethode ohne Berührung der GuV der Vorzug gegeben wird. Vgl. Hennrichs, in: WPg 2010, S. 1188.

Das Institut hat sich für bestimmte Arten von Bewertungseinheiten für eine Methode zu entscheiden und diese stetig anzuwenden. Jedoch ist von der Einfrierungsmethode auf die Durchbuchungsmethode zu wechseln, wenn das Grundgeschäft im Zeitablauf von einem antizipierten Geschäft, für das die Einfrierungsmethode zwingend anzuwenden ist, zu einem schwebenden Geschäft wird und sich das Institut ansonsten für die Anwendung der Durchbuchungsmethode entschieden hat (IDW RS HFA 35, Tz. 79).

Der Betrag der Unwirksamkeit ist in der Bilanz in dem Passivposten 7c »andere Rückstellungen« auszuweisen. Die unwirksamen Beträge können in der Gewinn- und Verlustrechnung im sonstigen betrieblichen Ergebnis (Aufwandsposten 6, Formblatt 2), in dem Posten, in dem die Wertänderungen des Grundgeschäfts erfasst werden[86], oder bei einer Bewertungseinheit zur Absicherung des Zinsänderungsrisikos in den Zinsaufwendungen (Aufwandsposten 1, Formblatt 2) ausgewiesen werden. Das Institut kann die laufenden Zinserträge und Zinsaufwendungen von Grund- und Sicherungsgeschäften saldieren oder brutto ausweisen[87].

2.1.4.2.2 Beendigung einer Sicherungsbeziehung

Wird eine Sicherungsbeziehung vor Auslaufen von Grund- und Sicherungsgeschäften beendet, so ist zum Zwecke der bilanziellen Abbildung nach dem Grund für die Beendigung zu differenzieren.

a) **Glattstellung oder Veräußerung des Sicherungsinstruments.** Für die bilanzielle Abbildung der Beendigung einer Bewertungseinheit aufgrund der Glattstellung oder Veräußerung des Sicherungsinstruments werden im Schrifttum uneinheitlich Lösungen diskutiert. Nach Auffassung des IDW ist der aus dem Abgang des Sicherungsinstruments resultierende Betrag bei bisheriger Anwendung der **Einfrierungsmethode** erfolgsneutral mit dem Buchwert des Grundgeschäfts zu verrechnen, soweit dieser auf den wirksamen Teil entfällt (IDW RS HFA 35, Tz. 87)[88]. Der verbleibende Betrag ist mit eventuell bestehenden Bilanzposten zu verrechnen, die dem Sicherungsinstrument oder der Bewertungseinheit zugrunde liegen (z. B. aktivierte/passivierte Optionsprämien, Rückstellung für die Bewertungseinheit; Rückstellung aufgrund eines negativen Marktwerts des Sicherungsinstruments bei Designation). Ein darüber hinausgehender Betrag ist erfolgswirksam zu vereinnahmen (IDW RS HFA 35, Tz. 87). Bei Anwendung der **Durchbuchungsmethode** ist der Veräußerungs- oder Glattstellungsbetrag mit dem Buchwert des Sicherungsinstruments und ggf. gebildeten Rückstellungen zu verrechnen; ein verbleibender Betrag ist erfolgswirksam zu vereinnahmen. Bei dieser Sichtweise wird die Ausgleichszahlung als nachträgliche Anschaffungskosten (bei Vermögensgegenständen als Grundgeschäfte) bzw. nach-

---

86 Hier kommt ein Ausweis im Aufwandsposten 7 »Abschreibungen und Wertberichtigungen auf Forderungen und bestimmte Wertpapiere sowie Zuführungen zu Rückstellungen im Kreditgeschäft« oder im Aufwandsposten 8 »Abschreibungen und Wertberichtigungen auf Beteiligungen, Anteile an verbundenen Unternehmen und wie Anlagevermögen behandelte Wertpapiere« in Betracht.

87 Vgl. Weigel/Löw/Flintrop/Helke/Jessen/Kopatschek/Vietze, in: WPg 2012, S. 127.

88 Nach Auffassung von Rimmelspacher/Fey sollen Close-Out-Zahlungen von Sicherungsinstrumenten, die vor ihrer Beendigung in einem Cash Flow Hedge designiert waren, hingegen zwingend erfolgswirksam zu erfassen sein. Vgl. Rimmelspacher/Fey, in: WPg 2013, S. 1004.

trägliche Anpassung des Erfüllungsbetrags (bei Verbindlichkeiten als Grundgeschäfte) angesehen[89]. Demgegenüber sieht Helios die Erfassung eines Rechnungsabgrenzungspostens in Höhe der erhaltenen oder gezahlten Close-Out-Zahlung aus der Beendigung von Zinsswaps als sachgerecht an; der Rechnungsabgrenzungsposten ist über die Restlaufzeit des Grundgeschäfts aufzulösen[90]. Im Gegensatz dazu wird die Close-Out-Zahlung bei einer Ab-/Aufstockung der Buchwerte des Grundgeschäfts über die effektivzinskonstante Amortisation der zinsbedingten Buchwertanpassung bis zur Endfälligkeit des Grundgeschäfts erfolgswirksam. Beide Lösungsansätze sind bilanztheoretisch gut begründbar und führen jeweils in Bezug auf das abgesicherte Risiko zu einer erfolgsneutralen[91] Beendigung der Bewertungseinheit[92].

b) Wegfall des Grundgeschäfts vor Ende der Sicherungsperiode. Durch den Wegfall des Grundgeschäfts ist die Sicherungsbeziehung zu beenden und das Sicherungsgeschäft ex nunc nach den allgemeinen Grundsätzen zu bilanzieren. Für den Fall, dass das Sicherungsinstrument in eine imparitätische Einzelbewertung übergeht, ist für das Sicherungsinstrument bei Vorliegen eines negativen Marktwerts eine Drohverlustrückstellung zu buchen. Die Bildung der Drohverlustrückstellung hat erfolgsneutral in Höhe jenes Betrags zu erfolgen, der aus dem Wegfall des Grundgeschäfts resultiert und auf den wirksamen Teil der Bewertungseinheit entfällt. Ein eventueller Restbetrag zur Abbildung des negativen Marktwerts ist ergebniswirksam zu erfassen. Stellt das Sicherungsinstrument einen Zinsswap dar und wird dieser nach Beendigung der Bewertungseinheit für die Steuerung des allgemeinen Zinsrisikos eingesetzt, so wird dieser nach den Grundsätzen der verlustfreien Bewertung abgebildet und keiner imparitätischen Einzelbewertung unterzogen.

c) Planmäßige Beendigung am Ende der Sicherungsperiode. Endet die Bewertungseinheit vor Erreichen der Endfälligkeit von Grund- und Sicherungsgeschäft, so sind zum Zeitpunkt der Beendigung der Bewertungseinheit letztmalig die Grundsätze des §254 HGB anzuwenden. Die anschließende Folgebilanzierung von Grund- und Sicherungsgeschäften richtet sich dann nach den allgemeinen Grundsätzen (IDW RS HFA 35, Tz. 89). Bei einem Übergang auf eine imparitätische Einzelbewertung von Grund- und Sicherungsgeschäft ist bei Anwendung der Durchbuchungsmethodik der Buchwert von Grund- und Sicherungsgeschäft nach den allgemeinen Grundsätzen fortzuschreiben. Bei Anwendung der Einfrie-

---

89 Vgl. Rimmelspacher/Fey, in: WPg 2013, S. 999 f.
90 Vgl. Helios, in: DB 2012, S. 2890 ff.
91 Unsachgerecht hingegen Weber-Grellet, der auch im Falle der Beendigung von Sicherungsbeziehungen eine erfolgswirksame Vereinnahmung von Close-Out-Zahlungen befürwortet. Vgl. Weber-Grellet, in: RDF 2014, S. 60.
92 Obgleich die IDW-Lösung als herrschende Meinung anzusehen ist, bietet die RAP-Lösung aus praktischer Sicht gewisse Vorteile. So würden bei einer Ab-/Aufstockung zwei identische Vermögensgegenstände, bei dem ein Vermögensgegenstand vormals in einer Bewertungseinheit designiert war und der andere nicht, selbst bei Anwendung der Einfrierungsmethode unterschiedliche Buchwerte aufweisen. Dies kann insb. zu buchhalterischen Komplexitäten in der Bilanzierung von dynamischen Wertpapierportfolien im Sammelbestand führen. Diese Komplexität würde durch die RAP-Lösung vermieden werden können; allerdings müsste hierbei eine außerplanmäßige Auflösung des RAP bei einem Abgang des Grundgeschäfts vor Endfälligkeit buchhalterisch sichergestellt werden.

rungsmethode wird eine Anpassung der Buchwerte in gleicher Weise empfohlen. Wird eine Bewertungseinheit zur Absicherung von Zinsrisiken planmäßig beendet und werden Grund- und Sicherungsgeschäft anschließend in die Steuerung des allgemeinen Zinsänderungsrisikos des Bankbuchs einbezogen, so empfiehlt sich die Anwendung der Einfrierungsmethode und damit die Fortführung der eingefrorenen Buchwerte im Rahmen der verlustfreien Bewertung des Bankbuchs.

d) Beendigung aufgrund prospektiver Unwirksamkeit/mangelnder Verlässlichkeit. Eine Bewertungseinheit ist vorzeitig aufzulösen, wenn am Abschlussstichtag die prospektive Wirksamkeit der Bewertungseinheit nicht mehr besteht. Ebenso hat eine Auflösung zu erfolgen, wenn der Betrag der bisherigen Unwirksamkeit am Bilanzstichtag nicht mehr verlässlich ermittelt werden kann. In diesem Fall ist auf den letzten Stichtag abzustellen, an dem diese Voraussetzungen noch erfüllt waren. Bezogen auf diesen Stichtag sind dann letztmalig die Grundsätze des § 254 HGB anzuwenden. Anschließend ist auf eine Bilanzierung nach den allgemeinen Grundsätzen überzugehen (IDW RS HFA 35, Tz. 47, 51, 90).

2.1.4.3 Bilanzierung antizipativer Bewertungseinheiten

Werden mit hoher Wahrscheinlichkeit erwartete Transaktionen (antizipierte Geschäfte) in eine Bewertungseinheit einbezogen, so ergeben sich aus Gründen der Objektivierung weitere Anforderungen an die **Dokumentation** sowie den Nachweis der Eintrittswahrscheinlichkeit. So wird für eine Einbeziehung von erwarteten Transaktionen in eine Bewertungseinheit verlangt, »dass
1. der voraussichtliche Zeitpunkt bzw. ein enges Zeitintervall für das Zustandekommen des Geschäftsvorfalls,
2. der Gegenstand der erwarteten Transaktion und
3. das zu erwartende Volumen des Geschäftsvorfalls

bekannt sind oder ausreichend verlässlich ermittelt bzw. geplant werden können« (IDW RS HFA 35, Tz. 60). Maßgeblich für die Beurteilung, ob bei den erwarteten Transaktionen von einer hohen Eintrittswahrscheinlichkeit auszugehen ist, ist unter anderem die Häufigkeit solcher oder ähnlicher Geschäfte in der Vergangenheit sowie die finanzielle und operative Fähigkeit des Instituts zur Durchführung der Transaktion. Aus dem Sicherungsinstrument müssen die Zahlungen auch in zeitlicher Hinsicht bereitgestellt werden können, um die erwartete Transaktion abwickeln zu können. Liegt keine Fälligkeitsidentität von erwarteter Transaktion und Sicherungsgeschäft vor, weil der Eintritt der erwarteten Transaktion nach Fälligkeit des Sicherungsinstruments erwartet wird, so kann ggf. der Abschluss von Anschlusssicherungsgeschäften unterstellt werden. Am Abschlussstichtag ist für bestehende antizipative Bewertungseinheiten durch das Institut zu dokumentieren, inwieweit die erwarteten Geschäfte mit hoher Wahrscheinlichkeit, zu dem prognostizierten Zeitpunkt oder Zeitintervall und in der erwarteten Höhe tatsächlich eintreten werden (IDW RS HFA 35, Tz. 64).

Antizipative Bewertungseinheiten sind bilanziell zwingend nach der **Einfrierungsmethode** abzubilden[93]. Da das Grundgeschäft nicht ansatzfähig ist, sind die Wertänderungen des Sicherungsinstruments in einer Nebenbuchhaltung zu erfassen. In Höhe des wirksamen Teils ist die Wertänderung des Sicherungsinstruments nicht in der Gewinn- oder Verlustrechnung zu erfassen; der unwirksame Teil ist hingegen nach den allgemeinen Grundsätzen zu bewerten. Bei Eintritt der erwarteten Transaktion korrigieren die Zahlungen aus der Abwicklung des Sicherungsgeschäfts die Anschaffungskosten des Grundgeschäfts, soweit die Zahlungen nicht mit dem Buchwert des abgehenden Sicherungsgeschäfts bzw. mit der aufzulösenden Rückstellung für Bewertungseinheiten zu verrechnen ist (IDW RS HFA 35, Tz. 92). Liegt die Designation der Bewertungseinheit zeitlich nach dem Abschluss des Sicherungsgeschäfts, so ist der Zeitpunkt der Designation der Beginn des Anschaffungsvorgangs für den späteren Vermögensgegenstand[94].

2.1.5 Darstellung von Bewertungseinheiten im Anhang und Lagebericht

Aufgrund des Wahlrechts zur Bilanzierung von Bewertungseinheiten sind weitergehende Angaben in Anhang und Lagebericht erforderlich, um dem Jahresabschlussadressaten einen ausreichenden Einblick in die Vermögens-, Finanz- und Ertragslage des Instituts zu geben. Ein Institut hat über die Bildung von Bewertungseinheiten die folgenden Informationen offenzulegen:

a) Bilanzierungs- und Bewertungsmethoden. Ein Institut hat nach § 284 Abs. 2 Nr. 1 bzw. § 313 Abs. 1. S. 2 Nr. 1 HGB im Anhang zu erläutern, wie das Wahlrecht ausgeübt wurde, ökonomische Sicherungsbeziehungen durch die Bildung von Bewertungseinheiten bilanziell nachzuvollziehen. Dabei ist anzugeben, welche Buchungsmethodik für die Abbildung von Bewertungseinheiten verwendet wurde (IDW RS HFA 35, Tz. 93).

b) Zeitwerte von Derivaten. Nach § 285 Nr. 19 bzw. § 314 Abs. 1 Nr. 11 HGB hat das Institut Angaben über die derivativen Finanzinstrumente zu machen, die nicht zum beizulegenden Zeitwert bilanziert werden[95]. Darunter sind auch jene derivativen Finanzinstrumente zu fassen, die als Grund- oder Sicherungsgeschäfte in eine Bewertungseinheit einbezogen, aber z. B. aufgrund der Anwendung der Einfrierungsmethode nicht zum beizulegenden Zeitwert in der Bilanz angesetzt werden. Soweit derivative Finanzinstrumente, die als Grund- oder Sicherungsgeschäft in einer Bewertungseinheit zum beizulegenden Zeitwert angesetzt werden, besteht keine diesbezügliche Angabepflicht (IDW RS HFA 35, Tz. 98).

c) Angabe zu Bewertungseinheiten. Nach § 285 Nr. 23 sowie § 314 Abs. 1 Nr. 15 HGB hat das Institut diverse Erläuterung über die am Bilanzstichtag bestehenden Bewertungseinheiten zu geben. Ein Institut hat anzugeben, mit welchem Betrag jeweils Vermögensgegen-

---
93 Vgl. für eine detaillierte Begründung Zwirner/Boecker, in: BB 2012, S. 2935 (S. 2939 f.).
94 Vgl. Knobloch/Osinski, in: BFuP 2016, S. 516 (S. 541).
95 Im Einzelnen vgl. IDW RH HFA 1.005.

stände, Schulden, schwebende Geschäfte und mit hoher Wahrscheinlichkeit erwartete Transaktionen zur Absicherung welcher Risiken (z. B. Zinsrisiko, Währungsrisiko) in welche Arten von Bewertungseinheiten (micro, macro, portfolio hedges) einbezogen sind sowie die Höhe der mit Bewertungseinheiten abgesicherten Risiken. Ferner ist für die jeweils abgesicherten Risiken anzugeben, warum, in welchem Umfang und für welchen Zeitraum sich die gegenläufigen Wertänderungen oder Zahlungsströme künftig voraussichtlich ausgleichen einschließlich der Methode der Ermittlung. Ebenso sind die mit hoher Wahrscheinlichkeit erwarteten Transaktionen zu erläutern, die in Bewertungseinheiten einbezogen wurden. Diese Angaben können alternativ auch im Lagebericht gemacht werden und dabei mit der Darstellung des Managements der finanziellen Risiken im Risikolagebericht verbunden werden (§ 289 Abs. 2 Nr. 2 bzw. § 315 Abs. 2. Nr. 2 HGB). Sofern das Institut die Bildung ökonomischer Sicherungsbeziehungen durch Bildung von Bewertungseinheiten bilanziell nicht nachvollzieht, ist dies im Lagebericht (qualitativ) darzustellen (IDW RS HFA 35, Tz. 101).

2.2 Währungsumrechnung

2.2.1 Überblick über die maßgeblichen Vorschriften

Für die Währungsumrechnung von Kreditinstituten gilt neben der allgemeinen Vorschrift des § 256a HGB die institutsspezifische Regelung des § 340h HGB. Beide Vorschriften regeln dem Wortlaut nach zunächst nur die Folgebewertung. Die Vorschrift für alle Kaufleute in § 256a HGB schreibt vor (Pflicht), dass auf fremde Währung lautende Vermögensgegenstände und Verbindlichkeiten zum Devisenkassamittelkurs am Abschlussstichtag umzurechnen sind. Dabei ist jedoch für (kurzfristige) Vermögensgegenstände und Verbindlichkeiten mit einer Restlaufzeit von kleiner oder gleich einem Jahr das Anschaffungskostenprinzip (§ 253 Abs. 1 S. 1 HGB) sowie das Vorsichts- bzw. Imparitätsprinzip (§ 252 Abs. 1 Nr. 4 Halbsatz 2 HGB) nicht anzuwenden.

Damit kommt es für kurzfristige Vermögensgegenstände und Verbindlichkeiten, die auf fremde Währung lauten, mithin zu einer ergebniswirksamen Berücksichtigung von Aufwendungen **und** Erträgen aus der Währungsumrechnung, die aus der Umrechnung mit dem Stichtagskurs resultieren. Für langfristige Vermögensgegenstände und Verbindlichkeiten (Restlaufzeit größer einem Jahr) ist hingegen eine imparitätische Erfassung von Umrechnungsdifferenzen aus der Währungsumrechnung geboten. Dies impliziert, dass Vermögensgegenstände maximal zu ihren (fortgeführten) Anschaffungs- oder Herstellungskosten sowie bei Vorliegen eines niedrigeren beizulegenden Zeitwerts abzuschreiben sind. Für Verbindlichkeiten ist das Höchstwertprinzip anzuwenden.

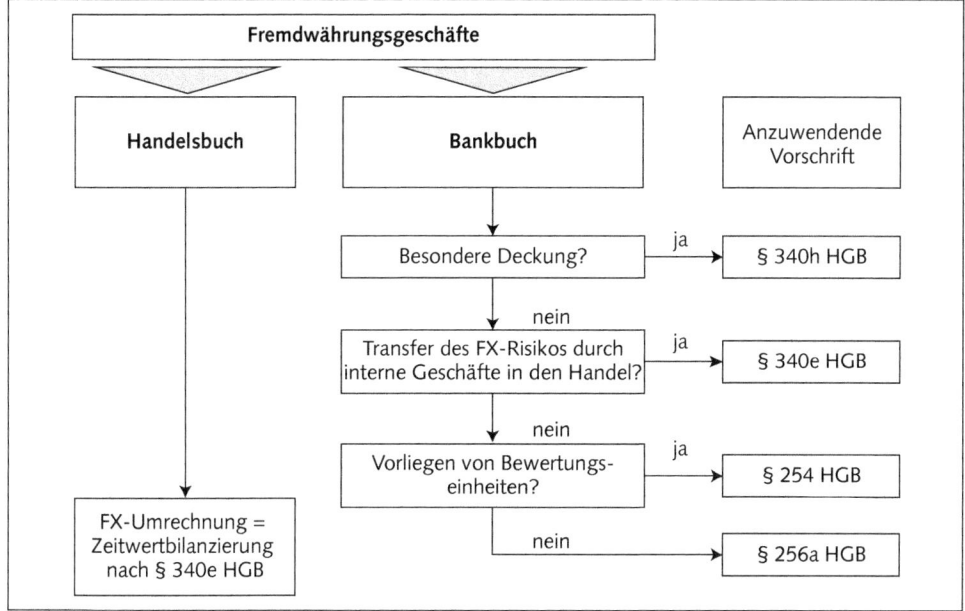

Abb. 37: Währungsumrechnung

Aufgrund der ungleichen Behandlung von kurz- und langfristigen Fremdwährungsgeschäften kommt der Anwendung von § 256a HGB in der Praxis der Bankbilanzierung nur geringe Bedeutung zu. I. d. R. wird in der Praxis eine kompensatorische Bilanzierung von Fremdwährungsgewinnen und -verlusten unabhängig von der Restlaufzeit durch die Vorschriften zur besonderen Deckung (§ 340h HGB), durch den Transfer des Währungsrisikos mittels interner Geschäfte in das Handelsbuch (Anwendung von § 340e HGB) oder durch die Designation von Bewertungseinheiten (§ 254 HGB, IDW RS HFA 35) erreicht (siehe Abb. 37).

Nach § 340h HGB sind alle auf fremde Währung lautenden Vermögensgegenstände, Schulden sowie Termingeschäfte des Bankbuchs mit dem Kassamittelkurs am Stichtag umzurechnen, insoweit eine besondere Deckung besteht. Das vor BilMoG bestehende Wahlrecht stellt nunmehr eine Pflicht dar. Diese Umrechnung kommt – soweit eine **besondere Deckung** besteht – für alle Fremdwährungsgeschäfte des Bankbuchs in Betracht. Auf eine Unterscheidung zwischen Umlaufvermögen und Anlagevermögen sowie auf die Restlaufzeit der Geschäfte kommt es nicht an. Die Vorschriften zur Währungsumrechnung sind nicht auf fremde Währung lautende Handelsbestände anzuwenden. Der Umrechnungsvorgang von Handelbeständen in die Berichtswährung ist Teil der Zeitwertbilanzierung und folgt damit den Vorschriften des § 340e Abs. 3 HGB. Wechselkursbedingte Marktwertveränderungen von Handelsbeständen sind dazu da – im Gegensatz zu währungsbedingten Buchwertänderungen von Bankbuchbeständen – um einen Risikoabschlag zu korrigieren.

Wird das Fremdwährungsrisiko des Bankbuchs mittels **interner Geschäfte** in das Handelsbuch übertragen, so sind die in den Handelsbestand transferierten Fremdwährungsrisiken nach § 340e Abs. 3 HGB einer risikoadjustierten Zeitwertbilanzierung zu unterziehen. Die Fremdwährungsgewinne und -verluste werden zusammen mit den externen Geschäften des Handelsbuchs im Handelsergebnis ausgewiesen. In diesem Zusammenhang handelt es sich nicht um einen Vorgang der Währungsumrechnung, sondern um eine Zeitwertbilanzierung von Handelsbeständen. Auf der Seite des Bankbuchs kommt eine Einbeziehung der internen Geschäfte in die besondere Deckung in Betracht. Der Risikotransfer von Fremdwährungsrisiken mittels interner Geschäfte ist insb. bei solchen Instituten anzutreffen, bei denen die Währungsgesamtposition einheitlich im Handel gesteuert wird.

§ 340h HGB ist ebenso subsidiär zu § 254 HGB. Auf fremde Währung lautende Finanzinstrumente des Bankbuchs, die zur Absicherung des Fremdwährungsrisikos in eine **Bewertungseinheit** nach § 254 HGB einbezogen werden, sind nicht nach § 340h HGB umzurechnen, sondern nach § 254 HGB kompensatorisch zu bewerten. Werden im Bankbuch bilanzielle Sicherungsbeziehungen zwischen Grund- und Sicherungsgeschäften gebildet, so dürfen Fremdwährungsgewinne nur bis zur Höhe der Null-Linie vereinnahmt werden. Überschießende Fremdwährungsverluste aus der Sicherungsbeziehung sind hingegen stets imparitätisch zu berücksichtigen. Für die kompensatorische Bewertung von Fremdwährungsrisiken nach § 254 HGB sind die oben ausgeführten Rahmenbedingungen zu beachten (siehe Kapitel III.2.1). Für auf fremde Währung lautende Finanzinstrumente, die zu einer Bewertungseinheit zur Absicherung anderer Risikofaktoren (z. B. Zinsrisiken) zusammengefasst werden, ist der Anwendungsbereich des § 340h HGB grundsätzlich eröffnet.

§ 340h HGB gilt mithin für auf fremde Währung lautende Finanzinstrumente des **Bankbuchs**, die nicht in eine **Bewertungseinheit** zur Absicherung von Fremdwährungsrisiken einbezogen sind, soweit eine **besondere Deckung** vorliegt. Sofern die Voraussetzungen für eine besondere Deckung nicht erfüllt sind, ist die Umrechnung nach den für alle Kaufleute geltenden Grundsätzen des § 256a HGB vorzunehmen. Der Normzweck des § 340h HGB besteht darin, Instituten für den Fall der besonderen Deckung eine Umrechnung von auf fremde Währung lautenden Vermögensgegenständen, Schulden und Termingeschäften zum Kassakurs am Bilanzstichtag unabhängig von der Laufzeit der Geschäfte zu ermöglichen.

Die für alle Kaufleute geltende Vorschrift zur Währungsumrechnung gem. § 256a HGB schreibt vor (Pflicht), dass auf fremde Währung lautende Vermögensgegenstände und Verbindlichkeiten zum Devisenkassamittelkurs am Abschlussstichtag umzurechnen sind. Dabei ist jedoch (nur) für Vermögensgegenstände und Verbindlichkeiten mit einer Restlaufzeit von kleiner oder gleich einem Jahr das Anschaffungskostenprinzip (§ 253 Abs. 1 S. 1 HGB) sowie das Vorsichts- bzw. Imparitätsprinzip (§ 252 Abs. 1 Nr. 4 HS 2 HGB) **nicht** anzuwenden. Damit kommt es für kurzfristige Vermögensgegenstände und Verbindlichkeiten zu einer ergebniswirksamen Berücksichtigung von Aufwendungen **und** Erträgen aus der Währungsumrechnung, die aus der Umrechnung mit dem Stichtagskurs resultieren. Für langfristige Vermögensgegenstände und Verbindlichkeiten (Restlaufzeit größer einem Jahr) ist hingegen eine imparitätische Erfassung von Umrechnungsdifferenzen aus der Währungsumrechnung geboten. Dies impliziert, dass Vermögensgegenstände maximal zu ihren (fortgeführten) Anschaffungs- oder Herstellungskosten sowie bei Vorliegen eines niedrigeren beizulegenden Zeitwerts abzuschreiben sind. Für Verbindlichkeiten ist das Höchstwertprinzip anzuwenden. Aufgrund der ungleichen Behandlung von kurz- und langfristigen Fremdwährungsgeschäften kommt der Anwendung von § 256a HGB in der Praxis der Bankbilanzierung nur geringe Bedeutung zu. In der Praxis steuern Banken das Währungsrisiko über sog. Fremdwährungspositionen. Dabei wird das Währungsrisiko in die Limitsteuerung einbezogen, wodurch Ansprüche und Verpflichtungen in derselben

Währung auf Nettobasis gesteuert werden. Dies erfolgt im Regelfall unabhängig von der Laufzeit der Geschäfte, da eine fristeninkongruente Laufzeit von Fremdwährungsforderungen und -verbindlichkeiten kein Fremdwährungsrisiko, sondern ein Zinsrisiko darstellt. Die Methodik der internen Steuerung von Währungsrisiken des Bankbuchs findet unter den Voraussetzungen der besonderen Deckung ihren Niederschlag in der bilanziellen Abbildung von Währungsrisiken des Bankbuchs nach § 340h HGB.

2.2.2 Zugangsbewertung von Vermögensgegenständen und Verbindlichkeiten in fremder Währung

Die oben aufgeführten Vorschriften regeln formell lediglich die Folgebewertung von Fremdwährungsgeschäften. Die Zugangsbilanzierung erfolgt nach den allgemeinen Bilanzierungs- und Bewertungsgrundsätzen. Hierbei ist zwischen der Zugangsbilanzierung von nicht-monetären Vermögensgegenständen und Schulden sowie auf fremde Währung lautenden Vermögensgegenständen und Verbindlichkeiten (monetäre Positionen[96]) zu unterscheiden. Nach § 253 Abs. 1 S. 1 HGB sind Vermögensgegenstände grundsätzlich zu ihren Anschaffungs- und Herstellungskosten anzusetzen. Dieser Wertansatz umfasst all jene direkt zurechenbaren Ausgaben, die tatsächlich geleistet worden sind. In Bezug auf Fremdwährungsgeschäfte muss daher geklärt werden, welcher Kurs bis zum Zeitpunkt der tatsächlichen Zahlung für die Bestimmung der Anschaffungskosten zu verwenden ist.

Für die Anschaffung eines Sachvermögensgegenstands könnten für die Umrechnung die Wertverhältnisse im Lieferungszeitpunkt, im Devisenbeschaffungszeitpunkt oder im Zahlungszeitpunkt in Betracht kommen. Damit verbunden ist auch die Fragestellung, ob eine Einbuchung zum Geld- oder zum Briefkurs zu erfolgen hat. Bei Bargeschäften wird der Kaufpreis im Zeitpunkt der Lieferung des Vermögensgegenstands entrichtet. Dabei ist zu unterscheiden, ob die Devisen im Zahlungszeitpunkt zeitgleich beschafft oder bereits vorhanden sind. Nach h. M. ist zur Bestimmung des Anschaffungswertes des Vermögensgegenstands der Betrag anzusetzen, der für den Devisenerwerb aufgewendet wurde[97]. Nichtmonetäre Vermögensgegenstände sind somit zum Geldkurs (in Mengennotierung) und monetäre Vermögensgegenstände (insb. Darlehensforderungen) zum Briefkurs (in Mengennotierung) einzubuchen[98]. Für Institute ist eine nach Geld- oder Briefkurs differenzierte Einbuchung nicht sachgerecht, da bei einem Institut nicht zwischen einer intendierten oder einer zufälligen Devisenhaltung sachgerecht unterschieden werden kann. Monetäre sowie nicht-monetäre Vermögensgegenstände werden in fremder Währung auf Basis einer Währungsgesamtdisposition angeschafft oder veräußert, so dass eine Zuordnung historischer Anschaffungsvorgänge von Devisen nicht (willkürlich) möglich ist. Zudem werden alle Kassabestände am nächsten Bewertungsultimo zum Kassamittelkurs bewertet, so dass eine Einbuchung zum Kassamittelkurs am Transaktionstag sachgerecht erscheint.

---

[96] Monetäre Posten sind Zahlungsmittel und Ansprüche, die auf Geldbeträge lauten, sowie Verpflichtungen, die nicht mit einem festen oder bestimmbaren Geldbetrag beglichen werden müssen (DRS 25, Tz. 7).
[97] Vgl. Gebhardt/Breker, in: DB 1991, S. 1530; Wlecke (1989), S. 217; Langenbucher (1988), S. 20. Explizit noch Kozikowski/Leistner, in: BBK, 8. Aufl., § 256a HGB, Tz 61.
[98] Vgl. DRS 25, Tz. 12, B6.

2.2.3 Folgebewertung bei besonderer Deckung nach § 340h HGB

2.2.3.1 Regelungsinhalt

§ 340h HGB ist gesetzessystematisch missglückt. Während § 340h HGB aF idF vor Inkrafttreten des BilMoG noch eine Differenzierung zwischen allgemeiner und besonderer Deckung vorsah, hatte der Gesetzgeber im Rahmen des BilMoG § 340h HGB zunächst vollständig gestrichen. Die Aufhebung des Vierten Titels des Ersten Unterabschnitts des Vierten Abschnitts des Dritten Buchs (§ 340h HGB) stand im Zusammenhang mit der Einfügung des § 254 HGB und des § 256a HGB[99]. Wie oben dargestellt schaffen die für alle Kaufleute geltenden Vorschriften zur Bilanzierung von Fremdwährungsgeschäften in §§ 254, 256a HGB keine ausreichende Bilanzierungsgrundlage für eine sachgerechte Abbildung von Währungspositionen im handelsrechtlichen Bankabschluss. Die Neuformulierung des § 340h HGB idF des BilMoG stellt eine verkürzte und missverständliche Wiedereinführung des auf § 340h HGB aF basierenden Konzepts der besonderen Deckung dar.

Nach § 340h HGB gilt § 256a HGB mit der Maßgabe, »dass Erträge, die sich aus der Währungsumrechnung ergeben, in der Gewinn- und Verlustrechnung zu berücksichtigen sind, soweit die Vermögensgegenstände, Schulden oder Termingeschäfte durch Vermögensgegenstände, Schulden oder andere Termingeschäfte in derselben Währung besonders gedeckt sind.« Der Verweis in § 340h HGB auf § 256a HGB ist sachgerecht so zu interpretieren, dass die Neufassung von § 340h HGB durch das BilMoG die Vorschriften zur Währungsumrechnung bei Vorliegen einer besonderen Deckung nach § 340h HGB alte Fassung beinhaltet und somit eine Stichtagskursumrechnung aller Positionen innerhalb der besonderen Deckung ohne eine Unterscheidung hinsichtlich der Restlaufzeit vorzunehmen ist[100]. Insoweit ist der Verweis von § 340h HGB nur auf den ersten Satz von § 256a HGB zu beziehen. Eine Ausdehnung des Verweises auch auf den zweiten Satz von § 256a HGB würde § 340h HGB überflüssig machen. Der Verweis auf § 256a HGB impliziert teleologisch den Wegfall des Restlaufzeit-Kriteriums. Es kommt damit unabhängig von der Restlaufzeit der Fremdwährungsgeschäfte zu einer vollen Ertragsvereinnahmung der Umrechnungsdifferenzen, insoweit eine besondere Deckung besteht. Im Ergebnis wird damit die bereits vor BilMoG bestehende Methodik der erfolgswirksamen Umrechnung bei Vorliegen einer besonderen Deckung nach § 340h HGB aF beibehalten. Eine sinnvolle Auslegung des § 340h HGB erfordert mithin eine teleologische Reduktion des Wortlauts.

Eine kompensatorische Vereinnahmung von Aufwendungen und Erträgen aus der Währungsumrechnung ist jedoch nur insoweit geboten, als die Fremdwährungsgeschäfte besonders gedeckt sind. Dies hat zur Folge, dass sich nicht ausgleichende Betragsspitzen nach den allgemeinen Bilanzierungs- und Bewertungsregeln abzubilden sind. Die Bewertungsspitzen wären demnach gem. § 256a HGB zu bewerten. Damit würde sich grundsätzlich für das Kreditinstitut die Schwierigkeit ergeben, nach erfolgter Verrechnung aller Fremdwährungsbestände pro Devisenposition die Fristigkeit der Bewertungsspitzen zu ermitteln. Da eine Zuordnung offener Spitzen zu Einzelgeschäften im Regelfall nicht willkürfrei möglich wäre,

---
99 Vgl. BT-Drs 16/10067, S. 95.
100 Vgl. Scharpf/Schaber (2018), S. 360; Scharpf, in: IRZ 2011, S. 13 f.

ist es nicht zu beanstanden, wenn Betragsspitzen naturgemäß als kurzfristig oder aus Gründen der Vorsicht als langfristig eingeordnet werden. Die gewählte Konvention ist zeitstetig von dem Kreditinstitut anzuwenden. Nach hier vertretener Auffassung hat die Umrechnung in Übereinstimmung mit der Risikomanagementstrategie des Instituts zu erfolgen.

2.2.3.2 Besondere Deckung nach § 340h HGB

2.2.3.2.1 Kriterien der besonderen Deckung

Nach IDW RS BFA 4, Tz. 9 liegt das Kriterium der besonderen Deckung im »subjektiven Zuordnungsbereich« des Instituts. IDW RS BFA 4 gibt keine abschließende Definition des Begriffs der »besonderen Deckung«. Vielmehr werden nur beispielhaft einzelne Mindestmerkmale ohne abschließenden Charakter definiert. Eine besondere Deckung kann bspw. angenommen werden, wenn das Währungsrisiko des Instituts über eine Währungsposition gesteuert wird. Notwendig für die besondere Deckung sind dabei Betrags- und Währungsidentität. Möglich (aber nicht notwendig) ist hingegen eine Fristenidentität. Die einzelnen Kriterien umfassen somit:

- **Betragsidentität.** Die Herstellung einer besonderen Deckung setzt die Intention des Instituts voraus, Wechselkursrisiken (zumindest für einen Teil) des Bankbuchs absichern zu wollen[101]. Dazu bedarf es einer »betragsmäßigen (…) Korrelation«[102]. Die in IDW RS BFA 4, Tz. 9 geforderte Betragsidentität impliziert, dass sich Ansprüche und Verpflichtungen in fremder Währung für den Teil des Bankbuchs, der als besonders gedeckt gelten soll, in annähernd gleicher Höhe gegenüberstehen. Die Messung dieser Ansprüche und Verpflichtungen in fremder Währung ist abhängig von der Fremdwährungssteuerung des Instituts. So können die Ansprüche und Verpflichtungen mit ihren Buch-/Nominalwerten oder Barwerten oder auch mit geeigneten Risikokennzahlen durch das Institut überwacht und gesteuert werden. Eine vollständige Schließung wird in der Praxis nie erreicht werden. Überschießende Spitzen sind vor diesem Hintergrund immer dann als unkritisch für die besondere Deckung anzusehen, wenn diese hinreichend engen Limiten unterliegen.
- **Währungsidentität.** Für die besondere Deckung ist es notwendig, dass nur Fremdwährungsgeschäfte »**derselben**« (siehe § 340h Abs. 1 S. 1 HGB aF) Währung zu einer Devisenposition zusammengefasst werden. Korrelationshedges oder Cross Hedges erfüllen das Kriterium der Währungsidentität nicht; nur bei Währungen **mit fest gekoppeltem Wechselkursverhältnis** ist ein Abstellen auf die jeweils andere Währung möglich[103]. § 340h HGB ist insoweit strenger auszulegen als § 254 HGB, wonach die Sicherung eines USD-Grundgeschäfts durch eine gegenläufige Position in Canada-Dollar als die Absicherung eines vergleichbaren Risikos angesehen werden kann (siehe Kapitel III.2.1.3.1). Die gegenüber § 254 HGB strengere Auslegung ergibt sich m. E. aus dem Wortlaut des § 340h Abs. 1 S. 1 HGB aF, der – wie oben dargelegt – bei der Auslegung von § 340h HGB zu berücksichtigen ist.

---
[101] Vgl. Naumann (1992), S. 73
[102] Groh, in: DB 1986, S. 875.
[103] Vgl. Böcking/Becker/Helke, in: MüKom HGB, § 340h HGB, Tz. 15.

- **Dokumentation der besonderen Deckung**. Gem. der Gesetzesbegründung zum Bankbilanzrichtliniengesetz erfordert die Umrechnung im Rahmen der besonderen Deckung, dass »ein spezielles Deckungsgeschäft für umzurechnende Vermögensgegenstände, Schulden oder Geschäfte abgeschlossen oder eine besondere Beziehung zwischen Vermögensgegenständen oder Schulden hergestellt worden ist«[104]. Richtigerweise ist festzustellen, dass dies keine zweifelsfreie Einzelzuordnung, sondern eine nachvollziehbare Zuordnung erfordert[105]. Eine nachvollziehbare Dokumentation kann in der zweifelsfreien Zuordnung von Fremdwährungsgeschäften (z. B. durch eine feste Zuordnung von bilanziellen und exbilanziellen Fremdwährungskonten) zu den jeweiligen Devisenpositionen des Bankbuchs gesehen werden. Der Sichtweise, dass die besondere Deckung zwingend den Erfordernissen einer Mikro-Hedge-Beziehung entsprechen muss, war und ist seit der Einführung des § 254 HGB nicht zu folgen[106].

Die besondere Deckung muss nicht zwingend das gesamte Bankbuch umfassen. Einzelne Geschäfte können von der Währungsposition ausgenommen sein und bspw. im Rahmen der Bildung von Bewertungseinheiten oder nach den allgemeinen Grundsätzen des § 256a HGB umgerechnet werden. Aufgrund der subjektiven Zuordnung zur besonderen Deckung fordert IDW RS BFA 4, Tz. 9 eine willkürfreie Dokumentation sowie eine im Zeitablauf objektiv nachvollziehbare Durchführung der besonderen Deckung, welche zeitstetig nach IDW RS HFA 38 beizubehalten ist (IDW RS BFA 4, Tz. 10).

2.2.3.2.2 Deckungsfähige Geschäfte

Eine Währungsposition zum Zwecke der Währungsumrechnung nach § 340h HGB kann die folgenden Positionen umfassen:

1. **Auf fremde Währung lautende Vermögensgegenstände und Schulden**. Diese liegen vor, wenn mit diesen künftige Ein- oder Auszahlungen in fremder Währung verbunden sind. Dies umfasst bspw. Forderungen, fest-verzinsliche Wertpapiere und Schuldscheindarlehen in fremder Währung. Fremdwährungsforderungen, Schuldscheindarlehen und Anleihen in fremder Währung können mit ihrem Buchwert ggf. vermindert um eventuelle Abschreibungen in die besondere Deckung einbezogen werden. Eine Risikovorsorge auf Fremdwährungskredite wird regelmäßig in fremder Währung dotiert und reduziert damit die aktivische Währungsposition. Gleiches gilt auch für Wertpapiere in fremder Währung, deren Nominalbetrag sich auf Basis von Kreditereignissen (credit events) in der Form von Principal Write Downs verändert.
2. Auf fremde Währung lautende **Termingeschäfte**. Diese umfassen sowohl unbedingte Termingeschäfte (z. B. Cross-Currency-Swaps, FX-Forwards, FX-Swaps) sowie bedingte Termingeschäfte (z. B. FX-Optionen). Bislang wurde die Einbeziehung von FX-Optionen in die besondere Deckung in der Literatur kaum behandelt. Eine Einbeziehung von FX-Optionen in die besondere Deckung in Höhe des Nominalbetrags ist nicht sachge-

---

[104] BT-Drs 11/6275, S. 24.
[105] Vgl. Naumann (1992), S. 73; Burkhardt (1988), S. 144; Tubbesing, in: ZfbF 1981, S. 816 f.
[106] In der Begründung zum Bankbilanzrichtliniengesetz wurde der Abschluss eines speziellen Deckungsgeschäfts als eine Alternative neben einer globalen Steuerung über eine »besondere Beziehung« (z. B. Devisenpositionen) angesehen. Vgl. Böcking/Becker/Helke, in: MüKom HGB, § 340h HGB, Tz. 14.

recht, da es ansonsten zu einer Gleichbehandlung von bedingten und unbedingten Termingeschäften kommen würde. In Anlehnung an die aufsichtsrechtliche Bestimmung der Währungsgesamtposition nach Art. 352 Abs. 1 (d) CRR kann es als sachgerecht angesehen werden, FX-Optionen mit ihren Delta-gewichteten Nominalbeträgen in die Währungsposition einzustellen, um der Ausübungswahrscheinlichkeit adäquat Rechnung zu tragen[107]. Zum Zwecke der Währungsumrechnung ist es nach der hier vertretenen Auffassung möglich, FX-Optionen, die im Bankbuch besonders gedeckt sind, erfolgswirksam zum beizulegenden Zeitwert zu bewerten. Die Zeitwertbilanzierung von FX-Optionen kann mit der Stichtagskursumrechnung i. d. R. gleichgesetzt werden, da die nicht auf das Währungsrisiko zurückzuführenden Wertänderungen von FX-Optionen i. d. R. von untergeordneter Bedeutung sind.

3. **Nicht-monetäre Vermögensgegenstände**, die nur in fremder Währung beschafft werden können, können nur dann als deckungsfähig angesehen werden, wenn mit diesen Positionen Zahlungsströme in fremder Währung in absehbarer Zeit verbunden sind[108]. Dies umfasst Grundstücke, Beteiligungen sowie Aktien und andere nicht-festverzinsliche Wertpapiere.

4. Margin-Zahlungen auf **Futures**, die auf fremde Währung lauten (z. B. Zinsfuture in USD) stellen deckungsfähige Geschäfte dar. Sicherheitsleistungen (Initial Margins) sind als Fremdwährungsforderungen zu berücksichtigen. Erhaltene bzw. gezahlte Variation-Margin-Zahlungen verändern die Devisenposition des Instituts und sind damit unmittelbar deckungsfähig. Bei Future-Geschäften des Bankbuchs werden die Variation-Margin-Zahlungen erfolgsneutral unter den Sonstigen Vermögensgegenständen bzw. Sonstigen Verbindlichkeiten erfasst. Durch die Margin-Zahlung für Futuregeschäfte des Bankbuchs erfolgt ein erfolgsneutraler Aktivtausch oder eine Bilanzverlängerung in fremder Währung, so dass sich keine unmittelbare Veränderung der Devisenposition ergibt[109].

5. **Rückzahlbares Eigenkapital in fremder Währung**. Hybridkapital (Genussrechte, stille Einlagen, Trust Preferred Shares), das in fremder Währung eingelegt bzw. von dem Institut emittiert wurde, wird regelmäßig mit dem Rückzahlungsbetrag in fremder Währung in der Devisenposition berücksichtigt, sofern die Rückzahlung absehbar ist. Eine eventuelle Verlustpartizipation der Gläubiger bzw. stillen Gesellschafter führt zu einer Reduzierung des Rückzahlungsbetrags und damit auch zu einer Reduzierung der Fremdwährungspassiva. Sofern mit einer Rückzahlung z. B. von Genussrechtskapital nicht zu rechnen ist, entfällt die Deckungsfähigkeit der betreffenden Passiva.

---

107 Nach Art. 352 CRR sind in der offenen Nettoposition des Instituts Fremdwährungsoptionen mit dem auf Basis des Delta-Faktors ermittelten Netto-Gegenwerts des gesamten Bestands an Fremdwährungsoptionen zu berücksichtigen. Der Delta-Faktor ist derjenige der betreffenden Börse. Bei nicht börsengehandelten Optionen oder wenn der Delta-Faktor von der Börse nicht erhältlich ist, ist dieser modellbasiert zu ermitteln (Art. 352 Abs. 1 CRR).
108 Vgl. Krumnow/Sprißler (2004), § 340h HGB, Tz. 42; Scharpf, in: IRZ 2011, S. 15.
109 So wohl auch Scharpf, in: IRZ 2011, S. 16.

2.2.3.2.3 Nicht-Deckungsfähige Geschäfte

Die folgenden Positionen sind nicht in die Währungsposition zum Zwecke der Währungsumrechnung nach § 340h HGB einzubeziehen:

1. **Rechnungsabgrenzungsposten.** Eine Währungsumrechnung nach § 256a HGB in Verbindung mit § 340h HGB kommt für Rechnungsabgrenzungsposten nicht in Betracht, da »die Einnahmen bzw. Ausgaben (...) bereits im Zeitpunkt des Ansatzes in die Berichtswährung getauscht (werden), so dass sich Währungsschwankungen nicht mehr erfolgswirksam auswirken können«[110]. Dies beinhaltet bei Kreditinstituten insb. Up-Front-Prämien von Derivaten in fremder Währung (z. B. Zinsswaps in USD). Die Zahlung bzw. der Erhalt einer Up-Front-Prämie in fremder Währung führt über die Fremdwährungskasse zu einer Veränderung der Devisenposition. Diese wird durch die Nicht-Berücksichtigung von Rechnungsabgrenzungsposten in der Devisenposition nicht geschlossen.
2. Fremdwährungsposten sind in der Höhe nicht deckungsfähig, wie mit einem Zahlungseingang bzw. -ausgang in fremder Währung **nicht gerechnet** werden kann. Dies umfasst z. B. den wertberichtigten Teil von Fremdwährungsforderungen, die Verlustpartizipation von Hybridkapital, Principal Write Downs strukturierter Kreditprodukte, entsprechende nicht-monetäre Vermögensgegenstände in fremder Währung oder auch vollständig abgewickelte Positionen[111].
3. **Latente Steuern** werden nicht von einer Umrechnung nach § 256a HGB in Verbindung mit § 340h HGB erfasst.
4. **Rückstellungen in fremder Währung.** Der Umfang der nach § 340h HGB umzurechnenden Positionen umfasst Vermögensgegenstände, Schulden sowie Termingeschäfte. § 256a HGB nennt hingegen nur Verbindlichkeiten. Rückstellungen wären nach dem reinen Wortlaut somit im Anwendungsbereich des § 340h HGB enthalten. Im Schrifttum wird davon ausgegangen, dass Rückstellungen aufgrund ihrer Unsicherheit dem Grunde und/oder der Höhe nach nicht unter den Schuldenbegriff des § 340h HGB aF zu fassen sind[112]. Hingegen wurde diese Diskrepanz zwischen § 256a HGB und § 340h HGB durch den Gesetzgeber im Rahmen des BilMoG nicht beseitigt, so dass auch im § 340h HGB n. F. explizit der Begriff der »Schulden« verwendet wird. In Abhängigkeit von der Fremdwährungssteuerung des Instituts kann es durchaus Sinn machen, Rückstellungen, die Verpflichtungen in fremder Währung repräsentieren, in die Währungsposition zum Zwecke der Umrechnung im Rahmen der besonderen Deckung einzubeziehen. Dies würde z. B. Rückstellungen auf negative Marktwerte von Derivate betreffen, wenn die Fremdwährungssteuerung des Instituts auf einem Barwertkalkül basiert. In jedem Fall ist es aber sachgerecht, Rückstellungen auf trennungspflichtige eingebettete Credit Default Swaps in fremder Währung ebenfalls in die besondere Deckung einzubeziehen, da diese aus Sicht der Währungspositionssteuerung mit einer Abschreibung auf ein strukturiertes Wertpapier (z. B. CDO) in fremder Währung gleichzusetzen sind.

---

110 BT-Drs 16/10067, S. 62.
111 Vgl. Küting/Mojadadr, in: DB 2008, S. 1871.
112 Vgl. Schlösser (1995), S. 157 f.; Böcking/Löw/Wohlmannstetter, in: MüKom HGB, § 340h HGB, Tz. 2 f.

5. **Sorten**. Für eine sachgerechte Darstellung der Vermögens-, Finanz- und Ertragslage ist es nicht notwendig, Sorten umzurechnen, da dies »in der ganz überwiegenden Anzahl der Fälle nur eine vernachlässigbare Bedeutung« besitzt[113].

2.2.3.3 Rechtsfolge: Anzuwendende Kurse

2.2.3.3.1 Umrechnung von Kassapositionen

Die Umrechnung der Fremdwährungsgeschäfte erfolgt mit dem Devisenkassamittelkurs gem. §256a HGB. Die vor dem BilMoG notwendige Unterscheidung zwischen Geld- und Briefkurs ist im Rahmen der Folgebewertung nicht mehr erforderlich[114]. Während §256a HGB lediglich die Umrechnung von Vermögensgegenständen und Verbindlichkeiten regelt, erweitert §340h HGB den Regelungsbereich der institutsspezifischen Währungsumrechnung auf Termingeschäfte und Rückstellungen (§340h HGB nennt hier Schulden, die im Gegensatz zu Verbindlichkeiten auch die Rückstellungen umfassen). Die Anwendung des Devisenkassamittelkurses wäre auf deckungsfähige Termingeschäfte (z.B. FX-Swaps, Devisentermingeschäfte) nicht sachgerecht. Für diese Geschäfte hat die Umrechnung am Bilanzstichtag zum gespaltenen oder ungespaltenen Terminkurs zu erfolgen.

2.2.3.3.2 Umrechnung von Devisentermingeschäften

Die Umrechnung von Termingeschäften kann entweder zum gespaltenen oder ungespaltenen Terminkurs erfolgen. Finanzmathematisch stellt der Terminkurs die Differenz aus dem Devisenkassakurs und dem Swapsatz dar. Dabei ist zu beachten, dass der Terminkurs bei sich verkürzender Restlaufzeit gegen den Kassakurs konvergiert und bei Fälligkeit des Termingeschäfts dem Kassakurs entspricht. Die Differenz zwischen Terminkurs und Kassakurs wird durch die unterschiedlichen Zinsniveaus der zu tauschenden Währungen bestimmt. Ist das Zinsniveau der empfangenen Währung größer als das Zinsniveau der hingegebenen Währung, so kommt es zu einem Aufschlag (**Report**) auf den Kassakurs in Mengennotierung (positive Differenz zwischen Terminkurs und Kassakurs in Mengennotierung). Im umgekehrten Falle kommt es zu einem Abschlag (**Deport**). Die Differenz zwischen dem Kassakurs und dem Terminkurs wird maßgeblich durch die unterschiedlichen Zinssätze der getauschten Währungen bestimmt. Für einen Devisentermintausch (bspw. Tausch von EUR gegen USD) gilt auf arbitragefreien Märkten die folgende Gleichung[115]:

$$\frac{(TK-KK)}{KK} = \frac{(i_{EUR}-i_{USD}) \cdot t}{1+i_{EUR} \cdot t}$$

Da ein Termingeschäft arbitragefrei durch Kreditaufnahmen und Geldanlagen in den jeweiligen Währungen repliziert werden kann, weist ein Deport oder Report **Zinscharakter** auf. Der Unterschiedsbetrag ist demnach laufzeitabhängig[116], was durch den Zeitfaktor auf der rechten Seite der Gleichung zum Ausdruck kommt.

---
113 BT-Drs 16/10067, S.62.
114 Vgl. BT-Drs 16/12407, S.171.
115 Zur Ableitung vgl. z.B. Kuhner, in: DB 1992, S.1435 f.
116 Vgl. auch Naumann (1995), S.115.

Eine Spaltung des Terminkurses in Kassakurs und Swapsatz kommt für die Währungsumrechnung von Devisentermingeschäften in Betracht. Die Terminkursspaltung hat zur Folge, dass der Nominalbetrag des Termingeschäfts zum Kassakurs umgerechnet und der Swapsatz entsprechend der Laufzeit des Termingeschäfts pro rata temporis in der GuV vereinnahmt wird. Eine Umrechnung von Termingeschäften mit dem **gespaltenen Terminkurs** wird als sachgerecht angesehen, wenn die Termingeschäfte der Wechselkursabsicherung von zinstragenden Fremdwährungsgeschäften (z. B. Fremdwährungsforderungen) dienen. Dies liegt darin begründet, dass ein Deport bzw. Report auf Zinsunterschiede der beteiligten Währungen zurückzuführen ist, und insoweit durch den Swapsatz eine Zinskorrektur der abgesicherten Zinspositionen in fremder Währung erfolgt (vgl. bereits BFA 1/1975). Diesbezüglich wurde auch in der Gesetzesbegründung zum Bankbilanzrichtlinienegesetz nicht ausgeschlossen, »den Terminkurs in seine Bestandteile Kassakurs und Swapsatz für die Restlaufzeit der Geschäfte aufzuteilen, in diesem Falle sind die vereinbarten Swapbeträge (Deports/Reports) zeitanteilig abzugrenzen«[117]. Somit ist nach der Intention des Gesetzgebers von einem **Wahlrecht** auszugehen[118]. Zwar kann aufgrund der gesetzgeberischen Intention eine Pflicht zur Terminkursspaltung nicht abgeleitet werden, jedoch ist der Auffassung zuzustimmen, dass eine Amortisation des Unterschiedsbetrags zu sachgerechten Ergebnissen führt, wenn das Devisentermingeschäft der Absicherung von zinstragenden Positionen dient. Würde in diesem Fall eine Umrechnung mit dem ungespaltenen Terminkurs erfolgen, so würde dies zu einer Ergebnisverzerrung führen, da die gesicherten Vermögensgegenstände und Verbindlichkeiten in fremder Währung entgegen ihrer Fälligkeit in der Zukunft mit dem Stichtagskurs und nicht mit dem Terminkurs umgerechnet werden[119]. Durch die Terminkursspaltung werden Grund- und Sicherungsgeschäfte mit der gleichen Kursbasis bewertet. Da dem Deport/Report von sichernden Devisentermingeschäften ein Zinscharakter (»Quasi-Zins«[120]) zukommt ist mithin eine zeitanteilige Abgrenzung sachgerecht[121]. Ein Ausweis der abgegrenzten Beträge hat im Zinsergebnis zu erfolgen[122]. Bei einer Abgrenzung sind »die sich aus gedeckten Termingeschäften ergebenden (Unterschiedsbeträge), auf die tatsächliche Laufzeit des jeweiligen Geschäfts verteilten Erträge mit Zinscharakter auszuweisen«. Die Abgrenzung der Swaperfolge setzt eine Fristenkongruenz zwischen abgesicherter Zinsposition und Termingeschäft nach h. M. nicht voraus[123].

Bei einer Umrechnung mit dem **gespaltenen Terminkurs** führt die Veränderung des aktuellen Devisenkassamittelkurses im Vergleich zur kontrahierten Kassabasis zu einer Währungsumrechnungsdifferenz, die bei Vorliegen einer besonderen Deckung erfolgswirksam zu vereinnahmen ist. Der Swapsatz wird zeitanteilig auf ein einem Swapbestands-

---

117 BT-Drs 11/6275, S. 24.
118 Vgl. z. B. Kuhner, in: DB 1992, S. 1436.
119 Vgl. Kuhner, in: DB 1992, S. 1437.
120 So Burkhardt (1988), S. 165 f.
121 Für eine ausführliche Darstellung des Zinscharakters von Deports/Reports im Zuge von Swaparbitragegeschäften vgl. Birck/Meyer, V, S. 440–442.
122 Nach § 28 S. 2 sowie § 29 S. 2 RechKredV sind »die sich aus gedeckten Termingeschäften ergebenden (Unterschiedsbeträge), auf die tatsächliche Laufzeit des jeweiligen Geschäfts« zu verteilen und im Zinsertrag bzw. Zinsaufwand auszuweisen.
123 Vgl. Birk/Meyer V, S. 439.

konto gebucht und unter den sonstigen Vermögensgegenständen oder sonstigen Verbindlichkeiten ausgewiesen (IDW RS BFA 4, Tz. 17)[124]. Zur Führung einer Währungsposition wird das Devisentermingeschäft bei Abschluss auf außerbilanziellen Konten mit dem Nominalbetrag in Fremdwährung eingestellt. Im Rahmen der besonderen Deckung sowie bei Anwendung des gespaltenen Terminkurses kann der Nominalbetrag des Termingeschäfts am Abschlussstichtag mit dem Kassakurs umgerechnet werden. Zu jedem Bilanzstichtag ist der in der vergangenen Rechnungsperiode aufgelaufene Report zu Lasten des Zinsergebnisses unter den sonstigen Verbindlichkeiten zu passivieren. Bei Erreichen der Fälligkeit des Devisentermingeschäfts ist die sonstige Verbindlichkeit zahlungswirksam über das Settlement des Termingeschäfts auszubuchen[125].

Am Bilanzstichtag ist darüber hinaus über eine Swapstellenbewertung (**Reststellenbewertung**) oder andere geeignete Verfahren zu prüfen, ob am Abschlussstichtag aus der fristgemäßen Schließung der Position Verluste drohen, für die eine Rückstellung zu bilden ist (IDW RS BFA 4, Tz. 18). Durch diese Bewertung ist am Bilanzstichtag zu prüfen, ob die fristenkongruente Schließung der Position aufgrund von zwischenzeitlichen Veränderungen der Swapsätze zu einem positiven oder negativen Marktwert führen würde. Eine spezifische Methodik der Reststellenbewertung ist gesetzlich nicht vorgegeben. So wäre eine Reststellenbewertung denkbar, die auf einem Vergleich des Swapbestandskontos mit dem Swapsatz von neuabgeschlossenen gleichartigen Termingeschäften beruht. Alternativ ist es auch möglich, die Werthaltigkeit des Swapbestandskontos über den Marktwert der Termingeschäfte abzüglich der wechselkursinduzierten Marktwertveränderungen (Veränderung des Stichtagskurses im Vergleich zur kontrahierten Kassabasis) abzuleiten. Eine zwischenzeitliche Veränderung der Swapsätze ist auf die Veränderung der Zinssätze der beteiligten Währungen zurückzuführen, so dass das Swapsatzrisiko als spezielle Form des Zinsänderungsrisikos angesehen werden kann[126]. Sofern Termingeschäfte der Absicherung von zinstragenden Positionen des Bankbuchs dienen, ist es daher zulässig das Swapsatzrisiko durch geeignete Verfahren im Rahmen der verlustfreien Bewertung des Zinsbuchs nach IDW RS BFA 3 zu berücksichtigen. In diesem Fall könnte die Reststellenbewertung durch eine Barwertkalkulation des Zinsbuchs ersetzt werden, in die das Swapbestandskonto einzubeziehen ist.

Eine Terminkursspaltung ist zwar für Devisentermingeschäfte, nicht jedoch für Cross-Currency-Swaps sachgerecht, da bei letzteren durch die zwischenzeitlichen Zinszahlungen ein Ausgleich der Zinsunterschiede auf den verschiedenen Fremdwährungsbeinen hergestellt wird.

Für eine Absicherung von nicht zinstragenden Positionen durch Termingeschäfte ist eine zeitanteilige Vereinnahmung von Swaperfolgen hingegen nicht sachgerecht[127]. Andernfalls würde bei Vorliegen eines Reports (Terminkurs > Kassakurs) dessen laufzeitanteilige Abgrenzung eine vorzeitige Ertragsrealisierung noch vor Erfüllung des Termingeschäfts bewirken und somit gegen das Realisationsprinzip verstoßen[128]. In diesem Fall ist

---

124 Vgl. Bezold, in: WPg 1985, S. 327.
125 Vgl. Bezold, in: WPg 1985, S. 327.
126 Vgl. Birck/Meyer V, S. 440.
127 Vgl. Birck/Meyer V, S. 440.
128 Vgl. Kuhner, in: DB 1992, S. 1436.

die Umrechnung von Termingeschäften mit dem **ungespaltenen Terminkurs** vorzunehmen.

Beispiel. Bank X kann sich ohne Spread-Aufschläge gegenüber dem risikolosen Marktzinssatz am Kapitalmarkt refinanzieren. Sie hat eine Anleihe am 01.01.20x1 mit einem Nominalbetrag in Höhe von 100 Mio. EUR zu par begeben, die sich zum aktuellen Kapitalmarktsatz von 1 % verzinst. Nach den Anleihebedingungen sind die Zinszahlungen zum Jahresende fällig. Die Bank erwirbt mit dem gesamten Emissionserlös noch am 01.01.20x1 kurzlaufende US-amerikanische Staatspapiere mit einem Marktwert von 80 Mio. USD und einem Nominalvolumen in gleicher Höhe. Die Staatspapiere weisen eine Laufzeit von einem Jahr auf und verzinsen sich zum risikofreien Kapitalmarktsatz in Höhe von 2,5 %. Zur Absicherung des Währungsrisikos schließt die Bank X mit einer anderen Bank ein Devisentermingeschäft ab, aus dem die X in einem Jahr 80 Mio. USD gegen 100 Mio. EUR verkaufen kann.

Ableitung der Bilanzierungsschritte. Der Terminkurs zum 01.01.20x1 ist aus dem folgenden Arbitragegleichgewicht abzuleiten:

$$\frac{A}{KK} \cdot (1 + i_{USD}) \cdot TK = A \cdot (1 + i_{EUR})$$

Die Bank tauscht einen EUR-Betrag A zum Kassakurs KK [EUR/USD] am 01.01.20x1 in USD. Dieser USD-Betrag verzinst sich mit dem USD-Zins. Der aufgezinste USD-Betrag wird in einem Jahr zahlungswirksam und ist daher mit dem Terminkurs [EUR/USD] in EUR umzurechnen. Der daraus resultierende EUR-Betrag muss im Arbitragegleichgewicht dem Betrag entsprechen, der sich aus einer Alternativanlage des EUR-Betrags A zum EUR-Zins ergibt. Oder anders: Der Euro-Gegenwert der Cash Flows der USD-Anlage abzüglich der Cash Flows der Euro-Refinanzierung muss null ergeben. Aus Umformung ergibt sich für den Terminkurs daher[129]:

$$TK_{1y} = \frac{(1 + i_{EUR})}{(1 + i_{USD})} \cdot KK$$

Die Bank hat mit 100 Mio. EUR am 01.01.20x1 Wertpapiere mit einem Marktwert in Höhe von 80 Mio. USD erworben. Der Kassakurs beträgt damit 1,25 EUR/USD. Der Euro-Zins beträgt 1 %, der USD-Zins beträgt 2,5 %. Der arbitragefreie Terminkurs für ein Jahr beträgt damit 1,2317 EUR/USD.

Die Bank rechnet ihre Währungspositionen nach den Vorschriften des § 340h HGB um. Danach gilt § 256a HGB mit der Maßgabe, dass Erträge, die sich aus der Währungsumrechnung ergeben, in der GuV zu berücksichtigen sind, soweit eine besondere Deckung vorliegt. Die Fremdwährungspositionen sind daher mit dem Devisenkassamittelkurs am Bilanzstichtag erfolgswirksam umrechnen, soweit eine besondere Deckung vorliegt.

Das Devisentermingeschäft stellt eine Währungsposition dar, die nach den Vorschriften des § 340h HGB ebenfalls zum Kassakurs umzurechnen wäre. Eine Umrechnung eines Termingeschäfts mit dem Kassakurs würde jedoch zu finanzwirtschaftlich falschen Ergebnissen führen, da durch das Termingeschäft eine Umrechnung zum Terminkurs und nicht

---

[129] Vgl. auch Schierenbeck (2001), S. 190.

zum Kassakurs vereinbart wurde. Diese bilanzielle »Fehlbewertung« wird durch eine Umrechnung des Termingeschäfts zum gespaltenen Terminkurs bei gleichzeitiger Deport/Report-Abgrenzung über die Laufzeit des Termingeschäfts korrigiert. Ein Deport/Report stellt die Differenz zwischen dem Terminkurs und dem Kassakurs dar. Im vorliegenden Fall liegt ein Deport vor:

Swapsatz = TK − KK = 1,2317 EUR/USD − 1,25 EUR/USD = −0,018293 EUR/USD

Dieser Deport ist über die Laufzeit des Termingeschäfts erfolgswirksam anzusparen. Die Umrechnung zum Kassakurs würde zu einem höheren EUR-Gegenwert (102,5 Mio. EUR) als bei einer Umrechnung zum Terminkurs (101 Mio. EUR) führen. Es muss daher im Rahmen der Deport-Abgrenzung eine sonstige Verbindlichkeit angespart werden, mit deren Ausbuchung am Laufzeitende des Termingeschäfts ein erfolgsneutrales Settlement des Devisentermingeschäfts erreicht wird. Dies verdeutlichen die im Geschäftsjahr 20x1 vorzunehmenden Buchungen der Bank X.

		Buchungen zum 31.12.20x1 in Mio. EUR			
Kasse	(1)	100,00 Mio. EUR	(1)	100 Mio. EUR	Verbriefte Verbindlichkeit
	(2)	−100,00 Mio. EUR			
	(4)	−1,00 Mio. EUR			
	(5)	2,46 Mio. EUR	(6)	1,46 Mio. EUR	Sonstige
	(7)	80,00 Mio. USD	(8)	−1,46 Mio. EUR	Verbindlichkeit
	(8)	−80,00 Mio. USD			
	(8)	100,00 Mio. EUR			
	(8)	−1,46 Mio. EUR			EK/GuV/Zinsergebnis
			(4)	−1,00 Mio. EUR	Anleihe
Wertpapier	(2)	100 Mio. EUR	(5)	2,46 Mio. EUR	Wertpapier
	(7)	−100 Mio. EUR	(6)	−1,46 Mio. EUR	Deportabgrenzung
Bilanzsumme		**100 Mio. EUR**		**100 Mio. EUR**	
FX Forward	(3)	100 Mio. EUR		80 Mio. USD	
	(8)	−100 Mio. EUR		−80 Mio. USD	

Abb. 38: Beispiel – Deportabgrenzung

(1)	Emission der Anleihe führt zu einem Zufluss an liquiden Mitteln zum 01.01.20x1
(2)	Kassatausch der EUR-Beträge in USD-Dollar und Erwerb der USD-Wertpapiere mit einem EUR-Gegenwert von 100 Mio. EUR zum 01.01.20x1
(3)	Exbilanzielle Erfassung des Devisentermingeschäfts
(4)	Aufwandswirksame Zinszahlung auf die Anleihe (1 % von 100 Mio. EUR)
(5)	Ertragswirksame Zinszahlung auf die USD-Wertpapiere (2,5 % auf 80 Mio. USD); der EUR-Gegenwert ergibt sich aus der Umrechnung mit dem Kassakurs zum 31.12.20x1 (entspricht annahmegemäß dem arbitragefreien Terminkurs von 1,2317 EUR/USD
(6)	Aufwandswirksame Deportabgrenzung zu Lasten des Zinsaufwands

(7) Tilgung des Wertpapiers: die Bank erhält einen Rückfluss von 80 Mio. USD. Diese haben auf Basis des Kassakurses zum 31.12.20x1 einen EUR-Gegenwert von 98,54 Mio. EUR; jedoch werden diese USD nicht Kassa getauscht, sondern zum Settlement des Termingeschäfts verwendet, aus dem die Bank 100 Mio. EUR erhält und 80 Mio. USD zu zahlen hat.

(8) Erfolgsneutrale Ausbuchung des Devisentermingeschäfts (final exchange der Währungsbeträge, exbilanzielle Ausbuchung sowie Ausbuchung des Deport-Bestands)

Dieses Beispiel verdeutlicht, die Aufgabe und Bedeutung der Deport/Report-Abgrenzung sowohl für eine periodengerechte Gewinnermittlung als auch für einen sachgerechten Erfolgsausweis. Durch die Abgrenzung wird ein Zinsergebnis von null erreicht. Hinsichtlich der Vermögenslage ist an jedem Bilanzstichtag über eine Reststellenbewertung zu prüfen, ob die passivierten Deport-Abschläge aufgrund von zwischenzeitlichen Swapsatz-Änderungen ausreichend sind, oder ob eine Drohverlustrückstellung zu bilden ist. Dies wäre der Fall, wenn am Bilanzstichtag der Swapsatz für die Restlaufzeit des Termingeschäfts höher ist als die bereits angesparte Deport-Verbindlichkeit.

2.2.3.4 Ausweis und Anhangangaben zur besonderen Deckung

Sowohl positive wie auch negative Umrechnungsdifferenzen aus der Währungsumrechnung nach §340h HGB gelten als vollständig realisiert, soweit die Fremdwährungsgeschäfte besonders gedeckt sind. Die Aufwendungen und Erträge aus der Währungsumrechnung für besonders gedeckte Geschäfte des Bankbuchs sind nach § 277 Abs. 5 S. 2 HGB unter den »Sonstigen betrieblichen Erträgen« und »Sonstigen betrieblichen Aufwendungen« auszuweisen[130]. Aufgrund der Betrachtung von zusammengefassten Währungspositionen im Rahmen der besonderen Deckung erscheint es als zulässig, Aufwendungen und Erträge aus der Währungsumrechnung nach §340h HGB saldiert auszuweisen (IDW RS BFA 4, Tz. 22)[131].

Die aufgelaufenen Swapbestände zum Bilanzstichtag sind unter den Posten »Sonstige Vermögensgegenstände« oder »Sonstige Verbindlichkeiten« auszuweisen. Nach IDW RS BFA 4, Tz. 17 dürfen positive und negative Swapbestände miteinander verrechnet werden und der Saldo unter den »Sonstigen Vermögensgegenständen« oder den »Sonstigen Verbindlichkeiten« ausgewiesen werden. Der Ertrag (Aufwand) aus der Swapabgrenzung ist als Korrektur des Zinsaufwands (Zinsertrags) zu bilanzieren (§ 28 S. 1 und § 29 S. 1 RechKredV).

Nach § 284 Abs. 2 Nr. 2 HGB sind im Anhang die Grundlagen für die Umrechnung in EURO anzugeben, soweit der Jahresabschluss Posten enthält, die auf fremde Währung lauten oder lauteten. In Bezug auf die Umrechnung nach § 340h HGB impliziert diese Vorschrift Angaben zu:
- den Abgrenzungskriterien der besonderen Deckung;
- den Posten, in denen das Umrechnungsergebnis ausgewiesen wird;
- der Spaltung des Terminkurses und die Abgrenzung von Swapstellen (IDW RS BFA 4, Tz. 23).

---
130 Vgl. auch Müller-Tronnier, in: BB 1997, S. 936.
131 Ebenso Scharpf, in: IRZ 2011, S. 86.

Nach § 35 Abs. 1 Nr. 6 RechKredV ist der Gesamtbetrag der Vermögensgegenstände und Schulden in fremder Währung umgerechnet in EUR anzugeben. Nach § 36 RechKredV ist über die noch nicht abgewickelten Devisentermingeschäfte zu berichten (IDW RS BFA 4, Tz. 24).

2.2.4 Folgebewertung monetärer Posten außerhalb der besonderen Deckung

Auf fremde Währung lautende Posten des Bankbuchs, die nicht besonders gedeckt sind, sind nach den allgemeinen Grundsätzen umzurechnen. Sofern diese Posten nicht in eine Bewertungseinheit einbezogen sind, erfolgt die Umrechnung mithin nach § 256a HGB. Monetäre Posten sind mit ihrem Devisenkassamittelkurs am Abschlussstichtag umzurechnen, wobei das Realisationsprinzip und das Anschaffungskostenprinzip für Posten mit einer Restlaufzeit von einem Jahr oder weniger nicht anzuwenden sind.

Fraglich ist, ob die **Niederstwertvorschriften** bei einem längerfristigen Wertpapier für jeden wertbildenden Faktor getrennt oder zusammengefasst anzuwenden sind. Fraglich ist damit, ob bspw. die Änderung des beizulegenden Zeitwerts des Wertpapiers in fremder Währung sowie die währungskursbedingte Wertänderung jeweils separat nach den Niederstwertvorschriften des § 253 HGB zu bewerten sind. Würde dies mit Teilen des Schrifttums bejaht[132], so könnte die komponentenweise Anwendung der Niederstwertvorschriften zu Wertansätzen führen, die unterhalb des beizulegenden Zeitwerts in EUR liegen. Ein solch verstandenes doppeltes Niederstwertprinzip[133] (sowie entsprechend Wertaufholungsprinzip) verstößt gegen die allgemeinen Bewertungsprinzipien, wonach die Wertuntergrenze eines Vermögensgegenstands dessen Anschaffungskosten oder dessen niedrigerer beizulegender Wert darstellen muss. Die Anwendung des doppelten Niederstwertprinzips verstößt zudem gegen den Zeitbezug. So würden historische Anschaffungskosten in fremder Währung mit Stichtagskursen oder Tageswerte mit historischen Kursen umgerechnet werden, sofern die jeweiligen Größen jeweils das Minimum darstellen würden. Diese Sichtweise wurde bereits vor BilMoG vertreten[134]. Heute stellt sich die Frage nach dem Verhältnis von § 256a HGB zu den Niederstwertvorschriften des § 253 HGB.

Nach der hier vertretenen Auffassung ist eine Umrechnung unter doppelter Anwendung der Niederstwertvorschriften (und analog der Wertaufholungsvorschriften) unvereinbar mit den handelsrechtlichen GoB. § 256a HGB setzt § 253 HGB nicht außer Kraft (Umkehrschluss aus § 256a S. 2 HGB). Bereits vor BilMoG stellte nach h. M. der niedrigere beizulegende Wert einer monetären Position das Minimum aus Anschaffungswert umgerechnet mit dem historischen Kurs sowie dem Tageswert umgerechnet mit dem Stichtags-

---

132 Vgl.; Küting/Mojadadr, in: HdR-E, § 256a HGB, Tz. 62; Scharpf/Schaber (2018), S. 375; Kozikowski/Leistner, in: BBK, 8. Aufl., § 256a HGB, Tz. 8, anders mittlerweile Grottel/Koeplin, in: BBK, 11. Aufl., § 256a HGB, Tz. 44.
133 Dabei würde das Minimum aus Anschaffungswert und Tageswert mit dem Minimum aus historischem Kurs und Stichtagskurs umgerechnet.
134 Vgl. Birck/Meyer V, S. 289 f.

kurs dar[135]. Dieser Sichtweise ist weiterhin zu folgen. In Bezug auf den beizulegenden Wert in EUR können währungskursbedingte Wertänderungen und Änderungen des beizulegenden Werts in Fremdwährung kompensatorisch wirken (DRS 25, Tz. 24)[136].

2.3 Verlustfreie Bewertung von zinsbezogenen Geschäften des Bankbuchs

2.3.1 Zinsänderungsrisiken im Bankbuch

2.3.1.1 Ökonomische Ursachen und Wirkung

Ziel des traditionellen Kreditgeschäfts liegt in der Erzielung einer positiven Zinsmarge, die sich ergibt, soweit die Verzinsung des Kredit- und Wertpapierportfolios sowie des Derivateportfolios der Bank die Verzinsung der Refinanzierung übersteigt. Dies ist bspw. das klassische Geschäftsmodell von Hypothekenbanken, die herausgelegte Hypothekenkredite einem Deckungsstock zuordnen und sich zinsgünstig über die Ausgabe von Pfandbriefen refinanzieren. Wird ein begebener Kredit zins- und fristenkongruent refinanziert, so haben künftige Änderungen des Markzinsniveaus keinen Einfluss auf die Zinsmarge des Instituts. Zinsänderungsrisiken führen in den folgenden Fällen zu einer Veränderung der Zinsmarge:

a) **Zinsinkongruenzen.** Wird eine fest verzinsliche Kreditforderung variabel refinanziert, so führen steigende (fallende) Marktzinsen zu einer Verminderung (Erhöhung) der Zinsmarge des Instituts. Es liegt insoweit eine offene Zinsposition vor. Diese liegt ebenfalls vor, wenn ein variabler Kredit, der sich auf Basis des 3M-EURIBOR verzinst mit einer 1M-EURIBOR-Verbindlichkeit refinanziert wird. Die Marge des Instituts ist in diesem Falle abhängig von einem Basis-Zinsrisiko. Die offene Zinsposition kann durch den Abschluss von Zinsswaps geschlossen werden.

b) **Fristeninkongruenzen.** Wird ein lang laufender Festsatz-Kredit mit einer kurzlaufenden festverzinslichen Verbindlichkeit refinanziert, so ist die Zinsmarge des Instituts bis zur Fälligkeit der kurzfristigen Verbindlichkeit fixiert. Die künftige Zinsmarge unterliegt einem Neufestsetzungsrisiko, da die kurzfristige Verbindlichkeit bei deren Fälligkeit durch eine neue Verbindlichkeit mit einer heute noch unbekannten Verzinsung abgelöst werden muss. Die offene Zinsposition könnte durch Forward-Zinsswaps geschlossen werden.

c) **Zins- und Fristeninkongruenzen.** Zinstragende Vermögensgegenstände und Schulden können sowohl hinsichtlich ihrer Verzinsung als auch ihrer Laufzeit inkongruent abge-

---

[135] Vgl. Gebhardt/Breker, in: DB 1990, S. 1529 ff.; IDW E-HFA 1986, in: WPg 1986, S. 665; Finne (1991), S. 86 f.; Tubbesing, in: ZfbF 1981, S. 80 f.
[136] Bejahend mittlerweile auch Grottel/Koeplin, in: BBK, 11. Aufl., § 256a HGB, Tz. 44; Senger/Brune, in: MüKom BilR, § 256a HGB, Tz. 26.

schlossen sein. Dies ist bspw. der Fall, wenn ein langfristiger Festsatz-Kredit durch ein kurzfristiges variabel verzinsliches Passivum refinanziert wird. Die gegenwärtigen und künftigen Zinsmargen sind in diesem Fall einem Zinsänderungsrisiko ausgesetzt, welches durch Zinsswaps abgesichert werden kann.

Zins- und Fristeninkongruenzen des Bankbuchs werden bei Banken entweder über den Abschluss interner Sicherungsgeschäfte zwischen dem Bankbuch und dem Handelsbuch und/oder über ein Aktiv-Passiv-Management (APM) gesteuert. Im Rahmen der Aktiv-Passiv-Steuerung werden für das Bankbuch Zinssensitivitäten (z. B. Basis Point Value) pro Laufzeitband in sog. Zinsbindungsbilanzen ausgewiesen und aktivische oder passivische Festzinsüberhänge durch den Abschluss von Zinstermingeschäften (z. B. Zinsswaps) ggf. geschlossen. Das Zinsänderungsrisiko führt zu Schwankungen von laufenden und künftigen Zinserträgen (**Ertragsperspektive**) als auch zu zinsinduzierten Schwankungen der beizulegenden Zeitwerte (**Barwertperspektive**)[137]. Eines der wohl umstrittensten Fragestellungen des Bilanzrechts der Institute betrifft das Problem der bilanziellen Berücksichtigung von zinsinduzierten Wertänderungen von zinstragenden Vermögensgegenständen, Schulden sowie schwebenden Geschäften des Bankbuchs.

2.3.1.2 Aufsichtsrechtliche Regelungen zur Zinsbuchsteuerung

Unabhängig von der Branchenzugehörigkeit ist nach § 91 Abs. 2 AktG der Vorstand einer Aktiengesellschaft dazu verpflichtet,»geeignete Maßnahmen zu treffen, insbesondere ein Überwachungssystem einzurichten, damit den Fortbestand der Gesellschaft gefährdende Entwicklungen früh erkannt werden«. Institute haben zudem die **aufsichtsrechtlichen Organisationspflichten** des § 25a KWG zu beachten. Nach § 25a Abs. 1 Nr. 1 KWG muss ein Institut über ein wirksames Risikomanagement verfügen, welches die Festlegung von Strategien, Verfahren zur Ermittlung und Sicherstellung der Risikotragfähigkeit sowie die Einrichtung interner Kontrollverfahren mit einem internen Kontrollsystem und einer internen Revision umfasst. Das Risikomanagement eines Instituts hat sich dementsprechend unter anderem mit der Steuerung und Überwachung von Zinsänderungsrisiken des Bankbuchs zu befassen. Nach § 25a Abs. 1 S. 7 KWG kann die Bundesanstalt für Finanzdienstleistungsaufsicht Vorgaben zur Ausgestaltung einer plötzlichen und unerwarteten Zinsänderung und zur Ermittlungsmethodik der Auswirkungen auf den Barwert bzgl. der Zinsänderungsrisiken im Anlagebuch festlegen.

Diese Vorgaben wurden durch die BaFin mit dem **Rundschreiben 11/2011** verordnet, welches Gegenstand einer Neufassung ist[138]. Die Regelungen betreffen alle Kreditinstitute i. S. d. § 1 Abs. 1 KWG, die nicht von der Anwendung des § 10 Abs. 3 KWG ausgenommen sind, sowie die KfW. Die Anforderungen gelten auf der Einzelinstitutsebene, sofern nicht der Gruppen-Waiver nach § 2a Abs. 1 u.2 oder Abs. 5 KWG gewählt wurde. Nach den

---

[137] Vgl. Baseler Ausschuss für Bankenaufsicht: Grundsätze für das Management des Zinsänderungsrisikos, Basel 1997, S. 7.
[138] Im Rahmen der Konsultation 13/2017 (BA) veröffentlichte die BaFin einen Entwurf eines Rundschreibens (BA 55-FR 2232-2017/0001) zu Zinsänderungsrisiken im Anlagebuch, in dem die europäischen und internationalen Entwicklungen zum IRRBB verarbeitet wurden. Neben BCBS 368 reflektiert die Neufassung der EBA Guideline EBA/GL/2015/08.

BaFin-Vorgaben sind die Auswirkungen einer plötzlichen und unerwarteten Zinsänderung auf die aufsichtsrechtlichen Eigenmittel zu ermitteln. Zum Zwecke dieser Bemessung ist die Zinsstrukturkurve parallel um 200 Basispunkte nach oben (Szenario 1) und 200 Basispunkte nach unten (Szenario 2) zu verschieben[139]. Vor dem Hintergrund der Auswirkungen auf die Eigenmittel prüft die Aufsicht, inwieweit sie erhöhte Eigenmittelanforderungen gem. Art. 104 Abs. 1a CRD IV i. V. m. § 10 Abs. 3 S. 1 KWG für das Zinsänderungsrisiko im Anlagebuch anzuordnen hat.

Gem. Art. 448 CRR haben Institute im **Säule-3-Bericht** in qualitativer Hinsicht die Art des Zinsänderungsrisikos im Anlagebuch sowie die dazugehörenden Schlüsselannahmen offenzulegen. Dies umfasst Annahmen bzgl. der Rückzahlung von Krediten vor Fälligkeit und des Verhaltens unbefristeter Einlagen (Art. 448 lit. a) CRR). In quantitativer Hinsicht sind der Zuwachs oder der Rückgang von Gewinnen, wirtschaftlichem Wert oder anderen relevanten Messgrößen, die vom Management bei Auf- und Abwärtsschocks verwendet werden, offenzulegen.

2.3.2 Darstellung des Bilanzierungsproblems

Nach § 252 Abs. 1 Nr. 3 HGB sind Vermögensgegenstände und Schulden im Jahresabschluss einzeln, und somit ohne Verrechnung mit anderen Vermögensgegenständen oder Schulden zu bewerten. Dieser **Einzelbewertung** ist eine kaufmännische Vorsicht zugrunde zu legen, da »alle vorhersehbaren Risiken und Verluste, die bis zum Abschlussstichtag entstanden sind, zu berücksichtigen« sind (§ 252 Abs. 1 Nr. 4 HGB). Unrealisierte Gewinne sind dagegen am Abschlussstichtag in der Bewertung nicht zu berücksichtigen (Imparitätsprinzip). Während bei Vermögensgegenständen des Umlaufvermögens eine Abschreibung auf den niedrigeren beizulegenden Zeitwert stets geboten ist, können (Wahlrecht nach § 340a Abs. 2 i. V. m. § 253 Abs. 3 S. 4 HGB) Institute auf eine Abschreibung von Vermögensgegenständen des Finanzanlagevermögens verzichten, soweit die Wertminderung voraussichtlich nicht dauerhaft ist[140]. Ausgehend vom Imparitätsprinzip sind Vermögensgegenstände des Umlaufvermögens nach dem **Grundsatz der verlustfreien Bewertung** am Abschlussstichtag so zu bewerten, dass bei einem Verkauf der zu bewertenden Vermögensgegenstände nach dem Abschlussstichtag kein Verlust mehr entstehen soll (Verlustantizipationsprinzip)[141]. Damit findet eine Abwertung des Vermögensgegenstands auf den voraussichtlichen Verkaufswert statt. Während bei der verlustfreien Bewertung von Vermögensgegenständen (z. B. Waren, Vorräte, fertige und unfertige Erzeugnisse bei Industrieunternehmen) vorrangig eine Niederstwertabschreibung in Betracht kommt, kann eine verlustfreie Bewertung von schwebenden Geschäften zur **Bildung einer Drohverlustrückstellung** nach § 249 Abs. 1 HGB führen[142]. Verbindlichkeiten des Bankbuchs sind nach § 253 Abs. 1 S. 2 HGB mit ihrem Erfüllungsbetrag anzusetzen. Dieser entspricht bei Finanz-

---
139 Bei verschiedenen Fremdwährungspositionen ist die Zinskurve pro Währung jeweils um 200 Basispunkte zu verschieben.
140 Zur Definition vgl. IDW RS VFA 2.
141 Vgl. Moxter (2003), S. 55; Euler (1989), S. 191 ff.; Böcking (1988), S. 128.
142 Vgl. Ellrott/Roscher, in: BBK, 7. Aufl., § 253 HGB, Tz. 524.

instrumenten dem Rückzahlungsbetrag. Liegt der beizulegende Zeitwert der Verbindlichkeit aufgrund einer Überverzinslichkeit über dem notwendigen Erfüllungsbetrag, so kommt bei einer Einzelbewertung die Bildung einer Rückstellung in Betracht, sofern der Überverzinslichkeit keine weiteren Vorteile gegenüber stehen.

Für zinstragende Finanzinstrumente des **Anlagevermögens** sind Wertminderungen, die auf eine Veränderung der Marktzinssätze zurückzuführen sind, nicht als voraussichtlich dauerhaft zu würdigen, da der Forderungsanspruch des Gläubigers aus dem Schuldinstrument bei Fälligkeit ausgezahlt wird. Die Annahme einer nur vorübergehenden Wertminderung setzt allerdings voraus, dass das Institut in der Lage ist, die Wertpapiere bis zum Zeitpunkt der voraussichtlichen Wertaufholung zu halten[143]. Der beizulegende Zeitwert des Schuldinstruments entspricht in diesem Zeitpunkt dem Nominalbetrag des Finanzinstruments, so dass ein Absinken des beizulegenden Zeitwerts unterhalb der Anschaffungskosten aufgrund einer Veränderung des Marktzinsniveaus nicht als voraussichtlich dauerhaft anzusehen ist (IDW RS VFA 2, Tz. 20). Für zinstragende Finanzinstrumente des **Umlaufvermögens** führt der Grundsatz der Einzelbewertung und das strenge Niederstwertprinzip zu einer (auch zinsinduzierten) Abschreibung auf den niedrigeren beizulegenden Zeitwert. Da gem. § 340e Abs. 1 S. 1 HGB die originären Zinsgeschäfte in der Form von Buchforderungen und Schuldscheindarlehen ebenso wie den Wertpapieren der Liquiditätsreserve dem Umlaufvermögen zuzuordnen sind, würde das strenge Niederstwertprinzip unmittelbar zu einer zinsabhängigen Bewertung von Buchforderungen führen.

Eine imparitätische Einzelbewertung zinstragender Vermögensgegenstände und Schulden sowie zinstragender schwebender Geschäfte des Bankbuchs (z. B. Zinsswaps), die einer einheitlichen Steuerung des Zinsänderungsrisikos unterliegen, führt jedoch bei Kreditinstituten nicht zu einer zutreffenden Darstellung der Vermögens-, Finanz- und Ertragslage (IDW RS BFA 3, Tz. 10)[144]. Stattdessen hat sich eine zusammenfassende Betrachtung des gesamten Refinanzierungsverbunds aus zinstragenden Aktiva und Passiva einschließlich schwebender Geschäfte als Grundsatz ordnungsmäßiger Buchführung herausgebildet[145]. Bei einer geschäftsübergreifenden Betrachtung zinstragender Aktiva und Passiva sowie schwebender Geschäfte wird deutlich, dass sich bei zins- und fristenkongruenter Refinanzierung zinsinduzierte Wertverluste auf der einen Seite durch entsprechende Werterhöhungen auf der anderen Seite ausgleichen und in diesem Fall die geschäftsübergreifende Zinsmarge letztlich unberührt bleibt. Da im Zinsmargengeschäft der Bank die Erzielung einer kalkulierten Zinsspanne im Vordergrund steht, wird eine zinsinduzierte Bewertung von Einzelgeschäften des Nicht-Handelsbestands abgelehnt, solange die zinstragenden Finanzinstrumente nicht aus dem Unternehmens- und Refinanzierungsverbund herausgelöst werden[146]. Der BFH verneint die Notwendigkeit der Bildung zinsinduzierter Drohverlustrückstellungen, wenn die Bank bei einer kongruenten Refinanzierungspolitik

---

143 Vgl. z. B. Naumann (1995), S. 65; Birck/Meyer V, S. 103.
144 So auch Windmöller, in: FS Moxter, S. 893; Krumnow/Sprißler (2004), § 340e HGB, Tz. 274.
145 Vgl. Birck/Meyer, V 347 ff.; Scholz, in: Kredit und Kapital 1979, S. 517–544; Krumnow/Sprißler (2004), § 340e HGB, Tz. 272 ff.
146 Vgl. BFH-Urteil I R 157/85 vom 24.01.1990, in: BStBl. II 1990, S. 639. Werden zinstragende Geschäfte aus dem Refinanzierungsverbund herausgelöst (so z. B. bei dem geplanten Einzelverkauf von Forderungen), so ist die Forderung auf einen niedrigeren beizulegenden Zeitwert abzuschreiben.

ausreichende Zinsmargen erwirtschaftet. Andernfalls würde bspw. eine zinsinduzierte Abschreibung von Kreditforderungen zu einer unausgewogenen Bewertung führen. Forderungen, die bei gleicher Zinsspanne und gleicher Bonität den gleichen Ertrag bringen, würden je nach Marktzinssatz unterschiedlich bewertet. Nach handelsrechtlichen Grundsätzen ordnungsmäßiger Buchführung ist es daher notwendig, den Refinanzierungsverbund in seiner Gesamtheit als schwebendes Geschäft zu betrachten. Zinsderivate sowie Zins-Währungsderivate sind in den Refinanzierungsverbund einzubeziehen[147].

2.3.3 Verlustfreie Bewertung des Zinsbuchs nach IDW RS BFA 3

2.3.3.1 Anwendungssubjekt der verlustfreien Bewertung

Nach IDW RS BFA 3 sind alle zinsbezogenen Geschäfte außerhalb des Handelsbestands eines Kreditinstituts verlustfrei zu bewerten. Anwendungssubjekt der verlustfreien Bewertung sind demnach alle Kreditinstitute im Sinne des §1 Abs. 1 KWG. Dies schließt auch Bausparkassen im Sinne des BSpKG ein (zu bauspartechnischen Besonderheiten bei der verlustfreien Bewertung siehe Kapitel IV.3.3.2.2). Mithin sind Finanzdienstleistungsinstitute im Sinne des §1 Abs. 1a KWG vom Anwendungsbereich des IDW RS BFA 3 nicht erfasst; sofern diese Institute jedoch ein bei wirtschaftlicher Betrachtung mit dem Bankbuch von Kreditinstituten vergleichbares Geschäftsmodell haben, sind die in BFA 3 dargelegten Grundsätze auch von diesen Instituten zu beachten (IDW RS BFA 3, Tz. 2).

Bewertungsobjekt des IDW RS BFA 3 ist zunächst das Bankbuch wie es sich aus dem handelsrechtlichen Einzelabschluss des Kreditinstituts ergibt. Die Grundsätze des IDW RS BFA 3 sind jedoch ebenso auf HGB-Konzernabschlüsse anzuwenden (IDW RS BFA 3, Fußnote 4). Für Kreditinstitute, die einen Konzernabschluss nach internationalen Rechnungslegungsgrundsätzen aufstellen, entfällt mithin die Pflicht zu einer konzernweiten verlustfreien Bewertung des Bankbuchs. Fraglich könnte in diesem Zusammenhang jedoch sein, ob sich die interne Zinsbuchsteuerung auch auf Bestände erstreckt, die von Tochtergesellschaften des Instituts bilanziert werden. Die Berücksichtigung von Beständen anderer Rechtseinheiten wird für Investmentfonds nach dem KAGB ausdrücklich verlangt, sofern die Anteile an Investmentfonds oder die jeweiligen Investmentvermögen selbst (Durchschauprinzip) auf Basis einer wirtschaftlichen Betrachtung in die Steuerung des Bankbuchs einbezogen werden (IDW RS BFA 3, Tz. 26). Eine Einbeziehung wird auch für zinstragende Finanzinstrumente von »vergleichbaren Rechtsgebilden« verlangt, sofern diese Finanzinstrumente Teil der internen Steuerung des Bankbuchs sind.

Erstellt ein Kreditinstitut einen Konzernabschluss nach handelsrechtlichen Grundsätzen, so stellt sich die Frage, welche Geschäfte von welchen Konzerngesellschaften in die konzernweite verlustfreie Bewertung des Bankbuchs einzubeziehen sind. Fraglich könnte

---

147 Die teilweise in der Literatur geforderte Risikoreduktion als Voraussetzung für die Berücksichtigung von Zinsderivaten in der verlustfreien Bewertung von zinsbezogenen Geschäften des Bankbuchs ist nicht sachgerecht, da eine risikomindernde oder erhöhende Wirkung einzelner Derivate im Kontext einer Portfolio-Betrachtung willkürfrei nicht möglich ist. Vgl. Gelhausen/Kämpfer/Fey (2009), V 56, S. 739 f.

in diesem Zusammenhang sein, ob das zu betrachtende Bankbuch des Konzerns nur aus zinstragenden Geschäften von Konzerngesellschaften besteht, die Kreditinstitute im Sinne des § 1 Abs. 1 KWG oder Finanzdienstleistungsinstitute mit vergleichbarem Geschäftsmodell sind. Bei dieser Sichtweise wären Finanzinstrumente von Konzerngesellschaften ohne Institutseigenschaft nicht in eine konzernweite verlustfreie Bewertung einzubeziehen. Dem steht die wirtschaftliche Betrachtungsweise in IDW RS BFA 3, Tz. 10, 14 gegenüber, wonach die Abgrenzung des Zinsbuchs der im internen Risikomanagement dokumentierten Zuordnung zu folgen hat. Diese Betrachtung würde dem Einheitsgrundsatz des § 297 Abs. 3 S. 1 HGB entsprechen, wonach die Vermögens-, Finanz- und Ertragslage eines Konzernabschlusses so darzustellen ist, als ob die in den Konzernabschluss einbezogenen Unternehmen insgesamt ein einziges Unternehmen wären.

2.3.3.2 Rechtsgrundlage der Bewertung

Durch den Rechnungslegungsstandard IDW RS BFA 3 wird die verlustfreie Bewertung aller zinsbezogenen Geschäfte geregelt, die ein Kreditinstitut im Bankbuch führt. Unter der (gesetzgeberischen) Annahme eines Gleichlaufs zwischen Handelsbestand nach § 340e Abs. 3 HGB und dem aufsichtsrechtlichen Handelsbuch, umfasst der aufsichtsrechtliche Begriff »Bankbuch« (oder auch Anlagebuch) die handelsbilanziellen Kategorien des Umlauf- und Anlagevermögens. Mithin werden durch IDW RS BFA 3 alle bilanziellen und außerbilanziellen zinsbezogenen Finanzinstrumente außerhalb des Handelsbestands erfasst (IDW RS BFA 3, Tz. 14).

Durch IDW RS BFA 3, Tz. 8 werden gegenseitige Verträge, »die auf eine entgeltliche Überlassung von finanziellen Mitteln auf Zeit oder einen anderen finanziellen Leistungsaustausch gerichtet sind«, als schwebende Geschäfte charakterisiert. Die Deutung von Darlehensverhältnissen als (schwebende) Nutzungsverhältnisse, durch die einem Schuldner Kapital auf Zeit überlassen wird, kann im bilanzrechtlichen Schrifttum der Bankbilanzierung als h. M. bezeichnet werden[148]. Die Leistung eines Instituts, einem Schuldner Kapital auf Zeit zu überlassen, wird nicht mit der Herauslegung eines Kredits, sondern während der Laufzeit des Darlehensvertrags erbracht und bleibt bis zur Fälligkeit der Darlehensbeträge geschuldet. Im Gegenzug schuldet der Gläubiger den Zins als Preis für die Geldüberlassung sowie die Tilgung des Nominalbetrags. Die Nutzungsüberlassung von Kapital auf Zeit ist daher als ein **zweiseitig schwebendes Geschäft** (Dauerschuldverhältnis) zu betrachten, bei dem der Gläubiger die Kapitalüberlassung für die Nutzungsperioden bis zur Endfälligkeit noch schuldet und der Schuldner im Gegenzug Zins- und Tilgungszahlungen für die Restlaufzeit noch zu erbringen hat[149]. Ob es sich bei den Verträgen um schwebende Geschäfte handelt, durch die Kapital auf Zeit überlassen wird, richtet sich nach IDW RS BFA 3, Tz. 8 nicht nach den **zivilrechtlichen Rechtsverhältnissen**, sondern folgt einer wirtschaftlichen Betrachtungsweise. Dies war im Schrifttum lange Zeit umstrit-

---

148 Vgl. Birck/Meyer V, S. 349; Oestreicher, in: BB 1993, S. 3 f.; S. 136; Krumnow/Sprißler (2004), § 340e HGB, Tz. 275.
149 Vgl. Scholz, in: Schierenbeck/Wielen (Hrsg.), Bilanzstrukturmanagement in Kreditinstituten, 1984, S. 130; Krumnow/Sprißler, § 340e HGB, Tz. 275 ff.

ten. So wurde die zinsunabhängige Bewertung von Darlehensforderungen im Gegensatz zu der zinsabhängigen Bewertung von Wertpapieren der Liquiditätsreserve oftmals mit dem unterschiedlichen zivilrechtlichen Charakter begründet. Während Buchforderungen zivilrechtlich als Dauerschuldverhältnisse in den §§ 607 BGB geregelt sind, stellen Wertpapiere erworbene Rechte dar, die in den kaufvertraglichen Regelungskreis der §§ 433 BGB fallen. Während bei Buchforderungen die Nutzungsüberlassung von Kapital auf Zeit bereits durch den zivilrechtlichen Charakter zum Ausdruck kommt, war in der Literatur lange Zeit umstritten[150], ob Schuldverschreibungen die Eigenschaft einer Nutzungsüberlassung auf Zeit ebenfalls zugesprochen werden kann[151]. Im Ergebnis wurden damit Buchforderungen und Wertpapiere der Liquiditätsreserve, die jeweils dem Umlaufvermögen zuzuordnen sind, (nur) aufgrund ihres abweichenden zivilrechtlichen Charakters unterschiedlich bilanziert. Diese Sichtweise eröffnete die Möglichkeit, durch die Umschreibung (Vinkulierung)[152] von unterverzinslichen Inhaberschuldverschreibungen in Namenspapiere eine Bewertung der Schuldverschreibung nach denen für Buchforderungen geltenden Grundsätze zu erreichen[153], da Namensschuldverschreibungen zwar Wertpapiere darstellen allerdings nach § 14 S. 3 RechKredV unter den Buchforderungen auszuweisen sind. Die daraus entstandene Bewertungsambivalenz wurde überwiegend bereits vor BilMoG als nicht sachgerecht angesehen[154]. Vor diesem Hintergrund erscheint es folgerichtig, das Vorliegen schwebender Geschäfte eines Instituts, mit denen Kapital auf Zeit überlassen wird, einer wirtschaftlichen Betrachtungsweise folgen zu lassen und damit eine einheitliche Behandlung von Forderungen und Wertpapieren zu ermöglichen[155].

Bei **Wertpapieren der Liquiditätsreserve** ist zu berücksichtigen, dass Zinsänderungsrisiken durch eine Niederstwertabschreibung ganz, teilweise oder gar nicht berücksichtigt sein können, so dass diese vom drohenden Verlust künftiger Perioden abzuziehen sind, soweit eine Doppelerfassung erfolgen würde[156]. Zum Teil wurde vorgeschlagen eine rechnerische **Doppelerfassung** zinsinduzierter Verluste bei Wertpapieren der Liquiditätsreserve durch Rückgriff auf den Effektivzinssatz der Wertpapiere am Bilanzstichtag zu vermeiden[157]. Wertpapiere der Liquiditätsreserve und des Anlagevermögens sind in der verlustfreien Bewertung zu berücksichtigen (IDW RS BFA 3, Tz. 14)[158].

---

150 Vgl. z. B. Oestreicher, in: BB 1993, S. 3-5; im Ergebnis ablehnend Meyer, S. 144.
151 Dies wurde mit Verweis auf eine wirtschaftliche Betrachtungsweise zum Teil bejaht. Vgl. Döllerer, in: BB 1988, S. 885, Naumann, S. 74.
152 Die Umschreibung einer Inhaberschuldverschreibung in eine Namensschuldverschreibung stellt keine bilanzielle Novation dar und führt zu keiner Erfolgsrealisation. Da das Instrument nach Umschreibung keinen Wertpapiercharakter im Sinne des § 7 RechKredV aufweist, kommt es lediglich zu einem im Anlagespiegel zu berücksichtigenden Abgang (§ 34 Abs. 3 S. 2. RechKredV). Vgl. Häuselmann: Die steuerbilanzielle Erfassung von Finanzinstrumenten – bilanzsteuerrechtliche Aspekte des Wertpapierhandels der Kreditinstitute, 10. Aufl., Frankfurt 2005, S. 16, 22 und 41; Häuselmann, in: BB 2010, S. 944-950.
153 Vgl. BMF-Schreiben vom 10.12.1974, in: BB 1975, S. 23; VFA 1, Tz. 18 sowie Groh, in: StuW 1991, S. 300 mit Verweis auf BAKred Schreiben vom 07.01.1988, IDW FN 1988, S. 32 f.
154 Vgl. Windmöller, S. 889-891; Naumann (1995), S. 72-75.
155 Ebenso auch Düpmann (2007), S. 192 f.; aA noch Meyer, in: FS Scholz, S. 144 f.
156 Vgl. Scholz, in: Kredit und Kapital 1979, S. 526 f. und 542.
157 Vgl. Krumnow/Sprißler (2004), § 340 e HGB, Tz. 284.
158 Vgl. Scholz, in: Kredit und Kapital 1979, S. 527; 530.

Die zusammengefasste Bewertung zinstragender Vermögensgegenstände, schwebender Geschäfte und Verbindlichkeiten zu **einem** Bilanzierungsobjekt folgt der Erkenntnis, dass eine paarweise Zuordnung[159] zinstragender Aktiva und Passiva oder ein Denken in Schichtenbilanzen[160] nicht eine willkürfreie Bankbilanzierung gewährleistet[161]. Während in den BFH-Urteilen eine **Zuordenbarkeit** von Aktiv- und Passivgeschäften implizit unterstellt wird, ist eine paarweise Zuordnung von zinstragenden Vermögensgegenständen, Schulden und schwebenden Geschäften in der Praxis nur in Ausnahmefällen möglich[162]. Spätestens bei der Absicherung von Zinsänderungsrisiken durch ein Makro-Swap-Portfolio kann eine Zuordnung der Geschäfte i. d. R. nicht mehr objektiviert erfolgen. Drohende Verluste können bilanziell daher nicht mehr auf der Ebene der Einzelgeschäfte berücksichtigt werden, sondern müssen sich auf das gesamte Bankbuch beziehen. Dies hat zur Folge, dass eine negative Zinsmarge einzelner Geschäfte so lange nicht mit einer Rückstellung versehen wird, wie ein ausreichender Ergebnispuffer aus anderen Geschäften vorhanden ist[163]. Eine Rückstellungsbildung ist nur insoweit erforderlich, wie Negativmargen nicht durch Positivmargen ausgeglichen werden können. Da eine schichtenweise Zuordnung von geschlossenen und offenen Festzinsblöcken nicht zu willkürfreien Ergebnissen führt, sind alle zinstragenden Geschäfte des Bankbuchs im Rahmen einer **Einheitsbetrachtung** in der verlustfreien Bewertung des Bankbuchs zu berücksichtigen[164]. In der Vergangenheit wurde die Zusammenschau zinstragender Geschäfte des Bankbuchs zum Teil als eine kompensatorische Bewertungseinheit und damit als (zulässige) Ausnahme vom **Einzelbewertungsgrundsatz** des § 252 Abs. 1 Nr. 3 HGB aufgefasst[165]. Die bilanzierungsobjektübergreifende Betrachtungsweise ist erforderlich, um den Saldierungsbereich schwebender Zinsgeschäfte des Bankbuchs als **eine** verlustbringende Einheit zu definieren[166]. Diese handelsbilanzielle Sichtweise wurde zuvor durch die höchstrichterliche Finanzrechtsprechung in mehreren Urteilen bestätigt. So wird die bilanzierungsobjektübergreifende Betrachtungsweise von zinstragenden Aktiva, Passiva und schwebenden Geschäften als ein

---

159 Vgl. Naumann (1995), S. 130 ff.
160 Vgl. Groh, in StuW 1991, S. 301; Hagemüller/Jacob (1988), Bd. 3, S. 141 ff.
161 Vgl. Müller (2000), S. 283 f.; Krumnow/Sprißler (2004), § 340e HGB, Tz. 275 ff.
162 Dies kann möglicherweise bei einzelrefinanzierten Förderkrediten, durchlaufenden Krediten oder auch bei Hypothekenforderungen, die ein Realkreditinstitut durch die Ausgabe von Grundpfandbriefen refinanziert, der Fall sein. Vgl. Groh, in: StuW 1991, S. 301.
163 Vgl. Naumann (1995), S. 143. Nach Auffassung von Naumann konnte eine intertemporale Verrechnung von Ertragsüberschüssen und Aufwandsüberschüssen aus verschiedenen Perioden nur insoweit erfolgen, wie der Ertragsüberschuss zeitlich vor dem Aufwandsüberschuss anfällt. Siehe Naumann (1995), S. 153. Dieser Auffassung ist nicht zu folgen, da nach den Grundsätzen der verlustfreien Bewertung alle positiven Erträge, die durch schwebende Verträge verursacht werden, in den Saldierungsbereich der Rückstellungsbildung einzubeziehen sind (siehe IDW RS HFA 4, Tz. 25 f.). Diese Vorgehensweise stellt eine Verdopplung des Imparitätsprinzips dar und zerschneidet die einzelnen schwebenden Geschäfte in zeitlicher Hinsicht. Dies würde zu einer übervorsichtig verzerrten Bewertung des Zinsbuchs führen.
164 Vgl. Krumnow/Sprißler (2004), § 340e HGB, Tz. 280; Birck/Meyer, V 354; Scholz, S. 133; Naumann (1995), S. 141 ff.
165 Vgl. z. B. Windmöller, in: FS Moxter, S. 891; Groh, in: StuW 1991, S. 303 f.
166 Dies folgt der Einheitsbetrachtung, die im Schrifttum zum Teil bereits vor BilMoG vertreten wurde. Vgl. Krumnow/Sprißler (2004), § 340e HGB, Tz. 275–281.

»besonderer Grundsatz ordnungsmäßiger Buchführung« anerkannt[167]. Der BFH konstatiert, dass eine Abschreibung auf den niedrigeren beizulegenden Wert aus einer Zinsdifferenz zu den am Bilanzstichtag üblichen Marktzinsen nicht abzuleiten ist, sofern ein Einzelverkauf der Darlehensforderungen nicht beabsichtigt ist und weder eine negative Zinsmarge besteht noch ein Verlust aus einer inkongruenten Refinanzierung droht. Es ist in dieser Hinsicht daher auf den gesamten Refinanzierungsverbund abzustellen. Ein Widerspruch zu dem handelsrechtlichen Grundsatz der Einzelbewertung wird vom BFH vor diesem Hintergrund verneint.

Für eine verlustfreie Bewertung zinstragender (schwebender) Geschäfte des Bankbuchs haben Institute am Bilanzstichtag zu prüfen, ob eine Drohverlustrückstellung für die schwebenden Kapitalüberlassungsverhältnisse am Bilanzstichtag zu bilden ist. Während die Rechtsgrundlage im handelsrechtlichen Schrifttum zum Teil diffus diskutiert wurde, stellt IDW RS BFA 3 heraus, dass die kompensatorische Bewertung des Zinsbuchs in den §§ 340a i.V.m. 249 Abs. 1 S. 1 Alt. 2 HGB (»Drohverlustrückstellung) begründet ist (IDW RS BFA 3, Tz. 3). Diese Sichtweise wurde zuvor zum Teil auch im handelsrechtlichen Schrifttum vertreten[168]. Das Vorliegen einer Drohverlustrückstellung ist im Rahmen einer Zusammenschau aller zinstragenden Vermögensgegenstände, Schulden und schwebenden Geschäfte des Bankbuchs am Bilanzstichtag prüfen.

2.3.3.3 Abgrenzung des Bewertungsobjekts (Zinsbuch als die »verlustbringende Einheit«)

2.3.3.3.1 Voraussetzung für eine Einbeziehung in den Saldierungsbereich

Finanzinstrumente sind unter den folgenden kumulativ zu erfüllenden Voraussetzungen in den Saldierungsbereich der verlustfreien Bewertung nach IDW RS BFA 3 aufzunehmen. Bei den Finanzinstrumenten muss es sich handeln um:
a) Zinsbezogene Finanzinstrumente;
b) Finanzinstrumente, die nicht dem Handelsbestand zugeordnet sind;
c) Finanzinstrumente, die entsprechend der MaRisk als Gesamtheit gesteuert werden;
d) Bestandsgeschäft am Stichtag.

Zu a) Zinsbezogene Finanzinstrumente. Obgleich der Zinsbezug ein zentrales Abgrenzungskriterium des Bewertungsobjekts darstellt, findet sich in IDW RS BFA 3 weder eine abschließende noch eine beispielhafte Definition von zinsbezogenen Finanzinstrumenten. In Bezug auf die Zuordnung zum Bewertungsobjekt soll die Abgrenzung zinsbezogener Finanzinstrumente des Bankbuchs dabei lediglich auf Basis der im internen Risikomanagement dokumentierten Zuordnung erfolgen. Beispielhaft wird lediglich angeführt, dass nicht zinstragende Aktiva bspw. Beteiligungen oder Immobilien sein können (IDW RS BFA 3, Tz. 16). Insbesondere in Bezug auf Beteiligungen erscheint diese beispielhafte Abgrenzung jedoch irreführend, wenn gleichzeitig hinsichtlich des Bewertungssubjekts der ver-

---
167 Vgl. BFH Urteil I R 157/85, IR 145/86 vom 24.01.1990, BStBl 1990, S. 639; BFH Urteil vom 19.05.1998, in: DStR 1998, S. 399, zur Besprechung vgl. Mathiak, in: DStR 1990, S. 691.
168 Vgl. Krumnow/Sprißler (2004), § 340e HGB, Tz. 283; Müller (2000), S. 283 f.; Düpmann (2007), S. 188–192.

lustfreien Bewertung auch auf zinstragende Aktiva anderer Rechtsträger im Rahmen des Durchschauprinzips abzustellen ist. Zudem erscheint eine Ausgrenzung von Beteiligungen inhaltlich nicht sinnvoll, wenn diese als Substitut für eine verzinsliche Konzerninnenfinanzierung anzusehen sind. Ebenso ist der Ausschluss von Immobilien für Immobilienbanken als kritisch anzusehen. Nicht zinstragende Aktiva können zusammen mit einer Refinanzierung nur dann aus dem Saldierungsobjekt herausgenommen werden, sofern die Refinanzierung zum nicht zinstragenden Aktivum direkt zugeordnet werden kann (IDW RS BFA 3, Tz. 12). Sofern die Refinanzierung global erfolgen sollte und eine Immobilie bei Immobilienbanken nicht in das Saldierungsobjekt einbezogen werden könnte, würde dies zu Betragsinkongruenzen führen (Verminderung von Aktivüberhängen bzw. Erhöhung von Passivüberhängen) die im Rahmen der fiktiven Schließung zu berücksichtigen wären (siehe Kapitel III.2.3.3.4.4). Gleichermaßen können sich bei Leasinggeschäften Zweifelsfragen ergeben, bei denen das wirtschaftliche Eigentum der Leasinggegenstände dem Institut als Leasinggeber zuzuordnen ist. Formal hat das Institut die Leasinggegenstände als Sachvermögen (ggf. gesondert im Aktivposten 01 »Leasingvermögen«[169]) auszuweisen. Weitere Zweifelsfragen ergeben sich hinsichtlich der Einordnung von freistehenden sowie eingebetteten trennungspflichtigen Credit Default Swaps[170].

Zu b) Finanzinstrumente des Nicht-Handelsbestands. Unter dem Zinsbuch sind alle bilanziellen und außerbilanziellen Finanzinstrumente zu verstehen, die ein Institut außerhalb des Handelsbestands führt (IDW RS BFA 3, Tz. 2 sowie Tz. 11). Die Zuordnung zum Handelsbestand oder zum Umlauf- bzw. Anlagevermögen bedingt eine Widmungsentscheidung des Instituts, bei der die Zweckbestimmung gem. § 247 Abs. 2 HGB und Art. 102 CRR sowie der organisatorischen Rahmenbedingungen der CRR und MaRisk zu beachten sind. Die Zuordnung zum Handelsbestand setzt voraus, dass die betreffenden Finanzinstrumente mit der Absicht einer kurzfristigen Erzielung eines Eigenhandelserfolgs erworben und veräußert werden (IDW RS BFA 2, Tz. 10). Die Abgrenzung zwischen dem Handelsbestand und den in die verlustfreie Bewertung einzubeziehenden Finanzinstrumente des Nicht-Handelsbestands ist durch aufsichtsrechtliche und institutsinterne Rahmenbedingungen im Regelfall willkürfrei gegeben. Das Saldierungsobjekt ist mithin in Bezug auf die Finanzinstrumente des Handelsbestands objektiv und willkürfrei abgrenzbar. Interne Geschäfte zwischen Handelsbuch und Bankbuch sind auf Seiten des Bankbuchs Teil des Saldierungsobjekts der verlustfreien Bewertung des Zinsbuchs[171]. Zinserträge und Zinsaufwendungen von Finanzinstrumenten des Handelsbestands, sind auch dann nicht in den Saldierungsbereich der verlustfreien Bewertung einzubeziehen, wenn diese nicht im Nettoergebnis des Handelsbestands, sondern nach IDW RS BFA 2, Tz. 75 im Zinsergebnis aus-

---

[169] Zu den speziellen Ausweisvorschriften für Leasinginstitute siehe Kapitel IV.7.
[170] Die Einbeziehung von Credit Default Swaps in die verlustfreie Bewertung wird im Schrifttum zum Teil kritisch beurteilt. Trotz (interner) Einordnung von Credit Default Swaps als Kreditersatzgeschäft wird eine Berücksichtigung als fraglich angesehen, da Credit Default Swaps sich »eher zum Eingehen von Kredit- als von Zinsrisiken« eignen. Vgl. Löw, in: RdF 2014, S. 323. Dabei ist hingegen festzustellen, dass für eine Einbeziehung von CDSs in die verlustfreie Bewertung die in IDW RS BFA 1, Tz. 25 vertretenen Auffassung spricht, wonach Erträge aus Sicherungsgeber CDS-Positionen im Zinsergebnis ausgewiesen können, sofern der Zinscharakter überwiegt. Zur genaueren Analyse hierzu siehe Kapitel VI.3.2.3.2.
[171] Zustimmend ebenso Löw, in: KoR 2014, S. 325.

gewiesen werden (siehe hierzu Kapitel III.1.2.7.2)[172]. Umwidmungen aus dem Handelsbestand in den Anlagebestand sind bei der Bestimmung des Saldierungsbereichs nachzuvollziehen (im Einzelnen siehe IDW RS BFA 3, Tz. 27–33). Verbindlichkeiten, die nachweislich der Refinanzierung von umgewidmeten Beständen dienen, sind ab dem Zeitpunkt der Umwidmung als Teil des Saldierungsobjekts anzusehen[173]. Finanzinstrumente des Handelsbestands, die nachträglich in eine Bewertungseinheit einbezogen wurden, sind im Rahmen der Einbeziehung der Bewertungseinheit in die verlustfreie Bewertung Teil des Saldierungsbereichs.

Zu c) Gesamtheitliche Steuerung. Nach AT 4.3.2 der MaRisk[174] hat das Institut angemessene Risikosteuerungs- und -controllingprozesse einzurichten, die in eine gemeinsame Ertrags- und Risikosteuerung (»Gesamtbanksteuerung«) einzubinden sind. In Bezug auf Marktpreisrisiken des Anlagebuchs (einschließlich Zinsänderungsrisiken) wird eine mindestens vierteljährliche Bewertung und Ergebnisermittlung gefordert, wobei die Verfahren zur Beurteilung der Zinsänderungsrisiken des Anlagebuchs die wesentlichen Ausprägungen der Zinsänderungsrisiken erfassen müssen (BTR 2.3 der MaRisk). Grundsätzlich schließt dies auch die Möglichkeit einer integrierten Behandlung von Zinsänderungsrisiken des Handels- und Anlagebuchs auf Ebene des Gesamtinstituts ein[175]. IDW RS BFA 3 knüpft hinsichtlich der Abgrenzung des verlustfrei zu bewertenden Saldierungsobjekts an die Abgrenzung der Gesamtzinsposition gem. der internen Steuerung des Instituts an (IDW RS BFA 3, Tz. 25). Durch die einheitliche Steuerung und Überwachung sind die kompensierenden Vor- und Nachteile der einbezogenen zinsbezogenen Finanzinstrumente hinreichend konkretisiert, wobei der Saldierungsbereich der einbezogenen zinsbezogenen Finanzinstrumente jeweils den Saldierungsbereich des gesamten Bankbuchs bzw. der einzelnen Zinsbücher entspricht. Das Imparitätsprinzip ist auf das Zinsbuch bzw. die einzelnen Zinsbücher als Saldierungsbereich anzuwenden (IDW RS BFA 3, Tz. 25). Dies impliziert, dass Bestände, die ein Institut außerhalb der übrigen Gesamtzinsposition steuert (z. B. strategische Bestände, Depot-A-Geschäfte, Vorstandsdepots, etc.) nicht in die verlustfreie Bewertung einzubeziehen sind, da sie nicht einer einheitlichen Steuerung zusammen mit den restlichen zinsbezogenen Bankbuchbeständen unterliegen[176]. Dies ergibt sich aus IDW RS BFA 3, Tz. 25, wonach Zinsbücher jeweils einen eigenen Saldierungsbereich darstellen, sofern sie unabhängig voneinander gesteuert werden. Eine Verrechnung von positiven und negativen Ergebnissen aus verschiedenen Saldierungsbereichen ist dann wegen des Grundsatzes der Einzelbewertung unzulässig[177]. Werden die einzelnen Zinsbücher auf

---

172 Vgl. Glischke/Hallpap/Wolfgarten (2012), S. 3.
173 Vgl. Glischke/Hallpap/Wolfgarten (2012), S. 3.
174 BaFin, Mindestanforderungen an das Risikomanagement – MaRisk, Rundschreiben 09/2017 (BA) vom 27.10.2017 (BA 54-FR 2210-2017/0002).
175 Vgl. BaFin, Anlage 1: Erläuterungen zu den MaRisk in der Fassung vom 27.10.2017, S. 62.
176 Vgl. Göttgens, in: WPg 2013, S. 23 f., der für diese Bestände ein Wahlrecht zur Einbeziehung in das Saldierungsobjekt sieht. Anders Löw, in: KoR 2014, S. 324, der eine Nicht-Einbeziehung dieser Bestände als verpflichtend ansieht.
177 Vgl. Unicredit Bank AG, Geschäftsbericht 2012, S. 93. Dort wird in diesem Zusammenhang angegeben, dass eine Drohverlustrückstellung in Höhe von 126 Mio. EUR für ein isoliertes Wertpapierportfolio gebildet wurde, dessen Zinsrisiken eigenständig gemanagt werden.

einer unteren Ebene unabhängig voneinander gesteuert und auf einer höheren Steuerungsebene gemeinsam aktiv gesteuert, so bilden die Zinsbücher einen gemeinsamen Saldierungsbereich (IDW RS BFA 3, Tz. 25, letzter Satz)[178].

(Derivative) Finanzinstrumente, deren Zweckbestimmung zum Zeitpunkt des Geschäftsabschlusses nicht dokumentiert ist und/oder die nicht objektiv zur Steuerung des Zinsänderungsrisikos geeignet sind, sind einer imparitätischen Einzelbewertung zu unterziehen (IDW RS BFA 3, Tz. 21). Die Bilanzierung zinsbezogener derivativer Finanzinstrumente ist abhängig davon, ob sie

- dem Handelsbestand nach § 340e Abs. 3 HGB zugeordnet werden,
- in eine Bewertungseinheit i. S. v. § 254 HGB designiert werden,
- im Rahmen der verlustfreien Bewertung des Zinsbuchs bewertet werden, sofern sie der Steuerung des allgemeinen Zinsänderungsrisikos des Bankbuchs dienen, oder
- einer imparitätischen Einzelbewertung unterzogen werden[179].

Für die Einbeziehung zinstragender Instrumente in das Bewertungsobjekt kommt es nur darauf an, dass diese einer einheitlichen Steuerung unterliegen. Inwieweit es sich um risikoerhöhende (spekulative) oder um risikomindernde Geschäfte handelt, ist unerheblich[180]. Nach Auffassung des IDW stehen Zinsswaps, deren Laufzeit die des Bankbuchs übersteigt, außerhalb des Refinanzierungsverbundes (IDW RS BFA 3, Tz. 23). Ein solcher Zinsswap kann in einen Kassa-Swap, der die Laufzeit des Bankbuchs umfasst und mithin in die verlustfreie Bewertung einbezogen werden kann, und einen darüber hinaus gehenden Forward-Swap aufgeteilt werden, der einer imparitätischen Einzelbewertung zu unterziehen ist.

Zu d) Bestandsgeschäft. Ausgehend vom Stichtagsprinzip (§ 252 Abs. 1 Nr. 3 HGB) wird in IDW RS BFA 3 gefolgert, dass nur solche zinsbezogenen Finanzinstrumente Gegenstand des Bewertungsobjekts sein dürfen, die am Abschlussstichtag bereits vertraglich vereinbart sind. **Geplantes Neugeschäft** ist nach IDW RS BFA 3, Tz. 18 nicht einzubeziehen, selbst wenn dies bereits in der internen Steuerung berücksichtigt ist. Unwiderrufliche Kreditzusagen gehören nicht zum Neugeschäft und sind nach Maßgabe der internen Steuerung in den Saldierungsbereich einzubeziehen. Dieser Grundsatz scheint im Widerspruch zu stehen mit der Notwendigkeit, für die Bewirtschaftung des Bankbuchs anfallende Vollkosten auf der Basis von Wiederanlageerträgen zu ermitteln. Sofern das Bankbuch Passivüberhänge aufweist, sind Wiederanlageerträge aus fiktiven Geschäften zu unterstellen (IDW RS BFA 3, Fußnote 14). Die Regelungen in IDW RS BFA 3 erscheinen insoweit inkonsistent. Unwiderrufliche Kreditzusagen stellen kein Neugeschäft dar, sondern sind nach Maßgabe der in der internen Steuerung dokumentierten Inanspruchnahme ggf. in die Ermittlung der Drohverlustrückstellung einzubeziehen (IDW RS BFA 3, Tz. 19). Gleichermaßen sind auch die damit verbundenen Provisionserträge (Bereitstellungsprovisionen, Kreditbearbeitungsgebühren) in der verlustfreien Bewertung zu berücksichtigen (IDW RS BFA 3, Tz. 12).

---

178 In diesem Zusammenhang wird gefordert, dass sich eine übergeordnete einheitliche Steuerung nicht nur als »bloße Dokumentation« darstellen darf, sondern auch so »gelebt« werden muss, um eine Saldierung verschiedener Zinsbücher vornehmen zu können. Vgl. Löw, in: RdF 2013, S. 323.
179 Vgl. IDW RS BFA 3, Tz. 16 und 17.
180 Anderer Auffassung Haaker, in: Jahrbuch für Controlling und Rechnungswesen 2012, S. 105.

Nicht gegen das Stichtagsprinzip verstößt hingegen die fiktive **Schließung von Passivüberhängen**. Im Falle von Passivüberhängen sind diese durch fiktive Aktivgeschäfte unter Zugrundelegung einer arbitragefreien Wiederanlageprämisse zu schließen und damit nicht unterschiedlich zu Aktivüberhängen zu behandeln. In der verlustfreien Bewertung sind mithin Wiederanlageerträge aus der fiktiven Schließung von Passivüberhängen zu berücksichtigen (IDW RS BFA 3, Fußnote 14). Der BFA hält eine unterschiedliche Betrachtungsweise von Aktivüberhängen und Passivüberhängen aufgrund des geschäftstypisch engen wirtschaftlichen Zusammenhangs von Geldanlagen und Geldaufnahmen bei der Abgrenzung des Bankbuchs nicht für sachgerecht[181]. Die fiktive Schließung von Passivüberhängen hat nach IDW RS BFA 3, Tz. 38 zu fristenadäquaten Geld- und Kapitalmarktsätzen (d. h. zum risikolosen Zinssatz) zu erfolgen. Diese Art der fiktiven Schließung von Passivüberhängen verstößt damit nicht gegen das Verbot der Einbeziehung von geplantem Neugeschäft, sondern stellt eine (arbitragefreie) Berechnungsmethodik zur Schließung von Betrags- oder Laufzeitinkongruenzen dar.

Eigenkapital ist nach herrschender Auffassung nicht als Teil des Saldierungsbereichs anzusehen; gleichwohl kann die Refinanzierungswirkung von Eigenkapital im Rahmen der fiktiven Schließung von Aktivüberhängen berücksichtigt werden (siehe Kapitel III.2.3.3.4.4). Hybridkapital ist hingegen nach Maßgabe der vertraglichen Konditionen im Bankbuch zu berücksichtigen; bedingte Zahlungen sind dabei nur insoweit zu erfassen, als am Abschlussstichtag mit dem Eintritt der Bedingung unter Berücksichtigung des Vorsichtsprinzips zu rechnen ist (IDW RS BFA 3, Tz. 42 ff.).

2.3.3.3.2 Abgrenzung und Verhältnis zu Bewertungseinheiten

Nach IDW RS BFA 3, Tz. 24 sind »die zinsbezogene(n) Bestandteile handelsrechtlicher Bewertungseinheiten i. S. v. § 254 HGB (...) ungeachtet des Vorrangs der speziellen Bewertungsvorschriften für Bewertungseinheiten einzubeziehen. Eine nachweisbare Mehrfachberücksichtigung von Aufwendungen ist zu korrigieren.« Dieser Nachweis ist durch das Institut zu erbringen. Eine Nicht-Berücksichtigung von in Bewertungseinheiten enthaltenen unrealisierten Gewinnen wird damit explizit **nicht** ausgeschlossen. Die Auffassung, dass eine Verrechnung fixierter Gewinne oder positive (ineffektive) Wertüberhänge aus Bewertungseinheiten mit Aufwandsüberschüssen aus der verlustfreien Bewertung des Zinsbuchs sachgerecht sei[182], ist sowohl aus praktischer wie auch theoretischer Sicht sachgerecht.

Eine Berücksichtigung von Bewertungseinheiten im Rahmen der verlustfreien Bewertung des Bankbuchs erscheint insoweit sachgerecht, da andernfalls Institute, die Bewertungseinheiten i. S. v. § 254 HGB für ihre Zinsgeschäfte des Anlagevermögens bilden, im Vergleich zu Instituten, die eine kompensierende Bilanzierung zinsinduzierter Wertänderungen über eine verlustfreie Bewertung des Bankbuchs erreichen, ggf. benachteiligt würden. Im Falle einer Nicht-Berücksichtigung von Bewertungseinheiten im Rahmen der verlustfreien Bewertung würden Institute, die eine kompensatorische Bilanzierung auf dem Wege des § 254 HGB erreichen, einerseits keine Verwaltungskosten bzw. Risikokosten für ihre (schwebenden)

---

181 Vgl. IDW-Berichterstattung zur 224. Sitzung des BFA vom 20.09.2013, S. 3 sowie Rebmann/Weigel, in: KoR 2014, S. 216.
182 Diese Auffassung wurde vor BilMoG bspw. vertreten durch Düpmann (2007), S. 202–204.

Geschäfte des Zinsbuchs in die Berechnung einbeziehen; andererseits aber auch keine positiven Wertüberhänge von Bewertungseinheiten berücksichtigen. Die Einheitsbetrachtung des gesamten Zinsbuchs (einschließlich Bewertungseinheiten) wurde auch zuvor schon als sachgerecht angesehen und führt nach der hier vertretenen Auffassung zu einer erhöhten Vergleichbarkeit der Bilanzierung im Zinsbuch. Insbesondere hinsichtlich der Berücksichtigung kompensierender (positiver) Wertüberhänge von zinsbezogenen Bewertungseinheiten im Rahmen der verlustfreien Bewertung ist nach der Konformität dieses Vorgehens mit dem Gesetzeswortlaut des § 254 HGB sowie dem Verhältnis der Normen der §§ 249 und 254 HGB zueinander zu fragen. Nach § 254 HGB sind die §§ 249 Abs. 1, 252 Abs. 1 Nr. 3 und 4, 252 Abs. 1 S. 1. und 265a HGB nur **in dem Umfang** nicht anzuwenden (…), in dem sich die gegenläufigen Wertänderungen oder Zahlungsströme ausgleichen. Nach dem Willen des Gesetzgebers findet das Vorsichtsprinzip mit allen seinen Ausprägungen (Anschaffungskostenprinzip, Realisationsprinzip, Imparitätsprinzip) uneingeschränkt Anwendung[183], soweit es zu keinem Ausgleich kommt. Eine kompensierende Berücksichtigung von (positiven) Wertüberhängen aus Bewertungseinheiten und Aufwandsüberschüssen aus der verlustfreien Bewertung scheint auf den ersten Blick der Intention des Gesetzgebers nicht zu entsprechen, da bei Bestehen einer Bewertungseinheit nur auf die Berücksichtigung unrealisierter Verluste verzichtet werden kann, wenn diesen in gleicher Höhe unrealisierte Gewinne gegenüberstehen[184]. Über den Saldierungsbereich des Zinsbuchs, in den nach IDW RS BFA 3 auch Bewertungseinheiten einzubeziehen sind, wären bei der Bestimmung des Rückstellungsbedarfs allerdings alle positiven Merkmale zu berücksichtigen, die künftige Aufwandsüberschüsse mindern[185]. Nach IDW RS BFA 3, Tz. 4 sind die Grundsätze der verlustfreien Bewertung auf das gesamte Bankbuch (und damit einschließlich der zinsbezogenen Finanzinstrumente in Bewertungseinheiten) anzuwenden. Die Anwendung von § 254 HGB bleibt von der verlustfreien Bewertung unberührt (IDW RS BFA 3, Tz. 4). Dies wird insbesondere damit begründet, dass § 254 HGB bei einer Vielzahl von Geschäften des Bankbuchs das Saldierungsobjekt nicht abdeckt, da die mit der Erzielung einer Zinsmarge verbundenen Geschäfte regelmäßig nicht Gegenstand einer Bewertungseinheit sind.

Ungeachtet des sachgerechten bilanziellen Ergebnisses wirft das in IDW RS BFA 3, Tz. 24 dargelegte Vorgehen die dogmatische Frage nach dem gegenseitigen Verhältnis der Ansatzvorschrift des § 249 HGB und der speziellen Bewertungsvorschrift des § 254 HGB sowie dem abschließenden Charakter des § 254 HGB für Institute auf. Nach h. M. besteht zwischen verschiedenen Grundsätzen ordnungsmäßiger Buchführung keine hierarchische Beziehung. Vielmehr führt das Zusammenwirken unterschiedlicher GoB zu einer wechselseitigen Konkretisierung, Erweiterung oder Beschränkung[186]. Die Bilanzierung von Bewertungseinheiten des Bankbuchs ist nach Auffassung des BFA für Kreditinstitute durch § 254 HGB mithin nicht abschließend geregelt. Bewertungseinheiten sind nach IDW RS BFA 3 in der verlustfreien Bewertung des Bankbuchs zu berücksichtigen. Für Kreditinstitute sind die Regelungen des § 254 HGB in Bezug auf Finanzinstrumente des Zinsbuchs nur noch in

---

183 Vgl. BT-Drs 16/12407, S. 86.
184 Vgl. BT-Drs 16/10067, S. 58.
185 Vgl. Düpmann (2007), S. 203 mit Verweis auf BFH-Urteil X R 60/89 vom 17.02.1993, in: BStBl II 1993, S. 709.
186 Vgl. Baetge/Zülch, in: HdJ, Abt. I/2, Tz. 40; Baetge/Kirsch/Thiele (2017), S. 142.

Bezug auf die Bilanzierung von Wertpapieren der Liquiditätsreserve von materieller Bedeutung.

2.3.3.3.3 Haupt- und Nebenleistungspflichten des Saldierungsbereichs

Nach IDW RS HFA 4, Tz. 25f sind bei der Einbeziehung in den Saldierungsbereich von schwebenden Geschäften alle Haupt- und Nebenleistungen sowie sonstigen Vorteile zu berücksichtigen, die in einem wirtschaftlich ursächlichen Verhältnis mit den schwebenden Geschäften stehen. Dem Grundsatz der verlustfreien Bewertung folgend wären daher auch Provisionserträge zu berücksichtigen, soweit diese in einem ursächlichen Verhältnis mit den zinstragenden Geschäften des Bankbuchs stehen. Nach RechKredV ist zwischen Provisionserträgen und Gebühren mit Zinscharakter und Dienstleistungscharakter zu unterscheiden. Für Provisionserträge mit Zinscharakter ist nach § 28 S. 2 RechKredV eine erfolgswirksame Berücksichtigung pro rata temporis und ein Ausweis im Zinsergebnis gesetzlich vorgeschrieben. Eine Gebühr weist einen **Zinscharakter** auf, wenn sie als Entgelt für die Hingabe von Kapital auf Zeit anzusehen ist[187]. Ist die Entrichtung einer Gebühr nicht unabhängig von der Kreditgewährung durch das Institut, so liegt ein starkes Indiz für das Vorliegen von Zinscharakter vor. Wird die Gebühr hingegen unabhängig von der Kreditgewährung und für eine Dienstleistung gewährt, so ist ein Zinscharakter zu verneinen. Der Zinscharakter tritt insbesondere in den Fällen deutlich hervor, in denen der Kreditgeber bei vorzeitiger Beendigung des Kreditverhältnisses eine anteilige Rückerstattung der Gebühr zu leisten hat[188]. Die zeitliche Vereinnahmung dieser Gebühren richtet sich nach der Zuordnung der jeweiligen Finanzinstrumente zum Handelsbestand oder zum Bankbuch. Für Gebühren mit Zinscharakter, die Instrumenten des Handelsbestands zugrunde liegen, kann es als sachgerecht angesehen werden, diese als Korrektur der Ankauf- und Verkaufskurse zu berücksichtigen. Aufgrund der Zeitwertbilanzierung der Handelsbestände ist es daher auch sachgerecht diese Gebühren sofort im Nettoertrag oder -aufwand des Handelsbestands zu vereinnahmen. Gebühren mit Zinscharakter, die mit der Herauslegung von Finanzinstrumenten des Bankbuchs in Verbindung stehen, sind über die Laufzeit des Darlehensverhältnisses zu vereinnahmen.

Ein **Dienstleistungscharakter** ist im Umkehrschluss jenen Gebühren zuzuschreiben, die ein Entgelt für eine von der Kapitalüberlassung unabhängige Dienstleistung darstellen. Die zeitliche Vereinnahmung richtet sich dabei nach der Erbringung der geschuldeten Dienstleistung. Eine Ertragsrealisierung mit Rechnungsstellung ist nur dann nicht zu beanstanden, wenn die diesbezügliche Leistung erbracht wurde (siehe auch § 252 Abs. 1 Nr. 5 HGB); Vorausrechnungen ohne Erbringung der Leistung dürfen nicht als Ertrag berücksichtigt werden[189].

Soweit im klassischen Kreditgeschäft die Erzielung von Zinsmargen im Vordergrund steht (z. B. Baufinanzierung, Hypothekenkredite, Ratenkreditgeschäft) ist das alleinige Abstellen auf die Zinsmarge ein ausreichender Bewertungsmaßstab für die verlustfreie Bewertung des Bankbuchs. Diese Geschäftsmodelle sind nicht (bzw. nur bedingt) ver-

---

[187] Vgl. Krumnow/Sprißler (2004), § 28 RechKredV, Tz. 14.
[188] BGH, Urteil XI ZR 23/89 vom 29.05.1990 (WM 1990, S. 1150–1152); BGH, Urteil XI ZR 11/93 vom 12.10.1993 (WM 1993, S. 3258–3258).
[189] Vgl. Winkeljohann/Büssow, in: BBK, 7. Aufl., 2010, § 252 Tz. 48.

gleichbar mit den Kreditgeschäften, bei denen die Erzielung von Provisionseinnahmen entweder als Hauptzweck oder zumindest als Nebenzweck mitverfolgt wird. Insbesondere im komplexen Mittelstandskreditgeschäft, Syndizierungsgeschäft sowie in der Projekt- und Akquisitionsfinanzierung macht die Vereinnahmung von Provisionen in der Form von Strukturierungsfees, Syndizierungsfees oder Gebühren aus der M&A-Beratung usw. einen signifikanten Aspekt des Kreditgeschäfts aus. Eine Vernachlässigung dieser Nebenleistungen und sonstigen Vorteile, die in einem ursächlichen Verhältnis mit dem Kreditgeschäft stehen, würden den in IDW RS HFA 4, Tz. 25 ff. dargestellten Grundsätzen widersprechen.

Provisionserträge mit Zinscharakter sind als Rechnungsabgrenzungsposten zu passivieren und pro rata temporis über die Restlaufzeit des Darlehensverhältnisses zu amortisieren. Die Zinsspanne eines Kredits, dem Provisionserträge mit Zinscharakter ursächlich zuzuordnen sind, ist nach der hier vertretenen Auffassung somit um die zeitanteiligen Auflösungen des passiven Rechnungsabgrenzungspostens zu erhöhen. Im Rahmen der barwertigen Betrachtung sind diese Rechnungsabgrenzungsposten in die Gegenüberstellung von Buchwerten und Barwerten einzubeziehen[190]. Umstritten ist die Frage der Berücksichtigung von Provisionserträgen mit Dienstleistungscharakter in der verlustfreien Bewertung des Bankbuchs. Unabhängig von der Unterscheidung zwischen Zins- und Dienstleistungscharakter wurde in der Literatur vor BilMoG die Bedarfsspanne als der Anteil der Zinsspanne definiert, »der dazu benötigt wird, den nicht durch andere Erträge (z.B. Provisionserträge) gedeckten Teil des Verwaltungsaufwands zu decken«[191].

Demgegenüber sind nach den Vorschriften von IDW RS BFA 3 Gebühren und Provisionen, die in einem ursächlichen Zusammenhang mit den zinsbezogenen Finanzinstrumenten stehen, nur sehr restriktiv im Rahmen der verlustfreien Bewertung des Bankbuchs zu berücksichtigen. Nach IDW RS BFA 3, Tz. 12 sind nur direkt aus den Zinsprodukten des Bankbuchs resultierende Gebühren- und Provisionserträge (z.B. Kreditbearbeitungsgebühren, Kontoführungsgebühren sowie Bereitstellungsprovisionen) zu berücksichtigen. Die Einbeziehung von Bereitstellungsprovisionen ist auch deshalb sachgerecht, da Bereitstellungsprovisionen in Abhängigkeit von der Zinsstrukturkurve eine Finanzierungskomponente zum Ausgleich des dem Kreditgebers entstehenden wirtschaftlichen Nachteils enthalten. Dieser besteht bei fristenkongruenter Refinanzierung der Kreditzusage, weil das Institut die Finanzierungsmittel wegen der jederzeit möglichen Abrufbarkeit durch den Kreditnehmer nur kurzfristig anlegen kann. Somit werden durch die Bereitstellungsprovisionen die Kosten der Liquiditätshaltung gedeckt, die daraus entstehen, dass zugesagte Gelder durch den Kreditnehmer noch nicht in Anspruch genommen wurden[192]. Bereitstellungsprovisionen sind daher als Teil der Verzinsung des Saldierungsobjekts anzusehen. Zudem ist es nach der hier vertretenen Auffassung sachgerecht, Entgelte, die wirtschaftlich gesehen eine Kostenkompensation für im Rahmen des Vollkostenansatzes berücksichtigte Verwaltungskosten darstellen (wie z.B. Agency Fees) kostenmindernd zu berücksichtigen. Bei der Abgrenzung des Kompensationsbereichs ist – entgegen der Auffassung des IDW –

---

190 Eine Einbeziehung passiver Rechnungsabgrenzungsposten ebenfalls befürwortend Kopatschek/Siwik/Wolfgarten: Verlustfreie Bewertung im Zinsbuch, Deloitte Financial Services News Alert 3/2010, S. 3.
191 Vgl. Krumnow/Sprißler (2004), § 340e HGB, Tz. 286.
192 Vgl. Gaber/Betke, in: PiR 2011, S. 44; Berger, in: MüKom BGB, 7. Aufl., § 488 BGB, Tz. 219.

eine **weite Abgrenzung** sachgerecht, es sind alle rein wirtschaftlichen Vorteile (einschließlich Nebenleistungen) einzubeziehen[193].

2.3.3.4 Bewertungsvorschriften im Einzelnen

2.3.3.4.1 Barwertmethode und GuV-Methode

IDW RS BFA 3 sieht zwei Methoden zur Durchführung eines Rückstellungstests vor. Dabei kann das Institut zwischen einer Barwertmethode und einer GuV-Methode wählen. Beide Methoden werden als gleichwertig erachtet werden, soweit die Annahmen in den beiden Modellen jeweils konsistent getroffen werden[194]. Ein Nachweis, dass die jeweils gewählte Methode in die jeweils andere Methode überführbar ist, muss durch das bilanzierende Institut nicht erbracht werden[195].

Bei der **periodischen (GuV-bezogenen) Betrachtungsweise** ist der Saldo aller diskontierten zukünftigen Periodenergebnisse der offenen und geschlossenen Festzinspositionen des Bankbuchs zu bilden. Gewinne in der einen Periode und Verluste in anderen Perioden werden bei diesem Vorgehen durch Diskontierung vergleichbar gemacht. Zins- und Laufzeitinkongruenzen sollen nach Auffassung des IDW durch Forward-Geschäfte zu aktuellen Marktkonditionen am Bilanzstichtag fiktiv geschlossen werden. Sofern dem Eigenkapital eine Finanzierungswirkung von zinstragenden Vermögensgegenständen zufällt, kann alternativ eine kalkulatorische Eigenkapitalverzinsung aus der internen Steuerung zugrunde gelegt werden, um Zins- und Laufzeitinkongruenzen zu schließen. Die GuV-Methodik sei an dem folgenden Beispiel erläutert.

Zur Verdeutlichung der GuV-Methodik sei unterstellt, dass die Bankbilanz aus einem Aktivum mit einem Buchwert von 100,00 Mio. EUR einer Verbindlichkeit mit einem Buchwert von 80,00 Mio. EUR und Eigenkapital in Höhe von 20,00 Mio. EUR bestehe. Weiterhin sei vereinfachend eine flache Zinsstrukturkurve mit einem Zinssatz in Höhe von 2 % unterstellt. Aufgrund dieser Vereinfachung stimmen die Par Rates mit den Zero Rates sowie den Forward Sätzen überein.

		GuV-Methode								
		Aktivum (3%)		Passivum (2,5%)		Aktiv-überhang	Fiktive Schließung			Residual GuV Gesamt	Barwert
Zeit	Diskont-faktor	Buchwert	GuV	Buchwert	GuV		durch FK	FK-kosten	GuV [EUR]		
	[1]	[2]	[3]	[4]	[5]	[6]	[7]	[8]	[9]	[10]=[3]-[5]-[9]	[10]*[1]
1	0,98039216	100,00	3,00	80,00	2,00	20,00	20,00	2%	0,4	0,60	0,58823529
2	0,96116878	100,00	3,00	80,00	2,00	20,00	20,00	2%	0,4	0,60	0,57670127
3	0,94232233	100,00	3,00			100,00	100,00	2%	2	1,00	0,94232233
											2,1072589

Abb. 39: GuV-Methode nach IDW RS BFA 3[196]

---

193 Vgl. BFH, Urteil vom 07.06.1988 – VIII R 296/82, in: BStBl. II 1988, 886; BFH, Urteil vom 23.06.1997 – GrS 2/93, in: DStR 1997, S. 1442 (S. 1444), m.w.N.
194 Vgl. Jessen/Haaker/Briesemeister, in: KoR 2011, S. 360; Scharpf/Schaber, in: DB 2011, S. 2049 ff.
195 Vgl. Löw, in: KoR 2014, S. 324.
196 In Anlehnung an Jessen/Haaker/Briesemeister, in: KoR 2011, S. 363.

Im Rahmen der GuV-Methodik sind die Plan-Ergebnisbeiträge des zinstragenden Aktivums sowie der zinstragenden Verbindlichkeit zu bestimmen (Spalten [3] und [5]). In einem nächsten Schritt ist zu prüfen, ob für einzelne Laufzeitbänder Aktivüberhänge bestehen, die durch eine Finanzierungsfiktion (fiktive Schließungsgeschäfte) zu schließen sind (IDW RS BFA 3, Tz. 37). Nach IDW RS BFA 3, Tz. 38 sind die Konditionen der fiktiven Schließungsgeschäfte zunächst an den fristenadäquaten Geld- und Kapitalmarktsätzen auszurichten (im Beispiel die flache Zinsstrukturkurve in Höhe von 2 %). Die fiktiven Schließungsgeschäfte führen zu einem kalkulatorischen Ergebnisbeitrag (siehe Spalte [9]). Zur Ermittlung eines Forderungs- oder Verpflichtungsüberschusses des Bankbuchs (vor Risikokosten und Verwaltungskosten) sind die Summe der jeweiligen Ergebnisbeiträge zu einem (Residual)Gewinn zu verdichten (siehe Spalte [10]). Die Diskontierung der Residualgewinne mit den Zero Rates (hier zugleich auch Par Rates) führt im Beispiel zu einem Forderungsüberschuss von 2,10 Mio. EUR (vor Risiko- und Verwaltungskosten).

Bei der **barwertigen Betrachtungsweise** werden die Buchwerte aller zinstragenden Geschäfte des Bankbuchs mit deren Barwerten verglichen[197]. Dieser ergibt sich aus den zum Abschlussstichtag abgezinsten Zahlungsströmen von Vermögensgegenständen, Schulden und zinsbezogenen schwebenden Geschäften des Bankbuchs. Für die Diskontierung soll gem. Schließungsfiktion die aktuelle Marktzinskurve am Bilanzstichtag verwendet werden. Voraussichtlich noch anfallende Risikokosten und Verwaltungskosten können entweder als Zuschlag im Diskontsatz oder als ein Abschlag auf die Zahlungsströme berücksichtigt werden. Sofern im Rahmen der Gegenüberstellung zwischen Buchwert und Barwert des Bankbuchs ein negativer Saldo resultiert, soll dieser als drohender Verlust zurückgestellt werden.

Zur Verdeutlichung der Barwert-Methodik sei das obige Beispiel fortgeführt. Es wird erneut unterstellt, dass die Bankbilanz aus einem Aktivum mit einem Buchwert von 100,00 Mio. EUR einer Verbindlichkeit mit einem Buchwert von 80,00 Mio. EUR und Eigenkapital in Höhe von 20,00 Mio. EUR bestehe. Weiterhin sei wiederum eine flache Zinsstrukturkurve mit einem Zinssatz in Höhe von 2 % unterstellt (Par Rates = Zero Rates = Forward Rates).

		Barwert-Methode					
		Aktiva		Passiva			Gesamt
Zeit	Diskontfaktor	Aktiva	Barwert	Passiva	Barwert		
	[1]	[2]	[3] = [1] * [2]	[4]	[5] = [4] * [1]		
0							
1	0,98039216	3,00	2,941176471	2,00	1,96078431		
2	0,96116878	3,00	2,883506344	82,00	78,8158401		
3	0,94232233	103,00	97,05920046				
Barwert			102,8839		80,7766		
Buchwert			100,0000		80,0000		
Delta			2,8839		-0,7766		2,10726

Abb. 40: Barwert-Methode nach IDW RS BFA 3[198]

---
197 Nach IDW RS BFA 3, Tz. 38 sind die Buchwertminderungen aufgrund von § 340f-Reserven nicht in dem Vergleich zu berücksichtigen.
198 In Anlehnung an Jessen/Haaker/Briesemeister, in: KoR 2011, S. 363.

Für die Barwert-Methode sind die künftigen vertraglichen Cash Flows des zinstragenden Aktivums und der zinstragenden Verbindlichkeit zu bestimmen. Die künftigen Zins- und Tilgungszahlungen sind mit der Zinsstrukturkurve (Zero Rates) am Bilanzstichtag zu diskontieren. Der so bestimmte Barwert von Aktivum und Passivum ist anschließend mit den handelsrechtlichen Buchwerten der jeweiligen Geschäfte zu vergleichen. Die Summe der zinsstillen Reserven und Lasten der Geschäfte ergibt einen Forderungsüberschuss von 2,10 Mio. EUR, der mit dem Forderungsüberschuss unter Verwendung der GuV-Methode übereinstimmt.

Die Übereinstimmung der beiden Methoden erscheint für jene Fälle sofort ersichtlich, in denen zahlungsgleiche Zinserträge und -aufwendungen vorliegen. In diesen Fällen stimmt die Summe aller diskontierten Zahlungsströme (Barwertbetrachtung) mit dem Barwert aller aufsummierten zahlungsgleichen Erträge und Aufwendungen (periodische Betrachtungsweise) überein. Eine periodenbezogene und eine barwertige Betrachtungsweise führen nur unter den Bedingungen des Preinreich-Lücke-Theorems zu denselben Ergebnissen[199]. Neben einer »sauberen« Periodenerfolgsrechnung, in der keine Verstöße gegen das Kongruenzprinzip (clean surplus principle) erfolgen[200], erfordert die Barwertidentität von Zahlungsströmen und Periodenerfolgen eine Verzinsung von »Accrual Assets« bzw. »Accural Liabilities«, die aus dem Auseinanderfallen von Zahlungen und Erfolgen entstehen, zum Kalkulationszins[201]. Um eine Identität herzustellen, wäre eine solche Kalkulation auf Einzelgeschäftsebene erforderlich, welche in der Praxis ohne vertretbaren Aufwand kaum möglich sein dürfte. Aus diesem Grunde ist eine Gleichwertigkeit der beiden Methoden in der Praxis nur annähernd gegeben.

Nach IDW RS BFA 3, Tz. 36 sind die Zahlungsströme aus den vertraglichen Vereinbarungen abzuleiten. Zur Abbildung unbestimmter Fälligkeiten oder Kunden- bzw. Kontrahentenkündigungsrechten sind geeignete Annahmen in Übereinstimmung mit dem internen (Zins-)Risikomanagement zu treffen (z. B. Bodensatz-, Ablauffiktion bzw. Zuordnung zu Laufzeitbändern).

2.3.3.4.2 Diskontierung von Cash Flows bzw. Periodenerfolgen

Nach IDW RS BFA 3, Tz. 36 sind bei beiden Methoden (Barwert- bzw. GuV-Methode) die Zahlungsströme grundsätzlich auf Basis der vertraglichen Vereinbarungen zu berücksichtigen. Diese Vorgabe ist jedoch in Bezug auf die GuV-Methode unzutreffend. Bei der GuV-Methode sind nicht vertragliche Cash Flows, sondern aus den vertraglichen Konditionen abgeleitete Periodenerfolge zu diskontieren. Die Formulierung in IDW RS BFA 3, Tz. 36 ist insoweit sachlich unzutreffend.

Weisen die zinsbezogenen Finanzinstrumente des Bankbuchs unbestimmte Fälligkeiten oder Kunden- bzw. Kontrahentenkündigungsrechte auf, so sind geeignete Annahmen

---

199 Vgl. Preinreich, in: Accounting Review 1937, S. 209–226; Lücke, in: ZfbF 1955, S. 310–324. Peasnell, in: Journal of Business Finance and Accounting, 1982, S. 361–381.
200 Nach dem Clean Surplus-Prinzip sind alle Reinvermögensänderungen einer Periode in Gewinn- und Verlustrechnung zu erfassen. Diese Bedingung ist hinreichend (aber nicht notwendig) für die Einhaltung des Summentheorems, nach dem der Totalgewinn der Summe aller Zahlungsüberschüsse entsprechen muss. Für eine detaillierte Darstellung dieser Prinzipien vgl. Gaber, in: BFuP 2005, S. 279–295.
201 Zur mathematischen Ableitung vgl. Gaber (2005), S. 47–54.

hinsichtlich der Zahlungsströme (bzw. Periodenerfolge) zu treffen und zu dokumentieren. Dies betrifft bspw. die Modellierung von Cash Flows bzw. Periodenerfolgen aus Spar- und Sichteinlagen; zur Prognose von Cash Flows bzw. Periodenerfolgen sind geeignete Annahmen nach IDW RS BFA 3, Tz. 36 in Übereinstimmung mit der internen Risikosteuerung zu treffen (z. B. Bodensatz-, Ablauffiktion bzw. Zuordnung zu Laufzeitbändern). Die Bestimmung der Restlaufzeit von Finanzinstrumenten mit unbestimmter Fälligkeit auf Basis der Modellierung in der internen Steuerung gewährleistet, dass für die Berechnung der künftigen Zinserträge und -aufwendungen dieselben Zeiträume wie für die Bestimmung der künftig anfallenden Kosten (Liquiditätskosten, Verwaltungskosten, Risikokosten) unterstellt werden.

Im Schrifttum wird zum Teil gefordert, für die Ermittlung von Cash Flows bzw. Periodenerfolgen geeignete Annahmen über die zukünftige Höhe der zu **hinterlegten Sicherheiten** für Zinsderivate zu treffen (z. B. Ablauf von zinsstillen Lasten und Reserven auf Basis der Forward-Kurve)[202]. Sofern dies zu fordern ist, müsste die Zugrundelegung dieser Annahmen auch bei der Ermittlung von Aktivüberhängen und Schließungskosten gefordert werden. Die Collateral-Verträge nach ISDA (CSA-Annex) sehen keine juristische Fälligkeit von gestellten oder erhaltenen Sicherheiten vor. Die Höhe des Collaterals wird in regelmäßigen Abständen (z. B. wöchentlich oder täglich) bis zur Fälligkeit der Swap-Geschäfte neu bestimmt. Aufgrund der kurzfristigen Neufestsetzung von Collateral-Beträgen geht man in der Praxis häufig dazu über, im Rahmen der Bestimmung der beizulegenden Zeitwerte die zugrunde liegenden Swapgeschäfte mit einer EONIA-Zinskurve zu bewerten (sog. OIS-Discounting). Nach der hier vertretenen Auffassung ist der von Glischke/Hallpap/Wolfgarten vertretenen Ansicht, dass Cash Collaterals eine Fälligkeit zuzuschreiben ist, die über den vertraglich vereinbarten Zeitraum der Neufestsetzung hinausgeht (i. d. R. täglich fällig), nicht zuzustimmen. Dies sei an dem folgenden Beispiel verdeutlicht:

Aus Gründen der Vereinfachung sei angenommen, dass die Bankbilanz nur aus nicht zinstragendem Vermögen (wie z. B. Grundstücke und Gebäude) sowie Eigenkapital bestehe. Zusätzlich habe die Bank ein Zinsswap-Portfolio, welches am Bilanzstichtag einen negativen Marktwert aufweist und für das **keine** Sicherheiten zu hinterlegen sind. In diesem Falle würde unzweifelhaft eine Drohverlustrückstellung nach den Grundsätzen der verlustfreien Bewertung des Zinsbuchs in Höhe des negativen Marktwerts des Swapportfolios zu bilden sein. Die Anwendung der IDW RS BFA 3-Grundsätze führt für den Fall, dass die Bank das Swapportfolio am Bilanzstichtag auflöst und daraus einen Aufwand realisiert, zu demselben Ergebnis. Hat die Bank nun ein Swapportfolio abgeschlossen, für welches täglich fällige Barsicherheiten zu hinterlegen sind, so würde die Annahme einer Fälligkeit der Collaterals von mehr als einem Tag zu inkonsistenten Ergebnissen führen. Die Bank hätte zusätzlich zu dem negativen Marktwert des Swapportfolios auch noch Rückstellungen für (vermeintliche) stille Lasten aus Cash Collaterals zu bilden, sofern die Cash Collaterals mit einer Diskontkurve abgezinst werden, die eine über einen Tag hinausgehende Fristigkeit berücksichtigt (z. B. Diskontierung der Cash Collaterals mit 3M-EURIBOR während Cash Collaterals i. d. R. mit EONIA verzinst werden). Dieses Ergebnis wäre jedoch inkonsistent mit der Barwertbewertung des Swapportfolio, wodurch unterstellt wird, dass

---
202 Vgl. Glischke/Hallpap/Wolfgarten (2012), S. 3.

das Swapportfolio zum Bilanzstichtag (fiktiv) geschlossen wird (Liquidationssicht). In dieser Schließungssicht kann Cash Collaterals allerdings keine fiktive längere Laufzeit zugeschrieben werden, da diese bei einer Schließung am nächsten Tag bereits nicht mehr bestehen würden. Andernfalls würde eine Bank besser gestellt werden, die anstelle von Barsicherheiten Wertpapiere als Sicherheiten stellt und die als zinstragende Vermögensgegenstände hinsichtlich ihrer Kupons und Laufzeiten kongruent in der verlustfreien Bewertung berücksichtigt werden. Eine barwertige Ermittlung der stillen Lasten aus Zinsswaps erlaubt daher nach der hier vertretenen Ansicht keine Ableitung von fiktiven Fälligkeiten von Barsicherheiten für Zinsderivate.

2.3.3.4.3 Diskontierung zu Marktzinssätzen

Schwebende Verträge im Sinne des § 249 Abs. 1 S. 1 HGB sind Verträge, die auf einen gegenseitigen Leistungsaustausch gerichtet sind und die aus Sicht jedes Vertragspartners jeweils einen Anspruch und eine Verpflichtung begründen (IDW RS HFA 4, Tz. 2). Der Schwebezustand beginnt mit dem wirksamen Abschluss des Vertrags und dauert bis zur Erfüllung der Leistungsverpflichtung an[203]. Bei Dauerschuldverhältnissen wird die Leistungsverpflichtung kontinuierlich mit der Leistungserbringung abgebaut (IDW RS HFA 4, Tz. 14). Für schwebende Geschäfte ist eine Rückstellung für drohende Verluste im Sinne des § 249 Abs. 1 HGB zu bilden, wenn der Wert der Leistungsverpflichtung den Wert seines Gegenleistungsanspruchs übersteigt (Verpflichtungsüberschuss). Eine Rückstellungsbildung erfordert zudem, dass konkrete Anhaltspunkte vorliegen müssen, die bei normaler Abwicklung des Geschäfts und vernünftiger kaufmännischer Beurteilung einen Verlust erwarten lassen (IDW RS HFA 4, Tz. 15).

Drohverlustrückstellungen sind nach § 253 Abs. 1 S. 2 und Abs. 2 HGB mit dem nach vernünftiger kaufmännischer Beurteilung notwendigen (d. h. abgezinsten) Erfüllungsbetrag zu bewerten. Bei der Bestimmung der Aufwendungen und Erträge zur Berechnung der Drohverlustrückstellung sind »neben den vertraglichen **Hauptleistungsverpflichtungen** auch **Nebenleistungen** sowie darüber hinausgehende, durch das schwebende Geschäft verursachte konkrete **wirtschaftliche Vorteile** zu berücksichtigen. Ein ausschließliches Abstellen auf Hauptleistungsverpflichtungen führt dagegen zu einer bei wirtschaftlicher Betrachtungsweise ungerechtfertigten Einengung oder Ausweitung der Drohverlustrückstellung und ist daher nicht zulässig. Durch das schwebende Geschäft verursachte wirtschaftliche Vorteile sind konkretisiert, wenn sie dem Grunde und der Höhe nach bestimmbar sind. In den Saldierungsbereich des schwebenden Geschäfts sind daher nur solche wirtschaftlichen Vorteile einzubeziehen, die in ursächlichem wirtschaftlichen Zusammenhang mit dem schwebenden Geschäft zugrunde liegenden Vertrag stehen ...«[204]. Die voraussichtlich noch anfallenden Aufwendungen sind zu Vollkosten unter Berücksichtigung vorhersehbarer zukünftiger Kosten- und Preisänderungen zu bewerten (IDW RS HFA 4, Tz. 39)[205]. Nach § 253 Abs. 2 S. 1 HGB sind Rückstellungen mit einer Restlaufzeit von über

---

203 Vgl. Babel, in: BB 1997, S. 2264; sowie IDW RS HFA 4, Tz. 7.
204 IDW RS HFA 4, Tz. 25 und 26. Hervorhebungen durch den Verfasser.
205 Das Petitum der Deutschen Bundesbank zur Schaffung von Bilanzierungsregeln für eine verlustfreie Bewertung des Zinsbuchs war lediglich auf die Berücksichtigung von Zinsänderungsrisiken gerichtet. Vgl. Hillen, in: WPg 2012, S. 597.

einem Jahr mit dem der Restlaufzeit entsprechenden **durchschnittlichen Marktzinssatz** der vergangenen sieben Geschäftsjahre abzuzinsen. Für die Bemessung drohender Verluste aus schwebenden börsennotierten Derivaten entspricht es dem Sinn und Zweck der handelsrechtlichen Bewertungsvorgaben, die Drohverlustrückstellung in Höhe des negativen beizulegenden Zeitwerts anzusetzen (IDW RS HFA 4, Tz. 44). Eine Bewertung zu aktuellen Marktzinssätzen am Bilanzstichtag erscheint daher sowohl für nicht-börsennotierte Derivate als auch hinsichtlich der Gesamtzinsposition im Bankbuch sachgerecht; IDW RS BFA 3 setzt insoweit eine Diskontierung auf Basis der typisierten Diskontsätze gem. Rück-AbzinsV außer Kraft. Diskontierungen sind stets mit fristenadäquaten Geld- und Kapitalmarktzinssätzen am Abschlussstichtag vorzunehmen (IDW RS BFA 3, Tz. 48).

Fraglich ist, ob bei der Barwertmethode die Diskontierung mit **tenorspezifischen Marktzinssätzen** je Finanzinstrument oder mit einer einheitlichen Diskontkurve über alle Finanzinstrumente zu erfolgen hat. Mit Blick auf die Gleichwertigkeit und Überleitbarkeit von einer barwertigen Betrachtungsweise zu einer GuV-orientierten Ermittlungsmethodik wird im Schrifttum die Auffassung vertreten, dass zwar die Zahlungsströme tenorspezifisch abzuleiten seien, die Diskontierung allerdings mit einer einheitlichen »aus aktuellen Markttransaktionen abgeleiteten Zinsstrukturkurve« zu erfolgen habe[206]. Diese Sichtweise ist aus den folgenden Gründen als kritisch anzusehen: Aus Gründen der Komplexitätsreduktion sei eine Bank unterstellt, die lediglich **einen** unbesicherten 6M-EURIBOR-Zinsswap im Bankbuch abgeschlossen hat, während alle übrigen Finanzinstrumente des Bankbuchs auf den 3M-EURIBOR referenzieren und damit im Vergleich zum 3M-EURIBOR keine zinsinduzierten stillen Reserven oder Lasten aufweisen. Es sei angenommen, dass der 6M-Zinsswap einen negativen beizulegenden Zeitwert aufweist. Der beizulegende Zeitwert ergibt sich aus der Diskontierung von Cash Flows mit der tenorspezifischen Diskontkurve (6M-EURIBOR) abzüglich eines CVA. Im Falle einer imparitätischen Einzelbewertung des Zinsswaps wäre eine Drohverlustrückstellung in Höhe des beizulegenden Zeitwerts zu bilden. Ein höherer Rückstellungsbedarf würde sich hingegen (bei einer normalen Zinsstrukturkurve) ergeben, wenn das gesamte Bankbuch (einschließlich des 6M-Swaps) einheitlich mit der für das Gesamtzinsbuch maßgeblichen 3M-Kurve diskontiert würde. In diesem Fall würde der Buchwert/Barwert-Vergleich für den 6M-Swap einen Rückstellungsbedarf indizieren, der den beizulegenden Zeitwert des Swaps übersteigt[207]. Dies widerspricht hingegen den allgemeinen Grundsätzen in IDW RS HFA 4, Tz. 44, wonach im Falle drohender Verluste aus Derivaten der zu antizipierende Verlust dem negativen beizulegenden Zeitwert (ggf. abzüglich passivierter Optionsprämien) entsprechen soll. Eine Abweichung von diesem Grundsatz würde dem bilanzierenden Institut weitreichende Gestaltungsmöglichkeiten im Vorgriff auf die verlustfreie Bewertung des Zinsbuchs eröffnen (so könnte man durch einen Close Out des Zinsswaps kurz vor dem Bilanzstichtag ein Verlust realisieren, der eine ansonsten höhere Rückstellungsbildung nach IDW RS BFA 3 verhindert). Die Gleichwertigkeit von Barwertmethode und GuV-Methode kann theoretisch durch eine tenorspezifische Ableitung der Diskontkurve im GuV-Modell gewahrt werden.

---

206 Vgl. Rebmann/Weigel, in: KoR 2014, S. 213.
207 Es wird vereinfachend angenommen, dass der CVA den life-time-expected loss und damit den in der verlustfreien Bewertung zu berücksichtigenden Risikokosten entspricht.

2.3.3.4.4 Fiktive Schließung und Finanzierungswirkung von Eigenkapital

2.3.3.4.4.1 Diskussionsstand

Während sich bei kongruenter Refinanzierung und auskömmlicher Zinsspanne die bilanzielle Berücksichtigung eines Aufwandsüberschusses offensichtlich nicht stellt, erscheint die Vorgehensweise bei Vorliegen von offenen Festzinspositionen umso schwieriger. Die bilanztheoretischen Lösungsvorschläge sind im Schrifttum seither umstritten. Bereits Scholz diskutiert die bilanzielle Ermittlung eines Rückstellungsbedarfs bei Vorliegen von offenen Festzinspositionen. Nach seiner Auffassung sind diese fiktiv zu schließen, da am Bilanzstichtag nicht bekannt ist, zu welchen Zinssätzen die offene Position in den Folgejahren geschlossen werden kann (**Schließungsfiktion**)[208]. Soweit die Aktivverzinsung in einigen Laufzeitbändern der Zinsbindungsbilanz unterhalb der Verzinsung der Passivseite liegt, so ist für diese Perioden eine Rückstellung zu bilden. Scholz weist darauf hin, dass eine zusammengefasste barwertige Betrachtung aller Aufwendungen und Erträge bei der Rückstellungsbildung vorzunehmen ist. Zudem wird der mit zeitlichem Abstand zunehmenden Ungewissheit durch eine Diskontierung künftiger Verluste durch eine niedrigere Gewichtung Rechnung getragen[209]. Im Gegensatz zu Scholz wurde eine Abzinsung von Naumann vor BilMoG abgelehnt, da eine Abzinsung eine »verdeckte Saldierung« künftiger Aufwandsüberschüsse mit nur erwarteten Wiederanlageerträgen darstellt. Seit Einführung des BilMoG ist die Abzinsung als Grundsatz ordnungsmäßiger Buchführung anzusehen und wurde teilweise bereits vor BilMoG in diesem Zusammenhang als sachgerecht angesehen[210].

Von einigen Autoren wird die **Schließungsfiktion abgelehnt,** da mit einer fiktiven Schließung zahlreiche Annahmen verbunden sind, die die Notwendigkeit einer Rückstellungsbildung zweifelhaft erscheinen lassen[211]. So hat das Institut bei Vorliegen einer offenen Zinsposition die Anschluss- bzw. Deckungsgeschäfte am Bilanzstichtag nicht fest kontrahiert, so dass dem Institut aus diesen Geschäften auch kein Verlust drohen kann. Fiktionen sind nach Krumnow/Sprißler nicht Teil der schwebenden Geschäfte und somit auch nicht in den Saldierungsbereich der verlustfreien Bewertung einzubeziehen. Ferner sind Annahmen über die Zinselastizitäten von Spar- und Sichteinlagen notwendig[212].

Die Bildung einer Drohverlustrückstellung nach § 249 Abs. 1 HGB setzt unter anderem eine wahrscheinliche Inanspruchnahme voraus. Ausgehend von den Grundsätzen zur Bildung von Drohverlustrückstellungen konstatiert Scholz, dass »nicht jeder denkbare, d.h. nicht notwendigerweise der unter einer Annahme der fristenadäquaten Schließung der Position sich errechnende Verlust zurückzustellen ist, sondern ein vernünftigerweise zu erwartender Verlust[213].« Gleichzeitig wird in diesem Zusammenhang aber festgestellt, dass ein Urteil über die Wahrscheinlichkeit der Inanspruchnahme eine subjektive Erwartungsgröße in die Berechnung der verlustfreien Bewertung einführen würde, die zu einer Ent-

---

208 Ebenso die Schließungsfiktion befürwortend Naumann (1995), S. 147f.
209 Vgl. Naumann (1995), S. 150–152.
210 Vgl. Krumnow/Sprißler (2004), § 340e HGB, Tz. 287; Bieg/Rübel, in: Kredit und Kapital 1988, S. 445.
211 Vgl. insb. Krumnow/Sprißler (2004), § 340e HGB, Tz. 282.
212 Vgl. Krumnow/Sprißler (2004), § 340e HGB, Tz. 283.
213 Scholz, in: Kredit und Kapital 1979, S. 541.

objektivierung der Bilanzierung führt. Demgegenüber führen Krumnow/Sprißler an, dass eine hinreichende Wahrscheinlichkeit eines Verlustes aus einer offenen Zinsposition aufgrund der vielen Annahmen nur schwer begründbar sei[214]. Jedoch muss zugestanden, dass neben der fiktiven Schließung keine andere objektivierbare Alternative besteht, die einen Verpflichtungsüberschuss am Bilanzstichtag hinreichend konkretisieren kann[215].

Die Berücksichtigung von Eigenkapital im Rahmen der verlustfreien Bewertung des Zinsbuchs wird im Schrifttum umstritten diskutiert. Hierbei sind zwei Diskussionsbereiche voneinander abzugrenzen. Weitgehende Einigkeit besteht darüber, dass das Eigenkapital nicht Teil des Zinsbuchs ist und damit außerhalb des Bewertungsobjekts steht. Das Eigenkapital ist daher im Rahmen der Barwertmethode nicht in den Buchwert/Barwert-Vergleich der zinstragenden Instrumente des Bankbuchs einzubeziehen. Strittig ist hingegen, inwieweit es sachgerecht ist, die **Finanzierungswirkung des Eigenkapitals** im Rahmen der verlustfreien Bewertung zinsbezogener Geschäfte des Bankbuchs zu berücksichtigen. In Teilen des Schrifttums wird die Berücksichtigung einer Finanzierungswirkung von Eigenkapital mit den folgenden Argumenten abgelehnt[216], dass Eigenkapital
1. kein schwebendes Geschäft darstellt und damit nicht in die verlustfreie Bewertung einzubeziehen ist;
2. keinem Zinsrisiko unterliegt;
3. ein Verlustdeckungspotenzial darstellt und damit nicht als Refinanzierung dienen kann;
4. keine vertraglichen Cash Flows bzw. keinen Verzinsungsanspruch aufweist und daher nur residual ermittelbar bzw. ein Verzinsungsanspruch nur kalkulatorisch ableitbar ist.

Die ersten beiden Argumente belegen die einheitliche Auffassung, dass Eigenkapital selbst nicht als zinstragendes Finanzinstrument anzusehen ist. Argumente, die gegen eine Berücksichtigung der **Finanzierungswirkung** von Eigenkapital sprechen, lassen sich hieraus nicht ableiten. Eine Nicht-Berücksichtigung der Finanzierungswirkung des Eigenkapitals wird mit dem Beispiel eines vollständig eigenfinanzierten Instituts begründet, welches ausschließlich in fest verzinslichen Wertpapieren investiert ist. Scharpf/Schaber stellen richtigerweise fest, dass in diesem Beispiel kein Bedarf für eine Drohverlustrückstellung entstehen kann[217]; sie folgern jedoch, dass die Finanzierungswirkung des Eigenkapitals aus diesem Grunde nicht zu berücksichtigen sei.

Nach der hier vertretenen Auffassung zeigt das Beispiel eines vollständig **eigenfinanzierten Instituts**, dass in einem Absinken des beizulegenden Zeitwerts der fest verzinslichen Wertpapiere im Falle eines Anstiegs der Marktzinssätze lediglich zinsbedingte Opportunitätsverluste zum Ausdruck kommen, da bei Erwerb von Wertpapieren zum aktuellen Markzinsniveau höhere Zinserträge erwirtschaftet werden könnten. Bei einer Zuordnung des Wertpapiers zum Anlagevermögen würden diese zinsbedingten Opportunitätsverluste auch handelsrechtlich nicht ergebniswirksam berücksichtigt werden müssen. Da für ent-

---
214 Vgl. Krumnow/Sprißler (2004), § 340e HGB, Tz. 279, mit Verweis auf Naumann (1995), S. 141 ff.
215 Ebenso Düpmann (2007), S. 199.
216 Vgl. Düpmann (2007), S. 199–202; Scharpf/Schaber, in: DB 2011, S. 2048 f.
217 Ebenso bereits Groh, in: StuW 1991, S. 301, der die Notwendigkeit einer Verlustrückstellung in diesem Zusammenhang als notwendig ansieht, insoweit die Verwaltungskosten die Zinserträge übersteigen.

gangene Gewinne keine Rückstellungen für drohende Verluste aus schwebenden Geschäften zu berücksichtigen sind[218], liegt in dem gewählten Beispiel in der Tat kein Anwendungsfall für eine Drohverlustrückstellung vor. Allerdings ist daraus nicht zu folgern, dass dem Eigenkapital keine Finanzierungswirkung zukommt, die im Rahmen der verlustfreien Bewertung zu berücksichtigen wäre. Vielmehr ist eine Drohverlustrückstellung nur zu bilden, insoweit diese nicht zu einer aufwandswirksamen Berücksichtigung von entgangenen Gewinnen führt. Diesbezüglich stellen zinsinduzierte Wertverluste keinen Zinsaufwand, sondern entgangene Eigenkapitalverzinsung dar. Die Finanzierungswirkung wird daher im Schrifttum vor Inkrafttreten des BilMoG in der Rückstellungsbildung von Zinsänderungsrisiken des Bankbuchs berücksichtigt, soweit damit eine aufwandswirksame Berücksichtigung entgangener Gewinne ausgeschlossen wird[219].

Strittig ist in diesem Zusammenhang ferner, was unter den »für die interne Steuerung verwendeten Zinssätzen« zu verstehen ist und ob auch eine **Nullverzinsung des Eigenkapitals** sachgerecht sein kann. Im Schrifttum wird die Auffassung vertreten, dass bei der Berücksichtigung der Finanzierungswirkung von Eigenkapital im Rahmen der fiktiven Schließung interne Renditekennziffern (wie z. B. RAROC usw.) zu verwenden sind, auf deren Basis das Institut auch die ökonomische Kapitalallokation vornimmt[220]. Der Bezug auf die interne Steuerung dient der Objektivierung. Eine Nullverzinsung des Eigenkapitals kann im »Einzelfall (z. B. bei öffentlichen Förderinstituten) zu akzeptieren sein, soweit bspw. Anteileigner dauerhaft auf Ausschüttungen verzichten. Etwas anderes gilt jedoch dann, wenn ein Verzicht auf Ausschüttungen durch nachhaltige Verluste bedingt ist oder im Rahmen der internen Kapitalallokation Zinssätze > 0 % vorgegeben werden«[221]. Damit ist nach Auffassung des Berufsstands eine Nullverzinsung zulässig, sofern Institute keine Ausschüttungen vornehmen (müssen) und auch in der internen Steuerung keine Verzinsung des Eigenkapitals berücksichtigt wird[222] bzw. wenn »tatsächliche Ausschüttungen in der Zukunft nach vernünftiger kaufmännischer Beurteilung nicht realistisch sind«[223]. Nach Meinung des Berufsstands ist eine Nullverzinsung des Eigenkapitals damit nur in seltenen Ausnahmefällen zulässig. In der Mehrzahl der Fälle sei eine Verzinsung von größer 0 % zugrunde zu legen.

Als **Kompromiss** der Sichtweisen bzgl. der Berücksichtigung der Finanzierungswirkung von Eigenkapital im Rahmen der fiktiven Schließung von Aktivüberhängen sieht BFA 3, Tz. 26 vor, dass die fiktive Schließung durch Fremdkapital oder durch Eigenkapital erfolgen kann (**Wahlrecht**). Bei der Ermittlung des Verpflichtungsüberschusses sind Betrags- oder Laufzeitinkongruenzen grundsätzlich unter Verwendung von fristenadäquaten Geld- und Kapitalmarktzinssätzen fiktiv zu schließen (fiktive Schließung durch Fremdkapital). Eine aktivische (passivische) Betragsinkongruenz liegt in diesem Zusammenhang vor,

---

218 Vgl. bspw. Moxter, Bilanzrechtsprechung, 2. Aufl., 1985, S. 210–213; Moxter, in: FS Klein, Steuerrecht, Verfassungsrecht, Finanzpolitik, S. 831 f.
219 Vgl. bspw. Gaber, in: KoR 2012, S. 201 f.
220 Vgl. Löw, in: RdF 2013, S. 327.
221 IDW: Berichterstattung über die 229. Sitzung des Hauptfachausschusses am 05.09. und 06.09.2012, S. 7; Löw, in: RdF 2013, S. 328.
222 Vgl. Rebmann/Weigel, in: KoR 2014, S. 219.
223 Göttgens, in: WPg 2013, S. 26 ebenso Glischke/Hallpap/Wolfgarten (2012), S. 7. Explizit auf eine Nullverzinsung hinweisend z. B. Coreal Bank, Geschäftsbericht 2012, S. 58.

wenn der Buchwert der zinstragenden Aktivposten (Passivposten) den Buchwert der zinstragenden Passivposten (Aktivposten) übersteigt.»Bei der fiktiven Schließung von Aktivüberhängen kann alternativ auch die Finanzierungswirkung von Eigenkapital unter Zugrundelegung der für die interne Steuerung verwendeten Zinssätze Berücksichtigung finden, soweit diese nachvollziehbar dokumentiert werden können (z. B. auf der Basis von Ausschüttungen)«[224]. Für Institute besteht mithin ein Wahlrecht, Aktivüberhänge entweder fiktiv mit Fremdkapital oder mit Eigenkapital zu schließen. Wird für die fiktive Schließung von Aktivüberhängen auf die Finanzierungswirkung von Aktivüberhängen zurückgegriffen, so ist ein Zinssatz zugrunde zu legen, der für die interne Steuerung verwendet wird und nachvollziehbar dokumentiert, d. h. objektiviert ist. Die Nutzung der Finanzierungswirkung des Eigenkapitals ist dabei auf die Schließung von Aktivüberhängen in einzelnen Laufzeitbändern beschränkt.

2.3.3.4.4.2 Eigene Auffassung zur Ableitung fiktiver Schließungskosten

Die Einbeziehung von fiktiven Schließungskosten stellt per se keinen Verstoß gegen die handelsrechtlichen GoB dar. Fiktive Schließungskosten stellen voraussichtlich noch anfallende Aufwendungen dar, die im Allgemeinen bei der verlustfreien Bewertung schwebender Absatzgeschäfte zu berücksichtigen und zu Vollkosten zu bewerten sind[225]. Dies gilt auch für die verlustfreie Bewertung schwebender Dauerschuldverhältnisse[226]. Fiktive Schließungskosten dürfen als voraussichtlich noch anfallende Aufwendungen jedoch in die Bewertung einer Drohverlustrückstellung nur insoweit einbezogen werden, als die daraus entstehenden Verluste i) objektiv zu erwarten sind, ii) zu zukünftigen Aufwendungen führen und iii) in einem ursächlich wirtschaftlichen Zusammenhang mit dem Bankbuch (bilanzrechtliches Synallagma) stehen.

i) Objektiv zu erwarten. Die Berücksichtigung noch voraussichtlich anfallender Aufwendungen setzt voraus, dass diese am Bilanzstichtag objektiv zu erwarten sind. Die bloße Möglichkeit eines Verlusts reicht nicht aus[227]. Anders als Krumnow/Sprißler mangelt es dem bloßen Bestehen einer offenen Festzinsposition nicht an einer hinreichenden Verlustwahrscheinlichkeit. Bei der Frage, ob ein Verlust »objektiv« zu erwarten ist, ist auf die Marktverhältnisse am Bilanzstichtag abzustellen und bei der Schätzung der noch anfallenden Aufwendungen aus dem Bankbuch eine fiktive Schließung der offenen Zinsposition vorzunehmen. Fraglich ist dabei, ob konkrete Anzeichen am Bilanzstichtag für einen drohenden Verlust vorliegen. Dabei kann m. E. nicht auf eine (subjektiv abgeleitete) hinreichende Wahrscheinlichkeit eines Verlustes aus einer offenen Zinsposition abgestellt werden[228]. Vielmehr sind die konkreten Hinweise durch die Marktverhältnisse am Bilanz-

---

224 BFA 3, Tz. 26.
225 Vgl. ADS, § 253 HGB, Tz. 252 ff.; Böcking/Gros, in: Ebenroth u. a., 3. Aufl., § 253 HGB, Tz. 34; IDW RS HFA 4, Tz. 33 ff.
226 Vgl. BFH, Urteil vom 23.06.1997 – GrS 2/93, in: DStR 1997, S. 1442; BFH, Urteil vom 19.17.1983 – VIII R 160/79, in: BStBl. II 1984, S. 56; ADS, § 249 HGB, Tz. 148 f.
227 BFH, Urteil vom 16.11.1982, VIII R 95/81, in: BStBl. II 1983, S. 361; BFH, Urteil vom 23.06.1997 – GrS 2/93, in: DStR 1997, S. 1442 (S. 1444).
228 Vgl. Krumnow/Sprißler (2004), § 340e HGB, Tz. 279; mit Verweis auf Naumann (1995), S. 141 ff.

stichtag zu objektivieren. Dies gelingt nur durch eine fiktive Schließung durch Forward-Geschäfte zu Zinssätzen am Bilanzstichtag.

ii) Tatsächlich anfallende Kosten. Im Rahmen der verlustfreien Bewertung sind nur die Kosten anzusetzen, die auch tatsächlich anfallen; kalkulatorische Kosten sind nicht zu berücksichtigen[229]. Fiktive Schließungskosten sind mithin bei der Bildung einer Drohverlustrückstellung zu berücksichtigen, soweit es nicht an einer künftigen Ausgabenwirkung mangelt und mithin insoweit kalkulatorische Kosten vorlägen. An einer künftigen handelsbilanziellen Aufwandswirkung mangelt es jedoch, soweit ein Aktivüberhang zinstragender Finanzinstrumente mit Eigenkapital refinanziert wird. Der Ansatz kalkulatorischer Eigenkapitalkosten mit einem Zinssatz größer als null führt zu einer Minderung (Erhöhung) des Forderungsüberschusses (Verpflichtungsüberschusses) gem. IDW RS BFA 3 und mithin ggf. zu einer Rückstellungsbildung. Hierin ist nach der hier vertretenen Ansicht eine unzulässige Vermischung von Gewinnermittlung und **Gewinnverwendung** zu sehen. Das bloße Unterschreiten von (internen) Renditezielen führt nicht zwangsläufig zu künftigen Aufwandsüberschüssen, die durch eine verlustfreie Bewertung und der Bildung einer Drohverlustrückstellung zu antizipieren wären. Kalkulatorische Eigenkapitalkosten sind nicht in die Ergebnisermittlung einzubeziehen, da keine Rückstellungen für künftige Gewinnausschüttungen oder Thesaurierungen als eine Form erwirtschafteter Eigenkapitalkosten in der Ergebnisermittlung zu berücksichtigen sind. Kalkulatorische Eigenkapitalkosten sind Teil der Gewinnverwendung (z. B. in der Form von Ausschüttungen)[230]. Diese Sichtweise wird analytisch in Bilanztheorien klar herausgestellt, die eine Separation von realisierten Ergebnisgrößen und Wertsteigerungen ermöglichen[231]. Das Rechnungslegungsziel der handelsrechtlichen Bilanzierung ist nicht an der Messung von Wertsteigerungen (z. B. gemessen an kalkulatorischen Renditezielen) ausgerichtet, so dass (kalkulatorische) Kosten für die Finanzierungswirkung von Eigenkapital per se außerhalb der Gewinnermittlung stehen (sollten).

Die Schlussfolgerung, dass dementsprechend die Finanzierungswirkung von Eigenkapital bei der fiktiven Schließung **per se** GoB-widrig sei, ist unzutreffend[232]. Da Kosten der Finanzierung von Eigenkapital Teil der der Gewinnverwendung sind und mithin im Rahmen der Gewinnermittlung nicht anfallen, ist es sachgerecht, bei der Finanzierungswir-

---

229 Vgl. BFH, Urteil vom 07.09.2005- VIII R 1/03, in: DStR 2005, S. 1975 (S. 1980); BFH, Urteil vom 19.17.1983 – VIII R 160/79, in: BStBl. II 1984, S. 56; ADS, § 253 HGB, Tz. 253; Ekkenga, in: KK-RLR, § 253 HGB, Tz. 63;
230 Ausschüttungen stellen zwar realiter nicht den einzigen Bestandteil von Eigenkapitalkosten dar, sie können unter bestimmten kapitalmarkttheoretischen Bedingungen jedoch als ein wesentlicher Bestimmungsfaktor von Eigenkapitalkosten angesehen werden. Ausschüttungen stellen bspw. im Gordon-Growth-Modell und allen darauf aufbauenden Kapitalmarktmodellen die zentrale Größe zur Bestimmung von Eigenkapitalkosten dar. Unter der Annahme einer Vollausschüttung von Free Cash Flows sowie einem zeitinvarianten Leverage des Unternehmens, können im Gordon-Growth-Model die Eigenkapitalkosten mit der Dividendenrendite zzgl. Veränderungsrate gleichgesetzt werden. Vgl. Gordon, in: Review of Economics and Statistics 1959, S. 99 ff.; Campbell/Shiller, in: Journal of Finance 1988, S. 661 ff.
231 Grundlegend Paton/Littleton (1940), S. 8; Anthony (1983), S. 61, S. 94 f.; Anthony, in: Harvard Business Review 1986, S. 78; Chmielewicz (1982), S. 145–150 und Chmielewicz, in: ZfbF 1969, S. 97; O´Hanlon/Peasnell, in: Review of Accounting Studies 2002, S. 229 ff. Für eine Erläuterung dieser Bilanztheorien vgl. Gaber (2005), S. 194 ff.
232 So Janko (2016), S. 174, 183.

kung von Eigenkapital **stets** (und nicht nur in besonderen Fällen) von einer **Verzinsung von null** auszugehen. Damit wird das unsachgerechte Ergebnis einer Bildung von Rückstellungen für künftige Ausschüttungen vermieden und gleichzeitig werden die Kosten der fiktiven Schließung mit ihrem »**notwendigen**« Erfüllungsbetrag i. S. d. § 253 Abs. 1 S. 2 HGB berücksichtigt. Eine fiktive Schließung von Aktivüberhängen, soweit für diese eine Finanzierungswirkung von Eigenkapital gilt, mit einem Zinssatz größer null (unabhängig ob durch eine fiktive Schließung mit EK oder FK) führt zu einer Berücksichtigung aufwandsunwirksamer und mithin kalkulatorischer (Opportunitäts)Kosten. Es ist daher erforderlich, bei der verlustfreien Bewertung die Bildung von Drohverlustrückstellungen auf den notwendigen Erfüllungsbetrag und mithin die Kosten der fiktiven Schließung auf jene Aktivüberhänge zu beschränken, die **nicht** mit Eigenkapital geschlossen werden können.

iii) **Synallagma.** Die fiktiven Schließungskosten müssen in einem ursächlich wirtschaftlichen Zusammenhang mit dem Bankbuch stehen. Dies ist zu bejahen. Die Festzinsüberhänge ergeben sich durch zum Bilanzstichtag bestehende Geschäfte. Daraus voraussichtlich noch anfallende Kosten sind am Bilanzstichtag verursacht und mithin zu antizipieren, soweit es sich nicht um rein kalkulatorische Kosten handelt.

2.3.3.4.4.3 Methodische Umsetzung der fiktiven Schließung

Im Folgenden wird die konkrete Einbeziehung der Finanzierungswirkung von Eigenkapital auf Basis der GuV-Methode und der Barwertmethode näher erläutert. Es wird wiederum an das obige Beispiel angeknüpft und erneut unterstellt, dass die Bankbilanz aus einem Aktivum mit einem Buchwert von 100,00 Mio. EUR einer Verbindlichkeit mit einem Buchwert von 80,00 Mio. EUR und Eigenkapital in Höhe von 20,00 Mio. EUR bestehe. Weiterhin sei wiederum eine flache Zinsstrukturkurve mit einem Zinssatz in Höhe von 2 % unterstellt (Par Rates = Zero Rates = Forward Rates).

								Fiktive Schließung		Kapitalbindungskosten			Residual-GuV Gesamt	Barwert
		Aktivum (3%)		Passivum (2,5%)		Aktivüberhang	EK							
Zeit	Diskontfaktor	Buchwert	GuV	Buchwert	GuV			durch EK	durch FK	EK	FK	GuV		
	[1]	[2]	[3]	[4]	[5]	[6]	[7]	[8]	[9]	[10]	[11]	[12]	[13]=[3]-[5]-[12]	[13]*[1]
1	0,980392	100,00	3,00	80,00	2,00	20,00	20,00	20,00		1%	2%	0,20	0,80	0,7843137
2	0,961169	100,00	3,00	80,00	2,00	20,00	20,00	20,00		1%	2%	0,20	0,80	0,768935
3	0,942322	100,00	3,00			100,00	20,00	20,00	80,00	1%	2%	1,80	1,20	1,1307868
														2,6840356

Oberste Zeile: GuV-orientiert

Abb. 41: Fiktive Schließung nach IDW RS BFA 3/GuV-Methode[233]

Analog zum obigen Beispiel (siehe Abb. 39) ist zur Ermittlung der fiktiven Schließungsgeschäfte ein Aktivüberhang zu ermitteln. Im Rahmen der fiktiven Schließung kann (Wahlrecht) auch die Finanzierungswirkung von Eigenkapital berücksichtigt werden (IDW RS BFA 3, Tz. 39). Dabei sind die für die interne Steuerung verwendeten Zinssätze zu berück-

---

233 In Anlehnung an Jessen/Haaker/Briesemeister, in: KoR 2011, S. 363.

sichtigen, soweit diese nachvollziehbar dokumentiert werden (z. B. auf der Basis von Ausschüttungen). Im diesem Beispiel sei unterstellt, dass sich das Institut für eine fiktive Schließung unter Berücksichtigung der Finanzierungswirkung von Eigenkapital entschlossen hat. Ferner sei angenommen, dass der für die interne Steuerung verwendete Zinssatz 1 % betrage. Vor diesem Hintergrund ist in einem ersten Schritt zu bestimmen, welcher Aktivüberhang in welchen Laufzeitbändern fiktiv durch Eigenkapital und welche fiktiv durch Fremdkapital zu schließen sind (siehe Spalten [8] und [9]). Im Anschluss sind die kalkulatorischen Schließungskosten auf Basis der zugrunde zu legenden Zinssätze zu bestimmen (siehe Spalten [10] bis [12]). Der Residualgewinn ergibt sich aus der Differenz der jeweiligen Ergebnisbeiträge in den Spalten [3], [5] und [12]. Die Ermittlung des Forderungs- oder Verpflichtungsüberschusses des Bankbuchs (vor Risiko- und Verwaltungskosten) ergibt sich wiederum durch Diskontierung der Residualgewinne mit den Zero Rates am Stichtag. Im Beispiel ergibt sich ein Forderungsüberschuss von 2,68 Mio. EUR, der im Vergleich zur vollständigen fiktiven Schließung mit Fremdkapital gestiegen ist, da für die kalkulatorische Verzinsung des Eigenkapitals eine Verzinsung unterhalb des Marktzinsniveaus angenommen wurde.

Barwert Methode								Gesamt
		Aktiva		Passiva		EK		
Zeit	Diskontfaktor	Aktiva	Barwert	Passiva	Barwert	Finanzierungswirkung	Barwert	
	[1]	[2]	[3] = [1] * [2]	[4]	[5] = [4]*[2]	[6]	[7]	
0						20,00		
1	0,98039216	3,00	2,941176471	2,00	1,96078431	0,20	0,1960784	
2	0,96116878	3,00	2,883506344	82,00	78,8158401	0,20	0,1922338	
3	0,94232233	103,00	97,05920046			20,20	19,034911	
Barwert			102,88		80,78		19,42	
Buchwert			100,00		80,00		20,00	
Delta			2,88		-0,78		0,58	2,684036

Abb. 42: Fiktive Schließung nach IDW RS BFA 3/Barwert-Methode[234]

Ein gleiches Ergebnis resultiert nach der Barwert-Methode. Hierbei ist die Barwertänderung durch die Finanzierungswirkung von Eigenkapital gleichwertig zur GuV-Methodik abzuleiten. In diesem Beispiel ist das Eigenkapital über die gesamte Laufzeit des Bankbuchs gebunden und verzinst sich mit einem Eigenkapitalkostensatz. Die daraus resultierende Finanzierungswirkung ist barwertig zu bewerten und im Forderungsüberschuss des Bankbuchs zu berücksichtigen.

2.3.3.4.5 Berücksichtigung von Risikokosten

Nach IDW RS BFA 3 sind als Vollkosten der Bewirtschaftung auch die Risikokosten der zinsbezogenen Geschäfte des Bankbuchs zu berücksichtigen. Diese Vorschrift stellt ein wesentliches Element der verlustfreien Bewertung nach IDW RS BFA 3 dar, und wurde im Zusammenhang mit der verlustfreien Bewertung von »Zinsänderungsrisiken« des Bankbuchs im Schrifttum vor BilMoG kaum diskutiert, da der schwebende Charakter von Zins-

---

234 In Anlehnung an Jessen/Haaker/Briesemeister, in: KoR 2011, S. 361.

geschäften in der Kapitalüberlassung auf **Zeit** und damit in der Zinskomponente gesehen wurde.

IDW RS BFA 3, Tz. 46 verlangt, dass für die verlustfreie Bewertung Risikokosten »in Höhe der erwarteten Ausfälle« zum jeweiligen Abschlussstichtag zu erfassen sind. Mithin sind nur Risikokosten in Höhe der erwarteten Verluste, nicht jedoch aus Marktquotierungen abgeleitete Risikoprämien für das unerwartete Verlustrisiko einzubeziehen. Die Ableitung der Risikokosten kann grundsätzlich auf **internen Kreditrisikomodellen** basieren. Eine Ableitung erwarteter Verluste aus am Markt beobachtbaren Preisen kann den Ausgangspunkt für eine Verlustschätzung bilden. Die Verwendung impliziter Credit Spreads (implied spreads) führt jedoch regelmäßig zu einer Überzeichnung erwarteter Verluste, da die beobachtbaren Marktpreise neben Liquiditätsprämien auch Risikoprämien für das unerwartete Verlustrisiko enthalten. Die Einbeziehung von Risikokosten führt mithin zu keiner imparitätischen Fair-Value-Bewertung des Saldierungsobjekts, da in Marktpreisen enthaltene Liquiditätsprämien sowie Risikoprämien für das unerwartete Verlustrisiko nicht in die verlustfreie Bewertung eingehen. Nach h. M. sind die Risikokosten für erwartete Verluste jedoch auch die gesamte Restlaufzeit (**life time expected losses**) anzusetzen[235].

Diese Vorgehensweise führt dazu, dass Risikokosten für erwartete Verluste für Wertpapiere des Anlagevermögens auch dann anzusetzen sind, wenn keine voraussichtlich dauerhafte Wertminderung für die Finanzinstrumente besteht[236]. Gleiches gilt auch für die Wertpapiere der Liquiditätsreserve, deren Bewertung sich nach dem strengen Niederstwertprinzip richtet. Da auch für die Wertpapiere der Liquiditätsreserve die aus internen Modellen abgeleiteten Risikokosten für das Ausfallrisiko anzusetzen sind, können sich Abweichungen zu den am Abschlussstichtag beobachtbaren Credit Spreads ergeben. Weichen die Risikokosten, die der verlustfreien Bewertung von Wertpapieren der Liquiditätsreserve zugrunde gelegt werden, von dem Credit Spread ab, der zur Ermittlung des beizulegenden Zeitwerts zugrunde gelegt wird, so ergibt sich eine Differenz zwischen dem so ermittelten Barwert und dem beizulegenden Zeitwert des Wertpapiers, die auf eine abweichende Bonität des Emittenten im Vergleich zur Kalkulationsbasis der verlustfreien Bewertung zurückzuführen ist. Dies kann zu den folgenden Ergebnissen führen:

- **Beispiel 1:** Der beizulegende Zeitwert notiert aufgrund einer schlechten Bonität des Emittenten unterhalb der Anschaffungskosten, wobei der am Bilanzstichtag beobachtbare Credit Spread höher ist als die im Rahmen der verlustfreien Bewertung angesetzten Risikokosten. Bei einer Gegenüberstellung von Buchwert und so berechneten Zins-Barwert des Wertpapiers würden Abschreibungen, die auf eine verminderte Bonität zurückzuführen sind, wie ein Verlustpuffer im Rahmen der verlustfreien Bewertung des Bankbuchs wirken.
- **Beispiel 2:** Der Buchwert liegt unterhalb der Anschaffungskosten. Die Bonität des Emittenten hat sich im Vergleich zum Erwerb des Wertpapiers verbessert; die Zinsen sind aber so stark angestiegen, dass der positive Bonitätseffekt überkompensiert wird und daher eine imparitätische Bewertung auf den niedrigeren beizulegenden Zeitwert not-

---
235 Vgl. Glischke/Hallpap/Wolfgarten (2012), S. 5. Zur Erläuterung der Eingangsparameter sowie der bilanziellen Wirkung eines Expected-Loss-Modells vgl. Grünberger (2013).
236 Vgl. Gaber, in: KoR 2012, S. 302.

wendig wird. In diesem Fall wird der in der Zeitwertbewertung enthaltene zinsinduzierte Verlust teilweise durch eine werterhöhende Bonitätsentwicklung kompensiert. Werden im Rahmen der verlustfreien Bewertung von Wertpapieren der Liquiditätsreserve Risikokosten zugrunde gelegt, die größer sind als der am Bilanzstichtag beobachtbare Credit Spread, so wäre bei einem Vergleich zwischen Buchwert (beizulegenden Zeitwert) und dem so berechneten niedrigeren Zins-Barwert in Höhe der Differenz zum niedrigeren Zinsbarwert eine Drohverlustrückstellung zu bilden, obwohl das Papier bereits zum niedrigeren beizulegenden Zeitwert bilanziert wird.

Es kann mithin auch für wertberichtigte Wertpapiere der Liquiditätsreserve eine Differenz zwischen dem beizulegenden Zeitwert und dem nach IDW RS BFA 3 berechneten Barwert (einschließlich Risikokosten) des Instruments kommen. Diese Differenz kann zu einer Erhöhung oder Verminderung des Verpflichtungs- bzw. Forderungsüberschusses nach IDW RS BFA 3 führen. Setzt das Institut vereinfachend die Annahme, dass der IDW RS BFA 3-Barwert des Instruments seinem Buchwert entspricht, so ist dies zum Zwecke der Vereinfachung i. d. R. zulässig, da das Institut einen möglichen Verpflichtungsüberschuss typischerweise überzeichnet bzw. einen Forderungsüberschuss unterzeichnet.

2.3.3.4.6 Berücksichtigung von Verwaltungskosten

Nach BFA 3, Tz. 13 sind die voraussichtlich noch zur Bewirtschaftung des Bankbuchs erforderlichen Aufwendung abzuziehen. Die Bewertung dieser Aufwendungen hat zu den nach den Verhältnissen am Abschlussstichtag ermittelten Vollkosten zu erfolgen. Dies schließt auch die voraussichtlich zur Bestandsverwaltung des Bankbuchs notwendigen Verwaltungskosten ein. Zur Bemessung der voraussichtlich noch anfallenden Verwaltungskosten können die in der internen (Zins-)Risikosteuerung verwendeten Werte herangezogen werden, wenn sie alle objektiven Hinweise und hinreichend sicheren Erwartungen über die zukünftigen noch anfallenden Aufwendungen berücksichtigen, die auf die Bestandsverwaltung des Bankbuchs in seiner am Abschlussstichtag bestehenden Höhe und Struktur entfallen (IDW RS BFA 3, Tz. 45). Es ist nicht auf die Kosten abzustellen, die im Rahmen der Kreditkalkulation gedeckt werden sollten; es sind die **tatsächlichen Vollkostensätze** heranzuziehen[237].

Im Schrifttum vor BilMoG wurde die Bildung einer Drohverlustrückstellung als notwendig erachtet, wenn die Zinsspanne nicht ausreicht um die Bedarfsspanne zu decken. Die Bedarfsspanne stellt die voraussichtlich noch anfallenden Verwaltungsaufwendungen dar, die für die Abwicklung der in den Saldierungsbereich einbezogenen zinstragenden Geschäfte notwendig sind. Dabei wurde davon ausgegangen, dass es sich bei der Bedarfsspanne nur um jene voraussichtlich noch anfallenden Verwaltungskosten handelt, die nicht durch Provisionserträge gedeckt sind. Dabei ergibt sich das Zuordnungsproblem, dass die Höhe der **Bedarfsspanne** von den Schwankungen des Provisionsergebnisses abhängt. Richtigerweise ist in diesem Zusammenhang festzustellen, dass sich durch den Einbezug von Verwaltungskosten der Fokus der Betrachtung von einer Erfassung von Zinsänderungsrisiken zur Bildung von Rückstellung für das gesamte zinstragende schwebende

---

237 Vgl. Göttgens, in: WPg 2013, S. 26.

Geschäft verändert[238]. Dies stellt eine wesentliche Erweiterung des IDW RS BFA 3 gegenüber der Diskussion zur verlustfreien Bewertung von (lediglich) Zinsänderungsrisiken in der Diskussion vor BilMoG dar.

Nach IDW RS BFA 3, Tz. 45 sind lediglich die Verwaltungskosten im Rahmen der verlustfreien Bewertung des Bankbuchs zu berücksichtigen, die für die Bestandsverwaltung des Bankbuchs in seiner am Abschlussstichtag bestehenden Höhe und Struktur entfällt. Da der Bestand des Bankbuchs aufgrund von Tilgungen und Fälligkeiten im Zeitablauf abnimmt, wird es als sachgerecht angesehen die Entwicklung der Verwaltungskosten im Zeitablauf **proportional zur Reduzierung der Bankbuchbestände** anzunehmen. Der im Schrifttum zum Teil vertretenen Auffassung, dass bei der Abschätzung künftiger Verwaltungskosten unabhängig von der Reduzierung des Bestandsgeschäfts ein Fixkostenblock für künftiges Neugeschäft zu berücksichtigen sei[239], kann nicht gefolgt werden. Dies widerspricht dem Grundsatz in IDW RS BFA 3, Tz. 18, dass aufgrund des Stichtagsprinzips nur solche Finanzinstrumente Gegenstand des Bewertungsobjekts sind, die am Abschlussstichtag bereits vertraglich vereinbart sind. Die Berücksichtigung von Verwaltungskosten auf Grund geplanten Neugeschäfts verletzt das Stichtagsprinzip und steht der Intention in IDW RS BFA 3 entgegen, keine Beurteilung von Geschäftsmodellen von Kreditinstituten vorzunehmen (IDW RS BFA 3, Tz. 6).

Aufgrund der Berücksichtigung von voraussichtlich noch anfallenden Verwaltungskosten im Rahmen der verlustfreien Bewertung ergibt sich für Kreditinstitute die Notwendigkeit, die Verwaltungskosten zu identifizieren, die sich (nur) auf die Verwaltung des Bestandsgeschäfts beziehen[240]. Hierzu ist unter Umständen eine aufwendige Aufteilung eines Verwaltungskostenblocks auf Tätigkeiten bzw. Organisationsstrukturen notwendig. Problematisch wird eine **Aufteilung** insbesondere dann, wenn einzelne Organisationseinheiten nicht vollständig eine bestandsbetreuende Aufgabe wahrnehmen, sondern auch für die Betreuung von Neugeschäft zuständig sind. Gleichwohl hat das Institut die Möglichkeit die aufwendige Aufteilung von Verwaltungskosten zu unterlassen und die Verwaltungskosten für die Anbahnung und Abwicklung von Neugeschäft einzubeziehen; in diesem Fall kommt es zu einer Überschätzung der in die verlustfreie Bewertung einzubeziehenden Verwaltungskosten.

Bei der Schätzung der künftigen Vollkosten der Bestandsverwaltung sind künftige Preissteigerungen zu berücksichtigen; künftige Kostensenkungen sind nur dann einzubeziehen, wenn sie zum Bilanzstichtag bereits konkret beschlossen wurden (IDW RS HFA 4, Tz. 38)[241].

---

238 Vgl. Krumnow/Sprißler (2004), § 340e HGB, Tz. 286.
239 Vgl. Glischke/Hallpap/Wolfgarten (2012), S. 5.
240 Eine hinreichend genaue Abgrenzung, was unter den Begriff »Bestandsverwaltung« zu verstehen ist, wird in IDW RS BFA 3 nicht gegeben. Zum Teil wird der Begriff im Schrifttum auch auf Einheiten ausgedehnt, die nicht mit der konkreten Bestandsführung und -verwaltung, sondern mit nachgelagerten Funktionen betraut sind (wie z.B. interne Revision und Rechnungswesen), die eher der Aufrechterhaltung des allgemeinen Bankbetriebs dienen. Vgl. Rebmann/Weigel, in: KoR 2014, S. 217.
241 Vgl. Göttgens, in: WPg 2013, S. 27.

2.3.3.4.7 Künftige Refinanzierungsaufwendungen (Liquiditätsbeschaffungskosten)

Nach IDW RS BFA 3, Tz. 13 sind die voraussichtlich noch anfallenden institutsspezifischen Refinanzierungskosten in der verlustfreien Bewertung des Bankbuchs zu berücksichtigen. Es sind nur die Refinanzierungskosten einzubeziehen, die sich auf Bestände des Bankbuchs beziehen; voraussichtliche Refinanzierungen von Handelsbeständen sind nicht einzubeziehen. Die Berücksichtigung künftiger Refinanzierungsaufwendungen ergibt sich aus dem Fristentransformationsrisiko, welches bei kurzfristig refinanzierten Aktivgeschäften darin besteht, dass Ausweitungen der Refinanzierungssätze zu schwebenden Verlusten im Bankbuch führen. Insoweit künftige Aktivüberhänge nicht mit Eigenkapital geschlossen sind, sind die voraussichtlichen Refinanzierungsaufwendungen aus einer Fremdfinanzierung abzuleiten[242].

Zur Bestimmung der künftigen Refinanzierungsaufwendungen ist vom Funding Mix des Instituts am Stichtag auszugehen. Soweit mit der üblichen Refinanzierungsstruktur sowie der bisherigen Praxis vereinbar, wird dem Institut ein Entscheidungsspielraum zugestanden, ob es bei der Ableitung der künftigen Refinanzierungskosten auf den Interbankenmarkt, auf eine EZB-Refinanzierung oder auf eine Einlagenfinanzierung usw. zurückgreift[243]. Nur in begründeten Ausnahmefällen ist die Berücksichtigung einer beabsichtigten und durch Beschluss der Geschäftsleitung dokumentierten Veräußerung hoch liquider Wertpapiere bei der Ermittlung des Refinanzierungsbedarfs nicht ausgeschlossen (IDW RS BFA 3, Tz. 40). Bei geplanten künftigen Veräußerungen ist am Bilanzstichtag das Niederstwertprinzip anzuwenden (IDW RS BFA 3, Tz. 9)[244]. Nach IDW RS BFA 3, Tz. 41 zählen auch Provisionsaufwendungen, die für die Besicherung eigener Verbindlichkeiten (z. B. Avale) anfallen. Diese Kosten sind entweder als Zahlungsstrom in den jeweiligen Perioden oder barwertig in Abzug zu bringen. Die künftigen Refinanzierungsaufwendungen können unter anderem die folgenden Aspekte umfassen:

- Kosten der Einlagensicherung (Beiträge zum Einlagensicherungsfonds oder Entgelte für ähnliche Einrichtungen),
- Künftige Kosten der besicherten Geldaufnahme (z. B. EZB-Reposätze, Pfandbrief-Spreads),
- Entgelte an Dritte zur Besicherung eigener Verbindlichkeiten (z. B. Avalgebühren usw.),
- Credit Spread des Instituts für unbesicherte Geldaufnahmen,
- Zinsgarantien Dritter (z. B. SoFFin-Garantien, Zinsgarantien der Bundesländer für Förderbanken).

Der gewählte Refinanzierungsmix soll sich widerspruchsfrei aus der internen Steuerung und der Planung sowie der Geschäftsstrategie des Instituts ergeben. Ausgangspunkt zur Schätzung des künftigen Refinanzierungsmix stellt die Refinanzierungsstruktur am Bilanz-

---

242 Bei der Bestimmung der künftigen Refinanzierungsaufwendungen geht es um den künftigen Funding Spread des Instituts; die Schließung von Aktivüberhängen in Bezug auf den Basiszinssatz erfolgt im Barwertansatz über die Diskontierung der Aktiv-Cash-Flows zu fristenadäquaten Geld- oder Kapitalmarktsätzen bzw. im GuV-Model durch eine fiktive Schließung auf Basis von Forward Sätzen bzw. kalkulatorischen Eigenkapitalkosten.
243 Vgl. Löw, in: KoR 2014, S. 326.
244 Vgl. Scharpf/Schaber (2018), S. 144 f.; Göttgens, in: WPg 2013, S. 26.

stichtag dar; gleichwohl ist die Struktur am Bilanzstichtag zu korrigieren, insoweit eine andere Refinanzierungsstruktur für die künftige Bewirtschaftung des Bankbuchs erwartet wird[245].

2.3.3.5 Steuerliche Anerkennung von Rückstellungen aufgrund verlustfreier Bewertung

Sofern die verlustfreie Bewertung nach IDW RS BFA 3 einen Verpflichtungsüberschuss ergibt, ist für diesen aufwandswirksam eine Rückstellung zu bilden. Hierbei handelt es sich um eine Drohverlustrückstellung im Sinne des §249 Abs. 1 S. 1 HGB. Fraglich ist, ob für diese aufgrund von §5 Abs. 4a S. 2 EStG ein steuerliches Ansatzverbot gilt oder die Rückstellung aufgrund von §5 Abs. 1a S. 2 EStG steuerlich anzusetzen ist.

Würde die Rückstellung unter §5 Abs. 4a S. 2 EStG fallen, so käme bei Vorliegen der notwendigen Voraussetzungen die Aktivierung von latenten Steuern in Betracht. Sofern die verlustfreie Bewertung zinstragender Geschäfte nach IDW RS BFA 3 als eine Form der kompensatorischen Bewertung angesehen würde, käme eine Übernahme einer sich aus der verlustfreien Bewertung ergebenden Rückstellung aufgrund der materiellen Maßgeblichkeit der handelsrechtlichen GoB in Betracht[246]. Ebenso wird eine steuerliche Anerkennung auch mit dem (Teilwert-)Abschreibungscharakter der Drohverlustrückstellung gerechtfertigt[247]. Im Schrifttum wird eine Rückstellung gem. IDW RS BFA 3 zum Teil als kompensatorische Bewertung angesehen und eine Übernahme in die Steuerbilanz aufgrund von §5 Abs. 1a EStG befürwortet[248].

2.3.3.6 Ausweis und Angabepflichten in Anhang und Lagebericht

Ergibt der Rückstellungstest einen Verpflichtungsüberschuss, so hat das Institut eine Drohverlustrückstellung zu bilden, die in der Bilanz unter dem Passivposten 7 im Unterposten c) »andere Rückstellungen« auszuweisen ist (IDW RS BFA 3, Tz. 55). Zuführungen und Auflösungen dieser Drohverlustrückstellung können

- im Risikovorsorgesaldo (Ertragsposten 6 und Aufwandsposten 7, Formblatt 2 bzw. Posten 13 und 14, Formblatt 3) oder
- im sonstigen betrieblichen Ergebnis (Ertragsposten 8 und Aufwandsposten 6, jeweils Formblatt 2 bzw. Posten 12 und 8 im Formblatt 3)[249].

Bei einem Ausweis im Risikovorsorgesaldo kann die Zuführung bzw. Auflösung der Rückstellung damit Gegenstand der Überkreuzkompensation werden (siehe Kapitel III.1.3.4.3). Der Verweis in IDW RS BFA 3, Tz. 56, dass eine korrespondierende Behandlung der entsprechenden Aufwendungen und Erträge geboten sei, erscheint insoweit irreführend. Eine

---

245 Vgl. Glischke/Hallpap/Wolfgarten (2012), S. 7.
246 Vgl. Altvater, in: RdF 2013, S. 335 f.; für eine steuerliche Anerkennung ebenfalls plädierend Löw, in: RdF 2013, S. 325.
247 Vgl. Haaker, in: Jahrbuch für Controlling und Rechnungswesen 2012, S. 108.
248 Vgl. Rau, in: DStR 2017, S. 737.
249 So bspw. Valovis Bank, Geschäftsbericht 2012, S. 76 und 78.

Angabe hinsichtlich der gewählten Ausweisposten kann daher in IDW RS BFA 3, Tz. 56 auch nur empfohlen werden. Hat ein Institut eine Rückstellung nach IDW RS BFA 3 zu bilden, so kann das Institut 340f-Reserven (teilweise) auflösen, um die Aufwandswirkung (teilweise) zu kompensieren. Vorsorgereserven nach 340f-HGB können nicht direkt verlustmindernd im Buchwert/Barwert-Vergleich berücksichtigt werden; nach IDW RS BFA 3, Tz. 54 ist der Buchwert eines Finanzinstruments um gebildete stille Vorsorgereserven zu erhöhen.

Nach IDW RS BFA 3, Tz. 57 hat das Institut das Verfahren zur verlustfreien Bewertung des Bankbuchs im Rahmen der Angaben über die angewandten Bilanzierungs- und Bewertungsmethoden nach § 340a i. V. m. § 284 Abs. 2 Nr. 1 HGB zu erläutern. Eine Berichterstattung über künftige Zinsänderungsrisiken kann ungeachtet der bilanziellen Bewertung von zinstragenden Geschäften des Bankbuchs im Lagebericht erforderlich sein (IDW RS BFA 3, Tz. 59).

Kapitel IV. Die Ausweisvorschriften nach RechKredV und RechZahlV

1 Gliederung der Bilanz

1.1 Vorschriften zum Bilanzausweis

1.1.1 Überblick über die Gliederungsvorschriften

Da die Erbringung von Bankgeschäften und Finanzdienstleistungen ein Wertschöpfungsprozess darstellt, der auf die Geldsphäre beschränkt und daher kaum vergleichbar mit einem realwirtschaftlichen Produktionsprozess von Industrieunternehmen ist, gelten für Institute aufgrund ihrer geschäftszweigspezifischen Besonderheiten eigene Regelungen hinsichtlich der Gliederung der Bilanz sowie der Gewinn- und Verlustrechnung. Die institutsspezifischen Gliederungsvorschriften geben einen Einblick in die Risiko- und Liquiditätsverhältnisse sowie die Ertragsgrundlagen eines Instituts. So sind die wesentlichen aktivischen Bilanzposten nicht nach der Bewertungskategorie Umlaufvermögen oder Anlagevermögen, sondern nach der sinkenden **Liquidisierbarkeit** gegliedert. Die Passivseite ist nach abnehmender Dringlichkeit der Rückzahlung angeordnet.

Hinsichtlich der **Risikoverhältnisse** werden Aktivposten durch Davon-Vermerke in risikoarme und risikoreichere Positionen unterteilt. So wird der Aktivposten 5 »Schuldverschreibungen und andere festverzinsliche Wertpapiere« danach unterteilt, ob diese Anleihen von »öffentlichen Emittenten« oder »anderen Emittenten« begeben wurden. Ebenso sind unter dem Aktivposten 4 »Forderungen an Kunden« die Forderungsrechte, die durch Grundpfandrechte besichert sind oder die Kommunalkredite darstellen, jeweils gesondert auszuweisen. Nachrangige Vermögensgegenstände sind nach § 4 Abs. 2 S. 1 RechKredV bei dem jeweiligen Posten oder Unterposten gesondert auszuweisen.

Kredit- und Finanzdienstleistungsinstitute haben ihre Bilanz und Gewinn- und Verlustrechnung nach den Vorschriften der RechKredV zu gliedern (§ 2 Abs. 1 S. 1 RechKredV). Für die Gliederung der Bilanz ist die in Formblatt 1 vorgegebene Struktur zu beachten. Die Gewinn- und Verlustrechnung kann entweder in der Kontoform des Formblatt 2 oder in der Staffelform des Formblatt 3 erstellt werden. Es besteht insoweit ein Wahlrecht. Die Formblätter berücksichtigen Besonderheiten für Spezialinstitute und Finanzdienstleistungsinstitute durch die Einfügung und Umbenennung spezifischer Bilanz- und GuV-Posten über Fußnotenverweise. Die Formblätter sind von allen Kredit- und Finanzdienstleistungsinstituten unabhängig von ihrer Rechtsform und Größe zu beachten.

Zahlungsinstitute haben ihren Jahresabschluss nach den Gliederungsvorschriften der RechZahlV zu erstellen (§ 2 RechZahlV). Bei der Bilanzgliederung sind die Vorgaben von Formblatt 1 der RechZahlV zu beachten. Für die Gewinn- und Verlustrechnung von Zahlungsinstituten ist in Formblatt 2 der RechZahlV die **Staffelform** vorgegeben. Institute mit Vollbanklizenz sowie E-Geld-Institute haben die besonderen Gliederungsvorschriften und Formblätter der RechZahlV **nicht** zu beachten. Vollbanken können Zahlungsdienstleister sein; sie gelten aber nicht als Zahlungsinstitute. Die RechZahlV gilt hingegen für alle übrigen Unternehmen, die Zahlungsdienstleistungen gewerbsmäßig oder in einem kaufmännischen Umfang betreiben (§ 1 Abs. 1 Nr. 5 ZAG) und nicht unter die oben genannten Ausnahmen fallen (siehe Abb. 5).

Sofern ein Unternehmen **gleichzeitig Zahlungsinstitut und Institut** im Sinne des KWG ist (außer Institute mit Vollbanklizenz und E-Geld-Institute), muss dieses bei der Bilanzerstellung sowohl die RechZahlV als auch die RechKredV beachten. Für diese Institute gilt die Regelung des § 265 Abs. 4 HGB. Danach sind bei einem Vorhandensein von **mehreren Geschäftszweigen** und der Anwendbarkeit von mehreren geschäftszweigspezifischen Gliederungsvorschriften, der Jahresabschluss nach einer geschäftszweigspezifischen Vorschrift aufzustellen und nach der für einen anderen Geschäftszweig vorgeschriebenen Gliederung zu ergänzen (§ 265 Abs. 4 S. 1 HGB). Wird eine solche Ergänzung vorgenommen, so ist dies im Anhang anzugeben und zu begründen. Das Institut hat dabei die Gliederung für den Geschäftszweig vorrangig zu wählen, durch den das unternehmerische Geschehen am stärksten geprägt ist[1].

§ 2 Abs. 1 S. 1 RechKredV sowie § 2 RechZahlV stellen lediglich die Vorschriften in § 266 HGB und § 275 HGB außerhalb des Anwendungsbereichs von Instituten. Nach § 340a Abs. 2 S. 1 HGB sind die Gliederungsvorschriften in den §§ 265 Abs. 6 u. 7, 267, 268 Abs. 4 S. 1, Abs. 5 S. 1 u. 2 HGB sowie §§ 276, 277 Abs. 1, 2, 3 S. 1 HGB von Instituten ebenso nicht zu beachten. Alle anderen allgemeinen Gliederungsvorschriften der §§ 265 und 268 HGB, die nicht außerhalb des Anwendungsbereichs von Instituten stehen, sind mithin uneingeschränkt zu beachten. Institute haben bei der Gliederung und dem Ausweis die folgenden allgemeinen Vorschriften zu berücksichtigen:

- **Grundsatz der formellen Stetigkeit (§ 265 Abs. 1 HGB):** »Die Form der Darstellung, insbesondere die Gliederung der aufeinanderfolgenden Bilanzen und Gewinn- und Verlustrechnungen, ist beizubehalten, soweit nicht in Ausnahmefällen wegen besonderer Umstände Abweichungen erforderlich sind. Die Abweichungen sind im Anhang anzugeben und zu begründen«. Aus Gründen der intertemporalen Vergleichbarkeit ist der Jahresabschluss von Instituten in derselben Form wie in den Vorjahren zu erstellen. Dies betrifft nicht nur die Gliederung von Bilanz und Gewinn- und Verlustrechnung (Gliederungsstetigkeit), sondern die gesamte Form der Darstellung aller Elemente des Jahresabschlusses und Lageberichts hinsichtlich Inhalt, Reihenfolge der Posten, Bildung von Zwischensummen usw. (sog. **Darstellungsstetigkeit**)[2]. Das Gebot der formellen Stetigkeit ist stets gewahrt, wenn das gesetzliche Gliederungsschema der Formblätter eingehalten wird. Die Darstellungsstetigkeit bezieht sich auch auf Angaben, die wahlweise in der Bilanz und Gewinn- und Verlustrechnung oder im Anhang gemacht werden können[3]. Dies betrifft für Institute bspw. die Angaben über nachrangige Vermögensgegenstände nach § 4 Abs. 2 S. 2 RechKredV bzw. § 4 Abs. 2 S. 2 RechZahlV. Eine Durchbrechung der formellen Stetigkeit ist im Anhang anzugeben und zu begründen.

---

1 Vgl. Korth, in: KK-RLR, § 265 HGB, Tz. 21; Winkeljohann/Büssow, in: BBK, 11. Aufl., § 265 HGB, Tz. 12.
2 Vgl. Winkeljohann/Büssow, in: BBK, § 265 HGB, Tz. 2.
3 Vgl. Korth, in: KK-RLR, § 265 HGB, Tz. 5.

- **Angabe von Vorjahresbeträgen (§ 265 Abs. 2 HGB):** »In der Bilanz sowie in der Gewinn- und Verlustrechnung ist zu jedem Posten der entsprechende Betrag des vorhergehenden Geschäftsjahrs anzugeben. Sind die Beträge nicht vergleichbar, so ist dies im Anhang anzugeben und zu erläutern. Wird der Vorjahresbetrag angepasst, so ist auch dies im Anhang anzugeben und zu erläutern«. Maßgeblich für die Vorjahreszahlen ist der festgestellte Jahresabschluss (IDW RS HFA 39, Tz. 3). Die Pflicht zur Angabe von Vorjahreszahlen betrifft auch die Untergliederungen von Posten, Davon-Vermerke sowie Angaben, die anstatt in der Bilanz und Gewinn- und Verlustrechnung im Anhang gemacht werden (IDW RS HFA 39, Tz. 1). Vorjahresbeträge dürfen nur übernommen werden, wenn sie mit den Angaben des laufenden Jahres vergleichbar sind. Eine **Vergleichbarkeit** ist nicht gegeben bei wesentlichen Umgliederungen (Ausweisänderungen), Vermögenszugängen durch Verschmelzungen oder Spaltungen oder Zugang ganzer Unternehmen(steile) im Wege einer Kapitalerhöhung gegen Sacheinlage oder durch Unternehmenskauf (IDW RS HFA 39, Tz. 5 bis 8). Eine mangelnde Vergleichbarkeit kann durch Erläuterungen im Anhang oder durch Anpassung der Vorjahresbeträge behoben werden. Beruht die mangelnde Vergleichbarkeit auf umwandlungsrechtlichen Vorgängen, so entsprechen die Auswirkungen einer Änderung des Konsolidierungskreises bei Konzernabschlüssen (IDW RS HFA 39, Tz. 12). Nach IDW RS HFA 44 kann in diesem Fall eine Vergleichbarkeit durch Angaben im Anhang oder durch eine sog. **Drei-Spalten-Form** wiederhergestellt werden, indem neben den Zahlen des laufenden Jahres sowohl die tatsächlichen Vorjahreszahlen als auch die angepassten Vorjahreszahlen angegeben werden (IDW RS HFA 44, Tz. 15 ff.).
- **Mitzugehörigkeit zu anderen Posten (§ 265 Abs. 3 HGB):** »Fällt ein Vermögensgegenstand oder eine Schuld unter mehrere Posten der Bilanz, so ist die Mitzugehörigkeit zu anderen Posten bei dem Posten, unter dem der Ausweis erfolgt ist, zu vermerken oder im Anhang anzugeben, wenn dies zur Aufstellung eines klaren und übersichtlichen Jahresabschlusses erforderlich ist«. Aufgrund der detaillierten und zwingend zu beachtenden Struktur von Davon-Vermerken in den Formblättern von Instituten weist diese Regelung in der Bilanzierungspraxis von Instituten nur eine geringe Bedeutung auf.
- **Gliederung bei mehreren Geschäftszweigen (§ 265 Abs. 4 HGB):** »Sind mehrere Geschäftszweige vorhanden und bedingt dies die Gliederung des Jahresabschlusses nach verschiedenen Gliederungsvorschriften, so ist der Jahresabschluss nach der für einen Geschäftszweig vorgeschriebenen Gliederung aufzustellen und nach der für die anderen Geschäftszweige vorgeschriebenen Gliederung zu ergänzen. Die Ergänzung ist im Anhang anzugeben und zu begründen«. Zur näheren Erläuterung vgl. bspw. bereits Abbildung 5.
- **Weitere Untergliederung und Hinzufügen neuer Posten (§ 265 Abs. 5 HGB):** »Eine weitere Untergliederung der Posten ist zulässig; dabei ist jedoch die vorgeschriebene Gliederung zu beachten. Neue Posten dürfen hinzugefügt werden, wenn ihr Inhalt nicht von einem vorgeschriebenen Posten gedeckt wird.« Nach § 340a Abs. 1 in Verbindung mit § 265 Abs. 5 HGB kann das Gliederungsschema mithin an die besonderen Erfordernisse des Instituts **angepasst** werden, sofern der Inhalt der neuen Position nicht von einem vorgeschriebenen Posten gedeckt wird (§ 265 Abs. 5 S. 2 HGB). Institute können weitere Haupt- oder Unterposten hinzufügen, wenn ansonsten kein den tatsächlichen Verhältnissen entsprechendes Bild der Vermögens-, Finanz- und Ertrags-

lage vermittelt werden kann[4]. Untergliederungen dürfen nicht zu einer inhaltlichen Änderung des Hauptpostens führen oder die Reihenfolge der vorgeschriebenen Postengliederung ändern[5]. Eine abweichende Gliederung oder eine Bezeichnung der in den Formblättern vorgesehenen Posten ist nicht zulässig (§ 265 Abs. 6 HGB ist wegen § 340a Abs. 2 S. 1 HGB nicht von Instituten anzuwenden). Im Schrifttum wird in seltenen Ausnahmefällen eine abweichende Postenbezeichnung als zulässig erachtet[6].

- **Leerposten (§ 265 Abs. 8 HGB):** »Ein Posten der Bilanz oder der Gewinn- und Verlustrechnung, der keinen Betrag ausweist, braucht nicht aufgeführt zu werden, es sei denn, dass im vorhergehenden Geschäftsjahr unter diesem Posten ein Betrag ausgewiesen wurde«. Weist ein Pflichtposten keinen Betrag auf, so kann das Institut diesen entweder als Leerposten (in der Betragsspalte wird ein Strich gemacht) oder als einen Fehlposten (der Posten wird weggelassen) behandeln. Sofern in dem Posten im Vorjahr ein Betrag ausgewiesen wurden, ist der Posten aufzunehmen und im laufenden Jahr ein Strich auszuweisen[7].
- **Ergebnisverwendung (§ 268 Abs. 1 HGB):** »Die Bilanz darf auch unter Berücksichtigung der vollständigen oder teilweisen Verwendung des Jahresergebnisses aufgestellt werden«. Dieses für alle Kaufleute geltende Wahlrecht wird faktisch durch die Formblattstrenge eingeschränkt. Formblatt 1 sieht eine Aufstellung der Bilanz unter Verwendung des Jahresergebnisses vor (siehe im Einzelnen Kapitel IV.2.4).
- **Fehlbetrag (§ 268 Abs. 3 HGB):** »Ist das Eigenkapital durch Verluste aufgebraucht und ergibt sich ein Überschuß der Passivposten über die Aktivposten, so ist dieser Betrag am Schluß der Bilanz auf der Aktivseite gesondert unter der Bezeichnung »Nicht durch Eigenkapital gedeckter Fehlbetrag« auszuweisen«.
- **Rechtliche Entstehung nach dem Bilanzstichtag (§ 268 Abs. 4 S. 2 HGB):** »Werden unter dem Posten »sonstige Vermögensgegenstände« Beträge für Vermögensgegenstände ausgewiesen, die erst nach dem Abschlußstichtag rechtlich entstehen, so müssen Beträge, die einen größeren Umfang haben, im Anhang erläutert werden«.
- **Rechtliche Entstehung nach dem Bilanzstichtag (§ 268 Abs. 5 S. 3 HGB):** »Sind unter dem Posten »Verbindlichkeiten« Beträge für Verbindlichkeiten ausgewiesen, die erst nach dem Abschlußstichtag rechtlich entstehen, so müssen Beträge, die einen größeren Umfang haben, im Anhang erläutert werden«.
- **Aktiver Rechnungsabgrenzungsposten (§ 268 Abs. 6 HGB):** »Ein nach § 250 Abs. 3 in den Rechnungsabgrenzungsposten auf der Aktivseite aufgenommener Unterschiedsbetrag ist in der Bilanz gesondert auszuweisen oder im Anhang anzugeben«. Dies betrifft Rechnungsabgrenzungsposten für Disagien aus der Begebung von Verbindlichkeiten unter pari.
- **Ausschüttungssperre (§ 268 Abs. 8 HGB):** »Werden selbst geschaffene immaterielle Vermögensgegenstände des Anlagevermögens in der Bilanz ausgewiesen, so dürfen Gewinne nur ausgeschüttet werden, wenn die nach der Ausschüttung verbleibenden frei verfügbaren Rücklagen zuzüglich eines Gewinnvortrags und abzüglich eines Verlustvortrags mindestens den insgesamt angesetzten Beträgen abzüglich der hierfür gebildeten passiven latenten Steuern entsprechen. Werden aktive latente Steuern in der

---

4   Eine Pflicht zur Einfügung zusätzlicher Posten sehen Krumnow/Sprißler (2004), § 2 RechKredV, Tz. 5.
5   Vgl. Korth, in: KK-RLR, § 265 HGB, Tz. 24.
6   Vgl. Krumnow/Sprißler (2004), § 2 RechKredV, Tz. 10.
7   Vgl. Scharpf/Schaber (2018), S. 710.

Bilanz ausgewiesen, ist Satz 1 auf den Betrag anzuwenden, um den die aktiven latenten Steuern die passiven latenten Steuern übersteigen. Bei Vermögensgegenständen im Sinn des § 246 Abs. 2 S. 2 ist Satz 1 auf den Betrag abzüglich der hierfür gebildeten passiven latenten Steuern anzuwenden, der die Anschaffungskosten übersteigt«.
- **Anlagespiegel (§ 284 Abs. 3 HGB):** In der Bilanz oder im Anhang ist die Entwicklung der einzelnen Posten des Anlagevermögens darzustellen. Dabei sind, ausgehend von den gesamten Anschaffungs- und Herstellungskosten, die Zugänge, Abgänge, Umbuchungen und Zuschreibungen des Geschäftsjahrs sowie die Abschreibungen in ihrer gesamten Höhe gesondert aufzuführen. Die Abschreibungen des Geschäftsjahrs sind entweder in der Bilanz bei dem betreffenden Posten zu vermerken oder im Anhang in einer der Gliederung des Anlagevermögens entsprechenden Aufgliederung anzugeben. Für Institute sind die hier geforderten Angaben im Anhang vorzunehmen (§ 34 Abs. 3 RechKredV stellt eine Vorschrift zum Anhang dar). Zur Erläuterung des Anlagespiegels siehe Kapitel VI.2.1.

Nicht von Instituten anzuwenden, sind die in § 340a Abs. 2 S. 1 HGB aufgeführten Vorschriften. Dies schließt die Gliederungsvorschriften des § 265 Abs. 7 HGB ein. Jedoch gilt für Institute in § 2 Abs. 2 RechKredV eine nahezu wortgleiche Vorschrift. Demnach können Institute »die mit kleinen Buchstaben versehenen Posten der Bilanz und der Gewinn- und Verlustrechnung zusammengefasst (ausweisen), wenn sie einen Betrag enthalten, der für die Vermittlung eines den tatsächlichen Verhältnissen entsprechenden Bildes im Sinne des § 264 Abs. 2 des Handelsgesetzbuchs nicht erheblich ist, oder dadurch die Klarheit der Darstellung vergrößert wird; in diesem Falle müssen die zusammengefassten Posten jedoch im Anhang gesondert ausgewiesen werden«. Die Möglichkeit der **Zusammenfassung von Posten** bezieht sich damit nur auf die mit kleinen Buchstaben versehenen Posten der Bilanz und Gewinn- und Verlustrechnung und nicht auf die Hauptposten, die mit arabischen Zahlen nummeriert sind[8]. Fasst ein Institut aufgrund von § 2 Abs. 2 RechKredV Bilanzposten oder Posten der Gewinn- und Verlustrechnung zusammen, so ist eine Aufgliederung im Anhang unter Angabe von Vorjahreswerten vorzunehmen[9]. Da eine solche Zusammenfassung in den Jahresabschlüssen, die der Deutschen Bundesbank und der BaFin zuzusenden sind, nicht gemacht werden dürfen (siehe § 2 Abs. 2 S. 2 RechKredV bzw. § 2 Abs. 2 S. 2 RechZahlV), sind Zusammenfassungen in der Praxis unüblich[10]. Ebenfalls ist § 265 Abs. 6 HGB wegen § 340a Abs. 2 S. 1 HGB für Institute nicht anzuwenden. Daher dürfen die **Bezeichnung der Posten**, die in der RechKredV festgelegten Inhalte sowie die **Reihenfolge** der Posten grundsätzlich nicht verändert werden (**Formblattstrenge**)[11].

1.1.2 Formblatt 1 der RechKredV

Kredit- und Finanzdienstleistungsinstitute haben bei der Erstellung der Bilanz zwingend der im Formblatt 1 der RechKredV vorgegebenen Struktur zu folgen. Abweichungen sind in den oben genannten Fällen möglich, jedoch restriktiv vorzunehmen. Das in Abbildung 43 wieder-

---

8 Vgl. Krumnow/Sprißler (2004), § 2 RechKredV, Tz. 8; Scharpf/Schaber (2018), S. 709.
9 Vgl. Bieg/Waschbusch (2017), S. 314 f.; Bundesverband deutscher Banken (1993), S. 70.
10 Vgl. Scharpf/Schaber (2018), S. 709.
11 Vgl. Scharpf/Schaber (2018), S. 710.

gegebene Formblatt 1 stellt die Bilanzgliederung von Instituten in seiner Grundform dar. Für spezialisierte Kreditinstitute (wie z. B. Bausparkassen, Pfandbriefbanken, genossenschaftliche Zentralbanken) sind für einzelne Posten der Bilanz die im Formblatt 1 aufgeführten Fußnoten zu beachten. Diese schreiben für Spezialinstitute besondere Untergliederungen einzelner Bilanzposten vor oder fügen neue Posten in das Bilanzgliederungsschema ein (z. B. »Fonds zur bauspartechnischen Absicherung«). Auch bestimmte spezialisierte Finanzdienstleistungsinstitute haben bestimmte Fußnoten des Formblatts zu beachten (wie z. B. Leasing-Institute).

Aus Gründen der Übersichtlichkeit werden die für Spezialinstitute geltenden besonderen Gliederungs- und Ausweisvorschriften jeweils separat behandelt (siehe Kapitel IV.3 ff.).

Aktivseite	Euro	Euro	Euro

1. Barreserve
    a) Kassenbestand
    b) Guthaben bei Zentralnotenbanken
        darunter: bei der deutschen Bundesbank
    c) Guthaben bei Postgiroämtern			

2. Schuldtitel öffentlicher Stellen und Wechsel, die zur Refinanzierung bei Zentralnotenbanken zugelassen sind
    a) Schatzwechsel und unverzinsliche Schatzanweisungen sowie ähnliche Schuldtitel öffentlicher Stellen
        darunter: bei der deutschen Bundesbank refinanzierbar ..... Euro
    b) Wechsel			

3. Forderungen an Kreditinstitute
    a) Täglich fällig
    b) andere Forderungen			

4. Forderungen an Kunden
    darunter: durch Grundpfandrechte gesichert ... Euro
    Kommunalkredite ... Euro			

5. Schuldverschreibungen und andere festverzinsliche Wertpapiere
    a) Geldmarktpapiere
      aa) von öffentlichen Emittenten
          darunter: beleihbar bei der Deutschen Bundesbank ..... Euro
      ab) von anderen Emittenten
    b) Anleihen und Schuldverschreibungen
      ba) von öffentlichen Emittenten
          darunter: beleihbar bei der Deutschen Bundesbank ..... Euro
      bb) von anderen Emittenten
          darunter: beleihbar bei der Deutschen Bundesbank ..... Euro
    c) eigene Schuldverschreibungen Nennbetrag ..... Euro			

6. Aktien und andere nicht festverzinsliche Wertpapiere			
6a. Handelsbestand			

7. Beteiligungen
    darunter: an Kreditinstitute ..... Euro
    an Finanzdienstleistungsinstitute ..... Euro			

8. Anteile an verbundenen Unternehmen
    darunter: an Kreditinstitute ..... Euro
    an Finanzdienstleistungsinstitute ..... Euro			

9. Treuhandvermögen darunter: Treuhandkredite			

10. Ausgleichforderungen gegen die öffentliche Hand einschließlich Schuldverschreibungen aus deren Umtausch
11. Immaterielle Anlagenwerte:
    a) Selbst geschaffene gewerbliche Schutzrechte und ähnliche Rechte und Werte
    b) entgeltlich erworbene Konzessionen, gewerbliche Schutzrechte und ähnliche Rechte und Werte sowie Lizenzen an solchen Rechten und Werten
    c) Geschäfts- oder Firmenwert
    d) geleistete Anzahlungen
12. Sachanlagen
13. Eingefordertes, noch nicht eingezahltes Kapital
14. Sonstige Vermögensgegenstände
15. Rechnungsabgrenzungsposten
16. Aktive latente Steuern
17. Aktiver Unterschiedsbetrag aus der Vermögensverrechnung
18. Nicht durch Eigenkapital gedeckter Fehlbetrag

Summe der Aktiva

Passivseite	Euro	Euro	Euro

1. Verbindlichkeiten gegenüber Kreditinstituten
    a) täglich fällig
    b) mit einer vereinbarten Laufzeit oder Kündigungsfrist			

2. Verbindlichkeiten gegenüber Kunden
    a) Spareinlagen
        aa) mit vereinbarter Kündigungsfrist von drei Monaten
        ab) mit vereinbarter Kündigungsfrist von mehr als drei Monaten
    b) andere Verbindlichkeiten
        ba) täglich fällig
        bb) mit vereinbarter Laufzeit oder Kündigungsfrist			

3. Verbriefte Verbindlichkeiten
    a) begebene Schuldverschreibungen
    b) andere verbriefte Verbindlichkeiten
        darunter: Geldmarktpapiere ..... Euro
        eigene Akzepte und Solawechsel im Umlauf ..... Euro			

3a. Handelsbestand			
4. Treuhandverbindlichkeiten darunter: Treuhandkredite ..... Euro			
5. Sonstige Verbindlichkeiten			
6. Rechnungsabgrenzungsposten			
6a. Passive latente Steuern			

7. Rückstellungen
    a) Rückstellungen für Pensionen und ähnliche Verpflichtungen
    b) Steuerrückstellungen
    c) andere Rückstellungen			

8. gestrichen			
9. Nachrangige Verbindlichkeiten			
10. Genussrechtskapital darunter: vor Ablauf von zwei Jahren fällig ..... Euro			
11. Fonds für allgemeine Bankrisiken			

12. Eigenkapital
    a) Eingefordertes Kapital
       Gezeichnetes Kapital
       Abzüglich nicht eingeforderter ausstehender Einlagen
    b) Kapitalrücklage
    c) Gewinnrücklage
       ca) gesetzliche Rücklage
       cb) Rücklage für Anteile an einem herrschenden oder mehrheitlich beteiligten Unternehmen
       cc) satzungsmäßige Rücklagen
       cd) andere Gewinnrücklagen
    d) Bilanzgewinn/Bilanzverlust
                                                          Summe der Passiva

1. Eventualverbindlichkeiten
    a) Eventualverbindlichkeiten aus weitergegebenen abgerechneten Wechseln und Gewährleistungsverträgen
    b) Verbindlichkeiten aus Bürgschaften und Gewährleistungsverträgen
    c) Haftung aus der Bestellung von Sicherheiten für fremde Verbindlichkeiten
2. Andere Verpflichtungen
    a) Rücknahmeverpflichtungen aus unechten Pensionsgeschäften
    b) Platzierungs- und Übernahmeverpflichtungen
    c) Unwiderrufliche Kreditzusagen

Abb. 43: Formblatt 1 der RechKredV

1.1.3 Liquiditätskriterium »Refinanzierbarkeit bei der Deutschen Bundesbank«

Um den Bilanzleser einen Einblick in die Liquidisierbarkeit bestimmter Vermögensgegenstände zu geben, haben Institute unter bestimmten Aktivposten den Umfang einer möglichen Refinanzierbarkeit bei der Deutschen Bundesbank zu vermerken. Dies betrifft die Aktivposten:

- Schuldtitel öffentlicher Stellen und Wechsel, die zur Refinanzierung bei Zentralnotenbanken zugelassen sind (Aktivposten 2)
    a) Schatzwechsel und unverzinsliche Schatzanweisungen sowie ähnliche Schuldtitel öffentlicher Stellen
    darunter: bei der Deutschen Bundesbank refinanzierbar
- Schuldverschreibungen und andere festverzinsliche Wertpapiere (Aktivposten 3)
    a) Geldmarktpapiere
       aa) von öffentlichen Emittenten
       darunter: beleihbar bei der Deutschen Bundesbank
       ab) von anderen Emittenten
       darunter: beleihbar bei der Deutschen Bundesbank
    b) Anleihen und Schuldverschreibungen ba) von öffentlichen Emittenten darunter: beleihbar bei der Deutschen Bundesbank
       bb) von anderen Emittenten
    darunter: beleihbar bei der Deutschen Bundesbank

Seit 2007 können unter bestimmten Bedingungen auch Kreditforderungen als notenbankfähige Sicherheiten bei der Deutschen Bundesbank hinterlegt werden (sog. **Krediteinreichungsverfahren**)[12]. Eine diesbezügliche Anpassung des Bilanzgliederungsschemas ist jedoch auch im Rahmen des Bilanzrechtsmodernisierungsgesetzes nicht erfolgt.

Seit dem 01.01.2007 gilt ein einheitlicher Rahmen für notenbankfähige Sicherheiten im Eurosystem. Dieser Rahmen wird durch ein sog. einheitliches **Sicherheitenverzeichnis** institutionalisiert, welches täglich aktualisiert und auf der Webseite der EZB veröffentlicht wird. Institute, die der **Mindestreservepflicht** unterliegen, können sich im Rahmen der geldpolitischen Instrumentarien bei den Zentralnotenbanken des Eurosystems unter bestimmten Bedingungen refinanzieren. Einen Überblick über die verschiedenen geldpolitischen Geschäfte gibt Abbildung 44. Im Rahmen von **Offenmarktgeschäften** können Institute durch folgende befristete Transaktionen Refinanzierungsmittel von einer Zentralnotenbank erhalten[13]:

- Institute schließen mit der Zentralnotenbank **Pensionsgeschäfte** ab, durch die das Institut notenbankfähige Sicherheiten an die Notenbank verkauft und sich gleichzeitig dazu verpflichtet, die Sicherheiten zu einem späteren Termin zurückzukaufen (echtes Pensionsgeschäft).
- Die Notenbank gewährt dem Institut einen Kredit, der durch notenbankfähige Sicherheiten unterlegt ist (besicherte Kreditaufnahme).

Beide Instrumente können auch im Rahmen der **Ständigen Fazilität** zur Spitzenrefinanzierung in der Form von Übernacht-Pensionsgeschäfte oder besicherten Übernachtkrediten genutzt werden[14]. Sowohl eine Refinanzierung über ein echtes Pensionsgeschäft als auch über eine besicherte Kreditaufnahme führen nicht zu einer Ausbuchung der notenbankfähigen Sicherheiten aus der Bilanz des Instituts (siehe Kapitel II.1.6.2). Diese sind weiterhin in der Bilanz des Instituts auszuweisen, und – sofern es sich um Schuldtitel öffentlicher Stellen oder Schuldverschreibungen und andere festverzinsliche Wertpapiere handelt – unter dem jeweiligen Aktivposten als Darunter-Vermerk gesondert auszuweisen. Wechsel sind seit 2007 bei der Deutschen Bundesbank nicht mehr refinanzierungsfähig. Der entsprechende Darunter-Vermerk unter dem Aktivposten 2 ist damit praktisch nahezu bedeutungslos geworden. Für die Darunter-Vermerke ist die am Bilanzstichtag gültige Sicherheitenliste der EZB zugrunde zu legen. Der gesonderte Ausweis als Darunter-Vermerk hat unabhängig davon zu erfolgen, ob das Institut eine Refinanzierung bei der Zentralnotenbank tatsächlich durchgeführt hat oder z. B. aufgrund beschränkter Refinanzierungskontingente durchführen kann. Es kommt lediglich auf die **abstrakte Refinanzierbarkeit** bei der Zentralnotenbank an[15].

---

12 Vgl. Deutsche Bundesbank, Monatsbericht April 2006, S. 31 f.
13 Vgl. EZB/2011/14, in: EU-Amtsblatt L 331/1, Abschnitt 3.1.1.2.
14 Vgl. EZB/2011/14, in: EU-Amtsblatt L 331/1, Abschnitt 4.1.2.
15 Vgl. Scharpf/Schaber (2018), S. 722.

Geldpolitische Geschäfte	Transaktionsart		Laufzeit	Rhythmus	Verfahren
	Liquiditäts-bereitstellung	Liquiditäts-abschöpfung			
Offenmarktgeschäfte					
Hauptrefinan-zierungs-geschäfte	Befristete Transaktionen	–	Eine Woche	Wöchentlich	Standard-tender
Längerfristige Refinanzie-rungsgeschäfte	Befristete Transaktionen	–	Drei Monate	Monatlich	Standard-tender
Feinsteuerungs-operationen	Befristete Transaktionen Devisenswaps	Befristete Transaktionen Hereinnahme Von Termin-einlagen Devisenswaps	Nicht standar-disiert	Unregelmäßig	Schnelltender Bilaterale Geschäfte
Strukturelle Operationen	Befristete Transaktionen	Emission von Schuldver-schreibungen	standardisiert/ Nicht standar-disiert	Regelmäßig und unregel-mäßig	Standard-tender
	Endgültige Käufe	Endgültige Verkäufe	–	Unregelmäßig	Bilaterale Geschäfte
Ständige Fazilitäten					
Spitzenrefinan-zierungsfazilität	Befristete Transaktionen		Über Nacht		Inanspruchnahme auf Initiative der Geschäftspartner
Einlage-fazilität		Einlagen-annahmen	Über Nacht		Inanspruchnahme auf Initiative der Geschäftspartner

Abb. 44: Geldpolitische Operationen des Eurosystems[16]

Inwieweit das Institut notenbankfähige Sicherheiten zur Refinanzierung nutzt, kann der Bilanzleser über die Anhangangabe nach § 35 Abs. 5 RechKredV analysieren. Nach dieser Vorschrift ist zu jeder in der Bilanz ausgewiesenen Verbindlichkeit sowie unter dem Strich vermerkten Eventualverbindlichkeit der Gesamtbetrag der als Sicherheit übertragenen Vermögensgegenstände anzugeben. Da das Bilanzgliederungsschema der RechKredV jedoch keinen Darunter-Vermerk zu einreichungsfähigen Kreditforderungen verlangt, ist eine Abschätzung des Auslastungsgrads von notenbankfähigen Sicherheiten für den externen Bilanzleser jedoch schwierig.

---

16 Entnommen EZB/2015/510, in: EU-Amtsblatt L 91/3, Art. 4, Tabelle 1.

1.1.4 Bilanzpostenübergreifende Ausweisvorschriften

Nach § 11 S. 1 RechKredV sind **anteilige Zinsen** und ähnliche das Geschäftsjahr betreffende Beträge, die erst nach dem Bilanzstichtag fällig werden, aber bereits bei Kreditinstituten den Charakter von bankgeschäftlichen und bei Finanzdienstleistungsinstituten den Charakter von für diese Institute typischen Forderungen oder Verbindlichkeiten haben, demjenigen Posten der Aktiv- oder Passivseite der Bilanz zuzuordnen, dem sie zugehören. Die Ausweisvorschrift betrifft damit alle Bilanzposten, in denen zinstragende Finanzinstrumente auszuweisen sind. Mit Verweis auf das Brutto-Prinzip wird in Teilen des Schrifttums ein Ausweis anteiliger Zinsen beim zugehörigen Bilanzposten im Falle negativer Zinsen für nicht sachgerecht angesehen[17]. Dies wird u. a. damit begründet, dass im Falle einer Zinsanomalie negative Zinsen nicht als Zinsforderungen auf die Hauptforderung anzusehen sein sollen. Dieser Auffassung ist weder zivilrechtlich[18] noch bilanzrechtlich zu folgen. So ist das Saldierungsverbot des § 246 Abs. 2 HGB aufgrund von § 340a Abs. 2 S. 3 HGB für Institute nicht anzuwenden, wenn abweichende Vorschriften bestehen. Ergibt sich nach institutsspezifischem Lex Specialis ein saldierter Ausweis, so ist dem auch nach § 11 RechKredV im Falle negativer Zinsen zu folgen. Soweit für den Ausweis negativer Zinsen in der GuV ein saldierter Ausweis sachgerecht ist[19], sind keine tragenden Gründe gegen einen entsprechenden Ausweis in der Bilanz unter Berücksichtigung von § 11 RechKredV ersichtlich.

1.2 Bilanzposten der Aktivseite

1.2.1 Barreserve (Aktivposten Nr. 1)

Der Posten »Barreserve« bildet den liquidesten und damit den ersten Posten einer Bankbilanz. Er besteht aus den Unterposten »Kassenbestand«, »Guthaben bei Zentralnotenbanken« und »Guthaben bei Postgiroämtern«. Soweit das Institut Guthaben bei der Deutschen Bundesbank unterhält, sind diese gesondert unter den Guthaben bei Zentralnotenbanken zu vermerken. Der Umfang der Geldmittel, die unter der Barreserve auszuweisen sind, ist in § 12 RechKredV vorgeschrieben. Nach § 12 Abs. 1 S. 1 u. 2 RechKredV sind als Kassenbestand alle »gesetzlichen Zahlungsmittel einschließlich der ausländischen Noten und Münzen sowie Postwertzeichen und Gerichtsgebührenmarken auszuweisen. Zu einem höheren Betrag als dem Nennwert erworbene Gedenkmünzen sowie Goldmünzen, auch wenn es sich um gesetzliche Zahlungsmittel handelt, und Barrengold sind im Posten »Sonstige Vermögensgegenstände« (Aktivposten Nr. 15) zu erfassen«.

---

17 Vgl. Weigel/Sierleja, in: Beck HdR, B 901, Tz. 55.
18 Vgl. bspw. Schürmann/Langer, in: Schimansky/Bunte/Lwowski, 5. Aufl., § 70 Tz. 25 ff.
19 Vgl. Löw, in: WPg 2015, S. 66 (S. 67); Weigel/Meyding-Metzger, in: IRZ 2015, S. 185 (S. 189); Bär/Blaschke/Geisel/Vietze/Weigel/Weißenberger, in: WPg 2017, S. 1132 (S. 1133).

a) Kassenbestand. Unter den Kassenbestand fallen alle Bargeldbestände, die sich in der Hauptkasse, sämtlichen Nebenkassen sowie in Geldautomaten befinden. Dies umfasst auch auf fremde Währung lautende Noten und Münzen (sog. Sortenbestände). Gedenk- und Silbermünzen sind nur dann dem Kassenbestand zuzurechnen, wenn sie gesetzliches Zahlungsmittel darstellen und nicht zu einem höheren Betrag als dem Nennwert erworben wurden. In diesem Fall sind sie unter den sonstigen Vermögensgegenständen auszuweisen. Goldmünzen sind wie Barrengold und Medaillen wie Bestände an Edelmetallen unter den »Sonstigen Vermögensgegenständen« auszuweisen, auch wenn sie gesetzliches Zahlungsmittel darstellen. Unter den Kassenbestand fallen auch gültige Postwertzeichen, Gerichtsgebührenmarken und andere amtliche Wertzeichen (einschließlich ausländische Wertzeichen und Gebührenmarken)[20].

b) Guthaben bei Zentralnotenbanken. Als Zentralnotenbanken gelten die Deutsche Bundesbank sowie die Zentralnotenbanken der Niederlassungsländer, d. h. die Zentralnotenbanken der Länder, in denen das Institut Bankgeschäfte betreibt oder Finanzdienstleistungen erbringt oder aus anderen Gründen präsent ist (die Form der Niederlassung ist unbeachtlich)[21]. Mithin sind hier auch Guthaben auszuweisen, die von ausländischen Filialen oder Zweigstellen des Instituts bei den dortigen Zentralnotenbanken eingelegt wurden. Unter dem Unterposten »Guthaben bei Zentralnotenbanken« sind **nur täglich fällige Guthaben** auszuweisen. Nach § 8 Abs. 3 RechKredV sind Guthaben als »täglich fällig« anzusehen, wenn über diese »jederzeit ohne vorherige Kündigung verfügt werden kann oder für die eine Laufzeit oder Kündigungsfrist von 24 Stunden oder von einem Geschäftstag vereinbart worden ist; hierzu rechnen auch die sogenannten Tagesgelder und Gelder mit täglicher Kündigung einschließlich der über geschäftsfreie Tage angelegten Gelder mit Fälligkeit oder Kündigungsmöglichkeit am nächsten Geschäftstag«. Übernachtungsguthaben im Rahmen der Einlagefazilität der Deutschen Bundesbank sowie Forderungen an die Deutsche Bundesbank aus Devisenswapgeschäften, Wertpapierpensionsgeschäften und Termineinlagen sind unter den »Forderungen an Kreditinstituten« auszuweisen. Bei Zentralnotenbanken in Anspruch genommene Kredite wie Übernachtkredite im Rahmen der Spitzenrefinanzierungsfazilität der Deutschen Bundesbank oder andere täglich fällige Darlehen sind nicht von den Guthaben abzusetzen, sondern sind als tägliche fällige Verbindlichkeiten im Passivposten 1 »Verbindlichkeiten gegenüber Kreditinstituten« auszuweisen[22]. Nicht jederzeit verfügbare Guthaben bei Zentralnotenbanken sind unter dem Aktivposten 3 »Forderungen an Kreditinstitute« auszuweisen. Hat ein Institut täglich fällige Zentralbankguthaben ausschließlich bei der Deutschen Bundesbank, so ist der Ausweis von Aktivposten 1b) sowie der Darunter-Vermerk »bei der Deutschen Bundesbank« identisch; letzterer kann nicht weggelassen werden[23].

c) Guthaben bei Postgiroämtern. In diesem Unterposten sind täglich fällige Guthaben bei Postgiroämtern der Niederlassungsländer des Instituts auszuweisen. Da die Deutsche Post-

---

20 Vgl. Krumnow/Sprißler (2004), § 12 RechKredV, Tz. 2–5.
21 Vgl. Bieg/Waschbusch (2017), S. 176; Scharpf/Schaber (2018), S. 715.
22 Vgl. Scharpf/Schaber (2018), S. 716; Braun, in: KK-RLR, § 340a HGB, Tz. 50.
23 Vgl. Scharpf/Schaber (2018), S. 716.

bank AG seit dem 01.01.1995 als Kreditinstitut gilt, sind Guthaben bei diesem Institut unter den Forderungen an Kreditinstitute (Aktivposten 3) auszuweisen. Im Unterposten »Guthaben bei Postgiroämtern« sind nur noch die Guthaben bei ausländischen Postgiroämtern auszuweisen, die nicht als Kreditinstitute im Sinne der EU-Richtlinie gelten[24].

Die Barreserven sind grundsätzlich zu ihrem Nennwert zu bilanzieren. Barreserven in fremder Währung sind nach den handelsrechtlichen Grundsätzen der Währungsumrechnung in Euro umzurechnen (hierzu siehe Kapitel III.2.2). Eine Einbeziehung in die besondere Deckung nach § 340h HGB ist grundsätzlich möglich. Für eine sachgerechte Darstellung der Vermögens-, Finanz- und Ertragslage ist es nicht notwendig, Sorten umzurechnen, da dies »in der ganz überwiegenden Anzahl der Fälle nur eine vernachlässigbare Bedeutung« besitzt[25]. Guthaben bei Zentralnotenbanken in den Niederlassungsländern können einem Länderrisiko (Transferrisiko) ausgesetzt sein[26].

1.2.2 Schuldtitel öffentlicher Stellen und Wechsel (Aktivposten 2)

Nach § 13 Abs. 1 S. 1 RechKredV sind im Aktivposten 2 Schatzwechsel, unverzinsliche Schatzanweisungen sowie ähnliche Schuldtitel öffentlicher Stellen und Wechsel auszuweisen, sofern diese
- unter Diskontabzug hereingenommen wurden **und**
- zur Refinanzierung bei den Zentralnotenbanken der Niederlassungsländer zugelassen sind[27].

Sofern mit diesen Titeln eine kurzfristige **Gewinnerzielungsabsicht** verfolgt wird, ist eine Zuordnung zum Handelsbestand vorzunehmen. Schatzanweisungen sind kurz- und mittelfristige Schuldverschreibungen, die vom Bund, den Ländern oder deren Sondervermögen emittiert wurden. **Schatzanweisungen** können auch als unverzinsliche Schatzanweisungen (sog. U-Schätze) begeben werden. U-Schätze werden zu einem Kurs emittiert, der unterhalb des Nominalbetrags liegt, so dass die Tilgung eine implizite Effektivverzinsung beinhaltet (zur näheren Erläuterung siehe auch die Ausführungen zu Zero Bonds, Kapitel III.1.3.3.2). Schatzanweisungen haben eine Laufzeit von 6 bis 24 Monaten. Liegt eine kürzere Laufzeit vor (z. B. 3 Monate), so spricht man von einem Schatzwechsel. Als ähnliche Schuldtitel öffentlicher Stellen gelten Auslandstitel wie Treasury Bills und Bonds de Trésor, sofern diese die oben genannten Bedingungen erfüllen.

Ein Ausweis unter dem Aktivposten 2 kommt nur dann in Betracht, wenn die Schuldtitel unter **Diskontabzug** hereingenommen werden. Der Ankaufskurs ergibt sich bei unverzinslichen Schuldtiteln aus der Diskontierung des Nominalbetrags auf den Erwerbszeitpunkt. Die Rückzahlung zum Nominalbetrag beinhaltet mithin die Verzinsung dieser

---

24 Vgl. Braun, in: KK-RLR, § 340a HGB, Tz. 50; Krumnow/Sprißler (2004), § 12 RechKredV, Tz. 1.
25 BT-Drs 16/10067, S. 62.
26 Vgl. Bieg/Waschbusch (2017), S. 178.
27 Vgl. hierzu ausführlich Kapitel IV.1.1.3.

Schuldtitel. Unter dem Aktivposten 2 sind auch Zero Bonds, die von öffentlichen Stellen begeben wurden, auszuweisen.

Unter **öffentlichen Stellen** sind nach § 13 Abs. 1 S. 3 RechKredV die öffentlichen Haushalte (Bund, Länder, Gemeinden, Kommunale Zweckverbände) einschließlich ihrer Sondervermögen zu verstehen. Sondervermögen des Bundes umfassen den Erblastentilgungsfonds[28], das ERP-Sondervermögen[29], das Bundeseisenbahnvermögen[30], Lastenausgleichsfonds[31], Fonds »Deutsche Einheit«[32], Entschädigungsfonds[33], Versorgungsrücklage des Bundes[34], Fonds Aufbauhilfe[35], Entschädigungseinrichtung der Wertpapierhandelsunternehmen (EdW)[36], Binnenschifffahrtsfonds[37], Kinderbetreuungsausbau Sondervermögen[38], den Sonderfonds für Finanzmarktstabilisierung (SoFFin)[39] sowie den Restrukturierungsfonds der Bundesanstalt für Finanzmarktstabilisierung FMSA (siehe RStruktFG) ein[40]. Fraglich ist in diesem Zusammenhang, ob nur Schuldtitel unter diesem Posten auszuweisen sind, die von einer öffentlichen Stelle oder dessen Sondervermögen direkt begeben wurde, oder ob dies auch Schuldtitel einschließen kann, die von einer öffentlichen Stelle oder einem Sondervermögen des Bundes garantiert werden, da die Gläubiger der garantierten Schuldtitel nicht am Insolvenzverfahren des Schuldners teilnehmen (§ 6 Abs. 1a Nr. 3 FMStFG). Eine Einbeziehung von Schuldtiteln, die von öffentlichen Stellen oder deren Sondervermögen garantiert werden, in den Aktivposten 2 ist abzulehnen, da der Wortlaut des Gesetzes verlangt, dass die Schuldtitel von öffentlichen Stellen direkt begeben werden. Hinsichtlich der allgemeinen Gliederungsgrundsätze der RechKredV erscheint de lege ferenda eine Gleichstellung mit garantierten Schuldtiteln vor dem Hintergrund der Einblicknahme in die Liquiditätslage des Instituts jedoch sachgerecht.

Sparkassen, Landesbanken sowie bundes- oder landesrechtliche Abwicklungsanstalten sind Anstalten des öffentlichen Rechts und damit eigenständige Rechtsträger. Emissionen dieser Institutionen sind nicht als Schuldtitel öffentlicher Stellen anzusehen[41].

Auch Schuldtitel ausländischer öffentlicher Stellen sowie deren Sondervermögen sind unter den oben genannten Voraussetzungen in diesem Posten auszuweisen. Ausländische öffentliche Stellen umfassen ausländische Regierungen, Regionalregierungen und Gebietskörperschaften, nicht jedoch internationale und supranationale Organisationen wie die

---

28 Vgl. § 4 Abs. 2 Erblastentilgungsfonds-Gesetz.
29 Vgl. § 1 ERPVwG.
30 Vgl. § 17 Abs. 4 Gesetz zur Zusammenführung und Neugliederung der Bundeseisenbahn.
31 Vgl. § 5 Gesetz über den Lastenausgleich.
32 Vgl. § 1 Gesetz über die Errichtung eines Fonds »Deutsche Einheit« – DEFG.
33 Vgl. § 9 Entschädigungsgesetz.
34 Vgl. § 2 VersRücklG.
35 Vgl. Gesetz zur Errichtung eines Fonds »Aufbauhilfe«.
36 Vgl. § 22, 43 EinSiG.
37 Vgl. § 1 BinSchFondsG.
38 Vgl. § 1 KiBFG.
39 Vgl. § 1 FMStG.
40 Vgl. Heidelbach, in: Schwark/Zimmer, § 37 BörsG, Tz. 4.
41 Vgl. Krumnow/Sprißler (2004), § 13 RechKredV, Tz. 13.

Weltbank oder die BIZ[42]. Welche Adressen im Ausland als öffentliche Stellen gelten, richtet sich nach den dort geltenden rechtlichen Rahmenbedingungen[43].

Für den Postenausweis ist eine Unterteilung in die folgenden beiden Unterposten vorgesehen:

- **Unterposten 2a) »Schatzwechsel und unverzinsliche Schatzanweisungen sowie ähnlich Schuldtitel öffentlicher Stellen.** Sofern diese Schuldtitel unter Diskontabzug hereingenommen werden und bei einer Zentralnotenbank refinanzierungsfähig sind, hat ein Ausweis unter diesem Unterposten zu erfolgen. Schuldtitel öffentlicher Stellen, die nicht unter Diskontabzug hereingenommen worden sind oder die nicht bei einer Zentralnotenbank refinanzierbar sind, sind unter dem Aktivposten 5 »Schuldverschreibungen und andere festverzinsliche Wertpapiere« auszuweisen. Dabei ist der Ausweis entweder in dem Unterposten »Geldmarktpapiere öffentlicher Emittenten« oder »Anleihen und Schuldverschreibungen öffentlicher Emittenten« vorzunehmen (siehe §13 Abs. 1 S. 2 RechKredV).
- **Unterposten 2b) »Wechsel«.** In diesem Unterposten sind die Wechsel, die aus dem Diskontgeschäft[44] stammen und die bei Zentralnotenbanken der Niederlassungsländer refinanzierbar sind, auszuweisen. Nach §13 Abs. 3 RechKredV ist der Bestand an eigenen Wechseln hier nicht auszuweisen; den Kunden nicht abgerechnete Wechsel, Solawechsel und eigene Ziehungen, die beim bilanzierenden Institut hinterlegt sind. Depot- oder Kautionswechsel, sind nicht als Wechsel zu bilanzieren (§13 Abs. 3 S. 2 RechKredV). Seit dem 01.01.2007 stellen Wechsel keine notenbankfähigen Sicherheiten mehr dar, so dass der gesonderte Ausweis nahezu bedeutungslos geworden ist. Auf eine nähere Erläuterung kann daher verzichtet werden.

Die **Bewertung** der in diesem Posten ausgewiesenen Finanzinstrumente folgt den Grundsätzen der Bilanzierung von Zero Bonds (siehe Kapitel III.1.3.3.2). Schuldtitel mit einer Laufzeit von unter einem Jahr sind nach den für das Umlaufvermögen geltenden Grundsätzen zu bilanzieren. Aufgrund der hohen Liquidierbarkeit dieser Positionen, dienen die im Aktivposten 2 ausgewiesenen Finanzinstrumente im Regelfall der Liquiditätssicherung des Instituts, so dass eine Zuordnung zum Liquiditätsbestand in Betracht kommt. Obgleich die in diesem Posten ausgewiesenen Instrumente im Regelfall der Liquiditätssicherung des Instituts dienen, gelten sie nicht als Wertpapiere der Liquiditätsreserve im Sinne des §340f HGB. Stille Vorsorgereserven können nur auf die Aktivposten 3, 4, 5 und 6 gebildet werden, insoweit die darin enthaltenen Finanzinstrumente dem Umlaufvermögen zugeordnet wurden (siehe §340f Abs. 1 HGB). Abschreibungen und Wertberichtigungen von Instrumenten des Aktivpostens 2 sind unter den sonstigen betrieblichen Aufwendungen zu erfassen[45]. Laufende Erträge von »Schuldtiteln öffentlicher Stellen und Wechsel, die zur Refinanzierung bei Zentralnotenbanken zugelassen sind«, sind in den Zinserträgen auszuweisen (so explizit aufgeführt in §28 S. 1 RechKredV).

---

42 Vgl. Scharpf/Schaber (2018), S. 721.
43 Vgl. Mielk, in: Reischauer/Kleinhans, §19 KWG, Tz. 7; Bock, in: Boos/Fischer/Schulte-Mattler, §19 KWG, Tz. 19.
44 Zum Diskontgeschäft siehe Kapitel VI.2.3.
45 Vgl. Scharpf/Schaber (2018), S. 727; Krumnow/Sprißler (2004), §13 RechKredV, Tz. 25.

1.2.3 Forderungen an Kreditinstitute (Aktivposten 3)

1.2.3.1 Voraussetzung für den Postenausweis

Nach § 14 RechKredV sind unter dem Aktivposten Nr. 3 »Forderungen an Kreditinstitute« alle Arten von Forderungen aus »Bankgeschäften sowie alle Forderungen von Finanzdienstleistungsinstituten an in- und ausländische Kreditinstitute einschließlich der von Kreditinstituten eingereichten Wechsel auszuweisen, soweit es sich nicht um börsenfähige Schuldverschreibungen im Sinne des Postens »Schuldverschreibungen und andere festverzinsliche Wertpapiere« (Aktivposten Nr. 5) handelt«. Damit ist ein Ausweis unter diesem Posten auf jene Forderungen beschränkt, die aus **Bankgeschäften** mit Kreditinstituten entstanden sind. Finanzdienstleistungsinstitute und Zahlungsinstitute haben unter diesem Posten alle Arten von Forderungen an in- und ausländischen Kreditinstituten auszuweisen (§ 14 S. 1 RechKredV sowie § 10 S. 1 RechZahlV). Umstritten ist der Ausweis von Ansprüchen an Kreditinstitute, die nicht auf Bankgeschäften beruhen. In der Literatur wird ein Ausweis unter den »Forderungen an Kunden«[46] wie auch ein Ausweis unter den »Sonstigen Vermögensgegenständen« als sachgerecht angesehen[47]. A forfait eingereichte Wechsel sind unter diesem Posten nur dann auszuweisen, wenn sie nicht bei einer Zentralnotenbank der Niederlassungsländer refinanzierbar sind (Regelfall im Eurosystem seit 2007). Andernfalls ist ein Ausweis unter dem Aktivposten 2 vorzunehmen. Zu den Forderungen an Kreditinstitute gehören auch Bausparguthaben aus abgeschlossenen Bausparverträgen und Soll-Salden aus Effektengeschäften und Verrechnungskonten (§ 14 S. 4 RechKredV). Auch Schuldscheindarlehen an Kreditinstitute sind unter dem Aktivposten 3 auszuweisen, da Schuldscheindarlehen zivilrechtlich als Buchforderungen zu qualifizieren sind (im Einzelnen hierzu siehe Kapitel IV.1.2.3.2).

Sofern die Forderungen zum Zwecke der **kurzfristigen Gewinnerzielungsabsicht** im Eigenbestand gehalten werden, sind diese Forderungen im Aktivposten 6a »Handelsbestand« auszuweisen. Aufgrund ihrer Handelbarkeit und Fungibilität kann eine kurzfristige Gewinnerzielungsabsicht insbesondere mit Schuldscheindarlehen verfolgt werden, so dass in diesem Fall einer Zuordnung zum Handelsbestand vorzunehmen ist. Forderungen, die aus einer Stellung von Barsicherheiten an Kreditinstitute für Derivate des Handelsbestands resultieren (z. B. Bar-Collateral aus einer CSA-Besicherung von Zinsswaps oder der Stellung einer Initial Margin von Futures), sind nicht unter dem Aktivposten 6a »Handelsbestand«, sondern unter den Forderungen an Kreditinstitute auszuweisen.

Der Ausweis unter den »Forderungen an Kreditinstitute« ist entscheidend davon abhängig, ob der Schuldner der Forderung ein **Kreditinstitut** darstellt. Hierzu zählen alle Unternehmen, die nach § 1 Abs. 1 S. 2 KWG Bankgeschäfte betreiben[48]. Ferner sind als Kreditinstitute in anderen Staaten zugelassene Unternehmen zu erfassen, sofern auf sie die Begriffsbestimmung des Art. 15 BaBiRiLi zutrifft[49]. Ebenso sind Ansprüche gegenüber Zen-

---

46 Vgl. Bieg/Waschbusch (2017), S. 186; Bieg, in: ZfbF 1988, S. 27.
47 Vgl. Scharpf/Schaber (2018), S. 732; Scharpf/Sohler (1992), S. 135; Krumnow/Sprißler (2004), S. 1101.
48 Finanzdienstleistungsunternehmen, Finanzunternehmen oder auch Finanzholding-Gesellschaften fallen daher nicht unter die Kreditinstitute. Siehe auch Kapitel I.
49 Vgl. Bieg/Waschbusch (2017), S. 185 f.

tralnotenbanken[50] sowie nationalen und internationalen Einrichtungen mit Bankcharakter (z. B. Weltbank, Bank für Internationalen Zahlungsausgleich) unter dieser Position auszuweisen. Forderungen an Finanzdienstleistungsinstitute, Zahlungsinstitute, E-Geld-Institute, Finanzholding-Gesellschaften, Finanzunternehmen (§ 1 Abs. 3 KWG), gemischte Unternehmen und Anbieter von Nebendienstleistungen (§ 1 Abs. 19 KWG) sowie Kapitalverwaltungsgesellschaften sind unter dem Aktivposten 4 »Forderungen an Kunden« auszuweisen.

Nach § 11 RechKredV sind **anteilige Zinsen** und ähnliche das Geschäftsjahr betreffende Beträge, die erst nach dem Bilanzstichtag fällig werden, aber bereits am Bilanzstichtag Forderungscharakter haben, ebenfalls in diesem Bilanzposten auszuweisen. **Gemeinschaftskredite** sind lediglich mit ihrem eigenen Anteil zu zeigen, der von dem Kreditinstitut übernommen wurde bzw. bei diesem verbleibt (§ 5 RechKredV). Ferner sind in dem Posten Rückübertragungsansprüche aus **Wertpapierleihgeschäften** sowie Forderungen aus **echten Pensionsgeschäften** mit Banken auszuweisen (siehe Kapitel II.1.8.2). Nicht unter den Forderungen an Kreditinstituten werden hingegen **Treuhandkredite** (siehe Kapitel II.1.2.4) sowie Kreditzusagen (siehe § 15 Abs. 1 S. 5 RechKredV) ausgewiesen.

Ein zentrales Kriterium für den Ausweis unter der Position »Forderungen an Kreditinstitute« ist die **mangelnde Börsenfähigkeit** der Finanzinstrumente. Durch den Hinweis auf § 7 RechKredV in § 14 S. 4 RechKredV wird klargestellt, dass unter den Forderungen an Kreditinstitute nur solche Finanzinstrumente auszuweisen sind, die nicht als Wertpapiere zu qualifizieren sind. Während börsenfähige Schuldverschreibungen demnach nicht in dieser Position gezeigt werden, sind nach § 14 S. 3 RechKredV zudem die folgenden Ansprüche gegenüber Banken aufzunehmen:
- Namensschuldverschreibungen,
- Nicht börsenfähige Inhaberschuldverschreibungen,
- Orderschuldverschreibungen, die nicht Teile einer Gesamtemission sind,
- Nicht börsenfähige Orderschuldverschreibungen, die nicht Teile einer Gesamtemission sind,
- Namensgeldmarktpapiere,
- Nicht börsenfähige Inhabergeldmarktpapiere,
- Namensgenussscheine (siehe Abb. 45),
- Nicht börsenfähige Inhabergenussscheine (siehe Abb. 45),
- andere nicht in Wertpapieren verbriefte rückzahlbare Genussrechte (Abb. 45).

Gem. RechKredV sind verschiedene **Darunter-Vermerke** zur weiteren Erläuterung dieser Bilanzposition erforderlich. So ist der Posten »Forderungen an Kreditinstitute« in »**täglich fällige**« Forderungen und »**andere Forderungen**« zu unterteilen. Unter den täglich fälligen Forderungen sind nur solche Forderungen zu erfassen, über die jederzeit ohne vorherige Kündigung oder mit einer Kündigungsfrist von 24 Stunden oder einem Geschäftstag verfügt werden kann (§ 8 Abs. 3 RechKredV). Nicht unter den täglich fälligen Forderungen sind die täglich fälligen Guthaben gegenüber **Zentralnotenbanken** zu erfassen; diese sind unter dem Aktivposten 1 »Barreserve« auszuweisen (§ 12 Abs. 2 S. 1 RechKredV). Die nicht

---

50 Hier sind zumeist nicht täglich fällige Guthaben bei Zentralnotenbanken unter den Forderungen an Kreditinstitute auszuweisen. Vgl. § 12 Abs. 2 S. 1 u. 2 RechKredV.

täglich fälligen Forderungen sind unter den »anderen Forderungen« auszuweisen. Besondere Aufgliederungen gelten für Bausparkassen und Pfandbriefbanken (siehe Kapitel IV.3 sowie Kapitel IV.4)[51]. Einige Besonderheiten gelten für den Ausweis von **Genussrechten**, der in der folgenden Übersicht systematisiert wird.

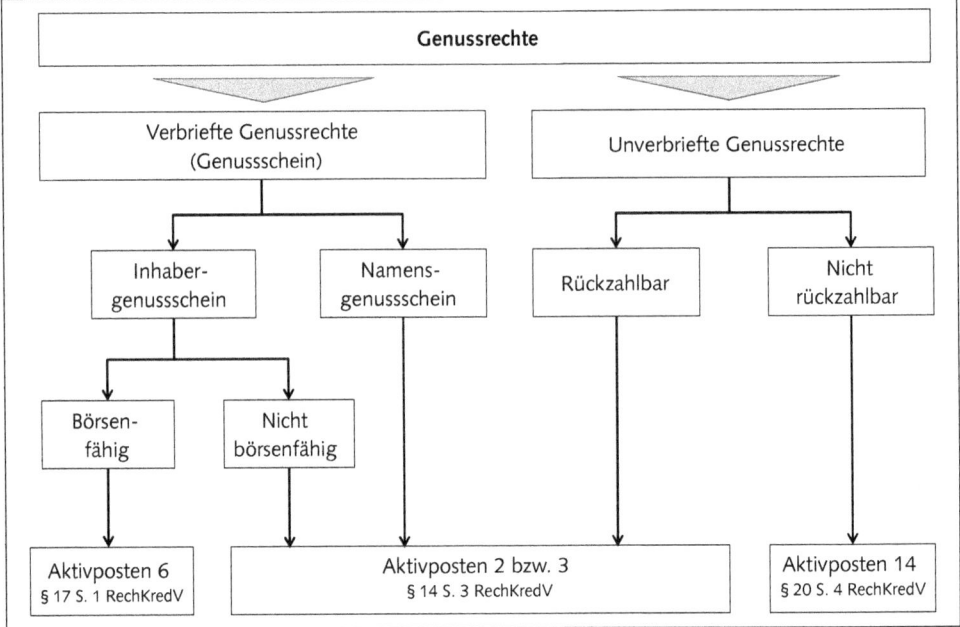

Abb. 45: Ausweis von erworbenen Genussrechten

Die folgenden Aufgliederungen sind **wahlweise** in der Bilanz oder im Anhang vorzunehmen:
- Forderungen an verbundene Unternehmen (§ 3 S. 1 Nr. 1 RechKredV);
- Forderungen an Unternehmen, mit denen ein Beteiligungsverhältnis besteht (§ 3 S. 1 Nr. 2 RechKredV);
- Nachrangige Forderungen an Kunden (§ 4 Abs. 2 RechKredV).

Der Höhe nach sind in dem Posten »Forderungen an Kreditinstitute« die Anschaffungskosten der herausgelegten oder erworbenen Forderungen vermindert um vorgenommene Direktabschreibungen, Einzelwertberichtigungen, pauschalierte Einzelwertberichtigungen, Pauschalwertberichtigungen sowie stille Vorsorgereserven nach § 340f HGB (siehe Kapitel III.1.3.4) auszuweisen. Zur Zugangs- und Folgebewertung von Forderungen siehe Kapitel III.1.3.2. Zu den verschiedenen Möglichkeiten zum Ausweis von Agien und Disagien siehe Kapitel III.1.3.2.3.1. Die in Anspruch genommenen Kredite sind unter den Voraussetzungen des § 10 RechKredV mit täglich fälligen Verbindlichkeiten gegenüber demselben Kontraktpartner zu saldieren (siehe Kapitel II.3.2.1.1). Die Forderungen an

---

51 Vgl. Formblatt 1, Fußnote 1, RechKredV.

Kreditinstitute sind in Höhe ihrer Inanspruchnahme in diesem Posten auszuweisen; Kreditzusagen fließen in den Posten nicht ein.

1.2.3.2 Exkurs: Rechtliche Qualifikation von Schuldscheindarlehen als Buchforderungen

Schuldscheindarlehen stellen zivilrechtlich Darlehen nach §§ 488 ff. BGB dar; sie fallen nicht unter die Schuldverschreibungen[52]. Der von dem Kreditnehmer ausgegebene Schuldschein dient lediglich als Beweisurkunde. Der Schuldschein ist lediglich eine bloße Wissenserklärung, welcher – ähnlich einer Quittung – als Zeugnis des Darlehensnehmers gegen sich selbst dient; die Beweislast für die Valutierung des Darlehens trägt der Darlehensgeber, die durch die Vorlage des Schuldscheins erfüllt wird[53]. Es handelt sich mithin um ein Darlehen, welches durch eine Beweisurkunde (Schuldschein) formalisiert ist[54]. Schuldscheindarlehen können entweder im Wege der Vertragsübernahme oder durch Abtretung übertragen werden. Dabei kann die Bank eine Aufteilung des Schuldscheindarlehens in Teilforderungen vornehmen und diese an Dritte abtreten[55]. Während die Übertragung von Konsortialkrediten häufig die Zustimmung des Kreditnehmers voraussetzt, werden Schuldscheindarlehen überwiegend mit einer unbeschränkten Übertragbarkeit vereinbart. Die Fungibilität von Schuldscheindarlehen rangiert zwischen Konsortialkrediten und Anleihen[56]. Die Übertragbarkeit wird durch eine zunehmende Standardisierung der Dokumentation erleichtert[57].

Aufgrund ihres rechtlichen Charakters sind Schuldscheindarlehen bilanziell stets als Buchforderungen zu behandeln. In Abhängigkeit von der Art des Kreditnehmers sind Schuldscheindarlehen entweder unter dem Aktivposten 3 »Forderungen an Kreditinstitute« oder unter dem Aktivposten 4 »Forderungen an Kunden« auszuweisen und nach den für Forderungen geltenden Grundsätzen zu bewerten, wenn mit den Schuldscheindarlehen nicht eine kurzfristige Gewinnerzielungsabsicht verfolgt wird. In diesem Fall sind die Schuldscheindarlehen unter dem Aktivposten 6a »Handelsbestand« auszuweisen.

1.2.3.3 Unterposten

Im Unterposten a) sind täglich fällige Forderungen an Kreditinstitute auszuweisen. Eine Forderung ist als täglich fällig anzusehen, wenn über die Gelder jederzeit ohne vorherige Ankündigung verfügt werden kann oder für die Forderung eine Laufzeit oder eine Kündigungsfrist von 24 Stunden oder von einem Geschäftstag vereinbart worden ist (§ 8 Abs. 3 RechKredV). Nach h. M. soll es zulässig sein, die in einem Unterposten als »täglich fällig« auszuweisenden Beträge im Allgemeinen nicht in die Restlaufzeitengliederung nach § 9

---

52 Vgl. Tetzlaff, in: Bankrechtshandbuch, hrsg. v. Schimansky/Bunte/Lwowski, 3. Aufl., § 88, Tz. 48; Habersack, in: MüKom BGB, 7. Aufl., Vor §§ 793 ff. BGB, Tz. 21.
53 Vgl. Wehrhahn, in: BKR 2012, S. 364.
54 Vgl. Schmitt, in: BB 2012, S. 2039.
55 Vgl. Wunderlich, in: Bankrechtshandbuch, hrsg. v. Schimansky/Bunte/Lwowski, § 75, Tz. 29.
56 Vgl. Wehrhahn, in: BKR 2012, S. 364.
57 Vgl. Schmitt, in: BB 2012, S. 2039.

RechKredV einzubeziehen[58]. Dies ergibt sich jedoch nicht aus dem Gesetz. So ist nach § 9 Abs. 1 S. 1 Nr. 2 RechKredV bspw. der (gesamte) Aktivposten 4 »Forderungen an Kunden« im Anhang nach Restlaufzeiten aufzugliedern. In Bezug auf Forderungen an Kreditinstituten ist nur der Unterposten b) »andere Forderungen an Kreditinstituten« zu erläutern (so explizit § 9 Abs. 1 S. 1 Nr. 1 RechKredV). Nach § 8 Abs. 3 RechKredV gelten als »täglich fällige« Gelder auch jene, die über geschäftsfreie Tage angelegt und am nächsten Geschäftstag fällig oder gekündigt werden können (§ 9 Abs. 3 2. HS RechKredV). Zutreffender Weise ist dies so zu interpretieren, dass es sich um eine Kündigungsmöglichkeit zum nächsten Geschäftstag handeln muss, damit das Laufzeitkriterium von 24 Stunden oder einem Geschäftstag nicht überschritten wird[59].

Im Unterposten b) »andere Forderungen« sind alle Forderungen auszuweisen, die nicht täglich fällig sind. Die in diesem Unterposten enthaltenen Forderungen sind nach § 9 Abs. 1 Nr. 1 RechKredV im Anhang nach Restlaufzeiten aufzugliedern.

1.2.3.4 Anhangangaben

Im Anhang sind für Forderungen, die im Aktivposten 3 »Forderungen an Kreditinstitute« enthalten sind, die folgenden Angaben zu machen:
- Sofern dieser Posten nachrangige Vermögensgegenstände enthält, sind diese als Unterposten gesondert auszuweisen oder separat im Anhang anzugeben (§ 4 Abs. 2 RechKredV).
- Verbriefte und unverbriefte Forderungen an verbundenen Unternehmen oder an Unternehmen, mit denen ein Beteiligungsverhältnis besteht, sind als Unterposten in der Bilanz gesondert anzugeben, oder im Anhang in der Reihenfolge der betroffenen Posten anzugeben (§ 3 Nr. 1 u. Nr. 2 RechKredV).
- Enthält der Posten Forderungen, die dem Anlagevermögen zugewidmet wurden, so sind diese in den Anlagespiegel aufzunehmen (§ 34 Abs. 3 RechKredV i. V. m. § 268 Abs. 2 HGB).
- Nach § 35 Abs. 1 Nr. 6 RechKredV ist der Gesamtbetrag der Vermögensgegenstände die auf Fremdwährung lauten, jeweils in Euro anzugeben.
- Die im Unterposten b) enthaltenen Forderungen an Kreditinstitute sind im Anhang nach Restlaufzeiten aufzugliedern, mit Ausnahme der darin enthaltenen Bausparguthaben aus abgeschlossenen Bausparverträgen (§ 9 Abs. 1 Nr. 1 RechKredV in Verbindung mit § 340d HGB). Die anteiligen Zinsen brauchen nicht in die Fristengliederung einbezogen werden (§ 11 RechKredV).
- Nach § 340b Abs. 4 S. 4 HGB hat der Pensionsgeber bei echten Pensionsgeschäften den Buchwert der in Pension gegebenen Vermögensgegenstände anzugeben.

---

58 Vgl. Krumnow/Sprißler (2004), § 8 RechKredV, Tz. 9 f.
59 Vgl. Krumnow/Sprißler (2004), § 8 RechKredV, Tz. 11.

1.2.4 Forderungen an Kunden (Aktivposten 4)

1.2.4.1 Voraussetzung für den Postenausweis

Nach § 15 RechKredV sind unter dem Aktivposten Nr. 4 »Forderungen an Kunden« alle Arten von »Vermögensgegenständen einschließlich der von Kunden eingereichten Wechsel auszuweisen, die Forderungen an in- und ausländische Nichtbanken (Kunden) darstellen, soweit es sich nicht um börsenfähige Schuldverschreibungen im Sinne des Postens »Schuldverschreibungen und andere festverzinsliche Wertpapiere« (Aktivposten Nr. 5) handelt.« Umstritten ist, ob in diesem Posten nur bankgeschäftliche Forderungen oder auch nicht bankgeschäftliche Forderungen auszuweisen sind. Nach h. M. sind alle Forderungen, die nicht dem Geschäftsverkehr mit Kunden entstammen (wie z. B. Schadenersatzansprüche, Steuerrückforderungen, Gehaltsvorschüsse usw.) unter den »Sonstigen Vermögensgegenständen« auszuweisen[60]. Strittig ist, ob sich der Ausweis unter dem Posten »Forderungen an Kunden« auf Forderungen aus Bankgeschäften beschränkt[61].

Ein zentrales Kriterium für den Ausweis unter der Position »Forderungen an Kunden« ist die **mangelnde Börsenfähigkeit** der Finanzinstrumente. Schuldtitel öffentlicher Stellen (z. B. nicht börsenfähige Schatzwechsel, Schatzanweisungen usw.), die die Voraussetzungen für einen Ausweis im Aktivposten 2 nicht erfüllen, sind unter den »Forderungen an Kunden« auszuweisen (§ 13 Abs. 1 S. 2 RechKredV). Während börsenfähige Schuldverschreibungen demnach nicht in dieser Position gezeigt werden, sind nach § 15 Abs. 1 S. 4 mit Verweis auf § 14 S. 3 RechKredV zudem die folgenden Ansprüche gegenüber Nicht-Banken aufzunehmen:

- Namensschuldverschreibungen,
- Nicht börsenfähige Inhaberschuldverschreibungen,
- Orderschuldverschreibungen, die nicht Teile einer Gesamtemission sind,
- Nicht börsenfähige Orderschuldverschreibungen, die nicht Teile einer Gesamtemission sind,
- Namensgeldmarktpapiere,
- Nicht börsenfähige Inhabergeldmarktpapiere,
- Namensgenussscheine (siehe Abb. 45),
- Nicht börsenfähige Inhabergenussscheine (siehe Abb. 45),
- andere nicht in Wertpapieren verbriefte rückzahlbare Genussrechte (siehe Abb. 45),
- Schuldscheindarlehen[62],
- À forfait eingereichte Wechsel, die von Nichtbanken akzeptiert wurden (soweit kein Ausweis unter dem Aktivposten 2b erforderlich ist,
- Forderungen aus dem eigenen Warengeschäft.

---

60 Vgl. Scharpf/Schaber (2018), S. 751.
61 So Krumnow/Sprißler (2004), § 15 RechKredV, Tz. 2; Bundesverband deutscher Banken (1993), S. 30. Verneinend Scharpf/Schaber (2018), S. 751; Schwartze (1991), S. 176; Bieg/Waschbusch (2017), S. 710.
62 Schuldscheindarlehen sind zivilrechtlich als Darlehensverträge zu qualifizieren und gelten mithin als Buchforderungen.

Nach § 11 RechKredV sind **anteilige Zinsen** und ähnliche das Geschäftsjahr betreffende Beträge, die erst nach dem Bilanzstichtag fällig werden, aber bereits am Bilanzstichtag Forderungscharakter haben, ebenfalls in diesem Bilanzposten auszuweisen. **Gemeinschaftskredite** sind lediglich mit ihrem Anteil zu zeigen, der von dem Kreditinstitut übernommen wurde bzw. bei diesem verbleibt (§ 5 RechKredV). Ferner sind in dem Posten der Rückübertragungsanspruch aus **Wertpapierleihgeschäften** sowie Forderungen aus **echten Pensionsgeschäften** mit Nicht-Banken (siehe Kapitel II.1.8.2 sowie Kapitel II.1.9) auszuweisen. Nicht unter den Forderungen an Kunden werden hingegen **Treuhandkredite** (siehe Kapitel II.1.2.4) sowie Kreditzusagen (siehe § 15 Abs. 1 S. 5 RechKredV) ausgewiesen.

Der Höhe nach sind in dem Posten »Forderungen an Kunden« die fortgeführten Anschaffungskosten der herausgelegten oder erworbenen Forderungen vermindert um vorgenommene Direktabschreibungen, Einzelwertberichtigungen, pauschalierte Einzelwertberichtigungen, Pauschalwertberichtigungen sowie stille Vorsorgereserven nach § 340f HGB auszuweisen. Zu den verschiedenen Möglichkeiten zum Ausweis von Agien und Disagien siehe Kapitel III.1.3.2.3.2. Die in Anspruch genommenen Kredite sind unter den Voraussetzungen des § 10 RechKredV mit täglich fälligen Verbindlichkeiten gegenüber demselben Kontraktpartner zu saldieren (siehe Kapitel II.3.2.1.1).

1.2.4.2 Darunter-Vermerk

Um dem Bilanzleser einen Einblick in das mit den Kundenforderungen verbundene Ausfallrisiko zu geben, sind unter dem Aktivposten 4 verschiedene **Darunter-Vermerke** zur weiteren Erläuterung dieser Bilanzposition anzugeben:
- **Durch Grundpfandrechte gesichert.** Unter dem Posten »Forderungen an Kunden« sind jene Forderungen gesondert zu vermerken, die durch Grundpfandrechte gesichert sind. Damit sind alle Forderungen separat anzugeben, für die Grundpfandrechte bestellt, verpfändet oder abgetreten worden sind und die den Erfordernissen des § 14 Abs. 1 und 2 Pfandbriefgesetz (PfandBG) genügen; dies gilt unabhängig davon, ob sie der Deckung ausgegebener Schuldverschreibungen dienen oder nicht (§ 15 Abs. 2 S. 1 RechKredV). Die Ausgliederung von grundpfandrechtlich gesicherten Forderungen setzt voraus, dass diese den Anforderungen des PfandBG genügen. Nach § 14 PfandBG darf der Kreditbetrag 60 % des Beleihungswerts nicht überschreiten (Beleihungsauslauf 60 %). Der **Beleihungswert** stellt höchstens den Wert dar, »der sich im Rahmen einer vorsichtigen Bewertung der zukünftigen Verkäuflichkeit einer Immobilie und unter Berücksichtigung der langfristigen, nachhaltigen Merkmale des Objektes, der normalen regionalen Marktgegebenheiten sowie der derzeitigen und möglichen anderweitigen Nutzungen ergibt« (§ 16 Abs. 2 S. 1 PfandBG). Bei der Ermittlung des Beleihungswerts sind die Grundsätze der Beleihungswertverordnung (BelWertV 2006 i. V. m. § 16 Abs. 4 PfandBG) zu beachten[63]. Grundpfandrechtlich besicherte Kredite, die den Erfordernissen der §§ 14 und 16 PfandBG genügen, werden auch als »**Realkredite**« bezeichnet[64]. Sofern die 60 % Beleihungsgrenze überschritten wird, kann ein sog. **unechtes Realkreditsplitting** zur Anwendung kom-

---
63 Zur Erläuterung vgl. Bors/Flintrop/Nann, in: WPg 2007, S. 1076 ff.
64 Vgl. Bock, in: Boos/Fischer/Schulte-Mattler, 3. Aufl., § 21 KWG, Tz. 66.

men[65]. Dabei teilt die Bank den Kreditvertrag, dessen Gesamtbetrag die Beleihungsgrenze von 60 % überschreitet, in einen Realkreditteil (sog. Ia-Hypothek), bei dem die Beleihungsgrenze von 60 % nicht überschritten wird, und einen Personalkreditteil. Die Ia-Hypothek kann nach h. M. in den Ausgliederungsposten »durch Grundpfandrechte besichert« einbezogen werden, da durch die Einbeziehung von Ia-Hypotheken in den Ausgliederungsposten eine Verbesserung der Informationsfunktion des Jahresabschlusses einhergeht[66]. Der Betrag, der die Beleihungsgrenze übersteigt ist in diesem Ausgliederungsposten aufzunehmen, wenn der die Beleihungsgrenze übersteigende Betrag durch eine Bürgschaft oder Gewährleistung der öffentlichen Hand gesichert ist (siehe § 15 Abs. 2 S. 3 RechKredV). In diesem Fall spricht man von einer Ib-Hypothek. Bausparkassen haben in diesem Darunter-Vermerk nur solche Baudarlehen zu zeigen, für die dem bilanzierenden Institut Grundpfandrechte bestellt, verpfändet oder abgetreten worden sind, die den Erfordernissen des § 7 Abs. 1 Bausparkassengesetz genügen (§ 15 Abs. 2 S. 2 RechKredV). Der Beleihungsauslauf liegt für Bausparkassen bei 80 % (§ 7 Abs. 1 S. 3 BSpkG).

- **Kommunalkredite** sind ebenso gesondert anzugeben. Darunter fallen alle Forderungen, die »an inländische Körperschaften und Anstalten des öffentlichen Rechts gewährt wurden oder für die eine solche Körperschaft oder Anstalt die volle Gewährleistung übernommen hat, unabhängig davon, ob sie zur Deckung ausgegebener Schuldverschreibungen dienen oder nicht« (§ 15 Abs. 3 S. 1 RechKredV). Die volle Gewährleistung einer Körperschaft oder Anstalt des öffentlichen Rechts hat somit den Kreditbetrag, die Zinsverpflichtung sowie die vereinbarte Nebenleistung zu umfassen[67]. Sofern eine Gewährleistung für einen Teilkreditbetrag besteht (für diesen jedoch umfänglich), so ist dieser Betrag gesondert zu vermerken[68]. In diesem Unterposten sind mithin die folgenden Finanzinstrumente auszuweisen:
  - **Kredite an öffentliche Stellen** (Bund, Länder, Gemeinden, Gemeindeverbände). Dies schließt auch die von öffentlichen Stellen emittierten Schuldscheindarlehen und Namensschuldverschreibungen ein;
  - Kredite an inländische Körperschaften des öffentlichen Rechts,
  - **Kredite an Anstalten des öffentlichen Rechts**. Sofern es sich bei den Anstalten des öffentlichen Rechts um Kreditinstitute handelt (z. B. Sparkassen und Landesbanken), hat der Ausweis unter dem Aktivposten 3 zu erfolgen;
  - Kredite, die durch **volle Gewährleistung einer öffentlichen Stelle**, inländischer Körperschaft oder Anstalt des öffentlichen Rechts garantiert wird. Eine volle Gewährleistung liegt vor, wenn neben dem Kreditbetrag auch die Zinsverpflichtungen sowie alle vereinbarten Nebenleistungen garantiert werden. Sofern von der Gewährleistung nur ein Teilbetrag erfasst wird (dieser aber vollständig), ist dieser in dem Ausgliederungsposten zu erfassen. Ib-Hypothekendarlehen sind nicht hier, sondern im Unterposten »durch Grundpfandrechte gesichert« auszuweisen.

---

65 Bei einem echten Realkreditsplitting kommt es von vornherein zum Abschluss von zwei separaten Kreditverträgen, so dass ein Vertrag als echter Realkredit und der andere Vertrag als Personalkredit gilt.
66 Vgl. Krumnow/Sprißler (2004), § 15 RechKredV, Tz. 7; Scharpf/Schaber (2018), S. 767; Bieg/Waschbusch (2017), S. 194.
67 Vgl. Bieg/Waschbusch (2017), S. 194.
68 Vgl. Birck/Meyer II, S. 230; Bieg (2017), S. 194.

Ebenso sind auch Kredite gem. § 20 Abs. 1 Nr. 1 Buchstabe b bis e des Pfandbriefgesetzes hier auszuweisen (§ 15 Abs. 3 S. 2 RechKredV). Dies umfasst Kredite an Mitgliedstaaten der Europäischen Union, einen Vertragsstaat des EWR, die Schweiz, die USA, Kanada oder Japan (§ 20 Abs. 1 Nr. 1b PfandBG). Dies umfasst zudem die Regionalregierungen sowie die örtlichen Gebietskörperschaften dieser Länder.

- Durch **Schiffshypotheken** gesicherte Forderungen dürfen (Wahlrecht) gesondert vermerkt werden, wenn diese den Erfordernissen des § 22 Abs. 1, 2 S. 1 und Abs. 5 S. 2 sowie § 23 Abs. 1 und 4 sowie des § 24 Abs. 2 PfandBG entsprechen (§ 15 Abs. 4 RechKredV). Dies ist der Fall, wenn
  - das Schiff in einem öffentlichen Register eingetragen ist (§ 22 Abs. 1 PfandBG) und
  - die Beleihung 60 % des Schiffsbeleihungswerts nicht übersteigt (§ 22 Abs. 2 S. 1 PfandBG) und
  - das Schiff nach der in § 23 Abs. 1 u. 4 PfandBG vorgeschriebenen Weise versichert ist.
  - Für Schiffe, die im Ausland registriert sind, sind die Vorschriften des § 22 Abs. 5 PfandBG zu beachten.

Weitere besondere Darunter-Vermerke gelten für Pfandbriefbanken, Bausparkassen, Kreditgenossenschaften und Finanzdienstleistungsinstitute (siehe hierzu Kapitel III.3 ff.)[69].

1.2.4.3 Anhangangaben

Im Anhang sind für Forderungen, die im Aktivposten 4 »Forderungen an Kunden« enthalten sind, die folgenden Angaben zu machen:
- Sofern dieser Posten nachrangige Vermögensgegenstände enthält, sind diese als Unterposten gesondert auszuweisen oder separat im Anhang anzugeben (§ 4 Abs. 2 RechKredV).
- Verbriefte und unverbriefte Forderungen an verbundene Unternehmen oder an Unternehmen, mit denen ein Beteiligungsverhältnis besteht, sind als Unterposten in der Bilanz gesondert oder im Anhang in der Reihenfolge der betroffenen Posten anzugeben (§ 3 Nr. 1 u. Nr. 2 RechKredV).
- Enthält der Posten Forderungen, die dem Anlagevermögen zugewidmet wurden, so sind diese in den Anlagespiegel aufzunehmen (§ 34 Abs. 3 RechKredV in Verbindung mit § 268 Abs. 2 HGB).
- Nach § 35 Abs. 1 Nr. 6 RechKredV ist der Gesamtbetrag der Vermögensgegenstände, die auf Fremdwährung lauten, jeweils in Euro anzugeben.
- Die im Posten 4 enthaltenen Forderungen an Kunden sind im Anhang nach Restlaufzeiten aufzugliedern (§ 9 Abs. 1 Nr. 2 RechKredV in Verbindung mit § 340d HGB). Die anteiligen Zinsen brauchen nicht in die Fristengliederung einbezogen werden (§ 11 RechKredV).
- Die im Posten 4 enthaltenen Forderungen an Kunden, die eine unbestimmte Laufzeit aufweisen, sind gesondert anzugeben (§ 9 Abs. 3 Nr. 1 RechKredV).
- Nach § 340b Abs. 4 S. 4 HGB hat der Pensionsgeber bei echten Pensionsgeschäften den Buchwert der in Pension gegebenen Vermögensgegenstände anzugeben.

---
69 Vgl. Fußnote 2 Formblatt 1 RechKredV.

1.2.5 Schuldverschreibungen und andere festverzinsliche Wertpapiere (Aktivposten 5)

1.2.5.1 Voraussetzungen für den Postenausweis

Schuldverschreibungen und andere festverzinsliche Wertpapiere der Liquiditätsreserve sind zusammen mit den Schuldverschreibungen des Anlagevermögens in dem Aktivposten 5 »Schuldverschreibungen und andere festverzinsliche Wertpapiere« auszuweisen. Der Zugangs- bzw. Abgangszeitpunkt ist jeweils der Zeitpunkt der Wertstellung (Value Date). In diesen Posten sind nur Schuldverschreibungen des Eigenbestands aufzunehmen. Zu Sicherungszwecken verpfändete oder sicherungsübereignete Schuldverschreibungen sind nicht aus der Bilanz des Instituts auszubuchen und weiterhin in diesem Posten zu zeigen. Schuldverschreibungen, die als Sicherheiten für eigene Forderungen entgegengenommen wurden, sind ebenso wie Schuldverschreibungen, die ein Institut für Kunden im Rahmen des Depotgeschäfts verwahrt und verwaltet, nicht vom Institut zu bilanzieren und mithin nicht in diesem Posten auszuweisen[70]. In diesem Posten sind auch die zugehörigen abgegrenzten Zinsen und ähnliche das Geschäftsjahr betreffenden Beträge auszuweisen, die erst nach dem Bilanzstichtag fällig werden und im Zusammenhang mit der Erbringung von Bankgeschäften oder Finanzdienstleistungen stehen (§ 11 RechKredV). Ebenso sind auch miterworbene Stückzinsen der im Aktivposten 5 enthaltenen Vermögensgegenstände hier auszuweisen. Finanzinstrumente sind unter diesem Posten auszuweisen, wenn kumulativ die folgenden Bedingungen erfüllt sind:

a) **Wertpapier i. S. v. § 7 RechKredV/Schuldverschreibung.** Im Aktivposten 5 sind nur solche Finanzinstrumente auszuweisen, die Wertpapiere im Sinne des § 7 RechKredV darstellen[71]. Inhaber- und Ordergenussscheine, Inhaberschuldverschreibungen, Orderschuldverschreibungen, die Teile einer Gesamtemission sind, sowie andere festverzinsliche Inhaberpapiere gelten als Wertpapiere im Sinne des § 7 RechKredV, wenn sie **börsenfähig** sind.

Jedoch sind im Aktivposten 5 nicht alle Finanzinstrumente auszuweisen, die als Wertpapiere im Sinne des § 7 RechKredV gelten (Aktien sind im Aktivposten 6 auszuweisen). Bei den hier auszuweisenden Finanzinstrumenten muss es sich um **Schuldverschreibungen** handeln. Nach §§ 793 ff. BGB stellt eine Schuldverschreibung ein Leistungsversprechen dar, das in einer Urkunde verbrieft ist. Die wichtigste Form der Schuldverschreibung ist die Inhaberschuldverschreibung. **Inhaberschuldverschreibungen** sind Urkunden, in denen der Aussteller der Urkunde dem Inhaber eine Leistung verspricht (abstraktes Schuldversprechen). Der Aussteller der Urkunde wird durch sein Leistungsversprechen zum Schuldner gegenüber dem Inhaber der Schuldverschreibung. Der Urkunde kommt unter anderem eine Beweisfunktion zu und kann als Einzelurkunde oder als Sammel- oder Globalurkunde nach § 9a DepotG ausgestellt sein. Die Gläubigerstellung hat derjenige, der

---

70 Vgl. Krumnow/Sprißler (2004), § 7 RechKredV, Tz. 7.
71 Nach § 16 Abs. 5 RechKredV bleibt die Definition von Wertpapieren nach § 7 RechKredV durch § 16 Abs. 1 bis 2a und 4 RechKredV unberührt, so dass die Wertpapiereigenschaft nach § 7 RechKredV notwendig für den Postenausweis ist. Vgl. Scharpf/Schaber (2018), S. 780.

Inhaber der Urkunde ist und die Verfügungsbefugnis darüber hat. Die Inhaberschaft an der Urkunde umfasst dessen unmittelbaren Besitz oder den mittelbaren Besitz, wenn die Urkunde für den mittelbaren Besitzer derart verwahrt wird, dass die Ausübung durch Dritte ausgeschlossen ist. Dadurch wird die Verwaltung von Schuldverschreibungen durch Girosammelverwahrung möglich[72]. Obwohl häufig eine Übereinstimmung zwischen dem zivilrechtlichen und dem bilanzrechtlichen Wertpapierbegriff festgestellt werden kann, ist zum Zwecke der Bilanzierung und des Bilanzausweises im Zweifel stets auf den Wertpapierbegriff im Sinne des §7 RechKredV abzustellen[73]. Als Schuldverschreibungen und andere festverzinsliche Wertpapiere im Sinne von §16 RechKredV gelten die folgenden Finanzinstrumente:
- Festverzinsliche Inhaberschuldverschreibungen (einschließlich strukturierter Produkte wie z. B. Options- und Wandelschuldverschreibungen, ABS, CLN, CDO, Indexanleihen),
- Orderschuldverschreibungen, die Teile einer Gesamtemission sind;
- Schatzwechsel,
- Schatzanweisungen,
- Andere verbriefte Rechte (wie z. B. commercial papers, euro notes, certificate of deposits, bons de caisse),
- Kassenobligationen,
- Schuldbuchforderungen[74],
- Vor Fälligkeit hereingenommene Zinsscheine (§16 Abs. 1 S. 2 RechKredV).

Nicht zu den Wertpapieren zählen Schuldscheindarlehen und Namensschuldverschreibungen. Diese sind nach den für Forderungen geltenden Grundsätzen zu bewerten und entsprechend auszuweisen. Ebenso sind verbriefte Genussrechte (unabhängig von der Börsenfähigkeit) nicht in diesem Posten auszuweisen (siehe Abb. 45).

b) Börsenfähigkeit. Ein Ausweis unter dem Aktivposten 5 kommt nur in Betracht, wenn es sich um Schuldverschreibungen handelt, die börsenfähig sind. Nach §7 Abs. 2 RechKredV gelten Wertpapiere als börsenfähig, wenn sie die Voraussetzungen für eine Börsenzulassung erfüllen (§7 Abs. 2, 1. HS RechKredV). §§1–12 BörsZulV nennt die folgenden insbesondere für Schuldverschreibungen relevanten quantitativen Zulassungskriterien:
- Für die Zulassung von anderen Wertpapieren als Aktien muss der Gesamtnennbetrag mindestens 250.000 EUR betragen (§2 Abs. 2 BörsZulV). Nach §2 Abs. 4 BörsZulV kann die Geschäftsführung der Börse geringere Bestände zulassen, wenn sie überzeugt ist, dass sich für die zuzulassenden Wertpapiere ein ausreichender Markt bilden wird. Eine Regelung für ein späteres Unterschreiten der Mindestliquidität regelt die BörsZulV

---

[72] Vgl. zur Rechtsnatur von Schuldverschreibungen Habersack, in: MüKom BGB, 7. Aufl., Vor §793 BGB.
[73] Vgl. Scharpf/Schaber (2018), S. 76.
[74] §16 RechKredV unterscheidet nicht zwischen Sammelschuldbuchforderungen und Einzelschuldbuchforderungen. Einzelschuldbuchforderungen gelten als Namensschuldverschreibungen und mithin als Buchforderungen im Sinne des §14 S. 3 RechKredV. Durch Vinkulierung kann eine Sammelschuldbuchforderung in eine Einzelschuldbuchforderung erfolgsneutral umgewandelt werden. Der Gläubiger eines Bundeswertpapiers kann jederzeit die Umschreibung einer Sammelschuldbuchforderung in eine Einzelschuldbuchforderung verlangen (§7 Abs. 1 u. 6 BSchuWG). Vgl. Häuselmann, in: BB 2008, S. 2621; Häuselmann (2005), S. 40; Gaber, in: KoR 2012, S. 198.

nicht; allerdings hat die Geschäftsführung der Börse einzuschreiten, wenn ein ordnungsgemäßer Handel nicht gewährleistet ist.
- Der Emittent muss mindestens drei Jahre als Unternehmen bestanden und seine Jahresabschlüsse für die drei dem Antrag vorangegangenen Geschäftsjahre entsprechend den hierfür geltenden Vorschriften offengelegt haben (§ 3 Abs. 1 BörsZulV).
- Die Stückelung der Wertpapiere muss den Bedürfnissen des Börsenhandels und des Publikums Rechnung tragen.

Daneben existieren eine Reihe von weiteren qualitativen Zulassungskriterien (z. B. hinsichtlich der Rechtsgrundlage des Emittenten und der Wertpapiere, der Druckausstattung der Wertpapiere, usw.). Da für die Frage des richtigen Bilanzausweises keine vollständige Börsenzulassungsprüfung vorgenommen werden kann, ist ein Abstellen auf die **quantitativen Zulassungskriterien** ausreichend[75]. Bei der Beurteilung der Börsenfähigkeit ist nicht auf eine tatsächliche oder geplante Beantragung der Börsenzulassung, sondern auf eine **abstrakte Börsenfähigkeit** im Sinne einer Erfüllung von Zulassungskriterien abzustellen.

Ist ein Wertpapier **börsennotiert**, so ist es auch stets börsenfähig. Als börsennotiert gelten nach § 7 Abs. 3 RechKredV alle Wertpapiere, die an einer deutschen Börse zum Handel im regulierten Markt zugelassen sind. Der regulierte Markt stellt einen organisierten Markt im Sinne des § 2 Abs. 11 WpHG dar. Die Zulassungsvoraussetzungen und die Folgepflichten der Teilnehmer sowie die Organisation des Handels sind durch diverse Gesetze und Verordnungen (BörsZulV, WpPG, BörsO, BörsG) geregelt. Finanzinstrumente die im Freiverkehr gehandelt werden, gelten nicht als börsennotiert im Sinne der RechKredV. Wertpapiere, die an einer ausländischen Börse zugelassen und gehandelt werden, gelten ebenso als börsennotiert (§ 7 Abs. 3, 2. HS RechKredV). Der Gesetzeswortlaut fordert hierbei nicht, dass es sich um einen durch den Gesetzgeber und die Aufsicht regulierten Markt handeln muss, so dass in dieser Hinsicht auch Wertpapiere an ausländischen Börsen als börsennotiert gelten können, die einer geringeren oder gar keiner Regulierung im Vergleich zum regulierten Markt im Inland unterliegen[76].

Für **Schuldverschreibungen** sieht § 7 Abs. 2 RechKredV eine Erleichterung hinsichtlich der Bestimmung der Börsenfähigkeit vor. Schuldverschreibungen gelten bereits dann als börsenfähig, wenn alle Stücke einer Emission hinsichtlich Verzinsung, Laufzeitbeginn und Fälligkeit einheitlich ausgestaltet sind. Auf die übrigen Zulassungsvoraussetzungen kommt es nicht an. Finanzinstrumente wie z. B. Commercial Papers, Euro-Notes und Certificates of Deposits, die die Voraussetzung einer Börsenzulassung nicht erfüllen würden, gelten damit als börsenfähig. Ausländische Geldmarktpapiere gelten unabhängig davon, ob sie börsenfähig oder börsennotiert sind, stets als Wertpapiere im Sinne der RechKredV (§ 7 Abs. 1 S. 2 RechKredV). Als Geldmarktpapiere gelten alle Schuldverschreibungen und andere festverzinsliche Wertpapiere unabhängig von ihrer Bezeichnung, sofern ihre ursprüngliche Laufzeit ein Jahr nicht überschreitet (§ 16 Abs. 2a RechKredV). Nach § 37 BörsG sind »Schuldverschreibungen des Bundes, seiner Sondervermögen oder eines Bundeslandes, auch soweit sie in das Bundesschuldbuch oder in die Schuldbücher der Bun-

---

[75] Vgl. Krumnow/Sprißler (2004), § 7 RechKredV, Tz. 6; Scharpf/Schaber (2018), S. 79.
[76] Vgl. Krumnow/Sprißler (2004), § 7 RechKredV, Tz. 11.

desländer eingetragen sind, sowie Schuldverschreibungen, die von einem anderen Mitgliedstaat der Europäischen Union oder von einem anderen Vertragsstaat des Abkommens über den Europäischen Wirtschaftsraum ausgegeben werden, (...) an jeder inländischen Börse zum Handel im regulierten Markt zugelassen«. Für diese Emittenten bedarf es weder eines Zulassungsantrags noch der Durchführung eines Zulassungsverfahrens oder einer Zulassung[77].

Alle nicht börsenfähigen Inhaberschuldverschreibungen, nicht börsenfähigen Orderschuldverschreibungen, die Teile einer Gesamtemission und aller Orderschuldverschreibungen, die nicht Teil einer Gesamtemission sind, gelten nicht als Wertpapiere und sind nach den für Forderungen geltenden Grundsätzen zu bilanzieren und unter den Aktivposten 3 bzw. 4 auszuweisen[78]. Die Börsenfähigkeit ist mithin ein zentrales Merkmal des Wertpapierbegriffs. Abbildung 46 gibt eine Übersicht über die Klassifikation verschiedener Schuldinstrumente; für eine Klassifikation von Genussrechten siehe Abbildung 45.

Schuldinstrument	Klassifikation nach RechKredV		Rechtsgrundlage
	Wertpapier	Forderung	
Schuldscheindarlehen		X	Darlehen nach §§ 488ff BGB
Namensschuldverschreibung			
ausländische Namensgeldmarktpapiere, die wie Inhaberpapiere gehandelt werden	X		§ 7 Abs. 1 S. 2 RechKredV
Sonstige		X	§ 14 S. 3 RechKredV
Inhaberschuldverschreibung			
Börsenfähig	X		§ 16 Abs. 1 S. 1 RechKredV
Nicht Börsenfähig		X	§ 14 S. 3 RechKredV
Orderschuldverschreibungen			
nicht Teil einer Gesamtemission		X	§ 7 Abs. 1 S. 1 u. § 14 S. 3 RechKredV
Teil einer Gesamtemission			
Börsenfähig	X		§ 7 Abs. 1 S. 1 RechKredV § 16 Abs. 1 S. 1 RechKredV
Nicht Börsenfähig		X	§ 7 Abs. 1 S. 1 RechKredV § 14 S. 3 RechKredV

Abb. 46: Klassifikation von Schuldinstrumenten

---

77 Vgl. Groß, in: Kapitalmarktrecht, 6. Aufl., § 37 BörsG.
78 Vgl. Böcking/Helke/Morawietz, in: MüKom HGB, 3. Aufl., § 340a HGB, Tz. 52.

c) Festverzinslich. In den Aktivposten 5 sind nur solche Wertpapiere aufzunehmen, die als »festverzinslich« im Sinne der RechKredV gelten. Darunter fallen auch Wertpapiere, die mit einem veränderlichen Zinssatz ausgestattet sind, sofern dieser an eine bestimmte Größe, zum Beispiel an einen Interbankzinssatz oder an einen Euro-Geldmarktsatz gebunden ist (z. B. Floating Rate Notes). Es kommen aber auch Verzinsungen in Betracht, die sich arithmetisch aus einer Kupon-Formel ergeben, in die mehrere Zinssätze einfließen. Dies schließt grundsätzlich auch strukturierte Finanzinstrumente ein (zur Trennungspflicht eingebetteter Derivate siehe Kapitel III.1.4.4), solange die Verzinsung arithmetisch bestimmbar ist. Zu den festverzinslichen Wertpapieren zählen auch Null-Kupon-Anleihen (siehe Kapitel III.1.3.3.2) und Wertpapiere, die einen anteiligen Anspruch auf Erlöse aus einem gepoolten Forderungsvermögen verbriefen (wie z. B. Verbriefungen in der Form von ABS, RMBS, CDO).

Schwierig gestaltet sich die Einordnung von **hybriden Finanzinstrumenten**, die neben einer festen Verzinsung auch Eigenkapital-ähnliche Strukturmerkmale und keine trennungspflichtigen eingebetteten Derivate enthalten. Ein typisches Beispiel hierfür stellen sog. **Gewinnschuldverschreibungen** (participating bonds) dar. Gewinnschuldverschreibungen sind nach § 221 Abs. 1 S. 1 AktG definiert als Schuldverschreibungen, die neben einer bestimmten Geldforderung weitere Leistungen verbriefen, die »mit Gewinnanteilen von Aktionären in Verbindung gebracht« sind. Die Ausgestaltung einer Gewinnschuldverschreibung kann eine gewinnabhängige Verzinsung in der Form eines bestimmten Prozentsatzes der Dividende oder als (ggf. nach oben begrenzte) dividendenabhängige Zusatzverzinsung bei gleichzeitigem Bestehen einer festverzinslichen Mindestverzinsung vorsehen. Es kann auch vorgesehen sein, dass eine Zusatzverzinsung nur bei einem Überschreiten einer bestimmten Dividendenhöhe an die Gläubiger gezahlt wird. Die Verzinsung kann statt an die Dividende auch an den Bilanzgewinn, den Jahresüberschuss oder andere ergebnisabhängige Kennziffern geknüpft werden[79]. Eine Gewinnschuldverschreibung stellt eine rein schuldrechtliche Beziehung zwischen der Gesellschaft und dem Gläubiger und kein mitgliedschaftliches Gewinnbezugsrecht dar[80]. Aufgrund der gewinnabhängigen Verzinsung kann argumentiert werden, dass eine feste (d. h. bestimmbare) Verzinsung nicht gegeben ist und daher ein Ausweis unter dem Aktivposten 5 daher nicht in Betracht kommt[81]. Dagegen spricht der zivilrechtliche Charakter einer Gewinnschuldverschreibung als schuldrechtliches Verhältnis sowie der bilanzrechtlichen Charakterisierung von Gewinnschuldverschreibungen als Anleihen[82]. Ferner sieht § 28 RechKredV vor, dass Ausschüttungen auf Gewinnschuldverschreibungen unter den Zinserträgen auszuweisen sind,

---

79 Vgl. Koch, in: Hüfer/Koch, 12. Aufl., § 221 AktG, Tz. 8.
80 Vgl. Hermanns, in: Henssler/Strohn, 3. Aufl., § 221 AktG, Tz. 7; Krieger, in: Münchener Handbuch des Gesellschaftsrechts, § 63, Tz. 57.
81 So im Hinblick auf den Ausweis nach § 7 RechVersV Böcking/Gros/Kölschbach, in: Ebenroth et al., 3. Aufl., § 341b HGB, Tz. 105.
82 Vgl. Schubert/Kreher, in: BBK, 11. Aufl., § 266 HGB, Tz. 80.

wodurch der Gesetzgeber den Ausschüttungen einen Zinscharakter zumisst[83]. Ein Ausweis von Gewinnschuldverschreibungen unter dem Aktivposten 5 scheint daher sachgerecht[84].

d) Keine Einzugspapiere. Nach § 20 S. 2 RechKredV sind fällige Schuldverschreibungen sowie Zins- und Gewinnanteilsscheine unter den Sonstigen Vermögensgegenständen (Aktivposten 14) auszuweisen, sofern sie innerhalb von 30 Tagen ab Einreichung zur Vorlage bestimmt und dem Einreicher bereits gutgeschrieben worden sind. Nach dem Wortlaut des § 20 S. 2 RechKredV bezieht sich die 30-Tages-Frist auf alle dort genannten Einzugspapiere. Nach h. M. ist diese Frist allerdings nur auf Schecks, Inkassowechsel und sonstige Inkassopapiere anzuwenden. Fällige Schuldverschreibungen, sowie Zins- und Gewinnanteilsscheine sind nur dann unter den Sonstigen Vermögensgegenständen auszuweisen, wenn sie zum Bilanzstichtag oder zum ersten auf den Bilanzstichtag folgenden Geschäftstag einlösbar sind[85]. Würde dem strikten Wortlaut des § 20 RechKredV gefolgt, so ergäbe sich ein Widerspruch zu § 16 Abs. 1 S. 2 sowie zu § 17 S. 2 RechKredV, wonach vor Fälligkeit hereingenommene Zinsscheine unter dem Aktivposten 5 und vor Fälligkeit hereingenommene Gewinnanteilsscheine unter dem Aktivposten 6 auszuweisen sind. Dies schließt auch Zins- und Gewinnanteilsscheine ein, die in den nächsten 30 Tagen fällig werden[86].

e) Keine Zuordnung zu Aktivposten 2 oder Aktivposten 6a. In den Posten »Schuldverschreibungen und andere festverzinsliche Wertpapiere« sind nur Finanzinstrumente des Bankbuchs aufzunehmen. Schuldverschreibungen sind dem Handelsbestand zuzuordnen, wenn mit diesen eine kurzfristige Gewinnerzielungsabsicht verfolgt wird. In diesem Fall ist ein Ausweis im Aktivposten 6a »Handelsbestand« geboten. Schuldtitel öffentlicher Emittenten, die unter Diskontabzug hereingenommen wurden und die zur Refinanzierung bei Zentralnotenbanken der Niederlassungsländer zugelassen sind, sind im Aktivposten 2 aufzunehmen.

1.2.5.2 Unterposten

Formblatt 1 der RechKredV sieht eine Untergliederung der Schuldverschreibungen und anderen festverzinslichen Wertpapiere in a) »Geldmarktpapiere«, b) »Anleihen und Schuldverschreibungen« und c) »Eigene Schuldverschreibungen« vor. Die Unterposten »Geldmarktpapiere« sowie »Anleihen und Schuldverschreibungen« sind jeweils danach aufzuteilen, ob diese Papiere von öffentlichen Emittenten oder von anderen Emittenten begeben wurden. Zur Unterscheidung zwischen öffentlichen Emittenten und anderen Emittenten

---

83 Hiergegen könnte eingewendet werden, dass der Ausweis von Ausschüttungen auf Genussrechte ebenfalls unter den Zinserträgen erfolgt, obwohl börsenfähige Genussrechten unter dem Aktivposten 6 auszuweisen sind und daher ein Ausweis der Erträge im Posten »Laufende Erträge aus Aktien und anderen nicht festverzinslichen Wertpapieren« vorzunehmen wäre. Vgl. Böcking/Löw/Wohlmannstetter, in: MüKom HGB, 2. Aufl., § 340a HGB, Tz. 137. Durchbrechungen dieser Art stellen Inkongruenzen dar, die den Gliederungsprinzipien der RechKredV fremd sind.
84 Ebenso Bieg/Waschbusch (2017), S. 208.
85 Vgl. Scharpf/Schaber (2018), S. 906; Krumnow/Sprißler (2004), § 20 RechKredV, Tz. 3 f.
86 Vgl. Krumnow/Sprißler (2004), § 20 RechKredV, Tz. 4.

sei auf die obigen Ausführungen verwiesen (siehe Kapitel IV.1.2.2). Die ersten beiden Unterposten sind jeweils nochmals danach zu unterteilen, ob die dort ausgewiesenen Schuldverschreibungen bei der Deutschen Bundesbank beleihbar sind. Zu den Kriterien einer Refinanzierbarkeit bei einer Zentralnotenbank der Niederlassungsländer sei auf die obigen Ausführungen verwiesen (siehe Kapitel IV.1.1.3).

a) **Geldmarktpapiere.** Geldmarktpapiere sind nach § 16 Abs. 2a RechKredV definiert als Schuldverschreibungen und andere festverzinsliche Wertpapiere unabhängig von ihrer Bezeichnung, deren **Ursprungslaufzeit** (nicht Restlaufzeit!) ein Jahr nicht überschreitet. Hierzu zählen:
- Commercial Paper,
- Euro-Notes,
- Certificate of Deposits,
- Bonds de Caisse,
- Schuldverschreibungen der EZB,
- Gestrippte Schuldverschreibungen (Interest-only-Strip und Principal Strips), sofern die ursprüngliche Laufzeit der Anleihe ein Jahr nicht überschreitet,
- sowie Schatzwechsel und Schatzanweisungen öffentlicher Stellen, sofern diese nicht unter Diskontabzug hereingenommen wurden und damit unter dem Aktivposten 2 auszuweisen sind.

Commercial Paper stellen Geldmarktpapiere dar, bei denen die Kreditinstitute einer Platzierung nur auf Best-Effort-Basis zusagen (Best-Effort-Underwriting; Finanzkommissionsgeschäft). Dagegen werden Euro-Notes häufig durch Inanspruchnahme eines Kreditrahmens begeben. Im Rahmen von sog. Revolving Underwriting Facilities (RUFs) und Note-Issuance Facilities (NIFs) verpflichten sich Institute zur revolvierenden Übernahme von Euro-Notes, wenn der Markt die vom Emittenten aufgelegten Geldmarktpapiere nicht mehr zu einem Kurs innerhalb einer festgelegten Spanne aufnimmt[87]. RUFs und NIFs stellen mithin Kreditzusagen (genauer: Verpflichtungen aus einem Firm Commitment Underwriting) dar und sind in dem Vermerkposten »Andere Verpflichtungen« (Platzierungs- und Übernahmeverpflichtungen) zu vermerken (siehe § 27 Abs. 1 S. 1 RechKredV). Übernommene Euro-Notes sind unter den Geldmarktpapieren im Aktivposten 5 auszuweisen. In Höhe der übernommenen Notes ist eine Kürzung der Übernahmeverpflichtungen vorzunehmen. Bei Certificates of Deposits ist die Bank hingegen selbst Emittent und Schuldner. **Certificates of Deposits** (CDs) sind (zumeist abgezinste) Inhaberpapiere und stellen eine Verbriefung von Termineinlagen dar. Certificate of Deposits werden auf Sekundärmärkten gehandelt.

b) **Anleihen und Schuldverschreibungen.** Übersteigt die Ursprungslaufzeit ein Jahr, so sind die Schuldverschreibungen in dem Unterposten »Anleihen und Schuldverschreibungen« auszuweisen. Abbildung 46 gibt eine Übersicht über die Schuldinstrumente, die bei einer Ursprungslaufzeit von über einem Jahr in diesem Unterposten auszuweisen sind.

---

[87] Vgl. Ausschuss für Bankenbestimmungen und -überwachungen der Zehnergruppe und der Schweiz (1986).

c) Eigene Schuldverschreibungen. Ein Institut kann Schuldverschreibungen am Markt erwerben, die sie zuvor selbst emittiert hat. Unter bestimmten Bedingungen sind zurückerworbene eigene Schuldverschreibungen dem Handelsbestand zuzuordnen (siehe im Einzelnen Kapitel II.3.2.1.2.2). Zu den rechtlichen Rahmenbedingungen des Rückkaufs eigener Schuldverschreibungen siehe Kapitel II.3.2.1.2.1. Zur bilanziellen Behandlung zurückerworbener Schuldverschreibungen, zur Bilanzierung bei Entwertung und Wiederverkauf sowie zur Bilanzierung beim Halten bis zur Endfälligkeit siehe Kapitel II.3.2.1.2.2.2. Sofern die zurückerworbenen Schuldverschreibungen börsenfähig sind und dem Bankbuch zugeordnet werden, hat der Ausweis im Aktivposten 5 unter den eigenen Schuldverschreibungen zu erfolgen. Aufgrund der geringeren Fungibilität sind nicht börsenfähige eigene Schuldverschreibungen des Nicht-Handelsbestands nach § 16 Abs. 4 RechKredV vom Passivposten 3a. »begebene Schuldverschreibungen« (still) abzusetzen.

In der Konzernbilanz beinhaltet dieser Unterposten auch von Konzerngesellschaften erworbene börsenfähige Schuldverschreibungen auszuweisen, die von anderen Konzerngesellschaften emittiert wurden. Dies folgt aus § 37 RechKredV, wonach auf den Konzernabschluss die §§ 1 bis 36 RechKredV entsprechend anzuwenden sind, sofern seine Eigenart keine Abweichungen bedingt. Da § 16 Abs. 4 RechKredV einen aktivischen Ausweis erworbener eigener Schuldverschreibungen bereits auf Ebene des Einzelinstituts fordert, so ist aufgrund von § 297 Abs. 3 HGB eine entsprechende Anwendung auch auf Konzernebene geboten.

Die Bewertung der in diesem Unterposten auszuweisenden Schuldverschreibungen folgt der Widmungsentscheidung und damit den allgemeinen Grundsätzen (siehe insb. Kapitel II.3.2.1.2.2.2). Dabei ist jedoch zu berücksichtigen, dass durch die Bildung einer Bewertungseinheit mit den passivierten Eigenemissionen eine imparitätische Einzelbewertung vermieden werden kann. Im Falle des Rückkaufs von Eigenemissionen von Konzerngesellschaften, kommt in diesem Fall eine gesellschaftsübergreifende Bewertungseinheit auf Konzernebene in Betracht.

1.2.5.3 Anhangangaben

Im Anhang sind für Schuldverschreibungen und andere festverzinsliche Wertpapiere, die im Aktivposten 5 enthalten sind, die folgenden Angaben zu machen:
- Sofern dieser Posten nachrangige Vermögensgegenstände enthält, sind diese als Unterposten gesondert auszuweisen oder separat im Anhang anzugeben (§ 4 Abs. 2 RechKredV).
- Verbriefte und unverbriefte Forderungen an verbundenen Unternehmen oder an Unternehmen, mit denen ein Beteiligungsverhältnis besteht, sind als Unterposten in der Bilanz gesondert anzugeben, oder im Anhang in der Reihenfolge der betroffenen Posten anzugeben (§ 3 Nr. 1 u. Nr. 2 RechKredV).
- Enthält der Posten Schuldverschreibungen, die dem Anlagevermögen zugewidmet wurden, so sind diese in den Anlagespiegel aufzunehmen (§ 34 Abs. 3 RechKredV i. V. m. § 284 Abs. 3 HGB).
- Nach § 35 Abs. 1 Nr. 2 RechKredV ist der Betrag der nicht mit dem Niederstwert bewerteten börsenfähigen Wertpapiere jeweils zu den Aktivposten 5 »Schuldverschreibungen und andere festverzinsliche Wertpapiere« sowie Aktivposten 6 »Aktien und andere nicht festverzinsliche Wertpapiere« anzugeben.

- Nach § 35 Abs. 1 Nr. 6 RechKredV ist der Gesamtbetrag der Vermögensgegenstände, die auf Fremdwährung lauten, jeweils in Euro anzugeben.
- Im Anhang sind Schuldverschreibungen nach den enthaltenen börsenfähigen, börsennotierten und nicht börsennotierten Wertpapieren aufzugliedern (§ 35 Abs. 1 RechKredV).
- Zudem sind die in dem Aktivposten 5 enthaltenen Beträge, die im nächsten Jahr fällig werden, im Anhang anzugeben (§ 9 Abs. 3 RechKredV).

1.2.6 Aktien und andere nicht festverzinsliche Wertpapiere (Aktivposten 6)

1.2.6.1 Voraussetzungen für den Postenausweis

Aktien und andere nicht festverzinsliche Wertpapiere der Liquiditätsreserve sind zusammen mit den Schuldverschreibungen des Anlagevermögens im Aktivposten 6 »Aktien und andere nicht festverzinsliche Wertpapiere« auszuweisen. Der Zugangs- bzw. Abgangszeitpunkt ist jeweils der Zeitpunkt der Wertstellung (Value Date). In diesen Posten sind nur Wertpapiere des Eigenbestands aufzunehmen. Zu Sicherungszwecken verpfändete oder sicherungsübereignete Wertpapiere sind nicht aus der Bilanz des Instituts auszubuchen und weiterhin in diesem Posten zu zeigen. Aktien und andere nicht festverzinsliche Wertpapiere, die als Sicherheiten für eigene Forderungen entgegengenommen wurden, sind ebenso wie Schuldverschreibungen, die ein Institut für Kunden im Rahmen des Depotgeschäfts verwahrt und verwaltet nicht vom Institut zu bilanzieren und mithin nicht in diesem Posten auszuweisen[88]. Aktien und andere festverzinsliche Wertpapiere sind unter diesem Posten auszuweisen, wenn kumulativ die folgenden Bedingungen erfüllt sind:

a) **Wertpapier im Sinne des § 7 RechKredV.** Im Aktivposten 6 sind nur solche Finanzinstrumente auszuweisen, die Wertpapiere im Sinne des § 7 RechKredV darstellen. Als Wertpapiere, die unter dem Aktivposten 6 auszuweisen sind, gelten:
- **Aktien.** Für einen Ausweis unter dem Aktivposten 6 kommen alle Gattungen von Aktien (Inhaber-, Vorzugs- oder Namensaktien) in Betracht.
- **Zwischenscheine.** Darunter sind auf den Namen lautende Aktienersatzpapiere zu verstehen, die an die Zeichner vor Ausgabe der Aktien erteilt werden (§ 8 Abs. 6 AktG). Zwischenscheine verbriefen das Mitgliedschaftsrechte in gleicher Weise wie Aktienurkunden und unterscheiden sich von diesen lediglich dadurch, dass sie vorläufige Ersatzurkunden darstellen. Sie werden regelmäßig vor der vollständigen Leistung der Einlage ausgegeben[89].
- **Aktien oder Anteile an Investmentvermögen.** Investmentanteile umfassen sowohl Anteilsscheine an rechtlich unselbständigen Sondervermögen als auch Gesellschaftsanteile an juristisch selbständigen Investmentvermögen (Investmentaktiengesellschaften, SICAV, etc.). Für eine Übersicht über die verschiedenen Erscheinungsformen siehe

---
88 Vgl. Krumnow/Sprißler (2004), § 7 RechKredV, Tz. 7.
89 Vgl. Heider, in: MüKom AktG, 4. Aufl., Band 1; § 10 AktG, Tz. 45.

Kapitel VIII.2.1.5.2. Vor dem Hintergrund des materiellen Fondsbegriffs in § 1 Abs. 1 KAGB sind vom Wertpapierbegriff der RechKredV nicht nur Anteilsscheine an rechtlich unselbständigen Sondervermögen, sondern auch Anteile an Investmentvermögen in Satzungsform (z. B. Aktien an InvAG, SICAV S.A. oder auch Kommanditanteile an InvKG oder SICAV S.C.A.) erfasst. Kommanditanteile an einer InvKG gelten entgegen ihres zivilrechtlichen Charakters mithin nun als Wertpapiere im Sinne der RechKredV; in die Aufgliederung einzelner Bilanzposten von Wertpapieren nach ihrer Börsennotierung (§ 35 Abs. 1 Nr. 1 RechKredV) sind Kommanditanteile an InvKG aufgrund ihrer mangelnden Börsenfähigkeit regelmäßig nicht einzubeziehen[90].

- **Optionsscheine.** Optionsscheine (warrants) sind in der Form eines Wertpapiers verbriefte Optionen. Optionsscheine stellen Inhaberschuldverschreibungen im Sinne des § 793 BGB sowie Finanztermingeschäfte im Sinne des § 2 Abs. 3 WpHG dar[91]. Sie können als eigenständiges Wertpapier an Börsen oder auch außerbörslich gehandelt werden. Für eine nähere Erläuterung zur Bilanzierung von Optionsscheinen siehe Kapitel VI.3.2.2.2.
- (Vor Fälligkeit hereingenommene) **Gewinnanteilsscheine.** Gewinnanteilsscheine (Dividendenscheine) verbriefen den Anspruch auf Zahlung einer Dividende aus dem Gewinnverwendungsbeschluss. Gewinnanteilsscheine können als verbrieftes Gläubigerrecht selbständig veräußert werden[92].
- **Andere nicht festverzinsliche Wertpapiere**, wenn sie börsennotiert sind (§ 7 Abs. 1 S. 1 RechKredV). Unter die »anderen nicht festverzinslichen Wertpapiere« fallen bspw. Bezugsrechte, Partizipationsrechte oder Liquidationsanteilsscheine.
- **Börsenfähige Genussscheine**, die als Inhaber- oder Orderpapiere ausgestaltet sind (§ 17 S. 1 RechKredV, siehe auch Abb. 45).

Aktien, Zwischenscheine, Anteile oder Aktien an Investmentvermögen[93], Optionsscheine und Gewinnanteilsscheine gelten unabhängig von ihrer Börsenfähigkeit oder einer Börsennotierung stets als Wertpapiere im Sinne der Rechnungslegungsverordnung[94]. Andere nicht festverzinsliche Wertpapiere gelten nur dann als Wertpapiere im Sinne der RechKredV, wenn sie börsennotiert sind. Als börsennotiert gelten nach § 7 Abs. 3 RechKredV alle Wertpapiere, die an einer deutschen Börse zum Handel im regulierten Markt zugelassen sind. Der regulierte Markt stellt einen organisierten Markt im Sinne des § 2 Abs. 11 WpHG dar (zur näheren Erläuterung siehe Kapitel I.2.1.1.1.2).

---

90 Der börsenrechtliche Wertpapierbegriff ist unter anderem nach dem Sinn des § 2 Abs. 1 WpHG zu bestimmen. Vgl. Groß, in: Kapitalmarktrecht, § 32 BörsG, Tz. 12. Auch nach Verabschiedung des KAGB sowie des MiFiD-UmsG bleiben Kommanditanteile an InvKG aus dem Anwendungsbereich des WpHG ausgeklammert. Vgl. Ekkenga, in: Bank- und Börsenrecht, hrsg. v. Claussen, 5. Aufl., 2014, § 7, Tz. 105.
91 Vgl. Schefold, in Schimansky/Bunte/Lwowski, 5. Aufl., § 116, Tz. 299 f.
92 Vgl. Sudmeyer, in: Münchener Anwalts Handbuch Aktienrecht, § 10, Tz. 101.
93 Durch das AIFM-UmsG wurde in § 7 RechKredV das Wort »Investmentanteile« durch die Wörter »Anteile oder Aktien an Investmentvermögen« ersetzt. Die Änderung ist eine redaktionelle Anpassung an die Terminologie des Kapitalanlagegesetzbuchs. Die Änderung ist erstmals auf Jahres- und Konzernabschlüsse für nach dem 21.07.2013 beginnende Geschäftsjahre anzuwenden (siehe § 39 Abs. 13 RechKredV in der Fassung des AIFM-UmsG).
94 Vgl. Meyer/Isenmann (1993), S. 133; Krumnow/Sprißler (2004), § 17 RechKredV, Tz. 4.

b) Nicht festverzinslich. In den Aktivposten 6 sind nur solche Wertpapiere aufzunehmen, die nicht als »festverzinslich« im Sinne der RechKredV gelten. Eine feste Verzinsung liegt auch bei Wertpapieren vor, die mit einem veränderlichen Zinssatz ausgestattet sind, sofern dieser an eine bestimmte Größe, zum Beispiel an einen Interbankzinssatz oder an einen Euro-Geldmarktsatz gebunden ist (z. B. Floating Rate Notes). Es kommen aber auch Verzinsungen in Betracht, die sich arithmetisch aus einer Kupon-Formel ergeben, in die mehrere Zinssätze einfließen. Dies schließt grundsätzlich auch strukturierte Finanzinstrumente ein (zur Trennungspflicht eingebetteter Derivate siehe Kapitel III.1.4.4), solange die Verzinsung arithmetisch bestimmbar ist. Gewinnschuldverschreibungen weisen zwar keine feste Verzinsung auf, sind aufgrund ihres Charakters als Schuldverschreibungen jedoch unter dem Aktivposten 5 auszuweisen.

c) Reichweite der Subsidiarität. Aktien sind nur dann unter dem Aktivposten 6 auszuweisen, wenn nicht ein Ausweis unter den Aktivposten 6a »Handelsbestand«, Aktivposten 7 »Beteiligungen« oder Aktivposten 8 »Anteile an verbundenen Unternehmen« vorzunehmen ist. Im Zuge des BilMoGs wurde durch den Gesetzgeber versäumt, die Vorrangigkeit eines Ausweises im Posten 6a »Handelsbestand« in § 17 RechKredV klarzustellen; die Subsidiarität des Postens 6 im Vergleich zum Posten 6a ergibt sich jedoch aus der vorgelagerten Widmungsentscheidung von Finanzinstrumenten zu Bewertungskategorien. Ein Ausweis unter dem Aktivposten 6a »Handelsbestand« ist geboten, wenn mit den Finanzinstrumenten eine kurzfristige Gewinnerzielungsabsicht verfolgt wird. Handelt es sich bei den Aktien um Beteiligungen im Sinne des § 271 Abs. 1 HGB, so ist der Ausweis unter dem Aktivposten 7 vorzunehmen; im Falle von Anteile an verbundenen Unternehmen im Sinne des § 271 Abs. 2 HGB, ist ein Ausweis im Aktivposten 8 zwingend. Dem Wortlaut des § 17 RechKredV hat nur ein Ausweis von Aktien im Posten 6 zu erfolgen, sofern nicht ein Ausweis im Aktivposten 7 »Beteiligungen« oder Aktivposten 8 »Anteile an verbundenen Unternehmen« vorzunehmen ist. Für alle übrigen in § 17 RechKredV aufgeführten Finanzinstrumente gilt ein **vorrangiger Ausweis** im Aktivposten 6. Dies betrifft auch Anteile und Aktien an Investmentvermögen. **Aktien an einer InvAG** oder SICAV S.A. sind daher stets im Posten 6 auszuweisen, unabhängig davon, ob diese dazu bestimmt sind, »dem eigenen Geschäftsbetrieb durch Herstellung einer dauernden Verbindung zu jenen Unternehmen zu dienen« (§ 271 Abs. 1 S. 1 HGB). Institute haben für den Postenausweis daher zu prüfen, ob es sich bei den erworbenen Aktien um Anteile an Investmentvermögen im Sinne des KAGB handelt. Wird dies bejaht, so ist ein Ausweis stets im Posten 6 vorzunehmen. Andernfalls ist zu prüfen, ob ein vorrangiger Ausweis in den Posten 7 oder 8 in Betracht kommt. Bemerkenswert ist, dass im Zuge des AIFM-UmsG der Wertpapierbegriff des § 7 RechKredV insofern erweitert wurde, dass nun jegliche Anteile und Aktien an Investmentvermögen als Wertpapiere im Sinne des § 7 RechKredV gelten. Da in diesem Zusammenhang der Begriff des Investmentvermögens im Sinne des § 1 Abs. 1 KAGB zugrunde zu legen ist, gelten nunmehr auch Kommanditanteile an InvKG oder SICAV S.C.A. als Wertpapiere im Sinne der RechKredV. Auch solche Kommanditanteile sind nunmehr – unabhängig von der Beteiligungsvermutung – im Posten 6 auszuweisen (siehe Abb. 47)[95]. Zwar wird durch § 17 RechKredV n. F. ein einheitlicher Ausweis von Anteilen und Aktien an Investmentvermögen in **einem** Bilanzposten erreicht, gleichzeitig bewirkt diese Änderung jedoch ein Auseinanderlaufen zwischen dem Bilanzpostenausweis und den Angaben zum Anteilsbesitz nach § 313 Abs. 2 HGB. So sind Anteile und Aktien an rechtlich selbständigen Investmentvermögen stets im Aktivposten 6 auszuweisen, obgleich sie im Anhang ggf. als assoziiertes Unternehmen oder gar Tochterunternehmen aufzuführen wären.

1.2.6.2 Anhangangaben

Im Anhang sind für Aktien und andere nicht festverzinsliche Wertpapiere, die im Aktivposten 6 enthalten sind, die folgenden Angaben zu machen:
- Enthält der Posten Aktien und andere nicht festverzinsliche Wertpapiere, die dem Anlagevermögen zugewidmet wurden, so sind diese in den Anlagespiegel aufzunehmen (§ 34 Abs. 3 RechKredV in Verbindung mit § 268 Abs. 2 HGB).
- Nach § 35 Abs. 1 Nr. 2 RechKredV ist der Betrag der nicht mit dem Niederstwert bewerteten börsenfähigen Wertpapiere jeweils zu den Aktivposten 5 »Schuldverschreibungen und andere festverzinsliche Wertpapiere« sowie Aktivposten 6 »Aktien und andere nicht festverzinsliche Wertpapiere« anzugeben.
- Nach § 35 Abs. 1 Nr. 6 RechKredV ist der Gesamtbetrag der Vermögensgegenstände, die auf Fremdwährung lauten, jeweils in Euro anzugeben.
- Im Anhang sind Schuldverschreibungen nach den enthaltenen börsenfähigen, börsennotierten und nicht börsennotierten Wertpapieren aufzugliedern (§ 35 Abs. 1 RechKredV).

1.2.7 Handelsbestand (Aktivposten 6a)

1.2.7.1 Voraussetzungen für den Postenausweis

Handelsbestände, die einen positiven beizulegenden Zeitwert aufweisen, sind unter dem Aktivposten 6a. »Handelsbestand« auszuweisen. Da die auf Handelsbestände entfallenden Zinsabgrenzungen ebenfalls in dieser Position aufzunehmen sind (§ 11 RechKredV), werden zinstragende Handelsbestände mit ihrem Dirty Fair Value (= Clean Price + Zinsabgrenzung) bilanziert. Handelsbestände mit negativem Clean Fair Value und positiver Zinsabgrenzung werden unter den aktivischen Handelsbeständen ausgewiesen, wenn ihr Dirty Fair Value positiv ist[96]. Handelsbestände mit einem negativem Dirty Fair Value werden unter dem Passivposten 3a »Handelsbestand« ausgewiesen. Aktivische und passivische Handelsbestände sind nur bei Vorliegen bestimmter Aufrechnungsvereinbarungen (»Netting Agree-

---

[95] Vor der Änderung durch das AIFM-UmsG kam ein Ausweis von Kommanditanteilen an InvKG im Posten 7 »Beteiligungen« oder bei fehlender Beteiligungsabsicht im Aktivposten 14 »Sonstige Vermögensgegenstände« in Betracht.
[96] Für eine nähere Erläuterung vgl. IDW RH HFA 2.001.

ments«) zu saldieren; ansonsten hat zwingend ein Bruttoausweis zu erfolgen (§ 246 Abs. 2 S. 1 HGB). Ein Netting ist nach den allgemeinen Grundsätzen nur dann zulässig, wenn die Aufrechnungskriterien des § 387 BGB erfüllt sind (siehe im Einzelnen Kapitel II.3.3.3 und 3.3.4). Aufsichtsrechtliche Nettingvereinbarungen (Insolvenznetting; Novationsnetting) genügen diesen Kriterien i. d. R. nicht[97]. Ein Ausweis unter dem Aktivposten 6a »Handelsbestände« ist geboten, wenn die folgenden Voraussetzungen kumulativ erfüllt sind:

a) Finanzinstrument im Sinne des § 340e Abs. 3 HGB. Der Begriff »Finanzinstrument« wird in den §§ 340c Abs. 1 und 340e HGB nicht legal definiert. Unter diesem weit auszulegenden Begriff sind alle Verträge, die für eine der beteiligten Seiten einen finanziellen Vermögenswert und für die andere Seite eine finanzielle Verbindlichkeit oder ein Eigenkapitalinstrument schaffen, zu verstehen[98]. Diese Begriffsbestimmung stimmt mit der Definition von Finanzinstrumenten nach IAS 32.11 überein[99] (im Einzelnen siehe Kapitel III.1.2.1.1). Nach § 35 Abs. 1 Nr. 1a RechKredV ist der Posten Handelsbestände in verschiedene Gattungen von Finanzinstrumente aufzuteilen. Für eine Zuordnung zum Handelsbestand kommen die folgenden Finanzinstrumente in Betracht:

- **Schuldverschreibungen.** Schuldverschreibungen im Sinne der RechKredV stellen alle Schuldverschreibungen, die als Wertpapier im Sinne des § 7 RechKredV und mithin als börsenfähig gelten.
- **Forderungen.** Dies umfasst neben Darlehensforderungen auch Schuldscheindarlehen, Namensschuldverschreibungen sowie rückzahlbare, unverbriefte Genussrechte.
- **Aktien und andere nicht festverzinsliche Wertpapiere.** Darunter fallen Aktien, Investmentanteile, Optionsscheine, Zwischenscheine, Gewinnanteilsscheine, börsenfähige Genussscheine, die als Inhaber- oder Orderpapiere ausgestaltet sind, sowie andere nicht festverzinsliche Wertpapiere wie Bezugsrechte, Partizipationsscheine und Liquidationsanteilsscheine.
- **Derivate.** Alle Gattungen von Derivaten – mit Ausnahme von Warentermingeschäften[100] – qualifizieren sich für eine Zuordnung zum Handelsbestand und damit zu einem Ausweis unter dem Aktivposten 6a.
- **Sonstige.** Hierunter fallen im Wesentlichen Devisen und Edelmetalle. Es können jedoch auch weitere Vermögensgegenstände hierunter zu fassen sein, die nicht den oben beschriebenen Kategorien zugeordnet werden können (wie z. B. nicht börsenfähige Gesellschaftsanteile, GmbH-Anteile, Kommanditanteile).

---

[97] Vgl. Goldschmidt/Meyding-Metzger/Weigel, in: IRZ 2010, S. 23.
[98] Vgl. IDW RS BFA 2 Tz. 5, § 1a Abs. 3 KWG aF sowie ähnlich IAS 32.11.
[99] Inwiefern zum Zwecke der Auslegung des Begriffs Anlehnung an die IFRS genommen werden darf, ist in der Literatur umstritten. Befürwortend Serafin/Weber, in: Lutz et al., KWG, Tz. 25; eher ablehnend Brogl, in: Reischauer/Kleinhans, § 1a KWG, Tz. 23. Nach h. M. im bilanzrechtlichen Schrifttum wird von einer Auslegung des Begriffs in Analogie zu den IFRS ausgegangen. Vgl. Löw/Scharpf/Weigl, in: WPg 2008, S. 1012; Scharpf/Schaber, in: DB 2008, S. 2553.
[100] Während Waren dem aufsichtsrechtlichen Handelsbuch zugeordnet werden können, kommt eine Zuordnung zum bilanziellen Handelsbestand nur für Finanzinstrumente in Betracht. Warentermingeschäfte stellen mithin keine Finanzinstrumente im Sinne des § 340e HGB dar. Sie gelten jedoch als Finanzinstrumente im Sinne des § 254 Abs. 2 HGB zum Zwecke der Bildung von Bewertungseinheiten.

Vermögensgegenstände, die keine Finanzinstrumente sind (wie z. B. Immobilien) sind nicht im Aktivposten 6a zuzuordnen, unabhängig davon, ob mit diesen Vermögensgegenständen eine kurzfristige Gewinnerzielungsabsicht verfolgt wird. **Zurückgekaufte eigene Emissionen** sind nach § 16 Abs. 4 RechKredV als »Davon-Angabe« unter den Schuldverschreibungen und anderen festverzinslichen Wertpapieren auszuweisen. Diese Vorschrift wurde mit der Einführung eines separaten Bilanzpostens für Handelsbestände im Rahmen des BilMoG zwar nicht geändert bzw. dem Wortlaut nach auf Geschäfte des Bankbuchs eingeschränkt; gleichwohl ist es sachgerecht, zurückerworbene eigene Schuldverschreibungen dem Handelsbestand zuzuordnen, wenn diese mit der Absicht der Kurspflege in der Verantwortung der Emissionsabteilung zurückerworben wurden. In diesem Fall ist der Kurspflegebestand unter Beachtung der Vorschriften zur funktionalen Trennung in den MaRisk ebenfalls dem Handelsbestand zuzuordnen (IDW RS BFA 2, Tz. 12). Werden eigene Wertpapiere mit kurzfristiger Gewinnerzielungsabsicht zurückgekauft, so sollte der Ausweis unter dem Aktivposten 6a. »Handelsbestand« erfolgen, so dass unter dem Posten »Schuldverschreibungen und andere festverzinsliche Wertpapiere« nur die zurückgekauften Papiere des Bankbuchs gezeigt werden[101]. Zurückgekaufte Schuldverschreibungen, die aus dem Handelsbestand heraus emittiert wurden, sind dem Aktivposten 6a zuzuordnen, wenn mit diesen eine kurzfristige Gewinnerzielungsabsicht verfolgt wird.

Finanzinstrumente des Handelsbestands sind im Aktivposten zu ihrem beizulegenden Zeitwert abzüglich eines angemessenen Risikoabschlags auszuweisen. Der Risikoabschlag basiert zumeist auf einer Berechnung eines Value at Risk auf Portfolioebene für den gesamten Handelsbestand. Eine Aufteilung in einen Risikoabschlag für aktivische Handelsbestände und in einen Zuschlag für die passivischen Handelsbestände ist weder möglich noch erforderlich; der Risikozu- oder -abschlag ist bei dem größeren Bestand zu berücksichtigen (IDW RS BFA 2, Tz. 58).

b) Handelsabsicht. Die Handelsabsicht bildet die zentrale Voraussetzung für eine Zuordnung von Finanzinstrumenten zum Handelsbestand. Handelsabsicht setzt dem Wortlaut des Gesetzes nach unter anderem voraus, dass das Finanzinstrument zum Zwecke der kurzfristigen Wiederverkaufsabsicht im Eigenbestand gehalten wird. Handelsgeschäfte werden von Kreditinstituten somit im Eigeninteresse zur Erzielung eines Eigenhandelserfolgs betrieben, so dass alle Geschäfte im fremden Namen und für fremde Rechnung nicht dem Handelsbestand zuzuordnen sind (IDW RS BFA 2, Tz. 19). Zur näheren Erläuterung dieser Voraussetzung zur Zuordnung zum Handelsbestand siehe Kapitel II.1.2.1.1.

Sind die oben genannten Voraussetzungen für eine Zuordnung zum Handelsbestand erfüllt, so hat die Zuordnung zum Aktivposten 6a zwingend zu erfolgen. Ein Ausweis unter dem Handelsbestand ist gegenüber einem Ausweis von Finanzinstrumenten in anderen Bilanzposten vorrangig. Nachträgliche Umwidmungen aus dem Handelsbestand in den Anlagebestand sind nur bei Vorliegen außergewöhnlicher Umstände (§ 340e Abs. 3 S. 3 HGB, siehe Kapitel III.1.2.1.3) oder im Falle einer nachträglichen Einbeziehung in eine Bewertungseinheit im Sinne des § 254 HGB möglich. Bei einer Beendigung einer Bewertungseinheit

---

101 Vgl. App/Wiehagen-Knopke, in: KoR 2010, S. 97.

sind die vormals in den Handelsbestand einbezogenen Finanzinstrumente wieder in den Handelsbestand umzugliedern (§ 340e Abs. 3 S. 4 HGB, siehe im Einzelnen Kapitel III.2.1).

1.2.7.2 Anhangangaben

Nach § 285 Nr. 20 HGB sind für Finanzinstrumente, die gem. § 340e Abs. 3 S. 1 HGB mit dem beizulegenden Zeitwert bewertet werden
- die grundlegenden Annahmen zu nennen, »die der Bestimmung des beizulegenden Zeitwertes mit Hilfe allgemein anerkannter Bewertungsmethoden zugrunde gelegt wurden, sowie
- Umfang und Art jeder Kategorie derivativer Finanzinstrumente einschließlich der wesentlichen Bedingungen, welche die Höhe, den Zeitpunkt und die Sicherheit künftiger Zahlungsströme beeinflussen können«.

Wertansätze, die nach § 255 Abs. 4 S. 1 HGB auf Marktpreisen beruhen, sind nicht erläuterungsbedürftig. Basiert die Bewertung nicht auf Marktpreisen, so kommt eine erläuternde Kategorisierung nach den zugrundeliegenden Risikofaktoren (Zins-, Währungs-, Aktien-, Kreditderivate usw.) in Betracht. Darüber hinaus könnte eine Unterteilung in OTC-Derivate und börsennotierte Derivate sinnvoll sein. Nach Auffassung des Bankenfachausschusses des IDW ist zur Berichterstattung über den Umfang eine Angabe des Nominalbetrags für die jeweiligen Berichtsklassen notwendig (IDW RS BFA 2, Tz. 82).

Nach § 35 Abs. 1 RechKredV hat das Institut die folgenden Anhangangaben zu leisten:
- »eine Aufgliederung des Bilanzpostens »Handelsbestand« (Aktivposten Nr. 6a) in derivative Finanzinstrumente, Forderungen, Schuldverschreibungen und andere festverzinsliche Wertpapiere, Aktien und andere nicht festverzinsliche Wertpapiere sowie sonstige Vermögensgegenstände und eine Aufgliederung des Bilanzpostens »Handelsbestand« (Passivposten Nr. 3a) in derivative Finanzinstrumente und Verbindlichkeiten (Nr. 1a);
- bei Finanzinstrumenten des Handelsbestands die Methode der Ermittlung des Risikoabschlags nebst den wesentlichen Annahmen, insbesondere die Haltedauer, der Beobachtungszeitraum und das Konfidenzniveau sowie der absolute Betrag des Risikoabschlags (Nr. 6a);
- in den Fällen der Umgliederung deren Gründe, der Betrag der umgegliederten Finanzinstrumente des Handelsbestands und die Auswirkungen der Umgliederung auf den Jahresüberschuss/Jahresfehlbetrag sowie für den Fall der Umgliederung wegen Aufgabe der Handelsabsicht die außergewöhnlichen Umstände, die dies rechtfertigen (Nr. 6b);
- ob innerhalb des Geschäftsjahres die institutsinternen festgelegten Kriterien für die Einbeziehung von Finanzinstrumenten in den Handelsbestand geändert worden sind und welche Auswirkungen sich daraus auf den Jahresüberschuss/Jahresfehlbetrag ergeben (Nr. 6c)«.

Der in § 34 Abs. 2 S. 1 Nr. 1 RechKredV geforderten Aufteilung des Handelsergebnisses nach geografischen Märkten ist nur zu folgen, wenn dies in der Organisationsstruktur des Handels verankert ist (IDW RS BFA 2, Tz. 88).

1.2.8 Beteiligungen (Aktivposten 7)

1.2.8.1 Voraussetzung für den Postenausweis

Unter dem Aktivposten 7 sind Beteiligungen im Sinne des § 271 Abs. 1 HGB auszuweisen. Beteiligungen sind nach § 271 Abs. 1 HGB definiert als »Anteile an einem anderen Unternehmen, die bestimmt sind, dem eigenen Geschäftsbetrieb durch Herstellung einer dauernden Verbindung zu jenen Unternehmen zu dienen«. Der Zugangs- bzw. Abgangszeitpunkt ist jeweils der Zeitpunkt der Wertstellung bei Wertpapieren (Value Date) bzw. der **Closing Date** bei Anteilen, die nicht als Wertpapiere verbrieft sind. Eine Einbuchung bereits zum **Signing Date** kommt nach h. M. nur in Betracht, wenn
- der Erwerber aufgrund eines bürgerlich-rechtlichen Rechtsgeschäfts eine rechtlich geschützte, auf den Erwerb gerichtete Position erworben hat, die ihm gegen seinen Willen nicht mehr entzogen werden kann, und
- die mit dem Anteil verbundenen wesentlichen Rechte (insbesondere Stimmrechte und das Gewinnbezugsrecht) sowie
- das Risiko einer Wertminderung und die Chancen der Wertsteigerung auf ihn übergegangen sind[102].

In diesen Posten sind nur Beteiligungen des Eigenbestands aufzunehmen. Zu Sicherungszwecken verpfändete oder sicherungsübereignete Beteiligungen sind nicht aus der Bilanz des Instituts auszubuchen, sondern und weiterhin in diesem Posten zu zeigen. Beteiligungen, die als Sicherheiten für eigene Forderungen entgegengenommen wurden, sind ebenso wie Anteile, die ein Institut für Kunden im Rahmen des Depotgeschäfts verwahrt und verwaltet nicht vom Institut zu bilanzieren und mithin nicht in diesem Posten auszuweisen[103]. Beteiligungen, die im Rahmen eines Konsortiums erworben wurden, sind nach § 5 S. 4 RechKredV mit dem anteiligen Betrag, der auf das beteiligte oder unterbeteiligte Institut entfällt, zu bilanzieren (im Einzelnen siehe Kapitel VI.2.1.2). Genossenschaften haben die Geschäftsguthaben bei Genossenschaften als gesonderten Ausgliederungsposten unter dem Aktivposten 7 auszuweisen[104]. Finanzinstrumente sind im Allgemeinen unter dem Aktivposten 7 auszuweisen, wenn die folgenden Bedingungen kumulativ erfüllt sind:

a) Anteile an einem anderen Unternehmen. Anteile an einem anderen Unternehmen stellen Mitgliedschaftsrechte dar, die Vermögensrechte (Teilnahme an Gewinn und Liqui-

---
102 Vgl. BFH-Urteil vom 10.03.1988 – IV R 226-85, in: BStBl. II 1988, S. 832; BFH-Urteil vom 09.10.2008 – IX R 73/06, in: DStRE 2009, S. 313; BFH-Urteil vom 18.12.2001 – VIII R 5/00, in: DStRE 2002, S. 687 sowie H 17 Abs. 4 EStH sowie ausführlich Kleinheisterkamp/Schell, in: DStR 2010, S. 833. Nach BFH-Rechtsprechung hat der Verkäufer einer Beteiligung diese bereits vor Closing auszubuchen bzw. der Käufer entsprechend einzubuchen, wenn der Verkäufer bis zu diesem Zeitpunkt nur noch als Treuhänder für den Erwerber handelt. Dies gilt unter Umständen auch dann, wenn die Stimmrechte noch nicht auf den Erwerber übergegangen sind. Vgl. BFH-Urteil vom 17.12.2004 – VIII R 28/02, in: BB 2005, S. 643. Unter diesen Bedingungen hat die Erstkonsolidierung einer Tochtergesellschaft bereits ab dem Signing Date zu erfolgen. Vgl. Förschle/Deubert, in: BBK, 11. Aufl., § 301 HGB, Tz. 131.
103 Vgl. Krumnow/Sprißler (2004), § 7 RechKredV, Tz. 7.
104 Siehe Fußnote 4, Formblatt 1 der RechKredV. Im Einzelnen siehe Kapitel IV.6.1.

dationserlös) sowie Verwaltungsrechte (Stimmrechte, Kontrollrechte, Informationsrechte usw.) umfassen[105]. Dabei kommt es nicht darauf an, ob die Anteile in Wertpapieren verbrieft sind oder nicht (§ 271 Abs. 1 S. 2 HGB). Als Anteile an einem anderen Unternehmen kommen mithin verbriefte und unverbriefte Gesellschaftsanteile an Kapitalgesellschaften (z. B. GmbH, AG, KGaA, SE) sowie Anteile als persönlicher Gesellschafter einer Personengesellschaft (z. B. OHG, KG) oder Kommanditanteile an einer KG sowie entsprechende Anteile an Unternehmen ausländischer Rechtsformen in Betracht. Nicht zu den Beteiligungen im Sinne des § 271 Abs. 1 HGB zählen Beteiligungen als stille Gesellschafter[106], Genussrechte (siehe HFA 1/1994, Abschn. 3.1), Anteilsscheine sowie Aktien an Investmentvermögen[107] sowie Joint Ventures ohne Gesamthandsvermögen (HFA 1/1993, Abschn. 3.1). Nach § 271 Abs. 1 S. 5 HGB gilt die Mitgliedschaft in einer eingetragenen Genossenschaft nicht als Beteiligung im Sinne des § 271 HGB. Dies wird allerdings für Institute in der Rechtsform der eingetragenen Genossenschaft durch § 18 RechKredV aufgehoben. Nach § 18 RechKredV gelten für Institute in der Rechtsform der eingetragenen Genossenschaft und genossenschaftliche Zentralbanken ihre Anteile an anderen Genossenschaften als Beteiligungen und sind unter dem Aktivposten 7 auszuweisen.

b) Unternehmen. Der Beteiligungsbegriff setzt voraus, dass Anteile an einem inländischen oder ausländischen Unternehmen (unabhängig von der Rechtsform) bestehen. Das HGB enthält jedoch keine Legaldefinition des Begriffs »Unternehmen«. Im Schrifttum wird betont, dass es für den Beteiligungsbegriff wesentlich ist, dass ein Unternehmen überhaupt vorliegt[108]. Dies ist bei Gewerbebetrieben der Fall, die nach §§ 1 ff. HGB als Handelsgewerbe gelten oder wenn (unabhängig von der Geschäftstätigkeit) eine Eintragung im Handelsregister vorliegt. Auch alle nicht den Gewerbebegriff erfüllenden Wirtschaftseinheiten fallen unter den Unternehmensbegriff, wenn sie eigenständige wirtschaftliche Interessen mittels einer nach außen in Erscheinung tretenden Organisation verfolgen.

c) Dauernde Verbindung. Anteile an einem anderen Unternehmen sind nur dann Beteiligungen, wenn sie zur Herstellung einer dauernden Verbindung dem eigenen Geschäftsbetrieb dienen. Die Qualifikation eines Unternehmensanteils als Beteiligung ist daher abhängig von der verfolgten (subjektiven) Zweckbestimmung. Diese Zweckbestimmung gilt zwar rechtsformunabhängig für alle Unternehmensanteile; gleichwohl kann bei unverbrieften Anteilen (z. B. an Personengesellschaft oder GmbH-Anteilen) aufgrund ihrer fehlenden Fungibilität i. d. R. von einer dauerhaften Verbindung ausgegangen werden; auf die

---

105 Vgl. Wiedmann, in: Ebenroth/Boujong/Joost/Strohn, § 271 HGB, Tz. 2. Ob Anteile im Sinne des § 271 Abs. 1 HGB vorliegen, wird in der Literatur zum Teil abhängig von der Abgrenzungsproblematik zwischen Eigen- und Fremdkapital gemacht. So wird von Teilen des Schrifttums ein Ausweis als Beteiligung immer dann als sachgerecht angesehen, wenn das Kapital aus Sicht des Beteiligungsunternehmens als Eigenkapital auszuweisen ist. Vgl. Weller, in: Haufe HGB Bilanz Kommentar, § 271 HGB, Tz. 8 f.
106 Vgl. Scheffler, in: Beck HdR, B 213, Tz. 174.
107 Nach der hier vertretenen Auffassung sind Anlageaktien an InvAG nicht unter den Beteiligungen, sondern wie Anteilsscheine an rechtlich unselbständigen Sondervermögen unter den Aktien und anderen nicht festverzinslichen Wertpapieren auszuweisen. Im Gegensatz zu Unternehmensaktien sind Anlageaktien stimmrechtslos und verbriefen mithin nur partiell Mitgliedschaftsrechte.
108 Vgl. Grottel/Kreher, in: BBK, 11. Aufl., § 271 HGB, Tz. 11.

Höhe der Beteiligungsquote kommt es dabei nicht an[109]. Die Herstellung der dauernden Verbindung muss zudem dafür bestimmt sein, dem eigenen Geschäftsbetrieb zu dienen. Dienen die Anteile dem eigenen Geschäftsbetrieb, ohne dafür bestimmt zu sein, so liegt keine Beteiligung vor[110]. Die Herstellung einer dauernden Verbindung impliziert, dass der Anteilsinhaber ein Interesse hat, das über eine reine Kapitalverzinsung hinausgeht[111]. Dienen die Anteile lediglich der Kapitalanlage, ohne dass die Anteile zur Herstellung einer dauerhaften Verbindung dienen sollen, so liegt eine Beteiligung im Sinne des § 271 Abs. 1 HGB nicht vor. Für die Beurteilung, ob die Anteile zur Herstellung einer dauerhaften Verbindung bestimmt sind, werden im Schrifttum unterschiedliche Indizien herangezogen:

- Während die Zugehörigkeit des Unternehmens zur Branche des Anteilsinhabers für das Vorliegen einer Beteiligung spricht, kann aus der Zugehörigkeit zu einer unterschiedlichen Branche nicht automatisch das Fehlen einer Beteiligungsabsicht geschlossen werden[112].
- Ebenso stellt die Möglichkeit zur Einflussnahme auf die Geschäftspolitik des Unternehmens ein Indiz für eine dauerhafte Verbindung dar[113]. Die Qualifikation von stimmrechtslosen Vorzugsaktien als Beteiligung ist in diesem Zusammenhang strittig und muss vor dem Hintergrund einer mangelnden Einflussmöglichkeit wohl eher kritisch bewertet werden[114].
- Die Unternehmensanteile sind nicht oder nur eingeschränkt fungibel (z. B. Anteile an Personengesellschaften). Dies lässt auf eine auf Dauer angelegte Zweckbestimmung vermuten[115].
- Das Vorliegen von Sperrminoritäten lässt i. d. R. nur den Verkauf aller Anteile als Paket sinnvoll erscheinen und lässt auf das Vorliegen einer Beteiligung schließen.
- Zwischen dem beteiligten Unternehmen und dem Beteiligungsunternehmen bestehen weitergehende vertragliche Beziehungen (z. B. Kooperationsverträge usw.).
- Es liegen personelle Verflechtungen zwischen den Unternehmen vor[116].

Da die subjektive Zweckbestimmung Zweifelsfragen in der Auslegung des Beteiligungsbegriffs mit sich bringen kann, bestimmt § 271 Abs. 1 S. 3 HGB, dass im Zweifel die Anteile an einer Kapitalgesellschaft als Beteiligung gelten, die insgesamt 20 % des Nennkapitals dieser Gesellschaft überschreiten. Die Berechnung der Anteilsquote hat gem. § 272 Abs. 1 S. 4 HGB in Übereinstimmung mit § 16 Abs. 2 AktG sowie in dessen analoger Anwendung zu erfolgen. Damit sind für die Bestimmung der Beteiligungsquote nicht nur die direkt gehaltenen Anteile einzubeziehen, sondern auch die von einem abhängigen Unternehmen nach § 17 Abs. 2 AktG gehaltenen Anteile sowie die Anteile, die von einem Treuhänder auf Rechnung des beteiligten Unternehmens oder eines von diesem abhängigen Unternehmen

---

109 Vgl. Scheffler, in: Beck HdR, B 213, Tz. 178, WPH I[2012], F 259.
110 Vgl. ADS, § 271 HGB, Tz. 20; Grottel/Kreher, in: BBK, 11. Aufl., § 271 HGB, Tz. 20.
111 Vgl. WPH I[2012], F 258; ADS § 271 HGB, Tz. 6 ff.; Grottel/Kreher, in: BBK, 11. Aufl., § 271 HGB, Tz. 18, m. w. N.
112 Vgl. Hachmeister, in: HdJ, Abt. II/3, Tz. 21.
113 Vgl. Grottel/Kreher, in: BBK, 11. Aufl., § 271 HGB, Tz. 17.
114 Vgl. Hachmeister, in: HdJ, Abt. II/3, Tz. 22.
115 Vgl. Scheffler, in: Beck HdR, B 213, Tz. 178, WPH I[2012], F 259.
116 Zu den letzten drei Punkten vgl. auch Weller, in: Haufe HGB Bilanz Kommentar, § 271 HGB, Tz. 14.

gehalten werden (§ 16 Abs. 4 AktG). Das Merkmal der dauernden Verbindung weist auf den Charakter der Beteiligung als Anlagevermögen hin. Die gesetzliche Vermutung für das Vorliegen eines Beteiligungsverhältnisses ab einer Beteiligungsquote von 20 % ist allerdings widerlegbar[117]. Nach Auffassung des BGH hängt die Frage, wann die gesetzliche Vermutung als widerlegt angesehen werden kann, »von den Umständen ab, unter denen von einer Beteiligung (…) auszugehen ist. Denn die Vermutung für das Vorliegen einer Beteiligung beinhaltet zugleich die Unterstellung der Umstände, die für das Vorliegen einer Beteiligung erforderlich sind. Eine Widerlegung der Vermutung kann daher nur dadurch erfolgen, dass die Umstände, unter denen eine Beteiligung gegeben ist, widerlegt werden[118]«.

c) Dauerhaft dem eigenen Geschäftsbetrieb dienen. Die dauerhafte Verbindung soll der Förderung des eigenen Geschäftsbetriebs dienen und einen Beitrag zu den Unternehmenszielen des Anteilsinhabers haben. Mit einer Beteiligung wird somit nicht nur das Ziel einer Kapitalanlage und der Erwirtschaftung einer angemessenen Verzinsung verfolgt; vielmehr sind mit einer Beteiligung weitergehende Ziele verbunden, die der Ergänzung oder Abrundung der geschäftlichen Tätigkeit der Obergesellschaft dient. Es kommt hier auf die Absicht des Bilanzierenden an, die durch objektive äußere Umstände zu erhärten ist. Aus dem alleinigen Umstand, dass das Beteiligungsunternehmen einer anderen Branche angehört als die Obergesellschaft, kann eine fehlende Beteiligungsabsicht nicht geschlossen werden[119].

d) Keine Zuordnung zu Aktivposten 6a, 8, 9. Stellen Beteiligungen zugleich Anteile an verbundenen Unternehmen dar, so hat ein Ausweis unter Aktivposten 8 »Anteile an verbundenen Unternehmen« Vorrang. Beteiligungen, die ein Institut als Treuhänder verwaltet, sind nicht in diesem Posten auszuweisen. Nur Beteiligungen, die im Rahmen einer Ermächtigungstreuhand verwaltet werden (eigener Name/fremde Rechnung), sind in der Bilanz des Instituts in Aktivposten 9 »Treuhandvermögen« zu bilanzieren (§ 6 Abs. 1 RechKredV); während bei einer fiduziarischen Treuhand sowie einer Vollrechtstreuhand (fremder Name/fremde Rechnung) die Bilanzierung der Beteiligung beim Treugeber erfolgt (im Einzelnen siehe Kapitel II.1). Ein Konkurrenzverhältnis zum Ausweis im Aktivposten 6a »Handelsbestand« besteht regelmäßig nicht, da eine kurzfristige Gewinnerzielungsabsicht dem Kriterium der andauernden Verbindung zu einem anderen Unternehmen widerspricht. Gleichwohl kann ein Institut Anteile an einem Beteiligungsunternehmen auch im Handelsbestand führen, wenn die einschlägigen Voraussetzungen erfüllt sind.

---

117 Vgl. BT-Drs 10/317, S. 81. Zu den verschiedenen Indizien, die für eine Widerlegung der Beteiligungsvermutung sprechen können siehe Scheffler, in: Beck HdR, B 213, Tz. 196 f.
118 BGH-Urteil vom 09.02.1987 – II ZR 119/86, in: NJW 1987, S. 3189.
119 Vgl. BGH-Urteil vom 09.02.1987 – II ZR 119/86, in: NJW 1987, S. 3186–3191, hier S. 3189. Anders hingegen die Vorinstanz, in der das Berufungsgericht argumentierte, dass das Halten von Anteilsrechten an branchenfremden Gesellschaften per se nicht dazu geeignet sei, das bankgeschäftliche Leistungspotenzial des Instituts zu ergänzen.

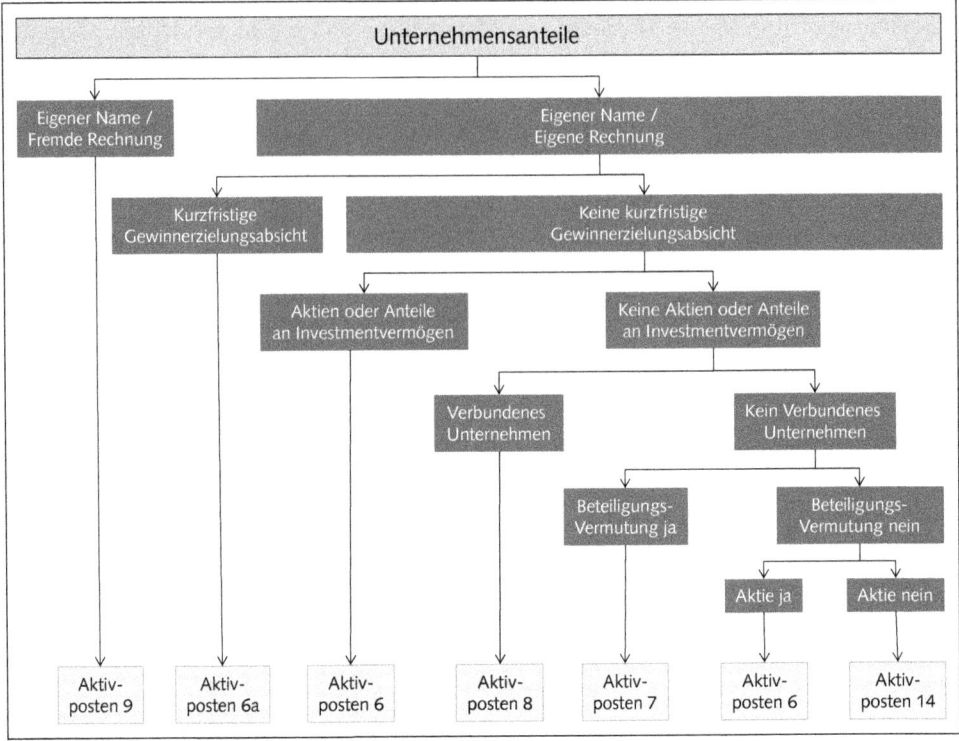

Abb. 47: Ausweis von Unternehmensanteilen[120]

Erfüllen Anteile an anderen Unternehmen nicht die oben genannten Bedingungen (z. B., weil sie nicht dazu bestimmt sind, dauernd dem Geschäftsbetrieb zu dienen), ist der Ausweis unter dem Aktivposten 6 »Aktien und andere nicht festverzinsliche Wertpapiere« vorzunehmen, wenn die Anteile als Wertpapiere im Sinne des § 7 RechKredV gelten[121]. Manche Unternehmensanteile sind jedoch auch bei Vorliegen der Beteiligungsvermutung im Sinne des § 271 HGB nicht im Aktivposten 7, sondern im Aktivposten 6 auszuweisen. Dies betrifft insbesondere Kommanditanteile an einer InvKG oder SICAV S.C.A. oder Aktien an Investmentaktiengesellschaften oder SICAV S.A., die seit der Anpassung des § 7 RechKredV durch das AIFM-UmsG als Wertpapiere im Sinne der RechKredV gelten. Diese sind aufgrund von § 17 RechKredV vorrangig im Aktivposten 6 auszuweisen (und zwar unabhängig davon, ob diese dazu bestimmt sind, dauernd dem Geschäftsbetrieb zu dienen)[122]. Sofern Unternehmensanteile nicht als Beteiligungen oder Anteile an verbundenen Unternehmen einzustufen sind und diese nicht als Wertpapiere im Sinne des § 7 RechKredV gelten, ist ein Ausweis unter den Sonstigen Vermögensgegenständen (Aktivposten 14) geboten. Der Aktivposten 7 ist ein Bilanzposten des Anlagevermögens.

---

120 Entnommen Gaber, in: WPg 2015, S. 124.
121 Vgl. Bieg/Waschbusch (2017), S. 215.
122 Zum Umfang der Subsidiarität des Postens 6 im Vergleich zum Aktivposten 7 siehe Kap. IV.1.2.7.

1.2.8.2 Darunter-Vermerk

Unter dem Aktivposten 7 sind die Beteiligungen an Kreditinstitute und Finanzdienstleistungsinstitute gesondert auszuweisen. Kreditinstitute sind Unternehmen, die Bankgeschäfte gewerbsmäßig oder in einem Umfang betreiben, der einen in kaufmännischer Weise eingerichteten Geschäftsbetrieb erfordert (§ 1 Abs. 1 S. 1 KWG). Zum Katalog der Bankgeschäfte siehe Kapitel I.2.1. Finanzdienstleistungsinstitute sind Unternehmen, die Finanzdienstleistungen für andere gewerbsmäßig oder in einem Umfang erbringen, der einen in kaufmännischer Weise eingerichteten Geschäftsbetrieb erfordert, und die keine Kreditinstitute sind (§ 1 Abs. 1a S. 1 KWG). Zum Katalog der Finanzdienstleistungen siehe Kapitel I.2.1. Damit sind Beteiligungen an Finanzunternehmen, Kapitalverwaltungsgesellschaften, Abwicklungsanstalten des Bundes oder der Länder, Investmentaktiengesellschaften sowie Finanzholdings (§ 1 Abs. 3a KWG), gemischten Unternehmen (§ 1 Abs. 3b KWG) und Unternehmen mit bankbezogenen Hilfsdienstleistungen (§ 1 Abs. 3c KWG) nicht gesondert auszuweisen.

Nach § 3 RechKredV sind in der Bilanz jeweils die folgenden Unterposten an Unternehmen, mit denen ein Beteiligungsverhältnis besteht, gesondert auszuweisen oder im Anhang der Reihenfolge der betroffenen Posten im Anhang anzugeben:
- Verbriefte und unverbriefte Forderungen an **Beteiligungsunternehmen** zu den Posten »Forderungen an Kunden«, »Forderungen an Kreditinstitute« und »Schuldverschreibungen und andere nicht festverzinsliche Wertpapiere«;
- Verbriefte und unverbriefte Verbindlichkeiten gegenüber **Beteiligungsunternehmen** zu den Posten »Verbindlichkeiten gegenüber Kreditinstituten«, »Verbindlichkeiten gegenüber Kunden«, »Verbriefte Verbindlichkeiten« sowie »Nachrangige Verbindlichkeiten«.

1.2.8.3 Anhangangaben

Im Anhang sind für Beteiligungen im Allgemeinen die folgenden Angabepflichten zu beachten:
- Da Beteiligungen im Sinne des § 271 Abs. 1 HGB den Charakter von Anlagevermögen haben, sind sie in den Anlagespiegel nach § 34 Abs. 3 RechKredV in Verbindung mit § 284 Abs. 3 HGB aufzunehmen.
- Sofern im Aktivposten 7 börsenfähige Wertpapiere enthalten sind, ist die Angabepflicht nach § 35 Abs. 1 Nr. 1 RechKredV zu beachten. Danach ist der Aktivposten »Beteiligungen« in die enthaltenen börsenfähigen Wertpapiere nach börsennotierten und nicht börsennotierten Wertpapieren aufzugliedern.
- § 285 Nr. 11 HGB ist aufgrund von § 340a Abs. 1 HGB auch von Instituten zu beachten. Danach ist im Anhang Name und Sitz anderer Unternehmen anzugeben, von denen die Kapitalgesellschaft oder eine für Rechnung der Kapitalgesellschaft handelnde Person mindestens den fünften Teil der Anteile besitzt; außerdem sind die Höhe des Anteils am Kapital, das Eigenkapital und das Ergebnis des letzten Geschäftsjahrs dieser Unternehmen anzugeben, für das ein Jahresabschluss vorliegt; auf die Berechnung der Anteile ist § 16 Abs. 2 und 4 des Aktiengesetzes entsprechend anzuwenden. Ferner sind von

börsennotierten Kapitalgesellschaften zusätzlich alle Beteiligungen an großen Kapitalgesellschaften anzugeben, die fünf vom Hundert der Stimmrechte überschreiten.
- Nach § 285 Nr. 11a HGB ist im Anhang der Name, Sitz und die Rechtsform der Unternehmen, deren unbeschränkt haftender Gesellschafter die Kapitalgesellschaft ist, anzugeben.
- Nach § 340a Abs. 4 HGB sind im Anhang alle Mandate in gesetzlich zu bildenden Aufsichtsgremien von großen Kapitalgesellschaften (§ 267 Abs. 3 HGB), die von gesetzlichen Vertretern oder anderen Mitarbeitern wahrgenommen werden; sowie alle Beteiligungen an großen Kapitalgesellschaften, die fünf vom Hundert der Stimmrechte überschreiten, anzugeben.
- Alternativ zur Angabe in der Bilanz können die Angaben nach § 3 RechKredV (siehe oben) auch im Anhang gemacht werden.

1.2.9 Anteile an Verbundenen Unternehmen (Aktivposten 8)

1.2.9.1 Voraussetzungen für den Postenausweis

Unter dem Aktivposten 8 sind Anteile an verbundenen Unternehmen auszuweisen. Verbundene Unternehmen sind nach § 271 Abs. 2 HGB »solche Unternehmen, die als Mutter- oder Tochtergesellschaft (§ 290 HGB) in den Konzernabschluss eines Mutterunternehmens nach den Vorschriften über die Vollkonsolidierung einzubeziehen sind, das
- als oberstes Mutterunternehmen den am weitestgehenden Konzernabschluss (…) aufzustellen hat, auch wenn die Aufstellung unterbleibt,
- oder das einen befreienden Konzernabschluss nach § 291 oder nach einer nach § 292 erlassenen Rechtsverordnung aufstellt oder aufstellen könnte…«.

Der Zugangs- bzw. Abgangszeitpunkt ist bei Wertpapieren jeweils der Tag der Wertstellung (Value Date) bzw. der **Closing Date** bei Anteilen, die nicht als Wertpapiere verbrieft sind. Eine Einbuchung bereits zum **Signing Date** kommt nach h. M. nur in Betracht, wenn
- der Erwerber aufgrund eines bürgerlich-rechtlichen Rechtsgeschäfts eine rechtlich geschützte, auf den Erwerb gerichtete Position erworben hat, die ihm gegen seinen Willen nicht mehr entzogen werden kann, und
- die mit dem Anteil verbundenen wesentlichen Rechte (insbesondere Stimmrechte und das Gewinnbezugsrecht) sowie
- das Risiko einer Wertminderung und die Chancen der Wertsteigerung auf ihn übergegangen sind[123].

---

123 Vgl. BFH-Urteil vom 10.03.1988 – IV R 226-85, in: BStBl. II 1988, S. 832; BFH-Urteil vom 09.10.2008 – IX R 73/06, in: DStRE 2009, S. 313; BFH-Urteil vom 18.12.2001 – VIII R 5/00, in: DStRE 2002, S. 687 sowie H 17 Abs. 4 EStH sowie ausführlich Kleinheisterkamp/Schell, in: DStR 2010, S. 833; hinsichtlich des Erstkonsolidierungszeitpunkts wird im Schrifttum vereinzelt eine wirtschaftliche Zurechnung ohne Übergang der Stimmrechte für sachgerecht gehalten vgl. Winkeljohann/Deubert, in: BBK, 11. Aufl., § 301 HGB, Tz. 131.

In diesen Posten sind nur Anteile des Eigenbestands aufzunehmen. Zu Sicherungszwecken verpfändete oder sicherungsübereignete Anteile an verbundenen Unternehmen sind nicht aus der Bilanz des Instituts auszubuchen und weiterhin in diesem Posten zu zeigen. Anteile an anderen Unternehmen sind in dem Aktivposten 8 auszuweisen, wenn kumulativ die folgenden Bedingungen erfüllt sind.

a) **Mutter-Tochterverhältnis im Sinne des § 290 HGB.** Als verbundene Unternehmen gelten solche Unternehmen, die als Mutter- oder Tochtergesellschaft im Sinne des § 290 HGB gelten. Zur Konsolidierungspflicht von Tochtergesellschaften nach § 290 HGB siehe Kapitel VIII.2.1. Dies schließt nach Auffassung des HFA beim IDW trotz fehlender Unternehmenseigenschaft auch Zweckgesellschaften mit der Begründung ein, dass der Gesetzgeber Zweckgesellschaften den Unternehmen gleichstellen wollte[124]. Da seit dem BilMoG auch Zweckgesellschaften nach § 290 Abs. 2 Nr. 4 HGB unter bestimmten Bedingungen zu konsolidieren sind, können Unternehmen unter die Begriffsmerkmale von verbundenen Unternehmen fallen, die nicht zugleich auch Beteiligungen sind.

b) **Einbeziehung im Wege der Vollkonsolidierung.** Es gelten alle Unternehmen, die nach § 290 HGB im Wege einer Vollkonsolidierung in einen Konzernabschluss einzubeziehen wären, als verbundene Unternehmen. Gemeinschaftsunternehmen oder assoziierte Unternehmen gelten damit nicht als verbundene Unternehmen. Unternehmen, die Tochterunternehmen nach § 290 HGB darstellen und auf deren Vollkonsolidierung aufgrund von § 296 HGB verzichtet wird, gelten ebenfalls als verbundene Unternehmen (§ 271 Abs. 2 HGB, zweiter Halbsatz). Dies schließt ebenso die aufgrund von § 340j HGB nicht einbezogenen Anteile an Kreditinstituten ein. Nicht als verbundene Unternehmen gelten mithin Unternehmen, »die einem Konzern angehören,
- der wegen Unterschreitens der Größenmerkmale nach § 293 HGB keinen Konzernabschluss erstellt (in diesem Fall ist kein Konzernabschluss nach den Vorschriften des zweiten Unterabschnitts zu erstellen);
- dessen Konzernabschluss von einem Mutterunternehmen aufgestellt wird, das selbst keine Kapitalgesellschaft oder gleichgestellte Personengesellschaft im Sinne des § 264a HGB ist, und die selbst keine Mutterunternehmen sind (einstufiger Konzern);
- der ausschließlich einen Konzernabschluss nach ausländischem Recht aufstellt, und die selbst keine Mutterunternehmen sind (einstufiger Konzern)[125].«

Sofern gehaltene Unternehmensanteile sowohl die Voraussetzungen des Beteiligungsbegriffs nach § 271 Abs. 1 HGB als auch die Voraussetzungen für Anteile an verbundenen Unternehmen erfüllen, hat die Behandlung als Anteile an verbundenen Unternehmen Vorrang; § 271 Abs. 2 HGB ist als lex specialis gegenüber § 271 Abs. 1 HGB anzusehen[126]. Ein Ausweis unter dem Aktivposten 8 ist vorrangig gegenüber einem Ausweis unter dem Aktiv-

---
124 Vgl. IDW HFA, in: IDW Fachnachrichten 2011, S. 122 f.; Grottel/Kreher, in: BBK, 11. Aufl., § 271 HGB, Tz. 33.
125 Vgl. Hachmeister, in: HdJ, Abt. II/3, Tz. 29.
126 Vgl. ADS, § 271 HGB, Tz. 32.

posten 6 »Aktien und andere nicht festverzinsliche Wertpapiere«[127] (siehe explizit § 17 RechKredV) als auch gegenüber einem Ausweis unter dem Aktivposten 7 »Beteiligungen«. Ein Konkurrenzverhältnis zum Ausweis im Aktivposten 6a »Handelsbestand« besteht in der Praxis regelmäßig nicht. Gleichwohl kann ein Institut Anteile an einem Unternehmen, das zugleich ein verbundenes Unternehmen ist, auch (zum Teil) im Handelsbestand führen, wenn die einschlägigen Voraussetzungen erfüllt sind.

1.2.9.2 Darunter-Vermerk

Unter dem Aktivposten 8 sind die Anteile an Kreditinstituten und Finanzdienstleistungsinstituten, mit denen ein Mutter-Tochter-Verhältnis besteht, gesondert auszuweisen. Kreditinstitute sind Unternehmen, die Bankgeschäfte gewerbsmäßig oder in einem Umfang betreiben, der einen in kaufmännischer Weise eingerichteten Geschäftsbetrieb erfordert (§ 1 Abs. 1 S. 1 KWG). Zum Katalog der Bankgeschäfte siehe Kapitel I.2.1.1. Finanzdienstleistungsinstitute sind Unternehmen, die Finanzdienstleistungen für andere gewerbsmäßig oder in einem Umfang erbringen, der einen in kaufmännischer Weise eingerichteten Geschäftsbetrieb erfordert, und die keine Kreditinstitute sind (§ 1 Abs. 1a S. 1 KWG). Zum Katalog der Finanzdienstleistungen siehe Kapitel I.2.1.1. Damit sind Beteiligungen an Finanzunternehmen, Kapitalverwaltungsgesellschaften, Abwicklungsanstalten des Bundes oder der Länder, Investmentaktiengesellschaften sowie Finanzholdings (§ 1 Abs. 3a KWG), gemischten Unternehmen und Unternehmen mit bankbezogenen Hilfsdienstleistungen nicht gesondert auszuweisen.

Nach § 3 RechKredV sind in der Bilanz jeweils die folgenden Unterposten an bzw. gegenüber verbundenen Unternehmen gesondert auszuweisen oder im Anhang der Reihenfolge der betroffenen Posten im Anhang anzugeben:
- Verbriefte und unverbriefte Forderungen an **verbundene Unternehmen** zu den Posten »Forderungen an Kunden«, »Forderungen an Kreditinstitute« und »Schuldverschreibungen und andere nicht festverzinsliche Wertpapiere«;
- Verbriefte und unverbriefte Verbindlichkeiten gegenüber **verbundenen Unternehmen** zu den Posten »Verbindlichkeiten gegenüber Kreditinstituten«, »Verbindlichkeiten gegenüber Kunden«, »Verbriefte Verbindlichkeiten« sowie »Nachrangige Verbindlichkeiten«.

1.2.9.3 Anhangangaben

In Bezug auf Anteile an sowie Geschäfte mit verbundenen Unternehmen sind von Instituten die folgenden Erläuterungen im Anhang zu machen:
- Grundsätzlich gelten für Institute aufgrund von § 340a Abs. 2 S. 1 HGB anstelle von § 251 HGB die Vorschriften der RechKredV. Gleichwohl ist § 268 Abs. 7 HGB für Institute anzuwenden, wonach Institute im Anhang gesonderte Angaben über Haftungsverhältnisse nach § 251 HGB gegenüber verbundenen Unternehmen zu machen haben. Damit

---
[127] Die Vorrangigkeit gilt nicht für Anteile oder Aktien an Investmentvermögen (siehe explizit § 17 RechKredV).

einhergehend haben Institute nach § 34 Abs. 1 S. 2 RechKredV die Vorschrift des § 285 Nr. 3a HGB zu beachten, soweit die Angaben nicht in der Bilanz unter dem Strich gemacht werden. In diesem Fall haben Institute den Gesamtbetrag der sonstigen außerbilanziellen finanziellen Verpflichtungen, die gegenüber verbundenen Unternehmen bestehen, gesondert anzugeben (§ 285 Nr. 3a, 2. HS HGB).
- Anteile an verbundenen Unternehmen sind in den Anlagespiegel nach § 34 Abs. 3 RechKredV aufzunehmen. Dabei dürfen Zuschreibungen, Abschreibungen und Wertberichtigungen mit anderen Posten zusammengefasst werden.
- Sind in dem Aktivposten 8 börsenfähige Wertpapiere enthalten, so sind diese in börsennotierte und nicht börsennotierte Wertpapiere aufzugliedern (§ 35 Abs. 1 Nr. 1 RechKredV).
- Alternativ zur Angabe in der Bilanz können die Angaben nach § 3 RechKredV auch im Anhang gemacht werden.
- § 285 Nr. 11 HGB ist aufgrund von § 340a Abs. 1 HGB auch von Instituten zu beachten. Danach ist im Anhang Name und Sitz anderer Unternehmen anzugeben, von denen die Kapitalgesellschaft oder eine für Rechnung der Kapitalgesellschaft handelnde Person mindestens den fünften Teil der Anteile besitzt; außerdem sind die Höhe des Anteils am Kapital, das Eigenkapital und das Ergebnis des letzten Geschäftsjahrs dieser Unternehmen anzugeben, für das ein Jahresabschluss vorliegt; auf die Berechnung der Anteile ist § 16 Abs. 2 und 4 des Aktiengesetzes entsprechend anzuwenden; ferner sind von börsennotierten Kapitalgesellschaften zusätzlich alle Beteiligungen an großen Kapitalgesellschaften anzugeben, die fünf vom Hundert der Stimmrechte überschreiten.
- Nach § 285 Nr. 11a HGB ist im Anhang der Name, Sitz und die Rechtsform der Unternehmen, deren unbeschränkt haftender Gesellschafter die Kapitalgesellschaft ist, anzugeben.
- Nach § 340a Abs. 4 HGB sind im Anhang alle Mandate in gesetzlich zu bildenden Aufsichtsgremien von großen Kapitalgesellschaften (§ 267 Abs. 3 HGB), die von gesetzlichen Vertretern oder anderen Mitarbeitern wahrgenommen werden; sowie alle Beteiligungen an großen Kapitalgesellschaften, die fünf vom Hundert der Stimmrechte überschreiten, anzugeben.
- Angaben zu Geschäften mit nahestehenden Personen und Unternehmen (für nähere Bestimmungen siehe IDW RS HFA 33).

1.2.10 Treuhandvermögen (Aktivposten 9)

1.2.10.1 Voraussetzungen für den Postenausweis

Nach § 6 Abs. 1 RechKredV sind Vermögensgegenstände und Schulden, die ein Institut im eigenen Namen, aber für fremde Rechnung hält, in die Bilanz aufzunehmen. Die Gesamtbeträge sind in der Bilanz unter den Posten »Treuhandvermögen« (Aktivposten Nr. 9) und »Treuhandverbindlichkeiten« (Passivposten Nr. 4) auszuweisen und im Anhang nach den Aktiv- und Passivposten des Formblatts aufzugliedern. Obwohl bei Treuhandverhältnissen das wirtschaftliche Eigentum stets beim Treugeber verbleibt, sind Treuhandvermögen und Treuhandverbindlichkeiten, die im eigenen Namen und auf fremde Rechnung gehalten werden, nach § 6 RechKredV entgegen den allgemeinen Zurechnungsvorschriften der §§ 242 und 246 HGB in die Bilanz des Instituts aufzunehmen[128] (siehe im Einzelnen auch Kapitel II.1.2). Treuhandvermögen ist unter den folgenden kumulativ zu erfüllenden Bedingungen im Aktivposten 9 »Treuhandvermögen« auszuweisen:

a) **Treuhandvertrag.** Der Begriff »Treuhandverhältnis« ist gesetzlich nicht definiert und kann in vielfältigen Formen und in unterschiedlichen Vertragstypen vorkommen. Allen Treuhandverhältnissen gemeinsam ist jedoch, dass ein Treugeber Rechte an einen Treuhänder (Treuhandeigentümer) überträgt, der diese Rechte im Innenverhältnis aber nur gem. den Bestimmungen eines schuldrechtlichen Treuhandvertrags ausüben darf[129]. Der Treuhänder ist dem Treugeber gegenüber schuldrechtlich verpflichtet, die Rechte an dem Treugut nur in festgelegter Weise auszuüben.

b) **Eigener Name/fremde Rechnung.** Nach § 6 RechKredV sind nur jene Treuhandvermögen in die Bilanz des Instituts aufzunehmen, die das Institut im eigenen Namen und für fremde Rechnung hält. Bei dieser sog. **unechten** Treuhand wird lediglich die Wahrnehmung von Rechten auf den Treuhänder übertragen. Das Vollrecht verbleibt stets beim Treugeber[130]. Bei einer Ausübung von Rechtsmacht im eigenen Namen und für fremde Rechnung, handelt es sich um eine sog. **Ermächtigungstreuhand**. Hier wird die Ermächtigung zum Handeln im eigenen Namen nach Maßgabe des Treuhandvertrags nach § 185 Abs. 1 BGB auf den Treuhänder übertragen[131]. Der Treuhänder erwirbt jedoch nicht das zivilrechtliche Eigentum an dem Treugut. Bei der Ermächtigungstreuhand kann aufgrund der Treuhandabrede das Recht an dem Treugut vom Treuhänder im eigenen Namen, aber ausschließlich im Interesse des Treugebers ausgeübt werden[132]. Von der Ermächtigungstreuhand ist die fiduziarische Treuhand und die sog. Vollmachtstreuhand (fremder Name/fremde Rechnung) abzugrenzen[133]. Vermögensgegenstände, die ein Institut im Rahmen einer fiduziarischen Treuhand oder einer Vollmachtstreuhand hält (siehe explizit § 6 Abs. 3 RechKredV), sind nicht vom Institut zu bilanzieren.

1.2.10.2 Darunter-Vermerk: Treuhandkredite

Nach § 6 Abs. 2 RechKredV sind unter den Voraussetzungen des § 6 Abs. 1 RechKredV in der Bilanz im Vermerk »darunter: Treuhandkredite« bei Aktivposten Nr. 9 und bei Passivposten Nr. 4 auszuweisen. Eine explizite Definition des Begriffs »Treuhandkredite« findet sich in der RechKredV nicht. Bei der Auslegung dieses Begriffes wird auf die Bilanzierungsrichtlinie vor Einführung der RechKredV zurückgegriffen. Demnach sind unter den Treuhandkrediten »in eigenem Namen, aber für fremde Rechnung gewährte Kredite auszuweisen, bei denen die ausgeliehenen Mittel dem bilanzierenden Institut vom Auftraggeber voll

---
128 Für eine kritische Würdigung siehe Kapitel II.1.2.4.
129 Vgl. Schmidt, in: MüKom HGB, 3. Aufl., Vor § 230 HGB, Tz. 35.
130 Vgl. Liebich/Mathews (1993), S. 29.
131 Vgl. Kreutziger, in: Beck HdR, B 775, Tz. 13.
132 Vgl. Nerlich/Kreplin, § 28, Tz. 124.
133 Siehe Kapitel II.1.2.

zu Verfügung gestellt wurden und sich die Haftung des bilanzierenden Instituts auf die ordnungsgemäße Verwaltung der Ausleihungen und die Abführungen der Zins- und Tilgungszahlungen an den Auftraggeber beschränkt«[134]. Treuhandkredite sind nach §6 RechKredV in der Position »Treuhandvermögen« zu bilanzieren. Der Gegenposten zu den Treuhandkrediten ist in der Position »Treuhandverbindlichkeiten« zu zeigen. Beide Positionen sind daher stets in gleicher Höhe auszuweisen. Ein Ausweis von Krediten unter dem Treuhandvermögen ist damit nur unter den folgenden (kumulativen) Bedingungen geboten:

- **Eigener Name/fremde Rechnung:** Das Institut vergibt durchlaufende Kredite im eigenen Namen und für fremde Rechnung. Fremdanteile an Konsortialkrediten (siehe Kapitel VI.2.3) werden von dem konsortialführenden Institut im eigenen Namen und in fremder Rechnung gehalten; dennoch sind die Fremdanteile nicht unter der Position Treuhandvermögen zu bilanzieren. Fremdanteile an Gemeinschaftskrediten (sog. Bar-Unterbeteiligungen) führen nach §5 RechKredV zu einer (Teil-)Ausbuchung des Kredits[135].
- **Verwaltungsrisiko.** Es bestehen für das durchleitende Kreditinstitut nur Abwicklungs- und Verwaltungsrisiken in Bezug auf die ordnungsgemäße Durchleitung und die ordnungsgemäße Abwicklung von Zins- und Tilgungszahlungen. Bei Treuhandkrediten bestehen demnach für die durchleitende Bank keine Ausfallrisiken. Sofern ein Eigenrisiko aus dem Kreditverhältnis für das Institut besteht, das über das Verwaltungsrisiko hinausgeht, kommt ein Ausweis unter dem Treuhandvermögen nicht in Betracht. Die vorübergehende Anlage von Mitteln, die dem Institut zu Verfügung gestellt, aber noch nicht weitergeleitet wurden, sind unter die eigenen Vermögenswerte aufzunehmen, sofern das bilanzierende Institut Haftungsrisiken aus der Mittelanlage gegenüber dem Geldgeber eingegangen ist[136].
- Vor diesem Hintergrund sind ausgereichte Kredite aus der zweckgebundenen Refinanzierung aus ERP-Mitteln der Kreditanstalt für Wiederaufbau (KfW) als im eigenen Namen und eigene Rechnung ausgereichte Kredite zu qualifizieren, soweit das Kreditinstitut die volle Primärhaftung übernimmt. Der haftungsfreigestellte Kreditanteil könnte dann zwar als »in eigenem Namen aber für fremde Rechnung gewährt« angesehen werden, der Ausweis des haftungsfreigestellten Kreditteils unter den Treuhandkrediten nach §6 RechKredV scheitert jedoch daran, dass der Treuhänder ein Eigenrisiko aus dem Kreditverhältnis trägt[137]. Bereits eine partielle Risikoübernahme verhindert einen Ausweis unter den Treuhandkrediten[138]. Leistungsstörungen des Kreditnehmers können für den Treuhänder Verzugsschäden verursachen, wenn entgangene Zinsen auf Zins- und Tilgungsausfälle durch den Auftraggeber nicht erstattet werden. Dieser Kredit ist somit ebenso wie ein Vollhaftungskredit vollständig im eigenen Vermögen der Bank zu bilanzieren.

---

[134] BAKred, Richtlinie für die Aufstellung der Jahresbilanzen, Posten 12; sowie auch Schreiben BAKred vom 17.12.1990. Vgl. Ebenso Beine (1960), S. 133.
[135] Vgl. Birck/Meyer II, S. 150; 252.
[136] Vgl. Birck/Meyer II, S. 252.
[137] Vgl. Krumnow/Sprißler (2004), §6 RechKredV, Tz. 23.
[138] Vgl. WPH I[2012], J 114.

- **Funding durch den Treugeber.** Die Mittel zur Vergabe von Treuhandkrediten wird durch den Treugeber in vollem Umfang zu Verfügung gestellt. Eine Abtretung von Forderungen an einen Dritten mit der Abrede, dass der Kredit im eigenen Namen aber für fremde Rechnung nach der Abtretung verwaltet wird, erfüllt nicht die Voraussetzungen eines Ausweises unter dem Treuhandvermögen. In diesem Falle werden keine Mittel für eine Kreditgewährung zu Verfügung gestellt, sondern ein Kaufpreis für den Eigentumserwerb an Forderungen entrichtet. Nachträgliche Refinanzierungen stehen damit einem Ausweis in der Position Treuhandvermögen und Treuhandverbindlichkeiten entgegen[139].

Durch den gesonderten Ausweis und durch die explizite Aufnahme der durchlaufenden Kredite in die Bilanz von Kreditinstituten soll das Kreditgeschäft ersichtlich gemacht werden, das zwar im eigenen Namen aber nicht unter eigenem Risiko betrieben wird[140]. Da die Treuhandkredite nicht eigenes Vermögen des Instituts darstellen, sind sie gesondert vom Bankvermögen in den Treuhandpositionen auszuweisen[141].

1.2.10.3 Anhangangaben

Für das im Aktivposten 9 auszuweisende Treuhandvermögen sind im Anhang die folgenden Angaben zu machen:
- Sofern das Treuhandvermögen nachrangige Vermögensgegenstände enthält, sind diese aufgrund von § 4 Abs. 2 RechKredV als Unterposten gesondert auszuweisen oder separat im Anhang anzugeben.
- Sofern das Treuhandvermögen Vermögensgegenstände enthält, die auf fremde Währung lauten, sind diese aufgrund von § 35 Abs. 1 Nr. 6 RechKredV in den Gesamtbetrag der auf fremde Währung lautenden Vermögensgegenstände einzubeziehen.
- Nach § 6 Abs. 1 RechKredV sind die im Aktivposten 9 ausgewiesenen Vermögensgegenstände im Anhang nach den Aktivposten des Formblatts aufzugliedern. Zu diesem Zweck gilt als Schuldner die Stelle, der das bilanzierende Institut die Gelder unmittelbar ausreicht (§ 6 Abs. 1 S. 4 RechKredV). Dies ist entscheidend für die Aufgliederung des Treuhandvermögens hinsichtlich der Forderungen an Kreditinstitute, Forderungen an Kunden, Schuldtitel öffentlicher Stellen sowie Schuldverschreibungen und andere festverzinsliche Wertpapiere. Fraglich ist, wie tief die Aufgliederung zu erfolgen hat. Eine volle Aufgliederung einschließlich aller Unterposten würde nach sich ziehen, dass ein Institut grundpfandrechtlich gesicherte Forderungen im Sinne des PfandBG auszugliedern hätte oder auch Schuldverschreibungen in Geldmarktpapiere sowie Anleihen und Schuldverschreibungen sowie eigene Schuldverschreibungen aufzuteilen wären. Nach h. M. ist eine Aufgliederungstiefe ausreichend, die die Hauptposten und die Unterposten nicht jedoch die Darunter-Angaben umfasst[142]. Dies wird unter anderem

---

139 Vgl. BAKred Schreiben vom 08.12.1972.
140 Vgl. Birck/Meyer II, S. 250.
141 Vgl. Rümker, in: FS Stimpel, S. 697 f.
142 Vgl. WPH I[2012], J 113; Krumnow/Sprißler (2004), § 6 RechKredV, Tz. 22.

damit begründet, dass durch diese Aufgliederung der Bilanzleser ausreichend über die Struktur, Fristigkeit, Sicherheit und Rentabilität der Vermögensgegenstände und Schulden des Instituts informiert wird[143].

1.2.11 Ausgleichsforderungen gegen die öffentliche Hand einschließlich Schuldverschreibungen aus deren Umtausch (Aktivposten 10)

1.2.11.1 Voraussetzung für den Postenausweis

Nach § 19 RechKredV sind in dem Aktivposten 10 Ausgleichsforderungen aus der Währungsreform von 1948 sowie Ausgleichsforderungen gegenüber dem Ausgleichsfonds Währungsumstellung auszuweisen. Ausgleichsforderungen aus der Währungsreform von 1948 sind mit Ablauf des Jahres 2002 getilgt[144] und dürften in diesem Aktivposten nicht mehr zu finden sein. Im Rahmen der Einführung der Deutschen Mark und der Währungsumstellung in der Deutschen Demokratischen Republik hatten Geldinstitute eine nach dem D-Markbilanzgesetz aufgestellte Eröffnungsbilanz in Deutscher Mark für den 01.07.1990 zu erstellen (§ 2 Abs. 1 Nr. 2 BUZAV[145]). Das Bundesaufsichtsamt teilte den Geldinstituten sog. Ausgleichsforderungen so zu, dass die Vermögenswerte ausreichen, um die aus der Währungsumstellung hervorgehenden Verbindlichkeiten einschließlich der Rückstellung unter Berücksichtigung einer angemessenen Eigenkapitalausstattung zu decken (§ 4 Abs. 1 BUZAV sowie § 40 Abs. 1 DMBilG). Ausgleichsforderungen ergaben sich unter anderem dadurch, dass Verbindlichkeiten im Verhältnis eine DDR Mark zu einer Deutschen Mark (§ 39 Ab. 4 DMBilG) und Forderungen im Verhältnis zwei DDR Mark zu einer Deutschen Mark umgerechnet wurden (§ 13 Abs. 1 DMBilG). Zur Deckung eines aus dieser Umrechnung entstehenden Verlusts wurden den Geldinstituten Ausgleichsforderungen gegen die öffentliche Hand gewährt. Diese werden vierteljährlich nachträglich auf Basis des 3-Monats-FIBOR verzinst. Ab dem 01.07.1995 werden die Forderungen des Ausgleichsfonds für Währungsumstellung jährlich nachträglich Höhe von 2,5 % des Nennwerts getilgt (§ 6 Abs. 2 BUZAV). Der Tilgungszeitraum beträgt mithin 40 Jahre. Zugeteilte Ausgleichsforderungen können abgetreten, beliehen und verpfändet werden (§ 8 Abs. 1 BUZAV).

Nach § 8 Abs. 2 BUZAV besteht die Möglichkeit, auf Antrag des Gläubigers endgültig zugeteilte Ausgleichsforderungen in Inhaberschuldverschreibungen umzuwandeln. Diese sind nach § 19 S. 2 RechKredV ebenso wie die Forderungen im Aktivposten 10 auszuweisen. Ein Ausweis von Schuldverschreibungen des Ausgleichsfonds Währungsumstellung erfolgt unabhängig davon, ob das bilanzierende Institut die Schuldverschreibungen aus

---

[143] Nach der hier vertretenen Auffassung ist diese Begründung jedoch abwegig, da das im Aktivposten 9 ausgewiesene Treuhandvermögen im bilanzrechtlichen Sinne kein eigenes Vermögen des Instituts darstellt. Trotz zivilrechtlichem Eigentum besteht kein wirtschaftliches Eigentum im Sinne des § 246 Abs. 1 HGB; obgleich haben Institute aufgrund der Sondervorschrift des § 6 RechKredV Treuhandvermögen in der Bilanz zu zeigen. Eine nähere Aufgliederung des Treuhandvermögens im Anhang vermittelt daher dem Bilanzleser keine näheren Informationen über das Vermögen des Instituts.
[144] Vgl. zum Tilgungsplan Birck/Meyer VIII, S. 380–382.
[145] BUZAV: Verordnung über die Bestätigung der Umstellungsrechnung und das Verfahren der Zuteilung und des Erwerbs von Ausgleichsforderungen, in: BGBl. I vom 07.12.1994, S. 3738.

dem Umtausch eigener Ausgleichsforderungen oder als Erwerber von einem anderen Institut oder einem Außenhandelsbetrieb der ehemaligen DDR erlangt hat. Trotz des Wertpapiercharakters sind diese Schuldverschreibungen stets unter dem Aktivposten 10 auszuweisen. Der Ausweis unter dem Aktivposten 10 hat gegenüber einem Ausweis unter dem Aktivposten 5 Vorrang.

Nach § 6 AusglFdgTG[146] kann der Schuldner die Ausgleichsforderung ganz oder teilweise unter Einhaltung einer Frist von sechs Monaten kündigen. In diesem Fall ist die Schuldverschreibung als fällig anzusehen und wäre aufgrund von § 20 RechKredV unter dem Aktivposten 14 »Sonstige Vermögensgegenstände« auszuweisen. Da § 19 RechKredV sowohl gegenüber § 16 als auch § 20 RechKredV als lex specialis anzusehen ist, hat der Ausweis gekündigter Ausgleichsforderungen weiterhin im Aktivposten 10 zu erfolgen. Eine Umbuchung unter die Sonstigen Vermögensgegenstände wird als vertretbar angesehen, sofern dies im Anhang erläutert wird[147].

1.2.11.2 Anhangangaben

Sofern Ausgleichsforderungen dem Anlagevermögen zugeordnet werden, kommt eine Einbeziehung in den Anlagespiegel nach § 34 Abs. 3 RechKredV i. V. m. § 284 Abs. 3 HGB in Betracht.

1.2.12 Immaterielle Anlagewerte (Aktivposten 11)

1.2.12.1 Voraussetzungen für den Postenausweis

Im Aktivposten 11 »Immaterielle Anlagewerte« sind die Vermögensgegenstände im Sinne des Postens »Immaterielle Vermögensgegenstände« gem. § 266 Abs. 2 A.I. HGB auszuweisen[148]. Für den Postenausweis gelten die folgenden allgemeinen Voraussetzungen:

a) **Vermögensgegenstand.** Die Prüfung, ob ein Vermögensgegenstand vorliegt, ist für die Aktivierung von immateriellen Vermögensgegenständen von besonderer Bedeutung, da immaterielle Vermögensgegenstände von einem originären Geschäfts- oder Firmenwert abzugrenzen sind, für den ein Aktivierungsverbot besteht. Eine gesetzliche Definition des Begriffs »Vermögensgegenstand« findet sich im HGB nicht. Nach h. M. ist ein Vermögensgegenstand jedes individualisierte Gut, welches selbständig verkehrsfähig ist. Nach h. M. ist auf die selbständige Verkehrsfähigkeit[149] in der Ausprägung der Einzelveräußerbarkeit abzustellen[150]. Von einer **konkreten Einzelveräußerbarkeit** wird gesprochen, wenn für

---
146 Gesetz über die Tilgung von Ausgleichsforderungen (Ausgleichsforderungen-Tilgungsgesetz).
147 Vgl. Scharpf/Schaber (2018), S. 865.
148 Vgl. WPH I[2012], J 186.
149 Vgl. ADS, § 246 HGB, Tz. 15; Braun, in: KK-RLR, § 246 HGB, Tz. 15; Schubert/Waubke, in: BBK, 11. Aufl., § 247 HGB, Tz. 13.
150 Häufig wird auch auf eine Einzelverwertbarkeit abgestellt. So ADS, § 246 HGB, Tz. 26 f.; Böcking/Gros, in: Ebenroth u. a., 3. Aufl., § 246 HGB, Tz. 3.

das konkrete Gut keine gesetzlichen oder vertraglichen Veräußerungsverbote bestehen. Nach h. M. ist für den Begriff des Vermögensgegenstands von einer **abstrakten Einzelveräußerbarkeit** auszugehen, die keine Veräußerbarkeit im Rechtssinne voraussetzt und auch bei Vorliegen von gesetzlichen oder vertraglichen Veräußerungsbeschränkungen zu einer Aktivierungsfähigkeit führt[151]. Vermögensgegenstände sind mithin nur solche Güter, die sich (abstrakt) einzeln veräußern lassen. Eine Aktivierbarkeit immaterieller Vermögensgegenstände wird bei Vorliegen einer Einzelverwertbarkeit gesehen (DRS 24, Tz. 8)[152]. Ein entgeltlich erworbener Geschäfts- oder Firmenwert gilt trotz Fehlens einer selbständigen Verwertbarkeit per Fiktion als zeitlich begrenzter, abnutzbarer Vermögensgegenstand (§ 246 Abs. 1 S. 4 HGB).

b) Anlagevermögen. In dem Aktivposten 11 sind nur immaterielle Vermögensgegenstände des Anlagevermögens auszuweisen. Immaterielle Vermögensgegenstände des Umlaufvermögens sind dem Aktivposten 14 »Sonstige Vermögensgegenstände« zuzuordnen[153]. Für immaterielle Vermögensgegenstände des Umlaufvermögens besteht unabhängig davon, ob sie entgeltlich erworben oder selbst geschaffen wurden, stets eine Aktivierungspflicht aufgrund von § 246 Abs. 1 HGB[154]. Vermögensgegenstände sind dem Anlagevermögen zuzuordnen, wenn sie dazu bestimmt sind, dauernd dem Geschäftsbetrieb zu dienen (§ 247 Abs. 2 HGB).

c) Immateriell. In den Aktivposten 11 sind nur Vermögensgegenstände aufzunehmen, die als »immateriell« gelten. Ein immaterieller Vermögensgegenstand ist ein nichtfinanzieller Vermögensgegenstand ohne bedeutende physische Substanz (DRS 24, Tz. 8)[155]. Vermögensgegenstände, die sowohl materielle als auch immaterielle Werte aufweisen, sind als immateriell zu klassifizieren, wenn die materielle Komponente nur von untergeordneter Bedeutung ist[156].

Im Aktivposten 11 sind sowohl entgeltlich erworbene als auch selbst geschaffene immaterielle Vermögensgegenstände des Anlagevermögens im Sinne des § 248 Abs. 2 HGB auszuweisen. Der Aktivposten 11 umfasst – gleichlautend mit § 266 Abs. 2 A.I. HGB – mithin die folgenden Unterposten:
- Selbst geschaffene gewerbliche Schutzrechte und ähnliche Rechte und Werte,
- Unentgeltlich erworbene Konzessionen, gewerbliche Schutzrechte und ähnliche Rechte und Werte sowie Lizenzen an solchen Werten und Rechten,
- Geschäfts oder Firmenwerte,
- Geleistete Anzahlungen.

---

151 Vgl. Braun, in: KK-RLR, § 246 HGB, Tz. 15; ADS, § 246 HGB, Tz. 19, m. w. N.
152 Vgl. ausführlich Merkt, in: Baumbach/Hopt, § 246 HGB, Tz. 4 f.
153 Vgl. Scharpf/Schaber (2018), S. 869.
154 H.M. vgl. ADS § 248 HGB, Tz. 23; Braun, in: KK-RLR, § 248 HGB, Tz. 26.
155 Vgl. auch bspw. Fasselt/Brinkmann, in: BeckHdR, B 211, Tz. 15; SG AK »Immaterielle Werte im Rechnungswesen«, in: DB 2001, S. 991.
156 Vgl. SG AK »Immaterielle Werte im Rechnungswesen«, in: DB 2001, S. 991; Kuhner, in: HdJ, Abt. II/1, Tz. 63.

1.2.12.2 Unterposten

a) Selbstgeschaffene immaterielle Vermögensgegenstände. Selbstgeschaffene immaterielle Vermögensgegenstände im Sinne des § 248 HGB sind im Unterposten 11a »Selbst geschaffene gewerbliche Schutzrechte und ähnliche Rechte und Werte« auszuweisen. Diese können (Ansatzwahlrecht) seit Inkrafttreten des BilMoG in die Bilanz aufgenommen werden. Dieses Ansatzwahlrecht gilt aufgrund von § 340a Abs. 1 HGB auch für Institute. Einem Aktivierungsverbot unterliegen selbst geschaffene Marken, Drucktitel, Verlagsrechte, Kundenlisten und vergleichbare selbst geschaffene immaterielle Vermögensgegenstände des Anlagevermögens. Dieses Aktivierungsverbot wird damit begründet, dass Aufwendungen für diese Vermögenswerte teilweise nicht von Aufwendungen zur Schaffung bzw. Förderung eines originären Geschäfts- oder Firmenwerts, für den ein Aktivierungsverbot gilt, getrennt werden können[157]. In diesem Unterposten sind nur solche immateriellen Vermögensgegenstände aufzunehmen, für die kein Ansatzverbot gilt und die selbst geschaffen wurden.

Eine positive Definition von »**selbst geschaffen**« findet sich im Schrifttum zumeist nicht. I. d. R. wird der Begriff in Abgrenzung zu einem entgeltlichen Erwerb verwendet. Im Schrifttum wird ein Erwerb als entgeltlich angesehen, »wenn und soweit eine Gegenleistung aus dem Vermögen des Erwerbers erfolgt ist. Als Gegenleistung ist dabei aber nur dasjenige anzusehen, was auf Grund eines Leistungstauschvertrags zum Zwecke der Abgeltung für den Rechtsverlust der Gegenpartei entrichtet wird[158]«. Ein Vermögensgegenstand gilt als entgeltlich erworben, wenn das Entgelt an einen Dritten geleistet wurde. Ein Dritter kann in diesem Zusammenhang auch ein Konzernunternehmen im Sinne des § 271 Abs. 2 HGB sein; handelt es sich um ein verbundenes Unternehmen mit Beherrschungs- und Gewinnabführungsvertrag (§ 291 AktG), gilt ein nach den Fremdvergleichsgrundsätzen abgeleiteter Verrechnungspreis als Entgelt[159]. Ein im Wege des Tauschs erworbener immaterieller Vermögensgegenstand ist damit ebenso entgeltlich erworben; Voraussetzung hierfür ist, dass der Marktwert wenigstens für einen Tauschgegenstand verlässlich ermittelbar ist[160]. Eine Entgeltlichkeit ist auch bei einer Sacheinlage gegen Gewährung von Gesellschaftsanteilen zu bejahen. Die Beschränkung auf eine Gegenleistung aus dem Vermögen des Erwerbers in der obigen Definition berücksichtigt jedoch nicht, dass immaterielle Vermögensgegenstände des Anlagevermögens infolge einer Verschmelzung auf den übernehmenden Rechtsträger übergehen können. In diesem Fall findet das Aktivierungswahlrecht des § 248 Abs. 2 HGB keine Anwendung; die Verschmelzung gilt als entgeltlicher Erwerb (auch wenn die immateriellen Vermögensgegenstände vom übertragenden Rechtsträger selbst geschaffen wurden), so dass ein Aktivierungsgebot gilt (IDW RS HFA 42, Tz. 36).

Die Unterscheidung zwischen **selbst geschaffenen** und entgeltlich erworbenen immateriellen Vermögensgegenständen des Anlagevermögens ist nicht nur für den Postenausweis, sondern insbesondere für die Bilanzierung relevant. So dürfen im Falle einer Aktivie-

---

157 Vgl. BT-Drs 16/12408, S. 85.
158 Schmidt/Usinger, in: BBK, 11. Aufl., § 248 HGB, Tz. 39.
159 Vgl. Merkt, in: Baumbach/Hopt, § 248 HGB, Tz. 4.
160 Vgl. Hennrichs, in: MüKom AktG, Band 5a, § 248 HGB, Tz. 25.

rung selbst geschaffener immaterieller Vermögensgegenstände des Anlagevermögens Gewinne nur ausgeschüttet werden, »wenn die nach der Ausschüttung verbleibenden frei verfügbaren Rücklagen zuzüglich eines Gewinnvortrags[161] mindestens den insgesamt angesetzten Beträgen abzüglich der hierfür gebildeten passiven latenten Steuern entsprechen« (§ 268 Abs. 8 S. 1 HGB). Passive latente Steuern, die für die aktivierten Aufwendungen angesetzt wurden, sind von dem ausschüttungsgesperrten Betrag abzuziehen, da die Bildung passiver latenter Steuern bereits zu einer aufwandswirksamen – und damit ausschüttungsmindernden – Erfassung geführt hat[162]. Unter den »freien Rücklagen« sind Gewinn- und Kapitalrücklagen zu verstehen, soweit sie frei verfügbar sind. Eine freie Verfügbarkeit von Rücklagen ist gegeben, wenn weder gesetzliche (z. B. § 150 Abs. 1 AktG, § 5a Abs. 3 GmbHG) oder satzungsmäßige Bestimmungen einer Ausschüttung entgegenstehen. Bei Instituten in der Rechtsform der GmbH gelten die Kapitalrücklagen nach § 272 Abs. 2 Nr. 1 bis 4 HGB, bei Aktiengesellschaften nur die Kapitalrücklage nach § 272 Abs. 2 Nr. 4 HGB als frei verfügbar[163]. Durch die Ausschüttungssperre werden die Rücklagen, die ansonsten zur Auszahlung an die Gesellschafter verwendet werden könnten, einer möglichen Ausschüttung entzogen.

Selbst erstellte immaterielle Vermögensgegenstände des Anlagevermögens kommen bei Instituten insbesondere in der Form **selbst erstellter Software** vor. Immaterielle Vermögensgegenstände werden in diesem Zusammenhang zumeist durch die Herstellung sog. **Individualsoftware** geschaffen. Nach IDW RS HFA 11 liegt ein Herstellungsvorgang mit der Möglichkeit zur Ausübung des Aktivierungswahlrechts nach § 248 Abs. 2 S. 1 HGB vor, wenn Individualsoftware durch das Institut unter Einsatz seiner eigenen materiellen und personellen Ressourcen selbst geschaffen wird (Eigenherstellung). Erfolgt die Herstellung im Rahmen eines fremdvergebenen Entwicklungsauftrags, liegt eine Eigenherstellung vor, wenn die Entwicklung im Rahmen eines **Dienstvertrags** beauftragt wurde (IDW RS HFA 11, Tz. 9). In diesem Fall trägt der Dienstherr (also das Institut) das wirtschaftliche Risiko einer nicht erfolgreichen Realisierung des Projekts (Herstellungsrisiko). Bei Abschluss eines **Werkvertrags** liegt ein Anschaffungsvorgang vor, wenn der Softwareanbieter das Herstellungsrisiko trägt.

Eine Aktivierung von selbst erstellter Software kommt auch in Betracht, wenn das Institut eine **Standardsoftware** erwirbt, und diese an die betrieblichen Bedürfnisse so umfangreich anpasst, dass von einer Wesensänderung der Standardsoftware auszugehen ist (IDW RS HFA 11, Tz. 14). Für die Einstufung, ob die Modifikation einen Anschaffungs- oder einen Herstellungsvorgang darstellt, ist auf die obige Zuordnung des Herstellungsrisikos abzustellen.

---

[161] Ergänzung: sowie abzüglich eines Verlustvortrags.
[162] Für eine Beispielrechnung vgl. z. B. Karrenbrock, in: BB 2011, S. 685 ff.
[163] Für Aktiengesellschaften gelten die Kapitalrücklagen nach § 272 Abs. 2 Nrn. 1 bis 3 HGB nicht als frei verfügbar, da diese den Beschränkungen des § 150 Abs. 2 AktG unterliegen. Demnach ist in diese Rücklagen der zwanzigste Teil des um einen Verlustvortrag aus dem Vorjahr geminderten Jahresüberschusses einzustellen, bis die gesetzliche Rücklage und die Kapitalrücklagen nach § 272 Abs. 2 Nr. 1 bis 3 HGB zusammen den zehnten oder den in der Satzung bestimmten höheren Teil des Grundkapitals erreichen.

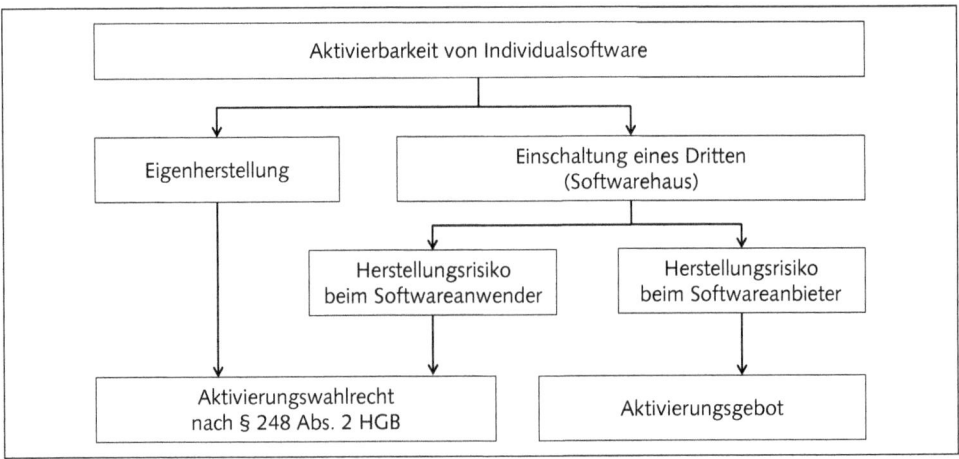

Abb. 48: Bilanzierung von Individualsoftware[164]

Wird das Wahlrecht zur Aktivierung selbst erstellter immaterieller Vermögensgegenstände des Anlagevermögens ausgeübt, so bestimmen sich die Anschaffungskosten nach den in § 255 Abs. 2a HGB definierten aktivierungsfähigen Herstellungskosten. Nach § 255 Abs. 2a S. 1 HGB umfassen die Herstellungskosten von selbstgeschaffenen immateriellen Vermögensgegenständen nur die Herstellungskosten im Sinne von § 255 Abs. 2 HGB, die in der **Entwicklungsphase** angefallen sind. Der Begriff »Entwicklung« ist definiert als die »Anwendung von Forschungsergebnissen oder von anderem Wissen für die Neuentwicklung von Gütern oder Verfahren oder die Weiterentwicklung von Gütern oder Verfahren mittels wesentlicher Änderungen« (§ 255 Abs. 2a S. 2 HGB). Nicht anzusetzen sind hingegen Aufwendungen, die in der Forschungsphase anfallen. Forschung ist definiert als »die eigenständige und planmäßige Suche nach neuen wissenschaftlichen oder technischen Erkenntnissen oder Erfahrungen allgemeiner Art, über deren technische Verwertbarkeit und wirtschaftlichen Erfolgsaussichten grundsätzlich keine Aussagen gemacht werden können« (§ 255 Abs. 2a S. 3 HGB). Können Forschung und Entwicklung nicht verlässlich voneinander unterschieden werden, ist eine Aktivierung ausgeschlossen. Der Übergang von der Forschungs- zur Entwicklungsphase bildet den frühest möglichen Zugangszeitpunkt eines selbst erstellten immateriellen Vermögensgegenstands[165].

b) Entgeltlich erworbene immaterielle Vermögensgegenstände. Entgeltlich erworbene immaterielle Vermögensgegenstände sind im Unterposten 11b) »Konzessionen, gewerbliche Schutzrechte und ähnliche Rechte und Werte sowie Lizenzen an solchen Rechten und Werten« auszuweisen. In Ermangelung einer spezifischen Vorschrift, sind entgeltlich erworbene immaterielle Vermögensgegenstände des Anlagevermögens aufgrund von § 246 Abs. 1 HGB zu aktivieren. Ein Erwerb gilt als entgeltlich, wenn der immaterielle Vermögensgegenstand durch die Hingabe von eigenem Vermögen erworben wurde (Kauf oder

---

164 Entnommen IDW RS HFA 11, Tz. 12.
165 Vgl. BT-Drs 16/10067, S. 60.

Tausch). Dabei muss das Entgelt an einen Dritten geleistet werden, der grundsätzlich auch ein Konzernunternehmen im Sinne des § 271 Abs. 2 HGB sein kann. Auch der Erwerb im Zuge einer Sacheinlage durch den Gesellschafter gegen Gewährung von Gesellschaftsanteilen gilt als entgeltlicher Erwerb. Schenkungen stellen keinen entgeltlichen Erwerb dar. So erlangte immaterielle Vermögensgegenstände sind nicht aktivierbar[166]. Nach IDW RS HFA 42, Tz. 36 stellt ebenso der Übergang eines immateriellen Vermögensgegenstandes des Anlagevermögens infolge einer Verschmelzung auf den übernehmenden Rechtsträger einen entgeltlichen Erwerb dar (auch wenn die immateriellen Vermögensgegenstände vom übertragenden Rechtsträger selbst geschaffen wurden).

Als entgeltlich erworbener immaterieller Vermögensgegenstand ist auch eine im Wege eines fremdvergebenen Eigenentwicklungsauftrags entstandene **Individualsoftware** anzusehen, sofern die Entwicklung im Rahmen eines Werkvertrags beauftragt wurde und das Herstellungsrisiko mithin beim Softwareanbieter liegt (IDW RS HFA 11, Tz. 9f). Erworbene **Standardsoftware** gilt als entgeltlich erworben, wenn diese unter Verwendung von eigenen Ressourcen nicht an die betrieblichen Bedürfnisse so umfangreich anpasst wurde, dass von einer Wesensänderung der Standardsoftware auszugehen ist (IDW RS HFA 11, Tz. 14). **Firmware** ist als unselbständiger Teil der Hardware zusammen mit dieser unter dem Sachanlagevermögen zu aktivieren (IDW RS HFA 11, Tz. 44).

c) Geschäfts- oder Firmenwert. Nach § 246 Abs. 1 S. 4 HGB gilt der Unterschiedsbetrag, »um den die für die Übernahme eines Unternehmens bewirkte Gegenleistung den Wert der einzelnen Vermögensgegenstände des Unternehmens abzüglich der Schulden im Zeitpunkt der Übernahme übersteigt (entgeltlich erworbener Geschäfts- oder Firmenwert), (…) als zeitlich begrenzt nutzbarer Vermögensgegenstand«. Der Begriff »Unternehmen« wird im HGB nicht definiert. Nach h. M. ist in diesem Zusammenhang jede wirtschaftliche Einheit zu verstehen, die selbständiger Träger einer unternehmerischen Planung ist und nach außen am Wirtschaftsverkehr teilnimmt. Dies schließt auch Teile von Unternehmen trotz fehlender rechtlicher Selbständigkeit ein[167]. Diese Vorschrift regelt das Aktivierungsgebot von Geschäfts- oder Firmenwerten, die im Rahmen von sog. Asset Deals entstehen, durch die ein Unternehmen durch die Übernahme von Vermögensgegenständen und Schulden übernommen wird. Keine Übernahme eines Unternehmens im Sinne des § 246 Abs. 1 S. 4 HGB stellt der Erwerb von Anteilen (Share Deal) dar. Im Schrifttum werden zum Teil auch positive Unterschiedsbeträge aus einer Verschmelzung[168] sowie aus einer umwandlungsrechtlichen Vermögensübertragung[169] als Geschäfts- oder Firmenwert im Sinne des § 246 Abs. 1 S. 4 HGB angesehen. Obwohl ein entgeltlich erworbener Geschäfts- oder Firmenwert keine selbständige Verkehrsfähigkeit aufweist, gilt dieser per Fiktion nach § 246 Abs. 1 S. 3 HGB als begrenzt nutzbarer Vermögensgegenstand. Für nicht entgeltlich erworbene Geschäfts- oder Firmenwerte (z. B. Sachzuzahlungen durch einen Gesellschafter

---

166 Vgl. ADS, § 248 HGB, Tz. 17, 22.
167 Vgl. Scherrer (2009), S. 56.
168 So z. B. Bula/Thees, in: Sagasser/Bula/Brünger, 5. Aufl., § 10, Tz. 178 ff.
169 Vgl. Gelhausen/Fey/Kämpfer (2009), S. 60.

ohne Gewährung von Gesellschaftsanteilen; oder selbst geschaffene Geschäfts- oder Firmenwerte) besteht ein Aktivierungsverbot.

Ein anzusetzender **Geschäfts- oder Firmenwert** ergibt sich im Zugangszeitpunkt aus der Differenz zwischen dem Wert der übernommenen Vermögensgegenstände und Schulden abzüglich des Werts der Gegenleistung. Die Folgebewertung richtet sich nach den für abnutzbares Anlagevermögen geltenden Grundsätzen. Da ein entgeltlich erworbener Geschäfts- oder Firmenwert als abnutzbarer Vermögensgegenstand gilt, ist dieser über den Zeitraum der voraussichtlichen betriebswirtschaftlichen Nutzungsdauer abzuschreiben. Dabei hat sowohl die Abschreibungsdauer als auch die Abschreibungsmethode den betriebswirtschaftlich zu erwartenden Wertverlauf zu reflektieren. Kann die voraussichtliche Nutzungsdauer nicht verlässlich geschätzt werden, ist planmäßig über 10 Jahre abzuschreiben (§ 253 Abs. 3 S. 3 u. 4 HGB). Der Abschreibungszeitraum ist nach § 285 Nr. 13 HGB zu erläutern. Übersteigt die steuerliche Abschreibungsdauer (15 Jahre nach § 7 Abs. 1 S. 3 EStG) die handelsrechtlich gebotene betriebswirtschaftliche Nutzungsdauer[170], so kann eine Aktivierung von aktiven latenten Steuern erwogen werden (Aktivierungswahlrecht nach § 274 Abs. 1 S. 1 HGB). Neben der planmäßigen Abschreibung ist am Bilanzstichtag zu prüfen, ob eine außerplanmäßige Abschreibung aufgrund einer voraussichtlich dauerhaften Wertminderung vorzunehmen ist. Dabei ist zu beachten, dass für den entgeltlich erworbenen Geschäfts- oder Firmenwert im Falle eines Wegfalls der Gründe für einen niedrigeren Wertansatz ein Wertaufholungsverbot gilt (§ 253 Abs. 5 S. 2 HGB).

d) Geleistete Anzahlungen. Unter dem Aktivposten 11 d) sind geleistete Anzahlungen auszuweisen, die ausschließlich auf den Erwerb von immateriellen Vermögensgegenständen des Anlagevermögens gerichtet sind. Geleistete Anzahlungen sind Vorleistungen (Vorauszahlungen) auf schwebende Geschäfte über den Erwerb von (immateriellen) Vermögensgegenständen. Der Postenausweis setzt mithin eine eindeutige Zuordenbarkeit der Anzahlung zu entgeltlich erworbenen Konzessionen, gewerblichen Schutzrechten und ähnlichen Rechten und Werten sowie Lizenzen an solchen Rechten und Werten (Aktivposten 11b)) voraus[171]. Vorauszahlungen im Rahmen der Entwicklung von selbst geschaffenen Vermögensgegenständen des Anlagevermögens, die nach § 248 Abs. 2 HGB aktiviert werden, sind unter dem Aktivposten 11a) auszuweisen[172]. Eine Vorauszahlung liegt vor, wenn Zahlungen vor Verschaffung des wirtschaftlichen Eigentums geleistet wurden. Geleistete Anzahlungen sind mithin unter dem Aktivposten 11d) auszuweisen, so lange der immaterielle Vermögensgegenstand noch nicht in das wirtschaftliche Eigentum des Instituts übergegangen ist[173]. Der Eigentumsübergang in das Vermögen des Erwerbers erfolgt bei einer Soft-

---

170 Zur Bedeutung der steuerlichen AfA-Tabellen für die steuerliche Abschreibung von entgeltlich erworbenen immateriellen Vermögensgegenständen des Anlagevermögens vgl. Meinel, in: DStR 2011, S. 1724–1728.
171 Vgl. Scherrer (2009), S. 280.
172 Vgl. Schubert/Huber, in: BBK, 11. Aufl., § 266 HGB, Tz. 64; anderer Auffassung offenbar Korth, in: KK-RLR, § 266 HGB, Tz. 50.
173 Vgl. Kessler/Suchan, in: MüKom AktG, § 266 HGB, Tz. 20.

wareherstellung im Rahmen eines Werkvertrags erst mit der Abnahme[174]. In diesem Zeitpunkt sind geleistete Anzahlungen in den Aktivposten 11b) umzubuchen[175].

Geleistete Anzahlungen sind im Zugangszeitpunkt mit dem Nennwert anzusetzen. Eine Abschreibung wegen Unverzinslichkeit ist nicht vorzunehmen, da davon auszugehen ist, dass der Unverzinslichkeit ein geminderter Anschaffungspreis des zu erwerbenden Vermögensgegenstands gegenübersteht. Eine Abschreibung der Anzahlung aufgrund einer Wertminderung des zu erwerbenden Vermögensgegenstands kommt nicht in Betracht; vielmehr ist in diesem Falle eine Rückstellung für drohende Verluste aus schwebenden Geschäften zu bilden[176].

1.2.12.3 Anhangangaben

In Bezug auf die in dem Aktivposten 11 auszuweisenden immateriellen Anlagewerte sind von Instituten die folgenden Erläuterungen im Anhang zu machen:
- Immaterielle Anlagewerte sind in den Anlagespiegel nach § 34 Abs. 3 RechKredV in Verbindung mit § 284 Abs. 3 HGB aufzunehmen.
- Nach § 284 Abs. 2 Nr. 1 HGB sind die auf die Posten der Bilanz angewandten Bilanzierungs- und Bewertungsmethoden zu erläutern. Hier ist insbesondere die Ausnutzung des Wahlrechts zur Aktivierung selbst geschaffener immaterieller Vermögensgegenstände des Anlagevermögens nach § 248 Abs. 2 HGB zu erläutern.
- Nach § 285 Nr. 13 HGB ist der Abschreibungszeitraum zu erläutern.
- Im Fall der Aktivierung von immateriellen Vermögensgegenständen des Anlagevermögens nach § 248 Abs. 2 HGB ist der Gesamtbetrag der Forschungs- und Entwicklungskosten des Geschäftsjahres sowie der davon auf die selbst geschaffenen immateriellen Vermögensgegenstände des Anlagevermögens entfallende Betrag anzugeben (§ 285 Nr. 22 HGB).
- Nach § 285 Nr. 28 HGB ist der Gesamtbetrag der Beträge im Sinne des § 268 Abs. 8 HGB in Beträge aus der Aktivierung selbst geschaffener immaterieller Vermögensgegenstände des Anlagevermögens, Beträge aus der Aktivierung latenter Steuern und aus der Aktivierung von Vermögensgegenständen zum beizulegenden Zeitwert aufzugliedern.
- Aufgrund des steuerlichen Aktivierungsverbots von selbst geschaffenen immateriellen Vermögensgegenständen[177] sowie einer steuerlich normierten Abschreibungsdauer (§ 7 Abs. 1 S. 3 EStG), weichen die steuerbilanziellen Buchwerte i. d. R. von den handelsbilanziellen Buchwerten ab. Nach § 285 Nr. 29 HGB sind immaterielle Anlagewerte daher in die Angabe einzubeziehen, auf welchen Differenzen oder steuerlichen Verlustvorträgen die latenten Steuern beruhen und mit welchen Steuersätzen die Bewertung erfolgt.

---

174 Vgl. ADS, § 266 HGB, Tz. 31.
175 Vgl. Korth, in: KK-RLR, § 266 HGB, Tz. 50.
176 Vgl. Scherrer (2009), S. 280.
177 Nach § 5 Abs. 2 EStG sind immaterielle Vermögensgegenstände des Anlagevermögens nur anzusetzen, wenn sie entgeltlich erworben wurden. Vgl. Bantleon/Schorr, in: DStR 2010, S. 1493.

1.2.13 Sachanlagen (Aktivposten 12)

1.2.13.1 Voraussetzungen für den Postenausweis

Da die Rechnungslegungsverordnung keine abweichende Definition sowie keine weitere Unterteilung vorsieht, sind in dem Aktivposten 12 die nach § 266 Abs. 2 A.II HGB aufgeführten Vermögensgegenstände auszuweisen. Dies sind:
- Grundstücke, grundstücksgleiche Rechte und Bauten einschließlich der Bauten auf fremden Grundstücken,
- technische Anlagen und Maschinen,
- andere Anlagen, Betriebs- und Geschäftsausstattung,
- geleistete Anzahlungen und Anlagen im Bau.

Diese Aufzählung macht deutlich, dass der Begriff »Sachanlage« theoretisch nicht definiert werden kann[178]. Er umfasst sowohl körperlich fassbare Vermögensgegenstände (Sachen) als auch (grundstücksgleiche) Rechte, sowie Vermögensgegenstände mit Forderungscharakter in der Form von geleisteten Anzahlungen. Die oben aufgeführten Vermögensgegenstände sind in dem Aktivposten 12 auszuweisen, sofern sie dazu bestimmt sind, dauernd dem Geschäftsbetrieb zu dienen und damit dem Anlagevermögen angehören. Anteile an geschlossenen Immobilienfonds sich nicht hier, sondern im Aktivposten 6 »Aktien und andere nicht festverzinsliche Wertpapiere« auszuweisen.

Neben den Grundstücken sind in diesem Posten auch grundstücksgleiche Rechte auszuweisen. Dies sind beschränkt dingliche Rechte an einem Grundstück, die zivilrechtlich den Grundstücken gleich gestellt sind[179]. Dies umfasst u. a. das Erbbaurecht, das Teileigentum, das Abbaurecht, das Dauerwohnrecht und das Dauernutzungsrecht nach § 31 WEG; nicht zu den grundstücksgleichen Rechten zählen Grunddienstbarkeiten i. S. d. § 1018 BGB, Nießbrauch an einem Grundstück nach §§ 1030 ff. BGB sowie die beschränkt persönliche Dienstbarkeit nach §§ 1090 ff. BGB[180].

In Bezug auf den Ausweis des Sachanlagevermögens gelten bis auf die Bilanzierung von Rettungserwerben keine institutsspezifischen Besonderheiten, so dass auf die allgemeinen Grundsätze zur Bilanzierung von Sachanlagevermögen bei Nicht-Instituten verwiesen werden kann.

Der Begriff »**Rettungserwerb**« ist gesetzlich nicht definiert. Er wird im Zusammenhang mit der Bilanzierung von Instituten als ein Instrument verstanden, mit dem Institute einen drohenden Verlust aus notleidenden Kreditengagements zu vermindern beabsichtigen. Ein Rettungserwerb liegt vor, falls ein Kreditinstitut im Rahmen einer Zwangsversteigerung eine Kreditsicherheit erwirbt, falls in der Zwangsversteigerung kein Interessent für das beliehene Objekt gefunden oder die Preisvorstellung nicht realisiert werden konnte. Durch den Rettungserwerb soll eine Verwertung von Kreditsicherheiten zu ungünstigen Marktpreisen und mithin einer »Verschleuderung« von Vermögenswerten zu Lasten der Gläubi-

---

178 Vgl. Kahle/Heinstein, in: HdJ, Abt. II/2, Tz. 14.
179 Vgl. Ehmcke, in: Blümich, § 6 EStG, Tz. 794.
180 Vgl. Scherrer (2009), S. 95; Winnefeld (2015), F 185.

ger vermieden werden. Gegenstand von Rettungserwerben sind häufig Immobilien, deren Zwangsversteigerung von Kreditinstituten als Grundpfandgläubiger betrieben wird. Erwirbt ein Institut eine Immobilie im Rahmen einer Zwangsversteigerung, so wird das Institut Eigentümerin der Immobilie mit Wirksamwerden des Zuschlags durch das Gericht (§ 90 Abs. 1 ZVG). Nutzungen und Lasten sowie die Gefahr des zufälligen Untergangs gehen auf das Institut zu diesem Zeitpunkt über (§ 56 ZVG). Das wirtschaftliche Eigentum ist dem Institut ab diesem Zeitpunkt zuzurechnen, da der Zuschlag ein rechtsbegründender staatlicher Hoheitsakt ist, über den das Vollstreckungsgericht durch Beschluss entscheidet (§§ 79 ff. ZVG), und der durch Verkündung wirksam wird (§§ 89, 104 ZVG). Der Eigentumserwerb an Grundstücken in der Zwangsverwaltung setzt nicht die Eintragung in das Grundbuch voraus[181]. Dem Eigentumsübergang kann dann nur noch eine Beschwerde nach §§ 95–104 ZVG entgegenstehen. Wurde eine Beschwerde eingelegt, so ist anstelle der Immobilie eine Forderung zu bilanzieren, wenn begründete Aussicht besteht, dass das Gericht der Beschwerde stattgeben wird[182].

Der Bilanzausweis von Immobilien, die im Rahmen von Rettungserwerben erlangt wurden, ist in § 20 S. 5 RechKredV geregelt. Danach dürfen »zur Verhütung von Verlusten im Kreditgeschäft erworbene Grundstücke und Gebäude (...), soweit sie nicht im Posten Nr. 12 »Sachanlagen« ausgewiesen sind, im Posten Nr. 14 »Sonstige Vermögensgegenstände« nur ausgewiesen werden, wenn sie sich nicht länger als fünf Jahre im Bestand des bilanzierenden Instituts befinden.« Der Gesetzgeber fingiert mithin, dass durch Rettungserwerb erlangte Immobilien dazu bestimmt sind, dauernd dem Geschäftsbetrieb zu dienen, wenn ihre Verweildauer **mehr als fünf Jahre** beträgt. In diesem Fall ist eine Zuordnung zum Aktivposten 12 »Sachanlagen« vorzunehmen. Eine Zuordnung zum Posten Sachanlagen ist bspw. immer dann geboten, wenn die erworbene Immobilie nicht weiterveräußert wird, sondern der dauerhaften Vereinnahmung von Mieterträgen dienen soll. Wurde eine Immobilie anfänglich unter dem Aktivposten 14 ausgewiesen, da eine Absicht zur Weiterveräußerung bestand, so ist eine Umgliederung in den Aktivposten 12 vorzunehmen, wenn eine Weiterveräußerung am Bilanzstichtag nicht mehr beabsichtigt ist oder nicht mehr realistisch erscheint. Eine Umgliederung hat laut Gesetz spätestens nach fünf Jahren zu erfolgen. Jedoch wird im Schrifttum zum Teil ein Ausweis im bzw. eine Umgliederung in den Aktivposten 14 auch nach fünf Jahren für möglich gehalten, wenn eine konkrete Veräußerungsabsicht besteht und diese mit hinreichender Verlässlichkeit in absehbarer Zeit erfolgen wird[183]. Bei einer Umgliederung aus dem Aktivposten 12 »Sachanlagen« in den Aktivposten 14 »Sonstige Vermögensgegenstände« ist ein Niederstwert-Test vorzunehmen. Diese Bewertung ist sorgfältig vorzunehmen, da bei der Zuordnung zum Umlaufvermögen keine planmäßigen Abschreibungen mehr vorgenommen werden wird[184]. Der Postenausweis von Immobilien, die das Kreditinstitut im Rahmen eines Rettungserwerbs erlangt hat, ist damit abhängig von der verfolgten Nutzungsabsicht sowie ihrer Objektivierbarkeit.

---

181 Vgl. Kolbinger, in: BB 1993, S. 2119.
182 Vgl. Scharpf/Schaber (2018), S. 890 f.
183 Vgl. Scharpf/Schaber (2018), S. 890; Krumnow/Sprißler (2004), § 20 RechKredV, Tz. 10: kritisch dazu Wiedmann, in: Ebenroth u. a., 2. Aufl., § 340e HGB, Tz. 6, der von einer faktischen Daueranlageabsicht ausgeht. Nicht mehr Böcking/Gros/Helke, in: Ebenroth u. a., 3. Aufl., § 340e HGB, Tz. 6.
184 Vgl. Bantleon/Gottmann (2009), S. 95; Scharpf/Schaber (2018), S. 909.

Im Rahmen von Rettungserwerben erlangte Immobilien sind im Zugangszeitpunkt mit ihren Anschaffungskosten anzusetzen. Diese umfassen[185]:
- das Meistgebot einschließlich der vorrangigen bestehenbleibenden Rechte laut Zuschlagsbeschluss des Vollstreckungsgerichts,
- durch die Ersteigerung übernommene Verpflichtungen, die nicht im Zulagebeschluss des Vollstreckungsgerichts erfasst sind,
- die Summe der nicht ausgebotenen nachrangigen eigenen Grundpfandrechte des Erstehers, soweit durch die Hinzurechnung das Meistgebot sowie der Wert der übernommenen Verpflichtungen nicht überschritten wird,
- die vom Meistgebot nicht erfassten Anschaffungsnebenkosten (Zuschlagsgebühr nach § 58 ZVG, Grunderwerbsteuer, Kosten der Grundbucheintragung).

Ist ein Gesamtkaufpreis vereinbart und keine Aufteilung auf Basis des Kaufvertrags möglich, so kann die Aufteilung der **Anschaffungskosten** auf den nicht abnutzbaren Grund und Boden sowie das abnutzbare Gebäude in der Mehrzahl der Fälle im Verhältnis der Verkehrswerte vorgenommen werden[186]. Das Gebäude ist über die voraussichtliche Nutzungsdauer **planmäßig** abzuschreiben. Bei der Abschreibungsdauer ist im Regelfall von einem Zeitraum zwischen 50 bis 80 Jahren auszugehen (IDW RS IFA 2, Tz. 24). Die Vorgaben zur Nutzungsdauer gewerblich genutzter Gebäude sind weniger konkret, da diese von der konkreten Form der Nutzung abhängt. Bei massiv gebauten Verwaltungsgebäuden kann ggf. auch eine Nutzungsdauer von 50 Jahren unterstellt werden[187].

Bei einer Zuordnung zum Anlagevermögen ist eine **außerplanmäßige** Abschreibung auf einen niedrigeren Stichtagswert zwingend nur bei Vorliegen einer voraussichtlich dauerhaften Wertminderung vorzunehmen. Diese kann sich aus objektbezogenen Mängeln (wie z. B. schlechter Erhaltungszustand, Unbewohnbarkeit, unterlassene Instandhaltung, sowie Verschlechterung der Wohnlage etc.) oder durch einen dauerhaften **strukturellen Leerstand** ergeben[188]. Bei geplantem Abriss des Gebäudes sind Grundstück und Gebäude als zwei Vermögensgegenstände zu behandeln, so dass die Werterhöhung des Grund und Bodens nicht mit einer Wertminderung des Wohngebäudes kompensiert werden kann. Bei einem geplanten Verkauf ist die Immobilie wie ein Vermögensgegenstand bilanziell zu behandeln (IDW RS IFA 2, Tz. 45)[189]. Mangels dauerhafter Nutzungsabsicht sind Rettungserwerbe zum **intersubjektiv nachprüfbaren Immobilienwert** zu bewerten (IDW RS IFA 2, Tz. 44). Die Ermittlung des beizulegenden Werts richtet sich nach IDW S 10[190]. Es gelten die Grundsätze der verlustfreien Bewertung. Bei einem geplanten Verkauf ergibt sich der beizulegende Wert aus dem künftig erzielbaren Verkaufspreis abzüglich Kapitalbindungskosten (Abzinsungsbetrag), Fertigstellungskosten der Immobilie, Kosten für Mängelbeseitigung, Vertriebskosten für Vermarktung sowie noch anfallender Verwaltungskosten[191].

---

185 Vgl. Kolbinger, in: BB 1993, S. 2119.
186 Für eine differenzierte Darstellung siehe Esser, in: WPg 2015, S. 1077 (S. 1079).
187 Vgl. Esser/Nann, in: WPg 2015, S. 181 (S. 184).
188 Vgl. IDW RS IFA 2, Tz. 31 f.
189 Vgl. Esser, in: WPg 2015, S. 1077 (S. 1080).
190 Zur Erläuterung vgl. Esser/Gebhardt, in: WPg 2013, S. 268; Hachmeister/Ruthardt, in: IRZ 2014, S. 73.
191 Vgl. Scharpf/Schaber (2018), S. 896; Bantleon/Gottmann (2009), S. 94.

1.2.13.2 Anhangangaben

In Bezug auf die in dem Aktivposten 12 auszuweisenden Sachanlagen haben Institute die folgenden Erläuterungen im Anhang zu geben:
- Sachanlagen sind in den Anlagespiegel nach § 34 Abs. 3 RechKredV in Verbindung mit § 284 Abs. 3 HGB aufzunehmen.
- Nach § 284 Abs. 2 Nr. 1 HGB sind die auf die Posten der Bilanz angewandten Bilanzierungs- und Bewertungsmethoden zu erläutern. Hier ist insbesondere über die Abschreibungsdauer von abnutzbaren Sachvermögensgegenständen zu berichten.
- Aufgrund der steuerlich normierten Abschreibungsdauer (§ 7 Abs. 1 S. 3 EStG), weichen die steuerbilanziellen Buchwerte i. d. R. von den handelsbilanziellen Buchwerten ab. Nach § 285 Nr. 29 HGB ist das Sachanlagevermögen daher in die Angabe einzubeziehen, auf welchen Differenzen oder steuerlichen Verlustvorträgen die latenten Steuern beruhen und mit welchen Steuersätzen die Bewertung erfolgt.
- Nach § 35 Abs. 2 RechKredV sind zu dem Aktivposten 12 »Sachanlagen« die vom Institut im Rahmen **seiner eigenen Tätigkeit** genutzten Grundstücke und Bauten sowie die Betriebs- und Geschäftsausstattung jeweils mit ihrem Gesamtbetrag anzugeben. Die Nutzung »im Rahmen seiner eigenen Tätigkeit« setzt jedoch nicht voraus, dass die Vermögensgegenstände vollständig eigengenutzt sind. Es sind hier auch solche Grundstücke und Gebäude in den Gesamtbetrag aufzunehmen, die z. B. aufgrund einer partiellen Fremdvermietung nur teilweise eigengenutzt werden. Auf eine überwiegende Eigennutzung kommt es dabei nicht an[192].

1.2.14 Eingefordertes, noch nicht eingezahltes Kapital (Aktivposten 13)

1.2.14.1 Voraussetzungen für den Postenausweis

Nach § 36a Abs. 1 AktG sowie § 7 Abs. 2 GmbHG muss lediglich ein Viertel des Gezeichneten Kapitals eingezahlt sein. Der Unterschied zwischen dem Gezeichneten Kapital und dem eingezahlten Kapital stellen die »Ausstehenden Einlagen auf das Gezeichnete Kapital« dar. Zivilrechtlich sind sie Forderungen der Gesellschaft gegenüber den Gesellschaftern. In dem Aktivposten 13 sind nur die ausstehenden Einlagen auszuweisen, die von dem Institut eingefordert aber von den Gesellschaftern noch nicht eingezahlt wurden. Ausstehende Einlagen, die von dem Institut bis zum Bilanzstichtag nicht eingefordert wurden, sind passivisch vom Gezeichneten Kapital abzusetzen. Gem. § 272 Abs. 1 S. 3 HGB sind nicht eingeforderte ausstehende Einlagen in der Vorspalte offen vom Gezeichneten Kapital abzusetzen; der verbleibende Betrag ist als Posten »Eingefordertes Kapital« in der Hauptspalte der Passivseite auszuweisen.

Im Zuge der Änderung der RechKredV durch das BilMoG wurde der Aktivposten 13 per Rechtsverordnung nachträglich in »Eingefordertes, noch nicht eingezahltes Kapital« umbe-

---
192 Vgl. Krumnow/Sprißler (2004), § 35 RechKredV, Tz. 79.

nannt[193]. Auf der Passivseite wurde vor dem Gezeichneten Kapital die Hauptspalte »Eingefordertes Kapital« eingefügt, die das geleistete Kapital sowie das nicht eingezahlte, aber eingeforderte Kapital umfasst[194].

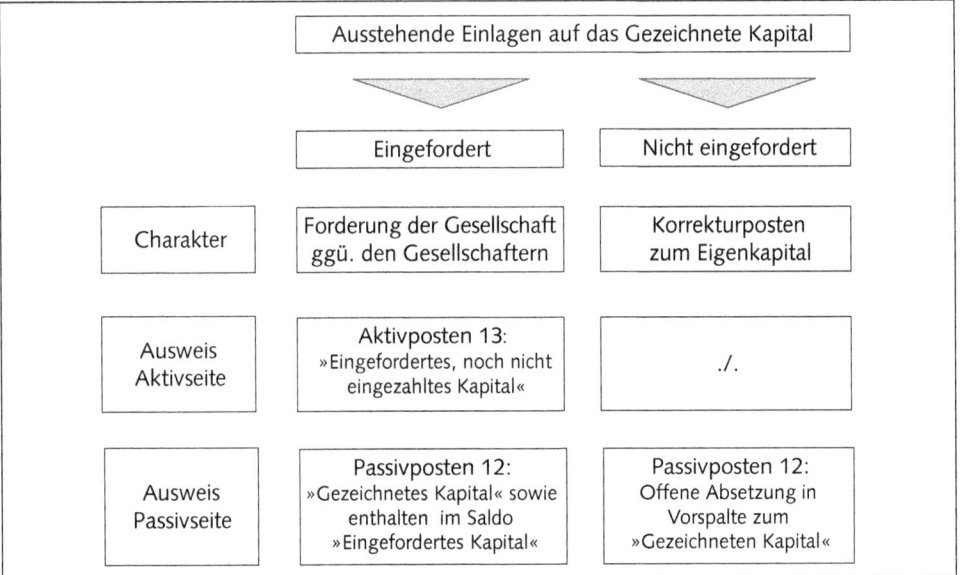

Abb. 49: Bilanzierung von »Ausstehenden Einlagen auf das Gezeichnete Kapital«

Der aktivische und passivische Ausweis von ausstehenden Einlagen sei an einem einfachen Beispiel einer verkürzten Institutsbilanz verdeutlicht. Das Institut verfügt über 1.000.000 EUR Gezeichnetes Kapital, davon wurden 600.000 EUR von den Gesellschaftern eingezahlt. Zum Stichtag wurden 300.000 EUR eingefordert; 100.000 EUR sind zum Bilanzstichtag weder eingezahlt noch eingefordert worden. In diesem Beispiel ergibt sich in der Hauptspalte das »Eingeforderte Kapital« als Saldogröße aus Gezeichneten Kapital und nicht eingeforderten ausstehenden Einlagen. Es umfasst somit das geleistete (Barbestand von 600.000 EUR) sowie das nicht eingezahlte aber eingeforderte Kapital (hier 300.000 EUR).

Aus dem Wortlaut des Aktivpostens 13 ist nach der hier vertretenen Auffassung zu entnehmen, dass in diesem Posten nur ausstehende Einlagen in der Form von Bareinlagen zu erfassen sind. Ausstehende Einlagen in der Form von **Sacheinlagen**, können dinglich nicht durch Einzahlung von Kapital, sondern nur durch eine Leistung (von Vermögensgegenständen oder Dienstleistungen) erbracht werden. Zudem ist strittig, ob bei einer Sacheinlage ausstehende Einlagen überhaupt auftreten können. Nach § 36a Abs. 2 S. 1 AktG haben Aktionäre die Einlage nach Aufforderung durch den Vorstand vollständig einzuzahlen; die Aufforderung ist – wenn die Satzung nichts anderes bestimmt – in den Gesellschaftsblät-

---

193 Vgl. Verordnung zur Änderung von Rechnungslegungsverordnungen vom 09.06.2011, in: BGBl. I, Nr. 27, hier S. 1042.
194 Vgl. BT-Drs 16/10067, S. 65.

Aktiva			Passiva		
1. Barreserve			12. Eigenkapital		
a) Kassenbestand		600.000	a) Eingefordertes Kapital		
			Gezeichnetes Kapital abzüglich nicht eingeforderter	1.000.000	
13. Eingefordertes, noch nicht eingezahltes Kapital		300.000	ausstehender Einlagen	100.000	900.000
		900.000			900.000

Abb. 50: Beispiel zu ausstehenden Einlagen

tern bekanntzumachen. Nach § 36a Abs. 2 S. 2 AktG muss hingegen eine Sacheinlage, bei der die Verpflichtung zur Übertragung eines Vermögensgegenstands auf die Gesellschaft besteht, innerhalb von fünf Jahren nach der Eintragung der Gesellschaft in das Handelsregister bewirkt werden. Das Verhältnis von S. 1 und S. 2 wird auch im Schrifttum als unklar angesehen mit der Folge, dass die Auslegung von S. 2 strittig ist[195]. So kann die Vorschrift nur auf die Übertragungsansprüche des Gründers gegen einen Dritten oder allgemein auf die Übertragungsansprüche gegen den Sacheinleger bezogen werden. Nach h. M. kann in einem Gründungsprotokoll oder in einem Einbringungsvertrag eine Frist von bis zu fünf Jahren für die dingliche Übertragung vereinbart sein[196]. Im bilanzrechtlichen Schrifttum wird davon ausgegangen, dass ausstehende Einlagen in der Form von Sacheinlagen aufgrund des § 36a Abs. 2 S. 1 AktG im Allgemeinen nicht vorkommen[197]. Ungeachtet der aktienrechtlichen Würdigung von § 36a Abs. 2 S. 2 AktG scheidet nach der hier vertretenen Auffassung ein möglicher Ausweis von ausstehenden Einlagen in der Form von Sacheinlagen aufgrund des Wortlauts des Aktivpostens 13 aus, da es sich um noch »nicht eingezahlte« und nicht »nicht geleistete« Einlagen handelt[198]. Es handelt sich mithin um eine ausstehende nicht eingeforderte Geldeinlage im Sinne des § 63 Abs. 1 AktG.

Eine weitere Voraussetzung für den Postenausweis besteht darin, dass die ausstehende Einlage durch das Geschäftsführungsorgan des Instituts eingefordert wurde. Wann und wie die ausstehende Einlage eingefordert wird, steht bei Aktiengesellschaften im Ermessen des Vorstands[199]; in Ermangelung einer gesonderten Regelung ist auch bei Genossenschaften von einer Zuständigkeit des Vorstands auszugehen (§ 24 GenG)[200]. Bei einer GmbH bedarf es hierzu eines Gesellschafterbeschlusses (§ 46 Nr. 2 GmbHG). Die Aufforderung muss den exakten Zahlungstermin, die Zahlungsmodalität sowie den Betrag enthalten[201]. Die Bekanntmachung hat im elektronischen Bundesanzeiger sowie in den in der Satzung

---

195 Vgl. Wardenbach, in: Henssler/Strohn, § 36a AktG, Tz. 5.
196 Vgl. Hüffer, in: Hüffer, § 36a AktG, Tz. 4; Pentz, in: MüKom AktG, § 36a AktG, Tz. 12.
197 Vgl. Winkeljohann/Hoffmann, in: BBK, 11. Aufl., § 272 HGB, Tz. 30; Mock sieht bei Sacheinlagen hingegen keinen Unterschied in der bilanziellen Darstellung von ausstehenden Einlagen im Vergleich zu Bareinlagen. Siehe Mock, in: KK-RLR, § 272 HGB, Tz. 53.
198 Zu dieser sprachlichen Unterscheidung vgl. auch Solveen, in: Hölters, § 63 AktG, Tz. 3.
199 Vgl. Solveen, in: Hölters, § 63 AktG, Tz. 6; Bayer, in: MüKom AktG, 4. Aufl., § 63 AktG, Tz. 28.
200 Vgl. Mock, in: KK-RLR, § 272 HGB, Tz. 49.
201 Vgl. Bayer, in: MüKom AktG, 4. Aufl., § 63 AktG, Tz. 32; Solveen, in: Hölters, § 63 AktG, Tz. 7.

bestimmten Gesellschaftsblättern zu erfolgen. Durch die Aufforderung wird die Einlage fällig (der Aktionär darf die Einlage nicht vor Fälligkeit leisten). Die Aufforderung zur Zahlung begründet die Erfüllbarkeit der Einlageschuld. Entscheidend ist daher nicht die in der Aufforderung benannte Zahlungsfrist; die AG erklärt konkludent mit der Aufforderung auch schon vorher Zahlungen auf die Einlage anzunehmen[202]. Mithin ist für den Postenausweis auf den Zeitpunkt der Aufforderung abzustellen[203].

1.2.14.2 Bewertung

Ausstehende nicht eingeforderte Einlagen sind Forderungen der Gesellschaft gegenüber den Gesellschaftern. Bei der Folgebewertung ist mithin auf die allgemeinen Grundsätze zur Bewertung von Forderungen abzustellen. Bei der Bewertung der Forderung ist die Zahlungsfähigkeit der Gesellschafter bzw. der Ersatzverpflichteten zu berücksichtigen. Kommen Aktionäre der Aufforderung zur Einzahlung des eingeforderten Betrags nicht nach, so verzinst sich die Forderung mit **5 %** (§ 63 Abs. 2 S. 1 AktG), wobei die Geltendmachung eines weiteren Schadens nicht ausgeschlossen ist. Aktionären, die den eingeforderten Betrag nicht rechtzeitig zahlen, ist eine Nachfrist einzuräumen (§ 64 Abs. 1 AktG). Kommen diese der Aufforderung weiterhin nicht nach, werden ihre Aktien und die geleisteten Einzahlungen zugunsten der Gesellschaft für verlustig erklärt (§ 64 Abs. 3 AktG). Nach § 65 Abs. 3 S. 1 AktG ist die Gesellschaft verpflichtet, die Aktien unverzüglich zum Börsenpreis oder bei Fehlen eines Börsenpreises durch öffentliche Versteigerung zu verkaufen, wenn die Zahlung des rückständigen Betrags von Vormännern nicht zu erlangen ist. Aktien, die infolge von § 64 AktG verlustig geworden sind, werden auch als »**kaduzierte Aktien**« bezeichnet. Kaduzierte Aktien sind zwingend nach dem in § 65 AktG geregelten Verfahren zu verwerten. Ausgeschlossene Aktionäre, die ihrer Einlagepflicht nicht nachgekommen sind, haben in diesem Verwertungsverfahren keine Erwerbsmöglichkeit. Diese wird bei Namensaktien nur den sog. **Vormännern** eingeräumt. Vormänner sind im Aktienregister eingetragene Zwischenaktionäre, die für einen Rückstand als Regressschuldner haften. Sofern die ausstehende Einlage weder von dem Aktionär noch einem Ersatzverpflichteten geleistet wird, sind die eingeforderten ausstehenden Einlagen auf den niedrigeren Börsen- oder Marktpreis bzw. auf einen niedrigeren beizulegenden Wert abzuschreiben.

1.2.14.3 Anhangangaben

Für den Aktivposten 13 bestehen keine gesonderten Angabepflichten im Anhang.

---

202 Vgl. Hüffer, in: Hüffer, § 63 AktG, Tz. 7; Bayer, in: MüKom AktG, 4. Aufl., § 63 AktG, Tz. 37.
203 Vgl. Mock, in: KK-RLR, § 272 HGB, Tz. 48.

1.2.15 Sonstige Vermögensgegenstände (Aktivposten 14)

1.2.15.1 Voraussetzung für den Postenausweis

Der Inhalt des Aktivpostens 14 »Sonstige Vermögensgegenstände« ist in § 20 RechKredV geregelt. Der Aktivposten 14 ist zum einen ein Residualposten, in den Forderungen und sonstige Vermögensgegenstände auszuweisen sind, »die einem anderen Posten nicht zugeordnet werden können« (§ 20 S. 1 RechKredV). Zum anderen stellt der Posten »Sonstige Vermögensgegenstände« einen Spezialposten dar, in den spezielle, namentlich benannte Vermögensgegenstände aufzunehmen sind (§ 20 S. 2 bis 5 RechKredV).

a) Namentlich benannte Vermögensgegenstände. Unter dem Aktivposten 14 sind aufgrund von § 20 S. 2 bis 5 RechKredV die folgenden namentlich genannten Vermögensgegenstände zu bilanzieren:
- Einzugspapiere (§ 20 S. 2 u. 3 RechKredV),
- Nicht rückzahlbare Genussrechte (§ 20 S. 4 RechKredV),
- Rettungserwerbe (§ 20 S. 5 RechKredV),
- Gedenkmünzen und Goldmünzen, die zu einem höheren Betrag als dem Nennwert erworben wurden (§ 12 Abs. 1 S. 2 RechKredV).

Unter die **Einzugspapiere** fallen die in § 20 S. 2 RechKredV aufgeführten Schecks, fällige Schuldverschreibungen, Zins- und Gewinnanteilsscheine, Inkassowechsel und sonstige Inkassopapiere, soweit sie innerhalb von 30 Tagen ab Einreichung zur Vorlage bestimmt und dem Einreicher bereits gutgeschrieben sind. Ziel des Ausweises unter den Sonstigen Vermögensgegenständen bestand darin, Einzugspapiere getrennt von den Sonstigen Nostrobeständen auszuweisen, da die Einzugspapieren übernommen wurden, um eine Dienstleistung in Form des Einzugs und unmittelbare Weitergabe an Einlösungs- oder andere Einzugsstellen zu erbringen. Die Einzugspapiere umfassen im Einzelnen:

aa) Schecks. Im Aktivposten 14 sind nur die Schecks auszuweisen, die durch einen Kunden auf fremde Institute gezogen wurden. In diesem Posten sind nicht die Schecks auszuweisen, die von einem Kunden eingereicht wurden und auf das eigene Institut gezogen wurden. Diese sind nicht auszuweisen, wenn sie dem Aussteller noch nicht belastet wurden; sie sind als Minderung der täglich fälligen Forderungen an Kunden oder an Kreditinstitute bzw. als Erhöhung der täglich fälligen Verbindlichkeiten auszuweisen, wenn die Schecks dem Aussteller bereits belastet wurden[204]. Schecks, die auf das eigene Institut gezogen wurden und die Mangels Deckung zurückgegeben wurden, sind nicht als Scheckbestand auszuweisen, da sie dem Einreicher wieder belastet werden.

ab) Fällige Schuldverschreibungen. Im Aktivposten 14 sind zudem fällige Schuldverschreibungen auszuweisen, die zum Bilanzstichtag oder am ersten auf den Bilanzstichtag folgenden Geschäftstag einlösbar waren. Ist diese Bedingung erfüllt, sind Schuldverschrei-

---
204 Vgl. Bieg/Waschbusch (2017), S. 244; Scharpf/Schaber (2018), S. 906.

bungen des Nostrobestands aus dem Aktivposten 5 »Schuldverschreibungen und andere festverzinsliche Wertpapiere« in den Aktivposten 14 »Sonstige Vermögensgegenstände« umzubuchen. Gleichermaßen sind auch Schuldverschreibungen aus verwalteten Kundendepots und dem Inkassogeschäft in diesem Posten auszuweisen, wenn dem Kunden bereits eine Gutschrift erteilt worden ist. Fällige Schuldverschreibungen, sowie Zins- und Gewinnanteilsscheine sind nur dann unter den Sonstigen Vermögensgegenständen auszuweisen, wenn sie zum Bilanzstichtag oder zum ersten auf den Bilanzstichtag folgenden Geschäftstag einlösbar sind[205]. Nach dem Wortlaut von § 20 S. 2 RechKredV wären im Aktivposten 14 nur solche fälligen Schuldverschreibungen sowie Zins- und Gewinnanteilsscheine auszuweisen, soweit sie innerhalb von 30 Tagen ab Einreichung zur Vorlage bestimmt sind. Würde dem strikten Wortlaut des § 20 RechKredV gefolgt, so ergäbe sich ein Widerspruch zu § 16 Abs. 1 S. 2 sowie zu § 17 S. 2 RechKredV, wonach vor Fälligkeit hereingenommene Zinsscheine unter dem Aktivposten 5 und vor Fälligkeit hereingenommene Gewinnanteilsscheine unter dem Aktivposten 6 auszuweisen sind. Dies schließt auch Zins- und Gewinnanteilsscheine ein, die in den nächsten 30 Tagen fällig werden[206]. Die 30-Tage-Bedingung bezieht sich nur auf Schecks, Inkassowechsel und sonstige Inkassopapiere (z. B. Lastschriften, Einzugsquittungen)[207].

ac) Zins- und Gewinnanteilsscheine. Zu den Gewinnanteilsscheinen zählen neben den Dividendenscheinen auch die Ertragsscheine von Investmentvermögen. Zins- und Gewinnanteilsscheine des Eigenbestands sind in dem Aktivposten 14 auszuweisen, wenn sie zum Bilanzstichtag oder zum ersten auf den Bilanzstichtag folgenden Geschäftstag einlösbar sind. In Bezug auf die gesetzliche 30-Tage-Regel sei auf die obigen Ausführungen zu den fälligen Schuldverschreibungen verwiesen.

ad) Inkassowechsel. Bei einem Inkassowechsel bietet das Institut gegenüber einem Kunden eine Dienstleistung an, nämlich den Einzug einer Geldforderung. Bei einem Inkassowechsel wird das Institut nicht wechselrechtlich verpflichtet. Inkassowechsel sind auch dann unter dem Aktivposten 14 auszuweisen, wenn sie – wie üblich – unter dem Vorbehalt des Eingangs gutgeschrieben werden (§ 20 S. 3 RechKredV). Nicht gutgeschriebene Wechsel sind nicht zu bilanzieren.

ae) Sonstige Inkassopapiere. Im Aktivposten 14 sind auch Lastschriften, Einzugsquittungen und Reiseschecks auszuweisen. Kommissionsbestände an Reiseschecks sind nicht zu bilanzieren; in diesem Posten sind Reiseschecks auszuweisen, die zwar mit dem Kunden, nicht aber mit dem ausgebenden Institut abgerechnet wurden[208]. Nicht eingelöste Lastschriften, sind wie Schecks zu behandeln die Mangels Deckung zurückgegeben wurden.

Nach § 20 S. 2 RechKredV sind die oben bezeichneten Vermögensgegenstände nur dann unter dem Aktivposten 14 auszuweisen, wenn sie (i) innerhalb von 30 Tagen ab Einrei-

---
205 Vgl. Scharpf/Schaber (2018), S. 906; Krumnow/Sprißler (2004), § 20 RechKredV, Tz. 3 f.
206 Vgl. Krumnow/Sprißler (2004), § 20 RechKredV, Tz. 4.
207 Vgl. Scharpf/Schaber (2018), S. 907; Krumnow/Sprißler (2004), § 20 RechKredV, Tz. 4; Bieg/Waschbusch (2017), S. 244.
208 Vgl. Scharpf/Schaber (2018), S. 906 f.

chung zur Vorlage bestimmt und (ii) dem Einreicher bereits gutgeschrieben worden sind. Eine Gutschrift unter dem Vorbehalt des Eingangs gilt ebenso als gutgeschrieben im Sinne dieser Vorschrift (§ 20 S. 3 RechKredV). Die 30-Tage-Frist wird nach h. M. nur auf die Schecks, Inkassowechsel und sonstige Inkassopapiere bezogen. Dies wird damit begründet, dass die in der RechKredV gewählte Formulierung im Vergleich zur ehemaligen Bilanzierungsrichtlinie ungenau ist. Danach waren fällige Schuldverschreibungen sowie Zins- und Gewinnanteilsscheine unter den Sonstigen Vermögensgegenständen auszuweisen, wenn sie von einer Zahlstelle bis zum Abschlussstichtag oder zum ersten auf den Abschlussstichtag folgenden Geschäftstag einlösbar waren[209]. Der Auffassung der h. M. ist zu folgen. Die Auffassung kann einerseits historisch[210] und andererseits mit einem ansonsten auftretenden Widerspruch zu der Behandlung von Zins- und Gewinnanteilsscheinen, die vor Fälligkeit hereingenommen wurden (§ 16 Abs. 1 S. 2 sowie § 17 S. 2 RechKredV) begründet werden. Soweit Einzugspapiere vom Tag ihrer Einreichung gerechnet erst zur späteren Vorlage bestimmt sind, sind sie auch dann nicht unter den Sonstigen Vermögensgegenständen auszuweisen, wenn sie vom Bilanzstichtag an gerechnet innerhalb von 30 Tagen fällig sind; diese Einzugspapiere sind je nach Schuldner unter den Forderungen an Kunden bzw. Forderungen an Kreditinstitute auszuweisen[211].

Nicht verbriefte Genussrechte, die nicht rückzahlbar sind, müssen nach § 20 S. 4 RechKredV ebenfalls im Aktivposten 14 ausgewiesen werden. Verbriefte Genussrechte (Genussscheine) in der Form von Inhabergenussscheinen sind unter dem Aktivposten 6 auszuweisen, wenn sie börsenfähig sind. Nicht börsenfähige Inhabergenussscheine sowie Namensgenussscheine sowie rückzahlbare unverbriefte Genussrechte sind je nach Schuldner unter den Forderungen an Kunden oder Forderungen an Kreditinstitute auszuweisen. Zu einer Übersicht über den Ausweis von aktivischen Genussrechten siehe Abbildung 45.

Rettungserwerbe stellen von im Rahmen von Zwangsversteigerungen erworbene Immobiliensicherheiten dar, die ein Institut zum Zwecke der Minderung von drohenden Verlusten aus problembehafteten Kreditengagements erworben hat. Zur ausführlichen Beschreibung von Rettungserwerben und ihrer bilanziellen Abbildung siehe Kapitel IV.1.2.13.1. Im Aktivposten 14 sind Rettungserwerbe dann auszuweisen, wenn die erworbenen Immobilien nicht dazu bestimmt sind, dauerhaft dem Geschäftsbetrieb des Instituts zu dienen. Ein Ausweis unter dem Aktivposten 14 kommt insbesondere dann in Betracht, wenn die erworbenen Immobilien am Markt weiterveräußert werden sollen. Im Einzelnen sei auf die Ausführungen auf den Kapitel IV.1.2.13.1 verwiesen.

Gedenk- und Silbermünzen sind unter den Sonstigen Vermögensgegenständen auszuweisen, wenn sie zu einem höheren Betrag als dem Nennwert erworben wurden, auch wenn sie gesetzliches Zahlungsmittel darstellen (§ 12 Abs. 1 S. 1 RechKredV). Goldmünzen sind wie Barrengold und Medaillen wie Bestände an Edelmetallen unter den »Sonstigen Vermögensgegenständen« auszuweisen, auch wenn sie gesetzliches Zahlungsmittel darstellen. Münzen, die keine gesetzlichen Zahlungsmittel darstellen, sind stets hier auszuweisen.

---

209 Vgl. Bieg/Waschbusch (2017), S. 244; Krumnow/Sprißler (2004), § 20 RechKredV, Tz. 4
210 Vgl. ausführlich zum alten Recht Birck/Meyer II, S. 165 ff.
211 Vgl. BAKred-Schreiben vom 13.03.1969, abgedruckt in Birck/Meyer VIII, S. 196.

b) Aktivposten 14 als Residualposition. Nach § 20 S. 1 RechKredV sind im Posten »Sonstige Vermögensgegenstände« Forderungen und sonstige Vermögensgegenstände auszuweisen, die einem anderen Posten nicht zugeordnet werden können. Der Aktivposten 14 stellt bzgl. des Ausweises von Vermögensgegenständen mithin eine Residualposition dar. Mit Ausnahme der ausdrücklich namentlich genannten Vermögensgegenstände geht ein Ausweis unter den anderen Aktivposten dem Ausweis unter dem Aktivposten 14 vor. In diesem Aktivposten sind insbesondere solche Forderungen auszuweisen, die keinen bankgeschäftlichen Bezug aufweisen. Zusätzlich zu den namentlich benannten Vermögensgegenständen sind die folgenden Vermögensgegenstände in diesem Posten aufgrund des Residualcharakters ausweisen:

- Forderungen an das Finanzamt, aus Vermietung und Verpachtung, aus Ergebnisabführungsverträgen,
- Bestimmte Vermögensgegenstände, sofern sie nicht dazu bestimmt sind, dauernd dem Geschäftsbetrieb zu dienen (z. B. Beteiligungen, Immobilien, immaterielle Vermögensgegenstände des Umlaufvermögens),
- Unterschiedsbetrag aus der Währungsumrechnung bei besonderer Deckung nach § 340h HGB (IDW RS BFA 4, Tz. 17, siehe Kapitel III.2.2.3.3.1),
- Prämien bestimmter derivativer Finanzinstrumente des Nicht-Handelsbestands:
  - Up-Front-Prämien von Swaps: Zum Teil wird die Auffassung vertreten, dass Up-Front-Prämien als »sonstige Vermögensgegenstände« oder »sonstige Verbindlichkeiten« auszuweisen sind[212]. Da **Up-Front-Payments** i. d. R. Zinscharakter haben, erscheint ein Ausweis unter den aktiven oder passiven Rechnungsabgrenzungsposten (Aktivposten 15 bzw. Passivposten 6) ebenso sachgerecht[213]. **Balloon Payments** sind erfolgswirksam antizipativ abzugrenzen und zusammen mit der laufenden Zinsabgrenzung der Swap Legs bei Instituten in Abhängigkeit vom Kontraktpartner unter den »Forderungen an Kunden«, »Forderungen an Kreditinstitute« bzw. »Verbindlichkeit gegenüber Kunden« oder »Verbindlichkeiten gegenüber Kreditinstituten« auszuweisen (§ 11 RechKredV)[214].
  - **Variation Margins** auf Futures des Nicht-Handelsbestands sind zunächst erfolgsneutral auf einem Variation Margin Konto zu erfassen. Ein positiver Saldo des Variation Margin Kontos ist in dem Posten »Sonstige Vermögensgegenstände« bzw. ein negativer Saldo in dem Posten »Sonstige Verbindlichkeiten« auszuweisen (IDW RS BFA 5, Tz. 13).
  - Unverbriefte Optionen stellen immaterielle Vermögensgegenstände dar, die nach h. M. im Aktivposten 14 »Sonstige Vermögensgegenstände« auszuweisen sind[215].

---

212 Vgl. Schmidt/Usinger, in: BBK, 11. Aufl., § 254 HGB, Tz. 113.
213 Ebenso Scharpf/Luz (2000), S. 487; Bieg/Waschbusch (2017), S. 548; Krumnow/Sprißler (2004), § 340e HGB, Tz. 363.
214 Vgl. Bieg/Waschbusch (2017), S. 548; Scharpf/Luz (2000), S. 488.
215 Bieg/Waschbusch (2017), S. 214 halten es für sachgerecht, für börsengehandelte Optionen, die nicht als Wertpapiere verbrieft sind, einen Ausweis in dem Aktivposten 6 »Aktien und andere nicht festverzinsliche Wertpapiere« vorzusehen. Dies wird damit begründet, dass in diesem Posten nach den Bilanzgliederungsprinzipien Wertpapiere mit hoher Liquidität und Fungibilität ausgewiesen werden sollen. Das Merkmal eines verbrieften Rechts im Sinne des § 7 RechKredV ist für (Future-Style-)Optionen, die bspw. an der Eurex gehandelt werden, zwar nicht einschlägig; gleichwohl liegt bei diesen Optionen eine höhere Stan-

Optionsrechte stellen mithin keine abnutzbaren Vermögensgegenstände dar, so dass weder ein Ausweis im Rechnungsabgrenzungsposten, noch eine sofortige aufwandswirksame Behandlung sachgerecht ist[216]. Im Gegensatz dazu stellen verbriefte Optionen (Optionsscheine) Wertpapiere im Sinne des § 7 Abs. 1. S. 1 RechKredV dar und sind daher im Aktivposten 6 »Aktien und andere nicht festverzinsliche Wertpapiere« auszuweisen.
  - Eine Abnutzbarkeit kann hingegen bei Zinsbegrenzungsvereinbarungen angenommen werden, wenn diese nicht als eine Serie von Optionen, sondern als ein einheitlicher Vermögensgegenstand angesehen werden (siehe Kapitel VI.3.2.2.1.2).
- Antizipative Posten (Ertrag heute, Einzahlung später), die nicht anteilige Zinsen nach § 11 RechKredV darstellen (wie z. B. nachschüssig gezahlte Mieterträge).

1.2.15.2 Anhangangaben

In Bezug auf die in dem Aktivposten 14 auszuweisenden Vermögensgegenstände haben Institute die folgenden Erläuterungen im Anhang zu machen:
- Nach § 35 Abs. 1 Nr. 6 RechKredV sind Sonstige Vermögensgegenstände ggf. in den Gesamtbetrag der auf fremde Währung lautenden Vermögensgegenstände einzubeziehen.
- Nach § 284 Abs. 2 Nr. 1 HGB sind die auf die Posten der Bilanz angewandten Bilanzierungs- und Bewertungsmethoden zu erläutern.
- Sofern der Posten nachrangige Vermögensgegenstände enthält (z. B. nicht verbriefte Genussrechte, die nicht rückzahlbar sind), sind diese aufgrund von § 4 Abs. 2 RechKredV als Unterposten gesondert auszuweisen oder separat im Anhang anzugeben.
- Nach § 35 Nr. 4 RechKredV sind die in dem Aktivposten 14 enthaltenen wichtigsten Einzelbeträge aufzuführen, sofern sie für die Beurteilung des Jahresabschlusses nicht unwesentlich sind.

1.2.16 Rechnungsabgrenzungsposten (Aktivposten 15)

1.2.16.1 Überblick über den Postenausweis

Aktive Rechnungsabgrenzungsposten werden überwiegend als eine eigene Postenkategorie charakterisiert, die der perioden- und realisationsgerechten Erfolgsabgrenzung dient[217]. Rechnungsabgrenzungsposten sind »Zahlungszuordnungsposten«, die die Erfolgswirkung von Zahlungsvorgängen den Perioden zuordnen, in den die Leistung oder die Verpflich-

---

dardisierung und Fungibilität vor als bei nicht-standardisierten Optionsscheinen. Für **Future-Style-Optionen** ist es daher sachgerecht, diese als Werterechte ausgestaltete Optionsscheine anzusehen und in dem Aktivposten 6 »Aktien und andere nicht festverzinsliche Wertpapiere« auszuweisen (siehe unten Kapitel VI.3.2.2.2.2). Vgl. Hossfeld, in: DB 1997, S. 1243.
216 Vgl. Graf von Treuberg/Scharpf, in: FS Luik, S. 168.
217 Vgl. BFH-Urteil vom 20.11.1969 – IV R 3/69, in: BStBl. II 1970, S. 209; Prinz, in: KK-RLR, § 250 HGB, Tz. 1; ADS, § 250 HGB, Tz. 4.

tung wirtschaftlich verursacht ist[218]. Rechnungsabgrenzungsposten unterliegen dem Vollständigkeitsgebot und sind daher neben Vermögensgegenständen und Schulden in die Bilanz aufzunehmen (§ 246 Abs. 1 S. 1 HGB). Ebenso schreibt § 247 Abs. 1 HGB (welcher für Institute aufgrund von § 340a Abs. 2 S. 2 HGB nicht anwendbar ist) vor, dass in der Bilanz das Anlage- und das Umlaufvermögen, das Eigenkapital, die Schulden sowie die Rechnungsabgrenzungsposten gesondert auszuweisen sind. Aus dieser namentlichen Nennung von Rechnungsabgrenzungsposten wird nach h. M. gefolgert, dass Rechnungsabgrenzungsposten nicht die Voraussetzungen von Vermögensgegenständen erfüllen müssen[219] und daher in der Folge nicht zu bewerten, sondern planmäßig zu bilden bzw. aufzulösen sind.

In den Aktivposten 15 sind nur sog. transitorische aktive Rechnungsabgrenzungsposten aufzunehmen. Dies sind Ausgaben vor dem Bilanzstichtag, die Aufwand für eine bestimmte Zeit nach dem Bilanzstichtag darstellen. Der aus der dynamischen Bilanzlehre stammende Begriff des sog. antizipativen Rechnungsabgrenzungspostens ist nicht Teil des Postenausweises. Antizipative Rechnungsabgrenzungsposten im Sinne Schmalenbachs sind Erträge bzw. Aufwendungen vor dem Bilanzstichtag, die erst zu Einnahmen bzw. Ausgaben nach dem Bilanzstichtag führen. Dieser Sachverhalt ist nach handelsrechtlichen Grundsätzen als Forderung bzw. als Verbindlichkeit (und nicht als Rechnungsabgrenzungsposten) zu aktivieren bzw. zu passivieren.

Für Institute kommt ein Ansatz von aktiven Rechnungsabgrenzungsposten einerseits aufgrund der für alle Kaufleute geltenden Vorschriften in Betracht. Andererseits existieren geschäftszweigspezifische Vorschriften für Institute, die einen Ansatz von Rechnungsabgrenzungsposten vorsehen. Rechnungsabgrenzungsposten sind aufgrund der Nominalwertbilanzierung von Forderungen nach § 340e Abs. 2 S. 1 HGB nicht nur für Kreditinstitute von großer Bedeutung; auch Leasinginstitute haben Rechnungsabgrenzungsposten zum Ausgleich von zeitlich inkongruenten Leistungen und Gegenleistungen im Leasinggeschäft zu bilden (HFA 1/1989).

1.2.16.2 Aktive Rechnungsabgrenzungsposten nach § 250 HGB

Institute haben aufgrund von § 340a Abs. 1 HGB die für alle Kaufleute geltenden Vorschriften zur Bildung von Rechnungsabgrenzungsposten nach § 250 HGB zu beachten. § 250 HGB umfasst eine Aktivierungspflicht zur Bildung von aktiven Rechnungsabgrenzungsposten nach § 250 Abs. 1 HGB und ein Aktivierungswahlrecht für aktive Rechnungsabgrenzungsposten, die durch eine Emission einer Verbindlichkeit unter pari resultieren (§ 250 Abs. 3 HGB). Nach § 250 Abs. 1 HGB sind (Aktivierungspflicht) als Rechnungsabgrenzungsposten auf der Aktivseite Ausgaben vor dem Abschlussstichtag auszuweisen, soweit sie Aufwand für eine bestimmte Zeit nach diesem Tag darstellen. Eine Aktivierung von

---

[218] Vgl. Weber-Grellet, in: RdF 2014, S. 56.
[219] Vgl. Hennrichs, in: MüKom AktG, § 250 HGB, Tz. 7; ADS, § 250 HGB, Tz. 11. Nach Moxter sind Rechnungsabgrenzungsposten hingegen Vermögenswerte im wirtschaftlichen Sinne, da alles was bereits Ausgaben verursacht hat, aber erst nach dem Bilanzstichtag Aufwand wird, nur dann in die Bilanz (als Gegenüberstellung von Vermögensgegenständen und Schulden, § 242 Abs. 1 S. 1 HGB) aufzunehmen ist, wenn es Vermögensbestandteil ist. Vgl. Moxter (2003), S. 90.

Rechnungsabgrenzungsposten ist damit verpflichtend vorzunehmen, wenn kumulativ die folgenden Bedingungen erfüllt sind:

- **Ausgaben.** Notwendig für die Bildung eines aktiven Rechnungsabgrenzungspostens ist das Vorliegen einer Ausgabe vor dem Bilanzstichtag. Strittig ist, ob bei dem Begriff »Ausgabe« nur auf Auszahlungen, oder auch auf andere Formen von Vermögensminderungen abzustellen ist. Da der Gesetzgeber nicht von einer »Auszahlung« spricht, wird im Schrifttum überwiegend gefolgert, dass hierunter jede Form von Ausgabe, die nach den handelsrechtlichen GoB zu einer Vermögensminderung führt, begrifflich zu fassen ist[220]. Dies schließt neben einer Auszahlung auch die Übernahme einer Verbindlichkeit oder die Hingabe von unbaren Vermögensgegenständen ein. Teile des Schrifttums setzen allerdings eine Auszahlung für die Bildung eines aktiven Rechnungsabgrenzungspostens voraus[221].
- **Vor dem Abschlussstichtag.** Hier ist der Abschlussstichtag des bilanzierenden Instituts zugrunde zu legen. Ausgaben müssen vor dem Abschlussstichtag geleistet sein. Maßgeblich ist der Ablauf des Stichtages, so dass Zahlungen am Bilanzstichtag noch mit zu berücksichtigen sind[222].
- **Bestimmte Zeit.** Rechnungsabgrenzungsposten sind auf der Aktivseite nur dann aufzunehmen, soweit diese einen Aufwand für eine bestimmte Zeit nach diesem Tag darstellen. Die Beschränkung auf einen Aufwand für eine bestimmte Zeit nach dem Bilanzstichtag dient der Objektivierung der Bildung von Rechnungsabgrenzungsposten. Die Anforderung an die Bestimmtheit der Zeit ist hinreichend erfüllt, wenn die Zeit kalendermäßig bestimmt werden kann (enge Auslegung). Strittig ist, ob es ausreichend ist, wenn die Zeit auf Basis eindeutiger Kriterien willkürfrei berechenbar ist (z.B. auch über mengenmäßige Teilabschnitte oder auf Basis mathematischer und statistischer Verfahren)[223]. Sofern nicht die Gesamtdauer, wohl aber ein Teilzeitraum (sog. **Mindestzeitraum**) verlässlich bestimmt werden kann, so reicht dies für das Bestimmtheitserfordernis aus[224]. Mit Verweis auf das Vorsichtsprinzip und das Realisationsprinzip wird im Schrifttum bei aktiven Rechnungsabgrenzungsposten eine kalendermäßige Bestimmtheit vorausgesetzt, während bei passiven Rechnungsabgrenzungsposten bereits eine Bestimmbarkeit (z.B. schätzungsbasierte Bestimmung) ausreichend sein soll[225].

---

220 Vgl. Tiedchen, in: HdJ, Abt. II/8, Tz. 54; ADS, § 250 HGB, Tz. 25; Buciek, in: Blümich, § 5 EStG, Tz. 670; Schubert/Waubke, in: BBK, 11. Aufl., § 250 HGB, Tz. 18; aA wohl WPH, 15. Aufl., E 268.
221 Vgl. Hennrichs, in: MüKom AktG, § 250 HGB, Tz. 14; Schulze-Osterloh, in: Baumbach/Hueck, 18. Aufl., § 42 GmbHG, Tz. 178.
222 Vgl. Ballwieser, in: MüKom HGB, § 250 HGB, Tz. 5; Tiedchen, in: HdJ, Abt. II/8, Tz. 55; Hennrichs, in: MüKom AktG, § 250 HGB, Tz. 16.
223 Befürwortend Federmann, in: BB 1984, S. 246; Kupsch, in: WPg 1984, S. 374 sowie BFH-Urteil vom 25.10.1994 – VIII R 65/91, in: BStBl II 1995, S. 312. Eher zurückhaltend Böcking/Gros, in: Ebenroth u.a., 3. Aufl., § 250 HGB, Tz. 10; ADS, § 250 HGB, Tz. 35 ff. sowie damals noch BFH-Urteil vom 22.01.1992 – X R 23/89, in: BStBl. II 1992, S. 488.
224 Vgl. BFH-Urteil vom 09.12.1993 – IV R 130/91, in: BStBl II 1995, S. 202; Herzig/Söffing, in: BB 1993, S. 470; ADS, § 250 HGB, Tz. 32a
225 Vgl. ADS, § 250 HGB, Tz. 115; Ballwieser, in: MüKom HGB, § 250 HGB, Tz. 9; Schubert/Waubke, in: BBK, 11. Aufl., § 250 HGB, Tz. 24; kritisch zu dieser imparitätischen Sichtweise Hennrichs, in: MüKom AktG, § 250 HGB, Tz. 22 f.

Verbindlichkeiten sind nach § 253 Abs. 1 S. 2 HGB zu ihrem Erfüllungsbetrag anzusetzen. Dies gilt auch dann, wenn eine Verbindlichkeit mit einem **Disagio** (d. h. zu einem unterhalb des Erfüllungsbetrags liegenden Ausgabebetrag) begeben wurde. Ist bei der Begebung einer Verbindlichkeit der Erfüllungsbetrag größer als der Ausgabebetrag (Unter-Pari-Emission), so darf nach § 250 Abs. 3 S. 1 HGB der Unterschiedsbetrag als Rechnungsabgrenzungsposten aktiviert werden. Der Unterschiedsbetrag kann aus einem Auszahlungs-Abgeld oder einem Rückzahlungs-Aufgeld resultieren; im Allgemeinen spricht man aber nur von Disagio[226]. Nicht zum Unterschiedsbetrag zählen Ausgabekosten und Gebühren. Dieses Aktivierungswahlrecht gilt aufgrund von § 340a Abs. 1 HGB auch für Institute[227].

Das Wahlrecht kann für jede Verbindlichkeit neu ausgeübt werden[228]. Jedoch ist das Wahlrecht im Zeitpunkt der Begebung auszuüben; eine Nachholung in späteren Jahren ist i. d. R. unzulässig[229]. Zudem besteht – auch für Institute – das Wahlrecht von der Aktivierung nur teilweise Gebrauch zu machen, d. h. nur Teilbeträge des Disagios zu aktivieren[230]. Institute haben mithin das Wahlrecht, ein aus der Begebung von eigenen Verbindlichkeiten resultierendes Disagio

a) vollständig zu aktivieren und pro rata temporis im Zinsaufwand aufzulösen,
b) teilweise zu aktivieren und den Teilbetrag pro rata temporis aufwandswirksam zu verteilen und den nicht aktivierten Teilbetrag sofort aufwandswirksam zu erfassen[231],
c) nicht zu aktivieren und den Unterschiedsbetrag sofort im Zinsaufwand zu erfassen.

Da steuerrechtlich eine Aktivierungspflicht besteht[232], entstehen in den Fällen b) und c) aktive latente Steuern.

Der Unterschiedsbetrag ist nach § 250 Abs. 3 S. 2 HGB planmäßig über »die gesamte Laufzeit der Verbindlichkeit« zu verteilen. Da ein Disagio als vorausbezahlter Zins anzusehen ist, ist es sachgerecht, das Disagio innerhalb der Festzinsperiode der Verbindlichkeit aufzulösen. Entgegen des Gesetzeswortlauts erscheint eine Verteilung auf eine kürzere Zinsbindungsfrist sachgerecht[233]. Problematisch erscheint eine Verteilung eines Disagios

---

226 Vgl. Ballwieser, in: MüKom HGB, § 250 HGB, Tz. 18; ADS, § 250 HGB, Tz. 87.
227 Anderer Ansicht Birck/Meyer, die eine Nicht-Aktivierung von Disagien bei Banken als Verstoß gegen die Generalnorm des § 264 Abs. 2 S. 1 HGB sehen, wonach der Jahresabschluss einer Kapitalgesellschaft ein den tatsächlichen Verhältnissen entsprechendes Bild der Vermögens-, Finanz- und Ertragslage zu vermitteln hat. Vgl. Birck/Meyer V, S. 405 f.
228 Vgl. Schubert/Waubke, in: BBK, 11. Aufl., § 250 HGB, Tz. 40; Ballwieser, in: MüKom HGB, § 250 HGB, Tz. 21.
229 Vgl. WPH, 15. Aufl., F 425; ADS, § 250 HGB, Tz. 85.
230 Vgl. Morck, in: Koller/Kindler/Roth/Morck, 8. Aufl., § 250 HGB, Tz. 6; Winnefeld (2015), D 733; ADS, § 250 HGB, Tz. 85; Ballwieser, in: MüKom HGB, § 250 HGB, Tz. 21; Ellrott/Krämer, in: BBK, 8. Aufl., § 250 HGB, Tz. 38; a. A. mittlerweile Schubert/Waubke, in: BBK, 11. Aufl., § 250, Tz. 38, die hierin einen Verstoß gegen die Ansatzstetigkeit sehen.
231 In der Literatur wird zum Teil die Auffassung vertreten, dass eine teilweise Aktivierung aufgrund des nach BilMoG geltenden Ansatzstetigkeitsgebots unzulässig geworden ist. Siehe WPH, 14. Aufl., E 274. Diese Argumentation überzeugt jedoch dann nicht, wenn gleichzeitig eine freiwillige außerplanmäßige Abschreibung als zulässig erachtet wird. So WPH, 14. Aufl., E 275. Durch eine (stetige) Aktivierung des Rechnungsabgrenzungspostens und einer freiwilligen sofortigen Abschreibung könnte de facto die geforderte Ansatzstetigkeit umgangen werden. Eine solche Unzulässigkeit wird neuerdings nicht mehr vertreten. Siehe WPH, 15. Aufl., F 419.
232 Vgl. BFH-Urteil vom 29.11.2006 – I R 46/05, in: BB 2007, S. 822.
233 Vgl. BFH-Urteil vom 21.04.1988 – IV R 47/85, in: BStBl II 1989, S. 722.

bei kündbaren Anleihen. Ist die Laufzeit aufgrund von Kündigungsrechten nicht bestimmt, so ist aus Vorsichtsgründen auf den frühestmöglichen Termin abzustellen, zu dem der Gläubiger kündigen kann[234]; außerordentliche Kündigungsrechte sind in diesem Zusammenhang unbeachtlich[235]. Hat sich das Institut für eine vollständige oder teilweise Aktivierung entschieden, so besteht neben der Pflicht zur planmäßigen Abschreibung in bestimmten Fällen auch die Pflicht für eine außerplanmäßige Abschreibung. Eine außerplanmäßige Abschreibung ist vorzunehmen, wenn die Verbindlichkeit vorzeitig zurückgezahlt wurde. In der Literatur wird zum Teil auch eine außerplanmäßige Abschreibung für erforderlich gehalten, wenn der Marktzins nach Aufnahme des Darlehens gesunken ist[236]. Daneben besteht für das Institut nach h. M. die Möglichkeit, eine freiwillige außerplanmäßige Abschreibung vorzunehmen[237].

1.2.16.3 Institutsspezifische Vorschriften und Finanzinstrumente

Neben der Bildung von aktiven Rechnungsabgrenzungsposten nach den Vorschriften für alle Kaufleute, kommt für Institute die Bildung von Rechnungsabgrenzungsposten nach den institutsspezifischen Vorschriften der §§ 340e und 340b HGB in Betracht. Da Finanzinstrumente ein zentrales Abbildungsobjekt einer Bankbilanz darstellen, werden im Folgenden die verschiedenen Erscheinungsformen aktiver Rechnungsabgrenzungsposten erläutert, die im Zusammenhang mit Finanzinstrumenten des Nicht-Handelsbestands stehen.

- **Nominalwertbilanzierung nach § 340e HGB.** Abweichend von dem tatsächlichen Auszahlungsbetrag bzw. Kaufpreis können (Wahlrecht) erworbene oder herausgelegte Hypothekendarlehen und andere Forderungen nach § 340e Abs. 2 HGB mit ihrem Nominalwert angesetzt werden, wenn die Differenz zu den Anschaffungskosten Zinscharakter hat. Zinscharakter liegt vor, wenn Abweichungen zwischen dem vereinbarten Nominalzins und dem aktuellen Marktzins ausgeglichen werden[238]. Dies schließt nicht nur Abweichungen des risikofreien Zinssatzes, sondern auch Abweichungen im Credit Spread ein, solange es sich um eine nicht-wertberichtigte Forderung handelt[239]. Abschläge beim Erwerb von Non-Performing-Loans sind nicht als Zinscharakter zu werten[240]. Bei dem Erwerb von »gesunden« Kreditportfolien kann dem Unterschied zwischen Nominalwert und Kaufpreis i. d. R. Zinscharakter zugeschrieben werden. Im Zweifelsfall wäre bewertungstechnisch festzustellen, ob der Unterschied zwischen Kaufpreis und Nominalwert überwiegend zins- oder bonitätsinduziert ist. Das Wahlrecht zur Nominalwertbilanzierung nach § 340e Abs. 2 HGB gilt nur für erworbene[241]

---

234 Vgl. ADS, § 250 HGB, Tz. 95; Schubert/Waubke, in: BBK, 11. Aufl., § 250 HGB, Tz. 48.
235 Vgl. Hennrichs, in: MüKom HGB, § 250 HGB, Tz. 43.
236 Vgl. Scharpf/Schaber (2018), S. 921.
237 Vgl. h. M. ADS, § 250 HGB, Tz. 99 m. w. N.
238 Vgl. Braun, in: KK-RLR, § 340e HGB, Tz. 88.
239 So wird ein Ansatz zum Nennwert auch dann als sachgerecht angesehen, wenn die Abweichungen vom Nominalbetrag bonitätsinduziert sind. Vgl. Krumnow/Sprißler (2004), § 340e HGB, Tz. 174.
240 Vgl. Braun, in: KK-RLR, § 340e HGB, Tz. 88.
241 Anderer Ansicht Merkt, in: Baumbach/Hopt, 38. Aufl., 2018, § 340e HGB, Tz. 6; nach dessen Auffassung das Wahlrecht zur Nominalwertbilanzierung nur für originär herausgelegte Forderungen gilt.

oder herausgelegte Forderungen des Bankbuchs[242]. Zu einem Ansatz aktiver Rechnungsabgrenzungsposten kommt es in diesem Zusammenhang, wenn Forderungen mit einem Agio (Ausgabebetrag > Nominalwert) begeben wurden und das Wahlrecht nach § 340e Abs. 2 S. 2 u. 3 HGB zur Nennwertbilanzierung ausgeübt wurde. In diesem Fall wird die Forderung zum Nominalwert bilanziert und das Agio im aktiven Rechnungsabgrenzungsposten erfasst. Dieser kann entweder pro rata temporis im Zinsaufwand verteilt oder sofort abgeschrieben werden. Sachgerecht erscheint eine Erfassung als Minderung des Zinsertrags. Für eine Übersicht und weitergehender Erläuterungen siehe Kapitel III.1.3.2.3.3.

- **Pensionsgeschäfte nach § 340b HGB.** Nach § 340b HGB sind Vermögensgegenstände, die im Rahmen von Pensionsgeschäften auf einen Pensionsnehmer übertragen wurden, weiterhin in der Bilanz des Pensionsgebers auszuweisen, da dieser aufgrund der bestehenden Rückübertragungsverpflichtung (sog. echtes Pensionsgeschäft) das wirtschaftliche Eigentum an dem Pensionsgegenstand nicht verloren hat (im Einzelnen siehe Kapitel II.1.6). Dabei kann es vorkommen, dass der Termin-Rückübertragungspreis von dem ursprünglichen Kaufpreis abweicht. Dieser Unterschiedsbetrag zwischen dem ursprünglichen Kassa-Kaufpreis des Pensionsgegenstands und dem Rückübertragungspreis ist pro rata temporis über die Laufzeit des Pensionsgeschäfts zu verteilen (§ 340b Abs. 4 S. 6 HGB). Dies liegt darin begründet, dass der Unterschiedsbetrag entweder als eine Korrektur der vereinbarten Zinszahlung oder den am Ende der Laufzeit fälligen Zins darstellt[243]. § 340b Abs. 4 S. 4 HGB verlangt dem Wortlaut nach beim Pensionsnehmer einen Ansatz der Forderung zu dem für die Übertragung gezahlten Betrag (d.h. zum ursprünglichen Kaufpreis). In diesem Falle ist die Forderung ausgehend von einem höheren Kaufpreis auf den niedrigeren Rücknahmepreis pro rata temporis zu Lasten des Zinsertrags zu amortisieren. Ist der ursprüngliche Kaufpreis niedriger als der Rücknahmepreis, so erfolgt eine Hochschreibung des Forderungsbuchwerts zu Gunsten des Zinsertrags (**Nettomethode**). Alternativ kommt für den Fall, dass der Rückzahlungsbetrag niedrig (höher) als der ursprüngliche Kaufpreis ist, der Ansatz eines aktiven (passiven) Rechnungsabgrenzungspostens in Betracht (**Bruttomethode**)[244]. Die Auflösung erfolgt entsprechend über den Zinsertrag[245]. Übersteigt der Hingabebetrag den Rücknahmebetrag, so ist die Verbindlichkeit nach § 340b Abs. 4 S. 2 HGB zum Hingabebetrag zu passivieren. Bei einer Darstellung nach der Nettomethode erfolgt die Einbuchung der Verbindlichkeit zum höheren Hingabebetrag, der als Minderung des Zinsaufwands pro rata temporis auf den Rücknahmebetrag amortisiert wird. Unter Anwendung der Bruttomethode erfolgt eine Einbuchung der Verbindlichkeit zum niedrigeren Rücknahmebetrag bei gleichzeitiger Bildung eines passiven Rechnungsabgrenzungspostens, der pro rata temporis als Minderung des Zinsaufwands aufzulösen ist[246].

---

242 Vgl. Braun, in: KK-RLR, § 340e HGB, Tz. 89.
243 Vgl. Bieg/Waschbusch (2017), S. 129.
244 Vgl. Scharpf/Schaber (2018), S. 44, 47; Krumnow/Sprißler (2004), § 340b HGB, Tz. 22.
245 Vgl. Scharpf/Schaber (2018), S. 45; Bieg/Waschbusch (2017), S. 129; Krumnow/Sprißler (2004), § 340b HGB, Tz. 23.
246 Vgl. Bieg/Waschbusch (2017), S. 129; Krumnow/Sprißler (2004), § 340b HGB, Tz. 24.

- **Leasing.** Rechnungsabgrenzungsposten spielen bei Leasinginstituten eine bedeutende Rolle, um angesichts der leasingtypischen Ertragsverläufe einen periodengerechten Erfolgsausweis zu gewährleisten (im Einzelnen siehe Kapitel II.1.8.3.1.1). Vor diesem Hintergrund kommt die Bildung von passiven Rechnungsabgrenzungsposten in Betracht, wenn einer Vereinnahmung von Leistungsentgelten noch keine entsprechende Nutzungsüberlassung entgegensteht (HFA 1/1989, D.1f). Ebenso kommt es zu einem Ansatz von passiven Rechnungsabgrenzungsposten im Falle der Forfaitierung von Leasingforderungen. Bleiben in den ersten Perioden die Leistungsentgelte hinter den Aufwendungen für die Nutzungsüberlassung zurück, so kommt es **nicht** zu einer Aktivierung eines Rechnungsabgrenzungspostens, sondern in einem bestimmten Umfang zu einer Aktivierung von sonstigen Forderungen (im Einzelnen siehe HFA 1/1989, D.4).
- **Überverzinsliche Anleihen.** Im Schrifttum wird die Nominalwertbilanzierung nach § 340e HGB zum Teil auch auf Schuldverschreibungen ausgeweitet (siehe Kapitel III.1.3.3.2.1). Eine nominale Überverzinslichkeit einer Schuldverschreibung drückt sich in einem im Vergleich zum Nominalwert erhöhten Ankaufskurs aus, zu dem die Schuldverschreibung grundsätzlich zu aktivieren ist. Eine Auflösung eines im Ankaufskurs enthaltenen Agios würde sich im Zeitablauf über eine strenge Niederstwertbewertung ergeben. Wird die Schuldverschreibung zum Nominalwert angesetzt und gleichzeitig ein aktiver Rechnungsabgrenzungsposten gebildet, so ist dieser nach den Grundsätzen des § 250 HGB aufzulösen.
- **Derivative Finanzinstrumente.** Der Ausweis von aktiven Rechnungsabgrenzungsposten kommt insbesondere bei den folgenden derivativen Finanzinstrumenten in Betracht:
  - **Swaps** stellen schwebende Geschäfte dar, die nach handelsrechtlichen Grundsätzen aufgrund der Ausgeglichenheitsvermutung nicht zu bilanzieren sind. Werden Zinsswaps zu marktabweichenden Konditionen abgeschlossen, so wird der Barwert eines Zinsswaps durch die Zahlung einer Up-Front-Prämie ausgeglichen. Da Up-Front-Prämien mithin i. d. R. ein Zinscharakter zuzuschreiben ist, sind gezahlte Up-Front-Prämien unter den aktiven Rechnungsabgrenzungsposten auszuweisen. Balloon Payments haben hingegen Forderungscharakter und sind nicht als Rechnungsabgrenzungsposten zu erfassen.
  - Bei **Forward Rate Agreements** kommt ein Ausweis der Settlement-Zahlung in einem aktiven Rechnungsabgrenzungsposten in Betracht, wenn das Forward Rate Agreement als Sicherungsinstrument in einer Bewertungseinheit designiert wurde, um Zinszahlungen während der FRA-Periode zu sichern[247] (siehe Kapitel VI.3.2.1.1.3). Durch die Erfassung der Settlement-Zahlung im aktiven Rechnungsabgrenzungsposten sowie der anschließenden aufwandswirksamen Auflösung wird die Erfolgswirkung des FRA den Perioden zugeordnet, in denen die Zinszahlungen des gesicherten Grundgeschäfts anfallen.
  - Gezahlte Up-front-Prämien für den Abschluss von **Credit Default Swaps** sind im Rechnungsabgrenzungsposten zu aktivieren und (linear) pro rata temporis über die

---

[247] Vgl. Scharpf/Luz (2000), S. 536.

Restlaufzeit des Credit Default Swaps aufzulösen[248], da es sich um eine Ausgabe vor dem Bilanzstichtag handelt, die Aufwand für eine bestimmte Zeit nach dem Stichtag (§ 250 Abs. 1 S. 1 HGB) und somit eine Vorauszahlung für eine noch nicht erbrachte Leistung darstellt. Nachschüssige Prämienzahlungen sind periodengerecht abzugrenzen und unter dem Passivposten 1 »Verbindlichkeiten gegenüber Kreditinstituten« oder Passivposten 2 »Verbindlichkeiten gegenüber Kunden« auszuweisen[249].
- Der Auffassung, dass Optionsprämien von **Zinsbegrenzungsvereinbarungen** oder anderen Optionen unter den Rechnungsabgrenzungsposten ausgewiesen werden können[250], wird hier nicht gefolgt, da Zinsbegrenzungsvereinbarungen Vermögensgegenstände oder Schulden darstellen.

- **Vorausgezahlte Aufsichtsgebühren.** Nach § 16 FinDAG haben die durch die **BaFin** beaufsichtigten Unternehmen die Kosten der Beaufsichtigung durch eine Kostenumlage zu tragen. Die Umlagenberechnung basiert auf Bemessungsgrundlagen, die sich je nach Zugehörigkeit des Unternehmens zu den verschiedenen Aufsichtsbereichen (Aufsichtsbereich »Banken und Finanzdienstleistungsinstitute«, »Versicherungen« sowie »Wertpapierhandel«) unterscheiden. Die auf Basis des Haushaltsplans der BaFin erwarteten Kosten eines Kalenderjahres werden durch die beaufsichtigten Unternehmen im Wege von Vorauszahlungen (im Januar und Juli eines Jahres) erhoben und im Nachhinein den tatsächlichen Kosten gegenübergestellt, woraus sich eine Nachzahlung oder eine Rückerstattung ergeben kann. Die Bemessungsgrundlage für Unternehmen der Aufsichtsgruppe »Banken und Finanzdienstleistungsinstitute« ergibt sich im Wesentlichen aus dem Verhältnis der Bilanzsumme des Instituts zu der Bilanzsumme aller umlagefähigen Institute (§ 16f Abs. 1 Nr. 1 FinDAG). Die Umlagepflicht für diese Unternehmen endet im Jahr des Erlöschens der Erlaubnis nach § 32 KWG. Bei unterjährigem Erlöschen mindert sich die Bemessungsgrundlage pro rate um die Monate, in denen das Unternehmen nicht beaufsichtigt war (§ 16f Abs. 2 Nr. 3 FinDAG). Die Vorauszahlungen sind mithin als Rechnungsabgrenzungsposten zu aktivieren und pro rata monatlich um ein Zwölftel aufwandswirksam zu verteilen.

1.2.16.4 Anhangangaben

In Bezug auf die in dem Aktivposten 15 auszuweisenden aktiven Rechnungsabgrenzungsposten haben Institute die folgenden Erläuterungen im Anhang zu geben:
- Institute haben die Vorschrift des § 268 Abs. 6 HGB zu beachten. Danach ist ein nach § 250 Abs. 3 HGB aktivierter Rechnungsabgrenzungsposten in der Bilanz gesondert auszuweisen oder im Anhang anzugeben.
- Nach § 340e Abs. 2 S. 3 HGB haben Institute die jeweiligen Unterschiedsbeträge, die aus einer Nominalwertbilanzierung von Forderungen entstehen, im Anhang anzugeben, sofern dies nicht aus der Bilanz ersichtlich ist.

---

248 Vgl. Auerbach/Fischer, in: Kreditderivate, S. 242; Kühnle, in: WPg 2002, S. 293.
249 Vgl. Auerbach/Fischer, in: Kreditderivate, S. 242 f.
250 Vgl. Förschle/Usinger, in: BBK, § 254 HGB, Tz. 94; Ellrott/Krämer, in: BBK, § 250 HGB, Tz. 26.

1.2.17 Aktive latente Steuern (Aktivposten 16)

1.2.17.1 Konzeptionelle Grundlagen

Latente Steuern dienen konzeptionell dazu, künftige zusätzliche Steuerbelastungen im Vergleich zu den bereits in der Handelsbilanz dargestellten Wertansätzen vorwegzunehmen, um so einen »richtigen« Vermögensausweis abzubilden. Der Ansatz von latenten Steuern basiert auf Differenzen zwischen handelsbilanziellen und steuerlichen Wertansätzen, die sich in späteren Perioden voraussichtlich ausgleichen werden. Seit Inkrafttreten des BilMoG folgt der Ansatz von latenten Steuern dem international üblichen **bilanzorientierten Temporary-Konzept**, wonach bei der Ermittlung von Steuerlatenzen nur temporäre (einschließlich quasi-permanenter) Differenzen zwischen handelsrechtlichen und steuerrechtlichen Buchwerten zu berücksichtigen sind. **Temporäre Differenzen** umfassen alle handels- und steuerrechtlichen[251] Buchwertunterschiede von Vermögensgegenständen, Schulden und Rechnungsabgrenzungsposten, die sich in künftigen Perioden »voraussichtlich abbauen« (§ 274 Abs. 1 S. 1 HGB) und die zu Steuerbelastungen oder Steuerentlastungen führen werden. Temporäre Differenzen umfassen dabei sowohl erfolgswirksam als auch erfolgsneutral gebildete Buchwertunterschiede. Ebenso sind auch sog. quasi-permanente Differenzen in die Ermittlung der latenten Steuern einzubeziehen[252]. Darunter sind zeitlich begrenzte Buchwertunterschiede zu verstehen, deren Abbau jedoch von der Disposition des Unternehmens abhängt (z. B. Verkauf eines Grundstücks oder einer Beteiligung). Entscheidend für die zu berücksichtigenden Differenzen ist somit, dass sich die Bewertungsunterschiede im Zeitablauf ausgleichen, nicht jedoch wann und wie der Ausgleich erfolgt. **Permanente Differenzen**, bei denen ein Ausgleich nicht erfolgt, sind nicht zu berücksichtigen. Da Institute unabhängig von ihrer Rechtsform aufgrund von § 340a Abs. 1 S. 1 HGB die Rechnungslegungsvorschriften für große Kapitalgesellschaften zu beachten haben, sind kleine Institute nicht von der Bildung von latenten Steuern aufgrund von § 274a Nr. 4 HGB befreit.

Ergibt der Vergleich von handelsrechtlichen und steuerrechtlichen Wertansätzen insgesamt eine voraussichtliche Steuerbelastung, so ist diese als passive latente Steuern in der Bilanz anzusetzen (**Passivierungspflicht** nach § 274 Abs. 1 S. 1 HGB). Eine sich aus dem Vergleich insgesamt ergebende Steuerentlastung kann als aktive latente Steuern angesetzt werden (Aktivierungswahlrecht nach § 274 Abs. 1 S. 2 HGB). Da es nach dem Wortlaut des § 274 Abs. 1 S. 1 u. 2 HGB nur dann zu einem Ansatz von aktiven oder passiven latenten Steuern kommen kann, wenn insgesamt mit einer Steuerbe- oder -entlastung zu rechnen ist, erfordert die Ermittlung von latenten Steuern eine sog. **Gesamtdifferenzenbetrachtung**. Ein Überschuss passiver Steuerlatenzen über aktive Steuerlatenzen (Saldobetrachtung) ist dabei stets zu passivieren, während im umgekehrten Fall ein Aktivierungswahlrecht besteht. Bei einer sich ergebenden Steuerentlastung (Aktivüberhang) sind neben

---

251 Bei der Ableitung des steuerlichen Vergleichswerts sind neben den Wertansätzen in der Steuerbilanz auch die außerbilanziellen Ergebniskorrekturen in der steuerlichen Nebenrechnung zu beachten. Vgl. DRS 18, Tz. 37 sowie Herzig/Vossel, in: BB 2009, S. 1175; Prinz, in: KK-RLR, § 274 HGB, Tz. 10.
252 Vgl. BT-Drs 16/10067, S. 67.

dem Buchwertvergleich aller Vermögensgegenstände, Schulden und Rechnungsabgrenzungsposten auch die steuerlichen Verlustvorträge in Höhe der innerhalb der nächsten fünf Jahre zu erwartenden Verlustverrechnung zu berücksichtigen (§ 274 Abs. 1 S. 3 HGB). Gleiches gilt auch für Steuergutschriften und Zinsvorträge[253]. Das in § 274 Abs. 1 S. 2 HGB verankerte Wahlrecht zu Aktivierung von latenten Steuern bezieht sich nur auf einen Aktivsaldo aus der Gesamtdifferenzenbetrachtung[254]. Das Aktivierungswahlrecht unterliegt dem Stetigkeitsgebot des § 246 Abs. 3 HGB (DRS 18, Tz. 16).

Entscheidet sich das Institut für den Ansatz aktiver latenter Steuern, so besteht nach § 274 Abs. 1 S. 3 HGB ein **Ausweiswahlrecht**, wonach sich ergebende Steuerbelastungen und Steuerentlastungen auch unverrechnet angesetzt werden können. In Verbindung mit der Gesamtdifferenzenbetrachtung ergeben sich dabei die folgenden Ausweismöglichkeiten:

- Ergibt der Buchwertvergleich aktive latente Steuern von 200 EUR und passive latente Steuern von 50 EUR, so kann der Saldo von 150 EUR aktiviert werden. Ebenso könnte auch ein Bruttoausweis von 200 EUR aktiven und 50 EUR passiven latenten Steuern erfolgen. Als dritte Möglichkeit könnte auf die Aktivierung verzichtet werden und der positive Saldo von 150 EUR gänzlich nicht aktiviert werden. Eine teilweise Aktivierung ist nach h. M. unzulässig.
- Ergibt der Buchwertvergleich aktive latente Steuern von 50 EUR und passive latente Steuern von 200 EUR, so käme zunächst ein unverrechneter Ausweis in Betracht. Ebenso könnte der Saldo von 150 EUR bei einem verrechneten Ausweis passiviert werden. Ausschließlich eine Passivierung in Höhe von 200 EUR mit Verweis auf das Ansatzwahlrecht ist aufgrund der notwendigen Gesamtdifferenzenbetrachtung unzulässig.

Aufgrund von § 340a Abs. 1 in Verbindung mit § 265 Abs. 1 HGB haben Institute das Ausweiswahlrecht stetig anzuwenden. Von der Verrechnung im Rahmen des Ausweiswahlrechts in § 274 Abs. 1 S. 3 HGB ist die Aufrechnung von aktiven und passiven latenten Steuern zu unterscheiden. Eine Aufrechnung kommt in Betracht, wenn
- das Unternehmen ein einklagbares Recht zur Aufrechnung tatsächlicher Steuererstattungsansprüche gegen tatsächliche Steuerschulden hat und
- latente Steueransprüche und latente Steuerschulden sich auf Ertragsteuern beziehen, die gegenüber demselben Steuerschuldner/-gläubiger erhoben werden für
  - dasselbe Steuersubjekt oder
  - unterschiedliche Steuersubjekte, die beabsichtigen, in jeder künftigen Periode, in der die Ablösung oder Realisierung erheblicher Beträge an latenten Steuerschulden bzw. Steueransprüchen zu erwarten ist, entweder den Ausgleich der tatsächlichen Steuerschulden und Erstattungsansprüche auf Nettobasis herbeizuführen oder gleichzeitig mit der Realisierung der Ansprüche die Verpflichtungen abzulösen (DRS 18, Tz. 40)[255].

---

253 Vgl. BT-Drs 16/12407, S. 67 und BR-Drs 34/08, S. 146.
254 Vgl. Risse, in: MüKom BilR, § 274 HGB, Tz. 50.
255 Vgl. auch Grottel/Larenz, in: BBK, 11. Aufl., § 274 HGB, Tz. 15.

Nach § 274 Abs. 2 S. 1 HGB sind die Beträge der sich ergebenden Steuerbelastungen und -entlastungen mit den unternehmensindividuellen Steuersätzen im Zeitpunkt des Abbaus der Buchwertdifferenz zu bewerten und nicht abzuzinsen. Für die Bewertung latenter Steuern ist mithin eine Prognose des Zeitpunkts des Abbaus der Buchwertdifferenzen sowie des dann gültigen unternehmensindividuellen Steuersatzes notwendig. Dabei sind Gesetzesänderungen zu berücksichtigen, sobald die maßgebliche gesetzgebende Körperschaft die Änderungen verabschiedet hat (z. B. Zustimmung der Gesetzesänderung durch den Bundesrat vor dem Bilanzstichtag)[256]. Nach § 274 Abs. 2 S. 2 HGB sind die Posten aufzulösen, sobald die Steuerbelastung oder -entlastung eintritt (z. B. aufgrund eines geplanten Abbaus einer Buchwertdifferenz) oder wenn mit ihr nicht mehr zu rechnen ist (z. B. aufgrund einer gesunkenen Wahrscheinlichkeit einer künftigen Nutzung steuerlicher Verlustvorträge).

1.2.17.2 Aktive latente Steuern in der Bilanz von Instituten

Aktive latente Steuern entstehen, wenn Vermögensgegenstände oder aktive Rechnungsabgrenzungsposten in der Handelsbilanz nicht angesetzt oder niedriger bewertet werden als in der Steuerbilanz oder wenn Schulden oder passive Rechnungsabgrenzungsposten in der Handelsbilanz höher bewertet werden als in der Steuerbilanz oder dort nicht angesetzt werden. Unter Berücksichtigung der Gesamtdifferenzenbetrachtung können die folgenden temporären Differenzen bei Instituten typischerweise zu einem Ansatz aktiver latenter Steuern führen.

Bei Instituten sind die handelsbilanziellen Buchwerte von Aktivposten im Falle von 340f-Abschreibungen und Niederstwertabschreibungen auf Wertpapiere der Liquiditätsreserve kleiner als die steuerrechtlichen Vergleichswerte. Handelsrechtlich dürfen Institute Forderungen und bestimmte Wertpapiere niedriger als die handelsbilanziell zulässigen Wertansätze bewerten (zu 340f-Vorsorgereserven siehe Kapitel III.1.3.4). Diese handelsrechtlich zulässigen Abschreibungen sind steuerrechtlich nicht anerkannt, da die Abschreibungen nicht auf einer voraussichtlich dauernden Wertminderung im Sinne des § 6 Abs. 1 Nr. 1 EStG beruhen. Die handelsbilanziellen Buchwerte unterschreiten die steuerlichen Vergleichswerte auch im Falle von Niederstwertabschreibungen auf Wertpapiere der Liquiditätsreserve, wenn mit dem Ansatz eines niedrigeren Stichtagswerts nicht eine voraussichtlich dauerhafte Wertminderung im Sinne des § 6 Abs. 1 Nr. 1 EStG verbunden ist. Aktive Steuerlatenzen bilden sich ebenso für den Fall, dass das Disagio einer Verbindlichkeit nach § 250 Abs. 3 HGB sofort aufwandswirksam erfasst wurde. Steuerlich besteht hingegen eine Ansatzpflicht (§ 5 Abs. 5 EStG).

Aktive Steuerlatenzen können bei Instituten auch dadurch entstehen, dass der handelsbilanzielle Buchwert eines Passivpostens den steuerlichen Vergleichswert übersteigt. Dies ist bei Instituten typischerweise bei der Bildung von Rückstellungen für drohende Verluste aus schwebenden Geschäften der Fall. Diese dürfen nach § 5 Abs. 4a EStG steuerlich nicht gebildet werden; Rückstellungen im Zusammenhang mit handelsrechtlich gebildeten Bewertungseinheiten werden hingegen steuerlich berücksichtigt. Für Institute ergeben

---

256 Vgl. DRS 18, Tz. 46–48.

sich daraus aktive Steuerlatenzen insbesondere im Zusammenhang mit negativen Marktwerten von derivativen Finanzinstrumenten. Ebenso würde eine Drohverlustrückstellung aufgrund eines ermittelten Verpflichtungsüberschusses im Rahmen der verlustfreien Bewertung zinstragender Geschäfte des Bankbuchs nach IDW RS BFA 3 zu einer aktiven Steuerlatenz führen.

Nach § 274 HGB sind bei der Bildung von latenten Steuern nur Buchwertdifferenzen von Vermögensgegenständen, Schulden und Rechnungsabgrenzungsposten zu berücksichtigen. Da der **Sonderposten Fonds für allgemeine Bankrisiken** gem. § 340g HGB einen Sonderposten darstellt (siehe Kapitel IV.1.3.12), ist dieser Posten nicht in den Buchwertvergleich einzubeziehen. Die teilweise vom Berufstand vertretene Auffassung, dass es sich bei dem Sonderposten für allgemeine Bankrisiken nach § 340g HGB um eine permanente Differenz handelt, erscheint zweifelhaft. Nach den allgemeinen Definitionskriterien handelt es sich eher um eine quasi-permanente Differenz, da die Auflösung des Postens in der Disposition der Unternehmensleitung steht. Eine Einbeziehung in den Buchwertvergleich scheidet aufgrund des Eigenkapitalcharakters des Sonderpostens aus[257], da § 274 HGB die Ermittlung von Steuerlatenzen nur für Vermögensgegenstände, Schulden und Rechnungsabgrenzungsposten vorsieht.

Werden aktive latente Steuern ausgewiesen, so können Gewinne nur ausgeschüttet werden, wenn die nach der Ausschüttung verbleibenden frei verfügbaren Rücklagen zuzüglich eines Gewinnvortrags[258] mindestens den positiven Saldo aus aktiven und passiven latenten Steuern übersteigen (§ 268 Abs. 8 S. 1 u. 2 HGB). Nach § 268 Abs. 8 HGB ist nur der Überhang aktiver latenter Steuern über die passiven latenten Steuern **ausschüttungsgesperrt** und zwar unabhängig davon, ob ein Brutto- oder ein Nettoausweis erfolgt.

1.2.17.3 Anhangangaben

In Bezug auf die in dem Aktivposten 16 auszuweisenden aktiven Steuerlatenzen haben Institute die folgenden Erläuterungen im Anhang zu geben:
- Institute haben aufgrund von § 340a Abs. 1 HGB in Verbindung mit § 285 Nr. 29 HGB im Anhang zu erläutern, auf welche Differenzen oder steuerlichen Verlustvorträge die latenten Steuern beruhen und mit welchen Steuersätzen die Bewertung erfolgt ist. Dabei können Erläuterungen über aktive Steuerlatenzen unterlassen werden, die im Zusammenhang mit der Bildung oder Auflösung von stillen Vorsorgereserven nach § 340f HGB stehen, da eine Berichterstattung über die auf stille Vorsorgereserven entfallenden aktiven latenten Steuern den Zielen einer Bildung von stillen Vorsorgereserven sowie der Überkreuzkompensation nach § 32 RechKredV entgegenstehen würden[259]. Die Vorschriften von § 340f HGB und § 32 RechKredV sind als lex specialis im Verhältnis zu § 274 HGB anzusehen.

---

257 Vgl. Goldschmidt/Meyding-Metzger/Weigel, in: IRZ 2010, S. 63; Gelhausen/Fey/Kämpfer, V, Tz. 68–74; Scharpf, in: Küting/Pfitzer/Weber, S. 255.
258 Ergänzung: sowie abzüglich eines Verlustvortrags.
259 Vgl. ebenso Scharpf/Schaber (2018), S. 935.

- Nach § 285 Nr. 28 HGB haben Institute die ausschüttungsgesperrten Beträge im Sinne des § 268 Abs. 8 HGB aufzugliedern in Beträge aus der Aktivierung selbst geschaffener immaterieller Vermögensgegenstände des Anlagevermögens, Beträge aus der Aktivierung latenter Steuern und aus der Aktivierung von Vermögensgegenständen zum beizulegenden Zeitwert im Sinne des § 253 Abs. 1 S. 4 HGB.

1.2.18 Aktivischer Unterschiedsbetrag aus der Vermögensverrechnung (Aktivposten 17)

1.2.18.1 Voraussetzungen für den Postenausweis

Der Aktivposten 17 »Aktivischer Unterschiedsbetrag aus der Vermögensverrechnung« stimmt mit dem für alle Kaufleute geltenden Postenausweis nach § 266 Abs. 2 Nr. E HGB überein. Für den Ausweis gelten im Vergleich zu den für alle Kaufleute geltenden Regelungen keine geschäftszweigspezifischen Besonderheiten. Dieser Posten wurde durch das BilMoG in das Formblatt 1 eingefügt und beinhaltet einen positiven Unterschiedsbetrag der aus der Verrechnung bestimmter Vermögensgegenstände und Schulden aus Altersvorsorgeverpflichtungen resultiert. Nach § 246 Abs. 2 S. 2 HGB sind »Vermögensgegenstände, die dem Zugriff aller übrigen Gläubiger entzogen sind und ausschließlich der Erfüllung von Schulden aus Altersversorgungsverpflichtungen oder vergleichbaren langfristig fälligen Verpflichtungen dienen, (...) mit diesen Schulden zu verrechnen; entsprechend ist mit den zugehörigen Aufwendungen und Erträgen aus der Abzinsung und aus dem zu verrechnenden Vermögen zu verfahren. Übersteigt der beizulegende Zeitwert der Vermögensgegenstände den Betrag der Schulden, ist der übersteigende Betrag unter einem gesonderten Posten zu aktivieren« (§ 246 Abs. 2 S. 2 u. 3 HGB). Dieser gesonderte Posten stellt bei Instituten der Aktivposten 17 dar. Für den Postenausweis gelten mithin die folgenden kumulativ zu erfüllenden Bedingungen:

- **Aktivierbare Vermögensgegenstände**. In den Postenausweis ist ein Unterschiedsbetrag einzubeziehen, der aus einer Verrechnung von bestimmten aktivierbaren Vermögensgegenständen mit Schulden aus Altersvorsorgeverpflichtungen resultiert. Mithin muss es sich um Vermögensgegenstände nach handelsrechtlichen Grundsätzen handeln, die sich im wirtschaftlichen Eigentum des bilanzierenden Unternehmens befinden.
- **»Dem Zugriff aller Gläubiger entzogen«**. Das Vermögen muss auch im Falle der Insolvenz des Unternehmens dem Zugriff aller Gläubiger entzogen sein, um auch in diesem Falle der Erfüllung von Schulden aus Altersvorsorgeverpflichtungen dienen zu können (Insolvenzfestigkeit). Dies ist der Fall, wenn für die Arbeitnehmer ein Aussonderungsrecht nach § 47 InsO oder ein vergleichbares Absonderungsrecht nach § 49 InsO besteht (IDW RS HFA 30, Tz. 23 u. 24). Diesbezüglich kommen in der Praxis die folgenden Gestaltungsformen in Betracht:
  - **Treuhandmodelle**. Bei Treuhandlösungen wird das Deckungsvermögen auf einen Treuhänder im Rahmen einer Verwaltungstreuhand übertragen. Bei einer sog. doppelseitigen Treuhand wird zusätzlich das Treuhandvermögen vor dem Zugriff des

Arbeitgebers sowie der Gläubiger durch eine weitere Sicherungstreuhand geschützt. Die Sicherungstreuhand wirkt wie ein Vertrag zugunsten des Arbeitnehmers, der im Falle der Insolvenz des Arbeitgebers einen eigenständigen Anspruch auf Erfüllung der Altersvorsorgeverpflichtungen hat. Typisch für solche Treuhandmodelle sind die in der Praxis häufig anzutreffenden sog. Contractual Trust Arrangements (CTA)[260].
- **Verpfändungsmodelle.** Bei dieser Lösung werden durch den Arbeitgeber bestimmte Vermögensgegenstände (zumeist Wertpapiere) verpfändet.
- Rückdeckungsversicherungen.

Von einer Verrechnung von Deckungsvermögen und Schulden aus Altersvorsorgeverpflichtungen kann ausgegangen werden, wenn das gewählte Modell den Anforderungen des § 7e Abs. 2 SGB IV erfüllt[261]. Ebenso werden Vermögensgegenstände, die nach IAS 19.7 plan assets darstellen, sich im Regelfall auch als Deckungsvermögen nach HGB qualifizieren (IDW RS HFA 30, Tz. 31).

- »**Ausschließlich der Erfüllung von Schulden aus Altersvorsorgeverpflichtungen dienen**«. Aus diesem Kriterium wird abgeleitet, dass Vermögensgegenstände jederzeit zur Verwertung zwecks Erfüllung von Schulden aus Altersvorsorgeverpflichtungen zur Verfügung stehen müssen. Betriebsnotwendiges Anlagevermögen wird im Allgemeinen nicht als mögliches Deckungsvermögen angesehen[262]. Ebenso erscheinen vom Arbeitgeber emittierte Finanzinstrumente als ungeeignet[263].

Erfüllen Vermögensgegenstände die oben genannten Voraussetzungen, so sind diese nach § 253 Abs. 1 S. 4 HGB mit dem beizulegenden Zeitwert – ohne Berücksichtigung der Anschaffungskostenobergrenze – zu bewerten. Bei der Ermittlung des beizulegenden Zeitwerts ist die dreiteilige Bewertungshierarchie des § 255 Abs. 4 HGB zu beachten (zur Erläuterung siehe Kapitel III.1.2.3). Ferner ist bei Vorliegen der oben genannten Voraussetzungen das Deckungsvermögen mit den Schulden aus Altersversorgungsverpflichtungen zu verrechnen (**Saldierungsgebot**). Verbleibt nach der Saldierung ein aktivischer Überhang, so ist dieser im Aktivposten 17 auszuweisen. Sofern der beizulegende Zeitwert des Deckungsvermögens deren Anschaffungskosten überschreitet, besteht auf den Differenzbetrag abzüglich der hierfür gebildeten passiven latenten Steuern eine **Ausschüttungssperre** (§ 268 Abs. 8 S. 3 HGB).

1.2.18.2 Anhangangaben

In Bezug auf den in dem Aktivposten 17 auszuweisenden aktivischen Unterschiedsbetrag aus der Vermögensverrechnung haben Institute die folgenden Erläuterungen im Anhang zu geben:
- Institute haben im Falle der Verrechnung von Vermögensgegenständen und Schulden nach § 246 Abs. 2 S. 2 HGB die Anschaffungskosten sowie die beizulegenden Zeitwerte

---

260 Zur Erläuterung dieser Konstruktionen vgl. bspw. Keßler (2010), S. 70–84.
261 Vgl. BT-Drs 16/12407, S. 84 f.; IDW RS HFA 30, Tz. 26; Gelhausen/Fey/Kämpfer (2009), C 24.
262 Vgl. IDW RS HFA 30, Tz. 28.
263 Vgl. Gelhausen/Fey/Kämpfer (2009), C 46.

der verrechneten Vermögensgegenstände, den Erfüllungsbetrag der verrechneten Schulden sowie die verrechneten Aufwendungen und Erträge anzugeben (§ 285 Nr. 25 HGB).
- Hinsichtlich der Ermittlung der beizulegenden Zeitwerte des Deckungsvermögens sind die grundlegenden Annahmen zu erläutern, die der Bestimmung des beizulegenden Zeitwerts mit Hilfe anerkannter Bewertungsmethoden zugrunde gelegt wurden.
- Besteht das Deckungsvermögen aus Anteilen an Investmentvermögen, so sind die Angabepflichten nach § 285 Nr. 26 HGB zu beachten.
- Nach § 285 Nr. 28 HGB haben Institute die ausschüttungsgesperrten Beträge im Sinne des § 268 Abs. 8 HGB aufzugliedern in Beträge aus der Aktivierung selbst geschaffener immaterieller Vermögensgegenstände des Anlagevermögens, Beträge aus der Aktivierung latenter Steuern und aus der Aktivierung von Vermögensgegenständen zum beizulegenden Zeitwert im Sinne des § 253 Abs. 1 S. 4 HGB.

1.2.19 Nicht durch Eigenkapital gedeckter Fehlbetrag (Aktivposten 18)

1.2.19.1 Voraussetzungen für den Postenausweis

Aufgrund von § 340a Abs. 1 u. 2 HGB haben Institute die Vorschriften des § 268 Abs. 3 HGB zu beachten, wonach am Schluss der Bilanz auf der Aktivseite gesondert unter der Bezeichnung »Nicht durch Eigenkapital gedeckter Fehlbetrag« ein Überhang der Passivposten über die Aktivposten auszuweisen ist, wenn das Eigenkapital durch Verluste aufgebraucht ist. Dementsprechend sieht das Formblatt 1 mit dem Aktivposten 18 einen gleichnamigen Bilanzposten vor. Institute in der Rechtsform einer Kommanditgesellschaft auf Aktien haben einen auf den Kapitalanteil eines persönlich haftenden Gesellschafters entfallenden Verlustanteil von dessen Kapitalanteil abzuschreiben[264]. Soweit der Verlust den Kapitalanteil übersteigt, ist er auf der Aktivseite unter der Bezeichnung »Einzahlungsverpflichtung persönlich haftender Gesellschafter« unter den Forderungen gesondert auszuweisen, soweit eine Zahlungsverpflichtung besteht. Besteht keine Zahlungsverpflichtung, so ist der Betrag als »Nicht durch Vermögenseinlagen gedeckter Verlustanteil persönlich haftender Gesellschafter« zu bezeichnen und gem. § 269 Abs. 3 HGB auszuweisen (§ 286 Abs. 2 S. 3 AktG).

Der Aktivposten 18 stellt keinen Vermögensgegenstand, sondern eine rechnerische Größe – genauer ein Korrekturposten zum Eigenkapital – dar[265]. In der Bilanz einer GmbH kann der Ausweis eines solchen Fehlbetrags vermieden werden, wenn im Gesellschaftsvertrag vereinbart wurde, dass der Fehlbetrag durch Nachschüsse der Gesellschafter unverzüglich auszugleichen ist. Der seit dem BilMoG geltende Nettoausweis von nicht eingeforderten ausstehenden Einlagen auf das gezeichnete Kapital führt mithin zu einer Erhöhung eines nicht durch das Eigenkapital gedeckten Fehlbetrags im Vergleich zu einem vormals

---

[264] Eine Erfassung auf einem Verlustsonderkonto – wie bei der Kommanditgesellschaft möglich – ist damit nicht möglich. Vgl. Perlitt, in: MüKom AktG, § 286 AktG, Tz. 87.
[265] Vgl. ADS, § 268 HGB, Tz. 86.

zulässigen (aber vor diesem Hintergrund umstrittenen) Bruttoausweis[266]. Der Ausweis des Aktivpostens 18 ist aus der Vorspalte zum Eigenkapital zu entwickeln. Dabei führt der Ausweis eines nicht durch Eigenkapital gedeckten Fehlbetrags unter dem Passivposten 12 zu einem Ausweis des buchmäßigen Eigenkapitals von null und einer gleichzeitigen Aktivierung des nicht durch Eigenkapital gedeckten Fehlbetrags im Aktivposten 18.

Nach h. M. wird der Verbrauch des Eigenkapitals durch Verluste nur auf den Passivposten 12 »Eigenkapital« bezogen[267]. Im Regelfall ist davon auszugehen, dass bei einem vollständigen Verbrauch des Eigenkapitals durch laufende Verluste zuvor ein Ausgleich durch Auflösung von 340f-Reserven sowie des Sonderpostens nach § 340g HGB durch das Institut vollzogen wurde.

1.2.19.2 Anhangangaben

Es bestehen keine spezifischen Erläuterungspflichten. Die bilanzielle Überschuldung wird im Regelfall ein Moratorium der BaFin nach sich ziehen, die eine Erläuterung der wirtschaftlichen Situation des Instituts erfordern wird.

1.3 Bilanzposten der Passivseite

1.3.1 Verbindlichkeiten gegenüber Kreditinstituten (Passivposten 1)

1.3.1.1 Voraussetzungen für den Posteninhalt

Nach § 21 Abs. 1 S. 1 RechKredV sind als Verbindlichkeiten gegenüber Kreditinstituten »alle Arten von Verbindlichkeiten aus Bankgeschäften sowie alle Verbindlichkeiten von Finanzdienstleistungsinstituten gegenüber in- und ausländischen Kreditinstituten auszuweisen, sofern es sich nicht um verbriefte Verbindlichkeiten (Passivposten 3) handelt«. Im Passivposten 1 sind auch Verbindlichkeiten aus Namensschuldverschreibungen, Orderschuldverschreibungen, die nicht Teile einer Gesamtemission sind, Namensgeldmarktpapiere, Haben-Salden aus Effektengeschäfte und aus Verrechnungskonten sowie Verbindlichkeiten aus verkauften Wechseln einschließlich eigener Ziehungen, die den Kreditnehmer nicht abgerechnet worden sind, auszuweisen (§ 21 Abs. 1 S. 2 RechKredV). Ebenso sind bestimmte Treuhandzahlungen in diesem Posten zu erfassen (§ 21 Abs. 1 S. 3 RechKredV). Eine Verpflichtung ist unter den Verbindlichkeiten gegenüber Kreditinstituten auszuweisen, wenn kumulativ die folgenden Bedingungen erfüllt sind:

a) Dem Grunde und der Höhe nach sicher. Eine Verpflichtung ist nur dann unter den Verbindlichkeiten gegenüber Kreditinstituten auszuweisen, wenn sie dem Grunde und der

---

266 Zur Diskussion vgl. Winnefeld (2015), D. 822.
267 Vgl. Scharpf/Schaber (2018), S. 941.

Höhe nach sicher ist. Verpflichtungen, die dem Grunde und/oder der Höhe nach ungewiss sind, werden unter dem Passivposten 7 »Rückstellungen« ausgewiesen.

b) Institutsspezifischer Geschäftsbezug. Unter den Verbindlichkeiten gegenüber Kreditinstituten sind nur Verbindlichkeiten aus Bankgeschäften sowie alle Verbindlichkeiten von Finanzdienstleistungsinstituten auszuweisen. Kreditinstitute haben mithin zu unterscheiden, ob eine Verbindlichkeit im Zusammenhang mit einem Bankgeschäft steht (zur Definition einzelner Bankgeschäfte siehe Kapitel I.2.1.1.1.2). Diese Unterscheidung ist von Finanzdienstleistungsinstituten nicht zu treffen. Diese haben **alle** Verbindlichkeiten gegenüber in- und ausländischen Kreditinstituten unabhängig von dem Geschäftszusammenhang in dem Passivposten 1 auszuweisen, sofern die übrigen Bedingungen erfüllt sind.

c) Kreditinstitut als Gläubiger. Der Ausweis unter den »Verbindlichkeiten gegenüber Kreditinstituten« ist entscheidend davon abhängig, ob der Gläubiger der Verbindlichkeit ein Kreditinstitut darstellt. Hierzu zählen alle Unternehmen, die nach § 1 Abs. 1 S. 2 KWG Bankgeschäfte betreiben[268]. Ferner sind hierunter als Kreditinstitute in anderen Staaten zugelassene Unternehmen zu erfassen, sofern auf sie die Begriffsbestimmung des Art. 1 der Ersten Bankrechtskoordinierungsrichtlinie zutrifft[269]. Ebenso sind Verbindlichkeiten gegenüber Zentralnotenbanken sowie nationalen und internationalen Einrichtungen mit Bankcharakter (z. B. Weltbank, Bank für Internationalen Zahlungsausgleich) unter dieser Position auszuweisen. Verbindlichkeiten gegenüber Finanzdienstleistungsinstituten, Zahlungsinstituten, E-Geld-Instituten, Finanzholding-Gesellschaften, Finanzunternehmen (§ 1 Abs. 3 KWG), gemischten Unternehmen und Anbietern von Nebendienstleistungen sowie Kapitalverwaltungsgesellschaften sind unter dem Passivposten 2 »Verbindlichkeiten gegenüber Kunden« auszuweisen. Zur Definition des Begriffs Kreditinstitut siehe im Einzelnen Kapitel I.2.1.1.1.2. Problematisch kann der Ausweis insbesondere bei begebenen Schuldscheindarlehen sein. Diese Instrumente stellen Darlehen im Sinne der §§ 488 ff. BGB dar und können an weitere Gläubiger abgetreten werden. Der ursprüngliche Gläubiger stimmt daher ggf. nicht mehr mit dem Gläubiger am Stichtag überein. Vor diesem Hintergrund besteht für Institute die Notwendigkeit, für den Ausweis von begebenen **Schuldscheindarlehen** die aktuellen Gläubigerinformationen am Bilanzstichtag zu berücksichtigen.

d) Kein Ausweis als Verbriefte Verbindlichkeiten. Der Ausweis von Verpflichtungen unter dem Passivposten 3 »Verbriefte Verbindlichkeiten« hat Vorrang gegenüber einem Ausweis unter dem Passivposten 1. Der Posten »Verbindlichkeiten gegenüber Kreditinstituten« stellt mithin ein Residualposten dar, in dem alle Verbindlichkeiten auszuweisen sind, die nicht als verbriefte Verbindlichkeiten im Sinne des § 22 RechKredV gelten, sofern die weiteren Bedingungen erfüllt sind. Dies umfasst insbesondere Buchverbindlichkeiten (Darlehen im Sinne der §§ 488 BGB). Inhaberschuldverschreibungen sind hingegen stets unter den Verbrieften Verbindlichkeiten auszuweisen.

---

268 Finanzdienstleistungsunternehmen, Finanzunternehmen oder auch Finanzholding-Gesellschaften fallen daher nicht unter die Kreditinstitute. Siehe auch Kapitel I.
269 Vgl. Bieg/Waschbusch (2017), S. 186.

Im Gegensatz zum aktivischen Ausweis von erworbenen Inhaberschuldverschreibungen (siehe § 14, S. 3 und § 16 Abs. 1 S. 1 RechKredV) spielt das Merkmal der **Börsenfähigkeit** keine Rolle für den bilanziellen Ausweis von emittierten Inhaberschuldverschreibungen. Im Gegensatz zur Klassifikation auf der Aktivseite (§§ 7 Abs. 1 S. 1; 14 S. 3, 16 Abs. 1 S. 1 RechKredV) ist die Börsenfähigkeit ebenso unbeachtlich für den Ausweis von emittierten Orderschuldverschreibungen, die Teil einer Gesamtemission sind. Die folgende Tabelle gibt einen Überblick hinsichtlich der Abgrenzung zum Ausweis unter den Verbrieften Verbindlichkeiten (s. Abb. 51).

e) Kein Ausweis als Handelsbestand. Verbindlichkeiten, die mit dem Ziel der kurzfristigen Gewinnerzielungsabsicht begeben wurden, sind unter dem Passivposten 3a »Handelsbestand« auszuweisen. Zu den Voraussetzungen einer Zuordnung zum Handelsbestand siehe Kapitel III.1.2.1.

f) Keine Nachrangigkeit oder Verlustteilhabe. Verbindlichkeiten, die als nachrangig im Sinne des § 4 Abs. 1 RechKredV gelten, sind unter dem Passivposten 9 »Nachrangige Verbindlichkeiten« auszuweisen (im Einzelnen siehe Kapitel IV.1.3.10). Genussrechtskapital ist unter dem Passivposten 10 auszuweisen.

Schuldinstrument	Klassifikation nach RechKredV		Rechtsgrundlage
	Passivposten 1 oder 2	Passivposten 3	
Schuldscheindarlehen	X		Darlehen nach §§ 488ff BGB
Namensschuldverschreibung			
Namensgeldmarktpapiere	X		§ 21 Abs. 1 S. 2 RechKredV
Sonstige	X		§ 21 Abs. 1 S. 2 RechKredV
Inhaberschuldverschreibung			
Börsenfähig		X	§ 22 Abs. 2 S. 1 RechKredV
Nicht Börsenfähig		X	§ 22 Abs. 2 S. 1 RechKredV
Orderschuldverschreibungen			
nicht Teil einer Gesamtemission	X		§ 21 Abs. 2 S. 1 RechKredV
Teil einer Gesamtemission			
Börsenfähig		X	§ 22 Abs. 2 S. 1 RechKredV
Nicht Börsenfähig		X	§ 22 Abs. 2 S. 1 RechKredV

Abb. 51: Abgrenzung zu Verbrieften Verbindlichkeiten

Nach § 11 RechKredV sind **anteilige Zinsen** und ähnliche das Geschäftsjahr betreffende Beträge, die erst nach dem Bilanzstichtag fällig werden, aber bereits am Bilanzstichtag Verbindlichkeitscharakter haben, ebenfalls in diesem Bilanzposten auszuweisen. Nach § 11 S. 3 RechKredV brauchen die anteiligen Zinsen nicht nach Restlaufzeiten gegliedert zu werden. Nach § 11 S. 2 RechKredV in Verbindung mit § 268 Abs. 5 S. 3 HGB sind die im Passivposten 1 enthaltenen Beträge, die erst nach dem Abschlussstichtag rechtlich entstehen und einen größeren Umfang haben, im Anhang zu erläutern (z. B. Zinsaufwendungen von Verbindlichkeiten mit im Zeitablauf steigender Verzinsung). Nach §21 RechKredV sind die weiteren deklaratorisch aufgeführten Sachverhalte unter den Verbindlichkeiten gegenüber Kreditinstituten auszuweisen:

- **Haben-Salden aus Effektengeschäften und aus Verrechnungskonten** (§ 21 Abs. 1 RechKredV). Das Effektengeschäft war im damaligen KWG definiert als die Anschaffung und Veräußerung von Wertpapieren für andere (§ 1 Abs. 1 S. 2 Nr. 4 KWG aF). Dies umfasst sowohl Finanzkommissionsgeschäfte, bei denen die Bank Wertpapiere im eigenen Namen und für fremde Rechnung anschafft und veräußert, als auch Eigengeschäfte, durch die im Kaufvertrag zwischen dem Kunden und der Bank ein Kaufvertrag entsteht. Zur näheren Erläuterung siehe Kapitel VI.1. Ebenso sind unter den Verbindlichkeiten gegenüber Kreditinstituten Verrechnungskonten auszuweisen, die zwischen den Kreditinstituten zwecks Verrechnung laufender Zahlungsvorgänge aus Effektengeschäften, dem Austausch von Schecks, Lastschriften, Überweisungen usw. geführt werden[270].
- **Verbindlichkeiten aus verkauften Wechseln** einschließlich eigener Ziehungen, die den Kreditnehmern nicht abgerechnet worden sind (§ 21 Abs. 1 RechKredV). Wechselabschnitte, die nicht mit dem Kreditnehmer abgerechnet worden sind, können von der Bank zum Zwecke der Refinanzierung an ein anderes Institut weitergegeben (diskontiert) werden. Dabei sind die erhaltenen Gelder zu aktivieren und eine Verbindlichkeit gegenüber Kreditinstitute zu passivieren[271].
- **Bestimmte Verbindlichkeiten aus Treuhandverhältnissen.** Nach § 21 Abs. 3 S. 1 RechKredV sind »Verbindlichkeiten, die einem Institut dadurch entstehen, dass ihm von einem anderen Institut Beträge zugunsten eines namentlich genannten Kunden mit der Maßgabe überwiesen werden, sie diesem erst auszuzahlen, nachdem er bestimmte Auflagen erfüllt hat (sogenannte Treuhandzahlungen), unter »Verbindlichkeiten gegenüber Kunden« (Passivposten Nr. 2) auszuweisen, auch wenn die Verfügungsbeschränkung noch besteht.« Hierbei wird auf den Fall abgestellt, dass ein Institut (z. B. eine Bausparkasse oder ein kreditgewährendes Institut) Geld an ein anderes Institut überweist und die Auszahlung an den Endbegünstigten an die Bedingung knüpft, dass dieser bestimmte Auflagen (z. B. Sicherungsauflagen, Eintragung von Grundpfandrechten, Nachreichen von Unterlagen etc.) zu erfüllen hat. Das Geld wird dem jeweiligen Kundenkonto gutgeschrieben und mit einem Sperrvermerk belegt. Nach § 21 Abs. 3 S. 2 RechKredV besteht eine Ausnahme zu einem Ausweis unter den »Verbindlichkeiten gegenüber Kunden« nur dann, »wenn nach dem Vertrag mit dem die Treuhandzahlung überweisenden Kreditinstitut nicht der Kunde, sondern das empfangende Institut der Schuldner ist«. Sieht der Vertrag vor, dass nicht der Kunde, sondern das treuhänderisch tätige Kreditinstitut Schuldner der Treuhandzahlungen ist, muss der Ausweis unter

---

[270] Vgl. Birck/Meyer II, S. 293.
[271] Vgl. Birck/Meyer II, S. 294; Scharpf/Schaber (2018), S. 949.

dem Passivposten 1 »Verbindlichkeiten gegenüber Kreditinstituten« erfolgen[272]. § 21 Abs. 3 RechKredV ist als Lex Specialis gegenüber § 6 RechKredV anzusehen[273].

Der Höhe nach sind Verbindlichkeiten gegenüber Kreditinstituten mit ihrem Erfüllungsbetrag anzusetzen (zur näheren Erläuterung siehe Kapitel III.1.6.1). Die Folgebewertung richtet sich nach den allgemeinen Grundsätzen (zu den verschiedenen Möglichkeiten zum Ausweis von Agien und Disagien siehe Kapitel III.1.3.2.2.2). Die Verbindlichkeiten sind unter den Voraussetzungen des § 10 RechKredV mit Forderungen gegenüber demselben Kontraktpartner zu saldieren (siehe Kapitel II.3.2.1.1). In der gegenwärtigen Praxis umfasst der Passivposten 1 im Wesentlichen die folgenden Sachverhalte:
- Verbindlichkeiten aus Repo-Geschäften mit anderen Instituten;
- Erhaltene Sicherheitsleistungen (Cash Collaterals) für Derivate im Interbankenhandel;
- Verbindlichkeiten gegenüber einer Zentralnotenbank aufgrund von Tender-Geschäften;
- Verbindlichkeiten aus dem Geldhandel mit anderen Kreditinstituten;
- Zinsverpflichtungen aus Swap-Geschäften mit anderen Kreditinstituten.

1.3.1.2 Unterposten

Institute haben im Unterposten a) täglich fällige Verbindlichkeiten gegenüber Kreditinstituten auszuweisen. Eine Verbindlichkeit ist als **täglich fällig** anzusehen, wenn über diese jederzeit ohne vorherige Ankündigung verfügt werden kann oder für die eine Laufzeit oder eine Kündigungsfrist von 24 Stunden oder von einem Geschäftstag vereinbart worden ist (§ 8 Abs. 3 RechKredV). Für eine nähere Erläuterung zum Kriterium »täglich fällig« siehe Kapitel II.3.2.1.1.

Im Unterposten b) sind Verbindlichkeiten gegenüber Kreditinstituten auszuweisen, die eine vereinbarte Laufzeit oder Kündigungsfrist von mehr als 24 Stunden oder von einem Geschäftstag aufweisen.

Für Bausparkassen und Pfandbriefbanken gelten spezielle Ausweisvorschriften (siehe Kapitel IV.3).

1.3.1.3 Anhangangaben

In Bezug auf die im Passivposten 1 auszuweisenden Verbindlichkeiten gegenüber Kreditinstituten sind die folgenden Erläuterungen im Anhang zu machen. Dabei können die folgenden Aufgliederungen **wahlweise** in der Bilanz oder im Anhang vorgenommen werden:
- Verbriefte und unverbriefte Verbindlichkeiten gegenüber verbundene Unternehmen zu dem Posten »Verbindlichkeiten gegenüber Kreditinstituten« (§ 3 S. 1 Nr. 3 RechKredV);
- Verbriefte und unverbriefte Verbindlichkeiten gegenüber Unternehmen, mit denen ein Beteiligungsverhältnis besteht, zu dem Posten »Verbindlichkeiten gegenüber Kreditinstituten« (§ 3 S. 1 Nr. 4 RechKredV);

---
[272] Vgl. Krumnow/Sprißler (2004), § 21 RechKredV, Tz. 11.
[273] Vgl. Scharpf/Schaber (2018), S. 950.

- Verbindlichkeiten gegenüber Gesellschaftern sind von Instituten in der Rechtsform einer GmbH gesondert auszuweisen (§ 42 Abs. 3 GmbHG).

Die folgenden Angaben sind ausschließlich im Anhang zu machen:
- Aufgliederung des Unterpostens b) nach Restlaufzeiten (§ 9 Abs. 1 S. 1 Nr. 3 RechKredV).
- Angabe des Gesamtbetrags der für eigene Verbindlichkeiten hinterlegten Sicherheiten (§ 35 Abs. 5 RechKredV).
- Nach § 11 S. 2 RechKredV in Verbindung mit § 268 Abs. 5 S. 3 HGB sind die im Passivposten 1 enthaltenen Beträge, die erst nach dem Abschlussstichtag rechtlich entstehen und einen größeren Umfang haben, im Anhang zu erläutern.
- Nach § 35 Abs. 1 Nr. 6 RechKredV ist der Gesamtbetrag der Schulden, die auf Fremdwährung lauten, jeweils in Euro anzugeben.

1.3.2 Verbindlichkeiten gegenüber Kunden (Passivposten 2)

1.3.2.1 Voraussetzungen für den Postenausweis

Nach § 21 Abs. 2 S. 1 RechKredV sind als Verbindlichkeiten gegenüber Kunden »alle Arten von Verbindlichkeiten gegenüber in- und ausländischen Nichtbanken (Kunden) auszuweisen, sofern es sich nicht um verbriefte Verbindlichkeiten (Passivposten 3) handelt«. Zum Passivposten 2 gehören auch »Verbindlichkeiten aus Namensschuldverschreibungen, Orderschuldverschreibungen, die nicht Teile einer Gesamtemission sind, Namensgeldmarktpapiere, Sperrguthaben und Abrechnungsguthaben der Anschlussfirmen im Teilzahlungsfinanzierungsgeschäft, soweit der Ausweis nicht unter dem Posten »Verbindlichkeiten gegenüber Kreditinstituten« (Passivposten Nr. 1) vorzunehmen ist sowie Anweisungen im Umlauf« (§ 21 Abs. 2 S. 2 RechKredV). Eine Verpflichtung ist unter den Verbindlichkeiten gegenüber Kunden auszuweisen, wenn kumulativ die folgenden Bedingungen erfüllt sind:

a) Dem Grunde und der Höhe nach sicher. Eine Verpflichtung ist nur dann unter den Verbindlichkeiten gegenüber Kunden auszuweisen, wenn sie dem Grunde und der Höhe nach sicher ist. Verpflichtungen, die dem Grunde und/oder der Höhe nach ungewiss sind, werden unter dem Passivposten 7 »Rückstellungen« ausgewiesen.

b) Nichtbank als Gläubiger. Der Ausweis unter den »Verbindlichkeiten gegenüber Kunden« setzt voraus, dass der Gläubiger der Verbindlichkeit kein Kreditinstitut ist (zur Begriffsbestimmung siehe Kapitel I.2.1.1.1.2). Problematisch kann der Ausweis insbesondere bei begebenen Schuldscheindarlehen sein. Diese Instrumente stellen Darlehen im Sinne der §§ 488 ff. BGB dar und können an weitere Gläubiger abgetreten werden. Der ursprüngliche Gläubiger stimmt daher ggf. nicht mehr mit dem Gläubiger am Stichtag überein. Vor diesem Hintergrund besteht für Institute die Notwendigkeit, für den Ausweis von begebenen Schuldscheindarlehen die aktuellen Gläubigerinformationen am Bilanzstichtag zu berücksichtigen. Obwohl im Passivposten 2 »**alle Arten**« von Verbindlichkeiten auszuweisen sind, müssen die Verbindlichkeiten gleichwohl gegenüber einem »Kunden« bestehen. Dies entspricht der Regelung des § 15 Abs. 1 S. 1 RechKredV, so dass in diesem Posten nur Verbindlichkeiten auszuweisen sind, die im Zusammenhang mit der Erbringung von Bankgeschäften oder Finanzdienstleistungen stehen[274]. Verbindlichkeiten gegenüber Nichtbanken, die keinen bankgeschäftlichen Bezug aufweisen (Verbindlichkeiten gegenüber Nichtkunden), sind unter den »Sonstigen Verbindlichkeiten« auszuweisen.

c) Kein Ausweis als Verbriefte Verbindlichkeiten. Der Ausweis von Verpflichtungen unter dem Passivposten 3 »Verbriefte Verbindlichkeiten« hat Vorrang gegenüber einem Ausweis unter dem Passivposten 2. Der Posten »Verbindlichkeiten gegenüber Kunden« stellt mithin ein Residualposten dar, in dem alle Verbindlichkeiten auszuweisen sind, die nicht als verbriefte Verbindlichkeiten im Sinne des § 22 RechKredV gelten, sofern die weiteren Bedingungen erfüllt sind. Dies umfasst insbesondere Buchverbindlichkeiten (Darlehen im Sinne der §§ 488 BGB). Inhaberschuldverschreibungen sind hingegen stets unter den Verbrieften Verbindlichkeiten auszuweisen. Im Gegensatz zum aktivischen Ausweis von erworbenen Inhaberschuldverschreibungen (siehe § 14, S. 3 und § 16 Abs. 1 S. 1 RechKredV) spielt das Merkmal der Börsenfähigkeit keine Rolle für den bilanziellen Ausweis von emittierten Inhaberschuldverschreibungen. Im Gegensatz zur Klassifikation auf der Aktivseite (§§ 7 Abs. 1 S. 1, 14 S. 3, 16 Abs. 1 S. 1 RechKredV) ist die Börsenfähigkeit ebenso unbeachtlich für den Ausweis von emittierten Orderschuldverschreibungen, die Teil einer Gesamtemission sind. Für einen Überblick hinsichtlich der Abgrenzung des Ausweises unter den Verbrieften Verbindlichkeiten sei auf die Abbildung 51 verwiesen.

d) Kein Ausweis als Handelsbestand. Verbindlichkeiten, die mit dem Ziel der kurzfristigen Gewinnerzielungsabsicht begeben wurden, sind unter dem Passivposten 3a »Handelsbestand« auszuweisen. Zu den Voraussetzungen einer Zuordnung zum Handelsbestand siehe Kapitel III.1.2.1.1.

e) Keine Nachrangigkeit oder Verlustteilhabe. Verbindlichkeiten, die als nachrangig im Sinne des § 4 Abs. 1 RechKredV gelten, sind unter dem Passivposten 9 »Nachrangige Verbindlichkeiten« auszuweisen (im Einzelnen siehe Kapitel IV.1.3.10). Genussrechtskapital ist unter dem Passivposten 10 auszuweisen (siehe Kapitel IV.1.3.11).

Nach § 11 RechKredV sind **anteilige Zinsen** und ähnliche das Geschäftsjahr betreffende Beträge, die erst nach dem Bilanzstichtag fällig werden, aber bereits am Bilanzstichtag Verbindlichkeitscharakter haben, ebenfalls in diesem Bilanzposten auszuweisen. Nach § 11 S. 3 RechKredV brauchen die anteiligen Zinsen nicht nach Restlaufzeiten gegliedert zu werden. Nach § 11 S. 2 RechKredV in Verbindung mit § 268 Abs. 5 S. 3 HGB sind die im Passivposten 2 enthaltenen Beträge, die erst nach dem Abschlussstichtag rechtlich entstehen und einen größeren Umfang haben, im Anhang zu erläutern (z. B. Zinsaufwendungen von Verbindlichkeiten mit im Zeitablauf steigender Verzinsung). Nach § 21 RechKredV sind die weiteren deklaratorisch aufgeführten Sachverhalte unter den Verbindlichkeiten gegenüber Kunden auszuweisen:

---

274 Vgl. Scharpf/Schaber (2018), S. 961.

- **Bestimmte Verbindlichkeiten aus Teilzahlungsfinanzierungen.** Bei Teilzahlungsfinanzierungen begibt ein Institut einen Verbraucherkredit, der in gleichbleibenden Raten zurückzuzahlen ist. Hierbei ist zwischen drei verschiedenen Finanzierungsformen zu unterscheiden. Im sog. A-Geschäft vergibt das Institut direkt einen Kredit an den Verbraucher/Konsumenten ohne Mitwirkung oder Haftung eines Händlers/Produzenten. Die Kreditgewährung erfolgt entweder durch Bar-Auszahlung oder durch Ausgabe einer Anweisung (Kaufausweise, Zahlungsanweisungen, Kaufschecks). Der Ausweis dieser »**Anweisungen im Umlauf**« erfolgt unter den Verbindlichkeiten an Kunden (§ 21 Abs. 2 S. 2 RechKredV). Daneben betreiben Teilzahlungsfinanzierungsinstitute das sog. B- und C-Geschäft. Beim B-Geschäft gewährt das Institut Kredite an Verbraucher unter Mitwirkung und Haftung des Händlers/Produzenten. Dieser bereitet den Darlehensvertrag unter Berücksichtigung der Teilzahlungsbedingungen vor und reicht diese zur Finanzierung beim Kreditinstitut ein. Beim sog. C-Geschäft wird das Darlehen an den Kunden auf Wechselbasis ausgezahlt. Dabei wird jede Rate durch einen **Wechsel** besichert (**Teilzahlungswechsel**), der zu dem jeweiligen Fälligkeitstag der Ratenzahlung fällig wird (heute nicht mehr üblich). Bei der Abrechnung des B- und C-Geschäfts behalten Kreditinstitute gewöhnlich einen Teilbetrag als Sperrguthaben zurück, um Kredite, die von den Käufern nicht bedient werden, den Anschlussfirmen (z. B. Händler) zurückbelasten zu können[275]. **Sperr- und Abrechnungsguthaben** der Anschlussfirmen im Teilzahlungsfinanzierungsgeschäft sind unter den Verbindlichkeiten gegenüber Kunden auszuweisen (§ 21 Abs. 2 S. 2 RechKredV).
- **Bestimmte Verbindlichkeiten aus Treuhandverhältnissen.** Nach § 21 Abs. 3 S. 1 RechKredV sind »Verbindlichkeiten, die einem Institut dadurch entstehen, dass ihm von einem anderen Institut Beträge zugunsten eines namentlich genannten Kunden mit der Maßgabe überwiesen werden, sie diesem erst auszuzahlen, nachdem er bestimmte Auflagen erfüllt hat (sogenannte Treuhandzahlungen), sind unter »Verbindlichkeiten gegenüber Kunden« (Passivposten Nr. 2) auszuweisen, auch wenn die Verfügungsbeschränkung noch besteht.« Hierbei wird auf den Fall abgestellt, dass ein Institut (z. B. eine Bausparkasse oder ein kreditgewährendes Institut) Geld an ein anderes Institut überweist und die Auszahlung an den Endbegünstigten an die Bedingung knüpft, dass dieser bestimmte Auflagen (z. B. Sicherungsauflagen, Eintragung von Grundpfandrechten, Nachreichen von Unterlagen etc.) zu erfüllen hat. Das Geld wird dem jeweiligen Kundenkonto gutgeschrieben und mit einem Sperrvermerk belegt. Nach § 21 Abs. 3 S. 2 RechKredV besteht eine Ausnahme zu einem Ausweis unter den »Verbindlichkeiten gegenüber Kunden« nur dann, »wenn nach dem Vertrag mit dem die Treuhandzahlung überweisenden Kreditinstitut nicht der Kunde, sondern das empfangende Institut der Schuldner ist«. Sieht der Vertrag vor, dass nicht der Kunde, sondern das treuhänderisch tätige Kreditinstitut Schuldner der Treuhandzahlungen ist, muss der Ausweis unter dem Passivposten 1 »Verbindlichkeiten gegenüber Kreditinstituten« erfolgen[276]. § 21 Abs. 3 RechKredV ist als Lex Specialis gegenüber § 6 RechKredV anzusehen[277].

---

275 Vgl. Birck/Meyer II, S. 303.
276 Vgl. Krumnow/Sprißler (2004), § 21 RechKredV, Tz. 11.
277 Vgl. Scharpf/Schaber (2018), S. 950.

Der Höhe nach sind Verbindlichkeiten gegenüber Kunden mit ihrem Erfüllungsbetrag anzusetzen. Die Folgebewertung richtet sich nach den allgemeinen Grundsätzen (zu den verschiedenen Möglichkeiten zum Ausweis von Agien und Disagien siehe Kapitel III.1.3.2.2.2). Die Verbindlichkeiten sind unter den Voraussetzungen des § 10 RechKredV mit Forderungen gegenüber demselben Kontraktpartner zu saldieren (siehe Kapitel II.3.2.1.1). In der gegenwärtigen Praxis umfasst der Passivposten 2 im Wesentlichen die folgenden Sachverhalte:
- Einlagen von Kunden,
- an Nichtbanken ausgegebene Schuldscheindarlehen,
- Verbindlichkeiten aus Repo-Geschäften mit Nichtbanken,
- erhaltene Sicherheitsleistungen (Cash Collaterals) für Derivate im Handel mit Nichtbanken (z. B. Kundenderivatehandel),
- Zinsverpflichtungen aus Swap-Geschäften mit Kunden.

1.3.2.2 Unterposten

1.3.2.2.1 Unterposten a) Spareinlagen

Kreditinstitute haben im Unterposten a) Spareinlagen auszuweisen. Finanzdienstleistungsinstitute sowie Kreditinstitute, die Skontroführer im Sinne des § 27 Abs. 1 BörsG und keine Einlagenkreditinstitute im Sinne des § 1 Abs. 3d S. 1 KWG[278] sind, müssen lediglich die Verbindlichkeiten gegenüber Finanzdienstleistungsinstituten gesondert angeben (Darunter-Vermerk).

Der Begriff der »Spareinlage« ist in § 21 Abs. 4 RechKredV definiert. Diese Vorschrift ersetzt die §§ 21, 22 KWG, die im Zuge der 4. KWG-Novelle entfallen sind, wodurch die **Sparverkehrsvorschriften** weitgehend liberalisiert wurden. Durch den Wegfall der Sparverkehrsvorschriften bestand die Notwendigkeit, den Begriff der Spareinlage anderweitig zu definieren, da die aufsichtsrechtlichen Grundsätze zur Liquidität und zum Eigenkapital sowie die Berechnung der Geldmenge einen bestimmten Begriff der Spareinlage voraussetzen. Die maßgebliche Definition findet sich nunmehr in § 21 Abs. 4 RechKredV. Zwar besteht hinsichtlich der Ausgestaltung einer Einlage weiterhin Vertragsfreiheit zwischen dem Kreditinstitut und dem Sparer; gleichwohl sind nur Spareinlagen im Sinne des § 21 Abs. 4 RechKredV aufsichtsrechtlich privilegiert. Insoweit stellt § 21 Abs. 4 RechKredV eine Minimalregelung zum Sparverkehr dar[279]. Im Rahmen der EZB-Mindestreservepflicht sind Spareinlagen mittlerweile nicht mehr privilegiert[280]. Nach § 39 Abs. 6 RechKredV gelten Spareinlagen, die vor dem 01.07.1993 unter den Regelungen des § 21 KWG aF hereingenommen wurden sowie dafür gutgeschriebene oder danach gutzuschreibende Zinsen weiterhin als Spareinlagen, wenn sie die Voraussetzungen des § 21 Abs. 4 S. 1 Nr. 1 und 2 sowie S. 2 RechKredV und die Vorschriften des § 22 Abs. 1 S. 1 und 2 KWG aF erfüllt haben (§ 39

---

278 Die Anlagen zur RechKredV sind überarbeitungsbedürftig. Es ist nicht mehr auf Einlagenkreditinstitute, sondern auf CRR-Kreditinstitute abzustellen.
279 Vgl. Lange, in: BB 1993, S. 1679.
280 Siehe Art. 4 Abs. 1 EZB-Mindestreservepflicht-VO. Vormals galt eine Privilegierung aufgrund von § 16 BBankG.

Abs. 6 RechKredV)[281]. Nach § 21 Abs. 4 RechKredV sind Gelder als Spareinlagen auszuweisen, wenn die folgenden **Bedingungen** kumulativ erfüllt sind:
1. **Unbefristete Gelder.** Nach § 21 Abs. 4 RechKredV gelten nur unbefristete Gelder als Spareinlagen. Diese müssen dem Kreditinstitut mithin auf unbestimmte Zeit überlassen worden sein. Nicht zu den Spareinlagen gelten mithin Gelder, die keiner Kündigungsfrist unterliegen, Gelder mit festem Auszahlungstermin sowie täglich fällige Gelder. Die Abgrenzung zwischen unbefristeten Geldern und Termin- bzw. Kündigungsgeldern ist im Einzelfall schwierig. So ist es nach h. M. möglich, die Ansammlung von Spargeldern für einen zeitlich feststehenden Verwendungszweck als Spareinlage und nicht als Festgeld anzusehen[282]. Da Spareinlagen dem Kreditinstitut auf unbestimmte Zeit zur Verfügung stehen müssen, würde das Vorliegen einer Spareinlage der Umstand entgegenstehen, »wenn (die Einlagen) bereits bei oder kurz nach dem Vertragsabschluss vorsorglich gekündigt werden. Sie dürfen auch nicht revolvierend oder unter dem Vorbehalt, nur bei tatsächlichem Bedarf zu verfügen, gekündigt werden« (BT-Drs 12/4876, S. 7). Diese Regelung ist notwendig für die fristenmäßige Abgrenzung zwischen Spareinlagen sowie Sichteinlagen oder Festgeldern.
2. **Ausfertigung einer Urkunde.** Nach § 21 Abs. 4 Nr. 1 RechKredV sind Spareinlage durch die Ausfertigung einer Urkunde, insbesondere eines Sparbuchs, als Spareinlagen gekennzeichnet. Dieser Urkunde muss der Sparer die Zinsgutschrift entnehmen können. Die Form der Urkunde ist dabei unerheblich. So kann die Urkunde in Form einer gebundenen Spurkunde oder in Loseblattform (sog. Staffelurkunde) erteilt werden (BT-Drs 12/4876, S. 7). Notwendige Bestandteile der Urkunde sind Firmenbezeichnung des Kreditinstituts und Name des Gläubigers. Umstritten ist die zivilrechtliche Rechtsnatur der Urkunde. Das Sparbuch (als häufigste Form der Urkunde) stellt ein qualifiziertes Legitimationspapier dar, dem ein eigener Beweiswert – unabhängig von den internen Buchungen des Instituts – zukommt[283]. Nach h. M. ist das Sparbuch ein Namenspapier mit Inhaberklausel im Sinne des § 808 BGB; der zivilrechtliche Charakter als Wertpapier ist umstritten[284].
3. **Nicht für den Zahlungsverkehr bestimmt.** Nach § 21 Abs. 4 S. 1 Nr. 2 RechKredV gelten Gelder nur dann als Spareinlagen, wenn sie nicht für den Zahlungsverkehr bestimmt sind. Diese Verfügungsbeschränkung dient der Abgrenzung der Spareinlagen von anderen Einlageformen. Dieses Kriterium verlangt, dass Spareinlagen der Ansammlung von Vermögen und daher nicht für den Zahlungsverkehr bestimmt sein dürfen. Über sie darf nicht durch Überweisung, Scheck, Lastschrift oder Kreditkarte verfügt werden (BT-Drs 12/4876, S. 7). Überweisungen oder Scheckeinzug zugunsten eines Sparkontos sind jedoch möglich. Eine Vorlegungspflicht der Urkunde bei Abruf der Gelder besteht nach § 21 Abs. 4 RechKredV – im Gegensatz zu der Altregelung des § 21 Abs. 4 S. 3 KWG

---

281 Für Altbestände kann es mithin zu einem Ausweis von Spareinlagen von juristischen Personen im Unterposten a) kommen, sofern eine Urkunde ausgefertigt ist, die Einlagen nicht für den Zahlungsverkehr bestimmt sind und die Verfügungsgrenze nicht überschritten ist. Vgl. Schürmann, in: Schimansky/Bunte/Lwowski, § 70, Tz. 11.
282 Vgl. Reischauer/Kleinhans, KWG 418, Erg.-Lfg. 3/94, S. 14 f. mit weiteren Zweifelsfällen.
283 Vgl. Bunte, in: AGB-Banken, 4. Aufl., SB-Sparkonten Nr. 1, Tz. 16.
284 Vgl. ausführlich Schürmann, in: Schimansky/Bunte/Lwowski, § 70, Tz. 42.

aF – nicht mehr. Telefonische Überträge von einem Sparkonto auf ein anderes Konto des Sparers sind mithin zulässig; gleichwohl muss sichergestellt sein, dass dieses Konto im Ergebnis nicht zu einem Zahlungsverkehrskonto wird[285]. Der Einsatz von Geldausgabeautomaten im Sparverkehr ist nach Auffassung des BAKred zulässig, insoweit die Grundzüge der Spareinlagen im Sinne der RechKredV nicht »verwässert« werden. Die Verwendung von Sparkarten steht den Bedingungen des § 21 Abs. 4 RechKredV nicht entgegen, wenn der Sparer nach jeder Transaktion einen Kontoauszug erhält bzw. mindestens jedoch die Möglichkeit hat, sich selbst einen Kontoauszug ausdrucken zu lassen[286].

4. **Einlegerkreis**. Nach § 21 Abs. 4 S. 1 Nr. 3 RechKredV darf eine Spareinlage »nicht von Kapitalgesellschaften, Genossenschaften, wirtschaftlichen Vereinen, Personenhandelsgesellschaften oder von Unternehmen mit Sitz im Ausland mit vergleichbarer Rechtsform angenommen (werden), es sei denn, diese Unternehmen dienen gemeinnützigen, mildtätigen oder kirchlichen Zwecken oder es handelt sich bei den von diesen Unternehmen angenommenen Geldern um Sicherheiten gem. § 551 des Bürgerlichen Gesetzbuchs oder § 14 Abs. 4 des Heimgesetzes«. Der Kreis der zulässigen Einleger ist damit negativ umschrieben. Mögliche Einleger umfassen damit im Wesentlichen natürliche Personen, Personenzusammenschlüsse (wie z. B. Erbengemeinschaften), Gesellschaften des bürgerlichen Rechts, Vereine und Einrichtungen, die gemeinnützigen, mildtätigen oder kirchlichen Zwecken dienen[287], sowie juristische Personen, die nicht ausdrücklich ausgenommen sind (BT-Drs 12/4876, S. 8). Die in § 21 Abs. 4 S. 1 Nr. 3 RechKredV aufgeführten Unternehmen sind aus dem Einlegerkreis von Spareinlagen ausgenommen, da diese ihre Geldmittel grundsätzlich im Geschäftsbetrieb oder im Zahlungsverkehr einsetzen (Ausnahme Bestellung von Sicherheiten gem. § 550b BGB oder § 14 HeimG). Sonstige juristische Personen, die nicht explizit ausgenommen sind, umfassen Kommunen, Stiftungen und Anstalten; ebenso kann eine Einzelfirma ein Sparkonto einrichten lassen[288].

5. **Kündigungsfrist von mindestens drei Monaten**. Durch § 21 Abs. 4 S. 1 Nr. 4 RechKredV wird die gesetzliche Kündigungsfrist aus dem alten Recht übernommen. Einer Kündigungssperrfrist – wie nach altem Recht noch notwendig – bedarf es nicht; gleichwohl können Kündigungssperrfristen in beliebiger Höhe neben einer dreimonatigen Kündigungsfrist vereinbart werden. Nach § 21 Abs. 4 S. 2 RechKredV sind »Sparbedingungen, die dem Kunden das Recht einräumen, über seine Einlagen mit einer Kündigungsfrist von drei Monaten bis zu einem bestimmten Betrag, der jedoch pro Sparkonto und Kalendermonat 2.000 EUR nicht überschreiten darf, ohne Kündigung zu verfügen«, nicht schädlich für eine Einordnung als Spareinlagen. Geldbeträge, die auf Grund von Vermögensbildungsgesetzen geleistet werden, gelten als Spareinlagen (§ 21 Abs. 4 S. 3 RechKredV). Bauspareinlagen gelten nicht als Spareinlagen (§ 21 Abs. 4 S. 4 Rech-

---

285 Vgl. Reischauer/Kleinhans, KWG 418, Erg.-Lfg. 5/95, Tz. 14.
286 Vgl. BAKred-Schreiben vom 30.08.1994 (I 3 – 1097 RechKredV – 2/93) – Geldausgabeautomaten im Sparverkehr [Beck KWG 14.02b].
287 Diese privilegierten Zwecke stimmen mit denen der §§ 52–54 AO überein, so dass für nähere Ausführungen dazu auf die steuerrechtliche Literatur verwiesen werden kann.
288 Vgl. Schürmann, in: Schimansky/Bunte/Lwowski, § 71, Tz. 4.

KredV). Spareinlagen, die eine vereinbarte Kündigungsfrist von drei Monaten vorsehen, sind im Untergliederungsposten aa) zu Unterposten a) Spareinlagen auszuweisen. Im Untergliederungsposten ab) zu Unterposten a) sind Spareinlagen mit einer vereinbarten Kündigungsfrist von mehr als drei Monaten auszuweisen.

1.3.2.2.2 Unterposten b) andere Verbindlichkeiten

Im Unterposten b) sind alle Verbindlichkeiten gegenüber Kunden auszuweisen, die nicht die in § 21 Abs. 4 RechKredV aufgeführten Bedingungen von Spareinlagen erfüllen. Dies sind unter anderem Termin- oder Festgelder sowie Einlagen von Personen, die nicht dem Einlegerkreis des § 21 Abs. 4 S. 1 Nr. 3 RechKredV entsprechen. Der Unterposten b) ist in täglich fällige Verbindlichkeiten und in Verbindlichkeiten mit vereinbarter Laufzeit oder Kündigungsfrist zu untergliedern. Zur Erläuterung siehe dazu die Ausführungen zu den Restlaufzeitgliederungen (Kapitel V.2.2).

1.3.2.3 Anhangangaben

In Bezug auf die im Passivposten 2 auszuweisenden Verbindlichkeiten gegenüber Kunden sind die folgenden Erläuterungen im Anhang zu geben. Dabei können die folgenden Aufgliederungen **wahlweise** in der Bilanz oder im Anhang vorgenommen werden:
- Verbriefte und unverbriefte Verbindlichkeiten gegenüber verbundene Unternehmen zu dem Posten »Verbindlichkeiten gegenüber Kunden« (§ 3 S. 1 Nr. 3 RechKredV).
- Verbriefte und unverbriefte Verbindlichkeiten gegenüber Unternehmen, mit denen ein Beteiligungsverhältnis besteht, zu dem Posten »Verbindlichkeiten gegenüber Kunden« (§ 3 S. 1 Nr. 4 RechKredV).
- Verbindlichkeiten gegenüber Gesellschaftern sind von Instituten in der Rechtsform einer GmbH gesondert auszuweisen (§ 42 Abs. 3 GmbHG).

Die folgenden Angaben sind ausschließlich im Anhang zu machen:
- Spareinlagen mit vereinbarter Kündigungsfrist von mehr als drei Monaten (Passivposten Nr. 2 Buchstabe a Doppelbuchstabe ab) sind nach Restlaufzeiten zu gliedern (§ 9 Abs. 1 S. 1 Nr. 4 RechKredV).
- Andere Verbindlichkeiten gegenüber Kunden mit vereinbarter Laufzeit oder Kündigungsfrist (Passivposten Nr. 2 Buchstabe a Doppelbuchstabe bb) sind nach Restlaufzeiten zu gliedern (§ 9 Abs. 1 S. 1 Nr. 5 RechKredV).
- Angabe des Gesamtbetrags der für eigene Verbindlichkeiten hinterlegten Sicherheiten (§ 35 Abs. 5 RechKredV),
- Nach § 11 S. 2 RechKredV in Verbindung mit § 268 Abs. 5 S. 3 HGB sind die im Passivposten 2 enthaltenen Beträge, die erst nach dem Abschlussstichtag rechtlich entstehen und einen größeren Umfang haben, im Anhang zu erläutern.
- Nach § 35 Abs. 1 Nr. 6 RechKredV ist der Gesamtbetrag der Schulden, die auf Fremdwährung lauten, jeweils in Euro anzugeben.

1.3.3 Verbriefte Verbindlichkeiten (Passivposten 3)

1.3.3.1 Voraussetzungen für den Postenausweis

Nach § 22 Abs. 1 S. 1 RechKredV sind als verbriefte Verbindlichkeiten »Schuldverschreibungen und diejenigen Verbindlichkeiten auszuweisen, für die nicht auf den Namen lautende übertragbare Urkunden ausgestellt sind«. Der Ausweis unter den verbrieften Verbindlichkeiten setzt – im Gegensatz zum aktivischen Ausweis von Schuldverschreibungen unter dem Aktivposten 5 – weder das Vorliegen eines Wertpapiers im Sinne des § 7 RechKredV noch eine Börsenfähigkeit voraus. Verbindlichkeiten sind unter dem Passivposten 3 auszuweisen, wenn die folgenden Bedingungen kumulativ erfüllt sind:

a) Dem Grunde und der Höhe nach sicher. Eine Verpflichtung ist nur dann unter den verbrieften Verbindlichkeiten auszuweisen, wenn sie dem Grunde und der Höhe nach sicher ist. Verpflichtungen, die dem Grunde und/oder der Höhe nach ungewiss sind, werden unter dem Passivposten 7 »Rückstellungen« ausgewiesen.

b) Kein Namenspapier. Namenspapiere (auch Rektapapiere genannt) weisen den Berechtigten namentlich aus. Gegenüber dem Schuldner gilt dann nur die Person als Gläubiger, die namentlich als Gläubiger bezeichnet ist. Die Inhaberschaft der Urkunde reicht nicht aus, um die verbrieften Rechte geltend zu machen. Dazu muss zusätzlich eine ununterbrochene Reihe von Übertragungsvermerken (Indossamenten) bis zum gegenwärtigen Inhaber der Namenspapiere vorgelegt werden[289]. Während bei Inhaberpapieren die Übertragung durch Übereignung erfolgt, tritt bei Namenspapieren neben der Übergabe das Indossament hinzu. Bei der Übertragung wird das mit einem Umschreibevermerk versehene Wertpapier an den Erwerber übergeben. Namenspapiere sind nach § 21 Abs. 1 u. 2 RechKredV in Abhängigkeit von der Art des Gläubigers unter den Verbindlichkeiten gegenüber Kunden oder Verbindlichkeiten gegenüber Kreditinstituten auszuweisen. Für einen Überblick hinsichtlich der Abgrenzung des Ausweises unter den Verbrieften Verbindlichkeiten sei auf die Abbildung 51 (Kapitel IV.1.3.1.1) verwiesen.

c) In Urkunde verbrieft. Wertpapiere stellen in einer Urkunde verbriefte Vermögensrechte dar, deren Fortbestehen und Ausübung die Verfügungsmacht über die Urkunde voraussetzt[290]. Auf den Inhaber lautende Schuldverschreibungen sind Urkunden, in denen der Aussteller der Urkunde dem Inhaber eine Leistung verspricht (abstraktes Schuldversprechen). Der Aussteller der Urkunde wird durch sein Leistungsversprechen zum Schuldner gegenüber dem Inhaber der Schuldverschreibung. Der Urkunde kommt unter anderem eine Beweisfunktion zu und kann als Einzelurkunde oder als Sammel- oder Globalurkunde nach § 9a DepotG ausgestellt sein. Die Gläubigerstellung hat derjenige, der Inhaber der Urkunde ist und die Verfügungsbefugnis darüber hat. Die Inhaberschaft an der Urkunde umfasst dessen unmittelbaren Besitz oder den mittelbaren Besitz, wenn die Urkunde für

---

[289] Vgl. Habersack, in: MüKom BGB, 7. Aufl., Vor § 793 BGB, Tz. 15.
[290] Vgl. Stresemann, in: MüKom BGB, § 90 BGB, Tz. 22.

den mittelbaren Besitzer derart verwahrt wird, dass die Ausübung durch Dritte ausgeschlossen ist. Dadurch wird die Verwaltung von Schuldverschreibungen durch Girosammelverwahrung möglich[291].

d) Übertragbarkeit der Urkunde. Ein wesentliches Merkmal von verbrieften Forderungsrechten liegt in ihrer Fungibilität (d.h. Übertragbarkeit). Dieses Kriterium verlangt, dass mit der Übertragung der Urkunde auch das Forderungsrecht auf den Erwerber übergeht. In diesem Zusammenhang scheidet ein Ausweis von Schuldscheindarlehen unter den verbrieften Verbindlichkeiten bereits deshalb aus, da es sich nicht um ein verbrieftes Forderungsrecht handelt. Der Schuldschein ist lediglich eine bloße Wissenserklärung, welches – ähnlich einer Quittung – als Zeugnis des Darlehensnehmers gegen sich selbst dient; die Beweislast für die Valutierung des Darlehens trägt der Darlehensgeber, die durch die Vorlage des Schuldscheins erfüllt wird[292]. Es handelt sich mithin um ein Darlehen, welches durch eine Beweisurkunde (Schuldschein) formalisiert ist[293]. Durch den Übergang der Urkunde wird damit nicht das Forderungsrecht übertragen.

e) Kein Ausweis als Handelsbestand. Verbindlichkeiten, die mit dem Ziel der kurzfristigen Gewinnerzielungsabsicht begeben wurden, sind unter dem Passivposten 3a »Handelsbestand« auszuweisen. Zu den Voraussetzungen einer Zuordnung zum Handelsbestand siehe Kapitel III.1.2.1.

f) Keine Nachrangigkeit oder Verlustteilhabe. Verbindlichkeiten, die als nachrangig im Sinne des §4 Abs. 1 RechKredV gelten, sind unter dem Passivposten 9 »Nachrangige Verbindlichkeiten« auszuweisen (im Einzelnen siehe Kapitel IV.1.3.10). Genussrechtskapital ist unter dem Passivposten 10 auszuweisen (siehe Kapitel IV.1.3.11).

Der Höhe nach sind »Verbriefte Verbindlichkeiten« mit ihrem Erfüllungsbetrag anzusetzen. Die Folgebewertung richtet sich nach den allgemeinen Grundsätzen (zu den verschiedenen Möglichkeiten zum Ausweis von Agien und Disagien siehe Kapitel III.1.3.2.2.2). Es ist zu beachten, dass **emittierte Zerobonds** (verbriefte Verbindlichkeiten) in der Bilanz von Instituten aufgrund von §22 Abs. 2 S. 3 RechKredV ebenfalls zwingend zum Ausgabebetrag zuzüglich der bis zum Bilanzstichtag aufgelaufenen Aufzinsungsbeträge zu passivieren sind (**Nettomethode**). Das für Industrieunternehmen einschlägige Wahlrecht zwischen Brutto- und Nettomethode gilt für Institute aufgrund von §22 Abs. 2 S. 3 RechKredV auf der Passivseite nicht. Bei der Bruttomethode erfolgt die Passivierung des Zerobonds zum Rückzahlungsbetrag bei gleichzeitigem Ausweis des Unterschieds zwischen Rückzahlungsbetrag und Ausgabebetrag im aktivischen Rechnungsabgrenzungsposten. Nach Meinung von Bieg/Waschbusch führt die Nettomethode zu einem unzutreffenden Schuldenausweis[294].

---

291 Vgl. zur Rechtsnatur von Schuldverschreibungen Habersack, in: MüKom BGB, 7. Aufl., Vor § 793 BGB.
292 Vgl. Wehrhahn, in: BKR 2012, S. 364.
293 Vgl. Schmitt, in: BB 2012, S. 2039.
294 Vgl. Bieg/Waschbusch (2017), S. 264.

Nach § 11 RechKredV sind **anteilige Zinsen** und ähnliche das Geschäftsjahr betreffende Beträge, die erst nach dem Bilanzstichtag fällig werden, aber bereits am Bilanzstichtag Verbindlichkeitscharakter haben, ebenfalls in diesem Bilanzposten auszuweisen. Nach § 11 S. 3 RechKredV brauchen die anteiligen Zinsen nicht nach Restlaufzeiten gegliedert zu werden. Nach § 11 S. 2 RechKredV in Verbindung mit § 268 Abs. 5 S. 3 HGB sind die im Passivposten 3 enthaltenen Beträge, die erst nach dem Abschlussstichtag rechtlich entstehen und einen größeren Umfang haben, im Anhang zu erläutern (z. B. Zinsaufwendungen von Verbindlichkeiten mit im Zeitablauf steigender Verzinsung). In der Praxis umfasst der Passivposten 3 im Wesentlichen:
- emittierte Inhaberschuldverschreibungen,
- Orderschuldverschreibungen, die Teil einer Gesamtemission sind,
- Stillhalterprämien aus Optionsscheinen.

1.3.3.2 Unterposten

1.3.3.2.1 Unterposten a) »begebene Schuldverschreibungen«

Nach § 22 Abs. 2 S. 1 RechKredV sind als begebene Schuldverschreibungen »auf den Inhaber lautende Schuldverschreibungen sowie Orderschuldverschreibungen, die Teil einer Gesamtemission sind, unabhängig von ihrer Börsenfähigkeit auszuweisen«. Im Gegensatz zur Klassifizierung von erworbenen Schuldverschreibungen und deren Ausweis unter dem Aktivposten 5 kommt es weder auf den Wertpapierbegriff nach § 7 RechKredV noch auf die Börsenfähigkeit der Papiere an. Der Ausweis setzt voraus, dass die Schuldverschreibungen »begeben« wurden. Die Schuldverschreibungen müssen sich mithin im Umlauf befinden; dies gilt bereits für sog. Interimsscheine, die im Unterposten a) auszuweisen sind. Noch nicht begeben sind hingegen sog. Schalterstücke oder sog. vorverkaufte Schuldverschreibungen[295].

In Bezug auf die Zuordnung von Geldmarktpapieren gibt die RechKredV Anlass zu folgender Unklarheit: Nach § 22 Abs. 3 RechKredV sind **Geldmarktpapiere** gesondert (unter dem Unterposten b)) auszuweisen, sofern sie Inhaberpapiere oder Orderpapiere, die Teile einer Gesamtemission sind, darstellen. Demgegenüber legt die Bezeichnung des Unterpostens b) »**andere** Verbindlichkeiten« nahe, dass in diesem Posten nur jene verbrieften Verbindlichkeiten auszuweisen sind, die nicht der Definition des § 22 Abs. 2 S. 1 RechKredV genügen. Geldmarktpapiere in der Form von Inhaberschuldverschreibungen und Orderschuldverschreibungen, die Teil einer Gesamtemission sind, würden demnach nicht im Unterposten b) auszuweisen sein. Dieser Widerspruch wird in der Literatur dahingehend gedeutet, dass Geldmarktpapiere im Unterposten a) auszuweisen sind, wenn es sich um Inhaberpapiere oder Orderpapiere, die Teil einer Gesamtemission sind, handelt[296]; ein gesonderter Darunter-Vermerk – wie in § 22 Abs. 3 RechKredV gefordert – erfolgt dann für diese Papiere mithin nicht. Im Unterposten b) wären bei dieser Auslegung im Wesentlichen nur ausländische Geldmarktpapiere auszuweisen, die nicht als Schuldverschreibung im Sinne des § 793 BGB gelten.

---

295 Vgl. WPH I[2012], J 215; Krumnow/Sprißler (2004), § 22 RechKredV, Tz. 17; Scharpf/Schaber (2018), S. 993.
296 Vgl. Krumnow/Sprißler (2004), § 22 RechKredV, Tz. 13; Scharpf/Schaber (2018), S. 995.

Zurückgekaufte **nicht börsenfähige eigene Schuldverschreibungen** sind nach § 16 Abs. 4 RechKredV vom Unterposten a) aufgrund der geringen Fungibilität still abzusetzen (zum Gesamtkontext der Bilanzierung von Anleiherückkäufen siehe Kapitel II.3.2.1.2). Eine fehlende Börsenfähigkeit ist jedoch nicht gleichbedeutend mit einer fehlenden Verkehrsfähigkeit, so dass auch zurückerworbene nicht-börsenfähige Schuldverschreibungen grundsätzlich die Vermögensgegenstandseigenschaft erfüllen. § 16 Abs. 4 RechKredV stellt mithin eine institutsspezifische Durchbrechung des Verrechnungsverbots von § 246 Abs. 2 S. 1 HGB dar. Diese institutsspezifische Verrechnung findet ebenso ihre Entsprechung in der Statistik-Richtlinie der Deutschen Bundesbank[297]. Gleichwohl schließt der Rückkauf von nicht-börsenfähigen Schuldverschreibungen nicht aus, dass diese wieder in Verkehr gebracht werden können. Der Unterschiedsbetrag zwischen Ankaufskurs der zurückerworbenen Wertpapiere sowie den Buchwert der Eigenemissionen (Nominalwert zuzüglich Rechnungsabgrenzungsposten) wird durch die stille Verrechnung nach der hier vertretenen Auffassung nicht realisiert. Der Buchwert der Anleiheverbindlichkeit ist mithin um den Ankaufskurs der zurückerworbenen Schuldverschreibungen zu kürzen. Durch die Verrechnung werden die zurückerworbenen nicht börsenfähigen Schuldverschreibungen der Bemessungsgrundlage zur Bildung stiller Vorsorgereserven nach § 340f HGB entzogen. Werden nicht-börsenfähige Schuldverschreibungen zurückerworben, deren ursprüngliche Emission im Passivposten 3a »Handelsbestand« ausgewiesen wird, so sind die zurückerworbenen Schuldverschreibungen im Aktivposten 6a »Handelsbestand« (und somit unverrechnet) auszuweisen.

Nach § 22 Abs. 5 RechKredV zählen die von einem unabhängigen Treuhänder ausgefertigten Stücke eines Instituts auch dann zu den begebenen Schuldverschreibungen, wenn sie dem Erwerber noch nicht geliefert worden sind. Dem Treuhänder zurückgegebene Stücke dürfen nach § 22 Abs. 5 S. 2 RechKredV nicht mehr ausgewiesen werden.

Verloste oder gekündigte Schuldverschreibungen sowie wegen Zeitablaufs fällige, aber noch nicht eingelöste Schuldverschreibungen sind als verbriefte Verbindlichkeiten auszuweisen[298].

1.3.3.2.2 Unterposten b) »andere verbriefte Verbindlichkeiten«

Im Unterposten b) »andere verbriefte Verbindlichkeiten« sind alle verbrieften Verbindlichkeiten auszuweisen, die nicht im Unterposten a) erfasst werden. Dies umfasst verbriefte Verbindlichkeiten, die weder Inhaberschuldverschreibungen noch Orderschuldverschreibungen, die Teil einer Gesamtemission sind, darstellen. Der Unterposten b) ist ein Residualposten. Geldmarktpapiere, die als »begebene Schuldverschreibungen« gelten, sind nicht hier, sondern im Unterposten a) auszuweisen (zur Erläuterung siehe oben). Dies umfasst insbesondere ausländische Geldmarktpapiere wie Bons de Caisse oder Certificates of Deposit. Im Gegensatz zur Definition von aktivischen Geldmarktpapieren nach § 16 Abs. 2a RechKredV ist das Laufzeitkriterium für die passivische Einordnung von Geldmarktpapieren nach § 22 Abs. 3 RechKredV unbeachtlich.

---

[297] Vgl. Deutsche Bundesbank, Statistik Richtlinie und Kundensystematik, Statistische Sonderveröffentlichung I, Januar 2012, S. 35.
[298] Vgl. WPH I^{2012}, J 218.

»Geldmarktpapiere« sowie »eigene Akzepte und Solawechsel im Umlauf« sind jeweils als separate Darunter-Vermerke des Unterpostens b) auszuweisen. Als eigene Akzepte sind nur Akzepte zu vermerken, die vom Institut zu seiner eigenen Refinanzierung ausgestellt worden sind und bei denen es erster Zahlungspflichtiger (»Bezogener«) ist (§ 22 Abs. 4 S. 1 RechKredV). Der eigene Bestand sowie verpfändete eigene Akzepte und eigene Solawechsel gelten nicht als im Umlauf befindlich (§ 22 Abs. 4 S. 2 RechKredV).

1.3.3.3 Anhangangaben

In Bezug auf die verbrieften Verbindlichkeiten sind die folgenden Erläuterungen im Anhang zu machen. Dabei können die folgenden Aufgliederungen **wahlweise** in der Bilanz oder im Anhang vorgenommen werden:
- verbriefte und unverbriefte Verbindlichkeiten gegenüber verbundene Unternehmen zu dem Posten »verbriefte Verbindlichkeiten« (§ 3 S. 1 Nr. 3 RechKredV),
- verbriefte und unverbriefte Verbindlichkeiten gegenüber Unternehmen, mit denen ein Beteiligungsverhältnis besteht, zu dem Posten »verbriefte Verbindlichkeiten« (§ 3 S. 1 Nr. 4 RechKredV),
- Verbindlichkeiten gegenüber Gesellschaftern sind von Instituten in der Rechtsform einer GmbH gesondert auszuweisen (§ 42 Abs. 3 GmbHG).

Die folgenden Angaben sind ausschließlich im Anhang zu machen:
- Andere verbriefte Verbindlichkeiten (Passivposten Nr. 3 Buchstabe b)) sind nach Restlaufzeiten zu gliedern (§ 9 Abs. 1 S. 1 Nr. 6 RechKredV).
- Nach § 9 Abs. 3 Nr. 2 RechKredV sind die im Unterposten »begebene Schuldverschreibungen« (Passivposten Nr. 3 Buchstabe a)) enthaltenen Beträge anzugeben, die in dem Jahr, das auf den Bilanzstichtag folgt, fällig werden.
- Angabe des Gesamtbetrags der für eigene Verbindlichkeiten hinterlegten Sicherheiten (§ 35 Abs. 5 RechKredV).
- Nach § 11 S. 2 RechKredV in Verbindung mit § 268 Abs. 5 S. 3 HGB sind die im Passivposten 3 enthaltenen Beträge, die erst nach dem Abschlussstichtag rechtlich entstehen und einen größeren Umfang haben, im Anhang zu erläutern.
- Nach § 35 Abs. 1 Nr. 6 RechKredV ist der Gesamtbetrag der Schulden, die auf Fremdwährung lauten, jeweils in Euro anzugeben.

1.3.4 Handelsbestand (Passivposten 3a)

1.3.4.1 Voraussetzungen für den Postenausweis

Der Passivposten 3a »Handelsbestände« stellt das gleichnamige Pendant des Aktivpostens 6a dar. Handelsbestände, die einen negativen beizulegenden Zeitwert aufweisen, sind unter dem Passivposten 3a »Handelsbestand« auszuweisen. Da die auf Handelsbestände entfallenden Zinsabgrenzungen ebenfalls in dieser Position aufzunehmen sind (§ 11 RechKredV), werden zinstragende Handelsbestände mit ihrem Dirty Fair Value (= Clean Price

+ Zinsabgrenzung) bilanziert. Handelsbestände mit negativem Clean Fair Value und positiver Zinsabgrenzung werden unter den aktivischen Handelsbeständen ausgewiesen, wenn ihr Dirty Fair Value positiv ist[299]. Handelsbestände mit einem negativen Dirty Fair Value werden unter dem Passivposten 3a »Handelsbestand« ausgewiesen. Aktivische und passivische Handelsbestände sind nur bei Vorliegen bestimmter Aufrechnungsvereinbarungen (»Netting Agreements«) zu saldieren; ansonsten hat zwingend ein Bruttoausweis zu erfolgen (§ 246 Abs. 2 S. 1 HGB). Ein Netting ist nach den allgemeinen Grundsätzen nur dann zulässig, wenn die Aufrechnungskriterien des § 387 BGB erfüllt sind (siehe im Einzelnen Kapitel II.3.1). Aufsichtsrechtliche Nettingvereinbarungen (Insolvenznetting; Novationsnetting) genügen diesen Kriterien i. d. R. nicht[300].

Die Voraussetzungen für einen Ausweis im Passivposten 3a entsprechen den Voraussetzungen für den Ausweis unter dem Aktivposten 6a, so dass auf die Erläuterungen in Kapitel IV.1.2.7 verwiesen wird. Im Passivposten 3a sind im Wesentlichen die folgenden Sachverhalte auszuweisen:
- Derivative Finanzinstrumente des Handelsbestands mit negativem Marktwert,
- aus dem Handel heraus emittierte Schuldverschreibungen (z. B. strukturierte Emissionen, Zertifikate),
- Verbindlichkeiten, die zu Handelszwecken begeben wurden.

1.3.4.2 Anhangangaben

Es gelten die für aktivische Handelsbestände aufgeführten Anhangangaben.

1.3.5 Treuhandverbindlichkeiten (Passivposten 4)

1.3.5.1 Voraussetzungen für den Postenausweis

Nach § 6 Abs. 1 RechKredV sind Vermögensgegenstände und Schulden, die ein Institut im eigenen Namen, aber für fremde Rechnung hält, in die Bilanz aufzunehmen. Die Gesamtbeträge sind in der Bilanz unter den Posten »Treuhandvermögen« (Aktivposten Nr. 9) und »Treuhandverbindlichkeiten« (Passivposten Nr. 4) auszuweisen und im Anhang nach den Aktiv- und Passivposten des Formblatts aufzugliedern. Obwohl bei Treuhandverhältnissen das wirtschaftliche Eigentum stets beim Treugeber verbleibt, sind Treuhandvermögen und Treuhandverbindlichkeiten, die im eigenen Namen und auf fremde Rechnung gehalten werden, nach § 6 RechKredV entgegen den allgemeinen Zurechnungsvorschriften der §§ 242 und 246 HGB in die Bilanz des Instituts aufzunehmen.

§ 21 Abs. 3 RechKredV gilt gegenüber § 6 RechKredV als Lex Specialis. Bestimmte Verbindlichkeiten aus Treuhandzahlungen sind nicht hier, sondern unter den Verbindlichkeiten gegenüber Kunden bzw. Verbindlichkeiten gegenüber Kreditinstituten auszuweisen (siehe Kapitel IV.1.3.1).

---

299 Für eine nähere Erläuterung vgl. IDW RH HFA 2.001.
300 Vgl. Goldschmidt/Meyding-Metzger/Weigel, in: IRZ 2010, S. 23.

Der Passivposten 4 »Treuhandverbindlichkeiten« stellt das Pendant zum Aktivposten 9 dar; beide Posten haben grundsätzlich einen betragsgleichen Buchwert auszuweisen. Eine Ausnahme besteht für den Fall, dass eingegangene Zins- und Tilgungszahlungen noch nicht weitergeleitet worden sind. Für die einzelnen Voraussetzungen des Postenausweises kann daher auf die für das Treuhandvermögen geltenden Regelungen verwiesen werden (siehe Kapitel IV.1.2.10).

1.3.5.2 Darunter-Vermerk

»Treuhandkredite« sind unter dem Passivposten 4 gesondert zu vermerken. Zu Einzelheiten vergleiche die Ausführungen in Kapitel II.1.2.4.

1.3.5.3 Anhangangaben

Für die im Passivposten 4 auszuweisenden Treuhandverbindlichkeiten sind im Anhang die folgenden Angaben zu machen:
- Sofern der Posten Treuhandverbindlichkeiten enthält, die auf fremde Währung lauten, sind diese aufgrund von § 35 Abs. 1 Nr. 6 RechKredV in den Gesamtbetrag der auf fremde Währung lautenden Schulden einzubeziehen.
- Nach § 6 Abs. 1 RechKredV sind die im Passivposten 4 ausgewiesenen Verbindlichkeiten im Anhang nach den Passivposten des Formblatts aufzugliedern. Zu diesem Zweck gilt als Schuldner die Stelle, der das bilanzierende Institut die Gelder unmittelbar ausreicht (§ 6 Abs. 1 S.4 RechKredV). Zur Diskussion über die Gliederungstiefe siehe die Ausführungen zum Treuhandvermögen (Kapitel IV.1.2.10).

1.3.6 Sonstige Verbindlichkeiten (Passivposten 5)

1.3.6.1 Voraussetzungen für den Postenausweis

Der Passivposten 5 »Sonstige Verbindlichkeiten« stellt ein Residualposten dar. In ihm sind alle Verbindlichkeiten auszuweisen, die keinem anderen Posten zuzuordnen sind. Da es sich um einen Verbindlichkeitsposten handelt, umfasst der Posten nur Verpflichtungen, die dem Grunde und der Höhe nach sicher sind. In Abgrenzung zu den Passivposten 1 und 2 sind in den sonstigen Verbindlichkeiten nur solche Verbindlichkeiten auszuweisen, die nicht aus dem Bankgeschäft stammen[301]. Dies impliziert, dass Institute alle Verbindlichkeiten mit Nicht-Kunden in dem Posten 5 auszuweisen haben. Besteht eine Verbindlichkeit gegenüber einem Kunden, so ist zu prüfen, ob diese im Zusammenhang mit einem Bankgeschäft steht. Wird dies verneint, so hat der Ausweis ebenfalls im Passivposten 5 zu erfolgen. In diesem Posten sind im Einzelnen unter anderem die folgenden Sachverhalte auszuweisen:

---

301 Vgl. Treuarbeit (1993), S. 95; Krumnow/Sprißler (2004), S. 1348; WPH I[2012], J 226.

- erhaltene Stillhalterverpflichtungen aus Optionen des Nicht-Handelsbestands (siehe Kapitel VI.3.2.2)[302],
- sichere Steuerschulden gegenüber dem Finanzamt,
- Verbindlichkeiten gegenüber Sozialversicherungsträgern,
- fällige und noch nicht ausgezahlte Gehälter,
- Einzahlungsverpflichtungen aus Beteiligungen,
- Verbindlichkeiten aus Lieferung und Leistung,
- Besserungsscheinverpflichtungen bei Eintritt des Besserungsfalls,
- Verbindlichkeiten aus Ergebnisabführungsverträgen,
- Ausgleichsposten aus der Währungsumrechnung nach § 340h HGB (siehe Kapitel III.2.2),
- antizipative Abgrenzungen (Aufwand vor und Ausgabe nach dem Stichtag),
- korrespondierende Verbindlichkeiten bei einem Nicht-Abgang zivilrechtlich verkaufter Vermögensgegenstände (siehe Kapitel II.1.5.2.4).

1.3.6.2 Anhangangaben

Für die im Passivposten 5 auszuweisenden Verbindlichkeiten sind im Anhang die folgenden Angaben zu machen:
- Die in diesem Posten enthaltenen wichtigsten Einzelbeträge sind zu erläutern, sofern dies für die Beurteilung des Jahresabschlusses wesentlich ist (§ 35 Abs. 1 Nr. 4 RechKredV).
- Verbindlichkeiten gegenüber Gesellschaftern sind von Kreditinstituten in der Rechtsform einer GmbH gesondert auszuweisen (§ 42 Abs. 3 GmbHG). Diese Angabe kann wahlweise in der Bilanz oder im Anhang vorgenommen werden.
- Angabe des Gesamtbetrags der für eigene Verbindlichkeiten hinterlegten Sicherheiten (§ 35 Abs. 5 RechKredV).
- Nach § 11 S. 2 RechKredV in Verbindung mit § 268 Abs. 5 S. 3 HGB sind die im Passivposten 5 enthaltenen Beträge, die erst nach dem Abschlussstichtag rechtlich entstehen und einen größeren Umfang haben, im Anhang zu erläutern.
- Nach § 35 Abs. 1 Nr. 6 RechKredV ist der Gesamtbetrag der Schulden, die auf Fremdwährung lauten, jeweils in Euro anzugeben.

---

302 Vgl. auch ADS, § 246 HGB, Tz. 373; Krumnow/Sprißler (2004), § 340e HGB, Tz. 454; Hossfeld, in: DB 1997, S. 1244 f.; abweichend Bieg, der einen Ausweis im Passivposten 2 »Verbindlichkeiten gegenüber Kunden« unabhängig von der Vertragspartei als sachgerecht ansieht. Siehe Bieg (2010), S. 596; unter den Sonstigen Verbindlichkeiten mittlerweile befürwortend Bieg/Waschbusch (2017), S. 617.

1.3.7 Rechnungsabgrenzungsposten (Passivposten 6)

1.3.7.1 Voraussetzungen für den Postenausweis

Institute haben aufgrund von § 340a Abs. 1 HGB die für alle Kaufleute geltenden Vorschriften zur Bildung von Rechnungsabgrenzungsposten nach § 250 HGB zu beachten. Nach § 250 Abs. 2 HGB sind (Passivierungspflicht) als Rechnungsabgrenzungsposten auf der Passivseite »Einnahmen vor dem Abschlussstichtag auszuweisen, soweit sie Ertrag für eine bestimmte Zeit nach diesem Tag darstellen«. Eine Passivierung von Rechnungsabgrenzungsposten ist damit verpflichtend vorzunehmen, wenn kumulativ die folgenden Bedingungen erfüllt sind:

- **Einnahme.** Notwendig für die Bildung eines passiven Rechnungsabgrenzungspostens ist das Vorliegen einer Einnahme vor dem Bilanzstichtag. Strittig ist, ob bei dem Begriff »Einnahme« nur auf Einzahlungen oder auch auf andere Formen von Vermögensmehrungen abzustellen ist. Nach h. M. ist hierunter jedoch jede Form der Vermögensmehrung (einschließlich der Einbuchung von Forderungen oder der Übernahme von Sachvermögen) zu verstehen[303]. Teile des Schrifttums setzen allerdings einen Zahlungsvorgang voraus[304].
- **Vor dem Abschlussstichtag.** Hier ist der Abschlussstichtag des bilanzierenden Instituts zugrunde zu legen. Maßgeblich ist der Ablauf des Stichtages, so dass Zahlungen am Bilanzstichtag noch mit zu berücksichtigen sind[305].
- **Bestimmte Zeit.** Passive Rechnungsabgrenzungsposten sind nur dann aufzunehmen, soweit diese einen Ertrag für eine bestimmte Zeit nach diesem Tag darstellen. Die Beschränkung auf eine bestimmte Zeit nach dem Bilanzstichtag dient der Objektivierung der Bildung von Rechnungsabgrenzungsposten. Die Anforderung an die Bestimmtheit der Zeit ist hinreichend erfüllt, wenn die Zeit kalendermäßig bestimmt werden kann (enge Auslegung). Für das Bestimmtheitserfordernis gelten die für aktive Rechnungsabgrenzungsposten gegebenen Erläuterungen analog (siehe Kapitel IV.1.2.16).

Bei Instituten kommt der Ansatz von passiven Rechnungsabgrenzungsposten insbesondere im Zusammenhang mit der Vereinnahmung von Gebühren in Betracht. Der Ansatz eines passiven Rechnungsabgrenzungspostens ist vor diesem Hintergrund eine Folge des Realisationsprinzips, der eine sofortige Ertragsrealisation verhindert, wenn die oben genannten Bedingungen kumulativ erfüllt sind.

---

303 Vgl. Krumm, in: Blümich, 139. Aufl., § 5 EStG, Tz. 902; Hoffmann/Lüdenbach (2013), § 250 HGB, Tz. 31; Schubert/Waubke, in: BBK, 11. Aufl., § 250 HGB, Tz. 18.
304 Vgl. Hennrichs, in: MüKom AktG, § 250 HGB, Tz. 14; Schulze-Osterloh, in: Baumbach/Hueck, 18. Aufl., § 42 GmbHG, Tz. 178;
305 Vgl. Ballwieser, in: MüKom HGB, § 250 HGB, Tz. 5; Tiedchen, in: HdJ, Abt. II/8, Tz. 55: Hennrichs, in: MüKom AktG, § 250 HGB, Tz. 16.

1.3.7.2 Rechnungsabgrenzung von erhaltenen Gebühren

Im Zusammenhang mit Bankgeschäften wurde durch die höchstrichterliche Rechtsprechung in den folgenden Fällen die Notwendigkeit für eine passive Rechnungsabgrenzung festgestellt:

- Ein Institut hat eine **Avalprovision** anteilig den Wirtschaftsjahren der Inanspruchnahme bzw. Gewährung des Avalkredits zuzuordnen. Avalprovisionen stellen ein Entgelt für einen Haftungskredit dar. Der BFH charakterisiert Avalprovisionen als zinsähnliche Erträge, so dass im Voraus für die gesamte Vertragslaufzeit vereinnahmte Avalprovisionen im Wege der passivischen Rechnungsabgrenzung auf die Laufzeit des Avalkredits zu verteilen sind[306].
- Passivisch abzugrenzen sind ebenso **Finanzierungszuschläge** von Teilzahlungskunden, die im Rahmen des Teilzahlungsgeschäfts auf Wechselbasis erhoben werden (sog. C-Geschäft, siehe Kapitel IV.1.3.2.1). Der Gewinn aus dem Finanzierungszuschlag abzüglich der Diskontspesen ist in einem passiven Rechnungsabgrenzungsposten zu erfassen und zeitanteilig auf die Dauer der Teilzahlung zu verteilen[307].
- Teilzahlungsbanken haben im Voraus vereinnahmte **Kreditgebühren** nach der Zinsstaffelmethode (kapitalanteilig) abzugrenzen[308].
- Die Rechtsprechung zur Vereinnahmung von Gebühren ist vielfältig und zum Teil nicht konsistent. So haben Institute im Vorhinein erhaltene Gebühren, die als Entgelte für künftige Verwaltungskosten anzusehen sind, passivisch abzugrenzen und über die Laufzeit des Dauerschuldverhältnisses zu verteilen[309]. Dies wird anders gesehen bei **Abschlussgebühren** im Zusammenhang mit dem Bausparengeschäft; diese sind sofort ertragswirksam zu vereinnahmen (siehe im Einzelnen Kapitel IV.3.2.3). Nach der hier vertretenen Auffassung kommt eine passivische Abgrenzung von Gebühren, die der Deckung von in der Zukunft anfallenden Kosten dienen, nicht in Betracht. Nach der hier vertretenen Auffassung ist eine sofortige Ertragsrealisation geboten; gleichzeitig hat das Institut eine Verbindlichkeitsrückstellung aufgrund eines Erfüllungsrückstands in Höhe des nach vernünftiger kaufmännischer Beurteilung notwendigen Erfüllungsbetrags zu bilden (siehe Kapitel III.1.6.3.1). Zur Unterscheidung zwischen Zins- und Provisionscharakter von Gebühren siehe Kapitel VI.2.4.
- Verkauft ein Leasinginstitut seine Ansprüche auf den Erhalt künftiger Leasingraten à forfait und **mit** vollständigem Übergang des Ausfallrisikos an eine refinanzierende Bank, so ist der Erlös des Leasinggebers aus der Forfaitierung mit einer (Miet-)Vorauszahlung vergleichbar. Aus diesem Grunde ist in Höhe des Verkaufserlöses ein passiver

---

[306] Vgl. BFH-Urteil vom 12.12.1991 – IV R 28/91, in: BB 1002, S. 1178 ff.; BFH-Urteil vom 19.01.1978 – IV R 152/72, in: BStBl. II 1978, S. 262.
[307] Vgl. BFH-Urteil vom 17.04.1962, – I 180/61 U, in: BStBl. III 1962, S. 307; BeckRS 1962, 21000776.
[308] Vgl. BFH-Urteil vom 31.05.1967 – I 208/63, in: BStBl. III 1967, S. 607; BFH-Urteil vom 17.07.1974 – I R 195/72, in: DB 1974, S. 1892; BFH-Urteil vom 15.02.167 – I 48/64, in: BeckRS 1967, 21000660.
[309] Für vorausgezahlte Beratungsgebühren bei Leasingverträgen vgl. z. B. FG Köln Urteil vom 19.10.2011, in: DStRE 2012, S. 785. Gezahlte Darlehensgebühren sind beim Darlehensnehmer in einem Rechnungsabgrenzungsposten zu aktivieren. BFH-Urteil vom 19.01.1978 – IV R 153/72, in: DB 1978, S. 916. Aufgrund der Regelungsgleichheit von § 250 Abs. 1 und 2 HGB ist von einer Übertragbarkeit im Falle von erhaltene Darlehensgebühren bei Instituten auszugehen. Vgl. Herzig/Joisten, in: DB 2011, S. 1014.

Rechnungsabgrenzungsposten zu bilden, der ertragsmäßig der Grundmietzeit zuzuordnen und daher (linear) über die Grundmietzeit des Leasingverhältnisses aufzulösen ist[310]. Zur Bilanzierung von Forfaitierungen im Zusammenhang mit dem Leasinggeschäft siehe Kapitel II.1.4.

Nach Auffassung der höchstrichterlichen Bilanzrechtsprechung ist im Zusammenhang mit Bankgeschäften in den folgenden Fällen **keine** passive Rechnungsabgrenzung vorzunehmen:

- Nach Auffassung des BFH hat ein Institut für eine erhaltene Entschädigung, die auf eine Neufestsetzung von Darlehenskonditionen zurückzuführen ist, sofort als Ertrag zu vereinnahmen und nicht passivisch abzugrenzen[311]. Nach Auffassung des BFH besteht nicht der für eine passivische Rechnungsabgrenzung erforderliche Zusammenhang zwischen der Entschädigungszahlung und der vom Institut nach dem Bilanzstichtag zu erbringenden Leistung. Diese Auffassung des BFH wird im handelsrechtlichen Schrifttum zu Recht kritisch beurteilt, da die Entschädigungszahlung als Gegenleistung für eine künftige Kapitalüberlassung zu einem Zinssatz, der unterhalb des Zinsniveaus vor Neufestsetzung liegt, anzusehen ist[312]. Zulässig ist die Verteilung von Entschädigungszahlungen aus einer Neufestsetzung von Vertragskonditionen (**Recouponing**) über die Laufzeit des Darlehens[313].
- Abschlussgebühren für Bausparverträge sind nach Ansicht des BFH sofort erfolgswirksam zu vereinnahmen[314]. Dies wird damit begründet, dass die Abschlussgebühr dazu diene, die Bezahlung einer erfolgsabhängigen Abschlussprovision für die Vertragsvermittlung zu gewährleisten und somit als Entgelt für den eigentlichen Vertragsabschluss anzusehen ist[315].
- Bausparkassen können wegen höherer Kosten der Verwaltung der im Darlehensstadium befindlichen Bausparverträge den Gewinn während des Sparstadiums, in dem geringere Kosten anfallen, weder durch eine Rückstellung noch durch einen Rechnungsabgrenzungsposten (sog. bauspartechnische Abgrenzung) mindern[316].
- Für Stillhalterverpflichtungen ist kein passiver Rechnungsabgrenzungsposten zu bilden, sondern eine Verbindlichkeit zu passivieren[317].

---

310 Vgl. BFH Urteil vom 24.07.1996 – I R 94/95, in: DStR 1996, S. 1643.
311 Vgl. BFH-Urteil vom 07.03.2007 – I R 18/06, in: DStR 2007, S. 1519.
312 Vgl. Lüdenbach, in: StuB 2010, S. 193; Hoffmann/Lüdenbach (2013), § 250 HGB, Tz. 14.
313 Vgl. Häuselmann, in: BB 2010, S. 944; Scharpf/Schaber (2018), S. 1027; aA IDW: 189. Sitzung des BFA, in: IDW FN 2004, S. 698.
314 Vgl. BFH-Urteil vom 11.12.1989 – IR 237/96, in: DB 1998, S: 1111 f.
315 Zur weiteren Vertiefung vgl. Crezelius, in: DB 1998, S. 633 ff.; List, in: BB 1988, S. 1003 ff.; Brach, in: BB 1996, S. 2345 ff. Kritisch zu der Sichtweise des BFH vgl. Herzig/Joisten, in: DB 2011, S. 1015.
316 Vgl. BFH-Urteil vom 07.03.1973 – I R 48/69, in: BStBl. II 1973, S. 565.
317 Vgl. BFH-Urteil vom 18.12.2002 – I R 17/02, in: DStR 2003, S. 678.

1.3.7.3 Passive Rechnungsabgrenzungen im Zusammenhang mit Finanzinstrumenten

Bei Instituten kommt es – teilweise aufgrund geschäftszweigspezifischer Rechnungslegungsvorschriften – bei der Bilanzierung von Finanzinstrumenten in den folgenden Fällen zu einem Ansatz passiver Rechnungsabgrenzungsposten:

- **Nominalwertbilanzierung nach § 340e HGB.** Abweichend von dem tatsächlichen Auszahlungsbetrag bzw. Kaufpreis können (Wahlrecht) erworbene oder herausgelegte Hypothekendarlehen und andere Forderungen nach § 340e Abs. 2 HGB mit ihrem Nominalwert angesetzt werden, wenn die Differenz zu den Anschaffungskosten Zinscharakter hat (zur näheren Erläuterung siehe Kapitel III.1.3.2.2). Zu einem Ansatz eines passiven Rechnungsabgrenzungspostens kommt es in diesem Zusammenhang, wenn Forderungen unter par (Ausgabebetrag < Nominalbetrag) begeben wurden und das Wahlrecht nach § 340e Abs. 2 S. 2 u. 3 HGB zur Nennwertbilanzierung ausgeübt wurde. In diesem Fall wird die Forderung zum Nominalwert bilanziert und der Unterschiedsbetrag im passiven Rechnungsabgrenzungsposten erfasst. Dieser ist pro rata temporis als Minderung des Zinsertrags zu verteilen. Eine Bruttobilanzierung, bei der ein **erworbener Zerobond** zum Nominalbetrag angesetzt und der Unterschiedsbetrag in einem passivischen Rechnungsabgrenzungsposten erfasst wird, erscheint nicht sachgerecht und wird in der Literatur überwiegend abgelehnt. Dies wird damit begründet, dass eine Bruttobilanzierung die Möglichkeit eröffnet, eine nicht-effektivzinskonstante Amortisierung des Rechnungsabgrenzungspostens nach § 250 HGB vorzunehmen[318]. Eine Bruttobilanzierung erscheint zudem nicht sachgerecht, da der Ansatz eines Rechnungsabgrenzungspostens voraussetzt, dass eine Zahlung vereinnahmt wurde, die Ertrag für eine bestimmte Zeit nach dem Bilanzstichtag darstellt[319]. Nach h. M. ist für die handelsrechtliche Bilanzierung die Nettomethode vorzuziehen[320].
- **Pensionsgeschäfte nach § 340b HGB.** Nach § 340b HGB sind Vermögensgegenstände, die im Rahmen von Pensionsgeschäften auf einen Pensionsnehmer übertragen wurden, weiterhin in der Bilanz des Pensionsgebers auszuweisen, da dieser aufgrund der bestehenden Rückübertragungsverpflichtung (sog. echtes Pensionsgeschäft) das wirtschaftliche Eigentum an dem verpensionierten Pensionsgegenstand nicht verloren hat (im Einzelnen siehe Kapitel II.1.6.2.1). Dabei kann es vorkommen, dass der Termin-Rückübertragungspreis von dem ursprünglichen Kaufpreis abweicht. Dieser Unterschiedsbetrag zwischen dem ursprünglichen Kassa-Kaufpreis des Pensionsgegenstands und dem Rückübertragungspreis ist pro rata temporis über die Laufzeit des Pensionsgeschäfts zu verteilen (§ 340b Abs. 4 S. 6 HGB). In diesem Zusammenhang kann es zu einem Ansatz von passiven Rechnungsabgrenzungsposten kommen (im Einzelnen siehe Kapitel IV.1.2.16).

---

318 Vgl. HFA 1/1986, S. 2.
319 Vgl. Groh, in: StuW 1991, S. 298.
320 Ebenso ADS, § 253 HGB, Tz. 86; Ulmer/Ihrig, in: ZIP 1985, S. 1169; Böcking, in: ZfbF 1986, S. 943; Böcking/Löw/Wohlmannstetter, in: MüKom HGB, 2. Aufl., § 340e HGB, Tz. 58.

- **Leasing.** Rechnungsabgrenzungsposten spielen bei Leasinginstituten eine bedeutende Rolle, um angesichts der leasingtypischen Ertragsverläufe einen periodengerechten Erfolgsausweis zu gewährleisten (im Einzelnen siehe Kapitel II.1.8.3.1.1). Vor diesem Hintergrund kommt die Bildung von passiven Rechnungsabgrenzungsposten in Betracht, wenn einer Vereinnahmung von Leistungsentgelten noch keine entsprechende Nutzungsüberlassung entgegensteht (HFA 1/1989, D.1f). Ebenso kommt es zu einem Ansatz von passiven Rechnungsabgrenzungsposten im Falle der Forfaitierung von Leasingforderungen (siehe Kapitel II.1.4).
- **Derivative Finanzinstrumente.** Der Ausweis von passiven Rechnungsabgrenzungsposten kommt insbesondere bei den folgenden derivativen Finanzinstrumenten in Betracht:
  - **Swaps** stellen schwebende Geschäfte dar, die nach handelsrechtlichen Grundsätzen aufgrund der Ausgeglichenheitsvermutung nicht zu bilanzieren sind. Werden Zinsswaps zu marktabweichenden Konditionen abgeschlossen, so wird der Barwert eines Zinsswaps durch die Zahlung einer Up-Front-Prämie ausgeglichen. Da Up-Front-Prämien mithin i. d. R. ein Zinscharakter zuzuschreiben ist, sind erhaltene Up-Front-Prämien unter den passiven Rechnungsabgrenzungsposten auszuweisen.
  - Bei **Forward Rate Agreements** kommt ein Ausweis der Settlement-Zahlung in einem passiven Rechnungsabgrenzungsposten in Betracht, wenn das Forward Rate Agreement als Sicherungsinstrument in einer Bewertungseinheit designiert wurde, um Zinszahlungen während der FRA-Periode zu sichern[321]. Durch die Erfassung der Settlement-Zahlung im passiven Rechnungsabgrenzungsposten sowie der anschließenden ertragswirksamen Auflösung wird die Erfolgswirkung des FRA den Perioden zugeordnet, in denen die Zinszahlungen des gesicherten Grundgeschäfts anfallen.
  - Erhaltene Up-Front-Prämien für den Abschluss von **Credit Default Swaps** sind im Rechnungsabgrenzungsposten zu passivieren und (linear) pro rata temporis über die Restlaufzeit des Credit Default Swaps aufzulösen, da es sich um eine Ausgabe vor dem Bilanzstichtag handelt, die Aufwand für eine bestimmte Zeit nach dem Stichtag darstellt (§ 250 Abs. 1 S. 1 HGB).
  - Der Auffassung, dass Stillhalterverpflichtungen im Zusammenhang mit **Zinsbegrenzungsvereinbarungen** oder anderen Optionen unter den Rechnungsabgrenzungsposten ausgewiesen werden können[322], wird hier nicht gefolgt, da Zinsbegrenzungsvereinbarungen Vermögensgegenstände oder Schulden darstellen.

1.3.7.4 Anhangangaben

Nach § 340e Abs. 2 S. 3 HGB haben Institute die jeweiligen Unterschiedsbeträge, die aus einer Nominalwertbilanzierung von Forderungen entstehen, im Anhang anzugeben, sofern dies nicht aus der Bilanz ersichtlich ist.

---

321 Vgl. Scharpf/Luz (2000), S. 536.
322 Vgl. Schubert/Waubke, in: BBK, 11. Aufl., § 250 HGB, Tz. 26; Schmidt/Usinger, in: BBK, 11. Aufl., § 254 HGB, Tz. 94.

1.3.8 Passive latente Steuern (Passivposten 6a)

1.3.8.1 Posteninhalt

Zu den einzelnen Voraussetzungen für den Postenausweis sowie den konzeptionellen Grundlagen der Bilanzierung von latenten Steuern sei auf die Ausführungen zum Aktivposten 16 (Kapitel IV.1.2.1.17) verwiesen. Im Allgemeinen treten passive latente Steuern vergleichsweise in nur wenigen Fällen auf. Für Institute ergeben sich keine geschäftszweigspezifischen Besonderheiten für den Ansatz von passiven latenten Steuern. Passive Steuerlatenzen entstehen, sofern der handelsbilanzielle Buchwert von Vermögensgegenständen größer ist als der steuerliche Wertansatz oder sofern der handelsbilanzielle Buchwert einer Schuld kleiner als der steuerbilanzielle Wertansatz ist. Für Institute ist der Ansatz von passiven latenten Steuern – unter Berücksichtigung der Gesamtdifferenzenbetrachtungen – typischerweise in den folgenden Fällen einschlägig:

- Aktiva (Buchwert Handelsbilanz > Steuerbilanz). Passive Steuerlatenzen entstehen bspw. aufgrund der handelsrechtlichen Aktivierung selbsterstellter immaterieller Vermögensgegenstände des Anlagevermögens nach § 248 Abs. 2 HGB (steuerbilanziell gilt hierfür ein Ansatzverbot) oder aufgrund von steuerlichen Sonderabschreibungen.
- Passiva (Buchwert Handelsbilanz < Steuerbilanz). Für Institute ergeben sich passive Steuerlatenzen, wenn der handelsbilanzielle Buchwert einer Rückstellung kleiner als der steuerliche Wertansatz ist (z.B. aufgrund unterschiedlicher Abzinsungssätze oder abweichender steuerlicher Bewertungsverfahren wie bei Pensionsrückstellungen). Ebenso führen steuerfreie Rücklagen, die in der Steuerbilanz aber nicht in der Handelsbilanz angesetzt werden, zu passiven Steuerlatenzen.

1.3.8.2 Anhangangaben

In Bezug auf die in dem Passivposten 6a auszuweisenden passiven Steuerlatenzen haben Institute die folgenden Erläuterungen im Anhang zu machen:

- Institute haben aufgrund von § 340a Abs. 1 HGB in Verbindung mit § 285 Nr. 29 HGB im Anhang zu erläutern, auf welchen Differenzen oder steuerlichen Verlustvorträgen die latenten Steuern beruhen und mit welchen Steuersätzen die Bewertung erfolgt ist.
- Nach § 285 Nr. 28 HGB haben Institute die ausschüttungsgesperrten Beträge im Sinne des § 268 Abs. 8 HGB aufzugliedern in Beträge aus der Aktivierung selbst geschaffener immaterieller Vermögensgegenstände des Anlagevermögens, Beträge aus der Aktivierung latenter Steuern und aus der Aktivierung von Vermögensgegenständen zum beizulegenden Zeitwert im Sinne des § 253 Abs. 1 S. 4 HGB.

1.3.9 Rückstellungen (Passivposten 7)

1.3.9.1 Überblick über den Postenausweis

Im Passivposten 7 haben Institute Rückstellungen für ungewisse Verbindlichkeiten (Verbindlichkeitsrückstellungen), Rückstellungen für drohende Verluste aus schwebenden Geschäften sowie Aufwandsrückstellungen auszuweisen. Bei dem Bilanzansatz von Rückstellungen haben Institute die für alle Kaufleute geltenden Grundsätze des § 249 HGB zu beachten.

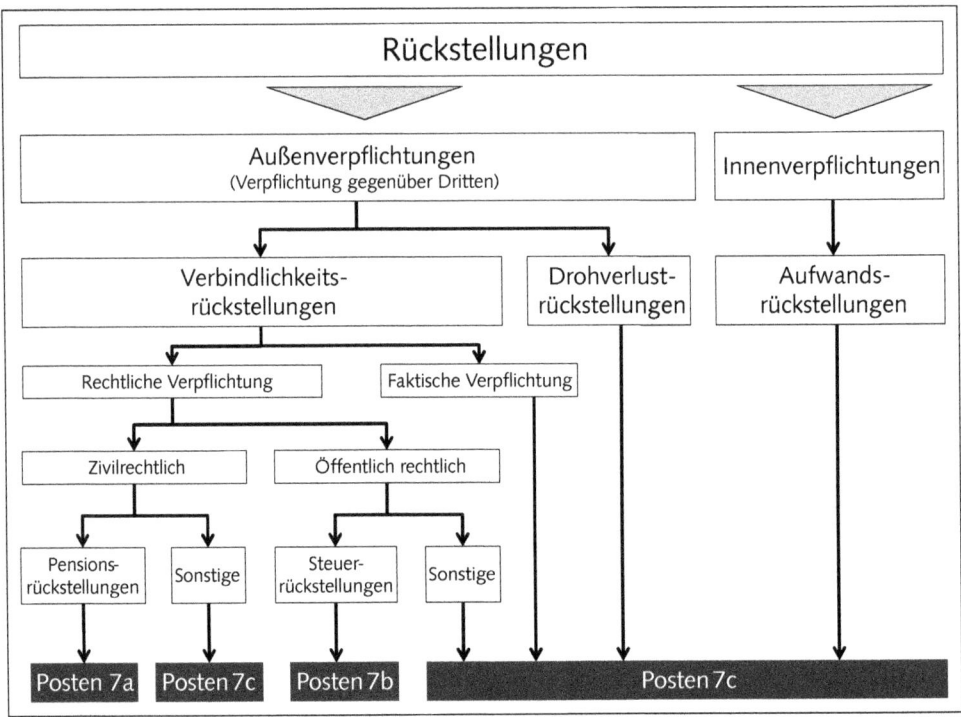

Abb. 52: Klassifizierung und Ausweis von Rückstellungen

Nach § 249 Abs. 1 S. 1 HGB sind Rückstellungen für ungewisse Verbindlichkeiten und für drohende Verluste aus schwebenden Geschäften zu bilden. Diese beiden Rückstellungsarten stellen Verpflichtungen dar, die auf einer Außenverpflichtung gegenüber einem externen Dritten beruhen.

1.3.9.1.1 Verbindlichkeitsrückstellungen

Die Bildung von Rückstellungen für ungewisse Verbindlichkeiten setzt voraus, dass künftige Ausgaben erwartet werden, die im Zusammenhang mit in der Vergangenheit vereinnahmten Erträgen stehen[323]. Bei **Verbindlichkeitsrückstellungen** sind die künftigen Aus-

---
323 Vgl. BGH-Urteil vom 28.01.1991 – II ZR 20/90, BB 1991, S. 507 ff.; Moxter, in: FS Forster, S. 432; Moxter (1999), S. 108.

gaben dem Grunde und/oder der Höhe nach ungewiss[324]. Verbindlichkeitsrückstellungen sind zu bilden,
- für Außenverpflichtungen gegenüber einem Dritten (einschließlich öffentlich rechtlicher Verpflichtungen[325]),
- für Verpflichtungen, die vor dem Bilanzstichtag wirtschaftlich verursacht sind,
- wenn mit einer Inanspruchnahme ernsthaft zu rechnen ist. Ein Ansatz ist geboten, wenn mit einer Wahrscheinlichkeit von **mehr als 50 %** mit einer Ausgabe zu rechnen ist (es müssen mehr Gründe dafür als dagegen sprechen)[326].
- wenn die Aufwendungen nicht zu Anschaffungs- und Herstellungskosten für einen Vermögensgegenstand nach dem Bilanzstichtag führen.

Verbindlichkeitsrückstellungen sind damit für rechtlich entstandene oder wirtschaftlich verursachte Außenverpflichtungen zu bilden, die zu einer wirtschaftlichen Belastung führen und die der Höhe nach bestimmbar sind. Die Verpflichtungen gegenüber einem Dritten können auf einer rechtlichen oder einer faktischen Verpflichtung beruhen, wobei die Person des Gläubigers nicht notwendigerweise bekannt sein muss. Ausgaben sind wirtschaftlich verursacht, wenn sie bis zum Bilanzstichtag realisierte Erträge alimentieren (sog. Moxter-Formel)[327]. Weichen Zeitpunkt der wirtschaftlichen Verursachung und Zeitpunkt der rechtlichen Entstehung voneinander ab, so ist für den erstmaligen Bilanzansatz auf den früheren Zeitpunkt abzustellen[328]. Rechtliche Verpflichtungen können in der Form von zivilrechtlichen Verpflichtungen (z. B. Altersvorsorgeverpflichtungen) oder öffentlich-rechtlichen Verpflichtungen (z. B. Steuerverpflichtungen) bestehen[329]. Ebenso können Institute faktische Verpflichtungen eingegangen sein, die nicht auf einem rechtlich wirksamen Schuldverhältnis beruhen (z. B. Kulanz gegenüber einem Kunden). Eine Verpflichtung gegenüber einem Dritten liegt dann vor, wenn das Unternehmen sich der Verpflichtung unter Zugrundelegung einer wirtschaftlichen Betrachtungsweise nicht einseitig entziehen kann (**Unabwendbarkeitskriterium**). Neben den unten erläuterten Altersvorsorgever-

---

324 Strittig ist in diesem Zusammenhang, ob Rückstellungen nur für solche Verpflichtungen zu bilden sind, die zu Aufwand geführt haben. Die Bildung von Rückstellungen für Verpflichtungen, die mit einem Vermögenszugang im Zusammenhang stehen, wird im Schrifttum zum Teil auch dann abgelehnt, wenn diese Verpflichtungen der Höhe nach unsicher sind (z. B. Kauf eines Vermögensgegenstands gegen Gewährung einer Leibrente). Vgl. z. B. Groh, in: BB 1988, S. 27. Andernorts wird eine Rückstellungsbildung auch für künftige Ertragsminderungen als sachgerecht angesehen. Für weitere Nachweise siehe Buciek, in: Blümich, § 5 EStG, Tz. 791d.
325 Vgl. z. B. BFH-Urteil vom 18.01.1995, I R 44/94, in: BStBl. II 195, S. 742.
326 Vgl. z. B. BFH-Urteil vom 01.08.1984 – I R 88/80, in: BStBl. II 1985, S. 44; BFH-Urteil vom 02.10.1992 – III R 54/91, in: BStBl. II 1993, S. 153; BFH-Urteil vom 25.03.2004 – IV R 35/02, in: BStBl. II 2006, S. 644.
327 Vgl. Moxter, in: ZfbF 1995, S. 311 ff.; ADS, § 249 HGB, Tz. 67. Dieses Kriterium erweist sich als ein Streitpunkt in der handelsrechtlichen Literatur zwischen Vertretern eines vorwiegend statischen und jenen eines dynamischen Bilanzverständnisses. Für eine Erläuterung der umfangreich geführten Diskussion zu diesem Thema vgl. Grosch, in: DStR 2002, S. 977 ff.; Kessler, in: DStR 2001, S. 1903 ff., m. w. N.
328 Vgl. BFH-Urteil vom 27.06.2001 – I R 45/97, DB 2001, S. 1698. Für eine ausführliche Diskussion vgl. Mayer-Wegelin/Kessler/Höfer, in: HdR-E, § 249 HGB, Tz. 43.
329 Verbindlichkeitsrückstellungen sind zudem zu bilden für Kosten für die Außenprüfung der Finanzverwaltung (BFH-Urteil vom 06.06.2012 – I R 88/10, in: DStR 2012, S. 1790) sowie für künftige Aufwendungen, die im Zusammenhang mit der Aufbewahrung von Geschäftsunterlagen stehen (§ 157 HGB, § 147 AO). Siehe BFH-Urteil vom 18.01.2011 – X R 14/09, in: DB 2011, S. 794.

pflichtungen und Steuerrückstellungen, sind unter anderem die folgenden Sachverhalte, die zur Bildung einer Verbindlichkeitsrückstellung führen können, für Institute von besonderer Bedeutung:

(1) Bankenabgabe. Zur Finanzierung eines einheitlichen Abwicklungsfonds (Single Resolution Fund, SRF) fallen CRR-Kreditinstitute[330] und CRR-Wertpapierfirmen mit einem Anfangskapital von mehr als 730.000 EUR[331] ab 2016 unter die Beitragspflicht der Bankenabgabe nach europarechtlichen Regeln[332]. Unionszweigstellen und national beaufsichtigte Wertpapierfirmen fallen unter die nationale Bankenabgabe (§ 12 Abs. 2 RStruktFG)[333]. Im Zuge der schrittweisen Vergemeinschaftung der nationalen Kammern während der achtjährigen Aufbauphase des SRF wird die Bankenabgabe gem. SRM-VO als gewogener Durchschnitt von im Zeitablauf steigenden Anteilen aus europäischer Bankenabgabe und im Zeitablauf fallenden Anteilen der Bankenabgabe nach BRRD berechnet (Phase-in gem. Art. 8 Abs. 1 lit. a DVO 2015/81).

	Anteil Bankenabgabe nach BRRD	Anteil Bankenabgabe nach SRM-VO
Beitragsjahr 2016	60 %	40 %
Beitragsjahr 2017	40 %	60 %
Beitragsjahr 2018	33,33 %	66,67 %
Beitragsjahr 2019	26,67 %	73,33 %
Beitragsjahr 2020	20 %	80 %
Beitragsjahr 2021	13,33 %	86,67 %
Beitragsjahr 2022	6,67 %	93,33 %
Beitragsjahr 2023	0 %	100 %

Abb. 53: Einphasung EU-Bankenabgabe

Während der Beitrag eines Instituts nach Art. 103 Abs. 2 BRRD durch das Verhältnis der beitragsrelevanten Passiva des Instituts zu denen Kreditinstitute **im Hoheitsgebiet** des jeweiligen Mitgliedstaats bestimmt wird, ist bei der Bankenabgabe nach SRM-Verordnung auf das Verhältnis der beitragsrelevanten Passiva des Instituts zu den beitragsrelevanten Passiva der Institute **aller teilnehmenden Mitgliedstaaten** abzustellen (Art. 70 Abs. 1

---

330 Dies ergibt sich aus Art. 70 Abs. 1, 3 Abs. 1 Nr. 13, 3 Abs. 2 SRM-VO i. V. m. Art. 2 Abs. 1 Nr. 2 BRRD, der auf Art. 4 Abs. 1 Nr. 1 CRR verweist.
331 Dies ergibt sich aus Art. 70 Abs. 1, Art. 3 Abs. 1 Nr. 13, Art. 3 Abs. 2 SRM-VO i. V. m. Art. 2 Abs. 1 Nr. 3 BRRD, der auf Art. 4 Abs. 1 Nr. 2 CRR unter Berücksichtigung der Größenklasse des Art. 28 Abs. 2 CRD IV verweist. Aufgrund von Art. 2 lit c) SRM-VO setzt die Beitragspflicht voraus, dass die Wertpapierfirma als Teil einer Gruppe unter die EZB-Aufsicht einer Muttergesellschaft auf konsolidierter Basis fallen muss.
332 Dies umfasst insb. EU-VO 806/2014 (SRM-Verordnung); Durchführungsverordnung EU 2015/81 (SRM-DV); Delegierte Verordnung EU 2015/63 (SRM-DelVO); BRRD (Richtlinie 2014/59/EU). Zur Bilanzierung der nationalen Bankenabgabe der Jahre 2011–2014 siehe S. 436 ff., 1. Aufl.
333 Vgl. Hanten/Hanten, in: WM 2017, S. 649 (S. 650); Brandt/Güth, in: Jahn/Schmitt/Geier, Kap. C, I. Tz. 9.

SRM-VO). Der Grundbeitrag wird institutsspezifisch durch das Produkt aus beitragsrelevanten Passiva (Bilanzsumme abzüglich Eigenmittel, gedeckter Einlagen und weiterer Abzugsposten i. S. d. Art. 5 DelVO) und einem Risikofaktor des Instituts bestimmt. Die Bankenabgabe ist von den Instituten bar zu leisten. Die Abwicklungsbehörde kann anteilig (max. 30 % der erhobenen Gesamtbeiträge) die Nutzung sog. »unwiderruflicher Zahlungsverpflichtungen« gestatten, die in vollem Umfang durch Sicherheiten mit niedrigem Risiko zu unterlegen sind (Art. 70 Abs. 3 SRM-VO).

Die Bankenabgabe eines Beitragsjahrs wird auf Basis des Jahresabschlusses des Jahres erhoben, der dem 31.12. der Beitragsperiode vorausgeht (Art. 14 Abs. 1 u. 3 BRRD-DVO)[334] und am 01.05 eines Jahres festgesetzt (Art. 13 Abs. 1 EU-DelVO 2015/63). Die Beitragspflicht knüpft an den Status eines Unternehmens als CRR-Kreditinstitut (oder CRR-Wertpapierfirma) an und ist somit am 01.01. eines Jahres entstanden. Zum Bilanzstichtag besteht mithin eine dem Grunde nach sichere (öffentlich-rechtliche) Außenverpflichtung, die aufgrund bestimmter Berechnungsparameter der Höhe nach unsicher ist, solange ein Bescheid noch nicht ergangen ist. Aufgrund gegebener Wahrscheinlichkeit der Inanspruchnahme ist mithin zum Bilanzstichtag eine Verbindlichkeitsrückstellung zu bilden, sofern bis zur Aufstellung des Jahresabschlusses ein Bescheid noch nicht ergangen ist. Eine unterjährige Lizenzrückgabe führt nicht zu einem Erlöschen oder einer Minderung der Beitragspflicht, sodass eine gebildete Rückstellung bei Lizenzabgabe nicht aufzulösen ist[335]. Aufgrund der rechtlichen Vollentstehung der Beitragspflicht zum 01.01 eines Jahres ist die Rückstellung bereits zu diesem Zeitpunkt in voller Höhe zu bilden; eine ratierliche Ansammlung erscheint mangels zeitraumbezogener Gegenleistung und mangels Unentziehbarkeit der Ausgabenverpflichtung nicht sachgerecht[336]. Nach der Bilanzierungspraxis der Institute wird die **unwiderrufliche Zahlungsverpflichtung** außerbilanziell erfasst und als »sonstige finanzielle Verpflichtung« i. S. d. § 285 Nr. 3a HGB im Anhang erläutert[337]. Bei dieser Praxis löst das Eingehen einer unwiderruflichen Zahlungsverpflichtung keine Erfolgswirkung aus.

(2) Kosten der Einlagensicherung. Einlagen bei deutschen Kreditinstituten werden durch (europarechtlich harmonisierte) gesetzliche Entschädigungseinrichtungen[338], freiwilligen Einlagensicherungsfonds[339] sowie ggf. institutssichernden Einrichtungen (von DSGV und BVR) gesichert[340]. Die Sicherungseinrichtungen werden durch Beiträge der Mitgliedsinstitute finanziert.

---

334 Der Jahresabschluss zum 31.12.20x0 ist Grundlage für das Beitragsjahr 20x2.
335 Vgl. Nemet/Zilch, in: WPg 2016, S. 843 (847).
336 Vgl. Löw/Borgmann, in: RdF 2017, S. 154 (S. 160); Bieg/Waschbusch (2017), S. 271; IDW BFA, Ergebnisberichterstattung 261. Sitzung, S. 4; Löw/Künzel/Brixner, in: WPg 2012, S. 40 (S. 43 f.).
337 Vgl. Deutsche Bank, Einzelabschluss 2016, S. 136; BayernLB, Einzelabschluss 2016, S. 117; Commerzbank, Einzelabschluss 2016, S. 95; unter den Eventualverbindlichkeiten ausweisend Helaba, Einzelabschluss 2016, S. 61.
338 Entschädigungseinrichtung deutscher Banken (EdB); Entschädigungseinrichtung des Bundesverbandes Öffentlicher Banken (EdÖ).
339 ESF der privaten Banken, der öffentlichen Banken sowie der privaten Bausparkassen.
340 Für einen Überblick vgl. Podporowski/Reichelt/Bretschneider, in: WPg 2016, S. 152.

Beiträge zur **gesetzlichen Einlagensicherung** (Sicherungseinrichtungen i. S. d. § 22 Abs. 2 EinSiG) bemessen sich nach § 33 EinSiG i. V. m. der EntschFinV und stellen mithin eine öffentlich-rechtliche Außenverpflichtung dar. Eine volle Beitragspflicht besteht bei einer Zuordnung eines Instituts zu einer Entschädigungseinrichtung jeweils zum Ende eines Abrechnungsjahrs (jew. 30.09 eines Jahres), wobei sich der Jahresbeitrag bei unterjährigem Ausscheiden aus der Sicherungseinrichtung pro rata reduziert (§ 26 Abs. 1 EinSiG, § 3 Abs. 1 EntschFinV). Die Beitragsverpflichtung ist mithin pro rata temporis anzusparen. Der Beitrag repräsentiert das Produkt aus der für alle Institute identischen Beitragsrate, den gedeckten Einlagen des Instituts, dem aggregierten Risikogewicht des Instituts und einem Korrekturfaktor (§ 7 EntschFinV). Aufgrund der mit den Berechnungsfaktoren verbundenen Unsicherheit bis zur Bekanntgabe des Beitragsbescheids ist die Beitragsverpflichtung als Verbindlichkeitsrückstellung anzusparen. Wird dem Institut die Abgabe einer unwiderruflichen Zahlungsverpflichtung (gegen Stellung von Sicherheiten) gewährt, so sind die Einlagensicherungskosten insoweit nicht zurückzustellen, sondern als außerbilanzielle Verpflichtungen im Anhang anzugeben[341].

Die Finanzierung der **freiwilligen Einlagensicherung** ergibt sich aus dem Statut des Einlagesicherungsfonds (ESF)[342]. Diese wird durch Jahresumlagen bzw. Sonderumlagen (§ 5a Nr. 9 des Statuts) der teilnehmenden Banken aufgebracht (§ 5a Nr. 1 des Statuts). Die **Jahresumlage** ergibt sich als Produkt aus (risikoadjustiertem) Bemessungsfaktor und dem quartalsweisen Durchschnitt der gesicherten Einlagen des Instituts. Wie auch im gesetzlichen Regime kann die Jahresumlage bis zu 30 % durch die Übernahme einer besicherten Zahlungsverpflichtung gegen Stellung von Finanzsicherheiten erbracht werden (§ 5a Nr. 9f des Statuts, Anlage zu § 5a Abs. 10 des Statuts). Die Beitragspflicht endet nicht mit dem Ausscheiden aus dem ESF, sondern bleibt solange und soweit bestehen, wie Einlagen bei der Bank weiterhin vom ESF gesichert werden (§ 4 Nr. 8 des Statuts). Mithin ist eine Verbindlichkeitsrückstellung im Zeitpunkt der rechtlichen Vollentstehung zu erfassen. Verneint wird nach h. M. hingegen die Bildung einer Verbindlichkeitsrückstellung für den Fall, dass für die Mitgliedsbanken einer Entschädigungseinrichtung **Sonderbeiträge** aufgrund der Sanierung eines Mitgliedsinstituts anfallen werden. Nach Auffassung des BFH ist eine Verbindlichkeitsrückstellung nicht zu bilden, wenn der Sanierungsbeitrag in der Form eines erhöhten und jedes Jahr neu festzusetzenden Jahresbeitrags erhoben wird[343]. In diesem Fall kann sich das Mitgliedsinstitut durch Kündigung der Mitgliedschaft der künftigen Beitragszahlungen entziehen, da bei Ausscheiden aus der Sicherungseinrichtung eine Beitragszahlung zur Deckung bereits vorher beschlossener Sanierungsmaßnahmen nicht besteht. Der BFH folgt damit nicht der in Birck/Meyer vertretenen Auffassung, dass der Aufwand den zur Zahlung verpflichteten Banken – wenn auch zeitlich gestreckt – weiterbelastet werde und daher der Ansatz einer Rückstellung für ungewisse Verbindlichkeiten notwendig sei[344]. Da die Entschädigungseinrichtung (im Streitfall: Garantiefonds des BVR) eine selbständige Rechtspersönlichkeit aufweist und selbständig über die Sanierung sowie

---

341 Vgl. BFA des IDW, Berichterstattung über die 265. Sitzung vom 21.12.2015.
342 Vgl. BdB, Statut des Einlagensicherungsfonds, Berlin, Oktober 2017.
343 Vgl. BFH-Urteil vom 13.11.1991 – I R 78/89, in: BB 1992, S. 243.
344 Vgl. Birck/Meyer V, S. 360.

als Beitragsgläubiger über die Erhebung von (Sonder)Beiträgen entscheidet, kann nicht so getan werden, als ob die Beitragsverpflichtung bereits in voller Summe zu Anfang geleistet worden wäre[345]. Die Mitgliedsinstitute schulden nicht die Entschädigung als solche; ein rechtlicher Zusammenhang zwischen der Sanierung und den erhöhten Beitragsverpflichtungen wird im Schrifttum damit überwiegend verneint, zumal die Beitragshöhe von der Beitragsbemessungsgrundlage des jeweiligen Geschäftsjahrs abhängt[346]. Rückstellungen für öffentlich-rechtliche Verpflichtungen sind nach Auffassung des BFH nur dann hinreichend konkretisiert, wenn eine behördliche Verfügung vorliegt, das gesetzliche Handlungsgebot sanktionsbewehrt und durchsetzbar ist und das Unternehmen sich der Erfüllung der Verpflichtung nicht einseitig entziehen kann[347]; damit entstehen öffentlich-rechtliche Verpflichtungen erst mit dem Beitragsbescheid.

(3) Aufsichtsgebühren. Kreditinstitute sind Schuldner einer Vielzahl von Aufsichtsgebühren und Kostenumlagen von Aufsichtsbehörden. Die Beitragspflichten ergeben sich aus einer (wuchernden) Vielzahl von Spezialgesetzen, national- und europarechtlichen Verordnungen, delegierten Akten europäischer Behörden ggf. unter Zuhilfenahme diverser europäischer Richtlinien.

Nach Art. 30 SRM-VO sind von der EZB beaufsichtigte Kreditinstitute Schuldner sog. **EZB-Aufsichtsgebühren**[348]. Die Gebühr setzt sich zusammen aus einer Mindestgebührenkomponente und einer variablen Komponente (Art. 10 Abs. 6 EZB/2014/41). Bei einer Änderung des Status eines Kreditinstituts von »nicht beaufsichtigt« in »beaufsichtigt« bzw. von »bedeutend« zu »weniger bedeutend« berechnet sich die jährliche Gebühr auf der Grundlage der Anzahl der vollen Monate des Gebührenzeitraums, in denen das Institut den für die Berechnung relevanten Status inne hatte (Art. 7 EZB/2014/41). Es liegt mithin eine zeitraumbezogene Gebühr vor, die pro rata temporis anzusparen ist. Bei Fortfall der Unsicherheit der Höhe nach (durch Bescheid oder durch Kenntnis der Berechnungsgrößen) ist die Rückstellung in eine Verbindlichkeit umzubuchen.

Nach Art. 65 SRM-Verordnung[349] haben die am einheitlichen Abwicklungsmechanismus (SRM) teilnehmenden Unternehmen zum Haushalt 1 des Single Resolution Board (SRB) beizutragen. Diese **SRB-Beiträge** werden durch die DelVO EU 2017/2361 konkretisiert, welche das vorläufige Beitragssystem der DelVO EU 1310/2014 ablöst. Die Berechnung der jährlichen Beiträge richtet sich gem. Art. 5 Abs. 2 DelVO EU 2017/2361 dabei nach Art. 10 der EZB-Aufsichtsgebührenverordnung (EZB/2014/41) unter Berücksichtigung des Haushalts des SRB. Die erforderlichen Daten werden dem SRB durch die EZB zu Verfügung gestellt (Art. 6 DelVO EU 2017/2361). Analog zur EZB-Aufsichtsgebühr ist der Beitrag eines Unternehmens im Falle eines unterjährigen Statuswechsels auf der Grundlage der Anzahl

---

345 Vgl. Mathiak, in: DStR 1992, S. 457 f.
346 Vgl. Bacher/Jautz, in: BKR 2011, S. 102 f.; Bacher, in: BKR 2007, S. 140; kritisch bzgl. der »lebensfremden« Annahme, dass das Institut sich durch Einstellung des Geschäftsbetriebs der Beitragspflicht entziehen könnte siehe Schön, in: BB 1994, Beilage zu Heft 15, S. 5.
347 Vgl. BFH-Urteil vom 20.03.1980 – IV R 89/79, in: BStBl II 1980, S. 297; BFH-Urteil vom 19.10.1993, VIII R 14/92, in: BStBl. II 1993, S. 891.
348 Die Berechnung der Gebühr und das damit verbundene Erhebungsverfahren ist näher geregelt in: EZB/2014/41; EZB/2015/7 sowie Beschluss EU 2015/530.
349 VO EU Nr. 806/2014.

der Monate angepasst, in denen das Unternehmen am SRM teilnimmt (Art. 7 DelVO EU 2017/2361). Mithin ist für SRB-Beiträge pro rata temporis eine Verbindlichkeitsrückstellung anzusparen, welche bei Wegfall der Unsicherheit der Höhe nach in eine Verbindlichkeit umzubuchen ist.

Nach § 16 FinDAG haben die durch die **BaFin** beaufsichtigten Unternehmen die Kosten der Beaufsichtigung durch eine Kostenumlage zu tragen. Die Umlagenberechnung basiert auf Bemessungsgrundlagen, die sich je nach Zugehörigkeit des Unternehmens zu den verschiedenen Aufsichtsbereichen (Aufsichtsbereich »Banken und Finanzdienstleistungsinstitute«, »Versicherungen« sowie »Wertpapierhandel«) unterscheiden. Die auf Basis des Haushaltsplans der BaFin erwarteten Kosten eines Kalenderjahres werden durch die beaufsichtigten Unternehmen im Wege von Vorauszahlungen (im Januar und Juli eines Jahres) erhoben und im Nachhinein den tatsächlichen Kosten gegenübergestellt, woraus sich eine Nachzahlung oder eine Rückerstattung ergeben kann. Die Bemessungsgrundlage für Unternehmen der Aufsichtsgruppe »Banken und Finanzdienstleistungsinstitute« ergibt sich im Wesentlichen aus dem Verhältnis der Bilanzsumme des Instituts zu der Bilanzsumme aller umlagefähigen Institute (§ 16f Abs. 1 Nr. 1 FinDAG). Die Umlagepflicht für diese Unternehmen endet im Jahr des Erlöschens der Erlaubnis nach § 32 KWG. Bei unterjährigem Erlöschen mindert sich die Bemessungsgrundlage pro rata um die Monate, in denen das Unternehmen nicht beaufsichtigt war (§ 16a Abs. 2 Nr. 3 FinDAG). Die Vorauszahlungen sind mithin **als Rechnungsabgrenzungsposten** zu aktivieren und pro rata monatlich um ein Zwölftel aufwandswirksam zu verteilen.

Die **FMSA** ist berechtigt Kostenerstattungen an den Bund im Zusammenhang mit staatlichen Stützungsmaßnahmen nach §§ 6 bis 8a FMStFG sowie § 20 Abs. 2 bis 4 FMStBG zu verlangen (§ 3e FMStFG). Näheres hierzu regelt die FMSAKostV. Die Kostenerstattung kann auch als Vorschusszahlung oder als Sicherheitsleistung verlangt werden (§ 5 FMSAKostV). Die Pflicht zur Kostenerstattung entsteht im Regelfall mit Beendigung der durch die FMSA erbrachte Leistung (§ 2 FMSAKostV). Für die zu erwartende Kostenerstattung ist bis zur Bekanntgabe ihrer Festsetzung eine Verbindlichkeitsrückstellung zu bilden.

(4) Erfüllungsrückstände aus Finanzinstrumenten und anderen Schuldverhältnissen. Sofern ein Erfüllungsrückstand dem Grunde und/oder der Höhe nach unsicher ist, sind hierfür Verbindlichkeitsrückstellungen zu bilden; ist die Verpflichtung nicht mit Unsicherheit behaftet, ist die Verpflichtung unter den Verbindlichkeiten auszuweisen. Eine Verbindlichkeitsrückstellung ist für einen Erfüllungsrückstand zu bilden, der sich aus (kündbaren) **Sparguthaben mit im Zeitablauf steigender Verzinsung** ergibt. Gleiches gilt für Prämiensparmodelle und (Bau-)Sparguthaben mit Bonuszahlungen am Ende der Vertragslaufzeit (zur ausführlichen Darstellung siehe Kapitel III.1.6.2.2). Gleiches gilt für **Bausparkassen**, die bei Abschluss eines Bausparvertrags erhobene Abschlussgebühren im Falle eines Darlehensverzichts des Bausparers zurückzuzahlen haben. Die Rückzahlungsverpflichtung ist für das Institut bereits mit Abschluss des Bausparvertrags entstanden, da die Rückzahlung nach den Vertragsbestimmungen nur noch von einem von der Bausparkasse unabhängigen Willen abhängt[350]. Ebenso sind Verbindlichkeitsrückstellungen zu bilden für

---

350 Vgl. BFH-Urteil vom 12.12.1990 – I R 18/89, in: DStR 1992, S. 1240.

Genussrechte mit dividendenabhängigen Ausschüttungen. Aufgelaufene Ausschüttungsansprüche für das abgelaufene Geschäftsjahr auf Genussrechte mit Festzinsvereinbarung sind unter den sonstigen Verbindlichkeiten auszuweisen, während dividendenabhängige Ausschüttungen als Verbindlichkeitsrückstellungen zu erfassen und unter den »anderen Rückstellungen« (Passivposten 7c) auszuweisen sind[351]. Ein Erfüllungsrückstand besteht auch bei arbeitsvertraglichen Entlohnungen, die nach erbrachter Arbeitsleistung des Arbeitnehmers gewährt werden (z. B. variable Erfolgsvergütungen, Mitarbeiteroptionen[352]).

(5) Künftige Verwaltungsausgaben für Erträge der Vergangenheit (soweit nicht abgegrenzt). Bausparkassen haben eine Rückstellung für ungewisse Verbindlichkeiten für die Verpflichtung zu bilden, dass allen Bausparern ein **Jahreskontoauszug** zugestellt wird, sofern die Verpflichtung nach dem Bilanzstichtag erfüllt wird[353]. Die Rückstellung ist in Höhe der künftigen Einzelkosten und der anteiligen notwendigen Gemeinkosten zu bilden. Ebenso sind Verbindlichkeitsrückstellungen für künftig anfallende Kosten zu bilden, die im Zusammenhang mit der Bestandsverwaltung, Kundenbetreuung oder Nachbetreuung von Krediten stehen. Dafür – ggf. im vollem Umfang bei Abschluss eines Kredit- oder Bausparvertrags – erhaltene Gebühren sind in vollem Umfang ertragswirksam zu vereinnahmen; gleichzeitig ist aufwandswirksam eine Rückstellung für ungewisse Verbindlichkeiten zu bilden und mit ihrem Erfüllungsbetrag im Sinne des § 253 Abs. 1 S. 2 HGB anzusetzen[354]. Die Bildung einer Rückstellung für ungewisse Verbindlichkeiten ist notwendig, da für das Institut ein Erfüllungsrückstand aus einem Dauerschuldverhältnis besteht, in dem der Kreditnehmer eine Leistung bereits erbracht hat und der Kreditgeber die Gegenleistung noch schuldet (die Vertragsbeziehung ist durch Erfüllungsrückstand von Seiten des Instituts gestört).

1.3.9.1.2 Drohverlustrückstellungen

Während Verbindlichkeitsrückstellungen nach den Grundsätzen der zeitlichen und sachlichen Abgrenzung zum Zwecke einer periodengerechten Erfolgsermittlung zu bilden sind, folgt die Bildung einer Drohverlustrückstellung aus dem Imparitätsprinzip[355]. Rückstellungen für drohende Verluste aus schwebenden Geschäften sind (Passivierungsgebot) zu bilden, wenn die folgenden Voraussetzungen erfüllt sind:

a) Schwebendes Geschäft. Schwebende Geschäfte sind nach h. M. definiert als »verpflichtende Verträge, die auf einen Leistungsaustausch gerichtet sind und aus Sicht jedes Vertragspartners einen Anspruch und eine Verpflichtung begründen« (IDW RS HFA 4, Tz. 2). Schwebende Geschäfte sind mithin gegenseitige Verträge, die auf einen wirtschaftlichen

---

351 Vgl. Scharpf/Schaber (2018), S. 1049.
352 Mitarbeiteroptionen sind als Verbindlichkeitsrückstellungen zu passivieren. Vgl. Pellens/Crasselt, in: DB 1998, S. 218; Herzig, in: DB 1999, S. 1; Hoffmann/Lüdenbach, § 249 HGB, Tz. 113.
353 Vgl. OFD, Verfügung vom 02.05.2002 – A – 32- St II 20, in: DStR 2002, S. 1267.
354 Vgl. BFH-Urteil vom 27.07.2004, XI R 63/03 in: BB 2004, S. 2743; BFH-Urteil vom 19.07.2011 – X R 26/10, in: DStR 2011, S. 1990 zur Erläuterung vgl. Endert, in: DStR 2011, S. 2280.
355 Vgl. Baetge/Kirsch/Thiele (2010), S. 437.

Austausch gerichtet sind. Ein Institut ist i. d. R. Vertragspartei einer Vielzahl von schwebenden Geschäften:
- **Kapitalüberlassungsverhältnisse auf Zeit.** Während Darlehensforderungen und -verbindlichkeiten sowie Wertpapiere bilanziell in erster Linie als Vermögensgegenstände bzw. Schulden zu klassifizieren sind, gelten sie vor dem Hintergrund der bilanziellen Antizipation möglicher Verluste als schwebende Geschäfte. Dies wird im Schrifttum insbesondere für Darlehensverträge im Sinne der §§ 488 ff. BGB so gesehen. Diese stellen Dauerschuldverhältnisse dar, die auf eine Nutzungsüberlassung von Kapital auf Zeit gerichtet sind. Es besteht insoweit ein **synallagmatisches Verhältnis**, in dem der Gläubiger die Kapitalüberlassung auf Zeit und der Schuldner die Leistung von Zins- und Tilgungszahlungen schuldet. Die Leistung wird pro rata temporis erbracht und ist daher zum Bilanzstichtag in Bezug auf die künftigen Leistungen und Gegenleistungen zweiseitig noch nicht erfüllt; es handelt sich insoweit um ein schwebendes Geschäft. Die Nutzungsüberlassung von Kapital auf Zeit ist daher als ein **zweiseitig schwebendes Geschäft (Dauerschuldverhältnis)** zu betrachten, bei dem der Gläubiger die Kapitalüberlassung für die Nutzungsperioden bis zur Endfälligkeit noch schuldet und der Schuldner im Gegenzug Zins- und Tilgungszahlungen für die Restlaufzeit noch zu erbringen hat[356]. Ob es sich bei den Verträgen um schwebende Geschäfte handelt, durch die Kapital auf Zeit überlassen wird, richtet sich nach der hier vertretenen Auffassung nicht nach den **zivilrechtlichen Rechtsverhältnissen**, sondern folgt einer wirtschaftlichen Betrachtungsweise. Dies ist im Schrifttum umstritten. So wird die zinsunabhängige Bewertung von Darlehensforderungen im Gegensatz zu der zinsabhängigen Bewertung von Wertpapieren der Liquiditätsreserve oftmals mit dem unterschiedlichen zivilrechtlichen Charakter begründet. Während Buchforderungen zivilrechtlich Dauerschuldverhältnisse nach §§ 607 ff. BGB sind, stellen Wertpapiere erworbene Rechte dar, die in den kaufvertraglichen Regelungskreis der §§ 433 ff. BGB fallen. Während bei Buchforderungen die Nutzungsüberlassung von Kapital auf Zeit bereits durch den zivilrechtlichen Charakter zum Ausdruck kommt, war in der Literatur lange Zeit umstritten[357], ob Schuldverschreibungen die Eigenschaft einer Nutzungsüberlassung auf Zeit ebenfalls zugesprochen werden kann[358]. Im Ergebnis wurden damit Buchforderungen und Wertpapiere der Liquiditätsreserve, die jeweils dem Umlaufvermögen zuzuordnen sind, (nur) aufgrund ihres abweichenden zivilrechtlichen Charakters unterschiedlich bilanziert. Diese Sichtweise eröffnete die Möglichkeit, durch die Umschreibung (Vinkulierung)[359] von unterverzinslichen Inhaberschuldverschreibungen in Namenspapiere eine Bewertung der Schuldverschreibung nach denen für Buchforderungen geltenden

---

356 Vgl. Scholz, in: Schierenbeck/Wielen (Hrsg.), Bilanzstrukturmanagement in Kreditinstituten, S. 130; Krumnow/Sprißler, § 340e HGB, Tz. 275 ff.
357 Vgl. z. B. Oestreicher, in: BB 1993, S. 3–5; im Ergebnis ablehnend Meyer, in: FS Scholz, S. 144.
358 Dies wurde mit Verweis auf eine wirtschaftliche Betrachtungsweise zum Teil bejaht. Vgl. Döllerer, in: BB 1988, S. 885; Naumann (1995), S. 74.
359 Die Umschreibung einer Inhaberschuldverschreibung in eine Namensschuldverschreibung stellt keine bilanzielle Novation dar und führt zu keiner Erfolgsrealisation. Da das Instrument nach Umschreibung keinen Wertpapiercharakter im Sinne des § 7 RechKredV aufweist, kommt es lediglich zu einem im Anlagespiegel zu berücksichtigenden Abgang (§ 34 Abs. 3 S. 2. RechKredV). Vgl. Häuselmann (2005), S. 16, 22 und 41; Häuselmann, in: BB 2010, S. 944–950.

Grundsätze zu erreichen[360], da Namensschuldverschreibungen zwar Wertpapiere darstellen allerdings nach § 14 S. 3 RechKredV unter den Buchforderungen auszuweisen sind. Die daraus entstandene Bewertungsambivalenz wurde überwiegend bereits vor BilMoG als nicht sachgerecht angesehen[361]. Vor diesem Hintergrund erscheint es folgerichtig, das Vorliegen schwebender Geschäfte eines Instituts, mit denen Kapital auf Zeit überlassen wird, einer wirtschaftlichen Betrachtungsweise folgen zu lassen und damit eine einheitliche Behandlung von Forderungen und Wertpapieren zu ermöglichen[362]. In dieser Hinsicht sind auch Leasing-Geschäfte als schwebende Geschäfte zu betrachten (IDW RS HFA 4, Tz. 3). Die Betrachtung von Forderungen, Verbindlichkeiten sowie zinstragenden Wertpapieren und Derivaten als schwebende Geschäfte findet bei Instituten ihren Niederschlag in der verlustfreien Bewertung von zinsbezogenen Geschäften des Bankbuchs nach den Grundsätzen des IDW RS BFA 3 (siehe im Einzelnen Kapitel III.2.3).

- **Derivative Finanzinstrumente des Nicht-Handelsbestands.** Derivate stellen Verträge dar, die auf einen gegenseitigen Leistungsaustausch in der Zukunft gerichtet sind. Unbedingte Termingeschäfte (z. B. Zinsswaps) stellen schwebende Geschäfte dar, die bei Geschäftsabschluss nicht zu bilanzieren sind[363]. Die Nicht-Bilanzierung schwebender Geschäfte kann für den Fall, dass der Wert der Ansprüche aus einem schwebenden Geschäft den Wert der damit verbundenen Verpflichtungen übersteigt, mit dem Realisationsprinzip des § 252 Abs. 1 Nr. 4 HS 2 HGB gerechtfertigt werden[364]. Im Allgemeinen wird die Nicht-Bilanzierung schwebender Geschäfte mit der Ausgeglichenheitsvermutung in Verbindung mit dem Vereinfachungsprinzip gerechtfertigt. Die Folgebilanzierung von derivativen Finanzinstrumenten in der Bankbilanz nach handelsrechtlichen Grundsätzen hängt insbesondere von der mit den Derivaten verbundenen Zwecksetzung ab. Die Bilanzierung derivativer Finanzinstrumente richtet sich in einem ersten Schritt nach der Buchzuordnung. Bei einer Widmung zum Handelsbestand ist ein Derivat einer risikoadjustierten Marktwertbewertung zu unterziehen (siehe Kapitel III.1.2.3). Dabei ist zu berücksichtigen, dass Derivate nach § 340e Abs. 3 S. 4 HGB nachträglich aus dem Handelsbestand in eine Bewertungseinheit einbezogen werden können. In diesem Fall sind Derivate nach den Grundsätzen der Bilanzierung von Bewertungseinheiten nach § 254 HGB abzubilden (siehe Kapitel III.2.1). Werden derivative Finanzinstrumente dem Nicht-Handelsbestand (Bankbuch) zugeordnet, so richtet sich die Bilanzierung nach der mit den Derivaten verfolgten Zweckbestimmung. Handelt es sich bei den Derivaten um interne Geschäfte zwischen Handelsbuch und Bankbuch, so sind die Derivate auf Seiten des Handelsbestands wie die sonstigen Geschäfte des Handelsbestands einer risikoadjustierten Zeitwertbewertung zu unterziehen; auf Seiten des Bankbuchs richtet sich die Bilanzierung interner Derivate nach den allgemeinen Grund-

---

360 Vgl. BMF-Schreiben vom 10.12.1974, in: BB 1975, S. 23; VFA 1, Tz. 18 sowie Groh, in: StuW 1991, S. 300 mit Verweis auf BAKred Schreiben vom 07.01.1988, IDW FN 1988, S. 32 f.
361 Vgl. Windmöller, in: FS Moxter, S. 889–891; Naumann (1995), S. 72–75.
362 Ebenso auch Düpmann (2007), S. 192 f.; aA noch Meyer, in: FS Scholz, S. 144 f.
363 Vgl. Schmidt/Usinger, in: BBK, 11. Aufl., § 254 HGB, Tz. 111; Maulshagen/Maulshagen, in: BB 2000, S. 248; Haisch/Helios, in: Rechtshandbuch Finanzinstrumente, S. 88.
364 Vgl. Christiansen, in: DStR 2007, S. 869; BFH-Urteil vom 03.08.2005 – IR 115/91, in: DStR 2005, S. 1371.

sätzen, die auch für externe Derivate des Bankbuchs gelten. Handelt es sich bei den Derivaten des Nicht-Handelsbestands um Währungsderivate (Cross Currency Swaps, Devisentermingeschäfte, etc.), so ist in einem ersten Schritt zu prüfen, ob diese Teil der Steuerung der allgemeinen Währungsposition des Bankbuchs sind und in die besondere Deckung nach § 340h HGB einbezogen werden. In diesem Fall sind die Währungsderivate im Rahmen der Gesamtwährungsposition erfolgswirksam mit dem Stichtagskurs am Bilanzstichtag umzurechnen (im Einzelnen siehe Kapitel III.2.2). Liegt hingegen ein Zinsderivat (z.B. Zinsswap, Forward, Cap, Floor) des Bankbuchs vor, so ist zu prüfen, ob das Derivat zur Steuerung des allgemeinen Zinsänderungsrisikos des Bankbuchs eingesetzt wird. In diesem Fall ist das Derivat in die verlustfreie Bewertung des Bankbuchs nach den Grundsätzen des IDW RS BFA 3 einzubeziehen (im Einzelnen siehe Kapitel III.2.3). Liegt kein Kreditderivat vor, das nach IDW RS BFA 1 zu bilanzieren ist, ist das Derivat einer imparitätischen Einzelbewertung zu unterziehen. In diesem Fall ist – bei Vorliegen eines negativen Marktwerts am Abschlussstichtag – eine Rückstellung für drohende Verluste aus schwebenden Geschäften zu bilden.

b) **Drohender Verlust.** Nach IDW RS HFA 4, Tz. 15 ergibt sich aus einem schwebenden Geschäft ein Verlust am Bilanzstichtag, »wenn der Wert der Leistungsverpflichtung des Bilanzierenden den Wert seines Gegenleistungsanspruchs übersteigt (Verpflichtungsüberschuss)«. Der Eintritt eines Verlusts droht, wenn aufgrund der vertraglichen Vereinbarungen und der Umstände der Vertragsabwicklung ernsthaft mit einem Verpflichtungsüberschuss zu rechnen ist. Es müssen konkrete Anhaltspunkte vorliegen, die bei normaler Abwicklung des Geschäfts und unter vernünftiger kaufmännischer Beurteilung einen Verlust erwarten lassen.

Grundsätzlich haben außerplanmäßige Abschreibungen Vorrang gegenüber der Bildung einer Rückstellung für drohende Verluste. Handelt es sich um ein **schwebendes Absatzgeschäft**, das einen Vermögensgegenstand des Umlaufvermögens zum Gegenstand hat, so sind außerplanmäßige Abschreibungen nach dem strengen Niederstwertprinzip vorzunehmen; nur für einen überschießenden Verlustanteil sind Drohverlustrückstellungen zu bilden. Handelt es sich um ein schwebendes Absatzgeschäft, das einen Vermögensgegenstand des Anlagevermögens zum Gegenstand hat, sind drohende Verluste nur bei einer dauerhaften Wertminderung zu erfassen. Bei **schwebenden Beschaffungsgeschäften** stellt die Bildung einer Drohverlustrückstellung die Vorwegnahme einer außerplanmäßigen Abschreibung dar. Diese ist in Abhängigkeit von der Zuordnung des Vermögensgegenstands zum Umlauf- oder Anlagevermögen entweder zum strengen oder zum gemilderten Niederstwertprinzip vorzunehmen.

Für Institute ist in diesem Zusammenhang die Bildung von Rückstellungen für drohende Verluste aus **Dauerschuldverhältnissen** von besonderer Bedeutung. Dauerschuldverhältnisse sind nur insoweit als schwebende Geschäfte zu betrachten, als sie noch nicht abgewickelt sind. Aus dem bereits abgewickelten Teil (z.B. Zins- oder Tilgungszahlung eines Kredits) kann kein Verlust mehr drohen; diesbezüglich kann ggf. noch ein **Erfüllungsrückstand** bestehen, für den die Passivierung einer Verbindlichkeit oder die Bildung einer Rückstellung für ungewisse Verbindlichkeiten in Betracht kommt. Dauerschuldverhältnisse sind mithin einer sog. Restwertbetrachtung zu unterziehen, nach der nur die nicht abgewickelten Teile des Dauerschuldverhältnisses als schwebende Geschäfte anzusehen sind (IDW RS HFA 4, Tz. 14).

Da Rückstellungen für drohende Verluste aus schwebenden Geschäften nach § 5 Abs. 4a EStG steuerlich nicht anzusetzen sind, entsteht aus der handelsrechtlichen Passivierung einer Drohverlustrückstellung – unter Beachtung der Gesamtdifferenzenbetrachtung – eine aktive Steuerlatenz.

1.3.9.1.3 Aufwandsrückstellungen

Seit Inkrafttreten des BilMoG gilt für Aufwandsrückstellungen ein generelles Ansatzverbot. Für Aufwandsrückstellungen besteht nur eine Passivierungspflicht »für im Geschäftsjahr unterlassene Aufwendungen für Instandhaltung, die im folgenden Geschäftsjahr innerhalb von drei Monaten oder für Abraumbeseitigung, die im folgenden Geschäftsjahr nachgeholt werden« (§ 249 Abs. 1 S. 2 Nr. 1 u. 2 HGB). Aufgrund des handelsrechtlichen Passivierungsgebots in diesem Fall besteht auch steuerlich eine Rückstellungspflicht (R 5.7 Abs. 11 S. 1 EStR). Im Gegensatz zu den Drohverlust- und Verbindlichkeitsrückstellungen, die das Bestehen einer Außenverpflichtung voraussetzen, liegen Aufwandsrückstellungen reine Innenverpflichtungen zugrunde.

1.3.9.2 Unterposten

Die in Formblatt 1 vorgesehene Untergliederung des Passivpostens 7 »Rückstellung« stimmt mit der für alle Kaufleute geltenden Bilanzgliederung in § 266 Abs. 3 B HGB überein. Es gelten insoweit keine geschäftszweigspezifischen Besonderheiten.

Im Unterposten 7a) sind **Rückstellungen für Pensionen** und ähnliche Verpflichtungen auszuweisen. Als ähnliche Verpflichtungen sind Vorruhestandsgelder, Krankheitskostenersatzleistungen und Ähnliches zu verstehen.

Im Unterposten 7b) sind die **Steuerrückstellungen** des Instituts gesondert auszuweisen. Die umfasst alle ungewissen Steuerschulden des Instituts. Zu beachten sind hierbei die besonderen Konkretisierungserfordernisse zum Ansatz öffentlich-rechtlicher Schulden, die durch den BFH entwickelt wurden. Steuerrückstellungen sind – wie alle übrigen Rückstellungsarten auch – durch Diskontierung künftiger Inanspruchnahmen zu ermitteln. Die Diskontierung hat mit dem Bundesbankzins laut RückAbzinsV zu erfolgen.

Unterposten 7c) »**andere Rückstellungen**« weicht in seiner Bezeichnung von dem in § 266 Abs. 3 B Nr. 3 HGB aufgeführten Posten »sonstige Rückstellungen« ab. Die abweichende Bezeichnung ist jedoch kein Hinweis auf einen abweichenden Postenausweis. Der postulierte Gleichklang folgt bereits daraus, dass § 285 Nr. 12 HGB, nach dem eine Aufgliederung des Postens »sonstige Rückstellungen« unter gewissen Bedingungen zu erfolgen hat, auch für Institute anzuwenden ist (§ 340a Abs. 2 S. 1 HGB). In diesem Posten sind alle Rückstellungssachverhalte auszuweisen, die nicht einem der beiden vorherigen Unterposten zugeordnet werden können. Wird im Posten 7c eine Rückstellung für einen drohenden Verlust aus einer unter dem Strich vermerkten Eventualverbindlichkeit oder einem Kreditrisiko gebildet, so ist nach § 24 RechKredV der Posten unter dem Strich in Höhe des zurückgestellten Betrags zu kürzen.

1.3.9.3 Anhangangaben

In Bezug auf die in dem Passivposten 7 auszuweisenden Rückstellungen haben Institute die folgenden Erläuterungen im Anhang zu geben:
- Nach § 285 Nr. 24 HGB sind zu den Rückstellungen für Pensionen und ähnlichen Verpflichtungen das angewandte versicherungsmathematische Berechnungsverfahren sowie die grundlegenden Annahmen der Berechnung, wie Zinssatz, erwartete Lohn- und Gehaltssteigerungen und zugrunde gelegte Sterbetafeln im Anhang zu erläutern. Für Altersvorsorgeverpflichtungen gegenüber Organmitgliedern sind die Angaben nach § 285 Nr. 9 b) HGB zu beachten.
- Nach § 284 Abs. 2 Nr. 1 HGB sind die auf die Posten der Bilanz und der Gewinn- und Verlustrechnung angewandten Bilanzierungs- und Bewertungsmethoden zu erläutern. Dies schließt insbesondere auch Erläuterungen im Zusammenhang mit der verlustfreien Bewertung zinsbezogener Geschäfte des Bankbuchs ein (IDW RS BFA 3, Tz. 41).
- Nach § 340a Abs. 2 S. 1 HGB sind die Vorschriften des § 285 Nr. 12 HGB auch von Instituten zu beachten. Danach sind Rückstellungen, die in der Bilanz unter dem Posten »sonstige Rückstellungen« nicht gesondert ausgewiesen werden, zu erläutern, wenn sie einen nicht unerheblichen Umfang haben.

1.3.10 Nachrangige Verbindlichkeiten (Passivposten 9)

1.3.10.1 Voraussetzungen für den Postenausweis

Im Passivposten 9 »Nachrangige Verbindlichkeiten« sind nur solche Verbindlichkeiten auszuweisen, die als nachrangig im Sinne von § 4 Abs. 1 RechKredV gelten. Danach sind Verbindlichkeiten als **nachrangig** auszuweisen, »wenn sie als Verbindlichkeiten im Falle der Liquidation oder Insolvenz erst nach den Forderungen der anderen Gläubiger erfüllt werden dürfen.« Der Ausweis von nachrangigen Verbindlichkeiten in einem gesonderten Bilanzposten ist eine branchenspezifische Besonderheit, die der Zuordnung von nachrangigen Verbindlichkeiten zum haftenden Eigenkapital von Instituten Rechnung trägt. Für den bilanziellen Ausweis im Passivposten 9 kommt es nur auf das Bestehen einer (vertraglichen) Nachrangabrede an, nicht auf die Anerkennung als haftende Eigenmittel nach Art. 63 CRR[365]. Ein Ausweis einer Verbindlichkeit im Passivposten 9 ist unter den folgenden kumulativ zu erfüllenden Voraussetzungen vorzunehmen:

a) Dem Grunde und der Höhe nach sicher. Eine Verpflichtung ist nur dann unter den Nachrangigen Verbindlichkeiten auszuweisen, wenn sie dem Grunde und der Höhe nach sicher ist. Verpflichtungen, die dem Grunde und/oder der Höhe nach ungewiss sind, werden unter dem Passivposten 7 »Rückstellungen« ausgewiesen.

---

365 Insoweit unpräzise WPH I^{2012}, J 234.

b) Nachrangabrede. Notwendig für den Postenausweis ist das Bestehen einer Nachrangabrede, durch die die Ansprüche der Nachranggläubiger hinter die Forderungen der übrigen Gläubiger treten. Eine Verlustteilnahme oder ein Aufschieben bzw. Entfall von Zinszahlungen ist nicht notwendig. Im Allgemeinen wird gefordert, dass die Nachrangabrede Teil der Emissions- bzw. Darlehensbedingungen sein muss. Fraglich ist, ob Darlehen, die aufgrund gesetzlicher Vorschriften nachrangig sind, ohne dass dies vertraglich vereinbart ist, ebenfalls als Nachrangige Verbindlichkeiten im Sinne der RechKredV anzusehen sind (z.B. insolvenzrechtlicher Nachrang von Gesellschafterdarlehen aufgrund von §39 Abs. 1 Nr. 5 InsO). Die Ansprüche aus Gesellschafterdarlehen sind jedoch nicht nachrangig gegenüber allen übrigen Insolvenzgläubigern zu befriedigen. Aufgrund von §39 Abs. 2 InsO sind die Ansprüche aus Gesellschafterdarlehen vorrangig gegenüber den Ansprüchen zu befriedigen, die auf Forderungen beruhen, für die ein expliziter Rangrücktritt vereinbart wurde. Ein Ausweis von Gesellschafterdarlehen im Passivposten 9 ist daher nur dann vorzunehmen, wenn eine **vertragliche** Nachrangabrede besteht. Gleiches gilt für Bankschuldverschreibungen, die aufgrund des Abwicklungsregimes (§46f Abs. 6 S.2 KWG i.V.m. §91 Abs. 2 SAG) nachrangig sind. Eine Ausweitung des Postenausweises auf gesetzliche Nachrangforderungen würde gegen Art. 21 BaBiRiLi (86/635/EWG) verstoßen, der »eine vertragsgemäße« Nachrangigkeit voraussetzt. Der Postenausweis umfasst sowohl nachrangige Darlehensverbindlichkeiten (Buchverbindlichkeiten) als auch nachrangige verbriefte Verbindlichkeiten. Der Ausweis in Passivposten 9 geht einem Ausweis in Passivposten 3 vor.

c) Kein Ausweis als Handelsbestand. Verbindlichkeiten, die mit dem Ziel der kurzfristigen Gewinnerzielungsabsicht begeben wurden, sind unter dem Passivposten 3a »Handelsbestand« auszuweisen. Zu den Voraussetzungen einer Zuordnung zum Handelsbestand siehe Kapitel III.2.1.1.

d) Kein Ausweis als Genussrechtskapital oder stille Einlage. Genussrechte sind in einem eigenen Passivposten (Passivposten 10) auszuweisen. Stille Einlagen sind aufgrund von §25 Abs. 1 S.1 RechKredV unter dem »Gezeichneten Kapital« (Passivposten 12a) auszuweisen.

Hat ein Institut eine strukturierte Verbindlichkeit begeben, welche trennungspflichtige eingebettete Derivate und ein nachrangiges Basisschuldinstrument enthält, so ist das Basisschuldinstrument im Passivposten 9 auszuweisen (die eingebetteten Derivate ändern an dem Ausweis als nachrangige Verbindlichkeit nichts)[366]. Der Ausweis der trennungspflichtigen eingebetteten Derivate richtet sich nach den allgemeinen Grundsätzen (siehe Kapitel III.1.4.4).

Grundsätzlich sind anteilige Zinsen und ähnliche das Geschäftsjahr betreffende Beträge, die erst nach dem Bilanzstichtag fällig werden, aber bereits am Bilanzstichtag den Charakter von bankgeschäftlichen oder finanzdienstleistungstypischen Forderungen oder Verbindlichkeiten haben, nach §11 RechKredV in dem Bilanzposten auszuweisen, zu dem sie gehören. Sofern anteilige Zinsen auf Verbindlichkeiten des Passivpostens 9 jedoch zum

---
366 Vgl. Böhringer/Mihm/Schaffelhuber/Seiler, in: RdF 2011, S.52f.

Bilanzstichtag nicht als nachrangig anzusehen sind, erscheint ein Ausweis der anteiligen Zinsen im Passivposten 5 »Sonstige Verbindlichkeiten« sachgerecht.

1.3.10.2 Anhangangaben

In Bezug auf die in dem Passivposten 9 auszuweisenden nachrangigen Verbindlichkeiten haben Institute die folgenden Erläuterungen im Anhang zu machen. Dabei können die folgenden Aufgliederungen **wahlweise** in der Bilanz oder im Anhang vorgenommen werden:
- verbriefte und unverbriefte Verbindlichkeiten gegenüber verbundene Unternehmen zu dem Posten »Nachrangige Verbindlichkeiten« (§ 3 S. 1 Nr. 3 RechKredV),
- verbriefte und unverbriefte Verbindlichkeiten gegenüber Unternehmen, mit denen ein Beteiligungsverhältnis besteht, zu dem Posten »Nachrangige Verbindlichkeiten« (§ 3 S. 1 Nr. 4 RechKredV),
- Verbindlichkeiten gegenüber Gesellschaftern sind von Instituten in der Rechtsform einer GmbH gesondert auszuweisen (§ 42 Abs. 3 GmbHG).

Die folgenden Angaben sind ausschließlich im **Anhang** zu machen:
- Angabe des Gesamtbetrags der für eigene Verbindlichkeiten hinterlegten Sicherheiten (§ 35 Abs. 5 RechKredV).
- Nach § 11 S. 2 RechKredV i. V. m. § 268 Abs. 5 S. 3 HGB sind die im Passivposten 3 enthaltenen Beträge, die erst nach dem Abschlussstichtag rechtlich entstehen und einen größeren Umfang haben, im Anhang zu erläutern.
- Nach § 35 Abs. 1 Nr. 6 RechKredV ist der Gesamtbetrag der Schulden, die auf Fremdwährung lauten, jeweils in Euro anzugeben.
- Nach § 35 Abs. 3 RechKredV bestehen zu dem Posten »Nachrangige Verbindlichkeiten« die folgenden Angabepflichten:
  1. »Der Betrag der für nachrangige Verbindlichkeiten angefallenen Aufwendungen
  2. zu jeder zehn vom Hundert des Gesamtbetrags der nachrangigen Verbindlichkeiten übersteigenden Mittelaufnahme:
     a) der Betrag, die Währung, auf die sie lautet, ihr Zinssatz und ihre Fälligkeit sowie, ob eine vorzeitige Rückzahlungsverpflichtung entstehen kann,
     b) die Bedingungen ihrer Nachrangigkeit und ihrer etwaigen Umwandlung in Kapital oder in eine andere Schuldform,
  3. zu anderen Mittelaufnahmen die wesentlichen Bedingungen«.

  Hinsichtlich der Angabepflicht nach § 35 Abs. 3 Nr. 1 RechKredV ist der Auffassung zuzustimmen, dass die angabepflichtigen angefallenen Aufwendungen nur die im abgelaufenen Geschäftsjahr **aufwandswirksam** erfassten Zinsaufwendungen umfassen[367]. Einmalig anfallende Kosten wie z. B. Prospekt-, Platzierungs-, Publizierungs- und Ratingkosten sind hier nicht zu berücksichtigen[368]. Durch diese Angabepflicht

---

367 Vgl. Krumnow/Sprißler (2004), § 4 RechKredV, Tz. 11; Bieg/Waschbusch (2017), S. 839; Bundesverband deutscher Banken (1993), S. 85.
368 Nach Scharpf/Sohler (1992), S. 266 sind sämtliche Aufwendungen in die angefallenen Aufwendungen einzurechnen.

beabsichtigte der Gesetzgeber, dem Abschlussadressaten Informationen darüber bereitzustellen, mit welchem Betrag das Nachrangrisiko von den Nachranggläubigern bewertet wird[369]. Da der Bilanzleser jedoch nicht die Zeitpunkte der Kreditaufnahme sowie die zu diesem Zeitpunkt der Kreditaufnahme geltenden Marktzinsen kennt, wird die vom Gesetzgeber verfolgte Absicht mit dieser Angabepflicht nicht erreicht werden können[370].

Nach § 35 Abs. 3 Nr. 2 RechKredV sind für Mittelaufnahmen, die 10 % des Gesamtbetrags der nachrangigen Verbindlichkeiten übersteigen, bestimmte Zusatzangaben zu machen. Unklar ist in diesem Zusammenhang, ob mit dem Begriff der »Mittelaufnahme« der Rechtsakt des Eingehens eines Dauerschuldverhältnisses oder die Verbindlichkeit als solche gemeint ist. Wird auf den Akt der Mittelaufnahme abgestellt, so bestünde die Angabepflicht nur im ersten Jahr der Kreditaufnahme. Fraglich ist mithin, ob nur der Zugang an nachrangigen Verbindlichkeiten, die 10 % des Gesamtbestands überschreiten oder der Gesamtbestand aller am Bilanzstichtag bestehenden Verbindlichkeiten Gegenstand der Erläuterungspflicht ist. Für eine Einschränkung auf den Zugang an Verbindlichkeiten spricht der Wortlaut von Art 49 EG-BBRL, wonach die Angabepflicht **bei jeder Kreditaufnahme** besteht. Die h. M. spricht sich hingegen für eine Angabepflicht aus, die sich auf den Gesamtbestand an nachrangigen Verbindlichkeiten zum jeweiligen Bilanzstichtag bezieht[371]. Die Angabepflicht nach § 35 Abs. 3 Nr. 2 RechKredV bezieht sich jedoch nur auf solche Verbindlichkeiten, die 10 % des Gesamtbetrags der am Bilanzstichtag passivierten nachrangigen Verbindlichkeiten übersteigen. In Bezug auf die Angabe des »Betrags« ist hier der Rückzahlungsbetrag und für den Zinssatz der Nominalzinssatz (also jeweils ohne Berücksichtigung von Agien und Disagien) anzugeben. Bei der Erläuterung der vorzeitigen Rückzahlungsverpflichtungen sind eventuell bestehende Kündigungsmöglichkeiten von Gläubiger und Schuldner sowie regulatorische oder steuerliche Beendigungsklauseln zu erläutern[372].

Für nachrangige Verbindlichkeiten, die weniger als 10 % des Gesamtbestands an nachrangigen Verbindlichkeiten zum Bilanzstichtag ausmachen, gilt die weniger detaillierte Angabepflicht in § 35 Abs. 3 Nr. 3 RechKredV. Für diese Instrumente sind nur die »wesentlichen Bedingungen« zu erläutern. Würden als wesentliche Bedingungen erneut Zinssatz, Betrag, Laufzeit usw. aufgeführt werden müssen, so würde kein wesentlicher Unterschied zwischen der Angabepflicht nach Nr. 2 und Nr. 3 bestehen. Nach h. M. reicht es für die unter Nr. 3 fallenden nachrangigen Verbindlichkeiten aus, wenn angegeben wird, inwieweit diese Ergänzungskapital oder Drittrangmittel im Sinne der CRR darstellen[373].

---

369 Vgl. Schwartze (1991), S. 235.
370 Vgl. Bieg/Waschbusch (2017), S. 840; Krumnow/Sprißler (2004), § 4 RechKredV, Tz. 11.
371 Vgl. Krumnow/Sprißler (2004), § 4 RechKredV, Tz. 12; Bieg/Waschbusch (2017), S. 840.
372 Vgl. Krumnow/Sprißler (2004), § 4 RechKredV, Tz. 13; Bieg/Waschbusch (2017), S. 840.
373 Vgl. Bieg/Waschbusch (2017), S. 840; Krumnow/Sprißler (2004), § 4 RechKredV, Tz. 14.

1.3.11 Genussrechtskapital (Passivposten 10)

1.3.11.1 Voraussetzungen für den Postenausweis

Aufgrund seiner besonderen Haftungsfunktion sieht das Formblatt 1 einen gesonderten Ausweis von Genussrechtskapital im gleichnamigen Passivposten 10 vor. Diese Finanzinstrumente können je nach Ausgestaltung Bestandteile des harten bzw. zusätzlichen Kernkapitals oder des Ergänzungskapitals sein (Art. 26 u. 28, 51 u. 52; 62 u. 63 CRR). Strittig ist, ob nur die Genussrechte im Passivposten 10 auszuweisen sind, die als haftendes Eigenkapital im Sinne der CRR gelten oder ob der Postenausweis auch weitere Genussrechte einschließt. Mit der Begründung, dass die institutsspezifischen Bilanzierungsvorschriften keine Einschränkung hinsichtlich des Postenausweises vornehmen und die aufsichtsrechtliche Klassifikation nicht bestimmend für die Bilanzierung ist, wird vielfach die Auffassung vertreten, dass alle Arten von Genussrechten im Passivposten 10 auszuweisen sind[374]. Damit würden im Passivposten 10 auch Genussrechte auszuweisen sein, die nicht haftendes Eigenkapital im Sinne der CRR darstellen. Eine Mindermeinung spricht sich dafür aus, den Postenausweis nur auf die Genussrechte zu beschränken, die die Kriterien der CRR erfüllen[375]. Für diese Auffassung würden die folgenden Argumente sprechen:

Eine Legaldefinition des Begriffs Genussrechts existiert nicht. Gleichwohl besteht die Notwendigkeit einer Positivdefinition des Begriffs »Genussrecht« (unter anderem auch zum Zwecke des Postenausweises für Institute). Im Schrifttum wird definiert, dass Genussrechte schuldrechtliche Ansprüche auf aktionärstypische Vermögensrechte begründen (aktionärstypische Mitwirkungs- und Kontrollrechte werden durch Genussrechte nicht begründet)[376]. Genussrechte sind mithin Dauerschuldverhältnisse eigener Art, die keine Mitgliedschaftsrechte wohl aber eigentümerspezifische Vermögensrechte verkörpern. Ein Finanzinstrument gilt in diesem Zusammenhang schon dann als Genussrecht, wenn es bereits **ein** aktionärstypisches Vermögensrecht beinhaltet[377]. Bei dieser Definition können sich Abgrenzungsprobleme zu anderen Finanzierungsformen wie z.B. Gewinnschuldverschreibungen (sog. **participating bonds**) ergeben. Gewinnschuldverschreibungen sind nach § 221 Abs. 1 S. 1 AktG definiert als Schuldverschreibungen, die neben einer bestimmten Geldforderung weitere Leistungen verbriefen, die »mit Gewinnanteilen von Aktionären in Verbindung gebracht« werden (im Einzelnen siehe Kapitel IV.1.2.5.1). Eine Gewinnschuldverschreibung verbrieft mithin ein aktionärstypisches Vermögensrecht, nämlich die Beteiligung am Gewinn. Der Tatbestand für das Vorliegen eines Genussrechts wäre damit prinzipiell eröffnet (so nennt bspw. auch das IDW zum Zwecke der bilanziellen Klassifizierung von Genussrechten den Tatbestand des Vorliegens einer Beteiligung am Gewinn und/oder Liquidationserlös)[378]. Gewinnschuldverschreibungen könnten daher bei dieser

---

[374] Vgl. Bieg/Waschbusch (2017), S. 273 f.; Bieg/Waschbusch, in: Beck HdR, B 900, Tz. 201; Scharpf/Schaber (2018), S. 1091; Krumnow/Sprißler (2004), S. 1355.
[375] So bspw. – jedoch ohne Begründung – WPH I[2012], J 235; Treuarbeit (1992), S. 98.
[376] Vgl. Habersack, in: MüKom AktG, 4. Aufl., § 221 AktG, Tz. 64.
[377] Vgl. Habersack, in: MüKom AktG, 4. Aufl., § 221 AktG, Tz. 65.
[378] Vgl. IDW HFA 1/94, in: WPg 1994, S. 419.

Sichtweise als eine Sonderform von Genussrechten interpretiert werden[379]. Es ist jedoch zweifelhaft, dass eine gewinnabhängige Zusatzverzinsung, die an das Erreichen einer Gewinnschwelle gebunden ist, auch dann zu einer Einordnung als Genussrechtskapital führen würde, wenn die Gewinnschwelle (unter Umständen absichtlich) der Höhe nach als faktisch unerreichbar angesetzt wird. In diesem Falle würde eine unter Umständen ökonomisch unbedeutende Nebenabrede zu einem Ausweis als Genussrechtskapital führen und dem Bilanzleser ein von der tatsächlichen Vermögenslage abweichendes Bild vermittelt werden. Weitere Abgrenzungsprobleme ergeben sich insbesondere bei zum Teil komplexen Mezzanine-Finanzierungen. Aus dieser Abgrenzungsproblematik wird deutlich, dass es (eindeutiger) materieller Abgrenzungskriterien bedarf, die einen Ausweis von Verbindlichkeiten eines Instituts im Passivposten 10 nach sich ziehen. Die für Institute maßgebliche materielle Einordnung von Genussrechten richtet sich ökonomisch nach der mit den Genussrechten verfolgten Haftungsfunktion und ihren Ansatz als haftendes Eigenkapital. Für den Bilanzadressaten wird daher ein den tatsächlichen Verhältnissen entsprechendes Bild der Vermögens- und Finanzlage vermittelt, wenn im Passivposten 10 nur solche Genussrechte ausgewiesen werden, die den Kriterien der CRR genügen. Unmaßgeblich für den Ausweis im Passivposten 10 ist die rechtliche Form der Genussrechte. So sind sowohl unverbriefte als auch verbriefte Genussrechte (**Genussscheine**) in diesem Posten auszuweisen. Der Ausweis im Passivposten 10 hat somit Vorrang vor einem Ausweis im Passivposten 3 (Verbriefte Verbindlichkeiten) wie auch vor einem Ausweis im Passivposten 9 »Nachrangige Verbindlichkeiten«.

Genussrechte sind im Zugangszeitpunkt mit ihrem Erfüllungsbetrag (§ 253 Abs. 1 S. 2 HGB) zu passivieren. Sofern die Genussrechtsbedingungen eine Verlustteilhabe vorsehen, kann es zu einer Veränderung des Rückzahlungsbetrags im Zeitablauf kommen, durch die die Genussrechtsinhaber an einem eingetretenen Verlust (Jahresfehlbetrag oder Bilanzverlust) partizipieren. Ist eine Verlustbeteiligung eingetreten, so hat der Schuldner des Genussrechts den Rückzahlungsbetrag und mithin den bilanziellen Wertansatz des Genussrechtskapitals zu mindern. Für die Gegenbuchung sehen die Formblätter der RechKredV eine Erfassung in der **Gewinnverwendungsrechnung** (also nach dem Jahresüberschuss) vor. Verminderungen des Rückzahlungsbetrags aufgrund von Verlustpartizipationen der Genussrechtsinhaber sind in dem Posten »Entnahmen aus Genussrechtskapital« (Posten 29, Formblatt 3 bzw. Posten 3 nach dem Jahresüberschuss, Formblatt 2) auszuweisen. Sehen die Genussrechtsbedingungen eine Wiederauffüllung des Rückzahlungsbetrags bei Vorliegen eines Jahresüberschusses bzw. Bilanzgewinns vor, so ist der Wertansatz des Genussrechts wieder zu erhöhen. Die Gegenbuchung hat außerhalb der Gewinn- und Verlustrechnung im Posten »Wiederauffüllung des Genussrechtskapitals« (Posten 33, Formblatt 3 bzw. Posten 7 nach dem Jahresüberschuss, Formblatt 2) zu erfolgen. Im Gegensatz zu dieser für Institute vorgeschriebenen Vorgehensweise haben Nicht-Institute Verlustbeteiligungen bzw. Wiederauffüllungen bei Fremdkapital-ähnlichen Genussrechten erfolgswirksam im Posten »Erträge aus Verlustübernahme« (§ 277 Abs. 3 S. 2 HGB) bzw. in einem gesonderten Aufwandsposten auszuweisen[380]. Veränderungen des Rückzahlungsbetrags

---

379 Vgl. Habersack, in: MüKom AktG, 4. Aufl., § 221 AktG, Tz. 58.
380 Vgl. IDW HFA 1/94, Abschnitt 2.2; Gahlen, in: BB 2009, S. 2081.

von Eigenkapital-ähnlichen Genussrechten sind bei Nicht-Instituten als Rücklagenentnahmen bzw. -zuführungen zu betrachten. Auf diese Unterscheidungen kommt es bei Instituten hingegen nicht an, da die Formblätter der RechKredV gesonderte Posten hierfür vorsehen und die Grundsätze des HFA 1/94 auf »wirtschaftszweigspezifische Besonderheiten der Rechnungslegung, z. B. von Kreditinstituten und Versicherungsunternehmen«[381] nicht anzuwenden ist. Sofern rückzahlbare Genussrechte nicht zu pari begeben werden, ist der Unterschiedsbetrag zwischen Emissionspreis und Nennwert als Zinskorrektur zu betrachten und als Rechnungsabgrenzungsposten zu bilanzieren; bei nicht rückzahlbaren Genussrechten ist ein Ausgabeagio in die Rücklagen einzustellen[382].

1.3.11.2 Darunter-Vermerk

Genussrechte, die vor Ablauf von zwei Jahren fällig werden, sind in einem Darunter-Vermerk auszugliedern. Dieser gesonderte Ausweis trägt dem Umstand Rechnung, dass Genussrechte mit einer Restlaufzeit von weniger als zwei Jahren nicht dem haftenden Eigenkapital nach § 10 Abs. 5 KWG a. F. zugerechnet werden konnten. Nach Art. 64 CRR bestimmt sich der Umfang der Zurechnung zum Ergänzungskapital nach einer taggenauen Amortisierung. Der Informationsgehalt des Darunter-Vermerks ist mittlerweile anzuzweifeln.

1.3.11.3 Anhangangaben

In Bezug auf die in dem Passivposten 10 auszuweisenden Genussrechte haben Institute die folgenden Erläuterungen im Anhang zu machen. Dabei können die folgenden Aufgliederungen **wahlweise** in der Bilanz oder im Anhang vorgenommen werden:
- Verbindlichkeiten gegenüber Gesellschaftern sind von Kreditinstituten in der Rechtsform einer GmbH gesondert auszuweisen (§ 42 Abs. 3 GmbHG). Im Gegensatz zu nachrangigen Verbindlichkeiten sind Genussrechte gegenüber verbundenen Unternehmen oder Unternehmen, mit denen ein Beteiligungsverhältnis besteht, nicht gesondert anzugeben.

Die folgenden Angaben sind ausschließlich im Anhang zu machen:
- § 160 Abs. 1 Nr. 6 AktG wurde im Zuge des BilRuG aufgehoben. Die Angabepflicht findet sich in § 285 Nr. 15a HGB. Danach haben nunmehr alle Institute (und nicht nur solche in der Rechtsform der Aktiengesellschaft) unter anderem das Bestehen von Genussscheinen und Genussrechten unter Angabe der Anzahl und der Rechte, die sie verbriefen, anzugeben.
- Angabe des Gesamtbetrags der für eigene Verbindlichkeiten hinterlegten Sicherheiten (§ 35 Abs. 5 RechKredV).
- Nach § 11 S. 2 RechKredV in Verbindung mit § 268 Abs. 5 S. 3 HGB sind die im Passivposten 10 enthaltenen Beträge, die erst nach dem Abschlussstichtag rechtlich entstehen und einen größeren Umfang haben, im Anhang zu erläutern.
- Nach § 35 Abs. 1 Nr. 6 RechKredV ist der Gesamtbetrag der Schulden, die auf Fremdwährung lauten, jeweils in Euro anzugeben.

---

381 IDW HFA 1/94, in: WPg 1994, S. 419.
382 Vgl. Bundesverband deutscher Banken, in: Die Bank 1986, S. 253.

1.3.12 Fonds für allgemeine Bankrisiken (Passivposten 11)

1.3.12.1 Bestandteile des Postens

Seit Inkrafttreten des Bilanzrechtsmodernisierungsgesetzes umfasst der Passivposten 11 »Fonds für allgemeine Bankrisiken« sowohl die offenen Vorsorgereserven nach § 340g HGB als auch Zuführungen aufgrund von § 340e Abs. 4 HGB, wonach mindestens 10 % der Nettoerträge des Handelsbestands in diesem Posten (gesondert) auszuweisen sind. Aufgrund der gesonderten Ausweispflicht der Beträge nach § 340e Abs. 4 HGB, sind die offenen Vorsorgereserven nach § 340g HGB buchhalterisch strikt von den Beträgen im Sinne des § 340e Abs. 4 HGB zu trennen. Der Passivposten 11 umfasst ebenso Altreserven aufgrund von § 26a KWG aF. Diese Vorsorgereserven dürfen aufgrund von Art. 31 Abs. 1 S. 2 EGHGB fortgeführt werden.

1.3.12.2 Sonderposten im Sinne des § 340 g HGB

1.3.12.2.1 Charakter des Sonderpostens

Nach § 340g Abs. 1 S. 1 HGB dürfen Kreditinstitute auf der Passivseite ihrer Bilanz zur Sicherung gegen allgemeine Bankrisiken einen Sonderposten »Fonds für allgemeine Bankrisiken« bilden, soweit dies nach vernünftiger kaufmännischer Beurteilung wegen der besonderen Risiken des Geschäftszweigs der Kreditinstitute notwendig ist. Das Wahlrecht zur Bildung eines Fonds für allgemeine Bankrisiken stellt eine Umsetzung von Art. 38 der EG-Bankbilanzrichtlinie ins deutsche Handelsrecht dar. Im Gegensatz zu den stillen Vorsorgereserven nach § 340f HGB ist die Bildung von offenen Vorsorgereserven durch den gesonderten Ausweis im Passivposten 11 für den Bilanzleser zu erkennen. Anders als nach § 340f HGB sieht § 340g HGB keine quantitative Beschränkung der Reservenbildung vor. Die Bildung offener Vorsorgereserven stellt ein Bilanzierungswahlrecht dar, das unabhängig von der Bildung oder Auflösung von stillen Vorsorgereserven nach § 340f HGB ausgeübt werden kann. Institute können damit 340f-Reserven bilden und gleichzeitig einen Teil der 340g-Reserven auflösen, oder umgekehrt.

Die Bildung eines Fonds für allgemeine Bankrisiken ist lediglich durch die **qualitativen unbestimmten Rechtsbegriffe** »vernünftige kaufmännische Beurteilung«, der »Notwendigkeit« sowie »besondere Risiken des Geschäftszweigs der Kreditinstitute« begrenzt. In diesem Zusammenhang ist der Begriff der vernünftigen kaufmännischen Beurteilung nicht zuletzt aufgrund der Erfahrungen der jüngsten Finanzmarktkrisen weit auszulegen, wobei die Grenze für die Bildung und Auflösung offener Vorsorgereserven nach § 340g HGB nur durch die Willkür begrenzt wird[383]. Insbesondere auch die Verschärfung der regulatorischen Anforderungen in Bezug auf die Solvenz von Kreditinstituten im Zuge von Basel III sowie von Stress Tests der Aufsichtsbehörden erfordert eine vermehrte Schaffung von hartem Kernkapital und ist als eine Grundlage für Zuführungen zum Sonderposten »Fonds für allgemeine Bankrisiken« im Rahmen der vernünftigen kaufmännischen Beurteilung anzu-

---

383 Vgl. Braun, in: KK-RLR, § 340g HGB, Tz. 15.

erkennen[384]. Zur Prüfung der qualitativen Grenzen ist die Reservenbildung nach § 340f und § 340g HGB zusammengefasst zu betrachten. Risiken, die bereits durch eine Reservenbildung nach § 340f HGB berücksichtigt wurden, können nicht nochmals nach § 340g HGB bevorsorgt werden[385].

Reserven nach § 340f HGB	Reserven nach § 340g HGB
Stille Reserven (weder in Bilanz noch GuV erkennbar)	Offene Reserven (sowohl in Bilanz als auch GuV erkennbar)
Quantitative und qualitative Beschränkung	Nur qualitative Beschränkung
Ergänzungskapital	Kernkapital

Abb. 54: Vergleich der Reservenbildung

Nach dem reinen Wortlaut des Gesetzes ist das Wahlrecht zur Bildung eines Fonds für allgemeine Bankrisiken nur für Kreditinstitute eröffnet. Nach herrschender Auffassung kann eine offene Reserve nach § 340g HGB allerdings von allen Instituten gebildet werden, die die Rechnungslegungsvorschriften der §§ 340 ff. HGB zu beachten haben, da auch diese Unternehmen geschäftszweigspezifischen Risiken ausgesetzt sind (siehe unten). § 340g HGB stellt ein Ansatzwahlrecht dar, über dessen Ausübung die Geschäftsleitung des Instituts entscheiden kann[386]. Aufgrund einer fehlenden Verpflichtung zur Bildung oder Auflösung des Sonderpostens nach § 340g HGB hat der Fonds für allgemeine Bankrisiken **Eigenkapitalcharakter**. Mangels Absicherung einer konkreten Risikoposition (Globalreserve) stellt der Sonderposten keine Rückstellung[387] oder Sammelwertberichtigung dar[388]; Zuführungen zum Fonds für allgemeine Bankrisiken können die Bildung notwendiger Einzelwertberichtigungen oder Rückstellungen nicht ersetzen[389]. Aufgrund des Eigenkapitalcharakters entfallen auf den Sonderposten nach § 340g HGB keine latenten Steuern, die im Jahresabschluss von Instituten nach §§ 340a Abs. 1 S. 1, 274 Abs. 1 S. 1 HGB nur für Vermögensgegenstände, Schulden und Rechnungsabgrenzungsposten zu ermitteln sind[390]. Die in den Sonderposten eingestellten Beträge können jederzeit aufgelöst und zur Deckung von Verlusten eingesetzt werden. Aus diesem Grund erfüllt der Fonds für allgemeine Bankrisiken

---

384 Vgl. Kleinschmidt/Moritz/Weber, in: Der Konzern 2013, S. 456.
385 Vgl. Löw, in: MüKom BilR, § 340g HGB, Tz. 3; Wiedmann, in: Ebenroth/Boujong/Joost/Strohn, § 340g HGB, Tz. 6.
386 Zuweilen wird von einer Ausübung des Wahlrechts »nach freiem Ermessen« gesprochen. Vgl. Krumnow/Sprißler (2004), § 340g HGB, Tz. 4; Löw, in: MüKom BilR, § 340g HGB, Tz. 5; in Bezug auf § 340f HGB Scharpf/Schaber (2018), S. 348.
387 Die deutsche Übersetzung von »fund for general banking risk« mit »Rückstellungen für allgemeine Bankrisiken« in Art. 38 BaBiRiLi wird im Allgemeinen als unzutreffend angesehen. So bereits Bader, in: Sonnemann, S. 15 (S. 38); Bundesverband deutscher Banken (1993), S. 102; Krumnow/Sprißler (2004), § 340g HGB, Tz. 6.
388 Ganz h.M. vgl. Bundesverband deutscher Banken (1993), S. 102; Krumnow/Sprißler (2004), § 340g HGB, Tz. 4; Göttgens/Schmelzeisen (1992), S. 72; Wiedmann (1999), § 340g HGB, Tz. 4.
389 Vgl. Braun, in: KK-RLR, § 340g HGB, Tz. 4.
390 Unstreitig Goldschmidt/Meyding-Metzger/Weigel, in: IRZ 2010, S. 63 (S. 65); Gelhausen/Fey/Kämpfer (2009), V Tz. 68–74; Scharpf/Schaber (2018), S. 1102; Löw, MüKom BilR, § 340g HGB, Tz. 12.

die Kriterien für hartes Kernkapital[391] und zählt aufsichtsrechtlich damit ebenso wie die als Ergänzungskapital anrechenbare § 340f-Reserve zu den haftenden Eigenmitteln i. S. d. Art. 72 CRR. Der Sonderposten hat **aufsichtsrechtlich** mithin die gleiche Qualität wie Grund- oder Stammkapital oder freie Gewinn- oder Kapitalrücklagen[392]. Dies reflektiert auch der Ausweis des Fonds für allgemeine Bankrisiken im Passivposten 11 (Formblatt 1 RechKredV) zwischen dem Genussrechtskapital und dem Eigenkapital.

Dotierungen und Auflösungen des Fonds sind in der Gewinn- und Verlustrechnung gesondert auszuweisen (§ 340g Abs. 2 HGB). Gleichwohl sehen die Formblätter 2 und 3 der RechKredV keine gesonderten Posten vor. Im Schrifttum wird vorgeschlagen nach dem Aufwandsposten 7 (Formblatt 2) bzw. Posten 13 (Formblatt 3) einen Posten »Zuführungen zum Fonds für allgemeine Bankrisiken« einzufügen. Bei Auflösungen soll entsprechend auf der Ertragsseite nach dem Posten 6 (Formblatt 2) bzw. Posten 14 (Formblatt 3) ein Posten »Entnahmen aus dem Fonds für allgemeine Bankrisiken« hinzugefügt werden[393]. Der gesonderte Ausweis in der Gewinn- und Verlustrechnung ist nur auf den Saldo von Zuführungen und Entnahmen zu beziehen; die Pflicht eines Bruttoausweises unterjähriger Zuführungen und Auflösungen besteht nicht[394].

1.3.12.2.2 Voraussetzungen der Bildung

(1) Subjektiver Anwendungsbereich der Normen

Nach dem Gesetzeswortlaut sind »Kreditinstitute« die Normenadressaten der §§ 340f und g HGB. Zudem setzt die Bildung von Vorsorgereserven eine Absicherung von »bank«-spezifischen Risiken voraus. Fraglich ist, ob damit der subjektive Anwendungsbereich der §§ 340f, g HGB auf Kreditinstitute i. S. d. § 1 Abs. 1 KWG beschränkt ist. Vom Anwendungsbereich der §§ 340f und g HGB sind **Kreditinstitute** i. S. d. § 340 Abs. 1 HGB erfasst (§ 340 Abs. 1 S. 1 HGB). Dies umfasst Kreditinstitute i. S. d. § 1 Abs. 1 KWG (soweit sie nicht nach § 2 Abs. 1, 4 oder 5 KWG von der Anwendung ausgenommen sind), CRR-Kreditinstitute i. S. d. § 1 Abs. 3d S. 1 KWG (soweit sie nicht nach § 2 Abs. 1 Nr. 1 und 2 KWG ausgenommen sind) sowie als Kreditinstitute geltende Zweigniederlassungen ausländischer Unternehmen mit Sitz außerhalb der EU oder des EWR (§ 340 Abs. 1 S. 1 HGB). Zweigniederlassungen i. S. d. § 53 Abs. 1 KWG haben bei der als Jahresabschlusses geltenden Vermögensaufstellung (§ 53 Abs. 2 Nr. 3, 26 KWG) die Vorschriften des HGB und mithin §§ 340, 340a-o HGB und die RechKredV zu beachten (§ 53 Abs. 2 Nr. 2 KWG)[395]. Die Kreditanstalt für Wiederaufbau, die aufgrund von § 2 Abs. 1 Nr. 2 KWG und vorbehaltlich von § 2 Abs. 2 und 3 KWG nicht als Kreditinstitut i. S. d. § 1 Abs. 1 KWG gilt, hat aufgrund von § 9 Abs. 1. S. 1 KredAnstWiAG die §§ 340, 340a-o HGB zu beachten und ist damit Normenadressat der §§ 340f und g HGB.

---

391 Siehe Art. 26 Abs. 1 S. 1 lit. f), S. 2, Art. 4 Abs. 1 Nr. 112 CRR; zuvor gem. § 10 Abs. 2a S. 1 Nr. 7 KWG a. F.
392 Vgl. Braun, in: KK-RLR, § 340g HGB, Tz. 6.
393 Vgl. Krumnow/Sprißler (2004), § 340g HGB, Tz. 13; Braun, KK-RLR, § 340g HGB, Tz. 8.
394 Vgl. Meyer/Isenmann (1993), S. 174; Prahl, in: WPg 1991, S. 439.
395 Vgl. Vahldiek, in: Boos/Fischer/Schulte-Mattler, 5. Aufl., § 53 KWG, Tz. 70; Auerbach, in: Schwennicke/Auerbach, 3. Aufl., § 53 KWG, Tz. 37.

Daneben sind die §§ 340, 340a-o HGB von **Finanzdienstleistungsinstituten** i. S. d. § 1 Abs. 1a KWG sowie als Finanzdienstleistungsinstitute geltende Zweigniederlassungen ausländischer Unternehmen mit Sitz außerhalb der EU bzw. des EWR nach § 53 Abs. 1 KWG zu beachten (§ 340 Abs. 4 HGB). Für Finanzdienstleistungsinstitute ist der Anwendungsbereich der §§ 340f und g HGB mithin formell eröffnet. Fraglich ist jedoch, ob die Bildung von Vorsorgereserven nur auf die besonderen Risiken des Geschäftszweigs der Kreditinstitute beschränkt ist oder ob hiermit auch die geschäftszweigspezifischen Risiken anderer Unternehmen im Anwendungsbereich der §§ 340, 340a-o HGB (wie z. B. Finanzdienstleistungsinstitute) eingeschlossen sind. Aufgrund der Erweiterung des Anwendungsbereichs der bankspezifischen Rechnungslegungsvorschriften auf weitere Unternehmen der Finanzbranche sind die »allgemeinen Bankrisiken« als geschäftszweigspezifische Risiken der Unternehmen im Anwendungsbereich der §§ 340, 340a-o HGB zu verstehen. Im Schrifttum werden die besonderen Risiken des Geschäftszweigs der Kreditinstitute auf die geschäftszweigspezifischen Risiken der Finanzdienstleistungsinstitute und letztlich auf alle Unternehmen im Anwendungsbereich der bankspezifischen Rechnungslegungsvorschriften erweitert[396].

Nach § 340 Abs. 5 HGB sind auch **Zahlungsinstitute** i. S. d. § 1 Abs. 1 Nr. 1 ZAG sowie **E-Geld-Institute** i. S. d. § 1a Abs. 1 Nr. 1 ZAG (zusammen: Institute i. S. d. § 1 Abs. 3 ZAG) vom Anwendungsbereich der §§ 340f und g HGB erfasst. Die Überkreuzkompensation für stille Vorsorgereserven richtet sich für diese Institute nach § 340f Abs. 3 HGB i. V. m. § 26 RechZahlV.

Neben den in § 340 HGB genannten Normenadressaten der bankspezifischen Rechnungslegungsvorschriften ist für weitere Unternehmen der Anwendungsbereich der §§ 340f und g HGB aufgrund spezialgesetzlicher Vorschriften eröffnet. So haben **externe Kapitalverwaltungsgesellschaften** i. S. d. § 17 Abs. 1, 2 KAGB die §§ 340, 340a-o HGB sowie die RechKredV bei der Erstellung des Jahresabschlusses und Lageberichts zu beachten (§ 38 Abs. 1 KAGB). Vor Einführung des KAGB galt dies für Kapitalanlagegesellschaften aufgrund von § 19d InvG a. F. Für die Erstellung von Jahresabschlüssen von **Abwicklungsanstalten** i. S. d. §§ 8a, b FMStFG können die §§ 340, 340a-o HGB wahlweise gem. § 8a Abs. 1a FMStFG angewendet werden[397]. Die Möglichkeit der Bildung von Vorsorgereserven nach §§ 340f, g HGB ist grundsätzlich damit auch für diese Unternehmen eröffnet.

(2) Abschlüsse im Anwendungsbereich der §§ 340f, g HGB

Gem. § 340 Abs. 1 S. 1 HGB können Vorsorgereserven nach §§ 340f, g HGB in einem **Jahresabschluss** gebildet werden, den Kreditinstitute nach §§ 340a Abs. 1 S. 1, 242 HGB nach handelsrechtlichen Grundsätzen aufzustellen haben. Die Anwendung der §§ 340f, g HGB in einem freiwilligen IFRS-Einzelabschluss, der nach §§ 340l Abs. 4, 325 Abs. 2a HGB offengelegt wird, ist aufgrund von § 340l Abs. 4 Nr. 5 HGB ausgeschlossen.

---

396 Vgl. Bieg/Waschbusch (2017), S. 458; Scharpf/Schaber (2018), S. 352; Bieg/Waschbusch, in: BeckHdR, B 900, Tz. 298. Für eine explizite Erweiterung auf die als Finanzdienstleistungsinstitute geltenden Leasing- und Factoringunternehmen vgl. Lösken (2010), S. 55.

397 So bspw. Erste Abwicklungsanstalt EAA, Geschäftsbericht zum 31.12.2016, S. 70 sowie FMS Wertmanagement AöR, Geschäftsbericht 2016, S. 114; die §§ 340, 340a-o HGB nicht anwendend hsh porfoliomanagement AöR, Quartalsbericht zum 30.06.16.

Hat ein Institut nach §§ 340i Abs. 1 S. 1, 290 HGB einen **Konzernabschluss** aufzustellen, so sind nach § 340i Abs. 2 S. 1 HGB die geschäftszweigspezifischen Rechnungslegungsvorschriften der §§ 340a-340g HGB auch auf den Konzernabschluss anzuwenden, soweit seine Eigenart keine Abweichung bedingt. Aufgrund von § 37 RechKredV bzw. § 31 RechZahlV gelten die Vorschriften der RechKredV und RechZahlV auch für den handelsrechtlichen Konzernabschluss. Ist ein Institut nach §§ 340i, 290 HGB verpflichtet einen Konzernabschluss aufzustellen und sind am jeweiligen Bilanzstichtag dessen Wertpapiere in einem beliebigen EU-Mitgliedstaat zum Handel in einem **geregelten Markt** im Sinne der MiFID zugelassen (kapitalmarktorientiertes Mutterinstitut), so ist das Institut nach Art. 4 der Verordnung EG Nr. 1606/2002 verpflichtet, einen Konzernabschluss nach internationalen Rechnungslegungsstandards (**IFRS**) aufzustellen. In diesem Fall sind nach § 315e Abs. 1 HGB (i. d. F. des CSR-UmsG) nur die §§ 264 Abs. 3, 297 Abs. 1a, Abs. 2 S. 4; 298 Abs. 1 i. V. m. §§ 244, 245 sowie §§ 313 Abs. 2 und 3; 314 Abs. 1, Nr. 4, 6, 8 und 9 sowie Abs. 3 HGB zu beachten. Die Bildung von Vorsorgereserven nach §§ 340f, g HGB ist in diesem Fall ausgeschlossen.

Bei Aufstellung eines **HGB-Konzernabschlusses** können (Wahlrecht) nach dem Recht des Mutterunternehmens zulässige Ansatzwahlrechte im Konzernabschluss unabhängig von ihrer Ausübung in den Jahresabschlüssen der in den Konzernabschluss einbezogenen Unternehmen ausgeübt werden (§ 300 Abs. 2 S. 2 HGB). Ist das Mutterunternehmen ein Kreditinstitut, so kann das Ansatzwahlrecht des § 340g HGB im Konzernabschluss mithin unabhängig von der Ausübung des Bilanzierungswahlrechts in den Einzelabschlüssen der in den Konzernabschlüssen einbezogenen Unternehmen neu ausgeübt werden. Es kann mithin im Konzernabschluss eine eigene Vorsorgepolitik betrieben werden[398]. Wird ein Kreditinstitut in den handelsrechtlichen Konzernabschluss eines **Nicht-Instituts** einbezogen, so eröffnet § 300 Abs. 2 S. 3 HGB das Wahlrecht einen im Einzelabschluss des Kreditinstituts gebildeten Fonds für allgemeine Bankrisiken in den Konzernabschluss zu übernehmen. Dies hat im Umkehrschluss zur Folge, dass das Ansatzwahlrecht des § 340g HGB in einem Konzernabschluss eines Nicht-Instituts **nicht eigenständig** ausgeübt werden kann[399]; bei der Übernahme eines Fonds für allgemeine Bankrisiken in den Konzernabschluss ist das Mutterunternehmen an die Ausübung des Wahlrechts nach § 340g HGB im Einzelabschluss des Tochterinstituts gebunden.

Die nach § 300 Abs. 2 HGB übernommenen Bilanzposten sind nach § 308 Abs. 1 HGB nach dem Recht des Mutterunternehmens **einheitlich zu bewerten**. Nach dem Recht des Mutterunternehmens zulässige Bewertungswahlrechte (wie z. B. § 340f HGB) können im Konzernabschluss unabhängig von ihrer Ausübung in den Jahresabschlüssen der einbezogenen Unternehmen neu ausgeübt werden. Stellt ein Institut als Mutterunternehmen einen HGB-Konzernabschluss auf, so können mithin die bankspezifischen Bewertungswahlrechte des § 340f HGB auf Konzernebene neu ausgeübt werden. Hiervon sind die Vermögensgegenstände von einbezogenen Tochterunternehmen, die keine Institute sind, auszunehmen[400]. Ist das Mutterunternehmen kein Institut, so können aufgrund der Sonderregelung

---
398 Vgl. Bieg/Waschbusch (2017), S. 950; Löw, in: MüKom BilR, § 340i HGB, Tz. 28.
399 Vgl. Löw, in: MüKom BilR, § 340i HGB, Tz. 10; Prahl/Naumann, in: WPg 1993, S. 235 (S. 240).
400 Vgl. Böcking/Becker/Helke, in: MüKom HGB, § 340j HGB, Tz. 35; Grewe, in: BoHdR, § 340i HGB, Tz. 47; Prahl/Naumann, in: WPg 1993, S. 235 (S. 240).

in § 308 Abs. 2 S. 2 HGB die geschäftszweigspezifischen Wertansätze der Kreditinstitute und mithin die stillen Vorsorgereserven nach § 340f HGB beibehalten werden.

(3) Vernünftige kaufmännische Beurteilung

Die Bildung von Vorsorgereserven setzt eine vernünftige kaufmännische Beurteilung voraus und rekurriert mithin auf einen **unbestimmten Rechtsbegriff**. Bilanzrechtlich wird der Begriff der vernünftigen kaufmännischen Beurteilung außer in §§ 340f, g HGB an verschiedenen weiteren Stellen des HGB (§§ 253 Abs. 1 S. 1, 286 Abs. 2, 3, 289e Abs. 1, 313 Abs. 3, 341e Abs. 1 S. 1 HGB) gebraucht, ohne ihn legal zu definieren. Der Begriff ist in Übereinstimmung mit § 253 Abs. 4 HGB aF sowie § 26a KWG aF auszulegen[401]. Eine vernünftige kaufmännische Beurteilung umfasst eine kaufmännische plausible, aus objektiven Umständen des Sachverhalts abgeleitete und für sachverständige Dritte nachvollziehbare Entscheidung. Aus der wörtlichen und systematischen Auslegung ergibt sich, dass das Wahlrecht zur Reservenbildung durch das **Willkürverbot** zu begrenzen ist. Aus diesem Beurteilungsmaßstab ist naturgemäß weder eine punktgenaue Schätzung noch ein allgemeingültiger Schätzungsrahmen abzuleiten. Nach §§ 340f, g HGB sind Vorsorgereserven einerseits nur zur Sicherung gegen allgemeine Bankrisiken zulässig und andererseits nur soweit sie zur Sicherung notwendig sind. Sowohl der Umfang von allgemeinen Bankrisiken wie auch die Notwendigkeit ihrer Sicherung durch Bildung von Vorsorgereserven unterliegen jeweils als Bewertungsobjekte einer vernünftigen kaufmännischen Beurteilung. Grammatikalisch ergibt sich damit die Funktion der vernünftigen kaufmännischen Beurteilung als **doppelter Schätzungsmaßstab**. Die Kriterien der vernünftigen kaufmännischen Beurteilung sind in §§ 340f, g HGB anzuwenden als Maßstab zur Schätzung allgemeiner Bankrisiken sowie als Maßstab zur Beurteilung der Notwendigkeit.

(4) Notwendigkeit

Die Bildung von Vorsorgereserven erfordert, dass diese nach vernünftiger kaufmännischer Beurteilung zur Sicherung gegen allgemeine Bankrisiken **notwendig** sind. Die Notwendigkeit steht begrifflich über der Angemessenheit[402]. Durch die Notwendigkeit kommt wortlautbezogen und gesetzessystematisch eine quantitative Begrenzung der Bildung von Vorsorgereserven zum Ausdruck. Diese sind nur in dem Umfang zulässig, wie sie eine notwendige Sicherung von allgemeinen Bankrisiken darstellen. Durch das Kriterium der Notwendigkeit soll mithin eine **Übersicherung** verhindert werden[403]. Die Beurteilung, ob eine Vorsorgebildung notwendig ist, verlangt denklogisch eine Gegenüberstellung zwischen bereits vorhandenem Haftkapital und möglichen Haftkapitalminderungen aus dem Eintritt allgemeiner Bankrisiken. Die Notwendigkeit der Bildung von Vorsorgereserven kann in Fällen bejaht werden, in denen eine Überschreitung von Risikolimiten droht oder eingetreten ist und mithin zur Abdeckung des Value at Risk mehr als die von der Geschäfts-

---

401 Für eine Herleitung siehe Gaber, in: WM 2018, S. 105 (S. 110).
402 Vgl. Morfeld, BeckOK HGB, § 340g HGB, Tz. 3.
403 Vgl. Löw, in: MüKom BilR, § 340f HGB, Tz. 5; Morfeld BeckOK HGB, § 340g HGB, Tz. 3; Braun, in: KK-RLR, § 340g HGB, Tz. 16; Böcking/Gros/Torabian, in: MüKom HGB, § 340f HGB, Tz. 10.

leitung der Bank reservierte freie Deckungsmasse der Bank erforderlich wäre[404]. Vorsorgereserven sind auch dann als notwendig anzusehen, wenn diese erforderlich wären, um eine Risikotragfähigkeit der Bank in aufsichtlich verordneten Stresstests zu gewährleisten. Zwar ist die Notwendigkeit von Vorsorgereserven nicht im Allgemeinen zwingend aus der Risikotragfähigkeit der Bank abzuleiten, jedoch ist bei drohendem Verlust der Risikotragfähigkeit eine willkürliche Übersicherung im Regelfall auszuschließen.

Das Kriterium der Notwendigkeit impliziert, dass die Bildung von Vorsorgereserven **an sich geeignet** sein muss, eine Sicherung allgemeiner Bankrisiken zu bewirken. Fraglich könnte daher sein, ob die Bildung von Vorsorgereserven insoweit überhaupt zur Sicherung allgemeiner Bankrisiken notwendig sein kann, wenn dadurch keine haftenden Eigenmittel geschaffen werden. Dies wäre der Fall, wenn durch die Bildung von Vorsorgereserven ein Jahresfehlbetrag entstünde. Insoweit durch Vorsorgebeträge ein Jahresfehlbetrag entsteht, führen diese Beträge lediglich zu einer **Umgliederung** innerhalb der haftenden Eigenmittel, ohne deren Höhe insgesamt zu verändern. So würde eine verlustbringende Dotierung des Fonds für allgemeine Bankrisiken zwar zu einer Erhöhung des Passivpostens 11 (Formblatt RechKredV) führen; jedoch würde in gleichem Umfang das bilanzielle Eigenkapital (Passivposten 12, RechKredV) sinken. Die Umgliederung führt nicht zu einer Minderung eines ansonsten bestehenden Ausschüttungspotenzials. Gleichwohl sind Fälle denkbar, in denen das Vorliegen einer Notwendigkeit für eine verlustbringende Bildung von Vorsorgereserven in spezifischen Situationen zu bejahen sein kann.

(5) Allgemeine Bankrisiken

Vorsorgereserven können nur zur Sicherung gegen die besonderen Risiken des Geschäftszweigs der Kreditinstitute gebildet werden (allgemeines Bankrisiko). Systematisch umfasst das allgemeine Bankrisiko keine Risiken, die im direkten Zusammenhang mit dem Risiko eines einzelnen Vermögensgegenstandes stehen[405]. Es stellt vielmehr ein **allgemeines Branchenrisiko** dar[406]. Jedoch ist nicht eine durchschnittliche Risikobetrachtung der Branche, sondern die individuelle Risikosituation (d. h. das für das einzelne Institut maßgebliche allgemeine Branchenrisiko) zugrunde zu legen[407]. Die Meinung, dass das Risiko bei einer Verbraucherbank höher einzuschätzen sein wird als bei einer Geschäftsbank und diese wiederum höhere Risiken abdecken müsse als eine Hypothekenbank[408], ist aufgrund des fehlenden individuellen Unternehmensbezugs als zu pauschal abzulehnen. Strittig ist,

---

[404] Dass die Notwendigkeit von Vorsorgereserven aus Risikomessansätzen abgeleitet werden könnte, findet sich in ersten Ansätzen in Müller (2000), S. 328 f.; Naumann (1995), S. 204. Für eine ausführliche Herleitung der Bestimmung von Vorsorgereserven nach §§ 340f, g HGB aus einer Value-at-Risk-basierten Risikotragfähigkeitskonzeption vgl. Düpmann (2007), S. 273 ff. Düpmann sieht hierin eine Fundierung der vernünftigen kaufmännischen Beurteilung. Vgl. Düpmann (2007), S. 281.
[405] Vgl. Löw, MüKom BilR, § 340f HGB, Tz. 7; Kleinschmidt/Moritz/Weber, in: Der Konzern 2013, S. 452 (S. 453).
[406] Bieg, in: Kreditpraxis 1986, S. 31 (S. 32); Waschbusch, in: ZfbF 1994, S. 1046 (S. 1047); Löw, in: MüKom BilR, § 340f HGB, Tz. 7; Böcking/Gros/Torabian, MüKom HGB, § 340g HGB, Tz. 1; Müller (2000), S. 307.
[407] Vgl. Löw, in: MüKom BilR, § 340f HGB, Tz. 5; Braun, in: KK-RLR, § 340f HGB, Tz. 23; Böcking/Gros/Torabian, MüKom HGB, § 340f HGB, Tz. 11; unklar Morfeld, in: BeckOK HGB, § 340g HGB, Tz. 2.
[408] So Morck, in: Koller/Kindler/Roth/Morck, 8. Aufl., § 340g HGB, Tz. 1.

ob das allgemeine Bankrisiko auch sog. **latente Risiken** umfasst[409]. Dabei handelt sich um aus der Erfahrung ableitbare Risiken, die mangels hinreichender Konkretisierung bei der Bewertung der Vermögensgegenstände und Schulden nicht zu berücksichtigen sind[410]. Eine Subsumtion latenter Risiken unter den Begriff allgemeine Bankrisiken erscheint sachgerecht, soweit diese Risiken keinen Eingang in die Bewertung von Vermögensgegenständen und Schulden gefunden haben. Nach der hier vertretenen Auffassung können latente Adressausfallrisiken (nur) in einem Umfang unter allgemeine Bankrisiken zu fassen sein[411], soweit diese nicht bereits über Pauschalwertberichtigungen[412] bilanziell abzubilden sind. Latente Risiken, die einer bilanziellen Verlustantizipation nicht zugänglich sind, können mit der Bildung von Reserven nach §§ 340f, g HGB bevorsorgt werden. Dies umfasst bspw. neben operationellen Risiken auch Zinsänderungsrisiken des Bankbuchs, die am Bilanzstichtag einem Rückstellungstest nach IDW RS BFA 3 zu unterziehen sind. Eine solche Rückstellung basiert auf einer Bewertung zinstragender Finanzinstrumente des Bankbuchs mit dem Marktzinssatz **am Bilanzstichtag**. Minderungen der Nettohaftungsreserven aufgrund des Eintritts künftiger (ggf. erwarteter) Zinsänderungen **nach dem Bilanzstichtag** werden durch IDW RS BFA 3 nicht antizipiert. Für eine Subsumtion von Zinsänderungsrisiken unter den Begriff »allgemeine Bankrisiken« spricht auch, dass die Bildung einer Rückstellung im Rahmen der verlustfreien Bewertung des Zinsbuchs nach IDW RS BFA 3 im Risikovorsorgesaldo ausgewiesen und der Aufwand aus der Bildung von Rückstellungen nach IDW RS BFA 3 mit einem Ertrag aus der Auflösung von Vorsorgereserven nach § 340f Abs. 1 HGB kompensiert werden kann. Als allgemeine Bankrisiken sind unter anderem die folgenden Risiken anzusehen:

- noch nicht erkennbare Bonitäts-, Liquiditäts- und Ertragsrisiken[413],
- Risiken im Zusammenhang mit politischen Ereignissen[414],
- mit der Fristentransformation verbundene Risiken (insb. **Zinsänderungsrisiken**)[415],
- **Ausfallrisiken**; insbesondere die Konjunkturabhängigkeit von Kreditausfällen wird als branchenspezifisches Risiko angesehen[416],
- **regulatorische Risiken**; zu den allgemeinen Bankrisiken kann auch das Risiko erhöhter gesetzlicher oder aufsichtlicher Kapitalanforderungen gerechnet werden[417]. Aufgrund ihrer Geltung als haftende Eigenmittel stellt die Bildung von Vorsorgereserven insoweit eine geeignete Sicherung gegen regulatorische Risiken dar und dient der Kapazitätserhaltung des Instituts. So haben Banken im Zuge von Basel III insbesondere

---

[409] Ablehnend bspw. Krumnow/Sprißler (2004), § 340g HGB, Tz. 5, die darunter nur das allgemeine Unternehmenswagnis fassen wollen. Zu Recht befürwortend Düpmann (2007), S. 286.
[410] Ähnlich in Bezug auf § 254 HGB aF Schulze zur Wiesch, in: WPg 1987, S. 149 (S. 151).
[411] So Krumnow et al., Rechnungslegung der Kreditinstitute, HGB § 340g Tz. 5; Szagunn/Neumann/Wohlschieß, 3. Aufl., KWG § 26a Tz. 5.
[412] Vgl. IDW RS BFA 1/1990 sowie BMF-Schreiben 1994.
[413] Vgl. BT-Drs 9/376, 18.
[414] Vgl. EU-Abl. C 112/17 (19).
[415] Vgl. BT-Drs 9/376, 18; EU-Abl. C 112/17 (19); Düpmann (2007), S. 286.
[416] Vgl. Deutscher Bundestag, schriftlicher Bericht des Rechtsausschusses (12. Ausschuss), abgedruckt in: Kropff, Aktiengesetz, S. 550; Birck, in: WPg 1964, S. 415.
[417] Vgl. Kleinschmidt/Moritz/Weber Der Konzern 2013, 452 (456).

Zuführungen zum Fonds für allgemeine Bankrisiken zur Einhaltung erhöhter Anforderungen an die harte Kernkapitalquote genutzt[418].

(6) Treuepflichten?
Die Beachtung von Treuepflichten bei der Bildung von Vorsorgereserven nach §§ 340f, g HGB wird – obgleich nicht unumstritten[419] – im Schrifttum vielfach als erforderlich angesehen[420]. Konkretisierungen hinsichtlich des subjektiven Anwendungsbereichs, der Reichweite von Treuepflichten (mitgliedschaftlich, organschaftlich) sowie möglicher Abwägungskriterien sind dem Schrifttum in Bezug auf §§ 340f, g HGB nicht zu entnehmen[421]. Adressaten von Treuepflichten im Rahmen der Bilanzfeststellung sind nur Gesellschafter (nicht aber Genussrechtsinhaber). Bei Art und Umfang der Treuepflichten ist rechtsformspezifisch zu differenzieren[422]. Für die Personengesellschaft ist Treuepflicht im Rahmen der **Bilanzfeststellung** gegenüber den Mitgesellschaftern zu bejahen; gleiches gilt für den anweisungsberechtigten Mehrheitsgesellschafter einer GmbH gegenüber dem Minderheitsgesellschafter. Treuepflichten hinsichtlich der Ausübung der Bilanzierungswahlrechte nach §§ 340f, g HGB sind bei der **Aufstellung** und der **Feststellung** des Jahresabschlusses einer AG nicht zu beachten[423]. Für die Kapitalgesellschaft stellt die Bildung von Vorsorgereserven mithin in keinem Fall Gewinnverwendung, sondern eindeutig **Gewinnermittlung** dar.

Fraglich ist, ob die Bildung oder Auflösung eines Sonderpostens nach § 340g HGB bei einer Tochtergesellschaft mit Institutseigenschaft unschädlich für die Durchführung einer **ertragsteuerlichen Organschaft**[424] ist. Die Anerkennung der ertragsteuerlichen Organschaft setzt voraus, dass der Gewinnabführungsvertrag während seiner gesamten Mindestlaufzeit von fünf Zeitjahren tatsächlich durchgeführt wird (§ 14 Abs. 1 S. 1 Nr. 3 KStG). Als tatsächlich durchgeführt gilt ein Gewinnabführungsvertrag, wenn die Organgesellschaft ihren **gesamten** nach handelsrechtlichen Grundsätzen ermittelten Gewinn an den Organträger abführt bzw. der Organträger die Verluste nach § 302 AktG übernimmt. Wird die Bildung und Auflösung des Sonderpostens zutreffender Weise als Teil der Gewinnermittlung angesehen, so steht eine Abführung des gesamten Gewinns auch im Falle von Zuführungen zum Sonderposten außer Zweifel. Würde die Bildung und Auflösung von Beträgen des Sonderpostens (entgegen der hier vertretenen Auffassung) als Gewinnverwendung angesehen werden, so gefährdet dies nicht die Durchführung der ertragsteuerlichen Organschaft, da eine Rücklagenbildung bei bestehender Organschaft unschädlich ist, sofern die Einstellung »bei vernünftiger kaufmännischer Beurteilung wirtschaftlich begründet ist« (§ 14 Abs. 1 Nr. 4 KStG). Die handelsrechtliche Bildung eines Sonderpostens nach § 340g

---
418 Vgl. Deutsche Bundesbank, Monatsbericht September 2012, 27 ff.
419 Vgl. Mülbert/Sajnovits, in: WM 2017, S. 1725 (S. 1729).
420 Vgl. Böcking/Gros/Helke, in: EBJS, § 340g HGB, Tz. 5; Morfeld, in: BeckOK HGB, § 340g HGB, Tz. 3; Wiedmann, Bilanzrecht, § 340g HGB, Tz. 6; ADS, § 253 HGB, Tz. 578, 580; Protz, in: Haag/Löffler, § 340g HGB, Tz. 5; Gesmann-Nuissl, in: Ensthaler HGB, § 340g HGB, Tz. 4; Kleinschmidt/Moritz/Weber, in: Der Konzern 2013, S. 452 (S. 454).
421 Hierzu ausführlich Gaber, in: WM 2018, S. 153 ff.
422 Vgl. Gaber, in: WM 2018, S. 153 (S. 156 ff.).
423 Vgl. Gaber, in: WM 2018, S. 153 (S. 158 f.).
424 Vgl. Dötsch, in: Dötsch/Pung/Möhlenbrock, § 14 KStG, Tz. 207.

HGB sowie die Bildung von Gewinnrücklagen im Falle einer ertragsteuerlichen Organschaft basieren daher auf gleichlautenden Voraussetzungen[425].

1.3.12.3 Sonderposten im Sinne des § 340e Abs. 4 HGB

Die Zuführung zum Sonderposten hat mindestens in Höhe von 10 % der Nettoerträge des Handelsbestands nach Vornahme des Risikoabschlags aber vor Veränderung des Sonderpostens im Sinne des § 340e Abs. 4 HGB zu erfolgen (IDW RS BFA 2, Tz. 61). Nach § 340e Abs. 4 S. 2 Nr. 4 HGB kann eine Auflösung solange nicht erfolgen, soweit der Sonderposten 50 % des Durchschnitts der letzten fünf jährlichen Nettoerträge des Handelsbestands nicht übersteigt. Das Erreichen der Auflösung ist der Höhe nach nur auf den Sonderposten im Sinne des § 340e Abs. 4 HGB und nicht auf den gesamten »Fonds für allgemeine Bankrisiken« zu beziehen (IDW RS BFA 2, Tz. 61). Dies erfordert eine buchhalterische Trennung des Sonderpostens »Fonds für allgemeine Bankrisiken« in einen Bestand im Sinne des § 340g HGB und einen Bestand im Sinne des § 340e Abs. 4 HGB. Eine Zuführung zum Sonderposten im Sinne des § 340e Abs. 4 HGB kann nur ganzjährig erfolgen; eine Zuführung sowie Auflösung bei Aufstellung eines Zwischenabschlusses kommt nicht in Betracht (IDW RS BFA 2, Tz. 61)[426]. Es wird empfohlen, die Zuführung zum Sonderposten GuV-seitig im Nettoertrag aus Handelsbeständen auszuweisen (IDW RS BFA 2, Tz. 62).

Eine **Auflösung** des Sonderpostens kann (Wahlrecht) durch das Institut nur vorgenommen werden[427]

1. zum Ausgleich von Nettoaufwendungen des Handelsbestands (§ 340e Abs. 2 S. 2 Nr. 1 HGB),
2. zum Ausgleich eines Jahresfehlbetrags, soweit er nicht durch einen Gewinnvortrag aus dem Vorjahr gedeckt ist (§ 340e Abs. 2 S. 2 Nr. 2 HGB),
3. zum Ausgleich eines Verlustvortrags aus dem Vorjahr, soweit er nicht durch einen Jahresüberschuss gedeckt ist (§ 340e Abs. 2 S. 2 Nr. 3 HGB), oder
4. soweit er 50 % des Durchschnitts der letzten fünf jährlichen Nettoerträge des Handelsbestands übersteigt (§ 340e Abs. 2 S. 2 Nr. 4 HGB).

Da der Sonderposten über das Handelsergebnis gebildet wurde, ist er sinnvollerweise über das Handelsergebnis aufzulösen. Nach dem Wortlaut des Gesetzes umfasst der zugrunde zu legende Durchschnitt nur die letzten fünf (jährlichen) Nettoerträge des Handelsbestands, so dass Nettoaufwendungen nicht zu berücksichtigen sind.

Die Beträge im Sinne des § 340e Abs. 4 HGB sind unter dem Passivposten 11 gesondert zu vermerken (§ 340e Abs. 4 S. 1 HGB). Auflösungen des Sonderpostens im Sinne des § 340e Abs. 4 HGB sind im Anhang anzugeben und zu erläutern.

---

425 Vgl. Kleinschmidt/Moritz/Weber, in: Der Konzern 2013, S. 456; Dötsch, in: Dötsch/Pung/Möhlenbrock, § 14 KStG, Tz. 207.
426 Vgl. auch Gelhausen/Kämpfer/Fey (2009), V, Tz. 135.
427 Zur näheren Erläuterung der Auflösungsbedingungen siehe Kapitel III.1.2.5.

1.3.13 Instrumente des zusätzlichen Kernkapitals (Ergänzender Passivposten)

Nach Art. 52 Abs. 2 lit. n), 54 CRR sind Finanzinstrumente dem zusätzlichen Kernkapital (AT 1) zuzuordnen, wenn der Kapitalbetrag des Instruments bei Eintreten eines Auslöseereignisses dauerhaft oder vorübergehend herabgeschrieben wird oder die Instrumente in Instrumente des harten Kernkapitals (z. B. eigene Aktien) umgewandelt werden[428]. Diese Anforderungen werden i. d. R. von sog. Contingent Convertible Bonds (sog. **CoCo-Bonds**) erfüllt, die nach den Musterbedingungen des Bundesverbands deutscher Banken strukturiert wurden[429].

Gefestigte Bilanzierungsgrundsätze haben sich für den derzeit praxisrelevanten Fall der sog. **Write-Down-Bonds** (AT 1-Anleihe Typ A der BdB-Musterbedingungen) herausgebildet. Schuldverschreibungen dieses Typs sind nachrangig (§ 2 Musterbedingungen), weisen keine Endfälligkeit auf (§ 5 Abs. 1 Musterbedingungen) und sind mit einem Emittentenkündigungsrecht ausgestattet. Bei Unterschreiten einer Mindest-CET-1-Quote (Art. 92 Abs. 1 lit. a CRR)[430] ist der Rückzahlungsbetrag der Anleihen zu reduzieren (§ 5 Abs. 8 Musterbedingungen). Bei einer Ausgestaltung gem. § 5 Abs. 4, 6 Musterbedingungen besteht für das Emittentenkündigungsrecht keine Trennungspflicht (IDW RS HFA 22, Tz. 16 g)[431]. Der Regulatory Trigger stellt eine emittentenspezifische Variable und mithin kein trennungspflichtiges Derivat dar. Insgesamt weisen Write-Down-Bonds damit Merkmale von Nachrangkapital sowie – aufgrund einer möglichen Verlustteilnahme – von Genussrechtskapital auf. Nach Meinung des IDW BFA kommt ein Ausweis unter dem Posten »Nachrangige Verbindlichkeiten«[432] oder unter dem Posten »Genussrechtskapital« in Betracht, je nachdem welche Merkmale eines Bilanzpostens nach dem Gesamtbild überwiegen[433]. Der IDW BFA empfiehlt die Ergänzung des Bilanzgliederungsschemas (§§ 340a Abs. 2, 265 Abs. 5 S. 2 HGB) durch Ausweis eines Postens »Instrumente des zusätzlichen aufsichtsrechtlichen Kernkapitals« zwischen dem Posten »Genussrechtskapital« und dem Posten »Fonds für allgemeine Bankrisiken«[434].

Entgegen der Postenbezeichnung sind nicht alle Instrumente des zusätzlichen aufsichtsrechtlichen Kernkapitals hier auszuweisen. Stille Einlagen, die aufgrund ihrer Nachrangigkeit, ihrer Verlustteilnahme sowie ihrer unendlichen Laufzeit ökonomisch mit Write-Down-Bonds vergleichbar sind, sind nicht hier, sondern im Posten »Gezeichnetes Kapital« auszuweisen (§ 25 Abs. 1 S. 1 RechKredV). Stille Einlagen aus der Zeit vor Einführung von

---

[428] Seit Inkrafttreten der Aktienrechtsnovelle 2016 gelten für die Emission umgekehrter Wandelschuldverschreibungen durch Kreditinstitute die aktienrechtlichen Sanierungsprivilegien der §§ 192 194, 221 AktG. Zur Erläuterung vgl. Haag/Peters, in: WM 2015, S. 2303.
[429] Vgl. Bundesverband deutscher Banken, Musterbedingungen Kapitalinstrumente AT1-Instrument Typ A (write-down/write-up), aktualisierte Fassung März 2014; Bundesverband deutscher Banken, Musterbedingungen Kapitalinstrumente AT1-Instrument Typ B (bedingte Pflichtwandlung), finale Fassung 20.02.2014.
[430] Mindestens 5,125 %; die Institute können strengere (höhere) Werte festlegen (Art. 52 Abs. 1 CRR).
[431] Vgl. Scharpf/Schaber, 6. Aufl., S. 960.
[432] Vgl. so bspw. DZ Bank, Einzelabschluss 2016, S. 168, 178.
[433] Vgl. IDW BFA, IDW FN 2015, S. 101 f.
[434] Vgl. IDW BFA, IDW FN 2015, S. 101 f.; zur Ausweispraxis vgl. Deutsche Bank, Einzelabschluss 2016, S. 134, 167, 178; Aareal Bank, Einzelabschluss 2016, S. 59.

Basel III erfüllen i. d. R. die Anforderungen für zusätzliches aufsichtsrechtliches Kernkapital nicht[435], sofern das Institut Ausschüttungen auf die Instrumente nicht jederzeit nach eigenem Ermessen für unbefristete Zeit und auf nicht kumulierter Basis ausfallen lassen kann (Art. 52 Abs. 1 (l) (iii) CRR). Übergangsweise gelten sie aufgrund von Art. 484 Abs. 4, 486 CRR, § 31 SolvV jedoch ausphasend als AT 1. »Gehärtete« stille Beteiligungen, die die Voraussetzungen des Art 52 CRR erfüllen, sind trotz ihrer Qualifikation als zusätzliches Kernkapital nicht in diesem Posten, sondern unter dem »Gezeichneten Kapital« zu erfassen[436].

Die mit Write-Down-Bonds verbundenen Zinsen sind im Zinsaufwand auszuweisen. Strittig ist die bilanzielle Erfassung von **Herabschreibungen** und **Hochschreibungen**. Nach Auffassung des IDW sind diese in einem separaten Posten »Erträge aus Herabschreibung auf Instrumente des zusätzlichen aufsichtsrechtlichen Kernkapitals« bzw. »Aufwendungen aus Hochschreibung auf Instrumente des zusätzlichen aufsichtsrechtlichen Kernkapitals« in der GuV auszuweisen[437]. Demgegenüber wird vertreten, Herabschreibungen analog zur Behandlung einer Verlustteilhabe von Genussrechten in der Gewinnverwendungsrechnung auszuweisen[438]. Hierfür spricht, dass eine Verlustpartizipation von Genussrechten mit Eigenkapitalcharakter bereits nach den allgemeinen IDW-Grundsätzen als Gewinnverwendung anzusehen ist[439]. Dieser Grundsatz wird analog auf andere Hybridkapitalien mit Eigenkapitalcharakter (wie z. B. Stille Einlagen) ausgeweitet, deren Herabschreibung ebenfalls als Gewinnverwendung auszuweisen wäre[440]. Ein aufgrund von §§ 340a Abs. 2 S. 1, 277 Abs. 3 S. 2 HGB möglicher Ausweis als »Ertrag aus Verlustübernahme« würde dem Grundsatz einer gewinnverwendenden Herabschreibung eigenkapitalähnlicher Hybridkapitalinstrumente gem. IDW RS HFA 1/94 entgegenstehen. Aufgrund der wirtschaftlichen Vergleichbarkeit ist es vertretbar, Verlustbeteiligungen stiller Einlagen in der Gewinnverwendungsrechnung auszuweisen[441]. Gleiches gilt für die Verlustteilnahme von Write-Down-Bonds des zusätzlichen Kernkapitals.

Die für CoCo-Bonds geltenden Bilanzierungs- und Bewertungsmethoden sind im Anhang aufgrund von § 284 Abs. 2 Nr. 1 HGB zu erläutern.

---

435 Vgl. auch Schaber/Hoffmann, in: RdF 2011, S. 41 (S. 45).
436 Vgl. Hageböke, in: RdF 2013, S. 304 (S. 306 f.).
437 Vgl. BFA des IDW, IDW FN 2015, S. 101 ff.
438 So Scharpf/Schaber (2018), S. 1086.
439 Vgl. IDW RS HFA 1/94, Abschn. 2 b); Schubert, in: BBK, 11.A., § 247 HGB, Tz. 229; Gahlen, in: BB 2009, S. 2079 (S. 2081).
440 Vgl. Hoffmann/Lüdenbach, NWB Kommentar Bilanzierung, § 253 HGB, Tz. 53; Gahlen, in: BB 2009, S. 2079 (S. 2081).
441 Vgl. z. B. Pfandbriefbank, Einzelabschluss 2009, S. 67; BayernLB, Einzelabschluss 2010, S. 73; im »Ertrag aus Verlustübernahme« ausweisend HSH Nordbank, Einzelabschluss 2010, S. 84.

1.3.14 Eigenkapital (Passivposten 12)

1.3.14.1 Überblick über den Posten

Der Ausweis des Passivpostens 12 Eigenkapital entspricht der Vorschrift für den Ausweis des Eigenkapitals von Kapitalgesellschaften. Das Eigenkapital wird bei Instituten nach erfolgter Ergebnisverwendung (d. h. nach erfolgter Einstellung in bzw. Entnahmen aus den Gewinnrücklagen) ausgewiesen[442]. Die **aktienrechtliche Verlängerungsrechnung** nach § 158 AktG ist mithin als Ergänzung der Gewinn- und Verlustrechnung nach dem Jahresüberschuss/Jahresfehlbetrag auszuweisen. Im Formblatt 1 wird in der Bilanz mithin der Posten Gewinnvortrag/Verlustvortrag und Jahresüberschuss/Jahresfehlbetrag aus § 266 Abs. 3 HGB durch den Posten Bilanzgewinn/-verlust ersetzt. Ansonsten entspricht die Gliederung des Passivpostens 12 dem Eigenkapitalausweis für Kapitalgesellschaften nach § 266 Abs. 3 A HGB:

Passivposten 12: Eigenkapital[443]
a) Eingefordertes Kapital
   aa) Gezeichnetes Kapital
   ab) Abzüglich nicht eingeforderter ausstehender Einlagen
b) Kapitalrücklage
c) Gewinnrücklage
   ca) Gesetzliche Rücklage
   cb) Rücklage für Anteile an einem herrschenden oder mehrheitlich beteiligten Unternehmen
   cc) Satzungsmäßige Rücklage
   cd) Andere Gewinnrücklagen
d) Bilanzgewinn/Bilanzverlust

1.3.14.2 Gezeichnetes Kapital

1.3.14.2.1 Überblick über den Posteninhalt

Nach § 272 Abs. 1 S. 1 HGB ist in dem Posten »Gezeichnetes Kapital« das Kapital auszuweisen, »auf das die Haftung der Gesellschafter für die Verbindlichkeiten der Kapitalgesellschaft gegenüber den Gläubigern beschränkt ist«. Bei Aktiengesellschaften ist in diesem Posten das Grundkapital gem. § 6 AktG und bei Instituten in der Rechtsform der GmbH das Stammkapital nach § 5 GmbHG auszuweisen (siehe § 152 Abs. 1 S. 1 AktG bzw. § 42 Abs. 1 GmbHG). Genossenschaftsbanken haben hier das Mindestkapital nach § 8a GenG zu zeigen. Bei einer Kommanditgesellschaft auf Aktien (KGaA) ist hier der Nennbetrag des Kommanditkapitals und davon gesondert die Kapitalanteile der persönlich haftenden Gesellschafter auszuweisen (§ 286 Abs. 2 S. 1 AktG). Das gezeichnete Kapital ist eine abstrakte und formelle Rechengröße, die keiner selbständigen Bewertung unterliegt und nach § 272

---
442 Vgl. WPH I, I[2012] J 198.
443 Der Ausweis dieses Postens wurde im Rahmen des BilMoG geändert durch die Verordnung zur Änderung der Rechnungslegungsverordnungen, vom 09.06.2011, in: BGBl. I 2011, Nr. 27, S. 1043.

Abs. 1 S. 2 HGB mit dem Nennbetrag anzusetzen ist. Durch das gezeichnete Kapital wird der Nennwert bzw. der rechnerische Wert der Aktien bzw. Gesellschaftsanteile festgelegt[444]. Der Anteil am Grundkapital determiniert den Anspruch auf Stimmrechte, Dividende, Bezugsrechte und Liquidationserlös. Nach den Grundsätzen zur Erhaltung des Grund- bzw. Stammkapitals und dem Verbot der Einlagenrückgewähr[445] gem. § 57 Abs. 1 AktG bzw. § 30 Abs. 1. S. 1 GmbHG darf, »das zur Erhaltung des Stammkapitals erforderliche Vermögen der Gesellschaft (…) an die Gesellschafter nicht ausgezahlt werden.« Die Höhe des gezeichneten Kapitals kann nur durch Kapitalherabsetzung oder Kapitalerhöhung verändert werden.

§ 8 AktG unterscheidet zwei Formen von Aktien. **Nennbetragsaktien** lauten auf einen bestimmten Nennbetrag, der einen Euro nicht unterschreiten darf und auf volle Euro lauten muss (§ 8 Abs. 2 AktG). Das Grundkapital einer Aktiengesellschaft umfasst somit die Summe der Nennbeträge aller ausgegebenen Aktien. **Stückaktien** lauten hingegen auf keinen Nennbetrag, sondern verkörpern über die festgelegte Anzahl von ausgegebenen Stückaktien ihren jeweiligen Anteil am Grundkapital der Aktiengesellschaft. Der Anteil der Stückaktien am Grundkapital ergibt sich als sog. »**rechnerischer Wert**« durch Division des Grundkapitals durch die Anzahl der ausgegebenen Stückaktien. Die ausgegebenen Aktien können ferner als Inhaberaktien, Namensaktien, vinkulierte Namensaktien sowie in der Form von Stamm- oder Vorzugsaktien bestehen.

Für Institute sind beim Ausweis des gezeichneten Kapitals zusätzlich die Regelungen in § 25 RechKredV zu beachten. Demnach sind in dem Unterposten »Gezeichnetes Kapital« ungeachtet ihrer Bezeichnung im Einzelfall, »alle Beträge auszuweisen, die entsprechend der Rechtsform des Instituts als von den Gesellschaftern oder anderen Eigentümern gezeichnete Eigenkapitalbeträge gelten (§ 25 Abs. 1 S. 1 RechKredV). Dies schließt auch Einlagen stiller Gesellschafter, Dotationskapital sowie Geschäftsguthaben von Genossen ein. »Die genaue Bezeichnung im Einzelfall kann zusätzlich zu der Postenbezeichnung »Gezeichnetes Kapital« in das Bilanzformblatt eingetragen werden« (§ 25 Abs. 1 S 2 RechKredV).

1.3.14.2.2 Einlagen stiller Gesellschafter

Bei der typisch stillen Gesellschaft nach § 230 HGB leistet ein stiller Gesellschafter eine Einlage, die in das Vermögen des Inhabers des Handelsgeschäfts übergeht. »Der Inhaber wird aus den in dem Betrieb geschlossenen Geschäften allein berechtigt und verpflichtet« (§ 230 Abs. 2 HGB). Es handelt sich bei der stillen Gesellschaft mithin um eine reine Innengesellschaft zwischen dem Inhaber des Handelsgewerbes und dem stillen Gesellschafter. Der stille Gesellschafter ist nach § 231 Abs. 2 HGB stets am Gewinn beteiligt; eine Verlustbeteiligung kann durch Bestimmung im Gesellschaftsvertrag ausgeschlossen werden. Der typisch stille Gesellschafter hat nur begrenzte Kontrollrechte (§ 233 HGB) und keinen Einfluss auf die Geschäftsführung. Soweit die Ausgestaltung einer stillen Gesellschaft dem gesetzlichen Leitbild der §§ 230 HGB folgt, stellen die stillen Einlagen aus Sicht des materiellen Bilanzrechts nach den allgemeinen Grundsätzen **Fremdkapital** dar, da der stille

---
444 Vgl. Heymann, in: Beck HdR, B 231, Tz. 51.
445 Vgl. bspw. Hüffer in: Aktiengesetz, hrsg. v. Hüffer, § 57 AktG, Tz. 1.

Gesellschafter nach § 236 Abs. 1 HGB im Konkursfall seine Forderung wegen der Einlage als Konkursgläubiger geltend machen kann, soweit sie dem Betrag des auf ihn entfallenden Anteils am Verlust übersteigt[446]. Der stille Gesellschafter kann im Insolvenzfall die Rückzahlung seiner Einlage demnach nur insoweit geltend machen, wie diese durch Verlustzuweisungen nicht gemindert ist. Eine Rückforderung vor Insolvenz muss nicht ausgeschlossen sein[447].

Für stille Gesellschaften, die im Zusammenhang mit Kapitalmaßnahmen im Sinne des Finanzmarktstabilisierungsbeschleunigungsgesetzes (FMStBG) stehen, gelten die gesellschaftsrechtlichen Erleichterungen des § 15 FMStBG. Demnach gilt eine stille Gesellschaft, bei der sich der Finanzmarktstabilisierungsfonds (ggf. neben Dritten) mit einer Vermögenseinlage beteiligt, nicht als ein Unternehmensvertrag. Es bedarf weder einer Zustimmung der Hauptversammlung noch einer Eintragung in das Handelsregister. In der Vereinbarung über die stille Beteiligung kann auch ein Umtausch oder ein Bezugsrecht auf Aktien unter Ausschluss des Bezugsrechts der Aktionäre eingeräumt werden (§ 15 Abs. 2 S. 1 u. 2 FMStBG). Dies bedarf der Zustimmung der Hauptversammlung. Eine vorzeitige Rückgewähr einer Vermögenseinlage des Finanzmarktstabilisierungsfonds oder einvernehmliche Aufhebung einer stillen Gesellschaft gilt nicht als Rückgewähr von Einlagen im Sinne des § 57 AktG (§ 15 Abs. 4 FMStBG).

Ein Ausweis von stillen Beteiligungen als **Eigenkapital** wird nach den allgemeinen Grundsätzen dann als sachgerecht angesehen, wenn der stille Gesellschafter[448]:
- die Einlage auf Dauer überlässt (keine Kündigungsrechte des stillen Gesellschafters bestehen),
- an den stillen Reserven beteiligt wird,
- am Verlust beteiligt wird,
- im Insolvenzfall zurück tritt (Rangrücktritt).

In diesem Fall nähert sich die Einlage eines stillen Gesellschafters ökonomisch einer Kommanditeinlage an, so dass ein Ausweis als Eigenkapital als sachgerecht angesehen wird[449].

Während nach den allgemeinen Grundsätzen ein Ausweis von stillen Beteiligungen unter dem Eigenkapital nur unter den oben genannten Bedingungen in Betracht kommt, schreibt § 25 RechKredV einen Ausweis von Einlagen stiller Gesellschafter unter dem Gezeichneten Kapital zwingend vor. Hingegen wird die Frage in der Literatur umstritten diskutiert, ob stille Beteiligungen nur dann unter dem Gezeichneten Kapital auszuweisen sind, wenn diese eine echte Gesellschafterstellung vermitteln. Bieg/Waschbusch sowie Scharpf/Schaber vertreten die Auffassung, dass sämtliche stille Einlagen – unabhängig von dem Eigenkapital- oder Fremdkapital-Charakter – unter dem Gezeichneten Kapital auszuweisen sind[450]. Nach Krumnow/Sprißler wird ein Ausweis stiller Einlagen unter dem Gezeichneten Kapital nur dann als sachgerecht angesehen, wenn diese eine »**echte Gesellschafterstellung**« vermitteln. Fraglich ist, ob nur solche stillen Einlagen im Posten 12 aus-

---

446 Vgl. Mock, in: KK-RLR, § 272 HGB, Tz. 32; ADS, § 246 HGB, Tz. 90; Winnefeld (2015), Kapitel L, Tz. 218.
447 Vgl. Schubert, in: BBK, 11. Aufl., § 247 HGB, Tz. 233.
448 Vgl. ADS, § 246 HGB, Tz. 90; Schubert, in: BBK, 11. Aufl., § 247 HGB, Tz. 233.
449 Vgl. Winnefeld (2015), Kapitel L, Tz. 220; ADS, § 246 HGB, Tz. 90.
450 Vgl. Bieg/Waschbusch (2017), S. 279; Scharpf/Schaber (2018), S. 1110; unspezifisch WPH I2012, J 241.

zuweisen sind, die ebenso wie die übrigen Bestandteile des Postens 12 aufsichtsrechtlich als Kernkapital gelten. Der Gesetzgeber hat sich in der Gesetzesbegründung zu der Frage, ob der Wortlaut von § 25 RechKredV formell auf sämtliche Einlagen stiller Gesellschafter anzuwenden ist, nicht explizit geäußert (siehe BT-Drs 12/4876, S. 8). Für einen Ausweis stiller Einlagen unter dem Gezeichneten Kapital spricht eine analoge Vorgehensweise wie beim Ausweis von nachrangigen Verbindlichkeiten sowie Genussrechtskapital. Diese sind nach h. M. ungeachtet ihrer aufsichtsrechtlichen Anerkennung als haftende Eigenmittel in ihrer jeweiligen RechKredV-Position zu zeigen (zu den damit verbundenen Problemen siehe Kapitel IV.1.3.11.1). Die Kriterien des HFA 1/94 zur Abgrenzung von EK-ähnlichen und FK-ähnlichen Genussrechten spielen für den Ausweis von Genussrechten nach h. M. keine Rolle[451].

Gleichwohl ist festzuhalten, dass ein auf EK-ähnliche stille Einlagen beschränkter Ausweis im Gezeichneten Kapital nicht nur einen Gleichlauf zwischen Bilanzausweis und bankaufsichtlicher Anerkennung als Kernkapital erzeugen würde; es würde zudem eine höhere Konformität der institutsspezifischen Ausweisvorschriften mit den allgemeinen Grundsätzen zur EK/FK-Abgrenzung von Einlagen stiller Gesellschafter sowie eine höhere Übereinstimmung mit dem materiellen Bilanzrecht erreicht werden. Die h. M. räumt der rechtlichen Form einer stillen Einlage aufgrund des Wortlauts von § 25 RechKredV einen Vorrang gegenüber einer wirtschaftlichen Betrachtungsweise ein[452]. In der Literatur ist nicht abschließend diskutiert, inwiefern eine Bezugnahme des Eigenkapitalausweises auf die aufsichtsrechtliche Anerkennung als Kernkapital eine sachgerechte Auslegung des materiellen Bilanzrechts in dieser Frage darstellt. Der einheitliche Ausweis sämtlicher stiller Einlagen unter dem Gezeichneten Kapital ist in der Praxis vorherrschend.

1.3.14.2.3 Ausweis von Dotationskapital

Dotationskapital bezeichnet einen Anteil am Eigenkapital eines Instituts, welches einer Betriebsstätte zum Zwecke der steuerlichen Gewinnermittlung zugerechnet wird[453]. Da die Betriebsstätte eine rechtlich unselbständige Einheit des Gesamtunternehmens ist, stellt die gewidmete Ausstattung der Betriebsstätte mit Dotationskapital eine steuerrechtliche Fiktion dar[454]. Es wird mithin eine wirtschaftliche Selbständigkeit der Betriebsstätte fingiert, so dass diese soweit mit Dotationskapital auszustatten ist, dass sie die ihr übertragenen Aufgaben erfüllen kann. Wird bei einer inländischen Betriebsstätte eines ausländischen Kreditinstituts der notwendige Betrag des Dotationskapitals unterschritten, so ist »in diesem Wirtschaftsjahr ein entsprechender Zinsanteil für Fremdmittel des Gesamtunternehmens bei der Betriebsstätte nicht zum Abzug als Betriebsausgabe zuzulassen«[455]. Für inländische Betriebsstätten ausländischer Institute ist das Dotationskapital je nach Fallgestaltung in unterschiedlicher Reihenfolge und Priorität nach der Kapitalaufteilungsmethode oder

---

451 Vgl. Scharpf/Schaber (2018), S. 1091, aA Treuarbeit, S. 98.
452 Vgl. Bieg/Waschbusch (2017), S. 279; Scharpf/Schaber (2018), S. 1110; unspezifisch hingegen WPH I[2012], J 241.
453 Vgl. Wassermeyer, in: Konzernsteuerrecht, § 7, Tz. 310.
454 Vgl. Jacobs/Endres/Spengel, in: Internationale Unternehmensbesteuerung, Sechster Teil: Grenzüberschreitende Steuerplanung, Tz. 974.
455 BMF-Schreiben vom 29.09.2004 – IV B 4 – S 1300 – 296/04, in: DB 2004, S. 2343.

der Mindestkapitalausstattungsmethode zu ermitteln[456]. Da die Aufteilung des Gesamtkapitals des Instituts in Kapital des Stammhauses und Dotationskapital der Zweigstellen/Niederlassungen nur fiktiven Charakter zum Zwecke der steuerlichen Gewinnermittlung hat, ist die Einbeziehung von Dotationskapital im Gezeichneten Kapital des Instituts handelsrechtlich erforderlich (vgl. auch § 53 Abs. 2 Nr. 2 S. 3 KWG).

1.3.14.2.4 Ausstehende Einlagen auf das gezeichnete Kapital

Nach § 36a Abs. 1 AktG sowie § 7 Abs. 2 GmbHG muss lediglich ein Viertel des Gezeichneten Kapitals eingezahlt sein. Der Unterschied zwischen dem Gezeichneten Kapital und dem eingezahlten Kapital stellen die »Ausstehenden Einlagen auf das Gezeichnete Kapital« dar. Zivilrechtlich stellen die ausstehenden Einlagen Forderungen der Gesellschaft gegenüber den Gesellschaftern dar.

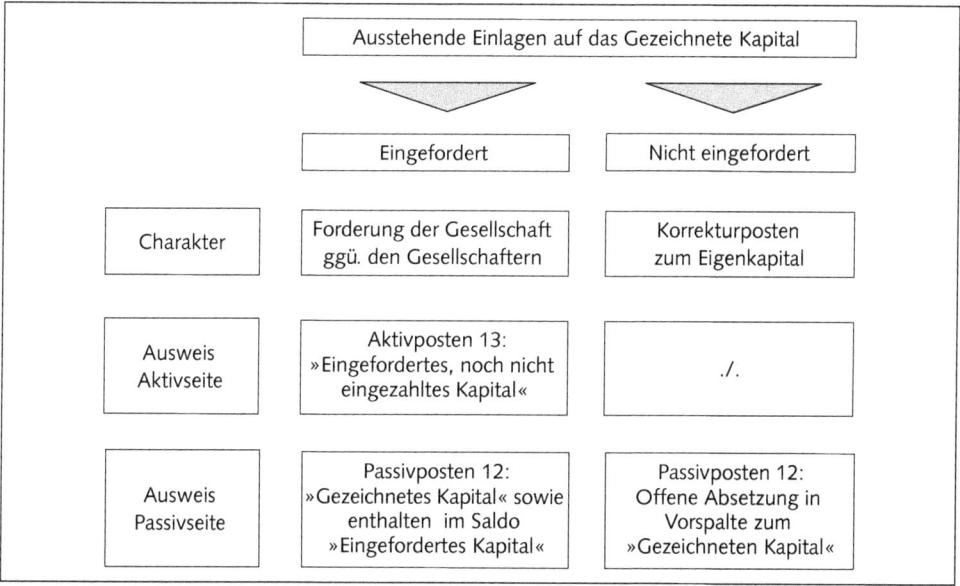

Abb. 55: Bilanzierung von »Ausstehenden Einlagen auf das Gezeichnete Kapital«

Gem. § 272 Abs. 1 S. 3 HGB sind nicht eingeforderte ausstehende Einlagen in der Vorspalte offen vom Gezeichneten Kapital abzusetzen; der verbleibende Betrag ist als Posten »Eingefordertes Kapital« in der Hauptspalte der Passivseite auszuweisen. Eingeforderte, aber noch nicht eingezahlte Beträge stellen Forderungen gegenüber den Gesellschaftern dar und sind zu aktivieren. Im Zuge der Änderung der RechKredV durch das BilMoG wurde der Aktivposten 13 per Rechtsverordnung nachträglich in »Eingefordertes, noch nicht eingezahltes Kapital« umbenannt[457]. Die ebenfalls eingeführte Hauptspalte »Eingefordertes

---

456 Zur Erläuterung vgl. Förster/Naumann, in: DB 2004, S. 2338.
457 Vgl. Verordnung zur Änderung von Rechnungslegungsverordnungen vom 09.06.2011, in: BGBl. I, Nr. 27, hier S. 1042.

Kapital« umfasst das geleistete Kapital sowie das nicht eingezahlte, aber eingeforderte Kapital[458]. Dies sei an einem einfachen Beispiel einer verkürzten Institutsbilanz verdeutlicht.

Aktiva				Passiva
1. Barreserve		12. Eigenkapital		
a) Kassenbestand	600.000	a) Eingefordertes Kapital		
		Gezeichnetes Kapital	1.000.000	
		abzüglich nicht eingeforderter		
13. Eingefordertes, noch nicht		ausstehender Einlagen	100.000	900.000
eingezahltes Kapital	300.000			
	900.000			900.000

Abb. 56: Beispiel zu ausstehenden Einlagen

Das Institut verfügt über 1.000.000 EUR gezeichnetes Kapital, davon wurden 600.000 EUR von den Gesellschaftern eingezahlt. Zum Stichtag wurden 300.000 EUR eingefordert; 100.000 EUR sind zum Bilanzstichtag weder eingezahlt noch eingefordert worden. In diesem Beispiel ergibt sich in der Hauptspalte das »Eingeforderte Kapital« als Saldogröße aus Gezeichnetem Kapital und nicht eingeforderten ausstehenden Einlagen. Es umfasst somit das geleistete (Barbestand von 600.000 EUR) sowie das nicht eingezahlte aber eingeforderte Kapital (hier 300.000 EUR).

1.3.14.2.5 Bilanzierung des Erwerbs eigener Anteile

1.3.14.2.5.1 Allgemeine Bilanzierungsgrundsätze

Gem. § 340a Abs. 1 HGB gelten die allgemeinen Vorschriften des § 272 Abs. 1a HGB zur Bilanzierung eigener Anteile auch für Institute; jedoch ergeben sich einige institutsspezifische Besonderheiten, die im Folgenden erläutert werden.

Die Regelung zur Bilanzierung eigener Anteile wurde durch das BilMoG neugefasst und regelt nunmehr rechtsformneutral die Bilanzierung eigener Anteile. In der Fassung des § 272 HGB vor BilMoG wurde lediglich für Aktiengesellschaften der Rückerwerb eigener Aktien geregelt. Vor BilMoG waren eigene Anteile zu aktivieren und gleichzeitig Rücklagen für eigene Anteile nach § 272 Abs. 4 HGB aF zu bilden (Bruttomethode). In Abhängigkeit von dem Erwerbszweck der eigenen Aktien war bereits nach altem Recht (§ 272 Abs. 1 S. 4 HGB aF) der Nennbetrag bzw. der rechnerische Wert der eigenen Anteile offen vom Gezeichneten Kapital in der Vorspalte abzusetzen (Nettomethode). Nach Inkrafttreten des BilMoG ist nun rechtsformunabhängig und unabhängig von der Art des Erwerbszwecks die Nettomethode anzuwenden[459].

---

458 Vgl. BT-Drs 16/10067, S. 65.
459 Vgl. BT-Drs 16/10067, S. 65.

Nach § 272 Abs. 1a HGB ist der Nennbetrag (z. B. bei Nennbetragsaktien, Genossenschafts- oder GmbH-Anteilen) bzw. der rechnerische Wert (z. B. bei Stückaktien) von erworbenen eigenen Anteilen in der Vorspalte offen von dem Posten »Gezeichnetes Kapital« abzusetzen. Die Nettomethode bildet den Erwerb eigener Anteile als eine Einlagenrückgewähr der bisherigen Inhaber ab. Die offene Absetzung gilt nur für **erworbene** eigene Anteile, wodurch impliziert wird, dass die Gesellschaft zivilrechtlicher Eigentümer der Anteile ist. Ein schuldrechtlicher Anspruch auf Übereignung der Anteile, wie z. B. durch Optionsrechte, ist nicht ausreichend[460].

Nach § 272 Abs. 1a S. 2 HGB ist »der Unterschiedsbetrag zwischen dem Nennbetrag oder dem rechnerischen Wert und den Anschaffungskosten der eigenen Anteile (…) mit den frei verfügbaren Rücklagen zu verrechnen.« Erfolgt der Erwerb eigener Anteile über (unter) dem Nennwert bzw. rechnerischen Wert, so führt dies zu einer Verminderung (Erhöhung) der freien Rücklagen. Eine Rangordnung für die Verrechnung innerhalb der freien Rücklagen besteht nicht[461]. Umstritten ist, ob auf eine Darstellung der Verrechnung des Unterschiedsbetrags aus dem Erwerb eigener Anteile in der Verlängerungsrechnung nach § 158 AktG verzichtet werden kann[462].

Durch die Verrechnung des Unterschiedsbetrags zwischen Anschaffungskosten[463] und Nennwert bzw. rechnerischem Wert mit den freien Rücklagen kommt es sowohl bei einem Rückkauf Über-Pari sowie Unter-Pari zu einer Minderung des bilanziellen Eigenkapitals des Instituts[464]. Bei einem Rückkauf über dem Nennwert wird der Nennwert der zurückgekauften eigenen Anteile vom Gezeichneten Kapital abgesetzt (erste Eigenkapitalminderung) und es kommt in Höhe der Differenz zwischen Anschaffungskosten und Nennwert zu einer Minderung der freien Rücklagen (zweite Eigenkapitalminderung). Erfolgt ein Rückkauf unterhalb des Nennwerts, so ist die Erhöhung der freien Rücklagen betragsmäßig stets kleiner als die Verminderung des Gezeichneten Kapitals aus der offenen Absetzung. Die Verrechnung des Unterschiedsbetrags mit den freien Rücklagen wird vom Gesetzgeber mit »Kapitalerhaltungsgesichtspunkten« begründet[465]. Für den Fall eines Rückerwerbs eigener Anteile unterhalb des Nennwerts erscheint eine Einstellung in die freien Rücklagen unter »Kapitalerhaltungsgesichtspunkten« aber gerade fraglich, da durch die Erhöhung der freien Rücklagen ein Ausschüttungspotenzial zu Lasten des nicht ausschüttungsfähigen Gezeichneten Kapitals geschaffen werden würde. Teile der Literatur sprechen sich in diesem Fall für eine Ausschüttungssperre und eine Einstellung in die Kapitalrücklage aus[466]. Reichen bei einem Erwerb Über-Pari die freien Rücklagen betragsmäßig für eine Verrechnung nicht aus, so muss die Verrechnung zu Lasten des Bilanzverlusts erfolgen (DRS 22.35).

---

460 Vgl. Mock, in: KK-RLR, § 272 HGB, Tz. 75.
461 Vgl. Gelhausen/Fey/Kämpfer (2009), L 27 (S. 286); Mock, in: KK-RLR, § 272 HGB, Tz. 88; Bardens/Meurer, in: KoR 2011, S. 478.
462 Bejahend ADS, § 272 HGB, Tz. 17; Gelhausen/Fey/Kämpfer (2009), L 30 (S. 286); verneinend Mock, in: KK-RLR, § 272 HGB, Tz. 91.
463 Bei einem Erwerb von eigenen Anteilen in Tranchen ist auf den Durchschnittswert der Anschaffungskosten abzustellen. Vgl. DRS 22.42.
464 Ferner ist zu beachten, dass die zurückgekauften Aktien nach § 71b AktG weder stimm- noch dividendenberechtigt sind; zudem entfallen auf sie keine Bezugsrechte. Dies erhöht die Ausschüttung an die übrigen Aktionäre.
465 Vgl. BT-Drs 16/10067, S. 66.
466 Zu dieser Diskussion vgl. Gelhausen/Fey/Kämpfer (2009), L 32f (S. 287), m. w. N.

Nach § 272 Abs. 1a S. 3 HGB sind **Anschaffungsnebenkosten** für den Erwerb eigener Anteile als Aufwand des laufenden Geschäftsjahres zu berücksichtigen.

Die Handhabung der Nettomethode des § 272 Abs. 1a HGB ist vergleichbar mit der »vereinfachten Par-Value-Methode« nach SIC 16.10(b), mit dem Unterschied, dass die Verrechnung nicht mit der Kapitalrücklage, sondern mit den freien Rücklagen erfolgt[467].

Die bilanzielle Abbildung einer **Veräußerung eigener Anteile** wird im § 272 Abs. 1b HGB geregelt. Demnach ist die offene Absetzung vom Gezeichneten Kapital bei der Veräußerung der eigenen Anteile rückgängig zu machen (DRS 22.38). Der Unterschiedsbetrag zwischen Veräußerungserlös und Nennwert bzw. rechnerischem Wert ist bis zur Höhe der ursprünglichen Verrechnung mit den freien Rücklagen wieder in die jeweiligen Rücklagen einzustellen. Übersteigt der Verkaufserlös den Nennwert bzw. rechnerischen Wert, so ist die Differenz bis zur Höhe der ursprünglichen Anschaffungskosten wieder in die frei verfügbaren Rücklagen einzustellen[468]. Es erfolgt eine Erhöhung bzw. Verminderung der frei verfügbaren Rücklagen maximal bis zur Höhe des ursprünglich verrechneten Betrags. Sofern nach Verrechnung mit den freien Rücklagen ein Differenzbetrag verbleibt, ist dieser in die Kapitalrücklage nach § 272 Abs. 2 Nr. 1 HGB einzustellen (§ 272 Abs. 1b S. 3 HGB). Der aus der Weiterveräußerung erzielte Mehrerlös wird wie eine Kapitalerhöhung abgebildet (obgleich formell keine Kapitalerhöhung im aktienrechtlichen Sinne vorliegt).

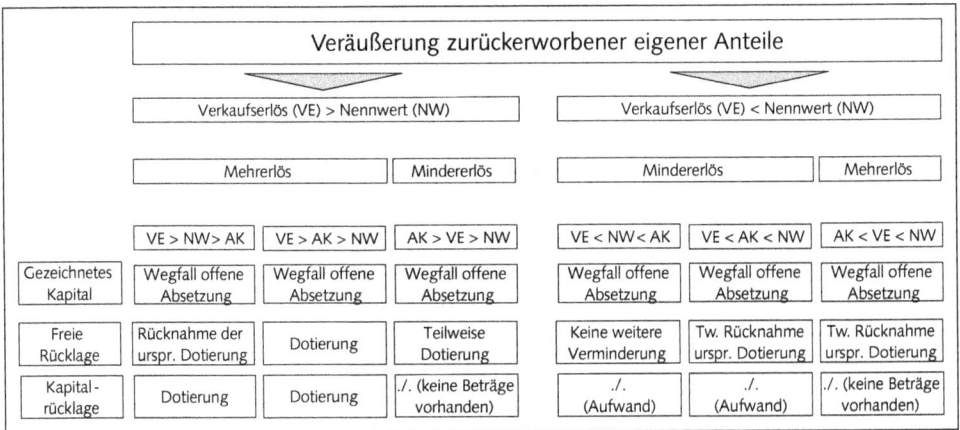

Abb. 57: Veräußerung zurückerworbener eigener Anteile

Die Weiterveräußerung von eigenen Anteilen führt in einem ersten Schritt mithin zu einem Wegfall der offenen Absetzung in der Vorspalte zum Gezeichneten Kapital. Der Ausweis des Gezeichneten Kapitals erfolgt (ex nunc) nach erfolgter Weiterveräußerung der eigenen Anteile wieder in der Hauptspalte. Bei einer späteren Begleichung der Kaufpreisforderung

---

467 Es kann als sachgerecht angesehen werden, die Nettomethodik nach § 272 Abs. 1a HGB auch für die Bilanzierung nach IFRS zu übernehmen. Vgl. Bardens/Meurer, in: KoR 2011, S. 479.
468 Vgl. Baetge/Kirsch/Thiele (2017), S. 490.

durch den Erwerber ist der Vorspaltenausweis ebenfalls zu beenden und eine Kaufpreisforderung nach den allgemeinen Grundsätzen zu bilanzieren[469].

1.3.14.2.5.2 Institutsspezifische Besonderheiten

Der Erwerb eigener Aktien stellt einen Rückkauf von Kernkapitalinstrumenten dar, der die vorherige Zustimmung der zuständigen Behörde voraussetzt (Art. 77 CRR). Der Rückkauf von Kernkapitalinstrumenten ist nach Art. 77 CRR grundsätzlich antragspflichtig. Dies gilt auch für Rückkäufe nach § 71 Abs. 1 Nr. 8 AktG, die nach alter Rechtslage nicht erlaubnispflichtig waren[470]. Die genaueren Anforderungen an den Antrag ergeben sich aus Art. 28 DVO (EU) Nr. 214/2014.

Institutsspezifische Besonderheiten ergeben sich aus den spezifischen aktienrechtlichen Vorschriften des § 71 AktG für Institute. Nach § 71 Abs. 1 Nr. 7 AktG ist es Kreditinstituten, Finanzdienstleistungsinstituten sowie Finanzunternehmen gestattet, auf Grund eines Hauptversammlungsbeschlusses eigene Aktien zum Zwecke des Wertpapierhandels zu erwerben. Der Handelsbestand darf zu diesem Zwecke 5 % des Grundkapitals am Ende eines jeden Tages nicht überschreiten. Die Regelung in § 71 Abs. 1 Nr. 7 AktG privilegiert damit Kreditinstitute, Finanzdienstleistungsinstitute und Finanzunternehmen eigene Aktien oder Aktien von in ihrem Mehrheitsbesitz stehende Unternehmen zu erwerben, die selbst Institute oder Finanzunternehmen sind[471]. Hintergrund dieser Privilegierung ist die Feststellung des Gesetzgebers, dass »Kreditinstitute in ihrer Eigenschaft als Wertpapierhändler in der Lage sein (müssen), einen gewissen Handelsbestand auch ohne konkreten Auftrag eines Kunden zu halten«[472]. Institute sollten durch die Einführung des § 71 Abs. 1 Nr. 7 AktG ermächtigt werden, eigene Aktien auch außerhalb von Kommissionsgeschäften[473] und somit im eigenen Namen und auf eigene Rechnung (Eigenhandel) zu erwerben[474]. Die Notwendigkeit zum Erwerb eigener Aktien ergibt sich für Institute im Rahmen des Derivategeschäfts auf eigene Aktien, der Ausübung einer Market-Maker-Funktion in eigenen Aktien sowie im Bereich von Wertpapierleihgeschäften[475].

Im Rahmen eines entsprechenden Hauptversammlungsbeschlusses ist zu bestimmen, dass die eigenen Aktien »dem Handelsbestand« zugeführt werden[476]. Fraglich ist, ob die aktienrechtliche Formulierung »Handelsbestand« gleichbedeutend mit der handelsrechtlichen Buchzuordnung nach § 340e Abs. 3 HGB zu sehen ist.

Laut IDW RS BFA 2, Tz. 4 zählen die zurückerworbenen eigenen Anteile, die mit der Absicht zur Weiterveräußerung erworben wurden, nicht zum handelsrechtlichen Handelsbestand. Nach Auffassung des BFA sind der Rückerwerb eigener Anteile aufgrund des § 340a Abs. 1 HGB auch für Institute nach den Regelungen in § 272 Abs. 1a und 1b HGB zu

---

[469] Vgl. Gelhausen/Fey/Kämpfer (2009), L 39 (S. 288).
[470] Vgl. BaFin, Rundschreiben 5/2011 vom 05.05.2011 – Anforderungen für die Anerkennung von Kernkapitalinstrumenten nach § 10 Abs. 2a S. 1 Nr. 1 bis 6, 8 und 10 KWG und für deren vorzeitige Rückzahlung – BA 53-FR 1903-2010/0003, S. 24 f.
[471] Vgl. Cahn, in: Aktiengesetz, hrsg. v. Spindler/Stilz, § 71 AktG, Tz. 85.
[472] BT-Drs 12/6679, S. 83.
[473] Vgl. BT-Drs 12/6679, S. 83.
[474] Vgl. Hüffer, in: Aktiengesetz, hrsg. v. Hüffer, § 71 AktG, Tz. 19a.
[475] Vgl. BT-Drs 12/6679, S. 83–84.
[476] Vgl. Hüffer, in: Aktiengesetz, hrsg. v. Hüffer, § 71 AktG, Tz. 19b.

bilanzieren. Fraglich in diesem Zusammenhang ist jedoch, wie ein unterjähriger Handel in eigenen Aktien zu bilanzieren ist. Nach Meinung von Scharpf/Schaber haben Institute auch unterjährige Erwerbe und Veräußerungen von eigenen Aktien nach den Vorschriften des §272 HGB zu bilanzieren. Eine »Beibehaltung der Buchung als Handelsbestand an eigenen Aktien/Anteilen, wie sie vor Inkrafttreten des BilMoG üblich war, ist nicht möglich«[477]. Richtigerweise stellen Scharpf/Schaber fest, dass eine unterjährige erfolgswirksame Erfassung der Handelsgeschäfte mit eigenen Aktien am Periodenende nur noch die im Aktivbestand befindlichen eigenen Anteile mit Eigenkapital verrechnet werden würden und bei einem Verkauf aller eigenen Anteile vor dem Bilanzstichtag nur noch das unterjährige Handelsergebnis verbleiben würde. Positive Handelsergebnisse würden bei dieser Handhabung nie zu einer Erhöhung der Kapitalrücklage führen[478].

Nach der hier vertretenen Auffassung ist es jedoch möglich, neben dem in §272 HGB festgelegten Verfahren ebenso auch eine vereinfachte Bewertungsmethodik zugrunde zu legen[479]. Diesem Ansatz liegt die Intention des Gesetzgebers zugrunde Instituten den Erwerb eigener Aktien zu erlauben, auch wenn damit nicht eine dauerhafte Kapitalrückzahlung an die Aktionäre bewirkt werden soll. Es wird daher als sachgerecht angesehen, die nach §272 Abs. 1a und 1b HGB notwendigen Buchungen lediglich auf den am Ende einer Handelsperiode verbleibenden Bestand an eigenen Aktien zu beziehen (vereinfachte Bewertungsmethode). Zudem erscheint diese Vereinfachung aufgrund der möglichen Vielzahl an täglichen Aktienkäufen und -verkäufen sachgerecht. Für Institute ist damit eine teleologische Reduktion von §272 Abs. 1a und 1b HGB durch die explizite Ermächtigung zum Handel in eigenen Aktien nach §71 Abs. 1 Nr. 7 AktG begründbar[480].

1.3.14.2.6 Kapitalerhöhung

Durch eine Kapitalerhöhung wird das Gezeichnete Kapital um den Nennwert bzw. rechnerischen Wert der ausgegebenen Anteile erhöht. Das Aktiengesetz unterscheidet die folgenden Formen von Kapitalerhöhungen:

1. Kapitalerhöhung gegen Einlage (§§182–191 AktG),
2. Bedingte Kapitalerhöhung (§§192–201 AktG),
3. Genehmigtes Kapital (§§202–206 AktG),
4. Kapitalerhöhung aus Gesellschaftsmitteln (§§207–220 AktG).

Bei einer Kapitalerhöhung ist das Gezeichnete Kapital um den Nennbetrag bzw. den rechnerischen Wert der ausgegebenen Anteile zu erhöhen. Bei einer Ausgabe der neuen Anteile über dem Nennwert bzw. rechnerischen Wert ist der überschießende Betrag in die Kapitalrücklage einzustellen (§272 Abs. 2 Nr. 1 HGB). Bilanziell ist eine Kapitalerhöhung mit der Eintragung ins Handelsregister zu berücksichtigen, da ab diesem Zeitpunkt die Erhöhung des Grund- bzw. Stammkapitals wirksam wird (§189 AktG; §54 Abs. 3 GmbHG)[481]. Eine Eintragung in das Handelsregister ohne vorherige Prüfung durch einen Registerrichter ist

---

477 Scharpf/Schaber (2018), S. 242 f.
478 Vgl. Scharpf/Schaber (2018), S. 242 f.
479 Ebenso auch Gelhausen/Fey/Kämpfer (2009), L 54a (S. 293); sowie Mock, in: KK-RLR, §272 HGB, Tz. 110.
480 Vgl. Mock, in: KK-RLR, §272 HGB, Tz. 110.
481 Vgl. ADS, §272 HGB, Tz. 18.

nach § 26 Abs. 7 SAG vorgesehen, sofern ein Institut eine Kapitalerhöhung zur Verhinderung des Eintritts der Abwicklungsvoraussetzungen vornimmt. Für Kapitalerhöhungen im Zusammenhang mit einer Rekapitalisierung enthält § 7 FMStBG zahlreiche gesellschaftsrechtliche Vereinfachungen.

Bei einer **Kapitalerhöhung gegen Sacheinlage** wird anstelle einer Bareinzahlung die Einbringung von Sachvermögen vorgenommen. Gesellschaftsrechtlich muss eine Sacheinlage stets zum Zeitwert vorgenommen werden (Grundsatz der realen Kapitalaufbringung). Der Zeitwert der Sacheinlage muss demnach mindestens dem Nennwert bzw. rechnerischen Wert der ausgegebenen Anteile entsprechen; da andernfalls eine unzulässige Unter-Pari-Emission vorliegen würde[482]. Für die Werthaltigkeit der Sacheinlage haften die einbringenden Gesellschafter im Rahmen der Differenzhaftung nach § 9 Abs. 1 AktG bzw. § 9 Abs. 1 GmbHG. Zu der Frage, zu welchem Wert eine Sacheinlage handelsbilanziell erstmalig anzusetzen ist, hat sich im Schrifttum mittlerweile eine h.M. herausgebildet. Nach überwiegender Auffassung besteht – in Abhängigkeit von der Ausgestaltung des Kapitalerhöhungsbeschlusses – ein Wahlrecht, die Sacheinlage mit
- dem Nennbetrag bzw. rechnerischen Wert der ausgegebenen Aktien als Untergrenze,
- dem höheren Zeitwert der Sacheinlage als Obergrenze oder
- einen Zwischenwert

anzusetzen[483]. Eine Unterbewertung der Sacheinlage ist nach h.M. damit zulässig. Daneben wird im Schrifttum ebenso die Auffassung vertreten, dass Sacheinlagen zwingend zum höheren Zeitwert anzusetzen sind[484].

Bei einer **bedingten Kapitalerhöhung** beschließt die Hauptversammlung eine Erhöhung des Grundkapitals, »die nur so weit durchgeführt werden soll, wie von einem Umtausch- oder Bezugsrecht Gebrauch gemacht wird, das die Gesellschaft auf die neuen Aktien (Bezugsaktien) einräumt…« (§ 192 Abs. 1 AktG). Eine bedingte Kapitalerhöhung soll nach § 192 Abs. 2 AktG nur zu folgenden Zwecken beschlossen werden:
1. zur Gewährung von Umtausch- oder Bezugsrechten an Gläubiger von Wandelschuldverschreibungen,
2. zur Vorbereitung des Zusammenschlusses mehrerer Unternehmen,
3. zur Gewährung von Bezugsrechten an Arbeitnehmer und Mitglieder der Geschäftsführung der Gesellschaft oder eines verbundenen Unternehmens im Wege des Zustimmungs- und Ermächtigungsbeschlusses.

Vor diesem Hintergrund sind der Zeitpunkt sowie der Umfang der Ausgabe von Aktien ungewiss. Die Kapitalerhöhung nach § 192 AktG trägt der Unsicherheit hinsichtlich des Zeitpunkts und des Umfangs in der Weise Rechnung, dass die Kapitalerhöhung nur insoweit durchgeführt wird, wie von einem Umtausch- oder Bezugsrecht Gebrauch gemacht wird.

---

[482] Vgl. Kropff, in: MüKom AktG, § 272 HGB, Tz. 74.
[483] Vgl. ADS, § 272 HGB, Tz. 95; Winnefeld (2015), N 77 ff.; IDW RS HFA 42, Tz. 42; HFA 2/97, Abschnitt 32211; Tiedchen, in: MüKom AktG, § 255 HGB, Tz. 44.
[484] Zur Diskussion vgl. Winkeljohann/Schellhorn, in: Sonderbilanzen, 5. Aufl., D Anm. 197 f.

Bei der Schaffung von bedingtem Kapital im Zusammenhang mit einer Rekapitalisierungsmaßnahme sind die Erleichterungen des § 7a FMStBG zu beachten.

Nach § 152 Abs. 1 S. 3 AktG ist das bedingte Kapital mit dem Nennbetrag bzw. rechnerischen Wert bei Gezeichneten Kapital zu vermerken, soweit die Aktien noch nicht ausgegeben wurden. Der Vermerk erfolgt in einem gesonderten Posten nach dem Gezeichneten Kapital und wird nicht in die Bilanzsumme eingerechnet[485]. Das Gezeichnete Kapital erhöht sich erst nach Eintragung der Beschlussfassung in das Handelsregister und nach Ausgabe der Aktien. In diesem Fall ist der Vermerk über das bedingte Kapital in Höhe des Nennbetrags der ausgegebenen Aktien zu kürzen.

Nach § 202 Abs. 1 AktG kann die Satzung den Vorstand für höchstens fünf Jahre nach Eintragung der Gesellschaft ermächtigen, das Grundkapital bis zu einem bestimmten Nennbetrag[486] (**genehmigtes Kapital**) durch Ausgabe neuer Aktien gegen Einlage zu erhöhen. Ähnlich wie das bedingte Kapital ist das genehmigte Kapital nicht in der Hauptspalte der Bilanz zu bilanzieren. Es ist lediglich nach § 160 Abs. 1 Nr. 4 AktG im Anhang anzugeben.

Bei einer **Kapitalerhöhung aus Gesellschaftsmitteln** erhält das Unternehmen im Gegensatz zu den übrigen Formen der Kapitalerhöhung keinen zusätzlichen Zufluss an Vermögenswerten durch die einbringenden Gesellschafter. Die Kapitalerhöhung aus Gesellschaftsmitteln stellt vielmehr einen rein bilanziellen Umbuchungsvorgang dar, bei dem Kapital- und Gewinnrücklagen in Grund- oder Stammkapital umgewandelt werden. Die Aktionäre erhalten bei dieser Umbuchung Zusatzaktien im Verhältnis ihrer bisherigen Anteilsquote am Gezeichneten Kapital. § 208 Abs. 1 AktG bestimmt Genaueres, welche Rücklagen umwandlungsfähig sind.

1.3.14.2.7 Kapitalherabsetzungen

Durch eine Kapitalherabsetzung wird eine Verminderung des Gezeichneten Kapitals erreicht. Oftmals soll mit einer Kapitalherabsetzung ein Verlustausgleich, eine Erhöhung der Kapitalrücklage, Rückzahlung des Grundkapitals an die Aktionäre oder die Entbindung der Aktionäre zur Leistung von ausstehenden Einlagen erreicht werden[487]. Das Aktiengesetz unterscheidet die folgenden Arten von Kapitalherabsetzungen:

1. **Ordentliche Kapitalherabsetzung (§§ 222–228 AktG).** Eine ordentliche Kapitalherabsetzung kann dem Ausgleich eines Bilanzverlusts, der Kapitalrückzahlung an Gesellschafter oder der Erhöhung der Kapitalrücklage dienen. Eine ordentliche Kapitalherabsetzung wird mit Eintragung des Beschlusses ins Handelsregister bilanzwirksam (§ 224 AktG; § 54 Abs. 3 GmbHG). Der Zweck der Kapitalherabsetzung ist in der Beschlussfassung zu benennen (§ 222 Abs. 3 AktG):
   - **Ausgleich von Bilanzverlusten.** Dient die Kapitalherabsetzung dem Ausgleich von Bilanzverlusten, so ist der gewonnene Betrag (**Sanierungsgewinn**) in der Gewinn-

---

485 Vgl. Baetge/Kirsch/Thiele (2017), S. 494.
486 Die Beschränkung nach § 202 Abs. 3 S. 1 AktG, wonach der Nennbetrag des genehmigten Kapitals auf die Hälfte des Grundkapitals beschränkt ist, gilt für Institute nicht, sofern die Schaffung eines genehmigten Kapitals im Zusammenhang mit einer Rekapitalisierung nach § 7 FMStBG steht (siehe § 7b Abs. 1. S. 2 FMStBG).
487 Vgl. Baetge/Kirsch/Thiele (2017), S. 497 f.

verwendungsrechnung »als »Ertrag aus der Kapitalherabsetzung« gesondert und zwar hinter dem Posten »Entnahmen aus Gewinnrücklagen« auszuweisen« (§ 240 S. 1 AktG). Dies dient dem Zweck, dass der Bilanzleser den Ertrag eindeutig der Herabsetzung des Kapitals zuordnen kann und damit die tatsächliche Ertragskraft des Unternehmens richtig dargestellt wird. Es ist mithin zu buchen per »Gezeichnetes Kapital« an »Ertrag aus der Kapitalherabsetzung«. Auf Investmentaktiengesellschaften mit veränderlichem Kapital findet § 240 AktG keine Anwendung (§ 108 Abs. 2 S. 1 KAGB).

- **Kapitalrückzahlung an die Gesellschafter.** Dient die Kapitalherabsetzung der Rückzahlung des Kapitals an die Gesellschafter, so ist im Zeitpunkt der Eintragung der Beschlussfassung ins Handelsregister das Gezeichnete Kapital zu mindern und eine Verbindlichkeit gegenüber den Gesellschaftern zu passivieren (Passivtausch).
- **Einstellung in die Kapitalrücklage.** Sollte eine Auszahlung an die Gesellschafter nicht vorgesehen und ein Ausgleich von Verlusten nicht vorzunehmen sein, so kommt die Einstellung der Kapitalherabsetzung in die Kapitalrücklage in Betracht[488].

2. **Vereinfachte Kapitalherabsetzung (§§ 229–236 AktG).** Bei einer vereinfachten Kapitalherabsetzung dürfen »die Beträge, die aus der Auflösung der Kapital- oder Gewinnrücklagen und aus der Kapitalherabsetzung gewonnen werden, (…) nicht zu Zahlungen an die Aktionäre und nicht dazu verwandt werden, die Aktionäre von der Verpflichtung zur Leistung von Einlagen zu befreien« (§ 230 S. 1 AktG). Die gewonnenen Beträge dürfen nur verwandt werden, »um Wertminderungen auszugleichen, sonstige Verluste zu decken und Beträge in die Kapitalrücklage oder in die gesetzliche Rücklage einzustellen« (§ 230 S. 2 AktG). Die Vornahme von Kapitalrückzahlungen an die Gesellschafter kann damit nicht Zweck einer vereinfachten Kapitalherabsetzung sein. Vereinfachte Kapitalherabsetzungen unterliegen mithin einem **Zweckbegrenzungsgebot** (§§ 229 Abs. 1 und 230 S. 1 AktG) und einem **Verwendungsgebot** (§ 230 S. 2 AktG)[489]. Die in § 225 AktG aufgeführten Vorschriften zum Gläubigerschutz sind bei vereinfachten Kapitalherabsetzungen nicht zu beachten (§ 229 Abs. 4 AktG verweist nicht auf § 225 AktG); stattdessen gelten spezifische, für die vereinfachte Kapitalherabsetzung geltenden Schutzvorschriften des § 233 AktG. Im Gegensatz zur ordentlichen Kapitalherabsetzung wird eine vereinfachte Kapitalherabsetzung unter bestimmten Bedingungen bereits mit ihrer Beschlussfassung bilanzwirksam (Wahlrecht zur **bilanziellen Rückbeziehung** der vereinfachten Kapitalherabsetzung). So können das Gezeichnete Kapital sowie die Kapital- und Gewinnrücklagen im Jahresabschluss für das letzte vor der Beschlussfassung über die Kapitalherabsetzung abgelaufene Geschäftsjahr in der Höhe ausgewiesen werden, in der sie nach der Kapitalherabsetzung bestehen sollen (§ 234 Abs. 1 AktG; § 58e Abs. 1 GmbHG). Diese Vorschrift dient der Erleichterung von Sanierungsbemühungen; Eigenkapitalposten können damit unter **Durchbrechung des Stichtagsprinzips** im Jahresabschluss des vorangegangenen Geschäftsjahrs so bilanziert werden, wie sich dies aus der geplanten Kapitalherab-

---
488 Vgl. Winkeljohann/Hoffmann, in: BBK, 11. Aufl., § 272 HGB, Tz. 76.
489 Vgl. Haberstock/Greitemann, in: Aktiengesetz, hrsg. v. Hölters, § 230 AktG, Tz. 1 u. 4.

setzung ergeben soll[490]. Soll die vereinfachte Kapitalherabsetzung einen Ausgleich von Verlusten bewirken, so ist der aus einer vereinfachen Kapitalherabsetzung gewonnene Betrag in der Gewinnverwendungsrechnung »als »Ertrag aus der Kapitalherabsetzung« gesondert und zwar hinter dem Posten »Entnahmen aus Gewinnrücklagen« auszuweisen« (§ 240 S. 1 AktG). Sollen die aus einer vereinfachten Kapitalherabsetzung gewonnenen Beträge in die Kapitalrücklage eingestellt werden (§ 229 Abs. 1 S. 1 AktG), so ist die Erhöhung der Kapitalrücklage als »Einstellung in die Kapitalrücklage nach den Vorschriften über die vereinfachte Kapitalherabsetzung« gesondert auszuweisen (§ 240 S. 2 AktG). Im Anhang ist zu erläutern, ob und in welcher Höhe die aus der Kapitalherabsetzung und aus der Auflösung von Gewinnrücklagen gewonnen Beträge 1. zum Ausgleich von Verlusten, 2. zur Deckung von sonstigen Verlusten oder 3. zur Einstellung in die Kapitalrücklage verwandt werden (§ 240 S. 3 AktG).

3. **Kapitalherabsetzung durch Einziehung von Aktien (§§ 237–239 AktG).** Nach § 237 Abs. 1 AktG können Aktionäre zwangsweise (z. B. durch eine entsprechende Satzungsänderung) oder nach Erwerb durch die Gesellschaft eingezogen werden. Auch bei einer zwangsweisen Einziehung ist den Aktionären ein Entgelt zu gewähren. Die Bilanzierung richtet sich mithin in einem ersten Schritt nach den Vorschriften zum Erwerb eigener Anteile nach § 272 Abs. 1a HGB (siehe im Einzelnen Kapitel IV.1.3.13.2.5). Bei einer Kapitalherabsetzung durch Einziehung der Anteile sind die erworbenen eigenen Anteile (die offen vom Gezeichneten Kapital abzusetzen sind) bilanziell gegen das Gezeichnete Kapital auszubuchen. Die Kapitalherabsetzung durch Einziehung von Aktien bewirkt mithin lediglich die Saldierung der vormals offen abgesetzten eigenen Anteile[491].

1.3.14.3 Kapitalrücklage

1.3.14.3.1 Überblick über den Posten

Die Kapitalrücklage ist Teil der offenen Rücklagen. Nach § 272 Abs. 2 HGB sind in die Kapitalrücklage die folgenden Beträge einzustellen:
1. »der Betrag, der bei der Ausgabe von Anteilen einschließlich von Bezugsanteilen über den Nennbetrag oder, falls ein Nennbetrag nicht vorhanden ist, über den rechnerischen Wert hinaus erzielt wird;
2. der Betrag, der bei der Ausgabe von Schuldverschreibungen für Wandlungsrechte und Optionsrechte zum Erwerb von Anteilen erzielt wird;
3. der Betrag von Zuzahlungen, die Gesellschafter gegen Gewährung eines Vorzugs für ihre Anteile leisten;
4. der Betrag von anderen Zuzahlungen, die Gesellschafter in das Eigenkapital leisten«.

Daneben kommt es zu der Bildung von Kapitalrücklagen bei Kapitalherabsetzungen (§§ 229 Abs. 1, 232 und 237 AktG sowie §§ 58a ff. GmbHG, siehe Kapitel IV.1.3.13.2.7)

---

490 Vgl. Hüffer, in: AktG, § 234 AktG, Tz. 1.
491 Vgl. Winkeljohann/Hoffmann, in: BBK, 11. Aufl., § 272 HGB, Tz. 101.

sowie im Falle von Sonderrücklagen im Rahmen des bedingten Kapitals (§ 218 AktG) sowie bei der Aktivierung von eingeforderten Nachschüssen (§ 42 Abs. 2 GmbHG)[492].

Weder § 266 Abs. 3 HGB noch das Formblatt 1 sehen eine Unterteilung der Kapitalrücklage nach § 272 Abs. 2 Nr. 1 bis 4 HGB vor. Im Schrifttum wird eine solche Unterteilung zum Teil für jede Unterposition bzw. ein separater Ausweis der Nr. 1–3 sowie Nr. 4 als Anhangangabe empfohlen[493].

1.3.14.3.2 Ausgabe von Anteilen und Bezugsrechten (§ 272 Abs. 2 Nr. 1 HGB)

Nach § 272 Abs. 2 Nr. 1 HGB sind bei der **Ausgabe von Kapitalanteilen** die Beträge, die über den Nennwert bzw. rechnerischen Wert hinaus erzielt wurden, in die Kapitalrücklage einzustellen. Übersteigt der Ausgabebetrag den Nennwert bzw. rechnerischen Wert der Anteile, so liegt ein **Aufgeld** (Agio) vor. Dieses ist vollständig, d.h. ungekürzt um Ausgabekosten, in die Kapitalrücklage nach § 272 Abs. 2 Nr. 1 HGB einzustellen; Ausgabekosten stellen nach § 248 Abs. 1 Nr. 2 HGB bzw. § 272 Abs. 1a S. 2 HGB Aufwand der jeweiligen Rechnungsperiode dar, und zwar unabhängig davon, ob sie durch das Agio gedeckt werden. Die Ausgabe von Kapitalanteilen tritt bei Gründung der Gesellschaft, bei einer Kapitalerhöhung oder einem Rechtsformwechsel von einer Personengesellschaft in eine Kapitalgesellschaft auf. Ebenso ist das Ausgabe-Agio von Bezugsanteilen in die Kapitalrücklage nach § 272 Abs. 2 Nr. 1 HGB einzustellen. Dies ist bspw. der Fall, wenn Wandelschuldverschreibungen nicht zu pari in Gesellschaftsanteile getauscht werden[494].

Als **Aufgeld** gelten nur die Beträge, die aufgrund von einem Gesellschaftsvertrag oder Gesellschafterbeschluss als Aufgeld festgesetzt wurden und auch tatsächlich an die Gesellschaft geleistet wurden. Geleistete Beträge, die nicht als Aufgeld gesellschaftsrechtlich festgesetzt aber an die Gesellschaft geleistet wurden, sind nicht in die Kapitalrücklage im Sinne von § 272 Abs. 2 Nr. 1 HGB, sondern ggf. in die Kapitalrücklage nach § 272 Abs. 2 Nr. 4 HGB einzustellen[495]. Das Aufgeld richtet sich bei einer **Sacheinlage** nach dem Wert der Sacheinlage, deren Wertansatz sich bilanziell nach den Tauschgrundsätzen richtet. Die Sacheinlage kann mithin mit dem Buchwert, dem Zeitwert oder einem Zwischenwert angesetzt werden. Sofern der Zeitwert der Sacheinlage dessen Buchwert übersteigt und bei der Gesellschaft zum Buchwert angesetzt wird, entsteht ein sog. »stilles« **Aufgeld**. Nach h. M. ist dieses nicht in die Kapitalrücklage einzustellen[496]; zum Teil wird in der Literatur ein Ansatz der Sacheinlage zum beizulegenden Zeitwert gefordert[497].

In die Kapitalrücklage im Sinne von § 272 Abs. 2 Nr. 1 HGB sind ebenso Aufgelder einzustellen, die aus der Ausgabe von Anteilen im Zusammenhang mit umwandlungsrechtlichen Vorgängen resultieren (zu den verschiedenen Umwandlungsformen siehe Kapitel VII). Bei **Spaltungen** oder **Verschmelzungen** kommt es dann zur Bildung einer Kapitalrücklage im Sinne von § 272 Abs. 2 Nr. 1 HGB, wenn das übernommene Reinvermögen zu Buchwerten höher als der Ausgabebetrag der dafür zu gewährenden Anteile ist; in diesem

---

492 Vgl. Scherrer (2009), S. 206 u. 221; Heymann, in: Beck HdR, B 231, Tz. 88.
493 Vgl. Winkeljohann/Hoffmann, in: BBK, 11. Aufl., § 272 HGB, Tz. 165; Heymann, in: Beck HdR, B 231, Tz. 89.
494 Vgl. Heymann, in: Beck HdR, B 231, Tz. 90.
495 Vgl. Mock, in: KK-RLR, § 272 HGB, Tz. 130.
496 Vgl. Winkeljohann/Hoffmann, in: BBK, 11. Aufl., § 272 HGB, Tz. 174; Mock, in: KK-RLR, § 272 HGB, Tz. 132.
497 Vgl. Winkeljohann/Schellhorn, in: Sonderbilanzen, 5. Aufl., D 197 f.

Fall ist der übersteigende Betrag unter Abzug von Zuzahlungen in die Kapitalrücklage einzustellen (IDW RS HFA 42, Tz. 68f.)[498].

1.3.14.3.3 Ausgabe von Wandel- und Optionsanleihen (§ 272 Abs. 2 Nr. 2 HGB)

Wandelschuldverschreibungen nach § 221 Abs. 1. S. 1 AktG sind Schuldverschreibungen, bei denen dem Gläubiger ein Umtausch- oder Bezugsrecht auf Aktien eingeräumt wird. Bei Ausübung des Wandlungsrechts tauscht der Inhaber der Wandelschuldverschreibungen seine Gläubigerposition in eine **Gesellschafterstellung**. Die Wandlung erfolgt zu einem zuvor festgelegten (festen oder variablen) Umtauschverhältnis. Dabei kann eine Zuzahlung vereinbart sein. Die Absicherung der Bezugszusagen aus der Emission einer Wandel- oder Optionsanleihe wird im Regelfall über die Schaffung von **bedingtem Kapital** nach §§ 197 ff. AktG vorgenommen[499].

Während der Inhaber einer Wandelanleihe Mitgliedschaftsrechte an der Gesellschaft gegen Aufgabe der Gläubigerposition erwirbt, wird die Gläubigerposition eines Inhabers einer **Optionsanleihe** durch die Ausübung seines Optionsrechts nicht berührt[500]. Optionsanleihen können auch mit abtrennbaren Optionsrechten versehen sein, die unabhängig von der Optionsanleihe ausgeübt und selbständig gehandelt werden können (z. B. **Optionsscheine**). Bei der Wandelschuldverschreibung besteht hingegen nur die Alternative die Schuldverschreibung gegen die Aktien (ggf. bei Leistung einer Zuzahlung) zu tauschen. Eine separate Übertragbarkeit des Wandlungsrechts ist nicht möglich. Für Wandelanleihen und Optionsanleihen gelten die gleichen Bilanzierungsgrundsätze.

Finanzwirtschaftlich stellen Wandel- oder Optionsanleihen strukturierte Finanzinstrumente dar, welche aus einer Schuldverschreibung und einer Option auf den Kauf von Aktien zusammengesetzt sind. Der Wert einer Wandel- oder Optionsanleihe setzt sich daher aus dem Wert der Aktienoptionen sowie dem Wert der Schuldverschreibungen zusammen. Dabei können die Anleihebedingungen verschiedentlich ausgestaltet sein:

1. Die Anleihe wird zum Nominalbetrag emittiert, wobei der Nennwert für den Inhaber aus dem Optionsrecht durch eine Verminderung des Zinskupons ausgeglichen wird (**verdecktes Aufgeld**).
2. Die Anleihe weist einen marktgerechten Kupon für eine Anleihe ohne Wandlungs- oder Optionsrecht aus, wobei die Anleihe über dem Nominalbetrag emittiert wird (**offenes Aufgeld**).
3. Die Anleihe wird zu Bedingungen emittiert, wobei die Parameter Emissionsbetrag und Kupon einen Zwischenwert der Fälle 1) und 2) unter Wahrung von Barwertneutralität darstellen (**Kombination aus offenen und verdeckten Aufgeld**).

---

498 Vgl. ebenso Winkeljohann/Hoffmann, in: BBK, 11. Aufl., § 272 HGB, Tz. 175; Scherrer (2009), S. 207; Heymann, in: Beck HdR, B 231, Tz. 92.
499 Andere Formen der Sicherung wie z. B. über genehmigtes Kapital, reguläre Kapitalerhöhung oder Bedienung aus dem Bestand eigener Aktien sind zwar zum Teil möglich, jedoch mit verschiedenen Unwägbarkeiten verbunden. Vgl. Habersack, in: MüKom AktG, 4. Aufl., § 221 AktG, Tz. 215; Hüffer, § 221 AktG, Tz. 57 ff.; Schanz, in: BKR 2011, S. 410.
500 Vgl. Habersack, in: MüKom AktG, 4. Aufl., § 221 AktG, Tz. 32 u. 213.

Bis zum Wandlungszeitpunkt hat der Inhaber der Wandel- oder Optionsanleihe keine Mitgliedschaftsrechte. Gesellschafter wird der Inhaber bei einer bedingten Kapitalerhöhung erst mit Ausgabe der Bezugsaktien nach § 200 AktG. Auch im Insolvenzfall wird der Inhaber einer Wandelanleihe wie ein Gläubiger behandelt. Nach § 272 Abs. 2 Nr. 2 HGB sind die Wandlungs- bzw. Optionsrechte getrennt von dem Schuldinstrument zu bilanzieren. Der Betrag, der bei der Ausgabe von Wandelanleihen für das Wandlungsrecht erzielt wird, ist nach § 272 Abs. 2 Nr. 2 HGB in die Kapitalrücklage einzustellen. Hierbei ist zu beachten, dass sich § 272 Abs. 2 Nr. 2 HGB nur auf Wandel- oder Optionsanleihen im Sinne des § 221 Abs. 1 AktG bezieht. Ausgeschlossen sind damit Fremdwandelanleihen in Aktien Dritter[501] sowie Wandel- oder Optionsanleihen auf existierende Aktien, die das Institut aufgrund der Erwerbsmöglichkeiten gem. § 71 Abs. 1 Nr. 7 AktG im Eigenbestand hält[502]. Wandel- oder Optionsanleihen auf (alte) existierende Aktien fallen nicht unter den § 221 Abs. 1 S. 1 AktG, da dies die Einräumung von Bezugsrechten verlangt, die nach § 186 Abs. 1 AktG den Bezug »neuer Aktien« voraussetzt[503]. Eine Einstellung in die Kapitalrücklage kommt auch dann in Betracht, wenn die Ausgabe von Wandel- oder Optionsanleihen durch ein (ausländisches) Tochterunternehmen erfolgt; in diesem Fall ist das erzielte Aufgeld in die Kapitalrücklage des Mutterunternehmens nach § 272 Abs. 2 Nr. 2 HGB einzustellen[504].

Eine Einstellung in die Kapitalrücklage erfolgt insoweit der Investor für die ihm zustehenden Rechte einen bestimmten Beitrag an den Emittenten **leistet**. Existieren bei komplexen Wandel- und Optionsanleihen verschiedene Rechte und Pflichten für Inhaber und Emittenten, so ist eine Rücklagendotierung dann geboten, wenn per Saldo ein Vorteil für den Emittenten entsteht[505]. Die Wandlungs- und Optionsrechte sind in die Kapitalrücklage einzustellen und zwar unabhängig davon,
- ob es sich um ein offenes oder verdecktes Aufgeld handelt[506];
- ob die Wandlung oder Ausübung tatsächlich erfolgt[507].

Während der in die Kapitalrücklage einzustellende Betrag bei einem offenen Aufgeld direkt ersichtlich ist, muss er bei einem **verdeckten Aufgeld** erst ermittelt (d. h. vorsichtig geschätzt) werden. In der Literatur werden verschiedene Verfahren zur Ermittlung eines verdeckten Aufgelds diskutiert. Bei der **Residualmethode** wird das Wandlungsrecht als Differenz zwischen dem Emissionserlös und dem Barwert der Zins- und Tilgungszahlungen einer marktüblich verzinsten Anleihe ohne Wandlungsrecht bestimmt. Im Rahmen der

---

501 Fremdwandelanleihen stellen strukturierte Finanzinstrumente dar, die nach den allgemeinen Grundsätzen unter Berücksichtigung der Trennungspflicht bestimmter eingebetteter Derivate nach HFA 22 zu bilanzieren sind.
502 Vgl. ADS, § 272 HGB, Tz. 108; Gelhausen/Rimmelspacher, in: AG 2006, S. 736.
503 Vgl. Häuselmann, in: BB 2000, S. 140.
504 Vgl. Knorr/Seidler, in: HGB Bilanz Kommentar, § 272, Tz. 245. Zur Darstellung der Abwicklung über eine Tochtergesellschaft vgl. Häuselmann, in: BB 2003, S. 1531 f. Eine indirekte Emission über ausländische Emissionsgesellschaften erfolgt zumeist aus steuerlichen Gründen. Bei einer Direktemission würde deutsche Kapitalertragsteuer erhoben werden, deren Erstattung ausländische Investoren nur bei Bestehen eines Doppelbesteuerungsabkommens auf Antrag verlangen können. Vgl. Schanz, in: BKR 2011, S. 413.
505 Vgl. Scharpf/Schaber (2018), S. 986 f.; vgl. hierzu die Ausführungen zu Pflichtwandelanleihen weiter unten.
506 Vgl. ADS, § 272 HGB, Tz. 108.
507 Vgl. Winkeljohann/Hoffmann, in: BBK, 11. Aufl., § 272 HGB, Tz. 181; ADS, § 272 HGB, Tz. 111; 129.

Marktwertmethode wird das verdeckte Aufgeld durch eine Aufteilung des Rückzahlungsbetrags mit Hilfe effektiver Marktpreise von Basis-Schuldverschreibung und Optionsrecht ermittelt. Da nach § 272 Abs. 2. Nr. 2 HGB nur der Betrag der Kapitalrücklage zugeführt werden darf, der durch die Gesellschaft auch erzielt wurde, muss die Bestimmung des einzustellenden Betrags vorsichtig – zur Vermeidung einer Überdotierung der Kapitalrücklage – erfolgen. Aus diesem Grunde wird es als sachgerecht angesehen, nur den Teil des Vorteils aus der Unterverzinslichkeit in die Kapitalrücklage einzustellen, der dem Emittenten tatsächlich (d. h. unabhängig von der künftigen Ausübung des Wandlungsrechts oder weiterer Rechte) nicht entzogen werden kann[508]:

- Kann die Anleihe nur **am Ende der Laufzeit** gewandelt werden, ist bei der Ermittlung des Betrags, der in die Kapitalrücklage einzustellen ist, nur die kürzeste Laufzeit der Anleihe zugrunde zu legen, da dem Emittenten aus der Minderverzinsung der Anleihe nur dieser Betrag nicht entzogen werden kann[509].
- Bei Wandelanleihen mit einem innerhalb eines bestimmten Wandlungszeitraums **jederzeit ausübbaren** Wandlungsrecht wird es in der Literatur als sachgerecht angesehen, den im Zeitablauf entstandenen Vorteil aus der Minderverzinslichkeit pro rata temporis per Zinsaufwand in der Kapitalrücklage zu erfassen[510].

Das **Basis-Schuldinstrument** ist getrennt von dem Wandlungs- bzw. Optionsrecht in einer Verbindlichkeitsposition zu erfassen. Ein Ausweis des Schuldinstruments als Verbindlichkeit mit dem Zusatz »davon konvertibel« gem. § 266 Abs. 3 C.1. HGB ist für Institute aufgrund § 340a Abs. 2 S. 2 HGB nicht anwendbar. Der Ausweis des Schuldinstruments richtet sich nach den Vorschriften der RechKredV. Für Institute kommt im Regelfall – je nach Ausgestaltung der Anleihebedingungen – ein Ausweis unter den Verbrieften Verbindlichkeiten (Passivposten 3) oder unter den Nachrangigen Verbindlichkeiten (Passivposten Nr. 9) in Betracht. Ein Vermerk »davon konvertibel« ist nach § 22 RechKredV nicht vorgesehen. Für Wandel- bzw. Optionsanleihen sind nach § 160 Abs. 1 Nr. 5 AktG in Verbindung mit § 192 Abs. 2 Nr. 1 AktG im Anhang die Art der Anleihen sowie die wesentlichen Anleihebedingungen zu erläutern. Das Basis-Schuldinstrument ist mit dem künftigen Erfüllungsbetrag (dies entspricht dem Rückzahlungsbetrag) nach § 253 Abs. 1 S. 2 HGB zu bilanzieren. Da das Basis-Schuldinstrument zum Rückzahlungsbetrag anzusetzen ist, ergibt sich aus der Differenz zwischen dem Emissionserlös, dem Rückzahlungsbetrag und der Einstellung in die Kapitalrücklage ein Unterschiedsbetrag, der aufgrund seines Zinscharakters als **Disagio** nach § 250 Abs. 3 S. 1 HGB als Rechnungsabgrenzungsposten nach den allgemeinen Grundsätzen aktiviert werden kann (Aktivierungswahlrecht)[511]. Die bilanzielle Abbildung folgt in diesem Fall der Bruttomethode. Bis zur Wandlung sind nach § 160 Abs. 1 Nr. 5 AktG

---

508 Vgl. Gelhausen/Rimmelspacher, in: AG 2006, S. 732.
509 Vgl. Gelhausen/Rimmelspacher, in: AG 2006, S. 732; dies ist allerdings nicht unumstritten vgl. ADS § 272, Tz. 123 m.w.N.
510 Vgl. Gelhausen/Rimmelspacher, in: AG 2006, S. 733.
511 Vgl. Häuselmann, in: BB 2000, S. 140; Winkeljohann/Hoffmann, in: BBK, 11. Aufl., § 272, Tz. 181; ADS, § 272 HGB, Tz. 125. Zu einer Darstellung der allgemeinen Grundsätze zur Bilanzierung von Disagien für emittierte Verbindlichkeiten siehe Kapitel III.1.6.2.2.

im Anhang die Zahl der Wandelschuldverschreibungen darzustellen unter Angabe der Rechte, die sie verbriefen.

Bei Wandlung erhöht sich das Gezeichnete Kapital mit der Ausgabe von Aktien an den Bezugsberechtigten. Der passivierte Anleihebetrag ist gegen das Gezeichnete Kapital und die Kapitalrücklage auszubuchen; ein aktiviertes und noch nicht abgeschriebenes Disagio ist aufwandswirksam auszubuchen[512]. Ist allerdings in den Anleihebedingungen festgelegt, dass der Inhaber der Anleihe bei Wandlung auf die aufgelaufenen Zinsen verzichtet, so handelt es sich um einen Betrag, der im Rahmen des Kapitalerhöhungsbeschlusses in die Kapitalrücklage nach §272 Abs. 2 Nr. 1 HGB einzustellen ist[513]. Erlischt die Zinsverpflichtung aus anderen Gründen, so ist eine ertragswirksame Ausbuchung vorzunehmen. Das bedingte Kapital ist bei Ausgabe der Aktien zu kürzen und nach §152 Abs. 1 S. 3 AktG unter dem Gezeichneten Kapital zu vermerken. Erfolgt die Wandlung unter Leistung einer Zuzahlung, so kann nachträglich ein erneutes Aufgeld entstehen, das in die Kapitalrücklagen einzustellen ist. Die Differenz zwischen dem höheren Buchwert der bei Wandlung erlöschenden Verbindlichkeit und dem Nennwert bzw. rechnerischen Wert der ausgegebenen Aktien ist in der Kapitalrücklage nach §272 Abs. 2 Nr. 1 HGB zu erfassen[514].

Pflichtwandelanleihen. Bei einer Pflichtwandelanleihe ist der Inhaber berechtigt und/oder am Ende des Wandlungszeitraums verpflichtet, die Schuldverschreibungen in Aktien zu tauschen. Bei einer Pflichtwandelanleihe besteht für den Inhaber die **Pflicht**, die Anleihe spätestens am Ende der Laufzeit zu wandeln. Zusätzlich können Pflichtwandelanleihen auch mit einem **Wandlungsrecht** für den Inhaber ausgestattet sein, die dem Inhaber und/oder dem Emittenten das Recht einräumen, innerhalb eines bestimmten Zeitraums während der Laufzeit der Anleihe eine Wandlung in Aktien des Emittenten vorzunehmen. Im Gegensatz zu einer herkömmlichen Wandelanleihe hat der Inhaber einer Pflichtwandelanleihe (mandatory convertible) eine **Wandlungspflicht**, die sich durch eine Erhöhung des Kupons der Anleihe ausdrückt[515]. Eine Pflichtwandelanleihe besteht finanzwirtschaftlich aus einer marktgerecht verzinsten Anleihe sowie verschiedentlich denkbaren Kombinationen aus Long-Call-, Short-Put-, Short-Call- oder Long-Put-Optionen auf Aktien des Emittenten. Im Gegensatz zu Standard-Wandelanleihen verzichten die Inhaber von Pflichtwandelanleihen auf einen Schutz gegen Kursverluste der Aktie (Downward Protection) und profitieren im Gegenzug von höheren Zinszahlungen und potenziellen Kurssteigerungen[516].

Da bei einer Pflichtwandelanleihe der Umtausch in Aktien spätestens am Ende der Laufzeit der Schuldverschreibung erfolgt, stellt sich die Frage, ob eine Zuführung zum Eigenkapital nicht bereits vor der Wandlung zu erfolgen hat (»Eigenkapitalbeschaffung auf Termin«)[517]. Für eine Behandlung von Pflichtwandelanleihen als Fremdkapital bis zum Zeitpunkt der Wandlung sprechen die folgenden Gründe:

---

512 Vgl. Häuselmann, in: BB 2000, S. 145; ADS, §250 HGB, Tz. 98.
513 Vgl. Gelhausen/Rimmelspacher, in: AG 2006, S. 736.
514 Vgl. Winkeljohann/Hoffmann, in: BBK, 11. Aufl., §272, Tz. 182.
515 Vgl. Kleidt/Schiereck, in: BKR 2004, S. 18.
516 Vgl. Schanz, in: BKR 2011, S. 414.
517 Vgl. Dürr (2007), S. 217.

- **Zivil- und gesellschaftsrechtliche Betrachtung.** Der Inhaber der Pflichtwandelanleihe besitzt bis zum Wandlungszeitpunkt keine mitgliedschaftlichen Rechte. Im Insolvenzfall wird er wie jeder andere Fremdkapitalgläubiger behandelt. Sofern eine automatische Pflichtwandlung im Insolvenzfall vereinbart ist, steht dies einer Klassifizierung als Fremdkapital nicht entgegen. Eine Pflichtwandelanleihe stellt mithin einen schuldrechtlichen Anspruch auf den Erwerb von Mitgliedschaftsrechten, nicht jedoch Mitgliedschaftsrechte selbst dar[518].
- **Bilanzrechtliche Betrachtung.** Pflichtwandelanleihen weisen vor der Wandlung nicht die für Eigenkapital notwendigen Merkmale von Eigenkapital auf. Die nach HFA 1/94 notwendigen Ausstattungsmerkmale von Eigenkapitalgenussrechten wie z. B. Verlustpartizipation, erfolgsabhängige Vergütung, Nachrangigkeit sind bei Pflichtwandelanleihen im Regelfall nicht kumulativ gegeben.

Da es im Ausgabezeitpunkt einer Pflichtwandelanleihe bereits feststeht, dass es spätestens am Ende der Laufzeit der Anleihe zu einer Ausgabe junger Aktien kommt, wird es in der Literatur zum Teil als sachgerecht angesehen, den Emissionserlös aus einer Pflichtwandelanleihe gesondert zwischen dem Eigenkapital und den Rückstellungen auszuweisen[519]. Die Bilanzierung von Pflichtwandelanleihen folgt grundsätzlich den Grundsätzen der Bilanzierung von Wandel- oder Optionsanleihen. Umstritten ist hingegen, ob und in welcher Höhe eine Dotierung der Kapitalrücklage zu erfolgen hat[520]. Nach h. M. können der Terminverkauf von Aktien sowie die vorzeitigen Wandlungsrechte für die Ermittlung einer Rücklagendotierung zusammengefasst werden. Es kommt nur dann zu einer Rücklagendotierung, wenn per Saldo ein Vorteil für den Emittenten entsteht[521]. Wird der Betrag in die Kapitalrücklage eingestellt, der der Prämie einer Standard-Wandelanleihe entsprechen würde, so würde dies zu einer Überdotierung der Kapitalrücklage führen, da der Vorteil für den Emittenten durch die an den Investor zu entrichtende Prämie (für die Gestaltungsrechte des Emittenten) gemindert würden. Eine Aufspaltung der Einzeleffekte ist bei der bilanziellen Beurteilung einer Pflichtwandelanleihe nicht notwendig. Letztlich kommt es darauf an, ob der Emittent aus den verschiedenen Derivaten auf eigene Aktien per Saldo einen Vorteil erhält:
- Bei einer marktüblichen bzw. höheren Verzinsung der Pflichtwandelanleihe im Vergleich zu einer Verbindlichkeit ohne Wandlungsrechte besteht kein Vorteil für den Emittenten, so dass keine Einstellung in die Kapitalrücklage möglich ist[522].
- Bei einer Unterverzinslichkeit der Pflichtwandelanleihe im Vergleich zu einer Verbindlichkeit ohne Wandlungsrechte besteht ein Vorteil für den Emittenten, der nach den allgemeinen Grundsätzen zur Bilanzierung von Wandel- und Optionsanleihen in die Kapitalrücklage einzustellen ist.

---

518 Vgl. Häuselmann, in: BB 2003, S. 1532 f.
519 Vgl. Gelhausen/Rimmelspacher, in: AG 2006, S. 740.
520 Zu dieser Diskussion vgl. bspw. Häuselmann, in: BB 2003, S. 1534, der hier sowohl ein Einheits- wie auch ein Trennungskonzept vorstellt.
521 Vgl. Scharpf/Schaber (2018), S. 988 argumentieren, dass in Analogie zu Collars eine Kombination von verschiedenen Optionen nicht auf die Einzelkomponenten zum Zwecke der Bilanzierung aufzuteilen ist.
522 Gelhausen/Rimmelspacher sehen dies als Regelfall an. Vgl. Gelhausen/Rimmelspacher, in: AG 2006, S. 740.

Die bilanzielle Abbildung der Wandlung einer Pflichtwandelanleihe unterscheidet sich nicht von den allgemeinen Grundsätzen für Wandel- und Optionsanleihen.

1.3.14.3.4 Zuzahlung gegen Vorzugsgewährung (§ 272 Abs. 2 Nr. 3 HGB)

Beträge, welche von Gesellschafter gegen Gewährung eines Vorzugs oder von Sonderausstattungen ihrer Mitgliedschaftsrechte eingebracht werden, sind nach § 272 Abs. 2 Nr. 3 HGB in die Kapitalrücklage einzustellen. Dies betrifft insbesondere Sonderrechte in Bezug auf die Gewinnverteilung (z.B. Vorzugsaktien nach §§ 139 ff. AktG oder im Vergleich zum Kapitalanteil erhöhte Gewinnbeteiligungen nach § 29 Abs. 3 GmbHG) oder die Verteilung des Gesellschaftsvermögens. Die Zuzahlung kann als Bareinlage oder als Sacheinlage vorgenommen werden. Im Falle einer Sacheinlage gelten die unter Nr. 1 ausgeführten Grundsätze.

1.3.14.3.5 Andere Zuzahlungen (§ 272 Abs. 2 Nr. 4 HGB)

Im Gegensatz zu § 272 Abs. 2 Nr. 3 HGB stellt die Kapitalrücklagenbildung nach § 272 Abs. 2 Nr. 4 HGB auf den Fall ab, dass von den Gesellschaftern Zuzahlungen in das Eigenkapital geleistet werden, ohne dass von der Gesellschaft mitgliedschaftliche Sonderrechte gewährt werden. Die Zuzahlung kann als Bar- oder Sacheinlage ausgestaltet sein; im Falle einer Sacheinlage gelten die unter Nr. 1 ausgeführten Grundsätze. Um einen erfolgswirksamen Ertragszuschuss durch den Gesellschafter von einer freiwilligen Zuzahlung in die Kapitalrücklage unterscheiden zu können, ist auf den Willen des Gesellschafters abzustellen. Die willentliche Zweckbestimmung des Gesellschafters kann ausdrücklich oder konkludent erfolgen[523].

Im Gegensatz zu den Kapitalrücklagen nach § 272 Abs. 2 Nr. 1–3 HGB stellen die Rücklagen nach § 272 Abs. 2 Nr. 4 HGB frei verfügbare Rücklagen dar. Für die Kapitalrücklagen nach § 272 Abs. 2 Nr. 1–3 HGB gelten spezifische Verwendungsbeschränkungen (§ 150 Abs. 2 u. 3 AktG)[524], nicht jedoch für Rücklagen nach § 272 Abs. 2 Nr. 4 HGB.

1.3.14.4 Gewinnrücklagen

Nach § 272 Abs. 3 HGB dürfen in den Gewinnrücklagen nur Beträge ausgewiesen werden, die im Geschäftsjahr oder in einem früheren Geschäftsjahr aus dem Ergebnis gebildet worden sind. Die Bildung einer Gewinnrücklage setzt mithin das Vorhandensein eines Jahresüberschusses voraus. Institute haben im Formblatt 1 die Gewinnrücklagen in Analogie zu § 266 Abs. 3 HGB zu unterteilen. Die Gewinnrücklagen umfassen somit die folgenden Unterposten:
- **Unterposten ca): »Gesetzliche Rücklage«.** Aufgrund von § 150 Abs. 2 AktG haben Institute in der Rechtsform der Aktiengesellschaft 5 % den um einen Verlustvortrag aus dem Vorjahr geminderten Jahresüberschuss in die gesetzliche Rücklage einzustellen. Die Zuführungspflicht besteht solange, bis die gesetzliche Rücklage zusammen mit den

---
523 Vgl. ausführlich mit weiteren Nachweisen Mock, in: KK-RLR, § 272 HGB, Tz. 166.
524 Für weitere Erläuterungen sei auf die allgemeinen Kommentierungen verwiesen. Vgl. z.B. Hennrichs/Pöschke, in: Mükom AktG, 4. Aufl., § 150 AktG.

Kapitalrücklagen nach § 272 Abs. 2 Nr. 1 bis 3 HGB insgesamt 10 % (oder einen in der Satzung bestimmten höheren Teil) des Grundkapitals erreicht. Für Entnahmen aus der gesetzlichen Rücklage (sowie den Kapitalrücklagen nach § 272 Abs. 2 Nr. 1 bis 3 HGB) sind die Beschränkungen von § 150 Abs. 3 und 4 AktG zu beachten. Die Pflicht zur Zuführung in die gesetzliche Rücklage wirkt damit wie eine Ausschüttungssperre und ist daher nur für den Verlustausgleich, einen Verlustvortrag oder für die Kapitalerhöhung aus Gesellschaftsmitteln einzusetzen[525].

- **Unterposten cb): »Rücklage für Anteile an einem herrschenden oder mehrheitlich beteiligten Unternehmen«.** Nach § 272 Abs. 4 S. 1 HGB ist »für Anteile an einem herrschenden oder mit Mehrheit beteiligten Unternehmen eine Rücklage zu bilden. In die Rücklage ist ein Betrag einzustellen, der dem auf der Aktivseite der Bilanz für die Anteile an dem herrschenden oder mit Mehrheit beteiligten Unternehmen angesetzten Betrag entspricht. Die Rücklage, die bereits bei der Aufstellung der Bilanz zu bilden ist, darf aus vorhandenen frei verfügbaren Rücklagen gebildet werden. Die Rücklage ist aufzulösen, soweit die Anteile an dem herrschenden oder mit Mehrheit beteiligten Unternehmen veräußert, ausgegeben oder eingezogen werden oder auf der Aktivseite ein niedrigerer Betrag angesetzt wird« (§ 272 Abs. 4 HGB).
- **Unterposten cc): »Satzungsmäßige Rücklage«.** Sofern die Satzung oder der Gesellschaftsvertrag des Instituts die Bildung einer Rücklage vorsieht, sind die einzubehaltenden Beträge in die »Satzungsmäßige Rücklage« einzustellen. Die Möglichkeit von Auflösungen richtet sich dabei nach den Regelungen von Satzung bzw. Gesellschaftsvertrag. Nach § 25 Abs. 3 RechKredV ist in diesem Posten die Sicherheitsrücklage der Sparkassen sowie die Ergebnisrücklage der Kreditgenossenschaften auszuweisen; dabei kann die genaue Bezeichnung im Einzelfall zusätzlich zu der Postenbezeichnung »Gewinnrücklagen« in das Bilanzformblatt eingetragen werden (§ 25 Abs. 3 S. 2 RechKredV).
- **Unterposten cd): »Andere Gewinnrücklagen«.** In diesen Unterposten sind alle Gewinnthesaurierungen einzustellen, die nicht in den vorherigen Posten auszuweisen sind. In die anderen Gewinnrücklagen können Vorstand und Aufsichtsrat auch Eigenkapitalanteile[526] von Wertaufholungen bei Vermögensgegenständen des Anlage- und Umlaufvermögens einstellen (§ 58 Abs. 2a AktG).

1.3.14.5 Bilanzgewinn/Bilanzverlust

Nach § 268 Abs. 1 S. 1 HGB darf die Bilanz auch unter Berücksichtigung der vollständigen oder teilweisen Verwendung des Jahresergebnisses aufgestellt werden. In diesem Fall tritt an die Stelle der Posten »Jahresüberschuss/Jahresfehlbetrag« und »Gewinnvortrag/Verlustvortrag« der Posten »Bilanzgewinn/Bilanzverlust«. Dieses für alle Kaufleute geltende Wahlrecht gilt formal auch für Institute (siehe § 340a Abs. 2 HGB); faktisch wird es jedoch durch die Formblattstrenge eingeschränkt. Formblatt 1 sieht eine Aufstellung der Bilanz unter Verwendung des Jahresergebnisses vor. Der Bilanzgewinn bzw. Bilanzverlust ergibt sich

---
525 Vgl. Velte, in: DB 2014, S. 674.
526 Als Eigenkapitalanteil ist die Wertaufholung abzüglich der steuerlichen Mehrbelastung aufgrund der Wertaufholung zu verstehen. Vgl. Waclawik, in: Hölters, § 58 AktG, Tz. 21.

aus dem Jahresüberschuss bzw. -fehlbetrag, der um die Posten »Gewinnvortrag/Verlustvortrag«, »Entnahmen aus der Kapitalrücklage«, »Entnahmen aus Gewinnrücklagen« und »Einstellungen in Gewinnrücklagen« fortzuschreiben ist. Hierbei ist zu beachten, dass Institute die für alle Kaufleute geltende Fortschreibung des Jahresüberschusses um die Posten »Entnahmen aus Genussrechtskapital« und »Wiederauffüllungen des Genussrechtskapitals« zu ergänzen haben (siehe Kapitel IV.2.4).

1.3.14.6 Anhangangaben

Hinsichtlich der verschiedenen Aktiengattungen sind in Bezug auf das Eigenkapital die folgenden Angabepflichten in Bilanz oder Anhang zu beachten. Institute haben die folgenden Angabepflichten zu beachten:

- **§ 152 Abs. 1 AktG:** Für jede Aktiengattung ist der jeweilige auf das Grundkapital entfallende Betrag gesondert anzugeben. Bedingtes Kapital ist mit dem Nennbetrag zu vermerken. Bei Vorliegen von Mehrstimmrechtsaktien sind die Gesamtstimmenzahl der Mehrstimmrechtsaktien und der übrigen Aktien beim gezeichneten Kapital zu vermerken.
- **§ 152 Abs. 2 AktG:** Zu den Posten Kapitalrücklagen sind in der Bilanz oder im Anhang der Betrag, der während des Geschäftsjahrs eingestellt wurde oder der Betrag der für das Geschäftsjahr entnommen wird, anzugeben.
- **§ 152 Abs. 3 AktG:** Zu den einzelnen Posten der Gewinnrücklagen sind in der Bilanz oder im Anhang die Beträge, die die Hauptversammlung aus dem Bilanzgewinn des Vorjahrs eingestellt hat; die Beträge die aus dem Jahresüberschuss des Geschäftsjahrs eingestellt werden sowie die Beträge, die für das Geschäftsjahr entnommen werden, jeweils gesondert anzugeben.
- **§ 160 Abs. 1. AktG:** Umfangreiche Angabepflichten zum Bestand und Zugang von Aktien und Bezugsrechten.
- Die Geschäftsführer einer **GmbH** können mit Zustimmung des Aufsichtsrats oder der Gesellschafter den Eigenkapitalanteil von Wertaufholungen bei Vermögensgegenständen des Anlage- und Umlaufvermögens und von bei der steuerrechtlichen Gewinnermittlung gebildeten Passivposten, die nicht im Sonderposten mit Rücklageanteil ausgewiesen werden dürfen, in andere Gewinnrücklagen einstellen (§ 29 Abs. 4 S. 1 GmbHG). Institute in der Rechtsform der GmbH haben diesen Betrag nach § 29 Abs. 4 S. 2 GmbH im Anhang gesondert anzugeben.
- Institute in der Rechtsform der **eingetragenen Genossenschaft** haben die im Passivposten 12a ausgewiesenen Geschäftsguthaben nach den Geschäftsguthaben der verbleibenden Mitglieder, der ausscheidenden Mitglieder sowie den Geschäftsguthaben aus gekündigten Geschäftsanteilen aufzugliedern (§ 34 Abs. 2 Nr. 3 RechKredV).

1.4 Unter-Strich Vermerke

1.4.1 Vermerk von Haftungsverhältnissen

Institute haben aufgrund von § 340a Abs. 2 S. 2 HGB die Vorschriften des § 251 HGB nicht zu beachten, da die diesbezüglichen Vorschriften für alle Kaufleute durch die institutsspezifischen Vorschriften der §§ 26 und 27 RechKredV ersetzt werden. Nach den institutsspezifischen Rechnungslegungsvorschriften der §§ 26 und 27 RechKredV haben Institute spezifische Haftungsverhältnisse unter dem Bilanzstrich auf der Passivseite gesondert zu vermerken. Da § 251 S. 1 HGB mit »Verbindlichkeiten aus der Begebung und Übertragung von Wechseln«, »Verbindlichkeiten aus Bürgschaften, Wechsel- und Scheckbürgschaften«, »Verbindlichkeiten aus Gewährleistungsverträgen« sowie »Haftungsverhältnisse aus der Bestellung von Sicherheiten für fremde Verbindlichkeiten« die gleichen Haftungskategorien wie § 26 RechKredV aufführt, ist davon auszugehen, dass die institutsspezifische Vermerkpflicht von Eventualverbindlichkeiten analog zu der Vermerkpflicht für alle Kaufleute auszulegen ist.

a) Vermerkpflicht dem Grunde nach. Ein Haftungsverhältnis ist eine Verpflichtung, der ein einseitig belastendes Rechtsverhältnis zugrunde liegt und für die nur eine **geringe Wahrscheinlichkeit der Inanspruchnahme** besteht. Während Verbindlichkeiten dem Grunde und der Höhe nach sichere Verpflichtungen darstellen, kommt die Bildung einer Rückstellung in Betracht, wenn eine Verpflichtung vorliegt, die dem Grunde und/oder der Höhe nach unsicher ist. Die Bildung einer Rückstellung setzt jedoch voraus, dass hinsichtlich der Wahrscheinlichkeit der Inanspruchnahme mehr Gründe dafür als dagegen sprechen. Ist eine Wahrscheinlichkeit der Inanspruchnahme nicht gegeben, so kommt die Bildung einer Rückstellung nicht in Betracht; vielmehr ist die Verpflichtung als ein Haftungsverhältnis (Eventualverbindlichkeit) unter dem Bilanzstrich zu vermerken. Für die Vermerkpflicht dem Grunde nach reicht die Möglichkeit der Inanspruchnahme aus[527].

Ebenso setzt die Vermerkpflicht nicht voraus, dass die Verpflichtung unbestritten ist. Bestrittene, befristete, bedingte oder mit der Einrede der Vorausklage belegte Verpflichtungen sind grundsätzlich vermerkpflichtig[528]. Nach den allgemeinen Grundsätzen besteht eine Vermerkpflicht dem Grunde nach nur dann, wenn es sich bei dem Haftungsverhältnis nicht um einen Sachverhalt handelt, mit dem bei normaler Geschäftstätigkeit des Unternehmens zu rechnen ist. So sind bspw. Verpflichtungen aufgrund gesetzlicher Haftung, Pfandrechte, Eigentumsvorbehalt, Haftung aus treuhänderischer Übereignung usw. nicht vermerkpflichtig[529]. Ebenso besteht keine Vermerkpflicht für gesetzlich normierte Haftungsverhältnisse (z. B. spaltungsbedingte Nachhaftung nach § 133 UmwG[530], Haftung aufgrund steuergesetzlicher Vorschriften wie z. B. Lohnsteuer, deliktische Haftung nach §§ 823

---

527 Vgl. Grottel/Haußer, in: BBK, 11. Aufl., § 251 HGB, Tz. 2; Wiedmann, in: Ebenroth/Boujong/Joost/Strohn, § 251 HGB, Tz. 1.
528 Vgl. Prinz, in: KK-RLR, § 251 HGB, Tz. 8.
529 Vgl. ADS, § 251 HGB, Tz. 7; Grottel/Haußer, in: BBK, 11. Aufl., § 251 HGB, Tz. 5.
530 Vgl. im Einzelnen hierzu Kapitel VII.3.4.

ff. BGB, Haftung als persönlich haftender Gesellschafter nach § 128 HGB bzw. Kommanditist nach §§ 171, 172 HGB, Haftung aus Ergebnisabführungsverträgen nach § 302 AktG)[531].

b) Vermerkpflicht der Höhe nach. Die Höhe der Vermerkpflicht ist aus dem Schuldverhältnis abzuleiten. Bei gesamtschuldnerischen Haftungsverhältnissen ist der volle Betrag (ohne Saldierung) zu vermerken. In die Bewertung sind auch Nebenkosten und Zinsen einzubeziehen. Eine Kürzung des Betrags um eventuelle Rückgriffsforderungen ist nicht zulässig. Bei nicht exakt quantifizierbaren Haftungsverhältnissen ist ein Schätzbetrag zu vermerken. In fremder Währung bestehende Haftungsverhältnisse sind in Anlehnung an § 256a HGB in Euro umzurechnen[532]. Sofern den Eventualverbindlichkeiten deckungsfähige Geschäfte in fremder Währung zugrunde liegen und diese Geschäfte in die übergreifende Devisenpositionssteuerung des Bankbuchs einbezogen sind, kann unter Umständen eine Einbeziehung in die besondere Deckung nach § 340h HGB sachgerecht sein. Die Vermerkpflicht eines Haftungsverhältnisses erlischt bei Beendigung des Schuldverhältnisses oder wenn mit einer Inanspruchnahme zu rechnen ist. In diesem Fall sind die unter dem Strich vermerkten Eventualverbindlichkeiten zu kürzen, insoweit für das Haftungsverhältnis eine Rückstellung zu bilden ist (§ 24 RechKredV).

1.4.2 Eventualverbindlichkeiten (Vermerkposten Nr. 1)

Nach § 26 RechKredV sind Eventualverbindlichkeiten unter dem Bilanzstrich zu vermerken. Die Vermerkpflicht wird hierbei auf die Unterposten a) »Eventualverbindlichkeiten aus weitergegebenen abgerechneten Wechseln«, Unterposten b) »Verbindlichkeiten aus Bürgschaften und Gewährleistungsverträgen« sowie Unterposten c) »Haftung aus der Bestellung von Sicherheiten für fremde Verbindlichkeiten« beschränkt. Bestehen für dieselbe Verbindlichkeit mehrere Haftungsverhältnisse, so ist das Haftungsverhältnis nur einmal zu vermerken[533].

1.4.2.1 Unterposten a) »Eventualverbindlichkeiten aus weitergegebenen abgerechneten Wechseln«

Im Unterposten a) »Eventualverbindlichkeiten aus weitergegebenen abgerechneten Wechseln« sind nach § 26 Abs. 1 RechKredV nur Indossamentsverbindlichkeiten und andere wechselrechtliche Eventualverbindlichkeiten aus abgerechneten und weiterverkauften Wechseln (einschließlich eigenen Ziehungen) bis zu ihrem Verfalltag zu vermerken. Verbindlichkeiten aus umlaufenden eigenen Akzepten, Eventualverbindlichkeiten aus Schatzwechseln sind nicht hier, sondern unter den Verbindlichkeiten gegenüber Kreditinstituten auszuweisen (§ 21 Abs. 1 S. 2 RechKredV).

---

531 Vgl. Hennrichs, in: MüKom BilR, § 251 HGB, Tz. 40.
532 Vgl. Prinz, in: KK-RLR, § 251 HGB, Tz. 8.
533 Vgl. WPH, 15. Aufl., F 971.

1.4.2.2 Unterposten b) »Verbindlichkeiten aus Bürgschaften und Gewährleistungsverträgen«

Im Unterposten b) »Verbindlichkeiten aus Bürgschaften und Gewährleistungsverträgen« sind nach § 26 Abs. 2 RechKredV auch Ausbietungs- und andere Garantieverpflichtungen, verpflichtende Patronatserklärungen, unwiderrufliche Kreditbriefe einschließlich der dazugehörigen Nebenkosten zu vermerken, ferner Akkreditiveröffnungen und -bestätigungen. Die Verbindlichkeiten sind in voller Höhe zu vermerken, soweit für sie keine zweckgebundenen Deckungsguthaben unter dem Posten »Verbindlichkeiten gegenüber Kreditinstituten« (Passivposten Nr. 1) oder dem Posten »andere Verbindlichkeiten gegenüber Kunden« (Passivposten Nr. 2 Buchstabe b) ausgewiesen sind. In diesem Unterposten sind Haftungsverhältnisse auszuweisen, bei denen das Institut als Bürge auftritt. Der Ausweis umfasst Bürgschaften aller Art (einschließlich Wechselbürgschaften)[534] sowie den Nominalbetrag von Sicherungsgeber-CDS, die nach IDW RS BFA 1 wie Bürgschaften zu behandeln sind.

In diesem Posten sind auch sog. **haftungsmäßige Unterbeteiligungen** auszuweisen. Wird von einem Kreditinstitut lediglich die Haftung für den Ausfall eines Teils der Forderung aus einem Gemeinschaftskredit übernommen, so hat das kreditgebende Kreditinstitut den vollen Kreditbetrag auszuweisen und das haftende Kreditinstitut seinen Haftungsbetrag in der Bilanz im Unterposten »Verbindlichkeiten aus Bürgschaften und Gewährleistungsverträgen« (Passivposten unter dem Strich Nr. 1 Buchstabe b) zu vermerken (§ 5 S. 3 RechKredV).

Ebenso sind in diesem Posten Haftungsverhältnisse aus **Gewährleistungsverträgen** auszuweisen. Unter einem Gewährleistungsvertrag ist »jede vertragliche Verpflichtung zu verstehen, die das Einstehen für einen geschuldeten oder sonstigen Erfolg oder eine Leistung bzw. den Nichteintritt eines Erfolgs, eines bestimmten Nachteils oder Schadens zum Gegenstand hat«[535]. Die Gewährleistung kann unselbständiger Teil einer Hauptschuld oder selbständig (also Gegenstand eines selbständigen Garantievertrags) sein. Es sind sowohl Gewährleistungen für fremde Leistungen (bürgschaftsähnliche Verpflichtung) als auch für eigene Leistungen zu vermerken[536]. Gewährleistungen aufgrund von gesetzlicher Haftung sind nicht aufzuführen; dies betrifft bspw. auch die nicht vermerkpflichtige Nachhaftung bei Spaltungen[537] (IDW RS HFA 43, Tz. 30 ggf. besteht aber eine Angabepflicht nach § 285 Nr. 3a HGB). § 26 Abs. 2 RechKredV führt die folgenden Sachverhalte explizit als vermerkpflichtig auf:

- **Ausbietungsgarantie.** Eine Ausbietungsgarantie ist das Versprechen, dafür einzustehen, dass ein Gläubiger aus einer Zwangsversteigerung ohne Verlust hervorgeht[538]. Diese Garantie erlischt, wenn der Begünstigte wegen seiner Forderung vollständig befriedigt wird; nicht jedoch, wenn im Zwangsversteigerungstermin kein Gebot abge-

---

534 Vgl. Birck/Meyer II, S. 388; Krumnow/Sprißler (2004), § 26 RechKredV, Tz. 6.
535 Grottel/Haußer, in: BBK, 11. Aufl., § 251 HGB, Tz. 25; ähnlich auch IDW RH HFA 1.013, Tz. 5.
536 Vgl. Wiedmann, in: Ebenroth/Boujong/Joost/Strohn, § 251 HGB, Tz. 9.
537 Vgl. WPH, 15. Aufl., F 971.
538 Vgl. Habersack, in: MüKom BGB, 7. Aufl., Vor § 765 BGB, Tz. 41.

geben und das Verfahren einstweilen eingestellt wird[539]. Die Ausbietungsgarantie kann zwei Fälle umfassen[540]. So wird der Garant durch die Abgabe einer »**Ausbietungsgarantie mit stärkerer Wirkung**« dazu verpflichtet, bei der Zwangsversteigerung selbst ein Gebot in einer bestimmten Mindesthöhe abzugeben. Es kann aber auch eine sog. **Ausfallverhütungsgarantie** (Ausbietungsgarantie mit schwächerer Wirkung) vorliegen. Dabei ist der Garant dazu verpflichtet, dem Begünstigten einen Schaden zu ersetzen, der aus einer Zwangsversteigerung hervorgeht. Nach h. M. ist eine »Ausbietungsgarantie mit stärkerer Wirkung« nicht vermerkpflichtig[541].

- **Patronatserklärungen.** Der Begriff der Patronatserklärung ist gesetzlich nicht definiert. Vor bilanzrechtlichem Hintergrund wird eine Patronatserklärung definiert als eine Erklärung einer Muttergesellschaft gegenüber dem Gläubiger ihrer Tochtergesellschaft, durch die dem Gläubiger zur Förderung oder Erhaltung der Kreditbereitschaft der Tochtergesellschaft Maßnahmen oder Unterlassungen durch die Muttergesellschaft in Aussicht gestellt werden (IDW RH HFA 1.013, Tz. 2). Patronatserklärungen sind hinsichtlich ihrer Vermerkpflicht darauf zu untersuchen, ob eine Gewährleistungspflicht besteht, aus der für den Patron eine finanzielle Einstandspflicht resultiert. Bei der Prüfung einer Patronatserklärung sind die Begleitumstände, der Parteiwille sowie die Entstehungsgeschichte zu berücksichtigen. Besteht Rechtsunsicherheit hinsichtlich des Verpflichtungsgrads und -umfangs ist aus Vorsichtsgründen im Zweifel vom Bestehen einer Gewährleistungsverpflichtung auszugehen (IDW RH HFA 1.013, Tz. 6f). Bilanzrechtlich ist zwischen sog. »harten« und »weichen« Patronatserklärungen zu unterscheiden. Durch eine weiche Patronatserklärung verpflichtet sich der Patron gegenüber dem Tochterunternehmen zu bestimmten Verhaltenspflichten (z. B. Unternehmensverträge nicht zu ändern). **Weiche Patronatserklärungen** stellen keine Gewährleistungsverträge dar, aus denen eine finanzielle Einstandspflicht begründet wird. Da mit einer weichen Patronatserklärung kein Vermögensverlust des Patrons verbunden ist, sind weiche Patronatserklärungen nicht vermerkpflichtig[542]. **Harte Patronatserklärungen** sind hingegen auf eine Zahlung gerichtet (wie z. B. durch eine Liquiditätszusage oder die Zusage über die Kapitalausstattung) und können mithin zu einem Vermögensverlust des Patrons führen. Harte Patronatserklärungen sind im Unterposten b) auszuweisen. Rückstellungen für Patronatserklärungen sind zu bilden, wenn die Gefahr einer Inanspruchnahme ernsthaft droht. Eine Inanspruchnahme aus einer konzerninternen Patronatserklärung der Muttergesellschaft für ein Tochterunternehmen droht dann nicht, wenn das Schuldnerunternehmen zwar in der Krise ist, innerhalb des Konzerns ein Schwesterunternehmen aber die erforderliche Liquidität bereitstellt und aufgrund der gesellschaftsrechtlichen Verbundenheit nicht damit zu rechnen ist, dass dieses Schwesterunternehmen Ansprüche gegen die Muttergesellschaft geltend machen wird[543].

---

539 Vgl. Nobbe, in: Schimansky/Bunte/Lwowski, 5. Aufl., § 92, Tz. 69.
540 Vgl. Storz/Kiderlen (2008), Abschnitt C. 5.3.1.
541 Vgl. Grottel/Haußer, in: BBK, 11. Aufl., § 251 HGB, Tz. 44.
542 Vgl. Winnefeld (2015), M 970; Küffner, in: DStR 1996, S. 149f.; Limmer, in: DStR 1993, S. 1750; Grottel/Haußer, in: BBK, 11. Aufl., § 251 HGB, Tz. 41; IDW RH HFA 1.013, Tz. 11–17.
543 Vgl. BFH-Urteil vom 25.10.2006 – I R 6/05, in: DStR 2007, S. 393.

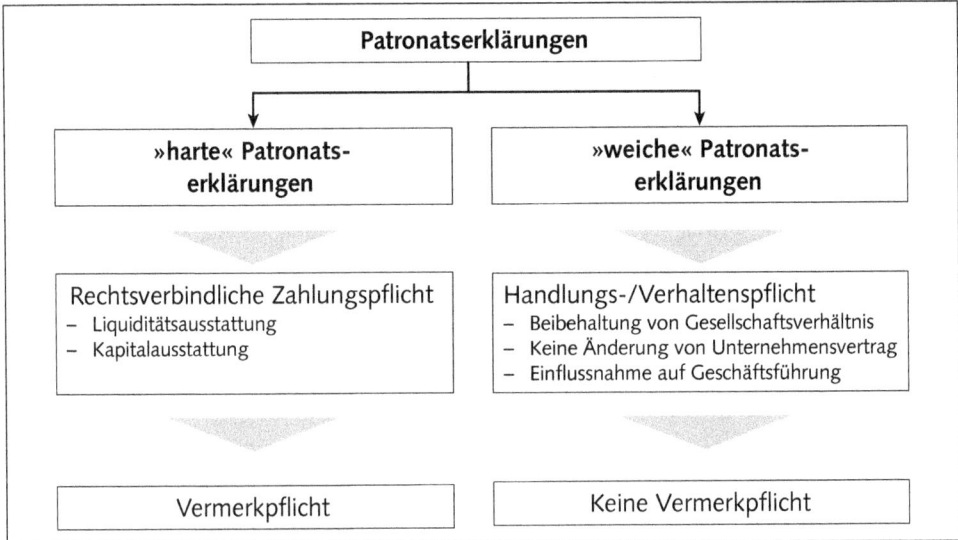

Abb. 58: Vermerkpflicht von Patronatserklärungen

- **Unwiderrufliche Kreditbriefe.** Der Kreditbrief ist eine in einer Urkunde verbriefte Anweisung, durch die ein Anweisender (i.d.R. ein Kreditinstitut) einen Anweisungsempfänger ermächtigt, bei einem oder mehreren Angewiesenen (i.d.R. Kreditinstitute) Geldbeträge bis zu einem bestimmten Höchstbetrag anzufordern; der Kreditbrief ist eine Anweisung zur Zahlung und nicht zur Kreditgewährung[544]. Ein Anwendungsfall stellt die Ausgabe von Reiseschecks dar, deren praktische Relevanz aufgrund von Kredit- und EC-Karten stark abgenommen hat.
- **Akkreditiveröffnungen und -bestätigungen.** Ein Akkreditiv wird im internationalen Handelsverkehr als eine Form der Zahlungssicherung eingesetzt. Durch ein Akkreditiv stellt ein Importeur von Waren »durch einen Akkreditivauftrag einen Geldbetrag bei einer Bank bereit, die ihrerseits unmittelbar dem Verkäufer Zahlung gegen Vorlage der Lieferdokumente verspricht«[545]. In dem Dreiecksverhältnis zwischen Käufer, Verkäufer und Bank ist die sog. Akkreditivklausel auszuhandeln, durch die der Akkreditivbetrag, die vorzulegenden Dokumente sowie die Gültigkeitsdauer festzulegen sind[546]. Im sog. Deckungsverhältnis zwischen dem Auftraggeber (Käufer) und der Bank verpflichtet sich diese, Zahlung (nur) Zug um Zug gegen Vorlage der Akkreditivdokumente zu entrichten[547]. Nach Beauftragung eines Deckungsverhältnisses durch den Käufer wird ein Akkreditiv durch die Bank eröffnet (Akkreditiveröffnung). Dazu erklärt die Bank gegen-

---

544 Vgl. Habersack, in: MüKom BGB, 7. Aufl., § 783 BGB, Tz. 29; Gehrlein, in: Bamberger/Roth, § 783 BGB, Tz. 14.
545 Gehrlein, in: Bamberger/Roth, § 783 BGB, Tz. 16.
546 Vgl. Habersack, in: MüKom BGB, 7. Aufl., § 783 BGB, Tz. 40 ff.; Gehrlein, in: Bamberger/Roth, § 783 BGB, Tz. 17.
547 Vgl. BGH-Urteil vom 26.04.1994 – XI ZR 114/93, in: NJW 1994, S. 2018. In der Praxis erfolgt die Auszahlung des Kaufpreises für die Warenlieferung an den Exporteur durch eine Zweitbank (Korrespondenzbank der Akkreditivbank), der vom Exporteur die Akkreditivdokumente vorgelegt werden und der diese an die Akkreditivbank weiterleitet. Für eine gute Darstellung der Finanzierungsstruktur siehe Baumeister/Knobloch, in: WPg 2016, S. 836.

über dem Verkäufer, nach Vorlage der Akkreditivdokumente den Akkreditivbetrag auszuzahlen. Als Zahlstelle kann die Bank sich eines (z. B. ausländischen) Zweitinstituts bedienen. Dabei ist zu unterscheiden, ob die Zweitbank das Akkreditiv eigens bestätigt und damit seinerseits ein abstraktes Schuldanerkenntnis eingeht oder ob die Zweitbank lediglich als Avisbank fungiert. Bei den Akkreditiven ist zwischen sog. Sichtakkreditiven und sog. Nachsichtakkreditiven (auch Deferred-payment-Akkreditive) zu unterscheiden. Bei einem **Sichtakkreditiv** erfolgt die Auszahlung des Akkreditivbetrags an den Exporteur unmittelbar nach Einreichung der akkreditivkonformen Dokumente (Konnossemente, Lagerscheine). Bei **Nachsichtakkreditiven** erfolgt die Auszahlung zu einem späteren Zeitpunkt, sodass neben das reine Warengeschäft noch ein weiteres Kreditgeschäft tritt.

- Nach § 26 Abs. 2 S. 1 RechKredV sind Akkreditiveröffnungen und -bestätigungen im Unterposten b) zu vermerken. Dies umfasst sowohl bestätigte als auch (die heute kaum noch relevanten) unbestätigte Akkreditive. Geht ein Institut als Zweitbank eine selbständige Verpflichtung ein, so ist diese ebenso im Unterposten b) auszuweisen. Akkreditive sind mit der möglichen Höchstinanspruchnahme auszuweisen[548]. Die Vermerkpflicht besteht nach § 26 Abs. 2 S. 2 RechKredV dabei in voller Höhe, soweit für sie keine zweckgebundenen Deckungsguthaben bestehen. Diese umfassen nach h. M. nur Barguthaben[549]. Liegt zwischen der Einreichung der Akkreditivdokumente und der Auszahlung ein Bilanzstichtag, so ist eine Verbindlichkeit auf Auszahlung des Akkreditivbetrags zu passivieren und eine Rückgriffsforderung (»Forderung an Kunden«) an den Importeur zu aktivieren[550].

1.4.2.3 Unterposten c) »Haftung aus der Bestellung von Sicherheiten für fremde Verbindlichkeiten«

Im Unterposten c) »Haftung aus der Bestellung von Sicherheiten für fremde Verbindlichkeiten« sind nach § 26 Abs. 3 RechKredV die Beträge mit dem Buchwert der bestellten Sicherheiten zu vermerken. Hierzu gehören Sicherungsabtretungen, Sicherungsübereignungen und Kautionen für fremde Verbindlichkeiten sowie Haftungen aus der Bestellung von Pfandrechten an beweglichen Sachen und Rechten wie auch aus Grundpfandrechten für fremde Verbindlichkeiten. Besteht außerdem eine Verbindlichkeit aus einer Bürgschaft oder aus einem Gewährleistungsvertrag, so ist nur diese zu vermerken, und zwar im Unterposten b) »Verbindlichkeiten aus Bürgschaften und Gewährleistungsverträgen«.

Während Sicherheiten für **eigene** Verbindlichkeiten aufgrund von § 35 Abs. 5 RechKredV im Anhang zu erläutern sind, besteht für Haftungsverhältnisse aus der Bestellung von Sicherheiten für **fremde** Verbindlichkeiten eine Vermerkpflicht unter dem Bilanzstrich. Die Notwendigkeit einer Anhangsangabe (im Falle einer Sicherheitenstellung für eigene Verbindlichkeiten) oder einem Unter-Strich-Vermerk (im Falle einer Sicherheitenstellung

---

548 Vgl. Scharpf/Schaber (2018), S. 1134 f.
549 Vgl. Birck/Meyer II, S. 410 sowie Scharpf/Schaber (2018), S. 1135; Krumnow/Sprißler (2004), § 26 RechKredV, Tz. 12.
550 Vgl. Baumeister/Knobloch, in: WPg 2016, S. 836 (S. 842).

für fremde Verbindlichkeiten) ist erforderlich, da die Bestellung von Sicherheiten (z. B. Verpfändung eigener Vermögensgegenstände) keine Ausbuchung oder bilanzielle Umgliederung von Aktiva zur Folge hat. Die Bestellung von Sicherheiten für fremde Verbindlichkeiten hat bürgschaftsähnlichen Charakter; sie erfüllt die Merkmale eines Kredits im Sinne von § 21 Abs. 1 Nr. 4 KWG. Nach § 26 Abs. 3 S. 1 RechKredV hat der Ausweis mit dem Buchwert (einschließlich anteiliger Zinsen) der übertragenen Sicherheit zu erfolgen, wobei der Vermerk der Höhe nach durch die besicherte Fremdverbindlichkeit nach oben begrenzt wird[551]. Sofern für dasselbe Geschäft nicht nur Sicherheiten bestellt sind, sondern auch Eventualverbindlichkeiten aus Bürgschaften oder Gewährleistungen bestehen, so ist zur Vermeidung einer Doppelerfassung nur **ein** Haftungsverhältnis und zwar im Unterposten b) »Verbindlichkeiten aus Bürgschaften und Gewährleistungsverträgen« auszuweisen (§ 26 Abs. 3 RechKredV)[552].

1.4.3 Andere Verpflichtungen (Vermerkposten Nr. 2)

1.4.3.1 Unterposten a) »Rücknahmeverpflichtungen aus unechten Pensionsgeschäften«

Ein unechtes Pensionsgeschäft liegt vor, wenn der Pensionsnehmer berechtigt (aber nicht verpflichtet) ist, den Pensionsgegenstand zu einem vorher bestimmten oder von ihm noch zu bestimmenden Zeitpunkt zurück zu übertragen (§ 340b Abs. 3 HGB). Zur näheren Erläuterung von unechten Pensionsgeschäften siehe Kapitel II.1.8.3. Durch den Abschluss eines unechten Pensionsgeschäfts hat der Pensionsnehmer das Recht und der Pensionsgeber die Pflicht, den Pensionsgegenstand zu einem im Voraus bestimmten Preis zurück zu übertragen bzw. zurück zu nehmen. Diese Vereinbarung stellt ein (bedingtes) Termingeschäft dar, das aus Sicht des Pensionsgebers eine Stillhalterposition begründet. Wird das unechte Pensionsgeschäft beim Pensionsgeber außerhalb des Handelsbestands bilanziert, so stellt die Rücknahmeverpflichtung ein schwebendes Geschäft dar, das nach allgemeinen GoB nicht zu bilanzieren ist.

Die **Stillhalterverpflichtung** aus unechten Pensionsgeschäften des Nicht-Handelsbestands hat der Pensionsgeber unter den Anderen Verpflichtungen gem. § 27 RechKredV in dem Unterstrichposten 2a) »Rücknahmeverpflichtungen aus unechten Pensionsgeschäften« zu vermerken. Soweit diese Verpflichtungen für die Gesamttätigkeit des Instituts von Bedeutung sind, ist im Anhang über die Art und Höhe der in den Anderen Verpflichtungen enthaltenen Rücknahmeverpflichtungen aus unechten Pensionsgeschäften zu berichten (§ 35 Abs. 6 RechKredV). In den Vermerkposten ist der vereinbarte Rücknahmebetrag einzustellen; im Falle unterschiedlicher Beträge zu unterschiedlichen Zeitpunkten ist der höchste Betrag zu vermerken[553]. Hat der Pensionsgeber aufgrund eines gesunkenen beizu-

---
551 Vgl. Birck/Meyer II, S. 415; Krumnow/Sprißler (2004), § 26 RechKredV, Tz. 16; Scharpf/Schaber (2018), S. 1141.
552 Vgl. Scharpf/Schaber (2018), S. 1140 f.; Krumnow/Sprißler (2004), § 26 RechKredV, Tz. 15.
553 Vgl. Birck/Meyer, V S. 463; Graf von Treuberg/Scharpf, in: DB 1991, S. 1237; Krumnow/Sprißler (2004), § 340b HGB, Tz. 31 u. 36.

legenden Zeitwerts des Pensionsgegenstands für die Rücknahmeverpflichtung eine Rückstellung gebildet, so ist der Unterstrichvermerk entsprechend zu kürzen, um einen Doppelausweis zu vermeiden[554]. Rücknahmeverpflichtungen aus unechten Pensionsgeschäften des Handelsbestands sind in den Vermerkposten nicht aufzunehmen.

1.4.3.2 Unterposten b) »Platzierungs- und Übernahmeverpflichtungen«

Nach § 27 Abs. 1 S. 1 RechKredV sind »Verbindlichkeiten aus der Übernahme einer Garantie für die Platzierung oder Übernahme von Finanzinstrumenten gegenüber Emittenten zu vermerken, die während eines vereinbarten Zeitraums Finanzinstrumente revolvierend am Geldmarkt begeben«. Es sind mithin nur Garantien zu erfassen, die die folgenden Voraussetzungen erfüllen:

1. **Verpflichtungscharakter.** Es sind nur Garantien zu erfassen, durch die sich ein Kreditinstitut verpflichtet, Finanzinstrumente zu übernehmen oder einen entsprechenden Kredit zu gewähren, wenn die Finanzinstrumente nicht am Markt platziert werden können. Die Vermerkpflicht setzt das Vorliegen einer Verpflichtung voraus. Dies impliziert, dass Platzierungsgeschäfte im Sinne des § 1 Abs. 1a S. 2 Nr. 1c KWG sowie Finanzkommissionsgeschäfte im Sinne des § 1 Abs. 1 S. 2 Nr. 4 KWG nicht unter die Vermerkpflicht fallen, da keine feste Übernahmeverpflichtung besteht (siehe Kapitel VI.1). Die Vermerkpflicht betrifft mithin nur Emissionsgeschäfte im Sinne des § 1 Abs. 1 S. 2 Nr. 10 KWG, da das Institut sich im Rahmen der Platzierungsabrede zur Übernahme von Finanzinstrumenten für eigenes Risiko verpflichtet oder eine gleichwertige Garantie abgegeben hat (siehe Kapitel VI.1.4). Fazilitäten mit Escape-Klauseln, durch die das Institut bei Verschlechterung der Bonität des Emittenten aus der Verpflichtung freikommt, sind nicht zu vermerken[555].

2. **Revolvierend.** Neben dem Vorliegen eines Emissionsgeschäfts im Sinne des § 1 Abs. 1 S. 2 Nr. 10 KWG setzt die Vermerkpflicht voraus, dass Finanzinstrumente revolvierend am Geldmarkt begeben werden. Einmalige Platzierungs- und Übernahmeverpflichtungen (z. B. underwriting im Rahmen des Emissionsgeschäfts von Aktien und Schuldverschreibungen) sind daher nicht zu vermerken[556].

3. **Geldmarkt.** Platzierungs- und Übernahmeverpflichtungen von Finanzinstrumenten, die nicht im Geldmarkt gehandelt werden, sind nicht in diesem Unterposten zu vermerken (wie z. B. Aktien[557]). Es sind nur solche Platzierungs- und Übernahmeverpflichtungen zu vermerken, sofern sich diese auf Geldmarktinstrumente beziehen. Im Vergleich zum Kapitalmarkt werden auf dem Geldmarkt Finanzinstrumente mit einer Laufzeit von bis zu einem Jahr gehandelt (§ 16 Abs. 2a RechKredV). Platzierungsverpflichtungen, die sich auf Kapitalmarktpapiere beziehen, sind nicht in diesem Unterposten zu vermerken[558].

---

554 Vgl. Waschbusch, in: BB 1993, S. 177.
555 Vgl. Bieg/Waschbusch (2017), S. 288; Scharpf/Schaber (2018), S. 1145.
556 Vgl. Bundesverband deutscher Banken (1993), S. 37; Krumnow/Sprißler (2004), § 27 RechKredV, Tz. 10.
557 Vgl. WPH I[2012], J 251.
558 Vgl. Scharpf/Schaber (2018), S. 1147.

Platzierungs- und Übernahmeverpflichtungen sind in Höhe des (gesamten) zugesagten Betrags, gekürzt um die in Anspruch genommenen Beträge zu vermerken (§ 27 Abs. 1 S. 3 RechKredV). Der Vermerk ist mithin um den Buchwert der übernommenen Finanzinstrumente oder gewährten Kredite zu kürzen. Droht eine Inanspruchnahme, so ist eine Rückstellung zu bilden, wenn der Vermögensgegenstand abzuschreiben wäre (vorweggenommene Abschreibung im Rahmen eines schwebenden Beschaffungsgeschäfts, siehe IDW RS HFA 4, Tz. 30). In diesem Fall ist der Vermerk in Höhe der gebildeten Rückstellungen zu kürzen[559]. Von mehreren Instituten gemeinschaftlich gewährte Platzierungsverpflichtungen und Übernahmegarantien sind bei jedem beteiligten Kreditinstitut nur in Höhe des eigenen Anteils zu vermerken. Nach § 27 Abs. 1 S. 4 RechKredV ist über die Inanspruchnahme im Anhang zu berichten.

1.4.3.3 Unterposten c) »Unwiderrufliche Kreditzusagen«

Der Lebenszyklus eines Kredits kann in verschiedene Abschnitte (Anbahnungsphase, Kreditzusage, Auszahlungsphase, tilgungsfreie Zeit sowie Tilgungsphase) unterteilt werden. Im Rahmen dieses Lebenszyklus geht eine Kreditzusage der Begebung eines Kredits typischerweise voran. Kreditzusagen können als eine Eventualverbindlichkeit für den Kreditgeber angesehen werden, die dem Kreditnehmer das Recht zum Abruf eines spezifizierten Kapitalbetrags zu festgelegten Bedingungen innerhalb eines festen Zeitraums verschaffen[560]. Zivilrechtlich ist eine Kreditzusage ein Darlehensvertrag mit aufgeschobenem Auszahlungsanspruch, dessen Fälligkeit einseitig vom Schuldner bestimmt wird[561]. Eine Abnahmepflicht des zugesagten Kapitalbetrags besteht für den Schuldner nicht.

Nach § 27 Abs. 1 S. 1 RechKredV sind im Unterposten c) »Unwiderrufliche Kreditzusagen« alle unwiderruflichen Verpflichtungen zu vermerken, die Anlass zu einem Kreditrisiko geben können. Dies umfasst alle Arten von Verpflichtungen, die auf die Gewährung von Krediten, des Erwerbs von Finanzinstrumenten[562] gerichtet sind (z. B. Forward Darlehen, Liquiditätslinien oder -zusagen an Verbriefungszweckgesellschaften) oder gleichwertige Garantien darstellen. Liefergeschäfte aus Forward Forward Deposits sind ebenfalls in diesem Posten auszuweisen (§ 36 S. 2 Nr. 2 RechKredV). Nicht als unwiderrufliche Kreditzusage gilt der Abschluss eines **Bausparvertrags** (§ 27 Abs. 2 S. 2 RechKredV). »Eine förmliche Kreditzusage aus einem Bausparvertrag entsteht in dem Zeitpunkt, in dem die Bausparkasse dem Bausparer nach Prüfung des Darlehensvertrages mitteilt, daß er das zugeteilte Bauspardarlehen erhält«[563]. Nicht in diesen Posten aufzunehmen, sind Termingeschäfte auf den Erwerb von Wertpapieren, sofern nicht der Garantiecharakter, sondern der Charakter eines Handelsgeschäfts überwiegt. Diese Geschäfte sind nach § 36 Rech-

---

559 Vgl. Krumnow/Sprißler (2004), § 27 RechKredV, Tz. 11; Scharpf/Schaber (2018), S. 1147.
560 Vgl. Gaber/Betke, in: PiR 2011, S. 13.
561 Vgl. Hoffmann, in: Derleder/Knops/Bamberger, § 22 Rdn. 52.
562 Verpflichtungen zur Übernahme von Instrumenten, die revolvierend am Geldmarkt begeben werden sind im Vermerkposten Nr. 2b auszuweisen.
563 BAKred-Schreiben vom 15.01.1998 (III 03.65), Anwendung des Grundsatzes I auf Bausparkassen, Kreditzusagen aus Bausparverträgen im Rahmen der monatlichen Bilanzstatistik und im Grundsatz I, in: Consbruch/Fischer, 3.98b.

KredV im Anhang zu erläutern. Die Vermerkpflicht setzt die folgenden Bedingungen voraus:

1. Die Vermerkpflicht setzt voraus, dass die Verpflichtung gegenüber dem Kreditnehmer förmlich abgegeben wurde (**rechtsgeschäftlich verbindliche Zusagen**); die Annahme des Angebots ist nicht erforderlich[564]. Bedingte Kreditzusagen sind vermerkpflichtig, wenn die Erfüllung der Bedingung in der Einflusssphäre des Kunden liegt.
2. Weiterhin ist eine Vermerkpflicht nur dann gegeben, wenn die Kreditzusage **unwiderruflich** abgegeben wurde. Dies ist der Fall, wenn das Institut auf ein Widerrufsrecht ausdrücklich verzichtet hat. Kreditzusagen sind nicht unter dem Bilanzstrich zu vermerken, wenn sie als »unmittelbar kündbar« im Sinne des § 51 SolvV aF gelten. Dies ist der Fall, »wenn das Institut ein fristloses und unbedingtes Kündigungsrecht hat oder eine Bonitätsverschlechterung des Schuldners unmittelbar den Wegfall der eingeräumten Kreditlinie bewirkt« (§ 51 S. 1 SolvV aF).
    - **1. Alternative.** Von einem fristlosen und unbedingten Kündigungsrecht ist auszugehen, wenn der Kreditgeber über ein unbedingtes Ablehnungsrecht verfügt. Eine Kreditzusage ist dann nicht als unwiderruflich anzusehen, wenn sie frist- und vorbehaltlos gekündigt werden kann[565]. Nach Nr. 19 Abs. 2 AGB können Banken »Kredite und Kreditzusagen, für die weder eine Laufzeit noch eine abweichende Kündigungsregelung vereinbart ist, jederzeit ohne Einhaltung einer Kündigungsfrist kündigen. Die Bank wird bei der Ausübung dieses Kündigungsrechts auf die berechtigten Belange des Kunden Rücksicht nehmen«. Unter die unbefristeten Kreditzusagen fallen bspw. baw-Linien oder Dispolinien[566]. Die Kündigung durch die Bank wird begrenzt durch das Verbot der Kündigung zur Unzeit, das Verbot des Rechtsmissbrauchs (§ 242 BGB) sowie bei einem Verstoß gegen Treu und Glauben[567]. Nach Auffassung des BAKred sind baw-Linien als fristlos und vorbehaltlos kündbar anzusehen[568]. Eine Vermerkpflicht würde bei dieser Ansicht nicht bestehen. Eine baw-Linie ist jedoch dann als unwiderruflich anzusehen, wenn sich diese nur auf die Konditionenfestlegung bezieht; diese Zusagen sind im Unterposten 2c) auszuweisen[569]. Als nicht jederzeit frist- und vorbehaltlos kündbar sind Kreditlinien anzusehen, die nur aus wichtigem Grunde gekündigt werden können (z. B. befristete Kreditlinien nach Banken AGB Ziff. 19 Nr. 3), da die Ausübung des Kündigungsrechts den Eintritt eines wichtigen Grunds voraussetzt und dieser vom Institut nicht bewirkt werden kann.
    - **2. Alternative.** Ist eine Kreditlinie nicht frist- und vorbehaltlos kündbar, so kann für diese ggf. keine Vermerkpflicht bestehen, sofern die Kreditzusage bei einer Bonitätsverschlechterung des Schuldners unmittelbar verfällt. Dies setzt voraus, dass die Kreditlinie »automatisch« verfallen würde; d. h., dass die Kündigung des Instituts

---

[564] Vgl. Scharpf/Schaber (2018), S. 1149.
[565] Vgl. BAKred-Schreiben vom 20.10.1995 (I 7 – 4214 – 1/92) – Anrechnung unbefristeter Kreditzusagen im Grundsatz I.
[566] Vgl. Bunte, in: AGB-Banken, 4. Aufl., Tz. 394.
[567] Vgl. ausführlich Bunte, in: AGB-Banken, 4. Aufl., Tz. 397 ff.
[568] Vgl. BAKred-Schreiben vom 20.10.1995 (I 7 – 4214 – 1/92) – Anrechnung unbefristeter Kreditzusagen im Grundsatz I.
[569] Vgl. Bundesverband deutscher Banken (1993), S. 68; Bieg/Waschbusch (2017), S. 293; Krumnow/Sprißler (2004), § 27 RechKredV, Tz. 23.

automatisch wirksam werden wird. Dieser Tatbestand setzt voraus, dass das Institut bei einer Verschlechterung der Bonität des Schuldners automatisch nicht mehr an die Kreditzusage gebunden ist. Ein Haftungsverhältnis besteht bei einer eingetretenen Bonitätsverschlechterung am Bilanzstichtag dem Grunde nach mithin nicht mehr.

1.4.4 Für Anteilinhaber verwaltete Investmentvermögen (Vermerkposten Nr. 3)

Der Vermerkposten »für Anteilinhaber verwaltete Investmentvermögen« ist nicht explizit im Formblatt 1 aufgeführt. In der Praxis werden verwaltete Sondervermögen häufig als Vermerkposten Nr. 3 aufgeführt[570]. Die Angabepflicht betrifft Unternehmen im Anwendungsbereich der §§ 340 HGB, die als Kapitalverwaltungsgesellschaft die Verwaltung von Investmentvermögen betreiben[571]. Die Angabepflicht umfasst auch intern verwaltete Investmentvermögen[572] (zur näheren Erläuterung siehe Kapitel I.2.1.2.3).

Nach § 6 Abs. 4 RechKredV sind in diesem Posten die Summe der Inventarwerte und die Zahl der verwalteten Investmentvermögen in der Bilanz auf der Passivseite **unter dem Strich** in einem Posten mit der Bezeichnung »Für Anteilinhaber verwaltete Investmentvermögen« auszuweisen. Die Inventarwerte stellen die Kurswerte bzw. Zeitwerte des verwalteten Investmentvermögens dar. Die Berechnung des Nettoinventarwerts richtet sich nach §§ 168, 169 KAGB unter Berücksichtigung von Abschnitt 3 der KARBV sowie Art. 68–74 der Delegierten EU Verordnung 231/2013[573]. Ferner ist nach § 6 Abs. 4 RechKredV die Anzahl der verwalteten Sondervermögen anzugeben. Im Falle der Verwaltung von Umbrella-Fonds sollte dabei auf die vermögens- und haftungsrechtlich getrennten Teil-Sondervermögen (§ 96 Abs. 3 KAGB) bzw. Teilgesellschaftsvermögen (§ 117 KAGB) abzustellen sein.

Im Rahmen der Umsetzung der AIFM-Richtlinie wurde § 6 Abs. 4 RechKredV wie folgt geändert: In § 6 Abs. 4 RechKredV ist das Wort »Kapitalanlagegesellschaft« durch das Wort »Kapitalverwaltungsgesellschaft« und das Wort »Sondervermögen« durch das Wort »Investmentvermögen« zu ersetzen. Die Änderung ist erstmals auf Jahres- und Konzernabschlüsse für nach dem 21.07.2013 beginnende Geschäftsjahre anzuwenden (siehe § 39 Abs. 13 RechKredV idF des AIFM-UmsG). Die Änderung ist eine redaktionelle Anpassung an die Terminologie des Kapitalanlagegesetzbuchs. Mit dieser Änderung des Wortlauts ist eine erhebliche Erweiterung der Angabepflicht gegenüber dem alten Rechtsstand verbunden, da nach dem Wortlaut auch solche Investmentvermögen anzugeben sind, die keine Sondervermögen darstellen (wie z. B. extern verwaltete sowie intern verwaltete InvAG und InvKG). Nach dem Willen des Gesetzgebers sollte die Änderung des Wortlauts jedoch lediglich eine redaktionelle Anpassung an die Terminologie des KAGB sein[574]. Gleichzeitig weist der

---

570 Vgl. MM Warburg GmbH und Co KGaA, Konzernabschluss 2011 sowie NRW-Bank, Geschäftsbericht 2011.
571 Vgl. Mathews, in: BB 1992, S. 739; Bundesverband deutscher Banken (1993), S. 110.
572 Vgl. BT-Drs 17/12294, S. 319.
573 Beachte, dass die Bewertungsvorschriften für offene Publikumsinvestmentvermögen aufgrund von § 278 KAGB auch für offene inländische Spezial-AIF gelten.
574 Vgl. BT-Drs 17/12294, S. 319, sowie Entwurf eines Gesetzes zur Umsetzung der Richtlinie 2911/61/EU über die Verwalter alternativer Investmentfonds (AIFM-UmsG), S. 582.

Gesetzgeber jedoch darauf hin, dass der Begriff der Kapitalverwaltungsgesellschaft (anders als nach dem InvG) nunmehr auch interne Kapitalverwaltungsgesellschaften umfasst[575], die insbesondere bei rechtliche selbständigen Investmentvermögen in Betracht kommen. Insgesamt ist damit von einer Ausweitung der Angabepflichten auch auf rechtlich selbständige Investmentvermögen auszugehen.

1.4.5 Anhangangabe

Institute haben zu den Haftungsverhältnissen, die unter dem Bilanzstrich zu vermerken sind, die folgenden Angabepflichten im Anhang zu erfüllen:

- Nach § 35 Abs. 4 RechKredV sind zum Vermerkposten Nr. 1 (»Eventualverbindlichkeiten«) im Anhang Art und Betrag jeder Eventualverbindlichkeit anzugeben, die in Bezug auf die Gesamttätigkeit des Instituts von wesentlicher Bedeutung ist. Die Angabepflicht ist auf die einzelne Eventualverbindlichkeit und nicht auf alle Eventualverbindlichkeiten der gleichen Art zu beziehen[576]. Die Wesentlichkeit kann auf Basis des Bilanz-, Geschäfts- oder Kreditvolumens abgeschätzt werden[577]. Bei dieser Wesentlichkeitsabschätzung ist auf die Wesentlichkeit zur Gesamttätigkeit des Kreditinstituts abzustellen.
- Nach § 35 Abs. 5 RechKredV ist zu jedem Posten der unter dem Strich vermerkten Eventualverbindlichkeiten jeweils der Gesamtbetrag der als Sicherheit übertragenen Vermögensgegenstände anzugeben. Dem Wortlaut nach bezieht sich diese Angabepflicht nur auf die Haftungsverhältnisse, die im Vermerkposten Nr. 1 (»Eventualverbindlichkeiten«) zu vermerken sind.
- Nach § 35 Abs. 6 RechKredV sind zu dem Posten »Andere Verpflichtungen« im Anhang Art und Höhe jeder der in den Unterposten a) bis c) bezeichneten Verbindlichkeiten anzugeben, die in Bezug auf die Gesamttätigkeit des Instituts von wesentlicher Bedeutung sind. Für diese Angabe gelten mithin dieselben Wesentlichkeitsgrundsätze wie in § 36 Abs. 4 RechKredV. Dabei können Rücknahmeverpflichtungen aus unechten Pensionsgeschäften hinsichtlich ihrer Art der Pensionsgegenstände unterteilt werden (z. B. Wechsel, Wertpapiere, Forderungen). Unwiderrufliche Kreditzusagen können zur Erfüllung dieser Angabepflicht ebenfalls unterteilt werden (bspw. in Buchkredite, Akzeptkredite, Aval-Kredite oder Hypothekendarlehen)[578].
- Nach § 27 Abs. 1 S. 4 RechKredV ist über die Inanspruchnahme von Platzierungs- und Übernahmeverpflichtungen zu berichten.
- Für alle nach §§ 26 und 27 RechKredV unter dem Strich ausgewiesenen Eventualverbindlichkeiten und anderen Verpflichtungen sind die Gründe der Einschätzung des Risikos der Inanspruchnahme im Anhang zu erläutern (§ 34 Abs. 2 Nr. 4 RechKredV).

---

575 Vgl. BT-Drs 17/12294, S. 319.
576 Vgl. Böcking/Helke/Morawietz, in: MüKom HGB, § 340a HGB, Tz. 136.
577 Vgl. Scharpf/Schaber (2018), S. 1142.
578 Vgl. Bundesverband deutscher Banken (1993), S. 86; Krumnow/Sprißler (2004), § 27 RechKredV, Tz. 31.

2 Gliederung der Gewinn- und Verlustrechnung

2.1 Gliederungsprinzipien

Nach § 2 Abs. 1 S. 1 RechKredV besteht für Institute das Wahlrecht, die Gewinn- und Verlustrechnung in der sog. **Kontoform** oder in der **Staffelform** darzustellen. Für die Kontoform ist das Formblatt 2, für die Staffelform ist das Formblatt 3 der RechKredV zu beachten. Für Zahlungsinstitute besteht dieses Wahlrecht nicht; sie haben die Gewinn- und Verlustrechnung in der Staffelform zu erstellen (Formblatt 2 der RechZahlV).

Bei der Kontoform werden Aufwendungen und Erträge jeweils getrennt voneinander in einer Aufwandsspalte und einer Ertragsspalte dargestellt, wodurch die Bedeutung eines einzelnen Aufwands- oder Ertragspostens im Verhältnis zur Summe aller Aufwendungen bzw. Erträge ersichtlich wird. Bei der Staffelform werden Aufwands- und Ertragsposten sachlich gruppiert und zusätzlich Zwischenergebnisse gebildet (z. B. Ergebnis der normalen Geschäftstätigkeit; Posten 19, Formblatt 3), die zu einer Erhöhung der Aussagekraft führen[1]. Die Wahl der Darstellung der Gewinn- und Verlustrechnung ist grundsätzlich beizubehalten (das Prinzip der **Darstellungsstetigkeit** nach § 265 Abs. 1 S. 1 HGB ist aufgrund von § 340a Abs. 2 S. 1 HGB nicht aus dem Anwendungsbereich von Instituten ausgenommen).

Die Formblätter 2 und 3 umfassen die Gliederung der Gewinn- und Verlustrechnung für Universal-Kreditinstitute. Spezialinstitute wie Leasingunternehmen, Bausparkassen, Pfandbriefbanken, bestimmte Skontroführer, Institute in genossenschaftlicher Rechtsform und genossenschaftliche Zentralbanken, Kreditgenossenschaften, die das Warengeschäft betreiben, haben spezialgesetzliche Ergänzungen der Formblätter zu beachten. Aufgrund von § 340a Abs. 2 S. 1 HGB ist § 265 Abs. 6 HGB von Instituten nicht anzuwenden. Daher dürfen die Bezeichnungen der Posten, die in der RechKredV festgelegten Inhalte sowie die Reihenfolge der Posten grundsätzlich nicht verändert werden (**Formblattstrenge**)[2].

Nach § 2 Abs. 1 S. 1 RechKredV sowie § 2 RechZahlV stehen § 266 HGB und § 275 HGB außerhalb des Anwendungsbereichs von Instituten. Nach § 340a Abs. 2 S. 1 HGB sind die Gliederungsvorschriften in den §§ 265 Abs. 6 u. 7, 267, 268 Abs. 4 S. 1, Abs. 5 S. 1 u. 2 HGB sowie §§ 276, 277 Abs. 1–3 S. 1 HGB von Instituten ebenso nicht zu beachten. Alle anderen allgemeinen Gliederungsvorschriften der §§ 265 und 268 HGB, die nicht außerhalb des

---
1 Vgl. Scharpf/Schaber (2018), S. 1159.
2 Vgl. Scharpf/Schaber (2018), S. 1161.

Anwendungsbereichs von Instituten stehen, sind mithin uneingeschränkt zu beachten. Institute haben bei der Gliederung der Gewinn- und Verlustrechnung die folgenden allgemeinen Vorschriften zu beachten (zu den einzelnen Vorschriften siehe Kapitel I.3):
- Grundsatz der formellen Stetigkeit (§ 265 Abs. 1 HGB),
- Angabe von Vorjahresbeträgen (§ 265 Abs. 2 HGB),
- Gliederung bei mehreren Geschäftszweigen (§ 265 Abs. 4 HGB),
- weitere Untergliederung und Hinzufügen neuer Posten (§ 265 Abs. 5 HGB),
- Leerposten (§ 265 Abs. 8 HGB).

Nach § 2 Abs. 2 RechKredV können (Wahlrecht) die mit kleinen Buchstaben versehenen Posten der Bilanz und der Gewinn- und Verlustrechnung zusammengefasst werden, wenn sie einen Betrag enthalten, der für die Vermittlung eines den tatsächlichen Verhältnissen entsprechenden Bildes im Sinne des § 264 Abs. 2 HGB nicht erheblich ist oder dadurch die Klarheit der Darstellung vergrößert wird; in diesem Falle müssen die zusammengefassten Posten jedoch im Anhang gesondert ausgewiesen werden. Die Zusammenfassung ist nicht zulässig für die bei der Deutschen Bundesbank und BaFin einzureichenden Bilanzen und Gewinn- und Verlustrechnungen (§ 2 Abs. 2 S. 2 RechKredV). § 265 Abs. 7 HGB findet für Institute keine Anwendung (§ 340a Abs. 2 HGB).

Aufwendungen		Euro	Euro	Euro
1.	Zinsaufwendungen			
2.	Provisionsaufwendungen			
3.	Nettoaufwand des Handelsbestands			
4.	Allgemeine Verwaltungsaufwendungen			
	a) Personalaufwand			
	aa) Löhne und Gehälter			
	ab) Soziale Abgaben und Aufwendungen für Altersversorgung und für Unterstützung darunter: für Altersversorgung ..... Euro			
	b) andere Verwaltungsaufwendungen			
5.	Abschreibungen und Wertberichtigungen auf immaterielle Anlagewerte und Sachanlagen			
6.	Sonstige betriebliche Aufwendungen			
7.	Abschreibungen und Wertberichtigungen auf Forderungen und bestimmte Wertpapiere sowie Zuführungen zu Rückstellungen im Kreditgeschäft			
8.	Abschreibungen und Wertberichtigungen auf Beteiligungen, Anteile an verbundenen Unternehmen und wie Anlagevermögen behandelte Wertpapiere			
9.	Aufwendungen aus Verlustübernahme			
10.	gestrichen			
11.	Außerordentliche Aufwendungen			

Aufwendungen	Euro	Euro	Euro
12. Steuern vom Einkommen und Ertrag			
13. Sonstige Steuern, soweit nicht unter Posten 6 ausgewiesen			
14. Auf Grund einer Gewinngemeinschaft, eines Gewinnabführungs- oder Teilgewinnabführungsvertrags abgeführte Gewinne			
15. Jahresüberschuss			
Summe der Aufwendungen			

Erträge	Euro	Euro
1. Zinserträge aus		
a) Kredit- und Geldmarktgeschäften		
b) Festverzinslichen Wertpapieren und Schuldbuchforderungen		
2. Laufende Erträge aus		
a) Aktien und anderen nicht fest verzinslichen Wertpapieren		
b) Beteiligungen		
c) Anteile an verbundenen Unternehmen		
3. Erträge aus Gewinngemeinschaften, Gewinnabführungs- oder Teilgewinnabführungsverträgen		
4. Provisionserträge		
5. Nettoertrag des Handelsbestands		
6. Erträge aus Zuschreibungen zu Forderungen und bestimmten Wertpapieren sowie aus der Auflösung von Rückstellungen im Kreditgeschäft		
7. Erträge aus Zuschreibungen zu Beteiligungen, Anteilen an verbundenen Unternehmen und wie Anlagevermögen behandelten Wertpapieren		
8. Sonstige betriebliche Erträge		
9. [gestrichen]		
10. Außerordentliche Erträge		
11. Erträge aus Verlustübernahme		
12. Jahresfehlbetrag		
Summe der Erträge		

Abb. 59: Formblatt 2 der RechKredV

	Euro	Euro	Euro
1. Zinserträge aus			
a) Kredit- und Geldmarktgeschäften			
b) Festverzinslichen Wertpapieren und Schuldbuchforderungen			
2. Zinsaufwendungen			
3. Laufende Erträge aus			
a) Aktien und anderen nicht festverzinslichen Wertpapieren			
b) Beteiligungen			
c) Anteile an verbundenen Unternehmen			

		Euro	Euro	Euro
4.	Erträge aus Gewinngemeinschaften, Gewinnabführungs- oder Teilgewinnabführungsverträgen			
5.	Provisionserträge			
6.	Provisionsaufwendungen			
7.	Nettoertrag oder Nettoaufwand des Handelsbestands			
8.	Sonstige betriebliche Erträge			
9.	[gestrichen]			
10.	Allgemeine Verwaltungsaufwendungen			
	a) Personalaufwand			
	aa) Löhne und Gehälter			
	ab) Soziale Abgaben und Aufwendungen für Altersversorgung und für Unterstützung			
	darunter: für Altersversorgung ..... Euro			
	b) andere Verwaltungsaufwendungen			
11	Abschreibungen und Wertberichtigungen auf immaterielle Anlagewerte und Sachanlagen			
12.	Sonstige betriebliche Aufwendungen			
13.	Abschreibungen und Wertberichtigungen auf Forderungen und bestimmte Wertpapiere sowie Zuführungen zu Rückstellungen im Kreditgeschäft			
14.	Erträge aus Zuschreibungen zu Forderungen und bestimmten Wertpapieren sowie aus der Auflösung von Rückstellungen im Kreditgeschäft			
15.	Abschreibungen und Wertberichtigungen auf Beteiligungen, Anteile an verbundenen Unternehmen und wie Anlagevermögen behandelte Wertpapiere			
16.	Erträge aus Zuschreibungen zu Beteiligungen, Anteilen an verbundenen Unternehmen und wie Anlagevermögen behandelten Wertpapieren			
17.	Aufwendungen aus Verlustübernahmen			
18.	[gestrichen]			
19.	Ergebnis der normalen Geschäftstätigkeit			
20.	Außerordentliche Erträge			
21.	Außerordentliche Aufwendungen			
22.	Außerordentliches Ergebnis			
23.	Steuern vom Einkommen und vom Ertrag			
24.	Sonstige Steuern, soweit nicht unter Posten 12 ausgewiesen			
25.	Erträge aus Verlustübernahme			

	Euro	Euro	Euro
26. Auf Grund einer Gewinngemeinschaft, eines Gewinnabführungs- oder eines Teilgewinnabführungsvertrags abgeführte Gewinne			
27. Jahresüberschuss/Jahresfehlbetrag			
28. Gewinnvortrag/Verlustvortrag aus dem Vorjahr			
29. Entnahmen aus der Kapitalrücklage			
30. Entnahmen aus den Gewinnrücklagen			
a) aus der gesetzlichen Rücklage			
b) aus der Rücklage für Anteile an einem herrschenden oder mehrheitlich beteiligten Unternehmen			
c) aus satzungsmäßigen Rücklagen			
d) aus anderen Gewinnrücklagen			
31. Entnahmen aus Genussrechtskapital			
32. Einstellungen in Gewinnrücklagen			
a) in die gesetzliche Rücklage			
b) in die Rücklage für Anteile an einem herrschenden oder mehrheitlich beteiligten Unternehmen			
c) in satzungsmäßige Rücklagen			
d) in andere Gewinnrücklagen			
33. Wiederauffüllung des Genussrechtskapitals			
34. Bilanzgewinn/Bilanzverlust			

Abb. 60: Formblatt 3 der RechKredV

Die Gewinn- und Verlustrechnung von Instituten ist auf der ersten Ebene nach den verschiedenen Haupterfolgsarten gegliedert. Diese Erfolgsarten (sowie ihre Unterposten) können nach verschiedenen Kriterien unterteilt werden. Für den GuV-Ausweis haben Institute verschiedene Prinzipien zu beachten, nach denen die Ergebnisbeiträge nach ihrer Zugehörigkeit zum Bankgeschäft oder Nicht-Bankgeschäft sowie zum laufenden oder außerordentlichen Ergebnis zu trennen sind. Ebenso sind Aufwendungen und Erträge als Teil der Ergebnisermittlung zu trennen von Maßnahmen die die Ergebnisverwendung betreffen. Institute haben hingegen – wie alle Kaufleute – keine Trennung von periodenfremden und nicht periodenfremden Erträgen und Aufwendungen vorzunehmen; nur periodenfremde Erfolge, die zugleich außerordentliche Aufwendungen oder Erträge darstellen, sind als solche zu erfassen[3]. Ferner haben Institute Aufwendungen und Erträge brutto in der Gewinn- und Verlustrechnung darzustellen, wobei die institutsspezifischen Durchbrechungen des Bruttoprinzips zu beachten sind.

---

[3] Vgl. Kessler/Freisleben, in: Mükom BilR, § 277 HGB, Tz. 104; ADS, § 277 HGB, Tz. 86.

a) Bankgeschäft/Nicht-Bankgeschäft. In den Posten Zinserträge, Zinsaufwendungen, Provisionserträge und -aufwendungen sowie allgemeine Verwaltungsaufwendungen sind ausschließlich solche Ergebnisbeiträge zu erfassen, die mit den institutsspezifischen Geschäften in Verbindung stehen. In diesen Posten sind nur Ergebnisbeiträge auszuweisen, die aus dem Bankgeschäft resultieren oder mit der Erbringung von Finanzdienstleistungen im Zusammenhang stehen. Provisionserträge und -aufwendungen, die keinen bankgeschäftlichen Bezug aufweisen, sind in den sonstigen betrieblichen Erträgen und Aufwendungen zu erfassen[4]. Zum Teil sind bankfremde Erfolge separat auszuweisen. So haben Kreditinstitute, die das Warengeschäft betreiben, das Rohergebnis aus dem Warenverkehr und Nebenbetrieben in einem eigenständigen Ergebnisposten zu zeigen. Nehmen die bankfremden Erfolge aus Nebenbetrieben einen wesentlichen Umfang ein, so ist zu prüfen, inwieweit das Institut mehrere Geschäftszweige betreibt, und mithin eine Gliederung nach verschiedenen Gliederungsvorschriften in Betracht kommt[5]. Bei einem Vorhandensein von **mehreren Geschäftszweigen** ist der Jahresabschluss nach einer geschäftszweigspezifischen Vorschrift aufzustellen und nach der für einen anderen Geschäftszweig vorgeschriebenen Gliederung zu ergänzen (§ 265 Abs. 4 S. 1 HGB). Wird eine solche Ergänzung vorgenommen, so ist dies im Anhang anzugeben und zu begründen. Während Universalkreditinstitute in Bezug auf den GuV-Ausweis lediglich eine Trennung von bankfremden und bankbezogenen Ergebnisbeiträgen durchzuführen haben, müssen Spezial-Institute die Ergebnisbeiträge, die aus den jeweiligen Spezial-Geschäften resultieren, separat ausweisen. So haben Bausparkassen Zinsaufwendungen und -erträge sowie Provisionserträge, die aus dem Bausparkollektiv resultieren, in der Gewinn- und Verlustrechnung auszugliedern. Kreditinstitute mit rechtlich unselbständiger Bausparabteilung haben die für Bausparkassen vorgesehenen Posten in ihre Bilanz und Gewinn- und Verlustrechnung zu übernehmen (§ 2 Abs. 1 S. 2 RechKredV) sowie die bausparkassenspezifischen Angabepflichten im Anhang zu beachten (z. B. § 35 Abs. 1 Nr. 8 RechKredV). Ebenso haben Zahlungsinstitute und E-Geld-Institute die Erträge und Aufwendungen, die mit der Erbringung von Zahlungsdiensten bzw. dem E-Geld-Geschäft im Zusammenhang stehen, separat auszuweisen. Leasinginstitute haben Leasingerträge und -aufwendungen in der Gewinn- und Verlustrechnung separat aufzuführen.

b) Laufendes/Außerordentlichen Ergebnis. Institute haben – im Gegensatz zu Nicht-Instituten – auch nach dem Inkrafttreten des BilRuG außerordentliche Erträge und Aufwendungen in separaten Aufwands- und Ertragsposten zu erfassen (siehe Formblatt 3, Posten 21 und 22). Die Definition außerordentlicher Erträge und Aufwendungen richtet sich nach §§ 340a Abs. 2 S. 5, 285 Nr. 31 HGB (§ 277 Abs. 4 HGB aF). Ein Ertrag bzw. Aufwand ist als außerordentlicher Ertrag bzw. Aufwand zu behandeln, wenn dieser »außerhalb der gewöhnlichen Geschäftstätigkeit« anfällt (§ 340a Abs. 2 S. 5 HGB). Hier ist nicht darauf abzustellen, dass es sich um nicht-bankgeschäftliche Ergebnisbeiträge handelt; ein Erfolg ist vielmehr dann als außergewöhnlich anzusehen, wenn er ungewöhnlich in seiner Art, selten im Vorkommen und von materieller Bedeutung ist[6] (Kapitel IV.2.2.10).

---

4 Vgl. Bieg/Waschbuch, in: Beck HdR, B 900, Tz. 231.
5 Vgl. Birck/Meyer IV, S. 48.
6 Vgl. ADS, § 277 HGB, Tz. 79.

c) **Ergebnisermittlung/Ergebnisverwendung.** Grundsätzlich haben Institute in der Gewinn- und Verlustrechnung nur solche Sachverhalte zu erfassen, die die Gewinnermittlung betreffen. Maßnahmen der Gewinnverwendung sind in der aktienrechtlichen Verlängerungsrechnung nach dem Jahresüberschuss auszuweisen (siehe im Einzelnen Kapitel IV.2.4). Im Schrifttum wird zum Teil umstritten diskutiert, inwieweit die Bildung stiller und offener Vorsorgereserven nicht de facto eine Gewinnverwendung darstellt und in das Gewinndispositionsrecht der Gesellschafter eingreift[7]. Nach zutreffender Auffassung ist die Bildung stiller und offener Vorsorgereserven nach §§ 340f und g HGB bei Kapitalgesellschaften der Ergebnisermittlung zuzuordnen.

d) **Bruttoausweis/Nettoausweis.** Grundsätzlich haben Institute Aufwendungen und Erträge brutto (d.h. unsaldiert) auszuweisen. Jedoch sehen die geschäftszweigspezifischen Rechnungslegungsnormen für Institute spezifische Saldierungsgebote und Saldierungswahlrechte vor. Für einen Überblick sei auf die Ausführungen auf Kapitel II.3.2.2 verwiesen.

2.2 Ertragsposten

2.2.1 Zinsertrag (Ertragsposten 1, Formblatt 2 und 3)

2.2.1.1 Posteninhalt

Nach § 28 S. 1 RechKredV sind im Posten »Zinserträge« alle Zinserträge und ähnlichen Erträge aus dem Bankgeschäft einschließlich des Factoring-Geschäfts sowie alle Zinserträge und ähnliche Erträge der Finanzdienstleistungsinstitute auszuweisen, insbesondere alle Erträge[8] aus den in den Posten der Bilanz
- »Barreserve« (Aktivposten Nr. 1),
- »Schuldtitel öffentlicher Stellen und Wechsel, die zur Refinanzierung bei Zentralnotenbanken zugelassen sind« (Aktivposten Nr. 2),
- »Forderungen an Kreditinstituten« (Aktivposten Nr. 3),
- »Forderungen an Kunden« (Aktivposten Nr. 4) und
- »Schuldverschreibungen und andere festverzinsliche Wertpapiere« (Aktivposten Nr. 5)

bilanzierten Vermögensgegenständen ohne Rücksicht darauf, in welcher Form sie berechnet werden. Die in § 28 S. 1 RechKredV aufgeführten Vermögensgegenstände stellen keine abschließende Aufzählung dar. Grundsätzlich können Zinserträge aus Schuldverschrei-

---
7 Hierzu vgl. Gaber, in: WM 2018, S. 153 ff.
8 Der Gesetzeswortlaut ist insoweit missverständlich, als nicht alle Erträge, sondern nur Zinserträge in diesem Posten auszuweisen sind. Erträge, die aus der Veräußerung von Schuldverschreibungen und anderen nicht fest verzinslichen Wertpapieren resultieren sind nicht hier, sondern in Abhängigkeit von der Zugehörigkeit zum Anlagevermögen oder der Liquiditätsreserve im Ertragsposten 7 bzw. Ertragsposten 6 (jeweils Formblatt 2) auszuweisen.

bungen des Handelsbestands – in Abhängigkeit von der internen Steuerung des Instituts – im Zinsergebnis ausgewiesen werden[9] (siehe Kapitel III.1.2.7.2). Der Ausweis von Erträgen im Posten »Zinserträge« setzt für **Kreditinstitute** die folgenden kumulativ zu erfüllenden Bedingungen voraus:

1. **Zinscharakter oder zinsähnlicher Charakter.** Ein Ertrag weist Zinscharakter auf, wenn der Ertrag als ein Entgelt für die Überlassung von Kapital auf Zeit anzusehen ist. In der Praxis der Bankbilanzierung sind diese trivial erscheinenden Definitionsmerkmale jedoch oft nur schwer abzugrenzen. Dies liegt daran, dass der Zinscharakter ein kausales Verhältnis von Entgelt und Kapitalüberlassung impliziert und damit eine ökonomische Wertungsentscheidung erfordert. Nur das Entgelt, welches für die Überlassung von Kapital auf Zeit entrichtet wird, ist auch als Zinsertrag auszuweisen. Bei komplexen Kreditverhältnissen werden von dem Kreditnehmer oftmals neben einem Zins noch weitere Entgelte (Fees) mit vielfältigsten Bezeichnungen entrichtet. Dabei kann es vorkommen, dass Entgelten ein zinsähnlicher Charakter zuzuschreiben ist, wenn das Institut im Rahmen eines Kapitalüberlassungsverhältnisses sonstige Entgelte als Surrogat oder Ergänzung eines vereinbarten Nominalzinssatzes einsetzt. In diesem Zusammenhang muss aus Gründen des Postenausweises sowie aus Gründen der Ertragsvereinnahmung unterschieden werden, ob ein Ertrag einen Zinscharakter oder einen Dienstleistungscharakter aufweist. Sofern ein Dienstleistungscharakter vorliegt – oder in nicht eindeutigen Fällen zumindest überwiegt – ist ein Ausweis unter den Provisionserträgen vorzunehmen. Für eine ausführliche Darstellung der Abgrenzung von Entgelten mit Zinscharakter und Dienstleistungscharakter siehe Kapitel VI.2.4. Nach § 28 S. 2 RechKredV liegt ein Zinscharakter vor, wenn die Höhe des Entgelts »nach dem Zeitablauf oder nach der Höhe der Forderung berechnet wird«.

2. **Bezug zu Bankgeschäften.** Zinserträge, die keinen bankgeschäftlichen Bezug aufweisen, sind unter den sonstigen betrieblichen Erträgen auszuweisen[10]. Zur Definition von Bankgeschäften siehe Kapitel I. Forderungen, die nicht auf Bankgeschäften beruhen, sind nicht unter den Forderungen an Kunden oder Kreditinstituten auszuweisen; entsprechend sind die auf diese Forderungen entfallenden Erträge nicht im Zinsergebnis, sondern im sonstigen betrieblichen Ergebnis auszuweisen. Finanzdienstleistungsinstitute haben nach dem Wortlaut des § 28 RechKredV alle Zinserträge und ähnlichen Erträge in diesem Posten auszuweisen. Es kommt für Finanzdienstleistungsinstitute mithin nicht darauf an, ob die Zinserträge im Zusammenhang mit der Erbringung einer Finanzdienstleistung (z. B. Factoring) stehen. Eine geschäftsspezifische Beschränkung ist von Finanzdienstleistungsinstituten für den Postenausweis mithin nicht zu beachten.

2.2.1.2 Zinserträge im Einzelnen

§ 28 RechKredV enthält eine nicht abschließende Aufzählung von Bilanzposten und Tatbeständen, bei denen eine Vereinnahmung von Erträgen unter dem Posten »Zinserträge« in Betracht kommt. Neben Zinserträgen aus den oben aufgeführten Bilanzpositionen sind die

---

9   Vgl. Scharpf/Schaber/Löw/Treitz/Weigel/Goldschmidt, in: WPg 2010, S. 502.
10 Vgl. Scharpf/Schaber (2018), S. 1164.

folgenden – zum Teil in § 28 RechKredV genannten – Sachverhalte im Posten »Zinserträge« auszuweisen:
- Diskontabzüge,
- Ausschüttungen auf Genussrechte,
- Ausschüttungen auf Gewinnschuldverschreibungen im Bestand,
- Erträge mit Zinscharakter, die im Zusammenhang mit der zeitlichen Verteilung des Unterschiedsbetrags bei unter dem Rückzahlungsbetrag erworbenen Vermögensgegenständen entstehen,
- Zuschreibungen aufgelaufener Zinsen zu Null-Kupon-Anleihen im Bestand,
- Aus gedeckten Termingeschäften ergebende, auf die tatsächliche Laufzeit des jeweiligen Geschäfts verteilte Erträge mit Zinscharakter (zur Deport/Report-Abgrenzung siehe Kapitel III.2.2.3),
- Gebühren und **Provisionen mit Zinscharakter**, die nach dem Zeitablauf oder nach der Höhe der Forderung berechnet werden. Dies umfasst z. B. Bereitstellungsprovisionen, Kreditprovisionen, Überziehungszinsen, Vorfälligkeitszinsen sowie Zessionsgebühren, sofern diese keinen Dienstleistungscharakter aufweisen.
- Erträge aus der **Aufzinsung wertberichtigter Forderungen**. Die Höhe von Wertberichtigungen ergibt sich aus der Gegenüberstellung des Forderungsbuchwerts mit dem beizulegenden Wert, der sich aus der Diskontierung künftiger erwarteter (Sicherheiten) Cash Flows mit dem vereinbarten Effektivzinssatz des Kredits ergibt (im Einzelnen siehe Kapitel III.1.3.2.3). Im Gegensatz zu IAS 39 kann die Erhöhung des Buchwerts der wertberichtigten Forderung aufgrund des zeitlichen Näherrückens des Verwertungszeitpunkts (unwinding-Effekt) entweder als Veränderung des Risikovorsorgesaldos oder als Zinsertrag behandelt werden[11].
- Amortisierung passiver Rechnungsabgrenzungsposten, die aufgrund von **Up-Front-Payments** von Zinsswaps des Nicht-Handelsbestands gebildet wurden.
- **Balloon Payments** von Zinsswaps des Nicht-Handelsbestands sind antizipativ abzugrenzen und in den Forderungen an Kunden oder Kreditinstituten auszuweisen. Die Abgrenzungen sind im Posten »Zinserträge« zu erfassen (siehe auch Kapitel VI.3.2.1.1).
- Settlement Zahlungen von **Forward Rate Agreements** des Nicht-Handelsbestands (siehe Kapitel VI.3.2.1.1.3).
- Zinserträge von zinstragenden Vermögensgegenständen und schwebenden Geschäften des **Handelsbestands**, sofern dies mit der internen Steuerung des Instituts übereinstimmt[12].
- Für erhaltene **Close-Out-Zahlungen** von Zinsswaps des Nicht-Handelsbestands kommt ein Ausweis im Zinsergebnis in Betracht[13]. Dies ist insbesondere dann der Fall, wenn die Zinsswaps der allgemeinen Steuerung des Zinsänderungsrisikos des Bankbuchs dienen. Alternativ kommt unter bestimmten Bedingungen ein Ausweis im Risikovorsorgesaldo (Ertragsposten 6 bzw. Aufwandsposten 7, jeweils Formblatt 2) oder im

---

11 Vgl. Fischer/Sittmann-Haury, in: IRZ 2006, S. 223, die von einer zwingenden Erfassung im Risikovorsorgesaldo ausgehen. Für ein faktisches Wahlrecht wird sich ausgesprochen in Scharpf/Schaber (2018), S. 206, sowie Goldschmidt/Meyding-Metzger/Weigel, in: IRZ 2010, S. 64.
12 Vgl. Scharpf/Schaber/Löw/Treitz/Weigel/Goldschmidt, in: WPg 2010, S. 502.
13 Vgl. Krumnow/Sprißler (2004), § 340e HGB, Tz. 394; Scharpf/Schaber (2018), S. 1027.

Finanzanlagesaldo (Ertragsposten 7 bzw. Aufwandsposten 8, jeweils Formblatt 2) in Betracht (im Einzelnen siehe Kapitel VI.3.2.1.1.1).
- Ausweis von **Ineffektivitäten** im Zusammenhang mit zinsbezogenen Bewertungseinheiten. Neben einem Ausweis im sonstigen betrieblichen Aufwand, oder den Aufwandsposten 7 und 8 (jeweils Formblatt 2), kommt auch die Bildung einer Drohverlustrückstellung bei gleichzeitiger Minderung des Zinsertrags in Betracht[14].
- Eine **negative Verzinsung** von zinstragenden Vermögensgegenständen aufgrund von negativen Marktzinssätzen ist als Minderung des Postens »Zinserträge« zu erfassen (atypischer Sollposten). Dies folgt unmittelbar aus § 28 S. 1 RechKredV, wonach im Posten »Zinserträge« die mit den aufgeführten Aktivposten verbundenen Erträge zu erfassen sind[15].

Nicht unter den Zinserträgen auszuweisen sind:
- Miet- oder Pachtzinsen[16],
- Entgelte für Dienstleistungen (Kreditbearbeitungsgebühren, Agency Fees, Kontoführungsgebühren, Gebühren für Kreditvermittlung),
- Erhaltene Prämien aus **Credit Default Swaps** des Nicht-Handelsbestands sind nach der Neufassung von IDW RS BFA 1 nicht mehr im Zinsertrag zu vereinnahmen. Im Falle der Bilanzierung eines CDS als gestellte Kreditsicherheit, hat der Sicherungsgeber die erhaltenen Prämien im Provisionsertrag auszuweisen; andernfalls hat der Ausweis im sonstigen betrieblichen Ertrag zu erfolgen (siehe Kapitel VI.3.2.3.2.3).
- Erträge aus der **Abzinsung** von nicht bankgeschäftlichen **Rückstellungen**. Diese wären nach § 277 Abs. 5 S. 1 HGB im Zinsergebnis auszuweisen; diese Vorschrift gilt aufgrund von § 340a Abs. 2 HGB auch für Institute. Jedoch kann § 28 RechKredV als lex specialis gegenüber § 277 Abs. 5 S. 1 HGB angesehen werden[17]. Institute haben Erträge aus der Abzinsung von Rückstellungen, die keinen bankgeschäftlichen Bezug aufweisen (z. B. Erträge aus der Aufzinsung von Pensionsrückstellungen oder Steuerrückstellungen), in der Ergebnisposition »sonstiger betrieblicher Ertrag« auszuweisen[18]. Alternativ wird es als sachgerecht angesehen, Abzinsungserträge als Kürzungen der Aufwandsposten darzustellen, in denen die ursprüngliche Dotierung der Rückstellung erfasst wurde. So wird es als sachgerecht angesehen, Erträge aus der Abzinsung von Rückstellungen im Kreditgeschäft auch als Minderungen des Risikovorsorgesaldos zu erfassen[19]; andernfalls ist aufgrund des bankgeschäftlichen Bezugs ein Ausweis im Zinsertrag vorzunehmen.
- Erträge aus Treuhand- und Verwaltungskrediten sind im Posten »Provisionserträge« auszuweisen (§ 30 S. 1 RechKredV).
- Ausschüttungen von Rentenfonds; diese sind unter den »laufenden Erträgen aus Aktien und anderen nicht festverzinslichen Wertpapieren« zu erfassen.

---

14 Vgl. Weigel/Löw/Flintrop/Helke/Jessen/Kopatschek/Vietze, in: WPg 2012, S. 127, m. w. N.
15 Vgl. Löw, in: WPg 2015, S. 66 (S. 67); Weigel/Meyding-Metzger, IRZ 2015, S. 185 (S. 189); Bär/Blaschke/Geisel/Vietze/Weigel/Weißenberger, in: WPg 2017, S. 1132 (S. 1133).
16 Vgl. WPH I2012, J 256.
17 Vgl. Goldschmidt/Meyding-Metzger/Weigel, in: IRZ 2010, S. 63.
18 Vgl. Scharpf/Schaber (2018), S. 1040.
19 Vgl. Goldschmidt/Meyding-Metzger/Weigel, in: IRZ 2010, S. 64.

2.2.1.3 Bestimmung von Zinserträgen der Höhe nach

Ausgangspunkt der Bestimmung des Zinsertrags der Höhe nach bildet der Nominalzins eines zinstragenden Vermögensgegenstands oder schwebenden Geschäfts. In den folgenden Fällen bestimmt sich die Höhe des Zinsertrags abweichend vom Nominalzinssatz:

1. **Agien/Disagien.** Sofern die Anschaffungskosten einer Forderung von ihrem Nennwert abweichen, so kann (Wahlrecht) die Zugangsbewertung zum Nennwert erfolgen und der Unterschiedsbetrag in einem aktiven oder passiven Rechnungsabgrenzungsposten erfasst werden. Die Nominalwertbilanzierung von Forderungen stellt den Regelfall in der Bankbilanzierungspraxis dar (zur näheren Erläuterung siehe Kapitel III.1.3.2.2). Rechnungsabgrenzungsposten aus der Begebung von Forderungen sind über die Laufzeit der Forderung aufzulösen; die Auflösungsbeträge sind als Erhöhung oder Verminderung des Zinsertrags zu erfassen.

2. **Stufenzinsanleihen.** Stufenzinsanleihen sind Schuldverschreibungen mit im Zeitablauf steigenden oder fallenden Nominalzinssätzen. Bei Stufenzinsanleihen führt die nominale Vereinnahmung von Zinserträgen nicht zu einem zutreffenden Bild der Vermögens- und Ertragslage. So würde eine nominale Vereinnahmung bei im Zeitablauf fallenden Zinssätzen zu einem Vorziehen von Zinserträgen und mithin zu einer Belastung künftiger Zinsergebnisse führen. Bei steigenden Zinssätzen wird bei einer nominalen Zinsvereinnahmung das gegenwärtige Zinsergebnis zugunsten künftiger Zinsergebnisse gemindert. Unter der Bedingung, dass die Zinsen über die gesamte Laufzeit der Schuldverschreibung feststehen, ist es mithin sachgerecht, den Zinsertrag auf Basis des Effektivzinssatzes der Schuldverschreibung im Erwerbszeitpunkt zu vereinnahmen. Die im Zeitablauf gleichförmige Zinsvereinnahmung spiegelt die im Zeitablauf gleichförmige Kapitalüberlassung auf Zeit wieder. Eine nominelle Zinsvereinnahmung stellt eine Störung des synallagmatischen Kapitalüberlassungsverhältnisses auf Zeit dar, bei dem der Gläubiger die Kapitalüberlassung und der Schuldner die Leistung von Zins- und Tilgungszahlungen schuldet. Die effektivzinskonstante Vereinnahmung von Zinserträgen kann auch mit einer Übertragung der Bilanzierungs- und Bewertungsgrundsätze für Zero-Bonds auf die Bilanzierung von Stufenzinsanleihen übertragen werden. Dies erscheint allerdings dann nicht sachgerecht, wenn die Verzinsung im Zeitablauf z. B. aufgrund der Existenz von Kündigungsrechten, Wandlungsrechten oder weiterer Optionen (z. B. Coupon Flip Options) nicht feststeht. In diesem Fall kann der Effektivzins nicht als realisiert angesehen werden.

3. **Zerobonds** sind Schuldverschreibungen, die keine laufenden Zinszahlungen leisten, sondern deren Verzinsung sich durch den Unterschied zwischen Ausgabekurs und höheren Rückzahlungskurs ausdrückt. Die Zinsen und Zinseszinsen werden mithin erst zusammen mit der Kapitalforderung am Ende der Laufzeit ausgezahlt. Zero-Bonds sind im Erwerbszeitpunkt mit ihren Anschaffungskosten zu bilanzieren. Bei Zero-Bonds wird die Zinsverpflichtung Bestandteil der Hauptschuld[20], so dass die verdienten Zinsen bei erworbenen Zerobonds als nachträgliche Anschaffungskosten zu aktivieren

---

20 Vgl. HFA 1/1986, S. 1; Birck/Meyer V 270 ff.

und im Zinsergebnis auszuweisen sind (zur näheren Erläuterung siehe Kapitel III.1.3.3.2.1).
4. **Synthetische Verbriefungstitel.** Credit Linked Notes (CLN) oder Collateralized Debt Obligations enthalten trennungspflichtige eingebettete Credit Default Swaps, die nach IDW RS HFA 22 getrennt zu bilanzieren sind, sofern es sich um Emissionen aus einer synthetischen Verbriefungstransaktion handelt (für eine nähere Erläuterung siehe Kapitel III.1.4.4.3.4). Die Vereinnahmung von Prämien auf eingebettete Credit Default Swaps richtet sich dabei nach den Grundsätzen von IDW RS BFA 1. Aufgrund dessen ist der Kupon der Schuldverschreibung zu spalten und teilweise im Zinsergebnis (Verzinsung der Basisschuldverschreibung) und teilweise im Provisionsergebnis oder im sonstigen betrieblichen Ertrag (CDS Prämie) auszuweisen.
5. **Anleihen mit Short Optionen.** In eine Schuldverschreibung eingebettete Short Optionen führen für den Inhaber des strukturierten Finanzinstruments regelmäßig zu einer erhöhten Nominalverzinsung oberhalb der marktüblichen Rendite eines Plain-vanilla-Basisinstruments. Aus diesem Grunde hat der Inhaber des Instruments eine Stillhalterverpflichtung in Höhe des beizulegenden Zeitwerts der geschriebenen Option zu passivieren und in gleicher Höhe einen aktiven Rechnungsabgrenzungsposten nach § 250 HGB einzubuchen. Dieser wird über die Laufzeit des Basisinstruments als Minderung des Zinsertrags aufgelöst[21]. Der erhöhte Nominalzins wird somit auf ein marktübliches Niveau korrigiert. Die Aktivierung und anschließende Auflösung des Rechnungsabgrenzungspostens wirkt als **Zinsregulativ** (IDW RS HFA 22, Tz. 20).

2.2.1.4 Unterposten

In dem Unterposten a) »Zinserträge aus Kredit- und Geldmarktgeschäften« sind die Zinserträge der Aktivposten 1, 2, 3 und 4 sowie die Zinserträge von Geldmarktpapieren zu erfassen, die im Aktivposten 5 a) ausgewiesen werden. Im Unterposten b) sind die »Zinserträge aus festverzinslichen Wertpapieren und Schuldbuchforderungen« auszuweisen. Ebenfalls im Unterposten b) sind die laufenden Erträge aus dem Aktivposten 10 »Ausgleichsforderungen gegen die öffentliche Hand einschließlich Schuldverschreibungen aus deren Umtausch« zu erfassen[22]. Nach Auffassung des IDW BFA sind negative Zinsen als zusätzliche Vorspalte, durch Hinzufügung separater GuV-Posten, durch Hinzufügung eines zusammengefassten neuen GuV-Postens oder durch einen Darunter-Ausweis separat zu zeigen[23].

2.2.1.5 Anhangangaben

Im **Anhang** sind die Zinserträge nach geografischen Märkten aufzugliedern, soweit diese Märkte sich vom Standpunkt der Organisation des Instituts wesentlich unterscheiden (§ 34 Abs. 2 S. 1 Nr. 1 RechKredV). Die Aufgliederung kann unterbleiben, soweit sie nach ver-

---

21 Für ein Beispiel vgl. Schaber/Rehm/Märkl/Spies (2010), S. 40 ff.
22 Vgl. Krumnow/Sprißler (2004), § 28 RechKredV, Tz. 5; Scharpf/Schaber (2018), S. 1181.
23 Vgl. IDW, in: IDW-FN 2015, S. 448–452; Bär/Blaschke/Geisel/Vietze/Weigel/Weißenberger, in: WPg 2017, S. 1132 (S. 1134).

nünftiger kaufmännischer Beurteilung geeignet ist, dem Institut oder einem Unternehmen, von dem das Institut mindestens den fünften Teil der Anteile besitzt, einen erheblichen Nachteil zuzufügen. Erweitert das Institut aufgrund von § 297 Abs. 1 S. 2 HGB in Verbindung mit § 340i Abs. 1 S. 1 HGB den Konzernabschluss um eine Segmentberichterstattung, so ist DRS 3 verpflichtend anzuwenden. In diesem Fall kann auf die Angabe nach § 34 Abs. 2 Nr. 1 RechKredV verzichtet werden, da mit der Segmentberichterstattung weitergehende Informationen vermittelt werden[24].

2.2.2 Laufende Erträge aus Aktien, nicht festverzinslichen Wertpapieren, Beteiligungen und Anteilen an verbundenen Unternehmen (Ertragsposten 2)

Im Ertragsposten 2 (Formblatt 2) sind die laufenden Erträge von Positionen auszuweisen, die nicht zum zinstragenden Vermögen eines Instituts zählen. Dies umfasst die laufenden Erträge der folgenden Unterposten:

Laufende Erträge aus:
a) Aktien und anderen nicht festverzinslichen Wertpapieren
b) Beteiligungen
c) Anteilen an verbundenen Unternehmen

Der Ausweis im Ertragsposten 2 hängt von dem Bilanzausweis der jeweiligen Vermögensgegenstände ab[25]. Mithin sind in diesem Posten alle laufenden Erträge, der Aktivposten 6, 7 und 8 auszuweisen. Laufende Erträge von nicht verbrieften Gesellschaftsanteilen, die nicht in den Aktivposten 6 bis 8, sondern unter dem Aktivposten 14 »Sonstige Vermögensgegenstände« ausgewiesen werden (z. B. aufgrund fehlender Dauerbesitzabsicht), sind unter den sonstigen betrieblichen Erträgen auszuweisen. Dividenden von Finanzinstrumenten des Handelsbestands sind im Nettoertrag bzw. Nettoaufwand des Handelsbestands auszuweisen[26]. Im Ertragsposten 2 sind nur die laufenden Erträge und keine Verkaufsgewinne zu erfassen. Letztere sind im Risikovorsorgesaldo (im Falle von Wertpapieren der Liquiditätsreserve) oder im Finanzanlagesaldo (im Falle von Finanzinstrumenten des Anlagevermögens) zu vereinnahmen. Als laufende Erträge sind nur solche Ausschüttungen ertragswirksam zu vereinnahmen, die keine Substanzausschüttungen und mithin

---

24 Vgl. Löw, in: MüKom BilR, § 340j HGB, Tz. 43.
25 Vgl. Meyer/Isenmann (1993), S. 206.
26 Im Schrifttum wird allerdings auch ein Ausweis von Dividendenerträgen aus Aktien des Handelsbestands im Ertragsposten 2 für möglich gehalten. Vgl. Scharpf/Schaber/Löw/Treitz/Weigel/Goldschmidt, in: WPg 2010, S. 502. Hierzu ist anzumerken, dass sich Abgrenzungsschwierigkeiten hinsichtlich des Ausweises von Dividenden aus Aktien des Handelsbestands seit BilMoG nicht mehr ergeben, da diese nunmehr in einem separaten Bilanzposten »Handelsbestand« auszuweisen sind. Vormals waren diese im Aktivposten 6 »Aktien und andere nicht festverzinsliche Wertpapiere« auszuweisen, so dass entgegen des Wortlauts von § 340c Abs. 1 HGB aF auch ein Ausweis im Ertragsposten 2 in Betracht kam. Zu dem Spannungsverhältnis vgl. Müller-Tronnier, in: BB 1997, S. 933. Durch die Einführung eines separaten Bilanzpostens für Handelsbestände erscheint ein Ausweis von Dividenden aus Aktien des Handelsbestands im Nettoertrag bzw. -aufwand des Handelsbestands zwingend.

keine Minderung von Anschaffungskosten darstellen. Bei Ausschüttungen auf Investmentanteilen ist zu prüfen, ob die Erträge eine bewertbare Vermögensmehrung der Abrechnungsperiode repräsentieren[27].

Im Unterposten a) »Laufende Erträge aus Aktien und anderen nicht festverzinslichen Wertpapieren« sind alle laufenden Erträge des Aktivpostens 6 auszuweisen. Dies schließt grundsätzlich auch Ausschüttungen auf Investmentanteile ein (einschließlich Ausschüttungen von Rentenfonds), sofern es sich nicht um Anschaffungskosten-mindernde Substanzausschüttungen handelt. Nicht in diesem Ertragsposten auszuweisen sind Ausschüttungen auf Genussrechte und Gewinnschuldverschreibungen; diese sind aufgrund von § 28 S. 2 RechKredV im Zinsertrag zu vereinnahmen.

Im Unterposten b) sind die »Laufenden Erträge aus Beteiligungen« auszuweisen. In diesem Unterposten sind mithin nur die laufenden Erträge aus Gesellschaftsanteilen zu vereinnahmen, die im Aktivposten 7 ausgewiesen sind. Der Ausweis in diesem Ertragsposten setzt in Bezug auf den Gesellschaftsanteil voraus, dass die Anteile dazu bestimmt sind, dem Geschäftsbetrieb durch Herstellung einer dauernden Verbindung zu dienen (§ 272 Abs. 1 S. 1 HGB)[28]. Im Schrifttum ist umstritten, ob auch Ausschüttungen aus Kapitalrücklagen ertragswirksam beim Gesellschafter zu vereinnahmen sind[29], oder ob dies zu einer Minderung der Anschaffungskosten der Beteiligung führt[30]. Eine die Anschaffungskosten mindernde Behandlung wird zum Teil für Ausschüttungen von nachprüfbar miterworbenen Gewinnrücklagen und von Gewinnen, die aus der Realisierung von im Jahresabschluss der Beteiligungsgesellschaft zum Erwerbszeitpunkt vorhandenen stillen Reserven behauptet[31]. Ist die Herkunft der Ausschüttungen nicht nachweisbar, so soll es sachgerecht sein, den Beteiligungsbuchwert quotal nach dem Verhältnis, in dem die Ausschüttung den inneren Wert mindert, zu reduzieren[32]. Der Restbetrag sei dann erfolgswirksam zu vereinnahmen.

Im Unterposten c) sind die »Laufenden Erträge aus Anteilen an verbundenen Unternehmen« auszuweisen. Hier sind mithin alle laufenden Erträge aus Gesellschaftsanteilen des Aktivpostens 8 zu erfassen (zur näheren Erläuterung siehe Kapitel IV.1.2.9). Die oben dargestellte Streitfrage der ertragswirksamen Vereinnahmung von Ausschüttungen aus der Kapitalrücklage gilt für die laufenden Erträge aus Anteilen an verbundenen Unternehmen analog. Besteht mit einem verbundenen Unternehmen ein Gewinnabführungsvertrag oder Teilgewinnabführungsvertrag, so sind die laufenden Erträge nicht hier, sondern im Ertragsposten 3 »Erträge aus Gewinngemeinschaften, Gewinnabführungs- oder Teilgewinnabführungsverträgen« auszuweisen. Zur phasengleichen Vereinnahmung von Gewinnbeteiligungen ohne Bestehen eines Gewinnabführungsvertrags siehe Kapitel III.1.4.3.4.2.3; zur Erläuterung der Ergebnisvereinnahmung von Anteilen an Personengesellschaften siehe Kapitel III.1.4.3.4.3.2.

Für den **Anhang** gelten dieselben Angabepflichten wie für den Ertragsposten »Zinserträge«.

---

27 Vgl. Hammer (2007), S. 83 f.
28 Für eine nähere Erläuterung siehe Kapitel III.1.4.3.4.2.3.
29 So bspw. Grottel/Gadek, in: BBK, 8. Aufl., § 255 HGB, Tz. 171; Müller, in: DB 2000, S. 533.
30 So bspw. ADS, § 253 HGB, Tz. 48; WPH, 15. Aufl., F 362; Schubert/Gadek, in: BBK, 11. Aufl., § 255, Tz. 170.
31 Vgl. WPH, 15. Aufl., F 362.
32 Vgl. WPH, 15. Aufl., F 362.

2.2.3 Erträge aus Gewinngemeinschaften, Gewinnabführungs- oder Teilgewinnabführungsverträgen

In Übereinstimmung mit den allgemeinen Grundsätzen in § 277 Abs. 3 S. 2 HGB haben Institute im RechKredV-Formblatt »Erträge aus Gewinngemeinschaften, Gewinnabführungs- oder Teilgewinnabführungsverträgen« in einem separaten Ertragsposten auszuweisen (Ertragsposten 3, Formblatt 2 bzw. Posten 4, Formblatt 3). Die Voraussetzungen für den Postenausweis sind mithin analog zu § 277 Abs. 3 S. 2 HGB auszulegen[33] (§ 277 Abs. 3 S. 2 HGB ist nach § 340a Abs. 2 S. 1 HGB nicht aus dem Anwendungsbereich von Instituten ausgenommen). Mithin sind in diesem Posten die aus den folgenden Unternehmensverträgen resultierenden Erträge zu erfassen:

- **Gewinngemeinschaft.** Nach § 292 Abs. 1 Nr. 1 AktG liegt eine Gewinngemeinschaft vor, wenn sich eine Gesellschaft »verpflichtet, ihren Gewinn oder den Gewinn einzelner ihrer Betriebe ganz oder zum Teil mit dem Gewinn anderer Unternehmen oder einzelner Betriebe anderer Unternehmen zur Aufteilung eines gemeinschaftlichen Gewinns zusammenzulegen«. Durch den Abschluss eines solchen Unternehmensvertrags wird eine Vergemeinschaftung von Gewinnen beabsichtigt; eine Vergemeinschaftung von Verlusten **kann** ebenfalls damit verbunden werden[34]. Im Unternehmensvertrag sind die genaue Definition des »Gewinns« sowie ein Verteilungsschlüssel festzulegen. Da Gewinngemeinschaften nicht mehr steuerlich als Organschaftsverhältnis anerkannt sind (§ 14 KStG), spielen sie praktisch kaum noch eine Rolle.
- **Teilgewinnabführungsvertrag.** Nach § 292 Abs. 1 Nr. 2 AktG liegt ein Teilgewinnabführungsvertrag vor, wenn sich eine Gesellschaft verpflichtet, »einen Teil ihres Gewinns oder den Gewinn einzelner ihrer Betriebe ganz oder zum Teil an einen anderen abzuführen«. Da Teilgewinnabführungsverträge nicht mehr steuerlich als Organschaftsverhältnis anerkannt sind (§ 14 KStG), spielen sie praktisch kaum noch eine Rolle. Für Institute haben sie eine Relevanz in Bezug auf Erträge aus stillen Beteiligungen, die nach h. M. als Teilgewinnabführungsverträge anzusehen sind[35]. Zivilrechtlich ist es strittig, ob Gewinnschuldverschreibungen, Genussrechte und Partizipationsscheine die aktienrechtlichen Regelungen zum Teilgewinnabführungsvertrag berühren[36]. Bilanzrechtlich sind Ausschüttungen aus Gewinnschuldverschreibungen und Genussrechten jedoch im Posten Zinserträge auszuweisen (§ 28 S. 2 RechKredV).
- **Gewinnabführungsvertrag.** Nach § 291 Abs. 1 AktG liegt ein Gewinnabführungsvertrag vor, wenn sich eine Gesellschaft vertraglich verpflichtet, »ihren ganzen Gewinn an ein anderes Unternehmen abzuführen«. Gewinnabführungsverträge sind in der Praxis von großer Bedeutung, da diese die Grundlage einer steuerlichen Organschaft bilden, sofern der Vertrag für mindestens auf fünf Jahre abgeschlossen ist und während dieser Zeit durchgeführt wird (§ 14 KStG).

---

33 Vgl. Meyer/Isenmann (1993), S. 207; Scharpf/Schaber (2018), S. 1195; Braun, in: KK-RLR, § 340a HGB, Tz. 105.
34 Vgl. Emmerich, in: Emmerich/Habersack, § 292 AktG, Tz. 10a.
35 Vag. Hüffer, in: Hüffer AktG, § 292 AktG, Tz. 15; Altmeppen, in: MüKom AktG, § 292 AktG, Tz. 65; Schmidt/Peun, in: BBK, 11. Aufl., § 277 HGB, Tz. 10; ADS, § 277 HGB, Tz. 58.
36 Vgl. Altmeppen, in: MüKom AktG, § 292 AktG, Tz. 71.

In diesem Ertragsposten sind auch Erträge aus Vereinbarungen auszuweisen, die nicht den aktienrechtlichen Regelungen der §§ 291, 292 AktG unterliegen, ihnen aber entsprechen.

Für den **Anhang** bestehen keine spezifischen Angabepflichten.

2.2.4 Provisionserträge (Ertragsposten 4, Formblatt 2; Posten 5, Formblatt 3)

Nach § 30 RechKredV sind im Posten »Provisionserträge« Provisionen und ähnliche Erträge aus Dienstleistungsgeschäften wie Zahlungsverkehr, Außenhandelsgeschäft, Wertpapierkommissions- und Depotgeschäft, Erträge für Treuhandkredite und Verwaltungskredite, Provisionen im Zusammenhang mit Finanzdienstleistungen und der Veräußerung von Devisen, Sorten und Edelmetallen und aus der Vermittlertätigkeit bei Kredit-, Spar-, Bauspar- und Versicherungsverträgen auszuweisen. Zu den Erträgen gehören auch Bonifikationen aus der Platzierung von Wertpapieren, Bürgschaftsprovisionen und Kontoführungsgebühren (§ 30 S. 2 RechKredV). Der Ausweis von Erträgen im Posten »Provisionserträge« setzt mithin die folgenden Bedingungen voraus:

- **Dienstleistungscharakter.** Dienstleistungen sind definiert als Produkte unternehmerischer Tätigkeit außerhalb des Warensektors. Entgelte sind im Posten »Provisionserträge« nur dann auszuweisen, wenn sie eine Gebühr für eine erbrachte Dienstleistung darstellen. An dieser Stelle sei erneut auf die Abgrenzungsprobleme zwischen Provisionen mit Dienstleistungscharakter und Provisionen mit Zinscharakter hingewiesen, wobei letztere im Posten Zinserträge auszuweisen sind (zu dieser Problematik siehe VI.2.4). Anstelle einer abschließenden Definition des Begriffs Dienstleistung behilft sich § 30 RechKredV mit einer nicht abschließenden Aufzählung von typischen Dienstleistungen, die im Posten »Provisionserträge« auszuweisen sind.

- **Bank- oder finanzdienstleistungstypisches Geschäft.** Im Posten »Provisionserträge« sind jene Entgelte zu erfassen, die auf einer bankgeschäftlichen oder finanzdienstleistungstypischen Dienstleistung beruhen[37]. Zur Definition von Bankgeschäften und Finanzdienstleistungen sei auf Kapitel I.2.1.1.1.2 verwiesen; gleichwohl ist zum Zwecke des Erfolgsausweises der Begriff des Bankgeschäfts bzw. der Finanzdienstleistung nicht auf die im § 1 Abs. 1 KWG bzw. § 1 Abs. 1a KWG aufgeführten Tatbestände zu beschränken, da Banken und Finanzdienstleistungsinstitute ihre Dienstleistungen an die Ausdehnung des Wirtschaftsverkehrs immer weiter anpassen (Allfinanzkonzeption)[38]. So dürften mittlerweile Provisionen aus dem M&A-Geschäft sowie aus der Immobilienberatung als Entgelte für bankgeschäftliche Dienstleistungen gelten. Provisionserträge aus Dienstleistungen, denen nicht ein Bankgeschäft oder eine Finanzdienstleistung im weitesten Sinne zugrunde liegt, sind nicht hier, sondern unter den sonstigen betrieblichen Erträgen auszuweisen[39]. § 30 RechKredV enthält eine nicht

---

37 Vgl. Treuarbeit (1992), S. 119; Krumnow/Sprißler (2004), § 30 RechKredV, Tz. 1; Bieg/Waschbusch, in: Beck HdR, B 900, Tz. 228.
38 Vgl. Treuarbeit (1992), S. 119; Bieg/Waschbusch, in: Beck HdR, B 900, Tz. 228.
39 Vgl. Braun, in: KK-RLR, § 340a HGB, Tz. 107.

abschließende Aufzählung von Bilanzposten und Tatbeständen, bei denen eine Vereinnahmung von Erträgen unter dem Posten »Provisionserträge« in Betracht kommt. Die folgende Aufzählung gibt einen Überblick über typische Sachverhalte, die im Posten Provisionserträge zu erfassen sind:
- Zahlungsverkehr (Umsatzprovisionen, Kontoführungsgebühren, Scheckeinzugsprovisionen, Ein- und Auszahlungsprovisionen; Provisionen aus dem Kreditkartengeschäft, Kontopfändungen usw.),
- Außenhandelsgeschäft (Provisionen für Import/Export-Akkreditive, für Überweisungen ins Ausland),
- Wertpapierkommissions- und Depotgeschäft (An- und Verkaufsgebühren; Konsortialprovisionen; Depotgebühren, Zahlstellengebühren),
- Erträge für Treuhandkredite und Verwaltungskredite,
- Provisionen im Zusammenhang mit Finanzdienstleistungen,
- Provisionen im Zusammenhang mit der Veräußerung von Devisen, Sorten und Edelmetallen,
- Provisionen aus der Vermittlertätigkeit bei Kredit-, Spar-, Bauspar- und Versicherungsverträgen (Vermittlungsprovisionen),
- Provisionen aus dem Einzugsgeschäft (Einziehung von Schecks, Einlösung von Coupons etc.),
- Platzierung von Wertpapiere (underwriting fees, placement fees),
- Sonstige Bearbeitungsentgelte,
- Vermögensberatung,
- Diverse Gebühren im Kreditgeschäft (z. B. Strukturierungsgebühren; Agency Fees usw.),
- Gebühren im Rahmen aus Dienstleistungen, die Institute im Rahmen der Allfinanzkonzeption anbieten (Gebühren aus dem Versicherungsgeschäft, Corporate Finance Beratung, Immobilienberatung, Cash Management),
- Erhaltene Prämien von Credit Default Swaps, die nach den für das Bürgschafts-/Kreditgarantiegeschäft geltenden Grundsätzen zu bilanzieren sind (siehe Kapitel IV.3.2.3.2.3),
- Erhaltene Aval- und Bürgschaftsprovisionen.

Im **Anhang** sind die Provisionserträge nach geografischen Märkten aufzugliedern, soweit diese Märkte sich vom Standpunkt der Organisation des Instituts wesentlich unterscheiden (§ 34 Abs. 2 S. 1 Nr. 1 RechKredV). Zur näheren Erläuterung siehe Kapitel V.3.2. Nach § 35 Abs. 1 Nr. 5 RechKredV sind erbrachte Dienstleistungen für Verwaltung und Vermittlung anzugeben, sofern ihr Umfang in Bezug auf die Gesamttätigkeit des Instituts von wesentlicher Bedeutung ist.

2.2.5 Nettoertrag des Handelsbestands (Ertragsposten 5, Formblatt 2; Posten 7, Formblatt 3)

Erträge und Aufwendungen aus der Zeitwertbilanzierung von Finanzinstrumenten des Handelsbestands sind im »Nettoaufwand des Handelsbestands« (Position 3, Formblatt 2, linke Spalte) oder im »Nettoertrag des Handelsbestands« (Position 5, Formblatt 2, rechte Spalte) auszuweisen. Institute, die Skontroführer im Sinne des § 27 Abs. 1 BörsG und nicht zugleich Einlagenkreditinstitute sind, haben das Handelsergebnis brutto zu zeigen. Diese haben zusätzlich »Davon-Vermerke« über die Aufwendungen und Erträge des Handelsbestands zu geben, die auf Wertpapiere, Futures, Optionen und Kursdifferenzen aus Aufgabegeschäften entfallen[40].

Im Handelsergebnis sind Bewertungsgewinne und -verluste wie auch Realisationsgewinne und -verluste aus Zu- und Abgängen von Finanzinstrumenten des Handelsbestands auszuweisen. Auch Provisionsaufwendungen und -erträge, die in Verbindung mit Handelsbeständen entstanden sind (bei entsprechender Zuordnung ggf. auch underwriting fees im Emissionsgeschäft, siehe V.1.4.2) werden im Handelsergebnis vereinnahmt. Laufende Erträge und Aufwendungen von Finanzinstrumenten des Handelsbestands (wie z. B. Zinsen, Dividenden usw.) können im Handelsergebnis ausgewiesen werden, sofern dies im Einklang mit der internen Steuerung des Instituts steht. Ein Ausweis im Zinsergebnis ist bei Übereinstimmung mit der internen Steuerung möglich[41]. Zinsaufwendungen zur Refinanzierung des Handelsbestands können ebenfalls im Handelsergebnis ausgewiesen werden, sofern dies der internen Steuerung entspricht[42]. Basis für einen solchen Ausweis können interne Geschäfte zwischen Handelsbuch und Bankbuch sein, durch die dem Handel z. B. Fundingkosten in der jeweiligen Währung zugerechnet werden. Eine rein kalkulatorische Zurechnung von Zinsaufwendungen zum Handel wird nicht zulässig sein, da für das kalkulatorische Funding keine Bewertungsgewinne und -erluste erfasst werden und es dementsprechend zu einer verzerrten Darstellung des Handelsergebnisses kommen kann. In dieser Hinsicht ist die in IDW RS BFA 2, Tz. 74 eröffnete Möglichkeit eine betriebswirtschaftliche Allokation von Fundingkosten in der externen Rechnungslegung beizubehalten, als kritisch anzusehen.

Im **Anhang** ist der Nettoertrag des Handelsbestands nach geografischen Märkten aufzugliedern, soweit diese Märkte sich vom Standpunkt der Organisation des Instituts wesentlich unterscheiden (§ 34 Abs. 2 S. 1 Nr. 1 RechKredV). Ein Nettoaufwand ist nicht zu erläutern.

---

40 Vgl. RechKredV, Formblatt 2 und 3, Fußnote 7 sowie § 340 Abs. 4 S. 2 HGB.
41 Vgl. Scharpf/Schaber/Löw/Treitz/Weigel/Goldschmidt, in: WPg 2010, S. 502.
42 Nach IDW RS BFA 2, Tz. 73 ist der Ausweis im Handelsergebnis verpflichtend, wenn Verbindlichkeiten bilanziell dem Handelsbestand zugeordnet wurden.

2.2.6 Erträge aus der Zuschreibung zu Forderungen und bestimmten Wertpapieren sowie aus der Auflösung von Rückstellungen im Kreditgeschäft (Ertragsposten 6, Formblatt 2; Posten 13, Formblatt 3)

Im Ertragsposten 6 (Formblatt 2) sind Erträge aus der Zuschreibung zu Forderungen und Wertpapieren der Liquiditätsreserve sowie Erträge aus der Auflösung von Rückstellungen im Kreditgeschäft auszuweisen. Nach § 32 RechKredV sind in diesem Posten die in § 340f Abs. 3 HGB aufgeführten Erfolgsbeiträge zu erfassen. Für Institute besteht aufgrund von § 32 S. 2 RechKredV sowie § 340f Abs. 3 S. 1 HGB das Wahlrecht, die im Ertragsposten 6 auszuweisenden Erträge mit den in Aufwandsposten 7 auszuweisenden Aufwendungen aus der Abschreibung und Wertberichtigung von Forderungen und bestimmten Wertpapieren sowie Zuführungen zu Rückstellungen im Kreditgeschäft zu saldieren. Nach § 340f Abs. 3 HGB dürfen (Wahlrecht) in diese Saldierung auch Dotierungen und Auflösungen von stillen Vorsorgereserven einbezogen werden (sog. **Überkreuzkompensation**, siehe auch Kapitel III.1.3.4.2). Obgleich der Wortlaut von § 340f Abs. 1 HGB eine Bildung stiller Vorsorgereserven nur für Kreditinstitute vorsieht, können 340f-Reserven auch von Finanzdienstleistungs- sowie Zahlungsinstituten und E-Geld-Instituten gebildet werden. Die Wahrnehmung der Saldierungsmöglichkeiten setzt die Bildung stiller Vorsorgereserven nach § 340f HGB nicht voraus[43].

Macht ein Institut von dem Wahlrecht zur Überkreuzkompensation keinen Gebrauch, so sind im Ertragsposten 6 (Formblatt 2) die folgenden Erträge auszuweisen:

- **Erträge aus der Zuschreibung von Forderungen.** Dies betrifft alle Buchwerterhöhungen von Finanzinstrumenten, die in den Aktivposten 3 und 4 ausgewiesen werden. Dies umfasst insbesondere Auflösungen von Einzelwertberichtigungen auf Forderungen. Zuschreibungen von Forderungen des Handelsbestands sind im Nettoertrag bzw. Nettoaufwand des Handelsbestands zu erfassen. Hinsichtlich des Ausweises von rein zeitbedingten Auflösungen von Einzelwertberichtigungen (**Unwinding-Effekt**) besteht ein faktisches Wahlrecht, die zeitbedingte Barwerterhöhung wertberichtigter Forderungen im Posten »Zinserträge« oder im Ertragsposten 6 auszuweisen[44]. Ebenso sind im Ertragsposten 6 Eingänge von abgeschriebenen Forderungen zu erfassen.
- **Erträge aus der Zuschreibung von bestimmten Wertpapieren.** Die Bedeutung des Begriffs »bestimmte Wertpapiere« erschließt sich über die Verweiskette von § 32 RechKredV, § 340f Abs. 3 HGB sowie § 340f Abs. 1 HGB. Im Ertragsposten 6 sind mithin nur die Zuschreibungen der Wertpapiere auszuweisen, die in die Bemessungsgrundlage zur Bildung stiller Vorsorgereserven nach § 340f HGB einbezogen werden dürfen. Dies sind nach § 340f Abs. 1 HGB alle Wertpapiere, die weder wie Anlagevermögen behandelt werden noch Teil des Handelsbestands sind. Mithin sind im Ertragsposten 6 lediglich Zuschreibungen von Wertpapieren der Liquiditätsreserve auszuweisen. Dies umfasst alle Wertpapiere, die im Aktivposten 4 und 5 ausgewiesen und wie Umlaufvermögen

---

43 Vgl. Bieg/Waschbusch, in: Beck HdR, B 900, Tz. 316.
44 Siehe im Einzelnen Kapitel IV.2.2.1.2.

behandelt werden[45]. **Wertpapiere der Liquiditätsreserve** sind nach dem strengen Niederstwertprinzip am Bilanzstichtag stets auf einen niedrigeren beizulegenden Stichtagswert abzuschreiben; Wertaufholungen sind bis zur Anschaffungskostenobergrenze zwingend vorzunehmen (Wertaufholungsgebot), sofern sich der beizulegende Wert in der Folge erhöht. Neben den Wertaufholungen sind in diesem Posten auch Veräußerungsgewinne von Wertpapieren der Liquiditätsreserve auszuweisen. Hier sind auch erhaltene Ausgleichzahlungen von Credit Default Swaps zu erfassen, sofern diese der Absicherung eines Wertpapiers der Liquiditätsreserve dienen und das Wertpapier aufgrund eines Kreditereignisses abzuschreiben ist.

- **Auflösungen von Rückstellungen im Kreditgeschäft.** Rückstellungen im Kreditgeschäft umfassen Rückstellungen für Eventualverbindlichkeiten (z. B. Avale und Bürgschaften), für andere Verpflichtungen (z. B. unwiderrufliche Kreditzusagen sowie Platzierungs- und Übernahmeverpflichtungen) sowie Rückstellungen für Länder- und Pauschalwertberichtigungen auf das Kreditportfolio. Ist der Grund für die Bildung der Rückstellung entfallen, so ist die Rückstellung ertragswirksam aufzulösen.
- **Auflösungen von § 340f-Reserven.** Institute können vormalig gebildete stille Vorsorgereserven (ggf. zur Kompensation von Verlusten aus dem Kredit- oder Wertpapiergeschäft) auflösen.

Macht das Institut vom Wahlrecht der Überkreuzkompensation Gebrauch, so sind die oben aufgeführten Erträge mit den nachfolgenden Aufwendungen vollständig zu verrechnen – eine teilweise Verrechnung ist unzulässig (§ 32 S. 3 RechKredV)[46]:
- Abschreibungen und Wertberichtigungen auf Forderungen,
- Abschreibungen auf bestimmte Wertpapiere,
- Zuführungen zu Rückstellungen im Kreditgeschäft,
- Dotierung von § 340f HGB-Reserven.

Im Falle der Saldierung werden mithin Aufwendungen und Erträge aus der Dotierung bzw. Auflösung von 340f-Reserven mit Ergebnisbeiträgen aus dem Wertpapierbereich sowie Ergebnisbeiträge aus dem Kreditbereich miteinander verrechnet. Die Nettogröße wird auch als **Risikovorsorgesaldo** bezeichnet. Es kommt mithin zu einer Überkreuzkompensation über Aufwendungen und Erträge sowie Geschäftsbereiche des Instituts hinweg. Darüber hinaus kommt es zu einer Saldierung von realisierten Aufwendungen und Erträgen mit Bewertungsaufwendungen und -erträgen[47]. Diese Überkreuzkompensation verhindert mithin eine Einsichtnahme eines externen Bilanzlesers hinsichtlich der Bildung oder Auflösung stiller Vorsorgereserven. Institute können damit bspw. Aufwendungen aus dem Kreditgeschäft mit Verkaufsgewinnen aus Wertpapieren der Liquiditätsreserve kompensieren. Ebenso wird für den Bilanzleser nicht ersichtlich, ob eine Erhöhung des Risikovorsorgesaldos aus erhöhten Einzelwertberichtigungen im Kreditgeschäft oder aus der Realisierung von Ver-

---

45 Zuschreibungen von Wertpapieren, die im Aktivposten 2 ausgewiesen werden, sind aufgrund des Wortlauts von § 340f Abs. 1 HGB nicht hier, sondern unter den sonstigen betrieblichen Erträgen auszuweisen (siehe Kapitel IV.1.2.2).
46 Zur näheren Erläuterung siehe Kapitel III.1.3.4.3.
47 Es kommt mithin zu einer Saldierung von »wesensfremden« Positionen. Vgl. Waschbusch (1992), S. 401.

kaufsverlusten im Wertpapiergeschäft resultiert. Diese Kompensationseffekte werden zudem überlagert durch die Möglichkeit der Bildung und Auflösung stiller Vorsorgereserven.

Im **Anhang** sind aufgrund von § 340f Abs. 4 HGB keine Angaben über die Bildung und Auflösung von stillen Vorsorgereserven erforderlich. Über die Wahrnehmung der Überkreuzkompensation muss ebenso nicht im Anhang berichtet werden.

2.2.7 Erträge aus Zuschreibungen zu Beteiligungen, Anteilen an verbundenen Unternehmen und wie Anlagevermögen behandelten Wertpapieren (Ertragsposten 7, Formblatt 2; Posten 16, Formblatt 3)

Nach § 340c Abs. 2 HGB dürfen (Wahlrecht) die Aufwendungen aus Abschreibungen auf Beteiligungen, Anteilen an verbundenen Unternehmen und wie Anlagevermögen behandelten Wertpapieren mit den Erträgen aus Zuschreibungen zu solchen Vermögensgegenständen verrechnet und in einem Aufwands- oder Ertragsposten ausgewiesen werden. Nach § 340c Abs. 2 S. 2 HGB dürfen auch die Aufwendungen und Erträge aus Geschäften mit diesen Vermögensgegenständen – also z. B. Veräußerungsgewinne und -verluste oder erhaltene Leihgebühren – in die Saldierung einbezogen werden. Sofern eine Saldierung vorgenommen wird, ist das Geschäftsergebnis zwingend in die Kompensation einzubeziehen[48]. Sofern eine Verrechnung vorgenommen wird, hat diese vollständig zu erfolgen; eine teilweise Verrechnung ist unzulässig (§ 33 S. 3 RechKredV). Dieser Saldo wird **Finanzanlagesaldo** genannt.

Zu einem Ausweis im Ertragsposten 7 kommt es bei einem unsaldierten Ausweis in Höhe der Bruttoerträge oder im Falle eines saldierten Ausweises nur bei Vorliegen eines Ertragsüberhangs. Im Ertragsposten 7 sind alle Erträge aus der Bewertung sowie aus Geschäften mit Vermögensgegenstände des Anlagevermögens zu erfassen, die in den Aktivposten 5, 6, 7 und 8 ausgewiesen werden. Entsprechende Erträge von Wertpapieren, die in den Aktivposten 5 und 6 ausgewiesen werden, jedoch der Liquiditätsreserve angehören sind nicht hier, sondern im Ertragsposten 6 (Formblatt 2) zu erfassen.

Macht ein Institut von dem Saldierungswahlrecht keinen Gebrauch, so sind im Ertragsposten 7 die folgenden Ergebnisbeiträge auszuweisen:
- **Erträge aus der Zuschreibung von Beteiligungen und Anteile an verbundenen Unternehmen.** Dies betrifft alle Buchwerterhöhungen von Gesellschaftsanteilen, die in den Aktivposten 7 und 8 ausgewiesen werden. Dies umfasst insbesondere Wertaufholungen infolge einer Abschreibung aufgrund dauerhafter Wertminderung. Ebenso sind Erträge aus dem Verkauf dieser Gesellschaftsanteile hier ausweisen (Geschäftsergebnis). Darunter fällt auch der Verkauf von Bezugsrechten.
- **Erträge aus der Zuschreibung von Wertpapieren des Anlagevermögens.** In diesem Posten sind Zuschreibungen von Schuldverschreibungen und festverzinslichen Wertpapieren sowie Aktien und anderen nicht festverzinslichen Wertpapieren auszuweisen, sofern sie wie Anlagevermögen behandelt werden. Anlass hierfür ist der Wegfall von Gründen für eine dauerhafte Wertminderung. Zudem können die positiven Geschäftsergebnisse von Wertpapieren des Anlagevermögens hier ausgewiesen werden (z. B.

---
48 Vgl. Scharpf/Schaber (2018), S. 1251.

Erträge aus dem Verkauf von Wertpapieren des Anlagevermögens oder erhaltene Leihgebühren[49]). Sofern von dem Saldierungswahlrecht des § 340c Abs. 2 S. 2 HGB kein Gebrauch gemacht wird, kann der Ausweis von positiven Geschäftsergebnissen auch im Ertragsposten 8 »Sonstige betriebliche Erträge« erfolgen[50]. Werden Veräußerungsgewinne im Posten »Sonstige betriebliche Erträge« erfasst, so ist eine genaue Trennung von Zuschreibungen und Verkaufsgewinnen notwendig[51]. Erhaltene Ausgleichszahlungen von Credit Default Swaps, die der Sicherung von Schuldverschreibungen des Anlagevermögens dienen, sind als Minderung der Abschreibung des betreffenden Grundgeschäfts zu erfassen (IDW RS BFA 1, Tz. 28).

Es bestehen keine spezifischen **Angabepflichten** für die Anhangberichterstattung. Für die Posten des Anlagevermögens ist ein Anlagespiegel zu erstellen. Zuschreibungen, Abschreibungen und Wertberichtigungen auf Finanzanlagen können mit anderen Posten zusammengefasst werden (§ 34 Abs. 3 S. 2 RechKredV).

2.2.8 Sonstige betriebliche Erträge (Ertragsposten 8, Formblatt 2 und 3)

Im Ertragsposten 8 »Sonstige betriebliche Erträge« sind alle Erträge der gewöhnlichen Geschäftstätigkeit auszuweisen, die keinem anderen Posten zuzuordnen sind[52]. Erträge, die nicht im Rahmen der gewöhnlichen Geschäftstätigkeit anfallen, sind im Ertragsposten 10 »Außerordentliche Erträge« auszuweisen. Die Definition außerordentlicher Erträge und Aufwendungen richtet sich nach den allgemeinen Vorschriften der §§ 340a Abs. 2 S. 5, 285 Nr. 31 HGB (§ 277 Abs. 4 HGB aF). Ein Erfolg ist als außergewöhnlich anzusehen, wenn er ungewöhnlich in seiner Art, selten im Vorkommen und von materieller Bedeutung ist[53] (im Einzelnen siehe Kapitel IV.2.2.10). Die folgende Auflistung gibt einen – nicht abschließenden Überblick – über mögliche Inhalte des Ertragspostens 8:

- Erträge aus nicht bankgeschäftlichen oder finanzdienstleistungstypischen Dienstleistungen; diese Erträge sind im Ertragsposten 8 auszuweisen, da ein Ausweis im Posten »Provisionserträge« aufgrund des fehlenden Bezugs zu Bankgeschäften oder Finanzdienstleistungen nicht in Betracht kommt.
- Erträge aus dem Verkauf von Beteiligungen, Anteilen an verbundenen Unternehmen sowie Wertpapieren des Anlagevermögens können hier ausgewiesen werden, sofern von der Verrechnung nach § 340c Abs. 2 S. 2 HGB abgesehen wird. Alternativ kommt ein Ausweis im Ertragsposten 7 in Betracht[54].
- Erträge aus dem Verkauf von Bezugsrechten auf Beteiligungen, Anteilen an verbundene Unternehmen sowie Wertpapieren des Anlagevermögens.

---

49 Vgl. Krumnow/Sprißler (2004), § 340c HGB, Tz. 253; zum Teil wird ein Ausweis unter den Provisionserträgen als sachgerecht erachtet.
50 Vgl. Meyer/Isenmann (1993), S. 216.
51 Vgl. Krumnow/Sprißler (2004), § 340c HGB, Tz. 232.
52 Vgl. Braun, in: KK-RLR, § 340a HGB, Tz. 114; Meyer/Isenmann (1993), S. 216.
53 Vgl. ADS, § 277 HGB, Tz. 79.
54 Vgl. Meyer/Isenmann (1993), S. 216; Krumnow/Sprißler (2004), § 340c HGB, Tz. 232 und 256.

- Erträge aus Wertaufholungen sowie der Veräußerung von Sachanlagen (Grundstücke, Gebäude etc.).
- Erträge aus der Auflösung von Rückstellungen, sofern es sich nicht um Rückstellungen im Zusammenhang mit Finanzinstrumenten sowie für Eventualverbindlichkeiten und Kreditrisiken handelt oder die Auflösung von Rückstellungen einem anderen Posten zuzuordnen ist[55]. Auflösungen von Rückstellungen im Zusammenhang mit Kreditrisiken sind im Ertragsposten 6 auszuweisen. Auflösungen von Steuerrückstellungen sind im Posten »Steueraufwand« zu erfassen.
- Erträge aus der Umrechnung von auf fremde Währung lautenden Posten des Nicht-Handelsbestands. Die Aufwendungen und Erträge aus der Währungsumrechnung für besonders gedeckte Geschäfte des Bankbuchs sind nach § 277 Abs. 5 S.2 HGB unter den »Sonstigen betrieblichen Erträgen« und »Sonstigen betrieblichen Aufwendungen« auszuweisen. Aufgrund der Betrachtung von zusammengefassten Währungspositionen im Rahmen der besonderen Deckung erscheint es als zulässig, Aufwendungen und Erträge aus der Währungsumrechnung nach § 340h HGB saldiert auszuweisen (IDW RS BFA 4, Tz. 22)[56].
- Erträge aus dem Leasinggeschäft, soweit hierfür kein gesonderter Posten eingefügt wird (zu den leasingbezogenen Gewinn- und Verlustposten siehe Kapitel IV.7.3).

Im **Anhang** sind die wichtigsten Einzelbeträge dieses Postens zu erläutern, sofern dies für die Beurteilung des Jahresabschlusses wesentlich ist (§ 35 Abs. 1 Nr. 4 RechKredV). Daneben sind die sonstigen betrieblichen Erträge nach geographischen Märkten aufzuteilen (siehe auch Kapitel V.3.2). Sofern im Posten »Sonstige betriebliche Erträge« Ergebnisbeiträge aus dem Leasinggeschäft ausgewiesen werden, sind diese im Anhang anzugeben (§ 35 Abs. 1 Nr. 3 RechKredV).

2.2.9 Erträge aus der Auflösung von Sonderposten mit Rücklageanteil (Ertragsposten 9, Formblatt 2; Posten 9, Formblatt 3)

Mit Aufhebung des § 247 Abs. 3 HGB aF ist dieser Posten aufgehoben worden.

2.2.10 Außerordentliche Erträge (Ertragsposten 10, Formblatt 2; Posten 20, Formblatt 3)

Institute haben außerordentliche Erträge und Aufwendungen in separaten Aufwands- und Ertragsposten zu erfassen.

Der Wegfall der GuV-Posten »außerordentliche Erträge« und »außerordentliche Aufwendungen« in § 275 HGB im Zuge des BilRuG bleibt aufgrund der Fortgeltung europarechtlicher Vorgaben für die RechKredV-Formblätter sowie RechZahlV-Formblätter folgen-

---
55 Vgl. WPH I[2012], J 275; Braun, in: KK-RLR, § 340a HGB, Tz. 115.
56 Ebenso Scharpf, in: IRZ 2011, S. 86.

los. Die Definition außerordentlicher Erträge und Aufwendungen richtet sich nach §§ 340a Abs. 2 S. 5, 285 Nr. 31 HGB (§ 277 Abs. 4 HGB aF). Ein Ertrag bzw. Aufwand ist als außerordentlicher Ertrag bzw. Aufwand zu behandeln, wenn dieser »außerhalb der gewöhnlichen Geschäftstätigkeit« anfällt (§ 340a Abs. 2. S. 5 HGB). Das Kriterium der Außergewöhnlichkeit ist dabei auf die Größenordnung oder auf die Bedeutung zu beziehen[57]. Es ist nicht darauf abzustellen, dass es sich um nicht-bankgeschäftliche Ergebnisbeiträge handelt; ein Erfolg ist vielmehr dann als außergewöhnlich anzusehen, wenn er ungewöhnlich in seiner Art, selten im Vorkommen und von materieller Bedeutung ist[58]. Periodenfremde Erträge sind nur dann in diesem Posten auszuweisen, wenn sie zugleich auch außerhalb der gewöhnlichen Geschäftstätigkeit angefallen sind. Periodenfremde Erträge, die im Rahmen des gewöhnlichen Geschäftsbetriebs eintreten, sind in dem Posten zu erfassen, in dem sie auszuweisen sind, wenn sie nicht periodenfremd wären.

Der Grad der Außerordentlichkeit, der einen gesonderten Ausweis im Ertragsposten 10 erfordert, lässt sich im Allgemeinen nur schwer bestimmen. Der Grad der Außerordentlichkeit des jeweiligen Sachverhalts ist auf Basis der individuellen Verhältnisse sowie des spezifischen Geschäftsmodells des Instituts zu beurteilen. So können Sachverhalte bei einer Bausparkasse – nicht zuletzt aufgrund der Geschäftsbeschränkungen sowie der allgemeinen Geschäftsgrundsätze in den §§ 4 und 5 BSpKG – bereits als außerordentlich einzustufen sein, während der gleiche Sachverhalt bei einer Investmentbank als Teil der gewöhnlichen Geschäftstätigkeit eingeordnet werden kann. Die folgenden Sachverhalte stellen i. d. R. außerordentliche Erträge dar:

- Ertragszuschuss eines Gesellschafters (HFA 2/96),
- Umwandlungs- oder Verschmelzungsgewinne,
- Erträge aus Sanierungsmaßnahmen (z. B. Gläubigerverzichte, Stützungsmaßnahmen der öffentlichen Hand),
- Verkäufe von Betriebsteilen,
- Schadensersatz aufgrund eines gewonnenen Rechtsstreits,
- Bilanzrechtsänderungen. Nach Art. 67 Abs. 7 EGHGB sind Aufwendungen und Erträge, die durch den Übergang auf die neue Rechtslage entstehen in der Gewinn- und Verlustrechnung gesondert unter den Posten »Außerordentliche Aufwendungen« und »Außerordentliche Erträge« auszuweisen. Außerordentliche Erträge infolge des Bilanzrechtsmodernisierungsgesetzes sind bspw. auszuweisen, wenn das Wahlrecht zur Auflösung von Aufwandsrückstellungen, die erst im letzten vor dem 01.01.2010 beginnenden Geschäftsjahr dotiert wurden, ausgeübt und der aus der Auflösung resultierende Betrag erfolgswirksam erfasst wurde (IDW RS HFA 28, Tz. 27). Außerordentliche Erträge waren im Rahmen der Umstellung auf das BilMoG auch für den Fall zu erfassen, dass eine Abschreibung nach vernünftiger kaufmännischer Beurteilung erst im letzten vor dem 01.01.2010 beginnenden Geschäftsjahr vorgenommen und bei Umstellung rückgängig gemacht worden ist[59].

---

57 Vgl. Kolb/Roß, in: WPg 2015, S. 869 (S. 875).
58 Vgl. ADS, § 277 HGB, Tz. 79.
59 Zur näheren Erläuterung der Umstellungseffekte beim Übergang auf das BilMoG vgl. Gelhausen/Fey/Kirsch, in: WPg 2010, S. 24–33.

Bei Anwendung der Staffelform (Formblatt 3) werden die außerordentlichen Erträge mit den außerordentlichen Aufwendungen gesondert ausgewiesen und anschließend im Posten 17 als »außerordentliches Ergebnis« zusammengefasst.

Im **Anhang** sind die wichtigsten Einzelbeträge dieses Postens zu erläutern, sofern dies für die Beurteilung des Jahresabschlusses wesentlich ist (§ 35 Abs. 1 Nr. 4 RechKredV).

2.2.11 Erträge aus Verlustübernahme (Ertragsposten 11, Formblatt 2; Posten 25, Formblatt 3)

Ist ein anderes Unternehmen verpflichtet, den Verlust des Instituts zu übernehmen, so hat das Institut den daraus resultierenden Ertrag im Ertragsposten 11 »Erträge aus Verlustübernahme« auszuweisen. Der gesonderte Posten im Formblatt entspricht der Vorgabe des § 277 Abs. 3 S. 2 HGB, wonach Erträge aus Verlustübernahme separat auszuweisen sind. Der Postenausweis umfasst im Einzelnen:

- Verlustübernahmen aufgrund eines **Ergebnisabführungsvertrags**. Besteht ein Beherrschungs- oder ein Gewinnabführungsvertrag, so hat der andere Vertragsteil jeden während der Vertragsdauer sonst entstehenden Jahresfehlbetrag auszugleichen, soweit dieser nicht dadurch ausgeglichen wird, dass den anderen Gewinnrücklagen Beträge entnommen werden, die während der Vertragsdauer in sie eingestellt worden sind (§ 302 Abs. 1 AktG).
- Verlustübernahmen aufgrund einer **Betriebspacht**. Hat eine abhängige Gesellschaft den Betrieb ihres Unternehmens dem herrschenden Unternehmen verpachtet oder sonst überlassen, so hat das herrschende Unternehmen jeden während der Vertragsdauer sonst entstehenden Jahresfehlbetrag auszugleichen, soweit die vereinbarte Gegenleistung das angemessene Entgelt nicht erreicht (§ 302 Abs. 2 AktG).
- Verlustübernahmen aufgrund **schuldrechtlicher Vereinbarung**. Ein Dritter kann sich auch außerhalb eines aktienrechtlichen Unternehmensvertrags verpflichten, einen Verlust zu übernehmen. Erträge aus solchen Verlustübernahmen sind ebenfalls hier auszuweisen.
- Verlustübernahmen auf **freiwilliger Basis**. Auch Verlustübernahmen, die auf freiwilliger Basis erfolgen, sind hier auszuweisen. Abgrenzungsschwierigkeiten können sich insbesondere im Verhältnis zu privaten Ertragszuschüssen ergeben, die im Posten »außerordentliche Erträge« auszuweisen wären. Im Schrifttum wird ein Ausweis unter den außerordentlichen Erträgen nur dann als sachgerecht angesehen, wenn der Ertragszuschuss unabhängig vom Vorliegen eines Verlusts gewährt wird und keine Gegenleistung vereinbart ist. Ertragszuschüsse mit Gegenleistungsverpflichtung, die unabhängig vom Vorliegen eines Verlusts gewährt werden, sind im sonstigen betrieblichen Ertrag auszuweisen. Ertragszuschüsse, die einen Verlust ausgleichen oder mindern, sollen als Erträge aus Verlustübernahme auszuweisen sein.[60]

---

60 Vgl. WPH I[2012], F 603 m. w. N.

2.2.12 Jahresfehlbetrag (Ertragsposten 12, Formblatt 2; Posten 27, Formblatt 3)

Der Posten ergibt sich als Saldo über sämtliche Aufwands- und Ertragsposten.

2.3 Aufwandsposten

2.3.1 Zinsaufwendungen (Aufwandsposten 1, Formblatt 2; Posten 2, Formblatt 3)

Nach § 29 RechKredV sind in diesem Posten »Zinsaufwendungen und ähnliche Aufwendungen aus dem Bankgeschäft einschließlich des Factoring-Geschäfts sowie alle Zinsaufwendungen und ähnliche Aufwendungen der Finanzdienstleistungsinstitute auszuweisen, insbesondere alle Aufwendungen für die in den Posten der Bilanz
- »Verbindlichkeiten gegenüber Kreditinstituten« (Passivposten Nr. 1),
- »Verbindlichkeiten gegenüber Kunden« (Passivposten Nr. 2),
- »Verbriefte Verbindlichkeiten« (Passivposten Nr. 3) und
- »Nachrangige Verbindlichkeiten« (Passivposten Nr. 9)

bilanzierten Verbindlichkeiten ohne Rücksicht darauf, in welcher Form sie berechnet werden. Hierzu gehören auch Diskontabzüge, Ausschüttungen auf begebene Genussrechte und Gewinnschuldverschreibungen, Aufwendungen mit Zinscharakter, die im Zusammenhang mit der zeitlichen Verteilung des Unterschiedsbetrages bei unter dem Erfüllungsbetrag eingegangenen Verbindlichkeiten entstehen, Zuschreibungen aufgelaufener Zinsen zu begebenen Null-Kupon-Anleihen, die sich aus gedeckten Termingeschäften ergebenden, auf die tatsächliche Laufzeit des jeweiligen Geschäfts verteilten Aufwendungen mit Zinscharakter sowie Gebühren und Provisionen mit Zinscharakter, die nach dem Zeitablauf oder nach der Höhe der Verbindlichkeiten berechnet werden« (§ 29 RechKredV).

Die in § 29 S. 1 RechKredV aufgeführten Verbindlichkeiten stellen keine abschließende Aufzählung dar. Grundsätzlich können Zinsaufwendungen aus emittierten Schuldverschreibungen des Handelsbestands – in Abhängigkeit von der internen Steuerung des Instituts – im Zinsergebnis ausgewiesen werden[61] (siehe Kapitel III.1.2.1.1). Ebenso besteht ein faktisches Wahlrecht, Aufwendungen aus der Aufzinsung von Rückstellungen im Kreditgeschäft im Posten »Zinsaufwendungen« oder unter den »sonstigen betrieblichen Aufwendungen« auszuweisen[62]. Der Ausweis von Aufwendungen im Posten »Zinsaufwendungen« setzt für Kreditinstitute die folgenden kumulativ zu erfüllenden Bedingungen voraus:
1. **Zinscharakter oder zinsähnlicher Charakter.** Ein Aufwand weist Zinscharakter auf, wenn der Ertrag als ein Entgelt für die Überlassung von Kapital auf Zeit anzusehen ist. Nach § 29 S. 2 RechKredV liegt ein Zinscharakter vor, wenn die Höhe des Entgelts »nach

---
61 Vgl. Scharpf/Schaber/Löw/Treitz/Weigel/Goldschmidt, in: WPg 2010, S. 502.
62 Vgl. Goldschmidt/Meyding-Metzger/Weigel, in: IRZ 2010, S. 64.

dem Zeitablauf oder nach der Höhe der Verbindlichkeit berechnet wird«. Zu möglichen Abgrenzungsproblemen zwischen Ergebnisbeiträgen mit Zinscharakter und Dienstleistungscharakter siehe Kapitel VI.2.4.
2. **Bezug zu Bankgeschäften.** Zinsaufwendungen, die keinen bankgeschäftlichen Bezug aufweisen, sind unter den sonstigen betrieblichen Erträgen auszuweisen[63]. Finanzdienstleistungsinstitute haben nach dem Wortlaut des § 29 RechKredV **alle** Zinserträge und ähnlichen Erträge in diesem Posten auszuweisen. Es kommt für Finanzdienstleistungsinstitute mithin nicht darauf an, ob die Zinserträge im Zusammenhang mit der Erbringung einer Finanzdienstleistung (z. B. Factoring) stehen. Eine geschäftsspezifische Beschränkung ist von Finanzdienstleistungsinstituten für den Postenausweis mithin nicht zu beachten.

§ 29 RechKredV enthält eine nicht abschließende Aufzählung von Bilanzposten und Tatbeständen, bei denen eine Vereinnahmung von Erträgen unter dem Posten »Zinsaufwendungen« in Betracht kommt. Neben Zinsaufwendungen aus den oben aufgeführten Bilanzpositionen sind die folgenden – zum Teil in § 29 RechKredV genannten – Sachverhalte im Posten »Zinsaufwendungen« auszuweisen:
- Diskontabzüge,
- Ausschüttungen auf begebene Genussrechte,
- Ausschüttungen auf begebene Gewinnschuldverschreibungen,
- Aufwendungen mit Zinscharakter, die im Zusammenhang mit der zeitlichen Verteilung des Unterschiedsbetrags bei unter dem Erfüllungsbetrag eingegangenen Verbindlichkeiten entstehen,
- Zuschreibungen aufgelaufener Zinsen zu begebenen Null-Kupon-Anleihen,
- aus gedeckten Termingeschäften sich ergebende, auf die tatsächliche Laufzeit des jeweiligen Geschäfts verteilte Aufwendungen mit Zinscharakter (zur Deport/Report-Abgrenzung siehe Kapitel III.2.2.2),
- Gebühren und **Provisionen mit Zinscharakter**, die nach dem Zeitablauf oder nach der Höhe der Verbindlichkeit berechnet werden. Dies umfasst z. B. Bereitstellungsprovisionen, Kreditprovisionen, Überziehungszinsen, Vorfälligkeitszinsen sowie Zessionsgebühren, sofern diese keinen Dienstleistungscharakter aufweisen. Garantien, die der Sonderfonds Finanzmarktstabilisierung nach § 6 Abs. 1 S. 1 u. 2 FMStFG auf Antrag an Unternehmen des Finanzsektors vergeben kann (sog. **SoFFin-Garantien**), sind nach Auffassung des IDW nicht als Provisionen mit Zinscharakter zu klassifizieren. Nach der hier vertretenen Auffassung wäre ein Ausweis der Garantieprovision als Zinsaufwand ebenso sachgerecht gewesen, sofern die Garantieprovision nach dem Zeitablauf und der Höher der Garantieinanspruchnahme berechnet wird. Nach § 2 Abs. 1 u. 2 FMStFV können die näheren Bedingungen der Garantiegewährung im Einzelfall festgelegt werden. Der Fonds hat für die gewährte Garantie jedoch eine marktgerechte Vergütung zu verlangen (§ 2 Abs. 2 S. 3 Nr. 1 S. 1 FMStFV). Die Provision besteht aus einem individuellen Prozentsatz des Höchstbetrags der zur Verfügung gestellten Garantie zur Vergütung des Ausfallrisikos nebst einer Marge (§ 2 Abs. 2 S. 3 Nr. 1 S. 2 FMStFV). Nach Auf-

---
63 Vgl. Scharpf/Schaber (2018), S. 1187.

fassung des IDW sind an den SoFFin zu entrichtende Garantieprovisionen unter dem Posten »Provisionsaufwendungen« auszuweisen, da es sich um ein Dienstleistungsgeschäft handele[64]. Die Garantie ist nicht als öffentlicher Zuschuss anzusehen.

- Aufwendungen aus der **Aufzinsung von Rückstellungen** im Zusammenhang mit Bankgeschäften. Aufgrund des bankgeschäftlichen Bezugs können Aufzinsungsaufwendungen von Rückstellungen aus dem Kreditgeschäft im Posten »Zinsaufwendungen« ausgewiesen werden. Alternativ ist auch ein Ausweis im Risikovorsorgesaldo möglich[65].
- Amortisierung aktiver Rechnungsabgrenzungsposten, die aufgrund von **Up-Front-Payments** von Zinsswaps des Nicht-Handelsbestands gebildet wurden.
- **Balloon Payments** von Zinsswaps des Nicht-Handelsbestands sind abzugrenzen; die Abgrenzungsbeträge sind im Posten »Zinsaufwendungen« zu erfassen (siehe auch Kapitel VI.3.2.1.1).
- Gezahlte Prämien aus Sicherungsnehmer-**Credit-Default-Swaps** des Nicht-Handelsbestands sind gem. IDW RS BFA 1, Tz. 25 im Zinsaufwand auszuweisen, soweit der Zinscharakter überwiegt (zur näheren Erläuterung siehe Kapitel VI.3.2.3.2.4)[66]. Mit dieser Ausweisvorgabe des IDW RS BFA 1 können die Prämienaufwendungen in dem Posten ausgewiesen werden, in dem die laufenden Erträge des abgesicherten Kreditrisikos vereinnahmt werden.
- Settlement Zahlungen von **Forward Rate Agreements** des Nicht-Handelsbestands (siehe Kapitel VI.3.2.1.1.3).
- Zinsaufwendungen von zinstragenden Verbindlichkeiten und schwebenden Geschäften des **Handelsbestands**, sofern dies mit der internen Steuerung des Instituts übereinstimmt[67].
- Für gezahlte **Close-Out-Zahlungen** von Zinsswaps des Nicht-Handelsbestands kommt ein Ausweis im Zinsergebnis in Betracht[68]. Dies ist insbesondere dann der Fall, wenn die Zinsswaps der allgemeinen Steuerung des Zinsänderungsrisikos des Bankbuchs dienen. Alternativ kommt unter bestimmten Bedingungen ein Ausweis im Risikovorsorgesaldo (Ertragsposten 6 bzw. Aufwandsposten 7, jeweils Formblatt 2) oder im Finanzanlagesaldo (Ertragsposten 7 bzw. Aufwandsposten 8, jeweils Formblatt 2) in Betracht (im Einzelnen siehe Kapitel V.3.2.1.1.1).
- Ausweis von **Ineffektivitäten** im Zusammenhang mit Bewertungseinheiten zur Absicherung von Zinsrisiken. Neben einem Ausweis im sonstigen betrieblichen Aufwand, oder den Aufwandsposten 7 und 8 (jeweils Formblatt 2), kommt auch die Bildung einer Drohverlustrückstellung zu Lasten des Zinsaufwands in Betracht[69].

---

64 Vgl. HFA des IDW, in: IDW Fachnachrichten 4/2009, S. 231.
65 Vgl. Goldschmidt/Meyding-Metzger/Weigel, in: IRZ 2010, S. 63.
66 In diesem Fall kann es auch sachgerecht sein, die Prämienzahlungen als Zinskorrektiv anzusehen und entweder nach der hier vertretenen Auffassung als eine Minderung des Zinsertrags des abgesicherten Geschäfts oder als Zinsaufwand auszuweisen. Vgl. Bundesverband deutscher Banken (2000), S. 24.
67 Vgl. Scharpf/Schaber/Löw/Treitz/Weigel/Goldschmidt, in: WPg 2010, S. 502.
68 Vgl. Krumnow/Sprißler (2004), § 340e HGB, Tz. 394; Scharpf/Schaber (2018), S. 1027.
69 Vgl. Weigel/Löw/Flintrop/Helke/Jessen/Kopatschek/Vietze, in: WPg 2012, S. 127, m. w. N.

- Eine **negative Verzinsung** von zinstragenden Verbindlichkeiten aufgrund von negativen Marktzinssätzen ist als Minderung des Postens »Zinsaufwands« zu erfassen. Dies folgt unmittelbar aus § 28 S. 1 RechKredV, wonach im Posten »Zinsaufwendungen« die mit den aufgeführten Passivposten verbundenen Aufwendungen zu erfassen sind[70].

Hinsichtlich der Bestimmung der Zinsaufwendungen der Höhe nach sei auf die Ausführungen zu den Zinserträgen verwiesen (siehe Kapitel IV.2.2.1.3). Im Gegensatz zu den Zinserträgen sieht das Formblatt keine weitere Unterteilung der Zinsaufwendungen vor. Nach Meinung des IDW BFA sind negative Zinsen ggf. im Rahmen eines Darunter-Ausweises separat zu erläutern.

Im Anhang sind die für nachrangige Verbindlichkeiten angefallenen Aufwendungen gesondert anzugeben (§ 35 Abs. 3 Nr. 1 RechKredV).

2.3.2 Provisionsaufwendungen (Aufwandsposten 2, Formblatt 2; Posten 6, Formblatt 3)

Nach § 30 Abs. 2 RechKredV sind im Posten »Provisionsaufwendungen« Provisionen und ähnliche Aufwendungen aus Dienstleistungsgeschäften auszuweisen. § 30 Abs. 2 RechKredV gibt keine Aufzählung einzelner Provisionsaufwendungen, sondern verweist auf die zur Erläuterung der Provisionserträge aufgezählten Dienstleistungsgeschäfte. Eine Erfassung von Ausgaben im Posten »Provisionsaufwendungen« setzt mithin voraus, dass es sich um Aufwendungen handelt, die ein Institut für nicht selbst erbrachte Bankgeschäfte oder Finanzdienstleistungen aufwendet. Von fremden Instituten berechnete Provisionsaufwendungen können als durchlaufende Posten gebucht werden, wenn diese dem Kunden weiterbelastet werden[71].

Aufwendungen für Dienstleistungen Dritter, die nicht im Zusammenhang mit der Erbringung von Bankgeschäften oder Finanzdienstleistungen stehen, sind nicht in den Provisionsaufwendungen, sondern im Posten »andere Verwaltungsaufwendungen« oder im Posten »sonstige betriebliche Aufwendungen« zu erfassen[72]. Der Ausweis im Posten »andere Verwaltungsaufwendungen« setzt einen Bezug der Sachaufwendungen zum Bankgeschäft voraus[73]. Aufwendungen für durchlaufende Kredite, sind mit den Erträgen aus diesen Krediten zu verrechnen (siehe Kapitel II.1.2.3). In diesem Posten sind die folgenden Sachverhalte auszuweisen:
- Gezahlte Leihgebühren im Rahmen von Wertpapierleihgeschäften.
- Gezahlte Prämien von Credit Default Swaps (erhaltene Kreditsicherheit) des Nicht-Handelsbestands, sofern nicht der Zinscharakter überwiegt. In diesem Fall hat der Ausweis unter den Zinsaufwendungen zu erfolgen (siehe Kapitel VI.3.2.3.2.4).

---

70 Vgl. Löw, in: WPg 2015, S. 66 (S. 67); Weigel/Meyding-Metzger, IRZ 2015, S. 185 (S. 189); Bär/Blaschke/Geisel/Vietze/Weigel/Weißenberger, in: WPg 2017, S. 1132 (S. 1133).
71 Vgl. Birck/Meyer IV, S. 40 f.
72 Vgl. Scharpf/Schaber (2018), S. 1208; Krumnow/Sprißler (2004), § 30 RechKredV, Tz. 30.
73 Vgl. Krumnow/Sprißler (2004), § 31 RechKredV, Tz. 27.

- Provisionsaufwendungen für Garantien des Sonderfonds Finanzmarktstabilisierung (siehe auch Kapitel IV.2.3.1).
- Entgelte für Dienstleistungen anderer Institute (z. B. Kontoführungsgebühren, Depotgebühren fremder Lagerstellen, Gebühren für Wertpapierverwahrung, Vermittlungsprovisionen, Kreditvermittlungsprovisionen)[74].

2.3.3 Nettoaufwand des Handelsbestands (Aufwandsposten 3, Formblatt 2; Posten 7, Formblatt 3)

Zur Erläuterung des Posteninhalts sei auf die analog anzuwendenden Ausführungen zum Posten »Nettoertrag des Handelsbestands« verwiesen (siehe Kapitel IV.2.2.5).

2.3.4 Allgemeine Verwaltungsaufwendungen (Aufwandsposten 4, Formblatt 2; Posten 10, Formblatt 3)

Institute haben den Aufwandsposten »Allgemeine Verwaltungsaufwendungen« wie folgt zu untergliedern:

Allgemeine Verwaltungsaufwendungen
a) Personalaufwendungen
   aa) Löhne und Gehälter
   ab) Soziale Abgaben und Aufwendungen für Altersversorgung und für Unterstützung
       darunter: für Altersversorgung ... Euro
b) andere Verwaltungsaufwendungen

Im Unterposten »**Löhne und Gehälter**« sind sämtliche (Brutto)Vergütungen unabhängig von ihrer Bezeichnung und Form zu erfassen (einschließlich Nachzahlungen für Vorjahre, soweit hierfür keine Rückstellung gebildet wurde)[75]. Es sind nur Vergütungen für Personen zu erfassen, die in einem **Anstellungsverhältnis** mit dem Institut stehen (einschließlich Vorstands- bzw. Geschäftsführergehälter); dies umfasst auch Vergütungen persönlich haftender Gesellschafter eines Instituts, sofern diese natürliche Personen sind. Aufsichtsratsvergütungen sind hingegen nicht hier, sondern im Posten »andere Verwaltungsaufwendungen« auszuweisen (§ 31 Abs. 2 RechKredV). Es sind alle Vergütungen zu erfassen, die eine im Abschlussjahr geleistete Arbeit entgelten; Vorschüsse sind als Forderungen zu bilanzieren. In diesem Unterposten sind neben dem Barlohn auch Sachbezüge (mietfreie Dienstwohnung, Privatnutzung von Dienstwagen usw.) sowie auch einmalige Entgeltzahlungen (Bonuszahlungen, Überstundenvergütungen, Urlaubs- und Weihnachtsgeld usw.) auszuweisen[76].

Im Unterposten »**Soziale Abgaben und Aufwendungen für Altersversorgung und für Unterstützung**« sind die folgenden Aufwendungen zu erfassen:

---

74 Vgl. WPH I[2012], J 287.
75 Vgl. WPH I[2012], J 289.
76 Vgl. Schmidt/Peun, in: BBK, 11. Aufl., § 275 HGB, Tz. 128; ADS, § 275 HGB, Tz. 104, 200.

- gesetzliche Pflichtabgaben (Arbeitgeberanteile zur Kranken-, Renten- und Sozialversicherung),
- freiwillige Abgaben zur Angestelltenversicherungen,
- Beihilfen und Unterstützungen, die das Institut zu erbringen hat,
    - Erholungsbeihilfen,
    - Beihilfen für Hochzeit, Geburten und Todesfälle,
    - Unterstützungszahlungen an Invalide, Rentner und Hinterbliebene,
    - Aufwendungen für Kantinenzuschüsse, Betriebsveranstaltungen,
- Aufwendungen für die Altersversorgung,
    - Zuführungen zu den Pensionsrückstellungen,
    - Zuweisungen an Unterstützungs- und Pensionskassen,
    - Beiträge an den Pensionssicherungsverein (PSV-Beiträge).

Der sonstige Personalaufwand (zum Beispiel freiwillige soziale Leistungen) ist dem Unterposten des Personalaufwands zuzurechnen, zu dem er seiner Art nach gehört (§ 31 Abs. 1 S. 2 RechKredV).

Im Unterposten b) »**andere Verwaltungsaufwendungen**« sind die gesamten Aufwendungen sachlicher Art auszuweisen (§ 31 Abs. 2 RechKredV). Probleme können sich insbesondere hinsichtlich der Abgrenzung zwischen anderen Verwaltungsaufwendungen und »sonstigen betrieblichen Aufwendungen« ergeben. Im Posten »andere Verwaltungsaufwendungen« sind alle Sachaufwendungen zu erfassen, die im Zusammenhang mit dem Betreiben von Bankgeschäften oder der Erbringung von Finanzdienstleistung stehen[77]. Dies umfasst unter anderem:
- Raumkosten,
- Bürobetriebskosten,
- Kraftfahrzeugbetriebskosten,
- Porto (sofern nicht weiterbelastet und als durchlaufenden Posten behandelt),
- Verbandsbeiträge einschließlich der Beiträge zur Sicherungseinrichtung eines Verbandes,
- Werbungskosten,
- Repräsentation,
- Aufsichtsratsvergütungen,
- Versicherungsprämien,
- Rechts-, Prüfungs- und Beratungskosten,
- Bankenabgabe (zur Erläuterung der Berechnung siehe Kapitel IV.1.3.9.1.1); ein Ausweis unter den sonstigen betrieblichen Aufwendungen erscheint nicht sachgerecht[78];
- Nicht abziehbare Vorsteuern auf Sachaufwendungen.

Prämien für Kreditversicherungen sind im Posten »Abschreibungen und Wertberichtigungen auf Forderungen und bestimmte Wertpapiere sowie Zuführungen zu Rückstellungen im Kreditgeschäft« zu erfassen (§ 31 Abs. 2 S. 2 RechKredV).

---

[77] Vgl. Scharpf/Sohler (1992), S. 221; Krumnow/Sprißler (2004), § 31 RechKredV, Tz. 27.
[78] Anderer Auffassung WPH, I[2012], J 294.

Im **Anhang** sind die Gesamtbezüge der Geschäftsleitungsorgane bzw. Aufsichtsorgane sowie für frühere Organmitglieder gesondert anzugeben (§ 285 Nr. 9 HGB). In Bezug auf die gewährten Vorschüsse und Kredite ist der an die Geschäftsführung, den Aufsichtsrat und Beirat gewährte Gesamtbetrag für jede Personengruppe gesondert anzugeben (§ 285 Nr. 9c HGB wird aufgrund von § 340a Abs. 2 S. 2 HGB durch § 34 Abs. 2 Nr. 2 RechKredV; § 28 Abs. 2 S. 1 Nr. 2 RechZahlV ersetzt). Nach § 285 Nr. 17 HGB ist das vom Abschlussprüfer für das Geschäftsjahr berechnete Gesamthonorar aufgeschlüsselt in das Honorar für a) die Abschlussprüfungsleistungen, b) andere Bestätigungsleistungen c) Steuerberatungsleistungen und d) sonstige Leistungen anzugeben, soweit die Angaben nicht in einem das Unternehmen einbeziehenden Konzernabschluss enthalten sind.

2.3.5 Abschreibungen und Wertberichtigungen auf immaterielle Anlagewerte und Sachanlagen (Aufwandsposten 5, Formblatt 2; Posten 11, Formblatt 3)

In diesem Posten sind alle Abschreibungen auf Vermögensgegenstände zu erfassen, die in den Aktivposten 11 (Immaterielle Anlagewerte) sowie Aktivposten 12 (Sachanlagen) ausgewiesen sind. Abschreibungen auf Vermögensgegenstände, die im Aktivposten 14 (Sonstige Vermögensgegenstände) ausgewiesen werden, sind nicht hier, sondern im Posten »Sonstige betriebliche Aufwendungen« zu erfassen. Der Aufwandsposten 5 »Abschreibungen und Wertberichtigungen auf immaterielle Anlagewerte« stimmt mit dem Aufwandsposten in § 275 Abs. 2 Nr. 7a HGB überein; abweichende institutsspezifische Regelungen existieren nicht. Verluste aus dem Verkauf von immateriellen Anlagewerten und Sachanlagen sind nicht hier, sondern im sonstigen betrieblichen Aufwand auszuweisen[79].

Im **Anhang** haben Institute aufgrund von § 34 Abs. 3 RechKredV einen Anlagespiegel im Sinne des § 284 Abs. 3 HGB zu veröffentlichen. Dabei können (Wahlrecht) Zuschreibungen, Abschreibungen und Wertberichtigungen auf Beteiligungen, Anteile an verbundenen Unternehmen sowie auf Wertpapiere des Anlagevermögens mit anderen Posten zusammengefasst werden. Sofern im Aufwandsposten 5 Abschreibungen und Wertberichtigungen auf Leasinggegenstände enthalten sind, besteht eine gesonderte Angabepflicht (§ 35 Abs. 1 Nr. 3 RechKredV). Für Leasinginstitute besteht diese Angabepflicht nicht, da für diese eine Untergliederung des Postens vorgesehen ist, aus der die Abschreibungen auf das Leasingvermögen ersichtlich werden (siehe im Einzelnen Kapitel IV.7).

---

79 Vgl. Scharpf/Schaber (2018), S. 1237.

2.3.6 Sonstige betriebliche Aufwendungen (Aufwandsposten 6, Formblatt 2; Posten 12, Formblatt 3)

Im Posten »Sonstige betriebliche Aufwendungen« sind alle Aufwendungen der gewöhnlichen Geschäftstätigkeit auszuweisen, die keinem anderen Posten zuzuordnen sind[80]. Aufwendungen, die nicht im Rahmen der gewöhnlichen Geschäftstätigkeit anfallen, sind im Aufwandsposten 11 »Außerordentliche Aufwendungen« auszuweisen. Die Definition außerordentlicher Erträge und Aufwendungen richtet sich nach den allgemeinen Vorschriften der §§ 340a Abs. 2 S. 5, 285 Nr. 31 HGB (§ 277 Abs. 4 HGB aF). Ein Erfolg ist als außergewöhnlich anzusehen, wenn er ungewöhnlich in seiner Art, selten im Vorkommen und von materieller Bedeutung ist[81] (im Einzelnen siehe Kapitel IV.2.2.10). Die folgende Auflistung gibt einen – nicht abschließenden Überblick – über mögliche Posteninhalte:

- Sachaufwand für das bankfremde Geschäft.
- Aufwendungen aus dem Verkauf von Beteiligungen, Anteilen an verbundenen Unternehmen sowie Wertpapieren des Anlagevermögens können hier ausgewiesen werden, sofern von der Verrechnung nach § 340c Abs. 2 S. 2 HGB abgesehen wird. Alternativ kommt ein Ausweis im Aufwandsposten 8 in Betracht[82].
- Aufwendungen aus dem Verkauf von Sachanlagen (Grundstücke, Gebäude etc.) sowie immateriellen Anlagewerten.
- Aufwendungen aus der Bildung von Rückstellungen, sofern es sich nicht um Rückstellungen im Zusammenhang mit Finanzinstrumenten sowie für Eventualverbindlichkeiten und Kreditrisiken handelt oder die Bildung von Rückstellungen einem anderen Posten zuzuordnen ist. Dotierungen von Steuerrückstellungen sind im Steueraufwand auszuweisen.
- Aufwendungen aus der **Aufzinsung** von nicht bankgeschäftlichen **Rückstellungen**. Diese wären nach § 277 Abs. 5 S. 1 HGB im Zinsergebnis auszuweisen; diese Vorschrift gilt aufgrund von § 340a Abs. 2 HGB auch für Institute. § 28 RechKredV stellt lex specialis gegenüber § 277 Abs. 5 S. 1 HGB dar[83]. Institute haben Aufwendungen aus der Aufzinsung von Rückstellungen, die keinen bankgeschäftlichen Bezug aufweisen (z. B. Aufwendungen aus der Aufzinsung von Pensionsrückstellungen oder Steuerrückstellungen), in der Ergebnisposition »sonstige betriebliche Aufwendungen« auszuweisen[84]. Es wird als sachgerecht angesehen, Aufwendungen aus der Aufzinsung von Rückstellungen aus dem Kreditgeschäft im Risikovorsorgesaldo zu erfassen[85]; andernfalls ist aufgrund des bankgeschäftlichen Bezugs ein Ausweis im Zinsergebnis vorzunehmen.
- Aufwendungen aus der Umrechnung von auf fremde Währung lautenden Posten des Nicht-Handelsbestands. Die Aufwendungen und Erträge aus der Währungsumrechnung für besonders gedeckte Geschäfte des Bankbuchs sind nach § 277 Abs. 5 S. 2 HGB unter den »Sonstigen betrieblichen Erträgen« und »Sonstigen betrieblichen Aufwen-

---

80 Vgl. Braun, in: KK-RLR, § 340a HGB, Tz. 114; Meyer/Isenmann (1993), S. 192.
81 Vgl. ADS, § 277 HGB, Tz. 79.
82 Vgl. Meyer/Isenmann (1993), S. 216; Krumnow/Sprißler (2004), § 340c HGB, Tz. 232 und 256.
83 Vgl. Goldschmidt/Meyding-Metzger/Weigel, in: IRZ 2010, S. 63.
84 Vgl. Scharpf/Schaber (2018), S. 1040.
85 Vgl. Goldschmidt/Meyding-Metzger/Weigel, in: IRZ 2010, S. 64.

dungen« auszuweisen. Aufgrund der Betrachtung von zusammengefassten Währungspositionen im Rahmen der besonderen Deckung erscheint es als zulässig, Aufwendungen und Erträge aus der Währungsumrechnung nach § 340h HGB saldiert auszuweisen (IDW RS BFA 4, Tz. 22)[86].
- Ordnungsstrafen und Bußgelder.
- Aufwendungen für Prozesse.

Im **Anhang** sind die wichtigsten Einzelbeträge dieses Postens zu erläutern, sofern dies für die Beurteilung des Jahresabschlusses wesentlich ist (§ 35 Abs. 1 Nr. 4 RechKredV).

2.3.7 Abschreibungen und Wertberichtigungen auf Forderungen und bestimmte Wertpapiere sowie Zuführungen zu Rückstellungen im Kreditgeschäft (Aufwandsposten 7, Formblatt 2; Posten 13, Formblatt 3)

Im Aufwandsposten 7 (Formblatt 2) sind Aufwendungen aus der Abschreibung und Wertberichtigung auf Forderungen sowie Wertpapieren der Liquiditätsreserve sowie Aufwendungen aus der Zuführung von Rückstellungen im Kreditgeschäft auszuweisen. Nach § 32 RechKredV sind in diesem Posten die in § 340f Abs. 3 HGB aufgeführten Erfolgsbeiträge zu erfassen. Für Institute besteht aufgrund von § 32 S. 2 RechKredV sowie § 340f Abs. 3 S. 1 HGB das Wahlrecht die im Ertragsposten 6 auszuweisenden Erträge mit den in Aufwandsposten 7 auszuweisenden Aufwendungen aus der Abschreibung und Wertberichtigung von Forderungen und bestimmten Wertpapieren sowie Zuführungen zu Rückstellungen im Kreditgeschäft zu saldieren. Nach § 340f Abs. 3 HGB dürfen (Wahlrecht) in diese Saldierung auch Dotierungen und Auflösungen von stillen Vorsorgereserven einbezogen werden (sog. **Überkreuzkompensation**, siehe auch Kapitel III.1.3.4.2). Obgleich der Wortlaut von § 340f Abs. 1 HGB eine Bildung stiller Vorsorgereserven nur für Kreditinstitute vorsieht, können nach h. M. 340f-Reserven auch von Finanzdienstleistungs- sowie Zahlungsinstituten und E-Geld-Instituten gebildet werden. Die Wahrnehmung der Saldierungsmöglichkeiten setzt die Bildung stiller Vorsorgereserven nach § 340f HGB nicht voraus[87].

Macht ein Institut von dem Wahlrecht zur Überkreuzkompensation keinen Gebrauch, so sind im Aufwandsposten 7 (Formblatt 2) die folgenden Aufwendungen auszuweisen:
- **Abschreibung und Wertberichtigungen auf Forderungen.** Dies betrifft alle ergebniswirksamen Buchwertminderungen von Finanzinstrumenten, die in den Aktivposten 3 und 4 ausgewiesen werden. Dies umfasst insbesondere die Bildung von Einzel- und Pauschalwertberichtigungen sowie Direktabschreibungen auf Forderungen. Abschreibungen von Forderungen des Handelsbestands sind im Nettoertrag bzw. Nettoaufwand des Handelsbestands zu erfassen.
- **Abschreibungen von bestimmten Wertpapieren.** Die Bedeutung des Begriffs »bestimmte Wertpapiere« erschließt sich über die Verweiskette von § 32 RechKredV, § 340f

---
86 Ebenso Scharpf, in: IRZ 2011, S. 86.
87 Vgl. Bieg/Waschbusch, in: Beck HdR, B 900, Tz. 316.

Abs. 3 HGB sowie § 340f Abs. 1 HGB und betrifft alle Abschreibungen sowie Aufwendungen aus der Veräußerung von Wertpapieren der Liquiditätsreserve. Dies umfasst alle Wertpapiere, die im Aktivposten 4 und 5 ausgewiesen und wie Umlaufvermögen behandelt werden[88]. Wertpapiere der Liquiditätsreserve sind nach dem strengen Niederstwertprinzip am Bilanzstichtag stets auf einen niedrigeren beizulegenden Stichtagswert abzuschreiben; Wertaufholungen sind bis zur Anschaffungskostenobergrenze zwingend vorzunehmen (Wertaufholungsgebot), sofern sich der beizulegende Wert in der Folge erhöht.

- **Zuführungen zu Rückstellungen im Kreditgeschäft.** Rückstellungen im Kreditgeschäft umfassen Rückstellungen für Eventualverbindlichkeiten (z.B. Avale und Bürgschaften), für andere Verpflichtungen (z.B. unwiderrufliche Kreditzusagen sowie Platzierungs- und Übernahmeverpflichtungen) sowie Rückstellungen für Länder- und Pauschalwertberichtigungen auf das Kreditportfolio (siehe Kapitel III.1.3.2.3.3).
- Dotierungen von § 340f-Reserven (siehe Kapitel III.1.3.4).

Macht das Institut vom Wahlrecht der Überkreuzkompensation Gebrauch, so sind die oben aufgeführten Aufwendungen mit den im Ertragsposten 6 aufgeführten Erträge vollständig zu verrechnen – eine teilweise Verrechnung ist unzulässig (§ 32 S. 3 RechKredV)[89]. Im Falle der Saldierung werden mithin Aufwendungen und Erträge aus der Dotierung bzw. Auflösung von 340f-Reserven mit Ergebnisbeiträgen aus dem Wertpapierbereich sowie Ergebnisbeiträge aus dem Kreditbereich miteinander verrechnet. Die Nettogröße wird auch als **Risikovorsorgesaldo** bezeichnet.

Im **Anhang** sind aufgrund von § 340f Abs. 4 HGB keine Angaben über die Bildung und Auflösung von stillen Vorsorgereserven erforderlich. Über die Wahrnehmung der Überkreuzkompensation muss ebenso nicht im Anhang erläutert werden.

2.3.8 Abschreibungen und Wertberichtigungen auf Beteiligungen, Anteile an verbundenen Unternehmen und wie Anlagevermögen behandelte Wertpapiere (Aufwandsposten 8, Formblatt 2; Posten 15, Formblatt 3)

Nach § 340c Abs. 2 HGB dürfen (Wahlrecht) die Aufwendungen aus Abschreibungen auf Beteiligungen, Anteilen an verbundenen Unternehmen und wie Anlagevermögen behandelte Wertpapiere mit den Erträgen aus Zuschreibungen zu solchen Vermögensgegenständen verrechnet und in einem Aufwands- oder Ertragsposten ausgewiesen werden. Nach § 340c Abs. 2 S. 2 HGB dürfen auch die Aufwendungen und Erträge **aus Geschäften** mit diesen Vermögensgegenständen – also z.B. Veräußerungsgewinne und -verluste oder erhaltene Leihgebühren – in die Saldierung einbezogen werden. Sofern eine Saldierung

---

[88] Zuschreibungen von Wertpapieren, die im Aktivposten 2 ausgewiesen werden, sind aufgrund des Wortlauts von § 340f Abs. 1 HGB nicht hier, sondern unter den sonstigen betrieblichen Erträgen auszuweisen (siehe S. 386).
[89] Zur näheren Erläuterung siehe Kapitel III.1.3.4.2.

vorgenommen wird, ist das Geschäftsergebnis zwingend in die Kompensation einzubeziehen[90]. Sofern eine Verrechnung vorgenommen wird, hat diese vollständig zu erfolgen; eine teilweise Verrechnung ist unzulässig (§ 33 S. 3 RechKredV). Dieser Saldo wird **Finanzanlagesaldo** genannt.

Zu einem Ausweis im Aufwandsposten 8 kommt es bei einem unsaldierten Ausweis in Höhe der Bruttoaufwendungen oder im Falle eines saldierten Ausweises nur bei Vorliegen eines Aufwandsüberhangs. Im Aufwandsposten 8 sind alle Aufwendungen aus der Bewertung sowie aus Geschäften mit Vermögensgegenständen des Anlagevermögens zu erfassen, die in den Aktivposten 5, 6, 7 und 8 ausgewiesen werden. Entsprechende Aufwendungen von Wertpapieren, die in den Aktivposten 5 und 6 ausgewiesen werden, jedoch der Liquiditätsreserve angehören, sind nicht hier, sondern im Aufwandsposten 7 zu erfassen. Abschreibungen und Wertberichtigungen auf Beteiligungen, Anteilen an verbundenen Unternehmen sowie Wertpapieren des Anlagevermögens sind verpflichtend nur bei Vorliegen einer dauerhaften Wertminderung vorzunehmen (im Einzelnen siehe Kapitel III.1.4.2).

Macht ein Institut von dem Saldierungswahlrecht keinen Gebrauch, so sind im Ertragsposten 7 die folgenden Ergebnisbeiträge auszuweisen:

- **Abschreibungen auf Beteiligungen und Anteile an verbundenen Unternehmen.** Dies betrifft alle Abschreibungen und Wertberichtigungen auf Gesellschaftsanteile, die in den Aktivposten 7 und 8 ausgewiesen werden. Ebenso sind Aufwendungen aus dem Verkauf dieser Gesellschaftsanteile hier ausweisen (Geschäftsergebnis). Gesellschaftsanteile, die im Posten »Sonstige Vermögensgegenstände« ausgewiesen werden, sind nicht hier, sondern im Posten »Sonstige betriebliche Aufwendungen« auszuweisen.
- **Aufwendungen aus der Abschreibung von Wertpapieren des Anlagevermögens.** In diesem Posten sind Abschreibungen von Schuldverschreibungen und festverzinslichen Wertpapieren sowie von Aktien und anderen nicht festverzinslichen Wertpapieren auszuweisen, sofern sie wie Anlagevermögen behandelt werden. Zudem können die negativen Geschäftsergebnisse von Wertpapieren des Anlagevermögens hier ausgewiesen werden (z. B. Aufwendungen aus dem Verkauf von Wertpapieren des Anlagevermögens). Sofern von dem Saldierungswahlrecht des § 340c Abs. 2 S. 2 HGB kein Gebrauch gemacht wird, kann der Ausweis von negativen Geschäftsergebnissen auch im Aufwandsposten 6 »Sonstige betriebliche Aufwendungen« erfolgen[91]. Werden Veräußerungsverluste im Posten »Sonstige betriebliche Aufwendungen« erfasst, so ist eine genaue Trennung von Abschreibungen und Abgangsverlusten notwendig[92].

Es bestehen keine spezifischen **Angabepflichten** für die Anhangberichterstattung. Für die Posten des Anlagevermögens ist ein Anlagespiegel zu erstellen. Zuschreibungen, Abschreibungen und Wertberichtigungen auf Finanzanlagen können mit anderen Posten zusammengefasst werden (§ 34 Abs. 3 S. 2 RechKredV).

---

90   Vgl. Scharpf/Schaber (2018), S. 1251.
91   Vgl. Meyer/Isenmann (1993), S. 216.
92   Vgl. Krumnow/Sprißler (2004), § 340c HGB, Tz. 232.

2.3.9 Aufwendungen aus Verlustübernahme (Aufwandsposten 9, Formblatt 2; Posten 17, Formblatt 3)

Der Ausweis von Aufwendungen aus Verlustübernahme entspricht den allgemeinen Ausweisvorschriften nach § 277 Abs. 3 S. 2 HGB.

2.3.10 (aufgehoben)

Der Wegfall des Aufwandspostens 10 ist eine Folgeänderung aufgrund der Aufhebung des § 247 Abs. 3 HGB aF (Sonderposten mit Rücklageanteile) im Zuge des BilMoG.

2.3.11 Außerordentliche Aufwendungen (Aufwandsposten 11, Formblatt 2; Posten 21, Formblatt 3)

Zur Erläuterung dieses Postens kann auf die Ausführungen zum Ertragsposten 10 »Außerordentliche Erträge« verwiesen werden (siehe Kapitel IV.2.2.10).

2.3.12 Steuern vom Einkommen und vom Ertrag (Aufwandsposten 12, Formblatt 2; Posten 23, Formblatt 3)

Die Steueraufwandsposten sind von Instituten analog zu den allgemeinen Vorschriften des § 275 HGB zu gliedern. Dazu sind »Steuern vom Einkommen und vom Ertrag« (Aufwandsposten 12, Formblatt 2; Posten 23, Formblatt 3) getrennt von den »Sonstigen Steuern« (Aufwandsposten 13, Formblatt 2; Posten 24, Formblatt 3) auszuweisen. Steuern sind definiert als »Geldleistungen, die nicht eine Gegenleistung für eine besondere Leistung darstellen und von einem öffentlich-rechtlichen Gemeinwesen zur Erzielung von Einnahmen allen auferlegt werden, bei denen der Tatbestand zutrifft, an den das Gesetz die Leistungspflicht knüpft; die Erzielung von Einnahmen kann Nebenzweck sein« (§ 3 Abs. 1 AO). Diese Begriffsdefinition ist auch auf ausländische Steuern anzuwenden. Unter den Steueraufwendungen sind die Aufwendungen des laufenden Geschäftsjahrs sowie alle Nachzahlungen und Erstattungen sowie alle Veränderungen von Steuerrückstellungen für Vorjahre zu erfassen. Die Saldierung dieser Aufwendungen und Erträge stellt nach h. M. keine Saldierung dar, die den Grundsätzen des § 246 HGB widersprechen würde[93].

Nicht zu den Steuern zählen die sog. steuerlichen Nebenleistungen wie Verspätungszuschläge, Zinsen, Säumniszuschläge, Zwangsgelder, Kosten und Verspätungsgelder nach § 22a EStG (§ 3 Abs. 4 AO). Ebenso stellt die **Bankenabgabe** keine Steuer, sondern eine Sonderabgabe dar[94]. Im Unterschied zu Steuern werden Sonderabgaben nur von bestimm-

---

[93] Vgl. Schmidt/Peun, in: BBK, 11. Aufl., § 275 HGB, Tz. 246; Reiner/Haußer, in: MüKom HGB, § 275 HGB, Tz. 111.
[94] Vgl. Wolfers/Voland, in: Hopt/Wohlmannstetter, S. 351 f.; Martini, in: NJW 2010, S. 2019 f.

ten Gruppen wegen deren spezieller Verantwortlichkeit für die jeweilige besondere Finanzaufgabe erhoben; das Aufkommen einer Sonderabgabe fließt regelmäßig in einen Sonderfonds außerhalb des Haushaltsplans ein[95].

Im Posten »Steuern vom Einkommen und vom Ertrag« sind im Wesentlichen die folgenden Steueraufwendungen auszuweisen:
- **Körperschaftsteuer** (einschließlich Kapitalertragsteuer und Solidaritätszuschlag). Die KSt war nach § 278 HGB aF auf der Grundlage des Beschlusses über die Ergebnisverwendung zu berechnen (nach dem 01.01.2007 ist die Ermittlung der KSt unabhängig von der Ergebnisverwendung).
- Gewerbesteuer,
- **Ausländische Steuern**, die den deutschen Ertragsteuern entsprechen.
- **Latente Steuern**. Nach § 274 Abs. 2 S. 3 HGB ist der Aufwand oder Ertrag aus der Veränderung bilanzierter latenter Steuern in der Gewinn- und Verlustrechnung unter dem Posten »Steuern vom Einkommen und vom Ertrag« auszuweisen. Zur Erläuterung von latenten Steuern im Einzelnen siehe Kapitel IV.1.2.17.

Im Falle der Organschaft hat nur der Organträger, nicht jedoch die Organgesellschaft »Steuern vom Einkommen und vom Ertrag« auszuweisen[96]. Steuerumlagen stellen eine Vorweg-Gewinnabführung dar und sind beim Organträger im Posten »Erträge aus Gewinngemeinschaften, Gewinnabführungs- oder Teilgewinnabführungsverträgen« auszuweisen.

2.3.13 Sonstige Steuern, soweit nicht unter Posten 6 ausgewiesen (Aufwandsposten 13, Formblatt 2; Posten 24, Formblatt 3)

Unter dem Posten »Sonstige Steuern« sind alle übrigen, nicht unter dem Posten »Steuern vom Einkommen und vom Ertrag« auszuweisenden Steuern zu erfassen, sofern die Steueraufwendungen nicht Teil von Anschaffungskosten sind (wie z.B. Grunderwerbsteuer) oder aus Gründen der Wesentlichkeit auf eine Abspaltung der Rechnungsbeträge verzichtet wird und ein einheitlicher Ausweis des Rechnungsbetrags im Aufwandsposten 6 »Sonstige betriebliche Aufwendungen« erfolgt. Im Posten »Sonstige Steuern« kommt im Wesentlichen der Ausweis der folgenden Steueraufwendungen in Betracht[97]:
- Grundsteuer,
- Kraftfahrzeugsteuer,
- Versicherungssteuer,
- Erbschafts- und Schenkungsteuer,
- Äquivalente ausländische Steuern,
- Mehrsteuern aufgrund steuerlicher Außenprüfung.

---

95 Vgl. BVerfG-Urteil vom 09.11.1999 – 2BvL 5/95, in: NVwZ 2000, S. 307; Pahlke, in: Abgabenordnung, § 3 AO, Tz. 35.
96 Vgl. Reiner/Haußer, in: MüKom HGB, § 275 HGB, Tz. 108.
97 Für eine ausführliche Auflistung möglicher Steuerarten siehe WPH, 15. Aufl., F 843.

Nicht abzugsfähige Vorsteuern, die nicht Anschaffungskosten darstellen, sind wie die zugrundeliegende Lieferung und Leistung zu behandeln und entsprechend der Verursachung in den jeweiligen Aufwandsposten (z. B. Verwaltungsaufwand) zu erfassen[98].
Abzugsfähige Vorsteuern sind ohne Berührung der Gewinn- und Verlustrechnung als durchlaufender Posten zu behandeln[99]. Im Falle der Organschaft sind nur die an den Organträger nicht weiterbelasten Umsatzsteuern im Aufwandsposten 13 auszuweisen.

Für diesen Posten gelten keine spezifischen Angabepflichten im Anhang.

2.3.14 Auf Grund einer Gewinngemeinschaft, eines Gewinnabführungs- oder eines Teilgewinnabführungsvertrags abgeführte Gewinne (Aufwandsposten 14, Formblatt 26; Posten 6, Formblatt 3)

In diesen Posten sind die Beträge auszuweisen, die aufgrund einer Gewinngemeinschaft, eines Gewinnabführungs- oder Teilgewinnabführungsvertrags an Dritte abgeführt wurden. Zur Erläuterung kann auf die Ausführungen zum Ertragsposten 3 (siehe Kapitel IV.2.2.3) verwiesen werden.

2.3.15 Jahresüberschuss (Aufwandsposten 15, Formblatt 2; Posten 27, Formblatt 3)

Der Posten ergibt sich als Saldo über sämtliche Aufwands- und Ertragsposten.

2.4 Gewinnverwendungsrechnung

Grundsätzlich haben Institute in der Gewinn- und Verlustrechnung nur solche Sachverhalte zu erfassen, die die Gewinnermittlung betreffen. Maßnahmen der Gewinnverwendung sind in der Verlängerungsrechnung nach dem Jahresüberschuss auszuweisen. Nach § 268 Abs. 1 S. 1 HGB darf die Bilanz auch unter Berücksichtigung der vollständigen oder teilweisen Verwendung des Jahresergebnisses aufgestellt werden. In diesem Fall tritt an die Stelle der Posten »Jahresüberschuss/Jahresfehlbetrag« und »Gewinnvortrag/Verlustvortrag« der Posten »Bilanzgewinn/Bilanzverlust«. Dieses für alle Kaufleute geltende Wahlrecht gilt formal auch für Institute (siehe § 340a Abs. 2 HGB); faktisch wird es jedoch durch die Formblattstrenge eingeschränkt. Formblatt 1 sieht eine Aufstellung der Bilanz unter Verwendung des Jahresergebnisses vor. Der Bilanzgewinn bzw. Bilanzverlust ergibt sich aus dem Jahresüberschuss bzw. -fehlbetrag, der um die Posten »Gewinnvortrag/Verlustvortrag«, »Entnahmen aus der Kapitalrücklage«, »Entnahmen aus Gewinnrücklagen« und »Einstellungen in Gewinnrücklagen« fortzuschreiben ist. Hierbei ist zu beachten, dass

---
98 Vgl. Scharpf/Schaber (2018), S. 1268; WPH, 15. Aufl., F 846.
99 Vgl. Schmidt/Peun, in: BBK, 11. Aufl., § 275 HGB, Tz. 257; WPH, 15. Aufl., F 846.

Institute die für alle Kaufleute geltende Fortschreibung des Jahresüberschusses um die Posten »Entnahmen aus Genussrechtskapital« und »Wiederauffüllungen des Genussrechtskapitals« zu ergänzen haben. Auch Herabschreibungen und Wiederauffüllungen von stillen Beteiligungen sowie von sog. Write-Down-Bonds, die als zusätzliches Kernkapital (AT 1) gelten, sind sachgerecht nach dem Jahresüberschuss auszuweisen.

1. Jahresüberschuss/Jahresfehlbetrag
2. Gewinnvortrag/Verlustvortrag aus dem Vorjahr
3. Entnahmen aus der Kapitalrücklage
4. Entnahmen aus den Gewinnrücklagen
   a) aus der gesetzlichen Rücklage
   b) aus der Rücklage für Anteile an einem herrschenden oder mehrheitlich beteiligten Unternehmen
   c) aus satzungsmäßigen Rücklagen
   d) aus anderen Gewinnrücklagen
5. Entnahmen aus Genussrechtskapital
6. Einstellungen in Gewinnrücklagen
   a) in die gesetzliche Rücklage
   b) in die Rücklage für Anteile an einem herrschenden oder mehrheitlich beteiligten Unternehmen
   c) in satzungsmäßige Rücklagen
   d) in andere Gewinnrücklagen
7. Wiederauffüllung des Genussrechtskapitals
8. Bilanzgewinn/Bilanzverlust

Abb. 61: Gewinnverwendungsrechnung

Während für Nicht-Institute ein Wahlrecht besteht, eine Überleitung vom Jahresüberschuss zum Bilanzgewinn im Anhang oder in einer Verlängerungsrechnung darzustellen, sehen die Formblätter der RechKredV sowie der RechZahlV zwingend eine Verlängerungsrechnung vor. Diese unterscheidet sich – mit Ausnahme von Entnahmen und Wiederauffüllungen des Genussrechtskapitals – nicht von der aktienrechtlichen Verlängerungsrechnung, so dass für die nicht institutsspezifischen Bestandteile auf die allgemeine Literatur verwiesen werden kann.

Im Falle einer Verlustbeteiligung wird der Rückzahlungsbetrag eines Genussrechts gemindert, wodurch der Gläubiger des Genussrechtskapitals am Verlust des Instituts partizipiert. Für die Gegenbuchung sehen die Formblätter der RechKredV einer Erfassung in der Gewinnverwendungsrechnung (also nach dem Jahresüberschuss) vor. Verminderungen des Rückzahlungsbetrags aufgrund von Verlustpartizipationen der Genussrechtsinhaber sind in dem Posten »Entnahmen aus Genussrechtskapital« (Posten 29, Formblatt 3 bzw. Posten 3 nach dem Jahresüberschuss, Formblatt 2) auszuweisen. Sehen die Genussrechtsbedingungen eine Wiederauffüllung des Rückzahlungsbetrags (z. B. im Falle eines Erzielens eines Jahresüberschusses bzw. Bilanzgewinns) vor, so ist der Wertansatz des Genussrechts wieder zu erhöhen. Die Gegenbuchung hat außerhalb der Gewinn- und Verlustrechnung im Posten »Wiederauffüllung des Genussrechtskapitals« (Posten 33, Formblatt 3 bzw. Posten 7 nach dem Jahresüberschuss, Formblatt 2) zu erfolgen. Im Gegensatz zu dieser für Institute spezifischen Vorgehensweise haben Nicht-Institute Verlustbeteiligungen bzw. Wiederauffüllungen bei Fremdkapital-ähnlichen Genussrechten erfolgswirksam im Posten »Erträge aus Verlustübernahme« (§ 277 Abs. 3 S. 2 HGB) bzw. in einem gesonderten Aufwandsposten auszuweisen[100]. Veränderungen des Rückzahlungsbetrags von Eigenkapital-ähnlichen Genussrechten sind bei Nicht-Instituten als Rücklagenentnahmen bzw. -zuführungen zu betrachten. Auf diese Unterscheidungen kommt es bei Instituten hingegen nicht an, da die Formblätter der RechKredV gesonderte Posten hierfür vorsehen und die Vorschriften des HFA 1/94 auf »wirtschaftszweigspezifische Besonderheiten der Rechnungslegung, z. B. von Kreditinstituten und Versicherungsunternehmen«[101] nicht anzuwenden ist.

---

[100] Vgl. IDW HFA 1/94, Abschnitt 2.2; Gahlen, in: BB 2009, S. 2081.
[101] IDW HFA 1/94, in: WPg 1994, S. 419.

3 Vorschriften für Bausparkassen

3.1 Von Bausparkassen anzuwendende Vorschriften

Nach § 1 Abs. 1 S.1 BSpkG sind Bausparkassen definiert als »Kreditinstitute, deren Geschäftsbetrieb darauf gerichtet ist, Einlagen von Bausparern (Bauspareinlagen) entgegenzunehmen und aus den angesammelten Beträgen den Bausparern für wohnungswirtschaftliche Maßnahmen Gelddarlehen (Bauspardarlehen) zu gewähren (Bauspargeschäft). Das Bauspargeschäft darf nur von Bausparkassen betrieben werden«. Das Bauspargeschäft wird auch als sog. »**Kollektivgeschäft**« bezeichnet, durch das die Zinsen auf das Bausparguthaben sowie der Darlehenszins auf ein mögliches künftiges Bauspardarlehen bereits bei Vertragsabschluss festgelegt werden. Dieses Kollektivsparsystem stellt ein für die übrigen Kreditinstitute verbotenes Geschäft dar (§ 3 Abs. 1 Nr. 2 KWG). Das Bauspargeschäft ist ein Zwecksparsystem, bei dem die Gesamtheit der Bausparer die Mittel für die Zuteilung der Bauspardarlehen selbst aufbringen muss. Die Spar- und Darlehensphase sind insoweit miteinander verknüpft (Kollektiv), als das Darlehen aus den Bauspareinlagen refinanziert wird; jeder Bausparer, der ein Bauspardarlehen in Anspruch nehmen will, muss zuvor eine Sparphase absolviert haben[1]. Dabei wird die Bausparsumme zugeteilt, wenn eine bestimmte Bewertungszahl als Maßgröße für den Sparverdienst erreicht wird. In die Bewertungszahl fließen die Sparzeit sowie das Sparguthaben ein. Durch die Bewertungszahl wird die Sparleistung unterschiedlicher Bausparer des Bausparkollektivs vergleichbar gemacht. Daneben dürfen Bausparkassen im gewissen Umfang auch sog. **außerkollektives Geschäft** betreiben (wie z. B. Zwischenfinanzierungen und Geldanlagen).

Bausparkassen sind mithin Kreditinstitute im Sinne des § 1 Abs. 1 KWG und haben daher die für Institute geltenden Rechnungslegungsvorschriften der §§ 340, 340a bis 340o HGB sowie die RechKredV zu beachten. Aufgrund von Besonderheiten des Bauspargeschäfts gelten Bausparkassen als Spezialinstitute, für die in Bezug auf die Gliederung von Bilanz und Gewinn- und Verlustrechnung sowie in Bezug auf Angabepflichten im Anhang besondere bausparkassenspezifische Vorschriften der RechKredV gelten (z. B. § 2 Abs. 1, § 9 Abs. 1 und § 35 Abs. 1 Nr. 8 RechKredV). Bausparkassen haben insbesondere die in den Fußnoten der RechKredV-Formblätter enthaltenen besonderen Postenbezeichnung und Posteninhalte zu beachten.

---

[1] Vgl. Laux, in: BB 1991, S. 563.

Neben den für alle Institute im Sinne des KWG geltenden Vorschriften, haben Bausparkassen für die Aufstellung des Jahresabschlusses die Vorschriften des BSpkG sowie der BSpkV zu beachten. Diese Vorschriften sind unabhängig von der Rechtsform und Größe von Bausparkassen anzuwenden. Sie gelten auch für Kreditinstitute, die das Bauspargeschäft durch eine rechtlich unselbständige Bausparabteilung betreiben (§ 18 BSpkG). Diese Kreditinstitute gelten insoweit als Bausparkasse und haben das Vermögen der Bausparkasse getrennt zu verwalten und einen gesonderten Jahresabschluss sowie Geschäftsbericht für die Bausparkasse zu erstellen[2]. Kreditinstitute mit rechtlich unselbständiger Bausparabteilung haben die für Bausparkassen vorgesehenen Posten in ihre Bilanz und Gewinn- und Verlustrechnung zu übernehmen (§ 2 Abs. 1 S. 2 RechKredV) sowie die bausparkassenspezifischen Angabepflichten im Anhang zu beachten (z. B. § 35 Abs. 1 Nr. 8 RechKredV).

3.2 Spezifische Bilanzierungs- und Bewertungsfragen

3.2.1 Währungsumrechnung

Nach § 8 Abs. 3 BSpkG sind Bausparkassen verpflichtet in ihrem Geschäftsbetrieb Währungsrisiken zu vermeiden. So hat die Bausparkasse »mit der Sorgfalt eines ordentlichen Kaufmanns die erforderlichen Maßnahmen zu treffen, um Währungsrisiken aus ihrem Geschäftsbetrieb zu vermeiden. Sie muß insbesondere für Bausparverträge, die in fremden Währungen oder in Rechnungseinheiten zu erfüllen sind, jeweils getrennte Zuteilungsmassen bilden und soll für die währungskongruente Verwendung der Zuteilungsmittel und der verfügbaren Gelder sorgen. Die Bundesanstalt kann im Einzelfall von der Pflicht zur Bildung getrennter Zuteilungsmassen befreien, wenn dadurch die Belange der Bausparer nicht erheblich beeinträchtigt werden« (§ 6a BSpkG).

Aufgrund der gesetzlichen Pflicht zur Vermeidung von Währungsrisiken bestehen bei Bausparkassen häufig keine Bestände in fremder Währung[3].

3.2.2 Verlustfreie Bewertung zinsbezogener Geschäfte des Bankbuchs

Für die Vergabe von Bauspardarlehen muss eine Bausparkasse i. d. R. keine außerkollektiven Mittel aufnehmen, da die Vergabe von Bauspardarlehen durch die Bauspareinlagen refinanziert werden. Während der Sparphase erhält der Bausparer einen unterhalb des Marktzinsniveaus liegenden Guthabenzins, um anschließend das Recht auf ein Bauspardarlehen zu unterhalb des Marktzinsniveaus liegenden Darlehenszinsen zu erhalten. Im Gegensatz zu herkömmlichen Kreditinstituten besteht bei Bausparkassen mithin ein direkter innerer Zusammenhang zwischen dem Einlagengeschäft und dem Kreditgeschäft.

---

[2] Vgl. WPH I^{2012}, J 1036.
[3] Vgl. bspw. BHW-Bausparkasse, GB 2011, S. 47; Wüstenrot Bausparkasse, GB 2011, S. 61; Deutsche Bank Bauspar, GB 2011, S. 22.

Die Marktgerechtheit von Bauspareinlage und Darlehensvergabe ist daher nur im Gesamtzusammenhang zu betrachten. In Bezug auf das gesamte Bausparkollektiv kommt es i. d. R. nicht zu einer vollständigen Vergabe von Bauspardarlehen in Höhe aller Bauspareinlagen. Der Überschuss der Bauspareinlagen über die vergebenen Bauspardarlehen ist für außerkollektive Anlagen zu verwenden.

Für eine Vorhersage der Entwicklung des Bausparbestands, der Zuteilungsmasse sowie von Bilanz- und GuV-Größen verwenden Bausparkassen häufig eine so genannte Kollektivsimulation, in die das Marktzinsniveau, Kündigungen, Darlehensverzichte und -inanspruchnahmen usw. einfließen. Für eine verlustfreie Bewertung des Bausparkollektivs kann daher auf die bei Bausparkassen übliche Kollektivsimulation zurückgegriffen werden, wobei das Neugeschäft zu eliminieren ist[4]. Für Bausparkassen wird es als zulässig erachtet, bei der Bestimmung der voraussichtlich noch anfallenden Refinanzierungskosten die aus dem Tarifwerk abgeleiteten kollektiven Refinanzierungskosten anzusetzen. Zur Deckung künftiger Finanzierungslücken dürfen die aktuellen Tarifkonditionen der jeweiligen Bausparkasse zugrunde gelegt werden, wenn und soweit die für die Planung maßgebliche Kollektivsimulation die Deckung dieser Finanzierungslücken durch zukünftige Bauspareinlagen prognostiziert[5]. Dies folgt aus IDW RS BFA 3, Tz. 38, wonach die institutsspezifischen Refinanzierungsmöglichkeiten bei der Ableitung der künftigen Refinanzierungskosten zugrunde zu legen sind. Bausparkassen können somit eine Schließung von Refinanzierungslücken durch Bauspareinlagen unterstellen, ohne dass gegen das Verbot der Neugeschäftsannahme verstoßen wird[6].

Sofern Bausparkassen die durch den »Fonds zur bauspartechnischen Absicherung« abgedeckten Risiken bereits in ihrer Kollektivsimulation als Ausgangsbasis für die verlustfreie Bewertung des Bausparkollektivs berücksichtigen, kann die Finanzierungswirkung des Fonds zur bauspartechnischen Absicherung zur Schließung von Aktivüberhängen berücksichtigt werden[7]. Alternativ zur Schließung von Aktivüberhängen kann der »Fonds zur bauspartechnischen Absicherung« mit einem sich ergebenden Verpflichtungsüberschuss verrechnet werden, soweit der Einsatz des Fonds nach § 8 BSpkV auf Basis der Kollektivsimulation erforderlich ist und dabei ein Beitrag zur Reduzierung eines prognostizierten Verpflichtungsüberschusses geleistet wird[8]. Gem. der Neufassung von § 6 BSpkG haben Bausparkassen einen Sonderposten »Fonds zur bauspartechnischen Absicherung« zu bilden, um die für den nachhaltigen Betrieb des Bauspargeschäfts erforderliche kollektiv bedingte Zinsspanne abzusichern (§ 6 Abs. 2 S. 1 Nr. 2 BSpKG). Soweit in den Fonds Beträge zur Stabilisierung der künftigen Zinsspanne eingestellt wurden, erscheint es sachgerecht, diese im Rahmen der verlustfreien Bewertung nach IDW RS BFA 3 rückstellungsmindernd zu berücksichtigen.

---

4 Die Vernachlässigung von Neugeschäft wird für das Bauspargeschäft zum Teil als systemwidrig erachtet. Vgl. Verband der Privaten Bausparkassen e. V.: Stellungnahme zu IDW ERS BFA 3: Verlustfreie Bewertung des Bankbuchs, Berlin 2012, S. 3 f.
5 Vgl. BFA des IDW: Berichterstattung über die 237. Sitzung des Bankenfachausschusses vom 08.10.2012, S. 2.
6 Vgl. Löw, in: RdF 2014, S. 326.
7 Vgl. BFA des IDW: Berichterstattung über die 237. Sitzung des Bankenfachausschusses vom 08.10.2012, S. 3.
8 Vgl. BFA des IDW: Berichterstattung über die 237. Sitzung des Bankenfachausschusses vom 08.10.2012, S. 3; Löw, in: RdF 2014, S. 326.

3.2.3 Vereinnahmung von Abschlussgebühren im Bauspargeschäft

Für Bausparkassen können sich aus dem Bauspargeschäft Erfüllungsrückstände ergeben, für die eine Rückstellung für ungewisse Verbindlichkeiten zu bilden ist. Wird eine vom Bausparer bei Vertragsabschluss erhobene Einlage bei Darlehensverzicht an den Bausparer zurückgezahlt und bei Inanspruchnahme eines Darlehens mit einer in diesem Zeitpunkt entstehenden, gleich hohen Abschlussgebühr verrechnet, so ist bei der Bausparkasse im Jahr des Vertragsabschlusses eine Rückstellung wegen ungewisser Verbindlichkeiten zu bilden[9]. Besteht für den Bausparer kein Erstattungsanspruch, so ist eine von der Bausparkasse bei Vertragsabschluss erhobene Gebühr nach Ansicht des BFH sofort erfolgswirksam zu vereinnahmen[10]. Dies wird damit begründet, dass die Abschlussgebühr dazu diene, die Bezahlung einer erfolgsabhängigen Abschlussprovision der Vertragsvermittlung zu gewährleisten und somit als Entgelt für den eigentlichen Vertragsabschluss anzusehen sind[11].

3.3 Posten der Aktivseite

3.3.1 Forderungen an Kreditinstitute (Aktivposten 3)

Bausparkassen haben Forderungen unter dem Aktivposten 3 nach den allgemeinen Voraussetzungen der RechKredV auszuweisen (siehe Kapitel IV.1.2.3). Im Gegensatz zu den allgemeinen Gliederungsvorschriften weisen Bausparkassen in einigen Bilanz- und GuV-Posten eine abweichende Untergliederung auf. Im Folgenden werden daher die Gliederungsposten näher erläutert, für die bausparkassenspezifische Besonderheiten gelten. Für die übrigen Posten gelten die für alle Institute einschlägigen Regelungen. Bei der für Bausparkassen geltenden Untergliederung wird insbesondere eine Trennung des Kollektivgeschäfts vom außerkollektiven Geschäft erreicht. So haben Bausparkassen den Aktivposten 3 »Forderungen an Kreditinstitute« aufgrund von Fußnote 1 zum Formblatt wie folgt zu untergliedern:
a) Bauspardarlehen,
b) Vor- und Zwischenfinanzierungskredite,
c) sonstige Baudarlehen,
d) andere Forderungen
   darunter täglich fällige Forderungen.

Die Unterposten a) bis c) enthalten alle für wohnungswirtschaftliche Maßnahmen im Sinne von § 1 Abs. 1 und 3 BSpkG gewährten Darlehen an Kreditinstitute. »Zu erfassen sind

---

9 Vgl. BFH-Urteil vom 12.12.1990 – IR 153/86, in: DB 1991, S. 786.
10 Vgl. BFH-Urteil vom 11.12.1989 – IR 237/96, in: DB 1998, S. 1111 f.
11 Zur weiteren Vertiefung vgl. Crezelius, in: DB 1998, S. 633 ff.; List, in: BB 1988, S. 1003 ff.; Brach, in: BB 1996, S. 2345 ff. Kritisch zu der Sichtweise des BFH vgl. Herzig/Joisten, in: DB 2011, S. 1015.

nur solche Baudarlehen, die den Sicherungserfordernissen des § 7 BSpkG entsprechen. Im Unterposten a) dürfen nur Darlehen aus zugeteilten Bausparverträgen (Bauspardarlehen) ausgewiesen werden. Der Unterposten b) enthält alle vor Zuteilung des Bausparvertrags bis maximal zur Höhe der Bausparsumme gewährten Darlehen im Sinne von § 4 Abs. 1 Nr. 1 BSpkG.

Unterposten c) erfasst alle nicht unter die Unterposten a) und b) fallenden Baudarlehen, insb. Wohnungsbaukredite ohne Bausparvertrag (sog. Sofortdarlehen im Sinne von § 4 Abs. 1 Nr. 2 BSpkG)«[12]. Zwischenfinanzierungskredite unterscheiden sich von Vorfinanzierungskrediten darin, dass sie bereits das tarifliche Mindestparguthaben aufweisen; Zwischenfinanzierungskredite erreichen daher im Regelfall die erforderliche Bewertungszahl durch reinen Zeitablauf (Mindestsparzeit)[13]. Bei Zuteilung ist der Vor- oder Zwischenkredit in den Unterposten a) Bauspardarlehen umzugliedern. Der Ausweis im Unterposten c) setzt voraus, dass die Vorschriften des § 4 BSpkG über die zulässigen Geschäfte von Bausparkassen eingehalten sind[14].

Der Unterposten d) stellt ein Residualposten dar und umfasst alle Forderungen, die nicht auf wohnungswirtschaftlichen Maßnahmen beruhen (z. B. Barbesicherung von Zinsswaps im Interbankenhandel). »Forderungen aus der vorgezogenen Gutschrift nach dem Bilanzstichtag eingegangener, aber bis zum Bilanzstichtag bereits bewirkter Bausparerzahlungen (sog. unterwegs befindliche Überweisungen auf Bausparverträge) sind je nach Schuldner bei den täglich fälligen Forderungen im Unterposten d) oder im Aktivposten Nr. 1 »Barreserve« zu erfassen. Tilgungsstreckungsdarlehen sind den Unterposten zuzuordnen, zu denen sie ihrer Art nach gehören«[15].

Im **Anhang** haben Bausparkassen nach § 35 Abs. 1 Nr. 8 RechKredV zu dem Posten »Forderungen an Kreditinstitute« rückständige Zins- und Tilgungsbeträge für Baudarlehen in einem Betrag sowie noch nicht ausgezahlte bereitgestellte Baudarlehen i) aus Zuteilung, ii) zur Vor- und Zwischenfinanzierung sowie iii) sonstige anzugeben. Darüber hinaus sind Angaben über die Bewegung der Zuteilungsmassen zu machen; diese Angabe kann auch in einem statistischen Anhang zum Lagebericht aufgenommen werden, sofern der Lagebericht und der statistische Anhang im Geschäftsbericht der einzelnen Bausparkassen abgedruckt werden (§ 35 Abs. 1 Nr. 8 d) RechKredV). Bausparkassen haben ebenso die Vorschriften des § 9 Abs. 1 S. 1 Nr. 1 RechKredV zu beachten. Daher haben Bausparkassen die Unterposten a) bis c) nach Restlaufzeiten zu gliedern (die Untergliederung kann wahlweise für den Posten in seiner Gesamtheit oder für jeden Unterposten separat erfolgen)[16]. Bei der Bestimmung der Restlaufzeit von Vor- und Zwischenkrediten ist nicht das nachfolgende Bauspardarlehen einzubeziehen[17]. Im Übrigen haben Bausparkassen die allgemeinen Anhangangaben für alle Kreditinstitute zu beachten (siehe Kapitel V).

---

12 WPH I[2012], J 1042.
13 Vgl. Scharpf, in: DStR 1995, S. 506.
14 Vgl. WPH I[2012], J 1043.
15 WPH I[2012], J 1041.
16 Vgl. Scharpf, in: DStR 1995, S. 506.
17 Vgl. Scharpf, in: DStR 1995, S. 507.

3.3.2 Forderungen an Kunden (Aktivposten 4)

Bausparkassen haben Forderungen an Kunden unter dem Aktivposten 4 nach den allgemeinen Voraussetzungen der RechKredV auszuweisen (siehe Kapitel IV.1.2.4). Aufgrund von Fußnote 2 zum Bilanzformblatt 1 haben Bausparkassen den Aktivposten 4 »Forderungen an Kunden« wie folgt zu unterteilen:
a) Baudarlehen
    aa) aus Zuteilungen (Bauspardarlehen)
    ab) zur Vor- und Zwischenfinanzierung
    ac) sonstige
    Darunter: durch Grundpfandrechte gesichert
b) andere Forderungen

Wie bereits bei den Forderungen an Kreditinstituten werden die Forderungen an Kunden, denen ein wohnungswirtschaftlicher Aspekt zugrunde liegt, von den übrigen Forderungen getrennt. Insoweit kann auf die Ausführungen zu den Forderungen an Kreditinstitute verwiesen werden. Nach § 15 Abs. 2 S. 2 RechKredV haben Bausparkassen im Posten »Forderungen an Kunden« nur solche Baudarlehen zu vermerken, für die dem bilanzierenden Institut Grundpfandrechte bestellt, verpfändet oder abgetreten worden sind, die den Erfordernissen des § 7 Abs. 1 BSpkG entsprechen. Für die Ausgliederung von grundpfandrechtlich gesicherten Forderungen sei auf die Ausführungen in Kapitel IV.1.2.4.2 verwiesen. Im Unterposten b) sind auch Forderungen an Bausparer aus Abschlussgebühren zu erfassen[18].

Im **Anhang** haben Bausparkassen nach § 35 Abs. 1 Nr. 8 RechKredV zu dem Posten »Forderungen an Kunden« rückständige Zins- und Tilgungsbeträge für Baudarlehen in einem Betrag sowie noch nicht ausgezahlte bereitgestellte Baudarlehen i) aus Zuteilung, ii) zur Vor- und Zwischenfinanzierung sowie iii) sonstige anzugeben. Darüber hinaus sind Angaben über die Bewegung der Zuteilungsmassen zu machen; diese Angabe kann auch in einem statistischen Anhang zum Lagebericht aufgenommen werden, sofern der Lagebericht und der statistische Anhang im Geschäftsbericht der einzelnen Bausparkassen abgedruckt werden (§ 35 Abs. 1 Nr. 8 d) RechKredV). Bausparkassen haben ebenso die Vorschriften des § 9 Abs. 1 S. 1 Nr. 1 RechKredV zu beachten. Daher haben Bausparkassen die Unterposten a) bis c) nach Restlaufzeiten zu gliedern (die Untergliederung kann wahlweise für den Posten in seiner Gesamtheit oder für jeden Unterposten separat erfolgen)[19]. Bei der Bestimmung der Restlaufzeit von Vor- und Zwischenkrediten ist nicht das der Zwischenfinanzierung folgende Bauspardarlehen einzubeziehen[20]. Im Übrigen haben Bausparkassen die allgemeinen Anhangangaben für alle Kreditinstitute zu beachten (siehe Kapitel V).

---

18   Vgl. WPH I[2012], J 1048.
19   Vgl. Scharpf, in: DStR 1995, S. 506.
20   Vgl. Scharpf, in: DStR 1995, S. 507.

3.3.3 Aktien und andere nicht festverzinsliche Wertpapiere (Aktivposten 6)

Aufgrund von § 4 BSpKG dürfen Bausparkassen außer dem Bauspargeschäft nur bestimmte Geschäfte betreiben, die in § 4 BSpKG abschließend aufgeführt sind. Nach § 4 Abs. 3 Nr. 7 BSpKG dürfen Bausparkassen verfügbares Geld auch in Investmentanteile anlegen. Um die Vorschriften des § 4 BSpKG jedoch nicht zu umgehen, müssen die Anlagerichtlinien des Fonds so ausgestattet sein, dass dieser nur solche Finanzinstrumente erwirbt, welche die Bausparkasse auch selbst unmittelbar hätte erwerben können[21].

3.4 Posten der Passivseite

3.4.1 Verbindlichkeiten gegenüber Kreditinstituten (Passivposten 1)

Bausparkassen haben Verbindlichkeiten unter dem Passivposten 1 nach den allgemeinen Voraussetzungen der RechKredV auszuweisen (siehe Kapitel IV.1.3.1). Aufgrund von Fußnote 6 zum Bilanzformblatt 1 haben Bausparkassen den Passivposten 3 »Verbindlichkeiten gegenüber Kreditinstituten« wie folgt zu unterteilen:
a) Bauspareinlagen
darunter:
auf gekündigte Verträge
auf zugeteilte Verträge
b) andere Verbindlichkeiten
darunter: täglich fällig .... Euro

Der Postenausweis umfasst aufgrund von § 11 RechKredV jeweils auch die anteiligen Zinsen. Der Ausweis von Bonuszinsen ist abhängig davon, ob diese dem Grunde und/oder der Höhe nach sicher sind. Im Falle der Ungewissheit ist ein Ausweis als Verbindlichkeitsrückstellung vorzunehmen (im Einzelnen siehe Kapitel IV.1.3.9.1.1). Der Unterposten b) stellt einen Residualposten dar, in dem alle Verbindlichkeiten gegenüber Kreditinstituten auszuweisen sind, die nicht auf das Bauspargeschäft entfallen. In diesem Posten sind bspw. erhaltene Barsicherheiten für Zinsswaps im Interbankenhandel auszuweisen.

Im **Anhang** haben Bausparkassen zu dem Passivposten »Verbindlichkeiten gegenüber Kreditinstituten« die Bewegung des Bestands an nicht zugeteilten und zugeteilten Bausparverträgen und vertraglichen Bausparsummen (§ 35 Abs. 1 Nr. 8 b) RechKredV) sowie aufgenommenen Fremdgelder nach § 4 Abs. 1 Nr. 5 BSpKG und deren Verwendung zu erläutern (§ 35 Abs. 1 Nr. 8 c) RechKredV). Im Übrigen sind die für alle Institute geltenden postenspezifischen Angabepflichten zu beachten (siehe Kapitel IV.1.3.1.3). Eine Untergliederung nach Restlaufzeiten muss nur für den Unterposten b) vorgenommen werden (siehe

---
21 Vgl. Häuselmann, in: BB 1992, S. 312.

§ 9 Abs. 1 S. 2 RechKredV). Der Grund für diese Ausnahme liegt darin, dass Bauspareinlagen grundsätzlich erst mit dem Zeitpunkt der Zuteilung fällig werden.

3.4.2 Verbindlichkeiten gegenüber Kunden (Passivposten 2)

Bausparkassen haben Verbindlichkeiten unter dem Passivposten 2 nach den allgemeinen Voraussetzungen der RechKredV auszuweisen (siehe Kapitel IV.1.3.2). Aufgrund von Fußnote 7 zum Bilanzformblatt 1 haben Bausparkassen den Passivposten 3 »Verbindlichkeiten gegenüber Kunden« wie folgt zu unterteilen:
a) Einlagen aus dem Bausparegeschäft und Spareinlagen
   aa) Bauspareinlagen
   darunter: auf gekündigte Verträge, auf zugeteilte Verträge
   ab) Abschlusseinlagen
   ac) Spareinlagen mit vereinbarter Kündigungsfrist von drei Monaten
   ad) Spareinlagen mit vereinbarter Kündigungsfrist von mehr als drei Monaten
b) andere Verbindlichkeiten
   ba) täglich fällig
   bb) mit vereinbarter Laufzeit oder Kündigungsfrist.

Im Passivposten 3 sind Einlagen aus dem Bausparegeschäft getrennt von sonstigen Spareinlagen auszuweisen. Dies entspricht dem Grundsatz in § 21 Abs. 4 S. 3 RechKredV, dass Bauspareinlagen nicht als Spareinlagen gelten. Neben den geleisteten Sparbeiträgen und gutgeschriebenen Zinsen sind auch gutgeschriebene **Wohnungsbauprämien** als Bauspareinlagen auszuweisen[22]. Für den Ausweis von Spareinlagen in den Unterposten ac) und ad) gelten die für alle Institute geltenden Voraussetzungen (siehe im Einzelnen Kapitel IV.1.3.2.2).

Im **Anhang** haben Bausparkassen zu dem Passivposten »Verbindlichkeiten gegenüber Kunden« die Bewegung des Bestands an nicht zugeteilten und zugeteilten Bausparverträgen und vertraglichen Bausparsummen (§ 35 Abs. 1 Nr. 8 b) RechKredV) sowie aufgenommenen Fremdgelder nach § 4 Abs. 1 Nr. 5 BSpkG und deren Verwendung zu erläutern (§ 35 Abs. 1 Nr. 8 c) RechKredV). Im Übrigen sind die für alle Institute geltenden postenspezifischen Angabepflichten zu beachten (siehe Kapitel IV.1.3.2.3). Eine Untergliederung nach Restlaufzeiten muss für die Unterposten aa) und ab) nicht vorgenommen werden (siehe § 9 Abs. 1 S. 2 RechKredV). Der Grund für diese Ausnahme liegt darin, dass Bauspareinlagen grundsätzlich erst mit dem Zeitpunkt der Zuteilung fällig werden.

3.4.3 Fonds zur bausparetechnischen Absicherung

Nach § 6 Abs. 2 BSpkG haben Bausparkassen zur Wahrung der Belange der Bausparer einen Sonderposten »Fonds zur bausparetechnischen Absicherung« zu bilden, der die Gewährleistung gleichmäßiger, möglichst kurzer Wartezeiten und die für den nachhaltigen

---
22   Vgl. WPH I[2012], J 1055.

Betrieb des Bauspargeschäfts erforderliche kollektiv bedingte Zinsspanne absichert. Es besteht eine **Zuführungspflicht** in Höhe des Unterschiedsbetrags zwischen dem erzielten Ertrag aus der Anlage der Kollektivmittel und dem Zinsertrag, der sich bei Anlage der gesamten Kollektivmittel in Bauspardarlehen ergeben hätte (Mehrertrag). Ein **Zuführungswahlrecht** besteht, wenn durch die Zuführungen bausparspezifische Risiken für den nachhaltigen Geschäftsbetrieb abgesichert werden sollen (z. B. unangemessen lange Wartezeiten). Es besteht ein Auflösungswahlrecht, sofern der Sonderposten 3 % der Bauspareinlagen am Ende eines Geschäftsjahrs übersteigt.

Soweit eine Zuführungspflicht besteht handelt es sich bei diesem Sonderposten um eine zweckgebundene Zwangsrücklage, in die Bausparkassen ihre Mehrerträge aus der Zwischenanlage von Zuteilungsmitteln für noch nicht zuteilungsfähige Bausparverträge einzustellen haben[23]. Der Fonds stellt keine Verbindlichkeitsrückstellung und kein Rechnungsabgrenzungsposten dar[24]. Er hat vielmehr den Charakter einer zweckgebundenen Rücklage für besondere geschäftszweigspezifische Risiken (BFA 1/95).

Nach § 7 Abs. 1 BSpkV erfolgt die **Zuführung** zum Fonds zur bauspartechnischen Absicherung jährlich zum Ende des Geschäftsjahres und wird aus den vorübergehend nicht zuteilbaren Zuteilungsmitteln (**Schwankungsreserve**) zu den Berechnungsterminen für die Ermittlung der verfügbaren Zuteilungsmittel des abgelaufenen Jahres abgeleitet. Es ist 60 % der Differenz zwischen dem Ist-Zinsertrag und dem Soll-Zinsertrag (bei unterstellter vollständiger Anlage aller Kollektivmittel) zuzuführen.

Der Ist-Zinsertrag ist das Produkt aus dem außerkollektiven Zinssatz und der Summe aus den nicht in Bauspardarlehen angelegten Bauspargthaben und dem Fonds zuzüglich des Produkts aus den Bauspardarlehen und dem bauspardarlehensgewichteten Durchschnitt der tariflichen Bauspardarlehenszinssätze. Der außerkollektive Zinssatz ist der Quotient aus dem außerkollektiven Zinsertrag und dem Volumen der außerkollektiven Geldanlage und der außerkollektiven Kredite der Bausparkasse (§ 7 Abs. 2 BSpkV). Der Soll-Zinsertrag ist das Produkt aus dem kollektiven Zinssatz und den Kollektivmitteln. Der kollektive Zinssatz ist der bauspareinlagengewichtete Durchschnitt der tariflichen Bauspardarlehenszinssätze (§ 7 Abs. 3 BSpkV).

Der Fonds **kann** nach den Vorschriften des § 8 Abs. 2 und 3 BSpkV und **muss** nach den Vorschriften des § 8 Abs. 1 BSpkV **aufgelöst** werden[25].

- Nach § 8 Abs. 1 S. 1 BSpkV sind (**Auflösungspflicht**) die Mittel des Fonds einzusetzen, »soweit die Zuteilung mit einer Zielbewertungszahl, die für Regelsparer zu einem individuellen Sparer-Kassen-Leistungsverhältnis von 1,000 führt, ohne Zuführung außerkollektiver Mittel zur Zuteilungsmasse nicht aufrechterhalten werden kann (obere Einsatz-Bewertungszahl). Für alle Bauspartarife einer Zuteilungsmasse gilt eine in den

---

[23] Nach § 21b KStG aF können Bausparkassen diese Mehrerträge in eine den steuerlichen Gewinn mindernde Zuteilungsrücklage einstellen, die 3 % der Bauspareinlagen nicht überschreiten darf. Bei Auflösung des Fonds zur bauspartechnischen Absicherung ist die Zuteilungsrücklage gewinnerhöhend aufzulösen (§ 21b S. 3 KStG). Die steuerfreie Rücklage war spätestens in dem Wirtschaftsjahr, das nach dem 31.12.2002 endet, aufzulösen (§ 34 Abs. 11 S. 1 KStG).
[24] Vgl. BFH, Urteil vom 09.12.2016 – II R 65/14, in: DStRE 2017, S. 296 (Tz. 29, 36).
[25] Nähere Erläuterungen zu der Zuführung und Auflösung des Fonds zur bauspartechnischen Absicherung sind den Rundschreiben des BAKred zu entnehmen. Vgl. BAKred-Schreiben vom 15.01.1991 – III 22.94: Erläuterung der Bausparkassen-Verordnung.

Allgemeinen Geschäftsgrundsätzen zu nennende einheitliche obere Einsatz-Bewertungszahl, die nach den Allgemeinen Bedingungen für Bausparverträge derjenigen Bauspartarifvariante zu ermitteln ist, die im nicht zugeteilten Vertragsbestand summenmäßig den größten Anteil hat und deren niedrigstes individuelles Sparer-Kassen-Leistungsverhältnis gleichzeitig weniger als 0,800 beträgt« (§ 8 Abs. 1 BSpkV). Eine Auflösung des Fonds ist daher verpflichtend, wenn Fremdmittel zur Zinsstützung eingesetzt werden, wenn ansonsten die obere Einsatzbewertungszahl überschritten würde und damit das individuelle Sparer-Kassen-Leistungsverhältnis von mehr als 1 abgefordert werden würde[26].

- Die Mittel des Fonds können (**Auflösungswahlrecht**) eingesetzt werden, soweit die Zuteilung mit einer Zielbewertungszahl in Höhe der unteren Einsatzbewertungszahl nicht aufrechterhalten werden kann (§ 8 Abs. 2 BSpkV). Der Mitteleinsatz nach Abs. 2 dient der Erhaltung einer gleichmäßigen und möglichst kurzen Wartezeit.[27]

Zuführungen zum und Entnahmen aus dem Fonds sind ergebniswirksam in den »Sonstigen betrieblichen Erträgen« (Ertragsposten 8, Formblatt 2) oder den »Sonstigen betrieblichen Aufwendungen« (Aufwandsposten 6, Formblatt 2) auszuweisen. Ein Ausweis im Rahmen der Überkreuzkompensation kommt nicht in Betracht. Das IDW empfiehlt einen gesonderten Ausweis der Zuführungen und Auflösungen[28].

Nach Auffassungen im Schrifttum liegen der Bildung oder Auflösung des Fonds keine Bewertungsvorschriften im Sinne des HGB zugrunde, so dass weder die Anwendung des Stetigkeitsgebots nach § 252 Abs. 1 Nr. 6 HGB noch eine Erläuterung im Rahmen der Bewertungsmethoden nach § 284 Abs. 2 Nr. 1 und 3 HGB in Betracht kommt[29].

3.5 Unter-Strich-Vermerke

Bausparkassen haben die für alle Institute geltenden Vorschriften zum Ausweis von Eventualverbindlichkeiten (§ 26 RechKredV) und anderen Verpflichtungen (§ 27 RechKredV) zu beachten. Dabei gilt der Abschluss eines Bausparvertrags nicht als unwiderrufliche Kreditzusage (§ 27 Abs. 2 S. 2 RechKredV).

3.6 Spezifische Angabepflichten im Anhang

Bausparkassen haben im Anhang anzugeben (§ 35 Abs. 1 Nr. 8 RechKredV):
a) »zu den Posten der Bilanz »Forderungen an Kreditinstitute« (Aktivposten Nr. 3) und »Forderungen an Kunden« (Aktivposten Nr. 4) rückständige Zins- und Tilgungsbeträge

---

26 Vgl. Bertsch/Hölzle/Laux (1998), S. 57.
27 Vgl. BaFin, Begründung der Bausparkassen-Verordnung vom 29.12.2015, § 8.
28 Vgl. BFA 1/95, Nr. 5; Scharpf/Schaber (2018), S. 1156; WPH I^{2012}, J 1066.
29 Vgl. Scharpf/Schaber (2018), S. 1156; BFA 1/95, Nr. 5; WPH I^{2012}, J 1066.

für Baudarlehen in einem Betrag sowie noch nicht ausgezahlte bereitgestellte Baudarlehen
  aa) aus Zuteilung,
  bb) zur Vor- und Zwischenfinanzierung und
  cc) sonstige;
b) zu den Posten der Bilanz »Verbindlichkeiten gegenüber Kreditinstituten« (Passivposten Nr. 1) und »Verbindlichkeiten gegenüber Kunden« (Passivposten Nr. 2) die Bewegung des Bestandes an nicht zugeteilten und zugeteilten Bausparverträgen und vertraglichen Bausparsummen;
c) zu den Posten der Bilanz »Verbindlichkeiten gegenüber Kreditinstituten« (Passivposten Nr. 1), »Verbindlichkeiten gegenüber Kunden« (Passivposten Nr. 2) und »Verbriefte Verbindlichkeiten« (Passivposten Nr. 3) die aufgenommenen Fremdgelder nach § 4 Abs. 1 Nr. 5 des Gesetzes über Bausparkassen und deren Verwendung;
d) zu den Posten der Bilanz »Forderungen an Kreditinstituten« (Aktivposten Nr. 3), »Forderungen an Kunden« (Aktivposten Nr. 4), »Verbindlichkeiten gegenüber Kreditinstituten« (Passivposten Nr. 1) und »Verbindlichkeiten gegenüber Kunden« (Passivposten Nr. 2) die Bewegung der Zuteilungsmasse.
e) Die Angaben zu den Buchstaben b und d können auch in einen statistischen Anhang zum Lagebericht aufgenommen werden, sofern der Lagebericht und der statistische Anhang im Geschäftsbericht der einzelnen Bausparkasse abgedruckt werden.«

3.7 Gliederung der Gewinn- und Verlustrechnung

3.7.1 Zinserträge

Für den Ausweis im Posten »Zinserträge« (Ertragsposten 1, Formblatt 2) haben Bausparkassen die für alle Institute geltenden Vorschriften in § 28 RechKredV zu beachten. Aufgrund von Fußnote 2 zum Bilanzformblatt 2 bzw. Fußnote 1 zum Formblatt 3 haben Bausparkassen den Ertragsposten »Zinserträge« wie folgt zu unterteilen:
  Zinserträge aus
a) Kredit- und Geldmarktgeschäften
  aa) Bauspardarlehen
  ab) Vor- und Zwischenfinanzierungen
  ac) sonstige Baudarlehen
  ad) sonstigen Kredit- und Geldmarktgeschäften
b) festverzinslichen Wertpapieren und Schuldbuchforderungen

Die Zinserträge des Unterpostens aa) umfassen die Zinserträge aus Bauspardarlehen der Aktivposten Nr. 3a) sowie 4aa). Zinserträge des Unterpostens ab) umfassen die Zinserträge aus Vor- und Zwischenfinanzierungen der Aktivposten Nr. 3b) und 4ab). Zinserträge des Unterpostens ac) umfassen die Zinserträge aus sonstigen Baudarlehen, die im Aktivposten Nr. 3c) und 4ac) auszuweisen sind. Im Unterposten ad) sind Zinserträge der Aktivposten

1 und 2 sowie aus außerkollektive Forderungen an Kunden und Kreditinstituten auszuweisen. Unterposten b) enthält Zinserträge aus Schuldinstrumenten, die im Aktivposten 5 auszuweisen sind.

Im **Anhang** sind die Zinserträge nach geografischen Märkten aufzugliedern, soweit diese Märkte sich vom Standpunkt der Organisation des Instituts wesentlich unterscheiden (§ 34 Abs. 2 S. 1 Nr. 1 RechKredV). Die Aufgliederung kann unterbleiben, soweit sie nach vernünftiger kaufmännischer Beurteilung geeignet ist, dem Institut oder einem Unternehmen, von dem das Institut mindestens den fünften Teil der Anteile besitzt, einen erheblichen Nachteil zuzufügen. Erweitert das Institut aufgrund von § 297 Abs. 1 S. 2 HGB in Verbindung mit § 340i Abs. 1 S. 1 HGB den Konzernabschluss um eine Segmentberichterstattung, so ist DRS 3 verpflichtend anzuwenden. In diesem Fall kann auf die Angabe nach § 34 Abs. 2 Nr. 1 RechKredV verzichtet werden, da mit der Segmentberichterstattung weitergehende Informationen vermittelt werden[30].

3.7.2 Provisionserträge

Für den Ausweis im Posten »Provisionserträge« (Ertragsposten 4, Formblatt 2) haben Bausparkassen die für alle Institute geltenden Vorschriften in § 30 RechKredV zu beachten (im Einzelnen siehe Kapitel IV.2.2.4). Aufgrund von Fußnote 5 zum Bilanzformblatt 2 bzw. Fußnote 4 zum Formblatt 3 haben Bausparkassen den Ertragsposten »Provisionserträge« wie folgt zu unterteilen:

Provisionserträge
a) aus Vertragsabschluss und -vermittlung
b) aus der Darlehensregelung nach der Zuteilung
c) aus Bereitstellung und Bearbeitung von Vor- und Zwischenfinanzierungen
d) andere Provisionserträge

Nach § 30 Abs. 1 S. 1 RechKredV sind Provisionen aus der Vermittlertätigkeit bei Bausparverträgen im Provisionsergebnis auszuweisen. Der Ausweis hat im Unterposten a) zu erfolgen. Der Ausweis im Unterposten b) umfasst insbesondere Darlehensgebühren, die dem Bauspardarlehen hinzugerechnet und über die Laufzeit vereinnahmt werden[31]. Kontoführungsgebühren und Gebühren für die Beleihungswertermittlung sind im Unterposten c) auszuweisen. Unterposten d) stellt eine Residualposition dar, in der alle Provisionserträge auszuweisen sind, die nicht den vorherigen Posten zuzuordnen sind.

Im **Anhang** sind die Provisionserträge nach geografischen Märkten aufzugliedern, soweit diese Märkte sich vom Standpunkt der Organisation des Instituts wesentlich unterscheiden (§ 34 Abs. 2 S. 1 Nr. 1 RechKredV). Die Aufgliederung kann unterbleiben, soweit sie nach vernünftiger kaufmännischer Beurteilung geeignet ist, dem Institut oder einem Unternehmen, von dem das Institut mindestens den fünften Teil der Anteile besitzt, einen erheblichen Nachteil zuzufügen. Erweitert das Institut aufgrund von § 297 Abs. 1 S. 2 HGB

---

30 Vgl. Löw, in: MüKom BilR, § 340j HGB, Tz. 43.
31 Vgl. WPH I[2012], J 1076.

in Verbindung mit § 340i Abs. 1 S. 1 HGB den Konzernabschluss um eine Segmentberichterstattung, so ist DRS 3 verpflichtend anzuwenden. In diesem Fall kann auf die Angabe nach § 34 Abs. 2 Nr. 1 RechKredV verzichtet werden, da mit der Segmentberichterstattung weitergehende Informationen vermittelt werden[32].

3.7.3 Zinsaufwendungen

Für den Ausweis im Posten »Zinsaufwendungen« (Aufwandsposten 1, Formblatt 2) haben Bausparkassen die für alle Institute geltenden Vorschriften in § 29 RechKredV zu beachten (im Einzelnen siehe Kapitel IV.2.3.1). Aufgrund von Fußnote 1 zum Bilanzformblatt 2 bzw. Fußnote 2 zum Formblatt 3 haben Bausparkassen den Aufwandsposten »Zinsaufwendungen« wie folgt zu unterteilen:
 Zinsaufwendungen aus
a) Bauspareinlagen
b) anderen Zinsaufwendungen

Der Unterposten a) umfasst die Zinsaufwendungen von Bauspareinlagen, die im Passivposten 1a) und 2aa) ausgewiesen werden. Im Unterposten b) sind alle übrigen Zinsaufwendungen auszuweisen (insb. im Zusammenhang mit verbrieften Verbindlichkeiten, nachrangigen Verbindlichkeiten usw.). Aufwendungen aus der Aufzinsung von Rückstellungen aus dem Bauspargeschäft sind ebenfalls im Unterposten b) auszuweisen. Aufwendungen aus der Aufzinsung von außerkollektiven Rückstellungen sind im sonstigen betrieblichen Ergebnis zu zeigen[33].

3.7.4 Provisionsaufwendungen

Für den Ausweis im Posten »Provisionsaufwendungen« (Aufwandsposten 2, Formblatt 2) haben Bausparkassen die für alle Institute geltenden Vorschriften in § 30 RechKredV zu beachten (im Einzelnen siehe Kapitel IV.2.3.2). Aufgrund von Fußnote 4 zum Bilanzformblatt 2 bzw. Fußnote 5 zum Formblatt 3 haben Bausparkassen den Aufwandsposten »Provisionsaufwendungen« wie folgt zu unterteilen:
a) Provisionen für Vertragsabschluss und -vermittlung
b) andere Provisionsaufwendungen

Im Residualposten b) sind insbesondere Aufwendungen für Risikolebensversicherungen, Bankspesen und Bürgschaftsgebühren auszuweisen[34].

---

32 Vgl. Löw, in: MüKom BilR, § 340j HGB, Tz. 43.
33 Vgl. WPH I[2012], J 1076.
34 Vgl. WPH I[2012], J 1086.

4 Vorschriften für Pfandbriefbanken

4.1 Anwendungsbereich

Das Formblatt 1 der RechKredV sieht in diversen Fußnoten spezifische Ergänzungen für Pfandbriefbanken vor. Pfandbriefbanken sind nach § 1 PfandBG Kreditinstitute, deren Geschäftsbetrieb das Pfandbriefgeschäft umfasst. Die Emission von Pfandbriefen nach § 1 Abs. 1 Nr. 1a KWG stellt ein erlaubnispflichtiges Bankgeschäft dar (siehe im Einzelnen Kapitel I.2.1.1.1.2). Kreditinstitute die schwerpunktmäßig das Pfandbriefgeschäft betreiben, haben die spezialgesetzlichen Ergänzungen in den Fußnoten des Formblatts zu beachten. Banken, die vornehmlich Universalkreditinstitute sind und das Pfandbriefgeschäft nur zweitrangig betreiben, haben dem Gliederungsschema für Universalkreditinstitute zu folgen. Die für das Pfandbriefgeschäft erforderlichen Angaben sind in diesem Fall zu ergänzen[1].

4.2 Bilanzposten

4.2.1 Forderungen an Kreditinstitute sowie Forderungen an Kunden

Für den Ausweis von Vermögensgegenständen im Posten Forderungen an Kreditinstitute sowie Forderungen an Kunden haben Pfandbriefbanken die für alle Institute geltenden Vorschriften in §§ 14 und 15 RechKredV zu beachten (im Einzelnen siehe Kapitel IV.1.2.3). Pfandbriefbanken haben den Posten »Forderungen an Kreditinstituten« sowie den Posten »Forderungen an Kunden« jeweils wie folgt zu unterteilen (Fußnote 1 und 2 zum Formblatt 1):
a) Hypothekendarlehen
b) Kommunalkredite
c) andere Forderungen
   darunter: täglich fällig .... EUR
   gegen Beleihung von Wertpapieren ... EUR

---

[1] Vgl. Scharpf/Schaber (2018), S. 707.

Der Begriff »**Hypothekendarlehen**« ist in der RechKredV nicht definiert. Nach h. M. haben Pfandbriefbanken hierunter alle Forderungen auszuweisen, für die der Pfandbriefbank Hypotheken oder Grundschulden bestellt, verpfändet oder abgetreten wurden, ohne dass es dabei auf die Beleihungsgrenze von 60 % des Beleihungswerts ankomme[2]. Fraglich ist allerdings, ob diese Sichtweise mit den Anforderungen des § 15 Abs. 2 RechKredV im Einklang steht, wonach grundpfandrechtlich gesicherte Forderungen nur dann auszugliedern sind, wenn die Erfordernisse von § 14 Abs. 1 und § 16 Abs. 1 und 2 PfandBG eingehalten sind. Würde man einen Ausweis von Forderungen unter den Hypothekendarlehen zulassen, die unterhalb der Beleihungsgrenze von 60 % besichert sind, so käme es zu einem ungleichen Ausweis zwischen Universalkreditinstituten und Pfandbriefbanken. Pfandbriefbanken könnten bei dieser Interpretation einen höheren Bestand an pfandrechtlich gesicherten Forderungen ausweisen als Universalkreditinstitute. Nach der hier vertretenen Auffassung erscheint aus Gründen der Vergleichbarkeit eine Auslegung anhand der in § 15 Abs. 2 RechKredV vorgeschriebenen Anforderungen sachgerecht.

Der Begriff »**Kommunalkredite**« richtet sich auch für Pfandbriefbanken nach den für alle Kreditinstitute geltenden Vorschriften des § 15 Abs. 3 RechKredV (zur Erläuterung siehe Kapitel IV.1.2.4.2).

Durch **Schiffshypotheken** gesicherte Forderungen dürfen (Wahlrecht) gesondert vermerkt werden, wenn diese den Erfordernissen des § 22 Abs. 1, 2 S. 1 und Abs. 5 S. 2 sowie § 23 Abs. 1 und 4 sowie des § 24 Abs. 2 PfandBG entsprechen (§ 15 Abs. 4 RechKredV)[3].

4.2.2 Aktiver Rechnungsabgrenzungsposten

Gem. Fußnote 5 von Formblatt 1 haben Pfandbriefbanken den aktiven Rechnungsabgrenzungsposten in Unterposten a) aus dem Emissionsgeschäft sowie b) andere zu untergliedern.

4.2.3 Verbindlichkeiten gegenüber Kreditinstituten

Für den Ausweis von Verbindlichkeiten im Posten »Verbindlichkeiten gegenüber Kreditinstituten« haben Pfandbriefbanken die für alle Institute geltenden Vorschriften in § 21 RechKredV zu beachten (im Einzelnen siehe Kapitel IV.1.3.2). Pfandbriefbanken haben den Posten »Verbindlichkeiten gegenüber Kreditinstituten« wie folgt zu unterteilen (Fußnote 6 zum Formblatt 1):
a) begebene Hypotheken-Namenspfandbriefe
b) begebene öffentliche Namenspfandbriefe
c) andere Verbindlichkeiten
    darunter: täglich fällig ... EUR

---
2 Vgl. Scharpf/Schaber (2018), S. 770; Krumnow/Sprißler (2004), § 15 RechKredV, Tz. 10 f.
3 Zur näheren Erläuterung siehe Kapitel IV.1.2.4.2.

zur Sicherstellung aufgenommener Darlehen an den Darlehensgeber ausgehändigte
Hypotheken-Namenspfandbriefe … EUR
und öffentliche Namenspfandbriefe … EUR

Im **Unterposten a)** sind auf den Namen lautende Hypothekenpfandbriefe auszuweisen. Nach § 1 Abs. 1 Nr. 1 PfandBG dürfen als Hypothekenpfandbriefe nur »gedeckte Schuldverschreibungen aufgrund erworbener Hypotheken« bezeichnet werden. Nach § 12 Abs. 1 PfandBG dürfen zur Deckung von Hypothekenpfandbriefen nur Hypotheken benutzt werden, soweit sie den Erfordernissen der §§ 13 bis 16 PfandBG genügen. Die Hypotheken haben strenge Kriterien hinsichtlich der Belegenheit der Sicherheit, der Beleihungsgrenzen (einschließlich der Beleihungswertermittlung) sowie der Versicherungspflicht zu erfüllen. In diesem Unterposten sind ausschließlich auf den Namen lautende Hypothekenpfandbriefe auszuweisen, die den Anforderungen des PfandBG entsprechen.

Im **Unterposten b)** sind auf den Namen lautende öffentliche Pfandbriefe auszuweisen. Nach § 1 Abs. 1 Nr. 2 PfandBG dürfen als öffentliche Pfandbriefe nur »gedeckte Schuldverschreibungen auf Grund erworbener Forderungen gegen staatliche Stellen« bezeichnet werden. Als staatliche Stellen sind die in § 20 PfandBG aufgeführten Körperschaften und Stellen zu verstehen.

Im **Unterposten c)** sind alle übrigen Verbindlichkeiten gegenüber Kreditinstituten auszuweisen, die nicht die Kriterien für einen Ausweis im Unterposten a) oder b) erfüllen.

4.2.4 Verbindlichkeiten gegenüber Kunden

Für den Ausweis von Verbindlichkeiten im Posten »Verbindlichkeiten gegenüber Kunden« haben Pfandbriefbanken die für alle Institute geltenden Vorschriften in § 21 RechKredV zu beachten (im Einzelnen siehe Kapitel IV.1.3.2). Pfandbriefbanken haben den Posten »Verbindlichkeiten gegenüber Kunden« wie folgt zu unterteilen (Fußnote 7 zum Formblatt 1):
a) begebene Hypotheken-Namenspfandbriefe
b) begebene öffentliche Namenspfandbriefe
c) Spareinlagen
    ca) mit vereinbarter Kündigungsfrist von drei Monaten … EUR
    cb) mit vereinbarter Kündigungsfrist von mehr als drei Monaten … EUR
d) andere Verbindlichkeiten
    darunter: täglich fällig … EUR
    zur Sicherstellung aufgenommener Darlehen an den Darlehensgeber ausgehändigte
    Hypotheken-Namenspfandbriefe … EUR
    und öffentliche Namenspfandbriefe … EUR

Zur Erläuterung des Ausweises von Spareinlagen kann auf die für Universalbanken geltenden Vorschriften verwiesen werden (siehe Kapitel IV.1.3.2.2.1). Für den Ausweis von begebenen Hypotheken-Namenspfandbriefen und begebenen öffentlichen Namenspfandbriefen gelten die obigen Ausführungen zum Posten »Verbindlichkeiten gegenüber Kreditinstituten« analog.

4.2.5 Verbriefte Verbindlichkeiten

Für den Ausweis im Posten »Verbriefte Verbindlichkeiten« haben Pfandbriefbanken die allgemeinen Vorschriften in § 22 RechKredV zu beachten. Pfandbriefbanken haben den Posten 3 »Verbriefte Verbindlichkeiten« wie folgt zu untergliedern (Fußnote 9 zum Formblatt 1):

a) begebene Schuldverschreibungen
   aa) Hypothekenpfandbriefe
   ab) öffentliche Pfandbriefe
   ac) sonstige Schuldverschreibungen
b) andere verbriefte Verbindlichkeiten
   darunter: Geldmarktpapiere

Begebene Hypotheken-Namenspfandbriefe und begebene öffentliche Namenspfandbriefe stellen Buchverbindlichkeiten dar und sind unter den »Verbindlichkeiten gegenüber Kreditinstituten« bzw. »Verbindlichkeiten gegenüber Kunden« auszuweisen.

4.2.6 Passiver Rechnungsabgrenzungsposten

Gem. Fußnote 10 von Formblatt 1 haben Pfandbriefbanken den passiven Rechnungsabgrenzungsposten in Unterposten a) aus dem Emissionsgeschäft sowie b) andere zu untergliedern.

4.2.7 Posten der Gewinn- und Verlustrechnung

Für die Posten der Gewinn- und Verlustrechnung sind von Pfandbriefbanken keine spezialgesetzlichen Ausgliederungsvermerke zu beachten.

4.3 Anhangangaben

Pfandbriefbanken unterliegen hinsichtlich ihrer Pfandbriefemissionen erhöhten Transparenzanforderungen mit dem Ziel einer gezielten Informationsversorgung von Investoren. Die für Pfandbriefbanken spezifischen Angabepflichten ergeben sich aus § 28 PfandBG. Nach § 35 Abs. 1 Nr. 7 RechKredV sind die Angabepflichten nach § 28 PfandBG im Anhang anzugeben. Nach § 28 Abs. 1 PfandBG haben Pfandbriefbanken quartalsweise folgende Angaben zu veröffentlichen:

1. den jeweiligen Gesamtbetrag der im Umlauf befindlichen Hypothekenpfandbriefe, Öffentlichen Pfandbriefe, Schiffspfandbriefe und Flugzeugpfandbriefe sowie der ent-

sprechenden Deckungsmassen in Höhe des Nennwertes, des Barwertes sowie des in der Rechtsverordnung nach § 4 Abs. 6 festgelegten Risikobarwertes[4],

2. die Laufzeitenstruktur[5] der im Umlauf befindlichen Hypothekenpfandbriefe, Öffentlichen Pfandbriefe, Schiffspfandbriefe und Flugzeugpfandbriefe sowie die Zinsbindungsfristen der entsprechenden Deckungsmassen, jeweils in Stufen von bis zu sechs Monaten, von mehr als sechs Monaten bis zu zwölf Monaten, von mehr als zwölf Monaten bis zu 18 Monaten, von mehr als 18 Monaten bis zu zwei Jahren, von mehr als zwei Jahren bis zu drei Jahren, von mehr als drei Jahren bis zu vier Jahren, von mehr als vier Jahren bis zu fünf Jahren, von mehr als fünf Jahren bis zu zehn Jahren und über zehn Jahren[6],
3. den Anteil der Derivategeschäfte an den Deckungsmassen gem. § 19 Abs. 1 Nr. 4 S. 3, auch in Verbindung mit § 20 Abs. 2 Nr. 3 und § 26 Abs. 1 Nr. 5 sowie § 26f Abs. 1 Nr. 5, bei einem negativen Gesamtwert der Derivategeschäfte an Stelle des Anteils an den Deckungsmassen den Anteil an den zu deckenden Verbindlichkeiten,
4. jeweils den Gesamtbetrag der in das Deckungsregister eingetragenen Forderungen im Sinne des § 19 Abs. 1 Nr. 1, § 20 Abs. 2 Nr. 1, § 26 Abs. 1 Nr. 2 und § 26f Abs. 1 Nr. 2,
5. jeweils den Gesamtbetrag der in das Deckungsregister eingetragenen Forderungen im Sinne des § 19 Abs. 1 Nr. 2, § 20 Abs. 2 Nr. 2, § 26 Abs. 1 Nr. 3 und § 26f Abs. 1 Nr. 3 jeweils mit Ausnahme der Werte im Sinne des § 4 Abs. 1 S. 2 Nr. 1 und 2 getrennt nach den Staaten, in denen die Schuldner ihren Sitz haben, und hierzu jeweils zusätzlich den Gesamtbetrag der Forderungen im Sinne des Art. 129 der Verordnung (EU) Nr. 575/2013,[7]
6. jeweils den Gesamtbetrag der in das Deckungsregister eingetragenen Forderungen im Sinne des § 19 Abs. 1 Nr. 3 zuzüglich der Werte nach § 19 Abs. 1 Nr. 2 in Verbindung mit § 4 Abs. 1 S. 2 Nr. 1 und 2, § 26 Abs. 1 Nr. 4 zuzüglich der Werte nach § 26 Abs. 1 Nr. 3 in Verbindung mit § 4 Abs. 1 S. 2 Nr. 1 und 2 sowie § 26f Abs. 1 Nr. 4 zuzüglich der Werte nach § 26f Abs. 1 Nr. 3 in Verbindung mit § 4 Abs. 1 S. 2 Nr. 1 und 2 getrennt nach den Staaten, in denen die Schuldner oder im Fall einer vollen Gewährleistung die gewährleistenden Stellen ihren Sitz haben,
7. für die in das Deckungsregister eingetragenen Hypotheken nach § 12 Abs. 1 auch den Gesamtbetrag der Forderungen, die die Grenzen des § 13 Abs. 1 überschreiten,[8]

---

4 Hierbei ist nur der Risikobarwert anzugeben, der die betragsmäßig geringste Überdeckung liefert; es ist ferner anzugeben, ob der dynamischen oder der statische Ansatz oder ein internes Modell zur Berechnung des Risikobarwerts verwendet wird. Vgl. Winkler: vdp-Transparenzinitiative, S. 54.
5 Im Zuge des CRD IV UmsG wurde die Laufzeitenstruktur deutlich detaillierter. Zur Einschätzung von Liquiditätsrisiken wurde die Fälligkeitsstruktur für die ersten zwei Jahre als zu grob angesehen. Vgl. BT-Drs 17/10974, S. 100.
6 Hierbei sollen variabel verzinsliche Hypothekendarlehen gem. dem Termin der nächsten Margenanpassung in die Laufzeitbänder eingeordnet werden; der Anpassungstermin des zugrundeliegenden Referenzzinssatzes soll nicht zugrunde gelegt werden. Planmäßige Tilgungen sind in den Laufzeitbändern im Sinne einer Cash-Flow-Betrachtung zu berücksichtigen. Eine Berücksichtigung von Emittentenkündigungsrechten ist nicht erforderlich; Kündigungsrechte für Vermögensgegenstände im Deckungsstock können berücksichtigt werden. Vgl. Winkler: vdp-Transparenzinitiative, S. 55.
7 Mit den durch das CRD IV UmsG neu eingeführten Nr. 5 ff. soll ein genaueres Bild über die Qualität der Deckungsmasse und der Pfandbriefe vermittelt werden. Vgl. BT-Drs 17/10974, S. 100.
8 Mit dem separaten Ausweis der Höhe der Forderungen, die deckungsfähig sind und die in den Nrn. 7 und 8 genannten Grenzen überschreiten, wird eine Aussage über das potenzielle Pfandbriefemissionsvolumen der Pfandbriefbank getätigt. Vgl. BT-Drs 17/10974, S. 100.

8. für die Nr. 5 und 6 jeweils auch den Gesamtbetrag der Forderungen, die die Begrenzungen des § 19 Abs. 1, des § 20 Abs. 2, des § 26 Abs. 1 und des § 26f Abs. 1 überschreiten,
9. den prozentualen Anteil der festverzinslichen Deckungswerte an der entsprechenden Deckungsmasse sowie den prozentualen Anteil der festverzinslichen Pfandbriefe an den zu deckenden Verbindlichkeiten,
10. je Fremdwährung den Nettobarwert nach § 6 der Pfandbrief-Barwertverordnung und
11. für die zur Deckung nach § 12 Abs. 1 verwendeten Forderungen auch den volumengewichteten Durchschnitt der seit der Kreditvergabe verstrichenen Laufzeit.

Für den Gesamtbetrag der zur Deckung von **Hypothekenpfandbriefen** verwendeten Forderungen sind zusätzlich anzugeben (§ 28 Abs. 2 PfandBG):
1. die Verteilung mit den nennwertig als Deckung in Ansatz gebrachten Beträgen
    a) nach ihrer Höhe in Stufen bis zu 300.000 EUR, von mehr als 300.000 EUR bis zu 1 Mio EUR, von mehr als 1 Mio. EUR bis zu 10 Mio. EUR und von mehr als 10 Mio. EUR,
    b) nach den Staaten, in denen die Grundstückssicherheiten liegen, dabei jeweils
    c) nach gewerblich und wohnwirtschaftlich genutzten Grundstücken sowie nach Eigentumswohnungen, Ein- und Zweifamilienhäusern, Mehrfamilienhäusern, Bürogebäuden, Handelsgebäuden, Industriegebäuden, sonstigen gewerblich genutzten Gebäuden, unfertigen und noch nicht ertragsfähigen Neubauten sowie Bauplätzen,
2. der Gesamtbetrag der mindestens 90 Tage rückständigen Leistungen auf diese Forderungen sowie der Gesamtbetrag dieser Forderungen, soweit der jeweilige Rückstand mindestens 5 % der Forderung beträgt, und deren Verteilung nach Staaten entsprechend Nr. 1 Buchst. b,
3. der durchschnittliche, anhand des Betrags der zur Deckung verwendeten Forderungen gewichtete Beleihungsauslauf; werden mehrere auf einem Grundstück lastende Hypotheken zur Deckung genutzt, so ist hiervon nur diejenige mit dem höchsten Beleihungsauslauf zugrunde zu legen; Beleihungsauslauf im Sinne dieses Gesetzes ist das prozentuale Verhältnis der nach § 14 zur Deckung genutzten Hypothek zuzüglich der ihr vorrangigen und gleichrangigen Belastungen zum Beleihungswert, sowie
4. ausschließlich im Anhang des Jahresabschlusses
    a) die Zahl der Zwangsversteigerungs- und Zwangsverwaltungsverfahren, die am Abschlussstichtag anhängig waren, sowie die Zahl der im Geschäftsjahr durchgeführten Zwangsversteigerungen,
    b) die Zahl der Fälle, in denen die Pfandbriefbank während des Geschäftsjahres Grundstücke zur Verhütung von Verlusten an Hypotheken hat übernehmen müssen,
    c) der Gesamtbetrag der Rückstände auf die von Hypothekenschuldnern zu entrichtenden Zinsen, soweit diese nicht bereits in den vorhergehenden Jahren abgeschrieben worden sind.

Für den Gesamtbetrag der zur Deckung von **Öffentlichen Pfandbriefen** verwendeten Forderungen nach § 20 Abs. 1 sind zusätzlich anzugeben:

1. die Verteilung mit den nennwertig als Deckung in Ansatz gebrachten Beträgen nach ihrer Höhe in Stufen bis zu 10 Mio. Euro, von mehr als 10 Mio. Euro bis zu 100 Mio. Euro und von mehr als 100 Mio. Euro, jeweils bezogen auf einen Schuldner oder eine gewährleistende Stelle;
2. verteilt auf die einzelnen Staaten, in denen die Schuldner und im Falle einer Gewährleistung die gewährleistenden Stellen ihren Sitz haben, die nennwertig als Deckung in Ansatz gebrachten Beträge, der Art nach zusätzlich danach aufgeschlüsselt, ob sich die Forderung gegen den Staat, regionale Gebietskörperschaften, örtliche Gebietskörperschaften oder sonstige Schuldner richtet oder von diesen jeweils gewährleistet ist sowie danach, ob eine Gewährleistung aus Gründen der Exportförderung gewährt wurde;
3. der Gesamtbetrag der mindestens 90 Tage rückständigen Leistungen auf diese Forderungen sowie der Gesamtbetrag dieser Forderungen, soweit der jeweilige Rückstand mindestens 5 % der Forderung beträgt, und deren regionale Verteilung gem. Nummer 1.

Für den Gesamtbetrag der zur Deckung von **Schiffspfandbriefen** und **Flugzeugpfandbriefen** verwendeten Forderungen sind zusätzlich anzugeben:
1. die Verteilung mit den nennwertig als Deckung in Ansatz gebrachten Beträgen
    a) nach ihrer Höhe in Stufen bis zu 500.000 EUR, von mehr als 500.000 EUR bis zu 5 Mio. EUR und von mehr als 5 Mio. EUR,
    b) nach den Staaten, in denen die beliehenen Schiffe und Schiffsbauwerke registriert sind, jeweils getrennt nach Seeschiffen und Binnenschiffen, und
    c) nach den Staaten, in denen die beliehenen Flugzeuge registriert sind,
2. der Gesamtbetrag der mindestens 90 Tage rückständigen Leistungen auf diese Forderungen sowie der Gesamtbetrag dieser Forderungen, soweit der jeweilige Rückstand mindestens 5 % der Forderung beträgt, sowie
3. ausschließlich im Anhang des Jahresabschlusses
    a) die Zahl der Verfahren zur Zwangsversteigerung von Schiffen, Schiffsbauwerken und Flugzeugen, die am Abschlussstichtag anhängig waren, sowie die Zahl der im Geschäftsjahr durchgeführten Zwangsversteigerungen,
    b) die Zahl der Fälle, in denen die Bank während des Geschäftsjahres Schiffe, Schiffsbauwerke oder Flugzeuge zur Verhütung von Verlusten an Schiffshypotheken, Registerpfandrechten oder ausländischen Flugzeughypotheken hat übernehmen müssen,
    c) der Gesamtbetrag der Rückstände auf die von Darlehensschuldnern zu entrichtenden Zinsen, soweit diese nicht bereits in den vorhergehenden Jahren abgeschrieben worden sind.

5 Vorschriften für bestimmte Skontroführer

Institute, die Skontroführer im Sinne des § 27 Abs. 1 BörsG aber nicht zugleich Einlagenkreditinstitute im Sinne des KWG sind, haben spezifische Ergänzungen der Formblätter zu beachten. Ein Skontroführer im Sinne des § 27 BörsG ist ein zum Börsenhandel zugelassenes Unternehmen, das von der Geschäftsführung einer Wertpapierbörse mit der Feststellung von Börsenpreisen an dieser Wertpapierbörse betraut wurde[1]. Skontroführer sind zum Börsenhandel zugelassene Handelsmakler, die auf einen geordneten Marktverlauf hinzuarbeiten und die Skontroführung neutral auszuüben haben (§ 28 BörsG). Der Skontroführer hat die Vermittlung und den Abschluss von Börsengeschäften in den zur Skontroführung zugewiesenen Wertpapieren zu betreiben. Der Skontroführer hat zudem das Monopol hinsichtlich der Preisfeststellung über die ihm zugewiesenen Wertpapiere[2].

Hinsichtlich des **Ausweises in der Bilanz** haben Institute, die Skontroführer im Sinne des § 27 Abs. 1 BörsG aber nicht zugleich Einlagenkreditinstitute im Sinne des KWG sind, die folgenden Ausweisvorschriften zu beachten:
- Forderungen an Kunden (Fußnote 2, Formblatt 1). Unter dem Posten 4 »Forderungen an Kunden« sind die Forderungen gegenüber Finanzdienstleistungsinstituten gesondert anzugeben.
- Verbindlichkeiten gegenüber Kunden (Fußnote 7, Formblatt 1). Aufgrund des Fehlens von Spareinlagen sind unter dem Passivposten 2 »Verbindlichkeiten gegenüber Kunden« lediglich die Verbindlichkeiten gegenüber Finanzdienstleistungsinstituten zu vermerken.

Hinsichtlich des **Ausweises in der Gewinn- und Verlustrechnung** haben Institute, die Skontroführer im Sinne des § 27 Abs. 1 BörsG aber nicht zugleich Einlagenkreditinstitute im Sinne des KWG sind, die folgenden Ausweisvorschriften zu beachten:
- **Provisionserträge** (Ertragsposten 4, Formblatt 2). Der Posten »Provisionserträge« ist in die Unterposten a) »Courtageerträge« sowie b) »Courtage aus Poolausgleich« zu untergliedern.
- **Provisionsaufwendungen** (Aufwandsposten 2, Formblatt 2). Der Posten »Provisionsaufwendungen« ist in die Unterposten a) »Courtageaufwendungen« sowie b) »Courtage aus Poolausgleich« zu untergliedern.

---

1 Zu den verschiedenen Zulassungsvoraussetzungen sowie den Rechten und Pflichten vgl. ausführlich Beck, in: Schwark/Zimmer, §§ 27–29 BörsG.
2 Vgl. Beck, in: Schwark/Zimmer, § 28 BörsG, Tz. 8 f.; Groß, in: Kapitalmarktrecht, § 28 BörsG, Tz. 3.

- **Handelsergebnis.** Skontroführer mit Institutseigenschaft, die jedoch nicht Einlagenkreditinstitut sind, haben die Aufwendungen und Erträge des Handelsbestands brutto auszuweisen[3]. Für diese Skontroführer ist ein unsaldierter Ausweis in der folgenden Form vorgesehen (Fußnote 7 zu Formblätter 2 und 3):
  – Aufwand des Handelsbestands
    Davon:
    a) Wertpapiere
    b) Futures
    c) Optionen
    d) Kursdifferenzen aus Aufgabegeschäften
  – Ertrag aus Handelsgeschäften
    Davon:
    a) Wertpapiere
    b) Futures
    c) Optionen
    d) Kursdifferenzen aus Aufgabegeschäften

Die Nicht-Anwendung von § 340c Abs. 1 HGB für Skontroführer im Sinne des § 27 Abs. 1 S. 1 BörsG, die nicht zugleich Einlagenkreditinstitut nach § 1 Abs. 3d S. 1 KWG sind, folgt auch aus § 340 Abs. 4 S. 2 HGB. **Finanzdienstleistungsinstitute**, die nicht Skontroführer im Sinne des § 27 Abs. 1 S. 1 BörsG sind, haben ebenso die Erfolgsbeiträge des Handelsbestands unsaldiert in den Aufwandsposten 3 »Aufwand des Handelsbestands« und Ertragsposten 5 »Ertrag des Handelsbestands« (siehe Fußnote 7, Formblätter 2 und 3) auszuweisen.

---

[3] Diese Ausnahme wurde durch das dritte Finanzmarktförderungsgesetz eingeführt. Siehe BT-Drs 134/98, S. 43. Dies wurde unter anderem damit begründet, dass ansonsten ein wesentlicher Teil der Geschäftsaktivitäten von Skontroführer netto ausgewiesen worden wäre. Siehe BT-Drs 13/9874, S. 138.

6 Vorschriften für genossenschaftliche Kreditinstitute

6.1 Vorschriften für alle Kreditgenossenschaften

Nach § 336 Abs. 2 S. 1 HGB haben Genossenschaften die für alle Kaufleute sowie die für Kapitalgesellschaften geltenden Vorschriften der §§ 265–289e HGB mit Ausnahme von § 277 Abs. 3 S. 1 sowie § 285 Nr. 17 HGB anzuwenden; § 289f Abs. 4 HGB ist nach Maßgabe des § 9 Abs. 3 u. 4 GenG anzuwenden. Geschäftszweigspezifische Vorschriften bleiben hiervon jedoch unberührt (§ 336 Abs. 2 S. 2 HGB). Genossenschaftliche Kredit- und Finanzdienstleistungsinstitute haben mithin unabhängig von ihrer Größe die für große Kapitalgesellschaften geltenden Vorschriften zu beachten (§ 340a Abs. 1 HGB)[1]. Genossenschaftliche Institute haben ihren Jahresabschluss innerhalb von drei Monaten (§ 26 KWG) und nicht innerhalb von fünf Monaten (§ 336 Abs. 1 S. 2 HGB) aufzustellen[2]. Kreditgenossenschaften haben § 339 HGB, wonach der Vorstand unverzüglich nach der Generalversammlung über den Jahresabschluss, jedoch spätestens vor Ablauf des zwölften Monats des dem Abschlussstichtag nachfolgenden Geschäftsjahrs, den festgestellten Jahresabschluss, den Lagebericht und den Bericht des Aufsichtsrats im Bundesanzeiger elektronisch einzureichen hat, aufgrund von § 340l Abs. 3 HGB nicht zu beachten.

Die Konzernrechnungslegungsvorschriften der §§ 290 bis 315 HGB gelten nicht für Genossenschaften. Eine Konzernrechnungslegungspflicht kann sich in Abhängigkeit von der Größe der Genossenschaft nach § 11 PublG ergeben. Für genossenschaftliche Institute ergibt sich hingegen eine Konzernrechnungslegungspflicht nach § 340i HGB, so dass aufgrund der branchenspezifischen Vorschriften die für Kapitalgesellschaften geltenden Konzernrechnungslegungsvorschriften auch für genossenschaftliche Institute einschlägig sind.

Kredit- und Finanzdienstleistungsinstitute in der Rechtsform der eingetragenen Genossenschaft haben in der Bilanz die folgenden Ausweisvorschriften zu beachten:
- **Beteiligungen.** Institute in genossenschaftlicher Rechtsform sowie genossenschaftliche Zentralbanken haben den Posten 7 »Beteiligungen« wie folgt zu untergliedern:
    a) Beteiligungen
        darunter: an Kreditinstitute .... EUR
        an Finanzdienstleistungsinstitute ... EUR

---

[1] Vgl. Schmidt/Schäfer, in: BBK, 11. Aufl., § 336 HGB, Tz. 29; Strieder, in: MüKom BilR, § 336 HGB, Tz. 15.
[2] Vgl. Braun, in: KK-RLR, § 336 HGB, Tz. 36.

b) Geschäftsguthaben bei Genossenschaften
darunter: bei Kreditgenossenschaften ... EUR
bei Finanzdienstleistungsinstituten ... EUR

Diese Untergliederung ergibt sich aus § 18 RechKredV sowie aus Fußnote 4 zu Formblatt 1 der RechKredV. Durch diese Regelung wird die für alle Kapitalgesellschaften geltende Vorschrift in § 271 Abs. 1 S. 5 HGB modifiziert, wonach die Mitgliedschaft in einer eingetragenen Genossenschaft nicht als eine Beteiligung gilt[3]. Durch diesen Ausweis kommt zum einen die »Verzahnung« innerhalb des genossenschaftlichen Bankensystems und zum anderen der wirtschaftliche Charakter als Beteiligung auch in der Bilanz zum Ausdruck[4]. Dabei sind die Geschäftsguthaben bei Kreditgenossenschaften und die Geschäftsguthaben bei Finanzdienstleistungsinstituten jeweils als gesonderte Ausgliederungsvermerke anzugeben. Die Abgrenzung richtet sich nach dem Status der Genossenschaft als Kredit- oder als Finanzdienstleistungsinstitut (zur Abgrenzung siehe Kapitel I.2.1.1.1.2). Die Geschäftsguthaben sind mit den eingezahlten Beträgen sowie anzurechnenden Gutschriften, zum Beispiel aus genossenschaftlichen Rückvergütungen und Dividenden, zu bilanzieren, solange die Anteile nicht voll eingezahlt sind[5]. Außerhalb des Genossenschaftssektors sind Geschäftsguthaben nicht als Beteiligungen auszuweisen. Nicht genossenschaftliche Institute haben die Geschäftsguthaben im Aktivposten 14 »Sonstige Vermögensgegenstände« auszuweisen[6].

- **Geschäftsguthaben.** Gem. Fußnote 12 zu Formblatt 1 haben genossenschaftliche Institute in der Bilanz beim Unterposten a) Gezeichnetes Kapital sowohl die **Geschäftsguthaben** der Genossen als such die Einlagen stiller Gesellschafter auszuweisen. Diese geschäftszweigspezifische Regelung spiegelt die rechtsformspezifische Vorschrift des § 337 Abs. 1 S. 1 HGB wieder, wonach Genossenschaften an Stelle des gezeichneten Kapitals die Geschäftsguthaben der Mitglieder auszuweisen haben. Genossenschaftliche Institute haben entgegen der rechtsformspezifischen Vorschriften das gezeichnete Kapital nicht durch die Geschäftsguthaben zu ersetzen, sondern die Geschäftsguthaben als Unterposten zum gezeichneten Kapital auszuweisen. In der Praxis werden diese Angaben zuweilen auch im Anhang (z. B. im Eigenkapitalspiegel) vorgenommen[7]. Bei Genossenschaften ist der Begriff des Geschäftsguthabens von den Begriffen Geschäftsanteil und Haftsumme abzugrenzen. Der **Geschäftsanteil** stellt den Höchstbetrag dar, bis zu dem die Mitglieder sich an einer Genossenschaft beteiligen können. Nach § 7 GenG bestimmt die Satzung die Höhe der einzelnen Geschäftsanteile sowie die Höhe der Verpflichtung zur Einzahlung auf den Geschäftsanteil. Für eingetragene Genossenschaften besteht grundsätzlich keine Pflicht für eine Mindestkapitalausstattung; gleichwohl haben die Mitglieder nach Maßgabe der Satzung bis zur Höhe der sog. **Haftsumme** im Falle der Insolvenz der Genossenschaft Nachschüsse in die Insolvenzmasse zu leisten (§ 6 Nr. 3 GenG; zur Bestimmung siehe auch § 119 GenG). Die Nachschusspflicht

---

3 Vgl. Krumnow/Sprißler (2004), § 340c HGB, Tz. 170.
4 Vgl. Krumnow/Sprißler (2004), § 340c HGB, Tz. 178.
5 Vgl. DGRV (2012), B. 472.
6 Vgl. Scharpf/Schaber (2018), S. 841.
7 Vgl. Deutsche Apotheker- und Ärztebank, Geschäftsbericht 2012, S. 73.

kann in der Satzung ausgeschlossen sein[8]. Vormals war eine Nachschusspflicht bei Genossenschaftsbanken als Ergänzungskapital im Sinne des § 10 Abs. 2b Nr. 8 KWG aF in Verbindung mit § 1 ZuschlagsV bis zur Höhe von 25 % des haftenden Eigenkapitals berücksichtigungsfähig[9]; die Anerkennungsfähigkeit als Ergänzungskapital ist im Zuge der CRR entfallen[10]. Ferner bestimmt die Satzung die Bildung einer gesetzlichen Rücklage (§ 7 Nr. 2 GenG). Die Geschäftsguthaben sind in Höhe des eingezahlten Betrags zu passivieren, wobei zu den Einzahlungen auch Gutschriften aus Dividenden, genossenschaftlichen Rückvergütungen und aus der gem. § 76 Abs. 1 GenG ganz oder teilweise möglichen Übertragung von Geschäftsguthaben gehören[11].

- **Stille Einlagen.** Beim Unterposten a) Gezeichnetes Kapital sind neben den Geschäftsguthaben auch die Einlagen stiller Gesellschafter auszuweisen. Der Ausweis entspricht den Vorschriften für Universalkreditinstitute nach § 25 Abs. 1 RechKredV (zur Erläuterung siehe Kapitel IV.1.3.13.2). Ein Ausweis der stillen Einlagen unter den Geschäftsguthaben der Genossen wird vom Gesetzgeber nicht für sachgerecht erachtet[12].

- **Ergebnisrücklagen.** Gem. Fußnote 13 zu Formblatt 1 haben Genossenschaften in der Bilanz an Stelle der Gewinnrücklagen den Posten 12c) **Ergebnisrücklagen** mit den Unterposten ca) gesetzliche Rücklage sowie cb) andere Ergebnisrücklagen auszuweisen. Dieser Ausweis reflektiert die rechtsformspezifischen Vorschriften in § 337 Abs. 2 HGB. Danach werden die Gewinnrücklagen im Jahresabschluss der eingetragenen Genossenschaft als Ergebnisrücklage bezeichnet. Die Ergebnisrücklage umfasst die aus dem laufenden Ergebnis gebildeten Rücklagen[13]. Die Ergebnisrücklage ist unterteilt in die gesetzliche Rücklage, die einer Zweckbindung unterliegt und den anderen Ergebnisrücklagen, über die die Genossenschaftsorgane frei verfügen können (freie Rücklage). Die Notwendigkeit der Bildung einer **gesetzlichen Rücklage** ergibt sich aus § 7 Nr. 2 GenG. Danach muss die Satzung einer eingetragenen Genossenschaft »die Bildung einer gesetzlichen Rücklage (bestimmen), welche zur Deckung eines aus der Bilanz sich ergebenden Verlusts zu dienen hat, sowie die Art dieser Bildung, insbesondere den Teil des Jahresüberschusses, welcher in diese Rücklage einzustellen ist, und den Mindestbetrag der letzteren, bis zu dessen Erreichung die Einstellung zu erfolgen hat.« Aufgrund von § 7 Nr. 2 GenG besteht für Genossenschaften mithin die Pflicht zur Bildung einer gesetzlichen Rücklage; die Art und Höhe der Bildung dieser Rücklage wird jedoch durch die Satzung der eingetragenen Genossenschaft bestimmt[14]. Der Unterposten »**andere Ergebnisrücklagen**« enthält freiwillige Rücklagen, die über die gesetzliche Verpflichtung zur Rücklagenbildung hinaus gebildet wurden. Dieser Posten kann auch Rücklagen enthalten, die auf Beschluss der Generalversammlung gebildet wurden und einer Zweckbindung unterliegen. Eine solche zweckgebundene andere Ergebnisrücklage stellt der sog. **Beteiligungsfonds** nach § 73 Abs. 3 GenG dar. Dieser ist zu bilden,

---

8   Vgl. Geibel, in: Henssler/Strohn, § 6 GenG, Tz. 4.
9   Vgl. Fandrich, in: Pöhlmann/Fandrich/Bloehs, § 6 GenG, Tz. 9.
10 Vgl. Kolassa, in: Schimansky/Bunte/Lwowski, 5. Aufl., § 137 Tz. 14.
11 Vgl. DGRV (2017), B 1095.
12 Vgl. BT-Drs 12/4876, S. 8.
13 Vgl. Wiedmann, in: Ebenroth/Boujong/Joost/Strohn, § 337 HGB, Tz. 9.
14 Vgl. Braun, in: KK-RLR, § 337 HGB, Tz. 20.

wenn die Satzung vorsieht, dass Mitglieder, die ihren Geschäftsanteil voll eingezahlt haben bei ihrem Ausscheiden einen Anspruch auf Auszahlung eines Anteils an einer zu diesem Zweck aus dem Jahresüberschuss zu bildenden Ergebnisrücklage haben (§ 73 Abs. 3 GenG)[15]. Der Beteiligungsfonds kann nur aus dem laufenden Jahresüberschuss dotiert werden; eine Umwidmung aus anderen Ergebnisrücklagen ist nicht möglich[16]. Die Generalversammlung kann beschließen, dass der Beteiligungsfonds auch zur Deckung von Verlusten dienen kann[17]. Nach § 337 Abs. 2 Nr. 2 HGB sowie Fußnote 13 zu Formblatt 1 der RechKredV ist der Beteiligungsfonds beim Posten »Andere Gewinnrücklagen« gesondert zu vermerken.

In der **Gewinn- und Verlustrechnung** haben genossenschaftliche Institute sowie genossenschaftliche Zentralbanken im Ertragsposten 2 (Formblatt 2) »Laufende Erträge« den Unterposten b) »Laufende Erträge aus Beteiligungen« um die Worte »und aus Geschäftsguthaben bei Genossenschaften« zu ergänzen (Fußnote 3 zu Formblättern 2 und 3).

Im **Anhang** haben genossenschaftliche Institute die folgenden Angabepflichten zu beachten:
- Nach § 34 Abs. 2 Nr. 3 RechKredV sind die im Passivposten 12a) ausgewiesenen Geschäftsguthaben wie folgt aufzugliedern:
  a) **Geschäftsguthaben der verbleibenden Mitglieder**. Bestimmt die Satzung, dass die Mitgliedschaft durch Erben fortgesetzt wird, so sind die Geschäftsguthaben des Verstorbenen unter dem Namen des oder der Erben unverändert den Geschäftsguthaben verbleibender Mitglieder zuzuordnen[18].
  b) **Geschäftsguthaben der ausscheidenden Mitglieder**[19]. Die Beendigung einer Mitgliedschaft erfolgt durch Kündigung, Ausschließung oder Tod zum Ablauf eines Geschäftsjahres (§§ 65, 68, 77 GenG).
  c) **Geschäftsguthaben aus gekündigten Geschäftsanteilen** nach § 67b GenG sind gesondert anzugeben[20]. Hierbei kommt es nicht zur Kündigung der gesamten Mitgliedschaft, sondern nur zur Kündigung einzelner Geschäftsanteile; die Mitgliedschaft bleibt daher bestehen[21].
  d) **Pflichteinzahlungen**. In Bezug auf die Geschäftsguthaben sind im Anhang die rückständigen fälligen Pflichteinzahlungen auf Geschäftsanteile in analoger Anwendung des § 337 Abs. 1 S. 4 HGB zu vermerken, auch wenn ein konkreter Hinweis in der RechKredV dazu fehlt. »Höhe und Fälligkeit der Pflichteinzahlungen ergeben sich aus den am Bilanzstichtag gültigen Satzungsbestimmungen, ggf. ergänzt durch nichteintragungspflichtige Beschlüsse der zuständigen Organe. Die Ermittlung der Pflichteinzahlungen bereitet keine Schwierigkeiten, wenn der Geschäftsanteil sofort voll einzuzahlen ist. In diesem Fall ergeben sie sich aus dem Unterschiedsbetrag

---

15 Vgl. Böcking/Gros/Rabenhorst, in: Ebenroth/Boujong/Joost/Strohn, 3. Aufl., § 337 HGB, Tz. 10.
16 Vgl. Spanier, in: MüKom HGB, § 337 HGB, Tz. 31; Braun, in: KK-RLR, § 337 HGB, Tz. 24.
17 Vgl. Spanier, in: MüKom HGB, § 337 HGB, Tz. 31; Braun, in: KK-RLR, § 337 HGB, Tz. 24.
18 Vgl. DGRV (2017), B 1099.
19 Diese Angabepflicht stimmt mit der Angabepflicht in § 337 Abs. 1 S. 2 HGB überein.
20 Vgl. Braun, in: KK-RLR, § 337 HGB, Tz. 10.
21 Vgl. Fandrich, in: Pöhlmann/Fandrich/Bloehs, § 67b GenG, Tz. 1.

zwischen den Nennbeträgen aller Geschäftsanteile und dem Gesamtbetrag der Geschäftsguthaben. Besteht keine sofortige Volleinzahlungspflicht, so müssen die ausstehenden Pflichteinzahlungen einzeln unter Berücksichtigung der Höhe der sofort fälligen Pflichteinzahlungen und der eventuell festgelegten weiteren Ratenzahlungen berechnet werden«[22].

- Nach § 35 Nr. 11 RechKredV sind im Anhang die folgenden Angaben zu machen:
  a) dem Posten der Bilanz »Forderungen an Kreditinstituten« (Aktivposten Nr. 3) die im Gesamtbetrag enthaltenen Forderungen an die zuständige genossenschaftliche Zentralbank,
  b) zu dem Posten der Bilanz »Verbindlichkeiten gegenüber Kreditinstituten« (Passivposten Nr. 1) die im Gesamtbetrag enthaltenen Verbindlichkeiten gegenüber der zuständigen genossenschaftlichen Zentralbank.
- Nach § 337 HGB sind in Bezug auf die Ergebnisrücklagen in der Bilanz oder im Anhang anzugeben[23]:
  a) die Beträge, welche die Generalversammlung aus dem Bilanzgewinn des Vorjahrs eingestellt hat,
  b) die Beträge, die aus dem Jahresüberschuss des Geschäftsjahres eingestellt werden,
  c) die Beträge, die für das Geschäftsjahr entnommen werden.
- Nach § 338 HGB ist anzugeben:
  a) Zahl der im Laufe des Geschäftsjahres eingetretenen oder ausgeschiedenen sowie die Zahl der am Schluss des Geschäftsjahres der Genossenschaft angehörenden Mitglieder.
  b) Gesamtbetrag, um welchen in diesem Jahr die Geschäftsguthaben sowie die Haftsummen der Mitglieder sich vermehrt oder vermindert haben.
  c) Der Betrag der Haftsummen, für welche am Jahresschluss alle Genossen zusammen aufzukommen haben.
  d) Name und Anschrift des zuständigen Prüfungsverbands, dem die Genossenschaft angehört.
  e) Alle Mitglieder des Vorstands und des Aufsichtsrats, auch wenn sie im Geschäftsjahr oder später ausgeschieden sind. Diese Angabe stellt eine Erleichterung der Angabepflicht in § 285 Nr. 10 HGB dar. Da genossenschaftliche Institute zwingend die Vorschriften für große Kapitalgesellschaften zu beachten haben, ist diese Erleichterung nicht für genossenschaftliche Institute einschlägig.
  f) Eingetragene Genossenschaften müssen nach § 338 Abs. 3 HGB bestimmte Angaben zu den Organbezügen nicht veröffentlichen. Anstelle dieser Vorschrift haben genossenschaftliche Institute die für Kapitalgesellschaften geltenden Vorschriften in § 285 Nr. 9 HGB vollumfänglich zu beachten.

---

22 DGRV (2017), B 1101–1104.
23 Da das Formblatt diese Vermerke nicht vorsieht, ist ein Ausweis im Anhang vorzuziehen.

6.2 Kreditgenossenschaften, die das Warengeschäft betreiben

Kreditgenossenschaften, die das Warengeschäft betreiben, haben die für alle Kreditgenossenschaften geltenden Rechnungslegungsvorschriften zu beachten. **In der Bilanz** haben diese Institute die folgenden spezifischen Ausweisvorschriften zu beachten:

a) Bilanz. Kreditgenossenschaften, die das Warengeschäft betreiben, haben nach dem Posten 6 Aktien und andere nicht festverzinsliche Wertpapiere in der Bilanz den Posten 6aa »**Warenbestand**« einzufügen (Fußnote 3 zu Formblatt 1). In diesem Posten sind die zum Verkauf bestimmten Handelswaren wie auch die bei eigener Fertigung hergestellten fertigen und unfertigen Erzeugnisse zu erfassen. Der Postenausweis setzt voraus, dass die Waren zum Verkauf bestimmt sind; nicht zum Verkauf bestimmte Waren sind unter dem Aktivposten 13 »Sonstige Vermögensgegenstände« auszuweisen[24]. Gekaufte, aber noch nicht gelieferte Ware ist als Warenbestand auszuweisen, wenn die Verlustgefahr auf die Kreditgenossenschaft übergegangen ist; verkaufte Ware, für die die Verfügungsmacht noch nicht auf den Käufer übergegangen ist, gehört noch zum Warenbestand[25]. In Kommission gegebene (genommene) Ware ist (nicht) zu aktivieren. Die Warenbestände sind bei Zugang zu Anschaffungskosten einschließlich Anschaffungsnebenkosten zu aktivieren. In der Folge können die Warenbestände unter bestimmten Umständen auch vereinfachend bewertet werden (Gruppenbewertung, Durchschnittsbewertung). Auch eine Bewertung unter Anwendung von Verbrauchsfolgeverfahren kommt in Betracht (Lifo-, Fifo-Methode). Am Abschlussstichtag ist die Ware verlustfrei zu bewerten[26].

Nach Fußnote 8 zu Formblatt 1 haben Kreditgenossenschaften, die das Warengeschäft betreiben, den spezifischen Passivposten 2a »Verpflichtungen aus Warengeschäften und aufgenommenen Warenkrediten« einzufügen. Neben Verpflichtungen aus dem Warengeschäft sind in diesem Posten auch Verpflichtungen aus Nebenbetrieben auszuweisen (z. B. Verbindlichkeiten gegenüber Warenlieferanten, Verbindlichkeiten aus der Erfassung von landwirtschaftlichen Erzeugnissen, zweckbestimmte Warenkredite (Saisonkredite, Erntekredite), Baukredite und Bausteindarlehen, soweit sie ausschließlich das Warengeschäft betreffen, Anzahlungen für Warenlieferungen und -leistungen und Verpflichtungen aus Kaufpreisrenten, deren Höhe feststeht, sofern das Rentengrundstück ausschließlich dem Warengeschäft dient)[27].

Kreditgenossenschaften, die das Warengeschäft betreiben, haben im Posten 3 »Verbriefte Verbindlichkeiten« zu dem Darunterposten 3b die auf **das Warengeschäft entfallenden** Eigenen Akzepte und Solawechsel gesondert zu vermerken.

b) In der **Gewinn- und Verlustrechnung** haben Kreditgenossenschaften, die das Warengeschäft betreiben, nach dem Aufwandsposten 3 »Nettoaufwand des Handelsbestands« oder nach dem Ertragsposten 5 »Nettoertrag des Handelsbestands« in der Gewinn- und Ver-

---

24 Vgl. DGRV (2017), B 442.
25 Vgl. DGRV (2017), B 444.
26 Vgl. DGRV (2017), B 447–457.
27 Vgl. DGRV (2017), B 776.

lustrechnung den Ertragsposten 3a bzw. Aufwandsposten 5a »Rohergebnis aus Warenverkehr und Nebenbetrieben« einzufügen (Fußnote 6 zu Formblatt 2). Bei diesem Ergebnis handelt es sich um ein Nettoergebnis. Unter diesem Posten sind die Rohergebnisse aus dem Warenverkehr (Bezugs- und Absatzgeschäft), aus Neben- und Hilfsbetrieben sowie aus der gemeinschaftlichen Maschinenbenutzung zu erfassen (Sortier- und Trocknungseinrichtungen, Reparaturwerkstätten). »Als Erträge aus Hilfsbetrieben (Verrechnungen für innerbetriebliche Leistungen) können vor allem eigene Fuhrlöhne, eigene Trocknungskosten (z. B. bei Getreideeinlagerung) und in gewissem Umfang aktivierte selbst erstellte Anlagen in Betracht kommen«[28]. Das Rohergebnis ist wie folgt zu ermitteln:

	Erlöse aus Warenverkehr und Erzeugung (Netto)
./.	Erlösschmälerungen (Preisnachlässe, gegebene Rabatte, Skonti) und Retouren
./.	gewährte genossenschaftlichen Rückvergütungen
=	Umsatzerlöse
+./.	Bestandsveränderungen an fertigen und unfertigen Erzeugnissen
+	andere aktivierten Eigenleistungen
+	sonstige betrieblichen Erträgen
./.	Materialaufwendungen
=	Rohergebnis

»Zu den im Rohergebnis berücksichtigten sonstigen betrieblichen Erträgen gehören auch Buchgewinne aus der Veräußerung von Grundstücken, Betriebs- und Geschäftsausstattung, die dem Warengeschäft dienten, erhaltene genossenschaftliche Rückvergütungen für frühere Geschäftsjahre sowie Erträge aus Schadensersatzleistungen in Zusammenhang mit Schadensfällen im Warengeschäft«[29].

6.3 Genossenschaftliche Zentralbanken

Sofern genossenschaftliche Zentralbanken in der Rechtsform der eingetragenen Genossenschaft firmieren, haben sie die oben dargestellten für alle Kreditgenossenschaften geltenden Regelungen zu beachten. Genossenschaftliche Zentralbanken in der Rechtsform einer Kapitalgesellschaft (z. B. AG) haben beim Ausweis des Aktivpostens 7 »Beteiligungen« die für Kreditgenossenschaften geltenden Vorschriften zu beachten (siehe oben). Gleiches gilt für den korrespondierenden Ausweis in der Gewinn- und Verlustrechnung. Hinsichtlich des Ausweises des Ertragspostens 2 (Formblatt 2) »Laufende Erträge« haben genossen-

---
28 DGRV (2017), C 160–162.
29 DGRV (2017), C 165.

schaftliche Zentralbanken, die nicht in der Rechtsform der Genossenschaft firmieren, die für Kreditgenossenschaften geltenden Ausweisvorschriften zu beachten (siehe oben).

Im Anhang haben genossenschaftliche Zentralbanken die folgenden spezifischen Angabepflichten zu beachten (§ 35 Nr. 12 RechKredV):
- zu dem Posten der Bilanz »Forderungen an Kreditinstitute« (Aktivposten Nr. 3) die im Gesamtbetrag enthaltenen:
  - Forderungen an die Deutsche Genossenschaftsbank
  - Forderungen an angeschlossene Kreditgenossenschaften
- zu dem Posten der Bilanz »Verbindlichkeiten gegenüber Kreditinstituten« (Passivposten Nr. 1) die im Gesamtbetrag enthaltenen:
  - Verbindlichkeiten gegenüber der Deutschen Genossenschaftsbank
  - Verbindlichkeiten gegenüber angeschlossenen Kreditgenossenschaften

Die Deutsche Genossenschaftsbank hat folgende Angabepflichten zu beachten (§ 35 Nr. 12 RechKredV)
- zu dem Posten der Bilanz »Forderungen an Kreditinstituten« (Aktivposten Nr. 3) die im Gesamtbetrag enthaltenen Forderungen an angeschlossene Kreditinstitute sowie die darin enthaltenen Forderungen an regionale genossenschaftliche Zentralbanken,
- zu dem Posten der Bilanz »Verbindlichkeiten gegenüber Kreditinstituten« (Passivposten Nr. 1) die im Gesamtbetrag enthaltenen Verbindlichkeiten gegenüber angeschlossenen Kreditinstituten sowie die darin enthaltenen Verbindlichkeiten gegenüber regionalen genossenschaftlichen Zentralbanken.

7 Vorschriften für Finanzierungsleasing- und Factoringunternehmen

7.1 Anzuwendende Vorschriften

Im Zuge des Jahressteuergesetzes 2009 wurden Leasinginstitute den Kreditinstituten hinsichtlich der Gewerbesteuerprivilegierung gleichgestellt[1]. Im Gegenzug unterliegen Leasinginstitute seitdem einer (im Vergleich zu Kreditinstituten eingeschränkten) Aufsicht durch die BaFin und der Deutschen Bundesbank[2]. Vor diesem Hintergrund wurde in § 1 Abs. 1a S. 2 Nr. 10 KWG der Abschluss von Finanzierungsleasingverträgen als Leasinggeber sowie die Verwaltung von Leasingobjektgesellschaften als erlaubnispflichtige Finanzdienstleistung aufgenommen (zur Erläuterung des Tatbestands des Finanzierungsleasing siehe Kapitel I.2.1.1.1.3). Seitdem haben Leasinginstitute bei der Bilanzerstellung die geschäftszweigspezifischen Rechnungslegungsvorschriften der §§ 340 ff. HGB sowie die Regelungen der RechKredV zu beachten[3]. Die Pflicht zur Rechnungslegung unter Beachtung der §§ 340 ff. HGB ergibt sich für Leasinginstitute aufgrund von § 1 Abs. 1a S. 2 Nr. 10 KWG aus § 340 Abs. 4 S. 1 HGB.

Leasinginstitute haben mithin die in § 340a HGB aufgeführten **Vorschriften** anzuwenden bzw. nicht anzuwenden. Besonderheiten gelten für Leasinginstitute insbesondere für den Ausweis in Bilanz und Gewinn- und Verlustrechnung von leasingtypischen Sachverhalten. So haben Leasinginstitute die durch Fußnoten zu den Formblättern der RechKredV vorgenommenen Ergänzungen zu beachten. Dies betrifft sowohl leasingtypische Ergänzungen bzw. Modifizierungen von Bilanz- und GuV-Posten als auch Ergänzungen, die von Finanzdienstleistungsinstituten sowie Kreditinstituten, sofern letztere Skontroführer im Sinne des BörsG und keine Einlagenkreditinstitute sind, zu beachten sind.

---

1   Vgl. Beckert/Schilling, in: BB 2009; S. 360; Scheffler, in: BB 2007, S. 874.
2   Vgl. Eckl/Hahne, in: FB 2009, S. 121 ff.; Henneberger, in: ZfgK 2010, S. 795.
3   Vgl. auch BMF-Schreiben vom 30.01.2009 – VII B 3 – WK 5212/08/10001 sowie IDW, IDW zur Aufstellung und Prüfung des Jahresabschlusses 2008 bei Factoring- und Finanzierungsleasinggesellschaften vor dem Hintergrund des Jahressteuergesetzes 2009, Schreiben vom 13.02.2009, S. 1.

7.2 Bilanzposten

7.2.1 Leasingvermögen (Aktivposten 10a)

Leasinginstitute im Sinne des § 1 Abs. 1a S. 2 Nr. 10 KWG haben Leasinggegenstände die dem Institut als Leasinggeber zuzurechnen sind, in einem gesonderten Aktivposten 10a »Leasingvermögen« auszuweisen (Fußnote 14, Formblatt 1). Dem Institut sind Leasinggegenstände dann bilanziell zuzuordnen, wenn das Institut wirtschaftlicher Eigentümer des Vermögens ist. Rechtliches und wirtschaftliches Eigentum können bei Leasingverhältnissen (regelmäßig) auseinanderfallen. Für eine Erläuterung der Kriterien hinsichtlich der persönlichen Zurechnung von Leasingvermögen siehe Kapitel II.1.8.2.

Ist dem Leasinginstitut das Leasingvermögen wirtschaftlich zuzurechnen, so ist es im Zugangszeitpunkt zu Anschaffungskosten einschließlich Anschaffungsnebenkosten und abzüglich Anschaffungspreisminderungen anzusetzen (§ 255 Abs. 1 HGB). In der Folge richtet sich die Bewertung des Leasingvermögens nach den Grundsätzen der Bilanzierung von (abnutzbaren) Vermögensgegenständen des Anlagevermögens. Abnutzbares Leasingvermögen ist planmäßig über die voraussichtliche Nutzungsdauer abzuschreiben. Bei der Bestimmung des Abschreibungsplans ist neben der Festlegung der Abschreibungsmethode auch die voraussichtliche Nutzungsdauer wie auch ein Restwert zu schätzen. Außerplanmäßige Abschreibungen sind bei voraussichtlich dauerhafter Wertminderung vorzunehmen. Außerplanmäßige Abschreibungen bei voraussichtlich nicht dauerhafter Wertminderung sind für das Leasingvermögen – im Gegensatz zum Finanzanlagevermögen – unzulässig (§ 253 Abs. 3 S. 3 u. 4 HGB).

Das Leasingvermögen ist auszubuchen, wenn die Grundmietzeit beendet ist oder der Leasingvertrag vorzeitig gekündigt und das Leasingvermögen verwertet wird (Verkauf oder Anschlussmiete). Eine Umbuchung aus dem Anlagevermögen ins Umlaufvermögen nach Beendigung der Grundmietzeit oder bei vorzeitiger Kündigung ist nicht vorzunehmen.

Eine Aufnahme des Leasingvermögens in den Anlagespiegel lässt sich zwar aus dem Wortlaut des § 34 Abs. 3 RechKredV nicht ableiten, da nur Vermögensgegenstände im Sinne des § 340e Abs. 1 HGB von dieser Angabepflicht erfasst sind. Der Posten Leasingvermögen gehört zwar nicht zu den in § 340e Abs. 1 HGB aufgeführten Bilanzposten; gleichwohl handelt es sich um Vermögensgegenstände des Anlagevermögens, die dem Charakter nach mit Sachanlagen oder Immateriellen Anlagewerten vergleichbar sind, die unter die Angabepflicht fallen. Eine Aufnahme von Leasingvermögen in den Anlagespiegel wird daher im Schrifttum empfohlen[4]. Dabei sollte das Leasingvermögen in Bezug auf die darin enthaltenen immateriellen Anlagewerte, Leasinggegenstände des Anlagevermögens sowie geleisteten Anzahlungen aufgeteilt werden. Ebenfalls im Anhang gesondert angegeben werden sollten die im Leasingvermögen ausgewiesenen zur Vermietung bzw. zur Verwertung bestimmten Leasinggegenstände[5].

---

[4] Vgl. Holzheimer (2010), S. 36; Nemet/Hülsen, in: WPg 2009, S. 967.
[5] Vgl. Findeisen, in: Martinek/Stoffels/Wimmer-Leonhardt (Hrsg.), Handbuch des Leasingrechts, 2. Aufl., München 2008, § 72, Tz. 32; Nemet/Hülsen, in: WPg 2009, S. 967.

7.2.2 Forderungen an Kunden

Ist dem Institut als Leasinggeber das wirtschaftliche Eigentum an dem Leasinggegenstand nicht zuzuordnen (Finance Lease), hat das Institut eine Forderung auszuweisen. Die Leasingforderung verkörpert den Anspruch auf die künftigen Leasingraten und ist zu dessen Barwert anzusetzen. Dabei werden die künftigen Leasingraten mit dem kalkulierten Zinssatz diskontiert, soweit dieser größer ist als der Marktzins bzw. der Refinanzierungszinssatz. Andernfalls ist der Markt- oder Refinanzierungszins zu verwenden. Ist der Mietkäufer eine Nichtbank, so ist die Mietkaufforderung unter den Forderungen an Kunden auszuweisen; ist der Mietkäufer ein Kreditinstitut ist der Ausweis unter den Forderungen an Kreditinstituten vorzunehmen. Ebenso sind Schadensersatzforderungen (z. B. bei vorzeitiger Auflösung des Leasingvertrags oder bei fehlender Werterhaltung des Leasingobjekts) gegenüber dem Leasingnehmer in diesem Posten auszuweisen, sofern es sich bei dem Leasingnehmer um eine Nicht-Bank handelt; andernfalls ist einer Erfassung im Posten »Forderungen an Kreditinstitute« vorzunehmen.

Die Folgebewertung von Leasingforderungen richtet sich nach den allgemeinen Grundsätzen der Forderungsbewertung (siehe Kapitel III.1.3.2). Leasingforderungen sind gem. § 340e Abs. 1 S. 2 HGB nach den für das Umlaufvermögen geltenden Grundsätzen zu bewerten. Es kommt weiterhin eine Einbeziehung in die Bemessungsgrundlage zur Bildung stiller Vorsorgereserven nach § 340f HGB in Betracht[6]. Die Bildung von stillen und offenen Vorsorgereserven nach § 340f bzw. § 340g HGB ist auch auf Leasing- und Factoringinstitute anwendbar, obgleich nach dem Wortlaut des Gesetzes der Anwendungsbereich der §§ 340f und g HGB nur für Kreditinstitute eröffnet ist. Jedoch können Leasingunternehmen die Bildung stiller Vorsorgereserven nur eingeschränkt nutzen, da nur Mietkaufforderungen in die Bemessungsgrundlage von 340f-Reserven einzubeziehen sind; auf Leasingvermögen können keine stillen Vorsorgereserven gebildet werden[7].

Da Finanzierungsleasing- und Factoringgesellschaften den Status von Finanzdienstleistungsinstituten haben, sind von diesen Unternehmen auch die ergänzenden Ausgliederungsvermerke in den Fußnoten 2 und 7 von Formblatt 1 der RechKredV zu beachten. Leasing- und Factoringunternehmen haben unter dem Posten »**Forderungen an Kunden**« den Forderungsbetrag gegenüber Finanzdienstleistungsinstituten anzugeben (Darunter-Vermerk). Gleiches gilt für den Posten »**Verbindlichkeiten gegenüber Kunden**« (siehe Fußnote 7, Formblatt 1).

---

6   Bei einer Zurechnung des wirtschaftlichen Eigentums zum Leasing-Geber ist das Leasingvermögen freilich nicht in die Bemessungsgrundlage nach § 340f HGB einzubeziehen. Diese umfasst nur Forderungen. Vgl. Scharpf/Schaber (2018), S. 352; Lösken (2010), S. 56.
7   Vgl. ausführlich Lösken (2010), S. 56.

7.2.3 Passiver Rechnungsabgrenzungsposten

Zum Zwecke der Refinanzierung veräußern Leasinginstitute häufig künftige Leasingraten à forfait an eine refinanzierende Bank. Verkauft das Institut dabei seine Ansprüche **mit** vollständigem Übergang des Ausfallrisikos an eine refinanzierende Bank, so ist der Erlös des Leasinggebers aus der Forfaitierung mit einer (Miet-)Vorauszahlung vergleichbar. Aus diesem Grunde ist in Höhe des Verkaufserlöses ein passiver Rechnungsabgrenzungsposten zu bilden, der ertragsmäßig der Grundmietzeit zuzuordnen und daher (linear) über die Grundmietzeit des Leasingverhältnisses aufzulösen ist[8] (zur näheren Erläuterung siehe auch Kapitel II.1.8.3.2.1).

Weiterhin sind im passiven Rechnungsabgrenzungsposten Abgrenzungen von Leasingraten (z. B. aufgrund degressiver Ratenverläufe) sowie Mietvorauszahlungen zu erfassen.

7.3 Posten der Gewinn- und Verlustrechnung

7.3.1 Leasingerträge (Ertragsposten 01, Formblatt 2 und 3)

Für Leasinginstitute wird das GuV-Gliederungsschema durch leasingtypische Ergebnisposten ergänzt. So sind Leasingerträge vor dem Posten »Zinserträge« auszuweisen. Im Posten »Leasingerträge« sind insbesondere die folgenden Erträge auszuweisen[9]:
- Erlöse aus nicht forfaitierten Leasingraten. Sofern die zukünftigen Leasingraten nicht à forfait an eine refinanzierende Bank verkauft werden, erhalten Leasinginstitute Zahlungen in Form von Leasingraten von den Leasingnehmern. Diese Leasingraten sind im Posten »Leasingerträge« auszuweisen,
- Mietkauferlöse bei Vertragsabschluss (Barwert der Mietkaufforderungen),
- Erträge aus der Auflösung des passiven Rechnungsabgrenzungspostens im Zusammenhang mit à forfait verkauften Leasingraten (Fall des Operate Lease). Es erscheint grundsätzlich sachgerecht, den Ertrag aus der Auflösung des passiven Rechnungsabgrenzungspostens entsprechend dem Abschreibungsverlauf des Leasinggegenstands zu periodisieren[10]; gleichzeitig ist der Rechnungsabgrenzungsposten auf den Barwert der künftig fälligen Leasingraten aufzuzinsen,
- Erträge, die in unmittelbarem Zusammenhang mit der Verwertung der Leasingobjekte stehen (sog. Nachmieterlöse bzw. Verwertungserlöse),
- Erträge aus der Auflösung des passiven Rechnungsabgrenzungspostens aufgrund von Mietsonderzahlungen,

---

8   Vgl. BFH Urteil vom 24.07.1996 – I R 94/95, in: DStR 1996, S. 1643.
9   Vgl. Holzheimer (2010), S. 37; Gelhausen/Henneberger, in: HdJ, Abt. VI.1, Tz. 185 ff.
10 Laut BFH ist die Auflösung linear vorzunehmen. BFH-Urteil vom 24.07.1996 – IR 94/95, in: BB 1996, S. 2190–2191 sowie BMF-Schreiben vom 09.01.1996 – IV B 2 – S 2170 – 135-95, in: BStBl. I 1996, S. 9. Im Einzelfall kommt handelsrechtlich eine von dem rechtlich vereinbarten Verlauf der Leasingraten abweichende Ertragsperiodisierung in Betracht, wenn die rechtlich vereinbarten Leasingraten im Zeitablauf nicht mit dem Abschreibungsverlauf des Leasinggegenstands übereinstimmen.

- Erträge aus leasingtypischen Serviceleistungen,
- Mieterträge aus Operating Leasingverträgen[11].

Die erfolgswirksame Erfassung von Leasingraten der Höhe nach richtet sich nach den allgemeinen Grundsätzen. Abgrenzungen sind insbesondere bei nicht linearem Ratenverlauf oder bei einem nicht linearen Verlauf der Nutzungsüberlassung sowie bei einem Auseinanderlaufen von Leistung und Gegenleistung vorzunehmen. Erträge aus der Vermittlung von Leasingverträgen sind nicht hier, sondern unter den Provisionserträgen auszuweisen (§ 30 RechKredV)[12].

7.3.2 Zinserträge (Ertragsposten 1, Formblatt 2 und 3)

Leasingforderungen werden nach der Barwertmethode bilanziert. Laufende Erträge aus Mietkaufverträgen sowie Erträge, die sich aus der Barwertveränderung von Leasingforderungen im Zeitablauf ergeben, haben Zinscharakter und sind mithin im Ertragsposten 1 »Zinserträge« auszuweisen[13].

7.3.3 Leasingaufwendungen (Aufwandsposten 01, Formblatt 2 bzw. Posten 02, Formblatt 3)

Im Posten »Leasingaufwendungen« sind insbesondere die folgenden Aufwendungen auszuweisen[14]:
- Aufwendungen für verkaufte Leasingobjekte (Aufwendungen aus dem Abgang der Restbuchwerte),
- Aufwendungen für bezogene Leistungen, die sich u. a. aus der Weiterleitung von internen Mieten im Rahmen des Doppelstock-Modells[15] ergeben (Aufwendungen aus entrichteten Leasingraten),
- Aufwendungen aus dem Erwerb von Mietkaufobjekten,
- Aufwendungen für bezogene Serviceleistungen im Zusammenhang mit dem Leasinggeschäft (z. B. Wartungsdienstleistungen bei KfZ- oder Computerleasing).

Bonitätsbedingte Wertberichtigungen auf Leasingforderungen sind hingegen im Aufwandsposten »Abschreibungen und Wertberichtigungen auf Forderungen und bestimmte Wertpapiere sowie Zuführungen zu Rückstellungen im Kreditgeschäft (Aufwandsposten 7, Formblatt 2; Posten 13, Formblatt 3)« auszuweisen. Für Leasinginstitute besteht – wie für alle übrigen Institute – die Möglichkeit zur Überkreuzkompensation.

---

11 Vgl. Gelhausen/Henneberger, in: HdJ, Abt. VI.1, Tz. 186.
12 Vgl. Holzheimer (2010), S. 37.
13 Vgl. Nemet/Hülsen, in: WPg 2009, S. 967 f., Holzheimer (2010), S. 37.
14 Vgl. Nemet/Hülsen, in: WPg 2009, S. 967 f., Holzheimer (2010), S. 37.
15 Zur Erläuterung von Doppelstockmodellen und sowie einer bilanziellen Würdigung vgl. Gelhausen/Henneberger, in: HdJ, Abt. VI.1, Tz. 204–208.

7.3.4 Abschreibungen auf Leasingvermögen

Leasinginstitute haben den Aufwandsposten 5 (Formblatt 2) bzw. Posten 11 (Formblatt 3) wie folgt zu untergliedern:
»Abschreibungen und Wertberichtigungen«
a) auf Leasingvermögen,
b) auf immaterielle Anlagewerte und Sachanlagen.

In dem für Leasinginstitute spezifischen Aufwandsposten 5 bzw. 11. Buchstabe a) sind Abschreibungen auf Leasingvermögen auszuweisen. Dieser Aufwandsposten bezieht sich mithin unmittelbar auf Abschreibungen von Vermögensgegenständen, die im Aktivposten 10a »Leasingvermögen« auszuweisen sind.

7.3.5 Risikovorsorge

Risiken aus dem Leasinggeschäft ergeben sich i. d. R. aus dem Bonitätsrisiko des Leasingnehmers sowie dem Restwertrisiko des Leasingobjekts. Wertberichtigungen, die auf eine gesunkene Bonität des Leasingnehmers zurückzuführen sind, sind im Risikovorsorgesaldo auszuweisen (Aufwandsposten 7 bzw. Ertragsposten 6; Formblatt 2 sowie Posten 13 und 14, Formblatt 3). Restwertrisiken führen hingegen zu einer außerplanmäßigen Abschreibung auf das Leasingvermögen; diese Abschreibungen sind im Aufwandsposten 11a »Abschreibungen auf Leasingvermögen« auszuweisen (HFA 1/1989 lässt auch die Bildung einer Drohverlustrückstellung zu)[16].

7.3.6 Handelsergebnis

Da Finanzierungsleasing- und Factoringgesellschaften den Status von Finanzdienstleistungsinstituten haben, ist von diesen Unternehmen die Fußnote 7 zu den Formblätter 2 und 3 der RechKredV zu beachten. Sofern Finanzdienstleistungsinstitute keine Skontroführer im Sinne des § 27 Abs. 1 BörsG sind, haben sie das Handelsergebnis brutto (d. h. Aufwand des Handelsbestands und Ertrag des Handelsbestands) auszuweisen.

---

16 Vgl. Holzheimer (2010), S. 37.

8 Vorschriften für Zahlungsinstitute und E-Geld-Institute

8.1 Übersicht über die Formblätter der RechZahlV

Für Zahlungsinstitute und E-Geld-Institute gelten seit der Umsetzung der Zahlungsdiensterichtlinie nicht nur aufsichtsrechtliche, sondern auch bilanzrechtliche Sondervorschriften. Nach § 340 Abs. 5 S. 1 HGB haben Zahlungsinstitute und E-Geld-Institute im Sinne des Zahlungsdiensteaufsichtsgesetzes (ZAG) die §§ 340 ff. HGB zu beachten. Zahlungsinstitute und E-Geld-Institute haben nach § 1 RechZahlV die besonderen Ausweisvorschriften und Formblätter der Verordnung über die Rechnungslegung der Zahlungsinstitute (RechZahlV) zu beachten[1]. Zur Definition des Begriffs Zahlungsinstitut bzw. E-Geld-Institut sei auf die Ausführungen in Kapitel I.2.1.1.1.4 verwiesen.

Die RechZahlV sieht für Zahlungsinstitute und E-Geld-Institute ein Bilanzformblatt vor, welches sich in der Struktur der Hauptposten an die Gliederung und die Postenbezeichnungen der RechKredV anlehnt. Gleichwohl finden sich im Formblatt 1 der RechZahlV Hauptposten (wie z.B. Aktivposten 4 »Forderungen an Institute im Sinn des § 1 Abs. 2a ZAG« sowie Passivposten 3 »Verbindlichkeiten gegenüber Instituten im Sinn des § 1 Abs. 2a ZAG«), die nicht im Formblatt 1 der RechKredV vorhanden sind.[2] Die folgenden aus der Bilanzstruktur der RechKredV geläufigen Hauptposten, finden sich im Formblatt 1 der RechZahlV hingegen nicht wieder:
- Schuldtitel öffentlicher Emittenten,
- Handelsbestand
- Treuhandvermögen und Treuhandverbindlichkeiten (in der RechZahlV existiert keine § 6 RechKredV entsprechende Vorschrift)
- Verbriefte Verbindlichkeiten.

Die Bilanzstruktur sowie die Ausweisstruktur der Gewinn- und Verlustrechnung nach RechZahlV werden durch Ausgliederungsvermerke dominiert, wonach die Angaben getrennt nach »Zahlungsdiensten und der Ausgabe von E-Geld« sowie nach sonstigen Geschäften zu erfolgen haben.

---

1 Die Formblätter basieren auf § 330 Abs. 1 HGB, wonach für Kapitalgesellschaften abweichende Formblätter oder andere Vorschriften für die Gliederung des Jahresabschlusses und Konzernabschlusses zu erlassen sind, wenn der besondere Geschäftszweig dies erfordert. Nach § 330 Abs. 2 HGB gilt Abs. 1 auch für Institute im Sinne des ZAG ungeachtet ihrer Rechtsform.

2 Beachte, dass das Formblatt der RechZahlV nicht an das novellierte ZAG angepasst worden ist. Gemeint sind wohl Institute i. S. d. § 1 Abs. 3 ZAG.

Diese Notwendigkeit ergibt sich aus § 3 RechZahlV, wonach die Positionen in Bilanz sowie Gewinn- und Verlustrechnung nach Maßgabe der Formblätter entsprechend ihrer Herkunft aus Zahlungsdiensten und der Ausgabe von E-Geld oder aus sonstigen Tätigkeiten zu unterteilen sind. Eine solche Aufteilung ist mithin nur erforderlich, soweit die Formblätter dies vorsehen[3].

Formblatt 2 der RechZahlV schreibt eine für Zahlungsinstitute und E-Geld-Institute verbindlich anzuwendende Gliederungsstruktur der Gewinn- und Verlustrechnung vor. Während Kredit- und Finanzdienstleistungsinstitute zwischen einer Kontoform und einer Staffelform wählen können, haben Zahlungsinstitute die Gewinn- und Verlustrechnung zwingend in der Staffelform darzustellen (siehe auch § 2 RechZahlV). In der Gewinn- und Verlustrechnung sind ausnahmslos alle Aufwands- und Ertragsposten nach ihrer Herkunft »aus Zahlungsdiensten und aus der Ausgabe von E-Geld« sowie aus sonstigen Tätigkeiten zu unterteilen. Dies hat zur Folge, dass Zahlungsinstitute und E-Geld-Institute den sich insgesamt ergebenden Jahresüberschuss bzw. Jahresfehlbetrag nach den aus Zahlungsdiensten und der Ausgabe von E-Geld sowie aus sonstigen Tätigkeiten resultierenden Anteil aufzuteilen haben.

Aktivseite				Passivseite			
	Euro	Euro	Euro		Euro	Euro	Euro
1. Barreserve			.....	1. Verbindlichkeiten gegenüber Kreditinstituten			.....
a) aus Zahlungsdiensten und aus der Ausgabe von E-Geld		.....		a) aus Zahlungsdiensten und aus der Ausgabe von E-Geld			.....
b) aus sonstigen Tätigkeiten		.....		aa) täglich fällig		.....	
2. Forderungen an Kreditinstitute			.....	bb) mit vereinbarter Laufzeit oder Kündigungsfrist		.....	
a) aus Zahlungsdiensten und aus der Ausgabe von E-Geld davon auf Treuhandkonten		.....		b) aus sonstigen Tätigkeiten			.....
	..... Euro			aa) täglich fällig	..... Euro		
b) aus sonstigen Tätigkeiten		.....		bb) mit vereinbarter Laufzeit oder Kündigungsfrist	..... Euro		
aa) täglich fällig	.....			2. Verbindlichkeiten gegenüber Kunden			.....
bb) andere Forderungen	.....			a) aus Zahlungsdiensten und aus der Ausgabe von E-Geld			.....
3. Forderungen an Kunden			.....	aa) Verbindlichkeiten zur Ausführung von Zahlungsvorgängen			.....
a) aus Zahlungsdiensten und aus der Ausgabe von E-Geld		.....		bb) davon auf Zahlungskonten	..... Euro		
davon:				cc) davon aus der Ausgabe von E-Geld	..... Euro		
aa) aus Provisionen ..... Euro				b) aus sonstigen Tätigkeiten			.....
				3. Verbindlichkeiten gegenüber Instituten im Sinn des § 1 Absatz 2a des Zahlungsdiensteaufsichtsgesetzes			.....
bb) aus Krediten ..... Euro				a) aus Zahlungsdiensten und aus der Ausgabe von E-Geld			.....
b) aus sonstigen Tätigkeiten		.....		b) aus sonstigen Tätigkeiten			.....

---

3 Vgl. BMJ, Begründung des Referentenentwurfs zur RechZahlV, August 2009, S. 21.

Aktivseite				Passivseite			
	Euro	Euro	Euro		Euro	Euro	Euro
4. Forderungen an Institute im Sinn des § 1 Absatz 2a des Zahlungsdiensteaufsichtsgesetzes		.....		4. Sonstige Verbindlichkeiten			......
a) aus Zahlungsdiensten und aus der Ausgabe von E-Geld	.....			a) aus Zahlungsdiensten und aus der Ausgabe von E-Geld	......		
b) aus sonstigen Tätigkeiten	.....			b) aus sonstigen Tätigkeiten	......		
5. Schuldverschreibungen und andere festverzinsliche Wertpapiere		.....		5. Rechnungsabgrenzungsposten			......
a) Geldmarktpapiere		.....		a) aus Zahlungsdiensten und aus der Ausgabe von E-Geld		......	
aa) aus Zahlungsdiensten und aus der Ausgabe von E-Geld	.....			b) aus sonstigen Tätigkeiten		......	
bb) aus sonstigen Tätigkeiten	.....			6. Rückstellungen			......
b) Anleihen und Schuldverschreibungen		.....		a) Rückstellungen für Pensionen und ähnliche Verpflichtungen		......	
				aa) aus Zahlungsdiensten und aus der Ausgabe von E-Geld	......		
				bb) aus sonstigen Tätigkeiten	......		
aa) aus Zahlungsdiensten und aus der Ausgabe von E-Geld	.....			b) Steuerrückstellungen		......	
bb) aus sonstigen Tätigkeiten	.....			ähnliche Verpflichtungen			
6. Aktien und andere nicht festverzinsliche Wertpapiere				aa) aus Zahlungsdiensten und aus der Ausgabe von E-Geld	......		
		.....		bb) aus sonstigen Tätigkeiten	......		
a) aus Zahlungsdiensten und aus der Ausgabe von E-Geld	.....			c) andere Rückstellungen		......	
b) aus sonstigen Tätigkeiten	.....			aa) aus Zahlungsdiensten und aus der Ausgabe von E-Geld	......		
7. Beteiligungen		.....		bb) aus sonstigen Tätigkeiten	......		
a) aus Zahlungsdiensten und aus der Ausgabe von E-Geld	.....			7. Passive latente Steuern			......
darunter:				8. Nachrangige Verbindlichkeiten			......
aa) an Kreditinstituten	.....			a) aus Zahlungsdiensten	......		
bb) an Finanzdienstleistungsinstituten	.....			b) aus sonstigen Tätigkeiten	......		
cc) an Instituten im Sinn des § 1 Absatz 2a des Zahlungsdienstaufsichtsgesetzes	.....			9. Genussrechtskapital			
				darunter:			
b) aus sonstigen Tätigkeiten	.....						
darunter:				vor Ablauf von zwei Jahren fällig	......		
aa) an Kreditinstituten	.....			10. Fonds für allgemeine Bankrisiken			......
bb) an Finanzdienstleistungsinstituten	.....			11. Eigenkapital			.....
cc) an Instituten im Sinn des § 1 Absatz 2a des Zahlungsdienstaufsichtsgesetzes	.....			a) Eingefordertes Kapital			
				Gezeichnetes Kapital		......	
				abzüglich nicht eingeforderter ausstehender Einlagen	.....	......	

Aktivseite					Passivseite			
		Euro	Euro	Euro			Euro	Euro	Euro
8. Anteile an verbundenen Unternehmen				.....	b) Kapitalrücklage				......
a) aus Zahlungsdiensten und aus der Ausgabe von E-Geld			.....		c) Gewinnrücklagen				......
darunter:					aa) gesetzliche Rücklage			......	
aa) an Kreditinstituten		.....			bb) Rücklage für Anteile an einem herrschenden oder mehrheitlich beteiligten Unternehmen			......	
bb) an Finanzdienstleistungsinstituten					cc) satzungsmäßige Rücklagen			......	
			.....		dd) andere Gewinnrücklagen			......	
cc) an Instituten im Sinn des §1 Absatz 2a des Zahlungsdiensteaufsichtsgesetzes		.....			d) Bilanzgewinn/Bilanzverlust				......
b) aus sonstigen Tätigkeiten			.....						
darunter:									
aa) an Kreditinstituten		.....							
bb) an Finanzdienstleistungsinstituten		.....							
cc) an Instituten im Sinn des §1 Absatz 2a des Zahlungsdiensteaufsichtsgesetzes		.....							
9. Immaterielle Anlagewerte				.....					
a) aus Zahlungsdiensten und aus der Ausgabe von E-Geld			.....						
aa) selbst geschaffene gewerbliche Schutzrechte und ähnliche Rechte und Werte		.....							
bb) entgeltlich erworbene Konzessionen, gewerbliche Schutzrechte und ähnliche Rechte und Werte sowie Lizenzen an solchen Rechten und Werten		.....							
cc) Geschäfts- oder Firmenwert		.....							
dd) geleistete Anzahlungen		.....							
b) aus sonstigen Tätigkeiten			.....						
aa) selbst geschaffene gewerbliche Schutzrechte und ähnliche Rechte und Werte		.....							
bb) entgeltlich erworbene Konzessionen, gewerbliche Schutzrechte und ähnliche Rechte und Werte sowie Lizenzen an solchen Rechten und Werten		.....							
cc) Geschäfts- oder Firmenwert		.....							
dd) geleistete Anzahlungen		.....							

Aktivseite				Passivseite			
	Euro	Euro	Euro		Euro	Euro	Euro
10. Sachanlagen		.....					
a) aus Zahlungsdiensten und aus der Ausgabe von E-Geld	.....						
b) aus sonstigen Tätigkeiten	.....						
11. Eingefordertes, noch nicht eingezahltes Kapital		.....					
12. Sonstige Vermögensgegenstände		.....					
a) aus Zahlungsdiensten und aus der Ausgabe von E-Geld	.....						
b) aus sonstigen Tätigkeiten	.....						
13. Rechnungsabgrenzungsposten		.....					
a) aus Zahlungsdiensten und aus der Ausgabe von E-Geld	.....						
b) aus sonstigen Tätigkeiten	.....						
14. Aktive latente Steuern		.....					
15. Aktiver Unterschiedsbetrag aus der Vermögensverrechnung		.....					
16. Nicht durch Eigenkapital gedeckter Fehlbetrag		.....					
Summe der Aktiva		.....		Summe der Passiva			......
				1. Unwiderrufliche Kreditzusagen			......
				a) aus Zahlungsdiensten und aus der Ausgabe von E-Geld		......	
				b) aus sonstigen Tätigkeiten		......	
				2. Eventualverbindlichkeiten			......
				a) aus Zahlungsdiensten und aus der Ausgabe von E-Geld		......	
				b) aus sonstigen Tätigkeiten		......	

Abb. 62: Formblatt 1 der RechZahlV

Gewinn- und Verlustrechnung

der ....

für die Zeit vom .... bis ....

				Euro	Euro	Euro
1.	Zinserträge					....
	a)	aus Zahlungsdiensten und aus der Ausgabe von E-Geld			....	
		aa)	Kredit- und Geldmarktgeschäften			
		bb)	festverzinslichen Wertpapieren und Schuldbuchforderungen			
	b)	aus sonstigen Tätigkeiten			....	
		aa)	Kredit- und Geldmarktgeschäften			
		bb)	festverzinslichen Wertpapieren und Schuldbuchforderungen			
2.	Zinsaufwendungen					....
	a)	aus Zahlungsdiensten und aus der Ausgabe von E-Geld			....	
	b)	aus sonstigen Tätigkeiten			....	

3. Laufende Erträge aus ....
   a) aus Zahlungsdiensten und aus der Ausgabe von E-Geld ....
      aa) Aktien und anderen nicht festverzinslichen Wertpapieren
      bb) Beteiligungen
      cc) Anteilen an verbundenen Unternehmen
   b) aus sonstigen Tätigkeiten ....
      aa) Aktien und anderen nicht festverzinslichen Wertpapieren
      bb) Beteiligungen
      cc) Anteilen an verbundenen Unternehmen
4. Erträge aus Gewinngemeinschaften, Gewinnabführungs- oder Teilgewinnabführungsverträgen ....
   a) aus Zahlungsdiensten und aus der Ausgabe von E-Geld ....
   b) aus sonstigen Tätigkeiten ....
5. Provisionserträge ....
   a) aus Zahlungsdiensten und aus der Ausgabe von E-Geld ....
   b) aus sonstigen Tätigkeiten ....
6. Provisionsaufwendungen ....
   a) aus Zahlungsdiensten und aus der Ausgabe von E-Geld ....
   b) aus sonstigen Tätigkeiten ....
7. Sonstige betriebliche Erträge ....
   a) aus Zahlungsdiensten und aus der Ausgabe von E-Geld ....
   b) aus sonstigen Tätigkeiten ....
8. Allgemeine Verwaltungsaufwendungen ....
   a) aus Zahlungsdiensten und aus der Ausgabe von E-Geld ....
      aa) Personalaufwand ....
          aaa) Löhne und Gehälter .... Euro
          bbb) Soziale Abgaben und Aufwendungen für Altersversorgung und für Unterstützung .... Euro
               darunter:
               für Altersversorgung .... Euro
      bb) andere Verwaltungsaufwendungen
   b) aus sonstigen Tätigkeiten ....
      aa) Personalaufwand ....
          aaa) Löhne und Gehälter .... Euro
          bbb) Soziale Abgaben und Aufwendungen für Altersversorgung und für Unterstützung .... Euro
               darunter:
               für Altersversorgung .... Euro
      bb) andere Verwaltungsaufwendungen
9. Abschreibungen und Wertberichtigungen auf immaterielle Anlagewerte und Sachanlagen ....
   a) aus Zahlungsdiensten und aus der Ausgabe von E-Geld ....
   b) aus sonstigen Tätigkeiten ....

10.	Sonstige betriebliche Aufwendungen		....
	a) aus Zahlungsdiensten und aus der Ausgabe von E-Geld	....	
	b) aus sonstigen Tätigkeiten	....	
11.	Abschreibungen und Wertberichtigungen auf Forderungen und bestimmte Wertpapiere sowie Zuführungen zu Rückstellungen im Kreditgeschäft		....
	a) aus Zahlungsdiensten und aus der Ausgabe von E-Geld	....	
	b) aus sonstigen Tätigkeiten	....	
12.	Erträge aus Zuschreibungen zu Forderungen und bestimmten Wertpapieren sowie aus der Auflösung von Rückstellungen im Kreditgeschäft		....
	a) aus Zahlungsdiensten und aus der Ausgabe von E-Geld	....	
	b) aus sonstigen Tätigkeiten	....	
13.	Abschreibungen und Wertberichtigungen auf Beteiligungen, Anteilen an verbundenen Unternehmen und wie Anlagevermögen behandelte Wertpapiere		....
	a) aus Zahlungsdiensten und aus der Ausgabe von E-Geld	....	
	b) aus sonstigen Tätigkeiten	....	
14.	Erträge aus Zuschreibungen zu Beteiligungen, Anteilen an verbundenen Unternehmen und wie Anlagevermögen behandelten Wertpapieren		....
	a) aus Zahlungsdiensten und aus der Ausgabe von E-Geld	....	
	b) aus sonstigen Tätigkeiten	....	
15.	Aufwendungen aus Verlustübernahme		....
	a) aus Zahlungsdiensten und aus der Ausgabe von E-Geld	....	
	b) aus sonstigen Tätigkeiten	....	
16.	Ergebnis der normalen Geschäftstätigkeit		....
	a) aus Zahlungsdiensten und aus der Ausgabe von E-Geld	....	
	b) aus sonstigen Tätigkeiten	....	
17.	Außerordentliche Erträge		....
	a) aus Zahlungsdiensten und aus der Ausgabe von E-Geld	....	
	b) aus sonstigen Tätigkeiten	....	
18.	Außerordentliche Aufwendungen		....
	a) aus Zahlungsdiensten und aus der Ausgabe von E-Geld	....	
	b) aus sonstigen Tätigkeiten	....	
19.	Außerordentliches Ergebnis		....
	a) aus Zahlungsdiensten und aus der Ausgabe von E-Geld	....	
	b) aus sonstigen Tätigkeiten	....	
20.	Steuern vom Einkommen und vom Ertrag		....
	a) aus Zahlungsdiensten und aus der Ausgabe von E-Geld	....	
	b) aus sonstigen Tätigkeiten	....	
21.	Sonstige Steuern, soweit nicht unter Posten 10 ausgewiesen		....
	a) aus Zahlungsdiensten und aus der Ausgabe von E-Geld	....	
	b) aus sonstigen Tätigkeiten	....	
22.	Erträge aus Verlustübernahme		....
	a) aus Zahlungsdiensten und aus der Ausgabe von E-Geld	....	
	b) aus sonstigen Tätigkeiten	....	

23.	Auf Grund einer Gewinngemeinschaft, eines Gewinnabführungs- oder eines Teilgewinnabführungsvertrags abgeführte Gewinne	....
	a) aus Zahlungsdiensten und aus der Ausgabe von E-Geld	....
	b) aus sonstigen Tätigkeiten	....
24.	Jahresüberschuss/Jahresfehlbetrag	....
	a) aus Zahlungsdiensten und aus der Ausgabe von E-Geld	....
	b) aus sonstigen Tätigkeiten	....
25.	Gewinnvortrag/Verlustvortrag aus dem Vorjahr	....
	a) aus Zahlungsdiensten und aus der Ausgabe von E-Geld	....
	b) aus sonstigen Tätigkeiten	....
26.	Entnahmen aus der Kapitalrücklage	....
27.	Entnahmen aus Gewinnrücklagen	....
	a) aus der gesetzlichen Rücklage	....
	b) aus der Rücklage für Anteile an einem herrschenden oder mehrheitlich beteiligten Unternehmen	....
	c) aus satzungsmäßigen Rücklagen	....
	d) aus anderen Gewinnrücklagen	....
28.	Entnahmen aus Genussrechtskapital	....
29.	Einstellungen in Gewinnrücklagen	
	a) in die gesetzliche Rücklage	....
	b) in die Rücklage für Anteile an einem herrschenden oder mehrheitlich beteiligten Unternehmen	....
	c) in satzungsmäßige Rücklagen	....
	d) in andere Gewinnrücklagen	....
30.	Wiederauffüllung des Genussrechtskapitals	....
31.	Bilanzgewinn/Bilanzverlust	....

Abb. 63: Formblatt 2 der RechZahlV

8.2 Überblick über die Ausweisvorschriften der RechZahlV

Die Ausweisvorschriften der RechZahlV (§§ 2–27 RechZahlV) sind angelehnt an die Ausweisvorschriften der RechKredV. Die folgenden Ausweisvorschriften der RechZahlV sind in ihrem Wortlaut nahezu identisch mit den entsprechenden Vorschriften der RechKredV, so dass diesbezüglich auf die Erläuterungen der Ausweisvorschriften für Kredit- und Finanzdienstleistungsinstitute verwiesen werden kann:

- § 4 RechZahlV »Nachrangige Vermögensgegenstände und Schulden«,
- § 5 RechZahlV »Wertpapiere«,
- § 8 RechZahlV »Anteilige Zinsen«,
- § 9 RechZahlV »Barreserve« (identisch zu § 12 Abs. 1 RechKredV; zu § 12 Abs. 2 RechKredV findet sich in der RechZahlV keine entsprechende Vorschrift),
- § 10 RechZahlV »Forderungen an Kreditinstitute«,
- § 12 RechZahlV »Schuldverschreibungen und andere festverzinsliche Wertpapiere« (veränderte Reihenfolge der Absätze; Wegfall der Erläuterung von Unterposten; keine

Regelung zum Rückkauf eigener Schuldverschreibungen; dazu korrespondierender Wegfall des Passivpostens »verbriefte Verbindlichkeiten«),
- § 13 RechZahlV »Aktien und andere nicht festverzinsliche Wertpapiere«,
- § 14 RechZahlV »Beteiligungen«,
- § 15 RechZahlV »Sonstige Vermögensgegenstände« (gekürzte Fassung von § 20 RechKredV),
- § 16 RechZahlV »Verbindlichkeiten gegenüber Kreditinstituten« (gegenüber § 21 Abs. 1 RechKredV gekürzt),
- § 17 RechZahlV »Verbindlichkeiten gegenüber Kunden« (gegenüber § 21 Abs. 2 bis 4 RechKredV stark gekürzt unter anderem auch wegen der nicht notwendigen Vorschriften zu Spareinlagen),
- § 18 RechZahlV »Rückstellungen«,
- § 19 RechZahlV »Eigenkapital«,
- § 20 RechZahlV »Unwiderrufliche Kreditzusagen – Posten 1 unter dem Strich«, dies entspricht den Regelungen in § 27 Abs. 2 RechKredV,
- § 21 RechZahlV »Zinserträge – Posten 1«
- § 22 RechZahlV »Zinsaufwendungen – Posten 2«
- § 23 RechZahlV »Provisionserträge«,
- § 24 RechZahlV »Provisionsaufwendungen«,
- § 25 RechZahlV »Allgemeine Verwaltungsaufwendungen«,
- § 26 RechZahlV »Abschreibungen und Wertberichtigungen auf Forderungen und bestimmte Wertpapiere sowie Zuführungen zu Rückstellungen im Kreditgeschäft«,
- § 27 RechZahlV »Abschreibungen und Wertberichtigungen auf Beteiligungen, Anteilen an verbundenen Unternehmen und wie Anlagevermögen behandelte Wertpapiere«.

Die folgenden Vorschriften der RechKredV finden sich in der RechZahlV **nicht** wieder:
- § 3 RechKredV »Unterposten«. Die Unterteilung sowie die Bildung von Unterposten ist durch § 3 RechZahlV bzgl. der Trennung von »Zahlungsdiensten und aus der Ausgabe von E-Geld« und sonstigen Tätigkeiten vorgegeben.
- § 5 RechKredV »Gemeinschaftliches Kreditgeschäft«. Da Zahlungsinstitute und E-Geld-Institute nur eingeschränktes Kreditgeschäft betreiben dürfen, entfällt die Vorschrift für diese Institute.
- § 6 RechKredV »Treuhandgeschäfte«,
- § 10 RechKredV »Verrechnung«,
- § 13 RechKredV »Schuldtitel öffentlicher Stellen und Wechsel, die zur Refinanzierung bei Zentralnotenbanken zugelassen sind«. Ein entsprechender Posten ist in Formblatt 1 der RechZahlV nicht vorgesehen.
- § 22 RechKredV »Verbriefte Verbindlichkeiten«,
- § 23 RechKredV »Rechnungsabgrenzungsposten« (Teilfinanzierungsgeschäfte werden von Zahlungsinstituten und E-Geld-Instituten nicht betrieben).

Erwähnenswerte **Abweichungen** zwischen der RechKredV und der RechZahlV ergeben sich hinsichtlich der folgenden Vorschriften:
- **Restlaufzeitengliederung.** Nach § 6 RechZahlV sind bei ungekündigten Kündigungsgeldern die Kündigungsfristen und ggf. die Kündigungssperrfristen maßgebend[4]; bei Forderungen sind vorzeitige Kündigungsmöglichkeiten nicht zu berücksichtigen. Dies entspricht im Wesentlichen den Vorschriften in § 8 Abs. 1 RechKredV. Eine explizite Definition von täglich fälligen Forderungen und Verbindlichkeiten findet sich in § 6 RechZahlV nicht. Eine solche Definition ist aufgrund der fehlenden Verrechnungsmöglichkeit nach § 10 RechKredV sowie der fehlenden Ausgliederung täglicher fälliger Forderungen an Kreditinstitute sowie Verbindlichkeiten gegenüber Kreditinstituten und Kunden für Zahlungsinstitute und E-Geld-Institute nicht erforderlich. Ebenso findet sich in Bezug auf den Ausweis täglich fälliger Guthaben bei Zentralnotenbanken unter dem Posten »Barreserve« (§ 12 Abs. 2 RechKredV) keine in der RechZahlV entsprechende Vorschrift.
- **Fristengliederung.** Nach § 7 RechZahlV sind (nur) die Beträge des Aktivpostens 3 »Forderungen an Kunden« nach Restlaufzeiten zu gliedern. Die Restlaufzeitenbänder weisen im Vergleich zu denen in § 9 Abs. 2 RechKredV kürzere Fristigkeiten auf. Die Restlaufzeiten sind wie folgt zu untergliedern: 1. bis drei Monate; 2. mehr als drei Monate bis sechs Monate; 3. mehr als sechs Monate bis zwölf Monate; 4. mehr als zwölf Monate. Die Fristengliederung für Zahlungsinstitute und E-Geld-Institute bleibt damit hinter den Angaben gem. § 9 RechKredV zurück, weil ein Bedürfnis für eine so weitergehende Fristengliederung wie bei Kredit- und Finanzdienstleistungsinstituten nicht besteht[5]. Gesetzessystematisch erscheint die Umsetzung von § 7 RechZahlV ungenau. Während § 9 RechKredV als eine Konkretisierung von § 340d HGB anzusehen ist, beschränkt § 7 RechZahlV die Fristengliederung – im Gegensatz zu § 9 RechKredV – auf den Posten »Forderungen an Kunden«, obgleich § 340d HGB auch eine Fristengliederung für Verbindlichkeiten verlangt.
- **Posten »Forderungen an Kunden«.** Nach § 11 RechZahlV sind als Forderungen an Kunden alle Arten von Vermögensgegenständen auszuweisen, die Forderungen an in- und ausländischen Nichtbanken darstellen, soweit es sich nicht um börsenfähige Schuldverschreibungen handelt. Insoweit stimmt der Posteninhalt mit den Vorgaben von § 14 RechKredV überein. Als Forderungen an Kunden aus Zahlungsdiensten und aus der Ausgabe von E-Geld-Geschäft aus Krediten sind die gem. § 3 Abs. 4 ZAG gewährten Kredite auszuweisen. Danach darf ein Institut im Sinne des ZAG Kredite nur im Zusammenhang mit Zahlungsdiensten unter der Ausgabe von E-Geld gewähren. Eine solche Kreditgewährung darf jedoch nur erfolgen, wenn
  a) Die Gewährung des Kredits als Nebentätigkeit und ausschließlich im Zusammenhang mit der Ausführung eines Zahlungsvorgangs erfolgt,

---

[4] Die Relevanz der Vorgaben zu ungekündigten Kündigungsgeldern für Institute im Sinne des ZAG erscheint fraglich, da diese Institute grundsätzlich kein Einlagengeschäft betreiben dürfen (siehe § 3 Abs. 1 ZAG). E-Geld-Institute dürfen nur in den Grenzen des § 3 Abs. 2 ZAG und Zahlungsinstitute in den Grenzen des § 3 Abs. 3 ZAG das Einlagengeschäft betreiben. Im Einzelnen vgl. Terlau, in: Casper/Terlau, § 2 ZAG.

[5] Vgl. BMJ, Begründung des Referentenentwurfs zur RechZahlV, August 2009, S. 21.

b) Im Kreditvertrag eine Laufzeit von mehr als 12 Monaten nicht vereinbart und das Darlehen innerhalb von 12 Monaten vollständig zurückzuzahlen ist und

c) Der Kredit nicht aus den für den Zweck der Ausführung eines Zahlungsvorgangs entgegengenommenen oder gehaltenen Geldbeträgen gewährt wird.

Entsprechendes gilt für E-Geld-Institute.

8.3 Anhangangaben

Die von Zahlungsinstituten und E-Geld-Instituten zu beachtenden Angabepflichten im **Anhang** entsprechen im Wesentlichen denen von Kredit- und Finanzdienstleistungsinstituten. Aufgrund fehlender Handelsaktivitäten entfällt für Zahlungsinstitute und E-Geld-Institute die Aufgliederung des »Nettoertrags des Handelsbestands« nach geografischen Märkten (§ 28 Abs. 2 RechZahlV im Vergleich zu § 34 Abs. 2 RechKredV). Eine zu § 34 Abs. 2 Nr. 3 RechKredV entsprechende Vorschrift (Aufgliederung der Geschäftsguthaben bei genossenschaftlichen Instituten) fehlt in § 28 RechZahlV. Eine entsprechende Angabepflicht ergibt sich bereits aus den §§ 337 und 338 HGB (siehe im Einzelnen Kapitel IV.6.1). Die von Zahlungsinstituten und E-Geld-Instituten zu beachtenden zusätzlichen Pflichtangaben (§ 29 RechZahlV) stimmen mit den Bestimmungen in § 35 RechKredV – jedoch gekürzt für Zwecke der Zahlungsinstitute und E-Geld-Institute – überein (z. B. wegen fehlendem Handelsbestand oder Leasinggeschäft).

Kapitel V. Anhang

1 Allgemeine Angaben

Institute haben die folgenden allgemeinen Angabepflichten im Anhang zu beachten:
- § 264 Abs. 1a HGB: Angabe von Firma, Sitz, Registergericht und Handelsregisternummer; befindet sich die Gesellschaft in Liquidation oder Abwicklung ist dies anzugeben.
- § 264 Abs. 2 HGB: Angabe, wenn aufgrund besonderer Umstände ein den tatsächlichen Verhältnissen entsprechendes Bild nicht vermittelt werden kann.
- § 265 Abs. 1 HGB: Erläuterung zur Abweichung vom Grundsatz der Darstellungsstetigkeit.
- § 265 Abs. 2 HGB: Angabe von Vorjahreszahlen sowie vorgenommene Anpassungen.
- § 265 Abs. 4 HGB: Angabe und Begründung der Ergänzung eines Gliederungsschemas, wenn mehrere Geschäftszweige die Beachtung verschiedener Gliederungsvorschriften erfordern.
- § 284 Abs. 2 HGB: Erläuterung der Bilanzierungs- und Bewertungsmethoden und deren Abweichungen, Anwendung einer Bewertungsmethode nach §§ 240 Abs. 4, 256 S. 1 HGB, Einbeziehung von Fremdkapitalzinsen in die Herstellungskosten.
- § 285 Nr. 3 HGB: Angabe von Art und Zweck sowie Risiken und Vorteile von nicht in der Bilanz enthaltenen Geschäften, soweit dies für die Finanzlage notwendig ist.
- § 285 Nr. 3a HGB: Angabe des Gesamtbetrags der sonstigen finanziellen Verpflichtungen, die nicht in der Bilanz enthalten und nicht nach § 251 oder § 285 Nr. 3 HGB anzugeben sind, sofern diese Angabe für die Beurteilung der Finanzlage von Bedeutung ist; Verpflichtungen gegenüber verbundenen Unternehmen sind gesondert anzugeben. Die Angabe braucht nicht gemacht zu werden, soweit ein Vermerk unter dem Strich erfolgt (§ 34 Abs. 1 S. 2 RechKredV).
- § 285 Nr. 7 HGB: Anzahl der Mitarbeiter.
- § 285 Nr. 10 HGB: Namentliche Nennung der Organmitglieder.
- § 285 Nr. 14: Name und Sitz des Mutterunternehmens, das Konzernabschluss für den größten Kreis von Unternehmen aufstellt.
- § 285 Nr. 14a: Name und Sitz des Mutterunternehmens, das Konzernabschluss für den kleinsten Kreis von Unternehmen aufstellt.
- § 285 Nr. 15 HGB: Angabe zu persönliche haftenden Gesellschafter.
- § 285 Nr. 16 HGB: Erklärung zum Corporate Governance Kodex (§ 161 AktG).
- § 285 Nr. 21 HGB: Erläuterung zu Geschäften mit nahe stehenden Unternehmen und Personen, die nicht zu marktüblichen Bedingungen zustande gekommen sind, soweit sie wesentlich sind.
- § 285 Nr. 34 HGB: Vorschlag und Beschluss über die Ergebnisverwendung.

2 Angaben zur Bilanz

2.1 Allgemeine Angaben zur Bilanz

- § 253 Abs. 6 S. 3 HGB: Nach § 253 Abs. 6 HGB ist der Unterschiedsbetrag der Pensionsrückstellungen zwischen einer Bewertung mit dem siebenjährigen und dem zehnjährigen Durchschnittssatz zu ermitteln (§ 253 Abs. 6 S. 1 HGB) und im Anhang oder unter der Bilanz anzugeben (§ 253 Abs. 6 S. 3 HGB)[1].
- § 264c Abs. 1 HGB: Ausleihungen, Forderungen und Verbindlichkeiten gegenüber Gesellschaftern.
- § 265 Abs. 3 HGB: Mitzugehörigkeitsvermerk bei Bilanzposten.
- § 268 Abs. 4 S. 2 HGB: Erläuterung von unter den »sonstigen Vermögensgegenständen« ausgewiesene Beträge, die erst nach dem Abschlussstichtag rechtlich entstehen und die einen größeren Umfang haben. § 340a Abs. 2 S. 1 HGB schließt nur § 268 Abs. 4 S. 1 HGB von der Anwendung aus. Siehe § 11 RechKredV als lex specialis.
- § 286 Abs. 5 S. 3 HGB: Erläuterung von unter den Verbindlichkeiten ausgewiesenen Beträgen, die erst nach dem Abschlussstichtag rechtlich entstehen, wenn sie einen größeren Umfang haben.
- § 268 Abs. 6 HGB: Gesonderter Ausweis eines im aktiven Rechnungsabgrenzungsposten enthaltenen Disagio aus der Begebung einer Verbindlichkeit nach § 250 Abs. 3 HGB (Angabe wahlweise im Anhang oder in der Bilanz).
- § 285 Nr. 11 und 11a, b HGB: Diverse Angaben zum Anteilsbesitz.
- § 285 Nr. 13 HGB: Angabe der Gründe für eine planmäßige Abschreibung des erworbenen Geschäfts- oder Firmenwertes über einen längeren Zeitraum als fünf Jahre.
- § 285 Nr. 15a HGB: Bestehen von Genussscheinen, Genussrechten, Wandelschuldverschreibungen, Optionsscheinen, Optionen, Besserungsscheinen.
- § 285 Nr. 18 HGB: Angaben zu Finanzanlagen, die über ihrem beizulegenden Zeitwert ausgewiesen werden.
- § 285 Nr. 19 HGB: Angaben zu derivativen Finanzinstrumenten, die nicht zum beizulegenden Zeitwert bewertet werden.

---

[1] Diese Angabe ist nur gesetzeshistorisch von Belang. Informativ wäre eine Angabe des Unterschiedsbetrags, der sich bei einer Abzinsung mit dem Marktzinssatz ergäbe. Vgl. zutreffend Hommel/Rammert/Kiy, in: DB 2016, S. 1585 (S. 1592).

- § 285 Nr. 22 HGB: Forschungs- und Entwicklungskosten im Fall der Aktivierung nach § 248 Abs. 2 HGB.
- § 285 Nr. 23 HGB: Angaben zu Bewertungseinheiten (wahlweise im Anhang oder im Lagebericht).
- § 285 Nr. 24 HGB: Angaben zu Pensionsrückstellungen; einschließlich Angaben zu Alt-Rückstellungen (Art. 28 Abs. 2 EGHGB) sowie Angaben zu bilanziell nicht berücksichtigten Wertdifferenzen im Zusammenhang mit der Umstellung nach dem BilMoG (Art. 67 Abs. 1 und 2 EGHGB).
- § 285 Nr. 25 HGB: Angaben im Falle der Verrechnung von Deckungsvermögen mit Pensionsverpflichtungen.
- § 285 Nr. 26 HGB: Angaben zu Investmentanteilen.
- § 285 Nr. 28 HGB: Angabe zu ausschüttungsgesperrten Beträgen.
- § 285 Nr. 29 HGB: Angaben zu latenten Steuern.
- § 285 Nr. 30 HGB: Latente Steuersalden im Falle latenter Steuerschulden.
- § 285 Nr. 33 HGB: Vorgänge von besonderer Bedeutung in Bezug auf die Bilanz.

2.2 Institutsspezifische Angaben zur Bilanz

Im Folgenden werden die institutsspezifischen Angabepflichten ausführlicher erläutert. Zur Erläuterung der allgemeinen Angabepflichten sei auf das allgemeine Schrifttum verwiesen. Spezifische Angabepflichten für Spezialinstitute werden in Kapitel IV.3 erläutert. Die institutsspezifischen Angabepflichten für Kredit- und Finanzdienstleistungsinstitute umfassen:

- § 285 Nr. 20 HGB u. § 35 Abs. 1 Nr. 1a u. 6a-c RechKredV: **Angaben zum Handelsbestand** (zur näheren Erläuterung siehe Kapitel III.1.2.8),
    1. § 285 Nr. 20 HGB: Angabe der grundlegenden Annahmen zur Bestimmung des beizulegenden Zeitwerts,[2]
    2. § 35 Abs. 1 Nr. 1a RechKredV: Aufgliederung des Aktivpostens 6a sowie des Passivpostens 3a »Handelsbestand«,
    3. § 35 Abs. 1 Nr. 6a RechKredV: Angaben zum Risikoabschlag,
    4. § 35 Abs. 1 Nr. 6b RechKredV: Gründe, Betrag und Auswirkungen auf das Jahresergebnis von Umgliederungen aus dem Handelsbestand,
    5. § 35 Abs. 1 Nr. 6c RechKredV: Änderung der Kriterien der Zuordnung zum Handelsbestand und ggf. Auswirkungen auf das Jahresergebnis,
- § 340 Abs. 4 Nr. 1 u. 2 HGB (**Mandate in Aufsichtsgremien**). Nach § 340a Abs. 4 HGB haben Kreditinstitute im Anhang alle Mandate in gesetzlich zu bildenden Aufsichtsgremien von großen Kapitalgesellschaften (§ 267 Abs. 3 HGB), die von gesetzlichen Vertretern oder anderen Mitarbeitern wahrgenommen werden (Nr. 1), sowie Beteiligungen an großen Kapitalgesellschaften mit Anteilsquote von mehr als 5 % (Nr. 2) anzugeben.

---

2 Seit dem CSR-UmsG ist die Angabepflicht nicht mehr auf Handelsbestände beschränkt, sondern umfasst alle Finanzinstrumente, die zum beizulegenden Zeitwert bilanziert werden. Vgl. BT-DRS 18/9982, S. 42.

Die Grundgesamtheit der nach § 340a Abs. 4 Nr. 1 HGB anzugebenden Mandate weicht von denen nach § 285 Nr. 10 HGB ab[3].

- § 340 Abs. 4 S. 4 HGB (**Buchwert der in Pension gegebenen Vermögensgegenstände**). Vermögensgegenstände, die im Rahmen von echten Pensionsgeschäften übertragen werden, sind weiterhin beim Pensionsgeber zu bilanzieren (siehe Kapitel II.1.6.2.1). Ein gesonderter Ausweis dieser Vermögensgegenstände erfolgt in der Bilanz des Pensionsgebers hingegen nicht. Gleichwohl ist der Buchwert der in Pension gegebenen Vermögensgegenstände im Anhang anzugeben (§ 340 Abs. 4 S. 4 HGB). Durch diese Angabe wird der Bilanzleser über die Vermögensgegenstände informiert, an denen das Institut im Rahmen von echten Pensionsgeschäften das zivilrechtliche, jedoch nicht das wirtschaftliche Eigentum verloren hat. Es fallen mithin nur solche Pensionsgegenstände unter die Angabepflicht, die auch als Vermögensgegenstände dem Pensionsgeber wirtschaftlich zuzurechnen und somit von ihm bilanziert werden. Nicht anzugeben sind bspw. geliehene Vermögensgegenstände, die nicht in das wirtschaftliche Eigentum des Instituts übergegangen sind und im Rahmen von echten Pensionsgeschäften während der Laufzeit des Leihgeschäfts an Dritte übertragen wurden. Die Angabe des Buchwerts für in Pension gegebene Vermögensgegenstände stellt gewissermaßen eine besondere Form der Angabe zu Sicherheiten für eigene Verbindlichkeiten nach § 35 Abs. 5 RechKredV dar, da echte Pensionsgeschäfte wie eine besicherte Geldaufnahme zu bilanzieren sind. In Pension gegebene Vermögensgegenstände sind daher gesondert als Sicherheiten für eigene Verbindlichkeiten anzugeben.
- § 340c Abs. 3 HGB: (**Neubewertungsreserven**). Nach § 340c Abs. 3 HGB sind die nicht realisierte Reserven, die nach § 10 Abs. 2b S. 1 Nr. 6 und 7 KWG a. F. dem haftenden Eigenkapital zugerechnet werden, im Anhang anzugeben. § 340c Abs. 3 HGB bezieht sich noch auf den seit dem 01.01.2014 durch das CRD-IV-Umsetzungsgesetz außer Kraft getretenen § 10 Abs. 2b S. 1 Nr. 6 oder 7 KWG. Nach § 340c Abs. 3 HGB sind die nicht realisierten Reserven (sog. **Neubewertungsreserven**), die nach § 10 Abs. 2b S. 1 Nr. 6 oder 7 KWG a. F. bis zum 31.12.2013 dem haftenden Eigenkapital zugerechnet werden konnten, im Anhang anzugeben. Die nicht realisierten Reserven stellen den Unterschiedsbetrag zwischen dem Buchwert eines Vermögensgegenstands und einem spezifisch festgelegten Wertansatz (Annäherung an einen Marktwert) dar. Das Verfahren zur Ermittlung von Neubewertungsreserven war in § 10 KWG a. F. detailliert geregelt und nur für bestimmte Vermögensgegenstände zulässig, wobei für die zulässigen Vermögensgegenstände spezifische Abschläge zu berücksichtigen sind (z. B. 55 %-Abschlag auf Grundstücksreserven nach § 10 Abs. 2b S. 1 Nr. 6 KWG a. F.). Neubewertungsreserven sind nur dann im Anhang anzugeben, wenn das Institut die Neubewertungsreserven dem haftenden Kapital zurechnet. Andernfalls besteht eine solche Angabepflicht nicht. Die Zurechnung zum haftenden Eigenkapital setzt allerdings auch die Angabe im Anhang voraus; ohne eine Angabe im Anhang war eine Zurechnung zum haftenden Eigenkapital unzulässig (siehe Wortlaut von § 10 Abs. 2b S. 1 Nr. 6 u. 7 KWG a. F.).

---

3 Vgl. ausführlich Krumnow/Sprißler (2004), § 34 RechKredV, Tz. 73.

- § 340d HGB, §§ 8, 9 RechKredV (**Fristengliederungen**). Nach § 340d HGB sind die Forderungen und Verbindlichkeiten im Anhang nach der Fristigkeit zu gliedern. Dabei stellt § 340d HGB klar, dass die Fristengliederung auf Basis der Restlaufzeiten und nicht nach der Ursprungslaufzeit zu erfolgen hat[4]. Die Fristengliederung dient dem Einblick in die Liquiditätslage des Instituts. Die von der Fristengliederung betroffenen Posten sowie die maßgeblichen Laufzeitbänder ergeben sich aus § 9 RechKredV.
  - andere Forderungen an Kreditinstituten (Aktivposten 3 b)), mit Ausnahme der darin enthaltenen Bausparguthaben,
  - Forderungen an Kunden (Aktivposten 4),
  - Verbindlichkeiten gegenüber Kreditinstituten mit vereinbarter Laufzeit oder Kündigungsfrist (Passivposten 1b),
  - Spareinlagen mit vereinbarter Kündigungsfrist von mehr als drei Monaten (Passivposten 2a, ab),
  - andere Verbindlichkeiten gegenüber Kunden mit vereinbarter Laufzeit oder Kündigungsfrist (Passivposten 2b, bb),
  - andere verbriefte Verbindlichkeiten (Passivposten 3b).

  Nach § 9 Abs. 2 RechKredV sind für die Aufgliederung die folgenden Restlaufzeiten maßgeblich:
  - bis drei Monate,
  - mehr als drei Monate bis ein Jahr,
  - mehr als ein Jahr bis fünf Jahre,
  - mehr als fünf Jahre.

In die Fristengliederung sind grundsätzlich alle in den aufgeführten Posten sowie Unterposten ausgewiesenen Beträge einzubeziehen. Anteilige Zinsen brauchen (Wahlrecht) hingegen nicht in die Fristengliederung einbezogen werden (§ 11 RechKredV). Die Summe der in der Fristengliederung angegebenen Beträge muss daher nicht zwangsläufig mit den Bilanzposten übereinstimmen. Bei einer Einbeziehung der anteiligen Zinsen in die Restlaufzeitengliederung erscheint eine pauschale Zuordnung zum ersten Laufzeitband möglich.

Im Posten Forderungen an Kunden sind die enthaltenen Forderungen mit **unbestimmter Laufzeit** gesondert anzugeben. Die gesonderte Angabe von Forderungen an Kunden mit unbestimmter Laufzeit betrifft insbesondere Betriebsmittellinien bzw. sog. bis-auf-weiteres-Linien (b.a.w.-Linien). Zu den Forderungen mit unbestimmter Laufzeit zählen auch Forderungen mit täglicher Kündigung, soweit sie nicht als täglich fällige Gelder im Sinne des § 8 Abs. 1 RechKredV gelten (siehe Kapitel II.3.2.1.1).

Ebenso besteht eine Angabepflicht für die im Aktivposten 5 (Schuldverschreibungen und andere festverzinsliche Wertpapiere) und im Passivposten 3a (begebene Schuldverschreibungen) enthaltenen Beträge, die in dem Jahr, das auf den Bilanzstichtag folgt, fällig werden (§ 9 Abs. 3 RechKredV). Während auf der Aktivseite mithin der gesamte Aktivpos-

---

4 Die Verwendung von Restlaufzeiten im Vergleich zu den bis dato verwendeten Ursprungslaufzeiten wurde im Rahmen des BaBiRiLiG umstritten diskutiert. Zur Diskussion sowie zu einer Abwägung der jeweiligen Vor- und Nachteile vgl. Böcking/Becker/Helke, in: MüKom HGB, § 340d HGB, Tz. 2–4; Christian, in: BB 1987, S. 229; Bieg/Waschbusch (2017), S. 799.

ten 5 von der Angabepflicht erfasst ist, besteht auf der Passivseite die Angabepflicht nicht für den gesamten Passivposten »Verbriefte Verbindlichkeiten«, sondern nur für den Unterposten 3a »begebene Schuldverschreibungen«. Der Unterposten »andere verbriefte Verbindlichkeiten« unterfällt hingegen der Restlaufzeitengliederung nach § 9 Abs. 1 RechKredV.

Die **anzugebende Restlaufzeit** stellt den Zeitraum zwischen dem Bilanzstichtag und dem Fälligkeitstag des jeweiligen Finanzinstruments dar (§ 8 Abs. 2 RechKredV)[5]. Eine Forderung ist ab dem Zeitpunkt fällig, ab dem der Gläubiger die Leistung fordern kann[6]. Zum Zwecke einer Gliederung nach Restlaufzeiten sieht § 8 RechKredV Abweichungen zur zivilrechtlichen Fälligkeit vor. Die Zuordnung von Beträgen zu Laufzeitbändern folgt dem Vorsichtsprinzip, so dass Zahlungsverpflichtungen frühestmöglich und Zahlungszuflüsse erst dann erfasst werden, wenn diese mit Sicherheit erfolgen. Vor diesem Hintergrund sieht § 8 RechKredV die folgenden Detailregelungen vor:

a) **Kündigungsgelder.** Bei Kündigungsgeldern handelt es sich um Gelder mit einer unbestimmten Laufzeit, deren Fälligkeit durch eine Kündigung herbeigeführt wird[7]. Unter die Kündigungsgelder fallen in der Bankenpraxis insbesondere Spareinlagen, für die eine Mindestkündigungsfrist von drei Monaten vorzusehen ist (§ 21 Abs. 4 RechKredV, § 1 Abs. 29 S. 2 KWG). Hinsichtlich der Bestimmung der Restlaufzeit ist zwischen gekündigten und ungekündigten Kündigungsgelder zu differenzieren.

– Für **ungekündigte Kündigungsgelder** sieht § 8 Abs. 1 RechKredV vor, dass sich die Zuordnung zu Restlaufzeiten nach der Kündigungsfrist zum Bilanzstichtag ergibt. Sofern noch eine Kündigungssperrfrist vereinbart wurde, ist diese ebenfalls zu berücksichtigen. Besteht bspw. für eine Verbindlichkeit gegenüber Kunden eine Kündigungsfrist von 3 Monaten, so ist diese Verbindlichkeit dem Restlaufzeitenband »bis zu drei Monaten« zuzuordnen. Besteht zusätzlich eine Kündigungssperrfrist von einem Monat, so hat die Zuordnung zum Laufzeitband »Mehr als drei Monate bis ein Jahr« zu erfolgen[8]. Die **Kündigungsfrist** ist der vertraglich vereinbarte Zeitraum zwischen dem Zugang einer Kündigung und dem Termin der dadurch bewirkten bzw. angestrebten Beendigung eines Vertragsverhältnisses, welcher mindestens noch vorhanden sein muss, damit eine einseitige Kündigung zum angestrebten Termin rechtswirksam werden kann (Zeitspanne zwischen Kündigungstag und Wirksamwerden der Kündigung). Kündigungen, die innerhalb einer **Kündigungssperrfrist** ausgesprochen werden, werden erst mit Ablauf der Sperrfrist wirksam. Die Kündigungssperrfrist bewirkt, dass die Kündigungsfrist erst nach Ablauf der Sperrfrist zu laufen beginnt. Dabei gilt die Kündigungssperrfrist für jede auf das Konto geleistete Einzahlung, so dass geprüft werden müsste, ob die Sperrfrist unter Berücksichtigung der Einzahlungstermine abgelaufen ist[9]. Bei ungekündigten Kündigungsgeldern mit Kündigungssperrfrist vermindert sich die Restlaufzeit so lange bis das Ende der Kündigungssperrfrist erreicht ist; danach werden sie behandelt wie

---

5 Vgl. Krumnow/Sprißler (2004), § 8 RechKredV, Tz. 1.
6 Vgl. Krüger, in: MüKom BGB, § 271 BGB, Tz. 2.
7 Vgl. Steffek, in: Langenbucher/Bliesener/Spindler, 2. Aufl., 12. Kapitel, Tz. 38; Schürmann/Langner, in: Schimansky/Bunte/Lwowski, 5. Aufl., § 70, Tz. 9; BAKred-Schreiben vom 24.02.1975 (I 3 – 242 – 8/74).
8 Vgl. z. B. Deutsche Revision Treuarbeit (1992), S. 62.
9 Vgl. Bunte, in: AGB-Banken, 4. Aufl., SB Spar Nr. 2, Tz. 29.

ungekündigte Kündigungsgelder ohne Kündigungssperrfrist, so dass die Restlaufzeit bis zur Kündigung konstant bleibt (d. h. die Restlaufzeit umfasst dann die Kündigungsfrist)[10].
- Bei **gekündigten Kündigungsgeldern** umfasst die Restlaufzeit die Zeitspanne vom Bilanzstichtag bis zum Kündigungstermin (Fälligkeitstag aufgrund der ausgesprochenen Kündigung)[11].

b) **Kündigungsrechte.** Nach § 8 Abs. 1 S. 3 RechKredV sind bei Forderungen vorzeitige Kündigungsmöglichkeiten nicht zu berücksichtigen. Dies betrifft sowohl außerordentliche und ordentliche Kündigungsmöglichkeiten einerseits als auch Schuldner- und Gläubigerkündigungsrechte andererseits[12]. Strittig ist, hingegen die Berücksichtigung von Kündigungsrechten bei Verbindlichkeiten. So wird vertreten, dass sowohl Schuldner- als auch Gläubigerkündigungsrechte im Rahmen der Restlaufzeitengliederung zu berücksichtigen sind[13]. Gegen diese Sichtweise wird angeführt, dass eine Berücksichtigung von Schuldnerkündigungsrechten die Liquiditätslage des Instituts zu negativ darstellen würde, da eine Laufzeitverkürzung auf die Kündigungsfrist nur im Interesse des Instituts möglich ist[14]. Nach der hier vertretenen Auffassung erscheint eine Berücksichtigung sowohl von Schuldner- und Gläubigerkündigungsrechten gleichermaßen sachgerecht, da die §§ 8, 9 RechKredV Abweichungen von der vertraglichen Fälligkeit unter besonderer Berücksichtigung des Vorsichtsprinzips vorsehen. Vor diesem Hintergrund erscheint eine am Vorsichtsprinzip orientierte Fristengliederung sachgerecht.

c) **Ratentilgungen.** Bei Forderungen oder Verbindlichkeiten mit Rückzahlungen in regelmäßigen Raten gilt als Restlaufzeit der Zeitraum zwischen dem Bilanzstichtag und dem Fälligkeitstag jedes Teilbetrags (§ 8 Abs. 2 RechKredV). Dies erfordert die Aufteilung der Gesamtforderung in einzelne Rückzahlungsbeträge, die entsprechend ihrer Fälligkeit ggf. in unterschiedlichen Restlaufzeitenbändern zuzuordnen sind. Eine Rückzahlung in »regelmäßigen Raten« besteht bspw. bei Ratentilgungen und Annuitätendarlehen.

d) **Forderungen an Kunden mit unbestimmter Laufzeit.** Nach § 9 Abs. 3 Nr. 1 RechKredV sind Forderungen an Kunden mit unbestimmter Laufzeit im Anhang gesondert anzugeben. Gesetzliche Vorschriften, wann von einer unbestimmten Laufzeit auszugehen ist, finden sich weder im HGB noch in der RechKredV. Bemerkenswert ist zudem, dass ein gesonderter Ausweis von Forderungen an Kreditinstituten mit unbestimmter Laufzeit nicht besteht; für diesen Posten sind – im Gegensatz zu den Forderungen an Kunden – täglich fällige Forderungen in der Bilanz gesondert auszuweisen (Bilanzposten 3a). Als Forderungen an Kunden mit unbestimmter Laufzeit sind im Anhang bspw. Soll-Salden auf laufenden Konten, die entweder durch Überziehung oder durch Inanspruchnahme von Dispo-Krediten entstehen, anzugeben[15]. Zu den Forderungen an

---

10 Vgl. Krumnow/Sprißler (2004), § 340d HGB, Tz. 4.
11 Vgl. Braun, in: KK-RLR, § 340d HGB, Tz. 11.
12 Vgl. Krumnow/Sprißler (2004), § 8 RechKredV, Tz. 5; Braun, in: KK-RLR, § 340d HGB, Tz. 13.
13 Vgl. Scharpf, in: DStR 1995, S. 505; Krumnow/Sprißler (2004), § 8 RechKredV, Tz. 5; Scharpf/Schaber (2018), S. 28; Böcking/Becker/Helke, in: MüKom HGB, § 340d HGB, Tz. 6.
14 Vgl. Bieg/Waschbusch (2017), S. 800.
15 Vgl. Bundesverband deutscher Banken (1993), S. 91; Bieg/Waschbusch (2017), S. 802 f. Bei Dispo-Krediten fehlt es typischerweise an einer vereinbarten Laufzeit. Vgl. Schürnbrand, in: MüKom BGB, 7. Aufl., § 491 BGB, Tz. 51.

Kunden mit unbestimmter Laufzeit zählen auch die sog. »b.a.w.«-Kredite (hierzu siehe Kap. II.3.2.1.1). Aufgrund des Fehlens eines separaten Bilanzausweises von täglich fälligen Forderungen sind diese Kredite als Forderungen an Kunden mit unbestimmter Laufzeit gesondert anzugeben. Die Definition von »täglich fälligen« Forderungen und Verbindlichkeiten in §8 Abs. 3 RechKredV betrifft nicht die Fristengliederung im Anhang, sondern den Postenausweis in der Bilanz (im Einzelnen siehe Kap. II.3.2.1.1.).

In der Restlaufzeitengliederung ist der **Buchwert** der Forderungen und Verbindlichkeiten nach Fristen zu gliedern. Dabei ist der um Einzel- und Pauschalwertberichtigungen sowie 340f-Reserven gekürzte Buchwert zugrunde zu legen[16]. **Anteilige Zinsen** brauchen aufgrund von §11 S.3 RechKredV nicht nach Restlaufzeiten aufgegliedert zu werden; diese können vollständig weggelassen oder bei den Beträgen bis zu drei Monaten ausgewiesen[17], oder auch mit den jeweiligen Kapitalbeträgen den Laufzeitbändern zugeordnet werden[18]. Bei einem vollständigen Weglassen ist allerdings die Restlaufzeitengliederung nicht mehr mit den jeweiligen Hauptposten in der Bilanz abstimmbar. Bei den Forderungen an Kreditinstituten ergibt sich eine Abstimmbarkeit unter Berücksichtigung der im gesonderten Unterposten 3a ausgewiesenen Forderungen an Kreditinstitute mit einer täglichen Fälligkeit.

- §340e Abs. 2 S. 2 u. 3 HGB (**Aktivische und passivische Unterschiedsbeträge** aus der Nominalwertbilanzierung von Forderungen). Ist der Nennbetrag höher als der Auszahlungsbetrag oder die Anschaffungskosten, so ist der Unterschiedsbetrag in den passiven Rechnungsabgrenzungsposten einzustellen und in seiner jeweiligen Höhe in der Bilanz oder im Anhang gesondert anzugeben (§340e Abs. 2 S. 2 HGB). Für den passiven Unterschiedsbetrag besteht eine Passivierungspflicht. Für den Fall, dass der Nennbetrag niedriger als der Auszahlungsbetrag oder die Anschaffungskosten ist, besteht ein Aktivierungswahlrecht. In diesem Fall »darf« (Wahlrecht) der Unterschiedsbetrag in den aktiven Rechnungsposten eingestellt werden[19]; bei Ausübung des Aktivierungswahlrechts ist der Unterschiedsbetrag in der Bilanz oder im Anhang gesondert anzugeben (§340e Abs. 2 S. 3 HGB). Zur Erläuterung der Nominalwertbilanzierung von Forderungen nach §340e Abs. 2 HGB sei auf Kapitel III.1.3.2.2 verwiesen.
- §340e Abs. 4 HGB (**Sonderposten »Fonds für allgemeine Bankrisiken«**). Nach §340e Abs. 4 S.1 HGB sind dem Sonderposten »Fonds für allgemeine Bankrisiken« in jedem Geschäftsjahr mindestens 10 % der Nettoerträge des Handelsbestands zuzuführen und dort gesondert auszuweisen. Zur Erläuterung der Ermittlung der Zuführung zum Sonderposten siehe Kapitel III.1.2.5. Auflösungen sind im Anhang anzugeben und zu erläutern.
- §2 Abs. 2 RechKredV (**Angabe zusammengefasster Posten**). Nach §2 Abs. 2 RechKredV können (Wahlrecht) die mit kleinen Buchstaben versehenen Posten der Bilanz und der Gewinn- und Verlustrechnung zusammengefasst werden, wenn sie einen Betrag enthalten, der für die Vermittlung eines den tatsächlichen Verhältnissen entspre-

---
16   Vgl. WPH I[2012], J 64.
17   Vgl. WPH I[2012], J 66; Krumnow/Sprißler (2004), §11 RechKredV, Tz. 12 f.
18   Vgl. Deutsche Revision Treuarbeit (1992), S. 62; Braun, in: KK-RLR, §340d HGB, Tz. 24.
19   Vgl. Bundesverband deutscher Banken (1993), S. 82.

chenden Bildes im Sinne des § 264 Abs. 2 HGB nicht erheblich ist oder dadurch die Klarheit der Darstellung vergrößert wird; in diesem Falle müssen die zusammengefassten Posten jedoch im Anhang gesondert ausgewiesen werden. Die Zusammenfassung ist nicht zulässig für die bei der Deutschen Bundesbank und BaFin einzureichenden Bilanzen und Gewinn- und Verlustrechnungen (§ 2 Abs. 2 S. 2 RechKredV).

- § 3 RechKredV (**Angaben zu verbundenen Unternehmen** sowie Unternehmen, mit denen ein **Beteiligungsverhältnis** besteht). Nach § 3 RechKredV sind die folgenden Angaben entweder als Unterposten in der Bilanz oder als Angabe im Anhang zu machen:
  1. die verbrieften und unverbrieften Forderungen an verbundene Unternehmen zu den Posten »Forderungen an Kreditinstitute« (Aktivposten Nr. 3), »Forderungen an Kunden« (Aktivposten Nr. 4) und »Schuldverschreibungen und andere festverzinsliche Wertpapiere« (Aktivposten Nr. 5);
  2. die verbrieften und unverbrieften Forderungen an Unternehmen, mit denen ein Beteiligungsverhältnis besteht, zu den Posten »Forderungen an Kreditinstituten« (Aktivposten Nr. 3), »Forderungen an Kunden« (Aktivposten Nr. 4) und »Schuldverschreibungen und andere festverzinsliche Wertpapiere« (Aktivposten Nr. 5);
  3. die verbrieften und unverbrieften Verbindlichkeiten gegenüber verbundenen Unternehmen zu den Posten »Verbindlichkeiten gegenüber Kreditinstituten« (Passivposten Nr. 1), »Verbindlichkeiten gegenüber Kunden« (Passivposten Nr. 2), »Verbriefte Verbindlichkeiten« (Passivposten Nr. 3) und »Nachrangige Verbindlichkeiten« (Passivposten Nr. 9);
  4. die verbrieften und unverbrieften Verbindlichkeiten gegenüber Unternehmen, mit denen ein Beteiligungsverhältnis besteht, zu den Posten »Verbindlichkeiten gegenüber Kreditinstituten« (Passivposten Nr. 1), »Verbindlichkeiten gegenüber Kunden« (Passivposten Nr. 2), »Verbriefte Verbindlichkeiten« (Passivposten Nr. 3) und »Nachrangige Verbindlichkeiten« (Passivposten Nr. 9).

Die Definition von verbundenen Unternehmen richtet sich nach der allgemeinen Definition gem. § 271 Abs. 2 HGB. Maßgeblich ist mithin das Bestehen eines Mutter-Tochter-Verhältnisses nach § 290 HGB. Zur Definition von Mutter-Tochter-Verhältnissen sei auf die Ausführungen in Kapitel VIII.3.2 verwiesen.

Die Angabepflicht nach § 3 RechKredV zu Unternehmen, mit denen ein Beteiligungsverhältnis besteht, stellt das Pendant zur Angabepflicht nach § 266 A.III.4 HGB dar. Nach h.M. umfasst die Angabepflicht zu Unternehmen, mit denen ein Beteiligungsverhältnis besteht, nicht nur Beteiligungsverhältnisse des bilanzierenden Instituts zu dessen Beteiligungsunternehmen (»Sichtweise nach unten«), sondern auch zu Unternehmen, die an dem bilanzierenden Institut beteiligt sind (»Sichtweise nach oben«)[20]. Die Betrachtung beider Seiten eines Beteiligungsverhältnisses entspricht dem Zweck, Unternehmensverbindungen des bilanzierenden Instituts aufzuzeigen. Insbesondere bei der »Sichtweise nach oben« können Informationsbeschaffungsprobleme die Erstellung der Anhangangabe behindern. Dies kann insbesondere bei verbrieften Verbindlichkeiten auftreten, die vom Institut emittiert werden. Der Ausweispflicht kann daher nur bei positiver Kenntnis unter Ausschöpfung aller bei angemessener Sorgfalt verfügbarer Erkenntnisquellen entsprochen werden[21].

---

20 Vgl. Bundesverband deutscher Banken (1993), S. 82.
21 Vgl. Krumnow/Sprißler (2004), § 3 RechKredV, Tz. 11.

Die Aufgliederung nach § 3 RechKredV umfasst nur die Hauptposten (nicht jedoch die Unterposten)[22]. Pauschalwertberichtigungen nach § 26a KWG aF bzw. Vorsorgereserven nach § 340f HGB brauchen nicht berücksichtigt zu werden[23]. Besteht zu einem verbundenen Unternehmen gleichzeitig auch ein Beteiligungsverhältnis (Regelfall), so hat die Behandlung als verbundenes Unternehmen Vorrang; ein Mitzugehörigkeitsvermerk ist nicht erforderlich[24]. Werden die Angaben nach § 3 RechKredV im Anhang gegeben, so hat dies in der Reihenfolge der betroffenen Posten zu erfolgen (§ 3 S. 2 RechKredV). Dies erfordert eine systematische und zusammengefasste Anhangangabe, in der alle Posten gemeinsam in der vorgegebenen Reihenfolge erläutert werden.

- § 4 Abs. 2 RechKredV (**Nachrangige Vermögensgegenstände**). Nachrangige Vermögensgegenstände sind auf der Aktivseite bei dem jeweiligen Posten oder Unterposten gesondert auszuweisen. Die Angaben können statt in der Bilanz im Anhang in der Reihenfolge der betroffenen Posten gemacht werden. Vermögensgegenstände und Schulden sind als nachrangig auszuweisen, wenn sie als Forderungen oder Verbindlichkeiten im Falle der Liquidation oder der Insolvenz erst nach den Forderungen der anderen Gläubiger erfüllt werden dürfen. Zur näheren Erläuterung der Nachrangigkeit von Vermögensgegenständen und Schulden sei auf Kapitel IV.1.3.10.1 verwiesen. Eine separate Angabepflicht im Anhang besteht für nachrangige Schulden nicht, da für diese mit den Passivposten 9 »Nachrangige Verbindlichkeiten« und Passivposten 10 »Genussrechtskapital« sowie aufgrund des separaten Ausweises von stillen Beteiligungen unter dem Gezeichneten Kapital (§ 25 RechKredV) bereits ein gesonderter Ausweis vorgesehen ist. Nachrangige Vermögensgegenstände können bspw. nachrangige Forderungen (z.B. Mezzanine Forderungen und Genussrechte), nachrangige Schuldverschreibungen (z.B. Genussscheine) oder auch Beteiligungen (z.B. stille Beteiligungen mit Nachrangabrede) umfassen.

- § 6 Abs. 1 S. 2 RechKredV (**Aufgliederung »Treuhandvermögen« und »Treuhandverbindlichkeiten«**). Nach § 6 Abs. 1 RechKredV sind die im Aktivposten 9 ausgewiesenen Vermögensgegenstände im Anhang nach den Aktivposten des Formblatts aufzugliedern. Zu diesem Zweck gilt als Schuldner die Stelle, der das bilanzierende Institut die Gelder unmittelbar ausreicht (§ 6 Abs. 1 S. 4 RechKredV). Dies ist entscheidend für die Aufgliederung des Treuhandvermögens hinsichtlich der Forderungen an Kreditinstituten, Forderungen an Kunden, Schuldtitel öffentlicher Stellen sowie Schuldverschreibungen und andere festverzinsliche Wertpapiere. Fraglich ist, wie tief die Aufgliederung zu erfolgen hat. Eine volle Aufgliederung einschließlich aller Unterposten würde nach sich ziehen, dass ein Institut grundpfandrechtlich gesicherte Forderungen im Sinne des PfandBG auszugliedern hätte oder auch Schuldverschreibungen in Geldmarktpapiere und Anleihen und Schuldverschreibungen aufzuteilen wären und dabei eine Zuordnung zu den jeweiligen Emittenten vorzunehmen wäre. Nach h.M. ist eine Aufgliederungstiefe ausreichend, die die Hauptposten und die Unterposten nicht jedoch die darunter-Angaben umfasst[25]. Dies wird unter anderem damit begründet, dass durch diese Auf-

---

[22] Vgl. Krumnow/Sprißler (2004), § 3 RechKredV, Tz. 4; Bundesverband deutscher Banken (1993), S. 82.
[23] Vgl. Kropff, in: DB 1986, S. 364; ADS, § 266 HGB, Tz. 82; Ellrott/Krämer, in: BBK, § 266 HGB, Tz. 122; Bundesverband deutscher Banken (1993), S. 82; Krumnow/Sprißler (2004), § 3 RechKredV, Tz. 10.
[24] Vgl. ADS, § 271 HGB, Tz. 32.
[25] Vgl. WPH I[2012], J 113; Krumnow/Sprißler (2004), § 6 RechKredV, Tz. 22.

gliederung der Bilanzleser ausreichend über die Struktur, Fristigkeit, Sicherheit und Rentabilität der Vermögensgegenstände und Schulden des Instituts informiert wird[26].

- § 27 Abs. 1 S. 4 RechKredV (**Platzierungs- und Übernahmeverpflichtungen**). Nach § 27 Abs. 1 S. 4 RechKredV ist im Anhang über die Inanspruchnahme von Platzierungs- und Übernahmeverpflichtungen, die im Vermerkposten 2b auszuweisen sind, zu berichten.
- § 34 Abs. 2 Nr. 2 RechKredV (**Vorschüsse und Kredite an Organmitglieder**). Nach § 34 Abs. 2 Nr. 2 RechKredV haben Institute den Gesamtbetrag der den Mitgliedern des Geschäftsführungsorgans, eines Aufsichtsrats, eines Beirats oder einer ähnlichen Einrichtung gewährten Vorschüsse und Kredite sowie der zugunsten dieser Personen eingegangenen Haftungsverhältnisse anzugeben. Die Angaben sind für jede Personengruppe gesondert zu machen. Diese Vorschrift ersetzt die allgemeine Angabepflicht in § 285 Nr. 9c HGB (siehe § 340a Abs. 2 HGB sowie § 340l Abs. 4 Nr. 3 HGB). Während nach § 285 Nr. 9c HGB die gewährten Vorschüsse und Kredite unter Angabe der Zinssätze, der wesentlichen Bedingungen sowie der ggf. im Geschäftsjahr zurückgezahlten Beträge zu erläutern sind, sieht § 34 Abs. 2 Nr. 2 RechKredV eine so detaillierte Angabepflicht für Institute nicht vor. Institute haben nach dem Wortlaut des § 34 Abs. 2 Nr. 2 RechKredV lediglich den Gesamtbetrag anzugeben, worunter der Nominalbetrag der gewährten Vorschüsse und Kredite (ohne Berücksichtigung eventueller Wertberichtigungen) zu verstehen ist[27]. Eine Aufteilung des Gesamtbetrags in Vorschüsse, Kredit- und Haftungsverhältnisse sowie eine Spiegeldarstellung der Kreditentwicklung (Anfangsbestand + Neugewährung − Rückzahlung = Endbestand) ist nicht notwendig[28]. Die eingeschränkte Angabepflicht für Institute im Vergleich zu § 285 Nr. 9c HGB wurde von Seiten des Gesetzgebers damit begründet, dass die Kreditvergabe zum alltäglichen Geschäft der Institute gehöre und daher nur von einem begrenzten öffentlichen Interesse auszugehen sei[29]. Von der Angabepflicht sind nur Mitglieder des Geschäftsführungsorgans, des Aufsichtsrats, des Beirats oder einer ähnlichen Einrichtung erfasst. Die Angabe hat pro Personengruppe zu erfolgen (d. h. keine individualisierte Angabepflicht). Die Angabepflicht besteht nur dann, wenn für die jeweilige Person die Mitgliedschaft zu der jeweiligen Personengruppe am Bilanzstichtag bestand[30]. Bei Arbeitnehmervertretern im Aufsichtsrat kommt es darauf an, ob diesen ein Kredit in ihrer Eigenschaft als Mitarbeiter oder in ihrer Eigenschaft als Organmitglied gewährt wurde. Unter **Vorschüsse** sind alle Vorauszahlungen auf zustehende Vergütungen auf-

---

26 Nach der hier vertretenen Auffassung ist diese Begründung jedoch abwegig, da das im Aktivposten 9 ausgewiesene Treuhandvermögen im bilanzrechtlichen Sinne kein eigenes Vermögen des Instituts darstellt. Trotz zivilrechtlichem Eigentum besteht kein wirtschaftliches Eigentum im Sinne des § 246 Abs. 1 HGB; obgleich haben Institute aufgrund der Sondervorschrift des § 6 RechKredV Treuhandvermögen in der Bilanz zu zeigen. Eine nähere Aufgliederung des Treuhandvermögens im Anhang vermittelt daher dem Bilanzleser keine näheren Informationen über das Vermögen des Instituts.
27 Vgl. ADS, § 285 HGB, Tz. 198; Ellrott, in: BBK, § 285 HGB, Tz. 211; Krumnow/Sprißler (2004), § 34 RechKredV, Tz. 36; Bieg/Waschbusch (2017), S. 830.
28 Die Angabepflicht nach § 285 Nr. 9c HGB, wonach die im Geschäftsjahr zurückgezahlten Beträge anzugeben sind, besteht für Institute nicht. Vgl. Krumnow/Sprißler (2004), § 34 RechKredV, Tz. 34.
29 Vgl. EG-Kommission (1981), S. 228; kritisch hierzu Bieg/Waschbusch (2017), S. 830f. Eine eingeschränkte Berichtspflicht für Institute bestätigt auch Ellrott, in: BBK, 8. Aufl., § 285 HGB, Tz. 210.
30 Vgl. Ellrott, in: BBK, 8. Aufl., § 285 HGB, Tz. 212; Krumnow/Sprißler (2004), § 34 RechKredV, Tz. 36.

grund der Mitgliedschaft zu einer der oben genannten Personengruppen zu verstehen. Nicht anzugeben sind Vorschüsse auf Aufwandsentschädigungen (Reisekosten etc.). Für **Haftungsverhältnisse** besteht eine betragsmäßige Angabepflicht (im Gegensatz zu § 285 Nr. 9c HGB). Hierunter sind alle Haftungsverhältnisse im Sinne der §§ 26, 27 RechKredV (wie z. B. Bürgschaften) zu verstehen (siehe Kapitel IV.1.4)[31].

- § 34 Abs. 2 Nr. 4 RechKredV (**Risiko aus Eventualverbindlichkeiten**). Nach dieser Vorschrift sind für alle nach §§ 26 und 27 RechKredV unter dem Strich ausgewiesenen Eventualverbindlichkeiten und andere Verpflichtungen die Gründe der Einschätzung des Risikos der Inanspruchnahme im Anhang zu erläutern (§ 34 Abs. 2 Nr. 4 RechKredV). Diese Vorschrift ist durch das BilMoG eingefügt worden und stellt das Pendant von § 285 Nr. 27 HGB dar, wonach für nach § 251 HGB unter der Bilanz oder nach § 268 Abs. 7 HGB im Anhang ausgewiesene Verbindlichkeiten und Haftungsverhältnisse die Gründe der Einschätzung des Risikos der Inanspruchnahme zu erläutern ist. Ziel der Anhangangabe besteht darin, dem Bilanzleser einen Einblick in die den Eventualverbindlichkeiten und anderen Verpflichtungen immanenten Risiken zu geben. »Die Vorschrift trägt der Tatsache Rechnung, dass Eventualverbindlichkeiten und andere Verpflichtungen regelmäßig in einer Gesamtsumme unter der Bilanz ausgewiesen werden, ohne dass dem Abschlussadressaten erkennbar wäre, wie sich die zugrunde liegenden Verpflichtungen und Haftungsverhältnisse im Einzelnen aufschlüsseln und welche Risiken ihnen immanent sind«[32]. Nach dieser Vorschrift sind im Anhang die Erwägungen darzustellen, die der Einschätzung des Risikos der Inanspruchnahme aus den für die Vermögens-, Finanz- und Ertragslage bedeutsamen (wesentlichen) Eventualverbindlichkeiten und anderen Verpflichtungen zugrunde liegen. Anzugeben ist somit, aus welchen Gründen – unter Würdigung der bekannten Risiken – Eventualverbindlichkeiten als solche unter der Bilanz nicht auf der Passivseite der Bilanz ausgewiesen werden«[33].
- § 34 Abs. 3 RechKredV (**Anlagespiegel**). Nach § 34 Abs. 3 RechKredV sind die in § 284 Abs. 3 HGB verlangten Angaben für Vermögensgegenstände im Sinne des § 340e Abs. 1 HGB zu machen. Die Zuschreibungen, Abschreibungen und Wertberichtigungen auf Beteiligungen, Anteile an verbundenen Unternehmen sowie auf andere Wertpapiere, die wie Anlagevermögen behandelt werden, können mit anderen Posten zusammengefasst werden. Institute haben somit die Entwicklung der einzelnen Posten des Anlagevermögens anzugeben (§ 284 Abs. 3 HGB). Die allgemeinen Angabepflichten des § 284 Abs. 3 HGB sehen das Wahlrecht vor, die Angabe entweder in der Bilanz oder im Anhang zu machen; dieses Wahlrecht besteht für Institute nicht, da § 34 Abs. 3 RechKredV eine Vorschrift zum Anhang darstellt. Die Regelung in § 34 Abs. 3 RechKredV, wonach jene Vermögensgegenstände in den Anlagespiegel aufzunehmen sind, die Vermögensgegenstände im Sinne des § 340e Abs. 1 HGB darstellen, ist unpräzise. Der Anlagespiegel ist für die Vermögensgegenstände zu erstellen, die im Sinne des § 340e Abs. 1 S. 1 HGB nach den für das Anlagevermögen geltenden Vorschriften zu bewerten sind. Nicht in den Anlagespiegel sind Andere Vermögensgegenstände im Sinne des

---

31 Vgl. Krumnow/Sprißler (2004), § 34 RechKredV, Tz. 32; Bieg/Waschbusch (2017), S. 830.
32 BT-Drs 16/10067, S. 113.
33 BT-Drs 16/10067, S. 113.

§ 340e Abs. 1 S. 2 HGB aufzunehmen, die nach den für das Umlaufvermögen geltenden Vorschriften zu bewerten sind (die Übergangsvorschrift in Art. 31 Abs. 6 EGHGB zielt nur auf die Vermögensgegenstände, die wie Anlagevermögen behandelt werden).
- In den Anlagespiegel sind mithin alle Vermögensgegenstände aufzunehmen, die nach den für das Anlagevermögen geltenden Grundsätzen bewertet sind. Dies betrifft insbesondere:
  – Schuldverschreibungen und andere festverzinsliche Wertpapiere (Aktivposten 5), soweit dem Anlagevermögen zugeordnet,
  – Aktien und andere nicht festverzinsliche Wertpapiere (Aktivposten 6), soweit dem Anlagevermögen zugeordnet,
  – Beteiligungen (Aktivposten 7),
  – Anteile an verbundenen Unternehmen (Aktivposten 8),
  – Ausgleichsforderungen gegen die öffentliche Hand (Aktivposten 10), soweit dem Anlagevermögen zugeordnet;
  – Immaterielle Anlagewerte (Aktivposten 11),
  – Sonstige Vermögensgegenstände (Aktivposten 14), soweit dem Anlagevermögen zugeordnet.
  – Leasingvermögen. Eine Aufnahme des Leasingvermögens in den Anlagespiegel lässt sich zwar aus dem Wortlaut des § 34 Abs. 3 RechKredV nicht ableiten, da nur Vermögensgegenstände im Sinne des § 340e Abs. 1 HGB von dieser Angabepflicht erfasst sind. Der Posten Leasingvermögen gehört hingegen nicht zu den in § 340e Abs. 1 HGB aufgeführten Bilanzposten. Gleichwohl handelt es sich um Vermögensgegenstände des Anlagevermögens, die dem Charakter nach mit Sachanlagen oder immateriellen Anlagewerten vergleichbar sind, die unter die Angabepflicht fallen. Eine Aufnahme von Leasingvermögen in den Anlagespiegel wird daher im Schrifttum empfohlen[34]. Dabei sollte das Leasingvermögens in Bezug auf die darin enthaltenen immateriellen Anlagewerte, Leasinggegenstände des Anlagevermögens sowie geleisteten Anzahlungen aufgeteilt werden. Ebenfalls im Anhang gesondert angegeben werden sollten die im Leasingvermögen ausgewiesenen zur Vermietung bzw. zur Verwertung bestimmten Leasinggegenstände[35].

Dabei können (Wahlrecht) Zuschreibungen, Abschreibungen und Wertberichtigungen auf Beteiligungen, Anteile an verbundenen Unternehmen sowie auf Wertpapiere des Anlagevermögens mit anderen Posten (z. B. Abschreibungen und Wertberichtigungen auf immaterielle Anlagewerte und Sachanlagen) zusammengefasst werden. Sofern im Aufwandsposten 5 Abschreibungen und Wertberichtigungen auf Leasinggegenstände enthalten sind, besteht eine gesonderte Angabepflicht (§ 35 Abs. 1 Nr. 3 RechKredV). Für Leasinginstitute besteht diese Angabepflicht nicht, da für diese eine Untergliederung des Postens vorgesehen ist, aus der die Abschreibungen auf das Leasingvermögen ersichtlich wird (siehe im Einzelnen Kapitel IV.7).

---

34 Vgl. Holzheimer (2010), S. 36; Nemet/Hülsen, in: WPg 2009, S. 967.
35 Vgl. Findeisen, in: Martinek/Stoffels/Wimmer-Leonhardt (Hrsg.), Handbuch des Leasingrechts, 2. Aufl., München 2008, § 72, Tz. 32; Nemet/Hülsen, in: WPg 2009, S. 967.

Aktivposten	Urspr. AK/HK Beginn Gj.	Zugänge zu AK/HK	davon: aktivierte FKzinsen	Abgänge zu AK/HK	Umgliederung	Währungsumrechnung	Zuschreibung des Gj.	Abschreibung (kum.)	Restbuchwert	Restbuchwert Vorjahr
Schuldverschreibungen und andere festverzinsliche Wertpapiere (Aktivposten 5),										
Aktien und andere nicht festverzinsliche Wertpapiere (Aktivposten 6)	Saldierungswahlrecht nach § 34 Abs. 3 S. 2 RechKredV									
Beteiligungen (Aktivposten 7),										
Anteile an verbundenen Unternehmen (Aktivposten 8),										
Ausgleichsforderungen gegen die öffentliche Hand (Aktivposten 10),										
Immaterielle Anlagewerte (Aktivposten 11),										
Sachanlagen (Aktivposten 12)										
Sonstige Vermögensgegenstände (Aktivposten 14),										

Abb. 64: Anlagespiegel: Entwicklung der Anschaffungs- und Herstellungskosten

Aktivposten	Abschreibungen (kumuliert Beginn Gj.)	Gesamtänderung durch Zugänge	Gesamtänderung durch Abgänge	Gesamtänderung durch Umbuchungen	Abschreibungen im Gj.	Abschreibungen (kumuliert Ende Gj.)
Schuldverschreibungen und andere festverzinsliche Wertpapiere (Aktivposten 5),						
Aktien und andere nicht festverzinsliche Wertpapiere (Aktivposten 6)						
Beteiligungen (Aktivposten 7),						
Anteile an verbundenen Unternehmen (Aktivposten 8),						
Ausgleichsforderungen gegen die öffentliche Hand (Aktivposten 10),						
Immaterielle Anlagewerte (Aktivposten 11),						
Sachanlagen (Aktivposten 12)						
Sonstige Vermögensgegenstände (Aktivposten 14),						

Abb. 65: Anlagespiegel: Entwicklung der kumulierten Abschreibungen

Nach § 284 Abs. 3 S. 2 HGB hat die horizontale Gliederung des Anlagespiegels die Anschaffungs- und Herstellungskosten, die Zugänge, Abgänge, Umbuchungen und Zuschreibungen des Geschäftsjahrs sowie die Abschreibungen in ihrer Gesamthöhe zu umfassen. Das oben aufgeführte Schema umfasst auch Währungsumrechnungseffekte, die auch unter die Zu- bzw. Abschreibungen gefasst werden können. Neben den kumulierten Abschreibungsbeträgen sind nach § 284 Abs. 3 S. 3 HGB die Abschreibungen des Geschäftsjahres gesondert anzugeben. Fraglich ist, ob Institute die Abschreibungen des laufenden Geschäftsjahrs mit den kumulierten Abschreibungen zusammenfassen können, da ansonsten das Kompensationswahlrecht nach § 340c HGB konterkariert würde[36] (siehe hierzu Kapitel II.3.2.2.2). Macht ein Institut bei der Angabe der historischen Anschaffungs- und Herstellungskosten von den Übergangsvorschriften des Art. 31 Abs. 3 EGHGB Gebrauch, wonach bei der erstmaligen Anwendung des § 340a HGB die Buchwerte aus dem Jahresabschlusses des Vorjahrs angesetzt werden dürfen, sofern die Anschaffungs- und Herstellungskosten nicht ohne unverhältnismäßig hohen Aufwand oder Verzögerungen ermittelt werden können, so ist dies im Anhang anzugeben. In der Spalte Umbuchungen sind Umgliederungen aus bzw. in das Anlagevermögen zu zeigen

---

36 Bejahend Krumnow/Sprißler (2004), § 34 RechKredV, Tz. 50; verneinend Scharpf/Schaber (2018), S. 1285.

(z. B. Umwidmungen von Wertpapieren aus der Liquiditätsreserve in das Anlagevermögen und umgekehrt)[37].

Nach § 34 Abs. 3 S. 2 RechKredV können (Wahlrecht) die Zuschreibungen, Abschreibungen und Wertberichtigungen auf Beteiligungen, Anteile an verbundenen Unternehmen sowie auf andere Wertpapiere, die wie Anlagevermögen behandelt werden, mit anderen Posten zusammengefasst werden. Die Saldierung betrifft mithin nur Vermögensgegenstände des Finanzanlagevermögens, die in den Posten »Schuldverschreibungen und andere fest verzinsliche Wertpapiere«, »Aktien und andere nicht fest verzinsliche Wertpapiere«, »Beteiligungen« sowie »Anteile an verbundenen Unternehmen« sowie »Ausgleichsforderungen gegen die öffentliche Hand« erfasst sind. Für das Sachanlagevermögen (Aktivposten 11, 12 und 14) ist eine Saldierung nicht vorzunehmen. Nach h. M. wird das Verrechnungswahlrecht in Anlehnung an den Wortlaut des § 34 Abs. 3 RechKredV nur auf eine **horizontale Saldierung** (wie in Abbildung 64 dargestellt) beschränkt[38]; im Schrifttum wird zum Teil auch eine **vertikale Zusammenfassung** aller Bilanzposten, die dem Finanzanlagevermögen zuzurechnen sind, als zulässig erachtet[39].

- § 35 Abs. 1 Nr. 1 RechKredV (**Börsenfähige Wertpapiere**). Institute haben die in den Bilanzposten »Schuldverschreibungen und andere festverzinsliche Wertpapiere« (Aktivposten Nr. 5), »Aktien und andere nicht festverzinsliche Wertpapiere« (Aktivposten Nr. 6), »Beteiligungen« (Aktivposten Nr. 7), »Anteile an verbundenen Unternehmen« (Aktivposten Nr. 8) enthaltenen börsenfähigen Wertpapiere nach börsennotierten und nicht börsennotierten Wertpapieren aufzuteilen.

  Die in § 35 Abs. 1 Nr. 1 RechKredV aufgeführten **Bilanzposten** sind als abschließend zu betrachten. Mithin besteht keine Pflicht, börsenfähige Wertpapiere anzugeben, die im Aktivposten 2 »Schuldtitel öffentlicher Stellen und Wechsel« sowie im Aktivposten 6a »Handelsbestand« ausgewiesen werden. Mit dem Inkrafttreten des BilMoG sind börsenfähige Wertpapiere von der Angabepflicht nicht mehr erfasst, die zum Zwecke einer kurzfristigen Gewinnerzielungsabsicht erworben wurden. Die Aufgliederung der börsenfähigen Wertpapiere ist nur auf die genannten Hauptposten zu beziehen; eine Untergliederung von Unterposten ist nicht erforderlich[40].

  Von der Angabepflicht sind mithin zunächst nur solche Finanzinstrumente erfasst, die **Wertpapiere** im Sinne des § 7 Abs. 1 RechKredV darstellen (dies sind grundsätzliche alle in den Aktivposten 5 und 6 ausgewiesenen Finanzinstrumente). Die in den Aktivposten 7 und 8 enthaltenen Finanzinstrumente, die keine Wertpapiere darstellen (z. B. GmbH-Anteile; Anteile an Personengesellschaften), sind von der Erläuterung auszunehmen.

  Des Weiteren erstreckt sich die Angabepflicht nur auf jene Wertpapiere, die auch **börsenfähig** sind. Nach § 7 Abs. 2 RechKredV gelten Wertpapiere als börsenfähig, wenn sie die Voraussetzungen für eine Börsenzulassung erfüllen (§ 7 Abs. 2, 1. HS RechKredV). Zu den einzelnen Kriterien nach §§ 1–12 BörsZulV siehe Kapitel IV. Bei Schuldver-

---

37 Zur Erläuterung der Bilanzierung von Umwidmungen siehe Kapitel II.1.3.
38 Vgl. Scharpf/Schaber (2018), S. 1287; Bieg/Waschbusch (2017), S. 814 f.
39 Vgl. Krumnow/Sprißler (2004), § 34 RechKredV, Tz. 50; Bieg/Waschbusch (2017), S. 814.
40 Vgl. Krumnow/Sprißler (2004), § 35 RechKredV, Tz. 2.

schreibungen wird eine Börsenfähigkeit bereits dann angenommen, wenn alle Stücke einer Emission hinsichtlich der Verzinsung, Laufzeitbeginn und Fälligkeit einheitlich ausgestattet sind (§ 7 Abs. 2 RechKredV). Die Menge aller börsenfähigen Wertpapiere sind aufzuteilen in börsennotierte und nicht börsennotierte Wertpapiere. Ist ein Wertpapier **börsennotiert**, so ist es auch stets börsenfähig. Aus diesem Grunde ist die Angabe der börsenfähigen, aber nicht börsennotierten Wertpapiere redundant, da sich deren Beträge als Differenz zwischen den Beträgen der börsenfähigen und den Beträgen der börsennotierten Wertpapiere ergeben. Als börsennotiert gelten nach § 7 Abs. 3 RechKredV alle Wertpapiere, die an einer deutschen Börse zum Handel im regulierten Markt zugelassen sind (zu Einzelheiten siehe Kapitel IV.1.2.5.1). Da im Aktivposten 5 »Schuldverschreibungen und andere festverzinsliche Wertpapiere« stets nur börsenfähige Wertpapiere auszuweisen sind, ergibt die Aufteilung in börsennotierte und nicht börsennotierte Schuldverschreibungen stets den Gesamtbestand aller Wertpapiere des Aktivpostens 5[41].

Anzugeben ist der **Buchwert** am Bilanzstichtag (d.h. einschließlich Stückzinsen). Buchwertmindernde stille Vorsorgereserven nach § 340f HGB dürfen dabei außer Ansatz bleiben, sofern die Höhe des Aufgliederungspostens die des gesamten Bilanzpostens nicht übersteigt[42].

- § 35 Abs. 1 Nr. 2 RechKredV (**Unterlassene Niederstwertbewertung**). Institute haben den Betrag der nicht mit dem Niederstwert bewerteten börsenfähigen Wertpapiere jeweils zu folgenden Posten der Bilanz: »Schuldverschreibungen und andere festverzinsliche Wertpapiere« (Aktivposten Nr. 5) sowie »Aktien und andere nicht festverzinsliche Wertpapiere« (Aktivposten Nr. 6) anzugeben. Es ist anzugeben, in welcher Weise die so bewerteten Wertpapiere von den mit dem Niederstwert bewerteten börsenfähigen Wertpapieren abgegrenzt worden sind. Börsenfähige Wertpapiere, die in anderen Bilanzposten enthalten sind (wie z.B. Beteiligungen, Anteile an verbundenen Unternehmen, Schuldtitel öffentlicher Emittenten und Wechsel) sind von dieser Angabepflicht nicht erfasst. Die Angabepflicht gilt mithin nur für Wertpapiere der Aktivposten 5 und 6,
    1. die wie Anlagevermögen behandelt werden (Wertpapiere des Anlagevermögens, die freiwillig zum niedrigeren beizulegenden Wert bilanziert werden, sind nicht von der Angabepflicht betroffen) und
    2. deren Buchwert über dem beizulegenden Stichtagswert liegt.

Übersteigt der bilanzielle Wertansatz von Wertpapieren des Anlagevermögens den beizulegenden Stichtagswert, so kann dies auf eine gänzliche Unterlassung einer Niederstwertabschreibung infolge des Vorliegens einer voraussichtlich nicht dauerhaften Wertminderung oder in einer Abschreibung auf einen Fundamentalwert begründet sein, der den beizulegenden Stichtagswert übersteigt. Unterbleibt eine Niederstwertabschreibung, insoweit Wertpapiere Teil einer Bewertungseinheit nach § 254 HGB sind, so fallen

---

41 Vgl. Bundesverband deutscher Banken (1993), S. 84; Bieg/Waschbusch (2017), S. 832.
42 Vgl. Bundesverband deutscher Banken (1993), S. 84; Bieg/Waschbusch (2017), S. 832; Krumnow/Sprißler (2004), § 35 RechKredV, Tz. 6.

diese Wertpapiere nach der hier vertretenen Auffassung nicht unter die Angabe des § 35 Abs. 1 Nr. 2 RechKredV.

Anzugeben ist lediglich der Betrag (d. h. der **Buchwert**) der börsenfähigen Wertpapiere, die nicht zum Niederstwert bewertet werden (§ 35 Abs. 1 Nr. 2 RechKredV). Die Höhe der unterlassenen Abschreibungen ist hingegen nicht anzugeben[43]. Ferner ist zu erläutern, wie die Bestände an börsenfähigen Wertpapieren, die nicht zum Niederstwert bewertet werden, von den übrigen börsenfähigen Wertpapieren abgegrenzt werden.

- § 35 Abs. 1 Nr. 3 RechKredV (**Leasinggeschäft**). Institute haben nach § 35 Abs. 1 Nr. 3 RechKredV den auf das Leasing-Geschäft entfallenden Betrag zu jedem davon betroffenen Posten der Bilanz anzugeben. Soweit das Leasinggeschäft in Übereinstimmung mit den speziellen Vorschriften für Leasinginstitute in separaten Posten ausgewiesen wird, ist die Angabe nach § 35 Abs. 1 Nr. 3 RechKredV entbehrlich (siehe hierzu im Einzelnen Kapitel IV.7).

- § 35 Abs. 1 Nr. 4 RechKredV (**Einzelbeträge**). Im Anhang sind die wichtigsten Einzelbeträge und Erläuterung ihrer Art zu den Bilanzposten »Sonstige Vermögensgegenstände« und »Sonstige Verbindlichkeiten,« sofern sie für die Beurteilung des Jahresabschlusses nicht unwesentlich sind, anzugeben. Zu erläutern ist die Höhe sowie die Art der wichtigsten Einzelbeträge. Die erläuterungspflichtigen Bilanzposten sind in § 35 Abs. 1 Nr. 4 RechKredV abschließend benannt. Eine Erläuterung der wichtigsten Einzelbeträge hat nur zu erfolgen, sofern sie für die Beurteilung der Vermögens-, Finanz- und Ertragslage sowie für die Risikolage nicht unwesentlich ist. Sind die Bilanzposten »Sonstige Vermögensgegenstände« und »Sonstige Verbindlichkeiten« selbst unwesentlich für die Beurteilung des Jahresabschlusses, so gilt dies erst recht für die in diesem Bilanzposten enthaltenen Einzelbeträge[44]. Welche Einzelbeträge als nicht unwesentlich einzustufen sind, ist unter Berücksichtigung der Umstände des Einzelfalls zu entscheiden.

- § 35 Abs. 1 Nr. 6 RechKredV (**Fremdwährungsvolumina**). Nach dieser Vorschrift ist der Gesamtbetrag der Vermögensgegenstände und der Gesamtbetrag der Schulden, die auf Fremdwährung lauten, jeweils in Euro anzugeben. Es sind mithin zwei getrennte Betragsangaben für Vermögensgegenstände und Schulden notwendig. Von dieser Angabepflicht sind nur auf fremde Währung lautende Vermögensgegenstände (d. h. monetäre Vermögensgegenstände) erfasst. Nicht-monetäre Vermögensgegenstände (wie z. B. Grundstücke, Gebäude) sind nicht aufzuführen, auch wenn sie in fremder Währung angeschafft wurden[45]. Auf fremde Währung lautendes Treuhandvermögen ist einzubeziehen[46]. Da nur Vermögensgegenstände und Schulden anzugeben sind, erstreckt sich die Angabepflicht nicht auf schwebende Geschäfte[47] (z. B. Derivate in fremder Währung). Auf fremde Währung lautende Schulden (einschließlich Rückstellungen, sofern

---

43 Vgl. Waschbusch (1992), S. 353; Bieg/Waschbusch (2017), S. 833.
44 Vgl. Krumnow/Sprißler (2004), § 35 RechKredV, Tz. 27.
45 Vgl. Bundesverband deutscher Banken (1993), S. 90.
46 Vgl. Bieg/Waschbusch (2017), S. 826.
47 Eine separate Angabepflicht für Termingeschäfte in fremder Währung besteht nach § 36 RechKredV.

diese auf eine Geldleistung gerichtet sind[48]) sind von der Angabepflicht erfasst. Die Ermittlung des Euro-Gegenwerts erfolgt mit dem für die Währungsumrechnung nach § 340h HGB maßgeblichen Wechselkurs (siehe Kapitel III.2.2.3.3). Nach der hier vertretenen Ansicht würde die Nichteinbeziehung von Einzelwertberichtigungen ein verzerrtes Bild der bilanziell relevanten Fremdwährungsvolumina ergeben. Nach h. M. wird der Begriff der Schulden zum Zwecke dieser Angabepflicht auch auf Eventualschulden und andere Verpflichtungen ausgeweitet, für die eine Vermerkpflicht besteht[49].

- § 35 Abs. 2 RechKredV (**Eigengenutzte Gebäude**): Zum »Sachanlagevermögen« (Aktivposten 12) sind mit ihrem Gesamtbetrag die vom Institut im Rahmen seiner eigenen Tätigkeit genutzten Grundstücke und Bauten sowie die Betriebs- und Geschäftsausstattung anzugeben. Der Begriff »im Rahmen seiner eigenen Tätigkeit« ist weit auszulegen; es fallen mithin auch Schulungsgebäude und Erholungsheime u.ä. unter diesen Begriff. Eine Angabepflicht besteht auch dann, wenn die Gebäude nur teilweise im Rahmen der eigenen Tätigkeit genutzt werden und der Rest des Gebäudes fremdvermietet ist; dabei kommt es nicht darauf an, ob das Gebäude überwiegend eigen- oder fremdgenutzt wird[50]. Grundstücke und Gebäude, die nicht vom Institut bilanziert werden, sind nicht anzugeben.

- § 35 Abs. 3 RechKredV (**Nachrangige Verbindlichkeiten**). Nach dieser Vorschrift ist für den Passivposten 9 »Nachrangige Verbindlichkeiten« anzugeben:
  1. der Betrag der für nachrangige Verbindlichkeiten angefallenen Aufwendungen
  2. zu jeder zehn vom Hundert des Gesamtbetrags der nachrangigen Verbindlichkeiten übersteigenden Mittelaufnahme:
     a) der Betrag, die Währung, auf die sie lautet, ihr Zinssatz und ihre Fälligkeit sowie, ob eine vorzeitige Rückzahlungsverpflichtung entstehen kann,
     b) die Bedingungen ihrer Nachrangigkeit und ihrer etwaigen Umwandlung in Kapital oder in eine andere Schuldform,
  3. zu anderen Mittelaufnahmen die wesentlichen Bedingungen.

  Für eine detaillierte Erläuterung der Angabepflichten nach § 35 Abs. 3 RechKredV sei auf die Kapitel IV.1.3.10.2 verwiesen.

- § 35 Abs. 4 RechKredV (**Eventualverbindlichkeiten**). Nach dieser Vorschrift sind zu den Posten »Eventualverbindlichkeiten« im Anhang Art und Betrag jeder Eventualverbindlichkeit anzugeben, die in Bezug auf die Gesamttätigkeit des Instituts von wesentlicher Bedeutung ist. Die Wesentlichkeitsabschätzung ist auf die einzelne Eventualverbindlichkeit und nicht für den gesamten Posten oder für alle in dem Posten enthaltenen gleichartigen Eventualverbindlichkeiten vorzunehmen[51]. Nach dem Wortlaut sind für **jede** Eventualverbindlichkeit die Art und der Betrag anzugeben, sofern die Eventualverbindlichkeit auf die Gesamttätigkeit des Instituts von wesentlicher Bedeutung ist. Entgegen dem klaren Wortlaut der Verordnung ist nach h. M. eine individualisierte Angabepflicht scheinbar nicht notwendig. Vielmehr sollen allgemeinere Angaben wie

---

48 Anderer Auffassung Krumnow/Sprißler (2004), § 35 RechKredV, Tz. 40; differenzierter Bundesverband deutscher Banken (1993), S. 90.
49 Vgl. Krumnow/Sprißler (2004), § 35 RechKredV, Tz. 40
50 Vgl. Bundesverband deutscher Banken (1993), S. 85; Krumnow/Sprißler (2004), § 35 RechKredV, Tz. 79.
51 Vgl. Krumnow/Sprißler (2004), § 26 RechKredV, Tz. 17.

z. B. »im Posten Eventualverbindlichkeiten sind abgerechnete Wechsel zwischen x bis y Mio. EUR« enthalten, ausreichend sein[52]. Sofern bestimmte Eventualverbindlichkeiten so erheblich sind, dass sie für die **Gesamttätigkeit** des Instituts von wesentlicher Bedeutung sind, dann ist die Angabe so auszugestalten, dass die Art der Eventualverbindlichkeit in Bezug auf die konkrete Finanzierungsstruktur erläutert wird.

- § 35 Abs. 5 RechKredV (**Sicherheiten für eigene Verbindlichkeiten**). Zu jedem Posten der in der Bilanz ausgewiesenen Verbindlichkeiten und der unter dem Strich vermerkten Eventualverbindlichkeiten ist im Anhang jeweils der Gesamtbetrag der als Sicherheit übertragenen Vermögensgegenstände anzugeben. Nach § 35 Abs. 5 RechKredV ist zu jedem Posten der in der Bilanz ausgewiesenen Verbindlichkeiten und der unter dem Strich vermerkten Eventualverbindlichkeiten im Anhang jeweils der Gesamtbetrag der als Sicherheit übertragenen Vermögensgegenstände anzugeben. Dem Wortlaut nach erstreckt sich die Angabepflicht nur auf die vom Institut bilanzierten Vermögensgegenstände, die der Besicherung eigener Verbindlichkeiten dienen. Nach h. M. ist dabei der Buchwert der als Sicherheiten übertragenen Vermögensgegenstände anzugeben[53]. Daraus wäre zu schließen, dass eine Angabepflicht für Sicherheiten, die das Institut nicht als Vermögensgegenstände aktiviert hat, nicht besteht.

   Folgt man dem reinen Wortlaut des § 35 Abs. 5 RechKredV, so wären Sicherheiten, die nicht zugleich bilanzierte Vermögensgegenstände des Instituts darstellen, nicht in die Angabepflicht einzubeziehen. Bei dieser Sichtweise wären Wertpapiere, die ein Institut im Rahmen einer Wertpapierleihe geliehen hat und die zum Zwecke einer besicherten Kreditaufnahme an einen Dritten veräußert oder verpfändet wurden, nicht anzugeben. Eine Bilanzierung der entliehenen Wertpapiere kommt beim Institut dann nicht in Betracht, wenn das Institut durch die Wertpapierleihe das wirtschaftliche Eigentum an den Wertpapieren nicht erworben hat[54]. Da das Institut mithin keine (eigenen) Vermögensgegenstände für die Besicherung eigener Verbindlichkeiten hinterlegt hat, bestünde formal keine Angabepflicht; zudem weisen die entliehenen Wertpapiere keinen Buchwert auf, der anzugeben wäre. Handelt es sich um eine besicherte Wertpapierleihe, so hat das Institut eigene Vermögensgegenstände zur Durchführung der besicherten Wertpapierleihe als Sicherheiten hinterlegt. Für diese existiert ein Buchwert, der hilfsweise zur Erfüllung der Angabepflicht herangezogen werden könnte.

   Es sind nur die Sicherheiten anzugeben, die für eigene Verbindlichkeiten hinterlegt wurden. Die Hinterlegung von Sicherheiten für fremde Verbindlichkeiten stellt ein Haftungsverhältnis dar, welches aufgrund von § 26 Abs. 3 RechKredV unter dem Bilanzstrich im Vermerkposten Nr. 1c) »Haftung aus der Bestellung von Sicherheiten für fremde Verbindlichkeiten« zu vermerken ist (im Einzelnen siehe hierzu Kapitel IV.1.4.2.3).

- § 35 Abs. 6 RechKredV (**Andere Verpflichtungen**). Zu dem Vermerkposten »Andere Verpflichtungen« sind im Anhang Art und Betrag jeder Eventualverbindlichkeit anzugeben, die in Bezug auf die Gesamttätigkeit des Instituts von wesentlicher Bedeutung

---

[52] Vgl. Krumnow/Sprißler (2004), § 26 RechKredV, Tz. 20.
[53] Vgl. Krumnow/Sprißler (2004), § 35 RechKredV, Tz. 88.
[54] Zu der kontroversen Diskussion im Schrifttum siehe Kapitel II.1.7.

ist. Zur Erläuterung kann auf die Ausführungen zu der Angabepflicht nach § 35 Abs. 3 RechKredV (Eventualverbindlichkeiten) verwiesen werden.
- § 36 RechKredV (**Termingeschäfte**). Nach dieser Vorschrift ist eine Aufstellung über die Arten von am Bilanzstichtag noch nicht abgewickelten fremdwährungs-, zinsabhängigen und sonstigen Termingeschäften, die lediglich ein Erfüllungsrisiko sowie Währungs-, Zins- und/oder sonstige Marktpreisänderungsrisiken aus offenen und im Falle eines Adressenausfalls auch aus geschlossenen Positionen beinhalten, anzugeben. Hierzu gehören:
  1. Termingeschäfte in fremden Währungen, insbesondere Devisentermingeschäfte, Devisenterminkontrakte, Währungsswaps, Zins-/Währungsswaps, Stillhalterverpflichtungen aus Devisenoptionsgeschäften, Devisenoptionsrechte, Termingeschäfte in Gold und anderen Edelmetallen, Edelmetallterminkontrakte, Stillhalterverpflichtungen aus Goldoptionen, Goldoptionsrechte;
  2. zinsbezogene Termingeschäfte, insbesondere Termingeschäfte mit festverzinslichen Wertpapieren, Zinsterminkontrakte, Forward Rate Agreements, Stillhalterverpflichtungen aus Zinsoptionen, Zinsoptionsrechte, Zinsswaps, Abnahmeverpflichtungen aus Forward Deposits; Lieferverpflichtungen aus solchen Geschäften sind in dem Unterposten der Bilanz »Unwiderrufliche Kreditzusagen« (Passivposten Nr. 2 unter dem Strich Buchstabe c) zu vermerken;
  3. Termingeschäfte mit sonstigen Preisrisiken, insbesondere aktienkursbezogene Termingeschäfte, Stillhalterverpflichtungen aus Aktienoptionen, Aktienoptionsrechte, Indexterminkontrakte, Stillhalterverpflichtungen aus Indexoptionen, Indexoptionsrechte.

Für jeden der drei Gliederungsposten der Termingeschäfte ist anzugeben, ob ein wesentlicher Teil davon zur Deckung von Zins-, Wechselkurs- oder Marktpreisschwankungen abgeschlossen wurde und ob ein wesentlicher Teil davon auf Handelsgeschäfte entfällt. Die Aufstellung und Erläuterung noch nicht abgewickelter Termingeschäfte nach § 36 RechKredV stellt nicht zwingender Maßen eine quantitative Angabe dar. Zur Erfüllung der Vorschrift reicht eine Aufstellung der Art der Fremdwährungs-, Zins- und sonstigen Termingeschäften aus. Obgleich § 36 RechKredV Kreditderivate nicht explizit nennt sind diese dennoch aufzuführen (sofern sie aufgrund von IDW RS BFA 1 nach den für Derivate geltenden Grundsätze zu bilanzieren sind), da die Aufzählung in § 36 RechKredV nicht als abschließend anzusehen ist.

3 Angaben zur Gewinn- und Verlustrechnung

3.1 Allgemeine Angaben

- § 277 Abs. 5 HGB: Gesonderter Ausweis von Aufwendungen und Erträgen aus der Abzinsung sowie Aufwendungen und Erträge aus der Währungsumrechnung. Der gesonderte Ausweis kann auch durch eine Anhangangabe erfolgen.
- § 285 Nr. 6 HGB: Angabe in welchem Umfang die Steuern vom Einkommen und vom Ertrag das Ergebnis der gewöhnlichen Geschäftstätigkeit und das außerordentliche Ergebnis belasten.
- § 285 Nr. 9a und b HGB: Bezüge von Organmitgliedern; wegen § 285 Nr. 9c HGB siehe die institutsspezifische Angabepflicht in § 34 Abs. 2 Nr. 2 RechKredV,
- § 285 Nr. 17 HGB: Angabe der Honorare für Abschlussprüfer.
- § 285 Nr. 32 HGB: Erläuterung der außerordentlichen Erträge und Aufwendungen (siehe auch § 35 Abs. 1 Nr. 4 RechKredV).

3.2 Institutsspezifische Angaben

- § 340e Abs. 4 HGB (**Fonds für allgemeine Bankrisiken**). Nach § 340e Abs. 4 HGB ist in der Bilanz dem Sonderposten »Fonds für allgemeine Bankrisiken« nach § 340g HGB ein Betrag, der mindestens 10 % der Nettoerträge des Handelsbestands entspricht, zuzuführen und dort gesondert auszuweisen (zur näheren Erläuterung siehe Kapitel III.1.2.5).
- § 2 Abs. 2 RechKredV (**Angabe zusammengefasster Posten**). Nach § 2 Abs. 2 RechKredV können (Wahlrecht) die mit kleinen Buchstaben versehenen Posten der Bilanz und der Gewinn- und Verlustrechnung zusammengefasst werden, wenn sie einen Betrag enthalten, der für die Vermittlung eines den tatsächlichen Verhältnissen entsprechenden Bildes im Sinne des § 264 Abs. 2 HGB nicht erheblich ist oder dadurch die Klarheit der Darstellung vergrößert wird; in diesem Falle müssen die zusammengefassten Posten jedoch im Anhang gesondert ausgewiesen werden. Die Zusammenfassung ist nicht zulässig für die bei der Deutschen Bundesbank und BaFin einzureichenden Bilanzen und Gewinn- und Verlustrechnungen (§ 2 Abs. 2 S. 2 RechKredV).

- § 34 Abs. 2 Nr. 1 RechKredV: **Aufgliederung nach geografischen Märkten.** § 34 Abs. 2 Nr. 1 RechKredV stellt die für Institute geltende Parallelvorschrift zu § 285 Nr. 4 HGB dar, die für Institute aufgrund von § 340a Abs. 2 HGB nicht anzuwenden ist. Nach § 34 Abs. 2 Nr. 1 RechKredV ist eine Aufgliederung des Gesamtbetrags der Ertragsposten »Zinserträge«, »Laufende Erträge«, »Provisionserträge«, »Nettoerträge des Handelsbestands« sowie »sonstige betriebliche Erträge« vorzunehmen, soweit sich die Märkte vom Standpunkt der Organisation des Instituts wesentlich voneinander unterscheiden. Strittig ist, ob der Gesamtbetrag der genannten fünf Ertragsposten oder der Gesamtbetrag eines jeden Einzelpostens aufzugliedern ist. Für Ersteres spricht der Gesetzeswortlaut; für Letzteres der Sinn der Vorschrift und seine Anlehnung an § 285 Nr. 4 HGB, wonach die Umsatzerlöse nach Tätigkeitsbereichen sowie nach geografischen Märkten aufzugliedern sind. Eine Aufteilung auf die in § 34 Abs. 2 Nr. 1 RechKredV genannten Einzelposten würde eine Aufgliederung nach Tätigkeitsbereichen darstellen[1]. Nach h. M. ist sowohl eine geografische Aufgliederung des Gesamtbetrags (Summe über alle Einzelposten) sowie eine geografische Aufgliederung je Einzelposten möglich[2].

Als geografische Märkte sind geografisch unterschiedliche Gebiete anzusehen, soweit auf ihnen unterschiedliche Bedingungen und Risiken bestehen. Es ist mithin eine Segmentierung nach Ländergruppen (z. B. Kontinent, Subkontinent) bzw. Wirtschaftsgebieten (EU, Nicht-EU, EWR) erforderlich, soweit die geografischen Märkte sich in ihren wirtschaftlichen Bedingungen vom Standpunkt der Organisation des Instituts wesentlich unterscheiden (z. B. unterschiedliche Risikolage oder auch unterschiedliche rechtliche Rahmenbedingungen). Die Segmentierung zu Ländergruppen setzt mithin eine gewisse Homogenität in den wirtschaftlichen Rahmenbedingungen voraus. Institute mit fehlendem Auslandsgeschäft können die Angabe durch den Hinweis, dass nur Inlandsgeschäft betrieben wird, ersetzen[3] (die Bundesrepublik Deutschland ist im Regelfall als ein einheitlich geografisch bestimmter Markt anzusehen)[4].

Die Aufteilung kann bspw. nach dem Sitzland des Leistungsempfängers bzw. Kunden, nach den Auslandsfilialen bzw. Vertriebsstellen oder auf Basis der internen Organisationsstruktur, wenn diese eine regionale Gliederung aufweist, vorgenommen werden. Hierbei kann auch auf die interne Vertriebsorganisationsstruktur abgestellt werden. Institute ohne (Auslands)Filialen und ohne regionalisierten Vertrieb brauchen eine Aufteilung nicht vorzunehmen[5]. Eine Aufteilung des Nettoertrags des Handelsbestands muss i. d. R. nur dann vorgenommen werden, wenn das Institut Handelsabteilungen in geografisch unterschiedlichen Märkten unterhält. »Eine Aufteilung hat nur zu erfolgen, soweit sich die verschiedenen Märkte auch in der Organisation der Handelsaktivitäten niederschlagen, z. B. wenn von organisatorisch getrennten, regional zuständigen Auslandsfilialen selbstständig auf den jeweiligen regionalen Märkten gehandelt wird. Bei

---

1 So die Auffassung von Bieg/Waschbusch (2017), S. 846 f.
2 Vgl. Krumnow/Sprißler (2004), §. 34 RechKredV, Tz. 12; Bundesverband deutscher Banken (1993), S. 83; eine Aufteilung je Einzelposten wird als zwingend angesehen in Bieg/Waschbusch (2017), S. 847.
3 Vgl. Poelzig, in: MüKom HGB, § 285 HGB, Tz. 102.
4 Vgl. ADS, § 285 HGB, Tz. 92; WPH, 15. Aufl., F 1035.
5 Vgl. Krumnow/Sprißler (2004), § 34 RechKredV, Tz. 15; Bundesverband deutscher Banken (1993), S. 83.

einem zentralen Handel, der nicht nach Regionen, sondern nach Produkten unterscheidet, entfällt dagegen die Aufgliederung« (IDW RS BFA 2, Tz. 88).

Veröffentlicht ein Institut eine Segmentberichterstattung nach DRS 3, so kann die Angabepflicht nach § 34 Abs. 2 Nr. 1 RechKredV durch eine Segmentberichterstattung nach DRS 3, Anlage 2 ersetzt werden (siehe Kapitel VIII.3.8), da mit der Segmentberichterstattung weitergehende Informationen vermittelt werden[6]. Dies ist auch dann der Fall, wenn andere als die in § 34 Abs. 2 Nr. 1 RechKredV genannten Posten aufgegliedert werden. Für Nicht-Institute entfällt die Pflicht zur Aufgliederung der Umsatzerlöse nach § 314 Abs. 1 Nr. 3 HGB, wenn eine Segmentberichterstattung nach § 297 Abs. 1 S. 2 HGB ausgewiesen wird (§ 314 Abs. 2 S. 1 HGB).

Die Aufgliederung nach geografischen Märkten kann unterbleiben, soweit sie nach vernünftiger kaufmännischer Beurteilung geeignet ist, dem Institut oder einem Unternehmen, von dem das Institut mindestens den fünften Teil der Anteile besitzt, einen erheblichen Nachteil zuzufügen (§ 34 Abs. 2 S. 2 RechKredV).

- § 35 Abs. 1 Nr. 3 RechKredV (**Leasinggeschäft**). Institute haben nach § 35 Abs. 1 Nr. 3 RechKredV die im Posten »Abschreibungen und Wertberichtigungen auf immaterielle Anlagewerte und Sachanlagen« (Formblatt 2 Spalte Aufwendungen Nr. 5, Formblatt 3 Nr. 11) enthaltenen Abschreibungen und Wertberichtigungen auf Leasinggegenstände sowie die im Posten »Sonstige betriebliche Erträge« (Formblatt 2 Spalte Erträge Nr. 8, Formblatt 3 Nr. 8) enthaltenen Erträge aus Leasinggeschäften im Anhang gesondert anzugeben. Soweit das Leasinggeschäft in Übereinstimmung mit den speziellen Vorschriften für Leasinginstitute in separaten Posten ausgewiesen wird, ist die Angabe nach § 35 Abs. 1 Nr. 3 RechKredV entbehrlich (siehe hierzu im Einzelnen Kapitel IV.7).
- § 35 Abs. 1 Nr. 4 RechKredV (**Einzelbeträge**): Angabe und Erläuterung der wichtigsten Einzelbeträge zu den Posten »Sonstige betriebliche Erträge«, »Sonstige betriebliche Aufwendungen«, »Außerordentliche Erträge« und »Außerordentliche Aufwendungen«. Die Angabe ist nur erforderlich, sofern die Beträge für die Beurteilung des Jahresabschlusses nicht unwesentlich sind. Zuführungen zu Pensionsrückstellungen aufgrund der Umstellung auf das BilMoG sind separat anzugeben (Art. 67 Abs. 7 EGHGB).
- § 35 Abs. 1 Nr. 5 RechKredV (**Erbrachte Verwaltungs- und Vermittlungsdienstleistungen**). Nach § 35 Abs. 1 Nr. 5 RechKredV sind die gegenüber Dritten erbrachten Verwaltungs- und Vermittlungsdienstleistungen anzugeben, sofern ihr Umfang in Bezug auf die Gesamttätigkeit des Instituts von wesentlicher Bedeutung ist. Die zu erläuternden Verwaltungs- und Vermittlungsdienstleistungen umfassen bspw. die Depotverwaltung, Vermögensverwaltung, Verwaltung von Treuhandkrediten, Vermittlung von Versicherungsverträgen, Bausparverträgen und Immobilien[7]. Nicht zu den aufzuführenden Dienstleistungsarten gehören bspw. Zahlungsverkehr, Außenhandelsgeschäft und Wertpapierkommissionsgeschäft. Eine betragsmäßige Angabepflicht besteht nicht; eine verbale Aufzählung oder Erläuterung ist ausreichend[8].

---

6 Vgl. Krumnow/Sprißler (2004), § 34 RechKredV, Tz. 9; Löw, in: MüKom BilR, § 340j HGB, Tz. 43.
7 Vgl. Bundesverband deutscher Banken (1993), S. 84; Bieg/Waschbusch (2017), S. 838; Krumnow/Sprißler (2004), § 34 RechKredV, Tz. 30.
8 Vgl. Bundesverband deutscher Banken (1993), S. 84; Bieg/Waschbusch (2017), S. 838; Krumnow/Sprißler (2004), § 34 RechKredV, Tz. 31.

Kapitel VI. Bilanzierung einzelner Bankgeschäfte

1 Kapitalmarktgeschäft

1.1 Grundlagen

Kreditinstitute wirken regelmäßig bei der Emission von Wertpapieren, die von Dritten begeben werden (sog. Fremdemission), in vielfältiger Form mit. Aus bilanzrechtlicher Sicht ist dabei das Erbringen von Dienstleistungen sowie die Übernahme von Wertpapieren für eigene oder für fremde Rechnung von Relevanz. Die Platzierung von Wertpapieren erfolgt regelmäßig durch die Bildung eines Bankenkonsortiums. Unter einem Bankenkonsortium kann die »zeitweilige Vereinigung selbständig bleibender Banken zur Durchführung von Einzelgeschäften auf gemeinsame Rechnung« verstanden werden[1]. Typische Dienstleistungen von Instituten umfassen:
- die Beratung des Emittenten hinsichtlich des Zeitpunkts der Emission, der Kapitalmarkt- und Nachfragesituation sowie der Konditionen der Emission usw.;
- die Intermediation zwischen dem Emittenten und den Kapitalanlegern. In dieser Hinsicht fungieren Institute als Bookrunner, die Zeichnungsaufträge entgegennehmen und diese in einem Zeichnungsbuch führen und als Konsortialführer, die eine Zuteilung der Wertpapiere auf Basis der Orders vornehmen.
- die technische Abwicklung wie z. B. Ausarbeitung des Emissionsprospekts, Beantragung der Zulassung des Wertpapiers zur Sammelverwahrung, Zulassung zum Börsenhandel (§ 32 Abs. 1 BörsG), Verkauf der Wertpapiere usw.

Institute können im Zuge ihrer Primärmarktaktivitäten Wertpapiere
- im fremden Namen und auf fremde Rechnung (Platzierungsgeschäft § 1 Abs. 1a S. 2 Nr. 1c KWG)
- im eigenen Namen und auf fremde Rechnung (Finanzkommissionsgeschäft § 1 Abs. 1 S. 2 Nr. 4 KWG)
- im eigenen Namen und auf eigene Rechnung (Emissionsgeschäft § 1 Abs. 1 S. 2 Nr. 10 KWG) übernehmen und am Kapitalmarkt unterbringen.

---

1   Steinrücke (1956), S. 13.

1.2 Platzierungsgeschäft

1.2.1 Darstellung des Geschäfts

Nach § 1 Abs. 1a S. 2 Nr. 1c KWG besteht das Platzierungsgeschäft in dem »Platzieren von Finanzinstrumenten ohne feste Übernahmeverpflichtung«. Das Platzierungsgeschäft gehört zu den erlaubnispflichtigen Finanzdienstleistungen. Kreditinstitute mit Vollbanklizenz benötigen hierfür keine gesonderte Erlaubnis[2]. »Unter einer »Platzierung« ist dabei die Unterbringung (der Verkauf) von Finanzinstrumenten im Kapitalmarkt oder an einen begrenzten Kreis von Personen oder (institutionellen) Anlegern im Rahmen einer Emission zu verstehen. Aus dem Tatbestandsmerkmal des »Platzierens« ergibt sich damit, dass die Veräußerungen im Rahmen einer Emission erfolgen, und zwischen dem Unternehmen, das die Platzierung vornimmt, und dem Emittenten oder solchen Unternehmen, die ihrerseits bereits in die Emission eingebunden sind, eine Platzierungsabrede bestehen muss«[3]. Für das Vorliegen eines Platzierungsgeschäfts müssen demnach die folgenden Voraussetzungen vorliegen[4]:

- **eine Veräußerung von Finanzinstrumenten:** Unter das Platzierungsgeschäft fallen somit keine Fälle, in denen das Institut als Dienstleister auf der Erwerberseite auftritt. Die Veräußerung von Finanzinstrumenten erfasst auch Tauschgeschäfte. Gegenstand von Platzierungsgeschäften sind Finanzinstrumente im Sinne des § 1 Abs. 11 KWG, die entweder öffentlich (»public placement«) oder privat (»private placement«) platziert werden können.
- **im fremden Namen für fremde Rechnung:** Bei einem Platzierungsgeschäft wird das Institut im fremden Namen und fremde Rechnung (sog. offene Stellvertretung) tätig. Eine kommissionsweise Übernahme von Finanzinstrumenten stellt kein Platzierungs-, sondern ein Finanzkommissionsgeschäft im Sinne des § 1 Abs. 1 S. 2 Nr. 4 KWG dar.
- **im Rahmen einer Emission mit Platzierungsabrede:** Ein Platzierungsgeschäft bedingt die Erstausgabe einer bestimmten Anzahl von Wertpapieren durch einen Emittenten. Durch die Platzierungsabrede wird das Institut durch den Emittenten vertraglich beauftragt Finanzinstrumente dem Kapitalmarkt oder einem begrenzten Kreis von Anlegern zuzuführen. Ein Ankauf von Finanzinstrumenten im Auftrag eines Erwerbers ohne eine Platzierungsabrede stellt kein Platzierungsgeschäft dar. Die Zeichnung von Gründungsaktien ist nicht unter das Platzierungsgeschäft zu fassen, da es aufgrund des (noch) nicht existierenden Emittenten an einer Platzierungsabrede fehlt[5].
- **ohne feste Übernahmeverpflichtung**: Zudem darf keine feste Übernahmeverpflichtung (»underwriting agreement«) zwischen dem Emittenten und dem Institut bestehen.

---

2 Vgl. auch Schreiben der BaFin vom 29.01.2008.
3 BaFin, Merkblatt vom 10.12.2009.
4 Vgl. BaFin, Merkblatt vom 10.12.2009.
5 Vgl. du Boisson, in: WM 2003, S. 1403.

1.2.2 Bilanzierung und Ausweis

Gebühren, die für die Erbringung von Dienstleistungen im Zusammenhang mit dem Platzierungsgeschäft erbracht werden, sind als Provisionsertrag zu vereinnahmen. Da bei dem Platzierungsgeschäft keine Wertpapiere im eigenen Namen erworben werden, kommt eine Bilanzierung dieser Wertpapiere nicht in Betracht.

1.3 Finanzkommissionsgeschäft

1.3.1 Darstellung des Geschäfts

Das Kommissionsgeschäft ist als Handelsgeschäft in den §§ 383–406 HGB geregelt. Ein Kommissionsgeschäft liegt vor, wenn ein Kaufmann (Kommissionär) im eigenen Namen und für fremde Rechnung (d. h., für die Rechnung des Kommittenten) auf Basis eines Kommissionsvertrags ein Geschäft ausführt. Finanzkommissionsgeschäfte beinhalten nach § 1 Abs. 1 S. 2 Nr. 4 KWG die Anschaffung und die Veräußerung von Finanzinstrumenten im eigenen Namen und für fremde Rechnung. Nach Rechtsprechung des BVerwG müssen Finanzkommissionsgeschäfte weitgehend mit dem Begriff des handelsrechtlichen Kommissionsgeschäfts übereinstimmen[6]. Sofern nach § 402 HGB Rechte abgeändert oder aufgehoben werden, ist für das Vorliegen eines Finanzkommissionsgeschäfts notwendig, dass das »zwischen dem Finanzkommissionär und seinem Kunden abgeschlossene Rechtsgeschäft hinreichende Ähnlichkeit mit dem in §§ 383 ff. HGB geregelten Typus des Kommissionsgeschäfts aufweise«[7]. Typische Eigenschaften des Kommissionsgeschäfts stellen die Weisungsbefugnis des Kommittenten, die Benachrichtigungs- und Rechenschaftspflicht des Kommissionärs sowie die Pflicht, das Eigentum an den Finanzinstrumenten zu übertragen[8]. Für fremde Rechnung bedeutet in diesem Zusammenhang, dass der Geschäftserfolg zunächst beim Institut eintritt und anschließend an den Auftraggeber durchgeleitet wird[9].

Die Übernahme und Veräußerung der Finanzinstrumente erfolgt durch ein sog. Platzierungs- oder Begebungskonsortium, indem sich die Konsorten »bemühen«, die Papiere im eigenen Namen und für Rechnung des Emittenten zu platzieren[10]. Es liegt vor diesem Hintergrund kein Kaufgeschäft oder Zeichnungsgeschäft vor[11]. Da eine feste Übernahmeverpflichtung durch die Konsortialbanken bei Finanzkommissionsgeschäften nicht eingegangen wird (sog. **»best-effort underwriting«**), übernehmen diese auch keine Absatz- oder Platzierungsrisiken. Es handelt sich daher um einen kommissionsweisen Vertrieb von Finanzinstrumenten[12].

---

6 Z. B. BVerwG 6C 11.07, Urteil vom 27.02.2008.
7 BaFin-Merkblatt vom 18.03.2010.
8 Siehe BVerwG 6 C 11.07, Tz. 51; zur Diskussion vgl. Deppmeyer/Eßer, in: BKR 2009, S. 230 ff. m. w. N.
9 Vgl. Hammen, in: WM 2008, 1901 f.; Kumpan, in: Kapitalmarktrechts-Kommentar, hrsg. v. Schwark/Zimmer, § 2 WpHG, Tz. 63.
10 Vgl. BR-Drs 963/96, S. 63.
11 Vgl. Schäfer, in: Bankrecht, hrsg. v. Schwintowski/Schäfer, § 15 Rdn. 26 ff.
12 Vgl. BaFin, Merkblatt vom 10.12.2009.

1.3.2 Bilanzierung und Ausweis

Im Rahmen von Finanzkommissionsgeschäften übernommene Wertpapiere und Schuldscheindarlehen stellen kein eigenes Vermögen des Instituts dar. Während eine Bilanzierung beim Kommissionär im Allgemeinen nicht in Betracht kommt[13], sind Ermächtigungstreuhandschaften bei Instituten aufgrund von § 6 RechKredV zu bilanzieren (siehe Kapitel I.1.2.3.1). Im Rahmen von Finanzkommissionsgeschäften übernommene Wertpapiere sind daher in der Bilanz des Instituts unter dem Aktivposten 6 »Treuhandvermögen« zu bilanzieren. Die Herausgabeverpflichtung ist in gleicher Höhe unter dem Passivposten 4 »Treuhandverbindlichkeiten« auszuweisen. Die Folgebewertung von Treuhandvermögen und -verbindlichkeiten wird im Schrifttum kontrovers diskutiert. So kommt in jedem Fall eine erfolgsneutrale Bewertung in der Form einer kompensierenden Zeitwertbilanzierung beider Positionen oder eine Beibehaltung des erstmaligen Wertansatzes in Betracht[14].

Erhaltene Gebühren aus Finanzkommissionsgeschäften sind unter den Provisionserträgen zu zeigen (§ 30 Abs. 1 RechKredV).

1.4 Emissionsgeschäft

1.4.1 Darstellung des Geschäfts

Unter dem Emissionsgeschäft wird nach § 1 Abs. 1 S. 2 Nr. 10 KWG »die Übernahme von Finanzinstrumenten für eigenes Risiko zur Platzierung oder die Übernahme gleichwertiger Garantien« verstanden. Hierunter sind Fälle von **Fremdemissionen** von Finanzinstrumenten im Sinne des § 1 Abs. 11 KWG zu fassen. Das Tatbestandsmerkmal »Platzieren für eigenes Risiko« umfasst dabei jegliche Form der Platzierung (public oder private placement). Wie auch schon beim Platzierungsgeschäft ist die Übernahme von Wertpapieren aufgrund einer **Platzierungsabrede** (siehe auch Platzierungsgeschäft, Kapitel VI.1.2) notwendige Voraussetzung für den Tatbestand des Emissionsgeschäfts[15]. Unter das Emissionsgeschäft fällt sowohl »die Erstemission als auch jede weitere Übernahme, z. B. im Rahmen einer Privatisierung«[16]. Im Gegensatz dazu definiert die BaFin den Begriff »Emission« lediglich als die »erste Ausgabe« von Wertpapieren[17].

Notwendige Voraussetzung für das Vorliegen eines Emissionsgeschäfts ist die Übernahme von Finanzinstrumenten von dem Emittenten. Dies impliziert, dass das Emissionsgeschäft im Sinne des KWG ein unmittelbares Rechtsverhältnis zwischen dem übernehmenden Institut und dem Emittenten erfordert. Es kommt ein Kaufvertrag (bei Anleihen) oder ein gesellschaftsrechtlicher Beitrittsvertrag (Zeichnung bei Aktien) zustande. Erwirbt

---

13 Vgl. für den Fall des Verkaufskommissionsgeschäfts z. B. Schmidt/Ries, in: BBK, 11. Aufl., § 246 HGB, Tz. 22.
14 Vgl. Scharpf/Schaber (2018), S. 60 f.
15 Vgl. BaFin, Merkblatt vom 07.01.2009.
16 BT-Drs 13/7142, S. 101 li. Sp.
17 Vgl. BaFin-Merkblatt vom 07.01.2009, vgl. auch Kumpan, in: Kapitalmarktrechts-Kommentar, hrsg. v. Schwark/Zimmer, § 2 WpHG, Tz. 71.

das Institut als Mitglied einer **Selling Group** die Finanzinstrumente vom Emissionskonsortium und nicht direkt vom Emittenten, so liegt kein Emissionsgeschäft vor[18]. In dieser Hinsicht tritt das Institut lediglich als Dienstleister (Selling Agent) auf.

Der Ausgabepreis (offer price) für **Aktien** kann zwischen Emittent und dem Emissionskonsortium im Rahmen der folgenden Verfahren bestimmt sein bzw. ermittelt werden:

- **Festpreisverfahren.** Beim Festpreisverfahren wird zwischen dem Emittenten und dem Emissionskonsortium ein fester Ausgabepreis vereinbart. Der Verkaufspreis liegt in diesem Fall bereits vor der Zeichnung fest, der i. d. R. für die gesamte Zeichnungsfrist gilt. Die Gebote beim Festpreisverfahren sind nur hinsichtlich ihrer Stückzahl variabel. Bei Erreichen des Emissionsbetrags wird die Zeichnung vorzeitig geschlossen.
- **Bookbuilding-Verfahren.** Beim Bookbuilding-Verfahren wird zwischen dem Konsortium und dem Emittenten ein Emissionsvertrag geschlossen, nach Ermittlung der Nachfrage möglicher Investoren wird eine Preisspanne festgelegt und im Verkaufsprospekt veröffentlicht. Innerhalb dieser Spanne können Zeichnungsangebote abgegeben werden. Bei diesem Verfahren ist sowohl die Stückzahl als auch der Preis (innerhalb der festgesetzten Spanne) variabel. Durch die sog. Bookrunner (Konsortialbanken) werden Orderbücher geführt und die eingehende Zeichnungsorder an den Konsortialführer (lead manager) weitergeleitet, der ein zentrales Orderbuch führt. Auf Basis der gesammelten Zeichnungsgebote werden i. d. R. durch den zentralen Bookrunner die Zuteilungsquoten ermittelt.
- **Auktionsverfahren.** Beim Auktionsverfahren werden limitierte Zeichnungsaufträge von den Kapitalanlegern eingeholt. Dabei wird das höchste Limit zuerst zugeteilt. Bei diesem Verfahren ist sowohl die Stückzahl als auch der Zeichnungspreis variabel. Die Aufträge werden i. d. R. mit einem einheitlichen Preis zugeteilt, mit dessen Zuteilung das gesamt Emissionsvolumen erzielt werden kann.

Die Zuteilung von **Schuldverschreibungen** erfolgt nach dem Tenderverfahren. Beim **Mengentender** stehen die Konditionen der Schuldverschreibung fest und der Bieter kann lediglich Zeichnungsbeträge aufgeben. Beim **Zinstender** ist der Zeichner aufgefordert, Zinssätze und Zeichnungsbeträge abzugeben. Dabei können Mindestzinssätze durch den Emittenten vorgegeben sein.

Sofern im Rahmen des Emissionsgeschäfts durch das Institut Wertpapiere übernommen werden, muss dies »**für eigenes Risiko**« erfolgen. Dies bedeutet, dass eine feste Übernahmeverpflichtung (»**firm comittment underwriting**«) durch das Institut bzw. für die am Bankenkonsortium beteiligten Institute besteht[19]. Durch die Verpflichtung zur Übernahme in den eigenen Bestand, trägt das Institut im Rahmen dieses Übernahmekonsortiums das Absatzrisiko für die von ihm übernommene Quote. Beim Übernahmekonsortium übernehmen die Konsortialbanken eine Emission zu einem festen Kurs in den eigenen Bestand, vergüten dem Emittenten den Gegenwert und führen daran anschließend die Platzierung der übernommenen Wertpapiere und Schuldscheindarlehen im eigenen Namen und für

---

18 Vgl. Schäfer, in: WM 2002, S. 363.
19 Vgl. du Buisson, in: WM 2003, S. 1401.

eigene Rechnung durch[20]. Sind die Absatzrisiken durch das Institut durch entsprechende Gegengeschäfte (z.B. durch Abschluss einer Verkaufsoption) bereits vor Übernahme der Finanzinstrumente abgesichert worden, so liegt dennoch ein Emissionsgeschäft vor, da es auf die im Rechtsverhältnis mit dem Emittenten getroffene Risikoverteilung ankommt[21]. »Gehen die Unternehmen wegen unsicherer Platzierungserwartungen nur für einen Teil der Emission eine feste Übernahmeverpflichtung ein und lassen sie sich für den Rest der zu platzierenden Instrumente eine Übernahmeoption einräumen (sog. Optionskonsortium), fällt diese Tätigkeit ebenfalls unter den Tatbestand des Emissionsgeschäfts...«[22]. Auch die Existenz sog. »force majeur«-Klauseln stehen dem Tatbestand eines Emissionsgeschäfts nicht entgegen. Bei diesen Klauseln stehen dem Institut gegenüber dem Emittenten Auflösungs- oder Rückabwicklungsrechte in bestimmten Szenarien zu. Die Unschädlichkeit solcher Klauseln für den Tatbestand des Emissionsgeschäfts wird vielfach damit begründet, dass der Emittent bei ungünstigen Marktentwicklungen ein ureigenes Interesse für eine Veränderung der Emissionsbedingungen oder ein Absagen der Emission hat[23].

Gleichgestellt zu der Übernahme von Wertpapieren für eigenes Risiko ist auch die Abgabe gleichwertiger Garantien (**Garantiekonsortium**). Eine solche Garantie kann bspw. beinhalten, dass sich die Institute verpflichten, den nicht platzierten Teil der Emission zu einem festgesetzten Preis (»backstop price«) in den Eigenbestand zu übernehmen. Insofern unterscheidet sich die zweite Alternative der »Übernahme gleichwertiger Garantien« von der »Übernahme zur Platzierung«. Bei einer Abgabe gleichwertiger Garantien kann das Institut mit den übernommenen Finanzinstrumenten nach freiem Belieben verfahren, ohne dass eine Weiterplatzierung vorgesehen wäre[24].

1.4.2 Bilanzierung und Ausweis

Die Bilanzierung von Emissionsgeschäften ist abhängig davon, ob das Institut im Emissionszeitpunkt die übernommenen Wertpapiere dem Handelsbestand oder dem Nicht-Handelsbestand zuordnet. Für die Zuordnung ist die Zweckbestimmung im Erwerbszeitpunkt maßgeblich (§ 247 Abs. 2 HGB; IDW RS BFA 2, Tz. 12 S. 1). Die Zuordnung der übernommenen Wertpapiere steht dabei im »freien Ermessen des Instituts ..., ob und wann diese Bestände den drei Wertpapierkategorien zugeordnet werden«[25]. Wenn zusätzlich zu der Übernahme der Wertpapiere auch Dienstleistungen erbracht werden, ist das Emissionsgeschäft zum Zwecke der Widmung zum Handels- oder Bankbuch dahingehend zu würdigen, ob bei dem Geschäft ein **Dienstleistungscharakter** oder die Absicht der Erzielung eines **Eigenhandelserfolgs** überwiegt. Im Falle der Übernahme von Wertpapieren im Rahmen eines Kommissionsgeschäfts oder im Rahmen der offenen Stellvertretung kann der überwiegende Dienstleistungscharakter im Regelfall als sachgerecht angesehen werden, da

---

20 Vgl. Heermann, in: MüKom zum BGB, § 675, Tz. 88.
21 Vgl. du Buisson, in: WM 2003, S. 1405.
22 BaFin, Merkblatt vom 07.01.2009.
23 Vgl. du Buisson, in: WM 2003, S. 1406; Kümpel, in: Bank- und Kapitalmarktrecht, Rdn. 9.201.
24 Vgl. du Buisson, in: WM 2003, S. 1403.
25 Vgl. Krumnow/Sprißler, § 340c HGB, Tz. 64.

in beiden Fällen der Emittent den Erlös der begebenen Stücke erhält, ohne dass das Institut ein Eigenrisiko eingegangen ist. Übernimmt das Institut Wertpapiere im eigenen Namen und auf eigene Rechnung ist zu untersuchen, inwieweit die Gebühren für die Erbringung von Dienstleistungen unabhängig von der Übernahme von Wertpapieren im eigenen Namen und auf eigene Rechnung gewährt worden sind. Ist eine Trennung von Dienstleistung und Risikoübernahme nicht möglich, so ist durch eine Gesamtwürdigung des Sachverhalts abzuwägen, ob der Dienstleistungscharakter oder die Erzielung eines Eigenhandelserfolgs im Vordergrund steht. Die Erzielung eines Eigenhandelserfolgs kann insbesondere bei der Platzierung von Kapitalerhöhungen Zweck des Emissionsgeschäfts sein, wenn der zwischen dem Emittenten und dem Bankenkonsortium verhandelte Übernahmepreis junger Aktien (»**backstop price**«) einen signifikanten Abschlag gegenüber dem Preis der alten Aktien am Kassamarkt aufweist[26]. In diesem Fall können auch Arbitrage-Überlegungen Teil des Emissionsgeschäfts sein. Gem. BaFin-Rundschreiben 17/99, welches auch nach Inkrafttreten der CRR in diesem Punkt weiterhin zur Auslegung herangezogen werden kann, ist für solche Kundengeschäfte der Dienstleistungscharakter dann in Frage zu stellen, wenn »spekulative Zwecke zumindest mitverfolgt werden«. Aus diesem Grunde ist für »die im Rahmen von Emissionsgeschäften (§ 1 Abs. 1 S. 2 Nr. 10 KWG) begründeten Positionen (…) die Zuordnung zum Handelsbuch zwingend, sofern das Institut die Wertpapiere nicht erklärtermaßen in sein Anlagevermögen nehmen möchte«[27]. Entgegen der von Scharpf/Schaber vertretenen Auffassung kann vor diesem Hintergrund dem Emissionsgeschäft nicht pauschal ein überwiegender Dienstleistungscharakter zugeschrieben werden[28]. Bei einer entsprechenden Zweckbestimmung ist die Übernahme von Wertpapieren und Schuldscheindarlehen aus dem Emissionsgeschäft in das Bankbuch grundsätzlich möglich[29]. Aufschluss über die mit dem Emissionsgeschäft verfolgte Zielsetzung kann eine Dokumentation des Instituts bzgl. der mit Primärbuchgeschäften verfolgten Risiko- und Geschäftsstrategie geben.

a) Bilanzierung im Handelsbestand

Sofern eine Zuordnung zum Handelsbestand erfolgt, ist die Platzierungs- und Übernahmeverpflichtung als Derivat (Stillhalterverpflichtung) zu erfassen und einer risikoadjustierten Marktbewertung zu unterziehen (siehe Kapitel III.1.2.3). Die Übernahmeverpflichtung ist in diesem Falle nicht als Eventualverbindlichkeit zu vermerken. Im Zeitpunkt der Übernahme sind die erworbenen Wertpapiere ebenfalls dem Handelsbestand zuzuordnen und erfolgswirksam zum beizulegenden Zeitwert zu bewerten. Es gelten die Ansatz-, Bewertungs- und Ausweisvorschriften für Handelsbestände (siehe Kapitel III.1.2). Da eine Zuordnung zum Handelsbestand immer dann erfolgt, wenn die Erzielung eines Eigenhandelserfolgs im Vordergrund steht, ist es sachgerecht, in diesem Falle auch die erhaltenen Gebühren im Nettoergebnis des Handelsbestands auszuweisen.

---

26 Vgl. Brandt, in: Bank- und Kapitalmarktrecht, hrsg. v. Kümpel/Wittig, S. 2053.
27 BaKred-Rundschreiben 17/99.
28 So Scharpf/Schaber (2018), S. 1215.
29 Vgl. Krumnow/Sprißler (2004), § 340c HGB, Tz. 64.

b) Bilanzierung im Nicht-Handelsbestand

Hauptmerkmal des Emissionsgeschäfts ist das Eingehen einer festen Übernahmeverpflichtung von Wertpapieren oder die Abgabe einer gleichwertigen Garantie. Bei einer Zuordnung des Emissionsgeschäfts zum Nicht-Handelsbestand sind diese als Eventualverbindlichkeiten »unter dem Strich« zu vermerken. Dabei ist zu beachten, dass unter den Bilanzvermerken Passiva 2b »**Platzierungs- und Übernahmeverpflichtungen**« nur solche Verpflichtungen auszuweisen sind, die Garantien für die Platzierung oder Übernahme von Finanzinstrumenten gegenüber Emittenten darstellen, welche während eines vereinbarten Zeitraums Finanzinstrumente **revolvierend am Geldmarkt** begeben (§ 27 Abs. 1 S. 1 RechKredV). In dieser Position sind daher nur solche Garantien zu vermerken, durch die das Institut verpflichtet wird, einen Kredit zu gewähren oder ein Finanzinstrument zu übernehmen, wenn dieses nicht am Markt platziert werden kann (§ 27 Abs. 1 S. 2 RechKredV). Soweit dies mit der Erstausgabe von Wertpapieren in Verbindung steht, liegt ein Emissionsgeschäft vor. Gem. Wortlaut der RechKredV sind im Unter Strich-Vermerk 2b Verpflichtungen zu fassen, die sich nur auf Instrumente des Geldmarkts beziehen (zur Definition von Geldmarktgeschäften im Sinne der RechKredV siehe Kapitel IV.1.2.5.2). Übernahmeverpflichtung aus der Emission von Aktien sind dementsprechend hierunter nicht zu fassen[30]. Der Bilanzvermerk ist in Höhe der am Bilanzstichtag übernommenen Finanzinstrumente (bzw. der gewährten Kredite) zu kürzen (§ 27 Abs. 1 S. 3 RechKredV). Gemeinschaftlich gewährte Garantien sind durch das Institut nur in Höhe seines Anteils zu vermerken (§ 27 Abs. 1 S. 4 RechKredV).

Der Ausweis einer Übernahmeverpflichtung von Finanzinstrumenten des **Kapitalmarkts** wird in der RechKredV hingegen nicht explizit geregelt. Die Bilanzierung der Übernahmeverpflichtung ist abhängig davon, ob das Emissionsgeschäft dem Handelsbestand oder dem Nicht-Handelsbestand zugeordnet wird. Bei einer Zuordnung zum Bankbuch könnte der Ausweis unter den Bilanzvermerken in der Position 1.b) »Verbindlichkeiten aus Bürgschaften und Gewährleistungsverträgen« in Betracht kommen, da in dieser Position auch Garantien für eigene Leistungen auszuweisen sind[31]. Um eine im Vergleich zu Geldmarktinstrumenten gleichwertige Information (mittels Bilanzvermerk) über das Absatzrisiko aus Kapitalmarktgeschäften zu geben, ist es nach der hier vertretenen Auffassung sachgerecht Übernahmeverpflichtungen oder Garantieerklärung aus der Platzierung von Kapitalmarktinstrumenten in der Position 1.b) zu vermerken. Demgegenüber wird in der Literatur die Ansicht vertreten, dass eine Angabepflicht nur bei Gewährleistungen besteht, insoweit diese über den geschäfts- und branchenüblichen Rahmen hinaus begeben wurden[32].

Im Rahmen der Folgebewertung ist für die Unter-Strich-Position zu prüfen, ob für die Verpflichtung eine **Rückstellung für drohende Verluste** aus schwebenden Geschäften zu bilden ist. Da es sich bei der Abgabe einer Übernahmeverpflichtung um ein schwebendes Beschaffungsgeschäft handelt, ist eine Drohverlustrückstellung für schwebende Geschäfte zu bilden, »wenn der Wert des Anspruchs auf die Gegenleistung hinter dem Wert der i. d. R.

---

30 Vgl. WPH I[2012], J 210.
31 Zur Ableitung vgl. Scharpf/Sohler (1992), S. 188.
32 Vgl. Krumnow/Sprißler (2004), § 26 RechKredV, Tz. 8.

in Geld bestehenden eigenen Leistungsverpflichtung zurückbleibt«[33]. »Bei schwebenden Beschaffungsgeschäften über bilanzierungsfähige Vermögensgegenstände stellt die Drohverlustrückstellung grundsätzlich eine vorweggenommene (außerplanmäßige) Abschreibung dieser Vermögensgegenstände dar. Daher ist für schwebende Beschaffungsgeschäfte über bilanzierungsfähige Vermögensgegenstände immer dann eine Drohverlustrückstellung zu passivieren, wenn für den Vermögensgegenstand nach erfolgter Lieferung voraussichtlich eine Pflicht zur (außerplanmäßigen) Abschreibung bestehen wird« (IDW RS HFA 4, Tz. 30). Wird eine Drohverlustrückstellung für eine unter dem Strich vermerkte Eventualverbindlichkeit gebildet, so ist diese in Höhe der gebildeten Rückstellung zu kürzen (§ 24 RechKredV). Ansonsten erlischt die Vermerkpflicht der Eventualverbindlichkeit durch Erfüllung der Verpflichtung, durch Schulderlass oder durch zeitliches Auslaufen der Verpflichtung. Bis dahin sind die Übernahmeverpflichtungen unter dem Strich im Posten 1b zu vermerken. Hinsichtlich der Erläuterung dieser Position ist für Kreditinstitute zu beachten, dass § 268 Abs. 7 HGB für Institute nicht anzuwenden ist und durch § 35 Abs. 4 RechKredV ersetzt wird (siehe § 340a Abs. 2 S. 2. HGB). Nach § 35 RechKredV sind im Anhang Art und Betrag jeder Eventualverbindlichkeit anzugeben, die in Bezug auf die Gesamttätigkeit des Instituts von wesentlicher Bedeutung ist.

Aus dem Emissionsgeschäft in den Nicht-Handelsbestand übernommene Wertpapiere sind in Abhängigkeit von ihrer Zweckbestimmung entweder der Liquiditätsreserve oder dem Anlagevermögen zuzuordnen. Die Bilanzierung und Bewertung richtet sich nach den allgemeinen Grundsätzen.

Aus dem Emissionsgeschäft erhaltene **Gebühren**, die auf Dienstleistungen des Instituts zurückgeführt werden können, sind im Provisionsertrag zu zeigen. Nach h. M. ist es gestattet, Kursgewinne und -verluste aus übernommenen Beständen während der Emissionsphase ebenfalls im Provisionsergebnis zu zeigen[34]. Sachgerechter erscheint hingegen eine Differenzierung nach dem überwiegenden Charakter des Emissionsgeschäfts. Sofern die Erzielung eines Eigenhandelserfolgs überwiegt, erscheint es sachgerecht, Kursgewinne und -verluste während der gesamten Haltedauer der Instrumente im Handelsergebnis auszuweisen. Eine Verrechnung von Kursgewinnen und -verlusten außerhalb des Handelbestandes mit den Provisionserträgen erscheint nur dann sachgerecht, wenn der Dienstleistungscharakter im Vordergrund steht.

1.5 Zusammenfassende Systematisierung

Die verschiedenen Platzierungsformen unterscheiden sich sowohl in ihrem zivilrechtlichen Charakter als auch hinsichtlich des vom Institut übernommenen Risikos. Eine zusammenfassende Gegenüberstellung der unterschiedlichen Platzierungsformen zeigt die folgende Tabelle:

---

33 IDW RS HFA 4, Tz. 29.
34 Vgl. Scharpf/Schaber (2018), S. 1215; Krumnow/Sprißler (2004), § 340c HGB, Tz. 64.

	Platzierungsgeschäft	Finanzkommissions-geschäft	Emissionsgeschäft
Name	Fremder Name	Eigener Name	Eigener Name
Rechnung	Fremde Rechnung	Fremde Rechnung	Eigene Rechnung
Abnahmeverpflichtung	Nein	Nein	Ja
Underwriting Agreement	Nein	Best Effort-Underwriting	Firm Comittment Underwriting
Bilanzierung der Finanzinstrumente	Nein	Ja (Treuhandvermögen)	Ja (Eigenes Vermögen)
Geschäftsart	Finanzdienstleistung	Bankgeschäft	Bankgeschäft
§ 1 KWG	Abs. 1a S. 2 Nr. 1c	Abs. 1 S. 2 Nr. 4	Abs. 1 S. 2 Nr. 10
Art des Konsortiums	Vermittlungs-/Geschäftsbesorgungs-konsortium	Begebungs-konsortium	Übernahme oder Garantiekonsortium
Kaufvertrag/Zeichnungsvertrag	Nein	Nein	Ja

Abb. 66: Systematisierung der Platzierungsformen

2 Gemeinschaftliches Kreditgeschäft

2.1 Darstellung der Erscheinungsformen

2.1.1 Konsortialkredite

Großvolumige Kredite werden zumeist nicht durch ein einziges Kreditinstitut, sondern durch ein Konsortium bestehend aus mehreren Kreditinstituten gewährt. Ein **Konsortialkredit** ist ein Kredit, der von mehreren Kreditinstituten auf gemeinsame Rechnung begeben wird. Die Vergabe von Krediten in einem Konsortium bringt für das Einzelinstitut Vorteile hinsichtlich der Risikostreuung (Vermeidung von Klumpenrisiken) sowie in der Reduzierung der risikogewichteten Aktiva. Die Vergabe von Großkrediten ist zudem durch § 13 KWG, Art. 395 CRR, der GroMiKV oder auch unter Umständen durch die Satzung des Instituts beschränkt.

Konsortien sind üblicherweise als BGB-Gesellschaften organisiert, wobei die vertraglichen Rechte und Pflichten der Mitgliedsbanken (Konsorten) üblicherweise durch einen **Konsortialvertrag** so detailliert geregelt sind, dass die allgemeinen bürgerlich-rechtlichen Regeln kaum zur Anwendung gelangen. Der Konsortialvertrag regelt somit das Innenverhältnis des Konsortiums (Gründung des Konsortiums, Übertragung der Geschäftsführung auf den Konsortialführer, Vertretung, Haftung, Aufgabenverteilung zwischen Konsortialführer und Konsorten etc.)[1]. Der Zusammenschluss zu einem Konsortium erfolgt ausschließlich zum Zwecke der gemeinschaftlichen Gewährung eines Konsortialkredits. Die rechtliche Selbständigkeit der Konsorten bleibt erhalten. In einem **Konsortialkreditvertrag** wird das Außenverhältnis des Konsortiums zum Kreditnehmer geregelt. Da meistens das Konsortium – vertreten durch den Konsortialführer – gegenüber dem Kreditnehmer auftritt, handelt es sich i. d. R. um ein **Außenkonsortium**[2]. Die Rechtsbeziehung zwischen dem Kreditnehmer und dem Konsortialführer wird maßgeblich dadurch bestimmt, ob dieser das Risiko der tatsächlichen Platzierung des Kredits (**Syndizierungsgarantie**) übernommen hat[3]. In dieser Hinsicht sind die folgenden Transaktionsformen zu unterscheiden.

---

1 Vgl. Jäger, in: NZG 1999, S. 644.
2 Vgl. Hadding/Häuser, in: Bankrechtshandbuch, hrsg. v. Schimansky/Bunte/Lwowski, § 87, Tz. 27.
3 Vgl. Schaffelhuber/Sölch, in: Münchener Handbuch des Gesellschaftsrechts, 4. Aufl., § 31, Tz. 33.

a) Underwriting. Durch ein Underwriting wird eine feste Übernahmeverpflichtung von einem Konsortialführer (lead arranger) in seiner Eigenschaft als Arrangeur bzw. von einem Underwriting-Konsortium abgegeben, einen Kredit ganz oder teilweise zu übernehmen. In diesem Zusammenhang wird auch von einem »firm comittment underwriting« gesprochen, da sich der Underwriter vertraglich zu einer **festen Übernahmegarantie** verpflichtet hat. Das Platzierungsrisiko ist damit in Höhe des gesamten (oder zumindest teilweisen) Kreditvolumens auf den Konsortialführer übergegangen. In dieser Hinsicht ist das Underwriting vergleichbar mit dem Emissionsgeschäft im Wertpapiergeschäft[4]. Für Euro-Konsortialkredite wird im Schrifttum die Auffassung vertreten, dass ein Underwriting zwar eine feste Übernahmeverpflichtung, nicht jedoch eine Verpflichtung zum Abschluss des Kreditvertrags selbst impliziert. Das Underwriting steht demnach unter dem Vorbehalt der Einigung auf einen endgültigen Kreditvertrag zwischen Kreditgeber und -nehmer[5]. Durch ein Underwriting übernimmt der Konsortialführer den Kreditbetrag im eigenen Namen und auf eigene Rechnung.

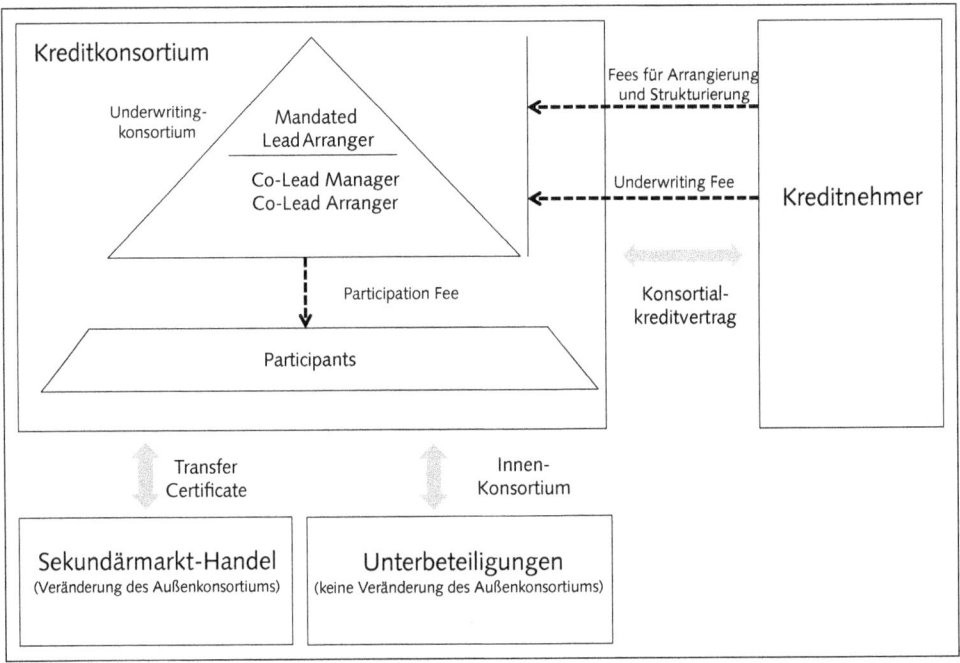

Abb. 67: Syndizierungsstruktur

---

4 Das Underwriting im Kreditgeschäft fällt gesetzlich allerdings nicht unter den Tatbestand des Emissionsgeschäfts im Sinne des § 1 Abs. 1 S. 2 Nr. 10 KWG, da der Tatbestand des Emissionsgeschäfts das Vorliegen von Finanzinstrumenten im Sinne des § 1 Abs. 11 KWG voraussetzt.

5 Vgl. Hinsch/Horn (1985), S. 28; Schaffelhuber/Sölch, in: Münchener Handbuch des Gesellschaftsrechts, 4. Aufl., § 31, Tz. 33.

Der Syndizierungsprozess[6] beginnt mit der Mandatierung eines Konsortialführers (**MLA, mandated lead arranger**) durch den Kreditnehmer[7]. Der Konsortialführer wird dadurch unter anderem beauftragt, den Finanzierungsbedarf des Kreditnehmers zu analysieren, einen optimalen Finanzierungsmix zu strukturieren, die Finanzierungsbedingungen (Term Sheet) auszuarbeiten sowie ein Konsortium zusammenzustellen. Ein Mitglied des Konsortiums wird als **Agent** benannt, dem diverse verwaltungs- und abwicklungstechnische Aufgaben gegen Gewährung einer Agency Fee übertragen werden (z.B. Zahlstellenfunktion, Austausch von Informationen zwischen Kreditnehmer und Konsorten, Record Keeping, Sicherheitenverwaltung). Während der Syndizierungsphase bietet der MLA (zum Teil exklusiv) weiteren Banken die Teilnahme an dem Konsortium an. Je nach Umfang und Komplexität der Finanzierung können manche Konsorten weitere Führungsaufgaben (Mandate) innerhalb des Konsortiums übernehmen, die üblicherweise zugleich auch ein Underwriting abgeben (Co Lead Arranger, Co Lead Manager)[8]. Diese suchen zusammen mit dem MLA nach weiteren Kreditgebern, die bereit sind, eine Übernahmeverpflichtung abzugeben. Die für das Underwriting erhaltene **Underwriting Fee** stellt eine Vergütung für das übernommene Platzierungsrisiko dar[9]. Die Übernahmeverpflichtungen werden durch einen **Bookrunner** (oftmals der MLA) gesammelt. Weitere Kreditgeber können sog. Participants sein, die kein direktes Underwriting gegenüber dem Kreditnehmer abgeben, sondern sich im Innenverhältnis zur Übernahme eines Kreditbetrags verpflichten. Dafür erhalten sie eine sog. **Participation Fee**. Nach Abschluss der Syndizierungsphase kommt es zur Zuteilung der Kreditbeträge. Nach der Zuteilung ist die Primärmarktphase abgeschlossen. Die Kredittranchen können daraufhin entweder im Sekundärmarkt[10] gehandelt oder über den Abschluss von **Unterbeteiligungen** ausplatziert werden (siehe Kapitel VI.2.1.2).

Nach Abschluss der Syndizierungsphase können ab einer bestimmten Größe die Kredite, die auf standardisierten Kreditverträgen beruhen (z.B. Dokumentation der Loan Market Association oder Loan Syndication and Trading Association), auf Sekundärmärkten gehandelt werden[11]. Während der Konsortialführer auf dem Primärmarkt agiert, handelt der Kredithändler auf dem Sekundärmarkt. Der Handel von Konsortialkrediten auf dem Sekundärmarkt erfordert den Abschluss von sog. »transfer certificates«, durch die der Erwerber dem Kreditvertrag beitritt und damit Mitglied des Kreditkonsortiums wird. Der Abschluss des »transfer certificates« bedarf der Zustimmung des Agenten, dem aufgrund der Übernahme der Zahlstellenfunktion alle (nachträglichen) Veränderungen in der Zusammensetzung des Konsortiums zur Kenntnis gebracht werden müssen.

b) Club Deal. Ein Club Deal liegt vor, wenn bereits bei Abschluss des Kreditvertrags das Konsortium endgültig feststeht und die Konsorten eine Syndizierung nach Abschluss des

---

6   Für eine detaillierte Darstellung vgl. Hinsch/Horn (1985), S.15 ff. sowie STANDARD & POOR´S (2010), S.9 ff.
7   Es kann auch ein »joint mandate« vergeben werden; in diesem Falle gibt es mehr als einen Lead Arranger. Vgl. Godlewski (2008), S.5.
8   Vgl. Pöhler (1988), S.37.
9   Vgl. Decker (2008), S.161.
10 Zur Handelbarkeit von Syndizierungskrediten auf Sekundärmärkten vgl. Gadanecz, in: BIZ-Quartalsbericht, Dezember 2004, S.96 f.
11 Zur Zuordnung von Krediten zum Handelsbestand siehe Kapitel I.1.2.

Kreditvertrags nicht beabsichtigen. Das Konsortium eines Club Deals umfasst i. d. R. wenige Mitgliedsbanken[12]. Da eine Weiterplatzierung nicht beabsichtigt ist, stellen die übernommenen Kredittranchen den final take der Bank dar. Diese Tranchen sind regelmäßig dem Bankbuch zuzuordnen.

c) Best Effort. Bei einem underwriting auf Best-Effort-Basis gibt der Konsortialführer keine feste Übernahmegarantie ab. Mit einer Übernahme auf Best-Effort-Basis verpflichtet sich der Konsortialführer, nach besten Kräften das Kreditvolumen weiterzuplatzieren. Sofern eine vollständige Platzierung nicht möglich ist, kommt es entweder nicht zu einer vollständigen Auszahlung des Kreditbetrags oder es kommt zu einer Anpassung der Kreditbedingungen (Regelfall). Durch die Aufnahme von sog. »market flex«-Bedingungen in das Mandatsschreiben hat der Konsortialführer die Möglichkeit innerhalb bestimmter Grenzen flexibel auf die Nachfrage durch Veränderung der Zinsbedingungen, der Sicherheitsstruktur oder Covenant Regelungen zu reagieren[13]. Der Konsortialführer handelt im eigenen Namen aber für fremde Rechnung (Maklervertrag). Das Platzierungsrisiko liegt beim Kreditnehmer, da der Konsortialführer nicht für das Gelingen der Syndizierung haftet[14]. Im Gegensatz zum Underwriting handelt es sich nicht um ein Underwriting-Konsortium, sondern um ein Begebungs- oder Platzierungskonsortium[15]. Die vom Institut übernommenen Bestände stellen kein eigenes Vermögen des auf Best-Effort-Basis übernehmenden Instituts dar und sind daher durch das Institut im eigenen Vermögen nicht zu bilanzieren. Ein Best-Effort-Underwriting stellt ein Finanzkommissionsgeschäft dar[16].

2.1.2 Unterbeteiligungen

Vom Konsortialkredit ist die Unterbeteiligung als »weitere Form der gemeinsamen Kreditgewährung« zu unterscheiden[17]. Um das Ausfallrisiko aus einem Kredit zu begrenzen, kann ein Kreditgeber (Hauptbeteiligter) eine Risikoausplatzierung durch die Vergabe von barmäßigen oder haftungsmäßigen Unterbeteiligungen erreichen. Durch die Unterbeteiligung übernimmt der Unterbeteiligte einen bestimmten Anteil des Ausfallrisikos des Kreditnehmers. Der Unterbeteiligte hat lediglich Anspruch auf seinen – bei dem Hauptbeteiligten eingehenden – Anteil der Zins- und Tilgungszahlungen des Kredits. Der Unterbeteiligte hat keinen Anspruch gegen den Hauptbeteiligten auf Rückzahlung seines geleisteten Bareinschusses. Zahlungsausfälle sind dem Unterbeteiligten durch den Hauptbeteiligten mitzuteilen. Im Gegensatz zum Konsortialkredit besteht kein Rechtsverhältnis zwischen dem Unterbeteiligten und dem Kreditnehmer[18]; der Hauptbeteiligte vertritt die Innengesellschaft nach außen und handelt dabei im eigenen Namen und – im Innenverhältnis – für

---

12 Vgl. Buljevich/Yoon (1999), S. 33; Mugasha (2007), S. 33.
13 Vgl. STANDARD & POOR´S (2010), S. 9.
14 Vgl. Schaffelhuber/Sölch, in: Münchener Handbuch des Gesellschaftsrechts, 4. Aufl., § 31, Tz. 33.
15 Vgl. Groß, in: HGB, Band 2, hrsg. v. Ebenroth/Boujong/Joost/Strohn, VII.31; VII.34
16 Vgl. Grundmann, in: Bankrechtshandbuch, hrsg. v. Schimansky/Bunte/Lwowski, § 112, Tz. 6.
17 Hadding/Häuser, in: Bankrechtshandbuch, in: Schimansky/Bunte/Lwowski, § 87, Tz. 13.
18 Vgl. Hadding/Häuser, in: Bankrechtshandbuch, hrsg. v. Schimansky/Bunte/Lwowski, § 87, Tz. 13.

Rechnung der Unterbeteiligungsgesellschaft[19]. Eine Unterbeteiligung muss dem Kreditnehmer weder offengelegt werden (stille Unterbeteiligung) noch bedarf es seiner Zustimmung. Die Unterbeteiligung ist eine Innengesellschaft bürgerlichen Rechts (**Innenkonsortium**), bei der die rechtliche Selbständigkeit der Beteiligten bestehen bleibt und kein Gesamthandsvermögen gebildet wird. Die Gegenleistung des Unterbeteiligten geht in das Eigentum des Hauptbeteiligten über[20]. Der Zinssatz der Unterbeteiligung wird zwischen Hauptbeteiligten und Unterbeteiligten ausgehandelt und muss sich nicht unbedingt nach dem mit dem Kreditnehmer vereinbarten Zins richten.

2.2 Bestimmung der Bewertungskategorien von Syndizierungsbestand und Final Take

In Abhängigkeit von der Zweckbestimmung der übernommenen Finanzinstrumente sind diese entweder dem Handelsbestand oder dem Umlauf- oder dem Anlagevermögen zuzuordnen. Sofern die Forderungen nicht dem Handelsbestand zugeordnet werden, gilt für Kreditforderungen die gesetzgeberische Annahme des § 340e HGB einer Zuordnung zum Umlaufvermögen. Bei Abgabe einer festen Übernahmeverpflichtung hat das Institut somit zu entscheiden, ob die zu übernehmenden Tranchen auf Dauer gehalten werden sollen (**Final Take**) oder ob eine kurzfristige Weiterreichung erfolgen soll.

Dabei kann sowohl in der Primärmarktphase als auch in der Sekundärmarktphase eine Zuordnung zum Handelsbestand sachgerecht sein. So kann ein Institut in seiner Funktion als Konsortialführer im Primärmarkt die übernommenen Tranchen durch eine Syndizierung an diverse Participants weiterplatzieren. Damit kann die Absicht zumindest mitverfolgt werden, aus der Differenz zwischen erhaltener Underwriting Fee und gezahlter Participation Fee einen kurzfristigen Gewinn zu erzielen. Andererseits werden mit der Federführung durch den Konsortialführer diverse Dienstleistungen gegenüber dem Kreditnehmer erbracht, die ggf. über den Erhalt der Underwriting Fee mitabgegolten werden können, sofern eine trennscharfe Abgrenzung der diversen Gebühren für die erbrachten Dienstleistungen nicht vorgenommen wird. In Abhängigkeit davon, ob der Dienstleistungscharakter oder der kurzfristige Gewinnerzielungscharakter im Vordergrund steht, ist eine Zuordnung übernommener Forderungen zum Umlaufvermögen bzw. zum Handelsbestand vorzunehmen. Wird der übernommene Teil der Tranche für den Sekundärmarkthandel reserviert, so kommt eine Zuordnung des jeweiligen Anteils zum Handelsbestand in Betracht. Der Final Take ist dem Umlaufvermögen zuzuordnen.

---

19 Vgl. Gehrlein, in: DStR 1994, S. 1314; Obermüller/Obermüller, in: FS Werner, S. 617.
20 Vgl. Obermüller/Obermüller, in: FS Werner, S. 609.

2.3 Bilanzierung von Gemeinschaftsgeschäften nach § 5 RechKredV

Nach § 5 RechKredV ist ein Kredit, der von mehreren Kreditinstituten gemeinschaftlich gewährt wird, als ein Gemeinschaftskredit definiert. Unter die Gemeinschaftskredite fallen die oben beschriebenen

- **Konsortialkredite**, die durch ein Außenkonsortium im Rahmen eines »offenen Konsortialverhältnisses« begeben wurden,
- **Unterbeteiligungen**, die durch ein »stilles Konsortialverhältnis« (Innenkonsortium) begründet werden, sowie die in der Praxis weniger relevanten
- **Parallelkredite**, bei dem jeder Konsorte eine eigene Vertragsbeziehung mit dem Kreditnehmer hat.

Der Umfang der bilanziellen Abbildung von Gemeinschaftsgeschäften in den Bilanzen der beteiligten Institute wird durch § 5 RechKredV geregelt. So »hat jedes beteiligte oder unterbeteiligte Kreditinstitut nur seinen eigenen Anteil an dem Kredit in die Bilanz aufzunehmen, soweit es die Mittel für den Gemeinschaftskredit zur Verfügung gestellt hat« (§ 5 S. 1 RechKredV).

Gemeinschaftskredite mit Bareinschuss sind somit bei jedem Institut nur in dem Umfang in der Bilanz auszuweisen, wie das Institut die Mittel auch tatsächlich zu Verfügung gestellt hat. Hat ein Konsortialführer am Bilanzstichtag den Gemeinschaftskredit bereits herausgelegt, so hat der Konsortialführer die noch nicht eingezahlten Anteile als Forderung an Kunden (gegenüber dem Kreditnehmer) auszuweisen[21]. Bei einem Gemeinschaftskredit kann die Höhe des Bareinschusses von der Höhe des Haftungsbetrags abweichen. So ist es möglich, dass die Höhe des **Haftungsbetrags größer** ist als der Bareinschuss. In diesem Fall hat das Institut die Differenz zwischen dem höheren Haftungsbetrag und dem niedrigeren Bareinschuss als Eventualverbindlichkeit auf der Passivseite der Bilanz unter dem Strich zu vermerken (§ 5 S. 2 RechKredV). Diese haftungsmäßigen Unterbeteiligungen sind in dem Unterstrichposten Nr. 1b »Verbindlichkeiten aus Bürgschaften und Gewährleistungsverträgen« auszuweisen.

Bei einem **Gemeinschaftskredit ohne Bareinschuss** wird von einem Kreditinstitut lediglich die Haftung für den Ausfall eines Teils der Forderung aus dem Gemeinschaftskredit übernommen (sog. **haftungsmäßige Unterbeteiligung**). Das kreditgebende Institut hat in diesem Fall den vollen Kreditbetrag auszuweisen und das haftende Institut den Haftungsbetrag unter der Bilanz zu vermerken (§ 5 S. 3 RechKredV).

Ein **Gemeinschaftskredit mit bedingtem Bareinschuss** liegt vor, wenn das Institut den Bareinschuss noch nicht eingefordert hat. Solange der Bareinschuss noch nicht zahlungswirksam vorgenommen wurde, ist das Geschäft als Gemeinschaftskredit ohne Barein-

---

21 Vgl. Krumnow/Sprißler (2004), § 5 RechKredV, Tz. 9. Anderer Ansicht Meyer/Isenmann (1993), S. 47, die eine Einbuchung einer Forderung gegenüber den Konsorten als sachgerecht ansehen. Eine Bilanzierung nach § 5 S. 1 RechKredV setzt jedoch voraus, dass das unterbeteiligte Institut die Mittel zur Verfügung gestellt »hat«. Daher ist ein ungekürzter Ausweis des Kredits unter den Forderungen an Kunden so lange erforderlich, bis der Bareinschuss zahlungswirksam vollzogen wurde.

schuss zu bilanzieren. Bei Zufluss des Bareinschusses ist auf die bilanzielle Abbildung für Gemeinschaftskredite mit Bareinschuss überzugehen[22].

In § 5 RechKredV werden lediglich die Fälle geregelt, in denen der Bareinschuss kleiner oder gleich dem Haftungsbetrag ist (dies schließt auch den Grenzfall eines Bareinschusses von null ein). Gesetzlich nicht geregelt ist hingegen der Fall, dass der Bareinschuss eines beteiligten Instituts dessen Haftungsbetrag übersteigt (**Bareinschuss größer Haftungsbetrag**). Für die Bilanzierung beim beteiligten Institut wird in der Literatur die Auffassung vertreten, dass das beteiligte Institut den eigenen Anteil am Kredit in Höhe des Bareinschusses zu bilanzieren hat[23]. Wie diese Fälle beim Hauptbeteiligten zu bilanzieren sind, wird in der Literatur hingegen nicht betrachtet. § 5 RechKredV stellt eine institutsspezifische Ansatzvorschrift für Gemeinschaftsgeschäfte dar, nach der in der Bilanz des Hauptbeteiligten die nachträgliche Hereinnahme einer Bar-Unterbeteiligung zu einer quotalen Ausbuchung des Kredits führt. Ohne die spezialgesetzliche Regelung des § 5 RechKredV hätte der Hauptbeteiligte den Kredit nach § 246 Abs. 1 S. 2 HGB weiterhin zu bilanzieren und die Bar-Unterbeteiligung als Kreditaufnahme bilanziell abzubilden (Bilanzverlängerung). § 5 RechKredV stellt mithin eine spezialgesetzliche Regelung hinsichtlich der persönlichen Zurechnung sowie der Abgangsbilanzierung von Gemeinschaftsgeschäften eines Instituts dar. Nach der hier vertretenen Auffassung greifen die institutsspezifischen Regelungen zur Abgangsbilanzierung von Gemeinschaftsgeschäften nur für die in § 5 RechKredV aufgeführten Fälle, in denen der Bareinschuss den übernommenen Haftungsbetrag nicht übersteigt. Bleibt die Übernahme des Haftungsrisikos hinter dem Bareinschuss zurück, so verbleiben beim Hauptbeteiligten Risiken, die eine Ausbuchung des Kredits verhindern können. In diesem Fall ist eine Abgangsbilanzierung von Gemeinschaftsgeschäften nach den in IDW ERS HFA 13 sowie IDW RS HFA 8 dargelegten Grundsätzen zu beurteilen. So ist der Kredit in der Bilanz des Hauptbeteiligten weiterhin zu bilanzieren, wenn dieser eine Bar-Unterbeteiligung in Höhe des Nominalbetrags des Kredits erhält und das beteiligte Institut die ersten X% der Verluste aus dem Kredit nicht tragen muss. Da in Anlehnung an IDW RS HFA 8 nicht sämtliche Verluste auf das beteiligte Institut übergegangen sind, verbleibt der Kredit in der Bilanz des Hauptbeteiligten.

Die Grundsätze der Bilanzierung von Gemeinschaftsgeschäften nach § 5 RechKredV sind auch auf Diskont-Gemeinschaftsgeschäfte und Aval-Gemeinschaftskredite anzuwenden. Bei einem **Aval-Gemeinschaftskredit** gibt ein Konsortium im Außenverhältnis eine Bürgschaft zugunsten des Kreditnehmers gegenüber einem Dritten (Bürgschaftsgläubiger) ab, ohne dass dem Kreditnehmer liquide Mittel zur Verfügung gestellt werden. Aval-Gemeinschaftskredite sind daher – wie Gemeinschaftsgeschäfte ohne Bareinschuss – als Eventualverbindlichkeit in dem Unterstrichposten Nr. 1b »Verbindlichkeiten aus Bürgschaften und Gewährleistungsverträgen« zu vermerken. Dabei hat jedes Institut eine Bürgschaftsverpflichtung nur insoweit auszuweisen, wie im Außenverhältnis eine Verpflichtung besteht. Dies hat zur Folge, dass der Konsortialführer eine Eventualverbindlichkeit in Höhe des gesamten Avalkredits unter dem Strich zu erfassen hat, sofern er gegenüber dem Kreditnehmer die gesamte Haftung übernommen hat. Der Konsortialführer hat in diesem

---

22 Vgl. Krumnow/Sprißler (2004), § 5 RechKredV, Tz. 9.
23 Vgl. Krumnow/Sprißler (2004), § 5 RechKredV, Tz. 11.

Fall Regressansprüche gegenüber den beteiligten Konsortialbanken, die sich quotal an dem Avalkredit beteiligt haben. Die Regressansprüche kürzen den Unterstrichausweis nicht; können aber als Erläuterung im Anhang angegeben werden[24]. Haften die beteiligten Institute gesamtschuldnerisch (bzw. quotal) gegenüber dem Bürgschaftsgläubiger, so haben sie den Aval-Gemeinschaftskredit jeweils in voller Höhe (bzw. quotal) unter dem Bilanzstrich zu vermerken[25].

Für die Strukturierung von syndizierten Avalkrediten kommen das »**Fronting-Modell**« oder das »**Multi-Issuer-Modell**« als Grundformen in Betracht[26]. Bei dem **Fronting-Modell** wird das Aval von den Fronting-Banken gestellt, die sich ihrerseits durch eine proratarische Rückhaftung der beteiligten Kreditinstitute absichern. Die Fronting-Bank trägt in diesem Fall das Ausfallrisiko des Kreditnehmers sowie das Ausfallrisiko der beteiligten Institute. Es kommt somit zu einer mehrfachen Berücksichtigung ein und desselben Kredits in den Bilanzen der beteiligten Institute. Beim **Multi-Issuer-Modell** begeben alle beteiligten Banken Avale, so dass die ausstellenden Banken keine Eventualverbindlichkeiten für das Ausfallrisiko der Konsortialpartner vorhalten müssen. Die beteiligten Kreditinstitute haben ausschließlich ihren eigenen (relativen) Anteil zu vermerken.

Bei **Diskontgeschäften** wird dem Kreditinstitut ein Wechsel von einem Kunden angeboten, den das Institut nach einer Bonitätsprüfung des Kunden sowie des Wechselverpflichteten akzeptieren oder ablehnen kann. Wird der Wechsel von dem Institut akzeptiert, so wird der Wechsel »diskontiert«, d.h. unter Einbehalt eines Abschlags (Provisionen, Bonitätsabschläge, Zinsabschlag) wird der Diskonterlös dem Kunden gutgeschrieben. Bei Fälligkeit des Wechsels legt die Bank dem Wechselverpflichteten den Wechsel zur Begleichung vor. Daneben hat das Institut die Möglichkeit, den Wechsel vor Fälligkeit an ein anderes Institut weiterzureichen[27]. Wenn eine Verpflichtung (Rahmenvereinbarung) zur Annahme von Wechseln in bestimmter Höhe und Qualität für das Institut besteht, so ist dies als **Kreditzusage** anzusehen, für die i.d.R. eine Abrechnung von **Bereitstellungsprovisionen** vorgenommen wird[28]. Diese Einordnung kommt allerdings dann nicht in Betracht, wenn das Institut in jedem Einzelfall über die Annahme eines Wechsels ohne vorherige Annahmeverpflichtung entscheidet. Sofern das Institut eine Zinsmarge aus der Weitergabe von Wechseln erzielt, und die angefallene Zinsmarge künftigen Rechnungsperioden zuzurechnen ist, so ist die Zinsmarge nach § 23 S. 2 RechKredV in die **passive Rechnungsabgrenzung** einzustellen. Dies kommt allenfalls in Betracht, wenn das Institut trotz Weitergabe von Wechseln weiterhin ein Wechselobligo unter dem Bilanzstrich ausweist[29]. Bei einem **gemeinschaftlichen Diskontgeschäft** hat das Institut die Wechsel in Höhe ihres eigenen Anteils gem. den Grundsätzen für Gemeinschaftskredite mit Bareinschuss zu behandeln. Soweit von den Konsorten keine Bareinschüsse geleistet wurden, hat der Konsortialführer den Wechselbestand in voller Höhe auszuweisen, wobei die übernommene Haftung der Konsorten beim Konsortialführer als Kreditsicherheit anzusehen ist. Die betei-

---

24 Vgl. Bieg/Waschbusch (2017), S. 160 f.; Krumnow/Sprißler (2004), § 5 RechKredV, Tz. 12.
25 Vgl. auch ADS, § 251 HGB, Tz. 99.
26 Vgl. Müller, in: Export Manager 5/2011, S. 16–18.
27 Eine Rediskontierung bei der deutschen Bundesbank ist seit 1999 nicht mehr möglich.
28 Vgl. Peters, in: Schimansky/Bunte/Lwowski, 5. Aufl., § 65 Der Wechselkredit, Tz. 4.
29 Vgl. Krumnow/Sprißler (2004), § 23 RechKredV, Tz. 5; Scharpf/Schaber (2018), S. 1014.

ligten Institute haben in diesem Fall ihre Haftungsverbindlichkeit unter dem Bilanzstrich auszuweisen. Bei einer Rediskontierung von Wechselabschnitten werden die **Rediskonterlöse** auf die beteiligten Institute aufgeteilt und führen zu einer Ausbuchung der geleisteten Bareinschüsse. In diesem Fall hat der Konsortialführer den Diskontgemeinschaftskredit in voller Höhe unter dem Bilanzstrich auszuweisen, da er im Außenverhältnis in voller Höhe verpflichtet bleibt[30].

Da das Rechtsinstitut der Kreditunterbeteiligung nicht ausdrücklich gesetzlich geregelt ist, sind Bar-Unterbeteiligungen frei gestaltbar. In der Praxis können daher **Abgrenzungsschwierigkeiten** zwischen einer Bar-Unterbeteiligung und anderen zivilrechtlichen Gestaltungen auftreten, die zu wirtschaftlichen ähnlichen Ergebnissen kommen. **Stille Unterbeteiligungen** gelten nach den aufsichtsrechtlichen Meldungen im Rahmen der Bilanzstatistik (Bista) als Gemeinschaftsgeschäfte; diese Auffassung wird im handelsrechtlichen Schrifttum ebenso vertreten[31]. Ein Wesensmerkmal von Unterbeteiligungen besteht darin, dass zwischen dem Kreditnehmer und dem unterbeteiligten Institut kein direktes Rechtsverhältnis entsteht. Es kommt lediglich zur Bildung einer Innengesellschaft, durch die das beteiligte Institut an dem Kredit des Hauptbeteiligten partizipiert[32]. Probleme können sich in der Praxis bspw. in der Abgrenzung zwischen einer stillen Unterbeteiligung und einer Refinanzierung ergeben, bei der der Darlehensgeber gleichzeitig auch in Höhe der gestellten Mittel eine Haftung des Kredits übernimmt. Dies ist bspw. bei einzelrefinanzierten Krediten der Fall, bei denen ein Förderinstitut die Primärhaftung des Kredits übernimmt. Da Kreditunterbeteiligungen gesetzlich nicht abschließend definiert sind, erscheint es sachgerecht, zur Abgrenzung des Anwendungsbereichs von § 5 RechKredV das Vorliegen einer Unterbeteiligung nach dem wirtschaftlichen Gehalt zu beurteilen. Dabei sind jedoch die grundlegenden Merkmale von stillen Unterbeteiligungen zu beachten.

2.4 Bilanzierung von Gebühren im Kreditgeschäft

Im Konsortialgeschäft fallen eine ganze Reihe von Gebühren für verschiedene Akteure in unterschiedlichen Rollen an. Die Art sowie die Bezeichnungen der Gebühren können insbesondere im Konsortialgeschäft sehr vielfältig sein; gleichwohl hat sich die bilanzielle Beurteilung an dem rechtlich vereinbarten unter Berücksichtigung des wirtschaftlichen Gehalts zu richten[33]. Die Anzahl unterschiedlicher Gebühren im Konsortial- und Strukturierungsgeschäft ist aufgrund der Vielzahl von unterschiedlichen Funktionen der einzelnen Beteiligten sowie der Anzahl der erbrachten Dienstleistungen vielfältiger als im klassischen bilateralen Kreditgeschäft. Im Rahmen der bilanziellen Beurteilung der Gebühren ist über den Zeitbezug und damit die Art der Vereinnahmung (Abgrenzung oder Sofortvereinnahmung), den Ausweis sowie über eine mögliche Saldierung mit gegenläufigen Aus-

---

30 Vgl. Krumnow/Sprißler (2004), § 5 RechKredV, Tz. 11; Scharpf/Schaber (2018), S. 73.
31 Vgl. Krumnow/Sprißler (2004), § 5 RechKredV, Tz. 11; Scharpf/Schaber (2018), S. 69.
32 Vgl. Sittmann, in: WM 1996, S. 471; Früh, in: WM 2000, S. 498.
33 Grundsätzlich Wüstemann/Kierzek, in: ZfbF 2007, S. 888; Herzig/Joisten, in: DB 2011, S. 1014.

gaben zu entscheiden. Praktische Probleme bei der bilanziellen Beurteilung der vereinnahmten Gebühren entstehen, wenn mehrere Leistungen der Institute in einer Gebühr zusammengefasst werden, ohne dass eine genauere Aufteilung auf Basis der Vertragsunterlagen möglich ist. Die Gebühren werden entweder im Konsortialkreditvertrag oder in einem gesonderten »Fee-Letter« festgelegt.

a) Zeitliche Vereinnahmung von Gebühren. Nach dem Realisationsprinzip des § 252 Abs. 1 Nr. 4 HGB sind Erträge nur dann zu berücksichtigen, »wenn sie am Abschlussstichtag realisiert sind.« Der Zeitpunkt der Ertragsrealisation ist nach h. M. der Zeitpunkt, an dem »die Leistung erbracht wurde und der Anspruch auf Gegenleistung entstanden ist«[34]. Mithin ist bei der bilanziellen Beurteilung von Gebühren im Kreditgeschäft zu prüfen, worin eben diese Leistung besteht. In Betracht kommt die Erbringung einer Dienstleistung (Beratung, Strukturierung, Arrangierung) oder die Qualifizierung der Gebühr als Bestandteil der Verzinsung der Darlehensforderung. Während im ersten Fall eine Ertragsrealisierung die Erbringung der Dienstleistung bedingt, sind im zweiten Fall die Erträge unabhängig vom Zeitpunkt der Fälligkeit pro rata temporis über die Laufzeit der Darlehensforderung zu vereinnahmen. Es ist somit zu prüfen, ob den Gebühren ein Dienstleistungscharakter oder ein Zinscharakter zuzuschreiben ist.

Eine Gebühr weist einen **Zinscharakter** auf, wenn sie als Entgelt für die Hingabe von Kapital auf Zeit anzusehen ist[35]. Ist die Entrichtung einer Gebühr nicht unabhängig von der Kreditgewährung durch das Institut, so liegt ein starkes Indiz für das Vorliegen von Zinscharakter vor. Wird die Gebühr hingegen unabhängig von der Kreditgewährung und für eine Dienstleistung gewährt, so ist ein Zinscharakter zu verneinen. Der Zinscharakter tritt insbesondere in den Fällen deutlich hervor, in denen der Kreditgeber bei vorzeitiger Beendigung des Kreditverhältnisses eine anteilige Rückerstattung der Gebühr zu leisten hat (für eine diesbezügliche Behandlung von Disagien vgl. Kapitel III.1.3.2.3.1). Die zeitliche Vereinnahmung dieser Gebühren richtet sich nach der Zuordnung der jeweiligen Finanzinstrumente zum Handelsbestand (z. B. Syndizierungsbestände) oder zum Umlaufvermögen (z. B. final take beim Underwriting oder Club Deal). Für Gebühren mit Zinscharakter, denen Darlehensforderungen des Handelsbestands zugrunde liegen, kann es als sachgerecht angesehen werden, diese als Korrektur der Ankaufskurse bzw. bei der Weiterreichung von Participation Fees als Korrektur der Verkaufskurse zu berücksichtigen. Aufgrund der Zeitwertbilanzierung der Handelsbestände ist es daher auch sachgerecht, diese Gebühren sofort im Nettoertrag oder -aufwand des Handelsbestands zu vereinnahmen. Gebühren mit Zinscharakter, die mit der Herauslegung von Darlehensforderungen des Bankbuchs (Umlaufvermögens) in Verbindung stehen, sind über die Laufzeit des Darlehensverhältnisses zu vereinnahmen.

Ein **Dienstleistungscharakter** ist im Umkehrschluss jenen Gebühren zuzuschreiben, die ein Entgelt für eine von der Kapitalüberlassung unabhängige Dienstleistung darstellen. Die zeitliche Vereinnahmung richtet sich dabei nach der Erbringung der geschuldeten Dienstleistung. Eine Ertragsrealisierung mit Rechnungsstellung ist nur dann nicht zu bean-

---

34 Vgl. ADS, § 252 HGB, Tz. 82; Winkeljohann/Büssow, in: BBK, 11. Aufl., § 252 HGB, Tz. 44.
35 Vgl. Krumnow/Sprißler (2004), § 28 RechKredV, Tz. 14.

standen, wenn die diesbezügliche Leistung erbracht wurde (siehe auch § 252 Abs. 1 Nr. 5 HGB); Vorausrechnungen ohne Erbringung der Leistung dürfen nicht als Ertrag berücksichtigt werden[36]. Den Gebühren mit Dienstleistungscharakter sind solche Gebühren gleichgestellt, die bei Vertragsabschluss vollständig erhoben und gezahlt werden und eine Kompensation von künftig anfallenden Kosten (wie z. B. Bestandsverwaltung, Nachbetreuungskosten etc.) darstellen. Diese Gebühren sind in vollem Umfang ertragswirksam zu vereinnahmen; gleichzeitig ist aufwandswirksam eine Rückstellung für ungewisse Verbindlichkeiten zu bilden und mit ihrem Erfüllungsbetrag im Sinne des § 253 Abs. 1 S. 2 HGB anzusetzen[37]. Die Bildung einer Rückstellung für ungewisse Verbindlichkeiten ist notwendig, da für das Institut ein **Erfüllungsrückstand** aus einem Dauerschuldverhältnis besteht, in dem der Kreditnehmer eine Leistung bereits erbracht hat und der Kreditgeber die Gegenleistung noch schuldet (die Vertragsbeziehung ist durch Erfüllungsrückstand von Seiten des Instituts gestört).

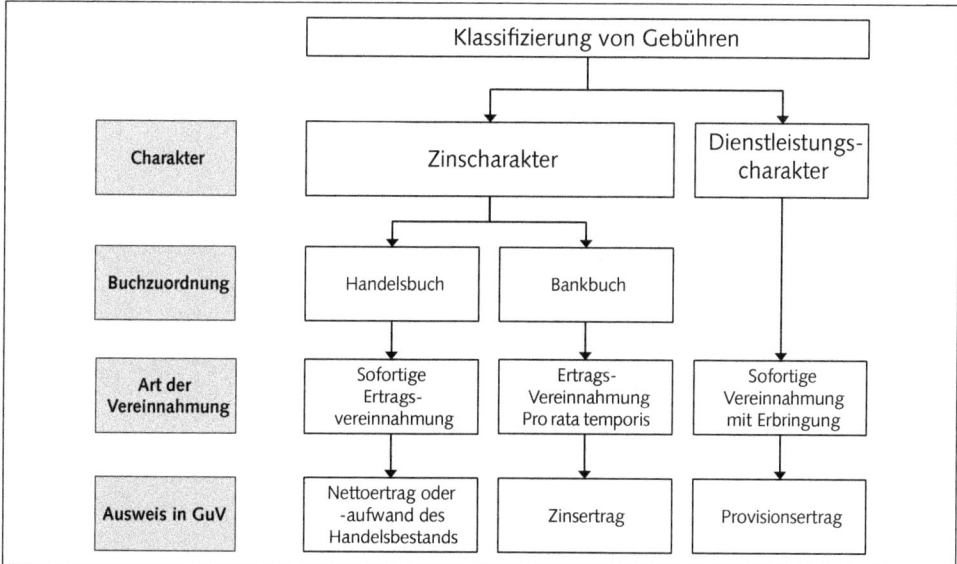

Abb. 68: Übersicht über die Bilanzierung von Gebühren im Kreditgeschäft

b) Ausweis von Gebühren. Erhaltene Entgelte mit Zinscharakter sind gem. § 28 RechKredV unter den Zinserträgen auszuweisen, soweit sie auf Darlehensforderungen des Bankbuchs entfallen. Gebühren mit Zinscharakter, denen Darlehensforderungen des Handelsbestands zugrunde liegen, sind im Handelsergebnis auszuweisen. Gebühren mit Dienstleistungscharakter sind nach § 30 RechKredV unter den Provisionserträgen auszuweisen, soweit die erbrachten Dienstleistungen einen bankgeschäftlichen Charakter auf-

---

36 Vgl. Winkeljohann/Büssow, in: BBK, 11. Aufl., § 252 HGB, Tz. 48.
37 Vgl. BFH-Urteil vom 27.07.2004, XI R 63/03 in: BB 2004, S. 2743; BFH-Urteil vom 19.07.2011 – X R 26/10, in: DStR 2011, S. 1990 zur Erläuterung vgl. Endert, in: DStR 2011, S. 2280.

weisen. Dies ist bei Gebühren der Fall, die im Zusammenhang mit der Syndizierung eines Kredits entstehen.

c) Saldierung. Entgelte sind dann nicht als Erträge zu vereinnahmen, wenn sie als durchlaufende Posten anzusehen sind. Dies ist dann der Fall, wenn diese im Namen und für Rechnung eines Dritten vereinnahmt und wieder verausgabt werden (Fremdgelder)[38]. In diesem Fall ist das Institut weder Gläubiger noch Schuldner der durchlaufenden Zahlungen, sondern lediglich Erfüllungsgehilfe. Forderungen und Verbindlichkeiten aus am Bilanzstichtag nicht weitergeleiteten Entgelten sind zu saldieren[39]. Dies kann insbesondere für Institute in ihrer Funktion als Konsortialführer relevant sein, wenn diese Underwriting Fees oder Participation Fees von dem Kreditnehmer erhalten und diese an die Mitgliedsbanken weiterzugeben haben.

---

38 Vgl. Winnefeld (2015), D 374; Roos, in: DB 2013, S. 2758.
39 Vgl. Roos, in: DB 2013, S. 2758.

3 Derivate-Geschäft

3.1 Klassifizierung von Derivaten und ihrer Bilanzierung

Derivative Finanzinstrumente sind durch den deutschen Gesetzgeber im § 2 Abs. 3 WpHG sowie gleichlautend in § 1 Abs. 11 S. 4 KWG definiert worden. Demnach sind Derivate als Kauf, Tausch oder anderweitig ausgestaltete Festgeschäfte oder Optionsgeschäfte, die zeitlich verzögert zu erfüllen sind und deren Wert sich unmittelbar oder mittelbar vom Preis oder Maß eines Basiswertes ableitet (Termingeschäfte)[1]. Dies umfasst Termingeschäfte mit Bezug auf Waren, Frachtsätze, Emissionsberechtigungen, Klima- oder andere physikalische Variablen, Inflationsraten oder andere volkswirtschaftlichen Variablen oder sonstige Vermögenswerte, Indizes oder Messwerte als Basiswerte. Der Begriff des Derivats umfasst auch finanzielle Differenzgeschäfte und als Kauf, Tausch oder anderweitig ausgestaltete Festgeschäfte oder Optionsgeschäfte, die zeitlich verzögert zu erfüllen sind und dem Transfer von Kreditrisiken dienen (**Kreditderivate**). Aufgrund der ständigen Fortentwicklung derivativer Finanzinstrumente gilt diese Definition nicht als abschließend. Zum Zwecke der Bilanzierung wurde durch den Gesetzgeber im Rahmen des BilMoG eine zu IAS 39 analoge Definition von Derivaten verwendet. Danach wird ein Derivat als[2]
- ein schwebendes Vertragsverhältnis definiert,
- dessen Wert auf Änderungen des Werts eines Basisobjekts (underlying) reagiert,
- bei dem keine oder nur geringe Anschaffungskosten geleistet werden, und
- das erst in der Zukunft erfüllt wird.

Es kann zwischen börsengehandelten Derivaten und sog. OTC-Derivaten (»over the counter«) unterschieden werden. Während börsengehandelte Derivate über eine Börse (z. B. Eurex) gehandelt werden können, werden **OTC-Derivate** individuell zwischen den Vertragsparteien vereinbart werden. Die rechtliche Dokumentation von OTC-Derivate ist in der Praxis häufig standardisiert. So handeln Institute untereinander mit OTC-Derivaten, die nach bestimmten Rahmenverträgen (z. B. ISDA[3]-Master Agreement oder deutscher Rahmenvertrag für Finanztermingeschäfte des Bundesverbands deutscher Banken) abgeschlossen sind. Eine weitere Standardisierung erfahren OTC-Derivate durch die Verordnung des Euro-

---
1 Ähnlich auch die Definition in IDW HFA 1.005, Tz. 5.
2 Vgl. auch BR-Drs 344/08, S. 114.
3 International Swaps and Derivatives Association.

päischen Rates und Parlaments über Märkte für Finanzinstrumente und zur Änderung der Verordnung über OTC-Derivate, zentrale Gegenparteien und Transaktionsregister (**EMIR**) sowie durch die »Märkte für Finanzinstrumente Richtlinie II« (MiFID II) und dabei insb. durch die zugehörige Verordnung MiFIR[4]. Durch diese Regelungen werden einige der auf dem G 20-Treffen in Pittsburgh im September 2009 getroffenen Entscheidungen zur Regulierung von OTC-Derivaten umgesetzt. Danach sollen alle standardisierten OTC-Derivate zentral über eine sog. zentrale Gegenpartei (Central Counterparty, CCP) gecleart[5] und möglichst an einer Börse oder einer elektronischen Handelsplattform gehandelt und in einem Transaktionsregister gemeldet werden[6]. Die Abwicklung von OTC-Derivaten über einen zentralen Kontrahenten ist in der EMIR geregelt, die als EU-Verordnung unmittelbar anwendbares Recht darstellt. Die EMIR-Verordnung ist anzuwenden von zentralen Kontrahenten, Clearingmitgliedern, finanziellen Gegenparteien, Lagerstellen sowie von bestimmte nichtfinanziellen Gegenparteien[7] und Handelsplätzen. Da Kreditinstitute als finanzielle Gegenparteien gelten, ist die EMIR-Verordnung von Kreditinstituten unmittelbar anzuwenden. Um der Clearingpflicht nachzukommen, müssen Kreditinstitute Clearingmember oder Client werden oder indirekte Abrechnungsverträge mit einem Clearingmitglied abschließen, vorausgesetzt, dass dieser Vertrag nicht zu einer Erhöhung des Kontrahentenausfallrisikos führt und sichergestellt ist, dass die Vermögenswerte und Positionen von den Schutzmaßnahmen (Absonderungsfähigkeit aus dem Vermögen der CCP nach Art. 37 EMIR sowie die Schutzmechanismen im Falle der Insolvenz eines Clearingmitglieds[8] nach Art. 45 EMIR) erfasst sind. Für OTC-Derivate, die nicht über eine zentrale Gegenpartei abgeschlossen werden, gelten erhöhte Eigenkapitalanforderungen. Es kann nicht nur Neugeschäft über eine zentrale Gegenpartei, sondern auch ein Altbestand an Derivaten (backloading) gecleart werden. Ein Clearing über eine zentrale Gegenpartei für ein neu abgeschlossenes Derivat vollzieht sich in den folgenden Schritten[9]:

1. Zwei Vertragsparteien (designated party und executing broker) schließen einen Vertrag über ein OTC-Derivat ab.
2. Der Executing Broker vollzieht mit einem Clearing Broker eine **Novation**, so dass fortan das Vertragsverhältnis zwischen dem Clearing Broker und dem Executing Broker besteht.
3. Wird das Geschäft zum Clearing angenommen, so tritt die Clearingstelle vertraglich zwischen die Vertragsparteien und der alte (nicht-gecleartte) OTC-Vertrag wird durch zwei neue Verträge jeweils mit der Clearingstelle ersetzt.

Die Zulassung einzelner Klassen von OTC-Derivaten zum Clearing durch einen zentralen Kontrahenten folgt einem formalisierten Prozess. Die Genehmigung ist nach einer entspre-

---

4   In den USA erfolgte eine entsprechende Reform des OTC-Markts durch den Dodd-Franck Act.
5   Dies umfasst den Regelungsbereich der EMIR-Verordnung.
6   Dies umfasst den Regelungsbereich von MiFIR.
7   Zu den Clearingschwellenwerten sowie den EMIR-Anwendungsbereich von Derivaten, die durch physische Lieferung auf Handelswaren erfüllbar sind vgl. Trepte/Walterscheidt, in: WPg 2018, S. 303.
8   Bei einer Insolvenz eines Clearingmitglieds überträgt die CCP die Verträge des insolventen Clearingmitglieds, die dieser auf Rechnung eines Kunden sowie auf eigene Rechnung abgeschlossen hat, auf andere Clearingmitglieder (Art. 45 EMIR).
9   Vgl. z. B. Gstädtner, in: RdF 2012, S. 149.

chenden Beantragung durch die CCPs von den zuständigen Aufsichtsbehörden einzuholen, die wiederum die ESMA von der Genehmigung zu informieren hat. Innerhalb von sechs Monaten hat die ESMA nach einem öffentlichen Konsultationsverfahren das ESRB (European Systemic Risk Board) und ggf. die Aufsichtsbehörden von Drittstaaten zu konsultieren und technische Standards der Kommission vorzulegen, durch welche die Klassen von Derivaten bestimmt werden, die einer Clearingpflicht unterliegen sollen. Zugleich wird der Zeitpunkt, ab dem die Clearingpflicht wirksam wird, sowie die Mindestlaufzeit der clearingpflichtigen Derivate bestimmt. Sofern OTC-Derivate über eine zentrale Gegenpartei abgeschlossen worden sind, unterliegen diese einem Margining-System, wie es für börsengehandelte Termingeschäfte üblich ist. Insoweit gelten für diese Derivate auch die Aspekte zur bilanziellen Abbildung von Sicherheitsleistungen.

Nach Art. 11 EMIR haben finanzielle und nicht-finanzielle Gegenparteien für nicht durch zentrale Gegenparteien geclearte OTC-Derivate (z. B. nicht clearingfähige Derivate) Vorkehrungen zur Risikominderung zu treffen. Nach Art. 11 Abs. 3 EMIR sind in diesem Zusammenhang auch für nicht geclearte OTC-Derivate zwischen den Kontraktparteien unter bestimmten Bedingungen Sicherheiten in der Form von Initial und Variation Margins zu leisten. Hinsichtlich der Methodik zur Berechnung von Initial und Variation Margins sind die regulatorischen Vorgaben der EBA zu beachten[10].

Vor dem Hintergrund der bilanziellen Einordnung von Derivaten erscheint es sinnvoll, die folgende Einteilung von derivativen Finanzinstrumenten vorzunehmen:

a) **Unbedingte Termingeschäfte**. Unbedingte Termingeschäfte sind der Kauf, Tausch oder anderweitig ausgestaltete Festgeschäfte zu verstehen, bei denen der Geschäftsabschluss (und damit der Zeitpunkt der Konditionenfestlegung) zeitlich vor der Erfüllung des Vertrags liegt. Durch den Abschluss eines unbedingten Termingeschäfts gehen die Kontraktparteien die unbedingte Verpflichtung ein, einen bestimmten Vermögenswert zu einem bestimmten Preis zu einem festgelegten Zeitpunkt in der Zukunft zu kaufen bzw. zu verkaufen. Für die Vertragserfüllung eines unbedingten Termingeschäfts kann die **physische Lieferung** des Underlyings (z. B. Forward Bond) oder ein Wertausgleich in Bar durch ein sog. **cash settlement** vereinbart werden. Unbedingte Termingeschäfte weisen ein symmetrisches Risikoprofil auf; d. h. der Gewinnchance einer Kontraktpartei steht das Verlustrisiko der anderen Partei spiegelbildlich gegenüber und vice versae. I. d. R. bestehen bei unbedingten Termingeschäften unbegrenzte Gewinn- und Verlustrisiken. Unbedingte Termingeschäfte können in **börsengehandelte Termingeschäfte** (wie z. B. Futures) und nicht börsengehandelte Termingeschäfte (**OTC-Derivate**) wie z. B. Zinsswaps, Cross-Currency Swaps und Forwards unterteilt werden.

b) **Bedingte Termingeschäfte**. Der Berechtigte (Optionsinhaber) eines bedingten Termingeschäfts hat das Recht von bzw. an einen Verpflichteten (Stillhalter) einen Vermögenswert zu einem festgesetzten Preis (Basispreis) zu erwerben bzw. zu veräußern. Für die Vertragserfüllung eines bedingten Termingeschäfts kann eine physische Lieferung des Underlyings oder ein Wertausgleich in Bar vorgesehen sein. Zu den bedingten Termin-

---

10 Vgl. ESA: Draft regulatoy standards on risk mitigation techniques for OTC-derivative contract not cleared by a CCP under Article 11 (15) of Regulation (EU) No 648/2012 – ESAs/2016/23 vom 08.03.2016.

geschäften zählen **börsengehandelte Optionsgeschäfte** (Optionsscheine und Future Style Optionen) sowie **OTC-Optionen** (wie z. B. Swaptions, Zinsbegrenzungsvereinbarungen, FX-Optionen). Hinsichtlich der Art der Ausübung ist zwischen **amerikanischen Optionen**, die durch den Optionsinhaber zu jedem Tag während der Laufzeit der Option ausgeübt werden können, und **europäischen Optionen** zu unterscheiden, die nur zum Ende der Laufzeit ausgeübt werden können. Hinsichtlich der Art der Prämienzahlung lassen sich unbedingte Termingeschäfte danach unterscheiden, ob mit ihrem Abschluss die Zahlung der Optionsprämie bei Geschäftsabschluss oder am Veräußerungs-, Verfalls- oder Ausübungstag verbunden ist (so z. B. bei Future Style Options). Bedingte Termingeschäfte zeichnen sich durch ein **asymmetrisches Risikoprofil** aus. Während der Inhaber einer Long-Call-Option eine unbegrenzte Gewinnchance bei einer Wertsteigerung des Underlyings hat, ist sein Verlustrisiko in Höhe der gezahlten Optionsprämie begrenzt. Der Stillhalter einer Short-Call-Position hat hingegen ein unbegrenztes Verlustrisiko bei steigenden Wert des Underlyings; wohingegen bei fallendem Wert der Underlyings die Option i. d. R. wertlos verfällt und der Stillhalter die Stillhalterprämie vereinnahmt. Spiegelbildlich verhält es sich bei Long-Put- und Short-Put-Positionen.

c) **Kreditderivate.** Kreditderivate stellen nach § 2 Abs. 3 WpHG als Kauf, Tausch oder anderweitig ausgestaltete Festgeschäfte oder Optionsgeschäfte dar, die zeitlich verzögert zu erfüllen sind und dem Transfer von Kreditrisiken dienen. Durch Kreditderivate wird das Ausfallrisiko eines Underlyings (z. B. Forderung, Schuldverschreibung) von einem Sicherungsnehmer (Protection Buyer) auf einen Sicherungsgeber (Protection Seller) übertragen, ohne das Underlying zivilrechtlich auf den Sicherungsgeber zu übertragen. Der Abschluss eines Kreditderivats stellt mithin eine synthetische Absicherung dar. Kreditderivate können in Kreditderivate ohne funding (Credit Default Swaps, Credit Default Options, Total Return Swaps) und Kreditderivate mit funding (Credit Linked Notes, Collateralized Debt Obligations, Collateralized Loan Obligations) unterteilt werden.

Die **Folgebilanzierung** von derivativen Finanzinstrumenten in der Bankbilanz nach handelsrechtlichen Grundsätzen hängt insbesondere von der mit den Derivaten verbundenen Zwecksetzung ab. Die Bilanzierung derivativer Finanzinstrumente richtet sich in einem ersten Schritt nach der Buchzuordnung. Bei einer Widmung zum Handelsbestand ist ein Derivat einer risikoadjustierten Marktwertbewertung zu unterziehen (siehe Kapitel III.1.2.3). Dabei ist zu berücksichtigen, dass Derivate nach § 340e Abs. 3 S. 4 HGB nachträglich aus dem Handelsbestand in eine Bewertungseinheit einbezogen werden können. In diesem Fall sind Derivate nach den Grundsätzen der Bilanzierung von Bewertungseinheiten nach § 254 HGB abzubilden (siehe Kapitel III.2.1). Werden derivative Finanzinstrumente dem Nicht-Handelsbestand (Bankbuch) zugeordnet, so richtet sich die Bilanzierung nach der mit den Derivaten verfolgten Zweckbestimmung. Handelt es sich bei den Derivaten um interne Geschäfte zwischen Handelsbuch und Bankbuch, so sind die Derivate auf Seiten des Handelsbestands wie die sonstigen Geschäfte des Handelsbestands einer risikoadjustierten Zeitwertbewertung zu unterziehen; auf Seiten des Bankbuchs richtet sich die Bilanzierung interner Derivate nach den allgemeinen Grundsätzen, die auch für externe Derivate des Bankbuchs gelten.

Die Folgebilanzierung von Derivaten richtet sich neben der mit den Derivaten verfolgten Zwecksetzung unter anderem auch nach den mit dem Derivat verbundenen Risikofaktoren. Handelt es sich bei den Derivaten des Nicht-Handelsbestands um Währungsderivate (Cross Currency Swaps, Devisentermingeschäfte, etc.), so ist in einem ersten Schritt zu prüfen, ob diese Teil der Steuerung der allgemeinen Währungsposition des Bankbuchs sind und mithin in die besondere Deckung nach § 340h HGB einbezogen werden. In diesem Fall sind die Währungsderivate erfolgswirksam mit dem Stichtagskurs am Bilanzstichtag umzurechnen (im Einzelnen siehe Kapitel III.2.2). Liegt hingegen ein Zinsderivat (z. B. Zinsswap, Forward, Cap, Floor) des Bankbuchs vor, so ist zu prüfen, ob das Derivat zur Steuerung des allgemeinen Zinsänderungsrisikos des Bankbuchs eingesetzt wird. In diesem Fall ist das Derivat in die verlustfreie Bewertung des Bankbuchs nach den Grundsätzen des IDW RS BFA 3 einzubeziehen (im Einzelnen siehe Kapitel III.2.3).

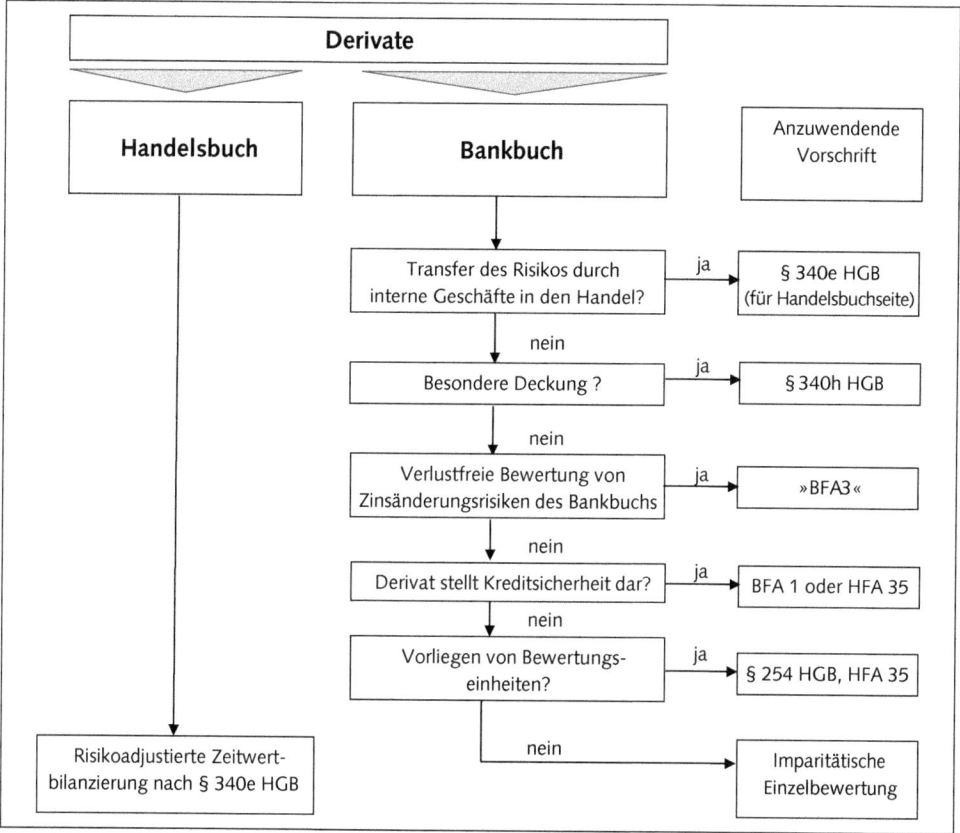

Abb. 69: Bilanzierung von Derivaten

Sofern es sich bei dem Derivat um ein Kreditderivat handelt, durch das (sich) das Institut (gegen) Kreditrisiken absichert, so kommt eine Berücksichtigung als (gestellte oder erhaltene) Kreditsicherheit im Rahmen des IDW RS BFA 1 in Betracht. Alternativ kann das Institut das Derivat als Grund- oder Sicherungsgeschäft im Rahmen einer Bewertungseinheit berücksichtigen. Ist das Institut Sicherungsgeber, so ist das Kreditderivat bei Vorliegen der spezifischen Voraussetzungen entweder nach den für Derivate geltenden Grundsätzen oder als Bürgschaft zu bilanzieren. Liegt keiner der vorgenannten Fälle vor und wurde das Derivat des Bankbuchs nicht in eine Bewertungseinheit einbezogen, so ist es nach den allgemeinen Grundsätzen imparitätisch einzeln zu bewerten.

3.2 Bilanzierung einzelner Derivate

3.2.1 Unbedingte Termingeschäfte

3.2.1.1 OTC Derivate

3.2.1.1.1 Zinsswaps

a) **Erscheinungsformen.** Zinsswaps stellen Zinstauschgeschäfte zwischen zwei Vertragsparteien dar, bei denen für eine bestimmte Laufzeit Zinszahlungen auf den gleichen Nominalbetrag getauscht werden. Dabei beziehen sich die getauschten Zinsbeträge i. d. R. auf eine unterschiedliche Zinsbasis. Zahlt ein Institut einen festen Zinssatz und erhält es im Gegenzug eine variable Zinszahlung (z. B. auf Basis EURIBOR oder LIBOR), so handelt es sich dabei aus Sicht des Instituts um einen sog. **Payer Zinsswap**. Empfängt das Institut einen festen Zinssatz und zahlt einen variablen Zins, so handelt es sich um einen **Receiver Zinsswap**. Werden jeweils variable Zinssätze getauscht (z. B. 3M-EURIBOR gegen 6M-EURIBOR), so handelt es sich um einen sog. **Basis Zinsswap**. Der Nominalbetrag von Zinsswaps kann konstant sein, oder sich auf Basis einer vorab festgelegten Formel verändern. Fällt der Nominalbetrag des Zinsswaps kontinuierlich während der Laufzeit, so spricht man von einem **amortizing swap**. Ebenso ist es möglich, dass die zu tauschenden Zinszahlungen einer Periode nicht an die jeweiligen Kontraktparteien ausgezahlt werden, sondern den Nominalbetrag des Swaps verändern. In diesem Fall handelt es sich um einen **accreeting swap**. Bei komplexeren Swaps kann sich der Nominalbetrag stochastisch z. B. auf Basis der Veränderung eines Referenzportfolios verändern (balance guarantee swaps). Sofern Zinsswaps zu marktgerechten Bedingungen abgeschlossen werden (d. h. die Höhe des vereinbarten Festsatzes entspricht dem laufzeitadäquaten Geld- und Kapitalmarktzins im Zeitpunkt des Geschäftsabschlusses), weist der Zinsswap bei Abschluss einen beizulegenden Zeitwert von null auf. Weicht der vereinbarte Festsatz vom Marktzins ab, so wird der Barwert dieser Abweichung durch die Zahlung einer **Up-Front-Prämie** ausgeglichen. Up-Front-Prämien stellen demnach eine Vergütung für marktabweichende Konditionen im Zeitpunkt des Vertragsabschlusses dar. Ebenso kann vereinbart sein, dass die Abweichung vom Marktzins als Endwert bei Erreichen des Laufzeitendes gezahlt wird (**balloon payment**). Normalerweise wird die Zahlung unter dem variablen Leg des Swaps durch ein Fixing am Anfang der Periode festgelegt (**fixing in advance**). Bei sog. **In-Arrears-Swaps** wird erst am Zinszahlungstermin (d. h. am Ende der Periode nachschüssig) das variable Leg gefixt und damit die Zinszahlung festgelegt. Beginnt die Laufzeit des Swaps erst in der Zukunft, so handelt es sich um einen **Forward Swap**. Dieser stellt ein Swap auf Termin dar.

b) Bilanzierung. Swaps stellen Dauerschuldverhältnisse dar, die auf einen gegenseitigen Leistungsaustausch in der Zukunft gerichtet sind. Aus diesem Grund stellen Zinsswaps schwebende Geschäfte dar, die bei Geschäftsabschluss nach h.M. nicht zu bilanzieren sind[11]. Die Nicht-Bilanzierung schwebender Geschäfte kann für den Fall, dass der Wert der Ansprüche aus einem schwebenden Geschäft den Wert der damit verbundenen Verpflichtungen übersteigt, mit dem Realisationsprinzip des §252 Abs. 1 Nr. 4 HS 2 HGB gerechtfertigt werden[12]. Im Allgemeinen wird die Nicht-Bilanzierung schwebender Geschäfte mit der Ausgeglichenheitsvermutung in Verbindung mit dem Vereinfachungsprinzip begründet. Die laufenden Zinszahlungen aus Zinsswaps sind periodengerecht abzugrenzen und gem. §§28, 29 RechKredV erfolgswirksam entweder im Posten »Zinsaufwendungen« (Aufwandsposten 1, Formblatt 2) oder »Zinserträge« (Ertragsposten 1, Formblatt 1) auszuweisen. Für die laufenden Zinserträge und -aufwendungen von Zinsswaps des Handelsbestands wird ein Ausweis im Nettoertrag des Handelsbestands nach h.M. als zulässig erachtet (IDW RS BFA 2, Tz. 72). Da es sich bei einem Swap um einen einheitlichen Vertrag handelt sind die gegenseitigen Zahlungen in der Gewinn- und Verlustrechnung netto (d.h. saldiert) auszuweisen[13]. Soweit Zinsswaps in Bewertungseinheiten einbezogen werden, ist es möglich, das Zinsergebnis von Zinsswaps und zugehörigen Grundgeschäften saldiert oder unsaldiert auszuweisen (siehe Kapitel III.2.1.4)[14].

Die gezahlten oder erhaltenen **Up-Front-Prämien** von Zinsswaps sind erfolgswirksam pro rata temporis über die Restlaufzeit des Zinsswaps im Zinsergebnis aufzulösen, da die Zahlung einer Up-Front-Prämie den Charakter eines Agios bzw. Disagios hat. Hierbei wird eine effektivzinskonstante oder eine lineare Auflösung als sachgerecht angesehen[15]. Bei der Auflösung ist bei veränderlichem Nominalbetrag des Swaps eine restschuldproportionale Aufteilung vorzunehmen. Der Ausweis von Einmalzahlungen wird in der Literatur unterschiedlich beantwortet. Zum Teil wird die Auffassung vertreten, dass Up-Front-Prämien als »sonstige Vermögensgegenstände« oder »sonstige Verbindlichkeiten« auszuweisen sind[16]. Da **Up-Front-Payments** i.d.R. Zinscharakter haben, erscheint ein Ausweis unter den aktiven oder passiven Rechnungsabgrenzungsposten (Aktivposten 15 bzw. Passivposten 6) zutreffender[17]. **Balloon Payments** sind erfolgswirksam antizipativ abzugrenzen und zusammen mit der laufenden Zinsabgrenzung der Swap Legs in Abhängigkeit vom Kontraktpartner unter den »Forderungen an Kunden«, »Forderungen an Kreditinstitute« bzw. »Verbindlichkeiten gegenüber Kunden« oder »Verbindlichkeiten gegenüber Kreditinstituten« auszuweisen (§ 11 RechKredV)[18]. Die Berücksichtigung von Marktwertentwicklungen von Zinsswaps im Rahmen der Folgebilanzierung richtet sich nach den oben beschriebenen Vorschriften.

---

11 Vgl. Schmidt/Usinger, in: BBK, 11. Aufl., § 254 HGB, Tz. 111; Maulshagen/Maulshagen, in: BB 2000, S. 248; Haisch/Helios, in: Rechtshandbuch Finanzinstrumente, S. 88.
12 Vgl. Christiansen, in: DStR 2007, S. 869; BFH-Urteil vom 03.08.2005 – IR 115/91, in: DStR 2005, S. 1371.
13 Vgl. Krumnow/Sprißler (2004), § 340e HGB, Tz. 361; Kuhn/Hachmeister (2015), S. 139.
14 Vgl. Weigel/Löw/Flintrop/Helke/Jessen/Kopatschek/Vietze, in: WPg 2012, S. 127.
15 Vgl. Krumnow/Sprißler (2004), § 340e HGB, Tz. 363; ADS, § 275 HGB, Tz. 176a.
16 Vgl. Schmidt/Usinger, in: BBK, 11. Aufl., § 254 HGB, Tz. 113.
17 Ebenso Scharpf/Luz (2000), S. 487; Bieg/Waschbusch (2017), S. 592 f.; Krumnow/Sprißler (2004), § 340e HGB, Tz. 363; Schwitters/Bogajewskaja, in: Beck HdR, B 730, Tz. 77.
18 Vgl. Bieg/Waschbusch (2017), S. 593; Scharpf/Luz (2000), S. 488.

Zinsswaps können durch Aufhebungsvereinbarungen (Terminations) vorzeitig beendet werden. Es handelt sich hierbei um sog. **Close-Outs**. Im Rahmen einer vorzeitigen Beendigung von Zinsswaps (sog. Swap Close Outs) ist der Marktwert im Beendigungszeitpunkt in Bar zwischen den Kontraktparteien auszugleichen (sog. Close-Out-Zahlung). Die Partei, die aus der vorzeitigen Auflösung eines Zinsswaps einen Vorteil erzielen würde, hat eine Ausgleichszahlung (in Höhe des beizulegenden Zeitwerts) an die Gegenpartei zu zahlen. Seit Inkrafttreten der Verordnung über »OTC-Derivate, zentrale Gegenparteien und Transaktionsregister« (**EMIR**) besteht auch für Institute eine Pflicht, Terminierungen von Derivaten (sog. **Portfolio Compressions**) als ein Risikominderungsverfahren in Betracht zu ziehen. Nach Art. 11 Abs. 1 EMIR haben finanzielle und nichtfinanzielle Gegenparteien, die nicht gecleart Derivate abschließen, Verfahren und Vorkehrungen zu treffen, um das operationelle Risiko und das Gegenparteiausfallrisiko zu ermessen, zu beobachten und **zu mindern**. Die ESMA hat zu diesen Verfahren technische Regulierungsstandards zu erarbeiten (Art. 11 Abs. 14 EMIR), die durch die Europäische Kommission als delegierte Verordnung erlassen und als unmittelbar anwendbares Recht von Instituten zu beachten sind. Eine diesbezügliche Ergänzung der EMIR wurde mit der delegierten Verordnung Nr. 149/2013 vom 19.12.2012 vorgenommen[19]. Danach haben »finanzielle und nichtfinanzielle Gegenparteien mit 500 oder mehr gegenüber einer Gegenpartei ausstehenden OTC-Derivatekontrakten, die nicht zentral gecleart werden, über Verfahren (zu verfügen), um regelmäßig und mindestens zweimal pro Jahr zu prüfen, ob zur Verringerung ihres Gegenparteiausfallrisikos eine Portfoliokomprimierung durchgeführt werden kann, und um eine solche Portfoliokomprimierung durchzuführen«[20]. Um diese Anforderungen zu erfüllen, haben sich in der Praxis verschiedene Lösungen zur **Portfoliokomprimierung** entwickelt. Neben einer rein bilateralen Terminierung von Derivate-Kontrakten werden von Dienstleistern auch Lösungen für multilaterale Portfoliokomprimierungen angeboten[21]. Bei multilateralen Portfoliokomprimierungen werden von jedem Teilnehmer die zu komprimierenden Portfolien sowie die bei der Komprimierung einzuhaltenden Risikotoleranzen dem Dienstleister mitgeteilt, der auf Basis von sog. Compression Algorithmen über alle beteiligten Kontrahenten hinweg Komprimierungsvorschläge ermittelt. Werden diese von den Kontrahenten angenommen, so kommt es zu einer Terminierung der Derivatekontrakte sowie zu einem Netting der Close-Out-Zahlungen. Die Komprimierung der Derivate kann entweder bilateral oder über eine zentrale Gegenpartei[22] erfolgen.

Fraglich ist in diesem Zusammenhang, wie gezahlte oder erhaltene Ausgleichzahlungen im Zusammenhang mit Swap Close-Outs bilanziell zu behandeln sind. Close-Out-Zahlungen auf Zinsswaps des Handelsbestands sind stets erfolgswirksam im Nettoaufwand bzw. Nettoertrag des Handelsbestands auszuweisen; gleichzeitig ist der Buchwert des

---

19 Siehe Amtsblatt der Europäischen Union vom 23.02.2013, L 52/11.
20 Art. 14 Delegierte VO Nr. 149/2013.
21 So können sich Unternehmen über TriOptima in Zusammenarbeit mit LCH Clearnet und Swap Clear an sog. Compression Cycles beteiligen, an denen eine Vielzahl an Kontrahenten teilnehmen. Für einen Überblick über den Umfang des Komprimierungsvolumens vgl. bspw. ISDA, Interest Rate Compression: A Progress Report, Febr. 2012.
22 In diesem Fall sind zusätzlich die Regularien der jeweiligen CCP zu beachten. Vgl. z. B. Regulation 48 bis 48B der Clearingbedingungen von LCH Clearnet, General Regulation, December 2013.

Zinsswaps (bis dato bilanzierter beizulegender Zeitwert) gegen den Nettoaufwand bzw. Nettoertrag des Handelsbestands auszubuchen. Die bilanzielle Behandlung sowie der Ausweis von Close Out-Zahlungen im Zusammenhang mit Zinsswaps des Nicht-Handelsbestands werden im Schrifttum hingegen kontrovers diskutiert. Für den Fall, dass der Zinsswap Teil einer Bewertungseinheit im Sinne des § 254 HGB ist, kommt die Erfassung der Close-Out-Zahlung in einem Rechnungsabgrenzungsposten in Betracht, sofern die Close-Out-Zahlung eine Vorleistung für eine noch ausstehende (zeitraumbezogene) Gegenleistung aus dem Grundgeschäft darstellt; eine Erfassung als Rechnungsabgrenzungsposten wird mithin im Schrifttum für den Fall zum Teil bejaht, dass das Grundgeschäft fortbesteht[23]. Besteht auch das Grundgeschäft nicht fort, so ist die Ausgleichzahlung als Korrektiv in dem Posten der Gewinn- und Verlustrechnung zu erfassen, in dem der Veräußerungsgewinn bzw. -verlust aus dem Grundgeschäft erfasst wurde[24]. Es kommt mithin ein Ausweis im Risikovorsorgesaldo oder im Finanzanlagesaldo in Betracht[25]. Für den Fall, dass auf den Swap-Close Out der Abschluss eines neuen Swaps folgt (Anschlusssicherungsgeschäft), wurde im Schrifttum vor BilMoG eine Erhöhung der Anschaffungskosten des Grundgeschäfts oder eine Erhöhung des Anschlusssicherungsgeschäfts[26] in Höhe der Close-Out-Zahlungen als denkbar angesehen; eine Ergebniswirkung würde in diesem Fall mithin nicht entstehen[27]. Für den Fall, dass ein Zinsswap des Nicht-Handelsbestands beendet wird und dieser Swap nicht Teil einer Bewertungseinheit im Sinne des § 254 HGB ist, wird im Schrifttum zum Teil eine Abgrenzung der Ausgleichzahlung als zulässig[28] erachtet, wenn die Sicherungswirkung aufrechterhalten werden soll. Eine verpflichtende Abgrenzung kann nach h. M. aber nicht gefordert werden: Close-Out-Zahlungen stellen mithin zahlungswirksam realisierte Erfolge dar und sind nach den Grundsätzen des Realisationsprinzips grundsätzlich ergebniswirksam zu vereinnahmen[29]. Sofern die Zinsswaps Teil der allgemeinen Zinssteuerung des Bankbuchs sind, kommt ein Ausweis in den Zinsaufwendungen oder Zinserträgen in Betracht[30]. Ein Swap Close Out mit Ertragsrealisierung kann als eine sachverhaltsgestaltende Maßnahme angesehen werden, wenn gleichzeitig die durch den Close

---

23 Vgl. Helios, in: DB 2012, S. 2895. Eine analoge Argumentation wird im Schrifttum auch bei der Behandlung von Settlement-Zahlungen, die im Zusammenhang mit Forward Rate Agreements anfallen, verwandt. Siehe Kapitel VI.3.2.1.1.3. Anderer Ansicht Krumnow/Sprißler (2004), § 340e HGB, Tz. 393, die aufgrund der Vertragsaufhebung das Bestehen einer zeitraumbezogenen Gegenleistung verneinen. Nach der hier vertretenen Auffassung kommt die Bildung eines Rechnungsabgrenzungspostens in der Praxis jedoch häufig nicht in Betracht. Grundgeschäfte von zinsbezogene Bewertungseinheiten stellen in der Praxis der Bankbilanzierung zumeist Wertpapiere der Liquiditätsreserve dar, da Wertpapiere des Anlagevermögens im Rahmen der verlustfreien Bewertung des Bankbuchs bewertet werden. Sofern das Institut aus der Beendigung eines Zinsswaps eine Close-Out-Zahlung erhält, ist diese nach der hier vertretenen Auffassung erfolgswirksam zu vereinnahmen, soweit dieser eine Abschreibung des Wertpapiers im Liquiditätsbestand aufgrund des Wegfalls der Bewertungseinheit gegenübersteht.
24 Zur Diskussion um die Bilanzierung bei der Beendigung von Sicherungsbeziehungen siehe Kap. III, Abschn. 2.1.4.2.
25 Vgl. Krumnow/Sprißler (2004), § 340e HGB, Tz. 394.
26 Vgl. Kütter/Prahl, in: WPg 2006, S. 16; Krumnow/Sprißler (2004), § 340e HGB, Tz. 391; so ebenfalls noch ausdrücklich BFA 2/1993, Abschn. D; nicht mehr übernommen in IDW RS BFA 5.
27 Dies wird auch nach Einführung des BilMoG als zulässig angesehen von Helios, in: DB 2012, S. 2896.
28 Vgl. Krumnow/Sprißler (2004), § 340e HGB, Tz. 396.
29 Vgl. bspw. Weber-Grellet, in: RdF 2014, S. 60.
30 Vgl. Scharpf/Schaber (2018), S. 1027; Krumnow/Sprißler (2004), § 340e HGB, Tz. 396 f.

Out entstandene Risikoposition wieder geschlossen wird. Eine aufwandswirksame Neutralisierung im Rahmen der Bildung einer Drohverlustrückstellung aufgrund der Durchführung von sachverhaltsgestaltenden Maßnahmen kann nach handelsrechtlichen Grundsätzen nicht gefordert werden[31]. Swap Close Outs mit Ertragsrealisation führen zu einer Verminderung des Barwerts des Zinsbuchs, welches am Bilanzstichtag durch eine verlustfreie Bewertung auf das Vorliegen einer Drohverlustrückstellung zu untersuchen ist (siehe Kapitel III.2.3). Die sachverhaltsgestaltenden Maßnahmen sind jedoch im Prüfungsbericht (nach Auffassung des IDW ab einer Wesentlichkeitsgrenze von 10 % des Jahresergebnisses vor Steuern bzw. 5 % der Zinserträge) zu erläutern; darüber hinausgehende Ergebnisse sind im Anhang zu erläutern[32].

Ein **Recouponing** bzw. eine **Revalutierung** eines Zinsswaps stellen unter bestimmten Bedingungen keine Sachverhalte dar, die zu einem bilanziellen Abgang und damit zu einer erfolgswirksamen Realisation des Marktwerts eines Zinsswaps führen (siehe Kapitel II.1.9.5). Hingegen führt eine Übertragung aller Rechte und Pflichten (assignment) zu einer erfolgswirksamen Ausbuchung eines Zinsswaps[33]. Bei einer Glattstellung ist das Gegengeschäft hingegen ohne unmittelbare Erfolgswirkung bilanziell separat zu erfassen.

3.2.1.1.2 Währungsswaps

a) **Erscheinungsformen.** Bei Währungsswaps werden zwischen zwei Kontraktparteien Kapital- und Zinszahlungen in einer Währung gegen Kapital- und Zinszahlungen in einer anderen Währung getauscht. Dabei kann ein Tausch der Kapitalbeträge am Ende der Laufzeit (final exchange) und/oder am Anfang (initial exchange) vereinbart sein. Dabei stellt der anfängliche Kapitaltausch keinen zwingenden Bestandteil eines Währungsswaps dar[34]. Hinsichtlich der zu tauschenden Zinsbeträge kann zwischen drei Arten von Währungsswaps unterschieden werden. Es werden getauscht:

- feste Zinsen in Währung A gegen feste Zinsen in Währung B (Währungsswap oder cross currency swap),
- feste Zinsen in Währung A gegen variable Zinsen in Währung B (Zins-Währungsswap),
- variable Zinsen in Währung A gegen variable Zinsen in Währung B (Basisswap).

Hierbei lässt sich der Zinstausch von Zins-Währungsswaps durch eine Kombination eines währungsreinen Zinsswaps und eines Basisswaps darstellen, wodurch deutlich wird, dass mit einem Zins-Währungsswap neben Fremdwährungsrisiken auch Zinsrisiken verbunden sind (siehe Abb. 70). Durch den Abschluss von Währungsswaps können Institute Darlehen oder Schuldverschreibungen in einer fremden Währung synthetisch in EUR-Kredite umwandeln. Währungsswaps können daneben spekulativ im FX-Handel oder im Bankbuch zur Aussteuerung der Währungsposition eingesetzt werden. Hinsichtlich der weiteren Ausgestaltungsformen sei auf die Erscheinungsformen von Zinsswaps verwiesen.

---

31 Vgl. Scharpf/Schaber (2018), S. 1026; Schmidt/Usinger, in: BBK, 11. Aufl., § 254 HGB, Tz. 114; Bieg/Waschbusch (2017), S. 597; Haisch/Helios, in: Rechtshandbuch Finanzinstrumente, S. 89.
32 Vgl. 189. Sitzung des IDW BFA, IDW FN 2004, S. 698.
33 Vgl. Haisch/Helios, in: Rechtshandbuch Finanzinstrumente, S. 89.
34 Vgl. Haisch, in: Rechtshandbuch Finanzinstrumente, S. 15.

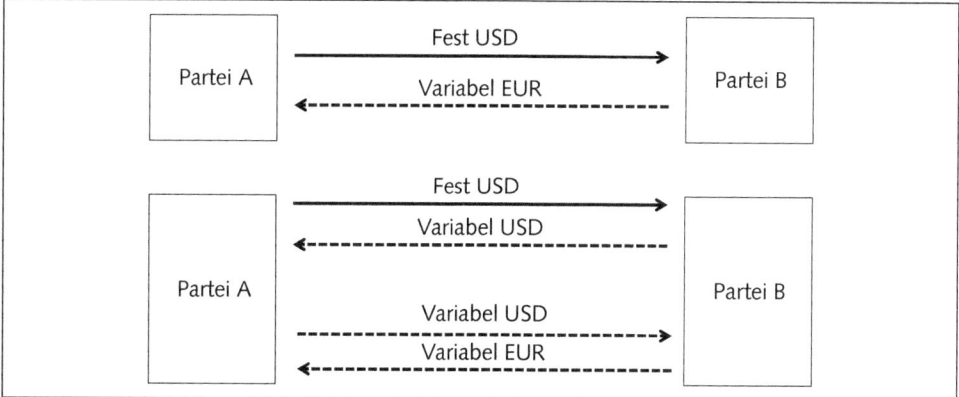

Abb. 70: Duplizierung von Zins-Währungsswaps

b) Bilanzierung. Ebenso wie Zinsswaps stellen Währungsswaps derivative Finanzinstrumente dar, die nach h. M. nach den für schwebende Geschäfte geltenden Grundsätzen zu bilanzieren sind. Allerdings findet bei Währungsswaps mit anfänglichem Tausch der Kapitalbeträge ein bilanzwirksames Kassageschäft statt. Der final exchange der Kapitalbeträge ist als Termingeschäft bilanzunwirksam[35]. Soweit die Up-Front- oder Balloon Payments von Währungsswaps Zinscharakter aufweisen, ist eine zu Zinsswaps analoge Bilanzierung sachgerecht. Da Währungsswaps als schwebende Geschäfte gelten, fallen sie dem Wortlaut nach nicht unter den § 256a HGB, nach dem nur auf fremde Währung lautende Vermögensgegenstände und Verbindlichkeiten mit dem Kassakurs am Abschlussstichtag umzurechnen sind (§ 256a S. 1 HGB). Die Folgebewertung richtet sich bei Instituten indes nach der verfolgten Zwecksetzung. Bei einer Zuordnung von Währungsswaps zum Handelsbestand sind diese einer risikoadjustierten Zeitwertbilanzierung zu unterziehen. Bei einer Zuordnung zum Nicht-Handelsbestand sind Währungsswaps nach den Grundsätzen des § 340h HGB umzurechnen, wenn der Währungsswap für die besondere Deckung von Währungsrisiken des Bankbuchs eingesetzt wird. Dabei ist zu beachten, dass Währungsswaps mit initial und final exchange der Kapitalbeträge nicht zu einer Veränderung der Währungsposition führen, da durch den anfänglichen Tausch und den Rücktausch auf Termin eine in sich geschlossene Währungsposition (auf Nominalbasis) vorliegt[36]. Sofern das Derivat nicht der besonderen Deckung dient, ist es imparitätisch einzeln zu bewerten, soweit es nicht wirksam in eine Bewertungseinheit einbezogen wird. Eine Währungsumrechnung zum Kassamittelkurs kommt bei einer imparitätischen Einzelbewertung daher nicht über den § 256a HGB, sondern über § 249 HGB zustande.

Bei der Folgebilanzierung von Währungsswaps ist zu berücksichtigen, dass bei Vorliegen von mehreren Risikofaktoren die Wertveränderung eines Derivats – soweit willkürfrei möglich – auf die jeweiligen Risikofaktoren aufgeteilt werden kann, und die risikospezifischen Wertänderungen gem. den oben beschriebenen Grundsätzen abgebildet werden können, soweit die Voraussetzungen dafür gegeben sind. So kann bspw. bei einem Zins-Währungs-

---

35 Vgl. Scharpf/Luz (2002), S. 504.
36 Vgl. Scharpf/Luz (2002), S. 504.

Swap, der sowohl Zins- als auch Währungsrisiken unterliegt, das Zins- und das Währungsrisiko voneinander getrennt werden und die Währungskomponente im Rahmen der besonderen Deckung nach § 340h HGB und die Zinskomponente in einer Bewertungseinheit oder im Rahmen der verlustfreien Bewertung des Bankbuchs berücksichtigt werden[37]. Es ist zu beachten, dass Währungsswaps nicht in eine Terminkursspaltung zur Reststellenbewertung bei Vorliegen einer besonderen Deckung nach § 340h HGB einzubeziehen sind, da bei Cross-Currency-Swaps durch die zwischenzeitliche Zinszahlung ein Ausgleich der Zinsunterschiede auf den Fremdwährungsbeinen hergestellt wird (siehe Kapitel III.2.2.3.3.2).

3.2.1.1.3 Forward Rate Agreements

a) Erscheinungsformen. Ein Forward Rate Agreement stellt ein unbedingtes, außerbörsliches Termingeschäft dar, mit dem zwischen zwei Vertragsparteien bei Vertragsabschluss die Zahlung einer Zinssatzdifferenz für einen künftigen Zeitraum (**FRA-Periode**) für einen bestimmten Nominalbetrag vereinbart wird. Forward Rate Agreements stellen individuell vereinbarte Zinstermingeschäfte dar. Die Zinszahlung aus einem Forward Rate Agreement erfolgt am **Settlement Date** vorschüssig für die gesamte FRA-Periode und ergibt sich aus der Differenz zwischen dem am Fixing Tag gefixten Referenzzinssatz (z. B. 3 Monats-EURIBOR) und dem zwischen den Parteien vereinbarten FRA-Satz. Das Forward Rate Agreement wird durch eine einzige Zinszahlung am Settlement Tag erfüllt, wobei die durch die Marktentwicklung begünstigte Partei von der Gegenpartei eine Ausgleichszahlung erhält. Es erfolgt kein Austausch von Kapitalbeträgen; der Nominalbetrag dient lediglich der Berechnung der Ausgleichszahlung am Settlement Date. Obwohl Forward Rate Agreements grundsätzlich vollkommen frei gestaltbar sind, haben sich Standardquotierungen für Forward Rate Agreements auf der Basis der jeweiligen Zeiträume entwickelt. Ein 3-6-FRA bezeichnet ein Forward Rate Agreement mit einer Vorlaufzeit von 3 Monaten zwischen Vertragsabschluss und Settlement Date und einer Gesamtlaufzeit von 6 Monaten, so dass ein 3-6-FRA eine FRA-Periode von 3 Monaten umfasst.

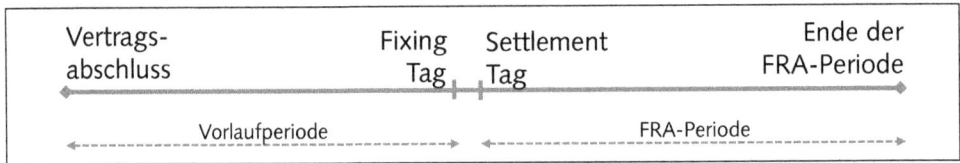

Abb. 71: Forward Rate Agreement

b) Bilanzierung. Im Zeitpunkt des Vertragsabschlusses wird ein Forward Rate Agreement als schwebendes Geschäft zunächst nicht bilanziert, da sich im Zugangszeitpunkt die Ansprüche und Verpflichtungen aus dem schwebenden Geschäft ausgleichen (Ausgeglichenheitsvermutung). Die Folgebilanzierung richtet sich in einem ersten Schritt nach der Buchzuordnung. Bei einer Widmung von Forward Rate Agreements zum Handelsbestand sind sie einer risikoadjustierten Zeitwertbilanzierung nach § 340e HGB zu unterziehen. Bei einer Zuordnung zum Nicht-Handelsbestand sind Forward Rate Agreement als zinstra-

---

37 Vgl. Weigel/Löw/Flintrop/Helke/Jessen/Kopatschek/Vietze, in: WPg 2012, S. 79.

gende Geschäfte in die **verlustfreie Bewertung** des Bankbuchs einzubeziehen, wenn sie der Steuerung des allgemeinen Zinsänderungsrisikos im Bankbuch dienen. Sofern Forward Rate Agreements nicht in eine Bewertungseinheit einbezogen werden, sind sie imparitätisch einzeln zu bewerten. Dabei kann vielfach eine Verwendung von Marktquotierungen in Betracht kommen (IDW RS BFA 5, Tz. 16).

Am Fixing Tag wird durch Fixierung des Referenzzinssatzes die Höhe der **Ausgleichszahlung** bestimmt, die am Settlement Tag beglichen wird. Am Settlement Tag tritt damit das Ende des Schwebezustands des Geschäfts und damit auch dessen Erfolgswirkung ein. Somit werden in diesem Zeitpunkt erhaltene oder geleistete Ausgleichszahlungen GuV-wirksam vereinnahmt sowie vormals gebildete Rückstellungen erfolgswirksam aufgelöst. Nach dem Settlement Date sind Forward Rate Agreements demnach nicht mehr in der Bilanz existent, da alle Ansprüche und Verpflichtungen durch die Ausgleichszahlung erfüllt sind. Eine Verteilung der Erfolgswirkung der Ausgleichszahlung auf die FRA-Periode über die Bildung eines Rechnungsabgrenzungspostens erscheint hingegen dann sachgerecht, wenn Forward Rate Agreements der Sicherung von Zinszahlungen dienen, die in der FRA-Periode anfallen[38]. Werden Forward Rate Agreements vor dem Settlement Tag durch den Abschluss eines Gegengeschäfts wirtschaftlich glattgestellt, so ist es nach Ansicht des IDW BFA sachgerecht, die auf die Glattstellung von Forward Rate Agreements entfallenden Ausgleichzahlungen in voller Höhe in der Gewinn- und Verlustrechnung zu vereinnahmen (IDW RS BFA 5, Tz. 20). Eine **erfolgswirksame Vereinnahmung** vor dem Settlement Date ist nach der hier vertretenen Auffassung nicht zulässig, da die Verträge bis zum Settlement Date bestehen und zwischenzeitlich Bonitätsrisiken der Kontraktpartner schlagend werden könnten[39]. Eine Erfolgsrealisation ist hingegen bei einer Glattstellung durch Abschluss eines Aufhebungsvertrags (»close out«) geboten.

3.2.1.1.4 Devisentermingeschäfte

a) **Erscheinungsformen.** Ein Devisentermingeschäft (FX Forward) stellt ein Vertrag dar, durch den sich die Kontraktparteien zur Lieferung bzw. Abnahme eines Währungsbetrags zu einem bestimmten Zeitpunkt in der Zukunft zu einem vorher festgelegten Kurs (Terminkurs) verpflichten. In Abgrenzung zu einem Devisenkassageschäft liegt ein Devisentermingeschäft dann vor, wenn zwischen Geschäftsabschluss und Settlement Date mehr als zwei Bankarbeitstage liegen[40]. Devisentermingeschäfte können durch physische Lieferung oder durch Bar-Ausgleich der Wertdifferenzen (Cash Settlement) erfüllt werden. Ein Cash Settlement ist insbesondere bei Devisentermingeschäften auf nicht lieferbare Währungen (sog. non-deliverable currency) üblich. Bei diesen Termingeschäften wird nicht die betroffene Währung, sondern die Wertdifferenz in Bar ausgeglichen[41]. Unter der Bedingung, dass Devisentermingeschäfte mit Bankkunden der Absicherung von Waren- oder Dienstleis-

---

38 Vgl. Scharpf/Luz (2000), S. 536.
39 Ebenso Scharpf/Luz (2000), S. 532 f.
40 Vgl. Schefold, in: Bankrechts-Handbuch, § 116, Tz. 194.
41 Vgl. Jahn, in: Bankrechts-Handbuch, § 114, Tz. 17.

tungsgeschäften dienen, ist es möglich, dass Institute Devisentermingeschäfte auf historischer Kursbasis prolongieren oder vorzeitig erfüllen[42].

b) Bilanzierung. Devisentermingeschäfte stellen schwebende Geschäfte dar und fallen dem Wortlaut nach nicht unter die Regelung zur Währungsumrechnung nach § 256a HGB. Sofern Devisentermingeschäfte dem Handelsbestand zugeordnet werden, sind sie nach § 340e HGB einer risikoadjustierten Zeitwertbewertung zu unterziehen. Bei einer Zuordnung zum Bankbuch, sind sie bei einer Einbeziehung in die besondere Deckung nach den Grundsätzen des § 340h HGB umzurechnen. Die Umrechnung von Termingeschäften kann entweder zum **gespaltenen** oder **ungespaltenen Terminkurs** erfolgen. Finanzmathematisch stellt der Terminkurs die Differenz aus dem Devisenkassakurs und dem Swapsatz dar. Dabei ist zu beachten, dass der Terminkurs bei sich verkürzender Restlaufzeit gegen den Kassakurs konvergiert und bei Endfälligkeit des Termingeschäfts dem Kassakurs entspricht. Die Differenz zwischen Terminkurs und Kassakurs wird durch die unterschiedlichen Zinsniveaus der zu tauschenden Währungen bestimmt. Ist das Zinsniveau der empfangenen Währung größer als das Zinsniveau der hingegebenen Währung, so kommt es zu einem Aufschlag (**Report**) auf den Kassakurs in Mengennotierung (positive Differenz zwischen Terminkurs und Kassakurs in Mengennotierung). Im umgekehrten Falle kommt es zu einem Abschlag (**Deport**). Die Terminkursspaltung hat zur Folge, dass der Nominalbetrag des Termingeschäfts zum Kassakurs umgerechnet und der Swapsatz entsprechend der Laufzeit des Termingeschäfts pro rata temporis in der GuV vereinnahmt wird. Eine Umrechnung von Termingeschäften mit dem **gespaltenen Terminkurs** wird als sachgerecht angesehen, wenn die Termingeschäfte der Wechselkursabsicherung von zinstragenden Fremdwährungsgeschäften (z. B. Fremdwährungsforderungen) dienen. Bei einer Umrechnung mit dem **gespaltenen Terminkurs** führt die Veränderung des aktuellen Devisenkassamittelkurses im Vergleich zur kontrahierten Kassabasis zu einer Währungsumrechnungsdifferenz, die bei Vorliegen einer besonderen Deckung erfolgswirksam zu vereinnahmen ist. Am Bilanzstichtag ist darüber hinaus über eine Swapstellenbewertung (**Reststellenbewertung**) oder andere geeignete Verfahren zu prüfen, ob am Abschlussstichtag aus der fristgemäßen Schließung der Position Verluste drohen, für die eine Rückstellung zu bilden ist (IDW RS BFA 4, Tz. 18). Durch diese Bewertung ist am Bilanzstichtag zu prüfen, ob die fristenkongruente Schließung der Position aufgrund von zwischenzeitlichen Veränderungen der Swapsätze zu einem positiven oder negativen Marktwert führen würde. Für eine Absicherung von nicht zinstragenden Positionen durch Termingeschäfte ist eine zeitanteilige Vereinnahmung von Swaperfolgen hingegen nicht sachgerecht[43]. In diesem Fall ist die Umrechnung von Termingeschäften mit dem **ungespaltenen Terminkurs** vorzunehmen. Werden Devisentermingeschäfte nicht in die besondere Deckung nach § 340h HGB einbezogen, so sind diese imparitätisch einzeln zu bewerten, soweit sie nicht in eine Bewertungseinheit nach § 254 HGB einbezogen sind.

---

42 Vgl. BAKred-Schreiben vom 19.05.1993 (I3-122-1/77), Abschluss von Devisengeschäften zu deutlich von Marktkursen abweichenden Kursen durch Kreditinstitute.
43 Vgl. Birck/Meyer, V S. 440.

3.2.1.2 Börsengehandelte Termingeschäfte (Futures)

a) **Erscheinungsformen.** Eine Future ist ein Vertrag, durch den die unbedingte Verpflichtung eingegangen wird, einen Vermögenswert (underlying) zu einem bestimmten Termin in der Zukunft zu einem vorher festgelegten Preis (Future-Preis) zu kaufen oder zu verkaufen. Im Gegensatz zu OTC-Termingeschäften stellen Future-Kontrakte standardisierte Finanzinstrumente dar, die an einer Börse gehandelt werden. Future-Kontrakte können sich auf Underlyings verschiedener Asset Klassen beziehen, wie z. B. Zinsfuture (Bund Future, Bobble Future, Schatz-Future), Aktienindex-Future (z. B. Dax-Future) oder Devisenfuture. Futures können durch physische Lieferung oder durch Bar-Ausgleich (cash settlement) erfüllt werden. Wird ein Future durch physische Lieferung erfüllt, so kann die Verpflichtung durch Lieferung eines sog. »cheapest-to-deliver«-Wertpapiers erfolgen. Bei physical settlement eines Bund Futures kann der Verkäufer bspw. die zu liefernde Bundesanleihe aus einer Menge von lieferbaren Bundesanleihen mit einer bestimmten Laufzeit auswählen. Hierbei wird er die für ihn günstigste Anleihe (»cheapest-to-deliver«) auswählen. Bei einem Wechsel von »cheapest-to-deliver«-Wertpapieren (z. B. durch die Aufnahme eines neuen Wertpapiers in den Korb), kann es zu Sprüngen in der Future-Notierung kommen[44]. Häufig werden Future-Kontrakte hingegen durch vorzeitige Glattstellung beendet. Dabei werden die gegenseitigen Verpflichtungen durch das Eingehen eines Gegengeschäfts aufgehoben. Bei einer Erfüllung durch Cash Settlement wird der Bar-Ausgleich i. d. R. am ersten Börsentag nach dem Schlussabrechnungstag (letzter Handelstag) abgerechnet.

Im Gegensatz zu OTC-Derivaten werden Future-Kontrakte stets über eine Clearingstelle (z. B. Eurex, NYSE Euronext, CME Group) abgewickelt[45]. Anstelle eines direkten Vertragsabschlusses zwischen Käufer und Verkäufer eines Future-Kontraktes schließen Käufer und Verkäufer ihre Kontrakte jeweils mit der Clearingstelle als dazwischengeschaltete Vertragspartei ab. Die Clearingstelle fordert bei den Vertragsparteien über sog. **Margin Calls** Sicherheitsleistungen ein, durch die das Kontrahentenausfallrisiko bei Future-Geschäften ausgeschlossen wird. Um als Kontraktpartner an einer Future-Börse zugelassen zu werden, muss das Institut eine sog. **Initial Margin** in der Form einer Bar-Sicherheit oder einer Wertpapier-Sicherheit leisten. Durch diese Sicherheitsleistung wird der Marktzugang zum Future-Handel geschaffen. Die mit dem Abschluss von Future-Kontrakten verbundenen Gewinne und Verluste werden börsentäglich abgerechnet (sog. **variation margin**). Sofern durch die Marktentwicklung des Futures ein Verlust entsteht, so hat das Institut diesen Verlust durch die Stellung von zusätzlichen Sicherheiten bei der Clearingstelle börsentäglich auszugleichen. Im Falle eines Gewinns wird dem Institut der entsprechende Betrag durch die Clearingstelle gutgeschrieben. Die gegenseitigen Ansprüche und Verpflichtungen der Kontraktpartner werden somit börsentäglich durch ein tägliches Mark-to-Market ausgeglichen. Möglich ist auch eine Verrechnung von Variation Margins mit der Initial Margin. Jedoch muss das Margin-Konto bei der Clearingstelle einen bestimmten Mindestkontost-

---

44 Vgl. Scharpf/Luz (2000), S. 599.
45 Eine Clearingpflicht kann aufgrund der EU-Verordnung Nr. 648/2012 (EMIR) auch für OTC-Derivate bestehen, für die Sicherheiten in Form von Initial und Variation Margins zu leisten sind.

and aufweisen, der durch eine sog. **Maintenance Margin** festgelegt ist. Der Mindestkontostand ist im Falle einer Unterdeckung auszugleichen.

b) Bilanzierung. Future-Kontrakte stellen schwebende Geschäfte dar. Im Falle einer Zuordnung zum **Handelsbestand** sind sie nach § 340e HGB erfolgswirksam zum Zeitwert unter Berücksichtigung eines Risikoabschlags zu bilanzieren. Da die Marktwertveränderungen eines Future-Kontrakts börsentäglich durch die Variation Margin-Zahlungen ausgeglichen werden, ist es sachgerecht, die Variation Margin-Zahlungen direkt im Nettoertrag bzw. Nettoaufwand des Handelsbestands zu erfassen. Im Falle der Zuordnung zum **Nicht-Handelsbestand** sind Future-Kontrakte als außerbilanzielle Geschäfte zunächst auf Vormerk-Konten zu erfassen. Sofern für die Leistung einer **Initial Margin** Wertpapiere als Sicherheit begeben wurden, so sind diese weiterhin in der Bilanz des Sicherungsgebers auszuweisen. Die auf diese Wertpapiere entfallenden Erträgnisse sind weiterhin in der Gewinn- und Verlustrechnung des Sicherungsgebers zu berücksichtigen (IDW RS BFA 5, Tz. 10). Sofern für die Leistung der Initial Margin Barmittel hingegeben wurden, so sind diese aus der Bilanz des Instituts auszubuchen und stattdessen in Abhängigkeit von der Art der Clearingstelle unter den Forderungen an Kunden oder Forderungen an Kreditinstitute zu erfassen. Initial Margins sind i. d. R. keiner Folgebewertung zu unterziehen, es sei denn die Clearingstelle ist ausfallgefährdet (IDW RS BFA 5, Tz. 11). Aufgrund des Charakters einer allgemeinen Sicherheitsleistung unterliegt eine als Initial Margin geleistete Wertpapiersicherheit für Futures des Handelsbestands auch keiner erfolgswirksamen Folgebewertung. Die Wertpapiersicherheit ist weiterhin nach den allgemeinen Grundsätzen zu bilanzieren. **Variation Margins** auf Future des Nicht-Handelsbestands sind zunächst erfolgsneutral auf einem Variation Margin Konto zu erfassen. Bei positivem Saldo des Variation Margin Kontos ist dieses in dem Posten »sonstige Vermögensgegenstände« bzw. bei einem negativen Saldo in dem Posten »sonstige Verbindlichkeiten« auszuweisen (IDW RS BFA 5, Tz. 13).

Die **Folgebilanzierung** von Futures richtet sich in Abhängigkeit von der Art des Futures (Zins-Future, Devisenfuture, Aktienfuture) nach dem in Abbildung 69 dargestellten Schema. Dabei kommt für Zins-Futures eine Einbeziehung in die verlustfreie Bewertung des Zinsbuchs, bei Devisenfutures eine Einbeziehung in die besondere Deckung nach § 340h HGB oder eine Einbeziehung in eine Bewertungseinheit in Betracht. Andernfalls sind die Future-Kontrakte einer imparitätischen Einzelbewertung zu unterziehen. In diesem Fall kann bei Vorliegen eines drohenden Verlusts entweder die Bildung einer Drohverlustrückstellung oder eine Abschreibung der aktivierten Variation Margins vorgenommen werden (IDW RS BFA 5, Tz. 15). Die Aufwendungen sind in dem GuV-Posten »Sonstige betriebliche Aufwendungen« zu erfassen. Nach der Auffassung des IDW BFA ist auch eine Erfassung im Zinsaufwand zulässig (IDW RS BFA 5, Tz. 15). Nach der hier vertretenen Auffassung kommt dies ggf. nur für Zins-Futures in Betracht. Bei der Ermittlung des drohenden Verlusts ist bei Future-Kontrakten auf den letztmalig verfügbaren Börsenkurs zum Abschlussstichtag abzustellen (IDW RS BFA 5, Tz. 16). Passivierte Variation Margins aufgrund von Bewertungsgewinnen sind aufgrund des Realisationsprinzips in der Gewinn- und Verlustrechnung nicht zu berücksichtigen (IDW RS BFA 5, Tz. 17). Wird ein Future-Kontrakt vor Endfälligkeit **glattgestellt (sog. closing trade)**, so erlöschen alle gegenseitigen

Ansprüche und Verpflichtungen aus dem ursprünglichen Geschäft (sog. **opening trade**). Eine Glattstellung führt immer dann zu einer erfolgswirksamen Ausbuchung eines bestehenden Kontrakts, wenn die Glattstellung zivilrechtlich als ein Aufhebungsvertrag angesehen werden kann. Bei börsengehandelten Termingeschäften wird der Charakter einer Glattstellung in den Handelsbedingungen bzw. Clearing-Bedingungen der Clearingstellen bzw. Terminbörsen geregelt. So ist mit einer Glattstellung an der Eurex eine Aufhebung im Zuge einer unmittelbaren Verrechnung verbunden. Dabei werden »die Forderungen, welche aus dem gekennzeichneten Auftrag oder Transaktion resultieren, (…) unmittelbar mit den Forderungen der Transaktionen oder Aufträge verrechnet, welche als »Eröffnung« (Open) gekennzeichnet sind«[46]. Es kommt mithin zu einer erfolgswirksamen Realisation der aufgelaufenen Variation Margin-Zahlungen, soweit diese nicht bereits durch außerplanmäßige Abschreibungen oder Bildung einer Drohverlustrückstellung ergebniswirksam berücksichtigt worden sind (IDW RS BFA 5, Tz. 20). Bei **physischer Lieferung** des Underlyings stellt der Terminkurs die Basis zur Bestimmung der Anschaffungskosten oder der Veräußerungserlöse des Vermögenswerts dar (Variation Margin-Zahlungen können insoweit als zahlungswirksame Anschaffungskosten anzusehen sein[47]). Die von der Börse oder der Clearingstelle in Rechnung gestellten Transaktionskosten sind bei einer physischen Lieferung Teil der Anschaffungskosten des gelieferten Vermögenswerts bzw. Teil des Veräußerungserlöses des veräußerten Vermögenswerts.

3.2.2 Bedingte Termingeschäfte

3.2.2.1 OTC Geschäfte

3.2.2.1.1 Einfache Optionen

a) **Erscheinungsformen.** Ein Optionsgeschäft beinhaltet das Recht, einen Vermögenswert (Underlying) innerhalb einer bestimmten Frist (amerikanische Option) oder zu einem bestimmten Zeitpunkt (europäische Option) zu einem vorher festgelegten Preis (Basispreis, Strike Preis) zu kaufen (Call Option, Kaufoption) oder zu verkaufen (Put Option, Verkaufsoption). Bei manchen Optionsgeschäften kann eine Erfüllung durch Bar-Ausgleich vereinbart sein (wie z. B. Indexoptionen, Zinsbegrenzungsvereinbarungen). Der **Inhaber** der Option hat das Recht zur Ausübung der Option, während der Stillhalter Verpflichteter aus dem Optionsgeschäft ist. Der Inhaber einer Kaufoption rechnet mit steigenden Kursen. Der Käufer einer Kaufoption hat das Recht, vom Verkäufer der Kaufoption (**Stillhalter**) die Lieferung des Underlying zum Basispreis zu verlangen. Der Käufer einer Verkaufsoption erwartet hingegen sinkende Kurse. Dieser hat das Recht, das Underlying an den Verkäufer der Verkaufsoption zum Basispreis zu liefern. Der Käufer einer Option muss für das erworbene Recht einen Preis (**Optionsprämie**) an den Verkäufer der Option (Stillhalter) bezahlen. Für den Stillhalter besteht der Gewinn in dem Optionsgeschäft in der Vereinnahmung der Optionsprämie, solange der Käufer der Option diese nicht ausübt. Der Gewinn des Still-

---

46 Vgl. Eurex Clearing AG, Clearing-Bedingungen der Eurex Clearing AG, Stand 16.04.2012, S. 129.
47 Vgl. Knobloch/Osinski, in: BFuP 2016, S. 516 (S. 536).

halters ist mithin auf die vereinnahmte Optionsprämie begrenzt. Der Gewinn des Verkäufers einer Kaufoption sinkt mit steigendem Kurs. Der Gewinn des Verkäufers einer Verkaufsoption sinkt mit sinkenden Kursen. Während das Verlustpotenzial des Optionsinhabers auf die geleistete Optionsprämie begrenzt ist (bei einer ungünstigen Kursentwicklung wird das Recht nicht ausgeübt und die Option verfällt), ist das Gewinnpotenzial theoretisch unbegrenzt. Im Gegensatz dazu ist das Gewinnpotenzial des Stillhalters auf die bei Abschluss vereinnahmte Optionsprämie begrenzt; das Verlustpotenzial ist hingegen theoretisch unbegrenzt[48]. Der Wert einer Option setzt sich zusammen aus dem inneren Wert der Option (Differenz zwischen Kurswert des Underlyings und Basispreis) sowie weiterer wertbestimmender Faktoren wie Volatilität, Zinssatz, Restlaufzeit der Option sowie auch dem Kreditausfallrisiko des Stillhalters.

b) Bilanzierung beim Optionsinhaber. Während ein unbedingtes Termingeschäft ein zweiseitig verpflichtendes Geschäft darstellt, das bilanzrechtlich als schwebendes Geschäft zu qualifizieren ist, stellt ein unbedingtes Termingeschäft (Option) ein einseitig verpflichtendes Geschäft dar. Ausgehend von einer über Jahrzehnte geführten Diskussion im zivilrechtlichen Schrifttum über die Rechtsnatur von Optionsgeschäften, ist es im bilanzrechtlichen Schrifttum umstritten, ob Optionen aufgrund des Fehlens eines zweiseitigen Schwebezustands als Vermögensgegenstände[49] bzw. Verbindlichkeiten gelten oder aufgrund der geschuldeten Leistung des Stillhalters (und bei Vereinbarung einer physischen Lieferung ggf. auch des Optionsinhabers) ein schwebendes Geschäft[50] vorliegt. Im Folgenden soll hier der Auffassung des IDW BFA gefolgt werden, wonach der Abschluss eines Optionsgeschäfts in der Bilanz des Optionsinhabers zum Ansatz eines Vermögensgegenstands führt (IDW RS BFA 6, Tz. 12). Dieser ist **im Erwerbszeitpunkt** zu seinen Anschaffungskosten zu aktivieren[51]. Dies gilt auch für Optionen, die in komplexen Finanzinstrumenten eingebettet sind und für die nach den Grundsätzen des IDW RS HFA 22 eine Trennungspflicht besteht. Die Anschaffungskosten einer Option setzen sich zusammen aus der gezahlten Optionsprämie zuzüglich der Anschaffungsnebenkosten[52]. Im Regelfall ist die Optionsprämie bei Abschluss des Optionsvertrags fällig. Wird die Optionsprämie unverzinst gestundet, ist sie zum Barwert zu aktivieren und der Differenzbetrag zwischen Barwert und Nominal der Kaufpreisverbindlichkeit als Disagio nach den allgemeinen Grundsätzen zu behandeln[53]. Bei Future Style Optionen wird die Optionsprämie bei Aus-

---

48 Eine ausführlichere Darstellung der Risikoprofile findet sich in Süchting (1995), S. 69–79.
49 Vgl. Kraft/Mohr, in: RdF 2011, S. 413; Christiansen, in: DStR 2007, S. 870; Hahne, in: BB 2011, S. 622; Hahne; in: BB 2005; S. 819 ff.; Hahne/Liepolt, in: DB 2006, S. 1329 ff.; Meurer, in: BB 2011, S. 1263; sowie BFH-Urteil vom 18.12.2002 – I R17/02, BStBl. II 2004; s. 126; BFH-Urteil vom 17.10.2007 – I R 61/06, in: BStBl. II 2008, S. 555.
50 So bspw. Herzig/Briesemeister, in: DB 2002, S. 1578; Dreissig, in: BB 1989, S. 1515; Sopp, in: RdF 2012, S. 112 f.
51 Eine Ausnahme bilden Optionen, die in Verbindung mit unechten Pensionsgeschäften stehen. Eine Aufspaltung des Transaktionsbetrags aus einem unechten Pensionsgeschäft in den Erlös aus dem Wertpapierkauf- bzw. -verkauf und dem Abschluss einer Verkaufsoption wird in Anlehnung an § 340b Abs. 5 HGB im Allgemeinen nicht gefordert. Vgl. Prahl/Naumann, in: WPg 1992, S. 714 f.
52 In der Praxis werden die Transaktionskosten zumeist direkt aufwandswirksam erfasst. Vgl. Krumnow/Sprißler (2004), § 340e HGB, Tz. 454; Schmidt/Usinger, in: BBK, 11. Aufl., § 254 HGB, Tz. 72.
53 Vgl. Windmöller/Breker, in: WPg 1995, S. 393; ADS § 255 HGB, Tz. 78 f.

übung, Glattstellung oder Verfall mit den Margin-Zahlungen verrechnet. Hierbei ist es sachgerecht, die Optionsprämie nominell zu aktivieren und eine korrespondierende Kaufpreisverbindlichkeit zu erfassen. Bei kombinierten Optionsgeschäften ist eine bilanzielle Aufrechnung von Optionsprämien aus Optionsrechten und Stillhalterverpflichtungen mit demselben Kontrahenten nicht möglich, wenn es sich bei der Optionsstrategie um eine Kombination rechtlich selbständiger Verträge handelt, die jeweils getrennt voneinander handelbar sind (z. B. Bull-Spread-Strategie)[54]. Die gezahlten bzw. erhaltenen Optionsprämien sind in diesem Fall brutto zu aktivieren oder zu passivieren. Im Rahmen der Folgebilanzierung kommt ggf. eine Zusammenfassung der Geschäfte als Bewertungseinheit in Betracht.

Unverbriefte Optionen stellen immaterielle Vermögensgegenstände dar, die nach h. M. in dem Aktivposten 14 »Sonstige Vermögensgegenstände« auszuweisen sind[55]. Optionsrechte stellen mithin keine abnutzbaren Vermögensgegenstände dar, so dass weder ein Ausweis im Rechnungsabgrenzungsposten, noch eine sofortige aufwandswirksame Behandlung sachgerecht ist[56]. Eine Abnutzbarkeit kann hingegen bei Zinsbegrenzungsvereinbarungen angenommen werden, wenn man diese nicht als eine Serie von Optionen, sondern als einen einheitlichen Vermögensgegenstand ansieht (siehe Kapitel VI.3.2.2.1.2). Im Gegensatz dazu stellen verbriefte Optionen (**Optionsscheine**) Wertpapiere im Sinne des § 7 Abs. 1 S. 1 RechKredV dar und sind daher in dem Aktivposten 5 »Aktien und andere nicht festverzinsliche Wertpapiere« auszuweisen.

Die **Folgebilanzierung** von Optionsrechten richtet sich nach ihrer jeweiligen Bewertungskategorie. Bei einer Widmung zum Handelsbestand sind Optionsrechte nach den Grundsätzen des § 340e HGB zum beizulegenden Zeitwert abzüglich eines Risikoabschlags anzusetzen. Nach dem Wortlaut von IDW RS BFA 6, Tz. 13 sind Optionsrechte des Nicht-Handelsbestands entweder in eine Bewertungseinheit nach § 254 HGB einzubeziehen oder imparitätisch einzeln zu bewerten. Dies ist nach der hier vertretenen Meinung jedoch unvollständig. Ebenso kommt eine Einbeziehung von Fremdwährungsoptionen in die besondere Deckung nach § 340h HGB oder von Zinsoptionen (z. B. Swaptions oder Zinsbegrenzungsvereinbarungen) in die verlustfreie Bewertung des Zinsbuchs nach IDW RS BFA 3 in Betracht. Bei einer Zuordnung von Fremdwährungsoptionen zum Bankbuch kommt eine Bewertung nach § 340h HGB in Betracht, soweit die Optionen der besonderen Deckung von Fremdwährungsrisiken des Bankbuchs dienen.

Dabei ist zu beachten, dass eine Einbeziehung von Währungsoptionen in die Währungsgesamtposition zum Nominalbetrag nicht sachgerecht ist, da ansonsten bedingte und

---

54 Vgl. Häuselmann/Wiesenbart, in: DB 1990, S. 646; Windmöller/Breker, in: WPg 1995, S. 393.
55 Bieg/Waschbusch (2017), S. 214 befürworten für börsengehandelte Optionen, die nicht als Wertpapiere verbrieft sind, einen Ausweis in dem Aktivposten 6 »Aktien und andere nicht festverzinsliche Wertpapiere«. Dies wird damit begründet, dass in diesem Posten nach den Bilanzgliederungsprinzipien Wertpapiere mit hoher Liquidität und Fungibilität ausgewiesen werden sollen. Das Merkmal eines verbrieften Rechts im Sinne des § 7 RechKredV ist für (Future-Style-)Optionen, die bspw. an der Eurex gehandelt werden, zwar nicht einschlägig; gleichwohl liegt bei diesen Optionen eine höhere Standardisierung und Fungibilität vor als bei nicht-standardisierten Optionsscheinen. Für Future-Style-Optionen ist es daher sachgerecht, diese als Werterechte ausgestaltete Optionsscheine anzusehen und in dem Aktivposten 6 »Aktien und andere nicht festverzinsliche Wertpapiere« auszuweisen (siehe unten S. 683). Vgl. Hossfeld, in: DB 1997, S. 1243.
56 Vgl. Graf von Treuberg/Scharpf, in: FS Luik, S. 168.

unbedingte Termingeschäfte in der Umrechnung nach § 340h HGB gleich behandelt werden würden. Eine Einbeziehung von FX-Optionen in die besondere Deckung in Höhe des Nominalbetrags ist nicht sachgerecht, da es ansonsten zu einer Gleichbehandlung von bedingten und unbedingten Termingeschäften kommen würde. In Anlehnung an die aufsichtsrechtliche Bestimmung der Währungsgesamtposition nach Art. 352 Abs. 1 (d) CRR kann es als sachgerecht angesehen werden, FX-Optionen mit ihren Delta-gewichteten Nominalbeträgen in die Währungsposition einzustellen, um der Ausübungswahrscheinlichkeit adäquat Rechnung zu tragen[57]. Zum Zwecke der Währungsumrechnung ist es nach der hier vertretenen Auffassung möglich, FX-Optionen, die im Bankbuch besonders gedeckt sind, erfolgswirksam zum beizulegenden Zeitwert zu bewerten. Die Zeitwertbilanzierung von FX-Optionen kann mit der Stichtagskursumrechnung i. d. R. gleichgesetzt werden, da die nicht auf das Währungsrisiko zurückzuführenden Wertänderungen von FX-Optionen i. d. R. von untergeordneter Bedeutung sind.

Sofern für Optionen keine geschäftsübergreifende Bilanzierung nach den Grundsätzen von § 340h HGB, IDW RS BFA 3 oder § 254 HGB in Betracht kommt, sind Optionen imparitätisch einzeln zu bewerten. Nach IDW RS BFA 6, Tz. 13 sind Optionen am Abschlussstichtag gem. § 340e Abs. 1 S. 2 HGB nach den für das **Umlaufvermögen** geltenden Grundsätzen zu bewerten. Dies impliziert für den Optionsinhaber bei Vorliegen eines niedrigeren beizulegenden Zeitwerts eine Abschreibung der aktivierten Optionsprämie nach dem strengen Niederstwertprinzip. Eine pauschale Zuordnung von Optionen zum Umlaufvermögen wird in weiten Teilen der Literatur sowie nach der hier vertretenen Auffassung nicht als sachgerecht angesehen. Bei einer Zuordnung von Optionen zum Anlagevermögen sind die Optionsprämien in dem Aktivposten 11 »Immaterielle Vermögensgegenstände« auszuweisen und nach den für das Anlagevermögen geltenden Grundsätzen zu bewerten[58]. Obwohl die Anwendung des gemilderten Niederstwertprinzips nach § 253 Abs. 3 S. 4 HGB nur für Gegenstände des Finanzanlagevermögens, nicht aber für immaterielle Vermögensgegenstände gilt, ist den Optionen der Charakter von Finanzanlagen zuzubilligen, da ansonsten eine Ungleichbehandlung zu Optionsscheinen bestehen würden, die aufgrund ihres Wertpapiercharakters nach § 7 RechKredV den Bilanzierungs- und Bewertungsregeln von Wertpapieren laut Gesetz zugänglich sind[59]. In der Literatur wird insb. für langlaufende europäische Optionen, die nicht kurzfristig veräußerbar sind, eine zwingende Zuordnung zum Anlagevermögen gefordert[60]. Die Bildung einer Drohverlustrückstellung kommt beim Optionsinhaber aufgrund des asymmetrischen Risikoprofils von Optionen nicht in Betracht. Soweit die Gründe für eine Abschreibung auf Optionen des Umlauf- und Anlagevermögens entfallen sind, ist nach § 253 Abs. 5 HGB eine Wertaufholung jedoch höchstens bis zu den historischen Anschaffungskosten vorzunehmen (Wertaufholungsgebot).

---

57 Nach Art. 352 CRR sind in der offenen Nettoposition des Instituts Fremdwährungsoptionen mit dem auf Basis des Delta-Faktors ermittelten Netto-Gegenwerts des gesamten Bestands an Fremdwährungsoptionen zu berücksichtigen. Der Delta-Faktor ist derjenige der betreffenden Börse. Bei nicht börsengehandelten Optionen oder wenn der Delta-Faktor von der Börse nicht erhältlich ist modellbasiert zu ermitteln (Art. 352 Abs. 1 CRR).
58 Vgl. Hossfeld, in: DB 1997, S. 1244; Breker (1993), S. 73 ff.; Häuselmann, in: DB 1987, S. 1746 f.; Niemeyer (1990), S. 132 ff.; Bieg/Waschbusch (2017), S. 214.
59 Vgl. Breker (1993), S. 81; Bieg/Waschbusch (2017), S. 611 f.
60 Vgl. Bieg/Waschbusch (2017), S. 611 f.

Bei **Ausübung** einer Kaufoption ist der Buchwert der Option auszubuchen und als Bestandteil der Anschaffungskosten zu berücksichtigen. Der erworbene Vermögensgegenstand ist zu Anschaffungskosten (d. h. Basispreis der Kaufoption zuzüglich des Buchwerts der Option als »Erwerbsvorbereitungskosten«[61]) zu aktivieren. Eine wesentliche Änderung in IDW RS BFA 6, Tz. 22 gegenüber der Verlautbarung BFA 2/95 zur Bilanzierung von Optionsgeschäften besteht unter anderem darin, dass nun nicht mehr die Optionsprämie, sondern der Buchwert der Option als Bestandteil der Anschaffungskosten des erworbenen Vermögensgegenstands angesehen wird. BFA 2/95 sah vor, dass die Optionsprämie als Teil der Anschaffungskosten des erworbenen Vermögensgegenstands zu berücksichtigen sei. Dies implizierte, dass in früheren Geschäftsjahren vorgenommene Abschreibungen im Zuge der Optionsausübung wider ergebniserhöhend rückgängig gemacht und damit die bisherigen Abschreibungsaufwendungen dem Erwerb des Vermögensgegenstands zugerechnet werden. Nach IDW RS BFA 6, Tz. 22 ist hingegen der Buchwert der Option in den Anschaffungskosten zu berücksichtigen. Dies stellt eine Rückkehr zur herrschenden Meinung dar, wonach die Ausübung einer Option ein **Tauschgeschäft** unter Berücksichtigung der Hingabe von Geld darstellt[62]. Durch den Tausch gibt der Optionsinhaber das Recht zur Nutzung des Optionsrechts auf und erwirbt im Gegenzug das Underlying, dessen Anschaffungskosten sich unter Berücksichtigung des Buchwerts des hingegebenen Vermögensgegenstands im Tauschzeitpunkt ergeben[63]. Übersteigen die so definierten Anschaffungskosten des Vermögensgegenstands die Kosten, die bei einer Anschaffung des Vermögensgegenstands im Kassamarkt (also ohne Nutzung einer Kaufoption) angefallen wären[64], verbietet sich eine Berücksichtigung des Buchwerts der Option in den Anschaffungskosten mangels Werthaltigkeit. Nach der hier vertretenen Auffassung ist die Aktivierung einer nicht werthaltigen Option eine Frage der Zugangsbilanzierung, da die Ausübung des Optionsrechts als Tausch angesehen wird und somit die Tauschgrundsätze zur Anwendung kommen[65]. Nach den Tauschgrundsätzen ist der erworbene Vermögensgegenstand höchstens mit dem beizulegenden Zeitwert der hingegebenen Vermögenswerte anzusetzen (zur Erläuterung siehe Kapitel III.1.4.3.4.2.1).

Wird durch die Ausübung einer Option eine Verbindlichkeit begründet, so ist die Optionsprämie als Minderung der Verbindlichkeit zu berücksichtigen (IDW RS BFA 6, Tz. 22). Führt die Ausübung einer Option zu einem Verkauf eines Vermögensgegenstands, so bestimmt sich der Abgangserfolg aus der Differenz zwischen dem Basispreis und dem letztmaligen Buchwert des Vermögensgegenstands abzüglich der auszubuchenden Optionsprämie. Bei **Verfall** ist der (Rest)Buchwert der Optionsprämie aufwandswirksam auszubuchen. Bei **Verkauf** oder Untergang durch **Glattstellung** ist die Differenz zwischen Verkaufs- bzw. Glattstellungserlös und Buchwert der Option erfolgswirksam zu vereinnahmen (IDW RS BFA 6, Tz. 23). Eine erfolgsrealisierende Glattstellung kommt im Regelfall nur bei börsengehandelten Optionen (z. B. Future Style Optionen) vor, da in diesem Falle über die

---
61 Vgl. Schmidt/Usinger, in: BBK, 11. Aufl., § 254 HGB, Tz. 77.
62 Vgl. Häuselmann/Wiesenbart, in: DB 1990, S. 646; Birck/Meyer V 488.
63 Vgl. Breker (1993), S. 106 ff.; Windmöller/Breker, in: WPg 1995, S. 394.
64 Vgl. ebenso ADS, § 255 HGB, Tz. 74.
65 Anderer Auffassung Wohlgemuth, in HdJ, Abt. I/9, Tz. 96; Förschle/Usinger, in: BBK, § 254 HGB, Tz. 77, die eine außerplanmäßige Abschreibung in der Folge als notwendig erachten.

Clearing-Bedingungen eine zivilrechtliche Aufhebung des Geschäfts bewirkt wird. Gegengeschäfte bei OTC-Optionen stellen zumeist jeweils separate Verträge dar, die nicht zum Untergang des ursprünglichen Geschäfts führen; in diesem Fall kommt die Bildung einer Bewertungseinheit nach § 254 HGB in Betracht[66].

c) Bilanzierung beim Stillhalter. Bei Abschluss eines Optionsgeschäfts erhält der Stillhalter (im Regelfall im Zeitpunkt des Geschäftsabschlusses) die Optionsprämie (Stillhalterprämie). Der Stillhalter ist mit Erhalt der Optionsprämie eine Verbindlichkeit eingegangen, die er auch als solche zu passivieren hat[67]. Diese ist als Stillhalterverpflichtung unter dem Passivposten 5 »Sonstige Verbindlichkeiten«[68] auszuweisen, solange die Leistung geschuldet ist. Mithin ist die Stillhalterverpflichtung bis zu ihrer Erfüllung erfolgsneutral zu behandeln[69]. Eine zeitanteilige Vereinnahmung der Stillhalterverpflichtung kommt nicht in Betracht, da durch die Stillhalterverpflichtung keine zeitraumbezogene, sondern eine zeitpunktbezogene Leistungsverpflichtung besteht[70]. Eine Ausnahme besteht für Zinsbegrenzungsvereinbarungen (siehe Kapitel VI.3.2.2.1.2). Stillhalterverpflichtungen auf die Begebung von eigenen Eigenkapitaltiteln sind nach den Grundsätzen in § 272 Abs. 2. Nr. 2 HGB zu bilanzieren (siehe Kapitel IV.1.3.13.3.3).

Die **Folgebewertung** einer Stillhalterverpflichtung richtet sich – wie in Abbildung 68 dargestellt – nach der Zwecksetzung und der Risikoart der Option. Dabei sei darauf hingewiesen, dass Stillhalterverpflichtungen – im Gegensatz zu einer Einbeziehung in ein Hedge Accounting nach IAS 39 – Gegenstand einer handelsrechtlichen Bewertungseinheit nach § 254 HGB sein können (hierzu siehe auch Kapitel III.2.1). Bei einer imparitätischen Einzelbewertung ist zu prüfen, ob aus der Stillhalterverpflichtung ein Verpflichtungsüberschuss besteht, für den eine Rückstellung für drohende Verluste zu bilden ist. Der Rückstellungsbedarf kann grundsätzlich auf Basis der **Ausübungsmethode** oder der **Glattstellungsmethode** ermittelt werden. Gem. der Ausübungsfiktion kommt die Bildung einer Rückstellung in Betracht, insoweit der innere Wert der Option größer ist als der Buchwert der passivierten Optionsprämie. Der Stillhalter einer Kaufoption (Verkaufsoption) hat nach der Ausübungsfiktion eine Rückstellung zu bilden, wenn der Marktpreis des Underlyings größer (kleiner) als der Basispreis ist. Gem. **Glattstellungsfiktion** ist eine Rückstellung immer dann zu bilden, wenn der Marktwert der Option am Bilanzstichtag kleiner ist als der Buchwert der passivierten Optionsprämie. Im Vergleich zur Ausübungsfiktion sind damit auch Zeitwertkomponenten wie z. B. das Vega-Risiko Teil einer möglichen Rückstellungsbildung. Bei der Ausübungsfiktion werden zwei Optionen mit dem gleichen Inneren Wert aber unterschiedlichen Restlaufzeiten und Volatilitäten ggf. gleich bilanziert[71]. Im Gegensatz dazu stellt bei der Glattstellungsmethode der Marktwert der Option die Ausgangsbasis

---

66 Vgl. Scharpf, in: RdF 2014, S. 69.
67 Vgl. BFH-Urteil vom 18.12.2002 – IR 17/02, in: DStR 2003, S. 678; ebenso Christiansen, in: DStR 2007, S. 869 sowie Herzig/Briesemeister, in: DB 2002, S. 1570.
68 Vgl. auch ADS, § 246 HGB, Tz. 373; Krumnow/Sprißler (2004), § 340e HGB, Tz. 454; Hossfeld, in: DB 1997, S. 1244 f.; nunmehr auch Bieg/Waschbusch (2017), S. 617.
69 Vgl. Dreissig, in: BB 1989, S. 1515.
70 Auch aus diesem Grunde kommt ein Ausweis unter dem Passiven Rechnungsabgrenzungsposten nicht in Betracht. So jedoch Ellrott/Krämer, in: BBK, § 250 HGB, Tz. 26.
71 Vgl. Windmöller/Breker, in: WPg 1995, S. 396.

zur Ermittlung einer Rückstellung dar. Nach Auffassung des IDW soll die die **Glattstellungsmethode** zur Bewertung einer Rückstellung maßgeblich sein (IDW RS BFA 6, Tz. 18).

Hat die **Ausübung der Option** durch den Optionsinhaber für den Stillhalter die Veräußerung eines Vermögensgegenstands zur Folge, so erhöht der **Buchwert**[72] der passivierten Optionsprämie den Verkaufserlös (IDW RS BFA 6, Tz. 24). Hat die Ausübung eines Optionsrechts für die Stillhalter die Begebung einer Verbindlichkeit zur Folge, so erhöht die Optionsprämie den Ausgabebetrag der Verbindlichkeit. Hat der Stillhalter aufgrund der Optionsausübung einen Vermögensgegenstand zu erwerben, so mindert die Optionsprämie die Anschaffungskosten des Vermögensgegenstands[73]. In allen anderen Fällen der Ausübung der Option ist die Stillhalterverpflichtung bei Ausübung der Option als Ertrag zu vereinnahmen, wobei ein eingetretener Verlust mit einer gebildeten Rückstellung zu verrechnen bzw. ein nicht verbrauchter Rückstellungsbetrag ergebniswirksam aufzulösen ist.

3.2.2.1.2 Zinsbegrenzungsvereinbarungen

a) Erscheinungsformen. Zinsbegrenzungsvereinbarungen stellen Zinsoptionen dar, bei denen der Inhaber einer Zinsbegrenzungsvereinbarung das Recht hat, die Zahlung der Differenz zwischen einem vereinbarten Zinssatz und einem Referenzzinssatz zu verlangen. Zinsbegrenzungsvereinbarungen sind ausgestaltet als Zinsobergrenzen (Zins-Cap) oder als Zinsuntergrenzen (Zins-Floor). Sofern bei einem Zins-Cap der Referenzzinssatz (z. B. 3M-EURIBOR) über die vereinbarte Zinsobergrenze steigt, so hat der Stillhalter die Zinssatzdifferenz bezogen auf den vereinbarten Nominalbetrag des Caps an den Optionsinhaber zu zahlen. Unterschreitet der Referenzzinssatz die vereinbarte Zinsobergrenze, so verfällt die Option. Bei Abschluss eines Floors hat der Stillhalter an den Optionsinhaber nach dem gleichen Schema eine Zahlung zu leisten, wenn der Referenzzinssatz eine Zinsuntergrenze unterschreitet. Zinsbegrenzungsvereinbarungen werden daher immer durch **Cash Settlement** erfüllt. Bei Abschluss einer Zinsbegrenzungsvereinbarung werden zwischen den Vertragsparteien die Laufzeit, die Zinsobergrenze, der Referenzzinssatz sowie der Nominalbetrag festgelegt. Die Laufzeit einer Zinsbegrenzungsvereinbarung umfasst i. d. R. mehrere Zinsperioden. Der Stillhalter hat während der Laufzeit eines Caps (Floors) immer dann eine Ausgleichzahlung an den Optionsinhaber zu leisten, wenn zu Beginn der jeweiligen Zinsperiode der Referenzzinssatz über (unter) der festgelegten Zinsobergrenze (Zinsuntergrenze) liegt. Bei Zinsbegrenzungsvereinbarungen, die mehrere Zinsperioden umfassen,

---

[72] IDW RS BFA 6 kehrt im Vergleich zu BFA 2/95 hinsichtlich der Bemessung der Rückstellungsbildung auf Basis des »Buchwerts« der Optionsprämie zur herrschenden Meinung zurück. Es gelten dieselben Ausführungen wie zur Bilanzierung beim Optionsinhaber.

[73] Bei der Bildung von Drohverlustrückstellungen sind die Grundsätze von IDW RS HFA 4 zu beachten. Bei schwebenden Geschäften zur Beschaffung eines bilanzierungsfähigen Vermögensgegenstands stellt die Drohverlustrückstellung eine vorweggenommene Abschreibung dieses Vermögensgegenstands dar. Für das schwebende Beschaffungsgeschäft ist daher immer dann eine Drohverlustrückstellung zu bilden, insoweit für den Vermögensgegenstand nach erfolgter Lieferung eine Abschreibungspflicht besteht (HFA 4, Tz. 30). Bei einer Zuordnung zum Umlaufvermögen ist eine Rückstellungspflicht bei schon bereits vorübergehender Wertminderung notwendig. Bei einer Zuordnung zum Anlagevermögen wäre eine Rückstellung bei nur dauerhafter Wertminderung verpflichtend. Wahlweise kann für Vermögensgegenstände des Finanzanlagevermögens auch eine Abschreibung bei nur vorübergehender Wertminderung erfolgen (§ 340e Abs. 1 S. 3 in Verbindung mit § 253 Abs. 3 S. 4 HGB).

kann ein Cap (Floor) als eine Serie von Teiloptionen (Caplets, Floorlets) dargestellt werden. I. d. R. zahlt der Optionsinhaber nach Vertragsabschluss die Optionsprämie an den Stillhalter. Die Höhe der Prämie ist abhängig von der gewählten Zinsgrenze, der Laufzeit, dem aktuellen Marktzinsniveau sowie der Volatilität des Referenzzinssatzes. Für Cap- bzw. Floor-Prämien auf gängige Referenzzinssätze sind i. d. R. liquide Marktnotierungen vorhanden. Caps und Floors können vor Endfälligkeit wieder verkauft werden.

b) Bilanzierung. Zinsbegrenzungsvereinbarungen stellen Zinsoptionen dar, die nach den Grundsätzen der Bilanzierung von Optionsgeschäften zu behandeln sind. Insoweit gelten für Zinsbegrenzungsvereinbarungen analog die Ausführungen zu Optionsgeschäften. Aus diesem Grunde stellen Zinsbegrenzungsvereinbarungen Vermögensgegenstände für den Inhaber oder Verbindlichkeiten für den Stillhalter dar, die **im Zugangszeitpunkt** nach den allgemeinen Grundsätzen zu aktivieren bzw. zu passivieren sind. Eine Zinsbegrenzungsvereinbarung kann als eine Serie von einzelnen Optionen (z. B. eine Serie von Caplets oder Floorlets) oder als ein einheitlicher Vermögensgegenstand betrachtet werden. Wird eine Zinsbegrenzungsvereinbarung als eine Serie von Teiloptionen betrachtet, so ist die jeweilige Teiloption bei Erreichen ihres Fälligkeitstermins auszubuchen. Bei dieser Betrachtung wäre die auf die Teiloption entfallende Optionsprämie auszubuchen. Vor diesem Hintergrund kann eine Zinsbegrenzungsvereinbarung als eine Serie von **nicht-abnutzbaren** Vermögensgegenständen betrachtet werden. In diesem Falle sind die einzelnen Teiloptionen jeweils mit ihrem Anteil an den Anschaffungskosten des Instruments anzusetzen und im Falle des Erreichens des Fälligkeitstermins auszubuchen. Hierbei kommt es zu einer progressiven (und finanzmathematisch richtigen) Verteilung der Prämie über die Laufzeit der Zinsbegrenzungsvereinbarung[74]. Alternativ kann eine Zinsbegrenzungsvereinbarung für den Optionsinhaber als ein einheitlicher Vermögensgegenstand angesehen werden, der sich durch das Fälligwerden der einzelnen Teiloptionen **abnutzt**. Bei dieser Betrachtung wird für Zinsbegrenzungsvereinbarungen des Anlagevermögens eine planmäßige (lineare) Abschreibung über die Laufzeit der Zinsbegrenzungsvereinbarung als sachgerecht angesehen[75]. Ausgleichzahlungen am Settlement Date einer Teiloption sind sofort erfolgswirksam zu vereinnahmen. Im Rahmen der **Folgebewertung** sind Zinsbegrenzungsvereinbarungen bei einer Zuordnung zum Handelsbestand einer erfolgswirksamen Zeitwertbilanzierung nach § 340e HGB zu unterziehen. Bei einer Zuordnung zum Nicht-Handelsbestand kommt eine Einbeziehung von Zinsbegrenzungsvereinbarungen in eine Bewertungseinheit nach § 254 HGB oder eine Berücksichtigung im Rahmen der verlustfreien Bewertung zinstragender Geschäfte des Bankbuchs nach IDW RS BFA 3 in Betracht. Andernfalls sind Zinsbegrenzungsvereinbarungen imparitätisch einzeln zu bewerten.

Beim **Stillhalter** kommt dementsprechend eine Ertragsvereinnahmung aus dem Wegfall einer Teiloption jedoch nur insoweit in Betracht, wie die danach verbleibende Stillhalterverpflichtung das verbleibende Risiko voraussichtlich abdeckt[76]. Der Stillhalter hat

---

74 Vgl. PWC (2008), S. 233.
75 Vgl. Scharpf, in: HdR, § 254 HGB, Tz. 821; Schmidt/Usinger, in: BBK, 11. Aufl., § 254 HGB, Tz. 94; Haisch/Helios, in: Rechtshandbuch Finanzinstrumente, S. 85.
76 Vgl. Schmidt/Usinger, in: BBK, 11. Aufl., § 254 HGB, Tz. 94.

daher den auf die jeweilige Teiloption entfallenden Anteil der Stillhalterprämie bei Fälligkeit der Teiloption erfolgswirksam zu vereinnahmen; gleichzeitig sind jedoch die verbleibenden Stillhalterverpflichtungen nach den allgemeinen Grundsätzen einer Folgebewertung zu unterziehen. Dies schließt auch eine verlustfreie Bewertung von zinsbezogenen Geschäften des Bankbuchs nach BFA 3 ein. Vor diesem Hintergrund wird im Schrifttum auch der Ausweis von Zinsbegrenzungsvereinbarungen in einem Rechnungsabgrenzungsposten als vertretbar angesehen[77]. Dieser Einschätzung wird hier nicht gefolgt, da Zinsbegrenzungsvereinbarungen Vermögensgegenstände oder Schulden darstellen und nicht die Voraussetzungen für einen Ausweis als Rechnungsabgrenzungsposten nach § 250 HGB erfüllen.

Sofern **Kombinationen** von Caps und Floors (z. B. Zero-Cost-Collar) jeweils separate Vermögensgegenstände und Verbindlichkeiten darstellen, die separat handelbar sind, so sind die damit verbundenen Prämien brutto zu aktivieren bzw. zu passivieren[78]. Ggf. kommt in der Folge eine Betrachtung als Bewertungseinheit in Betracht. Ist ein komplexes Derivat finanzwirtschaftlich als eine Kombination von Caps und Floors anzusehen und sind diese unter einem einheitlichen Vertrag zusammengefasst, so dass die Einzelkomponenten nicht getrennt handelbar sind, so ist ein einheitlicher Bilanzausweis geboten.

3.2.2.2 Börsengehandelte bedingte Termingeschäfte

3.2.2.2.1 Optionsscheine
a) **Erscheinungsformen.** Optionsscheine (warrants) sind in der Form eines Wertpapiers verbriefte Optionen. Optionsscheine stellen Inhaberschuldverschreibungen im Sinne des § 793 BGB sowie Finanztermingeschäfte im Sinne des § 2 Abs. 2 WpHG dar[79]. Sie können als eigenständiges Wertpapier an Börsen oder auch außerbörslich gehandelt werden. Optionsscheine stellen wie auch Optionen derivative Finanzinstrumente dar, deren Wert sich vom Preis eines Underlying ableitet. Es existieren Optionsscheine auf Aktien, Aktienindizes, Aktienkörbe, Anleihen, Rohstoffe, Zinsen und Währungen. Optionsscheine können in selbständige und unselbständige Optionsscheine unterteilt werden. **Unselbständige Optionsscheine** fallen bspw. bei der Emission einer Optionsanleihe durch eine Aktiengesellschaft im Rahmen einer bedingten Kapitalerhöhung an. Durch diese unselbständigen Optionsscheine hat der Optionsinhaber (zumeist der Altaktionär) das (Vorkaufs-)Recht, »junge Aktien« der emittierenden Aktiengesellschaft zu beziehen. **Selbständige Optionsscheine** (covered warrants oder auch naked warrants) werden zumeist von Instituten emittiert und referenzieren auf Underlyings, die auf verschiedenen Märkten notiert werden. In Bezug auf die möglichen Formen der Ausübung sowie der mit Optionsscheinen verbundenen Rechte und Pflichten gelten die oben beschriebenen Ausführungen zu Optionen. Die Emittenten von börsengehandelten Optionsscheinen übernehmen i. d. R. auch die Market-Maker-Funktion und stellen laufend An- und Verkaufskurse. Eine rechtliche Verpflichtung zur Stellung

---

77 Vgl. Schmidt/Usinger, in: BBK, 11. Aufl., § 254 HGB, Tz. 94.
78 Vgl. Häuselmann (2005), S. 118; Häuselmann/Wiesenbart, in: DB 1990, S. 646; Windmöller/Breker, in: WPg 1995, S. 393.
79 Vgl. Schefold, in Bankrechts-Handbuch, § 116, Tz. 290.

von An- und Verkaufskursen durch die Emittentin der Optionsscheine besteht jedoch zumeist nicht. Neben standardisierten Optionsscheinen wie Call und Put, existiert eine mittlerweile unüberschaubare Anzahl an exotischen Optionsscheinen (Power-Optionsscheine, Barrier-Optionsscheine, Basket-Optionsscheine, Quanto-Optionsscheine, Turbo-Optionsscheine mit Knock-in- oder Knock-out-Feature, usw.).

b) Bilanzierung. Die Bilanzierung unselbständiger Optionsscheine beim Emittenten, die im Rahmen von Optionsanleihen begeben wurden, sind nach den in § 272 Abs. 2. Nr. 2 HGB dargelegten Grundsätzen zu bilanzieren. Ansonsten stellen Optionsscheine Vermögensgegenstände oder Verbindlichkeiten dar, die beim **Optionsinhaber** in dem Aktivposten 6 »Aktien und andere nicht-festverzinsliche Wertpapiere« auszuweisen sind. Dies ergibt sich übereinstimmend aus § 17 RechKredV sowie § 7 Abs. 1 S. 1 RechKredV, wonach »Aktien, Zwischenscheine, Investmentanteile, **Optionsscheine**, Zins- und Gewinnanteilscheine, börsenfähige Inhaber- und Ordergenußscheine, börsenfähige Inhaberschuldverschreibungen«[80] als Wertpapiere auszuweisen sind. Optionsscheine erfüllen mithin die Wertpapierdefinition des § 7 RechKredV unabhängig von den weiteren Merkmalen der Verbriefung, Börsenfähigkeit und Börsennotierung[81].

Soweit Optionsscheine den Wertpapieren der Liquiditätsreserve zugeordnet werden, ist eine Folgebilanzierung nach dem strengen Niederstwertprinzip vorzunehmen. Darüber hinaus können Optionsscheine der Liquiditätsreserve in die Bemessungsgrundlage für stille Vorsorgereserven nach § 340f HGB sowie in die Überkreuzkompensation nach § 32 S. 2 RechKredV einbezogen werden. Bei einer Zuordnung von Optionsscheinen zu den Wertpapieren des Anlagevermögens kommt für einzeln zu bewertende Optionsscheine eine Abschreibung nach dem gemilderten Niederstwertprinzip in Betracht. **Beim Stillhalter** sind Optionsscheine aufgrund ihres Wertpapiercharakters in dem Passivposten 3 »Verbriefte Verbindlichkeiten« auszuweisen. Sowohl für den Optionsinhaber als auch für den Stillhalter eines Optionsscheins gelten die oben beschriebenen Bilanzierungsgrundsätze für Optionen analog.

3.2.2.2.2 Future Style Optionen

a) Erscheinungsformen. Bestimmte standardisierte Optionen können auch über eine Börse (z. B. Eurex) bzw. Clearingstelle gehandelt werden. Dies betrifft bspw. Optionen auf Futures (z. B. Optionen auf den Bund Future oder Index Futures). Im Gegensatz zu sog. Optionen nach dem **Equity-Style-Verfahren**, bei dem die Optionsprämie durch den Optionsinhaber direkt bei Abschluss der Option an den Stillhalter zu zahlen ist, unterliegen Optionen die über eine Börse oder einer Clearingstelle gehandelt werden dem sog. **Future-Style-Verfahren**. Bei diesem Verfahren wird die Optionsprämie nicht sofort fällig, sondern wird graduell über die Laufzeit der Option im Rahmen von Margin-Zahlungen bezahlt. Die Prämienzah-

---

80 Durch das AIFM-UmsG wird in § 7 RechKredV das Wort »Investmentanteile« durch die Wörter »Anteile oder Aktien an Investmentvermögen« ersetzt. Die Änderung ist eine redaktionelle Anpassung an die Terminologie des Kapitalanlagegesetzbuchs. Die Änderung ist erstmals auf Jahres- und Konzernabschlüsse für nach dem 21.07.2013 beginnende Geschäftsjahre anzuwenden (siehe § 39 Abs. 13 RechKredV in der Fassung des AIFM-UmsG).
81 Vgl. Bieg/Waschbusch (2017), S. 612.

lungen erfolgen damit im Rahmen der täglichen Abrechnung während des Bestehens der Option; bei vorzeitiger Ausübung oder Glattstellung der Option ist der noch nicht bezahlte Prämienteilbetrag in diesem Zeitpunkt fällig gestellt[82]. Für die nicht gezahlte Optionsprämie hat der Optionsinhaber eine Sicherheit (additional margin) zu leisten, die entweder in Bar oder in Form eines Wertpapiers hinterlegt werden kann. Optionen nach dem Future-Style-Verfahren unterliegen dem gleichen Margin-System bei Future-Kontrakten. Neben einer Initial Margin die als Sicherheitsleistung den Marktzugang ermöglicht, dienen verschiedene weitere Margins der Absicherung des Kontrahentenausfallrisikos. So wird die Veränderung des Marktwerts der Option durch Variation Margin-Zahlungen täglich ausgeglichen. Aufgrund der Marktwertbewertung enthält die Variation Margin-Zahlung implizit einen Anteil an der Amortisierung der Optionsprämie, die entweder die Variation Margin-Zahlung des Optionsinhabers an den Stillhalter betragsmäßig erhöht oder die Variation-Margin-Zahlung des Stillhalters an den Optionsinhaber betragsmäßig vermindert. Die Summe der in den Variation-Margin-Zahlungen enthaltenen Teilbeträge der Optionsprämie (sog. premium variation margins) ergeben in Summe wiederum die anfängliche Optionsprämie. Da der Stillhalter beim Future-Style-Verfahren bei Abschluss nicht die Optionsprämie erhält, entgehen ihm im Vergleich zum Equity-Style-Verfahren die Zinseinnahmen auf die erhaltene Optionsprämie. Aus diesem Grund wird für Optionen im Future-Style-Verfahren eine höhere Optionsprämie als beim Equity-Style-Verfahren verlangt. Zivilrechtlich stellen Future-Style-Optionen keine Wertpapiere dar, sondern gelten als Werterechte.

b) Bilanzierung. Future-Style-Optionen stellen für den Optionsinhaber Vermögensgegenstände und für den Stillhalter Verbindlichkeiten dar. Future-Style Optionen sind mithin beim Optionsinhaber im Zugangszeitpunkt mit ihren Anschaffungskosten anzusetzen. Der Umstand, dass es im Future-Style-Verfahren im Zeitpunkt des Geschäftsabschlusses nicht zur Zahlung einer Optionsprämie kommt, bedeutet nicht, dass Anschaffungskosten von null vorliegen. Das Future-Style-Verfahren stellt vielmehr eine Stundung der Optionsprämie dar, wodurch diese während der Laufzeit der Option über die Variation-Margin-Zahlungen bzw. bei Verfall oder Ausübung im Rahmen einer Prämienschlusszahlung durch den Optionsinhaber zu leisten ist. Aus diesem Grunde hat der Optionsinhaber im Zugangszeitpunkt eine Option nach dem Future-Style-Verfahren zu aktivieren und gleichzeitig eine **Kaufpreisverbindlichkeit** einzubuchen. Da die Zahlung der Optionsprämie nur implizit bzw. im Falle einer Prämienschlusszahlung zu einem ungewissen Zeitpunkt in der Zukunft erfolgt, kann von einer Diskontierung der künftigen Teilzahlungen abgesehen werden. Aus denselben Gründen kann darauf verzichtet werden, den Anteil der Variation Margin-Zahlung als Tilgung der Kaufpreisverbindlichkeit zu erfassen, der auf die Veränderung der Optionsprämie wegen einer Verkürzung der Optionslaufzeit zurückzuführen ist.

Future-Style-Optionen stellen sowohl zivilrechtlich als auch nach § 7 RechKredV keine Wertpapiere dar. Vor diesem Hintergrund kann ein Ausweis der Optionsprämien beim Optionsinhaber im Aktivposten 14 »Sonstige Vermögensgegenstände« für Optionen des Umlaufvermögens bzw. Aktivposten 11 »Immaterielle Vermögensgegenstände« für Optio-

---

[82] Vgl. Euroclear, Risk-Based-Margining, S. 31.

nen des Anlagevermögens[83] oder unter dem Aktivposten 6a »Handelsbestand« als sachgerecht angesehen werden. Im Schrifttum wird es ebenso für möglich gehalten, Future-Style-Optionen des Nicht-Handelsbestands in dem Aktivposten 6 »Aktien und andere nicht festverzinsliche Wertpapiere« auszuweisen. Dies wird damit begründet, dass in diesem Posten nach den Bilanzgliederungsprinzipien Wertpapiere mit hoher Liquidität und Fungibilität ausgewiesen werden sollen. Das Merkmal eines verbrieften Rechts findet sich zwar bei Future-Style-Optionen nicht; gleichwohl liegt bei diesen Optionen eine höhere Standardisierung und Fungibilität vor als bei nicht-standardisierten Optionsscheinen. Faktisch handelt es sich bei Future-Style-Optionen um Optionen, die als Wertrechte ausgestaltet sind und für die ein im Vergleich zu Optionsscheinen abweichender Ausweis nicht sachgerecht wäre. Damit wird der Sinn des § 7 RechKredV als Teil der Gliederungsprinzipien der Bankbilanz sachgerecht berücksichtigt. Für Future-Style-Optionen kann es daher auch als sachgerecht angesehen werden, diese als Wererechte ausgestaltete Optionen anzusehen und in dem Aktivposten 6 »Aktien und andere nicht festverzinsliche Wertpapiere« auszuweisen[84].

Die **Folgebewertung** von Future-Style-Optionen richtet sich nach der mit den Optionen verfolgten Zielsetzung wie auch den inhärenten Risikofaktoren (siehe Abb. 69). Während Variation Margin-Zahlungen von Future-Style-Optionen des Handelsbestands erfolgswirksam im Nettoertrag bzw. -aufwand des Handelsbestands auszuweisen sind, sind **Variation Margins** auf Future-Style-Optionen des Nicht-Handelsbestands zunächst erfolgsneutral auf einem Variation Margin Konto in der Bilanz zu erfassen. Diesbezüglich sei auf die Ausführungen zur Bilanzierung von Future-Kontrakten verwiesen (siehe Kapitel VI.3.2.1.2).

c) Angaben in Anhang und Lagebericht. Für Future-Style-Optionen gelten die für Optionen einschlägigen Regelungen.

3.2.3 Kreditderivate

3.2.3.1 Definition und rechtliche Rahmenbedingungen

Kreditderivate sind gesetzlich in § 2 Abs. 2 Nr. 4 WpHG sowie gleichlautend in § 1 Abs. 11 S. 3 Nr. 4 KWG definiert. Danach stellen Kreditderivate als Kauf, Tausch ausgestaltete Festgeschäfte oder Optionsgeschäfte dar, die zeitlich verzögert zu erfüllen sind und dem Transfer von Kreditrisiken dienen. Zum Zwecke der Bilanzierung von Kreditderivaten des Bankbuchs definiert das IDW Kreditderivate als Finanzinstrumente, die Kreditrisiken (Bonitäts- und/oder Ausfallrisiken) unabhängig von einem zugrunde liegenden Geschäft auf andere Marktteilnehmer übertragen (IDW RS BFA 1, Tz. 2). Die IDW-Definition betont zutreffend, dass durch Kreditderivate Kreditrisiken unabhängig von ihren zugrunde liegenden Geschäf-

---

83 Beachte, dass nach IDW RS BFA 6 nur eine Zuordnung zum Umlaufvermögen in Betracht kommt, sofern keine Handelsabsicht besteht. Eine Zuordnung zum Anlagevermögen ist nach der hier sowie in der Literatur vertretenen Auffassung möglich.
84 Vgl. Bieg/Waschbusch (2017), S. 611; Hossfeld, in: DB 1997, S. 1243.

ten transferiert werden. Ein Kreditderivat liegt demnach vor, wenn Kreditrisiken übertragen werden können, ohne die ursprüngliche Kreditbeziehung zwischen Gläubiger und Schuldner zu berühren (getrennte Übertragbarkeit von Kreditrisiken)[85]. Kreditderivaten im Sinne des IDW RS BFA 1 fehlt es demnach stets an einer Akzessorietät. Eine getrennte Übertragbarkeit liegt bei solchen Instrumenten nicht vor, die ein Dreiparteien-Verhältnis voraussetzen. Bürgschaften (§ 765 BGB) sind damit vom Anwendungsbereich des IDW RS BFA 1 nicht erfasst. Auch Patronatserklärungen fallen nicht unter den Begriff des Kreditderivats, da für den Patron keine unmittelbare Leistungspflicht gegenüber den Gläubigern besteht und daher keine unmittelbare Übertragung von Kreditrisiken erfolgt. Abgrenzungsprobleme können sich im Hinblick auf Haft-Unterbeteiligungen (hier besteht i.d.R. lediglich eine Risikounterbeteiligung im Innenverhältnis eines Kreditkonsortiums) oder bestimmte Formen von Kreditlinien ergeben, für die allerdings Spezialvorschriften in § 5 RechKredV bzw. § 27 RechKredV bestehen. Kreditderivate können in Kreditderivate mit Funding[86] (z. B. CDOs, CLOs, RMBS) und Kreditderivate ohne Funding unterteilt werden. Letztere treten im Wesentlichen in den folgenden Erscheinungsformen auf[87]:

- **Credit Default Swaps.** Ein Credit Default Swap stellt ein derivatives Finanzinstrument (OTC-Derivat) dar, dessen Auszahlung von dem Kreditrisiko eines oder mehrerer Referenzaktiva abhängt[88]. Durch den Abschluss eines Credit Default Swaps erhält der Sicherungsnehmer im Falle des Eintritts eines vorab definierten Kreditereignisses (**credit event**) eine Zahlung in Höhe des Nominalbetrags des Credit Default Swaps, oder der Sicherungsnehmer kann von der Gegenpartei die Abnahme eines Wertpapiers des Referenzschuldners zu einem vorab definierten Preis (zumeist der Nominalbetrag) verlangen. Die Ausgleichszahlung oder die Abnahme von Wertpapieren ist vom Sicherungsgeber (Protection Seller) zu leisten, der für die Übernahme des Ausfallrisikos vom Sicherungsnehmer eine CDS-Prämie erhält.
- **Total Return Swaps.** Ein Total Return Swap stellt ein Tauschgeschäft dar, bei dem die Vertragsparteien für eine bestimmte Dauer sämtliche vertraglichen Zahlungen aus einem Finanzinstrument gegen einen anderen Zahlungsstrom tauschen[89]. Dabei werden vom Sicherungsnehmer sowohl Kuponzahlungen als auch Kursgewinne an den Sicherungsgeber weitergeleitet, wofür dieser im Gegenzug eine vertraglich vereinbarte Zinszahlung sowie die Erstattung von Kursverlusten des Underlying erhält[90].
- **Credit Spread Options.** Eine Credit Spread Option ist ein derivatives Finanzinstrument, wodurch der Risikoverkäufer einen Anspruch erwirbt, bei einem Anstieg des Credit Spreads eines Referenzschuldners über einen festgelegten Wert (Strike Spread) eine

---

85 So bereits auch Kühnle, in: WPg 2002, S. 288; Häuselmann, Die Steuerbilanzielle Erfassung von Finanzinstrumenten, 2005, S. 133.
86 Diese stellen zivilrechtlich Wertpapiere, Schuldscheindarlehen oder Kredite dar, deren bilanzielle Abbildung im Kapitel III.1.4.4.3.4 erläutert wird.
87 Daneben existiert eine Vielzahl von exotischen Kreditderivaten wie Callable Asset Swaps, Digital und Recovery Credit Default Swaps, Perfect Asset Swaps usw. Für eine Übersicht vgl. Posthaus, in: Kreditderivate, S. 71–86.
88 Vgl. Burghof/Henke, in: Kreditderivate, S. 33.
89 Vgl. Horat, in: Der Schweizer Treuhänder 2003, S. 972; Struffert (2006), S. 20; Deutsche Bundesbank, Monatsbericht April 2004, S. 30.
90 Vgl. Struffert (2006), S. 20.

Ausgleichszahlung in Höhe der Differenz aus Credit Spread und Strike Spread bezogen auf den Nominalbetrag der Credit Spread Option zu verlangen[91].

Kreditderivate werden zumeist auf Basis von **Rahmenverträgen** abgeschlossen, die sich im internationalen Interbankenhandel zumeist an den Rahmenwerken der **ISDA** (International Swaps and Derivatives Association) orientieren. In den ISDA-Kreditderivate-Musterbedingungen (2014 ISDA Credit Definitions) finden sich u. a. Regelungen hinsichtlich der zu zahlenden Prämie durch den CDS-Käufer, Regelungen in Bezug auf den Referenzschuldner (bzw. dessen Rechtsnachfolger), Regelungen zu den Kreditereignissen sowie zu den Rechtsfolgen bei Eintritt eines Kreditereignisses (Art der Ausgleichsleistung), zur Stellung von Sicherheiten (sog. margining), zur Abwicklung bei Insolvenz von Sicherungsgeber oder Sicherungsnehmer (als Lehre aus der Lehman-Insolvenz). Insbesondere die Definition von Kreditereignissen wurde durch die Neufassung der ISDA Definitions in 2014 neugefasst. So wurden insb. das Kreditereignis »Governmental Intervention« als Kreditereignis für Kreditinstitute als Referenzschuldner infolge staatlicher Bail-In-Instrumente im Rahmen der BRRD sowie Änderungen im Zusammenhang mit dem Kreditereignis »Restructuring« eingeführt. Die ISDA Definitions 2014 sehen die folgenden Kreditereignisse vor[92]:

- **Failure-to-pay** (Nicht-Zahlung des Schuldners). Ist Failure-to-Pay als Kreditereignis vorgesehen, so werden Ausgleichszahlungen ausgelöst, wenn unter Berücksichtigung einer Toleranzfrist (»grace period«) die Referenzadresse keine Zahlung leistet. Diese Zahlung muss i. d. R. eine bestimmte Größenordnung überschreiten. Das Kreditereignis Failure-to-pay tritt ein, wenn der Referenzschuldner fällige Zahlungen unter einer Verbindlichkeit (i. d. R. »borrowed money« i. S. v. Section 3.13.(a) (ii) der ISDA Definition 2014) in einer bestimmten Mindesthöhe nicht leistet.
- **Bankruptcy** (Insolvenz). Ist Bankruptcy als Kreditereignis definiert (nach ISDA standardmäßig der Fall), so werden Zahlungen unter einem Kreditderivat zu leisten sein, wenn das Unternehmen insolvent wird oder unfähig ist, seinen Schuldendienst zu erfüllen. Das Einreichen eines Konkursantrags stellt in diesem Fall ein Kreditereignis dar (Section 4.2, ISDA Definitions 2014).
- **Restructuring** (Umschuldung zu Lasten der Gläubiger). Dieses Kreditereignis tritt ein, wenn die Referenzadresse eine Veränderung in der Verschuldungsstruktur zu Lasten von Gläubigern bewirkt. Dies umfasst eine Verringerung von Zins- und/oder Tilgungszahlungen, Stundungen, Subordination der Verbindlichkeit gegenüber anderen Verbindlichkeiten oder Konversion in eine andere Währung. Ist eine Restrukturierung nicht auf Bonitätsprobleme des Schuldners zurückzuführen (z. B. Zinsreduzierung infolge einer Sicherheitenverstärkung oder Bonitätsverbesserung), so ist diese als administrativ bedingte Änderung aus dem Anwendungsbereich des Kreditereignisses »Restructuring« ausgenommen[93].

---

91 Vgl. Horat, in: Der Schweizer Treuhänder 2003, S. 972; Struffert (2006), S. 18.
92 Zur Erläuterung vgl. Wittinghofer, in: NJW 2010, S. 1126; Beck, in: Langenbucher/Bliesener/Spindler, 23. Kap. Tz. 15 ff.
93 Zum Problem der notwendigen Darlegung eines mangelnden Zusammenhangs mit Bonitätsproblemen vgl. Beck, in: Langenbucher/Bliesener/Spindler, 23. Kap. Tz. 19 f.

- **Governmental Intervention.** Die Einführung dieses Kreditereignisses mit den ISDA Definitions 2014 wurde notwendig, um die Absicherungsfunktion von Kreditderivaten aufrechtzuerhalten, die sich auf ein Kreditinstitut als Referenzschuldner (»financial entity«) beziehen. Durch das Kreditereignis »Governmental Intervention« wird das Kreditrisiko erfasst, dass die Rechtsstellung der Gläubiger von Kreditinstituten infolge einer behördlich ausgelösten Restrukturierung von Verbindlichkeiten beeinträchtigt werden kann[94]. Liegen bei einem Institut bspw. die Abwicklungsvoraussetzungen der §§ 62, 64 SAG vor, so kann die Abwicklungsbehörde im Zuge der Gläubigerbeteiligung die Umwandlung von berücksichtigungsfähigen Verbindlichkeiten in Instrumente des harten Kernkapitals (§ 90 Nr. 1 SAG) oder die Herabschreibung von Verbindlichkeiten anordnen (§ 90 Nr. 2 SAG). Das Kreditereignis »Governmental Intervention« erfasst eine staatlich verordnete Restrukturierung von Bankverbindlichkeiten im Zusammenhang mit der Sanierung oder Abwicklung des Instituts zulasten der Gläubiger nach dem SAG oder vergleichbaren ausländischen Eingriffsnormen. Ein bereits vertraglich vereinbarter Rangrücktritt infolge von § 53 Abs. 2 SAG stellt keinen Anwendungsfall des Kreditereignisses »Governmental Intervention« dar[95].
- **Repudiation/Moratorium.** Soweit öffentliche Stellen nicht insolvenzfähig sind, tritt an die Stelle des Kreditereignisses »Bankruptcy« das Kreditereignis »Repudiation/Moratorium«. Dieses Kreditereignis tritt ein, wenn die öffentliche Stelle die Anerkennung einer Verbindlichkeit verweigert (Repudiation) oder eine Zahlungssperre verhängt (Moratorium).
- **Obligation Acceleration bzw. Obligation Default** stellen (eher seltene) Kreditereignisse in Form einer vorzeitigen Fälligkeit bzw. eines Ausfalls einer Verbindlichkeit aufgrund eines Umstandes dar, der nicht in der Verbindlichkeit selbst begründet ist. Diese Kreditereignisse stellen auf eine Situation ab, dass eine relevante Verbindlichkeit ohne Vorliegen eines Zahlungsverzugs aufgrund eines Ausfalls des Referenzschuldners fällig wird, bevor die Verbindlichkeit auf andere Weise fällig geworden wäre (z. B. bei Eintritt eines Covenant Bruchs).

Die Feststellung eines Kreditereignisses kann von einer Kontraktpartei (sog. notifying party) an sog. **Determination Committees** der ISDA herangetragen werden, die nach einer Prüfung des Sachverhalts über die Feststellung eines Kreditereignisses in Bezug auf den Referenzschuldner entscheiden. Im Falle eines Kreditereignisses kann die Erfüllung der Kompensationsleistung in Bar (Cash Settlement) oder durch physische Lieferung von Wertpapieren der Referenzadresse (Physical Delivery) oder einem sog. Auction Settlement vorgesehen sein. Bei einer Erfüllung durch **Cash Settlement** erhält der Sicherungsnehmer vom Sicherungsgeber die Differenz zwischen dem Nominalbetrag und dem Verwertungserlös (Marktwert) der Referenzwertpapiere (Recovery Rate) in Bar ausgeglichen. Bei einer Erfüllung durch **physische Lieferung** ist der Sicherungsgeber verpflichtet, Referenzwertpapiere des Sicherungsnehmers abzunehmen und einen vorher bestimmten Preis (zumeist der Nominalbetrag) in bar zu entrichten. Bei Erfüllung durch physische Lieferung kann der

---

[94] Für eine detaillierte Betrachtung vgl. Kusserow/Scholl, in: WM 2015, S. 360, 413.
[95] Vgl. Beck, in: Langenbucher/Bliesener/Spindler, 2. Aufl., 23. Kap. Tz. 21.

Sicherungsnehmer aus einer Menge lieferbarer Wertpapiere auswählen und dort die billigste Referenzanleihe aussuchen (Cheapest-to-deliver). Als Folge der Lehman-Insolvenz kann auch ein sog. **Auction Settlement** vorgesehen sein, das eine Unterform des Cash Settlements darstellt. Bei diesem Verfahren ist wie beim Cash Settlement die Differenz zwischen dem Nominalwert und dem Marktwert der Referenzwertpapiere in Bar auszugleichen. Bei Auction Settlement wird der Marktwert (sog. auction final price) über ein öffentliches Auktionsverfahren für sog. »delivarable obligations« ermittelt. Für das übernommene Risiko hat der Sicherungsnehmer an den Sicherungsgeber (üblicherweise regelmäßige) Prämien zu zahlen. Es kann jedoch (zusätzlich) auch die Zahlung einer Up-Front-Prämie vereinbart sein. ISDA bietet hierzu einen sog. »Converter« an, durch den es möglich ist eine Up-Front-Prämie bewertungsmäßig in einen laufenden Spread umzuwandeln[96].

Als Folge der Finanzmarktkrise trat am 27.07.2010 das »Gesetz zur Vorbeugung gegen missbräuchliche Wertpapier- und Derivategeschäfte« in Kraft, durch das der Handel mit Kreditderivaten reguliert wurde (§ 30j WpHG a. F.)[97]. Die vormals nationalen Regelungen zum Verbot ungedeckter Leerverkäufe sind mittlerweile im Zuge der EUR-Staatsschuldenkrise europaweit vereinheitlicht worden. So ist bei dem Abschluss von Kreditderivaten die sog. Leerverkaufsverordnung (VO-EU Nr. 236/2012) zu beachten, die durch diverse Folgeverordnung konkretisiert wird[98]. Die Verordnung beinhaltet neben Beschränkungen von ungedeckten Leerverkäufen in Aktien (Art. 12 VO-EU Nr. 236/2012) auch das Verbot ungedeckter Leerverkäufe sowie ungedeckter Credit Default Swaps auf öffentliche Schuldtitel (Art. 14 VO-EU Nr. 236/2012). Als öffentliche Schuldtitel gelten Schuldtitel, die von der EU, einem EU-Mitgliedstaat oder – im Fall von Föderalstaaten – dessen Gliedstaaten, von einer für von Mitgliedstaaten tätigen Zweckgesellschaft, von der europäischen Investitionsbank oder einem von Mitgliedstaaten für die Vergabe von Finanzhilfen an Mitgliedstaaten gegründeten internationalen Finanzinstitut begeben werden (Art. 2 Abs. 1 lit d) VO-EU Nr. 236/2012). Eine ungedeckte – und damit verbotene – CDS-Position liegt vor, wenn der CDS nicht dazu dient, eine Long-Position oder den Wert eines Portfolios mit einer Korrelation zum Wert der öffentlichen Schuldtitel abzusichern (Art. 4 VO-EU Nr. 236/2012). Nach Auffassung der ESMA gilt das Verbot für alle Käufer von CDSs auf europäische Sovereigns unabhängig davon, wo diese ihren Sitz haben und wo das Geschäft abgeschlossen wurde[99]. Insgesamt erfolgt der Abschluss von CDSs mittlerweile in einem stark regulierten Umfeld.

---

96   Vgl. ISDA, ISDA Standard CDS Converter Specification, London May 2009.
97   Vgl. hierzu Litten/Bell, in: BKR 2011, S. 316 f.
98   Vgl. Del-VO EU 918/2012 insb. zu Bestimmungen zur Berechnung von Netto-Leerverkaufspositionen; Del-VO EU 919/2012 zu Methoden zur Berechnung von Wertminderungen; Del-VO EU 826/2012 zur Meldung und Offenlegung von Netto-Leerverkaufspositionen gegenüber den zuständigen Behörden sowie Durchführungsverordnung EU 827/2012 zur Offenlegung von Netto-Leerverkaufspositionen gegenüber der Öffentlichkeit.
99   Vgl. Bierwirth, in: RdF 2013, S. 104, hier S. 106; ESMA/2013/159 vom 29.01.2013, Answer 1a.

3.2.3.2 Credit Default Swaps

3.2.3.2.1 Erscheinungsformen

Credit Default Swaps stellen einheitliche gegenseitige Verträge sui generis dar[100], durch die ein Sicherungsgeber (protection seller) ein Kreditrisiko übernimmt und dafür (regelmäßig) Prämienzahlungen vom Sicherungsnehmer (protection buyer) erhält. Der Sicherungsnehmer erhält bei Eintritt eines sog. Kreditereignisses (credit event) vom Sicherungsgeber eine Kompensation entweder in der Form eines Barausgleichs oder durch Abnahme von Referenzaktiva zu einem im Voraus bestimmten Preis. Credit Default Swaps können auf einzelne Adressen wie z. B. Unternehmen oder Staaten (sog. single name CDS) geschrieben werden, oder auch auf Indizes (z. B. ABX-Index, iTraxx, CDX) oder individuell zusammengestellte Körbe von Adressen (portfolio CDS oder basket CDS) referenzieren. Credit Default Swaps, die auf individuell zusammengestellte Körbe von Adressen abstellen, können so strukturiert sein, dass sie den ersten Ausfall einer Adresse in dem Basket oder nur einen späteren Ausfall (z. B. den zweiten Ausfall) einer Adresse versichern (sog. n^{th}-to-default swaps). Durch diese Swaps versichert sich ein Sicherungsnehmer gegen den n-ten Ausfall einer Referenzadresse des abgesicherten Korbs. Alle vorherigen Ausfälle von Referenzadressen des Korbs führen zu keiner Kompensationszahlung. Bei einem first-to-default CDS führt der erste Ausfall eines Referenzschuldners mithin zu einem Credit Event hinsichtlich des vollständigen Nominalbetrags des Credit Default Swaps. Ein n^{th}-to-default swap ist mithin keine Summation von n-single name CDS, da der Ausfall einer Adresse in einem n^{th}-to-default swap nicht eine am Nominalbetrag anteilige, sondern eine vollständige Kompensationszahlung bezogen auf den vollen Nominalbetrag des CDS auslöst. Eine weitere Unterform von Portfolio CDS stellen die sog. tranchierten CDS dar. Diese sind nach dem sog. Wasserfallprinzip strukturiert, so dass die höherrangigen Tranchen erst dann an Ausfallverlusten des Referenzportfolios teilnehmen, wenn sämtliche ihnen gegenüber nachrangigen Tranchen aufgezehrt sind[101]. Dieses Subordinationsprinzip findet zumeist bei CDOs oder CLOs Anwendung (siehe Kapitel III.1.4.4.3.4).

3.2.3.2.2 Bilanzielle Klassifikation von Kreditderivaten

Bilanziell ist zwischen Kreditderivaten des Handelsbestands und Kreditderivaten des Bankbuchs (Nicht-Handelsbestand) zu unterscheiden. Kreditderivate des Handelsbestands sind zum beizulegenden Zeitwert abzüglich eines Risikoabschlags zu bewerten (§ 340e Abs. 3 S. 1 HGB). Für die Bilanzierung von Kreditderivaten des Bankbuchs sind die in IDW RS BFA 1 dargelegten Grundsätze zu beachten.

---

100 Vgl. Haisch, in: Rechtshandbuch Finanzinstrumente, S. 17.
101 Vgl. Deutsche Bundesbank, Monatsbericht April 2004, S. 30.

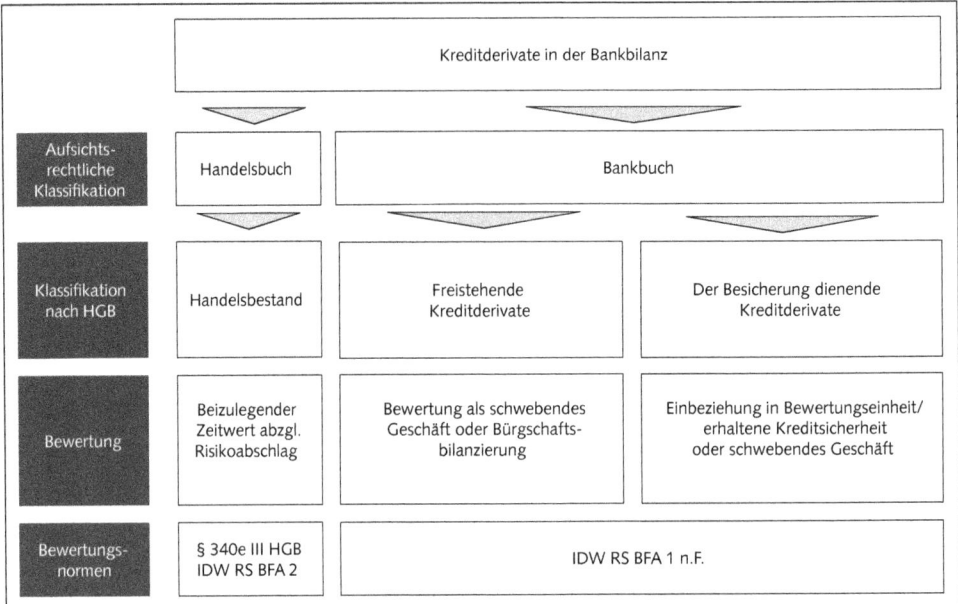

Abb. 72: Bilanzierung von Kreditderivaten – Übersicht

Nach IDW RS BFA 1 richtet sich die Bilanzierung von Kreditderivaten des Bankbuchs nach ihrem Verwendungszweck sowie von deren vertraglicher Ausgestaltung zur Art des abgesicherten Risikos (IDW RS BFA 1, Tz. 11). In Abhängigkeit davon ist zwischen Kreditderivaten, die wie (erhaltene oder gestellte) **Kreditsicherheiten** zu bilanzieren sind, und **Kreditderivaten** zu unterscheiden, die nach den Grundsätzen für **schwebende Geschäfte** zu bilanzieren sind. Den Regelfall soll dabei die Bilanzierung nach den für **Derivate** geltenden Grundsätzen bilden (IDW RS BFA 6)[102]. Nur unter bestimmten Bedingungen (Verwendungsabsicht bzw. Halteabsicht, vertragliche Ausgestaltung) ist eine Bilanzierung von Kreditderivaten als Kreditsicherheit möglich. Als Kreditsicherheiten zu behandelnde Kreditderivate sind nach den für **Bürgschaften bzw. Garantien** geltenden Grundsätzen zu bilanzieren (IDW RS BFA 1, Tz. 18, 25)[103].

3.2.3.2.3 Bilanzierung beim Sicherungsgeber

a) Bilanzierung als gestellte Kreditsicherheit

Kreditderivate sind beim Sicherungsgeber im Regelfall als freistehende Derivate und mithin nach den für schwebende Geschäfte geltenden Grundsätzen zu bilanzieren. Bei Vorliegen der folgenden Bedingungen sind Kreditderivate als gestellte Kreditsicherheiten zu behandeln und nach den für das Bürgschafts-/Kreditgarantiegeschäft geltenden Grundsätzen zu bilanzieren:

---

102 Vgl. Weigel/Bär/Vietze, in: WPg 2015, S. 57 (S. 60).
103 Vgl. bereits Kühnle, in: WPg 2002, S. 293.

i. Absicherung des Ausfallrisikos. Eine bilanzielle Behandlung von Kreditderivaten beim Sicherungsgeber als gestellte Kreditsicherheit kommt nur in Betracht, wenn durch das Kreditderivat ausschließlich das Ausfallrisiko auf den Sicherungsgeber übertragen wird. Unter dem **Ausfallrisiko** ist nach IDW RS BFA 1, Tz. 3 das Risiko der nicht vertragsgemäßen Bedienung von Kapital- und Zinszahlungen in der ursprünglich vereinbarten Höhe und/oder zu den ursprünglich vereinbarten Zahlungszeitpunkten zu verstehen. Dabei gilt jede Restrukturierungsmaßnahme, die zu einer **Reduzierung des Barwerts** der ursprünglichen vereinbarten Zins- oder Kapital-Zahlungsströme führt (z. B. unverzinsliche Stundungen, Vereinbarung von Sanierungszinsen usw.) als Ausfall. Restrukturierungen, die nicht zu einer Barwertminderung führen (z. B. Zinsreduzierung infolge von Bonitätsverbesserungen oder Stellung von zusätzlichen Sicherheiten durch den Kreditnehmer), sind nicht als ein Ausfall anzusehen. Mit dem Kriterium des Ausfallrisikos ist letztlich ein Barwertvergleich auf Basis der ursprünglichen Effektivverzinsung des Finanzinstruments intendiert[104]. Abzugrenzen ist das Ausfallrisiko vom Bonitätsrisiko, unter dem alle übrigen Kreditrisiken gefasst werden, die keine Ausfallrisiken darstellen. So sind bspw. Ratingverschlechterungen als Bonitätsrisiken anzusehen, da diese keine Reduzierung des Barwerts der Cash Flows des Finanzinstruments auf Basis der ursprünglichen Effektivverzinsung bewirken. Nach IDW RS BFA 1, Tz. 13 ist die Frage, ob ein Kreditderivat zur Absicherung von Ausfallrisiken objektiv geeignet ist, auf Basis der vertraglichen Bedingungen des Kreditderivats zu beantworten. Nach Meinungen im Schrifttum sollen sich nur bestimmte ISDA Credit Events auf das Ausfallrisiko i. S. d. IDW RS BFA 1 beziehen. Die Vereinbarung von Kreditereignissen, die ihrer Wesensart nach nicht auf das Ausfallrisiko bezogen sind, sollen demnach einer bilanziellen Behandlung von Kreditderivaten als Kreditsicherheiten entgegenstehen. Die folgenden Kreditereignisse sollen sich auf das Ausfallrisiko i. S. d. IDW RS BFA 1, Tz. 3 beziehen[105]:

- Insolvenz (Bankruptcy)
- Zahlungsausfall des Schuldners (Failure to Pay)
- Restrukturierung des Finanzinstruments (Restructuring)
- Governmental Intervention
- Vorzeitige Fälligstellung (Obligation Acceleration)

Die Kreditereignisse Repudiation/Moratorium[106] und Obligation Default würden danach einer Bilanzierung von Kreditderivaten nach den für Bürgschaften/Kreditgarantiegeschäft geltenden Grundsätzen entgegenstehen. Die Kreditereignisse Bankruptcy, Failure to Pay, Restructuring und Governmental Intervention stellen ohne Zweifel Kreditereignisse dar, die mit der Definition von Ausfallrisiko i. S. d. IDW RS BFA 1 vereinbar sind und mithin einer Bilanzierung von Kreditderivaten nach den für Bürgschaften geltenden Grundsätzen nicht entgegen stehen. Der Eintritt eines solchen Kreditereignisses führt zu einer Änderung des Barwerts des Referenzaktivums basierend auf dem ursprünglichen Effektivzins. Auf

---

104 Vgl. Weigel/Bär/Vietze, in: WPg 2015, S. 57 (S. 58).
105 Vgl. Weigel/Bär/Vietze, in: WPg 2015, S. 57 (S. 58); Bär/Flintrop/Maifarth/Vietze/Weigel, in: WPg 2016, S. 31, hier S. 35.
106 Unklar Bär/Flintrop/Maifarth/Vietze/Weigel, in: WPg 2016, S. 31, hier S. 35, Fußnote 13.

den ersten Blick könnte jedoch fraglich sein, warum das Kreditereignis **Obligation Default** einer Bilanzierung von Kreditderivaten als Bürgschaft entgegensteht, während dies für den Fall einer **Obligation Acceleration** zu verneinen ist. Beide Kreditereignisse sind eher selten anzutreffen und werden standardmäßig bei US-amerikanischen oder europäischen CDS-Transaktionen nicht verwendet[107]. Ihnen ist gemeinsam, dass es sich um einen sog. »non payment default« handelt; es liegt unmittelbar kein Zahlungsverzug oder Zahlungsausfall vor. In beiden Fällen übt ein Gläubiger des Referenzschuldners ein ihm zustehendes vertragliches Recht aus, ein Schuldinstrument entweder im Falle eines »obligation default« als fällig erklären **zu können** oder im Falle der obligation acceleration **tatsächlich** vorzeitig zu kündigen. Anlass der Ausübung des Gläubigerrechts kann bspw. der Bruch eines financial oder non-financial covenants sein. Beide Kreditereignisse führen mithin zu einer Ausgleichsleistung durch den Sicherungsgeber, obgleich für die reference obligation noch kein Zahlungsausfall eingetreten ist. Bei Eintritt der Kreditereignisse »obligation default« oder »obligation acceleration« erleidet der Sicherungsgeber mithin einen Verlust, den er nicht erleiden würde, wenn er das Referenzaktivum direkt erworben hätte[108]. Zwar kann auf den Eintritt eines dieser beiden Kreditereignisse der Eintritt des Ereignisses »Failure to pay« folgen, jedoch ist dies nicht zwangsläufig der Fall. So können trotz des Eintritts eines »obligation defaults« oder einer »obligation acceleration« Zins- und Tilgungszahlungen durch den Referenzschuldner vollständig geleistet worden sein[109]. Während bei einer »obligation acceleration« das Schuldinstrument durch den Gläubiger tatsächlich fällig gestellt wurde, stellt das Kreditereignis »obligation default« auf eine **mögliche** vorzeitige Fälligstellung ab, ohne dass der Gläubiger von diesem Recht auch tatsächlich Gebrauch macht. Bei einer »obligation acceleration« erleidet der Gläubiger mithin einen Barwertverlust auf Basis des ursprünglichen Effektivzinssatzes, da diesem durch die vorzeitige Kündigung die künftigen Margen aus dem Schuldinstruments entgehen. Mit der bloßen Möglichkeit einer vorzeitigen Fälligstellung ist jedoch kein unmittelbarer Barwertverlust verbunden. Der differenzierenden bilanziellen Einordnung der Kreditereignisse »obligation acceleration« und »obligation default« im Schrifttum kann damit gefolgt werden. Das Kreditereignis »obligation acceleration« bezieht sich auf das Ausfallrisiko i. S. d. IDW RS BFA 1, während dies für das Kreditereignis »obligation default« zu verneinen ist. Kritisch ist die Einordnung des Kreditereignisses »**Repudiation/Moratorium**« zu sehen. Nach Section 4.6 der ISDA Definitions 2014 setzt das Kreditereignis Repudiation/Moratorium voraus, dass i) eine zuständige Stelle des Referenzschuldners die Anerkennung der Verbindlichkeiten verweigert hat (repudiation) oder eine Zahlungssperre verhängt wird (moratorium) und ii), dass für die betreffende Verbindlichkeit innerhalb einer Frist (zumeist nach 60 Tagen) ein Zahlungsverzug oder ein Restrukturierungsereignis auch tatsächlich eingetreten ist[110]. Das Kreditereignis Repudiation/Moratorium setzt mithin auch die tatsächliche Umsetzung der Nichtanerkennung bzw. des Moratoriums voraus, was letztlich zu dem Eintritt der Kreditereignisse

---

107 Vgl. Schläfer (2011), S. 43.
108 Vgl. Moody´s, Understanding the Risk in Credit Default Swaps, Special Report, 16th March 2001, S. 9; (www.quantlabs.net, abgerufen am 24.10.2017).
109 Vgl. Moody´s, Understanding the Risk in Credit Default Swaps, Special Report, 16th March 2001, S. 9; (www.quantlabs.net, abgerufen am 24.10.2017).
110 Vgl. Beck, in: Langenbucher/Bliesener/Spindler, 2. Aufl., Kap. 23, Tz. 22.

»Failure to pay« bzw. »Restructuring« führt, welche selbst als Kreditereignisse zu klassifizieren sind, die sich ausschließlich auf das Ausfallrisiko beziehen. Das Kreditereignis »Repudiation/Moratorium« führt mithin zu einem Barwertverlust auf Basis des ursprünglichen Effektivzinssatzes und steht nach der hier vertretenen Auffassung einer bilanziellen Behandlung von Kreditderivaten als (gestellte) Kreditsicherheit nicht entgegen.

ii. Halteabsicht bis zur Endfälligkeit. Nach IDW RS BFA 1, Tz. 13 setzt eine Bilanzierung von Kreditderivaten beim Sicherungsgeber als gestellte Kreditsicherheit voraus, dass sowohl bei Abschluss des Geschäfts als auch am Bilanzstichtag eine Halteabsicht bis zur Endfälligkeit besteht. Auffällig ist, dass IDW RS BFA 1 für eine Klassifizierung von Kreditderivaten als Bürgschafts-/Garantiekreditgeschäft restriktivere Voraussetzungen hinsichtlich der Halteabsicht einführt als dies derzeit für eine Zuordnung von Wertpapieren zum Anlagevermögen nach h. M. erforderlich ist[111]. So setzt die Zuordnung von Wertpapieren zum Anlagevermögen (lediglich) voraus, dass diese dazu bestimmt sind, dauernd dem Geschäftsbetrieb zu dienen (§§ 340a Abs. 1, 247 Abs. 2, 340e Abs. 1 S. 2 HGB). Verkäufe aus dem Anlagevermögen sind (auch ohne vorherige Umwidmung in die Liquiditätsreserve) in gewissem Umfang und bei Vorliegen betriebswirtschaftlicher Gründe möglich[112]. Da bei einer ausschließlichen Absicherung des Ausfallrisikos durch ein Kreditderivat die wirtschaftliche Situation des Sicherungsgebers vergleichbar mit der eines Erwerbers von dem Anlagevermögen zuzuordnenden Schuldinstrumenten ist, erscheint es sachgerecht, hinsichtlich des Kriteriums der Halteabsicht die für Wertpapiere des Anlagevermögens geltenden Grundsätze zugrunde zu legen. Besteht bei Abschluss des Geschäfts eine Halteabsicht bis zur Endfälligkeit, so kann aufgrund einer zwischenzeitlichen Verschlechterung der Kreditqualität des Referenzschuldners oder einer geschäftspolitischen Strategieänderung gleichwohl eine vorzeitige Auflösung des Kreditderivats erfolgen, die einer bilanziellen Behandlung des Kreditderivats als gestellte Kreditsicherheit nicht entgegensteht.

Ist das Kreditderivat beim Sicherungsgeber als gestellte Kreditsicherheit zu klassifizieren, so richtet sich dessen Bilanzierung nach den für Bürgschaften bzw. für das Kreditgarantiegeschäft geltenden Grundsätzen. Damit ist am Abschlussstichtag eine Verbindlichkeitsrückstellung zu bilden, wenn ernsthaft mit dem Eintritt eines Kreditereignisses zu rechnen ist (IDW RS BFA 1, Tz. 17). Die **Verbindlichkeitsrückstellung** ist mit dem nach vernünftiger kaufmännischer Beurteilung notwendigen Erfüllungsbetrag anzusetzen (§§ 340a Abs. 1, 253 Abs. 1 S. 2 HGB, IDW RS HFA 34). Der mit der Bildung der Verbindlichkeitsrückstellung verbundene Aufwand ist im **Risikovorsorgesaldo** auszuweisen. Erhaltene Prämienzahlungen hat der Sicherungsgeber im **Provisionsertrag** auszuweisen; bereits zu Beginn der Laufzeit erhaltene Prämien sind im passiven Rechnungsabgrenzungsposten zu erfassen und ratierlich über die Laufzeit des Kreditderivats zu vereinnahmen (IDW RS BFA 1, Tz. 34). Bei Eintritt eines Kreditereignisses hat der Sicherungsgeber eine Ausgleichszahlung in Bar (Cash Settlement) zu leisten oder das Referenzaktivum zum Nennbetrag vom Sicherungsnehmer abzunehmen (Physical Settlement). Im Falle eines Cash Settlements ist

---
111 Vgl. Gaber, in: WPg 2015, S. 121 (S. 127 f.).
112 Vgl. Braun, in: KK-RLR, § 340e HGB, Tz. 35; Häuselmann, in: BB 2008, S. 2617.

eine eventuell bestehende Verbindlichkeitsrückstellung in Anspruch zu nehmen und ein ggf. verbleibender Differenzbetrag aufwandswirksam im Risikovorsorgesaldo zu erfassen. Im Falle des Physical Settlement ist es sachgerecht, die Anschaffungskosten des erhaltenen Finanzinstruments in Höhe des beizulegenden Zeitwerts anzusetzen (IDW RS BFA 1, Tz. 36). In Höhe der Differenz zwischen dem beizulegenden Zeitwert des Schuldinstruments sowie den geleisteten Anschaffungsbetrag ist eine ggf. gebildete Verbindlichkeitsrückstellung in Anspruch zu nehmen und ein ggf. verbleibender Differenzbetrag aufwandswirksam im Risikovorsorgesaldo zu erfassen[113]. Auch hinsichtlich der Anhangberichterstattung sowie der **Vermerkpflichten** gelten als Kreditsicherheiten zu bilanzierende Kreditderivate als Bürgschaften. Diese sind daher mit ihrem Nominalbetrag unter dem Bilanzstrich als Eventualverbindlichkeiten (§ 26 Abs. 2 RechKredV) im Vermerkposten 1b)»Verbindlichkeiten aus Bürgschaften und Gewährleistungsverträgen« auszuweisen. Die Derivatepublizität des § 36 RechKredV ist für diese Kreditderivate unbeachtlich.

b) Bilanzierung als freistehendes Kreditderivat
Sind die Voraussetzungen für eine Bilanzierung als gestellte Kreditsicherheit nicht erfüllt, so ist das Kreditderivat als freistehendes Derivat zu bilanzieren (IDW RS BFA 1, Tz. 33). Dies stellt die Regelvermutung dar. In diesem Fall ist auf das Kreditderivat die für schwebende Geschäfte geltenden Grundsätze (IDW RS HFA 4, IDW RS BFA 6) anzuwenden. Aufgrund der Ausgeglichenheitsvermutung für schwebende Geschäfte sind diese bei Vertragsabschluss nicht zu bilanzieren, sondern nur im Nebenbuch zu erfassen. Am Bilanzstichtag ist zu prüfen, ob für das schwebende Geschäft **Drohverlustrückstellungen** zu bilden sind (§§ 340a Abs. 1, 249 Abs. 1 S. 1 HGB, IDW RS HFA 4). Dies wäre der Fall, wenn das Kreditderivat am Abschlussstichtag einen negativen beizulegenden Zeitwert aufweist. Prämienzahlungen für freistehende Kreditderivate des Sicherungsgebers sind in Übereinstimmung mit IDW RS BFA 6 im **sonstigen betrieblichen Ertrag** auszuweisen (IDW RS BFA 1, Tz. 33). Geleistete **Ausgleichszahlungen** hat der Sicherungsgeber analog im **sonstigen betrieblichen Aufwand** zu erfassen (IDW RS BFA 1, Tz. 35, S. 2). Aufgrund der Einordnung als freistehendes Derivat sind für diese Kreditderivate die Angabepflichten nach § 36 RechKredV zur Derivatepublizität zu beachten.

3.2.3.2.4 Bilanzierung beim Sicherungsnehmer

a) Bilanzierung als erhaltene Kreditsicherheit
Schließt ein Institut ein Kreditderivat im Bankbuch ab, um sich gegen Risiken eines Finanzinstruments des Bankbuchs abzusichern, so kann das Kreditderivat zusammen mit dem abgesicherten Grundgeschäft in eine Bewertungseinheit gem. § 254 HGB einbezogen werden oder – sofern die Voraussetzungen erfüllt sind – als erhaltene Kreditsicherheit bei der Ermittlung eines eventuellen Risikovorsorgebedarfs berücksichtigt werden. Liegen die Voraussetzungen einer Behandlung als erhaltene Kreditsicherheit nicht vor und wird das Kreditderivat nicht in eine Bewertungseinheit einbezogen, so ist das Kreditderivat als freistehendes Kreditderivat nach den für Derivate geltenden Grundsätzen zu bilanzieren. Nach

---
113 Für ein Beispiel vgl. Bär/Flintrop/Maifarth/Vietze/Weigel, in: WPg 2016, S. 31, hier S. 34.

IDW RS BFA 1, Tz. 13 kommt die Behandlung eines Kreditderivats als erhaltene Kreditsicherheit beim Sicherungsnehmer (nur) in Betracht, wenn die vertraglichen Vereinbarungen des Kreditderivats zur Absicherung des **Ausfallrisikos objektiv geeignet** sind und zum Zeitpunkt des Erwerbs sowie zum Abschlussstichtag eine **Halteabsicht** bis zur Fälligkeit des Kreditderivats besteht (IDW RS BFA 1, Tz. 18, 13).

- **i. Absicherung des Ausfallrisikos.** Analog zur Bilanzierung beim Sicherungsgeber setzt die bilanzielle Behandlung eines Kreditderivats als erhaltene Kreditsicherheit beim Sicherungsnehmer eine (ausschließliche) Absicherung des Ausfallrisikos voraus. Es wird auf die Ausführungen zum Sicherungsgeber verwiesen.
- **ii. Objektive Eignung.** Unter welchen vertraglichen Bedingungen Kreditderivate als objektiv geeignet für eine Absicherung des Ausfallrisikos anzusehen sind, wird in IDW RS BFA 1 nicht erläutert. Eine objektive Eignung ist dann gegeben, wenn der gewünschte Sicherungszweck (also die wirksame Übertragung des Kreditrisikos) erreicht wird; d. h. der Sicherungsnehmer aufgrund der Absicherung keine Vermögensverluste aufgrund einer nicht ordnungs- und vertragsgemäßen Bedienung des zugrunde liegenden Kreditengagements erleiden muss (IDW RS BFA 1 aF, Tz. 16). Als Mindestvoraussetzung dafür, muss eine einwandfreie Bonität des Sicherungsgebers, die Identität von Schuldner des bestehenden Kreditengagements und Referenzadresse des Credit Default Swaps sowie eine klare und eindeutige Vertragsgestaltung zwischen Sicherungsnehmer und Sicherungsgeber gegeben sein. In Anlehnung an IDW RS BFA 1 aF wird im Schrifttum vertreten, dass eine objektive Eignung zu bejahen ist, wenn eine klare und eindeutige Vertragsgestaltung zwischen Sicherungsnehmer und Sicherungsgeber, eine einwandfreie Bonität des Sicherungsgebers und eine Übereinstimmung zwischen dem bestehenden Kreditengagement und dem Referenzaktivum hinsichtlich Laufzeit, Währung und Rang besteht[114]. Dies scheint jedoch in folgender Hinsicht als zu restriktiv:
  - **Bonität des Sicherungsgebers.** Insbesondere trägt ein alleiniges Abstellen auf eine einwandfreie Bonität des Sicherungsgebers den in den ISDA-Bedingungen vorgesehene Sicherheitenstellung nur unzureichend Rechnung. Eine einwandfreie Bonität des Sicherungsgebers ist für die Sicherungswirkung umso bedeutungsloser, je kürzer das Zeitintervall ist, in dem die Vertragsparteien den Marktwert des Kreditderivats durch die Stellung von Sicherheiten auszugleichen haben. Ist der Marktwert des Kreditderivats auf täglicher Basis auszugleichen und leistet der Sicherungsgeber einen von ihm zu stellenden Marktwertausgleich pflichtgemäß, so wäre nach der hier vertretenen Ansicht das Fehlen einer einwandfreien Bonität unschädlich für eine Bilanzierung des Kreditderivats als erhaltene Kreditsicherheit.
  - **Laufzeitinkongruenz.** Ferner erscheint nach der hier vertretenen Auffassung eine Übereinstimmung hinsichtlich der Laufzeit von dem abzusichernden Kreditengagement und dem **Referenzaktivum** des Kreditderivats nicht generell erforderlich. So wird die Sicherungswirkung nicht beeinträchtigt, wenn ein Kreditengagement durch ein Kreditderivat mit einem länger laufenden Referenzaktivum (reference obligation) gesichert wird. Gleiches gilt für den Fall, dass die Laufzeit des Kreditderivats die Laufzeit des Referenzaktivums übersteigt. In diesem Fall wird das fällige

---

114 So Weigel/Bär/Vietze, in: WPg 2015, S. 57 (S. 63).

Referenzaktivum für die Restlaufzeit des Kreditderivats durch ein neues Referenzaktivum ersetzt, sodass eine Sicherungswirkung zwischen Kreditderivat und Kreditengagement nicht aufgrund von Laufzeitunterschieden zu verneinen wäre. Auch steht eine zeitliche Inkongruenz zwischen der gesicherten Forderung und dem **Kreditderivat selbst** einer Bilanzierung als erhaltene Kreditsicherheit nicht entgegen. Dies ist offensichtlich für den Fall, dass die Laufzeit des Kreditderivats die Laufzeit der gesicherten Forderung übersteigt. Auf eine Bilanzierung des Kreditderivats als freistehendes Derivat nach Eintritt der Fälligkeit der abgesicherten Forderung kann bei einer verbleibenden kurzen Restlaufzeit i.d.R. aus Wesentlichkeitsgründen verzichtet werden[115]. Gleiches gilt für den Fall einer vorzeitigen Veräußerung des Schuldinstruments. Grundsätzlich ist dann das noch bestehende Kreditderivat als freistehendes Derivat zu bilanzieren, sofern aus Wesentlichkeitsgründen hierauf nicht verzichtet werden kann. Im Falle einer kürzeren Laufzeit des Kreditderivats kann dieses als Kreditsicherheit bei der Ermittlung des Risikovorsorgebedarfs für die abgesicherte Forderung berücksichtigt werden, »wenn und soweit der erwartete Ausfall auf der Basis der tatsächlichen Verhältnisse am Bilanzstichtag mit sehr hoher Wahrscheinlichkeit aus dem Eintritt des vereinbarten Kreditereignisses resultieren und er voraussichtlich innerhalb des Sicherungszeitraums eintreten wird«[116].

iii. Halteabsicht. Nach IDW RS BFA 1 setzt eine Behandlung eines Kreditderivats als erhaltene Kreditsicherheit beim Sicherungsnehmer voraus, dass eine Halteabsicht bis zur Endfälligkeit des Kreditderivats sowohl zum Zeitpunkt des Erwerbs als auch zum jeweiligen Abschlussstichtag besteht (IDW RS BFA 1, Tz. 13). Für das Kriterium der Halteabsicht bis zur Endfälligkeit kann auf die Ausführungen zur Bilanzierung von gestellten Kreditsicherheiten beim Sicherungsgeber verwiesen werden.

Übersteigt die Leistung aus dem Kreditderivat den tatsächlichen Verlust aus dem Kredit, so soll dies einer Behandlung des Kreditderivats als erhaltene Kreditsicherheit beim Sicherungsnehmer nicht entgegen stehen[117]. Dies sollte keine Fälle einschließen, in denen der Nominalbetrag des Kreditderivats den Nennbetrag der abgesicherten Forderung wesentlich überschreitet (Übersicherung). Bei einer für die Vermögens-, Finanz- und Ertragslage wesentlichen Übersicherung wäre das Kreditderivat in Höhe des übersichernden Nominalbetrags als freistehendes Kreditderivat zu behandeln. Unterschreitet der Verlust aus der abgesicherten Forderung infolge von weiteren Sicherheiten (z.B. Grundschulden) eine mögliche Leistung aus dem Kreditderivat, so ist dies für eine bilanzielle Behandlung des Kreditderivats als Kreditsicherheit unschädlich.

Dient das Kreditderivat der Absicherung einer Forderung oder eines zinstragenden Wertpapiers des Bankbuchs, so kann die Sicherungswirkung bei Vorliegen der oben genannten Voraussetzungen durch eine Bilanzierung des Kreditderivats als Kreditsicherheit oder (Wahlrecht) durch die Bilanzierung des abgesicherten Grundgeschäfts und des

---
115 Vgl. Bär/Flintrop/Maifarth/Vietze/Weigel, in: WPg 2016, S. 31, hier S. 36.
116 Bär/Flintrop/Maifarth/Vietze/Weigel, in: WPg 2016, S. 1301, hier S. 1303.
117 So Bär/Flintrop/Maifarth/Vietze/Weigel, in: WPg 2016, S. 1301, hier S. 1303.

Kreditderivats als Bewertungseinheit im Sinne des § 254 HGB abgebildet werden. Dieses Wahlrecht besteht nicht im Falle einer Absicherung von Wertpapieren der Liquiditätsreserve, für die sich die Anwendung des strengen Niederstwertprinzips (§§ 340 Abs. 1, 253 Abs. 4 HGB) auf alle Risikoarten erstreckt. Eine kompensatorische Bilanzierung kann für diese Finanzinstrumente nur durch die Bildung einer Bewertungseinheit erreicht werden[118]. Für alle übrigen Forderungen und Schuldverschreibungen des Bankbuchs ist ein als Kreditsicherheit zu bilanzierendes Kreditderivat bei der Ermittlung des Risikovorsorgebedarfs (Einzelwertberichtigung, Pauschalwertberichtigung oder Rückstellungen im Kreditgeschäft) zu berücksichtigen und mithin nicht imparitätisch einzeln zu bewerten. Dient das Kreditderivat zwar der Absicherung eines zinstragenden Finanzinstruments des Bankbuchs und sind die Voraussetzungen für die Bilanzierung als Kreditsicherheit (z. B. aufgrund fehlender Halteabsicht oder zu geringer Laufzeit des Kreditderivats) nicht erfüllt und wurde durch das Institut keine Bewertungseinheit gebildet, so ist das Kreditderivat als freistehendes Derivat zu bilanzieren.

Ein als erhaltene Kreditsicherheit zu bilanzierendes Kreditderivat ist bei **Vertragsabschluss** nicht zu bilanzieren. Es stellt einen Sicherheitenwert dar, der üblicherweise zusammen mit anderen Sicherheiten (Grundschulden, Hypotheken, Pfandrechten, Bürgschaften usw.) in einem Nebenbuch (zumeist eine Verwaltungsdatenbank für Sicherheiten) erfasst wird. Vom Sicherungsnehmer während der Laufzeit zu leistende **Prämienzahlungen** sind im Provisionsaufwand zu erfassen. Nach IDW RS BFA 1, Tz. 25 ist ein Ausweis im Zinsergebnis sachgerecht, soweit der Zinscharakter überwiegt[119]. Nach IDW RS BFA 1, Tz. 25 ist dies insbesondere der Fall, wenn das Kreditderivat mit zinsbezogenen Finanzinstrumenten in eine Bewertungseinheit im Sinne des § 254 HGB einbezogen ist. Zudem ist nach der hier vertretenen Meinung im Regelfall davon auszugehen, dass Prämienzahlungen für Kreditderivate, die die Voraussetzungen zur Bilanzierung als erhaltene Kreditsicherheiten erfüllen, ein überwiegender Zinscharakter zuzuschreiben ist. Bei Vorauszahlungen der Prämie (so auch im Falle von Einmalzahlungen als Korrektiv zur standardisierten Prämienhöhe) zu Beginn der Laufzeit ist die Auszahlung als aktiver Rechnungsabgrenzungsposten (§ 250 Abs. 1 HGB) zu erfassen und über die Laufzeit aufzulösen (IDW RS BFA 1, Tz. 25). Soweit das Kreditderivat als erhaltene Kreditsicherheit zu bilanzieren ist, ist das Kreditderivat am Abschlussstichtag zusammen mit dem abgesicherten Finanzinstrument bei der Ermittlung des Risikovorsorgebedarfs zu berücksichtigen. Die isolierte Bildung einer **Rückstellung** für eine erhaltene Kreditsicherheit kommt nicht in Betracht. Jedoch ist nach der hier vertretenen Auffassung zu prüfen, ob die künftigen Prämienzahlungen als den (Margen-)Barwert des abgesicherten Finanzinstruments mindernde Absicherungskosten im Rahmen der verlustfreien Bewertung des Zinsbuchs nach IDW RS BFA 3 zu berücksichtigen sind. Dies ist zu bejahen, wenn den Prämienzahlungen ein überwiegender Zinscharakter zuzuschreiben ist. Bei **Eintritt eines Kreditereignisses** erhält der Sicherungsnehmer vom Sicherungsgeber eine Ausgleichszahlung oder er kann das Referenzaktivum an den Sicherungsgeber

---
118 Vgl. Weigel/Bär/Vietze, in: WPg 2015, S. 57, hier S. 63.
119 In diesem Fall kann es auch sachgerecht sein, die Prämienzahlungen als Zinskorrektiv anzusehen und entweder nach der hier vertretenen Auffassung als eine Minderung des Zinsertrags des abgesicherten Geschäfts oder als Zinsaufwand auszuweisen. Vgl. Bundesverband deutscher Banken (2000), S. 24.

zum Nennwert verkaufen. Eine aus dem Kreditderivat erhaltene Ausgleichszahlung infolge des Eintritts eines Kreditereignisses ist in demselben GuV-Posten zu erfassen wie das Bewertungsergebnis des abgesicherten Vermögensgegenstands (IDW RS BFA 1, Tz. 28). Bei Absicherung einer Forderung ist die Ausgleichszahlung im Risikovorsorgesaldo, bei Absicherung eines Wertpapiers des Anlagevermögens als »Ertrag aus Zuschreibung zu Beteiligungen, Anteilen an verbundenen Unternehmen und wie Anlagevermögen behandelte Wertpapiere« (Ertragsposten 7, Formblatt 2 RechKredV) auszuweisen[120]. Ist eine physische Lieferung vereinbart, so kann der Sicherungsnehmer den abgesicherten Vermögensgegenstand zum Nennwert verkaufen. Die Ausbuchung des abgesicherten Vermögensgegenstands erfolgt als Aktivtausch, wobei eine mögliche Differenz zwischen dem erhaltenen Betrag und dem Buchwert des gelieferten Finanzinstruments erfolgswirksam zu erfassen ist (IDW RS BFA 1, Tz. 29).

b) Bilanzierung als freistehendes Kreditderivat
Sind die Voraussetzungen für eine Bilanzierung als erhaltene Kreditsicherheit nicht erfüllt, so ist das Kreditderivat als freistehendes Derivat zu bilanzieren. Dies stellt die Regelvermutung dar[121]. In diesem Fall sind auf das Kreditderivat die für schwebende Geschäfte geltenden Grundsätze (IDW RS HFA 4, IDW RS BFA 6) anzuwenden. Aufgrund der Ausgeglichenheitsvermutung für schwebende Geschäfte sind diese bei Vertragsabschluss nicht zu bilanzieren, sondern nur im Nebenbuch zu erfassen. Am Bilanzstichtag ist zu prüfen, ob für das schwebende Geschäft **Drohverlustrückstellungen** zu bilden sind (§§ 340 Abs. 1, 249 Abs. 1 S. 1 HGB, IDW RS HFA 4) zu bilden sind. Dies wäre der Fall, wenn das Kreditderivat am Abschlussstichtag einen negativen beizulegenden Zeitwert aufweist. Prämienzahlungen für freistehende Kreditderivate des Sicherungsnehmers sind in Übereinstimmung mit IDW RS BFA 6 im sonstigen betrieblichen Ergebnis auszuweisen (IDW RS BFA 1, Tz. 24). Erhaltene **Ausgleichszahlungen** hat der Sicherungsnehmer analog in den sonstigen betrieblichen Erträgen zu erfassen (IDW RS BFA 1, Tz. 27).

3.2.3.3 Total Return Swaps

a) Allgemeine Einordnung. Ein Total Return Swap stellt ein Tauschgeschäft dar, bei dem die Vertragsparteien für eine bestimmte Dauer sämtliche vertraglichen Zahlungen aus einem Finanzinstrument gegen einen anderen Zahlungsstrom tauschen. Dabei werden vom Sicherungsnehmer sowohl Kuponzahlungen des Referenzaktivums als auch dessen Kursgewinne an den Sicherungsgeber weitergeleitet, wofür dieser im Gegenzug eine vertraglich vereinbarte Zinszahlung sowie die Erstattung von Kursverlusten des Underlying vom Sicherungsgeber erhält. Die vom Sicherungsgeber zu zahlenden Zinsen stellen einen Refinanzierungsaufwand des Referenzaktivums dar[122]. Durch einen Total Return Swap wird der gesamte wirtschaftliche Erfolg auf eine andere Vertragspartei transferiert. Es kommt mithin nicht nur zu einer Kompensation des Kreditrisikos, sondern auch des allgemeinen Markt-

---

120 Vgl. bereits Kühnle, in: WPg 2002, S. 294; ebenso Auerbach/Fischer, in: Kreditderivate, S. 243.
121 Vgl. bereits Auerbach/Fischer, in: Kreditderivate, S. 240.
122 Vgl. Bundesverband deutscher Banken (2000), S. 3.

risikos (z. B. Zinsänderungsrisikos). Total Return Swaps weisen somit ein symmetrisches Risikoprofil auf. Mit einem Total Return Swap werden mithin nicht ausschließlich Ausfallrisiken im Sinne des IDW RS BFA 1 übertragen, sodass eine bilanzielle Behandlung als erhaltene oder gestellte Kreditsicherheit nicht in Betracht kommt. Total Return Swaps wären daher nach den für schwebende Geschäfte geltenden Grundsätzen zu bilanzieren, während nach IDW RS BFA 1, Tz. 20 noch eine Bilanzierung als Kreditsicherheit möglich war, sofern der Total Return Swap objektiv geeignet ist, den gewünschten Sicherungszweck zu erfüllen. In diesem Fall hatte nach IDW RS BFA 1 a. F., Tz. 20 eine marktpreis- oder bonitätsorientierte Abschreibung des gesicherten Grundgeschäfts nicht zu erfolgen[123]. IDW RS BFA 1 n. F. regelt nur noch Besonderheiten von Total Return Swaps, die die Behandlung zwischenzeitlicher Zinszahlungen und Kurswertausgleichszahlungen behandeln (IDW RS BFA 1 n. F., Tz. 31, 37). Da nunmehr nur noch diesbezügliche Besonderheiten geregelt sind, wären im Übrigen die allgemeinen Grundsätze des IDW RS BFA 1 zu beachten und mithin auch Total Return Swaps nur dann als Kreditsicherheiten zu behandeln, wenn diese ausschließlich Ausfallrisiken absichern würden (was zu verneinen ist). Die Neufassung von IDW RS BFA 1 würde daher zu einer wesentlichen Änderung in der Bilanzierung von Total Return Swaps führen.

b) Bilanzierung beim Sicherungsnehmer. Die getauschten Zahlungen sind in den Posten der Gewinn- und Verlustrechnung auszuweisen, in denen auch die entsprechenden Aufwendungen und Erträge des jeweiligen Grundgeschäfts auszuweisen sind. Die erhaltenen (bzw. gezahlten) Zinszahlungen sollen unter den Zinserträgen bzw. -aufwendungen und die damit verbundenen Zinsabgrenzungen unter den »Forderungen an Kunden« bzw. »Forderungen an Kreditinstitute« ausgewiesen werden[124]. Ausgleichszahlungen, die den Kurswert ausgleichen sind zunächst in der Bilanz unter den sonstigen Vermögensgegenständen und sonstigen Verbindlichkeiten[125] auszuweisen und erst bei Beendigung des Geschäfts ergebniswirksam zu vereinnahmen (IDW RS BFA 1, Tz. 31). In Abhängigkeit von der Kursentwicklung ist ein saldierter aktivischer oder passivischer Ausweis des kumulierten Kurswertausgleichs sachgerecht. Der Kurswertausgleich ist am Ende der Laufzeit des Total Return Swaps zu vereinnahmen. Der Ausweis richtet sich nach der Buchzuordnung des Grundgeschäfts.

c) Bilanzierung beim Sicherungsgeber. Ein Total Return Swap des Handelsbestands ist beim Sicherungsgeber einer Zeitwertbilanzierung nach § 340e Abs. 3 HGB zu unterziehen. Total Return Swaps des Nicht-Handelsbestands sind als schwebende Geschäfte zunächst nicht zu bilanzieren. Empfangene oder erhaltene Zahlungen, die den Kurswert ausgleichen, sind zunächst erfolgsneutral in der Bilanz zu erfassen. Bei Vorliegen eines drohenden Verlusts ist am Abschlussstichtag entsprechend der Behandlung von Variation Margin-Zahlungen bei Financial Futures eine außerplanmäßige Abschreibung der aktivierten Ausgleichszahlungen vorzunehmen und ggf. eine Drohverlustrückstellung für darüber hinausgehende Verlustanteile zu bilden (IDW RS BFA 1, Tz. 37).

---

[123] Vgl. Kühnle, in: WPg 2002, S. 294.
[124] Vgl. Auerbach/Fischer, in: Kreditderivate, S. 249.
[125] Vgl. Auerbach/Fischer, in: Kreditderivate, S. 249.

3.2.3.4 Credit Spread Options

a) **Allgemeine Einordnung.** Eine Credit Spread Option ist ein derivatives Finanzinstrument, wodurch der Risikoverkäufer einen Anspruch erwirbt, bei einem Anstieg des Credit Spreads eines Referenzschuldners über einen festgelegten Wert (Strike Spread) eine Ausgleichszahlung in Höhe der Differenz aus Credit Spread und Strike Spread bezogen auf den Nominalbetrag der Credit Spread Option zu verlangen[126]. Eine Credit Spread Option ist ein einseitig verpflichtender Vertrag, durch den der Inhaber der Credit Spread Option das Recht auf Erhalt einer Ausgleichszahlung erhält. Die Gegenpartei (Risikoverkäufer) erhält im Gegenzug eine Optionsprämie (Stillhalterprämie) vom Optionsinhaber. Credit Spread Options beziehen sich – im Gegensatz zu Credit Default Swaps – nicht auf ein ISDA-Kreditereignis, sondern auf die Änderung von Spread-Differenzen.

b) **Bilanzierung.** Da sich Credit Spread Optionen nicht auf die Absicherung von Ausfallrisiken i. S. d. IDW RS BFA 1 beziehen, sondern als Underlying der Credit Spread einer oder mehrere Referenzadressen definiert ist, sind auf Credit Spread Optionen die Grundsätze zur Bilanzierung von Optionsgeschäften (IDW RS BFA 6) anzuwenden. Insoweit kann an dieser Stelle auf die oben beschriebenen Grundsätze verwiesen werden. Credit Spread Optionen finden sich häufig als eingebettete Derivate in der Form von Financial Covenants (z. B. bonitätsabhängige Margenspreizungen). Diese stellen i. d. R. keine eingebetteten Derivate dar, die nach den Grundsätzen von IDW RS HFA 22 trennungspflichtig wären (siehe ausführlicher Kapitel III.1.4.4.3.5.1).

3.2.4 Anhangangaben

Der Einsatz derivativer Finanzinstrumente ist im Anhang nach § 285 S. 1 Nr. 18 und 19 HGB sowie im Lagebericht nach § 289 Abs. 2 Nr. 2 bzw. im Konzern nach § 314 Abs. 1 Nr. 10 HGB und § 315 Abs. 2. Nr. 2 HGB zu erläutern (siehe Kapitel VIII.3.5). Die institutsspezifischen Angabepflichten über den Einsatz von Derivaten richtet sich – wie auch schon die bilanzielle Abbildung – nach der Zwecksetzung sowie der mit den Derivaten verbundenen Risikoarten. So sind Derivate in die allgemeinen Erläuterungspflichten zum Handelsbestand (siehe Kapitel III.2.1.5) sowie zur Bildung von Bewertungseinheiten (im Anhang nach § 285 Nr. 23 HGB bzw. im Konzernanhang nach § 314 Abs. 1 Nr. 15 HGB, siehe Kapitel III.2.1.5) einzubeziehen. Bei einer Einbeziehung von **Zinsderivaten** (wie bspw. Zinsswaps, FRAs, Caps, Floors) in die allgemeine Zinsrisikosteuerung des Bankbuchs sind die methodischen Erläuterungen des IDW RS BFA 3 zu beachten (siehe Kapitel II.2.3.3.5). Dienen **Währungsderivate** (bspw. Währungsswaps, Zins-Währungsswaps, Devisentermingeschäfte, FX-Optionen) der besonderen Deckung von Währungsrisiken des Bankbuchs nach § 340h HGB, so finden die Währungsderivate Eingang in die Erläuterungen zur Währungsumrechnung nach § 284 Abs. 2. Nr. 2 HGB in Verbindung mit IDW RS BFA 4, Tz. 23 und 24. Sind **Kreditderivate** als gestellte oder erhaltene Kreditsicherheiten zu bilanzieren, so

---
126 Vgl. Horat, in: Der Schweizer Treuhänder 2003, S. 972; Struffert (2006), S. 18.

sind die für Bürgschaften geltenden Bilanzierungsgrundsätze zu beachten. Die für Derivate geltenden Angabepflichten im Anhang sind für diese Kreditderivate unbeachtlich. Sofern Kreditderivate als freistehende Derivate zu klassifizieren sind, sind diese in die Derivatepublizität einzubeziehen.

Über Derivate ist zudem im Rahmen der Angaben über noch nicht abgewickelte Termingeschäfte nach § 36 RechKredV zu berichten (Näheres siehe Kapitel V.2.2). Sofern es sich bei Derivaten um verbriefte Rechte handelt (z. B. in Optionsscheinen verbriefte Optionsrechte), sind die Angaben zu börsenfähigen und börsennotierten Wertpapieren (§ 35 Abs. 1 RechKredV) zu beachten (Näheres siehe Kapitel IV.1.2.5.1). Hierbei sind die Aktivposten 5, 6, 7 und 8 in börsennotierte und nicht börsennotierte Wertpapiere aufzugliedern. Ferner ist der Betrag der Aktivposten 5 und 6 anzugeben, der nicht mit dem Niederstwert bewertet wurde; dabei ist darzulegen, in welcher Weise die so bewerteten Wertpapiere von den mit dem Niederstwert bewerteten börsenfähigen Wertpapieren abgegrenzt wurden (§ 35 Abs. 1 Nr. 2 RechKredV).

Kapitel VII. Bilanzierung umwandlungsrechtlicher Vorgänge

1 Überblick über umwandlungsrechtliche Vorgänge

Umwandlungsrechtliche Vorgänge spielen auch bei Kredit- und Finanzdienstleistungsinstituten eine bedeutsame Rolle. Bilanzrechtliche Sonderfragen stellen sich für Institute bspw. bei Umwandlungen, die im Rahmen von konzerninternen Umstrukturierungen vorgenommen werden, bei Umwandlungen, die mit einem Erwerbs- oder Veräußerungsvorgang verbunden sind (aufnehmende Umwandlungen) sowie auch bei Umwandlungen, die zum Zwecke der Sanierung von Kredit- und Finanzdienstleistungsinstituten vorgenommen werden. Insbesondere für Umwandlungen, die der Sanierung von Instituten dienen, gelten institutsspezifische Vorschriften, die im Folgenden näher erläutert werden sollen.

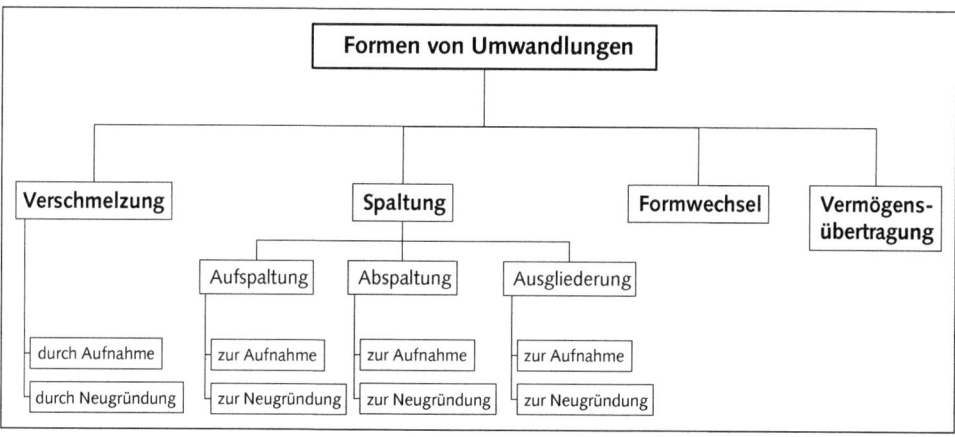

Abb. 73: Umwandlungsformen

Während für die Bilanzierung von Verschmelzungen keine institutsspezifischen Besonderheiten bestehen, sind spezialgesetzliche Besonderheiten für Institute bei bestimmten Spaltungsvorgängen zu beachten. Da bei der Bilanzierung von Spaltungen in gewissem Umfang auf die Grundsätze zur Bilanzierung von Verschmelzungen zurückgegriffen wird, soll im Folgenden zunächst ein kurzer Überblick über die Bilanzierung von Verschmelzungsvorgängen gegeben werden (für eine vertiefte Darstellung sei auf das Schrifttum verwiesen)[1].

---

1 Vgl. IDW RS HFA 42; Langecker, in: Beck HdR, B 776, Tz. 1–325; IDW, WPH Assurance, E 14 ff.

2 Bilanzierung von Verschmelzungen

2.1 Rechtliche Grundlagen

Unter einer Verschmelzung ist die Übertragung des gesamten Vermögens eines oder mehrerer Rechtsträger (übertragende Rechtsträger) auf einen anderen Rechtsträger (übernehmender Rechtsträger) im Wege der Gesamtrechtsnachfolge zu verstehen, wobei der bzw. die übertragenden Rechtsträger ohne Abwicklung aufgelöst werden. Durch die Übertragung des gesamten Vermögens erleiden die Gesellschafter des bzw. der übertragenden Rechtsträger einen Wertverlust, der dadurch ausgeglichen wird, dass die Anteilsinhaber des übertragenden Rechtsträgers Anteile an dem übernehmenden Rechtsträger erhalten. § 2 UmwG sieht zwei Formen der Verschmelzung vor:

- **Verschmelzung durch Aufnahme** (§ 2 Nr. 1 UmwG). Bei einer Verschmelzung durch Aufnahme wird das Vermögen des übertragenden Rechtsträger auf einen bereits bestehenden Rechtsträger übertragen. Der aufnehmende Rechtsträger gewährt den Anteilseignern des übertragenden Rechtsträgers bestehende eigene Anteile (Verschmelzung ohne Kapitalerhöhung) oder neue Anteile (Verschmelzung mit Kapitalerhöhung). Die Durchführung einer Kapitalerhöhung kann unter bestimmten Bedingungen gesetzlich verwehrt (§ 68 Abs. 1 UmwG) oder obsolet sein, wenn die Anteilseigner des übertragenden Rechtsträgers unter bestimmten Bedingungen auf den Erhalt von Gesellschaftsanteilen verzichten (§ 68 Abs. 2 UmwG).
- **Verschmelzung durch Neugründung** (§ 2 Nr. 2 UmwG). Bei der Verschmelzung zur Neugründung übertragen zwei (oder mehrere) Rechtsträger ihr gesamtes Vermögen auf einen für die Verschmelzung neu gegründeten Rechtsträger. Wie auch bei der Verschmelzung zur Aufnahme gehen die übertragenden Rechtsträger durch Auflösung ohne Abwicklung unter.

Die Verschmelzung setzt einen Verschmelzungsvertrag voraus, in dem ein **Verschmelzungsstichtag** bestimmt ist. Ab diesem Zeitpunkt gelten alle Handlungen und Geschäftsvorfälle als für Rechnung des übernehmenden Rechtsträgers vorgenommen (§ 5 Abs. 1 Nr. 6 UmwG), sodass diese dem übernehmenden Rechtsträger ab diesem Zeitpunkt auch bilanziell zuzurechnen sind (IDW RS HFA 42, Tz. 28). Der Stichtag der Schlussbilanz liegt eine logische Sekunde vor dem Verschmelzungsstichtag[1]. Ist der Verschmelzungsstichtag

---

[1] Vgl. IDW, WPH Assurance, E 26, IDW RS HFA 42, Tz. 11.

der 01.01.X1 (00:00 Uhr), so ist eine Schlussbilanz zum 31.12.X0 (24:00 Uhr) aufzustellen. In diesem Fall hat der Anteilseigner des übertragenden Rechtsträgers am 31.12.X0 noch dessen Anteile zu bilanzieren. Ab dem 01.01.X1 (00:00 Uhr) sind dem übernehmenden Rechtsträger die Vermögensgegenstände und Schulden sowie das Ergebnis zuzuordnen.

2.2 Bilanzierung beim übertragenden Rechtsträger

Der übertragende Rechtsträger hat nach § 17 Abs. 2 UmwG eine **Schlussbilanz** aufzustellen und der Anmeldung zum Handelsregister beizufügen[2]. Die Schlussbilanz ermöglicht[3]:
- den Gläubigern zu prüfen, ob sie nach § 22 UmwG eine Sicherheitsleistung verlangen können,
- die Bilanzkontinuität insbes. zur Buchwertverknüpfung nach § 24 UmwG,
- eine (Kapitalerhöhungs)Kontrolle über den Wert der Sacheinlage (§ 61 Abs. 1 S. 1 UmwG)[4],
- die Abgrenzung des Ergebnisses, welches der übertragende Rechtsträger für eigene Rechnung bzw. für Rechnung des übernehmenden Rechtsträgers erwirtschaftet hat.

Die Schlussbilanz darf höchstens acht Monate vor der Anmeldung zum Handelsregister aufgestellt worden sein (§ 17 Abs. 2 S. 4 UmwG). Ob der Aufstellungsstichtag durch den Verschmelzungsstichtag vorbestimmt wird, ist im Schrifttum umstritten[5]. Für die Schlussbilanz gelten die Vorschriften über die Jahresbilanz und deren Prüfung entsprechend (§ 17 Abs. 2 S. 2 UmwG)[6]. Sofern für die Schlussbilanz nicht der letzte geprüfte Jahresabschluss zugrunde gelegt wird, ist die Schlussbilanz aus der Bilanz des letzten Jahresabschlusses unter Berücksichtigung zwischenzeitlicher Geschäftsvorfälle nach den handelsrechtlichen Vorschriften zu entwickeln (IDW RS HFA 42, Tz. 15)[7]. Obgleich der übertragende Rechtsträger durch die Verschmelzung untergeht, ist bei der Erstellung der Schlussbilanz von einer

---

2 Die Pflicht zur Aufstellung einer Schlussbilanz besteht nur für den übertragenden Rechtsträger; der übernehmende Rechtsträger hat keine Schlussbilanz aufzustellen. Vgl. BayObLG vom 10.12.1998 – 3 ZR 237/98, in: GmbHR 1999, S. 295.
3 Vgl. Bork, in: Lutter/Winter, § 17 UmwG, Tz. 4.
4 Hierzu wird im Schrifttum zu Recht angemerkt, dass die Übertragungsbilanz für Zwecke der Prüfung der Kapitalaufbringung ungeeignet ist, da die Übertragungsbilanz keinen Nachweis für den beizulegenden Zeitwert erbringen kann. Vgl. z. B. Heeb, in: WPg 2014, S. 189, m. w. N.
5 Dass der Aufstellungsstichtag unmittelbar vor oder gar auf den Verschmelzungsstichtag zu legen ist, wird befürwortet von Langecker, in: Beck HdR, B 776, Tz. 37; Scherrer (2009), S. 64; Hoffmann, in: Lüdenbach/Hoffmann, § 272 HGB, Tz. 119. Für einen beliebigen Stichtag innerhalb der 8-Monats-Frist sprechen sich aus Schwanna, in: Semler/Stengel, 4. Aufl., § 17 UmwG, Tz. 19 sowie Hörtnagl, in: Schmitt/Hörtnagl/Stratz, 7. Aufl., § 17 UmwG, Tz. 36 m. w. N.
6 Wird als Schlussbilanz der letzte geprüfte Jahresabschluss eingereicht, so ist keine gesonderte Prüfung der Schlussbilanz erforderlich. Für den Fall, dass der Stichtag der Schlussbilanz nicht mit dem Jahresabschlussstichtag übereinstimmt oder in der Schlussbilanz Ansatz- und Bewertungswahlrechte abweichend zum Jahresabschluss in Anspruch genommen werden, ist eine gesonderte Prüfung der Schlussbilanz erforderlich. In diesem Fall gilt ein eigener Wertaufhellungszeitraum. Im Einzelnen siehe IDW PH 9.490.1.
7 Es ist lediglich eine Schlussbilanz einzureichen; die Vorlage einer GuV oder eines Anhangs ist nicht erforderlich. Vgl. Scheunemann, in: DB 2006, S. 799.

Unternehmensfortführung nach § 252 Abs. 1 Nr. 2 HGB auszugehen (IDW RS HFA 42, Tz. 15). Nach h. M. darf bei der Erstellung der Schlussbilanz in begründeten Ausnahmefällen die Ansatz- und Bewertungsstetigkeit sowie die Darstellungsstetigkeit durchbrochen werden, wenn die Verschmelzung zu Buchwerten erfolgen soll und die Ansatz- und Bewertungsmethoden des übertragenden Rechtsträgers an die des übernehmenden Rechtsträgers angepasst werden sollen (IDW RS HFA 42, Tz. 17)[8].

Die Rechnungslegungspflicht des übertragenden Rechtsträgers endet nicht mit dem Verschmelzungsbeschluss, sondern mit der **Handelsregistereintragung** (IDW RS HFA 42, Tz. 22)[9]. Liegt zwischen dem Verschmelzungsstichtag und dem Zeitpunkt der Handelsregistereintragung ein Abschlussstichtag, so hat der übertragende Rechtsträger bereits vor Handelsregistereintragung die Verschmelzung (und damit die Vermögens- und Ergebniszurechnung zum übernehmenden Rechtsträger) zu berücksichtigen, wenn die folgenden Bedingungen kumulativ erfüllt sind (siehe IDW RS HFA 42, Tz. 29):
- Formwirksamer Abschluss eines Verschmelzungsvertrags sowie Vorliegen von Zustimmungserklärungen der Anteilsinhaber bis zum Abschlussstichtag,
- Verschmelzungsstichtag liegt vor oder auf dem Abschlussstichtag,
- Die Verschmelzung muss bis zur Aufstellung des Jahresabschlusses eingetragen sein oder es muss mit an Sicherheit grenzender Wahrscheinlichkeit davon ausgegangen werden können, dass die Eintragung erfolgt,
- Es muss faktisch oder durch Vertrag sichergestellt sein, dass der übertragende Rechtsträger über die Vermögensgegenstände nur im Rahmen eines ordnungsmäßigen Geschäftsgangs oder mit Einwilligung des übernehmenden Rechtsträgers verfügen kann.

In diesem Fall gelten die Geschäfte des übertragenden Rechtsträgers als für Rechnung des übernehmenden Rechtsträgers vorgenommen. Dem übernehmenden Rechtsträger sind das wirtschaftliche Eigentum des Vermögens sowie die daraus resultierenden Aufwendungen und Erträgen (siehe IDW RS HFA 42, Tz. 31) zuzuordnen[10]. Die Aufwendungen und Erträge fallen nicht mehr originär beim übertragenden Rechtsträger an. Geht das wirtschaftliche Eigentum nicht auf den übernehmenden Rechtsträger über, so sind das Vermögen sowie die Aufwendungen und Erträge originär beim übertragenden Rechtsträger auszuweisen. Reinvermögensmehrungen und -minderungen zwischen dem Verschmelzungsstichtag und dem Abschlussstichtag sind in diesem Falle beim übertragenden Rechtsträger zu erfassen; allerdings ist im Anhang zu erläutern, dass die Reinvermögensänderungen für Rechnung des übernehmenden Rechtsträgers erwirtschaftet wurde (IDW RS HFA 42, Tz. 31).

---

8   Kritisch hierzu Scherrer (2009), S. 64, der hierfür keine überzeugende Ableitbarkeit aus den handelsrechtlichen Grundsätzen sieht.
9   Vgl. auch Scherrer (2009), S. 64.
10 Die Ergebniszuordnung richtet sich nach der Zuordnung des wirtschaftlichen Eigentums der übernommenen Vermögensgegenstände und Schulden. Vgl. Balzer/Volkmer, in: BiM 2012, S. 89.

2.3 Bilanzierung beim übernehmenden Rechtsträger

2.3.1 Wahlmöglichkeiten des übernehmenden Rechtsträgers

Die Übernahme der Vermögensgegenstände und Schulden (Übernahmebilanzierung) stellt beim übernehmenden Rechtsträger einen laufenden Geschäftsvorfall dar. Übernommene Vermögensgegenstände und Schulden sind dem Grunde nach anzusetzen, soweit die Ansatzvoraussetzungen nach § 246 HGB erfüllt sind. Das Aktivierungswahlrecht nach § 248 Abs. 2 S. 1 HGB sowie das Aktivierungsverbot nach § 248 Abs. 2 S. 2 HGB finden keine Anwendung, da es sich um entgeltliche erworbene Vermögensgegenstände handelt. Ein entgeltlich erworbener Geschäfts- oder Firmenwert im Sinne des § 246 Abs. 1 S. 4 HGB geht in dem Goodwill aus der Verschmelzung auf (IDW RS HFA 42, Tz. 36).

Der übernehmende Rechtsträger kann die Vermögensgegenstände und Schulden wahlweise nach §§ 253 Abs. 1, 255 Abs. 1 HGB mit den tatsächlichen **Anschaffungskosten** oder nach § 24 UmwG mit den **Buchwerten** aus der Schlussbilanz des übertragenden Rechtsträgers ansetzen (IDW RS HFA 42, Tz. 34). Das Wahlrecht ist im Rahmen einer Verschmelzungstransaktion für alle Vermögensgegenstände und Schulden einheitlich auszuüben. Bei zeitgleicher Verschmelzung mehrerer übertragender Rechtsträger auf einen übernehmenden Rechtsträger kann das Wahlrecht unterschiedlich ausgeübt werden[11].

2.3.2 Ansatz zu Anschaffungskosten

2.3.2.1 Verschmelzung mit Kapitalerhöhung

Erfolgt die **Verschmelzung zur Neugründung** oder zur Aufnahme durch Ausgabe neuer Anteile im Rahmen einer Kapitalerhöhung, so richtet sich die Zugangsbewertung nach den Grundsätzen zur Bilanzierung von Sacheinlagen[12]. Bei einer **Kapitalerhöhung gegen Sacheinlage** wird anstelle einer Bareinzahlung die Einbringung von Sachvermögen vorgenommen. Gesellschaftsrechtlich muss eine Sacheinlage stets zum Zeitwert vorgenommen werden (Grundsatz der realen Kapitalaufbringung). Der Zeitwert der Sacheinlage muss demnach mindestens dem Nennwert bzw. rechnerischen Wert der ausgegebenen Anteile entsprechen; da andernfalls eine unzulässige Unter-Pari-Emission vorliegen würde[13]. Für die Werthaltigkeit der Sacheinlage haften die einbringenden Gesellschafter im Rahmen der Differenzhaftung nach § 9 Abs. 1 AktG bzw. § 9 Abs. 1 GmbHG. Zu der Frage, zu welchem Wert eine Sacheinlage handelsbilanziell erstmalig anzusetzen ist, hat sich im Schrifttum mittlerweile eine herrschende Meinung herausgebildet. Nach überwiegender Auffassung besteht – in Abhängigkeit von der Ausgestaltung des Kapitalerhöhungsbeschlusses – ein Wahlrecht, die Sacheinlage mit

---
11 Vgl. Schmid, in: BB 2012, S. 501; Bertram/Spieß, in: WW, S. 57.
12 Vgl. IDW RS HFA 42, Tz. 41; Meyer, in: BB 2013, S. 683; Schmid, in: BB 2012, S. 501; Deubert/Hoffmann, in: Sonderbilanzen, 5. Aufl., K 41.
13 Vgl. Kropff, in: MüKom AktG, § 272 HGB, Tz. 74.

- dem Nennbetrag bzw. rechnerischen Wert der ausgegebenen Aktien als Untergrenze,
- dem höheren Zeitwert der Sacheinlage als Obergrenze oder
- einem Zwischenwert

anzusetzen[14]. Eine Unterbewertung der Sacheinlage ist nach h. M. damit zulässig. Daneben wird im Schrifttum ebenso die Auffassung vertreten, dass Sacheinlagen zwingend zum höheren Zeitwert anzusetzen sind[15]. Die Bestimmung der Anschaffungskosten des übernehmenden Rechtsträgers bei einer Verschmelzung mit Kapitalerhöhung bzw. durch Neugründung ergibt sich analog zu den oben dargestellten Grundsätzen zur Bilanzierung von Sacheinlagen. Maßgeblich für den Wertansatz beim übernehmenden Rechtsträger ist gem. IDW RS HFA 42, Tz. 43 der Kapitalerhöhungsbeschluss[16]. Dabei ergibt sich eine Bewertungsbandbreite zwischen dem Zeitwert als Höchstwert und dem Nennbetrag der neuen Anteile als Bewertungsuntergrenze[17]. Nach IDW RS HFA 42, Tz. 43 wird diesbezüglich wie folgt unterschieden:

- »Wird im Kapitalerhöhungsbeschluss neben der Bestimmung des Nennbetrags/geringsten Ausgabebetrags der neuen Anteile auch ein beziffertes Aufgeld (Agio) festgesetzt, setzen sich die Anschaffungskosten zusammen aus dem Nennbetrag/geringsten Ausgabebetrag der Anteile und dem Aufgeld.
- Wird im Kapitalerhöhungsbeschluss bestimmt, dass eine Differenz zwischen dem Zeitwert der übernommenen Vermögensgegenstände und Schulden und dem Nennbetrag/geringsten Ausgabebetrag der neuen Anteile) in die Kapitalrücklage nach § 272 Abs. 2 Nr. 1 HGB einzustellen ist, setzen sich die Anschaffungskosten zusammen aus dem Nennbetrag/geringsten Ausgabebetrag der Anteile und dem diesen Betrag übersteigenden Teil des Zeitwerts.« Ein **Verschmelzungsgewinn** (Buchwert des übertragenen Reinvermögens > Ausgabebetrag der neuen Anteile) stellt somit ein Aufgeld für die ausgegebenen neuen Anteile dar, welches bei Kapitalgesellschaften in die Kapitalrücklage nach § 272 Abs. 2 Nr. 1 HGB einzustellen ist[18]. Der Verschmelzungsgewinn ist mit dem Nennbetrag der Kapitalerhöhung zu verrechnen bzw. ein darüber hinausgehender Betrag in die Kapitalrücklage einzustellen[19].
- »Wird im Kapitalerhöhungsbeschluss nur der Nennbetrag/geringste Ausgabebetrag der neuen Anteile festgelegt, ist durch Auslegung zu ermitteln, ob die Anschaffungskosten durch den Nennbetrag/geringsten Ausgabebetrag der neuen Anteile bestimmt sind oder ob ein Agio in Höhe des Unterschiedsbetrags zwischen dem Nennbetrag/geringsten Ausgabebetrag der neuen Anteile und dem Zeitwert der übernommenen Vermögensgegenstände und Schulden mit der Folge entsprechend höherer Anschaffungskosten in die Kapitalrücklage nach § 272 Abs. 2 Nr. 1 HGB einzustellen ist.«

---

14 Vgl. ADS, § 272 HGB, Tz. 95; Winnefeld (2015), N 75 ff.; IDW RS HFA 42, Tz. 42; IDW HFA 2/97, Abschnitt 32211; Tiedchen, in: MüKom AktG, § 255 HGB, Tz. 44.
15 Für eine Übersicht vgl. Winkeljohann/Schellhorn, in: Sonderbilanzen, 5. Aufl., D 197 f.
16 Vgl. Deubert/Hoffmann, in: Sonderbilanzen, 5. Aufl., K 44.
17 Vgl. Meyer, in: BB 2013, S. 683.
18 Vgl. Deubert/Hoffmann, in: Sonderbilanzen, 5. Aufl., K 44; IDW, WPH Assurance, E 81, m. w. N.
19 Vgl. für eine ausführliche Herleitung Schmitt/Hülsmann, in: BB 2000, S. 1563 ff.

2.3.2.2 Verschmelzung ohne Kapitalerhöhung

Eine Verschmelzung ohne Kapitalerhöhung kommt insbesondere dann in Betracht, wenn dem übernehmenden Rechtsträger sämtliche Anteile eines übertragenden Rechtsträgers gehören (sog. **up-stream-merger**). In diesem Fall darf der übernehmende Rechtsträger nach § 54 Abs. 1 S. 1 Nr. 1 bzw. § 68 Abs. 1 S. 1 Nr. 1 UmwG zur Durchführung der Verschmelzung keine Kapitalerhöhung vornehmen. Der Untergang seiner Beteiligung am übertragenden Rechtsträger stellt die Gegenleistung des übernehmenden Rechtsträgers dar, da der übertragende Rechtsträger nach Durchführung der Verschmelzung ohne Abwicklung erlischt. Die Anschaffungskosten des übergehenden Vermögens bestimmen sich beim übernehmenden Rechtsträger nach den Tauschgrundsätzen (IDW RS HFA 42, Tz. 45). Dabei ist es strittig, ob bei konzerninternen Verschmelzungen auch eine Gewinnrealisierung möglich ist, da es zu keinem Umsatzakt mit einem Konzernfremden und damit nicht zu einem Markttest gekommen ist[20]. Aufgrund der bilanziellen Abbildung des Sachverhalts nach den Tauschgrundsätzen ist nach h. M. eine Realisierung stiller Reserven (auch bei konzerninternen Verschmelzungen[21]) möglich. Nach h. M. dürfen die übernommenen Vermögensgegenstände und Schulden mit[22]

- dem Buchwert der untergehenden Anteile,
- dem Zeitwert der untergehenden Anteile oder
- einem erfolgsneutralen Zwischenwert (Buchwert der untergehenden Anteile zuzüglich Ertragssteuerbelastung, sofern der Tausch zu einer Ertragssteuerbelastung führt)

angesetzt werden.

Verschmelzungsgewinne sind bei Aufwärtsverschmelzungen ergebniswirksam zu behandeln. Nach herrschender Auffassung stellt die Aufdeckung der stillen Reserven keinen Widerspruch zum Realisationsprinzip dar, da der Verschmelzungsvorgang einen Veräußerungs- und Anschaffungsvorgang darstellt und es zudem zu einer Vermögensübertragung kommt[23].

Bei einem sog. **Down-Stream-Merger** (die Muttergesellschaft wird auf eine Tochtergesellschaft verschmolzen) fallen die Anteile des übertragenden Rechtsträgers den Anteilseignern des übernehmenden Rechtsträgers zu. Wird das übernommene Vermögen beim übernehmenden Rechtsträger zu Anschaffungskosten angesetzt, so bestimmen sich diese nach dem vorsichtig geschätzten Zeitwert; ein Verschmelzungsgewinn soll in die Kapitalrücklage nach § 272 Abs. 2 Nr. 1 HGB einzustellen sein (IDW RS HFA 42, Tz. 47 u. 48). Ein Verschmelzungsverlust ist als Sachentnahme mit dem Eigenkapital zu verrechnen. Die Behandlung eines sog. **Side-Stream-Merger**, bei denen auf die Gewährung von Anteilen verzichtet wurde, entspricht der Bilanzierung von Down-Stream-Merger.

---

20 Aus diesem Grunde wird zum Teil gefordert, dass die Anschaffungskosten des übergehenden Reinvermögens zwingend mit dem Wert der untergehenden Anteile anzusetzen sind. Vgl. Schulze-Osterloh, in: ZGR 1993, S. 438. Gegen eine Buchwertfortführung bei konzerninternen Verschmelzungen wird sich zum Teil ausgesprochen in Bula/Thees, in: Sagasser/Bula/Brünger, 5. Aufl., § 10, Tz. 99 f.
21 Vgl. WPH, Assurance E 85 ff.; im Ergebnis auch Deubert/Hoffmann, in: Sonderbilanzen, 5. Aufl., K 59.
22 Vgl. IDW RS HFA 42, Tz. 46; Deubert/Hoffmann, in: Sonderbilanzen, 5. Aufl., K 54.
23 Vgl. Schmitt/Hülsmann, in: BB 2000, S. 1569.

Wird durch den übernehmenden Rechtsträger die Bilanzierung des übernommenen Vermögens zu Anschaffungskosten gewählt, so sind die Anschaffungskosten auf die übernommenen Vermögensgegenstände und Schulden zu verteilen.

2.3.3 Ansatz zu Buchwerten (Buchwertverknüpfung)

Der übernehmende Rechtsträger hat neben dem Ansatz des übernommenen Vermögens zu Anschaffungskosten auch die Möglichkeit, die Buchwerte aus der Schlussbilanz des übertragenden Rechtsträgers fortzuführen (Buchwertverknüpfung bzw. Buchwertfortführung). Dieses Wahlrecht ergibt sich aus § 24 UmwG[24]. Danach »können als Anschaffungskosten im Sinne des § 253 Abs. 1 HGB auch die in der Schlussbilanz eines übertragenden Rechtsträgers angesetzten Werte angesetzt werden«.

Bei Verschmelzungen mit Kapitalerhöhung ist ein Verschmelzungsgewinn (Buchwert des übernommenen Vermögens > Ausgabebetrag der Anteile) in die Kapitalrücklage nach § 272 Abs. 1 Nr. 1 HGB einzustellen. Ein Verschmelzungsverlust ist aufwandswirksam zu vereinnahmen. Bei Verschmelzungen ohne Kapitalerhöhungen kommt es auf die Verschmelzungsrichtung an. Bei Aufwärtsverschmelzungen sind Verschmelzungsgewinne und -verluste ergebniswirksam beim übernehmenden Rechtsträger zu erfassen. Bei Abwärts- und Seitwärtsverschmelzungen ist ein Verschmelzungsgewinn in die Kapitalrücklage nach § 272 Abs. 1 Nr. 4 HGB und ein Verschmelzungsverlust mit den frei verfügbaren Rücklagen zu verrechnen (IDW RS HFA 42, Tz. 71–75).

2.4 Bilanzierung beim Anteilsinhaber des übertragenden Rechtsträgers

Für ihren Vermögensverlust erhalten die Anteilsinhaber des übertragenden Rechtsträgers Anteile des übernehmenden Rechtsträgers. Die Anschaffungskosten bestimmen sich nach den Tauschgrundsätzen. Haben die Anteilsinhaber bereits Anteile am übernehmenden Rechtsträger und wird auf eine Anteilsgewährung verzichtet, so entstehen aufgrund der Erhöhung des inneren Werts der bestehenden Beteiligung nachträgliche Anschaffungskosten, deren Höhe sich nach den Tauschgrundsätzen richtet (IDW RS HFA 42, Tz. 78).

---

24 Zur Historie und Hintergrund des Wahlrechts zur Buchwertfortführung vgl. Langecker, in: HdR B 776, Tz. 110–121.

3 Bilanzierung von Spaltungen

3.1 Rechtliche Grundlagen

Bei einer Spaltung wird das Vermögen eines Rechtsträgers in zwei oder mehrere Teile geteilt und anschließend im Wege einer partiellen Gesamtrechtsnachfolge[1] (Sonderrechtsnachfolge) auf einen oder mehrere übernehmende Rechtsträger übertragen. Aufgrund der **Sonderrechtsnachfolge** gehen die Vermögensteile als Ganzes ohne dingliche Übertragung jedes einzelnen Gegenstands auf den übernehmenden Rechtsträger über. Im **Spaltungs- und Übernahmevertrag** sind dazu die zu übertragenden Vermögensteile zu bestimmen[2]. Wie auch bei der Verschmelzung werden bei der Spaltung Anteilsrechte an dem übernehmenden Rechtsträger als Gegenleistung für das abgespaltene und übertragene Vermögen gewährt. Das Umwandlungsgesetz sieht drei verschiedene Spaltungsformen vor:

- **Aufspaltung (§ 123 Abs. 1 UmwG).** Bei einer Aufspaltung wird das Vermögen des übertragenden Rechtsträgers **unter Auflösung ohne Abwicklung** auf einen oder mehrere übernehmende Rechtsträger übertragen. Im Gegenzug werden den **Anteilsinhabern** des übertragenden Rechtsträgers Anteile oder Mitgliedschaften an dem übernehmenden Rechtsträger gewährt. Bei der Aufspaltung erlischt der übertragende Rechtsträger (§ 131 Abs. 1 Nr. 2 UmwG).
- **Abspaltung (§ 123 Abs. 2 UmwG).** Bei einer Abspaltung wird ein Teil oder werden mehrere Teile des Vermögens des übertragenden Rechtsträgers auf einen oder mehrere Rechtsträger abgespalten. Als Gegenleistung erhalten die **Anteilsinhaber** des übertragenden Rechtsträgers Anteile an dem bzw. den aufnehmenden Rechtsträger(n). Es kommt zu **keiner Auflösung** des übertragenden Rechtsträgers.
- **Ausgliederung (§ 123 Abs. 3 UmwG).** Bei einer Ausgliederung wird ein Teil oder werden mehrere Teile des Vermögens des übertragenden Rechtsträgers auf einen oder mehrere aufnehmende Rechtsträger ausgegliedert. Als Gegenleistung erhält der **übertragende Rechtsträger** Anteile oder Mitgliedschaftsrechte an dem bzw. den aufnehmenden Rechtsträger(n). Es kommt zu **keiner Auflösung** des übertragenden Rechtsträgers.

---

1 Vgl. § 131 Abs. 1. Nr. 1 UmwG.
2 Dabei sind »die Anforderungen an die Bestimmtheit der Angaben zur Vermögensaufteilung im Spaltungsvertrag (…) mit den Anforderungen, die aufgrund des sachenrechtlichen Bestimmtheitsgrundsatzes bei Einzelrechtsübertragung bestehen, durchaus vergleichbar«. Hörtnagl, in: Schmitt/Hörtnagl/Stratz, 7. Aufl., § 131 UmwG, Tz. 5.

Bei allen drei Spaltungsformen können die aufnehmenden Rechtsträger bereits bestehen (sog. **Spaltung zur Aufnahme**) oder durch den Spaltungsakt im Wege einer Sachgründung neu gegründet werden (sog. **Spaltung zur Neugründung**). Nach § 54 Abs. 1 Nr. 1 UmwG kann der übernehmende Rechtsträger auch ein Gesellschafter sein (sog. Up-stream-Spaltung)[3]. Es ist ebenso zulässig, Vermögen(steile) gleichzeitig auf eine bereits bestehende oder eine durch die Spaltung neu zu gründende Gesellschaft zu übertragen (§ 123 Abs. 4 UmwG). Ebenso ist es zulässig, Abspaltungen und Ausgliederungen dadurch miteinander zu kombinieren, dass Anteile der aufnehmenden Gesellschaften teils auf die übertragende Gesellschaft (Ausgliederung) und teils auf die Gesellschafter der übertragenden Gesellschaft (Abspaltung) übertragen werden[4]. Die Rechtsformen der spaltungsfähigen übertragenden, übernehmenden oder durch die Spaltung gegründeten Rechtsträger sind in § 124 UmwG definiert.

Allen drei Spaltungsformen ist gemeinsam, dass die Gegenleistung für die Aufnahme von Vermögen in der **Gewährung von Anteilen** an dem aufnehmenden Rechtsträger besteht. Grundsätzlich besteht bei Spaltungsvorgängen eine Pflicht zur Gewährung von Anteilen. Von diesem Grundsatz existieren verschiedene Ausnahmen. So besteht bei Abspaltungen auf eine Muttergesellschaft (Konzernspaltung), bei denen einem Rechtsträger Anteile gewährt werden, der schon bereits Gesellschafter des übernehmenden Rechtsträgers ist, hingegen keine Pflicht zur Gewährung von Anteilen[5]. Stellt der übernehmende Rechtsträger eine GmbH (§ 125 Abs. 1 UmwG i. V. m. § 54 Abs. 1 S. 3 UmwG) oder eine Aktiengesellschaft (§ 125 Abs. 1 UmwG i. V. m. § 68 Abs. 1 S. 3 UmwG) dar, so darf der übernehmende Rechtsträger bei einer Aufspaltung und einer Abspaltung von der Gewährung von Anteilen absehen, wenn alle Anteilsinhaber eines übertragenden Rechtsträgers darauf verzichten (siehe auch IDW RS HFA 43, Tz. 2 u. 3). Ein Verzicht auf eine Anteilsgewährung kommt für den Fall einer Ausgliederung nicht in Betracht (IDW RS HFA 43, Tz. 4). Bei der Gewährung von Anteilen kann zum Ausgleich von Betragsspitzen allerdings auch eine Zuzahlung in Bar vorgenommen werden. Für die Anteilsgewährung kommen bestehende eigene Anteile oder neu geschaffene Anteile im Wege einer Kapitalerhöhung in Betracht. Werden bei der Aufspaltung und der Abspaltung den Gesellschaftern des übertragenden Rechtsträgers die Anteile am übernehmenden Rechtsträger in dem Verhältnis zugeteilt, in dem die Gesellschafter an dem übertragenden Rechtsträger beteiligt waren, so liegt eine sog. **verhältniswahrende Spaltung** vor. Nach § 128 UmwG kann bei einer Spaltung die Gewährung von Anteilen an dem übernehmenden Rechtsträger auch vom bisherigen Beteiligungsverhältnis der Gesellschafter an dem übertragenden Rechtsträger abweichen (sog. **nichtverhältniswahrende Spaltung**)[6]. Die Aufteilung der Anteile auf die Anteilsinhaber des übertragenden Rechtsträgers ist nach § 126 Abs. 1 Nr. 10 UmwG Inhalt des Spaltungs- und Übernahmevertrags. Zum Schutz von Minderheitsgesellschaftern bedarf es für eine nichtverhältniswahrende Spaltung nach § 128 S. 1 UmwG der Zustim-

---

3   Vgl. Klingberg, in: Sonderbilanzen, 5. Aufl., I 11.
4   Vgl. Breithaupt/Ottersbach, in: Kompendium Gesellschaftsrecht, § 3, Tz. 298.
5   Vgl. Langecker, in: BeckHdR, B 776; Tz. 343; Sagasser, in: Sagasser/Bula/Brünger, 5. Aufl., § 18, Tz. 39 ff.
6   Vgl. Kallmeyer, in: Umwandlungsgesetz, § 128 UmwG, Tz. 2; Priester, in: Lutter/Winter, § 128 UmwG, Tz. 8; Pfaar/Schimmele, in: Konzernsteuerrecht, § 4, Tz. 342.

mung von **allen** Anteilsinhabern des übertragenden Rechtsträgers[7]. Nicht-verhältniswahrende Spaltungen können bspw. in der Form vorgenommen werden, dass das Vermögen des übertragenden Rechtsträgers auf zwei oder mehrere Gesellschaften auf- oder abgespalten wird, und die Anteilsinhaber des übertragenden Rechtsträgers in einem unterschiedlichen Verhältnis Anteile an den übernehmenden Rechtsträgern erhalten[8]. Dies schließt auch die Möglichkeit einer »**Spaltung zu null**« als extremste Form einer nicht-verhältniswahrenden Spaltung ein[9], durch die einzelne Anteilsinhaber für einen erhöhten Anteil an der einen Gesellschaft keine Anteile an einer anderen Gesellschaft gewährt bekommen (Trennung von Gesellschaftergruppen). Maßgeblich für das Vorliegen einer Verhältniswahrung sind die **rechnerischen Beteiligungsquoten** der Anteilseigner des übertragenden Rechtsträgers. Bei einer verhältniswahrenden **Spaltung zur Neugründung** stimmen die rechnerischen Beteiligungsquoten der Gesellschafter am übertragenden Rechtsträgers mit den Beteiligungsquoten am übernehmenden Rechtsträger nach erfolgter Spaltung überein[10]. Eine verhältniswahrende **Spaltung zur Aufnahme** erfordert, dass sich die rechnerischen Beteiligungsquoten der Anteilsinhaber des übertragenden Rechtsträger im Verhältnis zueinander[11] nicht verändern.

Ein Vorteil von Spaltungen ist unter anderem darin zu sehen, dass die bei einer Einzelrechtsübertragung notwendigen Einzelübertragungserfordernisse (wie z.B. die Zustimmung von Gläubigern oder Vertragsparteien) entfallen. Zum Schutz der Gläubiger bzw. Vertragsparteien **haften** die an der Spaltung beteiligten Rechtsträger allerdings für die Verbindlichkeiten des übertragenden Rechtsträgers, die vor der Spaltung begründet wurden, als **Gesamtschuldner** (§ 133 Abs. 1 S. 1 UmwG).

An die **Struktur des zu spaltenden Vermögens** werden durch das Umwandlungsrecht keine besonderen Anforderungen gestellt. Soll eine Spaltung auf der Ebene des übertragenden Rechtsträgers bzw. der Anteilsinhaber steuerneutral oder zur Zwischenwerten in der steuerlichen Schlussbilanz durchgeführt werden, so muss das zu spaltende Vermögen einen Teilbetrieb im Sinne des § 16 Abs. 1 EStG darstellen (§ 15 Abs. 1 UmwStG)[12]. Zivilrechtlich können auch einzelne Vermögensgegenstände oder einzelne Verbindlichkeiten übertragen werden. Dabei ist die Übertragung einer einzelnen Verbindlichkeit nur möglich,

---

7   Zum Einstimmigkeitserfordernis sowie der einschränkenden Praktikabilität siehe Rubner/Fischer, in: NZG 2014, S. 761 ff.
8   Zu den verschiedenen Möglichkeiten vgl. bspw. Hörtnagl, in: Schmitt/Hörtnagl/Stratz, 7. Aufl., § 128 UmwG, Tz. 10 ff.; Sagasser, in: Sagasser/Bula/Brünger, 5. Aufl., § 18, Tz. 39 ff.
9   Vgl. OLG München, Beschluss vom 10.07.2013 – 31 Wx 131/13, in: DStR 2013, S. 2018. Zur Besprechung des Urteils sowie zu typischen Fallgestaltungen einer Spaltung zu null vgl. Weiler, in: NZG 2013, S. 1326.
10 Vgl. Kallmeyer, in: Umwandlungsgesetz, § 128 UmwG, Tz. 2; Priester, in: Lutter/Winter, § 128 UmwG, Tz. 8.
11 Für die Frage, ob eine Verhältniswahrung vorliegt, kommt es nicht auf die Beteiligungsquote am Gesamtvermögen des übernehmenden Rechtsträgers, sondern auf die Beteiligungsquoten an den Vermögensteilen, die spaltungsbedingt übertragen wurden, an. Vgl. Simon, in: KK UmwG, § 128 UmwG, Tz. 9. Waren bspw. zwei Gesellschafter zu gleichen Teilen am übertragenden Rechtsträger beteiligt und erhalten beide Gesellschafter gleich viele Gesellschaftsanteile am übernehmenden Rechtsträger, so liegt eine verhältniswahrende Spaltung vor (auch wenn ihre Beteiligungsquote aufgrund von Alt-Gesellschaftern am übernehmenden Rechtsträger kleiner als 50 % ist). Vgl. z.B. auch Kallmeyer, in: Umwandlungsgesetz, § 128 UmwG, Tz. 3.
12 Vgl. Hörtnagl, in: UmwG, UmwStG, § 15 UmwStG, Tz. 44–46.

wenn die Spaltung auf den alleinigen Anteilseigner erfolgt, da nur in diesem Fall keine Kapitalerhöhung zu erfolgen hat[13].

Die vertragliche Grundlage für eine Spaltung zur Aufnahme bildet ein sog. **Spaltungs- und Übernahmevertrag** (§ 126 UmwG) bzw. bei einer Spaltung zur Neugründung ein sog. **Spaltungsplan** (§ 136 S. 2 UmwG). Ein Spaltungs- und Übernahmevertrag muss mindestens die in § 126 UmwG aufgeführten Angaben und Bestimmungen enthalten wie z. B. Umtauschverhältnis der Anteile, Spaltungsstichtag, ab dem die Handlungen des übertragenden Rechtsträgers als für Rechnung des übernehmenden Rechtsträgers vorgenommen gelten sollen, die genaue Bezeichnung des Aktiv- und Passivvermögens, das an den übernehmenden Rechtsträger übertragen werden soll. Aus Sicht des übertragenden Rechtsträgers liegt eine **Vermögensauskehrung** vor, wenn ein positiver bilanzieller Vermögenssaldo übertragen wird. Im Falle eines negativen bilanziellen Vermögenssaldos liegt eine **Vermögenseinlage** vor. Die Auflistung des Vermögens ist nach § 126 Abs. 1 Nr. 9 UmwG genau zu bezeichnen; die Vermögensgegenstände und Schulden müssen durch die genaue Bezeichnung bestimmbar sein (**Bestimmtheitsgrundsatz**)[14]. Dies umfasst auch nicht bilanzierungsfähiges Vermögen wie bestimmte immaterielle Vermögensgegenstände und Rechtsverhältnisse[15]. Teilbare Forderungen können durch eine Spaltung auf verschiedene Rechtsträger verteilt werden, sofern kein Ausschluss auf Teilung vereinbart wurde. Eine Teilung von Verbindlichkeiten und gegenseitigen Verträgen erscheint unter bestimmten Bedingungen ebenfalls möglich[16]. Eine Trennung von Haupt- und Nebenleistungen ist hingegen unwirksam, bspw. die Zuordnung von akzessorischen Sicherungsrechten zu einem anderen Rechtsträger[17]. Zum Nachweis des übergehenden Vermögens ist für alle Formen der Spaltung eine Spaltungsschlussbilanz gem. § 125 S. 1 in Verbindung mit § 17 Abs. 2 UmwG zu erstellen[18].

Per Beschluss müssen die Anteilsinhaber der beteiligten Rechtsträger dem Spaltungsvertrag zustimmen, der ab diesem Zeitpunkt erst für die beteiligten Rechtsträger verbindlich wird (§ 13 UmwG in Verbindung mit § 125 UmwG)[19]. Spaltungen sind ins Handelsregister einzutragen (§§ 130, 131 UmwG); die rechtlichen Wirkungen treten mit der Eintragung in Kraft (konstitutive Wirkung der Eintragung).

---

13 Klingberg, in: Sonderbilanzen, 5. Aufl., I 3.
14 Vgl. Sagasser, in: Sagasser/Bula/Brünger, 5. Aufl., § 18, Tz. 120.
15 Vgl. Klingberg, in: Sonderbilanzen, 5. Aufl., I 63.
16 Vgl. Sagasser, in: Sagasser/Bula/Brünger, 5. Aufl., § 18, Tz. 60, 61.
17 Vgl. Sagasser, in: Sagasser/Bula/Brünger, 5. Aufl., § 18, Tz. 52.
18 Vgl. IDW RS HFA 43, Tz. 7–9; IDW, WPH Assurance, E 133 ff.; sowie Klingberg, in: Sonderbilanzen, 5. Aufl., I 300 ff.
19 Vgl. Klingberg, in: Sonderbilanzen, 5. Aufl., I 45.

3.2 Bilanzierung beim übertragenden Rechtsträger

3.2.1 Aufspaltung

Eine bilanzielle Abbildung einer Aufspaltung kommt beim übertragenden Rechtsträger nicht in Betracht, da dieser durch die Aufspaltung erlischt. Bis zum Wirksamwerden der Aufspaltung sind die für Verschmelzungen entsprechenden Grundsätze anzuwenden (IDW RS HFA 43, Tz. 10). Gleichwohl hat der übertragende Rechtsträger bei **allen Formen der Spaltung** aufgrund von § 125 S. 1 in Verbindung mit § 17 Abs. 2 UmwG eine **Schlussbilanz** zu erstellen. Für die Vorschriften zur Schlussbilanz bei Spaltungen gelten die obigen Ausführungen zur Verschmelzung analog. Nach Auffassung des IDW soll es zulässig sein, anstelle einer Bilanz für das gesamte Vermögen des übertragenden Rechtsträgers auch eine **Teilbilanz** aufstellen und der Anmeldung zum Handelsregister beilegen zu können (IDW RS HFA 43, Tz. 8)[20].

3.2.2 Abspaltung

Im Gegensatz zu einer Aufspaltung besteht der übertragende Rechtsträger bei einer Abspaltung fort und ist nach der Abspaltung zur Rechnungslegung in Bezug auf die bei ihm verbleibenden Vermögensteile weiterhin verpflichtet[21]. Abspaltungen stellen beim übertragenden Rechtsträger stets erfolgsneutrale Vorgänge dar. Es kommt zu keiner Ergebniswirkung, da Abspaltungen durch Gesellschaftsverhältnisse veranlasste Vorgänge darstellen[22]. Bei der Bilanzierung einer Abspaltung beim übertragenden Rechtsträger ist zwischen der Abspaltung eines positiven Vermögenssaldos (**Vermögensauskehrung**) und der Abspaltung eines negativen Vermögenssaldos (**Vermögenseinlage**) zu unterscheiden.

- Eine **Vermögensauskehrung** führt zu einer Minderung des bilanziellen Eigenkapitals des übertragenden Rechtsträgers, die erfolgsneutral gegen ungebundene Eigenkapitalteile (Gewinnvortrag, Gewinnrücklage, freie Kapitalrücklage) auszubuchen ist[23]. Kann die Vermögensminderung nicht durch die Verwendung freier Eigenkapitalteile ausgeglichen werden, kann dies durch eine Herabsetzung des Gezeichneten Kapitals ausgeglichen werden (§§ 139 S. 1, 145 S. 1 UmwG; IDW RS HFA 43, Tz. 12). Die Herabsetzung des Gezeichneten Kapitals ist im Wege einer Kapitalherabsetzung **in vereinfachter Form**[24] möglich (IDW RS HFA 43, Tz. 14). Bei Aktiengesellschaften sowie Kommanditgesellschaft auf Aktien ist die Minderung des Reinvermögens in der aktienrechtlichen Verlängerungsrechnung (siehe Kapitel IV.1.3.13.1) nach § 158 Abs. 1 S. 1 AktG nach dem Posten »Jahresüberschuss/Jahresfehlbetrag« gesondert als »Vermögensminderung

---

[20] Für eine detaillierte Diskussion zur Zulässigkeit der ersatzweisen Einreichung von Teilbilanzen bei Spaltungen vgl. Heeb, in: WPg 2014, S. 190; WPH II[2014], F 118; aA Bula/Thees, in: Sagasser/Bula/Brünger, 5. Aufl., § 19, Tz. 17; Hörtnagl, in: Schmitt/Hörtnagl/Stratz, § 17 UmwG, Tz. 51, die eine Gesamtbilanz fordern.
[21] Vgl. Simon, in: KK UmwG, § 123 UmwG, Tz. 47.
[22] Vgl. IDW RS HFA 43, Tz. 11; Langecker, in: Beck HdR, B 776, Tz. 382; IDW, WPH Assurance, E 140.
[23] Vgl. Deubert/Lewe, in: BB 2017, S. 2603 (S. 2604), IDW RS HFA 43, Tz. 12.
[24] Bei einer GmbH siehe hierzu § 58a GmbHG.

durch Abspaltung« auszuweisen; die aufgelösten Eigenkapitalteile sind dort ebenso gesondert auszuweisen[25]. Bei einer GmbH ist eine entsprechende Ergänzung der Gewinn- und Verlustrechnung sachgerecht (IDW RS HFA 43, Tz. 18). Zur Deckung der Eigenkapitalminderung sind bei einer **Aktiengesellschaft** zunächst die frei verfügbaren Rücklagen, danach die Kapitalrücklage und dann die gesetzliche Rücklage aufzulösen, soweit die Summe aus gesetzlicher Rücklage und Kapitalrücklage 10 % des nach der Spaltung verbleibenden Grundkapitals übersteigen (IDW RS HFA 43, Tz. 14). Bei einer **GmbH** sind zunächst die Kapital- und Gewinnrücklagen aufzulösen, soweit diese über 10 % des nach der Spaltung verbleibenden Stammkapitals hinausgehen. Nicht aufzulösen sind hingegen, die Rücklage für Anteile an einem herrschenden oder mehrheitlich beteiligten Unternehmen sowie Rücklagenanteile, die nach § 268 Abs. 8 HGB ausschüttungsgesperrt sind (IDW RS HFA 43, Tz. 14). Winkeljohann/Hoffmann sehen hingegen unter anderem die Pflichtrücklage laut Satzung oder Gesellschaftsvertrag als nicht auflösungsfähig an[26]. Reichen die Rücklagenauflösungen nicht aus, um den spaltungsbedingten Eigenkapitalabgang zu decken, darf der Restbetrag durch eine vereinfachte Kapitalherabsetzung gedeckt werden.

- Eine **Vermögenseinlage** stellt eine abspaltungsbedingte Vermögensmehrung dar, die als eine Erhöhung der Kapitalrücklage (Sachzuzahlung des Gesellschafters) und damit erfolgsneutral zu erfassen ist (IDW RS HFA 43, Tz. 19)[27]. Vormals wurde auch eine Bilanzierung als Ertragszuschuss für möglich gehalten, sofern die Gesellschafter dies ausdrücklich erklären (HFA 1/98, Abschnitt 122).

Die zeitliche Vermögens- und Ergebniszuordnung richtet sich nach der für Verschmelzungen geltenden Grundsätze; ab dem **Spaltungsstichtag** gelten die Handlungen des übertragenden Rechtsträgers, die das übertragende Vermögen betreffen, als für Rechnung des übernehmenden Rechtsträgers vorgenommen[28]. Dem übernehmenden Rechtsträger sind die Vermögensgegenstände und Schulden ab dem Zeitpunkt des Übergangs des wirtschaftlichen Eigentums zuzuordnen. Der übertragende Rechtsträger hat ab dem **Spaltungsstichtag** die übertragenen Vermögensgegenstände und Schulden auszubuchen.

Bei konzerninternen **Abwärtsspaltungen** wird Vermögen des übertragenden Rechtsträgers auf dessen Tochtergesellschaft (übernehmender Rechtsträger) übertragen. **Verzichtet** der Gesellschafter des übertragenden Rechtsträgers z. B. aufgrund einer 100 % Beteiligung an dem übernehmenden Rechtsträger auf die Gewährung von Anteilen, so wird beim übertragenden Rechtsträger der Vermögensverlust durch nachträgliche Anschaffungskosten auf die Beteiligung an dessen Tochtergesellschaft ausgeglichen. Der übertragende Rechtsträger kann in Anwendung der Tauschgrundsätze in Höhe des Buchwerts, des Zeitwerts oder eines erfolgsneutralen Zwischenwertes nachträgliche Anschaffungskosten auf die Beteiligung an der Tochtergesellschaft erfassen[29]. Kommt es dabei zur Aufdeckung stiller Reser-

---

25 Vgl. IDW, WPH Assurance, E 143; Langecker, in: Beck HdR, B 776, Tz. 382, Winkeljohann/Hoffmann, in: BBK, 11. Aufl., § 272 HGB, Tz. 375; Deubert/Lewe, in: BB 2017, S. 2603 (S. 2604).
26 Vgl. Winkeljohann/Hoffmann, in: BBK, 11. Aufl., § 272 HGB, Tz. 375.
27 Vgl. Langecker, in: Beck HdR, B 776, Tz. 383; IDW, WPH Assurance, E 145.
28 Vgl. Heeb, in: WPg 2014, S. 192.
29 Vgl. Deubert/Lewe, in: BB 2017, S. 2603 (S. 2605).

ven, sind diese als Ertrag zu vereinnahmen[30]. Werden dem Gesellschafter des übertragenden Rechtsträgers Anteile am übernehmenden Rechtsträger **gewährt**, so kommt es aufgrund der Vermögensentnahme beim übertragenden Rechtsträger zu einer spaltungsbedingten Vermögensminderung, die aufgrund der Anteilsgewährung an den Gesellschafter nicht durch nachträgliche Anschaffungskosten auf die Beteiligung ausgeglichen werden kann. Die Vermögensminderung ist erfolgsneutral gegen das ungebundene Eigenkapital zu erfassen. Eine spaltungsbedingte Abschreibung der Beteiligung ist i. d. R. nicht vorzunehmen, da das Absinken der Beteiligungsquote des übertragenden Rechtsträgers an dessen Tochterunternehmen durch eine abspaltungsbedingte Vermögensmehrung auf Ebene des übernehmenden Rechtsträgers ausgeglichen wird[31].

3.2.3 Ausgliederung

Nach h. M. ist eine Ausgliederung beim übertragenden Rechtsträgers als (wertgleicher) Tausch zu qualifizieren[32]. Der übertragende Rechtsträger erhält als Gegenleistung für die Hingabe von Vermögensgegenständen und Schulden Anteile an dem übernehmenden Rechtsträger. Die Bestimmung der Anschaffungskosten für die erhaltenen Anteile richtet sich nach den Tauschgrundsätzen. Demnach können die erhaltenen Anteile mit dem[33]
- Buchwert der hingegebenen Vermögensteile (**»Buchwertfortführung«**), oder
- Zeitwert der hingegebenen Vermögensteile (**»Gewinnrealisierung«**)[34], oder
- Buchwert der hingegebenen Vermögensteile zuzüglich Ertragssteuerbelastung, falls der Tausch ertragsteuerlich zur Gewinnrealisierung führt (**Ergebnisneutrale Behandlung**),

angesetzt werden. Ein Ansatz zu Buchwerten kommt dabei nur in Betracht, soweit der Zeitwert der hingegebenen Vermögensteile mindestens dem Buchwert entspricht. Bei einer gewinnrealisierenden Ausgliederung ist das Ausgliederungsergebnis ergebniswirksam zu erfassen. Umstritten ist, ob auch bei rein **konzerninternen Ausgliederungen** eine Gewinnrealisation möglich ist[35]. Wird die Buchwertfortführung gewählt und weist das ausgegliederte Nettovermögen einen negativen Buchwert bei gleichzeitig positivem Zeitwert auf[36], so sind die erhaltenen Anteile in der Bilanz mindestens mit einem Merkposten anzusetzen (IDW RS HFA 43, Tz. 21), da der Ausweis eines negativen Buchwerts der Anteile nicht den

---

30 Vgl. IDW RS HFA 42, Tz. 46.
31 Vgl. Deubert/Lewe, in: BB 2017, S. 2603 (S. 2606).
32 Vgl. IDW RS HFA 43, Tz. 21; IDW, WPH Assurance, E 147; Langecker, in: Beck HdR, B 776, Tz. 384.
33 Vgl. ausführlicher bspw. ADS, § 255 HGB, Tz. 89 ff.; IDW, WPH Assurance, E 149.
34 Diesbezüglich kritisch bspw. Bula/Thees, in: Sagasser/Bula/Brünger, 5. Aufl., § 19, Tz. 63 ff., die eine Gewinnrealisierung bei Ausgliederungen aufgrund eines fehlenden Umsatzaktes verneinen.
35 Mit der Begründung, dass es an einem Marktwerttest fehle, ablehnend bspw. Fischer, in: DB 1995, S. 486 f.; Schulze-Osterloh, in: ZGR 1993, S. 438 f.; Langecker, in: Beck HdR, B 776, Tz. 385. Mit dem Argument, dass es lediglich auf den rechtlich wirksamen sowie wirtschaftlichen Übergang des Eigentums nach den Grundsätzen des E-HFA 13 ankomme, befürwortend Klingberg, in: Sonderbilanzen, 5. Aufl., I 337; Küting/Hayn/Hütten, in: BB 1997, S. 567 f.
36 Ein negativer Buchwertsaldo kann nur dann ausgegliedert werden, wenn dessen Zeitwert positiv ist, da ansonsten gegen eine effektive Sachkapitalaufbringung verstoßen wird.

tatsächlichen Vermögensverhältnissen entsprechen würde[37]. Eine Ausgliederung eines negativen Buchvermögens ist immer dann möglich, wenn die in dem übertragenen Vermögen enthaltenen stillen Reserven ausreichen, um den Nennbetrag der neuen Anteile aufzubringen[38].

Für die zeitliche Vermögens- und Ergebniszuordnung gelten die für Verschmelzungen geltenden Grundsätze. Dem übernehmenden Rechtsträger sind die Vermögensgegenstände und Schulden ab dem Zeitpunkt des Übergangs des wirtschaftlichen Eigentums zuzuordnen. Der übertragende Rechtsträger hat zu diesem Zeitpunkt die übertragenen Vermögensgegenstände und Schulden auszubuchen (IDW RS HFA 43, Tz. 20).

3.3 Bilanzierung beim übernehmenden Rechtsträger

Die Bilanzierung beim übernehmenden Rechtsträger richtet sich nach § 24 UmwG, der für Spaltungen über den § 125 UmwG einschlägig ist. Beim übernehmenden Rechtsträger stellt eine Spaltung eine Aufnahme von Vermögensgegenständen und Schulden gegen Ausgabe von bestehenden oder neu geschaffenen Eigenkapitalanteilen dar. Das übernommene Vermögen ist beim übernehmenden Rechtsträger zu den Anschaffungskosten anzusetzen. Nach § 24 UmwG »können als Anschaffungskosten im Sinne des § 253 Abs. 1 HGB auch die in der Schlussbilanz eines übertragenden Rechtsträgers angesetzten Werte angesetzt werden«. Für den übernehmenden Rechtsträger ergibt sich hinsichtlich der Anschaffungskostenbestimmung das folgende Wahlrecht:

a) **Buchwertfortführung.** Die bisherigen Buchwerte aus der Schlussbilanz der übertragenden Rechtsträger werden fortgeführt (**Buchwertfortführung**). Setzt der übernehmende Rechtsträger das übertragene (Rein-)Vermögen mit dem Buchwert an, so entsteht beim übernehmenden Rechtsträger ggf. eine bilanzielle Differenz zwischen dem Buchwert des übernommenen Reinvermögens und dem Wert der hingegebenen Anteile. Übersteigt der Wert der ausgegebenen Anteile den Buchwert des übernommenen Reinvermögens, so kann diese Differenz bei einer Buchwertverknüpfung nicht durch Aktivierung eines Geschäfts- oder Firmenwerts ausgeglichen werden. Die Differenz ist beim übernehmenden Rechtsträger ergebniswirksam zu behandeln (**Spaltungsverlust**)[39]. Übersteigt der Buchwert des übernommenen Reinvermögens den Buchwert der ausgegebenen Anteile, so liegt ein **Spaltungsgewinn** vor, der nach IDW RS HFA 43, Tz. 24 in Verbindung mit IDW RS HFA 42, Tz. 68 in der Kapitalrücklage (§ 272 Abs. 1 **Nr. 1** HGB) auszuweisen ist.

---

37 Vgl. Küting/Hayn/Hütten, in: BB 1997, S. 567 f.; IDW, WPH Assurance, E 149; Bula/Pernegger, in: Sagasser/Bula/Brünger, 5. Aufl., § 19, Tz. 66.
38 Vgl. Bula/Pernegger, in: Sagasser/Bula/Brünger, 5. Aufl., § 19, Tz. 65.
39 Vgl. IDW, WPH Assurance, E 152; Heeb, in: WPg 2014, S. 194.

b) **Anschaffungsvorgang.** Die Spaltung wird als ein **(entgeltlicher) Anschaffungsvorgang** angesehen. Hierbei ist zu unterscheiden, ob durch den übernehmenden Rechtsträger Anteile gewährt wurden.

- **Verzicht auf Anteilsgewährung.** Verzichtet der Gesellschafter des übertragenden Rechtsträgers (z. B. aufgrund einer 100 % Beteiligung am übernehmenden Rechtsträger) auf eine Anteilsgewährung am übernehmenden Rechtsträger, so ist der Vermögensübergang beim übernehmenden Rechtsträger als **Sachzuzahlung** zu behandeln und mithin mit dem vorsichtig geschätzten Zeitwert des abgespaltenen Vermögens anzusetzen[40]. Die Gegenbuchung erfolgt in der Kapitalrücklage nach § 272 Abs. 2 Nr. 4 HGB. Unter Berücksichtigung der realen Anschaffungskosten des übernehmenden Rechtsträgers von null kommt auch der Ansatz des übernommenen Vermögens mit einem Erinnerungswert von 1 EUR in Betracht[41].
- **Anteilsgewährung.** Erhält der Gesellschafter des übertragenden Rechtsträgers Anteile des übernehmenden Rechtsträgers aus einer Kapitalerhöhung, ist der Vermögensübergang beim übernehmenden Rechtsträger als **Sacheinlage** zu behandeln. Das übernommene Vermögen ist mithin mit dem Ausgabebetrag der gewährten Anteile (Nominalbetrag der Kapitalerhöhung zzgl. Agio) zu bewerten. Handelt es sich bei den gewährten Anteilen um eigene Anteile, kann das übernommene Vermögen mit dem vorsichtig geschätzten Zeitwert angesetzt werden[42]. Die Bewertung des übernommenen Vermögens richtet sich hierbei nach dem Ausgabebetrag (Nennwert zuzüglich Agio) der gewährten Anteile (IDW RS HFA 43, Tz. 24).

Aufgrund des entgeltlichen Anschaffungsvorgangs kommt es ggf. zu einer Aktivierung von Vermögensgegenständen, die vorher beim übertragenden Rechtsträger nicht aktiviert wurden (z. B. immaterielle Vermögensgegenstände usw.). Der Ansatz eines Geschäfts- oder Firmenwerts kommt nur bei Übertragung eines Betriebs- oder Teilbetriebs in Betracht. Eine Klassifizierung als entgeltlicher Anschaffungsvorgang ist nach h. M. unzulässig, wenn die Anteile nicht von dem übernehmenden Rechtsträger, sondern von dessen Anteilseigner gewährt werden; in diesem Fall darf der Wertansatz den (vorsichtig zu schätzenden) Zeitwert des übertragenen (Rein-)Vermögens nicht übersteigen[43].

3.4 Bilanzierung der gesamtschuldnerischen Haftung

Nach § 133 Abs. 1 S. 1 UmwG haften die beteiligten Rechtsträger als Gesamtschuldner für die Verbindlichkeiten des übertragenden Rechtsträgers, die vor der Spaltung begründet worden sind. Insbesondere haftet der übernehmende Rechtsträger auch für die Verbindlich-

---

[40] Vgl. IDW RS HFA 42, Tz. 47; Roß/Zilch, in: BB 2014, S. 1579 (S. 1580); Deubert/Lewe, in: BB 2017, S. 2603 (S. 2604).
[41] Vgl. EuGH, 06.03.2014 – C-510/12, Bloomsbury NV/Belgien, Roß/Zilch, in: BB 2014, S. 1579 (S. 1580); Deubert/Lewe, in: BB 2017, S. 2603 (S. 2604); ADS, § 255 HGB, Tz. 83.
[42] Vgl. WPH, 15. Aufl., F 447; Deubert/Lewe, in: BB 2017, S. 2603 (S. 2604).
[43] Vgl. IDW, WPH Assurance, E 152.

keiten, die auf einen anderen Rechtsträger übertragen worden sind. Der übertragende Rechtsträger haftet für die Verbindlichkeiten, die er übertragen hat (IDW RS HFA 43, Tz. 26).

Da es sich bei der Haftung nach § 133 UmwG um eine gesetzlich normierte Haftung handelt, besteht keine Angabepflicht nach § 251 HGB (IDW RS HFA 43, Tz. 30). Mithin besteht **für Institute** keine Vermerkpflicht nach § 26 oder § 27 RechKredV. Sofern die Haftung als außerbilanzielle Verpflichtung von wesentlicher Bedeutung für die Finanzlage ist, so hat eine Erläuterung im Anhang nach § 285 Nr. 3a HGB zu erfolgen. Diese Erläuterungspflicht gilt nach § 34 Abs. 1 S. 2 RechKredV auch für Institute, da eine Angabe unter dem Bilanzstrich entfällt.

3.5 Bilanzierung beim Anteilsinhaber

Da die Anteilseigner des übertragenden Rechtsträgers bei einer Ausgliederung keine Anteile erhalten, sind für die bilanzielle Abbildung der gewährten Anteilsrechte nur die Spaltung in Form der Aufspaltung und Abspaltung relevant.

a) Aufspaltung. Für die erlöschenden Anteile am aufgespaltenen Rechtsträger erhalten dessen Anteilseigner Anteile an den übernehmenden Rechtsträgern. Es liegt mithin ein Anteilstausch vor, dessen bilanzielle Abbildung sich nach den Tauschgrundsätzen richtet. Die zugehenden Anteile können somit zum Buchwert der abgehenden Beteiligung oder zum Zeitwert oder zum erfolgsneutralen Zwischenwert angesetzt werden. Ist der Anteilsinhaber sowohl am übertragenden wie auch am aufnehmenden Rechtsträger beteiligt und erfolgt daher keine Anteilsgewährung, so sind Erhöhungen des inneren Werts der Beteiligung an dem übernehmenden Rechtsträger als nachträgliche Anschaffungskosten auf die Beteiligung zu aktivieren (sog. side-stream-split up). Die Bemessung der nachträglichen Anschaffungskosten richtet sich nach den allgemeinen Tauschgrundsätzen (IDW RS HFA 43, Tz. 32).

b) Abspaltung. Der Vermögensabgang beim übertragenden Rechtsträger kann eine **Minderung des inneren Werts** der Beteiligung bewirken. In diesem Fall ist der Buchwert der Beteiligung am übertragenden Rechtsträger im Verhältnis der Zeitwerte des abgespaltenen Vermögens zu reduzieren. Im Gegenzug erhalten die Anteilseigner Anteile am übernehmenden Rechtsträger, sofern diese nicht darauf verzichten (z. B. Spaltung zu null). Für die Anschaffungskosten der zugehenden Anteile gelten die allgemeinen Tauschgrundsätze. Führt eine Abspaltung zu einer **Erhöhung des inneren Werts** der Beteiligung am übertragenden Rechtsträger, so liegen bei einem Anteilseigner, der gleichzeitig am übernehmenden Rechtsträger beteiligt ist, nachträgliche Anschaffungskosten auf die Beteiligung am übertragenden Rechtsträger und ggf. auch eine Minderung des Buchwerts der Beteiligung am übernehmenden Rechtsträger vor (IDW RS HFA 43, Tz. 36). Ist der Anteilsinhaber sowohl am übertragenden wie auch am aufnehmenden Rechtsträger beteiligt und erfolgt daher keine Anteilsgewährung, so sind Erhöhungen des inneren Werts der Beteiligung an dem übernehmenden Rechtsträger als nachträglich Anschaffungskosten auf die Beteiligung zu aktivieren (sog. side-stream-spin off). Die Bemessung der nachträglichen Anschaffungskosten richtet sich nach den allgemeinen Tauschgrundsätzen. Bei einer **nicht verhältniswahrenden** Abspaltung ist eine Quotenangleichung zwischen den Anteilsinhaber erforderlich, um den vermögensrechtlichen Status der Anteilsinhaber nicht zu verändern[44]. Erfolgt ein Spitzenausgleich durch bare Zuzahlung, so ist davon auszugehen, dass der Barausgleich die Gegenleistung für eine geringer wertige Beteiligung am übernehmenden Rechtsträger darstellt[45].

---

44 Vgl. Rödder, in: DStR 1997, S. 1356.
45 Vgl. Klingberg, in: Sonderbilanzen, 5. Aufl., I 173.

4 Institutsspezifische Besonderheiten und Anlässe

4.1 Institutsspezifische Anzeige- und Erlaubnispflichten bei Umwandlungsvorgängen

Das Betreiben von Bankgeschäften und Erbringen von Finanzdienstleistungen setzt die Erteilung einer entsprechenden Erlaubnis nach § 32 KWG voraus. Eine einmal erteilte Erlaubnis kann **nicht** im Wege der Gesamtrechtsnachfolge – und damit auch nicht durch einen Umwandlungsvorgang – auf einen anderen Rechtsträger übertragen werden. In Abhängigkeit von der Art der Umwandlung besteht für Institute bei einer Änderung der Rechtsform entweder eine Anzeigepflicht oder sogar die Pflicht zur Einholung einer neuen Erlaubnis nach § 32 KWG; in diesem Fall entfällt die Anzeigepflicht (§ 24 Abs. 1 Nr. 3 KWG).

Umwandlungsvorgänge sind immer dann **erlaubnispflichtig**, wenn ein neuer Erlaubnisträger entsteht. Dies ist nicht immer identisch mit der Entstehung eines neuen Rechtsträgers. So entsteht durch einen Formwechsel nach § 190 UmwG kein neuer Rechtsträger; jedoch kann die Einholung einer neuen Erlaubnis nach § 32 KWG erforderlich sein, wenn es zu einem Wechsel der rechtlichen Identität kommt[1]. Nach h. M. bedarf es einer neuen Erlaubnis in den folgenden Fällen[2]:
- Verschmelzung durch Neugründung nach § 36 UmwG,
- Spaltung zur Neugründung gem. § 135 UmwG,
- Fusion durch Neubildung öffentlich-rechtlicher Kreditinstitute nach § 27 Abs. 1. S. Sparkassengesetz NRW,
- Umwandlung von einer Kapitalgesellschaft in eine Personengesellschaft oder Kreditgenossenschaft, und umgekehrt,
- Sonstige Übertragung des Geschäftsbetriebs auf natürliche oder juristische Personen, sofern der übernehmende Rechtsträger über keine Bankerlaubnis verfügt.

---

1 Vgl. Fischer, in: Boos/Fischer/Schulte-Mattler, 5. Aufl., § 32 KWG, Tz. 39; Reischauer/Kleinhans, § 32 KWG, Tz. 10b.
2 Vgl. Fischer, in: Boos/Fischer/Schulte-Mattler, 5. Aufl., § 32 KWG, Tz. 40; Reischauer/Kleinhans, § 32 KWG, Tz. 10b; Schwennicke, in: Schwennicke/Auerbach, § 32 KWG, Tz. 19.

Rechtsformänderungen sind **(nur) anzeigepflichtig**, wenn kein neuer Erlaubnisträger entsteht. Nicht erlaubnispflichtig, und damit lediglich anzeigepflichtig sind im Wesentlichen die folgenden Umwandlungsvorgänge:
- Verschmelzung durch Aufnahme,
- Umwandlung einer Kapitalgesellschaft in eine andere Kapitalgesellschaft (Aktiengesellschaft in GmbH, und umgekehrt),
- Umwandlung einer Personengesellschaft in eine andere Personengesellschaft, sofern die persönlich haftenden Gesellschafter unverändert bleiben.

Die Anzeige kann formlos erfolgen und bedarf der Schriftform. Sie ist unverzüglich in einfacher Ausfertigung jeweils einmal der BaFin sowie der Hauptvertretung der Deutschen Bundesbank einzureichen[3]; Sparkassen und Kreditgenossenschaften haben die Anzeigen über den zuständigen Verband einzureichen[4]. Die Absicht einer Rechtsformänderung ist nicht anzuzeigen; eine Anzeigepflicht besteht nach Eintritt der Rechtswirksamkeit (im Regelfall mit Registereintrag)[5].

4.2 Übertragungsanordnungen im Rahmen der Bankenabwicklung

Neben den Bail-Instrumenten der Gläubigerbeteiligung (§ 90 SAG) sowie der Beteiligung von Inhabern relevanter Kapitalinstrumente (§ 89 SAG) sieht das SAG drei Abwicklungsinstrumente vor, durch die sog. Übertragungsgegenstände i.S.d. § 107 Abs. 2 SAG (Anteile, Vermögenswerte, Verbindlichkeiten und Rechtsverhältnisse) eines in Abwicklung befindlichen Instituts per behördlicher Anordnung auf einen Dritten übertragen werden (§ 107 Abs. 1 SAG). Dabei kann in der Abwicklungsanordnung vorgesehen sein, dass dem Institut oder dem gruppenangehörigen Unternehmen als Gegenleistung für die Übertragung Anteile an dem übernehmenden Rechtsträger einzuräumen sind (§ 109 Abs. 2 SAG). In Anbetracht der Gewährung von Anteilen des übernehmenden Rechtsträgers an den übertragenden Rechtsträger könnte man an die Mechanik der umwandlungsrechtlichen Ausgliederung erinnert sein. In der Tat knüpfte eine Übertragungsanordnung nach den Vorgängerregelungen der §§ 48a-s KWG a.F. noch an eine Ausgliederung im Sinne des UmwG an, wobei die Anforderungen des UmwG zum Teil durch die Spezialvorschriften der §§ 48a-s KWG a.F. durchbrochen wurden[6]. Nach § 113 Abs. 1 SAG vollziehen sich Übertragungen im Sinne des § 107 SAG nun ausschließlich nur noch nach Maßgabe des SAG. Damit wird klargestellt, dass es sich bei den Übertragungen nach § 107 SAG nicht um Ausgliederungen nach umwandlungsrechtlichem Vorbild, sondern um Übertragungen sui generis handelt[7]. Mithin ist für die Übertragung nach § 107 SAG das SAG sowie die behördliche Abwicklungsan-

---

3   Vgl. Braun, in: Boos/Fischer/Schulte-Mattler, 5. Aufl., § 24 KWG, Tz. 29.
4   Vgl. Albert, in: Reischauer/Kleinhans, § 24 KWG, S. 55.
5   Vgl. Albert, in: Reischauer/Kleinhans, § 24 KWG, S. 55.
6   Für einen Überblick siehe S. 663 ff. der ersten Auflage.
7   Vgl. BT-Drs 18/2575, S. 181.

ordnung maßgeblich, die umfassende Rechtswirkung entfalten soll. So gelten alle gesetzlichen oder vertraglichen Beteiligungs- und Zustimmungserfordernisse, die sich auf die Übertragung als solche beziehen, als erfüllt.

4.3 Ausgliederungen nach § 11 KredReorgG

Während nach dem SAG eine Übertragung von Vermögen hoheitlich angeordnet wird, können Kreditinstitute im Rahmen des Kreditreorganisationsgesetzes (KredReorgG) die Sanierung bzw. Reorganisation **selbst initiieren**. Im Bestand gefährdete, systemrelevante Banken können nach § 7 Abs. 1 S. 1 KredReorgG durch Anzeige bei der BaFin die Einleitung eines **Reorganisationsverfahrens** beantragen. Darin kann festgelegt sein, »dass das Kreditinstitut sein Vermögen ganz oder in Teilen ausgliedert und auf einen bestehenden oder zu gründenden Rechtsträger gegen Gewährung von Anteilen dieses Rechtsträgers an das Kreditinstitut überträgt. Der gestaltende Teil des **Reorganisationsplans** kann auch festlegen, dass einzelne Vermögensgegenstände, Verbindlichkeiten oder Rechtsverhältnisse auf das übertragende Kreditinstitut zurückübertragen werden« (§ 11 Abs. 1 S. 1 u. 2 KredReorgG). Die Vereinbarung einer Rückübertragungspflicht oder Rückübertragungsoption ist bilanziell hinsichtlich der Zurechnung des wirtschaftlichen Eigentums der Ausgliederungsgegenstände zu würdigen (siehe Kapitel II.1.8).

Für eine Ausgliederung nach § 11 KredReorgG gelten die **Vorschriften zur Ausgliederung** nach §§ 123 ff. UmwG entsprechend, soweit die Bestimmungen des KredReorgG dem nicht entgegenstehen[8]. Zur Förderung der Reorganisation von Kreditinstituten sieht das KredReorgG dazu einige Vereinfachungen bzw. Bestimmungen vor, die eine Reorganisation begünstigen. Das KredReorgG sieht lediglich eine Reorganisation durch Ausgliederung vor. Andere Umwandlungsformen (wie Verschmelzung; Auf- oder Abspaltung) sind im Reorganisationsverfahren nicht zulässig[9].

Nach § 11 Abs. 1 S. 1 KredReorgG ist die **Gewährung von Anteilen** an dem übernehmenden Rechtsträger zwingend vorgesehen. Ein unter bestimmten Bedingungen vollständiger Barausgleich kommt bei einer Ausgliederung im Reorganisationsverfahren nicht in Betracht[10]. Es kommen die allgemeinen Regelungen des UmwG zur Anwendung (Barzahlung nur für Spitzenausgleich).

Nach § 11 Abs. 4 S. 1 KredReorgG haften das ausgliedernde Kreditinstitut sowie der übernehmende Rechtsträger gesamtschuldnerisch für die Verbindlichkeiten des ausgliedernden Instituts, die vor Wirksamwerden der Ausgliederung begründet worden sind. Dabei ist die **Haftung** des übernehmenden Rechtsträgers auf den Betrag beschränkt, den die Gläubiger ohne eine Ausgliederung erhalten hätten (§ 11 Abs. 4 S. 2 KredReorgG).

---

8   Vgl. Fridgen, in: Boos/Fischer/Schulte-Mattler, 5. Aufl., § 11 KredReorgG, Tz. 2.
9   Vgl. Wolfers/Voland, in: WM 2011, S. 1163.
10 Ebenso vermutlich Fridgen, in: Boos/Fischer/Schulte-Mattler, § 11 KredReorgG, Tz. 11.

4.4 Auslagerung von Risikopositionen im Rahmen des Anstaltsmodells

Das FMStFG sieht mit dem sog. Zweckgesellschaftsmodell (§ 6a-c FMStFG) und dem sog. Anstaltsmodell (§§ 8a, b FMStFG) zwei Modelle der Auslagerung von Risikopositionen eines zu stabilisierenden Instituts vor. Im Rahmen des Anstaltsmodells können Risiken des Kreditinstituts auf eine Anstalt ausgelagert werden. Dies kann im Wege der Einzelübertragung von Risikopositionen, der Absicherung von Risikopositionen (z. B. Garantien) oder durch umwandlungsrechtliche Maßnahmen (insb. Ausgliederungen und Spaltungen zur Aufnahme) erfolgen. § 8a Abs. 8 FMStFG sieht für Stabilisierungsmaßnahmen in Form von Abspaltungen und Ausgliederungen vom UmwG abweichende Vorschriften vor, die einer auf die Stabilisierung des Kreditinstituts gerichteten Verfahrensbeschleunigung dienen sollen.

4.5 Ausgliederungen aufgrund des Trennbankengesetzes

Nach dem durch das Trennbankengesetz neugefassten § 3 KWG sind als riskant erachtete Geschäftsaktivitäten eines CRR-Kreditinstitut vom Kredit- und Einlagengeschäft zu trennen. Demnach ist der Handelsbestand sowie die Liquiditätsreserve eines CRR-Kreditinstituts auf ein sog. Finanzhandelsinstitut zu übertragen, sofern der Buchwert des Handelsbestands i. S. d. § 340e Abs. 3 HGB sowie des Liquiditätsbestands i. S. d. § 340e Abs. 1 S. 2 HGB den **absoluten** Schwellwert von 100 Mrd. EUR überschreitet (§ 3 Abs. 2 S. 1 Nr. 2 KWG). Bei Überschreitung des Schwellwertes gelten unter Zugrundelegung einer Risikoanalyse des Kreditinstituts bestimmte Handelsaktivitäten als verboten (§ 3 Abs. 3 S. 1 Nr. 1, Abs. 2 S. 1 KWG) und sind binnen 12 Monate auf ein Finanzhandelsinstitut zu übertragen (§ 3 Abs. 3 S. 1 Nr. 3 KWG). Gleiches gilt für den Fall, dass der Buchwert von Handelsbestand und Liquiditätsreserve in den letzten drei Geschäftsjahren jeweils mindestens 90 Mrd. EUR erreicht und 20 % der Bilanzsumme auf Instituts- oder Gruppenebene überschreitet (**relativer** Schwellwert). Bei einer Überschreitung eines Schwellwerts müssen Geschäfte beendet oder auf ein Finanzhandelsinstitut i. S. d. § 25f Abs. 1 KWG übertragen werden (Spartentrennung). Für eine Übertragung werden im Schrifttum insbesondere umwandlungsrechtliche Maßnahmen diskutiert, da diese eine Übertragung im Wege der Gesamtrechtsnachfolge ohne Berücksichtigung von Zustimmungs- und Einwilligungserfordernisse der Vertragsparteien ermöglicht[11]. Gleichwohl verbleiben aufgrund der Nachhaftung bestimmte Risiken auch nach der Übertragung noch beim übertragenen Kreditinstitut[12].

---

11 Vgl. Möslein, in: BKR 2017, S. 397, hier S. 404; Kann/Rosak, in: NZG 2013, S. 572 (S. 574).
12 Vgl. Schwennicke, in: Schwennicke/Auerbach, § 3 KWG, Tz. 52.

Kapitel VIII. Institutsspezifische Vorschriften zur Konzernbilanzierung nach § 340i HGB

1 Rechtsgrundlagen der HGB-Konzernbilanz von Instituten

1.1 Aufstellungspflicht

1.1.1 Einheitliche Pflicht zur Aufstellung für Institute

Kreditinstitute haben unabhängig von ihrer Rechtsform und Größe einen Konzernabschluss und einen Konzernlagebericht nach den Vorschriften der §§ 290–315e HGB aufzustellen, soweit die §§ 340 ff. HGB nichts anderes bestimmen. Für alle Unternehmen im Anwendungsbereich der §§ 340 ff. HGB ergibt sich die Verpflichtung zur Konzernrechnungslegung damit aus § 340i Abs. 1 S. 1 HGB in Verbindung mit § 290 HGB. Aufgrund der geschäftszweigspezifischen Pflicht zur Konzernrechnungslegung haben Institute einen Konzernabschluss unabhängig von ihrer Größe und ihrer Rechtsform aufzustellen, soweit sie nach § 290 HGB dazu verpflichtet sind und sich aus den geschäftszweigspezifischen Bilanzierungsvorschriften für Institute nichts anderes ergibt. Für die Beurteilung der Konzernrechnungslegungspflicht von Instituten ist auf das Vorliegen eines Mutter-Tochter-Verhältnisses nach nationalen Regeln (§§ 290–292 HGB, DRS 19) abzustellen.

a) Größenunabhängig. Die größenabhängigen Befreiungsregeln zur Konzernrechnungslegung gelten für Institute in folgender Hinsicht nicht:
- Für **Mutterunternehmen**, die Institute sind, gelten die größenabhängigen Befreiungen nach § 293 HGB und § 11 PublG aufgrund von § 340i Abs. 1 S. 1 HGB nicht.
- Mit Inkrafttreten des BilRuG gelten die größenabhängigen Befreiungsregeln des § 293 HGB nunmehr auch dann nicht, wenn ein in den Konzernabschluss einbezogenes **Tochterunternehmen** ein Institut darstellt (§ 293 Abs. 5 HGB i. d. F des BilRuG)[1]. Vor Inkrafttreten des BilRuG waren die größenabhängigen Befreiungen nur dann nicht anzuwenden, sofern das Mutterunternehmen oder ein in dessen Konzernabschluss einbezogenes Tochterunternehmen am Abschlussstichtag kapitalmarktorientiert im Sinn des § 264d HGB war.

---

1 Vgl. Sichting, in: BilRuG, § 293 HGB, Tz. 43.

b) Rechtsformunabhängig. Während § 290 HGB die Aufstellung eines Konzernabschlusses und Konzernlageberichts nur für **Kapitalgesellschaften** anordnet, erweitert § 340i Abs. 1 S. 1 HGB die Aufstellungspflicht auf alle Institute; für Kreditinstitute gilt insofern die in § 290 HGB formulierte Beschränkung der Aufstellungspflicht auf Kapitalgesellschaften und haftungsbeschränkte Personengesellschaften (§§ 264a, 290 HGB) nicht[2]. Während für Mutterunternehmen, die weder Kapitalgesellschaften noch **Personengesellschaften** im Sinne des § 264a HGB sind, die Konzernrechnungslegungspflicht von den Größenkriterien des § 11 Abs. 1 PublG abhängt, gilt für Institute eine rechtsformunabhängige Pflicht zur Aufstellung eines Konzernabschlusses und Konzernlageberichts[3]. Mutterunternehmen, die weder Kapitalgesellschaften noch Personengesellschaften im Sinne des § 264a HGB sind, haben einen Konzernabschluss nur dann aufzustellen, wenn das Unternehmen unmittelbar oder mittelbar einen beherrschenden Einfluss auf ein anderes Unternehmen ausüben kann und der Konzern bestimmte Größenkriterien überschreitet. Die Vorschriften zur Aufstellung eines Konzernabschlusses gelten jedoch für Mutterunternehmen dieser Rechtsformen, die zugleich Kreditinstitutseigenschaft im Sinne des § 340 HGB haben, nicht (§ 11 Abs. 5 S. 1 PublG). § 11 Abs. 5 S. 1 PublG ist mithin Folge der Regelungen des § 340i Abs. 1 S. 1 HGB. Damit ergibt sich für alle Institute, die weder Kapitalgesellschaften noch Personengesellschaften im Sinne des § 264a HGB sind, die Pflicht zur Aufstellung eines Konzernabschlusses und eines Konzernlageberichts aus § 340i Abs. 1 S. 1 HGB.

Von dem Grundsatz der einheitlichen Konzernrechnungslegungspflicht können spezialgesetzliche Ausnahmen bestehen. So besteht aufgrund von § 8a Abs. 1a S. 3 FMStFG keine Konzernrechnungslegungspflicht für bundesrechtliche **Abwicklungsanstalten**, für die nach § 8a Abs. 1a S. 1 FMStFG ein Wahlrecht zur Anwendung der bankspezifischen Rechnungslegungsvorschriften besteht. Gleiches gilt für landesrechtliche Abwicklungsanstalten (siehe § 8b Abs. 2 FMStFG).

Der Konzernabschluss ist nach § 340i i. V. m. § 290 Abs. 1 HGB innerhalb der ersten fünf Monate nach dem Bilanzstichtag aufzustellen. Nach der Aufstellung ist der Konzernabschluss unverzüglich bei der Deutschen Bundesbank und der BaFin einzureichen (§ 26 Abs. 3 S. 1 KWG).

1.1.2 Finanzholding-Gesellschaften

Nach § 340i Abs. 3 HGB gelten als Kreditinstitute im Sinne der §§ 340 ff. HGB auch Mutterunternehmen, deren einziger Zweck darin besteht, Beteiligungen an Tochterunternehmen zu erwerben sowie die Verwaltung und Verwertung dieser Beteiligungen wahrzunehmen, sofern diese Tochterunternehmen ausschließlich oder überwiegend Kreditinstitute sind. § 340i Abs. 3 HGB dient der Umsetzung von Art. 42 Abs. 2 der Bankbilanzrichtlinie, wonach auch Holding-Gesellschaften von Instituten unter bestimmten Bedingungen zur Aufstellung von Bankkonzernabschlüssen verpflichtet sind. Ohne § 340i Abs. 3 HGB wären Finanzholding-Gesellschaften (nur) zur Aufstellung eines Konzernabschlusses gem. § 290 HGB

---

2   Vgl. Dusemond, in: BB 1994, S. 2034 (S. 2037); Böcking/Becker/Helke, in: MüKom HGB, § 340i HGB, Tz. 9.
3   Vgl. Krumnow/Sprißler (2004), § 340i HGB, Tz. 11.

ohne Berücksichtigung der geschäftszweigspezifischen Vorschriften verpflichtet[4]. Mit § 340i Abs. 3 HGB soll verhindert werden, dass die Pflicht zur Aufstellung von Bankkonzernabschlüssen dadurch umgangen wird, dass als Mutterunternehmen eines Kreditinstituts eine Holding fungiert[5]. Die Aufstellungspflicht knüpft an die folgenden **Voraussetzungen** an:

1. **Einziger Zweck.** Der einzige Zweck der Holding-Gesellschaft muss in dem Erwerb von Beteiligungen an Tochterunternehmen sowie in der Verwaltung und Verwertung dieser Beteiligungen bestehen. Bereits dieses Kriterium erscheint in mehrfacher Hinsicht auslegungsbedürftig. Fraglich ist, ob mit dem Begriff »**Zweck**« der Gesellschaftszweck (bspw. gem. § 1 GmbHG) oder der Unternehmensgegenstand (bspw. gem. § 3 Abs. 1 Nr. 2 GmbHG) zu verstehen ist. Es erscheint sachgerecht nicht den formellen Satzungszweck, sondern auf die Art seiner Verwirklichung[6] abzustellen. Für die Bilanzierung sind das Tätigkeitsfeld der Gesellschaft im Außenverhältnis und damit der Unternehmensgegenstand maßgeblich. Nach dem Wortlaut muss die Gesellschaft einen bestimmten »**einzigen**« Zweck haben. Dabei ist die Formulierung »einziger Zweck« Art. 42 Abs. 2 RL 86/635 EWG entnommen. Fraglich ist, ob das Kriterium »einziger Zweck« so zu verstehen ist, dass die Erweiterung des Unternehmensgegenstands einer Gesellschaft um weitere (ggf. wirtschaftlich unbedeutende) Unternehmensgegenstände, die nicht den Erwerb, die Verwaltung und Verwertung von Beteiligungen umfassen, der Pflicht zur Aufstellung eines Bankkonzernabschlusses entgegen stehen würden. Dabei ist zu beachten, dass § 340i Abs. 3 HGB eine Vorschrift darstellt, mit der die Umgehung der Pflicht zur Aufstellung von Bankkonzernabschlüssen verhindert werden soll[7]. Würde die Konzernrechnungslegungspflicht für Holding-Gesellschaften voraussetzen, dass in dem Unternehmensgegenstand der Gesellschaften kein weiterer über die Beteiligungsverwaltung hinausgehender Unternehmensgegenstand formuliert sein darf, so würde der reine Wortlaut der Richtlinie wie auch des Gesetzes dem Telos der Vorschrift widersprechen. Es erscheint daher sachgerecht, den »einzigen« Zweck auf den »hauptsächlichen« (siehe Kriterium 4.) Zweck teleologisch zu erweitern.

2. **Mutter-Tochter-Verhältnis.** Nach dem Wortlaut des § 340i Abs. 3 HGB setzt die Pflicht zur Aufstellung eines Bankkonzernabschlusses voraus, dass Beteiligungen an Tochterunternehmen erworben werden. Es muss somit ein Mutter-Tochter-Verhältnis im Sinne des § 290 HGB zwischen der Holding als Mutterunternehmen und einem in den Anwendungsbereich der §§ 340 ff. HGB fallenden Unternehmen als Tochterunternehmen bestehen. Das Halten von Beteiligungen an assoziierten Unternehmen oder Gemeinschaftsunternehmen reicht nach dem Wortlaut des § 340i Abs. 3 HGB nicht aus, um eine Konzernabschlusspflicht nach Abs. 3 zu begründen. Dem Telos der Vorschrift folgend kommt es nicht darauf an, ob die Beteiligungen von der Holding-Gesellschaft direkt oder indirekt über Zwischenholdings gehalten werden. Wie bereits nach § 340i Abs. 1 HGB kommt es hier auf das Bestehen eines Mutter-Tochter-Verhältnisses nach nationalem Recht an. Das nationale Recht bestimmt, »ob« eine Konzernrechnungs-

---

[4] Vgl. Wiedmann, Bilanzrecht Tz. 34.
[5] Vgl. Löw, in: MüKom BilR, § 340i HGB, Tz. 2.
[6] Vgl. Fleischer, in: MüKom GmbHG, § 1 GmbHG, Tz. 7 ff.
[7] Vgl. Löw, in: MüKom BilR, § 340i HGB, Tz. 2; Bieg/Waschbusch (2017), S. 941.

legungspflicht besteht, wohingegen das »wie« der Konzernrechnungslegung ggf. unter Berücksichtigung internationaler Rechnungslegungsvorschriften bestimmt wird.

3. **Erwerb, Verwaltung, Verwertung**. Der Unternehmensgegenstand der Gesellschaft muss auf den Erwerb, die Verwaltung und die Verwertung von Beteiligungen an Tochtergesellschaften gerichtet sein. Nach dem Wortlaut des Gesetzes müssen die geschäftlichen Handlungen kumulativ gegeben sein.

4. **Ausschließlich oder überwiegend.** Die Pflicht zur Aufstellung von Konzernabschlüssen unter Beachtung der bankspezifischen Rechnungslegungsvorschriften trifft Holdinggesellschaften dann, wenn diese Tochtergesellschaften besitzen, die ausschließlich oder überwiegend Kreditinstitute sind. Die Definition von Holding-Gesellschaften i. S. d. § 340i Abs. 3 HGB stimmt im Wesentlichen mit dem Begriff der Finanzholdinggesellschaft i. S. d. § 1 Abs. 3a KWG a. F. bzw. Art. 4 Abs. 1 Nr. 20 CRR überein[8]. Aus diesem Grund erscheint es nach der hier vertretenen Auffassung sachgerecht, das handelsrechtliche Kriterium »**überwiegend**« entsprechend den aufsichtsrechtlichen Regelungen auszulegen. Nach Art. 4 Abs. 1 Nr. 20 CRR ist eine Finanzholdinggesellschaft ein Finanzinstitut, das keine gemischte Finanzholdinggesellschaft ist und dessen Tochterunternehmen ausschließlich oder hauptsächlich Institute oder Finanzinstitute sind, wobei mindestens eines dieser Tochterunternehmen ein Institut ist. Hauptsächlichkeit ist u. a. zu bejahen, wenn Institute zu mehr als der Hälfte der **Bilanzsumme** oder des **Eigenkapitals** der Holding beitragen. Eine Hauptsächlichkeit kann auch bei deutlich geringeren Anteilen an Bilanzsumme und Eigenkapital gegeben sein, wenn die Aktivitäten der Institute für die Holding charakteristisch sind[9]. Die Anwendung der Begriffsabgrenzung des KWG erscheint für die Auslegung von Art. 4 Abs. 1 Nr. 20 CRR sachgerecht[10]. Die Gleichsetzung von »überwiegend« i. S. d. § 340i Abs. 3 HGB mit »**hauptsächlich**« i. S. v. Art. 4 Abs. 1 Nr. 20 CRR ist nach der hier vertretenen Ansicht sachgerecht, da in diesem Fall mit der Auskunftspflicht von Finanzholding-Gesellschaften gegenüber der Bankenaufsicht auch die Pflicht zur Erstellung bankspezifischer Konzernrechnungslegungsinformationen und mithin auch die Pflicht zur Aufstellung eines Bankkonzernabschlusses einher geht. Eine von den aufsichtsrechtlichen Vorgaben abweichende Auslegung des Begriffs »überwiegend« würde ein Auseinanderlaufen von aufsichtsrechtlichen und bilanzrechtlichen Anforderungen führen[11]. Nach der hier vertretenen Auffassung ist u. a. dann von einer Pflicht für Holding-Gesellschaften zur Aufstellung eines Bankkonzernabschlusses auszugehen, wenn diese Finanzholdinggesellschaften i. S. d. Art. 4 Abs. 1 Nr. 20 CRR sind.

---

8 Vgl. Wiedmann, Bilanzrecht, § 340i HGB, Tz. 34; a. A. Bieg, der eine Gleichsetzung ablehnt. Vgl. Bieg (2010), S. 867; nicht mehr Bieg/Waschbusch (2017), S. 941 f.
9 Vgl. BT-Drs 12/6957, S. 22.
10 Vgl. Weber/Seifert, in: Luz u. a., Art. 4 CRR, Tz. 17.
11 In Teilen des Schrifttums wird der Begriff »überwiegend« abweichend vom Aufsichtsrecht ausgelegt. So soll das Kriterium »überwiegend« zu bejahen sein, wenn die Kreditinstitute in ihrer Gesamtheit bedeutsamer sind als die übrigen Tochterunternehmen. Vgl. Dusemond, in: BB 1994, S. 2034 (S. 2038), Böcking/Becker/Helke, in: MüKom HGB, § 340i HGB, Tz. 2.

5. **Kreditinstitute.** Die Pflicht zur Aufstellung eines Bankkonzernabschlusses würde voraussetzen, dass die Tochterunternehmen ausschließlich oder überwiegend Kreditinstitute sind. Fraglich ist, ob von dieser Vorschrift nur Kreditinstitute i. S. d. § 1 Abs. 1 KWG erfasst sind oder der handelsrechtlich weitere Begriff von Kreditinstituten im Sinne der §§ 340 ff. HGB zugrunde zu legen ist. Im letzteren Fall würde eine Pflicht zur Aufstellung eines Bankkonzernabschlusses bestehen, wenn die Holding-Gesellschaft Beteiligungen an Tochterunternehmen hat, die in den Anwendungsbereich der §§ 340 ff. HGB fallen (dies sind neben Kreditinstituten auch Finanzdienstleistungsinstitute, Zahlungs- und E-Geld-Institute sowie Kapitalverwaltungsgesellschaften). Für eine weite Auslegung des Begriffs spricht die Gesetzessystematik. So ist § 340i Abs. 3 HGB aufgrund von § 340 Abs. 4 HGB auch für Finanzdienstleistungsinstitute bzw. aufgrund von § 340 Abs. 5 HGB für Zahlungsinstitute und E-Geld-Institute zu beachten[12]. Eine Aufstellungspflicht nach § 340i Abs. 3 HGB besteht für Holding-Gesellschaften damit in dem Fall, dass diese Beteiligungen an Tochtergesellschaften halten, die ausschließlich oder überwiegend Unternehmen im Anwendungsbereich der §§ 340 ff. HGB sind.

Sind die oben genannten Voraussetzungen erfüllt, so gilt die Holding-Gesellschaft zum Zwecke der Konzernrechnungslegung als Kreditinstitut im Sinne der §§ 340 ff. HGB und muss – obwohl die Holdinggesellschaft selbst kein Institut im Sinne des KWG ist – einen Konzernabschluss unter Beachtung der bankspezifischen Bilanzierungsvorschriften erstellen.

1.2 Auf den Konzernabschluss von Instituten anzuwendende Vorschriften

1.2.1 Systematisierung

Konzernabschluss und Konzernlagebericht sind nach den Vorschriften des Zweiten Unterabschnitts des Zweiten Abschnitts (§§ 290–315e HGB) aufzustellen, soweit die ergänzenden Bilanzierungsvorschriften für Kredit- und Finanzdienstleistungsinstitute nicht anderes bestimmen. Bei der Aufstellung eines Bankkonzernabschlusses sind die §§ 290–315e HGB damit zu beachten, soweit keine entgegenstehenden Bedingungen in den §§ 340i, j HGB enthalten oder einzelne Vorschriften von der Anwendung ausgenommen sind[13].

Obgleich § 340i Abs. 1 S. 1 HGB eine rechtsformunabhängige Pflicht zur Aufstellung eines Konzernabschlusses und Konzernlageberichts statuiert, sind die rechtsformspezifischen Anforderungen an einen Konzernabschluss und Konzernlagebericht zu beachten (§ 340i Abs. 1 S. 2 HGB). So haben Institute als Mutterunternehmen, die in der Rechtsform der Aktiengesellschaft firmieren, bei der Aufstellung des Konzernabschlusses die §§ 58 Abs. 2a S. 2, 150, 152, 158, 160, 161, 232, 240, 261, 286 AktG zu beachten. Für Mutter-

---

12 Vgl. Bieg/Waschbusch (2017), S. 941 f.
13 Vgl. Wiedmann, Bilanzrecht, § 340i HGB, Tz. 3; Braun, in: KK-RLR, § 340i HGB, Tz. 3.

unternehmen in der Rechtsform der GmbH sind die §§ 42, 58b, 58c GmbHG zu beachten[14].
§ 340i Abs. 2 HGB regelt die von Instituten anzuwendenden Konzernrechnungslegungsvorschriften. Bei der Aufstellung eines Konzernabschlusses haben Institute zu beachten:
- die **geschäftszweigspezifischen Konzernrechnungslegungsvorschriften** (§§ 340i, j HGB, § 37 RechKredV). Kapitalmarktorientierte Institute haben in Bezug auf die geschäftszweigspezifischen Konzernrechnungslegungsvorschriften § 340j HGB nicht anzuwenden (§ 340i Abs. 2 S. 3 HGB). Auch findet bis auf § 34 Abs. 2 Nr. 2 RechKredV die RechKredV für kapitalmarktorientierte Institute im Übrigen keine Anwendung (§ 340i Abs. 2 S. 5 HGB).
- die **allgemeinen Konzernrechnungslegungsvorschriften** der §§ 290–315e HGB. Lediglich die §§ 293, 298 Abs. 1, 314 Abs. 1 Nr. 1, 3, 6 Buchstabe c und Nr. 23 HGB sind von allen Instituten nicht anzuwenden (§ 340i Abs. 2 S. 2 HGB). Kapitalmarktorientierte Institute haben in Bezug auf die allgemeinen Konzernrechnungslegungsvorschriften lediglich die §§ 290 bis 292 sowie 315e HGB anzuwenden (§ 340i Abs. 2 S. 3 HGB) zu beachten. An die Stelle der übrigen allgemeinen handelsrechtlichen Konzernrechnungslegungsvorschriften treten die IFRS.

Ferner gelten für den Konzernabschluss auch die Vorschriften über den **Jahresabschluss**, soweit die Eigenart des Konzernabschlusses keine Abweichung bedingt (§ 340i Abs. 2 S. 1 HGB). Bei der Aufstellung eines Konzernabschlusses haben Institute daher zu beachten:
- die **geschäftszweigspezifischen Jahresabschlussvorschriften** der §§ 340a bis g HGB, §§ 1-36 RechKredV, (§ 340i Abs. 2 S. 1 HGB). Für kapitalmarktorientierte Institute ist § 340i Abs. 2 S. 1 u. 2 HGB nicht anzuwenden. Die geschäftszweigspezifischen Jahresabschlussvorschriften sind für Konzernabschlüsse von kapitalmarktorientierten Instituten daher unbeachtlich. Diese haben lediglich § 34 Abs. 2 Nr. 2 i. V. m. § 37 RechKredV anzuwenden (§ 340i Abs. 2 S. 4 HGB).
- die **allgemeinen Jahresabschlussvorschriften** für große Kapitalgesellschaften der §§ 238–289f HGB (§§ 340i Abs. 2 S. 1 i. V. m. § 340a Abs. 1 S. 1 HGB). Dies gilt rechtsformunabhängig. Aufgrund der Nicht-Geltung von § 298 Abs. 1 HGB (siehe § 340i Abs. 2 S. 2 HGB), sind die §§ 244–256, 265, 266, 268–275, 277–283 HGB nicht anzuwenden. Diese werden in Teilen durch die RechKredV ersetzt (§ 340a Abs. 2 S. 2 HGB). Es ist zu beachten, dass die allgemeinen Jahresabschlussvorschriften nicht über den § 298 Abs. 1 HGB, sondern nur insoweit die §§ 340 ff. HGB nichts anderes bestimmen (§ 340a Abs. 1 S. 1 HGB), zu berücksichtigen sind. Die Anwendung der allgemeinen Jahresabschlussvorschriften wird somit durch die Einschränkungen in § 340a HGB begrenzt[15]. Da § 340i Abs. 2 S. 1 HGB und mithin § 340a Abs. 1 S. 1 HGB für **kapitalmarktorientierte** Institute nicht gilt, sind die allgemeinen Jahresabschlussvorschriften für große Kapitalgesellschaften für den Konzernabschluss von kapitalmarktorientierten Instituten nicht einschlägig. An deren Stelle treten die IFRS.

---

14 Vgl. Winkeljohann/Deubert, BBK, 11. Aufl., § 298 HGB, Tz. 81 f.
15 Vgl. Wiedmann, Bilanzrecht, § 340i HGB, Tz. 5.

Von den geschäftszweigspezifischen Jahresabschlussvorschriften ist abzuweichen, sofern dies aufgrund der **Eigenart des Konzernabschlusses** erforderlich ist. So sind die Formblätter der RechKredV um die folgenden konzernspezifischen Posten zu ergänzen[16]:
- Aktiver Unterschiedsbetrag aus der Vollkonsolidierung oder anteilsmäßigen Konsolidierung als »Geschäfts- oder Firmenwert« gem. § 301 Abs. 3 S. 1 HGB,
- Passiver Unterschiedsbetrag aus der Vollkonsolidierung oder anteilsmäßigen Konsolidierung gem. §§ 301 Abs. 3. S. 1, 309 HGB als »Unterschiedsbetrag aus der Kapitalkonsolidierung« (DRS 23),
- »Eigenkapitaldifferenz aus Währungsumrechnung« nach § 308a S. 3 HGB,
- Anteile anderer Gesellschafter gem. § 307 Abs. 1 S. 1 HGB als »nicht beherrschende Anteile«[17],
- Den anderen Gesellschaftern zustehende Gewinn und der auf sie entfallende Verlust ist nach § 307 Abs. 2 HGB nach dem »Jahresüberschuss/Jahresfehlbetrag« zu zeigen. Der Ausweis hat unter einem Posten »nicht beherrschende Anteile« zu erfolgen. Um diesen Posten ist die für Institute vorgeschriebenen Verlängerungsrechnung nach dem Jahresüberschuss/-fehlbetrag (Formblätter 2 u. 3) zu ergänzen.
- »Anteile an assoziierten Unternehmen« gem. § 311 Abs. 1 HGB,
- »Erträge und Aufwendungen aus assoziierten Unternehmen« gem. § 312 Abs. 4 HGB.

Weiterhin sind die rechtsformspezifischen Vorschriften als auch die geschäftszweigspezifischen Vorschriften der in den Konzernabschluss einbezogenen Unternehmen (z. B. Rechnungslegungsvorschriften für Versicherungsunternehmen) einschlägig. Im Folgenden werden die anzuwendenden Vorschriften in Abhängigkeit von einer Kapitalmarktorientierung des Mutterinstituts systematisiert.

1.2.2 Nicht kapitalmarktorientierte Institute

Nicht kapitalmarktorientierte Mutterunternehmen mit Institutseigenschaft haben ihren Konzernabschluss und -lagebericht unter Beachtung der handelsrechtlichen Vorschriften der §§ 290–315e HGB aufzustellen. Zur Erstellung eines HGB-Konzernabschlusses sind demnach die folgenden Vorschriften zu beachten:
- Konsolidierungskreis (§§ 290, 294, 296 HGB bzw. DRS 19),
- Vereinheitlichung der Abschlüsse (§§ 300 und 308 HGB),
- Kapitalkonsolidierung (§§ 300, 301, 307, 309 HGB bzw. DRS 23),
- Quotenkonsolidierung (§ 310 HGB),
- Equity-Methode (§§ 311, 312 HGB),
- Schuldenkonsolidierung (§ 303 HGB),
- Währungsumrechnung (§ 308a HGB, DRS 25),

---
16 Vgl. Bieg/Waschbusch (2017), S. 948 ff.
17 Beachte, dass die Postenbezeichnung im Rahmen des BilRuG vereinheitlicht wurde. Vorher war aufgrund der unbestimmten Vorgabe Bezeichnungen wie Anteile anderer Gesellschafter, Anteile nicht beherrschender Gesellschafter, Minderheitenanteile usw. üblich. Die neue Terminologie lehnt sich nun an die Bezeichnung in IFRS 3 »non controlling interests« an. Vgl. Sichting, in: BilRuG, S. 198 f.

- Zwischenergebniseliminierung (§ 304 HGB),
- Aufwands- und Ertragskonsolidierung (§ 305 HGB),
- Abgrenzung latenter Steuern im Konzernabschluss (§ 306 HGB bzw. DRS 18).

In Bezug auf die aufgeführten Konsolidierungsmaßnahmen gelten für Bankkonzernabschlüsse spezifische Besonderheiten, die sich aus § 340j HGB sowie aus der Anwendbarkeit der §§ 340a bis g HGB auf den Konzernabschluss ergeben. Für den Konzernlagebericht sind die institutsspezifischen Vorschriften in DRS 20, Anlage 1 zu beachten.

Nach § 340i Abs. 2 S. 1 HGB gelten die §§ 340a bis g HGB für den Konzernabschluss entsprechend. Da es sich bei den §§ 340f und g HGB um bankspezifische Normen ohne allgemeinen GoB-Charakter handelt, sind branchenfremde Konzernunternehmen nicht in die bankspezifische Bildung von Vorsorgereserven einzubeziehen[18]. In Bezug auf die geschäftszweigbezogenen Aktivitäten kann durch eine entsprechende Anwendung von § 340f und g HGB im Konzernabschluss eine **eigene Vorsorgepolitik** betrieben werden[19], die aufgrund von § 300 Abs. 2 bzw. § 308 Abs. 2 HGB unabhängig von der Bilanzierungspolitik in den Einzelabschlüssen erfolgen kann. So können im Einzelabschluss Vorsorgereserven still nach § 340f HGB gebildet werden; im Einzelabschluss kann hingegen ein offener Ausweis im Fonds für allgemeine Bankrisiken erfolgen[20].

Nach dem Wortlaut des Gesetzes sind nur die §§ 340a bis 340g HGB auf den Konzernabschluss entsprechend anzuwenden. Daraus ergibt sich die Frage nach der Geltung des § 340h HGB für die **Währungsumrechnung** im Konzernabschluss. Vormals wurde die Anwendung des § 340h HGB als möglich angenommen. Begründet wurde dies mit einem **Redaktionsversehen**, durch das »im Gesetzgebungsverfahren die vorgesehene obligatorische Einbeziehung in den Kreis der anzuwendenden Vorschriften lediglich planwidrig nicht durchgehalten wurde«[21]. Materiell erschien die Anwendung von § 340h HGB auf die Umrechnung ganzer Abschlüsse als sachgerecht, da diese eine nahezu perfekte Konkretisierung des Äquivalenzprinzips darstellte[22]. Mit Inkrafttreten des BilMoG hat sich der Gesetzgeber in § 308a HGB jedoch gegen das bilanztheoretisch überzeugendere Äquivalenzprinzip entschieden und stattdessen in § 308a HGB die Umrechnung von Abschlüssen in fremder Währung nach der Stichtagskursmethode angeordnet. Vor diesem Hintergrund ist für die vormalige Annahme einer planwidrigen Regelungslücke kein Raum mehr. Aufgrund expliziter Vorschriften zur Währungsumrechnung im Konzernabschluss scheidet nach Inkrafttreten des BilMoG eine zu § 340h HGB analoge Währungsumrechnung im Konzernabschluss nach der hier vertretenen Auffassung aus. Eine Umrechnung ganzer Abschlüsse in fremder Währung entgegen dem Wortlaut des § 340i Abs. 2 S. 1 HGB und angesichts der expliziten Regelung in § 308a HGB dürfte m.E. nur noch schwer zu vertreten sein[23].

---

18 Vgl. Löw, in: MüKom BilR, § 340i HGB, Tz. 35; Krumnow/Sprißler (2004), § 340i HGB, Tz. 79.
19 Vgl. Bieg/Waschbusch (2017), S. 950; Löw, in: MüKom BilR, § 340i HGB, Tz. 28.
20 Vgl. Bundesverband deutscher Banken, in: WPg 1994, S. 18f.; Löw, in: MüKom BilR, § 340i HGB, Tz. 28.
21 Prahl/Naumann, in: WPg 1993, S. 235 (S. 239); ebenso Schaber, in: BeckHdR, C 810, Tz. 64, Wiedmann, Bilanzrecht, § 340i HGB, Tz. 18, Krumnow/Sprißler (2004), § 340i HGB, Tz. 83 f.
22 Vgl. Krumnow/Sprißler (2004), § 340i HGB, Tz. 83 f.
23 Auch nach Inkrafttreten des BilMoG aA wohl Löw, in: MüKom BilR, § 340i HGB, Tz. 17; Böcking/Becker/Helke, in: MüKom HGB, § 340i HGB, Tz. 38 sowie Schaber, in: BeckHdR, C 810, Tz. 64.

Auf den Konzernabschluss von Instituten sind die **geschäftszweigspezifischen Rechnungslegungsverordnungen** anzuwenden. Nach § 330 Abs. 2 S. 4 HGB können in die Rechtsverordnungen nähere Bestimmungen über die Aufstellung des Konzernabschlusses im Rahmen der vorgeschriebenen **Formblätter** für die Gliederung des Konzernabschlusses sowie eines Konzernzwischenabschlusses gem. § 340i Abs. 4 HGB aufgenommen werden:

- Für Kredit- und Finanzdienstleistungsinstitute sowie externe Kapitalverwaltungsgesellschaften im Sinne des § 17 Abs. 2 Nr. 1 KAGB sind aufgrund von § 37 RechKredV auch die §§ 1–36 RechKredV auf den Konzernabschluss anzuwenden, soweit seine Eigenart keine Abweichung bedingt.
- Zahlungs- und E-Geld-Institute haben bei der Aufstellung eines Konzernabschlusses aufgrund von § 31 RechZahlV die §§ 1–30 RechZahlV zu beachten, soweit die Eigenart des Konzernabschlusses keine Abweichung bedingt.

Durch entsprechende Anwendung der institutsspezifischen Vorschriften der §§ 340a bis g HGB auf den Konzernabschluss ergeben sich die im folgenden Punkt dargestellten Besonderheiten für die handelsrechtliche Konzernrechnungslegung von Instituten.

1.2.3 Kapitalmarktorientierte Institute

Nach § 340i Abs. 1 S. 1 HGB haben Institute einen Konzernabschluss nach den Vorschriften des Zweiten Unterabschnitts des Zweiten Abschnitts über den Konzernabschluss aufzustellen. Während sich die Pflicht zur Aufstellung eines Konzernabschlusses nach nationalem Recht richtet, ist die Frage »wie« der Konzernabschluss aufzustellen ist, in Abhängigkeit von der Kapitalmarktorientierung des Mutterinstituts zu beantworten[24]. Der Konzernabschluss von handelsrechtlichen Mutterinstituten ist nach handelsrechtlichen Bilanzierungsgrundsätzen aufzustellen.

Hat ein Mutterinstitut am jeweiligen Bilanzstichtag ihre Wertpapiere in einem beliebigen EU-Mitgliedstaat zum Handel in einem **geregelten Markt** im Sinne der MiFID zugelassen (kapitalmarktorientiertes Mutterinstitut), so ist es nach Art. 4 der Verordnung EG Nr. 1606/2002 verpflichtet einen Konzernabschluss nach **internationalen Rechnungslegungsstandards (IFRS)** aufzustellen.

In diesem Fall sind nach § 315e Abs. 1 HGB nur die §§ 294 Abs. 3, 297 Abs. 1a, Abs. 2 S. 4; 298 Abs. 1 i. V. m. §§ 244, 245 sowie §§ 313 Abs. 2 und 3; 314 Abs. 1, Nr. 4, 6, 8 und 9 sowie Abs. 3 HGB zu beachten. Diese aufgrund von § 315e Abs. 1 HGB in einem IFRS-Konzernabschluss zu beachtenden nationalen Vorschriften werden in einem Konzernabschluss von kapitalmarktorientierten Mutterinstituten durch § 340i Abs. 2 S. 2 HGB nicht eingeschränkt. So sind die §§ 298 Abs. 1, 314 Abs. 1 Nr. 1, 3, 6c, 23 HGB aufgrund der Rückausnahme von § 340i Abs. 2 S. 2 HGB durch § 340i Abs. 2 S. 3 2. HS HGB im Konzernabschluss kapitalmkartorienterter Mutterinstitute anzuwenden. Während für nicht-kapitalmarktorientierte Institute die Angabe nach § 314 Abs. 1 Nr. 6c HGB implizit aufgrund von § 37 RechKredV durch § 34 Abs. 2 Nr. 2 RechKredV ersetzt wird, ist diese Ersetzung aufgrund

---

24 Vgl. WPH I[2012] J 434.

der Nichtgeltung der RechKredV für kapitalmarktorientierte Institute explizit gesetzlich zu regeln. Dies erfolgt in § 340i Abs. 2 S. 4 HGB. Danach tritt an die Stelle des § 314 Abs. 1 Nr. 6c HGB die Vorschrift des § 34 Abs. 2 Nr. 2 RechKredV, soweit § 315e Abs. 1 HGB auf die Bestimmung des § 314 Abs. 1 Nr. 6c HGB verweist.

Der Verweis in § 340i Abs. 1 HGB auf die §§ 290–315e HGB erfasst zunächst alle Institute unabhängig von ihrer Kapitalmarktorientierung[25]. Da kapitalmarktorientierte Institute bei der Aufstellung eines Konzernabschlusses jedoch aufgrund von Art. 4 der IAS-VO die internationalen Rechnungslegungsstandards zu beachten haben, finden in den Fällen des § 315e Abs. 1 HGB von den in § 340i Abs. 1 HGB genannten Vorschriften nur die §§ 290 bis 292 sowie § 315e HGB Anwendung (§ 340i Abs. 2 S. 3 1. HS HGB). Der Verweis in Bezug auf § 290 HGB ist missverständlich. § 290 HGB ist in diesem Rahmen nur bei der Beurteilung der Pflicht zur Aufstellung eines Konzernabschlusses heranzuziehen. Bei der Abgrenzung des Konsolidierungskreises ist IFRS 10 maßgeblich. Damit gelten bei der Aufstellung eines Bankkonzernabschlusses nach IFRS die nationalen Regeln hinsichtlich der Aufstellungspflicht (§ 340i HGB i. V. m. §§ 290–292), der Prüfungspflicht (§ 340k HGB), der Offenlegung (§ 340l HGB) sowie der Straf-, Bußgeldvorschriften (§ 340m bis o HGB)[26].

Aufgrund von § 340i Abs. 2 S. 3 2. HS HGB sind die §§ 340a bis g HGB sowie § 340j HGB im IFRS-Konzernabschluss nicht anzuwenden. Gleiches gilt für die institutsspezifischen Rechnungslegungsverordnungen. Für die RechKredV findet sich dies explizit in § 340i Abs. 2 S. 5 HGB. Für die RechZahlV ergibt sich dies analog. § 340h HGB findet in einem Konzernabschluss nach IFRS keine Anwendung; die Währungsumrechnung erfolgt gem. IAS 21

Institute haben bei der Aufstellung eines Konzernabschlusses sämtliche IAS/IFRS sowie IFRIC-Stellungnahmen anzuwenden[27]. Branchenspezifische IFRS-Vorschriften bestehen nicht. Jedoch haben Institute die **aufsichtsrechtlichen Vorgaben** insb. hinsichtlich der Implementierung der Bilanzierung von Finanzinstrumenten nach IFRS 9 zu beachten. So hat der Basler Ausschuss mit BCBS 350 Leitlinien zur Umsetzung der IFRS 9 Impairment-Regeln formuliert[28], die als Standard der Europäischen Bankenaufsicht (EBA) übernommen werden sollen und damit verpflichtend anzuwenden sind. Mit BCBS 350 soll eine konsistente Interpretation und Umsetzung von expected credit loss-Modellen erreicht werden. Dies umfasst unter anderem Vorgaben an die (restriktive) Ausnutzung von Vereinfachungsmöglichkeiten im Rahmen der Implementierung von Expected-Loss-Modellen[29]. Es ist zu erwarten, dass im Zuge der europäischen Bankenunion eine stärkere Harmonisierung der Rechnungslegung und in diesem Zuge ein stärkerer Einfluss der europäischen Aufsichtsbehörden auf die Rechnungslegung von Instituten erfolgen wird.

Nicht kapitalmarktorientierte Institute können nach § 315e Abs. 3 HGB freiwillig einen IFRS-Konzernabschluss aufstellen. Dieses **Wahlrecht** gilt für alle Institute unabhängig von ihrer Rechtsform[30].

---

25 Ebenso Braun, in: KK-RLR, § 340i HGB, Tz. 23.
26 Richtigerweise Braun, in: KK-RLR, § 340i HGB, Tz. 23.
27 Vgl. WPH I2012 J 437.
28 Vgl. Basel Committee on Banking Supervision: Guidance on credit risk an accounting for expected credit losses, December 2015.
29 Im Einzelnen vgl. z. B. Gehrer/Koch/Schüz, in: IRZ 2016, S. 171; Khakzad/Sundri/Seres, in: IRZ 2016, S. 27.
30 Vgl. Braun, in: KK-RLR, § 340i HGB, Tz. 19.

1.3 Konzernzwischenabschlüsse

1.3.1 Ziel und Kontext der Vorschrift

§ 340i Abs. 4 HGB ist eine am Wortlaut des § 340a Abs. 3 HGB angelegte Regelung für die prüferische Durchsicht von Konzernzwischenabschlüssen. Die Vorschrift formuliert handelsrechtliche Anforderungen an Konzernzwischenabschlüsse und deren prüferische Durchsicht für den Fall, dass das Institut Zwischengewinne zum harten Kernkapital nach Art. 26 Abs. 2 CRR anrechnen lassen will. § 340i Abs. 4 HGB ist in einen aufsichtsrechtlichen Kontext eingebunden und ist daher im Zusammenhang mit Art. 26 Abs. 2 u. 4 CRR, EZB/2015/4[31] sowie der Delegierten Verordnung EU Nr. 241/2014[32] zu sehen.

Obgleich aus dem Wortlaut des § 340i Abs. 4 HGB nicht ersichtlich, ist § 340i Abs. 4 HGB nur für Institute im Anwendungsbereich der CRR (und damit nicht für Finanzdienstleistungsinstitute, Zahlungsinstitute, E-Geld-Institute) relevant. Dies ergibt sich aus dem Verweis von § 340i Abs. 4 HGB auf das Anrechnungsverfahren nach Art. 26 Abs. 2 CRR, welches nur Instituten i. S. d. CRR offen steht. Dies umfasst nach Art. 4 Nr. 3 CRR Kreditinstitute i. S. v. Art. 4 Nr. 1 CRR (CRR-Kreditinstitute i. S. v. § 1 Abs. 3d S. 1 KWG) sowie Wertpapierfirmen i. S. d. Art. 4 Nr. 2 CRR (CRR-Wertpapierfirmen i. S. v. § 1 Abs. 3d S. 2 KWG).

1.3.2 Voraussetzungen und Rahmenbedingungen der Anrechnung von Konzernzwischengewinnen

Nach § 340i Abs. 4 HGB sind **Konzernzwischenabschlüsse**, die zum Zweck der Anrechnung von Zwischengewinnen auf das harte Kernkapital nach Art. 26 Abs. 2 CRR einer prüferischen Durchsicht unterzogen werden, nach den für den Konzernabschluss geltenden Rechnungslegungsgrundsätzen zu erstellen. Eine Legaldefinition von »Konzernzwischenabschluss« findet sich weder im HGB noch im KWG. Dass ein zum Zwecke der Anerkennung von Zwischengewinnen erstellter Konzernzwischenabschluss nicht den in DRS 16 dargestellten Umfang haben muss, ergibt sich aus dem Kontext von § 340i Abs. 4 HGB sowie aus dem Wortlaut »zur Ermittlung«. Der Begriff »Zwischenabschluss« in DRS 16 dient hingegen der Konkretisierung der Zwischenberichterstattung nach § 115 WpHG (§ 37v-y WpHG a. F.). DRS 16, Tz. 15 definiert als Mindestbestandteile eines Zwischenabschlusses eine verkürzte Bilanz zum Stichtag des Berichtszeitraums sowie des vorangegangenen Geschäftsjahrs, eine verkürzte Gewinn- und Verlustrechnung für den Berichtszeitraum und das Vorjahr sowie einen verkürzten Anhang. Der zum Zwecke der Anrechnung von Zwischengewinnen erforderliche Zwischenabschluss dient damit (nur) der Ermittlung der **aufsichtsrechtlichen Eigenmittel**[33]. Die sonstigen Bestandteile eines Zwischenabschlusses, die nicht für die Ermittlung der aufsichtsrechtlichen Eigenmittel erforderlich sind, wie Zwischenlagebericht, Kapitalflussrechnung, Vorjahresangaben sind der Aufsicht nicht einzureichen, soweit die

---

[31] Vgl. EZB/2015/4, EU ABl. L 107/76 vom 25.04.2015.
[32] Vgl. DelVO (EU) Nr. 241/2014, EU ABl. L 74/8 vom 14.03.2014.
[33] Vgl. Schaber, in: Luz u. a., Art. 26 CRR, Tz. 14.

Anforderungen gem. Art. 26 Abs. 2 S. 3 CRR erfüllt sind[34]. Für die Anrechnung zum harten Kernkapital nach Art. 26 Abs. 2 CRR kommt es darauf an, dass im Rahmen der prüferischen Durchsicht in angemessenen Maße gewährleistet wird, dass die Zwischengewinne im Einklang mit den Grundsätzen des geltenden Rechnungslegungsrahmens ermittelt wurden.

Zwischengewinne sind Gewinne, »die im geltenden Rechnungslegungsrahmen ausgewiesen werden und für einen Referenzzeitraum, der kürzer als ein Geschäftsjahr ist, berechnet werden, und zwar vor dem förmlichen Beschluss des Kreditinstituts zur Bestätigung eines solchen Jahresergebnis des Instituts« (Art. 2 Nr. 6 EZB/2015/4). Zum Zwecke der Anrechnung von Zwischengewinnen nach Art. 26 Abs. 2 CRR kann der Stichtag des Zwischenberichtszeitraums grundsätzlich beliebig gewählt werden[35]. Der Konzernzwischenabschluss muss nach den für den Konzernabschluss **anzuwendenden Rechnungslegungsgrundsätzen** erstellt sein. Die Anforderung der Übereinstimmung mit den anzuwendenden Rechnungslegungsgrundsätzen in § 340i Abs. 4 HGB ergibt sich gleichsam aus Art. 26 Abs. 2 S. 3 CRR, wonach die Überprüfung der Zwischengewinne im angemessenen Maße gewährleisten muss, dass die Gewinn im Einklang mit den Grundsätzen des **geltenden Rechnungslegungsrahmens** ermittelt wurden. Im Detail können sich jedoch Unterschiede zwischen den bilanzrechtlich und den aufsichtsrechtlich maßgeblichen Rechnungslegungsgrundsätzen ergeben:

- Für **kapitalmarktorientierte** Mutterunternehmen sind dies die internationalen Rechnungslegungsregeln IFRS (Art. 4 der Verordnung Nr. 1606/2002, § 315e Abs. 2 HGB). Aufgrund von § 10a Abs. 5 S. 1 KWG sind in diesem Fall die IFRS auch für die Ermittlung der Eigenmittel und Risikopositionen aufsichtsrechtlich maßgeblich.
- Für den Konzernabschluss von **nicht kapitalmarktorientierten** Mutterunternehmen gelten die Rechnungslegungsgrundsätze des HGB, sofern das Mutterunternehmen nicht freiwillig einen Konzernabschluss nach § 315e Abs. 3 HGB aufstellt. Aus dem Gesetzeswortlaut »anzuwenden« könnte gefolgert werden, dass es sich um die Rechnungslegungsgrundsätze handeln könnte, die ein Mutterunternehmen verpflichtend zur Aufstellung eines Konzernabschlusses zu beachten hat. Dies wären unbeschadet der Möglichkeiten nach § 315e Abs. 3 HGB bei nicht kapitalmarktorientierten Mutterunternehmen die HGB-Grundsätze. Dem steht jedoch der aufsichtsrechtliche Kontext und die Regelung in § 10a Abs. 5 KWG entgegen. Danach hat das übergeordnete Unternehmen einer Institutsgruppe, welches die IFRS nach § 315e Abs. 3 HGB anwendet, bei der Ermittlung der zusammengefassten Eigenmittel sowie der zusammengefassten Risikopositionen den Konzernabschluss (nach IFRS) zugrunde zu legen (§ 10a Abs. 5 S. 1 u. 2 KWG). Die zum Zwecke der aufsichtsrechtlichen Anrechnung von Zwischengewinnen anzuwendenden Rechnungslegungsgrundsätze sind in diesem Fall die IFRS.

Nach Art. 24 Abs. 2 CRR können die zuständigen Aufsichtsbehörden, von den Instituten abweichend von dem geltenden Rechnungslegungsrahmen eine Ermittlung der Eigenmittel nach den IFRS verlangen. Unabhängig von der Kapitalmarktorientierung des Mutterinsti-

---

34 Vgl. Konesny/Glaser, in: Boos/Fischer/Schulte-Mattler, 5. Aufl., Art. 26 CRR, Tz. 15.
35 Vgl. Schaber, in: Luz u. a., Art. 26 CRR, Tz. 14.

tuts wären in einem solchen Fall der für die Ermittlung von Zwischengewinnen anzuwendende Rechnungslegungsrahmen die IFRS.

Die Anrechnung von Zwischengewinnen zum harten Kernkapital setzt eine **prüferische Durchsicht** des Zwischenabschlusses voraus. Dies folgt aus Art. 26 Abs. 2 lit. a) CRR, wonach die behördliche Erlaubnis zur Anrechnung von Zwischengewinnen erfordert, dass die Gewinne durch Personen überprüft werden, die vom Institut unabhängig und für dessen Buchprüfung zuständig sind. Die deutsche Übersetzung in Art. 4 Abs. 1 EZB/2015/4 von »external auditor« mit »externen Rechnungsprüfer« ist missglückt. Die prüferische Durchsicht ist vom bestellten Abschlussprüfer des Instituts vorzunehmen (§ 340i Abs. 4 S. 2 HGB). Nach § 340i Abs. 4 S. 2 HGB sind die Vorschriften über die Bestellung des Abschlussprüfers auf die prüferische Durchsicht entsprechend anzuwenden. Damit sind grundsätzlich §§ 318–319a HGB zu beachten. Dabei ist zu berücksichtigen, dass Vorschriften über die Bestellung des Abschlussprüfers für Kreditgenossenschaften gem. § 340k Abs. 2 HGB bzw. für Sparkassen gem. § 340k Abs. 3 HGB aufgrund des gesetzlichen Prüfungsverhältnisses nicht zu beachten sind. Nach § 340i Abs. 4 S. 5 HGB gelten die §§ 320 u. 322 HGB entsprechend. Nach § 340i Abs. 4 S. 3 HGB ist die prüferische Durchsicht so anzulegen, dass bei gewissenhafter Berufsausübung ausgeschlossen werden kann, dass der Zwischenabschluss in wesentlichen Belangen den anzuwendenden Rechnungslegungsgrundsätzen widerspricht. Diese Anforderung hat ihr Pendant in Art. 26 Abs. 2 S. 3 CRR, wonach eine Überprüfung der Zwischengewinne des Instituts in angemessenem Maße gewährleisten muss, dass diese Gewinne im Einklang mit den Grundsätzen des geltenden Rechnungslegungsrahmens ermittelt werden. In Bezug auf die Grundsätze für die Durchführung einer prüferischen Durchsicht ist auf IDW PS 900 zu verweisen. Im Rahmen einer prüferischen Durchsicht ist der Konzernzwischenabschluss durch den Abschlussprüfer einer kritischen Würdigung auf Basis von Plausibilitätsbeurteilungen zu untersuchen[36]. Dabei soll mit einer gewissen Sicherheit ausgeschlossen werden können, dass der Abschluss in wesentlichen Belangen nicht in Übereinstimmung mit den angewandten Rechnungslegungsgrundsätzen erstellt worden ist (**negative assurance**)[37]. Ein solches Maß an Sicherheit wird insbesondere durch das Einholen von Nachweisen sowie analytische Prüfungshandlungen[38] gewonnen[39]. Neben der »negative assurance« durch den Abschlussprüfer ist der zuständigen Behörde nach Art. 5 Abs. 1 lit a) EZB/2015/4 durch das Kreditinstitut zu erklären, dass die Gewinne mit den Grundsätzen des geltenden Rechnungslegungsrahmens ausgewiesen wurden und dass der aufsichtliche Konsolidierungskreis nicht wesentlich weiter ist als der Umfang der prüferischen Durchsicht. Eine solche Erklärung ist im Anhang zu EZB/2015/4 formularmäßig vorgegeben. Für den Fall einer wesentlichen Abweichung ist eine Überleitungsrechnung vom bilanziellen Zwischengewinn auf den aufsichtsrechtlichen Zwischengewinn vorzunehmen[40]. Nach § 340i Abs. 4 S. 4 HGB ist das Prüfungsergebnis in einer Bescheinigung zusammenzufassen. Die Einreichung einer solchen Bescheinigung ist Vor-

---

36 Vgl. IDW PS 900 Tz. 6.
37 Vgl. IDW PS 201 Tz. 4; IDW PS 900 Tz. 6.
38 Vgl. IDW PS 312.
39 Vgl. IDW PS 900 Tz. 10.
40 Vgl. EBA, Q&A, 2014_1221.

aussetzung für die Erlaubniserteilung der zuständigen Behörde zur Anrechnung von Zwischengewinnen zum harten Kernkapital[41].

Neben einer prüferischen Durchsicht des Zwischenabschlusses hat das Institut für eine Erlaubnis der zuständigen Behörde hinreichend nachzuweisen, dass alle **vorhersehbaren Abgaben oder Dividenden** von dem Gewinnbetrag abgezogen wurden (Art. 26 Abs. 2 S. 2 lit. b) CRR). Zur näheren Konkretisierung dieser Anforderungen waren durch die EBA technische Regulierungsstandards auszuarbeiten und diese durch die Kommission als Verordnungen zu erlassen (Art. 26 Abs. 4 CRR). Dies erfolgte mit der Delegierten Verordnung (EU) Nr. 241/2014. Zur Bestimmung vorhersehbarer Dividenden ist auf Art. 2 und zur Bestimmung vorhersehbarer Abgaben auf Art. 3 der Delegierten Verordnung zu verweisen[42]. Bei Erteilung einer behördlichen Erlaubnis gelten die ermittelten Zwischengewinne als einbehaltene Gewinne im Sinne des Art. 26 Abs. 1 lit. c) CRR. Anrechenbar sind nur die handelsrechtlich bestätigten Zwischengewinne; die Anerkennung höherer aufsichtsrechtliche Zwischengewinne bedarf einer Überprüfung durch den Abschlussprüfer; sind die handelsrechtlichen Zwischengewinne niedriger als die aufsichtsrechtlichen, so ist der niedrigere Wert anzusetzen (Art. 2 Abs. 11, Art. 3 Abs. 3 DelVO (EU) Nr. 241/2014)[43]. Zwischengewinne, für die in einem Zwischenberichtszeitraum eine behördliche Erlaubnis erteilt wurde, sind ohne weiteres auch in den nachfolgenden Quartalen anrechenbar, ohne dass es einer erneuten behördlichen Erlaubnis bedarf[44]. Nachfolgend auftretende Verluste sind stets vom harten Kernkapital abzuziehen, ohne dass es eines Zwischenabschlusses bedarf (Art. 36 Abs. 1 lit. a) CRR)[45].

---

41 Siehe Art. 4 Abs. 1 EZB/2015/4.
42 Zur näheren Erläuterung vgl. Schaber, in: Luz u. a., Art. 26 CRR, Tz. 25–33.
43 Vgl. Konesny/Glaser, in: Boos/Fischer/Schulte-Mattler, 5. Aufl., § 26 CRR, Tz. 10.
44 Vgl. EBA, Q&A, 2014_1242.
45 Vgl. Konesny/Glaser, in: Boos/Fischer/Schulte-Mattler, 5. Aufl., § 26 CRR, Tz. 14.

2 Konsolidierungsschritte im Einzelnen

2.1 Festlegung des Konsolidierungskreises

2.1.1 Beherrschender Einfluss

Durch das BilMoG wurde das im § 290 HGB aF verankerte Control-Konzept zu dem Konzept der Möglichkeit zur Ausübung eines »**beherrschenden Einflusses**« ausgebaut[1]. Das Kriterium der »einheitlichen Leitung« in der alten Fassung des § 290 HGB, das als ökonomische Konzeption stets ein Beteiligungsverhältnis im Sinne des § 271 Abs. 1 HGB vorsah, wurde durch das BilMoG gestrichen. Anlass für diese Änderungen war die Finanzkrise der Jahre 2008/09, in denen Zweckgesellschaften eine zentrale Rolle zukam. Mit der Neufassung des § 290 HGB beabsichtigte der Gesetzgeber, »im weitest möglichen Umfang auch Zweckgesellschaften in den Konsolidierungskreis einzubeziehen« und sich dabei an den Regelungsinhalten von IAS 27 und SIC 12 zu orientieren[2].

Da als **verbundene Tochtergesellschaften** im Sinne des § 271 Abs. 2 HGB all jene Gesellschaften gelten, die als Mutter- oder Tochterunternehmen in den Konzernabschluss des Mutterunternehmens einzubeziehen sind, hat die Neudefinition von Tochterunternehmen nach § 290 HGB unmittelbare Auswirkungen auf die für Institute relevanten Angaben von Unterposten nach § 3 RechKredV. Nach dieser Vorschrift sind verbriefte und unverbriefte Forderungen an verbundene Unternehmen jeweils als Unterposten zu den Bilanzpositionen »Forderungen an Kreditinstitute«, »Forderungen an Kunden« sowie »Schuldverschreibungen und andere festverzinsliche Wertpapiere« anzugeben (§ 3 S. 1 Nr. 1 RechKredV). Zudem sind verbriefte und unverbriefte Verbindlichkeiten gegenüber verbundenen Unternehmen jeweils als Unterposten zu den Bilanzposten »Verbindlichkeiten gegenüber Kreditinstituten«, »Verbindlichkeiten gegenüber Kunden«, »Verbriefte Verbindlichkeiten«, sowie »Nachrangige Verbindlichkeiten« anzugeben (§ 3 S. 1 Nr. 3 RechKredV).

Nach § 290 Abs. 1 S. 1 HGB liegt ein Mutter-Tochterverhältnis vor, wenn das Mutterunternehmen auf ein anderes Unternehmen (Tochterunternehmen) einen »beherrschenden Einfluss ausüben kann«. Nach § 290 Abs. 2 HGB liegt ein **beherrschender Einfluss** eines Mutterunternehmens **stets** vor, wenn

---

[1] Vgl. BT-Drs 16/12407, S. 89; Schruff, in: Der Konzern 2009, S. 513; Küting/Koch, in: Handbuch zur Anwendung des Bilanzrechtsmodernisierungsgesetzes, S. 381.
[2] BT-Drs 16/12407, S. 89; vgl. auch Ernst/Seidler, in: BB 2009, S. 768.

1. »ihm bei einem anderen Unternehmen die Mehrheit der Stimmrechte der Gesellschafter zusteht;
2. ihm bei einem anderen Unternehmen das Recht zusteht, die Mehrheit der Mitglieder des die Finanz- und Geschäftspolitik bestimmenden Verwaltungs-, Leitungs- oder Aufsichtsorgans zu bestellen oder abzuberufen, und es gleichzeitig Gesellschafter ist;
3. ihm das Recht zusteht, die Finanz- und Geschäftspolitik auf Grund eines mit einem anderen Unternehmen geschlossenen Beherrschungsvertrages oder auf Grund einer Bestimmung in der Satzung des anderen Unternehmens zu bestimmen, oder
4. es bei wirtschaftlicher Betrachtung die Mehrheit der Risiken und Chancen eines Unternehmens trägt, das zu Erreichung eines eng begrenzten und genau definierten Ziels des Mutterunternehmens dient (Zweckgesellschaft). Neben Unternehmen können Zweckgesellschaften auch sonstige juristische Personen des Privatrechts oder unselbständige Sondervermögen des Privatrechts sein, ausgenommen Spezial-Sondervermögen im Sinne des §2 Abs. 3 des Investmentgesetzes oder als Sondervermögen aufgelegte inländische Spezial-AIF mit festen Anlagebedingungen im Sinn des §284 KAGB oder vergleichbare EU-Investmentvermögen oder ausländische Investmentvermögen, die als Sondervermögen aufgelegt sind[3].« (§290 Abs. 2 HGB).

Aus dem Verhältnis zwischen §290 Abs. 1 und Abs. 2 HGB kann gefolgert werden, dass die in Abs. 2 genannten Tatbestände nicht abschließend sind; somit können sonstige Beherrschungssachverhalte darüber hinaus existieren (DRS 19.16 sowie 69–77). Insgesamt kommt es bei der Prüfung auf Konsolidierungspflicht darauf an, ob für das Mutterunternehmen die **Möglichkeit zur Ausübung** eines beherrschenden Einflusses besteht. Die tatsächliche Ausübung ist hingegen irrelevant[4]. Das Vermutungsergebnis des beherrschenden Einflusses ist vom Gesetzgeber auch dann gewollt, wenn die Vermutung nicht den tatsächlichen Verhältnissen entspricht[5]. Nach dem Wortlaut der Gesetzesbegründung, ist ein beherrschender Einfluss zu bejahen, »wenn die Finanz- und Geschäftspolitik eines anderen Unternehmens dauerhaft« von einem anderen Unternehmen bestimmt wird[6].

Die ersten drei Tatbestände in §290 Abs. 2 HGB setzen **formale Rechtspositionen** voraus, während §290 Abs. 2 Nr. 4 HGB eine **wirtschaftliche Betrachtung** verlangt (DRS 19.18). Zudem stellen alle vier Tatbestände **unwiderlegbare** Vermutungen (»stets«) für das Vorliegen eines beherrschenden Einflusses dar (DRS 19.18)[7]. Aus diesem Grund impliziert die rein rechtliche Betrachtungsweise der ersten drei Tatbestände, dass eine Konsolidierungspflicht nach §290 Abs. 2 Nr. 1 HGB bei einer absoluten Mehrheit der Stimmrechte auch dann eintreten würde, wenn alle maßgeblichen Gesellschaftsbeschlüsse mit qualifizierter Mehrheit (z. B. 2/3-Merheit) getroffen werden müssen. Diese rein formal-rechtliche Konsolidierungspflicht kann – unter Berücksichtigung der wirtschaftlichen Zurechnungsvorschriften des §290 Abs. 3 HGB – lediglich durch das **Einbeziehungswahlrecht des**

---

[3] Die Erweiterung der Konsolidierungsausnahme auf vergleichbare ausländische Investmentvermögen ist durch das MicroBilG eingefügt worden.
[4] BT-Drs 16/12407, S. 89.
[5] Vgl. Schruff, in: Der Konzern 2009, S. 513.
[6] BT-Drs 16/12407, S. 89.
[7] So auch Grottel/Kreher, in: BBK, 11. Aufl., §290 HGB, Tz. 31.

§ 296 Abs. 1. Nr. 1 HGB relativiert werden, wenn die dem Mutterunternehmen zustehenden Rechte dauerhaft beschränkt sind.

Gleichwohl ist anzumerken, dass die Definition von verbundenen Unternehmen an die Konsolidierungspflicht des § 290 HGB anknüpft. Damit würden auch die Unternehmen, für die eine Konsolidierungspflicht nach § 290 HGB gilt, auch dann als verbundene Unternehmen zu betrachten sein, wenn von der Ausübung des Einbeziehungswahlrechts nach § 296 HGB Gebrauch gemacht werden würde. Eine aufsichtsrechtliche Konsolidierungspflicht bei Ausübung der Einbeziehungswahlrechte nach § 296 HGB besteht weiterhin, da Art. 18 i.V.m. Art. 4 Abs. 16 CRR an das Vorliegen eines Mutter-Tochter-Verhältnisses anknüpft. Auch konsolidierungspflichtige Zweckgesellschaften, die keine Unternehmenseigenschaft aufweisen, fallen unter die »verbundenen Unternehmen« nach § 271 Abs. 2 HGB[8].

Umstritten ist hingegen, ob die vier Tatbestandsmerkmale als **gleichrangig** anzusehen sind, oder ob der wirtschaftlichen Betrachtungsweise in den Fällen, in denen die formal-juristische von der wirtschaftlichen Betrachtungsweise abweicht, den Vorrang einzuräumen ist. Eine gleichrangige Betonung der vier Tatbestandsmerkmale des § 290 HGB würde bei Zweckgesellschaften zu einer Konsolidierung auf Basis einer Stimmrechtsmehrheit führen können, obwohl die Mehrheit der Stimmrechte bei Zweckgesellschaften regelmäßig »ins Leere läuft«, da diesen bspw. aufgrund der Existenz eines Autopilotmechanismus keine Bedeutung zukommt[9]. Der Vorrang der wirtschaftlichen Betrachtungsweise wird aus dem durch das BilMoG unverändert gebliebenen § 290 Abs. 3 HGB abgeleitet, durch den im HGB alter Fassung eine Konsolidierung von Zweckgesellschaften über die Fiktion »**impliziter Treuhandverhältnisse**« erreicht wurde[10]. Nach dieser Fiktion wird bei einem Auseinanderfallen von formaler Stimmrechtsmehrheit und wirtschaftlichem Eigeninteresse unterstellt, dass die Partei, welche die Mehrheit der Stimmrechte innehat, die Kontrollrechte für Rechnung der Partei hält, die die wirtschaftlichen Chancen und Risiken zu tragen hat. Im Rahmen dieser impliziten Treuhand wurden die Stimmrechte damit dem wirtschaftlichen Eigentümer zugerechnet. Eine implizite Treuhand kann nicht angenommen werden, wenn der Partei, die die Mehrheit der Stimmrechte hat, auch ein hinreichend großes wirtschaftliches Eigeninteresse zugeschrieben werden kann, wobei eine Kapitalbeteiligung von mindestens 5 % vereinzelt als hinreichend angesehen wurde[11]. Bei einer vorrangigen Berücksichtigung der wirtschaftlichen Verhältnisse wird die Frage der Konzernzugehörigkeit nach § 290 Abs. 2 HGB n. F. als Fortsetzung der wirtschaftlichen Zurechnung von Vermögensgegenständen nach § 246 Abs. 1 HGB des Einzelabschlusses angesehen[12].

Der DSR hat sich in DRS 19, Tz. 20 hingegen für eine **Gleichrangigkeit** der Tatbestandsmerkmale entschieden. Dies hat zur Folge, dass **Mehrfachkonsolidierungen** möglich sind (DRS 19.7). Eine »teleologische Reduktion« bei einer Mehrfachkonsolidierung auf den Tat-

---

8   Vgl. Bericht von der 222. Sitzung des HFA, in: IDW Fachnachrichten 2/2011, S. 122 f.; Grottel/Kreher, in: BBK, 11. Aufl., § 271 HGB, Tz. 33.
9   Vgl. Findeisen/Sabel/Klube, in: DB 2010, S. 968; Schruff, in: Der Konzern 2009, S. 513.
10 Vgl. Helmschrott, in: DB 1999, S. 1867; Schruff/Rothenburger, in: WPg 2002, S. 764; kritisch zur Fiktion impliziter Treuhandverhältnisse Schimmelschmidt/Happe, in: DB 2004, Beilage 9, S. 4; Reuter, in: BB 2006, S. 1327.
11 Vgl. Bengsch, in: BB 1997, Beilage 6, S. 31 f. Findeisen/Sabel/Klube, in: DB 2010, S. 970; Gelhausen/ Deubert/Klöcker, in: DB 2010, S. 2009; ADS, § 290 HGB, Tz. 139; Helmschrott, in: DB 1999, S. 1867.
12 Vgl. Gelhausen/Deubert/Klöcker, in: DB 2010, S. 2005.

bestand, der tatsächlich zu einer Möglichkeit eines bestehenden Einflusses führt, ist damit abzulehnen[13]. So würde eine Zweckgesellschaft sowohl von der Partei mit der Mehrheit der Stimmrechte als auch von einer anderen Partei, die die Mehrheit der Chancen und Risiken trägt, zu konsolidieren sein (DRS 19. A1).

2.1.2 Mehrheit der Stimmrechte

Ein beherrschender Einfluss ist unwiderlegbar dann gegeben, wenn dem Mutterunternehmen die **absolute Mehrheit** der Stimmrechte entweder direkt oder indirekt zusteht. Es kommt in diesem Zusammenhang nur auf die Stimmrechte an; die Höhe der Kapitalbeteiligung ist für die Beurteilung irrelevant. Für die Beurteilung sind die folgenden Stimmrechte einzubeziehen:

    Eigene (direkte) Stimmrechte des Mutterunternehmens an der Gesellschaft

- \+ Rechte an der Gesellschaft, die anderen Tochterunternehmen zustehen (auch wenn sie nach § 296 HGB nicht einbezogen werden)
- \+ Rechte, die dem Mutterunternehmen oder Tochterunternehmen von Dritten mit Recht zur eigenständigen Stimmrechtsausübung überlassen wurden (§ 290 Abs. 3 S. 2 HGB)
- − Rechte, die dem Mutterunternehmen oder Tochterunternehmen von Dritten zustehen, wenn Stimmrechte nur auf Weisung (z. B. eines Sicherungsgebers) ausgeübt werden können (§ 290 Abs. 3 S. 3 Nr. 2 HGB)*
- \+ Rechte von Dritten, die für Rechnung des Mutterunternehmens gehalten werden
- \+ Rechte von Dritten, die für Rechnung eines Tochterunternehmens gehalten werden
- − Rechte des Mutterunternehmens, die für fremde Rechnung gehalten werden**
- − Rechte anderer Tochtergesellschaften, die für fremde Rechnung gehalten werden

    * Hierunter sind bspw. Stimmrechte von Anteilen zu fassen, die das Institut als Repo-Geber im Rahmen eines Wertpapierpensionsgeschäfts auf einen Repo-Nehmer übertragen hat mit der Maßgabe, dass die Stimmrechte in Übereinstimmung mit den Vorgaben des Repo-Gebers auszuüben sind. Durch ein echtes Wertpapierpensionsgeschäft wird das zivilrechtliche Eigentum auf den Repo-Nehmer übertragen, während das wirtschaftliche Eigentum beim Repo-Geber verbleibt. Durch ein Wertpapierpensionsgeschäft werden alle Rechte eines Wertpapiers auf den Repo-Nehmer übertragen (Vollrechtseigentum), so dass diesem auch die den Wertpapieren zugrundeliegenden Stimmrechte zustehen, sofern einzelvertraglich nichts anderes vorgesehen ist. Wird das Pensionsgeschäft nur für eine kurze Pensionsfrist abgeschlossen, so kann aufgrund der vereinbarten Rückübertragung auf den Repo-Geber ggf. auf eine Konsolidierung nach § 296 Abs. 1 Nr. 3 HGB verzichtet werden, da die Anteile nur zum Zwecke der Weiterveräußerung gehalten werden.
    ** Zur Klassifizierung von Stimmrechten einer Depotbank siehe Kapitel VIII.2.1.7.1.1.

Die Summe der dem Mutterunternehmen zustehenden Stimmrechte ist ins Verhältnis zur Gesamtzahl der Stimmrechte zu setzen, wobei von der Gesamtzahl aller Stimmrechte die Stimmrechte aus eigenen Anteilen abzuziehen sind, die dem Tochterunternehmen selbst, einem seiner Tochterunternehmen oder einer anderen Person für Rechnung dieser Unternehmen gehören (§ 290 Abs. 4 HGB).

---

13 Vgl. Schruff, in: Der Konzern 2009, S. 518; Gelhausen/Deubert/Klöcker, in: DB 2010, S. 2010.

Aufgrund der formal-juristischen Betrachtungsweise bleiben schuldrechtliche Vereinbarungen, die einer Ausübung der Stimmrechte durch das Mutterunternehmen entgegenstehen (z. B. Stimmbindungsverträge, Stimmrechtsvollmachten, Entherrschungsverträge oder Ähnliches), nach § 290 Abs. 2 Nr. 1 HGB unberücksichtigt. Gleiches gilt für gesellschaftsrechtliche Vereinbarungen wie z. B. die Fassung von Gesellschafterbeschlüssen mit qualifizierter Mehrheit. Es ist ausschließlich auf die **formale** Berechnung der Stimmrechtsmehrheit nach den oben beschriebenen Grundsätzen abzustellen. Eine Nicht-Konsolidierung der anderen Gesellschaft kommt vor diesem Hintergrund nur durch eine entsprechende Ausübung des Wahlrechts von § 296 Abs. 1 Nr. 1 HGB bei Vorliegen einer dauerhaften Beschränkung der Stimmrechte in Betracht (DRS 19, Tz. 81 ff.). Davon unbenommen können dem Rechteinhaber die formalen Rechtspositionen wegzurechnen sein, wenn dieser kein wirtschaftliches Eigeninteresse an der Gesellschaft hat. Das Fehlen eines wirtschaftlichen Eigeninteresses ist unter Gesamtwürdigung des Sachverhalts zu ermitteln. Bei einer Beteiligungsquote von unter 5 % kann von einem fehlenden Eigeninteresse ausgegangen werden[14].

Ebenso erfüllen **Präsenzmehrheiten** oder auch **potenzielle Stimmrechte** aufgrund von Wandlungs- oder Optionsrechten nicht die Erfordernisse einer formalen Rechtsposition, die eine Konsolidierung nach § 290 Abs. 1 Nr. 1 HGB begründen würde. Eine Konsolidierungspflicht kommt bei nicht nur zufälligen Präsenzmehrheiten jedoch auf Basis »**sonstiger Beherrschungsverhältnisse**« nach § 290 Abs. 1 HGB in Betracht (DRS 19.69). Voraussetzung für eine Konsolidierung auf Basis von Präsenzmehrheiten besteht neben der Beteiligung des Hauptgesellschafters in einem granularen Streubesitz über einen hinreichenden Zeitraum hinweg, der die Präsenzmehrheit mit einer hinreichenden Sicherheit wahrscheinlich werden lässt. Ähnlich wie in den IFRS[15] sind potenzielle Stimmrechte als sonstige Beherrschungsverhältnisse zu berücksichtigen[16]. Eine Konsolidierung aufgrund potenzieller Stimmrechte kommt nur in Betracht, wenn das Mutterunternehmen am Bilanzstichtag die potenziellen Stimmrechte rechtlich wie auch wirtschaftlich ausüben kann. Ein beherrschender Einfluss wird nach DRS 19.76 in diesem Fall nur dann begründet, wenn die Ausübung »so gut wie sicher« ist.

Trotz der in der BilMoG-Gesetzesbegründung artikulierten Intention des Gesetzgebers eine Annäherung an die **IFRS-Vorschriften** zu erreichen[17], weicht DRS 19 von den betreffenden Vorschriften in IAS 27.14 a. F. ab[18]. Nach internationalen Vorschriften sind Call-Optionen und Wandlungsrechte für die Beurteilung einer Konsolidierungspflicht relevant, wenn sie »currently exercisable or convertible« sind (IAS 27.14 aF); nach IFRS 10.B22 ist ein Kontrollrecht nur dann »substantive«, wenn dieses auch praktisch ausgeübt werden kann. Die Ausübungswahrscheinlichkeit spielt dabei zunächst keine Rolle. Auch im Falle einer niedrigen Ausübungswahrscheinlichkeit (out of the money call option) wären potenzielle Stimmrechte dem Stimmenanteil hinzuzurechnen (IAS 27.IG 8 aF). Die Absicht des

---

14 Vgl. Bengsch, in: BB 1997, Beilage 6, S. 31 f. Findeisen/Sabel/Klube, in: DB 2010, S. 970; Gelhausen/Deubert/Klöcker, in: DB 2010, S. 2005; ADS, § 290 HGB, Tz. 139; Helmschrott, in: DB 1999, S. 1867.
15 Siehe IFRS 10.B41-B46.
16 Vgl. Kohl/Meyer, in: NZG 2014, S. 1361 (S. 1362).
17 BT-Drs 16/12407, S. 89
18 So auch Landgraf/Roos, in: KoR 2011, S. 372.

Managements eine Aktienoption auszuüben oder die Wandlung eines Convertibles herbeizuführen, spielen bei der Beurteilung nach IFRS keine Rolle (IAS 27.15 aF; IAS 27 IG 8 a. F., Example 4). Ebenfalls bleiben die finanziellen Möglichkeiten des Optionsinhabers – im Gegensatz zu DRS 19 – außer Betracht. Nach IAS 27 a. F. kommt es lediglich auf die Existenz potenzieller Stimmrechte an. Nach IFRS 10.B15, B50 sind potenzielle Stimmrechte bei der Prüfung, ob Beherrschungsmacht (power) vorliegt, nur dann zu berücksichtigen, wenn die potenziellen Stimmrechte »substantive« sind. Die Prüfung, ob ein substanzielles Recht vorliegt, hat die vertraglichen Bedingungen, den Zweck sowie den Zweck und die Struktur anderer Verstrickungen (involvement) zu berücksichtigen. Ein potenzielles Stimmrecht ist bspw. dann nicht »substantive«, wenn eine Option zum Erwerb von weiteren Anteilen bzw. Stimmrechten weit aus dem Geld ist (d. h. der Strike Preis deutlich höher als der aktuelle Marktpreis ist)[19]. In diesem Fall sind die vertraglichen Bedingungen der Option so ausgestaltet, dass das potenzielle Stimmrecht nicht substanziell ist.

Wichtig ist sowohl nach HGB als auch nach IFRS, dass die Stimmrechte gegenwärtig ausübbar sein müssen. Dies wäre nicht der Fall, wenn die Ausübung an bestimmte Ereignisse in der Zukunft oder an dem Erreichen eines Zeitpunkts (z. B. europäische Option) geknüpft wird. Die Rechte müssen innerhalb einer »short notice period« ausgeübt werden können, um eine Konsolidierungspflicht auf Basis potenzieller Stimmrechte zu begründen. Kann eine Call-Option[20] alle drei Jahre am 1. Juni ausgeübt werden, so wären die Optionen nicht an einem Bilanzstichtag zum 31.12 ausübbar, so dass zum Bilanzstichtag keine Konsolidierungspflicht ceteris paribus bestehen würde[21]. Nach IAS 27.IG 2 a. F. sind potenzielle Stimmrechte jedoch bei der Konsolidierungspflicht dann nicht zu berücksichtigen, wenn der Ausübungspreis »is set in a manner that precludes exercise in any feasible scenario«. Ebenso sind potenzielle Stimmrechte nach IFRS 10. B22 dann nicht zu berücksichtigen, wenn deren Ausübung praktisch ausgeschlossen ist. Im Gegensatz dazu fordert DRS 19.76, dass eine Konsolidierung auf Basis potenzieller Stimmrechte nur dann geboten ist, wenn (unter Berücksichtigung der wirtschaftlichen Fähigkeiten des Inhabers) die Ausübung »so gut wie sicher ist«.

2.1.3 Mehrheit der Bestellungs- und Abberufungsrechte

Ein Mutter-Tochter-Verhältnis liegt nach § 290 Abs. 2 Nr. 2 HGB dann vor, wenn dem Mutterunternehmen oder einem Tochterunternehmen das Recht an einer anderen Gesellschaft zusteht, die Mehrheit der Mitglieder des die Finanz- und Geschäftspolitik bestimmenden Verwaltungs-, Leitungs- oder Aufsichtsorgans zu bestellen oder abzuberufen. § 290 Abs. 2 Nr. 2 HGB legt kein spezifisches System der Unternehmensführung und -überwachung zugrunde, so dass das Kriterium des § 290 Abs. 2 Nr. 2 HGB unabhängig von der Bezeichnung oder dem rechtlichen Status auf das Organ anzuwenden ist, welches die

---

19 Vgl. Beyhs/Buschhüter/Schurbohm, in: WPg 2011, S. 662 (S. 664).
20 Da es bei geschriebenen Optionen zumeist an dem Kriterium der »current ability« fehlt, dürften Put Optionen im Regelfall keine substanziellen potenziellen Stimmrechte begründen. Vgl. Schwarzkopf/Hachmeister, in: WPg 2015, S. 533 (S. 534).
21 Vgl. Ernst&Young, iGAAP 2011, Band 1, S. 336

Finanz- und Geschäftspolitik bestimmen kann. Es ist daher auf ein Organ abzustellen, welches einen **beherrschenden Einfluss** auf die Finanz- und Geschäftspolitik ausüben kann; Rechte bzgl. der Besetzung von Organen, die keinen relevanten Einfluss auf die Finanz- und Geschäftspolitik haben, sind nicht zu beachten. Eine Konsolidierung nach Nr. 2 setzt mithin voraus, dass das zu beherrschende Organ mit Entscheidungsrechten ausgestaltet sein muss, die Finanz- und Geschäftspolitik zu bestimmen (im Gegensatz zu Beiräten mit Beratungsfunktion, DRS 19.27). Beherrschender Einfluss besteht, wenn die Mehrheit der Geschäftsführung oder des Aufsichtsorgans bestellt oder abberufen werden kann. Hier ist zu prüfen, ob einem Organ Beschränkungen auferlegt wurden, die einen beherrschenden Einfluss auf die Geschäfts- und Finanzpolitik fraglich erscheinen lassen (DRS 19.28).

Eine Konsolidierung nach § 290 Abs. 2 Nr. 2 HGB setzt zudem voraus, dass eine **Gesellschafterstellung** vorliegt. Eine Kapitalbeteiligung ist hierbei jedoch nicht erforderlich. Da zumeist demjenigen die Organbestellungsrechte zustehen, der auch die Mehrheit der Stimmrechte hat, kommt in diesem Fall bereits schon eine Konsolidierungspflicht nach § 290 Abs. 2 Nr. 1 HGB in Betracht. Eine Konsolidierungspflicht nach Nr. 2 ist insbesondere dann zu prüfen, wenn ein Organbestellungsrecht unabhängig von dem Vorliegen von Stimmrechten besteht[22]. Eine Gesellschafterstellung bei gleichzeitig fehlender Kapitalbeteiligung kann bspw. bei einem persönlich haftenden Gesellschafter einer haftungsbeschränkten Personenhandelsgesellschaft im Sinne des § 264a Abs. 1 HGB (also z. B. GmbH Co KG) vorliegen, wobei alle Kapitalanteile durch die Kommanditisten gehalten werden. Nur der persönlich haftende Gesellschafter ist bei einer KG zur Geschäftsführung befugt; die Kommanditisten sind von der Geschäftsführung ausgeschlossen (§ 164 HGB). Für eine Beurteilung einer Konsolidierungspflicht durch einen persönlich haftenden Gesellschafter ist zu prüfen, ob dessen Geschäftsführung gesellschaftsvertraglich soweit beschränkt ist, dass von einer erheblichen und andauernden Beschränkung der Rechte im Sinne des § 296 Abs. 1 Nr. 1 HGB auszugehen ist.

2.1.4 Beherrschungsvertrag oder Satzungsbestimmung

Ein Mutter-Tochter-Verhältnis ist nach § 290 Abs. 2 Nr. 3 HGB gegeben, wenn dem Mutterunternehmen oder einem Tochterunternehmen das Recht an einer anderen Gesellschaft zusteht, die Finanz- und Geschäftspolitik aufgrund einer Satzungsbestimmung oder eines Beherrschungsvertrags zu bestimmen. Eine Konsolidierung nach diesem Kriterium kommt in Betracht, wenn ein Beherrschungsvertrag nach § 291 Abs. 1 AktG oder ein vergleichbare Rechte einräumender Vertrag besteht (DRS 19.32). Neben einem aktienrechtlichen Beherrschungsvertrag können auch vergleichbare Rechte zu einer Konsolidierung nach § 290 Abs. 2 Nr. 3 HGB führen, wenn mit diesen Rechten ein beherrschender Einfluss verbunden ist, der den Möglichkeiten eines aktienrechtlichen Beherrschungsvertrags entspricht (z. B. Eingliederungsvertrag nach §§ 319, 323 AktG). Andere Unternehmensverträge im Sinne des § 292 Abs. 1 AktG wie z. B. reine Gewinnabführungsverträge, Gewinngemeinschaften, Teilgewinnabführungsverträge, Betriebspachtverträge oder Betriebsüberlassungsverträge stel-

---

22 Vgl. Küting/Mojadadr, in: Haeseler/Hörmann, S. 81.

len keine zum Beherrschungsvertrag vergleichbaren Verträge dar (DRS 19, Tz. 33). Mehrmütter-Beherrschungsverträge begründen aufgrund des Fehlens eines koordinierten Leitungswillens ebenfalls keine Beherrschungsmöglichkeit einer Partei, soweit keine sonstigen Umstände hinzutreten (DRS 19, Tz. 33).

Für eine Beurteilung einer Beherrschungsmöglichkeit aufgrund einer Satzungsbestimmung ist unabhängig von der Rechtsform auf sämtliche in- und ausländischen Statuten abzustellen, die vergleichbare Rechte vermitteln (DRS 19.35). Dabei muss das Statut dem Mutterunternehmen eine dem Beherrschungsvertrag vergleichbare Möglichkeit der Einflussnahme einräumen; dem Mutterunternehmen zustehende Rechte sowie den anderen Gesellschaftern zustehende Rechte und Sonderrechte sind in ihrer Gesamtheit zu würdigen.

2.1.5 Zuordnung von Rechten nach § 290 Abs. 3 HGB

2.1.5.1 Wirtschaftliche Zurechnung von Rechten

Nach § 290 Abs. 3 S. 1 HGB gelten als Rechte, die einem Mutterunternehmen zustehen, auch solche Rechte, die für die Rechnung des Mutterunternehmens oder eines Tochterunternehmens handelnden Personen zustehen. Es werden mithin dem Mutterunternehmen Rechte von Dritten zugeordnet, die Dritte für Rechnung des Mutterunternehmens oder eines Tochterunternehmens innehaben. Dies umfasst alle Tochterunternehmen unabhängig davon, ob auf ihre Einbeziehung nach § 296 HGB verzichtet wurde[23]. Das Innehaben von Rechten von Dritten für Rechnung eines Mutter- oder Tochterunternehmens liegt nach h. M. dann vor, wenn die wirtschaftlichen Chancen und Risiken beim Mutter- oder Tochterunternehmen liegen (DRS 19, Tz. 63)[24]. § 290 Abs. 3 HGB stellt mithin eine Korrektivvorschrift dar, die bei einem Auseinanderfallen zwischen rechtlichem und wirtschaftlichem Eigentum eine Zuordnung der formalen Rechte nach § 290 Abs. 2 Nr. 1 bis 3 HGB zum wirtschaftlichen Eigentümer vorsieht[25]. § 290 Abs. 3 HGB kann mithin als eine Fortführung der Zurechnung des wirtschaftlichen Eigentums nach § 246 HGB für den Konzernabschluss angesehen werden[26].

Gleichermaßen sind nach § 290 Abs. 3 S. 3 HGB dem Inhaber von Rechten diese »wegzurechnen«, wenn die mit den Anteilen verbundenen Rechte für Rechnung einer anderen Person gehalten werden. Die unwiderlegbare Vermutung, dass bei Bestehen von formalen Rechten ein Mutter-Tochter-Verhältnis vorliegt, besteht mithin erst **nach** Zugrundelegung einer wirtschaftlichen Betrachtungsweise im Sinne des § 290 Abs. 3 HGB[27]. Dem Rechteinhaber sind die formalen Rechtspositionen der Nr. 1 bis 3 wegzurechnen, wenn dieser kein wirtschaftliches Eigeninteresse an der Gesellschaft hat. Das Fehlen eines wirtschaftlichen

---

23 Vgl. ADS, § 290 HGB, Tz. 138.
24 Vgl. ADS, § 290 HGB, Tz. 139; Senger/Hoehne, in: MüKom BilR, § 290 HGB, Tz. 160.
25 Vgl. Findeisen/Sabel, in: DB 2010, S. 965.
26 Vgl. Gelhausen/Deubert/Klöcker, in: DB 2010, S. 2005.
27 Ähnlich auch Küting/Mojadadr, in: Haeseler/Hörmann, S. 80.

Eigeninteresses ist unter Gesamtwürdigung des Sachverhalts zu ermitteln. Bei einer Beteiligungsquote von unter 5 % kann von einem fehlenden Eigeninteresse ausgegangen werden[28].

Eine wirtschaftliche Zurechnung bzw. Wegrechnung von formalen Rechten kommt z. B. in den folgenden Fällen in Betracht:

- **Treuhandverhältnisse.** Im Falle der fiduziarischen Treuhand ist der Treuhänder Vollrechtseigentümer der Treuguts. Die wirtschaftlichen Chancen und Risiken sind allerdings dem Treuhänder zuzurechnen, so dass dieser nach den Grundsätzen des § 246 HGB als wirtschaftlicher Eigentümer anzusehen ist. Gleiches gilt für die Zuordnung von Rechten bei der Bestimmung des Konsolidierungskreises. Hält eine Person treuhänderisch Anteile an einem Tochterunternehmen, so ist dieser zwar zivilrechtlicher Inhaber der mit den Anteilen verbundenen Rechte; wirtschaftlich sind diese Rechte jedoch aufgrund von § 290 Abs. 3 S. 1 HGB wegzurechnen und dem Treugeber zuzurechnen (DRS 19, Tz. 63).
- **Pensionsgeschäfte.** Zivilrechtlich kann ein Repo-Geschäft in einen Verkauf des Pensionsgegenstands und dem gleichzeitigen Abschluss eines Rückkaufs auf Termin im Falle eines echten Pensionsgeschäfts (Forward Repurchase) bzw. dem gleichzeitigen Abschluss einer Option (Rückgaberecht des Pensionsnehmers) im Falle des unechten Pensionsgeschäfts zerlegt werden. Zivilrechtlich wird durch die Kaufvereinbarung eine Vollrechtsübertragung des Pensionsgegenstands auf den Pensionsnehmer vollzogen. Diesem stehen daher fortan alle Nutzen aus dem Pensionsgegenstand wie z. B. laufende Erträge aus Zinsen oder Dividenden zu. Aufgrund der Vollrechtsübertragung gehen auch alle mit dem Pensionsgegenstand verbundenen Rechte (inklusive Stimmrechte) auf den Pensionsnehmer über. Im Schrifttum findet sich keine differenzierte Betrachtung hinsichtlich der wirtschaftlichen Zurechnung von Stimmrechten im Falle von Equity Repos. Bei echten Pensionsgeschäften sind die Stimmrechte nach h. M. dem Pensionsgeber im Rahmen der wirtschaftlichen Betrachtungsweise nach § 290 Abs. 3 HGB zuzurechnen (DRS 19, Tz. 63)[29]. Die Zuordnung erfolgt bei dieser Sichtweise analog den Grundsätzen des § 340b HGB (siehe im Einzelnen Kapitel II.1.6.1). Während diese Schlussfolgerung insb. bei Wertpapierpensionsgeschäften mit einer kurzen Repo-Laufzeit offensichtlich ist, erscheint diese pauschale Sichtweise bei Abschluss von Repo-Geschäften mit einer längeren Laufzeit oder bei Instituten, die Anteile **außerhalb** des Handelsbestands in Pension nehmen und ein weitergehendes wirtschaftliches Eigeninteresse haben, nicht ohne weiteres sachgerecht. Nach der hier vertretenen Auffassung ist eine Gesamtwürdigung des Einzelfalls vorzunehmen sowie eine Prüfung der rechtlichen Rahmenbedingungen des Repo-Geschäfts erforderlich. Bei sog. Equity Repos, die auf Basis des GMRA 2000 dokumentiert sind, werden meistens im Annex IV spezielle Vereinbarungen für den Fall sog. »corporate actions« getroffen. Dies umfasst z. B. Regelungen in Bezug auf die Ausübung von Stimmrechten, Bezugsrechten, Ausübung von Rechten im Falle der Restrukturierung oder im Falle von Unternehmens-

---

[28] Vgl. Bengsch, in: BB 1997, Beilage 6, S. 31 f. Findeisen/Sabel/Klube, in: DB 2010, S. 970; Gelhausen/Deubert/Klöcker, in: DB 2010, S. 2005; ADS, § 290 HGB, Tz. 139; Helmschrott, in: DB 1999, S. 1867.
[29] Vgl. auch Senger/Hoehne, in: MüKom BilR, § 290 HGB, Tz. 160; ADS, § 290 HGB, Tz. 139, m. w. N.

übernehmen³⁰. Durch diesen Annex werden dem Pensionsnehmer oftmals Instruktionen zur Ausübung der Rechte im Interesse des Pensionsgebers auferlegt. In diesem Fall ist die Zuordnung der wirtschaftlichen Rechte nach § 290 Abs. 3 HGB zum Pensionsgeber unzweifelhaft. Auch bei Equity Repos, die über die Sicherheitenverwaltung XEMAC der EUREX abgewickelt werden, können zwischen dem Sicherheitengeber und Sicherheitennehmer individuelle Vereinbarungen hinsichtlich der Stimmrechtsausübung getroffen werden³¹.

- **Sicherungsübereignung.** Bei einer Sicherungsübereignung wird der Sicherungsnehmer zwar zivilrechtlicher Eigentümer des Sicherungsguts; dieser ist allerdings hinsichtlich der Ausübung von Rechten treuhänderisch an die ihm zugewiesenen Befugnisse gebunden. Der Sicherungsgeber gilt somit als wirtschaftlicher Eigentümer³²; der Sicherungsnehmer ist hingegen wie ein Pfandgläubiger zu betrachten. Sind Anteile an einem Unternehmen sicherungsübereignet worden, so sind die damit verbundenen Rechte i. d. R. dem Sicherungsgeber nach § 290 Abs. 3 HGB zuzurechnen.

Depotstimmrechte von Banken sind nicht nach § 290 Abs. 3 HGB wegzurechnen, da die Bank lediglich Bevollmächtigter und kein zivilrechtlicher Inhaber der Rechte ist (im Einzelnen siehe VIII.2.1.7.1.1)³³.

Die wirtschaftliche Zurechnung nach § 290 Abs. 3 HGB läuft nach h. M. bei der Konsolidierungsprüfung von **Zweckgesellschaften** ins Leere, da § 290 Abs. 2 Nr. 4 HGB ohnehin eine wirtschaftliche Betrachtungsweise erfordert. Obgleich formal die Korrekturvorschriften des § 290 Abs. 3 HGB für alle Tatbestände des § 290 Abs. 2 HGB gelten, bedarf es der Anwendung der Korrektivvorschrift nicht. § 290 Abs. 3 HGB wurde implizit in § 290 Abs. 2 Nr. 4 HGB integriert; § 290 Abs. 2 Nr. 4 kann insoweit als eine Konkretisierung des § 290 Abs. 3 HGB für die Konsolidierungsprüfung von Zweckgesellschaften angesehen werden³⁴.

2.1.5.2 Zurechnung aufgrund schuldrechtlicher Vereinbarungen

Kann ein Unternehmen aufgrund einer Vereinbarung mit anderen Gesellschaftern über Rechte im Sinne der Nr. 1 bis 3 verfügen, so sind diese Rechte diesem Unternehmen zuzurechnen (§ 290 Abs. 3 S. 2 HGB). Diese Regelung legt den Fall zugrunde, dass zwischen verschiedenen Gesellschaften (schuldrechtliche) Vereinbarungen über die Ausübung von Rechten getroffen werden. Dies umfasst bspw. Stimmrechtsbindungsverträge, Poolverträge oder Konsortialverträge (DRS 19, Tz. 65). Eine Zurechnung aufgrund schuldrechtlicher Vereinbarungen setzt nach h. M. zudem voraus, dass

- die Rechte dauerhaft bestehen müssen³⁵,
- durch die Rechte (ggf. zusammen mit weiteren Rechten) eine Beherrschung vermittelt wird,

---

30 Vgl. z. B. auch Choudry (2010), S. 358.
31 Vgl. Clearstream, Sonderbedingungen Sicherheitenverwaltung (SB XEMAC), Stand: 29.01.2010, Nr. 15 Abs. 3.
32 Vgl. BFH-Urteil vom 17.12.1959 – IV 201/58S, in: BStBl. III 1960, S. 68.
33 Vgl. Senger/Hoehne, in: MüKom BilR, § 290 HGB, Tz. 161.
34 Vgl. Gelhausen/Deubert/Klöcker, in: DB 2010, S. 2009 f.
35 Vgl. Senger/Hoehne, in: MüKom BilR, § 290 HGB, Tz. 165.

- der Verfügende aus eigenem Willen heraus verfügen kann (DRS 19, Tz. 64),
- zugleich ein Gesellschafterverhältnis besteht.

Aus dem Gesetzeswortlaut »mit anderen Gesellschaftern« wird im Schrifttum geschlossen, dass sowohl der Überlassende als auch der Verfügende jeweils eine Gesellschafterstellung innehaben muss[36]. Diese Auslegung scheint konsistent vor dem Hintergrund, dass sowohl für eine Beherrschung nach Nr. 1 als auch nach Nr. 2 (hier sogar explizit gesetzlich formuliert) jeweils eine Gesellschafterstellung vorausgesetzt wird. Nach h. M. kann eine Gesellschafterstellung nach § 290 Abs. 3 HGB auf Basis einer wirtschaftlichen Betrachtung zugerechnet werden[37].

Wegrechnungen aufgrund schuldrechtlicher Vereinbarungen sind laut Gesetzeswortlaut nicht vorgesehen (§ 290 Abs. 3 S. 2 HGB regelt ausdrücklich nur Zurechnungen). Im Schrifttum wird dies insoweit als eine **gesetzliche Asymmetrie** bezeichnet. Nach Auffassung des DRSC handelt es sich hierbei um eine gesetzlich gewollte Asymmetrie, da diese Problematik bereits ausgiebig im Fachschrifttum vor BilMoG diskutiert wurde und der Gesetzgeber im Zuge des BilMoG eine Aufhebung der Asymmetrie hätte herbeiführen können (DRS 19, Tz. A 10).

2.1.6 Zweckgesellschaften

2.1.6.1 Regelungsinhalt des § 290 Abs. 2 Nr. 4 HGB

Nach § 290 Abs. 2 Nr. 4 HGB liegt ein Mutter-Tochterverhältnis vor, wenn ein Mutterunternehmen oder ein Tochterunternehmen bei wirtschaftlicher Betrachtung die Mehrheit der Risiken und Chancen eines anderen Unternehmens trägt, das zu Erreichung eines eng begrenzten und genau definierten Ziels des Mutterunternehmens dient (Zweckgesellschaft). Neben Unternehmen können Zweckgesellschaften auch sonstige juristische Personen des Privatrechts sein, ausgenommen Spezial-Sondervermögen im Sinn des § 2 Abs. 3 des Investmentgesetzes oder vergleichbare ausländische Investmentvermögen oder als Sondervermögen aufgelegte offene inländische Spezial-AIF mit festen Anlagebedingungen im Sinn des § 284 des Kapitalanlagegesetzbuches oder vergleichbare EU-Investmentvermögen oder ausländische Investmentvermögen, die den als Sondervermögen aufgelegten offenen inländischen Spezial-AIF mit festen Anlagebedingungen im Sinn des § 284 des Kapitalanlagegesetzbuchs vergleichbar sind.

Im Gegensatz zu Nr. 1 bis 3 folgt die Beurteilung von Zweckgesellschaften auf Konsolidierungspflicht einer **rein wirtschaftlichen Betrachtungsweise**. Eine Konsolidierungspflicht nach Nr. 4 ist gegeben, wenn das Tatbestandsmerkmal des Vorliegens einer Zweckgesellschaft sowie die Tragung der Mehrheit der Chancen und Risiken **kumulativ** erfüllt

---

36 Vgl. ADS, § 290 HGB, Tz. 144; Grottel/Kreher, in: BBK, 11. Aufl., § 290 HGB, Tz. 86; Busse von Colbe, in: MüKom HGB, § 290 HGB, Tz. 63.
37 Vgl. Senger/Hoehne, in: MüKom BilR, § 290 HGB, Tz. 162; Grottel/Kreher, in: BBK, 11. Aufl., § 290 HGB, Tz. 84.

sind (DRS 19.37). Die Prüfung auf Konsolidierungspflicht ist nur einmalig am Anfang (z. B. bei Errichtung der Zweckgesellschaft bzw. bei Eingehen der Vertragsbeziehung) zu beurteilen. In der Folge ist eine Neubeurteilung lediglich bei Vertragsänderungen oder bei einer nachhaltigen Veränderung von Chancen und Risiken erforderlich (DRS 19.60).

a) Tatbestandsmerkmal »Vorliegen einer Zweckgesellschaft«
Als Zweckgesellschaft sind Unternehmen zu klassifizieren, »wenn sein Geschäftsbetrieb zur Erreichung eines eng begrenzten und genau definierten Ziels des Mutterunternehmens dient« (BT-Drs 16/12407, S. 89). Solch genau definierten Zwecksetzungen können bei Instituten z. B. in der Durchführung von Leasinggeschäften, Projektfinanzierungen oder in der Verbriefung von Finanzinstrumenten liegen. Mit der **engen Zielsetzung** von Zweckgesellschaften geht einher, dass ihr Tätigkeitsbereich und die mit dem Unternehmenszweck verbundenen Entscheidungsrechte so stark eingeschränkt sind, »dass es im Zeitablauf keiner (wesentlichen) Anpassungen an geänderten äußeren Umständen bedarf« (DRS 19.39). In Abhängigkeit von dem Unternehmenszweck wird der Umfang laufender unternehmerischer Entscheidungen in jedem Einzelfall in gewissem Maße variieren. Die Beschränkung des Geschäftszwecks ist daher immer in Relation zu den Entscheidungsrechten zu sehen, die typischerweise bei einer Gesellschaft anzutreffen sind, die einen solchen Geschäftszweck verfolgt[38]. Sofern aus dem Geschäftszweck sowie den Gesellschaftsverträgen abgeleitet werden kann, dass in dem Unternehmen laufend Entscheidungen über die Kombination von Produktionsfaktoren, Investitions- und Finanzierungsentscheidungen und die Vermarktung von Dienstleistungen und Produkten zu treffen sind, und zudem der diesbezügliche Entscheidungsspielraum nicht seit Gründung der Gesellschaft dauerhaft eingeschränkt ist, liegt keine Zweckgesellschaft vor[39]. Im Falle einer Zweckgesellschaft ist hingegen die Entscheidungsmacht des Leitungsorgans weitgehend eingeschränkt. Dies kann z. B. durch die Etablierung eines sog. **Autopilotmechanismus** oder die Delegation von Entscheidungsrechten auf eine dritte Partei erfolgen.

Nach h. M. können auch »**zellulare Strukturen**« (z. B. ring-fenced compartments, Silos[40]) Zweckgesellschaften im Sinne des § 290 Abs. 2 Nr. 4 HGB darstellen (zur Begründung vgl. DRS 19.A6)[41]. Unternehmen werden in diesem Zusammenhang verstanden als »Wirtschaftseinheiten, die eigenständigen Interessen kaufmännischer oder wirtschaftlicher Art mittels einer nach außen in Erscheinung tretenden Organisation« verfolgen[42]. Einer eigenständigen Rechtspersönlichkeit bedarf es nicht (DRS 19.44; A6). Voraussetzung für das Vorliegen einer zellularen Struktur ist das sog. »**ring-fencing**«. Dies bedeutet, dass Zellen (z. B. eines Multi-Seller-SPVs) sowohl wirtschaftlich als auch (insolvenz)rechtlich voneinander getrennt sind, so dass die verschiedenen Zellen hinsichtlich ihrer Chancen und Risiken nicht miteinander verbunden sind. Eine Zelle kann als ein Sondervermögen ange-

---

38 Vgl. Schruff, in: Der Konzern 2009, S. 514; Gelhausen/Deubert/Klöcker, in: DB 2010, S. 2008.
39 Vgl. Schruff, in: Der Konzern 2009, S. 514.
40 Der Begriff des Silos geht auf FIN 46R zurück (Tz. 13), um Regulierungsarbitrage zu vermeiden. Vgl. Streckenbach (2006), S. 118.
41 Gl. A. Gelhausen/Deubert/Klöcker, in: DB 2010, S. 2007.
42 BT-Drs 16/12407, S. 89

sehen werden, das in einem treuhandähnlichen Verhältnis von einer Zweckgesellschaft gehalten wird[43].

Als Zweckgesellschaften können auch **sonstige juristische Personen des Privatrechts** (wie z. B. eingetragene Vereine, rechtsfähige Stiftungen) gelten. Aus Sicht von Kreditinstituten sind insbesondere Investmentaktiengesellschaften (InvAG) und Investmentkommanditgesellschaften (InvKG) oder auch luxemburger SICAVs (société anonyme à capital variable[44]) als sonstige juristische Personen des Privatrechts von Bedeutung. Diese haben die Anlage und Verwaltung eigener Mittel als Geschäftszweck. InvAG, InvKG und SICAVs weisen somit eigene Rechtspersönlichkeiten auf. Vor diesem Hintergrund ist genau zu prüfen, ob diese Gesellschaften nicht als operativ tätige Gesellschaften zu qualifizieren sind, zumal die von der Gesellschaft ausgegebenen Aktien Mitgliedschaftsrechte (u. a. Stimmrechte) verbriefen, so dass eine Prüfung der Nr. 1 bis 3 des § 290 Abs. 2 HGB in Betracht käme.

Ebenfalls können auch **rechtlich unselbständige Sondervermögen des Privatrechts** als Zweckgesellschaften anzusehen sein. Darunter fallen Investmentfonds, die durch eine Kapitalverwaltungsgesellschaft verwaltet werden, sowie vermögens- und haftungsrechtlich separierte Teilgesellschaftsvermögen (Umbrella-Konstruktionen)[45]. Hierunter fallen auch luxemburger Fonds in der Form eines »fonds commun de placement« (FCP) nach dem luxemburger Gesetz vom 13.02.2007 über spezialisierte Investmentfonds (sog. »SIF-Gesetz«). Die Anteilsscheine an rechtlich unselbständigen Sondervermögen verbriefen im Gegensatz zu den Aktien an einem SICAV keine Mitgliedschaftsrechte.

Von der Definition von Zweckgesellschaften sind **Spezial-Sondervermögen** bzw. als Sondervermögen aufgelegte Spezial-AIF mit festen Anlagebedingungen im Sinne des § 284 KAGB ausgenommen (§ 290 Abs. 2 Nr. 4 S. 2 HGB). Ein Spezial-Sondervermögen (als Sondervermögen aufgelegter Spezial-AIF) liegt vor, wenn mit der Kapitalverwaltungsgesellschaft schriftlich vereinbart wurde, dass sämtliche Fondsanteile ausschließlich von professionellen oder semi-professionellen Anlegern erworben werden dürfen (§ 1 Abs. 6 KAGB). Auch ausländisches Sondervermögen kann unter die Ausnahmevorschrift fallen, wenn die Fonds-Richtlinien als gleichwertig im Vergleich zu den Anforderungen des KAGB angesehen werden können (DRS 19.49). Aufgrund der Ausnahme in § 290 Abs. 2 Nr. 4 HGB soll über die Anhangangabe nach § 285 Nr. 26 HGB der Bilanzadressat als Surrogat für eine Vollkonsolidierung sowohl über inländisches und ausländisches Spezial-Sondervermögen informiert werden. Auch ausländisches Spezial-Sondervermögen kann unter die Ausnahmevorschrift fallen, sofern es als gleichwertig zu den im KAGB aufgeführten Kriterien angesehen werden kann. Eine Gleichwertigkeit kommt z. B. für luxemburger Spezial-Sondervermögen in der Form eines FCP (fond commun de placement) in Betracht[46] (eine detailliertere Analyse findet sich in Kapitel VIII.2.1.6.2.4).

---

43 Vgl. Mujkanovic, in: StuB 2009, S. 376.
44 Siehe Luxemburger »SIF-Gesetz« vom 13.02.2007.
45 Vgl. Schruff, in: Der Konzern 2009, S. 515.
46 Vgl. Schruff, in: Der Konzern 2009, S. 519.

b) Mehrheit der Chancen und Risiken

Neben dem Vorliegen einer Zweckgesellschaft muss dem Mutterunternehmen ebenfalls die absolute Mehrheit der Chancen und Risiken zustehen, um eine Konsolidierungspflicht der Zweckgesellschaft auszulösen. Aus den IFRS sind damit letztlich nur die Kriterien des SIC 12.10 c) und d) ins deutsche Gesetz übernommen worden[47]. Chancen (Risiken) stellen dem Grunde oder der Höhe nach positive (negative) finanzielle Auswirkungen dar, die durch Gewinnbeteiligung, Verlustübernahmen, Teilhabe an Wertsteigerungen oder Wertminderungen, Ausfall von Darlehen, Inanspruchnahmen von Bürgschaften oder Garantien, Stillhalterverpflichtungen usw. entstehen können (DRS 19.51, 52). Zur Beurteilung der Chancen und Risiken ist die Gesamtheit aller gesellschafts- und schuldrechtlichen Verträge sowie sonstigen faktischen Verhältnisse zugrunde zu legen. Quantifizierbare und nicht-quantifizierbare Chancen und Risiken sind mittels einer entsprechenden Gewichtung vergleichbar zu machen. Bei der Berechnung der Chancen und Risiken sind künftige Umweltzustände mit geschätzten Eintrittswahrscheinlichkeiten zu berücksichtigen, wobei ein vorrangiges Abstellen auf Extremszenarien nicht als sachgerecht angesehen wird (DRS 19.59)[48]. Bei der Mehrheit der Chancen und Risiken muss es sich um die absolute Mehrheit der Chancen und Risiken handeln. Hat ein Beteiligter an einer Zweckgesellschaft die relative Mehrheit der Chancen und Risiken, so folgt daraus nicht eine Konsolidierungspflicht nach § 290 Abs. 2 Nr. 4 HGB. Die Beurteilung des Chancen- und Risiko-Kriteriums ist zukunftsorientiert und damit abhängig von Prognosen, Schätzungen und letztlich Wertungsentscheidungen. Risiken und Chancen, die bereits realisiert sind, bleiben bei der Betrachtung unberücksichtigt (z. B. Kaufpreisabschläge bei Ankauf von Forderungen). Zu den Chancen und Risiken aus der Geschäftstätigkeit der Zweckgesellschaft, die das Mutterunternehmen trägt, gehören auch die Risiken und Chancen, die von einem Tochterunternehmen oder die von Dritten für Rechnung des Mutter- oder eines Tochterunternehmens getragen werden (DRS. 19, Tz. 56). Chancen und Risiken, die sich auf Gemeinschaftsunternehmen, assoziierte Unternehmen oder sonstige Beteiligungsunternehmen auswirken, sind zu berücksichtigen, soweit sie einen wesentlichen Einfluss auf die wirtschaftliche Lage des Konzerns haben können.

2.1.6.2 Konsolidierungssachverhalte von Zweckgesellschaften im Rahmen typischer Bankgeschäfte

2.1.6.2.1 Leasingobjektgesellschaften

Bei einem Immobilienleasing werden die Immobilienobjekte häufig von einer Zweckgesellschaft (Leasingobjektgesellschaften) gehalten. Diese fungieren als Leasinggeber und verfolgen die Abwicklung des Leasingvertrags als alleinigen Geschäftszweck. Die Leasingobjektgesellschaften überlassen dem Leasingnehmer das Leasingobjekt zumeist in der Form eines »operate lease«[49]. Da bei der Errichtung der Zweckgesellschaft alle bedeutsamen Entscheidungen getroffen sind, werden Leasingobjektgesellschaften im Regelfall als Zweckge-

---

47 Vgl. Findeisen/Sabel/Klube, in: DB 2010, S. 2010 f. sowie Hoffmann, in: FS Meilicke 2010, S. 237 f. Anderer Ansicht Bengsch 2010, S 245; Schruff, in: Der Konzern 2009, S. 517.
48 Vgl. ebenso Baetge/Hayn/Ströker (2009), Tz. 134 für IFRS sowie auch Schruff, in: Der Konzern 2009, S. 517.
49 Vgl. Schruff, in: Der Konzern 2009, S. 514.

sellschaften im Sinne des § 290 HGB zu klassifizieren sein. Vertragliche Beziehungen bestehen zwischen der Leasingobjektgesellschaft und dem Leasingnehmer, dem refinanzierenden Kreditinstitut, dem Eigenkapitalgeber der Objektgesellschaft und ggf. einem Garantiegeber. Durch die kreditgewährende Bank ist zu prüfen, inwieweit eine Konsolidierungspflicht für die Leasingobjektgesellschaft aufgrund des Kreditverhältnisses entsteht. Das Institut gewährt der Leasingobjektgesellschaft ein Darlehen, welches grundpfandrechtlich durch die Immobilie und/oder durch die Leasingforderung der Objektgesellschaft besichert ist. Im Falle eines Ausfalls des Leasingnehmers kann die Bank auf das Leasingobjekt zugreifen und dieses verwerten. Da aufgrund des geringen Eigenkapitals der Zweckgesellschaft faktisch keine weitergehende Haftung existiert, liegt eine Non-Recourse-Finanzierung vor. Alternativ kann anstelle einer Darlehensgewährung auch ein regressloser Verkauf der Leasingforderung an das Kreditinstitut (Forfaitierung) erfolgen, wobei der Kaufpreis als Barwert der künftigen Leasingzahlungen ermittelt wird. In diesem Fall besteht kein Kreditverhältnis zwischen dem Institut und der Objektgesellschaft; das Institut weist vielmehr eine Forderung gegenüber dem Leasingnehmer aus.

Die Bestimmung der Mehrheit der Chancen und Risiken erfolgt typischerweise auf Basis der sog. **Endschaftsregelungen**[50]. Dabei wird ein normaler, ungestörter Vertragsablauf zugrunde gelegt und alle Chancen und Risiken, die während der Vertragslaufzeit bestehen, als ausgeglichen angesehen[51]. Es ist somit (nur) zu beurteilen, welcher involvierten Partei die Chancen und Risiken des Immobilienobjekts am Ende der Grundmietzeit zuzurechnen ist. Als wesentliche Chancen und Risiken sind anzusehen[52]:
1. Restwertchancen: Chance aus der Wertsteigerung des Leasingobjekts im Vergleich zum erwarteten Restwert,
2. Restwertrisiken: Risiko aus Wertminderungen des Leasingobjekts im Vergleich zum erwarteten Restwert,
3. Bonitätsrisiko des Leasingnehmers.

Sachverhalte, welche die Mehrheit der Chancen und Risiken dem Leasingnehmer zuordnen würden, wären günstige Kaufoptionen am Ende der Vertragslaufzeit (Kaufpreis < Restwert), günstige Mietverlängerungsoptionen, Restwertgarantien des Leasingnehmers, Andienungsrechte des Leasinggebers zu vorher festgesetzten Preisen, oder auch Mieterdarlehen[53]. Eine Konsolidierung kommt durch das Institut dann nicht in Betracht, wenn das Darlehen bis zum Ende der Vertragslaufzeit vollständig zurückgeführt ist[54].

Aufgrund der Gleichrangigkeit der Tatbestandsmerkmale von § 290 Abs. 2 HGB gem. DRS 19.20 kommt eine Konsolidierung von Leasingobjektgesellschaften sowohl bei der Leasinggesellschaft, der typischerweise die Mehrheit der Stimmrechte zusteht[55], sowie je

---
50 Zum Begriff vgl. auch Lüdicke/Kind, in: DStR 2009, S. 708 f.
51 Vgl. Bengsch (2010), S. 248 f.
52 Vgl. Findeisen/Sabel/Klube, in: DB 2010, S. 970.
53 Im Einzelnen vgl. Sabel (2006), S. 59–77.
54 Dies ist beim Immobilienleasing regelmäßig jedoch nicht der Fall. Hier wird typischerweise den Teilamortisationsgrundsätzen gefolgt (TA-Erlass Immobilien vom 23.12.1991, BStBl 1992 I S. 13), so dass ein offener, noch nicht getilgter Restwert verbleibt. Vgl. Bengsch (2010), S. 245.
55 Zu den Hintergründen vgl. Bengsch (2010), S. 244.

nach Ausgestaltung der Endschaftsregelungen entweder der finanzierenden Bank oder dem Leasingnehmer in Betracht. Die Leasinggesellschaft hat als Mutterunternehmen zu prüfen, inwieweit durch die Vereinbarungen im Leasingvertrag eine erhebliche und andauernde Beschränkung der Rechte vorliegt, die einen Verzicht auf eine Einbeziehung in den Konzernabschluss nach § 296 Abs. 1 Nr. 1 HGB rechtfertigt.

2.1.6.2.2 Zweckgesellschaften im Rahmen der Akquisitionsfinanzierung

Zweckgesellschaften spielen in der Akquisitions- und Übernahmefinanzierung eine bedeutende Rolle. Bei einer institutionellen Akquisitionsfinanzierung wird eine Erwerbsgesellschaft (NewCo) gegründet, die von Private Equity Investoren (und möglicherweise dem Management des Zielunternehmens sowie weiterer Gesellschafter) mit Eigenkapital ausgestattet wird[56]. Aus steuerlichen Gründen wird zumeist eine zweite NewCo (oder ggf. weitere NewCos) gegründet, die ihr Eigenkapital (i.d.R. mind. 20 % des Transaktionsvolumens) von der ersten NewCo erhält und zudem verschiedene Formen von Fremdmitteln (Akquisitionsdarlehen, Vendor Loans, Mezzanine Kapital) aufnimmt[57]. Die zweite NewCo erwirbt anschließend über einen share deal die Anteile bzw. über einen asset deal das Betriebsvermögen der Zielgesellschaft[58]. Anschließend erfolgt typischerweise eine Verschmelzung von Zielgesellschaft und der zweiten NewCo über einen Upstream Merger (Regelfall) oder Downstream Merger (sog. Debt Push Down)[59].

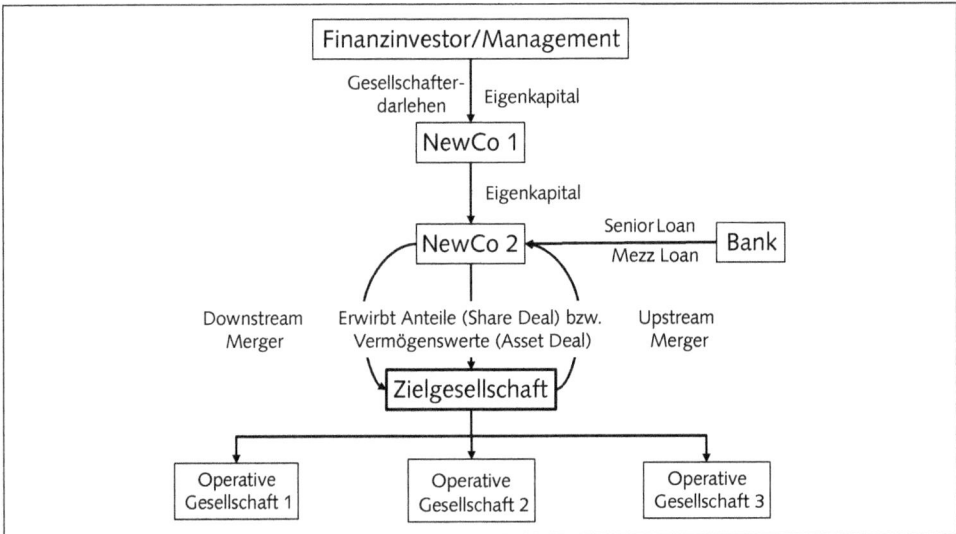

Abb. 74: Akquisitionsfinanzierung[60]

---

56 Vgl. z. B. Schäffer, in: BB Special 9/2006, S. 1 f.
57 Durch die Aufnahme von Fremdmitteln wird die Eigenkapitalrendite gehebelt (Leverage Buy Out). Für eine Berechnung vgl. bspw. Schäffer, in: BB Special 9/2006, S. 1 f.
58 Vgl. z. B. Scheunemann/Socker, in: BB 2007, S. 1144 f.
59 Vgl. Schäffer, in: BB Special 9/2006, S. 2.
60 Vgl. Mittendorfer (2007), S. 80 f.

Die NewCos werden im Regelfall als Zweckgesellschaften im Sinne des § 290 Abs. 2 Nr. 4 HGB anzusehen sein, da ihr Geschäftszweck auf den Erwerb und das Halten von Anteilen am Zielunternehmen eng begrenzt ist und die Geschäftsaktivitäten im Vorfeld der Strukturierung der Akquisitionsfinanzierung weitestgehend vorbestimmt sind. In Darlehensverträgen, die unter dem Facilities Agreement der Loan Market Association (LMA) dokumentiert sind, wird die Zusicherung (»representations and warranties«) verlangt, dass weder die Muttergesellschaft (NewCo 1) noch die erwerbende Gesellschaft (NewCo 2) vor dem Closing Date eine Geschäftstätigkeit betrieben hat, aus der bedingte oder unbedingte Verbindlichkeiten entstanden sind[61]. Es handelt sich mithin um »dormant companies« oder »holding companies«. Gem. den »General Undertakings« ist diese Auflage auch nach der Kreditgewährung fortzuführen: weder der erwerbenden Gesellschaft noch deren Muttergesellschaft ist es erlaubt, eigene Geschäftstätigkeiten aufzunehmen, die nicht die Verwaltung, Durchleitung konzerninterner Finanzierungen sowie das Halten von Gesellschaftsanteilen umfassen[62]. Damit wird verhindert, dass die Schuldner des Akquisitionsdarlehens keinen (wesentlichen) Risiken ausgesetzt sind, die nicht mit der Durchführung der Akquisition zusammenhängen.

Aufgrund der gewählten NewCo-Struktur haften die Eigenkapitalgeber nur mit ihrer Einlage in die erste NewCo für die aufgenommenen Fremdmittel der zweiten NewCo. Damit handelt es sich aus Sicht der finanzierenden Bank wirtschaftlich um eine Non-Recourse-Finanzierung, da Zins- und Tilgungszahlungen auf das Akquisitionsdarlehen nur aus den erwirtschafteten Zahlungsströmen des Zielunternehmens geleistet werden[63]. Der Bank stehen (i. d. R. erstrangige) Pfandrechte an den erworbenen Anteilen der Zielgesellschaft bzw. an allen wesentlichen Vermögensgegenständen des Zielunternehmens zu. Die Gewährung des Akquisitionsdarlehens setzt i. d. R. voraus, dass jede wesentliche Gesellschaft (»material company«[64]) als Mitverpflichtete dem Kreditvertrag beizutreten hat. Eine Übernahme mehrheitlicher Chancen und Risiken durch die finanzierende Bank ist unter anderem abhängig von der Höhe des Eigenkapitals, der Rangigkeit der eingebrachten Fremdfinanzierung sowie der im Rahmen eines Bankenkonsortiums oder Club Deals übernommenen Anteilsquote an der Fremdfinanzierung. Bei der Beurteilung der Rangigkeit ist nicht nur auf den Kreditvertrag selbst, sondern auch auf das sog. ICA (Intercreditor Agreement) abzustellen. Das Intercreditor Agreement stellt eine Gläubigervereinbarung dar, welche im Vergleich zu den einzelnen Kreditverträgen höherrangiges Recht[65] darstellt und die die verschiedenen

---

61 Vgl. LMA, Senior Multicurrency Term an Revolving Facilities Agreement For Leveraged Acquisition Finance Transactions, London 24.08.2012, Ziff. 24.31.
62 Vgl. LMA, Senior Multicurrency Term an Revolving Facilities Agreement For Leveraged Acquisition Finance Transactions, London 24.08.2012, Ziff. 27.10 u 11.
63 Vgl. Mittendorfer (2007), S. 88 f.
64 Dies ist jeder Kreditnehmer sowie jede im Mehrheitsbesitz des Kreditnehmers befindliche Gesellschaft oder Tochtergesellschaft der Muttergesellschaft der erwerbenden Gesellschaft, die zu Mitverpflichteten unter dem Kreditvertrag werden. Es wird im Regelfall bestimmt, dass die beitretenden Gesellschaften einen bestimmten Prozentsatz (z. B. 80 %) des EBITDA oder Umsatzes, usw. der Gruppe ausmachen. Vgl. LMA, Senior Multicurrency Term an Revolving Facilities Agreement For Leveraged Acquisition Finance Transactions, London 24.08.2012, Ziff. 24.25.
65 Zum ICA-Override siehe LMA, Intercreditor Agreement For Leveraged Acquisition Finance Transactions (Senior/Mezzanine), 14.09.2012, Ziff. 28.14.

Schuldner-Gläubiger-Beziehungen ordnet und damit Auswirkungen auf die Rangigkeit der Ansprüche der verschiedenen Kreditgeber hat (Hedge Counterparties, Senior Lender, Mezzanine Lender etc.)[66]. Ebenso ist eine eventuell vorliegende strukturelle Nachrangigkeit zu berücksichtigen.

2.1.6.2.3 Zweckgesellschaften als Vehikel für Verbriefungstransaktionen

Zweckgesellschaften werden bei Banken vielfach zur Strukturierung von Verbriefungstransaktionen eingesetzt (für eine ausführliche Darstellung von Verbriefungsstrukturen siehe Kapitel II.1.5.1). Verbriefungszweckgesellschaften sind i. d. R. als Zweckgesellschaften im Sinne des § 290 Abs. 2 Nr. 4 HGB zu qualifizieren. Die Konsolidierungspflicht besteht daher für die Vertragspartei, die die Mehrheit der Chancen und Risiken der Verbriefungsstruktur trägt.

Eine gesetzliche Vorgabe, wie die Verteilung von Chancen und Risiken zu bestimmen sind, findet sich weder in § 290 HGB noch nach internationalen Rechnungslegungsvorschriften (IAS 27/SIC 12 a. F.). Die Beurteilung der Verteilung von Chancen und Risiken ist in der Praxis mit erheblichen Schwierigkeiten und Unsicherheiten hinsichtlich der zu treffenden Wertungsentscheidung verbunden. Nach § 290 Abs. 2 Nr. 4 HGB ist bei der Konsolidierungsprüfung von Verbriefungstransaktionen eine quantitative Beurteilung entscheidend. Im Schrifttum haben sich bis dato noch keine allgemein anerkannten quantitativen Verfahren zur Allokation von Chancen und Risiken herausgebildet[67]. Im Schrifttum werden – soweit ersichtlich – zumeist nur unstrittige Grenzfälle betrachtet. So ist unstreitig der Vertragspartei die Mehrheit der Chancen und Risiken zuzuordnen, die alle von der Zweckgesellschaft emittierten Tranchen hält (um diese ggf. teilweise im Rahmen von Offenmarktgeschäften zur Refinanzierung bei einer Zentralnotenbank einzureichen)[68].

Unklar ist bereits, auf welche Risiken es ankommt. Während im Einzelabschluss zur Beurteilung der Ausbuchung von Forderungen nur auf die Bonitätsrisiken abgestellt wird (siehe IDW RS HFA 8), sind bei der Beurteilung der Konsolidierungspflicht alle Risikoarten (Bonitätsrisiken, Zinsrisiken, Währungsrisiken usw.) einzubeziehen. Für die Beurteilung der Konsolidierungspflicht kann daher nicht in jedem Fall auf eine im Einzelabschluss vorgenommene Analyse nach den Kriterien des IDW RS HFA 8 zurückgegriffen werden. Sofern durch die Verbriefung lediglich Bonitätsrisiken auf die Investoren transferiert werden, wird in der Praxis häufig auf das in IDW RS HFA 9 dargestellte Berechnungsmodell zur Verteilung von Chancen und Risiken abgestellt[69].

Ergeben sich im Zeitablauf Veränderungen an den Risikopositionen (z. B. durch Verkauf von Tranchen durch das Institut oder durch vertragliche Umstrukturierungen), so ist die Konsolidierungspflicht neu zu beurteilen. Die Verteilung der Chancen und Risiken ist in diesem Fall erneut zu berechnen.

---

66 Vgl. LMA, Intercreditor Agreement For Leveraged Acquisition Finance Transactions (Senior/Mezzanine), 14.09.2012, Section 2.
67 Vgl. ebenso Hoffmann, in: DB 2011, S. 1401–1404.
68 Vgl. z. B. Struffert/Wolfgarten, in: WPg 2010, S. 379 f.
69 Alternative Berechnungsmodelle werden bspw. diskutiert in Reiland (2006).

2.1.6.2.4 Investmentfonds

2.1.6.2.4.1 Überblick über die Erscheinungsformen
Investmentfonds sind Vermögen, die der gemeinschaftlichen Kapitalanlage dienen und die nach den Grundsätzen der Risikomischung angelegt werden. Investmentrechtlich regulierte Fonds können unterteilt werden in Sondervermögen, die rechtlich unselbständig sind (sog. Fonds in Vertragsform) und Fonds, die eine eigene Rechtspersönlichkeit aufweisen (sog. Fonds in Gesellschaftsform bzw. Satzungsform). In Deutschland sind diesbezüglich die rechtlich unselbständigen Sondervermögen (Publikumsfonds und Spezialfonds) sowie die rechtlich selbständige Investmentaktiengesellschaft (InvAG) und Investmentkommanditgesellschaft (InvKG) zugelassen. Investmentaktiengesellschaften und Investmentkommanditgesellschaften können durch eine Kapitalverwaltungsgesellschaft verwaltet werden oder selbstverwaltend sein. Für inländische Investmentvermögen sind die Regelungen des Kapitalanlagegesetzbuchs (KAGB)[70] zu beachten.

2.1.6.2.4.2 Rechtlich unselbständige Investmentvermögen
a) Rechtliche Grundlagen. Nach § 1 Abs. 10 KAGB ist ein (rechtlich unselbständiges) Sondervermögen definiert als ein inländisches offenes Investmentvermögen in Vertragsform, das von einer Verwaltungsgesellschaft für Rechnung der Anleger nach Maßgabe des KAGB und den Anlagebedingungen, nach denen sich das Rechtsverhältnis der Kapitalverwaltungsgesellschaft zu den Anlegern bestimmt, verwaltet wird. Investmentvermögen sind nach § 1 S. 1 KAGB jeder Organismus für gemeinsame Anlagen, der von einer Anzahl von Anlegern Kapital einsammelt, um es gem. einer festgelegten Anlagestrategie zum Nutzen dieser Anleger zu investieren und der kein operativ tätiges Unternehmen außerhalb des Finanzsektors ist. Unter dem Begriff des »**Organismus**« ist ein rechtlich oder wirtschaftlich verselbständigtes gepooltes Vermögen zu verstehen[71]. Eine **gemeinschaftliche Anlage** ist gegeben, wenn das eingesammelte Kapital gepoolt, d.h. zur Erwirtschaftung einer gemeinschaftlichen Rendite Risiken durch das Kaufen, Halten und Verkaufen von Vermögensgegenständen eingegangen werden. Es muss mithin von einer Vielzahl von Anlegern Kapital eingesammelt werden; dies ist der Fall, wenn die Anlagebedingungen oder der Gesellschaftsvertrag des Organismus die Anzahl der möglichen Anleger nicht auf einen Anleger begrenzen. Die theoretische Möglichkeit einer Beteiligung einer Vielzahl von Anlegern reicht mithin aus. Bei einer Beteiligung über einen Treuhänder liegt das Merkmal einer »Vielzahl von Anlegern« auch dann vor, wenn sich laut Anlagebedingungen oder Gesellschaftsvertrag nur der Treuhänder an dem Organismus beteiligen darf[72]. **Ein-Personen-**

---

[70] Bis 2013 wurde das Investmentgeschäft durch das Investmentgesetz (InvG) und bis 2004 durch das Kapitalverwaltungsgesellschaftengesetz (KAGG) reguliert.
[71] Vgl. BaFin: Auslegungsschreiben zum Anwendungsbereich des KAGB und zum Begriff des Investmentvermögens, S. 1.
[72] Vgl. BaFin: Auslegungsschreiben zum Anwendungsbereich des KAGB und zum Begriff des Investmentvermögens; ESMA/2013/600, S. 32.

Spezialfonds sind somit möglich, sofern sie rechtlich mehr als einen Anleger haben **können**[73].

Ein Sondervermögen ist ein rechtlich unselbständiges Investmentvermögen, das von dem sonstigen Vermögen der Kapitalverwaltungsgesellschaft zu trennen ist. Die Rechte der Anleger sind in **Anteilsscheinen** verbrieft, mit deren Ausgabe und Rücknahme die Verwaltungsgesellschaft eine Verwahrstelle betraut. Nach § 92 Abs. 1 S. 1 KAGB können die zum Sondervermögen gehörenden Vermögensgegenstände entweder im Eigentum der Kapitalverwaltungsgesellschaft oder im Miteigentum der Anleger stehen. Somit kann der Anteilsschein entweder ein Bruchteilseigentum im Sinne einer Rechtsgemeinschaft an den Vermögenswerten nach §§ 741 ff. BGB (sog. **Miteigentumslösung**), oder einen schuldrechtlichen Beteiligungsanpruch an den Erträgen und Liquidationserlösen an Vermögenswerten verbriefen, deren Eigentümerin die Kapitalverwaltungsgesellschaft ist (sog. **Treuhandlösung**)[74]. Hat der Inhaber von Investmentanteilen kein individuelles Bruchteilseigentum an den Vermögenswerten des Fonds, so besitzt er einen Auszahlungsanspruch in Höhe seines Anteils am Sondervermögen. Der Anteilsinhaber kann gegen Rückgabe seines Anteilsscheins jederzeit die Auszahlung seines Anteils am Sondervermögen verlangen.

Die rechtliche Grundstruktur zwischen den an einem Investmentfond beteiligten Parteien wird durch das sog. **Investmentdreieck**, bestehend aus dem Anteilsinhaber, der Verwaltungsgesellschaft und der Verwahrstelle bestimmt. Dieses Dreiecksverhältnis führt zu einer personellen Trennung verschiedener Rechte und Pflichten und gewährleistet einen investmentrechtlichen Anlegerschutz. Die Trennung von Verwaltung des Sondervermögens sowie dessen Verwahrung durch die Verwahrstelle stellt einen institutionellen Schutz des Anlegers vor einem Missbrauch durch die Kapitalverwaltungsgesellschaft dar[75].

Die Aufgabe der **Kapitalverwaltungsgesellschaft** besteht in der Anlage der Mittel sowie der laufenden Bewirtschaftung des Sondervermögens im Interesse und auf Rechnung der Anteilsinhaber. Dabei ist sie verpflichtet, ausschließlich im Interesse ihrer Anleger oder der Aktionäre bzw. Kommanditisten der von ihr verwalteten Sondervermögens bzw. InvAG/InvKG zu handeln. Dabei muss sie ihre Tätigkeit mit der gebotenen Sachkenntnis, Sorgfalt und Gewissenhaftigkeit im besten Interesse der von ihr verwalteten Investmentvermögen und der Integrität des Marktes ausüben (§ 26 KAGB). Kapitalverwaltungsgesellschaften gelten aufgrund von § 2 Abs. 1 Nr. 3b und c KWG nicht als Kreditinstitute im Sinne des KWG[76]. Bei der Kapitalverwaltungsgesellschaft verbleibt stets die eigenverantwortliche Letztentscheidung über die Anlage der ihr anvertrauten Mitteln[77]. Die Kapitalverwaltungsgesellschaft erhält für ihre Dienstleistungen einen **Aufwendungsersatz** und eine Management Fee. Unter den Aufwendungsersatz fällt bspw. die Erhebung von **Ausgabeaufschlägen**, die i. d. R. als eine Kompensation der Vertriebskosten der Kapital-

---

73 Vgl. Helios/Schmies, in: BB 2009, S. 1105; Köndgen, in: Berger/Steck/Lübbehüsen, § 2 InvG, Tz. 8; Volhard/Jang, in: Weitnauer/Boxberger/Anders, § 1 KAGB, Tz. 10; BaFin, Anwendungsbereich des KAGB und zum Begriff des Investmentvermögens, Zlff. 14, kritisch Köndgen/Schmies, in: Schimansky/Bunte/Lwowski, 5. Aufl., § 113, Tz. 68.
74 Vgl. Köndgen/Schmies, in: Schimansky/Bunte/Lwowski, 5.A., § 113, Tz. 206; Möller, in: BKR 2011, S. 355; Beyer/Fechner, in: IRZ 2012, 119 ff.
75 Vgl. Möller, in: BKR 2011, S. 355.
76 Im Einzelnen siehe Kap. I.2.1.2.3.
77 Vgl. Köndgen/Schmies, in: Schimansky/Bunte/Lwowski, 5.A., § 113, Tz. 116.

verwaltungsgesellschaft gerechtfertigt werden. In einigen Fällen kann auch ein Rücknahmeabschlag erhoben werden. Die **Management Fee** stellt ein Entgelt für die Analyse, Rechnungslegung und Administration sowie eine Gewinnspanne dar. Die Management Fee ist i. d. R. als ein fester Prozentsatz vom Anlagevolumen ausgestaltet. Daneben kann vorgesehen sein, dass die Kapitalverwaltungsgesellschaft mit einer ergebnisabhängigen **Performance Fee** entlohnt wird.

Die Aufgabe der **Verwahrstelle** besteht in der Verwahrung des Sondervermögens (zur Erläuterung des Depotgeschäfts siehe Kapitel I.2.1.1.1.2), der Ausgabe und Rücknahme von Anteilsscheinen. Hinsichtlich der Ausgabe und Rücknahme der Anteilsscheine fungiert die Verwahrstelle lediglich als Vertreterin der Kapitalverwaltungsgesellschaft[78]. Die Verwahrstelle ist mit zahlreichen Kontrollaufgaben gegenüber der Kapitalverwaltungsgesellschaft betraut. Die Verwahrstelle hat dafür zu sorgen, dass (siehe § 76 KAGB):
1. »Ausgabe und Rücknahme von Anteilen und die Ermittlung des Wertes der Anteile den Vorschriften dieses Gesetzes und den Vertragsbedingungen entsprechen,
2. bei den für gemeinschaftliche Rechnung der Anleger getätigten Geschäften der Gegenwert innerhalb der üblichen Fristen in ihre Verwahrung gelangt,
3. die Erträge des inländischen OGAW gem. den Vorschriften dieses Gesetzes und den Anlagebedingungen verwendet werden und
4. die erforderlichen Sicherheiten für Wertpapier-Darlehen nach Maßgabe des § 200 Abs. 2 rechtswirksam bestellt und jederzeit vorhanden sind«.

Daneben hat die Verwahrstelle auf die Vermeidung von Interessenkonflikten (§ 70 KAGB) zu achten. Die ordnungsgemäße Wahrnehmung der Aufgaben ist durch einen geeigneten Prüfer mindestens einmal jährlich zu überprüfen (sog. Depotprüfung). Grundlage für die Rechtsbeziehung zwischen Kapitalverwaltungsgesellschaft und Verwahrstelle ist ein sog. **Depotbankvertrag**, der als ein Geschäftsbesorgungsvertrag mit Werkvertragscharakter zu beurteilen ist. In diesem ist auch die feste Vergütung der Verwahrstelle geregelt. Die Depot- und Kontoführung der Verwahrstelle für das Sondervermögen erfolgt auf Sperrkonten. Die Sperrwirkung liegt darin, dass die Verwahrstelle vor Ausführung des Auftrags der Kapitalverwaltungsgesellschaft die Konformität des Auftrags mit Gesetz und Vertragsbedingungen zu prüfen hat. Eine direkte vertragliche Rechtsbeziehung zwischen Verwahrstelle und Anteilsinhabern existiert nicht.

b) Erscheinungsformen ausländischer Sondervermögen. Mit der OGAW-Richtlinie wurden durch den europäischen Gesetzgeber einheitliche Mindeststandards zum Schutz der Anleger in Investmentvermögen geschaffen. Vergleichbar mit rechtlich unselbständigen inländischen Sondervermögen sind die F.C.P. nach Luxemburger Recht (»fonds commun de placement«). Ein F.C.P stellt ein rechtlich unselbständiges Bruchteilseigentum dar, welches von einer luxemburger Kapitalverwaltungsgesellschaft verwaltet wird. In Abhängigkeit von den auf die jeweilige F.C.P. anwendbaren rechtlichen und regulatorischen Rahmenbedingungen unterscheiden sich die Sondervermögen unter anderem hinsichtlich der

---

78 Vgl. Klusak, in: Weitnauer/Boxberger/Anders, § 71 KAGB, Tz. 3 f.

gesetzlichen Anforderungen zur Risikodiversifizierung, Regulierung des Asset Managers, zugelassenen Investoren, Berichterstattung usw.

c) Abgrenzung Spezial-Sondervermögen. Die rechtlich unselbständigen Sondervermögen können in die Klasse der **Publikumsfonds** und der **Spezial-Sondervermögen** (Spezial-AIF) unterteilt werden. Nach §1 Abs. 6 KAGB ist ein Spezial-AIF ein AIF, dessen Anteile auf Grund von schriftlichen Vereinbarungen mit der Verwaltungsgesellschaft oder auf Grund der konstituierenden Dokumente nur von professionellen und semi-professionellen Anlegern erworben werden dürfen (beschränkter Anlegerkreis). Als professioneller Anleger gilt ein Anleger, der als professioneller Kunde im Sinne der MIFID-RL angesehen oder auf Antrag als ein professioneller Kunde behandelt wird (§ 1 Abs. 19 Nr. 32 KAGB). Semi-professionelle Anleger sind unter anderem Anleger, die sich verpflichten mindestens 200.000 EUR zu investieren und weitere Bedingungen erfüllen. AIF (Alternative Investmentfonds) sind Investmentvermögen, die keine OGAW sind (§ 1 Abs. 3 KAGB), wobei OGAW definiert sind als Investmentvermögen, die die Anforderungen der OGAW-Richtlinie erfüllen (§ 1 Abs. 2 KAGB). Nicht unter das KAGB fallen Verbriefungszweckgesellschaften (§ 1 Abs. 19 Nr. 36 KAGB). Alle übrigen Sondervermögen sind sog. **Publikumsfonds**, deren Anlegerkreis nicht begrenzt ist. Die Unterscheidung zwischen Publikumsfonds und Spezial-AIF ist bilanzrechtlich von Bedeutung, da offene Sondervermögen in der Form von Spezial-AIF mit festen Anlagebedingungen nach § 284 KAGB aufgrund von § 290 Abs. 2 Nr. 4 S. 2 HGB nicht in den Konzernabschluss einzubeziehen sind.

2.1.6.2.4.3 Rechtlich selbständige Investmentvermögen

Neben rechtlich unselbständigen Sondervermögen existieren auch Investmentvermögen, die eine eigene Rechtspersönlichkeit besitzen (für inländische Investmentvermögen beschränkt auf Investmentaktiengesellschaften und Investmentkommanditgesellschaften[79]). Investmentaktiengesellschaften sind rechtlich selbständige Investmentvermögen, die in der Form einer Aktiengesellschaft betrieben werden. Eine Investmentaktiengesellschaft stellt mithin eine vollwertige Aktiengesellschaft dar, auf die die Vorschriften des AktG anzuwenden ist, sofern das KAGB keine abweichenden Regelungen vorsieht (z.B. § 108 Abs. 2 KAGB)[80]. Eine Besonderheit ist hinsichtlich des Gesellschaftskapitals hervorzuheben. Während eine Aktiengesellschaft ein Grundkapital aufweist, wird das Vermögen einer InvAG als »Gesellschaftskapital« bezeichnet (§ 110 KAGB). Damit wird der Vorstand einer InvAG – entgegen den Regeln des deutschen Aktienrechts – ermächtigt, das Grundkapital bis zu dem in der Satzung bestimmten Höchstbetrag wiederholt durch Ausgabe neuer Aktien gegen Einlage zu erhöhen (§ 115 S. 1 KAGB)[81]. Es handelt sich in diesem Fall um eine **Investmentaktiengesellschaft mit veränderlichem Kapital**[82] (vergleichbar mit einer SICAV nach luxemburger Recht). Bei der Ausgabe neuer Aktien besteht für Unternehmens- und Anlageaktionäre ein Bezugsrecht entsprechend § 186 AktG; Anlageaktionäre

---

79 Vgl. auch Kap. III.1.3.3.3.2.3.1.
80 Vgl. Fischer/Steck, in: Berger/Steck/Lübbehüsen, § 96 InvG, Tz. 1; Fischer/Friedrich, in: ZBB 2013, S. 157 f.
81 Vgl. Baur, in: Assmann/Schütze, § 20, Tz. 187. Nach § 108 Abs. 2 KAGB sind u. a. die §§ 182 bis 240 AktG (Kapitalerhöhungsvorschriften) nicht anwendbar.
82 Unter dieser Bezeichnung hat auch die Firmierung der Gesellschaft zu erfolgen (§ 98 InvG).

haben nur dann ein Bezugsrecht, wenn ihnen ein Stimmrecht zusteht (§ 115 S. 2 KAGB). Innerhalb der satzungsmäßigen Mindest- und Höchstkapitalgrenzen kann der Vorstand einer InvAG mithin ohne Hauptversammlungsbeschluss eine Veränderung des Kapitals herbeiführen (§ 116 KAGB). Liegt eine **Investmentaktiengesellschaft mit fixem Kapital** vor (vergleichbar mit einer SICAF nach luxemburger Recht), so sind grundsätzlich die Vorschriften des Aktiengesetzes einschlägig[83].

Der Wert des Gesellschaftsvermögens einer InvAG entspricht der Summe der Verkehrswerte der Vermögensgegenstände abzüglich aufgenommener Kredite und sonstiger Verbindlichkeiten (§ 110 Abs. 1 S. 2 KAGB). Die Aktien einer Investmentaktiengesellschaft bestehen aus (stimmberechtigten) **Unternehmensaktien** und (i. d. R. stimmrechtslosen) **Anlageaktien**. Spezial-Investmentaktiengesellschaften können auf die Begebung von Anlageaktien verzichten. Die Aktien einer InvAG sind Stückaktien, bei denen der Inhaber stets im gleichen Umfang am Gesellschaftskapital beteiligt ist, sofern die Satzung der InvAG nicht eine Beteiligung nach Bruchteilen zulässt (§ 109 Abs. 1 S. 3 KAGB). Die **Unternehmensaktien** müssen in der Form von Namensaktien ausgegeben werden. Diese berechtigen zur Teilnahme an der Hauptversammlung der InvAG und verbriefen ein Stimmrecht (§ 109 Abs. 2 S. 4 KAGB). Die Unternehmensaktionäre und jeder Wechsel ist der BaFin anzuzeigen. Diese Anzeigepflicht gilt nicht für Spezial-InvAGs mit veränderlichem Kapital. Die Unternehmensaktien sind vom Initiator bzw. den Initiatoren der InvAG zu übernehmen. **Anlageaktien** berechtigen zwar zur Teilnahme an der Hauptversammlung der InvAG, sie verbriefen jedoch kein Stimmrecht, sofern die Satzung der InvAG nicht etwas anderes vorsieht. Während die Unternehmensaktien dem eigentlichen Initiator der InvAG vorbehalten sind, werden die eigentlichen Investoren in eine InvAG durch ihre Anlageaktien am Vermögen beteiligt[84]. Die Unterscheidung zwischen Unternehmensaktien und Anlageaktien trägt dem Umstand Rechnung, dass der Initiator (Sponsor) einer InvAG ein unternehmerisches Interesse und der gesellschaftsrechtlichen Leitungsmacht der InvAG hat, während der Inhaber von Anlageaktien lediglich an einer passiven Kapitalanlage interessiert ist.

Vergleichbare Formen rechtlich selbständiger Investmentvermögen firmieren nach luxemburger, schweizer und liechtensteinischem Recht in der Rechtsform der SICAV (»société d´investissement à capital variable«) bzw. SICAF (»société d´investissement à capital fixe«). Dabei ist die SICAV mit einer Investmentaktiengesellschaft mit variablem Kapital und die SICAF mit einer Investmentaktiengesellschaft mit festem Kapital vergleichbar. SICAVs bzw. SICAFs nach luxemburger Recht unterscheiden im Regelfall nicht zwischen stimmberechtigten Unternehmensaktien und stimmrechtslosen Anlageaktien. Die von einer SICAV bzw. SICAF ausgegebenen Aktien verbriefen i. d. R. jeweils die gleichen Stimmrechte. Vertraglich kann jedoch etwas anderes bestimmt werden. Die wesentlichen Strukturmerkmale von luxemburger SICAVs bzw. SICAFs ist abhängig von den jeweiligen rechtlichen und regulatorischen Rahmenbedingungen, denen die Investmentvermögen unterliegen.

---

83 Die §§ 182 bis 240 AktG (Kapitalerhöhungsvorschriften) sind von der Anwendung für InvAG mit fixem Kapital nicht ausgeschlossen (§ 140 Abs. 2 KAGB).
84 Vgl. Fischer/Steck, in: Berger/Steck/Lübbehüsen, § 96 InvG, Tz. 4.

Bei der Beurteilung der Konsolidierungspflicht luxemburger Investmentvermögen sind die jeweiligen vertraglichen und gesetzlichen Rahmenbedingungen genau zu beachten. Daneben existieren auch sog. SICARs, die ebenfalls eine eigene Rechtspersönlichkeit aufweisen und mit variablem oder fixem Kapital ausgestattet sein können. SICARs dienen vornehmlich der Anlage von Risikokapital; dabei sind sie nicht an die Anforderungen zur Risikodiversifikation gebunden.

2.1.6.2.4.4 Prüfung der Konsolidierungspflicht

a) **Ausnahmevorschrift für Spezial-Sondervermögen.** Nach § 290 Abs. 2 Nr. 4 S. 2 HGB sind von der Konsolidierungspflicht die folgenden Investmentvermögen ausgenommen:
- Spezial-Sondervermögen im Sinn des § 2 Abs. 3 InvG[85] oder
- vergleichbare ausländische Investmentvermögen oder
- als Sondervermögen aufgelegte offene inländische Spezial-AIF mit festen Anlagebedingungen im Sinne des § 284 KAGB oder
- vergleichbare EU-Investmentvermögen oder
- ausländische Investmentvermögen, die den als Sondervermögen aufgelegten offenen inländischen Spezial-AIF mit festen Anlagebedingungen im Sinne des § 284 KAGB vergleichbar sind.

Im Zuge des AIFM-UmsG wurden die Begrifflichkeiten für die Inanspruchnahme dieser Ausnahmevorschrift angepasst. Als Sondervermögen aufgelegte offene inländische Spezial-AIF mit festen Anlagebedingungen entsprechen dabei weitgehend dem Begriff des Spezial-Fonds im Sinne des § 2 Abs. 2 InvG aF, wobei sich kleinere Unterschiede im Detail ergeben[86]. Dabei ist zu beachten, dass die Ausnahmevorschrift des § 290 Abs. 2 Nr. 4 S. 2 HGB für inländisches Spezial-Sondervermögen im Sinne von § 2 Abs. 3 InvG aF auch auf ausländisches Sondervermögen anzuwenden ist, sofern dieses als **gleichwertig** anzusehen ist. Ausländische Sondervermögen (wie z. B. ein F.C.P. nach luxemburger Recht) haben in diesem Fall die oben dargestellten Anforderungen an Spezial-Sondervermögen zu erfüllen.

Zur Beurteilung einer Konsolidierungspflicht ist es zweckmäßig, das Vorliegen eines Spezial-Sondervermögens anhand der oben beschriebenen Abgrenzungskriterien zu prüfen. Die Ausnahmevorschrift ist unter den folgenden Bedingungen eröffnet:
- **Sondervermögen.** Sondervermögen sind offene Investmentvermögen in Vertragsform, die von einer Verwaltungsgesellschaft für Rechnung der Anleger nach Maßgabe des KAGB unter den Anlagebedingungen, nach denen sich das Rechtsverhältnis der Verwaltungsgesellschaft zu den Anlegern bestimmt verwaltet werden (§ 1 Abs. 10 KAGB). Die Ausnahmevorschrift ist damit nur auf **rechtliche unselbständige Vermögensmassen** anwendbar. Es ist nicht sachgerecht, auf eine Konnexität von § 290 Abs. 2 Nr. 4 S. 2 HGB sowie § 285 Nr. 26 HGB bzw. § 314 Nr. 18 HGB abzustellen, wonach bestimmte Erläute-

---

[85] Der Verweis auf das InvG wurde im Rahmen des AIFM-UmsG aus redaktionellen Gründen (noch) nicht aus dem HGB gestrichen, da AIF-Kapitalverwaltungsgesellschaften nach § 343 Abs. 1 KAGB bis zum 21.07.2014 Zeit haben, einen Erlaubnisantrag nach dem KAGB zu stellen und für diese unter den Voraussetzungen des § 345 KAGB die Vorschriften des InvG noch für eine bestimmte Zeit weiter gelten können.

[86] Dazu sowie zu der Anpassung des § 290 HGB durch das AIFM-UmsG vgl. Gaber/Groß/Heil, in: BB 2013, S. 2667.

rungen zu Anteilen oder Anlageaktien an Investmentaktiengesellschaften mit veränderlichem Kapital im Sinne der §§ 108 bis 123 KAGB vergleichbaren ausländischen Investmentvermögen zu geben sind[87]. Die Anhangangabe des § 285 Nr. 26 HGB bzw. § 314 Nr. 18 HGB soll den Bilanzadressaten als Surrogat für eine Vollkonsolidierung über das nicht in den Konsolidierungskreis einbezogene Investmentvermögen dienen, welches aufgrund der Ausnahmevorschrift des § 290 Abs. 2 Nr. 4 S. 2 HGB nicht im Konzernabschluss enthalten ist[88]. Die gesetzgeberische Intention ein Surrogat für eine unterlassene Konsolidierung bestimmter Investmentvermögen zu schaffen, setzt hingegen voraus, dass solche Formen von Investmentvermögen von der Konsolidierung auszunehmen sind, die in den Anwendungsbereich der §§ 285 Nr. 26 bzw. 314 Nr. 18 HGB fallen. Dies würde mithin auch Anlageaktien an juristisch selbständigen Investmentvermögen (z. B. Spezial-Investmentaktiengesellschaften) einschließen. Lt. Gesetzesbegründung sieht der Gesetzgeber die Notwendigkeit, Anlageaktien in die Angabepflichten der §§ 285 Nr. 26 bzw. 314 Nr. 18 HGB einzubeziehen, da er diese als »wirtschaftlich vergleichbar«[89] mit Anteilen an inländischen und ausländischen Investmentfonds in vertraglicher Form[90] ansieht. Nach dem Willen des Gesetzgebers unterliegen stimmberechtigte Unternehmensaktien nicht der Angabepflicht nach § 285 Nr. 26 HGB[91]. Fraglich ist in diesem Zusammenhang, ob es bei der Nicht-Konsolidierung von Spezial-Sondervermögen auf die rechtliche Selbständigkeit einer Investmentaktiengesellschaft und der damit verbundenen Unternehmenseigenschaft ankommt. Es könnte argumentiert werden, dies auch auf vergleichbare ausländische Investmentvermögen mit eigener Rechtspersönlichkeit zu übertragen (z. B. SICAV, SICAF, SICAR nach luxemburger Recht), sofern diese den Anforderungen von Spezial-Sondervermögen genügen und an denen der Bilanzierende nur mit stimmrechtslosen Unternehmensaktien oder vergleichbaren Anteilen beteiligt ist. Dieser Argumentation steht jedoch der Wortlaut des § 290 HGB entgegen. Anteile an rechtlich selbständigen Investmentvermögen (Investmentaktiengesellschaften oder SICAVs) fallen nach h. M. nicht unter die Ausnahmevorschrift von § 290 Abs. 2 Nr. 4 S. 2 u.3 HGB[92]. DRS 19.A8 weist zutreffend darauf hin, dass die Formulierung »im Sinne des § 2 Abs. 3 InvG« bzw. »im Sinn des § 284 KAGB« deutlich macht, dass die betrachtete Fondsstruktur einer qualitativen Einzelfallprüfung zu unterziehen ist, um die Gleichwertigkeit mit den Anforderungen an inländisches Spezial-Sondervermögen zu beurteilen. Diese Sichtweise folgt richtigerweise dem Grundsatz, dass wirtschaftlich

---

87 Durch das AIFM-UmsG werden die Wörter »Anteile oder Anlageaktien an inländischen Investmentvermögen im Sinne des § 1 InvG oder vergleichbare ausländische Investmentanteile im Sinne des § 2 Abs. 9 InvG« durch die Wörter »Anteilen an Sondervermögen im Sinn des § 1 Abs. 10 KAGB oder Anlageaktien an Investmentaktiengesellschaften mit veränderlichem Kapital im Sinn der §§ 108 bis 123 KAGB oder vergleichbaren EU-Investmentvermögen oder vergleichbaren ausländischen Investmentvermögen« ersetzt.
88 Vgl. BT-Drs 16/10067, S. 74.
89 Vgl. BT-Drs 16/10067, S. 74.
90 Unter Investmentfonds in Vertragsform sind in diesem Zusammenhang Investmentvermögen zu verstehen, die aufgrund einer vertraglichen Vereinbarung von einer Verwaltungsgesellschaft verwaltet werden und denen keine Gesellschaftsform gegeben ist. Vgl. Baur, in: Assmann/Schütze, § 20, Tz. 178.
91 Ebenso BT-Drs 16/10067, S. 74.
92 Vgl. Gelhausen/Fey/Kämpfer (2009), Q 93; Senger/Hoehne, in: MüKom BilR, § 290 HGB, Tz. 152; Schruff, in: Der Konzern 2009, S. 515; Gaber/Groß/Heil, in: BB 2013, S. 2669.

gleiche Sachverhalte auch bilanziell gleich abzubilden sind. Nach h. M. ist jedoch die rechtliche Form des Investmentvermögens entscheidend, ob die Ausnahmevorschrift für Spezial-Sondervermögen einschlägig ist. Eine Ausdehnung der Ausnahmevorschrift des § 290 Abs. 2 Nr. 4 S. 2 HGB auf rechtlich selbständige Investmentvermögen könnte de lege ferenda unter den oben genannten Bedingungen auch vor einem investmentrechtlichen Hintergrund sachgerecht sein. Investmentrechtlich strebte der Gesetzgeber einen weitgehenden Gleichlauf von rechtlich selbständigen Investmentaktiengesellschaften und rechtlich unselbständigen Sondervermögen an[93].

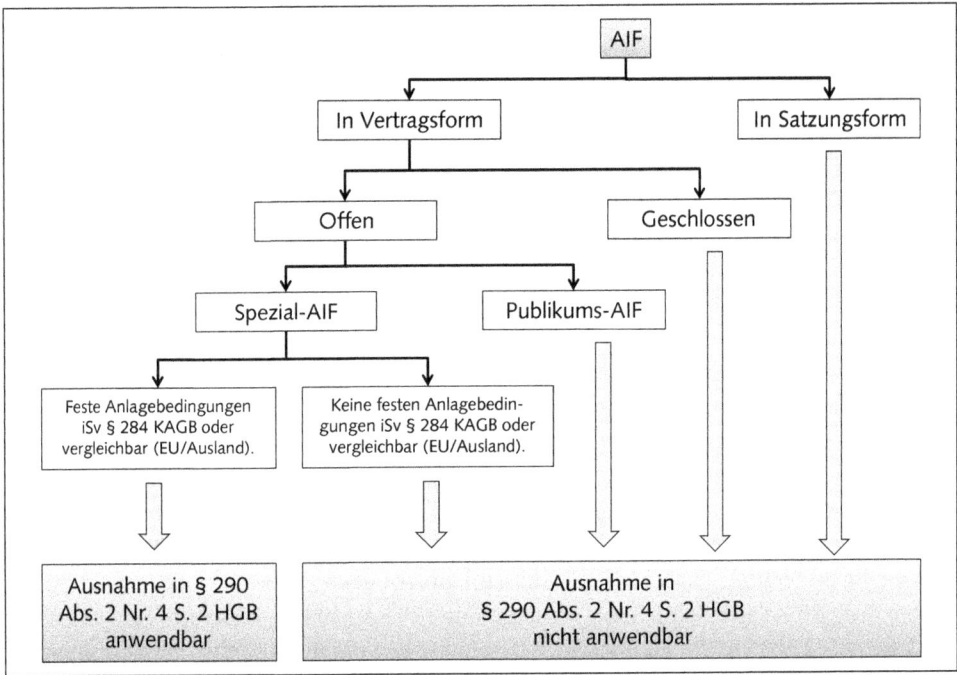

Abb. 75: Prüfschema zur Konsolidierungspflicht von Investmentvermögen

- **Spezial-AIF (begrenzter Anlegerkreis).** Nach § 1 Abs. 6 KAGB ist ein Spezial-AIF, dessen Anteile auf Grund von schriftlichen Vereinbarungen mit der Verwaltungsgesellschaft oder auf Grund der konstituierenden Dokumente nur von professionellen und semiprofessionellen Anlegern erworben werden dürfen. Als professioneller Anleger gilt ein Anleger, der als professioneller Kunde im Sinne der MIFID-RL angesehen oder auf Antrag als ein professioneller Kunde behandelt wird (§ 1 Abs. 19 Nr. 32 KAGB). Semiprofessionelle Anleger sind Anleger[94], die sich verpflichten, mindestens 200.000 EUR zu

---

93 Vgl. Fischer/Steck, in: Berger/Steck/Lübbehüsen, § 99 InvG, Tz. 9.
94 Der Begriff des **semi-professionellen** Anlegers ist durch den deutschen Gesetzgeber ins KAGB eingeführt worden; ein entsprechendes Pendant findet sich weder in der AIFM-Richtlinie noch in der MIFID-Richtlinie. Der Begriff des semi-professionellen Anlegers ist daher bspw. nicht im Luxemburger AIFM-Gesetz verankert. Sehen die Anlagebedingungen von luxemburger Spezialfonds Anlagegrenzen für natürliche Personen vor, die die in § 1 Abs. 19 Nr. 33 KAGB genannten Grenze unterschreiten, so stellt sich die Frage,

investieren und weitere Bedingungen erfüllen oder unter bestimmten Bedingungen Geschäftsleiter oder Mitarbeiter von AIF-Verwaltungsgesellschaften oder jeder Anleger, der sich verpflichtet, mindestens 10 Mio. EUR zu investieren. AIF sind Investmentvermögen, die keine OGAW sind (§ 1 Abs. 3 KAGB), wobei OGAW definiert sind als Investmentvermögen, die die Anforderungen der OGAW-Richtlinie erfüllen (§ 1 Abs. 2 KAGB). Nicht unter das KAGB fallen Verbriefungszweckgesellschaften (§ 2 Abs. 1 Nr. 7 in Verbindung mit § 1 Abs. 19 Nr. 36 KAGB).

- **Offen.** Offene Investmentvermögen sind OGAW und AIF, deren Anleger oder Aktionäre mindestens einmal pro Jahr das Recht zur Rückgabe ihrer Anteile oder Aktien gegen Auszahlung haben; Mindesthaltefristen und die Möglichkeit der Aussetzung oder Beschränkung der Rücknahme der Anteile oder Aktien werden hierbei nicht berücksichtigt (§ 1 Abs. 4 KAGB). Ein offenes Investmentvermögen liegt mithin auch dann vor, wenn Haltefristen von mehr als einem Jahr vorgesehen sind, sofern nach Ablauf der Haltefrist eine mindestens jährliche Rückgabemöglichkeit besteht[95]. Für die Einordnung des Fonds als offen oder geschlossen kommt es auf das formale Bestehen des Rückgaberechts im Sinne des KAGB an; eine wirtschaftliche Betrachtung ist nach der hier vertretenen Auffassung nicht zugrunde zu legen. Da Sondervermögen gem. der Definition in § 1 Abs. 10 KAGB stets offen sind, ist die Forderung in § 290 Abs. 2 Nr. 4 HGB nach der Erfüllung des Tatbestands »offen« redundant, da geschlossene Spezial-AIF nicht als Sondervermögen aufgelegt werden können.
- **Feste Anlagebedingungen im Sinne des § 284 KAGB.** Offene inländische Spezial-AIF dürfen in sämtliche Vermögenswerte investieren, deren Verkehrswert ermittelt werden kann (§ 282 Abs. 2 KAGB). Das KAGB unterteilt offene inländische Spezial-AIF in allgemeine offene inländische Spezial-AIF, Hedge Fonds und offene inländische Spezial-AIF mit festen Anlagebedingungen. Nur letztere sind von der Ausnahmevorschrift des § 290 HGB erfasst.

b) Mehrheit von Chancen und Risiken. Liegt kein Spezial-Sondervermögen vor, so muss das Institut bestimmen, in welchen Funktionen (Kapitalverwaltungsgesellschaft, Verwahrstelle, Anteilsinhaber) das Institut bei der betrachteten Fondsstruktur tätig wird. Ist das Investmentvermögen als Zweckgesellschaft zu klassifizieren, so ist die Konsolidierungspflicht auf Basis der Verteilung von Chancen und Risiken zu entscheiden. Während die Kapitalverwaltungsgesellschaft eine umfassende Verwaltungsbefugnis hat und die Anlageentscheidungen trifft, liegen die aus dem Investmentvermögen resultierenden Chancen und Risiken grundsätzlich bei den Anteilsinhabern. Die Chancen und Risiken lassen sich in einem ersten Schritt durch die Anteilsquote bestimmen. Ist ein Institut in einem Investmentvermögen investiert, so sind neben der direkten Anteilsquote an dem Investmentver-

---

inwieweit die Anlagebedingungen des ausländischen Spezialfonds als »vergleichbar« mit den von der Konsolidierungspflicht ausgenommenen Spezial-AIF im Sinne des § 290 Abs. 2 Nr. 4 S. 2 HGB angesehen werden können. Da die Anlagebedingungen ausländischer EU-Investmentvermögen aufgrund fehlender EU-rechtlicher Vorgaben zum Begriff des semi-professionellen Anlegers nicht automatisch durch die KVG angepasst werden müssen, sollte eine Anpassung der Anlagebedingungen an die KAGB-Kriterien vorgenommen werden, sofern die Vermeidung einer Konsolidierung durch das bilanzierende Institut beabsichtigt ist. Liegen die Anlagegrenzen über 200.000 EUR, so dürfte eine Vergleichbarkeit gegeben sein.

95 Vgl. BT-Drs 17/13395, S. 647; Niewerth/Rybarz, in: WM 2013, S. 1157.

mögen, auch die sonstigen festen und variablen Vergütungen zu beachten, die ein Institut ggf. erhält. Sofern Gebühren (Fees) durch das Institut erhoben werden, die ein Entgelt für erbrachte Dienstleistungen darstellen (z. B. Origination Fee, Advisory Fee usw.) sind diese nicht in die Beurteilung der Konsolidierungspflicht einzubeziehen, sofern die Vergütung marktüblich ist. Ist das Institut mit einem Kapitalanteil beteiligt (z. B. Seed Investment) und erbringt das Institut Dienstleistungen, die mit einer performance-abhängigen Vergütung entlohnt werden (z. B. x% über einer bestimmten Hurdle Rate), so ist die ergebnisabhängige Vergütung bei der Ermittlung des Risiko-Chancen-Profils mit zu berücksichtigen.

2.1.7 Institutsspezifische Besonderheiten

2.1.7.1 Stimmrechte für fremde Rechnung

2.1.7.1.1 Stimmrechte von Kapitalverwaltungsgesellschaften und Depotbanken

Kapitalverwaltungsgesellschaften haben im Rahmen der Verwaltung des Sondervermögens Stimmrechte von den im Sondervermögen befindlichen Aktien im Interesse der Anleger auszuüben. Nach § 94 Abs. 1 S. 1 KAGB benötigt die Kapitalverwaltungsgesellschaft dazu keine schriftliche Vollmacht ihrer Anleger. Dabei bestimmt § 94 Abs. 1 S. 3 KAGB, dass die Kapitalverwaltungsgesellschaft die Stimmrechte »selbst« ausüben soll. Nach h. M. besteht jedoch keine Pflicht zur Stimmrechtsausübung[96].

Die Stimmrechtsausübung kann die Kapitalverwaltungsgesellschaft jedoch auch auf einen Bevollmächtigten übertragen, dem die Kapitalverwaltungsgesellschaft im Regelfall Weisungen erteilt hat. Eine fehlende Weisung führt jedoch nicht zu einer Nichtigkeit der ergangenen Beschlüsse[97]. Bevollmächtigte können Kreditinstitute oder auch Depotbanken sein. Interessenkonflikte können dabei insbesondere dann auftreten, wenn die Kapitalverwaltungsgesellschaft und das Kreditinstitut bzw. die Depotbank demselben Konzern angehören. Dies kann bspw. der Fall sein, wenn die Depotbank die Konzernmutter der Kapitalverwaltungsgesellschaft darstellt und gleichzeitig Mitglied in einem Emissionskonsortium ist, von dem die Kapitalverwaltungsgesellschaft Wertpapiere erwirbt. Bei einer Bevollmächtigung von Kreditinstituten ist ferner § 135 AktG zu beachten.

Daneben kann die Kapitalverwaltungsgesellschaft unabhängige Stimmrechtsvertreter mit der Ausübung der Stimmrechte beauftragen, die im alleinigen Ermessen über die Stimmrechtsausübung entscheiden können[98]. Kreditinstitute und Depotbanken scheiden aufgrund von Eigeninteresse bzw. aufgrund der Überwachungsfunktion regelmäßig aus[99].

Zum Zwecke der WpHG-Meldungen hat die Kapitalverwaltungsgesellschaft die mit dem Eigenbestand verbundenen Stimmrechte und die aus dem Sondervermögen resultierenden Stimmrechte zu kumulieren[100]. Dies scheint zur Bestimmung der Stimmrechtsmehrheit für bilanzielle Zwecke jedoch aus den folgenden Gründen fraglich. Die Kapitalverwal-

---

96 Vgl. Schmitz, in: Berger/Steck/Lübbehüsen, § 32 InvG, Tz. 10, m. w. N.
97 Vgl. Schmitz, in: Berger/Steck/Lübbehüsen, § 32 InvG, Tz. 13.
98 Vgl. Dreibus/Schäfer, in: NZG 2009, S. 1290.
99 Vgl. Schmitz, in: Berger/Steck/Lübbehüsen, § 32 InvG, Tz. 16.
100 Vgl. Schmitz, in: Berger/Steck/Lübbehüsen, § 32 InvG, Tz. 21.

tungsgesellschaft hat nach § 70 KAGB bei der Verwaltung des Sondervermögens – und somit auch bei der Ausübung der Stimmrechte – die Interessen ihrer Anleger zu wahren. Das Handeln im Kundeninteresse umfasst die Optimierung des Kundenvorteils im Rahmen der zumutbaren Anstrengungen, sowie die Weitergabe aller erlangten Vorteile an das Sondervermögen unter Zurückstellung eigener Belange der Kapitalverwaltungsgesellschaft[101].

Die Kapitalverwaltungsgesellschaft übt die Stimmrechte zwar im eigenen Namen, jedoch für fremde Rechnung aus. Stimmrechte, die für Rechnung einer anderen Person gehalten werden, sind nach § 290 Abs. 3 S. 3 Nr. 1 HGB bei der Ermittlung der Mehrheit der Stimmrechte nach § 290 Abs. 2 Nr. 1 HGB »wegzurechnen«.

2.1.7.1.2 Stimmrechtsvollmachten nach § 135 AktG

Mit der Neufassung des § 135 AktG durch das ARUG ist das frühere Depotstimmrecht von depotführenden Kreditinstituten in ein Vollmachtstimmrecht überführt worden. Kreditinstitute dürfen danach das Stimmrecht für Aktien, die ihm nicht gehören und als deren Inhaber es nicht im Aktienregister eingetragen ist, nur ausüben, wenn es bevollmächtigt ist (§ 135 Abs. 1 S. 1 AktG). Kreditinstitute und gleichgestellte Institute (Finanzdienstleistungsinstitute sowie Unternehmen, die im Sinne der §§ 53 Abs. 1 S. 1, 53b Abs. 1 S. 1 oder Abs. 7 KWG tätig sind[102]) dürfen Stimmrechte für fremde Aktien nur ausüben, wenn eine entsprechende Vollmacht vorliegt. Dies setzt eine Vollmachtserklärung voraus[103]. Enthält die Vollmachtserklärung keine ausdrückliche Weisung, so kann eine generelle Vollmacht nur die Berechtigung des Instituts zur Stimmrechtsausübung entsprechend der **eigenen Abstimmungsvorschläge** oder entsprechend den **Vorschlägen des Vorstands oder des Aufsichtsrats**[104] vorsehen (§ 135 Abs. 1 S. 4 AktG). Beabsichtigt das Institut die Stimmrechte nach den eigenen Abstimmungsvorschlägen auszuüben, so hat das Institut die Aktionäre darauf hinzuweisen, dass eine solche Stimmrechtsausübung erfolgt, sofern bis zu einem bestimmten Zeitpunkt keine anderslautende Weisung des Aktionärs erteilt wird (§ 135 Abs. 2 S. 3 AktG). Institute, die eine Stimmrechtsausübung nach eigenen Abstimmungsvorschlägen erwägen, haben diverse organisatorische Vorkehrungen sowie Informations- und Dokumentationspflichten zu erfüllen, die sich nach § 135 AktG richten[105].

Sofern das Institut eine mittelbare oder unmittelbare Beteiligung an der Gesellschaft von mehr als 20 % hat, kann das Institut nach § 135 Abs. 3 S. 4 AktG Stimmrechte für fremde Aktien nur dann wahrnehmen, wenn der Aktionär dem Institut eine ausdrückliche Weisung gegeben hat. Nach h. M. sind Depotstimmrechte dem Kreditinstitut nicht nach § 290 Abs. 3 S. 1 HGB zuzurechnen, da das Institut nicht zivilrechtlicher Eigentümer der Anteile ist und dem Institut insoweit nicht die Funktion eines Treuhänders zukommt[106].

---

101 Vgl. Köndgen, in: Berger/Steck/Lübbehüsen, § 9 InvG, Tz. 35.
102 Vgl. Koch, in: Hüffer/Koch, 12. Aufl., § 135 AktG, Tz. 52; Rieckers, in: Spindler/Stilz, 3. Aufl., § 135 AktG, Tz. 109.
103 Im Einzelnen siehe Liebscher, in: Henssler/Strohn, 3. Aufl., § 135 AktG, Tz. 4 f.
104 Im Falle abweichender Vorschläge von Vorstand und Aufsichtsrat ist den Vorschlägen des Aufsichtsrats zu folgen.
105 Für eine genauere Darstellung vgl. Schröer, in: MüKom AktG, § 135 AktG, Tz. 74–89.
106 Vgl. Busse von Colbe, in: MüKom HGB, § 290 HGB, Tz. 33; Senger/Hoehne, in: MüKom BilR, § 290 HGB, Tz. 161; ADS, § 290 HGB, Tz. 42; Siebourg, in: Handbuch der Konzernrechnungslegung, § 290 HGB, Tz. 78.

2.1.7.2 Einzubeziehende Unternehmen nach § 340j HGB

Für Institute gelten grundsätzlich die Regelungen zur Festlegung des Konsolidierungskreises nach den Vorschriften des § 290 HGB sowie DRS 19. Das Vorliegen eines Mutter-Tochter-Verhältnisses bestimmt auch mithin die Angaben über verbundene Unternehmen nach § 3 RechKredV. Nach § 294 Abs. 1 S. 1 HGB sind alle Tochterunternehmen im Konzernabschluss des Mutterunternehmens einzubeziehen. Trotz Vorliegens einer Mutter-Tochter-Beziehung kann auf eine Einbeziehung in den Fällen von § 296 Abs. 1 u. 2 HGB verzichtet werden. Nach § 296 Abs. 1 Nr. 3 HGB braucht ein Tochterunternehmen in den Konzernabschluss nicht einbezogen werden, wenn die Anteile des Tochterunternehmens ausschließlich zum Zwecke der Weiterveräußerung gehalten werden. § 340j HGB ordnet für einen Spezialfall des § 296 Abs. 1 Nr. 3 HGB zusätzliche Pflichten an und regelt damit einen sehr spezifischen und begrenzten Anwendungsfall. So ist der Jahresabschluss eines aufgrund von § 296 Abs. 1 Nr. 3 HGB nicht in den Konzernabschluss einbezogenen Kreditinstituts, deren Anteile aufgrund einer finanziellen Stützungsaktion mit Weiterveräußerungsabsicht gehalten werden, dem Konzernabschluss beizufügen und zusätzliche Angaben über die Art und Bedingungen der finanziellen Stützungsaktion im Konzernanhang zu machen. Die zusätzliche Berichtspflicht folgt aus den besonderen Risiken von finanziellen Stützungsmaßnahmen[107]. § 340j HGB stellt eine Umsetzung von Art. 43 Abs. 2 lit. d) der Richtlinie 86/635/EWG dar und ist nur von nicht kapitalmarktorientierten Mutterinstituten zu beachten, die einen Konzernabschluss nach handelsrechtlichen Grundsätzen aufstellen. Für Konzernabschlüsse nach IFRS ist § 340j HGB unbeachtlich.

Wird auf die Einbeziehung eines Tochterunternehmens, welches Kreditinstitut ist, nach § 296 Abs. 1 Nr. 3 HGB verzichtet und ist der vorübergehende Besitz von Aktien oder Anteilen dieses Unternehmens auf eine finanzielle Stützungsaktion zur Sanierung oder Rettung des genannten Unternehmens zurückzuführen, so ist der Jahresabschluss dieses Unternehmens dem Konzernabschluss beizufügen; ferner ist im Konzernanhang über die Art und die Bedingungen der finanziellen Stützungsaktionen zu berichten (§ 340j HGB)[108]. Nach § 340j HGB bestehen unter den folgenden **Voraussetzungen** zusätzliche Beifügungs- und Berichtspflichten:

a) **Voraussetzungen des § 296 Abs. 1 Nr. 3 HGB.** § 340j HGB regelt einen Spezialfall des § 296 Abs. 1 Nr. 3 HGB. Die zusätzlichen Pflichten setzen daher eine Weiterveräußerungsabsicht voraus. Dabei müssen nicht alle Anteile zur Weiterveräußerung bestimmt sein. Für die Inanspruchnahme des Einbeziehungswahlrechts reicht eine Weiterveräußerungsabsicht von Anteilen in dem Umfang aus, dass die nach der Veräußerung verbleibende Beteiligung nicht mehr Tochterunternehmen im Sinne des § 290 HGB ist (DRS 19.97).

---

107 Vgl. Christian/Waschbusch, in: BB 1987, S. 2328.
108 Über den Umfang der Berichterstattung und über die Schutzbedürftigkeit des zu sanierenden Unternehmens besteht in der Literatur Uneinigkeit; vgl. Krumnow/Sprißler (2004), S. 673 sowie Bieg/Waschbusch (2017). S. 954.

b) Ausübung des Nichteinbeziehungswahlrechts. Die Anforderungen des § 340j HGB sind unbeachtlich, wenn ein Tochterunternehmen trotz bestehendem Einbeziehungswahlrecht in den Konzernabschluss einbezogen wird. In diesem Fall umfasst der Konzernabschluss des Mutterunternehmens auch das stützungsbedürftige Tochterinstitut, so dass es der zusätzlichen Berichtspflichten des § 340j HGB nicht bedarf.

c) Finanzielle Stützungsaktion. Die zusätzlichen Berichtspflichten sind zu beachten, wenn der vorübergehende Anteilsbesitz auf eine finanzielle Stützungsaktion zur Sanierung oder Rettung des Tochterinstituts zurückzuführen ist.

d) Kreditinstitutseigenschaft. § 340j HGB setzt voraus, dass das Tochterunternehmen Kreditinstitut ist. Im Schrifttum wird der Begriff des Kreditinstituts im Sinne der §§ 340 ff. HGB zugrunde gelegt und umfasst damit auch Finanzdienstleistungsinstitute[109]. Bei Sanierungsübernahmen von Nicht-Instituten gelten die allgemeinen Vorschriften des § 296 Abs. 1 Nr. 3 HGB ohne die Beachtung der zusätzlichen Berichtspflichten des § 340j HGB[110].

e) Keine Offenlegung. Eine Beifügungspflicht wird im Schrifttum nur dann angenommen, wenn der Jahresabschluss des Tochterunternehmens nicht nach den HGB-Vorschriften offengelegt wurde. In diesem Fall reicht ein Verweis auf den Ort der Offenlegung aus[111]. Die Beifügungspflicht erstreckt sich damit sowohl auf Abschlüsse ausländischer Institute, deren Abschluss nicht nach HGB offenzulegen ist, als auch auf rechtswidriger Weise nicht offengelegte Abschlüsse deutscher Institute[112].

Unter den genannten Voraussetzungen sind durch das Mutterunternehmen die nachstehenden **Rechtsfolgen** zu beachten:

a) Beifügungspflicht. Unter den genannten Voraussetzungen ist der Jahresabschluss des Tochterunternehmens dem Konzernabschluss des Mutterunternehmens beizufügen. Dies beinhaltet eine Pflicht zur Einreichung im Handelsregister; nicht erforderlich ist eine Veröffentlichung im Bundesanzeiger[113].

b) Anhangberichterstattung. Im Konzernanhang sind zusätzliche Angaben über die Art und die Bedingungen der finanziellen Stützungsaktion zu machen. Dabei ist ein potenzieller Konflikt zwischen dem Informationsbedürfnis der Konzernabschlussadressaten und dem Schutzbedürfnis des sanierungsbedürftigen Instituts zugunsten des Instituts zu lösen[114]. Verbale Aussagen werden als ausreichend betrachtet[115].

---

109 Vgl. Bieg/Waschbusch (2017), S. 954.
110 Vgl. Braun, in: KK-RLR, § 340j HGB, Tz. 8.
111 Vgl. Wiedmann, Bilanzrecht, § 340j HGB, Tz. 10.
112 Vgl. Böcking/Becker/Helke, in: MüKom HGB, § 340j HGB, Tz. 24; Wiedmann, Bilanzrecht, § 340j HGB, Tz. 10; a. A. Krumnow/Sprißler (2004), § 340j HGB, Tz. 59.
113 Vgl. Krumnow/Sprißler (2004), § 340j HGB, Tz. 59; Wiedmann, Bilanzrecht, § 340j HGB, Tz. 10.
114 Vgl. Böcking/Becker/Helke, in: MüKom HGB, § 340j HGB, Tz. 24; Krumnow/Sprißler (2004), § 340j HGB, Tz. 68; Wiedmann, Bilanzrecht, § 340j HGB, Tz. 11; Braun, in: KK-RLR, § 340j HGB, Tz. 7.
115 Vgl. Braun, in: KK-RLR, § 340j HGB, Tz. 7.

c) **Equity-Bilanzierung.** Bei Nicht-Einbeziehung des Tochterunternehmens ist dieses als assoziiertes Unternehmen (§§ 311, 312 HGB) zu bilanzieren.

2.1.7.3 Maßgeblichkeit von handelsrechtlichen Mutter-Tochterverhältnissen für das Aufsichtsrecht

Das Vorliegen von Mutter-Tochter-Verhältnissen nach HGB hat unmittelbare Auswirkungen auf den aufsichtsrechtlichen Konsolidierungskreis. Nach § 10a KWG besteht eine Institutsgruppe, Finanzholding-Gruppe oder gemischte Finanzholding-Gruppe jeweils aus einem übergeordneten Unternehmen und einem oder mehreren nachgeordneten Unternehmen. Nachgeordnete Unternehmen sind Unternehmen, die nach Art. 18 CRR zu konsolidieren sind, oder freiwillig konsolidiert werden. Ist das **Mutterunternehmen ein Institut**, so sind nach Art. 18 CRR alle Institute und Finanzinstitute im Rahmen der Vollkonsolidierung einzubeziehen, sofern diese Tochterunternehmen oder Tochterunternehmen der gleichen Mutterfinanzholdinggesellschaft oder gemischten Mutterfinanzholdinggesellschaft sind. Tochterunternehmen sind in Art. 4 Abs. 16 CRR definiert als Tochterunternehmen im Sinne der Art. 1 und 2 der Richtlinie 83/349/EWG (7. EG-Richtlinie; Konzernbilanzrichtlinie) oder Tochterunternehmen im Sinne des Art. 1 Abs. 1 der Richtlinie 83/349/EWG (Alternative 1) sowie jedes Unternehmen, auf das ein Mutterunternehmen tatsächlich einen beherrschenden Einfluss ausübt (Alternative 2). Die Definition eines Mutter-Tochter-Verhältnisses richtet sich damit nicht nach dem »jeweils geltenden Rechnungslegungsrahmen«, sondern nach der Richtlinie 83/349/EWG. Eine Auslegung des Begriffs »beherrschenden Einfluss« in Alternative 2 knüpft nicht an den Begriff der Kontrolle i. S. d. Art. 4 Abs. 1 Nr. 37 CRR und damit ggf. nicht an den Control-Begriff des IFRS 10 an[116]. Auch wenn nach § 10a Abs. 5 KWG bei Anwendung des Konzernabschlussverfahrens ein IFRS-Konzernabschluss zugrunde zu legen ist, ist bei der aufsichtsrechtlichen Definition von Mutter-Tochter-Verhältnissen ausschließlich auf die Konzernbilanzrichtlinie und **nicht** auf IFRS 10 abzustellen[117].

Ist das Mutterunternehmen eine **Mutterfinanzholding**-Gesellschaft oder eine gemischte Finanzholding-Gesellschaft mit Sitz in einem EU-Mitgliedstaat, so ist für das Vorliegen einer aufsichtsrechtlichen Gruppe relevant, ob die Holding-Gesellschaft **Kontrolle** über ein Institut hat (Art. 11 Abs. 2 CRR). Kontrolle ist gem. Art. 4 Abs. 1 Nr. 37 CRR das Verhältnis zwischen Mutter- und Tochterunternehmen im Sinne des Art. 1 der Richtlinie 83/349 EWG oder im Sinne der IFRS oder ein vergleichbares Verhältnis zwischen einer natürlichen oder juristischen Person und einem Unternehmen.

Die Definition der Konzernbilanzrichtlinie von Mutter-Tochter-Verhältnissen ist im § 290 HGB ins deutsche Recht transformiert worden. Auch die Änderungen des § 290 HGB im Zuge des BilMoG sind mit der Konzernbilanzrichtlinie vereinbar, so dass davon auszugehen ist, dass das Vorliegen eines Tochterunternehmens im Sinn des Art. 4 Abs. 16 CRR an ein Mutter-Tochter-Verhältnis im Sinn des § 290 HGB anknüpft. Die Auswirkung von

---

116   Zutreffend Schaber/Amann, in: Luz u. a., § 10a KWG, Tz. 28.
117   Vgl. Schaber/Amann, in: Luz u. a., § 10a KWG, Tz. 28; scheinbar anderer Auffassung Auerbach/Kempers/Klotzbach, in: Schwennicke/Auerbach, § 10a KWG, Tz. 110, 112, 119.

§ 290 Abs. 2 Nr. 4 HGB auf die bankaufsichtliche Zusammenfassung der Eigenmittel von Institutsgruppen und Finanzholding-Gruppen nach § 10a KWG ist in Bezug auf (Verbriefungs)Zweckgesellschaften in Teilen derzeit noch unklar. Über § 10a Abs. 1 S. 2 sowie Art. 4 Abs. 16 CRR knüpft die Definition des nachgeordneten Unternehmens an die Definition von Tochterunternehmen im Sinne des § 290 HGB an. Eine Konsolidierung von Zweckgesellschaften würde über die erweiterte handelsrechtliche Konsolidierungspflicht nach BilMoG durch diese Normenkette ebenfalls Auswirkungen auf den **aufsichtsrechtlichen Konsolidierungskreis** entfalten. Eine Einbeziehung der in Verbriefungszweckgesellschaften enthaltenen Risiken würde im Vergleich zu dem bestehenden Verbriefungsrahmenwerk in ein Konkurrenzverhältnis eintreten[118]. Nach Meinung der Deutschen Bundesbank könnte es sachgerecht sein, auf eine bankaufsichtliche Konsolidierung von – nach § 290 Abs. 2. Nr. 4 HGB einbeziehungspflichtigen – Zweckgesellschaften zu verzichten, »soweit die Institutsgruppen aus solchen Zweckgesellschaften Risiken erwachsen, die bereits anderweitig durch bankaufsichtliche Vorgaben adäquat erfasst sind«[119]. Nach dem Entwurf einer abgestimmten Sprachregelung wird von Seiten der BaFin bis zur Vorlage einer abgestimmten Positionierung der Bankenaufsicht die Anwendung von § 290 Abs. 2 Nr. 4 HGB durch die Institute zum Zwecke der aufsichtsrechtlichen Konsolidierung nicht erwartet[120].

Mit Inkrafttreten des CRD IV-Umsetzungsgesetzes hat die Definition von Mutter-Tochter-Verhältnissen nun direkten Einfluss auf die Definition von **Kreditnehmereinheiten** nach § 19 Abs. 2 KWG. Unter anderem gelten als ein Kreditnehmer zwei oder mehr natürliche oder juristische Personen oder Personenhandelsgesellschaften, wenn eine von ihnen unmittelbar oder mittelbar beherrschenden Einfluss auf die andere oder die anderen ausüben kann. Unmittelbarer oder mittelbarer beherrschender Einfluss setzt unter anderem das Bestehen eines Mutter-Tochter-Verhältnisses nach § 290 Abs. 2 HGB voraus (§ 19 Abs. 2 KWG).

2.2 Vereinheitlichung der Abschlüsse

2.2.1 Vereinheitlichung des Bilanzansatzes

Nach § 297 Abs. 3 S. 1 HGB ist die Vermögens-, Finanz- und Ertragslage des Konzerns so darzustellen, »als ob diese Unternehmen insgesamt ein einziges Unternehmen wären« (Fiktion der wirtschaftlichen Einheit). Daraus folgt, dass die Jahresabschlüsse der einbezogenen Unternehmen sowohl hinsichtlich ihres Bilanzansatzes (§ 300 Abs. 2 HGB) als auch hinsichtlich der Bewertung (§ 308 HGB) zu vereinheitlichen sind. Wahlrechte in den Jahresabschlüssen der Einzelunternehmen können im Konzernabschluss neu ausgeübt werden (§ 300 Abs. 2 S. 2 HGB). Dies eröffnet erhebliche Gestaltungsspielräume wie z. B. in der Kategorisierung von Wertpapieren, die im Konzernabschluss neu vorgenommen

---

118 Vgl. Thelen-Pischke, in: IRZ 2010, S. 187 (S. 195).
119 Vgl. Deutsche Bundesbank, Monatsbericht September 2010, S. 64.
120 Vgl. BaFin, Schreiben vom 17.12.2009, BA 53-FR 2166-2009/001.

werden kann[121]. Soweit im Konzernabschluss Bewertungsmethoden verwendet werden, die von den Bewertungsmethoden im Jahresabschluss des Mutterunternehmens abweichen, so ist dies im Konzernanhang zu erläutern und zu begründen[122].

In den Konzernabschluss sind die Vermögensgegenstände, Schulden und Rechnungsabgrenzungsposten sowie die Erträge und Aufwendungen der einbezogenen Unternehmen unabhängig von ihrer Berücksichtigung in den Jahresabschlüssen der einbezogenen Unternehmen vollständig aufzunehmen, soweit nach dem Recht des Mutterunternehmens nicht ein Bilanzierungsverbot oder ein Bilanzierungswahlrecht besteht (§ 300 Abs. 2 S. 1 HGB). Bilanzierungswahlrechte, die nach dem Recht des Mutterunternehmens zulässig sind, dürfen im Konzernabschluss unabhängig von ihrer Ausübung in den Jahresabschlüssen der einbezogenen Unternehmen ausgeübt werden (§ 300 Abs. 2 S. 2 HGB). Dies gilt auch für das bankspezifische Wahlrecht zum Ansatz eines Sonderpostens Fonds für allgemeine Bankrisiken nach § 340g HGB. Für den Fall, dass das **Mutterunternehmen ein Institut** ist, eröffnet § 300 Abs. 2 S. 2 HGB die Möglichkeit, institutsspezifische Ansatzwahlrechte im Konzernabschluss neu auszuüben, soweit diese Ansatzwahlrechte auch dem Mutterunternehmen zustehen. Die institutsspezifischen Ansatzwahlrechte des § 340g HGB sind jedoch nicht auf Geschäftsvorfälle und Geschäftsrisiken von einbezogenen Tochterunternehmen anzuwenden, die selbst keine Institute sind.

Der Umkehrschluss von § 300 Abs. 2 S. 2 HGB hat zur Folge, dass die bankspezifischen Ansatzwahlrechte nicht in einem **Konzernabschluss eines Nicht-Instituts** ausgeübt werden können[123]; und zwar auch dann, wenn es sich bei einem in den Konzernabschluss einbezogenen Tochtergesellschaft um ein Kreditinstitut handelt. Die Übernahme von bankspezifischen Bilanzansätzen in den Konzernabschluss eines Nicht-Instituts wird durch § 300 Abs. 2 S. 3 HGB eröffnet. Danach dürfen die Ansätze, die auf der Anwendung von für Kreditinstituten oder Versicherungsunternehmen wegen der Besonderheiten des Geschäftszweigs geltenden Vorschriften beruhen, beibehalten werden; auf die Anwendung dieser Ausnahme ist im Konzernanhang hinzuweisen (§ 300 Abs. 2 S. 3 HGB).

Nach der hier vertretenen Auffassung ist es sachgerecht, das Wahlrecht des § 300 Abs. 2 HGB zur Übernahme von Bilanzansätzen in die Konzernbilanz nur auf die Folgekonsolidierung zu beziehen, d. h. Übernahme von Sonderposten nach § 340g HGB, die während der Konzernzugehörigkeit entstanden sind.

2.2.2 Vereinheitlichung der Bewertung

Die einheitliche Bewertung impliziert, dass art- und funktionsgleiche Sachverhalte unter gleichen institutionellen Rahmenbedingungen auch gleich bilanziert werden müssen. So sind bankgeschäftliche Sachverhalte nach den geschäftszweigspezifischen und nicht bankgeschäftliche Geschäftsvorfälle (z. B. von in den Konzernabschluss einbezogenen Nicht-

---

121 Vgl. bspw. Böcking/Becker/Helke, in: MüKom HGB, § 340i und j HGB, Tz. 34.
122 Vgl. Göttgens/Schmelzeisen (1992), S. 84 ff.
123 Vgl. Löw, in: MüKom BilR, § 340i HGB, Tz. 10; Prahl/Naumann, in: WPg 1993, S. 235 (S. 240).

Instituten) jeweils nach den für sie geltenden allgemeinen Grundsätzen zu bilanzieren[124]. Im Rahmen der konzerneinheitlichen Bewertung können z. B. in den Handelsbilanzen II der Tochtergesellschaften Umbewertungen von Wertpapierportfolien und Finanzderivaten ausländischer Tochterunternehmen, die zum beizulegenden Zeitwert bilanziert werden oder eine konzerneinheitliche Berücksichtigung von Länderrisiken im Rahmen der Wertberichtigung von Forderungen notwendig werden[125]. Der Umgang mit aus dem Einzelabschluss resultierenden Bewertungswahlrechten hängt davon ab, ob das Mutterunternehmen selbst Instituteigenschaft hat:

- Ist das **Mutterunternehmen ein Institut**, so können auch die bankspezifischen Bewertungswahlrechte des § 340f HGB auf Konzernebene neu ausgeübt werden. Umstritten ist in diesem Zusammenhang, inwieweit die institutsspezifischen Rechnungslegungsvorschriften im Rahmen der Erstellung der **Handelsbilanzen II** der einbezogenen Unternehmen anzuwenden sind. Nach h. M. können die §§ 340f und g HGB im Rahmen der Handelsbilanz II nicht auf Tochterunternehmen angewendet werden, die keine Instituteigenschaft besitzen[126]. Nach dieser Auffassung bewegen sich alle anderen institutsspezifischen Vorschriften innerhalb der Grundsätze ordnungsmäßiger Buchführung, so dass alle übrigen institutsspezifischen Vorschriften auf Tochtergesellschaften auch ohne Instituteigenschaft anzuwenden sind[127]. Nach Krumnow/Sprißler ist für die Anwendung der branchenspezifischen Bilanzierungsvorschriften vornehmlich die Frage relevant, ob ein bankgeschäftlicher Geschäftsvorfall vorliegt[128]. Bei dieser Sichtweise würden sich die institutsspezifischen Normen damit auf alle Tätigkeiten eines Tochterinstituts erstrecken, soweit die Tätigkeiten art- und funktionsgleich mit üblichen Geschäftsvorfällen des Bankbetriebs sind. Nach Auffassung von Bieg dürfen in der Bemessungsgrundlage der 340f-Reserve auf Konzernebene nur Vermögensgegenstände von einbezogenen Instituten berücksichtigt werden[129]. § 308 Abs. 1 S. 2 HGB impliziert, dass Vorsorgereserven nach § 340f HGB bzw. § 26a KWG aF unabhängig von den Einzelabschlüssen gebildet, beibehalten oder aufgelöst werden können, so dass im Konzernabschluss eine **eigene Vorsorgepolitik** betrieben werden kann[130]. Dies ergibt sich aus den §§ 308 Abs. 1 S. 1, 340i Abs. 2 HGB, wonach die §§ 340a bis 340g HGB auf den Konzernabschluss entsprechend anzuwenden sind. Im Konzernabschluss dürfen mithin für Forderungen sowie Wertpapiere der Liquiditätsreserve stille Vorsorgereserven gebildet werden. Es wäre daher möglich, dass eine stille Vorsorgereserve im Einzelabschluss eines in den Konzernabschluss einbezogenen Instituts im Konzernabschluss

---

124 Vgl. Krumnow/Sprißler (2004), § 340i und j HGB, Tz. 79.
125 Vgl. bspw. WPH I[2012], J 438; Böcking/Löw/Wohlmannstetter, in: MüKom HGB, § 340i und j HGB, Tz. 35.
126 Vgl. ADS, § 308 HGB, Tz. 8; Scherrer, in: KK-RLR, § 308 HGB, Tz. 18; Grottel/Hubert, in: BBK, 11. Aufl., § 308 HGB, Tz. 5; Löw, in: MüKom BilR, § 340j HGB, Tz. 10; Bieg/Waschbusch (2017), S. 949; Böcking/Becker/Helke, in: Mükom HGB, § 340i und j HGB, Tz. 35.
127 Hinsichtlich bestimmter Ausweisvorschriften erscheint diese Auffassung aber zweifelhaft. Insbesondere der Ausweis von Treuhandgeschäften nach § 6 RechKredV ist nicht vereinbar mit den allgemeinen Grundsätzen der Vermögenszurechnung nach § 246 HGB.
128 Vgl. Krumnow/Sprißler (2004) § 340i und j HGB, Tz. 79.
129 Vgl. Bieg/Waschbusch (2017), S. 949.
130 Vgl. Bundesverband deutscher Banken, in: WPg 1994, S. 18; Bieg/Waschbusch (2017), S. 949 f.; Löw, in: MüKom BilR, § 340j HGB, Tz. 10; aA Albers (1990), S. 96.

offen nach § 340g HGB ausgewiesen wird und umgekehrt[131]. Allerdings ist die quantitative Beschränkung der § 340f-Reserve auf Ebene des Konzerns neu zu berechnen. Es könnte daher sein, dass stille Vorsorgereserven aus dem Einzelabschluss im Konzernabschluss aufgelöst werden müssen, wenn im Rahmen der Konsolidierung der Höchstwert von 4 % der Konzern-Bemessungsgrundlage überschritten wird[132] (z.B. aufgrund der Eliminierung konzerninterner Forderungen).

- Ist das **Mutterunternehmen kein Institut**, so ist eine Neuausübung bankspezifischer Bewertungen im Konzernabschluss aufgrund von § 308 Abs. 1 S. 2 HGB nicht möglich. Stattdessen können aufgrund der Sonderregelung in § 308 Abs. 2 S. 2 HGB die geschäftszweigspezifischen Wertansätze der Kreditinstitute und Versicherungsunternehmen im Konzernabschluss (lediglich) beibehalten werden; auf die Anwendung der Ausnahme ist im Konzernanhang hinzuweisen. Betragsmäßige Angaben sind nicht erforderlich[133]. Geschäftszweigspezifische Bewertungsvorschriften von Versicherungsunternehmen können[134] damit auch in den Konzernabschluss eines Kreditinstituts übernommen werden. Nach der hier vertretenen Auffassung ist es sachgerecht, das Wahlrecht des § 308 HGB zur Beibehaltung von Wertansätzen in der Konzernbilanz nur auf die Folgekonsolidierung zu beziehen.

Im Konzernanhang ist nach § 300 Abs. 2 S. 3 HGB sowie § 308 Abs. 2 S. 2 HGB darauf hinzuweisen, dass und soweit die geschäftszweigspezifischen Rechnungslegungsvorschriften beibehalten wurden; die angewandte Ansatz- und Bewertungsmethode ist anzugeben (siehe auch IDW RH HFA 1.018, Tz. 10).

2.3 Währungsumrechnung

Widersprüchlich wird in der Literatur mit der Umrechnung von Fremdwährungsgeschäften in den Einzelabschlüssen der einbezogenen Unternehmen umgegangen. Während im Rahmen der einheitlichen Bewertung nach § 308 HGB mehrheitlich gefordert wird, die bankspezifischen Rechnungslegungsgrundsätze nur auf die einbezogenen Institute anzuwenden (siehe oben), so wird für die Währungsumrechnung von Fremdwährungsgeschäften davon ausgegangen, dass die Umrechnung wahlweise nach § 340h HGB oder nach den allgemeinen Grundsätzen vollzogen werden kann. Dies wird damit begründet, dass ein entsprechender Verweis auf den § 340h HGB im Gesetzgebungsverfahren des Bankbilanzrichtlinie-Gesetzes übersehen wurde und im Referentenentwurf eine Anwendung des § 340h

---

[131] Vgl. Schaber, in: Beck HdR, C 810, Tz. 113, sowie WPH I[2012], J 438; Bundesverband deutscher Banken, in: WPg 1994, S. 19.
[132] Vgl. Bundesverband deutscher Banken, in: WPg 1994, S. 19.
[133] Vgl. Grottel/Huber, in: BBK, 11. Aufl., § 308 HGB, Tz. 27; Senger, in: MüKom BilR, § 308 HGB, Tz. 31; Krumnow/Sprißler (2004), § 340i HGB, Tz. 161; Wiedmann, Bilanzrecht, § 340i HGB, Tz. 28.
[134] Anderer Ansicht offenbar Grottel/Huber, in: BBK, 11. Aufl., HGB § 308 Tz. 25, die scheinbar von einer Pflicht zur Übernahme der Wertansätze ausgehen.

HGB auf den Konzernabschluss vorgesehen war[135]. Alternativ zu einer Währungsumrechnung nach den allgemeinen Grundsätzen, wäre damit auch eine Umrechnung nach den bankspezifischen Vorschriften des § 340h HGB möglich[136]. Ob allerdings nach Einführung des § 308a HGB im Zuge des BilMoG immer noch von einem fortdauernden Redaktionsversehen auszugehen ist, erscheint sehr zweifelhaft, zumal § 308a HGB sowie auch DRS 25 keine Öffnungsklauseln für branchenspezifische Sonderregelungen enthält.

Aus dem Einheitsgrundsatz des § 297 Abs. 3 HGB ist zu folgern, dass der Konzernabschluss einheitlich in der Berichtswährung des Mutterunternehmens aufzustellen ist. Die Umrechnung von Jahresabschlüssen, die auf fremde Währung lauten, ist nach § 308a HGB vorzunehmen. Dabei erfolgt die Umrechnung nach der **modifizierten Stichtagskursmethode**. Alle auf fremde Währung lautenden Vermögensgegenstände und Schulden sind mit dem Devisenkassamittelkurs am Bilanzstichtag umzurechnen (§ 308a S. 1 HGB). Das Eigenkapital ist mit dem historischen Kurs in EUR umzurechnen. Eine sich ergebende Währungsumrechnungsdifferenz ist innerhalb des Konzerneigenkapitals nach den Rücklagen unter dem Posten »Eigenkapitaldifferenz aus Währungsumrechnung« auszuweisen. Bei teilweisem oder vollständigem Ausscheiden aus dem Konsolidierungskreis ist der Posten erfolgswirksam aufzulösen.

2.4 Kapitalkonsolidierung

2.4.1 Wahlrecht zur Einbeziehung von Handelsbeständen in die Kapitalkonsolidierung

Nach § 301 Abs. 1 S. 1 HGB ist der »Wertansatz der dem Mutterunternehmen gehörenden Anteile an einem in den Konzernabschluss einbezogenen Tochterunternehmen mit dem auf diese Anteile entfallenden Betrag des Eigenkapitals des Tochterunternehmens zu verrechnen«. Nach DRS 23, Tz. 17 sind dabei grundsätzlich sämtliche dem Mutterunternehmen gehörenden Anteile an einem Tochterunternehmen sowie sämtliche Anteile, die dem Mutterunternehmen zuzurechnen sind, in die Verrechnung einzubeziehen. Von diesem Grundsatz sind grundsätzlich auch die Anteile an Tochterunternehmen erfasst, die Kreditinstitute mit kurzfristiger Gewinnerzielungsabsicht halten und dementsprechend als Handelsbestände i. S. von § 340e Abs. 3 HGB bilanzieren.

Bei einer **Einbeziehung** von Handelsbeständen in die Kapitalkonsolidierung wären die nach dem Erstkonsolidierungszeitpunkt ergebniswirksam vereinnahmten Zeitwertänderungen der Handelsbestände nach § 340e Abs. 3 HGB in Übereinstimmung mit DRS 23, Tz. 163 ergebniswirksam zu stornieren (Bewertungsänderungen aus Vorjahren sind in den Gewinnrücklagen bzw. im Gewinn-/Verlustvortrag des Konzerns zu erfassen). Das Mutter-Institut hat damit ein Handelsergebnis im Konzernabschluss auszuweisen, als ob das Institut keine Handelsbestände am Tochterunternehmen halten würde. Hierzu wäre das

---
135 Vgl. Böcking/Becker/Helke, in: MüKom HGB, § 340i und j HGB, Tz. 38 m. w. N.
136 Vgl. WPH I[2006], J 439; Göttgens/Schmelzeisen (1992), S. 87.

Handelsergebnis des Mutterunternehmens neu zu berechnen, indem die Bewertungsbuchungen im Einzelabschluss der Mutter entsprechend zu korrigieren wären[137]. Auf Basis des Konzernhandelsergebnisses wären auch die Zuführungen und Auflösungen zum Sonderposten »Fonds für allgemeine Bankrisiken« ebenfalls neu zu ermitteln[138]. Die Zuführungen/Auflösungen zum Sonderposten, die auf Anteile an Tochterunternehmen entfallen, wären in Bezug auf die Zuführungen/Auflösungen des laufenden Geschäftsjahres ergebniswirksam zu stornieren bzw. in Bezug auf Vorjahre in den Gewinnrücklagen bzw. im Gewinn-/Verlustvortrag zu erfassen.

Bei einer Einbeziehung der Handelsbestände in die Kapitalkonsolidierung wären **alle Anteilskäufe und -verkäufe** im Handelsbestand als Auf- bzw. Abstockungen zu behandeln. Diese können nach DRS 23, Tz. 171 ff. entweder als Kapital- oder als Erwerbsvorgang abgebildet werden.

- Bei einer Behandlung als **Erwerbsvorgang** wäre im Falle einer Aufstockung eine anteilige Neubewertung der Vermögensgegenstände und Schulden des Tochterunternehmens in Höhe des Zuerwerbs vorzunehmen; die Anschaffungskosten der weiteren Anteile wären mit dem auf diese Anteile entfallenden neubewerteten Eigenkapital zu verrechnen (DRS 23, Tz. 172). Bei einer statuswahrenden Abstockung wäre die Differenz zwischen Verkaufspreis der Anteile und dem hierauf entfallenden Anteil des Eigenkapitals erfolgswirksam zu behandeln (DRS 23, Tz. 173).
- Bei einer Behandlung als **Kapitalvorgang** ist keine Neubewertung der Vermögensgegenstände und Schulden vorzunehmen. Bei einer Aufstockung wären die zu erwerbenen Handelsbestände mit dem auf diese Anteile entfallenden Minderheitenanteil am Eigenkapital zum Zeitpunkt des Erwerbs der Anteile zu verrechnen, wobei ein sich ergebender Unterschiedsbetrag mit dem Konzerneigenkapital zu verrechnen ist (DRS 23, Tz. 175). Bei einer statuswahrenden Anteilsveräußerung ist die Differenz zwischen Verkaufspreis der Anteile und dem hierauf entfallenden Anteil des Eigenkapitals erfolgsneutral in das Konzerneigenkapital einzustellen (DRS 23, Tz. 176).

Angesichts der mit einer Abbildung als Erwerbs- oder Kapitalvorgang verbundenen Komplexität ist fraglich, ob eine Einbeziehung von Handelsbeständen in die Kapitalkonsolidierung angesichts einer fehlenden Beteiligungsabsicht[139] zu einer sachgerechten Abbildung der wirtschaftlichen Realität führt.

Handelsbestände sind aufgrund von Art. 102 ff. CRR organisatorisch einer Handelsabteilung mit eigener Ergebnisverantwortung zuzuordnen, die von handelsunabhängigen Kontrolleinheiten hinsichtlich der Einhaltung von Limiten, Handelsstrategien, Haltedauern usw. überwacht wird (im Einzelnen siehe Kapitel III.1.2.1). Aufgrund der strengen gesetzlichen und aufsichtlichen Vorgaben zur Abgrenzung zwischen Handelsbuch und Bankbuch sowie aufgrund des gesetzlichen Umwidmungsverbots (§ 340e Abs. 3 S. 2 und 3 HGB)

---

137 Dazu müsste das Institut in Simulationsrechnungen ggf. unter Berücksichtigung von Bestandsänderungen den Risikoabschlag des Handelsbestands mit und ohne Anteile am Tochterunternehmen berechnen.
138 Analog zur Behandlung eigener Anteile im Handelsbestand nach IDW RS BFA 2 Tz. 4.
139 Durch die Widmung dieser Anteile zum Handelsbestand werden für eine Zuordnung zum Handelsbuch strenge Anforderungen an den Nachweis einer kurzfristigen Gewinnerzielungsabsicht in Art. 4 Abs. 1 Nr. 85, 86 CRR sowie Art. 104 CRR gestellt.

ist die Widmungsentscheidung von Anteilen an Tochterunternehmen zum Handelsbestand aus bilanzrechtlicher Sicht hinreichend objektiviert und damit willkürfrei (DRS 23, Tz. B8). Daher sind Anteile an Tochterunternehmen, soweit diese von Kredit- und Finanzdienstleistungsinstituten im Handelsbestand bilanziert werden, auch nach Meinungen im Schrifttum aufgrund des Bestehens einer kurzfristigen Gewinnerzielungsabsicht nicht in die Kapitalkonsolidierung einzubeziehen (siehe Kapitel III.1.2).

Nach DRS 23, Tz. 18 besteht daher ein **Wahlrecht** für Kredit- und Finanzdienstleistungsinstitute, wonach Institute darauf verzichten können, Anteile an Tochterunternehmen, die als Teil des Handelsbestands gem. § 340e Abs. 3 HGB gehalten werden – über die Regelung in DRS 19, Tz. 96 hinaus – in die Erst- und Folgekonsolidierung einzubeziehen (DRS 23, Tz. 18).

Bei einer Einbeziehung der Handelsbestände in die Kapitalkonsolidierung wäre jede statuswahrende Änderung der Anteilsquote aufgrund einer bestandsmäßigen Veränderung des Handelsbestands als Auf- oder Abstockungsvorgang zu bilanzieren; das Handelsergebnis sowie die Zuführungen und Auflösungen zum Fonds für allgemeine Bankrisiken wären neu zu berechnen. Bei einem **Verzicht auf eine Einbeziehung** sind hingegen nur die im Bankbuch bilanzierten Anteile im Rahmen der Kapitalkonsolidierung zu verrechnen; die im Handelsbestand geführten Anteile sind in diesem Fall bei der Ermittlung des Anteils des Instituts am Eigenkapital des Tochterunternehmens nicht zu berücksichtigen (DRS 23, Tz. 48, B 18) und mithin wie Anteile fremder Dritter zu behandeln, so dass in Höhe des Anteils der Handelsbestände am Eigenkapital des Tochterunternehmen Minderheitenanteile zu berücksichtigen sind. Über die Inanspruchnahme des Wahlrechts haben Institute im Rahmen der Erläuterungen der angewandten Bilanzierungs- und Bewertungsmethoden im Anhang zu berichten (DRS 23, Tz. 212, Buchst. c)).

Das in DRS 23 für Kredit- und Finanzdienstleistungsinstitute aufgeführte Wahlrecht ist ausschließlich auf Handelsbestände beschränkt und nicht auf Wertpapiere der Liquiditätsreserve auszudehnen[140].

2.4.2 Ermittlung des neu bewerteten Eigenkapitals

2.4.2.1 Derivate in der Erwerbsbilanz

Nach § 301 Abs. 1 S. 2 HGB ist das zu verrechnende Eigenkapital des Tochterunternehmens mit dem Betrag anzusetzen, der dem beizulegenden Zeitwert der in den Konzernabschluss aufzunehmenden Vermögensgegenstände, Schulden, Rechnungsabgrenzungsposten und Sonderposten entspricht. In der Neubewertungsbilanz sind damit all diese Posten anzusetzen, soweit sie einzeln bilanzierungsfähig oder -pflichtig sind und dem Tochterunternehmen gehören; die Aufnahme in die Neubewertungsbilanz erfolgt unabhängig davon, ob die betroffenen Posten auch im Jahresabschluss des Tochterunternehmens bilanziert waren (DRS 23, Tz. 51)[141].

---
140 Vgl. Gaber, in: WPg 2016, S. 444.
141 Vgl. auch Winkeljohann/Deubert, in: BBK, 11. Aufl., § 301 HGB, Tz. 60.

Dies umfasst auch (bisher) bilanzunwirksame Ansprüche und Verpflichtungen des erworbenen Unternehmens (z. B. Finanzderivate, schuldrechtliche Haftungsverhältnisse, Besserungsabreden aus erklärten Darlehensverzichten) in die Neubewertungsbilanz aufzunehmen sind, sofern eine verlässliche Bewertbarkeit gegeben ist. Bilanzunwirksame Ansprüche und Verpflichtungen spielen bei der Kaufpreisfindung beim Erwerb eines Kredit- oder Finanzdienstleistungsinstituts eine bedeutende Rolle. So gibt es im handelsrechtlichen Bankabschluss eine Vielzahl von bilanzunwirksamen Ansprüchen und Verpflichtungen – z. B. **Zinsderivate des Bankbuchs**[142] – oder die klassischen bankgeschäftlichen **Vermerkposten** der §§ 26, 27 RechKredV (Bürgschaften, Avale und wie Bürgschaften zu behandelnde **Kreditderivate des Bankbuchs** (siehe Kapitel VI.3.2.3), Kreditzusagen, Platzierungs- und Übernahmeverpflichtungen, **Haftungsverhältnisse** aus der Bestellung von Sicherheiten für fremde Verbindlichkeiten). Für diese bilanzunwirksamen Geschäfte stellt DRS 23, Tz. 51, klar, dass sie mit ihrem beizulegenden Zeitwert in die Neubewertungsbilanz aufzunehmen sind, sofern eine verlässliche Bewertbarkeit gegeben ist (DRS 23, Tz. 52). Damit wird erreicht, dass der Erwerb einer Gesellschaft mit bilanzunwirksamen Geschäften analog zum Erwerb der Geschäfte selbst abgebildet wird. Bei einem Eintritt in Zinsswaps mit einem von null verschiedenen Marktwert findet bspw. ein entgeltlicher Erwerb statt, durch den das synallagmatische Dauerschuldverhältnis gestört wird und insoweit in Höhe des Kaufpreises kein schwebendes Geschäft mehr vorliegt[143]. Marktwerte für bisher im Abschluss des erworbenen Instituts enthaltene bilanzunwirksame Finanzinstrumente sind in der Neubewertungsbilanz separat anzusetzen und nicht als Teil des Geschäfts- oder Firmenwerts anzusehen. Ein Aufgehen der Marktwerte solcher Geschäfte im Geschäfts- oder Firmenwert würde zu einer Verzerrung der Vermögenslage und aufgrund der planmäßigen Abschreibung des Geschäfts- oder Firmenwerts zu einer Verzerrung der Ertragslage führen (DRS 23, Tz. B21).

2.4.2.2 Behandlung stiller Vorsorgereserven nach § 340f HGB und § 26a KWG aF

a) **Erworbene Vorsorgereserven.** Für eine Neubewertung des Eigenkapitals des Tochterunternehmens sind unter anderem die in den Konzernabschluss aufzunehmenden Vermögensgegenstände mit ihrem beizulegenden Zeitwert im Erstkonsolidierungszeitpunkt anzusetzen (§ 301 Abs. 1 S. 2, Abs. 2 S. 1 HGB). Dies umfasst grundsätzlich auch die Positionen Forderungen an Kunden, Forderungen an Kreditinstituten, Schuldverschreibungen und andere nicht festverzinsliche Wertpapiere sowie Aktien und andere nicht festverzinsliche Wertpapiere, die nicht wie Anlagevermögen behandelt werden und nicht Teil des Handelsbestandes sind. Diese Vermögensgegenstände können mit einem niedrigeren als dem nach § 253 Abs. 1 S. 1, Abs. 4 HGB vorgeschriebenen oder zugelassenen Wert angesetzt werden, soweit dies nach vernünftiger kaufmännischer Beurteilung zur Sicherung gegen die besonderen Risiken des Geschäftszweigs der Kreditinstitute notwendig ist (§ 340f Abs. 1 S. 1 HGB). Nach Meinungen im Schrifttum sind miterworbene stille Vorsorgereserven nach § 340f HGB sowie Alt-Reserven nach § 26a KWG aF im Zuge einer Neubewertung

---

142 Diese sind nach IDW RS BFA 3 verlustfrei zu bewerten.
143 Vgl. analog BFH, Urteil vom 05.04.2006 – I R 43/05, in: DStR 2006, S. 1123.

des erworbenen Vermögens aufzulösen[144]. Diese Auffassung ist sachgerecht und ist unmittelbare Folge der Erwerbsfiktion des § 301 HGB. Eine im Rahmen einer eigenständigen Konzernjahresabschlusspolitik mögliche Neubildung von stillen Vorsorgereserven kann nur aufwandswirksam erfolgen[145]. Eine Auflösung erworbener stiller Vorsorgereserven erscheint sachgerecht, da eine unveränderte Übernahme erworbener stiller Vorsorgereserven zur Entstehung bzw. Erhöhung eines Geschäfts- und Firmenwerts führen würde, der auf einer identifizierbaren Unterbewertung bestimmter Vermögensgegenstände beruhen würde. Aus Gründen der Vereinbarkeit mit der Einheitsfiktion sowie den Grundlagen der Erwerbsmethode erscheint es geboten, die Übernahme institutsspezifischer Bewertungswahlrechte im Rahmen des § 308 Abs. 2 S. 2 HGB nicht auf die Erstkonsolidierung anzuwenden[146].

b) Während der Konzernzugehörigkeit entstandene Vorsorgereserven. Während erworbene (»mitbezahlte«) Vorsorgereserven Gegenstand der Kaufpreisfindung und damit aufgrund der Einzelerwerbsfiktion des § 301 HGB aufzulösen sind, ist bei der Frage nach der konzernbilanziellen Behandlung von stillen Vorsorgereserven, die während der Konzernzugehörigkeit eines Tochterinstituts entstanden sind, wie folgt zu differenzieren:

Ist das **Mutterunternehmen ein Kreditinstitut**, so folgt aus § 308 Abs. 1 HGB sowie aus § 340i Abs. 2 S. 1 HGB, dass die übernommenen Bilanzposten nach den auf den Jahresabschluss des Mutterunternehmens anwendbaren Bewertungsmethoden zu bewerten sind (§ 308 Abs. 1 S. 1 HGB). Ist das Mutterunternehmen ein Kreditinstitut, so sind die §§ 340 ff. HGB und mithin auch § 340f HGB auf den Konzernabschluss anzuwenden. Gleiches gilt über § 340i Abs. 2 S. 1 HGB. Nach dem Recht des Mutterunternehmens zulässige Bewertungswahlrechte können im Konzernabschluss unabhängig von ihrer Ausübung in den Jahresabschlüssen der einbezogenen Unternehmen ausgeübt werden (§ 308 Abs. 1 S. 2 HGB). Während der Konzernzugehörigkeit entstandene Vorsorgereserven von Tochterinstituten, die in einen Bankkonzernabschluss einbezogen werden, können daher in den Konzernabschluss übernommen werden. Aufgrund von § 308 Abs. 1 S. 2 HGB ist unabhängig von der Bilanzpolitik des Mutterunternehmens eine eigenständige Vorsorgepolitik auf Konzernebene möglich.

Ist das **Mutterunternehmen kein Kreditinstitut**, so wären die bankspezifischen Wertansätze für den Konzernabschluss zunächst nach § 308 Abs. 1 S. 1 HGB nicht anwendbar[147]. Jedoch können nach § 308 Abs. 2 S. 2 HGB die auf der Anwendung von für Kreditinstitute wegen der Besonderheiten des Geschäftszweigs geltenden Vorschriften beruhen, beibehalten werden. Auf die Anwendung dieser Ausnahme ist im Konzernanhang hinzuweisen. Ein Mutterunternehmen, welches kein Kreditinstitut ist, kann damit die bankspezifischen Wertansätze eines Tochterinstituts in den Konzernabschluss übernehmen.

---

144 So Wiedmann, Bilanzrecht, § 340i HGB, Tz. 25; Prahl/Naumann, in: WPg 1993, S. 235 (S. 242); Krumnow/Sprißler (2004), § 340i HGB, Tz. 122.
145 Vgl. Prahl/Naumann, in: WPg 1993, S. 235 (S. 242).
146 Für eine analoge Argumentation im Rahmen der Ansatzwahlrecht vgl. Busse von Colbe/Ordelheide/Gebhardt/Pellens (2009), S. 222.
147 Vgl. ADS, § 308 HGB, Tz. 41.

2.4.2.3 (Nicht-)Bewertung des Sonderpostens »Fonds für allgemeine Bankrisiken«

Der Fonds für allgemeine Bankrisiken nach § 340g HGB stellt aufsichtsrechtlich eine Eigenkapitalposition dar (Art. 26 Abs. 1 Buchst. f) CRR). Da der Sonderposten allerdings nicht Teil des Bilanzpostens »Eigenkapital« (Passivposten 12, Formblatt 1 RechKredV) ist, wird im Schrifttum zutreffend gefolgert, dass ein Sonderposten nicht zu dem zu verrechnenden Eigenkapital des Tochterunternehmens gehöre und nicht in die Kapitalkonsolidierung einzubeziehen sei[148]. Jedoch ist nach der hier vertretenen Auffassung wie folgt zu differenzieren:

Im Rahmen der Kapitalkonsolidierung nach der Neubewertungsmethode ist das Eigenkapital des Tochterunternehmens »mit dem Betrag anzusetzen, der dem Zeitwert der in den Konzernabschluss aufzunehmenden Vermögensgegenstände, Schulden, Rechnungsabgrenzungsposten und Sonderposten entspricht, der diesen an dem für die Verrechnung nach [§ 301] Abs. 2 maßgeblichen Zeitpunkt beizulegen ist«[149]. Eine Ausnahme gilt aufgrund von § 301 Abs. 1 S. 2 HGB nur für Rückstellungen und latente Steuern (DRS 23, Tz. 62). Auch erworbene Sonderposten wären grundsätzlich mit dem beizulegenden Zeitwert zum jeweils maßgeblichen Erstkonsolidierungszeitpunkt zu bewerten. Da der Sonderposten keine Ansprüche oder Verpflichtungen gegenüber Dritten auf den Erhalt oder die Hingabe künftiger Cash Flows darstellt, wäre dem Sonderposten ein Zeitwert von null beizulegen. Der Sonderposten repräsentiert erworbene (offene) Reserven, die bei Anwendung von § 301 HGB im Rahmen der Kaufpreisallokation aufzulösen wären und zu einer Erhöhung des neubewerteten Eigenkapitals des Tochterunternehmens führen würden. Bei einer unveränderten Übernahme des Sonderpostens in die Neubewertungsbilanz würde im Zuge der Kapitalaufrechnung in Höhe des Sonderpostens ein Geschäfts- oder Firmenwert entstehen; dieses wäre unvereinbar mit § 301 HGB. Der Sonderposten ist bei einer stringenten Anwendung von § 301 HGB als Teil des konsolidierungspflichtigen (neubewerteten) Eigenkapitals des Tochterunternehmens anzusehen und nicht als eigenständiger Posten in die Konzernbilanz zu übernehmen.

Eine unveränderte Übernahme des Sonderpostens in die Konzernbilanz käme nur bei einer gleichzeitigen Ausübung des für Kreditinstitute geltenden Ansatzwahlrechts in § 300 Abs. 2 S. 3 HGB sowie des Bewertungswahlrechts in § 308 Abs. 2 S. 2 HGB in Betracht[150]. Nach § 300 Abs. 2 S. 2 HGB dürfen nach dem Recht des Mutterunternehmens zulässige Bilanzierungswahlrechte im Konzernabschluss unabhängig von ihrer Ausübung in den Jahresabschlüssen der in den Konzernabschluss einbezogenen Unternehmen ausgeübt werden. Diese Wahlrechte können bei der Erstkonsolidierung im Zuge der Aufstellung der HB II neu ausgeübt werden[151]. In diesem Fall dürfen die bankspezifischen Bewertungen in den Konzernabschluss übernommen werden, obwohl dies den Bewertungsmethoden des

---

148 Vgl. Schaber, in: BeckHdR, C 810, Tz. 81; Böcking/Becker/Helke, in: MüKom HGB, § 340i HGB, Tz. 43; Krumnow/Sprißler (2004), § 340i HGB, Tz. 114; Prahl/Naumann, in: WPg 1993, S. 235 (S. 241).
149 Siehe § 301 Abs. 1 S. 2 HGB. Ergänzung [...] durch den Verfasser.
150 Vgl. Gaber, in: WPg 2016, S. 448.
151 Vgl. Dusemond/Weber/Zündorf, in: HdK, § 301 HGB, Tz. 78.

§ 301 HGB widerspricht[152]. Nur in diesem Fall wäre der Sonderposten nicht als Teil des aufzurechnenden Eigenkapitals anzusehen.

Gegen diese Auffassung könnte eingewendet werden, dass nach dem Recht des Mutterunternehmens bilanzierungsfähige Bilanzposten in den Konzernabschluss nur zu übernehmen sind, »**soweit** [...] in den folgenden Vorschriften«[153] (§§ 300 ff. HGB) nichts anderes bestimmt ist (§ 300 Abs. 1 S. 2 HGB). Nun sind zwar auch Sonderposten nach § 301 Abs. 1 S. 2 HGB grundsätzlich in die Erwerbsbilanz zu übernehmen; sie sind jedoch mit dem **beizulegenden Zeitwert** anzusetzen, was bei einem erworbenen Sonderposten Fonds für allgemeine Bankrisiken einem Wertansatz von null entspricht. Eine unveränderte Übernahme eines erworbenen Sonderpostens nach § 340g HGB in die Konzernbilanz, würde insoweit nicht mit den in §§ 300 HGB folgenden Vorschriften übereinstimmen. Eine Goodwill-erhöhende Übernahme eines erworbenen 340g-Sonderpostens in die Konzernbilanz ist nicht sachgerecht, da der Sonderposten kaufpreisrelevant ist. Eine Anwendung der Ansatzwahlrechte auf die **Erstkonsolidierung** ist mit dem Einheitsgrundsatz und den Grundlagen der Erwerbsmethode **nicht vereinbar**, insbesondere sofern die Ansatzwahlrechte Tatbestände betreffen, die für den Unternehmenswert relevant sind und mithin bei der Bemessung der Anschaffungskosten der Beteiligung berücksichtigt werden[154].

2.5 Schuldenkonsolidierung

Bei der Schuldenkonsolidierung bestehen formell keine geschäftszweigabhängigen Besonderheiten. Institute haben die Schuldenkonsolidierung auf Basis der allgemeinen Regeln des § 303 HGB vorzunehmen. In der Literatur wird die Auffassung vertreten, dass bei Institutskonzernen eine Schuldenkonsolidierung von emittierten Schuldverschreibungen einer Konzerngesellschaft, die von einer anderen Konzerngesellschaft gehalten werden, dann unterbleiben kann, wenn die Schuldverschreibungen über den Markt erworben wurden. Es handelt sich aus Konzernsicht um erworbene eigene Schuldverschreibungen, die gem. Formblatt 1 der RechKredV bei Vorliegen einer Börsenfähigkeit unter dem Posten »Schuldverschreibungen und andere festverzinsliche Wertpapiere« gesondert auszuweisen sind (siehe Kapitel IV.1.2.5.2).

Ein Verzicht auf die Schuldenkonsolidierung von konzerninternen Schuldverschreibungen wird auch dann als zulässig erachtet, wenn nur ein Teil der Gesamtemission am Markt platziert wurde und ein anderer Teil direkt auf eine Konzerngesellschaft zum Marktpreis übertragen wurde[155]. Dies wird insbesondere auch bei Schuldverschreibungen so gesehen, die auf Sondervermögen (wie z.B. Investmentfonds) übertragen werden. Eine Schuldenkonsolidierung kann auch dann unterbleiben, wenn konzerninterne Schuldverschreibungen mit einer Weiterveräußerungsabsicht erworben werden[156].

---
152 Vgl. Böcking/Gros/Schurbohm-Ebneth, in: EBJS, § 308 HGB, Tz. 11.
153 Hervorhebung und Auslassung durch den Verfasser.
154 Vgl. Busse von Colbe/Ordelheide/Gebhardt/Pellens (2009), S. 222.
155 Vgl. Böcking/Löw/Wohlmannstetter, in: MüKom HGB, § 340i und j HGB, Tz. 50.
156 Vgl. Ernsting (1997), S. 232; Böcking/Becker/Helke, in: MüKom HGB, § 340i und j HGB, Tz. 49.

Ferner wird in der Literatur umstritten diskutiert, wie mit Aufrechnungsdifferenzen umzugehen ist, die aus der Bildung von 340f-Reserven aus konzerninternen Schuldinstrumenten entstehen. Einerseits wird vertreten, dass eine Auflösung im Rahmen der Schuldenkonsolidierung der Reservenbildung zuwider laufen würde; andererseits würde die Nichtberücksichtigung zu Wertverzerrungen und Falschbewertungen führen[157]. Ferner wird vorgeschlagen die gebildeten Vorsorgereserven den gesamten Forderungen gegenüber konzernfremden Unternehmen zuzuordnen[158]. Nach der hier vertretenen Auffassung hat sich die Bilanzierung in einem solchen Falle nach dem Einheitsgrundsatz des § 297 Abs. 3 HGB zu richten. Im HGB Konzernabschluss eines Instituts können nur solche stillen Vorsorgereserven (ggf. durch die Neuausübung von Bewertungswahlrechten im Rahmen des § 308 HGB) gebildet werden, soweit diese auf Forderungen und Schuldverschreibungen gegenüber Konzernfremden entfallen. Stille Vorsorgereserven auf konzerninterne Vermögensgegenstände sind nach der hier vertretenen Auffassung aufzulösen. Die Frage der (Neu)Bildung von 340f-Vorsorgereserven im HGB-Konzernabschluss hat sich dann an einer Bemessungsgrundlage zu orientieren, die sich ausschließlich auf konzernexterne Forderungen und Schuldverschreibungen der Liquiditätsreserve bezieht. Eine »Übertragung« der Summe aller gebildeten Vorsorgereserven (einschließlich der Reserven, die auf konzerninterne Vermögenswerte entfallen) in den Konzernabschluss ist mit der Einheitsfiktion des § 297 Abs. 3 HGB nicht vereinbar.

Die Schuldenkonsolidierung hat sich auch auf die Unter-Strich-Vermerke gem. § 26 RechKredV (»Eventualverbindlichkeiten«) und § 27 RechKredV (»Andere Verpflichtungen«) zu erstrecken.

2.6 Zwischenergebniseliminierung und Aufwands- und Ertragskonsolidierung

Aufgrund von § 340i Abs. 1 S. 1 HGB ist bei der Aufstellung eines Bankkonzernabschlusses § 304 HGB zu beachten. Danach sind die in den Konzernabschluss zu übernehmenden Vermögensgegenstände, die ganz oder teilweise auf Lieferungen und Leistungen zwischen den in den Konzernabschluss einbezogenen Unternehmen beruhen, in der Konzernbilanz mit einem Betrag anzusetzen, zu dem sie in der auf den Stichtag des Konzernabschlusses aufgestellten Jahresbilanz dieses Unternehmens angesetzt werden könnten, wenn die in den Konzernabschluss einbezogenen Unternehmen auch rechtlich ein einziges Unternehmen bilden würden (§ 304 Abs. 1 HGB). Unter Bezugnahme auf § 304 Abs. 2 S. 1 HGB aF wurde vormals für Kreditinstitute vertreten, dass bei unverhältnismäßig hohem Ermittlungsaufwand eine Zwischenerfolgseliminierung unterbleiben kann, soweit innerhalb eines Konzerns Zwischengewinne oder -verluste im Rahmen von kreditinstitutsspezifi-

---
157 Vgl. Böcking/Becker/Helke, in: MüKom HGB, § 340i und j HGB, Tz. 50 mit Verweis auf Ernsting (1997), S. 234 und Albers (1990), S. 226.
158 Vgl. Werthmöller (1984), S. 145.

schen Handelsaktivitäten erzielt werden und diese Handelsaktivitäten zu marktüblichen Konditionen durchgeführt wurden[159].

Mit Wegfall des § 304 Abs. 2 S. 1 HGB aF im Rahmen des TransPuG besteht diese Ausnahme von der Notwendigkeit der Zwischenerfolgseliminierung nicht mehr[160]. Der Gesetzgeber hat sich bewusst für die Abschaffung des § 304 Abs. 2 S. 1 HGB aF entschieden, da der Verzicht auf eine Zwischenerfolgseliminierung gegen die Zielsetzung des Konzernabschlusses und zur einer Beeinträchtigung des Einblicks in die Vermögens-, Finanz- und Ertragslage führt[161]. Auf eine Zwischenerfolgseliminierung kann nur noch verzichtet werden, wenn dies für die Vermittlung eines den tatsächlichen Verhältnissen entsprechenden Bildes der Vermögens-, Finanz- und Ertragslage von untergeordneter Bedeutung ist (§ 304 Abs. 2 HGB).

---

159 Vgl. Wiedmann, Bilanzrecht, § 340i HGB, Tz. 19; Prahl/Naumann, in: WPg 1993, S. 235 (S. 243).
160 Vgl. Krumnow/Sprißler (2004), § 340i HGB, Tz. 149; Böcking/Becker/Helke, in: MüKom HGB, § 340i HGB, Tz. 32.
161 Vgl. BT-Drs 14/8769, 26.

3 Konzernanhang eines Instituts nach HGB

Der Konzernanhang kann mit dem Anhang des Jahresabschlusses des Mutterunternehmens zusammengefasst werden (§ 298 Abs. 3 S. 1 HGB). Nach § 37 RechKredV gelten die § 1–36 RechKredV auch für den Konzernabschluss (zur Erläuterung dieser Angabepflichten siehe Kapitel V), soweit die Eigenart des Konzernabschlusses keine Abweichung bedingt. Daneben hat das Institut im Anhang die folgenden Vorschriften zu beachten:

3.1 Angaben zu Bilanzierungs- und Bewertungsmethoden

Die Angaben im Konzernanhang umfassen zum einen **Pflichtangaben** zu Posten der Konzernbilanz oder der Konzern-Gewinn- und Verlustrechnung und zum anderen **Wahlpflichtangaben**, die entweder in der Konzernbilanz bzw. Konzern-Gewinn- und Verlustrechnung oder im Anhang gemacht werden können (§ 313 Abs. 1 S. 1 HGB). Seit dem BilRuG sind die Anhangangaben in der Reihenfolge der Posten von Konzernbilanz und Konzern-Gewinn- und Verlustrechnung darzustellen.

Es müssen nicht alle Bilanzierungs- und Bewertungsmethoden aufgeführt werden. In diesem Zusammenhang ist eine Wiedergabe gesetzlicher Vorschriften nicht notwendig[1]. Insbesondere sind die Ausübung der vom Gesetz eingeräumten Ansatz- und Bewertungswahlrechte zu erläutern. Nach § 340f Abs. 4 HGB sind hingegen keine Angaben über die Bildung und Auflösung von Vorsorgereserven nach § 340f HGB notwendig. Begründungen für die Ausübung der Wahlrechte müssen nicht gegeben werden[2]. Eine Angabe und Begründung ist jedoch zu liefern, wenn von Bilanzierungs-, Bewertungs- und Konsolidierungsmethoden abgewichen wurde; dabei ist der Einfluss der Abweichung auf die Vermögens-, Finanz- und Ertragslage des Konzerns zu erläutern (§ 297 Abs. 3 S. 3 bis 5 HGB; § 313 Abs. 1 S. 3 Nr. 2 HGB)[3]. Als begründungsnotwendig wird z. B. das Übergehen auf eine Bewertung nach dem gemilderten Niederstwertprinzip angesehen, dessen Einfluss auf die Vermögens-, Finanz- und Ertragslage gesondert darzustellen ist (IDW RS VFA 2, Tz. 27). Konzernspezifische Angabepflichten umfassen:

---

[1] Vgl. Altenburger, in: KK-RLR, § 284 HGB, Tz. 30.
[2] Vgl. Altenburger, in: KK-RLR, § 284 HGB, Tz. 32.
[3] Für den Einzelabschluss ebenso § 284 Abs. 2 Nr. 2 HGB.

- § 300 Abs. 2 S. 3 HGB: Hinweis auf die Beibehaltung von auf Sondervorschriften für Kreditinstituten und Versicherungsunternehmen beruhenden Bilanzansätzen.
- § 304 Abs. 2 HGB: Angabe der Unterlassung der Zwischenergebniseliminierung wegen untergeordneter Bedeutung (gilt für alle Formen der Einbeziehung; vgl. § 310 Abs. 2 und § 312 Abs. 3 HGB).
- § 308 Abs. 1 S. 3 HGB: Angabe und Begründung der Abweichungen von den auf den Jahresabschluss des Mutterunternehmens angewandten Bewertungsmethoden.
- § 308 Abs. 2 S. 2 HGB: Hinweis auf die Beibehaltung von auf Sondervorschriften für Kreditinstitute und Versicherungsunternehmen beruhenden Wertansätzen im Rahmen der einheitlichen Bewertung.
- § 308 Abs. 2 S. 4 HGB: Angabe und Begründung, wenn in Ausnahmefällen keine einheitliche Bewertung vorgenommen wurde.
- § 340i Abs. 2 S. 1 in Verbindung mit § 265 Abs. 4 S. 2 HGB: Angabe und Begründung der geschäftszweigbedingten Ergänzungen der Konzernbilanz und der Konzern-Gewinn- und Verlustrechnung, wenn bei mehreren Geschäftszweigen und dadurch bedingter Gliederung des Konzernabschlusses nach verschiedenen Gliederungsvorschriften der Konzernabschluss nach der für einen Geschäftszweig vorgeschriebenen Gliederung aufzustellen und nach der für die anderen Geschäftszweige vorgeschriebenen Gliederung zu ergänzen ist.
- Angabe der vom assoziierten Unternehmen angewandten Bilanzierungs- und Bewertungsmethoden.

Zusätzlich sind neben den RechKredV-Angaben für Institute noch die folgenden Angabepflichten aus den Einzelabschlüssen der einbezogenen Unternehmen zu beachten:
- IDW RS BFA 1, Tz. 34: Darstellung der Bilanzierungs- und Bewertungsgrundsätze von Kreditderivaten;
- IDW RS BFA 3: Angaben über die Bewertungsmethodik zur Berechnung der verlustfreien Bewertung zinsbezogener Geschäfte des Bankbuchs;
- IDW RS BFA 5, Tz. 16: Darstellung der Bilanzierungs- und Bewertungsgrundsätze von Geschäften mit Futures und FRAs;
- IDW RS BFA 6, Tz. 15: Darstellung der Bilanzierungs- und Bewertungsgrundsätze von Optionsgeschäften;
- IDW RS HFA 22, Tz. 25: Im Rahmen der Angaben und Erläuterungen zu den Bilanzierungs- und Bewertungsmethoden ist auch die Behandlung strukturierter Finanzinstrumente darzustellen.
- IDW RS HFA 35, Tz. 93: Nach § 284 Abs. 2 Nr. 1 bzw. § 313 Abs. 1 S. 2 Nr. 1 HGB ist im (Konzern) Anhang anzugeben, wie das Wahlrecht ausgeübt wurde, ökonomische Sicherungsbeziehungen durch Bildung von Bewertungseinheiten bilanziell nachzuvollziehen. Ferner ist anzugeben, welche Methode zur bilanziellen Abbildung der wirksamen Teile der gebildeten Bewertungseinheiten angewandt worden ist (Einfrierungs- oder Durchbuchungsmethode).

3.2 Konsolidierungskreis

3.2.1 Angabe zur Einbeziehung von Tochterunternehmen

- § 264 Abs. 3 Nr. 4 HGB: Angabe der Befreiung von Tochterunternehmen von den §§ 264–289 HGB (Einzelabschluss von Kapitalgesellschaften), §§ 316–324 HGB (Prüfung) und §§ 325–329 HGB (Offenlegung) unter den Voraussetzungen des § 264 Abs. 3 HGB. Nach § 340a Abs. 2 S. 4 HGB sind die Ausnahmevorschriften der §§ 264 Abs. 3, 264b HGB von Unternehmen im Anwendungsbereich der §§ 340 ff. HGB nur in Bezug auf die Offenlegungsvorschriften der §§ 325–329 HGB (Zweiter Abschnitt, Vierter Unterabschnitt) anzuwenden, sofern die für die Nichtanwendung notwendigen Voraussetzungen erfüllt sind. Alle übrigen für Kapitalgesellschaften geltenden Ausnahmevorschriften der §§ 264 Abs. 3, 264b HGB sind für Institute nicht anzuwenden. Institute haben einen nach den Vorschriften für große Kapitalgesellschaften geltenden Jahresabschluss aufzustellen (§ 340a Abs. 1 S. 1 HGB).
- § 291 Abs. 2 Nr. 4 HGB: Angabepflichten im Anhang des Jahresabschlusses der zu befreienden Unternehmung, falls der Konzernabschluss und der Konzernlagebericht eines Mutterunternehmens mit Sitz in einem Mitgliedstaat der EU oder in einem anderen Vertragsstaat des Abkommens über den EWR befreiende Wirkung enthalten soll:
  - Name und Sitz des Mutterunternehmens, das den befreienden Konzernabschluss und Konzernlagebericht aufstellt,
  - Hinweis auf die Befreiung von der Verpflichtung, einen Konzernabschluss und Konzernlagebericht aufzustellen,
  - Erläuterung der im befreienden Konzernabschluss vom deutschen Recht abweichenden Bilanzierungs-, Bewertungs- und Konsolidierungsmethoden.
- § 294 Abs. 2 HGB: Angaben, die bei wesentlichen Änderungen des Konsolidierungskreises einen Vergleich mit vorhergehenden Konzernabschlüssen erlauben.
- § 296 Abs. 3 HGB: Begründung der Nichteinbeziehung von Tochterunternehmen nach § 296 Abs. 1 oder Abs. 2 HGB.
- § 299 Abs. 1 HGB: Angabe und Begründung, wenn der Abschlussstichtag des Konzerns und des Mutterunternehmens auseinanderfallen.
- § 313 Abs. 2 Nr. 1 S. 1 HGB: Angaben zu den in den Konzernabschluss einbezogenen Unternehmungen (vgl. auch DRS 19, Tz. 107):
  - **Name und Sitz**: Hier ist auf den Handelsregistereintrag abzustellen; falls diese nicht vorhanden ist, richtet sich die Angabe nach dem Gesellschaftsvertrag (DRS 19, Tz. 110).
  - **Anteil am Kapital**, der dem Mutterunternehmen und den einbezogenen Tochterunternehmen gehört oder der für deren Rechnung gehalten wird. Anteile, die von nicht einbezogenen Tochterunternehmen gehalten werden, sind bei der Berechnung nicht zu berücksichtigen (DRS 19, Tz. 110).
  - **Sachverhalt**, der zur Einbeziehung verpflichtet, sofern diese nicht auf Grund einer der Kapitalbeteiligung entsprechenden Stimmrechtsmehrheit erfolgt. Es ist der die Möglichkeit des beherrschenden Einflusses vermittelnde Sachverhalt anzugeben.

Die Angabe ist somit in den folgenden Fällen notwendig:
- Das Mutterunternehmen verfügt über die Mehrheit der Stimmrechte. Wobei die Stimmrechtsquote von der Kapitalbeteiligung abweicht (DRS 19, Tz. 111)
- Das Mutterunternehmen verfügt im Rahmen einer Gesellschafterstellung über das Recht, die Mehrheit der Mitglieder des die Finanz- und Geschäftspolitik bestimmenden Verwaltungs-, Leitungs- oder Aufsichtsorgans zu bestellen oder abzuberufen, ohne gleichzeitig über die Stimmrechtsmehrheit zu verfügen.
- Das Mutterunternehmen verfügt über das Recht, die Finanz- und Geschäftspolitik aufgrund eines mit einem anderen Unternehmen geschlossenen Beherrschungsvertrages oder aufgrund einer Bestimmung in der Satzung des anderen Unternehmens zu bestimmen, ohne gleichzeitig über die Stimmrechtsmehrheit zu verfügen.
- Das Mutterunternehmen trägt die Mehrheit der Chancen und Risiken einer Zweckgesellschaft (§ 290 Abs. 2 Nr. HGB).
- Das Mutterunternehmen hat die Möglichkeit der Beherrschung aufgrund von sonstigen Beherrschungsverhältnissen (Präsenzmehrheit, potenzielle Stimmrechte).

Diese Angaben sind auch für Tochterunternehmen zu machen, die nach § 296 HGB nicht einbezogen worden sind (DRS 19, Tz. 107, 112). Ausnahmen aufgrund von Unwesentlichkeit sind nicht zulässig (DRS 19, Tz. 108). Während des Geschäftsjahres aus dem Konsolidierungskreis ausgeschiedene Unternehmen sind keine einbezogenen Unternehmen. Für diese sind keine Angaben zu machen.

Die Angaben nach § 313 Abs. 2 Nr. 1 S. 1 HGB können insoweit unterbleiben, als nach vernünftiger kaufmännischer Beurteilung damit gerechnet werden muss, dass durch die Angaben des Mutterunternehmens, eines Tochterunternehmens oder einer sonstigen Beteiligungsunternehmung erhebliche Nachteile entstehen können (§ 313 Abs. 3 S. 1 HGB)[4].

- § 313 Abs. 2 Nr. 1 S. 2 HGB: Angaben zu nach § 296 Abs. 1 oder Abs. 2 HGB nicht einbezogenen Tochterunternehmen.
- § 313 Abs. 2 Nr. 6 HGB: Name, Sitz und Rechtsform der Unternehmen, deren unbeschränkt haftender Gesellschafter das Mutterunternehmen oder ein anderes in den Konzernabschluss einbezogenes Unternehmen ist.

3.2.2 Angaben zur Einbeziehung assoziierter Unternehmen

- Unterschiedsbetrag zwischen Beteiligungsbuchwert und dem zum beizulegenden Zeitwert bewerteten anteiligen Eigenkapital des assoziierten Unternehmens (§ 312 Abs. 1 S. 2 HGB). Die Angabe darf für sämtliche assoziierte Unternehmen zusammen gemacht werden (E-DRS 34, Tz. 86).

---

[4] Zur Auslegung der Schutzklausel vgl. DRS 19, Tz. 114. Diese Schutzklausel gilt nicht, wenn das Mutterunternehmen oder ein Tochterunternehmen kapitalmarktorientiert ist (§ 313 Abs. 3 S. 3 HGB). Beachte, dass § 313 Abs. 2 u. 3 HGB auch für kapitalmarktorientierte Unternehmen anzuwenden ist, die ihren Konzernabschluss befreiend nach IFRS aufstellen. Siehe § 315e Abs. 1 HGB.

- Nichtanpassung des assoziierten Unternehmens an konzerneinheitliche Bewertung (§ 312 Abs. 5 S. 2 HGB),
- Name und Sitz § 313 Abs. 2 Nr. 2 S. 1 HGB: unterjährig ausgeschiedene assoziierte Unternehmen sind von der Angabepflicht nicht erfasst (E-DRS 34, Tz. 80). Anzugeben sind auch Unternehmen, sofern für diese auf die Anwendung der Equity-Methode verzichtet wurde.
- Anteil am Kapital der assoziierten Unternehmen, der dem Mutterunternehmen und den einbezogenen Tochterunternehmen gehört oder für deren Rechnung dieser gehalten wird, § 313 Abs. 2 Nr. 2 S. 1 HGB:
- Assoziierte Unternehmen, für die aufgrund untergeordneter Bedeutung auf die Equity-Methode verzichtet wurde, sind einzeln anzugeben (E-DRS 34, Tz. 82).
- Angaben nach § 313 Abs. 1 S. 3 Nr. 1 HGB (E-DRS 34, Tz. 85):
  - Anwendung der Equity-Methode auf gem. § 296 HGB nicht einbezogene Tochterunternehmen
  - Wirtschaftliche Beteiligungsquote,
  - Vorläufige Ermittlung der beizulegenden Zeitwerte bei Zuordnung des Unterschiedsbetrags; deren Begründung sowie deren Auswirkungen auf den Konzernabschluss der Folgeperiode.
  - Inanspruchnahme von § 301 Abs. 2 S. 5 HGB i. V. m. § 312 Abs. 3 S. 3 HGB
  - Verzicht auf die Anpassung bei vom Konzernabschluss abweichenden Bewertungsmethoden im Abschluss des assoziierten Unternehmens
  - Summe der nicht erfassten negativen Equity-Werte aus den Nebenrechnungen
  - Abschlussstichtag wesentlicher assoziierter Unternehmen, soweit dieser vom Konzernabschlussstichtag abweicht
  - Methode der Berücksichtigung der Ertragsteuern beim Ausweis des Ergebnisses aus der Änderung des Equity-Werts in der Konzern-GuV
- Die Angaben nach § 313 Abs. 2 HGB können insoweit unterbleiben, als nach vernünftiger kaufmännischer Beurteilung damit gerechnet werden muss, dass durch die Angaben dem Mutterunternehmen, einem Tochterunternehmen oder einer sonstigen Beteiligungsunternehmung erhebliche Nachteile entstehen können (§ 313 Abs. 3 S. 1 HGB). Die Anwendung der Ausnahmeregel ist im Konzernanhang anzugeben.[5]
- § 310 Abs. 2 HGB: Angaben zur anteilsmäßigen Konsolidierung.
- § 313 Abs. 2 Nr. 6 HGB: Name, Sitz und Rechtsform der Unternehmen, deren unbeschränkt haftender Gesellschafter das Mutterunternehmen oder ein anderes in den Konzernabschluss einbezogenes Unternehmen ist.

---

[5] Gilt nicht soweit das Mutterunternehmen oder ein Tochterunternehmen kapitalmarktorientiert im Sinne des § 264d HGB ist.

3.2.3 Angaben zur Einbeziehung von Gemeinschaftsunternehmen

- Angaben nach § 313 Abs. 1 S. 3 Nr. 1 HGB (E-DRS 35, Tz. 65):
  - Angabe und Erläuterung der Gründe für eine abweichende Ausübung des Wahlrechts zu anteilmäßigen Einbeziehung
  - Berücksichtigung wirtschaftlicher Beteiligungsquoten an anteilmäßig einbezogenen Unternehmen;
  - Anwendung der Möglichkeit der vorläufigen Kapitalkonsolidierung; deren Begründung sowie deren Auswirkungen auf den Konzernabschluss der Folgeperiode.
  - Inanspruchnahme von § 301 Abs. 2 S. 5 HGB
  - Erläuterung der Bilanzierungs- und Bewertungsmethoden bei der Ermittlung des neubewerteten Eigenkapitals.
  - Angaben über Goodwill sowie passive Unterschiedsbeträge analog zu DRS 23 Tz. 208 ff.
- § 313 Abs. 2 Nr. 3 HGB: Angaben zu anteilsmäßig einbezogenen Unternehmen:
  - Name und Sitz,
  - Tatbestand, aus dem sich die anteilsmäßige Einbeziehung ergibt,
  - Anteil am Kapital dieser Unternehmungen, der dem Mutterunternehmen und den einbezogenen Tochterunternehmen gehört oder für deren Rechnung dieser gehalten wird, Gemeinschaftsunternehmen, die unterjährig veräußert wurden, sind von der Angabepflicht nicht erfasst (E-DRS 35, Tz. 59).
- Wird ein Gemeinschaftsunternehmen nach der Equity-Methode einbezogen, so sind die Angabepflichten nach § 313 Abs. 2 Nr. 2 S. 1 HGB zu beachten.
- Die Angaben nach § 313 Abs. 2 HGB können insoweit unterbleiben, als nach vernünftiger kaufmännischer Beurteilung damit gerechnet werden muss, dass durch die Angaben dem Mutterunternehmen, einem Tochterunternehmen oder einer sonstigen Beteiligungsunternehmung erhebliche Nachteile entstehen können (§ 313 Abs. 3 S. 1 HGB)[6]. Die Anwendung der Ausnahmeregel ist im Konzernanhang anzugeben.
- § 313 Abs. 2 Nr. 6 HGB: Name, Sitz und Rechtsform der Unternehmen, deren unbeschränkt haftender Gesellschafter das Mutterunternehmen oder ein anderes in den Konzernabschluss einbezogenes Unternehmen ist.

3.2.4 Angaben zu anderen Unternehmen

- § 313 Abs. 2 Nr. 4 HGB: Angaben zu anderen Unternehmen, die weder Tochterunternehmen, assoziiertes Unternehmen noch Gemeinschaftsunternehmen sind, an denen das Mutterunternehmen, ein Tochterunternehmen oder für deren Rechnung ein Dritter mindestens 20 % der Anteile besitzt:
  - Name und Sitz,
  - Höhe des Anteils am Kapital,

---

[6] Gilt nicht soweit das Mutterunternehmen oder ein Tochterunternehmen kapitalmarktorientiert im Sinne des § 264d HGB ist.

- Höhe des Eigenkapitals,
- Höhe des Ergebnisses des letzten Geschäftsjahres dieser Unternehmung, für das ein Jahresabschluss vorliegt, soweit es sich um Beteiligungen im Sinne des § 271 Abs. 1 HGB handelt oder ein solcher Anteil von einer Person für Rechnung des Mutterunternehmens oder eines anderen in den Konzernabschluss einbezogenen Unternehmens gehalten wird.

Die Angaben können unterbleiben, wenn sie für die Vermittlung eines den tatsächlichen Verhältnissen entsprechenden Bildes der Vermögens-, Finanz- und Ertragslage von untergeordneter Bedeutung sind (§ 313 Abs. 3 HGB). Die Angabe des Eigenkapitals und des Ergebnisses kann unterbleiben, wenn die Unternehmung, über die zu berichten ist, ihren Jahresabschluss nicht offenzulegen hat und das Mutterunternehmen, das Tochterunternehmen oder der Dritte weniger als die Hälfte der Anteile besitzt (§ 313 Abs. 2 Nr. 4 S. 4 HGB).

- § 313 Abs. 2 Nr. 5 HGB: Angabe zu Beteiligungen an großen Kapitalgesellschaften, die 5 % der Stimmrechte überschreiten, wenn sie von einem börsennotierten Mutterunternehmen, börsennotierten Tochterunternehmen oder von einer für Rechnung eines dieser Unternehmen handelnden Personen gehalten werden.
- § 313 Abs. 2 Nr. 6 HGB: Name, Sitz und Rechtsform der Unternehmen, deren unbeschränkt haftender Gesellschafter das Mutterunternehmen oder ein anderes in den Konzernabschluss einbezogenes Unternehmen ist.
- Die Angaben nach § 313 Abs. 2 HGB können insoweit unterbleiben, als nach vernünftiger kaufmännischer Beurteilung damit gerechnet werden muss, dass durch die Angaben dem Mutterunternehmen, einem Tochterunternehmen oder einer sonstigen Beteiligungsunternehmung erhebliche Nachteile entstehen können (§ 313 Abs. 3 S. 1 HGB). Die Anwendung der Ausnahmeregel ist im Konzernanhang anzugeben[7].

3.3 Erläuterungen zur Kapitalkonsolidierung

Bei der Aufstellung eines handelsrechtlichen Bankkonzernabschlusses sind die allgemeinen Angabepflichten für die Kapitalkonsolidierung in DRS 23 Tz. 207 ff. zu beachten. Diese gelten auch analog für die anteilmäßige Konsolidierung von Gemeinschaftsunternehmen (E-DRS 35, Tz. 65, 66). Institutsspezifische Besonderheiten hinsichtlich der Angabepflichten ergeben sich bei Anwendung des Wahlrechts des DRS 23 Tz. 18, 48. Hält ein Mutterunternehmen Anteile an einem Tochterunternehmen im Handelsbestand, kann für diese auf eine Einbeziehung in die Erst- und Folgekonsolidierung verzichtet werden. In diesem Fall ist der **Handelsbestand** bei der Ermittlung des anteiligen Eigenkapitals nicht zu berücksichtigen. Nach DRS 23 Tz. 207c) ist im Anhang darüber zu berichten, ob auf eine Einbeziehung in die Kapitalkonsolidierung von Anteilen an Tochterunternehmen, die mit kurzfristiger Gewinnerzielungsabsicht gehalten werden, Gebrauch gemacht wurde.

---

7 Gilt nicht soweit das Mutterunternehmen oder ein Tochterunternehmen kapitalmarktorientiert im Sinne des § 264d HGB ist.

Nach DRS 23 Tz. 207 f.) sind die Bilanzierungs- und Bewertungsmethoden zur Ermittlung des neubewerteten Eigenkapitals zu erläutern. In diesem Zusammenhang sollte aus Gründen der Klarheit erläutert werden, ob ein **Fonds für allgemeine Bankrisiken** eines erworbenen Tochterinstituts Goodwill-erhöhend in die Erwerbsbilanz übernommen oder als offene Reserve aufgelöst und in der Neubewertungsrücklage erfasst wurde. Erläuterungsbedürftig erscheint in diesem Zusammenhang zudem die Bewertung der **erworbenen Verbindlichkeiten** des Tochterinstituts. Nach DRS 23 Tz. 68 ist bei der Ermittlung des beizulegenden Zeitwerts von Verbindlichkeiten die Bonität des erworbenen Unternehmens im Zeitpunkt des Erwerbs ohne Berücksichtigung der durch den Erwerb veränderten Gesellschaftsverhältnisse zu berücksichtigen. Eine Erläuterung der Bilanzierungs- und Bewertungsmethoden verlangt eine Darstellung welche Bewertungsparameter (Credit Spreads, Funding Kosten, Kosten der Einlagensicherung usw.) der Ermittlung der beizulegenden Zeitwerte zugrunde gelegen haben. Aufgrund der großen wirtschaftlichen Bedeutung für Kreditinstitute ist die Ermittlung des beizulegenden Zeitwerts für **bilanzunwirksame Geschäfte** im Regelfall erläuterungsbedürftig. Grundsätzlich sind bilanzunwirksame Geschäfte wie Derivate, Bürgschaften, schuldrechtliche Haftungsverhältnisse mit ihrem beizulegenden Zeitwert in der Erwerbsbilanz anzusetzen (DRS 23, Tz. 51). Die für die Ermittlung des beizulegenden Zeitwerts gewählten Bewertungsmethoden sowie die (Verfahren zur Schätzung der) wesentlichen Bewertungsparameter sind in diesem Zusammenhang zu erläutern.

3.4 Vorgänge von besonderer Bedeutung

- § 299 Abs. 3 HGB: Angabe von Vorgängen von besonderer Bedeutung für die Vermögens-, Finanz- und Ertragslage einer in den Konzernabschluss einbezogenen Unternehmung, die zwischen dem Abschlussstichtag dieser Unternehmung und dem Konzernabschlussstichtag eingetreten sind, wenn bei abweichenden Abschlussstichtagen diese Unternehmung nicht auf der Grundlage eines Zwischenabschlusses einbezogen wird.
- § 297 Abs. 2 S. 3 HGB: Angabe besonderer Umstände, die bei Anwendung der Grundsätze ordnungsmäßiger Buchführung zu einer verzerrten Darstellung der Vermögens-, Finanz- und Ertragslage führen.

3.5 Pflichtangaben zu einzelnen Bilanzpositionen

Für Institute sind insbesondere Anhangangaben mit Bezug zu Finanzinstrumenten von besonderer Bedeutung. Dabei werden die allgemeinen Angabepflichten zum Teil um geschäftszweigspezifische Berichtspflichten ergänzt oder durch diese ersetzt:
- **Außerbilanzielle Verpflichtungen/Haftungsverhältnisse.** Im Konzernanhang hat die Institutsgruppe gem. § 314 Abs. 1 Nr. 2a HGB über die sonstigen finanziellen Verpflichtungen zu berichten, die nicht in der Konzernbilanz erscheinen oder nicht nach sons-

tigen Vorschriften anzugeben sind, sofern diese Angabe für die Beurteilung der Finanzlage des Konzerns von Bedeutung ist. Hierbei ist der Gesamtbetrag der finanziellen Verpflichtungen anzugeben. Die Verpflichtungen gegenüber Tochterunternehmen, die nicht in den Konzernabschluss einbezogen wurden, sind gesondert anzugeben. Es ist ferner gesondert anzugeben, welche sonstigen finanziellen Verpflichtungen und Haftungsverhältnisse, die bereits nach sonstigen Vorschriften angegeben werden, gegenüber Tochterunternehmen bestehen, die nicht in den Konzernabschluss einbezogen wurden. Eine qualitative Erläuterung von Art, Zweck sowie Risiken und Vorteile von nicht in der Konzernbilanz enthaltenen Geschäften ist nach § 314 Abs. 1 Nr. 2 HGB notwendig, soweit dies für die Beurteilung der Finanzlage erforderlich ist. Diese Pflichtangaben sind nach § 340i Abs. 2 S. 2 HGB ausdrücklich nicht aus dem Regelungskreis von Instituten ausgenommen[8]. Jedoch ist zu berücksichtigen, dass über sonstige finanzielle Verpflichtungen und Haftungsverhältnisse bereits aufgrund von § 26 Abs. 1 u. 2 RechKredV die Pflicht zu Unter-Strich-Vermerken besteht. Soweit die geforderten Angaben bereits unter dem Strich gemacht werden, braucht § 285 Nr. 3a HGB (für den Einzelabschluss) nicht angewendet werden (vgl. § 34 Abs. 1 S. 2 RechKredV). Es ist sachgerecht, diese Regelung analog auch auf den Konzernabschluss anzuwenden, da die Regelungen der RechKredV über § 37 RechKredV auch für den Konzernabschluss gilt. Gem. § 314 Abs. 1 Nr. 2 HGB sind im Konzernanhang Art und Zweck sowie Risiken und Vorteile von nicht in der Konzernbilanz enthaltenen Geschäften des Mutterunternehmens und der in den Konzernabschluss einbezogenen Tochterunternehmen anzugeben. Für die Erleichterungsvorschriften in Bezug auf den Umfang und Inhalt der Angabepflicht zu außerbilanziellen Geschäften gelten die in IDW RS HFA 32 dargelegten Grundsätze. In den Konzernabschluss eines Instituts sind die außerbilanziellen Geschäfte von Gemeinschaftsunternehmen im Sinne des § 310 Abs. 1 HGB und von assoziierten Unternehmen im Sinne des § 311 Abs. 1 S. 1 HGB sowie von nach § 296 HGB nicht konsolidierten Tochterunternehmen nicht von der Angabepflicht betroffen (IDW RS HFA 32, Tz. 29). Gleiches gilt für außerbilanzielle Geschäfte, die im Rahmen der Konsolidierung eliminiert werden (IDW RS HFA 32, Tz. 30).

- **Finanzanlagevermögen.** Nach § 314 Nr. 10 HGB sind für Finanzanlagen, die in der Konzernbilanz über ihrem beizulegenden Zeitwert ausgewiesen werden, da eine außerplanmäßige Abschreibung gem. § 253 Abs. 3 S. 6 HGB unterblieben ist, die folgenden Angaben zu machen:
    - der Buchwert und der beizulegende Zeitwert der einzelnen Vermögensgegenstände oder angemessener Gruppierungen sowie
    - die Gründe für das Unterlassen der Abschreibung einschließlich der Anhaltspunkte, die darauf hindeuten, dass die Wertminderung voraussichtlich nicht von Dauer ist.

    Bei den Angaben sind die Detailvorschriften in IDW RH HFA 1.005, Tz. 12 ff. zu beachten.

---

[8] Dies gilt bereits für den Jahresabschluss des Einzelinstituts. Hier ist nach § 340 HGB i. V. m. § 34 Abs. 1 S. 1 RechKredV ebenfalls über sonstige finanzielle Verpflichtungen und Haftungsverhältnisse im Einzelabschluss zu berichten.

- Zeitwert von Derivaten. Nach § 314 Nr. 11 HGB ist für jede Kategorie nicht zum beizulegenden Zeitwert bilanzierter derivativer Finanzinstrumente zu erläutern:
  - deren Art und Umfang,
  - deren beizulegender Zeitwert, soweit er sich nach § 255 Abs. 4 HGB verlässlich ermitteln lässt, unter Angabe der angewandten Bewertungsmethode,
  - deren Buchwert und der Bilanzposten, in welchem der Buchwert, soweit vorhanden, erfasst ist, sowie
  - die Gründe dafür, warum der beizulegende Zeitwert nicht bestimmt werden kann.

  Bei den Angaben sind die Detailvorschriften in HFA 1.005, Tz. 22 ff. zu beachten.

- **Zeitwertbilanzierung von Finanzinstrumenten.** Nach § 314 Nr. 12 HGB sind die grundlegenden Annahmen zu erläutern, die bei der Bestimmung des beizulegenden Zeitwerts von Finanzinstrumenten mithilfe allgemein anerkannter Bewertungsmethoden zugrunde gelegt wurden. Vor Inkrafttreten des CSR-RL-UmsG war die Angabepflicht auf Finanzinstrumente des Handelsbestands im Sinne des § 340e Abs. 3 HGB beschränkt. Von dieser Angabepflicht sind keine Finanzinstrumente des Bankbuchs erfasst, die in Anwendung der Niederstwertvorschriften am Abschlussstichtag zum beizulegenden Zeitwert bilanziert werden[9]. Neben Finanzinstrumenten des Handelsbestands betrifft die Vorschrift Vermögen zur Deckung von Pensionsrückstellungen, das aufgrund von § 246 Abs. 2 S. 3 HGB mit dem beizulegenden Zeitwert bewertet und mit den Pensionsverpflichtungen saldiert wird. In diesem Zusammenhang ist zu berichten über:
  - die grundlegenden Annahmen, die der Bestimmung des beizulegenden Zeitwerts mit Hilfe allgemein anerkannter Bewertungsmethoden zugrunde gelegt wurden, sowie
  - Art und Umfang jeder Kategorie derivativer Finanzinstrumente einschließlich der wesentlichen Bedingungen zu berichten, welche die Höhe, den Zeitpunkt und die Sicherheit künftiger Zahlungsströme beeinflussen können.

  Zusätzlich sind die Gliederungsvorschriften nach § 35 Abs. 1 Nr. 1a RechKredV sowie die Anhangangaben nach § 35 Abs. 1 Nr. 6a, 6b und 6c RechKredV zu beachten. Für eine Erläuterung der Angabepflichten vgl. IDW RS BFA 2, Tz. 79 ff. (siehe auch Kapitel III.1.2.8).

- **Bewertungseinheiten.** Soweit § 254 HGB im Konzernabschluss angewendet wird, muss nach § 314 Nr. 15 HGB angegeben werden, mit welchem Betrag jeweils Vermögensgegenstände, Schulden, schwebende Geschäfte und mit hoher Wahrscheinlichkeit erwartete Transaktionen zur Absicherung welcher Risiken in welche Arten von Bewertungseinheiten einbezogen sind sowie die Höhe der mit Bewertungseinheiten abgesicherten Risiken.

  Mit dem »Betrag« ist der Buchwert gemeint, mit dem die in die Bewertungseinheit einbezogenen Vermögensgegenstände und Schulden bilanziert werden. Bei einer Absicherung von Teilbeträgen ist auch nur dieser Teilbetrag angabepflichtig[10]. Bei schwebenden Geschäften oder erwarteten Transaktionen ist das risikobehaftete Volumen (z. B. designierter Nennbetrag von Derivaten) anzugeben.

---

9 Vgl. IDW Life 2018, S. 312 f.
10 Vgl. Gelhausen/Fey/Kämpfer (2009), § 285 HGB, Tz. 175.

Bei der Erläuterung der Art des abgesicherten Risikos ist anzugeben, ob bspw. Zins-, Währungs-, Bonitäts- oder sonstige Preisrisiken abgesichert werden.

Bei der Erläuterung der verschiedenen »Arten von Bewertungseinheiten« wird in der Gesetzesbegründung zum BilMoG auf die Unterscheidung zwischen Micro-, Macro- oder Portfolio Hedges abgestellt[11].

Bzgl. »der Höhe der mit Bewertungseinheiten abgesicherten Risiken« stellt die Gesetzesbegründung zum BilMoG auf das »Gesamtvolumen der mit den am Bilanzstichtag bestehenden Bewertungseinheiten abgesicherten Risiken« ab[12]. Damit ist nicht der ebenfalls in § 285 Nr. 23a) HGB anzugebende »Betrag« der Vermögensgegenstände gemeint. Vielmehr sind die abgesicherten Risiken zu quantifizieren und deren »Höhe« bzw. deren »Gesamtvolumen« im Anhang anzugeben. Der Gesetzgeber hat keine Vorgaben zur Ermittlung dieses Gesamtvolumens gemacht[13].

Ferner ist für die jeweils abgesicherten Risiken zu berichten, warum, in welchem Umfang und für welchen Zeitraum sich die gegenläufigen Wertänderungen oder Zahlungsströme künftig voraussichtlich ausgleichen einschließlich der Methode der Ermittlung. Darüber hinaus ist eine Erläuterung der mit hoher Wahrscheinlichkeit erwarteten Transaktionen zu geben, die in Bewertungseinheiten einbezogen wurden.

Die Angaben können alternativ im Konzernlagebericht gemacht werden. Über die Bilanzierung von Bewertungseinheiten kann im Lagebericht im Zusammenhang mit der Erläuterung der Risikomanagementziele und -methoden nach § 289 Abs. 2 Nr. 2 HGB berichtet werden.

- **Pensionsrückstellungen und Saldierung.** Institute haben im Konzernanhang für die Pensionsrückstellungen und ähnlichen Verpflichtungen das angewandte versicherungsmathematische Verfahren sowie die grundlegenden Annahmen über den verwendeten Zinssatz, erwartete Lohn- und Gehaltssteigerungen und Sterbetafeln anzugeben (§ 314 Nr. 16 HGB). Sofern eine Verrechnung von Pensionsrückstellungen mit Planvermögen nach § 246 Abs. 2. S. 2 HGB erforderlich ist, so sind Angaben über den beizulegenden Zeitwert des Planvermögens, den Erfüllungsbetrag der verrechneten Schulden sowie den saldierten Aufwendungen und Erträgen zu machen (§ 314 Nr. 17 HGB). Ein Fehlbetrag aufgrund der Nicht-Passivierung von Verpflichtungen im Sinne des Art. 28 Abs. 1 EGHGB ist von Kapitalgesellschaften nach Art. 28 Abs. 2 EGHGB sowie von Personenhandelsgesellschaften im Sinne des § 264a Abs. 1 HGB nach Art. 48 Abs. 6 EGHGB im Anhang in einem Betrag anzugeben (HFA 30, Tz. 90). Im Zusammenhang mit der Bilanzierung von Altersversorgungsverpflichtungen sind ggf. ferner die Anhangangabepflichten nach § 314 Nr. 6 Buchst. b S. 2 HGB (Pensionszusagen für frühere Organmitglieder) sowie die Vorschriften im Zusammenhang mit der Ausschüttungssperre und latenten Steuern zu beachten.
- **Anteile an Investmentvermögen.** Soweit in den Konzernabschluss einbezogene Unternehmen mehr als 10 % der
    - Anteile an Sondervermögen im Sinn des § 1 Abs. 10 KAGB oder

---
11 Vgl. BT-Drs 16/12407, S. 88
12 BT-Drs 16/12407, S. 88.
13 Vgl. Gelhausen/Fey/Kämpfer (2009), § 285 HGB Tz. 182.

- Anlageaktien an InvAG mit veränderlichem Kapital im Sinn der §§ 108 bis 123 KAGB oder
- vergleichbare EU-Investmentvermögen oder
- vergleichbare ausländische Investmentvermögen

besitzen, sind im Anhang zusätzliche Erläuterungen zu geben. Detaillierte Erläuterungen zu Anteilen an geschlossenen Fonds (wie z. B. InvAG mit fixem Kapital) oder Kommanditanteile an InvKG sind damit nicht anzugeben. In Bezug auf InvAG besteht die Angabepflicht nur dann, wenn es sich um stimmrechtslose Anlageaktien handelt. Stimmberechtigte Unternehmensaktien einer Investmentaktiengesellschaft sind von der Angabepflicht nicht erfasst, da diese vornehmlich im Wege der Konsolidierung zu beurteilen sind[14]. Stimmberechtigte Unternehmensaktien sind gem. § 314 Nr. 10 HGB zu erläutern. Nach § 314 Nr. 18 HGB sind folgende Angaben aufgegliedert nach Anlagezielen zu geben, sofern eine Anteilsquote von 10 % überschritten wird:
- Wert im Sinne des § 36 InvG bzw. §§ 168, 278 KAGB oder im Sinne vergleichbarer ausländischer Vorschriften über die Ermittlung des Marktwertes,
- die Differenz zum Buchwert,
- die für das Geschäftsjahr erfolgte Ausschüttung,
- Beschränkungen in der Möglichkeit der täglichen Rückgabe,
- Gründe für die Unterlassung einer Abschreibung auf den niedrigeren beizulegenden Zeitwert nach § 253 Abs. 3 S. 6 HGB einschließlich der Anhaltspunkte, dass die Wertminderung voraussichtlich nicht von Dauer ist.

- **Latente Steuern.** Nach § 314 Abs. 1. Nr. 21 HGB ist anzugeben, auf welche Differenzen oder steuerlichen Verlustvorträgen die latenten Steuern beruhen und mit welchen Steuersätzen die Bewertung erfolgt.
- **Eigenkapital, Hybridkapital.** Das Institut ist aufgrund von mehreren Vorschriften verpflichtet, Angaben über den Bestand zu machen.

Nach § 314 Abs. 1 Nr. 7 HGB ist der Bestand an Anteilen an dem berichtenden Mutterunternehmen anzugeben, die das Mutterunternehmen oder ein Tochterunternehmen oder ein Anderer für Rechnung eines Konzernunternehmens erworben oder als Pfand genommen hat. Anzugeben sind:
- Zahl und Nennbetrag oder rechnerischer Wert,
- Anteil am Kapital.

Nach § 314 Abs. 1 Nr. 7a ist die Zahl der Aktien je Gattung der während des Geschäfts im Rahmen des genehmigten Kapitals gezeichneten Aktien des Mutterunternehmens anzugeben. Für Nennbetragsaktien ist der Nennbetrag für Stückaktien der rechnerische Wert anzugeben.

Nach § 314 Abs. 1 Nr. 7b ist das Bestehen von Genussscheinen, Wandelschuldverschreibungen, Optionsscheinen, Optionen oder vergleichbare Wertpapiere oder Rechte, aus denen das Mutterunternehmen verpflichtet ist, unter Angabe der Anzahl und der Rechte, die sie verbriefen, anzugeben. Nicht angabepflichtig sind Verpflichtungen von in den Konzernabschluss einbezogene Tochterunternehmen[15].

---

14 Vgl. Peters, in: KK-RLR, § 285 HGB, Tz. 281.
15 Vgl. Grottel, in: BBK, 11. Aufl., § 314 HGB, Tz. 141.

3.6 Sonstige Angabepflichten im Anhang

- **Durchschnittliche Mitarbeiterzahl.** Angabe der durchschnittlichen Zahl der während des Geschäftsjahres beschäftigten Arbeitnehmer der in den Konzernabschluss einbezogenen Unternehmungen getrennt nach Gruppen sowie der in dem Geschäftsjahr verursachte Personalaufwand (§ 314 Abs. 1 Nr. 4 in Verbindung mit § 267 Abs. 5 HGB). Die durchschnittliche Zahl der Arbeitnehmer von nach § 310 HGB nur anteilsmäßig einbezogenen Unternehmungen ist gesondert anzugeben (vgl. § 314 Abs. 1 Nr. 4, 2. Halbsatz HGB).
- **Vergütung von Organmitgliedern.** Über die Vergütung der Organmitglieder ist grundsätzlich im Anhang zu berichten. Nach § 315 Abs. 2 Nr. 4 S. 2 HGB können die zusätzlichen Angaben gem. § 314 Abs. 1 Nr. 6a S. 5 bis 9 HGB zusammen mit den Angaben zu den Grundzügen des Vergütungssystems nach § 315 Abs. 2 Nr. 4 S. 1 HGB **im Lagebericht** gemacht werden. Hinsichtlich Art und Umfang der Angabepflichten ist auf DRS 17 »Berichterstattung über die Vergütung der Organmitglieder« abzustellen.
- Hinsichtlich der Angabepflichten nach § 314 Abs. 1 Nr. 6c HGB sei auf § 34 Abs. 2 Nr. 2 RechKredV verwiesen (siehe § 340i Abs. 2 S. 4 HGB). Danach ist der Gesamtbetrag der den Mitgliedern des Geschäftsführungsorgans, eines Aufsichtsrats, eines Beirats oder einer ähnlichen Einrichtung gewährten Vorschüsse und Kredite sowie der zugunsten dieser Personen eingegangenen Haftungsverhältnisse jeweils für jede Personengruppe anzugeben.
- **Erklärung zum Corporate Governance Kodex.** Nach § 314 Abs. 1 Nr. 8 HGB ist für jede in den Konzernabschluss einbezogene börsennotierte Unternehmung anzugeben, dass die Erklärung zum Corporate Governance Kodex nach § 161 AktG abgegeben wurde und wo sie zugänglich gemacht wurde.
- **Abschlussprüferhonorar.** Nach § 314 Abs. 1 Nr. 9 HGB ist das für das Geschäftsjahr berechnete Gesamthonorar des Abschlussprüfers des Konzernabschlusses anzugeben. Das Gesamthonorar ist dabei aufzuteilen in das Honorar für Abschlussprüfungsleistungen, andere Bestätigungsleistungen, Steuerberatungsleistungen sowie sonstige Leistungen.
- **Nahe stehende Personen.** Nach § 314 Abs. 1 Nr. 13 HGB sind zumindest die wesentlichen nicht zu marktüblichen Bedingungen zustande gekommenen Geschäfte des Mutterunternehmens und seiner Tochterunternehmen mit nahe stehenden Unternehmen und Personen im Anhang anzugeben. Dabei sind Angaben zur Art der Beziehung, zum Wert der Geschäfte sowie weiterer Angaben zu machen, die für die Beurteilung der Finanzlage des Konzerns notwendig sind. Ausgenommen sind Geschäfte mit und zwischen mittel- oder unmittelbar in 100-prozentigem Anteilsbesitz stehenden in einen Konzernabschluss einbezogenen Unternehmen; Angaben über Geschäfte können nach Geschäftsarten zusammengefasst werden, sofern die getrennte Angabe für die Beurteilung der Auswirkungen auf die Finanzlage des Konzerns nicht notwendig ist. Nach IDW RS HFA 33, Tz. 8 ist der Begriff »nahe stehende Unternehmen und Personen« nach dem zum jeweiligen Abschlussstichtag geltenden, d.h. in EU-Recht übernommenen und in Kraft getretenen IAS 24 auszulegen. Der HGB-Begriff ist nach Auffassung des IDW damit als ein dynamischer Verweis auf die IFRS zu verstehen.

- **Angaben bei Sonderprüfung nach § 258–260 AktG.** Nach § 340i Abs. 2 S. 1 HGB in Verbindung mit § 261 Abs. 1 S. 3 AktG ist eine im Rahmen einer Sonderprüfung im Sinne des § 258–260 AktG festgestellte Unterbewertung zu erläutern. Ferner ist die Entwicklung des von den Sonderprüfern festgestellten höheren Wertes auf den niedrigeren angesetzten Wert in einer Sonderrechnung zu erläutern. Nach § 261 Abs. 1 S. 4 AktG ist über die Veräußerung von Vermögensgegenständen zu berichten, deren Unterbewertung im Rahmen einer Sonderprüfung im Sinne des § 258–260 AktG festgestellt wurde, sowie über die Verwendung des Ertrags aus dem Abgang der Gegenstände.
- § 340i Abs. 2 S. 1 in Verbindung mit § 340c Abs. 3 HGB: Angabe des Betrags, mit dem nicht realisierte Reserven nach § 10 Abs. 2b S. 1 Nr. 6 und/oder 7 KWG a. F. dem haftenden Eigenkapital zugerechnet werden.
- Für **Genossenschaftsbanken** bestehen die weiteren Angabepflichten (zur näheren Erläuterung siehe auch Kapitel IV.6.1):
  - § 340i Abs. 2 S. 1 in Verbindung mit § 338 Abs. 1 S. 1 HGB: Angaben über die Zahl der im Laufe des Geschäftsjahres eingetretenen oder ausgeschiedenen sowie die Zahl der am Schluss des Geschäftsjahrs der Genossenschaft angehörenden Genossen. Diese Angabe gilt auch für genossenschaftliche Zentralbanken, die in der Rechtsform der eingetragenen Genossenschaft geführt werden.
  - § 340i Abs. 2 S. 1 in Verbindung mit § 338 Abs. 1 S. 2 HGB: Angabe des Gesamtbetrags, um den sich in diesem Jahr die Geschäftsguthaben sowie die Haftsummen der Genossen vermehrt oder vermindert haben, sowie des Betrags der Haftsumme für die am Ende des Geschäftsjahres alle Genossen zusammen aufzukommen haben. Gilt auch für genossenschaftliche Zentralbanken, die in der Rechtsform der eingetragenen Genossenschaft geführt werden.
  - § 340 Abs. 2 S. 1 in Verbindung mit § 338 Abs. 2 Nr. 1 HGB: Angabe von Name und Anschrift des zuständigen Prüfungsverbandes, dem die Genossenschaft angehört. Dies gilt auch für genossenschaftliche Zentralbanken, die in der Rechtsform der eingetragenen Genossenschaft geführt werden.
- Für die Angaben zu § 314 Abs. 2 Nr. 23–26 HGB sei auf die analogen Angaben im Einzelabschluss verwiesen.

3.7 Konzernkapitalflussrechnung von Instituten (DRS 21, Anlage 2)

3.7.1 Geschäftszweigspezifische Vorschriften

Nach § 340i Abs. 1 S. 1 HGB gilt für den Konzernabschluss von Instituten § 297 HGB. Danach besteht der Konzernabschluss aus der Konzernbilanz, der Konzern-Gewinn- und Verlustrechnung, dem Konzernanhang, der Kapitalflussrechnung und dem Eigenkapitalspiegel. Für die Konzernkapitalflussrechnung von Instituten gelten mit DRS 21, Anlage 2 besondere Vorschriften für Kredit- und Finanzdienstleistungsinstitute.

Die Kapitalflussrechnung stellt eine zahlungsorientierte Stromgrößenrechnung dar[16], durch die Änderung eines Finanzmittelfonds durch die Zahlungsmittelzuflüsse und -abflüsse aus der laufenden Geschäftstätigkeit, der Investitionstätigkeit und der Finanzierungstätigkeit erklärt wird. Die Kapitalflussrechnung für Institute erklärt die Veränderung des **Finanzmittelfonds**, in den Zahlungsmittel und Zahlungsmitteläquivalente einzubeziehen sind (DRS 21, Tz. 33). **Zahlungsmittel** sind Barmittel und täglich fällige Sichteinlagen; **Zahlungsmitteläquivalente** sind als Liquiditätsreserve gehaltene, kurzfristige, äußerst liquide Finanzmittel, die jederzeit in Zahlungsmittel umgewandelt werden können und nur unwesentlichen Wertschwankungen unterliegen (DRS 21, Tz. 9).

Bei Instituten gilt als **Zahlungsmittelbestand** nach DRS 21, A2.5 und A2.7 der Kassenbestand (Aktivposten 1a, Formblatt 1) sowie das Guthaben bei Zentralnotenbanken (Aktivposten 1b, Formblatt 1). Guthaben bei Postgiroämtern (Aktivposten 1c, Formblatt 1) sind seit dem 01.01.1995 weitgehend bedeutungslos geworden, sodass der Zahlungsmittelbestand faktisch der Barreserve entspricht.

Zahlungsmitteläquivalente umfassen bei Instituten den Aktivposten 2 und damit »Schuldtitel öffentlicher Stellen und Papiere, die zur Refinanzierung bei Zentralnotenbanken zugelassen sind«[17]. Aufgrund der Einschränkung des Finanzmittelfonds bei Instituten auf die Aktivposten 1 und 2 sind bewertungsbedingte Buchwertänderungen des Finanzmittelfonds so gut wie bedeutungslos (DRS 21, Tz. A2.9). Eine Überleitung des Finanzmittelfonds am Geschäftsjahresanfang auf den Bestand zum Bilanzstichtag kann im Rahmen der direkten oder der indirekten Methode erfolgen. Für die indirekte Methode sieht DRS 21, Anlage 2 institutsspezifische Besonderheiten vor.

Ausgangspunkt bei der **derivativen Ermittlung** der Finanzmittelfondsveränderung (indirekte Methode) sind das Periodenergebnis sowie die Bilanzposten. Zahlungsmittelzuflüsse und -abflüsse werden bei der indirekten Methode hergeleitet, indem das Periodenergebnis zunächst als voll zahlungswirksam unterstellt und anschließend um zahlungsunwirksame Erträge und Aufwendungen sowie um erfolgsneutrale Ein- und Auszahlungen korrigiert wird[18]. Die Veränderung des Finanzmittelfonds wird durch die im Geschäftsjahr angefallenen Zahlungsmittelzuflüsse und -abflüsse der **laufenden Geschäftstätigkeit**, der **Investitionstätigkeit** und der **Finanzierungstätigkeit** dargestellt.

3.7.2 Cash Flow aus der laufenden Geschäftstätigkeit

Die Abgrenzung des Cash Flows aus der laufenden Geschäftstätigkeit soll der Zusammensetzung des Betriebsergebnisses folgen (DRS 21, Tz. A2.14). Das Betriebsergebnis umfasst den Zins- und Provisionsüberschuss, Risikovorsorgesaldo i. S. v. § 32 RechKredV, Nettoergebnis des Handelsbestands, Verwaltungsaufwendungen und der Saldo der sonstigen betrieblichen Erträge und Aufwendungen (DRS 21, Tz. A2.3). Für Leasinginstitute erscheint es nach der hier vertretenen Auffassung sachgerecht in das Betriebsergebnis die Leasing-

---

16 Vgl. Busse von Colbe/Ordelheide/Gebhardt/Pellens (2009), Tz. 570.
17 Richtig müsste es heißen: »Schuldtitel öffentlicher Stellen und Wechsel«.
18 Vgl. Scheffler, in: BeckHdR, C 620, Tz. 150; Amen, in: HdJ, Abt. IV.3, Tz. 40 f.

erträge (Ertragsposten 01, Formblatt 2) sowie die Leasingaufwendungen (Aufwandsposten 01, Formblatt 2) einzubeziehen.

DRS 21 sieht für Institute in Bezug auf die Ermittlung des Cash Flows aus der laufenden Geschäftstätigkeit nur Vorgaben nach der indirekten Methode vor. Dazu gilt die folgende Mindestgliederung (DRS 21.A2.19):

1.		Periodenergebnis (Konzernjahresüberschuss/-fehlbetrag einschließlich Ergebnisanteile anderer Gesellschafter)
2.	+/-	Abschreibungen, Wertberichtigungen/Zuschreibungen auf Forderungen und Gegenstände des Anlagevermögens
3.	+/-	Zunahme/Abnahme der Rückstellungen
4.	+/-	Andere zahlungswirksame Aufwendungen/Erträge
5.	-/+	Gewinn/Verlust aus der Veräußerung von Gegenständen des Anlagevermögens
6.	-/+	Sonstige Anpassungen (Saldo)
7.	-/+	Zunahme/Abnahme der Forderungen an Kreditinstitute
8.	-/+	Zunahme/Abnahme der Forderungen an Kunden
9.	-/+	Zunahme/Abnahme der Wertpapiere (soweit nicht Finanzanlagen)
10.	-/+	Zunahme/Abnahme anderer Aktiva aus laufender Geschäftstätigkeit
11.	+/-	Zunahme/Abnahme der Verbindlichkeiten gegenüber Kreditinstituten
12.	+/-	Zunahme/Abnahme der Verbindlichkeiten gegenüber Kunden
13.	+/-	Zunahme/Abnahme verbriefter Verbindlichkeiten
14.	+/-	Zunahme/Abnahme anderer Passiva aus laufender Geschäftstätigkeit
15.	+/-	Zinsaufwendungen/Zinserträge
16.	+/-	Aufwendungen/Erträge aus außerordentlichen Posten
17.	+/-	Ertragsteueraufwand/-ertrag
18.	+	Erhaltene Zinszahlungen und Dividendenzahlungen
19.	-	Gezahlte Zinsen
20.	+	Außerordentliche Einzahlungen
21.	-	Außerordentliche Auszahlungen
22.	-/+	Ertragsteuerzahlungen
23.	=	**Cash Flow aus der laufenden Geschäftstätigkeit**

Abb. 76: Cash Flow aus der laufenden Geschäftstätigkeit

Während Industrieunternehmen erhaltene **Zinsen und Dividenden** im Cash Flow aus der Investitionstätigkeit und gezahlte Zinsen im Cash Flow aus der Finanzierungstätigkeit zu erfassen haben, sind bei Instituten diese Zahlungen als Teil des Cash Flows aus der laufenden Geschäftstätigkeit anzusehen (DRS 21.A.2.17).

Bei dem obigen Schema ist zu beachten, dass der Cash Flow aus der laufenden Geschäftstätigkeit per Saldo um Beträge aus der Aufnahme von Verbindlichkeiten erhöht wird, die in **Finanzanlagevermögen** investiert werden. In Abhängigkeit von der internen Steuerung bzw. dem Geschäftsmodell des Instituts kann das Finanzanlagevermögen dem Vermögen der laufenden Geschäftstätigkeit im Sinne von DRS 21.A.2.18 zuzuordnen sein. Vermögen und Verbindlichkeiten der laufenden Geschäftstätigkeit sollen lediglich Forderungen an Kreditinstitute und Kunden, Wertpapiere (soweit nicht Finanzanlagen), andere Aktiva aus der laufenden Geschäftstätigkeit, Verbindlichkeiten gegenüber Kunden und Kreditinstituten, verbriefte Verbindlichkeiten und andere Passiva aus der laufenden Geschäftstätigkeit umfassen.

Sachgerecht ist es nach der hier vertretenen Auffassung ebenso den **Handelsbestand** (Aktivposten 6a, Passivposten 3a, Formblatt 1) in das Vermögen der laufenden Geschäftstätigkeit einzubeziehen. DRS 21. A.2.8 konstatiert dies nur für Wertpapiere des Handelsbestands. Diese Zuordnung ist allein schon aufgrund der Definition des Betriebsergebnisses erforderlich, welches auch das Nettoergebnis des Handelsbestands umfasst (DRS 21.A2.3) und für die Definition des Cash Flows aus der laufenden Geschäftstätigkeit maßgeblich sein soll (DRS 21.A2.16). Mangels expliziter Erwähnung im institutsspezifischen Mindestgliederungsschema kommt für den Handelsbestand lediglich eine eher intransparente Erfassung in der Position Nr. 10 Zunahme/Abnahme anderer Aktiva aus laufender Geschäftstätigkeit bzw. Nr. 14 Zunahme/Abnahme anderer Passiva aus laufender Geschäftstätigkeit in Betracht. Es erscheint sachgerecht, das Mindestgliederungsschema um ein »zahlungsunwirksames Nettoergebnis des Handelsbestands« zu ergänzen. Ansonsten käme ein Ausweis im Posten Nr. 4 in Betracht.

Nach der hier vertretenen Auffassung ist es sachgerecht, bei Leasinginstituten den Aktivposten 10a »Leasingvermögen« dem Vermögen der laufenden Geschäftstätigkeit zuzuordnen.

3.7.3 Cash Flow aus der Investitionstätigkeit

Nach DRS 21.9 sind der Investitionstätigkeit Aktivitäten zuzuordnen, die in Verbindung mit Zu- und Abgängen von Vermögensgegenständen des Anlagevermögens sowie von Vermögensgegenständen des Umlaufvermögens stehen, die nicht dem Finanzmittelfonds oder der laufenden Geschäftstätigkeit zuzuordnen sind. Für Institute werden alle Bilanzposten des Umlaufvermögens (sowie nach der hier vertretenen Auffassung auch des Handelsbestands) der laufenden Geschäftstätigkeit zugeordnet. Gleiches gilt für Verbindlichkeiten, die die Selbstfinanzierungskraft des Instituts im Rahmen der laufenden Geschäftstätigkeit widerspiegeln sollen. Zum Cash Flow aus der Investitionstätigkeit gehören bei Instituten demnach nur noch Ein- und Auszahlungen aus Zugängen und Abgängen von Gegenständen des Anlagevermögens (Finanzanlagevermögen, Sachanlagen und immaterielle Anlagevermögen). Für den Cash Flow aus der Investitionstätigkeit gilt das folgende Mindestgliederungsschema:

1.		Einzahlungen aus Abgängen des Finanzanlagevermögens
2.	−	Auszahlungen für Investitionen in das Finanzanlagevermögen
3.	+	Einzahlungen aus Abgängen des Sachanlagevermögens
4.	−	Auszahlungen für Investitionen in das Sachanlagevermögen
5.	+	Einzahlungen aus Abgängen des immateriellen Anlagevermögens
6.	−	Auszahlungen für Investitionen in das immaterielle Anlagevermögen
7.	+	Einzahlungen aus Abgängen aus dem Konsolidierungskreis
8.	−	Auszahlungen für Zugänge zum Konsolidierungskreis
9.	+/−	Mittelveränderungen aus sonstiger Investitionstätigkeit (Saldo)
10.	+	Einzahlungen aus außerordentlichen Posten
11.	−	Auszahlungen aus außerordentlichen Posten
12.	**=**	**Cash Flow aus der Investitionstätigkeit**

Abb. 77: Cash Flow aus der Investitionstätigkeit

Ein Bilanzposten »Finanzanlagen« im Sinne des § 266 Abs. 2 A.III HGB existiert für Institute nicht. Um die Begriffe des DRS 21 für Institute näher zu definieren, erscheint es sachgerecht, unter den Begriff des Finanzanlagevermögens all jene Finanzinstrumente der Aktivposten 5, 6, 7 und 8 (Formblatt 1 der RechKredV) zu fassen, die dazu bestimmt sind, dauerhaft dem Geschäftsbetrieb zu dienen.

3.7.4 Cash Flow aus der Finanzierungstätigkeit

Nach DRS 21.9 umfasst die Finanzierungstätigkeit Aktivitäten, die sich auf die Höhe und/oder die Zusammensetzung der Eigenkapitalposten und/oder Finanzschulden auswirken, einschließlich der Vergütung für die Kapitalüberlassung. Bei Instituten gehören zum Cash Flow aus der Finanzierungstätigkeit Zahlungsströme aus Transaktionen mit Eigenkapitalgebern und anderen Gesellschaftern konsolidierter Tochterunternehmen sowie aus sonstigem Kapital (DRS 21.A2.22). DRS 21.A2.24 sieht die folgende Mindestgliederung vor:

1.		Einzahlungen aus Eigenkapitalzuführungen von Gesellschaftern des Mutterunternehmens
2.	+	Einzahlungen aus Eigenkapitalzuführungen von anderen Gesellschaftern
3.	−	Auszahlungen aus Eigenkapitalherabsetzungen an Gesellschafter des Mutterunternehmens
4.	−	Auszahlungen aus Eigenkapitalherabsetzungen an andere Gesellschafter
5.	+	Einzahlungen aus außerordentlichen Posten
6.	−	Auszahlungen aus außerordentlichen Posten
7.	−	Gezahlte Dividenden an andere Gesellschafter
8.	+/−	Mittelveränderungen aus sonstigem Kapital (Saldo)
9.	**=**	**Cash Flow aus der Finanzierungstätigkeit**

Abb. 78: Cash Flow aus der Finanzierungstätigkeit

DRS 21 berücksichtigt die branchenspezifischen Besonderheiten, dass bei Instituten neben dem gesellschaftsrechtlichen **Eigenkapital** weitere Passivposten existieren, die als aufsichtsrechtliches Haftungskapital gelten. So sind Mittelveränderungen aus »sonstigem Kapital« dem Cash Flow aus der Finanzierungstätigkeit zuzuordnen. Sonstiges Kapital umfasst »bankaufsichtsrechtlich anerkanntes Kapital, das über das in der Bilanz unter dem Posten »Eigenkapital« ausgewiesene Kapital hinausgeht. Hierzu gehören insbesondere nachrangige Verbindlichkeiten, Genussrechte, Fonds für allgemeine Bankrisiken nach § 340g HGB und Vermögenseinlagen stiller Gesellschafter. Nicht zum sonstigen Kapital gehören Grund- oder Stammkapital (ohne Vorzugsaktien) sowie offene Rücklagen« (DRS 21, Tz. A2.3).

Der Ausweis von Zuführungen und Auflösungen zum **Fonds für allgemeine Bankrisiken** nach § 340g HGB im Cash Flow aus der Finanzierungstätigkeit ist in mehrerer Hinsicht nicht sachgerecht. Obgleich der Posten »Fonds für allgemeine Bankrisiken« zum harten Kernkapital nach Art. 26 CRR gehört, ist zu beachten, dass Zuführungen und Auflösungen des Sonderpostens nach § 340g HGB stets erfolgswirksam vorgenommen werden. Es findet insoweit keine »Mittelveränderung« (und damit kann Zahlungsmittelzufluss oder -abfluss) durch eine Dotierung bzw. Auflösung des Fonds statt. Dotierungen und Auflösungen des Fonds für allgemeine Bankrisiken stellen zahlungsunwirksame Aufwendungen und Erträge dar, die im Rahmen des Cash Flows aus der laufenden Geschäftstätigkeit bei der Korrektur des Periodenergebnisses zu berücksichtigen sind. Die Fehlplatzierung des Fonds für allgemeine Bankrisiken im Cash Flow aus Finanzierungstätigkeit ergibt sich bereits aus DRS 21. A2.22. Danach gehören zum Cash Flow aus Finanzierungstätigkeit bei Instituten Zahlungsströme (…) aus sonstigem Kapital. Während dem Institut bei der Emission von Nachranganleihen und Genussrechten Zahlungsmittel zufließen, ist dies bei der Dotierung eines Sonderpostens nach § 340g HGB nicht der Fall. Entgegen dem Wortlaut des DRS 21 sollte daher die Veränderung des Sonderpostens nach § 340g HGB im Cash Flow aus laufender Geschäftstätigkeit (hier ggf. Posten 6) erfasst werden. Gleiches gilt für den Sonderposten Fonds für allgemeine Bankrisiken im Sinne des § 340e Abs. 4 HGB sowie für den Fonds zur bausparrtechnischen Absicherung nach § 6 Abs. 1 BSpKG.

3.8 Segmentberichterstattung

Aufgrund von § 340i Abs. 1 S. 1 HGB haben Institute bei der Erstellung eines handelsrechtlichen Konzernabschlusses § 297 HGB zu beachten. Nach § 297 Abs. 1 S. 2 HGB kann (Wahlrecht) der Konzernabschluss um eine Segmentberichterstattung erweitert werden. Erweitert ein nicht kapitalmarktorientiertes Mutterinstitut aufgrund von § 297 Abs. 1 S. 2 HGB in Verbindung mit § 340i Abs. 1 S. 1 HGB den Konzernabschluss um eine Segmentberichterstattung, so sind die bankspezifischen Vorgaben zur Segmentberichterstattung in **DRS 3, Anlage 2** verpflichtend anzuwenden. In diesem Fall kann auf die Angabe nach § 34 Abs. 2 Nr. 1 RechKredV (Aufgliederung nach Tätigkeitsbereichen und geografischen Märkten) verzichtet werden, da mit der Segmentberichterstattung weitergehende Informationen vermittelt werden[19]. Kapitalmarktorientierte Mutterinstitute haben eine Segmentberichterstattung nach IFRS 8 aufzustellen.

Bei Kredit- und Finanzdienstleistungsinstituten richtet sich die Segmentierung nach der internen Organisations- und Berichtsstruktur und damit aufgrund der Homogenitätsanforderungen an die Segmentbildung nach der Verteilung der Chancen und Risiken des Instituts (DRS 3.A2.4). Dabei ist zwischen primären und sekundären Segmenten zu unterscheiden. Bestimmen die Produkte und Dienstleistungen die interne Berichtsstruktur sowie die Chancen und Risiken, so bilden die primären Segmente die Geschäftsbereiche; die sekundären Segmente werden durch die geografischen Tätigkeitsgebiete bestimmt (DRS 3.A2.5). Nach DRS 3.A22 sowie DRS 3.A2.31 sind für die primären Segmente die folgenden Angaben erforderlich:
- Zinsüberschuss
- Risikovorsorge
- Provisionsüberschuss
- Nettoertrag/Nettoaufwand aus Finanzgeschäften[20]
- Verwaltungsaufwand
- Ergebnis nach Risikovorsorge
- Vermögen
- Verbindlichkeiten
- Risikopositionen
- Allokiertes Kapital
- Rentabilität des allokierten Kapitals
- Aufwand-/Ertrag-Relation

Für die sekundären Segmente sind folgende Kennzahlen anzugeben:
- Ergebnis vor Risikovorsorge
- Risikovorsorge im Kreditgeschäft
- Ergebnis nach Risikovorsorge
- Vermögen oder Risikopositionen
- Verbindlichkeiten oder allokiertes Kapital
- Aufwand-/Ertrag-Relation

Die Ermittlung der Segmentdaten hat in Übereinstimmung mit der internen Steuerung zu erfolgen (DRS 3.A2.6). Richtet sich die interne Steuerung nach den Zahlen des externen (internen) Rechnungswesens, so sind auch die Segmentdaten aus den Zahlen des externen (internen) Rechnungswesens abzuleiten.

---

19 Vgl. Löw, in: MüKom BilR, § 340i HGB, Tz. 43.
20 Es ist davon auszugehen, dass hiermit das Nettoergebnis des Handelsbestands gemeint ist.

4 Konzernlagebericht

4.1 Allgemeine Vorschriften

Nach § 340i Abs. 1 S. 1 HGB haben Institute (einen Konzernabschluss und) einen Konzernlagebericht nach den allgemeinen Vorschriften aufzustellen, soweit keine geschäftszweigspezifischen Regeln etwas anderes vorsehen. Der Inhalt des Konzernlageberichts richtet sich mithin auch für Institute nach den Vorschriften des § 315 HGB. Institute haben bei der Erstellung eines Konzernlageberichts mithin die Konkretisierungen des § 315 HGB durch DRS 20 zu beachten. Die Berichterstattung über die Vergütung von Organmitgliedern nach § 315 Abs. 2 Nr. 4 HGB ist in DRS 17 geregelt und ebenso für Institute einschlägig. DRS 20 und 17 sind von allen Instituten anzuwenden, die zur Erstellung eines Konzernabschlusses verpflichtet sind; und zwar unabhängig davon ob die Konzernabschlüsse nach deutschen oder internationalen Rechnungslegungsstandards (IFRS) aufgestellt werden[1].

Der Umfang der im Konzernlagebericht enthaltenen Berichtsteile ist abhängig vom Grad der Inanspruchnahme des Kapitalmarkts durch das Mutter- und/oder Tochterunternehmen (siehe Abb. 79). Für eine Ermittlung der berichtspflichtigen Teile des Konzernlageberichts sind die folgenden Begrifflichkeiten von Bedeutung:

a) **Kapitalmarktorientiert im Sinn des § 264d HGB.** Nach § 264d HGB gilt eine Kapitalgesellschaft als kapitalmarktorientiert, »wenn sie einen organisierten Kapitalmarkt im Sinn des § 2 Abs. 11 WpHG durch von ihr ausgegebene Wertpapiere im Sinn des § 2 Abs. 1 WpHG in Anspruch nimmt oder die Zulassung solcher Wertpapiere zum Handel an einem organisierten Markt beantragt hat«. Extern verwaltete Investmentaktiengesellschaften mit variablem Kapital gelten nicht als kapitalmarktorientiert im Sinne des § 264d HGB (siehe § 108 Abs. 2 KAGB). Eine Kapitalmarktorientierung im Sinn des § 264d HGB setzt mithin die folgenden Bedingungen voraus:

- **Kapitalgesellschaft**. Der Wortlaut des § 264d HGB umfasst nur Kapitalgesellschaften (wie AG, GmbH, KGaA usw.). Diesen Gesellschaften sind Personengesellschaften im Sinn des § 264a HGB gleichgestellt (KapCo-Gesellschaften). Ist ein Tochterunternehmen kapitalmarktorientiert, so färbt dies nicht auf das Mutterunternehmen ab; das Mutterunternehmen selbst, wird dadurch nicht zu einem kapitalmarktorientierten Unternehmen[2]. Nach

---
[1] Vgl. Senger/Brune, in: WPg 2012, S. 1285.
[2] Vgl. Zwirner, in: KoR 2010, S. 1; Gelhausen/Fey/Kämpfer (2009), K 54; Schmidt/Hoffmann, in: BBK, 11. Aufl., § 264d HGB, Tz. 1.

dem Wortlaut des § 264d HGB sind Personengesellschaften und eingetragene Genossenschaften von dem Anwendungsbereich des § 264d HGB nicht erfasst. Nach § 13 Abs. 2 S. 3 PublG gelten die Vorschriften des § 315 HGB für Personengesellschaften, die zur Aufstellung eines Konzernabschlusses nach § 11 PublG verpflichtet sind, sinngemäß. Unabhängig von den Vorschriften des PublG gelten Institute unabhängig von ihrer Rechtsform aufgrund von § 340a Abs. 1 HGB stets als große Kapitalgesellschaften. Sie haben einen Lagebericht nach den für große Kapitalgesellschaften geltenden Bestimmungen aufzustellen (§ 340a Abs. 1 2. H.S. HGB).

- **Organisierter Kapitalmarkt im Sinn von § 2 Abs. 11 WpHG.** Eine Kapitalmarktorientierung im Sinn des § 264d HGB setzt voraus, dass Wertpapiere an einem organisierten Kapitalmarkt im Sinn von § 2 Abs. 11 WpHG ausgegeben oder deren Zulassung zum Handel beantragt wurde. Nach § 2 Abs. 11 WpHG ist ein organisierter Markt ein im Inland, in einem Mitgliedstaat der EU oder EWR »betriebenes oder verwaltetes, durch staatliche Stellen genehmigtes, geregeltes und überwachtes multilaterales System, das die Interessen einer Vielzahl von Personen am Kauf und Verkauf von dort zum Handel zugelassenen Finanzinstrumenten innerhalb des Systems und nach festgelegten Bestimmungen in einer Weise zusammenbringt oder das Zusammenbringen fördert, die zu einem Vertrag über den Kauf dieser Finanzinstrumente führt«[3]. In Deutschland erfüllt der »regulierte Markt« (§§ 32 ff. BörsG) wie auch die Terminbörse EUREX diese Anforderungen. Der Freiverkehr fällt nicht unter den Begriff des organisierten Markts[4]. Zu den geregelten Märkten zählen unter anderem[5]
    - amtlicher Handel und geregelter Freiverkehr der Wiener Börse AG,
    - Euronext Paris, MATIF, MONEP der Pariser Börse,
    - Bourse der Luxembourg,
    - Euronext Amsterdam,
    - London International Financial Futures and Options Exchange (LIFFE), London Stock Exchange (regulated market), London Metal Exchange.

Keine regulierten Märkte im Sinne von § 2 Abs. 11 WpHG stellen beaufsichtigte ausländische Märkte in Drittstaaten außerhalb der EU bzw. des EWR dar. Emittenten in diesen Märkten gelten nicht als kapitalmarktorientiert im Sinne des § 264d HGB[6].

Die Pflicht zur Berichterstattung über das Vergütungssystem nach § 315a Abs. 2 HGB setzt voraus, dass das Mutterunternehmen eine **börsennotierte Aktiengesellschaft** darstellt. In Ermangelung einer Legaldefinition von Börsennotierung im HGB ist auf die Begriffsdefinition in § 3 Abs. 2 AktG zurückzugreifen[7]. Danach ist eine Aktiengesellschaft börsennotiert, »wenn deren Aktien zu einem Markt zugelassen sind, der von staatlich anerkannten Stellen geregelt und überwacht wird, regelmäßig stattfindet und

---

3 Zur Erläuterung des Begriffs »multilaterales Handelssystem« siehe Kapitel I.2.1.1.1.1.
4 Vgl. BaFin: Emittentenleitfaden 2013, S. 16; Kumpan, in: Schwark/Zimmer, § 2 WpHG, Tz. 120;
5 Nach Art. 47 der Richtlinie 2004/39/EWG muss jeder Mitgliedstaat ein aktuelles Verzeichnis der von ihm genehmigten geregelten Märkte führen. Dieses Verzeichnis ist allen anderen Mitgliedstaaten sowie der Europäischen Kommission zu übermitteln; diese veröffentlicht jährlich ein Verzeichnis im Amtsblatt der Europäischen Union. Vgl. Amtsblatt der Europäischen Union, 2010/C 348/09 vom 21.12.2010. Siehe auch http://ec.europa.eu/internal_market/securities/isd/mifid_de.htm.
6 Vgl. Reiner, in: MüKom HGB, § 264d HGB, Tz. 3.
7 Vgl. Reiner, in: MüKom HGB, § 264d HGB, Tz. 5.

für das Publikum mittelbar oder unmittelbar zugänglich ist«. Ein organisierter Markt im Sinne von § 2 Abs. 11 WpHG erfüllt diese Kriterien; börsennotierte Aktiengesellschaften im Sinne des § 3 Abs. 2 AktG stellen damit eine Teilmenge der kapitalmarktorientierten Kapitalgesellschaften im Sinne des § 264d HGB dar[8].

Der Begriff des organisierten Kapitalmarkts im Sinn von § 2 Abs. 7 WpÜG ist deckungsgleich mit dem Begriff des organisierten Kapitalmarkts nach § 2 Abs. 11 WpHG[9]. Mutterunternehmen, deren Aktien an einem organisierten Kapitalmarkt im Sinn von § 2 Abs. 7 WpÜG gehandelt werden, haben die »Übernahmerelevanten Angaben« des § 315a Abs. 1 HGB zu beachten.

- **Wertpapiere im Sinn von § 2 Abs. 1 WpHG.** Wertpapiere im Sinn von § 2 Abs. 1 WpHG sind, auch wenn keine Urkunden über sie ausgestellt sind, alle Gattungen von übertragbaren Wertpapieren mit Ausnahme von Zahlungsinstrumenten, die ihrer Art nach auf den Finanzmärkten handelbar sind, insbesondere:
  1. »Aktien,
  2. Andere Anteile an in- oder ausländischen juristischen Personen, Personengesellschaften und sonstigen Unternehmen, soweit sie Aktien vergleichbar sind, sowie Zertifikate, die Aktien vertreten,
  3. Schuldtitel,
     a) Insbesondere Genussscheine und Inhaberschuldverschreibungen und Orderschuldverschreibungen sowie Zertifikate, die Schuldtitel vertreten,
     b) Sonstige Wertpapiere, die zum Erwerb oder zur Veräußerung von Wertpapieren (…) berechtigen oder zu einer Barzahlung führen, die in Abhängigkeit von Wertpapieren, von Währungen, Zinssätzen oder anderen Erträgen, von Waren, Indices oder Messgrößen bestimmt wird«.

  Im Zuge des KAGB gelten Anteile an Investmentvermögen, die von einer Kapitalverwaltungsgesellschaft oder einer ausländischen Investmentgesellschaft ausgegeben werden, nicht mehr als Wertpapiere im Sinn des § 2 Abs. 1 WpHG (Streichung von § 2 Abs. 1 S. 2 WpHG a. F.)[10].

- **Inanspruchnahme oder Zulassung beantragt.** Die Kapitalmarktorientierung beginnt mit der formellen Beantragung zur Zulassung von Wertpapieren an einem organisierten Kapitalmarkt. Die Zulassung bzw. die Antragstellung ist streng stichtagsbezogen auszulegen. Erfolgt eine Antragstellung kurz vor (bzw. nach) dem Bilanzstichtag, so unterliegt das Unternehmen (nicht) den Berichtspflichten für kapitalmarktorientierte Unternehmen[11]. Verliert ein Unternehmen unterjährig die Kapitalmarktorientierung (z. B. aufgrund von Delisting), so sind die Berichtspflichten für kapitalmarktorientierte Unternehmen bereits

---

8 Vgl. Zwirner, in: KoR 2012, S. 1; Reiner, in: MüKom HGB, § 264d HGB, Tz. 5. Eine Aktiengesellschaft, die nur Schuldtitel aber keine Aktien an einem organisierten Kapitalmarkt emittiert hat ist zwar kapitalmarktorientiert, aber nicht börsennotiert. Eine Aktiengesellschaft, die die Zulassung ihrer Aktien zum Handel an einem organisierten Kapitalmarkt beantragt hat, ist kapitalmarktorientiert aber nicht börsennotiert. Aktiengesellschaften, deren Aktien und Schuldtitel am organisierten Kapitalmarkt gehandelt werden, sind börsennotiert und kapitalmarktorientiert. Vgl. Hoffmann/Lüdenbach, § 264d HGB, Tz. 13; Schmidt/Hoffmann, in: BBK, 11. Aufl., § 264d HGB, Tz. 6.
9 Vgl. auch Förschle/Hoffmann, in: BBK, § 264d HGB, Tz. 9.
10 Vgl. Art. 8 AIFM-UmsG, in: BGBl. I 2013, S. 1981f, hier S. 2150.
11 Vgl. Schmidt/Hoffmann, in: BBK, 11. Aufl., § 264d HGB, Tz. 1.

für dieses Geschäftsjahr nicht mehr relevant[12]. § 264d HGB setzt voraus, dass das Unternehmen die Zulassung an einem organisierten Kapitalmarkt selbst beantragt hat. Die Einbeziehung in den Handel von Amts wegen (Verwaltungsakt nach § 33 BörsG) begründet keine Kapitalmarktorientierung im Sinne des § 264d HGB[13]. So kann bspw. die Geschäftsführung der Frankfurter Wertpapier Börse (FWB) Wertpapiere in den Handel von Amts wegen einbeziehen, wenn sie ein entsprechendes Marktbedürfnis erkennt. Dem Emittenten steht hier nicht einmal ein Widerspruchsrecht zu (§ 59 Abs. 2 BörsO der FWB). Die Einbeziehung von Amts wegen löst keine Folgepflichten für den Emittenten aus[14].

Berichtsteile	Das Mutterunternehmen ist ... und ...					
	... ist kapitalmarktorientiert i. S. d. § 264d HGB			... ist nicht kapitalmarktorientiert i. S. d. § 264d HGB		
	... hat Aktien am organisierten Kapitalmarkt ausgegeben*)**)	... hat keine Aktien am organisierten Kapitalmarkt ausgegeben		... Tochter ist Kapitalmarktorientiert i. S. v. § 264d HGB		... Tochter ist nicht kapitalmarktorientiert i. S. v. § 264d HGB
		... ist Mutterunternehmen i. S. d. § 297 Abs. 2 S. 4 HGB	... ist nicht Mutterunternehmen i. S. d. § 297 Abs. 2 S. 4 HGB	... Tochter ist einbezogen	... Tochter ist nicht einbezogen	
1. Grundlagen des Konzerns	x	x	x	x	x	x
2. Wirtschaftsbericht	x	x	x	x	x	x
3. Prognose-, Chancen- und Risikobericht	x	x	x	x	x	x
4. Versicherung der gesetzlichen Vertreter	x	x	./.	./.	./.	./.
5. Finanzrisikobericht	x	x	x	x	x	x
6. Forschungs- und Entwicklungsbericht	x	x	x	x	x	x
7. Vergütungsbericht	x	x	x	./.	./.	./.
8. IKS	x	x	x	x	./.	./.
9. Übernahmerechtliche Angaben	x	./.	./.	./.	./.	./.

*) ist damit zugleich auch stets Kapitalgesellschaft im Sinne des § 327a HGB
**) es liegt börsennotierte Aktiengesellschaft i. S. d. § 3 Abs. 2 AktG vor.

Abb. 79: Berichtspflichten von Instituten und Kapitalmarktorientierung

---

12 Im Schrifttum wird es zum Teil als zulässig angesehen, dass der Verlust der Kapitalmarktorientierung nach dem Bilanzstichtag aber vor dem Aufstellungszeitpunkt einen Wegfall der Berichtspflichten für kapitalmarktorientierte Unternehmen bewirkt. Vgl. Schmidt/Hoffmann, in: BBK, 11. Aufl., § 264d HGB, Tz. 1.
13 Vgl. Gelhausen/Fey/Kämpfer (2009), K 58; Zwirner, in: KoR 2010, S. 3.
14 Vgl. Heidelbach, in: Schwark/Zimmer, § 33 BörsG, Tz. 5 f.; Groß, in: Kapitalmarktrecht, § 33 BörsG, Tz. 5.

b) Kapitalgesellschaft im Sinne des § 297 Abs. 2 S. 4 HGB. Die gesetzlichen Vertreter von Unternehmen im Sinne des § 297 Abs. 2 S. 4 HGB »haben zu versichern, dass nach bestem Wissen im Konzernlagebericht der Geschäftsverlauf einschließlich des Geschäftsergebnisses und die Lage des Konzerns so dargestellt sind, dass ein den tatsächlichen Verhältnissen entsprechendes Bild vermittelt wird, und dass die wesentlichen Chancen und Risiken (…) beschrieben sind.« Nähere Ausführungen zum Inhalt der »Versicherung der gesetzlichen Vertreter« (Bilanzeid) finden sich in Kapitel VIII.4.2.4. Diese Erklärung betrifft nur gesetzliche Vertreter eines Mutterunternehmens, »das Inlandsemittent im Sinne des § 2 Abs. 14 WpHG und keine Kapitalgesellschaft im Sinne des § 327a (HGB) ist« (§ 297 Abs. 2 S. 4 HGB). **Inlandsemittenten** im Sinne des § 2 Abs. 14 WpHG sind

- Emittenten von Finanzinstrumenten, für die die Bundesrepublik Deutschland der Herkunftsstaat ist und deren Wertpapiere zum Handel auf einem organisierten Markt zugelassen sind (§ 2 Abs. 7 Nr. 1 WpHG)[15] sowie
- Emittenten, für die ein anderer Mitgliedstaat der EU bzw. des EWR Herkunftsstaat ist und deren Wertpapiere ausschließlich im Inland zum Handel an einem organisierten Markt zugelassen sind (§ 2 Abs. 7 Nr. 2 WpHG).

Ob die Bundesrepublik Deutschland Herkunftsstaat des Emittenten ist, bestimmt sich nach § 2 Abs. 13 WpHG. Für eine Prüfung dieser komplexen Fragestellung sei auf das Prüfungsschema der BaFin verwiesen[16].

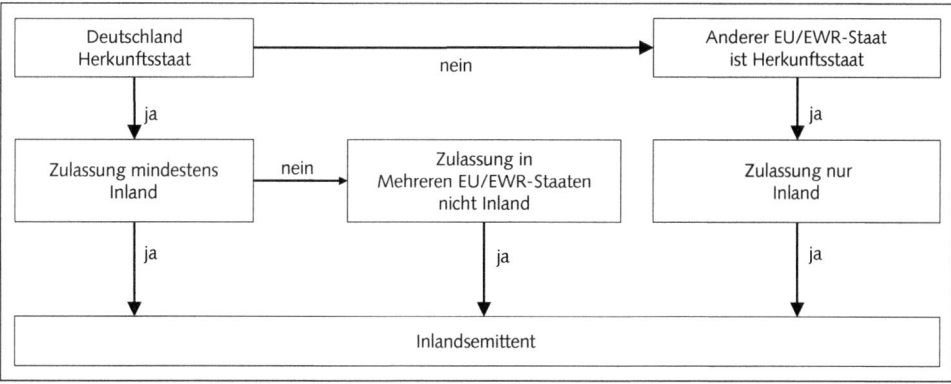

Abb. 80: Prüfung Inlandsemittent[17]

Die gesetzlichen Vertreter von Inlandsemittenten, die von der Erleichterungsregel des § 327a HGB erfasst sind, sind nicht zur Abgabe eines Bilanzeids verpflichtet. Dies betrifft Emittenten, die »ausschließlich zum Handel an einem organisierten Markt zugelassene Schuldtitel im Sinn des § 2 Abs. 1 S. 1 Nr. 3 WpHG mit einer Mindeststückelung von 100.000

---

15 Ausgenommen sind Emittenten, deren Wertpapiere nicht im Inland, sondern lediglich in einem anderen Mitgliedstaat der EU bzw. des EWR zugelassen sind, soweit sie in diesem Staat den europäischen Veröffentlichungs- und Mitteilungspflichten des regulierten Marktes unterliegen.
16 Vgl. BaFin: Emittentenleitfaden 2013, S. 18.
17 Entnommen BaFin: Emittentenleitfaden 2013, S. 17.

EUR oder dem am Ausgabetag entsprechenden Gegenwert einer anderen Währung« begeben haben (§ 327a HGB). Schuldtitel im Sinn des § 2 Abs. 1 S. 1 Nr. 3 WpHG sind unter anderem Schuldverschreibungen (einschließlich Wandel- und Optionsanleihen), Genussscheine, Optionsscheine und Zertifikate, die diese Schuldtitel vertreten.

4.2 Einzelne Berichtsteile

4.2.1 Grundlagen des Konzerns

Hinsichtlich der Grundlagen des Konzerns ist über das Geschäftsmodell des Konzerns (organisatorische Struktur, Segmente, Standorte, Produkte usw.) sowie Ziele und Strategien zu berichten. Sofern das Mutterunternehmen kapitalmarktorientiert ist, ist zudem auch über das im Konzern eingesetzte Steuerungssystem (z. B. verwendete Kennzahlen) zu berichten (DRS 20, Tz. K45f). Institute haben in diesem Zusammenhang insbesondere auf die spezifischen Geschäftsmodelle (z. B. Retailgeschäft, Firmenkundengeschäft, Investment Banking etc.) einzugehen. Für Spezial-Institute, deren Geschäftsansatz und -umfang gesetzlich reguliert ist (z. B. Bausparkassen) erscheint eine eher knappe Beschreibung von Geschäftsmodell und -struktur ausreichend.

4.2.2 Wirtschaftsbericht (§ 315 Abs. 1 S. 1–3 HGB)

Im Wirtschaftsbericht sind der Geschäftsverlauf sowie die Lage des Konzerns darzustellen, zu analysieren und zu beurteilen. Dies umfasst auch einen Vergleich der im Vorjahr berichteten Prognosen mit der tatsächlich eingetretenen Geschäftsentwicklung (DRS 20, Tz. 57). Zudem sind die gesamtwirtschaftlichen und branchenbezogenen Rahmenbedingungen (Branchenkonjunktur, Wettbewerbssituation) darzustellen und zu erläutern, soweit dies für das Verständnis der Analyse des Geschäftsverlaufs und der Lage des Konzerns erforderlich ist (DRS 20, Tz. 59). Eine Erläuterung der wirtschaftlichen Lage des Konzerns umfasst eine Analyse und Beurteilung der Vermögenslage (u. a. Erhöhungen oder Minderungen des Vermögens), der Finanzlage (u. a. Kapitalstruktur, Liquidität) und der Ertragslage (u. a. Analyse der Ertragsquellen). Nach § 315 Abs. 1 S. 3, Abs. 3 HGB sind hierbei die für die Geschäftstätigkeit bedeutsamsten finanziellen und nichtfinanziellen[18] Leistungsindikatoren einzubeziehen, die für die interne Steuerung des Konzerns verwendet werden (siehe insb. DRS 20, Tz. 101–113).

---

18   Zur Berichterstattung nach DRS 20 über nichtfinanziellen Leistungsindikatoren, die einen Bezug zur Nachhaltigkeit aufweisen vgl. Lackmann/Stich, in: KoR 2013, S. 236–242.

4.2.3 Prognose-, Chancen- und Risikobericht (§ 315 Abs. 1 S. 4 HGB)

Im Prognose-, Chancen- und Risikobericht sind die voraussichtlichen Entwicklungen des Konzerns mit ihren wesentlichen Chancen und Risiken aus Sicht der Konzernleitung (management approach) zu beurteilen und zu erläutern (DRS 20, Tz. 116)[19]. Risiken (Chancen) stellen mögliche Entwicklungen oder Ereignisse dar, die zu einer für das Unternehmen negativen (positiven) Prognose- bzw. Zielabweichung führen können (DRS 20, Tz. 11). Über Risiken kann getrennt von oder gemeinsam mit den Chancen berichtet werden; die Berichterstattung über Chancen und Risiken kann in den Prognosebericht integriert werden (DRS 20, Tz. 117)[20]. Chancen und Risiken stellen mithin mögliche Abweichungen von der prognostizierten wirtschaftlichen Entwicklung des Konzerns dar. Diese ist im Prognosebericht zu beurteilen und zu erläutern. Dabei hat die Konzernleitung für ihre Prognose die Zusammensetzung des Konzerns im Prognosezeitraum zugrunde zu legen. Der **Prognosezeitraum** umfasst mindestens 1 Jahr, gerechnet vom letzten Konzernabschlussstichtag[21] (DRS 20, Tz. 127). Die für die Prognose getroffenen Annahmen sind offen zu legen (DRS 20, Tz. 120). Im Rahmen der Berichterstattung ist eine Prognose über die voraussichtliche Entwicklung der bedeutsamsten finanziellen und nichtfinanziellen Leistungsindikatoren abzugeben, die im Rahmen des Wirtschaftsberichts erläutert werden.

Die Prognose hat die **Veränderungsrichtung** sowie die **Veränderungsintensität** der Leistungsindikatoren zu umfassen. Über die Prognose ist in der Form von **Punktprognosen** (Angabe eines Zahlenwerts), **Intervallprognose** (Angabe einer Bandbreite zwischen zwei Zahlenwerten) oder **qualifiziert komparativen Prognosen** (Angabe der Veränderungsrichtung und Beschreibung der Veränderungsintensität) zu berichten (DRS 20, Tz. 130 in Verbindung mit Tz. 11)[22]. Rein komparative Prognosen (nur Angabe der Veränderungsrichtung) oder eine Darstellung von Leistungsindikatoren in verschiedenen Zukunftsszenarien sind nur bei außergewöhnlich hoher Unsicherheit aufgrund gesamtwirtschaftlicher Rahmenbedingungen ausreichend (DRS 20, Tz. 133 u. Tz. B37). Mit DRS 20 hat sich das DRSC entschieden, den Prognosezeitraum auf 1 Jahr zugunsten einer Erhöhung der Prognosequalität zu verkürzen; die hohen Anforderungen an die Prognosequalität erscheinen nicht kompatibel mit einem Prognosezeitraum, der über 1 Jahr hinausgeht[23]. Die Erhöhung der Prognosequalität stellt aus Sicht des DRSC eine Kompensation für eine Verkürzung des Prognosezeitraums von zuvor 2 Jahren nach DRS 15 auf nunmehr 1 Jahr nach DRS 20 dar

---

19 Für eine empirische Analyse der Prognoseberichterstattung deutscher Unternehmen auf Basis von Disclosure-Indizes siehe Barth/Beyhs, in: KoR 2012, S. 572–578.
20 Der Gesetzeswortlaut, wonach »die voraussichtliche Entwicklung mit ihren wesentlichen Chancen und Risiken zu beurteilen und zu erläutern« ist, legt eher eine integrierte Berichterstattung nahe. Vgl. auch Senger/Brune, in: WPg 2012, S. 1287; Hachmeister/Glaser, in: IRZ 2012, S. 303.
21 Die Zeitspanne zwischen dem Abschlussstichtag und dem Datum der Veröffentlichung des Konzernabschlusses verlängert den Prognosezeitraum nicht. Vgl. Boecker/Zwirner, in: BC 2013, S. 63; Hachmeister/Glaser, in: IRZ 2012, S. 302.
22 Für Formulierungsbeispiele siehe Boecker/Zwirner, in: BC 2013, S. 64.
23 Während DRS 15 ein Prognosezeitraum von 2 Jahren bzw. einen längeren Zeitraum für Unternehmen mit längeren Marktzyklen vorsah (DRS 15, Tz. 86), wurde dieser durch DRS 20 auf 1 Jahr verkürzt, um eine Angleichung an die Berichtspflichten anderer EU-/EWR-Staaten zu erreichen. Zur Diskussion um die Verkürzung des Prognosezeitraums von 2 Jahren auf 1 Jahr vgl. Senger/Brune, in: WPg 2012, S. 1288.

(DRS 20, Tz. B33). Die allgemeinen Vorschriften zur Risikoberichterstattung werden für Kredit- und Finanzdienstleistungsinstitute aufgrund der besonderen aufsichtsrechtlichen Anforderungen durch Anlage 1 zu DRS 20 modifiziert und ergänzt. Die institutsspezifischen Vorschriften zur Risikoberichterstattung werden im folgenden Abschnitt (Kapitel VIII.4.3) näher erläutert.

4.2.4 Versicherung der gesetzlichen Vertreter (§ 315 Abs. 1 S. 5 HGB)

Nach § 315 Abs. 1 S. 5 HGB haben die gesetzlichen Vertreter eines Mutterunternehmens zu versichern, »dass nach bestem Wissen im Konzernlagebericht der Geschäftsverlauf einschließlich des Geschäftsergebnisses und die Lage des Konzerns so dargestellt sind, dass ein den tatsächlichen Verhältnissen entsprechendes Bild vermittelt wird, und dass die wesentlichen Chancen und Risiken (…) beschrieben sind«. Diese Versicherung ist nur abzugeben, sofern es sich um ein Mutterunternehmen im Sinne des § 297 Abs. 2 S. 4 HGB handelt. Von dieser Vorschrift werden nur Mutterunternehmen erfasst, die Inlandsemittent im Sinne des § 2 Abs. 14 WpHG und keine Kapitalgesellschaft im Sinne des § 327a HGB sind.

Während § 315 Abs. 1 S. 5 HGB eine solche Versicherung der gesetzlichen Vertreter für den Konzernlagebericht fordert, ist nach 297 Abs. 2 S. 4 HGB eine solche Erklärung ebenfalls für den Konzernabschluss (Bilanz, GuV, Anhang) abzugeben. Die Erklärung kann in zusammengefasster Form für den Konzernabschluss und den Konzernlagebericht oder jeweils separat abgegeben werden. Bei einer zusammengefassten Erklärung wird in DRS 20, Tz. K235 der folgende Wortlaut empfohlen:

»Wir versichern nach bestem Wissen, dass gem. den anzuwendenden Rechnungslegungsgrundsätzen der Konzernabschluss ein den tatsächlichen Verhältnissen entsprechendes Bild der Vermögens-, Finanz- und Ertragslage des Konzerns vermittelt und im Konzernabschluss der Geschäftsverlauf einschließlich des Geschäftsergebnisses und die Lage des Konzerns so dargestellt sind, dass ein den tatsächlichen Verhältnissen entsprechendes Bild vermittelt, sowie die wesentlichen Chancen und Risiken der voraussichtlichen Entwicklung des Konzerns beschrieben sind.«

Für Institute bestehen keine geschäftszweigspezifischen Besonderheiten. Der Bilanzeid gehört nach § 340l Abs. 1 in Verbindung mit § 325 Abs. 1 u. 3 HGB zu den offenlegungspflichtigen Unterlagen.

4.2.5 Finanzrisikobericht (§ 315 Abs. 2 Nr. 1 HGB)

Nach § 315 Abs. 2 Nr. 1 HGB haben Institute unabhängig von ihrer Kapitalmarktorientierung die Risiken aus der Verwendung von Finanzinstrumenten gesondert darzustellen, »sofern dies für die Beurteilung der Lage oder der voraussichtlichen Entwicklung von Belang ist«[24]. In diesem Zusammenhang ist einzugehen auf:

---

24 Laut DRS 20, Tz. 179, »sofern dies für die Beurteilung der Lage oder der voraussichtlichen Entwicklung wesentlich ist«. Hervorhebung durch den Verfasser.

- die aus der Verwendung von Finanzinstrumenten resultierenden Risikoarten,
- deren Ausmaß (die Angabepflicht zum Ausmaß der Risiken erstreckt sich nur auf offene Risikopositionen; eine Beschreibung über Sensitivitätsanalysen oder Kennzahlen wie VaR ist möglich)
- die Risikomanagementziele für die einzelnen Risikoarten (Vermeidung, bewusstes Eingehen von Risiken)
- die Risikomanagementmethoden. Hier ist einzugehen auf Maßnahmen zur Risikoreduktion, Risikoüberwachung, Risikoüberwälzung sowie Sicherungsmaßnahmen. Bei der Durchführung ökonomischer Sicherungsmaßnahmen ist zu beschreiben (DRS 20, Tz. 185):
  - die Art des gesicherten Risikos
  - die Art der Sicherungsbeziehung
  - Maßnahmen zur Sicherstellung der Effektivität
  - antizipative Sicherungsbeziehungen.

Es ist anzugeben, ob ökonomische Sicherungsbeziehungen im Konzernabschluss als Bewertungseinheiten bilanziell abgebildet werden (DRS 20, Tz. 186). Nach § 285 Nr. 23 sowie § 314 Abs. 1 Nr. 15 HGB hat das Institut diverse Erläuterung über die am Bilanzstichtag bestehenden Bewertungseinheiten im Anhang zu geben. Ein Institut hat anzugeben, mit welchem Betrag jeweils Vermögensgegenstände, Schulden, schwebende Geschäfte und mit hoher Wahrscheinlichkeit erwartete Transaktionen zur Absicherung welcher Risiken (z. B. Zinsrisiko, Währungsrisiko) in welche Arten von Bewertungseinheiten (micro, macro, portfolio hedges) einbezogen sind, sowie die Höhe der mit Bewertungseinheiten abgesicherten Risiken. Ferner ist für die jeweils abgesicherten Risiken anzugeben, warum, in welchem Umfang und für welchen Zeitraum sich die gegenläufigen Wertänderungen oder Zahlungsströme künftig voraussichtlich ausgleichen einschließlich der Methode der Ermittlung. Ebenso sind die mit hoher Wahrscheinlichkeit erwarteten Transaktionen zu erläutern, die in Bewertungseinheiten einbezogen wurden. Diese Angaben können alternativ auch im Lagebericht gemacht werden und dabei mit der Darstellung des Managements der finanziellen Risiken im Risikolagebericht verbunden werden (§ 289 Abs. 2 Nr. 2 bzw. § 315 Abs. 2. Nr. 1 HGB).

Da die Verwendung von Finanzinstrumenten für die Gesamt-Risikolage von Instituten eine herausragende Bedeutung besitzt, ist es sachgerecht, die Angaben zur Finanzrisikoberichterstattung in den Risikobericht zu integrieren, in dem Institute viel weitgehendere Angaben zu Risiken, Risikomanagementzielen und -methoden in Bezug auf Finanzinstrumente zu geben haben. Die Zusammenfassung von Finanzrisikobericht und Risikolagebericht erscheint bei Instituten zur Vermeidung von Redundanzen sachgerecht.

4.2.6 Forschungs- und Entwicklungsbericht (§ 315 Abs. 2 Nr. 2 HGB)

Nach § 315 Abs. 2 Nr. 2 HGB ist auf den Bereich Forschung und Entwicklung des Konzerns einzugehen; diese Erläuterungspflicht besteht unabhängig davon, ob Entwicklungskosten im Konzern aktiviert wurden (DRS 20, Tz. 52). Für Institute wird die Angabe in den meisten Fällen entfallen, da Institute Forschung und Entwicklung nur ausnahmsweise betreiben[25]; Institute können nach h. M. die nach § 315 Abs. 2 Nr. 2 HGB geforderten Angaben im Regelfall vernachlässigen[26].

4.2.7 Vergütungsbericht (§ 315a Abs. 2 HGB)

Ist das Institut Mutterunternehmen in der Form einer börsennotierten Aktiengesellschaft oder börsennotierten Kommanditgesellschaft auf Aktien, so sind im Konzernlagebericht die Grundzüge des Vergütungssystems für die in § 314 Abs. 1 Nr. 6 genannten Bezüge zu erläutern. Die Anhangangaben zur Organvergütung nach § 32 Abs. 2 RechKredV in Verbindung mit § 314 Abs. 1 Nr. 6a S. 5–8 HGB kann mit den Angaben im Lagebericht zusammengefasst werden; in diesem Fall entfällt die Angabepflicht im Anhang. Eine Zusammenfassung zu einem Vergütungsbericht wird im Interesse der Klarheit und Übersichtlichkeit in DRS 17, Tz. 12 empfohlen.

Nach DRS 17, Tz. 79 sind im Konzernlagebericht im Einzelnen die Erläuterungen zum Verhältnis der erfolgsunabhängigen und erfolgsbezogenen Komponenten sowie der Komponenten mit langfristiger Anreizwirkung anzugeben. »Dabei soll auch auf die einzelnen Parameter der Erfolgsbindung der Vergütung eingegangen werden (z. B. Ergebnis- und Renditekennziffern). Eine quantifizierte Angabe von Zielwerten ist nicht erforderlich. Es sollen ferner Angaben zu den Bedingungen gemacht werden, an die Bezugsrechte auf Aktien und ähnliche Bezugsrechte sowie Bonusleistungen geknüpft sind (z. B. Aktienkursentwicklung, Vesting Period)«[27].

Der Inhalt des Vergütungsberichts bei börsennotierter Aktienbanken hat die allgemeinen sowie spezifischen (aufsichts)rechtlichen Anforderungen an Vergütungssysteme von Kredit- und Finanzdienstleistungsinstituten zu berücksichtigen.

- **Allgemeine Anforderungen nach DCGK.** Der Deutsche Corporate Governance Kodex (DCGK) ist eine Darstellung von gesetzlichen Anforderungen sowie Empfehlungen zum Corporate Governance System deutscher börsennotierter Aktiengesellschaften. Kapitel 4.2 des DCGK enthält Empfehlungen zur Ausgestaltung sowie zu den Rahmenbedingungen zur Festlegung von Vorstandsvergütungen. Gilt das Institut als börsennotierte Aktiengesellschaft im Sinne des § 3 Abs. 2 AktG, so hat sie die Erklärung zum DCGK nach § 161 AktG abzugeben. Nach § 285 Abs. 1 Nr. 16 bzw. § 314 Abs. 1 Nr. 8 HGB ist im Anhang anzugeben, dass die nach § 161 AktG vorgeschriebene Erklärung abgegeben und wo sie öffentliche zugänglich gemacht worden ist. Im Konzernanhang ist diese Angabe für jedes in den Konzernabschluss einbezogene börsennotierte Unternehmen zu geben. Institutsspezifische Besonderheiten bestehen in diesem Zusammenhang nicht.

---

25 Vgl. BT-Drs 11/6275, S. 20.
26 Vgl. Löw, in: MüKom BilR, § 340j HGB, Tz. 50; Böcking/Becker/Helke, in: MüKom HGB, § 340j HGB, Tz. 90; Krumnow/Sprißler (2004), § 340j HGB, Tz. 215.
27 DRS 17, Tz. 79.

- **Institutsspezifische Anforderungen.** Die Ausgestaltung von Vergütungssystemen in Kredit- und Finanzdienstleistungsinstituten ist als Folge der Finanzmarktkrise mittlerweile streng reguliert. Auf internationaler Ebene bestehen diverse Anforderungen an Vergütungssysteme von Banken, die überwiegend empfehlenden Charakter haben und als Vorreiter der nationalen Gesetzgebung für die Regulierung von Vergütungssystemen von Banken sind[28]. Auf nationaler Ebene haben Institute unter anderem die folgenden Regulierungen, die in die Vergütung in Banken und Finanzdienstleistungsinstituten eingreifen, zu beachten:
  - **FMStFG sowie FMStFV.** Nach § 10 Abs. 2 Nr. 3 FMStFG in Verbindung mit § 5 Abs. 2 FMStFV soll den Instituten bei Stabilisierungsmaßnahmen nach § 7 FMStFG aufgegeben werden, dass die Vergütungssysteme sowie die Vergütungssysteme der von dem Institut beherrschten Unternehmen auf ihre Anreizwirkungen und die Angemessenheit zu überprüfen sind; es ist darauf hinzuwirken, dass diese nicht zur Eingehung unangemessener Risiken verleiten sowie an langfristige und nachhaltige Ziele ausgerichtet und transparent sind. Eine Vergütung der Organmitglieder und Geschäftsleiter wird unter anderem dann als angemessen angesehen, wenn diese 500.000 EUR im Jahr nicht übersteigt (§ 5 Abs. 2 Nr. 4a FMStFV).
  - **KWG.** Im Rahmen der Novelle des KWG durch das CRD IV-Umsetzungsgesetz sind diverse neue Anforderungen an die Ausgestaltung von Vergütungssystemen sowie an den Prozess zu deren Festlegung ins KWG aufgenommen worden. Das KWG beinhaltet im Wesentlichen die folgenden Anforderungen an Vergütungssysteme:
    a) Durch das CRD IV-Umsetzungsgesetz ist § 25a KWG gänzlich neu gefasst worden. In diesem Zuge werden durch § 25a Abs. 5 KWG erweiterte Anforderungen an die Vergütungssysteme von Instituten gestellt. § 25 Abs. 5 KWG formuliert Anforderungen an ein angemessenes Verhältnis zwischen variablen und fixen Vergütungen von Mitarbeitern und Geschäftsleitern sowie in Bezug auf die Zurückbehaltung von Teilen der variablen Vergütungen. Die variable Vergütung ist im Regelfall auf 100 % der fixen Vergütung zu beschränken; unter bestimmten Bedingungen können die Anteilseigner, Eigentümer, die Mitglieder oder die Träger des Instituts eine variable Vergütung beschließen die 200 % der fixen Vergütung für jeden Mitarbeiter nicht überschreiten darf.
    b) Durch das CRD IV-Umsetzungsgesetz ist § 25d KWG eingefügt worden, durch den verschiedene Anforderungen und Verhaltenspflichten an die Mitglieder von Verwaltungs- und Aufsichtsorganen formuliert werden. So muss das Vergütungssystem für das Verwaltungs- und Aufsichtsorgan so ausgestaltet sein, dass keine Interessenkonflikte in Bezug auf die wirksame Wahrnehmung der Überwachungsfunktion erzeugt werden (§ 25d Abs. 5 KWG). Das Verwaltungs- und Aufsichtsorgan muss der Erörterung der Vergütungssysteme für Geschäftsleiter und Mitarbeiter ausreichend Zeit widmen (§ 25d Abs. 6 KWG). Der Risikoausschuss des Verwaltungs- und Aufsichtsorgans hat zu prüfen, ob das Vergütungssystem

---

28 Vgl. z. B. CEBS: Guidelines on Renumeration Policies vom 10.12.2010; CEBS: High-Level principles of Renumeration Policies, 2009; FSB: Principles of Sound Compensation Practices, London 2009; Europäische Kommission: Grünbuch – Corporate Governance in Finanzinstituten und Vergütungspolitik, 06.06.2010.

anreizkompatibel ausgestaltet ist (§ 25d Abs. 8 S. 5 KWG). Unter bestimmten Bedingungen haben Institute einen Vergütungskontrollausschuss einzurichten, dem umfangreiche Pflichten in Bezug auf die angemessene Ausgestaltung von Vergütungssystemen sowie der Überwachung zukommt (§ 25d Abs. 12 KWG).
- **RTS/ITS der EBA.** Gem. der EBA-Verordnung ist die europäische Bankenaufsicht EBA (European Banking Authority) ermächtigt, zu definierten Regelungsbereichen sog. Entwürfe zu technischen Standards zu entwickeln, die der EU-Kommission in Form von delegierten Rechtsakten oder Durchführungsrechtsakten vorgelegt werden. Die Entwürfe können in der Form von sog. RTS (Draft Regulatory Technical Standards) sowie ITS (Draft Implementing Technical Standards) erlassen werden. Die Entwürfe werden mittels Verordnung oder Beschluss von der EU-Kommission angenommen und sind daraufhin als unmittelbar geltendes Recht von den Instituten zu beachten[29]. In Bezug auf die Ausgestaltung von Vergütungssystemen von Instituten hat die EBA verschiedene RTS vorgelegt[30].
- **Institutsvergütungsverordnung (InstitutsVergVO).** Nach § 25a Abs. 1 Nr. 6 KWG beinhaltet die ordnungsgemäße Geschäftsorganisation angemessene, transparente und auf eine nachhaltige Entwicklung des Instituts ausgerichtete Vergütungssysteme für Geschäftsleiter und Mitarbeiter; dies gilt nicht, soweit die Vergütung durch Tarifvertrag oder in seinem Geltungsbereich durch Vereinbarung der Arbeitsvertragsparteien über die Anwendung der tarifvertraglichen Regelungen oder aufgrund eines Tarifvertrags in einer Betriebs- oder Dienstvereinbarung vereinbart ist. Nach § 25a Abs. 6 KWG wird das Bundesministerium der Finanzen ermächtigt durch Rechtsverordnung Bestimmungen über die Ausgestaltung, Überwachung und Offenlegung von Vergütungssystemen zu erlassen[31]. Diese Verordnung ist in Form der Institutsvergütungsverordnung (InstitutsVergVO) erstmals am 13.10.2010 verlautbart und letztmals in 2017 novelliert worden[32]. Die Verordnung unterscheidet zwischen den Anforderungen für alle Institute und denen für sog. »bedeutende Institute«. Ein Institut ist bedeutend, wenn dessen Bilanzsumme im Durchschnitt zu den jeweiligen Stichtagen der letzten drei abgeschlossenen Geschäftsjahre 15 Mrd. EUR erreicht oder überschreitet, sofern auf Basis einer Risikoanalyse die fehlende Bedeutung durch das Institut nicht nachgewiesen werden kann. Vergütungssysteme müssen nach § 3 Abs. 1 InstitutsVergVO angemessen ausgestaltet

---

29   Zur Erläuterung des rechtlichen Charakters vgl. auch Bundesbank, Monatsbericht September 2011, S. 94–98.
30   Vgl. EBA: Draft Regulatory Technical Standard – On criteria to identify categories of staff whose professional activities have a material impact on an institution´s risk profile under Article 90(2) of the proposed Capital Requirements Directive (EBA/CP/2013/11); EBA: Draft Regulatory Technical Standard – On classes of instruments that are appropriate to be used for the purpose of variable renumeration under Article 94(2) of the Capital Requirement Directive (EBA/CP/2013/32).
31   Diese Verordnungsermächtigung war vormals in § 25a Abs. 5 KWG aF enthalten und wurde durch das CRD IV-UmsG erweitert. Die Verordnung kann nun auch die Ausgestaltung der Vergütungssysteme nach § 25a Abs. 5 KWG genauer regeln (insb. Entscheidungsprozesse und Verantwortlichkeiten, Verhältnis der variablen zur fixen Vergütung und der Vergütungsinstrumente für die variable Vergütung, positive und negative Vergütungsparameter, Leistungszeiträume und Zurückbehaltungszeiträume einschließlich der Voraussetzungen und Parameter für einen (vollständigen) Verlust der variablen Vergütung (§ 25a Abs. 6 Nr. 1 KWG).
32   Für Analysen zur InstitutsVergVO vgl. z. B. Friebel/Langenbucher, in: GWR 2011, S. 103; Simon/Koschker, in: BB 2011, S. 120 ff.; Insam/Hinrichs/Hörtz, in: DB 2012, S. 1568 ff.; Wolfgarten, Institutsvergütungsverordnung, in: Boos/Fischer/Schulte-Mattler, 5. Aufl.

sein; dies ist der Fall, wenn Anreize für Geschäftsleiter/innen sowie Mitarbeiter/innen zur Eingehung unverhältnismäßig hoher Risiken vermieden werden und die Vergütungssysteme nicht der Überwachungsfunktion der Kontrolleinheiten zuwiderlaufen (§ 5 Abs. 1 Nr. 2 InstitutsVergVO).

Es gelten unter anderem die folgenden allgemeinen Anforderungen an Vergütungssysteme:
- **Anreizwirkung zur Risikovermeidung.** Nach § 5 Abs. 3 InstitutsVergVO bestehen Anreize zur Eingehung unverhältnismäßig hoher Risiken, bei
  - einer signifikanten Abhängigkeit der Geschäftsleiter/innen sowie Mitarbeiter/innen von variablen Vergütungen (§ 3 Abs. 4 Nr. 2 InstitutsVergVO)[33]. Fixe und variable Vergütung sollen in einem angemessenen Verhältnis zueinander stehen (§ 6 Abs. 1 InstitutsVergVO). Institute haben (eigenverantwortlich) eine angemessene Obergrenze (Cap) zwischen fixer und variabler Vergütung festzulegen[34].
  - einzelvertraglich begründeten Ansprüchen auf Leistungen für den Fall der Beendigung der Tätigkeit, auf die trotz individueller negativer Erfolgsbeiträge ein der Höhe nach unveränderter Anspruch besteht (§ 5 Abs. 3 Nr. 2 InstitutsVergVO)[35].
- **Kontrolleinheiten.** Die Vergütungssysteme dürfen der Überwachungsfunktion der Kontrolleinheiten nicht zuwiderlaufen (§ 5 Abs. 1 Nr. 2 InstitutsVergVO). Ein Zuwiderlaufen ist gegeben, wenn sich die Höhe der variablen Vergütung von Mitarbeitern/innen der Kontrolleinheiten und den Mitarbeitern/innen der kontrollierten Einheiten maßgeblich nach den gleichlaufenden Vergütungsparametern bestimmt **und** die Gefahr eines Interessenkonflikts besteht (§ 5 Abs. 4 InstitutsVergVO). Der Gleichlauf der Vergütungsparameter stellt ein Indiz für einen Interessenkonflikt dar, den das Institut im Einzelfall zu widerlegen hat[36].

Nach Art. 450 CRR haben alle Institute mindestens jährlich ihre Vergütungspolitik zu veröffentlichen. Besondere Offenlegungsvorschriften gelten für bedeutende Institute nach § 16 InstitutsVergVO. Es liegt nahe, die Ausführungen des Vergütungsberichts nach CRR und InstitutsVergVO bei der Lageberichterstattung nach § 315a Abs. 2 HGB zu berücksichtigen.

Für **Kapitalverwaltungsgesellschaften**, die nach § 38 KAGB die bankspezifischen Rechnungslegungsnormen zu beachten haben, gelten spezifische Anforderungen an die Ausgestaltung der Vergütungssysteme (siehe § 37 KAGB). Das BMF ist ermächtigt, eine Rechtsverordnung für nähere Bestimmungen zu erlassen (§ 37 Abs. 3 KAGB).

---

33 Wann eine signifikante Abhängigkeit von variablen Vergütungen vorliegt, wird in der Verordnung nicht zahlenmäßig abgegrenzt. Eine signifikante Abhängigkeit ist zu verneinen, wenn die realistische Möglichkeit besteht, dass die variable Vergütung abhängig vom Instituterfolg oder bestimmter Einheiten vollständig abgeschmolzen wird. Vgl. BaFin, Begründung zur InstitutsVergVO, § 3 sowie VÖB (2011), S. 36.
34 Vgl. auch CEBS: Guidelines on Renumeration Policies vom 10.12.2010, S. 45. Nach den CEBS-Leitlinien hängt das angemessene Verhältnis von fixer und variabler Vergütung u. a. von der Länge des Zurückbehaltungszeitraum und der Sperrfristen, den Geschäftsarten und Risiken und der Hierarchieebene des Mitarbeiters ab.
35 Durch diese Anforderung soll erreicht werden, dass individuelle negative Erfolgsbeiträge zu einer Minderung von Abfindungsansprüchen führen. Zur näheren Analyse vgl. Friebel/Langenbucher, in: GWR 2011, S. 103; Braun/Wolfgarten, in: Boos/Fischer/Schulte-Mattler, § 25a KWG, Tz. 694.
36 Vgl. BaFin, Begründung zur InstitutsVergVO, § 3 sowie VÖB (2011), S. 41.

4.2.8 Internes Kontroll- und Risikomanagementsystem (§ 315 Abs. 2 Nr. 5 HGB)

4.2.8.1 Berichtspflicht bei Kapitalmarktorientierung

Nach § 315 Abs. 2 Nr. 4 HGB sind im Konzernlagebericht die wesentlichen Merkmale des internen Kontroll- und des Risikomanagementsystems im Hinblick auf den Konzernrechnungslegungsprozess darzustellen, sofern ein in den Konzernabschluss einbezogenes Tochterunternehmen oder das Mutterunternehmen kapitalmarktorientiert im Sinne des § 264d HGB ist. Diese Angabepflicht ist durch das BilMoG eingefügt worden und dient der Umsetzung von Art. 36 Abs. 2 der Änderungsrichtlinie zur EU-Bilanzrichtlinie. Die Angabepflicht für den Konzernabschluss setzt voraus, dass das Mutterunternehmen oder ein einbezogenes Tochterunternehmen kapitalmarktorientiert im Sinne des § 264d HGB ist. Kapitalmarktorientierte Tochterunternehmen, die aufgrund von § 296 HGB nicht in den Konzernabschluss einbezogen werden, lösen keine Angabepflicht aus. Berichtspflichtig sind auch nicht-kapitalmarktorientierte Mutterunternehmen, sofern mindestens ein kapitalmarktorientiertes Tochterunternehmen in den Konzernabschluss einbezogen wird[37]. Der Wortlaut von § 315 Abs. 2 Nr. 4 HGB verlangt nicht, dass es sich bei den einbezogenen Tochterunternehmen um eine kapitalmarktorientierte **Kapital**gesellschaft handeln muss; kapitalmarktorientierte Personengesellschaften würden mithin gleichermaßen eine Berichtspflicht auslösen. Bei den einzubeziehenden Gesellschaften muss es sich um einbezogene Tochterunternehmen handeln. Einbezogene kapitalmarktorientierte Gemeinschaftsunternehmen lösen keine Berichtspflicht aus[38].

4.2.8.2 Rahmenbedingungen interner Risikomanagement- und Kontrollsysteme bei Instituten

4.2.8.2.1 Aufsichtsrechtliche Anforderungen

Kredit- und Finanzdienstleistungsinstitute haben aufgrund von § 25a KWG über ein angemessenes und wirksames Risikomanagementsystem zu verfügen, welches unter anderem auch die Einrichtung interner Kontrollverfahren mit einem internen Kontrollsystem umfasst. Die Berichtspflicht nach § 315 Abs. 2 Nr. 4 HGB beschränkt sich lediglich auf die **rechnungslegungsspezifischen Aspekte** des internen Kontroll- und Risikomanagmentsystems (IKS), da »Angaben zu dem nicht rechnungslegungsbezogenen Teil des internen Risikomanagementsystems möglicherweise berechtigte schutzwürdige Interessen der Unternehmen«[39] gefährden könnte. Das rechnungslegungsbezogene IKS zielt darauf ab, »dass

- Geschäftsvorfälle in Übereinstimmung mit den gesetzlichen Vorschriften vollständig und zeitnah, mit dem richtigen Wert, in der richtigen Buchungsperiode und auf den richtigen Konten erfasst werden,

---

37 Vgl. Pellens/Fülbier, in: MüKom HGB, § 315 HGB, Tz. 60.
38 Vgl. Grottel, in: BBK, 11. Aufl., § 315a HGB, Tz. 220.
39 BT-Drs 16/10067, S. 77; ebenso Melcher/Mattheus, in: DB Sonderbeilage 5/2009, S. 77.

- Geschäftsvorfälle in Übereinstimmung mit der Satzung oder dem Gesellschaftsvertrag und den generellen oder besonderen Regelungen des Managements erfasst, verarbeitet und dokumentiert werden,
- Buchführungsunterlagen richtig und vollständig sind,
- Inventuren ordnungsgemäß durchgeführt und bei festgestellten Inventurdifferenzen geeignete Maßnahmen eingeleitet werden,
- die Vermögensgegenstände und Schulden im Abschluss zutreffend angesetzt, ausgewiesen und bewertet werden und dass
- verlässliche und relevante Informationen zeitnah und vollständig bereitgestellt werden«[40].

Bei Instituten hat das interne Kontrollsystem den Anforderungen des KWG zu genügen, die durch die MaRisk sowie weitere Verlautbarungen und Rundschreiben der BaFin präzisiert werden. Die konkrete Ausgestaltung des internen Risikomanagementsystems hängt nach § 25a Abs. 1 S. 4 KWG von Art, Umfang, Komplexität und Risikogehalt der Geschäftstätigkeit ab. Die konkrete Ausgestaltung liegt in der Verantwortung der Geschäftsführung des Instituts. Die Geschäftsleiter haben im Rahmen ihrer Gesamtverantwortung »die Richtigkeit des Rechnungswesens und der Finanzberichterstattung sicherzustellen; dies schließt die dazu erforderlichen Kontrollen in Übereinstimmung mit den gesetzlichen Bestimmungen und den relevanten Standards ein« (§ 25c Abs. 3 Nr. 5 KWG). Institute haben unter anderem die folgenden aufsichtsrechtlichen sowie institutsspezifischen Anforderungen an die Rechnungslegung zu beachten:

- **Aufstellungs- und Einreichungsfristen.** Nach § 26 KWG haben Institute spezifische Fristen zur Aufstellung, Feststellung und Einreichung von Jahres- und Konzernabschlüssen sowie (Konzern)Lageberichten bei der BaFin und Deutschen Bundesbank zu beachten (im Einzelnen siehe Kapitel I.4.1).
- **Aufbewahrungs- und Aufzeichnungspflichten.** Nach § 25a Abs. 1 S. 6 Nr. 2 KWG besteht für Institute die Pflicht, »eine vollständige Dokumentation der Geschäftstätigkeit (vorzuhalten), die eine lückenlose Überwachung durch die Bundesanstalt für ihren Zuständigkeitsbereich gewährleistet; erforderliche Aufzeichnung sind mindestens fünf Jahre aufzubewahren«, soweit sich nach § 257 HGB keine längeren Fristen ergeben. Die Aufzeichnungs- und Aufbewahrungspflichten umfassen für inländische Institute alle weltweit abgeschlossenen Geschäfte; inländische Zweigstellen bzw. -niederlassungen ausländischer Institute haben die Aufzeichnungspflichten nur für die Geschäfte zu beachten, die die inländische Zweigstelle bzw. -niederlassung betreffen[41]. Unterlagen, für die keine gesetzliche Aufbewahrungspflicht nach KWG oder HGB bestehen sind nach MaRisk AT 6, Tz. 1 zwei Jahre aufzubewahren. Für rechnungslegungsbezogene Unterlagen und Daten, die für aufsichtsrechtliche Zwecke relevant sind, besteht nach § 25a Abs. 1 S. 6 Nr. 2 KWG eine Aufbewahrungspflicht von fünf Jahre (z.B. Abgrenzungskriterien Handelsbuch/Anlagebuch sowie zugehörige Arbeitsanweisungen, Grenzen für Nichthandelsbuchinstitute), sofern sich nach § 257 HGB (bzw. § 147 AO)

---

40 IDW PS 261, Tz. 22.
41 Vgl. Braun, in: Boos/Fischer/Schulte-Mattler, 5. Aufl., § 25a KWG, Tz. 662.

keine längere Frist ergibt. Marktpreisdaten (z. B. für Handelsbuchpositionen oder Fremdwährungspositionen) müssen nur 2 Jahre aufbewahrt werden, sofern kein Verdacht auf Unregelmäßigkeiten besteht und das Institut eine Gesamtkennziffer von mindestens 8 % aufweist[42]. Bei der Art der Aufbewahrung sind die GoBS zu beachten[43].

- **Auslagerungen.** Werden Aktivitäten und Prozesse im Zusammenhang mit der Abschlusserstellung ausgelagert, so sind die Anforderungen des § 25b KWG zu beachten. Insbesondere darf die Auslagerung nicht zu einer Übertragung der Verantwortung auf das Auslagerungsunternehmen führen (§ 25b Abs. 2 KWG). Ferner darf die BaFin durch die Auslagerung nicht in der Wahrnehmung ihrer Aufgaben gehindert werden; die Auskunfts- und Prüfungsrechte sowie die Kontrollmöglichkeiten der BaFin müssen bei einer Auslagerung auf ein Unternehmen außerhalb des EWR gewährleistet sein (§ 25 Abs. 3 KWG).

- **Prüfungsausschuss.** Nach § 25d Abs. 9 KWG ist ein Prüfungsausschuss zu bilden, der das Verwaltungs- und Aufsichtsorgan bei der Überwachung des Rechnungslegungsprozesses, der Wirksamkeit des Risikomanagementsystems, insbesondere des internen Kontrollsystems und der Internen Revision, der Durchführung der Abschlussprüfungen (insbesondere hinsichtlich der Unabhängigkeit des Abschlussprüfers und der vom Abschlussprüfer erbrachten Leistungen) sowie bei der zügigen Behebung der vom Prüfer festgestellten Mängel unterstützt. Der Vorsitzende des Prüfungsausschusses muss über Sachkunde auf den Gebieten der Rechnungslegung und Abschlussprüfung verfügen[44].

- **Bildung von Risikovorsorge im Kreditgeschäft.** Institute haben Kriterien festzulegen, »auf deren Grundlage unter Beachtung der angewandten Rechnungslegungsnormen Wertberichtigungen, Abschreibungen und Rückstellungen für das Kreditgeschäft (einschließlich der Länderrisikovorsorge) zu bilden sind (z. B. ein institutsinternes Forderungsbewertungsverfahren). Die erforderliche Risikovorsorge ist zeitnah zu ermitteln und fortzuschreiben (…)«[45]. Empfehlungen für eine sachgerechte Bilanzierung von Krediten wurden zudem vom Baseler Ausschuss sowie der EBA formuliert[46]. Als Grundlage einer sachgerechten Bilanzierung werden dort unter anderem ein angemessenes Risikomanagementsystem für das Kreditrisiko sowie schriftlich fixierte Grundsätze und Verfahren zum Ansatz und Bewertung von Wertminderungen aufgeführt.

---

42 Vgl. BAKred: Rundschreiben 3/2002 vom 18.02.2002 (I 5-E 61-1/1994) – Aufbewahrungsfristen für Marktpreisdaten von Handelsbuchpositionen und Rohwarenpositionen des Anlagebuchs sowie der Meldungen zum GS I sowie BAKred: Schreiben vom 21.02.2002 (I 5-E 61-1/1994) – Aufbewahrungsfristen für Fremdwährungspositionen.
43 Siehe insb. IDW RS FAIT 1, FAIT 3 und FAIT 4 sowie BMF-Schreiben vom 07.11.1995 (BMF IV A 8-S 0316-52/95): Schreiben betr. Grundsätze ordnungsmäßiger DV-gestützter Buchführungssysteme (GoBS), in: BStBl. I 1995, S. 738 ff.
44 Diese Anforderungen wurden aufgrund der EBA Guidelines on Internal Governance ins KWG aufgenommen. Der Wortlaut und die Anforderungen orientieren sich an § 107 Abs. 3 und 4 AktG; die Anforderungen von Sachverstand auf den Gebieten der Rechnungslegung und Abschlussprüfung orientiert sich an § 197 Abs. 5 AktG in Verbindung mit § 100 Abs. 5 AktG. Siehe BR Drs 510/12, S. 144.
45 MaRisk, BTO 1.2.6.
46 Vgl. Bank für Internationalen Zahlungsausgleich: Sachgerechte Methoden der Bilanzierung von Krediten und Offenlegung, Basel 1999; sowie EBA/GL/2017/06.

- **Zuordnung zum Handelsbuch.** Nach Art. 102 ff. CRR sind diverse organisatorische Bedingungen zur Zuordnung von Finanzinstrumenten zum Handelsbuch durch das Institut zu erfüllen. Aufgrund des regelmäßigen Gleichlaufs zwischen Handelsbuch und Handelsbestand gewinnen die organisatorischen Rahmenbedingungen zur Zuordnung zum Handelsbuch unmittelbare Relevanz für den Rechnungslegungsprozess (im Einzelnen siehe Kapitel III.1.2.1).
- **Bewertung von Handelsbuchpositionen.** Nach Art. 105 CRR sind die Handelsbuchpositionen täglich zu bewerten. Die organisatorischen und materiellen Anforderungen an die Bewertung von Handelsbuchpositionen für Zwecke des Risikocontrollings auf der Grundlage von Art. 105 CRR werden durch den EBA RTS on Prudent Valuation näher bestimmt. Danach haben Handelsbuchinstitute hinsichtlich der Bewertung von Handelsbuchpositionen geeignete Systeme und Kontrollprozesse einzurichten und ständig fortzuführen. Diese Systeme und Kontrollprozesse müssen über schriftlich niedergelegte Vorgaben und Verfahrensweisen für den Bewertungsprozess der dem Handelsbuch zuzurechnenden Geschäfte verfügen und gewährleisten, dass diese vorsichtig und zuverlässig bewertet werden. Diese Systeme und Kontrollprozesse müssen diverse Anforderungen hinsichtlich ihrer Beschaffenheit und **Dokumentation** erfüllen (im Einzelnen siehe Kapitel III.1.2.1).
- **Kapitalverwaltungsgesellschaften.** Kapitalverwaltungsgesellschaften, die über §38 KAGB zur Beachtung der bankspezifischen Rechnungslegungsnormen verpflichtet sind, haben hinsichtlich der Anforderungen an ein rechnungslegungsbezogenes internes Kontroll- und Risikomanagementsystem die §28 Abs. 1 S. 1 Nr. 6 u. Nr. 8 KAGB zu beachten, wonach Kapitalverwaltungsgesellschaften eine vollständige Dokumentation der ausgeführten Geschäfte vorzuhalten haben, die insb. gewährleistet, »dass jedes das Investmentvermögen betreffende Geschäft nach Herkunft, sowie Art und Abschlusszeitpunkt und -ort rekonstruiert werden kann«; Kapitalverwaltungsgesellschaften sind zu einer ordnungsgemäßen Verwaltung und Buchhaltung verpflichtet.

4.2.8.2.2 Internationale Rahmenbedingungen

Während der deutsche Gesetzgeber im Rahmen des BilMoG offen gelassen hat, welche Soll-Anforderungen an ein internes Risikomanagement- und Kontrollsystem zu stellen sind, existieren auf internationaler Ebene zahlreiche Rahmenwerke, die die grundsätzlichen Bestandteile und Strukturen von internen Risikomanagement- und Kontrollsystemen beschreiben.

- **COSO-Framework.** Das bekannteste Rahmenwerk stellt das COSO-Framework dar, das vom Committee of Sponsoring Organizations of the Tradeway Commission (COSO)[47] verlautbart und 2013 und 2017 überarbeitet wurde[48]. Das COSO-Dokument »Internal Control – Integrated Framework« beschreibt die grundsätzlichen Bestandteile und strukturellen Zusammenhänge interner Kontrollsysteme und definiert unter anderem auch Anforderungen an interne Verfahren zur Kontrolle des externen Rechnungslegungsprozesses[49].

---

47 COSO ist ein Zusammenschluss mehrerer Berufsverbände, denen unter anderem das AICPA, die American Accounting Association und das Institute of Management Accountants angehören.
48 Zur Überarbeitung des Regelwerks vgl. Dierks/Sandmann/Herre, in: CCZ 2013, S. 164 ff.
49 Zur Konkretisierung von COSO hinsichtlich der Anforderungen nach §289 Abs. 5 bzw. 315 Abs. 2 Nr. 5 HGB vgl. Nimwegen/Koelen, in: DB 2010, S. 2011–2015.

- **SOX Section 404.** Am 30.07.2002 ist der Sarbanes-Oxley Act (SOX) in Kraft getreten mit dem Ziel, nach einer Reihe von Bilanzskandalen das Vertrauen der Investoren in öffentliche Finanzinformationen zurückzugewinnen[50]. Durch die SOX Section 404 wird das Management verpflichtet, ein wirksames internes Kontroll- und Risikomanagementsystem einzurichten und die Wirksamkeit zu dokumentieren. Das Management hat die Wirksamkeit des IKS jährlich zu bewerten und die Bewertung zu veröffentlichen; diese Erklärung ist durch den Abschlussprüfer zu testieren und mit einer eigenen Stellungnahme zur Zuverlässigkeit des IKS zu versehen[51].
- **Sonstige.** Neben den oben genannten Rahmenwerken existieren diverse andere – zum Teil nationale entwickelte – Anforderungen an interne Risikomanagement- und Kontrollsysteme, die vielfach das COSO-Framework als Basis haben (z. B. CoCo[52], Turnbull Guidance[53], AMF Reference Framework[54])[55]. Ebenso basieren internationale Prüfungsstandards wie ISA 315, 330 und 400 sowie auch der deutsche Prüfungsstandard IDW PS 261 auf dem COSO-Framework.

4.2.8.3 Berichtspflicht

Die Berichtspflicht ist beschränkt auf die Darstellung der »Grundsätze, Verfahren und Maßnahmen zur Sicherung der Wirksamkeit und Wirtschaftlichkeit der Rechnungslegung, zur Sicherung der Ordnungsmäßigkeit der Rechnungslegung sowie zur Sicherung der Einhaltung der maßgeblichen rechtlichen Vorschriften«[56]. Es geht mithin um die Beschreibung von Organisations-, Kontroll- und Überwachungsstrukturen zur Sicherstellung einer ordnungsgemäßen Buchführung und Bilanzierung und nicht um die Darstellung von bilanziellen Risiken als solche[57]. Es ist nur auf die Teile des IKS einzugehen, die den Konzernabschluss und Konzernlagebericht wesentlich beeinflussen (DRS 20, Tz. K170). Eine eigenständige Würdigung der gesetzlichen Vertreter des Instituts über die Funktionsfähigkeit des IKS ist nicht erforderlich, jedoch freiwillig möglich[58]. Nach IDW PS 261, Tz. 22 sind die auf die Sicherung der Ordnungsmäßigkeit und Verlässlichkeit der Rechnungslegung (Buchführung, Abschluss, Lagebericht) gerichteten Teile des internen Kontrollsystems sämtlich für die Abschlussprüfung von Bedeutung.

---

50 Zur Erläuterung der spezifischen Anforderungen von SOX zur Verbesserung der Finanzberichterstattung vgl. Wolf, in: BC 2003, S. 268 ff.; Büssow/Taetzner, in: BB 2005, S. 2437–2443.
51 Vgl. Bungartz (2011), S. 24.
52 Vgl. Canadian Institute of Chartered Accountants: Guidance on criteria of control, CA Magazine 1995.
53 Vgl. Financial Reporting Council: International Control – Revised Guidance for Directors on the Combined Code, October 2005.
54 Vgl. Autorité des marchés financier: Consultation sur les résultats des travaux du groupe de place établi sous l´égide de l´AMF – le dispositif de contrôle interne: cadre de reference, décembre 2006.
55 Für einen Überblick vgl. Withus, in: DB Sonderbeilage 5/2009, S. 82 ff. sowie Withus, in: KoR 2009, S. 440 f.
56 BT-Drs 16/10067, S. 77.
57 Vgl. Melcher/Mattheus, in: DB Sonderbeilage 5/2009, S. 78.
58 Vgl. BT-Drs 16/10067, S. 76; Gelhausen/Fey/Kämpfer (2009), Q 317 (S. 441); DRS 20, Tz. K178. Im Gegensatz zu BilMoG ist nach 404(a) SOX der Annual Report nach 20-F um einen sog. »Internal Control Report« zu ergänzen, in dem das Management die Effektivität des internen Kontrollsystems zu beurteilen hat. Vgl. Wolf, in: DStR 2009, S. 923. Wesentliche Schwächen des IKS sind nach § 171 Abs. 1 S. 2 AktG durch den (Konzern)-Abschlussprüfer dem Aufsichtsrat bzw. dem Prüfungsausschuss zu berichten. Zur näheren Erläuterung vgl. Withus, in: DB Sonderbeilage 5/2009, S. 83.

Die Berichtsinhalte sind im Einzelnen gesetzlich nicht vorgegeben. Die Ausführungen haben die wesentlichen Merkmale der für den Konzernabschluss und -lagebericht relevanten Rechnungslegungsprozesse der einbezogenen Unternehmen sowie die wesentlichen Merkmale des Konsolidierungsprozesses zu umfassen (DRS 20, Tz. K 173). Sofern das IKS auf einem allgemein anerkannten Rahmenkonzept (z. B. COSO) basiert, so ist dies anzugeben (DRS 20, Tz. K172). Nach DRS 20, Tz. K174 **muss** der Konzernlagebericht **in Bezug auf das interne Kontrollsystem** die folgenden Ausführungen umfassen (DRS 20, Tz. K174):

- Grundsätze und Verfahren zur Sicherstellung der Wirksamkeit (Sicherstellung der Normenkonformität des Konzernabschlusses und -lageberichts) der Kontrollen im Konzernrechnungslegungsprozess.
- das interne Revisionssystem, soweit es Maßnahmen in Bezug auf das Kontrollziel betrifft.

Für Ausführungen zum **internen Kontrollsystem** in Bezug auf die Rechnungslegungsprozesse sowie die Konzernrechnungslegungsprozesse **kann** z. B. eingegangen werden auf (DRS 20, Tz. K175 u. K176):

- Bilanzierungsrichtlinien,
- Organisation und Kontrolle der Buchhaltung, Ablauf der Abschlusserstellung
- Grundzüge der Funktionstrennung
- Aufgabenzuordnung bei der Erstellung von Abschlüssen
- Mitwirkung externer Dienstleister
- Zugriffsregelungen im EDV-System
- Aufgaben der Internen Revision im Zusammenhang mit der Rechnungslegung
- Kontrollprozesse

Die Ausführungen in Bezug auf das **Risikomanagementsystem müssen** umfassen (DRS 20, Tz. K177):

- Maßnahmen zur Identifizierung und Bewertung von Risiken, die dem Ziel der Normenkonformität entgegenstehen könnten,
- Maßnahmen zur Begrenzung erkannter Risiken,
- Maßnahmen im Zusammenhang mit der Überprüfung erkannter Risiken hinsichtlich ihres Einflusses auf den Konzernabschluss und die entsprechende Abbildung dieser Risiken.

Die Angaben zum internen Kontroll- und Risikomanagementsystem in Bezug auf den Rechnungslegungsprozess können zusammen mit den Angaben nach § 289 Abs. 2 Nr. 2 bzw. § 315 Abs. 2 Nr. 2 HGB zu einem einheitlichen Risikobericht zusammengefasst werden[59].

Nach DRS 20, Tz. K178 ist im Konzernlagebericht anzugeben (Negativvermerk), sofern kein internes Kontroll- oder kein Risikomanagementsystem im Hinblick auf den (Konzern) Rechnungslegungsprozess besteht. Eine solche Negativerklärung würde bei Instituten einer Nichtbeachtung der Anforderungen des § 25a KWG gleichkommen und dürfte bei Instituten, für die eine Berichtspflicht nach § 289 Abs. 5 bzw. § 315 Abs. 2 Nr. 5 HGB besteht, daher nicht vorkommen.

---

59   Vgl. BT-Drs 16/10067, S. 77 sowie DRS 20, Tz. K171.

4.2.9 Übernahmerelevante Angaben (§ 315a Abs. 1 HGB)

Institute in der Rechtsform einer Aktiengesellschaft oder Kommanditgesellschaft auf Aktien, die einen organisierten Markt im Sinne des § 2 Abs. 7 WpÜG durch von ihnen ausgegebenen stimmberechtigten Aktien in Anspruch nehmen, haben die übernahmerechtlichen Angaben des § 315a Abs. 1 HGB zu beachten. Für Institute ergeben sich bis auf die folgenden Punkte keine institutsspezifischen Besonderheiten, so dass zur Erläuterung auf das allgemeine Schrifttum verwiesen werden kann:

- Nach **§ 315a Abs. 1 Nr. 2 HGB** sind Beschränkungen anzugeben, die Stimmrechte oder die Übertragung von Aktien betreffen, auch wenn sie sich aus Vereinbarungen zwischen Gesellschaftern ergeben können, soweit sie dem Vorstand bekannt sind. Sofern Sondervereinbarungen mit dem Finanzmarktstabilisierungsfonds (SoFFin) zur Ausübung von Stimmrechten im Falle der Gewährung von Stabilisierungsmaßnahmen bestehen, ist dies anzugeben[60].
- Nach **§ 315a Abs. 1 Nr. 6 HGB** sind die gesetzlichen Vorschriften und Bestimmungen der Satzung über die Ernennung und Abberufung der Mitglieder des Vorstands und über die Änderung der Satzung anzugeben. Bei Instituten ist die Ernennung von Vorständen von einer entsprechenden Erlaubnis der BaFin abhängig. Sofern einzelne Mitglieder des Vorstands nicht zuverlässig sind oder die erforderliche fachliche Eignung nicht aufweisen oder wenn das Institut nicht über die erforderliche Anzahl von Vorständen verfügt, kann die BaFin einen Sonderbeauftragten bestellen, der die Aufgaben und Befugnisse der jeweiligen Person übernimmt (§ 45c KWG). Besteht Gefahr für die Erfüllung der Verpflichtungen eines Instituts gegenüber seinen Gläubigern oder der begründete Verdacht, dass eine wirksame Aufsicht über das Institut nicht möglich ist, kann die BaFin zur Abwendung dieser Gefahr Inhabern oder Geschäftsleitern die Ausübung der Tätigkeit untersagen oder einschränken (§ 46 Abs. 1 S. 2 Nr. 3 KWG).
- Nach **§ 315a Abs. 1 Nr. 8 HGB** sind wesentliche Vereinbarungen des Mutterunternehmens, die unter der Bedingung des Kontrollwechsels infolge eines Übernahmeangebots stehen, und die hieraus folgenden Wirkungen anzugeben. Bei Instituten können z. B. im Rahmen von ISDA-Master Agreements ggf. Change-of-Control-Klauseln vereinbart sein, die zu einer Beendigung der Verträge führen können.

4.2.10 Erklärung zur Unternehmensführung (§§ 315d, 289f HGB)

Institute in der Rechtsform der börsennotierten Aktiengesellschaft sowie Aktiengesellschaft, die ausschließlich Wertpapiere als Aktien zum Handel an einem organisierten Markt ausgegeben hat und deren ausgegebene Aktien auf eigene Veranlassung über ein multilaterales Handelssystem gehandelt werden, haben eine Erklärung zur Unternehmensführung im Sinne des § 289f HGB im Lagebericht aufzunehmen. Diese ist ebenfalls Teil des Konzernlageberichts (§ 315d HGB). Es gelten keine institutsspezifischen Regelungen, so dass auf die

---

60 Vgl. z. B. Aareal Bank: Konzerngeschäftsbericht 2012, S. 122.

allgemeine Literatur verwiesen werden kann[61]. In die Erklärung zur Unternehmensführung sind die Angaben nach § 289f Abs. 2 Nr. 6 HGB aufzunehmen, wenn das Institut in entsprechender Anwendung des § 267 Abs. 3 S. 1 und Abs. 4, 5 HGB als groß gilt (§ 340a Abs. 1b HGB). Gleiches gilt für den Konzernlagebericht (§ 340i Abs. 6 HGB).

4.2.11 Nichtfinanzielle Erklärung

Ein Kreditinstitut hat den (Konzern)Lagebericht um einen nichtfinanzielle Erklärung i. S. d. §§ 289b-d HGB zu erweitern, wenn es in entsprechender Anwendung der §§ 267 Abs. 3 S. 1, Abs. 4, 5 HGB bzw. § 293 Abs. 1 S. 1 Nr. 1 u. 2 HGB als groß gilt und mehr als 500 Arbeitnehmer beschäftigt (§§ 340a Abs. 1a, 340i Abs. 5 HGB). Wenn die nichtfinanzielle Erklärung einen besonderen Abschnitt des Lageberichts bildet, darf das Kreditinstitut auf die an anderer Stelle im Lagebericht enthaltenen nichtfinanziellen Angaben verweisen (§ 340 Abs. 1a S. 2 HGB). Von der Pflicht zur Abgabe einer nichtfinanziellen Erklärung nach §§ 340a Abs. 1a HGB sind alle Unternehmen mit mehr als 500 Arbeitnehmer erfasst, die als Kreditinstitute **im Sinne des § 340 HGB** gelten[62].

4.2.12 Zweigniederlassungen (§ 315 Abs. 2 Nr. 3 HGB)

Nach § 315 Abs. 2 Nr. 3 HGB ist im Konzernlagebericht einzugehen auf wesentliche Zweigniederlassungen der insgesamt in den Konzern einbezogenen Unternehmen. Hierbei kann auf die geografische Verbreitung und den Geschäftszweck der Niederlassungen eingegangen werden (DRS 20, Tz. 38b). Nach DRS 20, Tz. 38c sind in diesem Zusammenhang der Sitz der in- und ausländischen Zweigniederlassungen, eine abweichende Firmierung, wenn die Zugehörigkeit zur Hauptniederlassung nicht erkennbar ist, sowie die wesentlichen Veränderungen gegenüber dem Vorjahr anzugeben.

4.3 Risikobericht von Instituten

4.3.1 Rechtliche Rahmenbedingungen

Nach § 315 Abs. 1 S. 4 HGB sind im Konzernlagebericht die voraussichtliche Entwicklung mit ihren wesentlichen Chancen und Risiken zu beurteilen und zu erläutern und die zugrundeliegenden Annahmen anzugeben. Nach DRS 20, Tz. 135 umfasst der Risikobericht Angaben zum Risikomanagementsystem (siehe Kapitel VIII.4.3.2), Angaben zu den einzelnen

---

61 Vgl. z. B. Kuthe/Geiser, in: NZG 2008, S. 172; Bischof/Selch, in: Wpg 2008, S. 1027 f., Strieder, in: BB 2009, S. 1002; für eine Darstellung der Corporate Governance von Banken vgl. Wohlmannstetter, in: Hopt/Wohlmannstetter, S. 31–73.
62 Vgl. Mehring/Hartke/Pieper, in: WPg 2018, S. 494 f.

Risikoarten (siehe Kapitel VIII.4.3.3) sowie eine zusammenfassende Darstellung der Risikolage (siehe Kapitel VIII.4.3.4). Die allgemeine Auslegung dieser Angabepflicht in DRS 20, Tz. 135–164 (Risikobericht) sowie Tz. 93f (Liquiditätsrisiko) wird für Kredit- und Finanzdienstleistungsinstitute durch Anlage 1 zu DRS 20 ergänzt bzw. modifiziert. Durch die geschäftszweigspezifische Modifizierung der allgemeinen Vorschriften durch Anlage 1 zu DRS 20 wird berücksichtigt, dass Institute ein Risikomanagement zu implementieren haben, welches umfangreichen gesetzlichen und bankaufsichtlichen Vorgaben genügen muss.

Das Risikomanagement von Kredit- und Finanzdienstleistungsinstituten ist umfänglich reguliert. So beinhaltet nach §25a Abs. 1 S. 3 KWG eine ordnungsgemäße Geschäftsorganisation, dass ein Institut über ein angemessenes und wirksames Risikomanagementsystem verfügt, auf dessen Basis die Risikotragfähigkeit laufend sicherzustellen ist. Nach §25a Abs. 1 S. 3 KWG besteht das Risikomanagement aus den drei Kernelementen[63]:
- Festlegung von Strategien
- Risikotragfähigkeitskonzeption
- Einrichtung interner Kontrollverfahren.

Die aufsichtsrechtlichen Anforderungen an ein Risikomanagement umfassen dabei nicht nur organisatorische Verhaltens- und Regelungspflichten[64], sondern auch materielle Vorgaben an die fachliche und methodische Ausgestaltung des Risikomanagements. Letzteres manifestiert sich insbesondere in den aufsichtlichen Anforderungen an bankinterne Risikotragfähigkeitskonzepte, die durch die Bankenaufsicht insbesondere in den MaRisk (AT 4.1) sowie durch das Schreiben der Bankenaufsicht vom 07.12.2011 bzw. aus September 2017[65] formuliert werden.

Nach §11 PrüfBV hat der Abschlussprüfer die Angemessenheit des Risikomanagements nach §25a Abs. 1 S. 3 KWG sowie die weiteren Anforderungen an die Ordnungsmäßigkeit der Geschäftsorganisation nach §25a Abs. 1 S. 6 Nr. 1 KWG zu beurteilen. Dabei ist insbesondere auf Adressenausfallrisiken, Marktpreisrisiken, Liquiditätsrisiken und operationelle Risiken einzugehen. Die Risikomanagementziele und -politik ist im Offenlegungsbericht nach Art. 435 CRR zu erläutern.

---

63 Vgl. Bitterwolf, in: Reischauer/Kleinhans, §25a KWG, Tz. 6.
64 Z.B. Aufbau- und ablauforganisatorische Regelungen, Prozesse zur Identifizierung, Beurteilung, Steuerung sowie Überwachung von Risiken. Institute haben in diesem Zusammenhang insb. die organisatorischen Anforderungen der MaRisk zu beachten. Vgl. BaFin-Rundschreiben 09/2017 vom 27.10.2017: Mindestanforderungen an das Risikomanagement – MaRisk.
65 Vgl. BaFin-Schreiben vom 07.12.2011: Aufsichtliche Beurteilung bankinterner Risikotragfähigkeitskonzepte (BA 54-K3000-2010/006); derzeit in Überarbeitung durch BaFin-Diskussionspapier: Aufsichtliche Beurteilung bankinterner Risikotragfähigkeitskonzepte und deren prozessualer Einbindung in die Gesamtbanksteuerung (»ICAAP«) – Neuausrichtung, September 2017.

4.3.2 Angaben zum Risikomanagementsystem

4.3.2.1 Überblick über die Angabepflichten

Nach DRS 20, Tz. 135 umfasst die Risikoberichterstattung Angaben zum
- Risikomanagementsystem,
- Angaben zu den einzelnen Risiken sowie
- eine zusammenfassende Darstellung der Risikolage.

Nach DRS 20, Tz. K137 haben **kapitalmarktorientiert** Mutterunternehmen, die Merkmale des konzernweiten Risikomanagementsystems darzustellen. Hierbei ist auf Ziele, Strategien, Strukturen und Prozesse des Risikomanagementsystems einzugehen. Diese Angabepflicht gilt **für Institute** aufgrund von DRS 20, Tz. A1.1 unabhängig von einer eventuellen Kapitalmarktorientierung. Institute haben als Mutterunternehmen mithin stets die Vorgaben in DRS 20, Tz. K137–145 zu beachten, auch wenn sie nicht kapitalmarktorientiert im Sinne des § 264d HGB sind. Dabei ist auf die institutsspezifischen Besonderheiten von Risikomanagementsystemen einzugehen.

In Bezug auf das **Risikomanagementsystem** bestehen institutsspezifische Besonderheiten hinsichtlich der Identifikation und Bewertung von Risiken, der Risikokapitalallokation, dem Überwachungs- und Berichtswesen und der Sicherung der Funktionsfähigkeit und Wirksamkeit von Steuerungs- und Überwachungssystemen (DRS 20, Tz. A1.2). In Bezug auf das Risikomanagementsystem ist anzugeben:

- Der Umstand, ob das Risikomanagementsystem auf einem allgemein anerkannten **Rahmenkonzept** (z. B. COSO) beruht (DRS 20, Tz. K139).
- Wesentliche Veränderung des Risikomanagementsystems gegenüber dem **Vorjahr** (DRS 20, Tz. K139).
- **Ziele und Strategien** des Risikomanagements. Diese Angabepflicht besteht für Institute auch nach Art. 435 CRR im Säule III-Bericht. Im Zusammenhang mit Zielen und Strategien des Risikomanagements ist anzugeben, ob und ggf. welche Risiken grundsätzlich nicht erfasst bzw. vermieden werden (DRS 20, Tz. K140).
- **Risikokonsolidierungskreis**, sofern dieser vom handelsrechtlichen Konsolidierungskreis abweicht (DRS 20, Tz. K142). Eine Angabepflicht hinsichtlich der Abgrenzung von aufsichtsrechtlichem und bilanziellem Konsolidierungskreis besteht für Institute bereits nach Art. 436 CRR.
- Darstellung der **Risikomanagementprozesse** in Bezug auf die Identifikation, Bewertung, Steuerung und Kontrolle der Risiken sowie die interne Überwachung dieser Abläufe sowie Angabe über Prüfung des Risikomanagementsystems durch die interne Revision (DRS 20, Tz. K144). Institute haben in diesem Zusammenhang einzugehen auf die geschäftszweigspezifischen Besonderheiten hinsichtlich der Verfahren zur Identifikation und Bewertung von Risiken sowie zur **Risikokapitalallokation** (siehe unten), das Überwachungs- und Berichtswesen, der Sicherung der Funktionsfähigkeit und der

Wirksamkeit des Steuerungs- und Überwachungssystems (DRS 20, Tz. A1.2)[66]. Eine Darstellung der Komponenten des Risikomanagementsystems hat auch nach Art. 435 CRR zu erfolgen. In diesem Zusammenhang wird von den Instituten regelmäßig über die organisatorische Struktur des Risikomanagements einschließlich der Entscheidungsprozesse und Zuständigkeiten (z. B. Gremienstruktur und Aufgabe der Gremien, Funktionstrennung usw.) berichtet. Dies schließt auch eine Beschreibung von Art und Umfang sowie des internen Berichtswesens (Risikoberichte, Managementinformationssysteme) ein. Vor diesem Hintergrund ist zu beschreiben, mit welchen Messmethoden, Limitsystemen und Risikominderungstechniken das Institut die laufende Wirksamkeit der Risikoabsicherung bzw. -minderung der getroffenen Maßnahmen überwacht.

- Auf die Prüfung des Risikofrüherkennungs- und internen Überwachungssystems durch den **Abschlussprüfer** nach § 317 Abs. 4 HGB kann eingegangen werden (DRS 20, Tz. K145).

4.3.2.2 Institutsspezifische Anforderungen zur Risikokapitalallokation (Risikotragfähigkeit)

4.3.2.2.1 Regulatorische Anforderungen

Nach § 25a KWG haben Institute ihre Risikotragfähigkeit laufend sicherzustellen. Für Institute bestehen spezifische gesetzliche sowie behördliche Anforderungen[67] zur Ausgestaltungen von Risikotragfähigkeitsrechnungen und -konzeptionen, die als eine Konkretisierung von § 25a KWG anzusehen sind. Die Risikotragfähigkeit stellt ein wesentliches Element der Gesamtbanksteuerung eines Instituts dar[68].

Risikotragfähigkeit ist gegeben, wenn »die wesentlichen Risiken des Instituts durch das Risikodeckungspotenzial, unter Berücksichtigung der Risikokonzentration, laufend abgedeckt sind«[69] Das **Risikodeckungspotenzial** sind die »dem Institut zur Verfügung stehenden Instrumente mit verlustabsorbierender Wirkung, die zwar nicht deckungsgleich aber zumindest angelehnt an die Eigenmittel des Instituts sein müssen«[70]. Das Risikodeckungspotenzial stellt die Maximalgröße verlustabsorbierender Mittel dar. Die Teilmenge des Risikodeckungspotenzials, die zur Abdeckung von Risiken zur Verfügung gestellt werden soll, wird als **Risikodeckungsmasse** bezeichnet[71]. Welcher Anteil des Risikodeckungspotenzials als Risikodeckungsmasse gewählt wird, ist eine Managemententscheidung und

---

66 Diesbezüglich sei auf die institutsspezifischen Besonderheiten an die Ausgestaltung eines internen Kontroll- und Risikomanagementsystems verwiesen.
67 Vgl. MaRisk, AT 4.1; BaFin: Rundschreiben vom 07.12.2011, Aufsichtliche Beurteilung bankinterner Risikotragfähigkeitskonzepte; Committee of European Banking Supervisors (CEBS): Guidelines on the Supervisory Review Process, 25. January 2006.
68 Vgl. z. B. ausführlich Gann/Rudolph, in: Hopt/Wohlmannstetter, S. 618 f.
69 MaRisk, AT 4.1.1.
70 Vgl. Volk, in: Praxis der Gesamtbanksteuerung, S. 184. International wird Risikodeckungspotenzial (»risk capacity«) als der Maximalbetrag an Risiko definiert, den das Unternehmen übernehmen kann, bevor regulatorische Bedingungen (z. B. in Bezug auf die Kapitalunterlegung oder Liquidität) verletzt werden. Vgl. Financial Stability Board (2013), S. 2.
71 Vgl. IDW PS 525, Tz. 47.

wird als Risikoappetit, Risikobereitschaft oder Risikoneigung bezeichnet[72]. Risikodeckungspotenzial, das nicht als Risikodeckungsmasse eingesetzt wird, stellt **freies Risikokapital** dar[73].

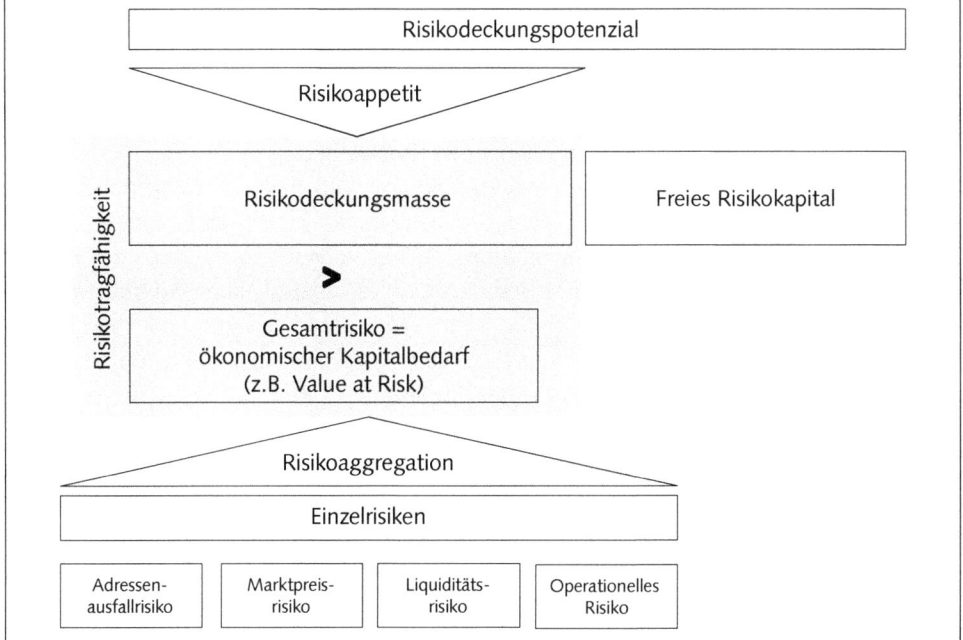

Abb. 81: Risikotragfähigkeit

Ausgangspunkt der Risikoquantifizierung stellt eine **Risikoinventur** dar, durch die die wesentlichen Risiken (unter Berücksichtigung von Risikokonzentrationen) zur Ermittlung des Gesamtrisikoprofils des Instituts zu erfassen sind (MaRisk AT 2.2.1). Im Rahmen der Risikoinventur ist zu prüfen, welche Risiken die Vermögens-, Finanz- und Ertragslage wesentlich beeinträchtigen können. Hinsichtlich der wesentlichen Risikoarten ist mindestens zwischen dem Adressenausfallrisiko, dem Marktpreisrisiko, dem Liquiditätsrisiko und dem operationellen Risiko zu unterscheiden.

Für die **Quantifizierung** der Risiken kommen grundsätzliche unterschiedliche Risikomaße in Betracht. In der Praxis erfolgt die Risikoquantifizierung zumeist mit Hilfe des **Value at Risk**. Dieser ist ein Quantil der Wert- bzw. Verlustverteilung und repräsentiert den maximalen Verlust, der mit einer bestimmten Wahrscheinlichkeit innerhalb einer bestimmten Haltedauer nicht überschritten wird. Die zugrundeliegenden Parameter (Konfidenzni-

---

72 Ein Rahmenwerk für die Bestimmung des Risikoappetits von Instituten wurde bspw. durch das Financial Stability Board entwickelt. Vgl. Financial Stability Board (2013). Risikoappetit wird dort definiert als »the aggregate level and types of risk a firm is willing to assume within its risk capacity to achieve its strategic objectives and business plan«. Grundsätzlich ist es auch möglich Risikodeckungsmassen szenariospezifisch zu definieren. Vgl. IDW PS 525, Tz. 52.
73 Vgl. Bartetzky, in: Praxis der Gesamtbanksteuerung, S. 16; Gehringer, in: Bürkle, § 6, Tz. 22 f.

veau, Haltedauer) sind vom Institut festzulegen. Von Seiten der Aufsicht wird diesbezüglich gefordert, dass die Wahl des **Konfidenzniveaus** mit der Perspektive der Risikotragfähigkeit im Einklang stehen muss. Die Wahl der **Haltedauer** sollte vom Zweck der Berechnung sowie von der Möglichkeit zum Verkauf bzw. zur Absicherung der Positionen abhängen[74]. Je höher das Konfidenzniveau und je länger die Haltedauer gewählt wird, desto höher der Value at Risk. Hinsichtlich der Methodik zur Ermittlung des Value at Risk kommen verschiedene Ansätze (z. B. Varianz-Kovarianz-Ansatz, historische Simulation, Monte-Carlo-Simulation) in Betracht. Die Verlässlichkeit der Risikokennzahlen ist in regelmäßigen Abständen auf ihre Verlässlichkeit zu überprüfen (**Backtesting**).

Um eine Gegenüberstellung von Gesamtbankrisiko und Risikodeckungspotenzial zu erreichen, müssen die einzelnen Risikomaße pro Risikoart zu einem Gesamtbankrisiko zusammengefasst werden (**Risikoaggregation**). Dies setzt bspw. voraus, dass der Value at Risk pro Risikoart mit der gleichen Haltedauer und auf dem gleichen Konfidenzniveau berechnet wird. Auch hier kommen methodisch verschiedene Verfahren der Risikoaggregation in Betracht (z. B. Aggregation mit Hilfe von Korrelationsmatrizzen, Copula-Funktionen, Monte-Carlo-Simulation, historische Simulation)[75].

4.3.2.2.2 Angaben im Lagebericht

Aufgrund der institutsspezifischen Anforderungen an Risikotragfähigkeitskonzepte und der hohen Bedeutung dieser Anforderungen für die Ausgestaltung der Gesamtbanksteuerung kommt unter anderem eine Erläuterung der folgenden Aspekte in Betracht:
- Entscheidungsprozesse und Zuständigkeiten (Gremienstruktur, Aufgabenverteilung, Funktionstrennung) in Bezug auf das Risikomanagement, organisatorische Rahmenbedingungen der Risikotragfähigkeit und Einordnung in die Gesamtbanksteuerung des Instituts,
- Ziele und Strategien des Risikokapitalmanagements,
- Änderungen gegenüber dem Vorjahr in Bezug auf die verwendeten Methoden und Ansätze,
- Erläuterung des verwendeten Steuerungsansatzes,
- Vorgehen bei der Ermittlung des Risikodeckungspotenzials,
- Beschreibung der als wesentlich identifizierten Risikoarten,
- Beschreibung der verwendeten Risikomaße (z. B. Value at Risk, Expected Shortfall, usw.) sowie die verwendeten Methoden zu deren Ableitung,
- Darstellung der wesentlichen Parameter (z. B. Konfidenzniveau, Haltedauer),
- Darlegung des ökonomischen Kapitalbedarfs pro Risikoart, ggf. Allokation des ökonomischen Kapitalbedarfs auf Geschäftseinheiten sowie Limitierungen,
- Beschreibung des verwendeten Risikoaggregationsverfahrens,
- Ergebnis der Gegenüberstellung von ökonomischen Kapitalbedarf und Risikodeckungspotenzial (z. B. interne Kapitaladäquanzquote, Risikotragfähigkeitsquote, usw.),
- Verknüpfung des Limitsystems mit der Risikotragfähigkeitsermittlung.

---

74 Vgl. Bartetzky, in: Praxis der Gesamtbanksteuerung, S. 96.
75 Für einen Überblick vgl. z. B. Dürr/Ender, in: Risikomanager 2009, S. 14 f.; Hull (2011). Basel Committee on Banking Supervision (2010).

4.3.3 Angaben zu einzelnen Risiken

4.3.3.1 Gegenstand und Umfang der Berichterstattung

Bei Gegenstand und Umfang der Berichterstattung über einzelne Risiken sind die Grundsätze der Wesentlichkeit und der Informationsabstufung zu beachten. Nach DRS 20, Tz. K146 ist über Risiken zu berichten, welche die Entscheidung eines verständigen Adressaten beeinflussen können. Dabei hängen Gegenstand und Umfang der Berichterstattung sowohl von den Gegebenheiten des Konzerns und seiner Unternehmen als auch von ihrem markt- und branchenbedingten Umfeld ab. Die Berichterstattung umfasst grundsätzlich sowohl externe als auch unternehmensinterne Risiken. Hinsichtlich der Darstellung der Einzelrisiken sind die folgenden Angabepflichten zu beachten:

- Bestandsgefährdende Risiken des Konzerns oder eines Konzernunternehmens sind als solche zu bezeichnen (DRS 20, Tz. 148). Der Zeitraum für die Beurteilung bestandsgefährdender Risiken beträgt mindestens ein Jahr (DRS 20, Tz. 156).
- Wesentliche Risiken sind einzeln darzustellen (DRS 20, Tz. 149);
- Die Bedeutung der Risiken für den Konzern oder für wesentliche in den Konzern einbezogene Unternehmen muss erkennbar werden (DRS 20, Tz. 150);
- Bei Erstellung einer Segmentberichterstattung sind die von den Risiken betroffenen Segmente anzugeben.
- Eine Quantifizierung der Risiken ist vorzunehmen, wenn dies auch für interne Zwecke erfolgt (Angabe von internen Werten), z. B. Value at Risk in Bezug auf Marktpreisrisiken. Eine Quantifizierung muss nicht erfolgen, wenn diese Information die Position des Konzerns erheblich beeinträchtigen würde (z. B. bei einem Rechtsstreit). Für die Beurteilung ist ein adäquater Zeitraum zugrunde zu legen (mindestens der Prognosezeitraum)[76].
- Die Risikoeinschätzung ist zum Bilanzstichtag vorzunehmen. Änderungen der Risiken nach dem Bilanzstichtag sind ggf. gesondert anzugeben, wenn dies für das Bild der Risikolage wesentlich ist.
- Die beschriebenen Risiken sind zu beurteilen. Die Beurteilung kann im Rahmen einer Bruttobetrachtung (d. h. jeweils separate Beurteilung der Risiken und der Risikobegrenzungsmaßnahmen) oder im Rahmen einer Nettobetrachtung (d. h. nach Umsetzung der Risikobegrenzungsmaßnahmen) erfolgen (DRS 20, Tz. 157).
- Wesentliche Veränderungen der Risiken gegenüber dem Vorjahr sind darzustellen und zu erläutern (DRS 20, Tz. 159).
- Es ist ein Gesamtbild der Risikolage des Konzerns aus Sicht der Geschäftsleitung zu geben (z. B. durch Aussagen über die Risikotragfähigkeit des Konzerns).

Institute haben Einzelrisiken zu Kategorien gleichartiger Risiken zusammenzufassen (die Bildung einer Rangfolge für Risiken ist für Institute unzulässig)[77]. Dabei ist mindestens zwischen den Kategorien Adressenausfallrisiken, Marktpreisrisiken, Liquiditätsrisiken und

---
76 Siehe DRS 20, Tz. 152–155.
77 Vgl. DRS 20, Tz. A1.3.

operationelle Risiken zu differenzieren. Je Risikokategorie ist eine inhaltliche Abgrenzung, Quantifizierung und Beschreibung des Risikomanagements vorzunehmen. Bei Verwendung von Risikomodellen sind diese der Berichterstattung zugrunde zu legen.

4.3.3.2 Angaben zum Adressenausfallrisiko

Im Allgemeinen wird unter dem Adressenausfallrisiko das Risiko eines Verlusts oder entgangenen Gewinns aufgrund des Ausfalls eines Vertragspartners verstanden[78]. Es umfasst das Kreditrisiko, das Kontrahentenrisiko, das Emittentenrisiko sowie das Länderrisiko[79]. Angaben zum Adressenausfallrisiko haben das Kreditportfolio, die sonstigen adressenausfallrisikotragenden Positionen (z. B. Wertpapiere, Beteiligungen) sowie nicht-bilanzwirksame Geschäfte (z. B. Kreditzusagen, Bürgschaften, Derivate) zu umfassen. Im Rahmen der Berichterstattung über Adressenausfallrisiken empfiehlt sich eine einführende Definition des Adressenausfallrisikos, eine Abgrenzung zu anderen Risikoarten sowie eine Differenzierung des Adressenausfallrisikos in Kategorien. Ebenso kommt eine Beschreibung der verfolgten Kreditrisikostrategie in Betracht. Nach DRS 20, Tz. A.1.7 hat die Berichterstattung die folgenden Angaben zu enthalten:

- Ausfallwahrscheinlichkeiten, erwartete Höhe der Risikoexponiertheit und in der Zukunft erwartete Sicherheitenerlöse.
- Beschreibung der angewandten Verfahren zur Quantifizierung und Steuerung des Adressenausfallrisikos einschließlich derjenigen zur Bestimmung von Ausfallwahrscheinlichkeiten und zukünftiger Risikoexponiertheit sowie zur Bewertung von erwarteten Sicherheitenerlösen. Diese Angabepflichten können eine Beschreibung der Verwendung von internen/externen Ratings sowie eine Darstellung der internen Ratingverfahren umfassen. Hinsichtlich der Verfahren zur Bestimmung der künftigen Risikoexponiertheit könnte eine Beschreibung der Kreditsicherheiten, der Verfahren für ihre Bewertung, Haupttypen der verwendeten Sicherungsinstrumente sowie Konzentrationen von Gegenparteien zugrunde gelegt werden.
- Eine Beschreibung der Methoden zur Bildung von Risikovorsorge. Es empfiehlt sich hier zunächst eine Erläuterung, nach welchen Kriterien das Institut Einzelwertberichtigungen, Pauschalwertberichtigung bzw. ggf. pauschalierte Einzelwertberichtigungen vornimmt[80]. Hier kann eine nähere Beschreibung und Aufgliederung des Risikovorsorgebestands erfolgen sowie dessen Entwicklung erläutert werden. In diesem Zusammenhang kann auf den Bestand an Problemkrediten sowie deren Steuerung und Überwachung eingegangen werden (z. B. Intensivbetreuung).

Nach DRS 20, Tz. A.1.8 müssen aus der Darstellung auch Konzentrationen (Länder-, Branchen-, Schuldner-, Ratingkonzentrationen) hervorgehen.

---

78 Vgl. IDW PS 522, Tz. 1.
79 Vgl. auch DRS 20, Tz. A.1.6; IDW PS 522, Tz. 1.
80 Für eine nähere Darstellung vgl. Kap. III.1.3.2.3.3.

4.3.3.3 Angaben zum Liquiditätsrisiko

Die Berichterstattung über Liquiditätsrisiken sollte eine qualitative und eine quantitative Berichterstattung umfassen. Im Rahmen der **qualitativen** Berichterstattung kommt eine Definition des Liquiditätsrisikos, dessen Abgrenzung zu anderen Risikoarten sowie eine Differenzierung des Liquiditätsrisikos in verschiedene Kategorien in Betracht. Nach DRS 20, Tz. A.1.9 ist zwischen dem Liquiditätsrisiko im engeren Sinne, dem Refinanzierungsrisiko und dem Marktliquiditätsrisiko zu unterscheiden. Ferner kommt eine Erläuterung der verfolgten Liquiditätsrisikostrategie, der Steuerungskonzepte sowie der verwendeten Instrumente in Betracht. Aufgrund der wachsenden Bedeutung empfiehlt sich auch eine Erläuterung der steigenden aufsichtsrechtlichen Anforderungen an das Liquiditätsmanagement von Instituten (LiqV, Art. 411 ff. CRR, Liquidity Coverage Ratio, Net Stable Funding Ratio, usw.). Sofern das Marktliquiditätsrisiko im Rahmen des Marktpreisrisikos gesteuert wird, können die entsprechenden Angaben auch unter dem Marktpreisrisiko erläutert werden (DRS 20, Tz. A.1.10).

Im Rahmen der **quantitativen** Erläuterung können Liquiditätsablaufbilanzen, Cash-Flow-Prognosen oder andere Verfahren unter Angabe der zugrunde liegenden Annahmen verwendet werden. Entscheidend für die Angaben zum Liquiditätsrisiko sind die unterstellten Verhaltensprämissen der Liquiditätsgeber (Bodensatztheorien im Einlagengeschäft, Ausübung von Kündigungsrechten, usw.). Ebenso sind zum Refinanzierungsrisiko und Marktliquiditätsrisiko quantitative Angaben zu machen (DRS 20, Tz. A.1.11). In Bezug auf das Refinanzierungsrisiko bietet sich eine produktbezogene Darstellung der Hauptquellen der Refinanzierung an (z. B. Begebung von Schuldverschreibungen, besicherte Geldaufnahmen, Geld- und Offenmarktgeschäfte, Einlagengeschäft, Liquiditätslinien, usw.). Aufgrund der umfangreichen aufsichtsrechtlichen Anforderungen an das Liquiditätsrisikomanagement kommt eine quantitative Darstellung der wichtigsten aufsichtsrechtlichen Liquiditätskennziffern in Betracht (ggf. Stichtagswert, Jahresdurchschnittswert, Jahres-Minimum-Wert, Jahres-Maximum-Wert, usw.). In Bezug auf die verwendeten Annahmen sind die Auswirkungen unplanmäßiger Entwicklungen darzustellen (DRS 20, Tz. A.1.13).

4.3.3.4 Angaben zum Marktpreisrisiko

Nach DRS 20, Tz. A.1.14 hat die Darstellung des Marktpreisrisikos für die Risikoarten Zinsänderungsrisiko, Währungsrisiko, Preisrisiko von Eigenkapitaltiteln (z. B. Aktienkursrisiko) sowie Rohstoff- und sonstige Preisrisiken gesondert zu erfolgen. Das Kontrahentenausfallrisiko kann als Teil des Marktpreisrisikos gesteuert werden und zusammen mit diesem erläutert werden. Auch hier empfiehlt sich zunächst eine qualitative Beschreibung der verwendeten Marktpreisrisikostrategie, der verwendeten Methoden und Steuerungsinstrumente sowie der verwendeten Risikoabsicherungsstrategien und -instrumente. Bei der Erläuterung der Risikoquantifizierungsmethoden sollten die Modellannahmen, die Verfahren zum Backtesting der Modelle sowie ggf. dessen Ergebnisse dargestellt werden. Bei der Quantifizierung der Marktpreisrisiken sind die Verfahren heranzuziehen, die den benutzten und aufsichtsrechtlich anerkannten Methoden der Marktrisikoüberwachung entsprechen

(z. B. Value-at-Risk-Modelle, Sensitivitätsanalysen)[81]. Bei der Verwendung von Value-at-Risk-Modellen sind die zugrunde gelegten Parameter anzugeben (Konfidenzniveau, Haltedauer).

4.3.3.5 Angaben zum operationellen Risiko

Nach Art. 4 Abs. 52 CRR wird unter dem operationellen Risiko, das Risiko von Verlusten verstanden, »die durch die Unangemessenheit oder das Versagen von internen Verfahren, Menschen und Systemen oder durch externe Ereignisse verursacht werden, einschließlich Rechtsrisiken«. Zur Ermittlung der Eigenmittelanforderungen für das operationelle Risiko haben Institute die in den Art. 312 ff. CRR dargelegten Verfahren und Ansätze zu beachten (Basisindikatoransatz, Standardansatz, Ambitionierter Ansatz). Im Offenlegungsbericht haben Institute die Ansätze für die Bewertung der Eigenmittelanforderungen für operationelle Risiken, ggf. eine Beschreibung der fortgeschrittenen Messansätze sowie den Anwendungsbereich und -umfang der verschiedenen Methoden darzustellen (Art. 446 CRR).

Nach DRS 20, Tz. A.1.19 ist im Lagebericht vor allem auf organisatorische und funktionale Aspekte unter Berücksichtigung von rechtlichen Risiken einzugehen; hierbei sind auch die organisatorischen Vorkehrungen zur konzernweiten Erfassung und Begrenzung von operationellen Risiken anzugeben. Die quantitative Darstellung kann auf Szenariotechniken, Sensitivitätsanalysen oder andere geeignete Methoden gestützt werden; bei fehlender Quantifizierung der operationellen Risiken sind Einschätzungen zu möglichen Folgen bei Eintritt von Risiken anzugeben (DRS 20, Tz. A.1.21).

4.3.4 Zusammenfassende Beurteilung der Risikolage

Die zuvor dargestellten Einzelrisiken sind zu einem Gesamtbild der Risikolage zusammenzuführen (DRS 20, Tz. 135, 160); hierbei können Diversifikationseffekte berücksichtigt werden. Die Notwendigkeit einer zusammengefassten Beurteilung der Risikolage steht im Einklang mit der Notwendigkeit zur Gesamtaussage im Wirtschaftsbericht und zur Prognose[82]. Die Anforderung in DRS 20, Tz. 162 u. 163, für die Einzelrisiken eine Rangfolge zu bilden bzw. Kategorisierungen vorzunehmen, gilt für Kredit- und Finanzdienstleistungsinstitute aufgrund von DRS 20, Tz. A.1.3 nicht. Institute haben bei der zusammenfassenden Darstellung der Risikolage mindestens die aufsichtsrechtlichen Solvabilitätsanforderungen und die zu ihrer Deckung vorhandenen Eigenmittel anzugeben. Hierbei ist auf die aufsichtsrechtlichen Eigenmittel und nicht das bilanzielle Eigenkapital abzustellen. Die Darstellung der Risikokapitalallokation ist fakultativ (DRS 20, Tz. A.1.22).

---

81   DRS 20, Tz. A.1.16 u. 17.
82   Vgl. Kolb/Neubeck (2013), Tz. 665.

Literaturverzeichnis

Achtert, P.: Kündigungsrechte und Tarifwahl bei bonitätsabhängigen Zinsänderungsklauseln, in: Zeitschrift für Bank- und Kapitalmarktrecht 2007, S. 318–322.

Acker, G.: Die Wertpapierleihe, 2. Aufl., Wiesbaden 1995.

Adler, H./Düring, W./Schmaltz, K.: Rechnungslegung und Prüfung der Unternehmen, 6. Aufl., Stuttgart 1995.

Adolph, P./Gabor, G./Lange, M.: Übergreifende Bilanzposten, in: Brönner, H./Bareis, P./Hahn, K./Maurer, T./Schramm, U., Die Bilanz nach Handels- und Steuerrecht, Stuttgart 2011, S. 469–518.

AFRAC (Austrian Financial Reporting an Auditing Committee): Stellungnahme 15, Derivaten und Sicherungsinstrumente (UGB), Wien 2017.

Alavian, S./Whitehead, P./Laudicina, L.: Credit Valuation Adjustment (CVA), Working Paper 2010.

Albers, M.: Der Bank-Konzernabschluß: eine Analyse der sich aufgrund der EG-Bankbilanzrichtlinie ändernden Vorschriften zur Aufstellung des Konzernabschlusses von Kreditinstituten, Diss. Münster 1990.

Albrecht, M./Reinbacher, P./Niehoff, K./Derfuß, K.: Bilanzierung von Finanzinstrumenten bei Kreditinstituten nach HGB und IFRS, in: KoR 2013, S. 273–280.

Alexander, C.O./Leigh, C.T.: On the Covariance Matrices Uses in Value at Risk Models, in: Journal of Derivatives 1997, S. 50–62.

Alig, K.: Das Repo-Geschäft – Eine Innovation am Schweizer Finanzmarkt, in: Finanzmarkt und Portfolio Management 1999, S. 27–38.

Altvater, C.: Steuerrechtliche Aspekte der verlustfreien Bewertung von zinsbezogenen Geschäften des Bankbuchs, in: RdF 2013, S. 329–336.

Altvater, C.: Zur Abbildung von internen Geschäften in der Steuerbilanz, in: DB 2012, S. 939–943.

Angermeyer, B.: Bewertung von Wertpapieren nach neuem Recht, in: Versicherungswirtschaft 2002, S. 714–715.

Anthony, R.N.: Tell it like it was: A conceptual framework to financial accounting, Homewood, Illinois 1983.

Anthony, R.N.: We don't have the accounting standards we need, in: Harvard Business Review, 1986, Issue 1, S. 75–83.

Anzinger, H.M./Schleiter, I.: Die Ausübung steuerlicher Wahlrechte nach dem BilMoG – eine Rückbesinnung auf den Maßgeblichkeitsgrundsatz, in: DStR 2010, S. 395–399.

App, J./Wiehagen-Knopke, Y.: Bilanzierung des Handelsbestands bei Banken nach dem BilMoG: Übernahme der IFRS im Hinblick auf Bestandsabgrenzung, Ausweis und Umwidmung, in: KoR 2010, S. 93–98.

Arbeitskreis »Immaterielle Werte im Rechnungswesen« der Schmalenbach-Gesellschaft für Betriebswirtschaft e.V.: Kategorisierung und bilanzielle Erfassung immaterieller Werte, in: DB 2001, S. 989–995.

Arbeitskreis Bilanzrecht Hochschullehrer Rechtswissenschaft: Überlegungen zur Umsetzung der EU-Bilanzrichtlinie RL 2013/34/EU vom 16.6.2013 in deutsches Recht, in: NZG 2014, S. 892–897.

Armbrüster, C./Schreier, V.: Abgrenzung von Änderung und Neuabschluss (Novation) eines Versicherungsvertrags, in: VersR 2015, S. 1053–1061.

Arnold, M.: Kommentierung von § 220 AktG, in: Münchener Kommentar zum Aktiengesetz, hrsg. v. Goette, W./Habersack, M./Kalss, S., Band 4, 3. Aufl., München 2011.

Arnoldi, R./Leopold, T.: Portfolio Fair Value Hedge Accounting: Entwicklung IAS-konformer und praxistauglicher Buchungsregeln, in: KoR 2005, S. 22–38.
Association oft the Luxembourg Fund Industry: An overview of the legal and regulatory requirements. 1 March 2012, www.alfi.lu.
Auerbach, D./Donner, K.: Änderungen bei den aufsichtlichen Eingriffsinstrumenten des KWG durch das Restrukturierungsgesetz, in: DB 2011, Beilage 4, S. 17–22.
Auerbach, D./Fischer, G.-E.: Bilanzierung von Kreditderivaten nach HGB, in: Kreditderivate – Handbuch für die Bank- und Anlagepraxis, hrsg. v. Burghof, H.-P./Henke, S./Rudolph, B./Schönbucher, P. J./Sommer, D., 2. Aufl., Stuttgart 2005, S. 237–259.
Auerbach, D./Grol, T.: Kommentar zu § 1a KWG, in: KWG, hrsg. v. Schwennicke, A./Auerbach, D., München 2009.
Auerbach, D./Klotzbach, D.: Die Bilanzierung von Kreditderivaten nach IFRS, in: Kreditderivate, hrsg. v. Burghoff, H.-P. u.a., 2. Aufl., Stuttgart 2005, S. 261–276.
Auerbach, D./Spöttle, I.: Bilanzierung von Kreditderivaten, in: Kreditderivate – Handbuch für die Bank- und Anlagepraxis, hrsg. v. Burghof, H.-P. u.a., Stuttgart 2000, S. 217–239.
Auerbach, D.: Teil B. Aufsicht über Kredit- und Finanzdienstleistungsinstitute, in: Banken- und Wertpapieraufsicht, hrsg. v. Auerbach, D., 1. Aufl., München 2015.
Ausschuss für Bankenbestimmungen und -überwachungen der Zehnergruppe und der Schweiz: Die Behandlung nicht bilanzwirksamer Risiken der Banken aus Sicht der Bankenaufsicht, 13.03.1986
Ausschuss für Bilanzierung des BdB: Bankbilanzrichtlinie-Gesetz: Arbeitsmaterialien zur Anwendung von Bilanzrichtlinie-Gesetz und Rechnungslegungsverordnung, Köln 1993.

Babel, M.: Zur Aktivierungsfähigkeit von Nutzungsrechten, in: BB 1997, S. 2261–2268.
Bachem, G.: Das Auszahlungsdisagio in Bilanz und Vermögensaufstellung des Darlehensnehmers, in: BB 1991, Heft 24, S. 1671–1677.
Bacher, U./Jautz, U.: Zur Bilanzierung von Beiträgen zu Garantiefonds – Bildung einer Rückstellung für Sonderbeiträge am Beispiel der EdW (»Phönixfall«), in: BKR 2011, S. 99–102.
Bacher, U.: Sonderbeiträge von Finanzdienstleistern zur EdW, deren Rückstellungspflicht und Aufwandsverrechnung – Konsequenz aus der Phönix-Pleite, in: BKR 2007, S. 140–145.
Bader, U.-O.: Die neue Bankbilanzrichtlinie der EG, in: Bankbilanzierung und Bankprüfung, hrsg. v. Sonnemann, E., Wiesbaden 1988, S. 15–42.
Baetge, J./Ballwieser, W.: Ansatz und Ausweis von Leasing-Objekten in Handels- und Steuerbilanz, in: DBW 1978, S. 3–19.
Baetge, J./Hayn, S./Ströher, T.: IAS 27 – Konzern- und separate Einzelabschlüsse (Consolidated and Separate Financial Statements), in: Rechnungslegung nach IFRS, hrsg. v. Baetge, J. u.a., 2. Aufl., Stuttgart 2006 (Stand: 9. Erg. Lief., Oktober 2009), Teil B.
Baetge, J./Kirsch, H.-J./Thiele, S.: Bilanzen, 14. Aufl., Düsseldorf 2017.
Baetge, J./Zülch, H.: Rechnungslegungsgrundsätze nach HGB und IFRS (GoB), Abt. I/2, in: Handbuch des Jahresabschlusses - Rechnungslegung nach HGB und internationalen Standards (HdJ), hrsg. v. von Wysocki, K./Schulze-Osterloh, J./Hennrichs, J./Kuhner, C., Köln, Stand 01.09.2010.
Ballwieser, W.: Kommentierung zu §§ 246, 253 HGB, in: Münchener Kommentar zum Handelsgesetzbuch, 2. Aufl., München 2008.
Balzer, A./Volkmer, K.: Auswirkungen einer Verschmelzung auf den Jahresabschluss – Handelsrechtliche Bilanzierung unter Berücksichtigung neugefasster IDW-Standards, in: Bilanzen im Mittelstand 2012, S. 88–91.
Bank für Internationalen Zahlungsausgleich: Sachgerechte Methoden der Bilanzierung von Krediten und Offenlegung, Basel 1999.
Bantleon, U./Gottmann, M.: Bankrechnungslegung – Bilanzierung, Aufsicht und Prüfung der Kreditinstitute in Fallstudien, Berlin 2009.

Bantleon, U./Schorr, G.: Ausgewählte Auswirkungen des BilMoG auf die Beurteilung der Kapitaldienstfähigkeit von nicht kapitalmarktorientierten Kapitalgesellschaften, in: DStR 2010, S. 1491–1497.

Bantleon, U./Siebert, J.: Zweiterwerb von Inhaberschuldverschreibungen über pari durch Kreditinstitute – Nominalwertbilanzierung im Anlagevermögen?, in: DB 2017, S. 2365–2371.

Bär, M./Blaschke, S./Geisel, A./Vietze, M./Weigel, W./Weißenberger, W.: Negative Zinsen bei Kreditinstituten: Wie ist zu bilanzieren?, in: WPg 2017, S. 1132–1139.

Bär, M./Disser, I.: Handelsrechtliche Abbildung von Vertragsanpassungen bei Schuldinstrumenten – Betrachtung aus der Gläubigerperspektive, in: WPg 2017, S. 996–1004.

Bär, M./Kalbow, S./Vesper, A.: Anwendungsfragen zur bilanziellen Saldierung von Finanzinstrumenten nach IFRS und HGB, in: WPg 2014, S. 22–32.

Bardens, A./Meurer, H.: Kurspflege auf Kosten des Gewinns – Bilanzielle Chancen und Risiken eines Aktienrückkaufs, in: KoR 2011, S. 476–482.

Bartetzky, P.: Ermittlung des Risikodeckungspotenzial, in: Praxis der Gesamtbanksteuerung, hrsg. v. Bartetzky, P., Stuttgart 2012, S. 15–35.

Bartke, G.: Vermögensbegriffe in der Betriebswirtschaftslehre – Eine Untersuchung der Vermögensbegriffe in der betriebswirtschaftlichen Literatur, in: BFuP 1958, S. 262–278.

Barz, K./Weigel, W.: Abbildung von Sicherungsbeziehungen: Von IAS 39 über § 254 HGB zu IFRS 9 – eine Annäherung an das Risikomanagement für Kreditinstitute, in: IRZ 2011, S. 227–238.

Basel Committee on Banking Supervision: Developments in Modelling Risk Aggregation, October 2010.

Baseler Ausschuss für Bankenaufsicht: Grundsätze für das Management des Zinsänderungsrisikos, Basel 1997.

Basler Ausschuss für Bankenaufsicht: Basel III: Internationale Rahmenvereinbarung über Messung, Standards und Überwachung in Bezug auf das Liquiditätsrisiko. Basel, Dezember 2010.

Baumeister, A./Knobloch, A.: Warengeschäfte mit Dokumentenakkreditiv – Handelsrechtliche Bilanzierung nach der Schwebephase, in: WPg 2016, S. 836–842.

Baur, J.: § 20 Investmentgeschäft und –vertrieb, in: Handbuch des Kapitalanlagerecht, hrsg. v. Assmann, H.-D./Schütze, R.A., 3. Aufl., München 2007.

Bayer, W.: Kommentierung von § 63 AktG, in: Münchener Kommentar zum Aktiengesetz, hrsg. v. Goette, W./Habersack, M./Kalss, S., Band 1, 4. Aufl., München 2016.

BayernLB: ABS Handbuch – Einführung in Asset Backed Securities, München 2006.

BDL (Bundesverband Deutscher Leasing-Unternehmen): Substanzwertrechnung für Leasing-Gesellschaften unter HGB und IFRS, Berlin 2010.

Beck, H.: § 27–29 BörsG, in: Kapitalmarktrechts-Kommentar, hrsg. v. Schwark, E./Zimmer, D., 4. Aufl., München 2010.

Beck, P.: Kreditderivate (23. Kapitel), in: Bankrechts-Kommentar, hrsg. v. Langenbucher, K./Bliesener, D./Spindler, G., 2. Aufl., München 2016.

Beck, S.: § 1. Der Verfahrensablauf und die Verfahrensziele im Überblick, in: Praxis der Insolvenz, hrsg. v. Beck, S./Depré, P., 2. Aufl., München 2010.

Becker, B./Pape, M./Wobbe, C.: Forderungsverzicht mit Besserungsschein – ein vermehrt genutztes Instrument zur Überwindung der Krise, in: DStR 2010, S. 506–510.

Beckert, D./Schilling, J.J.: Jahressteuergesetz 2009: Leasingunternehmen und das Bankenprivileg, in: BB 2009, S. 360–365.

Beckmann, K.: Kommentierung von § 44 InvG, in: Handbuch für das gesamte Investmentwesen, hrsg. v. Beckmann, K./Scholtz, R.-D./Vollmer, L., Loseblattsammlung, Berlin 2012.

Beine, G.: Die Bilanzierung von Forderungen in Handels-, Industrie-, und Bankbetrieben. Wiesbaden 1960.

Bellavitte-Hövermann, Y./Barckow, A.: IAS 39, in: Rechnungslegung nach International Accounting Standards (IAS), hrsg. v. Baetge, J./Dörner, D./Kleekämper, H./Wollmert, P./Kirsch, H.-J., 2. Aufl., Stuttgart 2002.

Bellin, S.: Der Teilwert bei uneinbringlichen und zweifelhaften Geldforderungen im Bilanzsteuerrecht, Berlin 1997.

Bengsch, V.: Immobilienleasing - ein Instrument zur Steuerung von Bilanz und Gewinn- und Verlustrechnung, in: BB 1997, Heft 18, S. 31–33.

Bengsch, V.: Leasinggesellschaften als Zweckgesellschaften nach § 290 Abs. 2 Nr. 4 HGB, in: Bilanzpolitik und Bilanzanalyse nach neuem Handelsrecht, hrsg. v. Fink, C., Stuttgart 2010, S. 237–253.

Berg, H.-G./Schanne, M.: Unklarheiten in der Rechtsprechung des BFH zum wirtschaftlichen Eigentum bei vermieteten Telefonanlagen, in: DB 2002, S. 970–972.

Berger, K.P.: Kommentierung von § 488 BGB, in: Münchener Kommentar zum BGB, Band 3, hrsg v. Säcker, F.J./ Rixecker, R., 7. Aufl., München 2016.

Bertram, K./Spieß, A.: Abbildung von Verschmelzungen im Jahresabschluss, in: WirtschaftsWoche Guide 2013, S. 57–64.

Bertsch, A.: Bilanzierung strukturierter Produkte, in: KoR 2003, S. 550–563.

Bertsch, E./Hölzle, B./Laux, H.: Handwörterbuch der Bauspartechnik, Karlsruhe 1998.

Betsch, O.: Factoring, in: Handwörterbuch des Bank- und Finanzwesens, hrsg. v. Gerke, W./Steiner, M., 3. Aufl., Stuttgart 2001.

Beyer, B./Fechner, M.: Die Konsolidierung von Spezial-Sondervermögen nach IFRS, in: IRZ 2012, S. 119–124.

Beyer, B.: Die handels- und steuerrechtliche Behandlung eines Debt-Equity-Swap mit Genussrechten bei Kapitalgesellschaften, in: DStR 2012, S. 2199–2203.

Beyhs, O./Buschhüter, M./Schurbohm, A.: IFRS 10 und IFRS 12: Die neuen IFRS zum Konsolidierungskreis, in: WPg 2011, S. 662–671.

Bezold, A.: Bilanzierung der Devisengeschäfte der Kreditinstitute, in: WPg 1985, S. 321–327.

Bieg, H./Waschbusch, G./Käufer, A.: Die Bilanzierung von Pensionsgeschäften im Jahresabschluss der Kreditinstitute nach HGB und IFRS, in: ZBB 2008, S. 63–75.

Bieg, H./Rübel, M.: Ausweis und Bewertung von Devisen- und Zinstermingeschäften in Bankbilanzen, in: Kredit und Kapital 1988, S. 422–450.

Bieg, H./Waschbusch, G.: B 900, Bankbilanzierung, in: Beck HdR, hrsg. v. Böcking, H.J./Castan, E./Heymann, G. u.a., Band 2, München 2010.

Bieg, H./Waschbusch, G.: Bankbilanzierung nach HGB und IFRS, 3. Aufl., München 2017.

Bieg, H.: Auswirkungen der Bankbilanzrichtlinie der Europäischen Gemeinschaft auf die Einzelabschlüsse von Kreditinstituten – Grundlagen und Aufbau, in: ZfbF 1988, S. 3–31.

Bieg, H.: Auswirkungen der Bankbilanzrichtlinie der Europäischen Gemeinschaft auf die Einzelabschlüsse von Kreditinstituten – Bewertung, Erfolgsrechnung und Anhang, in: ZfbF 1988, S. 149–171.

Bieg, H.: Bankbilanzen und Bankenaufsicht, München 1983.

Bieg, H.: Die Möglichkeiten der Bildung und Auflösung stiller Rücklagen, in: Kreditpraxis 1986, S. 31ff.

Bieg, H.: Erfordert die Vertrauensempfindlichkeit des Kreditgewerbes bankspezifische Bilanzierungsvorschriften?, in: WPg 1986, Teil 1, S. 257ff und Teil 2, S. 299ff.

Birck, H./Meyer, H.: Die Bankbilanz, 1. Bis 5. Teillieferung (I bis V), 3. Aufl., Wiesbaden 1976 bis 1986.

Birck, H.: Stille Reserven im Jahresabschluss der Kreditinstitute, in: WPg 1964, S. 415ff.

Bischof, S./Selch, B.: Neuerungen für den Lagebericht nach dem Regierungsentwurf eines Bilanzrechtsmodernisierungsgesetzes (BilMoG), in: WPg 2008, S. 1021–1031.

Bitterwolf, M.: Kommentierung von § 25a KWG, in: Kreditwesengesetz Loseblattkommentar für die Praxis nebst sonstigen bank- und sparkassenrechtlichen Aufsichtsgesetzen sowie ergänzenden Vorschriften, hrsg. v. Reischauer, F./Kleinhans, J., Berlin-Tiergarten 2013.

Blaas, U./Schwahn, A.: Steueroptimierte Restrukturierung, in: DB 2013; S. 2350ff.

Black, E.L./Shevlin, S.E.: The Structure of Bank Debt Contracts, Working Paper 1999.

Black, F./Jones, R.: Simplifying Portfolio Insurance, in: Journal of Portfolio Management 1987, 5. 48–51.

Black, F./Perold, A.: Theory of constant proportion portfolio insurance, in: Journal of Economic Dynamics and Control 1992, S. 403–426.

Bloehs, J.: § 63b GenG, in: GenG, hrsg. v. Pöhlmann, P./Fandrich, A./Bloehs, J., 4. A., München 2012.

Blöink, T./Kumm, N.: AReG-RefE: neue Pflichten zur Verbesserung der Qualität und Steigerung der Aussagekraft der Abschlussprüfung, in: BB 2015, S. 1067–1072.

BMF-Schreiben vom 09.01.1996: Verzicht auf die Aufbewahrung von Kassenstreifen bei Einsatz elektronischer Registrierkassen, IV A 8 - S 0310 - 5/95, in: BStBl. 1996, S. 34.

BMF-Schreiben vom 10.01.1994: Pauschalwertberichtigung bei Kreditinstituten, IV B 2 - S 2174 - 45/93, in: BStBl. 1994, S. 98.

BMF-Schreiben vom 12.03.2010, Schreiben betr. Maßgeblichkeit der handelsrechtlichen Grundsätze ordnungsmäßiger Buchführung für die steuerliche Gewinnermittlung; Änderung des § 5 Abs. 1 EStG durch das Gesetz zur Modernisierung des Bilanzrechts (Bilanzrechtsmodernisierungsgesetz – BilMoG) vom 15. Mai 2009 – IV C 6 – S 2133/09/10001, in: BStBl I 2010, S. 239;

BMF-Schreiben vom 26.03.2009: Teilwertabschreibung bei börsennotierten Aktien im Anlagevermögen; Anwendung des BFH-Urteils vom 26. September 2008, l R 58/06, in: BStBl. 2009, 5. 514.

Böcking, H.J./Becker, K./Helke, I.: Kommentierung der §§ 340 ff HGB, in: Münchener Kommentar zum HGB, Band 4, hrsg. v. Schmidt, K./Ebke, W.F., 3. Aufl., München 2013.

Böcking, H.-J./Löw, E./Wohlmannstetter, G.: § 340–340o HGB, in: Münchner Kommentar zum Handelsgesetzbuch, Band 4, hrsg. v. Schmidt, K./Ebke, W.F., 2. Aufl., München 2008.

Böcking, H.-J.: Bilanzrechtstheorie und Verzinslichkeit. Wiesbaden 1988.

Böcking, H.-J.: Der Grundsatz der Netto-Bilanzierung von Zero-Bonds, in: ZfbF 1986, S. 930–955.

Böcking, H.-J.Gros, M./Schurbohm-Ebneth, A.: § 308 HGB, in: Ebenroth, C.A./Boujong, K./Joost, D./Strohn, L., 3. Aufl., München 2014.

Böcking, J./Bierschwale, I.: Neue Empfehlungen des Baseler Ausschusses für Bankenaufsicht zur Behandlung von Kreditrisiken, in: BB 1999, S. 947–953.

Bödecker, C./Hartmann, H.: § 1 InvStG, in: BeckOK InvStG, 10. Ed., München 2017 (Stand 15.11.2017).

Boecker, C./Zwirner, C.: Prognosebericht nach DRS 20 – eine Herausforderung nicht nur für Konzerne, in: BC 2013, S. 61–64.

Böhlhoff, M./Kreeb, M.: § 341b HGB, in: Kölner Kommentar zum Rechnungslegungsrecht (§§ 238–342e HGB), hrsg. v. Claussen, C. P./Scherrer G., Köln 2011.

Böhringer, M./Mihm, A./Schaffelhuber, K./Seiler, O.: Contingent Convertible Bonds als regulatorisches Kernkapital, in: RdF 2011, S. 48–58.

Bolder, D./Boisvert, S.: Easing Restriction on the Stripping and Reconstitution of Government of Canada Bonds, Working Paper 98–8, Bank of Canada 1998.

Bomhard, R./Kessler, O./Dettmeier, M.: Wirtschafts- und steuerrechtliche Gestaltungsfragen bei der Ausplatzierung Not leidender Immobilienkredite, in: BB 2004, S. 2085–2091.

Boos, K.-H.: § 1a KWG, Handelsbuch und Anlagenbuch, in: Kreditwesengesetz, hrsg. v. Boos, K.-H./Fischer, R./Schulte-Mattler, H., 3. Aufl., München 2008.

Bork, R.: Kommentierung von § 17 UmwG, in: UmwG, hrsg. v. Lutter, M./Winter, M., 4. Aufl., Köln 2009.

Bors, J./Flintrop, B./Nann, W.: lmmobiliensicherheiten im Rahmen von Prüfungen – Zur Anwendung von IDW PH 9.522.1, in: WPg 2007, S. 1076–1081.

Bose, S.: The Strips Programme and its Implications for the Indian Gilts market – A Note, in: ICRA Bulletin Money and Finance 2002, S. 72–93.

Brach, T.: Die Abschlussgebühr in der Steuerbilanz der Bausparkassen, in: BB 1996, S. 2345–2352.

Brakensiek, S.: Bilanzneutrale Finanzierungsinstrumente in der internationalen und nationalen Rechnungslegung – Die Abbildung von Leasing, Asset-Backed-Securities-Transaktionen und Special Purpose Entities im Konzernabschluss. Berlin 2001.

Brandt, A.: Emissionsgeschäft, in: Bank- und Kapitalmarktrecht, hrsg. v. Kümpel, S./Wittig, A., 4. Aufl., Köln 2011, S. 1899–2250.

Braun U.: Kommentierung der §§ 340, 340a-o HGB, in: Kölner Kommentar zum Rechnungslegungsrecht (§§ 238–342e HGB), hrsg. v. Claussen, C. P./Scherrer G., Köln 2011.

Braun, U./: Kommentierung von § 25a KWG, in: Kreditwesengesetz, hrsg. v. Boos, K.-H./Fischer, R./Schulte-Mattler, H., 5. Aufl., München 2016.

Braun, U.: Kommentierung von § 24a KWG, in: Kreditwesengesetz, hrsg. v. Boos, K.-H./Fischer, R./Schulte-Mattler, H., 5. Aufl., München 2016.

Bredow, G./Sickinger, M./Weinand-Härer, K./Liebscher, F.-M.: Rückkauf von Mittelstandsanleihen, in: BB 2012, S. 2134–2141.

Breithaupt, J.: § 3 Spaltung, in: Kompendium Gesellschaftsrecht, hrsg. v. Breithaupt, J./Ottersbach, J., 1. Aufl., München 2010.

Breker, N.: Optionsrechte und Stillhalterverpflichtungen im handelsrechtlichen Jahresabschluß, Düsseldorf 1993.

Breuer, W.: § 224 InsO, Rechte der Insolvenzgläubiger, in: Münchener Kommentar Insolvenzordnung, 2. Aufl., München 2008.

Briesemeister, S.: Hybride Finanzinstrumente im Ertragssteuerrecht, Düsseldorf 2006.

Brogl, F.: § 1 KWG, in: Kreditwesengesetz Loseblattkommentar für die Praxis nebst sonstigen bank- und sparkassenrechtlichen Aufsichtsgesetzen sowie ergänzenden Vorschriften, hrsg. v. Reischauer, F./Kleinhans, J., Berlin-Tiergarten 2006.

Brogl, F.: § 1a KWG, in: Kreditwesengesetz Loseblattkommentar für die Praxis nebst sonstigen bank- und sparkassenrechtlichen Aufsichtsgesetzen sowie ergänzenden Vorschriften, hrsg. v. Reischauer, F./Kleinhans, J., Berlin-Tiergarten 2006.

Brüggemann, D.: Kommentierung von § 40 HGB, in: Großkommentar Handelsgesetzbuch, hrsg. v. Staub, H., 3. Aufl., Berlin 1967.

Bruski, J.: Kaufpreisbemessung und Kaufpreisanpassung im Unternehmenskaufvertrag, in: BB 2005, Beilage zu Heft 30, S. 19–30.

Buciek, K: § 5 EStG Gewinn bei Kaufleuten und bei bestimmten anderen Gewerbetreibenden, in: EStG, KStG, GewStG, hrsg. v. Blümich, W., 109. Erg. Lief., München 2011.

Bula, T./Thees, A.: § 10 und § 19. Handelsbilanzielle Regelungen (HGB/IFRS), in: Umwandlungen, hrsg. v. Sagasser, B./Bula, T./Brünger, T.R., 5. Aufl., München 2017.

Buljevich, E.C./Yoon, S.P.: Project financing and the international financial markets. Norwell 1999.

Bundesanstalt für Finanzdienstleistungsaufsicht: Aufsichtliche Beurteilung bankinterner Risikotragfähigkeitskonzepte, Diskussionspapier BA 54-FR 2210–2017/0005 vom 05.09.2017.

Bundesanstalt für Finanzdienstleistungsaufsicht: Auslegungsschreiben zum Anwendungsbereich des KAGB und zum Begriff des »Investmentvermögens« vom 14. Juni 2013, WA 41-Wp 2137-2013/0001.

Bundesanstalt für Finanzdienstleistungsaufsicht: Merkblatt vom 02. Mai 2016, Hinweise zum Tatbestand des Kreditgeschäfts.

Bundesanstalt für Finanzdienstleistungsaufsicht: Merkblatt vom 1. November 2009 über die Erteilung zum Erbringen von Finanzdienstleistungen gem. § 32 Abs. 1 KWG.

Bundesanstalt für Finanzdienstleistungsaufsicht: Merkblatt vom 10. Dezember 2009, Hinweise zum Tatbestand des Platzierungsgeschäfts.

Bundesanstalt für Finanzdienstleistungsaufsicht: Merkblatt vom 11.09.2014, Hinweise zum Tatbestand der Abschlussvermittlung.

Bundesanstalt für Finanzdienstleistungsaufsicht: Merkblatt vom 11. März 2014, Hinweise zum Tatbestand des Einlagengeschäfts.

Bundesanstalt für Finanzdienstleistungsaufsicht: Merkblatt vom 13. Juli 2017, Hinweise zum Tatbestand der Anlagevermittlung.

Bundesanstalt für Finanzdienstleistungsaufsicht: Merkblatt vom 17. Februar 2014, Hinweise zum Tatbestand des Depotgeschäfts.

Bundesanstalt für Finanzdienstleistungsaufsicht: Merkblatt vom 18. März 2010, Hinweise zum Tatbestand des Finanzkommissionsgeschäfts, Stand Mai 2017.

Bundesanstalt für Finanzdienstleistungsaufsicht: Merkblatt vom 19. März 2013, Hinweise zum Tatbestand der Tätigkeit als zentrale Gegenpartei.

Bundesanstalt für Finanzdienstleistungsaufsicht: Merkblatt vom 25. Juli 2013, Tatbestand des multi-lateralen Handelssystems.

Bundesanstalt für Finanzdienstleistungsaufsicht: Merkblatt vom 29.11.2017, Hinweise zum Zahlungsdiensteaufsichtsgesetz.

Bundesanstalt für Finanzdienstleistungsaufsicht: Merkblatt vom 5. Januar 2009, Hinweise zum Tatbestand des Factoring.

Bundesanstalt für Finanzdienstleistungsaufsicht: Merkblatt vom 6. Januar 2009, Hinweise zum Tatbestand des Diskontgeschäfts.

Bundesanstalt für Finanzdienstleistungsaufsicht: Merkblatt vom 7. Januar 2009, Hinweise zum Tatbestand des Emissionsgeschäfts.

Bundesanstalt für Finanzdienstleistungsaufsicht: Merkblatt vom 9. Januar 2009, Hinweise zum Tatbestand des Finanzierungsleasings.

Bundesanstalt für Finanzdienstleistungsaufsicht: Merkblatt vom 20. Dezember 2011, Hinweise zu Finanzinstrumenten nach § 1 Abs. 11 Sätze 1 bis 3 KWG (Wertpapiere, Geldmarktinstrumente, Devisen und Rechnungseinheiten.

Bundesanstalt für Finanzdienstleistungsaufsicht: Rundschreiben 09/2017 (BA), Mindestanforderungen an das Risikomanagement, Rundschreiben vom 27.10.2017.

Bundesanstalt für Finanzdienstleistungsaufsicht: Rundschreiben 13/2011 (BA 55 FR – 2141-2011/0001) – Bewertung von Positionen des Handelsbuchs, 30. November 2011.

Bundesanstalt für Finanzdienstleistungsaufsicht: Rundschreiben 14/2008 (WA) zum Anwendungsbereich des Investmentgesetzes nach § 1 Satz 1 Nr. 3 InvG, WA 41 – Wp 2136 – 2008/0001 vom 22.12.2008.

Bundesanstalt für Finanzdienstleistungsaufsicht: Rundschreiben 17/99 vom 08. Dezember 1999, Zuordnung der Bestände und Geschäfte der Institute zum Handelsbuch und zum Anlagebuch (§ 1 Abs. 12 KWG, § 2 Abs. 11 KWG).

Bundesanstalt für Finanzdienstleistungsaufsicht: Schreiben vom 29. Januar 2008 (BA 37 – FR 2432 – 2008/0001); Übergangsvorschrift des § 64i Abs. 5 KWG zur Erbringung des Platzierungsgeschäfts.

Bundesaufsichtsamt für das Kreditwesen: – Aufbewahrungsfristen für Marktpreisdaten von Handelsbuchpositionen und Rohwarenpositionen des Anlagebuchs sowie der Meldungen zum GS I, Rundschreiben 3/2002 vom 18.02.2002 (I 5-E 61-1/1994), [KWG 3.131a].

Bundesaufsichtsamt für das Kreditwesen: Abgrenzung der Spezialfonds von Publikumsfonds, Schreiben vom 29.11.1990 (V 4/01), [KWG 10.49b].

Bundesaufsichtsamt für das Kreditwesen: Abschluß von prämienbegünstigten Sparverträgen und Sparverträgen über vermögenswirksame Leistungen, Schreiben vom 24.2.1975 (I 3 – 242 – 8/74), [KWG 4.119].

Bundesaufsichtsamt für das Kreditwesen: Anzeige- und Anrechnungspflicht für Weiterleitungs/Verwaltungskredite, Schreiben vom 18. Juli 1991 (1 3-234-2/90).

Bundesaufsichtsamt für das Kreditwesen: Aufbewahrungsfristen für Fremdwährungspositionen. Schreiben vom 21.2.2002 (I 5-E 61-1/1994), [KWG 3.131b].

Bundesaufsichtsamt für das Kreditwesen: Behandlung von durchlaufenden Krediten und Weiterleitungskrediten bei der Errechnung von Ausgleichsforderungen der Geldinstitute, Schreiben vom 17. Dezember 1990 (VI 1-C 3.3), in: Consbruch-Fischer P 41.21.

Bundesaufsichtsamt für das Kreditwesen: Behandlung von Wertpapierdarlehen in der Jahresbilanz der Kreditinstitute sowie im Rahmen der KWG-Normen, Schreiben vom 25.08.1987 (I 4-212311-2/87), in: Consbruch-Fischer [KWG 16.18].

Bundesaufsichtsamt für das Kreditwesen: Bewertung der Wertpapiere in den Jahresbilanzen der Kreditinstitute, Schreiben vom 15.11.1965 (I 4-25), in: Birk, H./Meyer, H., Die Bankbilanz, 3. Aufl., Wiesbaden 1979.

Bundesaufsichtsamt für das Kreditwesen: Bewertung von festverzinslichen Wertpapieren nach den für das Anlagevermögen geltenden Regeln, Schreiben vom 19.03.1993 (1 7-4215-1/91), [16.27].

Bundesaufsichtsamt für das Kreditwesen: Bilanzierung der treuhänderischen Haftung, Schreiben vom 8.12.1972 (I 4-25), in: Birk, H./Meyer, H., Die Bankbilanz, 3. Aufl., Wiesbaden 1979.

Bundesaufsichtsamt für das Kreditwesen: Fristengliederung der Forderungen und Verbindlichkeiten sowie bei Wertpapieren, Schreiben von 29. Juli 1971 (I 4-25).

Bundesaufsichtsamt für das Kreditwesen: Richtlinie für die Aufstellung der Jahresbilanzen, abgedruckt in: Birck, H./Meyer, H., Die Bankbilanz, 3. Aufl., Teillieferung 4, Wiesbaden 1979.

Bundesaufsichtsamt für das Kreditwesen: Rundschreiben Nr. 17/99, Zuordnung der Bestände und Geschäfte der Institute zum Handelsbuch und zum Anlagebuch (1 Abs. 12 KWG, § 2 Abs. 11 KWG), 1. Januar 2009.

Bundesaufsichtsamt für das Kreditwesen: Scheiben vom 7.1.1988, IDW FN 1988, S. 32f.

Bundesverband deutscher Banken – Ausschuss für Bilanzierung: Bankkonzernbilanzierung nach neuem Recht, in: WPg 1994, S. 11–20.

Bundesverband deutscher Banken: Bankbilanzrichtlinie-Gesetz: Arbeitsmaterialien zur Anwendung von Bilanzrichtlinie-Gesetz und Rechnungslegungsverordnung / [Ausschuss für Bilanzierung des Bundesverbandes deutscher Banken], Köln 1993.

Bundesverband deutscher Banken: Bilanzielle Erfassung und Offenlegung von Kreditderivaten, Frankfurt 2000.

Bundesverband deutscher Banken: Statut des Einlagensicherungsfonds, Berlin, Juni 2010.

Bungartz, O.: Handbuch Interne Kontrollsysteme (IKS) – Steuerung und Überwachung von Unternehmen, 2. Aufl., Berlin 2011.

Bunte, H.-J.: AGB-Banken und Sonderbedingungen, München, 4. Aufl. 2015.

Burghof, H.-P./Henke, S.: Entwicklungslinien des Marktes für Kreditderivate, in: Kreditderivate – Handbuch für die Bank- und Anlagepraxis, hrsg. v. Burghof, H.-P./Henke, S./Rudolph, B./Schönbucher, P. J./Sommer, D., 2. Aufl., Stuttgart 2005, S. 31–52.

Burkhardt, D.: Grundsätze ordnungsmäßiger Bilanzierung für Fremdwährungsgeschäfte, Düsseldorf 1988.

Busse von Colbe, W./Ordelheide, D./ Gebhardt, G./Pellens, B.: Konzernabschlüsse, 9. Aufl., Wiesbaden 2009.

Busse von Colbe, W.: Kommentierung von §§ 290, 301 HGB, in: Münchener Kommentar zum HGB, Band 4, hrsg. v. Schmidt, K., 3. Aufl., München 2013.

Bußian, A./Kille,K.: Rechnungslegung und Prüfung geschlossener alternativer Investmentfonds nach KAGB, in: WPg 2014, S. 837–851.

Büssow, T./Taetzner, T.: Sarbanes-Oxley Act Section 404: Internes Kontrollsystem zur Sicherstellung einer effektiven Finanzberichterstattung im Steuerungsbereich von Unternehmen – Pflicht oder Kür?, in: BB 2005, S. 2437–2443.

Butler, M./Livingston, M./Zhou, L.: The Determinants of Treasury Bond Stripping Level, Working Paper 2011.

Cahn, A.: Kommentierung von § 71 AktG, in: Aktiengesetz, hrsg. v. Spindler, G./Stilz, E., 3. Aufl., München 2015.

Campbell, J.Y./Shiller, R.J.: Stock Prices, Earnings and Expected Dividends, in: Journal of Finance 1988, S. 661–676.

Canabarro, E./Duffie, D.: Measuring and marking counterparty risk, in: Asset/Liability Management of Financial Institutions, 2003, Chapter 9.

Cassel, J.: Bildung von Bewertungseinheiten, in: Bilanzrechtsmodernisierungsgesetz, hrsg. v. Kessler, H./Leinen, M./Strickmann, M., Freiburg 2008, S. 189–203.

Chava, S./Roberts, M.R.: How does financing impact investment? The role of debt covenant violations, Working Paper, March 2007.

Chmielewicz, K.: Betriebliches Rechnungswesen 1: Finanzrechnung und Bilanz, Opladen 1983.

Chmielewicz, K.: Wirtschaftsgut und Rechnungswesen, in: ZfbF 1969, S. 85–122.

Choudhry, M.: The European Repo Market, in: The Handbook of European Fixed Income Securities, hrsg. v. Fabozzi, F.; Hoboken (New Jersey) 2004, S. 307–353.

Choudrhy, M.: The Repo Handbook, 2. Aufl., Oxford 2010.

Christian, C.-J./Waschbusch, G.: Auswirkungen der EG-Bankbilanzrichtlinie auf die künftige Rech-nungslegung deutscher Kreditinstitute, in: BB 1987, S. 2335–2339.

Christian, C.-J.: Ursprungs- oder Restlaufzeiten im Jahresabschluß der Kreditinstitute? – Eine Diskussion im Rahmen der EG-Harmonisierung im Bankenbereich, in: BB 1987, S. 229–234.

Christiansen, A.: Zur Passivierung von Verbindlichkeiten: (Nicht-)Passivierung im Rahmen schwebender Geschäfte, in: DStR 2007, S. 869–874.

Claussen, C.P.: Das neue Rechnungslegungsrecht der Kreditinstitute, in: DB 1991, S. 1129–1133.

Clemm, H.: Der Einfluss der Verzinslichkeit auf die Bewertung der Aktiva und Passiva, in: Werte und Wertermittlung im Steuerrecht: Steuerbilanz, Einheitsbewertung, Einzelsteuer und Unternehmensbewertung, hrsg. v. Raupach, A., Köln 1984, S. 219–243.

Committee of European Banking Supervisors (CEBS): Guidelines on the Supervisory Review Process, 25. January 2006.

Consbruch, J./Fischer, R.: Kreditwesengesetz, Bank-, Bankaufsichts- und Kapitalmarktrecht mit amtlichen Verlautbarungen, Textsammlung, München.

Crasselt, N./Lukas, E.: M&A-Transaktionen mit Earn-Out-Vereinbarung: Ermittlung der bilanziellen Anschaffungskosten nach IFRS 3, in: KoR 2008, S. 728–735.

Crezelius, G.: Bestimmte Zeit und passive Rechnungsabgrenzung, in: DB 1998, S. 633–638.

Daves, P./Ehrhardt, M.: Liquidity, Reconstitution, and the Value of U.S. Treasury STRIPS, in: Journal of Finance 1993, S. 315–329.

Decker, C.: Internationale Projektfinanzierung: Konzeption und Prüfung, Diss. Bremen 2008.

Deloitte (2011): iGAAP 2011 A Guide to IFRS, London Dezember 2010.

Deloitte: Bewertung von Ratenkrediten – Wertberichtigungssysteme in der Praxis, Düsseldorf 2011.

Deloitte: Financial Instruments: IAS 32, IAS 39, IFRS 7 explained, iGAAP 2008, London 2008.

Deloitte: iGAAP 2007, Financial Instruments: lAS 32, lAS 39 and IFRS 7 explained, London 2007.

Deloitte: iGAAP 2010, Financial Instruments, London Dezember 2009.

Deppmeyer, S./Eßer, M.: Das Finanzkommissionsgeschäft nach § 1 Abs. 1 S. 2 Nr. 4 KWG, in: BKR 2009, S. 230–233.

Deubert, M./Hoffmann, K..: Kapitel K, L, in: Sonderbilanzen, hrsg. v. Winkeljohann, N./Förschle, G./Deubert, M., 5. Aufl., München 2016.

Deutsche Bundesbank: Merkblatt über die Erteilung einer Erlaubnis zum Erbringen von Finanzdienstleistungen gem. § 32 Abs. 1 KWG, Stand Mai 2011.

Deutsche Bundesbank: Monatsbericht, Frankfurt am Main, April 2004.

Deutsche Bundesbank: Monatsbericht, Frankfurt am Main, September 2010.

Deutsche Revision Treuarbeit (Hrsg.): Bankbilanzierung ab 1993, Kommentierung der neuen Vorschriften für die Rechnungslegung der Kreditinstitute, Frankfurt 1992.

Dewatripont, M./Tirole, J.: The Prudential Regulation of Banks, Massachusetts 1994.

DGRV - Deutscher Genossenschafts- und Raiffeisenverband e.V.: Jahresabschluss der Kreditgenossenschaft, Loseblattsammlung, 5. Aufl., Wiesbaden 2017.

Dierks, K./Sandmann, T./Herre, U.: Das neu überarbeitete COSO-Rahmenwerk für Interne Kontrollsysteme und die Konsequenzen für die deutsche Unternehmenspraxis, in: CCZ 2013, S. 164–169.

Dittrich, K./Schuff, S.: Vertragsgestaltungen bei Asset Backed Securities und Credit Linked Notes, in: Handbuch Verbriefungen, hrsg. v. Auerbach, D./Zerey, J.-C., Berlin 2005, S. 285–318.

Döllerer, G.: Disagio als Kapitalertrag des Gläubigers bei Schuldverschreibungen, in: BB 1988, S. 883–886.

Dörfler, G./Adrian, G.: Steuerbilanzpolitik nach dem BilMoG, in: Ubg 2009, S. 385–394.

Dörner, H.: § 93 und 94 BGB, in: Bürgerliches Gesetzbuch, hrsg. v. Schulze, R., Buch 1, 7. Aufl., München 2012.

Dötsch, E.: Kommentierung von § 14 KStG, in: Die Körperschaftsteuer, hrsg. v. Dötsch, E./Pung, A./ Möhlenbrock, R., Loseblattsammlung, Stuttgart, Stand August 2014.

Dreibus, A./Schäfer, L.: Mitteilungspflichten über Stimmrechte gem. §§ 21, 22 WpHG bei inländischen Investmentfonds, in: NZG 2009, S. 1289–1292.

Dreissig, H.: Bilanzsteuerrechtliche Behandlung von Optionen, in: BB 1989, S. 1511–1517.

Dreyer, G./Schmid, H./Kronat, O.: Bilanzbefreiende Wirkung von Asset-Backes-Securities-Transaktionen – Kritische Anmerkungen zur IDW Stellungnahme IDW RS HFA 8, in: BB 2003, S. 91–97.

Driesch, D./von Oertzen, C.: Anwendungsfragen bei der Bilanzierung von Bewertungseinheiten nach § 254 HGB, in: IRZ 2010, S. 345–353.

Drinhausen, F.: § 131 AktG, in: Hölters, Aktiengesetz, 3. A., München 2017.

Du Boisson, J.: Die Reichweite der Erlaubnistatbestände Emissionsgeschäft und Eigenhandel für andere in § 1 Kreditwesengesetz (KWG), in: WM 2003, S. 1401–1412.

Duffie, D.: An econometric model of the term structure of interest-rate swap yields, in: Journal of Finance 1997, S. 205 1–2072.

Duffie, D.: Special Repo Rates, in. Journal of Finance 1996, S. 493–526.

Düpmann, M.: Zinsinduzierte Wertänderungen und Zinsrisiken im Jahresabschluss der Kreditinstitute. Düsseldorf 2007.

Dürr, H./Ender, M.: Risikoaggregation unter Berücksichtigung der Ereignisse aus der Finanzkrise, in: Risikomanager 2009, S. 14–19.

Dürr, U.L.: Mezzanine-Kapital in der HGB- und IFRS-Rechnungslegung: Ausprägungsformen, Bilanzierung, Rating. Berlin 2007.

Dusemond, M.: Zur Aufstellungspflicht von Konzernabschlüssen und Konzernlageberichten – Eine Darstellung unter besonderer Berücksichtigung der kreditinstitutsspezifischen Vorschriften, in: BB 1994, S. 2034–2041.

Eckl, E./Hahne, K.D.: Auswirkungen des Jahressteuergesetzes 2009 auf die Rechnungslegung und die Besteuerung von Leasing- und Factoringunternehmen, in: FinanzBetrieb 2009, S. 121–127.

Eden, S.: Treuhandschaft an Unternehmen und Unternehmensanteilen, 2. Aufl., Bielefeld 1989.

EG-Kommission: Vorschlag einer Richtlinie des Rates über die Jahresabschlüsse von Banken und anderen Finanzinstituten vom 19. März 1981, abgedruckt in: EG-Bankbilanzrichtlinie – Synoptische Darstellung der Entstehung der Richtlinie des Rates über den Jahresabschluss und den konsolidierten Abschluss von Banken und anderen Finanzinstituten mit weiteren Materialien, hrsg. v. Mayer, H./Maiß, P., Düsseldorf 1987, S. 107–265.

Ehmcke, T.: § 6 EStG, in: Blümich, EStG – KStG – GewStG, hrsg. v. Heuermann, B./Brandis, P., 114. Ergänzungslieferung, München, Februar 2012.

Ehricke, U.: Kommentierung von § 120 HGB, in: Handelsgesetzbuch (HGB), Band 1., hrsg. v. Ebenroth, C.T./Boujong, K./Joost, D./Strohn, L., 3. Aufl., München 2014.

Eidenmüller, H./Engert, A.: Reformperspektiven einer Umwandlung von Fremd- in Eigenkapital (Debt-Equity Swaps) im Insolvenzplanverfahren. Arbeitspapier München.

Einmahl, M.: Die Preispolitik großer deutscher Investmentfondsgesellschaften im Licht des AGB-Rechts, in: ZIP 2002, S. 381–388.

Eisele, W./Knobloch, A.: Offene Probleme bei der Bilanzierung von Finanzinnovationen, in: DStR 1993, S. 577–586.

Eiselt, A./Wrede, A.: Effektivitätsmessung von Sicherungsbeziehungen im Rahmen des hedge accounting, in: KoR 2009, S. 517–523.

Ekkenga, J.: Effektengeschäft, in: Münchener Kommentar zum HGB, Band 5, hrsg. v. Schmidt, K., 2. Aufl., München 2009.

Ekkenga, J.: Kommentierung von §§ 253, 255 HGB, in: Kölner Kommentar zum Rechnungslegungsrecht (§§ 238–342e HGB), hrsg. v. Claussen, C. P./Scherrer G., Köln 2011.

Elicker, M./Hartrott, S.: Zur steuerlichen Behandlung von Medienfonds mit Defeasance-Struktur – zugleich Besprechung der Entscheidung des FG München vom 8.4.2011, in: BB 2011, S. 1879–1885.

Elkart, W./Schaber, M.: Hedge Accounting und interne Geschäfte im Spannungsfeld tradierter Rechnungslegungsgrundsätze und modernem Finanzmanagement, in: Neue Finanzprodukte. Anwendung, Bewertung, Bilanzierung, FS Eisele, hrsg. v. Knobloch, A./Kratz, N., München 2003, S. 401–419.

Ellrott, H./Brendt, P.: § 255 HGB, in: BBK, 7. Aufl., München 2010.

Ellrott, H./Krämer, A.: §§ 250, 266 HGB, in: BBK, 8. Aufl., München 2012.

Ellrott, H./Roscher, K.: § 253 HGB, in: BBK, 7 Aufl., München 2010.

Ellrott, H./Schmidt-Wendt, D.: § 255 HGB, in: BBK, 4. Aufl., München 1999.

Ellrott, H./Schmidt-Wendt, D.: § 255 HGB, in: BBK, 5. Aufl., München 2003.

Ellrott, H.: § 285 HGB, in: BBK, 7. Aufl., München 2010.

Endert, V.: Bildung einer Rückstellung für Bestandspflege bei Versicherungsverträgen – Anmerkungen zum BFH-Urteil vom 19.7.2011 - X R 26/10, in: DStR 2011, S. 2280

Erb, M.: EHUG – Die neuen HGB-Offenlegungspflichten für Zweigniederlassungen ausländischer Banken in Deutschland ab 2007, in: WM 2007, S. 1012–1017.

Ernst&Young: International GAAP 2011: Generally Accepted Accounting Practice Under International Financial Reporting Standards, Band 1, New York 2010.

Ernst, C./Seidler, H.: Gesetz zur Modernisierung des Bilanzrechts nach Verabschiedung durch den Bundestag, in: BB 2009, S. 766–771.

Ernsting, I.: Publizitätsverhalten deutscher Bankkonzerne, Wiesbaden 1997.

Erting, I.: Bankaufsichtsrechtliche Grenzen kommunaler Darlehensgeschäfte, in: Neue Zeitschrift für Verwaltungsrecht 2009, S. 1339–1345.

Esser, I./Gebhardt, C.: Grundsätze zur Bewertung von Immobilien - Eine Einführung in den neuen Bewertungsstandard IDW ES 10, in: WPg 2013, S. 268–274.

Esser, I./Hillebrand, K.-P./Walter, K.-F.: Unabhängigkeit der genossenschaftlichen Prüfungsverbände, ZfgG 2006, S. 26–58.

Esser, I./Nann, W.: Bewertung von Immobilien des Anlagevermögens in der Handelsbilanz, in: WPg 2015, S. 181–86.

Esser, I.: Wie sind Immobilien des Anlagevermögens zu bewerten?, in: WPg 2015, S. 1077–1083.

Euler, R./Sabel, G.: Kommentierung von § 258 AktG, in: Aktiengesetz, hrsg. v. Spindler, G./Stilz, E., 3. Aufl., München 2015.

Euler, R.: Grundsätze ordnungsmäßiger Gewinnrealisierung. Düsseldorf 1989.

Europäische Zentralbank: Leitlinien der Europäischen Zentralbank vom 20. September 2011, EZB 2011/14, in: EU-Amtsblatt 14.12.2011, L 331/1.

Evertz, D. W.: Die Länderrisikoanalyse der Banken: Darstellung, Analyse und Beurteilung mit Entscheidungs- und planungsorientiertem Schwerpunkt, Berlin 1992.

Fandrich, A.: Banken- und Sparkassen-AGB, in: Vertragsrecht und AGB-Klauselwerke, hrsg. v. Graf von Westfalen, F./Thüsing, G., 30. Ergänzungslieferung, München 2012.

Fandrich, A.: Darlehensvertrag, in: Vertragsrecht und AGB-Klauselwerke, hrsg. v. Graf von Westphalen, F., München 28. Aufl. 2010, Teil 2.

Fandrich, A.: Kommentierung von § 6 GenG, in: Genossenschaftsgesetz, hrsg. v. Pöhlmann, P./ Fandrich, A./ Bloehs, J., 4. Aufl., München 2012.

Fasselt, M./Brinkmann, J.: Immaterielle Vermögensgegenstände, B 211, in: Beck'sches Handbuch der Rechnungslegung (Beck HdR), hrsg. v. Böcking, H.-J./Castan, E./Heymann, G./Pfitzer, N./ Scheffler, E., Band I, Ergänzungslieferung Stand Juli 2004.

Federal Reserve Bank of Chicago: Structured Notes, Product Summary. Chicago 1994.

Federmann, R.: Zeitbestimmtheit bei transitorischer Rechnungsabgrenzung in der Handels- und Steuerbilanz, in: BB 1984, S. 246–252.

Fetzer, R.: Kommentierung von § 362 ff BGB, in: Münchener Kommentar zum BGB, hrsg v. Säcker, F.J./Rixecker, R., 6. Aufl., München 2012.

Fey, G./Deubert, M.: Bedingte Anschaffungskosten für Beteiligungen im handelsrechtlichen Jahresabschluss des Erwerbers, in: BB 2012, S. 1461–1466.

Fey, G./Mujkanovic, R.: Außerplanmäßige Abschreibungen auf das Finanzanlagevermögen, in: WPg 2003, S. 212–219.

Fey, G.: Probleme bei der Rechnungslegung von Haftungsverhältnissen – Off-balance-sheet-risks im handelsrechtlichen Jahresabschluss und in anderen Rechenschaftsberichten, in: WPg 1992, S. 1–15.

Feyerabend, H.-J./Behnes, S./Helios, M.: Finanzierung des Restrukturierungsfonds durch die Bankenabgabe – ausgewählte Einzelaspekte der bilanzbasierten Bemessungsgrundlage, in: DB-Beilage 4/2011, S. 38–45.

Feyerabend, H.-J./Behnes, S./Helios, M.: Steuerliche Aspekte des Banken-Restrukturierungsgesetzes, in: DB 2011, Beilage 4, S. 30–37.

Financial Stability Board: Principles for An Effective Risk Appetite Framework, Consultative Paper, 17 July 2013.

Findeisen, K.-D./Sabel, E./Klube, J.: Reduktion des Konsolidierungskreises durch das BilMoG? Rangverhältnis der neuen Konsolidierungskriterien am Beispiel einer Leasinggesellschaft, in: DB 2010, S. 965–971.

Findeisen, K.-D.: Asset Backed Securities im Vergleich zwischen US-GAAP und HGB, in: DB 1998, S. 481–488.

Finne, T.: Bilanzierung von Fremdwährungsgeschäften und internationale Doppelbesteuerung, Baden-Baden 1991.

Fischer, C./Steck, K.-U.: Kommentierung von § 99 InvG, in: Investmentgesetz – Investmentsteuergesetz, hrsg. v. Berger, H./Steck, K.-U./Lübbehüsen, D., München 2010.

Fischer, M.: Verschmelzung von GmbH in der Handels- und Steuerbilanz, in: DB 1995, S. 485–491.

Fischer, P./Sittmann-Haury, C.: Risikovorsorge im Kreditgeschäft nach IAS 39, in: IRZ 2006, S. 217–225.

Fischer, R.: § 127. Gegenstand der Bankenaufsicht, in: Schimansky, H./Bunte, H.-J./Lwowski, H.-J., Bankrechts-Handbuch, 4. Aufl., München 2011.

Fischer, T.M./Ihme, L.T.: Überleitungsrechnung von internem Ergebnisbeitrag für zinsabhängige Geschäfte in deutschen Kreditinstituten auf die IFRS-basierte Performance, in: KoR 2010, S. 621–630.

Fleischer, H.: § 1 GmbHG, in: Münchener Kommentar GmbHG, 3. Aufl., München 2018.

Fleming, M.J./Garbade, K.D.: Repurchase Agreements with Negative Interest Rates, in: Federal Reserve Bank of New York, Current Issues in Economics and Finance 2004, Vol. 10, Nr. 5, S. 1–7.

Flick, C./Flick, P.: Bilanzierung von ABS-Transaktionen ohne Abgang der verbrieften Forderungen – Auswirkungen der Finanzmarktkrise auf die Ausgestaltung von ABS-Transaktionen, in: WPg 2009, S. 828–835.

Florstedt, T.: Die umgekehrte Wandelschuldverschreibung, in: ZHR 2016, S. 152–196.

Förschle, G./Heinz, S.: Sanierungsmaßnahmen und ihre Bilanzierung, Abschnitt Q, in: Sonderbilanzen, hrsg. v. Winkeljohann, N./Förschle, G./Deubert, M., 5. Aufl., München 2016.

Förschle, G./Kroner, M.: § 246 HGB, in: BBK, 8. Aufl., München 2012.

Förschle, G./Ries, N.: § 246 HGB, in: BBK, 9. Aufl., München 2014.

Förschle, G.: § 277 HGB, in: BBK, 8. Aufl., München 2012.

Förster, G./Schmidtmann, D.: Steuerliche Gewinnermittlung nach dem BilMoG, in: BB 2009, S. 1342–1346.

Förster, H./Naumann, M.: Erlass zur Dotation von Bankbetriebsstätten, in: DB 2004, S. 2337–2340.

Forster, K.-H./Groß, G.: Probleme der Rechnungslegung und Prüfung von Kreditinstituten in den Stellungnahmen des Bankenfachausschusses des IDW, in: Bankaufsicht, Bankbilanz und Bankprüfung – unter Berücksichtigung der Dritten KWG-Novelle, hrsg. v. Forster, K.-H., Düsseldorf, S. 49–67.

Franken, L./Schulte, J.: Auswirkungen des IDW RS HFA 10 auf andere Bewertungsanlässe, in: BB 2003, S. 2675–2677.

Freericks, W.: Bilanzierungsfähigkeit und Bilanzierungspflicht in Handels- und Steuerbilanz, Berlin 1976.

Freitag, R.: Die »Investmentkommanditgesellschaft« nach dem Regierungsentwurf für ein Kapitalanlagegesetzbuch, in: NZG 2013, S. 329–336.

Friebel, G./Langenbucher, K.: Die Institutsvergütungsverordnung: Ist Verantwortung für Misserfolg im Finanzsektor möglich?, in: GWR 2011, S. 103–106.

Früh, A.: Abtretungen, Verpfändungen, Unterbeteiligungen, Verbriefungen und Derivate bei Kreditforderungen vor dem Hintergrund von Bankgeheimnis und Datenschutz, in: WM 2000, S. 497–504.

Fülbier, R.U./ Pellens, B.: Kommentierung von § 315 HGB, in: Münchener Kommentar zum HGB, hrsg. v. Schmidt, K./Ebke, W.F., Band 4, 3. Aufl., München 2013.

Gaber, C./Betke, D.: Ertragsvereinnahmung von Bereitstellungsprovisionen auf Kreditzusagen: Vergleich IFRS zu US-GAAP, in: Praxis der internationalen Rechnungslegung (PiR), Heft 1, 2011, S. 13–18.

Gaber, C./Betke, D.: Rechtskritische Analyse der Ertragsvereinnahmung von Bereitstellungsprovisionen auf Kreditzusagen nach IA 18, in: Praxis der internationalen Rechnungslegung (PiR), Heft 2, 2011, S. 43–46.

Gaber, C./Gorny, J.: Bilanzierung strukturierter Zinsprodukte mit multiplen eingebetteten Derivaten nach lAS 39, in: KoR 2007, 5. 323–331.

Gaber, C./Groß, E.-M./Heil, A.-T.: Anpassung des § 290 HGB durch das AIFM-UmsG, in: BB 2013, S. 2667–2671.

Gaber, C./Kandel, A.: Bilanzierung von Financial Covenants und weiteren Vertragsabreden im Kreditgeschäft nach lAS 39, in: KoR 2008, Heft 1, S. 9–16.

Gaber, C./Siwik, T.: Modellierung eines Portfolio Hedge Accounting für Zinsrisiken, in: Corporate Finance biz 2010, S. 223–233.

Gaber, C.: Aktuelle Entwicklungen im handelsrechtlichen Jahresabschluss der Kredit- und Finanzdienstleistungsinstitute, in: WPg 2015, S. 121–129.

Gaber, C.: Annäherung der handelsrechtlichen Bilanzierung strukturierter Produkte an die IFRS? Eine Analyse des Entwurfs ERS HFA 22 unter Berücksichtigung des Gesetzentwurfs des Bilanzrechtsmodernisierungsgesetzes, in: DB 2008, S. 1221–1226.

Gaber, C.: Ausbuchung von Finanzinstrumenten – Was gilt bei Vertragsanpassungen und Novationen?, in: WPg 2018, S. 629–635.

Gaber, C.: Bewertung von Fertigerzeugnissen zu Vollkosten oder zu Teilkosten? Ansatz von Forderungen zum Nennwert oder Barwert? Eine agencytheoretische Analyse zur zielkonsistenten Performancemessung, in: ZfbF 2005, S. 325–352.

Gaber, C.: Bilanz- und gesellschaftsrechtliche Voraussetzungen einer rechtsfehlerfreien Bildung von Vorsorgereserven nach §§ 340f, g HGB, in: WM 2018, Teil 1, S. 105–113; Teil 2, S. 153–200.

Gaber, C.: Der Erfolgsausweis im Wettstreit zwischen Prognosefähigkeit und Kongruenz, in: BFuP 2005, S. 279–295.

Gaber, C.: Gewinnermittlung und Investitionssteuerung, Schriften zur quantitativen Betriebswirtschaftslehre, Dissertation Universität Frankfurt, Wiesbaden 2005.

Gaber, C.: IDW ERS BFA 3: Verlustfreie Bewertung von zinsbezogenen Geschäften des Bankbuchs, in: KoR 2012, S. 196–204.

Gaber, C.: Neuerungen im handelsrechtlichen Konzernabschluss: DRS 23 aus Sicht der Finanzbranche, in: WPg 2016, S. 444–449.

Gadanecz, B.: Struktur, Entwicklung und Bedeutung des Marktes für Konsortialkredite, in: BIZ Quartalsbericht, Dezember 2004, S. 85–101.

Gahlen, D.: Bilanzierung von Forderungsverzichten gegen Besserungsschein und Verlustbeteiligungen aus Mezzanine-Kapital nach HGB und nach IFRS, in: BB 2009, S. 2079–2082.

Gann, P./Rudolph, B.: Anforderungen an das Risikomanagement, in: Corporate Governance von Banken, hrsg. v. Hopt, K.J./Wohlmannstetter, G., 1. Aufl., München 2011, S. 601–627.

Ganter, H.G.: § 90, in: Bankrechtshandbuch, hrsg. v. Schimansky, H./Bunte, H.-J./Lwowski, H.-J., 5. Aufl., München 2017.

Gaumert, U.: Art. 363 CRR, in: Kreditwesengesetz, hrsg. v. Boos, K.-H./Fischer, R./Schulte-Mattler, H., 5. Aufl., München 2016.

Gawanke, T.: Kommentierung von § 13 AnzV, in: hrsg. v. Boos, K.-H./Fischer, R./Schulte-Mattler, H., 4. Aufl., München 2012.

Gebhardt, G./Reichardt, R./Wittenbrink, C.: Accounting for financial instruments in the banking industry: conclusions from a simulation model, in: European Accounting Review 2004, S. 341–371.

Gebhardt, G./Strampelli, S.: Bilanzierung von Kreditrisiken, in: BFuP 2005, S. 507–527.

Gebhardt, G.: Risikomanagement und Rechnungslegung – ein Kernproblem in der Diskussion zur Bilanzierung von Finanzinstrumenten, in: Wettbewerb und Unternehmensrechnung, hrsg. v. Schildbach, T./Wagenhofer, A., ZfbF-Sonderheft 45/2000, S. 69–94.

Gebhardt, G./Breker, N.: Bilanzierung von Fremdwährungstransaktionen im handelsrechtlichen Einzelabschluß – unter Berücksichtigung von § 340h HGB, in: DB 1991, S. 1529–1538.

Gehrer, J./Koch, S./Schüz, P.: Leitlinien des BCBS 350 – Aufsichtsrechtliche Erwartungen an die praktische Umsetzung der IFRS 9-Impairment-Regelungen, in: IRZ 2016, S. 171–175.

Gehringer, M.: § 6, Internes Kontrollsystem und Risikomanagement, in: Compliance in Versicherungsunternehmen, hrsg. v. Bürkle, J., München 2009.

Gehrlein, M.: §§ 688, 783 BGB, in: Beck OK BGB, hrsg. v. Bamberger, G./Roth, H., München, Stand 15.06.2017.

Gehrlein, M.: Der Konsortialkredit als Modell einer Innengesellschaft, in: DStR 1994, S. 1314–1318.

Geibel, S.: Kommentierung von § 6 GenG, in: Gesellschaftsrecht, hrsg. v. Henssler, M./Strohn, L., München 2011.

Gelhausen, H.F./Deubert, M./Klöcker, A.: Zweckgesellschaften nach BilMoG: Mehrheit der Risiken und Chancen als Zurechnungskriterium, in: DB 2010, S. 2005–2011.

Gelhausen, H.F./Fey, G./Kämpfer, G.: Rechnungslegung und Prüfung nach dem Bilanzrechtsmodernisierungsgesetz, Düsseldorf 2009.

Gelhausen, H.F./Fey, G./Kirsch, H.-J.: Übergang auf die Rechnungslegungsvorschriften des Bilanzrechtsmodernisierungsgesetzes, in: WPg 2010, S. 24–33.

Gelhausen, H.-F./Heinz, S.: Vermögensentnahmen aus GmbH und AG – Eine Bestandsaufnahme aus gesellschaftsrechtlicher und handelsbilanzieller Sicht, in: Festschrift für Michael Hoffmann-Becking, hrsg. v. Krieger, G., Lutter, M./Schmidt, K., München 2013, S. 357–376.

Gelhausen, H.F./Henneberger, M.: Die Bilanzierung von Leasingverträgen, Abteilung VI. 1, Handbuch des Jahresabschlusses in Einzeldarstellungen, Loseblattsammlung, Köln 2003.

Gelhausen, H.F./Rimmelspacher, D.: Wandel- und Optionsanleihen in den handelsrechtlichen Jahresabschlüssen des Emittenten und des Inhabers, in: AG 2006, S. 729–745.

Gerth, V.: § 226 SolvV, in: Kreditwesengesetz, hrsg. v. Boos, K.-H./Fischer, R./Schulte-Mattler, H., 3. Aufl., München 2008.

Geschrey, E./Kessel, H./Osterkamp, S./Schorr, G./Spanier, G.: Jahresabschluss der Kreditgenossenschaft, Wiesbaden 2003 (Loseblattsammlung 2009).

Gilgenberg, B./Weiss, J.: Die »Zeitwertfalle« von Finanzinstrumenten im Spannungsfeld der gegenwärtigen Finanzmarktkrise, in: KoR 2009, S. 182–186.

Glade, A.: Rechnungslegung und Prüfung nach dem Bilanzrichtlinien-Gesetz, Herne 1986.

Glaser, A./Hachmeister, D.: B 737: Bilanzierung von Sicherungsbeziehungen nach HGB und IFRS, in: Beck HdR, hrsg. v. Böcking, H.J./Castan, E./Heymann, G. u.a., Band 2, 2. EL., München 2014.

Glaser, A./Hachmeister, D.: Pflicht oder Wahlrecht zur Bildung bilanzieller Bewertungseinheiten nach dem BilMoG, in: BB 2011, S. 555–559.

Glischke, T./Hallpap, P./Wolfgarten, W.: IDW ERS BFA 3 – Verlustfreie Bewertung des Bankbuchs, Deloitte White Papier Nr. 53, Mai 2012.

Glischke, T./Mach, P./Stemmer, D.: Credit Valuation Adjustments (CVA) – Berücksichtigung von Kontrahentenausfallrisiken bei der Bewertung von Derivaten, in: FB 2009, S. 553–557.

Glüder, D./Ranné, O.: Der Nutzen von Kreditderivaten aus Sicht einer Förderbank, in: Handbuch Verbriefungen, hrsg. v. Auerbach, D./Zerey, J.-C., Berlin 2005, S. 79–104.

Godlewski, C.J.: Duration of loan arrangement and syndicate structure. Working Paper, Strasbourg 2008.

Goldschmidt, P./Weigel, W.: Die Bewertung von Finanzinstrumenten bei Kreditinstituten in illiquiden Märkten nach IAS 39 und HGB, in: WPg 2009, S. 192–204.

Goldschmidt, P./Meyding-Metzger, A./Weigel, W.: Änderungen in der Rechnungslegung von Kreditinstituten nach dem Bilanzrechtsmodernisierungsgesetz, Teil 1: Finanzinstrumente des Handelsbestands, Bilanzierung von Bewertungseinheiten, in: IRZ 2010, S. 21–27.

Goldschmidt, P./Meyding-Metzger, A./Weigel, W.: Änderungen in der Rechnungslegung von Kreditinstituten nach dem Bilanzrechtsmodernisierungsgesetz, Teil 2: Kreditrisikovorsorge, Währungsumrechnung und latente Steuern, in: IRZ 2010, S. 63–66.

Gordon, M.J.: Dividends, Earnings and Stock Prices, in: Review of Economics and Statistics 1959, S. 99–105.

Gorton, G./Kahn, J.: The design of bank loan contracts, in: Review of financial studies 2000, S. 331–364.

Göttgens, M./Schmelzeisen, H.-M.: Bankbilanzrichtlinie-Gesetz – Übersicht über die Rechnungslegung der Kreditinstitute nach dem Gesetz zur Durchführung der Richtlinie des Rates der europäischen Gemeinschaft über den Jahresabschluss und den konsolidierten Abschluss von Banken und anderen Finanzinstituten (Bankbilanzrichtinie-Gesetz) vom 30.11.1990, 2. Aufl., Düsseldorf 1992.

Göttgens, M.: Bilanzielle Behandlung des Bondstripping, in: WPg 1998, S. 567–573.

Göttgens, M.: Die Abbildung der Kompensation von Zinsänderungs- und Währungsrisiken in der Bankbilanz. Diss. Köln, 1997.

Göttgens, M.: Einzelfragen der verlustfreien Bewertung von zinsbezogenen Geschäften des Bankbuchs (Zinsbuchs) – Zur Anwendung von IDW RS BFA 3, in: WPg 2013, S. 20–28.

Grabbe, J./Behrens, S.: Ist die mittelbare Beteiligung natürlicher Personen schädlich für den Status als Spezial-Fonds, in: IStR 2005, S. 159–162.

Grewe, W.: Kommentierung §§ 340, 340a-o HGB, in: Hofbauer/Kupsch (Hrsg.), Rechnungslegung Kommentar, zuvor: Bonner Handbuch der Rechnungslegung (BoHdR), Loseblattsammlung, 2. Aufl., Sankt Augustin 1994.

Groh, M.: Eigenkapitalersatz in der Bilanz, in: BB 1993, S. 1882–1893.

Groh, M.: Unterverzinsliche Darlehen in der Handels- und Steuerbilanz, in: StuW 1991, S. 297–305.

Groh, M.: Verbindlichkeitsrückstellungen und Verlustrückstellungen: Gemeinsamkeiten und Unterschiede, in: BB 1988, S. 27–33.

Groh, M.: Zum Bilanzsteuerrecht, in: StuW 1974, S. 344–350.

Groh, M.: Zur Bilanzierung von Fremdwährungsgeschäften, in: DB 1986, S. 869–877.

Grosch, D.: Einige Bemerkungen zur aktuellen bilanzsteuerrechtlichen Rechtsprechung des I. Senats des BFH, in: DStR 2002, S. 977ff.

Groß, W.: §§ 28, 37 BörsG, in: Kapitalmarktrecht, hrsg. v. Groß, W., 6. Aufl., München 2016.

Groß, W.: Kapitalmarktrecht, 5. Aufl., München 2012.

Groß, W.: VII. Emissions- und Konsortialgeschäft, in: Handelsgesetzbuch (HGB), Band 2., hrsg. v. Ebenroth, C.T./Boujong, K./Joost, D./Strohn, L., München 2009.

Große, J.-V./Schmidt, M.: Handelsaktivitäten bei Kreditinstituten: Hofbauer/Kupsch Anmerkungen zur Abgrenzung und Implikationen für die Bilanzierung, in: WPg 2007, S. 859–870.

Großfeld, B./Stöver, R./Tönnes, W.A.: Unternehmensbewertung im Bilanzrecht, in: NZG 2006, S. 521–526.

Grottel, B./Haußer, J.: § 251 HGB, in: BBK, 11. Aufl., München 2018.

Grottel, B./Gadek, S.: § 255 HGB, in: Beck'scher Bilanzkommentar, 11. Aufl., München 2018.

Grottel, B./Kreher, M.: §§ 253, 271, 290 HGB, in: BBK, 11. Aufl., München 2018.

Grottel, B./Larenz, S.K.: § 274 HGB, in: BBK, 11. Aufl., München 2018.

Grünberger, D.: Expected Loan Loss Provisions, Business- and Credit Cycles. Working Paper 2013 (www.ssrn.com).

Grundmann, S.: § 112 Das Emissionsgeschäft, in: Bankrechtshandbuch, hrsg. v. Schimansky, H./Bunte, H.-J./Lwowski, H.-J., 3. Aufl., München 2007.

Gstädtner, T.: Regulierung der Märkte für OTC-Derivate – ein Überblick über die Regelungen in MiFID II, EMIR und CRD IV, in: Recht der Finanzinstrumente (RdF) 2012, S. 145–155.

Haag, H./Peters, J.: Aktienrechtsnovelle 2011–2015, in: WM 2015, S. 2303–2308.

Haaker, A.: Zur verlustfreien Bewertung des Bankbuchs im handelsrechtlichen Jahresabschluss von Kreditinstituten, in: Jahrbuch für Controlling und Rechnungswesen, hrsg. v. Seicht, 2012, S. 99–114.

Habersack, M.: Kommentierung von § 221 AktG, in: Münchener Kommentar zu Aktiengesetz, Band 4, 4. Aufl., München 2016.

Habersack, M.: Kommentierung von §§ 765, 783, 793, 806 BGB, in: Münchener Kommentar zum BGB, hrsg. v. Säcker, F.J./Rixecker, R., Band 5, 7. Aufl., München 2017.

Haberstock, O./Greitemann, G.: Kommentierung der §§ 229–236 AktG, in: Aktiengesetz, hrsg. v. Hölters, W., München 2011.

Hachmeister, D./Glaser, A.: Veröffentlichung von E-DRS 27: Konzernlageberichterstattung im Umbruch – eine kritische Würdigung unter Berücksichtigung ausgewählter Kommentierungsschreiben, in: IRZ 2012, S. 299–304.

Hachmeister, D./Ruthardt, F.: Grundsätze zur Bewertung von Immobilien nach IDW S 10 – Überblick und Würdigung vor dem Hintergrund der Rechnungslegungsstandards nach IFRS und HGB, in: IRZ 2014, S. 73–79.

Hachmeister, D.: Das Finanzanlagevermögen, Abt. II/3, in: Handbuch des Jahresabschlusses – Rechnungslegung nach HGB und internationalen Standards, hrsg. v. von Wysocki, K./Schulze-Osterloh, J./Hennrichs, J./Kuhner, C., Köln, Stand 01.09.2011.

Hadding, W./Häuser, F.: § 87, in: Bankrechtshandbuch, hrsg. v. Schimansky, H./Bunte, H.-J./Lwowski, H.-J., 3. Aufl., München 2007.

Hageböke, J.: Anwendung von § 5 Abs. 2a EStG auf »gehärtete« typisch stille Beteiligungen nach Art. 52 CRR, in: RdF 2013, S. 304–310.

Hagenmüller, K.F./Jacob, A.-F.: Der Bankbetrieb, Bd. 3., 3. Aufl., Wiesbaden 1988.

Hahne, K.D./Liepolt, P.: Steuerbilanzielle Bewertung von Stillhalterverpflichtungen aus Optionsgeschäften, in: DB 2006, S. 1329–1333.

Hahne, K.D.: Auswirkungen der BIAO-Entscheidung des BFH auf die Anwendung pauschalierter Bewertungsverfahren, in: BB 2006, S. 91–96.

Hahne, K.D.: Auswirkungen der Options-Entscheidung des BFH auf die Bilanzierung von Bürgschaften und Kreditgarantien; in: BB 2005, S. 819–824.

Hahne, K.D.: BB-Kommentar, Grundsätze der Bilanzierung von Optionsgeschäften sind auch auf Warenverkäufen anwendbar, in: BB 2011, S. 622.

Haisch, M./Helios, M.: Anteile an Zwischengesellschaften im Handelsbuch – oder: Vermeidung einer Doppelbesteuerung aufgrund § 6 Abs. 1 Nr. 2b EStG und AStG, in: IStR 2013, S. 842–846.

Haisch, M.L./Helios, M.: Finanzinstrumente in der Einzelhandels- und Steuerbilanz, in: Rechtshandbuch Finanzinstrumente, hrsg. v. Haisch, M.L./Helios, M., München 2011, S. 41–114.

Haisch, M.L.: Auswirkungen der IDW RS HFA 22 auf die Besteuerung von strukturierten Finanzinstrumenten, in: FR 2009, S. 65–73.

Haisch, M.L.: Derivative Finanzinstrumente, in: Rechtshandbuch Finanzinstrumente, hrsg. v. Haisch, M.L./Helios, M., München 2011, S. 1–40.

Hammen, H.: Erlaubnisfreiheit alternativer Anlageinstrumente, europarechtliches Transparenzgebot und Kapitalverkehrsfreiheit, in: WM 2008, 1901–1912.

Hammer, M.: Ausschüttung aus einer »Black Box«, in: BB 2003, S. 1760–1763.

Hammer, M.: Kommentierung von § 12 InvStG, in: EStG, KStG, GewStG, hrsg. v. Blümich, W., 113. Erg. Lief., München 2013.

Hammer, M.: Spezialfonds im Steuerrecht aus Investorensicht, Frankfurt am Main 2007.

Hanten, M./Hanten, M.: Die neue Bankenabgabe, in: WM 2017, S. 649–655.

Harrmann, A.: Unverzinsliche oder niedrig verzinsliche langfristige Darlehensforderungen, in: BB 1990, S. 1450–1453.

Hartmann, W.: Stille Reserven im Jahresabschluss von Kreditinstituten, in: BB 1989, S. 1936ff.

Hartung, W.: Wertpapierleihe und Bankbilanz. Ist § 340b HGB richtlinienkonform?, in: BB 1993, S. 1175–1177.

Hass, D./Schreiber, S./Tschauner, H.: Sanierungsinstrument »Debt for Equity Swap«, in: Handbuch Unternehmensrestrukturierung, hrsg. v. Hommel, U./Knecht, T./Wohlenberg, H., 1. Aufl., Wiesbaden 2006, S. 841–874.

Häuselmann, H./Wiesenbart, T.: Fragen zur bilanzsteuerlichen Behandlung von Geschäften an der Deutschen Terminbörse (DTB), in: DB 1990, S. 641–647.

Häuselmann, H./Wiesenbart. T.: Die Bilanzierung und Besteuerung von Wertpapier-Leihgeschäften, in: DB 1990, S. 2129–2134.

Häuselmann, H.: Bewertungsalternativen für Wertpapiere in Folge der Finanzmarktkrise, in: BB 2008, S. 2617–2621.

Häuselmann, H.: Der Forderungsverkauf im Rahmen des Asset Backed-Financing in der Steuerbilanz, in: DStR 1998, S. 826–832.

Häuselmann, H.: Die steuerbilanzielle Erfassung von Finanzinstrumenten – bilanzsteuerrechtliche Aspekte des Wertpapierhandels der Kreditinstitute, 10. Aufl., Frankfurt 2005

Häuselmann, H.: Die steuerliche Erfassung von Pflichtwandelanleihen, in: BB 2003, S. 1531–1537.

Häuselmann, H.: Gastkommentar: Die deutsche Bankenabgabe, in: FD-DStR 27/2010 vom 9. Juli 2010.

Häuselmann, H.: Rangrücktritt versus Forderungsverzicht mit Besserungsabrede, in: BB 1993, S. 1552–1557.

Häuselmann, H.: Restrukturierung von Finanzverbindlichkeiten und ihre Abbildung in der Bilanz, in: BB 2010, S. 944–950.

Häuselmann, H.: Wandelanleihen in der Handels- und Steuerbilanz des Emittenten, in: BB 2000, S. 139–146.

Häuselmann, H.: Wertpapier-Darlehen in der Steuerbilanz, in: DB 2000, S. 495–497.

Häuselmann, H.: Zur Bilanzierung von Investmentanteilen, insbesondere von Anteilen an Spezialfonds, in: BB 1992, S. 312–321.

Hayn, S./Jutz, M./Zündorf, H.: Forderungen und sonstige Vermögensgegenstände, B 215, in: Beck'sches Handbuch der Rechnungslegung (Beck HdR), hrsg. v. Böcking, H.-J./Castan, E./ Heymann, G./Pfitzer, N./Scheffler, E., Band I, Ergänzungslieferung Stand März 2011.

Heeb, G.: Bilanzierung bei Spaltungen im handelsrechtlichen Jahresabschluss (IDW RS HFA 43), in: WPg 2014, S. 189–198.

Heermann, P.W.: § 675 BGB, in: Münchener Kommentar zum BGB, hrsg v. Säcker, F.J./ Rixecker, R., 5. Aufl. 2009.

Heidelbach, A.: Kommentierung zur BörsZulV sowie zum BörsG, in: Kapitalmarktrechts-Kommentar, hrsg. v. Schwark, E./Zimmer, D., 4. Aufl., München 2010.

Heider, K.: Kommentierung zu § 10 AktG, in: Münchener Kommentar zum Aktiengesetz, hrsg. v. Goette, W./Habersack, M./Kalss, S., Band 1, 4. Aufl., München 2016.

Helios, M./Birker, C.: Bilanzbasierte Bankenabgabe – Unter Berücksichtigung des neuen DBA zwischen Deutschland und Großbritannien zur Vermeidung von Doppelbelastungen, in: DB 2012, S. 477–483.

Helios, M./Schlotter, C.: Steuerbilanzielle Behandlung von Finanzinstrumenten nach § 6 Abs. 1 Nr. 2b) EStG i.d.F. des BilMoG, in: DStR 2009, S. 547–553.

Helios, M./Schmies, C.: Ausländische Investmentanteile i.S.d. § 2 Abs. 9 InvG, in: BB 2009, S. 1100–1110.

Helios, M.: Steuerbilanzielle Behandlung von Close-Out-Zahlungen bei vorzeitiger Aufhebung von Zinsswaps – Wann und wie endet eine Bewertungseinheit, in: DB 2012, S. 2890–2898.

Helmschrott, H.: Einbeziehung einer Leasingobjektgesellschaft in den Konzernabschluß des Leasingnehmers nach HGB, IAS und US-GAAP, in: DB 1999, S. 1865–1871.

Henkel, K.: Rechnungslegung von Treasury-Instrumenten nach IAS/IFRS und HGB. Wiesbaden 2010.

Henneberger, M.: Regulierung von Leasinggeschäften in Deutschland – Annäherung an europäische Vorschriften, in: ZfgK 2010, S. 795–798.

Hennrichs, J./Pöschke, M.: §§ 150, 174 AktG, in: Münchener Kommentar zum Aktiengesetz, hrsg. v. Goette, W./Habersack, M./Kalss, 4. Aufl., München 2018.

Hennrichs, J.: Ausgewählte Zweifelsfragen zur Kapitalrücklage, in: Festschrift für Michael Hoffmann-Becking, hrsg. v. Krieger, G., München 2013, S. 511–530.

Hennrichs, J.: Kommentierung von § 246 HGB, in: Münchener Kommentar zum Bilanzrecht, Band 2, hrsg. v. Hennrichs, J./Kleindiek, D./Watrin, C., 1. Aufl., München 2013.

Hennrichs, J.: Kommentierung von §§ 248, 250 HGB, in: Münchener Kommentar zum Aktiengesetz, Band 5a, hrsg. v. Kropff, B./Semler, J., 2. Aufl., München 2003.

Hennrichs, J.: Neufassung der Maßgeblichkeit gemäß § 5 Abs. 1 EStG nach dem BilMoG, in: Ubg 2009, S. 533–543.

Hennrichs, J.: Zur handelsrechtlichen Beurteilung von Bewertungseinheiten bei Auslandsbeteiligungen, in: WPg 2010, S. 1185–1193.

Henselmann, K./Scherr, E./Hartmann, A./Klein, M.: Bilanzstichtag – und dann? Eine empirische Analyse der Berichtspraxis von Unternehmen des HDAX und SDAX zu wertbeeinflussenden Ereignissen (2007 bis 2009), in: IRZ 2012, S. 305–312.

Hermanns, M.: Kommentierung von § 221 AktG, in: Gesellschaftsrecht, hrsg. v. Henssler, M./ Strohn, L., 3. Aufl., München 2016.

Herzig, N./Briesemeister, S.: Medienfonds mit Defeasance-Struktur – Steuerliche Konsequenzen von Schuldübernahmeverpflichtungen, in: Ubg 2011, S. 581–591.

Herzig, N./Briesemeister, S.: Reichweite und Folgen des Wahlrechtsvorbehalts § 5 Abs. 1 EStG: Stellungnahme zum BMF-Schreiben vom 12.03.2010 – IV C 6 – S2133/09/10001, in: DB 2010, S. 917–924.

Herzig, N./Briesemeister, S.: Steuerbilanzielle Abbildung von Optionsgeschäften beim Stillhalter – zugleich Urteilsanmerkung zu FG München vom 28.11.2000, K 7 2035/95 sowie FG Hamburg vom 6.12.2001, VI 227/99, in: DB 2002, S. 1570–1579.

Herzig, N./Joisten, C.: Bilanzierung von Abschlussgebühren für Darlehensverträge als Rechnungsabgrenzungsposten, in: DB 2011, S. 1014–1019.

Herzig, N./Joisten, C.: Verkauf mit Rückverkaufsoption als Mehrkomponentengeschäft, in: Ubg 2010, S. 472–482.

Herzig, N./Mauritz, P.: Micro-Hedges, Macro-Hedges und Portfolio-Hedges für derivative Finanzinstrumente: kompatibel mit dem deutschen Bilanzrecht?, in: WPg 1997, S. 141–155.

Herzig, N./Söffing, A.: Bilanzierung und Abschreibung von Fernsehrechten (Teil II), in: Wpg 1994, S. 656–663.

Herzig, N./Vossel, S.: Paradigmenwechsel bei latenten Steuern nach BilMoG, in: BB 2009, S. 1174–1178.

Heucke, C./Nemet, M.: Drei Jahre Finanzaufsicht für Finanzierungsleasinginstitute: erste Erfahrungen der Aufsicht und aus der Prüfung, in: WPg 2012, S. 661–670.

Heurung, R./Sabel, E.: Leasing, B 710, in: Beck'sches Handbuch der Rechnungslegung (Beck HdR), hrsg. v. Böcking, H.-J./Castan, E./Heymann, G./Pfitzer, N./Scheffler, E., Band II, Ergänzungslieferung Oktober 2009.

Heymann, G.: B 231 Eigenkapital, in: BeckHdR, Band 1, hrsg. v. Böcking, H.-J./Castan, E./Heymann, G./Pfitzer, N./Scheffler, E., München 2011.

HFA des IDW: Vom Sonderfonds Finanzmarktstabilisierung gesicherte Schuldverschreibungen – Ausgewählte Bilanzierungsfragen beim Emittenten nach IFRS und HGB, in: IDW Fachnachrichten 2009, S. 229–231.

Hildebrandt, W.: Kommentierung von § 40 HGB, in: HGB, hrsg. v. Schlegelberger, W., 5. Aufl., München 1973.

Hilgard, M.C.: Earn-Out-Klauseln beim Unternehmenskauf, in: BB 2010, S. 2912–2919.

Hillen, K.H.: Verlustfreie Bewertung im Bankbuch nach IDW ERS BFA 3, in: WPg 2012, S. 596–597.

Hinsch, L.C./Horn N.: Das Vertragsrecht der internationalen Konsortialkredite und Projektfinanzierungen. Berlin 1985.

Hintz, M.: Pensionsgeschäfte und Jahresabschlusspolitik, in: BB 1995, S. 971–975.

Hoffmann, G.: Frühwarnsysteme von Krediten verlieren ihre Wirkung, in: Börsenzeitung vom 13.06.2007.

Hoffmann, J.: § 22: Mezzanine und andere Finanzierungsformen, in: Handbuch zum deutschen und europäischen Bankrecht, hrsg. v. Derleder, P./Knops, K.-O./Bamberger, H.G., 2. Aufl., Berlin 2009.

Hoffmann, J.: Bilanzierung von Zweckgesellschaften nach BilMoG – Zweifelsfragen bei der Anwendung von § 290 Abs. 2 Nr. 4 HGB, in: FS Meilicke, W., hrsg. v. Herlinghaus, A. u.a., Baden-Baden 2010, S. 223–250.

Hoffmann, J.: Einige Zweifelsfragen zur Konsolidierungspflicht von Zweckgesellschaften nach § 290 Abs. 2 Nr. 4 HGB, in: DB 2011, S. 1401–1404.

Hoffmann, K.: Das Verfahren des In-substance defeasance im deutschen Bilanzrecht, in: WPg 1995, S. 721–731.

Hoffmann, M.K.: Pensionsgeschäfte als Aktionsparameter der sachverhaltsgestaltenden Jahresabschlusspolitik, in: BB 1997, S. 249–256.

Hoffmann, W.-D.: Eigenkapitalersetzende Darlehen und Rangrücktritt als Bilanzierungsproblem, in: BC 2006, S. 49–52.

Hoffmann, W.-D.: Kommentierung von § 272 HGB, in: NWB Kommentar Bilanzierung, hrsg. v. Hoffmann, W.-D./Lüdenbach, N., 4. Aufl. Herne 2013.

Hoffmann, W.-D.: Phasengleiche Vereinnahmung von Dividenden – Bestandsaufnahme zur Rechtslage nach der Entscheidung des EuGH, in: Europäisierung des Bilanzrechts: Konsequenzen der Tomberger-Entscheidung des EuGH für die handelsrechtliche Rechnungslegung und die steuerliche Gewinnermittlung, hrsg. v. Herzig, N., Köln 1997, S. 2–24.

Hoffmann, W.-D.: Voraussichtlich dauernde Wertminderung, in: StuB 2011, S. 1–2.

Höhl, E./Hellstern, G.: Kommentierung von §§ 294–318 SolvV, in: Kommentar zum KWG, hrsg. v. Luz, G. et al., Stuttgart 2009.

Höhn, A./Geberth, G.: Steuerliche Passivierungsbeschränkungen vs. Anschaffungskostenprinzip, in: DB 2011, S. 1775–1778.

Holzheimer, D.: Änderungen im Jahresabschluss und Lagebericht von Factoring- und Finanzierungsleasinggesellschaften durch Berücksichtigung der §§ 340 ff HGB und der Verordnung über die Rechnungslegung der Kreditinstitute und Finanzdienstleistungsinstitute, in: Rechnungslegung und Prüfung von Finanzierungsleasing- und Factoringunternehmen: Auswirkungen des Jahressteuergesetzes 2009 für Prüfer und Mandanten, IDW-Sonderdruck, Düsseldorf 2010.

Hommel, M./Morawietz, A.: § 341c HGB, in: Münchener Kommentar zum HGB, Band 4, 3. Aufl., München 2014.

Hommel, M./Rammert, S./Kiy, F.: Die Reform des Abzinsungssatzes für Pensionsrückstellungen nach § 253 Abs. 2 HGB – GoB-konform oder Beihilfe zur Bilanzpolitik?, in: DB 2016, S. 1585–1593.

Hommel, M.: § 341b Bewertung von Vermögensgegenständen, in: Münchener Kommentar zum HGB, 3. Aufl., München 2014.

Hopkins, A.: Accounting for Financial Instruments, in: Accounting for Central Banks 2003, S. 201–222.

Hopt, K.: Abschnitt V (7), in: Handelsgesetzbuch, hrsg. v. Baumbach, A./Hopt, K., 35. Aufl., München 2012.

Hopt, K.J.: Abschnitt P.: Finanzierungsleasing, in: Handelsgesetzbuch, hrsg. v. Baumbach, A./Hopt, K.J., 35. Aufl., München 2012.

Hopt, K.J.: Kommentierung von § 164 HGB, in: Handelsgesetzbuch, hrsg. v. Baumbach, A./Hopt, K.J., 35. Aufl., München 2012.

Horat, R.: Kreditderivate – Variantenreiche Finanzinstrumente mit Potenzial für die Praxis, in: Der Schweizer Treuhänder 2003, S. 969–976.

Horn, N.: Das neue Schuldverschreibungsgesetz und der Anleihemarkt, in: BKR 2009, S. 446–453.

Hornschu, G./Neuf, M.: Kommentierung von § 44 InvG, in: Investmentgesetz mit Bezügen zum Kapitalanlagegesetzbuch, hrsg. v. Emde, T./Dornseifer, F./Dreibus, A./Hölscher, l., München 2013.

Hörtnagl, R.: Zweites und Drittes Buch, in: Umwandlungsgesetz, Umwandlungssteuergesetz, hrsg. v. Schmitt, J./Hörtnagl, R./Stratz, R.-C., 7. Aufl., München 2016.

Hossfeld, C.: Der Ausweis von Optionen im Jahresabschluss der Kreditinstitute, in: DB 1997, S. 1241–1245.

Hossfeld, C.: Die Vergleichbarkeit der Jahresabschlüsse von deutschen und französischen Kreditinstituten – untersucht am Beispiel der Bewertung von Forderungen und Wertpapieren, in: RIW, S. 133–145.

Hüffer, U.: Kommentierung von § 258 AktG, in: Münchener Kommentar zum Aktiengesetz, hrsg. v. Goette, W./Habersack, M., Band 4, 3. Aufl., München 2011.

Hull, J.: Risikomanagement – Banken, Versicherungen und andere Finanzinstitutionen, 2. Aufl., München 2011.

Hultsch, C.: Wirtschaftliche Zurechnung von Forderungen bei Asset-Backed Securities-Transaktionen, in: BB 2000, S. 2129–2132.

Hüttemann, R./Meinert, C.: Anwendungsfragen der Lifo-Methode in Handels- und Steuerbilanz, in: DB 2013, S. 1865–1872.

IASB Expert Advisory Panel: Measuring and disclosing the fair Value of financial Instruments in markets that are no longer active, October 2008.

IDW, Positionspapier des IDW zu Bilanzierungs- und Bewertungsfragen im Zusammenhang mit der Subprime-Krise, Düsseldorf 2008.

IDW: WP-Handbuch 2012, Band I, 14. Aufl., Düsseldorf 2012.

IDW: WP-Handbuch, 15. Aufl., Düsseldorf 2017.

IDW: WP-Handbuch, Assurance, 1. Aufl., Düsseldorf 2017.
IDW-Schreiben an das IFRIC vom 27.10.2008: Bewertung von Finanzinstrumenten auf inaktiven Märkten zum beizulegenden Zeitwert: Ermittlung des Abzinsungssatzes für Barwertberechnungen (IAS 39).
Ihlau, S./Gödecke, S.: Earn-Out-Klauseln als Instrument für die erfolgreiche Umsetzung von Unternehmenstransaktionen, in: BB 2010, S. 687–691.
Insam, A./Hinrichs, L./Hörtz, M.: Vergütungssysteme nach der Instituts-Vergütungsverordnung – Aktuelle ungeklärte und geklärte Rechtsfragen, in: DB 2012, S. 1568–1572.
International Securities Lending Association: Global Master Securities Lending Agreement. London 2010.
ISDA: Interest Rate Swaps Compression: A Progress Report, ISDA Study, February 2012.
ISDA: Master Agreement, Multicurrency – Cross Border, 1992.
ISDA: Netting and Offsetting: Reporting derivatives under U.S. GAAP and under IFRS, May 2012.
IWP (Institut österreichischer Wirtschaftsprüfer): KFS/RL 16: Stellungnahme zur Verwirklichung der Erträge aus thesaurierenden Anteilsscheinen von Kapitalanlagefonds (Investmentfonds) und zur Behandlung dieser Anteilsscheine im Jahresabschluss, Stellungnahme vom 21.03.2001.

Jacobs, O.H./Endres, D./Spengel, C.: Sechster Teil: Grenzüberschreitende Steuerplanung, in: Internationale Unternehmensbesteuerung, hrsg. v. Jacobs, O.H., 7. Aufl., München 2011.
Jäger, A.: Thema Börse (6): Emissionspartner und Anleger, in: NZG 1999, S. 643–647.
Jahn, O.: Pensionsgeschäfte und ihre Behandlung im Jahresabschluss von Kapitalgesellschaften. Frankfurt am Main 1990.
Jahn, U.: § 114 Außerbörsliche Finanztermingeschäfte (OTC-Derivate), in: Schimansky, H./Bunte, H.-J./Lwowski, H.-J., Bankrechts-Handbuch, 4. Aufl., München 2011.
Jamin, W./Krankowski, M.: Die Hedge Accounting Regeln des IAS 39, in: KoR 2003, S. 502–515.
Janko, M.: Die Funktion des Eigenkapitals bei der handelsrechtlichen Bewertung offener Festzinspositionen im Bankbuch, Düsseldorf 2016.
Jaskulla, E.: Das deutsche Hochfrequenzhandelsgesetz – eine Herausforderung für Handelsteilnehmer, Börsen und Multilaterale Handelssysteme, in: BKR 2013, S. 221–233.
Jaud, S.: Kreditderivate: Aktuelle Bedeutung und bilanzielle Behandlung, in: BankPraktiker 2006, S. 482–487.
Jessen, U./Haaker, A./Briesemeister, H.: Der handelsrechtliche Rückstellungstest für das allgemeine Zinsänderungsrisiko im Rahmen der verlustfreien Bewertung des Bankbuchs, Teil 1: Erfordernis und bilanztheoretische Fundierung, in: KoR 2011, S. 313–321.
Jessen, U./Haaker, A./Briesemeister, H.: Der handelsrechtliche Rückstellungstest für das allgemeine Zinsänderungsrisiko im Rahmen der verlustfreien Bewertung des Bankbuchs, Teil 2: Praktische Umsetzung unter Rückgriff auf die internen Banksteuerungsinstrumente, in: KoR 2011, S. 359–365.
Jessen, U./Haaker, A.: Implikationen der neuen Rechnungslegungsrichtlinie für die Fortentwicklung des deutschen Bilanzrechts, in: DB 2013, S. 1617–1622.
Joint Working Group of Standard Setters (JWG): Draft Standard and Basis for Conclusions – Financial Instruments and Similar Items, London 2000.
Jordan, B./Jorgensen, R./Kuipers, D.: The Relative Pricing of U.S. Treasury STRIPS: Empirical Evidence, in: Journal of Financial Economics 2000, S. 89–123.
Jordan, B.D./Jordan, S.D.: Special Repo Rates: An Empirical Analysis, in: Journal of Finance 1997, S. 2051–2072.
Jorion, P.: Value at risk. New York 1997.
JP Morgan: HEAT Technical Document: A consistent framework for assessing hedge effectiveness under IAS 39 and FAS 133, London 2003.

Kallmeyer, H.: Kommentierung von § 128 UmwG, in: Umwandlungsgesetz, hrsg. v. Kallmeyer, H., 3. Aufl., Köln 2006.

Kaltenhauser, H./Begon, C.: Interne Geschäfte, in: Kreditwesen 1998, S. 1191–1198.

Kalveram, T.: Die Behandlung steigender Zinsverpflichtungen in Handels- und Steuerbilanz, in: WPg 1990, S. 535–541.

Kämpfer, G./Fey, G.: Die Sicherung von Auslandsbeteiligungen gegen Währungsverluste im handelsrechtlichen Jahresabschluss, in: Private und Öffentliche Rechnungslegung, Festschrift Streim, hrsg. v. Wagner, F./Schildbach, T./Schneider, D., Wiesbaden 2008, S. 187–199.

Karrenbauer, M.: § 253 HGB, in: Handbuch der Rechnungslegung, hrsg. v. Küting, K./Weber, C.-P., 4. Aufl., Stuttgart 1995.

Karrenbrock, H.: Zur wundersamen Eigenkapitalvermehrung durch Aktivierung latenter Steuern auf bankspezifische Vorsorgereserven, BFuP 2013, S. 194–203.

Karrenbrock, H.: Zweifelsfragen der Berücksichtigung aktiver latenter Steuern im Jahresabschluss nach BilMoG, in: BB 2011, S. 683–688.

Käufer, A.: Übertragung finanzieller Vermögenswerte nach HGB und IAS 39. Berlin 2009.

Kauter, C.D.: Short Selling als Handelstechnik alternativer Investmentstrategien, in: Handbuch Alternative Investments, Band 1, hrsg. v. Busack, M./Kaiser, D.G., 1. Aufl., Wiesbaden 2006, S. 93–106.

Keine, F.-M.: Die Risikoposition eines Kreditinstituts. Wiesbaden 1986.

Kessler, H.: Anpassungspflichten im Bilanzrecht: (Neue?) Grenzwerte für die wirtschaftliche Verursachung – Anmerkung zum Urteil des I. BFH-Senats vom 27.06.2001, I R 45/97 zu seinen Folgen und zu einigen zeitgenössischen Begleiterscheinungen, in: DStR 2001, S. 1903–1912.

Kessler, M./Freisleben, N.: Kommentierung von § 277 HGB, in Münchener Kommentar zum Bilanzrecht, Band 2, hrsg. v. Hennrichs, J./Kleindiek, D./Watrin, C., 1. Aufl., München 2013.

Kessler, M.: Kommentierung von § 285 HGB, in: Münchener Kommentar zum Aktiengesetz, Band 5c, München, 2. Aufl. 2004.

Keßler, M.: Pensionsverpflichtungen nach neuem HGB und IFRS – Auswirkungen von Contractual Trust Arrangements, Berlin 2010.

Khakzad, F./Sundri, S./Seres, D.: Risikomodellierung und IFRS 9 (Expected Credit Losses), in: IRZ 2016, S. 27–32.

Kienle, C: § 105 Wertpapierleihe und Wertpapier-Pensionsgeschäft, in: Schimansky, H./Bunte, H.-J./Lwowski, H.-J., Bankrechts-Handbuch, 4. Aufl., München 2011.

Kienzle, T.: Forderungen und sonstige Vermögensgegenstände, in: Brönner, H. u.a., Die Bilanz nach Handels- und Steuerrecht, Stuttgart 2011, S. 310–327.

Kirsch, H.-J./Koelen, P.: IAS 10 Ereignisse nach dem Bilanzstichtag (Events after the Balance Sheet Date), in: MüKom zum Bilanzrecht, Band 1, München 2009.

Kleidt, B./Schiereck, D.: Mandatory Convertibles, in: BKR 2004, S. 18–21.

Kleinheisterkamp, T./Schell, M.: Der Übergang des wirtschaftlichen Eigentums an Kapitalgesellschaften beim Unternehmenskauf, in: DStR 2010, S. 833–839.

Kleinschmidt, B./Moritz, T./Weber, J.-D.: Bildung eines Sonderpostens nach § 340g HGB im Rahmen einer ertragsteuerlichen Organschaft, in: Der Konzern 2013, S. 452–457.

Klingberg, D.: Abschnitt I, Spaltungsbilanzen, in: Sonderbilanzen, hrsg. v. Winkeljohann, N., Förschle, G./Deubert, M., 5. Aufl., München 2016.

Klusak, G.: § 71 KAGB, in: KAGB, hrsg. v., Weitnauer, W./Boxberger, L./Anders, D., 2. A., München 2017.

Knapp, L.: Leasing in der Handelsbilanz, in: DB 1972, S. 541–545.

Knapp, L.: Was darf der Kaufmann als seine Vermögensgegenstände bilanzieren?, in: DB 1971, S. 1121–1129.

Knecht, T.C./Haghani, S.: § 18 Bilanzielle Restrukturierung, in: Restrukturierung, Sanierung, Insolvenz, hrsg. v. Buth, A./Hermanns, M., 4. Aufl., München 2014.

Knobbe-Keuk, B.: Bilanz- und Unternehmenssteuerrecht, 8. Aufl., Köln 1991.

Knobbe-Keuk, B.: Stille Beteiligung und Verbindlichkeiten mit Rangrücktrittsvereinbarungen im Überschuldungsstatus und in der Handelsbilanz des Geschäftsinhabers, in: ZIP 1983, S. 127–131.

Knobloch, A./Osinski, S.: Anschaffungskosten bei Erwerben über unbedingte Termingeschäfte, in: BFuP 2016, S. 516–546.

Knorr, L./Seidler, H.: § 272 HGB, in: Haufe HGB Bilanz Kommentar, hrsg. v. Bertram, K./Brinkmann, R./Kessler, H./Müller, S., 2. Aufl., Freiburg 2010.

Knoth, H./Schulz, M: Counterparty Default Adjustments nach IFRS auf Basis marktadjustierter Basel II-Parameter, in: KoR 2010, S. 247–253.

Kobbach, J.: Regulierung des algorithmischen Handels durch das neue Hochfrequenzhandelsgesetz: Praktische Auswirkungen und offene rechtliche Fragen, in: BKR 2013, S. 233–239.

Koch, J.: Finanzierungsleasing, in: Münchener Kommentar zum BGB, hrsg. v. Krüger, W./Westermann, H.P., Band 3, Buch 2, 6. Aufl., München 2012.

Koch, J.: Kommentierung von §§ 57, 58, 71, 135, 175, 220, 221 AktG, in: Aktiengesetz, hrsg. v. Hüffer, U./Koch, J., 12. Aufl., München 2016.

Kohl, T./Meyer, M.: Beherrschung nach § 290 HGB im Vergleich zu IFRS 10, in: NZG 2014, S. 1361–1367.

Kolb, S./Neubeck, G.: Der Lagebericht – Grundsätze, Kommentierungen, Beispiele, Praxishinweise –, Bonn 2013.

Kolb, S./Roß, N.: Änderungen der Gewinn- und Verlustrechnung durch das BilRuG, in: WPg 2015, S. 869–876.

Kolbinger, W.: Bilanzsteuerrechtliche Fragen bei Ersteigerung von Grundstücken durch Grundpfandgläubiger, in: BB 1993, S. 2119–2121.

Koller, I.: Kommentierung von § 120 HGB, in: HGB, hrsg. v. Koller, I./Kindler, P./Roth, W.-H./Morck, W., 8. Aufl., München 2015.

Köllhofer, D.: Euphorie oder Resignation? – Der steinige Weg zur Harmonisierung der Bankrechnungslegung in Europa, in: Europa-Banking, hrsg. v. Duwendag, Baden-Baden 1988, S. 357ff.

Köndgen, J./Schmies, C.: § 113 Investmentgeschäft, in: Schimansky, H./Bunte, H.-J./Lwowski, H.-J., Bankrechts-Handbuch, 5. Aufl., München 2017.

Köndgen, J.: Kommentierung von § 2 InvG, in: Investmentgesetz – Investmentsteuergesetz, hrsg. v. Berger, H./Steck, K.-U./Lübbehüsen, D., München 2010.

Konesny, P./Glaser, J.: Art. 26 CRR, in: Kreditwesengesetz, hrsg. v. Boos, K.-H./Fischer, R./Schulte-Mattler, H., 5. Aufl., München 2016.

Kopatschek, M./Siwik, T./Wolfgarten, W: Verlustfreie Bewertung im Zinsbuch, in: Deloitte Financial Services News Alert 3/2010.

Kopatschek, M./Struffert, R./Wolfgarten, W.: Bilanzielle Abbildung von Bewertungseinheiten nach BilMoG, in: KoR 2010, (Teil 1) S. 272–279, (Teil 2), S. 328–352.

Kort, M.: Das rechtliche und wirtschaftliche Eigentum beim Wertpapierdarlehen, in: WM 2006, S. 2149–2154.

Korth, H.M.: § 265 HGB, in: Kölner Kommentar zum Rechnungslegungsrecht (§§ 238–342e HGB), hrsg. v. Claussen, C. P./Scherrer G., Köln 2011.

Kozikowski, M./Leistner, M.: § 256a HGB, in: BBK, 7. Aufl., München 2010.

Kozikowski, M./Leistner, M.: § 308a HGB, in: BBK, 8. Aufl., München 2012.

KPMG: Financial Instruments Accounting, 2. Aufl., London 2006.

KPMG: Offenlegung von Finanzinstrumenten und Risikoberichterstattung nach IFRS 7, Stuttgart 2007.

Kraft, C./Kraft, G.: Steuerliche Konsequenzen aus der Verlustausgleichsverpflichtung des beherrschenden GmbH-Gesellschafters, in: BB 1992, S. 2465–2469.

Kraft, E.-T./Mohr, M.: Handels- und steuerrechtliche Behandlung von Optionsgeschäften, in: RdF 2011, S. 406–415.

Krag, H.: Grundsätze ordnungsmäßiger Bankbilanzierung und Bankpolitik, Wiesbaden 1971.

Kraus, T./Christiansen, L./Gaber, C.: Der Einfluss des BilMoG auf den Einsatz von Finanzderivaten, in: IKB Unternehmerthemen, Februar 2010, S. 31–37.

Krause, M./Klebeck, U.: Fonds(anteils)begriff nach der AIFM-Richtlinie und dem Entwurf des KAGB, in: RdF 2013, S. 4–12.

Krepold, H.-M.: § 78, in: Schimansky, H./Bunte, H.-J./Lwowski, H.-J., Bankrechts-Handbuch, 5. Aufl., München 2017.

Kreutziger, S.: Bilanzierung von Treuhandverhältnissen, in: Beck'sches Handbuch der Rechnungslegung, Bd. II, Abschn. B 775.

Krieger, G.: § 63 Finanzierung mit Fremdkapital, in: Münchener Handbuch des Gesellschaftsrechts, Band 4, hrsg. v. Hoffmann-Becking, M., 3. Aufl., München, 2007.

Kropff, B.: »Verbundene Unternehmen« im Aktiengesetz und im Bilanzrichtlinien-Gesetz, in: DB 1986, S. 364ff.

Kropff, B.: § 272 HGB, in: Münchener Kommentar zum Aktiengesetz, Band 5/1, München, 2. Aufl., 2003.

Kropff, B.: Aktiengesetz, Textausgabe des Aktiengesetzes vom 6.9.1965, Düsseldorf 1965.

Krumnow, J./Sprißler, W. u.a.: Rechnungslegung der Kreditinstitute, Kommentar zum Bankbilanzrichtlinie-Gesetz und zur RechKredV, 2. Aufl., Stuttgart 2004.

Krumnow, J.: Das derivative Geschäft als Motor des Wandel für das Bankcontrolling, in: DBW 1995, S. 11–20.

Kudert, S./Marquard, M.: Anmerkungen zur Bilanzierung von Signing Fees, in: WPg 2010, S. 238–243.

Küffner, T.: Patronatserklärungen im Bilanzrecht, in: DStR 1996, S. 145–151.

Kuhn, S./Hachmeister, D.: Rechnungslegung und Prüfung von Finanzinstrumenten, Stuttgart 2015.

Kuhn, S./Moser, T.: Änderung der Vorschriften zur Abzinsung von Pensionsrückstellungen, in: WPg 2016, S. 381–387.

Kuhner, C.: Die immateriellen Vermögensgegenstände und –werte des Anlagevermögens, Abt. II/1, in: Handbuch des Jahresabschlusses – Rechnungslegung nach HGB und internationalen Standards, hrsg. v. von Wysocki, K./Schulze-Osterloh, J./Hennrichs, J./Kuhner, C., Köln, Stand 01.02.2007.

Kuhner, C.: Erfolgsperiodisierung bei Fremdwährungsgeschäften mit «besonderer Deckung» nach § 340h HGB, in: DB 1992, S. 1435–1439.

Kühnle, M.: Die Bilanzierung von Kreditderivaten – Erläuterung zur Stellungnahme IDW RS BFA 1, in: WPg 2002, S. 288–299.

Kühnle, M.: Die Bilanzierung von Kreditderivaten – Erläuterungen zur Stellungnahme IDW RS BFA 1, in: WPG 2002, S. 288–299.

Kumpan, C.: § 2 WpHG, in: Kapitalmarktrechts-Kommentar, hrsg. v. Schwark, E./Zimmer, D., 4. Aufl., München 2010.

Kümpel, S.: Bank- und Kapitalmarktrecht, 2. Aufl., Köln 2000.

Künkele, K.P./Zwirner, C.: Bilanzsteuerrechtliche Ansatz- und Bewertungsvorbehalte bei der Übernahme schuldrechtlicher Verpflichtungen – Sind Schuldübernahmen und Erfüllungsübernahmen unterschiedlich zu beurteilen, in: BC 2011, S. 479–484.

Kupke, T./Nestler, A.: Bewertung von Beteiligungen und sonstigen Unternehmensanteilen in der Handelsbilanz nach IDW RS HFA 10, in: BB 2003, S. 2671–2674.

Kuppler, U.: Kommentierung von § 44 InvG, in: Investmentgesetz – Investmentsteuergesetz, hrsg. v. Berger, H./Steck, K.-U./Lübbehüsen, D., München 2010.

Kupsch, P.: Bilanzierung öffentlicher Zuwendungen: Stellungnahme zum Verlautbarungsentwurf des HFA zur Bilanzierung von Zuschüssen, in: WPg 1984, S. 369–377.

Kupsch, P.: Das Finanzanlagevermögen, in: Handbuch des Jahresabschlusses in Einzeldarstellungen, hrsg. v. K. von Wysocki und J. Schulze-Osterloh, Köln 1987, Abt. IV/4.

Kupsch, P.: § 246 HGB, in: Bonner Handbuch Rechnungslegung, hrsg. v. Hofbauer, M.A./Kupsch, P., Bonn 1987.

Kusserow, B./Scholl, P.: Kreditderivate im Kraftfeld der BRRD – Die neuen Musterbedingungen für Kreditderivate, Teil I, in: WM 2015, S. 360–368, Teil II, in: WM 2015, S. 413–422.

Kußmaul, H.: Finanzierung über Zero-Bonds und Stripped Bonds, in: BB 1998, S. 1868–1870.

Kußmaul, H.: Investition eines gewerblichen Anlegers in Zero-Bonds und Stripped Bonds, in: BB 1998, S. 1925–1928.

Kuthe, T./Geiser, M.: Die neue Corporate Governance Erklärung – Neuerungen des BilMoG in § 289a HGB-RE, in: NZG 2008, S. 172–175.

Küting, K./Hayn, B./Hütten, C.: Die Abbildung konzerninterner Spaltungen im Einzel- und Konzernabschluß, in: BB 1997, S. 565–574.

Küting, K./Kaiser, T.: Aufstellung oder Feststellung: Wann endet der Wertaufhellungszeitraum?, in: WPg 2000, S. 577–597.

Küting, K./Koch, C.: Aufstellungspflicht, in: Das neue deutsche Bilanzrecht: Handbuch zur Anwendung des Bilanzrechtsmodernisierungsgesetzes (BilMoG), Stuttgart 2009, S. 377–413.

Küting, K./Mojadadr, M.: Die Einbeziehungsproblematik von Zweckgesellschaften in den Konzernabschluss nach BilMoG, in: Rechnungslegung und Unternehmensführung in turbulenten Zeiten, FS Seicht, hrsg. v. Haeseler, H./Hörmann, F., Wien 2009, S. 73–93.

Küting, K./Mojadadr, M.: Währungsumrechnung im Einzel- und Konzernabschluss nach dem RegE zum BilMoG, in: DB 2008, S. 1869–1876.

Küting, K./Pfuhl, J.: »In-substance defeasance« – Vorzeitige Eliminierung von Verbindlichkeiten über einen derivativen Schuldner als neues Instrument der Bilanzpolitik, in: DB 1989, S. 1245–1249.

Küting, K.: Ausstrahlung der EuGH-Entscheidung auf die handelsrechtliche Rechnungslegung – Gleichzeit auch ein Plädoyer für die Equity-Methode im Einzelabschluss, in: Europäisierung des Bilanzrechts: Konsequenzen der Tomberger-Entscheidung des EuGH für die handelsrechtliche Rechnungslegung und die steuerliche Gewinnermittlung, hrsg. v. Herzig, N., Köln 1997, S. 51–62.

Küting, K.: Die Abgrenzung von vorübergehenden und dauernden Wertminderungen im nicht abnutzbaren Anlagevermögen (§ 253 Abs. 2 Satz 3 HGB), in: DB 2005, S. 1121–1128.

Kütter, G./Prahl, R.: Die handelsrechtliche Bilanzierung der Eigenhandelsaktivitäten von Kreditinstituten – Reformstau des deutschen Handelsrechts, in: WPg 2006, S. 9–20.

Lackmann, J./Stich, M.: Nicht-finanzielle Leistungsindikatoren und Aspekte der Nachhaltigkeit bei der Anwendung von DRS 20, in: KoR 2013, S. 236–242.

Landgraf, C./Roos, B.: Pflicht zur Konzernrechnungslegung und Abgrenzung des Konsolidierungskreises nach DRS 19, in: KoR 2011, S. 366–373.

Langecker, A.: B 776, Rechnungslegung bei Verschmelzung und Spaltung, in: Beck'sches Handbuch der Rechnungslegung (Beck HdR), hrsg. v. Böcking, H.-J./Castan, E./Heymann, G./Pfitzer, N./Scheffler, E., Band II, Ergänzungslieferung Mai 2010.

Langenbucher, G.: Die Umrechnung von Fremdwährungsgeschäften, Stuttgart 1988.

Langenbucher, K.: Kommentierung zu § 355 HGB, in: Münchener Kommentar zum Handelsgesetzbuch, hrsg. v. Schmidt, K., 4. Aufl., München 2018.

Laux, H.: Die Verzinsungsmodalitäten im deutschen Bausparen, in: BB 1991, S. 563–566.

Lestikow, M./Papenthin, W.: § 53c KWG, in: KWG und CRR, hrsg. v. Luz, G. u.a., 3. Aufl., Stuttgart 2015.

Liebich, D./Mathews, K.: Treuhand und Treuhänder in Recht und Wirtschaft, 2. Aufl., Herne/Berlin 1993.

Liebscher, T.: Kommentierung von § 135 AktG, in: Gesellschaftsrecht, hrsg. v. Henssler, M./Strohn, L., 3. A., München 2016.

Lim, K./Livingston, M.: Stripping of Treasury Securities and Segmentation in the Treasury Securities Market, in: Journal of Fixed Income 1995, S. 88–94.

Limmer, P.: »Harte« und »weiche« Patronatserklärungen in der Konzernpraxis, in: DStR 1993, S. 1750–1752.

Link, M.: Bilanzielle und steuerliche Rahmenbedingungen einer Restrukturierung von Mezzanine-Instrumenten, in: RdF 2011, S. 182–190.

List, H.: Die Abschlussgebühr bei Bausparverträgen, in: BB 1988, S. 1003–1006.

Litten, R./Bell, M.: Regulierung von Kreditderivaten im Angesicht der globalen Finanzmarktkrise, in: BKR 2011, S. 314–320.

Löhr, D.: Factoring und Bilanzierung, in: WPg 1975, S. 457–460.

Loitz, R./Sekniczka, C.: Anteile an Spezialfonds: Bilanzierung, Besteuerung und latente Steuern nach IAS 12, in: WPg 2006, S. 355–365.

Lösken, H.: Rechnungslegung von Factoring – und Finanzierungsleasingunternehmen – Neue Bewertungsmöglichkeiten gemäß §§ 340 f und 340g HGB, in: Rechnungslegung und Prüfung von Finanzierungsleasing- und Factoringunternehmen: Auswirkungen des Jahressteuergesetzes 2009 für Prüfer und Mandanten, IDW-Sonderdruck, Düsseldorf 2010, S. 55–59.

Lotz, U./Flunker, in: Asset Securitisation in Deutschland, hrsg.v. Deloitte, 4. Aufl., München 2012, S. 25–35.

Lotz, U./Kryshchenko, V.: Bilanzrechtliche Behandlung, in: Zweckgesellschaften Rechtshandbuch, hrsg. v. Zerey, J., 1. Aufl., Baden Baden 2013.

Löw, E./Künzel, R./Brixner, J.: Bilanzierung der Bankenabgabe, in: WPg 2012, S. 40–49.

Löw, E./Lorenz, K.: Ansatz und Bewertung von Finanzinstrumenten, in: Rechnungslegung für Banken nach IFRS, hrsg. v. Löw, E., 2. Aufl., Wiesbaden 2005, S. 415–604.

Löw, E./Scharpf, P./Weigl. W.: Auswirkungen des Regierungsentwurfs zur Modernisierung des Bilanzrechts auf die Bilanzierung von Finanzinstrumenten, in: WPg 2008, S. 1011–1020.

Löw, E.: Ausweis negativer Zinsen im Abschluss einer Bank, in: WPg 2015, S. 66–71.

Löw, E.: Handelsrechtliche Aspekte der verlustfreien Bewertung von zinsbezogenen Geschäften des Bankbuchs, in: RdF 2013, S. 320–328.

Löw, E.: Kommentierung zu §§ 340ff HGB, in: Münchener Kommentar zum Bilanzrecht, Band 2, hrsg. v. Hennrichs, J./Kleindiek, D./Watrin, C., 1. Aufl., München 2013.

Löw, E.: Verlustfreie Bewertung antizipativer Sicherungsbeziehungen nach HGB – Anlehnung an internationale Rechnungslegungsvorschriften, in: WPg 2004, S. 1109–1123.

Lücke, W.: Investitionsrechnung auf der Grundlage von Ausgaben oder Kosten?, in: ZfbF 1955, S. 310–324.

Lüdenbach, N./Freiberg, J.: Handelsbilanzielle Bewertungseinheiten nach IDW ERS HFA 35 unter Berücksichtigung der steuerbilanziellen Konsequenzen, in: BB 2010, S. 2683–2688.

Lüdenbach, N./Freiberg, J.: Vereinnahmungs- statt Erfüllungsbetrag als Maßstab bei der (Zugangs-) Bewertung bestimmter Verbindlichkeiten, in: BB 2012, S. 1911–1914.

Lüdicke, J./Kind, S.: Finanzierungsleasing als Finanzdienstleistung – Vorschlag einer Begriffsbestimmung, in: DStR 2009, S. 709–715.

Luther, K.: Bewertungsprobleme in der Bankbilanz, in: ZfhF 1936, S. 401ff.

Maier-Reimer, G.: Fehlerhafte Gläubigerbeschlüsse nach dem Schuldverschreibungsgesetz, in: NJW 2010, S. 1317–1322.

Marshall, C./Siegel, M.: Value at Risk: Implemeting a Risk Measurement Standard, in: Journal of De rivatives 1997, S. 91–111.

Martini, M.: Zur Kasse bitte ...! Die Bankenabgabe als Antwort auf die Finanzkrise – Placebo, Heilmittel oder Gift?, in: NJW 2010, S. 2019–2024.

Marxfeld, J./Schäfer, M./Schaber, M.: Die marktnahe Bewertung (modifizierte Marktwertbilanzierung) von Handelsbeständen der Kreditinstitute und deutsche Rechnungslegungsgrundsätze in: FB 2005, S. 728ff.

Mather, P./Peirson, G.: Financial Covenants in the markets for public and private debt, in: Accounting and Finance 2006, S. 285–307.

Mathews, K.: Bilanzierung von Treuhandvermögen, in: BB 1992, S. 738–740.

Mathews, K.: Die Behandlung von Treuhandverhältnissen im Bilanzrichtlinien-Gesetz und in der Bankbilanzrichtlinie: Ordnungsgemäße Bilanzierung u. Bewertung im Jahresabschluß, in: BB 1987, S. 642–648.

Mathiak, W.: Rechtsprechung zum Bilanzsteuerrecht, in: DStR 1992, S. 449–458.
Mathiak, W.: Rechtsprechung zum Bilanzsteuerrecht, in: DStR, 28. Jg. 1990, S. 691–693.
Maulshagen, A./Maulshagen, O.: Rechtliche und bilanzielle Behandlung von Swapgeschäften, in: BB 2000, S. 243–249.
Maultzsch, F.: Kommentierung zu § 355 HGB, in: Kommentar zum Handelsgesetzbuch (HGB), hrsg. v. Oetker, H., 3. Aufl., München 2013.
Mayer, S.: Wirtschaftliches Eigentum an Kapitalgesellschaftsanteilen, Aachen 2003.
Mayer-Wegelin/Kessler/Höfer, § 249 HGB Rückstellungen, in: Handbuch der Rechnungslegung, hrsg. v. Küting, K./Weber, C.-P., 4. Aufl., Stuttgart 1995, 15. Ergänzungslieferung 2012.
Mehring, S./Hartke, V./Pieper, K.: CSR-Berichterstattung regional tätiger Banken, in: WPg 2018, S. 494–500.
Meilicke, W./Schödel, S.: Gesellschafterdarlehen und Gesellschafter-Privatkonten – illegale Bankgeschäfte? Ein Beitrag zu einer sachgerechten Begrenzung des Anwendungsbereichs von § 1 Abs. 1 Satz 2 Nr. 1 KWG, in: SB 2014, S. 285–292.
Meincke, J.P.: Kommentierung von § 6 EStG, in: Das Einkommensteuerrecht, hrsg. v. Littmann, E./Bitz, H./Hellwig, P., 15. Aufl., 21. Lieferung, Stuttgart 1994.
Meinel, L.: Die Frage nach der Nutzungsdauer – neue Gestaltungsmöglichkeiten durch die Regelungen des BilMoG?, in: DStR 2011, S. 1724–1728.
Meinert, C./Helios, M.: Kompensatorische Bewertung und Bewertungseinheiten beim Einsatz von Credit Linked Notes – Zugleich Anmerkung zum FG Niedersachsen, Urteil vom 24.10.2013 – 6 K 128/11, in: DB 2014, S. 1697–1702.
Meinert, C.: Aktuelle Anwendungsfragen zur Bilanzierung objektübergreifender Bewertungseinheiten, in: DStR 2017, Teil 1, S. 1401–1406, Teil 2, S. 1447–1453.
Melcher, W./Mattheus, D.: Zur Umsetzung der HGB-Modernisierung durch das BilMoG: Neue Offenlegungspflichten zur Corporate Governance, in: DB Sonderbeilage 5/2009, S. 77–82.
Mellwig, W.: Beteiligungen an Personengesellschaften in der Handelsbilanz, in: BB 1990, S. 1162–1172.
Melzer, U.: Vorfälligkeitsentschädigung als Gegenanspruch der Bank bei anteiliger Rückzahlung des Disagios?, in: BB 1995, S. 321–323.
Merkt, H.: § 248 HGB und §§ 340 ff HGB, in: Handelsgesetzbuch, hrsg. v. Baumbach, A./Hopt, K., 35. Aufl., München 2012.
Meurer, I.: Angeschaffte und abgeschaffte Drohverlustrückstellungen, in: BB 2011, S. 1259–1263.
Meyer, C./Isenmann, S.: Bankbilanz-Richtlinie-Gesetz – Ein Handbuch für den Jahresabschluss, Stuttgart 1993.
Meyer, C.: Value at risk für Kreditinstitute: Erfassung des aggregierten Marktrisikopotentials. Wiesbaden 1999.
Meyer, H./Degener, J.-M.: Debt-Equity-Swap nach dem RedE-ESUG, in: BB 2011, S. 846–851.
Meyer, H.: Zinsen und Bankbilanzierung – Gedanken zum Einfluss der Verzinslichkeit auf die Bewertung der Aktiva und Passiva in der Bankbilanz, in: Beiträge zur Bankaufsicht, Bankbilanz und Bankprüfung unter Berücksichtigung der Dritten KWG-Novelle, Festschrift für Scholz, W., hrsg. v. Forster, K.-H., Düsseldorf 1985, S. 137–154.
Miebach, R.: Private Vermögensverwaltung und Erlaubniserfordernis nach § 1 KWG, in: DB 1991, S. 2069–2072.
Mielk, H.: Die Umsetzung von Basel II in deutsches Recht: ein Überblick über wesentliche Aspekte des KWG-Änderungsgesetzes, in: WM 2007, S. 621–627.
Mielk, H.: Die wesentlichen Neuregelungen der 6. KWG-Novelle, in: WM 1997, S. 2200–2210.
Mittendorfer, R.: Praxishandbuch Akquisitionsfinanzierung – Erfolgsfaktoren fremdfinanzierter Unternehmensübernahmen. Wiesbaden 2007.
Mock, S.: § 272 HGB, in: Kölner Kommentar zum Rechnungslegungsrecht (238–342e HGB), hrsg. v. Claussen, C. P./Scherrer G., Köln 2011.

Möller, T.M.J.: Umfang und Grenzen des Anlegerschutzes im Investmentgesetz – Der Trennungsgrundsatz und die Grenzen der Aufrechnung im InvG, in: BKR 2011, S. 353–366.

Möllers, T.M.J./Christ, D./Harrer, A.: Nationale Alleingänge und die europäische Reaktion auf ein Verbot ungedeckter Leerverkäufe, in: NJW 2010, S. 1167–1170.

Morck, W.: Kommentierung von §§ 250, 274 HGB, in: HGB, hrsg. v. Koller, I./Roth, W.-H./Morck, W., 7. Aufl., München 2011.

Möslein, F.: Grundsatz- und Anwendungsfragen zur Spartentrennung nach dem sog. Trennbankengesetz, in: BKR 2013, S. 391–405.

Moxter, A.: Beschränkung der gesetzlichen Verlustantizipation auf die Wertverhältnisse des Abschlussstichtags?, in: Betriebswirtschaftliche Steuerlehre und Steuerberatung, FS Rose, hrsg. v. Norbert Herzig, Wiesbaden 1991, S. 165–174.

Moxter, A.: Bilanzrechtliche Abzinsungsgebote und -verbote, in: Ertragsbesteuerung, Zurechnung – Ermittlung – Gestaltung, Festschrift für Ludwig Schmidt, hrsg. v. Raupach, A./Uelner, A., Wiesbaden 1993, S. 195–207.

Moxter, A.: Bilanzrechtsprechung, 2. Aufl., Tübingen 1985.

Moxter, A.: Bilanzrechtsprechung, 5. Aufl., Tübingen 1999.

Moxter, A.: Bilanzrechtsprechung, 5. Aufl., Tübingen 1999.

Moxter, A.: Die BFH-Rechtsprechung zu den Wahrscheinlichkeitsschwellen bei Schulden, in: BB 1998, S. 2464–2467.

Moxter, A.: Grundsätze ordnungsgemäßer Rechnungslegung. Düsseldorf 2003.

Moxter, A.: Rückstellungskriterien im Streit, in: ZfbF 1995, S. 331–326.

Moxter, A.: Unterschiede im Wertaufhellungsverständnis zwischen den handelsrechtlichen GoB und den IAS/IFRS, in: BB 2003, S. 2559–2564.

Moxter, A.: Zum Passivierungszeitpunkt von Umweltschutzrückstellungen, in: Moxter, A. u.a. (Hrsg.), Rechnungslegung. Entwicklung bei der Bilanzierung und Prüfung von Kapitalgesellschaften, Festschrift für Karl-Heinz Forster, Düsseldorf 1992, S. 427–437.

Moxter, A.: Zur Klärung der Teilwertkonzeption, in: Steuerrecht, Verfassungsrecht, Finanzpolitik, Festschrift für Franz Klein, hrsg. v. Kirchhof, P. u.a., Köln 1994, S. 827–839.

Mugasha, A.: The Law of Multi-Bank-Financing - Syndicated Loans and the Loan Market. Oxford 2007.

Mühlhäuser, F./Stoll, H.: Besteuerung von Wertpapierdarlehens- und Wertpapierpensionsgeschäften, in: DStR 2002, S. 1597–1602.

Mujkanovic, R.: Zweckgesellschaften nach BilMoG, in: StuB 2009, S. 374–379.

Mülbert, P./Schmitz, P.: Neue Problemfelder des § 489 BGB, in: Zivil- und Wirtschaftsrecht im europäischen und globalen Kontext, Festschrift für Norbert Horn, hrsg. v. Berger, K.P. et al., Berlin 2006, S. 777–799.

Müller, K.W.: Syndizierte Avalkredite am Beispiel der Strabag SE, in: Export Manager, 5/2011, S. 16–18.

Müller, T.: Risikovorsorge im Jahresabschluß von Banken. Düsseldorf 2000.

Müller, W.: Ausschüttungen aus der Kapitalrücklage – Beteiligungsabgang oder Ertrag aus Beteiligungen, in: DB 2000, S. 533–537.

Müller-Tronnier, D.: Netto-, Misch- oder Teilergebnis aus Finanzgeschäften bei Kreditinstituten?, in: BB 1997, S. 931–937.

Myers, S.C.: Determinants of corporate borrowing, in: Journal of Financial Economics 1977, S. 147–175.

Nägele, A./Schaber, M./Staber, G.: Die steuerliche Behandlung stiller Reserven bei der »Umwandlung« von Spezialfonds, in: DB 1996, S. 1949–1952.

Naumann, T.K.: Bewertungseinheiten im Gewinnermittlungsrecht der Banken. Düsseldorf 1995.

Naumann, T.K.: Fremdwährungsumrechnung in Bankbilanzen nach neuem Recht. Düsseldorf 1992.

Nemet, M./Hülsen, A.: Neue Anforderungen an die Rechnungslegung und Prüfung von Finanzierungsleasingunternehmen nach dem Jahressteuergesetz 2009 – Teil 1, in: WPg 2009, S. 960ff.

Nemet, M.: Substanzwertrechnung im Rahmen der verlustfreien Bewertung: BDL-Schema als Grundlage, in: Finanzierung, Leasing, Factoring 2011, S. 5–9.

Nerlich, J./Kreplin, G.: § 28 Aussonderungsgläubiger, in: Münchener Anwaltshandbuch Sanierung und Insolvenz, 1. Aufl., 2006.

Niehaus, M.: Umwandlung notleidender Darlehensforderungen in Eigenkapital unter Einsatz von Zweckgesellschaften, in: M&A Review 2009, S. 538–542.

Niemeyer, M.: Bilanzierung und Ausweis von Optionsgeschäften nach Handelsrecht und Steuerrecht, Frankfurt am Main, 1990.

Nietsch, M.: Kommentierung von § 30 InvG, in: InvG, hrsg. v. Emde, T./Dornseifer, F./Dreibus, A./Hölscher, L., München 2013.

Niewerth, J./Rybarz, J.C.: Änderung der Rahmenbedingungen für Immobilienfonds – das AIFM-Umsetzungsgesetz und seine Folgen, in: WM 2013, S. 1154–1166.

Nimwegen, S./Koelen, P.: COSO II als Rahmen für die Beschreibung der wesentlichen Merkmale des internen Kontroll- und des Risikomanagementsystems, in: DB 2010, S. 2011–2015.

Nini, G./Smith, D.C./Sufi, A.: Creditor Control Rights and Firm Investment Policy, Working Paper, November 2006.

Nobbe, G.: § 92 Garantie und sonstige Mithaftung, in: Schimansky, H./Bunte, H.-J./Lwowski, H.-J., Bankrechts-Handbuch, 5. Aufl., München 2017.

O'Hanlon, J.F./Peasnell, K.P.: Residual Income and Value-Creation: The Missing Link, in: Review of Accounting Studies 2002, S. 229–245.

Obermüller, W./Obermüller, M.: Die Unterbeteiligung im Bankgeschäft, in: Handelsrecht und Wirtschaftsrecht in der Bankpraxis, Festschrift W. Werner, hrsg. v. Hadding, W., Berlin 1984, S. 607–638.

Oestreicher, A.: Die Berücksichtigung von Marktzinsänderungen bei Finanzierungsverträgen in der Handels- und Steuerbilanz, in: BB 1993, S. 1–15.

Ohletz, W.: Bonitätsorientierte Zinsänderungsklauseln in Verträgen mit Verbrauchern und Unternehmen, in: Zeitschrift für Bank- und Kapitalmarktrecht 2007, Heft 4, S. 129–140.

Oho, W./Hülst, R. v.: Steuerrechtliche Aspekte der Wertpapierleihe und des Repo-Geschäfts, in: DB 1992, S. 2582–2587.

Oser, P./Wirtz, H.: Änderung der Abzinsung von Pensionsrückstellungen, in: DB 2016, S. 247–248.

Oser, P.: Bilanzierung von Entnahmen aus einer GmbH – Minderung der Anschaffungskosten versus Beteiligungsertrag, in: WPg 2014, S. 555–560.

Otte, W.: Kommentierung von § 17 ZAG, in: Zahlungsdiensteaufsichtsgesetz, hrsg. v. Casper, M./Terlau, M., 1. Aufl., München 2014.

Pahlke, A.: Kommentierung von § 3 AO, in: Abgabenordnung, hrsg. v. Pahlke, A/Koenig, U., 2. Aufl., München 2009.

Palandt, O./Bassenge, P.: § 903 BGB, in: Bürgerliches Gesetzbuch, 65. Aufl., München 2006.

Patek, G.: Rechnungslegung bei Absicherung von Zahlungsstromänderungsrisiken aus geplanten Transaktionen nach HGB und IAS/IFRS – Teil 2: kritische Analyse, in: WPg 2007, S. 459–467.

Paton, W.A./Littleton, A.C.: An Introduction to Corporate Accounting Standards, Chicago 1940

Patzner, A./Döser, A.: Investmentgesetz, München 2012.

Pauluhn, B.: Einzelwertberichtigungen auf Forderungen, in: ZfgK 1979, S. 338–341.

Peasnell, K. V.: Some Formal Connections Between Economic Values and Yields and Accounting Numbers, in: Journal of Business Finance and Accounting 1982, S. 361–381.

Pentz, A.: Kommentierung von § 36a AktG, in: Münchener Kommentar zum Aktiengesetz, hrsg. v. Goette, W./Habersack, M./Kalss, S., Band 1, 3. Aufl., München 2008.

Perridon, L./Steiner, M.: Finanzwirtschaft der Unternehmung. München 2007.
Peters, B.: § 65 Der Wechselkredit, in: Bankrechts-Handbuch, hrsg. v. Schimansky, H/Bunte, H.-J./ Lwowski, H.-J., 5. Aufl., München 2017.
Peters, K.: § 285 HGB, in: Kölner Kommentar zum Rechnungslegungsrecht (§§ 238–342e HGB), hrsg. v. Claussen, C.P./Scherrer G., Köln 2011.
Petersen, K./Zwirner, C./Froschhammer, M.: § 254 HGB, in: BilMoG, hrsg. v. Petersen, K./Zwirner, C., München 2009.
Pfaar, M./Schimmele, J.: § 4, Abschnitt B Umstrukturierung, in: Konzernsteuerrecht, hrsg. v. Kessler, W./Kröner, M./Köhler, S., 2. Aufl., München 2008.
Pfitzer, N./ Scharpf, P./Schaber, M.: Voraussetzungen für die Bildung von Bewertungseinheiten und Plädoyer für die Anerkennung antizipativer Hedges (Teil 1), S. 675–685; (Teil 2), S. 721–729.
Plattner, M.: Von Bilateral zu Triparty: Repotransaktionen wirtschaftlich und rechtlich gesehen, in: ÖBA 2007, S. 679–684.
Podewills, F.: Neuerungen im Schuldverschreibungs- und Anlegerschutzrecht – Das Gesetz zur Neuregelung der Rechtsverhältnisse bei Schuldverschreibungen aus Gesamtemissionen und zur verbesserten Durchsetzbarkeit von Ansprüchen von Anlegern aus Falschberatung, in: DStR 2009, S. 1914-1920.
Podporowski, S./Reichelt, M./Bretschneider, B.: Die deutsche Einlagensicherung im Kontext der Bankenunion, in: WPg 2016, S. 152–158.
Poelzig, D.: Kommentierung von § 285 HGB, in: Münchener Kommentar zum HGB, Band 4, hrsg. v. Schmidt, K./Ebke, W., 3. Aufl., München 2013.
Pöhler, A.: Das internationale Konsortialkreditgeschäft der Banken – Grundlagen, betriebswirtschaftliche Funktionen, Risiken und Risikopolitik, Frankfurt 1988.
Posthaus, A.: Exotische Kreditderivate, in: Kreditderivate – Handbuch für die Bank- und Anlagepraxis, hrsg. v. Burghof, H.-P./Henke, S./Rudolph, B./Schönbucher, P. J./Sommer, D., 2. Aufl., Stuttgart 2005, S. 71–86.
Prahl, R./Naumann, T.K.: Moderne Finanzierungsinstrumente im Spannungsfeld zu traditionellen Rechnungslegungsvorschriften: Barwertansatz, Hedge Accounting und Portfolio-Approach, in: WPg 1992, S. 709–719.
Prahl, R./Naumann, T.K.: Überlegungen für eine sachgerechte Bilanzierung der Wertpapierleihe, in: WM 1992, S. 1173–1181.
Prahl, R.: Bilanzierung von Financial Instruments: quo vadis, in: Rechnungslegung, Steuerung und Aufsicht von Banken, Festschrift Krumnow, hrsg. v. Lange, T./Löw, E., Gabler 2004, S. 207–239.
Prahl, R.: Die neuen Vorschriften des Handelsgesetzbuchs für Kreditinstitute, in: WPg 1991, Teil 1, S. 401–409; Teil 2, S. 438–445.
Preinreich, G.A.: Valuation and Amortization, in: The Accounting Review 1937, Vol. 12, S. 209–226.
PriceWaterhouseCoopers: IFRS für Banken, 3. Aufl., Frankfurt am Main 2005.
Priester, H.J.: Kommentierung von § 120 HGB, in: Münchener Kommentar zum Handelsgesetzbuch, hrsg. v. Schmidt, K., Band 2, 3. Aufl., München 2011.
Priester, H.-J.: Kommentierung von § 128 UmwG, in: UmwG, hrsg. v. Lutter, M./Winter, M., 4. Aufl., Köln 2009.
Prinz, U.: §§ 254, 274 HGB, in: Kölner Kommentar zum Rechnungslegungsrecht (§§ 238–342e HGB), hrsg. v. Claussen, C. P./Scherrer G., Köln 2011.
PWC: IAS 39 – Achieving Hedge Accounting in Practice, London December 2005.
PWC: Understanding financial instruments, London 2006.

Quick, R.: Abschlussprüfungsreformgesetz (AReG) – Kritische Würdigung zentraler Neuregelungen, in: DB 2016, S. 1205–1215.
Quick, R.: Euro-Bilanzgesetz – Inhalt und Würdigung des Regierungsentwurfs vom 02.05.2001, in: BB 2001, S. 1139–1141.

Rau, S.: Kompensatorische Bewertung von Finanzinstrumenten (Bewertungseinheiten) in der Steuerbilanz, in: DStR 2017, S. 737–743.

Rau, S.: Wirtschaftliches Eigentum und Gewinnrealisierung bei echten Pensions- bzw. Repogeschäften, in: BB 2000, S. 2338–2341.

Rebmann, D./Weigel, W.: Verlustfreie Bewertung von zinsbezogenen Geschäften des Bankbuchs bei Kreditinstituten nach dem deutschen HGB und dem österreichischen UGB, in: KoR 2014, S. 211–220.

Redeker, R.: Kontrollerwerb an Krisengesellschaften. Chancen und Risiken des Debt-Equity-Swap, in: BB 2007, S. 673–680.

Reiland, M.: Derecognition – Ausbuchung finanzieller Vermögenswerte. Düsseldorf 2006.

Reinelt, E.: Die EG-Bankbilanzrichtlinie und der Lobbyismus der Banken, Frankfurt 1998.

Reiner, G./Haußer, J.: Kommentierung von §§ 266, 275 HGB, in: Münchener Kommentar zum HGB, Band 4, 3. Aufl., München 2013.

Resti, A./Sironi, A.: Risk management and shareholders' value in banking: from risk measurement models to capital allocation policies. Chichester 2007.

Reuter, A.: Objekt- und Projektfinanzierung zwischen Zurechnung und Konsolidierung nach HGB, IFRS und US-GAAP, in: BB 2006, S. 1322–1329.

Reznek, D./Schwartz, l./Siwik, T.: Testing Hedge Effectiveness unter IAS 39, Deloitte White Paper No. 20, June 2005.

Richter, H.: Grundsätzliche Bemerkungen zum Problem der Bankbilanzierung, in: DBW 1930, S. 16ff.

Richtlinien für die Aufstellung der Jahresbilanzen sowie der Gewinn- und Verlustrechnung der Kreditinstitute in der Rechtsform der Aktiengesellschaft, der Kommanditgesellschaft auf Aktien und der Gesellschaft mit beschränkter Haftung, Bekanntmachung des BAKred vom 8- Februar 1988, veröffentlicht im Bundesanzeiger Nr. 41 vom 1. März 1988, S. 878.

Rieckers, O.: Kommentierung von § 135 AktG, in: Spindler, G./Stilz, E., 3. Aufl., München 2016.

Rimmelspacher, D./Fey, G.: Beendigung von Bewertungseinheiten im handelsrechtlichen Jahresabschluss, in: WPg 2013, S. 994–1006.

Rimmelspacher, D./Hoffmann, T./Hesse, T.: Factoring- und ABS-Transaktionen im handelsrechtlichen Jahresabschluss des Verkäufers – Einzelfragen um Übergang des wirtschaftlichen Eigentums an Forderungen, in: WPg 2014, S. 999–1009.

Risse, R.: Kommentierung von § 274 HGB, in: Münchener Kommentar zum Bilanzrecht, Band 2, hrsg. v. Hennrichs, J./Kleindiek, D./Watrin, C., 1. Aufl., München 2013.

Rödder, T.: § 13 – Besonderheiten der Besteuerung, in: Beck'sches Handbuch der AG, hrsg. v. Müller, W./Rödder, T., 2. Aufl., München 2009.

Rödder, T.: DStR-Fachliteratur-Auswertung: Umwandlungssteuergesetz, in: DStR 1997, S. 135–1358.

Roegele, E./Görke, O.: Novelle des Investmentgesetzes (InvG), in: BKR 2007, S. 393–400.

Roese, B.: Neubeurteilung eingebetteter derivativer Finanzinstrumente – IFRIC D 15: Reassessment of Embedded Derivatives, in: WPg 2005, S. 656–658.

Roos, B.: Durchlaufende Posten im handelsrechtlichen Jahresabschluss unter Berücksichtigung des Saldierungsverbots, in: DB 2013, S. 2758–2761.

Rosenbaum, D./Gorny, C.: Bewertung von Beteiligungen im handelsrechtlichen Jahresabschluss – Hinweise zur praktischen Umsetzung der Stellungnahme IDW ERS HFA 10, in: DB 2003, S. 837–840.

Roß, N./Drögemüller, S.: Handelsrechtliche Behandlung von IS-Lease-in/Lease-out-Transaktionen, in: WPg 2004, S. 185–193.

Roß, N.: Rechtsgeschäftliche Treuhandverhältnisse im Jahres-und Konzernabschluss. Düsseldorf 1994.

Rubner, D./Fischer, J.-B.: Möglichkeiten einer nicht-verhältniswahrenden Spaltung von Kapitalgesellschaften im Lichte des § 128 UmwG, in: NZG 2014, S. 761–769.

Rüffer, N./Send, F./Siwik, T.: Bilanzierung strukturierter Zinsprodukte: Anwendung des Double-Double-Tests unter den IFRS, in: KoR 2008, S. 448–456.

Rümker, D.: Formen kapitalersetzender Gesellschafterdarlehen in der Bankpraxis, in: Festschrift Walter Stimpel, hrsg. v. Lutter, M. et al., Berlin; New York 1985, S. 673–704.

Sabel, E.: Leasingverträge in der kapitalmarktorientierten Rechnungslegung, Wiesbaden 2006.

Sagasser, B./: § 18 Spaltungsrechtliche Regelungen, in: Umwandlungen, hrsg. v. Sagasser, B./Bula, T./Brünger, T.R., 5. Aufl., München 2017.

Santarossa-Preisler, D./Schaber, M.: § 29 KWG, in: KWG und CRR, hrsg. v. Luz, G. u.a., 3. A., Stuttgart 2015.

Schaber, M./Amann, D.: Der Erfüllungsbetrag und der Unterschiedsbetrag zwischen Ausgabebetrag und Erfüllungsbetrag bei Verbindlichkeiten im HGB, in: WPg 2014, S. 938–942.

Schaber, M./Hoffmann, C.: Anforderungen an Eigenkapitalinstrumente nach Basel III, in: RdF 2011, S. 41–47.

Schaber, M./Rehm, K./Märkl, H./Spies, K.: Handbuch strukturierte Finanzinstrumente – HGB-IFRS, 2. aktualisierte Aufl., Düsseldorf 2010.

Schaber, M.: Kommentierung zu Art. 26 CRR, in: KWG und CRR, hrsg. v. Luz, G./Neus, W./Schaber, M./Scharpf, P./Schneider, P./Weber, M., 3. Aufl., Stuttgart 2015.

Schaber, M.: Konzernrechnungslegung der Kreditinstitute und Finanzdienstleistungsinstitute C 810, in: Beck'sches Handbuch der Rechnungslegung, hrsg. v Böcking, H.-J./Castan, E./Heymann, G./Pfitzer, N./Scheffler, E., Band 3, München 2008.

Schabert, T.: Betriebswirtschaftliche Aspekte des Restrukturierungsgesetzes, in: DB-Beilage 4/2011, S. 6–10.

Schäfer, F.A.: § 1 KWG, in: Boos/Fischer/Schulte-Mattler, KWG, CRR-VO, 5. Aufl., München 2016.

Schäfer, F.A.: § 15, in: Bankrecht, hrsg. v. Schwintowski, H.-P./Schäfer, F.A., Köln 2011.

Schäfer, F.A.: Der Begriff des Emissionsgeschäfts im KWG - und die Tätigkeiten von Venture-Capital Gesellschaften aus bankaufsichtsrechtlicher Sicht, in: WM 2002, S. 361–367.

Schäfer, H.: Finanzmanagement mit Instrumenten der Collateral Trading Markets, in: ÖBA 2000, S. 461–471.

Schaffelhuber, K.A./Sölch, F.: § 31 Kreditkonsortien und Sicherheitenpools, in: Münchener Handbuch des Gesellschaftsrechts, Band 1, 4. Aufl., München 2014.

Schäffer, F.: Finanzierung von LBO-Transaktionen: Die Grenzen der Nutzung des Vermögens der Zielgesellschaft, in: BB, Special 9/2006, S. 1–12.

Schanz, K.-M.: Wandel- und Optionsanleihen – Flexible Finanzierungsinstrumente im Lichte gestiegenen Interesses, in: BKR 2011, S. 410–417.

Scharenberg, S.: Die Bilanzierung von wirtschaftlichem Eigentum in der IFRS-Rechnungslegung, Wiesbaden 2009.

Scharpf, P./Luz, G.: Risikomanagement, Bilanzierung und Aufsicht von Finanzderivaten, 2. Aufl., Stuttgart 2000.

Scharpf, P./Schaber, M./Löw, E./Treitz, K./Weigel, W./Goldschmidt, P.: Bilanzierung von Finanzinstrumenten des Handelsbestands bei Kreditinstituten – Erläuterung von IDW RS BFA 2 (Teil 1), in: WPg 2010, S. 439–453.

Scharpf, P./Schaber, M./Löw, E./Treitz, K./Weigel, W./Goldschmidt, P.: Bilanzierung von Finanzinstrumenten des Handelsbestands bei Kreditinstituten – Erläuterung von IDW RS BFA 2 (Teil 2), in: WPg 2010, S. 501–506.

Scharpf, P./Schaber, M.: Handbuch Bankbilanz, 7. aktualisierte und erweiterte Aufl., Düsseldorf 2018.

Scharpf, P./Schaber, M.: Handelsbestände an Finanzinstrumenten bei Banken und bei Nicht-Banken nach dem BilMoG, in: DB 2008, S. 2552–2558.

Scharpf, P./Schaber, M.: Verlustfreie Bewertung des Bankbuchs bei Kreditinstituten – einige ausgewählte Aspekte, in: DB 2011, S. 2045–2058.

Scharpf, P./Sohler, A.: Leitfaden zum Jahresabschluß nach dem Bankbilanzrichtlinie-Gesetz. Düsseldorf 1992.

Scharpf, P.: § 254 HGB – Bildung von Bewertungseinheiten, in: Handbuch der Rechnungslegung Einzelabschluss, Kommentar zur Bilanzierung und Prüfung, hrsg. v. Küting, K/Weber, C.-P., 5. Aufl., Stuttgart 2010.

Scharpf, P.: Bewertungseinheiten mit Optionen nach HGB, in: RdF 2014, S. 62–69.
Scharpf, P.: Bilanzierung von Bewertungseinheiten in der Fünften Jahreszeit, in: DB 2012, S. 357–363.
Scharpf, P.: Finanzinstrumente, in: Das neue deutsche Bilanzrecht, hrsg. v. Küting, K./Pfitzer, N./Weber, C.-P., 2. Aufl., Stuttgart 2009, S. 197–262.
Scharpf, P.: Fremdwährungsumrechnung bei (Kredit-)lnstituten nach § 340h HGB – unter Berücksichtigung von ERS BFA 4, Teil 1: Zugangsbewertung (Anschaffungskosten), Folgebewertung, Devisentermingeschäfte, in: IRZ 2011, S. 13–18.
Scharpf, P.: Fremdwährungsumrechnung bei (Kredit-)lnstituten nach § 340h HGB – unter Berücksichtigung von ERS BFA 4, Teil II: Erfolgsrealisation und Umrechnungsdifferenzen, Ausweis von Aufwendungen und Erträgen sowie Anhangangaben, in: IRZ 2011, S. 81–86.
Scharpf, P.: Fristengliederung im Jahresabschluss von Bausparkassen, in: DStR 1995, S. 504–508.
Schaudwet, M.: Bankenkontokorrent und Allgemeine Geschäftsbedingungen – Die Entwicklung der das Kontokorrentverhältnis betreffenden Klauseln der AGB der Banken. Berlin 1967.
Scheffler, E.: Finanzanlagen, B 213, in: Beck'sches Handbuch der Rechnungslegung (Beck HdR), hrsg. v. Böcking, H.-J./Castan, E./Heymann, G./Pfitzer, N./Scheffler, E., Band I, Ergänzungslieferung Stand Mai 2008.
Scheffler, W.: Hinzurechnung von Leasingraten nach der Unternehmenssteuerreform 2008: Verlust des Leasingvorteils und Verzerrungen durch Pauschalierung, in: BB 2007, S. 874–878.
Schefold, D.: § 116, Bankgeschäfte in fremder Währung, in: Schimansky, H./Bunte, H.-J./Lwowski, H.-J., Bankrechts-Handbuch, 5. Aufl., München 2017.
Scheiterle, W.: Die Bilanzierung von Verbindlichkeiten mit steigender Verzinsung, in: WPg 1983, S. 558–560.
Schenke, R.P./Risse, M.: Das Maßgeblichkeitsprinzip nach dem Bilanzrechtsmodernisierungsgesetz, in: DB 2009, S. 1957–1959.
Scherrer, G.: Rechnungslegung nach neuem HGB, 2. Aufl., München 2009.
Scheunemann, M.P./Hoffmann, G.: Debt-Equity-Swap. Steuerliche Strukturierung und zivilrechtliche Rahmenbedingungen, in: BB 2009, S. 983–986.
Scheunemann, M.P./Socker, O.: Zinsschranke beim Leverage Buy Out, in: BB 2007, S. 1144–1151.
Scheunemann, M.P.: Die Schlussbilanz bei der Verschmelzung von in einen Konzernabschluss einbezogenen Gesellschaften, in: DB 2006, S. 797–799.
Schierenbeck, H.: Ertragsorientiertes Bankmanagement – Controlling in Kreditinstituten, 4. Aufl., Bern 1994.
Schierenbeck, H.: Ertragsorientiertes Bankmanagement, Band 2, 7. Aufl., 2001, S. 190.
Schimmelschmidt, U./Happe, P.: Off-Balance-Sheet-Finanzierungen am Beispiel der Bilanzierung von Leasingverträgen im Einzelabschluss und im Konzernabschluss nach HGB, IFRS und US-GAAP, in: DB 2004, Beilage 9, S. 1–12.
Schläfer, T.: Recovery Risk and Credit Default Swap Premia, Wiesbaden 2011.
Schlitt, M./Schäfer, S.: Die Restrukturierung von Anleihen nach dem neuen Schuldverschreibungsgesetz, in: AG 2009, S. 477–487.
Schlösser, J.: Die Währungsumrechnung im Jahresabschluß von Kreditinstituten: eine Auslegung der Rechtsvorschrift des § 340 h HGB, Berlin 1996.
Schmalenbach, D.: V 70, in: Handelsgesetzbuch (HGB), Band 2., hrsg. v. Ebenroth, C.T./Boujong, K./Joost, D./Strohn, L., 3. Aufl., München 2015.
Schmalenbach, D.: Zahlungsdienste, §§ 675a-676h BGB, in: Beck'scher Online Kommentar, hrsg. v. Bamberger, G./Roth, H., Buch 2. Recht der Schuldverhältnisse, 45. Edition, München, Stand 01.11.2017.
Schmid, A.: Entwürfe von IDW-Verlautbarungen zur Rechnungslegung bei Umwandlungen: Analyse der Änderungen und Ergänzungen, in: BB 2012, S. 499–503.
Schmid, H./Mühlhäuser, F.: Wirtschaftliches Eigentum und Gewinnrealisierung bei der Wertpapierleihe, in: BB 2001, S. 2609–2618.

Schmidt, K.: Kommentierung von § 252 HGB, in: Kölner Kommentar zum Rechnungslegungsrecht (§§ 238–342e HGB), hrsg. v. Claussen, C. P./Scherrer G., Köln 2011.

Schmidt, K.: Vor § 230 HGB, in: Münchener Kommentar zum Handelsgesetzbuch, Bd. 3, zweites Buch, Handelsgesellschaften und stille Gesellschaft, 3. A., München 2012.

Schmidt, M./Schreiber, S. M.: IFRIC 9 Neubeurteilung eingebetteter Derivate – Darstellung und kritische Würdigung, in: KoR 2006, S. 445–451.

Schmidt, M.: Die BilMoG-Vorschläge zur Bilanzierung von Finanzinstrumenten – Eine Revolution, die das Bilanzrecht aus den Fugen hebt?, in: KoR 2008, S. 1–8.

Schmidt, S./Ries, N.: § 246 HGB, in: BBK, 11. Aufl., München 2018.

Schmidt, S./Usinger, R.: § 254 HGB, in: BBK, 11. Aufl., München 2018.

Schmitt, C.: Schuldscheindarlehen als Alternative zum Bankkredit – Voraussetzungen und praktische Hinweise, in: BB 2012, S. 2039–2042.

Schmitt, J./Hülsmann, C.: Verschmelzungsgewinn in der Handelsbilanz und Prinzip der Gesamtrechtsnachfolge, in: BB 2000, S. 1563–1569.

Schmitz, R.: Kommentierung von §§ 30–46 InvG, in: Investmentgesetz – Investmentsteuergesetz, hrsg. v. Berger, H./Steck, K.-U./Lübbehüsen, D., München 2010.

Schneider, U.H.: Ist die Annahme von Gesellschafterdarlehen ein »erlaubnisbedürftiges Bankgeschäft«?, in: DB 1991, S. 1865–1869.

Schnorbus, Y./Ganzer, F.: Einflussmöglichkeiten auf die Gläubigerversammlung im Zusammenhang mit der Änderung von Anleihebedingungen, in: WM 2014, S. 155–159.

Scholz, M.: § 25d KWG, in: KWG und CRR, hrsg. v. Luz, G. u.a., 3. A., Stuttgart 2015.

Scholz, W.: Die Bilanzierung von Verbindlichkeiten mit steigender Verzinsung und der Begriff des »Rückzahlungsbetrages« im Sinne des § 156 Abs. 2 und 3 AktG, in: WPg 1973, S. 53–57.

Scholz, W.: Die Steuerung von Zinsänderungsrisiken und ihre Berücksichtigung im Jahresabschluss der Kreditinstitute, in: Schierenbeck, H./Wielen, H., Bilanzstrukturmanagement in Kreditinstituten, Frankfurt/M. 1984, S. 119–136.

Scholz, W.: Zinsänderungsrisiken im Jahresabschluss der Kreditinstitute, in: Kredit und Kapital 1979, S. 517–544.

Schön, W.: Cum-/Ex-Geschäfte – materiell-rechtliche und verfahrensrechtliche Fragen, in: RdF 2015, S. 115–131.

Schön, W.: Der Bundesfinanzhof und die Rückstellungen – Eine Analyse der Rechtsprechung seit Inkrafttreten des Bilanzrichtlinien-Gesetzes, in: BB 1994, Beilage zu Heft 15.

Schorr, G./Fritz, M.: Behandlung von Überpari-Beträgen bei festverzinslichen Wertpapieren in der Handelsbilanz vor dem Hintergrund des Niedrigzinsumfeldes, in: DStR 2017, S. 1223–1228.

Schrader, N.: Die Besserungsabrede: eine Untersuchung der zivil-, bilanz- und ertragsteuerrechtlichen Probleme. Heidelberg 1995.

Schröer, H.: Kommentierung von § 135 AktG, in: Münchener Kommentar zum Aktiengesetz, Band 3, hrsg. v. Goette, W./Habersack; M., 3. Aufl., München 2013.

Schruff, W./Rothenburger, M.: Zur Konsolidierung von special purpose entities im Konzernabschluss nach US-GAAP, IAS und HGB, in: WPg 2002, S. 755–765.

Schruff, W.: Die Behandlung von Zweckgesellschaften nach dem Bilanzmodernisierungsgesetz, in: Der Konzern 2009, S. 511–52 1.

Schubert, W.J./Berberich, J.: § 253 HGB, in: BBK, 11. Aufl., München 2018.

Schubert, W.J./Huber, F.: § 247 HGB, in: BBK, 11. Aufl., München 2018.

Schubert, W.J.: § 249 HGB, in: BBK, 11. Aufl., München 2018.

Schubert, W.J./Gadek, S.: § 255 HGB, in: BBK, 11. Aufl., München 2018.

Schubert, W.-J: Kommentierung von § 266 HGB, in: BBK, 11. Aufl., München 2018.

Schulte-Nölke, H.: Zahlungsdienste, §§ 675a-676h BGB, in: Bürgerliches Gesetzbuch, hrsg. v. Schulze, R., München, 9. Aufl., 2017.

Schulze-Osterloh, J.: Bilanzierung nach dem Referentenentwurf eines Gesetzes zur Bereinigung des Umwandlungsrechts, in: ZGR 1993, S. 420–451.

Schulze-Osterloh, J.: GmbHG § 42 Bilanz, in: Baumbach, A./Hueck, A., GmbH-Gesetz, 18. Aufl., München 2006.

Schüppen, M./Stürner, J.: Das Unterhalten von Gesellschafterdarlehenskonten in der Personenhandelsgesellschaft: ein erlaubnispflichtiges Bankgeschäft? Kritische Anmerkungen zum Merkblatt der BaFin vom 04.08.2011, in: WPg 2014, S. 281–287.

Schürmann, T./Langner, O.: § 70. Einlagenarten, in: Schimansky, H./Bunte, H.-J./Lwowski, H.-J., Bankrechts-Handbuch, 5. Aufl., München 2017.

Schürnbrand, J.: Kommentierung von § 491 BGB, in: Münchener Kommentar zum BGB, hrsg. v. Band 3, 7. Aufl., München 2016.

Schuster, G./Westpfahl, L.: Neue Wege zur Bankensanierung – Ein Beitrag zum Restrukturierungsgesetz, in: DB 2011, Teil I, S. 221–230; Teil II, S. 282–289.

Schwab, M.: Kommentierung der § 812–822 BGB, in: Münchener Kommentar zum BGB, 75. Aufl., München 2017.

Schwake, D./Siwik, T./Stemmer, D.: Kontrahentenausfallrisiken in Rechnungslegung und Aufsichtsrecht, in: Kontrahentenrisiko, hrsg. v. Ludwig, S./Martin, M.R.W./Wehn, C.S., Stuttgart 2012, S. 289–311.

Schwanna, A.: Kommentierung von § 17 UmwG, in: Umwandlungsgesetz mit Spruchverfahrensgesetz, hrsg. v. Semler, J./Stengel, A., 4. Aufl., München 2017.

Schwartze, A.: Deutsche Rechnungslegung nach europäischem Recht. Baden-Baden 1991.

Schwarzkopf, A.-S./ Hachmeister, D.: Put-Optionen auf Anteile nicht beherrschender Gesellschafter, in: WPg 2015, S. 533–546.

Schwerdtfeger, J.: Europäischer Pass für Leasing und Factoring, in: BKR 2010, S. 53–57.

Seckelmann, R.: »Pacta sunt servanda« – Nicht bei Zinssätzen?, in: BB 1996, S. 965–973.

Seckelmann, R.: »Zins« und »Zinssatz« im Sinne der Sache, in: BB 1998, S. 57–69.

Seckelmann, R.: Damnum und Zinserstattung, in: BB 1996, S. 11–17.

Seeliger, G.: Der Begriff des wirtschaftlichen Eigentums im Steuerrecht. Stuttgart 1962.

Seeliger, G.: Wirtschaftliches Eigentum und steuerliche Zurechnung, in: DStR 1963, S. 645–648.

Segoviano, M./Singh, M: Counterparty Risk in the Over-The-Counter Derivatives Market, IMF Working Paper 2008.

Selchert, F.W.: Die kaufmännisch vernünftige Beurteilung eines niedrigeren Wertansatzes in der Bilanz, in: DStR 1986, S. 283–289.

Senger, T./Brune, J.: DRS 20: neue und geänderte Anforderungen an den Konzernlagebericht, in: WPg 2012, S. 1285–1289.

Senger, T./Hoehne, F.: Kommentierung von § 301 HGB, in: Münchener Kommmentar zum Bilanzrecht, Band 2, hrsg. v. Hennrichs, J./Kleindiek, D./Watrin, C., 1. Aufl., München 2013.

Serafin, A./Weber, M.: § 1 KWG, in: Luz, G. et al., KWG, Stuttgart 2008.

Sethe, R.: § 114a Verbriefungen von Forderungen – Asset Backed Securities (»ABS«), in: Schimansky, H./Bunte, H.-J./Lwowski, H.-J., Bankrechts-Handbuch, 5. Aufl., München 2017.

Seuthe, A./Tellers, S.: Aufsichtliche Beurteilung bankinterner Risikotragfähigkeitskonzepte, in: BankPraktiker 2012, S. 151–159.

Sichting, T.: § 293 HGB, in: BilRuG – Auswirkungen auf das deutsche Bilanzrecht, hrsg. v. Russ, W.; Janßen, C., Götze, T., Düsseldorf 2015.

Siebourg, P.: Kommentierung von § 290 HGB, in: Handbuch der Konzernrechnungslegung – Kommentar zur Bilanzierung und Prüfung, hrsg. v. Küting, K./Weber, C.-P., Band II, 2. Aufl., Stuttgart 1998.

Siepe, G.: Darf ein ertragsteuerlicher Teilwertansatz den handelsrechtlich gebotenen Wertansatz überschreiten?, in: Rechnungslegung, FS Forster, hrsg. v. Moxter, A. u.a., Wiesbaden 1992, S. 607–638.

Sigloch, J./Weber, S.: Anh. § 41–42a, in: GmbHG, hrsg. v. Michalski, L., 2. Aufl., München 2010.

Simon, O./Koschker, M.: Vergütungssysteme auf dem Prüfstand – Neue aufsichtsrechtliche Anforderungen für Banken und Versicherungen, in: BB 2011, S. 120–126.

Simon, S.: Kommentierung von §§ 123, 128 UmwG, in: Kölner Kommentar zum UmwG, hrsg. v. Dauner-Lieb, B./Simon, S., Köln 2009.

Sittmann, J.W. Kreditunterbeteiligungen von Banken. Eine Untersuchung zum Innenrecht der Unterbeteiligung, in: WM 1996, S. 469ff.

Sittmann-Haury, C.: Forderungsbilanzierung von Kreditinstituten, Kritische Analyse von HGB-, US GAAP-, und IAS-Vorschriften und fair value model, Wiesbaden 2003.

Siwik, T./Reznek, D./Schwartz, L.: Effective Hedges under IAS 39 when Pull-to-Par-Effects are present, Deloitte White Paper No. 21, May 2006.

Skuratovski, A.: Mehrfachbelastung mit Bankenabgabe im internationalen Kontext – Analyse des Abkommens zwischen Deutschland und Großbritannien, in: RdF 2012, S. 103–110.

Smith, C.W./Warner, J.B.: On Financial Contracting: An Analysis of Bond Covenants, in: Journal of Financial Economics 1979, S. 117–161.

Solveen, D.: §§ 8, 63 AktG, in: Aktiengesetz, Erstes Buch, hrsg. v. Hölters, W., 3. Aufl., München 2017.

Sopp, G.: Garantien im Bankgeschäft: Handelsrechtliche Begriffsabgrenzung und Bilanzierungsfragen, in: RdF 2012, S. 112–117.

Spanier, G.: Kommentierung von § 337 HGB, in: Münchener Kommentar zum HGB, Band 4, hrsg. v. Schmidt, K./Ebke, W.F., 3. Aufl., München 2013.

Spengel, C./Eisgruber, T.: Die nicht vorhandene Gesetzeslücke bei Cum/Ex-Geschäften, in: DStR 2015, S. 785–801.

Stadler, A.: § 311 BGB, Rechtsgeschäfte und rechtsgeschäftsähnliche Schuldverhältnisse, in: BGB, hrsg. v. Jauernig, O., 13. Aufl., München 2009.

Standard & Poor's: A Guide to the Loan Market, New York 2010.

Steffek, F.: Einführung zum Kreditrecht vor §§ 488ff BGB, in: Bankrechts-Kommentar, hrsg. v. Langenbucher, K./Bliesener, D.H./Spindler, G., 2. Aufl., München 2016.

Steinrücke, B.: Das Konsortialgeschäft der deutschen Banken, Berlin 1956.

Stengel, Y.: Das Kreditinstitute-Reorganisationsgesetz. Rechtliche Aspekte der zukünftigen Sanierung und Reorganisation von Kreditinstituten, in: DB 2011, Beilage 4, S. 11–16.

Stigum, M.: The Money Market, 3. Aufl., Homewood (llinois) 1990.

Storz, K.A./Kiderlen B.: Praxis des Zwangsversteigerungsverfahrens, 11. Aufl., München 2008.

Streckenbach, K.: Bilanzierung von Zweckgesellschaften im Konzern, Abgrenzung der wirtschaftlichen Einheit nach US GAAP und IFRS, Diss. Bochum 2006.

Stresemann, C.: Kommentierung von §§ 90, 93 BGB, in: Münchener Kommentar zum BGB, hrsg. v. Säcker, F./Rixecker, R., München, Band 1, 6. Aufl., 2012.

Strickmann, M.: Factoring Verhältnisse, in: Handbuch der Rechnungslegung – Einzelabschluss Kommentar zur Bilanzierung und Prüfung, hrsg. v. Küting, K./Weber, C.-P., Bd. 1, 5. Aufl., Loseblattwerk, Stuttgart 2002, S. 149–198, Stand: 2. Ergänzungslieferung, August 2008.

Strieder, T.: Erweiterung der Lageberichterstattung nach dem BilMoG, in: BB 2009, S. 1002–1006.

Strieder, T.: Kommentierung zu §§ 336–339 HGB, in: Münchener Kommentar zum Bilanzrecht, Band 2, hrsg. v. Hennrichs, J./Kleindiek, D./Watrin, C., 1. Aufl., München 2013.

Struffert, R./Wolfgarten, W.: Aktuelle Fragen der Bilanzierung von Verbriefungstransaktionen – Stellung von Credit Enhancements durch den Originator sowie Nutzung von Verbriefungen für Offenmarktgeschäfte, in: WPg 2010, S. 371–380.

Struffert, R.: Asset Backed Securities-Transaktionen und Kreditderivate nach IFRS und HGB, Wiesbaden 2006.

Struffert, R.: Bilanzierung verschiedener Formen zur Reduzierung des Kreditrisikos nach IFRS und HGB/IDW-Verlautbarungen, in: KoR 2007, S. 477–489.

Stumpf, W.: Factoring – ein modernes und attraktives Finanzierungsinstrument zur Liquiditätssicherung, in: BB 2012, S. 1045–1052.

Stürner, R.: Kommentierung zu § 387 BGB, in: Bürgerliches Gesetzbuch, hrsg. v. Jauernig, O., 14. Aufl., München 2011.

Süchting, J.: Zur Diskussion um die stillen Reserven bei Banken, in: Bankrisiken und Bankrecht, hrsg. v. Gerke, Wiesbaden 1988, S. 81ff.

Süchting, P.: Finanzmanagement, Theorie und Politik der Unternehmensfinanzierung, 6. Aufl., Wiesbaden 1995.

Sudmeyer, J.: § 10, Grundkapital und Aktie, in: Münchener Anwalts Handbuch Aktienrecht, hrsg. v. Schüppen, M./Schaub, B., 2. Aufl., München 2010.

Swoboda, J.: § 38 KAGB, in: KAGB, hrsg. v., Weitnauer, W./Boxberger, L./Anders, D., 2. A., München 2017.

Tetzlaff, C.: § 88, Das Schuldverschreibungsgesetz als Instrument der Restrukturierung von Anleihen, in: Schimansky, H./Bunte, H.-J./Lwowski, H.-J., Bankrechts-Handbuch, 4. Aufl., München 2011.

Teuber, H.: § 105 Wertpapierleihe und Wertpapier-Pensionsgeschäft, in: Schimansky, H./Bunte, H.-J./Lwowski, H.-J., Bankrechts-Handbuch, 5. Aufl., München 2017.

Theile, C./Hartmann, A.: BilMoG: Zur Unmaßgeblichkeit der Handels- für die Steuerbilanz, in: DStR 2008, S. 2031–2035.

Tiedchen, S.: § 255 HGB, in: Münchener Kommentar zum Aktiengesetz, hrsg. v. Goette, W./Habersack, M./Kalss, S., Band 5/1, München, 2. Aufl., 2003.

Tiedchen, S.: Posten der aktiven und passiven Rechnungsabgrenzung, Abt. II/11, in: Handbuch des Jahresabschlusses (HdJ), hrsg. v. Wysocki, K./Schulze-Osterloh, J./Hennrichs, J./Kuhner, C., Köln 2006.

Trepte, F./Walterscheidt, S.: EMIR: Pflichten von nichtfinanziellen Gegenparteien – Hilfestellungen für Industrie- und Handelsunternehmen zur Einhaltung der EMIR-Anforderungen, in: WPg 2018, S. 303–310.

Treuberg, H. Graf von/Scharpf, P.: Die Abbildung von DTB-Aktienoptionen im Jahresabschluss von Industrieunternehmen, in: Aktuelle Fachbeiträge aus Wirtschaftsprüfung und Beratung, Festschrift H. Luik, Stuttgart 1991, S. 165–183.

Treuberg, H. Graf von/Scharpf, P.: Pensionsgeschäfte und deren Behandlung im Jahresabschluss von Kapitalgesellschaften nach § 340b HGB, in: DB 1991, S. 1223–1238.

Tubbesing, G.: Bilanzierungsprobleme bei Fremdwährungsposten im Einzelabschluß, in: ZfbF 1981, S. 804–826.

Turwitt, M.: Asset-Backed Finanzierungen und handelsbilanzielle Zuordnung. Wiesbaden 1999.

Ulmer, P./Ihrig, H.-C.: Ein neuer Anleihetyp: Zero-Bonds, in: ZIP 1985, S. 1169ff.

Ulmer, P.: §§ 705–853; Partnerschaftsgesellschaftsgesetz, Produkthaftungsgesetz, in: Münchener Kommentar zum Bürgerlichen Gesetzbuch, hrsg. von Rebmann, K., München 2009.

Vahldiek, W.: Kommentierung von §§ 53b, c KWG, in: Kreditwesengesetz, hrsg. v. Boos, K.-H./Fischer, R./Schulte-Mattler, H., 5. Aufl., München 2016.

Van Kann, J./Rosak, P.: Das geplante Trennbankengesetz – Ausgliederung spekulativer Geschäfte zur Abschirmung von Risiken, in: NZG 2013. S. 572–575.

Velte, P.: Die Gewinnverwendungspolitik als Prüfungsobjekt von Aufsichtsrat und Abschlussprüfer – Eine Analyse zur Anhangangabepflicht des Gewinnverwendungsvorschlags nach der EU-Bilanzrichtlinie, in: DB 2014, S. 673–677.

Villarroya, A.: The Euro Government Bond Market, in: The Handbook of European Fixed Income Securities, hrsg. v. Fabozzi, F.J./Choudhry, M., Hoboken 2004, S. 143–166.

VÖB – Bundesverband öffentlicher Banken: Ausgestaltung der Vergütungssysteme in Banken. Berlin 2011.

Volhard, P./Jang, J.-H.: § 1 KAGB, in: KAGB, hrsg. v., Weitnauer, W./Boxberger, L./Anders, D., 2. A., München 2017.

Volk, T.: Gesamtbanksteuerung im Fokus der Aufsicht, in: Praxis der Gesamtbanksteuerung, hrsg. v. Bartetzky, P., Stuttgart 2012, S. 179–204.

Waclawik, E.: Kommentierung von § 58 AktG, in: Aktiengesetz, hrsg. v. Hölters, W., 2. Aufl., München 2014.

Wagatha, M.: Verfahren zur Modellierung von Länderrisiken, in: ÖBA 2008, S. 623.

Wagener, H.: Länderrisiken in Bankbilanzen: Anmerkungen aus der Sicht des Wirtschaftsprüfers, in: ZfgK 1995, S. 218–221.

Wagner, C.: Kommentierung zu § 355 HGB, in: HGB, hrsg. v. Röhricht, V./Graf von Westphalen, F., 3. Aufl., Köln 2008.

Wagner, E.: Das Finanzierungsgeschäft, in: Handelsgesetzbuch, hrsg. v. Ebenroth, C. T./Boujong, K./Joost, D./Strohn, L., 3. Aufl., München 2015.

Walter, D.: Kommentierung von § 26 ZAG, in: ZAG, hrsg. v. Casper, M./Terlau, M., 1. Aufl., München 2014.

Wardenbach, F.: Kommentierung von § 36a AktG, in: Gesellschaftsrecht, hrsg. v. Henssler, M./Strohn, L., 1. Aufl., München 2011.

Waschbusch, G. Das bankspezifische Bewertungsprivileg des § 340f HGB, in: ZfbF 1994, S. 1046–1064.

Waschbusch, G.: Die bankspezifische offene Risikovorsorge des § 340g HGB, in: Die Bank 1994, S. 166–168.

Waschbusch, G.: Die handelsrechtliche Jahresabschlusspolitik der Universalaktienbanken – Ziele – Daten – Instrumente. Stuttgart 1992.

Waschbusch, G.: Die Rechnungslegung der Kreditinstitute bei Pensionsgeschäften – Zur Rechtslage nach § 340b HGB, in: BB 1993, S. 172–179.

Waschbusch, G.: Kommentierung von § 255 HGB, in: Haufe HGB Bilanz Kommentar, hrsg. v. Bertram, K./Brinkmann, R./Kessler, H./Müller, S., 2. Aufl., Freiburg 2010.

Wassermeyer, F.: § 7, in: Konzernsteuerrecht, hrsg. v. Kessler, W./Kröner, M./Köhler, S., 2. Aufl., München 2008.

Wassermeyer, F.: Medienfonds mit Schuldübernahme- bzw. Defeasance-Struktur, in: DB 2010, S. 354–359.

Weber, J.: Die Entwicklung des Leasingrechts von Mitte 2005 bis Mitte 2007, in: NJW 2007, S. 2525–2531.

Weber, M./Seifert, S.: Kommentierung zu § 1 KWG, Art. 4 CRR, in: KWG und CRR, hrsg. v. Luz, G./Neus, W./Schaber, M./Scharpf, P./Schneider, P./Weber, M., 3. Aufl., Stuttgart 2015.

Weber-Grellet, H.: Bilanzsteuerrecht, 11. Aufl., Münster 2011.

Weber-Grellet, H.: RdF-Rechtsprechungsreport zu Rechnungsabgrenzungsposten insb. im Zusammenhang mit Finanzierungsaufwendungen, in: RdF 2014, S. 56–61.

Weddehage, M./Shoukier, M.: Bilanzielle Aspekte der Ausgliederung systemrelevanter Vermögensteile im Rahmen der Übertragungsanordnung nach § 48a-s KWG, in: DB 2011, Beilage 4, S. 23–29.

Wehrhahn, T.: Unternehmensfinanzierung durch Schuldscheindarlehen, in: BKR 2012, S. 363–368.

Weigel, W./Löw, E./Flintrop, B./Helke, I./Jessen, U./Kopatschek, M./Vietze, M.: Handelsrechtliche Bilanzierung von Bewertungseinheiten bei Kreditinstituten, in: WPg 2012, S. 71–82 (Teil 1), S. 123–128 (Teil 2).

Weigel, W./Meyding-Metzger, A.: Der Ausweis eines »Phänomes«: Negative (Nominal-)Zinsen im Abschluss von Kreditinstituten, in: IRZ 2015, S. 185–192.

Weigel, W./Wolsiffer, A.: Teilunwirksamkeit des Rahmenvertrags für Finanztermingeschäfte?, in: WPg 2016, S. 1287–1293.

Weiler, S.: Die »Spaltung zu Null« als Mittel der Umstrukturierung von Unternehmen – Nicht verhältniswahrende Spaltungen im Lichte der Anteilsgewährspflicht, in: NZG 2013, S. 1326–1332.

Weipert, L.: Kommentierung von § 169 HGB, in: Handelsgesetzbuch (HGB), Band 1., hrsg. v. Ebenroth, C.T./Boujong, K./Joost, D./Strohn, L., 2. Aufl., München 2008.

Weller, N.: Kommentierung von § 271 HGB, in: Haufe HGB Bilanz Kommentar, hrsg. v. Bertram, K./Brinkmann, R./Kessler, H./Müller, S., 2. Aufl., Freiburg 2010.

Wenzel, J.: Bankgeschäftsrisiken bei Gesellschaften der Realwirtschaft, in: NZG 2013, S. 161–167.

Werner, R.: Earn-Out-Klauseln – Kaufpreisanpassung beim Unternehmenskauf, in: DStR 2012, S. 1662–1667.

Werthmöller, T.: Konsolidierte Rechnungslegung deutscher Banken als lnformations- und Überwachungsinstrument externer Adressaten, Köln 1984.

Westermann, H.P.: Vorbemerkung § 433 BGB, in: Münchener Kommentar zum BGB, hrsg. v. Säcker, F.J./Rixecker, R., Band 3, 6. Aufl., München 2012.

Wiedmann, H.: Bilanzrecht, Kommentar zu den §§ 238 bis 342a HGB, München 1999.

Wiedmann, H.: Kommentierungen zu §§ 246, 271 und 340ff HGB, in: Handelsgesetzbuch, hrsg. v. Ebenroth, T./Boujong, K./Joost, D./Strohn, L., 2. Aufl., München 2008.

Wiese, G.T./Dammer, T.: Zusammengesetzte Finanzinstrumente der AG – Hybride Kapitalmaßnahmen, strukturierte Anleihen und Kreditderivate im Bilanz-, Ertragsteuer- und Aktienrecht – Ein Überblick, in: DStR 1999, S. 867–876.

Wimmer, K./Kusterer, S.: Kreditrisiko: Bilanzielle Abbildung und Vergleich mit der ökonomischen Messung, in: DStR 2006, S. 2046–2052.

Winden, A./Herzogenrath, S., Die Teilwertabschreibung nach § 6 Abs. 1 Nr. 2. S. 2 EStG wegen voraussichtlich dauernder Wertminderung und ihre Anwendbarkeit auf Kursverluste bei börsennotierten Wertpapieren, in: Finanzrundschau 2005, S. 878ff.

Windmöller, R./ Breker, N.: Bilanzierung von Optionsgeschäften, in: WPg 1995, S. 389–401.

Windmöller, R.: Fragen zur Berücksichtigung der Zinsen in der Bankbilanzierung, in: Bilanzrecht und Kapitalmarkt, Festschrift zum 65. Geburtstag von Adolf Moxter, hrsg. von Ballwieser, W. et al., Düsseldorf 1994, S. 883–986.

Windmöller, R.: Nominalwert und Buchwert – Überlegungen zur bilanziellen Behandlung des Disagios, in: Rechnungslegung. Entwicklung bei der Bilanzierung und Prüfung von Kapitalgesellschaften, Festschrift Forster, hrsg. v. Moxter, A. u.a., Düsseldorf 1992, S. 690ff.

Winkeljohann, N./Deubert, M.: Kommentierung der §§ 301, 303 HGB, in: BBK, 11. Aufl., München 2012.

Winkeljohann, N./Hoffmann, K.: § 272 HGB, in: BBK, 11. Aufl., München 2018.

Winkeljohann, N./Schellhorn, M.: Kapitel D, Gründung- und Eröffnungsbilanz der Kapitalgesellschaft, in: Sonderbilanzen, hrsg. v. Winkeljohann, N./Förschle, G./Deubert, M., 5. Aufl., München 2016.

Winkler, B.: vdp-Transparenzinitiative, hrsg. v. Verband Deutscher Pfandbriefbanken, S. 53–57 (www. pfandbrief.de).

Winnefeld, R.: Bilanz-Handbuch, 5. Aufl., München 2015.

Withus, K.-H.: Neue Anforderungen nach BilMoG zur Beschreibung der wesentlichen Merkmale des Internen Kontroll- und Risikomanagementsystems im Lagebericht kapitalmarktorientierter Unternehmen, in: KoR 2009, S. 440–451.

Withus, K.-H.: Zur Umsetzung der HGB-Modernisierung durch das BilMoG: Wirksamkeitsüberwachung interner Kontroll- und Risikomanagementsysteme durch Aufsichtsorgane kapitalmarktorientierter Gesellschaften, in: DB Sonderbeilage 5/2009, S. 82–90.

Withus, K.-H.: Zur Umsetzung der HGB-Modernisierung durch das BilMoG: Wirksamkeitsüberwachung interner Kontroll- und Risikomanagementsysteme durch Aufsichtsorgane kapitalmarktorientierter Gesellschaften, in: DB Sonderbeilage 5/2009, S. 82–90.

Wittenbrink, C./Göbel, G.: Interne Geschäfte – ein trojanisches Pferd vor den Toren des Bilanzrechts?, in: Die Bank 1997, S. 270–274.

Wittinghofer, S.: Credit Default Swaps als Instrument zur Absicherung von Kreditrisiken, in: NJW 2010, S. 1125–1127.

Wlecke, U.: Währungsumrechnung und Gewinnbesteuerung bei international tätigen deutschen Unternehmen, Düsseldorf 1989.

Wöhe, G.: Kap. 6, in: Küting, K./Weber, C.-P., Handbuch der Rechnungslegung – Einzelabschluss, 5. Aufl., Loseblattwerk 2005, Stuttgart 2002.

Wohlgemuth, M.: Die Anschaffungskosten in der Handels- und Steuerbilanz, Abt. I/9, in: Handbuch des Jahresabschlusses (HdJ), hrsg. v. Wysocki, K./Schulze-Osterloh, J./Hennrichs, J./Kuhner, C., Köln 2005.

Wohlmannstetter, G./Eckert, S./Maifarth, M./Wolfgarten, W.: Rechnungslegung für Kreditrisiken, in: WPg 2009, S. 531–536.

Wohlmannstetter, G.: Corporate Governance von Banken, in: Handbuch Corporate Governance von Banken, hrsg. v. Hopt, K.J./Wohlmannstetter, G., 1. Aufl., München 2011, S. 31–73.

Wolf, K.: Qualitative Verbesserung der Finanzberichterstattung – Spezifische Anforderungen des Sarbanes-Oxley-Act, in: BC 2003, S. 268–272.

Wolf, K.: Zur Anforderung eines internen Kontroll- und Risikomanagementsystems im Hinblick auf den (Konzern-)Rechnungslegungsprozess gemäß BilMoG, in: DStR 2009, S. 920–925.

Wolf, M./Wellenhofer, M.: Sachenrecht, 24. Aufl., München 2008.

Wolfers, B./Voland, T.: Sanierung und Insolvenz von Banken unter besonderer Berücksichtigung der Vorgaben der Verfassungs- und Europarechts, in: Handbuch Corporate Governance von Banken, hrsg. v. Hopt, K.J./Wohlmannstetter, G., München 2011, S. 315–364.

Wolfgarten, W.: Kommentierung von § 26 KWG, in: Kreditwesengesetz, hrsg. v. Boos, K.-H./Fischer, R./Schulte-Mattler, H., 5. Aufl., München 2016.

Wüstemann, J./Backes, M./Schober, C.: Grundsätze wirtschaftlicher Vermögenszurechnung bei Leasinggeschäften im Lichte der neuern Rechtsprechung, in: BB 2017, S. 1963–1967.

Wüstemann, J./Kierzek, S.: Normative Bilanztheorie und Grundsätze ordnungsmäßiger Gewinnrealisierung für Mehrkomponentenverträge, in: zfbf 2007, S. 882–913.

Zentraler Kreditausschuss: Schreiben vom 29.01.2010: Sprachregelung zur Anwendung des geänderten § 290 Abs.2 HGB für bankaufsichtliche Zwecke.

Zetzsche, D.: Das Gesellschaftsrecht des Kapitalanlagegesetzbuchs, in: AG 2013, S. 613–630.

Zimmerer, T.: Constant Proportion Insurance: Wertsicherungs- oder Absolute Return-Konzept?, in: FB 2006, S. 97–106.

Zinkeisen, K.: Die erfolgsneutrale »Fusion« von Spezialfonds, in: DB 1996, S. 497–503.

Zwirner, C./Boecker, C.: Bewertungseinheiten in Form antizipativer Hedges – Besonderheiten und Probleme, in: BB 2012, S. 2935–2939.

Zwirner, C./Künkele, K.P.: Gewinnvereinnahmung bei Anteilen an Personengesellschaften, in: BC 2012, S. 418–422.

Zwirner, C.: Kapitalmarktorientierung – Legaldefinition und Rechtsfolgen, in: KoR 2010, S. 5.

Zwirner, C.: Neuregelung zur handelsrechtlichen Bewertung von Pensionsrückstellungen – Überblick, Praxisauswirkungen und offene Fragen, in: DStR 2016, S. 929–934.

Stichwortverzeichnis

Abschlussgebühren für Bausparverträge 546
Abschlussvermittlung
– Tatbestand Finanzdienstleistung 21
Abspaltung 823
Abwicklungsanstalten 30
Agency Fee 751
Agio 221
Akkreditiv 608
Akquisitionsfinanzierung 866
Aktien
– Bilanzierung 256
Aktienrechtliche Verlängerungsrechnung 581, 823
Aktiensplit 258
Aktien und andere nicht festverzinsliche Wertpapiere 284, 469
aktiver Markt 196
Aktivposten 1 (Barreserve) 447
Aktivposten 2 (Schuldtitel öffentlicher Stellen) 449
Aktivposten 3 (Forderungen an Kreditinstitute) 452
Aktivposten 4 (Forderungen an Kunden) 457
Aktivposten 5 (Schuldverschreibungen) 461
Aktivposten 6a (Handelsbestand) 472
Aktivposten 6 (Aktien) 469
Aktivposten 7 (Beteiligungen) 476
Aktivposten 8 (Anteile an verbundenen Unternehmen) 482
Aktivposten 9 (Treuhandvermögen) 485
Aktivposten 10 (Ausgleichsforderungen) 489
Aktivposten 11 (Immaterielle Anlagewerte) 490
Aktivposten 12 (Sachanlagen) 498
Aktivposten 13 (Eingefordertes Kapital) 501
Aktivposten 14 (Sonstige Vermögensgegenstände) 505

Aktivposten 15 (Aktive Rechnungsabgrenzungsposten) 509
Aktivposten 16 (Aktive latente Steuern) 517
Aktivposten 17 (Aktivischer Unterschiedsbetrag aus der Vermögensverrechnung) 521
Aktivposten 18 (Fehlbetrag) 523
Akzepte 540
Akzeptkredit 14
Andere Verpflichtungen 610, 731
Anlageaktien 873
Anlageberatung
– Tatbestand Finanzdienstleistung 20
Anlagespiegel 441, 723
– Saldierung Geschäftsergebnis 172
Anlagevermittlung
– Tatbestand Finanzdienstleistung 20
Anlageverwaltung
– Tatbestand Finanzdienstleistung 25
Anleihe cum 252
Anteile an Investmentvermögen 259
Anteile an Personengesellschaften 302
Assignment 770
Aufgeld 595
Aufspaltung 823
Aufstellungsfristen 44
Aufwandsrückstellungen 561
Auktionsverfahren 743
Ausbietungsgarantie 606
Ausschüttungen aus Kapitalrücklagen 630
Ausschüttungssperre 520–522
Außerordentliche Erträge 639
Ausübungsmethode 782
Ausweisänderungen 439
Autopilotmechanismus 862
Aval-Gemeinschaftskredit 755
Avalprovision 545

Backstop price 745
Bankakzept 15
Bankenabgabe 552, 653
Banken-AGB 172
Barreserve 447
Bauspardarlehen 663
Bausparkasse 659
Bausparvertrag 612
b.a.w.-Kredite 160
Bedingtes Kapital 592, 596
Beherrschender Einfluss 851
Beherrschungsvertrag 857
Beizulegender Wert 246
Beleihungswert 458
Bereitstellungsprovisionen 756
Besonderer Deckung 388
Best Effort 752
Best-Effort-Underwriting 467, 741
Bestellungs- und Abberufungsrechte 856
Beteiligungen 287
Beteiligungsfonds 685
Betriebspacht 641
Bewertung nach IDW RS HFA 10 297
Bewertungseinheiten 355
– Absicherung von Teilrisiken 362
– Absicherung von Wertschwankungen (Fair Value Hedge) 358
– Absicherung von Zahlungsstromrisiken (Cash Flow Hedge) 359
– Anforderungen an abzusicherndes Risiko 360
– Anforderungen an Grundgeschäfte 363
– antizipative 359
– Antizipative Grundgeschäfte 366
– Beendigung einer Sicherungsbeziehung 380
– Bilanzierungsmethodik 375
– Dokumentation 369
– Durchbuchungs- und Einfrierungsmethode 378

- Durchhalteabsicht 371
- interne Geschäfte 369
- Mikro, Makro, Portfolio Hedge 357
- Pensionsrückstellungen 365
- Pflicht oder Wahlrecht 356
- Teilabsicherungen 366
- Translationsrisiken 364
- Warentermingeschäfte 362, 368
- Wirksamkeit 372
Bondstripping 252
Bonitätsabhängige Margenspreizung 325
Bonuszinsen 556, 665
Bookbuilding-Verfahren 743
Bookrunner 751
Börsenfähige Wertpapiere 727
Börsenfähigkeit 462, 463, 526
Börsennotiert 463
Börsennotierte Wertpapiere 728
Börsenpreis 247
Buchwertfortführung 817, 826
Bürgschaft 18

Cap 783
Caplets 784
Cash Settlement 791
Central Counterparty 762
Certificates of Deposits 467
Clearing Broker 762
Clearingpflicht OTC Derivate 19
Close-Out 768
- Bilanzielle Behandlung 150
Club Deal 751
Collateralized Debt Obligations 628
Commercial Paper 467
Credit Default Swap 789, 793
Credit Event 790
Credit Linked Notes 628
Credit Spread Option 789, 804
Critical-terms-match-Methode 373
Cum-/Ex-Geschäfte 112

Darstellungsstetigkeit 438, 617
Dauerhafte Wertminderung 279
Dauerschuldverhältnis 558, 560
Debt/Equity Swaps 142
Deport 774
Deport/Report 393
Depotbankvertrag 871
Depotgeschäft
- Tatbestand Bankgeschäft 16
Derivate 761
Devisentermingeschäft 773

Dienstleistungscharakter 632, 744
Dienstvertrag 493
Disagio 221
Diskont-Gemeinschaftskredite 755
Diskontgeschäft 756
- Tatbestand Bankgeschäft 15
Diskontkredit 15
Dividendenerträge 259
Dodd-Frank-Act 150
Doppelseitige Treuhand 73
Dotationskapital 29, 584
Drei-Spalten-Form 439
Drittstaateneinlagenvermittlung
- Tatbestand Finanzdienstleistung 24
Drohverlustrückstellung 557
Durchlaufende Kredite 75
Durchschauprinzip 283, 286

Earn-Out-Klausel 291, 301
Effektivzins
- Impairment 237
E-Geld-Institute 697
Eigene Anteile 586
- Handelsbestand 186
- vereinfachte Bewertungsmethode 187
Eigengeschäft 23, 527
Eigenhandel
- Tatbestand Finanzdienstleistung 22
Eingebettete Derivate 307
Einlagengeschäft
- Tatbestand Bankgeschäft 10
Einlagensicherung 553
Einlagen stiller Gesellschafter 582
Einzelveräußerbarkeit 490
Einzelwertberichtigung 234
Einzugspapiere 466
Eligibility Criteria 87
EMIR-Verordnung 150, 762
Emissionsgeschäft 742
- Tatbestand Bankgeschäft 18
Emissionsgeschäfte 611
Endschaftsregelungen 865
Entwertung
- von Eigenemissionen 165
Equity Kicker 327
Equity-Style-Verfahren 786
Erfüllungsbetrag 350
Erfüllungsrückstand 347, 556, 560, 759
Ergebnisabführungsvertrag 299, 641

Ergebnisrücklage 602
Ergebnisrücklagen 685
Ermächtigungstreuhand 80, 486
Erträge aus Verlustübernahme 641
Ertragszuschuss 641
Eventualverbindlichkeiten 605, 723, 730
Exchange traded funds 264
Executing Broker 762

Factoring
- Tatbestand Finanzdienstleistung 25
- Wirtschaftliches Eigentum 81
Factoringunternehmen 691
Festpreisverfahren 743
Festverzinslich 465
Fiktive Schließung 422
Filmfonds 120
Final Take 753
Financial Covenants 323
Finanzanlagesaldo 637, 652
Finanzanlagesaldo / Finanzanlageergebnis 170
Finanzdienstleistungsinstitute 19
- Definition 19
Finanzierungsleasing
- Tatbestand Finanzdienstleistung 25
Finanzkommissionsgeschäfte 527, 741
- Tatbestand Bankgeschäft 15
Finanzmarktstabilisierungsbeschleunigungsgesetz 583
Finanzportfolioverwaltung
- Tatbestand Finanzdienstleistung 22
Finanzunternehmen 37
Firm Comittment Underwriting 743
Firm Committment Underwriting 467
Floor 784
Floorlets 784
FMSA 450
Fonds für allgemeine Bankrisiken 520, 569, 719, 733
Fonds zur bauspartechnischen Absicherung 666
Forderungen 217
- Agien/Disagien 221
- an Kreditinstituten 452
- Einzelwertberichtigung 234
- Folgebilanzierung 225

– Nominalwertbilanzierung 219, 222, 513, 547
– Pauschalierte Einzelwertberichtigung 237
– Pauschalwertberichtigungen 239
– Zugangsbilanzierung 219
Forderungen an Kreditinstituten 452
Forderungen an Kunden 457
Forderungsverzicht 138
– Auflösend bedingter 140
– Aufschiebend bedingter 141
– Forderungsverzicht mit Besserungsabrede 139
Forfaitierung 83
Formblattstrenge 441, 617
Forward Rate Agreement 772
Fremdwährungsvolumina 729
Fronting-Modell 756
Futures 775
Future-Style-Optionen 509, 786
Future-Style-Verfahren 786
FX Forward 773

Garantiegeschäft
– Tatbestand Bankgeschäft 18
Garantieklausel 291
Garantiekonsortium 744
GC Pooling 176
Gebäude 730
Gebühren 747
– Abschlussgebühren Bausparkassen 556
– Abschlussgebühren im Bauspargeschäft 662
– im Kreditgeschäft 757
Gebührenvereinnahmung 545
Gedeckter Leerverkauf 185
Geldmarktpapiere 467, 538
Gemeinschaftskredite 606, 754
– mit Bareinschuss 754
– mit bedingtem Bareinschuss 754
– ohne Bareinschuss 754
Gemildertes Niederstwertprinzips 280
Genehmigtes Kapital 592
Genossenschaft 683
Genussrechte 454, 507, 557, 566
Genussrechtskapital 566
Genussscheine 507, 567
Geografische Märkte 734
Geschäftsanteil 684
Geschäftsergebnis 171, 637
Geschäftsguthaben 684

Geschäfts- oder Firmenwert 814
Gesetzliche Rücklage 601, 685
Gespaltener Terminkurs 394
Gewährleistungsverträge 606
Gewinnabführungsvertrag 631
Gewinnanteilsscheine 470, 506
Gewinngemeinschaften 631
Gewinnrücklagen 601
Gewinnschuldverschreibungen 465, 566
Gewinnverwendungsrechnung 567, 593, 594, 655, 656
Gezeichnetes Kapital 501, 581
Girosammelverwahrung 17
Glattstellung 175, 777
Glattstellungsmethode 782
Gliederungsstetigkeit 438
Gratisaktien 257
Graubuch 238
Grundpfandrechte 458

Haftsumme 684
Haftungsmäßige Unterbeteiligung 754
Haftungsverhältnisse 604
Handelsbestand 182, 472, 714
– day two profit or loss 195
– eigene Schuldverschreibungen 194
– Folgebewertung 196
– Fonds für allgemeine Bankrisiken 203, 578
– Gleichlauf Handelsbuch 191
– Handelsabsicht 184
– Interne Geschäfte 204
– Umgliederung 192
– Warentermingeschäfte 183
– Zugangsbilanzierung 195
– Zuordnung zum 182
Handelsbestände
– Anhangangaben 212
– Ausweis 209
Handelsbilanzen II 885
Handelsbuch
– Organisatorische Rahmenbedingungen 188
Herstellerleasing 117

Immaterielle Anlagewerte 648
Immaterielle Vermögensgegenstände 490
Immobiliensicherheiten 235
Indossament 261, 536
Inhaberschuldverschreibungen 461
Initial Margin 775, 787

Inkassowechsel 506
Interest Only Strips 252
Interimsscheine 538
Interne Geschäfte 204
– Aufsichtsrechtliche Anforderungen 206
– Bilanzielle Anerkennung 207
Investmentaktiengesellschaft 261
Investmentanteile 286, 469
– Rücknahmepreis 265
Investmentdreieck 870
Investmentfonds 869
Investmentkommanditgesellschaft 261
Investmentvermögen
– Anlageaktien 262
– Ertragsausgleich 264
– Miteigentumslösung 260
– Sachauskehrung 264
– Sachübernahme 263
– Treuhandlösung 260
– Unternehmensaktien 262
ISDA Master Netting Agreement 174

Kaduzierte Aktien 504
Kapitalerhöhung 256
– aus Gesellschaftsmitteln 256, 592
– bedingt 591
– gegen Sacheinlage 256, 591
Kapitalherabsetzung 257, 592
– durch Einziehung von Aktien 594
– ordentliche 592
– vereinfacht 593
Kapitalmarktgeschäft 739
Kapitalrücklage 594
– andere Zuzahlungen 601
– Zuzahlung gegen Vorzugsgewährung 601
Kapitalverwaltungsgesellschaft 32, 870
Kassenbestand 448
Kaufpreisanpassungsklauseln 290
Kollektiver Zinssatz 667
Kollektivgeschäft 659
Kommunalkredite 459
Konsolidierungskreis 851
Konsolidierungswahlrecht 852
Konsortialführer 750
Konsortialkredit 749
Konsortialvertrag 749
Konsortium 749
Kontoform 617

Kontokorrent 173
Kreditanstalt für Wiederaufbau 31, 89
Kreditbriefe 608
Kreditderivate 236, 764, 789
– eingebettete 321
Krediteinreichungsverfahren 445
Kreditgebühren 545
Kreditgenossenschaft 683
Kreditgenossenschaften, die das Warengeschäft betreiben 688
Kreditgeschäft
– Tatbestand Bankgeschäft 13
Kreditleihe 15, 18
Kreditsonderkonto 161
Kreditzusage
– unwiderruflich 612
KredReorgG 833
Kündigungsgelder 533, 706, 717
Kündigungssperrfrist 706, 717

Länderrisiken 239
Lastschriften 506
Latentes Kreditrisiko 239
Latente Steuern 517
– Gesamtdifferenzenbetrachtung 517
Lead arranger 750
Leasing 515, 548, 729, 735
– Andienungsrecht 125
– Bilanzierung bei Zurechnung zum Leasing-Geber 129
– Bilanzierung bei Zurechnung zum Leasing-Nehmer 132
– Endschaftsregelungen 122
– Forfaitierung von Leasingraten 134
– Immobilienleasing 126
– kündbare Verträge 125
– Leasingforderung 132
– Mehrerlösbeteiligung 125
– Mietverlängerungsoption 123
– Mobilienleasing 121
– Spezialleasing 121
– Steuerliche Leasingerlasse 119
– Zivilrechtliche Struktur 117
Leasingaufwendungen 695
Leasingerträge 694
Leasinginstitute
– Ausweis 691
Leasingobjektgesellschaften 864
Liquiditätsreserve 181, 244
Löhne und Gehälter 646
Long Call Option 764

mandated lead arranger 751
Mandate in Aufsichtsgremien 714
Mantel 252
Margin Calls 775
Mark-to-Market 197
Mark-to-Model 196
Marktpreis 247
Mehrfachkonsolidierung 853
Mehrheit der Chancen und Risiken 864
Mehrheit der Stimmrechte 854
Mengentender 743
MiFID II 762
Mindestreservepflicht 445
Multi-Issuer-Modell 756
Multilaterales Handelssystem
– Tatbestand Finanzdienstleistung 21
Münzen 507

Nachrangabrede 563
Nachrangige Verbindlichkeiten 562, 730
Nachrangige Vermögensgegenstände 721
Namenspapiere 261, 536
Nennbetragsaktien 582
Net Investment Hedge 364
Netting 174
Netting Agreement 174
Nettoaufwand des Handelsbestands 646
Nettoertrag des Handelsbestands 634
Neubewertungsreserve 715
Nicht festverzinslich 471
Nominalwertbilanzierung 513, 719
Note-Issuance Facilities (NIFs) 467
Novation 137, 174, 762

Offene Rücklagen 594
Offenlegungspflichten 61
Offenmarktgeschäfte 445
Öffentliche Stellen 450, 459
Optionen 777
Optionsanleihe 596
Optionsscheine 470, 509, 596, 779, 785
Organisierter Markt 22, 463
Organmitglieder 722
OTC-Derivate 763

Participating bonds 465
Participation Fee 751

Passive latente Steuern 549
Passivposten 1 (Verbindlichkeiten gegenüber Kreditinstituten) 524
Passivposten 2 (Verbindlichkeiten gegenüber Kunden) 529
Passivposten 3a (Handelsbestände) 540
Passivposten 3 (Verbriefte Verbindlichkeiten) 536
Passivposten 4 (Treuhandverbindlichkeiten) 541
Passivposten 5 (Sonstige Verbindlichkeiten) 542
Passivposten 6a (Passive latente Steuern) 549
Passivposten 6 (Rechnungsabgrenzungsposten) 544
Passivposten 7 (Rückstellungen) 550
Passivposten 9 (Nachrangige Verbindlichkeiten) 562
Passivposten 10 (Genussrechtskapital) 566
Passivposten 11 (Fonds für allgemeine Bankrisiken) 569
Passivposten 12 (Eigenkapital) 581
Patronatserklärung 607
Pauschalierte Einzelwertberichtigungen 238
Pauschalwertberichtigung
– BFA 1/1990 240
– BMF-Schreiben 241
Pauschalwertberichtigungen 239
Pensionsgeschäft
– unecht 610
Pensionsgeschäfte 445, 514, 547, 715
– Abgrenzung zu Termingeschäften 109
– Aufrechnung 176
– Echte – Bilanzierung 99
– gem. GMRA 97
– Unechte – Bilanzierung 103
– Zivilrechtliche Struktur 96
Pensionsrückstellungen 352, 561
– Bewertungseinheiten 365
Permanente Differenzen 517
Personalaufwendungen 646
Personalsicherheiten 235
Pfandbriefbanken 673
Pfandbriefgeschäft
– Tatbestand Bankgeschäft 13
Pfandleihe 35

Pflichtwandelanleihe 599
Phasengleiche Vereinnahmung von Beteiligungserträgen 299
Physical Delivery 791
Platzierungsgeschäft 740
– Tatbestand Finanzdienstleistung 21
Platzierungs- und Übernahmeverpflichtungen 612, 722, 746
Portfoliokomprimierung 175
Potenzielle Stimmrechte 855
Prämiensparmodelle 556
Prämiensparverträge 348
Präsenzmehrheit 855
Preis- und Kostensteigerungen 350
Principal Only Strip 252
Prospektive Wirksamkeitsüberprüfung 373
Protection Buyer 764
Protection Seller 764
Provisionsaufwendungen 645
Provisionserträge 632
Publikumsfonds 259

Quasi-permanente Differenzen 517

Rangrücktrittsvereinbarung 147
Realisationsprinzip 758
Realkredite 458
Realkreditsplitting 458
Realsicherheiten 235
RechKredV
– Formblatt 1 441
– Formblatt 2 618
– Formblatt 3 621
Rechnungsabgrenzungsposten 509
RechZahlV
– Formblatt 1 701
– Formblatt 2 704
Recouponing 149, 546, 770
Rediskontierung 757
Refinanzierbarkeit bei der Deutschen Bundesbank 444
Reiseschecks 506, 608
Rekonstruktion 252
Rektapapiere 536
Reorganisationsplan 833
Report 774
Restlaufzeitengliederung 716
Restrukturierung von Finanzinstrumenten 135
Reststellenbewertung 395
Rettungserwerbe 498, 507

Revalutierung 149, 770
Revolvinggeschäft
– Tatbestand Bankgeschäft 18
Revolving Underwriting Facilities (RUFs) 467
Ring-fencing 862
Risikoabschlag 199
Risikovorsorgesaldo 172, 635
Rückkauf von Schuldverschreibungen
– Börsenfähige Schuldverschreibungen 164
– Entwertung 165
– Nicht börsenfähige Schuldverschreibungen 166
– Rechtliche Grundlagen 162
– Rückkauf von Handelsbeständen 163
Rücklage für Anteile an einem herrschenden oder mehrheitlich beteiligten Unternehmen 602
Rücknahmepreis 265, 286
Rückstellungen 550
– Abzinsung 351
Rückstellungsabzinsungsverordnung 351

Sachanlagen 498, 648
Sacheinlage 502, 595
Sammelverwahrung 17
Sanierungsgewinn 592
Sanierungs- und Abwicklungsgesetz 591
Satzungsmäßige Rücklage 602
Schalterstücke 538
Schatzanweisungen 449
Schatzwechsel 451
Scheck 505
Schiffshypotheken 460
Schließungsfiktion 422
Schuldscheindarlehen 525
– Rechtliche Qualifikation 455
Schuldtitel öffentlicher Stellen 449
Schuldverschreibung
– mit Sonderausstattung 255
– zivilrechtlicher Begriff 461
Schuldverschreibungen und andere festverzinsliche Wertpapiere 282, 461
Schwankungsreserve 667
Schwarzbuch 239
Schwebende Geschäfte 557
Schwebendes Absatzgeschäft 560
Schwebendes Beschaffungsgeschäft 560

Selbständige Verkehrsfähigkeit 490
Selbstgeschaffene immaterielle Vermögensgegenstände 492
Short Call Position 764
Sicherheiten für eigene Verbindlichkeiten 609, 731
Sicherheiten für fremde Verbindlichkeiten 609
Sicherheitenverzeichnis 445
Sicherheitsrücklage 602
Signing Date / Closing Date 476
Skontroführer 169, 681
SoFFin 450
SoFFin-Garantien 643
Software 493
Solawechsel 540
Sonderverwahrung 17
Sonstige betriebliche Aufwendungen 649
Sonstige betriebliche Erträge 638
Sonstige Verbindlichkeiten 542
Sonstige Vermögensgegenstände 505
Sortengeschäft
– Tatbestand Finanzdienstleistung 24
Soziale Abgaben 646
Spaltung 819
– nichtverhältniswahrende 820
– verhältniswahrende 820
Spaltungen 595
Sparbuch 533
Spareinlagen 532
Sparkonten mit Bonuszinsen 347
Spezialfonds 259
Spezial-Sondervermögen 863
Staffelform 617
Ständige Fazilität 445
Stellvertretermodell 208
Step-up-Anleihen 347
Steuerrückstellungen 561
Stichtagskursmethode 887
Stille Einlagen 685
Stille Gesellschaft 582
Stille Vorsorgereserven nach § 340f HGB 269
Stillhalter 763, 777
Stillhalterverpflichtung 610
Strenges Niederstwertprinzip 214
strukturierte Finanzinstrumente
– CPPI 310

Strukturierte Finanz-
  instrumente   307
– Beurteilungszeitpunkt   327
– Double-Double-Test   314
– Equity Kicker   327
– Financial Covenants   323
– Kapitalgarantie   310
– Kreditderivate   321
– Kündigungsrechte   316
– mehrere eingebettete
  Derivate   317
– Negativverzinsung   313
– Rückausnahmen   309
– Trennungsmethodik   329
– Umklassifizierung   328
– Verlängerungsoptionen   317
– Währungsderivate   320
– Zinsbegrenzungsverein-
  barungen   316
– Zinsprodukte   312
– Zugangs- und Folge-
  bilanzierung   332
Stückaktien   582
Stufenzinsanleihen   252, 346,
  627
Substanzausschüttung   266
Swapsatz   393
Swapstellenbewertung   395
Synallagma   558
Synallagmatischen Leistungs-
  beziehung   346
Syndizierte Avalkredite   756
Syndizierung   753
Syndizierungsgarantie   749

Täglich fällig   160, 448, 455,
  528
Tauschgrundsätze   293
Teilgewinnabführungs-
  vertrag   631
Teilzahlungsfinanzierun-
  gen   531, 545
Teilzahlungswechsel   531
Temporäre Differenzen   517
Temporary-Konzept   517
Tenderverfahren   743
Termingeschäfte   732
– bedingte   763
– unbedingte   763
Terminkurs
– gespalten   774
– gespalten / ungespalten   393
– ungespalten   774
Terminkursspaltung   394
Total Return Swap   789, 802
Tranchierung   85
Transaktionsregister   762

Treuhand   521, 527, 531
Treuhandkredite   75
Treuhandverbindlich-
  keiten   541, 721
Treuhandverhältnisse   71
– Ermächtigungstreuhand   74,
  80
– fiduziarische Treuhand   72
– Unechte Treuhand   74
– Vollmachtstreuhand   77, 80
Treuhandvermögen   721
– Bilanzierung   79
– Folgebewertung   80

Überkreuzkompensation   272,
  635
Überverzinslichkeit   515
Umlaufvermögen   213
Unbewegte Sparkonten   349
Underwriting   750
Underwriting Fee   751
Uneinbringlichkeit   232
Ungespaltener Terminkurs   396
Unterbeteiligungen   751, 752
– Haft-UB   606
Unternehmensaktien   873
Unternehmensbeteiligungs-
  gesellschaften   35
Unwinding   237, 625, 635
Up-Front-Prämien   766
Ursprungslaufzeit   467

Value at Risk   199
– Value at Risk nach SolvV   201
Variation Margin   775, 787
Verbindlichkeiten gegenüber
  Kreditinstituten   524
Verbindlichkeiten gegenüber
  Kunden   529
Verbindlichkeitsrück-
  stellungen   550
Verbriefte Verbindlich-
  keiten   536
Verbriefungen   283
– Abgangsbilanzierung   90
– Bilanzierung bei Übergang des
  wirtschaftlichen Eigen-
  tums   93
– Bilanzierung ohne Übergang
  des wirtschaftlichen Eigen-
  tums   93
– synthethisch   88
– Transaktionsmerkmale   84
Verbundene Unternehmen   288,
  482, 720, 851
Verdecktes Aufgeld   597
Vergleichbarkeit   439

Verlustfreie Bewertung   400
– Bausparkasse   660
– Finanzierungswirkung von
  Eigenkapital   422
– Risikokosten   428
– Saldierungsbereich   408
– Verwaltungskosten   430
Verlustübernahme   641
Vermögensauskehrung   822, 823
Vermögenseinlage   822, 824
Vermögensverwaltung   76
Verrechnung nach § 10 Rech-
  KredV   159
Verrechnung nach § 340c
  HGB   170
Verschmelzung   595, 811
– Down-Stream-Merger   816
– Side-Stream-Merger   816
– Up-Stream-Merger   816
Verschmelzungsgewinn   815,
  816
Verschmelzungsverlust   816
Versicherungsunternehmen   34
Verteilungsrückstellungen   352
Verwahrstelle   870, 871
Verwaltungsaufwendungen   646
Verwaltungskredite   77
Vollmachtstreuhand   77, 80
Vorfälligkeitsentschädigun-
  gen   326
Vormänner   504
Vorzugsaktien   601

Währungsswaps   770
Währungsumrechnung   384
Wandelanleihe   595, 596
– offenes Aufgeld   596
– Optionsanleihe   596
– Pflichtwandelanleihe   599
– verdecktes Aufgeld   596
Warenbestand   688
Warengeschäft   688
Wechsel   451, 527, 531, 756
Wechselkredit   14
Weißbuch   238
Weiterleitungskredite   78
Werkvertrag   493
Wertaufhellung   216
Wertbegründende Ereig-
  nisse   216
Wertpapiere der Liquiditäts-
  reserve   181, 244, 636
Wertpapiere des Anlage-
  vermögens   277
Wertpapiere in geschlossenen
  Reihen   247

Wertpapier im Sinne der RechKredV   461
Wertpapierleihe
– Ausweis Geschäftsergebnis   171
– Bilanzierung bei Übergang des wirtschaftlichen Eigentums   113
– Bilanzierung ohne Übergang des wirtschaftlichen Eigentums   116
– Wirtschaftliches Eigentum   112
Wertpapierleihen
– nach GMSLA   110
– Zivilrechtliche Struktur   110
wirtschaftliches Eigentum   69

Wohnungsbauprämie   666
Wohnungsunternehmen   36

Zahlungsinstitute   25, 697
Zeitwertbilanzierung   231
Zellulare Strukturen   862
Zentrale Gegenpartei   762
Zentraler Kontrahent
– Tatbestand Bankgeschäft   19
Zentralnotenbanken   448
Zero-Bond
– emittiert   537
– erworbener   250, 627
Zinsaufwendungen   642
Zinsbegrenzungsvereinbarungen   783
Zinscharakter   642, 758

Zinserträge   623
Zinsschein   252
Zinsswaps
– Bilanzierung   767
– Erscheinungsformen   766
Zinstender   743
Zuwachssparen   347
Zweckgesellschaft   861
Zweigniederlassung ausländischer Institute
– mit Sitz im EWR   30
Zweigniederlassungen ausländischer Institute
– mit Sitz außerhalb des EWR   28
Zwischenabschlüsse   41
Zwischenscheine   469

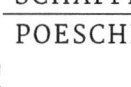

Ihr Feedback ist uns wichtig!
Bitte nehmen Sie sich eine Minute Zeit

www.schaeffer-poeschel.de/feedback-buch